मध्य प्रदेश शासन,
स्कूल शिक्षा विभाग के अन्तर्गत

मध्य प्रदेश माध्यमिक शिक्षक (विषय) चयन परीक्षा 2025

सामाजिक विज्ञान

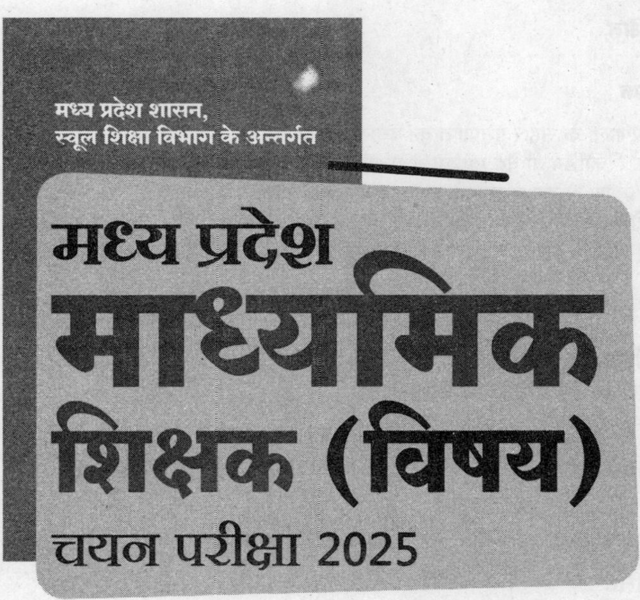

सामाजिक विज्ञान

लेखक
प्रदीप श्रीवास्तव

अरिहन्त पब्लिकेशन्स (इण्डिया) लिमिटेड

卐 **रजि. कार्यालय**

'रामछाया' 4577/15, अग्रवाल रोड, दरिया गंज, नई दिल्ली- 110002

फोन: 011-47630600, 43518550

卐 **मुख्य कार्यालय**

कालिन्दी, टी.पी. नगर, मेरठ (यूपी)– 250002

फोन: 0121-7156203, 7156204

卐 **शाखा कार्यालय**

आगरा, अहमदाबाद, बरेली, बेंगलुरु, चेन्नई, दिल्ली, गुवाहाटी, हैदराबाद, जयपुर, झाँसी, कोलकाता, लखनऊ, नागपुर तथा पुणे

卐 **मूल्य** ₹ 585.00

PO No : TXT-59-T063125-02-25

PUBLISHED BY ARIHANT PUBLICATIONS (INDIA) LTD.

'अरिहन्त' की पुस्तकों के बारे में अधिक जानकारी के लिए हमारी वेबसाइट **www.arihantbooks.com** पर लॉग इन करें या **info@arihantbooks.com** पर सम्पर्क करें।

विषय–सूची

राजनीति विज्ञान

अध्याय 01 राजनीतिक सिद्धान्त

राजनीति की उत्पत्ति

- 'Politics' शब्द ग्रीक भाषा के 'Polis' शब्द से लिया गया है, जिससे प्राचीन यूनान में प्रचलित **नगर-राज्य** का बोध होता है। इन नगर-राज्यों की विशिष्ट विशेषता यह थी कि इनके नागरिक स्वयं अपना शासन चलाते थे।
- राजनीति (Politics) वह प्रक्रिया है, जिसके द्वारा लोगों का कोई समूह निर्णय लेता है। सामान्यत: यह शब्द असैनिक सरकारों के अधीन व्यवहार के लिए प्रयुक्त होता है। राजनीति उन सामाजिक सम्बन्धों से बनी है, जो सत्ता और शक्ति से युक्त होते हैं। दूसरों के साथ प्रतिस्पर्द्धा की स्थिति में समाज के दुर्लभ संसाधनों पर अपना प्रभुत्व और नियन्त्रण स्थापित करने के प्रयास को राजनीति की संज्ञा दी जाती है।
- राजनीति के क्रमबद्ध अध्ययन की शुरूआत 300 ई. पू. में **सुकरात, प्लेटो** और **अरस्तू** के द्वारा यूनान में की गई।
- अरस्तू की प्रसिद्ध रचना The Politics से ज्ञात होता है कि राजनीति नगर-राज्य से सम्बन्धित नीति एवं कार्य है।
- राज्य में 'सद्जीवन' की प्राप्ति के लिए मनुष्य जो कुछ करता है, जिन-जिन गतिविधियों में भाग लेता है या जो-जो नियम, संस्थाएँ और संगठन बनाता है, उन सबको अरस्तू ने राजनीति के अध्ययन का विषय माना है। इसे हम राजनीति की चिरसम्मत धारणा भी कहते हैं। अरस्तू ने इस बात का खण्डन किया है कि राज्य में सब तरह की सत्ता एक जैसी होती है। मध्य युग में राजनीति, गिने-चुने शासकों, दरबारियों सामन्त-सरदारों, सेनापतियों, नवाबों, रईसों, महन्तों और मठाधीशों की गतिविधियों से सम्बद्ध थी, जबकि आधुनिक राजनीतिक सिद्धान्त की शुरूआत **मैकियावेली** और **बोदाँ** से होती है।

राजनीतिशास्त्र की परिभाषाएँ

- **एरोन वाइल्डवस्की** के अनुसार, "राजनीतिशास्त्र समाज-विज्ञान को कहा जाता है, जिसका सम्बन्ध राज्य से है और जिसमें राज्य की मूल प्रकृति, विभिन्न रूपों, विकास तथा आधारभूत स्थितियों को समझने और जानने का प्रयत्न किया जाता है।"
- **पाल जेनेट** के अनुसार, "राजनीतिशास्त्र समाज-विज्ञान का वह अंग है, जो राज्य के मूल आधार और शासन-सिद्धान्तों की विवेचना करता है।"
- **गैरिस** के अनुसार, "राजनीतिशास्त्र राज्य के उद्भव (उत्पत्ति), विकास, उद्देश्य तथा समस्त राजकीय समस्याओं का उल्लेख करता है।"
- **गेटेल** के अनुसार, "राजनीतिशास्त्र, राज्य के भूत, वर्तमान तथा भविष्य की राजनीतिक संस्थाओं तथा राजनीतिक सिद्धान्तों का अध्ययन है।"
- **लॉर्ड एक्टन** के अनुसार, "राजनीतिशास्त्र राज्य तथा उसके विकास के लिए अन्य अनिवार्य दशाओं से सम्बन्धित है।"
- **लीकॉक** के अनुसार, "राजनीतिशास्त्र सरकार से सम्बन्धित है।"
- डॉ. गार्नर के अनुसार, "राजनीतिशास्त्र का प्रारम्भ तथा अन्त राज्य के साथ होता है।"
- सीले के अनुसार, "राजनीतिशास्त्र उसी प्रकार शासन के तत्त्वों की खोज करता है; जैसे—सम्पत्ति-शास्त्र सम्पत्ति का, जीव-शास्त्र जीव का, बीजगणित अंकों का तथा ज्यामिति-शास्त्र स्थान और ऊँचाई का करता है।"
- **प्रो. लास्की** के अनुसार, "राजनीतिशास्त्र के अध्ययन का सम्बन्ध संगठित राज्यों के सम्बन्धित मनुष्य के जीवन से है।"
- **प्रो. विलोबी** के अनुसार, "राजनीतिशास्त्र जिन विषयों की व्याख्या करता है, वे हैं—राज्य, सरकार तथा कानून।"
- **गिलक्राइस्ट** के अनुसार, "राजनीतिशास्त्र राज्य तथा सरकार की सामान्य समस्याओं का अध्ययन करता है।"
- **हरमन हैलर** के अनुसार, "राजनीतिशास्त्र के सम्पूर्ण स्वरूप का निर्धारण उसकी मानव विषयक मौलिक मान्यताओं से होता है।"
- **पिनॉक और स्मिथ** के अनुसार, 'राजनीतिशास्त्र किसी भी समाज में उन सभी शक्तियों, संस्थाओं तथा संगठनात्मक ढाँचों से सम्बन्धित होता है, जिन्हें उस समाज में व्यवस्था की स्थापना और संधारण, अपने सदस्यों के अन्य सामूहिक कार्यों के सम्पादन तथा उनके मतभेदों का समाधान करने के लिए सर्वाधिक अन्तर्भावी तथा अन्तिन माना जाता है।"
- **डॉ. गार्नर** के अनुसार, "हम दूसरे सहायक विज्ञानों का यथावत् ज्ञान प्राप्त किए बिना राजनीतिशास्त्र एवं राज्य का पूर्ण ज्ञान ठीक उसी प्रकार प्राप्त नहीं कर सकते, जिस प्रकार गणित के बिना यन्त्र विज्ञान और रसायनशास्त्र के बिना जीव विज्ञान का यथावत् ज्ञान प्राप्त करना सम्भव नहीं है।"

राजनीति अर्थ *एवं* दृष्टिकोण

राजनीति का शक्तिवादी अर्थ

- राजनीति के शक्तिवादी अर्थ की मान्यता है कि राजनीति शक्ति का नाम है। शक्ति को राजनीति मानने वाले विद्वानों में **हॉब्स, लासवैल, मैरियम, मैक्स वेबर, रसेल, ट्राटस्की, मॉर्गेन्थाऊ** आदि हैं।
- राजनीति के शक्तिवादी अर्थ को **मैकियावेली** तथा **हॉब्स** द्वारा पहले लाया गया, लेकिन बीसवीं शताब्दी में प्रत्यक्षवाद तथा व्यवहारवाद ने इस पर काफी जोर दिया। इसके समर्थक शक्ति का उद्देश्य धन, सम्मान तथा सुरक्षा को भी मानते हैं। इनके अनुसार समाज में तीन शक्तियाँ हैं राजनीतिक, आर्थिक एवं सामाजिक।
- **वी ओ की** के अनुसार, "राजनीति शासक तथा शासितों, आधिपत्य और अधीनता आदि मानवीय सम्बन्धों से सम्बन्धित है। राजनीति का अध्ययन इन राजनीतिक शक्तियों के सम्बन्धों का अध्ययन है।"

राजनीति का उदारवादी अर्थ

- राजनीति के उदारवादी विचार मनुष्य और समाज के सम्बन्धों पर आधारित हैं। इनके अनुसार, समाज में अनेकता है। समाज जाति, समुदाय एवं विभिन्न वर्गों में बँटा हुआ है, जिसका राज्य द्वारा तालमेल या समाधान करना ही राजनीति है।
- उदारवाद के अनुसार राजनीति समस्या निवारण की एक प्रक्रिया है, जो राज्य द्वारा सम्पादित होती है।
- राजनीति शान्ति एवं सामञ्जस्य स्थापित करती है, अध्ययन का मुख्य विषय व्यक्ति है, व्यक्ति अपने हित साधने के ध्येय से समाज का सदस्य बनता है, समाज एक बाजार है, राजनीति द्वारा वर्गीय नहीं अपितु सामान्य हित को पूरा किया जाता है, राजनीति का सम्बन्ध हिंसा से नहीं है।

राजनीति का मार्क्सवादी अर्थ

- मार्क्सवादियों का कहना है कि "राज्य द्वारा वर्ग हित में किया गया कार्य ही राजनीति है।"
- राजनीति एक सामाजिक प्रक्रिया है, जिसका उद्देश्य बुर्जुआ वर्ग के हितों को साधना है और यह सर्वहारा (गरीब) वर्ग को दबाकर ही सम्भव है।
- मार्क्स के अनुसार, "उत्पादन प्रणाली ही समाज का आधार है। इसी आधार पर राजनीति नैतिकता, सामाजिक नियम, धर्म-दर्शन तथा संस्कृति की संरचना पर खड़ी होती है।" मार्क्स ने राज्य को एक **बुर्जुआ हथियार** माना है।

राजनीतिशास्त्र की प्रकृति

राजनीतिशास्त्र की प्रकृति को आधुनिक एवं परम्परागत राजनीतिज्ञों के अनुसार निम्न रूपों में समझा जा सकता है

विज्ञान के अध्ययन पर बल

आधुनिक राजनीति शास्त्री अपने अध्ययन को अधिक वैज्ञानिक बनाना चाहता है। वे राजनीतिक घटनाओं एवं तथ्यों को वैज्ञानिकता की कसौटी पर कस कर उनकी जाँच करते हैं। वे प्राकृतिक विज्ञान एवं अन्य सामाजिक विज्ञानों से अध्ययन की नई-नई तकनीकों को लेकर राजनीति विज्ञान में उनका प्रयोग करते हैं।

अन्तःअनुशासनात्मक अध्ययन पर बल

आधुनिक राजनीतिक विचारक विज्ञान की प्रकृति अन्तः अनुशासनात्मक अध्ययनों पर जोर देती है। विद्वानों ने समाज-विज्ञान, मनोविज्ञान, अर्थशास्त्र आदि विषयों से बहुत कुछ लिया है, इससे यह राजनीतिक समाजशास्त्र एवं राजनीतिक मनोविज्ञान जैसा प्रतीत होता है।

यथार्थवादी व्यवहारपरक अध्ययनों पर बल

आधुनिक राजनीतिक वैज्ञानिक यथार्थवादी और तथ्यपरक अध्ययनों पर बल देती है।

राजनीतिक विज्ञान के विद्वान् इस बात की खोज पर बल देते है कि संविधान का स्वरूप चाहे जो भी हो, समाज में शक्ति के वास्तविक स्रोत और केन्द्र कहाँ स्थित है, शासक वर्ग अपनी शक्तियों का प्रयोग किस रूप में कर रहा है और शासित वर्ग का राजनीतिक व्यवहार कैसा है? पूर्व अध्ययन कानूनी एवं संस्थागत थे।

अब उनका स्थान राजनीतिक प्रक्रियाओं के समझने की प्रकृति ने ले लिया एवं राजनीतिक दल, दबाव समूह एवं मतदान व्यवहार आदि से सम्बन्धित व्यापक अध्ययन लिए जाने लगे हैं।

नई राजनीतिक शब्दावली का विकास

आधुनिक राजनीतिक वैज्ञानिक पूर्णतया नयी शब्दावली एवं अवधारणाओं का प्रयोग करते हैं। अब राजनीतिक विज्ञान का अध्ययन राजनीतिक विकास, राजनीतिक आधुनिकीकरण, राजनीतिक संस्कृति, राजनीतिक समाजीकरण जैसी नई अवधारणाओं के परिप्रेक्ष्य में किया जाने लगा है।

मूल्य मुक्त अध्ययन

आधुनिक राजनीतिक विज्ञान मूल्य मुक्त अध्ययन पर जोर देता है। राजनीतिक विश्लेषण में यह मानवीय मूल्यों; जैसे—नैतिकता, न्याय, स्वतन्त्रता, आदि को कोई स्थान नहीं देता।

दर्शनशास्त्र से प्रभावित अध्ययन

परम्परागत राजनीतिक विज्ञान का एक बहुत भाग दर्शनशास्त्र से अत्यधिक प्रभावित है। परम्परागत राजनीति विज्ञान पर सर्वत्र दर्शनशास्त्र इस प्रकार छाया हुआ है कि हमें राजनीति विज्ञान दर्शनशास्त्र की एक उपशाखा प्रतीत होता है।

व्यक्तिनिष्ठ अध्ययन पर बल

परम्परावादी राजनीतिज्ञ राजनीति विज्ञान के सिद्धान्त, मान्यताएँ, अवधारणाएँ तथा निष्कर्ष इसके प्रतिपादकों के व्यक्तिगत अनुभव एवं मान्यताओं से निःसृत हुए हैं, इसलिए कहा जाता है कि परम्परागत राजनीति विज्ञान का अध्ययन व्यक्तिनिष्ठ या व्यक्ति सापेक्ष सत्य को प्रस्तुत करता है।

राजनीतिक सिद्धान्त का विषय क्षेत्र

राजनीतिक सिद्धान्त का विषय क्षेत्र निम्न है

(i) राज्य और सरकारों का अध्ययन
(ii) मानवीय समूहों, वर्गों और संस्थाओं का अध्ययन
(iii) मानवीय व्यवहारों का अध्ययन
(iv) राजनीतिक दल प्रणाली, मताधिकार तथा चुनावी राजनीति से जुड़े प्रश्नों का अध्ययन व समीक्षा
(v) राजनीतिक शक्तियों का अध्ययन
(vi) विकास और आधुनिकीकरण की समस्याओं का अध्ययन
(viii) सार्वभौमिक मूल्यों का अध्ययन

- राजनीतिक सिद्धान्त के विषय क्षेत्र के अन्तर्गत सर्वप्रथम राज्य और सरकार का अध्ययन किया जाता है। प्राचीनकाल से ही राजनीतिक सिद्धान्त द्वारा राज्य की उत्पत्ति, प्रकृति, विकास तथा कार्य क्षेत्र के बारे में विचार होता रहा है। इसके साथ-साथ ही सरकार के विभिन्न रूपों; जैसे—राजतन्त्र, कुलीनतन्त्र, लोकतन्त्र, संसदीय, अध्यक्षीय, एकात्मक, संघात्मक आदि का भी अध्ययन किया जाता रहा है।
- राजनीतिक सिद्धान्त में राज्य और सरकार के अध्ययन के साथ-साथ समाज में निहित मानवीय समूहों, विभिन्न वर्गों, संस्थाओं का भी अध्ययन किया जाता है, क्योंकि समाज के इन विभिन्न रूपों से अलग रख कर राज्य या सरकार का अध्ययन सम्भव नहीं है।
- बहुलवादियों ने राज्य के अन्य समुदायों; जैसे—मजदूर संघ, व्यावसायिक संघ, छात्र व महिला संघों, परिवार आदि; के अध्ययन पर विशेष बल दिया है। व्यवहारवादी राजनीतिक सिद्धान्तशास्त्रियों ने मानवीय व्यवहार को ही अपने अध्ययन की मूल इकाई माना है।
- राजनीतिक सिद्धान्त के अन्तर्गत राजनीति शक्ति का भी अध्ययन किया जाता है। अनेक विद्वानों ने राजनीति को शक्ति का विज्ञान कहा है। **मैक्स वेबर, हेरोल्ड लासवेल, जार्ज कैटलिन, रॉबर्ट ए. डहल** आदि विद्वान शक्ति सिद्धान्त के पक्षधर रहे हैं

वस्तुनिष्ठ प्रश्न

1. आधुनिक राजनीति विज्ञान का लक्षण है
(a) मूल्यों पर अधिक बल
(b) दार्शनिक अध्ययन पद्धति
(c) अध्ययन मुक्तता
(d) संस्थागत अध्ययन

2. निम्न में से कौन आधुनिक राजनीति वैज्ञानिक हैं?
(a) हेरॉल्ड लासवैल (b) टी. एच. ग्रीन
(c) प्लेटो (d) हीगल

3. व्यवहारवादी राजनीति विज्ञान की नींव डालने वाले अग्रणी विद्वान् हैं
(a) आर्थर बैण्टले और चार्ल्स मैरियम
(b) हेरॉल्ड लास्की तथा हेरॉल्ड लॉसवैल
(c) बेन्थम तथा जे. एस. मिल
(d) लियो स्ट्रॉस तथा माइकेल ओकशॉट

4. आधुनिक राजनीति विज्ञान का लक्षण नहीं है
(a) मूल्यविहीन
(b) आदर्शवादी अध्ययनों पर बल
(c) अनुभवात्मक
(d) अन्तःअनुशासनात्मक दृष्टिकोण

5. सुमेलित कीजिए

सूची I	सूची II
A. जॉर्ज एच. सेबाइन	1. राजनीति विज्ञान की विचित्रता
B. जॉर्ज ई. कैटलिन	2. ऐतिहासिक दृष्टिकोण
C. लियो स्ट्रॉस	3. समाजशास्त्रीय दृष्टिकोण
D. नार्मन जैकबसन	4. दार्शनिक दृष्टिकोण

कूट
A B C D A B C D
(a) 3 4 1 2 (b) 4 3 2 1
(c) 1 2 3 4 (d) 2 3 4 1

6. सुमेलित कीजिए

सूची I	सूची II
A. दार्शनिक उपागम	1. ऑस्टिन
B. कानूनी उपागम	2. लियो स्ट्रॉस
C. ऐतिहासिक उपागम	3. बेजहॉट
D. सांस्थानिक उपागम	4. सेबाइन

कूट
A B C D A B C D
(a) 2 1 4 3 (b) 1 2 3 4
(c) 3 4 1 2 (d) 4 3 2 1

7. आधुनिक राजनीति विज्ञान के अनुसार राजनीतिशास्त्र किसका अध्ययन करता है?
(a) राज्य (b) शक्ति
(c) सरकार (d) कार्यपालिका

8. परम्परागत राजनीति विज्ञान के अध्ययन के प्रमुख प्रतिमान हैं
(a) राज्य (b) कानून (c) सम्प्रभुता (d) ये सभी

9. निम्नलिखित में से किस कृति में यह अंकित है—"सबसे अधिक आवश्यक है तथ्य-तथ्य, तथ्य, तथ्य"?
(a) ह्यूमन नेचर इन पॉलिटिक्स
(b) अमेरिकन कॉमनवेल्थ
(c) प्राइमरी इलेक्शन्स
(d) मॉडर्न डेमोक्रेसी

10. दार्शनिक उपागम की विशेषताएँ हैं
1. कल्पनात्मक
2. नैतिक मान्यताओं पर बल
3. राज्य के गठन और उसकी गतिविधियों का वर्णन उनके कानूनी एवं न्यायिक स्वरूप के अनुसार करना
4. राजनीति के अध्ययन को अमूर्तता के उच्च स्तर तक ले जाना

नीचे दिए गए कूटों से सही उत्तर चुनिए
(a) 1, 2 और 3 (b) 1, 2 और 4
(c) 2, 3 और 4 (d) 1, 3 और 4

11. राजनीति विज्ञान के अध्ययन के सांस्थानिक उपागम को निम्नांकित विद्वानों की रचनाओं में देखा जा सकता है
1. वाल्टर बेजहॉट 2. जेम्स ब्राइस
3. हर्मन फाइनर 4. रॉबर्ट डहल

नीचे दिए गए कूटों से सही उत्तर चुनिए
(a) 1, 2 और 4 (b) 2, 3 और 4
(c) 1, 2 और 3 (d) 1, 3 और 4

12. क्लासिकी (परम्परावादी) राजनीतिक सिद्धान्त से सम्बन्धित सही युग्म है
(a) लास्की, लासवैल, कान्ट
(b) कान्ट, हीगल, लियो स्ट्रॉस
(c) डेविड ईस्टन, रॉबर्ट डहल, गॉसनेल
(d) मैरियम, लासवैल, रूसो

13. क्लासिकी (परम्परावादी) राजनीतिक सिद्धान्त को आधुनिक युग में पुनर्जीवित करने वाले उल्लेखनीय नाम
(a) मैरियम, ईस्टन तथा लासवैल
(b) अरस्तू, सिसरो तथा एक्विनास
(c) माइकेल ओकशॉट, ईसियाहू बर्लिन तथा जॉन प्लेमेनाट्ज
(d) सार्त्र, मार्कजे तथा ऐरिक फ्रॉम

14. परम्परागत राजनीति विज्ञान के अध्ययन का प्रमुख प्रतिमान नहीं है
(a) राज्य (b) सम्प्रभुता
(c) राजनीतिक व्यवस्था (d) कानून

15. आधुनिक राजनीति विज्ञान का सूत्रपात करने वाली चार्ल्स ई. मैरियम की प्रमुख कृति है
(a) रिपब्लिक
(b) पॉलिटिक्स
(c) न्यू एस्पेक्ट्स ऑफ पॉलिटिक्स
(d) पैथोलॉजी ऑफ पॉलिटिक्स

16. निम्न ग्रन्थों के प्रकाशन का सही क्रम कौन-सा है?
1. प्राइमरी इलेक्शन
2. न्यू एस्पेक्ट ऑफ पॉलिटिक्स
3. ह्यूमन नेचर इन पॉलिटिक्स
4. मॉडर्न डेमोक्रेसी

कूट
(a) 1, 2, 3 और 4 (b) 4, 3, 2 और 1
(c) 2, 3, 4 और 1 (d) 1, 3, 4 और 2

17. किसके अनुसार राजनीति 'प्रभाव और प्रभावशालो' का अध्ययन है?
(a) हेरॉल्ड लासवैल (b) लूसियन पाई
(c) डेविड ईस्टन (d) मैकाइवर

18. निम्नलिखित में से किसके अनुसार "राजनीतिक व्यवस्था किसी भी समाज में अन्तःक्रियाओं की एक ऐसी व्यवस्था है, जिसके माध्यम से बाध्यकारी अथवा आधिकारिक निर्णय लिए जाते हैं?"
(a) सेमुअल हंटिंगटन
(b) चार्ल्स मैरियम
(c) डेविड ईस्टन
(d) हेरॉल्ड लासवैल

19. क्लासिकी (परम्परावादी) राजनीतिक सिद्धान्त से सम्बन्धित कौन नहीं है?
(a) सोफिस्ट (b) व्यवहारवाद
(c) स्कैप्टिक्स (d) इपीक्युरियन्स

20. क्लासिकी (परम्परावादी) राजनीतिक सिद्धान्त का विशेष रूप हमें किसकी रचनाओं में दिखाई देता है?
(a) प्लेटो (b) चार्ल्स मैरियम
(c) अरस्तू (d) हेरॉल्ड लासवैल

21. व्यवहारवादी राजनीति विज्ञान की शिकागो विचारधरा की प्रस्थापना में योगदान देने वाला महान् बौद्धिक व्यक्तित्व है
(a) लॉर्ड ब्राइस (b) लियोनार्ड व्हाइट
(c) चार्ल्स मैरियम (d) आर्थर बैण्टले

22. निम्नलिखित में से कौन क्लासिकी राजनीतिक सिद्धान्त का समर्थन नहीं करता?
(a) दान्ते जर्मीनो
(b) रॉबर्ट डहल
(c) लियो स्ट्रॉस
(d) ईसियाहू बर्लिन

23. 'द रिपब्लिक' में आदर्श राज्य का जो चित्र प्रस्तुत किया गया है, उसका प्रतिबिम्ब निम्नांकित में से किसमें दिखाई नहीं देता?
(a) मोर की 'यूटोपिया'
(b) हंटिंगटन की 'ओशियाना'
(c) मैकियावेली की 'प्रिन्स'
(d) रूसो की 'सोशल कान्ट्रैक्ट'

24. परम्परागत राजनीति विज्ञान का लक्षण नहीं है
(a) दर्शन, कानून और इतिहास पर निर्भरता
(b) व्यक्ति एवं समूह के व्यवहार के अध्ययन पर बल
(c) औपचारिक संस्थाओं के अध्ययन पर बल
(d) राज्य, सम्प्रभुता तथा राष्ट्रवाद जैसी अवधारणाओं पर बल

25. राजनीति विज्ञान का आधुनिक उपागम है
(a) कानूनी उपागम (b) दार्शनिक उपागम
(c) व्यवहारवादी उपागम (d) ऐतिहासिक उपागम

26. राजनीतिक सिद्धान्त का जनक किसे माना जाता है?
(a) यूनानी (b) ब्रिटिश (c) रोमन (d) भारतीय

27. क्लासिकी (पुरातन) राजनीतिक सिद्धान्त का लक्षण है
(a) वैज्ञानिक (b) अनुभवाश्रित
(c) व्यवहारपरक (d) मानकात्मक

28. मानकात्मक राजनीति सिद्धान्त से सम्बन्धित अग्रणी विचारक हैं
(a) रॉबर्ट डहल (b) कैटलिन
(c) डेविड ईस्टन (d) प्लेटो

29. 1908 ई. में अमेरिकन पॉलिटिकल साइन्स एसोसिएशन में दिए गए अध्यक्षीय उद्‌बोधन में किस विद्वान् ने तथ्यों के अध्ययन पर जोर दिया था?
(a) चार्ल्स मैरियम (b) चार्ल्स ए. बियर्ड
(c) लॉर्ड ब्राइस (d) डेविड ईस्टन

30. अमेरिका का वह प्रसिद्ध विश्वविद्यालय जिसे व्यवहारवाद के अध्ययन का गढ़ माना जाता है
(a) ऑक्सफोर्ड (b) हार्वर्ड
(c) शिकागो (d) विस्कॉन्सिन

31. शिकागो स्कूल से सम्बन्धित विद्वानों ने निम्नलिखित में से किस पर अधिक जोर दिया है?
(a) परम्परावाद के अध्ययन पर
(b) मूल्यों के अध्ययन पर
(c) व्यवहारवाद के अध्ययन पर
(d) औपचारिक-कानूनी अध्ययन पर

32. सामान्य रूप से राजनीति विज्ञान का तर्कसंगत विभाजन दर्शाता है
(a) ऐतिहासिक और दार्शनिक राजनीति विज्ञान
(b) परम्परागत और आधुनिक राजनीति विज्ञान
(c) व्यवहारवादी और उत्तरव्यवहारवादी राजनीति विज्ञान
(d) आधुनिक और वैज्ञानिक राजनीति विज्ञान

33. आधुनिक युग में परम्परागत राजनीति विज्ञान की परम्परा को जीवित रखने वाले अग्रणी विचारक हैं
(a) प्लेटो और अरस्तू
(b) हीगल और ग्रीन
(c) लियो स्ट्रॉस और माइकेल ओकशॉट
(d) कार्ल मार्क्स और लेनिन

34. परम्परागत राजनीति विज्ञान का प्रमुख लक्षण है
(a) सर्वेक्षण पद्धति पर बल
(b) गणितीय प्रतिमानों का निर्माण
(c) ऐतिहासिक एवं विवरणात्मक पद्धति पर बल
(d) तथ्य संग्रह पर बल

35. परम्परागत राजनीति विज्ञान से सम्बन्धित विद्वान् विचारक हैं
(a) प्लेटो (b) हेरॉल्ड लासवैल
(c) डेविड ईस्टन (d) रॉबर्ट डहल

36. आधुनिक राजनीति विज्ञान से सम्बन्धित राजनीतिक विचारक हैं
(a) रूसो (b) थॉमस एक्विनास
(c) डेविड ईस्टन (d) हीगल

37. वह कौन-सा विचारक है, जिसने राजनीति का अध्ययन निश्चयवादी (Positivism) अर्थात् वैज्ञानिक अर्थों में करने की नई दिशा दिखाई?
(a) मैक्स वेबर (b) प्लेटो
(c) ऑगस्ट कॉम्टे (d) कार्ल मार्क्स

38. परम्परागत राजनीति विज्ञान का लक्षण है
(a) तथ्यों पर बल
(b) अन्तःअनुशासनात्मक अध्ययन
(c) शोध एवं सिद्धान्त में घनिष्ठ सम्बन्ध
(d) मूल्यों पर अधिक बल

39. परम्परागत राजनीति विज्ञान की प्रमुख विशेषता है
(a) वैज्ञानिकता
(b) तथ्यों पर बल देना
(c) दार्शनिक स्वरूप
(d) अनुभवाश्रित प्रकृति

40. परम्परागत राजनीति विज्ञान का लक्षण नहीं है
(a) अमूर्त स्वरूप (b) काल्पनिकता पर बल
(c) मानकात्मक (d) व्यवहारपरक

41. शिकागो स्कूल से सम्बन्धित विद्वान् नहीं हैं
(a) डेविड ईस्टन (b) स्टुअर्ट राइस
(c) लियो स्ट्रॉस (d) गॉसनेल

42. परम्परावादी राजनीति विज्ञान का लक्षण नहीं है
(a) तथ्य और मूल्य को अन्तःसम्बन्धित करना
(b) मूल्यों पर जोर देना
(c) तथ्यों को मूल्य से अलग करना
(d) लक्ष्यात्मक और मानकात्मक

43. निम्नांकित में से कौन-सा व्यवहारवाद का लक्षण नहीं है?
(a) शोध व्यवस्थित होना चाहिए
(b) उसका प्रमुख आग्रह आनुभविक प्रणालियों के उपयोग पर होना चाहिए
(c) मूल्यों की दृष्टि से तटस्थ रहना तर्कसंगत नहीं है
(d) उसका समस्त ध्यान व्यक्ति के आचरण के अध्ययन पर होना चाहिए

44. निम्नलिखित रचनाओं में समाज विज्ञान उपागम के लक्षण मिलते हैं
1. कॉम्टे 2. ग्राहम वालास
3. स्पेन्सर 4. मैकाइवर
नीचे दिए गए कूटों से सही उत्तर चुनिए
(a) 1, 2 और 3 (b) 1, 3 और 4
(c) 2, 3 और 4 (d) 1, 2, 3 और 4

45. निम्नांकित में से किसने फ्रायड के मनोविज्ञान को राजनीतिक व्यवहार पर लागू करने की कोशिश की है?
(a) हेरॉल्ड लास्की (b) डेविड ईस्टन
(c) हेरॉल्ड लासवैल (d) ऑगस्ट कॉम्टे

46. राजनीति विज्ञान में अन्तः अनुशासनात्मक अध्ययनों की आवश्यकता पर किसने जोर दिया था?
(a) प्लेटो (b) दान्ते जर्मीनो
(c) हेरॉल्ड लास्की (d) कैटलिन

47. 1908 ई. में प्रकाशित ग्राहम वालास की कृति 'Human Nature in Politics' में किस पर सर्वाधिक जोर दिया गया है?
(a) राजनीतिक व्यवहार के ऐतिहासिक चित्रण पर
(b) राजनीतिक व्यवहार के सामाजिक-मनोवैज्ञानिक आधार के अध्ययन पर
(c) राजनीतिक व्यवहार के मानकात्मक अध्ययन पर
(d) राजनीतिक व्यवहार के तुलनात्मक अध्ययन पर

सही उत्तर

1. (c)	2. (a)	3. (a)	4. (b)	5. (d)	6. (a)	7. (d)	8. (d)	9. (d)	10. (c)
11. (c)	12. (b)	13. (c)	14. (c)	15. (c)	16. (d)	17. (c)	18. (c)	19. (b)	20. (a)
21. (c)	22. (b)	23. (c)	24. (b)	25. (c)	26. (a)	27. (d)	28. (d)	29. (c)	30. (c)
31. (c)	32. (b)	33. (c)	34. (c)	35. (a)	36. (c)	37. (d)	38. (d)	39. (c)	40. (d)
41. (c)	42. (c)	43. (c)	44. (b)	45. (c)	46. (d)	47. (b)			

अध्याय 02 राज्य की उत्पत्ति के सिद्धान्त

राज्य की परिभाषा

- **ओपेनहाइम** तथा **मार्क्स** के अनुसार, राज्य केवल एकवर्गीय संस्था है।
- **विनोग्रेडाफ** ने राज्य के केवल कानूनी स्वरूप पर ही बल दिया है और **ऑस्टिन** की भाँति राज्य को एक प्रभुत्वसम्पन्न संस्था माना है।
- राज्य उदारवादियों व लोकतान्त्रिक समाजवादियों की नजर में 'सकारात्मक भलाई का अभिकरण' है।
- अराजकतावादियों व मार्क्सवादियों ने राज्य को 'एक वर्ग द्वारा दूसरे वर्ग के शोषण व दमन का उपकरण' माना है।
- **हीगल** राज्य को 'धरती पर ईश्वर के विचरण' के रूप में देखता है।
- गिलक्राइस्ट के अनुसार, "राज्य उसे कहते हैं जहाँ कुछ लोग एक निश्चित प्रदेश में एक सरकार के अधीन संगठित होते हैं। यह सरकार आन्तरिक मामलों में अपनी जनता की प्रभुसत्ता को प्रकट करती है और बाहरी मामलों में अन्य सरकारों से स्वतन्त्र होती है।"
- **प्रोधाँ** ने राज्य को 'अनावश्यक एवं अवांछित दोष' कहा है।
- 'राज्य' या 'स्टेट' शब्द का सर्वप्रथम प्रयोग **ट्यूटन** राजाओं ने 'स्टेटस' शब्द के माध्यम से किया। यह लैटिन भाषा का शब्द है, जिसका अर्थ है—'व्यक्ति का स्तर'। **सिसरो** के समय तक इसका अर्थ सारे समाज के स्तर से हो गया।
- आधुनिक रूप में राज्य शब्द का प्रयोग सर्वप्रथम इटली के प्रसिद्ध राजनीतिज्ञ **मैकियावेली** (1469-1527 ई.) ने अपनी कृति 'प्रिन्स' में किया।
- **मैकियावेली** ने 'प्रिन्स' में इटालियन भाषा के शब्द 'State' का प्रयोग किया है, जिसका अर्थ है—'राज्य'।
- इससे पूर्व ग्रीक अथवा यूनानी विचारक 'पोलिस' (Polis) तथा रोमन विचारक 'सिविटास' (Civitas) शब्दों का प्रयोग करते थे, जिसका अर्थ था 'राज्य' या 'स्टेट'।
- 16वीं शताब्दी में राज्य के लिए 'Status' शब्द का प्रयोग इंग्लैण्ड में हुआ।
- राज्य की सर्वमान्य परिभाषा **गार्नर** की है। **गार्नर** के अनुसार, "राज्य संख्या में कम या अधिक व्यक्तियों का ऐसा संगठन है, जो किसी प्रदेश के निश्चित भू-भाग में स्थायी रूप से रहता हो, जो बाहरी नियन्त्रण से पूर्ण स्वतन्त्र या लगभग स्वतन्त्र हो और जिसका एक ऐसा संगठित शासन हो, जिसके आदेशों का पालन नागरिकों का विशाल समुदाय स्वभावतः करता हो।"
- व्युत्पत्ति के आधार पर राज्य का सम्बन्ध मात्र सम्प्रभुता से है। शक्ति को ही राज्य का आधार माना गया है। शक्ति सम्बन्धी विचारधारा मुख्यतः **मैकियावेली** तथा **गमप्लाऊज** ने प्रचलित की थी। इसी का अनुकरण बाद में **रेटजेनहोफर, ओपेनहाइम** तथा **सिमेल** ने किया, जो दार्शनिक शक्ति को राज्य के जीवन का आधार मानते थे।
- कानूनी व्यवस्था के रूप में राज्य की परिभाषा का आधार है— राज्य एक व्यक्तित्व-सम्पन्न संस्था है और मैकियावेली इसे कानून के उद्गम के रूप में मानते हैं। वर्तमान में इस विचारधारा के समर्थक हैं—**विलोबी, विल्सन** और **जेलिनेक**।
- एक-समुदायवादी सिद्धान्तकार राज्य को समाज में सर्वश्रेष्ठ स्थान देते हैं और उसे अन्य समुदायों से उच्च स्थान देते हुए उनको राज्य के अधीन मानते हैं।
- बहु-समुदायवादी सिद्धान्तकार राज्य को ही सम्पूर्ण प्रभुत्वसम्पन्न मानते हैं। यह विचारधारा सबसे प्राचीन है। **अरस्तू** से लेकर **बेन्थम** तक अनेक विचारकों ने इसी आधार पर राज्य की परिभाषा दी है। **बोदाँ** ने भी बहु-समुदायवादी आधार पर राज्य को परिभाषित किया।

उद्देश्यों *एवं* कार्यों के आधार पर राज्य की परिभाषा

- **व्यक्तिवादियों** के अनुसार, *"राज्य एक संस्था है, जिसका अस्तित्व समाज में एक आवश्यक बुराई के रूप में रहता है और इसका कार्य पुलिस जैसा होता है।"*
  राज्य व्यक्तिगत स्वतन्त्रता के लिए बाधक है।
- **उपयोगितावादियों** के अनुसार, *"राज्य एक ऐसी संस्था है, जिसका निर्माण मनुष्य की सुरक्षा, सुविधा और हित के लिए किया गया है, जिसका उद्देश्य अधिकतम व्यक्तियों को अधिकतम सुख पहुँचाना है।"*
- **विचारवादियों** के अनुसार, *"राज्य एक ऐसी संस्था है, जिसका अपना व्यक्तित्व होता है और जो सामूहिक इच्छाओं को अभिव्यक्त करता है तथा इससे अलग व्यक्ति की कोई स्वतन्त्र इच्छा नहीं होती।"*
- **समाजवादियों** के अनुसार, *"राज्य एक ऐसी संस्था है, जिसका कार्य सामूहिक हित साधन है।"*
- **साम्यवादियों** के अनुसार, *"राज्य एक ऐसी संस्था है, जिसका कार्य पूँजीपतियों के हित के लिए श्रमिकों का शोषण करना है।"*

राज्य के लिए प्रयुक्त विविध शब्द	
यूनानी विचारक	सिटी स्टेट
रोमन विचारक	सिविटास और रिपब्लिक
ईसाई धर्म प्रचारक	रिपब्लिक क्रिस्टियाना
बोदाँ	रिपब्लिक
हॉब्स	कॉमनवेल्थ
लॉक तथा रूसो	समुदाय
आमण्ड और डहल	पॉलिटिकल सिस्टम

राज्य के निर्माणक तत्त्व

1. जनसंख्या
2. भू-प्रदेश
3. सरकार
4. प्रभुसत्ता

जनसंख्या

- **प्लेटो** ने अपनी कृति 'The Laws' में अपने उप-आदर्श राज्य के लिए 5,040 की जनसंख्या का सुझाव दिया है, जबकि **रूसो** ने अपनी कृति 'Social Contract' (1762) में विशुद्ध प्रजातान्त्रिक राज्य के लिए 10,000 की जनसंख्या को आदर्श माना है।
- **अरस्तू** के अनुसार, "किसी राज्य की जनसंख्या न तो इतनी विशाल हो कि प्रशासनिक समस्या बन जाए और न ही इतनी कम हो कि लोग शान्ति व सुरक्षा से न रह सकें, जनसंख्या इतनी हो कि लोग आत्मसन्तोष या आत्म-पर्याप्तता का जीवन व्यतीत कर सकें।"
- **अरस्तू** ने राज्य के लिए 1,00,000 की जनसंख्या को अत्यधिक बताया है।

भू-प्रदेश

- **जेलिनेक** के अनुसार, 19वीं शताब्दी से पहले किसी भी लेखक ने राज्य की परिभाषा में भूमि या प्रदेश का उल्लेख नहीं किया है।
- **मैक्स वेबर** ने भूमि या प्रदेश को राज्य का सबसे आवश्यक तत्त्व माना है।
- **सीले, लियोन डिग्विट, हॉल** तथा **विलोबी** ने निश्चित भू-प्रदेश को राज्य का आवश्यक तत्त्व नहीं माना है।
- राज्य की भूमि के अन्तर्गत निम्न चीजें आती हैं—राज्य सीमा के अन्दर की भूमि; जल भाग; जैसे—झीलें, नहरें, नदियाँ; प्रदेश का जल क्षेत्र जैसे—राज्य के समुद्र तट के आस-पास 3 से 12 मील का समुद्र, राज्य सीमा में आने वाला वायुमण्डलीय भाग आदि।
- राज्य क्षेत्राधिकार के अन्तर्गत विदेशी कूटनीतिक प्रतिनिधियों, शासकों एवं सीमा के अन्तर्गत अस्थायी रूप से आने वाले विदेशी जहाजों पर राज्य का अधिकार नहीं होता है।
- **प्लेटो** और **अरस्तू** छोटे भू-प्रदेश वाले राज्य के पक्ष में थे।
- **लॉर्ड एक्टन** ने विशाल भू-भाग वाले प्रदेश का समर्थन किया है।

सरकार

- राजनीतिक संगठन अथवा सरकार राज्य का एक ऐसा साधन है, जिसके द्वारा राज्य के लक्ष्यों और नीतियों को क्रियान्वित किया जाता है। अत: सरकार राज्य का व्यावहारिक पक्ष है।
- सरकार एक एजेन्सी के समान है, जिसके द्वारा राज्य की इच्छा प्रकट और क्रियान्वित होती है।

प्रभुसत्ता

- **प्रभुसत्ता** को अंग्रेजी भाषा में 'Sovereignty' कहते हैं, जोकि लैटिन भाषा के शब्द 'Superames' से निकला है, जिसका अर्थ है—सर्वोच्च (Supreme)। इस प्रकार प्रभुसत्ता (Sovereignty) का अर्थ है राज्य की सर्वोच्च शक्ति।
- **लास्की** के मतानुसार, "राज्य अपनी प्रभुसत्ता के कारण ही अन्य मानव-संघों से भिन्न है।"
- **गैटल** के अनुसार, "प्रभुसत्ता ही राज्य का असली तत्त्व है। राज्य के अन्दर, इसका अर्थ है कि प्रत्येक व्यक्ति तथा संस्था जोकि राज्य में हैं, वैधानिक रूप से इसके अधिकार में हैं। राज्य के बाहर, इसका अर्थ है कि राज्य किसी अन्य राज्य के अधीन नहीं है।"

राज्य का स्वरूप *या* प्रकृति

- **प्लेटो** ने राज्य के स्वरूप या प्रकृति के बारे में कहा है कि "राज्य मानव विवेक का प्रकटीकरण है।"
- **अरस्तू** के अनुसार, "राज्य सद्‌गुणी जीवन की प्राप्ति का माध्यम तथा समुदायों का समुदाय है।"
- **हॉब्स, लॉक** और **रूसो** जैसे संविदावादी राज्य को एक कृत्रिम या मानव निर्मित संस्था मानते हैं।
- **बर्क** के अनुसार, "राज्य ऐतिहासिक विकास का परिणाम है।"

राज्य की प्रकृति के सम्बन्ध में वैधानिक सिद्धान्त

- वैधानिक सिद्धान्त राज्य को एक वैधानिक इकाई मानता है और उसे कानूनी व्यक्तित्व प्रदान करता है। कानून की नजर में राज्य एक व्यक्ति सदृश है तथा यह एक वैधानिक संगठन है।
- राज्य कानून का निर्माण एवं उसे लागू करने वाला है, यह दूसरों पर मुकदमा चला सकता है और इस पर अन्य द्वारा मुकदमा चलाया जा सकता है।
- राज्य कानून की व्याख्या एवं परिवर्तन की संस्था है।
- **क्रैब, बेन्थम, ऑस्टिन, सर हेनरीमैन** जैसे विद्वान इस सिद्धान्त के समर्थक हैं।
- राष्ट्र-राज्य (Nation-state) के अस्तित्व में आने के कारण अब जबकि राज्य का रूप पूर्णत: एक संस्था का हो गया है, तो विधिशास्त्रियों ने चर्च आदि अन्य मानव समुदायों की तरह ही राज्य में भी पृथक् व्यक्तित्व की सत्ता का प्रतिपादन करना शुरू किया। इसके समर्थक **ग्रीक, ट्राटस्की, वाइल्डवस्की, गीयर्क** और **जेलिनेक** जैसे राजनीतिशास्त्री हैं।
- इस सिद्धान्त के प्रमुख आलोचकों में **मिस फॉलेट, लॉफर डिग्वी** आदि हैं।

दैवीय उत्पत्ति का सिद्धान्त

- इस सिद्धान्त के मूल में मानव की वह धार्मिक या रहस्यवादी प्रकृति थी, जिससे उसने संसार की हर घटना में ईश्वर की अभिव्यक्ति तथा राज्य को भी इसी तरह ईश्वर की सृष्टि माना। हर जाति के धार्मिक ग्रन्थों में इस सिद्धान्त का समर्थन किया जाता है।
- यहूदी धर्मग्रन्थ 'ओल्ड टेस्टामेन्ट' में राजा को ईश्वर का प्रतिनिधि और ईश्वर के प्रति उत्तरदायी कहा गया है।
- भारत में भी 'मनुस्मृति' और 'महाभारत' में राजा को देवताओं का अंश माना गया है।
- **ईसाई सन्तों का दो तलवार का सिद्धान्त**—इस सिद्धान्त में चर्च और राजसत्ता समान रूप से ईश्वर की सृष्टि थे और समान थे, इससे कुछ समय तक शान्ति और मैत्री रही, परन्तु कालान्तर में दोनों में तलवारें तन

गईं। एक तलवार राजा के हाथों में थी तो दूसरी तलवार पोप के हाथ में। दोनों ने अपनी सर्वोपरिता को सिद्ध करने के लिए इसी सिद्धान्त का सहारा लिया। सोलहवीं सदी में प्रोटेस्टैन्ट सुधारकों ने राजा का पक्ष लिया। लूथर, काल्विन और ज्विंग्ली ने राजा के आज्ञापालन को धर्म बतलाया। जब राजाओं के नेतृत्व में राष्ट्रीय राज्य स्थापित हो गया, तब राजाओं ने इस सिद्धान्त का प्रयोग मध्यवर्ग की प्रजातान्त्रिक माँगों का निषेध करने के लिए किया।

- 17वीं सदी में स्टुअर्ट शासक **जेम्स प्रथम** ने अपनी पुस्तक **'लॉ ऑफ फ्री मोनार्कीन'** में इस सिद्धान्त का प्रबल समर्थन किया था।
- **फिल्मर** ने अपनी पुस्तक 'पैट्रिआर्का' में राजा के दैवी अधिकार के समर्थन में लिखा कि राजतन्त्र सर्वोत्तम प्रकार का राजनीतिक संगठन है और राजा का राज्य में वही स्थान है, जो कुटुम्ब में पिता का। राजा ईश्वर का प्रतिबिम्ब है।

देवीय उत्पत्ति के सिद्धान्त की विशेषताएँ

- राजा मानवीय रचना नहीं है, ईश्वरीय रचना है।
- राजा पृथ्वी पर ईश्वर का प्रतिनिधित्व करता है और वह केवल ईश्वर के प्रति ही उत्तरदायी है।
- जनता का यह कर्त्तव्य है कि वह बिना किसी विरोध के राजा की आज्ञाओं का पालन करे।
- राजतन्त्र पैतृक होता है जो कि पिता से पुत्र को प्राप्त होता है।
- दैवीय सिद्धान्त की मान्यता इतिहास में (यहूदियों में, ईसाइयों में, यूरोप में धर्म सुधार के काल में, हिन्दू धर्मग्रन्थों में) बहुत समय तक रही है।

शक्ति का सिद्धान्त

राजनीति को शक्ति का अध्ययन कहा जाता है। सुकरात, प्लेटो, अरस्तू, हॉब्स और मैकियावेली आदि विद्वानों ने शक्ति के सिद्धान्त की विवेचना की है।

शक्ति की परिभाषा

- **रॉबर्ट बीरस्टीड** के अनुसार, ''शक्ति बल प्रयोग करने की योग्यता है न कि उसका वास्तव में प्रयोग किया जाना।''
- कार्ल डायर्च के शब्दों में, ''शक्ति विरोध में सफलता पाने और बाधाओं पर विजय पाने की योग्यता है।''
- **मॉर्गेन्थाऊ** के अनुसार, ''सामाजिक सम्बन्धों में दूसरे व्यक्तियों के मस्तिष्क और कार्यों को प्रभावित करने की क्षमता का नाम ही शक्ति है।''

शक्ति के प्रकार

- *शक्ति के विभिन्न प्रकार हैं*

  (i) राजनीतिक शक्ति (ii) आर्थिक शक्ति

  (iii) वैचारिक शक्ति
- राजनीतिक शक्ति का साधारण अर्थ है—राज्य और सरकार की शक्ति। इस प्रकार की शक्ति में कानून बनाने, नीतियों का निर्धारण करने एवं कानूनों एवं नीतियों को लागू करने, कानूनों की अवहेलना करने वालों को दण्ड देने, आदि के कार्य सम्मिलित हैं।
- राजनीतिक शक्ति के दो पहलू होते हैं—मात्रात्मक और गुणात्मक। मात्रात्मक से अभिप्राय शक्ति की प्रयोग की जाने वाली मात्रा से है। प्रायः एक कमजोर शासक द्वारा उतनी शक्ति को प्रयोग नहीं किया जाता जितनी एक कुशल व गुणी शासक कर सकता है।
- गुणात्मक से तात्पर्य है शक्ति का प्रयोग किस उद्देश्य के लिए किया जा रहा है, जनता की भलाई के लिए या फिर शासक की स्वार्थ सिद्धि के लिए।
- आर्थिक शक्ति का अभिप्राय ऐसी शक्ति से है जो उत्पादन एवं वितरण के साधन, भूमि, सम्पत्ति और अन्य भौतिक शक्तियों के अधिकार या स्वामित्व से उत्पन्न होती है।
- वैचारिक शक्ति का मूलाधार कोई विशेष विचारधारा होती है।

शक्ति के सिद्धान्त की विशेषताएँ

- इस सिद्धान्त के अनुसार राज्य की उत्पत्ति शक्ति से होती है। शक्तिशाली शक्ति से लोगों को शासन के बन्धन में बाँधता है, जो राज्य की उत्पत्ति में सहायक होता है।
- शक्ति सिद्धान्त के समर्थक राज्य को शक्तिशाली वर्ग या व्यक्ति के प्रभुत्व के रूप में देखते हैं, जो निर्बल समुदाय पर सबल समुदाय की विजय से स्थापित होता है। इस प्रकार यह सिद्धान्त युद्ध को राज्य स्थापित करने की प्रक्रिया मानता है।
- **पालीबियस** ने शक्ति सिद्धान्त का प्रतिपादन किया है।
- **प्लेटो** के 'रिपब्लिक' का सोफिस्ट पात्र थ्रेसीमेकस कहता है कि ''न्याय शक्तिशाली का हित है।''
- **ह्यूम** ने अपनी पुस्तक 'ऑन द ओरिजिन ऑफ गवर्नमेन्ट' में शक्ति के सिद्धान्त का समर्थन किया था।
- **अरस्तू** ने 'ओरिजिनल कॉन्ट्रैक्ट' में लिखा है कि ''राज्य की उत्पत्ति उस समय हुई होगी जब किसी मानव दल के नेता ने शक्तिशाली होकर अनुयायियों पर अधिकार जमाकर उन पर अपना शासन लादा होगा।''

विविध प्रयोग

- यूनान के सोफिस्ट विचारकों द्वारा
- चर्च द्वारा राज्य पर प्रभुत्व सिद्ध करने के लिए
- व्यक्तिवाद के समर्थन के लिए
- अराजकतावाद के समर्थन के लिए
- समाजवाद और साम्यवाद के समर्थन के लिए

शक्ति का वर्ग प्रभुत्व का सिद्धान्त

- शक्ति के वर्ग प्रभुत्व सिद्धान्त के अनुसार जिस वर्ग के हाथों में समाज की आर्थिक शक्ति होती है उसी वर्ग के हाथों में राजनीतिक शक्ति भी होती है।
- मार्क्सवाद की दृष्टि में आर्थिक शक्ति ही राजनीतिक शक्ति का आधार है।

पितृसत्तात्मक सिद्धान्त

राज्य की उत्पत्ति के पितृसत्तात्मक सिद्धान्त का सबसे प्रबल समर्थन **हेनरीमैन** ने अपनी पुस्तकों 'Ancient Law' और 'Early History of Institutions' में किया है। इस सिद्धान्त की आलोचना मानवशास्त्री **मैकलीनन, जोंक्स, मॉर्गन** आदि ने की है।

मातृसत्तात्मक सिद्धान्त

- **मैकलीनन, मॉर्गन, जोंक्स** आदि विचारकों ने इस सिद्धान्त का समर्थन किया है।
- परिवार के समूह से वंश (Genes) बने और वंशों के समूह से कबीले बने और कबीलों के विस्तार से ग्राम और फिर राज्य बने।

आंगिक या सावयव सिद्धान्त

- आंगिक सिद्धान्त सर्वाधिक प्राचीन सिद्धान्त है। यह राज्य की तुलना सावयव या शरीर से करता है।
- इस सिद्धान्त के अनुसार, जिस प्रकार मानवीय शरीर के विभिन्न अंग होते हैं और वह उनसे मिलकर उसका निर्माण करता है, ठीक उसी प्रकार राज्य के विभिन्न अंग होते हैं, जिनसे उसका निर्माण होता है। जिस प्रकार शरीर से अंगों का अलग महत्त्व नहीं होता, उसी प्रकार राज्य से पृथक् व्यक्तियों का कोई अस्तित्व नहीं होता।
- इस सिद्धान्त के समर्थक—**प्लेटो, अरस्तू, सिसरो, मार्सीलियो, पदुआ, हॉब्स, रूसो** जैसे राजनीतिशास्त्री हैं।

हर्बर्ट स्पेन्सर का सावयव सिद्धान्त

- सावयव सिद्धान्त का सबसे विशद् विवेचन इंग्लैण्ड के **हर्बर्ट स्पेन्सर** ने किया। इसी कारण यह सिद्धान्त स्पेन्सर के नाम के साथ सम्बद्ध है।
- **स्पेन्सर** ने राज्य और व्यक्ति के बीच सूक्ष्म रूपक बाँधते हुए यह सिद्ध करने की चेष्टा की है कि राज्य या समाज एक प्राकृतिक जीवित शरीर है, जो अन्य जीवधारियों से किसी भी तरह भिन्न नहीं है।
- इस सिद्धान्त की मान्यताएँ हैं—यह राज्य के ऐतिहासिक विकास का महत्त्व बतलाता है। मनुष्य सामाजिक प्राणी है और मनुष्य की इस प्रवृत्ति के कारण राज्य का जन्म हुआ है। स्पेन्सर ने राज्य और नागरिकों की पारस्परिक निर्भरता पर बल दिया है। यह सामाजिक जीवन की मौलिक एकता पर बल देता है।

विचारवादी *या* आदर्शवादी सिद्धान्त

- इस सिद्धान्त के अनुसार, राज्य मनुष्य के हित और कल्याण का एक साधन मात्र न होकर स्वयं साध्य है।
- **बोसांके** ने इसे 'Philosophical theory' और **हॉबहाउस** ने 'Metaphysical theory' नाम दिया है।
- विचारवादी सिद्धान्त के दो रूप हैं—उग्र एवं सम्यक् या मध्यमार्गी।
- उग्र आदर्शवादी सिद्धान्त के पिता जर्मन विद्वान **कान्ट** माने जाते हैं तथा **हीगल** ने इसे अत्यन्त उग्र रूप प्रदान किया। अंग्रेज आदर्शवादी **बोसांके** भी **हीगल** के अनुयायी थे।
- उग्र आदर्शवादियों की मान्यताएँ थीं—राज्य और व्यक्ति के मध्य सम्बन्ध प्राकृतिक होते हैं, राज्य मानवीय स्वतन्त्रता की प्राप्ति का एकमात्र साधन है, राज्य नैतिकता का स्रोत है, व्यक्ति को शासन के विरुद्ध विद्रोह का अधिकार नहीं है तथा युद्ध वांछनीय है।

आधुनिक आदर्शवादी सिद्धान्त

- इस सिद्धान्त के मुख्य प्रतिपादक **कान्ट** और **टी एच ग्रीन** हैं।
- **ग्रीन**; ब्रिटेन के उदारवाद से प्रभावित था। वह **हीगल** द्वारा प्रतिपादित आदर्शवाद से भी प्रभावित था। इसीलिए **ग्रीन** के उग्र आदर्शवाद और ब्रिटेन के उदारवाद के बीच इसे 'समन्वयक' तथा 'आधुनिक आदर्शवादी' कहा जाता है।
- इस सिद्धान्त के अनुसार, ''राज्य एक नैसर्गिक एवं प्राकृतिक संस्था है तथा व्यक्ति के लिए अनिवार्य है। इसकी सत्ता सदाचार की स्थापना के लिए होती है।''
- यह राज्य के आदेशों का पालन करना तथा उसके नियन्त्रण में रहना व्यक्ति के लिए श्रेयस्कर मानता है।
- इस सिद्धान्त के अनुसार, व्यक्ति को यह अधिकार है कि वह राज्य के विरुद्ध नहीं, वरन् ऐसी सरकार के विरुद्ध विद्रोह कर सके, जो राज्य के आदर्श का निर्वाह अर्थात् सार्वजनिक हित साधन करने में असमर्थ हो।

मार्क्सवादी सिद्धान्त

- मार्क्स राज्य को पूँजीवादी हथियार मानता है, जिसका काम पूँजीवादी व्यवस्था को किसी-न-किसी रूप में जिन्दा रखना है, गरीबों की आवाज को दबाना है।
- **मार्क्स** राज्य के गरीब विरोधी, अमानवीय, पक्षपातपूर्ण, अनैतिक, दमनकारी, शोषणकारी स्वरूप के कारण ही उसका विरोध करता है।
- समसामयिक मार्क्सवाद (आधुनिक मार्क्सवाद) मार्क्स के राज्य सम्बन्धी सिद्धान्त से अलग धारणा रखता है।
- आधुनिक मार्क्सवाद के एक पक्ष 'विकासवादी समाजवादियों' ने **मार्क्स** के विपरीत कहा है कि राज्य का प्रयोग मजदूर वर्ग के लिए कल्याणकारी कानून बनाने और पूँजीवाद को नियन्त्रित कर समाजवाद की स्थापना के लिए किया जा सकता है। मार्क्सवाद को अमली जामा पहनाने वाले लेनिन हैं, जो राज्यविहीन समाज की धारणा को स्वीकार करते हैं।
- आधुनिक मार्क्सवाद राज्य के अस्तित्व में विश्वास करता है और वर्ग-संघर्ष को राज्य की उत्पत्ति का कारण मानने में अविश्वास करता है तथा राज्य को मजदूरों एवं गरीबों के हितों का रक्षक मानता है।

व्यक्तिवादी सिद्धान्त

- यह सिद्धान्त राज्य को एक कृत्रिम संस्था मानता है। अन्य समुदायों की भाँति राज्य व्यक्तियों के समूह के अतिरिक्त और कुछ भी नहीं है।
- यह प्राचीन सिद्धान्त है। प्राचीन यूनान के सोफिस्ट विचारक राज्य को स्वाभाविक संस्था नहीं मानते हैं, बल्कि राज्य को आवश्यक बुराई मानते हैं। 19वीं शताब्दी में इस सिद्धान्त का काफी प्रचार-प्रसार हुआ।
- **बेन्थम** और **हर्बर्ट स्पेन्सर** इस सिद्धान्त के प्रतिपादक माने जाते हैं। इनके अनुसार, ''राज्य 'बुराई' इसलिए है, क्योकि यह व्यक्तियों की स्वतन्त्रता का हनन करता है। अत: मनुष्य की मौलिक कमजोरियों के कारण राज्य अनिवार्य है।''

लोक-कल्याणकारी सिद्धान्त

- यह सिद्धान्त राज्य को एक कल्याणकारी संस्था मानता है। इस सिद्धान्त के प्रतिपादकों में **ग्रोशियम** और **अल्यूशियम** का नाम विशेष रूप से उल्लेखनीय है। ये राज्य को सार्वजनिक कम्पनी के रूप में मानते हैं, जिसका संगठन सार्वजनिक हित के लिए हुआ है।

बहुलवादी सिद्धान्त

- बहुलवादी सर्वशक्तिमान तथा प्रभुत्वसम्पन्न राज्य के विरुद्ध प्रतिक्रिया है।
- बहुलवादी राज्य को सर्वसम्पन्न व शक्तिसम्पन्न संस्था नहीं मानते। इनके अनुसार, परिवार, चर्च, क्लब, श्रमिक संघ आदि की भाँति ही राज्य भी एक संघ है।
- इस सिद्धान्त के प्रमुख आलोचक **अर्नेस्ट बाकर** तथा बहुलवादी विचारक **लास्की** हैं।

प्राकृतिक सिद्धान्त

- इस सिद्धान्त का प्रतिपादन प्लेटो और अरस्तू ने किया।
- इस सिद्धान्त के अनुसार, राज्य एक प्राकृतिक संस्था है, मानव निर्मित नहीं।
- इस सिद्धान्त की आलोचना सोफिस्टों एवं आधुनिक राजनीतिक विचारकों ने की।

सामाजिक संविदा *या* समझौता सिद्धान्त

- 17वीं एवं 18वीं शताब्दी में सामाजिक समझौता सिद्धान्त की उत्पत्ति हुई।
- इस सिद्धान्त के अनुसार, राज्य दैवी संस्था न होकर मानवीय संस्था है। इसका निर्माण प्राकृतिक अवस्था में रहने वाले व्यक्तियों द्वारा पारस्परिक समझौते के आधार पर किया गया है।
- इस सिद्धान्त के प्रतिपादकों; **हॉब्स, लॉक** तथा **रूसो**; ने मानव इतिहास को दो कालों में विभक्त किया है
  (i) प्राकृतिक अवस्था का काल व
  (ii) नागरिक जीवन के प्रारम्भ का काल।

राज्य *एवं* अन्य साहचर्य

राज्य और समाज में अन्तर

- समय की दृष्टि से समाज राज्य का पूर्ववर्ती है अर्थात् समाज राज्य से बहुत पहले अस्तित्व में आया था।
- राज्य समाज का अंग मात्र है और समाज में हमारे सभी प्रकार के सम्बन्ध एवं संस्थाएँ निहित हैं।
- राज्य के पास प्रभुसत्ता की विशिष्टता है, जिससे वह बल प्रयोग से दूसरों को दमित अथवा बाध्य कर सकता है। समाज के पास ऐसा कोई बाध्यकारी बल नहीं है और जो बल इसके पास है वह नैतिक आग्रह के रूप में प्रकट होता है।

राज्य और शासन *या* सरकार में अन्तर

- राज्य एक वृहत्तर वस्तु है, जिसमें देश के सभी नागरिक समाहित हैं। शासन एक छोटी इकाई है, जिसमें केवल वही लोग सम्मिलित हैं, जिन्हें इसके कार्यों के सम्पादन के लिए नियुक्त किया जाता है।
- राज्य एक अमूर्त विचार है, परन्तु शासन का अस्तित्व मूर्त रूप में होता है।
- राज्य की शक्ति मूल एवं प्राथमिक है, परन्तु शासन का प्राधिकार प्रदत्त या प्राप्त है।
- राज्य स्थायी संस्था है। जब तक अन्य राज्य के आक्रमण द्वारा इसकी सार्वभौम शक्ति नष्ट न कर दी जाए, राज्य बना रहता है, परन्तु सरकारें बदलती रहती हैं।
- राज्य विविध प्रकार के नहीं होते, परन्तु सरकारों के विविध रूप होते हैं; जैसे—कुलीनतन्त्र, अल्पतन्त्र, अधिनायकतन्त्र आदि।
- राज्य की सदस्यता अनिवार्य है, परन्तु शासन की सदस्यता ऐच्छिक है।
- शासन राज्य के लक्ष्य की पूर्ति का अभिकरण है। अतः लोगों को शासन से शिकायत हो सकती है, राज्य से नहीं।
- 19वीं शताब्दी में सबसे पहले **जॉन लॉक** ने राज्य और सरकार में अन्तर किया था।

राज्य *एवं* राष्ट्र में अन्तर

- राष्ट्र ऐसे लोगों का समूह है जो राष्ट्रीयता की भावना के कारण परस्पर आबद्ध हैं, परन्तु राज्य राजनीतिक रचना है, जिसका निर्माण चार तत्वों से होता है।
- अधिकांश राज्य राष्ट्र-राज्य हैं, परन्तु बहुराष्ट्रीय राज्य भी हो सकते हैं।
- राज्य प्रभुतासम्पन्न एवं दमनकारी संघ है, जबकि राष्ट्र केवल भावनाओं से बँधे व्यक्तियों का समूह है।
- आधुनिक युग में राष्ट्र और राज्य प्रायः एकाकार हो गए हैं।

राज्य *एवं* अन्य संघ में अन्तर

- राज्य की सदस्यता अनिवार्य है, परन्तु सामाजिक संघों की सदस्यता व्यक्ति की अपनी पसन्द पर निर्भर है।
- संघ अनेक प्रकार के होते हैं; जैसे—सामाजिक, आर्थिक, सांस्कृतिक एवं मनोरंजनात्मक; परन्तु राज्य अनेक प्रकार के नहीं होते।
- राज्य का अस्तित्व स्थायी है, जबकि संघ बनते और मिटते रहते हैं।
- राज्य के पास सम्प्रभुता शक्ति है, जबकि संघ के पास ऐसी कोई शक्ति नहीं होती है।

वस्तुनिष्ठ प्रश्न

1. प्लेटो के अनुसार एक आदर्श राज्य के निर्माण के लिए कितनी जनसंख्या होनी चाहिए?
(a) 10,000 (b) 4,050
(c) 5,040 (d) 10,050

2. निम्नलिखित में से कौन-सा वक्तव्य सही है?
(a) सरकार राज्य का एक तत्त्व है
(b) सरकार मूर्तिमान है
(c) सरकार अस्थाई है
(d) उपरोक्त सभी

3. निम्नलिखित में से कौन-सा वक्तव्य सही है?
(a) राज्य अस्थायी होता है
(b) समुदाय प्रायः अस्थाई होते हैं
(c) राज्य की सदस्यता ऐच्छिक होती है
(d) समुदायों के कार्य बहुत व्यापक होते हैं

4. सुमेलित कीजिए

सूची I	सूची II
A. सी. एच. टाइटस	1. राज्य के बजाए 'राजनीतिक व्यवस्था' शब्द का प्रयोग अच्छा समझते हैं।
B. आमण्ड	2. राज्य की 145 अलग-अलग परिभाषाएँ एकत्रित की हैं।
C. मैकाइवर	3. आधुनिक राज्य मूलतः एक पूँजीवादी मशीन है।
D. एंजिल्स	4. राज्य कानून का शिशु तथा संरक्षक दोनों ही है।

कूट

	A	B	C	D		A	B	C	D
(a)	3	4	1	2	(b)	4	3	2	1
(c)	1	2	3	4	(d)	2	1	4	3

5. सुमेलित कीजिए

सूची I	सूची II
A. विलोबी	1. राज्य एक शक्ति है और हमें उसकी उपासना करनी चाहिए।
B. ट्राटस्की	2. राज्य की उत्पत्ति सामाजिक समझौते से हुई।
C. लॉक	3. राज्य एक नैतिक विचार का मूर्त रूप है।
D. बोसांके	4. राज्य की परिभाषा कानूनी दृष्टिकोण के आधार पर।

कूट

	A	B	C	D		A	B	C	D
(a)	3	4	1	2	(b)	2	3	4	1
(c)	4	1	2	3	(d)	1	2	3	4

6. निम्नलिखित में से कौन-सा वक्तव्य सही नहीं है?
(a) सरकार राज्य का अंश मात्र है
(b) सरकार अमूर्त है
(c) सरकार अस्थाई है
(d) सरकार एक कृत्रिम संस्था है

7. निम्नलिखित में से कौन-सा वक्तव्य सही नहीं है?
(a) बिना सरकार के राज्य नहीं हो सकता
(b) बिना राज्य के सरकार हो सकती है
(c) सभी सरकारें समान नहीं होतीं
(d) राज्य सरकार की प्रतिनिधि संस्था है

8. भारतीय राज्य का एक प्रमुख लक्षण है
(a) सर्वजनतन्त्र (b) कुलीनतन्त्र
(c) धनिकतन्त्र (d) पन्थनिरपेक्षता

9. उदार-लोकतान्त्रिक राज्य कहाँ पाया जाता है?
(a) चीन (b) भारत
(c) म्यांमार (d) नेपाल

10. "राज्य कुलों (परिवार) और ग्रामों का एक ऐसा समुदाय है, जिसका उद्देश्य पूर्ण और आत्मनिर्भर जीवन की प्राप्ति है।" यह कथन किसका है?
(a) लास्की (b) गार्नर
(c) कार्ल मार्क्स (d) अरस्तू

11. "लोगों का जन्म ही राजा की आज्ञा मानने के लिए हुआ है।" यह कथन किसका है?
(a) प्लेटो (b) रॉबर्ट फिल्मर
(c) महात्मा गाँधी (d) ग्रीन

12. "आधुनिक प्रतिनिध्यात्मक राज्य पूँजीपतियों द्वारा मजदूर वर्ग के शोषण का यन्त्र है।" यह कथन किसका है?
(a) लेनिन (b) एंजिल्स (c) स्टालिन (d) माओ

13. "राज्य कानून का स्रोत नहीं है बल्कि स्वयं कानून है।" यह कथन किसका है?
(a) लास्की (b) कार्ल मार्क्स
(c) केलसन (d) प्लेटो

14. वह कौन-सा लेखक है जिसने राज्य की अलग-अलग 145 परिभाषाएँ एकत्रित की हैं?
(a) गार्नर (b) हेरॉल्ड लास्की
(c) गेटेल (d) सी. एच. टाइटस

15. निम्नलिखित में से कौन-सा वक्तव्य सही है?
(a) संगठित समाज ही राज्य है
(b) समाज सर्वदा संगठित होता है
(c) समाज के पास सम्प्रभुता होती है
(d) समाज राज्य के भीतर स्थित है

16. निम्नलिखित में से कौन-सा वक्तव्य सही नहीं है?
(a) सरकार राज्य का एक अनिवार्य तत्त्व है
(b) सरकार के माध्यम से राज्य की इच्छा अभिव्यक्त होती है
(c) राज्य के माध्यम से सरकार की इच्छा अभिव्यक्त होती है
(d) बिना सरकार के राज्य का अस्तित्व नहीं हो सकता

17. 'राज्य' शब्द का अंग्रेजी रूपान्तर 'स्टेट' है जो 'स्टेटस' (Status) शब्द से निकला है, जिसे निम्नांकित भाषा से उत्पन्न माना जाता है
(a) जर्मन (b) फ्रेंच
(c) लैटिन (d) इटालियन

18. आधुनिक युग में सर्वप्रथम 'राज्य' शब्द का प्रयोग करने वाला था
(a) अरस्तू (b) रूसो
(c) प्लेटो (d) मैकियावेली

19. राज्य की आधारभूत विशेषता 'सम्प्रभुता' का उल्लेख करने वाली बोदाँ की कृति है
(a) रिपब्लिक (b) पॉलिटिक्स
(c) प्रिन्स (d) लेवियाथन

20. वह कौन-सा विद्वान् है, जो यह कहता है कि 'राज्य' के बजाय हम 'राजनीतिक व्यवस्था' शब्द का उपयोग अच्छा समझते हैं ?
(a) गार्नर (b) गेटेल
(c) आमण्ड (d) विलोबी

21. "राज्य कानून का स्रोत नहीं बल्कि स्वयं कानून है। कानून तथा राज्य को अलग-अलग समझना ब्रह्मवादी भ्रान्ति है।" यह कथन निम्नांकित में से किसका है?
(a) गार्नर (b) मार्क्स
(c) केलसन (d) अरस्तू

22. "राज्य व्यक्ति का विराट रूप है।" यह कथन किसका है?
(a) प्लेटो (b) हॉब्स
(c) अरस्तू (d) कार्ल मार्क्स

23. "राज्य उस यन्त्र के अलावा और कोई चीज नहीं, जिसके जरिए एक वर्ग दूसरे वर्ग का दमन करता है।" यह कथन किसका है ?
(a) एंजिल्स (b) लेनिन
(c) महात्मा गाँधी (d) माओ

24. नगर-राज्य किसके चिन्तन के आधार थे?
(a) मार्क्स और लेनिन (b) प्लेटो और अरस्तू
(c) हीगल और प्लेटो (d) गाँधी और लास्की

25. यूनानी नगर राज्यों में मुख्यतः दो वर्ग थे
(a) स्वामी तथा दास
(b) पूँजीपति और मजदूर
(c) अमीर और गरीब
(d) सामन्त और कृषक

26. निम्नलिखित में कौन-सा राज्य है?
(a) मिजोरम (b) नेपाल (c) सिक्किम (d) पंजाब

27. निम्नलिखित में से कौन-सा राज्य नहीं है?
(a) संयुक्त राज्य संघ (b) पाकिस्तान
(c) भारत (d) भूटान

28. एक व्यक्ति एक समय में
(a) दो राज्यों का नागरिक हो सकता है
(b) एक ही राज्य का नागरिक हो सकता है
(c) कितने ही राज्यों का नागरिक हो सकता है
(d) अपने राज्य के साथ-साथ संयुक्त राष्ट्र संघ की नागरिकता ग्रहण कर सकता है

29. राज्य के लिए 'पॉलिश' शब्द का प्रयोग करने वाले दार्शनिक हैं
(a) रोमन (b) ईसाई (c) यूनानी (d) अंग्रेज

30. "राज्य कानून बनाने वाली संस्था है", इस दृष्टिकोण के समर्थक हैं
(a) प्लेटो एवं अरस्तू
(b) मैकाइवर एवं लास्की
(c) विलोबी एवं विल्सन
(d) हीगल एवं मैकियावेली

31. लोकतन्त्र की सफलता के लिए छोटे राज्यों का समर्थक है
(a) हिटलर (b) मार्क्स
(c) मुसोलिनी (d) रूसो

32. अरस्तू के अनुसार
(a) विशाल राज्य होने चाहिए
(b) छोटे राज्य होने चाहिए
(c) राज्य की सीमा न अधिक विस्तृत हो और न ही बहुत छोटी
(d) बड़े राज्य की अपेक्षा छोटा राज्य अधिक बलवान होता है

33. निम्नलिखित में से कौन-सा राज्य नहीं है?
(a) राष्ट्रमण्डल (b) संयुक्त राष्ट्र संघ
(c) राष्ट्रकुल (d) ये सभी

34. राज्य के लिए 'राजनीतिक व्यवस्था' शब्द का प्रयोग करने वाला विद्वान् है
(a) लास्की (b) कार्ल मार्क्स
(c) डेविड ईस्टन (d) जवाहरलाल नेहरू

35. सामन्तवादी राज्य में राज्य की अर्थव्यवस्था का आधार था
(a) भूमि (b) दास
(c) उद्योग एवं व्यापार (d) पूँजी

36. आधुनिक राष्ट्र-राज्य के विकास का कारण नहीं है
(a) राष्ट्रीयता की भावना का विकास
(b) विशाल पैमाने पर उत्पादन
(c) पुनर्जागरण
(d) पोपशाही

37. सामन्तयुगीन राज्य की विशेषता थी
(a) राज्य की शक्ति का एक ही शासक में केन्द्रित न होना
(b) जमीन का जागीरदारों में विभक्त होना
(c) सामन्तों का अपने अधीनस्थ जमींदारों पर कर तथा सैनिक सेवा प्राप्त करने का अधिकार
(d) उपरोक्त सभी

38. सामन्तवादी राज्य में भूमि पर किसका अधिकार होता था?
(a) पोप (b) सामन्त-जमींदार
(c) कृषक (d) राजा

39. "राज्य एक नैतिक व नैसर्गिक समुदाय है", इस विचार के समर्थक हैं
(a) यूनानी विचारक
(b) उपयोगितावादी विचारक
(c) रोमन विचारक
(d) अराजकतावादी विचारक

40. "राज्य की उत्पत्ति जीवन की आवश्यकताओं से होती है, परन्तु उसका अस्तित्व सद्जीवन की सिद्धि के लिए बना रहता है।" यह कथन किसका है?
(a) प्लेटो (b) हॉब्स
(c) अरस्तू (d) लास्की

41. सामन्तवाद के विघटन, चर्च सत्ता के क्षय तथा सुरक्षा एवं स्वतन्त्रता की खोज के परिणामस्वरूप उदय हुआ
(a) राष्ट्र-राज्य
(b) नौकरशाही की शक्ति का संग्रहण
(c) व्यवस्थात्मक एकीकरण
(d) अन्तर्राज्य संघर्ष

42. आधुनिक राज्य के ऐतिहासिक विकास का मार्ग एक क्रम में हुआ। निम्नलिखित में से कौन-सा एक सही है?
(a) रोमन साम्राज्य, सामन्तवाद, नगर-राज्य, राष्ट्रीय राज्य
(b) राष्ट्रीय राज्य, सामन्तवाद, रोमन साम्राज्य, औपनिवेशिक साम्राज्य
(c) ग्रीक नगर-राज्य, सामन्त राज्य, राष्ट्रीय राज्य, रोमन साम्राज्य
(d) नगर-राज्य, रोमन साम्राज्य, सामन्ती राज्य, राष्ट्रीय राज्य

43. निम्नलिखित कथनों में से कौन-सा कथन सही है?
(a) राष्ट्र एक देशीय समुदाय है
(b) राज्य और राष्ट्र एक-दूसरे के विरोधी हैं
(c) राज्य और राष्ट्र समअर्थी या पर्यायवाची हैं
(d) एक राज्य में अनेक राष्ट्रीयता के लोग निवास कर सकते हैं और एक राष्ट्र के लोग कई राज्यों में निवास कर सकते हैं

44. धर्मनिरपेक्ष राज्य वह है, जो
(a) अधार्मिक है
(b) धर्मविरोधी है
(c) धर्म का पक्षधर है
(d) जिसका अपना कोई धर्म नहीं है

45. निम्नलिखित में से कौन-सा वक्तव्य सहीं नहीं है?
(a) राज्य के सम्बन्ध में कानूनी धारणा नकारात्मक राज्य की धारणा है
(b) कानून निषेधात्मक एवं आज्ञात्मक होते हैं
(c) राज्य की कानूनी धारणा राज्य को कल्याणकारी राज्य बना देती है
(d) राज्य की कानूनी धारणा राज्य को पुलिस राज्य बना देती है

46. राज्य को एक उच्च नैतिक संस्था मानने वाले विचारक हैं
(a) हॉब्स, बेन्थम तथा ऑस्टिन
(b) रूसो, कान्ट तथा हीगल
(c) हॉब्स, बेन्थम तथा हीगल
(d) रूसो, कान्ट तथा बेन्थम

47. राज्य को बनावटी संस्था मानते हैं
(a) प्लेटो (b) हॉब्स
(c) अरस्तू (d) ये सभी

48. राज्य एक जीवित प्राणी के समान है, इस विचार के समर्थक हैं
(a) महात्मा गाँधी, कार्ल मार्क्स और लास्की
(b) प्लेटो हर्बर्ट स्पेन्सर तथा रूसो
(c) प्लेटो, गाँधी और लास्की
(d) रूसो, स्पेन्सर और गाँधी

49. यूनानी नगर-राज्यों का लक्षण नहीं है
(a) आत्मनिर्भरता
(b) विशाल क्षेत्रफल
(c) दास प्रथा
(d) सार्वभौमिकता

50. नगर-राज्य की अवधारणा सामान्यतः किससे सम्बद्ध है?
(a) प्राचीन मिस्र
(b) प्राचीन यूनान
(c) प्राचीन चीन
(d) प्राचीन रोम

सही उत्तर

1. (c)	2. (a)	3. (b)	4. (d)	5. (c)	6. (b)	7. (d)	8. (c)	9. (b)	10. (c)
11. (d)	12. (b)	13. (c)	14. (d)	15. (a)	16. (c)	17. (c)	18. (d)	19. (a)	20. (c)
21. (c)	22. (a)	23. (a)	24. (b)	25. (a)	26. (b)	27. (b)	28. (b)	29. (c)	30. (c)
31. (d)	32. (c)	33. (d)	34. (c)	35. (a)	36. (d)	37. (d)	38. (b)	39. (a)	40. (a)
41. (a)	42. (d)	43. (d)	44. (d)	45. (c)	46. (b)	47. (b)	48. (b)	49. (b)	50. (b)

अध्याय 03 राजनीतिक अवधारणाएँ : सम्प्रभुता

सम्प्रभुता की अवधारणा

- सम्प्रभुता की धारणा आधुनिक है। इसकी उत्पत्ति आधुनिक राष्ट्र-राज्य के उदय के साथ जुड़ी हुई है।

सम्प्रभुता की आधुनिक धारणा का विकास तीन चरणों में हुआ है

(i) प्राचीन और मध्य युग में प्रयुक्त क्लिष्ट सामग्री के संयोग सेप्रथाओं
(ii) आधुनिक युग के प्रारम्भ में निरंकुश राजाओं द्वारा इसके प्रयोग से।
(iii) 1688 ई. में इंग्लैण्ड में उत्तरदायी सरकार की स्थापना से।

- प्रभुसत्ता का कानूनी दृष्टिकोण सबसे पहले बोदाँ और हॉब्स ने स्पष्ट किया और बाद में बेन्थम और ऑस्टिन ने इसकी व्याख्या की।

बोदाँ का सिद्धान्त

- बोदाँ ने 1576 ई. में 'Six Books on the Republic' में सम्प्रभुता को सबसे पहले परिभाषित किया। बोदाँ के सिद्धान्त के दृष्टिकोण से कानून के निर्माता और प्रवर्तक के रूप में राजा सर्वोच्च था। बोदाँ का सम्प्रभुता से अभिप्राय था—"नागरिकों और शासितों पर वह सर्वोच्च सत्ता जो कानून द्वारा प्रतिबन्धित नहीं थी।" यह निरंकुशता का स्रोत था, परन्तु स्वयं इस कानून से बँधा हुआ नहीं था। यह अपने द्वारा बनाए कानून से ऊपर थी।
- बोदाँ के अनुसार, प्रभुसत्ताधारी ईश्वरीय कानून; प्राकृतिक कानून तथा राष्ट्रों के कानून के अधीन था। बोदाँ का प्रभुसत्ताधारी, नागरिकों और अन्य राज्यों के साथ की गई सन्धि, समझौता तथा राज्य के मौलिक कानून से बँधा था। वह अपने नागरिकों की सम्पत्ति छीन नहीं सकता था।
- **ग्रोशियस** के अनुसार, "सम्प्रभुता वह सर्वोच्च राजनीतिक शक्ति है, जो उस व्यक्ति में निहित होती है, जिसके कार्य किसी दूसरे के अधीन न हों तथा जिसकी इच्छा का कोई उल्लंघन न कर सके।"
- **ड्यूगिट** के मतानुसार, "सम्प्रभुता राज्य की आदेश देने वाली शक्ति है। वह राज्य रूप में संगठित राष्ट्र की शक्ति है। इसे राज्य की भूमि में रहने वाले सब व्यक्तियों को बिना शर्त आज्ञा देने का अधिकार है।"
- **डोनाल्ड रसल** के अनुसार, "सम्प्रभुता राज्य में सर्वशक्तिमान और सर्वोच्च सत्ता है जो कानून या किसी अन्य चीज द्वारा सीमित नहीं।"

बेन्थम का सिद्धान्त

- बेन्थम ने प्रभुसत्ता को कानून बनाने की सर्वोच्च शक्ति के रूप में परिभाषित किया है।
- इसने इस बात पर बल दिया है कि कानून का स्रोत प्राकृतिक कानून न होकर राज्य की प्रभुसत्ता है।
- सम्प्रभुता के दो आयाम हैं—आन्तरिक व बाह्य।
- आन्तरिक क्षेत्र में प्रभुसत्ता के विचार का अर्थ है—राज्य अपने नियन्त्रण के अधीन क्षेत्र में सर्वोच्च सत्ताधारी है। यह आदेश देने और आज्ञापालन को बाध्यकारी करने की अन्तिम शक्ति है। इसका आशय केवल राज्य के कानून से है।
- बाह्य क्षेत्र में प्रभुसत्ता के विचार का अर्थ है—राज्य का किसी विदेशी आधिपत्य अथवा नियन्त्रण से मुक्त होना।
- सम्प्रभुता की निम्न विशेषताएँ हैं—सर्वोच्चता, सर्वजनीनता, स्थायित्व, अदेयता, अविभाज्यता इत्यादि।

सम्प्रभुता के विभिन्न रूप

- नाममात्र व वास्तविक सम्प्रभुता
- वैधानिक व राजनीतिक सम्प्रभुता
- विधानतः व तथ्यतः सम्प्रभुता
- लोक सम्प्रभुता

जॉन ऑस्टिन का सिद्धान्त

- यदि एक निश्चित मानव प्रभु जो अपने सिवा किसी अन्य प्रभु की आज्ञापालन करने का आदी नहीं है, बल्कि जो समाज के अधिकांश समूह से स्वाभाविक रूप से आज्ञापालन प्राप्त करता है, तो वह निश्चित मानव प्रभु उस समाज का प्रभुसत्ताधारी है और वह समाज राजनीतिक व स्वतन्त्र समाज होगा।
- समाज में प्रभुसत्ता सम्पन्न शासक होता है, वह अपने आप में स्वतन्त्र है।
- प्रभुसत्ताधारी की शक्ति वैधानिक रूप से सीमित नहीं की जा सकती।
- प्रभुसत्ता को वैधानिक तौर पर दो या अधिक व्यक्तियों के निकायों के बीच बाँटा जा सकता है।
- यह सभी सम्बद्ध व्यक्तियों तथा उनके संघों पर अनिवार्य (बनाए गए कानून) रूप से लागू होता है।
- प्रभुसत्ताधारी निश्चित मानव होता है।
- प्रभुसत्ता अविभाज्य है। राज्य प्रभु की इच्छा राज्य में रहने वाले सभी व्यक्तियों एवं संघों के ऊपर लागू होती है।
- राज्य प्रभु राज्य के विशाल समुदाय से स्वाभाविक आज्ञापालन प्राप्त करता है। आदेश कानून का स्तर है। प्रभु जो इच्छा व्यक्त करता है वही कानून है, ऐसा न करना दण्ड को आमन्त्रित करना है।

लॉक का सिद्धान्त

- लॉक ने 1688 की क्रान्ति के समर्थक के रूप में राष्ट्र की प्रभुसत्ता व वैधानिक सरकार का दृष्टिकोण उपस्थित किया है। लॉक विभाजित सम्प्रभुता के पक्ष में है।

- लॉक ने अपनी पुस्तक 'Treaties on Government' में सम्प्रभुता से सम्बन्धी तीन सर्वोच्च शक्तियों की व्याख्या की है—
  - (i) नागरिक समाज की सर्वोच्च सत्ता—जो किसी भी सरकार की शक्ति का अन्तिम निर्णायक स्रोत है।
  - (ii) विधानमण्डल की सर्वोच्च सत्ता—नागरिक समाज अच्छे कानून और सुरक्षा के लिए विधायकों की नियुक्ति करते हैं।
  - (iii) विधानमण्डल के साथ जुड़ी हुई कार्यकारिणी की सर्वोच्च सत्ता।
- **लॉक** के अनुसार, सर्वोच्च सत्ता सरकार में निवास करती है, परन्तु सरकार के पीछे और सरकार से उच्च जनसाधारण की सामूहिक सर्वोच्च शक्ति होती है अर्थात् राज्य में सर्वोच्च शक्ति एक नहीं दो प्रकार की होती है—एक सरकार की और दूसरी जनता की। दोनों सर्वोच्च शक्तियाँ एक साथ, एक समय पर तथा साथ-साथ प्रयुक्त नहीं होतीं अर्थात् सामान्य अवस्था में सर्वोच्च सत्ता सरकार द्वारा प्रयुक्त होती है।

सम्प्रभुता की एकलवादी धारणा

- सर्वोच्च सम्प्रभुतासम्पन्न राज्य का सिद्धान्त ही 'प्रभुसत्ता की एकलवादी धारणा' कहलाता है।
- **डॉ. महादेव प्रसाद शर्मा** के शब्दों में सम्प्रभुतासम्पन्न राज्य का सिद्धान्त ही एकत्ववाद कहलाता है, क्योंकि इसकी मान्यता है कि प्रत्येक स्वतन्त्र देश में एक ही सत्ता-राज्य की सत्ता-सर्वप्रधान होती है और अन्य सभी व्यक्ति व समुदाय उसके अधीन होते हैं।
- प्रभुसत्ता राज्य का अनिवार्य लक्षण होती है। प्रभुसत्ता के कारण राज्य अन्य संघों व समुदायों पर अपनी श्रेष्ठता का दावा करता है।
- एकलवादी धारणा के अनुसार, समाज की समस्त शक्ति एक ही बिन्दु पर केन्द्रित होती है और वह बिन्दु राज्य है।
- राज्य की श्रेष्ठता की पहचान कानून के निर्माण तथा दण्ड के क्षेत्र में उसकी शक्तियों से की जा सकती है। अत: यह सिद्धान्त निरंकुश सरकार का सिद्धान्त बन जाता है।
- इस सिद्धान्त में यह ध्वनि निकलती है कि राज्य एक साध्य है और व्यक्ति उसके साधन।
- इस धारणा का परिणाम अन्तर्राष्ट्रीय राजनीति पर बहुत बुरा पड़ा है और इसने अन्तर्राष्ट्रीय जगत में अराजकता उत्पन्न कर दी है।

सम्प्रभुता की बहुलवादी धारणा

- 19वीं शताब्दी के अन्तिम वर्षों तथा 20वीं शताब्दी के आरम्भ के वर्षों में बहुलवाद का उदय एकलवाद के विरुद्ध प्रतिक्रिया के रूप में हुआ।
- बहुलवाद इस तथ्य में विश्वास करता है कि मनुष्य के सर्वांगीण विकास में सामाजिक स्तर पर विकसित अनेक प्रकार के सम्बन्धों का अलग-अलग विशेष योगदान है।
- ये संघ समान रूप से प्रभावशाली तथा एक-दूसरे से स्वतन्त्र होते हैं तथा इनका कोई भी संघ दूसरे संघ से अधिक महत्त्वपूर्ण या सर्वोच्च नहीं होता। बहुलवादी, राज्य को भी अन्य सामाजिक संघों की तरह एक संघ ही मानता है।
- बहुलवादी, राज्य तथा समाज को भिन्न मानते हुए राज्य को सर्वोच्च स्वामी के स्थान से सेवक के स्थान पर लाने का प्रयास करता है।
- राजनीतिक बहुलवाद के दो पक्ष हैं—नकारात्मक एवं सकारात्मक।
- नकारात्मक अर्थ में यह एकलवादी की इस धारणा को पसन्द नहीं करता कि समाज के सभी मामलों को निपटाने में केवल राज्य सर्वशक्तिमान संघ है।
- सकारात्मक अर्थ में राज्य की सत्ता में दो कारणों से सामाजिक समूहों तथा संघों की भागीदारी होनी चाहिए। पहला—सभी संघों का अपना विशेष व्यक्तित्व होता है। दूसरा—वे व्यक्तियों की आवश्यकता पूर्ति में महत्त्वपूर्ण भूमिका निभाते हैं। यह ऐसा काम है, जो केवल राज्य ही नहीं कर सकता है।
- यह राजनीतिक राज्य के पितृवाद तथा निरंकुशवाद के विरोधस्वरूप प्रतिक्रिया व्यक्त करता है।
- यह अमूर्त बहुलवाद के माध्यम से ठोस एकलवाद की दिशा में पश्चिमी राजनीतिक चिन्तन के विकास में सहायता प्रदान करता है।
- यह एकलवादियों को राज्य के अपने संकुचित राजनीतिक क्षेत्र तक सीमित रहने को बाध्य करता है।

सम्प्रभुसत्ता की विशेषताएँ

- प्रो. गिलक्राइस्ट तथा प्रो. गार्नर ने प्रभुसत्ता की विशेषताओं को *इस प्रकार बताया है*

(i) मौलिकता	(ii) स्थायित्व
(iii) निरंकुशता	(iv) अपवर्जितता
(v) सर्वव्यापकता	(vi) अवधिरहितता
(vii) अविच्छेदता	(viii) अविभाज्यता

- **प्रो. गिलक्राइस्ट** के अनुसार, "राज्य की प्रभुसत्ता निरंकुश और असीमित है। यदि प्रभुसत्ता में ऐसे तत्त्व नहीं हैं, तो राज्य पूर्ण राज्य नहीं होगा अपितु किसी दूसरे राज्य के अधीन वह केवल लोगों का समूह मात्र होगा।"
- **गार्नर** के अनुसार, "प्रभुसत्ता को त्यागने का अर्थ है राज्य द्वारा आत्महत्या करना।"
- बहुसमुदायवादियों के मतानुसार प्रभुसत्ता राज्य तथा अन्य विभिन्न समुदायों में विभाजित हैं।
- बहुलवाद के मुख्य समर्थक गिरके, फिगिस, बार्कर, मैकाइवर, जी.डी.एच. कोल, लिण्डसे, क्रेब, मेटलैण्ड ड्यूगी तथा लास्की हैं।
- बहुलवादियों के अनुसार प्रभुसत्ता राज्य के पास न होकर उन अनेक समुदायों में बँटी हुई है, जिनकी स्थापना मनुष्य अपनी आवश्यकताओं की पूर्ति के लिए करता है।

लॉस्की के विचार

- **लास्की** ने अपनी प्रारम्भिक रचनाओं 'Studies in the Problem of Sovereignty', 'Authority in the Modern State', 'Foundations of Sovereignty', आदि में सम्प्रभुसत्ता की समस्या पर विचार किया है।
- **लास्की** ने बोन, रूसो और ऑस्टिन द्वारा प्रतिपादित राज्य की सम्प्रभुता के सिद्धान्त का जोरदार खण्डन किया है।
- **लास्की** का कहना है कि ऑस्टिन का सम्प्रभु को निश्चित करने का सिद्धान्त उचित नहीं है। लास्की की धारणा है कि "समाज के वास्तविक शासकों की खोज नहीं की जा सकती, उसको निश्चयात्मक होने की बात कहना तो दूर रहा।"

- **ऑस्टिन** के इस मत से लास्की सहमत नहीं था कि सम्प्रभु का आदेश ही कानून है। लास्की के मतानुसार आदेश तथा कानून पृथक् चीजें हैं।
- **लास्की** नैतिक और व्यावहारिक दृष्टिकोण से एकलवादी या अद्वैततत्ववादी सम्प्रभुता का कट्टर विरोधी है। लास्की का बहुलवाद उग्र व्यक्तिवादी सिद्धान्त है।

रॉबर्ट मैकाइवर के विचार

- **मैकाइवर** ने **हॉब्स**, **बेन्थम** और **ऑस्टिन** के सम्प्रभुता सिद्धान्त की कड़ी आलोचना की है।
- **लास्की** की भाँति **मैकाइवर** सम्प्रभुता को निरंकुश और अविभाज्य नहीं मानता।
- **मैकाइवर** राज्य और समाज में अन्तर मानता है और उसने उन विद्वानों की आलोचना की है, जो राज्य और समाज को एक ही मानते हैं।
- **मैकाइवर** के शब्दों में, "सामाजिक और राजनीतिक को एक- दूसरे का पर्याय मानना थोड़ी जल्दबाजी का नमूना है जिससे न तो समाज का अर्थ समझा जा सकता है, न ही राज्य का।
- **मैकाइवर** राज्य को अन्य समुदायों की भाँति एक समुदाय मानता है।
- **हॉब्स**, **बेन्थम** तथा **ऑस्टिन** के अनुसार शक्ति सम्प्रभुता का आधार है, परन्तु मैकाइवर के अनुसार शक्ति न तो सम्प्रभुता का आधार हो सकती है, और न ही राज्य का।

वस्तुनिष्ठ प्रश्न

1. यदि संविधान परम सम्प्रभु है, तो तात्कालिक सम्प्रभुता आरोपित है
(a) राष्ट्र में
(b) निर्वाचक गण में
(c) विधि निर्माता निकाय में
(d) शासक दल में

2. "सत्ता संघात्मक है" यह वक्तव्य स्पष्ट करता है
(a) सार्वभौमिकता की लोकतन्त्रात्मक प्रकृति
(b) सार्वभौमिकता की एकलवादी प्रकृति
(c) सार्वभौमिकता की संवैधानिक प्रकृति
(d) सार्वभौमिकता की बहुलवादी प्रकृति

3. निम्नलिखित में से किस विचारक ने सार्वभौमिकता का चरमतावादी सिद्धान्त विकसित किया है?
(a) अरस्तू (b) माण्टेस्क्यू
(c) बोदाँ (d) मार्शिलियो

4. निम्न में से मैकाइवर के बहुलतावादी प्रभुसत्ता के विषय में कौन-सा एक ठीक है?
(a) राज्य और समाज में कोई अन्तर नहीं है
(b) राज्य कानून के अधीन नहीं बल्कि कानून से श्रेष्ठ है।
(c) राज्य प्रभुसत्ता का एकमात्र अधिकारी है
(d) राज्य अन्य संगठनों की तरह मात्र एक संगठन है

5. कौन प्रभुसत्ता को वर्ग शक्ति मानता है?
(a) उदारवाद (b) श्रेणी समाजवाद
(c) फेबियनवाद (d) मार्क्सवाद

6. निम्न में से कौन-सा युग्म सही सुमेलित नहीं है?
(a) इंग्लैण्ड-मेटलैण्ड (b) अमेरिका-लिण्डसे
(c) जर्मनी-गिरके (d) फ्रांस-ड्यूगी

7. "कानून सार्वभौम सत्ता का आदेश है।" यह किसने कहा?
(a) एच जे लॉस्की (b) डब्ल्यू ऑस्टिन
(c) जेरमी बेन्थम (d) थॉमस एक्वीनास

8. ऑस्टिन की सार्वभौमिकता का यह लक्षण नहीं है कि
(a) वह निश्चित होनी चाहिए
(b) वह सर्वशक्तिमान होनी चाहिए
(c) वह स्थाई होनी चाहिए
(d) वह देय होनी चाहिए

9. वह राजनीतिक चिन्तक जिसने यह तर्क दिया था कि "यदि प्रभुता की सम्पूर्ण अवधारणा को त्याग दिया जाए तो यह राजनीति विज्ञान के लिए स्थायी लाभ की बात होगी।"
(a) ए. डी. लिण्डसे (b) बार्कर
(c) क्रेब (d) हेरल्ड लॉस्की

10. निम्न में से कौन-सा युग्म सही सुमेलित नहीं है?
(a) रूसो–सम्प्रभुता का वास सामान्य इच्छा में होता है
(b) बेन्थम–कानून सम्प्रभु के आदेश होते हैं
(c) हीगल–सम्प्रभु शक्ति ईश्वरीय और प्राकृतिक कानूनों के अधीन होती है
(d) ह्यूगो ग्रोशियस–सम्प्रभु शक्ति ईश्वरीय, प्राकृतिक और राष्ट्रों के कानूनों से सीमित होती है

11. बहुलवादी निम्नांकित में से किसमें विश्वास करते थे?
1. राज्य के अन्तर्गत स्थित सामाजिक, आर्थिक, धार्मिक और शैक्षिक संघ राज्य अधिक महत्त्वपूर्ण हैं।
2. राज्य को अपने नागरिकों की सम्पूर्ण आज्ञाकारिता का पूर्ण अधिकार नहीं है।
3. राज्य अन्य संघों की गतिविधियों को समन्वित करता है।
4. एक संस्था के रूप में राज्य आवश्यक नहीं है।

नीचे दिए कूट में से ठीक उत्तर चुनिए
(a) 1, 2 और 3 (b) 2 और 4
(c) 2 और 3 (d) 3 और 4

12. निम्न में से किस एक वक्तव्य में बहुलवाद अन्तर्निहित है?
(a) राज्य अन्य संवासों से किसी प्रकार भी भिन्न नहीं है
(b) राज्य समग्र शक्ति का स्रोत है
(c) क्योंकि समाज संघात्मक है, इसलिए सत्ता भी संघात्मक होनी चाहिए
(d) कानून समाज की सामान्य इच्छा की अभिव्यक्ति है।

13. निम्न में से मैकाइवर के बहुलवादी प्रभुसत्ता के विषय में कौन-सा एक ठीक है?
(a) राज्य और समाज में कोई अन्तर नहीं है
(b) राज्य कानून के अधीन नहीं बल्कि कानून से श्रेष्ठ है
(c) राज्य प्रभुसत्ता का एकमात्र अधिकारी है
(d) राज्य अन्य संगठनों की तरह मात्र एक संगठन है

14. 'एकल सम्प्रभुता' द्वारा समर्थित दृष्टिकोण है
(a) कानून, नैतिकता की परिणति है
(b) कानून तथा नैतिकता पर्याय हैं
(c) नैतिकता, कानून के अनुपालन का निर्धारक नहीं है
(d) कानून आदेश हैं, नैतिकता परिकल्पना है

15. कतिपय प्रमुख बहुलतावादी हैं
(a) दुर्खीम, ब्राडले, पेल्यूतीयर
(b) फिगिस, मेरी फोले, बार्कर
(c) लॉस्की, जिमर्न, बोसांके
(d) लिण्डसे, ब्राडसे, मेटलैण्ड

16. बोदाँ द्वारा प्रतिपादित सम्प्रभुता का लक्षण नहीं है
(a) प्रभुसत्ता सर्वोच्च शक्ति है
(b) प्रभुसत्ता अविभाज्य होती है
(c) प्रभुसत्ता निश्चित व्यक्ति या समूह में निहित होती है
(d) प्रभुसत्ता शाश्वत एवं चिरस्थायी है।

17. सम्प्रभुता के बहुलवादी दृष्टिकोण के समर्थक हैं
(a) बोदाँ, हॉब्स, मैटलैण्ड
(b) मैटलैण्ड, बार्कर, लॉस्की
(c) लॉस्की, ऑस्टिन, कोल
(d) कोल, गियर्क, बोदाँ

18. सम्प्रभुता की एकत्वपरक अवधारणा प्रधानता स्वीकार करती है
(a) स्थापित विधि की (b) प्रथागत विधि की
(c) नैतिकता और सदाचार की
(d) समाज की औचित्य की भावना की

19. सम्प्रभु की सत्ता पर निम्न में से कौन-सा एक प्रतिबन्ध है, जो बोदाँ स्वीकार करता है?
(a) प्रकृति और ईश्वर के कानून
(b) प्रतिनिधित्व के कानून
(c) मानवाधिकार के कानून
(d) अन्तर्राष्ट्रीय समझौते

20. बहुलवादियों के मतानुसार राज्य का मुख्य कार्य है
(a) नागरिकों के सामान्य कल्याण की अभिवृद्धि करना
(b) विभिन्न समूहों एवं संवासों के अधिकारों और क्रियाकलापों के मध्य सामञ्जस्य स्थापित करना
(c) आवश्यक वस्तुओं का उत्पादन और वितरण नियमित करना
(d) सामाजिक सुरक्षा प्रदान करना

21. सम्प्रभुता के कानूनी सिद्धान्त का प्रतिपादन करने वाला माना जाता है
(a) जॉन ऑस्टिन (b) मेकियावेली
(c) अरस्तू (d) लॉस्की

22. सम्प्रभुता के एकलवादी सिद्धान्त का प्रमुख समर्थक किसे माना जाता है?
(a) लॉस्की (b) रसेल
(c) कोल (d) जॉन ऑस्टिन

23. जॉन ऑस्टिन के सम्प्रभुता सम्बन्धी विचार से मेल नहीं खाता
(a) सम्प्रभु कोई निश्चित मनुष्य या समूह होना चाहिए
(b) प्रभुसत्ता के आदेश कानून हैं
(b) प्रभुसत्ता असीमित होती है
(d) प्रभुसत्ता विभाज्य तथा नियन्त्रित होती है।

24. बेपर ने किस कृति के बारे में लिखा है कि "वह राजनीतिक विचारों के इतिहास में सम्पूर्ण सम्प्रभुता की प्रथम व्याख्या है?"
(a) लेवियाथन
(b) लॉज
(c) ग्रामर ऑफ पॉलिटिक्स
(d) लॉस्की

25. किस विचारक के अनुसार लोकप्रिय सम्प्रभुता का समर्थन किया गया?
(a) जॉन ऑस्टिन (b) रूसो
(c) बोदाँ (d) लॉस्की

26. वह विचारक जिसने प्रभुसत्ता सिद्धान्त की स्पष्ट व्याख्या की और इसे राजनीति के दर्शन में समाविष्ट किया
(a) प्लेटो (b) लॉस्की
(c) अरस्तू (d) बोदाँ

27. "राज्य एक लोक सेवा निगम है।" यह कथन किसका है?
(a) लॉस्की (b) हॉब्स
(c) जॉन ऑस्टिन (d) बोदाँ

28. "महान समुदाय समाज में उतने ही प्राकृतिक हैं जितना कि राज्य।" यह कथन किसका है?
(a) मेकियावेली (b) ऑस्टिन
(c) बोदाँ (d) केलसन

29. "राज्य की शक्ति केवल सेवा करने का हथियार है।" यह कथन किसका है?
(a) मैकियावेली (b) मैकाइवर
(c) हॉब्स (d) ऑस्टिन

30. कौन-सा जोड़ा सही है?
(a) लॉस्की–अमेरिका (b) ड्यूगी–फ्रांस
(c) मैकाइवर–इंग्लैण्ड (d) गिरके–जर्मनी

31. कौन-सा जोड़ा सही है?
(a) विलयम जेम्स–अमेरिका
(b) बार्कर–फ्रांस
(c) लिण्डसे–जर्मनी
(d) फिगिस–हॉलैण्ड

32. जॉन ऑस्टिन का प्रधान क्षेत्र है
(a) राजनीति दर्शन (b) सक्रिय राजनीति
(c) विधिशास्त्र (d) प्रशासनिक चिन्तन

33. निम्नांकित में से किसे 'सकारात्मक कानून' और 'निश्चित सम्प्रभुता का पिता' कहा जाता है?
(a) बोदाँ (b) लॉस्की
(c) जॉन ऑस्टिन (d) केलसन

34. निम्न में से कौन-से विचारक बहुलवाद से सम्बन्धित हैं?
(a) रूसो, लॉस्की, बर्क
(b) बार्कर, लॉस्की, मैकाइवर
(c) मैकाइवर, अरस्तू, हीगल
(d) ऑस्टिन, लॉस्की, ग्रीन

35. "यदि सर्वप्रभुत्व सम्पन्नता की समस्त धारणा का परित्याग कर दिया जाए तो यह राजनीतिशास्त्र के लिए चिर-स्थायी लाभकारी सिद्ध होगा।" यह कथन किसका है?
(a) हॉब्स (b) लॉस्की
(c) बेन्थम (d) ऑस्टिन

36. बहुलवादी विचारों की दृष्टि से लॉस्की की प्रमुख कृति है
(a) दि प्रिन्स
(b) पॉलिटिकल ऑब्लीगेशन
(c) ग्रामर ऑफ पॉलटिक्स
(d) डिस्कवरी ऑफ इण्डिया

37. 'जब समाज का संगठन संघीय है तो शक्ति की व्यवस्था भी संघीय होनी चाहिए।' यह कथन किसका है?
(a) ऑस्टिन (b) बार्कर
(c) क्रैब (d) लॉस्की

38. अमेरिका में बहुलवाद के मुख्य समर्थक रहे हैं
(a) विलियम जेम्स, मिस फैलेट तथा मैकाइवर
(b) गिरके, ड्यूगी तथा क्रैब
(c) मैटलैण्ड, फिगिस तथा लिण्डसे
(d) कोल, लॉस्की तथा बार्कर

39. यह किसका मत है कि संसद दो प्रकार की होनी चाहिए सामाजिक संसद तथा राजनीतिक संसद?
(a) वैब (b) गिरके
(c) मेटलैण्ड (d) बार्कर

40. किसने राज्य को समाज के अन्य समुदायों में से एक समुदाय माना?
(a) जी.डी.एच. कोल (b) मैकाइवर
(c) वैब (d) विलियम जेम्स

41. सुमेलित कीजिए

सूची I	सूची II
A. मेटलैण्ड	1. समाज में समूह होते है जिनका वास्तविक व्यक्तित्व होता है
B. फिगिस	2. राज्य समाज के अन्य समुदायों में से एक समुदाय है
C. मैकाइवर	3. चर्च का वास्तविक व्यक्तित्व है तथा राज्य की प्रभुसत्ता एक आदरणीय अन्धविश्वास है।
D. क्रैब	4. प्रभुसत्ता की धारणा को राजनीति के सिद्धान्तों से निकाल बाहर कर देना चाहिए।

कूट

	A	B	C	D		A	B	C	D
(a)	1	3	2	4	(b)	4	1	3	2
(c)	2	4	1	3	(d)	3	2	4	1

42. सुमेलित कीजिए

सूची I	सूची II
A. ड्यूगी	1. राज्य को विभिन्न संगठनों का संगठन मानना
B. लिण्डसे	2. कानून राज्य को सीमित करता है न कि राज्य कानून को
C. बार्कर	3. राज्य एक लोकसेवा निगम है।
D. लॉस्की	4. राज्य समूहों का समूह है

कूट

	A	B	C	D		A	B	C	D
(a)	1	2	3	4	(b)	3	4	2	1
(c)	4	3	1	2	(d)	2	1	4	3

निर्देश (प्र.सं. 43-46) *निम्न प्रश्नों में दो वक्तव्य है। एक को 'कथन-A' तथा दूसरे को 'कारण-R' कहा गया है। आपको दोनों वक्तव्यों का सावधानीपूर्वक परीक्षण करना है और निर्णय करना है कि क्या कथन-A और कारण-R पृथक्-पृथक् सही हैं और यदि ऐसा है तो क्या कारण, कथन का सही स्पष्टीकरण है।*

इन प्रश्नों का उत्तर नीचे दिए हुए कूटों की सहायता से चुनिए और अपने उत्तर पत्रक में तदानुसार अंकित कीजिए।

कूट

(a) 'A' और 'R' दोनों सही हैं और R, A का सही स्पष्टीकरण है

(b) 'A' और 'R' दोनों सही हैं और R, A का सही स्पष्टीकरण नहीं है

(c) 'A' सही है, परन्तु 'R' गलत है

(d) 'A' गलत है, परन्तु 'R' सही है

43. **कथन** (A) कानून प्रभुसत्ताधारी की आज्ञा है।

कारण (R) प्रभुसत्ता के कानूनी सिद्धान्त को राजनीतिक दर्शन के लिए मान्य बनाना असम्भव है।

44. **कथन** (A) प्रभुसत्ता का तर्क ऐतिहासिक है, न कि निरंकुश।

कारण (R) मध्य युग की सामन्ती अर्थव्यवस्था में निरंकुश प्रभुसत्ता का अभाव था।

45. **कथन** (A) राज्य की वैधिक सम्प्रभुता के सिद्धान्त ने बहुलवाद को सम्प्रभुता पर प्रहार करने की प्रेरणा दी।

कारण (R) वैधिक सम्प्रभुता का प्रतिपादन जॉन ऑस्टिन द्वारा किया गया है

46. **कथन** (A) ऑस्टिन की 'निश्चित सर्वश्रेष्ठ मानव' अथवा 'सर्वश्रेष्ठ प्रधान समूह' का सिद्धान्त लौकिक प्रभुसत्ता की अवहेलना करता है।

कारण (R) उसका सिद्धान्त कानूनी सम्प्रभुता का समर्थन करता है।

47. राज्य और संघों के विषय में कौन-से वक्तव्य सहीं हैं?

1. राज्य एक अनोखा संघ है
2. राज्य एक भौगोलिक संगठन है, जबकि संघों के लिए भूमि एक आवश्यक तत्त्व है।
3. संघ राज्य के बिना भी अस्तित्व में रह सकते हैं।
4. हमें राज्य के अतिरिक्त कुछ अन्य संघों का भी सदस्य होना चाहिए।

नीचे दिए कूट में से सही उत्तर चुनिए

(a) 1, 2 और 4

(b) 1 और 2

(c) 2, 3 और 4

(d) 1 और 4

48. निम्नलिखित में से कौन-सा पद बोदाँ के सम्प्रभुता के सिद्धान्त का उपयुक्त वर्णन करता है?

(a) पूर्ण सम्प्रभुता

(b) राजनीतिक सम्प्रभुता

(c) सीमित सम्प्रभुता

(d) सार्वजनिक सम्प्रभुता

सही उत्तर

1. (c)	**2.** (d)	**3.** (c)	**4.** (d)	**5.** (d)	**6.** (b)	**7.** (b)	**8.** (d)	**9.** (d)	**10.** (c)
11. (c)	**12.** (c)	**13.** (d)	**14.** (d)	**15.** (b)	**16.** (c)	**17.** (b)	**18.** (a)	**19.** (a)	**20.** (b)
21. (a)	**22.** (d)	**23.** (d)	**24.** (a)	**25.** (b)	**26.** (d)	**27.** (a)	**28.** (a)	**29.** (b)	**30.** (b)
31. (a)	**32.** (c)	**33.** (c)	**34.** (b)	**35.** (b)	**36.** (c)	**37.** (c)	**38.** (a)	**39.** (a)	**40.** (b)
41. (a)	**42.** (d)	**43.** (b)	**44.** (b)	**45.** (a)	**46.** (a)	**47.** (a)	**48.** (a)		

अध्याय 04 कानून एवं दण्ड के सिद्धान्त

कानून

- आधुनिक युग में राज्य अपने उद्देश्यों की पूर्ति कानून और प्रशासन द्वारा करता है और कानून शान्तिपूर्ण परिवर्तन का एक प्रमुख साधन माना जाता है। साथ ही वह समाज में न्याय की व्याख्या करता है, इसलिए अनेक विद्वान् कानून को राज्य का सार मानते हैं।
- **मैकाइवर** के अनुसार, ''राज्य कानून का पुत्र भी है और पिता भी।''
- अंग्रेजी भाषा में कानून का समानार्थी शब्द 'लॉ' (Law) है।
- **गिलक्राइस्ट** के अनुसार, ''इस 'लॉ' शब्द की उत्पत्ति पुरानी ट्यूटन (जर्मन) भाषा की 'लैग' धातु से हुई, जिसका अर्थ है— वह जो स्थिर और सर्वत्र समान रहे।''
- साधारणत: कानून से हमारा अभिप्राय उन नियमों से होता है, जिनका समाज की सुव्यवस्था के लिए व्यक्ति अपने आचरण में पालन करते हैं।
- **सामण्ड** के अनुसार, ''व्यापक अर्थ कानून के अन्तर्गत सभी कार्य सम्बन्धी नियम आ जाते हैं।
- **ऑक्सफोर्ड डिक्शनरी** के अनुसार, ''कानून सत्ता द्वारा लागू किया जाने वाला आचरण सम्बन्धी नियम है।''
- **हॉलैण्ड** के अनुसार, ''कानून मनुष्यों के बाह्य आचरण के वे व्यापक नियम हैं, जिन्हें सम्पूर्ण प्रभुत्वसम्पन्न राजनीतिक सत्ता लागू करती है।''
- **वुडरो विल्सन** के अनुसार, ''कानून निश्चित विचार तथा स्वभाव का वह अंश है, जिसे सरकार की शक्ति लागू करती है।''

कानून के प्रकार

मैकाइवर ने राजकीय विधि का वर्गीकरण इस प्रकार किया है

- **साधारण कानून** नागरिकों के दैनिक कार्यों एवं आचरणों को नियमित करने वाले कानूनों को साधारण कानून कहते हैं।
- **संवैधानिक कानून** जिस कानून द्वारा राज्य स्वयं नियन्त्रित होता है और जिस कानून द्वारा राज्य जनता पर शासन करता है-प्राय: दोनों में भेद होता है। प्रथम संवैधानिक कानून, दूसरा साधारण कानून। ''संवैधानिक कानून लिखित और अलिखित दोनों होते हैं तथा संवैधानिक कानून सरकार के विभिन्न अंगों के कर्त्तव्यों को निश्चित करता है, साथ ही शासक व शासितों के बीच सम्बन्ध निर्धारित करता है।''
- **राष्ट्रीय कानून** राष्ट्रीय सीमा के अन्तर्गत सभी व्यक्तियों, समुदायों एवं संस्थाओं के आचरण नियमित करने वाले कानून को राष्ट्रीय कानून कहा जाता है।
- **अन्तर्राष्ट्रीय कानून** अन्तर्राष्ट्रीय कानून नियमों का वह समूह है, जो विश्व के राज्यों के पारस्परिक सम्बन्धों की व्याख्या तथा उसका नियन्त्रण करता है।
- **प्रशासकीय कानून** कतिपय देशों में साधारण नागरिकों से पृथक् सरकारी कर्मचारियों के लिए अलग कानून होते हैं। इन कानूनों को प्रशासकीय कानून कहते हैं। फ्रांस मे तो प्रशासकीय कानूनों की व्यवस्था विद्यमान है। यह कानून सरकारी कर्मचारियों और साधारण नागरिकों में भेद करता है।
- **संविधि कानून** यह वह कानून है, जिसे राज्य की व्यवस्थापिका बनाती है। भारत में संसद द्वारा निर्मित कानून को संविधि कानून कहा जाता है।
- **प्रथागत कानून** ये कानून देश में प्रचलित रीति-रिवाजों तथा परम्पराओं पर आधारित होते हैं।
- **अध्यादेश** विशिष्ट स्थिति का सामना करने के निमित्त कार्यपालिका निश्चित अवधि के लिए आदेश निकाल सकती है, जिसे अध्यादेश कहा जाता है।
- **सार्वजनिक व वैयक्तिक कानून** सार्वजनिक कानून राज्य व व्यक्ति के सम्बन्ध को नियमित करते हैं। व्यक्तिगत कानून वे हैं, जो व्यक्ति के पारस्परिक सम्बन्ध को निर्धारित करते हैं।

कानून के स्रोत

(i) रूढ़ि और प्रथा (ii) धर्म
(iii) न्यायिक निर्णय (iv) वैज्ञानिक टीकाएँ
(v) औचित्य (vi) विधायन

दण्ड

कानूनों का उल्लंघन करने पर दण्ड की प्रक्रिया आरम्भ होती है। संविधान में वर्णित विभिन्न नियमों एवं कानून का उल्लंघन करने पर अलग-अलग सजा का प्रावधान है। यह सजा न्यायालय द्वारा तय की जाती है।

न्याय

- जो वस्तु वास्तव में कानून, अधिकारो, स्वतन्त्रता, बन्धुता या सहयोग तथा समानता के मूल भावों को परस्पर जोड़ती है, वह न्याय का तत्त्व है।
- न्याय राजनीतिक मूल्यों में संगति स्थपित करने वाली अथवा उन्हें मिश्रित करने वाली शक्ति है। न्याय को राज्य तथा शासन के सम्यक् साध्यों में सर्वोच्च स्थान प्राप्त है।

- न्याय के अंग्रेजी शब्द 'Justice' की उत्पत्ति लैटिन भाषा के 'Justitia' शब्द से हुई है, जिसका अर्थ है—'जोड़ने का कार्य', इस प्रकार न्याय एक व्यवस्था का नाम है, जिसके द्वारा एक व्यक्ति दूसरे व्यक्ति से जुड़ा रहता है।
- न्याय की अवधारणा है कि समाज परस्पर जुड़े रहें। सामाजिक व्यवस्था में प्रत्येक व्यक्ति का अपना न्यायोचित स्थान है, उस स्थान को प्राप्त करना ही न्याय है।
- परम्परागत दृष्टिकोण के अन्तर्गत न्याय के स्वरूप की व्याख्या करने के लिए मुख्यत: 'न्यायपरायण व्यक्ति' (just man) अर्थात् सच्चरित्र मनुष्य के गुणों पर विचार किया जाता था।
- प्राचीन काल में साधारणत: प्रचलित मूल्यों और मान्यताओं को न्यायपूर्ण माना जाता था।
- आधुनिक दृष्टिकोण के अन्तर्गत न्याय का मुख्य सरोकार सामाजिक न्याय (social justice) से है।
- सामाजिक न्याय मुख्यत: समाज के वंचित वर्गों (deprived sections) की दशा सुधारने की माँग करता है ताकि उन्हें सम्मानपूर्ण जीवन व्यतीत करने का अवसर मिल सके। अत: यह विचार समाज की सब मूल्यवान वस्तुओं की वितरण व्यवस्था पर पुनर्विचार की माँग करता है।
- **प्लेटो** के अनुसार, "न्याय मानव आत्मा की उचित अवस्था और मानवीय स्वभाव की प्राकृतिक माँग है।"
- **मैरियम** के अनुसार, "न्याय उन मान्यताओं व प्रक्रियाओं की व्यवस्था में निहित होता है, जिसके माध्यम से प्रत्येक व्यक्ति को वे सभी अधिकार व सुविधाएँ प्राप्त होती हैं जिन्हें समाज उचित मानकर स्वीकार करता है।"
- **जे. एस. मिल** के अनुसार, "न्याय उन नैतिक नियमों का नाम है जो मानव जाति की कल्याण अवधारणाओं से सम्बन्धित है और इसलिए जीवन पथ-प्रदर्शन के लिए किसी भी अन्य नियम से अधिक महत्त्वपूर्ण है।"
- **डी डी रफेल** के अनुसार, "न्याय उस व्यवस्था का नाम है जिसके द्वारा व्यक्तिगत अधिकार की भी रक्षा होती है और समाज की मर्यादा भी बनी रहती है।"
- **बेव** एवं **पीटर्स** के अनुसार, "न्याय का अर्थ है कि जब तक भेदभाव किये जाने का उचित कारण न हो तब तक सभी व्यक्तियों से एक-सा व्यवहार किया जाए।"

न्याय के प्रमुख सिद्धान्त

- **प्लेटो** व **अरस्तू** से पहले न्याय के तीन *प्रमुख सिद्धान्त निम्न थे*
  (i) परम्परावादी सिद्धान्त
  (ii) थ्रेसीमेकस का सिद्धान्त या क्रान्तिकारी सिद्धान्त
  (iii) ग्लाकन का सिद्धान्त
- *न्याय के विभिन्न सिद्धान्तों में निम्नलिखित हैं*
  (i) दार्शनिक सिद्धान्त,
  (ii) कानूनी सिद्धान्त,
  (iii) प्राकृतिक सिद्धान्त,
  (iv) मार्क्सवादी सिद्धान्त तथा
  (v) समुदायवादी सिद्धान्त

दार्शनिक सिद्धान्त

प्लेटो का न्याय सिद्धान्त

- **प्लेटो** की न्याय सम्बन्धी अवधारणा आधुनिक कानूनी धारणा से भिन्न थी।
- उसने अपने ग्रन्थ 'Republic' में न्याय को परिभाषित किया है।
- **प्लेटो** ने 'एक व्यक्ति एक कार्य' अर्थात् 'कार्यगत विशेषीकरण' के सिद्धान्त का प्रतिपादन किया है।
- न्याय की स्थापना तब होती है, जब समाज के विभिन्न वर्गों; उत्पादक वर्ग, श्रमिक वर्ग, सैनिक व शासक वर्ग; के मध्य पूर्ण सन्तुलन स्थापित हो।
- मनुष्य के व्यवहार में तीन मुख्य स्रोत हैं—इच्छा (desire) या तृष्णा (appetite), भावना या मनोवेग (emotion) और ज्ञान (knowledge) या विवेक। ये सभी गुण सभी मनुष्यों में पाए जाते हैं, परन्तु सभी व्यक्तियों में किसी एक गुण की प्रधानता रहती है।
- **प्लेटो** ने चार सद्गुणों की पहचान की, जो संयम, साहस, बुद्धिमत्ता तथा न्याय आदि हैं। इच्छा या तृष्णा के लिए उपयुक्त सद्गुण संयम है, भावना या मनोवेग के लिए उपयुक्त सद्गुण साहस है, ज्ञान के लिए सद्गुण बुद्धिमत्ता है। न्याय सर्वोच्च सद्गुण है, जो समस्त सद्गुणों के सही-सही संयोग पर आश्रित है।
- संयम सद्गुण का उद्योग-व्यापार से सम्बद्ध लोगों के लिए, साहस सद्गुण का सैनिकों के लिए, बुद्धिमत्ता सद्गुण का दार्शनिकों या बुद्धिजीवी वर्ग के लिए **प्लेटो** ने निर्धारण किया है।
- **प्लेटो** के न्याय सिद्धान्त के अन्तर्गत दार्शनिक शासकों के आधिपत्य का समर्थन किया गया है तथा सैनिक तथा उत्पादक वर्ग को अपने-अपने स्वभाव के अनुरूप भूमिकाएँ सौंपी गई हैं।
- **प्लेटो** का न्याय कार्य विशिष्टीकरण पर आधारित है। इसका अर्थ है—अपने कर्त्तव्य का पालन करते हुए दूसरों के कर्त्तव्यों में हस्तक्षेप न करना।
- **प्लेटो** के अनुसार, जब तक राजनीति में अयोग्य और धूर्त लोगों के प्रवेश पर प्रतिबन्ध नहीं लगाया जाएगा तब तक राज्य की बुराइयों, अस्थिरता, अव्यवस्था और कुप्रबन्ध का अन्त नहीं हो पाएगा।

अरस्तू का न्याय सिद्धान्त

- **अरस्तू** के अनुसार, न्याय का सरोकार मानवीय सम्बन्धों के नियमन से है।
- अन्याय का प्रारम्भ असमान लोगों के साथ समान व्यवहार से तथा समान लोगों के साथ असमान व्यवहार से होता है।
- **अरस्तू** ने सामाजिक सम्बन्धों के सन्दर्भ में न्याय को बुराई का एक नैतिक स्तर माना है तथा न्याय समानता के नियमों के परिपालन में निहित है, बतलाया है।
- **अरस्तू** वितरणात्मक न्याय की अवधारणा रखता है।
- न्याय के प्रयोग क्षेत्र को ध्यान में रखकर **अरस्तू** ने दो प्रकार के न्यायों में अन्तर किया है
  (i) वितरण न्याय तथा
  (ii) परिशोधनात्मक या प्रतिकारात्मक न्याय।

- वितरण न्याय का सरोकार सम्मान (honour) या धन-सम्पदा के वितरण से है। यह विधायक (legislature) के विचार-क्षेत्र में आता है। इसका मूल सिद्धान्त है—समान लोगों के साथ समान बर्ताव किया जाए।
- वितरण न्याय के अन्तर्गत पद-प्रतिष्ठा और धन-सम्पदा का वितरण अंकगणितीय अनुपात से नहीं होना चाहिए, बल्कि रेखागणितीय अनुपात से होना चाहिए अर्थात् सबको बराबर हिस्सा नहीं मिलना चाहिए, बल्कि प्रत्येक को अपनी योग्यता के अनुसार हिस्सा मिलना चाहिए।
- प्रतिकारात्मक न्याय का सरोकार लोगों के परस्पर लेन-देन को नियमित करने और अपराधों का दण्ड निर्धारित करने से है। यह न्यायाधीश के विचारक्षेत्र में आता है।
- प्रतिकारात्मक न्याय का ध्येय है—व्यक्तियों के परस्पर लेन-देन में पलड़ा बराबर रहे, किसी के साथ धोखा न हो, किसी को हानि न हो अर्थात् बिगड़ते हुए सन्तुलन को फिर से स्थापित करना है।
- **अरस्तू** न्याय के लिए सामाजिक स्थिति को बाधक नहीं मानता है।
- **अरस्तू** ने विश्वव्यापी कानून अथवा प्राकृतिक कानून की कल्पना की थी, जो किसी देश या किसी युग विशेष के कानून से परे है और जिसका सम्बन्ध मानव जाति से है।
  यह संकल्पना रोम के न्यायशास्त्र के आकार को विकसित करने में सहायक हुई।

आधुनिक युग के दार्शनिकों की न्याय सम्बन्धी धारणा

- **डेविड ह्यूम** ने यह मत व्यक्त किया कि न्याय का अर्थ नियमों का पालन मात्र है।
- **बेन्थम** के मत में, न्याय की सच्ची परख 'उपयोगिता' से होती है, जिसका सूत्र 'अधिकतम लोगों को अधिकतम सुख' है।
- **जॉन मिल** ने न्याय को सामाजिक उपयोगिता का सबसे महत्त्वपूर्ण पक्ष माना है।

कानूनी सिद्धान्त

सामान्य रूप से इनमें निहित सिद्धान्त निम्नलिखित हैं

(i) आरोपी को अपने विरुद्ध लगाए गए आरोपों का ज्ञान होना चाहिए।
(ii) आरोपी को अपने विरुद्ध लगाए गए आरोपों के सन्दर्भ में अपने वकील या स्वयं के द्वारा बचाव का उचित अवसर मिलना चाहिए।
(iii) न्याय निष्पक्ष होना चाहिए।
(iv) वाद के निस्तारण की प्रक्रिया निष्पक्ष एवं खुली हो।

प्राकृतिक सिद्धान्त

- यह अस्पष्ट और अमूर्त है। सामान्य रूप से इसमें समाहित हैं—समानता, निष्पक्षता एवं सत्यता।
- प्राकृतिक न्याय का मुख्य सरोकार कानून के अलिखित हिस्से से है। यह कानूनों के पीछे छिपे हुए कानून के रूप में मान्य है।
- यह प्राचीन स्तोइक दर्शन से आरम्भ हुआ और सत्रहवीं तथा अठारहवीं शताब्दी में बहुत लोकप्रिय रहा।
- **मार्शल** ने प्राकृतिक न्याय के दो मूल तत्त्वों का उल्लेख किया है
  (i) कोई व्यक्ति स्वयं अपने मामले का न्यायाधीश नहीं होगा।
  (ii) दोनों पक्षों की सुनवाई अवश्य की जाएगी।

मार्क्सवादी सिद्धान्त

- मार्क्सवाद के अनुसार न्याय का आशय है
  (i) उपभोक्ता वस्तुओं तथा उत्पादन के साधनों के स्वामित्व में अन्तर, उपभोक्ता वस्तुओं की सम्पूर्ण लोगों को उपलब्धता, उत्पादन के सम्पूर्ण समाज का स्वामित्व।
  (ii) उत्पादन के क्षेत्र में सभी प्रकार के आर्थिक सम्बन्ध राज्य के न्याय के अधीन माने जाते हैं।
  (iii) व्यक्ति एवं राज्य के मध्य सम्बन्ध।
  (iv) उपभोक्ता वस्तुओं पर सीमित अथवा नियन्त्रित व्यक्तिगत अधिकार।
  (v) विभिन्न पक्षों के मध्य के विवादो का निर्णय स्वतन्त्र एवं निष्पक्ष न्यायाधिकरणों द्वारा हो।
  (vi) कानून को कड़ाई से लागू करना।

समुदायवादी सिद्धान्त

- न्याय का समुदायवादी दृष्टिकोण सामाजिक वस्तुओं (social goods) के ऐसे वितरण का समर्थन करता है, जिसमें समुदाय के प्रति व्यक्ति की प्रतिबद्धता पर बल दिया जाता है।
- यह सिद्धान्त 'समुदाय के हित' या 'सामान्य हित' को न्याय का ध्येय मानता है, व्यक्ति के व्यक्तिगत अधिकारों (individual rights) को नहीं।
- इस सिद्धान्त के अनुसार, समुदाय का हित उसकी ऐतिहासिक और सामाजिक पहचान में व्यक्त होता है।
- रूढ़िवाद साधारणत: सामाजिक परिवर्तन का विरोध करता है, परन्तु समुदायवाद सामाजिक संस्थाओं को सामाजिक मूल्यों के अनुरूप ढालने और समाज के साथ व्यक्ति के सम्बन्ध को सुदृढ़ करने के लिए उपयुक्त परिवर्तन की माँग करता है।
- इस सिद्धान्त के मुख्य प्रतिनिधि **माइकल वाल्जर** (1935) हैं। इन्होंने अपनी पुस्तक 'Spheres of Justices' (1983) में यह विचार दिया कि न्याय का कोई सार्वभौम नियम नहीं हो सकता।
- **वाल्जर** ने सरल समानता तथा जटिल समानता में अन्तर बताते हुए तर्क दिया है कि समकालीन समाज में न्याय के प्रवर्तन के लिए जटिल समानता के सिद्धान्त को अपनाना होगा।
- सरल समानता सब सामाजिक वस्तुओं को सब लोगों में बराबर-बराबर बाँट देने की माँग करती है।
- जटिल समानता का सिद्धान्त यह मानकर चलता है कि भिन्न-भिन्न सामाजिक वस्तुएँ सामाजिक जीवन के भिन्न-भिन्न क्षेत्रों में वितरण के लिए बनी हैं। न्याय का उद्देश्य इस वितरण के तर्कसंगत आधार का पता लगाना है।
- **वाल्जर** का न्यायपूर्ण व्यवस्था का चित्र विकेन्द्रीकृत लोकतन्त्रीय समाजवाद (decentralized democratic socialism) का प्रतिरूप है, जिसमें एक सुदृढ़ कल्याणकारी राज्य की व्यवस्था होगी, बाजार व्यवस्था अनेक प्रतिबन्धों से बँधी होगी तथा प्रशासनिक सेवा अपना सारा कार्य पारदर्शी ढंग से करेगी।
- **शुद्ध सत्तावादी प्रणाली** (Pure authoritarian system) के अन्तर्गत सम्पूर्ण वितरण के मानदण्ड पहले से निर्धारित होते हैं, जिन पर कोई प्रश्नचिह्न नहीं लगाया जा सकता। अत: इस प्रणाली में वितरण के नए मानदण्डों की तलाश बेकार होगी।

- **शुद्ध प्रतिस्पर्द्धात्मक प्रणाली** (Pure competitive system) के अन्तर्गत सारा वितरण बाजार शक्तियों की परस्पर क्रिया (interplay) से निर्धारित होता है। अत: इस प्रणाली में वितरण के नए मानदण्डों को मान्यता ही नहीं दी जाएगी।
- **काल्पनिक साम्यवादी समाज** (Hypothetical communist society) के अन्तर्गत अभाव की स्थिति की समाप्ति हो जाएगी और प्रत्येक व्यक्ति को अपनी-अपनी आवश्यकता के अनुसार प्राप्ति होगी। अत: इस समाज में न्याय के किसी वैकल्पिक सिद्धान्त पर विचार करना व्यर्थ ही होगा।

रॉल्स का न्याय सिद्धान्त

- **रॉल्स** ने अपनी पुस्तक 'न्याय का सिद्धान्त' में न्याय की निम्नलिखित सामान्य धारणा प्रतिपादित की है
  ''ऐसी स्थिति को छोड़कर जब वस्तुओं के असमान वितरण से न्यूनतम सुविधा प्राप्त लोगों को लाभ होता हो, स्वतन्त्रता और अवसर, आय तथा धन तथा स्वाभिमान के आचार आदि सभी प्राथमिक सामाजिक वस्तुओं का समाज वितरण होना चाहिए।''
- **रॉल्स** तीन प्रकार के न्याय में भेद करते हैं, *जिनके नाम हैं*
  (i) पूर्ण प्रक्रियात्मक न्याय
  (ii) अपूर्ण प्रक्रियात्मक न्याय
  (iii) शुद्ध प्रक्रियात्मक न्याय
- पूर्ण प्रक्रियात्मक न्याय ऐसी परिस्थितियों में होता है जहाँ वस्तुओं के निष्पक्ष वितरण का स्वतन्त्र आधार तथा ऐसी प्रक्रिया होती है, जिससे इस सम्बन्ध में निष्पक्षता सुनिश्चित की जा सके।
- अपूर्ण प्रक्रियात्मक न्याय ऐसी स्थिति में होता है जहाँ, यद्यपि निष्पक्ष नतीजे का स्वतन्त्र आधार तो होता है, किन्तु ऐसी विधि उपलब्ध नहीं होती जिससे यह नतीजा निकलना सुनिश्चित हो।
- जहाँ तक शुद्ध प्रक्रियात्मक न्याय का सम्बन्ध है, इसमें निष्पक्ष नतीजे का कोई स्वतन्त्र आधार नहीं होता, किन्तु केवल निष्पक्ष विधियों तथा प्रक्रियाओं का ही आधार होता है।

रॉबर्ट नॉजिक का न्याय सिद्धान्त

- **रॉबर्ट नॉजिक** ने अपनी चर्चित कृति 'अराजकता, राज्य और कल्पनालोक' के अन्तर्गत न्याय के दो तरह के सिद्धान्तों में अन्तर किया है। एक ओर न्याय के ऐतिहासिक सिद्धान्त हैं, तो दूसरी ओर साध्यमूलक सिद्धान्त।
- ऐतिहासिक सिद्धान्तों के अनुसार, ''लोगों की अतीत परिस्थितियों और अतीत कार्यों के आधार पर उनके वर्तमान अधिकार भिन्न-भिन्न हो सकते हैं।
- साध्यमूलक सिद्धान्तों के अनुसार, ''लोगों के अधिकार किन्हीं विशेष लक्ष्यों की पूर्ति के उद्देश्य से निर्धारित करने चाहिए।''

न्याय के विभिन्न प्रकार

न्याय के निम्नलिखित प्रकार हैं
- कानूनी न्याय
- राजनीतिक न्याय
- सामाजिक न्याय
- आर्थिक न्याय

न्याय की कसौटियाँ

- **डेविड मिलर** ने न्याय की तीन कसौटियों का उल्लेख किया है
  (i) **स्वीकृत अधिकारों का संरक्षण** यह श्रेणीतन्त्रीय व्यवस्था को जन्म देता है। इसके प्रमुख समर्थक **डेविड ह्यूम** हैं।
  (ii) **योग्यतानुरूप वितरण** यह खुले बाजार की व्यवस्था का रूप देता है। इसके प्रवर्तक **हर्बर्ट स्पेन्सर** हैं।
  (iii) **आवश्यकता के अनुरूप वितरण** यह एकतावादी समाज को बढ़ावा देता है। इसके प्रवर्तक **क्रोपोटकिन** हैं।

कानून का शासन

- विधि या कानून का शासन ऐसी शासन प्रणाली है, *जिसके अन्तर्गत निम्नलिखित शर्तें पूरी होनी चाहिए*
  (i) देश का कानून सर्वविदित होना चाहिए।
  (ii) कानून का स्वरूप सर्वमान्य होना चाहिए।
  (iii) कानून का प्रयोग अतीतकाल से प्रभावी नहीं होना चाहिए।
  (iv) शासन की शक्ति का प्रयोग केवल कानून में निहित प्रक्रियाओं (procedures), सिद्धान्तों और प्रतिबन्धों के अन्तर्गत ही होना चाहिए।
- ब्रिटिश न्यायवेत्ता **ए. वी. डायसी** ने अपनी कृति 'Introduction to the Study of the Law of the Constitution' में इंग्लैण्ड के संविधान को विधि के शासन की संज्ञा दी है।
- ब्रिटिश संविधान को स्थिर संविधान कहते हैं।
- **डायसी** के अनुसार, विधि के शासन में तीन अर्थ निहित हैं
  (i) यहाँ कानून का प्रयोग करते समय निरंकुश शक्ति (arbitrary power) के प्रयोग की कोई गुंजाइश नहीं है। अत: कानून के उल्लंघन पर ही दण्ड दिया जाता है।
  (ii) विधि का शासन सब नागरिकों को कानून के समक्ष समानता प्रदान करता है। सरकारी अधिकारियों या सरकारी कार्यवाही को साधारण कानून और न्याय व्यवस्था से किसी तरह की छूट या विमुक्ति प्राप्त नहीं होती है।
  (iii) इंग्लैण्ड में विधि का शासन यह संकेत देता है कि यहाँ नागरिकों के अधिकार संविधान द्वारा सुरक्षित नहीं किए गए हैं, बल्कि देश के साधारण कानून में निहित उपचारों (remedies) के द्वारा उन्हें जो हितलाभ और स्वतन्त्रता प्रदान की गई है, वही यहाँ के संविधान का आधार भी है।
- ब्रिटेन में शासन का प्रसार, विधान कानून द्वारा ही निर्धारित होता है। *इस कानून के चार तत्त्व हैं*
  (i) राजा कोई गलती नहीं कर सकता, राजा को न्यायालय में नहीं लाया जा सकता।
  (ii) स्थायी सरकारी कर्मचारियों को भी सभी प्रकार से मुक्त रखा जाता है।
  (iii) न्यायाधीश भी अपने सरकारी काम के लिए व्यक्तिगत जिम्मेदारी से मुक्त रहता है।
  (iv) Justice of price अपने सरकारी कार्य के लिए सजा नहीं पा सकते।
- ब्रिटेन में सभी को बोलने, सभा करने और व्यक्तिगत स्वतन्त्रता का अधिकार है।
- ब्रिटेन में राजतन्त्र या कुलीनतन्त्र जो भी कायम है, उसकी नींव में विधि का शासन मूल रूप से खड़ा है। यहाँ Rule of law के आधार पर ही संसद की सर्वोच्चता स्थापित है।
- Rule of law ब्रिटिश संविधान का महत्त्वपूर्ण अधिकार है।
- विधि-निर्माण के क्षेत्र में ब्रिटिश संसद की असीम प्रभुसत्ता को संयत करने का कोई उपाय उसके पास नहीं है।
- इंग्लैण्ड के अलिखित संविधान में नागरिक अधिकारों की सांविधानिक प्रत्याभूति की व्यवस्था चाहे नहीं हो और संसद की विधायी शक्ति चाहे असीम (unlimited) ही क्यों न हो, वहाँ की सांविधानिक परिपाटियाँ यह निश्चित करती हैं कि कानूनी प्रभुसत्ता वाला राजनीतिक प्रभुसत्ताधारी अंग

- **डायसी** की दृष्टि में कानून के समक्ष समानता ब्रिटिश संविधान का मूल सिद्धान्त है। इसका अर्थ है कि नागरिकों के सभी वर्ग देश के साधारण कानून (ordinary laws of the land) से बँधे हैं और देश के साधारण न्यायालय ही इस कानून का प्रवर्तन करेंगे।
- फ्रांस में प्रशासनिक कानून को सरकारी अधिकारियों के अधिकारों और कर्तव्यों का स्रोत माना जाता है।
- इंग्लैण्ड में जो विचार विधि के शासन की संकल्पना में निहित है, संयुक्त राज्य अमेरिका में वह समानान्तर कानून की यथोचित प्रक्रिया (due process of law) के रूप में व्यक्त हुआ है।

कानून की यथोचित प्रक्रिया के दो मुख्य पक्ष हैं

(i) **प्रक्रियात्मक क्षेत्र** के अन्तर्गत यह माँग की जाती है कि व्यक्ति के जो अधिकार राज्य की व्यवस्था पर आश्रित हैं, उनके प्रयोग के लिए निश्चित नियमों और कार्य-विधि का अनुसरण किया जाएगा।

(ii) **तात्त्विक क्षेत्र** के अन्तर्गत व्यक्ति की बुनियादी, वैयक्तिक और नागरिक स्वतन्त्रताओं को मान्यता दी जाती है।

- कानून की यथोचित प्रक्रिया का सिद्धान्त दीवानी और फौजदारी दोनों तरह के मामलों पर लागू होता है। यदि कोई कानूनी कार्यवाही प्राकृतिक न्याय की शर्त पूरी नहीं करती, तो उसे कानून की यथोचित प्रक्रिया का उल्लंघन मान लिया जाता है।

स्वतन्त्रता

- स्वतन्त्रता अथवा 'लिबर्टी' शब्द की व्युत्पत्ति लैटिन शब्द 'लिबर' से हुई है, इसका अर्थ है—स्वतन्त्रता।
- राजनीतिक सिद्धान्त का मुख्य सरोकार 'स्वतन्त्रता की दशा' से है। स्वतन्त्रता की दशा के संकेत के लिए फ्रीडम और लिबर्टी दोनों शब्दों का प्रयोग किया जाता है।
- औपचारिक दृष्टि से स्वतन्त्रता की संकल्पना प्रतिबन्ध के अभाव का संकेत देती है।
- प्राचीन काल में ग्रीक विचारकों ने स्वतन्त्रता को सामाजिक व्यक्ति की गतिविधि माना था।
- सुकरात कानूनों का पालन करने को ही स्वतन्त्रता मानते थे।
- पेरीक्लीज ने पूर्ण नागरिक का विकास तथा राजनीतिक गतिविधि में भाग लेने को ही स्वतन्त्रता माना है।
- मध्य युग में स्वतन्त्रता का अर्थ उग्र था। आधुनिक युग में स्वतन्त्रता बहुमुखी है और इसका आधार व्यक्तिगत स्वतन्त्रता है।
- नकारात्मक स्वतन्त्रता का अभिप्राय यह है कि कोई व्यक्ति कुछ करना चाहे तो उसे वैसा करने से रोका न जाए। इस तरह की स्वतन्त्रता को औपचारिक स्वतन्त्रता (Formal liberty) भी कहा जाता है। यह केवल अनुमति का सूचक है।
- नकारात्मक स्वतन्त्रता के प्रमुख समर्थक हैं—**मिल, बर्लिन, फ्रीडमैन, लास्की, डी. टाकविले, स्पेन्सर, क्रेसटब** आदि।
- सकारात्मक स्वतन्त्रता या तात्त्विक स्वतन्त्रता का अर्थ है कि कमजोर वर्गों की सामाजिक और आर्थिक असमर्थताओं को दूर करने हेतु ठोस प्रयास किए जाएँ ताकि, सबको अपने सुख की साधना का उपयुक्त अवसर मिल सके।
- सकारात्मक स्वतन्त्रता के प्रमुख समर्थक हैं—**मैकफर्सन, लास्की, रूसो, ग्रीन, लियो स्ट्रॉस, हीगल, बोसांके, बार्कर** आदि।
- राजनीतिक, नागरिक या कानूनी स्वतन्त्रता नकारात्मक स्वतन्त्रता है।
- सामाजिक तथा आर्थिक स्वतन्त्रता सकारात्मक स्वतन्त्रता हैं।
- नकारात्मक स्वतन्त्रता के समय राज्य अपने पर केवल संयम रखता है, जबकि सकारात्मक स्वतन्त्रता उन प्रतिबन्धों और विवशताओं को हटाने की माँग करती है, जो सामाजिक व्यवस्था स्थापित कर सकें।

स्वतन्त्रता के विविध रूप

- प्राकृतिक स्वतन्त्रता
- नागरिक स्वतन्त्रता
- राष्ट्रीय स्वतन्त्रता
- अन्तर्राष्ट्रीय स्वतन्त्रता
- व्यक्तिगत स्वतन्त्रता
- आर्थिक स्वतन्त्रता
- नैतिक स्वतन्त्रता

- **अर्नेस्ट बार्कर** के अनुसार, नागरिक स्वतन्त्रता में तीन बातें आती हैं—दैहिक स्वतन्त्रता, बौद्धिक स्वतन्त्रता और व्यावहारिक स्वतन्त्रता।
- **मिल** के अनुसार, नागरिक स्वतन्त्रता व्यक्ति और समाज दोनों के हित में होगी।
- **स्वतन्त्रता के संरक्षण के उपाय हैं**—विशेषाधिकारों का अन्त, लोकतान्त्रिक शासन, मौलिक अधिकार, स्वतन्त्र न्यायपालिका, शक्ति पृथक्करण, विधि का शासन, स्वतन्त्र एवं निष्पक्ष प्रेस, सतत जागरूकता, आर्थिक समानता, सशक्त प्रतिपक्ष आदि।

स्वतन्त्रता के नकारात्मक एवं सकारात्मक पक्ष

- चिरसम्मत (प्राचीन) उदारवाद में स्वतन्त्रता के नकारात्मक रूप पर बल दिया जाता था, लेकिन आधुनिक उदारवाद ने व्यक्ति और समूहों की स्वतन्त्रता के हित में राज्य की सकारात्मक भूमिका को स्वीकारा है।
- समकालीन उदारवाद के अन्तर्गत जो सिद्धान्त व्यक्ति की नकारात्मक स्वतन्त्रता पर बल देते हैं तथा अहस्तक्षेप (Laissez-faire) की नीति को उचित ठहराने के लिए नया आधार प्रस्तुत करते हैं, उन्हें स्वेच्छातन्त्रवाद (Libertarianism) कहा जाता है। इसे ही नव-उदारवाद की संज्ञा भी दी जाती है।
- **बर्लिन** ने यह तर्क दिया है कि राज्य केवल व्यक्ति की नकारात्मक स्वतन्त्रता की रक्षा कर सकता है। सकारात्मक स्वतन्त्रता की रक्षा करना राज्य के कार्यक्षेत्र में नहीं आता।
- **बर्लिन** के अनुसार, "नकारात्मक स्वतन्त्रता का अर्थ है कि व्यक्ति को अपने विवेक के अनुसार अपने कार्यों का चयन करने से रोका न जाए।"
- **बर्लिन** ने नकारात्मक स्वतन्त्रता को व्यक्ति की अपनी क्षमता का विषय बनाकर सत्तावाद (Authoritarianism) का खण्डन किया है और उदारवादी-व्यक्तिवादी सिद्धान्त को आगे बढ़ाया है।
- **फ्रीडमैन** ने लिखा है कि उदारवाद की दृष्टि से व्यक्ति या परिवार की स्वतन्त्रता किसी सामाजिक व्यवस्था को जाँचने की अन्तिम कसौटी है।
- **फ्रीडमैन** के अनुसार, "राजनीतिक स्वतन्त्रता का अर्थ यह है कि कोई व्यक्ति अपने सहचर को कुछ करने या न करने के लिए विवश न करे।"
- **फ्रीडमैन** के अनुसार, "सरकार का कार्य बाजार-व्यवस्था को सहारा देना और उसके बचे-खुचे काम कर देना है, उस पर नियन्त्रण रखना नहीं।"
- **फ्रीडमैन** का मुख्य विचार है कि व्यक्तियों की स्वतन्त्रता उनके स्वैच्छिक सहयोग और विनिमय की गतिविधियों में निहित है। केवल पूँजीवादी व्यवस्था ही व्यक्तियों की स्वैच्छिक गतिविधियों में तालमेल स्थापित कर राजनीतिक स्वतन्त्रता के लिए उपयुक्त अवसर और वातावरण प्रदान करती है। समाजवादी व्यवस्था और राजनीतिक स्वतन्त्रता एक साथ नहीं रह सकती।

- **मैकफर्सन** ने **फ्रीडमैन** की आलोचना करते हुए कहा है कि पूँजीवादी अर्थव्यवस्था और सरल विनिमय अर्थव्यवस्था में फर्क होता है।
- **हेयक** राज्य की नकारात्मक भूमिका के पक्ष में हैं।
- **हेयक** के अनुसार, "मनुष्य को स्वतन्त्रता तब प्राप्त होती है जब वह किसी दूसरे की निरंकुश इच्छा (Arbitrary will) के द्वारा विवश या बाध्य न हो।" इस स्वतन्त्रता को **हेयक** ने 'वैयक्तिक स्वतन्त्रता' की संज्ञा दी है।

 हेयक ने स्वतन्त्रता को तीन अन्य धारणाओं से पृथक् करने का सुझाव दिया है, *जो निम्न हैं*

 (i) राजनीतिक स्वतन्त्रता,
 (ii) आन्तरिक स्वतन्त्रता तथा
 (iii) शक्ति रूपी स्वतन्त्रता।
- **हेयक** के अनुसार, व्यक्ति की आन्तरिक स्वतन्त्रता उसकी अपनी नैतिक कमजोरी या क्षणिक आवेगों के साथ बह जाने की प्रवृत्ति के कारण नष्ट हो सकती है।
- **क्रिश्चियन बे** ने **हेयक** की पुस्तक 'स्वतन्त्रता का संविधान' में प्रस्तुत किए गए रूढ़िवादी समाज-दर्शन को स्थायी विशेषाधिकार का संविधान बताया है। बे ने हेयक को विशेष वर्ग हित का विशेष अधिवक्ता बताया है। स्वतन्त्रता की मार्क्सवादी संकल्पना
- स्वतन्त्रता की मार्क्सवादी संकल्पना इसकी उदारवादी व्यक्तिवादी संकल्पना से सर्वथा भिन्न है।
- स्वतन्त्रता का मार्क्सवादी अर्थ है, जीवन का सम्पूर्णता से जिया जाना।

स्वतन्त्रता के तत्त्व

• **स्वावलम्बन**	स्वतन्त्रता के नकारात्मक तथा साधन तत्त्व
• **गोपनीयता**	स्वतन्त्रता के नकारात्मक तथा साधन तत्त्व
• **योग्यता**	स्वतन्त्रता के नकारात्मक तथा साधन तत्त्व
• **अवसर**	स्वतन्त्रता के सकारात्मक तथा साधन तत्त्व
• **शक्ति**	स्वतन्त्रता के सकारात्मक तथा साध्य तत्त्व

स्वतन्त्रता के मार्क्सवादी तथ्य

- व्यक्तिगत स्वतन्त्रता का प्रश्न मार्क्सवादी मानवतावाद के प्रश्न से जोड़ता है।
- वर्ग विभाजित समाज में निजी सम्पत्ति तथा इसके फलस्वरूप अलगाव रहने की वजह से मानव के अस्तित्व तथा तत्त्व में विरोध रहता है, इससे मानव मानवता खो बैठता है। इस तरह के समाजों में स्वतन्त्रता का प्रश्न ही नहीं उठता।
- मानव की स्वतन्त्रता के प्रश्न को मानव के तमाम सामाजिक सम्बन्धों की सम्पूर्णता में एवं उसके तत्त्व, लक्ष्य और मूल्य के सन्दर्भ में देखा जाना चाहिए।
- बिना समाज को बदले स्वतन्त्रता सम्भव नहीं है।
- स्वतन्त्रता केवल समाजवाद एवं साम्यवाद में ही प्राप्त हो सकती है।
- समाजवादी क्रान्ति का संघर्ष स्वतन्त्रता की प्राप्ति का संघर्ष है।
- केवल वैज्ञानिक समाजवाद की सहायता से ही मनुष्य विवशता लोक से निकलकर स्वतन्त्रता लोक में प्रवेश कर सकता है।

समानता

- समानता, मानपरक राजनीति सिद्धान्त का महत्त्वपूर्ण विषय है।
- समानता की धारणा एक ओर स्वतन्त्रता के सिद्धान्त और दूसरी ओर न्याय के सिद्धान्त के एक समन्वय का निर्माण करती है। इसी कारण समानता के विभिन्न विचारकों तथा क्रान्तिकारियों ने इसे अपनी स्वतन्त्रता तथा सामाजिक परिवर्तन के आन्दोलनों का अभिन्न अंग माना।
- **अर्नेस्ट बार्कर** के अनुसार, "समानता एक बहुरूपिया विचार है, यह बड़ी आसानी से अपना स्वरूप बदलकर नया रूप ग्रहण कर लेती है।"
- सरल अर्थ में, समानता सब व्यक्तियों को समाज में उनके व्यक्तित्व के विकास के लिए समान अवसर प्राप्त होना है।
- लास्की ने समानता के निम्न अर्थ बताए हैं
 (i) समाज में सारी विशेष सुविधाओं का अन्त।
 (ii) समाज के दरवाजे सभी व्यक्तियों के लिए समान रूप से खुले हों तथा उन पर कोई प्रतिबन्ध न हो।
 (iii) पैतृक एवं वंशानुगत परिस्थितियों के कारण स्थापित असमानताएँ अनुचित हैं।
 (iv) सभी नागरिकों को बिना भेदभाव के समान अवसर प्राप्त हों।
 (v) समाज में आर्थिक एवं सामाजिक शोषण का अन्त हो।
- **रूसो** के अनुसार, मनुष्यों में दो प्रकार की विषमताएँ पाई जाती हैं

 प्राकृतिक विषमता यह वस्तुस्थिति का विवरण देती है; जैसे—मनुष्य की आयु, स्वास्थ्य, सौन्दर्य, बाहुबल, बुद्धि-बल आदि। ये प्राय: अटल हैं।

 परम्परागत विषमता यह धन-सम्पदा, पद-प्रतिष्ठा और शक्ति की भिन्नताओं को सूचित करती है। ये सामाजिक व्यवस्था की देन हैं और ये परिवर्तनीय हैं।
- समानता की सकारात्मक संकल्पना भेदभाव अवश्य स्वीकार करती है, शर्त यह है कि यह भेदभाव समानता की पुष्टि करे, उसका हनन न करे। सकारात्मक समानता की सबसे प्रमुख माँग यह है कि एक प्रमुख वर्ग को अपनी सम्पदा के बल पर दूसरों का शोषण करने से रोके।

समानता का विकास

- **प्लेटो** तथा **अरस्तू** ने समानता का विरोध किया तथा **पेरीक्लीज, सोफिस्ट, एण्टीफोन, लैकोफ्रोन, यूरीपाइडस** तथा **स्टोइक्स** ने समानता का समर्थन किया।
- **प्लेटो** तथा **अरस्तू** ने स्वामी तथा दास वर्गों में समाज का विभाजन किया।
- मध्य युग में असमानता के सिद्धान्त को कानूनी मान्यता दी गई तथा जन्म से असमानता का नियम स्वीकार किया गया।
- मध्यकाल के समाज में तीन वर्ग थे—पोपशाही, कुलीन वर्ग तथा जनता। इसमें पहले दो वर्गों के पास सत्ता थी तथा तीसरे के पास आश्रितता (subordination) थी।
- आधुनिक युग (अठारहवीं शताब्दी) में सामाजिक तथा राजनीतिक समानता की माँग उभरते हुए पूँजीपति वर्ग ने उठाई।
- आधुनिक युग के आरम्भ में समानता की माँग पहले-पहले कानूनी समानता के रूप में उठी। इस समानता के समर्थक **रूसो** थे, जिन्होंने समानता के अन्तर्गत समाज के सभी व्यक्तियों को जन्म, दैहिक या मानसिक क्षमताओं तथा अन्य विभिन्नताओं के बावजूद समान कानूनी हैसियत प्रदान करने सम्बन्धी माँग उठाई।

- **रूसो** ने अपने निबन्ध 'Discovers on the Origin of Inequality' में समानता की जोरदार संस्तुति की और उन्होंने असमानता को सम्पत्ति तथा सभ्यता के उदय के साथ जोड़ा।
- उदारवादी **कानडोरसेट** ने फ्रांसीसी क्रान्ति के बाद समानता के अर्थ की व्याख्या की।
- **वेबूफ** ने आर्थिक समानता की माँग की।
- अमेरिकी तथा फ्रांसीसी क्रान्तियों ने समानता के दर्शन को महत्त्वपूर्ण स्थान दिया।
- **जैफरसन** ने स्वतन्त्रता, समानता और बन्धुत्व का नारा दिया।
- अठारहवीं-उन्नीसवीं शताब्दी में पूँजीवाद के विकास के फलस्वरूप आर्थिक असमानता एवं साम्राज्यवाद तथा उपनिवेशवाद का जन्म हुआ। राजनीतिक एवं आर्थिक समानता की माँग उठी, *जिसके दो परिणाम रहे*
  1. सन् 1832, 1867 तथा 1884 में सुधार कानून पारित हुए और इंग्लैण्ड में हर निश्चित आयु के पुरुष नागरिक को एक मत का समान अधिकार मिला,
  2. अमेरिकी गृह युद्ध (1861-66 ई०) के परिणामस्वरूप गुलाम प्रथा का अन्त हुआ।
- बीसवीं शताब्दी में राष्ट्रीय समानता की माँग उठी।
- 1917 में रूस में तथा 1949 में चीन में साम्यवादी शासन स्थापित हुआ।

समानता के विभिन्न प्रकार

समानता के निम्नलिखित प्रकार हैं

- प्राकृतिक समानता
- राजनीतिक समानता
- आर्थिक समानता
- सामाजिक समानता
- कानूनी समानता
- अन्तर्राष्ट्रीय समानता

समानता का मार्क्सवादी दृष्टिकोण

- समानता के मार्क्सवादी दृष्टिकोण में सम्पूर्ण विषय का अध्ययन वर्ग-संघर्ष के सन्दर्भ में किया गया है।
- वर्ग-संघर्ष के बोझ से दबे समाज में समानता का अस्तित्व सम्भव नहीं है।
- 'सम्पन्नों का वर्ग' ही सारी समानता का उपभोग करता है, जो निर्धन, निर्बल एवं पिछड़े वर्गों को उपलब्ध नहीं होती।
- वर्गविहीन समाज का अस्तित्व स्वतन्त्रता तथा समानता की स्थितियों के अस्तित्व की स्वत: सिद्ध शर्त है।
- मार्क्सवाद इस धारणा पर चलता है कि लोगों की रुचियाँ तथा आवश्यकता, चाहे समाजवाद की अवधि हो अथवा साम्यवाद की, गुण अथवा मात्रा में न तो समान है और न समान हो सकती है।
- सम्पूर्ण मार्क्सवादी दर्शन का एकमात्र उद्देश्य है—असमानता के कारकों, विशेषाधिकारों तथा प्रस्थिति सम्बन्धी अन्तरों को स्पष्ट एवं नष्ट करना।
- **मार्क्स** और **एंगेल्स** ने समानता पर स्पष्ट विचार व्यक्त नहीं किए हैं।
- मार्क्सवादी दर्शन के अनुसार, पूँजीवादी समाज में आर्थिक असमानता का बोलबाला रहता है। मार्क्सवाद इसे समाप्त कर वर्गविहीन एवं राज्यविहीन समाज की स्थापना करना चाहता है।
- **मार्क्स** के वर्गविहीन समाज में सामाजिक-आर्थिक समानता का आधार सुप्रसिद्ध साम्यवादी नारा होगा—'प्रत्येक से उसकी क्षमता के अनुसार, प्रत्येक को उसकी आवश्यकता के अनुसार'।
- **मार्क्स** ने सर्वांगीण अथवा पूर्ण समानता का समर्थन नहीं किया है।

स्वतन्त्रता और सत्ता

- कुछ विचारकों के अनुसार स्वतन्त्रता तथा सत्ता परस्पर विरोधी हैं। सत्ता का जितना अधिक प्रयोग किया जाएगा उतनी अधिक स्वतन्त्रता नष्ट होगी।
- 18वीं शताब्दी में व्यक्तिवादियों ने व्यक्ति की स्वतन्त्रता पर जोर दिया और कहा कि राज्य का प्रत्येक कार्य व्यक्ति की स्वतन्त्रता को कम करता है, इसलिए राज्य को कम-से-कम कार्य करने चाहिए।
- व्यक्तिवादियों के अनुसार, "वह सरकार अच्छी है, जो कम-से- कम शासन करती है।"
- अराजकतावादियों के अनुसार राज्य सम्प्रभुता का प्रयोग करके नागरिकों की स्वतन्त्रता को नष्ट करता है, अत: अराजकतावादियों ने राज्य को समाप्त करने पर जोर दिया ताकि राज्यविहीन समाज की स्थापना की जा सके।
- गॉडविन के अनुसार, "पूर्ण स्वतन्त्रता का अर्थ सरकार का पूर्णत: न होना है।"
- बहुलवादियों का विचार है राज्य के पास जितनी अधिक सत्ता होगी, उससे व्यक्ति की स्वतन्त्रता उतनी ही कम होती है, इसीलिए वे राज्य-सत्ता को विभिन्न समुदायों में बाँटने के पक्ष में हैं।
- आधुनिक लेखकों के मतानुसार स्वतन्त्रत तथा सत्ता परस्पर विरोधी न होकर परस्पर सहायक और सहयोगी हैं।
- लॉक, रिची, विलोबी तथा गैटल के अनुसार स्वतन्त्रता तथा सत्ता परस्पर सहयोगी तथा सहायक हैं।

स्वतन्त्रता *एवं* समानता में सम्बन्ध

- अठारहवीं शताब्दी के अन्त में फ्रांसीसी क्रान्ति के समय स्वतन्त्रता एवं समानता को परस्पर सहयोगी व पूरक माना गया।
- उन्नीसवीं शताब्दी में स्वतन्त्रता-समानता में अन्तर्विरोध स्पष्ट हो गया और यह धारणा बनी कि लोकतन्त्र का विस्तर समानता को जितना बढ़ावा देता है, स्वतन्त्रता के लिए उतना ही बड़ा खतरा पैदा कर देता है।
- **टाकविले** ने समानता के सिद्धान्त का खण्डन नहीं किया, बल्कि उसने केवल यह चेतावनी दी है कि विचारों की अभिव्यक्ति के क्षेत्र में समानता की माँग को इस हद तक बढ़ावा नहीं देना चाहिए कि वह स्वतन्त्रता के दमन का साधन बन जाए।
- **बर्लिन** ने वर्तमान सामाजिक-आर्थिक विषमताओं के निराकरण को राज्य के कार्य क्षेत्र से बाहर रखते हुए समानता के दावे को अस्वीकार कर दिया।
- **हेयक** (ऑस्ट्रियाई विचारक) स्वतन्त्रता और समानता को परस्पर विरोधी सिद्धान्त मानते हैं। हेयक बाजार-प्रणाली के अन्तर्गत व्यक्ति की स्वतन्त्रता की समस्या को हल करना चाहता है।
- **हेयक** के अनुसार, किसी को भी स्वतन्त्रता देने से अच्छा यह है कि कुछ लोगों को ही स्वतन्त्रता दे दी जाए, और सब लोगों को थोड़ी-थोड़ी स्वतन्त्रता देने से अच्छा यह है कि कुछ लोगों को पूरी स्वतन्त्रता दे दी जाए, चाहे बाकी लोगों के हिस्से में कुछ भी न आए।
- व्यक्तिवादी, समाजवादी तथा विशिष्टवर्गीय विचारक स्वतन्त्रता एवं समानता में अन्तर करते हैं। जिनमे ऐक्टन, टाकविले, लेफी, बेजहॉट, मे, स्टीफेन, हॉग, हेयक, फ्रीडमैन, कॉर्टलैण्ड, मिचेल, मोस्का, पैरेटो आदि विद्वान प्रमुख हैं।
- कुछ विद्वान स्वतन्त्रता एवं समानता को पूरक मानते हैं, जिनमें हटिंग्टन, गेटलैण्ड, ह्यूम, गॉडविन, रूसो, आरनॉल्ड, टॉनी, पोलार्ड, बार्कर, लास्की, गॉस आदि प्रमुख हैं।

अधिकार

- अधिकार व्यक्तिगत एवं सामाजिक जीवन के विकास की मूलभूत शर्त है।
- अधिकार, राज्य के अन्तर्गत व्यक्ति को प्राप्त होने वाली ऐसी अनुकूल परिस्थिति और अवसर है, जिससे उसे आत्मविकास में सहायता मिलती है।
- वास्तव में अधिकार इस बात का प्रमाण है कि राज्य में व्यक्ति के महत्व को स्वीकार किया जाता है। जिस राज्य में व्यक्ति की गरिमा (dignity) को स्वीकार नहीं किया जाता, उसमें व्यक्ति के कोई अधिकार नहीं होते।
- **लास्की** के अनुसार, "अधिकार सामाजिक जीवन की वैसी परिस्थितियाँ हैं, जिसके बिना कोई मनुष्य अपना पूर्ण विकास नहीं कर सकता।"
- **बोसांके** के अनुसार, "अधिकार वह माँग है, जिसे समाज स्वीकार करता है और लागू करता है।"
- सरल शब्दों में, अधिकार व्यक्ति का वह दावा है, जिसे समाज एवं राज्य की मान्यता प्राप्त होती है, किन्तु प्रत्येक दावा अधिकार नहीं हो सकता।
- **ग्रीन के मतानुसार,** "अधिकार वह शक्ति है, जो सबकी भलाई में सहायक होने के कारण मानी जाती है।"
- **हॉलैण्ड** के मतानुसार, "अधिकार एक मनुष्य की दूसरों के कार्यों पर प्रभाव डालने की शक्ति है, जिसका आधार उसकी अपनी नहीं बल्कि समाज की शक्ति है।"
- **ऑस्टिन** के मतानुसार, "अधिकार सामाजिक जीवन की वह शक्ति है, जिसके द्वारा वह दूसरों से काम करा लेता है अथवा दूसरों को काम करने से रोक सकता है।"
- **मेकन** के अनुसार, "अधिकार सामाजिक हित की वे लाभप्रद परिस्थितियाँ हैं, जो नागरिक के उचित विकास के लिए अत्यन्त आवश्यक हैं।"
- जब तक अधिकार राज्य द्वारा सुरक्षित नहीं होते तब तक अधिकार नैतिक घोषणाओं के सदृश हैं।
- अधिकारों की तिहरी प्रकृति है। जब हम व्यक्ति के उन दावों की बात करते हैं, जो उनकी वास्तविक इच्छा पर आधारित हैं और इस कारण समाज द्वारा मान्यता प्राप्त हैं, तो वे नैतिक अधिकार हैं। राज्य द्वारा कानून में परिणत हो जाने पर वे वैधानिक अधिकार हो जाते हैं।
- राजनीति के क्षेत्र में हमारा सम्बन्ध नैतिक अधिकारों से है। यदि कानून वैसा हो जैसा कि उसे होना चाहिए, तो वे वैधानिक रूप में लागू करने योग्य होंगे।
- अधिकार सम्बन्धी **गिलक्राइस्ट** की व्याख्या अंशत: ठीक है।
- अधिकार दो प्रकार के होते हैं—नकारात्मक और सकारात्मक।
- राज्य में व्यक्ति की जो गतिविधियाँ राज्य द्वारा प्रतिबन्धित नहीं होतीं, वे नकारात्मक अधिकार हैं; जैसे—विचार एवं अभिव्यक्ति के अधिकार आदि।
- सकारात्मक अधिकार यह संकेत देते हैं कि व्यक्ति के आत्मविकास में सहायता देने के लिए राज्य की ओर से क्या-क्या व्यवस्था की गई है; जैसे—चिकित्सा का अधिकार, रोजगार का अधिकार, कानूनी सहायता का अधिकार आदि।
- पूँजीवादी राज्य में नकारात्मक अधिकार पर बल दिया जाता है, समाजवादी राज्य में सकारात्मक अधिकार पर एवं कल्याणकारी राज्य में नकारात्मक अधिकारों के साथ-साथ यथासम्भव सकारात्मक अधिकार की भी व्यवस्था की जाती है।

अधिकारों की प्रकृति

अधिकारों की प्रकृति को निम्न प्रकार से स्पष्ट किया जा सकता है

(i) अधिकार समाज में ही पाये जाते हैं।
(ii) अधिकार और नैतिकता में घनिष्ठ सम्बन्ध है।
(iii) अधिकार सर्वव्यापक होते हैं।
(iv) अधिकार और कर्तव्य साथ-साथ रहते हैं।
(v) अधिकार असीमित नहीं होते।
(vi) अधिकारों को राज्य लागू करता है।
(vii) अधिकार परिवर्तनशील होते हैं।

अधिकारों की विशेषताएँ

- अधिकार व्यक्ति की माँग है, स्वयं के विकास के लिए समाज से।
- समाज से बाहर अधिकारों की उत्पत्ति नहीं हो सकती।
- अधिकार सामाजिक हित तथा कल्याण की परिधियों से बँधे हैं। अधिकार कभी भी असीमित नहीं हो सकते। सामाजिक हित में अधिकारों पर प्रतिबन्ध लगाया जा सकता है।
- अधिकार सभी लोगों को समान रूप से दिए जाते हैं।
- राज्य अधिकारों का जनक नहीं है, वरन् रक्षक तथा सेवक है। अधिकार का नैतिक आधार है।
- अधिकार समय एवं परिस्थितियों के अनुसार बदलते रहते हैं।
- अधिकार और कर्तव्य आपस में सम्बन्धित हैं।
- प्राचीन तथा मध्य काल में अधिकारों की धारणा अस्पष्ट थी।
- अधिकार 17वीं शताब्दी में निरंकुश राजतन्त्र के प्रतिरोध तथा पूँजीवाद के विकास की परिस्थितियों की उपज थी।
- अधिकारों के उदारवादी, व्यक्तिवादी सिद्धान्त के अन्तर्गत शुरू में नकारात्मक अधिकारों पर बल दिया गया, परन्तु कल्याणकारी राज्य के उदय के बाद इसमें सकारात्मक अधिकारों को बढ़ावा मिला।
- अधिकारों के उदारवादी सिद्धान्त के अन्तर्गत निम्न सिद्धान्त आते हैं—अधिकारों का प्राकृतिक सिद्धान्त, अधिकारों का कानूनी सिद्धान्त, अधिकारों का ऐतिहासिक सिद्धान्त, आदर्शवादी या नैतिक अधिकारों का सिद्धान्त, अधिकारों का लोक- कल्याणकारी सिद्धान्त आदि।

अधिकारों के प्रकार

अधिकार निम्नलिखित प्रकार के होते हैं

- आर्थिक अधिकार, सामाजिक अधिकार, राजनीतिक अधिकार, नागरिक अधिकार, प्राकृतिक अधिकार, मौलिक अधिकार, वर्णन कानूनी अधिकार।

अधिकारों के विभिन्न सिद्धान्त

अधिकारों का प्राकृतिक सिद्धान्त

- यह अधिकारों का सबसे प्राचीन सिद्धान्त है। यह सिद्धान्त प्राचीन रोम के प्राकृतिक कानून की विचारधारा पर आधारित है। इस सिद्धान्त की मान्यताओं के अनुसार, कुछ अधिकार प्रकृति प्रदत्त होते हैं। ये सार्वभौम, विवेकपूर्ण, अदेय तथा मौलिक होते हैं।
- इस सिद्धान्त के प्रमुख समर्थक—**हॉब्स, लॉक, रूसो, मिल्टन, वाल्टेयर, टॉमस पेन, स्पेन्सर, एडम स्मिथ, रॉबर्ट नॉजिक, ऑयरैण्ड** आदि हैं।

- **लॉक** ने जीवन, स्वतन्त्रता तथा सम्पत्ति के अधिकार को प्राकृतिक अधिकार माना।
- **हॉब्स** ने जीवन के अधिकार को प्राकृतिक अधिकार माना है।
- प्राकृतिक अधिकार सिद्धान्त के आधार पर अमेरिकी स्वतन्त्रता के घोषणा-पत्र (1776) के संवैधानिक अधिकार, फ्रांसीसी क्रान्ति तथा यू. एन. चार्टर को वैध ठहराया गया।
- इस सिद्धान्त के प्रमुख आलोचक हैं— **रिची, गिलक्राइस्ट** तथा **बेन्थम**।

कानूनी अधिकार सिद्धान्त

- इस सिद्धान्त के अनुसार अधिकार राज्य की देन तथा कानून की उपज है। यह सिद्धान्त प्राकृतिक सिद्धान्त के विपरीत है। अधिकार व्यक्ति की माँग है।
- कानूनों की मान्यता तथा राज्य के संरक्षण के बिना अधिकार स्थापित नहीं होते।
- इस सिद्धान्त के प्रमुख समर्थक हैं—*हॉब्स, बेन्थम, ऑस्टिन, सामण्ड और रिची।*
- इस सिद्धान्त का सर्वश्रेष्ठ व्याख्याकार **ऑस्टिन** है। उसके अनुसार, प्रत्येक अधिकार चाहे ईश्वरीय, वैधानिक अथवा नेक हो, एक सापेक्ष कर्त्तव्य पर निर्भर है।
- इस सिद्धान्त के प्रमुख आलोचक—**लास्की, प्लॉमनाज, टॉमस पेन, बोसांके** आदि हैं।

कानूनी अधिकारों के सिद्धान्त में निम्नलिखित बातें निहित हैं

(i) अधिकार राज्य की देन हैं। राज्य से पूर्व ये अधिकार नहीं थे।
(ii) अधिकार राज्य द्वारा लागू किये जाते हैं।
(iii) राज्य अधिकारों को जब चाहे छीन सकता है।
(iv) व्यक्ति को राज्य के विरुद्ध कोई अधिकार प्राप्त नहीं है।
(v) अधिकार परिस्थितियों के अनुसार बदलते रहते हैं।

ऐतिहासिक *या* रीतिबद्ध सिद्धान्त

- इस सिद्धान्त के अनुसार अधिकार इतिहास की देन हैं। जब रीति-रिवाज किसी रूप में स्थिर हो जाते हैं तब, अधिकारों का जन्म होता है।
- इस सिद्धान्त के अनुसार, अधिकार समय की उपज हैं अर्थात् अधिकार प्रथाओं का स्थिरीकरण हैं।
- इस सिद्धान्त के मुख्य प्रवर्तक **एडमण्ड बर्क** हैं। **बर्क** ने प्राकृतिक अधिकारों पर प्रहार किया है तथा यह तर्क दिया है कि सभ्य समाज के आविर्भाव से पहले जिन अधिकारों के अस्तित्व की कल्पना की जाती है, उन्हें सभ्य समाज में लागू करना एक भूल है।
- इसके समर्थकों में **रिची** तथा **मैकाइवर** प्रमुख हैं।

नैतिक *या* आदर्शवादी सिद्धान्त

- इस सिद्धान्त के अनुसार अधिकार, मनुष्य के नैतिक व्यक्तित्व का परिणाम हैं। इसी कारणवश इसे अधिकार का व्यक्तित्व सिद्धान्त कहते हैं।
- इसकी सर्वोत्तम प्रस्तुति **ग्रीन** के राजनीतिक दर्शन में मिलती है।
- **हीगल, कान्ट, बोसांके** और **रूसो** इस सिद्धान्त के प्रमुख प्रवक्ता हैं।
- **ग्रीन** की मान्यताएँ हैं—अधिकार मनुष्य के आन्तरिक विकास की बाह्य अवस्थाएँ हैं। ग्रीन अधिकार की उत्पत्ति के स्थान पर उसके स्वरूप और उद्देश्य की व्याख्या पर अधिक बल देता है।
- आदर्शवादी सिद्धान्त तीन तथ्य स्पष्ट करता है—अधिकार का अस्तित्व समाज में है, अधिकार मानव समाज में निहित है और प्रत्येक अधिकार में कर्त्तव्य भी सन्निहित है।

सामाजिक कल्याण सिद्धान्त

- इस सिद्धान्त के समर्थकों के मतानुसार अधिकारों का आधार सामाजिक कल्याण है। व्यक्ति को अधिकार समाज में ही मिलते हैं और उनका प्रयोग सामाजिक कल्याण के लिए ही होना चाहिए।
- बेन्थम तथा जे. एस. मिल इसके मुख्य समर्थक थे।

आलोचना

(i) सामाजिक कल्याण की परिभाषा करना कठिन है।
(ii) सामाजिक कल्याण का अर्थ बदलता रहता है।
(iii) यह सिद्धान्त व्यक्तिगत स्वतन्त्रता का विरोधी है।

लास्की के अधिकार सम्बन्धी विचार

- लास्की ने अधिकारों के उदारवादी-व्यक्तिवादी सिद्धान्त को एक नया मोड़ देने का प्रयत्न किया है।
- लास्की के अनुसार किसी भी राज्य की पहचान उन अधिकारों से होती है, जिनकी वह रक्षा करता है।
- लास्की ने नकारात्मक अधिकारों के साथ-साथ सकारात्मक अधिकारों की उचित व्यवस्था पर बल दिया है।
- लास्की ने उदारवाद से जुड़े हुए राजनीतिक अधिकारों के साथ-साथ समाजवाद से जुड़े हुए आर्थिक अधिकारों की रक्षा पर भी बल दिया है।
- सेवाधर्मी राज्य (Service state) का समर्थन करते हुए **लास्की** ने न्यायपूर्ण समाज की विस्तृत रूप-रेखा प्रस्तुत की है।
- लास्की ने तर्क दिया कि अधिकार राज्य की देन नहीं हैं, बल्कि उनका स्थान राज्य की सत्ता से ऊँचा है।
- लास्की का मुख्य सरोकार अधिकारों के नैतिक आधार से है।
- अधिकारों का नैतिक आधार यह माँग करता है कि अधिकार प्रदान करने में सभी नागरिकों के साथ एक जैसा व्यवहार करना चाहिए।
- लास्की के अनुसार, न्यायपूर्ण समाज में राजनीतिक, सामाजिक और आर्थिक तीनों तरह के अधिकार प्रदान किए जाते हैं।
- व्यक्ति की स्वतन्त्रता को सार्थक बनाने के लिए, रोजगार का अधिकार सर्वथा आवश्यक है।
- लास्की ने समस्त नागरिकों के लिए भाषण और अभिव्यक्ति की स्वतन्त्रता का प्रबल समर्थन किया है। इसमें सरकार की आलोचना की स्वतन्त्रता भी शामिल है, जो लोकतन्त्र की आधारशिला है।
- लास्की ने कल्याणकारी राज्य के विचार को बढ़ावा दिया है। उन्होंने पूँजीवादी प्रणाली को बिल्कुल समाप्त करने की वकालत नहीं की, बल्कि इस प्रणाली में संशोधन जनसाधारण के लिए किया जाये जिससे दमन और उत्पीड़न का स्रोत न रह जाए बल्कि यह प्रणाली उन्हें स्वतन्त्रता और सुरक्षा एक साथ प्रदान करे।
- विशेष अधिकारों में लास्की आर्थिक अधिकारों; जैसे— काम, पर्याप्त मजदूरी, काम के उचित घण्टों के अधिकार आदि पर विशेष बल देते हैं। वे कहते हैं कि राजनीतिक अधिकारों तथा शिक्षा के अधिकार को सीमित किया जाना चाहिए।
- लास्की ने अपनी पुस्तक 'A Grammar of Politics' में अधिकारों को चार भागों में रखा है—अधिकारों का अर्थ एवं प्रकृति, राज्यों तथा अधिकारों का सम्बन्ध, विशेष अधिकार तथा अधिकारों की सुरक्षा।
- प्रो. लास्की ने कुछ ऐसे अधिकारों की सूची प्रस्तुत की है, जो व्यक्ति के व्यक्तित्व के लिए आवश्यक हैं।

ये अधिकार निम्न हैं

(i) काम पाने का अधिकार
(ii) उचित पारिश्रमिक पाने का अधिकार
(iii) उद्योगों के प्रबन्धन में भागीदारी का अधिकार
(iv) शिक्षा का अधिकार
(v) उचित अवकाश का अधिकार
(vi) राजनीतिक अधिकार
(vii) भाषण देने की स्वतन्त्रता
(viii) धर्म की स्वतन्त्रता
(ix) न्यायिक सुरक्षा का अधिकार
(x) सम्पत्ति का अधिकार

- **लास्की** के अनुसार, "अधिकारों की सुरक्षा, अधिनियमों की औपचारिकता की अपेक्षा स्वभाव और परम्परा का विषय अधिक है।"
  लास्की ने अधिकारों की रक्षा के लिए निम्न शर्तें आवश्यक बताई हैं
  (i) शक्तियों का विकेन्द्रीयकरण होना चाहिए।
  (ii) केन्द्रीय सरकार के चारों ओर परामर्शदात्री संस्थाएँ होनी चाहिए।
  (iii) राज्य को अन्य संस्थाओं के आन्तरिक मामलों में हस्तक्षेप करने का अधिकार नहीं होना चाहिए।

अधिकारों का मार्क्सवादी सिद्धान्त

- **मार्क्स** ने अलग से अधिकारों पर विचार नहीं किया है। अधिकारों के सम्बन्ध में **मार्क्स** के विचारों को उसके राज्य और लोकतन्त्रीय विचारों में पाया जाता है।
- मार्क्सवाद के अनुसार, किसी भी राज्य में किसी भी युग में प्रचलित अधिकार प्रभुत्वशाली वर्ग के अधिकार हैं।
- मार्क्स के विचार से, अधिकार हमेशा राज्य के वर्ग- चरित्र के साथ जुड़े रहते हैं, इसलिए पूँजीवादी और समाजवादी व्यवस्थाओं के अन्तर्गत अधिकारों के स्वरूप भिन्न-भिन्न होते हैं।
- मार्क्सवादी मान्यताएँ निम्न हैं—
  अधिकारों की बुर्जुआ व्यवस्था में अविश्वास, प्राकृतिक अधिकार गलत हैं, अधिकार समाज के प्रति दावे नहीं हैं, व्यक्तिगत सम्पत्ति का विरोध, सर्वहारा वर्ग के हितों की रक्षा आदि।
- **मार्क्सवादी अधिकार की अनोखी विशेषताएँ** नागरिकों को शरणागति का अधिकार तथा नागरिकता प्रचार का अधिकार।

अधिकारों का संरक्षण

अधिकारों के संरक्षण के लिए निम्न प्रावधान वर्तमान में किए जाते हैं

- संविधान में मौलिक अधिकारों की व्यवस्था।
- विधि का शासन।
- स्वतन्त्र एवं निष्पक्ष प्रेस।
- शक्तियों का विकेन्द्रीकरण।
- शासकीय अंगों अथवा विभागों में परामर्शदात्री समितियों की व्यवस्था।
- स्वैच्छिक संगठनों के आन्तरिक मामलों में शासन की अहस्तक्षेप की नीति।
- आन्तरिक चेतना या जनमत।

नागरिकता

भारतीय संविधान के भाग-II अनुच्छेद 5-11 तक नागरिकता सम्बन्धी प्रावधान दिए गए हैं। नागरिकता से अभिप्राय राज्य की पूर्ण राजनीतिक सदस्यता प्राप्त करना है। एक नागरिक को नागरिक होने के अनेक सिविल एवं राजनीतिक अधिकार प्राप्त होते हैं, किन्तु अन्य देशियों को ये अधिकार नहीं मिलता। नागरिक अपने राजनैतिक समूह के सदस्य होते हैं। यही मिलकर राज्य का गठन करते हैं।

नागरिकता प्राप्ति के अधिकार

नागरिकता अधिनियम, 1955 के अनुसार, भारत की नागरिकता पाँच प्रकार से ग्रहण की जा सकती है

1. **जन्म से नागरिकता** जिसका जन्म 26 जनवरी, 1950 को या उसके पश्चात् हुआ हो, जन्म से भारत का नागरिक होगा। अपवाद-राजनयिकों के बच्चे, विदेशियों के बच्चे।
2. **वंश-परम्परा द्वारा नागरिकता** भारत के बाहर अन्य देश में 26 जनवरी, 1950 के पश्चात् जन्म लेने वाला व्यक्ति भारत का नागरिक माना जाएगा। यदि उसके जंन्म के समय उसके माता-पिता में से कोई भारत का नागरिक हो।
3. **देशीकरण द्वारा नागरिकता** भारत सरकार के देशीयकरण का प्रमाण-पत्र प्राप्त कर भारत की नागरिकता प्राप्त की जा सकती है।
4. **पंजीकरण द्वारा नागरिकता** पंजीकरण द्वारा निम्न प्रकार से प्राप्त की जा सकती है

- वे व्यक्ति जो पंजीकरण प्रार्थना-पत्र देने की तिथि से छह माह पूर्व भारत में रह रहे हों।
- वे भारतीय, जो अविभाज्य भारत से बाहर किसी देश में निवास कर रहे हों।
- वे स्त्रियाँ, जो भारतीयों से विवाह कर चुकी हैं, या भविष्य में विवाह करेंगी। भारतीय नागरिकों के नाबालिग बच्चे।
- राष्ट्रमण्डलीय देशों के नागरिक, जो भारत में रहते हों, या भारत सरकार की नौकरी कर रहे हों। आवेदन पत्र देकर भारत की नागरिकता प्राप्त कर सकते हैं।

1986 में भारतीय नागरिकता अधिनियम, 1955 में संशोधन किया गया, *जो निम्न प्रकार प्रावधान करता है*

(i) जन्म के आधार पर नागरिकता केवल वही व्यक्ति अर्जित कर सकता है, जिसने 10 दिसम्बर, 1992 के बाद भारत के बाहर जन्म लिया हो भारत का नागरिक होगा। यदि उसके माता-पिता में से कोई जन्म के समय भारत का नागरिक था।
(ii) पंजीकरण के माध्यम से जो व्यक्ति भारतीय नागरिकता प्राप्त करना चाहते हैं, उन्हें अब भारत में कम-से-कम पाँच वर्ष (पूर्व में यह अवधि 6 माह थी) निवास करना होगा।
(iii) भारतीय पुरुष से विवाह करने वाली विदेशी महिला को नागरिकता प्राप्त करने हेतु अधिकार प्रदान किया गया।
(iv) कोई भी व्यक्ति अब देशीयकरण नागरिकता तभी प्राप्त कर सकता है, जब वह कम-से-कम 10 वर्ष तक भारत में निवास कर चुका हो। इससे पहले यह अवधि 5 वर्ष थी।

नागरिकता की समाप्ति

भारतीय संविधान एवं नागरिकता अधिनियम, 1955 में उल्लिखित प्रावधानों के अनुसार निम्न प्रकार से भारतीय नागरिकता का लोप हो सकता है।

(i) **परित्याग** कोई भी व्यक्ति स्वैच्छिक रूप से भारतीय नागरिकता का परित्याग कर सकता है तथा किसी अन्य राष्ट्र की नागरिकता प्राप्त कर सकता है, बशर्ते वह किसी अपराध में लिप्त न हो एवं पूर्णरूपेण निर्दोष हो।

(ii) **पर्यावसान** जब कोई भारतीय नागरिक स्वेच्छा से किसी अन्य देश की नागरिकता अर्जित कर लेता है, तो उसकी भारत की नागरिकता समाप्त हो जाती है।

अधिनायक तन्त्र

अधिनायक तन्त्र में शासन की बागडोर एक व्यक्ति के हाथ में निहित होती है। वह अपनी शक्तियों का प्रयोग अपनी इच्छानुसार करता है और वह किसी के प्रति उत्तरदायी नहीं होता। जब तक उसके हाथ में शासन-शक्ति रहती है, तब तक वह अपने पद पर बना रहता है।

प्रथम विश्वयुद्ध के बाद यूरोप के अधिकांश देशों में प्रजातन्त्र वहाँ की समस्याओं को हल करने में पूर्णतया असफल रहा, जिसके परिणामस्वरूप अनेक देशों में तानाशाही का प्रादुर्भाव हुआ। जर्मनी और इटली ने तानाशाही का नेतृत्व किया।

फोर्ड ने अधिनायक तन्त्र की परिभाषा देते हुए कहा है, "अधिनायक तन्त्र राज्य के अध्यक्ष के द्वारा गैर-कानूनी शक्ति प्राप्त करना है।"

अल्फ्रेड ने अधिनायक तन्त्र की परिभाषा बहुत सुन्दर और व्यापक शब्दों में दी है, "अधिनायक तन्त्र उस एक व्यक्ति का शासन है जिसने अपने स्तर और स्थिति को पैतृक अधिकार से न प्राप्त कर शक्ति या स्वीकृति, सम्भवत: दोनों के मिश्रण द्वारा प्राप्त किया हो। उसके पास निरंकुश प्रभुसत्ता होनी अनिवार्य है। वह शक्ति का प्रयोग कानून द्वारा नहीं, बल्कि स्वेच्छा से करता है।"

अधिनायक तन्त्र के गुण

अधिनायक तन्त्र में निम्नलिखित गुण पाए जाते हैं

शासन में कुशलता

अधिनायक उच्च पदों पर योग्य व्यक्तियों को नियुक्त करता है और शासन में घूसखोरी, लाल फीताशाही तथा पक्षपात को समाप्त करता है। वह आवश्यकतानुसार निर्णय लेता है तथा शासन की नीति को शीघ्रता से लागू करता है जिससे शासन में कुशलता आती है।

नीति में एकरूपता

अधिनायक तन्त्र की नीति में एकरूपता रहती है। सभी योजनाएँ अधिनायक की इच्छा पर आधारित होती हैं, इसलिए प्रजातन्त्र में पाई जाने वाली असंगतियाँ इसमें नहीं मिलतीं। इस प्रकार जब तक एक अधिनायक सत्ता में रहता है तब तक नीति में एकरूपता बनी रहती है।

मितव्ययी प्रशासन

प्रजातन्त्र में चुनावों में करोड़ों रुपये खर्च किए जाते हैं और राज्यों में दर्जनों मन्त्री, गवर्नर व सैकड़ों संसद-सदस्य होते हैं, जबकि तानाशाही में एक व्यक्ति का शासन होता है। तानाशाही में चुनाव नहीं होते जिससे करोड़ों रुपयों की बचत होती है।

संकटकाल में उपयोगी

तानाशाह सरकार संकटकाल के लिए उचित है, क्योंकि राष्ट्रीय संकट के समय शीघ्रतापूर्वक और साहसिकता के साथ कार्य करने की आवश्यकता होती है। अधिनायक तन्त्र में शासन की समस्त शक्तियाँ अधिनायक में केन्द्रित होती हैं, जिससे निर्णय शीघ्र हो सकते हैं और उन निर्णयों को दृढ़ता से लागू किया जा सकता है।

राष्ट्रीय चरित्र का निर्माण

अधिनायकतन्त्र में राज्य के विरुद्ध व्यक्ति के कोई अधिकार नहीं होते। इसमें राज्य को ही सर्वोपरि माना जाता है। अत: इसके अन्तर्गत नवयुवकों में देशभक्ति, आत्म-त्याग तथा बलिदान की भावनाएँ भरी जाती हैं। अधिनायक तन्त्र में राष्ट्रीय चरित्र के निर्माण पर अधिक बल दिया जाता है।

दृढ़ तथा स्थिर सरकार

अधिनायक तन्त्र शासन-व्यवस्था में शसन दृढ़ तथा स्थिर होता है। शासन की सभी शक्तियाँ एक ही व्यक्ति में निहित होती हैं। शक्ति के आधार पर ही तानाशाही सरकार स्थापित की जाती है। तानाशाह अपने पद के लिए किसी पर निर्भर नहीं करता है।

उसे न तो चुनाव लड़ने पड़ते हैं और न ही वह किसी के प्रति उत्तरदायी होता है। वह अपने संकल्प पर दृढ़ रहता है। इससे शासन में स्थिरता आती है, जिससे शासन की नीति में निरन्तरता बनी रहती है।

उचित नियमों पर आधारित

प्रत्येक व्यक्ति शासन चलाने के योग्य नहीं है। योग्य व्यक्ति ही देश का शासन चला सकते हैं। तानाशाही में योग्य व्यक्तियों को ही उचित पदों पर नियुक्त किया जाता है। अधिनायक तन्त्र में तानाशाह सबसे श्रेष्ठ व्यक्ति होता है, जो जनता का नेतृत्व करता है।

राष्ट्र के सम्मान में वृद्धि

अधिनायक तन्त्र व्यवस्था में शक्तिशाली सरकार की स्थापना की जाती है, जिससे राष्ट्र की शक्ति बढ़ती है, फलस्वरूप राष्ट्र का सम्मान बढ़ता है। हिटलर और मुसोलिनी ने जर्मनी और इटली की बहुमुखी उन्नति करके उसे विश्व में बड़ी शक्ति बना दिया था।

सामाजिक व आर्थिक विकास

अधिनायक तन्त्र में देश की सामाजिक तथा आर्थिक उन्नति होती है। तानाशाह जनता के आर्थिक विकास की ओर विशेष ध्यान देता है और देश को आत्मनिर्भर बनाने का प्रयत्न करता है।

राष्ट्रीय एकता

अधिनायक तन्त्र में शासक का अपनी जनत पर पूर्ण नियन्त्रण होता है। जनता को चुनाव, भाषण, आलोचना आदि के अधिकार नहीं मिलते, जिससे परस्पर संघर्ष या प्रतिस्पर्द्धा की सम्भावना नही रहती। तानाशाह हर समय युद्ध का वातावरण बनाए रखते हैं। इन बातों से सब लोगों में एकता और देशभक्ति की भावना तीव्र हो उठती है।

अधिनायक तन्त्र के दोष

अधिनायक तन्त्र में अनेक गुणों के होने पर भी इस शासन-प्रणाली को अच्छा नहीं समझा जाता है। इसमें निम्नलिखित दोष पाए जाते हैं।

क्रान्ति का भय

अधिनायक शक्ति के बल पर शासन चलाता है और अपने प्रतिद्वन्द्वियों को कुचल डालता है।
तानाशाह के विरोधियों को शासन बदलने के लिए क्रान्ति का आश्रय लेना पड़ता है। इससे अव्यवस्था को प्रोत्साहन मिलता है।

शक्ति और हिंसा पर आधारित

अधिनायक तन्त्र शासन शक्ति पर आधारित होता है। इसमें शक्ति और हिंसात्मक साधनों को अधिक महत्त्व दिया जाता है। यह शक्ति व हिंसा का सिद्धान्त जनहित के विरुद्ध होता है।

अन्तर्राष्ट्रीयता का विरोध

आज का युग अन्तर्राष्ट्रीयता का युग है। एक देश दूसरे देश के सहयोग पर निर्भर रहता है, परन्तु तानाशाही व्यवस्था अन्तर्राष्ट्रीयता में विश्वास नहीं करती। **मुसोलिनी** तथा **हिटलर** ने राष्ट्र संघ (League of Nations) को असफल बनाने के भरसक प्रयत्न किए। अधिनायक तन्त्र अन्तर्राष्ट्रीय शान्ति के लिए खतरा है।

व्यक्ति को महत्त्व नहीं

अधिनायक तन्त्र में व्यक्ति को कोई महत्त्व नहीं दिया जाता है। तानाशाही में राज्य को साध्य तथा व्यक्ति को साधन माना जाता है। शासन का उद्देश्य व्यक्ति का विकास न होकर राज्य का विकास करना होता है।

नागरिकों के अधिकार तथा स्वतन्त्रता का अभाव

अधिनायक तन्त्र में नागरिकों को अधिकार तथा स्वतन्त्रताएँ प्राप्त नहीं होतीं। अधिकारों के बिना व्यक्ति अपने व्यक्तित्व का विकास नहीं कर सकता। इस शासन-प्रणाली में व्यक्तिगत स्वतन्त्रता को समाप्त कर दिया जाता है, फलस्वरूप व्यक्ति का विकास अवरुद्ध हो जाता है।

विस्तारवादी नीति

अधिनायक तन्त्र साम्राज्यवाद में विश्वास करता है। तानाशाह सदैव विस्तारवादी नीति अपनाता है। **मुसोलिनी** कहा करता था, "इटली का विस्तार करो या मिट जाओ।" विस्तार की नीति से युद्धों का उदय होता है। इतिहास इस बात का प्रमाण है कि तानाशाह सदैव युद्ध में लगे रहते हैं।

निर्बल उत्तराधिकारी

यह आवश्यक नहीं है कि अधिनायक तन्त्र का उत्तराधिकारी योग्य या बुद्धिमान हो। इतिहास से ज्ञात होता है कि बुद्धिमान तानाशाह के उत्तराधिकारी अयोग्य और निर्बल ही हुए हैं। **मुसोलिनी** और **हिटलर** के बाद इटली तथा जर्मनी को कोई योग्य उत्तराधिकारी नहीं मिला।

नागरिकों में उदासीनता

अधिनायक तन्त्र में शासन-सत्ता एक व्यक्ति के पास होती है। जनता को शासन कार्यों से दूर रखा जाता है, जिससे जनता में शासन के प्रति उदासीनता उत्पन्न हो जाती है। अतः वे राज्य के कार्यों में रुचि लेना बन्द कर देते हैं।

चरित्र-विकास में बाधक

अधिनायक साधनों के औचित्य-अनौचित्य नहीं देखता। वह तो अपने इच्छित उद्देश्य के लिए किसी भी साधन को ग्रहण कर सकता है। ऐसा शासन कभी भी अपने नागरिकों के चरित्र-निर्माण में सहायक नहीं हो सकता। इससे तो लोगों के व्यक्तित्व का विकास अवरुद्ध हो जाता है।

निष्कर्ष

अधिनायकतन्त्र के गुण-दोषों के अध्ययन से हम इस निष्कर्ष पर पहुँचते हैं कि अधिनायकतन्त्र सरकार संकटकाल तथा आर्थिक समस्याओं को सुलझाने के लिए अच्छी सरकार है, परन्तु स्थाई रूप में यह शासन-प्रणाली अच्छी नहीं है। एक विद्वान् के अनुसार, "अधिनायक एक राक्षस होता है तथा उसका सर्वाधिकारवादी राज्य एक कारागृह है। साधारण जनता अदृश्य कारागृह की इस चारदीवारी में बन्द रहती है। अतः अधिनायकतन्त्र प्रजातन्त्र का अनुकल्प नहीं हो सकता। वर्तमान परिस्थितियों में अधिनायकतन्त्र को अच्छी दृष्टि से नहीं देखा जाता।

प्रजातन्त्र

प्रजातन्त्र का अर्थ *एवं* परिभाषाएँ

- प्रजातन्त्र के अंग्रेजी पर्याय शब्द 'Democracy' की व्युत्पत्ति ग्रीक मूल के शब्द 'Demos' से हुई है, जिसका अर्थ है 'जनसाधारण'। इसमें 'cracy' शब्द जोड़ा गया है, जिसका अर्थ है 'शासन', 'शक्ति' या 'सरकार'। इस तरह प्रजातन्त्र शब्द का मूल अर्थ 'जनसाधारण' या 'जनता' का शासन है।
- आधुनिक युग में प्रजातान्त्रिक शासन व्यवस्था एक विकल्पहीन व्यवस्था है। प्रजातन्त्र से तात्पर्य उस शासन प्रणाली से है, जिसमें शासन शक्ति एक व्यक्ति या वर्ग विशेष में निहित न होकर जनसाधारण में निहित होती है।
- प्रजातन्त्रीय शासन प्रणाली में शासन या सत्ता का अन्तिम सूत्र जनसाधारण के हाथों में रहता है, जिससे सार्वजनिक नीति जनता की इच्छा के अनुसार और जनता के हित साधन के उद्देश्य से बनाई जाए और क्रियान्वित की जाए।
- प्रजातन्त्र का आदर्श समानता का सिद्धान्त है।
- **ऑस्टिन** के अनुसार, *"प्रजातन्त्र वह शासन जिसमें जनता का अपेक्षाकृत बड़ा भाग शासन करता है।"*
- **सीले** के अनुसार, *"प्रजातन्त्र वह शासन है जिसमें प्रत्येक मनुष्य भाग लेता है।"*
- **डायसी** के अनुसार, *"प्रजातन्त्र वह शासन व्यवस्था है जिसमें जनता का अपेक्षाकृत बड़ा भाग शासक होता है।"*
- **अब्राहम लिंकन** के अनुसार, *"प्रजातन्त्र का अर्थ प्रजा का शासन, प्रजा के लिए और प्रजा के द्वारा होता है।"*

प्रजातन्त्र की आधुनिक अवधारणा

- कुछ आधुनिक लेखक; जैसे—**डायसी** और **जेम्स ब्राइस**; ने चिरसम्मत प्रजातन्त्र को अपने ढंग से व्यक्त किया है।
- **डायसी** ने प्रजातन्त्र को ऐसी शासन प्रणाली माना है, जिसमें विधि निर्माण बहुमत से निर्धारित होता है। चूँकि प्रजातन्त्र एकसार नहीं होता, इसलिए उसमें एकसार कानून भी नहीं बनाए जाते।
- **ब्राइस** ने प्रजातन्त्र को मुख्यतः एक शासन प्रणाली के रूप में प्रस्तुत किया है तथा कहा है कि किसी भी शासन की कसौटी 'जन कल्याण' है।

उदार प्रजातन्त्र की उत्पत्ति

- आधुनिक प्रजातन्त्र की मुख्य धारा को 'उदार प्रजातन्त्र' के रूप में पहचाना जाता है।
- उदारवादी राज्य में 'मुक्त बाजार अर्थव्यवस्था' के साथ-साथ 'सार्वजनिक वयस्क मताधिकार' के सिद्धान्त को भी अपना लिया है।
- उदार प्रजातन्त्र के समर्थक प्रजातन्त्र की संस्थाओं को और प्रक्रियाओं पर विशेष बल देते हैं।

उदार प्रजातन्त्र के लक्षण

- एक से अधिक राजनीतिक दलों में राजनीतिक सत्ता के लिए प्रतिस्पर्द्धा।
- राजनीतिक पद किसी विशिष्ट वर्ग की बपौती न हो।
- सार्वजनिक वयस्क मताधिकार पर आधारित आवधिक चुनाव।
- नागरिक स्वतन्त्रता की व्यवस्था।
- न्यायपालिका की स्वतन्त्रता।

प्रजातन्त्र के विभिन्न सिद्धान्त

प्रजातन्त्र के निम्नांकित सिद्धान्तों की पहचान की जा सकती है

- परम्परागत-उदारवादी सिद्धान्त या शास्त्रीय सिद्धान्त
- नव-उदारवारी सिद्धान्त
- सम्भ्रान्तवादी या विशिष्टवर्गीय सिद्धान्त
- बहुलवादी सिद्धान्त
- सहभागिता सिद्धान्त या डाउन्स तथा मैकफर्सन का व्यवहारपरक सिद्धान्त
- मार्क्सवादी सिद्धान्त अथवा जन-लोकतन्त्र की धारणा
- उत्तर-उदारवादी सिद्धान्त

लोकतन्त्र

लोकतन्त्र के प्रकार

सामान्यतया लोकतन्त्र के निम्न दो प्रकार होते हैं

(i) प्रत्यक्ष

लोकतन्त्र की प्रत्यक्ष प्रणाली में जनता एवं सरकार एक होती है और इनमें कोई अन्तर नहीं होता, इसमें किसी महत्त्वपूर्ण समस्या पर जनता ही निर्णय करती है। इस प्रणाली में जनता और व्यवस्थापिका का पृथक्करण नहीं होता है, जनता को प्रशासन से प्रत्यक्ष रूप से सम्बद्ध करने हेतु लोक निर्णय, जनमत संग्रह आदि का सहारा लिया जाता है। यह लोकतन्त्र का आदर्श रूप है, छोटे राष्ट्रों में ही इसका अस्तित्व सम्भव है। **स्विट्जरलैण्ड** वर्तमान में यहाँ प्रत्यक्ष लोकतन्त्र है।

(ii) अप्रत्यक्ष

इसे **प्रतिनिधिमूलक** के नाम से भी जाना जाता है। इसमें मतदाता सरकार पर प्रत्यक्ष रूप से नियन्त्रण रखते हैं। इस व्यवस्थ में प्रतिनिधियों का निर्वाचन महत्त्वपूर्ण होता है क्योंकि जनता द्वारा चुने गए ये प्रतिनिधि ही स्वतन्त्र निर्णय द्वारा कानून का निर्माण करते हैं। इसमें जनता की इच्छा तथा अभिव्यक्ति निर्वाचित प्रतिनिधियों के माध्यम से व्यक्त होती है।

लोकतन्त्र के गुण

- **सत्ता के दुरुपयोग की रोकथाम** सत्ताधारी के हाथों में निरंकुश सत न दी जाए, उस पर सर्वसाधारण का अंकुश और सार्थक नियन्त्रण रहे। लोकतन्त्र सभी नागरिकों के मत को बराबर अहमियत देता है।
- **शासन के कार्य में जनसाधारण के सहयोग की आशा**
- **सार्वजनिक विषयों की स्वतन्त्र चर्चा से जन-शिक्षा को प्रोत्साहन** यह प्रशासनिक प्रश्नों में जनता की रुचि जगाता है, उसे उपयुक्त जानकारी देता है और स्वस्थ राय बनाने में उसकी सहायता करता है।
- **परस्पर सद्भावना और सम्मान का विस्तार** लोकतन्त्र लोगों को उदार बनाता है, इससे मनुष्य दूसरों के विचार और भावनाओं का सम्मान करना सीखता है जिससे उसका विकास होता है।
- **देशभक्ति की भावना का संचार** लोकतन्त्र का आदर्श समानता का सिद्धान्त है और सच्चे अर्थों में समानता की स्थापना होने पर विद्रोह का मूल कारण समाप्त हो जाता है।

लोकतन्त्र के दोष

अयोग्य का शासन लोकतन्त्र में अनपढ़, गैर-जिम्मेदार व्यक्ति के मत को अहमियत देने से भीड़तन्त्र को बढ़ावा मिलता है। इससे गुणवता की जगह परिमाण को प्रमुखता दी जाती है। इसमें मत गिने जाते हैं, तोले नहीं जाते। इससे विवेक और प्रतिभा की उपेक्षा होती है।

बहुमत आधारित तानाशाही लोकतन्त्र में भ्रष्ट नेता जनता की भावनाओं से खिलवाड़ कर वोट बटोर लेते हैं और फिर स्वार्थों को बढ़ावा देते हैं।

खर्चीला एवं अकुशल शासन पेशेवर राजनीतिज्ञों एवं पूँजीपतियों का शासन, उग्र दलबन्दी, संकटकाल के लिए अनुपयोगी।

वस्तुनिष्ठ प्रश्न

1. **मार्क्सवादियों के अनुसार राज्य सेना, पुलिस और न्यायालय जैसी संरचनाओं का किस उद्देश्य से इस्तेमाल करता है?**
(a) सामान्य इच्छाओं की उन्नति के लिए
(b) पूँजीपतियों की उन्नति के लिए
(c) मजदूरों की उन्नति के लिए
(d) उपरोक्त में से कोई नहीं

2. **निम्नलिखित कथनों में से कौन-सा कथन सही है?**
(a) समानता का अर्थ व्यवहार तथा पारितोषिक की पहचान है
(b) समानता का अर्थ आय की समानता है
(c) समानता का अर्थ है कि प्रकृति ने सबको समान बनाया है
(d) समानता का अर्थ है कि सभी लोगों को विकास के लिए समान अवसर प्रदान किए जाएँ

3. **सभी अधिकारों को निम्नलिखित में से किसके अनुरूप होना चाहिए?**
(a) धर्म के अनुरूप
(b) रीतियों के अनुरूप
(c) सामान्य भलाई के अनुरूप
(d) संस्कृति के अनुरूप

4. **अधिकारों की विशेषताओं में से किसे गलत ढंग से अंकित किया गया है?**
(a) अधिकार राज्य द्वारा निर्मित किए जाते हैं
(b) अधिकार नैतिक कर्त्तव्य हैं
(c) अधिकार प्राकृतिक हैं
(d) अधिकार नैसर्गिक हैं

5. **स्वतन्त्रता का अर्थ है**
(a) व्यक्ति को कोई भी कार्य करने की स्वतन्त्रता
(b) प्रतिबन्धों का अभाव
(c) नागरिकों के सर्वांगीण विकास के लिए उपलब्ध सुविधाएँ
(d) कोई भी कार्य करने की शक्ति

6. **विधायक या सकारात्मक स्वतन्त्रता का निम्नलिखित में से कौन पक्षधर था?**
(a) मार्क्स
(b) ग्रीन
(c) बेन्थम
(d) जे. एस. मिल

7. **अनिवार्य रूप से न्याय किस प्रकार की अवधारणा है?**
(a) कानूनी अवधारणा
(b) नैतिक अवधारणा
(c) सामाजिक अवधारणा
(d) सभी उपरोक्त तथा अन्य सभी अवधारणाओं का समन्वित रूप है

8. **प्लेटो के अनुसार न्याय क्या है?**
(a) कानून की दृष्टि में समानता
(b) सम्पत्ति का समान बँटवारा
(c) धार्मिक समानता
(d) प्रकृति के अनुसार जो व्यक्ति जिस कार्य के योग्य है वही कार्य वह करे

9. **राज्य दण्ड की व्यवस्था क्यों करता है?**
(a) नागरिकों के विकास के लिए
(b) सामाजिक उन्नति के लिए
(c) समाज में शान्ति व सुव्यवस्था बनाए रखने के लिए
(d) उपरोक्त में से कोई नहीं

10. **किस विद्वान् ने स्वतन्त्रता त्यागने की अपेक्षा मृत्यु को श्रेष्ठ समझा था?**
(a) प्लेटो (b) अरस्तू
(c) सुकरात (d) महात्मा गाँधी

11. **निम्नलिखित में से कौन-सी विशेषता प्रजातन्त्रात्मक शासन की नहीं है?**
(a) शासन सत्ता जनता के हाथों में होती है
(b) सरकार पर जनता का नियन्त्रण होता है
(c) जनता सरकार को हटा सकती है
(d) शासन-शक्ति पर वर्ग विशेष का नियन्त्रण रहता है

12. **प्रत्यक्ष प्रजातन्त्र सामान्यत: किसके साथ सम्बद्ध है?**
(a) रूस के साथ
(b) ब्रिटेन के साथ
(c) भारत के साथ
(d) यूनान के साथ

13. **आर्थिक स्वतन्त्रता में निम्नलिखित में से कौन-सा अधिकार नहीं आता है?**
(a) नागरिकों को काम करने का अधिकार
(b) आराम व अवकाश का अधिकार
(c) पद प्राप्त करने का अधिकार
(d) वृद्धावस्था और असमर्थता में आर्थिक सुरक्षा का अधिकार

14. **सामाजिक कल्याण सिद्धान्त का क्या मत है?**
(a) समाज के कमजोर वर्ग की भलाई के लिए अधिकारों का अस्तित्व है
(b) अधिकार वे शक्तियाँ हैं जिन्हें राजाओं द्वारा सामाजिक कल्याण के लिए स्वीकृत किया जाता है
(c) सामाजिक कल्याण के लिए अधिकार शर्त के रूप में है
(d) अधिकार राज्य की शक्ति का दूसरा नाम है, जिसका प्रयोग सामाजिक कल्याण के लिए किया जाता है

15. **"न्याय तथा समानता में काफी गहरा सम्बन्ध है।" यह दृष्टिकोण किसके साथ सम्बद्ध है?**
(a) व्यक्तिवादियों
(b) समाजवादियों
(c) आदर्शवादियों
(d) अराजकतावादियों

16. **कानून क्या है? इसके सम्बन्ध में ऑस्टिन का विचार है कि**
(a) एक निश्चित व श्रेष्ठ व्यक्ति अथवा व्यक्ति समूह निम्नतर लोगों को जो आदेश देता है
(b) एक निर्वाचित विधायिका द्वारा दी गई आज्ञा
(c) सरकारी अधिकारियों द्वारा दी गई आज्ञा
(d) उपरोक्त में से कोई नहीं

17. **न्याय के आर्थिक आयामों पर निम्न में से किसने जोर डाला है?**
(a) व्यक्तिवादियों ने (b) आदर्शवादियों ने
(c) समाजवादियों ने (d) इन सभी ने

18. **राष्ट्रीय स्वतन्त्रता**
(a) अन्तर्राष्ट्रीय प्रतिबन्धों से सीमित होती है
(b) निरपेक्ष होती है
(c) राष्ट्रीय स्वतन्त्रता पर कोई प्रतिबन्ध नहीं हो सकता
(d) उपरोक्त में से कोई नहीं

19. **जॉन ऑस्टिन ने अधिकारों के किस सिद्धान्त का समर्थन किया है?**
(a) कानूनी सिद्धान्त
(b) ऐतिहासिक सिद्धान्त
(c) सामाजिक कल्याण सिद्धान्त
(d) आदर्शवादी सिद्धान्त

20. **न्याय की अवधारणा के सम्बन्ध में मार्क्सवादी विचारकों की क्या राय थी?**
(a) पूँजीवादी प्रणाली में न्याय की सम्भावना हो ही नहीं सकती
(b) पूँजीवादी प्रणाली में न्याय तभी सम्भव है जबकि सभी उद्योगों का राष्ट्रीयकरण हो जाए
(c) न्याय का उत्पादन प्रणाली के साथ कोई सम्बन्ध नहीं है
(d) यदि मजदूरों को उद्योगों की प्रबन्ध व्यवस्था में उचित भागीदारी दी जाए तो पूँजीवादी व्यवस्था में न्याय सम्भव हो पाएगा

21. **किस प्रकार के राज्य में नागरिक को नागरिक अधिकार मिलते हैं?**
(a) केवल निरंकुश राज्य में
(b) केवल प्रजातान्त्रिक राज्य में
(c) प्रजातान्त्रिक तथा निरंकुश राजतन्त्र दोनों में
(d) उपरोक्त में से किसी में नहीं

22. **राजनीतिक न्याय किसके द्वारा निश्चित किया जाता है?**
(a) न्यायालयों द्वारा
(b) राजनीतिक दलों द्वारा
(c) संविधान द्वारा
(d) इन तीनों के द्वारा

23. **एक कल्याणकारी राज्य क्या करता है?**
(a) सिर्फ कल्याणकारी कार्य
(b) केवल सुरक्षात्मक कार्य
(c) सुरक्षात्मक तथा कल्याणकारी दोनों कार्य
(d) उपरोक्त में से कोई नहीं

24. **'शासन पर दो निबन्ध' नामक कृति लिखी गई है**
(a) जॉन लॉक (b) हेरॉल्ड लास्की
(c) मैकियावेली (d) जे० एस० मिल

25. **जॉन लॉक ने निम्नांकित में से किस प्राकृतिक अधिकार का उल्लेख नहीं किया है ?**
(a) जीवन का अधिकार (b) कार्य का अधिकार
(c) स्वतन्त्रता का अधिकार
(d) सम्पत्ति का अधिकार

26. **हॉब्स ने किस शासन व्यवस्था को एक सर्वश्रेष्ठ शासन पद्धति माना?**
(a) राजतन्त्र (b) प्रजातन्त्र
(c) कुलीन तन्त्र (d) निरंकुश तन्त्र

27. **हॉब्स के बारे में कौन-सा वक्तव्य सही है?**
(a) वह निरंकुशवाद का प्रबल समर्थक है
(b) वह व्यक्तिवाद का प्रबल समर्थक है
(c) वह निरंकुशतावादी होते हुए भी आदि से अन्त तक व्यक्तिवादी है
(d) वह न तो निरंकुशतावादी है और न व्यक्तिवादी

28. **कौन-सा विचार जे. एस. मिल का नहीं है?**
(a) सुख में केवल मात्रा का ही नहीं, गुण का भी भेद होता है
(b) सुखों की मात्रात्मक नापतौल नहीं की जा सकती
(c) सब सुख समान हैं, अतः खेलने में उतना ही आनन्द आता है जितना काव्य पाठन में
(d) यदि विद्वान असन्तुष्ट है तो वह सन्तुष्ट मूर्ख से कहीं अधिक अच्छा है

29. **निम्नांकित में से कौन-सी प्लेटो की रचना नहीं है?**
(a) रिपब्लिक
(b) पॉलिटिक्स
(c) लॉज
(d) स्टेट्समैन

30. **"रिपब्लिक राजनीतिशास्त्र का ग्रन्थ नहीं है, किन्तु शिक्षा पर कभी भी लिखा गया सर्वश्रेष्ठ ग्रन्थ है।" यह कथन किसका है?**
(a) अरस्तू (b) सुकरात
(c) रूसो (d) हॉब्स

सही उत्तर

1. (b)	2. (a)	3. (c)	4. (a)	5. (c)	6. (b)	7. (d)	8. (d)	9. (c)	10. (c)
11. (d)	12. (d)	13. (c)	14. (c)	15. (d)	16. (a)	17. (c)	18. (b)	19. (b)	20. (a)
21. (c)	22. (c)	23. (c)	24. (a)	25. (b)	26. (a)	27. (c)	28. (c)	29. (b)	30. (c)

अध्याय 05 राजनीतिक सिद्धान्त की विचारधाराएँ

राजनीतिक सिद्धान्त

राजनीतिक सिद्धान्त के विभिन्न स्वरूप निम्नलिखित हैं

व्यक्तिवाद, उदारवाद, पूँजीवाद, मार्क्सवादी समाजवाद, फासीवाद, गाँधीवाद, प्रजातन्त्र इत्यादि।

व्यक्तिवाद

- व्यक्तिवाद सिद्धान्त को फ्रेंच भाषा में 'लेसेज-फेयर (Laissez Faire) भी कहा जाता है, जिसका अंग्रेजी में शाब्दिक अर्थ होता है—व्यक्ति को अकेला छोड़ दिया जाए (Leave the Individual alone) और सरकार उसके कार्य में कम-से-कम हस्तक्षेप करे।
- इसके तहत यह व्यक्ति के ऊपर निर्भर करता है कि वह चाहे जो भी करे। राज्य या सरकार को व्यक्ति के कार्य में उसी समय हस्तक्षेप करना चाहिए, जब एक व्यक्ति का कार्य दूसरे व्यक्ति की स्वतन्त्रता में अनुचित तरीके से हस्तक्षेप करे। राज्य वास्तव में एक आवश्यक बुराई है, जो मनुष्य मात्र के लिए आवश्यक है।
- व्यक्तिवाद ऐसा राजनीतिक सिद्धान्त (Political Principle) है, जो 'व्यक्ति' को अर्थात् प्रत्येक मनुष्य को विवेकशील प्राणी (Rational Being) मानते हुए यह माँग करता है कि सार्वजनिक नीति और नियमों का निर्माण करते समय व्यक्ति की गरिमा (Dignity), उसके स्वतन्त्र अस्तित्व (Independent Existance) और निर्णय की क्षमता (Judgement) को पूरी मान्यता दी जाए।
- केवल व्यक्तियों के ही कोई अधिकार—विशेषत: प्राकृतिक अधिकार (Natural Rights) होते हैं, समाज या अन्य साहचर्यों (Associations)—परिवार, व्यापारिक निगम (Corporation), नागरिक समाज (Civil society) या राज्य (State) के अन्य कोई अधिकार नहीं होते, जो उनके पृथक्-पृथक् सदस्यों के अधिकारों से पृथक् या उनसे बढ़कर हों।
- **लास्की के अनुसार,** व्यक्तिवाद का अर्थ होगा, निर्बल स्वास्थ्य, अविकसित बुद्धि, अभागे घर और ऐसे कार्य जिनमें बहुसंख्यक प्राणी मानवीय रुचि का कोई स्रोत नहीं खोज सकते।

व्यक्तिवाद के कार्य

व्यक्तिवाद के अनुसार सरकार को निम्नलिखित कार्य करने चाहिए

1. विदेशी आक्रमणों से राज्य और व्यक्तियों की रक्षा
2. व्यक्ति की व्यक्ति से रक्षा, जैसे—शारीरिक हानि (चोट, आक्रमण, हत्या) अवमान, व्यक्ति नियन्त्रण में अवरोध इत्यादि
3. सम्पत्ति की रक्षा (चोरी, डकैती तथा अन्य प्रकार से सम्पत्ति की हानि से रक्षा)
4. व्यक्तियों की झूठे अनुबन्धों से रक्षा या ठीक अनुबन्धों को तोड़ने वालों से रक्षा
5. कमजोरों की रक्षा
6. अवरोधक बुराइयों से व्यक्तियों की रक्षा (जैसे—प्लेग, मलेरिया आदि) बहुत-से व्यक्तिवादी सरकार के अन्तिम दो कार्यों को नहीं मानते हैं।

व्यक्तिवाद के आधार

(i) नैतिक आधार
(ii) राजनीतिक आधार
(iii) वैधानिक आधार
(iv) आर्थिक आधार

व्यक्तिवाद की आलोचना

(i) राज्य एक आवश्यक बुराई नहीं है।
(ii) कानून स्वतन्त्रता को कम नहीं करते हैं।
(iii) मनुष्य सदैव अपने हितों का सर्वोत्तम निर्णायक नहीं है।
(iv) खुली प्रतियोगिता अवांछनीय है।
(v) उपयुक्ततम के अस्तित्व का सिद्धान्त अत्यन्त भयावह है।
(vi) व्यक्ति की भलाई समाज में निहित है।
(vii) पिछली गलतियों के आधार पर हम राज्य के कार्य सीमित नहीं कर सकते हैं।
(viii) मानव कल्याण को ढाने के लिए हमें राज्य की आवश्यकता है।
(ix) व्यक्ति और समाज के बारे में व्यक्तिवादियों की धारणाएँ गलत हैं।

उदारवाद

- सोलहवीं शताब्दी में सामन्तवादी, राजशाही और पोपशाही जैसी मध्ययुगीन व्यवस्था के खिलाफ एक जबर्दस्त प्रतिक्रियास्वरूप, क्रान्तिकारी दर्शन तथा विचारधारा के रूप में उदारवाद का आगमन हुआ।
- उदारवाद राजनीति का वह सिद्धान्त है, जो सामन्तवाद के पतन के बाद राजनीति को 'बाजार अर्थव्यवस्था' के अनुरूप मोड़ देने के लिए अस्तित्व में आया।
- शुरू-शुरू में इसमें व्यक्ति को राजनीति का केन्द्र-बिन्दु मानते हुए व्यक्तिवाद को अपनाया गया, परन्तु बाद में इसने राजनीति में समूहों की महत्त्वपूर्ण भूमिका को स्वीकार करते हुए बहुलवाद को अपनाया।
- शुरू में उदारवाद ने 'मुक्त बाजार व्यवस्था' को सामान्य हित का उपयुक्त साधन मानते हुए राज्य के लिए 'अहस्तक्षेप की नीति' का समर्थन किया, परन्तु बाद में यह बाजार व्यवस्था को सामान्य हित के अनुरूप नियमित करने की आवश्यकता स्वीकार करते हुए 'कल्याणकारी राज्य' के सिद्धान्त का प्रबल समर्थक बन गया।
- उदारवाद दबी जुबान में पूँजीपतियों के हित की बात है। उदारवाद कोई बँधी-बँधाई विचार प्रणाली नहीं है, बल्कि एक बौद्धिक आन्दोलन है, जो

बदलती हुई परिस्थितियों में नई चुनौतियों का सामना करने के लिए नए-नए विचारों को अपनाता चला जाता है।

- यह एक ऐसा सिद्धान्त है, जो व्यक्ति को यथासम्भव अधिकतम स्वतन्त्रता प्रदान करके सामाजिक प्रगति को बढ़ावा देना चाहता है।
- यह शासन की एक विधि तथा नीति के रूप में स्वतन्त्रता के प्रति प्रतिबद्ध विचार है। यह समाज में संगठित करने वाला एक सिद्धान्त है तथा व्यक्ति व समाज के लिए एक जीवन शैली है।
- उदारवाद के सम्पूर्ण विचार का आधार स्तम्भ स्वतन्त्रता का सिद्धान्त है। उदारवाद के अंग्रेजी पर्याय 'Liberalism' की व्युत्पत्ति लैटिन के 'Liber' शब्द से हुई है, जिसका अर्थ है—स्वतन्त्रता या आजादी।
- उदारवाद की संकल्पना स्वतन्त्रता की विचारधारा के साथ निकटता से जुड़ी है।
- लिबरल का अर्थ है—उदार, सहृदय, शालीन, सुसंस्कृत इत्यादि।
- लिबरल शब्द इंग्लैण्ड में पहले-पहल बारहवीं शताब्दी के आरम्भ में सुना गया जब इन विचारों के समर्थकों को उनके राजनीतिक विरोधियों ने 'लिबरालेस' की संज्ञा दी।
- 'लिबरालेस' स्पेनिश शब्द था, जिसका प्रयोग यह संकेत देने के उद्देश्य से किया गया था कि इन राजनीतिज्ञों के सिद्धान्त गैर-अंग्रेजी थे या वे महाद्वीपीय यूरोप के सिद्धान्तों से प्रेरित थे।
- इतिहासकार प्रायः सत्रहवीं शताब्दी के इंग्लैण्ड के **जॉन लॉक** को उदारवाद का जनक मानते हैं और वहाँ की सन् 1688 की गौरवपूर्ण क्रान्ति को उदारवाद की विजय के रूप में याद करते हैं।
- **लॉक** पहला विचारक था जिसने जीवन, स्वतन्त्रता और सम्पत्ति के अधिकार को प्राकृतिक अधिकार माना तथा यह तर्क दिया कि सरकार की स्थापना इन्हीं अधिकारों की रक्षा के लिए एक न्यास (trust) के रूप में की जाती है।
- उदारवाद के विकास में यूरोप के इतिहास की निम्न परिस्थितियों का विशेष हाथ रहा है

  पुनर्जागरण, धर्म-सुधार, वैज्ञानिक क्रान्ति, ज्ञानोदय व औद्योगिक क्रान्ति आदि।

पूँजीवाद

- वह आर्थिक और राजनीतिक प्रणाली जो मुख्यतः औद्योगिक क्रान्ति के बाद विकसित हुई है। इसके उत्पादन में विशाल धनराशि या पूँजी की जरूरत होती है। पूँजीवाद के अन्तर्गत उत्पादन के साधन मुख्यतः निजी स्वामित्व में रहते हैं। इसका प्रयोग भी निजी लाभ के उद्देश्य से किया जाता है।
- इसमें कामगार वर्ग अपने श्रम के बल पर ही अपना निर्वाह करता है, हालाँकि वह अधिकार निपुणता अर्जित करके अपना बाजार मूल्य बढ़ाने के लिए स्वतन्त्र होता है।
- इस व्यवस्था में सरकार का मुख्य कार्य कानून व्यवस्था कायम रखना, सामान्य सेवाएँ; जैसे—सड़कें, पुल, बाँध, जनस्वास्थ्य और सुरक्षा के साधन जुटाना और अनुबन्धों को लागू करना रह जाता है।

मार्क्सवादी समाजवाद/वैज्ञानिक समाजवाद

- मार्क्सवाद का उदय उन्नीसवीं शताब्दी के मध्य में हुआ, जब चिरसम्मत उदारवाद अपने चरमोत्कर्ष पर था और पूँजीवाद पूरी तरह स्थापित हो चुका था।
- उदारवाद ने मानव कल्याण और मानव स्वतन्त्रता की जो आशा बँधाई थी, उसे पूँजीवाद ने धूल में मिला दिया था। **मार्क्स** ने पूरे मानव इतिहास का विश्लेषण करके इस समस्या को समझने और सुलझाने का प्रयत्न किया और इसी से मार्क्सवाद का आरम्भ हुआ।
- मार्क्सवादी दर्शन; मुख्यतः समाज-अर्थव्यवस्था, राज्य व्यवस्था, सांस्कृतिक व्यवस्था आदि के विश्लेषण की वैज्ञानिक पद्धति है।
- यह एक विश्व व्याख्या की वैज्ञानिक विधि है, जो समाज की पूर्णतया व्याख्या करती है।
- उन्नीसवीं शताब्दी में इसे लोगों ने अव्यावहारिक दर्शन करार दे दिया, किन्तु बीसवीं शताब्दी में रूस, चीन आदि में हुई क्रान्तियों ने इसकी वैज्ञानिक व्यावहारिकता को स्थापित करके, इसे और अधिक विकसित किया।
- मार्क्सवाद, विश्व तथा समाज के विकास के प्रति एक विशेष दृष्टिकोण लेकर उभरा है। यह दृष्टिकोण द्वन्द्वात्मक भौतिकवाद के नाम से जाना जाता है।

मार्क्सवाद के आधार

मार्क्सवाद के निम्नांकित पाँच मुख्य आधार हैं

- नैतिक आधार — अलगाव का सिद्धान्त।
- दार्शनिक आधार — द्वन्द्वात्मक तथा ऐतिहासिक भौतिकवाद का सिद्धान्त।
- आर्थिक आधार — अतिरिक्त मूल्य का सिद्धान्त।
- सामाजिक आधार — वर्ग संघर्ष का सिद्धान्त।
- राजनीतिक आधार — क्रान्ति का सिद्धान्त।

- मार्क्सवाद के अन्तर्गत मानव समाज की समस्याओं को इतिहास के माध्यम से समझने का प्रयत्न किया जाता है और इतिहास को परस्पर-विरोधी शक्तियों और वर्गों के संघर्ष की प्रक्रिया के रूप में देखा जाता है। यह संघर्ष उत्पादन प्रणाली की त्रुटियों के कारण पैदा होता है, जिसमें कुछ लोग उत्पादन के साधनों पर अपना स्वामित्व स्थापित कर लेते हैं और शेष समाज को अपनी शर्तों पर श्रम करने के लिए विवश कर देते हैं।
- मार्क्स ने विश्व भर के कामगार वर्ग (working class) को संगठित होने और पूँजीपतियों के विरुद्ध क्रान्ति करने का आह्वान किया तथा क्रान्ति के बाद उत्पादन के साधनों पर सामाजिक स्वामित्व स्थापित कर समाजवाद की नींव रखी। समाजवाद की इस विकसित अवस्था में **मार्क्स** के अनुसार, सामाजिक भेदभाव मिट जाएगा और वर्गहीन समाज (classless society) का उदय होगा, जिसमें मनुष्य सच्चे अर्थ में स्वतन्त्र होकर अपने इतिहास का निर्माण करेगा।
- **मार्क्स** का जन्म 1818 में जर्मनी के पश्चिमी प्रशा में एक यहूदी परिवार में हुआ। उनकी शिक्षा बर्लिन विश्वविद्यालय में हुई। उन्होंने **जी. डब्ल्यू. एफ. हीगल** की द्वन्द्वात्मक पद्धति से प्रभावित होकर अपने द्वन्द्वात्मक भौतिकवाद का निरूपण किया।
- मार्क्सवाद का नाम इसके मुख्य प्रवर्तक **कार्ल मार्क्स** के नाम से जुड़ा है, परन्तु **मार्क्स** के सहयोगी **एंगेल्स, लेनिन, रोजा लग्जमबर्ग** और **माओ** जैसे विचारकों ने इसके विकास में महत्त्वपूर्ण योगदान किया है। इन सब विचारकों के चिन्तन को चिरसम्मत मार्क्सवाद के रूप में पहचाना जाता है।
- कुछ विचारकों ने मार्क्स के चिन्तन में प्रभुत्व और पराधीनता से जुड़े हुए तत्त्वों का विस्तृत विश्लेषण प्रस्तुत किया है और **मार्क्स** के मानवतावादी चिन्तन की परम्परा को आगे बढ़ाया है, उन्हें 'नव-मार्क्सवाद' की संज्ञा दी गई है।

- **मार्क्स** ने अपनी दो इतिहास प्रसिद्ध कृतियों 'कम्युनिस्ट मैनीफेस्टो' और 'दास कैपिटल' के माध्यम से तत्कालीन समाजवाद में दो महत्त्वपूर्ण परिवर्तन करके एक नई विचारधारा प्रस्तुत की
  1. **स्वप्नदर्शी समाजवाद** (प्रारम्भिक समाजवाद) का खण्डन करते हुए वैज्ञानिक समाजवाद की नींव रखी अर्थात् उसने इतिहास के दर्शन के आधार पर समाजवाद के विकास की व्याख्या की और उसे साम्यवाद के लक्ष्य तक पहुँचाने के साधनों पर प्रकाश डाला।
  2. **सर्वहारा समाजवाद का सिद्धान्त रखा** अर्थात् **मार्क्स** ने औद्योगिक क्रान्ति से पैदा होने वाली परिस्थितियों में कामगार वर्ग को नई चेतना देकर साम्यवादी समाज की स्थापना की योजना रखी।

चिरसम्मत मार्क्सवाद की मान्यताएँ

- चिरसम्मत मार्क्सवाद **मार्क्स** के वैज्ञानिक चिन्तन की देन है।
- मार्क्सवाद की जो मान्यताएँ स्वयं **मार्क्स** और **एंगेल्स** के चिरपरिचित विचारों पर आधारित हैं, उसे चिरसम्मत मार्क्सवाद कहा जाता है।

इसकी मुख्य मान्यताओं में निम्नलिखित हैं

- द्वन्द्वात्मक भौतिकवाद द्वन्द्वात्मक भौतिकवाद **हीगल** के द्वन्द्वात्मक तथा **फेवरवाक** के भौतिकवाद के मिश्रण से बना है।
- जर्मन दार्शनिक **हीगल** ने आदर्शवादी आधार पर द्वन्द्वात्मक सिद्धान्त दिया, जिसकी आलोचना **हीगल** के अनुयायियों **डेविड स्ट्राट**, **वेबर** तथा **फेवरवाक** ने की।
- मार्क्सवाद ने **हीगल** के आदर्शवाद की आलोचना कर उसके द्वन्द्वात्मक भौतिकवाद को वस्तुवादी आधार पर स्थापित करते हुए दार्शनिक दृष्टिकोण से द्वन्द्वात्मक भौतिकवाद की नींव डाली।
- **फेवरवाक** के भौतिकवाद पर महत्त्वपूर्ण विचार यान्त्रिक भौतिकवाद (mechanistic materialism) का सिद्धान्त है, जिसके द्वारा पदार्थ तथा गति दोनों को अलग-अलग समझा गया।
- **हीगल** ने विचार (idea) को मुख्य माना और पदार्थ को महत्त्व नहीं दिया।
- **मार्क्स** ने विचार को मानव के दिमाग में केवल वस्तुवादी जगत् (material world) की परछाईं मात्र माना, जो चिन्तन में बदल जाता है।
- **हीगल** ने विचार को वास्तविक मानते हुए बाह्य जगत् को विचारों की परछाई मात्र समझा, जबकि मार्क्स ने वस्तुवादी जगत् को वास्तविक मानते हुए विचारों को इसकी परछाई (reflection) माना।
- द्वन्द्वात्मक भौतिकवाद का सिद्धान्त मार्क्सवाद का दार्शनिक आधार प्रस्तुत करता है। यह सिद्धान्त भौतिकवाद की मान्यताओं को द्वन्द्वात्मक पद्धति के साथ मिलाकर सामाजिक परिवर्तन की व्याख्या देने का प्रयत्न करता है।
- भौतिकवाद या जड़वाद के अनुसार, सृष्टि का सार तत्त्व जड़ पदार्थ (matter) है, सामाजिक जीवन की अवस्था जड़-तत्त्व की किसी विशेष व्यवस्था को व्यक्त करती है।
- **हीगल** के चिन्तन में अध्यात्मवाद या प्रत्ययवाद को अपनाया गया है, जबकि **मार्क्स** ने भौतिकवाद में अपना विश्वास व्यक्त किया है।
- पश्चिमी चिन्तन परम्परा के अन्तर्गत भौतिकवाद के आरम्भिक संकेत दो प्राचीन यूनानी दार्शनिकों **डेमोक्रीटस** और **एपीक्यूरस** के चिन्तन में मिलते हैं। दोनों दार्शनिकों ने विचार दिया कि प्राकृतिक प्रक्रियाएँ और मानवीय अनुभव रिक्त (empty space) में निर्विकार परमाणुओं या अविभाज्य पदार्थ कणों की व्यवस्था और पुनर्व्यवस्था की अभिव्यक्ति मात्र हैं। आधुनिक युग में यह विचार वैज्ञानिक भौतिकवाद के रूप में व्यक्त हुआ।

फासीवाद

- फासीवाद, उदारवाद व समाजवाद दोनों का विरोधी सिद्धान्त है, यह वामपन्थी सर्वाधिकारवाद (totalitarianism) का दूसरा रूप है।
- उन्नीसवीं शताब्दी में आदर्शवाद ने व्यक्ति से सर्वस्व समर्पण की जो माँग की वह बीसवीं शताब्दी में नए रूपों में व्यक्त हुई, जिसमें सबसे प्रमुख और सबसे खतरनाक रूप फासीवाद का है।
- फासीवाद ने न केवल राष्ट्रीय स्तर पर व्यक्ति को निर्मम और सिद्धान्तहीन सत्ता के हाथ की कठपुतली बनाकर पतन के गर्त में धकेला, बल्कि अन्तर्राष्ट्रीय स्तर पर भी व्यापक विनाशलीला का आयोजन किया।
- फासीवाद कोई व्यवस्थित राजनीतिक सिद्धान्त नहीं है, बल्कि यह एक विकृत सिद्धान्त कहा जाता है। यह एकदलीय अधिनायकतन्त्र के अन्तर्गत सरकार और समाज का सर्वाधिकारवादी संगठन है, जो घोर राष्ट्रवाद, प्रजातिवाद, सैन्यवाद और साम्राज्यवाद का नमूना है।
- 28 अक्टूबर, 1922 को इटली में मुसोलिनी ने 'रोम अभियान' आरम्भ कर फासीवादी शासन की नींव रखी।
- दूसरे विश्वयुद्ध से पूर्व की अवधि में, यद्यपि मूल रूप से इटली में **मुसोलिनी** के नेतृत्व में इसका जन्म हुआ, परन्तु इसकी पुनरावृत्ति **हिटलर** के नेतृत्व में जर्मनी तथा **जनरल फ्रांको** के अधीन स्पेन तथा **राजकुमार फूमिनारो कोनो** के अधीन जापान में हुई। यह पुर्तगाल में सालाजारवाद, अर्जेण्टाइना में पैरोंवाद, फ्रांस में गॉलवाद तथा तृतीय विश्व के अनेक देशों में सैन्य शासन के रूप में प्रकट हुआ।
- **हिटलर** ने अपने साम्राज्यवादी, प्रजातिवादी और लोकतन्त्र विरोधी कार्यक्रम के पक्ष में जो तर्क प्रस्तुत किए, उसे नाजीवाद (Nazism) की संज्ञा दी जाती है।
- Fascism शब्द की उत्पत्ति एक इटैलियन शब्द (Fascio) या 'Fasci' से हुई है, जिसका शाब्दिक अर्थ है—'खूब कसकर बँधा हुआ छड़ों का एक गट्ठर'।
- फासीवाद को नाजी पार्टी ने जर्मनी में 1 अप्रैल, 1920 को 25 सूत्रीय कार्यक्रम के आधार पर कायम किया।
- जर्मनी के फासीवादियों ने अपने दल का नाम राष्ट्रीय समाजवादी दल रखा और उन्होंने 'स्वास्तिक' चिह्न का प्रयोग किया। फासीवादी नेताओं ने एक विशेष वर्दी (इटली में काली कमीज तथा जर्मनी में भूरी कमीज) निर्धारित की।
- **डब्ल्यू. एम. मैक्बर्न** ने फासीवाद को निम्न मध्य वर्ग का आन्दोलन माना है।
- **रजनी पामदत्त** के अनुसार, फासीवाद आधुनिक पूँजीवाद के चरम ह्रास की परिस्थितियों में पूँजीवादी प्रवृत्तियों और नीतियों को फिर से जमाने की कोशिश का नतीजा था तथा इसका उद्देश्य कामगार वर्ग की क्रान्ति को विफल करना और कामगार वर्ग के संगठन की धज्जियाँ उड़ा देना था।
- **लास्की** ने फासीवाद के उदय का बहुत सही विश्लेषण किया है। उनके अनुसार फासिज्म के उदय का मुख्य कारण यह था कि पूँजीवाद और लोकतन्त्र का समझौता बहुत दिनों तक नहीं रह सकता।
- फासीवाद का उदय पूँजीवाद को द्वन्द्व से मुक्ति दिलाने के लिए हुआ, क्योंकि किसी-न-किसी बहाने लोकतन्त्र को निलम्बित कर इसने उन लोगों के हाथों में असीम राजनीतिक शक्ति दे दी, जिन्हें उत्पादन के साधनों पर स्वामित्व और नियन्त्रण प्राप्त था।

- फासीवाद में स्वतन्त्र मजदूर संघ गायब हो गए, इसलिए हड़ताल का अधिकार भी खत्म हो गया। मजदूरी की दरें या तो मालिक ने अपनी ओर से कम कर दीं या फिर राज्य के अनुमोदन से कम कर दी गईं।
- फासिस्ट राज्यों के अन्तर्गत समाचार-पत्रों, वायरलैस, प्रकाशन-व्यवस्था, सिनेमा और रंगमंच सब-के-सब शासन के प्रत्यक्ष नियन्त्रण में आ गए। पूँजीवादी लोकतन्त्र में प्रशासनिक सेवा को अनिवार्यतः तटस्थ माना जाता था।
- न्यायपालिका को भी कानून के सिद्धान्त का पाबन्द नहीं रहने दिया गया, बल्कि वह फासिस्ट आदर्शों की दासी बन गई।

समाजवाद/लोकतन्त्रीय समाजवाद

- वर्तमान युग 'प्रजातन्त्र' तथा 'समाजवाद' का युग माना जाता है। समाजवाद को मुख्यतया व्यक्तिवाद के विरुद्ध प्रतिक्रिया मान सकते हैं अथवा इसे **कार्ल मार्क्स** के सिद्धान्तों का स्पष्टीकरण समझा जा सकता है।
- एक विचारधारा के रूप में समाजवाद अनेक सिद्धान्तों को समाहित किए हुए है; जैसे—अराजकतावाद, श्रमिकसंघवाद, प्रजातान्त्रिक समाजवाद, राज्य समाजवाद, विकासवादी समाजवाद, फेबियनवाद, वैज्ञानिक समाजवाद आदि।
- राजनीतिक संगठन के सन्दर्भ में समाजवाद के अनेक प्रकार विद्यमान हैं, उनमें से कुछ अधिनायकवादी रहे हैं, जबकि कुछ लोकतान्त्रिक।
- समाजवाद का जन्म पूँजीवाद के उदय और विकास के विरुद्ध प्रतिक्रियास्वरूप प्रकट हुआ था। उन्नीसवीं शताब्दी के पाँचवें दशक को 'भूखा दशक' कहा जाता है।
- 1833 ई. में प्रथम बार समाजवाद शब्द का प्रयोग 'Poor Man's Guardian' में हुआ था तथा सन् 1835 में एक समाज की स्थापना हुई, जिसका नाम 'Association of All Classes of all Nations' था। यह संस्था **रॉबर्ट ओवेन** की अध्यक्षता में स्थापित हुई थी। इस समाज के विचार-विनिमय में समाजवादी और समाजवाद शब्द का बार-बार प्रयोग हुआ था।
- **जी.डी. एच. कोल** के समाजवाद की परिभाषा में समाजवाद के सामान्य स्वरूप का परिचय मिलता है। **कोल** के अनुसार, ''समाजवाद एक आन्दोलन भी है और विचार भी''।
- समाजवाद की माँग है कि साधनों का उपयोग न केवल सामूहिक नियन्त्रण में रहना चाहिए, बल्कि उन पर सामूहिक स्वामित्व भी स्थापित होना चाहिए और उनका संचालन तटस्थ भाव से सर्वहित को ध्यान में रखकर किया जाना चाहिए।
- समाजवाद न केवल उत्पादन के आवश्यक साधनों के समाजीकरण की माँग करता है, बल्कि वह उन लोगों की निजी आय का भी अन्त कर देना चाहता है, जो समाज की कोई उपयोगी सेवा नहीं करते।
- समाजवाद शिक्षा के क्षेत्र में भी वरीयता (preference) और एकाधिकार जैसी प्रथा को एकदम मिटा देना चाहता है, जो मनुष्यों को भिन्न-भिन्न सामाजिक वर्गों में बाँटती है। अतः समाजवाद ऐसा सब कुछ करना चाहता है, जो 'वर्गहीन समाज' की स्थापना के लिए आवश्यक है।
- अपने लक्ष्य की सिद्धि के लिए समाजवाद के समर्थक मुख्यतः कामगार वर्ग का समर्थन प्राप्त करने का प्रयत्न करते हैं; क्योंकि समाज-व्यवस्था के अन्तर्गत अधिकांश निर्धन लोग इसी वर्ग से सम्बन्ध रखते हैं।
- लोकतन्त्रीय समाजवाद के समर्थकों का विचार है कि समाजवादी दिशा में परिवर्तन लाने के लिए उदार लोकतन्त्र (liberal democracy) की संस्थाओं का सहारा लेना चाहिए। लोकतन्त्रीय समाजवाद के अधिकांश समर्थक उदारवादी रहे हैं।
- समाजवाद के सन्दर्भ में **जोड** का कहना है कि ''यह एक ऐसे टोप की तरह है जिसे हर कोई पहन लेता है, इसीलिए अब उसकी शक्ल पहचानने में नहीं आती।''
- समाजवाद **गार्नर** के विचार से राज्य के कार्यों के बारे में हस्तक्षेप विहीनता (Laissez faire) के सिद्धान्त के बिल्कुल विरोधी रूप में वह सिद्धान्त है, जिसे हम, किसी और अधिक उपयुक्त शब्द के अभाव में समाजवादी सिद्धान्त कह सकते हैं, जो शासन को न्यूनतम की बजाए अधिकतम कार्यक्षेत्र का समर्थन करता है।
- **जोड** के अनुसार, समष्टिवाद या राज्य समाजवाद ऐसा सम्प्रदाय है, जिसे समाजवादी चिन्तन की मुख्य धारा के रूप में पहचान सकते हैं और उसके आधार पर यह निर्दिष्ट कर सकते हैं कि समाजवादी और गैर-समाजवादी विचार-पद्धतियों में मुख्य अन्तर क्या है?
- समाजवाद उत्पादन और वितरण प्रणाली के व्यापक राष्ट्रीयकरण की माँग करता है, जिससे उसका उपयोग सर्वहित में किया जा सके।
- समाजवाद दो क्रान्तियों का फल माना जाता है, जिनमें से एक क्रान्ति थी—औद्योगिक क्रान्ति, जो इंग्लैण्ड में अठारहवीं शताब्दी के अन्त में हुई थी तथा दूसरी—वैचारिक क्रान्ति थी, जिसका मुख्य केन्द्र फ्रांस में था।
- **मार्क्स** ने समाजवाद शब्द के लिए साम्यवाद शब्द का प्रयोग किया था।
- समाजवाद का शाब्दिक अर्थ है 'समाज'। इस प्रकार समाजवाद का सम्बन्ध समाज के सुधार से है। समाजवाद वस्तुतः उस समाजवादी अव्यवस्था के विरुद्ध प्रतिक्रिया है, जिसको पूँजीवादी अर्थव्यवस्था ने पैदा किया है।
- समाजवाद कठोर भौतिकवाद तथा प्रतिष्ठित उदारवादियों व व्यक्तिवादियों दोनों का विरोध करता है।
- लोकतान्त्रिक समाजवाद संसदीय लोकतन्त्र के माध्यम से शान्तिपूर्ण परिवर्तनों पर बल देता है।
- भारत में समाजवाद को फेबियन प्रकार के नियन्त्रणों में समन्वित करने का प्रयास किया गया है, जो हमें आयात-निर्यात, नियमन, उपभोक्ता वस्तुओं के उत्पादन पर रोक तथा औद्योगिक प्रतिष्ठानों को लाइसेन्स देने आदि के लिए प्रेरित करते हैं।
- समाजवाद की सम्पूर्ण विचारधारा **जे. मी. हर्नशा** के 'ई' (E) से प्रारम्भ होने वाले छः कार्यक्रमों में समाहित है
  (i) व्यक्ति की अपेक्षा समाज का उत्थान,
  (ii) मानवीय दशाओं का समानीकरण,
  (iii) पूँजीवाद का उन्मूलन,
  (iv) भूमिपतिवाद (सामन्तवाद) की समाप्ति,
  (v) निजी पूँजी का अन्त तथा
  (vi) प्रतियोगिता का निराकरण।

अराजकतावाद : *समाजवाद का विशेष रूप*

अराजकतावाद को दो कारणों से समाजवाद का एक विशेष रूप माना जाता है

(i) **प्रोधाँ** तथा **बाकुनिन** जैसे अधिकांश अराजकतावादियों की पृष्ठभूमि समाजवादी थी।

(ii) अराजकतावाद इस रूप में वैज्ञानिक समाजवाद का अनुपूरक भाग है कि मार्क्सवादी लोग सामाजिक विकास के अन्तिम चरण में जिस व्यवस्था की कामना करते हैं, उन्होंने उसका विस्तृत प्रस्तुतीकरण नहीं किया, बल्कि वह अराजकतावादियों की व्यवस्था में उपलब्ध है।

- अराजकतावाद वह सिद्धान्त है, जो मानव समाज की सारी बुराइयों को दूर करने के लिए अराजकता अर्थात् राज्य या राज्यशक्ति के अन्त का समर्थन करता है। मोटे तौर पर, सारे अराजकतावादी राज्य की सत्ता का विरोध करते हैं।
- अराजकतावादी मत में स्वाधीनता सर्वोच्च है, किन्तु स्वाधीनता राज्य और उसकी वे सारी व्यवस्थाएँ नष्ट कर देने से प्राप्त होती है, जो व्यक्ति पर शान्तिपूर्ण नियन्त्रण रखती हैं।
- अराजकतावादी मूलत: **कार्ल मार्क्स** के अनुयायी थे और उन्होंने पूँजीवादी समाज को नष्ट करने तथा भूमि एवं पूँजी का स्वामित्व समुदाय को सौंपने में उसके साथ मिलकर काम किया था, किन्तु **मार्क्स** और **बाकुनिन** का उन विषयों के बारे में तीव्र मतभेद था, जिनके द्वारा वर्गहीन और राज्यविहीन समाज का निर्माण हो सकता है।
- अराजकता के पर्याय (Anarchism) शब्द की उत्पत्ति एक ग्रीक शब्द 'Anarchicm' से हुई है, जिसका अर्थ है 'शासन का न होना'। अत: अराजकतावादी किसी प्रकार की कोई सत्ता नहीं चाहते, जिससे मानव की सम्पूर्ण स्वतन्त्रता सुनिश्चित हो सके।
- इसके प्रमुख साहित्यिक व्याख्याकार **प्रिन्स पीटर क्रोपोटकिन** ने इसकी निम्न परिभाषा दी है—जीवन तथा आचरण के ऐसे मत अथवा सिद्धान्त जिनके अन्तर्गत शासनहीन समाज की कल्पना की जाती है। ऐसे समाज में कानून के समक्ष समर्पण अथवा किसी सत्ता की आज्ञा का पालन करके सामञ्जस्य नहीं होता, बल्कि विभिन्न समूहों; प्रादेशिक व व्यावसायिक; की स्वतन्त्र सहमति द्वारा ऐसा किया जाता है। जिनको स्वतन्त्रतापूर्वक उत्पादन व उपभोग के लिए तथा साथ ही सभ्य मानव की अनन्त आकांक्षाओं या आवश्यकताओं की सन्तुष्टि के लिए बनाया जाता है।

प्रजातन्त्र

प्रजातन्त्र का अर्थ एवं परिभाषाएँ

- आधुनिक युग में प्रजातान्त्रिक शासन व्यवस्था एक विकल्पहीन व्यवस्था है।
- प्रजातन्त्र के अंग्रेजी पर्याय शब्द 'Democracy' की व्युत्पत्ति ग्रीक मूल के शब्द 'Demos' से हुई है जिसका अर्थ है, 'जनसाधारण'। इसमें 'cracy' शब्द जोड़ा गया है, जिसका अर्थ है 'शासन', 'शक्ति' या 'सरकार'। इस तरह प्रजातन्त्र शब्द का मूल अर्थ 'जनसाधारण' या 'जनता' का शासन है।
- प्रजातन्त्र से तात्पर्य उस शासन प्रणाली से है, जिसमें शासन शक्ति एक व्यक्ति या वर्ग विशेष में निहित न होकर जनसाधारण में निहित होती है।
- प्रजातन्त्रीय शासन प्रणाली में शासन या सत्ता का अन्तिम सूत्र जनसाधारण के हाथों में रहता है, जिससे सार्वजनिक नीति जनता की इच्छा के अनुसार और जनता के हित साधन के उद्देश्य से बनाई जाए और क्रियान्वित की जाए। प्रजातन्त्र का आदर्श समानता का सिद्धान्त है।
- **ऑस्टिन** के अनुसार, "प्रजातन्त्र वह शासन है, जिसमें जनता का अपेक्षाकृत बड़ा भाग शासन करता है।"
- **सीले** के अनुसार, "प्रजातन्त्र वह शासन है, जिसमें प्रत्येक मनुष्य भाग लेता है।"
- **डायसी** के अनुसार, "प्रजातन्त्र वह शासन व्यवस्था है, जिसमें जनता का अपेक्षाकृत बड़ा भाग शासक होता है।"
- **लेविस** के अनुसार, "प्रजातन्त्र मुख्यत: वह सरकार है, जिसमें सम्पूर्ण राष्ट्र की बहुसंख्यक जनता सम्प्रभुशक्ति के प्रयोग में भाग लेती है।"
- **प्रो. स्ट्रांग** के अनुसार, "प्रजातन्त्र का अभिप्राय ऐसी सरकार से है जो शासितों की सक्रिय स्वीकृति पर आधारित है।"
- **अब्राहम लिंकन** के अनुसार, "प्रजातन्त्र का अर्थ प्रजा का शासन, प्रजा के लिए और प्रथा के द्वारा होता है।"

चिरसम्मत प्रजातन्त्र

- प्रजातन्त्र की सर्वप्रथम परिभाषा **क्लीऑन** (Cleon) ने दी थी। आधुनिक युग में यही परिभाषा **अब्राहम लिंकन** ने सन् 1863 में गैटिसबर्ग में अपने भाषण में दोहरायी।
- **प्लेटो** और **अरस्तू** ने कुछ प्राचीन यूनानी नगर-राज्यों में विशेषत: एथेन्स में प्रजातन्त्र के सक्रिय रूप को देखा था जिसकी विशेषता थी
  (i) नगर-राज्य के सार्वजनिक मामलों में सभी स्वतन्त्रजनों (freemen) की समान सहभागिता,
  (ii) स्वतन्त्र वाद-विवाद के वातावरण में सार्वजनिक निर्णयों तक पहुँचना,
  (iii) समुदाय के कानून और प्रचलित प्रक्रिया के प्रति व्यापक आदर-भाव आदि।
- **अरस्तू** ने प्रजातन्त्र को 'बहुत सारे लोगों के शासन' (Rule of the many) के रूप में पहचाना।
- **अरस्तू** ने राज्यों की शासन प्रणालियों को सामान्य (normal) और भ्रष्ट (perverted) दो श्रेणियों में रखा और प्रजातन्त्र (democracy) को एक भ्रष्ट शासन प्रणाली के रूप में प्रस्तुत किया।
- **अरस्तू** ने कहा कि प्रजातन्त्र निर्धन, ज्ञानहीन तथा गुणहीन लोगों का शासन है, इसलिए यह उच्च कोटि का शासन नहीं है।

प्रजातन्त्र की आधुनिक अवधारणा

- कुछ आधुनिक लेखक; जैसे—**डायसी** और **जेम्स ब्राइस**; ने चिरसम्मत प्रजातन्त्र को अपने ढंग से व्यक्त किया है।
- **डायसी** ने प्रजातन्त्र को ऐसी शासन प्रणाली माना है, जिसमें विधि निर्माण बहुमत से निर्धारित होता है। चूँकि प्रजातन्त्र एकसार नहीं होता, इसलिए उसमें एकसार कानून भी नहीं बनाए जाते।
- **ब्राइस** ने प्रजातन्त्र को मुख्यत: एक शासन प्रणाली के रूप में प्रस्तुत किया है तथा कहा है कि किसी भी शासन की कसौटी 'जन कल्याण' है।
- **ब्राइस** के अनुसार, प्रजातन्त्र में जनसाधारण दो तरह से सत्ता का प्रयोग करता है
  (i) वे ऐसे लक्ष्य निर्धारित करते हैं, जिसकी पूर्ति करना उनकी सरकार का ध्येय होना चाहिए।
  (ii) वे उन लोगों की निगरानी करते हैं, जिनके हाथों में वे प्रशासन की बागडोर सौंप देते हैं।
- **ब्राइस** यह दावा नहीं करता कि प्रजातन्त्र समाज की सभी बुराइयों की औषधि है, परन्तु वह इसे अन्य शासन प्रणालियों की तुलना में वरीयता देता है, क्योंकि इसने शासन स्तर को ऊँचा उठा दिया है।
- नवोदित तथा साम्यवादी देशों में कई जगह 'निर्देशित प्रजातन्त्र' या 'जनवादी प्रजातन्त्र' जैसी व्यवस्था को प्रोत्साहन दिया जाता है।

उदार प्रजातन्त्र की उत्पत्ति

- आधुनिक प्रजातन्त्र की मुख्य धारा को 'उदार प्रजातन्त्र' के रूप में पहचाना जाता है। उदारवादी राज्य ने 'मुक्त बाजार अर्थव्यवस्था' के साथ-साथ 'सार्वजनिक वयस्क मताधिकार' के सिद्धान्त को भी अपना लिया है।
- उदार प्रजातन्त्र के समर्थक प्रजातन्त्र की संस्थाओं और प्रक्रियाओं पर विशेष बल देते हैं।

उदार प्रजातन्त्र के लक्षण

- एक से अधिक राजनीतिक दलों में राजनीतिक सत्ता के लिए प्रतिस्पर्द्धा।
- राजनीतिक पद किसी विशिष्ट वर्ग की बपौती न हो।
- सार्वजनिक वयस्क मताधिकार पर आधारित आवधिक चुनाव।
- नागरिक स्वतन्त्रता की व्यवस्था।
- न्यायपालिका की स्वतन्त्रता।

प्रजातन्त्र के विभिन्न सिद्धान्त

प्रजातन्त्र का परम्परागत-उदारवादी *या* शास्त्रीय सिद्धान्त

- *शास्त्रीय उदारवादी सिद्धान्त में दो दृष्टिकोण हैं*
  (i) **बेन्थम** और **जेम्स मिल** द्वारा प्रस्तावित मॉडल,
  (ii) **जे. एस. मिल** द्वारा प्रस्तावित विकासात्मक **मॉडल।**
- **मैकफर्सन** ने पहले दृष्टिकोण को संरक्षणात्मक मॉडल (protective model) तथा दूसरे को विकासात्मक मॉडल की संज्ञा दी है।
- इस सिद्धान्त का सम्बन्ध प्राचीन यूनानियों के युग से है, जिन्होंने इसे लोगों की 'शक्ति' (पेरीक्लिज) अथवा ऐसी व्यवस्था का समरूप माना, जिसमें शासक अपने कार्यों के लिए लोगों के प्रति उत्तरदायी होते हैं।
- **डायसी, ब्राइस** व **लास्की** ने इसका सबल समर्थन किया।
- प्रजातन्त्र के आदर्शवादी तर्क के समर्थक **रूसो, ग्रीन** तथा **लिण्डसे** हैं।
- **बेन्थम** और **मिल** ने लोकतन्त्र को एक राष्ट्रीय संस्थात्मक प्रणाली के रूप में माना। उनके लिए यह जन-सहभागिता का एक संकीर्ण अर्थ है। प्रजातन्त्र सुनिश्चित करता है कि सरकार आततायी नहीं हो सकती।
- इस सिद्धान्त को इसलिए प्रजातान्त्रिक कहा जाता है, क्योंकि इस प्रणाली में सार्वभौमिक हितों की रक्षा करने वाले कतिपय वर्ग होते हैं।
- **मिल** एवं इससे पूर्व **रूसो** ने प्रजातन्त्र को जन-सहभागिता की भूमिका के विषय में लिखा तथा इस सिद्धान्त में संरचनात्मक प्रणाली की एक संरक्षणात्मक व्यवस्था से अधिक भूमिका की विवेचना की।
- **मिल** ने सरकार के दोनों पहलुओं की ओर सकारात्मक विवेचना की। एक लोकतान्त्रिक शासन का महत्त्वपूर्ण सिद्धान्त मानव मस्तिष्क पर गहरा प्रभाव छोड़ता है। एक अच्छी सरकार का लक्षण समाज के हित के लिए उसके द्वारा किया गया कृत्य है।
- **मिल** ने प्रजातान्त्रिक सरकार की कार्यप्रणाली में सुधार के लिए *निम्न सुझाव दिए हैं*
  (i) प्रजातान्त्रिक संस्थाएँ प्रत्येक स्तर पर प्रजातान्त्रिक संविधान की व्यवस्था करें,
  (ii) महिलाओं को मताधिकार दिया जाए,
  (iii) मताधिकार योग्यता पर आधारित हो,
  (iv) शिक्षा को सार्वभौम मताधिकार का आधार बनाया जाए।
- आधुनिक युग के उदारवादियों तथा आदर्शवादियों द्वारा इसके विकसित रूप के अन्तर्गत प्रजातन्त्र के शास्त्रीय सिद्धान्त की *निम्न विशेषताएँ हैं*
  (i) सत्ता जनता में वास करती है,
  (ii) लोगों को कुछ प्राकृतिक व अद्वैत अधिकार प्राप्त हैं, जिन्हें सरकार नष्ट अथवा कम नहीं कर सकती है,
  (iii) व्यक्तिगत स्वतन्त्रता तथा राज्य की गतिविधियों के बीच सम्बन्ध का **बेन्थम** के 'एक व्यक्ति एक मत' द्वारा सूत्रपात,
  (iv) सामान्य इच्छा के आधिपत्य की सुनिश्चितता,
  (v) दोषों की अपेक्षा गुण का पक्ष कहीं अधिक,
  (vi) लोगों के लिए अधिकतम कल्याणकारी आदि।
- यह सिद्धान्त आंशिक रूप में मानव के कुछ मौलिक अधिकारों का सिद्धान्त है। यह ऐसा दृष्टिकोण है कि शासन का निर्माण उन अधिकारों के कारण हुआ है।
- लोगों को राजनीतिक सत्ता में समान रूप से भाग लेने का प्राकृतिक अधिकार है, जिसे प्राकृतिक विधि के रूप में जान जाता है।

प्रजातन्त्र का नव-उदारवादी सिद्धान्त

- यह प्रजातान्त्रिक व्यवस्था में व्यक्ति की स्वतन्त्रता तथा राज्य की सत्ता के बीच खाई को कम करने की दिशा में एक प्रयास है।
- यह परम्परागत प्रजातन्त्र में सुखद व क्रियात्मक समन्वय स्थापित करना चाहता है।
- इस सिद्धान्त के अनुसार, प्रजातन्त्र विश्व के बहुत-से देशों में प्रचलित हो सकता है, किन्तु स्थान-स्थान पर इसका स्वरूप भिन्न है और ऐसी स्थिति में प्रजातन्त्र का विश्वजनित रूप में लागू होने वाला कोई सिद्धान्त निर्मित नहीं किया जा सकता है।

डाउन्स तथा मैकफर्सन का व्यवहारपरक *या* सहभागिता सिद्धान्त

- अपने गुरु (**केन्नेथ ऐरो**) के 'सामाजिक विकल्प सिद्धान्त' से प्रेरित होकर **एन्थोनी डाउन्स** ने प्रजातन्त्र का आर्थिक सिद्धान्त प्रस्तुत किया।
- **डाउन्स** ने व्यक्ति की आर्थिक विवेकसम्मतता के सन्दर्भ में प्रजातान्त्रिक व्यवस्था के विषय का परीक्षण किया है तथा आर्थिक मानव के विषय का समर्थन किया है।
- **डाउन्स** के अनुसार, 'सार्वजनिक कल्याण का विचार' जैसा प्रजातान्त्रिक राज्यों के शासक समर्थन करते हैं, केवल लोगों को अपने पक्ष में प्रभावित करने तथा उनके मत प्राप्त करने की चाल है।
- सहभागितामूलक प्रजातन्त्र का सिद्धान्त 'प्रतिनिधि प्रजातन्त्र' के इस प्रतिरूप को चुनौती देते हुए जनसाधारण की राजनीतिक सहभागिता को लोकतन्त्र का बुनियादी लक्षण मानता है।

प्रजातन्त्र का मार्क्सवादी सिद्धान्त

- मार्क्सवाद प्रजातन्त्र का विरोधी नहीं है, बल्कि प्रजातन्त्र के बारे में इसकी अपनी धारणा है, जो मौलिक रूप में उदार (बुर्जुआ) प्रजातन्त्र से भिन्न है।
- **मार्क्स** तथा **एंगेल्स** ने प्रजातान्त्रिक व्यवस्था के वर्तमान स्वरूप की जगह नया रूप देने का प्रयास किया, जिसे उन्होंने 'समाजवादी प्रजातन्त्र' का नाम दिया।
- **मार्क्सवाद** ने इसके आधारभूत तत्त्वों, 'प्रजातन्त्र जनता का शासन है', को स्वीकार किया तथा 'जनता' शब्द के निहितार्थों पर प्रश्नचिह्न लगाया।

- **मार्क्स** तथा **एंगेल्स** की दृष्टि में 'जनता' का आशय केवल सर्वहारा से है।
- **एंगेल्स** के अनुसार, प्रजातान्त्रिक गणराज्य बुर्जुआ शासन का ही तर्कसम्मत रूप है।
- मार्क्सवादियों के अनुसार, प्रजातान्त्रिक व्यवस्था की पहली आवश्यक शर्त है—मजदूरों व किसानों को सत्ता मिले तथा उनका शासन सभी प्रकार के शोषकों तथा दमनकर्ताओं को समाप्त कर दे।
- प्रजातान्त्रिक व्यवस्था के आगमन की पूर्व शर्त है—वर्गहीन समाज की स्थापना हो।

प्रजातन्त्र का सम्भ्रान्तवादी *या* विशिष्टवर्गीय सिद्धान्त

- यह सिद्धान्त पूर्णतया प्रयोगात्मक दिशा में प्रजातन्त्र के उदारवादी सिद्धान्त की पुनर्व्याख्या है।
- **पैरेटो, मोस्का, माइकेल्स, सी. राइट मिल्स** तथा **लासवैल** जैसे सिद्धान्तकारों ने इस बात पर बल दिया है कि जिसे लोगों के शासन के रूप में जाना जाता है, वह सही अर्थ में सम्भ्रान्तों का ही शासन है।
- यह सिद्धान्त लोगों की आवाज अथवा सामान्य इच्छा जैसे शास्त्रीय कथनों को अस्वीकार कर उसके स्थान पर बहुतों की स्वीकृति अथवा सहमति पर 'कुछ चुनिन्दा लोगों के शासन' का समर्थन करता है।
- इस सिद्धान्त के अनुसार, प्रजातन्त्र केवल लोगों का शासन है, व्यावहारिक रूप में यह लोगों में उभरे सम्भ्रान्त वर्ग का शासन है।
- **मोस्का** और **पैरेटो** ने लोकतन्त्र के जन-सहभागिता के सिद्धान्त की आलोचना की और उन्होंने अल्पसंख्यक, अल्पमत द्वारा बहुमत पर शासन करने का सिद्धान्त प्रतिपादित किया।
- **मिचेल** ने मत व्यक्त किया कि सत्ताच्युत होने के बाद भी विशिष्ट वर्ग अपनी सत्ता एवं अधिकार नहीं खो देता।
- **मिचेल** का महत्त्वपूर्ण योगदान राजनीतिक दलों के विषय में था।
- प्रजातन्त्र के सम्भ्रान्ती सिद्धान्त; प्रजातन्त्र तथा कुलीनतन्त्र; के शास्त्रीय सिद्धान्त का विशिष्ट मिश्रण है। इस सिद्धान्त में प्रजातान्त्रिक तत्त्व निहित है कि यह लोगों में सत्ता के निवास को स्पष्ट करता है, इसका कुलीनतन्त्रीय तत्त्व इसके इस आग्रह में निहित है कि किसी-न-किसी के अधीन कुछ गिने-चुने लोगों में ही सत्ता के प्रयोग की क्षमता होती है।
- सम्भ्रान्तवाद के सिद्धान्तकार सत्ता के वितरण को सबसे ज्यादा प्रभावशाली, सबसे ज्यादा बुद्धिमान, सबसे ज्यादा चतुर, सबसे ज्यादा धनी, सबसे ज्यादा सक्षम लोगों के दल तक सीमित रखना चाहते हैं।
- सम्भ्रान्तवादी सिद्धान्तकार प्रजातन्त्र के शास्त्रीय समर्थकों के आदर्शवादी कथनों को शंका से देखते हैं। उनके विचार में निर्णय-निर्माण की प्रक्रिया में यथासम्भव अधिकाधिक लोगों की भागीदारी इस तथ्य की दृष्टि से भयानक मूर्खता होगी, क्योंकि इसके घातक परिणाम होंगे; जैसे—धूर्त नेतृत्व का उदय, भीड़ का मनोविज्ञान, चापलूसी, सामूहिक दमन तथा उन लोगों के प्रभाव में वृद्धि जिनके हाथों में केन्द्रीकृत आर्थिक शक्ति का नियन्त्रण है।
- इस सिद्धान्त के प्रमुख आलोचक है।—**डंकन, ल्यूकस, डेपिस, बोटोमोर, सी. वी., गोल्डस्मिट, बाकर बैक्रेक, प्लामनॉज** आदि।
- सम्भ्रान्तवादी सिद्धान्त, प्रजातन्त्र को एक कार्यविधि का रूप मानता है, जिसका अनिवार्य कृत्य सन्तुलन को बनाए रखना है।
- इस सिद्धान्त के प्रवर्तक **मिचेल** हैं तथा इस पर **शुम्पीटर, ऑरो, सार्टोरी** और **मैनहीम** के विचार उल्लेखनीय हैं।

प्रजातन्त्र का बहुलवादी सिद्धान्त

- प्रजातन्त्र का बहुलवादी सिद्धान्त विशिष्टवर्गीय सिद्धान्त के साथ निकट से जुड़ा है।
- सर्वप्रथम **शुम्पीटर** ने इस सिद्धान्त का प्रतिपादन अपने ग्रन्थ 'Capitalism, Socialism and Democracy' में किया तथा बाद में **रॉबर्ट डहल** ने अपने ग्रन्थ 'A Preface to Democratic Theory and Polyarchy' में इसकी व्याख्या की।
- यह सिद्धान्त सीमित राजनीतिक भागीदारी की व्यवस्था में विश्वास रखता है।
- बहुलवादी अनेक समूहों पर बल देते हैं, जो सत्ता हेतु संघर्ष में अपनी भूमिका निभाते हैं।
- इस सिद्धान्त के अनुसार, प्रजातान्त्रिक व्यवस्था में ऐसे सभी समूहों को राजनीतिक प्रक्रिया में भाग लेने की अनुमति होनी चाहिए, जो अकेले या अन्य समूहों के साथ मिलकर, प्रत्यक्ष रूप में तथा स्वायत्ततापूर्वक या किसी राजनीतिक दल के साथ गठबन्धन करके अपनी भूमिका निभाते हैं।
- यह उदारवाद व्यक्ति के आत्महित का समर्थन करता है तथा प्रजातन्त्र में व्यक्तिगत हित की आधारशिला पर स्थित होकर उदारवादी सिद्धान्त का एक मुख्य भाग बन जाता है।
- यह सिद्धान्त इस तथ्य पर आधारित है कि व्यक्ति की चमड़ी उसकी कमीज की अपेक्षा उसके ज्यादा निकट होती है तथा इस कारण लोग, सामान्य रूप में, सामान्य कल्याण की अपेक्षा अपनी तत्काल चिन्ता के विषय में अधिक सावधानी से सोचते हैं।
- इसके व्यवहारपरक सिद्धान्तकार हैं—**बियर, हैरी एकस्टीन, जोसेफ, पालोम्बारा, वीनर, अर्ल लाथम** आदि।
- 19वीं शताब्दी में **टाकविले** ने अमेरिकी शासन प्रणाली को बहुलवादी बताया।

प्रजातन्त्र का उत्तर-उदारवादी सिद्धान्त

- उदार-प्रजातन्त्र के नमूने में दोष ढूँढना तथा समाजवादी सामग्री जोड़कर इसे सुधारना तथा नए सिद्धान्त की रूपरेखा का निर्माण करना जिसे **मैकफर्सन** के शब्दों में 'उत्तर-उदारवादी प्रजातन्त्र' कहा जाता है।
- **लास्की** इस सिद्धान्त का सबसे प्रमुख समर्थक है, जिसने उदारवाद की समाजवादी उपलब्धियों के सन्दर्भ में संशोधन करने का प्रयास किया और इस प्रकार वह प्रजातान्त्रिक समाजवाद के विषय के निकट पहुँच गया।
- **लास्की** ने उदार-प्रजातन्त्र के नमूने की आलोचना की है।
- उत्तर-व्यवहारवादी परम्परा के अनुयायी की तरह नजर आते हुए **मैकफर्सन** ने उदार-प्रजातान्त्रिक सिद्धान्त के शरीर में मानवीय मूल्यों के स्थान को पुनर्प्रतिष्ठित करने का प्रयास किया है ताकि मानवों के परिवर्तनशील सामाजिक सम्बन्धों से व्यवहारपरकवाद को पुनः बल प्रदान किया जा सके।
- **मैकफर्सन** ने समकालीन उदारवादी समाज की मौलिक विशेषता पर प्रहार करने के लिए नया पदबन्ध 'अधिकारपूर्ण व्यक्तिवाद' गढ़ा है।
- **जी.डी. एच. कोल** ने औद्योगिक प्रजातन्त्र का विचार दिया।
- **जे. एस. मिल** ने प्रजातन्त्र की सफलता के लिए स्थानीय शासन को प्रमुख शर्त माना है।
- **लुडोविसी** का मानना है कि प्रजातन्त्र मृत्यु की ओर ले जाता है।
- **रसेल** के अनुसार, सबसे सफल प्रजातान्त्रिक राजनीतिज्ञ वे हैं, जो प्रजातन्त्र को नष्ट करके तानाशाह बन जाने में सफल हो जाते हैं।

वस्तुनिष्ठ प्रश्न

1. निम्न में से कौन उदारवाद से सम्बन्धित है?
(a) उपनिवेशवाद (b) राष्ट्रीय स्वतन्त्रता
(c) पूँजीवाद (d) साम्यवाद

2. व्यक्तिवाद का उद्देश्य क्या है?
(a) व्यक्ति की अधिक-से-अधिक स्वतन्त्रता
(b) सीमित स्वतन्त्रता
(c) राज्य को समाप्त कर दिया जाए
(d) असीमित स्वतन्त्रता

3. राज्य के कार्य-क्षेत्र के सम्बन्ध में कौन-सी विचारधारा राज्य को साध्य मानती है?
(a) व्यक्तिवादी विचारधारा
(b) बहुलवादी विचारधारा
(c) आदर्शवादी विचारधारा
(d) समाजवादी विचारधारा

4. प्रजातन्त्र की उदारवादी विचारधारा की प्रारम्भिक अवस्था को किसकी पुस्तकों में पाया जा सकता है?
(a) प्राचीन यूनानी दार्शनिकों की
(b) प्राचीन चीनी दार्शनिकों की
(c) प्रोधाँ की
(d) सत्रहवीं शताब्दी के फ्रांसीसी दार्शनिकों की

5. ''राजनीतिक दल शासन के पीछे शक्ति के आधार होते हैं।'' यह कथन किसका है?
(a) हरमन फाइनर (b) सेबाइन
(c) मैकाइवर (d) बर्क

6. समाजवादी विचारधारा के अन्तर्गत
(a) राज्य एक आवश्यक बुराई है
(b) राज्य साधन है, शक्ति साध्य है
(c) राज्य व्यक्ति के कल्याण का सर्वश्रेष्ठ साधन है
(d) राज्य अनावश्यक है

7. लोक-कल्याणकारी धारणा के उदय में किस प्रवृत्ति या विचारधारा का प्रभाव नहीं पड़ा?
(a) व्यक्तिवाद के विरुद्ध प्रतिक्रिया
(b) मार्क्सवाद का उदय
(c) आदर्शवाद का उदय
(d) समाजवाद का उदय

8. उदारवादी प्रजातन्त्र की विचारधारा के जिन दो मूलभत सिद्धान्तों पर लॉक ने जोर दिया था, वे कौन-से हैं?
(a) सार्वभौमिक वयस्क मताधिकार और सम्पत्ति का अधिकार
(b) महिलाओं के मत देने का अधिकार तथा गुप्त मतदान
(c) लौकिक सम्प्रभुता तथा संवैधानिक सरकार
(d) प्राकृतिक अधिकार और प्रतिनिधि प्रजातन्त्र

9. दलविहीन प्रजातन्त्र के विपक्ष में कौन-सा तर्क उपयुक्त नहीं है?
(a) यह न सम्भव है और न ही व्यावहारिक
(b) इससे अराजकता पैदा होगी
(c) इससे अस्थिरता पैदा होगी
(d) इससे समाज, विभिन्न जातियों व धर्मों का लोप हो जाएगा

10. एक प्रतिक्रियावादी दल की विशेषता होती है
(a) यह प्राचीन संस्थाओं के साथ सम्बन्ध जोड़ता है
(b) यह वर्तमान संस्थाओं का उन्मूलन करना चाहता है और उनके स्थान पर पूर्णतया नवीन संस्थाओं को स्थापित करना चाहता है
(c) यह पुरानी संस्थाओं में सुधार करने व उन्हें बनाए रखने में विश्वास रखता है
(d) यह वर्तमान संस्थाओं को यथावत् रखना चाहता है

11. मार्क्स के अनुसार राज्य का निर्माण हुआ है
(a) प्राकृतिक अवस्था से छुटकारा पाने के लिए
(b) सामाजिक जीवन को नियमित करने के लिए
(c) विशेषाधिकार वर्ग के हितों की रक्षा के लिए
(d) शोषक वर्ग के शोषण से छुटकारा पाने के लिए

12. शासन की लोकप्रिय और व्यावहारिक पद्धति कौन-सी है?
(a) सीमित राजतन्त्र
(b) कुलीन तन्त्र
(c) परोक्ष अथवा प्रतिनिधित्व प्रजातन्त्र
(d) प्रत्यक्ष प्रजातन्त्र

13. प्रत्यक्ष प्रजातन्त्र के निम्नलिखित साधनों में कौन सही नहीं है?
(a) लोक-निर्णय
(b) उपक्रम अथवा प्रस्तावाधिकार
(c) संसद
(d) नगर सभाएँ

14. निम्नलिखित विचारकों में से किसने विशिष्टजन्य सिद्धान्त को मार्क्सवाद के साथ जोड़ने की कोशिश की?
(a) रॉबर्ट माइकल्स (b) जेम्स बर्नहम
(c) विल्फ्रेडो पैरेटो (d) इनमें से कोई नहीं

15. विशिष्टजन सिद्धान्त के प्रतिपादक निम्न में से किस पर विश्वास नहीं करते हैं?
(a) वे राजनीतिक समानता पर विश्वास करते हैं
(b) वे शासन तथा शासित की समानता पर विश्वास करते हैं
(c) वे शासन तथा शासित की समानता पर विश्वास नहीं करते हैं
(d) वे उपरोक्त तीनों सिद्धान्तों पर विश्वास करते हैं

16. अमेरिका में कौन-से दो महत्त्वपूर्ण दल हैं?
(a) स्वतन्त्र व प्रजातान्त्रिक दल
(b) गणतन्त्रीय व प्रजातान्त्रिक दल
(c) प्रजातान्त्रिक व समाजवादी दल
(d) गणतन्त्रीय व साम्यवादी दल

17. एक समाजवादी राज्य निम्नांकित बातों में से किसके लिए आग्रही है?
(a) व्यक्ति को पूर्ण रूप से छोड़ देने के लिए
(b) राज्य के केवल पुलिस कार्यों को देने के लिए
(c) समुदाय के सभी सदस्यों की उन्नति, अधिकाधिक अवसर प्रदान करने के लिए
(d) दलितों के जीवन-स्तर को ऊँचा उठाने के लिए

18. उपयोगितावादी विचारधारा का मुख्य प्रतिपादक कौन है?
(a) ग्रीन (b) लास्की
(c) बेन्थम (d) इनमें से कोई नहीं

19. आज प्रत्यक्ष प्रजातन्त्र असम्भव हो गया है, क्योंकि
(a) अनेक देशों में समाजवादी शासन स्थापित हो गया है
(b) राष्ट्रीय राज्य क्षेत्रफल व जनसंख्या की दृष्टि से व्यापक हो गए हैं
(c) समस्त विश्व पूँजीवादी व साम्यवादी दो गुटों में बँट गया है
(d) राज्य स्वयं प्रत्यक्ष प्रजातन्त्र नहीं चाहते हैं

20. प्रजातन्त्र के बहुलवादी सिद्धान्त का निम्नांकित में से कौन-सा मत है?
(a) सभी सत्ताओं का साधन राज्य है और सभी समूह इसी से शक्ति ग्रहण करते हैं
(b) समाज में सत्ता सरकार तथा अन्य समूहों के द्वारा बाँट ली जाती है
(c) राजनीतिक शक्ति को विभिन्न समूहों तथा संस्थाओं में विभक्त नहीं किया जा सकता
(d) उपरोक्त में से कोई नहीं

21. मार्क्सवादियों के अनुसार पूँजीवादी राज्य का अस्तित्व कब आया?
(a) चौदहवीं शताब्दी में
(b) अठारहवीं शताब्दी के अन्तिम चरण में
(c) उन्नीसवीं शताब्दी के मध्य में
(d) लोगों को कृषि कार्य करने में रुचि आने के पश्चात्

22. विचारों के अभिव्यक्तिकरण का अधिकार कैसा है?
(a) जब तक यह पूर्ण नहीं है झूठा है
(b) यह अधिकार केवल शान्तिकाल में मिलता है
(c) यह हमेशा सामाजिक व्यवस्था और जन-नैतिकता पर आधारित है
(d) इस अधिकार का अन्तर्निहित अर्थ यह भी है कि इसके अन्तर्गत सरकार के खिलाफ लिखा और बोला भी जा सकता है

23. प्रजातन्त्र को उदारवादी विचारधारा के लिए ग्रीन का मुख्य योगदान क्या था?
(a) व्यक्तिगत स्वतन्त्रता के लिए सामूहिक कल्याण पर आग्रह
(b) व्यक्ति की पूर्ण स्वतन्त्रता पर बल

(c) राज्य के लिए निरंकुश शक्ति
(d) उपरोक्त में से कोई नहीं

24. बहुदलीय प्रणाली निम्न देशों में से किसमें पाई जाती है?
(a) फ्रांस (b) चीन
(c) ब्रिटेन (d) अमेरिका

25. शक्ति-अभिजन की अवधारणा निम्न में से किससे सम्बन्धित है?
(a) पैरेटो (b) मोस्का
(c) सी. राइट मिल्स (d) जेम्स बर्नहम

26. राजनीतिक दल किस सीमा तक अप्रजातान्त्रिक होते हैं?
(a) वे चुनाव लड़ने व सत्ता हथियाने का प्रयत्न करते हैं
(b) वे सरकार की नीतियों की आलोचना करते हैं
(c) वे सत्ता में आने के बाद अपने कार्यक्रमों को क्रियान्वित करने का प्रयास करते हैं
(d) वे अपने सदस्यों को स्वतन्त्र रूप से विचार करने का अवसर नहीं देते हैं

27. मार्क्स ने द्वन्द्वात्मक पद्धति किससे ग्रहण की?
(a) हीगल (b) रूसो (c) ग्रीन (d) लास्की

28. कौन-सा विचार मार्क्स का नहीं है?
(a) वैज्ञानिक भौतिकवाद
(b) वर्ग संघर्ष का सिद्धान्त
(c) अतिरिक्त मूल्य का सिद्धान्त
(d) इतिहास की आर्थिक व्याख्या

29. ''एक सन्तुष्ट सूअर होने की अपेक्षा एक असन्तुष्ट मनुष्य होना अधिक अच्छा है।'' यह वक्तव्य किसका है?
(a) कार्ल मार्क्स (b) बेन्थम
(c) जे. एस. मिल (d) लास्की

30. वह विचारक जिसके चिन्तन में आदर्शवाद एवं उदारवाद का समन्वय मिलता है
(a) कार्ल मार्क्स (b) टी. एच. ग्रीन
(c) मैकियावेली (d) बेन्थम

31. निम्नलिखित में से कौन-सा रूसो की सामान्य इच्छा के लक्षणों में नहीं गिनवाया गया है?
(a) सामान्य इच्छा निरंकुशता को प्रोत्साहन देती है
(b) सामान्य इच्छा बड़े राज्यों में सफल हो सकती है
(c) सामान्य इच्छा व बहुमत की इच्छा में अन्तर है
(d) सामान्य इच्छा और लोकमत में अन्तर है

32. उपयोगितावाद का जनक किसे माना जाता है?
(a) जे. एस. मिल (b) लॉक
(c) बेन्थम (d) रूसो

33. प्राकृतिक अधिकारों की धारणा का खण्डन किसने किया है?
(a) बेन्थम (b) लॉक
(c) हॉब्स (d) एक्विनास

34. 'नव मानवतावाद' पर किसने विचार प्रस्तुत किए?
(a) जयप्रकाश नारायण (b) अरविन्द घोष
(c) एम. एन. राय (d) अम्बेडकर

35. जॉन लॉक के अनुसार मानव स्वभाव के बारे में कौन-सा वक्तव्य सही नहीं है?
(a) मनुष्य कोरा जंगली पशु है
(b) मनुष्य एक नैतिक प्राणी है
(c) मनुष्य कर्त्तव्य की पुकार सुनता है
(d) मनुष्य परोपकारी प्राणी है

36. प्लेटो किस विचार के लिए इतिहास में अमर है?
(a) सामान्य इच्छा का विचार (b) आदर्श राज्य का विचार
(c) संविधानों का वर्गीकरण
(d) जनसहमति का सिद्धान्त

37. मैक्सी ने किस विचारक को प्रथम राजनीतिक वैज्ञानिक कहा है?
(a) प्लेटो (b) मैकियावेली
(c) अरस्तू (d) कार्ल मार्क्स

38. अन्तर्राष्ट्रीय विधि के संहिताकरण का समर्थन करने वाला विचारक
(a) टी. एच. ग्रीन (b) जे. एस. मिल
(c) लास्की (d) बेन्थम

39. ''वास्तव में भारत का गवर्नर-जनरल बनकर मैं नहीं जा रहा हूँ, किन्तु आप जा रहे हैं।'' यह वाक्य लॉर्ड विलियम बैण्टिक ने किस विचारक को लिखे थे?
(a) कार्ल मार्क्स
(b) लास्की
(c) बेन्थम
(d) मैकियावेली

40. मनु ने अपने ग्रन्थ में राज्य के संचालन के नियमों की संहिता को निम्न संज्ञा से व्यक्त किया है
(a) दण्ड नीति (b) दण्ड
(c) राज धर्म (d) नीति विज्ञान

41. सबसे अधिक प्रामाणिक मत में मजूमदार एवं पुसालकर के अनुसार 'मनुस्मृति' का रचना काल है
(a) ईसा से 600 वर्ष पूर्व
(b) ईसा से 900 वर्ष पूर्व
(c) ईसा पूर्व 3110 वर्ष
(d) उपरोक्त में से कोई नहीं

42. कार्ल मार्क्स का जन्म कहाँ हुआ था?
(a) इंग्लैण्ड (b) जर्मनी
(c) फ्रांस (d) रूस

43. साम्यवादी घोषणा-पत्र मार्क्स ने किसके साथ मिलकर लिखा था?
(a) लेनिन (b) प्रोधाँ
(c) स्टालिन (d) एंजिल्स

44. किसने चातुर्वर्ण्य प्रथा को दोषपूर्ण बताया?
(a) महात्मा गाँधी (b) डॉ. अम्बेडकर
(c) अरविन्द घोष (d) एम. एन. रॉय

45. कार्ल मार्क्स का सम्बन्ध निम्नांकित में से किससे है?
(a) काल्पनिक समाजवाद
(b) विकासवादी समाजवाद
(c) वैज्ञानिक समाजवाद
(d) अराजकतावाद

46. निम्नांकित में से कौन-सा कथन जवाहरलाल नेहरू के अनुसार लोकतान्त्रिक समाजवाद का आवश्यक लक्षण है?
(a) औद्योगीकरण तथा मिश्रित अर्थव्यवस्था की आवश्यकता
(b) आर्थिक संसाधनों का न्याय सम्मत वितरण
(c) समस्त उद्योगों का राष्ट्रीयकरण
(d) योजना निर्माण तथा नीतियों के क्रियान्वयन की व्यवस्था का विकेन्द्रीकरण

सही उत्तर

1. (c)	2. (a)	3. (c)	4. (a)	5. (a)	6. (c)	7. (b)	8. (c)	9. (d)	10. (a)
11. (c)	12. (c)	13. (c)	14. (c)	15. (c)	16. (b)	17. (c)	18. (c)	19. (b)	20. (b)
21. (b)	22. (a)	23. (a)	24. (a)	25. (c)	26. (d)	27. (a)	28. (a)	29. (c)	30. (b)
31. (b)	32. (c)	33. (a)	34. (c)	35. (a)	36. (b)	37. (c)	38. (d)	39. (c)	40. (a)
41. (d)	42. (b)	43. (d)	44. (b)	45. (c)	46. (c)				

अध्याय 06 राजनीतिक दर्शन

पाश्चात्य राजनीतिक दर्शन

प्लेटो

प्लेटो का जन्म एथेन्स के एक प्राचीन समृद्ध परिवार में 428 ई.पू. में हुआ था। इनके पिता का नाम अरिस्तोन तथा माता का नाम पेरिकतिओन था। प्लेटो द्वारा रचित ग्रन्थों की संख्या लगभग 36 या 38 मानी जाती है, किन्तु इनमें से प्रामाणिक ग्रन्थ केवल 28 हैं। इनके सभी प्रामाणिक ग्रन्थों का **बर्नेट** द्वारा यूनानी संस्करण 2662 पृष्ठों में प्रकाशित हुआ है।

प्लेटो की रचनाएँ

इनके कुछ प्रमुख ग्रन्थों के नाम इस प्रकार हैं

- अजॉलॉजी
- क्रीटो
- यूफ्रीलो
- जोर्जियस
- मीनो
- प्रोटागोरस
- सिम्पोजियम
- फेडो
- रिपब्लिक
- सोफिस्ट
- स्टेट्समैन
- लॉज।

- आधुनिक सन्दर्भ में **रिपब्लिक** शब्द का प्रयोग एक विशेष प्रकार की शासन प्रणाली 'गणराज्य' के लिए होता है। 'द रिपब्लिक' में प्लेटो की नाटकीय शैली, कविता और कल्पना की उड़ान का अपूर्व रूप देखने को मिलता है, इसे गणराज्य और न्याय का दोहरा शीर्षक प्राप्त है।
- **अर्नेस्ट बार्कर** ने अध्ययन की दृष्टि से प्लेटो की कृति 'द रिपब्लिक' को पाँच भागों में बाँटा है, *जो इस प्रकार हैं*

(i) आध्यात्मिक भाग
(ii) नैतिक दर्शन
(iii) शिक्षा
(iv) सम्पत्ति और परिवार
(v) आदर्श राज्य का पतन

प्लेटो का आदर्श राज्य के निर्माणक तत्त्व

- उसने आदर्श राज्य के निर्माण करने वाले तीन वर्ग बताए हैं। ये हैं—उत्पादक वर्ग, सैनिक वर्ग तथा दार्शनिक शासक। ये क्रमशः राज्य की आत्मा के तीन गुणों; क्षुधा, उत्साह तथा विवेक; का प्रतिनिधित्व करते हैं।
- सैनिक तथा दार्शनिक शासक को प्लेटो ने राज्य का संरक्षक माना है।

आदर्श राज्य की अवधारणा की निम्नलिखित आलोचनाएँ की जाती हैं

(i) आदर्श राज्य एक स्वप्निल संसार है
(ii) स्वतन्त्रता का निषेध
(iii) उत्पादक वर्ग की नितान्त उपेक्षा
(iv) शासक वर्ग की निरंकुश सत्ता
(v) कानून की उपेक्षा
(vi) कार्यात्मक विशेषीकरण की पद्धति अनुचित
(vii) व्यक्ति और राज्य की समानता को अत्यधिक महत्त्व
(viii) शासन के लिए आवश्यक तत्त्वों को उपेक्षा

प्लेटो का न्याय सिद्धान्त

प्लेटो के अनुसार, न्याय का अर्थ मनुष्यों के अपने कर्त्तव्यों के पूरे पालन से है, जिनका पालन समाज के प्रयोजनों की दृष्टि से किया जाना आवश्यक है। इनके द्वारा प्रतिपादित न्याय शब्द के अर्थ तथा आधुनिक शब्द के अर्थ में बड़ा अन्तर है।

इनके न्याय शब्द के अन्तर्गत सामान्यतया मानव के नैतिक जीवन तथा उसके समस्त कर्त्तव्यों का समावेश है जबकि आधुनिक युग के न्याय शब्द का सम्बन्ध केवल कानून से है।

प्लेटो के न्याय सिद्धान्त की विशेषताएँ

- तीन गुणों का समावेश
- कार्य विशिष्टता का सिद्धान्त
- अहस्तक्षेप का सिद्धान्त
- अति व्यक्तिवाद का विरोधी
- नैतिक सिद्धान्त
- न्याय जीवन का एक आन्तरिक तत्त्व और सन्तुलनकारी धारणा
- सावयव एकता का सिद्धान्त
- मनोवैज्ञानिक आधार
- दार्शनिक शासक

- इनके राजनीतिक दर्शन में शिक्षा का महत्त्वपूर्ण स्थान है; इनकी मान्यता है कि राज्य प्रथम और सर्वोत्तम शिक्षण संस्थान है।
- प्लेटो के अनुसार, शिक्षा का महत्त्व *निम्नलिखित बातों से स्पष्ट हो जाता है*

(i) शिक्षा सिद्धान्त न्याय सिद्धान्त का तार्किक परिणाम
(ii) नागरिकों को सद्गुणी बनाने के लिए शिक्षा की आवश्यकता
(iii) शिक्षा द्वारा प्राकृतिक क्षमता का विकास
(iv) शिक्षा द्वारा आत्म-चक्षु को प्रकाशोन्मुख करना
(v) शिक्षा का सामाजिक पहलू
(vii) शिक्षा का राजनीतिक पहलू—दार्शनिक शासक का निर्माण
(viii) शिक्षा का दार्शनिक दृष्टि से महत्त्व

- इनके साम्यवादी विचार तत्कालीन यूनानी राज्य की परिस्थितियों की उपज थे।
- व्यक्तिगत सम्पत्ति का उन्मूलन प्लेटो की साम्यवादी विचारधारा का एक अंग है। ये अपने आदर्श राज्य के दार्शनिक शासकों और सैनिकों को व्यक्तिगत सम्पत्ति से वंचित रखते हैं।

- इनके सम्पूर्ण दर्शन का सार दार्शनिक राजाओं का शासन है।
- इनके अनुसार राज्य तभी आदर्श रूप धारण कर सकता है, जब उसका शासन कुशल ज्ञानी एवं स्वार्थहीन दार्शनिक शासकों के हाथों में हो।

इनके अनुसार दार्शनिक शासकों में निम्नलिखित गुण होने चाहिए

(i) विवेक का प्रेमी
(ii) सत्य का अनुगामी
(iii) न्याय का प्रेमी
(iv) नि:स्वार्थी
(v) आत्म-नियन्त्रण
(vii) स्मरण शक्ति
(vii) शान्त स्वभाव

- इन्होंने दार्शनिक राजा के शासन पर कुछ प्रतिबन्ध लगाए हैं, *जो इस प्रकार हैं*
  (i) राज्य में धन और निर्धनता का प्रवेश रोकना
  (ii) राज्य की सीमा में वृद्धि या कमी को रोकना
  (iii) न्याय प्रशासन कायम करना
  (iv) शिक्षा पद्धति बनाए रखना
- इनकी विचारधारा में अनेक ऐसे तत्त्व मिलते हैं, जिनके आधार पर फासीवादी विचारक कहने का आधार बनाया जा सकता है।
- ये राज्य की महत्ता का प्रतिपादन करते हैं और उसकी सावयवी एकता पर बल देते हैं।
- प्लेटो आदर्श राज्य में दार्शनिक राजा के असीमित शासन पर बल देते हैं और विवेक पर आधारित कुलीन वर्ग की धारणा का प्रतिपादन करते हैं।
- यूनानी जाति की श्रेष्ठता का गुणगान, समानता और स्वतन्त्रता पर आधारित लोकतन्त्र की भर्त्सना के आधार पर प्लेटो को फासीवादी कहा गया है।

अरस्तू

अरस्तू का जन्म 384 ई.पू. में मेसीडोनिया के स्टेजिरा नगर में हुआ था, जो एथेन्स से लगभग दो सौ मील उत्तर में स्थित है।

इनके पिता मेसीडोनिया के राजा तथा सिकन्दर के पितामह एमण्टस के मित्र तथा चिकित्सक थे।

अरस्तू की रचनाएँ

विभिन्न विषयों पर अरस्तू द्वारा लिखी गई प्रमुख पुस्तकें निम्नलिखित हैं

- राजनीति पर–द पॉलिटिक्स, द कॉन्स्टीट्यूशन्स
- साहित्य पर–एडीमस या सॉल, प्रोटेपिशियस, पोयटिक्स, रिटोरिक
- तर्कशास्त्र व दर्शन पर–फिजिक्स, डि-एनीमा, द प्रायर मैटाफिजिक्स, कैटेगरीज इन्टरप्रीटेशन, द पोस्टीरियर एनालिटिक्स तथा द टॉपिक्स
- भौतिक विज्ञान पर–मिटिरियोलॉजी
- शरीर विज्ञान पर–हिस्ट्रीज ऑफ एनिमल्स

- इनके अनुसार राज्य की उत्पत्ति जीवन की आवश्यकताओं से होती है। इनके अनुसार राज्य मनुष्य की सामाजिकता का परिणाम है।
- प्रथम विवाह पद्धति के आधार पर अरस्तू ने सबसे पहले सामाजिक संस्था 'परिवार' की व्याख्या की, जिसमें पति-पत्नी, सन्तान और दास एक साथ रहते हैं।
- परिवार में ही राज्य के बीज दिखते हैं; क्योंकि इसमें परिवार का मुखिया शासक के रूप में कार्य करता है।

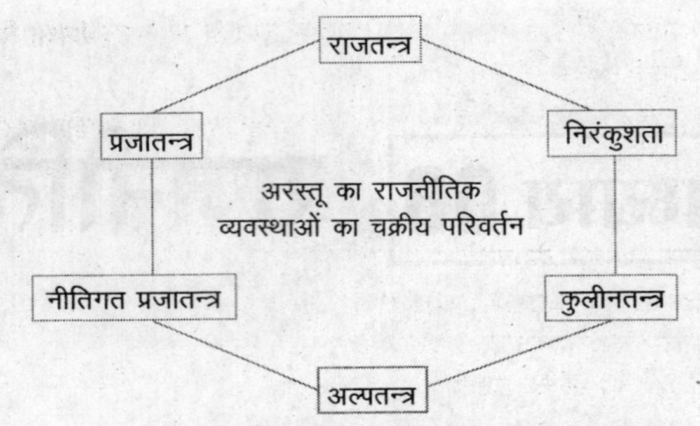

अरस्तू का चक्रीय परिवर्तन का सिद्धान्त

- इनके अनुसार जब बहुत-से ग्राम एक-दूसरे से पूर्ण रूप से इस प्रकार मिल जाते हैं, वे केवल एक ही समाज का निर्माण करते हैं तब वह समाज राज्य बन जाता है। दूसरे अर्थ में राज्य कुलों (परिवार) और ग्रामों का एक ऐसा समुदाय है, जिसका उद्देश्य पूर्ण और आत्मनिर्भर जीवन की प्राप्ति है।

राज्य की विशेषताएँ

- राज्य एक स्वाभाविक संस्था है।
- राज्य व्यक्ति से पूर्व का संगठन है।
- राज्य सर्वोच्च समुदाय है।
- राज्य का स्वरूप जैविक है।
- राज्य एक आत्मनिर्भर संगठन है।
- नगर राज्य सर्वाधिक श्रेष्ठ राजनीतिक संगठन है।
- राज्य विविधता में एकता है।
- राज्य एक क्रमिक विकास है।
- राज्य एक आध्यात्मिक संगठन है।
- संविधान राज्य की पहचान है।
- राज्य और शासन में भेद है।

- संविधान का सर्वप्रथम वैज्ञानिक वर्गीकरण अरस्तू द्वारा किया गया है। यह वर्गीकरण अरस्तू ने दो आधारों पर प्रस्तुत किया है
  (i) **संख्या के आधार पर** (ii) **लक्ष्य या उद्देश्य के आधार पर**
- अरस्तू के अनुसार राजतन्त्र सर्वश्रेष्ठ शासन प्रणाली है। इन्होंने पाँच प्रकार के राजतन्त्र की चर्चा की है, *जो निम्नलिखित हैं*
  (i) स्पार्टा मॉडल का राजतन्त्र
  (ii) बर्बर जातियों में पाया जाने वाला राजतन्त्र
  (iii) तानाशाही अथवा निर्वाचित राजतन्त्र
  (iv) वीर युग के राजतन्त्र
  (v) सम्पूर्ण राजतन्त्र
- इनके अनुसार निरंकुश-तन्त्र राजतन्त्र का वह रूप है, जिसमें शासक शासितों के ही हितों की उपेक्षा कर केवल अपने हित में शासन करता है। *इन्होंने निरंकुश शासन के तीन प्रकार बताए हैं*
- इनके अनुसार **कुलीनतन्त्र** एक प्रकार से लोकतन्त्र और धनिकतन्त्र के तत्त्वों के मिश्रण से निर्मित विधान है।
- इनके अनुसार **धनिकतन्त्र** ऐसा शासन विधान है, जिसमें सम्पन्न तथा कुलीन लोग शासन संचालन करते हैं एवं वे अल्पमत में होते हैं। अरस्तू ने धनिकतन्त्र का वर्गीकरण दो आधारों पर किया है। इस वर्गीकरण का **प्रथम** आधार राजनीतिक ढाँचा है तथा दूसरा आधार सामाजिक संगठन है।

- इन्होंने पॉलिटिक्स की सातवीं और आठवीं पुस्तकों में अपने शिक्षा सिद्धान्त की विवेचना की है।
- इनके अनुसार शिक्षा का उद्देश्य ऐसे श्रेष्ठ नागरिकों का निर्माण करना है, जो परम विवेकशील हों और उसके माध्यम से राज्य सम्बन्धी विषयों का चिन्तन कर सकने की स्थिति में हों।

इनकी शिक्षा योजना के उद्देश्य निम्नलिखित हैं

(i) व्यक्ति का सर्वांगीण विकास
(ii) शिक्षा का राजनीतिक उद्देश्य
(iii) शिक्षा का नैतिक उद्देश्य
(iv) कला का विकास

इनके अनुसार शिक्षा के प्रमुख कार्य निम्नलिखित हैं

(i) सद्जीवन की प्राप्ति में सहायता
(ii) मानव आवश्यकताओं की पूर्ति का कार्य
(iii) अच्छे नागरिकों का निर्माण
(iv) राज्य के मूल सिद्धान्त का प्रवर्तन
(v) सामाजिक गुणों का विकास

इनके शिक्षा सिद्धान्त की निम्नलिखित विशेषताएँ हैं

(i) शिक्षा पर राज्य का पूर्ण नियन्त्रण
(ii) शिक्षा राज्य का दायित्व
(iii) व्यावसायिक प्रशिक्षण का विरोध
(iv) शिक्षा के मूलभूत विषयों पर बल
(v) संगीत पर विशिष्ट जोर
(vi) शिक्षा का मनोवैज्ञानिक आधार

अरस्तू के शिक्षा सिद्धान्त की आलोचना

(i) संगीत पर अत्यधिक जोर
(ii) साहित्य की उपेक्षा
(iii) मानसिक और शारीरिक **परिश्रम** को परस्पर विरोधी बताना
(iv) बौद्धिक शिक्षा बहुत विलम्ब से प्रारम्भ
(v) देश की अधिकांश जनसंख्या शिक्षा से वंचित
(vi) शिक्षा पर राज्य का अत्यधिक नियन्त्रण
(vii) व्यावसायिक प्रशिक्षण की उपेक्षा

- इनके अनुसार न्याय, कानून तथा नैतिकता के गुणों के मिश्रण से बनी कोई वस्तु है। यह राजनीतिक समुदाय के लिए मार्गदर्शन का कार्य करता है। उनके अनुसार सम्पूर्ण न्याय की उपस्थिति राज्य को विकारग्रस्त होने से बचाती है और राजनीतिक जीवन को स्वस्थ एवं कल्याणकारी बनाती है।
- इन्होंने अपने ग्रन्थ 'एथिक्स' में न्याय के स्वरूप को स्पष्ट करने के लिए उसके दो मुख्य विभाजन किए हैं; जो इस प्रकार हैं

(i) सामान्य न्याय
(ii) विशिष्ट न्याय

- इन्होंने दास को पारिवारिक सम्पत्ति का एक भाग माना है।
- उसके अनुसार "जो स्वभावत: अपना नहीं है लेकिन दूसरों का है, दास है।"
- **अरस्तू** के अनुसार, दास सम्पत्ति का सजीव उपकरण है। जिस तरह कुछ उपकरण अन्य उपकरणों में अग्रणी होते हैं, उसी प्रकार दास भी एक ऐसा सजीव उपकरण है, जो निर्जीव उपकरण से अग्रणी है, क्योंकि निर्जीव उपकरणों के द्वारा तभी काम लिया जा सकता है जब उनसे पहले सजीव उपकरण विद्यमान हो।

इनके द्वारा दास प्रथा के समर्थन में दिए गए तर्क अथवा आधार निम्न प्रकार हैं

(i) दासता प्राकृतिक है
(ii) दास प्रथा दोनों पक्षों के लिए उपयोगी
(iii) दासता नैतिक है
(iv) राष्ट्रीय अर्थव्यवस्था तथा स्थायित्व का अंग
(v) दासता सम्पूर्ण समाज के हित में
(vi) विवेकीय दृष्टिकोण से दास प्रथा का औचित्य
(vii) युद्ध का आधार

- उनके अनुसार दास दो प्रकार के होते हैं

(i) स्वाभाविक दासता (ii) वैधानिक दासता

- इनकी दासता सम्बन्धी धारणा की आलोचना *निम्नलिखित आधारों पर की जा सकती है*

(i) दास प्रथा अप्राकृतिक
(ii) मानव समूहों का विभाजन सम्भव नहीं
(iii) अनुदारवादी धारणा
(iv) विरोधाभास से परिपूर्ण धारणा
(v) विभाजन का सर्वमान्य मापदण्ड नहीं
(vi) जातीय अहंकार का प्रतीक
(vii) सोद्देश्यता सिद्धान्त के प्रतिकूल
(viii) अव्यावहारिक
(ix) अवकाश का बहाना न्यायसंगत नहीं
(x) अलोकतान्त्रिक सिद्धान्त
(xi) अतार्किक सिद्धान्त
(xii) अवैज्ञानिक सिद्धान्त
(xiii) अमनोवैज्ञानिक सिद्धान्त

- इनके अनुसार जो व्यक्ति किसी राज्य के विधि निर्माण या न्याय प्रशासन में हिस्सा लेने में समर्थ होता है उसे हम उस राज्य का नागरिक कहते हैं।
- इन्होंने कानून की परिभाषा करते हुए इसे आवेगहीन विवेक कहा है।
- उसने कानून को उन समस्त बन्धनों का सामूहिक नाम दिया, जिसके अनुसार व्यक्तियों के कार्यों का नियमन होता है, वह कानून विवेक बुद्धि को पर्यायवाची मानता है।
- अपनी कृति 'वक्तृत्व कलाशास्त्र' में अरस्तू ने कानून को दो भागों में बाँटा है

(i) विशिष्ट कानून (ii) सार्वभौमिक कानून

- इनके अनुसार शासन का उद्देश्य व्यक्ति को उत्तम जीवन प्रदान करना है।

इनके अनुसार आदर्श राज्य की निम्नलिखित विशेषताएँ हैं

(i) जनसंख्या (ii) आदर्श राज्य का क्षेत्रफल
(iii) आदर्श राज्य की स्थिति
(iv) आदर्श राज्य में सामाजिक संगठन अथवा वर्ग
(v) आदर्श राज्य में शिक्षा (vi) सम्पत्ति व परिवार
(vii) आदर्श राज्य के लिए मिश्रित संविधान
(viii) आदर्श राज्य में कानून की सर्वोच्चता

इनके आदर्श राज्य की निम्नलिखित आलोचना की जाती है

(i) आदर्श राज्य की अवधारणा मौलिक नहीं
(ii) आदर्श राज्य का अधूरा चित्रण
(iii) आदर्श राज्य अत्यन्त सीमित राज्य
(iv) आदर्श राज्य का नहीं वरन् राज्य के आदर्शों का वर्णन किया है
(v) आदर्श राज्य भी अव्यावहारिक
(vi) सामाजिक व्यवस्था अनुदारवादी

- अरस्तू के अनुसार क्रान्ति का अर्थ संविधान में परिवर्तन है।

इनके अनुसार क्रान्तियाँ निम्न पाँच प्रकार की होती हैं

(i) आंशिक अथवा पूर्ण क्रान्ति
(ii) रक्तपूर्ण अथवा रक्तहीन क्रान्ति
(iii) व्यक्तिगत अथवा गैर-व्यक्तिगत
(iv) वर्ग विशेष के विरुद्ध क्रान्ति
(v) वाग्वीरों की क्रान्ति

- इन्होंने क्रान्तियों के कारणों को तीन भागों में विभक्त किया है, *जो इस प्रकार हैं*

(i) सामान्य कारण (ii) विशिष्ट कारण
(iii) विभिन्न शासन प्रणालियों में क्रान्ति के विशिष्ट कारण

इनके द्वारा क्रान्तियों से बचने के निम्नलिखित उपाय बताए गए हैं

(i) संविधान के प्रति आस्था
(ii) शासक एवं शासितों में संवाद
(iii) विधि का शासन (iv) समानता का व्यवहार
(v) मध्य वर्ग की प्रधानता (vi) आर्थिक समानता
(vii) समुचित शिक्षा पद्धति
(viii) विदेशी समस्याओं की तरफ जनता का ध्यान केन्द्रित करना
(ix) राजकीय पदों एवं सम्मानों का न्यायोचित वितरण
(x) परिवर्तनों पर निगरानी (xi) धनार्जन पर नियन्त्रण
(xii) शासकों में परस्पर सद्भाव

इनके राजदर्शन में मिलने वाले प्रमुख यूनानी तत्त्व निम्नलिखित हैं

(i) नगर राज्य पर केन्द्रित चिन्तन
(ii) दास प्रथा का समर्थन
(iii) यूनानियों की श्रेष्ठता
(iv) श्रमिकों, कृषकों और शिल्पियों के प्रति हीन भावना
(v) राज्य द्वारा संचालित शिक्षा प्रणाली का समर्थन

- उसके दर्शन के निम्नलिखित शाश्वत तत्त्व उल्लेखनीय हैं

(i) राज्य एक स्वाभाविक और सर्वोच्च संस्था
(ii) मनुष्य एक सामाजिक प्राणी
(iii) व्यक्तियों की स्वतन्त्रता और राज्य की सत्ता में सामंजस्य स्थापित करना
(iv) कानून की प्रभुसत्ता और संविधानवाद
(v) आर्थिक साधनों का राजनीतिक जीवन पर प्रभाव
(vi) तुलनात्मक एवं आगमनात्मक पद्धति
(vii) शक्ति विभाजन या शक्ति पृथक्करण का सिद्धान्त
(viii) राजनीतिक संगठन और क्रियाओं पर आर्थिक प्रभाव

टॉमस हॉब्स

- टॉमस हॉब्स का जन्म 1581 ई. में मेम्सबरी के पास हुआ था।

हॉब्स की रचनाएँ

हॉब्स के राजनीतिक क्षेत्र से सम्बन्धित उसके प्रमुख ग्रन्थ निम्नलिखित हैं

- डी-सिवे
- डी-कॉरपोरे
- लेवियाथन
- एलीमेण्ट्स ऑफ लॉ
- डी-होमिने

- हॉब्स की राजनीतिक विचारधारा में सर्वप्रथम स्थान पर उसका सामाजिक समझौता सिद्धान्त है।
- हॉब्स ने सामाजिक समझौता सम्बन्धी सिद्धान्त की विवेचना को अपने प्रसिद्ध ग्रन्थ 'लेवियाथन' में विस्तार से अंकित किया है।

हॉब्स के सामाजिक समझौते सम्बन्धी सिद्धान्त की व्याख्या *निम्न प्रकार से की जा सकती है*

(i) मानव स्वभाव का स्वरूप
(ii) प्राकृतिक अवस्था
(iii) प्राकृतिक अधिकार और प्राकृतिक कानून
(iv) समझौते के कारण
(v) सामाजिक समझौते द्वारा राज्य की उत्पत्ति
(vi) राज्य का स्वरूप

- हॉब्स द्वारा प्रतिपादित सम्प्रभुता का सिद्धान्त उसके सामाजिक समझौते के सिद्धान्त से प्रभावित है।
- हॉब्स के अनुसार, सम्प्रभु को जनता की सम्पत्ति छीनने का, यहाँ तक कि उसके प्राण लेने का अधिकार भी है, क्योंकि जनता की सम्पत्ति और प्राण उसकी सत्ता से ही सुरक्षित हैं।
- हॉब्स ऐसी समस्त संस्थाओं का विरोधी है, जो सम्प्रभु की शक्ति को सीमित करने का प्रयास करती हैं।
- हॉब्स की सम्प्रभु की धारणा पर ही शासन एवं कानून सम्बन्धी धारणा आधारित है।
- हॉब्स ने शासन के तीन रूप बताए हैं, वे हैं—राजतन्त्र, कुलीनतन्त्र तथा लोकतन्त्र।
- इन तीनों रूपों में वह राजतन्त्र को श्रेष्ठ मानते हैं, क्योंकि यह एक स्थायित्व और समृद्धि लाने वाली और विभिन्न संघर्षों को कम करने वाली व्यवस्था है।
- हॉब्स के अनुसार, "कानून सम्प्रभु का आदेश है।"
- हॉब्स के अनुसार, सम्प्रभु का स्वरूप वैधानिक सम्प्रभुता का स्वरूप है।
- *चर्च और राज्य के सम्बन्ध में हॉब्स के विचारों का सार इस प्रकार है*

(i) धर्म से सम्बन्धित सर्वोच्च अधिकारी सम्प्रभु अथवा शासक होता है।
(ii) चर्च का दर्जा अन्य निगमों की तरह है। उसके सभी अधिकार राज्य के अधीन होते हैं।
(iii) आध्यात्मिक शासन जैसी कोई वस्तु नहीं होती।
(iv) ऐसा कोई भी धर्माधिकारी नहीं होगा, जो राजकीय कानूनों को मानने के लिए बाध्य न हो।
(v) धर्माधिकारियों के उपदेश माने जा सकते हैं, परन्तु वे शासक नहीं हो सकते।
(vi) चर्च को राज्य के साथ सत्ता के लिए संघर्ष नहीं करना चाहिए।
(vii) जो धर्म को चुनौती दे उसका बहिष्कार होना चाहिए।
(viii) चर्च किसी भी दण्ड को तब दे सकता है जब वह इस हेतु अधिकृत हो।

- *हॉब्स के सम्प्रभु की निम्नलिखित विशेषताएँ हैं*

(i) सम्प्रभुता असीमित
(ii) सम्प्रभु समस्त विधेयात्मक कानूनों का स्रोत
(iii) सम्पत्ति का सृष्टा और नियामक
(iv) प्रशासनिक शक्तियों का एकमात्र स्रोत
(v) सम्प्रभु न्याय का स्रोत

(vi) अधिकार केवल सम्प्रभु में निहित
(vii) युद्ध और शान्ति का निर्णायक
(viii) सम्प्रभुता अविभाज्य और अदेय
(ix) सम्प्रभुता का क्षेत्राधिकार सर्वव्यापी
(x) चर्च सम्प्रभु के अधीन

- *हॉब्स के अनुसार व्यक्तिवाद को निम्नलिखित रूपों में देखा जा सकता है*
  (i) मानव स्वभाव सम्बन्धी धारणा
  (ii) राज्य साधन है तथा व्यक्ति साध्य
  (iii) राज्य एक कृत्रिम संस्था है
  (iv) आत्म संरक्षण का अधिकार
  (v) राज्यों का कार्यों की निषेधात्मक धारणा

जॉन लॉक

- जॉन लॉक का जन्म 1632 ई. में समरसेट शायर के रिंटन नामक स्थान में हुआ था।
- इनकी गणना इंग्लैण्ड के महान् लेखकों में की जाती है।
- इन्होंने राजनीतिशास्त्र, अर्थशास्त्र, धर्मशास्त्र, शिक्षा, दर्शन, विज्ञान आदि विभिन्न विषयों पर 30 से भी अधिक ग्रन्थ लिखे।

राजनीति विज्ञान पर लिखे गए इनके प्रमुख लेख निम्नलिखित हैं
(i) मनुष्य स्वभाव के सम्बन्ध में निबन्ध
(ii) शासन पर दो निबन्ध (iii) सहिष्णुता पर पहला पत्र
(iv) सहिष्णुता पर दूसरा पत्र
(v) सहिष्णुता पर तीसरा पत्र
(vi) शिक्षा से सम्बन्धित कतिपय विचार
(vi) कैरोलिना का मौलिक संविधान

- मानव स्वभाव की धारणा का प्रतिपादन करते हुए बताया है कि मानव स्वभाव से ही एक ऐसा सामाजिक प्राणी है, जो पारस्परिक सहयोग, प्रेम, दया और सद्भावना के आधार पर दूसरे व्यक्तियों के साथ सम्बन्ध रखते हुए अपना जीवन व्यतीत करता है।
- लॉक के मतानुसार प्राकृतिक अवस्था में तीन प्रकार के अधिकार प्राप्त थे, *ये अधिकार हैं*
  (i) जीवन का अधिकार (ii) स्वतन्त्रता का अधिकार
  (ii) सम्पत्ति का अधिकार

उनके आधार पर उसके राज्य की विशेषताओं का अध्ययन निम्न शीर्षकों के अन्तर्गत किया जा सकता है
(i) राज्य सहमति पर आधारित
(ii) राज्य जन कल्याण का एक साधन
(iii) सीमित और मर्यादित राज्य
(iv) वैधानिक राज्य
(v) सहिष्णु राज्य
(v) निषेधात्मक राज्य

- निम्न तथ्यों से लॉक के व्यक्तिवाद का स्वरूप हमारे सामने स्पष्ट होता है
  (i) राज्य का अधिकार व्यक्तियों की सहमति
  (ii) राज्य के निर्माण का उद्देश्य व्यक्ति के अधिकारों की रक्षा
  (iii) व्यक्ति के पक्ष में राज्य पर सीमाएँ
  (iv) व्यक्ति द्वारा राज्य का विरोध
  (v) व्यक्ति की धार्मिक स्वतन्त्रता
- इनके विचारों में बड़ी अस्पष्टता, परस्पर विरोध और असंगतियाँ हैं, परस्पर विरोध और असंगतियों के अतिरिक्त इनकी विचारधारा के प्रधान दोष *निम्नलिखित हैं*
  (i) मानव स्वभाव सम्बन्धी आदर्शात्मक दृष्टिकोण
  (ii) प्राकृतिक अवस्था का अवास्तविक चित्रण
  (iii) वैयक्तिक सम्पत्ति के सम्बन्ध में भ्रान्त धारणा
  (iv) राज्य की उत्पत्ति का एकमात्र कारण जन सहमति नहीं हो सकता
  (v) लॉक का समझौता अस्पष्ट
  (vi) प्राकृतिक अवस्था में अधिकारों को मान्यता देना नितान्त भ्रमपूर्ण
  (vii) निरन्तर क्रान्ति की आशंका
  (viii) राज्य के स्वरूप में कोई मौलिक सिद्धान्त नहीं

जीन जैक्स रूसो

- जीन जैक्स रूसो का जन्म 28 जून, 1712 को जिनेवा में हुआ था। उसके पिता का नाम आइजक रूसो था, जो धार्मिक अत्याचारों के कारण फ्रांस से भागकर जिनेवा चला गया था।

रूसो की रचनाएँ

रूसो की प्रमुख कृतियाँ निम्नलिखित हैं
- डिसकोर्सेज ऑन द मॉरल इफेक्ट्स ऑफ द आर्ट्स एण्ड साइन्सेज
- डिसकोर्सेज ऑन द ऑरिजिन ऑफ इनइक्वैलिटी
- इकनॉमिक पॉलिटिक्स
- सोशल कॉन्ट्रैक्ट
- लेटर्स द लॉ मोण्टेन
- द इमाइल
- कन्फेशन्स

- इनके सामाजिक समझौते के सिद्धान्त से सम्बन्धित विचारों को निम्न शीर्षकों के द्वारा समझा जा सकता है
  (i) मानव स्वभाव (ii) प्राकृतिक अवस्था
  (iii) समझौते के कारण
  (iv) सामाजिक समझौता तथा राज्य का स्वरूप
  (v) सामाजिक समझौते की विशेषताएँ
- निम्न तर्कों के आधार पर रूसो के सिद्धान्त की आलोचना की जा सकती है
  (i) प्राकृतिक अवस्था काल्पनिक है
  (ii) मानव स्वभाव का गलत अध्ययन
  (iii) विचित्र विरोधाभास
  (iv) सामाजिक प्रगति के सिद्धान्त का विरोध
  (v) राज्य समझौते का नहीं, विकास का परिणाम है
  (vi) व्यक्ति को निरंकुशता के हवाले कर देना
  (vii) व्यक्ति की स्थिति हास्यास्पद
  (viii) रूसो का राज्य 'शीश कटा लेवियाथन'
- इसके सिद्धान्त के निम्नलिखित महत्त्व हैं, पहला इसके द्वारा उन्होंने दैवी अधिकार के सिद्धान्त पर कठोर प्रहार किया। द्वितीय, इस सिद्धान्त के द्वारा उन्होंने राज्य को मानवीय संस्था बताकर निरंकुश शासन का खुलकर विरोध किया। तृतीय, इस बात पर बल दिया गया कि राज्य और शासन का अधिकार जन सहमति है। चौथे, इसने लोकप्रिय सम्प्रभुता को सुदृढ़ बनाया।
- सामान्य इच्छा का सिद्धान्त रूसो का सबसे महत्त्वपूर्ण राजनीतिक सिद्धान्त है।

- रूसो द्वारा प्रतिपादित सामाजिक समझौता सिद्धान्त के अनुसार आदिम मनुष्य पशु तुल्य निष्पाप, निर्दोष तथा स्वाभाविक रूप से अच्छा था। उसका जीवन पशुओं जैसा व एकाकी था।
- इन्होंने सामाजिक समझौते द्वारा निर्मित राज्य को सामान्य इच्छा कहा है।
- इनके सम्पूर्ण दर्शन में सामान्य इच्छा का सिद्धान्त उसका मौलिक योगदान है। मनुष्य की ये इच्छाएँ सामान्यत: दो प्रकार की होती हैं, प्रथम यथार्थ तथा द्वितीय आदर्श इच्छाएँ।
- रूसो के अनुसार मनुष्य की यथार्थ इच्छा स्वार्थ प्रधान होती है, वह मनुष्यों की अविवेकपूर्ण संकीर्ण प्रवृत्ति का परिणाम होती है।
- दृष्टिकोण की व्यापकता, दूरदर्शिता, व्यक्ति व समाज के हित का सामंजस्य, पूर्णता व विवेकशीलता व्यक्ति की आदर्श इच्छा की विशेषताएँ होती हैं। समाज के विभिन्न व्यक्तियों की आदर्श इच्छा का सर्वयोग ही सामान्य इच्छा है।
- रूसो के अनुसार सभी नागरिकों की वह इच्छा जिसका उद्देश्य सामान्य हित हो, सामान्य इच्छा कहलाती है।
- सामान्य इच्छा तीन दृष्टियों से सामान्य होनी चाहिए
  (i) उद्गम की दृष्टि से (ii) क्षेत्र की दृष्टि से
  (iii) ध्येय की दृष्टि से

रूसो के अनुसार सामान्य इच्छा सम्बन्धी धारणा की निम्नलिखित विशेषताएँ होनी चाहिए

(i) अखण्डता (ii) सम्प्रभुता
(iii) अदेयता (iv) अप्रतिनिधित्व
(v) अचूक
(vi) स्थायी
(vii) लोक-कल्याणकारी
(viii) विवेक पर आधारित
(ix) कानून द्वारा अभिव्यक्त
(x) निरंकुश

- सामान्य इच्छा सिद्धान्त के कतिपय गम्भीर दोष हैं, *जो इस प्रकार हैं*
  (i) सिद्धान्त की अस्पष्टता
  (ii) सामान्य इच्छा अनैतिहासिक तथा काल्पनिक है
  (iii) यथार्थ और आदर्श इच्छा का काल्पनिक भेद
  (iv) सामान्य इच्छा निरंकुशता को प्रोत्साहन देती है
  (v) सार्वजनिक हित की परिभाषा करना कठिन
  (vi) सामान्य इच्छा व्यक्ति की महत्ता को नष्ट कर देती है
  (vii) छोटे राज्यों के लिए ही उपयुक्त
  (viii) प्रतिनिध्यात्मक प्रजातन्त्र में सम्भव नहीं
- इन्होंने सम्प्रभुता को सामान्य इच्छा में निहित माना है।
- इनकी सम्प्रभुता में हॉब्स एवं लॉक दोनों के विचारों का समन्वय है।
- इनके अनुसार प्रत्येक व्यक्ति सम्प्रभुता का भागीदार है, इन्होंने जनता की सत्ता का प्रतिपादन करके लोकप्रिय सम्प्रभुता के सिद्धान्त का प्रतिपादन किया है। इन्होंने चार प्रकार की शासन प्रणालियाँ मानी हैं—राजतन्त्र, कुलीनतन्त्र, प्रजातन्त्र और मिश्रित शासन। इनके अनुसार शासन की सफलता की कसौटी जनसंख्या में वृद्धि है।
- इनके अनुसार सम्प्रभु कानून का निर्माता है।
- इन्होंने कानून के चार प्रकार बताए हैं, *जो इस प्रकार हैं*
  (i) संवैधानिक कानून (ii) दीवानी कानून
  (iii) फौजदारी कानून (iv) परम्परागत कानून

राजनीति दर्शन को रूसो का योगदान इस प्रकार है
(i) सामान्य इच्छा का सिद्धान्त (ii) लोकप्रिय सम्प्रभुता की धारणा
(iii) राष्ट्रवाद का उद्घोषक

जेरेमी बेन्थम

- बेन्थम का जन्म 1748 ई. में लन्दन के एक प्रतिष्ठित वकील के परिवार में हुआ था।
- **गेटेल** के अनुसार, उपयोगितावादी राजनीति सिद्धान्त का निरूपण और परिवर्द्धन जेरेमी बेन्थम और मिल की रचनाओं में हुआ, **जॉन स्टुअर्ट मिल** ने निश्चित रूप से ही रूपान्तरण कर दिया।
- बेन्थम को उपयोगितावाद के जनक (पिता) के रूप में जाना जाता है। 19वीं शताब्दी के पूर्वार्द्ध में राजनीतिक चिन्तन के क्षेत्र में इंग्लैण्ड की सबसे बड़ी देन उपयोगितावाद का सिद्धान्त था। यह एक नैतिक सिद्धान्त है, जिसका आधार सुखवाद है।
- **हचिन्सन** ने सर्वप्रथम 'अधिक संख्या का सुख' जैसे वाक्य का प्रयोग किया था, किन्तु बेन्थम ने विभिन्न क्षेत्रों में बिखरे हुए उपयोगितावादी सिद्धान्त को व्यवस्थित रूप प्रदान किया, जिसके कारण उसे 'उपयोगितावाद का जनक' कहा जाता है।
- जब इंग्लैण्ड के प्रसिद्ध विधिशास्त्री **ब्लैकस्टोन** ने इंग्लिश कानून की टीकाएँ प्रकाशित कीं, तो उनकी आलोचना करते हुए बेन्थम ने 1776 ई. में 'शासन पर कुछ विचार' (Fragments on govt.) ग्रन्थ प्रकाशित किया, किन्तु उस पर उसका नाम अंकित नहीं था।
- **मैक्सी** के अनुसार, इंग्लैण्ड की राजनीति का शक्तिशाली व्यक्ति लॉर्ड शैलबर्न बेन्थम की 'फ्रेगमेण्ट्स ऑन गवर्नमेन्ट' से इतना अधिक प्रभावित हुआ कि उसने बेन्थम का संरक्षण स्वीकार कर लिया।
- बेन्थम ने नीतिशास्त्र, धर्मशास्त्र, मनोविज्ञान, तर्कशास्त्र, अर्थशास्त्र, राजनीतिशास्त्र आदि पर अनेक ग्रन्थों की रचनाएँ की।
- 1789 ई. में इनकी प्रसिद्ध कृति 'नैतिकता और विधि निर्माण के सिद्धान्त' (Principles of Morals and Legislation) का प्रकाशन हुआ। इस रचना के कारण उसको विशेष प्रसिद्धि प्राप्त हुई।
- बेन्थम के अनुसार, उपयोगितावाद किसी वस्तु का वह गुण है, जिससे वह किसी ऐसे पक्ष के लिए लाभ, सुविधा, सुख, अच्छाई या कल्याण का सृजन करती है अथवा ऐसे पक्ष के विरुद्ध होने वाले छल, पीड़ा, बुराई या अहित को रोकने का कार्य करती है, जिसके हित के विषय में विचार किया जा रहा है।
- बेन्थम ने कहा कि प्रकृति ने मनुष्य को दो सर्वाधिक सम्पन्न स्वामियों सुख और दु:ख के अधीन रख दिया है, इन स्वामियों का ही एक कर्त्तव्य है कि वे हमें बताएँ कि हमें क्या करना चाहिए तथा निर्णय करें कि क्या हम कर सकते हैं।
- बेन्थम कहता है कि सुख की मात्रा समान होने पर पुश्पिन (बच्चों का खेल) और कविता का रसास्वादन दोनों एक ही कोटि के आनन्द हैं (Quality of Pleasure being equal Pushpin is good as Poetry)
- बेन्थम ने आगे स्पष्ट करते हुए कहा है कि एक कील के चुभने से उतनी पीड़ा होती है, जितनी कि एक कर्कश कविता सुनने से।
- **मूर** के अनुसार, यदि बेन्थम के मतानुसार हम अन्त:करण को स्वीकार नहीं करते तो नैतिक और अनैतिक कार्य का कोई भेद नहीं रहेगा, केवल उपयोगी और अनुपयोगी कार्य ही रहेंगे।

- **वेयर** के अनुसार, उपयोगितावाद का जन्मदाता डेविड ह्यूम था। **प्रीस्टले, हचिन्सन** तथा **पाले** ने उसकी व्याख्या की और **हेल्वेटियस बेकेरिया** के विचारों ने उनका पोषण किया, किन्तु बेन्थम ने उपयोगितावाद के सिद्धान्त को परिष्कृत कर एक संस्था का निर्माण किया।
- **वेयर** स्पष्ट करता है कि बेन्थम एक महान् दार्शनिक था, यद्यपि यह विडम्बना है कि वह दर्शन के इतिहास में एक महत्त्वपूर्ण स्थान रखता है।
- **मैक्सी** के अनुसार, बेन्थम ने अपने तर्क के द्वारा रूढ़िवादी विचार की प्राचीन धारणाओं को विचलित कर दिया।
- विधिशास्त्र पर बेन्थम के प्रभाव की तुलना आर्थिक चिन्तन पर **एडम स्मिथ** के प्रभाव से की जाती है और उन्हें 'विधिशास्त्र का न्यूटन' की संज्ञा प्रदान की जाती है।
- बेन्थम के उपयोगितावादी सिद्धान्त 'अधिकतम लोगों को अधिकतम सुख' पर ही पूँजीवादी व्यवस्था पर आगे चलकर मजदूरों का शोषण किया गया तथा इसके कल्याण के लिए शासन की कल्पना की गई।
- उपयोगितावाद बेन्थम की सम्पूर्ण विचारधारा तथा चिन्तन की आधारशिला है। यह सुखवाद पर आधारित एक मनोवैज्ञानिक तथा सुधारवादी विचारधारा है।
- उपयोगितावादी चिन्तन की सामान्य रूपरेखा उसकी प्रारम्भिक रचना 'फ्रेगमेण्ट्स ऑन गवर्नमेन्ट' में प्राप्त होती है। इस विचारधारा के अनुसार जिस कार्य को करने में हमें लाभ हो, वह अच्छा है और जिस कार्य को करने में हानि हो, वह बुरा है।
- राजनीतिक क्षेत्र में इस सिद्धान्त का आशय यह है कि राज्य को केवल वही कार्य करना चाहिए, जिससे अधिकतम लोगों को अधिकतम सुख पहुँच सके।

बेंथम की रचनाएँ

- फ्रेगमेण्ट्स ऑन गवर्नमेण्ट (1776)
- एन इन्ट्रोडक्शन टू द प्रिन्सिपल्स ऑफ मॉरल्स एण्ड लेजिस्लेशन (1789)
- एमिनसिपेट मोर कॉलोनीज (1783)
- प्रिन्सिपल्स ऑफ इन्टरनेशनल लॉ
- डिसकोर्सेज ऑन सिविल एण्ड पेनल लेजिस्लेशन
- ए थ्योरी ऑफ पनिशमेण्ट एण्ड रिवार्ड्स
- केसिज्म ऑफ पार्लियामेण्टरी रिफॉर्म्स

जे.एस.मिल

- जॉन स्टुअर्ट, जेम्स मिल का पुत्र था और उसका जन्म 20 मई, 1806 ई. को लन्दन में हुआ था।
- इन्होंने आचारशास्त्र, न्यायशास्त्र, अर्थशास्त्र और राजनीति शास्त्र आदि सभी विषयों पर लिखा है।
- इन्होंने अपने दर्शन में समाज शब्द का प्रयोग राज्य के अर्थ में किया है, यही कारण है कि उनकी समाज सम्बन्धी धारणा ही राज्य सम्बन्धी धारणा है।
- इनके अनुसार सच्चा प्रजातन्त्र वह है, जिसमें सभी नागरिक प्रत्यक्ष रूप से शासन कार्य में भाग लेते हों, यह वर्तमान समय के विशाल राष्ट्रीय राज्यों में सम्भव नहीं है।
- प्रतिनिधित्व शासन को एक श्रेष्ठ शासन बनाने के लिए *निम्नलिखित सुझाव दिए गए हैं*

  (i) प्रजातन्त्र और दक्षता का समन्वय
  (ii) अल्पसंख्यकों के हितों की रक्षा
  (iii) मताधिकार के लिए आवश्यक योग्यताएँ
  (iv) बहुल या गुणात्मक मतदान
  (v) खुला या सार्वजनिक मतदान
  (vi) महिला मताधिकार
- प्रतिनिधित्व शासन प्रणाली सम्बन्धी मिल के विचार अपने आप में महत्त्वपूर्ण होते हुए भी उनमें कुछ त्रुटियाँ हैं, *जो इस प्रकार हैं*

  (i) मताधिकार पर शैक्षणिक और सम्पत्ति सम्बन्धी प्रतिबन्ध उचित नहीं
  (ii) आनुपातिक प्रतिनिधित्व जटिल और अनुपयोगी
  (iii) सार्वजनिक मतदान उचित नहीं
  (iv) गुणात्मक या बहुल मतदान अव्यावहारिक

मिल की रचनाएँ

उनकी प्रमुख रचनाएँ इस प्रकार हैं

- तर्क की पद्धति
- राजनीतिक अर्थव्यवस्था में कुछ अनिर्णीत प्रश्न
- राजनीतिक अर्थव्यवस्था के सिद्धान्त
- संसदीय सुधारों पर विचार
- उपयोगितावाद
- नारी अधीनता
- आत्मकथा
- धर्म के तीन लेख
- सर विलियम हैमिल्टन के दर्शन की समीक्षा

- मिल ने अपनी पुस्तक में व्यक्ति स्वतन्त्रता के दो पहलुओं पर बल दिया है—(i) विचार स्वातन्त्र्य (ii) कार्य स्वातन्त्र्य
- ये विचार स्वातन्त्र्य के कट्टर समर्थक थे, उनके अनुसार सत्य को केवल तर्क-वितर्क के द्वारा ही हम जान सकते हैं और विचारों के संघर्ष में सदैव सत्य की ही विजय होती है। अत: प्रत्येक व्यक्ति को विचार और अभिव्यक्ति की पूरी स्वतन्त्रता होनी चाहिए और राज्य के द्वारा इन पर किसी प्रकार का प्रतिबन्ध नहीं लगाना चाहिए।
- विचार और अभिव्यक्ति की स्वतन्त्रता का समर्थक बनकर मिल ने वास्तव में इंग्लैण्ड की संसदात्मक पद्धति और इंग्लैण्ड के विचार-विमर्श में विश्वास को ही मान्यता दी है।
- मिल ने विचार और अभिव्यक्ति की स्वतन्त्रता के पूरक रूप में कार्य की स्वतन्त्रता का प्रतिपादन किया है।
- उनके अनुसार कार्य की स्वतन्त्रता मानव जीवन के सुख का एक मुख्य तत्त्व है और वही वैयक्तिक एवं सामाजिक प्रगति का भी आवश्यक तत्त्व है।
- मानव कार्यों को मिल ने दो भागों में विभाजित किया है

  (i) स्व-विषयक्, और (ii) पर-विषयक्
- स्व-विषयक् के अन्तर्गत वे कार्य आते हैं, जिनका सम्बन्ध व्यक्ति के व्यक्तिगत जीवन से होता है।
- पर-विषयक् के अन्तर्गत वे क्षेत्र आते हैं, जिनका प्रभाव समाज के अन्य व्यक्तियों पर पड़ता है, इसमें व्यक्ति की स्वतन्त्रता सीमित होती है।
- मिल के द्वारा विचार अभिव्यक्ति और कार्य की जिस स्वतन्त्रता का प्रतिपादन किया गया है, उस पर प्रमुख रूप से निम्नलिखित आधारों पर आक्षेप किया जा सकता है

  (i) मनुष्य सदैव अपने हितों का सर्वोत्तम निर्णायक नहीं।
  (ii) सनकी व्यक्तियों को स्वाधीनता देना सामाजिक हित नहीं।
  (iii) विचार स्वातन्त्र्य सम्बन्धी धारणा दुराग्रहपूर्ण और असन्तुलित।

(iv) मानवीय कार्यों का आत्म-विषयक और पर-विषयक में विभाजन अव्यावहारिक और अनुचित।
(v) अनुचित बहस की प्रकृति को बढ़ावा देना।
(vi) राज्य एक बुराई नहीं।
(vii) स्वतन्त्रता सम्बन्धी धारणा मात्र निषेधात्मक।

कार्ल मार्क्स

- कार्ल मार्क्स आधुनिक एवं वैज्ञानिक साम्यवाद के सर्वमान्य जनक हैं।
- कार्ल मार्क्स का जन्म 5 मई, 1818 में प्रशिया के राइन प्रान्त के ट्रियर नगर के एक यहूदी परिवार में हुआ था।

मार्क्स की रचनाएँ

इनकी प्रमुख कृतियाँ हैं

- जर्मन आइडियोलॉजी
- द होली फैमिली
- द पॉवर्टी ऑफ फिलॉसफी
- द कम्यूनिस्ट मैनिफेस्टो
- प्री-कैपिटल इकोनॉमिक फार्मेशन
- द फर्स्ट इण्डियन वार ऑफ इण्डिपेण्डेन्स
- कैपिटल ए क्रिटिक ऑफ पॉलिटिकल इकोनॉमी
- द कैपिटल

- मार्क्स ने हीगल के द्वन्द्वात्मक आत्मवाद को मानते हुए अपने दर्शन को भी द्वन्द्वात्मक भौतिकवाद पर आधारित किया है।
- मार्क्स के अनुसार द्वन्द्वात्मक भौतिकवाद की व्याख्या चार मूलभूत नियमों के आधार पर की जाती है, *जो इस प्रकार हैं*
  (i) परस्पर विरोधों में एकता
  (ii) परिणामात्मक परिवर्तन का गुणात्मक परिवर्तन में रूपान्तरण
  (iii) निषेध के निषेध का नियम
  (iv) गतिशीलता का नियम
- मार्क्स ने सम्पूर्ण ढाँचे को मुख्यत: दो भागों में विभक्त किया है
  (i) अधि-संरचना, तथा (ii) अधो-संरचना
- मार्क्स ने बताया है कि इतिहास के सभी परिवर्तन उत्पादन प्रणाली में हुए परिवर्तन के कारण ही होते हैं।
- इनके अनुसार उत्पादन प्रणाली में परिवर्तन और विकास तभी घटित होता है जब उत्पादन की शक्तियों में परिवर्तन एवं विकास होता है।
- नई उत्पादन शक्ति तथा उनसे सम्बन्धित उत्पादन के सम्बन्धों का उद्भव पुरानी व्यवस्था के द्वारा ही होता है।

उत्पादन सम्बन्धों की विशेषताएँ

उत्पादन सम्बन्धों की मुख्य विशेषताएँ निम्नलिखित हैं

- श्रम का विभाजन
- व्यक्तिगत सम्पत्ति एवं शोषण का उदगम
- श्रमिकों में अलगाव
- पूँजीवादी अवस्था
- उत्पादन सम्बन्धों के माध्यम से सामाजिक- सांस्कृतिक अभिव्यक्ति
- इतिहास में मोड़
- मनुष्य का उद्धार

- इनके अनुसार मनुष्य एक सामाजिक प्राणी है, किन्तु आधार रूप में वह एक वर्ग का प्राणी है।
- किसी भी युग में हम व्यक्तियों को अलग-अलग वर्ग में विभाजित पाते हैं, ऐसा जीविका उपार्जन के विभिन्न साधनों के कारण होता है।
- इनके अनुसार पूँजीवादी उद्योग-धन्धों के पनपने के कारण तीन वर्गों का जन्म बड़े पैमाने पर हुआ है, ये वर्ग हैं श्रम शक्तियों के अधिकारी, पूँजी के अधिकारी एवं जमींदार। साम्यवाद की मूल भावना इस आदर्श वाक्य पर टिकी है कि "प्रत्येक को उसकी योग्यता के अनुसार, प्रत्येक को उसकी आवश्यकता के अनुसार।"

वर्ग चेतना की विशेषताएँ

वर्ग चेतना की प्रमुख विशेषताएँ निम्नलिखित हैं

- झूठी चेतना
- सर्वहारा में वर्ग चेतना का उदय राजनीतिक दलों के द्वारा
- वर्ग की वस्तुगत स्थिति व्यक्तिगत चेतना को उत्पन्न करती है
- वर्ग के लिए वर्ग बन जाता है
- सामाजिक चेतना व्यक्तियों के सोच की जोड़ और औसत नहीं है
- वर्ग चेतना उत्पादन प्रक्रिया से सम्बद्ध है

भारतीय राजनीतिक दार्शनिक

मनु

मानव **हिन्दू धर्म** के अनुसार, संसार के प्रथम पुरुष थे। प्रथम मनु का नाम स्वयंभुव मनु था, जिनके संग प्रथम स्त्री थी **शतरूपा। .**

ये स्वयंभू यानि पृथ्वी से उत्पन्न होने के कारण ही स्वायंभू कहलाए। इन्हीं प्रथम पुरुष और प्रथम स्त्री की सन्तानों में संसार के समस्त जनों की उत्पत्ति हुई।

मनु की सन्तान होने के कारण वे **मानव** या **मनुष्य** कहलाए। स्वायंभुव मनु को आदि भी कहा जाता है। आदि का अर्थ होता है प्रारम्भ। सभी भाषाओं के मनुष्य-वाची शब्द मैन, मनुज, मानव, आदम, आदमी आदि सभी मनु शब्द से प्रभावित हैं। यह समस्त मानव जाति के सन्देशवाहक हैं।

इन्हें प्रथम मानने के कई कारण हैं। सप्तचरुतीर्थ के पास **वितस्ता नदी** की शाखा देविका नदी के तट पर मनुष्य जाति की उत्पत्ति हुई।

प्रमाण यही बताते हैं कि आदि सृष्टि की उत्पत्ति भारत के उत्तराखण्ड अर्थात् इस ब्रह्मवर्त क्षेत्र में ही हुई।

मानव का हिन्दी में अर्थ है वह जिसमें मन, जड़ और प्राण से कहीं अधिक सक्रिय है। मनुष्य में मन की शक्ति है, विचार करने की शक्ति है, इसलिए उसे मनुष्य कहते हैं और ये सभी मनु की सन्तानें हैं, इसलिए मनुष्य को मानव भी कहा जाता है।

आचार्य विष्णुगुप्त कौटिल्य

- कौटिल्य का जन्म लगभग 400 ई.पू. भारत की प्राचीन ऐतिहासिक नगरी तक्षशिला में एक गरीब ब्राह्मण परिवार में हुआ था।
- कौटिल्य का पूरा नाम विष्णुगुप्त कौटिल्य था, अधिकांश भारतवासी उसे चाणक्य के नाम से जानते हैं।
- 'अर्थशास्त्र' कौटिल्य द्वारा लिखी हुई एक पुस्तक है, जिसके अन्तर्गत व्यक्त किए गए राजनीतिक विचारों ने आधुनिक भारतीय और पश्चिमी विद्वानों को चकित कर दिया है।
- इनके अर्थशास्त्र में चार विधाओं का उल्लेख मिलता है, *जो इस प्रकार हैं*
  (i) आन्वीक्षकी (दर्शन और तर्क)
  (ii) त्रयी (धर्म-अधर्म या वेदों का ज्ञान)
  (iii) वार्ता (कृषि व्यापार आदि)
  (iv) दण्ड नीति (शासन कला या राजनीति शास्त्र)

- इन्होंने 'अर्थशास्त्र' में आगमनात्मक पद्धति तथा ऐतिहासिक पद्धति का व्यवहार किया है।
- इन्होंने राज्य की उत्पत्ति के सम्बन्ध में सामाजिक समझौते के सिद्धान्त को स्वीकार किया है।
- इनका राज्य के सावयवी रूप में विश्वास था।
- इनके द्वारा वर्णित राज्य का सावयवी रूप विदेशों से आयात नहीं है, बल्कि यह शुद्ध रूप से भारतीय है।
- इसका उद्‌गम स्थान ऋग्वेद का पुरुष सूक्त है।

इनके अनुसार राज्य के निम्न सात अंग हैं

(i) स्वामी, (ii) अमात्य,
(iii) जनपद, (iv) दुर्ग,
(v) कोष, (vi) दण्ड, और
(vii) मित्र।

- राज्य के इन अंगों का वर्णन करते हुए कौटिल्य ने राज्य को प्रत्यांग भूत भी कहा है। इनके अनुसार राज्य का उद्देश्य व्यक्ति को उसके पूर्ण विकास में पूरी तरह से सहायता देना है।
- इन्होंने राज्य रूपी शरीर में राजा को सबसे ऊँचा स्थान प्रदान किया है।
- इनके अनुसार राजा ही राज्य में सर्व-शक्तिमान है।
- इनके अनुसार राजा को कुलीन, धर्म की मर्यादा चाहने वाला, कृतज्ञ, दृढ़ निश्चयी, विचारशील, सत्यवादी, वृद्धों के प्रति आदरशील, विवेकपूर्ण, दूरदर्शी, उत्साही तथा युद्ध में चतुर होना चाहिए।

इनके अनुसार राजा के प्रमुख कर्त्तव्य निम्नलिखित हैं

(i) वर्णाश्रम धर्म को बनाए रखना (ii) दण्ड की व्यवस्था करना
(iii) आय-व्यय सम्बन्धी (iv) नियुक्ति सम्बन्धी
(v) युद्ध करना
(vi) लोकहित और सामाजिक कल्याण सम्बन्धी

- इनके अनुसार निष्कलंक व्यक्तिगत जीवन, बौद्धिक चातुर्य, उचित निर्णय, कर्त्तव्य की उच्च भावना और लोकप्रियता, मन्त्रिपरिषद् के लिए आवश्यक योग्यताएँ होनी चाहिए।
- इन्होंने प्रशासनिक व्यवस्था में गुप्तचर व्यवस्था को महत्त्वपूर्ण स्थान प्रदान किया है। इन्होंने अपने 'अर्थशास्त्र' में दो प्रकार के न्यायालयों का उल्लेख किया है

(i) धर्मस्थीय न्यायालय (ii) कण्टक शोधन न्यायालय

- इन्होंने न्यायिक संगठन का भी विधिवत् विवेचन किया है; इनके द्वारा वर्णित न्यायिक संगठन प्रशासनिक विकेन्द्रीकरण का सूचक है।
- कानून के सम्बन्ध में भी कौटिल्य ने निश्चित धारणाएँ व्यक्त की हैं, इनके मतानुसार राज्य के कानून के चार मूल स्रोत हैं, *जो निम्नलिखित हैं*

(i) धर्म अथवा धर्मशास्त्र (ii) व्यवहार
(iii) प्रजा (iv) न्याय

- दण्ड के सम्बन्ध में कौटिल्य ने इस बात पर बल दिया है कि जनता को सही मार्ग पर लाने के लिए राजा द्वारा दिया गया दण्ड न तो आवश्यकता और औचित्य से अधिक होना चाहिए और न ही कम।
- इन्होंने अपराधियों के लिए तीन प्रकार के दण्डों की व्यवस्था की है—शारीरिक दण्ड, आर्थिक दण्ड तथा कारागार।
- इनके अनुसार आय प्राप्ति का प्रमुख साधन कर-व्यवस्था है।
- इन्होंने अपने मण्डल सिद्धान्त में अनेक राज्यों के समूह या मण्डल में विद्यमान राज्यों द्वारा एक-दूसरे के प्रति व्यवहार में लाई जाने वाली नीति का वर्णन किया है।
- मण्डल सिद्धान्त के आधार पर कौटिल्य ने इस बात का निर्देश दिया है कि एक विशेष राज्य के लिए कौन मित्र हो सकते हैं और कौन शत्रु।
- पड़ोसी राज्य और विशेषतया अन्य विदेशी राज्यों के प्रति व्यवहार के सम्बन्ध में कौटिल्य ने षडगुण्य अर्थात् छः लक्षणों वाली नीति का प्रतिपादन किया।
- ये छः लक्षण निम्नवत् हैं—सन्धि विग्रह (युद्ध), यान (शत्रु पर वास्तविक आक्रमण करना), आसन (तटस्थता), संश्रय (बलवान का आश्रय लेना), द्वैधीभाव (सन्धि) और युद्ध का एक साथ प्रयोग

महात्मा गाँधी (1869-1948)

जीवन-परिचय

- मोहनदास करमचन्द गाँधी का जन्म काठियावाड़ के अन्तर्गत पोरबन्दर नामक स्थान पर 2 अक्टूबर, 1869 को एक धर्मनिष्ठ परिवार में हुआ था।
- उनके पिता करमचन्द गाँधी राजकोट राज्य में दीवान थे। सन् 1891 में गाँधी जी लन्दन से भारत लौटे और वकालत आरम्भ की।
- सन् 1893 में एक धनी मुसलमान व्यापारी की ओर से एक मुकदमे की पैरवी करने वे दक्षिण अफ्रीका गए। यहाँ गाँधी जी केवल एक वर्ष के लिए ही गए थे, परन्तु अपने देशवासियों की दुर्दशा ने उन्हें इतना विचलित किया कि उनकी दशा को सुधारने तथा अंग्रेजों द्वारा उन पर होने वाले अत्याचारों के विरुद्ध आवाज उठाने के लिए वहाँ उन्हें बीस साल तक रहना पड़ा।
- गाँधी जी ने आत्मशुद्धि तथा आत्मसंयम का अभ्यास यहीं दक्षिण अफ्रीका प्रवास के दौरान किया और अपने प्रत्येक कार्य में अहिंसा का पालन करते हुए सत्याग्रह की पद्धति को विकसित किया।
- सन् 1914 में स्वास्थ्य बिगड़ जाने पर गाँधी जी भारत लौट आए।
- सन् 1930 में गाँधी जी ने नमक सत्याग्रह करने के लिए 'डाण्डी' को प्रस्थान किया।
- सन् 1942 में व्यक्तिगत सत्याग्रह को फिर आरम्भ किया गया।
- अगस्त, सन् 1942 में इसने 'भारत छोड़ो' आन्दोलन का रूप धारण किया। देश में क्रान्ति हुई।
- सभी कांग्रेसी नेता जेल में बन्द कर दिए गए, पर धीरे-धीरे व्यवस्था सुधरी और 1944 ई० में सभी नेता जेल से मुक्त कर दिए गए।
- 30 जनवरी, 1948 को जब गाँधी जी प्रार्थना-सभा की ओर जा रहे थे तब नाथूराम गोडसे ने उनके वक्षस्थल को तीन गोलियों से विदीर्ण कर दिया। गाँधी जी गिर पड़े और 'हे राम' का उच्चारण करते हुए स्वर्गवासी हुए।

गाँधी जी का धर्म

- गाँधी जी का धर्म अत्यन्त व्यापक तथा उदार है।
- उनका धर्म किसी जाति या सम्प्रदाय-विशेष का धर्म नहीं, न ही वह धर्म है जोकि संसार की धार्मिक पुस्तकों से इकट्ठा किया गया हो, वह तो सब देश, जाति या सम्प्रदाय का धर्म है।

- गाँधी जी का धर्म आत्मबोध है, आत्मज्ञान है।
- गाँधी जी की समस्त क्रियाओं का मूल स्त्रोत धर्म था।
- गाँधी जी ने 'यंग इण्डिया' में लिखा था कि "अपने सार्वजनिक जीवन के आरम्भ से ही मैंने जो कुछ कहा है और जो कुछ किया है उसके पीछे एक धार्मिक चेतना और धार्मिक उद्देश्य रहा है।"
- गाँधी जी ने स्पष्ट रूप से स्वीकार किया है कि "मानव क्रिया के अलावा मैं किसी अन्य धर्म को नहीं जानता। धर्म ही समस्त क्रियाओं को नैतिक आधार प्रदान करता है, जो उनमें अन्यथा नहीं रहेगा, धर्म के अभाव में जीवन एक निरर्थक चीत्कार बनकर रह जाएगा।"
- गाँधी जी के अनुसार, "धर्म वह आधार है जो व्यक्ति को परम सत्य से एकाकार कराता है, जो हृदय को निर्मल, नि:स्वार्थ तथा पवित्र बनाता है, जो सबसे प्रेम करना सिखाता है, जो न्याय तथा शान्ति की स्थापना में अपने तक को बलि चढ़ाने की प्रेरणा देता है, जो निर्बल का बल है, सबल का मार्गदर्शक है और जो सब में धैर्य, क्षमता, आज्ञाकारिता, कष्ट-सहन और साहस तथा सद्भावना के गुणों को विकसित करने वाली संजीवनी शक्ति है। यह धर्म आत्मबोध है, आत्मज्ञान है।"
- गाँधी जी के हृदय में सभी धर्मों के लिए समान भाव थे, क्योंकि उनका विश्वास था कि "सभी धर्म एक ही प्रकार के नैतिक नियमों पर आधारित हैं।" इसीलिए गाँधी जी धर्म परिवर्तन को अच्छा व उचित नहीं समझते थे, न ही यह मानते थे कि कोई धर्म सम्पूर्ण या अन्तिम है।
- गाँधी जी के अनुसार सब धर्म समान हैं, क्योंकि सबका लक्ष्य एक है, अर्थात् 'परम सत्य' की प्राप्ति, चाहे उस 'परम सत्य' की व्याख्या हम किसी भी रूप में क्यों न करें।
- गाँधी जी ने लिखा है, "एक ईसाई को एक हिन्दू बनाने का प्रयास क्यों करना चाहिए। यदि एक हिन्दू एक अच्छा और ईश्वर-प्रिय व्यक्ति है तो एक ईसाई को उससे सन्तुष्ट क्यों नहीं हो जाना चाहिए?"
- गाँधी जी के मतानुसार, "समाज में से धर्म को निकाल फेंकने का प्रयत्न बाँझ के घर पुत्र पैदा करने जितना ही निष्फल प्रयास है और अगर वह सफल हो जाता है तो समाज का इसमें नाश है। धर्म का रूपान्तर हो सकता है। उनमें उपस्थित प्रत्यक्ष अन्धविश्वास, सड़न और अपूर्णताएँ दूर हो सकती हैं, हुई हैं और होती रहेंगी। मगर धर्म तो जब तक जगत् है तब तक चलता ही रहेगा, क्योंकि जगत् का धर्म ही एक आधार है। धर्म की अन्तिम व्याख्या है—ईश्वर का कानून।"

अहिंसा

- गाँधी जी के अनुसार, "अहिंसा एक व्यापक वस्तु है। हम हिंसा की होली के बीच घिरे हुए प्राणी हैं। यह गलत नहीं है कि जीव, जीव पर ही जीता है। मनुष्य बाह्य हिंसा के बिना जी नहीं सकता। खाते-पीते, उठते-बैठते, सभी क्रियाओं में इच्छा-अनिच्छा में वह कुछ-न-कुछ हिंसा करता ही रहता है। यदि इस हिंसा से छूटने के लिए वह प्रयत्न करता है तो उसकी भावना में अनुकम्पा होती है और वह सूक्ष्म-से-सूक्ष्म जन्तु का भी नाश नहीं चाहता और यथाशक्ति उसे बचाने का यत्न करता है, इस प्रकार वह अहिंसा का पुजारी बन जाता है और उसके कार्यों में निरन्तर संयम की वृद्धि होती जाती है।"
- अहिंसा में अद्वैत की भावना निहित होती है और यदि प्राणी में अभेद हो तो एक के पाप का प्रभाव दूसरे पर भी पड़ता है। गाँधी जी के अनुसार, "अहिंसा एक सामाजिक धर्म है, जिसका सामाजिक धर्म के रूप में विकास किया जा सकता है।"

सत्याग्रह

- गाँधी जी का सौम्यता व नम्रता तथा सत्य और अहिंसा के प्रति अटल विश्वास था।
- सत्याग्रह का शाब्दिक अर्थ है, सत्य के लिए आग्रह करना। जो व्यक्ति असत्य के समक्ष झुकने से इनकार करता है और सत्य की प्राप्ति के लिए अपनी जान की बाजी तक लगाने को तैयार रहता है, वही वास्तव में सत्याग्रही है।
- **श्रीमन्नारायण** ने लिखा है कि "सत्याग्रह की बुनियाद थी, साधन-शुद्धि।"
- गाँधी जी को विश्वास था कि हमारा शुद्ध साध्य अशुद्ध एवं अपवित्र साधनों द्वारा कभी सिद्ध नहीं हो सकता। उन्होंने बार-बार हमें यही समझाया कि जैसे साधन होंगे वैसे ही साध्य होंगे, जैसा बीज वैसा ही वृक्ष।
- गाँधी जी ने लिखा है कि "हिंसापूर्ण उपायों से लिया गया स्वराज भी हिंसापूर्ण होगा और वह दुनिया के लिए व खुद भारत के लिए भय का कारण सिद्ध होगा।"
- गाँधी जी ने उस समय के क्रान्तिकारियों की वीरता को सराहा, परन्तु आग्रह किया कि वे हिंसा का मार्ग त्यागकर सत्याग्रह आन्दोलन में शामिल हो जाएँ।
- वह जानते थे कि अंग्रेजों की हिंसात्मक शक्ति का सामना करना हमारे लिए असम्भव है। हिंसा के सामने अहिंसा का बाना ही सफलतापूर्वक टक्कर ले सकता है और सत्याग्रह उस काम में सफल हुआ है।
- गाँधी जी के अनुसार, "एक सच्चे सत्याग्रही को सत्याग्रह शुरू करने से पहले अन्य सभी उपाय आजमा कर देख लेने चाहिए। जब और सब उपाय निरर्थक साबित हों तभी सत्याग्रह का आश्रय लेना उचित माना जाएगा।"
- 'उपवास' तो सत्याग्रही का आखिरी अस्त्र होना चाहिए, न कि उससे शुरूआत हो जैसा आजकल सामान्यतया होने लगा है।
- गाँधी जी के अनुसार सत्याग्रह के पीछे क्रोध या द्वेष नाममात्र को भी नहीं होना चाहिए।
- गाँधी जी के अनुसार, "प्रतिपक्षी का बुरा चाहना या हानि पहुँचाने के इरादे से उससे या उसके बारे में बुरा बोलना सत्याग्रह का उल्लंघन है।" उसमें शोरगुल, प्रदर्शन या उतावलापन नहीं होता। सत्याग्रह एक सौम्य अस्त्र है, वह किसी को चोट नहीं पहुँचाता।

व्यक्ति और समाज

- गाँधी जी ने व्यक्ति तथा समाज के पारस्परिक सम्बन्ध के विषय पर अपना विचार व्यक्त किया है। उनके अनुसार मनुष्य एक सामाजिक प्राणी है और इस नाते उसे समाज पर ही निर्भर होना पड़ता है।
- परन्तु समाज स्वयं भी व्यक्ति पर निर्भर होता है। समाज के सदस्य जब तक प्रगति नहीं करते और उनमें सत्य, अहिंसा, धर्म आदि के सद्गुणों का विकास नहीं होता है, तब तक समाज का भी कल्याण सम्भव नहीं होता है।
- गाँधी जी के अनुसार आदर्श समाज की रचना उन व्यक्तियों के मिलने से होती है, जो प्रेम और बन्धुत्व के बन्धनों द्वारा एक-दूसरे से बँधे हैं और जो स्वयं ही नहीं जीते, बल्कि दूसरों को भी जीने देने के लिए सदैव प्रयत्नशील रहते हैं।
- ऐसे समाज में राजनीतिक, आर्थिक अथवा सामाजिक शोषण के लिए कोई स्थान नहीं रहता। इस प्रकार के समाज में रहने वाले व्यक्तियों के

पारस्परिक सम्बन्ध समानता के सिद्धान्त पर आधारित होते हैं, जिस प्रकार एक परिवार के सदस्य समूचे परिवार के अधिकतम हित को प्राप्त करने का प्रयत्न करते हैं उसी प्रकार समाज के सभी सदस्य सम्पूर्ण समाज के अधिकतम हितों की पूर्ति के लिए प्रयत्नशील रहते हैं।

- उनका कहना था कि व्यक्तियों का अधिकतम सुख ही पर्याप्त नहीं है, बल्कि सभी के लिए अधिकतम सुख की प्राप्ति समाज व सदस्यों का उद्‌देश्य होना चाहिए।
- इसलिए आवश्यक है कि समाज द्वारा व्यक्ति के लिए उन परिस्थितियों तथा सुविधाओं को उपलब्ध करवाया जाना चाहिए, जिनके द्वारा व्यक्ति अपने सामाजिक व्यक्तित्व का पूर्ण विकास कर सके। व्यक्ति के क्रिया-कलापों पर अनुचित बन्धन समाज या राज्य द्वारा नहीं लादा जाना चाहिए।
- राज्य-भय, जाति-भय आदि स्वस्थ व्यक्तित्व के समुचित विकास के रास्ते में अनावश्यक बाधाएँ हैं। इन बाधाओं को दूर कर स्वतन्त्र वातावरण व समाज का निर्माण होना चाहिए, जिसमें कि व्यक्ति अपने सद्‌गुणों का विकास कर सके।
- यह तब ही सम्भव है जब समाज या राज्य की नींव सत्य, अहिंसा व धर्म के सुदृढ़ सिद्धान्तों के आधार पर रखी गई हो।
- गाँधी जी के अनुसार व्यक्ति के व्यक्तित्व के स्वस्थ विकास के लिए व्यक्तिगत स्वतन्त्रता जरूरी है। लेकिन इसका अर्थ यह नहीं है कि व्यक्ति समस्त प्रकार के सामाजिक नियमों और प्रतिबन्धों से पूर्णतया आजाद है। समस्त सामाजिक नियमों से अलग पूर्ण स्वतन्त्रता अराजकता और अव्यवस्था की परिचायक है।
- गाँधी जी के अनुसार, "मैं व्यक्तिगत स्वतन्त्रता को महत्त्व प्रदान करता हूँ, लेकिन आपको यह नहीं भूलना चाहिए कि मनुष्य आवश्यक रूप में एक सामाजिक प्राणी है। वह अपनी वर्तमान स्थिति पर इस कारण पहुँच पाया है कि उसने सामाजिक प्रगति की आवश्यकताओं के साथ अपने व्यक्तिवाद का अनुकूलन करना सीखा है।
- अप्रतिबन्धित व्यक्तिवाद जंगल के पशुओं का नियम होता है। हमने व्यक्तिगत स्वतन्त्रता तथा सामाजिक प्रतिबन्ध के बीच की एक स्थिति को ढूँढ निकालना सीख लिया है। सम्पूर्ण समाज के कल्याण के लिए सामाजिक प्रतिबन्धों को स्वेच्छा से स्वीकार कर लेने से समाज और व्यक्ति दोनों को ही लाभ होता है।"

सर्वोदय

- गाँधी जी के आदर्श समाज या राज्य का अन्तिम ध्येय 'सर्वोदय' है।
- 'सर्वोदय' शब्द का इतिहास यह है कि गाँधी जी के जीवन में जिन पुस्तकों ने महत्त्वपूर्ण रचनात्मक परिवर्तन किया, उनमें सर्वप्रमुख **रस्किन** द्वारा रचित 'अनटू द लास्ट' थी। गाँधी जी ने इसका गुजराती अनुवाद किया और वह 'सर्वोदय' के नाम से प्रकाशित हुई।

गाँधी जी के विचार

- गाँधी जी ने अपनी आत्मकथा में लिखा है कि मैं सर्वोदय के सिद्धान्तों को इस प्रकार समझता हूँ
- सबकी भलाई में हमारी भलाई निहित है।
- वकील और नाई, दोनों के काम की कीमत एक-प्रकार की होनी चाहिए, क्योंकि आजीविका का अधिकार सबको समान है।
- सादा मेहनत-मजदूरी का अर्थात् किसान का जीवन ही सच्चा जीवन है।

- गाँधी जी के अनुसार पहली चीज मैं जानता था, दूसरी को मैं धुँधले रूप में देखता था, तीसरी का मैंने कभी विचार ही नहीं किया था।
- गाँधी जी के अनुसार, "सर्वोदय ने मुझे दीए की तरह दिखा दिया कि पहली चीज में दूसरी दोनों चीजें समाई हुई हैं।"
- इस प्रकार स्पष्ट है कि 'सर्वोदय' का अर्थ सभी के जीवन के सभी पक्षों की सम्पूर्ण प्रगति है।
- सर्वोदय, शब्द की एक उत्कृष्ट और सर्वत्र्यापक भावना को अभिव्यक्त करता है।

वर्ण-व्यवस्था

- गाँधी जी के अनुसार, हिन्दू सामाजिक संगठन तथा सम्बन्धों का आधार वर्ण-व्यवस्था है।
- गाँधी जी के अनुसार, 'वर्ण' का अर्थ मनुष्यों के पेशे के चुनाव पूर्व-निर्धारण करना है। वर्ण का नियम है कि एक व्यक्ति अपनी रोटी कमाने के लिए पूर्वजों के पेशे को अपनाता है। प्रत्येक बच्चा स्वभावतः ही अपने पिता के 'वर्ण' को प्राप्त करता है या अपने पिता के पेशे का चुनाव करता है।
- इस प्रकार एक अर्थ में वर्ण वंशानुक्रम का ही नियम है। यह मनुष्य द्वारा खोजा गया कोई साधारण नियम नहीं है, बल्कि प्रकृति का ही एक अटल नियम है। यह एक ऐसी प्रवृत्ति को अभिव्यक्त करता है, जोकि न्यूटन के 'मध्याकर्षण शक्ति के नियम' की भाँति सदैव क्रियाशील है।"
- गाँधी जी के अनुसार, "यह वह व्यवस्था नहीं है, जिसमें समाज को पृथक्-पृथक् खण्डों में विभाजित किया जाता है। मैं तो इसे एक वैज्ञानिक तथ्य के रूप में मानता हूँ, चाहे उसे हम जानें या न जानें।"
- गाँधी जी के अनुसार, वर्ण-व्यवस्था का जाति-प्रथा से कोई सम्बन्ध नहीं है।
- गाँधी जी के अनुसार, वर्ण-व्यवस्था समाज को ब्राह्मण, क्षत्रिय, वैश्य तथा शूद्र नामक चार भागों में विभाजित करती है, परन्तु इस विभाजन का यह अर्थ नहीं कि समाज में इसी आधार पर ऊँच-नीच का भेदभाव किया जाए और एक-दूसरे से सामाजिक सम्बन्ध स्थापित करने पर रोक लग सके।
- गाँधी जी के अनुसार, इस सम्बन्ध में यह भी स्मरणीय है कि यदि एक ब्राह्मण सेवा-कार्य अपने ज्ञान से करता है तो इसका अर्थ यह नहीं है कि वह शारीरिक श्रम या दूसरों की रक्षा करने के कर्त्तव्य से आजाद है। इसका केवल इतना अर्थ है कि जन्मजात रूप में वह एक ज्ञानी पुरुष है और इसलिए अपने ज्ञान के द्वारा दूसरों को शिक्षित करने के कार्य के लिए योग्यतम माना गया है।
- उसी प्रकार शूद्र अपने शारीरिक श्रम के कारण सेवा करने के कार्य के लिए योग्यतम है, परन्तु उसे भी ज्ञानार्जन का अधिकार है। जो ब्राह्मण अपने ज्ञान के आधार पर उच्च पद का दावा करता है, वह निकृष्ट होता है और ज्ञानी कहलाने के योग्य नहीं है।
- गाँधी जी के अनुसार वर्णाश्रम का अर्थ है आत्म-संयम, स्थिरता, शक्ति की मितव्ययिता।

अस्पृश्यता

- जाति-पाँति के आधार पर अस्पृश्यता को गाँधी जी ने हिन्दुओं की वर्ण-व्यवस्था पर एक काला धब्बा कहा है।
- गाँधी जी के अनुसार, "मैंने इस वर्ण-व्यवस्था को, प्राकृतिक नियम को, जैसा समझा और उसका जो अर्थ लगाया है, उससे तो यह नियम सर्वथा

उपयोगी ही प्रतीत हुआ है, लेकिन प्रकृति के अनेक नियमों और व्यवस्थाओं की भाँति यह वर्ण-व्यवस्था भी विकृत हो गई है और इसी से आज हमें वह विकृत रूप में दिखाई देती है। मनुष्य ने उसका रूप बिगाड़ दिया है और उसमें छुआछूत का काला रंग पोतकर उसे और भी कुरूप बना दिया है।''

- गाँधी जी ने यह स्वीकार नहीं किया कि जन्म के आधार पर किसी भी व्यक्ति या समूह को सामाजिक संस्तरण में सबसे निम्न स्थान दिया जाए और किसी को उच्च, यहाँ तक कि उन्हें 'अछूत' या 'दलित वर्ग' आदि कहकर पुकारा जाए यह भी उनको सहन नहीं था।
- गाँधी जी के अनुसार, ''अछूतों के प्रश्न से भारत को घोर हानि उठानी पड़ रही है और इससे मानव समाज का कोई हित नहीं हो सकता है, बल्कि इसने मानव समाज के उतने अंश को नीचे ढकेल दिया है, जो विद्या और बल-बुद्धि में हमारे समान हो सकता है और जीवन के अनेक विषयों में देश की उत्तम सेवा कर सकता है।''
- गाँधी जी के अनुसार, ''हरिजन का जो ऋण सवर्णों के सिर पर चढ़ा हुआ है, उन्हें उसे साफ-साफ स्वीकार कर लेना चाहिए और सवर्णों को वह ऋण पाई-पाई चुका देना चाहिए।''
- गाँधी जी के अनुसार, ''यदि हम अस्पृश्यता की भावना को सदा के लिए अपने हृदय से निकाल दें तो अनेक सामाजिक या राष्ट्रीय समस्याओं का समाधान अपने आप हो जाएगा''।
- ''ऐसा करने पर सामाजिक संगठन, आर्थिक समृद्धि तथा राष्ट्रीय एकता मजबूत होगी।
- यह किसी दबाव के कारण नहीं, बल्कि स्वेच्छा से इस भावना को त्याग देने से ही राष्ट्र को नवीन शक्तियाँ प्राप्त हो सकेंगी और वास्तविक अर्थ में स्वराज की स्थापना सम्भव हो पाएगी। आज हम शक्तिहीन हैं, क्योंकि हममें एकता तथा संगठन का अभाव है।''
- ''जब हम प्रत्येक हरिजन को अपना ही भाई समझने लगेंगे तो हम अहिंसक शस्त्रों से समस्त दुनिया को भी चुनौती देने योग्य बन जाएँगे। यदि अस्पृश्यता के बिना हिन्दुओं या हिन्दू-धर्म का अस्तित्व सम्भव नहीं, तो इसका मिट जाना ही श्रेयस्कर है।''

वस्तुनिष्ठ प्रश्न

1. कौटिल्य कैसी शासन व्यवस्था का समर्थक था?
(a) राजतन्त्र (b) प्रत्यक्ष लोकतन्त्र
(c) लोकतन्त्र (d) अभिजात्य तन्त्र

2. सप्तांग सिद्धान्त का प्रतिपादक कौन था?
(a) अरस्तू (b) कौटिल्य
(c) रूसो (d) सावरकर

3. ''समय की दृष्टि से परिवार पहले है, परन्तु प्रकृति की दृष्टि से राज्य पहले है।'' यह कथन किसका है?
(a) प्लेटो (b) अरस्तू
(c) जॉन लॉक (d) मैकियावेली

4. अरस्तू के द्वारा राज्य का कौन-सा लक्षण नहीं बतलाया गया है?
(a) राज्य शोषण का यन्त्र है
(b) राज्य एक स्वाभाविक संस्था है
(c) राज्य सर्वोच्च समुदाय है
(d) राज्य विविधता में एकता है

5. किस विचारक को उदारवाद की आत्मा कहा गया है?
(a) बेन्थम (b) कार्ल मार्क्स
(c) जॉन लॉक (d) हेरॉल्ड लास्की

6. 'शासन पर दो निबन्ध' किस विचारक की कृति है?
(a) जॉन लॉक (b) मैकियावेली
(c) हेरॉल्ड लास्की (d) जे.एस. मिल

7. अर्थशास्त्र का प्रमुख अध्ययन विषय है
(a) दण्डनीति (b) लोक नीति
(c) अर्थनीति
(d) आर्थिक चिन्तन

8. अर्थशास्त्र निम्नांकित से सम्बन्धित महान् रचना है
(a) वित्तीय प्रशासन
(b) राजनीति और शासन कला
(c) वित्तीय प्रबन्ध
(d) बजट

9. ''हमारे नगर (राज्य) में तब तक कष्टों का अन्त नहीं होगा, जब तक दार्शनिक राजा न होंगे या इस संसार के राजाओं और राजकुमारों में दर्शन की भावना और सत्ता न होगी।'' यह कथन किसका है?
(a) मैकियावेली (b) प्लेटो
(c) अरस्तू (d) रूसो

10. किस विचारक की गणना स्वतन्त्रता के महानतम पुजारियों में की जाती है?
(a) प्लेटो (b) हॉब्स
(c) बेन्थम (d) जे. एस. मिल

11. कौटिल्य के अनुसार कितने राज्यों का समूह राज्य मण्डल कहलाता है?
(a) 8 राज्यों का समूह (b) 12 राज्यों का समूह
(c) 10 राज्यों का समूह (d) 14 राज्यों का समूह

12. कौटिल्य ने षड्गुण्य नीति के कितने लक्षण बतलाए हैं?
(a) चार लक्षण (b) आठ लक्षण
(c) छः लक्षण (d) नौ लक्षण

13. किसके चिन्तन में आदर्शवाद का सौम्य रूप मुखरित हुआ है?
(a) जॉन लॉक (b) जे.एस. मिल
(c) हेरॉल्ड लास्की (d) टी.एच. ग्रीन

14. प्लेटो की किस कृति को 'राजनीतिक कल्पना लोक' कहा जाता है?
(a) रिपब्लिक (b) स्टेट्समैन
(c) लॉज (d) प्रोटागोरस

15. प्लेटो के आदर्श राज्य का निर्माण करने वाले कितने वर्ग हैं?
(a) चार वर्ग (b) तीन वर्ग
(c) दो वर्ग (d) पाँच वर्ग

16. कार्ल मार्क्स के अनुसार कौन-सा युग 'राज्यविहीन एवं वर्गविहीन' होगा?
(a) दास युग (b) साम्यवादी युग
(c) सामन्ती युग (d) पूँजीवादी युग

17. 'सर्वहारा का अधिकनायकत्व अवधारणा' किसकी है?
(a) प्लेटो (b) लास्की
(c) मार्क्स (d) रूसो

18. प्लेटो ने अपनी किस कृति में उप-आदर्श राज्य की विवेचना की है?
(a) पॉलिटिक्स (b) रिपब्लिक
(c) लॉज (d) प्रिन्स

19. प्लेटो के उप-आदर्श राज्य में कितनी जनसंख्या बतलाई गई है?
(a) 5540 (b) 4050 (c) 4055 (d) 5040

20. एक्विनास की प्रसिद्ध कृति कौन-सी है?
(a) लेवियाथन
(b) प्रिन्स
(c) सुम्मा थियोलोजिया
(d) पॉलिटिक्स

21. मध्ययुग का अरस्तू कहा जाता है
(a) सन्त ऑगस्टाइन
(b) मार्सीलियो
(c) सन्त थॉमस एक्विनास
(d) पोप गेलिसियस प्रथम

22. लिसीयम में अरस्तू ने किसके अध्ययन पर जोर दिया?
(a) गणित (b) संगीत
(c) ज्यामिति (d) जीव विज्ञान

23. अरस्तू की प्रसिद्ध कृति है
(a) प्रिन्स (b) पॉलिटिक्स
(c) जॉज (d) स्टेट्समैन

24. प्राकृतिक अवस्था में हॉब्स द्वारा कौन-सा लक्षण नहीं बताया गया है?
(a) पशुवत् (b) निर्धन
(c) कुत्सित (d) शान्तिपूर्ण

25. निम्नांकित में से कौन-सा कथन हॉब्स के विषय में सही है?
(a) वह निरंकुशतावाद का प्रबल समर्थक है
(b) वह आदर्शवाद का प्रबल समर्थक है
(c) वह निरंकुशतावादी होते हुए भी आदि से अन्त तक व्यक्तिवादी है
(d) वह न तो निरंकुशतावादी है और न ही व्यक्तिवादी

26. ग्रीन का विचार नहीं है
(a) राज्य एक सर्वोपरि एवं सर्वशक्तिमान संस्था है
(b) राज्य समुदायों का समुदाय है
(c) युद्ध एक अपूर्ण राज्य का लक्षण है
(d) कतिपय परिस्थितियों में व्यक्ति राज्य का प्रतिरोध कर सकता है

27. वह विचारक जो राज्य के निषेधात्मक कार्यों का समर्थन करता है
(a) हेरॉल्ड लास्की (b) कार्ल मार्क्स
(c) हॉब्स (d) टी.एच. ग्रीन

28. दल विहीन राजनीति का विचार किसने प्रतिपादित किया?
(a) श्री अरविन्द (b) जयप्रकाश नारायण
(c) एम.एन. रॉय (d) अम्बेडकर

29. 'आध्यात्मिक राष्ट्रवाद' का विचार किसका है?
(a) जयप्रकाश नारायण (b) एम.एन. रॉय
(c) अरविन्द घोष (d) महात्मा गाँधी

30. किसने कहा कि "राष्ट्रवाद एक धर्म है जो कि ईश्वर की ओर से आया है?"
(a) एम. एन. रॉय
(b) अरविन्द घोष
(c) महात्मा गाँधी
(d) अम्बेडकर

31. 'ऑन लिबर्टी' ग्रन्थ का लेखक कौन है?
(a) प्लेटो (b) बेन्थम
(c) अरस्तू (d) मिल

32. "मानव चेतना स्वतन्त्रता चाहती है, स्वतन्त्रता के लिए अधिकार आवश्यक है और अधिकारों के संरक्षण के लिए राज्य आवश्यक है।" यह वक्तव्य किसका है?
(a) जे.एस. मिल (b) टी.एच. ग्रीन
(c) रूसो (d) कार्ल मार्क्स

33. टी.एच. ग्रीन का प्रसिद्ध वक्तव्य कौन-सा है?
(a) अधिकतम व्यक्तियों का अधिकतम सुख
(b) राज्य का आधार शक्ति नहीं, इच्छा है
(c) सहमति ही दुनिया में प्रत्येक वैध सरकार का निर्माण करती है
(d) राज्य पृथ्वी पर ईश्वर का अवतार है

34. प्राकृतिक अवस्था में हॉब्स द्वारा मनुष्य के जीवन का कौन-सा लक्षण नहीं बतलाया गया है?
(a) एकाकी (b) कुत्सित (c) निर्धन (d) देवतुल्य

35. हॉब्स द्वारा वर्णित प्राकृतिक अवस्था का लक्षण नहीं है
(a) नैतिकता का सर्वथा अभाव था
(b) शान्ति एवं पारस्परिक सद्भाव पाया जाता था
(c) न्याय और अन्याय के विचार का सर्वथा अभाव था
(d) वैयक्तिक सम्पत्ति का सर्वथा अभाव था

36. एक्विनास के निम्नांकित में से किस विषय पर विचार अरस्तू से मेल नहीं खाते?
(a) सम्पत्ति
(b) दासता
(c) शासन प्रणालियों का वर्गीकरण
(d) राज्य सम्बन्धी विचार

37. एक्विनास किस शासन प्रणाली का प्रबल समर्थक है?
(a) राजतन्त्र (b) प्रजातन्त्र
(c) कुलीन तन्त्र (d) इनमें से कोई नहीं

38. जॉन लॉक ने निम्नांकित में से किस अधिकार का उल्लेख नहीं किया है?
(a) जीवन का अधिकार
(b) स्वतन्त्रता का अधिकार
(c) काम का अधिकार
(d) सम्पत्ति का अधिकार

39. किस विचारक के चिन्तन में प्रत्येक वस्तु व्यक्ति के चारों ओर चक्कर काटती है?
(a) हॉब्स (b) रूसो
(c) लॉक (d) कार्ल मार्क्स

40. जीन जैक्स रूसो की प्रसिद्ध कृति है
(a) लेवियाथन (b) सोशल कॉन्ट्रैक्ट
(c) ग्रामर ऑफ पॉलिटिक्स (d) द प्रिन्स

41. हॉब्स द्वारा वर्णित प्राकृतिक अवस्था की विशेषता है
(a) शान्ति की अवस्था
(b) अराजकता की अवस्था
(c) समृद्धि की अवस्था
(d) पारस्परिक सहयोग की अवस्था

42. हॉब्स ने मनुष्यों में निरन्तर संघर्ष का कौन-सा कारण नहीं बतलाया है?
(a) प्रतिद्वन्द्विता (b) संयम
(c) भय (d) कीर्ति

43. किस विचारक ने अरस्तू की कृतियों और विचारों का पुनरुज्जीवन किया?
(a) प्लेटो
(b) रूसो
(c) सन्त थॉमस एक्विनास
(d) बेन्थम

44. किस विचारक को मध्ययुगीन 'विश्वविद्यालयीवाद' का सर्वश्रेष्ठ प्रतिनिधि माना गया?
(a) मैकियावेली (b) रूसो
(c) कार्ल मार्क्स (d) सन्त थॉमस एक्विनास

45. ग्राम्शी ने किसके लिए 'आधुनिक राजकुमार पद' का प्रयोग किया है?
(a) सर्वहारा वर्ग (b) नौकरशाही
(c) कम्युनिस्ट पार्टी (d) श्रमिक वर्ग

46. ग्राम्शी ने अपने लेखन में किसको सर्वाधिक महत्त्व दिया?
(a) मैकियावेली (b) गाँधी
(c) हीगल (d) लेनिन

47. 'थ्योरी ऑफ जस्टिस' के लेखक हैं
(a) जॉन राल्स (b) ग्राम्शी
(c) लासवैल (d) प्लेटो

48. मेसीडोनिया के राजा फिलिप ने किसको सिकन्दर का शिक्षक नियुक्त किया?
(a) प्लेटो (b) हॉब्स (c) सुकरात (d) अरस्तू

49. लिसीयम की स्थापना किस विचारक ने की?
(a) प्लेटो (b) अरस्तू
(c) कार्ल मार्क्स (d) जॉन लॉक

50. 'न्यू डेमोक्रेसी' किसकी कृति है?
(a) लेनिन (b) अम्बेडकर
(c) माओ (d) जॉन राल्स

51. कौन-सा माओ के दर्शन से सम्बन्धित नहीं है?
(a) असंगति का दर्शन
(b) सर्वहारा का अधिनायकवाद
(c) जनयुद्ध का सिद्धान्त
(d) नवीन लोकतन्त्र

52. प्लेटो के उप-आदर्श राज्य की आधारशिला है
(a) दार्शनिक राजा का शासन
(b) विवेक का शासन
(c) कानून की सत्ता
(d) जनता का शासन

53. किस विचारक को इतिहास में प्रथम फासीवादी कहा गया है?
(a) अरस्तू (b) प्लेटो
(c) सुकरात (d) कार्ल मार्क्स

54. मैक्सी ने किस विचारक को मध्य युग का स्वर्गीय अरस्तू कहकर पुकारा है?
(a) एक्विनास (b) जे0 एस0 मिल
(c) मैकियावेली (d) हॉब्स

55. आधुनिक राजदर्शन का जनक किसे माना जाता है?
(a) प्लेटो (b) एक्विनास
(c) अरस्तू (d) मैकियावेली

56. नॉजिक का विचार नहीं है
(a) न्याय का अर्थ है कि वितरण कैसे हुआ
(b) न्याय का अर्थ है कि वितरण कैसे किया जाना चाहिए
(c) न्याय न्यूनतम राज्य में ही सम्भव है
(d) न्याय सिद्धान्त अधिकारों का सिद्धान्त है

57. 'दो तलवारों के सिद्धान्त' का प्रतिपादन किसने किया?
(a) सन्त ऑगस्टाइन (b) सन्त अम्ब्रोज
(c) सन्त ग्रगोरी प्रथम (d) पोप गेलिसियस प्रथम

58. अरस्तू निम्नांकित में से किसका समर्थक नहीं है?
(a) पत्नियों का साम्यवाद
(b) सम्पत्ति का साम्यवाद
(c) दार्शनिक राजा का शासन
(d) ये सभी

59. अरस्तू के अनुसार राज्य के सामाजिक संगठन का निर्माण कितने तत्त्वों (वर्गों) से होता है?
(a) आठ वर्ग (b) पाँच वर्ग
(c) छः वर्ग (d) तीन वर्ग

60. किसने राज्य को पृथ्वी पर ईश्वर का अवतार कहा है?
(a) ग्रीन (b) मार्क्स (c) हीगल (d) गाँधी

61. कौन-सा जोड़ा गलत है?
(a) एम.एन. रॉय — द फ्यूचर ऑफ इण्डियन पॉलिटिक्स
(b) जयप्रकाश नारायण — द रिकन्स्ट्रक्शन ऑफ द एप्ली फार इण्डियन पोलिटि
(c) वीर सावरकर — थॉट्स ऑन पाकिस्तान
(d) श्री अरविन्द — द स्प्रिट एण्ड फॉर्म ऑफ इण्डियन पोलिटि

62. निम्नांकित में से 'मनुस्मृति' के सम्बन्ध में कौन-सा कथन सत्य नहीं है ?
(a) मनु ने राज्य को प्राकृतिक संस्था नहीं माना है
(b) मनु ने शासक के दिव्य गुणों को, उसके दायित्वों के रूप में परिभाषित करके शासक से उसके पालन की अपेक्षा की है
(c) मनु के अनुसार राज्य की उत्पत्ति प्रजा की सुरक्षा व कल्याण को सुनिश्चित करने के लिए हुई है
(d) मनु ने राज्य के लिए जिस दिव्यता का संकेत किया है, वह शासक की निरंकुश शक्ति को स्थापित करती है

63. प्लेटो के न्याय सिद्धान्त की प्रमुख विशेषता है
(a) वर्ग विहीन समाज
(b) राज्यविहीन समाज
(c) कार्य विशिष्टता का सिद्धान्त
(d) सामान्य इच्छा का सिद्धान्त

64. प्लेटो के अनुसार मानवीय आत्मा (व्यक्ति) में तीन तत्त्व या नैसर्गिक प्रवृत्तियाँ होती हैं
(a) वासना, साहस और बुद्धि
(b) तन, मन और धन
(c) ब्राह्मण, क्षत्रिय और वैश्य
(d) स्वार्थ, भय और क्रोध

65. किस विचारक को इतिहास का प्रथम फासीवादी कहा गया है?
(a) प्लेटो (b) सुकरात (c) अरस्तू (d) मार्क्स

66. अरस्तू द्वारा अपनाई गई पद्धति को कहा जा सकता है
(a) आगमनात्मक (b) निगमनात्मक
(c) दार्शनिक (d) व्यवहारवादी

67. वर्तमान समय में उपलब्ध 'मनुस्मृति' में हैं
(a) 18 अध्याय और 12 हजार श्लोक
(b) 24 अध्याय और 1 लाख श्लोक
(c) 12 अध्याय और 2,694 श्लोक
(d) उपरोक्त में से कोई नहीं

68. मनु के अनुसार मन्त्रियों की संख्या होनी चाहिए
(a) 24 (b) 7 या 8 (c) 12 (d) 10

69. निम्न में से कौन-सा कथन सत्य है?
(a) स्वामी विवेकानन्द ने 1895 ई. में न्यूयॉर्क में आयोजित सर्वधर्म सम्मेलन में भाग लिया
(b) स्वामी विवेकानन्द ने 1897 ई. में शिकागो में आयोजित सर्वधर्म सम्मेलन में भाग लिया
(c) स्वामी विवेकानन्द ने 1893 ई. में शिकागो में आयोजित सर्वधर्म सम्मेलन में भाग लिया
(d) स्वामी विवेकानन्द ने 1895 ई. में वाशिंगटन में आयोजित सर्वधर्म सम्मेलन में भाग लिया

70. किसका राजनीतिक दर्शन निरंकुश या तानाशाहों के लिए मार्ग प्रशस्त करते हुए समाप्त हुआ?
(a) माओ (b) ग्रीन
(c) गाँधी (d) हीगल

71. किसने कहा है कि "सच्ची स्वतन्त्रता राज्य के कानून का पालन करने में ही है"?
(a) गाँधी (b) हीगल
(c) जॉन राल्स (d) बेन्थम

72. किसने कहा है कि "राज्य स्वतन्त्रता का मूर्तिमान रूप है"?
(a) हीगल (b) ग्रीन
(c) ईस्टन (d) चार्ल्स मैरियम

73. किस विचारक के बारे में यह कहा जाता है कि उसका राज्य 'शीश कटा लेवियाथन' है?
(a) हॉब्स (b) रूसो
(c) लॉक (d) कार्ल मार्क्स

74. उपयोगितावाद का जनक किसे माना जाता है?
(a) जे.एस. मिल (b) बेन्थम
(c) जेम्स मिल (d) जॉन लॉक

75. 'अफलातून' किस चिन्तक का अरबी भाषा का विकृत नाम था ?
(a) अरस्तू (b) बेन्थम
(c) प्लेटो (d) हॉब्स

76. प्लेटो की अकादमी में किसके अध्ययन पर सर्वाधिक जोर दिया गया था?
(a) ज्यामिति
(b) भौतिकशास्त्र
(c) दर्शन
(d) अर्थशास्त्र

77. किसने कहा है कि बन्दूक और बारूद सभ्यता को उन्नत करने वाले आविष्कार थे?
(a) डेविड ईस्टन (b) लेनिन
(c) हीगल (d) जे.एस. मिल

78. 'साम्राज्यवाद : पूँजीवाद की चरम अवस्था' पुस्तक के लेखक हैं
(a) जॉन राल्स (b) लेनिन
(c) माओ (d) मार्क्स

79. महानिषेध का प्रबल समर्थन करने वाला विचारक
(a) टी.एच. ग्रीन (b) कार्ल मार्क्स
(c) रूसो (d) बेन्थम

80. निम्नांकित कौन-सा विचार ग्रीन का है?
(a) राज्य वर्ग शोषण का यन्त्र है
(b) अधिकारों की प्राप्ति के लिए राज्य आवश्यक है
(c) राज्य जन सहमति पर आधारित है
(d) राज्य को सदैव अपनी सीमाओं का विस्तार करना चाहिए

81. हॉब्स की प्रमुख कृति है
(a) रिपब्लिक
(b) द प्रिन्स
(c) ग्रामर ऑफ पॉलिटिक्स
(d) लेवियाथन

82. गैलीलियो के गति नियम से अत्यधिक प्रभावित होने वाला विचारक
(a) हॉब्स (b) रूसो
(c) लॉक (d) मैकियावेली

83. हीगल के राज्य का लक्षण नहीं है
(a) राज्य दैवी सत्ता है
(b) राज्य का सावयव स्वरूप
(c) राज्य साधन है न कि साध्य
(d) राज्य सर्वशक्तिमान है

84. "इतिहास में राज्य ही व्यक्ति है और जीवन चरित्र में जो स्थान व्यक्ति का है, इतिहास में वही स्थान राज्य का है।" यह कथन किसका है?
(a) टी.एच. ग्रीन (b) हीगल
(c) बेन्थम (d) जे.एस. मिल

85. अरस्तू के अनुसार निम्नांकित में से किसे नागरिक नहीं कहा जा सकता है?
(a) कारीगर (b) स्त्री
(c) मजदूर (d) इन सभी

86. अरस्तू का विचार नहीं है
(a) कानून की सर्वोच्चता
(b) दासता प्राकृतिक है
(c) दार्शनिक शासक की धारणा
(d) वितरणात्मक न्याय

87. रूसो की सामान्य इच्छा अवधारणा का लक्षण नहीं है
(a) अखण्डता (b) अदेयता
(c) सम्प्रभुता (d) आस्था पर आधारित

88. रूसो की सामान्य इच्छा के बारे में कौन-सा वक्तव्य सही नहीं है?
(a) सामान्य इच्छा निरंकुशता को प्रोत्साहन देती है
(b) सामान्य इच्छा का सिद्धान्त बड़े विशाल राज्यों में सफल हो सकता है
(c) सामान्य इच्छा और बहुमत में अन्तर है
(d) सामान्य इच्छा और लोकमत में अन्तर है

89. माओ के 'नवीन लोकतन्त्र' का लक्षण है
(a) पूँजीवादी व्यवस्था
(b) समाजवादी व्यवस्था
(c) पूँजीवादी और समाजवादी व्यवस्था का मिश्रित रूप
(d) प्रजातान्त्रिक केन्द्रवाद

90. किसने कहा कि "राजनीतिक शक्ति बन्दूक की नोंक में से पैदा होती है"?
(a) मार्क्स (b) हीगल (c) लेनिन (d) माओ

91. अरस्तू द्वारा अपनाई गई पद्धति है
(a) निगमनात्मक (b) दार्शनिक
(c) उद्गमनात्मक (d) व्यवहारवादी

92. संविधानों का वैज्ञानिक वर्गीकरण करने वाला विचारक है
(a) अरस्तू (b) बेन्थम
(c) मैकियावेली (d) जे.एस. मिल

93. "राज्य का उद्देश्य केवल जीवन व्यतीत करने के लिए नहीं वरन् उत्तम जीवन के लिए है।" यह कथन किसका है?
(a) कार्ल मार्क्स (b) अरस्तू
(c) रूसो (d) मैकियावेली

94. "कुछ मनुष्य स्वभाव से ही दास होते हैं।" यह कथन किसका है?
(a) जे.एस. मिल (b) प्लेटो
(c) कार्ल मार्क्स (d) अरस्तू

95. प्लेटो के शिक्षा सिद्धान्त का प्रमुख लक्षण है
(a) शिक्षा देना परिवार का निजी कार्य है
(b) भाषण कला तथा अहंकार शास्त्र की शिक्षा देना
(c) कठोर सैनिक शिक्षा
(d) राज्य द्वारा नियन्त्रित तथा अनिवार्य शिक्षा

96. प्लेटो के अनुसार उच्च शिक्षा किस वर्ग के लिए थी?
(a) कृषक या उत्पादक वर्ग
(b) संरक्षक वर्ग
(c) व्यापारी वर्ग
(d) पादरी वर्ग

97. किसके अनुसार सर्वोदय सामाजिक परिवर्तन लाने का एक प्रमुख साधन है?
(a) एम.एन. रॉय
(b) श्री अरविन्द
(c) जयप्रकाश नारायण
(d) अम्बेडकर

98. जयप्रकाश नारायण से सम्बन्धित विचार नहीं है
(a) समग्र क्रान्ति
(b) लोक शक्ति का विचार
(c) सर्वोदय
(d) चौखम्भा राज्य

99. लास्की जिस विचारधारा से सम्बन्धित है, वह है
(a) आदर्शवाद
(b) बहुलवाद
(c) वैज्ञानिक समाजवाद
(d) उपयोगितावाद

100. राज्य के सावयव सिद्धान्त का सबसे महान् समर्थक है
(a) गाँधी (b) हीगल
(c) ग्रीन (d) जॉन राल्स

सही उत्तर

1. (a)	2. (b)	3. (b)	4. (a)	5. (c)	6. (a)	7. (a)	8. (b)	9. (b)	10. (d)
11. (b)	12. (c)	13. (d)	14. (a)	15. (b)	16. (b)	17. (c)	18. (c)	19 (d)	20. (d)
21. (c)	22. (d)	23. (b)	24. (d)	25. (c)	26. (a)	27. (d)	28. (b)	29 (c)	30. (b)
31. (d)	32. (b)	33. (b)	34. (d)	35. (b)	36. (b)	37. (a)	38. (c)	39 (c)	40. (b)
41. (b)	42. (b)	43. (c)	44. (d)	45. (c)	46. (a)	47. (a)	48. (d)	49 (b)	50. (c)
51. (b)	52. (c)	53. (b)	54. (a)	55. (d)	56. (b)	57. (d)	58. (d)	59 (c)	60. (c)
61. (b)	62. (d)	63. (c)	64. (a)	65. (a)	66. (a)	67. (c)	68. (b)	69. (c)	70. (d)
71. (b)	72. (a)	73. (b)	74. (b)	75. (c)	76. (a)	77. (c)	78. (b)	79. (a)	80. (b)
81. (d)	82. (a)	83. (c)	84. (b)	85. (d)	86. (c)	87. (d)	88. (b)	89. (c)	90. (d)
91. (c)	92. (a)	93. (b)	94. (d)	95. (d)	96. (b)	97. (c)	98. (d)	99. (b)	100. (b)

अध्याय 07 भारतीय संविधान

संविधान

किसी देश का संविधान उसकी राजनीतिक व्यवस्था का वह बुनियादी साँचा-ढाँचा निर्धारित करता है, जिसके अन्तर्गत उसकी जनता शासित होती है। यह राज्य की विधायिका, कार्यपालिका और न्यायपालिका जैसे प्रमुख अंगों की स्थापना करता है।

उसकी शक्तियों की व्याख्या करता है, उसके दायित्वों का सीमांकन करता है और उसके पारस्परिक तथा जनता के साथ सम्बन्धों का विनियमन करता है।

संविधान को निम्न प्रकार समझ सकते हैं

''संविधान किसी भी देश की सर्वोच्च मौलिक विधि होती है''

''संविधान एक पुस्तक मात्र न होकर नीति नियमों, कानूनों, शक्तियों एवं उत्तरदायित्वों का एकमात्र स्रोत होता है, जो विधायिका, कार्यपालिका एवं न्यायपालिका के मध्य अधिकारों एवं शक्तियों का स्पष्ट विभाजन करता है, ताकि उनमें किसी भी प्रकार का टकराव उत्पन्न न हो।''

भारतीय संविधान का निर्माण

- भारतीय स्वतन्त्रता अधिनियम, 1947 ई. द्वारा भारतीय इतिहास में ब्रिटिश शासन के अध्याय को समाप्त कर दिया गया और स्वतन्त्र भारत का नया अध्याय शुरू हुआ और 15 अगस्त, 1947 ई. को भारतीयों के हाथ में शासन की सत्ता सौंप दी गई थी।
- देश में न्याय, स्वतन्त्रता, समानता और भ्रातृत्व की स्थापना के लिए भारतीय स्वतन्त्रता अधिनियम में प्रस्तावित संविधान सभा ने समस्त भारत के लिए एक संविधान की रचना की थी।
- संविधान सभा के कुल 389 सदस्यों में से, प्रान्तों के लिए निर्धारित 296 सदस्यों का निर्वाचन कराया गया। भारतीय रियासतों की 93 जगहों का निर्वाचन कराया गया था।
- निर्वाचन में कांग्रेस ने 208 स्थान प्राप्त किए, मुस्लिम लीग को 73 स्थान तथा शेष स्थान अन्य राजनीतिक दलों को प्राप्त हुए थे।
- संविधान सभा में अपने प्रदर्शन के कारण मुस्लिम लीग ने निराश होकर संविधान सभा के बहिष्कार का निर्णय लिया तथा माँग की कि पाकिस्तान का संविधान बनाने के लिए एक पृथक् संविधान सभा का गठन किया जाए।
- संविधान सभा का प्रथम अधिवेशन 9 दिसम्बर, 1946 ई. को इसके अस्थायी अध्यक्ष सच्चिदानन्द सिन्हा की अध्यक्षता में हुआ था।
- 11 दिसम्बर, 1946 ई. को डॉ. राजेन्द्र प्रसाद को संविधान सभा का स्थायी अध्यक्ष चुना गया।
- संविधान निर्माण का कार्य 13 दिसम्बर, 1946 ई. को जवाहरलाल नेहरू द्वारा उद्देश्य प्रस्ताव के पेश करने से प्रारम्भ हुआ।
- 22 जनवरी, 1947 ई. को उद्देश्य प्रस्ताव पारित कर संविधान सभा ने संविधान निर्माण के लिए विभिन्न पहलुओं पर अध्ययन करने के लिए अनेक समितियाँ नियुक्त कीं।

प्रमुख समितियाँ थीं

(i) वार्ता समिति (देशी रियासतों से वार्ता करने के उद्देश्य से),
(ii) संघ संविधान समिति,
(iii) प्रान्तीय संविधान समिति,
(iv) संघ शक्ति समिति,
(v) मूल अधिकारों, अल्पसंख्यकों आदि से सम्बन्धित परामर्श समिति तथा
(vi) प्रारूप समिति।

संविधान का प्रारूप

- प्रारूप समिति के अध्यक्ष डॉ. भीमराव अम्बेडकर की अध्यक्षता में तैयार किया गया था। संविधान के प्रारूप को फरवरी, 1948 ई. में संविधान सभा को सौंपा गया।
- जिस पर विचार-विमर्श के पश्चात् अन्ततः 26 नवम्बर, 1949 ई. को पारित कर दिया गया था। 26 नवम्बर, 1949 ई. को संविधान में कुल 395 अनुच्छेद और 8 अनुसूचियाँ थीं।
- संविधान के अनुच्छेद 5, 6, 7, 8, 9, 60, 324, 366, 367, 380, 388, 391, 392, 393, 394 को 26 नवम्बर,1949 ई. को तो प्रवर्तित कर दिया गया तथा शेष संविधान का प्रवर्तन 26 जनवरी, 1950 ई. को किया गया।
- भारत के संविधान का उद्घाटन 26 जनवरी, 1950 ई. को हुआ था।
- डॉ. भीमराव अम्बेडकर को भारतीय संविधान का जनक कहा गया है।
- कैबिनेट मिशन ने भी संविधान परिषद् की रचना का प्रस्ताव रखा, जिसका कार्यान्वयन भारतीय स्वतन्त्रता अधिनियम (1947 ई.) में किया गया था।

प्रमुख संवैधानिक अनुच्छेद

अनुच्छेद	प्रावधान
भाग 1	
अनुच्छेद 1	संघ का नाम और राज्यक्षेत्र
अनुच्छेद 2	नए राज्यों का प्रवेश या गठन
अनुच्छेद 3	नए राज्यों का निर्माण और वर्तमान राज्यों के क्षेत्रों, सीमाओं या नामों में परिवर्तन
भाग 2	
अनुच्छेद 5-11	नागरिकता का प्रावधान
भाग 3	
अनुच्छेद 12-35	मौलिक अधिकारों का प्रावधान
भाग 4	
अनुच्छेद 36-51	राज्य के नीति-निदेशक तत्त्व
भाग 4(A)	
अनुच्छेद 51(क)	मौलिक कर्तव्य
भाग 5	
अनुच्छेद 52–73	भारत के राष्ट्रपति एवं उपराष्ट्रपति का संगठन व कार्यक्षेत्राधिकार
अनुच्छेद 74-75	मन्त्रिपरिषद् की व्यवस्था और उसके कर्तव्य
अनुच्छेद 79	संसद का गठन
अनुच्छेद 80	राज्यसभा का गठन
अनुच्छेद 81	लोकसभा का गठन
अनुच्छेद 123	राष्ट्रपति को अध्यादेश जारी करने का अधिकार
अनुच्छेद 124	सर्वोच्च न्यायालय की स्थापना
भाग 6	
अनुच्छेद 152-162	राज्यपाल की नियुक्ति व अधिकार
अनुच्छेद 163-164	राज्य की मन्त्रिपरिषद्
अनुच्छेद 168-213	राज्य विधायिका
अनुच्छेद 216	उच्च न्यायालय का गठन
भाग 8	
अनुच्छेद 239 (क)	दिल्ली के सम्बन्ध में विशेष उपबन्ध
भाग 9	
अनुच्छेद 243-243(ण)	पंचायती राज का गठन व इसके अन्य उपबन्ध
भाग 9 (क)	
अनुच्छेद 243 (त)से 243 (य छ)	नगरपालिकाएँ व इसके अन्य उपबन्ध
भाग 11	
अनुच्छेद 248	अवशिष्ट विधायी शक्तियाँ
भाग 12	
अनुच्छेद 266	भारत और राज्यों की संचित निधियाँ
अनुच्छेद 267	आकस्मिक निधि
अनुच्छेद 280	वित्त आयोग का गठन
अनुच्छेद 281	वित्त आयोग के गठन की सिफारिशें
भाग 14	
अनुच्छेद 312	अखिल भारतीय सेवाएँ
अनुच्छेद 315	संघ एवं राज्य लोक सेवा आयोग का गठन
अनुच्छेद 320	संघ लोक सेवा आयोग के कार्य
भाग 15	
अनुच्छेद 324	भारत का निर्वाचन आयोग
भाग 16	
अनुच्छेद 330	लोकसभा में अनुसूचित जाति और अनुसूचित जनजातियों के लिए आरक्षण
अनुच्छेद 331	लोकसभा में आंग्ल-भारतीय समुदाय का प्रतिनिधित्व
अनुच्छेद 332	राज्य विधानसभा में अनुसूचित जाति एवं अनुसूचित जनजाति के लिए आरक्षण
अनुच्छेद 333	राज्य विधानसभा में आंग्ल-भारतीय समुदाय का प्रतिनिधित्व
भाग 17	
अनुच्छेद 343-351	संघ की भाषा प्रादेशिक भाषाओं,उच्चतम एवं उच्च न्यायालयों की भाषा के सम्बन्ध में प्रावधान
भाग 18	
अनुच्छेद 352-360	आपातकालीन उपबन्ध
भाग 19	
अनुच्छेद 368	संविधान में संशोधन करने की संसद की शक्ति व प्रक्रिया
भाग 21	
अनुच्छेद 370	जम्मू-कश्मीर राज्य के सम्बन्ध में अस्थायी उपबन्ध

संविधान सभा का गठन

- कैबिनेट मिशन योजना के अनुसार जुलाई, 1946 ई. में संविधान सभा की रचना के लिए निर्वाचन हुआ, *जिसके मुख्य तथ्य निम्नवत् थे*
- प्रत्येक 10 लाख की जनसंख्या पर एक प्रतिनिधि था।
- निर्वाचन प्रान्तीय विधानसभाओं द्वारा समानुपाती प्रतिनिधित्व की प्रणाली के आधार पर था।
- निर्वाचन में वयस्क मताधिकार सिद्धान्त को मान्यता नहीं दी गई अपितु प्रान्तीय विधानमण्डलों को ही संविधान सभा के सदस्यों के निर्वाचन का अधिकार दिया गया था।

संविधान का वर्गीकरण

संविधान का वर्गीकरण विभिन्न अनुच्छेदों एवं अनुसूचियों में किया गया है, *जो निम्न प्रकार है*

भारतीय संविधान की अनुसूचियाँ

- **प्रथम अनुसूची** इसमें भारतीय संघ के घटक राज्यों (28 राज्य) एवं संघ शासित क्षेत्रों (7) का उल्लेख है।
- **द्वितीय अनुसूची** इसमें भारतीय राजव्यवस्था के विभिन्न पदाधिकारियों को प्राप्त होने वाले वेतन, भत्ते और पेंशन आदि का उल्लेख किया गया है।
- **तृतीय अनुसूची** इसमें विभिन्न पदाधिकारियों द्वारा पद—ग्रहण के समय ली जाने वाली शपथ का उल्लेख है।
- **चौथी अनुसूची** इसमें विभिन्न राज्यों तथा संघीय क्षेत्रों को राज्यसभा में प्रतिनिधित्व का विवरण दिया गया है
- **पाँचवीं अनुसूची** इसमें विभिन्न अनुसूचित क्षेत्रों और अनुसूचित जनजाति के प्रशासन और नियन्त्रण के बारे में उल्लेख है।
- **छठी अनुसूची** इसमें असोम, मेघालय, त्रिपुरा और मिजोरम राज्यों के जनजाति क्षेत्रों के प्रशासन के बारे में प्रावधान है।
- **सातवीं अनुसूची** इसमें केन्द्र एवं राज्यों के बीच शक्तियों के बँटवारे के बारे में दिया गया है, *इसके अन्तर्गत तीन सूचियाँ हैं* संघ सूची, राज्य सूची एवं समवर्ती सूची।

(अ) **संघ सूची** इस सूची में दिए गए विषय पर केन्द्र सरकार कानून बनाती है। संविधान के लागू होने के समय दसमें 97 विषय थे; वर्तमान समय में इसमें 98 विषय हैं।

रक्षा, विदेशी मामले, मुद्रा, रेलवे, आयुध, परमाणु ऊर्जा, पासपोर्ट, वीजा, राष्ट्रीय राजमार्ग, बन्दरगाह, डाक-तार, टेलीफोन,डाकघर,

जनगणना, निगम कर, समाचार-पत्रों के क्रय-विक्रय तथा उनके विज्ञापनों पर कर आदि।

(ब) **राज्य सूची** इस सूची में दिए गए विषय पर राज्य सरकार कानून बनाती है। राष्ट्रीय हित से सम्बन्धित होने पर केन्द्र सरकार भी कानून बना सकती है। संविधान के लागू होने के समय इसके अन्तर्गत 66 विषय थे, वर्तमान समय में इसमें 62 विषय हैं। कानून व्यवस्था, पुलिस, स्थानीय शासन, लोक स्वास्थ्य व स्वच्छता, अस्पताल, शव अन्तिम क्रिया व कब्रिस्तान, बाजार, मेले, कृषि आय पर कर, भूमि व भवन कर आदि।

(स) **समवर्ती सूची** इस सूची में दिए गए विषय पर केन्द्र एवं राज्य दोनों सरकारें कानून बना सकती हैं। संविधान के लागू होने के समय समवर्ती सूची में 47 विषय थे — वर्तमान समय में इसमें 52 विषय हैं। दण्ड विधि, विवाह व विवाह विच्छेद, वन, शिक्षा, विधि वृत्ति, चिकित्सा वृत्ति, जनसंख्या नियन्त्रण एवं परिवार नियोजन, सम्पत्ति का अर्जन एवं अधिग्रहण, जन्म व मृत्यु का पंजीकरण, विद्युत, बाट और माप आदि।

- **आठवीं अनुसूची** इसमें भारत की 22 भाषाओं का उल्लेख किया गया है। 1. असमिया 2. बांग्ला 3. गुजराती 4. हिन्दी 5. कन्नड़ 6. कश्मीरी 7. कोंकणी 8. मलयालम 9. मणिपुरी 10. मराठी 11. नेपाली 12. उड़िया 13. पंजाबी 14. संस्कृत 15. सिन्धी 16. तमिल 17. तेलुगू 18. उर्दू 19. बोडो 20. मैथिली 21. सन्थाली 22. डोगरी
- **नौवीं अनुसूची** संविधान में यह अनुसूची प्रथम संविधान संशोधन अधिनियम, 1951 द्वारा जोड़ी गई, इसके अन्तर्गत राज्य द्वारा सम्पत्ति के अधिग्रहण की विधियों का उल्लेख किया गया है।
- **दसवीं अनुसूची** यह संविधान में 52वें संशोधन, 1985 द्वारा जोड़ी गई, इसमें दल-बदल से सम्बन्धित प्रावधानों का उल्लेख है।
- **ग्यारहवीं अनुसूची** यह अनुसूची संविधान में 73वें संवैधानिक संशोधन (1993) द्वारा जोड़ी गई, इसमें पंचायती राज संस्थाओं को कार्य करने के लिए 29 विषय प्रदान किए गए हैं।
- **बारहवीं अनुसूची** यह अनुसूची संविधान में 74वें संवैधानिक संशोधन (1993) द्वारा जोड़ी गई, इसमें शहरी क्षेत्र की स्थानीय स्वशासन संस्थाओं को कार्य करने के लिए 18 विषय दिए गए हैं।

प्रस्तावना

- हम भारत के लोग, भारत को एक (सम्पूर्ण प्रभुत्वसम्पन्न समाजवादी, पन्थनिरपेक्ष लोकतन्त्रात्मक गणराज्य) बनाने के लिए उसके समस्त नागरिकों को सामाजिक, आर्थिक और राजनीतिक न्याय, विचार, अभिव्यक्ति, विश्वास, धर्म और उपासना की स्वतन्त्रता, प्रतिष्ठा और अवसर की समता प्राप्त करने के लिए तथा उन सब में व्यक्ति की गरिमा और (राष्ट्र की एकता और अखण्डता) सुनिश्चित करने वाली बन्धुता बढ़ाने के लिए दृढ़ संकल्प होकर अपनी इस संविधान सभा में आज दिनांक 26 नवम्बर, 1949 ई. (मिती मार्गशीर्ष, शुक्ल सप्तमी सम्वत् दो हजार छह विक्रमी) को एतद् द्वारा इस संविधान को अंगीकृत, अधिनियमित और आत्मार्पित करते हैं।
- **42वें संविधान संशोधन** द्वारा उद्देशिका में 'समाजवादी' पन्थनिरपेक्ष तथा 'अखण्डता' शब्दों को जोड़ा गया है।
- सम्पूर्ण प्रभुत्वसम्पन्न से तात्पर्य है कि संविधान के प्रवर्तन के पश्चात् भारत किसी बाह्य शक्ति के द्वारा नियन्त्रित नहीं होगा।
- समाजवादी से तात्पर्य सामाजिक संगठन के ऐसे सिद्धान्त या नीति से है, जो उत्पादन के साधनों, पूँजी, जमीन, सम्पत्ति आदि का सम्पूर्ण समुदाय द्वारा नियन्त्रण तथा स्वामित्व का समर्थन आदि तथा सभी के हित के लिए वितरण व प्रशासन की व्याख्या करता है।
- पन्थनिरपेक्ष से अर्थ है कि ऐसे राज्य की स्थापना की जाएगी, जो प्रचलित सभी धर्मों को न तो संरक्षण प्रदान करेगा और न ही राजधर्म की मान्यता देगा।
- लोकतन्त्रात्मक से तात्पर्य ऐसे राज्य से है, जिसकी सरकार की स्थापना जनता द्वारा की जाती है और जनता द्वारा निर्वाचित प्रतिनिधि जनता के हित के लिए सरकार को सम्बोधित करते हैं। गणराज्य से तात्पर्य ऐसे राज्य से है जिसका प्रमुख निर्वाचित होता है, न कि वंशानुक्रम के आधार पर नियुक्त किया जाता है।

भारतीय संविधान की विशेषताएँ

- भारतीय संविधान लिखित नवनिर्मित तथा विश्व का सर्वाधिक व्यापक संविधान है। जिस समय संविधान लागू हुआ उस समय इसमें 395 अनुच्छेद तथा 8 अनुसूचियाँ थीं।
- वर्तमान समय में भारतीय संविधान में कुल 444 अनुच्छेद तथा अनुसूचियों की संख्या 12 है।
- भारत का संविधान सम्पूर्ण प्रभुत्व सम्पन्न, लोकतान्त्रिक, पन्थनिरपेक्ष तथा समाजवादी है।
- 42वें संशोधन 1976 द्वारा संविधान की उद्देशिकाएँ संशोधन करके 'पन्थनिरपेक्ष' शब्द शामिल करके धर्मनिरपेक्षता को और संबल प्रदान किया गया।
- संविधान की उद्देशिका में कुछ शब्द-क्रम निम्न प्रकार हैं— सम्पूर्ण प्रभुत्व सम्पन्न समाजवादी-पन्थ निरपेक्ष-लोकतन्त्रात्मक गणराज्य .... सामाजिक-आर्थिक और राजनैतिक न्याय विचार, अभिव्यक्ति, विश्वास, धर्म और उपासना।
- भारतीय संविधान में एक स्वतन्त्र न्यायपालिका की स्थापना की गई है।
- ब्रिटिश शासन के अनुरूप भारतीय संविधान में संसदीय व्यवस्था को आत्मसात किया गया है।
- भारतीय संविधान भारत में विधि के शासन की स्थापना करता है तथा संविधान को ही सर्वोच्च मानता है।
- भारतीय संविधान संघात्मक होते हुए भी एकात्मक है। इकहरी नागरिकता, एकीकृत न्याय प्रणाली तथा अखिल भारतीय सेवाएँ भारतीय संघ को एकात्मक परिदृश्य में परिवर्तित कर देती हैं।
- संविधान द्वारा गणराज्य की स्थापना, यह सिद्ध करती है कि शासनाध्यक्ष वंशानुगत न होकर निर्वाचित प्रतिनिधि होता है। संविधान के 42वें संशोधन द्वारा प्रस्तावना में 'समाजवाद' शब्द जोड़ा गया है।
- प्रजातन्त्रात्मक सरकार के गुणों को संविधान में समाहित करते हुए प्रत्येक स्त्री-पुरुष, जिनकी आयु 18 वर्ष हो, को वयस्क मताधिकार प्रदान किया गया।
- भारतीय संविधान एक लिखित संविधान होकर भी परिवर्तनीय गुणों से परिपूर्ण है। नम्यता तथा अनम्यता का एक सुन्दर सम्मिश्रण भारतीय संविधान में देखने को मिलता है।
- यद्यपि प्रस्तावना संविधान का अंग नहीं है और न ही इसे न्यायालय में कानून का दर्जा प्राप्त है, लेकिन इसका सर्वाधिक वैधानिक महत्त्व है।
- प्रस्तावना संविधान सभा में व्यक्त उन आदर्शों का प्रतीक है जिन्हें समस्त भारतीय प्राप्त करना चाहते हैं, ये आदर्श हैं—न्याय, समानता, स्वतन्त्रता और बन्धुत्व।

- जब कभी संविधान के निर्वाचन में किसी शब्द की संदिग्धता के कारण कोई कठिनाई होती है, तब उस शब्द के निर्वाचन में प्रस्तावना का सहारा लिया जाता है।
- संविधान की प्रस्तावना को संशोधित किया जा सकता है, ऐसा मत न्यायालय द्वारा व्यक्त किया जा चुका है।
- भारतीय संविधान की प्रस्तावना को संशोधित कर (42वें संविधान संशोधन अधिनियम, 1976 द्वारा) इसमें—समाजवाद, पन्थनिरपेक्ष तथा अखण्डता शब्द को अन्त: स्थापित किया गया है।
- प्रस्तावना की भाषा हम भारत के लोग से स्पष्ट है कि देश के संविधान का स्रोत और कोई नहीं अपितु स्वयं भारत की जनता में है।
- प्रस्तावना में प्रयुक्त गणराज्य शब्द इस बात का द्योतक है कि देश का प्रधान जनता द्वारा ही निर्वाचित होगा।

मौलिक अधिकार

- वे अधिकार जो व्यक्ति के जीवन के लिए मौलिक तथा अनिवार्य होने के कारण संविधान द्वारा नागरिकों को प्रदान किये जाते हैं तथा जिनमें राज्य हस्तक्षेप नहीं कर सकता, मौलिक अधिकार कहलाते हैं।
- मूल अधिकार देश के नागरिकों को समान रूप से प्राप्त हैं और इसका संरक्षक न्यायपालिका को बनाया गया है।
- राष्ट्र की सुरक्षा तथा समाज के हित में मूल अधिकारों पर प्रतिबन्ध लगाया जा सकता है। मौलिक अधिकार न्याय-योग्य अर्थात् न्यायालय में प्रवर्तनीय होते हैं। साधारणतया संवैधानिक प्रक्रिया के अलावा इसमें संशोधन नहीं हो पाता है।
- भारत में सर्वप्रथम मौलिक अधिकारों की माँग जवाहर लाल नेहरू द्वारा 1935 में की गई थी।
- 1915 में श्रीमती ऐनी बेसेन्ट द्वारा होमरूल विधेयक तथा 1927 के भारतीय राष्ट्रीय कांग्रेस के मद्रास अधिवेशन में एक संकल्प द्वारा मूल अधिकारों की चर्चा की गई।
- 1931 के कराची अधिवेशन में कहा गया—''स्वाधीन भारत के किसी भी संविधान को मौलिक अधिकारों की गारण्टी होनी चाहिए।'' जिसे 1946 में कैबिनेट मिशन के द्वारा स्वीकार किया गया।

संविधान द्वारा प्रदत्त मौलिक अधिकार

- संविधान में भाग-3 में मौलिक अधिकारों को स्थान दिया गया है।
- भारतीय संविधान द्वारा नागरिकों को 7 मौलिक अधिकार प्रदान किए गए थे, किन्तु 44वें संवैधानिक संशोधन (1979) के द्वारा सम्पत्ति के मौलिक अधिकार को समाप्त कर दिया गया है, अत: अब 6 मौलिक अधिकार हैं।
- सम्पत्ति के अधिकार को विधिक दर्जा देकर नया अनुच्छेद 300 (क) संविधान में सम्मिलित किया गया।
- छ: मौलिक अधिकार—(1) समानता का अधिकार, (2) स्वतन्त्रता का अधिकार, (3) शोषण के विरुद्ध अधिकार, (4) धार्मिक स्वतन्त्रता का अधिकार, (5) संस्कृति तथा शिक्षा-सम्बन्धी, (6) संवैधानिक उपचारों का अधिकार।
- अनुच्छेद (14-18) में समानता के अधिकारों का वर्णन किया गया है।
- अनुच्छेद -14 'विधि के समक्ष समानता' से सम्बन्धित है। इसमें यह वाक्य ब्रिटिश संविधान से तथा 'कानून का समान संरक्षण' अमेरिकी संविधान से स्वीकृत किया गया है।
- अनुच्छेद-15 में राज्य धर्म, मूलवंश जाति, लिंग जन्म स्थान आदि के आधार पर नागरिकों के प्रति जीवन के किसी क्षेत्र में भेद-भाव नहीं किया जाएगा।
- अनुच्छेद-16 राज्य के अधीन नौकरियों के समान अवसर बिना किसी भेद-भाव के उपलब्ध कराता है।
- अनुच्छेद-17 के द्वारा अस्पृश्यता से उत्पन्न किसी अयोग्यता का लागू करना एक दण्डनीय अपराध होगा।
- अनुच्छेद-18 में यह व्यवस्था की गई है कि—''सेना अथवा विद्या सम्बन्धी उपाधियों के अलावा राज्य अन्य कोई उपाधियाँ नहीं प्रदान करेगा''।
- अनुच्छेद-19-22 तक स्वतन्त्रता सम्बन्धी अधिकारों का वर्णन किया गया है।
- अनुच्छेद-19 द्वारा नागरिकों को 7 स्वतन्त्रताएँ प्रदान की गईं और इसमें छठी [19 (F)] को 44वें संशोधन द्वारा (सम्पत्ति की स्वतन्त्रता) को समाप्त कर दिया गया।
- अनुच्छेद-19 में अस्त्र-शस्त्र रहित शान्तिपूर्ण सम्मेलन की समुदाय एवं संघ निर्माण की, भारत के राज्य क्षेत्र में अबाध भ्रमण तथा निवास की, वृत्ति उपजीविका की स्वतन्त्रताएँ दी गई हैं। हडताल करने का अधिकार अनुच्छेद 19(1) के अन्तर्गत कोई मूल अधिकार नहीं है। प्रेस का विचार तथा अभिव्यक्ति की स्वतन्त्रता प्रदान की गई है।
- अनुच्छेद 21 के तहत प्राण और दैहिक स्वतन्त्रता के सम्बन्ध में संरक्षण प्रदान किया गया है। नागरिकों तथा गैर-नागरिकों की गिरफ्तारी और विरोध से अनुच्छेद 22 द्वारा संरक्षण प्रदान किया गया है।
- अनुच्छेद 23 में मानव के दुर्व्यापार तथा बेगार और बलात् श्रम को प्रतिषिद्ध किया गया है।
- अनुच्छेद 24 में कारखानों या खानों में बालश्रम के उपयोग को प्रतिषिद्ध किया गया है।
- अनुच्छेद 25 से 28 तक में धार्मिक स्वतन्त्रता के सम्बन्ध में प्रावधान किया गया है।

मौलिक कर्त्तव्य

भारतीय संविधान के भाग 4 'क' में अनुच्छेद 51 'क' के अन्तर्गत नागरिकों हेतु मौलिक कर्त्तव्यों का वर्णन किया गया है। मूल संविधान में मौलिक कर्त्तव्यों से सम्बन्धित उपबन्ध समाविष्ट नहीं थे, इसे 42वें संविधान संशोधन अधिनियम, 1976 द्वारा आपातकाल के दौरान जोड़ा गया। 42वें संशोधन द्वारा संविधान में एक नया भाग 4 'क' तथा इसके अन्तर्गत अनुच्छेद 51 'क' जोड़ा गया। मौलिक कर्त्तव्यों को 1976 में गठित सरदार स्वर्ग सिंह समिति की संस्तुति के आधार पर समाविष्ट किया गया। इस समिति द्वारा 8 मूल कर्त्तव्यों की संस्तुति की गई थी, परन्तु 42वें संशोधन द्वारा 10 मूल कर्त्तव्य जोड़े गए। 86वें संविधान संशोधन, 2002 द्वारा एक नया मूल कर्त्तव्य जोड़ा गया, अर्थात् वर्तमान में भारतीय संविधान में मौलिक कर्त्तव्यों की संख्या 11 है। *ये मौलिक कर्त्तव्य हैं*

भारत के प्रत्येक नागरिक का यह कर्त्तव्य होगा कि वह

- संविधान का पालन करे और उसके आदर्शों, संस्थाओं, राष्ट्रध्वज और राष्ट्रगान का आदर करे।
- स्वतन्त्रता के लिए हमारे राष्ट्रीय आन्दोलन को प्रेरित करने वाले उच्च आदर्शों को हृदय में संजोए रखे और उनका पालन करे।
- भारत की सम्प्रभुता, एकता और अखण्डता की रक्षा करे और उसे अक्षुण्ण बनाए रखे।
- देश की रक्षा करे एवं आह्वान किए जाने पर राष्ट्र की सेवा करे।

86वाँ संविधान संशोधन

86वें संविधान संशोधन, 2002 द्वारा भारतीय संविधान के अनुच्छेद 51 'क' के अन्तर्गत एक नया मूल कर्त्तव्य जोड़ा गया, जिसके अनुसार 6–14 वर्ष की आयु के बच्चों के माता-पिता का यह कर्त्तव्य होगा कि वह अपने बच्चों को शिक्षा प्राप्त करने हेतु अवसर प्रदान करें।

- भारत के सभी लोगों में समरसता और समान भ्रातृत्व की भावना का निर्माण करे जो धर्म, भाषा और प्रदेश या वर्ग पर आधारित सभी भेद-भावों से परे हो, ऐसी प्रथाओं का त्याग करे जो स्त्रियों के सम्मान के विरुद्ध हैं,
- हमारी सामासिक संस्कृति की गौरवशाली परम्परा का महत्त्व समझे और उसका परिरक्षण करे,
- प्राकृतिक पर्यावरण की, जिसके अन्तर्गत वन, झील, नदी और वन्यजीव हैं, उनकी रक्षा करे और उनका संवर्धन करे तथा प्राणी मात्र के प्रति दया भाव रखे,
- वैज्ञानिक दृष्टिकोण, मानववाद और ज्ञानार्जन तथा सुधार की भावना का विकास करे,
- सार्वजनिक सम्पत्ति को सुरक्षित रखे और हिंसा से दूर रहे,
- व्यक्ति और सामूहिक गतिविधियों के सभी क्षेत्रों में उत्कर्ष की ओर बढ़ने का सतत प्रयास करे, जिससे राष्ट्र निरन्तर बढ़ते हुए प्रयत्न और उपलब्धि की नई ऊँचाइयों को छू ले,
- 6-14 वर्ष की आयु के बच्चों के माता-पिता या अभिभावक या संरक्षक, अपने बच्चों को शिक्षा दिलाने का अवसर प्रदान करें।

मौलिक कर्त्तव्यों का प्रवर्तन

संविधान में मौलिक कर्त्तव्यों का न्यायालय द्वारा प्रवर्तन के सम्बन्ध में कोई प्रावधान नहीं किया गया है, अर्थात् उनका पालन कराने अथवा उल्लंघन किए जाने पर संविधान में किसी प्रकार के दण्ड का प्रावधान नहीं किया गया है। परन्तु यदि किसी न्यायालय द्वारा, किसी विधि की संवैधानिकता सुनिश्चित करते हुए यह पाया जाता है कि वह इन कर्त्तव्यों में से किसी को प्रभावी करने हेतु है, तो वह ऐसी विधि को अनुच्छेद 14 अथवा 19 के सम्बन्ध में युक्तियुक्त घोषित कर सकता है। उच्चतम न्यायालय द्वारा यह भी अभिनिर्धारित किया गया है कि मूल कर्त्तव्य नागरिकों पर बाध्यकारी हैं तथा राज्यों को इन लक्ष्यों की प्राप्ति हेतु अथक प्रयास करना चाहिए।

मौलिक कर्त्तव्यों में अन्तर्निहित अपेक्षाएँ

संविधान में उल्लिखित मौलिक कर्त्तव्यों के विश्लेषण से इनमें अन्तर्निहित निम्न अपेक्षाओं का पता चलता है

- **संविधान का पालन**—प्रत्येक भारतीय नागरिक से यह अपेक्षा की जाती है कि वह संविधान का पालन करे, अर्थात् संविधान में निहित प्रावधानों के अनुरूप आचरण करे। उसके द्वारा ऐसा कोई भी कार्य नहीं किया जाना चाहिए, जिसका संविधान द्वारा प्रतिषेध किया गया हो, यथा—संविधान द्वारा अस्पृश्यता (अनुच्छेद 17), मानव का क्रय-विक्रय अथवा दुर्व्यापार (अनुच्छेद 23), श्रमिकों के स्वास्थ्य एवं शक्ति का पालन एवं बालकों की सुकुमार अवस्था का दुरुपयोग (अनुच्छेद 39) निषिद्ध हैं, तथा गायों, बछड़ों तथा अन्य दुधारू और वाहक पशुओं का वध (अनुच्छेद 48) वर्जित है।
- **संविधान के आदर्शों का सम्मान** नागरिकों से यह अपेक्षा की जाती है कि वे संविधान की प्रस्तावना में उल्लिखित आदर्शों, जैसे—देश में सामाजिक, आर्थिक और राजनीतिक न्याय, विचार अभिव्यक्ति, विश्वास, धर्म और उपासना की स्वतन्त्रता, प्रतिष्ठा और अवसर की समानता तथा व्यक्ति की गरिमा, राष्ट्र की एकता और अखण्डता सुनिश्चित करने वाले भ्रातृत्व का विकास आदि, का सम्मान करें।
- **सांविधानिक संस्थाओं का सम्मान** नागरिकों से संविधान की प्रमुख संस्थाओं—राष्ट्रपति, उपराष्ट्रपति, मन्त्रिपरिषद्, प्रधानमन्त्री, संसद, उच्चतम न्यायालय, महान्यायवादी, नियन्त्रक एवं महालेखा परीक्षक, संघ एवं राज्यों के लोक सेवा आयोग, निर्वाचन आयोग, राज्यपाल, मुख्यमन्त्री, उच्च न्यायालय आदि के प्रति सम्मान की भावना की अपेक्षा की जाती है।
- **राष्ट्रध्वज एवं राष्ट्रगान का सम्मान** प्रत्येक नागरिक से यह अपेक्षा की जाती है कि वह राष्ट्रध्वज एवं राष्ट्रगान के सम्बन्ध में सरकार द्वारा बनाए गए नियमों का पालन करे। उदाहरणस्वरूप, एक नियम यह है कि जब राष्ट्रध्वज फहराया जाए अथवा राष्ट्रगान गाया जाए तब प्रत्येक नागरिक को सावधान की मुद्रा में स्थिर रहना चाहिए, उसे न तो हिलना चाहिए और न ही बातचीत करनी चाहिए।
- **राष्ट्रीय स्वाधीनता संग्राम को प्रेरित** करने वाले उच्चादर्शों को हृदय में संजोना तथा उनका पालन करना। स्वाधीनता संग्राम के दौरान नेताओं द्वारा स्थापित उच्च आदर्शों का सम्मान करना तथा उनका पालन करना सभी नागरिकों का कर्त्तव्य है। कुछ महत्त्वपूर्ण आदर्श हैं—अस्पृश्यता का अन्त, राष्ट्रीय एकता एवं अखण्डता, महिलाओं की मुक्ति एवं उत्थान, उपनिवेशवाद एवं साम्राज्यवाद का विरोध, लोकतन्त्र तथा पन्थनिरपेक्षता आदि के मूल्यों का परिपालन।
- **भारत की सम्प्रभुता, एकता और अखण्डता की रक्षा** एवं उसे अक्षुण्ण बनाए रखना—नागरिकों से यह अपेक्षा की जाती है कि वे भारत की सम्प्रभुता, एकता एवं अखण्डता जैसे राष्ट्रीय हितों को प्राथमिकता दें तथा धर्म, प्रजाति, भाषा, जाति, लिंग तथा जन्म-स्थान आदि को गौण मानें। उनके द्वारा ऐसा कोई कार्य नहीं किया जाना चाहिए जिससे राष्ट्र की सुरक्षा खतरे में पड़ जाए। युद्ध अथवा बाह्य आक्रमण की स्थिति में उन्हें देश की रक्षा हेतु आगे आना चाहिए तथा आवश्यकता पड़ने पर सैन्य सेवा के लिए भी तैयार रहना चाहिए।
- महिलाओं के सम्मान के विरुद्ध प्रचलित **कुप्रथाओं का परित्याग** प्रत्येक नागरिक से यह अपेक्षा की जाती है कि वह ऐसी कुप्रथाएँ जो महिलाओं के सम्मान के विरुद्ध हैं, यथा—दहेज प्रथा, सती प्रथा, बाल एवं भ्रूण हत्या आदि, का परित्याग करे।
- **सामाजिक संस्कृति के विकास में सहयोग** भारत में विभिन्न प्रजाति, धर्म एवं सम्प्रदाय के लोग निवास करते हैं, अत: यहाँ सांस्कृतिक भिन्नता पायी जाती है, परन्तु इसके बावजूद यहाँ की संस्कृतियों में एक मौलिक एकता भी विद्यमान है। ऐसा भारतीय जनमानस के सामंजस्यवादी होने के कारण ही सम्भव हो पाया है। यहाँ एक वर्ग अथवा समुदाय की संस्कृति का दूसरे पर प्रभाव स्पष्ट रूप से परिलक्षित होता है। नागरिकों से अपेक्षित है कि वे इस परम्परा का परिरक्षण करें तथा सामासिक संस्कृति के विकास में सहयोग दें।
- **प्राकृतिक पर्यावरण का रक्षण और संवर्धन** प्राकृतिक सम्पदा की दृष्टि से भारत एक समृद्ध देश है, परन्तु लोगों की भौतिकवादी जीवन शैली के

कारण इन संसाधनों के निर्मम एवं असन्तुलित दोहन के कारण यह एक जटिल समस्या बनती जा रही है। अत: प्राकृतिक सम्पदाओं यथा—वनों, झीलों, नदियों, वन्यजीवों आदि का रक्षण एवं संवर्धन हेतु नागरिकों को प्रयास करना चाहिए।

- **वैज्ञानिक दृष्टिकोण**, मानववाद, ज्ञानार्जन की उत्सुकता तथा सुधार की भावना का विकास—भारत एक ऐसा देश है, जहाँ लोग अन्धविश्वासों एवं अपशकुनों में भी आस्था रखते हैं। ऐसी धारणाओं में मौलिक परिवर्तन की आवश्यकता है। नागरिकों को विवेकशील दृष्टिकोण अपनाना चाहिए तथा जिज्ञासु प्रवृत्ति के समाज सुधार हेतु प्रयासरत रहना चाहिए।
- **सार्वजनिक सम्पत्ति की सुरक्षा तथा हिंसा से विरत** नागरिकों से यह अपेक्षा की जाती है कि शासन की किसी विशिष्ट नीति के प्रति विरोध प्रकट करने के क्रम में उनके द्वारा सार्वजनिक सम्पत्तियों को क्षतिग्रस्त नहीं किया जाना चाहिए तथा उन्हें याद रखना चाहिए कि राष्ट्र की सम्पत्ति उनकी अपनी सम्पत्ति है। इसी प्रकार हिंसा भी विरोध प्रदर्शन का माध्यम बन गया है, अत: नागरिकों को अपनी इस मानसिकता में परिवर्तन करने की आवश्यकता है।
- **उत्कर्ष की सर्वश्रेष्ठता की प्राप्ति** हमारा राष्ट्र विश्व के विकसित देशों के शिखर पर उस समय तक नहीं पहुँच सकता जब तक प्रत्येक नागरिक वैयक्तिक अथवा सामूहिक रूप से जीवन में सर्वोत्कृष्टता प्राप्त करने हेतु प्रयत्नशील न हो। अत: प्रत्येक नागरिक से यह अपेक्षा की जाती है कि वह अपने विशिष्ट क्षेत्र में सर्वश्रेष्ठता प्राप्त करने हेतु प्रयत्न करे।

मौलिक कर्त्तव्यों की उपयोगिता

- मौलिक कर्त्तव्यों का भी राज्य के नीति-निदेशक तत्त्वों की भाँति संविधान की व्याख्या हेतु उपयोग किया जा सकता है।
- न्यायपालिका ने जिस प्रकार राज्य के नीति-निदेशक तत्त्वों की व्याख्या करते समय दो विरोधी सिद्धान्तों के मध्य अनुरूपता स्थापित करने के सिद्धान्त का अवलम्बन किया, उसी प्रकार मौलिक कर्त्तव्यों की व्याख्या करते समय भी वह उसी सिद्धान्त का अनुपालन कर सकती है।
- विधायिका द्वारा विधि निर्माण करते समय इनके क्रियान्वयन को आधार बनाया जा सकता है तथा कार्यों का औचित्य सिद्ध करने के लिए इन कर्त्तव्यों का सहारा लिया जा सकता है।

मौलिक कर्त्तव्यों का अनुपालन

- संविधान में ऐसा कोई प्रावधान नहीं है, जिसके द्वारा मूल कर्त्तव्यों को प्रभावी बनाया जा सके अथवा उन्हें लागू करने की कोई बाध्यता हो सके। लेकिन, साथ ही, संविधान में ऐसा भी कुछ नहीं है जिसके अनुसार उनके उल्लंघन पर कोई रोक लग सके अथवा उसके लिए कोई दण्ड दिया जा सके।
- न्यायमूर्ति वेंकटरमैया के अनुसार संविधान में ऐसा भी कोई प्रावधान नहीं है जो कहता हो कि मूल कर्त्तव्य सम्बन्धी उपबन्ध किसी न्यायालय द्वारा प्रवर्तनीय नहीं होंगे, जबकि निदेशक तत्त्वों के बारे में ऐसा अनुच्छेद 37 के द्वारा स्पष्टतया कहा गया है।
- मौलिक कर्त्तव्यों को संविधान में समाविष्ट करने का मुख्य उद्देश्य नागरिकों को उनके सामाजिक और आर्थिक दायित्वों के प्रति सचेत करना तथा उन्हें अपने देश, साथी नागरिकों एवं अपने हित में कुछ करने या न करने की चेतावनी देना है।
- यदि किसी कानून की एक से अधिक व्याख्याएँ सम्भव हैं, तो उसको व्याख्यायित करते समय न्यायालय निश्चित तौर पर मूल कर्त्तव्यों को ध्यान में रख सकता है। पर्यावरण की सुरक्षा से सम्बन्धित अनुच्छेद 51क (ग) का न्यायालयों द्वारा विशेष रूप से संज्ञान लिया गया है। उत्तर प्रदेश के कुछ क्षेत्रों में उत्खनन कार्य रोकने के लिए सर्वोच्च न्यायालय द्वारा मौखिक आदेश दिए गए। भारतीय वन अधिनियम, 1927 के अन्तर्गत कुछ विवादित क्षेत्रों को संरक्षित वन घोषित करने के आदेश भी पारित हुए।

राज्य के नीति-निदेशक तत्त्व

- राज्य की नीति के निदेशक तत्त्व संविधान के भाग 4 के अनुच्छेद 36 से 51 तक में शामिल किये गए हैं।
- निदेशक तत्त्व कार्यपालिका एवं विधायिका के ऐसे तत्त्व हैं जिनके अनुसार इन्हें अपने अधिकारों का प्रयोग करना होता है।
- संविधान के अनुच्छेद 37 में प्रावधान किया गया है कि राज्य के नीति-निदेशक तत्त्व न्यायालय द्वारा प्रवर्तित नहीं किए जाएँगे। ये देश के शासन में मूलभूत हैं तथा विधि निर्माण करते समय कार्यपालिका तथा विधायिका का इन तत्त्वों को लागू करना कर्त्तव्य है।

निदेशक तत्त्वों के उद्देश्य

- निदेशक तत्त्व का मुख्य उद्देश्य सामूहिक रूप से भारत में आर्थिक, सामाजिक तथा कल्याणकारी राज्य की स्थापना करना है।
- ये तत्त्व नागरिकों के प्रति राज्य के दायित्व के द्योतक हैं।
- संविधान की उद्देशिका में जिन आदर्शों को प्राप्त करने की परिकल्पना की गई है, निदेशक तत्त्व उन आदर्शों को प्राप्त करने के लिए मार्ग प्रशस्त करता है।

नीति-निदेशक तत्त्वों का वर्गीकरण

संविधान के अनुच्छेद 37-51 तक वर्णित नीति-निदेशक तत्त्वों का वर्गीकरण निम्न प्रकार किया जा सकता है

जनता को आर्थिक न्याय उपलब्ध कराने वाले निदेशक तत्त्व

- पुरुष तथा स्त्री सभी नागरिकों को समान रूप से जीविका के पर्याप्त साधन प्राप्त करने का अधिकार हो।
- आर्थिक व्यवस्था इस प्रकार संचालित हो, कि धन और उत्पादन के साधनों का सर्वसाधारण के लिए अहितकारी संकेन्द्रण न हो।
- पुरुष और स्त्री में विभेद न करते हुए समान कार्य के लिए समान वेतन। पुरुषों, स्त्रियों तथा अवयस्क बालकों का दुरुपयोग न हो तथा आवश्यकता से अधिक विवश नागरिकों को ऐसा कार्य न करना पड़े, जो उनकी आयु या शक्ति के प्रतिकूल हो।
- बालकों को स्वस्थ विकास के अवसर और सुविधाएँ दी जाएँ तथा अवयस्क व्यक्तियों की शोषण तथा नैतिक और आर्थिक परित्याग से रक्षा की जाए।
- राज्य अपनी क्षमता के अनुसार शिक्षा पाने के और बेकारी, बुढ़ापा, बीमारी एवं अन्य अभाव की दशाओं में लोक सहायता पाने के अधिकार को प्राप्त कराने का प्रभावी उपाय करेगा।
- राज्य आय की असमानताओं को कम करने का प्रयास करेगा।

जनता को सामाजिक न्याय उपलब्ध कराने वाले निदेशक तत्त्व

- राज्य दलित वर्गों विशेषकर अनुसूचित जातियों और अनुसूचित जनजातियों के शिक्षा और धन सम्बन्धी हितों की विशेष सावधानी से अभिवृद्धि करेगा।
- राज्य यह सुनिश्चित करेगा कि विधिक तन्त्र ऐसा कार्य करे जिससे समान अवसर के आधार पर न्याय सुलभ हो, विशेषकर आर्थिक कारणों की वजह से कोई नागरिक न्याय से वंचित न रह जाए। इसके लिए राज्य निःशुल्क विधिक सहायता की व्यवस्था करेगा।
- राज्य समाज के अनेक वर्गों के बीच प्रतिष्ठा, अवसरों तथा सुविधाओं की असमानता समाप्त करेगा तथा विभिन्न व्यक्तियों व समूहों के बीच प्रतिष्ठा सुविधाओं और अवसरों की असमानता को समाप्त करने का प्रयास करेगा।
- राज्य सभी बालकों को 14 वर्ष की आयु पूरी करने तक निःशुल्क और अनिवार्य शिक्षा देने का प्रावधान करने का प्रयास करेगा।
- राज्य भारत के समस्त नागरिकों के लिए एक समान सिविल संहिता प्राप्त करने का प्रयास करेगा।
- राज्य की लोक सेवाओं में न्यायपालिका को कार्यपालिका से पृथक् करने के लिए राज्य कदम उठाएगा।

राजनीतिक तथा पर्यावरण से सम्बन्धित नीति-निदेशक तत्त्व

- राज्य ग्राम पंचायतों का गठन करने के लिए कदम उठाएगा और ऐसी शक्ति देगा जिससे उन्हें स्वायत्त शासन की इकाइयों के रूप में कार्य करने योग्य बनाने के लिए आवश्यक है।
- राज्य उद्योगों में कार्यरत कर्मकारों को प्रबन्ध में लेने को सुनिश्चित करने के लिए उपयुक्त विधान या किसी अन्य प्रकार से कदम उठाएगा।
- राज्य पर्यावरण के संरक्षण तथा वन और वन्य जीवों की रक्षा करने का प्रयास करेगा।
- राष्ट्रीय महत्त्व वाले संस्मारक या स्थान का संरक्षण करेगा।
- राज्य कृषि और पशुपालन को आधुनिक और वैज्ञानिक प्रणालियों से संगठित करने का प्रयास करेगा और विशेषकर गायों और बछड़ों के वध को प्रतिषिद्ध करने के लिए प्रयास करेगा।
- राज्य मादक पदार्थों के सेवन पर प्रतिषेध करेगा लेकिन औषधि के प्रयोजन के लिए इनका प्रतिषेध नहीं करेगा।

अन्तर्राष्ट्रीय शान्ति तथा सुरक्षा से सम्बन्धित नीति-निदेशक तत्त्व

- अन्तर्राष्ट्रीय शान्ति और सुरक्षा की अभिवृद्धि का राज्य प्रयास करेगा।
- राष्ट्रों के मध्य न्यायसंगत और सम्मानपूर्ण सम्बन्धों को बनाये रखने का प्रयास।
- राज्य संगठित लोगों के एक-दूसरे से व्यवहारों में अन्तर्राष्ट्रीय विधि और संधि बाध्यताओं के प्रति आदर बढ़ाने का प्रयास करेगा।
- राज्य राष्ट्रों के मध्य उत्पन्न विवादों को मध्यस्थता से निपटाने के लिए प्रोत्साहन देने का प्रयास करेगा।
- वयस्क मताधिकार—सच्चे लोकतन्त्र की स्थापना के लिए सार्वजनिक वयस्क मताधिकार की स्थापना आवश्यक है। इसका अर्थ है कि विशेष अवस्था प्राप्त करने पर प्रत्येक नागरिक को अपने देश की निर्वाचन पद्धति के अनुसार विधयकों का चुनाव करने के लिए मतदान का अधिकार हो।
- प्राचीन यूनान में वयस्क मताधिकार सार्वजनिक नहीं था क्योंकि यह केवल स्वतन्त्रजनों को प्राप्त था। आधुनिक राजय में 'व्यस्क मताधिकार' मताधिकार का सार्वजनिक प्रचलित रूप है।
- वयस्क की आयु भिन्न-भिन्न देशों में अलग-अलग है। भारत में 18 वर्ष (1989) तुर्की और सोवियत रूस में 18 वर्ष, इंगलैण्ड में 18 वर्ष जर्मनी में 1919 के संविधान में यह अवस्था 20 वर्ष रखी गयी थी। कई देशों में जैसे बेल्जियम में 25 वर्ष भी है।

संविधान संशोधन

संशोधन की प्रक्रिया

- भारतीय संविधान के अनुच्छेद 368 में संविधान में संशोधन के लिए **तीन प्रणालियों** को अपनाया गया है।

(i) संविधान के कुछ प्रावधानों को संसद साधारण बहुमत द्वारा संशोधित कर सकती है। इस प्रकार के प्रावधानों में नए राज्यों की स्थापना, वर्तमान राज्यों का पुनर्गठन, राज्यों की विधान परिषदों की स्थापना अथवा उन्हें समाप्त करने सम्बन्धी विषय सम्मिलित हैं।

(ii) संविधान के कुछ प्रावधानों को संसद दो-तिहाई बहुमत से संशोधित कर सकती है तथा उनका अनुमोदन अधिकतर राज्यों की विधानसभाओं की स्वीकृति से किया जा सकता है। इस प्रकार जिन प्रावधानों में संशोधन किया जा सकता है उनमें राष्ट्रपति का चुनाव, संघीय व राज्य कार्यकारिणी की शक्तियाँ, संघीय न्यायपालिका, उच्च न्यायालय, संसद में राज्यों का प्रतिनिधित्व, संशोधन प्रक्रिया इत्यादि सम्मिलित हैं।

(iii) संविधान के अधिकतर भागों में संशोधन संसद द्वारा दो-तिहाई बहुमत से किया जा सकता है। यह स्पष्ट कर देना आवश्यक है कि यह दो-तिहाई बहुमत, प्रत्येक सदन की कुल सदस्य संख्या का स्पष्ट बहुमत होना चाहिए।

संविधान के प्रमुख संशोधन

- **पहला संशोधन** (1951) इस संशोधन द्वारा नौवीं अनुसूची को शामिल किया गया।
- **दूसरा संशोधन** (1952) संसद में राज्यों के प्रतिनिधित्व को निर्धारित किया गया।
- **सातवाँ संशोधन** (1956) इस संशोधन द्वारा राज्यों का अ, ब, स और द वर्गों में विभाजन समाप्त कर उन्हें 14 राज्यों और 6 केन्द्रशासित क्षेत्रों में विभक्त कर दिया गया।
- **आठवाँ संशोधन** (1960) अनुसूचित जातियों तथा जनजातियों और एंग्लो इण्डियन समुदाय के लिए विशेष आरक्षण की अवधि 10 वर्ष बढ़ाकर सन् 1970 तक की गई।
- **दसवाँ संशोधन** (1961) दादरा और नगर हवेली को भारतीय संघ में शामिल कर उन्हें संघीय क्षेत्र की स्थिति प्रदान की गई।
- **13वाँ संशोधन** (1962) संविधान में एक नया अनुच्छेद 371(अ) जोड़ा गया, जिसमें नागालैण्ड के प्रशासन के लिए कुछ विशेष प्रावधान किए गए। 1 दिसम्बर, 1963 को नागालैण्ड को एक राज्य की स्थिति प्रदान कर दी गई।
- **14वाँ संशोधन** (1963) पुदुचेरी को संघ राज्य क्षेत्र के रूप में प्रथम अनुसूची में जोड़ा गया तथा इन संघ राज्य क्षेत्रों (हिमाचल प्रदेश, गोवा, दमन और दीव, पुदुचेरी और मणिपुर) में विधान सभाओं की स्थापना की व्यवस्था की गई।

- **15वाँ संशोधन** (1963) उच्च न्यायालय के न्यायाधीशों की सेवानिवृत्ति की आयु 60 वर्ष से बढ़ाकर 62 वर्ष की गई।
- **21वाँ संशोधन** (1967) 8वीं अनुसूची में 'सिन्धी' भाषा को जोड़ा गया।
- **22वाँ संशोधन** (1968) संसद को मेघालय को एक स्वतन्त्रत राज्य के रूप में स्थापित करने तथा उसके लिए विधानमण्डल और मन्त्रिपरिषद् का उपबन्ध करने की शक्ति प्रदान की गई।
- **23वाँ संशोधन** (1970) अनुसूचित जातियों और जनजातियों के लिए आरक्षण की अवधि को और 10 वर्ष तक बढ़ाया गया।
- **24वाँ संशोधन** (1971) संसद को मौलिक अधिकारों सहित संविधान के किसी भी भाग में संशोधन का अधिकार दिया गया।
- **26वाँ संशोधन** (1971) भूतपूर्व देशी रियासतों के शासकों का प्रिवी पर्स समाप्त कर दिया गया।
- **27वाँ संशोधन** (1971) उत्तर-पूर्वी क्षेत्र के पाँच राज्यों : असम, नागालैण्ड, मेघालय, मणिपुर व त्रिपुरा तथा दो संघीय क्षेत्रों : मिजोरम और अरुणाचल प्रदेश का गठन किया गया तथा इनमें समन्वय और सहयोग के लिए एक 'पूर्वोत्तर सीमान्तपरिषद्' की स्थापना की गई।
- **36वाँ संशोधन** (1975) सिक्किम को भारतीय संघ में संघ के 22वें राज्य के रूप में प्रवेश प्रदान किया गया।
- **37वाँ संशोधन** (1975) अरुणाचल प्रदेश में व्यवस्थापिका तथा मन्त्रिपरिषद् की स्थापना की गई।
- **42वाँ संशोधन** (1976) कुछ विद्वानों द्वारा इसकी व्यापक प्रकृति को दृष्टिगत रखते हुए इसे **'लघु संविधान'** (Mini Constitution) की संज्ञा प्रदान की गई है। *इसकी प्रमुख बातें इस प्रकार हैं*
  - (i) इसके द्वारा संविधान की प्रस्तावना में 'धर्मनिरपेक्ष', 'समाजवादी' और 'अखण्डता' शब्द जोड़े गए।
  - (ii) इसके द्वारा अधिकारों के साथ-साथ कर्त्तव्यों की व्यवस्था करते हुए नागरिकों के 10 मूल कर्त्तव्य निश्चित किए गए।
  - (iii) इसके अनुसार नीति-निदेशक तत्त्वों को प्रभावी करने के लिए मूलाधिकारों में संशोधन किया जा सकता है।
  - (iv) लोकसभा तथा विधानसभा के कार्यकाल में एक वर्ष की वृद्धि की गई।
  - (v) निर्देशक तत्त्वों में कुछ नवीन तत्त्व जोड़े गए।
  - (vi) इसके द्वारा शिक्षा, नाप-तौल, वन और जंगली जानवर तथा पक्षियों की रक्षा, ये विषय राज्य सूची से निकलकर समवर्ती सूची में रख दिए गए।
  - (vii) यह व्यवस्था की गई कि अनुच्छेद 352 के अन्तर्गत आपातकाल सम्पूर्ण देश में लागू किया जा सकता है या देश के किसी एक या कुछ भागों के लिए।
- **43वाँ संशोधन** (1977) 42वें संवैधानिक संशोधन की कुछ आपत्तिजनक व्यवस्थाओं, विशेषत: न्यायपालिका से सम्बन्धित व्यवस्थाओं को रद्द कर दिया गया।
- **44वाँ संशोधन** (1978) इसकी प्रमुख बातें इस प्रकार हैं
  - (i) सम्पत्ति के मूलाधिकार को समाप्त करके इसे विधिक अधिकार बना दिया गया।
  - (ii) लोकसभा तथा राज्य विधानसभाओं की अवधि पुन: 5 वर्ष कर दी गई।
  - (iii) राष्ट्रपति, उपराष्ट्रपति, प्रधानमन्त्री और लोकसभा अध्यक्ष के चुनाव विवादों की सुनवाई का अधिकार पुनः सर्वोच्च तथा उच्च न्यायालय को ही दे दिया गया।
  - (vi) मन्त्रिमण्डल द्वारा राष्ट्रपति को जो भी परामर्श दिया जाएगा, राष्ट्रपति मन्त्रिमण्डल को उस पर दोबारा विचार करने के लिए कह सकेंगे, लेकिन पुनर्विचार के बाद मन्त्रिमण्डल राष्ट्रपति को जो भी परामर्श देगा, राष्ट्रपति उस परामर्श को अनिवार्यत: स्वीकार करेंगे।
  - (a) राष्ट्रपति द्वारा आपातकाल की घोषणा तभी की जा सकेगी जबकि मन्त्रिमण्डल लिखित रूप में राष्ट्रपति को ऐसा परामर्श दे।
  - (b) आपातकाल युद्ध, बाहरी आक्रमण या सशस्त्र विद्रोह की स्थिति में ही घोषित किया जा सकेगा। 'आन्तरिक अशान्ति' के आधार पर नहीं।
  - (c) घोषणा के एक माह के भीतर संसद के विशेष बहुमत से इसकी स्वीकृति आवश्यक होगी।
    'व्यक्ति के जीवन और स्वतन्त्रता के अधिकार' को शासन के द्वारा आपातकाल में भी स्थगित या सीमित नहीं किया जा सकता, आदि।
- **45वाँ संशोधन** (1980) अनुसूचित जातियों तथा जनजातियों वर्गों के लिए आरक्षण की अवधि 25 जनवरी, 1990 तक के लिए कर दी गई।
- **49वाँ संशोधन** (1984) इसके आधार पर संविधान की छठी अनुसूची के अन्तर्गत त्रिपुरा में 'स्वायत्तशासी जिला परिषद्' की स्थापना की गई।
- **51वाँ संशोधन** (1984) मेघालय, नागालैण्ड, अरुणाचल प्रदेश और मिजोरम की अनुसूचित जनजातियों को लोकसभा में आरक्षण प्रदान किया गया तथा नागालैण्ड और मेघालय की विधानसभाओं में जनजातियों के लिए आरक्षण की व्यवस्था की गई।
- **52वाँ संशोधन** (1985) इस संशोधन द्वारा संविधान में दसवीं अनुसूची जोड़ी गई। इसके द्वारा राजनीतिक दल-बदल पर कानूनी रोक लगाने की चेष्टा की गई है।
- **57वाँ संशोधन** (1987) मेघालय, मिजोरम, नागालैण्ड तथा अरुणाचल प्रदेश की विधानसभाओं में जनजातियों के लिए आरक्षण की व्यवस्था की गई।
- **58वाँ संशोधन** (1987) संविधान के हिन्दी में प्राधिकृत पाठ की मान्यता प्रदान की गई है।
- **61वाँ संशोधन** (1989) मताधिकार के लिए न्यूनतम आवश्यक आयु 21 वर्ष से घटाकर 18 वर्ष कर दी गई।
- **62वाँ संशोधन** (1990) लोकसभा तथा राज्य विधानसभाओं में अनुसूचित जातियों तथा जनजातियों के आरक्षण में 10 वर्ष की और वृद्धि की गई।
- **70वाँ संशोधन** (1992) दिल्ली तथा पुदुचेरी संघ राज्य क्षेत्र की विधानसभाओं के सदस्यों को राष्ट्रपति के निर्वाचक मण्डल में शामिल करने का प्रावधान किया गया।
- **71वाँ संशोधन** (1992) तीन और भाषाओं : कोंकणी, मणिपुरी और नेपाल को संविधान की 8वीं अनुसूची में सम्मिलित किया गया।
- **73वाँ संशोधन** (1992) संविधान में एक नया भाग 9 तथा एक नई अनुसूची 11वीं अनुसूची जोड़ी गई और पंचायती राज व्यवस्था को संवैधानिक दर्जा प्रदान किया गया।
- **74वाँ संशोधन** (1993) संविधान में एक नया भाग : भाग 9क और एक नई अनुसूची 12वीं अनुसूची जोड़कर शहरी क्षेत्र की स्थानीय स्वशासन संस्थाओं को संवैधानिक दर्जा प्रदान किया गया।
- **79वाँ संशोधन** (2000) अनुसूचित जातियों तथा अनुसूचित जनजातियों के लिए आरक्षण की अवधि 25 जनवरी, 2010 ई. तक के लिए बढ़ा दी गई है।

- 81**वाँ संवैधानिक संशोधन** (2000) इस संवैधानिक संशोधन के माध्यम से व्यवस्था की गई है कि अब राज्यों को 'प्रत्यक्ष केन्द्रीय करों' से प्राप्त कुल धनराशि का 29% हिस्सा मिलेगा।
- 84**वाँ संवैधानिक संशोधन** (2001) लोकसभा एवं विधानसभाओं की सीटों की संख्या में सन् 2006 तक कोई छेड़छाड़ नहीं करने सम्बन्धी 84वाँ संवैधानिक संशोधन अधिनियम, 2002 पारित किया गया। निर्वाचन क्षेत्रों का परिसीमन सन् 1991 की जनगणना पर आधारित किया गया।
- 85**वाँ संवैधानिक संशोधन** (2001) इस संशोधन से सरकारी नौकरियों में अनुसूचित जाति व अनुसूचित जनजाति के कर्मचारियों की पदोन्नति में आरक्षण का मार्ग प्रशस्त किया गया।
- 87**वाँ संवैधानिक संशोधन विधेयक** (2003) इसमें ये प्रावधान किया गया है कि निर्वाचन क्षेत्रों का परिसीमन सन् 2001 की जनगणना के आधार पर होगा।
- 88**वाँ संवैधानिक संशोधन विधेयक** (2003) इस संशोधन के द्वारा संविधान की 7वीं अनुसूची में संशोधन कर केन्द्र सरकार को सेवा कर लगाने का अधिकार प्रदान किया गया है।
- 91**वाँ संवैधानिक संशोधन विधेयक** (2003) इसमें दलबदल-विरोधी कानून में संशोधन किया गया है। इसके अतिरिक्त ये प्रावधान भी किया गया है कि केन्द्र और राज्य सरकारें अपने-अपने मन्त्रिमण्डल में मन्त्रियों की संख्या लोकसभा और विधानसभा की सीटों के 15% से ज्यादा नहीं कर सकतीं।
- 92**वाँ संवैधानिक संशोधन विधेयक** (2003) इसमें 8वीं अनुसूची में चार और भाषाओं—मैथिली, डोगरी, बोडो और सन्थाली को जोड़ा गया है।
- 93**वाँ संवैधानिक संशोधन विधेयक** (2005) इसके तहत गैर- सहायता प्राप्त निजी शिक्षण संस्थाओं में आरक्षण की सुविधा प्रदान की गई। इसे संविधान के अनुच्छेद 15 में जोड़ा गया है।
- 94**वाँ संवैधानिक संशोधन विधेयक** (2006) अनुसूचित जनजातियों के कल्याण के लिए एक मन्त्री का प्रावधान, मध्य प्रदेश एवं ओडिशा के साथ-साथ छत्तीसगढ़ एवं झारखण्ड में भी।
- 95**वाँ संवैधानिक संशोधन विधेयक** (2010) अनुसूचित जाति/जनजाति के लिए आरक्षण की अवधि लोकसभा/विधानसभा के लिए 60 वर्ष से बढ़ाकर 70 (10 वर्ष बढ़ाया गया)।
- 96**वाँ संवैधानिक संशोधन विधेयक** (2011) उड़िया भाषा को 'ओडिशा' में परिवर्तन किया गया।
- 97**वाँ संवैधानिक संशोधन विधेयक** (2012) सहकारी समितियाँ शब्द जोड़ दिया गया है।
- 98**वाँ संवैधानिक संशोधन विधेयक** (2012) हैदराबाद-कर्नाटक क्षेत्र के विकास के लिए कर्नाटक के राज्यपाल की शक्तियों का विस्तार।
- 99**वाँ संवैधानिक संशोधन विधेयक** (2014) सर्वोच्च न्यायालय और उच्च-न्यायालयों में जजों की नियुक्ति एवं स्थानान्तरण के लिए ''राष्ट्रीय न्यायिक नियुक्ति आयोग'' (वर्तमान के कोलिजियन सिस्टम के स्थान पर) की स्थापना हेतु।
  (**नोट** उच्चतम न्यायालय ने इसे असंवैधानिक घोषित कर दिया)।
- 100**वाँ संवैधानिक संशोधन विधेयक** (2015) भारत बांग्लादेश के मध्य सीमा भूमि हस्तान्तरण से सम्बन्धित
- 101**वाँ संवैधानिक संशोधन विधेयक** (2016) भारत में सकल कर व्यवस्था वस्तु एवं सेवा कर (जीएसटी) अपनाने हेतु यह संशोधन लाया गया।
- 102**वाँ संवैधानिक संशोधन विधेयक** (2018) पिछड़ा वर्ग आयोग को संवैधानिक दर्जा प्रदान किया गया।
- 103**वाँ संवैधानिक संशोधन विधेयक** (2018) समाज के आर्थिक रूप से पिछड़े वर्ग को 10% आरक्षण प्रदान किया गया।
- 104**वाँ संवैधानिक संशोधन विधेयक** (2019) अनुसूचित जाति/जनजाति के लोकसभा/विधानसभा में आरक्षण की अवधि को 10 वर्ष (25 जनवरी, 2020 से बढ़ाकर 25 जनवरी, 2030 तक कर दिया गया) के लिए बढ़ा दिया गया। इसके अतिरिक्त एंग्लो इण्डियन (दो सदस्यों का मनोनयन आरक्षण) को नामित करने के प्रावधान को समाप्त कर दिया गया।
- 105**वाँ संवैधानिक संशोधन विधेयक** (2021) सामाजिक और आर्थिक रूप से पिछड़े वर्गों की पहचान को उल्लिखित करने के लिए राज्यों की शक्ति को बढ़ाया गया।
- 106**वाँ संवैधानिक संशोधन विधेयक** (2023) इसके अन्तर्गत लोकसभा व राज्यों/केन्द्रशसित प्रदेशों की विधानसभाओं में महिलओं के लिए एक-तिहाई सीटें आरक्षित की गईं। (15 वर्षों के लिए)

भारतीय संविधान के स्रोत

- भारतीय संविधान निर्माताओं ने विश्व के प्रमुख संविधानों से तत्त्वों एवं सिद्धान्तों को बिना संकोच ग्रहण किया, जिनसे भारतीय सामाजिक, आर्थिक तथा राजनीतिक परिस्थितियों का सन्तोषजनक समाधान किया जा सके।
- दीर्घकाल तक ब्रिटिश उपनिवेश रहने के कारण स्वतन्त्र भारत के संविधान पर ब्रिटिश शासन प्रणाली की स्पष्ट छाप दिखाई देती है।
- **भारतीय शासन अधिनियम,** 1935 से संघीय व्यवस्था, संसदीय शासन व्यवस्था, राज्यपाल का पद, संघीय न्यायालय की शक्ति, आपातकालीन शक्तियाँ आदि को ग्रहण किया गया था।
- **ब्रिटेन** के संविधान से संसदीय शासन प्रणाली, कानून बनाने की प्रक्रिया, एकल नागरिकता, विधि के समक्ष समता।
- **अमेरिका** के संविधान से संघवाद, न्यायपालिका की स्वतन्त्रता, न्यायिक पुनरावलोकन, राष्ट्रपति का अप्रत्यक्ष निर्वाचन, मौलिक अधिकार, सर्वोच्च न्यायालय तथा उच्च न्यायालय के जजों को हटाने की विधि थी।
- **आयरलैण्ड** के संविधान से राज्य के नीति-निदेशक तत्त्व, राष्ट्रपति की चुनाव प्रक्रिया, राष्ट्रपति द्वारा राज्यसभा के सदस्यों का नामांकन।
- **कनाडा** के संविधान से संघीय व्यवस्था जिसमें सशक्त केन्द्र की व्यवस्था है तथा अवशिष्ट शक्ति केन्द्र में निहित हो।
- **ऑस्ट्रेलिया** के संविधान से समवर्ती सूची का प्रावधान किया गया है।
- **जर्मनी** के वीमर संविधान से आपात काल के समय संविधान को स्थगित रखने की शक्ति है।
- **कनाडा** के अनुकरण के ही आधार पर भारतीय संघ को 'यूनियन' का नाम दिया गया है।
- **दक्षिण अफ्रीका** के संविधान से संविधान संशोधन की प्रक्रिया ली गई है।

वस्तुनिष्ठ प्रश्न

1. संविधान सभा ने वर्तमान भारतीय संविधान को कब स्वीकार किया?

(a) 15 अगस्त, 1946 ई.
(b) 15 अगस्त, 1947 ई.
(c) 26 नवम्बर, 1949 ई.
(d) 26 जनवरी, 1950 ई.

2. योजना आयोग की स्थिति क्या है?

(a) एक सरकारी विभाग
(b) एक स्वायत्त विभाग
(c) एक सलाहकारी निकाय
(d) सोसायटी पंजीकरण अधिनियम, 1860 ई. के अन्तर्गत पंजीकृत एक संगठन

3. योजना एवं विकास के लिए उत्तरदायी देश के सर्वोच्च निकाय 'राष्ट्रीय विकास परिषद्' की स्थापना निम्न में से किस वर्ष में की गई थी?

(a) सन् 1950 (b) सन् 1952
(c) सन् 1962 (d) सन् 1964

4. राष्ट्रीयकरण के बाद इम्पीरियल बैंक ऑफ इण्डिया को क्या नाम दिया गया?

(a) स्टेट बैंक ऑफ इण्डिया
(b) रिजर्व बैंक ऑफ इण्डिया
(c) बैंक ऑफ इण्डिया
(d) इण्डियन बैंक

5. भारत में सर्वप्रथम सहकारिता आन्दोलन निम्नलिखित में से किस क्षेत्र में प्रारम्भ किया गया?

(a) कृषि उत्पाद विभाग
(b) उपभोक्ता सहकारिता
(c) कृषि सम्बन्धी गतिविधियाँ
(d) कृषि ऋण

6. भारत के प्रथम विदेश मन्त्री कौन थे?

(a) वी.के. कृष्णमेनन
(b) सरदार बलदेव सिंह
(c) रफी अहमद किदवई
(d) पण्डित जवाहरलाल नेहरू

7. सर्वोदय आन्दोलन का सूत्रपात निम्न में से किसने किया?

(a) विनोबा भावे (b) महात्मा गाँधी
(c) जयप्रकाश नारायण (d) एस.के. डांगे

8. राष्ट्रीय आय समिति का गठन निम्न में से किस वर्ष में किया गया था?

(a) सन् 1949 (b) सन् 1950
(c) सन् 1961 (d) सन् 1962

9. कैबिनेट मिशन योजना के अनुसार, संविधान सभा में कुल कितने सदस्य होने थे?

(a) 389 (b) 429
(c) 447 (d) 503

10. संविधान सभा का चुनाव निम्न में से किस आधार पर हुआ?

(a) समान मताधिकार (b) स्वतः मताधिकार
(c) सीमित मताधिकार (c) वर्गीय मताधिकार

11. संविधान सभा के सदस्य प्रतिनिधि थे

(a) जनता द्वारा सीधे निर्वाचित
(b) जनता द्वारा अप्रत्यक्ष रूप से निर्वाचित
(c) गवर्नर-जनरल द्वारा मनोनीत
(d) कांग्रेस तथा मुस्लिम लीग द्वारा नामांकित

12. संविधान सभा के सदस्यों को निम्न में से किसने प्रत्यक्ष रूप से निर्वाचित किया?

(a) बम्बई (b) मद्रास (c) संयुक्त प्रान्त (d) बंगाल

13. झण्डा समिति के अध्यक्ष निम्नलिखित में से कौन थे?

(a) डॉ. बी.आर. अम्बेडकर
(b) के.एम. मुंशी
(c) जे.बी. कृपलानी
(d) सरदार वल्लभभाई पटेल

14. गाँधीजी की हत्या की गई

(a) 30 जनवरी, 1948 ई. को
(b) 30 जनवरी, 1949 ई. को
(c) 31 जनवरी, 1948 ई. को
(d) 31 जनवरी, 1949 ई. को

15. 15 मार्च, 1950 ई. को केन्द्रीय मन्त्रिमण्डल ने किस समिति के योजना आयोग की स्थापना के सुझाव को स्वीकार कर लिया?

(a) एस. राधाकृष्णन समिति
(b) बी.पी. मेनन समिति
(c) के.एम. पणिक्कर समिति
(d) के.सी. नियोगी समिति

16. योजना आयोग के अध्यक्ष थे

(a) के.सी. नियोगी (b) के.एम. पणिक्कर
(c) बी.पी. मेनन (d) के. सन्थानम

17. अनुच्छेद 370 का सम्बन्ध है

(a) जूनागढ़ से (b) हैदराबाद से
(c) पेप्सू से (d) जम्मू-कश्मीर से

18. राष्ट्रगान को संविधान सभा द्वारा कब अपनाया गया?

(a) 26 नवम्बर, 1949 ई. को
(b) 11 दिसम्बर, 1946 ई. को
(c) 24 जनवरी, 1950 ई. को
(d) 26 जनवरी, 1950 ई. को

19. राष्ट्रध्वज को संविधान सभा द्वारा कब अपनाया गया?

(a) 22 जुलाई, 1947 ई. को
(b) 3 जून, 1947 ई. को
(c) 14 अगस्त, 1947 ई. को
(d) 5 अगस्त, 1947 ई. को

20. जम्मू-कश्नीर के सन्दर्भ में कौन-सा कथन सत्य नहीं है?

(a) यहाँ अनुच्छेद 360 के तहत वित्तीय आपात लगू नहीं किया जा सकता
(b) राज्य के नीति-निदेशक तत्त्व इस राज्य पर लगू नहीं होते
(c) नियोजन सम्पत्ति के अर्जन और निवास के विशेष अधेकार इस राज्य के स्थायी निवासियों को प्रदान किए गए हैं
(d) यहाँ पर अनुच्छेद 352 के तहत राष्ट्रपति को आपात स्थिति लागू करने के लिए संसद की मंजूरी आवश्यक नहीं होती है।

21. सुमेलित कीजिए

सूची I (भारत के संविधान के लक्षण)	सूची II (किस देश से गृहीत)
A. मूल अधेकार	1. यू के
B. शासन की संसदीय प्रणाली	2. संयुक्त राज्य अमेरिका
C. आपात उपबन्ध	3. आयरलैण्ड
D. राज्य नीति के निदेशक	4. जर्मनी
	5. कनाडा

कूट

	A	B	C	D
(a)	2	4	5	1
(b)	5	1	3	4
(c)	2	1	4	3
(d)	1	2	4	3

22. सुमेलित कीजिए

सूची I (भारतीय संविधान से अपनाया गया)	सूची II (जिस देश के मद)
A. राज्य के नीति-निदेशक सिद्धान्त	1. ऑस्ट्रेलिया
B. मूल अधिकार	2. कनाडा
C संघ-राज्य सम्बन्धों की समवर्ती सूची	3. आयरलैण्ड
D. भारत राज्यों का संघ है तथा संघ में अधिक शक्ति निहित है	4. यूनाइटेड किंगडम
	5. संयुक्त राज्य अमेरिका

कूट

	A	B	C	D
(a)	5	4	1	2
(b)	3	5	2	1
(c)	5	4	2	1
(d)	3	5	1	2

23. जर्मनी के वाइमर संविधान से निम्नलिखित में से कौन-सा लक्षण भारतीय संविधान में लिया गया है?
(a) सशक्त केन्द्र के साथ संघ का विचार
(b) राष्ट्रपति के निर्वाचन की पद्धति
(c) आपातकालीन शक्तियाँ
(d) राष्ट्रीय आपातकाल के दौरान मौलिक अधिकारों के विलम्बन सम्बन्धी प्रावधान

24. निम्नलिखित में से कौन-सा लक्षण अपने स्रोत से सुमेलित नहीं है?
(a) न्यायिक पुनरीक्षण-ब्रिटिश परम्परा
(b) नीति-निदेशक सिद्धान्त-आयरलैण्ड का संविधान
(c) समवर्ती सूची-ऑस्ट्रेलिया का संविधान
(d) मौलिक अधिकार-अमेरिकी संविधान

25. प्रस्तावना से
(a) मौलिक अधिकारों की जानकारी मिलती है
(b) संविधान के बारे में संक्षिप्त जानकारी मिलती है
(c) प्रधानमन्त्री के बारे में जानकारी मिलती है
(d) राष्ट्रपति के बारे में जानकारी मिलती है

26. भारतीय संविधान की प्रस्तावना में 'धर्म निरपेक्ष' शब्द किस संशोधन द्वारा जोड़ा गया ?
(a) 42वें (b) 45वें
(c) 51वें (d) 43वें

27. भारत को एक 'गणराज्य' मुख्य रूप से इसलिए माना जाता है, क्योंकि
(a) राज्याध्यक्ष का चुनाव होता है
(b) उसे 15 अगस्त, 1947 को स्वतन्त्रता मिली थी
(c) उसका अपना लिखित संविधान है
(d) उसकी सरकार संसदीय प्रणाली के अनुसार है

28. भारत के संविधान की प्रस्तावना में निम्नलिखित में से वह शब्द कौन-सा है, जिसका समावेशन संविधान (42वाँ संशोधन) अधिनियम, 1976 के माध्यम से नहीं किया गया था?
(a) समाजवादी
(b) धर्मनिरपेक्ष
(c) गरिमा
(d) निष्ठा

29. भारतीय संविधान के किस भाग को उसकी 'आत्मा' की संज्ञा प्रदान की गई है?
(a) प्रस्तावना
(b) मौलिक अधिकार
(c) राज्य के नीति-निदेशक तत्त्व
(d) संविधान के सभी अनुच्छेद

30. 'भारत एक गणतन्त्र है', इसका अर्थ है
(a) सभी मामलों में अन्तिम अधिकार जनता के पास है
(b) भारत में संसदीय शासन व्यवस्था है
(c) भारत में वंशानुगत शासन नहीं है
(d) भारत राज्यों का संघ है

31. सुमेलित कीजिए

सूची I (भारतीय संविधान की विशेषताएँ)	सूची II (स्रोत)
A. विधि का शासन	1. जर्मनी का संविधान
B. नीति-निदेशक तत्त्व	2. ऑस्ट्रेलिया का संविधान
C. समवर्ती सूची	3. आयरलैण्ड का संविधान
D. आपातकाल के दौरान मौलिक अधिकारों को स्थगित किया जाना	4. ब्रिटेन का संविधान

कूट

	A	B	C	D		A	B	C	D
(a)	4	2	1	3	(b)	4	3	2	1
(c)	2	3	4	1	(d)	2	1	2	3

32. भारतीय संविधान में ब्रिटिश संविधान से निम्न में से कौन से तत्त्व लिए गए हैं?
1. विधि का शासन
2. न्यायपालिका की स्वतन्त्रता
3. कानून निर्माण की प्रक्रिया
4. संसदीय सरकार
(a) 1, 3 और 4 (b) 1, 2 और 3
(c) 2, 3 और 4 (d) 2 और 4

33. निम्नलिखित में से कौन-सा लक्षण अपने स्रोत से गलत सुमेलित है?
(a) न्यायिक पुनरीक्षण — ब्रिटिश परम्परा
(b) समवर्ती सूची — ऑस्ट्रेलिया का संविधान
(c) नीति-निदेशक सिद्धान्त — आयरलैण्ड का संविधान
(d) मौलिक अधिकार — अमेरिकी संविधान

34. प्रस्तावना में प्रतिष्ठापित समानता, स्वतन्त्रता और बन्धुता के आदर्श की प्रेरणा
(a) रूसी क्रान्ति से ली गई
(b) आयरिश विद्रोहियों से ली गई
(c) फ्रांसीसी क्रान्ति से ली गई
(d) अमेरिका के संविधान से ली गई

35. संविधान में संघ को नाम दिया गया है
(a) हिन्दुस्तान या भारतवर्ष
(b) इण्डिया या हिन्दुस्तान
(c) इण्डिया या भारत
(d) भारत देश या इण्डिया

36. किस संविधान से भारतीय संविधान ने कानून के शासन संसदीय प्रणाली और कानून निर्माण प्रक्रिया की प्रेरणा ग्रहण की है?
(a) अमेरिकी संविधान
(b) ब्रिटिश संविधान
(c) कनाडा का संविधान
(d) उपरोक्त सभी

37. मिनर्वा मिल्स के मामले में सर्वोच्च न्यायालय ने अपने किस मुकदमे में दिए गए फैसले की पुष्टि की?
(a) गोलकनाथ मुकदमा
(b) केशवानन्द भारती मुकदमा
(c) सज्जन सिंह मुकदमा
(d) उपरोक्त में से कोई नहीं

38. भारतीय संविधान में संविधान संशोधन की प्रक्रिया किस राष्ट्र के संविधान पर आधारित है ?
(a) संयुक्त राज्य अमेरिका (b) दक्षिण अफ्रीका
(c) कनाडा (d) आयरलैण्ड

39. निम्नलिखित में से कौन-सा मूल अधिकारों में सम्मिलित नहीं है?
(a) सम्पत्ति का अधिकार
(b) संघ गठित करने का अधिकार
(c) सभा करने का अधिकार
(d) देश के किसी भाग में जाने और निवास का अधिकार

40. भारतीय संघ के अन्तर्गत किसी राज्य को मिलाने का अधिकार किसे है?
(a) भारत के राष्ट्रपति को (b) प्रधानमन्त्री को
(c) संसद को (d) सर्वोच्च न्यायालय को

41. राज्य नीति के निदेशक सिद्धान्तों को भारतीय संविधान में शामिल किए जाने का उद्देश्य है
(a) राजनैतिक प्रजातन्त्र को स्थापित करना
(b) सामाजिक प्रजातन्त्र को स्थापित करना
(c) गाँधीवादी प्रजातन्त्र को स्थापित करना
(d) सामाजिक और आर्थिक प्रजातन्त्र को स्थापित करना

42. भारतीय संविधान में समानता का अधिकार पाँच अनुच्छेदों द्वारा प्रदान किया गया है। यह हैं
(a) अनुच्छेद 16 से अनुच्छेद 20
(b) अनुच्छेद 15 से अनुच्छेद 19
(c) अनुच्छेद 14 से अनुच्छेद 18
(d) अनुच्छेद 13 से अनुच्छेद 17

43. केन्द्र-राज्य सम्बन्ध किस अनुसूची में है?
(a) 7वीं (b) 8वीं (c) 6ठी (d) 7वीं

44. धार्मिक स्वतन्त्रता के अधिकार के प्रावधान के अन्तर्गत सम्मिलित हैं
1. धर्म प्रचार करने का अधिकार
2. सिखों को 'कृपाण' धारण एवं रखने का अधिकार
3. राज्यों को समाज-सुधारक विधि निर्माण का अधिकार
4. धार्मिक निकायों को लोगों का धर्म परिवर्तन कराने का अधिकार

नीचे दिए गए कूट से सही उत्तर का चयन कीजिए
(a) 1, 2 एवं 3 (b) 2, 3 एवं 4
(c) 3 एवं 4 (d) ये सभी

45. निम्नलिखित में से कौन-सा मूल अधिकार भारतीय संविधान में नागरिकों को नहीं दिया गया है?
(a) देश के किसी भी भाग में बसने का अधिकार
(b) लैंगिक समानता का अधिकार
(c) सूचना का अधिकार
(d) शोषण के विरुद्ध अधिकार

46. भारतीय संविधान की आठवीं अनुसूची में कितनी भाषाओं को मान्यता दी गई है?
(a) 18 (b) 22 (c) 10 (d) 15

47. निम्न में से किस भाषा को संविधान की आठवीं अनुसूची में सम्मिलित नहीं किया गया है, जबकि वह एक राज्य की राजकीय भाषा है?
(a) अंग्रेजी (b) सिन्धी (c) उर्दू (d) संस्कृत

48. संविधान की आठवीं अनुसूची में संवैधानिक संशोधन द्वारा निम्न में से कौन-सी भाषा जोड़ी गई है?
(a) संस्कृत (b) सिन्धी (c) पंजाबी (d) कोंकणी

49. कौन-सी भाषा हमारे संविधान की आठवीं अनुसूची में सम्मिलित नहीं है ?
(a) गुजराती (b) कश्मीरी
(c) राजस्थानी (d) डोगरी

50. भारत के संविधान के अन्तर्गत आर्थिक योजना विषय हैं
(a) राज्य सूची में (b) संघ सूची में
(c) समवर्ती सूची में
(d) किसी सूची में निर्दिष्ट नहीं

51. सुमेलित कीजिए

सूची I (संविधान के अनुच्छेद)		सूची II (विषय)	
A.	40	1.	ग्राम पंचायत का गठन
B.	41	2.	काम करने का अधिकार
C.	44	3.	समान नागरिक संहिता
D.	48	4.	कृषि एवं पशुपालन व्यवस्था

कूट

	A	B	C	D
(a)	1	2	3	4
(b)	2	3	1	4
(c)	1	3	4	2
(d)	3	2	4	1

52. भारतीय संविधान में 9वीं अनुसूची परिवर्धित हुई
(a) प्रथम संशोधन द्वारा (b) आठवें संशोधन द्वारा
(c) नौवें संशोधन द्वारा (d) 42वें संशोधन द्वारा

53. भारत के संविधान में अन्तर्राष्ट्रीय शान्ति और सुरक्षा की अभिवृद्धि का उल्लेख है
(a) संविधान की उद्देशिका में
(b) राज्य नीति के निदेशक तत्त्वों में
(c) मूल कर्त्तव्यों में
(d) नौवीं अनुसूची में

54. निम्नांकित में से भारतीय संविधान के कौन-से अनुच्छेद में किसी भी रूप में अस्पृश्यता निषेध के लिए प्रावधान है?
(a) अनुच्छेद 14 (b) अनुच्छेद 17
(c) अनुच्छेद 19 (d) इनमें से कोई नहीं

55. भारतीय संविधान में मौलिक कर्त्तव्यों को सम्मिलित किया गया है
(a) 40वें संशोधन द्वारा (b) 42वें संशोधन द्वारा
(c) 43वें संशोधन द्वारा (d) 44वें संशोधन द्वारा

56. भारत में समाचार पत्रों का स्वातन्त्र्य
(a) संविधान के अनुच्छेद 19 (1)(a)में विशेष रूप से उपबन्धित है
(b) संविधान के अनुच्छेद 19(1)(a)में प्रत्याभूत अभिव्यक्ति के व्यापक स्वातन्त्र्य में निहित है
(c) संविधान के अनुच्छेद 361 (क) के उपबन्धों द्वारा प्रत्याभूत है
(d) देश में विधि के शासन के प्रवर्तन से ही उद्भूत होता है

57. 'समान कार्य के लिए समान वेतन' भारत के संविधान में सुनिश्चित किया गया एक
(a) मौलिक अधिकार है
(b) राज्य के नीति-निदेशक सिद्धान्तों का अंग है
(c) मौलिक कर्त्तव्य है
(d) आर्थिक अधिकार है

58. निम्नलिखित कथनों पर विचार कीजिए
1. अनुच्छेद 301 सम्पत्ति के अधिकार से सम्बद्ध है।
2. सम्पत्ति का अधिकार एक विधिक अधिकार है किन्तु यह मूल अधिकार नहीं है।
3. भारत के संविधान में अनुच्छेद 300A उस समय केन्द्र में कांग्रेस सरकार द्वारा 44वें संविधान संशोधन से अन्त:स्थापित किया गया।

उपरोक्त कथनों में से कौन-सा/से सही है/हैं?
(a) केवल 2
(b) 2 और 3
(c) 1 और 3
(d) 1, 2 और 3

59. भारतीय संविधान के अनुच्छेद 25 का सम्बन्ध है
(a) समानता के अधिकार से
(b) सम्पत्ति के अधिकार से
(c) धर्म की स्वतन्त्रता से
(d) अल्पसंख्यकों की सुरक्षा से

60. भारतीय संविधान का कौन-सा अनुच्छेद अल्पसंख्यकों को अपनी मनपसन्द शिक्षण संस्थाओं के स्थापित एवं संचालित करने के अधिकार को संरक्षण प्रदान करता है?
(a) 19 (b) 26 (c) 29 (d) 30

61. भारत के संविधान की निम्नलिखित में से कौन-सी एक अनुसूची में दल बदल विरोधी कानून विषयक प्रावधान है ?
(a) दूसरी अनुसूची (b) पाँचवीं अनुसूची
(c) आठवीं अनुसूची (d) दसवीं अनुसूची

62. निम्नलिखित में से कौन-सा मद भारत के संविधान की समवर्ती सूची में है?
(a) जनसंख्या नियन्त्रण और परिवार नियोजन
(b) लोकस्वास्थ्य और स्वच्छता
(c) प्रतिव्यक्ति कर
(d) निखात निधि

63. पंचायत राज व्यवस्था से सम्बन्धित 73वें संशोधन अधिनियम के द्वारा किस अनुसूची को संविधान में जोड़ा गया है?
(a) 9वीं अनुसूची को
(b) 10वीं अनुसूची को
(c) 11वीं अनुसूची को
(d) 12वीं अनुसूची को

64. नागरिकों के मूल कर्त्तव्यों की सूची भारतीय संविधान के जिस अनुच्छेद में दी गई है, वह है
(a) 51 (b) 51-A (c) 52 (d) 50

65. निम्न में से कौन-सा भारत के संविधान द्वारा प्रत्याभूत मौलिक अधिकार है?
(a) शासन का अधिकार
(b) सम्पत्ति का अधिकार
(c) सूचना का अधिकार
(d) समानता का अधिकार

सही उत्तर

1. (c)	2. (c)	3. (b)	4. (a)	5. (a)	6. (b)	7. (b)	8. (a)	9. (a)	10. (b)
11. (a)	12. (c)	13. (c)	14. (a)	15. (d)	16. (a)	17. (d)	18. (c)	19. (a)	20. (a)
21. (c)	22. (d)	23. (d)	24. (a)	25. (b)	26. (a)	27. (a)	28. (d)	29. (a)	30. (c)
31. (b)	32. (a)	33. (a)	34. (c)	35. (c)	36. (b)	37. (b)	38. (b)	39. (a)	40. (c)
41. (c)	42. (c)	43. (a)	44. (a)	45. (c)	46. (b)	47. (a)	48. (b)	49. (c)	50. (c)
51. (a)	52. (a)	53. (b)	54. (b)	55. (b)	56. (b)	57. (b)	58. (b)	59. (c)	60. (d)
61. (d)	62. (a)	63. (c)	64. (b)	65. (d)					

अध्याय 08 सरकार के प्रकार

संसदात्मक एवं अध्यक्षात्मक सरकार

संसदात्मक व्यवस्था

- संसदात्मक शासन व्यवस्था के अन्तर्गत व्यवस्थापिका और कार्यपालिका परस्पर सम्बन्धित होती हैं और कार्यपालिका व्यवस्थापिका के प्रति उत्तरदायी होती है।
- संसदीय सरकार को सभात्मक, उत्तरदायी अथवा मन्त्रिमण्डलात्मक सरकार भी कहते हैं।
- इंग्लैण्ड की सरकार को संसदीय प्रणाली का सर्वोत्कृष्ट उदाहरण माना जाता है। 18वीं शताब्दी के उत्तरार्द्ध में यहीं संसदीय प्रणाली का बीजारोपण हुआ।
- **गैटल** "संसदात्मक शासन, शासन के उस रूप को कहते हैं जिसमें प्रधानमन्त्री और मन्त्रिपरिषद् अर्थात् वास्तविक कार्यपालिका अपने कार्यों के लिए कानूनी दृष्टि से व्यवस्थापिका के प्रति उत्तरदायी होती है।
- **गार्नर** के अनुसार, "संसदात्मक शासन वह शासन प्रणाली है जिसमें वास्तविक कार्यपालिका अर्थात् मन्त्रिमण्डल व्यवस्थापिका अथवा उसके लोकप्रिय सदन के प्रति तथा अन्तिम रूप में निर्वाचक मण्डल के प्रति अपनी राजनीतिक नीतियों तथा कार्यों के लिए कानूनी रूप से उत्तरदायी होती है और राज्य का प्रधान नाममात्र का तथा अनुत्तरदायी होता है।"
- संसदीय शासन व्यवस्था में कार्यपालिका शक्ति किसी एक व्यक्ति में निहित न होकर मन्त्रिमण्डल या कैबिनेट में निहित होती है। इसलिए **आइवर जेनिंग्स** ने इसे 'मन्त्रिमण्डलीय सरकार' तथा **आर.एच.एस. क्रॉसमैन** ने 'प्रधानमन्त्रीय सरकार' की संज्ञा दी।
- संसदीय शासन के अन्तर्गत राष्ट्र का प्रधान (राष्ट्रपति या राजा) नाममात्र का प्रधान होता है और शासन के वास्तविक प्रधान के रूप में मन्त्रिपरिषद् के द्वारा कार्य किया जाता है।
- निम्न सदन अर्थात् लोकसभा में बहुमत प्राप्त राजनीतिक दल के नेता को राष्ट्र के प्रधानमन्त्री पद के लिए आमन्त्रित करता है।
- मन्त्रिपरिषद् को 'सामूहिक उत्तरदायित्व के सिद्धान्त' के आधार पर कार्य करना पड़ता है इसलिए साधारणतया प्रधानमन्त्री अपने ही दल के सदस्यों को मन्त्रिपरिषद् के लिए चुनता है।
- मन्त्रिपरिषद् का सदस्य होने के लिए व्यवस्थापिका की सदस्यता आवश्यक है किन्तु प्रधानमन्त्री ऐसे व्यक्ति को भी मन्त्रिपरिषद् के लिए चुन सकता है जो व्यवस्थापिका का सदस्य न हो, बशर्ते ऐसे सदस्य को निश्चित अवधि के अन्दर व्यवस्थापिका का सदस्य बनना अनिवार्य है।
- कार्यपालिका, विधानमण्डल के प्रति सामूहिक रूप से उत्तरदायी होती है।
- संसद (विधानमण्डल) के महत्त्व को स्पष्ट करते **हुए वर्ने** ने कहा कि "यह (संसद) वह मंच है जहाँ राजनीति का नाटक खेला जाता है। यह राष्ट्रीय विचारों का रंगमंच है। यह वह विद्यालय है, जहाँ भावी राजनीतिक नेताओं का प्रशिक्षण होता है।"
- संसदीय शासन प्रणाली की एक प्रमुख विशेषता यह है कि यदि कार्यपालिका पर से विधानमण्डल का विश्वास उठ जाए, तो विधानमण्डल उसे पदच्युत कर सकती है।
- संसदीय शासन प्रणाली वाले प्रमुख देश हैं ब्रिटेन, आस्ट्रेलिया, कनाडा, भारत आदि।
- फ्रांस और श्रीलंका की शासन प्रणाली में संसदीय तथा अध्यक्षीय दोनों शासन प्रणालियों का मिश्रण पाया जाता है।
- संसदीय शासन के तहत कार्यपालिका एवं विधायिका के मध्य घनिष्ठ सम्बन्ध के विषय में **'बेजहाट'** (Begehat) ने यह कहा कि यह एक हाइफन है जो जोड़ता है, एक बकल है जो विधायिका एवं कार्यपालिका को एक अटूट बन्धन में बाँधता है।"

संसदात्मक शासन की मुख्य विशेषताएँ

- नाममात्र की व वास्तविक कार्यपालिका में अन्तर होता है। वास्तविक कार्यपालिका कोई सम्राट या साम्राज्ञी हो सकती है जिस तरह जापान और ब्रिटेन में है। या फिर वह राष्ट्रपति हो सकता है; जैसे—भारत, पश्चिमी जर्मनी या इटली में है।
  वास्तविक कार्यपालिका अथवा राजनीतिक कार्यपालिका में प्रधानमन्त्री, चांसलर और मन्त्रिमण्डल सम्मिलित हैं।
- व्यवस्थापिका व कार्यपालिका में घनिष्ठ सम्बन्ध कायम रहता है। कार्यपालिका की नियुक्ति व्यवस्थापिका में से ही की जाती है और कार्यपालिका अपने द्वारा सम्पन्न कार्यों और नीतियों के लिए व्यवस्थापिका के प्रति उत्तरदायी होती है।
- व्यवस्थापिका यदि कार्यपालिका को समर्थन देना बन्द कर दे, तो कार्यपालिका को त्यागपत्र देना पड़ता है।
- विधानमण्डल का निर्वाचन, निर्वाचन मण्डल द्वारा होता है वैसे तो विधानमण्डल का कार्यकाल निश्चित होता है, परन्तु प्रधानमन्त्री या चांसलर की सलाह से राज्यप्रमुख नियत समय से पूर्व भी विधानमण्डल को भंग करके नवीन चुनाव कर सकता है।
- संसदीय शासन में वास्तविक कार्यपालिका का निर्माण करने वाले मन्त्रिगण व्यवस्थापिका के प्रति सामूहिक रूप से उत्तरदायी होते हैं।

- संसदीय शासन के अन्तर्गत राजनीतिक एकरूपता पाई जाती है अर्थात् प्रत्येक मन्त्री अपने अधीन विभाग को समुचित ढंग से चलाने के लिए विधानमण्डल के प्रति व्यक्तिगत रूप से उत्तरदायी होता है।
- संसदीय शासन में प्रधानमन्त्री मन्त्रिमण्डल का नेतृत्व करता है। **लॉस्की** के शब्दों में "मन्त्रिमण्डल के निर्माण, जीवन और अन्त में केन्द्रीय स्थिति रखता है।"
- संसद के निम्न सदन (लोकसभा) में बहुमत प्राप्त दल का नेता होने के कारण प्रधानमन्त्री सदन का भी नेता होता है।

संसदात्मक शासन के गुण

- व्यवस्थापिका और कार्यपालिका में प्राय: सहयोग और सामञ्जस्य पाया जाता है, जिससे श्रेष्ठ कानूनों का निर्माण और जनकल्याणकारी प्रशासन सफलतापूर्वक संचालित होते हैं।
- **प्रो. विलोबी** के अनुसार, "यह प्रणाली उत्तरदायित्व, निर्देशन एवं प्रभुसत्ता की एकता की समर्थक है, क्योंकि इसके अन्तर्गत वास्तविक रूप में उत्तरदायी एक ही अंग रहता है। अत: शासन के विभिन्न अंगों के मध्य संघर्ष असम्भव है।"
- मन्त्रिमण्डल व्यवस्थापिका के सदस्य के रूप में जनता के प्रतिनिधि होते हैं। अत: व्यवस्थापिका के माध्यम से ही जनता के प्रति उत्तरदायी होते हैं। इस तरह संसदीय शासन व्यवस्था लोकमत का उचित आदर करती है।
- **डायसी** के अनुसार, "संसदीय प्रणाली के अन्तर्गत मन्त्रिमण्डल को जनमत के प्रति अत्यधिक सचेत रहना पड़ता है, क्योंकि उसी पर उसका अस्तित्व निर्भर करता है।"
- संसदीय शासन व्यवस्था में सरकार निरंकुश नहीं होती, *इसके निम्न कारण हैं*
  (i) सरकार व्यवस्थापिका के प्रति उत्तरदायी होती है।
  (ii) व्यवस्थापिका में उपस्थित विपक्षी दल सरकार पर प्राय: अंकुश बनाए रखता है।
  (iii) व्यवस्थापिका मन्त्रिमण्डल पर निन्दा प्रस्ताव, काम रोको प्रस्ताव, कटौती प्रस्ताव और अविश्वास प्रस्ताव के आधार पर नियन्त्रण बनाए रखता है।
- संसदीय शासन व्यवस्था में राष्ट्रीय संकट, जैसे—आसाधारण समय में व्यवस्थापिका देश के नेता को असाधारण शक्ति प्रदान कर सकती है।

संसदात्मक शासन के दोष

- संसदीय शासन व्यवस्था शक्तियों के पृथक्करण के सिद्धान्त के विरुद्ध है जिसके अनुसार शासन के अन्तर्गत व्यवस्थापन, शासन एवं न्याय सम्बन्धी शक्तियाँ पृथक्-पृथक् रहती हैं, जबकि संसदीय शासन व्यवस्था में कार्यपालिका और व्यवस्थापिका परस्पर सम्बन्धित हैं। व्यवस्थापिका के लोकप्रिय सदन (लोकसभा) में जिस राजनीतिक दल को बहुमत प्राप्त होता है, उसी के द्वारा कार्यपालिका का निर्माण होता है। अत: दोनों विभागों की शक्ति का प्रयोग करने वाला यह राजनीतिक तानाशाही का रूप धारण कर सकता है।
- **लास्की** के अनुसार, "यह (संसदीय शासन) निश्चित रूप से कार्यपालिका को तानाशाह बनने का अवसर प्रदान करता है।"
- **रैम्जे म्योर** के मत में "मन्त्रिपरिषदीय उत्तरदायित्व की आड़ में वस्तुत: नौकरशाही तैरती है।"
- संसदात्मक शासन व्यवस्था निर्बल शासन व्यवस्था का प्रतिनिधित्व करती है, क्योंकि शासन की सम्पूर्ण शक्ति किसी एक व्यक्ति में नहीं वरन् मन्त्रिमण्डल के प्रत्येक सदस्य में निहित होती है।
- इस तरह आवश्यक निर्णय लेने में काफी समय लग जाता है।

निष्कर्ष

संसदीय शासन व्यवस्था अपनाने वाले देश में बहुदलीय व्यवस्था होने पर सरकार का निर्माण करना अति दुष्कर है, क्योंकि व्यवस्थापिका में किसी एक राजनीतिक दल को सामान्यत: बहुमत नहीं मिलता और अन्तत: मिले-जुले मन्त्रिमण्डल का निर्माण करना पड़ता है, जिसमें विघटन की सम्भावना ज्यादा रहती है।

कार्यपालिका का कार्यकाल व्यवस्थापिका के विश्वास पर निर्भर होने की वजह से निश्चित नहीं रहता और मन्त्रिमण्डल में उचित योजनाओं को कार्यान्वित करने का कोई उत्साह नहीं रहता।

अध्यक्षात्मक शासन व्यवस्था

- यह वह शासन व्यवस्था है, जिसमें कार्यपालिका और व्यवस्थापिका सर्वथा पृथक् रहते हैं और कार्यपालिका का प्रधान व्यवस्थापिका के प्रति उत्तरदायी नहीं होता।
- **गार्नर** के अनुसार, "अध्यक्षात्मक सरकार वह होती है, जिसमें कार्यपालिका अर्थात् राज्य का अध्यक्ष तथा उसके मन्त्री अपनी अवधि के बारे में संविधान की दृष्टि से विधानमण्डल से स्वतन्त्र होते हैं और अपनी राजनीतिक नीतियों के बारे में उसके प्रति अनुत्तरदायी होते हैं।"
- **गैटल** के अनुसार, "अध्यक्षात्मक शासन वह प्रणाली है, जिसमें कार्यपालिका प्रधान अपने कार्यकाल और बहुत कुछ सीमा तक अपनी नीतियों और कार्यों के बारे में विधानमण्डल से स्वतन्त्र होता है।"
- अध्यक्षीय प्रणाली का सबसे उपयुक्त उदाहरण संयुक्त राज्य अमेरिका है। इसके अतिरिक्त अध्यक्षीय प्रणाली को अपनाने वाले अन्य देश—ब्राजील, पाकिस्तान, फिलीपींस गणराज्य, लाइबेरिया तथा मध्य और दक्षिणी अमेरिका के अधिकांश देश हैं।
- अध्यक्षीय शासन व्यवस्था में कार्यपालिका का प्रधान अथवा राष्ट्रपति का चुनाव देश के नागरिकों द्वारा प्रत्यक्ष अथवा अप्रत्यक्ष रूप से किया जाता है।
- राष्ट्रपति की सलाहकार संस्था 'मन्त्रिपरिषद्' का निर्माण राष्ट्रपति निर्वाचित होने के बाद स्वयं अपनी इच्छा से करता है। ये मन्त्री व्यक्तिगत रूप से राष्ट्रपति के प्रति उत्तरदायी होते हैं।
- मन्त्रिपरिषद् में सामूहिक उत्तरदायित्व की भावना का अभाव होता है तथा इनका अस्तित्व पूर्णतया राष्ट्रपति की इच्छा पर निर्भर है।

अध्यक्षात्मक शासन की विशेषताएँ

- अध्यक्षीय शासन व्यवस्था माण्टेस्क्यू द्वारा प्रतिपादित शक्ति प्रथक्करण सिद्धान्त पर आधारित है जिसके अन्तर्गत व्यवस्थापिका तथा कार्यपालिका अपने-अपने कार्यों मे प्राय: एक- दूसरे से स्वतन्त्र रहती हैं। व्यवस्थापिका के निन्दा प्रस्तावों एवं अविश्वास प्रस्तावों से कार्यपालिका प्रभावित नहीं होती, न ही कार्यपालिका व्यवस्थापिका विधि निर्माण सम्बन्धी कार्यों में भाग लेती है।

- अध्यक्षात्मक शासन में नाममात्र की व वास्तविक कार्यपालिका में कोई भेद नहीं होता क्योंकि देश का वैधानिक प्रधान राष्ट्रपति ही वास्तविक रूप से कार्यपालिका का प्रधान होता है।
- कार्यपालिका के प्रधान राष्ट्रपति का निर्वाचन एक निश्चित अवधि (4 वर्ष) के लिए किया जाता है उससे पहले विधायिका महाभियोग के अतिरिक्त अपने पद से मुक्त नहीं कर सकती। इसलिए कार्यपालिका अपने कार्यों को उचित परिणाम दे सकती है।
- अध्यक्षीय शासन-प्रणाली नियन्त्रण और सन्तुलन (Cheeks and Balances) की व्यवस्था का पूर्णत: पालन करती है जिसका अर्थ है कि शासन के तीनों अंग वैसे तो एक-दूसरे से स्वाधीन हों, परन्तु अपने कार्यों के निर्वाह के लिए उन्हें एक-दूसरे के समर्थन की आवश्यकता रहे।

अध्यक्षात्मक शासन के गुण

- अध्यक्षीय शासन व्यवस्था में शासन की स्थिरता बनी रहती है क्योंकि कार्यपालिका का प्रधान एक निश्चित अवधि के लिए निर्वाचित होता है और व्यवस्थापिका का निर्माण भी एक निश्चित समय के लिए होता है। अत: दोनों निश्चित होकर अपनी योजनाओं को बढ़ावा दे सकते हैं।
- अध्यक्षीय प्रणाली, संसदीय प्रणाली की अपेक्षा अधिक कुशल होती है, क्योंकि कार्यपालिका व्यवस्थापिका से स्वतन्त्र होने के कारण अपने कार्यों को स्वतन्त्रतापूर्वक कार्यान्वित करती है।
- अध्यक्षीय शासन में प्रशासनिक एकता पाई जाती है क्योंकि शासन की सम्पूर्ण शक्ति राष्ट्रपति में निहित होती है अत: संकटकालीन अवस्था में राष्ट्रपति स्वयं अपने विवेक से शीघ्रतापूर्वक निर्णय लेने में सक्षम होता है।
- वह इस शासन व्यवस्था में राजनीतिक दल केवल निर्वाचन के दौरान सक्रिय रहते हैं और राष्ट्रपति दलबन्दी से अलग होकर शासन कार्य करता है।
- अध्यक्षीय शासन प्रणाली के तहत मन्त्रिमण्डल के सदस्य जनता के प्रतिनिधि नहीं होते अत: योग्यता और कार्य कुशलता के आधार पर उनका चयन किया जाता है। राजनीतिक या दलीय आधार पर नहीं। प्रत्येक चार वर्ष बाद राष्ट्रपति का चुनाव मतदाता स्वयं करके राष्ट्रपति पर प्रत्यक्ष नियन्त्रण रखते हैं। अत: कार्यपालिका अपनी शक्ति का प्रयोग प्राय: जन-हित के पक्ष में ही करती है।

अध्यक्षात्मक शासन के दोष

- विधि निर्माता और प्रशासक आपस में समुचित सहयोग नहीं कायम कर पाते। कार्यपालिका और विधानमण्डल में मतभेद होने पर मतदाताओं को अगले चुनाव तक प्रतीक्षा करनी पड़ती है, क्योंकि दोनों का निर्वाचन एक नियत समय के लिए होता है। दोनों एक-दूसरे की नीतियों को अपनाने से इनकार कर सकते हैं।
- अध्यक्षीय शासन-व्यवस्था में विधानमण्डल और कार्यपालिका जनता के प्रति उत्तरदायी नहीं होते और न ही ये दोनों जनता द्वारा चुने जाते हैं कि जनता पुन: चुनाव करवाने का भय दिखाकर इन पर अंकुश रखे।
- अध्यक्षीय शासन-प्रणाली का एक प्रमुख दोष यह है कि कार्यपालिका का समय निश्चित होने के कारण सदन में कोई व्यवस्थित विपक्ष उभर कर सामने नहीं आता।
- इस शासन में परिवर्तित परिस्थितियों के अनुसार कार्यपालिका के प्रधान में कोई परिवर्तन नहीं सम्भव हो पाता, क्योंकि नियत समय पूर्ण होने तक कार्यपालिका और विधानपालिका को हटाया नहीं जा सकता।

एकात्मक एवं संघात्मक शासन व्यवस्था

एकात्मक व्यवस्था

- यह वह शासन व्यवस्था है, जिसमें संविधान द्वारा शासन की समस्त शक्ति केन्द्र में निहित हो जाती है और स्थानीय सरकारों की शक्तियाँ एवं उनका अस्तित्व पूर्णत: केन्द्रीय सरकार की इच्छा पर निर्भर होता है।
- **डॉ. फाइनर** के अनुसार, ''एकात्मक राज्य वह है, जिसमें शासन सत्ता एवं व्यक्ति एक केन्द्र में निहित रहते हैं और जिनकी इच्छा एवं जिसके अधिकारी समस्त क्षेत्र पर कानूनन सर्वशक्तिमान होते हैं।''
- **डायसी** के अनुसार, ''एक केन्द्रीय शक्ति के द्वारा सर्वोच्च शक्ति का प्रयोग किया जाना ही एकात्मक शासन है।''
- **गार्नर** ''यह शासन वह प्रणाली है जिसमें संविधान केन्द्रीय शासन के एक अथवा एक से अधिक अंगों को पूरी शक्ति प्रदान करता है और इन्हीं से स्थानीय सरकारों को अपनी सारी शक्ति तथा अपना अस्तित्व प्राप्त होता है।''
- एकात्मक राज्यों के प्रसिद्ध उदाहरण हैं—यूनाइटेड किंगडम (ब्रिटेन), फ्रांस और बेल्जियम, नार्वे, जापान आदि।

एकात्मक शासन की विशेषताएँ

- एकात्मक शासन में संविधान द्वारा सम्पूर्ण राजशक्ति केन्द्रीय सरकार में निहित होती है। इकाइयों में इसका विभाजन नहीं किया जाता। सरकार (केन्द्रीय) ही समस्त कार्यों का संचालन करती है।
- प्रान्तीय सरकारों की स्वयं की पृथक् एवं स्वतन्त्र शक्ति नहीं होती उनका अस्तित्व केन्द्रीय इच्छा पर निर्भर है।
- एकात्मक शासन प्रणाली वाले राज्यों में इकहरी नागरिकता की व्यवस्था होती है। यद्यपि इकहरी नागरिकता से तात्पर्य अनिवार्य रूप से एकात्मक शासन नहीं है।

एकात्मक शासन के गुण

- एकात्मक शासन के अन्तर्गत पूरे राज्य में केन्द्रीय शासन के निर्देशन में एक ही प्रकार के कानून कार्यान्वित होने से सम्पूर्ण राज्य में प्रशासनिक एकरूपता बनी रहती है जो कि राज्य की उन्नति और प्रशासनिक कुशलता के लिए अत्यन्त आवश्यक है।
- सम्पूर्ण शक्ति केन्द्रीय सरकार में निहित होने के कारण वह जनता के हित को दृष्टि में रखकर समस्त विषयों के सम्बन्ध में उचित और दृढ़त्के साथ कार्य कर सकती है तथा समस्त कार्यों (प्रशासनिक) का उत्तरदायित्व केन्द्रीय सरकार पर ही होता है।
- **गेटल** के अनुसार, ''एकात्मक शासन में शासन की सारी शक्तियाँ एक ही संस्था में केन्द्रित होती हैं। इसलिए प्रशासन की गुत्थियों को सुलझाने में सरकार की सारी शक्तियाँ लागू की जा सकती हैं। वहाँ कोई शक्ति का झगड़ा, उत्तरदायित्व की अस्पष्टता, काम का दोहरापन या क्षेत्राधिकार के उलझाव नहीं हो सकते।''
- वैदेशिक सम्बन्धों का कुशल संचालन करने की दृष्टि से एकात्मक सरकार ही अधिक उपयुक्त होती है। क्योंकि अन्तर्राष्ट्रीय युद्ध, सन्धि, समझौते आदि समस्याओं के समाधान के लिए नीति और कार्य सम्बन्धी एकरूपता की आवश्यकता होती है।

- **विलोबी** सुरक्षा तथा अन्तर्राष्ट्रीय सम्बन्धों के विषय में एकात्मक राज्य की शक्ति विशेषतया स्पष्ट हो जाती है क्योंकि ऐसे राज्य में शक्ति का कोई झगड़ा नहीं होता, काम के बारे में उत्तरदायित्व की कोई अस्पष्टता नहीं होती, क्षेत्र का उल्लंघन नहीं होता, काम का या संगठन का कोई ऐसा दोहरापन नहीं होता जिसे तुरन्त ठीक नहीं किया जा सके।''
- युद्ध आर्थिक संकट और अन्य आकस्मिक परिस्थितियों के अन्तर्गत शीघ्रतापूर्वक निर्णय करने, उन्हें गुप्त रखने और शीघ्रतापूर्वक उन्हें कार्य रूप में परिणत करने का कार्य एकात्मक शासन के तहत ही सफलतापूर्वक सम्पन्न हो सकता है।

एकात्मक शासन के दोष

- एकात्मक शासन में सम्पूर्ण शक्ति केन्द्रीय सरकार में निहित होने के कारण केन्द्रीय सरकार का सभी क्षेत्रों में मनमानी करने का स्वाभाविक भय कायम रहता है।
- एकात्मक शासन में प्रादेशिक और क्षेत्रीय संस्थाओं का अभाव होता है। केन्द्रीय सरकार द्वारा स्थानीय नीतियों और कार्यों का नियन्त्रण भी बहुत दूर से होता है, जोकि प्रभावशाली नहीं सिद्ध हो पाता।
- केन्द्र की सरकार स्थानीय समस्याओं की गहराई तक न पहुँच पाने के कारण उसका यथेष्ट समाधान भी नहीं कर पाती।
- एकात्मक शासन जनता में राजनीतिक चेतना जाग्रत करने में असमर्थ होता है, क्योंकि स्थानीय स्वशासन की व्यवस्था न होने से जनता को सार्वजनिक कार्यों में भाग लेने का अवसर नहीं मिलता।
- 'संघ' शब्द का उद्भव (अंग्रेजी के 'फेडरेशन') लैटिन भाषा के 'फोएडस' से हुआ है जिसका अर्थ है 'सन्धि या समझौता'।

संघात्मक शासन

- **संघात्मक शासन** से तात्पर्य ऐसे शासन से है, जिसमें संविधान द्वारा ही केन्द्र की सरकार और इकाइयों की सरकारों के मध्य शक्ति का विभाजन कर दिया जाता है। इन दोनों को शक्ति-विभाजन से सम्बन्धित कोई भी परिवर्तन करने का अधिकार नहीं है।
- **डायसी** के अनुसार, ''संघात्मक राज्य, एक ऐसे राजनीतिक उपाय के अतिरिक्त कुछ नहीं है जिसका उद्देश्य राष्ट्रीय एकता तथा राज्यों के अधिकारों में मेल स्थापित करना है।''
- **गार्नर** के अनुसार, ''संघ ऐसी प्रणाली है, जिसमें केन्द्रीय तथा स्थानीय सरकारें एक ही प्रभुत्व शक्ति के अधीन होती हैं। ये सरकारें अपने-अपने क्षेत्र में जिसे संविधान अथवा संसद का कोई कानून निश्चित करता है, सर्वोच्च होती हैं। संघ सरकार जैसा कि प्राय: कह दिया जाता है, अकेली केन्द्रीय सरकार नहीं होती वरन् यह केन्द्रीय स्थानीय सरकारों को मिलाकर बनती है।
- स्थानीय सरकारें उसी प्रकार के संघ का भाग हैं जिस प्रकार केन्द्रीय सरकार। वे केन्द्र द्वारा निर्मित अथवा नियन्त्रित नहीं होतीं।''
- **फाइनर** के अनुसार, ''संघीय राज्य वह है जिसमें अधिकार व शक्ति का कुछ भाग स्थानीय क्षेत्रों में निहित हो व दूसरा भाग स्थानीय क्षेत्रों के समुदाय द्वारा विचारपूर्वक बनायी गई केन्द्रीय संस्था को दिया जाए।''
- **हैमिल्टन** के अनुसार, ''संघ राज्यों का एक ऐसा समुदाय है जो नए राज्य का निर्माण करता है।''
- **सी. एफ. स्ट्रांग** के अनुसार संघ-राज्य एक ऐसी राजनीतिक योजना है जिसका उद्देश्य राज्यों के अधिकारों का राष्ट्रीय एकता तथा शक्ति के साथ सामञ्जस्य स्थापित करना है अर्थात् संक्षेप में ऐसा शासन जिसमें विधायिनी सत्ता केन्द्रीय और इकाइयों में विभाजित रहती है।
- **कोरी एवं अब्राहम** ''संघवाद सरकार का दोहरा रूप है जो विभिन्नता के साथ एकता का सामन्जस्य करने की दृष्टि से शक्तियों के प्रादेशिक और प्रकार्यात्मक विभाजन पर आधारित होता है। संघीय व्यवस्था का सबसे महत्त्वपूर्ण लक्षण शक्तियों और सत्ता का संयुक्त सरकार तथा राज्य सरकारों के मध्य वितरण है।''
- **के. सी. ह्वीयर** ''संघ-शासन का अर्थ एक ऐसी पद्धति है, जिसके द्वारा सामान्य और प्रादेशिक शासकों में सामन्जस्य होते हुए भी वे अपने-अपने क्षेत्र में स्वतन्त्र होते हैं।''
- आधुनिक विश्व में संघवाद का सर्वोतम उदाहरण संयुक्त राज्य अमेरिका है। संघवाद के अन्य उदाहरण स्विट्जरलैण्ड, कनाडा, आस्ट्रेलिया, जर्मनी, दक्षिण अफ्रीका, रूस, यूगोस्लाविया, भारत आदि हैं।

संघात्मक शासन की विशेषताएँ

- संघात्मक राज्य में प्रमुख शक्ति का दोहरा प्रयोग होता है। इकाइयों को अपनी सत्ता केन्द्रीय सरकार से नहीं, संविधान द्वारा प्राप्त होती है और उनकी स्थिति अधीनता की नहीं बल्कि समानता की होती है।
- संविधान द्वारा केन्द्रीय सरकार और स्थानीय सरकारों के मध्य शक्ति का विभाजन कर दिया जाता है। केन्द्रीय सरकार को राष्ट्रीय महत्त्व के विपक्ष एवं स्थानीय महत्त्व के विषय स्थानीय सरकार को सौंपे जाते हैं।
- संघात्मक राज्य के अन्तर्गत संविधान सर्वोच्च होता है और इसकी अवहेलना करने का अधिकार, केन्द्रीय सरकार, प्रान्तीय सरकार एवं सरकार के किसी भी अंग को नहीं है।
- संघात्मक शासन धारण करने वाले राज्यों के अन्तर्गत सर्वोच्च न्यायालय की व्यवस्था की जाती है जो विधान की व्याख्या एवं रक्षा करता है।
- केन्द्रीय एवं प्रान्तीय सरकारों के मध्य किसी प्रकार का विवाद उत्पन्न होने पर सर्वोच्च न्यायालय ही इन विवादों का निपटारा करता है।
- **हस्किन** (Haskin) के अनुसार, ''संघीय शासन में सर्वोच्च न्यायालय शासनतन्त्र में सन्तुलन बनाए रखने वाला पहिया है।''
- संघात्मक राज्यों में दोहरी नागरिकता की व्यवस्था होती है। अर्थात् व्यक्ति केन्द्रीय सरकार और प्रान्तीय सरकार जिसमें वह निवास करता है—इन दोनों का नागरिक होता है।
- दोहरी नागरिक्ता संघात्मक शासन का अनिवार्य तत्त्व नहीं भारतीय संविधान में संघ राज्य की व्यवस्था दायें की है परन्तु दोहरी नागरिकता की व्यवस्था नहीं है।

संघीय शासन के गुण

- शक्ति विभाजन के आधार पर केन्द्रीय सरकार और स्थानीय सरकार के मध्य सामञ्जस्य बना रहता है। राष्ट्रीय महत्त्व के विषय केन्द्रीय सरकार के पास तथा स्थानीय महत्त्व के विषय स्थानोय सरकार के पास होने के कारण राष्ट्रीय एकता और स्थानीय शासन की स्वतन्त्रता कायम रहती है।
- **डायसी** के अनुसार, ''संघ शासन राष्ट्रीय एकता और राज्यों के अधिकारों में सामञ्जस्य स्थापित करने की अद्भुत राजनीतिक पद्धति है।

- **गैटल** "सामान्य हितों पर केन्द्रीय सरकार का नियन्त्रण होने से तथा भिन्न-भिन्न स्थानों के प्रश्नों का हल उसी स्थान के लोगों पर छोड़ देने से एकता से आने वाली शक्ति तथा भिन्नता से आने वाली प्रगति आपस में मिल जाती है।"
- संघीय शासन के अन्तर्गत छोटे राज्यों को परस्पर मिलकर एक शक्तिशाली संगठन का निर्माण करने का अवसर प्राप्त होता है।
- संघीय शासन अपने नागरिकों को राजनीतिक चेतना के प्रशिक्षण हेतु प्रेरित करता है क्योंकि प्रत्येक नागरिक को अपने ही क्षेत्र में सर्वांगीण संघीय सरकार की छाया सरकार प्राप्त हो जाती है।
- संघात्मक शासन में निरंकुशता की आशंका नहीं रहती क्योंकि शासन शक्ति अनेक इकाइयों में विभाजित रहती है।
- **लार्ड ब्राइस** के अनुसार, "संघ में एक निरंकुश शासक द्वारा जनता के अधिकार हड़प लिए जाने का खतरा नहीं रहता है।"
- विशाल राज्यों के लिए जहाँ भाषा, धर्म, जाति आदि विभिन्नता विद्यमान है, संघात्मक शासन नितान्त उपयुक्त होता है।
- आर्थिक बचत की दृष्टि से भी संघीय शासन उत्तम है। क्योंकि संघ की स्थापना से ऐसे अनेक व्यय बच जाते हैं, जो संघ की प्रत्येक इकाई को अलग रहते हुए करना पड़ता है।

संघीय शासन के दोष

- संघात्मक शासन में आन्तरिक प्रशासन सम्बन्धी निर्बलता पाई जाती है। जिन विषयों का प्रबन्ध संघ की इकाइयों द्वारा होता है, उनके सम्बन्ध में विभिन्न क्षेत्रों में भिन्नता पाई जाती है और दुहरे प्रशासन की वजह से प्रबन्ध में अनावश्यक विलम्ब होता है।
- **डायसी** "एकात्मक शासन की तुलना में संघीय शासन निर्बल है। एक सच्ची संघीय सरकार शक्तियों के विभाजन पर आधारित होती है। इसका अर्थ यह है कि एक राज्य के विरुद्ध दूसरे राज्य को सन्तुलित करना ही नितिज्ञता का सतत् प्रयत्न रहता है।"
- यद्यपि प्रत्येक संघ-राज्य में अन्तर्राष्ट्रीय सम्बन्धों के संचालन का कार्य केन्द्रीय सरकार द्वारा सम्पन्न होता है, परन्तु इसके लिए व्यापार वाणिज्य, सूचना और पर्यटन आदि विभागों का सहयोग आवश्यक होता है।
- इन विभागों पर साधारणतया इकाई सरकारों का आधिपत्य रहता है जिससे केन्द्रीय सरकार को अन्तर्राष्ट्रीय सम्बन्धों के संचालन में कठिनाई का सामना करना पड़ता है। कभी-कभी आन्तरिक मतभेद विदेश नीति को प्रभावित करने लगते हैं और विदेश में राजकीय प्रतिष्ठा कम हो जाती है।

निष्कर्ष

संघीय शासन में विभिन्न प्रशासनिक त्रुटियों के लिए केन्द्रीय सरकार और प्रान्तीय सरकारें दोनों ही एक-दूसरे को उत्तरदायी ठहराती हैं। ऐसी स्थिति में उत्तरदायित्व निश्चित करना कठिन हो जाता है। लिखित और कठोर संविधान संघीय शासन की अनिवार्य आवश्यकता होती है। परिवर्तित परिस्थितियों के अनुकूल सांविधानिक संशोधन हेतु इकाइयाँ स्वीकृति नहीं देतीं, जोकि प्रगतिशीलता के विरुद्ध है।

कुलीनतन्त्र

कुलीनतन्त्र शासन-प्रणाली को श्रेष्ठ लोगों की सरकार कहा जाता है। 'कुलीनतन्त्र' अंग्रेजी के 'Aristocracy' शब्द का हिन्दी रूपान्तर है। यह शब्द यूनानी भाषा के दो शब्दों 'Aristos' तथा 'Krotos' से मिलकर बना है। 'Aristos' का अर्थ है 'श्रेष्ठ' और 'Krotos' का अर्थ है 'शक्ति'। इस प्रकार कुलीनतन्त्र श्रेष्ठ लोगों की शक्ति या सरकार का नाम है।

कुलीनतन्त्र की परिभाषाएँ

कुलीनतन्त्र की प्रमुख परिभाषाएँ निम्नलिखित हैं

- **लॉर्ड ब्राइस** के अनुसार, "कुलीनतन्त्र सबसे उत्तम सरकार है, जिसमें कुछ थोड़े-से उच्च शिक्षित तथा जनसेवी लोग सरकार के कार्य को संचालित करते हैं।"
- **ब्लंटशली** के अनुसार, "कुलीनतन्त्र का लक्षण ठाट-बाट, नागरिकों के प्रति कठोरता तथा अत्यधिक रूढ़िवादिता है।"

कुलीनतन्त्र शासन-प्रणाली के गुण

गुणों की मान्यता कुलीनतन्त्र शासन-प्रणाली में शासकों के गुणों की मान्यता होती है। ऐसे शासन में गुणी तथा योग्यतम व्यक्ति शासन करते हैं, इसलिए प्रसिद्ध विद्वान् **मॉण्टेस्क्यू** ने लिखा है कि "गुण पर आधारित संयमी कुलीनतन्त्र शासन-प्रणाली की आत्मा है।"

योग्य और बुद्धिमान व्यक्तियों का शासन कुलीनतन्त्र में शासन अत्यन्त योग्य और बुद्धिमान व्यक्तियों के हाथों में रहता है। समाज में केवल योग्य व्यक्ति ही शासन चला सकते हैं, साधारण जनता नहीं। इस सम्बन्ध में **कार्लाइल** का कथन है कि "यह मूर्खों का बहुत बड़ा सौभाग्य है कि वे बुद्धिमान व्यक्तियों द्वारा शासित किए जाएँ।"

स्वाभाविक ढंग का शासन यह शासन एक स्वाभाविक शासन है, क्योंकि इसमें थोड़े-से व्यक्तियों का शासन होता है। समाज में प्रकृति ने भी सबको बराबर नहीं बनाया है, कुछ व्यक्ति बहुत बुद्धिमान और अधिकांश व्यक्ति साधारण बुद्धि के होते हैं। अत: यह स्वाभाविक है कि अधिक बुद्धिमान व्यक्ति साधारण बुद्धि वाले व्यक्तियों पर शासन करें।

स्थिरता, स्थायित्व तथा दक्षता कुलीनतन्त्र शासन में स्थिरता तथा दक्षता होती है, क्योंकि इस व्यवस्था में शासन कुछ योग्य, कुशल और नि:स्वार्थी व्यक्तियों के हाथों में होता है। यह वर्ग किसी भी प्रकार का परिवर्तन नहीं चाहता है, इसलिए स्थायित्व रहता है तथा शासक वर्ग समाज का योग्यतम वर्ग होने के कारण शासन- कला में दक्ष होता है। इस शासन-प्रणाली में भ्रष्टाचार नहीं पनपता।

प्रशासकीय कुशलता कुलीनतन्त्र शासन-प्रणाली में शासन की सत्ता कुशल लोगों के हाथों में होती है। वे प्रशासकीय कार्यों को बड़ी सतर्कता के साथ सम्पादित करते हैं। इसलिए कुलीनतन्त्र शासन-प्रणाली में प्रशासकीय कुशलता पाई जाती है। **जे. एस. मिल** के अनुसार, "इतिहास में जो व्यक्ति राज्य-कार्य सम्पादन में अटूट मानसिक योग्यता तथा शक्ति के लिए उल्लेखनीय हुए हैं, वे साधारणतया कुलीनतन्त्री ही थे।"

प्राचीन परम्पराओं की सुरक्षा कुलीतन्त्र शासन-प्रणाली में कुलीन, श्रेष्ठ या धनिक लोगों के हाथों में शासन की सत्ता होती है। ये लोग पुराने रीति-रिवाजों के रक्षक होते हैं। लोकतन्त्र में दलीय प्रभावों के कारण कानून शीघ्र बदलते रहते हैं, परन्तु कुलीनतन्त्र में पुरानी सामाजिक परम्पराओं को सुरक्षित रखा जाता है और उनमें परिवर्तन तभी किया जाता है, जब कि आवश्यक हो जाए। इस तरह से भूतकाल के साथ अटूट सम्बन्ध बना रहता है।

राजतन्त्र और प्रजातन्त्र के दोषों का निवारण करके श्रेष्ठ शासन की स्थापना कुलीनतन्त्र के पक्ष में सबसे बड़ा तर्क यह दिया जाता है कि यह निरंकुश राजतन्त्र और प्रजातन्त्र के अनेक दोषों को दूर करके श्रेष्ठ शासन स्थापित करता है। इसमें प्राय: संयम तथा सावधानी से काम लिया जाता है।

राजनीतिक उत्तरदायित्व पर बल कुलीनतन्त्र शासन-प्रणाली में शासन-सत्ता योग्यतम तथा श्रेष्ठतम व्यक्तियों के हाथों में निहित होती है। अत: वे अपने मान व सम्मान की रक्षा के लिए शासन-कार्य को उत्तरदायित्व के साथ पूरा करते हैं।

वंशानुगत अनुभव पर आधारित कुलीनतन्त्र का यह भी गुण बताया जाता है कि इसमें अनुभव सुरक्षित रहते हैं।

कुलीनतन्त्र शासन-प्रणाली के दोष

सम्प्रभुता की अनिश्चितता कुलीनतन्त्र शासन-प्रणाली में शासन की सत्ता कुलीन वर्ग के लोगों के हाथों में होती है, किन्तु यह निश्चित करना कठिन होता है कि यह सत्ता किन व्यक्तियों के हाथों में निहित है।

अतएव सम्प्रभुता की अनिश्चितता इस शासन-प्रणाली का सर्वप्रथम दोष है।

वर्गीय हितों की प्रधानता कुलीनतन्त्र शासन-प्रणाली में कुलीन वर्ग केवल अपने हितों का ही चिन्तन करता है। इस शासन-प्रणाली में कुलीन वर्ग अन्य वर्गों का ध्यान नहीं रखता है। इसलिए यह शासन-प्रणाली अन्य वर्गों के हितों की उपेक्षा करती है।

विलासप्रियता तथा भ्रष्टाचार को प्रोत्साहन कुलीन वर्ग में कुछ लोग ऐसे भी होते हैं जो पूर्वजों की सम्पत्ति विरासत के रूप में प्राप्त करते हैं। ऐसे व्यक्ति स्वयं आलसी एवं विलासप्रिय होते हैं। अतएव कुलीनतन्त्र शासन-प्रणाली में विलासप्रियता तथा भ्रष्टाचार को भी प्रोत्साहन मिलता है।

रूढ़िवादी शासन कुलीनतन्त्र में शासक वर्ग रूढ़िवादी होता है। अत: वह प्रगतिशील विचारों एवं कार्यों को विकसित नहीं होने देता है। योग्य शासकों की अनिश्चितता कुलीनतन्त्र में वंशानुगत प्रणाली को प्राथमिकता दी जाती है, किन्तु यह निश्चित रूप से नहीं कहा जा सकता है कि एक योग्य शासक का पुत्र भी योग्य ही हो। कुशल शासक वर्ग कभी-कभी अयोग्य व्यक्तियों को जन्म देता है, जो शासन को पतन के मार्ग पर ले जाते हैं। अतएव कुलीनतन्त्र शासन-प्रणाली मे योग्य शासकों की अनिश्चितता ही रहती है।

राजनीतिक जागृति का अभाव कुलीनतन्त्र शासन-प्रणाली में कुलीन वर्ग अपने हितों की सुरक्षा के लिए अन्य वर्गों को राजनीतिक क्षेत्रों में आगे आने का अवसर प्रदान नहीं करता है। इसलिए यह शासन सर्वसाधारण में राजनीतिक चेतना जाग्रत होने का अवसर नहीं देता है। इस प्रकार के प्रशासन में जनता को राजनीतिक कार्यों का बिल्कुल भी प्रशिक्षण नहीं मिल पाता है।

जनसाधारण के गुणों की उपेक्षा कुलीनतन्त्र शासन में कुलीन वर्ग को ही आगे बढ़ने का प्रोत्साहन मिलता है। जनसाधारण वर्ग के कुशल तथा योग्य व्यक्तियों को आगे बढ़ने का अवसर नहीं मिलता है। अतएव इस शासन-प्रणाली में जनसाधारण वर्ग के गुणों की उपेक्षा की जाती है।

निष्कर्ष

कुलीनतन्त्र शासन-प्रणाली में व्याप्त दोषो को देखते हुए हमें कुलीनतन्त्र के पक्ष में अपना मत निर्धारित करने में संकोच होता है; किन्तु यदि कुलीनतन्त्र के कुछ दोषों को दूर कर दिया जाए तो कुलीनतन्त्र शासन-प्रणाली का एक शुद्ध रूप बन सकता है।

इस विषय में **रूसो** का मत है कि "कुलीनतन्त्र शासन पद्धति सर्वश्रेष्ठ है; किन्तु कुलीनों का निर्णय निर्वाचन द्वारा किया जाए, धन या वंश उसका आधार न माना जाए।"

वस्तुनिष्ठ प्रश्न

1. संघात्मक शासन का लक्षण नहीं है
(a) राज्यों का संशोधन प्रक्रिया में भाग
(b) राज्यों का इकाइयों के रूप में संघीय उच्च सदन में प्रतिनिधित्व
(c) सर्वोच्च व अचल संविधान
(d) शक्ति पृथक्करण का सिद्धान्त

2. संघात्मक शासन के उदादरण हैं
(a) भारत, अमेरिका एवं जापान
(b) इंग्लैण्ड, कनाडा एवं जापान
(c) भारत, कनाडा एवं ऑस्ट्रेलिया
(d) कनाडा, स्विट्जरलैण्ड एवं जापान

3. 'फेडरल गवर्नमेण्ट' किसकी कृति है?
(a) गार्नर की
(b) के. सी. व्हीयर की
(c) प्लेटो की
(d) लॉस्की की

4. परिसंघ का लक्षण नहीं है
(a) परिसंघ के सदस्य राज्य स्वतन्त्र तथा सम्प्रभु होते हैं
(b) परिसंघ की रचना का आधार सन्धि या समझौता होता है
(c) परिसंघ की रचना का आधार एक संविधान होता है
(d) परिसंघ के सदस्यों में युद्ध छिड़ जाए तो वह अन्तर्राष्ट्रीय युद्ध होगा

5. परिसंघ का उदाहरण है
(a) भारत
(b) स्विट्ज़रलैण्ड
(c) संयुक्त राज्य अमेरिका
(d) इंग्लैण्ड

6. निम्न में से कौन-सा वक्तव्य सही नहीं है?
(a) संघ शासन की इकाइयाँ स्वतन्त्र तथा सम्प्रभुता-सम्पन्न नहीं होतीं
(b) संघ की रचना का आधार एक संविधान होता है
(c) संघीय शासन दृढ़ और स्थायी होता है
(d) संघ अत्यन्त ढीला-ढाला होता है

7. संघीय व्यवस्था का सबसे महत्त्वपूर्ण लक्षण है
(a) लिखित संविधान
(b) सर्वोच्च न्यायालय
(c) शक्तियों और सत्ता का सामान्य सरकार तथा राज्य सरकारों के मध्य वितरण
(d) उच्च सदन में घटक राज्यों का समान प्रतिनिधित्व

8. निम्न में से कौन-सा लक्षण एकात्मक शानन से सम्बन्धित नहीं है?
(a) प्रादेशिक व स्थानीय सरकारें केन्द्रीय सरकार की प्रतिनिधि सरकारें होती हैं
(b) प्रादेशिक सरकारों के सभी अधिकारों का स्रोत संविधान होता है
(c) प्रादेशिक सरकारों के सभी प्रशासनिक अधिकारों का स्रोत केन्द्रीय सरकार होती है
(d) प्रादेशिक या स्थानीय सरकारों की स्वतन्त्र व मौलिक सत्ता नहीं होती है

9. निम्न में से कौन-सा लक्षण एकात्मक शासन से सम्बन्धित नहीं है?
(a) शक्ति विभाजन नहीं होता
(b) समस्त देश के लिए एक कार्यपालिका, एक विधायिका और एक न्यायपालिका होती है
(c) प्रशासनिक इकाइयाँ स्वायत्तता सम्पन्न होती हैं
(d) प्रशासनिक इकाइयों की सत्ता संविधान प्रदत्त अथवा मौलिक नहीं होती

10. एकात्मक शासन उन देशों के लिए अनुपयुक्त है
(a) जहाँ जनसंख्या कम हो
(b) जिन्का आकार छोटा हो
(c) जिन्का आकार विशाल और जनसंख्या अधिक हो
(d) जहाँ सभ्यता-संस्कृति की एकता पाई जाती हो

11. संघात्मक शासन का गुण नहीं है
(a) केन्द्रीकरण और विकेन्द्रीकरण का समन्वय
(b) राष्ट्रीय एकता तथा प्रादेशिक स्वायत्तता का समन्वय
(c) विशाल देशों के लिए उपयुक्त
(d) निरंकुशता का भय

12. एकात्मक सरकार का दोष है
(a) जनता की उदासीनता
(b) प्रशासनिक एकरूपता
(c) लचीला शासन
(d) कुशल एवं सुदृढ़ शासन

13. संघात्मक शासन का प्रमुख दोष है
(a) कमजोर शासन
(b) केन्द्र और राज्यों में संघर्ष
(c) अकुशल शासन
(d) कठोर शासन

14. एकात्मक शासन पाया जाता है
(a) इंग्लैण्ड, फ्रांस
(b) अमेरिका, जापान
(c) भारत, फ्रांस
(d) अमेरिका, कनाडा

15. एकात्मक और संघात्मक सरकारों में भेद
(a) शक्ति पृथक्करण के सिद्धान्त के आधार पर होता है
(b) कार्यपालिका एवं विधायिका के सम्बन्ध के आधार पर होता है
(c) सत्ता के क्षेत्रीय विभाजन के आधार पर होता है
(d) अवरोध एवं सन्तुलन के सिद्धान्त के आधार पर होता है

16. एकात्मक सरकार से सम्बन्धित नहीं है
(a) स्थानीय संस्थाएँ केन्द्रीय सरकार के प्रतिनिधि के रूप में कार्य करती हैं
(b) केन्द्रीय सरकार स्थानीय सरकारों का अधिकार कम या ज्यादा कर सकती है
(c) केन्द्रीय सरकार स्थानीय संस्थाओं का निर्माण कर सकती है
(d) स्थानीय संस्थाओं का केन्द्रीय सरकार से अलग अस्तित्व होता है

17. एकात्मक शासन व्यवस्था में शासन की सम्पूर्ण शक्ति संविधान द्वारा
(a) एक केन्द्रीय सरकार में निहित की जाती है
(b) केन्द्रीय सरकार तथा राज्यों की सरकारों के बीच विभक्त होती है
(c) अनेक स्वतन्त्र केन्दों में विभक्त की जाती है
(d) विकेन्द्रित कर दी जाती है

18. निम्न में से कौन-सी परिसंघात्मक शासन की विशेषता नहीं है ?
(a) राज्य शक्ति के अनेक स्वतन्त्र केन्द्र विद्यमान रहते हैं
(b) प्रादेशिक सरकारें केन्द्रीय सरकार की प्रतिनिधि सरकारें रहती हैं
(c) प्रादेशिक या राज्य सरकारों को मौलिक सत्ता प्राप्त रहती है
(d) नागरिकों की निष्ठा सीधी अपनी-अपनी राज्य सरकारों के प्रति रहती है

19. यूरोपीय आर्थिक समुदाय (यूरोपियन कॉमन मार्केट) एक उदाहरण है
(a) संघ का (b) एकात्मक शासन का
(c) परिसंघ का (d) इनमें से कोई नहीं

20. द्वितीय महायुद्ध के बाद उपनिवेशी साम्राज्यों के विघटन के बाद जो देश बने उनमें से बहुतों ने किस व्यवस्था को अपनाया?
(a) संघ (b) एकात्मक शासन
(c) परिसंघ (d) इनमें से कोई नहीं

21. बड़े और विशाल देशों के लिए कौन-सी शासन-प्रणाली अपयुक्त है ?
(a) एकात्मक (b) परिसंघात्मक
(c) संघात्मक (d) इनमें से कोई नहीं

22. कौन-सी शासन व्यवस्था में स्थानीय पहल का दमन होता है?
(a) एकात्मक (b) परिसंघात्मक
(c) संघात्मक (d) इनमें से कोई नहीं

23. संघ की घटक इकाइयों के अलग संविधान हैं
(a) भारत और अमेरिका में
(b) अमेरिका और पूर्व सोवियत संघ में
(c) भारत और फ्रांस में
(d) इंग्लैण्ड और जापान में

24. इकहरी नागरिकता है
(a) भारत में (b) अमेरिका में
(c) सोवियत रूस में (d) स्विट्जरलैण्ड में

25. "संघीय शासन वास्तव में एकात्मक सरकार की तरफ बढ़ता हुआ चरण है।" यह कथन किसका है?
(a) के. सी. ह्वीयर का (b) नेहरू का
(c) चर्चिल का (d) गाँधी का

26. आधुनिक संघीय व्यवस्था में केन्द्र को शक्तिशाली बनाने के लिए उत्तरदायी कारक है
(a) स्थानीय राजनीति (b) अन्तर्राष्ट्रीय राजनीति
(c) राष्ट्रीय राजनीति (d) चुनावी राजनीति

27. आधुनिक संघीय व्यवस्था में केन्द्र को शक्तिशाली बनाने के लिए उत्तरदायी कारक नहीं है
(a) युद्ध राजनीति
(b) टेक्रो-राजनीति
(c) दल राजनीति
(d) दल-बदल की राजनीति

28. "सभी संघीय शासनों में एक सामान्य प्रवृत्ति दिखाई देती है"—वह है
(a) केन्द्रीकरण की प्रवृत्ति
(b) विकेन्द्रीकरण की प्रवृत्ति
(c) सहकारिता की प्रवृत्ति
(d) अस्थिरता की प्रवृत्ति

29. केन्द्रीय सरकार के शक्तिशाली बनने का कारण है
(a) आतंकवाद
(b) सामाजिक परिवर्तन व विकास की बाध्यताएँ
(c) हिंसा
(d) उपरोक्त में से कोई नहीं

30. संघ राज्य पद्धति का सार यह है कि यह केन्द्र और राज्यों के मध्य द्विमार्गी यातायात है और थोड़ा सा अन्योन्य भाव सहिष्णुभाव और पारस्परिक समन्वय चाहती है।
(a) प्रतिस्पर्द्धात्मक (b) विरोधात्मक
(c) सहकारी (d) पूरक

31. निम्नलिखित चार देशों के संघात्मक संविधान निर्माण का कालानुसार अनुक्रम क्या है?
1. संयुक्त राज्य अमेरिका
2. स्विट्जरलैण्ड
3. कनाडा
4. ऑस्ट्रेलिया
नीचे दिए हुए कूट से सही उत्तर चुनिए
(a) 1, 3, 2, 4 (b) 1, 4, 2, 3
(c) 1, 2, 3, 4 (d) 4, 1, 3, 2

32. निम्नलिखित में से कौन-सा/कौन-से रूप अथवा व्यवस्था एकात्मक व्यवस्था से मेल खाती है?
1. अध्यक्षात्मक शासन प्रणाली
2. संसदीय शासन प्रणली
3. न्यायिक पुनरावलोकन की व्यवस्था
(a) 1 और 2 (b) 1 और 3
(c) 1, 2 और 3 (d) इनमें से कोई नहीं

33. भारत एवं अमेरिका की संघात्मक व्यवस्था में कौन-सा राज्य उभयनिष्ठ नहीं है?
(a) लिखित संविधान
(b) द्विसदनात्मक व्यवस्थापिका
(c) अनमनीय संविधान
(d) न्यायपालिका का गठन

34. निम्नलिखित में से कौन-सा संविधान शक्तियों के वितरण में अवशिष्ट शक्तियाँ केन्द्र को प्रदान करता है?
(a) कनाडा का संविधान
(b) अमेरिकी संविधान
(c) स्विस संविधान
(d) ऑस्ट्रेलिया का संविधान

35. संघीय शासनों में केन्द्रीकरण की प्रवृत्ति का कारक नहीं है
(a) युद्ध
(b) आर्थिक उतार-चढ़ाव
(c) सामाजिक सेवाओं का विस्तार
(d) पंचायती राज

36. संघात्मक शासन की विशेषता नहीं है
(a) दोहरी सरकार
(b) शासन शक्तियों का बँटवारा
(c) शक्तियों का पृथक्करण
(d) लिखित संविधान

37. संघात्मक शासन का गौण लक्षण है
(a) लिखित एवं सर्वोच्च संविधान
(b) शक्तियों का बँटवारा
(c) दोहरी नागरिकता
(d) सर्वोच्च न्यायालय

38. संघ निर्माण हेतु आवश्यक शर्त नहीं है
(a) संयोग की इच्छा
(b) राजनीतिक चेतना
(c) भौगोलिक समीपता
(d) राष्ट्रीय राजनीतिक दल

39. संघ व्यवस्था का प्रतिमान नहीं है
(a) सहकारी संघवाद
(b) एकात्मक संघवाद
(c) विकेन्द्रित संघवाद
(d) सौदेबाजी वाला संघवाद

40. "साधारणत: संघवाद जब सफल होता है, एकात्मक शासन की दिशा में एक चरण होता है।" यह कथन किसका है?
(a) डायसी का (b) लॉस्की का
(c) के. सी. ह्वीयर का
(d) अब्राहम लिंकन का

41. निम्न में से कौन-सा कथन सही है?
(a) संघीय संविधान के संशोधन की किसी भी प्रक्रिया में इकाइयों की सुस्पष्ट भागीदारी आवश्यक मानी जाती है
(b) एकात्मक संविधान के संशोधन की किसी भी प्रक्रिया में इकाइयों की सुस्पष्ट भागीदारी आवश्यक मानी जाती है
(c) परिसंघात्मक शासन के संविधान में संशोधन की किसी भी प्रक्रिया में इकाइयों की सुस्पष्ट भागीदारी आवश्यक मानी जाती है
(d) कोई भी कथन सही नहीं है

42. अमेरिकी संघीय व्यवस्था के शक्ति विभाजन में 'गणना व अवशेष का सिद्धान्त' सम्बन्धित है
(a) कांग्रेस के अधिकारों से
(b) राज्य के संविधानों से
(c) नौकरशाही के कार्यों से
(d) संघ तथा राज्यों के बीच शक्तियों के वितरण से

43. एकात्मक व्यवस्था अच्छी है, क्योंकि
(a) इसमें नियन्त्रण के लिए एक केन्द्र होता है
(b) इसमें नियन्त्रण के लिए कुछ केन्द्र होते हैं
(c) इसमें नियन्त्रण के लिए अनेक केन्द्र होते हैं
(d) उपरोक्त में कोई सत्ता नहीं होती है

44. प्रशासनिक एकरूपता की दृष्टि से कौन-सी शासन व्यवस्था श्रेष्ठ मानी जाती है?
(a) संघात्मक (b) परिसंघात्मक
(c) एकात्मक (d) संसदात्मक

45. निम्न में से कौन-सा वक्तव्य अधिक सही है?
(a) जहाँ कहीं संघात्मक संविधान होगा वहाँ की सरकार भी संघात्मक ही होगी
(b) हर संघात्मक संविधान द्वारा स्थापित सरकार भी संघात्मक होगी यह आवश्यक नहीं है
(c) किसी शासन व्यवस्था को संघात्मक तभी कहा जाता है जब उस राजनीतिक व्यवस्था में संविधान व सरकार दोनों ही संघात्मक सिद्धान्त पर खरी उतरती हों
(d) किसी शासन व्यवस्था को संघात्मक तभी कहा जाता है जब वहाँ का समाज संघात्मक हो

46. संघात्मक शासन का लक्षण नहीं है
(a) लिखित व लचीला संविधान
(b) लिखित अचल संविधान
(c) शक्तियों का विभाजन
(d) सर्वोच्च न्यायालय

47. एकात्मक शासन का गुण नहीं है
(a) प्रशासनिक एकरूपता
(b) विकेन्द्रीकरण
(c) कम खर्चीला शासन
(d) राष्ट्रीय एकता

48. एकात्मक शासन का गुण है
(a) विशाल देशों के लिए उपयुक्त
(b) विकेन्द्रीकरण
(c) विश्व सरकार की नींव
(d) युद्ध एवं संकटकाल में उपयोगी

49. एकात्मक शासन का दोष नहीं है
(a) विशाल देशों के लिए अव्यावहारिक
(b) अत्यधिक केन्द्रीकरण
(c) स्थानीय पहल का दमन
(d) सुदृढ़ विदेश नीति

50. सहयोगी संघवाद का विचार ऐसे संविधान को इंगित करता है
(a) जो समय और परिस्थितियों की आवश्यकताओं के अनुसार संघीय और एकात्मक दोनों है
(b) जहाँ संघीय सरकार क्षेत्रीय सरकारों पर निर्भर है
(c) जहाँ क्षेत्रीय सरकारें संघीय सरकार के अधीनस्थ हों
(d) जहाँ दोनों संघीय और क्षेत्रीय सरकारें सहयोजक और स्वतन्त्र हों

51. निम्नलिखित में से कौन-सा वक्तव्य एकात्मक व्यवस्था का वर्णन करता है?
(a) जहाँ क्षेत्रीय प्रभाग केन्द्रीय सरकार के अधीनस्थ है
(b) जहाँ क्षेत्रीय प्रभाग का सार केन्द्रीय सरकार का सहयोजक है
(c) ऐसा तरीका जिससे राष्ट्रीय एकता और राज्यों के अधिकारों में समन्वय हो
(d) जहाँ सरकार के कार्य एक व्यक्ति में निहित हों

52. 'दि फ्यूचर ऑफ फेडरेलिज्म' कृति के लेखक हैं
(a) लॉर्ड ब्राइस (b) हेराल्ड लॉस्की
(c) बेजहॉट (d) नेल्सन रॉकफेलर

53. 'फेडरेलिज्म एण्ड कॉन्स्टीट्यूशनल चेन्ज' कृति के लेखक हैं
(a) के. सी. ह्वीयर (b) हरमन फाइनर
(c) विलियम लिविंग्स्टन (d) कार्ल जे. फ्रेडरिक

54. निम्नलिखित में से किस संघात्मक राज्य में इकाइयों को संवैधानिक संशोधन की प्रक्रिया को प्रारम्भ करने की कोई शक्ति नहीं दी गई है?
(a) स्विट्जरलैण्ड
(b) संयुक्त राज्य अमेरिका
(c) ऑस्ट्रेलिया
(d) भारत

55. उन देशों में संघात्मक शासन-प्रणाली अपनाई गई जहाँ निम्नलिखित तीन लक्षण आमतौर से पाए जाते हैं
(a) विशाल क्षेत्र, सामाजिक-सांस्कृतिक विविधता, विशाल जनसंख्या
(b) विशाल क्षेत्र, जातीय एकता, अल्प जनसंख्या
(c) सांस्कृतिक एकता, धार्मिक सहिष्णुता, धर्मनिरपेक्ष राज्य
(d) लोकतन्त्र, संसदीय प्रणाली, विशाल भू-क्षेत्र

56. निम्नलिखित में से कहाँ एकात्मक शासन पाया जाता है?
(a) ब्राजील (b) फ्रांस
(c) मैक्सिको (d) अर्जेन्टीना

57. परिसंघ से संघ इस माने में भिन्न है कि
(a) यह स्वतन्त्र व सम्प्रभुत्व सम्पन्न राज्यों का संगठन है
(b) इसका केन्द्र समान है
(c) इसके सदस्य परिसंघ से निकल नहीं सकते
(d) इसके सदस्य सम्प्रभुत्व प्रस्थिति बनाए रखते हैं

58. निम्नलिखित जैसे कुछ संघात्मक देशों में से किन-किन में दोहरी नागरिकता की व्यवस्था है?
(a) कनाडा और भारत
(b) कनाडा और ऑस्ट्रेलिया
(c) स्विट्जरलैण्ड और भारत
(d) स्विट्जरलैण्ड और संयुक्त राज्य अमेरिका

59. निम्नलिखित में से कौन-सा एक भारत और स्विट्जरलैण्ड के संघवाद का समान लक्षण है?
(a) न्यायिक पुनर्विलोकन
(b) उच्च सदन में इकाइयों को समान प्रतिनिधित्व
(c) सभी सांविधानिक संशोधनों में इकाइयों का अधिकार
(d) केन्द्र और इकाइयों के बीच शक्ति विभाजन

60. डायसी के अनुसार, एक संघात्मक शासन में
(a) दोहरी सरकार होनी चाहिए
(b) एक स्वतन्त्र न्यायपलिका होनी चाहिए
(c) विधायिका में इकाइयों का समान प्रतिनिधित्व होना चाहिए
(d) राष्ट्रपति मुख्य कार्यपालक होना चाहिए

61. वह कौन-सा संघात्मक शासन वाला देश है जहाँ संघीय न्यायालय को न्यायिक पुनर्निरीक्षण की शक्ति प्राप्त नहीं है?
(a) भारत (b) अमेरिका
(c) स्विट्जरलैण्ड (d) इनमें से कोई नहीं

62. 'निहित शक्तियों के सिद्धान्त' का सम्बन्ध किस देश की संघात्मक व्यवस्था से है?
(a) भारत (b) अमेरिका
(c) सोवियत संघ (d) स्विट्जरलैण्ड

63. निम्नलिखित घटनाओं का कौन-सा क्रम सही है?
1. अमेरिकी संघ का निर्माण
2. स्विस परिसंघ का सृजन
3. कनाडा के संघ की स्थापना
4. ऑस्ट्रेलियन राष्ट्रमण्डल का उदय

कूट
(a) 1, 3, 4, 2 (b) 2, 1, 4, 3
(c) 1, 2, 3, 4 (d) 3, 4, 1, 2

64. संसदात्मक शासन में शासन की समस्त शक्तियों का वास्तविक प्रयोग करता है
(a) राष्ट्रपति (b) राजा
(c) प्रधानमन्त्री (d) मुख्य न्यायाधीश

65. किस देश में सबसे पहले संसदात्मक शासन का प्रचलन हुआ?
(a) भारत (b) इंग्लैण्ड
(c) स्विट्जरलैण्ड (d) यूनान

66. संसदात्मक शासन में शासन की समस्त शक्तियों का केन्द्रबिन्दु होता है
(a) विधायिका (b) कार्यपालिका
(c) न्यायपालिका (d) नौकरशाही

67. संसदीय शासन-प्रणाली का प्रमुख लक्षण है
(a) शक्तियों का पृथक्करण
(b) शक्तियों का घनिष्ठ सम्बन्ध
(c) लिखित संविधान
(d) न्यायिक पुनर्निरीक्षण

68. संसदात्मक शासन-प्रणाली का प्रमुख लक्षण है
(a) संसद का नेतृत्व (b) प्रधानमन्त्री का नेतृत्व
(c) राजा का नेतृत्व (d) मतदाता का नेतृत्व

69. अध्यक्षात्मक शासन का प्रमुख गुण है
(a) विशेषज्ञों का शासन (b) अनाड़ियों का शासन
(c) राजनीतिक सजातीयता
(d) कार्यपालिका के कार्यकाल की अनिश्चितता

70. अध्यक्षात्मक शासन व्यवस्था का सबसे बड़ा दोष है
(a) दुर्बल शासन
(b) अस्थिर शासन
(c) निरंकुशता का भय
(d) नौकरशाही का प्रभाव

71. अध्यक्षात्मक शासन-प्रणाली का दोष नहीं है
(a) कठोर शासन-प्रणाली
(b) उत्तरदायित्व की अनिश्चितता
(c) लोकमत के प्रतिकूल
(d) अस्थिर शासन

72. अध्यक्षात्मक शासन का सैद्धान्तिक लक्षण नहीं है
(a) शक्ति पृथक्करण
(b) स्पीकर की निष्पक्षता
(c) मन्त्रिमण्डल का राष्ट्रपति के पूर्ण रूप से अधीन होना
(d) राजनीतिक व्यवस्था में शक्ति केन्द्र का अभाव रहना

73. अध्यक्षात्मक शासन-प्रणाली और संसदीय शासन प्रणाली के पारस्परिक संलयन का सबसे अच्छा उदाहरण कौन-सा है?
(a) स्विट्जरलैण्ड (b) कनाडा
(c) फ्रांस (d) जर्मनी

74. युद्धोत्तर काल में मन्त्रिमण्डलीय सरकार का परिवर्तन निम्नलिखित में से किस रूप में हुआ है?
(a) नौकरशाही का स्वेच्छाचारी शासन
(b) एक दलीय प्रभावी शासन
(c) प्रधानमन्त्रीय सरकार
(d) न्यायिक सर्वोच्चता

75. निम्नलिखित में से कौन-सा एक कथन संसदीय और अध्यक्षात्मक शासन प्रणालियों के विषय में सही है?
(a) दोनों ही में कार्यकारिणी विधायिका के प्रति उत्तरदायी होती है
(b) दोनों ही में मुख्य कार्यकारी नाममात्र का होता है
(c) दोनों ही में कार्यकारिणी को शासन में बने रहने के लिए विधायिका का विश्वास प्राप्त करना होता है
(d) दोनों ही व्यवस्थाएँ प्रतिनिधित्वपूर्ण हैं

76. वह कौन-सी व्यवस्था है जिसमें कार्यपालिका तथा विधायिका दोनों का कार्यकाल निश्चित रहता है?
(a) संसदात्मक (b) अध्यक्षात्मक
(c) एकात्मक (d) संघात्मक

77. अध्यक्षात्मक शासन-प्रणाली का गुण है
(a) उत्तरदायी शासन व्यवस्था
(b) संकटकाल में उपयुक्त
(c) लचीलापन
(d) राजनीतिक चेतना

78. निम्न में से कौन-सा कथन सही नहीं है?
(a) अमेरिका में नीतियों का निर्धारण राष्ट्रपति करता है, मन्त्रिमण्डल नहीं
(b) अमेरिका में नीतियों का निर्धारण मन्त्रिमण्डल करता है, राष्ट्रपति नहीं
(c) अमेरिका में मन्त्री कांग्रेस के सदस्य नहीं होते
(d) अमेरिका में यह आवश्यक नहीं है कि मन्त्रिमण्डल के सदस्य एक ही दल के हों

79. अध्यक्षात्मक शासन-प्रणाली जिसकी प्रमुख विशेषता शक्ति पृथक्करण का सिद्धान्त है
(a) नेतृत्वविहीन शासन प्रणाली की नींव डालता है
(b) उत्तरदायी शासन प्रणाली की नींव डालता है
(c) लचीली शासन प्रणाली की नींव डालता है
(d) निरंकुश शासन प्रणाली की नींव डालता है

80. कौन-सी शासन व्यवस्था में शासनाध्यक्ष वास्तविक कार्यपालिका होता है?
(a) एकात्मक (b) संघात्मक
(c) संसदात्मक (d) अध्यक्षात्मक

सही उत्तर

1. (d)	2. (c)	3. (b)	4. (c)	5. (b)	6. (d)	7. (c)	8. (b)	9. (c)	10. (c)
11. (d)	12. (a)	13. (b)	14. (a)	15. (c)	16. (d)	17. (a)	18. (b)	19 (b)	20. (a)
21. (c)	22. (a)	23. (b)	24. (d)	25. (a)	26. (b)	27. (d)	28. (a)	29 (b)	30. (c)
31. (c)	32. (a)	33. (d)	34. (a)	35. (b)	36. (c)	37. (c)	38. (d)	39 (b)	40. (a)
41. (a)	42. (d)	43. (a)	44. (c)	45. (c)	46. (a)	47. (b)	48. (d)	49 (d)	50. (d)
51. (a)	52. (d)	53. (c)	54. (d)	55. (a)	56. (c)	57. (d)	58. (d)	59 (d)	60. (a)
61. (c)	62. (b)	63. (c)	64. (c)	65. (b)	66. (a)	67. (b)	68. (b)	69. (a)	70. (d)
71. (d)	72. (b)	73. (c)	74. (c)	75. (d)	76. (b)	77. (b)	78. (b)	79. (a)	80. (d)

अध्याय 09 सरकार के अंग

विधायिका/व्यवस्थापिका

केन्द्रीय विधायिका अर्थात् संसद के दो सदन होते हैं—लोकसभा तथा राज्यसभा।

लोकसभा

- लोकसभा संसद का निम्न सदन है। इसमें जनता द्वारा प्रत्यक्ष रूप से निर्वाचित सदस्य होते हैं। संविधान के 31वें संशोधन द्वारा लोकसभा के सदस्यों की अधिकतम संख्या बढ़ाकर 547 कर दी गई है, जिसमें 525 सदस्य राज्यों से तथा 20 सदस्य केन्द्रशासित क्षेत्रों में निर्वाचित होकर आते हैं।
- लोकसभा में **आंग्ल भारतीयों** के लिए सुरक्षित स्थानों की संख्या 2 है। लोकसभा के सदस्यों का चुनाव प्रत्यक्ष रूप से जनता के गुप्त मतदान द्वारा होता है। 62वें संविधान संशोधन के अनुसार मतदाताओं की आयु 18 वर्ष निर्धारित की गई। लोकसभा के सदस्यों का निर्वाचन संयुक्त निर्वाचन प्रणाली के द्वारा होता है। लोकसभा में अनुसूचित जाति तथा अनुसूचित जनजातियों के लिए सन् 2000 ई. तक स्थान आरक्षित है।
- संविधान के अनुच्छेद 84 में लोकसभा का सदस्य होने के लिए अर्हताओं को सुनिश्चित किया गया है।

सदस्यों की योग्यताएँ एवं शपथ

- वह भारत का नागरिक हो तथा कम-से-कम 25 साल की उम्र हो।
- लोक प्रतिनिधित्व अधिनियम के अनुसार व्यक्ति का नाम किसी भी निर्वाचन क्षेत्र में मतदाता के रूप में पंजीकृत हो।
- संविधान का अनुच्छेद 102 व्यक्ति को लोकसभा का सदस्य चुने जाने के निम्न आधार पर विरोध करता है।
- यदि वह भारत सरकार अथवा राज्य सरकार के अधीन कोई लाभ का पद धारण करता है।
- यदि वह दिवालिया घोषित हो।
- यदि वह संसद द्वारा बनाई गई किसी विधि के तहत निर्हत घोषित किया गया हो।
- 10वीं अनुसूची के आधार पर यदि वह राजनीतिक दल की सदस्यता स्वेच्छा से छोड़ता है, तो उसकी सदस्यता समाप्त समझी जाएगी।
- यदि कोई निर्दलीय सदस्य निर्वाचन के बाद किसी राजनीतिक दल में सम्मिलित हो जाता है।
- यदि कोई नामजद सदस्य शपथ लेने की तारीख से 6 माह के पश्चात् किसी राजनीतिक दल में सम्मिलित हो जाता है।
- यदि दल विभजन के फलस्वरूप एक-तिहाई सदस्य सदस्यता छोड़ते हैं, तो उनकी संसदीय या विधानमण्डलीय सदस्यता समाप्त नहीं होगी।
- यदि मूल राजनीतिक दल का अन्य राजनीतिक दल में विलय हो जाए तथा विधानमण्डल के दो-तिहाई सदस्य स्वीकृति दे दें, तो सदस्यता समाप्त नहीं होगी।
- दल परिवर्तन के आधार पर निरर्हता सम्बन्धी प्रश्नों पर सदन के पीठासीन अधिकारी निर्णय लेंगे और उनका निर्णय अन्तिम होगा।
- संविधान के अनुच्छेद 99 के तहत तृतीय अनुसूची के अनुरूप राष्ट्रपति द्वारा नियुक्त प्राधिकारी के समक्ष शपथ लेनी पड़ती है।

लोकसभा के पदाधिकारी

- लोकसभा अपने सदस्यों में से क्रमश: **अध्यक्ष** और **उपाध्यक्ष** का निर्वाचन करती है। जब अध्यक्ष का पद रिक्त होता है, तो उपाध्यक्ष उसके पद के कर्त्तव्यों का पालन करता है।
- अनुच्छेद 95(1) के अन्तर्गत यदि उपाध्यक्ष का पद रिक्त रह जाता है, तो लोकसभा का ऐसा सदस्य जिसे राष्ट्रपति नियुक्त करे, अध्यक्ष पद के कर्त्तव्यों का पालन करेगा।
- अध्यक्ष और उपाध्यक्ष तभी तक अपने पद पर बने रहते हैं जब तक वे लोकसभा के सदस्य रहते हैं।
- अनुच्छेद 94 (ग) के अनुसार लोकसभा के विघटित हो जाने के बावजूद भी अध्यक्ष, निर्वाचित लोकसभा के प्रथम अधिवेशन के पद पर बना रहता है।
- अनुच्छेद 94 (ग) के अनुसार लोकसभा, अध्यक्ष लोकसभा के तत्कालीन समस्त सदनों के बहुमत से पारित प्रस्ताव द्वारा हटाए जा सकते हैं।
- ऐसा कोई भी प्रस्ताव तब तक प्रस्तावित नहीं होगा जब तक कि उसे इस अभिप्राय से कम-से-कम 14 दिन पूर्व सूचना न दे दी गई हो।
- अध्यक्ष अपने पद का त्याग पत्र उपाध्यक्ष को तथा उपाध्यक्ष अपने पद का त्याग पत्र अध्यक्ष को सौंपता है।
- अनुच्छेद 97 के तहत संसद ही अध्यक्ष तथा उपाध्यक्ष के वेतन को निर्धारित करती है। लोकसभा के अध्यक्ष के कार्य एवं शक्तियों का विवरण संविधान के अनुच्छेद 95 में सुनिश्चित किया गया है।
- लोकसभाध्यक्ष संविधान एवं सदन की प्रक्रिया सम्बन्धी नियमों की व्याख्या करता है।

- प्रस्ताव, प्रतिवेदन और व्यवस्था के प्रश्नों को स्वीकार करना या न करना अध्यक्ष का ही कार्य है।
- गणपूर्ति के अभाव में वह सदन की बैठक को स्थगित कर सकता है।
- सदन के नेता के अनुरोध पर सदन की गुप्त बैठक को आयोजित करने की स्वीकृति देता है।
- संसदीय समितियों की अध्यक्षता करता है।
- सार्वजनिक हित में सदन या समिति को आवश्यक जानकारी प्रदान करने के लिए सरकार को निर्देश भी देता है।
- संसद में असंसदीय तथा अनावश्यक विचार विमर्श को रोकता है।
- सदन में अव्यवस्था की स्थिति उत्पन्न होने पर सदन की कार्यवाही को स्थगित कर सकता है।
- लोकसभाध्यक्ष सदन की सीमा क्षेत्र के अन्तर्गत सदन के किसी सदस्य की गिरफ्तारी या उसके विरुद्ध कार्यवाही करने की अनुमति भी देता है।
- वह किसी व्यक्ति को संसद की अवमानना करने या उसके विशेषाधिकार के उल्लंघन करने पर सदन द्वारा किए गए निर्णय को लागू करता है।
- प्रशासन सम्बन्धी शक्तियों के अन्तर्गत वह लोकसभा के सचिवालय पर नियन्त्रण रखता है।
- लोकसभा की दर्शक दीर्घा एवं प्रेस दीर्घा पर नियन्त्रण रखता है।
- लोकसभा तथा उसकी समितियों की बैठकों की व्यवस्था करता है।
- संसदीय कार्यवाही के अभिलेखों को सुरक्षित रखने की व्यवस्था भी करता है।
- लोकसभा यदि मन्त्रिपरिषद् की नीति एवं कार्यों से असन्तुष्ट है, तो वह मन्त्रिपरिषद् के विरुद्ध अविश्वास प्रस्ताव पारित करती है।
- मन्त्रिपरिषद् पर नियन्त्रण रखने के लिए बजट के समय के कटौती का प्रस्ताव पेश करते हैं।
- बहस में यदि कटौती का प्रस्ताव पारित हो जाता है, तो मन्त्रिपरिषद् को त्याग-पत्र देना पड़ता है।
- काम रोको प्रस्ताव या स्थगन प्रस्ताव लाकर मन्त्रिपरिषद् पर नियन्त्रण स्थापित करती है।
- लोकसभा का कोई भी सदस्य किसी मन्त्री या पूरे मन्त्रिपरिषद् के विरुद्ध निन्दा का प्रस्ताव रख सकता है।
- निन्दा का प्रस्ताव तभी रखा जाता है जब मन्त्रिपरिषद् अथवा किसी मन्त्री ने सदन को गुमराह किया हो, कोई अपमानजनक व्यवहार किया हो, कोई गलत बात कही हो।
- इस प्रकार लोकसभा, अविश्वास प्रस्ताव, स्थगन प्रस्ताव, कटौती तथा निन्दा द्वारा मन्त्रिपरिषद् पर नियन्त्रण रखती है।

राज्यसभा

- राज्यसभा का संगठन संघीय सिद्धान्त के आधार पर हुआ, क्योंकि इसमें सभी राज्यों को प्रतिनिधित्व प्रदान किया गया है। राज्यसभा में राज्य का प्रतिनिधित्व उसकी जनसंख्या के आधार पर दिया गया है।
- संविधान के अनुच्छेद 80 के अनुसार राज्यसभा के सदस्यों की अधिकतम संख्या 250 सुनिश्चित है। इस समय राज्यसभा के सदस्यों की संख्या 245 है।
- 12 **सदस्य** राष्ट्रपति द्वारा मनोनीत किए जाते हैं, जोकि कला, विज्ञान, साहित्य तथा समाज सेवा के क्षेत्र में ख्याति प्राप्त व्यक्ति होते हैं।
- शेष सदस्यों का निर्वाचन राज्य की विधानसभाओं के सदस्यों द्वारा समानुपाती प्रतिनिधित्व प्रणाली के अनुसार एकल संक्रमणीय मत द्वारा गुप्त मतदान द्वारा किया जाता है।
- अनुच्छेद 83 के अनुसार राज्यसभा एक स्थायी सदन है। यह कभी भंग नहीं की जा सकती।
- इसके एक-तिहाई सदस्य प्रति दूसरे वर्ष अवकाश ग्रहण करते हैं। पुराने सदस्य दुबारा खड़े हो सकते हैं। अत: सदस्यों का कार्यकाल 6 वर्ष का होता है।
- यदि कोई सदस्य राज्यसभा के अध्यक्ष की आज्ञा के बिना 60 दिन तक सदन की बैठकों में अनुपस्थित रहता है, तो उसका स्थान रिक्त मान लिया जाता है।

सदस्यों की योग्यताएँ

अनुच्छेद 84 के अनुसार राज्यसभा की सदस्यता के लिए व्यक्ति को *निम्न योग्यताएँ रखनी चाहिए*

- वह भारत का नागरिक हो।
- कम-से-कम उसकी आयु 30 वर्ष हो।
- वे सभी योग्यताएँ जो संसद कानून द्वारा निश्चित करे।
- राज्यसभा के लिए चुने जाने वाले प्रत्याशी को उस राज्य के संसद का निर्वाचक होना चाहिए, जिससे वह निर्वाचन में प्रत्याशी है।
- संविधान के अनुच्छेद 89 के अनुसार भारत का उपराष्ट्रपति राज्यसभा का **पदेन सभापति** होता है।
- राज्यसभा के **उप-सभापति** का निर्वाचन सदस्य अपने बहुमत से करते हैं।

विधेयक का प्रस्तुतीकरण

- साधारण विधेयक दोनों सदनों में से किसी भी सदन में प्रस्तुत किए जा सकते हैं, कानून बनने के लिए दोनों सदनों में विधेयक का पारित होना आवश्यक है।
- दोनों सदनों में गतिरोध उत्पन्न होने पर राष्ट्रपति दोनों संयुक्त बैठक बुलाता है, बैठक में जो निर्णय होता है वही अन्तिम माना जाता है।
- वित्त विधेयक सबसे पहले लोकसभा में ही रखा जाता है। राष्ट्रीय वित्त पर लोकसभा का पूर्ण नियन्त्रण है।
- वित्त विधेयक लोकसभा द्वारा पारित होने पर राज्यसभा को 14 दिन के अन्दर वापिस करना पड़ता है और यदि न करे, तो पारित हुआ समझा जाता है।
- राज्यसभा को वित्त विधेयक में संशोधन का अधिकार नहीं है, यदि करती है, तो लोकसभा उसे रद्द कर देती है।
- राज्यसभा को अविश्वास प्रस्ताव पारित करके मन्त्रिपरिषद् को हटाने का अधिकार नहीं है।
- संविधान के संशोधन के सम्बन्ध में दोनों सदनों को बराबर शक्तियाँ प्राप्त हैं।
- संविधान में होने वाले संशोधन के विधेयक के दोनों सदनों में अलग-अलग पारित होना आवश्यक है।

- भारत में सदन के सत्रावसान के परिणामस्वरूप उसमें लम्बित विधेयक या कार्य समाप्त नहीं होते।
- अनुच्छेद 85 के अन्तर्गत लोकसभा को विघटित करने की शक्ति राष्ट्रपति को प्राप्त है।
- संसद की कार्यवाही चलने के लिए गणपूर्ति आवश्यक है। गणपूर्ति सदन की संख्या का 1/10 होना चाहिए।
- सदन की सदस्यता में कोई रिक्तता होने पर संसद की कार्यवाही पर कोई प्रभाव नहीं पड़ता। (अनुच्छेद 100)
- अनुच्छेद 118(1) के अन्तर्गत संसद का प्रत्येक सदन अपनी प्रक्रिया को विनियमित करने के लिए नियम बना सकता है। सदनों को विनियमित करने की शक्ति संविधान के उपबन्धों के अधीन है।

विधायी प्रक्रिया

- अनुच्छेद 108 के अनुसार सदनों की संयुक्त बैठक राष्ट्रपति तभी बुलाता है जब एक सदन विधेयक को अस्वीकृत कर दे या विधेयक में हुए संशोधन पर दोनों सदन असहमत हों।
- दूसरा सदन विधेयक पारित करने में छः महीने से ज्यादा व्यतीत कर रहा हो, तो राष्ट्रपति संयुक्त बैठक करवा सकता है।
- लोकसभा के विघटन के कारण विधेयक व्यपगत हो गया हो तो राष्ट्रपति संसद की संयुक्त बैठक नहीं बुलवा सकता।
- संयुक्त अधिवेशन का अनुबन्ध धन विधेयक पर लागू नहीं होता है। लोकसभा राज्यसभा की अनुमति के बिना भी पारित कर सकता है।
- कोई भी विधेयक राष्ट्रपति की अनुमति के बिना अधिनियम नहीं बनता है, भले ही वह संसद के दोनों सदनों द्वारा पारित कर दिया गया हो।
- संविधान अनुच्छेद 111 के अनुसार राष्ट्रपति विधेयक पर अपनी अनुमति रोक लेता है, तो विधेयक नष्ट हो जाएगा। इसे ही वीटो शक्ति (Veto Power) कहते हैं।
- राष्ट्रपति अपने विशेषाधिकार का प्रयोग अपने मन्त्रिमण्डल के अनुसार ही करता है। इंग्लैण्ड में भी यही व्यवस्था है।
- अनुच्छेद 110(1) में धन विधेयक को परिभाषित किया गया है।
- धन विधेयक का सम्बन्ध किसी कर के आरोपण उत्सादन, परिहार या विनियम न करने से ही होता है।
- धन विधेयक का सम्बन्ध भारत सरकार द्वारा धन उधार लेने को विनियमित करना या प्रत्याभूत करने से होता है।
- भारत की संचित निधि या आकस्मिकता निधि की अभिरक्षा से सम्बन्ध रखने वाला विधेयक धन विधेयक होता है।
- अनुच्छेद 110 (3) के तहत लोकसभा अध्यक्ष ही निर्णित करता है कि कोई विधेयक धन विधेयक है या नहीं। उसी का विनिश्चय अन्तिम होता है।
- अनुच्छेद 109 (1) के अनुसार धन विधेयक केवल लोकसभा में ही पेश किया जा सकता है।
- कोई भी धन विधेयक, बिना राष्ट्रपति की अनुमति के नहीं पेश किया जा सकता।
- धन विधेयक के सम्बन्ध में लोकसभा की शक्ति अनन्य है।
- धन विधेयक को राष्ट्रपति पुनर्विचार के लिए नहीं लौटा सकता है।
- राष्ट्रपति धन विधेयक पर अनुमति देने के लिए बाध्य होता है।
- प्रत्येक धन विधेयक, वित्त विधेयक होता है, परन्तु प्रत्येक वित्त विधेयक धन विधेयक नहीं होता है।
- धन विधेयक तथा वित्त विधेयक में केवल दो बातें समान होती हैं।
- प्रथम वित्त विधेयक भी धन विधेयक की ही भाँति केवल लोकसभा में ही पेश किया जा सकता है।
- दूसरा वित्त विधेयक भी राष्ट्रपति की पूर्व अनुमति के बिना सदन में पेश नहीं किया जा सकता है।
- राज्यसभा वित्त विधेयक में संशोधन भी कर सकती है तथा अस्वीकृत भी कर सकती है।
- वित्त विधेयक पर दोनों सदनों में असहमति होने पर सदनों की संयुक्त बैठक बुलाई जा सकती है।
- राष्ट्रपति वित्त विधेयक को पुनर्विचार के लिए सदनों को वापस लौटा सकता है।
- अनुच्छेद 112 के अनुसार राष्ट्रपति प्रत्येक वित्तीय वर्ष के सम्बन्ध में संसद के दोनों सदनों के समक्ष एक वार्षिक वित्तीय विवरण रखवाता है, जिसे बजट कहते हैं।
- बजट में भारत सरकार की प्राप्तियों तथा व्ययों का विवरण होता है।
- बजट में अनुमानित व्यय को दो मदों में दिखाया जाता है।
  (i) भारत की संचित निधि पर भारित व्यय,
  (ii) भारत की संचित निधि से किए जाने वाले अन्य व्यय की पूर्ति के लिए अपेक्षित राशियाँ।
- भारत की संचित निधि पर भारित व्यय; जैसे—राष्ट्रपति की उपलब्धियों और भत्ते, सदन के पदाधिकारियों का वेतन, भत्ता, उच्चतम तथा उच्च न्यायालय के न्यायाधीश, सी.ए.जी. आदि।
- ऐसे ऋण भार जिनका दायित्व भारत सरकार पर है।
- संविधान द्वारा या संसद द्वारा भारित घोषित किया गया कोई अन्य व्यय।
- संविधान के अनुच्छेद 113 के अनुसार भारत की संचित निधि पर भारित व्यय से सम्बन्धित प्राक्कलन संसद में मतदान के लिए पेश नहीं किए जा सकते।
- किसी भी अनुदान की माँग राष्ट्रपति की सिफारिश के बिना प्रस्तुत नहीं की जा सकती।
- अनुच्छेद 114 यह सुनिश्चित करता है कि जब तक विनियोग विधेयक पारित नहीं होगा, तब तक भारत की संचित निधि से कोई भी धनराशि नहीं निकाली जा सकती।
- विनियोग विधेयक में कोई ऐसा संशोधन पेश नहीं किया जा सकता जो अनुदान की राशि में फेरबदल करे।
- लोकसभा में अनुदान माँगों को पारित करने के बाद एक विनियोग विधेयक पारित किया जाता है जिसे लोकसभा द्वारा अनुमोदित सभी अनुदानों की पूर्ति के लिए धन के विनियोग का उपबन्ध करता है।
- अनुच्छेद 115 के तहत **अनुरूपक अनुदान** की व्यवस्था की गई है।
- अनुरूपक अनुदान तथा विनियोग विधेयक के लिए एक ही प्रकार की प्रक्रिया निहित की गई है।
- सरकार को विनियोग विधेयक पारित होने के पहले ही धन की आवश्यकता होती है अत: अनुच्छेद 116 के तहत लेखानुदान पारित कर सरकार के लिए धन की अग्रिम राशि मंजूर करती है।
- संसद के दोनों सदनों में प्रत्येक बैठक (प्रतिदिन) के प्रारम्भ में एक घण्टे का जो समय होता है उसे ही **प्रश्न काल** कहते हैं।
- **प्रश्न काल** के दौरान भारत सरकार के सम्बन्धित मामले उठाए जाते हैं और सार्वजनिक समस्याओं की ही तरह ध्यान आकर्षित किया जाता है।

- संसद में कई प्रकार के प्रश्न पूछे जाते हैं; जैसे— तारांकित, अतारांकित तथा अल्पसूचनात्मक प्रश्न आदि। जिन प्रश्नों का उत्तर संसद सदस्य तुरन्त चाहते हैं, उन्हें तारांकित प्रश्न कहा जाता है।
- तारांकित प्रश्नों का उत्तर मौखिक होता है तथा इसमें प्रश्न भी पूछे जाते हैं।
- संसद सदस्य जिन प्रश्नों के उत्तर तुरन्त नहीं चाहते हैं, उन्हें अतारांकित प्रश्न कहा जाता है। इन प्रश्नों के अनुपूरक प्रश्न नहीं पूछे जा सकते हैं।
- अतारांकित प्रश्नों का उत्तर संसद में नहीं दिया जाता है।
- जो प्रश्न अविलम्बीय लोक महत्त्व का हो तथा जिन्हें साधारण प्रश्न के लिए निर्धारित दस दिनों की अवधि से कम सूचना देकर पूछा जाता है, उसे अल्प सूचना पत्र कहते हैं।
- संसद के दोनों सदनों में प्रश्नकाल के ठीक बाद के समय को **'शून्यकाल'** कहा जाता है। यह 12:00 बजे प्रारम्भ होता है तथा 1:00 बजे तक चलता है।

राज्यसभा और लोकसभा की तुलना

- संविधान संशोधन, आपातकाल का अनुसमर्थन, राष्ट्रपति के विरुद्ध महाभियोग, अन्य पदाधिकारियों पर कदाचरण एवं अक्षमता के आरोप के मामले में जहाँ दोनों सदनों के पृथक्-पृथक् अनुमोदन की आवश्यकता का संविधान में उपबन्ध है। दोनों सदनों की शक्तियाँ समान होती हैं।
- साधारण विधेयक को पारित करने के मामले में दोनों की शक्तियाँ समान हैं, क्योंकि अनुच्छेद 107 के अनुसार कोई भी विधेयक दोनों सदनों द्वारा पारित कराना आवश्यक है, परन्तु दोनों सदनों में इस मामले पर गत्यावरोध होने अनुच्छेद 108 के तहत होने वाली सम्मिलित बैठक में राज्यसभा संख्या बल में कमजोर पड़ने से कमजोर पड़ती है।
- वित्तीय दृष्टि से लोकसभा पूर्ण रूप से शक्तिशाली है। धन विधेयक लोकसभा में ही पेश होता है। लोकसभा जिस रूप में चाहे उसी रूप में पारित कर सकती है।
- राज्यसभा इसे अधिकतम 14 दिन रोक सकती है। इसे संशोधित कर सकती है, परन्तु यह लोकसभा पर है, वह इससे सहमत हो या न हो। उसे उसी रूप में पास माना जाएगा जिस रूप में लोकसभा ने पास किया हो।
- कार्यपालिका पर नियन्त्रण की दृष्टि से लोकसभा अधिक शक्तिशाली है क्योंकि उसी के विश्वास बने रहने तक सरकार जीवित रहती है। लोकसभा का विश्वास ही सरकार की प्राणवायु है। प्रश्न, जाँच आदि के मामले में राज्यसभा लोकसभा के समान होने पर भी इस मामले में लोकसभा से कमजोर है।

राज्यसभा की विशिष्ट शक्तियाँ

- अनुच्छेद 312 के तहत राज्यसभा अखिल भारतीय सेवा सृजित कर सकती है।
- अनुच्छेद 249 के तहत राज्यसभा अपने दो-तिहाई बहुमत से पारित संकल्प प्रस्ताव द्वारा राज्यसूची के किसी विषय पर संसद को एक वर्ष के लिए अधिकृत कर सकती है।
- लोकसभा के विघटन की स्थिति में राज्यसभा ही अनुच्छेद 352, 356, 360 के तहत घोषित आपातकाल को नई लोकसभा की प्रथम बैठक के बाद 2 माह तक वैधता प्रदान कर सकती है।
- उपराष्ट्रपति को पद से हटाने में पहल राज्यसभा ही करती है।

लोकसभा की विशिष्ट शक्तियाँ

1. वित्तीय या धन विधेयक लोकसभा में ही पेश किया जाना चाहिए। [अनुच्छेद 109, 117]
2. अनुच्छेद 352 के तहत घोषित आपात उद्घोषणा के दौरान घोषणा वापस लेने का संकल्प पास करना जिस पर राष्ट्रपति को आपात उद्घोषणा वापस लेनी पड़ती है। [अनुच्छेद 352 (T)]
3. मन्त्रिपरिषद् में अविश्वास और विश्वास व्यक्त करना या मन्त्रियों का लोकसभा के प्रति उत्तरदायी होना। [अनुच्छेद 75(3)]

मन्त्रिपरिषद्

- भारतीय संविधान में अनुच्छेद 74 के तहत राष्ट्रपति को उसके दायित्वों के निर्वाह में सलाह देने के लिए मन्त्रिपरिषद् होती है, जिसका मुखिया प्रधानमन्त्री होता है।
- 91वाँ संविधान संशोधन 2003 से केन्द्र और राज्य मन्त्रिपरिषद् की सदस्य संख्या लोकसभा (केन्द्र के लिए) और विधानसभा (राज्यों के लिए) की कुल संख्या की 15% से अधिक नहीं होनी चाहिए, तथापि छोटे राज्यों के लिए न्यूनतम संख्या 12 निर्धारित की गई है।
- संवैधानिक रूप से देश की समस्त शक्तियाँ राष्ट्रपति के हाथों में समाहित हैं, किन्तु उसकी समस्त शक्तियों का उपयोग मन्त्रिपरिषद्, प्रधानमन्त्री के नेतृत्व में संचालित करती है।

मन्त्रिपरिषद् का गठन

- राष्ट्रपति, लोकसभा में स्पष्ट बहुमत प्राप्त नेता को 'प्रधानमन्त्री' पद के लिए आमन्त्रित करता है।
- भारत का राष्ट्रपति, प्रधानमन्त्री को पद और गोपनीयता की शपथ दिलाता है।
- प्रधानमन्त्री मन्त्रिपरिषद् के लिए विभिन्न विभागों के प्रमुख के रूप में राष्ट्रपति को मन्त्रियों के नामों की सूची भेजता है, जिन्हें राष्ट्रपति शपथ दिलाता है।
- 'प्रधानमन्त्री सह मन्त्रियों के लिए यह आवश्यक है कि वे संघ की विधायिका के सदस्य हों।
- कोई भी व्यक्ति बिना संसद की सदस्यता के भी मन्त्री बन सकता है, किन्तु उसे 6 माह के अन्दर संसद के किसी भी सदन की सदस्यता ग्रहण करनी पड़ेगी। अन्यथा उसे अपने पद से त्याग-पत्र देना पड़ेगा।
- भारत में 'सामूहिक उत्तरदायित्व' की संकल्पना का प्रावधान है। इसका अर्थ है कि मन्त्रिपरिषद् सामूहिक रूप से लोकसभा के प्रति उत्तरदायी है।
- यदि सरकार के विरुद्ध अविश्वास प्रस्ताव पारित होता है, तो सम्पूर्ण मन्त्रिपरिषद् का अन्त हो जाता है।

प्रधानमन्त्री

संविधान के अनुच्छेद 74 में मन्त्रिपरिषद् के प्रधान के रूप में प्रधानमन्त्री का उल्लेख किया गया है। संविधान द्वारा भारत में संसदीय शासन प्रणाली की स्थापना की गई है तथा कार्यपालिका की सर्वोच्च शक्ति राष्ट्रपति में निहित की गई है, परन्तु व्यावहारिक तौर पर उसकी समस्त शक्तियों का प्रयोग प्रधानमन्त्री द्वारा किया जाता है। वह सत्ताधारी दल का नेता होता है तथा सरकार का प्रमुख होता है।

नियुक्ति

- संविधान के अनुच्छेद 75 के तहत प्रधानमन्त्री की नियुक्ति राष्ट्रपति द्वारा की जाती है।
- सामान्य परिस्थितियों में राष्ट्रपति द्वारा लोकसभा में बहुमत दल के नेता को प्रधानमन्त्री के रूप में नियुक्त किया जाता है, परन्तु लोकसभा में किसी भी दल को बहुमत प्राप्त न होने की स्थिति में प्रधानमन्त्री की नियुक्ति में राष्ट्रपति द्वारा स्वविवेक का प्रयोग किया जाता है।

शक्तियाँ एवं कार्य

- प्रधानमन्त्री द्वारा मन्त्रियों की नियुक्ति एवं पदच्युति की अनुशंसा राष्ट्रपति को की जाती है।
- लोकसभा में बहुमत दल के नेता होने के कारण वह लोकसभा में शासन की प्रमुख नीतियों एवं कार्यों की घोषणा करता है तथा लोकसभा के सदस्यों द्वारा गम्भीर विषयों से सम्बन्धित पूछे गए प्रश्नों के उत्तर देता है।
- देश की वित्त व्यवस्था एवं वार्षिक वित्तीय विवरण निर्धारित करने में भी प्रधानमन्त्री की भूमिका होती है। शासकीय विधेयकों को प्रधानमन्त्री की सलाह के अनुसार तैयार किया जाता है।
- अपने दल में अनुशासन एवं एकता कायम रखने तथा दल की नीतियों को क्रियान्वित कराने हेतु प्रधानमन्त्री दलीय सचेतक के माध्यम से आदेश जारी करता है।
- वह किसी भी समय लोकसभा के विघटन की अनुशंसा राष्ट्रपति से कर सकता है। उसके द्वारा मन्त्रियों के बीच मन्त्रालयों का आवंटन तथ पुनः परिवर्तन किया जाता है।
- प्रधानमन्त्री मन्त्रिपरिषद् की बैठकों की अध्यक्षता करता है तथा उसके निर्णयों को प्रभावित करता है।
- संविधान के अनुच्छेद 78 के अनुसार वह प्रशासन तथा विधान सम्बन्धी सभी निर्णयों की सूचना राष्ट्रपति को देता है।
- महत्त्वपूर्ण पदाधिकारियों, यथा भारत का महान्यायवादी, भारत का नियन्त्रक एवं महालेखा परीक्षक, निर्वाचन आयुक्त, संघ लोक सेवा आयोग के अध्यक्ष तथा अन्य सदस्यगण, वित्त आयोग के अध्यक्ष व अन्य सदस्यगण आदि की नियुक्तियों के सम्बन्ध में राष्ट्रपति को सलाह देता है।
- 'राज्यों के राज्यपालों की नियुक्ति का निर्णय वास्तविक रूप में प्रधानमन्त्री द्वारा लिया जाता है।
- 'प्रधानमन्त्री योजना आयोग का अध्यक्ष होता है तथा 'भारत रत्न', 'पद्मविभूषण', 'पद्मभूषण' एवं 'पद्मश्री' आदि उपाधियों की स्वीकृति भी वास्तविक तौर पर प्रधानमन्त्री द्वारा ही की जाती है।

कार्यपालिका

राष्ट्रपति

- भारतीय संविधान का अनुच्छेद 52 यह उपबन्धित करता है कि भारत का एक राष्ट्रपति होगा।
- अनुच्छेद 53 के अनुसार संघ की कार्यपालिका शक्ति राष्ट्रपति में निहित होगी और वह इसका प्रयोग इस संविधान के अनुसार या तो स्वयं या अपने अधीनस्थ अधिकारी के द्वारा करेगा।
- अनुच्छेद 58 के अनुसार राष्ट्रपति पद के पात्र होने के लिए *निम्नलिखित अर्हताएँ होनी चाहिए*
  - (i) उसे भारत का नागरिक होना चाहिए।
  - (ii) उसकी आयु 35 वर्ष या उससे अधिक होनी चाहिए।
  - (iii) लोकसभा का सदस्य निर्वाचित होने की योग्यता।
  - (iv) उसे भारत सरकार अथवा किसी राज्य सरकार के अधीन अथवा उक्त सरकारों में से किसी के अधीन नियन्त्रित लाभ पद धारण किए हुए नहीं होना चाहिए।
- भारत के राष्ट्रपति का निर्वाचन अप्रत्यक्ष रूप से आनुपातिक प्रतिनिधित्व प्रणाली से एकल संक्रमणीय मत पद्धति द्वारा गुप्त मतदान रीति से होता है।
- अनुच्छेद 54 द्वारा राष्ट्रपति का निर्वाचन सीधे जनता न करके एक निर्वाचक मण्डल करता है।

निर्वाचन मण्डल में दो प्रकार के सदस्य होते हैं

(i) संसद के दोनों सदनों के निर्वाचित सदस्य
(ii) राज्यों की विधानसभा के निर्वाचित सदस्य

- 70वें संविधान संशोधन के तहत राष्ट्रीय राजधानी क्षेत्र दिल्ली तथा पाण्डिचेरी (पुदुचेरी) विधानसभाओं के सदस्यों को राष्ट्रपति के निर्वाचन में भाग लेने का अधिकार है।

राष्ट्रपति की शक्तियाँ

- अनुच्छेद 53 द्वारा स्पष्ट है कि संघ की कार्यपालिका शक्ति राष्ट्रपति में निहित है, लेकिन अनुच्छेद 74 के अनुसार शक्तियों का प्रयोग मन्त्रिपरिषद् की सहायता और मन्त्रणा से करेगा।
- संघीय कार्यपालिका का अध्यक्ष होने के नाते राष्ट्रपति की कार्यपालिका शक्ति संघ के सम्पूर्ण कार्य क्षेत्र पर लागू होती है। राष्ट्रपति राज्यों में राज्यपालों की नियुक्ति करता है।
- राष्ट्रपति की कार्यपालिका सम्बन्धी शक्तियों के अन्तर्गत प्रशासकीय, राजनीतिक, सैनिक, न्यायिक और अर्द्धन्यायिक सभी प्रकार की शक्तियाँ शामिल होती हैं।
- राष्ट्रपति को संघीय सेवा के सभी सैनिक तथा असैनिक अधिकारियों की नियुक्ति करने का अधिकार प्राप्त है।
- राष्ट्रपति द्वारा नियुक्त अधिकारी प्रधानमन्त्री तथा अन्य संघीय मन्त्री, महाधिवक्ता, उच्चतम तथा अन्य न्यायालयों के न्यायाधीश, राज्यों के राज्यपाल, राजदूत एवं अन्य सदस्य आदि।
- राष्ट्रपति विभिन्न आयोगों की नियुक्ति करता है—वित्त आयोग, योजना आयोग, निर्वाचन आयोग, भाषा आयोग तथा अल्पसंख्यक आयोग आदि।
- राष्ट्रपति को अपने मन्त्रियों, राज्यपालों, महाधिवक्ता, उच्च सैनिक अधिकारियों आदि को पदच्युत करने का अधिकार है।
- सभी अन्तर्राष्ट्रीय सन्धियाँ एवं समझौते उसी के नाम से सम्पादित किए जाते हैं।
- राष्ट्रपति न्याय और सम्मान का स्रोत है। उसे अपराधियों को क्षमा करने, दिए गए दण्ड को कम करने, दण्ड में छूट देने, दण्ड रोकने आदि के अधिकार हैं।
- राष्ट्रपति ही विशिष्ट नागरिकों को भारत रत्न, पद्मविभूषण पद्म श्री आदि उपाधियों द्वारा सम्मानित करता है।
- राष्ट्र के द्वारा सैनिक सम्मान की उपाधियों-परमवीर चक्र, महावीर चक्र, तथा वीर चक्र प्रदान किए जाते हैं। वह तीनों सेनाओं का सर्वोच्च सेनापति है।
- अनुच्छेद 79 के अनुसार राष्ट्रपति संसद का अभिन्न अंग है। इस अनुच्छेद के अन्तर्गत संघ की विधायी शक्तियों को संसद और राष्ट्रपति दोनों में माना गया है।

- राष्ट्रपति संसद के सत्र को आहूत करता है और सत्रावसान करता है। उसे स्थगित करने, उसमें भाषण देने तथा अनुच्छेद 86(2) के तहत संसद को सन्देश भी भेज सकता है।
- वह राज्यसभा के 12 सदस्यों को मनोनीत करता है, जिन्हें साहित्य, विज्ञान, कला और समाज सेवा में से किसी का विशिष्ट एवं व्यावहारिक ज्ञान है।
- संसद द्वारा पारित प्रत्येक विधेयक राष्ट्रपति की स्वीकृति के लिए प्रस्तुत किया जाता है। वह विधेयक पर हस्ताक्षर करके ही अधिनियम का रूप देता है।
- यदि कोई विधेयक धन विधेयक नहीं है, तो वह उसे अपने सुझाव के साथ पुनः लौटा सकता है।
- यदि विधेयक संसद में संशोधन सहित या संशोधन रहित पुनः पारित हो जाता है और राष्ट्रपति की अनुमति के लिए आता है, तो वह उस पर अपनी अनुमति देने के लिए बाध्य है। (अनुच्छेद 111)
- धन विधेयक पर दोनों सदनों में असहमति होने पर वह समस्या से निपटने के लिए दोनों सदनों की संयुक्त बैठक बुला सकता है।
- अनुच्छेद 3 के अनुसार राष्ट्रपति नए राज्यों के निर्माण और वर्तमान राज्यों के क्षेत्रों, सीमाओं या नामों को बदलने के लिए कोई विधेयक राष्ट्रपति की सिफारिश के बिना संसद में पेश नहीं किया जा सकता है।
- अनुच्छेद 304 (ख) के अनुसार व्यापार, राज्य का कोई भी विधेयक राष्ट्रपति की पूर्व अनुमति के बिना राज्य विधानमण्डल में पेश नहीं किया जा सकता है।
- राष्ट्रपति संसद के समक्ष बजट पेश करता है तथा वह ऑडीटर जनरल वित्त आयोग, संघ लोक सेवा आयोग आदि विशेष अधिकारियों की रिपोर्टों को संसद के समक्ष प्रस्तुत करता है।
- राष्ट्रपति को अनुच्छेद 123 के अन्तर्गत अध्यादेश जारी करने की अदभुत शक्ति प्राप्त है।
- जब दोनों सदन का सत्र न हो तथा राष्ट्रपति को यह संज्ञान हो जाए कि ऐसी परिस्थितियाँ विद्यमान हैं, जिसमें तुरन्त कार्यवाही आवश्यक है, तो वह अध्यादेश जारी कर सकता है।
- राष्ट्रपति द्वारा प्रख्यापित अध्यादेश का वही प्रभाव होगा जो संसद द्वारा जारी विधियों का होता है।
- प्रत्येक अध्यादेश संसद के दोनों सदनों के समक्ष रखा जाएगा और संसद के पुनः समवेत होने की तिथि से छः सप्ताह की समाप्ति पर समाप्त हो जाएगा।
- राष्ट्रपति को अध्यादेश जारी करने की शक्ति संसद की विधायिनी शक्ति की सहविस्तारणी है। अतः अध्यादेश द्वारा नागरिकों के मूल अधिकारों का अतिक्रमण नहीं किया जा सकता।
- अनुच्छेद 13(क) के अधीन 'विधि' शब्द के अन्तर्गत अध्यादेश भी शामिल है।
- अध्यादेश जारी करने की शक्ति राष्ट्रपति के वैयक्तिक समाधान पर आधारित है अर्थात् अध्यादेश के कारणों को न्यायालय के न्यायोचित ठहराने के लिए राष्ट्रपति बाध्य नहीं है।
- अध्यादेश को अस्पष्टता मनमाना प्रयोग एवं जनहित के आधार पर चुनौती दी जा सकती है, लेकिन इसके विधिमान्यता को नैतिकता के आधार पर चुनौती नहीं दी जा सकती है।

उपराष्ट्रपति

- संविधान के अनुच्छेद 63 के अनुसार भारत का एक उपराष्ट्रपति होगा। संविधान में उपराष्ट्रपति के पद से सम्बन्धित प्रावधान अमेरिका के संविधान से ग्रहण किया गया है।
- भारत का उपराष्ट्रपति राज्यसभा का पदेन सदस्य होता है और अन्य कोई लाभ का पद धारण नहीं करता।
- अनुच्छेद 66 के अनुसार कोई भी व्यक्ति उपराष्ट्रपति निर्वाचित होने के योग्य तभी होगा जब
  (i) भारत का नागरिक हो।
  (ii) 35 वर्ष की आयु पूरी कर चुका हो।
  (iii) राज्यसभा का सदस्य निर्वाचित होने के योग्य हो।
  (iv) संसद के किसी सदन या राज्य विधान मण्डलों में से किसी सदन का सदस्य न हो।
- उपराष्ट्रपति का निर्वाचन एक ऐसे निर्वाचक मण्डल द्वारा किया जाएगा, जो संसद के दोनों सदनों से मिलकर बनेगा।
- इन सदस्यों का निर्वाचन आनुपातिक प्रतिनिधित्व पद्धति के एकल संक्रमणीय मत द्वारा होगा और उपराष्ट्रपति का निर्वाचन गुप्त मतदान द्वारा होगा।
- इसके निर्वाचन से सम्बन्धित सभी शंकाओं और विवादों की जाँच उच्चतम न्यायालय करेगा और उसका विनिश्चय अन्तिम होगा।
- न्यायालय द्वारा उसके निर्वाचन को शून्य घोषणा किए जाने पर उसके पद की शक्तियों के प्रयोग में किए गए कार्य अविधिमान्य नहीं होंगे। (अनुच्छेद 71)
- उपराष्ट्रपति अपने पद ग्रहण की तिथि से पाँच वर्ष तक वह अपने पद पर बना रहेगा। यदि उसका उत्तराधिकारी जब पाँच वर्ष की अवधि के दौरान नहीं चुना जाता है, तो वह तब तक अपने पद पर बना रहेगा।
- उपराष्ट्रपति पाँच वर्ष के अन्दर अपने पद से निम्न तरह से हट सकता है
  (i) राष्ट्रपति को अपना त्याग-पत्र देकर।
  (ii) राज्यसभा द्वारा संकल्प पारित करके।
- उपराष्ट्रपति को पद से हटाने के लिए संकल्प राज्यसभा में पेश किया जाता है, तो संकल्प पेश करने से पहले उसकी सूचना उन्हें 14 दिन पूर्व देनी आवश्यक है।
- राज्यसभा में संकल्प पारित होने के बाद उसे अनुमोदन के लिए लोकसभा को भेजा जाता है। यदि लोकसभा संकल्प को अनुमोदित कर देती है, तो उपराष्ट्रपति को पद से हटा दिया जाता है।
- जिस व्यक्ति में उपराष्ट्रपति पद की योग्यताएँ हैं, तो वह एक से अधिक कार्यालय के लिए निर्वाचित किया जा सकता है।
- सर्वपल्ली राधाकृष्ण के दो बार निर्वाचित होने के बाद अब एक ही बार उपराष्ट्रपति बनने की परम्परा है।
- उपराष्ट्रपति के शपथ-ग्रहण की विधि को अनुच्छेद 69 में सुनिश्चित किया गया है।
- राष्ट्रपति की मृत्यु, पदत्याग, महाभियोगी या अनुपस्थिति रहने पर वह राष्ट्रपति के कृत्यों का वहन करेगा।
- जब उपराष्ट्रपति, राष्ट्रपति कृत्यों का निर्वहन कर रहा है तब वह ऐसी उपलब्धियों वेतन तथा भत्तों का हकदार होता है, जिनका हकदार राष्ट्रपति होता है।

- उपराष्ट्रपति राज्यसभा का पदेन सभापति होता है। उसका सामान्य कार्य राज्यसभा की बैठकों की अध्यक्षता करना है।
- सभापति के रूप में उसे राज्यसभा में निर्णायक मत देने का अधिकार प्राप्त होता है।
- राष्ट्रपति के त्याग-पत्र देने पर उपराष्ट्रपति उसकी सूचना राज्यसभा को देता है।

केन्द्रीय मन्त्रिपरिषद्

- संविधान के अनुच्छेद 74(1) में लिखा है कि राष्ट्रपति को परामर्श और सहायता देने के लिए एक मन्त्रिपरिषद् होगी, जिसका प्रमुख प्रधानमन्त्री होगा।
- भारत की संसदीय प्रणाली को ब्रिटेन से लिया गया है। अत: संविधान द्वारा मन्त्रिपरिषद् को शासन के लिए यथार्थ रूप में उत्तरदायी बनाया गया है।

मन्त्रिपरिषद् में चार प्रकार के मन्त्री होते हैं

(i) प्रधानमन्त्री (ii) कैबिनेट स्तर के मन्त्री
(iii) राज्यमन्त्री (iv) उपमन्त्री

- पूरी मन्त्रिपरिषद् की बैठक कभी नहीं होती।
- नीति सम्बन्धित सभी निर्णय मन्त्रिमण्डल में ही लिए जाते हैं।
- राज्यमन्त्री न तो कैबिनेट के सदस्य होते हैं और न ही उसकी बैठकों में भाग लेते हैं।
- उप-मन्त्रियों का दर्जा मन्त्रिपरिषद् में तीसरी श्रेणी का होता है। भारत में उप-मन्त्रियों की तुलना प्राय: इंग्लैण्ड के संसदीय सचिवों अथवा उप-सचिवों से की जा सकती है।
- भारतीय संविधान में मन्त्रिमण्डल शब्द का प्रयोग कहीं भी नहीं किया गया है।
- **लॉवेल** के अनुसार, ''कैबिनेट राजनीतिक भवन की आधारशिला है।''
- **ग्लैड स्टोन** के अनुसार, ''कैबिनेट सूर्य पिण्ड है जिसके चारों ओर अन्य पिण्ड घूमते हैं।''
- अनुच्छेद 75(1) के अनुसार, ''प्रधानमन्त्री की नियुक्ति राष्ट्रपति करेगा तथा अन्य मन्त्रियों की नियुक्ति राष्ट्रपति प्रधानमन्त्री की मान्यता पर करेगा।''
- अनुच्छेद 75(3) के अनुसार मन्त्रिपरिषद् सामूहिक रूप से लोकसभा के प्रति उत्तरदायी होकर कार्य करेगी।
- मन्त्रिमण्डल सम्पूर्ण देश की सुव्यवस्था के लिए उत्तरदायी होता है। राष्ट्रपति की कार्यपालिका सम्बन्धी सभी शक्तियों का वास्तविक उपभोग मन्त्रिमण्डल ही करता है।
- प्रदत्त व्यवस्थापन की व्यवस्था ने मन्त्रिमण्डल की कार्यकारी शक्ति में भारी वृद्धि की है तथा देश के लिए सभी प्रकार की विधियों का निर्माण मन्त्रिमण्डल द्वारा ही किया जाता है।
- भारतीय मन्त्रिमण्डल को कुछ ऐसे अधिकार प्राप्त हैं, जो ब्रिटिश मन्त्रिमण्डल को नहीं; जैसे—संसद के विश्रान्ति काल में मन्त्रिमण्डल को विधि निर्माण का अधिकार है।
- आपातकालीन स्थिति में राष्ट्रपति की आपातकालीन शक्तियों का प्रयोग भी मन्त्रिपरिषद् ही करती है।
- संविधान के अनुच्छेद 75 के अनुसार मन्त्रिपरिषद् के सदस्यों की नियुक्ति राष्ट्रपति प्रधानमन्त्री की सलाह से करता है।
- संविधान के अनुच्छेद 78 के अनुसार प्रधानमन्त्री मन्त्रिपरिषद् में होने वाली कार्यवाहियों से राष्ट्रपति को अवगत कराता है।
- मन्त्रियों के विभागों का बँटवारा प्रधानमन्त्री ही करता है।
- प्रधानमन्त्री को यह अधिकार है कि वह किसी भी मन्त्री को त्याग पत्र देने को कह सकता है।
- प्रधानमन्त्री मन्त्रिमण्डल की बैठकों की अध्यक्षता करता है।
- प्रधानमन्त्री को लोकसभा भंग करने का अधिकार प्राप्त है। वह लोकसभा को भंग करने की सलाह राष्ट्रपति को दे सकता है।
- प्रधानमन्त्री लोकसभा में बहुमत दल का नेता होता है।
- राष्ट्रपति के द्वारा की गई नियुक्तियाँ व्यवहार में प्रधानमन्त्री के द्वारा ही की जाती हैं।
- प्रधानमन्त्री ही भारत का प्रतिनिधित्व अन्तर्राष्ट्रीय क्षेत्र में भी करता है। आपातकाल में राष्ट्रपति को जो शक्तियाँ प्राप्त हैं उनका प्रयोग प्रधानमन्त्री ही करता है।

उपराष्ट्रपति

- संविधान के अनुच्छेद 124 में यह सुनिश्चित किया गया है कि भारत में एक सर्वोच्च न्यायालय होगा।
- मूल संविधान में सर्वोच्च न्यायालय के सदस्यों की संख्या 7 निर्धारित की गई थी, परन्तु 1977 में यह संख्या बढ़ाकर 18 कर दी गई।
- सन् 1986 में सर्वोच्च न्यायालय में न्यायाधीशों की संख्या मुख्य न्यायमूर्ति सहित 26 सुनिश्चित की गई।
- वर्तमान में सर्वोच्च न्यायालय में न्यायाधीशों की संख्या 34 (33+1) हैं।
- संविधान के अनुच्छेद 145 के तहत यह निर्धारित किया गया है कि किसी सांविधिक विषय पर निर्णय देने के लिए कम-से-कम 5 न्यायाधीश होने चाहिए। उच्चतम न्यायालय के न्यायाधीशों की नियुक्ति राष्ट्रपति करता है।
- मुख्य न्यायमूर्ति राष्ट्रपति द्वारा उच्चतम न्यायालय तथा राज्यों के उच्च न्यायालयों के ऐसे न्यायाधीशों के परामर्श के पश्चात्, जिसे राष्ट्रपति समझे, नियुक्त किया जाएगा।
- संविधान के अनुच्छेद 124(3) में उच्चतम न्यायालय के न्यायाधीशों की नियुक्ति सम्बन्धी अर्हताएँ दी गई हैं।
  - वह भारत का नागरिक हो।
  - वह किसी उच्च न्यायालय का लगातार कम-से-कम 5 वर्षों तक न्यायाधीश हो।
  - किसी उच्च न्यायालय या उच्चतम न्यायालय में 10 वर्षों तक अधिवक्ता रहा हो।
  - राष्ट्रपति की राय में पारंगत विधिवेत्ता हो।
- सर्वोच्च न्यायालय के न्यायाधीशों का कार्यकाल 65 वर्ष की आयु तक होता है।
- उच्चतम न्यायालय के किसी न्यायाधीश को तब तक नहीं हटाया जाएगा जब तक कदाचार या असमर्थता साबित न हो।
- उसे हटाने के लिए संसद के प्रत्येक सदन द्वारा अपनी कुल सदस्य संख्या के बहुमत तथा उपस्थित एवं मतदान देने वाले सदस्यों के 2/3 बहुमत द्वारा पारित समादेश राष्ट्रपति को भेजना पड़ता है।
- राष्ट्रपति संसद के ऐसे प्रस्ताव से उन न्यायाधीशों को पदच्युत कर सकता है।
- संविधान के अनुच्छेद 125 के अनुसार उच्चतम न्यायालय के न्यायाधीशों को इतना वेतन दिया जाएगा जितना संसद विधि बनाकर निर्धारित करे।

- अनुच्छेद 126 के अनुसार जब भारत के मुख्य न्यायाधीश का पद रिक्त हो, तब न्यायालय के न्यायाधीशों में से जिसे राष्ट्रपति इसके लिए नियुक्त करे, मुख्य न्यायमूर्ति का कार्य करेगा।
- उच्च न्यायालयों के सेवा निवृत्त न्यायाधीशों को उच्चतम न्यायालय में तदर्थ न्यायाधीश के रूप में कार्य करने के लिए कहा जा सकता है।
- मुख्य न्यायाधीश राष्ट्रपति की सलाह से और सम्बन्धित उच्च न्यायालय के न्यायाधीश से परामर्श करके किसी उच्च न्यायालय के किसी न्यायाधीश को उच्चतम न्यायालय में तदर्थ नियुक्ति कर सकता है।
- अनुच्छेद 130 के अनुसार उच्चतम न्यायालय दिल्ली में स्थित होगा, किन्तु यह ऐसे स्थानों पर भी बैठ सकता है जिसे मुख्य न्यायाधीश राष्ट्रपति की पूर्व सम्मति से समय-समय पर नियत करें।

उच्चतम न्यायालय की अधिकारिता

- अनुच्छेद 129 उच्चतम न्यायालय को अभिलेख न्यायालय के रूप में सुनिश्चित करता है।
- उच्चतम न्यायालय के सभी निर्णय भविष्य में अधीनस्थ न्यायालयों के समक्ष पूर्ण निर्णय के रूप में प्रस्तुत किए जाते हैं।
- न्यायालय को अपनी अवमानना के लिए किसी भी व्यक्ति को दण्डित करने का अधिकार, अभिलेख न्यायालय की प्रकृति में ही आता है।
- उच्चतम न्यायालय की प्रारम्भिक अधिकारिता में ऐसे विवाद जो संघ तथा एक से अधिक राज्यों के बीच का हो।
- संघ और कोई राज्य के एक ओर तथा अन्य राज्य दूसरी ओर।
- दो या दो से अधिक राज्यों के बीच के विवाद उच्चतम न्यायालय की प्रारम्भिक अधिकारिता में आते हैं।
- प्रारम्भिक अधिकारिता के अन्तर्गत उच्चतम न्यायालय उन्हीं विवादों को स्वीकार करेगा जिसमें कोई ऐसा तथ्य या विधि का प्रश्न अन्तर्निहित हो, जिस पर किसी विधिक अधिकार का अस्तित्व निर्भर हो।
- 'विधिक अधिकार' पदावली का अर्थ उस अधिकार से है जो विधि मान्य और न्यायालयों द्वारा प्रवर्तनीय हो। उच्चतम न्यायालय को राजनीतिक प्रश्नों के विवादों में कोई अधिकार प्राप्त नहीं है।
- संविधान का अनुच्छेद 32, मूल अधिकारों के उल्लंघन के विरुद्ध नागरिकों को उपचार प्रदान करने के लिए उच्चतम न्यायालय को प्रारम्भिक अधिकारिता प्रदान करता है।
- इस अधिकारिता के अन्तर्गत उच्चतम न्यायालय को बन्दी प्रत्यक्षीकरण, परमादेश, प्रतिषेध, उत्प्रेषण तथा अधिकार पृच्छा जैसी रिटें निकालने का पूर्ण अधिकार है।

न्यायिक पुनरावलोकन

- न्यायपालिका द्वारा संसद और विधानमण्डलों द्वारा पारित किए गए कानूनों तथा कार्यपालिका द्वारा किए गए कार्यों की संवैधानिकता की समीक्षा करना ही न्यायिक पुनरावलोकन कहलाता है।
- कार्यों के संविधान के विरुद्ध होने की स्थिति में न्यायपालिका इन्हें शून्य अथवा अवैध घोषित कर सकती है।
- सर्वप्रथम न्यायिक पुनरावलोकन के सिद्धान्त की उत्पत्ति अमेरिका में हुई।
- भारत में न्यायिक पुनरावलोकन के सिद्धान्त का स्पष्ट उल्लेख नहीं किया गया है। यहाँ न्यायिक पुनरावलोकन कानून द्वारा स्थापित प्रक्रिया का आधार है।
- भारत में न्यायपालिका की स्वतन्त्रता पर विशेष बल दिया गया है। न्यायाधीशों की नियुक्ति का अधिकार राष्ट्रपति को दिया गया है किन्तु राष्ट्रपति उन्हें हटा नहीं सकता।
- अवकाश प्राप्ति के पश्चात् न्यायाधीशों को वकालत पर प्रतिबन्ध लगाया गया है।
- भारत में विधि के शासन की सर्वोपरिता के सिद्धान्त को स्वीकार किया गया है। प्रत्येक व्यक्ति विधि के अधीन होता है।

निर्वाचन प्रणाली

निर्वाचन आयोग

- भारतीय संविधान में अनुच्छेद 324 के तहत राष्ट्रपति, उपराष्ट्रपति, लोकसभा तथा विधानसभा हेतु स्वतन्त्र एवं निष्पक्ष चुनाव प्रक्रिया की व्यवस्था के लिए 'निर्वाचन आयोग' का प्रावधान किया गया है।
- राष्ट्रपति द्वारा मुख्य चुनाव आयुक्त और दो अन्य चुनाव आयुक्तों की नियुक्ति की जाती है।
- मुख्य चुनाव आयुक्त एवं अन्य चुनाव आयुक्तों का वेतन भारत की संचित निधि से दिया जाता है।
- मुख्य चुनाव आयुक्त एवं अन्य चुनाव आयुक्तों का कार्यकाल उनके पद सम्भालने की तिथि से लेकर 6 वर्ष तक या 65 वर्ष की आयु पूरी होने तक है।
- मुख्य निर्वाचन आयुक्त और अन्य निर्वाचन आयुक्तों को कार्यकाल से पूर्व, कदाचार के आधार पर संसद के दोनों सदनों द्वारा पारित 'विशेष बहुमत' से प्रस्ताव पारित कर हटाया जा सकता है।

कार्य *एवं* क्षेत्राधिकार

- भारत में निर्वाचन आयोग को राष्ट्रपति, उपराष्ट्रपति, लोकसभा एवं विधानसभा के लिए निष्पक्ष निर्वाचन संचालित करने के लिए निम्नलिखित प्रकार्यों को संचालित करना पड़ता है।
- चुनाव क्षेत्रों का सीमांकन करना, जो प्रत्येक 10वर्ष पश्चात् होने वाली जनगणना के अनुसार सम्भव होता है।
- राष्ट्रीय एवं क्षेत्रीय राजनीतिक दलों को मान्यता प्रदान करता है। राजनीतिक दलों को विशेष चुनाव चिह्न प्रदान करता है।
- मतदाता सूची का निर्माण करता है।
- चुनाव की व्यवस्था करता है व उसे रद्द करने की घोषणा भी करता है।
- राजनीतिक दलों के लिए आचार संहिता तैयार करता है।
- मतदाताओं को राजनीतिक प्रशिक्षण देता है।
- चुनाव याचिकाओं के सम्बन्ध में सरकार को परामर्श देता है।

भारत के मान्यता प्राप्त राष्ट्रीय राजनीतिक दल

दल	चुनाव-चिह्न
भारतीय जनता पार्टी	कमल
भारतीय राष्ट्रीय कांग्रेस	हाथ का पंजा
भारतीय साम्यवादी दल	हसिया और बाली
राष्ट्रवादी कांग्रेस पार्टी	घड़ी
बहुजन समाज पार्टी	हाथी (असोम के सिवाय)
मार्क्सवादी साम्यवादी दल	हसिया, हथौड़ा एवं तारा
तृणमूल कांग्रेस पार्टी	जोहरा, घास फूल
नेशनल पीपुल्स पार्टी	किताब

राष्ट्रीय दल का दर्जा प्राप्त करने के लिए आवश्यक शर्तें

- लोकसभा चुनाव अथवा राज्य विधानसभा चुनाव में किन्हीं चार अथवा अधिक राज्यों में कुल डाले गए वैध मतों का 6% प्राप्त करना आवश्यक होगा।
- इसके अतिरिक्त इसे किसी एक राज्य अथवा राज्यों से लोकसभा की कम-से-कम चार सीटें जीतनी होंगी।
- ई वी एम का प्रथम प्रयोग 1998 में विभिन्न निर्वाचन क्षेत्रों में (राजस्थान, मध्य प्रदेश, दिल्ली) पहली बार हुआ।
- गोवा वह प्रथम राज्य है, जहाँ सम्पूर्ण क्षेत्र में पहली बार ई वी एम से चुनाव सम्पन्न हुए।
- वर्ष 2004 में हुए संसदीय निर्वाचन क्षेत्रों में आम चुनाव के दौरान सभी क्षेत्रों में ई वी एम का प्रयोग हुआ।
- फरवरी, 2011 की अधिसूचना के तहत लोकसभा के उम्मीदवारों के लिए चुनाव में खर्च सीमा ₹ 25 लाख कर दी गई।
- विधानसभा के उम्मीदवारों के लिए अधिकतम चुनाव व्यय सीमा राशि ₹ 16 लाख है।
- लोकसभा में 2% सीटें हों और ये कम-से-कम तीन विभिन्न राज्यों में प्राप्त की गई हों।
- किसी भी दल को कम-से-कम चार राज्यों में राज्य स्तरीय रूप में मान्यता प्राप्त हो।
- भारत में चुनाव के लिए जन प्रतिनिधित्व अधिनियम, 1951 का प्रयोग किया जाता है। **परिसीमन आयोग** का अध्यक्ष मुख्य चुनाव आयुक्त होता है।

चुनाव सुधार

भारत चुनाव प्रणाली में लगातार सुधार करने के लिए समय-समय पर निर्वाचन समितियों का गठन होता है ऐसी ही कुछ समितियाँ निम्न प्रकार हैं

भारत में चुनाव सुधार से सम्बन्धित समितियाँ

निर्वाचन समितियाँ	अध्यक्ष	वर्ष	प्रमुख सिफारिश
तारकुण्डे समिति	वी एम तारकुण्डे	1974	मतदान की आयु 18 वर्ष हो
श्यामलाल शकधर समिति	श्यामलाल शकधर	1981	मतदाता का परिचय-पत्र हो
सन्थानम समिति	के.सन्थनम	1983	न्यूनतम शैक्षिक योग्यता अनिवार्य हो (राजस्थान)
दिनेश गोस्वामी समिति	दिनेश गोस्वामी	1989	ई वी एम का प्रयोग आरक्षण के लिए चक्रानुसार पद्धति हो
टी एन शेषन समिति	टी एन शेषन	1992	एक से अधिक क्षेत्रों से चुनाव लड़ना मना हो
इन्द्रजीत समिति	इंन्द्रजीत गुप्त	1998	चुनाव खर्च हेतु सार्वजनिक कोष बने

मतदान व्यवहार

- लोकतान्त्रिक व्यवस्था में मतदान का विशेष महत्त्व होता है, जिसके द्वारा प्रत्याशियों को निर्वाचित किया जाता है।
- मतदान के सम्बन्ध में अक्सर यह प्रश्न सामने आता है कि मतदान किस प्रकार होना चाहिए गुप्त रूप से अथवा प्रत्यक्ष रूप से।
- 19वीं शताब्दी में विभिन्न देशों में खुले रूप से मत देने की प्रणाली प्रचलित थी, कुछ देशों में तो यह 20वीं शताब्दी तक चलता रहा। खुले या प्रत्यक्ष मतदान प्रणाली का दोष यह है कि वहाँ या तो मतदाता मत देते या फिर दबाव में अपनी इच्छा के विपरीत मत देते हैं।
- विभिन्न देशों में वयस्क मताधिकार प्रणाली का प्रयोग मत के लिए किया जाता है, इसका अर्थ यह है कि यह निश्चित आयु पूरी करने के बाद सम्बन्धित देश के नागरिकों को वोट/मत देने का अधिकार मिल जाता है, बशर्ते उनका नाम मतदाता सूची में सम्मिलित है।

जैसे

देश	मत देने की आयु
भारत	18 वर्ष
डेनमार्क व जापान	25 वर्ष
फ्रांस व जर्मन	20 वर्ष
नॉर्वे	23 वर्ष

राजनीतिक दल

विश्व के अधिकांश राज्यों में प्रजातन्त्रीय शासन-व्यवस्था ही प्रचलित है। इसके अन्तर्गत जनता अपने प्रतिनिधियों के निर्वाचन और प्रतिनिधियों द्वारा शासन-व्यवस्था के संचालन की इस सम्पूर्ण प्रक्रिया को पूर्ण करने के लिए राजनीतिक दलों का अस्तित्व अनिवार्य है। *अतः राजनीतिक दल अनेक व्यक्तियों का ऐसा संगठन होता है*

1. जो सामान्य सिद्धान्तों पर एक मत होता है।
2. चुनाव के माध्यम से सत्ता प्राप्ति कर अपने कार्यक्रम को कार्यान्वित करता है। लोकतान्त्रिक शासन के संचालन व उसकी सफलता के लिए राजनीतिक दल अनिवार्य है। लॉर्ड ब्राइस के अनुसार कोई बड़ा तथा स्वतन्त्र देश उनके अस्तित्व के बिना नहीं रहा है और किसी ने यह प्रदर्शित नहीं किया है कि कोई प्रतिनिधि सरकार उसके बिना कैसे कार्य कर सकती है।

राजनीतिक दल की परिभाषाएँ

- **एण्डमण्ड बर्क** के अनुसार, ''राजनीतिक दल ऐसे व्यक्तियों का एक ऐसा समूह है, जिसके सदस्य सामान्य सिद्धान्तों पर सहमत हों और सामूहिक प्रयत्नों द्वारा राष्ट्रीय हित को प्रोत्साहित करने के लिए एकता के सूत्र में बँधे हों।''

- **ब्राइस** के अनुसार, "राजनीतिक दल उस संगठित समूह को कहते हैं, जिसकी सदस्यता ऐच्छिक हो और जो राजनीतिक शक्ति को प्राप्त करने में अपनी सामूहिक शक्ति लगा दे।"
- **मैकाइवर** के अनुसार, "एक राजनीतिक दल एक ऐसी संस्था है, जिसे किसी सिद्धान्त या नीति के लिए संगठित किया गया है और उस नीति को यह संवैधानिक साधनों से सरकार के निर्णय या निश्चित रूप में परिणित करने का प्रयत्न करता है।"
- **गिलक्राइस्ट** के अनुसार, "राजनीतिक दल नागरिकों का एक संगठित समूह है, जो एक ही प्रकार के राजनीतिक विचारों को मानता है और जो एक राजनीतिक इकाई के रूप में कार्य करते हुए शासन को नियन्त्रित करने का प्रयत्न करता है।"
- **लीकॉक** के अनुसार, "राजनीतिक दल नागरिकों के एक संगठित समुदाय को कहते हैं, जो इकट्ठे मिलकर एक राजनीतिक इकाई के रूप में कार्य करता है। उसके विचार सार्वजनिक प्रश्नों पर एक समान होते हैं और वे एक समान उद्देश्य की पूर्ति के लिए मतदान की शक्ति का प्रयोग करके सरकार पर अपना आधिपत्य करना चाहते हैं।"
- **गार्नर** के अनुसार, "राजनीतिक दल किसी राष्ट्र के उस संगठित समूह को कहते हैं, जो किसी राजनीतिक उद्देश्य या आर्थिक लक्ष्य की प्राप्ति के लिए शान्तिमय और वैध साधनों से किसी देश के निर्वाचक मण्डल के बहुमत को अपने पक्ष में करके राज्य की शक्ति अपने हाथ में लेना चाहता है।"
- **गैटिल** के अनुसार, "राजनीतिक दल पूर्ण अथवा अपूर्ण रूप से संगठित नागरिकों का समूह है, जो इकाई की भाँति कार्य करता है और जिनका उद्देश्य अपने मताधिकार के प्रयोग द्वारा सरकार पर नियन्त्रण रखना है और अपनी सामान्य नीतियों का प्रतिपादन करना है।"
- **प्रो. मेरियम** के अनुसार, "राजनीतिक दलों का कार्य अधिकारी वर्ग का चुनाव करना, लोकनीति का निर्धारण करना, सरकार को चलाना और उसकी आलोचना करना, राजनीतिक शिक्षण और व्यक्ति एवं सरकार के मध्य सामंजस्य स्थापित करना।"
- **हूबर** के अनुसार, "प्रजातन्त्रीय यन्त्र के चालन में राजनीतिक दल तेल के तुल्य है"।

राजनीतिक दल के तत्त्व

- संगठन (औपचारिक)
- सामान्य सिद्धान्त
- सामान्य कार्यक्रम
- सत्ता प्राप्ति का प्रयास
- सरकार का निर्माण।

राजनीतिक दलों के प्रकार

राजनीतिक दल दो प्रकार के हैं

राष्ट्रीय दल

वह दल जिसे चार राज्यों में 6% वोट मिले हैं और कम-से-कम लोकसभा के तीन सीट जीती हों अथवा लोकसभा की 11 सीटें दो प्रतिशत सीटें कम-से-कम तीन राज्यों में जीती हो। वर्तमान में भारत में आठ राष्ट्रीय दल हैं—कांग्रेस, बीजेपी, सीपीआई, सीपीएम, राष्ट्रवादी कांग्रेस पार्टी, बीएसपी, तृणमूल कांग्रेस पार्टी, नेशनल पीपुल्स पार्टी।

क्षेत्रीय दल

भारत में क्षेत्रीय दल वो हैं, जिन्हें बिहार, झारखण्ड, पश्चिमी बंग राज्य में 6% वोट मिले हों और कम-से-कम तीन सीटें जीती हों अथवा किसी राज्य के विधानपरिषद् की 3% सीटें जीती हों।

दलीय प्रणाली के प्रकार

दलीय प्रणाली के प्रकार निम्नलिखित हैं

- **एक दलीय प्रणाली** म्यांमार, मैक्सिको, क्यूबा साम्यवादी देशों में है।
- **द्विदलीय प्रणाली** ब्रिटेन तथा अमेरिका में है।
- **बहुदलीय प्रणाली** इटली, बाल्टिन तथा नॉर्वे आदि देशों में है।

प्रजातन्त्र में राजनीतिक दलों के कार्य

प्रजातन्त्र में राजनीतिक दलों के कार्य निम्नलिखित हैं

- लोकमत का निर्माण
- चुनावों का संचालन
- सरकार का निर्माण
- राजनीतिक चेतना का प्रसार
- जनता तथा शासन के मध्य सम्बन्ध
- शासन सत्ता को मर्यादित करना
- सरकार के विभिन्न विभागों के मध्य समन्वय तथा सामंजस्य स्थापित करना

दबाव समूह

दबाव समूह अनेक व्यक्तियों का अनौपचारिक संगठन है, जो अपने हितों की पूर्ति हेतु राजनीति को प्रभावित करते हैं।

प्रो. मदन गोपाल गुप्ता के अनुसार, दबाव समूह वास्तव में एक ऐसा माध्यम है, जिनके द्वारा सामान्य हित वाले व्यक्ति सार्वजनिक मामलों को प्रभावित करने का प्रयत्न करते हैं।

वस्तुतः दबाव समूह ऐसा माध्यम है, जिनके द्वारा सामान्य हित वाले व्यक्ति सार्वजनिक मामलों को प्रभावित करने का प्रयत्न करते हैं।

इस अर्थ में ऐसा कोई भी सामाजिक समूह जो प्रशासनिक और संसदीय दोनों ही प्रकार के पदाधिकारियों को, सरकार पर नियन्त्रण प्राप्त करने हेतु कोई प्रयत्न किए बिना ही प्रभावित करना चाहते हैं, तो दबाव की श्रेणी में आएँगे।

भारतीय व पश्चिमी दबाव समूह में अन्तर

भारतीय व पश्चिमी दबाव समूह में अन्तर निम्नलिखित है

- जहाँ पश्चिम में दबाव समूहों का स्वतन्त्र अस्तित्व है वहीं भारत में दबाव समूह दलों से जुड़े हुए हैं।
- जहाँ पश्चिम देशों में आर्थिक व समुदायात्मक दबाव समूह अधिक प्रभावी व सक्रिय हैं वहीं भारत में धर्म जाति वाले असमुदायात्मक दबाव समूह सर्वाधिक क्रियाशील हैं।
- पश्चिम देशों में संसद के माध्यम से दबाव समूह सरकार को प्रभावित करते हैं, तो हमारे यहाँ दलों के माध्यम से।
- वहाँ संवैधानिक साधनों का ज्यादातर प्रयोग होता है, तो भारत में असंवैधानिक साधनों का।
- पश्चिम देशों में दबाव समूह में अधिक एकता है, जबकि भारत में दबाव समूह में एकता का अकाल है।

दबाव समूहों का महत्त्व

दबाव समूहों का महत्त्व बहुत ही व्यापक होता जा रहा है। दबाव समूह प्रशासन को जन-इच्छा के अनुकूल बनाने में महत्त्वपूर्ण कार्य करते हैं। दबाव समूहों की उपयोगिता तथा महत्त्व के कुछ प्रमुख कारणों में सरकार की निरंकुशता को सीमित करना। व्यक्ति तथा सरकार के मध्य संचार के साधन के रूप में तथा विधानमण्डल के पीछे विधानमण्डल का कार्य आदि महत्त्वपूर्ण कार्य हैं। इसके अतिरिक्त समाज तथा शासन में सन्तुलन को स्थापित करना, शासन को प्रभावित करने वाले संगठन के रूप में कार्य करना, जनतान्त्रिक प्रक्रिया की अभिव्यक्ति के लिए कार्य करना तथा शासन के लिए सूचनाएँ एकत्रित करने वाले संगठन के रूप में कार्य करना महत्त्वपूर्ण है।

दबाव समूह से सम्बन्धित विभिन्न विचारकों के कथन

- आमण्ड, कोकबीज, शेक्कन, हेवोल्ड दबाव समूह के स्थान पर हित समूह शब्द का प्रयोग करते हैं।
- एलन बाल प्रभाव गुट की संज्ञा देता है।
- एलन पॉटर संगठित समूह की संज्ञा देता है।
- फाइनर इन्हें अज्ञात सम्राज्य कहता है व तृतीय सदन भी कहता है।
- डी डी मेक्कीन इसे अदृश्य सरकार कहता है।
- सैलिन रिचर्ड लेम्वबर्ट-दबाव समूह को राजनीतिक गैरन कहता है
- हैरी एक्स्टीन ने इसे गैर-सरकारी शासन कहा है।
- राडी जो इसे गैर-सरकारी संचार सूत्र कहते हैं।

दबाव समूह की कार्यप्रणालियाँ

दबाव समूह अपने उद्देश्यों की पूर्ति के लिए विभिन्न तरीके अपनाते हैं। *दबाव समूह द्वारा प्रयोग किए जाने वाली तकनीक निम्नलिखित हैं*

- अनुनय विनय/निवेदन करना
- सौदेबाजी करना
- लाबिंग (विधानमण्डल)—Legislation में दबाव
- जनमत के साधनों का प्रयोग—रेडियो, टी वी, प्रेस
- सम्मेलन व गोष्ठियों का आयोजन
- न्यायालय में याचिका दायर करना
- चुनाव के समय सहायता करना
- सीधी कार्यवाही व तोड़-फोड़ का कार्य करना
- तकनीकी रूप से दूसरे के हितों हेतु कार्य करना—इन्हें निवेदक दबाव समूह कहा जाता है। इन्हें **कृत्रिम दबाव** समूह कहते हैं।

वस्तुनिष्ठ प्रश्न

1. निम्नलिखित में से कौन-सा भारत के राष्ट्रपति के निर्वाचक गण का तो भाग है, परन्तु उसके महाभियोग अधिकरण का भाग नहीं है?
(a) लोकसभा
(b) राज्यसभा
(c) राज्यों की विधान परिषदें
(d) राज्यों की विधान सभाएँ

2. राष्ट्रपति के निर्वाचन में राज्य का मुख्यमन्त्री मतदान करने के लिए पात्र नहीं होता यदि
(a) वह स्वयं प्रत्याशी होता है
(b) उसे राज्य विधान मण्डल के निचले सदन में अपना बहुमत सिद्ध करना शेष हो
(c) वह राज्य विधान मण्डल में उच्च सदन का सदस्य हो
(d) यदि वह कामचलाऊ रूप में नियुक्त मुख्यमन्त्री हो

3. राष्ट्रपति के उम्मीदवार के लिए क्या आवश्यक नहीं है?
(a) आयु 35 वर्ष हो
(b) पढ़ा-लिखा हो
(c) सांसद चुने जाने की योग्यता रखता हो
(d) देश का नागरिक हो

4. राष्ट्रपति किसके द्वारा चुना जाता है?
(a) सीधे आम जनता द्वारा
(b) संसद द्वारा
(c) संसद और राज्य विधान सभाओं द्वारा
(d) आम जनता और संसद द्वारा

5. निम्नलिखित में से किनकी नियुक्ति भारत के राष्ट्रपति द्वारा की जाती है?
1. वित्त आयोग का अध्यक्ष
2. योजना आयोग का उपाध्यक्ष
3. संघ राज्य-क्षेत्र का मुख्यमन्त्री

कूट
(a) केवल 1 (b) 1 और 2
(c) 1 और 3 (d) 2 और 3

6. भारत में राष्ट्रपति की मृत्यु, पदत्याग, अथवा हटाये जाने पर, पद में हुई रिक्ति को भरने की समय सीमा क्या है?
(a) एक माह (b) नौ माह
(c) तीन माह (d) छः माह

7. सर्वसम्मति से निर्वाचित भारत के राष्ट्रपति थे
(a) एस. राधाकृष्णन (b) वी. वी. गिरि
(c) एन. संजीवा रेड्डी (d) ज्ञानी जैलसिंह

8. निम्न में से भारत का राष्ट्रपति किसकी नियुक्ति नहीं करता है?
(a) उप-राष्ट्रपति (b) प्रधानमन्त्री
(c) राज्यपाल (d) मुख्य निर्वाचन आयुक्त

9. भारत के राष्ट्रपति को कार्य-अवधि की समाप्ति से पूर्व भी पद से हटाया जा सकता है
(a) सत्ताधारी राजनीतिक दल द्वारा
(b) प्रधानमन्त्री द्वारा
(c) महाभियोग के द्वारा
(d) न्यायालय में ट्रायल द्वारा

10. आकस्मिकता निधि (Contingency fund) को राष्ट्रपति कैसे व्यय कर सकता है?
(a) राष्ट्रीय संकट के समय
(b) संसदीय स्वीकृति के बाद
(c) संसदीय स्वीकृति से पूर्व
(d) व्यय नहीं कर सकता

11. निम्नलिखित में से कौन पहले बिना उपराष्ट्रपति रहे भारत के राष्ट्रपति बने?
(a) श्री वी. वी. गिरि
(b) श्री वेंकटरमन
(c) श्री एन. संजीवा रेड्डी
(d) श्री जाकिर हुसैन

12. जब केन्द्रीय मन्त्रिमण्डल ने (वर्ष 2002 में) चुनावी सुधरों पर अध्यादेश में बिना किसी बदलाव के उसे राष्ट्रपति को वापिस भेजा तब राष्ट्रपति ने भारतीय संविधान के कौन-से अनुच्छेद के अन्तर्गत उसे अपनी सहमति दी?
(a) अनुच्छेद 121 (b) अनुच्छेद 122
(c) अनुच्छेद 123 (d) अनुच्छेद 124

13. भारत में राष्ट्रपति के चुनाव सम्बन्धी विवाद के मामले को निम्नलिखित में से किसके पास भेजा जाएगा?
(a) निर्वाचन आयोग
(b) संसद
(c) भारत का उच्चतम न्यायालय
(d) मन्त्रिमण्डल

14. भारत के किस राष्ट्रपति ने पूर्व में लोकसभा अध्यक्ष का पद भी सम्भाला था?
(a) वी. वी. गिरि (b) ज्ञानी जैलसिंह
(c) नीलम संजीवा रेड्डी
(d) डॉ. जाकिर हुसैन

15. भारतीय संविधान के अन्तर्गत कानून के समक्ष समानता के सन्दर्भ में उपवाद किसके सन्दर्भ में है?
(a) राष्ट्रपति या राज्यपाल
(b) केवल सम्प्रभु विदेशी के लिए
(c) केवल राष्ट्रपति के लिए
(d) किसी के लिए नहीं

16. निम्नलिखित में से राष्ट्रपति किसकी नियुक्ति करता है?
(a) भारत का महान्यायवादी
(b) नियन्त्रक एवं महालेखा परीक्षक
(c) एक राज्य का राज्यपाल
(d) उपरोक्त सभी

17. निम्नलिखित में से कौन-सा उपराष्ट्रपति, राष्ट्रपति नहीं नियुक्त हुआ था?
(a) जस्टिस मोहम्मद हिदायतुल्लाह
(b) आर. वेंकटरमन
(c) कृष्णकान्त
(d) डॉ. जाकिर हुसैन

18. भारत का राष्ट्रपति किसको सम्बोधित करके अपना त्याग-पत्र लिखेगा?
(a) प्रधानमन्त्री
(b) उपराष्ट्रपति
(c) लोकसभा अध्यक्ष
(d) उच्चतम न्यायालय के मुख्य न्यायाधीश

19. राष्ट्रपति के दिशा-निर्देशक सिद्धान्तों में नहीं है
(a) राजनीतिक प्रतिबन्ध
(b) वैधानिक प्रतिबन्ध
(c) नैतिक प्रतिबन्ध
(d) सामाजिक प्रतिबन्ध

20. राष्ट्रपति द्वारा आपातकाल की घोषणा के लिए किसकी स्वीकृति आवश्यक होती है?
(a) केन्द्रीय मन्त्रिपरिषद् की
(b) संसद की
(c) उच्चतम न्यायालय की
(d) उपरोक्त में से कोई नहीं

21. भारत के राष्ट्रपति संसद के दोनों सदनों को प्रथम सत्र के प्रारम्भ में कब सम्बोधित करते हैं?
(a) प्रति वर्ष
(b) लोकसभा के लिए प्रत्येक आम चुनाव के बाद
(c) 'a' और 'b'
(d) न तो 'a' और न ही 'b'

22. भारत के राष्ट्रपति ने जिस एक मात्र मामले में अपनी वीटो की शक्ति का प्रयोग किया, वह था
(a) हिन्दू कोड बिल
(b) पेप्सू विनियोग विधेयक
(c) भारतीय डाकघर (संशोधन विधेयक)
(d) दहेज प्रतिषेध विधेयक

23. भारत के चौथे राष्ट्रपति थे
(a) श्री वी. वी. गिरि
(b) डॉ. एस. राधाकृष्णन
(c) डॉ. जाकिर हुसैन
(d) डॉ. फखरुद्दीन अली अहमद

24. राष्ट्रपति शासन अधिकतम लगाया जा सकता है
(a) 1 वर्ष (b) 2 वर्ष (c) 6 माह (d) 3 वर्ष

25. उप-राष्ट्रपति कब राष्ट्रपति का पद ग्रहण कर लेता है?
(a) राष्ट्रपति की मृत्यु होने पर
(b) राष्ट्रपति के बीमार होने पर
(c) राष्ट्रपति का पद रिक्त होने पर तथा राष्ट्रपति के अनुपस्थित होने पर
(d) उपरोक्त सभी स्थितियों में

26. थल, वायु और नौ सेना प्रमुखों की नियुक्ति कौन करता है?
(a) भारत का राष्ट्रपति (b) भारत का प्रधानमन्त्री
(c) रक्षा मन्त्री (d) संसद

27. निम्नलिखित के भारत के उपराष्ट्रपति होने का सही क्रम बताइए
1. डॉ. जाकिर हुसैन 2. आर. वेंकटरमन
3. बी.डी. जत्ती 4. जी. एस. पाठक

कूट
(a) 1, 4, 2, 3, (b) 1, 2, 3, 4
(c) 1, 4, 3, 2 (d) 2, 1, 4, 3

28. नीचे चार युग्म दिए हैं, इनमें से वह सही युग्म बताइए जिसके दोनों महानुभाव उपराष्ट्रपति बनने से पूर्व राजदूत अथवा उच्चायुक्त के पद पर रहे
(a) डॉ. एस. राधाकृष्णन और जी. एस. पाठक
(b) डॉ. एस. राधाकृष्णन और वी. वी. गिरि
(c) डॉ. जाकिर हुसैन और के. आर. नारायणन
(d) बी. डी. जत्ती और के. आर. नारायणन

29. भारत के उपराष्ट्रपति को कौन निकाल सकता है?
(a) मन्त्रिपरिषद् की सलाह से राष्ट्रपति
(b) राष्ट्रपति की सहमति से लोकसभा
(c) लोकसभा की सहमति से राज्यसभा
(d) राष्ट्रपति की सहमति से राज्यसभा

30. भारत के किस प्रधानमन्त्री के मन्त्रिमण्डल में दो व्यक्ति उप-प्रधानमन्त्री थे?
(a) इन्दिरा गाँधी (b) मोरारजी देसाई
(c) वी.पी. सिंह (d) चन्द्रशेखर

31. भारतीय संविधान के निम्नलिखित प्रावधानों में से कौन-सा प्रावधान मन्त्रिपरिषद् की नियुक्ति तथा पदच्युति को विवेचित करता है?
(a) अनुच्छेद 70 (b) अनुच्छेद 72
(c) अनुच्छेद 74 (d) अनुच्छेद 75

32. कैबिनेट में सम्मिलित होते हैं
(a) मन्त्रि स्तर के सभी मन्त्री
(b) केवल कैबिनेट मन्त्री
(c) कैबिनेट मन्त्री और राज्यमन्त्री
(d) कैबिनेट, राज्य और उपमन्त्री

33. भारत में वह मन्त्री जो संसद के दोनों में से किसी सदन का भी सदस्य नहीं है उसे मन्त्री के पद से मुक्त हो जाना पड़ता है
(a) छः माह बाद (b) एक वर्ष बाद
(c) दो वर्ष बाद (d) तीन वर्ष बाद

34. प्रधानमन्त्री अध्यक्ष होता है
1. वित्त आयोग का
2. योजना आयोग का
3. राष्ट्रीय विकास परिषद् का
4. कैबिनेट सचिवालय का
निम्नलिखित में से कौन-सा सही है?
(a) 1, 2 और 3 (b) 1, 3 और 4
(c) 2, 3 और 4 (d) केवल 4

35. भारत में राष्ट्रपति के निर्वाचन से सम्बन्धित, निम्नलिखित कथनों पर विचार कीजिए
1. राष्ट्रपति के निर्वाचन के लिए उम्मीदवार के नामांकन-पत्र पर कम-से-कम 50 प्रस्तावकों तथा 50 अनुमोदकों के हस्ताक्षर होने चाहिए
2. राष्ट्रपति के निर्वाचन के लिए निर्धारित जमानत 25,000 रुपये है
इन कथनों में से कौन-सा सही है/हैं?
(a) केवल 1 (b) केवल 2
(c) 1 और 2 (d) न तो 1 और न ही 2

36. निम्नलिखित में से किसे राष्ट्रपति नियुक्त नहीं करता?
(a) वित्त आयोग
(b) योजना आयोग
(c) राजकीय भाषा आयोग
(d) संघ लोक सेवा आयोग

37. मन्त्री व्यक्तिगत तौर पर उत्तरदायी होते हैं
(a) राष्ट्रपति के प्रति
(b) लोकसभा के प्रति
(c) प्रधानमन्त्री के प्रति
(d) उस सदन के प्रति, जिसके वे सदस्य हैं

38. सभी राज्यों का लोकसभा में अधिकतम प्रतिनिधित्व है
(a) 525 (b) 530 (c) 545 (d) 550

39. राष्ट्रपति की मृत्यु के बाद उपराष्ट्रपति, राष्ट्रपति का पद कब तक सम्भाल सकता है?
(a) कार्यकाल की शेष अवधि तक
(b) एक वर्ष
(c) अधिक-से-अधिक छः माह
(d) उस समय तक, जब तक कि राष्ट्रपति के चुनावों से सम्बन्धी विज्ञप्ति निकाली न जाए

40. राष्ट्रपति के विरुद्ध महाभियोग की कार्यवाही निम्नलिखित में से कहाँ प्रारम्भ की जा सकती है?
(a) लोकसभा में
(b) इस उद्देश्य से दोनों सदनों की बुलाई गई संयुक्त बैठक में
(c) संसद के किसी भी सदन में
(d) सर्वोच्च न्यायालय में

41. निम्नलिखित में से किसने राष्ट्रपति पद का चुनाव लड़ने के लिए उपराष्ट्रपति पद से इस्तीफा दिया था?
(a) डॉ. एस. राधाकृष्णनन
(b) वी. वी. गिरि
(c) फखरुद्दीन अली अहमद
(d) नीलम संजीव रेड्डी

42. भारत के उप-राष्ट्रपति को पदच्युत करने का संकल्प निम्नलिखित में से कहाँ प्रस्तावित किया जा सकता है?
(a) केवल लोकसभा में
(b) संसद के किसी भी सदन में
(c) संसद की संयुक्त बैठक में
(d) केवल राज्यसभा में

43. भारत के संविधान के सन्दर्भ में निम्नलिखित कथनों पर विचार कीजिए
1. संघ का मन्त्रिपरिषद् संसद के दोनों सदनों के प्रति उत्तरदायी होता है
2. भारत के राष्ट्रपति, प्रधानमन्त्री की सिफारिश के बिना किसी को केन्द्रीय मन्त्री नहीं नियुक्त कर सकते

उपरोक्त कथनों में से कौन-सा/से सही है/हैं?
(a) केवल 1 (b) केवल 2
(c) 1 और 2 (d) न तो 1 और न ही 2

44. निम्नलिखित में से कौन भारत के राष्ट्रपति के पद पर आसीन होने से पहले भारत का/के उपराष्ट्रपति नहीं था/थे?
1. एन. संजीवा रेड्डी 2. ज्ञानी जैलसिंह
3. आर. वेंकटरमन 4. शंकर दयाल शर्मा

कूट
(a) केवल 1 (b) केवल 2
(c) 1 और 2 (d) 3 और 4

45. भारत के संविधान में निम्नलिखित में से क्या कथित है?
1. राष्ट्रपति संसद के किसी भी सदन का सदस्य नहीं होगा।
2. संसद राष्ट्रपति और दो सदनों से मिलकर बनेगी।

कूट
(a) 1 और 2 में से कोई भी नहीं
(b) 1 और 2 दोनों
(c) केवल 1
(d) केवल 2

46. बजट पर संसद के नियन्त्रण के विषय में निम्नलिखित में से कौन-सी बात सही नहीं है?
(a) बजट के निर्माण में संसद का कोई हाथ नहीं होता
(b) संसद को समेकित निधि पर प्रभारित व्यय को बढ़ाने की शक्ति प्राप्त है
(c) संसद को राष्ट्रपति की सिफारिश के बिना कोई कर आरोपित करने की शक्ति प्राप्त नहीं है
(d) संसद को राष्ट्रपति की सिफारिश के बिना किसी कर में वृद्धि करने की शक्ति प्राप्त नहीं है

47. भारतीय संसद के दोनों सदनों की संयुक्त बैठक किस सम्बन्ध में होती है ?
(a) संविधान संशोधन विधेयक
(b) वित्त विधेयक
(c) साधारण विधेयक
(d) भारत के उप-राष्ट्रपति का निर्वाचन

48. भारतीय संविधान में किस प्रकार की शासन-प्रणाली की व्यवस्था की गई है?
(a) लोकतन्त्रात्मक (b) अध्यक्षात्मक
(c) संसदात्मक (d) अर्द्ध लोकतन्त्रात्मक

49. एक वर्ष में कम-से-कम कितनी बार संसद की बैठक होना आवश्यक है?
(a) एक बार (b) दो बार
(c) तीन बार (d) चार बार

50. लोकसभा का कार्यकाल
(a) किसी भी परिस्थिति में नहीं बढ़ाया जा सकता
(b) एक बार में छः महीने तक के लिए बढ़ाया जा सकता है
(c) आपातकाल की घोषणा के दौरान एक बार में एक वर्ष तक के लिए बढ़ाया जा सकता है
(d) आपातकाल की घोषणा के दौरान एक बार में दो वर्ष तक के लिए बढ़ाया जा सकता है

51. निम्न कथनों पर विचार कीजिए
1. भारत में संसद के दोनों सदनों की संयुक्त बैठक अनुच्छेद 108 मे संस्वीकृत है
2. लोकसभा तथा राज्यसभा की संयुक्त बैठक वर्ष 1961 में हुई थी
3. भारतीय संसद के दोनों सदनों की दूसरी संयुक्त बैठक बैंक सेवा आयोग (निरसन) बिल को पारित करने के लिए हुई थी

उपरोक्त कथनों में से कौन-से सही हैं?
(a) 1 और 2 (b) 2 और 3
(c) 1 और 3 (d) 1, 2 और 3

52. दोनों सदनों के संयुक्त अधिवेशन की अध्यक्षता कौन करता है?
(a) भारत के राष्ट्रपति
(b) भारत के उपराष्ट्रपति
(c) लोकसभा अध्यक्ष
(d) भारत के मुख्य न्यायाधीश

53. संसद के दो अधिवेशनों का समयान्तर ....से अधिक नहीं होना चाहिए।
(a) 9 माह (b) 1 माह
(c) 3 माह (d) 6 माह

54. संसद के दोनों सदनों में से किसी का भी सदस्य न रहकर, कितने समय तक कोई संविधान के तहत मन्त्री रह सकता है?
(a) तीन महीने (b) छः महीने
(c) नौ महीने (d) बारह महीने

55. लोकसभा के निर्वाचन के लिए न्यूनतम आयु सीमा है
(a) 30 वर्ष (b) 35 वर्ष
(c) 21 वर्ष (d) 25 वर्ष

56. निम्नांकित राज्यों में से किनमें अनुसूचित जनजातियों के लिए लोकसभा में स्थान आरक्षित नहीं है?
(a) केरल तथा तमिलनाडु
(b) कर्नाटक तथा केरल
(c) तमिलनाडु तथा कर्नाटक
(d) उपरोक्त सभी

57. लोकसभा में अनुसूचित जनजातियों (S.T.) के लिए जिस राज्य में सर्वाधिक आरक्षित सीटें हैं, वह है
(a) बिहार (b) गुजरात
(c) उत्तर प्रदेश (d) मध्य प्रदेश

58. किस रज्य का लोकसभा व राज्यसभा में प्रतिनिधित्व सबसे अधिक है?
(a) उत्तर प्रदेश
(b) मध्य प्रदेश
(c) महाराष्ट्र
(d) आन्ध्र प्रदेश

59. लोकसभा का कोरम कुल सदस्य संख्या का कितना होता है?
(a) 1/3 (b) 1/5
(c) 1/11 (d) 1/10

60. निम्नांकित में से राज्यों के किस युग्म को लोकसभा में समान सीटें प्राप्त हैं?
(a) आन्ध्र प्रदेश तथा पश्चिम बंगाल
(b) मध्य प्रदेश तथा तमिलनाडु
(c) गुजरात तथा राजस्थान
(d) पंजाब तथा असोम

61. किस राज्य में लोकसभा में अनुसूचित जाति तथा अनुसूचित जनजाति के लिए आरक्षण नहीं है?
(a) जम्मू और कश्मीर (b) गोवा
(c) सिक्किम (d) मेघालय

62. लोकसभा के प्रथम अध्यक्ष थे
(a) रवि राय
(b) एम. अनन्तशयनम आयंगर
(c) हुकम सिंह
(d) जी वी मावलंकर

63. निम्नलिखित राज्यों में से किस एक में से केवल एक ही सदस्य निर्वाचित होकर लोकसभा में आता है?
(a) अरुणाचल प्रदेश
(b) मणिपुर
(c) सिक्किम
(d) त्रिपुरा

64. विकास कार्यों के प्रति प्रत्येक सांसद की सांसद निधि की धनराशि है
(a) पचास लाख रुपये वार्षिक
(b) एक करोड़ रुपये वार्षिक
(c) पाँच करोड़ रुपये वार्षिक
(d) तीन करोड़ रुपये वार्षिक

65. संसद की निम्नलिखित समितियों में से किसकी सदस्य संख्या सर्वाधिक होती है?
(a) सरकारी उपक्रम समिति
(b) लोक लेखा समिति
(c) प्राक्कलन समिति
(d) याचिका समिति

66. संसद की लोक लेखा समिति का प्रमुख कार्य है
(a) शासन के वित्तीय लेखा एवं विनिमय तथा कम्पट्रोलर व ऑडिटर जनरल की रिपोर्ट का परीक्षण
(b) सार्वजनिक क्षेत्र की इकाइयों के उच्च पदों पर नियुक्ति करना
(c) नीति के अनुसार वित्तीय प्रावधान का परीक्षण
(d) उपरोक्त में से कोई नहीं

67. निम्नलिखित कथनों पर विचार कीजिए
आकलन समिति
1. एक तदर्थ समिति है।
2. में संसद के दोनों सदनों के सदस्य होते हैं।
3. में केवल लोकसभा के ही सदस्य होते हैं।
उपरोक्त में से कौन-सा/से कथन सही है/हैं?
(a) 1 और 3 (b) 1 और 2
(c) केवल 2 (d) केवल 3

68. संसद/विधानसभा के किसी सदस्य की सदस्यता तब समाप्त समझी जाती है, यदि वह बिना सदन को सूचित किए अनुपस्थित रहता है
(a) 60 दिन (b) 90 दिन
(c) 120 दिन (d) 150 दिन

69. लोकसभा के अध्यक्ष को कैसे हटाया जा सकता है?
(a) लोकसभा के उपस्थित सदस्यों के दो-तिहाई बहुमत से पारित संकल्प द्वारा
(b) लोकसभा के सभी सदस्यों के बहुमत से पारित संकल्प के द्वारा
(c) प्रधानमन्त्री की सिफारिश पर राष्ट्रपति द्वारा
(d) उपरोक्त में से कोई नहीं

70. भारत में लोकसभा का अध्यक्ष (स्पीकर)
(a) मनोनीत किया जाता है
(b) चयनित किया जाता है
(c) निर्वाचित किया जाता है
(d) नियुक्त किया जाता है

71. भारत संसद में किसकी संस्तुति से मनी बिल प्रविष्ट किया जा सकता है ?
(a) राष्ट्रपति
(b) प्रधानमन्त्री
(c) लोकसभा का स्पीकर
(d) केन्द्रीय वित्त मन्त्री

72. संसद के दोनों सदनों के संयुक्त अधिवेशन को कौन बुलाता है?
(a) लोकसभा अध्यक्ष (b) राष्ट्रपति
(c) प्रधानमन्त्री
(d) राज्यसभा का अध्यक्ष

73. विधायी शक्तियों की संघीय सूची में समाविष्ट किसी विषय के सम्बन्ध में भारत के उच्चतम न्यायालय के अधिकार क्षेत्र बढ़ाने का अधिकार दिया गया है
(a) भारत के राष्ट्रपति को
(b) भारत के मुख्य न्यायमूर्ति को
(c) संसद को
(d) विधि, न्याय और कम्पनी कार्य मन्त्रालय को

74. निम्नलिखित प्रस्तावों में से किसका सन्दर्भित सम्बन्ध संघीय बजट से है ?
(a) निन्दा प्रस्ताव (b) ध्यानाकर्षण प्रस्ताव
(c) कटौती प्रस्ताव (d) स्थगन प्रस्ताव

75. भारत की संचित निधि से 'धन निर्गम' पर किसका नियन्त्रण है?
(a) नियन्त्रक तथा महालेखा परीक्षक
(b) भारत के वित्तमन्त्री
(c) अधिकृत मन्त्री
(d) संसद

76. लोकसभा की बैठक समाप्त की जा सकती है
(a) स्थगन द्वारा (b) सत्रावसान द्वारा
(c) विघटन द्वारा (d) इन सभी द्वारा

77. अन्तर्राष्ट्रीय सन्धियों को भारत के किसी भाग अथवा सम्पूर्ण भारत में लागू करने के लिए संसद कोई भी कानून बना सकती है
(a) सभी राज्यों की सहमति से
(b) बहुसंख्य राज्यों की सहमति से
(c) सम्बन्धित राज्यों की सहमति से
(d) बिना किसी राज्य की सहमति से

78. निम्नलिखित राज्य-युग्मों में से किसे राज्यसभा में समान प्रतिनिधित्व प्राप्त है?
(a) आन्ध्र प्रदेश तथा महाराष्ट्र
(b) आन्ध्र प्रदेश तथा तमिलनाडु
(c) गुजरात तथा राजस्थान
(d) महाराष्ट्र तथा तमिलनाडु

79. निम्नलिखित में से कौन राज्यसभा की ऐकान्तिक शक्ति के अन्तर्गत आता है?
(a) नयी अखिल भारतीय सेवाओं का सृजन
(b) आकस्मिक रिक्ति में भारत के उप-राष्ट्रपति का निर्वाचन
(c) किसी राज्य की विधानपरिषद् की समाप्ति
(d) अपने सभापति को अपदस्थ करना

80. राज्यसभा के सदस्य चुने जाते हैं
(a) राज्यों की विधानसभाओं द्वारा
(b) राज्यों की विधानपरिषदों द्वारा
(c) राज्यों की विधानसभा, विधानपरिषदों द्वारा
(d) नगर पालिका के सदस्यों एवं ग्राम पंचायतों के सदस्यों द्वारा

81. किस सभा का अध्यक्ष उसका सदस्य नहीं होता है?
(a) राज्यसभा (b) लोकसभा
(c) विधानसभा (d) विधानपरिषद्

82. यदि सरकार राज्यसभा में पराजित हो जाए तो क्या होता है?
(a) प्रधानमन्त्री अपना त्यागपत्र दे देता है
(b) संसद भंग हो जाती है
(c) राष्ट्रपति शासन लागू हो जाता है
(d) उपरोक्त में से कुछ नहीं होता है

83. राज्यसभा का पदेन सभापति होता है
(a) भारत का प्रधानमन्त्री
(b) भारत का उप-प्रधानमन्त्री
(c) भारत का उप-राष्ट्रपति
(d) भारत का राष्ट्रपति

84. भारत में कौन-सी संसदीय समिति का प्रायः प्रसिद्ध विपक्षी नेता प्रमुख बनाया जाता है?
(a) पब्लिक एकाउण्ट कमेटी
(b) ऐस्टिमेट कमेटी
(c) प्रिविलेज कमेटी
(d) कमेटी ऑन गवर्नमेन्ट एश्योरेंस

85. राज्यसभा सदस्यों का कार्यकाल निश्चित किया गया है
(a) राष्ट्रपति द्वारा (b) संविधान द्वारा
(c) संसद द्वारा (d) कैबिनेट द्वारा

86. राज्यसभा में राज्यों को प्रतिनिधित्व निम्नांकित में से किस आधार पर दिया जाता है?
(a) प्रत्येक राज्य के लिए बराबर
(b) उनकी जनसंख्या के अनुपात में स्थान
(c) उनके क्षेत्रफल के अनुपात में स्थान
(d) उनके राजस्व के अनुपात में स्थान

87. किसी संसद सदस्य की अयोग्यता के सन्दर्भ में निर्णय कौन करता है?
(a) अध्यक्ष (b) अध्यक्ष या सभापति
(c) राष्ट्रपति (d) इनमें से कोई नहीं

88. संसद को निम्नलिखित में से किस एक को पदच्युत करने का अधिकार नहीं है?
(a) महालेखा परीक्षक
(b) सर्वोच्च न्यायालय के न्यायाधीश
(c) संघ लोक सेवा आयोग का अध्यक्ष
(d) उच्च न्यायालय के न्यायाधीश

89. निम्नलिखित लोकसभा अध्यक्षों में से किस लोकसभा अध्यक्ष का कार्यकाल सबसे लम्बा रहा है?
(a) नीलम संजीवा रेड्डी (b) बलिराम भगत
(c) पी. ए. संगमा (d) बलराम जाखड़

90. निम्नलिखित में से कौन लोकसभा के अध्यक्ष कभी भी नहीं रहे?
(a) के.वी.के. सुन्दरम् (b) जी. एस. ढिल्लों
(c) बलिरात भगत (d) हुकुम सिंह

91. उच्चतम न्यायालय के न्यायाधीशों की संख्या में वृद्धि करने की शक्ति किसके पास है?
(a) संसद (b) राष्ट्रपति
(c) प्रधानमन्त्री (d) विधि मन्त्रालय

92. भारत के उच्चतम न्यायालय को इनमें से कौन-सी समीक्षा करने का अधिकार है?
(a) नॉमिनल समीक्षा (b) वैधानिक समीक्षा
(c) न्यायिक समीक्षा (d) राजनीतिक समीक्षा

93. भारतीय संविधान में तदर्थ न्यायाधीशों की नियुक्ति का प्रावधान है
(a) सर्वोच्च न्यायालय में
(b) उच्च न्यायालय में
(c) जनपद तथा सत्र न्यायालयों में
(d) उपरोक्त सभी में

94. भारत के सर्वोच्च न्यायालय के कार्यवाहक मुख्य न्यायाधीश की नियुक्ति करता है
(a) सर्वोच्च न्यायालय का मुख्य न्यायाधीश
(b) प्रधानमन्त्री
(c) राष्ट्रपति
(d) विधि मन्त्री

95. भारतीय संविधान का कौन-सा अनुच्छेद संवैधानिक विवाद में सर्वोच्च न्यायालय के अपीलीय क्षेत्राधिकार से सम्बन्धित है?
(a) अनुच्छेद 131
(b) अनुच्छेद 132
(c) अनुच्छेद 134 A को मिलाकर अनुच्छेद 133 को पढ़ना
(d) अनुच्छेद 134 A को मिलाक अनुच्छेद 132 को पढ़ना

96. निम्नलिखित में से किसने उच्चतम न्यायालय के न्यायाधीश तथा लोकसभा अध्यक्ष के पदों को सुशोभित किया?
(a) एम. हिदायतुल्ला (b) के. डी. हेगड़े
(c) सुब्बा राव (d) पी. एन. भगवती

97. निम्नलिखित में से किसके मामले उच्च न्यायालय और उच्चतम न्यायालय दोनों की अधिकारिता में आते हैं?
(a) केन्द्र और राज्यों के बीच के विवाद
(b) राज्यों के परस्पर विवाद
(c) मूल अधिकारों का संरक्षण
(d) संविधान के उल्लंघन से संरक्षण

98. उच्चतम न्यायालय के न्यायाधीशों के सेवानिवृत्त होने की आयु सीमा क्या है?
(a) 55 वर्ष (b) 58 वर्ष
(c) 65 वर्ष (d) 60 वर्ष

99. सेवानिवृत्त होने के पश्चात् सर्वोच्च न्यायालय के न्यायाधीश वकालत कर सकते हैं
(a) केवल सर्वोच्च न्यायालय में
(b) केवल उच्च न्यायालय में
(c) सर्वोच्च न्यायालय तथा उच्च न्यायालय में
(d) किसी भी न्यायालय में नहीं

100. उच्चतम न्यायालय के न्यायाधीश किस प्रकार हटाए जा सकते हैं?
(a) उच्च न्यायाधीश की इच्छानुसार
(b) राष्ट्रपति द्वारा
(c) राष्ट्रपति द्वारा सुप्रीम कोर्ट के मुख्य न्यायाधीश की सिफारिश पर
(d) राष्ट्रपति के द्वारा संसद की सिफारिश पर

101. व्यक्तिगत स्वतन्त्रता के अधिकार के लिए निम्नलिखित में से कौन-सी रिट (writ) याचिका दायर की जा सकती है?
(a) मेण्डेमस (b) को-वारन्टो
(c) हेबियस कॉर्पस (d) सर टियोरेरी

102. वह रिट जो भारत में उच्चतम न्यायालय या उच्च न्यायालय द्वारा किसी व्यक्ति अथवा व्यक्ति समुदाय को आदेश देती है कि वह अपना कर्त्तव्य पालन करे, वह है
(a) बन्दी प्रत्यक्षीकरण रिट
(b) उत्प्रेषण रिट
(c) परमादेश रिट
(d) इनमें से कोई नहीं

103. राज्य की लोक सेवाओं में कार्यपालिका से न्यायपालिका का पृथक्करण निर्देशित किया गया है
(a) भारत के संविधान की उद्देशिका द्वारा
(b) न्यायिक निर्णय द्वारा
(c) भारत के संविधान की सातवीं अनुसूची द्वारा
(d) राज्य की नीति के एक निदेशक तत्त्व द्वारा

104. उच्च न्यायालय के न्यायाधीशों के वेतन और भत्ते दिए जाते हैं
(a) भारत की समेकित निधि से
(b) राज्य की समेकित निधि से
(c) भारत की आकस्मिकता निधि से
(d) राज्य की आकस्मिकता निधि से

105. अण्डमान व निकोबार द्वीप पर निम्नलिखित उच्च न्यायालयों में से किस एक का क्षेत्राधिकार है?
(a) आन्ध्र प्रदेश (b) कोलकाता
(c) चेन्नई (d) ओडिशा

106. उच्च न्यायालय के क्षेत्राधिकार में संकुचन या विस्तार करने का अधिकार किसके पास है?
(a) राष्ट्रपति (b) संसद
(c) सम्बन्धित राज्य विधानमण्डल
(d) राज्यपाल

107. किसी न्यायाधीश को एक उच्च न्यायालय से दूसरे में स्थानान्तरित करने का अधिकार निम्नलिखित में से किसको है?
(a) भारत के मुख्य न्यायमूर्ति
(b) भारत के राष्ट्रपति
(c) भारत का विधिमन्त्री
(d) केन्द्रीय मन्त्रिमण्डल

108. उच्च न्यायालय जिसके अधिकार-क्षेत्र में छत्तीसगढ़ आता है, निम्नलिखित में से कहाँ स्थित है?
(a) बिलासपुर (b) रायपुर
(c) भिलाई (d) कोरबा

109. निम्न में से किन-किन को पद से हटाए जाने की प्रक्रिया समान है?
1. सर्वोच्च न्यायालय के न्यायाधीश
2. मुख्य निर्वाचन आयुक्त
3. भारत का राष्ट्रपति

कूट
(a) 1 और 2 (b) 1 और 3
(c) 2 और 3 (d) 1, 2 और 3

110. सर्वोच्च न्यायालय की स्थापना कैसे की गई थी?
(a) संसद के अधिनियम द्वारा
(b) संविधान द्वारा
(c) भारत सरकार अधिनियम 1935 के अन्तर्गत
(d) राष्ट्रपति के आदेश द्वारा

111. किस केन्द्रशासित प्रदेश का अपना उच्च न्यायालय है?
(a) दिल्ली
(b) पाण्डिचेरी व दिल्ली
(c) दमन एवं दीव
(d) किसी का नहीं

112. सर्वोच्च न्यायालय अभिलेख-न्यायालय है। इसका तात्पर्य है
1. यह अपनी अवमानना पर दण्डित कर सकता है
2. इसके निर्णय को साक्ष्य के रूप में मान्यता दी जाती है तथा किसी भी न्यायालय में इस पर प्रश्नचिन्ह नहीं लगाया जा सकता है
3. भारत में चले सभी महत्त्वपूर्ण मुकदमों के अभिलेख इसे सुरक्षित रखने होते हैं
4. सर्वोच्च न्यायालय द्वारा लिया गया निर्णय, स्वयं पर बन्धनकारी होता है

(a) 1, 2 और 3 (b) 1 और 2
(c) 1, 3 और 4 (d) 1, 2, 3 और 4

113. किसी भी विधि के लिए सर्वोच्च न्यायालय का परामर्श माँगने का अधिकार किसका है?
(a) राष्ट्रपति
(b) उच्च न्यायालय
(c) राज्यपाल
(d) उपरोक्त सभी का

114. भारत के निम्नलिखित मुख्य न्यायाधीशों में से किसका कार्यकाल सर्वाधिक रहा?
(a) ए. एम. अहमदी
(b) वाई. वी. चन्द्रचूड़
(c) भुवनेश्वर प्रसाद सिन्हा
(d) एम. हिदायतुल्ला

115. निम्नलिखित में से किनसे विनिर्धारित होता है कि भारत का संविधान परिसंघीय है?
(a) संविधान लिखित और अनम्य है
(b) न्यायपालिक स्वतन्त्र है
(c) अवशिष्ट शक्तियों का केन्द्र में निहित होना
(d) केन्द्र और राज्यों के बीच शक्तियों का वितरण

116. भारतीय संविधान ने अवशिष्ट अधिकारों को
(a) संघीय सरकार को दिया है
(b) राज्य सरकारों को दिया है
(c) संघीय तथा राज्य सरकारों दोनों को दिया है
(d) न संघीय न ही राज्य सरकारों को दिया है

117. 'अवशिष्ट अधिकार' (जिनका उल्लेख संघीय, राज्य या समवर्ती सूचियों में नहीं किया गया है) निम्नलिखित में से किसमें निहित होते हैं ?
(a) भारत के राष्ट्रपति में
(b) राज्यसभा और लोकसभा दोनों में
(c) राज्य विधान मण्डलों में
(d) लोकसभा में

118. उन अवशिष्ट मामलों पर, जिनका केन्द्रीय/राज्य/समवर्ती सूचियों में उल्लेख न हो, कौन विधि-निर्माण कर सकता है?
(a) अनन्य रूप से केवल राज्य विधान मण्डल
(b) केवल संसद
(c) राज्य विधान मण्डलों के सहमत होने के बाद संसद
(d) सर्वोच्च न्यायालय द्वारा न्याय-निर्णयन के अनुसार संसद अथवा राज्य विधान मण्डल

119. केन्द्र तथा राज्यों के मध्य शक्तियों के वितरण के लिए भारत का संविधान तीन सूचियों को प्रस्तुत करता है। निम्न में से कौन-से दो अनुच्छेद शक्तियों के वितरण को विनियमित करते हैं?
(a) अनुच्छेद 4 तथा 5
(b) अनुच्छेद 56 तथा 57
(c) अनुच्छेद 141 तथा 142
(d) अनुच्छेद 245 तथा 246

120. संविधान के अनुच्छेद 263 के अन्तर्गत अन्तर्राज्यीय परिषद् की स्थापना किसने की?
(a) राष्ट्रपति ने
(b) संसद ने
(c) सरकार ने
(d) योजना आयोग ने

सही उत्तर

1. (d)	2. (c)	3. (b)	4. (c)	5. (a)	6. (d)	7. (c)	8. (a)	9. (c)	10. (c)
11. (c)	12. (c)	13. (c)	14. (c)	15. (a)	16. (d)	17. (c)	18. (b)	19 (b)	20. (b)
21. (c)	22. (c)	23. (c)	24. (c)	25. (d)	26. (a)	27. (c)	28. (c)	29 (c)	30. (b)
31. (d)	32. (b)	33. (a)	34. (c)	35. (a)	36. (b)	37. (a)	38. (b)	39 (c)	40. (c)
41. (b)	42. (d)	43. (b)	44. (c)	45. (d)	46. (a)	47. (c)	48. (c)	49 (b)	50. (c)
51. (d)	52. (c)	53. (d)	54. (b)	55. (d)	56. (a)	57. (d)	58. (a)	59 (d)	60. (a)
61. (c)	62. (d)	63. (c)	64. (c)	65. (c)	66. (a)	67. (d)	68. (a)	69. (b)	70. (c)
71. (a)	72. (b)	73. (c)	74. (c)	75. (d)	76. (d)	77. (d)	78. (b)	79. (a)	80. (a)
81. (a)	82. (d)	83. (c)	84. (a)	85. (b)	86. (b)	87. (c)	88. (c)	89. (d)	90. (a)
91. (a)	92. (c)	93. (a)	94. (c)	95. (c)	96. (b)	97. (c)	98. (c)	99. (d)	100. (d)
101. (c)	102. (c)	103. (d)	104. (a)	105. (b)	106. (b)	107. (b)	108. (a)	109. (d)	110. (c)
111. (a)	112. (b)	113. (a)	114. (b)	115. (a)	116. (a)	117. (b)	118. (b)	119. (d)	120. (a)

अध्याय 10 भारतीय राजनीतिक प्रणाली

भारतीय राष्ट्रीय आन्दोलन

19वीं शताब्दी की अन्तिम चौथाई का काल भारत में राष्ट्रीयता के जन्म का काल माना जाता है। सामाजिक-धार्मिक सुधार आन्दोलन, आधुनिक पाश्चात्य शिक्षा का प्रसार, प्रेस की भूमिका, मध्यमवर्ग का उदय तथा ब्रिटिश शासन के आर्थिक परिणाम ने भारत में राष्ट्रवादी आकांक्षा को जन्म दिया।

राष्ट्रवादी चेतना के कारण ही 19वीं सदी के अन्तिम चरण में भारत के महानगरों में अनेक राजनीतिक संगठनों का गठन हुआ, जिसमें पाश्चात्य शिक्षा में शिक्षित लोग संगठित होकर राजनीतिक विकास के समान कार्यक्रमों पर विचार-विमर्श करते थे।

- राष्ट्रवादी चेतना जैसी प्रवृत्ति का चरमोत्कर्ष 1885 ई. में 'भारतीय राष्ट्रीय कांग्रेस' के रूप में सामने आया, जिसने संगठित राष्ट्रवादी आन्दोलन के औपचारिक आरम्भ का श्री गणेश किया।
- भारतीय राष्ट्रीय आन्दोलन को मुख्य रूप से तीन चरणों में विभाजित किया जा सकता है। *ये चरण हैं*

प्रथम चरण (1885-1905)

- भारतीय राष्ट्रीय आन्दोलन के प्रथम चरण की मुख्य घटना भारतीय राष्ट्रीय कांग्रेस की स्थापना थी। अस्पष्ट लक्ष्यों के साथ स्थापित इस संस्था का प्रतिनिधित्व शिक्षित मध्यमवर्गीय बुद्धिजीवी वर्ग कर रहा था, जो पश्चिम की उदारवादी एवं अतिवादी विचारधारा से प्रेरित था।
- भारतीय राष्ट्रीय आन्दोलन के द्वितीय चरण में कांग्रेस ने परिपक्व होने के साथ अपने उद्देश्यों और सीमाओं का विस्तार कर लिया था, अब यह संस्था सामाजिक-आर्थिक, राजनीतिक तथा सांस्कृतिक विकास के लिए प्रयत्नशील थी, आन्दोलन के इसी चरण में कांग्रेस में उग्रवादी गुट का सृजन हुआ।
- राष्ट्रीय आन्दोलन का तृतीय एवं अन्तिम चरण पूरी तरह गाँधीजी के नेतृत्व में रहा, इस चरण में कांग्रेस ने 'पूर्ण स्वराज' को प्राप्त करने के लक्ष्य पर कार्य किया।
- राष्ट्रीय आन्दोलन के तृतीय चरण को 'गाँधीयुग' के नाम से भी जाना जाता है।

द्वितीय चरण (1905-13)

- राष्ट्रीय आन्दोलन के इस चरण को नवराष्ट्रवाद या उग्रवाद के उदय का काल माना गया, इसी समय स्वदेशी आन्दोलन तथा क्रान्तिकारी आतंकवाद की शुरूआत हुई।
- कांग्रेस की प्रारम्भिक उदारवादी नीतियों से उग्रवादी कहे जाने वाले नेताओं का शीघ्र ही मोहभंग हो गया और उन्होंने कांग्रेस के उदारवादी नेताओं की अनुनय-विनय की प्रवृत्ति को 'राजनीतिक भिक्षावृत्ति (Political Mendicancy) की संज्ञा दे डाली।
- कांग्रेस के उग्रवादी तथा आतिवादी कहे जाने वाले नेताओं में प्रमुख थे **बाल गंगाधर तिलक** (महाराष्ट्र), **अरविन्द घोष और विपिन चन्द्रपाल** (बंगाल), **लाला लाजपतराय** (पंजाब)।
- उग्रवादियों के राष्ट्रवाद को भारत की प्राचीन संस्कृति की गौरवमयी नवचेतना के जागरण से प्रेरणा मिली।
- उग्रवादी नेता अरविन्द घोष ने अपनी पुस्तक भवानी मन्दिर में लिखा कि "हमारी भारत माता पृथ्वी का एक टुकड़ा नहीं है, न ही वह वाक्मूर्ति, न ही कोरी मन की कल्पना हैं। यह लाखों को सामूहिक चेतना से निर्मित वह महान् शक्ति है, जिससे राष्ट्र का निर्माण होता है।"
- उग्रवाद के महान् स्तम्भ बालगंगाधर तिलक ने राष्ट्रवाद की पहचान हिन्दुत्व की भावना से की है, उन्होंने लिखा कि "पंजाब, महाराष्ट्र तेलंगाना और द्रविड़ के हिन्दू एक हैं और इसका कारण केवल हिन्दू धर्म।"

भारत में उग्रवाद को जन्म देने वाले कारणों में प्रमुख कारण इस प्रकार थे

(i) सरकार की जनता को भड़काने वाली नीतियाँ; जैसे—व्यवसाय पर से उत्पाद शुल्क की वापसी (1896 ई.), विश्वविद्यालय अधिनियम (1904 ई.), बंगाल विभाजन (1905 ई.) आदि।

(ii) अन्तर्राष्ट्रीय घटनाएँ, जैसे—मिस्र, फारस एवं टर्की की जनता को अपने स्वतन्त्रता संघर्ष में मिली सफलता, अफ्रीकी अबीसीनियायी देश द्वारा 1896 ई. में इटली को पराजित कर देना, 1905 ई. में जापान द्वारा रूस को पराजित करना आदि ने कांग्रेस के एक गुट को देश की स्वतन्त्रता के लिए उग्रवादी नीति अपनाने को प्रेरित किया।

(iii) लॉर्ड कर्जन की नीतियाँ उग्रवाद को जन्म देने में अग्रणी थीं, कर्जन ने कांग्रेस को 'गन्दी चीज' 'देश-द्रोही संगठन' की संज्ञा दी।

(iv) देशी समाचार-पत्रों ने भी उग्रवाद को पनपने में सहयोग किया, **बंगवासी** (कलकत्ता; **केसरी** (पुणे) और **काल** जैसे समाचार-पत्रों ने कांग्रेस की उदारवादी राजनीति की कड़ी आलोचना की।

(v) राष्ट्रीय आन्दोलन के इस चरण में कुछ सुधारवादी नेता और विचारकों ने भी जैसे-विवेकानन्द, तिलक, अरविन्द घोष आदि ने भी उग्रवाद के मार्ग को प्रशस्त किया, **विवेकानन्द** ऐसे प्रथम भारतीय बन गए जिन्होंने प्रत्यक्ष रूप से कहा कि "कमजोरी पाप है, कमजोरी मृत्यु है, हे भगवान हमारा राष्ट्र कब स्वतन्त्र होगा।"

बाल गंगाधर तिलक

- यह एक महान् स्वतन्त्रता सेनानी थे।
- ये लोकमान्य के नाम से विख्यात थे।
- इन्होंने अपना जीवन एक शिक्षक के रूप में प्रारम्भ किया था।

- इन्होंने न्यू इंग्लिश स्कूल की सथापना की थी।
- इन्होंने अखाड़ा, लाठी क्लब तथा गेणपति (1894) एवं शिवाजी महोत्सव (1896) के द्वारा महाराष्ट्र में नवीन जागृति का संचार किया था।
- इन्होंने मराठा (अंग्रेजी) तथा केसरी (मराठा) नामक दो समाचार पत्रों का प्रकाशन किया था।
- तिलक पूना सार्वजनिक सभा के संस्थापकों में शामिल थे। इस सभा के द्वारा इन्होंने 1890 ई. में कांग्रेस की सदस्यता ग्रहण की थी।
- इन्होंने 1896-97 ई. में पूना में फैली प्लेग महामारी के दौरान अंग्रेजी सरकार के उपायों की निन्दा की थी।
- इस दौरान प्लेग अधिकारी की हत्या हो जाने के आरोप में तिलक को दोषी करार देते हुए 18 माह की कारावास की सजा भी दी गई।
- तिलक कांग्रेस के नरमपंथी तत्त्वों के मुखर आलोचक थे।
- वर्ष 1916 में होमरूल आन्दोलन तथा कांग्रेस के दोनों धड़ों (नरमपंथी एवं गरमपंथी) के एकीकरण में इनका बहुत बड़ा योगदान था।
- इन्होंने 1911 में माडले जेल में श्रीमद्भगवद् गीता पर गीता रहस्य नामक टीका लिखी। इनकी मृत्यु वर्ष 1920 में हुई थी।

तृतीय चरण (1919-47)

'गाँधी युग'

"गाँधीजी ताजी हवा के उस तेज झोंके की तरह आए जिसने हमारे लिए खुली हवा में साँस लेना सम्भव बनाया। वे प्रकाश की उस किरण की तरह आए जो अन्धकार में बैठ गई और जिसने हमारी आँखों के सामने के पर्दे को हटा दिया। वे उस बवण्डर की तरह आए जिसने बहुत कुछ को विशेषकर श्रमिकों के दिमाग को उलट-पुलट दिया।" **(पं. जवाहरलाल नेहरू)**

- **मोहनदास करमचन्द गाँधी** (1869-1948 ई.) 1915 में दक्षिण अफ्रीका से भारत वापस आए। भारत में गोपालकृष्ण गोखले के विचार ने गाँधीजी को सर्वाधिक प्रभावित किया, कालान्तर में गोखले को गाँधीजी ने अपना राजनीतिक गुरु बना लिया।
- जिस समय गाँधी जी भारत आए उस समय प्रथम महायुद्ध का दौर चल रहा था, उन्होंने सरकार के युद्ध प्रयासों में मदद की, जिसके लिए सरकार ने उन्हें कैसर-ए-हिन्द सम्मान से सम्मानित किया।
- युद्ध के दिनों में गाँधीजी ने भारतीय युवाओं को सेना में भर्ती करने के लिए प्रोत्साहित किया था जिसके लिए उन्हें कुछ लोग सेना में **भर्ती करने वाला सार्जेन्ट** भी कहने लगे थे।
- गाँधीजी ने भारत आने पर 1915 ई. में अहमदाबाद के समीप साबरमती नदी के किनारे सत्याग्रह आश्रम की स्थापना की।
- गाँधीजी ने 1919 ई. में लिखी अपनी पुस्तक '**हिन्द स्वराज्य**' में स्वराज (स्वशासन) की विस्तृत व्याख्या की।
- भारत में 1917 से 1918 ई. के बीच गाँधीजी ने तीन संघर्ष चम्पारण और खेड़ा का किसान आन्दोलन तथा अहमदाबाद के मजदूर आन्दोलन का सफल नेतृत्व किया।
- **चम्पारण सत्याग्रह** (1917 ई.) के समय ही पहली बार गाँधीजी ने भारत में सत्याग्रह करने की धमकी दी थी। चम्पारण सत्याग्रह के सफल नेतृत्व के बाद ही **रवीन्द्रनाथ टैगोर** ने गाँधीजी को पहली बार '**महात्मा**' कहा।
- **खेड़ा सत्याग्रह** (1918 ई.) भारत में गाँधी जी द्वारा चलाया गया पहला वास्तविक किसान सत्याग्रह था।

असहयोग आन्दोलन (1920-21 ई.)

- कलकत्ता में कांग्रेस के विशेष अधिवेशन (1920) में पास हुआ असहयोग आन्दोलन सम्बन्धी प्रस्ताव की दिसम्बर, 1920 में नागपुर में हुए कांग्रेस के वार्षिक अधिवेशन में पुष्टि कर दी गई।
- कांग्रेस के नागपुर अधिवेशन का विशेष महत्त्व है, क्योंकि इस अधिवेशन में असहयोग के प्रस्ताव की पुष्टि के साथ ही दो और महत्त्वपूर्ण निर्णय लिए गए।
- पहले निर्णय के अन्तर्गत कांग्रेस ने अब 'ब्रिटिश साम्राज्य के भीतर स्वशासन' का अपना लक्ष्य त्याग कर ब्रिटिश साम्राज्य के भीतर और आवश्यक हो तो उसके बाहर 'स्वराज का लक्ष्य' घोषित किया।
- दूसरे निर्णय के द्वारा कांग्रेस ने रचनात्मक कार्यों की एक सूची तैयार की, *जो इस प्रकार थी*
  (i) सभी वयस्कों को कांग्रेस का सदस्य बनाना,
  (ii) तीन सौ सदस्यों की अखिल भारतीय कांग्रेस समिति का गठन,
  (iii) भाषायी आधार पर प्रान्तीय कांग्रेस समितियों का पुनर्गठन,
  (iv) स्वदेशी मुख्यत: हाथ की कताई-बुनाई को प्रोत्साहन,
  (v) यथा सम्भव हिन्दी का प्रयोग आदि।
- नागपुर अधिवेशन के बाद 'स्वराज' के लक्ष्य तक पहुँचने के लिए कांग्रेस ने अब केवल संवैधानिक उपायों के स्थान पर सभी शान्तिमय और उचित उपाय जिसमें केवल आवेदन और अपील भेजना ही शामिल नहीं था, अपितु सरकार को कर देने से मना करने जैसी सीधी कार्यवाही भी शामिल थी, को अपनाने पर जोर दिया।
- कांग्रेस की नीतियों में आए परिवर्तन के विरोध में ऐनी बेसेन्ट, मुहम्मद अली जिन्ना, विपिनचन्द्र पाल, सर नारायण चन्द्रावरकर और शंकर नायर ने कांग्रेस को छोड़ दिया।
- असहयोग आन्दोलन के कार्यक्रम के दो प्रमुख भाग थे जिसमें एक रचनात्मक तथा दूसरा नकारात्मक था।

रचनात्मक कार्यक्रमों में शामिल था

(i) राष्ट्रीय विद्यालयों तथा पंचायती अदालतों की स्थापना,
(ii) अस्पृश्यता का अन्त, हिन्दू-मुस्लिम एकता,
(iii) स्वदेशी का प्रसार और कताई-बुनाई।

- नकारात्मक कार्यक्रमों में मुख्य कार्यक्रम *इस प्रकार थे*
  (i) सरकारी उपाधियों, प्रशस्ति-पत्रों को लौटाना
  (ii) सरकारी स्कूलों, कॉलेजों, अदालतों, विदेशी कपड़ों का बहिष्कार
  (iii) सरकारी उत्सवों। समारोहों का बहिष्कार
  (iv) विदेशी वस्तुओं का बहिष्कार तथा स्वदेशी का प्रचार
  (v) अवैतनिक पदों से तथा स्थानीय निकायों के पदों से त्याग-पत्र।
- 17 नवम्बर, 1921 को प्रिन्स ऑफ वेल्स के भारत आगमन के दिन सरकार की क्रूर दमन नीति के प्रति विरोध प्रकट करने के लिए समूचे भारत में हड़ताल का आयोजन किया गया।
- वेल्स के बम्बई पहुँचने पर वहाँ की सड़कें वीरान एवं उजड़ी हुई नजर आईं।
- दमन की नीति से असहयोग आन्दोलन को कुचलने में असमर्थ होने के बाद सरकार ने कांग्रेस और खिलाफत कमेटी दोनों पर प्रतिबन्ध लगा दिया साथ ही वर्ष की समाप्ति पर अली बन्धुओं, मोतीलाल नेहरू, चितरंजन दास, लाला लाजपतराय, मौलाना आजाद आदि नेताओं को गिरफ्तार कर लिया गया।

- खिलाफत और असहयोग आन्दोलन हिन्दू और मुसलमानों को नजदीक लाने में प्रभावकारी सिद्ध हुआ। मुसलमानों ने कट्टर आर्यसमाजी नेता स्वामी श्रद्धानन्द को जामा मस्जिद से भाषण देने के लिए आमन्त्रित किया, दूसरी ओर सिखों ने अमृतसर के स्वर्णमन्दिर की चाबियाँ मुसलमान नेता डॉ.किचलू को सौंप दीं।
- दिसम्बर, 1921 में कांग्रेस के अहमदाबाद अधिवेशन में आन्दोलन को तेज करने का निर्णय लिया गया साथ ही अगले कदम के रूप में सविनय अवज्ञा आन्दोलन शुरू करने की अनुमति प्रदान कर दी गई।
- फरवरी, 1922 को गाँधीजी ने वायसराय को एक पत्र लिखकर धमकी दी कि यदि एक हफ्ते के अन्दर सरकार की उत्पीड़नकारी नीतियाँ वापस न ली गईं तो व्यापक सविनय अवज्ञा आन्दोलन शुरू हो जाएगा।
- आन्दोलन में हिंसा की बढ़ रही घटना से गाँधीजी चिन्तित थे, अली बन्धुओं ने भड़काने वाले भाषण देकर हिंसा को भड़काया। अगस्त, 1919 में मालाबार में मोपलों ने हिंसा का भयंकर कृत्य कर डाला। गाँधीजी द्वारा वायसराय को दी गई धमकी की सीमा पूरी होने से पहले ही उत्तर प्रदेश के गोरखपुर जिले में स्थित **चौरी-चौरा** नामक स्थान पर 5 फरवरी, 1922 को एक भयानक घटना घट गई।
- **चौरी-चौरा काण्ड** के नाम से चर्चित इस घटना के अन्तर्गत क्रोध से पागल भीड़ ने पुलिस के 22 जवानों को थाने के अन्दर जिन्दा जला दिया।
- चौरी-चौरा की घटना से गाँधी जी इतने आहत हुए कि उन्होंने शीघ्र आन्दोलन को समाप्त करने का निर्णय लिया।
- 12 फरवरी, 1922 को बारदोली में हुई कांग्रेस की बैठक में असहयोग आन्दोलन को समाप्त करने का निर्णय लिया गया और आन्दोलन समाप्त हो गया।

जिन्ना का 14 सूत्रीय फॉर्मूला

- मुस्लिम लीग के नेता मुहम्मद अली जिन्ना ने नेहरू रिपोर्ट में मुसलमानों के लिए पृथक् निर्वाचक मण्डल की सुविधा न दिए जाने के कारण मुसलमानों की 14 माँगों की एक सूची तैयार की।
- जिन्ना के 14 सूत्रीय माँग-पत्र की प्रमुख माँगें थीं–मुसलमानों के लिए पृथक् निर्वाचन की सुविधा, केन्द्रीय तथा प्रान्तीय मन्त्रिमण्डलों में मुसलमानों के लिए एक तिहाई प्रतिनिधित्व, मुस्लिम बहुमत वाले प्रान्तों का पुनर्गठन, राज्य की सभी सेवाओं में मुसलमानों के लिए पदों का आरक्षण आदि।

कांग्रेस लाहौर अधिवेशन (1929 ई.)

- कांग्रेस के कलकत्ता अधिवेशन में ब्रिटिश सरकार को दी गई एक वर्ष की समय सीमा (डोमेनियन स्टेट के सन्दर्भ में) समाप्त हो जाने बाद 31 दिसम्बर, 1929 को कांग्रेस के लाहौर अधिवेशन का आयोजन किया गया। कांग्रेस के ऐतिहासिक लाहौर अधिवेशन की अध्यक्षता **पं. जवाहरलाल नेहरू** ने की। सम्मेलन में नेहरू रिपोर्ट को पूरी तरह निरस्त घोषित किया गया।
- सम्मेलन में अपना अध्यक्षीय भाषण देते हुए पं. जवाहरलाल नेहरू ने कहा कि "आज हमारा सिर्फ एक लक्ष्य है स्वाधीनता का लक्ष्य हमारे लिए स्वाधीनता है 'पूर्ण स्वतन्त्रता' आगे उन्होंने कहा कि स्पष्ट रूप से यह स्वीकार करता हूँ कि मैं समाजवादी और गणतन्त्रवादी हूँ और राजाओं, नरेशों या उस व्यवस्था में मेरा कोई विश्वास नहीं है जो आधुनिक औद्योगिक सम्राट उत्पन्न करती है।"
- कांग्रेस के लाहौर अधिवेशन में पारित किए कुछ ऐतिहासिक *प्रस्ताव इस प्रकार हैं*

(i) नेहरू समिति की रिपोर्ट को निरस्त घोषित कर दिया गया।

(ii) लाहौर कांग्रेस के अधिवेशन में पारित पूर्ण स्वराज्य के प्रस्ताव के अनुसार कांग्रेस के संविधान में 'स्वराज्य' शब्द का अब से अर्थ 'पूर्ण स्वतन्त्रता' या 'पूर्ण स्वराज्य' होगा इसे ही अब राष्ट्रीय आन्दोलन का लक्ष्य निर्धारित किया गया।

- सम्मेलन 1929 ई. की आधी रात्रि को रावी नदी के तट पर कांग्रेस के अध्यक्ष जवाहरलाल नेहरू ने भारतीय स्वतन्त्रता का प्रतीक **'तिरंगा झण्डा' 'पूर्ण स्वराज्य, वन्देमातरम'** तथा **'इन्कलाब जिन्दाबाद'** के नारों के बीच फहराया।
- कांग्रेस कार्य समिति द्वारा 2 जनवरी, 1930 को अपनी बैठक में यह निर्णय किया गया।
- 26 जनवरी, 1930 का दिन 'पूर्ण स्वराज्य दिवस' के रूप में मनाया जाएगा तथा 26 जनवरी को प्रतिवर्ष पूर्ण स्वाधीनता दिवस के रूप में मनाया जाएगा।
- 26 जनवरी, 1930 को आधुनिक भारत के इतिहास में **प्रथम स्वतन्त्रता दिवस** के रूप में माना जाता है।

सविनय अवज्ञा आन्दोलन

- 1929 ई. के लाहौर कांग्रेस अधिवेशन में कांग्रेस कार्यकारिणी को सविनय अवज्ञा आन्दोलन शुरू करने का अधिकार दिया गया।
- फरवरी, 1930 को साबरमती आश्रम में हुई कांग्रेस-कार्यकारिणी की दूसरी बैठक में महात्मा गाँधी को अवज्ञा आन्दोलन शुरू करने की बागडोर सौंपी गई।
- आन्दोलन शुरू करने से पूर्व गाँधी जी ने आन्दोलन को टालने का पूरा प्रयास किया लेकिन तत्कालीन वायसराय से वह अपनी न्यायोचित माँगों को भी नहीं मनवा सके।

वायसराय इरविन के समक्ष गाँधी जी द्वारा प्रस्तुत 11 सूत्रीय माँग पत्र में प्रमुख *माँगें इस प्रकार थीं*

(i) सेना का खर्च तथा सिविल सेवा के वेतनों में पचास प्रतिशत कटौती।
(ii) पूर्ण शराब बन्दी।
(iii) राजनैतिक कैदियों की रिहाई।
(iv) भारतीयों को आत्मरक्षार्थ हथियार रखने का लाइसेन्स।
(v) रुपये का विनिमय दर एक सीलिंग चार पेन्स के बराबर किया जाए।
(vi) लगान में 50% की कटौती।
(vii) नमक पर सरकारी इजारेदारी तथा नमक कर को समाप्त करना।
(viii) नशीली वस्तुओं के क्रय-विक्रय पर प्रतिबन्ध।

आन्दोलन की शुरूआत

- गाँधीजी ने अपनी 11 सूत्री माँगों को न माने जाने पर इर्विन को एक पत्र लिखा "मैंने रोटी माँगी थी, मुझे पत्थर मिला। इन्तजार की घड़ियाँ समाप्त हुईं।"
- सविनय अवज्ञा आन्दोलन के तहत महात्मा गाँधी ने 12 मार्च 1930 को ऐतिहासिक नमक सत्याग्रह की शुरूआत की।
- गाँधीजी ने साबरमती आश्रम से अपने 78 अनुयायिओं के साथ 'डाण्डी मार्च' किया।
- 24 दिन की लम्बी यात्रा के बाद 5 अप्रैल, 1930 को डाण्डी में गाँधी जी ने सांकेतिक रूप से नमक कानून को तोड़ा। यहीं से सविनय अवज्ञा आन्दोलन की शुरूआत हुई।

आन्दोलन का कार्यक्रम

(i) नमक कानून तथा ब्रिटिश कानूनों का उल्लंघन।
(ii) कानूनी अदालतों, सरकारी विद्यालयों, महाविद्यालयों एवं समारोहों का बहिष्कार।
(iii) भूराजस्व, लगान तथा अन्य करों की अदायगी पर रोक।
(iv) शराब तथा अन्य मादक पदार्थों का विक्रय करने वाली दुकानों पर शान्तिपूर्ण धरना।
(v) विदेशी वस्तुएँ एवं कपड़ों का बहिष्कार।
(vi) सरकारी नौकरियों से त्याग-पत्र।

- जिस समय यह आन्दोलन अपने चरमोत्कर्ष पर था उसी समय वायसराय ने गिरफ्तार कांग्रेस नेताओं को रिहा करने की पहल कर महात्मा गाँधी को बात-चीत करने के लिए आमन्त्रित किया।
- इर्विन गाँधी जी के बीच समझौते का माहौल बनाने में तेजबहादुर सप्रू तथा एम.आर. जयकर ने महत्त्वपूर्ण भूमिका निभाई।
- 1930 के सविनय अवज्ञा आन्दोलन के समय ही उत्तर-पश्चिम सीमा प्रान्त के कबायलियों ने गाँधी जी को **मलंग बाबा** कहा।

प्रथम गोलमेज सम्मेलन

- प्रथम गोलमेज सम्मेलन 12 नवम्बर, 1930 से 13 जनवरी, 1931 तक लन्दन में आयोजित किया गया। यह ऐसी पहली वार्ता थी, जिसमें ब्रिटिश शासकों द्वारा भारतीयों को बराबर का दर्जा दिया गया। प्रथम गोलमेज सम्मेलन जिसमें 89 सदस्यों 13 ब्रिटिश, राजनीतिक दलों के शेष 76 भारतीय उदारवादी दल, मुस्लिम लीग, हिन्दू महासभा, दलित वर्ग, व्यापारी वर्ग तथा रजवाड़ों के प्रतिनिधि थे।
- इस सम्मेलन का उद्घाटन ब्रिटेन के सम्राट जार्ज पंचम ने किया तथा अध्यक्षता प्रधानमन्त्री रैम्जे मैक्डोनाल्ड ने की।
- सम्मेलन में हिस्सा लेने वाले प्रमुख नेता इस प्रकार थे—तेजबहादुर सप्रू, श्रीनिवास शास्त्री, मुहम्मद अली, मुहम्मद शफी, आगा खान, फजलुल हक, मुहम्मद अली जिन्ना, होमी मोदी, एम.आर. जयकर, मूंजे, भीमराव अम्बेडकर, सुन्दर सिंह मजीठिया आदि।

गाँधी-इर्विन समझौता (1931)

- गाँधी और इर्विन के बीच लम्बी बात-चीत के बाद 5 मार्च, 1931 को एक समझौता हुआ जिसे गाँधी-इर्विन समझौते के नाम से जाना गया। *समझौते की मुख्य शर्तें इस प्रकार थीं*

(i) गाँधी के नेतृत्व में कांग्रेस सविनय अवज्ञा आन्दोलन समाप्त करने के लिए तैयार हो गई।
(ii) कांग्रेस इस आधार पर द्वितीय गोलमेज सम्मेलन में हिस्सा लेने के लिए तैयार हो गई कि सम्मेलन पेश किया जाने वाला संवैधानिक सुधार संघीय व्यवस्था, उत्तरदायित्व पूर्ण, शासन तथा भारत के हित को देखते हुए प्रतिरक्षा, वैदेशिक मामलों, अल्पसंख्यकों से जुड़े मामले आदि के बारे में सुरक्षात्मक या आरक्षात्मक व्यवस्था पर आधारित होगा।
(iii) सभी राजनैतिक बन्दियों, जिनके विरुद्ध हिंसा का आरोप नहीं था, रिहा करने का आदेश।
(iv) विदेशी कपड़ों और शराब की दुकानों पर शान्तिपूर्ण धरना देने का अधिकार।
(v) समुद्र तटीय प्रदेशों में बिना नमक कर दिए नमक बनाने की अनुमति।

- गाँधी इर्विन समझौते का 26 से 29 मार्च, 1931 तक चलने वाले कराची कांग्रेस के वार्षिक अधिवेशन में अनुमोदन कर दिया गया।

द्वितीय गोलमेज सम्मेलन (1931)

- दूसरा गोलमेज सम्मेलन लन्दन में 7 सितम्बर, 1931 से 1 दिसम्बर, 1931 तक चला इसमें कांग्रेस के एकमात्र प्रतिनिधि के रूप में गाँधी जी ने हिस्सा लिया।
- दक्षिणपन्थी नेता **विंस्टन चर्चिल** ने ब्रिटिश सरकार की आलोचना करते हुए कहा कि वह (सरकार) **'देशद्रोही फकीर'** (गाँधी जी) को बराबर का दर्जा देकर बात कर रही है।
- द्वितीय गोलमेज सम्मेलन के समय रैम्जे मैक्डोनाल्ड ब्रिटेन के प्रधानमन्त्री, दक्षिण पंथी प्रतिक्रियावादी सैमुअल होर भारत सचिव तथा वेलिंगटन भारत के वायसराय बन चुके थे।
- द्वितीय गोलमेज सम्मेलन साम्प्रदायिक समस्या पर विवाद के कारण पूरी तरह असफल रहा। दलित नेता भीमराव अम्बेडकर ने दलितों के लिए पृथक् निर्वाचन मण्डल की सुविधा की माँग की जिससे गाँधी जी ने अस्वीकार कर दिया।
- अन्तत: साम्प्रदायिक गतिरोध के कारण सम्मेलन को दिसम्बर, 1931 को समाप्त घोषित कर दिया।

द्वितीय सविनय अवज्ञा आन्दोलन (1932-34)

- 1 जनवरी, 1932 को कांग्रेस कार्य समिति ने सविनय अवज्ञा आन्दोलन को दोबारा शुरू करने का निर्णय लिया। आन्दोलन शुरू होने के शीघ्र बाद चोटी के नेता गाँधी, नेहरू, खान अब्दुल गफ्फार आदि को गिरफ्तार कर सरकार ने कांग्रेस को गैर-कानूनी संस्था घोषित कर उसकी सम्पत्ति को जब्त कर लिया।
- जिस समय आन्दोलन अपने चरम पर था उसी समय ब्रिटिश प्रधानमन्त्री रैम्जे मैक्डोनाल्ड ने अपना प्रसिद्ध साम्प्रदायिक पंचाट' (अधिनिर्णय) की घोषणा कर आन्दोलन की दिशा बदल दी।

साम्प्रदायिक पंचाट और पूना समझौता (1932)

- ब्रिटिश प्रधानमन्त्री रैम्जे मक्डोनाल्ड ने 16 अगस्त, 1932 को विभिन्न सम्प्रदायों के प्रतिनिधित्व के विषय पर एक पंचाट जारी किया जिसे **साम्प्रदायिक पंचाट** (कम्युनल अवार्ड) कहा गया।
- इस पंचाट में पृथक् निर्वाचक पद्धति को न केवल मुसलमानों के लिए जारी रखा गया, बल्कि इसे दलित वर्गों पर भी लागू कर दिया गया। मुसलमानों, ईसाइयों, सिखों, आंग्ल भारतीयों तथा महिलाओं के लिए पृथक् निर्वाचन पद्धति की सुविधा प्रदान की गई जो केवल प्रान्तीय विधानमण्डलों पर ही लागू थी।
- दलित वर्गों को पृथक् चुनाव क्षेत्र की सुविधा प्रदान करने के पीछे अंग्रेजों की गहरी चाल थी वे इन्हें हिन्दुओं से अलग करना चाहते थे।
- दलित वर्ग की पृथक् निर्वाचक मण्डल की सुविधा दिए जाने के विरोध में महात्मा गाँधी ने जेल में ही 20 सितम्बर, 1932 को आमरण अनशन शुरू कर दिया।
- मदनमोहन मालवीय, डॉ. राजेन्द्र प्रसाद पुरुषोत्तमदास, सी. राजगोपालाचारी आदि के प्रयत्नों से गाँधी के उपवास के 5 दिन बाद 26 **सितम्बर,** 1932 को गाँधी जी और दलित नेता अम्बेडकर में **पूना समझौता** हुआ।

गाँधी जी और हरिजनोत्थान

- सितम्बर 1932 में गाँधी जी ने हरिजन कल्याण हेतु **'अखिल भारतीय छुआछूत विरोधी लीग'** की स्थापना की तथा हरिजन नामक साप्ताहिक पत्र का प्रकाशन किया।
- जेल में 21 दिन का उपवास शुद्धि के लिए करने से पूर्व गाँधीजी ने कहा कि "या तो छुआछूत को जड़ से समाप्त करो या मुझे अपने बीच से हटा दो यह मेरी अन्तरात्मा की पुकार है, चेतना का निर्देश है।"
- 7 नवम्बर, 1933 को गाँधी जी ने वर्धा से 'हरिजन यात्रा' प्रारम्भ की, इस यात्रा के दौरान गाँधी जी ने करीब 12,500 मील की यात्रा की।

तृतीय गोलमेज सम्मेलन (1932)

- लन्दन में तृतीय गोलमेज सम्मेलन 17 नवम्बर, 1932 से 24 दिसम्बर, 1932 तक चला, कांग्रेस ने सम्मेलन का बहिष्कार किया।
- इस सम्मेलन में कुल 46 प्रतिनिधियों ने हिस्सा लिया। सम्मेलन में भारत सरकार अधिनियम 1935 हेतु ठोस योजना के अन्तिम स्वरूप को पेश किया गया।

मोतीलाल नेहरू

- ये वर्ष 1916 के होमरूल आन्दोलन से राष्ट्रीय राजनीति में आए।
- इन्होंने इण्डीपेण्डेण्ट नामक समाचार-पत्र निकाला।
- इन्होंने वर्ष 1919 में कांग्रेस के अमृतसर अधिवेशन तथा वर्ष 1928 में कलकत्ता अधिवेशन की अध्यक्षता की।
- इन्होंने जलियाँवाला बाग हत्याकाण्ड की जाँच के लिए बनी कांग्रेस समिति की अध्यक्षता की।
- इन्होंने चितरंजन दास के साथ मिलकर स्वराज पार्टी की सथापना की।
- वर्ष 1930 में इन्होंने आनन्द भवन कांग्रेस को दे दिया, जो स्वराज भवन कहलाया।
- इनकी अध्यक्षता में वर्ष 1927 में नेहरू समिति बनाई गई थी।

जवाहरलाल नेहरू

- इनके राजनीतिक जीवन का प्रारम्भ प्रथम विश्वयुद्ध के काल में हुआ था।
- ये वर्ष 1916 में महात्मा गाँधी के सम्पर्क में आए थे।
- इन्हें वर्ष 1923 में कांग्रेस पार्टी का महासचिव चुना गया था।
- ये वर्ष 1929, 1936, 1937 एवं 1951-54 तक कांग्रेस के अध्यक्ष रहे।
- इन्होंने वर्ष 1921 में ब्रूसेल्स में अन्तर्राष्ट्रीय साम्यवादी सम्मेलन में भाग लिया।
- ये स्वतन्त्र भारत के प्रथम प्रधानमन्त्री थे।
- इनकी मृत्यु वर्ष 1964 में हुई थी।

डॉ. बी आर अम्बेडकर

- इनका पूरा नाम डॉ. भीमराव अम्बेडकर था।
- ये प्रमुख समाज सुधारक एवं संविधानविद् थे। इन्होंने अछूतों एवं निचली जाति के हिन्दुओं में सामाजिक समानता की भावना का प्रसार करने के लिए वर्ष 1924 में दलित संस्थान तथा वर्ष 1927 में समाज समता संघ की स्थापना की।
- इन्होंने भारत सरकार अधिनियम 1919 तैयार कर रही साउथ बोरोह समिति के समक्ष भारत के प्रमुख विद्वान् के तौर पर अम्बेडकर दलितों के लिए पृथक् निर्वाचन की माँग की।
- इन्होंने लन्दन में आयोजित गोलमेज सम्मेलन में भाग लिया तथा वर्ष 1942 में वायसराय की कार्यकारिणी परिषद् के सदस्य चुने गए।
- इन्होंने भारतीय मजदूर पार्टी, दलित जाति सभा, जन शिक्षा समाज आदि संस्थाओं की स्थापना की।
- ये 29 अगस्त, 1947 गठित संविधान सभा की प्रारूप समिति के सभापति थे। इन्हें भारतीय संविधान का जनक भी कहा जाता है। इनकी मृत्यु वर्ष 1956 में हुई थी।

मोहम्मद अली जिन्ना

- ये मुस्लिम लीग के नेता तथा पाकिस्तान के संस्थापक थे। इन्होंने अपना राजनैतिक जीवन कांग्रेस से प्रारम्भ किया तथा इन्होंने वर्ष 1906 में मुस्लिम लीग की स्थापना की थी।
- भारत के विभाजन के बाद ये पाकिस्तान के प्रथम गवर्नर जनरल बने।
- इन्हें 'कायदे आजम' के नाम से भी जाना जाता है।
- इनकी मृत्यु वर्ष 1948 में हुई थी।

सुभाषचन्द्र बोस और आजाद हिन्द फौज

- 17 जनवरी, 1941 को सुभाषचन्द्र बोस कलकत्ता से अचानक गायब हो गए, वे पेशावर काबुल होते हुए रूस पहुँचे।
- द्वितीय विश्वयुद्ध के समय रूस पर जर्मनी द्वारा आक्रमण किए जाने के कारण रूस मित्र राष्ट्रों में शामिल हो गया, इसलिए सुभाष को रूस से जर्मनी जाना पड़ा।
- जर्मनी में सुभाष ने हिटलर से मुलाकात कर भारतीय स्वतन्त्रता हेतु सहयोग माँगा।
- जर्मनी में ही भारतीयों द्वारा सुभाषचन्द्र बोस को प्रसिद्ध **'नेता जी'** की उपाधि प्रदान की गई।
- जर्मनी में सुभाषचन्द्र बोस द्वारा **'फ्री इण्डिया सेन्टर'** की स्थापना की गई। इसी संस्था द्वारा सुभाष ने पहली बार 'जयहिन्द' का नारा दिया।
- 8 फरवरी, 1943 को सुभाषचन्द्र बोस अपने सहयोगी आबिद हुसैन के साथ जर्मन यू बोट (Submarine) द्वारा जर्मन के कील नामक स्थान से रवाना हुए। रास्ते में जर्मन बोट को छोड़कर हवाई जहाज से 13 जून, 1943 को टोक्यो पहुँचे।
- **रास बिहारी बोस** जापान में रह रहे भारतीय अप्रवासी थे, इन्होंने 28 से 30 मार्च 1942 के बीच राजनीतिक समस्याओं पर विचार-विमर्श हेतु टोक्यो में भारतीयों का एक सम्मेलन आयोजित किया।
- टोक्यो में रास बिहारी बोस ने जापन में रह रहे भारतीय सेना के अफसरों द्वारा भारत की मुक्ति के लिए भारतीय राष्ट्रीय सेना के गठन पर विचार किया।
- इसी सम्मेलन में रास बिहारी बोस ने इण्डिया **इण्डिपेण्डेन्स लीग** की स्थापना की।
- ब्रिटिश भारतीय सेना के एक अधिकारी **मोहन सिंह** के दिमाग में सर्वप्रथम **आजाद हिन्द फौज** की स्थापना का विचार आया।

- ब्रिटिश भारतीय सेना के वे सिपाही जिन्होंने जापान के समक्ष आत्मसमर्पण कर दिया था, को लेकर मोहन सिंह ने **मलाया में आजाद हिन्द फौज** का 15 दिसम्बर, 1941 को गठन किया। प्रारम्भ में आजाद हिन्द फौज का गठन लगभग 50,000 अधिकारियों और सिपाहियों द्वारा किया गया।
- जून, 1942 को रास बिहारी द्वारा बैंकाक (मलेशिया) में 'इण्डिया इण्डिपेण्डेन्स लीग' का एक और सम्मेलन बुलाया गया, जिसमें सुभाष चन्द्र बोस को लीग का और आजाद हिन्द फौज का नेतृत्व सौंपने का निर्णय किया गया।
- 7 **जुलाई,** 1943 को रास बिहारी बोस ने आजाद हिन्द फौज की कमान सुभाष चन्द्र बोस को सौंप दी। सुभाष I.N.A. के सर्वोच्च सेनापति (कमाण्डर) घोषित किए गए।
- 21 अक्टूबर, 1943 को सुभाष ने सिंगापुर में स्वतन्त्र भारत की अस्थाई सरकार का गठन किया। जिसके मन्त्रियों में एच.सी. चटर्जी (वित्त) एम.ए. अय्यर (प्रचार) तथा लक्ष्मी स्वामीनाथ (स्त्रियों के विभाग) आदि शामिल थे।
- सुभाषचन्द्र बोस ने अस्थाई सरकार का मुख्यालय रंगून बनाया, जर्मनी तथा जापान ने अस्थाई सरकार का समर्थन किया।
- सुभाषचन्द्र बोस ने लक्ष्मीबाई के नाम पर **रानी झाँसी रेजीमेन्ट** महिलाओं के लिए स्थापित किया।
- आजाद हिन्द फौज के तीन और ब्रिगेड का नाम क्रमश: सुभाष ब्रिगेड, नेहरू ब्रिगेड, गाँधी ब्रिगेड रखा गया।
- सैनिकों का आह्वान करते हुए सुभाषचन्द्र बोस ने कहा कि "बहुत त्याग किया है, किन्तु अभी प्राणों की आहुति देना शेष है, आजादी को आज हम अपने शीष फल चढ़ा देने वाले पागल पुजारी की आवश्यकता है, जो अपना सिर काटकर स्वाधीनता की देवी को भेंट चढ़ा सके।"
  "तुम मुझे खून दो मैं तुम्हें आजादी दूँगा"
- 6 नवम्बर, 1943 को जापानी सेना ने आजाद हिन्द फौज को अण्डमान और निकोबार द्वीप सौंप दिया, आई. एन. ए. जिसका नाम क्रमश: **शहीद** और **स्वराजद्वीप** रखा गया।
- 18 मार्च, 1944 को आजाद हिन्द फौज के तीन ब्रिगेड जापानी सेना के नेतृत्व में भारत को आजाद कराने के उद्देश्य से बर्मा की सीमाओं को पार कर उत्तर पूर्व भारत के क्षेत्र कोहिमा और नागालैण्ड पर घेरा डाल दिया। यह घेरा करीब एक वर्ष तक चला।
- 6 जुलाई, 1944 को सुभाष चन्द्र बोस ने 'आजाद हिन्द रेडियो' के एक प्रसारण में गाँधीजी के नाम एक विशेष प्रसारण में कहा कि "भारत की स्वाधीनता का आखिरी युद्ध शुरू हो गया है।
- राष्ट्रपिता भारत की मुक्ति के इस पवित्र युद्ध में हम आपका आशीर्वाद और शुभकामना चाहते हैं।
- पहली बार सुभाष द्वारा ही गाँधीजी के लिए **राष्ट्रपिता** शब्द प्रयोग किया गया।
- मई, 1945 में ब्रिटिश सेना द्वारा रंगून पर पुन: अधिकार कर लिए जाने के बाद आजाद हिन्द के सिपाहियों को जापानी सेना के साथ आत्मसमर्पण करना पड़ा।
- 18 अगस्त, 1945 को ताइकु हवाई अड्डे (ताईवान) पर हुई हवाई दुर्घटना में सुभाषचन्द्र बोस मारे गए

वस्तुनिष्ठ प्रश्न

1. भारतीय राष्ट्रीय कांग्रेस की स्थापना की गई वर्ष
(a) 1865 ई. में (b) 1867 ई. में
(c) 1885 ई. में (d) 1887 ई. में

2. निम्न में से कौन नरमपंन्थियों में नहीं थे?
(a) गोपाल कृष्ण गोखले
(b) बाल गंगाधर तिलक
(c) आर.सी. दत्त
(d) डब्ल्यू.सी. बनर्जी

3. भारतीय राष्ट्रीय कांग्रेस के संस्थापक थे एक
(a) असैनिक सेवक (b) विज्ञानी
(c) सामाजिक कार्यकर्ता (d) मिलिट्री कमाण्डर

4. अधिकतर नरमपन्थी नेता थे
(a) ग्रामीण क्षेत्रों से
(b) शहरी क्षेत्रों से
(c) दोनों ग्रामीण व शहरी क्षेत्रों से
(d) पंजाब से

5. 1905 ई. में बंगाल विभाजन किस वायसराय ने किया?
(a) लॉर्ड हार्डिंग
(b) लॉर्ड कर्जन
(c) लॉर्ड लिटन
(d) लॉर्ड मिण्टो

6. निम्नलिखित को उनके संगठन के आधार पर क्रमवार सजाइए
1. बाम्बे एसोसिएशन
2. मद्रास महाजन सभा
3. इण्डियन एसोसिएशन
4. इण्डियन लीग
कूट
(a) 1, 2, 3, 4 (b) 2, 3, 1, 4
(c) 3, 4, 2, 1
(d) 1, 4, 3, 2

7. भारतीय राष्ट्रीय कांग्रेस का प्रथम मुस्लिम प्रेसीडेन्ट था
(a) अबुल कलाम आजाद
(b) रफी अहमद किदवई
(c) एम.ए. अन्सारी
(d) बदरुद्दीन तैयबजी

8. ब्रिटिश हाउस ऑफ कामन्स का चुनाव जिस भारतीय ने लड़ा था, वह थे
(a) दादाभाई नौरोजी
(b) गोपाल कृष्ण गोखले
(c) फिरोजशाह मेहता
(d) डब्ल्यू.सी. बनर्जी

9. किसने कहा था "कांग्रेस पतन के लिए लड़खड़ा रही है, मेरी सबसे बड़ी अभिलाषा, जब तक मैं भारत में हूँ, कांग्रेस की शान्तिपूर्ण समाप्ति में सहयोग करना है"
(a) लॉर्ड हैमिल्टन (b) लॉर्ड कर्जन
(c) लॉर्ड डफरिन (d) लॉर्ड मिण्टो

10. भारतीय राष्ट्रीय कांग्रेस के 1905 ई. के बनारस अधिवेशन के अध्यक्ष कौन थे?
(a) सुरेन्द्रनाथ बनर्जी
(b) फिरोजशाह मेहता
(c) गोपाल कृष्ण गोखले
(d) दिनशा वाचा

11. निम्नलिखित में से कौन भारतीय राष्ट्रीय कांग्रेस के स्थापना अधिवेशन में उपस्थित नहीं थे
(a) दादाभाई नौरोजी
(b) जी. सुब्रह्मण्यम अय्यर
(c) जस्टिस रानाडे
(d) सुरेन्द्रनाथ बनर्जी

12. भारतीय राष्ट्रीय कांग्रेस के पहले अध्यक्ष कौन थे?
(a) ए.ओ. ह्यम (b) डब्ल्यू.सी. बनर्जी
(c) दादाभाई नौरोजी (d) इनमें से कोई नहीं

13. भारत के पहले लोक संघ 'लैण्ड होल्डर्स सोसायटी' की स्थापना कब हुई थी?
(a) 1835 ई. (b) 1836 ई.
(c) 1837 ई. (d) 1838 ई.

14. 'शेर-ए पंजाब' किसका उपनाम है?
(a) विपिन चन्द्र पाल
(b) लाला लाजपत राय
(c) सरदार भगत सिंह
(d) उपरोक्त में से कोई नहीं

15. भारतीय इतिहास में 1912 ई. का ऐतिहासिक महत्त्व क्या था?
(a) महात्मा गाँधी की मृत्यु
(b) बंगाल विभाजन
(c) राजधानी का कोलकाता से दिल्ली स्थानान्तरण
(d) उपरोक्त में से कोई नहीं

16. अनुशीलन समिति सम्बद्ध है
(a) वी. डी. सावरकर
(b) भगत सिंह
(c) चन्द्रशेखर आजाद
(d) दादाभाई नौरोजी

17. किस गवर्नर जनरल ने 1911 ई. में भारत की राजधानी कोलकाता से दिल्ली स्थानान्तरित करने की घोषणा की?
(a) लॉर्ड माउण्टबेटन (b) लॉर्ड कैनिंग
(c) लॉर्ड हार्डिंग (d) वारेन हेस्टिंग्स

18. 'अल हिलाल' समाचार पत्र किसके द्वारा राष्ट्रीयता के प्रचार के लिए शुरू किया गया था?
(a) मोहम्मद अली (b) महात्मा गाँधी
(c) अबुल कलाम आजाद (d) सैयद अहमद खाँ

19. 'पंजाब केसरी' का खिताब किसको दिया गया था?
(a) रणजीत सिंह
(b) भगत सिंह
(c) सरदार बलदेव सिंह
(d) लाला लाजपत राय

20. भारतीय राष्ट्रीय कांग्रेस का प्रथम विभाजन कब हुआ था?
(a) 1908 ई. में (b) 1905 ई. में
(c) 1907 ई. में (d) 1906 ई. में

21. मुस्लिम लीग की स्थापना का श्रेय जाता है
(a) मुहम्मद अली जिन्ना
(b) सैयद अहमद खाँ
(c) सलीमुल्ला एवं आगा खाँ
(d) खान अब्दुल गफ्फार खाँ

22. महाराष्ट्र में गणपति उत्सव आरम्भ करने का श्रेय किसको प्राप्त है?
(a) वल्लभभाई पटेल
(b) बाल गंगाधर तिलक
(c) शिवाजी
(d) बिपिन चन्द्र पाल

23. स्वदेशी आन्दोलन शुरू किया गया था
(a) बंगाल विभाजन के विरोध के रूप में
(b) भारतीय माल के उपभोग को प्रोत्साहित करने के लिए
(c) जलियाँवाला बाग में भारतीयों की हत्या के विरोध में
(d) भारत में एक उत्तरदायी सरकार बना सकने में ब्रिटिश सरकार की असफलता के कारण

24. बंगाल विभाजन के विरुद्ध विद्रोह का नेतृत्व किसने किया था?
(a) सुरेन्द्रनाथ बनर्जी ने
(b) सी.आर. दास ने
(c) सुभाष चन्द्र बोस ने
(d) अरुणा आसफ अली ने

25. गोखले ने अपना राजनीतिक जीवन किस व्यक्ति के शिष्य के रूप में प्रारम्भ किया
(a) महादेव गोविन्द रानाडे
(b) दादाभाई नौरोजी
(c) फिरोजशाह मेहता (d) बाल गंगाधर तिलक

26. गोखले ने कांग्रेस के अध्यक्ष पद को सुशोभित किया
(a) 1904 ई. में (b) 1905 ई. में
(c) 1906 ई. में (d) 1907 ई. में

27. भारतीय राजनीति में गोखले के सबसे प्रमुख शिष्य थे
(a) जवाहरलाल नेहरू (b) मोतीलाल नेहरू
(c) महात्मा गाँधी
(d) श्रीमती सरोजिनी नायडू

28. वैल्वी आयोग के समक्ष अपनी गवाही में गोपाल कृष्ण गोखले ने निम्न बात का प्रतिपादन किया
(a) भारत में वयस्क मताधिकार को अपनाने की आवश्यकता
(b) भारत में प्रशासन का पूर्णतया विकेन्द्रीकरण
(c) भारत में आर्थिक व वित्तीय सुधारों की आवश्यकता
(d) भारत में राजनीतिक सुधारों की आवश्यकता

29. क्षमा-याचना प्रकरण में ब्रिटिश जनता से क्षमा माँगने के सम्बन्ध में गोखले के व्यक्तित्व का निम्नांकित पक्ष उजागर हुआ
(a) ब्रिटिश लोगों की श्रेष्ठता में विश्वास
(b) ब्रिटिश शासन के प्रति गहरी आस्था
(c) सार्वजनिक जीवन में नैतिक आग्रह व सदाशयता
(d) सार्वजनिक गतिविधियों में व्यावहारिक व कार्यसाधक दृष्टिकोण

30. भारतीय राष्ट्रीय कांग्रेस की भूमिका के सम्बन्ध में गोखले का विचार था
(a) कांग्रेस के द्वारा सामाजिक कुरीतियों के निराकरण को अपने कार्यक्रम में प्राथमिकता देनी चाहिए
(b) कांग्रेस को केवल ब्रिटिश शासन की आलोचना का मंच बनने के बजाए जनता की राजनीतिक, सामाजिक व आर्थिक उन्नति के लिए प्रयत्नशील होना चाहिए
(c) कांग्रेस को भारत में ब्रिटिश शासन के विरुद्ध जनमत की जागृति का मंच बनना चाहिए
(d) कांग्रेस को भारत की पूर्ण स्वाधीनता के लक्ष्य को प्राप्ति के लिए प्रयत्न करना चाहिए

31. निम्नांकित में से कौन-सा कथन हिन्दू-मुस्लिम सौहार्द्र के विषय में तिलक के दृष्टिकोण को सही रूप में व्यक्त नहीं करता
(a) तिलक किसी भी रूप में मुस्लिम विरोधी नहीं थे
(b) हिन्दू समुदाय को वे मुसलमानों के विरुद्ध नहीं, अपितु ब्रिटिश सत्ता के विरुद्ध संगठित करना चाहते थे
(c) अल्पसंख्यक मुस्लिम भावना को विशेष संरक्षण देने के ब्रिटिश सरकार के प्रयासों के तिलक समर्थक थे
(d) तिलक अपेक्षा करते थे हिन्दुओं के धार्मिक विषयों में सरकार हस्तक्षेप न करे और मुस्लिम समुदाय उनके प्रति विद्वेष का भाव न रखे।

32. निम्न में से कौन-सा वाक्य समाज सुधारों में तिलक के दृष्टिकोण के सम्बन्ध में सत्य नहीं है
(a) तिलक राजनीतिक आन्दोलन की तुलना में सामाजिक सुधारों को प्राथमिकता प्रदान करते थे
(b) तिलक सामाजिक सुधारों के लिए ब्रिटिश सरकार द्वारा विधि निर्माण को उचित नहीं मानते थे
(c) तिलक इस तथ्य को स्वीकार करते थे कि सामाजिक विकृतियों ने हिन्दू समाज को बहुत क्षति पहुँचाई है
(d) वे समाज सुधारों के विरोधी नहीं थे, किन्तु सुधारों के नाम पर भारतीय मूल्यों की अपेक्षा पश्चिमी जीवन मूल्यों को भारतीय समाज में स्थापित करने के प्रयासों के विरोधी थे

33. निम्नांकित में से कौन-सा तत्त्व बाल गंगाधर तिलक के राष्ट्रीय शिक्षा के विचार में सम्मिलित नहीं था?
(a) शिक्षा को राज्य द्वारा संचालित किया जाए तथा अनिवार्य बनाया जाए
(b) शिक्षा को जन सामान्य के लिए सुलभ बनाया जाए तथा सस्ती दर पर शिक्षा प्रदान करने के प्रयास किए जाएँ
(c) शिक्षा भारतीय उद्देश्यों को ध्यान में रखते हुए प्रदान की जाए
(d) शिक्षा के द्वारा युवाओं को इस प्रकार प्रशिक्षित किया जाए कि वे राष्ट्रीय जागृति और आन्दोलन के लिए जनता को प्रेरित और संगठित कर सकें।

34. साधनों के रूप में हिंसा और अहिंसा के प्रति निम्नांकित में से कौन-सा वाक्य तिलक के दृष्टिकोण के सम्बन्ध में सही है
(a) तिलक अहिंसा को एक नैतिक साधन के रूप में स्वीकार करते थे
(b) तिलक सशस्त्र क्रान्ति की पद्धति में विश्वास करते थे
(c) तिलक हिंसा के विरोधी तो थे, किन्तु अहिंसा उनके लिए एक व्यावहारिक नीति थी, नैतिक साध्य नहीं।
(d) तिलक अवसर के अनुसार हिंसक और अहिंसक दोनों प्रकार के साधनों को अपनाने पर बल देते थे

35. बाल गंगाधर तिलक पर निम्न में से किस आधार पर राजद्रोह का मुकदमा चलाया गया था
(a) बहिष्कार आन्दोलन का सूत्रपात करने के कारण
(b) मुजफ्फरपुर बम काण्ड में सम्मिलित होने के कारण
(c) केसरी में प्रकाशित उनके लेखों के कारण
(d) बंगाल के विभाजन का विरोध करने के कारण

36. बाल गंगाधर तिलक ने स्वराज्य को निम्न प्रकार से परिभाषित किया
(a) ब्रिटिश साम्राज्य के अधीन भारतीयों को व्यावहारिक स्वतन्त्रता
(b) ब्रिटिश संस्कृति के प्रभाव से भारतीयों की मुक्ति
(c) भारत की एक सम्प्रभु राज्य के रूप में घोषणा
(d) व्यक्ति के लिए स्वधर्म के पालन हेतु स्वतन्त्रता तथा व्यवस्था के रूप में धर्म सम्मत राज्य की स्थापना

37. साधनों के सम्बन्ध में तिलक के दृष्टिकोण के विषय में निम्नांकित में से कौन-सा कथन सही नहीं है
(a) जनता के राजनीतिक अधिकारों की प्राप्ति के लिए शासकों की दया व सहानुभूति पर रहना उचित नहीं है
(b) स्वराज्य की प्राप्ति के लिए हिंसक आन्दोलन अनिवार्य व सर्वथा उचित है
(c) साधनों के सम्बन्ध में नैतिकता की तुलना में प्रभावशीलता अधिक महत्त्वपूर्ण है
(d) न्याय की प्राप्ति के लिए जनता को संगठित, जागरूक व सक्रिय संघर्ष के लिए तैयार रहना चाहिए

38. 'सर्वेण्ट्स ऑफ इण्डिया सोसायटी' की स्थापना के माध्यम से गोखले ने प्रतिष्ठित किया
(a) सामाजिक सुधारों की आवश्यकता को
(b) आर्थिक सुधारों की गम्भीर आवश्यकता को
(c) भारतीयों में उनके सांस्कृतिक गौरव को
(d) राजनीति के आध्यात्मीकरण को

39. गोपालकृष्ण गोखले के राजनीतिक विचारों का प्रमुख स्वर है
(a) राष्ट्रवाद (b) सामाजिक न्याय
(c) भारतीयों के आत्म निर्णय के अधिकार की उद्घोषणा
(d) उदारवाद

40. गोपालकृष्ण गोखले की राजनीतिक विचारधारा का लक्ष्य था
(a) भारत की ब्रिटिश शासन से तत्काल मुक्ति
(b) भारत के शासन में भारतीयों के वास्तविक नियन्त्रण के लिए राजनीतिक, प्रशासनिक व आर्थिक सुधार
(c) ब्रिटिश संसद में भारतीयों को प्रभावी प्रतिनिधित्व
(d) भारत की पूर्ण सम्प्रभुता को ब्रिटिश सरकार की मान्यता

41. निम्नांकित में से कौन-सा तिलक से सम्बन्धित नहीं है
(a) समाचार-पत्र मराठा (b) समाचार-पत्र केसरी
(c) समाचार-पत्र सुधारक (d) गणपति उत्सव

42. किसने कहा, ''मध्य रात्रि के टकोर पर, जब संसार सोता है भारत अपने जीवन व स्वतन्त्रता के लिए जाग उठेगा''?
(a) महात्मा गाँधा (b) सी. राजगोपालाचारी
(c) जवाहरलाल नेहरू (d) राजेन्द्र प्रसाद

43. 'Who lives if india dies' किसकी उक्ति है?
(a) महात्मा गाँधी (b) राजेन्द्र प्रसाद
(c) जवाहरलाल नेहरू (d) इनमें से कोई नहीं

44. भारत में जब क्रिप्स मिशन आया उस समय भारत का वायसराय कौन था?
(a) लॉर्ड विलिंगटन (b) लॉर्ड एमहर्स्ट
(c) लॉर्ड लिनलिथगो (d) लॉर्ड वेलेजली

45. गाँधीजी भारतीय राष्ट्रीय कांग्रेस के अध्यक्ष कितनी बार बने?
(a) एक बार (b) दो बार
(c) तीन बार (d) चार बार

46. 'इंकलाब जिन्दाबाद' का नारा किसने दिया?
(a) खुदीराम बोस (b) सुभाष चन्द्र बोस
(c) महात्मा गाँधी (d) भगत सिंह

47. निम्नलिखित में से कौन भारत छोड़ो आन्दोलन में शामिल नहीं था?
(a) महात्मा गाँधी (b) सरदार पटेल
(c) जवाहरलाल नेहरू (d) बी.आर. अम्बेडकर

48. बंगाल विभाजन (1905 ई.) के पीछे ब्रिटिश सरकार का उद्देश्य क्या था?
(a) बंगाल में अकाल के कारण उत्पन्न आर्थिक अव्यवस्था को दूर करना
(b) बंगाल में मुसलमानों के हित की रक्षा करना
(c) बंगाल में बढ़ते हुए राष्ट्रवाद को दबाना
(d) उपरोक्त सभी

49. कांग्रेस-लीग समझौता (लखनऊ समझौता, 1916 ई. का दूरगामी परिणाम क्या हुआ?
(a) भारत का विभाजन तथा पाकिस्तान का निर्माण
(b) दोनों संस्थाओं ने मिलकर स्वतन्त्रता के लिए प्रयास किया
(c) हिन्दू-मुस्लिम एकता को बल मिला
(d) ब्रिटिश सरकार की फूट डालो व राज करो की नीति असफल हुई

50. 1907 ई. में हुए कांग्रेस के उदारवादी व उग्रवादी नेताओं के बीच संघर्ष एवं मतभेद का क्या कारण था?
(a) लोकमान्य तिलक का अपमान
(b) राष्ट्रीय कांग्रेस के अध्यक्ष पद का चुनाव
(c) बंग-भंग विरोधी आन्दोलन की असफलता
(d) बंग-भंग विरोधी आन्दोलन की कार्यवाही पर मतभेद

51. किसने उग्रवादियों के सम्बन्ध में कहा: ''अपनी शिकायतों का निवारण करने तथा रियायत पाने के लिए उन्होंने 20 साल से अधिक समय कमोबेश जो आन्दोलन चलाया उसमें उन्हें रोटियों के बजाय पत्थर मिले''?
(a) लाला लाजपत राय (b) बाल गंगाधर तिलक
(c) अरविन्द घोष
(d) विपिन चन्द्र पाल

52. किस उग्रवादी नेता ने उदारवादियों के सम्बन्ध में कहा था ''यदि हम साल में एक बार मेंढकों की तरह टर्र-टर्र करके चुप होते रहे तो हमें कभी अपने प्रयासों में सफलता नहीं मिलेगी''?
(a) लाला लाजपत राय (b) बाल गंगाधर तिलक
(c) विपिन चन्द्र पाल (d) इनमें से कोई नहीं

53. 1897 ई. में किसकी गिरफ्तारी के बाद राष्ट्रीय कांग्रेस में एक नया मोड़ आया?
(a) बाल गंगाधर तिलक (b) गोपाल कृष्ण गोखले
(b) मदन मोहन मालवीय (d) सुरेन्द्र नाथ बनर्जी

54. 1907 ई. के कांग्रेस के सूरत अधिवेशन की अध्यक्षता किसने की?
(a) डॉ. रास बिहारी घोष (b) सुरेन्द्र नाथ बनर्जी
(c) दादाभाई नौरोजी (d) व्योमेश चन्द्र बनर्जी

55. 'अनुशीलन समिति' थी
(a) नारी उत्थान के प्रति समर्पित
(b) विधवा विवाह को प्रोत्साहित करने वाली
(c) मजदूरों के कल्याण में रुचि रखने वाली
(d) एक क्रान्तिकारी संगठन

56. किसने कहा था: ''कांग्रेस आन्दोलन न तो लोगों द्वारा प्रेरित था, न ही यह उनके द्वारा सोचा या योजनाबद्ध किया गया था''?
(a) लॉर्ड डफरिन
(b) सैयद अहमद
(c) लॉर्ड कर्जन
(d) लाला लाजपत राय

सही उत्तर

1. (c)	2. (b)	3. (a)	4. (b)	5. (b)	6. (c)	7. (d)	8. (a)	9. (b)	10. (c)
11. (d)	12. (b)	13. (c)	14. (b)	15. (c)	16. (a)	17. (c)	18. (c)	19. (d)	20. (c)
21. (c)	22. (b)	23. (a)	24. (a)	25. (a)	26. (b)	27. (c)	28. (c)	29. (c)	30. (c)
31. (c)	32. (a)	33. (a)	34. (c)	35. (c)	36. (c)	37. (d)	38. (c)	39. (d)	40. (b)
41. (c)	42. (c)	43. (c)	44. (c)	45. (a)	46. (d)	47. (d)	48. (c)	49. (a)	50. (b)
51. (a)	52. (b)	53. (a)	54. (a)	55. (d)	56. (d)				

अध्याय 11 राज्य सरकार

व्यवस्थापिका

- भारतीय संविधान में प्रत्येक राज्य के लिए एक विधानमण्डल का उपबन्ध है।
- प्रत्येक राज्य का विधानमण्डल राज्यपाल तथा एक या दो सदनों से मिलकर बनता है।
- राज्य व्यवस्थापिका के प्रथम अथवा निम्न सदन को विधानसभा तथा द्वितीय या उच्च सदन को विधानपरिषद् कहा जाता है।
- राज्य विधानपरिषद् राज्य विधानमण्डल का उच्च सदन विधान परिषद् हैं, जिसमें परोक्ष रूप से निर्वाचित होता है।
- राज्य विधानमण्डल का निम्न सदन विधानसभा है, जिसके सदस्य सार्वभौम वयस्क मताधिकार के आधर पर निर्वाचित होते हैं।
- विधानपरिषद् राज्यसभा की तरह स्थायी सदन है।
- इसके एक-तिहाई सदस्य प्रति दूसरे वर्ष पदयुक्त होते हैं।

राज्य विधानपरिषद् की संरचना

- संविधान के अनुच्छेद 171 के अनुसार राज्य के विधानसभा के कुल सदस्यों की एक-तिहाई से अधिक नहीं होगी, किन्तु किसी भी दशा में विधानपरिषद् के सदस्यों की संख्या 40 से कम नहीं होगी।
- विधानपरिषद् के सदस्यों का निर्वाचन अप्रत्यक्ष रूप से एकल संक्रमणीय मत द्वारा होगा। सदस्यों का निर्वाचन निर्वाचक मण्डल द्वारा होगा।

सदस्य

- भारत का नागरिक हो, कम-से-कम 30 वर्ष की आयु पूर्ण कर चुका हो, संसद द्वारा निश्चित की गई योग्यता धारण करता हो।
- राज्यपाल द्वारा राज्य विधानपरिषद् में कोई व्यक्ति तभी मनोनीत किया जाएगा जब वह उस राज्य का मूल निवासी हो।
- विधानपरिषद् के सदस्य अपने सदस्यों में से सदन कार्य संचालन के लिए सभापति तथा उपसभापति का चुनाव करते हैं।
- विधानपरिषद् की दो बार बैठक आवश्यक है तथा दो बैठकों के मध्य 6 माह से अधिक का अन्तराल नहीं होना चाहिए।
- विधानपरिषद् की गणपूर्ति तभी हो सकती है, जब उसके सदस्यों में से कम-से-कम 10% सदस्य सदन में उपस्थित हों, किन्तु यह संख्या 10 से कम नहीं होनी चाहिए।

विधानसभा

- विधानसभा जनता के प्रतिनिधियों का सदन है।
- संविधान के **अनुच्छेद** 170 के अनुसार राज्य विधानसभा का गठन राज्य के वयस्क मतदाताओं द्वारा चुने गए सदस्यों द्वारा होता है।
- विधानसभा का कार्यकाल 5 वर्ष का होता है, तथा राज्यपाल राज्य विधानसभा को समय से पूर्व भंग कर सकता है।
- आपातकाल में संसद में विधि निर्माण द्वारा विधानमण्डल का कार्यकाल एक वर्ष के लिए बढ़ाया जा सकता है। आपात के समाप्त हो जाने के बाद इसका वृद्धि समय 6 माह तक रह सकता है। सामान अवस्था में 5 वर्ष के बाद विधानसभा स्वत: भंग हो जाती है।
- विधानसभा की कार्यवाही को तभी वैध माना जाएगा, जब गणपूर्ति की संख्या कुल सदस्यों की संख्या के 1/10 के बराबर होगी। इससे कम सदस्यों पर सदन की बैठक नहीं हो सकती। राज्यपाल विधानसभा के अधिवेशनों को आहूत करता है, बैठकों का समय निश्चित करता है।
- संविधान के अनुच्छेद 174 के अनुसार राज्यपाल विधानमण्डल के प्रत्येक सदन को ऐसे समय तक ऐसे स्थान पर जैसा वह उचित समझे, अधिवेशन के लिए आहूत करेगा, किन्तु यह आवश्यक है कि गत सत्र के अन्तिम तथा आगामी सत्र की प्रथम बैठक के लिए नियत तिथि के बीच 6 माह से अधिक का अन्तर नहीं होना चाहिए।
  राज्य विधानसभा में दो पदाधिकारी होते हैं
  (i) अध्यक्ष (ii) उपाध्यक्ष
- इन दोनों पदाधिकारियों का निर्वाचन विधानसभा सदस्यों द्वारा सदन की प्रथम बैठक में किया जाता है।

राज्य विधानमण्डल की शक्तियाँ *एवं* कार्य

विधायी शक्तियाँ

- राज्य विधानमण्डल संविधान की सातवीं अनुसूची में राज्य सूची में वर्णित विषयों पर विधान निर्माण कर सकता है।
- सामान्य विधेयक राज्य व्यवस्थापिका के किसी भी सदन में अर्थात् राज्य विधानपरिषद् अथवा राज्य विधानसभा में प्रस्तुत किया जा सकता है। विधानमण्डल के दोनों सदनों द्वारा पारित होने के बाद विधेयक राज्यपाल की स्वीकृति हेतु भेजा जाता है।
- राज्यपाल के हस्ताक्षर होने के बाद ही कोई विधेयक कानून बन सकता है।

- धन विधेयक को केवल विधानसभा में ही प्रस्तुत किया जा सकता है, विधानपरिषद् में नहीं।
- जब धन विधेयक विधानसभा द्वारा पारित कर दिया जाता है तो उसे विधानपरिषद् को भेजा जाता है।

कार्यपालिका शक्तियाँ

- राज्य की कार्यपालिका राज्य के लोकप्रिय सदन विधानसभा के प्रति उत्तरदायी होती है तथा विधानसभा का विश्वास प्राप्त करने तक अपने पद पर बनी रहती है।
- मन्त्रीपरिषद् के विरुद्ध निंदा प्रस्ताव या स्थगन प्रस्ताव पारित किया जा सकता है।
- विधानमण्डल अविश्वास प्रस्ताव पारित करके मन्त्रिमण्डल को समय से पूर्व भंग कर सकता है।

वित्तीय शक्तियाँ

- राज्य के बजट को विधानमण्डल द्वारा स्वीकृत प्रदान की जाती है। वित्तीय मामलों में विधानसभा की शक्तियाँ विधान परिषद् से अधिक हैं।
- वित्त विधेयक विधानसभा में ही प्रस्तावित किया जा सकता है, साथ ही विधानसभा द्वारा पारित वित्त विधेयक को विधान परिषद् 14 दिन से अधिक नहीं रोके रख सकती।
- वित्तीय आपातकाल में संसद राज्य विधानसभा को वित्त सम्बन्धी निर्देश दे सकती है तथा राज्य के वित्त विधेयक को अपने समक्ष प्रस्तुत करके उसमें संशोधन या परिवर्तन कर सकती है।

संविधान संशोधन की शक्ति

सामान्यत: संविधान संशोधन की प्रक्रिया में कुछ विषयों में राज्यों के विधानमण्डलों की स्वीकृति आवश्यक होती है।

- संविधान के 73वें संविधान संशोधन विधेयक पर देश के आधे विधानमण्डलों की स्वीकृति प्राप्त की गई थी।
- मन्त्रिपरिषद् केवल विधानसभा के प्रति उत्तरदायी होती है।
- विधानपरिषद् संघ की व्यवस्थापिका के द्वितीय सदन राज्यसभा के समान पुनर्निरीक्षण करने वाला निकाय नहीं है।
- संविधान के अनुच्छेद 201 के अनुसार कुछ ऐसे विषय हैं जिन पर राज्य विधानमण्डल कानूनों का निर्माण कर सकता है, परन्तु उन्हें राज्य का राज्यपाल राष्ट्रपति की स्वीकृति कर सकता है, परन्तु उन्हें राज्य का राज्यपाल राष्ट्रपति की स्वीकृति के लिए भेजता है। राष्ट्रपति उसे स्वीकार अथवा अस्वीकार कर सकता है।
- राज्य विधानमण्डल उस विधेयक को उसी रूप में पुन: पारित कर सकता भेज देती है, तो राष्ट्रपति के लिए आवश्यक नहीं है कि वह उस पर अपनी स्वीकृति दे।
- अनुच्छेद 252 के अनुसार दो या दो से अधिक विधानमण्डल संसद से प्रार्थना कर सकते हैं कि वह राज्य सूची में वर्णित विषयों पर कानून बनाए।
- ये कानून उन्हीं राज्यों में लागू होंगे, जिन्होंने उनके निर्माण की प्रार्थना की थी। अन्य राज्यों के विधानमण्डल भी संसद के बनाए कानून को स्वीकार कर सकते हैं।

राज्यपाल

- अनुच्छेद 153 के अनुसार प्रत्येक राज्य का एक राज्यपाल होगा। सातवें संशोधन द्वारा यह व्यवस्था की गई कि एक ही राज्यपाल 2 या अधिक राज्यों का राज्यपाल हो सकता है।
- राज्यपाल की नियुक्ति राष्ट्रपति करता है। सामान्यत: 5 वर्ष के लिए नियुक्त होता है, परन्तु राष्ट्रपति के प्रसादपर्यन्त पद धारण करता है।
- सामान्य परम्परा यह है कि राज्यपाल जिस राज्य में नियुक्त होता है उसका निवासी नहीं होता है।
- राज्य में संवैधानिक प्रमुख एवं केन्द्र के अभिकर्ता की दोहरी भूमिका निभाता है।
- के.वी. राव के अनुसार राज्यपाल की भूमिका पर्दे के पीछे खींची जाने वाली डोरियों पर निर्भर है। उसकी नियुक्ति या पदच्युति में राज्यों की कोई भूमिका नहीं है। उसे पदावधि की सुरक्षा प्राप्त नहीं है। उसे केन्द्रीय सरकार जब चाहे, तब हटा दे। इस प्रकार उसके द्वारा तटस्थ भूमिका निभा सकने की संविधान में कोई दशा नहीं है।
- अनुच्छेद 157 के अनुसार 35 वर्ष की आयु पूरी कर चुका कोई भी भारत का नागरिक राज्यपाल बनने के लिए अर्हित है। उसे लाभ पद अथवा संसद या विधानसभा का सदस्य नहीं होना चाहिए।

शक्तियाँ *एवं* कार्य

एम.पी. शर्मा कहते हैं 'राज्यपाल राज्य शासन में संकटकाल की शक्तियों से रहित राष्ट्रपति है।' उसकी शक्तियाँ इस प्रकार हैं

कार्यपालिका शक्तियाँ

- वह कार्यपालिका का प्रधान होता है। अनुच्छेद 153 के अनुसार राज्य की कार्यपालिका शक्ति राज्यपाल में निहित है।
- वह मुख्यमन्त्री की नियुक्ति करता है तथा उसकी सलाह पर अन्य मन्त्रियों की भी नियुक्ति करता है।
- वह लोक सेवा आयोग के सदस्यों की नियुक्ति करता है। महाधिवक्ता की भी नियुक्ति करता है।
- वह विधानसभा में एक एंग्लो-इण्डियन सदस्य और विधानपरिषद् वाले राज्यों में विधानपरिषद् के 1/6 सदस्यों को मनोनीत करता है।
- मन्त्रिपरिषद् से सूचनाएँ प्राप्त करने का अधिकार है। हाईकोर्ट में जजों की नियुक्ति में उसकी भी राय ली जाती है।

विधायी शक्तियाँ

- वह विधानसभा का अनुच्छेद 168 के अनुसार भाग है।
- वह विधानमण्डल को सम्बोधित करता है। सत्र बुलाता है। सत्रावसान व विघटन कर सकता है। वह अनुच्छेद 175 के तहत सन्देश भी भेज सकता है।
- वह विधानसभा में बजट रखवाला है। धन विधेयक उसकी पूर्व स्वीकृति से ही विधानसभा में पेश किया जाता है।
- बिना उसके हस्ताक्षर के कोई विधेयक कानून नहीं बना पाता है। वह विधेयक को पुनर्विचार के लिए वापस भेज सकता है। फिर से यदि वही विधेयक पास होकर आता है तो उसे अनुमति देनी होगी।

- वह सम्पत्ति के अनिवार्य अर्जन, अन्तर्राज्यीय व्यापार पर करारोपण वाले तथा उच्च न्यायालय की शक्तियों में कमी करने वाले विधेयकों को राष्ट्रपति के पास अनुमोदन के लिए भेजता है।
- अनुच्छेद 213 के तहत विधानमण्डल के सत्र में रहने पर वह आवश्यकता होने पर अध्यादेश जारी कर सकता है।

वित्तीय शक्तियाँ

- धन और वित्त विधेयक उसकी पूर्वानुमति से ही पेश किए जाते हैं।
- वह राज्य की आकस्मिकता निधि से व्यय के लिए अग्रिम धन निकाल सकता है, जिस पर बाद में विधानमण्डल की स्वीकृति लेनी होती है।
- उसे अनुच्छेद 171 के तहत राज्य की विधायी के मामले में दण्डादेश के अविलम्बन परिहार, लघुकरण की शक्ति है।

आपात शक्तियाँ

356 के तहत आपातकाल के दौरान वह राज्य का वास्तविक प्रधान हो जाता है। वह राष्ट्रपति शासन लागू करने का प्रतिवेदन भेजता है। वैसे उसका दायित्व है कि वह प्रति सप्ताह राज्य में शासन के बारे में रिपोर्ट राष्ट्रपति को प्रेषित करे।

राज्यपाल एवं मन्त्रिपरिषद्

- अनुच्छेद 163 के अनुसार राज्यपाल को सलाह देने के लिए एक मन्त्रिपरिषद् होगी, जिसका मुखिया मुख्यमन्त्री होगा। राज्यपाल जिन बातों में संविधान द्वारा उससे अपने विवेक के अनुसार करने की अपेक्षा की गई है उसको छोड़कर वह इस राय के अनुसार कार्य करेगा।
- अनुच्छेद 163(2) के अनुसार क्या इसके विवेकाधीन है और क्या मन्त्रिपरिषद् की सलाह के अधीन है, इस पर उसका विनिश्चय अन्तिम होगा। इस विनिश्चय की विधि मान्यता पर प्रश्न नहीं उठाया जा सकता।
- राज्यपाल अनुच्छेद 164 के अनुसार मुख्यमन्त्री की नियुक्ति करता है और उसकी सलाह पर अन्य मन्त्रियों की भी नियुक्ति करता है। मन्त्री राज्यपाल के प्रसाद पर्यन्त पद धारण करेंगे। बिहार, मध्य प्रदेश और उड़ीसा में अनुसूचित जनजातियों के भार साधक मन्त्री करते हैं।

राज्य विधानमण्डल

- अनुच्छेद 168 के अनुसार राज्य विधानमण्डल एकसदनीय या द्विसदनीय हो सकता है। राज्यपाल इसका एक भाग होता है।
- उत्तर प्रदेश, बिहार, महाराष्ट्र, कर्नाटक, आन्ध्र प्रदेश व तेलंगाना में द्विसदनीय व्यवस्थापिका है।
- अनुच्छेद 169 के अनुसार विधानपरिषद् का किसी राज्य में उत्पादन या सृजन विधानसभा के कुल सदस्य संख्या में बहुमत तथा उपस्थित तथा मत देने वाले सदस्यों के 2/3 बहुमत से पारित संकल्प पर संसद विधि द्वारा कर सकती है।
- विधानपरिषद् अविघटनीय, परन्तु समापनीय सदन या संस्था है।
- अनुच्छेद 170 के अनुसार विधानसभा में अधिकतम 500 और न्यूनतम 60 सदस्य हो सकते हैं, परन्तु तमाम राज्यों में (जैसे सिक्किम में 32 हैं) 60 से कम हैं।
- विधानसभाओं का कार्यकाल 5 वर्ष है, यदि अनुच्छेद 174 के तहत विघटन हो। विधानसभा के सदस्यों की योग्यता लोकसभा के सदस्यों के समान है। यह प्रादेशिक एकसदस्यीय निर्वाचन क्षेत्रों से चुने जाते हैं।
- विधानपरिषदों के बारे में अनुच्छेद 171 में उपबन्ध है कि इनकी न्यूनतम सदस्य संख्या 40 अधिकतम विधानसभा की कुल संख्या 1/3 हो सकती है। उनका चुनाव इस रीति से होता है
  - (i) 1/3 सदस्य स्थानीय स्वशासन की संस्थाओं द्वारा चुने जाते हैं।
  - (ii) 1/3 सदस्य विधानसभा के सदस्यों द्वारा।
  - (iii) 1/12 सदस्य स्नातकों द्वारा चुने जाते हैं।
  - (iv) 1/12 सदस्य माध्यमिक और उससे ऊपर के स्तर के शिक्षकों द्वारा चुने जाते हैं।
  - (v) 1/6 सदस्य ऐसे व्यक्तियों में से राज्यपाल द्वारा मनोनीत किए जाते हैं, जो साहित्य, कला, विज्ञान, समाजसेवा और सहकारिता क्षेत्र में प्रसिद्ध हों।
- विधानपरिषद् के सदस्यों के लिए वही योग्यता निहित है, जो राज्यसभा का सदस्य बनने के लिए है; जैसे—30 वर्ष की आयु, भारत की नागरिकता, लाभ के पद पर न होना आदि।
- इस प्रकार विधानपरिषद् साधारण विधेयक, वित्त विधेयक और कार्यपालिका पर नियन्त्रण रखने के मामले में दुर्बल है।
- विधानपरिषद् के सदस्यों का निर्वाचन आनुपातिक प्रतिनिधित्व की प्रणाली के अनुसार एकल संक्रमणीय मत प्रणाली से होता है।

मुख्यमन्त्री एवं मन्त्रिपरिषद्

- भारतीय संविधान के अनुच्छेद 163 के अन्तर्गत राज्यपाल की सहायता एवं सलाह देने के लिए एक मन्त्रिपरिषद् का प्रावधान किया गया है। स्वविवेकाधीन कृत्यों के अतिरिक्त सभी कार्य राज्यपाल मन्त्रिपरिषद् की सलाह पर ही करता है। राज्य शासन का वास्तविक प्रधान मुख्यमन्त्री होता है और राज्यपाल उसी की सलाह पर राज्य का संचालन करता है, राष्ट्रपति की भाँति राज्यपाल भी राज्य का नाममात्र कार्यपालक होता है।
- राज्यपाल को विधानसभा में बहुमत प्राप्त दल के नेता को मुख्यमन्त्री के रूप में नियुक्त करना होता है। यदि आम चुनाव में किसी भी दल को स्पष्ट बहुमत प्राप्त नहीं होता है, तो राज्यपाल अपनी विवेकी शक्ति का प्रयोग करके किसी ऐसे व्यक्ति को मुख्यमन्त्री नियुक्त करता है, जोकि विधानसभा में कुछ समय पश्चात् अपना बहुमत प्राप्त कर सकता है। ऐसी स्थिति में राज्यपाल उसको एक निर्धारित समय दे देता है, जिसके अन्दर उसको अपना बहुमत सिद्ध करना होता है।
- यदि मुख्यमन्त्री का पद धारण करने वाला व्यक्ति राज्य विधानमण्डल का सदस्य नहीं है तो उसको अपना पद ग्रहण करने की तारीख से 6 मास के भीतर ही विधानमण्डल की सदस्यता ग्रहण करना आवश्यक होता है। अन्य मन्त्रियों की नियुक्ति राज्यपाल मुख्यमन्त्री की सिफारिश पर करता है। वे राज्यपाल के प्रसादपर्यन्त अपना पद धारण करते हैं।
- राज्य मन्त्रिपरिषद् में भी केन्द्र की तरह कैबिनेट मन्त्री, राज्य मन्त्री एवं उपमन्त्री होते हैं। इनकी संख्या अभी तक निर्धारित नहीं थी, परन्तु अभी हाल में संविधान के 97वें संविधान संशोधन के द्वारा विधानमण्डल की कुल सदस्यता का 15% लोगों को ही मन्त्री बनाया जा सकेगा।
- मन्त्रिपरिषद् सामूहिक रूप से विधानसभा और व्यक्तिगत रूप से राज्यपाल के प्रति उत्तरदायी होते हैं।
- यदि कोई व्यक्ति विधानमण्डल का सदस्य नहीं हो तो उसे भी मन्त्री बनाया जा सकता है बशर्ते वह अपना पद ग्रहण करने की तिथि से 6 माह के अन्तर्गत विधानमण्डल की सदस्यता को अर्जित कर ले। संविधान का अनुच्छेद 164 मन्त्रियों के वेतन एवं भत्ते आदि राज्य का विधानमण्डल अपनी विधि द्वारा निर्धारित करता है।

पदावधि

सामान्य रूप से मन्त्रिपरिषद् का गठन पाँच वर्ष या विधानसभा की पूर्ण अवधि के लिए किया जाता है, लेकिन यदि मन्त्रिपरिषद् विधानसभा का विश्वास खो देता है या उसके विरुद्ध विधानसभा में अविश्वास प्रस्ताव पास हो जाता है, तो उसे त्याग पत्र देना पड़ता है।

इसी तरह यदि राज्य में मन्त्रिपरिषद् संवैधानिक प्रावधानों के अनुसार कार्य नहीं कर पाता और राज्यों में संवैधानिक तन्त्र विफल हो जाता है, तो राष्ट्रपति, राज्यपाल के प्रतिवेदन और केन्द्रीय मन्त्रिपरिषद् की सलाह पर राज्य में अनुच्छेद 356 के अन्तर्गत राष्ट्रपति शासन को लागू करके मन्त्रिपरिषद् को बर्खास्त कर सकता है। ऐसी स्थिति में राज्यपाल राज्य का वास्तविक प्रधान हो जाता है और राज्य विधानसभा की शक्ति संसद में निहित हो जाती है। समस्त मन्त्रियों को राज्यपाल शपथ ग्रहण करवाता है। कोई भी मन्त्री राज्यपाल को सम्बोधित अपना त्याग-पत्र दे सकता है।

मुख्यमन्त्री के कार्य

मन्त्रिपरिषद् के सामूहिक उत्तरदायित्व का क्रियान्वयन मुख्यमन्त्री के माध्यम से होता है। वह एक ओर अपने मन्त्रियों एवं विधायकों के बीच कड़ी का काम करता है और दूसरी ओर वह अपने मन्त्रियों और राज्यपाल के बीच कड़ी का काम करता है। संविधान का अनुच्छेद 167 के अन्तर्गत मुख्यमन्त्री का यह कर्त्तव्य है कि वह प्रशासन से सम्बन्धित एवं विधायिका से सम्बन्धित आवश्यक सूचनाएँ राज्यपाल को दे, अथवा विधायिका के सम्बन्ध में माँगी गई हों। मुख्यमन्त्री मन्त्रिपरिषद् की बैठक की अध्यक्षता करता है। यदि मन्त्रिपरिषद् के किसी सदस्य ने किसी विषय पर व्यक्तिगत रूप से निर्णय लिया है, तो राज्यपाल के कहने पर उस विषय को मुख्यमन्त्री मन्त्रिपरिषद् के समक्ष विचारार्थ रखता है।

जिला प्रशासन-जिलाधिकारी

जिलाधिकारी

प्रो. प्लाण्डे का यह कथन कि, जिलाधीश राज्य सरकार की आँख, कान, मुँह और भुजाओं के समान है, जिलाधिकारी के महत्त्व को भली-भाँति बताता है। इस पद पर अखिल भारतीय प्रशासनिक सेवा के लिए चयनित अनुभवी अधिकारी की ही नियुक्ति की जाती है। जिले में शान्ति-व्यवस्था बनाकर उसका समुचित विकास करना जिलाधिकारी का मुख्य कार्य होता है। राज्य सरकार की आय के साधन तो पूरे राज्य में बिखरे पड़े होते हैं।

जिलाधिकारी का मुख्य कार्य होता है कि राज्य-कोष में उसके जिले का अधिकतम योगदान हो। इसके अतिरिक्त यह राज्य सरकार एवं जिले की जनता के बीच एक सेतु का कार्य भी करता है। वह जन-भावनाओं और राज्य सरकार की अपेक्षाओं को इधर से उधर पहुँचाता है। जिलाधिकारी के पास अनेक शक्तियाँ होती है। वह शान्ति-व्यवस्था बनाए रखने के लिए सेना की सहायता तक ले सकता है। अतः कहा जा सकता है कि जिलाधिकारी का पद अत्यन्त महत्त्वपूर्ण है।

जिलाधिकारी के अधिकार *एवं* कार्य (कर्त्तव्य)

- **प्रशासन सम्बन्धी अधिकार** जिले में शान्ति एवं व्यवस्था बनाए रखने का पूर्ण उत्तरदायित्व जिलाधिकारी पर होता है। इसका यह कार्य सबसे महत्त्वपूर्ण होता है, इसलिए पुलिस विभाग उसके नियन्त्रण में रहकर ही कार्य करता है। जिले की सम्पूर्ण सूचना जिलाधिकारी ही राज्य सरकार के पास भेजता है।
  जिले में किसी भी प्रकार का झगड़ा होने या शान्ति भंग होने की आशंका होने पर वह सभाओं व जुलूसों पर प्रतिबन्ध लगा सकता है, सेना की सहायता भी ले सकता है तथा गोली चलाने की आज्ञा भी दे सकता है। इसके अतिरिक्त वह प्राकृतिक प्रकोपों के आने पर या महामारियाँ फैलने पर राज्य सरकार से सहायता प्राप्त करके जनता की सहायता भी करता है।
- **न्याय सम्बन्धी अधिकार** जिलाधिकारी को राजस्व सम्बन्धित तथा किराया नियन्त्रण कानून के अन्तर्गत शहरी सम्पत्ति के विवादों के निपटारे के सम्बद्ध न्यायिक कार्य भी करना होता है। इसी कारण उसे जिलाधीश भी कहा जाता है। अपने अधीनस्थ अधिकारियों के निर्णयों के विरुद्ध अपील सुनने का अधिकार भी जिलाधीश को प्राप्त है।
- **मालगुजारी** (राजस्व) **सम्बन्धी अधिकार** जिलाधिकारी सम्पूर्ण जिले की मालगुजारी वसूल करता है तथा इससे सम्बन्धित बड़े-बड़े झगड़ों का समाधान भी करता है। इस कार्य में इसकी सहायता के लिए इसके अधीन डिप्टी कलेक्टर, तहसीलदार, नायब तहसीलदार, कानूनगो व लेखपाल आदि होते हैं। जिले का सरकारी कोष उसी के अधिकार में रहता है।
- **निरीक्षण सम्बन्धी अधिकार** सम्पूर्ण जिले में शान्ति एवं व्यवस्था का भार जिलाधिकारी पर होता है, इसलिए इसे प्रत्येक विभाग के निरीक्षण करने का अधिकार दिया गया है। जिलाधिकारी जिले के लगभग सभी विभागों का समय-समय पर निरीक्षण करता है और उन पर अपना नियन्त्रण भी रखता है।
- **विकास सम्बन्धी अधिकार** यद्यपि जिले में विकास सम्बन्धी कार्यों की देख-रेख के लिए एक 'मुख्य विकास अधिकारी' की नियुक्ति की जाती है, तथापि जिले के विकास का उत्तरदायित्व जिलाधिकारी पर होता है। जिले के विकास के लिए विभिन्न विकास योजनाएँ बनाना, उनका क्रियान्वयन कराना तथा उन पर नियन्त्रण रखना भी जिलाधिकारी का ही कार्य है।
- **जनता व सरकार के मध्य सम्बन्ध** जिलाधिकारी ही जनता और सरकार के मध्य एक कड़ी के रूप में काम करता है तथा तहसील दिवस आदि के सदृश आयोजनों में वह जनता की समस्याओं को सुनकर उनका समाधान भी करता है।

राज्यों में उच्च न्यायालय

- संविधान के अनुच्छेद 214 में यह सुनिश्चित किया गया है कि प्रत्येक राज्य में एक उच्च न्यायालय होगा।
- अनुच्छेद 231 (1) के अन्तर्गत संसद दो या अधिक राज्यों और एक संघ राज्य क्षेत्र के लिए एक ही उच्च न्यायालय की स्थापना कर सकती है।
- अनुच्छेद 216 के अनुसार प्रत्येक उच्च न्यायालय का एक मुख्य न्यायाधिपति होगा और अन्य ऐसे न्यायाधीश होंगे, जिन्हें समय-समय पर राष्ट्रपति नियुक्त करेगा।
- अनुच्छेद 223 के अनुसार जब उच्च न्यायालय के मुख्य न्यायाधिपति का पद रिक्त हो या किसी अन्य कारण से वह अपने कर्त्तव्यों का पालन करने में असमर्थ हो, तो राष्ट्रपति अन्य न्यायाधीशों में से एक को उन कर्त्तव्यों का पालन करने के लिए नियुक्त करेगा।
- राष्ट्रपति अनुच्छेद 224 के तहत बकाया कार्यों को निपटाने के लिए अतिरिक्त न्यायाधीशों की नियुक्ति कर सकता है।
- अतिरिक्त न्यायाधीशों का कार्यकाल 2 वर्ष का होता है।
- अनुच्छेद 224 (क) के अधीन उच्च न्यायालय का मुख्य न्यायाधीश किसी समय राष्ट्रपति की पूर्व अनुमति से उच्च न्यायालय से सेवा निवृत्त किसी न्यायाधीश को न्यायालय में न्यायाधीश के रूप में उसकी सम्मति से बैठने और कार्य करने की प्रार्थना कर सकता है।

- राष्ट्रपति संविधान के अनुच्छेद 222 के अधीन भारत के मुख्य न्यायाधीश के परामर्श से उच्च न्यायालय के किसी न्यायाधीश का स्थानान्तरण एक न्यायालय से दूसरे न्यायालय में कर सकता है।
- अनुच्छेद 217 में उच्च न्यायालय के न्यायाधीशों की नियुक्ति के लिए अर्हताएँ निश्चित की गई हैं।
    - वह भारत का नागरिक हो।
    - भारत के राज्य क्षेत्र में कम-से-कम 10 वर्ष तक कोई न्यायिक पद धारण कर चुका हो।
    - उच्च न्यायालय में कम-से-कम 12 वर्ष तक अधिवक्ता रह चुक हो।
    - उच्च न्यायालय में न्यायाधीश 62 वर्ष की आयु तक अपने पद पर कार्य कर सकते हैं। (अनुच्छेद 217)
- उच्च न्यायालय के न्यायाधीश को राष्ट्रपति संसद के समादेश द्वारा ही हटा सकता है।
- यह समादेश संसद के प्रत्येक सदन में दो-तिहाई बहुमत से पारित करना आवश्यक है।
- यदि उच्च न्यायालय के न्यायाधीशों की आयु के बारे में कोई प्रश्न उत्पन्न होता है, तो उसे मुख्य न्यायाधिपति के परामर्श से राष्ट्रपति द्वारा विनिश्चित किया जाएगा और उसका निर्णय अन्तिम होगा।

उच्च न्यायालय का क्षेत्राधिकार

- आरम्भिक क्षेत्राधिकार के अन्तर्गत संविधान के लागू होने से पहले कलकत्ता, बम्बई तथा मद्रास के उच्च न्यायालयों को जो आरम्भिक क्षेत्राधिकार प्राप्त थे, वे संविधान के लागू होने के बाद भी मान लिए गए।
- आपराधिक तथा राजस्व दोनों प्रकार के मुकदमे उच्च न्यायालय में आरम्भिक रूप से सुने जा सकते हैं।
- समूद्र पर हुए अपराध, तलाक विवाह कानून, कम्पनी कानून तथा उच्च न्यायालय के अवमानना से सम्बन्धित मुकदमे आरम्भिक क्षेत्राधिकार में सम्मिलित हैं।
- उच्च न्यायालय के प्रारम्भिक क्षेत्राधिकार में मूल अधिकारों से सम्बन्धित विवाद भी होते हैं।
- संविधान के अनुच्छेद 226 के अन्तर्गत उच्च न्यायालय को मौलिक अधिकारों की सुरक्षा के लिए रिटें निकालने का अधिकार प्राप्त है।
- उच्च न्यायालय अनुच्छेद 226 के तहत मौलिक अधिकारों के साथ-साथ वह सामान्य विधिक अधिकारों के उल्लंघन के विवाद में भी रिट निकाल सकता है।
- उच्चतम न्यायालय की रिट निकालने की अधिकारिता उच्च न्यायालय की अपेक्षा अधिक विस्तारवान है।
- उच्च न्यायालय की अपीलीय अधिकारिता सिविल तथा आपराधिक या फौजदारी दोनों मामलों में है।
- उच्च न्यायालय को विमुक्ति के विरुद्ध भी अपील सुनने का अधिकार है। यह अपील पीड़ित पक्ष की ही ओर से की जाती है।
- भूमि अधिग्रहण, संरक्षकता, हिन्दू विवाह प्रणाली आदि से सम्बन्धित निर्णयों के विरुद्ध अपील उच्च न्यायालय में की जा सकती है।
- उच्च न्यायालय को न्यायिक पुनरीक्षण का भी अधिकार है।

अधीनस्थ न्यायालय

- अनुच्छेद 233 के अनुसार किसी राज्य में जिला न्यायाधीश की नियुक्ति, पद स्थापना और पदोन्नति उस राज्य के उच्च न्यायालय के परामर्श से राज्य का राज्यपाल करता है।

जिला स्तर पर तीन प्रकार के न्यायालयों की स्थापना की गई है

(i) व्यावहारिक (दीवानी) न्यायालय (ii) फौजदारी न्यायालय
(iii) राजस्व न्यायालय।

- दीवानी न्यायालय में रुपये-पैसे के लेन-देन, जमीन-जायदाद से सम्बन्धित विवादों का निर्णय किया जाता है।
- जिला न्यायाधीश की नियुक्ति उच्च न्यायालय करता है। जिला न्यायाधीश तथा सत्र न्यायाधीश एक ही व्यक्ति होता है।
- जब जिला न्यायाधीश दीवानी विवादों को सुनता है, तब वह जिला न्यायाधीश होता है तथा जब वह आपराधिक मामलों को सुनता है तब उसे सत्र न्यायाधीश कहते हैं।
- जिला न्यायाधीश के नीचे सिविल (दीवानी न्यायाधीश) होता है। इसकी नियुक्ति मुन्सिफ को पदोन्नति करके की जाती है।
- इस न्यायालय में 5 हजार से ऊपर किसी भी सीमा तक धन से सम्बन्धित विवाद सुने जा सकते हैं।
- व्यावहारिक न्यायाधीश के नीचे मुन्सिफ का न्यायालय होता है। इसकी नियुक्ति राज्यपाल लोक सेवा आयोग को सलाह से करता है।
- न्याय पंचायत को ₹ 500 तक धन सम्बन्धी विवादों को सुनने का अधिकार है।
- आपराधिक न्यायालयों में लड़ाई-झगड़े, हत्या, डकैती, लूटमार तथा धोखाधड़ी से सम्बन्धित विवाद आते हैं।
- प्रत्येक जिले में एक सत्र न्यायाधीश का न्यायालय होता है। सत्र न्यायालयों को मृत्यु दण्ड देने का अधिकार है, परन्तु मृत्यु दण्ड पर उच्च न्यायालय का अनुमोदन आवश्यक है।
- कार्य की अधिकता होने पर अतिरिक्त सत्र न्यायाधीश सत्र, न्यायाधीश की सहायता के लिए होते हैं। इनके अधिकार सत्र न्यायाधीश के ही बराबर होते हैं।
- आपराधिक न्यायालय में सहायक सत्र न्यायाधीश भी होते हैं, इनको 10 साल तक कारावास का दण्ड देने का अधिकार है।
- मुन्सिफ को भी आपराधिक विवाद सुनने का अधिकार है, जिस समय वह आपराधिक विवाद सुनता है, उस समय उसे मुन्सिफ मजिस्ट्रेट कहते हैं।
- जिला अधिकारी जिले के राजस्व के न्यायालयों में सबसे बड़ा न्यायाधीश होता है। इसके निर्णयों की अपीलें आयुक्त के न्यायालय में की जाती हैं।
- जिलाधिकारी के नीचे ए.डी.एम के नीचे नायब तहसीलदार राजस्व सम्बन्धी विवादों की सुनवाई करते हैं।

केन्द्र-राज्य सम्बन्ध

- केन्द्र-राज्य सम्बन्धों में सुधार के उद्देश्य से वर्ष 1983 में केन्द्र सरकार द्वारा न्यायाधीश रणजीत सिंह सरकारिया की अध्यक्षता आयोग ने वर्ष 1988 में अपनी रिपोर्ट प्रस्तुत की। इस आयोग द्वारा केन्द्र-राज्य सम्बन्धों में सुधार हेतु की गई प्रमुख संस्तुतियाँ थीं।

1. अनुच्छेद 263 के अन्तर्गत एक स्थायी अन्तर्राज्यीय परिषद् का गठन किया जाना चाहिए। इसमें राज्यों के मुख्यमन्त्रियों को भी शामिल किया जाना चाहिए।

संघ के राजस्व के स्रोत संघ के राजस्व स्रोतों का उल्लेख संघ सूची में किया गया है। संघ की आय के प्रमुख स्रोत हैं—निगम कर, सीमा शुल्क, निर्यात शुल्क, उत्पादन शुल्क, कृषि आय के अलावा आय पर कर आदि।

राज्यों के राजस्व के स्रोत कृषि भूमि पर कर, भूमि एवं भवनों पर कर, वाहनों पर कर, पशुओं तथा नौकाओं पर कर, बिक्री कर, बिजली के उपयोग तथा विक्रय पर कर आदि।

2. केन्द्र एवं राज्यों के मध्य वित्तीय सम्बन्ध करों की वसूली एवं उसके बँटवारे द्वारा भी निर्धारित किया जाता है, जो निम्न प्रकार है
   (i) कुछ कर संघ द्वारा अधिरोपित एवं संग्रहित किए जाते हैं, परन्तु उन्हें राज्यों को सौंप दिया जाता है; जैसे—उत्तराधिकार कर, कृषि भूमि के अलावा अन्य सम्पत्ति पर कर, समाचार-पत्रों पर कर आदि।
   (ii) कुछ कर संघ द्वारा अधिरोपित किए जाते हैं, परन्तु उनका संग्रहण एवं उपयोग राज्यों द्वारा किया जाता है। **उदाहरणस्वरूप** दवाइयों एवं मादक द्रव्य पर कर, बिल, विनिमयों, प्रोमिसरी नोटों, हुण्डियों, चेकों आदि पर मुद्रांक शुल्क आदि।
   (iii) कुछ कर संघ द्वारा अधिरोपित एवं संग्रहित किए जाते हैं, परन्तु उनका विभाजन केन्द्र एवं राज्यों के बीच कर दिया जाता है। इन करों में प्रमुख है— आय कर, दवा तथा शृंगार सम्बन्धी वस्तुओं के अतिरिक्त अन्य वस्तुओं पर लगाया गया उत्पादन शुल्क आदि।
3. संघ की सम्पत्ति पर राज्यों द्वारा कर तब तक नहीं लगाया जा सकता, जब तक संसद द्वारा विधि के द्वारा ऐसा कोई प्रावधान न कर दिया जाए। रेलवे अथवा भारत सरकार द्वारा प्रयोग की जाने वाली बिजली पर संसद की अनुमति के बिना राज्यों द्वारा कोई कर नहीं लगाया जा सकता।
4. केन्द्र सरकार द्वारा राज्यों को विकास योजनाओं को लागू करने, बाढ़, भूकम्प एवं सूखाग्रस्त स्थिति से निपटने हेतु तथा बजट घाटे को दूर करने के उद्देश्य से अनुदान दिया जाता है।

क्षेत्रीय परिषद्

- भारतीय संविधान में क्षेत्रीय परिषदों का उल्लेख नहीं किया गया है। इसकी स्थापना राज्य पुनर्गठन अधिनियम, *1956* के तहत की गई।
- राज्य पुनर्गठन अधिनियम, 1956 के द्वारा भारत के सम्पूर्ण राज्य क्षेत्र को पाँच क्षेत्रों में बाँटा गया है तथा प्रत्येक क्षेत्र के सामान्य हितों के सम्बन्ध में सलाह देने हेतु क्षेत्रीय परिषदें बनाई गई हैं। ये परिषदें हैं

क्र.सं.	परिषद्	मुख्यालय	सम्मिलित राज्य क्षेत्र
1.	उत्तरी क्षेत्रीय परिषद्	नई दिल्ली	पंजाब, हरियाणा, हिमाचल प्रदेश, राजस्थान, दिल्ली, चण्डीगढ़ तथा जम्मू-कश्मीर
2.	दक्षिणी क्षेत्रीय परिषद्	चेन्नई	केरल, तमिलनाडु, कर्नाटक, आन्ध्र प्रदेश तथा पुदुचेरी
3.	पूर्वी क्षेत्रीय परिषद्	कोलकाता	बिहार, ओडिशा, पश्चिम बंग तथा झारखण्ड
4.	पश्चिमी क्षेत्रीय परिषद्	मुम्बई	महाराष्ट्र, गोवा, गुजरात, दमन और दीव तथा दादर एवं नागर हवेली
5.	मध्यवर्ती क्षेत्रीय परिषद्	इलाहाबाद	उत्तर प्रदेश, मध्य प्रदेश, उत्तराखण्ड तथा छत्तीसगढ़
6.	उत्तर-पूर्व क्षेत्रीय परिषद्	शिलाँग	असोम, मणिपुर, मिजोरम, त्रिपुरा, नागालैण्ड, अरुणाचल प्रदेश, सिक्कम

वस्तुनिष्ठ प्रश्न

1. किसी भारतीय राज्य के राज्यपाल से सम्बन्धित निम्नलिखित कथनों में कौन-सा कथन सत्य नहीं है?
(a) वह भारत के राष्ट्रपति द्वारा नियुक्त हो सकता है
(b) वह एक से अधिक राज्यों का राज्यपाल हो सकता है
(c) वह पाँच वर्षों तक पद पर रहता है
(d) यदि सम्बन्धित राज्य की व्यवस्थापिका उसे पद से हटाए जाने का प्रस्ताव स्वीकार करती है तो वह पदावधि के पूर्व भी पद-मुक्त किया जा सकता है

2. भारत में किसी राज्य की राज्यपाल बनने वाली पहली महिला कौन हैं?
(a) राजकुमारी अमृत कौर (b) पद्मजा नायडू
(c) सरोजिनी नायडू (d) सरला ग्रेवाल

3. राज्यपाल किसके प्रति उत्तरदायी होता है?
(a) प्रधानमन्त्री के (b) राष्ट्रपति के
(c) विधानसभा के (d) मुख्यमन्त्री के

4. किस राज्य के राज्यपाल को अनुसूचित जनजातियों के सन्दर्भ में विशेष शक्तियाँ प्रदान की गई हैं?
(a) अरुणाचल प्रदेश
(b) असम
(c) महाराष्ट्र
(d) पश्चिम बंगाल

5. राज्यपाल का वेतन किस कोष से आता है?
(a) भारत की संचित निधि से
(b) राज्य की संचित निधि से
(c) राज्य की आकस्मिक निधि से
(d) राज्य और केन्द्र की संचित निधि से 50 : 50 के अनुपात में

6. राज्यपाल को शपथ कौन दिलाता है?
(a) राष्ट्रपति
(b) भारत के मुख्य न्यायाधीश
(c) सम्बन्धित उच्च न्यायालय के मुख्य न्यायाधीश
(d) मुख्यमन्त्री

7. राज्य में मनी बिल प्रस्तुत किया जा सकता है
(a) दोनों में से किसी भी सदन में
(b) दोनों सदनों में परस्पर एक साथ
(c) केवल विधानसभा में
(d) केवल उच्च सदन में

8. राज्य सरकार को कानूनी मामलों में सलाह देने के लिए अधिकृत है
(a) मुख्य न्यायाधीश
(b) महान्यायवादी
(c) महाधिवक्ता
(d) उच्च न्यायालय के न्यायाधीशों की खण्डपीठ

9. भारतीय संविधान में कश्मीर को विशेष राज्य का दर्जा देने का अभिप्राय है
(a) संसद को कानून बनाने का अधिकार नहीं है
(b) कश्मीर का अलग संविधान है
(c) केवल राष्ट्रपति अधिनियम बना सकता है
(d) केवल विधानसभा को कानून बनाने का अधिकार है

10. राष्ट्रपति के निर्वाचन में राज्य का मुख्यमन्त्री मतदान करने के लिए पात्र नहीं होता, यदि
(a) वह स्वयं प्रत्याशी होता है
(b) उसे राज्य विधानमण्डल के निचले सदन में अपना बहुमत सिद्ध करना शेष हो
(c) वह राज्य विधानमण्डल में उच्च सदन का सदस्य हो
(d) यदि वह कार्यवाहक रूप में नियुक्त मुख्यमन्त्री हो

11. राज्य की विधानपरिषद् के कितने सदस्य विधानसभा द्वारा चुने जाते हैं?
(a) 1/6 सदस्य
(b) 1/3 सदस्य
(c) 1/12 सदस्य
(d) 5/6 सदस्य

12. विधानसभा में किसी दल के निर्वाचित सदस्यों के दल-बदल पर निम्नलिखित में से किसने प्रतिबन्ध लगाया है?
(a) संविधान का 52वाँ संशोधन
(b) जनता के प्रतिनिधित्व का कानून
(c) संविधान का 42वाँ संशोधन
(d) संविधान का 44वाँ संशोधन

13. भारत के किस राज्य में सर्वप्रथम महिला मुख्यमन्त्री हुई थी?
(a) उत्तर प्रदेश (b) बिहार
(c) तमिलनाडु (d) दिल्ली

14. निम्न राज्यों को उनके निर्माण के आधार पर सही क्रम में विन्यस्त करें
1. गुजरात 2. मेघालय
3. चेन्नई 4. त्रिपुरा
कूट
(a) 1, 3, 2, 4 (b) 3, 1, 2, 4
(c) 3, 2, 1, 4 (d) 1, 3, 4, 2

15. बिहार की व्यवस्थापिका में सम्मिलित हैं
1. राज्यपाल 2. विधानसभा
3. विधानपरिषद्
4. बिहार का महाधिवक्ता
कूट
(a) 1, 2 और 3
(b) 2 और 3
(c) 1 और 2
(d) 1, 2, 3 और 4

16. यदि किसी राज्य के राज्यपाल को निकटवर्ती केन्द्रशासित प्रदेश का प्रशासक नियुक्त किया जाता है, इस स्थिति में वह
(a) राज्य की मन्त्रिपरिषद् के परामर्श से कार्य करेगा
(b) राज्य की मन्त्रिपरिषद् से स्वतन्त्र रहकर कार्य करेगा
(c) संसद के निर्देशों के अनुसार कार्य करेगा
(d) राज्य विधानमण्डल के निर्देशों के अनुसार कार्य करेगा

17. राज्य विधानपरिषद् का कितना अंश राज्यपाल साहित्य, कला, विज्ञान, सहकारी आन्दोलन व सामाजिक सेवा से जुड़े व्यक्तियों के नाम निर्दिष्ट करता है?
(a) कुल संख्या का 1/2 भाग
(b) कुल संख्या का 1/6 भाग
(c) कुल संख्या का 1/12 भाग
(d) कुल संख्या का 1/3 भाग

18. सामान्यतः राष्ट्रपति, राज्यपाल की नियुक्ति करने से पूर्व मुख्यमन्त्री से सलाह करता है। यह
(a) संवैधानिक आदेश है
(b) परम्परा का मामला है
(c) संसद द्वारा बनाया विधान है
(d) राष्ट्रपति का कर्त्तव्य है

19. राज्यपाल निम्न में से किसकी नियुक्ति नहीं कर सकता
(a) उच्च न्यायालय के न्यायाधीश
(b) मुख्यमन्त्री
(c) राज्य लोक सेवा आयोग का अध्यक्ष
(d) राज्य का महान्यायवादी

20. निम्नलिखित में से कौन-सी शक्ति राष्ट्रपति को प्राप्त है, परन्तु राज्यपाल को नहीं?
1. राजयनिक शक्तियाँ
2. मृत्यु दण्ड से क्षमादान की शक्ति
3. राज्य सरकारों के ऊपर वीटो शक्ति
4. सैन्य शक्तियाँ
कूट
(a) 1 और 4 (b) 2 और 3
(c) 1, 2 और 3 (d) 1, 2 और 4

21. निम्नलिखित में से कौन-सी राज्यपाल की विवेकाधीन शक्तियाँ हैं?
1. यदि किसी एक दल को स्पष्ट बहुमत प्राप्त नहीं है, उस स्थिति में मुख्यमन्त्री चुनना
2. किसी भी समय मन्त्रिमण्डल को भंग करना
3. राष्ट्रपति के विचारार्थ किसी विधेयक को सुरक्षित रखना
कूट
(a) 1 और 2 (b) 1 और 2
(c) केवल 3 (d) 1, 2 और 3

22. राज्यपाल की दोहरी भूमिका से आप क्या समझते हैं?
(a) वास्तविक एवं संवैधानिक व्यस्थापक
(b) राज्य का प्रमुख और विशेष परिस्थितियों में राज्य सरकार का भी प्रमुख
(c) राज्य व केन्द्रीय व्यवस्थापिका दोनों से सम्बन्धित
(d) संवैधानिक शासक और केन्द्र का एजेन्ट

23. राज्यपाल के त्यागपत्र देने या मृत्यु हो जाने की स्थिति में राज्यपाल का कार्यभार कौन सम्भालता है?
(a) भारत का मुख्य न्यायाधीश
(b) राष्ट्रपति तुरन्त एक कार्यवाहक राज्यपाल की नियुक्ति करता है
(c) सर्वोच्च न्यायालय का मुख्य न्यायाधीश
(d) उच्च न्यायालय का मुख्य न्यायाधीश

24. राज्यपाल द्वारा जारी अध्यादेश का किसके द्वारा अनुमोदन होना चाहिए?
(a) संसद
(b) राज्य विधानमण्डल
(c) राष्ट्रपति
(d) उपरोक्त में से किसी के भी द्वारा नहीं

25. जम्मू व कश्मीर राज्य का संविधान बनाया है
(a) उन्ही संविधान सभा ने, जिसने भारत का संविधान बनाया
(b) संसद द्वारा स्थापित संविधान सभा ने
(c) राज्य द्वारा स्थापित संविधान सभा ने
(d) राज्य विधानमण्डल ने

26. राज्य का मुख्यमन्त्री
1. राज्य विधानसभा द्वारा चुना जाता है।
2. मन्त्रिपरिषद् के सदस्यों द्वारा नियुक्त किया जाता है।
3. मन्त्रिपरिषद् की शक्ति को निर्धारित करता है।
4. मन्त्रिपरिषद् का वेतन निर्धारित करता है।
कूट
(a) 2, 3 और 4 (b) 1, 3 और 4
(c) केवल 3 (d) 1 और 2

27. राज्यों में मन्त्रियों को निम्न में से किसके द्वारा निर्धारित वेतन प्राप्त होते हैं?
(a) संविधान (b) संसद
(c) राज्य विधानमण्डल (d) राज्यपाल

28. विधानपरिषद् का सभापति
(a) राज्यपाल द्वारा नियुक्त किया जाता है
(b) राज्यपाल (पदेन) होता है
(c) विधानपरिषद् के सदस्यों द्वारा अपने बीच से निर्वाचित होता है
(d) विधानसभा अध्यक्ष द्वारा नियुक्त किया जाता है

29. राज्य में मन्त्रिपरिषद् उत्तरदायी होती है
(a) राज्य विधानमण्डल के सदनों के प्रति
(b) संसद के प्रति
(c) राज्यपाल के प्रति
(d) विधानसभा के प्रति

30. भारतीय संविधान में किया गया संशोधन, जम्मू-कश्मीर पर विस्तारित होता है
(a) स्वतः ही
(b) केवल राज्य विधानमण्डल की स्वीकृति के पश्चात्
(c) राष्ट्रपति के अनुच्छेद 370 के अन्तर्गत आदेश द्वारा
(d) किसी भी परिस्थिति में नहीं

31. निम्नलिखित राज्यों में से किस राज्य में विधानपरिषद् नहीं है?
(a) उत्तर प्रदेश (b) बिहार
(c) महाराष्ट्र (d) पश्चिम बंगाल

32. भारत में द्विसदन वाले कुल कितने राज्य हैं?
(a) 4 (b) 5 (c) 6 (d) 7

33. "जिलाधीश, राज्य सरकार की आँख, कान, मुँह व भुजाओं के समान है" यह कथन है
(a) प्रो. प्लाण्डे का
(b) जॉन लॉक का
(c) जे.एस. मिल का
(d) बेन्थम का

34. सम्पूर्ण जिले की मालगुजारी वसूल करता है
(a) थानाध्यक्ष
(b) जिलाधिकारी
(c) आयुक्त
(d) राज्यपाल

35. जिले की सम्पूर्ण सूचना जिलाधिकारी भेजता है
(a) राज्य सरकार को (b) केन्द्र सरकार को
(c) वित्त मन्त्री को (d) इनमें से कोई नहीं

36. अपने समुदाय के प्रति आस्था रखना व दूसरे समुदाय के प्रति घृणा की भावना है
(a) साम्प्रदायिकता (b) जातिवाद
(c) क्षेत्रवाद (d) इनमें में से कोई नहीं

37. अस्पृश्यता की समस्या को जन्म दिया है
(a) जातिवाद ने
(b) क्षेत्रवाद ने
(c) नक्सलवाद ने
(d) साम्प्रदायिकता ने

38. वर्तमान में उत्तर भारतीयों व महाराष्ट्र वासियों के मध्य संघर्ष का कारण है
(a) जातिवाद (b) क्षेत्रवाद
(c) नक्सलवाद (d) साम्प्रदायिकता

39. तीन नए राज्यों का उदय (छत्तीसगढ़, उत्तराखण्ड व झारखण्ड) किस समस्या के कारण हुआ?
(a) नक्सलवाद (b) साम्प्रदायिकता
(c) क्षेत्रवाद (d) जातिवाद

40. किसी भी दशा में विधानपरिषद् के सदस्यों की संख्या किस संख्या से कम नहीं होगी?
(a) 60 (b) 50 (c) 40 (d) 20

सही उत्तर

1. (d)	2. (c)	3. (b)	4. (a)	5. (b)	6. (c)	7. (c)	8. (c)	9. (b)	10. (c)
11. (b)	12. (a)	13. (a)	14. (b)	15. (a)	16. (b)	17. (b)	18. (b)	19. (a)	20. (d)
21. (a)	22. (d)	23. (d)	24. (b)	25. (c)	26. (c)	27. (c)	28. (c)	29. (d)	30. (c)
31. (d)	32. (c)	33. (a)	34. (b)	35. (a)	36. (a)	37. (a)	38. (b)	39. (c)	40. (c)

अध्याय 12

लोकतान्त्रिक विकेन्द्रीकरण एवं पंचायती राज

प्रारम्भ में भारतीय संविधान के अन्तर्गत शासन की केवल दो स्तरों की ही व्यवस्था की गई थी—(i) केन्द्रीय स्तर पर तथा (ii) राज्य स्तर पर। संविधान में निहित **'राज्य के नीति-निदेशक तत्त्व'** के अनुच्छेद 40 में उल्लेख किया गया कि राज्य द्वारा ग्राम पंचायतों के संगठन हेतु उचित कदम उठाया जाएगा एवं उन्हें ऐसी शक्तियाँ तथा प्राधिकार प्रदान किए जाएँगे जो उन्हें स्वायत्त शासन की इकाइयों के रूप में कार्य करने योग्य बनाने हेतु आवश्यक हों। इसके अन्तर्गत स्थानीय स्वशासी संस्थाओं के संगठन, शक्तियों तथा कार्यों से सम्बन्धित कोई प्रावधान नहीं किया गया था। 1992 में 73वें तथा 74वें संविधान संशोधन अधिनियम के द्वारा क्रमश: ग्रामों एवं नगरों में स्थानीय स्वशासी संस्थाओं के सम्बन्ध में संविधान में प्रावधान किए गए, तथा इन संस्थाओं को संवैधानिक दर्जा प्रदान किया गया, और शासन के एक तीसरे स्तर, स्थानीय स्वशासन, की व्यवस्था की गई। इससे लोकतान्त्रिक शासन का विकेन्द्रीकरण सम्भव हुआ।

भारत में पंचायती राज का विकास

ब्रिटिश शासनकाल में पंचायती राज का विकास

- 19वीं शताब्दी में बम्बई और मद्रास प्रेसीडेन्सियों में पंचायतों को संगठित करने हेतु प्रयास किए गए, परन्तु तत्कालीन जिलाधिकारियों द्वारा उन्हें प्रोत्साहन नहीं मिला।
- सर्वप्रथम लॉर्ड रिपन के शासनकाल में स्थानीय स्वशासी संस्थाओं को नई चेतना प्राप्त हुई, परन्तु बाद में उनके उत्तराधिकारियों ने इस सम्बन्ध में कोई रुचि नहीं दिखाई।
- सन् 1919 में द्वैध शासन व्यवस्था लागू होने तथा स्थानीय स्वशासन को हस्तान्तरित विषय बना दिए जाने के बाद अनेक भारतीय प्रान्तों में ग्राम पंचायत अधिनियम पारित किए गए तथा ग्राम पंचायतों की स्थापना एवं उनके कार्यों का एक नया युग आरम्भ हुआ।
- सन् 1935 में भारत शासन अधिनियम के द्वारा प्रान्तों को पूर्ण स्वायत्तता प्राप्त होने के बाद ग्राम पंचायतों को पुन: एक नई चेतना प्राप्त हुई।
- सन् 1946 में प्रान्तीय विधानसभाओं के निर्वाचन एवं प्रान्तीय सरकारों के गठन के बाद ग्राम पंचायतों का एक नया युग आरम्भ हुआ।

आजादी के बाद पंचायती राज का विकास

- सन् 1947 में स्वतन्त्रता प्राप्ति के बाद कई प्रान्तों में नए ग्राम पंचायत अधिनियम पारित किए गए, तथा ग्राम पंचायतों को स्वशासन की एक इकाई के रूप में विकसित करने के प्रयास किए गए।
- राज्यों के स्थानीय स्वशासन विभाग के मन्त्रियों के सम्मेलन द्वारा 1947 का संयुक्त प्रान्तीय ग्राम पंचायत अधिनियम एक आदर्श अधिनियम माना गया तथा अन्य राज्यों से उसी के अनुरूप पुन: अधिनियम बनाने हेतु अनुरोध किया गया।
- बलवन्त राय मेहता समिति. ग्रामों में सामाजिक एवं आर्थिक विकास हेतु सन् 1952 में **'सामुदायिक विकास योजना'** तथा सन् 1953 में 'राष्ट्रीय विस्तार सेवा योजना' सम्पूर्ण देश में प्रारम्भ की गई, परन्तु आशातीत सफलता प्राप्त नहीं होने के परिणामस्वरूप 1957 में इन योजनाओं के कार्यों की जाँच-पड़ताल करने के उद्देश्य से बलवन्त राय मेहता की अध्यक्षता में एक समिति गठित की गई। समिति द्वारा 24 नवम्बर, 1957 को 'राष्ट्रीय विकास परिषद्' को रिपोर्ट सौंपी गई। इस समिति की प्रमुख संस्तुतियाँ थीं
  - (i) एक त्रि-स्तरीय पंचायती राजव्यवस्था की स्थापना की जाए, जिसमें जिला स्तर पर जिला परिषद्, खण्ड स्तर पर पंचायत समिति तथा ग्राम स्तर पर ग्राम पंचायत की स्थापना की जाए।
  - (ii) पंचायती राज संस्थाओं को वास्तविक रूप में सत्ता का हस्तान्तरण किया जाना चाहिए।
  - (iii) इन संस्थानों को अपने दायित्वों के निर्वहन हेतु उचित वित्तीय साधन उपलब्ध कराने चाहिए।
  - (iv) विकास सम्बन्धी सभी कार्यक्रमों एवं योजनाओं का क्रियान्वयन पंचायती राज स्तर से किया जाना चाहिए।
  - (v) इस व्यवस्था को इस रूप में लागू किया जाना चाहिए ताकि भविष्य में उत्तरदायित्वों एवं सत्ता का विकेन्द्रीकरण किया जा सके।
- इस समिति की संस्तुतियों के अनुसरण में अधिकांश राज्यों द्वारा पंचायती राज की त्रि-स्तरीय प्रणाली स्थापित की गई, परन्तु कुछ राज्यों में द्वि-स्तरीय संस्थाएँ स्थापित की गईं।
- अशोक मेहता समिति. पंचायती राज कार्यप्रणाली का अध्ययन करने एवं प्रचलित ढाँचे में आवश्यक परिवर्तन हेतु सुझाव देने के उद्देश्य से दिसम्बर, 1977 में जनता सरकार द्वारा अशोक मेहता की अध्यक्षता में एक समिति गठित की गई।
- समिति द्वारा 1978 में रिपोर्ट सौंपी गई। इस समिति की प्रमुख संस्तुतियाँ थीं
  - (i) द्वि-स्तरीय पंचायती राज की व्यवस्था की जाए, जिसमें जिला स्तर पर जिला परिषद् तथा इसके नीचे 15,000 से 20,000 तक की जनसंख्या वाले ग्राम-समूह के लिए मण्डल पंचायत की स्थापना की जाए।

(ii) 'न्याय पंचायत' नामक एक अलग संस्था की स्थापना की जाए जिसकी अध्यक्षता एक योग्य न्यायाधीश द्वारा की जाए।
(iii) पंचायती राज संस्थाओं के निर्वाचन में राजनीतिक दलों की खुली सहभागिता हो, अर्थात् राजनीतिक दलों को खुले तौर पर अपने चुनाव-चिह्नों के आधार पर भाग लेने की स्वीकृति दी जाए।
(iv) इन संस्थाओं के निर्वाचन की व्यवस्था राज्य के मुख्य निर्वाचन अधिकारी, मुख्य निर्वाचन आयुक्त की सलाह से की जाए।
(v) जिला परिषद् को मजबूती प्रदान की जाए तथा जिला स्तर पर योजना हेतु जिला परिषद् को उत्तरदायी बनाया जाए।
(vi) इन संस्थाओं की राज्य निधि पर निर्भरता में कमी की जाए तथा इन्हें करारोपण के अधिकार प्रदान किए जाएँ एवं विकास कार्य जिला परिषद् को हस्तान्तरित किए जाएँ।

- हनुमन्त राव कार्यकारी समूह सन् 1984 में सी.एच. हनुमन्त राव की अध्यक्षता में जिला योजना के सम्बन्ध में एक कार्यकारी समूह की स्थापना की गई।
- इस समूह द्वारा किसी मन्त्री अथवा कलेक्टर के अन्तर्गत अलग से एक जिला योजना संस्था बनाने हेतु संस्तुति की गई। इस कार्यकारी समूह की सिफारिशों के अनुसार विकेन्द्रित योजना में कलेक्टर की महत्त्वपूर्ण भूमिका होनी चाहिए, तथा इस प्रक्रिया में पंचायती राज संस्था का भी सहयोग लिया जाना चाहिए।
- 73वाँ संविधान संशोधन सन् 1992 में 73वाँ संविधान संशोधन अधिनियम पारित किया गया, जिसमें पंचायती राज संस्थाओं की स्थापना, अधिकारों तथा कार्यों के सम्बन्ध में वैधानिक प्रावधान किए गए। इस अधिनियम द्वारा संविधान में भाग 9 'क' तथा एक नई अनुसूची-11वीं अनुसूची जोड़ी गई। इस भाग में अनुच्छेद 243 एवं अनुच्छेद 243 'क' से 243 'ण' तक के अनुच्छेद शामिल हैं। यद्यपि अनुच्छेद 243 छ में पंचायतों की स्वशासी संस्थाओं के रूप में कल्पना की गई है, परन्तु शक्तियों एवं कार्य सौंपने का कार्य राज्य विधामण्डल की इच्छा के आधीन रखा गया है। इस अधिनियम के प्रमुख प्रावधानों को दो वर्गों में वर्गीकृत किया जा सकता है
  (i) अनिवार्य कार्यों से सम्बन्धित प्रावधान, तथा
  (ii) ऐच्छिक कार्यों से सम्बन्धित प्रावधान।

अनिवार्य कार्यों से सम्बन्धित प्रावधान

(i) जिला, खण्ड तथा ग्राम स्तर पर त्रि-स्तरीय पंचायती राज संस्थाओं का गठन किया जाए।
(ii) सभी स्तरों पर सभी पदों का निर्वाचन प्रत्यक्ष प्रणाली द्वारा किया जाए।
(iii) पंचायती राज संस्थाओं के निर्वाचन में निर्वाचित होने हेतु न्यूनतम आयु 21 वर्ष रखी जाए।
(iv) जिला एवं खण्ड स्तरों पर सभापति के निर्वाचन परोक्ष रूप से किए जाएँ।
(v) पंचायतों में अनुसूचित जाति एवं अनुसूचित जनजातियों के लिए उनकी जनसंख्या के अनुपात में स्थान आरक्षित रखे जाएँ।
(vi) पंचायतों में महिलाओं के लिए एक-तिहाई स्थान आरक्षित रखे जाएँ।
(vii) पंचायती राज संस्थाओं के निर्वाचन के संचालन हेतु प्रत्येक राज्य में एक राज्य निर्वाचन आयोग का गठन किया जाना चाहिए।
(viii) पंचायती राज संस्थाओं का कार्यकाल पाँच वर्ष का होना चाहिए।
(ix) प्रत्येक राज्य में हर पाँच वर्षों की समाप्ति के बाद एक राज्य वित्त आयोग की स्थापना की जानी चाहिए।

ऐच्छिक कार्यों से सम्बन्धित प्रावधान

(i) इन संस्थाओं में संसद एवं राज्य विधानमण्डलों के सदस्यों को मताधिकार प्रदान करना,
(ii) पिछड़े वर्गों के लिए आरक्षण की व्यवस्था करना,
(iii) पंचायती राज संस्थाओं को कर शुल्क, पथ-कर एवं फीस आदि लगाने से सम्बन्धित वित्तीय अधिकार देने, तथा
(iv) पंचायतों को स्वशासी संस्थाएँ बनाने हेतु प्रयत्न करना।

ग्राम पंचायतों की संरचना एवं गठन संविधान के अनुच्छेद 243 'ख' में त्रि-स्तरीय पंचायती राज का प्रावधान किया गया है
(i) ग्राम पंचायत-ग्राम स्तर पर
(ii) पंचायत समिति-खण्ड स्तर पर
(iii) जिला परिषद्-जिला स्तर पर

परन्तु जिस राज्य की जनसंख्या 20 लाख से अधिक न हो वहाँ खण्ड स्तर पर पंचायतों का गठन आवश्यक नहीं है। राज्य विधानमण्डलों को विधि द्वारा पंचायतों की संरचना हेतु उपबन्ध करने की शक्ति प्रदान की गई है।

परन्तु किसी भी स्तर पर पंचायत के प्रादेशिक क्षेत्र की जनसंख्या एवं ऐसी पंचायत में निर्वाचन द्वारा भरे जाने वाले स्थानों की संख्या के बीच अनुपात समस्त राज्य में यथासम्भव समान होगा।

पंचायत में सभी स्थान क्षेत्रीय निर्वाचन क्षेत्रों से प्रत्यक्ष निर्वाचन द्वारा भरे जाने चाहिए। खण्ड एवं जिला स्तर की पंचायतों में ग्राम पंचायतों के अध्यक्षों के प्रतिनिधित्व की व्यवस्था की गई है। उस क्षेत्र का प्रतिनिधित्व करने वाले राज्यसभा, लोकसभा तथा विधानसभा के सदस्य भी खण्ड पंचायत तथा जिला पंचायत के सदस्य होते हैं।

पंचायतों में आरक्षण व्यवस्था

प्रत्येक पंचायत में अनुसूचित जातियों एवं अनुसूचित जनजातियों के लिए जनसंख्या के अनुपात में स्थान आरक्षित रखे जाने चाहिए। इन आरक्षित स्थानों में एक-तिहाई स्थान, इन समुदायों से सम्बन्धित महिलाओं के लिए आरक्षित रखे जाने चाहिए। इसी प्रकार प्रत्येक पंचायत में कुल सदस्यों की संख्या का एक-तिहाई भाग महिलाओं के लिए आरक्षित रखा जाना चाहिए। इन एक-तिहाई आरक्षित स्थानों में वे स्थान भी सम्मिलित हैं, जो अनुसूचित जातियों एवं अनुसूचित जनजातियों से सम्बन्धित महिलाओं के लिए आरक्षित हैं।

पंचायतों की अवधि

प्रत्येक पंचायत का कार्यकाल पाँच वर्षों का होना चाहिए। वह इससे पूर्व भी विघटित की जा सकती है, परन्तु उसका निर्वाचन छः महीनों के भीतर हो जाना चाहिए। पंचायत का कार्यकाल समाप्त होने से पूर्व नई पंचायत का निर्वाचन हो जाना चाहिए।

सदस्यता हेतु योग्यता अनुच्छेद 243 'च' के अनुसार पंचायत का सदस्य होने के लिए निम्न योग्यताएँ होनी चाहिए
(i) आयु 21 वर्ष होनी चाहिए।
(ii) विधानमण्डल के लिए निर्वाचित होने की योग्यता धारण करनी चाहिए।

शक्तियाँ एवं कार्य

राज्य के विधानमण्डल द्वारा पंचायती राज संस्थाओं के अधिकारों एवं सत्ता में वृद्धि की जा सकती है। किसी भी पंचायत को आवश्यकतानुसार कर, शुल्क, पथ-कर और फीस लागू करने, उनकी वसूली करने तथा उनका विनियोग करने का अधिकार है। उसे राज्य सरकार द्वारा लागू किए गए तथा वसूली किए गए

कर, शुल्क पथ-कर एवं फीस में भी हिस्सा दिया जा सकता है। राज्य द्वारा उसे सहायता अनुदान देने की भी व्यवस्था की जाती है। 11वीं अनुसूची में 29 विषय सम्मिलित हैं जिन पर पंचायतें विधि बनाकर उन कार्यों को कर सकती हैं।

राज्य वित्त आयोग

अनुच्छेद 243 झ के अन्तर्गत प्रत्येक पाँच वर्षों के पश्चात् एक राज्य वित्त आयोग के गठन की व्यवस्था की गई है, जिसके द्वारा पंचायतों की वित्तीय स्थिति की समीक्षा की जाएगी एवं इनकी उन्नति के लिए किए जाने वाले उपायों के सम्बन्ध में राज्यपाल की संस्तुति की जाएगी।

राज्य निर्वाचन आयोग

अनुच्छेद 243 'ट' में पंचायतों के लिए राज्य निर्वाचन आयोग के गठन का प्रावधान किया गया है। राज्य निर्वाचन आयोग पंचायतों के समस्त निर्वाचनों का संचालन, अधीक्षण, निर्देशन तथा नियन्त्रण करता है।

राज्य के निर्वाचन आयुक्त की नियुक्ति राज्यपाल के द्वारा की जाती है तथा उसे उसी प्रकार एवं उन्हीं कारणों से अपदस्थ किया जा सकता है जिस प्रकार उच्च न्यायालय का कोई न्यायाधीश अपदस्थ किया जाता है।

नगरों में स्थानीय शासन

74वें संविधान संशोधन अधिनियम, 1992 द्वारा नगरों में स्थानीय स्वशासी संस्थाओं की स्थापना, उनकी शक्तियाँ तथा कार्यों के सम्बन्ध में वैधानिक प्रावधान किए गए। इस संशोधन द्वारा संविधान में एक नया भाग 9 'क' जोड़ा गया तथा इसके अन्तर्गत अनुच्छेद 243 'त' से 243 'य छ' समाविष्ट किए गए तथा 12वीं अनुसूची जोड़ी गई।

इस संशोधन द्वारा निम्न तीन प्रकार के नगरीय निकायों (जनसंख्या के आधार पर) की स्थापना हेतु प्रावधान किए गए

(i) नगर पंचायत—ग्रामीण क्षेत्र से नगरीय क्षेत्र में परिवर्तनोन्मुखी क्षेत्रों में
(ii) नगरपालिका परिषद्—छोटे नगरीय क्षेत्रों में
(iii) नगर निगम वृहत्तर—नगरीय क्षेत्रों में

परन्तु किसी ऐसे क्षेत्र में नगरपालिका की स्थापना नहीं हो सकती जो किसी औद्योगिक संस्थान के क्षेत्र में आता हो, तथा जहाँ या तो उस संस्थान ने नगरपालिका सेवाएँ उपलब्ध कराई हैं अथवा उपलब्ध कराने का प्रस्ताव है।

नगरीय स्थानीय स्वशासी संस्थाओं में सभी स्थान क्षेत्रीय निर्वाचन क्षेत्रों से प्रत्यक्ष निर्वाचन द्वारा भरे जाते हैं।

इन संस्थाओं का कार्यकाल पाँच वर्षों का होता है, परन्तु इसके पूर्व भी इसे विघटित किया जा सकता है। विघटन के बाद 6 महीने की अवधि के भीतर नया निर्वाचन कराना पड़ता है।

- कोई भी व्यक्ति जिसने 21 वर्ष की आयु प्राप्त कर ली है
- इन संस्थाओं के लिए चुनाव लड़ सकता है।
- इनका निर्वाचन राज्य निर्वाचन आयुक्त द्वारा कराया जाता है।
- इन संस्थाओं में अनुसूचित जातियों एवं जनजातियों हेतु उनकी जनसंख्या के अनुपात में आरक्षण की व्यवस्था की गई है।
- महिलाओं के लिए एक-तिहाई स्थानों पर आरक्षण की व्यवस्था की गई है।
- राज्य विधनमण्डलों द्वारा इन संस्थाओं की शक्ति में वृद्धि की जा सकती है ताकि ये स्वशासी संस्थाओं के रूप में कार्य करने में समर्थ हो सकें। इन संस्थाओं को ऐसे कर, शुल्क, पथ-कर एवं फीस आदि निर्धारित करने, संग्रहित करने और विनियोजित करने हेतु अधिकृत कर सकते हैं।

निर्वाचन प्रणाली

- भारत में लोकतान्त्रिक सरकार जनता के प्रतिनिधियों द्वारा संचालित होती है, जिनका निर्वाचन जनता द्वारा किया जाता है। भारत के प्रत्येक नागरिक को, जिसकी आयु 18 वर्ष या उससे अधिक है तथा संविधान अथवा उपयुक्त विधायिका द्वारा निर्मित किसी कानून द्वारा किसी भी आधार पर अयोग्य घोषित नहीं किया गया है, मतदान में भाग लेने का अधिकार है।
- **अनुच्छेद 325** के तहत संसद के किसी भी सदन या राज्य विधानमण्डल (State Legislature) के किसी सदन के चुनाव के लिए एक मतदाता सूची होगी तथा किसी भी व्यक्ति को उसके धर्म, मूलवंश, जाति तथा लिंग के आधार पर ऐसे किसी निर्वाचन के लिए मतदाता सूची में शामिल या अयोग्य नहीं ठहराया जाएगा।
- **अनुच्छेद 326** के तहत केन्द्र और राज्य के विधानमण्डलों के लिए चुनाव वयस्क मताधिकार (Adult Franchise) के आधार पर किया जाएगा।
- भारत में मताधिकार और निर्वाचित होने का अधिकार एक विधिक अधिकार है।
- ज्योति बसु एवं अन्य बनाम देवी घोषाल तथा अन्य वाद में सर्वोच्च न्यायालय में निर्वाचित होने के अधिकार को विधिक अधिकार के रूप में घोषित किया है।

निर्वाचन प्रणाली के प्रकार

भारत में निर्वाचन के सम्बन्ध में मुख्यत: दो प्रकार की पद्धतियाँ अपनाई गई हैं

1. लोकसभा एवं राज्यों में विधानसभा चुनाव हेतु **बहुलवादी व्यवस्था** अथवा **फर्स्ट पास्ट द पोस्ट सिस्टम** की प्रणाली अपनाई गई है।
2. राष्ट्रपति, उपराष्ट्रपति, राज्यसभा एवं राज्य विधानपरिषद् के निर्वाचन हेतु एकल संक्रमणीय आनुपातिक प्रतिनिधित्व प्रणाली अपनाई गई है।

बहुलवादी व्यवस्था (फर्स्ट पास्ट द पोस्ट सिस्टम)

- भारत में लोकसभा व राज्य विधानसभाओं के चुनाव हेतु इसी प्रणाली को अपनाया गया है। इस प्रणाली के अन्तर्गत पूरे देश को जनसंख्या के आधार पर विभिन्न चुनाव क्षेत्रों में बाँट दिया जाता है, जिसमें मतदाता को किसी एक उम्मीदवार का चयन करना होता है। जिस उम्मीदवार को सबसे अधिक मत प्राप्त होते हैं, भले ही वे डाले गए कुल मतों के आधे से कम ही क्यों न हों, विजयी घोषित किया जाता है।
- इस पद्धति में सरकार के गठन का अवसर उस दल या दल-समूह को प्रदान किया जाता है, जिसे बहुमत के आधार पर **जनादेश (Mandate)** मिला हो। इस व्यवस्था में अनेक कमियाँ भी हैं। इसकी प्रमुख त्रुटि यह है कि इसमें केवल तुलनात्मक बहुमत का ध्यान रखा जाता है।
- चूँकि अधिकांश मुकाबले बहुकोणीय (कई प्रत्याशियों के बीच) होते हैं। अत: कई बार किसी चुनाव क्षेत्र में पड़े मतों का **30-40%** मत पाने वाला प्रत्याशी को भी विजेता घोषित कर दिया जाता है तथा कोई दल जिसे अल्पसंख्या में मत प्राप्त हुए हैं, वह भी अधिकांश सीटें जीत सकता है।

एकल संक्रमणीय आनुपातिक प्रतिनिधित्व प्रणाली

- **एकल संक्रमणीय मत पद्धति** (Single Transferable Vote System) को भारत में राष्ट्रपति, उपराष्ट्रपति, राज्यसभा व राज्य विधानपरिषद् (State Legislative Council) के लिए चुनाव हेतु प्रयोग किया जाता है।

- यह निर्वाचन एक निर्वाचक मण्डल द्वारा होता है। इस प्रणाली में सदस्यों के मत का मूल्य एक विधि द्वारा निर्धारित कर दिया जाता है। इस प्रणाली में प्रत्येक मतदाता को एक ही बैलेट पेपर पर उतनी वरीयताएँ निर्धारित करने की स्वैच्छिक छूट दी जाती है, जितनी की प्रत्याशियों की संख्या हो।
- इस प्रक्रिया में उन प्रत्याशियों के दूसरे व उत्तरवर्ती वरीयता मतों को शेष प्रत्याशियों में वितरित कर दिया जाता है, जिन्होंने न्यूनतम प्रथम वरीयता के मत पाए हों।
- यह प्रक्रिया तब तक जारी रहती है, जब तक कि आवश्यक संख्या में प्रत्याशी न चुन लिए जाएँ। ऑस्ट्रेलिया में इसे संघीय स्तर पर प्रतिनिधि सभा के चुनावों में प्रयोग किया जाता है।

बहुमतीय प्रणाली (द्वितीय मत अथवा वैकल्पिक मतीय प्रणाली)

इस निर्वाचन प्रणाली में एक व्यक्ति एकल चुनाव क्षेत्र से तभी विजयी घोषित किया जाता है, जब उसे स्पष्ट बहुमत अर्थात् 50% से अधिक मत प्राप्त हों। यह दो प्रकार से प्राप्त किया जा सकता है

1. **द्वितीय मत प्रणाली** इसमें एक क्षेत्र से एक ही उम्मीदवार निर्वाचित होता है, जैसा कि फर्स्ट पास्ट द पोस्ट व्यवस्था में होता है। प्रथम मत से चुनाव जीतने के लिए उम्मीदवार को कुल डाले गए मतों का स्पष्ट बहुमत प्राप्त होना चाहिए।
   प्रथम मतों की गणना में किसी उम्मीदवार को स्पष्ट बहुमत न मिलने की स्थिति में सबसे अधिक मत प्राप्त करने वाले दो उम्मीदवारों का दोबारा मतदान होता है। द्वितीय मत प्रणाली मुख्यत: फ्रांस में प्रचलित है।
2. **वैकल्पिक मत प्रणाली** इस निर्वाचन पद्धति में एक सदस्यीय चुनाव क्षेत्र होते हैं। इसमें मतदाता की प्राथमिकताओं को तय किया जाता है। मतदाता अपनी प्राथमिकताओं का क्रम प्रथम या द्वितीय या इसी क्रम से तय करते हैं। विजयी उम्मीदवार को कुल डाले गए मतों का कम-से-कम 50% प्राप्त होना चाहिए। किसी भी उम्मीदवार को पहली प्राथमिकता के 50% मत नहीं मिलने की स्थिति में न्यूनतम मत प्राप्त उम्मीदवार को हटाकर उसकी द्वितीय प्राथमिकता के मत अन्य सम्बन्धित उम्मीदवारों में बाँट दिए जाते हैं। यह क्रम तब तक चलता रहता है, जब तक कोई उम्मीदवार कुल डाले गए मतों का बहुमत प्राप्त न कर ले।

दलीय सूची प्रणाली

- इस प्रणाली में सम्पूर्ण देश को चुनाव क्षेत्र की तरह देखा जाता है अर्थात् इसे कई बहुसदस्यीय क्षेत्रों में बाँट दिया जाता है। दलीय प्राथमिकता (Priority) के आधार पर अपने उम्मीदवारों की घटते क्रम के अनुसार सूची तय करती है तथा मतदाताओं के सम्मुख रख देती है।
- मतदाता दलीय सूची के लिए मत देते हैं, न कि उम्मीदवार के लिए। दलों को चुनाव में प्राप्त मतों के अनुपात में सीटें दे दी जाती हैं। इन सीटों को दल अपनी निर्धारित सूची से वरीयता के आधार पर भरते हैं।

निर्वाचन आयोग

- **अनुच्छेद 324** के अन्तर्गत संसद, राष्ट्रपति, उपराष्ट्रपति व राज्य विधानमण्डल के पदों के निर्वाचन के संचालन, निर्देशन व नियन्त्रण की जिम्मेदारी चुनाव आयोग की है।
- चुनाव आयोग (Election Commission) एक अखिल भारतीय संस्था है, क्योंकि यह केन्द्र व राज्य सरकारों दोनों के लिए समान है। यह उल्लेखनीय है कि राज्यों में होने वाले पंचायतों व निगम चुनावों के लिए भारत के संविधान में अलग राज्य निर्वाचन आयोगों की व्यवस्था की गई है।

संगठन एवं नियुक्ति

- **अनुच्छेद 324** में चुनाव आयोग के सम्बन्ध में निम्न प्रावधान हैं
  — निर्वाचन आयोग मुख्य निर्वाचन आयुक्त और अन्य आयुक्तों से मिलकर बनेगा, जिनकी नियुक्ति राष्ट्रपति द्वारा की जाएगी। अनुच्छेद 324(2) के अधीन निर्वाचन आयुक्तों की नियुक्ति व पदच्युति की शक्ति राष्ट्रपति के पास निहित है।
  — जब कोई अन्य निर्वाचन आयुक्त राष्ट्रपति द्वारा नियुक्त किया जाता है तब मुख्य निर्वाचन आयुक्त निर्वाचन आयोग के अध्यक्ष के रूप में काम करेगा।
  — राष्ट्रपति प्रादेशिक आयुक्तों की नियुक्ति, निर्वाचन आयोग की सलाह पर कर सकता है, जिसे वह निर्वाचन आयोग की सहायता के लिए आवश्यक समझे।
  — निर्वाचन आयुक्तों तथा प्रादेशिक आयुक्तों की सेवा की शर्तें व पदावधि राष्ट्रपति द्वारा निर्धारित की जाएँगी।
- प्रारम्भ में निर्वाचन आयोग एक सदस्यीय बना रहा, परन्तु जब मतदान करने की आयु 21 वर्ष से घटाकर 18 वर्ष कर दी गई, तब निर्वाचन आयोग के कार्यभार को कम करने के लिए राष्ट्रपति ने **16 अक्टूबर, 1989** को दो अन्य निर्वाचन आयुक्तों को नियुक्त कर दिया, जिससे आयोग 3 सदस्यीय बन गया। वर्ष 1990 में दो निर्वाचन आयुक्तों के पदों को समाप्त कर दिया गया और स्थिति एक बार फिर पूर्ववत् हो गई अर्थात् एक सदस्यीय आयोग बन गया। पुन: अक्टूबर, 1993 में दो निर्वाचन आयुक्तों को नियुक्त कर दिया गया। अत: वर्ष 1993 से आयोग ने 3 सदस्यीय संस्था के रूप में कार्य प्रारम्भ कर दिया, जो वर्तमान तक प्रचलन में है।
- निर्वाचन आयोग के तीनों आयुक्तों के पास समान शक्तियाँ होती हैं तथा उनके वेतन-भत्ते और दूसरे अनुलाभ भी एक समान होते हैं, जो सर्वोच्च न्यायालय के न्यायाधीश के समान हैं।
- किसी निर्णय पर आयुक्तों के बीच मतभेद होने की स्थिति में निर्णय बहुमत के आधार पर लिया जाता है।
- आयुक्तों का कार्यकाल 6 वर्ष या 65 वर्ष की आयु तक जो भी पहले हो, तक होता है। इसके अतिरिक्त निर्वाचन आयुक्त राष्ट्रपति को सम्बोधित कर त्याग-पत्र दे सकता है।

आयोग की स्वतन्त्रता सुनिश्चित करने के लिए उपबन्ध

आयोग की स्वतन्त्रता व निष्पक्षता सुनिश्चित करने के लिए अनुच्छेद 324 में निम्न प्रावधान हैं

- **अनुच्छेद 124(4)** के अनुसार, मुख्य निर्वाचन आयुक्त को उच्चतम न्यायालय के न्यायाधीश को पदच्युत किए जाने की प्रक्रिया के अनुसार, राष्ट्रपति तभी उसे उसके पद से हटा सकता है, जब उसके विरुद्ध कदाचार तथा अक्षमता का आरोप सिद्ध हो जाए।
- मुख्य चुनाव आयुक्त को पदच्युत करने के लिए संसद के दोनों सदनों के सदस्यों के पूर्ण बहुमत तथा उपस्थिति एवं मतदान करने वाले सदस्यों के दो-तिहाई बहुमत से प्रस्ताव जारी करने के द्वारा हटाया जा सकता है।
- मुख्य निर्वाचन आयुक्त की सेवा शर्तों में उसकी नियुक्ति के बाद उसके लिए अलाभकारी परिवर्तन नहीं किया जा सकता।
- अन्य निर्वाचन आयुक्त या प्रादेशिक आयुक्त को मुख्य निर्वाचन आयुक्त की सिफारिश पर ही हटाया जा सकता है।

निर्वाचन आयोग के कार्य एवं शक्तियाँ

लोकतान्त्रिक व्यवस्था वाले देशों में चुनाव आयोग की भूमिका महत्त्वपूर्ण होती है। चुनाव आयोग के कार्य एवं शक्तियाँ वृहद् हैं। आम चुनावों के दौरान समस्त प्रशासन चुनाव आयोग के निर्देशन में कार्य करता है। निर्वाचन से सम्बन्धित चुनाव आयोग की शक्ति एवं कार्यों को निम्न प्रकार स्पष्ट किया जा सकता है

- संसद, राज्य विधानमण्डल, राष्ट्रपति एवं उपराष्ट्रपति के चुनावों का संचालन, नियन्त्रण एवं निर्देशन करना।
- मतदाता सूचियाँ तैयार करना।
- विभिन्न राजनीतिक दलों को मान्यता प्रदान करना।
- राजनीतिक दलों को आरक्षित चुनाव चिह्न प्रदान करना।
- चुनाव क्षेत्रों के परिसीमन या सीमांकन में परिसीमन आयोग (Delimitation Commission) की सहायता करना।
- निर्वाचन आयोग मान्यता प्राप्त राजनीतिक दलों के विभाजन/विलय से सम्बन्धित विवाद निपटाता है।
- अर्द्धन्यायिक कार्य; जैसे—**अनुच्छेद 103** के अन्तर्गत राष्ट्रपति संसद के सदस्यों की अयोग्यताओं के सम्बन्ध में चुनाव आयोग से परामर्श करता है तथा **अनुच्छेद 192** के अन्तर्गत राज्यपाल राज्य विधानमण्डलों के सदस्यों की अयोग्यताओं के सम्बन्ध में चुनाव आयोग से परामर्श करता है।
- राजनीतिक दलों के लिए आचार संहिता (Code of Conduct) तैयार करना।
- राजनीतिक दलों को चुनाव प्रचार की सुविधाएँ दिलवाना एवं मापदण्ड निर्धारित करना।
- उम्मीदवारों द्वारा किए जाने वाले व्यय की राशि का पर्यवेक्षकों के माध्यम से जाँच करना। **जनप्रतिनिधित्व अधिनियम** (Representative Act), **1951 (संशोधन 1996)** के तहत पर्यवेक्षक सीधे भारत के निर्वाचन आयोग को रिपोर्ट देते हैं। मतदाताओं को राजनीतिक प्रशिक्षण देना।
- राष्ट्रपति को प्रादेशिक चुनाव आयुक्तों की नियुक्ति के लिए परामर्श देना।
- सरकार को अपने कार्यों के सम्बन्ध में प्रतिवेदन देना।
- चुनाव प्रक्रिया में सुधार के लिए सुझाव देना।
- राष्ट्रपति द्वारा जारी चुनाव अधिसूचना के बाद चुनाव आयोग मतदान की तिथियों की घोषणा करता है। इस घोषणा में नामजदगी, पत्रों की जाँच तिथि, चुनाव, नामांकन-पत्र वापस लेने की तिथि का उल्लेख होता है।
- चुनाव आयोग, हिंसा, बूथ कैप्चरिंग आदि की स्थिति में चुनाव रद्द करने का अधिकार भी रखता है।

निर्वाचन आयोग की सहायता उपनिर्वाचन आयुक्त करते हैं, जो सिविल सेवा से लिए जाते हैं और आयोग द्वारा उन्हें कार्यकाल व्यवस्था के आधार पर लिया जाता है। राज्य-स्तर पर निर्वाचन अधिकारी निर्वाचन आयोग की सहायता करते हैं, जिनकी नियुक्ति मुख्य निर्वाचन आयुक्त (Chief Election Commissioner) राज्य सरकारों की सलाह पर करते हैं। इसके नीचे जिला-स्तर पर कलेक्टर, जिला निर्वाचन अधिकारी होता है। वह जिले में प्रत्येक निर्वाचन क्षेत्र के लिए निर्वाचन अधिकारी व प्रत्येक मतदान केन्द्र के लिए पीठासीन अधिकारी नियुक्त करता है।

निर्वाचन सम्बन्धी संवैधानिक प्रावधान

संविधान के भाग **XV में अनुच्छेद 324 से 329** तक निर्वाचन से सम्बन्धित निम्न उपबन्धों का उल्लेख है

- संविधान का अनुच्छेद 324 देश में स्वतन्त्र और निष्पक्ष चुनावों के लिए स्वतन्त्र निर्वाचन आयोग की व्यवस्था करता है।
- अनुच्छेद 325 के अनुसार, निर्वाचन नामावली या मतदाता सूची में किसी व्यक्ति को सम्मिलित करने के लिए धर्म, वंश, जाति या लिंग के आधार पर विभेद नहीं किया जाएगा।
- **अनुच्छेद 326** में उपबन्ध है कि लोकसभा और प्रत्येक राज्य की विधानसभा के लिए निर्वाचन वयस्क मताधिकार पर होंगे। 61वें संशोधन अधिनियम, 1988 में वयस्कता की आयु 21 वर्ष से घटाकर 18 वर्ष (वी एम तारकुण्डे समिति की सिफारिश के अनुसार) कर दी गई।
- **अनुच्छेद 327** के अनुसार, संसद समय-समय पर विधि द्वारा प्रत्येक सदन या किसी राज्य के विधानमण्डल के सदन के लिए निर्वाचन सम्बन्धी कानून बनाएगी।
- **अनुच्छेद 328** के अनुसार, यदि संसद राज्य विधानमण्डल के बारे में कानून नहीं बनाती है, तो राज्य विधानमण्डल अपने सदन के निर्वाचन सम्बन्धी कानून बना सकती है।
- **अनुच्छेद 329** इसके तहत निर्वाचन क्षेत्रों के परिसीमन व आवण्टन में सम्बन्धित मामलों को न्यायालय में प्रश्नगत नहीं किया जाएगा। केवल संसद एवं विधानमण्डल सदस्यों के चुनाव को उच्च न्यायालय में प्रश्नगत किया जाएगा अन्यथा नहीं।
- **अनुच्छेद 329(B)** के अनुसार, चुनाव प्रक्रिया के प्रारम्भ होने तथा समाप्त होने तक चुनाव सम्बन्धी मामलों पर न्यायालय की अधिकारिता वर्जित होगी।

भारत के मुख्य निर्वाचन आयुक्त

नाम	पदावधि
सुकुमार सेन	21 मार्च, 1950 से 19 दिसम्बर, 1958
के वी के सुन्दरम	20 दिसम्बर, 1958 से 30 सितम्बर, 1967
एस पी सेन वर्मा	1 अक्टूबर, 1967 से 30 सितम्बर, 1972
डॉ. नगेन्द्र सिंह	1 अक्टूबर, 1972 से 6 फरवरी, 1973
टी स्वामीनाथन	7 फरवरी, 1973 से 17 जून, 1977
एस एल शकधर	18 जून, 1977 से 17 जून, 1982
आर के त्रिवेदी	18 जून, 1982 से 31 दिसम्बर, 1985
आर वी एस पेरिशास्त्री	1 जनवरी, 1986 से 25 नवम्बर, 1990
श्रीमती वी एस रमादेवी	26 नवम्बर, 1990 से 11 दिसम्बर, 1990
टी एन शेषन	12 दिसम्बर, 1990 से 11 दिसम्बर, 1996
एम एस गिल	12 दिसम्बर, 1996 से 13 जून, 2001
जे एम लिंगदोह	14 जून, 2001 से 7 फरवरी, 2004
टी एस कृष्णामूर्ति	8 फरवरी, 2004 से 15 मई, 2005
बी बी टंडन	16 मई, 2005 से 29 जून, 2006
एन गोपालस्वामी	30 जून, 2006 से 20 अप्रैल, 2009
नवीन चावला	21 अप्रैल, 2009 से 29 जुलाई, 2010
एस वाई कुरैशी	30 जुलाई, 2010 से 10 जून, 2012
वी एस सम्पत	11 जून, 2012 से 15 जनवरी, 2015
एच एस ब्रह्म	16 जनवरी, 2015 से 18 अप्रैल, 2015
नसीम जैदी	19 अप्रैल, 2015 से 5 जुलाई, 2017
अचल कुमार जोती	6 जुलाई, 2017 से 22 जनवरी, 2018
ओम प्रकाश रावत	23 जनवरी, 2018 से 1 दिसम्बर, 2018
सुनील अरोरा	2 दिसम्बर, 2018 से 12 अप्रैल, 2021
सुशील चन्द्रा	13 अप्रैल, 2021 से 12 मई, 2022
राजीव कुमार	12 मई, 2022 से अब तक

**जनवरी, 2025 के अनुसार*

चुनाव सुधार

सरकार द्वारा समय-समय पर चुनाव प्रक्रिया में सुधार हेतु कई कदम उठाए गए हैं। इसके लिए संसद द्वारा कई नियम बनाए गए हैं एवं चुनाव सुधार (Electoral Reform) हेतु सुझाव देने से सम्बन्धित समय-समय पर विभिन्न समितियों व आयोगों का भी गठन किया जाता रहा है।

चुनाव के प्रकार

चुनाव के निम्नलिखित प्रकार हैं

- **आम चुनाव** संसद व राज्य विधानसभाओं के लिए प्रत्येक 5 वर्ष की निर्धारित अवधि के पश्चात् होने वाले चुनावों को आम चुनाव कहा जाता है।
- **मध्यावधि** चुनाव संसद तथा राज्य विधानसभाओं के भंग होने के फलस्वरूप निर्धारित अवधि से पूर्व होने वाले चुनावों को मध्यावधि चुनाव कहा जाता है।
- **उपचुनाव** किसी भी संसद तथा राज्य विधानमण्डल सदस्य की मृत्यु त्याग-पत्र या अयोग्य घोषित होने के कारण रिक्त होने वाली सीट को भरने के लिए कराए गए चुनाव को उपचुनाव कहते हैं।
- **स्नैप पोल** संसद तथा राज्य विधानसभा को अचानक भंग करके कराए गए चुनावों को स्नैप पोल कहते हैं।

चुनाव सुधार सम्बन्धी महत्त्वपूर्ण समितियाँ

चुनाव सुधार सम्बन्धी महत्त्वपूर्ण समितियाँ निम्न प्रकार हैं

के सन्थानम समिति

वर्ष 1962 में सरकार ने निर्वाचन सुधार हेतु के सन्थानम की अध्यक्षता में एक कमेटी बनाई, जिसने वर्ष 1964 में अपनी रिपोर्ट सरकार को सौंप दी। इस समिति की सिफारिशें निम्नलिखित हैं

- चुनाव में खड़े होने वाले उम्मीदवार के लिए न्यूनतम शैक्षणिक योग्यताएँ निर्धारित हों।
- निर्वाचन नामावली/मतदाता सूची में समय-समय पर सुधार किया जाए।
- उम्मीदवार के धन खर्च को रोकने के लिए **चुनाव पर्यवेक्षक** (Election Observer) नियुक्त किया जाए।
- दोषी निर्वाचन अधिकारियों के विरुद्ध अनुशासनात्मक कार्यवाही की जाए। समय-समय पर निर्वाचन क्षेत्रों का परिसीमन किया जाए।

तारकुण्डे समिति

तारकुण्डे की अध्यक्षता में वर्ष 1974 में तारकुण्डे समिति की नियुक्ति की गई, जिसकी सिफारिशें निम्न थीं

- वयस्क मताधिकार की आयु को 21 वर्ष से घटाकर 18 वर्ष करना। इसे संविधान के 61वें संविधान संशोधन द्वारा मूर्त स्वरूप प्रदान किया गया।
- निर्वाचन के लिए अधिकतम व्यय योग्य राशि का निर्धारण करना।
- चुनाव प्रत्याशी एक निश्चित नामांकन राशि जमा करें।
- बूथ कैप्चरिंग तथा वोगस वोटिंग जैसी समस्याओं का समाधान नहीं किया गया। इसी सन्दर्भ में दिनेश गोस्वामी समिति बनाई गई।

दिनेश गोस्वामी समिति

वर्ष 1990 में वी पी सिंह सरकार ने निर्वाचन सुधारों के लिए दिनेश गोस्वामी की अध्यक्षता में एक समिति बनाई। इस समिति ने वर्ष 1990 में अपनी रिपोर्ट में निर्वाचन सुधारों से सम्बन्धित कई परामर्श दिए, जिनमें से कुछ प्रस्तावों को वर्ष 1996 में लागू किया गया, जोकि निम्न हैं

- राष्ट्रीय ध्वज, राष्ट्रगान या भारत के संविधान के अनुसार राष्ट्रीय गौरव का अपमान करने के दोषी व्यक्ति को सजा होने की तिथि से छ: वर्षों तक चुनाव लड़ने पर रोक।
- एक उम्मीदवार दो से अधिक स्थानों पर चुनाव नहीं लड़ सकता।
- मतदान के दिन कर्मचारियों को अवकाश की सुविधा हो।
- मतदान केन्द्र पर हथियार लेकर जाना कानूनी अपराध है। इसके लिए दण्ड व जुर्माना दोनों हो सकते हैं।

इन्द्रजीत गुप्ता समिति

वर्ष 1998 में वरिष्ठ कम्युनिस्ट नेता इन्द्रजीत गुप्ता की अध्यक्षता में वर्ष 1998 में गठित इस समिति ने निम्नलिखित सिफारिशें दीं

- चुनाव खर्च सरकार वहन करे और इसके लिए एक चुनाव कोष का निर्माण किया जाए।
- राष्ट्रीय दलों को राष्ट्रीय राजधानी क्षेत्र में व राज्यस्तरीय दलों को राज्यस्तरीय क्षेत्र में एक कार्यालय और टेलीफोन सुविधा नि:शुल्क उपलब्ध कराई जाए।
- चुनाव सामग्री प्रत्येक मतदाता के पास नि:शुल्क दी जाए।
- आकाशवाणी व दूरदर्शन पर राष्ट्रीय दलों के ही समान क्षेत्रीय दलों को भी प्रचार का समय दिया जाए।

लिंगदोह समिति

वर्ष 2007 के मुख्य निर्वाचन आयुक्त जे एम लिंगदोह की अध्यक्षता में छात्रसंघ चुनाव सम्बन्धी परामर्श के लिए लिंगदोह समिति का गठन किया गया। इस समिति ने निम्नलिखित सिफारिशें की हैं

- छात्र संघ चुनाव में वही छात्र उम्मीदवार बनें, जिन्होंने 60% से अधिक अंक प्राप्त किए हों।
- 75% उपस्थिति दर्ज कराने पर छात्र संघ चुनाव लड़ने का छात्र पात्र है।
- 25 वर्ष से अधिक आयु वाले छात्र को चुनाव नहीं लड़ना चाहिए।
- प्रचार के दौरान हाथ से बने उपकरण ही प्रयोग किए जाएँगे।
- प्रचार क्षेत्र शिक्षण कैम्पस तक सीमित रहें।

चुनाव सुधारों के विभिन्न चरण

चुनाव सुधार के प्रमुख चरण निम्न प्रकार हैं

वर्ष 1996 से पूर्व के निर्वाचन सुधार

- **मतदान की आयु में कमी 61वें संविधान संशोधन अधिनियम, 1988** द्वारा लोकसभा तथा विधानसभा निर्वाचन के लिए मतदान की आयु को 21 वर्ष से घटाकर 18 वर्ष कर दिया गया। इस परिवर्तन का उद्देश्य गैर-प्रतिनिधित्व प्राप्त युवाओं को मतदान अधिकार देकर उनको राजनीतिक प्रक्रिया में भागीदार बनाना था।

- **निर्वाचन आयोग में प्रतिनियुक्ति** वर्ष 1988 में किए गए प्रावधान के अनुसार निर्वाचन के लिए मतदाता सूची तैयार करने, जाँच करने तथा सुधार करने के कार्यों में लगे हुए अधिकारियों तथा कर्मचारियों की प्रतिनियुक्ति चुनाव आयोग में एक निर्धारित समय के लिए होगी।
- **प्रस्तावों की संख्या में वृद्धि** वर्ष 1988 में राज्य विधानपरिषद् तथा राज्यसभा चुनाव में नामांकन-पत्र के प्रस्तावकों की संख्या को बढ़ाकर निर्वाचन क्षेत्र की जनसंख्या का 10% अथवा 10 निर्वाचक, जो कम हो, कर दी गई, ताकि कम गम्भीर लोगों को निर्वाचन में भाग लेने से रोका जा सके।
- **इलेक्ट्रॉनिक वोटिंग मशीन** ई वी एम के उपयोग का उपबन्ध वर्ष 1989 में किया गया। ई वी एम का पहला प्रयोग (पूरे राज्य में) वर्ष 1999 में दिनेश गोस्वामी समिति की सिफारिश के आधार पर गोवा विधानसभा के आम चुनावों में किया गया, जबकि ई वी एम का प्रथम बार प्रयोग वर्ष 1998 में राजस्थान, मध्य प्रदेश तथा दिल्ली विधानसभा के चुनावों में चुनिन्दा निर्वाचन क्षेत्रों में किया गया था।
- **मतदान केन्द्रों पर कब्जा** वर्ष 1989 में यह प्रावधान किया गया कि मतदान केन्द्रों पर कब्जे के कारण मतदान को स्थगित अथवा रद्द किया जा सकता है।

नोट वर्ष 1991 के लोकसभा चुनाव में श्री देवी लाल ने तीन लोकसभा निर्वाचन क्षेत्रों से चुनाव लड़ा था

वर्ष 1996 के बाद के चुनाव सुधार

- वर्ष 1997 से राष्ट्रपति का चुनाव लड़ने के लिए प्रस्तावक एवं समर्थक निर्वाचकों की संख्या 10 से बढ़ाकर 50 कर दी गई। इसी प्रकार उपराष्ट्रपति पद के लिए यह संख्या 5 से बढ़ाकर 20 कर दी गई। साथ ही निरर्थक उम्मीदवारों को रोकने के लिए दोनों पदों का चुनाव लड़ने के लिए जमानत राशि ₹ 2500 से बढ़ाकर ₹ 15,000 कर दी गई।
- वर्ष 1998 के प्रावधान के अनुसार निर्वाचन आयोग निर्वाचन कार्यों में सहयोग के लिए स्थानीय निकायों, विश्वविद्यालयों, सरकार द्वारा नियन्त्रित तथा सहयोग प्राप्त संस्थाओं के कर्मचारियों की माँग कर सकता है। वर्ष 1999 में कुछ निश्चित वर्ग के व्यक्तियों के मतदान के लिए डाक मत-पत्र का उपबन्ध किया गया।
- वर्ष 2003 में निर्वाचन आयोग ने प्रत्येक उम्मीदवार को यह निर्देश दिया कि वह राज्य विधानसभा या संसद का चुनाव आवेदन-पत्र जमा करते समय कुछ जानकारियों; (जैसे—आपराधिक मामले, सम्पत्ति आदि की घोषणा, बाकी देनदारी, शैक्षणिक योग्यता आदि) अनिवार्य रूप से आवेदन-पत्र में भरे।

वर्ष 2003 के राज्यसभा चुनावों के सुधार

वर्ष 2003 में राज्यसभा चुनावों के लिए निम्न परिवर्तन किए गए

- राज्यसभा का चुनाव लड़ने वाले उम्मीदवार के लिए उस निर्वाचन क्षेत्र या राज्य के निवास प्रमाण-पत्र की बाध्यता समाप्त कर दी गई।
- राज्यसभा के निर्वाचन में, गुप्त मतपत्र व्यवस्था के स्थान पर खुली मतपत्र व्यवस्था को लागू किया गया। अब मतदाता अपना मत देने के बाद मनोनीत एजेण्ट को अपना मतपत्र दिखा सकता है (क्रॉस वोटिंग तथा धन बल के दुरुपयोग को रोकने के लिए)।
- वर्ष 2003 के उपबन्ध के अनुसार संसद एवं विधानसभा चुनावों में मान्यता प्राप्त दलों के उम्मीदवारों को सरकार निःशुल्क निर्वाचन नामावलियों एवं अन्य आवश्यक चीजों की आपूर्ति करेगी।

नोट लोकसभा के निर्वाचन के लिए नामांकन पत्र, भारत के किसी नागरिक द्वारा, जिसका नाम किसी निर्वाचन क्षेत्र की मतदाता-सूची में है, दाखिल किया जा सकता है।

वर्ष 2010 के बाद के चुनाव सुधार

- वर्ष 2009 के एक प्रावधान के द्वारा लोकसभा एवं राज्य विधानसभाओं के चुनाव के दौरान एक्जिट पोल करने व उसके परिणामों के प्रकाशन पर रोक लगा दी गई है।
- चुनाव आयोग द्वारा अधिसूचित अवधि के दौरान प्रिण्ट या इलेक्ट्रॉनिक मीडिया में किसी तरह के एक्जिट पोल का प्रकाशन नहीं किया जा सकता।
- वर्ष 2009 से भ्रष्ट तरीके अपनाने वाले व्यक्ति को अयोग्य करार देने की प्रक्रिया सरल बनाने का प्रावधान किया गया। इसमें भ्रष्ट तरीका अपनाने का दोषी पाए गए व्यक्ति को अयोग्य करार देने के लिए उसके मामले को तीन माह के अन्दर राष्ट्रपति के पास पेश करने का समय अधिकृत अधिकारी को दिया गया है।
- चुनाव आयोग द्वारा चुनाव कार्य में प्रतिनियुक्त सरकारी कर्मचारी किसी उम्मीदवार को चुनाव जीताने के पक्ष में किसी तरह की मदद देने के दोषी पाए गए, तो उनके खिलाफ कार्यवाही का प्रावधान है।
- मतदाता निबन्ध पदाधिकारी के किसी आदेश के खिलाफ सुनवाई के लिए जिलों में अपीलीय अधिकारी की नियुक्ति का प्रावधान किया गया है।
- विभिन्न कारणों से विदेशों में रहने वाले भारतीयों को मतदान का अधिकार प्रदान करने का प्रावधान किया गया है।

निर्वाचन विधि (संसोधन) अधिनियम, (2021)

- इस अधिनियम के अन्तर्गत जन प्रतिनिधित्व अधिनियम, 1950 तथा जनप्रतिनिधित्व अधिनियम, 1951 में संशोधन किया गया।
- इस संशोधन अधिनियम का प्रमुख उद्देश्य मतदाता के आधार को वोटर आईडी से जोड़ना है, जिससे कि दोहरे नामांकन के खतरे एवं फर्जी मतदान को रोका जा सके। इस अधिनियम के अन्तर्गत पत्नी शब्द के स्थान पर जीवन साथी को जोड़ा गया है।

चुनाव खर्च सीमा में विस्तार

- जनवरी, 2022 में केन्द्र सरकार द्वारा लोकसभा व विधानसभा के चुनाव में प्रत्याशियों द्वारा किए जाने वाले व्यय की सीमा को बढ़ा दिया गया।
- इसमें बड़े राज्यों में लोकसभा के लिए **₹ 95 लाख** कर दिया गया (पहले ₹ 70 लाख था), जबकि छोटे राज्यों के लिए इसकी सीमा को ₹ 54 लाख से बढ़ाकर ₹ 70 लाख कर दिया गया है।
- इसी प्रकार विधानसभा के बड़े राज्यों के लिए इसकी सीमा को ₹ 28 लाख से बढ़ाकर ₹ 40 लााख कर दिया गया है, तो वही पूर्वोत्तर व पर्वतीय राज्यों के लिए इसकी सीमा को ₹ 20 लाख से बढ़ाकर ₹ 30 लाख कर दिया गया है।

चुनावी बॉण्ड (Electroal Bands)

- यह वचन पत्र की तरह धन प्राप्ति का एक साधन है, जिसे भारत में कम्पनियों एवं व्यक्तियों द्वारा भारतीय स्टेट बैंक से खरीदा जाता था तथा राजनीतिक दल को दान (चन्दा) दिया गया।
- सर्वोच्च न्यायालय ने मार्च, 2024 में मतदाताओं के सूचना के अधिकार का उल्लंघन करने के लिए 'चुनावी बाण्ड योजना' को असंवैधानिक माना।

चुनावी बॉण्ड योजना

- भारत सरकार ने राजनीतिक फण्डिग को भ्रष्टाचार मुक्त करने के उद्देश्य से वर्ष 2018 में चुनावी बॉण्ड योजना की शुरुआत की गई। इसका लक्ष्य भारत में चुनावी वितपोषण में पारदर्शिता लाना था। इसे भारत सरकार ने डिजिटल अर्थव्यवस्था में महत्त्वपूर्ण चुनाव सुधार बताया गया था।

प्रमुख प्रावधान

- इसके अन्तर्गत कोई भी व्यक्ति व्यक्तिगत रूप से या अन्य व्यक्तियों के साथ संयुक्त रूप से बॉण्ड खरीद सकता था।
- इसके अन्तर्गत ऐसे राजनीतिक दल चुनावी चन्दा प्राप्त कर सकते हैं, जो जन प्रतिनिधि अधिनियम, 1951 की धारा 29(De) के तहत पंजीकृत हैं तथा जिन्होंने पिछली लोकसभा व राज्य विधानसभा के चुनाव में कम-से-कम 1^3 का मत प्राप्त किया हो।
- चुनावी बॉण्ड जारी होने की तिथि से 15 दिनों के लिए वैद्य माना गया अर्थात् इस तिथि के अन्तर बॉण्ड को भुनाया जाना निर्धारित किया गया।
- राज्यों की विधानसभा चुनावों में बॉण्ड के 15 दिन की अतिरिक्त अवधि तथा लोकसभा चुनाव में बॉण्ड के लिए 30 दिनों की अतिरिक्त तिथि प्रदान की गई। (संशोधन 2022)

सुप्रीम कोर्ट द्वारा चुनावी बॉण्ड योजना अवैध घोषित

- सर्वोच्च न्यायालय ने इसे संविधान के अनुच्छेद 19(1) (a) तथा अनुच्छेद 19(2) का उल्लंघन माना अर्थात् सूचना के मूल अधिकार का उल्लघंन करती है। इसके साथ ही यह माना कि असीमित कॉर्पोरेट दान स्वतन्त्र एवं निष्पक्ष चुनाव की भावना का उल्लघंन करता है। इसमें एसबीआई की कार्यप्रणाली में भी पारर्शिता का अभाव पाया गया। अतः सर्वोच्च न्यायालय ने फरवरी, 2024 को इसे अवैध घोषित कर दिया।

नोटा का अधिकार

- लोकतन्त्र में मतदाताओं को यह अधिकार होना चाहिए कि यदि वे क्षेत्र में चुनाव लड़ रहे किसी भी प्रत्याशी से सन्तुष्ट नहीं हैं, तो वे किसी भी प्रत्याशी का चुनाव न करें।
- उच्चतम न्यायालय के अनुसार नोटा (None of the Above, NOTA) के विकल्प के माध्यम से मतदाताओं को यह अधिकार मिलेगा कि वे राजनीतिक दलों को स्वच्छ व ईमानदार छवि वाले प्रत्याशियों को चुनाव मैदान में उतारने के लिए विवश करें।
- निर्वाचन प्रणाली में सुधार व मतदाताओं को विकल्पों की स्वतन्त्रता उपलब्ध कराने हेतु निर्वाचन आयोग ने नोटा का प्रावधान किया, जिसके अन्तर्गत मतदाताओं को यह अधिकार होगा कि वे चुनाव लड़ रहे किसी भी प्रत्याशी को वोट न दें। ईवीएम मशीन में NOTA का विकल्प गुलाबी रंग के बटन से प्रदर्शित होता है।
- निर्वाचन आयोग ने वर्ष 2009 में उच्चतम न्यायालय को इस सन्दर्भ में निर्णय देने की गुजारिश की थी।
- वर्ष 2013 में उच्चतम न्यायालय ने नोटा को मान्यता प्रदान करते हुए निर्वाचन आयोग से सभी वोटिंग मशीनों में इसके लिए बटन बनाने का आदेश दिया। द पीपुल यूनियन फॉर सिविल लिबर्टीज नामक एक गैर-सरकारी संगठन (Non-Governmental Organisation) द्वारा नोटा के सन्दर्भ में दायर एक जनहित याचिका पर उच्चतम न्यायालय ने यह फैसला दिया। वर्ष 2018 में सर्वोच्च न्यायालय ने निर्णय दिया कि नोटा को केवल प्रत्यक्ष चुनावों में ही लागू किया जाना चाहिए।

नोटा के लाभ

नोटा के सन्दर्भ मे दिए गए निर्णय में उच्चतम न्यायालय की मंशा स्पष्ट है, चूँकि चुनाव में विजयी प्रत्याशी देश के शासन में भागीदारी करते हैं, अत: यह आवश्यक है कि ऐसे प्रत्याशी जिनकी पृष्ठभूमि आपराधिक, अनैतिक व दागी है, तो उन्हें संसद या विधानमण्डल में निर्वाचित होने से रोका जाए। यदि नोटा को उसके सही अर्थो मे लागू किया जाए, तो यह देश के राजनीतिक परिदृश्य में व्यापक बदलाव लाएगा।

NERPAP

इसका पूरा नाम 'राष्ट्रीय मतदाता सूची शुद्धिकरण और प्रमाणीकरण कार्यक्रम' (National Electoral Rool Purification and Authentication Programme) है। इसका मुख्य उद्देश्य त्रुटिरहित तथा प्रमाणीकरण के साथ मतदाता सूची को तैयार करना है, जिसके लिए मतदाता सूची के मतदाताओं को आधार कार्ड से जोड़ा जाएगा, इसके लिए मतदाता निर्वाचन आयोग के राष्ट्रीय मतदाता सेवा केन्द्र (National Voter's Service Portal, NVSP) एस.एम.एस., ई मेल, मोबाइल के माध्यम से निर्वाचन आयोग को अपनी आधार संख्या उपलब्ध करा सकते हैं।

वीवीपीएटी के माध्यम से मतदाताओं को त्वरित फीडबैक

- मतदाता पावती रसीद, अर्थात् **वोटर वेरिफायड पेपर ऑडिट ट्रायल** (VVPAT) मतपत्र रहित मतदान प्रणाली का उपयोग करते हुए मतदाताओं को फीडबैक देने का तरीका है।
- भारत में मतदान के लिए प्रयोग की जाने वाली मशीन VVPAT का संस्करण M3 है। M3 EVM, EVM का तीसरा संस्करण है, यह संस्करण 384 उम्मीदवारों का डेटा संग्रहित कर सकता है। इसके अतिरिक्त इसे टेम्पर भी नहीं किया जा सकता है।
- इसका उद्देश्य इलेक्ट्रॉनिक वोटिंग मशीनों की स्वतन्त्र पुष्टि है। यह व्यवस्था मतदाता को इस बात की पुष्टि करने की अनुमति देती है कि उसकी इच्छानुसार मत पड़ा है या नहीं। इसे वोट बदलने या वोटों को नष्ट करने से रोकने के अतिरिक्त उपाय के रूप में उपयोग किया जाता है।
- वीवीपीएटी के अन्तर्गत प्रिण्टर की तरह का एक उपकरण इलेक्ट्रॉनिक वोटिंग मशीन (EVM) से जुड़ा होता है। जब वोट डाला जाता है, तब इसकी एक पावती रसीद (Acknowledgement Slip) निकलती है, इस पावती पर क्रम संख्या, नाम तथा उम्मीदवार का चुनाव-चिह्न दर्शाया जाता है।
- यह उपकरण वोट डाले जाने की पुष्टि करता है तथा मतदाता ब्यौरों की पुष्टि कर सकता है। रसीद एक बार दिखने के बाद ईवीएम से जुड़े कण्टेनर में चली जाती है। दुर्लभत मामलों में केवल चुनाव अधिकारी की ही इस तक पहुँच हो सकती है।
- सितम्बर, 2013 में नागालैण्ड के त्वेनसांग में नोकसेन विधानसभा निर्वाचन क्षेत्र के लिए ईवीएम के साथ वीवीपीएटी का प्रयोग किया गया। उच्चतम न्यायालय ने अक्टूबर, 2013 में सुब्रह्मण्यम स्वामी बनाम भारत निर्वाचन

आयोग मामले में व्यवस्था देते हुए कहा कि वीवीपीएटी स्वतन्त्र तथा निष्पक्ष चुनावों के लिए अपरिहार्य है।

नोट भारत में पहली बार पायलट आधार पर एतच का उपयोग वर्ष 1982 में केरल के पारुर विधानसभा क्षेत्र में किया गया था।

उच्चतम न्यायालय के महत्त्वपूर्ण निर्णय : दोषी नीति-निर्माताओं की अयोग्यता

- 10 जुलाई, 2013 को उच्चतम न्यायालय द्वारा **लिलि थामस बनाम भारतीय संघ वाद** में यह निर्णय दिया गया कि कोई भी संसद सदस्य विधायक व विधानपरिषद् के सदस्य जिन्हें किसी अपराध के लिए दो-या-दो से अधिक वर्षों की सजा मिलती है, तो वे सजा सुनाए जाने की तारीख से संसदीय सदस्यता से अयोग्य घोषित किए जाएँगे।
- उच्चतम न्यायालय ने इस सन्दर्भ में जन-प्रतिनिधित्व अधिनियम की **धारा 8 (4)** को भी असंवैधानिक (Unconstitutional) घोषित किया है, जिसमें दोषी सदस्य को उच्चतम न्यायालय में जाकर अपील करने के लिए 3 महीने का समय मिलता था।

एक्जिट व ओपिनियन पोल

- एक्जिट पोल (Exit Poll) का तात्पर्य चुनावों के तुरन्त बाद मतदाताओं के दिए गए मतों के आधार पर जारी सर्वेक्षण से होता है, वहीं ओपिनियन पोल इस तथ्य पर आधारित होता है कि चुनावों में मतदाता किसे वोट देने वाले हैं।
- इन सर्वेक्षणों के माध्यम से चुनाव के परिणामों का पूर्वाभ्यास लगाने का प्रयास किया जाता है, क्योंकि चुनावों के परिणाम आने में समय लगता है। सामान्यत: ये सर्वेक्षण निजी कम्पनी व संस्थाओं के द्वारा कराए जाते हैं, जिनमें मीडिया समूहों की महत्त्वपूर्ण भूमिका होती है। वर्ष 2009 में जन प्रतिनिधित्व अधिनियम में संशोधन करते हुए सरकार द्वारा एक्जिट पोल पर मतदान के आखिरी चरण तक प्रतिबन्ध लगा दिया गया, जबकि ओपिनियन पोल पर कोई प्रतिबन्ध नहीं लगाया गया।
- वर्तमान समय में चुनाव आयोग के पास मतदान के 48 घण्टे पहले ही ओपिनियन पोल पर प्रतिबन्ध लगाने का अधिकार है, जबकि इस पर प्रतिबन्ध लगाने सम्बन्धी प्रस्ताव पर कानून बनना शेष है।

अधिकतम मत पद्धति और समानुपातिक प्रतिनिधित्व चुनाव व्यवस्था की तुलना

अधिकतम मत पद्धति	समानुपातिक प्रतिनिधित्व चुनाव व्यवस्था
पूरे देश को छोटी-छोटी भौगोलिक इकाइयों में बाँट देते हैं, जिसे निर्वाचन क्षेत्र या जिला कहते हैं।	किसी बड़े भौगोलिक क्षेत्र को एक निर्वाचन क्षेत्र मान लिया जाता है। सम्पूर्ण देश एक निर्वाचन क्षेत्र गिना जा सकता है।
हर निर्वाचन क्षेत्र से केवल एक प्रतिनिधि चुना जाता है।	एक निर्वाचन क्षेत्र से कई प्रतिनिधि चुने जा सकते हैं।
मतदाता प्रत्याशी को वोट देता है।	मतदाता पार्टी को वोट देता है।
पार्टी को प्राप्त वोटों के अनुपात से अधिक या कम सीटें विधायिका में मिल सकती हैं।	प्रत्येक पार्टी को प्राप्त मत के अनुपात में विधायिका में सीटें प्राप्त होती हैं।
विजयी उम्मीदवार को जरूरी नहीं कि वोटों का बहुमत (50%+1) मिले उदाहरण-यूनाइटेड किंगडम और भारत	विजयी उम्मीदवार को वोटों का बहुमत प्राप्त होता है। उदाहरण-इजराइल और नीदरलैण्ड्स।

परिसीमन

परिसीमन (Delimitation) एक ऐसी प्रक्रिया है, जिसके अन्तर्गत जनसंख्या के अनुसार प्रत्येक राज्य एवं संघीय क्षेत्र में लोकसभा एवं राज्य विधानसभा के सदस्यों की संख्या एवं निर्वाचन क्षेत्रों की भौगोलिक सीमा परिभाषित की जाती है।

परिसीमन आयोग

- परिसीमन आयोग की नियुक्ति की अधिसूचना राष्ट्रपति द्वारा जारी की जाती है।
- संविधान के **अनुच्छेद 81, 82, 170, 330 एवं 332** में परिसीमन आयोग (Delimitation Commission) से सम्बन्धित प्रावधान है। भारत में अब तक 4 बार परिसीमन आयोग (1952,1962,1972 तथा 2002) बनाए गए हैं। परिसीमन आयोग ही परिसीमन कार्य सम्पन्न करता है। इसके निर्णय सरकार पर बाध्यकारी होते हैं तथा न्यायालय में नहीं उठाए जा सकते हैं। आयोग के निर्णय लोकसभा में रखे जाते हैं, परन्तु लोकसभा को इसमें संशोधन का अधिकार नहीं होता है।
- परिसीमन आयोग 2002 का गठन परिसीमन एक्ट, 2002 के अन्तर्गत हुआ, जिसके अध्यक्ष कुलदीप सिंह थे। जिस राज्य में आयोग कार्य करता है, उस राज्य के 5 लोकसभा सदस्य तथा 5 विधानसभा सदस्य सहायक सदस्य के रूप में आयोग की सहायता करते हैं।
- 84वें संविधान संशोधन अधिनियम द्वारा परिसीमन की जनगणना का आधार 1991 बनाया गया, लेकिन 87वें संविधान संशोधन अधिनियम द्वारा जनगणना का आधार वर्ष 2001 बनाया गया है।
- परिसीमन आयोग कार्य करते समय यह ध्यान रखता है कि किसी भी विधानसभा क्षेत्र की सीमा एक जिले से बाहर न हो और कोई भी विधानसभा सीट, दो लोकसभा क्षेत्र का हिस्सा न हो।
- आयोग लोकसभा तथा विधानसभा सीटों की प्रारम्भिक संरचना तैयार कर राजनीतिक दलों से आपत्तियाँ माँगता है कई चरणों के अध्ययन के बाद अन्तिम मसौदा तैयार करता है। फिर वह अन्तिम मसौदा राष्ट्रपति के पास भेजा जाता है, जिसे लोकसभा में रखा जाता है।
- परिसीमन आयोग द्वारा कुल संसद व विधानसभा सदस्य संख्या में परिवर्तन किए बिना अनुसूचित जाति व अनुसूचित जनजाति के आरक्षित सीटों की संख्या पुन: आकलित की गई है।
- परिसीमन आयोग ने झारखण्ड और उत्तर पूर्व के 4 राज्यों को छोड़कर अन्य सभी में अपनी अनुशंसाएँ लागू की हैं। आयोग ने संसद में अनुसूचित जातियों की सीटों की संख्या 79 से बढ़ाकर 87 कर दी तथा अनुसूचित जनजातियों की सीटों की संख्या 39 से बढ़ाकर 44 कर दी है।
- जम्मू-कश्मीर परिसीमन आयोग ने 5 मई, 2022 को अपनी रिपोर्ट में जम्मू में 43 विधानसभा सीटों तथा कश्मीर में 47 विधानसभा सीटें रखने का सुझाव दिया है।

दलीय व्यवस्था

राजनीतिक दल

- ये ऐसे स्वैच्छिक संगठन अथवा लोगों के संगठित समूह (Organised Group) होते हैं, जो समान दृष्टिकोण रखते हैं तथा जो संविधान के प्रावधानों के अनुरूप राष्ट्र को आगे बढ़ाने के लिए राजनीतिक शक्ति प्राप्त करने की कोशिश करते हैं।

- राजनीतिक दलों की संख्या और उनसे सम्बद्ध सदस्यता के आधार पर दलीय प्रणालियों के वर्गीकरण का प्रचलन है। किसी दल की प्रकृति उसकी विचारधारा अथवा कार्यक्रम की प्राथमिकताओं तथा संगठनात्मक संरचनाओं से निर्धारित होती है।
- भारत में देश का विशाल आकार, समाज की विभिन्नता, सार्वभौमिक वयस्क मताधिकार की ग्राह्यता, राजनीतिक प्रक्रियाओं तथा कई अन्य कारणों से देश में अनेक राजनीतिक दलों का उदय हुआ।
- वर्तमान में 6 राष्ट्रीय दल (National Party), 57 मान्यता प्राप्त क्षेत्रीय दल हैं तथा पंजीकृत राजनीतिक दलों की संख्या 2597 है।

दलीय व्यवस्था का स्वरूप एक दलीय व्यवस्था

- इस प्रणाली में सत्ता पर एक ही दल का एकाधिकार स्थापित हो जाता है तथा अन्य दलों की भूमिका नगण्य हो जाती है, जो सांविधानिक अथवा राजनीतिक तरीकों द्वारा किया जाता है। उदाहरण—चीन।
- एक दल प्रधान प्रणाली (Single Party System) का अभिप्राय उस प्रणाली से है, जहाँ एक से अधिक दल तो होते हैं, उनमें उन्मुक्त प्रतियोगिता भी होती है, परन्तु अन्य दलों की तुलना में एक दल को ही अधिकाधिक जनसमर्थन (Public Support) प्राप्त होता है।
- अत: प्रधान दल की ही सरकार बनती है और वही दल सत्ता से वंचित होने से निडर होकर दीर्घकाल तक सत्तारूढ़ (Ruling) रहता है। विरोधी दल कमजोर तथा विभाजित होते हैं।

द्विदलीय व्यवस्था

- द्विदलीय प्रणाली वह प्रणाली है, जहाँ अनेक दल होते हैं, लेकिन सत्ता संघर्ष में वर्चस्व मुख्यतया दो दलों का ही होता है। उदाहरण–अमेरिका।
- दूसरे शब्दों में, इस प्रणाली के तहत राजनीतिक व्यवस्था में अनेक दल अस्तित्व में होते हैं, लेकिन यथेष्ट चुनावी और विधायी शक्ति केवल दो दलों में ही होती है, जिनमें से एक की सरकार बनती है।

बहुदलीय व्यवस्था

- इस प्रणाली में सत्ता प्राप्ति की प्रतियोगिता में अनेक दल भाग लेते हैं, जिनके कारण किसी एक दल को बहुमत प्राप्त करने के अवसर कम रहते हैं। बड़े राजनीतिक दलों की संख्या निश्चित नहीं होती। वस्तुत: इस प्रणाली में छोटे-छोटे दलों को महत्त्वपूर्ण भूमिका निर्वहन करने का अवसर प्राप्त हो जाता है और वे कभी-कभी सबसे बड़े दल को सरकार से बाहर रखने में भी सफल हो जाते हैं।
- संसदीय लोकतन्त्र (Parliamentary Democracy) में बहुदलीय प्रणालियाँ (Multiparty System) अनुत्तरदायित्वपूर्ण ढंग से कमजोर तथा अस्थायी सरकार बनाने की दोषी पाई जाती हैं। बहुदलीय प्रणाली का प्रचलन विकसित देशों तथा इटली, फ्रांस, जर्मनी, भारत तथा स्कैण्डिनेवियन देशों में देखने को मिलता है।

राष्ट्रीय और राज्यस्तरीय दलों को मान्यता

- निर्वाचन आयोग, निर्वाचन के प्रयोजनों हेतु राजनीतिक दलों को पंजीकृत करता है और उनकी चुनाव निष्पादनता के आधार पर उन्हें राष्ट्रीय या राज्यस्तरीय दलों के रूप में मान्यता प्रदान करता है। अन्य दलों को केवल पंजीकृत गैर-मान्यता प्राप्त दल घोषित किया जाता है।
- आयोग द्वारा दलों को प्रदान की गई मान्यता उनके लिए कुछ विशेषाधिकारों का निर्धारण करती है। प्रत्येक राष्ट्रीय और राज्य स्तरीय दल को एक चुनाव-चिह्न प्रदान किया जाता है।

राष्ट्रीय दलों के रूप में मान्यता की शर्तें

वर्तमान में एक दल को राष्ट्रीय दल (National Party) के रूप में तब मान्यता प्रदान की जाती है, जब वह निम्नलिखित शर्तों को पूरा करता हो

- यदि वह लोकसभा अथवा विधानसभा के आम चुनावों में चार अथवा अधिक राज्यों में वैध मतों का 6% मत प्राप्त करता है तथा इसके साथ ही वह किसी राज्य या राज्यों से लोकसभा में चार सीटें प्राप्त करता है।
- यदि वह लोकसभा में 2% स्थान जीतता है तथा ये सदस्य तीन विभिन्न राज्यों से चुने जाते हैं। यदि किसी दल को कम-से-कम चार राज्यों में राज्यस्तरीय दल के रूप में मान्यता प्राप्त हो।

मान्यता प्राप्त राष्ट्रीय दल एवं उनके चुनाव-चिह्न

पार्टी	विशेष तथ्य
 कांग्रेस	इसकी स्थापना 1885 ई. में हुई। **जवाहरलाल नेहरू** के नेतृत्व में इस दल का भारतीय राजनीति पर प्रभाव रहा। वर्ष 1989 के बाद क्षेत्रीय दलों के प्रसार ने कांग्रेस के जन समर्थन को कमजोर किया है।
 भारतीय कम्युनिस्ट पार्टी (मार्क्सवादी)	नवम्बर, 1964 में भारतीय कम्युनिस्ट पार्टी से पृथक् इस दल की स्थापना, पूँजीवाद-सम्प्रदायवाद का विरोध, केरल तथा बंगाल में उपस्थिति अधिक प्रभावी।
 भारतीय जनता पार्टी	वर्ष 1951 में स्थापित भारतीय जनसंघ को पुनर्जीवित कर वर्ष 1980 में इसकी स्थापना की गई। सांस्कृतिक **राष्ट्रवाद** की विचारधारा के आधार पर विस्तार करने वाली भारतीय जनता पार्टी, वर्ष 2014 से केंद्र में सरकार में है।
 बहुजन समाज पार्टी	कांशी राम के नेतृत्व में वर्ष 1984 में गठित इस दल ने दलित तथा पिछड़ों को अपनी राजनीतिक विचारधारा के अंतर्गत रखा है। **सामाजिक न्याय** के लिए संघर्ष करने वाली इस पार्टी का विस्तार उत्तर भारत में अधिक है।
 नेशनल पीपुल्स पार्टी	यह वर्ष 2013 में पीए संगमा द्वारा स्थापित राजनीतिक दल है। इसे 7 जून, 2019 को 'राष्ट्रीय दल' का दर्जा प्रदान किया गया। यह राजनीतिक दल उत्तर-पूर्व के राज्यों में सशक्त है। मणिपुर तथा मेघालय में इसकी लोकप्रियता अधिक है।
 आम आदमी पार्टी	यह राजनीतिक दल वर्ष 2012 में अरविन्द केजरीवाल तथा उनके सहयोगियों द्वारा स्थापित किया गया था। इसकी स्थापना वर्ष 2011 में हुए भारतीय भ्रष्टाचार विरोधी आन्दोलन के पश्चात् की गई थी। वर्तमान में यह पंजाब तथा दिल्ली का शासकीय राजनीतिक दल है।

जनवरी, 2025 के अनुसार

राज्यस्तरीय दलों की मान्यता की शर्तें

एक दल को राज्य स्तरीय दल (State Party) के रूप में तब मान्यता दी जाती है, जब वह निम्न शर्तों को पूरा करता हो

- यदि उस दल ने राज्य की विधानसभा के आम चुनाव में उस राज्य में हुए कुल वैध मतों का 2% प्राप्त किया हो तथा इसके अतिरिक्त उसने सम्बन्धित राज्य में दो स्थान प्राप्त किए हों।
- यह उस राज्य की लोकसभा के लिए हुए आम चुनाव में उस राज्य से हुए कुल वैध मतों का 6% प्राप्त करता हो तथा इसके अतिरिक्त उसने सम्बन्धित राज्य में लोकसभा की कम-से-कम एक सीट जीती हो।
- यदि उस दल ने राज्य की विधानसभा के कुल स्थानों का 3% या तीन सीटें जो भी ज्यादा हो, प्राप्त किए हों।
- यदि प्रत्येक पच्चीस सीटों में से उस दल ने लोकसभा की कम-से-कम एक सीट जीती हो या लोकसभा के चुनाव में उस सम्बन्धित राज्य में उसने विभाजन से कम-से-कम इतनी सीटें प्राप्त की हों।

दल-बदल विरोधी कानून

- **वर्ष 1985 में 52वें संविधान संशोधन अधिनियम** द्वारा सांसदों और विधायकों द्वारा एक राजनीतिक दल से दूसरे दल में दल परिवर्तन के आधार पर अयोग्यता के बारे में प्रावधान किया गया है।
- इस हेतु संविधान के 4 अनुच्छेदों (अनुच्छेद 101, 102, 190 तथा 191) में परिवर्तन कर 10वीं अनुसूची जोड़कर दल-बदल को रोकने का प्रावधान किया गया।
- **91वें संविधान संशोधन अधिनियम, 2003** द्वारा दसवीं अनुसूची में पुन: परिवर्तन किया गया। इसने एक उपबन्ध को समाप्त कर दिया अर्थात् अब विभाजन के मामले में दल-बदल के आधार पर अयोग्यता नहीं मानी जाएगी।

अधिनियम के प्रावधान

10वीं अनुसूची में दल परिवर्तन (Anti-defection) के आधार पर सांसदों और विधायकों के निरर्हता सम्बन्धी निम्न प्रावधान हैं

राजनीतिक दलों के सदस्य

- किसी राजनीतिक दल का सदस्य, जो किसी सदन का सदस्य है, उस सदन की सदस्यता के अयोग्य माना जाएगा, यदि वह स्वेच्छा से उस राजनीतिक दल की सदस्यता छोड़ देता है।
- यदि वह सदन में अपने राजनीतिक दल के निर्देशों के विपरीत मतदान करता है या अनुपस्थित रहता है तथा राजनीतिक दल से उसने 15 दिनों के अन्दर क्षमादान न पाया हो। अत: स्पष्ट है कि जो सदस्य जिस दल के टिकट पर निर्वाचित हुआ हो, उसे उस दल का सदस्य बने रहना चाहिए तथा दल के निर्देशों का पालन करना चाहिए।
- **निर्दलीय सदस्य** कोई निर्दलीय सदस्य (Independent Member) किसी सदन की सदस्यता के अयोग्य हो जाएगा, यदि वह उस चुनाव के बाद किसी राजनीतिक दल की सदस्यता धारण कर लेता है।
- **नामांकित सदस्य** किसी सदन का नाम निर्देशित सदस्य (Nominated Member) सदन की सदस्यता के अयोग्य हो जाएगा यदि वह उस सदन में अपना स्थान ग्रहण करने के **छः माह** बाद किसी राजनीतिक दल की सदस्यता ग्रहण कर लेता है।

निर्धारण प्राधिकारी

- दल परिवर्तन से **उत्पन्न निरर्हता** (Disqualification) सम्बन्धी प्रश्नों का निर्णय सदन का अध्यक्ष करता है।
- **वर्ष 1993 में, किहोतो-होलोहन बनाम जाचिल्हू** मामले में सर्वोच्च न्यायालय ने निर्णय दिया कि जब अध्यक्ष दसवीं अनुसूची के आधार पर निरर्हता सम्बन्धी किसी प्रश्न पर निर्णय देता है, तब वह एक निरर्हता की तरह कार्य करता है। अत: किसी अन्य अधिकरण की तरह उसके निर्णय की भी **न्यायिक समीक्षा** (Judicial Review) की जा सकती है।

नियम बनाने की शक्ति

किसी सदन के अध्यक्ष को 10वीं अनुसूची के उपबन्धों को प्रभावी करने के लिए नियम बनाने की शक्ति प्राप्त है। ऐसे नियम सदन के समक्ष 30 दिनों के अन्दर रखने आवश्यक हैं, ताकि सदन इन नियमों में सुधार कर स्वीकृति या अस्वीकृति दे सके।

दल परिवर्तन के अपवाद

दल परिवर्तन के आधार पर अयोग्यता निम्न मामलों में लागू नहीं होगी

- यदि कोई सदस्य दल में टूट के कारण अपने दल से बाहर हो गया हो, दल में टूट तब मानी जाती है, जब 1/3 सदस्य (वर्तमान 2/3 सदस्य) सदन में एक नए दल का गठन कर लेते हैं।
- कोई सदस्य पीठासीन अधिकारी (Presiding Officer) निर्वाचित हो जाने पर अपने दल की सदस्यता से स्वैच्छिक रूप से बाहर हो जाता है।

91वाँ संविधान संशोधन अधिनियम, 2003

इस अधिनियम में मन्त्रिमण्डल का आकार छोटा रखने, अयोग्य लोगों को नागरिक पद धारण करने से रोकने तथा दल परिवर्तन विरोधी कानून को सशक्त बनाने के लिए निम्न प्रावधान किए गए हैं

- **अनुच्छेद 75 के अनुसार** प्रधानमन्त्री सहित सम्पूर्ण मन्त्रिपरिषद् का आकार लोकसभा की कुल सदस्य संख्या के 15% से अधिक नहीं होगा।
- **अनुच्छेद 75 के अनुसार** दल परिवर्तन के आधार पर अयोग्य ठहराया गया सदस्य किसी मन्त्रीपद को धारण करने के लिए भी अयोग्य होगा।
- **अनुच्छेद 164 के अनुसार** मुख्यमन्त्री सहित सम्पूर्ण मन्त्रिपरिषद् का आकार, राज्य विधानमण्डल की कुल सदस्य संख्या के 15% से अधिक नहीं होता है, लेकिन मुख्यमन्त्री सहित सम्पूर्ण मन्त्रिपरिषद् की कुल संख्या 12 से कम नहीं होनी चाहिए।
- **अनुच्छेद 164 के अनुसार** राज्य विधानमण्डल का सदस्य जो दल परिवर्तन के आधार पर अयोग्य घोषित हो गया, वह मन्त्रीपद धारण करने के भी अयोग्य होगा।
- **अनुच्छेद 371 (B) के अनुसार** दल परिवर्तन के तहत किसी सदन का कोई सदस्य जो अयोग्य घोषित हो गया हो, वह किसी भी लाभ से राजनीतिक पद को धारण करने के भी अयोग्य होगा।
- दसवीं अनुसूची के उपबन्ध (दल परिवर्तन विरोधी कानून (Anti-Defection Law) विभाजन की उस दशा में लागू नहीं होंगे, जब किसी दल के 1/3 सदस्य उस विभाजित भाग में सम्मिलित हों।

आदर्श आचार संहिता

- चुनाव की घोषणा होते ही राजनीतिक दलों को आदर्श आचार का पालन करना होता है।
- **आदर्श आचार संहिता** निर्वाचन आयोग द्वारा चुनाव से पूर्व राजनीतिक दलों और उनके उम्मीदवारों के विनियमन तथा स्वतन्त्र और निष्पक्ष चुनाव सुनिश्चित करने हेतु जारी दिशा-निर्देशों का एक समूह होता है। यह चुनाव की घोषणा से लेकर चुनाव परिणाम घोषित होने की तिथि तक लागू रहती है।

- 'आदर्श आचार संहिता' को संसद ने अधिनियमित नहीं किया है, बल्कि यह निर्वाचन आयोग द्वारा तय नियमावली है।

हित समूह और दबाव समूह

- हित समूहों को ऐसी स्वैच्छिक संस्थाओं के रूप में परिभाषित किया जा सकता है, जो सत्ता संघर्ष में सम्मिलित हुए बिना, समाज में किसी विशेष हित की रक्षा हेतु अथवा किसी उद्देश्य या राजनीतिक स्थिति को प्रोन्नत करने के लिए बनती हैं।
- साधारणतया हित समूह का प्रयोग ऐसे समूहों के लिए किया जाता है, जो किसी सामूहिक हित अथवा किसी एक व्यवसाय से सम्बन्धित लोगों की रक्षा अथवा प्रगति के लिए संगठित किए जाते हैं; जैसे—वकीलों, व्यापारियों, शिक्षकों तथा कृषकों, डॉक्टरों के हितों के समूह। इन हित समूहों के लिए लॉबी और लॉबिस्ट की शब्दावली भी उभरकर आई है।
- वास्तव में, यह उस प्रणाली की ओर संकेत करती है, जहाँ विशेषत: अमेरिका में, हित समूह नीति निर्धारण करने वालों से मिलने, उनको प्रभावित करने व दबाव डालने के कार्य करते हैं। यह प्रक्रिया, जिसे **लॉबिंग** कहा जाता है, हित समूह द्वारा प्रयोग किया जाने वाला एक और तरीका है।
- इस प्रकार सामान्यत: विशेष हितों का संगठन जो नीति-निर्धारण को प्रभावित कराता है, मूलत: हित समूह कहा जाता है, क्योंकि हित समूह अपने उद्देश्य का प्राप्ति के लिए दबाव डालने के विभिन्न तरीकों को प्रयोग करते हैं, इसलिए उन्हें दबाव समूह भी कहा जाता है। यद्यपि उद्देश्य, प्रकृति, समरनीति और भूमिका के आधार पर हित समूह और दबाव समूह (Pressure Group) शब्द पर्यायवाची शब्दों के रूप में प्रयोग किए जाते हैं; जैसे—भारतीय किसान यूनियन, मजदूर संघ (इंटक)।

वस्तुनिष्ठ प्रश्न

1. किस समिकत ने पंचायती राज को द्वि-स्तरीय बनाने का सुझाव दिया
(a) बलवन्त राय मेहता समिति
(b) अशोक मेहता समिति
(c) राज मन्नार समिति
(d) उपरोक्त में से कोई नहीं

2. राज्य निर्वाचन आयोग का प्रमुख कार्य है
(a) राष्ट्रपति का चुनाव कराना
(b) लोकसभा का चुनाव कराना
(c) राज्यसभा का चुनाव कराना
(d) पंचायती राज संस्थाओं का चुनाव कराना

3. 73वें संविधान संशोधन 1992 द्वारा पंचायत राज संस्थाओं को कार्य करने के लिए कितने विषय प्रदान किए गए
(a) 29 विषय (b) 284 विषय
(c) 18 विषय (d) इनमें से कोई नहीं

4. 74वें संविधान संशोधन 1992 द्वारा शहरी क्षेत्र की स्थानीय स्वशासन संस्थाओं को कार्य करने के लिए कितने विषय प्रदान किए गए
(a) 29 विषय (b) 18 विषय
(c) 26 विषय (d) इनमें से कोई नहीं

5. स्थानीय स्वशासन में वित्त आयोग का गठन कितने वर्ष के लिए होता है
(a) प्रत्येक 5 वर्ष के लिए (b) 2 वर्ष के लिए
(c) 3 वर्ष के लिए (d) 4 वर्ष के लिए

6. नगरीय स्वशासन के ऊपरी स्तर पर कौन-सा निकाय है
(a) नगर निगम (b) नगर परिषद्
(c) नगरपालिका (d) स्थानीय बोर्ड

7. स्थानीय स्वशासन में वित्त आयोग का गठन किस अनुच्छेद के तहत किया गया है
(a) 243 (घ) (b) 243 (ट)
(c) 243 (च) (d) 243 (झ)

8. नगरीय स्वशासन के निचले स्तर पर कौन-सा निकाय है?
(a) नगरपालिका (b) नगर परिषद्
(c) नगर निगम (d) स्थानीय बोर्ड

9. नगर निगम, नगरपालिका, नगर परिषद् के सदस्य क्या कहलाते हैं?
(a) पार्षद (b) सभापति
(c) अध्यक्ष (d) उपसभापति

10. नगर निगम के निर्वाचित अध्यक्ष को क्या कहते हैं?
(a) सभापति (b) अध्यक्ष
(c) मेयर (d) सभाध्यक्ष

11. नगर परिषद् के निर्वाचित अध्यक्ष को क्या कहते हैं?
(a) सभापति (b) सभाध्यक्ष
(c) अध्यक्ष (d) मेयर

12. 74वाँ संविधान संशोधन कब पारित हुआ?
(a) 1 मई, 1993
(b) 5 मई, 1993
(c) 24 अप्रैल, 1993
(d) 28 अप्रैल, 1993

13. किस राज्य में माध्यमिक स्तर पर पंचायत का गठन करना जरूरी नहीं है
(a) जिसकी 20 लाख से अधिक जनसंख्या न हो
(b) जिसकी 30 लाख से अधिक जनसंख्या न हो
(c) जिसकी 35 लाख से अधिक जनसंख्या न हो
(d) उपरोक्त में से कोई सही नहीं है।

14. भारत में किसके चुनाव में आरक्षित स्थानों को चक्रानुक्रम से भरने की व्यवस्था की गई है
(a) विधानसभा के चुनाव में
(b) लोकसभा के चुनाव में
(c) राज्यसभा के चुनाव में
(d) पंचायती राज संस्थाओं के चुनाव में

15. भारत में 'सामुदायिक विकास कार्यक्रम' प्रारम्भ किया गया
(a) 1952 में (b) 1959 में
(c) 1956 में (d) 1954 में

16. संविधान के किस अनुच्छेद में पंचायत व्यवस्था का प्रयोजन किया गया है
(a) अनुच्छेद 45 (b) अनुच्छेद 42
(c) अनुच्छेद 41 (d) अनुच्छेद 40

17. पंचायती राज-व्यवस्था सर्वप्रथम किस समिति की सिफारिश से प्रारम्भ की गई
(a) बलवंत राय मेहता समिति
(b) अशोक मेहता समिति
(c) मुरारका समिति
(d) उपरोक्त में से कोई नहीं

18. किस राज्य में सर्वप्रथम पंचायती राजव्यवस्था लागू की गई
(a) गुजरात (b) महाराष्ट्र
(c) उत्तर प्रदेश (d) राजस्थान

19. पंचायती राज योजना का उद्घाटन राजस्थान के किस स्थान पर किया गया
(a) नागौर (2 अक्टूबर, 1959)
(b) जयपुर (2 अक्टूबर, 1959)
(c) बीकानेर (2 अक्टूबर, 1959)
(d) सीकर (2 अक्टूबर, 1959)

20. पंचायती राजव्यवस्था को किस संवैधानिक संशोधन द्वारा संवैधानिक आधार प्रदान किया गया
(a) 52वें संशोधन द्वारा (b) 76वें संशोधन द्वारा
(c) 73वें संशोधन द्वारा (d) 42वें संशोधन द्वारा

21. पंचायती राज से सम्बन्धित है
(a) लिब्राहम आयोग (b) अशोक मेहता समिति
(c) नानावती आयोग (d) ये सभी

22. पंचायत समिति के सदस्य
(a) ग्राम पंचायत के सदस्यों द्वारा निर्वाचित
(b) जनता द्वारा प्रत्यक्ष निर्वाचित
(c) खण्ड विकास अधिकारी द्वारा नामजद
(d) उपरोक्त सभी

23. भारतीय संविधान में ग्यारहवीं अनुसूची जोड़ी गई
(a) 74वें संविधान संशोधन द्वारा
(b) 42वें संविधान संशोधन द्वारा
(c) 73वें संविधान संशोधन द्वारा
(d) उपरोक्त में से कोई नहीं

24. भारतीय संविधान में बारहवीं अनुसूची जोड़ी गई
(a) 73वें संविधान संशोधन द्वारा
(b) 74वें संविधान संशोधन द्वारा
(c) 42वें संविधान संशोधन द्वारा
(d) 44वें संविधान संशोधन द्वारा

25. भारतीय संविधान के 73वें और 74वें संविधान संशोधन के अनुसार निकायों में चुनावों की व्यवस्था है
(a) प्रत्येक चार वर्ष बाद
(b) प्रत्येक तीन वर्ष बाद
(c) प्रत्येक दो वर्ष बाद
(d) प्रत्येक एक वर्ष बाद

26. पंचायतों का कार्यकाल है
(a) तीन वर्ष (b) पाँच वर्ष
(c) दो वर्ष (d) इनमें से कोई नहीं

27. बलवन्त राय समिति द्वारा अपने प्रतिवेदन में पंचायती राज संस्थाओं को कितने स्तरीय बनाने का सुझाव दिया गया
(a) एक-स्तरीय (b) त्रि-स्तरीय
(c) द्वि-स्तरीय (d) इनमें कोई नहीं

28. 73वें संविधान संशोधन के अनुसार पंचायती राज संस्थाओं के लिए वित्त आयोग का गठन करेगा
(a) राज्य का मुख्यमन्त्री
(b) राज्य का राज्यपाल
(c) राज्य का पंचायती राजमन्त्री
(d) उपरोक्त में से कोई नहीं

29. लोकतान्त्रिक विकेन्द्रीकरण का सुझाव दिया
(a) सरकारिया आयोग ने
(b) अशोक नेहता समिति ने
(c) बलवन्त राय मेहता समिति ने
(d) उपरोक्त में से किसी ने नहीं

30. 73वें संविधान संशोधन द्वारा ग्यारहवीं अनुसूची में पंचायती राज संस्थाओं को कार्य सौंपे गए हैं
(a) 97 (b) 66
(d) 29 (d) 47

सही उत्तर

1. (b)	2. (d)	3. (a)	4. (b)	5. (a)	6. (a)	7. (d)	8. (a)	9. (a)	10. (c)
11. (a)	12. (a)	13. (a)	14. (d)	15. (a)	16. (d)	17. (a)	18. (d)	19. (a)	20. (c)
21. (b)	22. (b)	23. (c)	24. (b)	25. (a)	26. (b)	27. (b)	28. (b)	29. (c)	30. (c)

भूगोल

अध्याय 01 भारत : स्थिति एवं विस्तार

भौगोलिक विस्तार

भारत एक प्राचीन देश है। इसकी विशालता एवं विविधता के कारण इसे **'उपमहाद्वीप'** की संज्ञा दी जाती है। प्राचीन काल में भारत को **'जम्बू द्वीप'** एवं **'आर्यावर्त'** कहा जाता था। चक्रवर्ती आर्य राजा भरत के नाम पर इसका नामकरण **'भारत वर्ष'** हुआ। ईरानियों ने सिन्धु नदी को **हिन्द** तथा भारत को **'हिन्दुस्तान'** कहा। यूनानियों ने सिंन्धु नदी को **इण्ड्स** तथा भारत को **'इण्डिया'** कहा।

- भारतीय प्रायद्वीप विश्व के प्राचीनतम स्थलखण्ड गोण्डवाना लैण्ड का भाग है।
- भारत उत्तरी गोलार्द्ध में 8°4′ उत्तरी अक्षांश से 37°6′ उत्तरी अक्षांश तथा 68°7′ पूर्वी देशान्तर से 97°25′ पूर्वी देशान्तर के मध्य स्थित है। यह उत्तर में **इन्दिरा काल** से दक्षिण में **कन्याकुमारी** तथा पश्चिम में **ओखा** से पूर्व में अरुणाचल प्रदेश तक विस्तृत है।
- क्षेत्रफल की दृष्टि से भारत का विश्व में सातवाँ स्थान है। यह विश्व के लगभग 2.4% भू-भाग पर विस्तृत है। इसका कुल क्षेत्रफल 3287263 वर्ग किमी है।
- जनसंख्या की दृष्टि से विश्व में भारत का प्रथम स्थान है। यहाँ विश्व की लगभग 17.7% (वर्ष 2022 के अनुसार) जनसंख्या रहती है। यहाँ की कुल जनसंख्या 142 करोड़ है।
- भारत की उत्तर से दक्षिण तक कुल लम्बाई 3214 किमी पश्चिम से पूर्व चौड़ाई 2933 किमी है।
- भारत की स्थलीय सीमा की लम्बाई 15200 किमी तथा मुख्य भूमि की समुद्री सीमा की लम्बाई 6100 किमी है। द्वीपों सहित भारत की कुल समुद्री सीमा की लम्बाई 7516.5 किमी है।
- भारत का आकार चतुष्कोणीय है। 220 उत्तरी अक्षांश के दक्षिण में भारतीय प्रायद्वीप धीरे-धीरे कम चौड़ा होता जाता है।
- भारत का सबसे दक्षिणतम् 6°4′ उत्तरी अक्षांश पर स्थित **'इन्दिरा प्वॉइण्ट'** है। इसे **'पारसन प्वॉइण्ट'** पिगमेलियन प्वॉइण्ट तथा ला-चिचिंग कहते हैं। यह ग्रेट निकोबार द्वीप में स्थित है।
- भारत के गुजरात राज्य की तट रेखा सबसे 1663 किमी लम्बी है।
- भारत के गोवा राज्य की तट रेखा सबसे कम है, इसके बाद आन्ध्र प्रदेश का स्थान है।
- पृथ्वी की चुम्बकीय विद्युत रेखा दक्षिण भारत में त्रिवेन्द्रम से गुजरती है।
- कर्क रेखा ($23\frac{1^\circ}{2}$ उत्तरी अक्षांश) भारत के मध्य से होकर गुजरती है। यह रेखा गुजरात, राजस्थान, मध्य प्रदेश, छत्तीसगढ़ झारखण्ड, पश्चिम बंगाल, त्रिपुरा एवं मिजोरम राज्यों (पश्चिम से पूर्व) से होकर गुजरती है।
- 82.5° पूर्वी देशान्तर के समय को भारत का मानक समय माना गया है। यह इलाहाबाद के पास से होकर गुजरती है। भारत का मानक समय अन्तर्राष्ट्रीय मानक समय ग्रीनविच मानक समय से 5 घण्टा 30 मिनट आगे है।
- भारत हिन्द महासागर के शीर्ष पर स्थित है। भारत के पूर्व में बंगाल की खाड़ी एवं पश्चिम में अरब सागर अवस्थित है।
- भारत में द्वीपों की कुल संख्या 247 है। इसमें 204 द्वीप अण्डमान निकोबार द्वीप समूह में तथा 43 अरब सागर में स्थित है।

भारत : *एक दृष्टि*

गोलार्द्ध	उत्तरी अथवा पूर्वी
भौगोलिक अवस्थिति	एशिया महाद्वीप के दक्षिणी भाग में
अक्षांशीय अवस्थिति	8°4′ से 37°6′ उत्तरी अक्षांश के मध्य
देशान्तरीय अवस्थिति	68°7′ से 97°25′ पूर्वी देशान्तर के मध्य
आकार	चतुष्कोणीय
क्षेत्रफल	32 87 263 वर्ग किमी (विश्व का 2.4%)
उत्तर से दक्षिण तक लम्बाई	3214 किमी
पूर्व से पश्चिम तक चौड़ाई	2933 किमी
समस्त स्थलीय सीमा	15200 किमी
प्राकृतिक सीमाएँ	उत्तर-हिमालय पर्वत, दक्षिण-हिन्द महासागर, पूर्व बंगाल को खाड़ी, पश्चिमी अरब सागर
दक्षिणतम बिन्दु	इन्दिरा प्वॉइण्ट (ग्रेट निकोबार द्वीप में)
सर्वोच्च पर्वत शिखर	कंचनजंघा (पूर्ण रूप से भारत में)
सबसे विशाल गर्त	लोनार झील (महाराष्ट्र)
सबसे लम्बी तट रेखा वाला राज्य	गुजरात (1600 किमी)
सबसे सघन आबादी वाला राज्य	पश्चिम बंग (766 वर्ग किमी प्रति व्यक्ति)
सबसे लम्बा हिमनद	सियाचिन ग्लेशियर
सबसे ऊँची झील	देवताल झील (गढ़वाल)
क्षेत्रफल की दृष्टि से	सातवाँ स्थान (विश्व में)
सबसे बड़ा राज्य (क्षेत्रफल)	राजस्थान (342339 वर्ग किमी)
सबसे बड़ा राज्य (जनसंख्या)	उत्तर प्रदेश
सबसे छोटा राज्य (क्षेत्रफल)	गोवा (3702 वर्ग किमी)
सबसे छोटा राज्य (जनसंख्या)	सिक्किम (540493 वर्ग किमी)

गोलार्द्ध	उत्तरी अथवा पूर्वी
सबसे ऊँचा जलप्रपात	कुंचीकल जलप्रपात *(कर्नाटक)*
सबसे बड़ी झील	वुलर झील (जम्मू-कश्मीर)
सबसे लम्बा समुद्र तट	मैरिना बीच (चेन्नई)
सबसे लम्बी नहर	इन्दिरा गाँधी नहर *(राजस्थान)*
सबसे बड़ा डेल्टा	सुन्दर वन *(पश्चिम बंग)*
सबसे बड़ी कृत्रिम झील	गोविन्द सागर *(भाखड़ा नांगल)*
सर्वाधिक वर्षा वाला स्थान	मासिनराम *(मेघालय)*
सबसे बड़ा जिला (क्षेत्रफल)	कच्छ *(गुजरात)*
सबसे छोटा जिला (क्षेत्रफल)	माहे *(पुदुचेरी)*
राज्यों की संख्या	28
केन्द्रशासित प्रदेशों की संख्या	08

- भारत की स्थलीय सीमा पर पश्चिम से पूर्व स्थित पड़ोसी देश क्रमशः पाकिस्तान, अफगानिस्तान, चीन, नेपाल, भूटान, म्यांमार, तथा बांग्लादेश हैं। दक्षिण में भारत का सबसे निकटतम देश श्रीलंका है।

भारत के पड़ोसी देश *एवं* सीमा पर अवस्थित राज्य

देश	सीमा की लम्बाई (किमी)	सीमा पर अवस्थित भारतीय राज्य
बांग्लादेश	4096.70	पश्चिम बंग, असोम, मेघालय, त्रिपुरा, मिजोरम
चीन	3488	लद्दाख, हिमाचल प्रदेश, उत्तराखण्ड, सिक्किम, अरुणाचल प्रदेश
पाकिस्तान	3323	गुजरात, राजस्थान, पंजाब, जम्मू-कश्मीर और लद्दाख
नेपाल	1751	उत्तर प्रदेश, उत्तराखण्ड बिहार, पश्चिम बंग, सिक्किम
म्यांमार	1643	अरुणाचल प्रदेश, नागालैण्ड, मणिपुर, मिजोरम
भूटान	699	सिक्किम, पश्चिम बंग, असोम, अरुणाचल प्रदेश
अफगानिस्तान	106	लद्दाख (पाक अधिकृत)

- पाक जलडमरुमध्य भारत एवं श्रीलंका को एक दूसरे से अलग करता है।
- पाकिस्तान एवं बांग्लादेश के साथ भारत की सीमा मानव निर्मित है जबकि शेष अन्य देशों के साथ सीमा प्राकृतिक है।
- भारत की जलीय सीमा केवल श्रीलंका (दक्षिण-पूर्व में) व मालदीव (दक्षिण-पश्चिम में) से लगी हुई है।
- भारत की सबसे लम्बी सीमा रेखा बांग्लादेश (4096 किमी) के साथ एवं छोटी सीमा रेखा अफगानिस्तान 106 किमी के साथ है।
- भारत के उत्तर में हिमालय पर्वत श्रेणी तथा दक्षिण में हिन्द महासागर प्राकृतिक सीमा का निर्माण करते हैं।
- **मैक मोहन रेखा** भारत एवं चीन के मध्य अरुणाचल प्रदेश के साथ सीमा निर्धारित करती है।
- **रेड क्लिफ रेखा** भारत एवं पाकिस्तान के मध्य (1120 किमी) सीमा रेखा का निर्धारण करती है।

भारत के महत्त्वपूर्ण चैनल

क्र.सं.	चैनल	अवस्थिति
1.	आठ डिग्री चैनल	मालदीव-मिनिकाय के मध्य
2.	नाइन डिग्री चैनल	लक्षद्वीप-मिनिकाय के मध्य
3.	दस डिग्री चैनल	अण्डमान-निकोबार के मध्य
4.	डंकन पास	दक्षिणी अण्डमान-लघु अण्डमान
5.	पाक स्ट्रेट *(जलडमरुमध्य)*	भारत-श्रीलंका के मध्य
6.	कोको स्ट्रेट *(जलडमरुमध्य)*	उत्तरी अण्डमान-कोको द्वीप *(म्यांमार)* के मध्य
7.	मन्नार की खाड़ी	तमिलनाडु *(भारत)*-श्रीलंका के मध्य
8.	खम्भात की खाड़ी	पूर्वी गुजरात, नर्मदा-ताप्ती का मुहाना *(अरब सागर)*
9.	कच्छ की खाड़ी	पश्चिमी गुजरात *(अरब सागर)*
10.	माहिम क्रीक	मुम्बई *(अरब सागर)*
11.	ग्रैण्ड या महान् चैनल	सुमात्रा *(इण्डोनेशिया)*–निकोबार के मध्य

भारत की भूगर्भिक संरचना (भौगोलिक वितरण)

- भारत की भूगर्भिक संरचना में अत्यन्त प्राचीन चट्टानों से लेकर नवीनतम चट्टानें पाई जाती हैं। भारत का प्रायद्वीपीय पठार में जहाँ विश्व की सबसे प्राचीनतम चट्टानें पाई जाती हैं वहीं भारत के गंगा डेल्टा में नवीनतम चट्टानों का निर्माण जारी है।
- भूगर्भिक संरचना के अनुसार भारत को तीन भागों में विभाजित किया जाता है

(i) प्रायद्वीपीय भारत (ii) हिमालय पर्वतीय भाग
(iii) उत्तर का विशाल मैदान।

भारतीय चट्टानों का वर्गीकरण

भारतीय चट्टानों की संरचना को निम्नलिखित वर्गों में विभाजित किया जाता है

- **आर्कियन समूह**
  (i) आर्कियन क्रम (ii) धारवाड़ क्रम
- **पुराज समूह**
  (i) कुडप्पा क्रम (ii) विन्ध्यन क्रम
- **द्रविडियन**
- **आर्यन**
  (i) गोण्डवाना (ii) दक्कन ट्रेप
  (iii) टरशियरी (iv) क्वाटर्नरी

आद्य कल्प/आर्कियन क्रम की चट्टानें

- ये अत्यन्त प्राचीनतम चट्टानें हैं। इनका निर्माण गर्म एवं तप्त पृथ्वी के ठण्डा होने के परिणामस्वरूप भूपर्पटी के जमने से हुआ। इन शैलों का अत्यधिक रूपान्तरण के कारण मौलिक स्वरूप नष्ट हो चुका है।
- इस समूह के अन्तर्गत ग्रेनाइट, नीस एवं शिष्ट प्रकार की शैलें आती हैं। भारत में ये शैलें लगभग 187500 वर्ग किमी क्षेत्र में कर्नाटक,

तमिलनाडु, आन्ध्र प्रदेश, मध्य प्रदेश (जबलपुर, रीवां पठार), झारखण्ड, दक्षिण-पश्चिम राजस्थान राज्यों में मिलती हैं।

धारवाड़ क्रम की चट्टानें

- इस क्रम में आग्नेय एवं परतदार दोनों प्रकार की शैलें हैं। यह प्राचीनतम परतदार चट्टान है, जो अत्यन्त कायान्तरित एवं विरूपित हो चुकी है।
- इसका नामकरण कर्नाटक के धारवाड़ व शिमोगा स्थानों के नाम पर हुआ है। अरावली पर्वत का निर्माण इसी क्रम की चट्टानों से हुआ है। यह विश्व का प्राचीनतम मोड़दार पर्वत है। यह भारत के प्रायद्वीपीय एवं बाह्य प्रायद्वीपीय दोनों क्षेत्रों में पाई जाती हैं।
- इस क्रम की चट्टानें बाह्य प्रायद्वीपीय क्षेत्र में प्रमुख रूप से हिमालय के लद्दाख, जास्कर, गढ़वाल, एवं कुमाऊँ पर्वत श्रेणी में, हिमाचल प्रदेश में **वक्रता श्रेणी** के रूप में स्पीति घाटी में तथा उत्तरी-पूर्वी क्षेत्र में शिलांग श्रेणी के रूप में शिलांग के पठारी क्षेत्र में मिलती हैं। कश्मीर में इसको **सेलर वाला श्रेणी** भी कहते हैं।
- आर्थिक दृष्टि से इस क्रम की चट्टानें सर्वाधिक महत्त्वपूर्ण हैं। इसमें महत्त्वपूर्ण खनिज पदार्थ; जैसे—लोहा, सोना, मैगनीज, ताँबा, अभ्रक, इल्मेनाइट, क्रोमियम आदि खनिज पाए जाते हैं।

कुडप्पा क्रम की चट्टानें

- कुडप्पा क्रम की चट्टानों का निर्माण धारवाड़ क्रम की चट्टानों के अपरदन एवं निक्षेपण के द्वारा हुआ है।
- इन चट्टानों का नामकरण आन्ध्र प्रदेश के कुडप्पा जिले के नाम पर हुआ है, जहाँ ये अर्द्ध-चन्द्राकार रूप में विस्तृत हैं।
- ये चट्टानें बलुआ—पत्थर, चूना-पत्थर, संगमरमर, एस्बेस्टॉस आदि चट्टानों के लिए प्रसिद्ध हैं।
- इस क्रम की कुछ चट्टानों में हीरे भी पाए गए हैं। उदाहरण के लिए गोलकुण्डा में।
- आन्ध्र प्रदेश के कुडप्पा जिले में सोने के प्रमाण मिले हैं। ऐसी चट्टानें मुख्यत: आन्ध्र प्रदेश, मध्य प्रदेश, राजस्थान, तमिलनाडु एवं कर्नाटक के कुछ क्षेत्रों में पाई जाती हैं।

विन्ध्यन क्रम की चट्टानें

- इनका निर्माण कुडप्पा क्रम की चट्टानों के बाद हुआ है। यह परतदार चट्टान है। इसकी रचना छिछले सागर में जल निक्षेपों द्वारा हुई है। इनकी संरचना में सूक्ष्म जीवों के अवशेष का प्रमाण मिलता है।
- विन्ध्यन क्रम की चट्टानों को ऊपरी एवं निम्न विन्ध्यन क्रम की चट्टानों में विभाजित किया जाता है।
- इस क्रम की चट्टानें भवन निर्माण के पत्थरों के लिए विशेष प्रसिद्ध हैं। लाल किला, जामा मस्जिद, साँची का स्तूप आदि इस क्रम की चट्टानों के बलुआ पत्थरों से निर्मित हैं।
- इसी क्रम की चट्टानों से पन्ना तथा गोलकुण्डा के हीरे प्राप्त होते हैं। चूना पत्थार, बलुआ पत्थर, चीनी मिट्टी ताप सह मिट्टी आदि क्रम की चट्टानों से प्राप्त होते हैं।

गोण्डवाना क्रम की चट्टानें

- इसका निर्माण ऊपरी कार्बोनिफेरस से लेकर जुरैसिक काल के मध्य हुआ है।
- इस क्रम की चट्टानों का नामकरण छत्तीसगढ़ के गोण्ड राज्य से हुआ जहाँ पर सर्वप्रथम मेडलीकाट ने इन चट्टानों का पता लगाया।
- भारत का 98 % कोयला इसी क्रम की चट्टानों में पाया जाता है।
- इन चट्टानों में वनस्पति, मछलियों तथा रेंगने वाले जीवों के जीवाशेष मिलते हैं।
- ये चट्टानें प्रमुख रूप से दामोदर घाटी, म्हानदी घाटी, गोदावरी, वेनगंगा, वर्धा घाटी, कच्छ-काठियावाड़, पश्चिमी राजस्थान, चेन्नई, गुण्टूर, कटक, राजमहेन्द्री, विजयवाड़ा, रामनाथपुरम, तिरुचिरापल्ली, दार्जिलिंग, सिक्किम, असोम व कश्मीर आदि स्थानों में पाई जाती हैं।

दक्कन ट्रैप

- मसाजोइक युग के अन्तिम काल में प्रायद्वीपीय भारत में ज्वालामुखी क्रिया प्रारम्भ हुई थी। इस प्रकार दरारों के माध्यम से लावा के उगार के फलस्वरूप इन चट्टानों का निर्माण हुआ था। इनके निर्माण का काल क्रिटेशियस से लेकर इयोसीन काल तक माना जाता है।
- इसे ट्रैप कहने का कारण यह है कि लावा के प्रवाह के फलस्वरूप सीढ़ीनुमा आकृति की स्थलाकृति का त्रिकास हुआ है। यह संरचना बेसाल्ट तथा डोलोमाइट चट्टानों से निर्मित है।
- ये चट्टानें कठोरतम हैं। इन चट्टानों के विखण्डन से ही काली मिट्टी का निर्माण हुआ है, जिसे कपासी मिट्टी या रेगुर के नाम से जाना जाता है।
- यह संरचना महाराष्ट्र के अधिकांश भाग, गुजरात, मध्य प्रदेश, झारखण्ड, तमिलनाडु व आन्ध्र प्रदेश के कुछ भागों में प्राप्त होती है।

टर्शियरी क्रम की चट्टानें

- इस क्रम की चट्टनों का निर्माण इयोसीन युग से लेकर प्लायोसीन युग तक हुआ। इसी काल में हिमालय पर्वत श्रेणियों का निर्माण हुआ।
- इस संचरना का विस्तार कश्मीर से लेकर असोम तक है। इसके अतिरिक्त पूर्वी एवं पश्चिमी भारत के तटीय क्षेत्रों में यह संरचना छिटपुट रूप में पाई जाती है।
- असोम, राजस्थान एवं गुजरात में खनिज तेल इयोसीन एवं ओलिगोसीन संरचना में भी पाए जाते हैं।
- इस काल की चट्टानों में उत्तर-पूर्वी भारत एवं जम्मू-कश्मीर में निम्न स्तरीय कोयले भी पाए गए हैं।

क्वार्टरनरी समूह की चट्टानें

इस समूह के अन्तर्गत प्लीस्टोसीन तथा होलोसीन (आधुनिक) क्रम की चट्टानें सम्मिलित की जाती हैं।

प्लीस्टोसीन क्रम की चट्टानें

- सलतज, नर्मदा, ताप्ती, गोदावरी आदि नदियों की घाटियों एवं तटीय क्षेत्रों में क्वार्टरनरी प्रकार का निक्षेप पाया जात है।
- कश्मीर घाटी का निर्माण प्लीस्टोसीन काल में हुआ था। यह घाटी शुरूआत में एक झील थी, जिसे **करेवा** के नाम से जाना जाता है। नदियों द्वारा **मलबों** के निरन्तर निक्षेपण के फलस्वरूप यह मैदान में परिवर्तित हो गया।
- इस प्रकार की संरचना सिन्धु एवं गंगा के मैदानी भाग में प्राप्त होती है। मध्य एवं ऊपरी प्लीस्टोसीन काल में पुरानी जलोढ़ मृदा का निर्माण हुआ, जिसे मुख्यत: **बांगर** के नाम से जाना जाता है।

- नवीन जलोढ़ मृदा का निर्माण प्लीस्टोसीन काल के अन्त में आरम्भ हुआ एवं यह वर्तमान होलोसीन काल में भी जारी था। इसे **खादर** के नाम से जाना जाता है।
- पश्चिम राजस्थान एवं थार के मरुस्थल में प्लीस्टोसीन काल के निक्षेप प्राप्त होते हैं। कच्छ का रन प्लीस्टोसीन काल के समुद्र का ही भाग था। प्लीस्टोसीन एवं होलोसीन काल के निक्षेप से यह भर गया है।

आधुनिक क्रम (होलोसीन) की चट्टानें

इस क्रम की चट्टानों का निर्माण अब भी जारी है। नदियों के मुहानों, परत या तटीय क्षेत्रों में वालुका स्तूपों के रूप में ये चट्टानें मिलती हैं।

उच्चावच *एवं* प्राकृतिक विभाग

- उच्चावच की दृष्टि से भारत में विभिन्नताएँ स्पष्ट रूप से परिलक्षित होती हैं। भारत के सम्पूर्ण क्षेत्रफल का 43 % भू-भाग मैदानी, 28 % भू-भाग पठारी, 18 % भू-भाग पहाड़ी एवं 11 % भू-भाग पर्वतीय है।
- भूगर्भिक संरचना, बनावट एवं उच्चावच के आधार पर भारत को निम्न चार प्राकृतिक प्रदेशों में विभाजित किया जाता है
  (i) उत्तरी पर्वतीय प्रदेश
  (ii) सिन्धु-गंगा-ब्रह्मपुत्र का मैदान
  (iii) दक्षिण का पठार
  (iv) समुद्रतटीय मैदान

भारत की भू-आकृतिक इकाइयाँ

इकाइयाँ	क्षेत्रफल (वर्ग किमी लगभग)	कुल क्षेत्रफल का प्रतिशत
उत्तरी पर्वत श्रेणियाँ	578000	17.9
विशाल मैदान	550000	17.9
थार मरुस्थल	175000	5.4
मध्यवर्ती उच्चभूमि	336000	10.4
प्रायद्वीपीय पठार	1241000	38.5
तटीय मैदान	335000	10.4
द्वीपीय समूह	8300	0.3

उत्तर का हिमालय पर्वतीय प्रदेश

- भारत के उत्तर में हिमालय पर्वतीय प्रदेश लगभग 5 लाख वर्ग किमी क्षेत्र में चाप के आकार में पश्चिम में नंगा पर्वत से पूर्व में नामचाबरवा तक 2500 किमी की लम्बाई में विस्तृत है। पश्चिम में इसकी चौड़ाई 500 किमी एवं पूर्व में 150 किमी चौड़ा है।
- वर्तमान में जहाँ हिमालय है पूर्व में वहाँ पर टेथीज सागर नामक भूसन्नति थी। कालान्तर में टेथीज भूसन्नति के मलबा द्वारा भरने तथा इण्डियन-ऑस्ट्रेलियन प्लेट के यूरेशियन प्लेट से टकराने के परिणामस्वरूप आज से 7 करोड़ वर्ष पूर्व हिमालय पर्वत का निर्माण हुआ।
- यह विश्व का नवीनतम मोड़दार (folded) पर्वत है। इसका निर्माण टरशियरी काल में हुआ था। यह पर्वत-श्रेणी पश्चिम में नंगा पर्वत से लेकर पूर्व में नमचाबरवा तक विस्तृत है। इन दो स्थानों पर दो तीखे मोड़ स्थित हैं।
- हिमालय एक विवर्तनिक पर्वत है। हिमालय का उत्थान कार्य तीन चरणों में पूरा हुआ, जिसके फलस्वरूप तीन स्पष्ट श्रेणियों का निर्माण हुआ।

हिमालय का भौगोलिक वर्गीकरण

भौगोलिक आधार पर हिमालय को निम्न तीन भागों में विभाजित किया जाता है

महान् हिमालय

- महान् हिमालय को वृहत्, उच्च, हिमाद्रि एवं आन्तरिक हिमालय के नाम से भी जाना जाता है
- यह हिमालय की सबसे उत्तर में स्थित सबसे प्राचीन एवं उच्च श्रेणी है। इस पर्वत श्रेणी का निर्माण हिमालय की अन्य श्रेणियों की अपेक्षा सबसे पहले लगभग 7 करोड़ वर्ष पूर्व हुआ। इसकी औसत ऊँचाई लगभग 6000 मी है।
- यह सदैव बर्फ से आच्छादित रहता है।
- यह पूर्व में सिन्धु नदी के गॉर्ज से लेकर पश्चिम में ब्रह्मपुत्र नदी के गॉर्ज तक विस्तृत है। नंगा पर्वत एवं नमचाबरवा के निकट दो तीखे मोड़ों का कारण प्रायद्वीपीय भारत की आकृति का प्रभाव है।
- एवरेस्ट (8848 मी), कंचनजंघा (8598 मी), मकालू (8481 मी), धौलागिरि (8172 मी), नंगा पर्वत (8126 मी), नन्दा देवी (7817 मी) एवं नमचाबरवा (7756 मी) इसके कुछ महत्वपूर्ण शिखर हैं।
- मिलाम, गंगोत्री, जेमू आदि हिमनद (Glacier) अति महत्त्वपूर्ण हैं। कश्मीर में 2400 मी की ऊँचाई तथा मध्य एवं पूर्वी भाग में 4000 मी की ऊँचाई तक हिमनद हैं।
- सामान्यत: 5000 मी से अधिक ऊँचाई पर हिमरेखा पाई जाती है। पूर्वी भाग की तुलना में पश्चिमी भाग में हिमरेखा की ऊँचाई अधिक है।
- महान् हिमालय के कुछ महत्त्वपूर्ण दर्रे निम्नलिखित हैं—शिपकीला, बारालाचा-ला (हिमाचल प्रदेश); बुजील-ला जोजिला (जम्मू-कश्मीर); जेलेप-ला (सिक्किम); थागा-ला, लिपूलेख-ला (उत्तराखण्ड); बुमडीला-(अरुणाचल प्रदेश)।
- हिमालय का उत्तरी ढाल मन्द एवं दक्षिणी ढाल कगार की तरह खड़ा है।

वृहत् हिमालय के प्रमुख शिखर

शिखर	ऊँचाई (मी)
एवरेस्ट *(सागरमाथा)*	8848
कंचनजंघा	8594
मकालू	8481
कंचनजंघा *(पश्चिमी)*	8420
ल्होत्से शर	8384
चिओमू	8153
गोसाईं नाथ	8018
एवरेस्ट दक्षिण	8754
ल्होत्से	8501
कंचनजंघा *(दक्षिण)*	6474
ल्होत्से मध्य	8410
मनास्लू	8156
अन्नपूर्णा	8078
मकालू (दक्षिण)	8010

लघु हिमालय

- इसे मध्य हिमालय एवं हिमाचल श्रेणी भी कहते हैं।
- इस श्रेणी की चौड़ाई 80 से 100 किमी एवं औसत ऊँचाई 1800 से 3000 मी है, जबकि अधिकतम ऊँचाई 4500 मी है।
- महान् हिमालय एवं मध्य हिमालय के मध्य **कश्मीर, काठमाण्डू, कांगड़ा, कुल्लू** की घाटियाँ स्थित हैं।
- नैनीताल, मसूरी, रानीखेत, दार्जिलिंग, चकरौता, अल्मोड़ा आदि पर्यटक पर्वतीय नगर लघु हिमालय पर स्थित हैं। **शिमला** धौलाधर श्रेणी पर स्थित है।
- महान् एवं मध्य हिमालय के मध्य सीमान्त भ्रंश (Great Boundry Fault) स्थित हैं।
- इस श्रेणी के दक्षिण का ढाल मन्द एवं उत्तर का ढाल तीव्र होता है। इसके ढाल पर छोटे-छोटे मैदान मिलते हैं, जिन्हें कश्मीर में मर्ग (जैसे-गुलमर्ग, सोनमर्ग) एवं उत्तराखण्ड में **बुग्याल** तथा **पयार** कहा जाता है।
- लघु हिमालय की कुछ महत्त्वपूर्ण श्रेणियाँ हैं— धौलाधर श्रेणी (हिमालय प्रदेश में), पीरपंजाल श्रेणी (कश्मीर में), महाभारत श्रेणी (नेपाल में), नाग-टिब्बा श्रेणी, महाभारत श्रेणी (नेपाल में), मसूरी श्रेणी (कुमाऊँ में)।

शिवालिक श्रेणी

- यह हिमालय की सबसे बाद में नव–निर्मित पर्वत श्रेणी है। यह पर्वत श्रेणी पंजाब में पोटावर बेसिन से पूर्व में कोसी नदी तक या 87° पूर्वी देशान्तर तक विस्तृत है।
- इसे उप हिमालय या बाह्य हिमालय कहते हैं। यह हिमालय की सबसे दक्षिण में स्थित पर्वत श्रेणी है।
- इसकी औसत चौड़ाई पश्चिम में 50 किमी एवं पूर्व में 15 किमी तथा औसत ऊँचाई 600 से 1500 मी है।
- तिस्ता एवं रायडाक के समीप 50 किमी की चौड़ाई में यह श्रेणी लुप्त हो जाती है।
- शिवालिक को जम्मू में जम्मू पहाड़ी एवं अरुणाचल प्रदेश में डफला, मिरी एवं मिशमी पहाड़ियों के नाम से भी जाना जाता है।
- शिवालिक एवं मध्य हिमालय के मध्य की घाटी को पश्चिम व मध्य भाग में दून (जैसे-देहरादून) एवं पूर्वी भाग में द्वार (जैसे-हरिद्वार) कहा जाता है।
- सिन्धु नदी द्वारा जोजीला दर्रे का निर्माण, शिपकीला दर्रे का निर्माण, सतलज नदी द्वारा एवं जलेप-ला दर्रे का निर्माण तिस्ता नदी द्वारा हुआ है।

ट्रांस हिमालय

- यह महान् हिमालय के उत्तर में स्थित है। इसके अन्तर्गत कराकोरम, लद्दाख, जास्कर एवं कैलाश पर्वत श्रेणी सम्मिलित की जाती हैं।
- इसकी लम्बाई 960 किमी तथा मध्य में औसत चौड़ाई 225 किमी एवं पूर्व व पश्चिम में औसत चौड़ाई 40 किमी है, इसकी औसत ऊँचाई 4100 से 5700 मी है।
- भारत की सर्वोच्च ऊँची चोटी **गॉडविन ऑस्टिन–** K_2 कराकोरम श्रेणी पर स्थित है। इसकी ऊँचाई लगभग 8611 मी है।
- सिचाचिन (नुब्रा घाटी में); विचाफो एवं बाल्टेरो (शिगार घाटी में) इस क्षेत्र की कुछ महत्त्वपूर्ण हिमनद हैं। सतलज, सिन्धु, ब्रह्मपुत्र आदि नदियाँ ट्रांस-हिमालय से ही निकली हैं।
- सिन्धु नदी लद्दाख एवं जास्कर श्रेणी के बीच से प्रवाहित होती है यह नदी लद्दाख श्रेणी को बुंजी नामक स्थान पर काटकर 5,200 मी गहरे गॉर्ज का निर्माण करती है।

पूर्वांचल की पहाड़ियाँ

- यह हिमालय की पूर्वी शाखाएँ हैं।
- हिमालय पर्वत श्रेणी ब्रह्मपुत्र नदी को पार करके अथवा दिहांग गॉर्ज के आगे दक्षिण-पश्चिम की ओर मुड़ जाती है।
- इनमें पटकाई-मनीपुर, मिजो, नंगा, गारो, खासी, जयन्तिया एवं लुसाई प्रमुख पहाड़ियाँ हैं।
- इन पहाड़ियों की चोटियाँ 500 से 3,000 मी ऊँचाई हैं। ये पहाड़ियाँ अधिकांश जगहों पर समानान्तर हैं और घने वनों से ढकी हुई हैं। ये पहाड़ियाँ अरुणाचल प्रदेश, नागालैण्ड, मणिपुर, मिजोरम, मेघालय, त्रिपुरा, उत्तरी असोम और भारत तथा म्यांमार की सीमा पर फैली हुई हैं।

हिमालय की प्रमुख नदियाँ *एवं* दर्रे

- हिमालय की कुछ नदियाँ इसके निर्माण के पूर्व ही उद्गमित हुईं तथा कुछ नदियाँ इसके उत्थान के पश्चात् उत्पन्न हुईं। इन नदियों को चार वर्गों में विभाजित किया जा सकता है
  - (i) **हिमालय के उत्थान के पूर्व की नदियाँ** सिन्धु, सतलज, ब्रह्मपुत्र, कोसी, अरुणा।
  - (ii) **महान् हिमालय की नदियाँ** गंगा, यमुना, घाघरा, काली, तिस्ता, गण्डक आदि। इनकी उत्पत्ति हिमालय के द्वितीय उत्थान काल के उपरान्त हुई थी।
  - (iii) **लघु हिमालय की नदियाँ** झेलम, चिनाब, रावी, व्यास आदि।
  - (iv) **शिवालिक की नदियाँ** हिण्डन, सेलानी पश्चिमी हिमालय श्रेणियों में उत्तर से दक्षिण में क्रमशः गोमल, खैबर एवं बोलन तीन प्रमुख दर्रे स्थित हैं, जो अब पाकिस्तान में हैं। शिमला से तिब्बत जाने का मार्ग शिपकीला दर्रे से होकर गुजरता है। भारतीय तीर्थ यात्री मानसरोवर झील एवं कैलाश पर्वत दर्शन के लिए माना कॉल एवं नीति कॉल दर्रे से होकर जाते हैं।

भारत के प्रमुख दर्रे

- **शिपकीला दर्रा** यह हिमाचल प्रदेश की जास्कर श्रेणी में स्थित है।
- **बनिहाल दर्रा** जम्मू-कश्मीर राज्य के दक्षिण-पश्चिम में पीरपंजाल श्रेणियों के स्थित इस दर्रे की ऊँचाई 2,832 मी है।
- **पीरपंजाल दर्रा** 3,494 मी ऊँचा यह दर्रा जम्मू-कश्मीर राज्य के दक्षिण-पश्चिम में स्थित है।
- **जोजीलादर्रा 3,529** मी ऊँचा यह दर्रा-जम्मू-कश्मीर राज्य की जास्कर श्रेणी में स्थित है।
- **कराकोरम दर्रा 5,654** मी ऊँचा यह दर्रा जम्मू-कश्मीर राज्य के लद्दाख क्षेत्र में कराकोरम पहाड़ियों के मध्य स्थित है।
- **नाथुला दर्रा** भारत चीन युद्ध में सामरिक महत्त्व के कारण चर्चित यह दर्रा सिक्किम राज्य में डोगेक्या श्रेणी मे स्थित है।
- **नीति दर्रा** 5389 मी ऊँचा यह दर्रा उत्तराखण्ड कुमाऊँ प्रदेश में स्थित है।
- **माना दर्रा** यह उत्तराखण्ड की कुमाऊँ पहाड़ियों में स्थित है।
- **बारालाचा-ला दर्रा** हिमालय प्रदेश में जास्कर पहाड़ियों में स्थित इस दर्रे की ऊँचाई 4,512 मी है।
- **रोहतांग दर्रा** हिमालय प्रदेश की पीरपंजाल श्रेणियों में स्थित इस दर्रे की ऊँचाई 4,631 मी है।

- **तुजु-दर्रा** यह मणिपुर राज्य के दक्षिण-पूर्व में स्थित है।
- **पांग साड दर्रा** अरुणाचल प्रदेश के दक्षिण-पूर्व में म्यांमार सीमा पर स्थित है।
- **दिफू दर्रा** अरुणाचल प्रदेश के पूर्व में म्यमार सीमा पर स्थित है।
- **यांग्याप दर्रा** अरुणाचल प्रदेश के उत्तर-पूर्व में स्थित है।
- **बोमडीला दर्रा** अरुणाचल प्रदेश के उत्तर-पश्चिमी भाग में है।
- **जेलप-ला दर्रा** यह सिक्किम में है।
- **पाल घाट दर्रा** यह केरल के मध्य-पूर्व में नीलगिरि पहाड़ियों में स्थित है, इसकी ऊँचाई 305 मी है। कोचीन एवं कोयम्बटूर के मध्य सम्पर्क मार्ग।
- **भोर घाट दर्रा** यह महाराष्ट्र राज्य के पश्चिमी घाट श्रेणियों में स्थित है। मुम्बई एवं पुणे के मध्य सम्पर्क मार्ग।
- **थाल घाट दर्रा** 583 मी ऊँचा यह दर्रा महाराष्ट्र में पश्चिमी घाट की श्रेणियों में स्थित है। नासिक एवं मुम्बई के मध्य सम्पर्क मार्ग।
- **शेनकोटा दर्रा** 280 मी ऊँचा यह दर्रा त्रिवेन्द्रम एवं मदुरई के मध्य सम्पर्क मार्ग है।

उत्तर-भारत का विशाल मैदान

- यह उत्तर में हिमालय तथा दक्षिण में प्रायद्वीपीय पठार के मध्य लगभग 7.5 लाख वर्ग किमी क्षेत्र में विस्तृत है।
- इसकी पश्चिम से पूर्व औसत लम्बाई 2400 किमी एवं उत्तर से दक्षिण औसत चौड़ाई 100 से 500 किमी के मध्य हैं।
- इस मैदान का निर्माण हिमालय की उत्पत्ति के कारण निर्मित गहरे विस्तृत खड्ड के हिमालय से निकलने वाली नदियों तथा अत्यल्प नगण्य मात्रा में प्रायद्वीप पठार से आने वाली नदियों के अवसाद के जमाव से हुआ। इसके निर्माण में गंगा-ब्रह्मपुत्र, सतलज तथा इनकी सहायक नदियों का विशेष योगदान है, जिसके कारण इसे गंगा-ब्रह्मपुत्र-सतलज का मैदान भी कहते हैं। इस मैदान में निक्षेपित जलोढ़ की औसत गहराई लगभग 2000 मी है।
- इस मैदान का लगभग आधा भाग उत्तर प्रदेश में तथा शेष भाग पंजाब, हरियाणा, बिहार, पश्चिम बंग एवं असोम राज्यों में स्थित है। यह मैदान सामान्यत: समतल एवं उच्चावच रहित है।

विशाल मैदान का वर्गीकरण

संरचनात्मक विशेषताओं के आधार पर इस मैदान को निम्नलिखित चार भागों में विभाजित किया जाता है

भाबर प्रदेश

यह शिवालिक की तलहटी में सिन्धु नदी एवं तिस्ता नदी के मध्य अविच्छिन्न रूप से प्राप्त होता है। इसे शिवालिक का जलोढ़ पंख (Alluvial Fan) भी कहा जा सकता है।

यहाँ कंकड़ों एवं पत्थरों की पारगम्यता बहुत अधिक है, जिसके कारण नदियाँ प्राय: विलुप्त हो जाती हैं। यह 8 से 16 किमी की चौड़ाई पतली पट्टी के रूप में विस्तृत है। यह प्रदेश कृषि के लिए उपयोगी नहीं है।

तराई प्रदेश

यह भाबर के दक्षिण में 20 से 30 किमी की चौड़ाई में विस्तृत दलदली मैदानी प्रदेश हैं। तराई प्रदेश में भाबर प्रदेश की लुप्त नदियाँ पुन: सतह पर दिखलाई देती हैं। यह प्रदेश घने वनों से आच्छादित है। वर्तमान समय में वनों को काटकर कृषि भूमि का विस्तार किया गया है। इस प्रदेश में मलेरिया का प्रकोप अधिक होता है।

बांगर प्रदेश

- यह पुराने जलोढ़ से निर्मित मैदान है। इसका निर्माण मध्य से उत्तर प्लीस्टोसीन काल तक माना जाता है।
- गंगा का ऊपरी मैदान, सतलज का मैदान एवं नदियों के मध्यवर्ती भागों पर बांगर प्रदेश का विस्तार पाया जाता है। यहाँ पर बाढ़ के समय नदियों का जल नहीं पहुँच पाता है।
- बांगर मिट्टी के कुछ क्षेत्रों में अत्यधिक सिंचाई के कारण कहीं-कहीं भूमि पर नमक की सफेद परत जमा हो जाती है, जिसे रेह या कल्लर के नाम से जाना जाता है।
- बालू के ढेर या अधिक बालू की मात्रा वाले स्थान को भूढ़ कहते हैं।

खादर प्रदेश

- यह नवीन जलोढ़ से निर्मित अपेक्षाकृत निचला प्रदेश है। यहाँ नदियों की बाढ़ का पानी लगभग प्रतिवर्ष पहुँचता रहता है एवं नई मिट्टी का निक्षेप होता रहता है।
- खादर प्रदेश का विस्तार डेल्टा प्रदेश के रूप में भी पाया जाता है। गंगा-ब्रह्मपुत्र डेल्टा का पुराना भाग भारत में है, जबकि नया भाग मुख्य रूप से बांग्लादेश में स्थित है।
- उत्तर प्रदेश में नदी के साथ-साथ फैले हुए नवीनतर जलोढ़कों वाली बाढ़ के मैदानों की निम्न भूमि को 'खादर' और पंजाब में 'बेट' कहते हैं। डेल्टा के ऊपरी भाग जो जल में नहीं डूबा होता है चर तथा निचले भाग को जिसमें जल भरा होता है बिल (Bill) कहते हैं।

भारतीय मरुस्थल-थार

- भारत के उत्तर-पश्चिम में बालू के विस्तृत निक्षेप को थार का मरुस्थल कहते हैं। यह प्रमुख रूप से राजस्थान के उत्तरी-पश्चिमी भाग में विस्तृत है।
- यह मरुस्थलीय प्रदेश लगभग 644 किमी लम्बा तथा 360 किमी चौड़ा है। इसका विस्तार राजस्थान, हरियाणा, पंजाब तथा उत्तरी गुजरात राज्य में लगभग 104.000 वर्ग किमी क्षेत्र में पाया जाता है। यहाँ औसत वार्षिक वर्षा 25 सेमी से भी कम होती है।
- इस क्षेत्र में बालू के टीले पर्याप्त मात्रा में पाए जाते हैं, जिनकी लम्बाई 3 से 5 किमी एवं ऊँचाई 15 से 18 मीटर तक होती है। ये टीले गतिशील भी होते हैं।
- यहाँ की मुख्य नदी लूनी है, जो एक मरुधान है। इसके अतिरिक्त जोजरी, बाँडी, खारी एवं सुखड़ी सहायक नदियाँ हैं। साम्भर, डीडवाना, लूनकरनसर, पंच भद्रा आदि खारे जल की प्रमुख झीलें यहाँ स्थित हैं।

दक्षिण का पठार *या* प्रायद्वीपीय पठार

- यह भारत का ही नहीं अपितु विश्व का प्राचीनतम पठार है।
- यह अत्यन्त कठोर आर्कियन चट्टानों से निर्मित है। इसका विस्तार 16 लाख वर्ग किमी क्षेत्र में उत्तर के विशाल मैदान से दक्षिण में कन्याकुमारी तक है।
- प्रायद्वीपीय पठार की उत्तर से दक्षिण तक लम्बाई 1600 किमी पूर्व से पश्चिम तक चौड़ाई 1400 किमी एवं औसत ऊँचाई 600 से 900 मी है।
- मेघालय का पठार प्रायद्वीपीय पठार का ही एक अंग है। यह माल्दा गैप द्वारा प्रायद्वीपीय पठार से अलग है।
- कुछ विद्वान् पश्चिमी घाट पर्वत को प्रायद्वीपीय पठार का पश्चिमी भ्रंश कगार (Fault Scrap) मानते हैं।

- भ्रंश के कारण नर्मदा एवं ताप्ती नदियाँ प्रायद्वीपीय पठार के ढाल के विपरीत दिशा में प्रवाहित होती है। इन नदियों ने प्रायद्वीपीय पठार को निम्न दो भागों में विभाजित कर दिया है।

मालवा का पठार

- इस पठार का विस्तार नर्मदा एवं ताप्ती नदियों तथा विन्ध्याचल पर्वत के उत्तर-पश्चिम में त्रिभुजकार रूप में है।
- इसकी औसत ऊँचाई 800 मी तथा ढाल उत्तर-पूर्व दिशा में गंगा घाटी की तरफ है। यहाँ चम्बल, **बेतवा**, माही, व निबज नदियाँ प्रवाहित होती हैं। यहाँ चम्बल नदी बड़े-बड़े बीहड़ खड्डों (Ravines) का निर्माण किया है।

दक्कन का पठार

- यह ताप्ती नदी के दक्षिण में लगभग 2 लाख वर्ग किमी क्षेत्र में त्रिभुजाकार रूप में विस्तृत है।
- यह बेसाल्ट निर्मित पठार है।
- लावा की अधिकतम गहराई 2000 मी है।
- क्रिटेशियस काल से लेकर इयोसीन काल तक होने वाले ज्वालामुखी उद्गार के फलस्वरूप इस पठार का निर्माण हुआ है।
- इसकी औसत ऊँचाई 600 मी है। दक्षिण में यह पठार 1000 मी ऊँचा है। इसका ढाल पश्चिम से पूर्व दिशा की और है।
- यह पठार अनेक छोटे-छोटे पठारों में विभक्त है, जिनमें महाराष्ट्र का पठार, कर्नाटक का पठार, आन्ध्र का पठार आदि प्रमुख पठार है।

तेलंगाना का पठार

गोदावरी नदी के द्वारा यह पठार दो वर्गों में विभाजित है। उत्तरी भाग पहाड़ी तथा वनाच्छादित है, जबकि दक्षिणी भाग पर उर्मिल मैदान (Rolling Plane) प्राप्त होते हैं।

कर्नाटक का पठार

600 मी ऊँचाई की समोच्च रेखा इस पठार को दो वर्गों में बाँटती हैं

(i) उत्तरी भाग, इस भाग पर कृष्णा व तुंगभद्रा नदियाँ बहती हैं।

(ii) दक्षिणी भाग, इसे मैसूर का पठार कहा जाता है। बाबाबूदन की पहाड़ी (मालनाड पर) इसी पठार पर स्थित है। यह पहाड़ी लौह-अयस्क के लिए प्रसिद्ध है।

बुन्देलखण्ड का पठार

- यह पठार प्राचीनतम बुन्देलखण्ड नीस से निर्मित होता है।
- इस पठार पर चम्बल एवं यमुना नदियों द्वारा बड़े-बड़े खड्डों का निर्माण किया गया है। इस पर सोपानी वेदिकाएँ प्राप्त होती हैं।

बघेलखण्ड का पठार

यह पठार बुलआ-पत्थर, चूना-पत्थर एवं ग्रेनाइट से निर्मित होता है। इसके उत्तर में सोनपुर पहाड़ियाँ एवं दक्षिण में रामगढ़ की पहाड़ियाँ अवस्थित हैं।

छोटानागपुर का पठार

इस पठार की औसत ऊँचाई लगभग 700 मीटर है। यह पठार ग्रेनाइट एवं नीस चट्टानों से निर्मित है। इस पठार पर ऊपर उठे हुए सम्प्राय मैदान देखने को मिलते हैं। इस पठार में दामोदर नदी एक भ्रंश घाटी से होकर प्रवाहित होती है। यह पठार खनिज संसाधन एवं वन संसाधन की दृष्टि से काफी समृद्ध है।

दण्डकारण्य का पठार

यह पठार अत्यन्त ही ऊबड़-खाबड़ है। यहाँ जनसंख्या का घनत्व काफी कम है।

मेघालय का पठार

- यह पठार प्रायद्वीपीय पठार का एक अंग है। माल्दा गैप के द्वारा यह प्रायद्वीपीय पठार से-अलग हो गया है।
- भूगर्भिक संरचना की दृष्टि से यह पठार छोटानागपुर पठार की चट्टानों से समरूपता रखता है।

कच्छ प्रायद्वीप का पठार

यह पठार लावा एवं टर्शियरी चट्टानों से निर्मित है। जलोढ़ निक्षेप के कारण यह पठार मुख्य पठार से अलग हो गया है।

प्रायद्वीपीय पठार के पर्वत

अरावली पर्वत

- यह विश्व का प्राचीनतम वलित पर्वत है। अपरदन के कारण यह अवशिष्ट पर्वत के रूप में परिवर्तित हो गया है।
- यह अहमदाबाद से दक्षिणी दिल्ली तक लगभग 800 किमी की लम्बाई में विस्तृत है। **आबू पर्वत** में स्थित **गुरु शिखर** इसकी सर्वोच्च चोटी है जिसकी ऊँचाई 1,722 मी है।
- यह कठोर क्वार्ट्ज शैलों से निर्मित है। इसमें सीसा, जस्ता, ताँबा, एस्बेस्टस अभ्रक आदि प्रमुख खनिज पाए जाते हैं। यह पर्वत भारत के महान् जल विभाजक का कार्य करता है।
- इसके पश्चिम की ओर माही एवं लूनी नदी तथा पूर्व की ओर **बनास** नदी प्रवाहित है। बार, पिपली घाट, देवारी एवं देसुरी आदि महत्त्वपूर्ण दर्रे स्थित हैं।

विन्ध्याचल पर्वत श्रेणी

- यह प्राचीन परतदार चट्टानों से निर्मित पर्वत है। यह पर्वतमाला उत्तर भारत को दक्षिण भारत से अलग करती है।
- इस पर्वत में लाल बलुआ—पत्थर एवं क्वार्ट्ज चट्टानों की प्रधानता है। जिनका उपयोग भवन निर्माण में किया जाता है। इसकी औसत ऊँचाई 457 मी से 610 मी तक है। यह नर्मदा भ्रंश घाटी से सम्बन्धित एक भ्रंश पर्वत है।

सतपुड़ा पर्वत श्रेणी

- यह ग्रेनाइट एवं बेसाल्ट चट्टानों से निर्मित एक ब्लॉक पर्वत है। इसके उत्तर में नर्मदा तथा दक्षिण में ताप्ती नदी की भ्रंश घाटी स्थित है।
- यह पर्वत-श्रेणी पश्चिम में राजपीपला पहाड़ियों से शुरू होकर महादेव एवं मैकाल पहाड़ियों के रूप में छोटानागपुर पठार तक विस्तृत है।
- इस पर्वत-श्रेणी की सबसे ऊँची चोटी **धूपगढ़** (1350 मी) है, जो महादेव पर्वत पर स्थित है। **पंचमढ़ी** (1117 मी) भी महादेव पर्वत पर ही स्थित है।

- मैकाल पहाड़ी का सर्वोच्च शिखर **अमरकण्टक** (1036 मी) है, जहाँ से नर्मदा एवं सोन नदियाँ उद्गमित हैं।

पश्चिमी घाट पर्वत

- इसे **सहयाद्रि** पर्वत भी कहते हैं। यह एक भ्रंश पर्वत का उदाहरण है जो दक्षिणी पठार की पश्चिमी सीमा को निर्धारित करता है।
- यह ताप्ती नदी के मुहाने से लेकर कुमारी अन्तरीप तक लगभग 1600 किमी की लम्बाई में विस्तृत है। इसकी औसत ऊँचाई 900 से 1100 मी है। यह उत्तर में 50 किमी एवं दक्षिण में लगभग 80 किमी चौड़ा है।
- पश्चिमी घाट में चार महत्त्वपूर्ण दर्रे हैं
  (i) **थाल घाट** ऊँचा 580 मी। नासिक एवं मुम्बई के बीच का सम्पर्क मार्ग।
  (ii) **भोर घाट** औसत ऊँचाई 520 मी। मुम्बई एवं पूणे के बीच का सम्पर्क मार्ग।
  (iii) **पाल घाट** औसत ऊँचाई 530 मी। कोयम्बटूर एवं कोचीन के बीच का सम्पर्क मार्ग।
  (iv) **सिनकोट** ऊँचाई 280 मीटर। त्रिवेन्द्रम एवं मदुरई के बीच का सम्पर्क मार्ग।
- **नीलगिरि** की पहाड़ी में पश्चिमी घाट एवं पूर्वी घाट पर्वत आपस में मिलते हैं।
- **डोडाबेट्टा** (2637 मी) नीलगिरि की सबसे ऊँची एवं दक्षिण भारत की दूसरी सबसे ऊँची चोटी है। नीलगिरि के दक्षिण में अन्नामलाई की पहाड़ी है। यह पहाड़ी सागवान के वनों के लिए प्रसिद्ध है।
- दक्षिण भारत की सबसे ऊँची **चोटी अनाइमुदी** (2695 मी अन्नामलाई की पहाड़ी में स्थित है। नीलगिरि की पहाड़ी एक ब्लॉक पर्वत है। ऊटी नामक पर्यटक स्थल इसी पहाड़ी पर स्थित है।
- अन्नामलाई के दक्षिण में **कार्डेमम** (इलायची) **की पहाड़ियाँ** स्थित हैं यह पहाड़ी इलायची की कृषि के लिए जानी जाती है।

पूर्वी घाट

- इसकी उत्तर से दक्षिण तक कुल लम्बाई 1300 किमी तथा उत्तर में अधिक चौड़ाई लगभग 200 किमी एवं दक्षिण में कम चौड़ाई लगभग 100 किमी है। इसकी औसत ऊँचाई 615 मी है।
- यह पर्वत श्रेणी अविच्छिन्न रूप में नहीं पाई जाती है। बीच-बीच में नदियों ने इसको काटकर अपने मार्ग का निर्माण कर लिया है।
- इसका उत्तरी भाग चार्नोकाइट एवं खण्डोलाइट चट्टानों से तथा मध्य भाग क्वार्टजाइट एवं स्लेट जैसी चट्टानों से निर्मित है। इसको विभिन्न भागों में भिन्न-भिन्न नामों जैसे—नल्लामलाई, वेलीकोण्डा, पालकोंडा, जवार्दा, शेवराय पहाड़ी आदि नामों से जाना जाता है।
- पूर्वी घाट की सबसे ऊँची चोटी **विशाखापत्तनम चोटी** (1680 मी) है। **महेन्द्रगिरि** दूसरी सबसे ऊँची (1501 मी) चोटी है, जो ओडिशा राज्य में स्थित है।
- बिलगिरि एवं मालागिरि की पहाड़ियाँ चन्दन एवं सागवान की लकड़ी के लिए सर्वाधिक प्रसिद्ध हैं। यह नीलगिरि की पहाड़ी में पश्चिमी घाट पर्वत से मिल जाती है।

समुद्र तटीय मैदान

- भारत के समुद्र तटीय मैदान के निर्माण में सागरीय क्रियाओं, नदियों के निक्षेप, उन्मज्जन एवं निमज्जन आदि क्रियाओं का योगदान है।

समुद्र तटीय मैदान को निम्न दो वर्गों में रखा जाता है

- पश्चिमी समुद्र तटीय मैदान
- पूर्वी समुद्र तटीय मैदान

पश्चिमी समुद्र तटीय मैदान

- यह मैदान सूरत (गुजरात) से लेकर कन्याकुमारी तक पश्चिमी घाट तथा अरब सागर के मध्य विस्तृत है।
- पूर्वी तटीय मैदान की अपेक्षा यह मैदान संकरा है। इसकी औसत चौड़ाई 64 किमी है। नर्मदा एवं ताप्ती नदियों के मुहाने के पास यह मैदान अधिक चौड़ा (80 किमी) है

इस मैदान को चार भागों में विभाजित किया जा सकता है
(i) गुजरात का मैदान (गुजरात का तटवर्ती क्षेत्र)
(ii) कोंकण (दमन से गोवा तक क्षेत्र)
(iii) कन्नड़ (गोवा से मंगलौर तक का क्षेत्र)
(iv) मालाबार (मंगलौर से कन्याकुमारी तक का क्षेत्र)

- कन्नड़ तटीय मैदान सबसे अधिक संकरा है। मालाबार तट पर लैगूनों की अधिकता है।
- पश्चिमी तटीय मैदान में नारियल, चावल, सुपारी, केला व गरम मसालों की कृषि की जाती है।
- यह तट अधिक कटा-फटा है। इस तट पर स्थित कोचीन बन्दरगाह एक लैगून बन्दरगाह है।

पूर्वी समुद्र तटीय मैदान

- यह मैदान पूर्वी घाट एवं बंगाल की खाड़ी के मध्य स्वर्ण रेखा नदी से लेकर कुमारी अन्तरीप तक विस्तृत है।
- यह पश्चिमी तटीय मैदान की अपेक्षा अधिक चौड़ा है। इसकी औसत चौड़ाई 160 किमी से 480 किमी तक है।
- इस मैदान को महानदी एवं कृष्णा नदियों के मध्य **उत्तरी सरकार** तथा कृष्णा एवं कावेरी नदियों के मध्य **कोरोमण्डल तट** कहते हैं। तमिलनाडु के मैदान को दक्षिण भारत का अन्न भण्डार कहा जाता है।
- मैदान के समुद्र के निकटवर्ती भाग में बालू के ढेरों की लम्बी शृंखला प्राप्त होती है, जिनका निर्माण समुद्री लहरों द्वारा हुआ है। इन बालू के ढेरों के कारण ही चिल्का एवं पुलीकट जैसी झीलों का निर्माण हुआ है।
- विशाखापत्तनम बन्दरगाह डॉल्फिन नोज नामक चट्टान के पीछे स्थित है। पुलीकट एक वलयाकार प्रवाल झील (Atoll lagoon) है, जो श्रीहरिकोटा द्वीप द्वारा समुद्र से अलग है।
- पश्चिमी तट की अपेक्षा पूर्वी तट कम कटा-फटा है। जिससे प्राकृतिक बन्दरगाह कम संख्या में मिलते हैं।

द्वीप समूह

- भारत में द्वीपों की कुल संख्या लगभग 247 है, जिनमें से 204 बंगाल की खाड़ी में एवं शेष अरब सागर एवं मन्नार की खाड़ी में स्थित हैं।
- अण्डमान एवं निकोबार द्वीपसूमह, भारत का बहुत ही महत्त्वपूर्ण द्वीप समूह है, जो बंगाल की खाड़ी में स्थित है। ये द्वीप वास्तव में समुद्र में डूबे हुए पर्वत के शिखर हैं। जो 350 किमी की दूरी तक विस्तृत है।
- **लैण्डफॉल द्वीप** अण्डमान-निकोबार द्वीप समूह का सबसे उत्तरी द्वीप है। जहाँ **कारी जनजाति** निवास करती है।

- अण्डमान-निकोबार द्वीप समूह की सबसे ऊँची चोटी सैडलपीक (738 मी) है जो उत्तरी अण्डमान में है।
- अरब सागरीय द्वीपों का निर्माण प्रवाल भित्तियों द्वारा हुआ है। लक्षद्वीप, मिनिकाय एवं अमीनसीवी अरब सागर के सबसे महत्त्वपूर्ण द्वीपों में से एक हैं।
- इन द्वीपों पर नारियल के वृक्षों की अधिकता है। मिनिकाय, लक्षद्वीप द्वीपसमूह का सबसे बड़ा द्वीप है।
- लक्षद्वीप, अरब सागर में स्थित एक प्रवाल द्वीप है। इसकी राजधानी **कावरत्ती** है। इसके कुल 36 द्वीप है जिसमें 11 द्वीपों पर ही आबादी है।
- **आण्ड्रेट** लक्षद्वीप का सबसे बड़ा द्वीप समूह है। इसका क्षेत्रफल 4.90 वर्ग किमी है।
- लक्षद्वीप समूह 11° चैनल द्वारा दो भाग उत्तर में अमीनी द्वीप व दक्षिण में **कन्नामोरे द्वीप** में विभाजित है।
- बंगाल की खाड़ी में नदियों के द्वारा लाई गई जलोढ़ मिट्टी के निक्षेप द्वारा कई द्वीपों का निर्माण हुआ है। हुगली के निकट 20 किमी लम्बा सागर द्वीप है, जिसे **गंगासागर** के नाम से जाना जाता है। हाल ही में यहाँ **न्यू मूर नामक द्वीप** का निर्माण हुआ है।
- पम्बन द्वीप, मन्नार की खाड़ी में स्थित है। यह भारत व श्रीलंका के बीच है, जो एडम्स ब्रिज (रामसेतू) का भाग है, इसे 'रामेश्वरम्' द्वीप के नाम से भी जाना जाता है
- नैल्लोर के निकट **श्रीहरिकोटा**, प्रवाल निर्मित द्वीप है। यहाँ भारतीय अन्तरिक्ष अनुसन्धान संगठन का उपग्रह प्रक्षेपण केन्द्र है।
- अरब सागर में स्थित **बैरन द्वीप** एक सक्रिय ज्वालामुखी है।
- अण्डमान-निकोबार द्वीप समूह की राजधानी पोर्टब्लेयर (वर्तमान नाम श्री विजयापुरम्) दक्षिणी-अण्डमान में स्थित है।

वस्तुनिष्ठ प्रश्न

1. कर्क रेखा भारत के कितने राज्यों से होकर गुजरती है?
(a) चार (b) आठ
(c) पाँच (d) छः

2. भारत का सर्वाधिक समुद्र तटीय सीमा वाला राज्य है
(a) गुजरात (b) आन्ध्र प्रदेश
(c) ओडिशा (d) महाराष्ट्र

3. निम्न में कौन-सा भिन्न है?
(a) बिहार (b) ओडिशा
(c) कर्नाटक (d) पश्चिम बंग

4. निम्नलिखित में कौन–सा द्वीप भारत और श्रीलंका के मध्य स्थित है?
(a) न्यू मूर (b) रामेश्वरम्
(c) लक्षदीप (d) एलीफेण्टा

5. पुदुचेरी केन्द्रशासित प्रदेश कितने राज्यों में अवस्थित है?
(a) 1 (b) 3
(c) 2 (d) 4

6. क्षेत्रफल की दृष्टि से भारत का सबसे बड़ा जिला है
(a) कच्छ (b) जैसलमेर
(c) बाड़मेर (d) बस्तर

7. भारत की तटीय रेखा की कुल लम्बाई है
(a) 6100 किमी (b) 7516 किमी
(c) 14200 किमी (d) 3500 किमी

8. निम्नांकित में किसे भारतीय उपमहाद्वीप के अन्तर्गत सम्मिलित नहीं किया जाता है?
(a) भूटान (b) श्रीलंका
(c) नेपाल (d) पाकिस्तान

9. निम्नलिखित में से कौन-सी शैल कुडप्पा शैल-समूह से सम्बन्धित है?
(a) चम्पानेर (b) पापाघनी
(c) सेमरी (d) सासर

10. खनिज संसाधन की दृष्टि से भारत का सर्वाधिक महत्त्वपूर्ण भौमिकीय क्रम है
(a) विन्ध्यन
(b) दक्कन ट्रैप
(c) धारवाड़
(d) बुन्देलखण्ड

11. आद्यकल्प में भारत में पहली ज्वालामुखी-क्रिया घटित हुई
(a) बिहार की राजमहल पहाड़ियों पर
(b) बिहार की डालमा पहाड़ियों पर
(c) राजस्थान की अरावली पहाड़ियों पर
(d) बिहार की कैमूर पहाड़ियों पर

12. निम्नलिखित में से कौन-सा भू-वैज्ञानिक युग दक्षिणी भारत से सम्बन्धित नहीं है?
(a) एजोइक
(b) सीनोजोइक
(c) पेलियोजोइक
(d) फेनरोजोइक

13. निम्नलिखित में से कौन-सा कथन असत्य है?
(a) तालचेर क्रम की चट्टानें हिमाच्छादन से प्रभावित हैं
(b) मुख्य केन्द्रीय उत्क्रम भ्रंश लघु हिमालय को वृहत् हिमालय से पृथक् करता है।
(c) हिमाच्छादन के सबसे प्राचीन प्रमाण विन्ध्यन क्रम से सम्बन्धित हैं
(d) अरावली और विन्ध्य पर्वतमालाओं का सम्मिलित स्थान मुख्य सीमान्त भ्रंश है

14. कालानुक्रम के आधार पर निम्नलिखित का सही क्रम है
1. अरावली 2. पूर्वी घाट
3. दक्कन ट्रैप 4. हिमालय
कूट
(a) 4, 2, 3, 1 (b) 1, 2, 3, 4
(c) 2, 1, 3 ,4 (d) 3, 1, 2, 4

15. निम्नलिखित में से कौन-सा कथन असत्य है?
(a) कोंकण तट समुद्रातिक्रमण (Marine Transgression) से प्रभावित है
(b) विन्ध्याचल पर्वत शृंखला की रचना मुख्यतः शैल और चूना पत्थर से हुई है
(c) अरावली पर्वतमाला उत्तर के वृहद् मैदान से महान् सीमा भ्रंश द्वारा पृथक् होती है
(d) शिवालिक और गंगा द्रोणी के बीच की सीमा सीमान्त भ्रंश के नाम से जानी जाती है

16. हिमालय की उत्पत्ति से पूर्व यहाँ क्या था?
(a) लारेंशिया शील्ड (b) गोण्डवानालैण्ड
(c) टेथिस सागर (d) विस्तृत मैदान

17. 26 जनवरी, 2001 ई. का भूकम्प कहाँ आया था?
(a) गुजरात (b) बिहार
(c) महाराष्ट्र (d) कश्मीर

18. मध्य भारत में झीलकृत एवं ज्वारनदमुखकृत शिलाएँ कहलाती हैं
(a) बाघपात्र (b) लमेटापात्र
(c) बागड़पात्र (d) खादरपात्र

19. निम्न में से कौन-सा कथन असत्य है?
(a) दक्कन ट्रैप की सर्वाधिक मोटाई मुम्बई के पश्चिम में है

(b) पावागढ़ ग्रेनाइट ज्वालामुखी डाइक का उदाहरण है
(c) भारत में ज्वालामुखी क्रिया के प्रमाण बिहार की डालमा पहाड़ी पर पाए जाते हैं
(d) सुदूर क्षेत्र में गीजर की अधिकता है

20. भू-वैज्ञानिक संरचना की दृष्टि से मेघालय है
(a) शिवालिक सदृश
(b) नागा-पटकाई पहाड़ियाँ सदृश
(c) अरावली पर्वमाला सदृश
(d) छोटानागपुर और दक्कन पठार सदृश

21. भारत में प्री-कैम्ब्रियन चट्टानों के सम्बन्ध में कौन-सा तथ्य असत्य है?
(a) ये अत्यधिक कायान्तरित हो चुकी हैं
(b) इनमें जीवाश्मों के अवशेष नहीं मिलते हैं
(c) ये अत्यधिक वलित रूप में हैं
(d) नीस, सिस्ट, ग्रेनाइट आदि इन चट्टानों के उदाहरण हैं

22. भारत में गोण्डवाना चट्टानों के सम्बन्ध में निम्न कथनों का अध्ययन कीजिए तथा नीचे दिए गए कूट से सही उत्तर का चयन कीजिए
1. गोण्डवाना चट्टानों का निर्माण परा-विन्ध्यन युग में हुआ
2. ये देश में सबसे पुरानी परतदार चट्टानें हैं
3. ये अत्यन्त ही धात्विक चट्टानें हैं
4. इनमें कोयला का वृहत् निक्षेप है

कूट
(a) 1 और 4 सही (b) 1 और 3 सही
(c) 2 और 4 सही (d) 3 और 4 सही

23. भारत में कोयला उत्पन्न करने वाला भौमिकीय समूह है
(a) धारवाड़ (b) विन्ध्यन
(c) गोण्डवाना (d) कुडप्पा

24. भू-वैज्ञानिक दृष्टि से सबसे प्रचीन पर्वत कौन-सा है?
(a) अरावली (b) सतपुड़ा
(c) विन्ध्याचल (d) नीलगिरि

25. धारवाड़ क्रम की चट्टानों का सबसे अच्छा उदाहरण है
(a) दिल्ली श्रेणी
(b) चित्रदुर्ग और शिमोगा
(c) नल्लामलाई श्रेणी
(d) शिमला और स्पीति

26. गोण्डवानालैण्ड के टूटने का क्रम प्रारम्भ हुआ
(a) पर्मियन युग में
(b) जुरैसिक युग में
(c) क्रिटेशियस युग में
(d) ट्रियासिक युग में

27. गोण्डवाना क्रम की चट्टानें नहीं पाई जाती हैं
(a) नर्मदा घाटी में
(b) दामोदर घाटी में
(c) सोन घाटी में
(d) सम्पूर्ण दक्षिणी भारत में

28. दक्कन ट्रैप के सम्बन्ध में कौन-सा कथन असत्य है?
(a) इसकी रचना दरारी उद्भेदन से हुई है
(b) इसकी रचना दरारी और केन्द्रीय उद्भेदन से हुई है
(c) इसका पूर्वी केन्द्रीय उद्भेदन तथा पश्चिमी भाग दरारी उद्भेदन से निर्मित हुआ है
(d) इसकी रचना मुख्यतः बेसाल्ट से हुई है

29. हिमालय की पर्वत श्रेणियों में जो सम्मिलित नहीं है, वह है
(a) कराकोरम (b) वृहत् हिमालय
(c) लघु हिमालय (d) शिवालिक

30. नीलगिरि और अन्नामलाई पहाड़ियों के बीच स्थित दर्रा है
(a) थाल घाट (b) पाल घाट
(c) भोर घाट (d) गोरम घाट

31. कलिमपोंग को ल्हासा से जोड़ने वाला दर्रा है
(a) जलेप ला (b) नाथुला
(c) बोमडीला (d) शिपकीला

32. महाबलेश्वर किस राज्य में स्थित है?
(a) गुजरात (b) महाराष्ट्र
(c) कर्नाटक (d) केरल

33. **कथन** (A) पश्चिमी घाट वास्तविक पर्वत नहीं है
कारण (R) पश्चिमी घाट वर्तमान रूप में उत्क्षेपित पठार का खड़ा पश्चिमी कगार है।
कूट
(a) A तथा R दोनों सही हैं तथा R, A की सही व्याख्या करता है
(b) A तथा R दोनों सही हैं परन्तु R, A की सही व्याख्या नहीं करता है
(c) A सही है, परन्तु R गलत है
(d) A गलत है, परन्तु R सही है

34. स्वतन्त्रता के पूर्व अण्डमान तथा निकोबार द्वीप-समूह को 'काला पानी' के नाम से जाना जाता था वर्तमान में किस स्थान को 'सफेद पानी' के नाम से जाना जाता है
(a) अण्टार्कटिक (b) उत्तरी ध्रुवीय क्षेत्र
(c) श्रीलंका (d) सियाचिन क्षेत्र

35. भारत के दक्षिणी पठार का सर्वोच्च बिन्दु अवस्थित है
(a) सह्याद्रि में
(b) इलायची पहाड़ियों में
(c) नीलगिरि में
(d) अन्नामलाई में

36. छोटानागपुर पठार की सबसे ऊँची पर्वत चोटी है
(a) धूपगढ़ (b) पंचमढ़ी
(c) पारसनाथ (d) महाबलेश्वर

37. धुआँधार जलप्रपात किस नदी पर है?
(a) नर्मदा (b) तापी
(c) गोदावरी (d) माही

38. जम्मू-कश्मीर को भारत के अन्य भागों से जोड़ने वाला सड़क मार्ग जवाहर सुरंग से होकर गुजरता है। जवाहर सुरंग निम्नांकित में से किस दर्रे से सम्बन्धित है?
(a) बनिहाल (b) कराकोरम
(c) जोजीला (d) नाथूला

39. पश्चिमी घाट किस तरह की पर्वत श्रेणी है?
(a) ब्लॉक पर्वत (b) अवशिष्ट पर्वत
(c) ज्वालामुखी पर्वत (d) नवीन मोड़दार पर्वत

40. गारो, खासी और जयन्तिया पहाड़ियाँ निम्नलिखित में से किसका भाग है?
(a) हिमालय का (b) दक्कन पठार का
(c) शिवालिक का (d) उत्तरी मैदान का

41. हिमालय पर्वतमाला का निर्माण किस घटना के परिणामस्वरूप हुआ है?
(a) महासागर-महासागर प्लेटों के अभिसरण द्वारा
(b) महाद्वीप-महाद्वीप प्लेटों के अभिसरण द्वारा
(c) महाद्वीप-महासागर प्लेटों के अभिसरण द्वारा
(d) महाद्वीप-द्वीपीय चाप के अभिसरण द्वारा

42. हिमालय क्षेत्र में मिलने वाली 'दून' घाटियाँ किस प्रकार की हैं?
(a) संकीर्ण अनुदैर्ध्य (b) संकीर्ण अनुप्रस्थ
(c) विस्तृत अनुदैर्ध्य (d) विस्तृत अनुप्रस्थ

43. भारत का प्राचीनतम पर्वत क्रम कौन-सा है?
(a) हिमालय (b) विन्ध्याचल
(c) अरावली (d) सतपुड़ा

44. निम्नलिखित में से कौन-सा राजस्थान का मरु जिला है?
(a) उदयपुर (b) अजमेर
(c) बाड़मेर (d) बाँसवाड़ा

45. भारत का कौन-सा भू-आकृतिक विभाग प्राचीनतम है?
(a) उत्तरी पर्वतीय प्रदेश
(b) गंगा-ब्रह्मपुत्र का मैदान
(c) प्रायद्वीपीय पठार
(d) तटीय मैदान

46. पूर्वी घाट एवं पश्चिमी घाट को जोड़ने वाली पहाड़ियाँ हैं
(a) नीलगिरि पहाड़ियाँ
(b) अन्नामलाई पहाड़ियाँ
(c) पालनी पहाड़ियाँ
(d) इलायची पहाड़ियाँ

47. कथन (A) हिमालय के उत्तरी ढालों पर हिम नदियों का जमाव अधिक है।
कारण (R) हिमालय के उत्तरी ढाल अपेक्षाकृत मन्द हैं।
कूट
(a) A तथा R दोनों सही हैं तथा R, A की सही व्याख्या करता है
(b) A तथा R दोनों सही हैं, परन्तु R, A की सही व्याख्या नहीं करता है
(c) A सही है, परन्तु R गलत है
(d) A गलत है, परन्तु R सही है

48. सुमेलित कीजिए

सूची I		सूची II	
A.	भ्रंशोत्थ	1.	हिमालय
B.	वलित	2.	सह्याद्रि
C.	अवशिष्ट	3.	राजमहल पहाड़ियाँ
D.	ज्वालामुखी	4.	नीलगिरि

कूट
A B C D A B C D
(a) 2 4 1 3 (b) 4 3 2 1
(c) 2 1 4 3 (d) 4 2 3 1

49. राँची का पठार उदाहरण है
(a) सही पेनिप्लेन का
(b) प्रारम्भी पेनिप्लेन का
(c) फॉसिल पेनिप्लेन का
(d) उत्थित पेनिप्लेन का

50. चण्डीगढ़ किस पहाड़ी के नीचे स्थित है?
(a) शिमला पहाड़ी (b) शिवालिक पहाड़ी
(c) मोरनी पहाड़ी (d) इनमें से कोई नहीं

51. तमिलनाडु राज्य का सबसे ऊँचा पर्वत शिखर है
(a) दोदाबेट्टा (b) धूपगढ़
(c) महेन्द्रगिरि (d) कोडाईकनाल

52. निम्नलिखित में से कौन-सी पहाड़ियाँ पश्चिमी घाट से सम्बन्धित नहीं हैं
(a) नीलगिरि (b) अन्नामलाई
(b) पालकोण्डा (d) इलायची

53. मिकिर पहाड़ियाँ किस राज्य में विस्तृत है?
(a) मेघालय (b) सिक्किम
(c) असोम (d) झारखण्ड

54. कश्मीर को शेष भारत से जोड़ने वाला दर्रा है
(a) बोलन (b) जोजीला
(c) बनिहाल (d) लिपुलेख

55. इनमें से कौन–सी सर्वाधिक नवीन पर्वत-श्रेणी है?
(a) अन्नामलाई
(b) शिवालिक
(c) अरावली
(d) विन्ध्याचल

56. निम्नलिखित में से कौन-सा दर्रा लेह और श्रीनगर को जोड़ता है?
(a) बोमडीला (b) कराकोरम
(c) लिपुलेख (d) जोजीला

57. बुर्जिल तथा जोजीला दर्रे किस राज्य में स्थित हैं?
(a) उत्तर प्रदेश (b) सिक्किम
(c) जम्मू-कश्मीर (d) हिमाचल प्रदेश

58. जोजीला दर्रा निम्नलिखित में से किसे जोड़ता है?
(a) कश्मीर एवं तिब्बत (b) नेपाल एवं तिब्बत
(c) लेह एवं श्रीनगर (d) लेह एवं कारगिल

59. भारत की दक्षिणतम पर्वतमाला है
(a) नीलगिरि
(b) अन्नामलाई पर्वतमाला
(c) नल्लामलाई पर्वतमाला
(d) कार्डमम पर्वतमाला

60. सही जोड़ा बनाइए

सूची I	सूची II
A. कुमाऊँ हिमालय	1. सिन्धु एवं सतलज के मध्य
B. नेपाल हिमालय	2. काली एवं तिस्ता के मध्य
C. पंजाब हिमालय	3. तिस्ता एवं ब्रह्मपुत्र के मध्य
D. असोम हिमालय	4. सतलज एवं काली के मध्य

कूट
A B C D A B C D
(a) 1 2 3 4 (b) 4 2 1 3
(c) 3 4 2 1 (d) 2 3 4 1

61. भारत और तारिम बेसिन के बीच जिस दर्रे से सम्पर्क स्थापित होता है, वह है
(a) दिपसांग दर्रा (b) लिंगजी तांग दर्रा
(c) कराकोरम दर्रा (d) नाथूला दर्रा

62. हिमालय में सबसे गहन अपरदन है
(a) उच्च हिमालय में
(b) शिवालिक उपान्त में
(c) मध्य हिमालय में
(d) ट्रांस हिमालय में

63. हिमालय का सर्वाधिक ऊँचा भाग विद्यमान है
(a) पंजाब हिमालय में
(b) कुमाऊँ हिमालय में
(c) नेपाल हिमालय में
(d) असोम हिमालय में

64. K_2 गॉडविन ऑस्टिन किस पर्वत श्रृंखला की पर्वत चोटी है?
(a) हिमालय (b) कराकोरम
(c) जास्कर (d) पीरपंजाल

65. ब्रह्मपुत्र की घाटी किस प्रकार का मैदान है?
(a) लोयस (b) जलोढ़
(c) दलदली (d) अपरदन मूलक

66. जलोढ़ शंकुओं तथा अन्त: शंकुओं के सबसे अच्छे उदाहरण किस राज्य में देखने को मिलते है?
(a) बिहार (b) उत्तर प्रदेश
(c) असोम (d) पंजाब

67. कयाल (Kayal) क्या है?
(a) उत्तर के विशाल मैदान में मिलने वाले निम्न भूमि क्षेत्र
(b) केरल के तट पर मिलने वाले लैगून
(c) सिंह की गर्दन के बाल
(d) हिमाचल प्रदेश में फलों के बगीचे

68. निम्नलिखित में से किस राज्य की तट की रेखा सर्वाधिक लम्बी है?
(a) केरल (b) तमिलनाडु
(c) ओडिशा (d) आन्ध्र प्रदेश

69. सुमेलित कीजिए

सूची I		सूची II	
A.	सर	1.	बालुका स्तूप
B.	रोहें	2.	बालुका मैदान
C.	थली	3.	उर्वरक मैदान
D.	धोरे	4.	प्लाया झील

कूट
A B C D A B C D
(a) 1 2 3 4 (b) 2 3 1 4
(c) 4 3 1 2 (d) 4 3 2 1

70. उत्खात-भूमि स्थलाकृति किसकी विशेषता है?
(a) चम्बल घाटी की
(b) थार मरुस्थल की
(c) सुन्दरवन डेल्टा की
(d) कच्छ की खाड़ी की

71. भाबर एक भू-स्वरूप है, जो मिलता है
(a) थार मरुस्थल में
(b) विन्ध्यचल पर्वत के किनारे
(c) शिवालिक के किनारे
(d) चम्बल घाटी में

72. निम्नलिखित पर्वत चोटियों पर विचार कीजिए
1. एवरेस्ट 2. मकालू
3. अन्नपूर्णा 4. कंचनजंघा
उपरोक्त में से सबसे पूर्व में स्थित चोटी है
(a) एवरेस्ट
(b) कंचनजंघा
(c) मकालू
(d) अन्नपूर्णा

73. धौलाधार पर्वत श्रेणी किस राज्य में अवस्थित है?
(a) कश्मीर में (b) असोम में
(c) उत्तराखण्ड में (d) हिमाचल प्रदेश में

74. हिमालय की कौन-सी श्रेणी सर्वाधिक चौड़ी है?
(a) लघु हिमालय श्रेणी
(b) उपहिमालय श्रेणी
(c) महान् हिमालय श्रेणी
(d) ट्रांस हिमालय श्रेणी

75. निम्नलिखित में से कौन-सी पर्वत श्रेणी ट्रांस हिमालय में सम्मिलित नहीं है?
(a) लद्दाख (b) जास्कर
(c) शिवालिक (d) पीरपंजाल

76. निम्नलिखित में से कौन हिमालय का पर्वतपदीय प्रदेश है
(a) शिवालिक (b) ट्रांस हिमालय
(c) वृहत् हिमालय (d) अरावली

77. सह्याद्रि किस प्रकार के पर्वत का उदाहरण है?
(a) भ्रंशोत्थ (b) वलित
(c) अवशिष्ट (d) ज्वालामुखी

78. निम्नलिखित में किस राज्य की सीमा सबसे अधिक राज्यों की सीमा को स्पर्श करती है?
(a) उत्तर प्रदेश (b) मध्य प्रदेश
(c) महाराष्ट्र (d) हिमाचल प्रदेश

79. भारत का सबसे दक्षिणतम बिन्दु इन्दिरा प्वॉइन्ट स्थित है
(a) 5° 4′ – उत्तरी अक्षांश
(b) 5° 8′ – उत्तरी अक्षांश
(c) 6° 4′ – उत्तरी अक्षांश
(d) 6° 2′ – उत्तरी अक्षांश

80. निम्न में से कौन अण्डमान निकोबार द्वीप समूह से सम्बन्धित नहीं है?
(a) सेण्टीनल
(b) नानकौरी
(c) रटलैण्ड
(d) छोटा अण्डमान

81. निम्न में किस राज्य की सीमा बांग्लादेश से नहीं लगती है?
(a) मेघालय (b) त्रिपुरा
(c) मिजोरम (d) असोम

82. कोच्चि का जुड़वा नगर है
(a) अर्नाकुलम (b) अलेप्पी
(c) मदुरई (d) अलवाए

83. रामेश्वरम् किस राज्य में स्थित है?
(a) कर्नाटक (b) केरल
(c) तमिलनाडु (d) पुदुचेरी

84. निम्नलिखित में कौन एक अनुषंगी नगर (Satellite Town) के वर्ग में आता है?
(a) अहमदाबाद
(b) अर्नाकुलम
(c) बंग
(d) सूरत

85. 9 डिग्री चैनल किसे अलग करता है?
(a) कार निकोबार और ग्रेट निकोबार
(b) उत्तरी अण्डमान और दक्षिणी अण्डमान
(c) लिटिल अण्डमान और कार निकोबार
(d) लक्षद्वीप और मिनिकाय

86. निम्नलिखित में कौन भूमध्य रेखा के निकटतम स्थित है?
(a) मिनिकाय
(b) इन्दिरा प्वॉइन्ट
(c) कन्याकुमारी
(d) अगाती

87. भारत के सबसे उत्तर में स्थित है
(a) इन्दिरा कॉल
(b) लेह
(c) पिग्मेलियन प्वॉइण्ट
(d) दुवानलित

88. मैकमोहन रेखा निम्न में किस राज्य के सहारे पाई जाती है?
(a) असोम (b) अरुणाचल प्रदेश
(c) मिजोरम (d) त्रिपुरा

89. निम्न में किस स्थान के स्थानीय समय से भारत का मानक समय निर्धारित किया गया है?
(a) चेन्नई (b) इलाहाबाद
(c) भोपाल (d) कोलकाता

90. निम्नलिखित में कौन-सा नगर कर्क रेखा पर स्थित है?
(a) भुज (b) भोपाल
(c) बाँसवाड़ा (d) गाँधीनगर

91. निम्न में से किस क्षेत्र में प्रवाल-भित्ति नहीं पायी जाती है?
(a) कैम्बे की खाड़ी
(b) मन्नार की खाड़ी
(c) कच्छ की खाड़ी
(d) लक्षद्वीप व मिनिकॉय द्वीप

92. भारतीय द्वीपों में से कौन-सा द्वीप भारत व श्रीलंका के मध्य अवस्थित है?
(a) एलीफैण्टा (b) निकोबार
(c) रामेश्वरम् (d) सालसेट

93. श्रीलंका, भारत के दक्षिण-पूर्वी तट के पास पाक स्ट्रेट व ...... के दूसरी ओर स्थित है।
(a) कैम्बे की खाड़ी (b) खम्भात की खाड़ी
(c) कच्छ की खाड़ी (d) मन्नार की खाड़ी

सही उत्तर

1. (b)	2. (b)	3. (a)	4. (b)	5. (b)	6. (a)	7. (b)	8. (b)	9. (b)	10. (c)
11. (b)	12. (c)	13. (d)	14. (b)	15. (d)	16. (c)	17. (a)	18. (b)	19. (d)	20. (d)
21. (c)	22. (a)	23. (c)	24. (a)	25. (b)	26. (b)	27. (b)	28. (a)	29. (a)	30. (b)
31. (a)	32. (b)	33. (a)	34. (d)	35. (d)	36. (c)	37. (a)	38. (a)	39. (a)	40. (a)
41. (b)	42. (a)	43. (c)	44. (c)	45. (c)	46. (a)	47. (a)	48. (c)	49. (d)	50. (b)
51. (a)	52. (c)	53. (c)	54. (c)	55. (b)	56. (b)	57. (c)	58. (c)	59. (d)	60. (b)
61. (c)	62. (b)	63. (c)	64. (b)	65. (b)	66. (a)	67. (b)	68. (d)	69. (d)	70. (a)
71. (c)	72. (b)	73. (d)	74. (c)	75. (c)	76. (a)	77. (a)	78. (a)	79. (c)	80. (b)
81. (c)	82. (a)	83. (c)	84. (b)	85. (d)	86. (b)	87. (a)	88. (b)	89. (b)	90. (c)
91. (a)	92. (c)	93. (d)							

अध्याय 02 अपवाह-तन्त्र

भारत में अप्रवाह तन्त्र

- भारत में प्रवाहित होने वाली नदियों को विकास तन्त्र के आधार पर दो वर्गों में विभाजित किया जाता है हिमालय अपवाह तन्त्र एवं प्रायद्वीपीय अप्रवाह तन्त्र ।
- हिमालय से उद्‌गमित होने वाली नदियों में साल भर जल रहता है। इसका कारण यह है कि हिमालय की नदियों को वर्षा एवं हिमालय के हिम, दोनों स्रोतों से जल प्राप्त होता है, जबकि प्रायद्वीपीय भारत की नदियाँ मुख्यत: वर्षा पर निर्भर करती हैं।
- हिमालय की नदियों का जल-संग्रहण क्षेत्र प्रायद्वीपीय भारत की नदियों की तुलना में कहीं अधिक है।
- हिमालयी क्षेत्र की अनेक नदियाँ पूर्ववर्ती हैं एवं इन नदियों ने काफी बड़े व गहरे गॉर्ज का निर्माण किया है।
- लम्बी अवधि एवं कठोर संरचना के कारण प्रायद्वीपीय भारत की नदियाँ खुली हुई एवं सन्तुलित घाटियों से होकर प्रवाहित होती हैं। ये नदियाँ **अनुवर्ती** या **अनुगामी** हैं।
- हिमालय की नदियाँ विसर्पण करती हैं एवं कभी-कभी अपने मार्ग में परिवर्तन करने में सक्षम हैं।
- कोसी, तिस्ता, ब्रह्मपुत्र, सतलज, यमुना आदि नदियों ने अत्यधिक मार्ग परिवर्तित किया है।
- प्रायद्वीपीय भारत की नदियाँ कठोर चट्टानों की उपस्थिति एवं जलोढ़ों की कमी के कारण विसर्पण नहीं कर पाती हैं।
- हिमालय की नदियों ने विश्व के सबसे बड़े डेल्टा का निर्माण किया है।
- इसका एक कारण यह है कि लम्बी दूरी एवं तीव्र कटाव के कारण ये नदियाँ अपने साथ काफी मलबा प्रवाहित करती चलती हैं।
- प्रायद्वीपीय भारत की वे नदियाँ जो बंगाल की खाड़ी में गिरती हैं व डेल्टा का निर्माण करती हैं, जबकि अरब सागर में गिरने वाली नदियाँ **ज्वारनद्मुख** का निर्माण करती हैं।

अपवाह-तन्त्र के प्रकार

- **पूर्ववर्ती अपवाह** हिमालय की अधिकांश नदियाँ जैसे ब्रह्मपुत्र, सिन्धु, तिस्ता एवं भागीरथी।
- **अनुगामी अपवाह** दक्षिण भारत का अपवाह-तन्त्र प्रमुखत: अनुगामी अपवाह तन्त्र है। पेरियार, पोन्नमि, शरावती नदियाँ, पश्चिमी घाट से निकलकर पूरब की ओर बहती हैं। नर्मदा और ताप्ती नदियाँ भ्रंश क्षेत्रों से होकर प्रवाहित होती हैं।
- **अनुवर्ती अपवाह** इसमें चम्बल, केन' सिन्धु, बेतवा और सोन नदियाँ उल्लेखनीय हैं। ये नदियाँ अनुवर्ती अपवाह बनाती हैं। दक्षिणी प्रायद्वीप के उत्तर भाग का ढाल उत्तर की ओर है, इसलिए विन्धयाचल और सतपुड़ा पर्वत क्रम से निकलने वाली नदियाँ उत्तर की ओर बहती हुई गंगा तथा यमुना में मिल जाती हैं।
- **आयताकार अपवाह** कोसी व उसकी सहायक नदियाँ
- **समानान्तर अपवाह** गंगा के ऊपरी मैदान की नदियाँ
- **अन्त:स्थलीय अपवाह** राजस्थान की रूपनारायण, मेढ़ा आदि नदियाँ।
- **खण्डित अपवाह** भारत के मैदान में सभी नदियाँ लुप्त हो जाती हैं और बाद में पुन: धरातल पर बहने लगती हैं। इस प्रकार ये खण्डित अपवाह का निर्माण करती हैं।
- **क्रमहीन अपवाह** दिवांग एवं लोहित नदियाँ ब्रह्मपुत्र नदी के साथ क्रमहीन जल अपवाह बनाती हैं।
- **अध्यारोपित अपवाह** दामोदार, स्वर्णरेखा, चम्बल तथा बनास नदियाँ अध्यारोपित जल अपवाह का निर्माण करती हैं।
- **जालीदार अपवाह** पूर्वी सिंहभूम के पुराने वलित पर्वतों में जालीदार अपवाह मिलती है।
- **अरीय अपवाह** अमरकण्टक पर्वत से निकलने वाली नर्मदा, सोन तथा महानदी अरीय अपवाह-तन्त्र का निर्माण करती हैं।

हिमालय की प्रमुख नदियाँ

हिमालय से उद्‌गमित होने वाली नदियाँ चार प्रकार के प्रतिरूपों (Pattern) का निर्माण करती हैं पर्वतीय भाग में वृक्षाकार, ऊपरी मैदान में समानान्तर, मध्यवर्ती मैदान में विसर्पण, निम्न मैदान में जालीनुमा।

हिमालय की नदियाँ तीन अपवाह-तन्त्रों का निर्माण करती हैं

(i) सिन्धु अपवाह
(ii) गंगा अपवाह
(iii) ब्रह्मपुत्र अपवाह

सिन्धु नदी तन्त्र

- इस तन्त्र की नदियाँ पश्चिमी हिमालय से निकलकर अरब सागर में जाकर गिरती हैं।
- यह नदी तन्त्र तीन देशों तिब्बत (चीन), भारत एवं पाकिस्तान में प्रवाहित होता है।

प्रमुख नदियाँ निम्न है—

सिन्धु नदी

यह नदी तिब्बत में मानसरोवर झील के निकट कैलाश पर्वत के उत्तरी ढाल से लगभग 5,000 मी की ऊँचाई से उद्गमित होती है।

- ऊँचे पर्वतीय भाग में श्योक, गिलगित, जास्कर, शिगार आदि इसकी प्रमुख सहायक नदियाँ हैं। मैदानी भाग में झेलम, चिनाब, रावी, सतलज एवं व्यास नदियाँ इसमें बाएँ किनारे से मिलती हैं।
- नंगा पर्वत के उत्तर बुंजी नामक स्थान पर हिमालय में यह नदी 5,181 मी गहरे गॉर्ज का निर्माण करती है।
- ग्रीष्म ऋतु में हिम के पिघलने से इसमें प्राय: बाढ़ आ जाती है। इसकी कुल लम्बाई 2,880 किमी है एवं भारत में इसकी लम्बाई 1114 किमी है।

सतलज नदी

यह नदी तिब्बत में स्थित **राकस झील** से उद्गमित होती है, जहाँ इसे **लांगकेन जांग्बो** के नाम से जाना जाता है। स्वीति एवं कास इसकी प्रमुख सहायक नदियाँ हैं। मारवरा के निकट इस नदी पर मारवरा बाँध का निर्माण किया गया है, जिसके पीछे गोविन्दसागर जलाशय स्थित है।

शिवालिक पर्वत श्रृंखला को काटती हुई यह नदी भारत में पंजाब राज्य में प्रवेश करती है। भारत में इसकी कुल लम्बाई 1050 किमी है।

चिनाब नदी

यह नदी बारालाचा-ला दर्रे के निकट से चन्द्र एवं भागा नामक दो नदियों के रूप में उद्गमित होती है। यह सिन्धु की सबसे बड़ी सहायक नदी है। भारत में इसकी लम्बाई 1180 किमी है।

रावी नदी

यह नदी रोहतांग दर्रे के निकट से उद्गमित होती है। पंजाब की पाँच नदियों में यह नदी सबसे छोटी है। इसकी कुल लम्बाई 725 किमी है।

व्यास नदी

व्यास नदी रोहतांग दर्रे के निकट व्यास कुण्ड से उद्गमित होती है। हिमाचल प्रदेश के कुल्लू जिले में इस नदी की घाटी को कुल्लू घाटी के नाम से जाना जाता है। हरिके के निकट यह नदी सतलज नदी में दाहिनी ओर से मिल जाती है। इस नदी की कुल लम्बाई 470 किमी है।

झेलम

यह नदी जम्मू-कश्मीर में बेरीनाग के निकट शेषनाग झील से उद्गमित होती है। भारत में इसकी कुल लम्बाई 400 किमी है। **किशनगंगा** इसकी प्रमुख सहायक नदी है।

यह नदी वुलर झील से होकर प्रवाहित होती है। नौगम्य होने के कारण कश्मीर राज्य में इससे आवागमन एवं व्यापार में काफी सहायता मिलती है। पाकिस्तान में यह नदी चिनाब के दाहिने किनारे से मिल जाती है।

गंगा तन्त्र

गंगा तन्त्र में हिमालय से आने वाली नदियों के अतिरिक्त कुछ जल प्रायद्वीपीय भारत की नदियों से भी प्राप्त होता है।

गंगा नदी यह नदी उत्तराखण्ड के महान् हिमालय में स्थित गंगोत्री हिमनद से 6,600 मी की ऊँचाई से उद्गमित होती है। इस नदी की कुल लम्बाई 2512.5 किमी है। देव प्रयाग के निकट अलकनन्दा एवं भागीरथी नदियाँ आपस में मिलकर गंगा नदी का नाम पाती हैं।

- हरिद्वार के निकट यह नदी हिमालय को छोड़कर मैदान में उतरती है। प्रयाग के निकट यमुना, गाजीपुर के निकट गोमती, छपरा के निकट घाघरा, पटना के निकट सोन तथा कुछ और पूर्व की ओर हटकर क्रमश: गण्डक एवं कोसी नदी गंगा में मिलती हैं।
- रामगंगा, घाघरा, गण्डक, बूढ़ी गण्डक, कोसी आदि नदियाँ बाएँ किनारे से एवं यमुना, सोन तथा दामोदर जैसी नदियाँ दाहिने किनारे से गंगा में मिलती हैं।
- गंगा की पश्चिमी शाखा पश्चिम बंग में **भागीरथी हुगली** के नाम से जानी जाती है।
- बांग्लादेश में ब्रह्मपुत्र की एक शाखा जमुना से मिलने के पश्चात् **पदमा** के नाम से जानी जाती है। **गंगा-ब्रह्मपुत्र का डेल्टा** विश्व का सबसे बड़ा डेल्टा है।
- हुगली नदी को विश्वासघाती नदी भी कहा जाता है। कोलकाता बन्दरगाह इसी नदी तट पर स्थित है। जिसे पूर्व का लन्दन भी कहा जाता है। हरिद्वार, कानपुर, इलाहाबाद, वाराणसी, पटना आदि महत्त्वपूर्ण नगर गंगा नदी पर स्थित हैं।

यमुना नदी

यह गंगा की प्रमुख सहायक नदी है, जो यमुनोत्री हिमनद से निकलती है। इसकी कुल लम्बाई 1376 किमी है। इलाहाबाद में यह नदी गंगा नदी से मिलती है।

दक्षिण से निकलकर पश्चिम से पूर्व की ओर क्रमश: दाएँ किनारे पर चम्बल, सिन्धु, बेतवा, केन आदि नदियाँ यमुना में मिलती हैं। दिल्ली, मथुरा, आगरा यमुना नदी तट पर स्थित प्रमुख नगर हैं।

घाघरा नदी

- यह नदी **सरयू, शारदा** आदि नामों से जानी जाती है।
- तिब्बत के पठार के मापचाचुंग हिमनद से निकलकर बिहार के वरहम घाट (छपरा) के निकट यह गंगा नदी से मिल जाती है।
- यह नदी मार्ग परिवर्तन के लिए प्रसिद्ध है। राप्ती एवं शारदा इसकी प्रमुख सहायक नदियाँ।
- प्रसिद्ध तीर्थस्थल अयोध्या इसके तट पर स्थित है।
- यह नदी पहाड़ी क्षेत्र में करनाली एवं मैदानी क्षेत्र में घाघरा के नाम से जानी जाती है। यह नदी मार्ग परिवर्तित करने के लिए विख्यात है। राप्ती एवं शारदा इसकी प्रमुख सहायक नदियाँ हैं। इसकी कुल लम्बाई 1080 किमी है।

गण्डक नदी

यह नदी नेपाल में शालिग्राम एवं मैदानी भाग में **नारायणी** के नाम से जानी जाती है। यह नदी भी अपना मार्ग परिवर्तित करती रहती है। भारत में इस नदी की कुल लम्बाई 425 किमी है।

कोसी नदी

यह नदी अरुणा के नाम से गोसाईंनाथ के उत्तर से उद्गमित होती है। कोसी नदी पूर्व में अपना मार्ग बदलने एवं बाढ़ के कारण बिहार का शोक कहलाती है।

ब्रह्मपुत्र नदी तन्त्र

- यह नदी तिब्बत में मानसरोवर झील के निकट से उद्गमित होती है। इसकी कुल लम्बाई 2900 किमी है एवं भारत में इसकी लम्बाई 916 किमी है।
- दिबांग एवं लोहित नदियाँ इसमें उत्तर की ओर से आकर मिलती हैं। स्वर्णसीरी, मानस एवं तिस्ता इसमें दाहिने किनारे से एवं बूढ़ी दिहांग तथा कपोली बाएँ किनारे से आकर मिलती हैं।
- तिब्बत में इस नदी को **सांग्पो** के नाम से जाना जाता है। अरुणाचल प्रदेश में इसे **दिहांग** कहा जाता है। **जमुना** एवं **मेघना** बांग्लादेश में ब्रह्मपुत्र नदी की दो शाखाएँ हैं।

प्रायद्वीपीय भारत की प्रमुख नदियाँ

गोदावरी नदी

- यह नदी प्रायद्वीपीय पठार की सबसे बड़ी नदी है। इसे दक्षिण की गंगा भी कहते हैं। यह महाराष्ट्र के नासिक जिले से पश्चिमी घाट पर्वत से निकलती है। इसकी कुल लम्बाई 1,465 किमी है।
- पेनगंगा, वेनगंगा, वर्धा, इन्द्रावती, मानेर इसकी प्रमुख सहायक नदियाँ हैं।

महानदी

- यह नदी मध्य प्रदेश के अमरकण्टक की सिहांवा श्रेणी से निकलती है। इसकी कुल लम्बाई 858 किमी है।
- हसदेब, इब, तेल इसकी प्रमुख सहायक नदियाँ हैं। यह ओडिशा में कटक के निकट एक बड़े डेल्टा का निर्माण करती है।

कृष्णा नदी

- कृष्णा नदी महाबलेश्वर के निकट पश्चिमी घाट पर्वत से उद्गमित होती है। कोयना, पंचगंगा, दूधगंगा, घाटप्रभा, मालप्रभा, भीमा, तुंगभद्रा, मूसी आदि इसकी सहायक नदियाँ हैं।
- तुंगभद्रा एवं कृष्णा नदी के बीच का भाग रायचूर के दोआब के नाम से जाना जाता है। बंगाल की खाड़ी में गिरने से पूर्व यह नदी एक विस्तृत डेल्टा का निर्माण करती है। इसकी कुल लम्बाई 1,401 किमी है।

कावेरी नदी

- यह नदी कर्नाटक के कुर्ग जिले में स्थित पश्चिमी घाट पर्वत में स्थित ब्रह्मगिरी पहाडियों से उद्गमित होती है। इसे दक्षिण की गंगा कहा जाता है। इसे ग्रीष्म एवं शीत दोनों ही ऋतुओं में वर्षा का जल प्राप्त होता है। अत: इसमें वर्ष भर जल भरा रहता है।
- श्रीरंगपट्टनम एवं शिवसमुद्रम् इस नदी में स्थित दो महत्त्वपूर्ण द्वीप हैं। इस नदी का डेल्टा तमिलनाडु के तंजौर जिले में स्थित है, जो दक्षिण का उद्यान कहलाता है।
- शिवसमुद्रम् नामक प्रसिद्ध जलप्रपात कावेरी नदी पर स्थित है इसकी कुल लम्बाई 760 किमी है।

चम्बल नदी

यह नदी मध्य प्रदेश में मऊ के निकट जनापाव पहाड़ी से उद्गमित होती है। इसकी कुल लम्बाई 965 किमी है। काली, सिन्ध, पार्वती एवं बनास इसकी सहायक नदियाँ हैं। चम्बल नदी की घाटी गहरे बीहड़ों के लिए प्रसिद्ध है।

सोन नदी

सोन नदी अमरकण्टक के पठार से नर्मदा नदी के विपरीत दिशा से उद्गमित होती है। रिहन्द इसकी प्रमुख सहायक नदी है। पटना के निकट यह गंगा में मिल जाती है।

दामोदर नदी

दामोदर नदी छोटानागपुर के पठार से उद्गमित होती है। कोनार, जमुनिया, बराकर आदि इसकी महत्त्वपूर्ण सहायक नदियाँ हैं। इस नदी को बंगाल का शोक भी कहा जाता है। बंगाल में यह नदी हुगली में मिल जाती है।

नर्मदा नदी

- यह नदी अमरकण्टक की पहाड़ी से उद्गमित होती है। हिरण, तवा, दूधी, शेर आदि इसकी सहायक नदियाँ हैं। दुग्धधारा, कपिलधारा, धुआँधार आदि जलप्रपात इस नदी पर स्थित हैं।
- विन्ध्य एवं सतपुड़ा पर्वत के बीच एक भ्रंश घाटी से प्रवाहित होती हुई, यह नदी खम्भात की खाड़ी (अरब सागर) में गिर जाती है। भड़ौच के निकट यह नदी एस्चुअरी का निर्माण करतो है, इसकी कुल लम्बाई 1,312 किमी है।

ताप्ती नदी

- यह नदी मध्य प्रदेश के बैतूल जिले के मुल्ताई नामक स्थान से उद्गमित है।
- क्षिप्रा एवं मोर इसकी प्रमुख सहायक नदियाँ हैं।
- सतपुड़ा एवं अजन्ता श्रेणी के बीच यह एक भ्रंश घाटी से होकर प्रवाहित होती है।
- यह नदी एक ज्वारनदमुख (एस्चुअरी) का निर्माण करती है एवं खम्भात की खाड़ी (अरब सागर) में गिरती है। सूरत नगर इस नदी के तट पर स्थित है।

स्वर्णरेखा नदी

स्वर्णरेखा नदी छोटानागपुर के पठार से उद्गमित होकर बंगाल की खाड़ी में गिरती है। जमशेदपुर स्वर्णरेखा नदी के तट पर स्थित है।

ब्रह्मणी नदी

ब्रह्मणी नदी छोटानागपुर के पठार से उद्गमित होती है। यह कोयल एवं शंख से मिलकर बनी है। राउरकेला ब्रह्मणी नदी के तट पर स्थित है।

लूनी नदी

लूनी नदी अरावली पर्वत से उद्गमित होकर कच्छ की खाड़ी में गिरती है।

साबरमती नदी

साबरमती नदी अरावली पर्वत से उद्गनित होकर खम्भात की खाड़ी में गिरती है। अहमदाबाद इसके तट पर स्थित है।

भारत की नदियों के अपवाह से सम्बन्धित कुछ महत्त्वपूर्ण तथ्य

- **वृक्षनुमा अपवाह** (Dendritic Drainage) इस अपवाह के तहत दक्षिण भारत की अधिकांश नदियाँ वृक्षनुमा अपवाह का निर्माण करती हैं।
- इन नदियों पर सिन्धु, सतलज, अलकनन्दा, गण्डक, ब्रह्मपुत्र, एवं कोसी द्वारा बनाए गए गहरे गॉर्ज से यह प्रमाणित होता है कि ये सभी नदियाँ पूर्ववर्ती (Antecedelt) नदियाँ हैं।
- नर्मदा एवं ताप्ती नदियों की घाटी में जलोढ़ निक्षेप एवं डेल्टा का अभाव पाया जाता है। इसका एक प्रमुख कारण यह है कि नदियों द्वारा लाए गए मलबे दरारों में ही भर गए हैं।
- दिवांग एवं लोहित नदियाँ ब्रह्मपुत्र के साथ विपरीत दिशा से आकर मिलती हैं। इस प्रकार ये नदियाँ **क्रमहीन अपवाह** बनाती हैं।
- राजस्थान एवं लद्दाख के मरुस्थल में अन्तः स्थलीय अपवाह के उदाहरण देखने को मिलते हैं । जैसे—राजस्थान की रूपनारायण, मेढ़ा इत्यादि नदियाँ।
- अपने अस्तित्व के लम्बे इतिहास के कारण प्रायद्वीपीय नदियाँ प्रौढ़ावस्था में हैं। ये नदियाँ सन्तुलित एवं खुली घाटियों से होकर बहती हैं। ये नदियाँ पार्श्ववर्ती अपरदन करने में संलग्न हैं।
- तीस्ता नदी पहले गंगा की सहायक नदी थी, अब यह ब्रह्मपुत्र की सहायक नदी है।
- कुछ विद्वानों का यह मानना है कि उत्तर भारत की नदियों का उद्गम इण्डो-ब्रह्म नदी-प्रणाली से हुआ है। यह नदी असोम से पंजाब की ओर प्रवाहित होती थी।
- सतलज, सिन्धु, ब्रह्मपुत्र, अलकनन्दा, गण्डक, कोसी आदि नदियों के गहरे गॉर्ज इस तथ्य की पुष्टि करते हैं कि ये सभी नदियाँ पूर्ववर्ती नदियाँ हैं।
- झेलम नदी में जल की सर्वाधिक मात्रा मई एवं जून के महीने में होती है, क्योंकि इसे मुख्यतः बर्फ के पिघलने से जल प्राप्त होता है।
- घग्घर नदी कालका के समीप हिमालय से उद्गमित होकर राजस्थान के मरुस्थल में विलुप्त हो जाती है।
- पश्चिमी घाट से उद्गमित होकर पश्चिम की ओर प्रवाहित होने वाली नदियाँ तीव्र ढाल के कारण समानान्तर प्रतिरूप का निर्माण करती हैं। ये नदियाँ छोटी व तीव्रगामी हैं। इन नदियों में गोवा की माण्डवी, जुआरी, राचोली, कर्नाटक की काली, शरावती; केरल की भरतपजा, पेरियार, पम्बा आदि हैं।
- झेलम नदी के जल स्तर में सर्वाधिक ऊँचाई मई एवं जून में रहती है, क्योंकि इन्हें मुख्यतः बर्फ के पिघलने से जल प्राप्त होता है।

जलप्रपात

- भारत के अधिकांश जलप्रपात दक्षिण भारत में पाए जाते हैं, जहाँ नदियाँ पश्चिमी घाट को पार कर पूर्वी तट की ओर नीचे उतरती हैं। इनमें अधिकांश तो बहुत ही छोटे हैं और 6-9 मी ऊँचे हैं।
- कुंचिकल जलप्रपात, भारत का सबसे ऊँचा जलप्रपात है जो कर्नाटक में वराही नदी पर स्थित है। इसकी ऊँचाई 455 मी है।
- महाराष्ट्र और कर्नाटक की सीमा पर शरावती नदी पर जोग प्रपात है, जो चार छोटे-छोटे प्रपातों राजा, राकेट, रोरर और दाम ब्लाचें से मिलकर बने हैं। इसे गरसोप्पा या महात्मा गाँधी जलप्रपात भी कहते हैं। इसकी ऊँचाई 255 मी है।
- कावेरी नदी पर शिवसमुद्रम् प्रपात है, जो 100 मी की ऊँचाई से गिरता है। इसका उपयोग जल-विद्युत उत्पादन के लिए किया गया है।
- नीलगिरि की पहाड़ियों में पायकारा प्रपात का उपयोग भी जल-शक्ति के लिए किया गया है।
- बेलगाँव जिले में गोकक प्रपात 54 मी ऊँचा और महाबलेश्वर के निकट येन्ना प्रपात 180 मी ऊँचा है।
- दक्षिण टोंस नदी विन्ध्याचल के पठार को पार करती हुई निकलती है, जो कई प्रपात बनाती है। इसमें मुख्य है बिहार जलप्रपात
- चम्बल नदी पर कई छोटे-छोटे प्रपात स्थित हैं। कोटा के निकट चूलिया प्रपात 18 मी ऊँचा है।
- नर्मदा नदी में मध्य प्रदेश के अनूपपुर जिले के निकट धुआँधार प्रपात। दो अन्य जलप्रपात मधार और पुनासा के निकट इस नदी पर स्थित हैं।
- अन्य जलप्रपातों में हुण्डरू प्रपात (स्वर्णरेखा नदी), गौतम धारा प्रपात (गंगा नदी), केवटी प्रपात (महानदी) तथा बूढ़ा घाघ प्रपात (बूढ़ी नदी) उल्लेखनीय हैं।

भारत की झीलें

- भारत की अधिकांश झीलें उत्तर पर्वतीय प्रदेश में पाई जाती हैं।
- विवर्तनिक झीलें वुलर झील (कश्मीर) तथा कुमाऊँ हिमालय की झीलें।
- **ज्वालामुखी झीलें** लोनार झील (महाराष्ट्र)।
- **अनूप झीलें** चिल्का झील (ओडिशा), पुलीकट झील (तमिलनाडु), कोलेरू झील (आन्ध्र प्रदेश) तथा केरल राज्य की झीलें।
- हिमानी झीलें कुमाऊँ हिमालय की झीलें तथा उत्तर प्रदेश व उत्तराखण्ड की नैनीताल, भीमताल, राकसताल, नौकुचियाताल, समताल, पूनाताल, मालवाताल, खुरपाताल आदि झीलें।
- वायु द्वारा निर्मित झीलें राजस्थान की साम्भर, डीडवाना, लूनकरणसर तथा पंचभद्रा झीलें।

हिमालय की झीलें

- भारत की सर्वाधिक झीलें कुमाऊँ हिमालय में स्थित हैं। इस भाग में सात बड़ी झीलें नैनीताल, भीमताल, नौकुचियाताल, समताल, पूनाताल, मालवाताल और खुरपाताल हैं।
- भीमताल यह त्रिभुजाकार झील उत्तराखण्ड राज्य के काठगोदाम से 10 किमी उत्तर की ओर स्थित है।
- **नैनीताल** यह झील उत्तराखण्ड राज्य में स्थित है तथा अपने नैसर्गिक सौन्दर्य के लिए विश्व प्रसिद्ध है।
- **नौकुचियाताल** यह उत्तराखण्ड राज्य की सबसे गहरी झील है, जो भीमताल से 4 किमी दक्षिण-पूर्व की ओर स्थित है।

कश्मीर की झीलें

- कश्मीर राज्य में फैले पंजाब हिमालय क्षेत्र में दो अत्यन्त सुन्दर झीलें स्थित हैं, जो वुलर झील व डल झील के नाम से जानी जाती हैं।
- **वुलर झील** यह जम्मू एवं कश्मीर राज्य की सबसे बड़ी झील है। इसके चारों ओर चन्द्राकार में पर्वतीय शृंखला फैली है।

- **डल झील** यह झील श्रीनगर से पूर्व की ओर स्थित है। इसके आस-पास अनेक बाग हैं, जिनमें शालीमार और निशात बाग विशेष रूप से उल्लेखनीय हैं। कश्मीर की अन्य झीलें मानसबल, शेषनाग, अनन्त बाग, गन्धरबल, अम्छाबल तथा बेरीनाग हैं।

राजस्थान की झीलें

राजस्थान की प्रमुख झीलों में साम्भर झील, डीडवाना झील, पंचपद्रा, लूनकरणसर, कुचामन, डेगाना कछोर रेवास (ये सभी नमकीन झीलें हैं),जयसमन्द, पिछौला, उदयसागर, फतेहसागर एवं राजसमन्द (ये सभी मीठी झीलें) हैं।

अन्य झीलें

- **लोनार झील** महाराष्ट्र के बुलढाण जिले में स्थित है।
- **चिल्का झील** यह ओडिशा के तटीय भाग में नाशपाती की आकृति में पुरी में स्थित है।
- **पुलीकट** यह तमिलनाडु राज्य के तट पर स्थित है। यह एक छिछली झील है। यह समुद्र से बालू की भित्ति द्वारा अलग होने से बनी है। इसके निकट श्रीहरिकोटा द्वीप स्थित है।
- **कोलेरू झील** यह मीठे जल की झील है।
- महाराष्ट्र की लोनार झील एवं राजस्थान की पुष्कर झील ज्वालामुखी क्रिया द्वारा निर्मित होती हैं।
- ओडिशा की चिल्का तथा आन्ध्र प्रदेश की कोलेरू झील लैगून झील के सर्वोत्तम उदाहरण हैं। तमिलनाडु के तट पर स्थित पुलीकट भी एक लैगून है।
- राकसताल, नैनीताल, भीमताल, आदि झीलों का निर्माण हिमानी द्वारा हुआ है।
- लोकटक (मणिपुर), वेम्बनाद (केरल), हुसैन सागर (आन्ध्र प्रदेश), जयसमन्द, राजसमन्द (राजस्थान), डल, वुलर, बेरीनाग (जम्मू-कश्मीर) आदि भारत की महत्त्वपूर्ण झीलें हैं।
- जोग या जरसोप्पा, चूलिया जलप्रपात (चम्बल), महात्मा गाँधी जलप्रपात (शरावती नदी), शिवसमुद्रम् जलप्रपात (कावेरी नदी), हुण्डरू जलप्रपात (स्वर्णरेखा नदी), धुआँधार जलप्रपात (नर्मदा नदी), आदि भारत के कुछ महत्त्वपूर्ण जलप्रपात हैं।

प्रमुख कृत्रिम झीलें

गोविन्द सागर	सतलज
गाँधी सागर	चम्बल
हीराकुड	महानदी
रिहन्द	रिहन्द नदी
मैटूर	कावेरी
कृष्णाराजा सागर	कावेरी

नदी सम्पर्क योजना

- **'अमृत क्रान्ति'** नाम से शुरू की गई नदियों को जोड़ने की योजना 25 अगस्त, 2005 को केन-बेतवा को जोड़ने के सहमति-पत्र पर हस्ताक्षर के साथ व्यावहारिक रूप में परिणत होनी आरम्भ हो गई।
- ₹ 5 लाख 60 हजार करोड़ लागत वाली तीस नदी-सम्पर्क परियोजनाओं में केन-बेतवा लिंक परियोजना सर्वोच्च प्राथमिकता वाली महत्त्वाकांक्षी योजना है।
- इस परियोजना पर ₹ 4,263 करोड़ का अनुमानित खर्चा आएगा। परियोजना की विस्तृत रिपोर्ट ढ़ाई वर्ष में तैयार कर ली जाएगी और परियोजना के आठ वर्ष में पूरा होने की सम्भावना है।
- दोनों नदियों को जोड़ने के लिए मध्य प्रदेश के छतरपुर जिले के दौधन गाँव के पास 73 मी ऊँचा बाँध बनाया जाएगा तथा 231 मी लम्बी नहर के द्वारा केन का अतिरिक्त पानी बेतवा में डाला जाएगा। इस परियोजना से 72 मेगावाट बिजली का उत्पादन होगा।
- केन नदी का अतिरिक्त जल बेतवा नदी में जाने से मध्य प्रदेश के छतरपुर, रायसेन, पन्ना, टीकमगढ़ तधा त्रिदिशा जिले और उत्तर प्रदेश के झाँसी हमीरपुर तथा बाँदा जिले लाभान्वित होंगे।

जोड़े जाने वाली नदियाँ

हिमालय नदी लिंक (लिंक के नाम)	प्रायद्वीपीय नदी लिंक (लिंक के नाम)
मानस-संकोष तिस्ता-गंगा	महानदी (मनीभद्र)-गोदावरी
कोसी-घाघरा	गोदावरी (इन्चम्पल्ली)-कृष्णा
गण्डक-गंगा	गोदावरी (इन्चम्पल्ली)-कृष्णा
घाघरा-यमुना	गोदावरी (पोलवरम)-कृष्णा
शारदा-यमुना	कृष्णा (अलमाटी)-पेन्नार
यमुना-राजस्थान	कृष्णा (स्रेिलम)-पेन्नार
राजस्थान-साबरमती	कृष्णा (नागार्जुन सागर)-कावेरी
चुनार-सोन-बराज	पेन्नार (सोमशिला)-कावेरी
सोन डैम-दक्षिणी-गंगा की सहायक नदियाँ	कावेरी (कट्टाली)-बेगाई-गुण्डार
गंगा दामोदर-स्वर्णरेखा	केन-बेतत्रा
स्वर्णरेखा-महानदी	पार्वती-कार्लीसिन्ध-चम्बल
कोसी-मेयी	पार-ताप्ती-नर्मदा
फरक्का-सुन्दरवन	बेद्ती-वर्दा
जोगिगोपा-तिस्ता-फरक्का	नटरावती-हेमावती पम्बा-अचंकोविलवेइपर

भारत का जल संसाधन

- भारत में 690 अरब घन मी सतह एवं 450 अरब घन मी भूमिगत जल इस्तेमाल के लिए उपलब्ध है। इस प्रकार उपयोग में लाया जा सकने योग्य कुल जल लगभग 1,140 अरब घन मी है।
- अनुमान है कि वर्तमान समय में 552 अरब घन मी जल का ही उपभोग हो रहा है।
- भारत को 3,700 अरब घन मी जल वर्षा द्वारा प्राप्त होता है। इसमें से 790 अरब घन मी जल भूमि द्वारा सोख लिया जाता है एवं 660 अरब घन मी जल का प्रयोग सिंचाई के लिए किया जा सकता है।
- वर्तमान समय में मात्र इस जल के 50% भाग का ही उपयोग हो रहा है। 790 अरब घन मी जल भूमि द्वारा सोख लिया जाता है तथा इसमें से 360 अरब घन मी जल ही भूमिगत जल के रूप में जमा हो पाता है।
- इसमें से 225 अरब घन मी जल का प्रयोग ही आर्थिक दृष्टि से किया जा सकता है। वर्तमान समय में इसका मात्र 30% भाग का ही उपयोग सिंचाई के लिए हो रहा है।

- भारत में शुद्ध बोए गए क्षेत्र के लगभग 38% भाग में सिंचाई होती है। विभिन्न राज्यों में सिंचित क्षेत्र के वितरण में अत्यधिक असमानता है।
- मिजोरम में शुद्ध बोए गए क्षेत्र का केवल 7.3 % ही सिंचित है, जबकि पंजाब में यह 90.8 % है। कुल सिंचित क्षेत्र का अनुपात शुद्ध बोए गए क्षेत्र के सन्दर्भ में असमान है।
- पंजाब, हरियाणा, उत्तर प्रदेश, बिहार, जम्मू और कश्मीर, तमिलनाडु और मणिपुर में बोए गए कुल क्षेत्र का 40 % से अधिक भाग सिंचाई के अन्तर्गत आता है।

भारत में सिंचाई के प्रमुख साधन *एवं* योगदान

सिंचाई के साधन	योगदान (प्रतिशत में)
नहरें	31.4%
नलकूप एवं कुआँ	56%
तालाब	6%
अन्य	6.6%

- वृहद् सिंचाई परियोजनाओं के अन्तर्गत वैसी परियोजनाएँ सम्मिलित की जाती हैं, जिनेक अन्तर्गत 10,000 हेक्टेयर से अधिक की कृषि भूमि हो।
- मध्यम सिंचाई परियोजनाओं के अन्तर्गत वैसी परियोजनाएँ आती हैं, जिनके अधीन 2,000 से 10,000 हेक्टेयर के मध्य कृषि योग्य भूमि हो।
- लघु सिंचाई परियोजनाओं के अन्तर्गत 2,000 हेक्टेयर से कम कृषि योग्य भूमि का क्षेत्र आता है।
- वर्तमान समय में भारत के कुल सिंचित क्षेत्र का 37% वृहद् एवं मध्यम सिंचाई योजनाओं के अधीन एवं 63% लघु सिंचाई योजनाओं के अधीन है।
- विश्व का सर्वाधिक सिंचित क्षेत्र चीन (21%) में है। इसके पश्चात् भारत (20.2%) का स्थान आता है।
- भारत में शुद्ध बोए गए क्षेत्र (1,360 लाख हेक्टेयर) के लगभग 33% भाग पर सिंचाई की सुविधा उपलब्ध है।

कुल कृषित भूमि में सिंचित भूमि का प्रतिशत

क्र.सं.	राज्य	प्रतिशत
1.	पंजाब	81%
2.	हरियाणा	62%
3.	उत्तर प्रदेश	55.2%
4.	तमिलनाडु	47.2%
5.	मणिपुर	46.4%
6.	जम्मू-कश्मीर	42.9%

सिंचाई के प्रमुख साधन

नहरें

- भारत के कुल सिंचित क्षेत्र में नहरों का योगदान 35% है। नहरों का विकास मुख्यत: उत्तर के विशाल मैदान में अधिक हुआ है।
- कुल सिंचाई में नहर सिंचाई का योगदान है जम्मू-कश्मीर 92.6%, ओडिशा 66.0%, पश्चिम बंग 64.0%, असोम 63.0% हरियाणा 53.0 %।
- अत्यधिक सिंचाई के कारण भूमिगत जल स्तर के ऊपर आने से अम्लीय, क्षारीय एवं लवणीय मृदा की समस्या उत्पन्न होती है।
- पंजाब एवं हरियाणा में काफी भूमि उपरोक्त कारणों से बंजर भूमि में परिवर्तित हो गई है।
- नहरों में जल के रिसाव के कारण आस-पास की भूमि दलदली हो जाती है, जिसे सेम समस्या के नाम से भी जाना जाता है, जिससे मलेरिया फैलने की आशंका बढ़ जाती है। जैसे राजस्थान में इन्दिरा गाँधी नहर क्षेत्र में।

प्रमुख नहरें

पंजाब *एवं* हरियाणा

सरहिन्द नहर : सतलज नदी
भाखड़ा नहर : सतलज नदी
नांगल नहर : सतलज नदी
ऊपरी बारी दोआब नहर : रावी नदी
बिस्त दोआब नहर : सतजल नदी
पश्चिमयमुना नहर : यमुना नदी
गुड़गाँव नहर : यमुना नदी

उत्तर प्रदेश

ऊपरी गंगा नहर : गंगा नदी
निचली गंगा नहर : गंगा नदी
पूर्वी यमुना नहर : यमुना नदी
बेतवा नहर : बेतवा नदी

बिहार

पूर्वी एवं पश्चिमी सोन नहर : सोन नदी
त्रिवेणी नहर : गण्डक नदी
पूर्वी एवं पश्चिमी कोसी नहर : कोसी नदी

पश्चिम बंग

मयूराक्षी नहर : मयूराक्षी नदी
दामोदरे नदी की नहर : दामोदर नदी

राजस्थान

बीकानेर या गंग नहर : सतलज नदी
इन्दिरा गाँधी नहर यह नहर सतलज एवं व्यास नदी के संगम पर निर्मित हरिके बैराज से निकाली गई है।

तमिलनाडु

कावेरी डेल्टा की नहरें : कावेरी नदी
मैट्टूर योजना : कोवरी नदी
पेरियार योजना : पेरियार नदी

आन्ध्र प्रदेश

रामपद सागर परियोजना : गोदावरी नदी
तुंगभद्रा नहर : तुंगभद्रा नदी
कृष्णा पेनार परियोजना : कृष्णा एवं पेनार नदी

- इन्दिरा गाँधी नहर विश्व की सबसे बड़ी नहर योजना है तथा इन्दिरा गाँधी कमाण्ड एरिया सबसे बड़ा कमाण्ड एरिया है। इस नहर की सिंचाई क्षमता को बढ़ाने के लिए व्यास नदी पर पोंग बाँध का निर्माण किया गया है।
- वर्तमान समय में इन्दिरा गाँधी नहर द्वारा लगभग 7.5 लाख हेक्टेयर क्षेत्र में सिंचाई की जाती है। पूर्ण विकसित होने पर इस परियोजना द्वारा श्रीगंगानगर, बीकानेर, जैसलमेर एवं बाड़मेर जिले की लगभग 14.5 लाख हेक्टेयर भूमि की सिंचाई हो सकेगी।

कुएँ *एवं* नलकूप

- भारत के कुल सिंचित क्षेत्र में कुएँ एवं नलकूप का सम्मिलित रूप से योगदान लगभग 56% है एवं केवल नलकूप का योगदान 30% है।
- इस प्रकार वर्तमान समय में कुएँ एवं नलकूप सम्मिलित रूप से सिंचाई का सर्वाधिक महत्त्वपूर्ण साधन बन चुके हैं।
- भारत में कुओं एवं नलकूप द्वारा सिंचाई मुख्य रूप से जलोढ़ मिट्टी के क्षेत्र में की जाती है, क्योकि इस क्षेत्र की संरचना मुलायम है एवं भूमिगत जल कम गहराई पर पर्याप्त मात्रा में स्थित है।
- इस सिंचाई का दोष यह है कि भूमिगत जल के अत्यधिक दोहन के फलस्वरूप जल स्तर काफी नीचे हो जाता है, जैसा पंजाब एवं हरियाणा के कुछ क्षेत्रों में हुआ है।

कुल सिंचाई में नलकूप का योगदान

गुजरात	78.00 %
उत्तर प्रदेश	67.00 %
राजस्थान	66.45 %
पंजाब	58.54 %
महाराष्ट्र	56.0 %

तालाब

- वर्तमान समय में कुल सिंचित क्षेत्र के मात्र 6% भाग पर तालाब द्वारा सिंचाई की जाती है। तालाब द्वारा सिंचाई मुख्य रूप से मध्य एवं दक्षिण भारत में होती है।
- प्रायद्वीपीय भारत के पठारी क्षेत्रों में तालाब द्वारा सिंचाई करने का कारण यह है कि कठोर संरचना के कारण यहाँ नहर खोदना खर्चीला एवं कठिन है।

भारत की महत्त्वपूर्ण बहुउद्देशीय नदी घाटी परियोजनाएँ

क्र.सं.	परियोजना का नाम	नदी	सम्बन्धित राज्य	मुख्य उद्देश्य
1.	भाखड़ा नांगल परियोजना यह भारत की सबसे बड़ी बहुउद्देश्यीय परियोजना है। भाखड़ा बाँध विश्व का दूसरा सबसे ऊँचा बाँध है। इस बाँध की ऊँचाई 226 मी है। इसके जलाशय का नाम गोविन्द सागर है।	सतलज नदी	पंजाब, हरियाणा, हिमाचल प्रदेश एवं राजस्थान	जल-विद्युत एवं सिंचाई
2.	हीराकुड परियोजना इस परियोजना के अन्तर्गत निर्मित हीराकुड बाँध विश्व का सबसे बड़ा मुख्यधारा पर निर्मित बाँध है।	महानदी	ओडिशा	जल-विद्युत एवं सिंचाई
3.	दामोदर घाटी परियोजना पर निर्मित (DVC) यह यूएसए की टेनेसी घाटी परियोजना पर आधारित है। इस परियोजना में 8 बाँध एवं एक बड़े अवरोधक का निर्माण किया गया है।	तिलैया बाँध : बराकर नदी मैथान बाँध : बराकर नदी बाल पहाड़ी : बराकर नदी	झारखण्ड एवं पश्चिम बंग	बाढ़ नियन्त्रण (सबसे प्रमुख उद्देश्य); विद्युत उत्पादन, सिंचाई
4.	बोकारो, चन्द्रपुरा एवं दुर्गापुर में कोयले से चलने वाले तीन तापीय विद्युत गृहों की स्थापना की गई है।	बर्मा बाँध : दामोदर नदी पंचेत पहाड़ी बाँध : दामोदार कोनार बाँध : कोनार नदी		
5.	महात्मा गाँधी (जोग) परियोजना	शरावती	कर्नाटक	जल-विद्युत
6.	स्वर्णरेखा परियोजना	स्वर्णरेखा	बिहार	जल-विद्युत एवं सिंचाई
7.	दुलहस्ती परियोजना	चिनाब	जम्मू-कश्मीर	जल-विद्युत
8.	पार्वती जल-विद्युत परियोजना	पार्वती	हिमाचल प्रदेश	जल-विद्युत
9.	टनकपुर परियोजना	महाकाली	भारत एवं नेपाल	जल-विद्युत
10.	तुलबुल परियोजना	झेलम	जम्मू-कश्मीर	जल-परिवहन
11.	सरदार सरोवर परियोजना	नर्मदा	मध्य प्रदेश, महाराष्ट्र, गुजरात एवं राजस्थान	जल-विद्युत एवं सिंचाई
12.	मयूराक्षी परियोजना	मयूराक्षी	पश्चिम बंग	विद्युत सिंचाई एवं विद्युत उत्पादन
13.	थीन बाँध परियोजना	रावी	पंजाब	सिंचाई
14.	सलाल परियोजना	चिनाब	जम्मू कश्मीर	जल-विद्युत
15.	नाथपा झाकरी परियोजना	सतलज	हिमाचल प्रदेश, पंजाब एवं हरियाणा	जल-विद्युत
16.	फरक्का परियोजना	गंगा	पश्चिम बंग	जल-परिवहन एवं सिंचाई

क्र.सं.	परियोजना का नाम	नदी	सम्बन्धित राज्य	मुख्य उद्देश्य
17.	उकाई परियोजना	ताप्ती	गुजरात	जल-विद्युत एवं सिंचाई
18.	पोचमपाद परियोजना	गंगा	पश्चिम बंग	जल-परिवहन एवं सिंचाई
19.	चम्बल परियोजना इस परियोजना के अन्तर्गत तीन बाँधों का निर्माण किया गया है। गाँधी सागर बाँध : राणा प्रताप सागर बाँध : कोटा या जवाहर सागर बाँध :	चम्बल	राजस्थान एवं मध्य प्रदेश मध्य प्रदेश राजस्थान राजस्थान	जल-विद्युत एवं सिंचाई
20.	इन्दिरा गाँधी नहर परियोजना या राजस्थान परियोजना	सतलज एवं व्यास नदी का संगम	राजस्थान	सिंचाई
21.	व्यास परियोजना पोंग बाँध का निर्माण इसी परियोजना के अन्तर्गत किया गया है	व्यास	पंजाब हरियाणा राजस्थान एवं हिमाचल प्रदेश	जल-विद्युत एवं सिंचाई
22.	सबरिगिरी (पम्बा-काकी) परियोजना	पम्बा-काकी	केरल	जल-विद्युत
23.	तवा परियोजना	तवा	मध्य प्रदेश	सिंचाई
24.	कुंण्डा परियोजना	कुण्डा	तमिलनाडु	जल-विद्युत
25.	माताटीला परियोजना	बेतवा	उत्तर प्रदेश एवं मध्य प्रदेश	जल-विद्युत एवं सिंचाई
26.	ऊपरी कृष्णा परियोजना	कृष्णा	कर्नाटक	सिंचाई
27.	रामगंगा परियोजना	रामगंगा	उत्तर प्रदेश	जल-विद्युत एवं सिंचाई
28.	कोयना परियोजना	कोयना	महाराष्ट्र	जल-विद्युत
29.	टिहरी बाँध परियोजना	भिलंगना एवं भागीरथी	उत्तराखण्ड	जल-विद्युत
30.	कोसी परियोजना	कोसी	बिहार एवं नेपाल	बाढ़ नियन्त्रण, सिंचाई एवं जल
31.	रिहन्द परियोजना	रिहन्द	उत्तर प्रदेश	जल-विद्युत एवं सिंचाई
32.	मचकुण्ड परियोजना	मचकुण्ड	आन्ध्र प्रदेश एवं ओडिशा	जल-विद्युत एवं सिंचाई
33.	श्री सैलम परियोजना	कृष्णा	आन्ध्र प्रदेश	जल-विद्युत
34.	नागार्जुन सागर परियोजना	कृष्णा	आन्ध्र प्रदेश	जल-विद्युत एवं सिंचाई
35.	तुंगभद्रा परियोजना	तुंगभद्रा	कर्नाटक एवं आन्ध्र प्रदेश	जल-विद्युत एवं सिंचाई
36.	छिबरो जल-विद्युत परियोजना	घाघरा	उत्तर प्रदेश	जल-विद्युत
37.	टाटा जल-विद्युत परियोजना	लोनावला, बलहान एवं शिवरता झील	महाराष्ट्र	जल-विद्युत
38.	मैटूर परियोजना	कावेरी	तमिलनाडु	जल-विद्युत
39.	पापनाशम् परियोजना	ताम्रपर्णी	तमिलनाडु	जल-विद्युत
40.	पल्लीवासल परियोजना	मदिरापूजा	केरल	जल-विद्युत
41.	शरावती परियोजना	शरावती	कर्नाटक	जल-विद्युत
42.	शिवसमुद्रम् परियोजना कावेरी नदी पर कृष्णराज सागर बाँध का निर्माण किया गया है।	कावेरी	कर्नाटक	जल-विद्युत
43.	चुक्खा परियोजना	वांग्चू	भारत एवं भूटान	जल-विद्युत
44.	इडुक्की परियोजना	पेरियार, चेरुथनी एवं इडुक्की केरल		जल-विद्युत
45.	पराम्बिकुलम : अलियार परियोजना		तमिलनाडु, केरल	जल-विद्युत एवं सिंचाई

वस्तुनिष्ठ प्रश्न

1. निम्न में कौन-सी नदी पूर्ववर्ती अपवाह-तन्त्र का निर्माण नहीं करती है?
(a) ब्रह्मपुत्र (b) यमुना
(c) गंगा (d) सतलज

2. निम्न में कौन-सी नदी अध्यारोपित प्रवाह प्रणाली का उदाहरण है?
(a) गंगा (b) घाघरा
(c) दामोदर (d) नर्मदा

3. गंगा नदी को बंग्लादेश में किस नाम से जाना जाता है?
(a) सरयू
(b) पदमा
(c) ब्रह्मपुत्र
(d) उपरोक्त में से कोई नहीं

4. निम्न में कौन-सा युग्म सुमेलित नहीं है?

	नदी	प्रवाह प्रणाली
(a)	गंगा	पूर्ववर्ती
(b)	चम्बल	अनुवर्ती
(c)	सोन	अध्यारोपित
(d)	कोसी	आयताकार

5. निम्न में कौन-सी नदी नेपाल के साथ भारत की सीमा निर्धारित करती है?
(a) तिस्ता (b) गण्डक
(c) काली (d) सतलज

6. निम्नलिखित में से किस नदी पर तेलुगू-गंगा परियोजना प्रारम्भ की गई है?
(a) महानदी (b) कावेरी
(c) कृष्णा (d) गोदावरी

7. इन्दिरा गाँधी नहर निकलती है
(a) भाखड़ा बाँध से
(b) हरिके बाँध से
(c) पोंग बाँध से
(d) उकाई बाँध से

8. बिहार एवं नेपाल की संयुक्त परियोजना है
(a) भाखड़ा-नांगल (b) कोसी
(c) दुलहस्ती (d) सलाल

9. निम्नलिखित में से जो नदी शेष अन्य से भिन्न है, वह है
(a) सिन्धु (b) महानदी
(c) ताप्ती (d) नर्मदा

10. भारत में किस स्थान का न्यूनतम तापमान −28.3°c व अधिकतम 15°C रहता है?
(a) कुल्लू (b) श्रीनगर
(c) लेह (d) शिमला

11. निम्नलिखित में से कौन-सी नदी एस्चुअरी नहीं बनाती है?
(a) नर्मदा (b) माण्डवी
(c) ताप्ती (d) महानदी

12. भारत की प्रमुख नदियों व उनके उद्‌गम स्थलों के जोड़े बनाइए

	सूची I		सूची II
A.	गंगा	1.	मुल्ताई
B.	चम्बल	2.	गंगोत्री
C.	सोन	3.	जनापाव
D.	तापी (ताप्ती)	4.	अमरकण्टक

कूट

	A	B	C	D		A	B	C	D
(a)	2	1	3	4	(b)	2	3	4	1
(c)	3	2	1	4	(d)	1	2	3	4

13. हिमालय की नदियों की प्रमुख विशेषता है
(a) उनमें गाद-निक्षेप अधिक होता है
(b) उनमें पानी लगातार बहता है
(c) उनमें अधिकांशतः वर्षा का पानी होता है
(d) वे नौगम्य हैं

14. निम्नलिखित में से किस भारतीय राज्य से चिनाब नदी गुजरती है?
(a) जम्मू-कश्मीर (b) पंजाब
(c) उत्तर प्रदेश (d) राजस्थान

15. निम्नलिखित में से किस नदी की घाटी विवर्तकी है?
(a) ताप्ती
(b) दामोदर
(c) कावेरी
(d) चम्बल

16. **कथन** (A) यमुना नदी दिल्ली एवं आगरा के बीच वर्ष के अधिकांश समय मृत नदी हो जाती है।
कारण (R) यमुना असतत वाहिनी नदी है।
कूट
(a) A तथा R दोनों सही हैं तथा R, A की सही व्याख्या करता है
(b) A तथा R दोनों सही हैं, परन्तु R, A की सही व्याख्या नहीं करता है
(c) A सही है, परन्तु R गलत है
(d) A गलत है, परन्तु R सही है

17. **कथन** (A) उत्तरी भारत का वर्तमान अपवाह प्रतिरूप इण्डो-ब्रह्म नदी क्रम में विच्छेद का प्रतिफल है।
कारण (R) पोटवार पठार क्षेत्र का उत्थान एवं माल्दा गैप क्षेत्र का अवतलन हुआ है।
कूट
(a) A और R दोनों सही हैं तथा R, A की सही व्याख्या करता है
(b) A और R दोनों सही हैं परन्तु R, A की सही व्याख्या नहीं करता है
(c) A सही है, परन्तु R गलत है
(d) A गलत है, परन्तु R सही है

18. निम्नलिखित में से कौन-सी नदी अरावली पर्वतमाला से निकलती है?
(a) चम्बल (b) माही
(c) लूनी (d) घग्घर

19. निम्नलिखित में से किस नदी का स्रोत मैकाल श्रेणी में नहीं है?
(a) नर्मदा (b) ताप्ती
(c) सोन (d) महानदी

20. क्षिप्रा नदी निम्नलिखित में से किसकी सहायक नदी है?
(a) गोदावरी (b) चम्बल
(c) महानदी (d) नर्मदा

21. निम्नलिखित में से कौन-सी नदी भ्रंश घाटी से होकर प्रवाहित होती है?
(a) कृष्णा (b) ताप्ती
(c) गोमती (d) कावेरी

22. हिमालय से निकलने वाली निम्नलिखित नदियों में से कौन-सी एक पूर्ववर्ती नदी है?
(a) घाघरा (b) घग्घर
(c) यमुना (d) सतलज

23. सिन्धु की निम्नलिखित में से कौन-सी सहायक नदी पीरपंजाल से निकलती है?
(a) सतलज (b) रावी
(c) झेलम (d) चिनाब

24. हिमालय पार से निकली नदियाँ हैं
(a) सतलज, सिन्धु गंगा
(b) ब्रह्मपुत्र, सतलज, सिन्धु
(c) ब्रह्मपुत्र, सिन्धु, गंगा
(d) सतलज, ब्रह्मपुत्र, गंगा

25. जोग प्रपात किस नदी से सम्बन्धित है?
(a) गोदावरी
(b) गंगा
(c) शरावती
(d) उपरोक्त में से कोई नहीं

26. चर्मण्वती किस नदी का पौराणिक नाम है?
(a) चम्बल (b) बेतवा
(c) सोन (d) राप्ती

27. भारत की निम्नलिखित नदियों में से कौन-सी नदी डेल्टा नहीं बनाती है?
(a) गंगा (b) गोदावरी
(c) ताप्ती (d) महानदी

28. चिल्का झील स्थित है
(a) कर्नाटक तट पर
(b) उत्तरी सरकार तट पर
(c) कोंकण तट पर
(d) मालाबार तट पर

29. नदियों द्वारा अपने किनारों पर प्राकृतिक रूप से बनाए गए बाँधों को किस नाम से जाना जाता है?
(a) अवरोध (b) लेवीज या तटबन्ध
(c) बैराज (d) वेदिका

30. तवा नदी किसकी सहायक नदी है?
(a) महानदी (b) गोदावरी
(c) नर्मदा (d) ताप्ती

31. वह नदी जो भारत-नेपाल के मध्य सीमा बनाती है
(a) गण्डक (b) काली
(c) कोसी (d) तिस्ता

32. निम्न में से कौन-सी नदी गंगा के बाएँ किनारे पर नहीं मिलती है?
(a) यमुना (b) गोमती
(c) घाघरा (d) कोसी

33. हिमालय के अपवाह-तन्त्र में जो नदी-तन्त्र सम्मिलित नहीं है, वह है
(a) गंगा (b) ब्रह्मपुत्र
(c) सिन्धु (d) महानदी

34. प्रायद्वीपीय भारत की कौन-सी नदी पूर्व की ओर बहती है?
(a) ताप्ती (b) महानदी
(c) नर्मदा (d) इनमें से कोई नहीं

35. कावेरी नदी किन राज्यों से गुजरती है?
(a) आन्ध्र प्रदेश, कर्नाटक और तमिलनाडु
(b) कर्नाटक और तमिलनाडु
(c) महाराष्ट्र, आन्ध्र प्रदेश और तमिलनाडु
(d) महाराष्ट्र, कर्नाटक और तमिलनाडु

36. निम्न में से कौन-सी नदी अमरकण्टक की पहाड़ियों से नहीं निकलती है?
(a) गोदावरी (b) नर्मदा
(c) तवा (d) सोन

37. अमरकण्टक पठार से कौन-सी नदी नहीं निकलती है?
(a) सोन (b) नर्मदा
(c) महानदी (d) गोदावरी

38. रुद्रप्रयाग निम्नलिखित में से किन नदियों के संगम पर स्थित है?
(a) अलकनन्दा-भागीरथी
(b) अलकनन्दा-मन्दाकिनी
(c) भागीरथी-भिलंगना
(d) भागीरथी-मन्दाकिनी

39. भागीरथी तथा अलकनन्दा नदियों का संगम निम्नलिखित में से कौन है?
(a) देवप्रयाग (b) रुद्रप्रयाग
(c) विष्णुप्रयाग (d) कर्णप्रयाग

40. किस नदी का प्रवाह-मार्ग भारत में सबसे अधिक लम्बा है?
(a) सतलज (b) व्यास
(c) चिनाब (d) झेलम

41. सालिगराम किस नदी में मिलते हैं?
(a) नर्मदा (b) ताप्ती
(c) गण्डक (d) चम्बल

42. निम्नलिखित में से प्लाया झील का उदाहरण है
(a) जयसमन्द (b) गोविन्द सागर
(c) डीडवाना (d) पिछौला

43. निम्नलिखित में से कौन-सी नदी अरब सागर में गिरती है?
(a) गोदावरी (b) महानदी
(c) माही (d) कृष्णा

44. निम्न में से कौन-सी नदी रुहेलखण्ड के पठार पर होकर नहीं प्रवाहित होती है?
(a) कोसी (b) गोमती
(c) राप्ती (d) घग्घर

45. निम्नलिखित नदियों में से कौन-सी पूर्ववर्ती नदी नहीं है?
(a) सिन्धु (b) सतलज
(c) ब्रह्मपुत्र (d) यमुना

46. निम्नांकित में से कौन वायूढ़ झील नहीं है?
(a) साम्भर (b) डीडवाना
(c) पंचभद्रा (d) भीमताल

47. पुलीकट झील कहाँ है?
(a) तमिलनाडु (b) ओडिशा
(c) आन्ध्र प्रदेश (d) राजस्थान

48. अरावली पर्वमाला महान् जल-विभाजक है
(a) सिन्धु और गंगा नदी के बीच
(b) गंगा और यमुना नदी के बीच
(c) गंगा और प्रायद्वीपीय नदियों के बीच
(d) गंगा और ब्रह्मपुत्र नदी के बीच

49. करेवा है
(a) झील
(b) भ्रंश घाटी
(c) अवशिष्ट पर्वत
(d) उत्खण्ड

50. निम्नलिखित में से कौन-सी नदी पंच-नद से सम्बन्धित नहीं है?
(a) रावी (b) व्यास
(c) चम्बल (d) सतलज

51. सुमेलित कीजिए

	परियोजना		नदी
A.	दुलहस्ती	1.	चिनाब
B.	कोटेश्वर	2.	भागीरथी
C.	सलाल	3.	चिनाब
D.	काकरापारा	4.	ताप्ती

कूट

	A	B	C	D		A	B	C	D
(a)	2	3	1	4	(b)	4	3	2	1
(c)	1	2	3	4	(d)	1	3	4	2

52. टिहरी बाँध किन दो नदियों के संगम पर बनाया गया है?
(a) यमुना और गंगा
(b) भागीरथी और अलकनन्दा
(c) भागीरथी और भिलंगना
(d) अलकनन्दा और मन्दाकिनी

53. देश में भूमिगत जल द्वारा सर्वाधिक सिंचाई क्षमता किस राज्य में सृजित की गई है?
(a) मध्य प्रदेश में (b) ओडिशा में
(c) उत्तर प्रदेश में (d) बिहार में

54. निम्न में से कौन-सा राज्य समूह भाखड़ा-नांगल परियोजना से जल प्राप्त करता है?
(a) जम्मू-कश्मीर-हरियाणा-पंजाब
(b) हरियाणा-पंजाब-हिमाचल प्रदेश
(c) पंजाब-हरियाणा-राजस्थान
(d) उत्तर प्रदेश-हरियाणा-राजस्थान

55. कौन-सी परियोजना भारत-नेपाल जल संसाधन विकास से सम्बन्धित नहीं है?
(a) शारदा बैराज
(b) टनकपुर बैराज
(c) पंचेश्वर परियोजना
(d) संकोश बहुउद्देश्यीय परियोजना

56. भाखड़ा-नांगल परियोजना किस नदी पर बनाई गई है?
(a) कोसी (b) झेलम
(c) व्यास (d) सतलज

57. माताटीला बाँध किस नदी पर है?
(a) पहूज (b) बेतवा
(c) केन (d) सिन्ध

58. सरहिन्द नहर किस नदी से निकाली गई है?
(a) रावी (b) सतलज
(c) व्यास (d) यमुना

59. निम्नलिखित में से कौन-सी राजस्थान-गुजरात की संयुक्त बहुद्दश्यीय परियोजना है?
(a) चम्बल
(b) माही बैराज
(c) नर्मदा सागर
(d) बीसलपुर

60. कौन-सी नदी घाटी परियोजना आन्ध्र प्रदेश एवं ओडिशा सरकारों का संयुक्त उपक्रम है?
(a) मचकुण्ड (b) मयूराक्षी
(c) नागार्जुन सागर (d) पोचमपाद

61. निम्नलिखित बाँधों में से कौन-सा बाँध पाकिस्तान में अवस्थित है?
(a) भाखड़ा बाँध (b) बालागढ़ बाँध
(c) मांगला बाँध (d) सलाल बाँध

62. सन् 1902 में भारत की सबसे पहली जल-विद्युत परियोजना कहाँ स्थापित की गई थी?
(a) कोयना (b) पापनाशम्
(c) खोपोली (d) शिवसमुद्रम्

63. भारत में तालाबों से सिंचाई की जाती है
(a) कर्नाटक (b) तमिलनाडु
(c) आन्ध्र प्रदेश (d) इन सभी में

64. कौन-सी बहुउद्देश्यीय परियोजना दो अथवा दो से अधिक राज्यों की संयुक्त परियोजना नहीं है?
(a) सरदार सरोवर
(b) माही बजाज सागर
(c) चम्बल
(d) नागार्जुन सागर

65. देश में सिंचित भूमि के सर्वाधिक भाग पर किस साधन द्वारा सिंचाई होती है?
(a) कुएँ (b) नलकूप
(c) नहर (d) तालाब

66. रिहन्द बाँध किस राज्य में है?
(a) बिहार (b) पंजाब
(c) उत्तर प्रदेश (d) महाराष्ट्र

67. निम्नलिखित में से कौन-सा बाँध गुजरात में नहीं है?
(a) काकरापारा (b) माही बैराज
(c) सरदार बल्लभ सागर (d) चन्द्रप्रभा

68. तुलबुल परियोजना सम्बन्धित है
(a) व्यास से (b) रावी से
(c) झेलम से (d) सतलज से

69. जयसमन्द एवं राजसमन्द जैसे मध्ययुगीन तालाब बाँध किस राज्य के हैं?
(a) आन्ध्र प्रदेश (b) गुजरात
(c) कर्नाटक (d) राजस्थान

70. सरदार सरोवर बाँध किस नदी पर बनाया जा रहा है?
(a) नर्मदा (b) तापी
(c) गोदावरी (d) कावेरी

71. पोग बाँध किस नदी पर बनाया गया है?
(a) गंगा
(b) ताप्ती
(c) यमुना
(d) व्यास

72. जम्मू-कश्मीर में चिनाब नदी पर बनी जल-विद्युत परियोजना है
(a) चमेरा (b) टनकपुर
(c) सलाल (d) चुक्की

73. महानदी पर हीराकुड परियोजना किस प्रदेश में बनाई गई है?
(a) उत्तर प्रदेश (b) ओडिशा
(c) बिहार (d) इनमें से कोई नहीं

74. भारत के किस राज्य में इडुक्की जल-विद्युत परियोजना स्थित है?
(a) केरल (b) हिमाचल प्रदेश
(c) अरुणाचल प्रदेश (d) जम्मू और कश्मीर

75. अरीय प्रवाह क्रम किन क्षेत्रों में देखने को मिलता है?
(a) समतल मैदानी (b) गुम्बदाकार पर्वतीय
(c) विच्छेपित पठारीय (d) गिरिपदीय

76. दामोदर कोयला क्षेत्र में किस प्रकार की जल प्रवाह प्रणाली पाई जाती है?
(a) पादपाकार (b) आयताकार
(c) जालीनुमा (d) पूर्ववर्ती

77. जिस राज्य में लूनी नदी बहती है, वह है
(c) पंजाब (b) राजस्थान
(c) गुजरात (d) हिमाचल प्रदेश

78. लघु हिमालय से उतरने वाली नदियों की जल-प्रवाह प्रणाली किस प्रकार की है?
(a) वलयाकार (b) अपकेन्द्रीय
(c) अभिकेन्द्रीय (d) समान्तर

79. किस नदी का दूसरा नाम सरयू है?
(a) कोली (b) यमुना
(c) रावी (d) घाघरा

80. ब्रह्मपुत्र नदी किस प्रकार की नदी का उदाहरण है?
(a) परिवर्ती नदी (b) पूर्ववर्ती नदी
(c) प्रत्यानुवर्ती नदी (d) अध्यारोपित नदी

81. नर्मदा तथा सोन नदियाँ कहाँ से निकलती हैं?
(a) रामगढ़ गुम्बद
(b) पंचमढ़ी पहाड़ी
(c) ग्वाल पहाड़ी
(d) अमरकण्टक पहाड़ी

82. हिमालय क्षेत्र मे प्रवाहित होने वाली नदियाँ निम्नलिखित में से किस प्रकार की प्रवाह प्रणाली प्रस्तुत करती हैं?
(a) पूर्वारोपित (b) पूर्ववर्ती
(c) वलयाकार (d) आयताकार

83. निम्नलिखित में से जो नदी अमरकण्टक से निकलती है, वह है
(a) कृष्णा (b) पेरियार
(c) चम्बल (d) सोन

84. **कथन** (A) गंगा नदी नौगम्य नहीं है।
कारण (R) नदी के जल आयतन में अत्यधिक घट-बढ़ होती है।
कूट
(a) A तथा R दोनों सही हैं, परन्तु R, A की सही व्याख्या है
(b) A तथा R दोनों सही हैं, परन्तु R, A की सही व्याख्या नहीं करता है
(c) A सही है, परन्तु R गलत है
(d) A गलत है, परन्तु R सही है

85. निम्नलिखित में से कौन-सी नदी पहले में 'अरुण नदी' के नाम से जानी जाती थी?
(a) सोन (b) चम्बल
(c) कोसी (d) गोमती

86. निम्नलिखित नदियों में से कौन खम्भात की खाड़ी में नहीं गिरती है?
(a) माही (b) लूनी
(c) बनास (d) पेन्नार

87. तिलैया तथा कोनार बाँध किस नदी घाटी परियोजना के अन्तर्गत बनाए गए हैं?
(a) रिहन्द परियोजना
(b) दामोदर घाटी परियोजना
(c) मयूराक्षी परियोजना
(d) हीराकुड परियोजना

88. स्वामी रानतीर्थ सागर जलाशय का निर्माण कहाँ हुआ है?
(a) टिहरी बाँध (b) रिहन्द बाँध
(c) भाखड़ानांगल बाँध (d) इनमें से कोई नहीं

89. राजस्थान तथा मध्यप्रदेश की संयुक्त परियोजना है?
(a) चन्बल परियोजना
(b) रिहन्द परियोजना
(c) माही व बजाज सागर
(d) मचकुण्ड परियोजना

90. निम्नलिखित में कौन-सा युग्म सुमेलित नहीं है

	बाँध	नदी
(a)	पोंग	व्यास
(b)	थीन	रावी
(c)	सलाल	सतलज
(d)	राजाप्रताप सागर	चम्बल

91. निम्न में किन नदियों पर कोई भी बहुउद्देशीय नदी घाटी परियोजना का निर्माण नहीं किया गया है?
1. लूनी 2. माही
3. घग्घर 4. साबरमती
कूट
(a) 1 और 2 (b) 2 और 4
(c) 2 और 3 (d) 1, 3 और 4

92. ज्वाहर सागर, राजाप्रताप सागर तथा गाँधी सागर जलाशयों का निर्माण निम्न में किस नदी पर किया गया है?
(a) चम्बल (b) यमुना
(c) कोसी (d) घाघरा

93. सिंचाई की सृजित समता के अनुसार राज्यों का अवरोही क्रम है
(a) उत्तर प्रदेश, मध्य प्रदेश, बिहार, पंजाब
(b) पंजाब, हरियाणा, उत्तर प्रदेश, मध्य प्रदेश
(c) उत्तर प्रदेश, पंजाब, हरियाणा, आन्ध्रप्रदेश
(d) पंजाब, उत्तर प्रदेश, बिहार, हरियाणा

94. भारत में प्रथम बहुउद्देश्यीय नदी घाटी परियोजना का निर्माण किस नदी पर किया गया।
(a) दामोदर (b) सतलज
(c) कावेरी (d) गंगा

95. निम्नलिखित में कौन-सा कथन असत्य है?
(a) तालाबों द्वारा सर्वाधिक सिंचित क्षेत्र तमिलनाडु में हैं
(b) भारत में सर्वाधिक सिंचित क्षेत्र पंजाब में हैं।
(c) नहरों द्वारा सर्वाधिक सिंचित क्षेत्र हरियाणा में हैं।
(d) कुएँ द्वारा सर्वाधिक सिंचित क्षेत्र राजस्थान में हैं।

सही उत्तर

1. (b)	2. (c)	3. (b)	4. (c)	5. (c)	6. (c)	7. (b)	8. (b)	9. (a)	10. (c)
11. (d)	12. (b)	13. (b)	14. (a)	15. (a)	16. (c)	17. (a)	18. (c)	19. (b)	20. (b)
21. (b)	22. (d)	23. (c)	24. (b)	25. (c)	26. (a)	27. (c)	28. (b)	29. (b)	30. (c)
31. (b)	32. (a)	33. (d)	34. (b)	35. (b)	36. (a)	37. (d)	38. (a)	39. (a)	40. (a)
41. (c)	42. (c)	43. (c)	44. (b)	45. (d)	46. (d)	47. (a)	48. (a)	49. (a)	50. (d)
51. (c)	52. (c)	53. (c)	54. (c)	55. (d)	56. (d)	57. (b)	58. (b)	59. (b)	60. (a)
61. (c)	62. (d)	63. (d)	64. (d)	65. (c)	66. (c)	67. (d)	68. (c)	69. (d)	70. (a)
71. (d)	72. (c)	73. (b)	74. (a)	75. (b)	76. (c)	77. (b)	78. (d)	79. (d)	80. (b)
81. (d)	82. (b)	83. (d)	84. (d)	85. (c)	86. (d)	87. (b)	88. (a)	89. (a)	90. (c)
91. (d)	92. (a)	93. (b)	94. (a)	95. (c)					

अध्याय 03 जलवायु

भारत की जलवायु

- भारत की जलवायु मानसूनी जलवायु है। यहाँ की जलवायु पर विषुवत् रेखा की निकटता, प्रायद्वीपीय आकृति, उत्तर में हिमालय पर्वतमाला की उपस्थिति, अक्षांशीय विस्तार एवं समुद्र तल से ऊँचाई तथा दूरी का विशेष प्रभाव पड़ता है, जिससे यहाँ की जलवायु में भिन्नता पाई जाती है।
- भारत के लगभग मध्य से कर्क रेखा गुजरती है। इस रेखा के उत्तर का लगभग आधा भाग शीतोष्ण कटिबन्ध तथा दक्षिण का लगभग आधा भाग उष्ण कटिबन्ध में स्थित है। इस प्रकार भारत में उष्ण एवं उपोष्ण प्रकार की जलवायु पाई जाती है। भारत प्रधानत: एक उष्णकटिबन्धीय जलवायु वाला देश है।

ऋतुएँ

भारत की जलवायु पर मानसून का सर्वाधिक प्रभाव पड़ता है। मानसून की भिन्नता के आधार पर भारत में निम्न ऋतुएँ मिलती हैं

शीत ऋतु

- शीत ऋतु 15 दिसम्बर से 15 मार्च तक होती है। दक्षिण से उत्तर की ओर तापमान कम होता जाता है।
- दिसम्बर एवं जनवरी इस ऋतु के सबसे ठण्डे महीने होते हैं।
- इस ऋतु में भूमध्य सागरीय क्षेत्र में उत्पन्न पश्चिमी विक्षोभों (चक्रवात) के आने से भारत के उत्तरी-पश्चिमी भागों में वर्षा होती है। ये विक्षोभ पश्चिमी उपोष्ण जेट स्ट्रीम द्वारा भारत लाए जाते हैं।
- शीत ऋतु की वर्षा रबी की फसल के लिए बहुत लाभदायक होती है।
- इस ऋतु में दक्षिणी भारत में **तमिलनाडु तट** पर **उत्तरी-पूर्वी मानसून** द्वारा वर्षा होती है।

ग्रीष्म ऋतु

- यह ऋतु मध्य मार्च से मध्य जून तक रहती है। दक्षिण भारत में मई का महीना सर्वाधिक गर्म होता है, जबकि उत्तर भारत में जून सबसे गर्म महीना होता है।
- इस ऋतु में ज्यों-ज्यों सूर्य उत्तरायण होता जाता है, त्यों-त्यों निम्न वायुदाब एवं उच्च तापमान का केन्द्र पश्चिमोत्तर भाग में आगे खिसकता जाता है। राजस्थान में तापमान 50°C से भी ऊपर चला जाता है।
- उत्तरी भारत में दिन के समय पश्चिम से प्रबल गर्म हवाएँ प्रवाहित होती हैं, जिन्हें **लू** कहा जाता है। उत्तर-पश्चिम भारत में धूल भरे बवण्डर या तूफान भी चलते हैं।
- इस ऋतु में जब स्थलीय शुष्क एवं गर्म पवनें आर्द्र समुद्री पवनों से मिलती हैं तो तूफान एवं तड़ित झंझा की उत्पत्ति होती है। इसे उत्तर प्रदेश में आँधी, पूर्वी भारत में नॉर्वेस्टर एवं बंगाल में काल वैशाखी कहा जाता है। इनसे थोड़ी बहुत वर्षा होती है एवं ओले भी पड़ते हैं।
- कर्नाटक में इस वर्षा को चेरी ब्लॉसम (Cherry Blossom) कहा जाता है, जो कॉफी की कृषि के लिए बहुत लाभदायक होती है।
- आम की फसल के लिए लाभदायक होने के कारण दक्षिण भारत में ऐसी वर्षा को आम्र बौछार (Mango Shower) कहा जाता है।

वर्षा ऋतु

- यह ऋतु जून से सितम्बर तक होती है, इस ऋतु में दक्षिणी-पश्चिमी मानसून द्वारा वर्षा होती है। भारत की 80% वर्षा इन्हीं पवनों द्वारा होती है।
- इस समय उत्तरी अन्तरा उष्ण कटिबन्ध अभिसरण (NITC) उत्तर की ओर स्थानान्तरित हिमालय की तलहटी तक चला जाता है।
- इसके कारण विषुवत् रेखीय पछुआ पवनें तथा दक्षिणी गोलार्द्ध की दक्षिणी-पूर्वी व्यापारिक पवनें विषुवत् रेखा को पार करके फेरल के नियमानुसार भारत में प्रवाहित होने लगती हैं। जिसे दक्षिणी-पश्चिमी मानसून कहा जाता है।

भारत की प्रमुख ऋतुएँ *एवं* समय

ऋतु	समय
शीत ऋतु	15 दिसम्बर से 15 मार्च
ग्रीष्म ऋतु	15 मार्च से 10 जून
वर्षा ऋतु	10 जून से 30 सितम्बर
शरद ऋतु	1 अक्टूबर से 15 दिसम्बर

भारत का जलवायु प्रदेश

भारत की जलवायु के वर्गीकरण के कई प्रयास किए गए हैं, जिनमें कोपेन, थॉर्नथ्वेट, ट्रिवार्था, डॉ. स्टाम्प एवं प्रो. केण्ड्रयू महोदयों के जलवायु वर्गीकरण महत्त्वपूर्ण हैं।

कोपेन का जलवायु वर्गीकरण

- डॉ. ब्लादीमिर कोपेन ने वनस्पति के विकास की क्षमता के आधार पर सर्वप्रथम 1918 ई. में विश्व एवं भारत की जलवायु का वर्गीकरण किया। इसके पश्चात् 1931 एवं 1936 ई. में इसमें संशोधन किए।
  इन्होंने जलवायु के वर्गीकरण के लिए निम्नलिखित चरों का प्रयोग किया
  (i) वार्षिक एवं मासिक तापमान
  (ii) वार्षिक एवं मासिक वर्षा
  (iii) वनस्पति
- कोपेन ने भारत को पाँच मुख्य जलवायु प्रदेशों में विभाजित किया है। इन्हें व्यक्त करने के लिए कोपेन ने A, B, C, D तथा E का प्रयोग किया है। कोपेने ने वर्षा एवं तापमान के वितरण प्रतिरूप में मौसमी भिन्नता के आधार पर इन पाँच मुख्य प्रकारों को पुनः नौ उप-प्रकारों में वर्गीकृत किया है। इन उप-प्रकारों के लिए कोपेन ने अंग्रेजी के छोटे वर्णों m, w, s, h, g, f, c का प्रयोग किया है।

Amw या अधिक वर्षा वाले जलवायु प्रदेश

- ग्रीष्म ऋतु में अधिक वर्षा एवं शुष्क ऋतु छोटी होती है।
- उष्ण कटिबन्धीय सदाबहार वन मिलते हैं।
- वार्षिक वर्षा 300 मी तक होती है।
- भारत के मालाबार, कोंकण तट, गोवा एवं अण्डमान निकोबार द्वीप समूह में यह जलवायु मिलती है।

Aw *या* उष्णकटिबन्धीय सवाना जलवायु प्रदेश

- इस जलवायु की प्रमुख विशेषता लम्बा शुष्क काल है। ग्रीष्म काल अत्यधिक गर्म होता है। शीतकाल शुष्क एवं उष्ण होता है।
- भारत में यह जलवायु प्रदेश कर्क रेखा के दक्षिण एवं सह्याद्रि पर्वत के पूर्व लगभग पूरे प्रायद्वीपीय पठार पर पाई जाती है।
- जिनमें अधिकांश गुजरात, महाराष्ट्र, दक्षिणी मध्य प्रदेश, कर्नाटक, आन्ध्र प्रदेश, पश्चिमी तमिलनाडु, ओडिशा, दक्षिणी-पश्चिमी बंग एवं झारखण्ड राज्य आते हैं।

As *या* शीतकालीन वर्षा जलवायु प्रदेश

- इस जलवायु प्रदेश में अधिकांश वर्षा शीतकाल में लौटती या उत्तरी-पूर्वी मानसून द्वारा होती है। यह जलवायु प्रदेश भारत के कोरोमण्डल तट या पूर्वी तमिलनाडु तथा दक्षिणी-पूर्वी आन्ध्र प्रदेश के तटीय क्षेत्र में पाया जाता है।

BShw जलवायु प्रदेश

- यह जलवायु अर्द्धशुष्क प्रदेश में, जिसमें वर्षा ग्रीष्म ऋतु में साधारण एवं शीतकाल शुष्क होता है, पाई जाती है।
- स्टेपी प्रकार की वनस्पतियाँ जिनमें काँटेदार झाड़ियाँ एवं घासें मुख्य होती हैं, पाई जाती हैं।
- यह जलवायु भारत के प्रायद्वीपीय पठार के वृष्टिछाया प्रदेश एवं राजस्थान, गुजरात, हरियाणा के कुछ क्षेत्रों में पाई जाती है।

Bwhw *या* उष्ण मरुस्थलीय जलवायु प्रदेश

- यहाँ वर्षा की अपेक्षा वाष्पीकरण की मात्रा अधिक होती है।
- राजस्थान के पश्चिमी भाग, उत्तरी गुजरात एवं दक्षिणी हरियाणा में यह जलवायु मिलती है।

Dfc जलवायु प्रदेश

- इस जलवायु प्रदेश में शीत ऋतु अत्यधिक ठण्डी होती है। वर्ष के 4 महीने का तापक्रम 10° सेग्रे से कम रहता है।
- भारत के उत्तरी-पूर्वी भाग में पूर्वी हिमालय प्रदेश में यह जलवायु मिलती है।

Cwg जलवायु प्रदेश

- इस जलवायु प्रदेश में वर्षा ग्रीष्म ऋतु के कुछ महीनों में होती है। वर्षा ऋतु में वर्षा शुष्क ग्रीष्म ऋतु की अपेक्षा दस गुनी अधिक होती है। साधारणतः शीतकाल में वर्षा नहीं होती है।
- यह जलवायु भारत के उत्तरी विशाल मैदान, मालवा के पठारी भागों में पाई जाती है। इसके अन्तर्गत उत्तर प्रदेश, पंजाब, हरियाणा, राजस्थान का पूर्वी भाग, पश्चिम बंग, असोम आदि राज्य आते हैं।

E जलवायु प्रदेश

- ग्रीष्म ऋतु का तापमान 10° सेग्रे से कम होता है।
- शीतकाल में यह प्रदेश हिमाच्छादित रहता है एवं वर्षा हिमपात के रूप में होती है।
- उत्तरी कश्मीर एवं लद्दाख क्षेत्र में यह जलवायु मिलती है।

ET जलवायु

- तापमान वर्षभर 0° सेग्रे से नीचे रहता है। वर्षा हिमपात के रूप में होती है। वर्ष भर हिम जमा रहता है।
- पश्चिमी एवं मध्यवर्ती हिमालय के उच्चवर्ती भागों में यह जलवायु पाई जाती है।

थॉर्नथ्वेट का जलवायु वर्गीकरण

- **थॉर्नथ्वेट** (Thornthwaite) द्वारा किया गया जलवायु विभाजन वर्षा की सार्थकता (जल सन्तुलन) पर आधारित है। वर्षा की सार्थकता, वर्षा प्राप्ति व वाष्पीकरण के मध्य का अनुपात है।
- इसके अतिरिक्त उन्होंने तापमान व वर्षा के मौसमी व मासिक वितरण को भी ध्यान में रखा था। जिन क्षेत्रों में वर्षा के सभी महीनों में जल का अधिशेष (Surplus) पाया जाता है, वहाँ की जलवायु अति आर्द्र होती है एवं जिन क्षेत्रों में वर्षा के सभी महीनों में जल का अभाव पाया जाता है अर्थात् वर्षण की तुलना में वाष्पीकरण अधिक होता है, वहाँ की जलवायु शुष्क होती है।
- इन दो अतिशयताओं के बीच जल के अधिशेष व जल के अभाव की विविध मात्रा के आधार पर अन्य प्रकार की जलवायु का निर्धारण होता है।

थॉर्नथ्वेट के अनुसार भारत में जलवायु प्रदेश

	जलवायु प्रकार	क्षेत्र
A.	अति आर्द्र	उत्तर-पूर्वी भारत में मिजोरम, त्रिपुरा, मेघालय, निचला असोम और अरुणाचल प्रदेश तथा गोवा के दक्षिण में पश्चिमी तट।
B.	आर्द्र	नागालैण्ड, ऊपरी असोम और मणिपुर, उत्तरी बंग और सिक्किम तथा पश्चिमी तटवर्ती क्षेत्र।
C_2	नम उप-आर्द्र	प. बंगाल, ओडिशा, पूर्वी बिहार, पंचमढ़ी, पश्चिमी घाट के पूर्वी ढाल।

	जलवायु प्रकार	क्षेत्र
C_1	शुष्क उप-आर्द्र	गंगा का मैदान, मध्य प्रदेश, छत्तीसगढ़, झारखण्ड, उत्तर-पूर्वी आन्ध्र प्रदेश, उत्तरी पंजाब और हरियाणा, उत्तर-पूर्वी तमिलनाडु, उत्तराखण्ड, हिमाचल प्रदेश तथा जम्मू-कश्मीर।
D.	अर्द्ध शुष्क	तमिलनाडु, आन्ध्र प्रदेश, पूर्वी-कर्नाटक, पूर्वी महाराष्ट्र, उत्तर-पूर्वी गुजरात, पूर्वी राजस्थान, पंजाब और हरियाणा का अधिकतर भाग।
E.	शुष्क	पश्चिमी राजस्थान, पश्चिमी गुजरात और दक्षिणी पंजाब।

ट्रिवार्था का जलवायु वर्गीकरण

- ट्रिवार्था के जलवायु विभाजन की योजना को कोपेन की योजना का संशोधित रूप माना जाता है।
- ट्रिवार्था का जलवायु वर्गीकरण भारत की वनस्पति, कृषि एवं भौगोलिक क्षेत्र से काफी मेल खाता है। यही कारण है कि ट्रिवार्था के जलवायु वर्गीकरण को भारत के लिए सामान्य वर्गीकरण माना जाता है।
- उसने भारत की जलवायु को चार मुख्य विभाग एवं सात उप-विभागों में वर्गीकृत किया है
  1. **उष्णकटिबन्धीय जलवायु समूह** (A) इस जलवायु में औसत तापमान सदैव 18°C से अधिक रहता है।
     (i) Am उष्णकटिबन्धीय मानसूनी वर्षा वन
     (ii) Aw उष्णकटिबन्धीय आर्द्र एवं शुष्क जलवायु अथवा मानसून सवाना।
  2. **शुष्क जलवायु समूह** (B) इस जलवायु में वाष्पीकरण, वर्षण की तुलना में अधिक होता है।
     (i) BS-उष्ण कटिबन्धीय स्टेप
     (ii) Bsh-उष्ण कटिबन्धीय तथा उपोष्ण कटिबन्धीय स्टेप
     (iii) Bwh-उष्ण तथा उपोष्ण कटिबन्धीय मरुस्थल
  3. **आर्द्र-उपोष्ण** (मध्य तापीय) जलवायु (C) यहाँ सबसे ठण्डे महीने का तापमान 18°C से कम रहता है।
     (i) Caw- आर्द्र-उपोष्ण कटिबन्धीय शुष्क शीत ऋतु
     (a) Caw- पूर्वी तुल्य; (b) Caw-पश्चिमी तुल्य
  4. **पर्वतीय जलवायु** (D) कोपेन के समान ट्रिवार्था ने भी वनस्पति, वर्षा, तापमान एवं ऊँचाई की जलवायु वर्गीकरण का आधार माना है।

भारतीय मानसून : उत्पत्ति एवं विशेषताएँ

- मानसून शब्द की उत्पत्ति अरबी भाषा के **'मौसिम'** शब्द से हुई है। जिसका तात्पर्य मौसम होता है।
- इस शब्द का सर्वप्रथम प्रयोग अरब सागर पर चलने वाली पवनों के लिए किया गया जो ग्रीष्मकाल में दक्षिण-पश्चिम से तथा शीतकाल में उत्तर-पूर्व की ओर से चलती हैं।
- सामान्य रूप से मानसून हवाएँ धरातल के संवहनीय क्रम हैं, जिनका आविर्भाव स्थल एवं जल के विपरीत स्वभाव एवं तापीय भिन्नता के कारण होता है।
- 'मानसून' शब्द का प्रयोग उन हवाओं के लिए किया जाता है, जिनकी दिशा में वर्ष में दो बार पूर्ण परिवर्तन हो जाता है अर्थात् ये हवाएँ वर्ष में छः महीने स्थल से जल तथा छः महीने जल से स्थल की ओर प्रवाहित होती हैं।

भारतीय मानसून की उत्पत्ति

- भारतीय मानसून की उत्पत्ति की प्रक्रिया अत्यन्त जटिल है, इसकी उत्पत्ति पर धरातल के साथ-साथ ऊपरी वायुमण्डल की दशाओं का भी प्रभाव पड़ता है।
- दक्षिणी-पश्चिम मानसून के विकास में हिमालय एवं तिब्बत के पठार का प्रमुख योगदान है। मानसून की उत्पत्ति पर अल-निनो का भी प्रभाव दिखलाई पड़ता है। एल-निनो उप-सतही जलधारा है। यह अस्थायी रूप से पेरू के तट के निकट 30 से 360 दक्षिण अक्षांश के मध्य प्रशान्त महासागर में उत्तर से दक्षिण दिशा की ओर प्रवाहित होती है। यह जलधारा भारतीय मानसून के लिए हानिकारक है।

मानसून की उत्पत्ति से सम्बन्धित निम्नलिखित संकल्पनाएँ महत्त्वपूर्ण हैं

तापीय संकल्पना

- इस संकल्पना का प्रतिपादन सर्वप्रथम **हैले** महोदय ने 1886 ई. में किया।
- इस संकल्पना के अनुसार मानसून की उत्पत्ति का कारण स्थल एवं जल असमान वितरण तथा उनके गर्म एवं ठण्डा होने के विरोधी स्वभाव के कारण होता है।
- मानसून हवाएँ स्थल एवं जल समीर का विस्तृत रूप होती हैं। ग्रीष्मकाल अधिक सूर्यातप के कारण स्थलीय भाग सागरों की अपेक्षा अधिक गर्म हो जाने के कारण न्यून दाब का क्षेत्र बन जाते हैं, जिसके परिणामस्वरूप सागरीय भागों से स्थल की ओर हवाएँ चलने लगती हैं, जिसे **ग्रीष्मकालीन** मानसून कहते हैं।
  इसके विपरीत शीतकाल में सागरीय भाग निम्न दाब के केन्द्र तथा स्थलीय भाग उच्च दाब के केन्द्र बन जाते हैं।
- परिणामस्वरूप स्थल से सागर की तरफ हवाएँ चलने लगती हैं। जिसे **शीतकालीन मानसून** कहते हैं।

गतिक संकल्पना

- इस संकल्पना के प्रतिपादक फ्लोन महोदय हैं, इनके अनुसार मानसून पवनों की उत्पत्ति वायुदाब एवं पवन पेटियों में स्थानान्तरण के फलस्वरूप होती है।
- भूमध्य रेखा के पास दोनों गोलार्द्धों की व्यापारिक पवनें मिलती हैं जिससे अभिसरण (Convergence) का आविर्भाव होता है।
- इसे इण्टर ट्रॉपिकल कन्वर्जेंस (Inter-Tropical Convergence-ITC) कहा जाता है।
- ग्रीष्मकाल में अन्तः उष्ण कटिबन्धोय अभिसरण (ITC) सूर्य के उत्तरायण होने के कारण उत्तर की तरफ (30° अक्षांश तक) खिसक जाती है।
- जिससे यहाँ पर विषुवत् रेखीय पछुवा नवनें चलने लगती हैं। जिसे **'दक्षिणी-पश्चिमी ग्रीष्मकालीन मानसून'** कहा जाता है।
- इसी प्रकार शीतकाल में सूर्य के दक्षिणायन होने से अन्तः उष्ण कटिबन्धीय अभिसरण हट जाता है और यहाँ पर उत्तरी-पूर्वी व्यापारिक पवनें विस्तृत हो जाती हैं जिसे **'उत्तरी-पूर्वी शीतकालीन मानसून'** कहते हैं।

नवीन संकल्पना

- मानसून उत्पत्ति की नवीनतम् विचारधारा वायुमण्डल के क्षोभमण्डल में जेट नामक संवहन धारा से सम्बन्धित है। इसे जेट स्ट्रीम सिद्धान्त भी कहते हैं।

- ध्रुवों के पास आर्कटिक क्षेत्र में हवाओं के नीचे बैठने से धरातल पर उच्च दाब तथा ऊपर वायुमण्डल में निम्न दाब बन जाता है।
- इस उच्च तलीय निम्न दाब के चारों ओर हवाएँ चक्रकार रूप में चक्रवातीय क्रम में प्रवाहित होती हैं। इसके भूमध्य रेखा के पास वाले भाग को जेट स्ट्रीम कहते हैं। जो सामान्य रूप से 10 से 12 किमी की ऊँचाई पर 20° से 35° के मध्य मोड़ बनाती हुई बहती है।
- हिमालय पर्वत तथा तिब्बत के पठार के यान्त्रिक अवरोध के कारण जेट स्ट्रीम में द्विशाखन हो जाता है। इसकी उत्तरी शाखा तिब्बत के पठार के उत्तर में चापाकार रूप में पश्चिम से पूर्व तथा मुख्य शाखा तिब्बत के पठार व हिमालय के दक्षिण में पश्चिम से पूर्व की ओर प्रवाहित होती है।

भारतीय मानसून के प्रकार

- भारतीय मानसून को ग्रीष्मकालीन मानसून एवं शीतकालीन मानसून के आधार पर अधिक स्पष्ट किया जा सकता है।

ग्रीष्मकालीन मानसून

- ग्रीष्मकालीन मानसून को दक्षिणी-पश्चिमी मानसून भी कहा जाता है। यह 1 जून को केरल के तट पर सर्वप्रथम प्रवेश करता है। इसकी दिशा दक्षिण-पश्चिमी से उत्तर-पूर्व को होती है। भारत की 80% वर्षा इसी के द्वारा होती है।
- भारत की प्रायद्वीपीय आकृति के कारण यह दो शाखाओं में वर्गीकृत हो जाती है—अरब सागर तथा बंगाल की खाड़ी।

अरब सागर शाखा

- इस शाखा से सर्वप्रथम पश्चिमी घाट पर्वत के पश्चिमी ढाल एवं पश्चिमी तट पर वर्षा होती है। पश्चिमी घाट पर्वत के पश्चिमी ढाल पर तटवर्ती क्षेत्रों की तुलना में काफी अधिक वर्षा होती है।
- तमिलनाडु पश्चिमी घाट पर्वत के वृष्टि छाया क्षेत्र में पड़ता है अत: यहाँ दक्षिण-पश्चिम मानसून द्वारा काफी कम वर्षा होती है।
- अरब सागर के मानसून का एक भाग राजस्थान होता हुआ प्रारम्भ बिना वर्षा किए सीधा हिमालय पर्वत से टकराता है एवं वहाँ धर्मशाला के निकट अधिक वर्षा कराता है।
- पश्चिमी राजस्थान में 25 सेमी से भी कम वर्षा होती है, क्योंकि (i) पाकिस्तान से आने वाली शुष्क पवनें मानसूनी पवनों से मिलकर उसकी नमी को कम कर देती हैं। (ii) बंगाल की खाड़ी की शाखा जब तक यहाँ पहुँचती है, उसमें नमी की मात्रा काफी कम हो चुकी होती है। (iii) अरावली पर्वत की दिशा मानसून की अरब सागर शाखा के समानान्तर है।

बंगाल की खाड़ी

- यह शाखा बंगाल की खाड़ी से चलकर म्यांमार की पहाड़ियों एवं उत्तर-पूर्वी भारत की पहाड़ियों से सर्वप्रथम टकराती है।
- मेघालय में गारो, खासी एवं जयन्तिया की पहाड़ियाँ कीपनुमा आकृति में विस्तृत हैं एवं समुद्र की ओर फैली हुई हैं।
- अत: बंगाल से आने वाली मानसूनी पवन तीन ओर से घिर जाने के कारण यहाँ अधिक वर्षा लाती है। यहीं स्थित मासिनराम संसार में सर्वाधिक वर्षा (1141 सेमी) वाला स्थान है।
- मानसून की अरब सागर शाखा तुलनात्मक रूप से अधिक शक्तिशाली होती है। दक्षिण-पश्चिम मानसून द्वारा लाए गए कुल आर्द्रता का 65% भाग अरब सागर एवं 35% भाग बंगाल की खाड़ी से आता है।

शीतकालीन मानसून

- शीतकाल में सूर्य के दक्षिणायन होने के परिणामस्वरूप स्थलीय भाग पर तापमान अत्यधिक कम होने से उच्च वायुदाब तथा हिन्द महासागर पर निम्न वायुदाब केन्द्र स्थापित हो जाता है।
- जिससे हवाएँ स्थलीय भाग से जलीय भाग की तरफ उत्तर-पूर्व से दक्षिण-पश्चिम दिशा में प्रवाहित होने लगती हैं। जिसे उत्तरी-पूर्वी मानसून भी कहते हैं।
- शीतकालीन मानसून को मानसून का प्रत्यावर्तन भी कहा जाता है। इससे वर्षा बहुत कम होती है। तमिलनाडु एवं पूर्वी आन्ध्र प्रदेश के तट पर टकराकर बंगाल की खाड़ी से आर्द्रता ग्रहण करने के कारण शीतकालीन मानसून द्वारा वर्षा होती है।

एल-निनो का भारतीय मानसून पर प्रभाव

- एल-निनो पेरू के पश्चिमी तट से चलने वाली एक गर्म जल की धारा है, जो प्रशान्त महासागर से होकर हिन्द महासागर में प्रविष्ट कर भारतीय ग्रीष्मकालीन मानसून को कमजोर करती है।
- 23 सितम्बर से सूर्य भूमध्य रेखा पर लम्बवत् चमकता है, जिसके कारण वहाँ उच्च ताप तथा निम्नदाब की पेटी स्थापित हो जाती है। जिसके परिणामस्वरूप दोनों गोलार्द्धों की व्यापारिक हवाओं का अभिसरण होता है, जिसे अन्तरोष्णकटिबन्धीय अभिसरण मेखला (ITCZ) कहा जाता है। इस समय यहाँ व्यापारिक पवनों द्वारा गर्म जलराशि एकत्रित कर दी जाती है।
- जब सूर्य दक्षिणी गोलार्द्ध में प्रवेश करता है, तब उच्च ताप, निम्न दाब तथा आई.टी.सी.जेड. (ITCZ) की पेटी क्रमश: दक्षिण की ओर खिसकती है।
- इस समय उत्तरी गोलार्द्ध की व्यापारिक पवनें दक्षिणी गोलार्द्ध में प्रविष्ट कर फेरल के नियमानुसार अपने बाएँ मुड़ जाती हैं जो भूमध्य रेखीय गर्म जल को धकेलकर पेरू के तट के सहारे दक्षिण लाती हैं।
- यह गर्म जलधारा विपरीत पेरू धारा कहलाती है, जो यहाँ की शीतकालीन शीतल पेरू धारा की दिशा के विपरीत होती है, इस विपरीत गर्म पेरू धारा का जल 22 सितम्बर को मकर रेखा तक पहुँच जाता है।
- इसका प्रमुख कारण इस समय मकर रेखा के लगभग आई.टी.सी.जेड. (ITCZ) का पाया जाना है। यहाँ इस समय गर्म एवं शीतल जलराशियों के मिलने से समुद्र में फाइटोप्लैंक्टेन मिलते हैं, जिसके फलस्वरूप मछलियाँ पाई जाती हैं, किन्तु जल की अधिक गहराई के कारण मत्स्यन कम होता है।
- इस समय यहाँ जल का ताप सामान्य से 14° फॉरेनहाइट अधिक हो जाता है, जिसे समुद्र का बुखार (Fever of Sea) कहा जाता है।
- यह गर्म जल क्रमश: सूर्य के उत्तरायण होने के कारण उत्तर-पश्चिम प्रवाहित होना शुरू होता है। 22 दिसम्बर (मकर संक्रान्ति) के पश्चात् 25 दिसम्बर को जीसस क्राइस्ट (मेल चाइल्ड) या पुरुष बच्चे के जन्म के फलस्वरूप गर्म जल की धारा को एल-निनो (El-Nino) कहा जाता है।
- यह गर्म जल मार्च से पूर्वी द्वीप समूह के पास पहुँचकर केल्विन धारा कहलाता है।
- केल्विन या एल-निनो का कुछ जल मलक्का तथा सुण्डा जल सन्धियों से होता हुआ हिन्द महासागर में मई महीने में पहुँच जाता है। मई के अन्त तक सूर्य भारत में कर्क रेखा के पास चमकने लगता है, जिसके फलस्वरूप भारत स्थल ताप, निम्न दाब और आई.टी.सी.जेड. (ITCZ) की पेटी स्थापित हो जाती है, जिसकी तरफ दक्षिणी गोलार्द्ध की व्यापारिक पवनें

भूमध्य रेखा को पार कर फेरल के नियमानुसार अपने दाहिने मुड़कर दक्षिण-पश्चिम मानसून बन जाती हैं।

- इस समय हिन्द महासागर पर उच्च वायुदाब होता है, जितना अधिक उच्च वायुदाब होता है, भारतीय मानसून उतना ही अधिक तेज होता है।
- किन्तु एल-निनो धारा की गर्म जल हिन्द महासागर के ऊपर की हवाओं को गर्म कर ऊपर उठा देता है, जिससे हिन्द महासागर में वायुदाब निम्न हो जाता है, फलस्वरूप मानसून कमजोर हो जाता है और भारत में सूखा पड़ जाता है।

मानसून : विशिष्ट शब्द एवं अर्थ

काल वैशाखी *या* नॉर्वेस्टर ग्रीष्म ऋतु में उत्तर भारत की गर्म पवनों अर्थात् 'लू' (Loo) के आर्द्र पवनों से मिलने के कारण पश्चिम बंग राज्य में आने वाले भीषण तूफान जिनसे कभी-कभी मानसून के पूर्व ही वर्षा हो जाती है। इन तूफानों से होने वाली वर्षा को बसन्त ऋतु की तूफानी वर्षा कहा जाता है।

मानसून का फटना जून के प्रारम्भ में जब सम्पूर्ण उत्तरी भारत में अत्यधिक न्यून वायुदाब का क्षेत्र उपस्थित होता है, तब हिन्द महासागर की ओर से दक्षिण-पश्चिमी मानसून द्वारा अचानक गरज एवं चमक के साथ होने वाली वर्षा, मानसून का फटना कहलाता है।

आम्र वर्षा मालाबार तट के समीपवर्ती क्षेत्रों में मई में होने वाली वर्षा को आम्र वर्षा या फूलों वाली बौछार के नामों से जाना जाता है।

चक्रवातीय वर्षा भारत में पूर्वी एवं पश्चिमी तट पर मानसून के प्रारम्भ तथा अन्त में एवं उत्तर-पश्चिमी भारत में शीतकाल में कुछ उष्ण चक्रवात या तूफानों तथा शीतोष्ण चक्रवातों से स्थानीय वर्षा हो जाती है।

वर्षा का वितरण

भारत में वर्षा का वितरण अत्यधिक असमान है। कहीं पर 400 सेमी से सभी अधिक वर्षा तो कहीं पर 15 सेमी से भी कम वार्षिक वर्षा होती है। वर्षा की मात्रा अत्यधिक अनिश्चित एवं अनियमित है। वर्षा निरन्तर नहीं होती है। अधिक वर्षा के क्षेत्रों में असहजता (Variability) कम और कम वर्षा के क्षेत्रों में असहजता अधिक होती है। भारत में औसत वार्षिक वर्षा लगभग 118 सेमी है। वर्षा वितरण के आधार पर भारत को चार भागों में विभाजित किया जाता है

अधिक वर्षा के प्रदेश

- यहाँ औसत वार्षिक वर्षा 200 सेमी से अधिक होती है।
- इसके अन्तर्गत पश्चिमी घाट पर्वत का पश्चिमी भाग, पश्चिमी तट, उत्तरी-पूर्वी भारत, पश्चिम बंग व अण्डमान व निकोबार द्वीप समूह सम्मिलित हैं।

मध्यम वर्षा के प्रदेश

- इस प्रदेश में औसत वार्षिक वर्षा 100 से 200 सेमी होती है।
- इसके अन्तर्गत पश्चिमी घाट-पर्वत का पूर्वी ढाल, ओडिशा, पूर्वी उत्तर प्रदेश, बिहार, पूर्वी मध्य प्रदेश, छत्तीसगढ़, तमिलनाडु तथा हिमालय के तराई क्षेत्र सम्मिलित हैं।

साधारण वर्षा के प्रदेश

- यहाँ औसत वार्षिक वर्षा 50 से 100 सेमी के मध्य होती है।
- इसके अन्तर्गत पश्चिमी उत्तर प्रदेश, उत्तरी-पूर्वी पंजाब, हरियाणा, पूर्वी राजस्थान, आन्ध्र प्रदेश, कर्नाटक का मध्यवर्ती पश्चिमी भाग, पूर्वी महाराष्ट्र आदि क्षेत्र सम्मिलित हैं।

अति न्यून वर्षा के प्रदेश

- यहाँ औसत वार्षिक वर्षा 50 सेमी से भी कम होती है।
- इसके अन्तर्गत राजस्थान का अधिकांश भाग, दक्षिणी-पश्चिमी पंजाब, दक्षिणी-पश्चिमी हरियाणा, कच्छ, लद्दाख, प्रायद्वीपीय पठार का वृष्टि छाया प्रदेश आदि सम्मिलित हैं।

मानसून विभंगता

- मानसून वर्षा लगातार नहीं होती वरन् कुछ दिनों के अन्तर से रुक-रुककर हुआ करती है। कभी-कभी एक बार वर्षा के होने के बाद दूसरी वर्षा एक माह बाद तक होती है। इस घटना को मानसून विभंगता कहते हैं।

संवहनीय वर्षा

- इस क्षेत्र में स्थानीय गर्मी के कारण संवहनीय वर्षा होती है। इस प्रकार की वर्षा प्राय: स्थानीय होती है। यह अधिकतर बसन्त या ग्रीष्म ऋतु में होती है।
- गर्मी द्वारा वायु में संवहनीय धाराएँ उत्पन्न हो जाती हैं, जिससे वे ऊपर उठकर ठण्डी हो जाती हैं और स्थानीय रूप से कहीं-कहीं वर्षा कर देती हैं।

पर्वतीय वर्षा मानसून वर्षा पर्वतीय वर्षा ही होती है। इन हवाओं के सम्मुख पर्वतीय ढालों पर इनके विमुख ढालों की अपेक्षा अधिक वर्षा होती है। पश्चिमी घाट के पवनमुखी ढालों पर वर्षा अधिक होती है, जबकि विमुख ढाल वृष्टि प्रदेश बन जाते हैं।

वस्तुनिष्ठ प्रश्न

1. निम्न में से कौन-सा युग्म सुमेलित नहीं है?

जलवायु प्रकार	वर्ष प्रतीक
(a) उष्ण कटिबन्धीय सवाना	Bwhw
(b) लघु शुष्क ऋतु मानसून	Amw
(c) शुष्क शीत ऋतु मानसून	Cwg
(d) ध्रुवीय प्रकार की जलवायु	E

2. निम्न में किसने भारत के कृषि जलवायु प्रदेशों की प्रस्तावना दी थी?
(a) कृषि मन्त्रालय
(b) भारतीय योजना आयोग
(c) पर्यावरण मन्त्रालय
(d) उपरोक्त में से कोई नहीं

3. भारतीय मानसून का उल्लेख निम्न में किसने सर्वप्रथम किया?
(a) अलमसूदी (b) अलबरूनी
(c) हैकल (d) अलमकदीसी

4. भारत में सर्वप्रथम ग्रीष्मकालीन मानसून का आगमन कहाँ पर होता है?
(a) तमिलनाडु तट
(b) केरल तट
(c) गुजरात तट
(d) पश्चिम बंग तट

5. निम्न में कहाँ पर वर्षा की सर्वाधिक विरलता पाई जाती है?
(a) जैसलमेर (b) बीकानेर
(c) जोधपुर (d) लेह

6. कोपेन के सांकेतिक अक्षर A का तात्पर्य है
(a) उष्ण कटिबन्धीय आर्द्र जलवायु
(b) शुष्क जलवायु
(c) ध्रुवीय जलवायु
(d) उपध्रुवीय जलवायु

7. कोपेन द्वारा जलवायु के वर्गीकरण में मध्य गंगा की घाटी की जलवायु दर्शाई गई है
(a) Aw द्वारा (b) Amw द्वारा
(c) Cwg द्वारा (d) BShw द्वारा

8. दिल्ली का वार्षिक-तापान्तर अधिक है, क्योंकि
(a) यहाँ अल्प वर्षा होती है
(b) यह कर्क रेखा के निकटतम् है
(c) यह मरुस्थल के निकटस्थ है
(d) यह समुद्र से दूर स्थित है

9. थॉर्नथ्वेट ने ओडिशा, पश्चिम बंग एवं पूर्वी बिहार को एक जलवायु प्रदेश में शामिल किया है, जिसे कहते हैं
(a) नम
(b) शुष्क-उपार्द्र
(c) नम-उपार्द्र
(d) अर्द्ध-शुष्क

10. निम्नलिखित में से कौन-सा पर्वतीय क्षेत्र अधिकतम वर्षा प्राप्त करता है?
(a) नीलगिरि (b) खासी पहाड़ियाँ
(c) सतपुड़ा (d) पश्चिमी घाट

11. भारत में चक्रवातीय दशाएँ विद्यमान होती हैं
(a) मध्य मार्च से मध्य जून तक
(b) दिसम्बर से मध्य फरवरी तक
(c) फरवरी से मई तक
(d) मई से सितम्बर तक

12. जम्मू-कश्मीर में होने वाली शीतकालीन वर्षा का कारण निम्नलिखित में से कौन-सा है?
(a) लौटता मानसून (b) पश्चिमी विक्षोभ
(c) स्थानीय पवन (d) शीतकालीन मानसून

13. निम्नलिखित में से कौन-सा राज्य लौटते मानसून से प्रभावित नहीं होता है?
(a) ओडिशा (b) उत्तर प्रदेश
(c) तमिलनाडु (d) आन्ध्र प्रदेश

14. भारत में सर्वाधिक वर्षा किस महीने में होती है?
(a) मई (b) जून
(c) सितम्बर (d) जुलाई

15. निम्नलिखित में से किस स्थान पर सूर्य सिर के ऊपर कभी लम्बवत् नहीं चमकेगा?
(a) दिल्ली (b) चेन्नई
(c) भोपाल (d) मुम्बई

16. **कथन** (A) मालाबार तट पर जुलाई मे भारी वर्षा हो रही होती है, तो तमिलनाडु अपेक्षाकृत शुष्क होता है।
कारण (R) तमिलनाडु अरब सागरीय मानसून के वृष्टि छाया क्षेत्र में स्थित है।
कूट
(a) A तथा R दोनों सही हैं तथा R, A की सही व्याख्या करता है
(b) A तथा R दोनों सही हैं, परन्तु R, A की सही व्याख्या नहीं करता है
(c) A सही है, परन्तु R गलत है
(d) A गलत है, परन्तु R सही है

17. तमिलनाडु में वर्षा होने का कारण है
(a) उत्तर-पश्चिमी मानसून
(b) उत्तर-पूर्वी मानसून
(c) पूर्वी अवदाब
(d) पश्चिमी अवदाब

18. भारत के चार प्रमुख नगरों में न्यूनतम तापान्तर सम्बन्ध है
(a) हैदराबाद से (b) मुम्बई से
(c) चेन्नई से (d) दिल्ली से

19. थॉर्नथ्वेट ने वर्ष पर्यन्त वर्षा के लिए किसे प्रयुक्त किया है?
(a) w (b) s
(c) d (d) r

20. भारत में प्रवेश करने वाले शीतोष्ण कटिबन्धीय चक्रवातों की उत्पत्ति कहाँ होती है?
(a) अरब सागर में
(b) अटलाण्टिक महासागर में
(c) भूमध्य सागर में
(d) हिन्द महासागर में

21. निम्नलिखित में से किसके सहारे पर्वतीय वर्षा नहीं होती है?
(a) अरावली
(b) पश्चिमी घाटी
(c) गारो, खासी और जयन्तिया
(d) शिवालिक

22. स्थानीय आयोजना के लिए कृषि जलवायु क्षेत्रों की प्रस्तावना किसने दी?
(a) भारतीय योजना आयोग
(b) पर्यावरण मन्त्रालय
(c) कृषि मन्त्रालय
(d) ग्रामीण एवं नगरीय योजना संस्थान

23. वर्तमान में विश्व की सर्वाधिक वर्षा वाला स्थान मासिनराम किस राज्य में स्थित है?
(a) मेघालय
(b) त्रिपुरा
(c) मणिपुर
(d) अरुणाचल प्रदेश

24. अधिकतम वार्षिक तापान्तर निम्नलिखित में से कहाँ पाया जाता है?
(a) कोलकाता (b) मुम्बई
(c) चेन्नई (d) दिल्ली

25. वर्षा की सर्वाधिक विरलता निम्नलिखित में से कहाँ पाई जाती है?
(a) लेह (b) जैसलमेर
(c) जोधपुर (d) बीकानेर

26. कोपेन के अनुसार तमिलनाडु तट किस वर्ग में आता है?
(a) Aw (b) As
(c) Amw (d) BShw

27. निम्नलिखित में से भारत का मुख्य सूखा क्षेत्र है
(a) दक्षिणी पठारी भाग
(b) पूर्वी तटीय प्रदेश
(c) अरावली का पश्चिमी भाग
(d) मध्य गंगा का मैदान

28. निम्नलिखित में से कौन भारतीय मानसून को प्रभावित नहीं करता है?
(a) एल-निनो (b) जेट स्ट्रीम
(c) तिब्बत का पठार (d) गल्फ स्ट्रीम

29. मानसून वर्षा की जो विशेषता नहीं है, वह है
(a) मौसमी वर्षा
(b) अनिश्चित तथा अनियमित वर्षा
(c) वर्षा का असमान वितरण
(d) वर्षा होने वाले दिनों की निरन्तरता

30. एल-निनो सम्बन्धित है
(a) पश्चिमी अवदाब से
(b) पूर्वी अवदाब से
(c) भारतीय मानसून से
(d) मौसम की भविष्यवाणी से

31. उत्तर-पश्चिमी भारत में शीतकालीन वर्षा का कारण है
(a) पश्चिमी विक्षोभ
(b) निवर्तनी मानसून
(c) व्यापारिक हवाएँ
(d) दक्षिण-पश्चिमी मानसून

32. भारत में दक्षिण-पश्चिमी मानसून का समय सामान्यत: कब-से-कब तक होता है?
(a) अक्टूबर से नवम्बर
(b) जून से सितम्बर
(c) मार्च से मई
(d) दिसम्बर से फरवरी

33. Cs जलवायु की विशेषता है
(a) शीत ऋतु शुष्क (b) ग्रीष्म ऋतु शुष्क
(c) ग्रीष्म ऋतु आर्द्र (d) साल भर वर्षा

34. भारतीय मौसम मानचित्र नहीं दर्शाता है
(a) मेघाच्छादन (b) समदाब रेखाएँ
(c) वायु की दिशा (d) समताप रेखाएँ

35. **कथन** (A) दक्षिणी भारत में ऋतु परिवर्तन उत्तरी भारत की अपेक्षा कम रहता है।
कारण (R) दक्षिणी भारत में समुद्र का समकारी प्रभाव अधिक रहता है।
कूट
(a) A तथा R दोनों सही हैं तथा R, A की सही व्याख्या करता है
(b) A तथा R दोनों सही हैं, परन्तु R, A की सही व्याख्या नहीं करता है
(c) A सही है, परन्तु R गलत है
(d) A गलत है, परन्तु R सही है

36. पश्चिमी घाट पर्वतमाला के पूर्वी भाग में वृष्टि छाया प्रदेश होने का प्रमुख कारण निम्नलिखित में से कौन-सा है?
(a) विरल वनस्पति (b) आर्द्रता में वृद्धि
(c) तापमान में वृद्धि (d) मन्द ढाल

37. कोपेन के जलवायु विभाजन के अनुसार भारत के किस भाग में लघु गर्म मानसून जलवायु (Amw) पाई जाती है?
(a) दक्षिण-पश्चिमी तट
(b) उत्तर-पूर्वी तट
(c) उत्तर-पश्चिमी तट
(d) दक्षिण-पूर्वी तट

38. भारत में सूखा जिसका परिणाम है, वह है
(a) वर्षा की अच्छी प्रकृति
(b) असामयिक वर्षा
(c) अनियमित वर्षा
(d) असमान वर्षा

39. कोपेन के जलवायु वर्गीकरण में 'As' भारत के किस क्षेत्र के लिए उपयोग किया गया है?
(a) पश्चिमी मरुस्थल (b) केरल तट
(c) तमिलनाडु तट (d) पूर्वी हिमालय

40. शीत ऋतु में तमिलनाडु में होने वाली वर्षा का प्रकार है
(a) चक्रवातीय (b) संवहनीय
(c) पर्वतीय (d) प्रतिचक्रवातीय

41. कोपेन ने अपने जलवायु वर्गीकरण में मानसूनी जलवायु को किस संकेत के माध्यम से प्रस्तुत किया है?
(a) Aw (b) Am
(c) Af (d) Cw

42. भारत में शीतकालीन पवनों की दिशा क्या होती है?
(a) उत्तर से दक्षिण
(b) उत्तर-पूर्व से दक्षिण-पश्चिम
(c) दक्षिण-पश्चिम से उत्तर-पूर्व
(d) दक्षिण-पूर्व से उत्तर-पूर्व

43. निम्न में से कौन-सा युग्म सुमेलित नहीं है?
(a) आम्र वर्षा – ओडिशा
(b) आँधी – उत्तर प्रदेश
(c) काल वैशाखी – पश्चिमी बंग
(d) लू – उत्तर-पश्चिमी भारत

44. कोपेन के अनुसार भारत का सर्वाधिक क्षेत्र किस जलवायु विभाग में आता है?
(a) Aw (b) Amw
(c) Cwg (d) BShw

45. कोलकाता, मुम्बई, दिल्ली और चेन्नई में से सबसे अधिक वार्षिक तापान्तर किस महानगर का है?
(a) कोलकाता (b) मुम्बई
(c) दिल्ली (d) चेन्नई

46. निम्न में से किस सागरीय धारा का सम्बन्ध भारतीय मानसून से है?
(a) गल्फस्ट्रोम (d) एल-निनो धारा
(c) कनारी धारा (d) ब्राजील धारा

47. निम्न में से किस विद्वान ने कर्क रेखा के आधार पर भारत को उष्ण एवं शीतोष्ण कटिबन्धों में विभाजित किया है?
(a) कोपेन (b) ट्रिवार्था
(c) थॉर्नथ्वेट (d) स्टाम्प एवं केण्ड्रयू

48. निम्न में किसने भारतीय मानसून की उत्पत्ति से सम्बन्धित गतिक संकल्पना का प्रतिपादन सर्वप्रथम किया?
(a) फ्लोन
(b) हैले
(c) ट्रिवार्था
(d) उपरोक्त में से कोई नहीं

49. निम्न में कौन युग्म सुमेलित नहीं है?

	ऋतु	**समय**
(a)	शीतऋतु	15 दिसम्बर से 15 मार्च
(b)	वर्षा ऋतु	10 जून से 30 सितम्बर
(c)	शरद ऋतु	1 अक्टूबर से 15 दिसम्बर
(d)	ग्रीष्म ऋतु	15 अप्रैल से 15 जुलाई

50. निम्न में किसने 18°सेग्रे की समताप रेखा को भारत की जलवायु विभाजन के लिए प्रमुख आधार माना?
(a) स्टाम्प एवं केण्ड्रयू (c) ट्रिवार्था
(c) कोपेन (d) थॉर्नथ्वेट

सही उत्तर

1. (a)	2. (b)	3. (a)	4. (b)	5. (d)	6. (a)	7. (d)	8. (d)	9. (c)	10. (b)
11. (b)	12. (b)	13. (b)	14. (d)	15. (a)	16. (a)	17. (d)	18. (c)	19. (d)	20. (c)
21. (a)	22. (a)	23. (a)	24. (c)	25. (b)	26. (b)	27. (c)	28. (b)	29. (d)	30. (c)
31. (a)	32. (b)	33. (b)	34. (c)	35. (a)	36. (c)	37. (a)	38. (d)	39. (c)	40. (a)
41. (c)	42. (b)	43. (a)	44. (a)	45. (c)	46. (b)	47. (d)	48. (c)	49. (d)	50. (a)

अध्याय 04 भारत : प्राकृतिक वनस्पति

प्राकृतिक वनस्पति

प्राकृतिक परिस्थितियों में बिना मानव हस्तक्षेप के स्वत: उगने एवं विकसित होने वाले पेड़-पौधों को प्राकृतिक वनस्पति कहते हैं। भारत में प्राकृतिक वनस्पति के विकास पर वर्षा एवं उच्चावच्च का सर्वाधिक प्रभाव पड़ा है। मानव हस्तक्षेप से रहित प्राकृतिक वनस्पति को अक्षत: वनस्पति भी कहते हैं।

- भारत के कुल भौगोलिक क्षेत्रफल के लगभग 25.17% (8,27,367 वर्ग किमी) क्षेत्र पर वनों का विस्तार पाया जाता है।
- भारतीय (वन रिपोर्ट, 2023 के अनुसार)
- सर्वाधिक वनावरण के प्रतिशत की दृष्टि से लक्षद्वीप (91.33%) मिजोरम (85.34%) व अण्डमान व निकोबार द्वीप समूह (81.62%) भारत के महत्त्वपूर्ण राज्य/केन्द्रशासित प्रदेश है।
- वनों के कुल क्षेत्रफल के दृष्टिकोण से सर्वाधिक वन क्षेत्र क्रमश: मध्य प्रदेश (77,073 वर्ग किमी), अरुणाचल प्रदेश (65,882 वर्ग किमी) महाराष्ट्र (55,812 वर्ग किमी) महत्त्वपूर्ण राज्य हैं।
- सबसे कम वनाच्छादित क्षेत्र हरियाणा (2.18%), पंजाब (4.19) एवं दमन दीव (2.68%) राज्यों में हैं।
- भारत में पाए जाने वाले पेड़-पौधों की 40% जातियाँ तिब्बत एवं चीन से आई हैं। जिन्हें वोरियाल जाति वनस्पति कहा जाता है।
- जलकुम्भी को **बंगाल का आतंक** कहा जाता है।
- भारत में वन वर्षा का अनुसरण करते हैं। 200 सेमी से अधिक वर्षा वाले क्षेत्र में चौड़ी पत्ती वाले सदाबहार वन, 100 से 200 सेमी वर्षा वाले क्षेत्र में मानसूनी वन एवं 50 सेमी से कम वर्षा वाले क्षेत्रों में अर्द्धमरुस्थलीय वनस्पतियाँ पाई जाती हैं।
- भारत में प्रति व्यक्ति वनाच्छादित क्षेत्र 0.11 हेक्टेयर है, जबकि विश्व प्रति व्यक्ति औसत वनाच्छादित क्षेत्र 1.08 हेक्टेयर है।
- भारत में पाए जाने वाले वनों को निम्न प्रकारों में बाँटा जा सकता है

वनों के प्रकार

उष्णकटिबन्धीय सदाबहार वन

- भारत में यह वन उन क्षेत्रों में पाए जाते हैं जहाँ औसत वार्षिक वर्षा 200 सेमी या इससे अधिक तथा वार्षिक औसत तापमान 24° सेग्रे. से 27° सेग्रे. तक होता है।
- ये वन भारत के उत्तरी-पूर्वी भाग, पश्चिमी घाट पर्वत एवं अण्डमान निकोबार द्वीप समूह में पाए जाते हैं।
- इन वनों के वृक्ष सदैव हरे-भरे बने रहते हैं, जिसके कारण इन्हें सदाबहार वन कहते हैं।
- वृक्षों की लम्बाई 30 से 60 मीटर तक होती है।
- इन वनों में रबर, महोगनी, गटापार्सा, आयरनवुड, ताड़, बाँस, बेंत, सिनकोना आदि के वृक्ष प्रमुख रूप से मिलते हैं।
- वृक्षों की विविधता, कठोर लकड़ी एवं अत्यधिक सघनता के कारण ये वृक्ष आर्थिक रूप से महत्त्वपूर्ण नहीं होते हैं।

उष्णकटिबन्धीय आर्द्र पर्णपाती वन या मानसूनी वन

- ये वन भारत के उन क्षेत्रों में पाए जाते हैं जहाँ औसत वार्षिक वर्षा 100 से 200 सेमी होती है।
- ग्रीष्म ऋतु के प्रारम्भ में इन वृक्षों की पत्तियाँ गर्मी से बचाव के लिए गिर जाती हैं।
- इसके कारण इन्हें पर्णपाती या पतझड़ वन भी कहते हैं।
- इन वनों का विस्तार हिमालय के तराई क्षेत्र, उत्तर प्रदेश, बिहार, ओडिशा, पश्चिम बंग, मध्य प्रदेश, महाराष्ट्र, कर्नाटक, तमिलनाडु तथा केरल के कुछ भागों में पाया जाता है।
- इन वनों में साल, सागवान, चन्दन, शीशम जैसे आर्थिक दृष्टि से मूल्यवान वृक्षों के अतिरिक्त आम, जामुन, महुआ, आँवला, कुसुम पलास, हरे पहेंडा आदि वृक्ष पाए जाते हैं।
- ये वन भारत के लगभग 25% क्षेत्र में पाए जाते हैं।

उष्णकटिबन्धीय शुष्क पर्णपाती वन

- इन वनों के वृक्षों की जड़ें काफी लम्बी होती हैं ताकि वे गहराई से जल आसानी से प्राप्त कर सकें।
- इनके वृक्षों की छालें मोटी, पत्तियाँ मोटी एवं काँटेदार होती हैं, जिससे ये वाष्पीकरण से अपनी रक्षा कर सकें।
- भारत में ये वन पूर्वी राजस्थान, दक्षिणी-पश्चिमी उत्तर प्रदेश, पूर्वी हरियाणा, दक्षिणी पंजाब तथा प्रायद्वीपीय भारत के अर्द्ध-शुष्क क्षेत्रों, महाराष्ट्र, गुजरात, कर्नाटक एवं आन्ध्र प्रदेश आदि राज्यों में पाए जाते हैं।
- इन वनों में खैर, कीकर, बबूल, शीशम, बेर, तेन्दू, बड़, पीपल, महुआ आदि के वृक्ष पाए जाते हैं।

मरुस्थलीय एवं अर्द्ध-मरुस्थलीय वन

- ये वन 50 सेमी से कम औसत वार्षिक वर्षा वाले क्षेत्रों में पाए जाते हैं। इनका विस्तार पश्चिमी राज्थान, उत्तरी गुजरात, दक्षिणी, पश्चिमी पंजाब एवं हरियाणा तथा पश्चिमी घाट के वृष्टि छाया प्रदेश में पाया जाता है।
- इन वनों के वृक्षों की जड़ अधिक लम्बी, पत्तियाँ छोटी एवं कंटीली होती हैं। इनमें खेजड़ा, खजूर, बबूल, नागफनी, कीकर, फ्राश आदि के वृक्ष प्रमुख रूप से पाए जाते हैं।

ज्वारीय वन (मैंग्रौव)

- इसे मैंग्रुव दलदली या डेल्टाई वन भी कहते हैं।
- ये वन समुद्र तटीय क्षेत्रों में नदियों के डेल्टाओं में पाए जाते हैं। गंगा, ब्रह्मपुत्र डेल्टा, कृष्णा, गोदावरी, महानदी, कावेरी आदि नदियों के डेल्टा क्षेत्र में ये वन प्रमुख रूप से मिलते हैं।
- सुन्दरी नामक वृक्षों की अधिकता के कारण गंगा-ब्रह्मपुत्र डेल्टा के ज्वारीय वन को सुन्दरवन एवं डेल्टा को सुन्दरवन डेल्टा भी कहते हैं।
- इस प्रकार के वनों में सुन्दरी, सोनोरिटा, केसूरिना, फोनिक्स, नारियल, बाँस, बेंत, ताड आदि के वृक्ष पाए जाते हैं।

राज्यवार कच्छ वनस्पति-2023

राज्य	कच्छ वनस्पति का प्रतिशत
पश्चिम बंग	42.45%
गुजरात	23.32%
आन्ध्र प्रदेश	8.44%
अण्डमान-निकोबार द्वीप समूह	12.19%
महाराष्ट्र	6.31%
ओडिशा	5.19%
तमिलनाडु	0.84%
गोवा	0.63%
कर्नाटक	0.28%
केरल	0.19%
पुदुचेरी	0.08%
दादर-नगर हवेली व दमन-दीव	0.08%

- वन रिपोर्ट, 2023 के अन्तर्गत भारत का मैंग्रोव (ज्वारीय) आवरण 4991.68 वर्ग किमी है, जो कुल भौगोलिक क्षेत्र का 0.15% है जिसमें वर्ष 2021 की तुलना में 7.43 वर्ग किमी की कमी आई है।
- मैंग्रोव आवरण में सर्वाधिक कमी गुजरात में (36.39 वर्ग किमी की कमी) रही जबकि आन्ध्र प्रदेश (वृद्धि 13.01 वर्ग किमी) व महाराष्ट्र (12.39 वर्ग किमी) में वृद्धि देखी गई।

पर्वतीय वन

आर्द्र-उपोष्ण पहाड़ी वन

- यह वनस्पति प्रायद्वीपीय भारत में 1,070 से 1,500 मी की ऊँचाई पर पाई जाती है। इन वनों को स्थानीय भाषा में शोलास के नाम से भी जाना जाता है। यह एक सदाबहार वनस्पति है एवं इन वृक्षों की लकड़ियाँ बहुत मुलायम होती हैं।
- पूर्वी घाट, पश्चिमी घाट, सतपुड़ा नीलगिरि कार्डामम तथा अन्नामलाई की पहाड़ियों पर ऐसी वनस्पतियाँ पाई जाती हैं।

आर्द्र-शीतोष्ण पहाड़ी वन

दक्षिण भारत में 1,500 मी से अधिक ऊँचाई वाले क्षेत्रों (अन्नामलाई, नीलगिरि एवं पालनी पहाड़ी) में ये वनस्पतियाँ प्रमुखता से पाई जाती हैं। लॉरेल, मैग्नोलिया, एल्म, यूक्लिप्टस आदि यहाँ की प्रमुख वनस्पतियाँ हैं।

हिमालय क्षेत्र के वन

हिमालय क्षेत्र में ऊँचाई बढ़ने के साथ-साथ तापमान में भी कमी आती जाती है, परिणामस्वरूप यहाँ उष्ण कटिबन्धीय से लेकर अल्पाइन वनस्पति का अनुक्रम देखने को मिलता है।

पूर्वी हिमालय क्षेत्र वनस्पति

- हिमालय क्षेत्र में 900 मी तक की ऊँचाई पर उष्ण कटिबन्धीय आर्द्र पर्णपाती वनस्पति भी पाई जाती है। साल, सागवान, शीशम, बाँस सबई घास आदि पाए जाते हैं।
- 900 से 1,830 मी की ऊँचाई के मध्य उपोष्ण वनस्पति पाई जाती है। इस भाग में सदाबहार, ओक एवं चेस्टनट के वृक्षों की अधिकता है।
- 1,830 से 2,740 मी की ऊँचाई पर शीतोष्ण वनस्पति पाई जाती है। इस ऊँचाई पर ओक, मैपिल, बर्च (भोजपत्र), मैग्नोलिया, लॉरेल आदि चौड़ी पत्तियों वाले वृक्ष पाए जाते हैं।
- 2,740 से 3,660 मी तक की ऊँचाई वाले क्षेत्रों पर शीत-शीतोष्ण वनस्पतियाँ पाई जाती हैं। इस भाग में शंकुधारी वनस्पतियों की पेटी है। चीड़, देवदार, स्प्रूस जैसे नुकीली पत्ती वाले वृक्ष इसी भाग में पाए जाते हैं।
- 3,660 से 4,876 मी की ऊँचाई के बीच अल्पाइन वनस्पतियों की पेटी है। यहाँ सिल्वर, फर, जूनीपर आदि वृक्ष पाए जाते हैं।
- 4,876 से 5,100 मी की ऊँचाई पर टुण्ड्रा वनस्पति पाई जाती है। इस भाग में छोटी झाड़ियाँ, घास, काई एवं फूल वाले पौधे पाए जाते हैं।

पश्चिमी हिमालय की वनस्पति

- पश्चिमी हिमालय तुलनात्मक रूप से शुष्क एवं ठण्डा होने के कारण पूर्वी हिमालय की वनस्पतियों से भिन्नता रखता है। पूर्वी हिमालय के विपरीत पश्चिमी हिमालय में परजीवी पौधों एवं फर्न का अभाव पाया जाता है।
- पर्वत पाद (Foot hill) क्षेत्र में मुख्यत: शुष्क सवाना वनस्पति का विस्तार विशाल क्षेत्रों में देखने को मिलता है।
- पश्चिमी हिमालय में उपोष्ण कटिबन्धीय वनस्पति का विस्तार 1,520 मी की ऊँचाई तक ही पाया जाता है।
- 1,520 से 3,660 मी की ऊँचाई तक शीतोष्ण कटिबन्धीय वनों का विस्तार पाया जाता है।
- 3,660 से 4,570 मी की ऊँचाई तक अल्पाइन वनस्पति पाई जाती है

प्रशासनिक दृष्टि से वनों का वर्गीकरण

सुरक्षित वन

- इस प्रकार के वनों से न तो लकड़ियाँ काटी जा सकती हैं और न ही पशुओं को चराने की अनुमति होती है।
- भारत के कुल वन क्षेत्रफल का 51% वन सुरक्षित वन है।

रक्षित वन

- ये वे वन होते हैं, जिनमें नियमों के अधीन लकड़ी काटने तथा पशु चराने की अनुमति होती है।
- ये वन भारत के कुल वनों के 29% हैं।

अवर्गीकृत वन

- इन वनों में लकड़ी काटने तथा पशु चराने पर कोई प्रतिबन्ध नहीं होता है।
- भारत के कुल वनों का 20% वन अवर्गीकृत वन हैं।

भारत में जैव विविधता

- भारत को 10 जैव भौगोलिक क्षेत्रों में बाँटा गया है 1. दक्कन प्रायद्वीप, 2. अर्द्ध-शुष्क, 3. गंगा का मैदान, 4. हिमालय, 5. मरुस्थल, 6. ट्रांस हिमालय, 7. उत्तर-पूर्वी भारत, 8. पश्चिमी घाट, 9. तटीय प्रदेश तथा 10. द्वीप।
- भारत में जैविक विविधता के संरक्षण हेतु 18 जैवमण्डल विकसित करने का लक्ष्य रखा गया है। *जैवमण्डल क्षेत्र इस प्रकार हैं* नन्दा देवी (उत्तराखण्ड), नाकरेक (मेघालय), मानस (असोम), मन्नार की खाड़ी (तमिलनाडु), सुन्दरवन (पश्चिम बंग), नीलगिरि (कर्नाटक), केरल (तमिलनाडु) ग्रेट-निकोबार (अण्डमान-निकोबार), सिमलीपाल (ओडिशा), डिब्रू सैखेवा (असोम), देहांग-देबांग (अरुणाचल प्रदेश), पंचमढ़ी (मध्य प्रदेश), कंचनजंघा (सिक्किम)। अगस्त्यामलाई (केरल), अचानकमार, अमरकण्टक (मध्य प्रदेश), कच्छ का रण (गुजरात), कोल्डडेजर्ट (हिमाचल प्रदेश), शेषचलम की पहाड़िया (आन्ध्र प्रदेश), पन्ना (मध्य प्रदेश)।
- सेटेलाइट आँकड़ों के अनुसार वन रिपोर्ट, 2023 के अन्तर्गत 21.76% भारत के कुल भौगोलिक क्षेत्र का 21.76% भाग वन आच्छादित है।

भारत में जैवमण्डल

- भारत में जैविक विविधता के संरक्षण हेतु 18 जैवमण्डल विकसित करने का लक्ष्य रखा गया है।
- प्रोजेक्ट टाइगर की शुरूआत 1973 ई. में WWF की सहायता से की गई। वर्तमान में 18 राज्यों में 57 (दिसम्बर, 2024 तक) टाइगर रिजर्व की स्थापना हो चुकी है।
- प्रोजेक्ट क्रोकोडायल की शुरूआत 1976 ई. में की गई। मध्य प्रदेश में राष्ट्रीय चम्बल अभयारण्य सबसे बड़ा अभयारण्य है।
- भारत में 106 राष्ट्रीय उद्यान तथा 573 वन्य जीव अभयारण्य हैं। इनका कुल क्षेत्रफल क्रमशः 123,762.56 वर्ग किमी, 44,402.95 वर्ग किमी है। दोनों का कुल क्षेत्रफल है, जो देश के कुल भौगोलिक क्षेत्रफल का 5.11% है।

वन संसाधन

- भारत के कुल भौगोलिक क्षेत्रफल के लगभग 25.17% क्षेत्र में वनों का विस्तार पाया जाता है, परन्तु दूर संवेदी आँकड़ों के अनुसार सघन वन का विस्तार मात्र 12% भू-भाग पर ही स्थित है।
- पारिस्थितिक सन्तुलन की दृष्टि से देश के एक-तिहाई भाग पर वनों का होना आवश्यक है।
- इसके लिए पर्वतीय क्षेत्रों में 60% भू-भाग एवं मैदानी क्षेत्रों में 20% भू-भाग पर वनों का होना अनिवार्य है।
- विश्व के कुल वनों का लगभग 2% भारत में है, जबकि भारत का क्षेत्रफल विश्व के कुल क्षेत्रफल का 2.4% है तथा यहाँ विश्व की 17.78% जनसंख्या निवास करती है।
- भारत में कुल वनों का 93% उष्ण कटिबन्धीय है, जिसमें 80% मानसूनी (पर्णपाती) एवं 12% सदाबहार तथा 8% अन्य प्रकार के वन हैं।
- भारत के कुल वनों का मात्र 7% शीतोष्ण वन हैं, जिसमें 4% चौड़ी पत्ती वाले एवं 3% कोणधारी वन हैं।
- इस प्रकार भारत में पाए जाने वाले वनों का 97% चौड़ी पत्ती वाले एवं मात्र 3% कोणधारी हैं।
- कुल वनों का लगभग 56% सुरक्षित, 30% संरक्षित एवं 14% अवर्गीकृत प्रकार का है।
- भारत विश्व में लाख का सबसे बड़ा उत्पादक है एवं झारखण्ड भारत का सबसे बड़ा लाख उत्पादक राज्य है।
- जम्मू-कश्मीर में काष्ठ शिल्प उद्योग के लिए चिनार, अखरोट आदि वृक्षों की एवं कर्नाटक में चन्दन के वृक्षों की वृहद् पैमाने पर कटाई की गई है।

प्रमुख वनोत्पाद

- **सागवान** इसका लकड़ी मजबूत एवं टिकाऊ तथा रेशे सुन्दर होते हैं। सागवान का सर्वाधिक क्षेत्रफल मध्य प्रदेश में है। मध्य प्रदेश के पश्चिमी एवं मध्यवर्ती भाग के अतिरिक्त यह लकड़ी महाराष्ट्र-राजस्थान के बाँसवाड़ा, पश्चिमी घाट एवं नीलगिरि क्षेत्र में प्राप्त होती है।
- **सखुआ** (साल) मानसूनी वन क्षेत्र की यह लकड़ी कड़ी एवं मजबूत होती है, जो रेलवे के स्लीपर एवं इमारती लकड़ी के रूप में प्रयोग की जाती है। यह हिमालय की तराई, छोटानागपुर के पठार, छत्तीसगढ़ एवं मध्य प्रदेश में पाई जाती है। साल के वन सबसे अधिक अविभाजित मध्य प्रदेश में ही पाए जाते हैं।
- **चन्दन** यह एक पर्णपाती वृक्ष है, जो मुख्यतः दक्षिण भारत के शुष्क क्षेत्रों में पाए जाते हैं। इसके अन्तर्गत सर्वाधिक क्षेत्रफल क्रमशः कर्नाटक एवं तमिलनाडु में है।
- **देवदार** हिमालय क्षेत्र में पाए जाने वाले इस वृक्ष की लकड़ी कठोर, टिकाऊ एवं सुगन्धित होती है।

वस्तुनिष्ठ प्रश्न

1. भारत की वनस्पति का कितना प्रतिशत वोरियाल वनस्पति है?
(a) 40 (b) 50 (c) 60 (d) 30

2. भारतीय वनस्पति पर किसका सर्वाधिक प्रभाव पड़ा है?
(a) तापमान (b) वर्षा
(c) उच्चावच्च (d) मृदा

3. भारत में सर्वाधिक महत्त्वपूर्ण व्यावसायिक वन कौन-सा है?
(a) उष्ण कटिबन्धीय सदाबहार वन
(b) उष्ण कटिबन्धीय पर्णपाती वन
(c) कोणधारी वन
(d) मरुस्थलीय वन

4. भारत में सर्वाधिक चन्दन के वृक्ष किस राज्य में पाए जाते हैं?
(a) कर्नाटक (b) केरल
(c) मध्य प्रदेश (d) असोम

5. भारत में सुरक्षित वनों का विस्तार कितने क्षेत्र में पाया जाता है?
(a) 56% (b) 66% (c) 40% (d) 20%

6. निम्नलिखित में भारत में सबसे अधिक लाख उत्पादक राज्य कौन-सा है?
(a) बिहार (b) मध्य प्रदेश
(c) झारखण्ड (d) उत्तरप्रदेश

7. निम्नलिखित में से कौन-सा युग्म सुमेलित नहीं है?

	वन	वृक्ष
(a)	मानसूनी	सागवान
(b)	मैंग्रोव	सुन्दरी
(c)	सदाहरित	रोजवुड
(d)	सवाना	पीपल

8. पनियान तथा इरुला 'जनजातियाँ किस राज्य में निवास करती हैं?
(a) राजस्थान (b) मध्य प्रदेश
(c) केरल (d) महाराष्ट्र

9. उत्तर भारत के मैदान में किस प्रकार की बस्तियों की बहुलता है?
(a) केन्द्रित (b) परिक्षिप्त
(c) खण्डित (d) इनमें से कोई नहीं

10. निम्नलिखित में से कौन-सा युग्म सुमेलित नहीं है?
(a) गिर — एशियायी शेर
(b) केवलादेव — साइबेरियन सारस
(c) काजीरंगा — एक सींग वाला गैण्डा
(d) दचिग्राम — हाथी

11. निम्नलिखित में से कौन-सा युग्म सुमेलित नहीं है?

राष्ट्रीय उद्यान	राज्य
(a) कार्बेट	उत्तराखण्ड
(b) दचिग्राम	जम्मू-कश्मीर
(c) मानस	मध्य प्रदेश
(d) पेरियार	केरल

12. कौन-सा युग्म सुमेलित नहीं है?
(a) वानिकी अनुसन्धान संस्थान देहरादून
(b) केन्द्रीय शुष्क क्षेत्र अनुसन्धान संस्थान जोधपुर
(c) पर्णपाती वन अनुसन्धान संस्थान जबलपुर
(d) वर्षा एवं आर्द्र क्षेत्रीय सदाबहार वन संस्थान कोयम्बटूर

13. कुल भौगोलिक क्षेत्रफल का सर्वाधिक प्रतिशत वनाच्छादित है
(a) मध्य प्रदेश में (b) छत्तीसगढ़ में
(c) अरुणाचल प्रदेश में (d) उत्तराखण्ड में

14. भारत के निम्नलिखित में से किस भौतिक प्रदेश में उष्ण कटिबन्धीय से लेकर अल्पाइन प्रकार की वनस्पति मिलेगी?
(a) दक्षिणी का पठार
(b) हिमालय पर्वत श्रृंखला
(c) उत्तर का बड़ा मैदान
(d) तटीय मैदान

15. भारत में मृदा अपरदन का सबसे प्रमुख कारण कौन-सा है?
(a) वनों का बड़ी मात्रा में विदोहन
(b) वायु द्वारा मृदा का अपवाहन
(c) सरिता अपरदन
(d) जलवायविक दशाएँ

16. विश्व वन दिवस (World Forest Day) किस दिन मनाया जाता है?
(a) 16 जनवरी (b) 21 मार्च
(c) 23 मई (d) 7 दिसम्बर

17. निम्नलिखित में से कौन-सा कथन असत्य है?
(a) कर्नाटक और दक्षिण-पश्चिमी आन्ध्र प्रदेश में शुष्क सवाना वनस्पति पाई जाती है
(b) सतपुड़ा पर्वतमाला पर उष्ण कटिबन्धीय पर्णपाती वनस्पति पाई जाती है
(c) साल वनों का सर्वाधिक क्षेत्रफल ओडिशा में है
(d) राज्य के कुल क्षेत्रफल में वनों का सर्वाधिक प्रतिशत मध्य प्रदेश में है

18. निम्नलिखित में से कौन-सा कथन असत्य है?
(a) सुन्दरी वृक्षों की लकड़ी का उपयोग जलाने तथा नावों के निर्माण में होता है
(b) सागवान की लकड़ी का उपयोग रेलवे वैगन, जहाज और फर्नीचर बनाने में होता है
(c) सागवान की लकड़ी में दीमक नहीं लगती है
(d) सुन्दरी वृक्ष की लकड़ी का उपयोग कागज और लुग्दी बनाने में होता है

19. उष्णकटिबन्धीय आर्द्र सदाबहार वन पाए जाते है
(a) अरावली पर्वतमाला पर
(b) शिलांग पठार पर
(c) शिवालिक श्रेणी पर
(d) प्रायद्वीपीय पठार पर

20. निम्नलिखित में से कौन-सा कथन असत्य है?
(a) मैंग्रोव वनस्पति लवणीय जल में उगती है
(b) भारत में सदाहरित वनस्पति 300 सेमी से अधिक वार्षिक वर्षा वाले क्षेत्रों में उगती है
(c) यूफोर्बिया उष्ण कटिबन्धीय कंटीले वनों का वृक्ष है
(d) उष्णकटिबन्धीय सदाहरित वनों का मुख्य वृक्ष अर्जुन है

21. भारत में चन्दन की लकड़ी के वन सर्वाधिक कहाँ पाए जाते हैं?
(a) असोम की पहाड़ियों में
(b) शिवालिक की पहाड़ियों में
(c) नीलगिरि की पहाड़ियों में
(d) सतपुडा की पहाड़ियों में

22. देश में सामाजिक वानिकी योजना का उद्देश्य है
1. गरीब लोगों के लिए ईंधन लकड़ी और चारा उपलब्ध कराना
2. संघ वृक्षारोपण करना
3. देश के 33% क्षेत्र को वन क्षेत्र के अन्तर्गत लाना
4. वनों का व्यावसायिक उपयोग करना

कूट
(a) 1 और 4 (b) 1 और 3
(c) 1, 2 और 3 (d) 1, 3 और 4

23. अन्तर्देशीय मत्स्य उत्पादन में भारत का विश्व में स्थान है
(a) पहला (b) दूसरा
(c) तीसरा (d) चौथा

24. भारतीय वन प्रबन्धन संस्थान कहाँ है?
(a) लखनऊ (b) इलाहाबाद
(c) भोपाल (d) वारंगल

25. निम्न में से कौन सुमेलित नहीं है?
(a) बान्दीपुर राष्ट्रीय उद्यान – कर्नाटक
(b) नागरहोल राष्ट्रीय पार्क – आन्ध्र प्रदेश
(c) रोहला राष्ट्रीय उद्यान – हिमाचल प्रदेश
(d) तदोबा राष्ट्रीय उद्यान – महाराष्ट्र

26. भारत में तेन्दू पत्ता का सर्वाधिक उत्पादन करने वाला राज्य कौन-सा है?
(a) गुजरात (b) महाराष्ट्र
(c) मध्य प्रदेश (d) आन्ध्र प्रदेश

27. राष्ट्रीय पर्यावरण इन्जीनियरिंग शोध संस्थान (National Environment Research Institute) कहाँ स्थित है?
(a) नई दिल्ली (b) देहरादून
(c) नागपुर (d) जयपुर

28. निम्नलिखित मे से किन नदियों के डेल्टा क्षेत्र में ज्वारीय वन पाए जाते हैं?
(a) नर्मदा-ताप्ती (b) कृष्णा-कावेरी
(c) कृष्णा-गोदावरी (d) गंगा-महानदी

29. बबूल, खैर और खेजड़ी किस प्रकार के वनों से सम्बन्धित है?
(a) उपोष्ण कटिबन्धीय चीड़ वनों से
(b) उष्णकटिबन्धीय कंटीले वनों से
(c) उष्णकटिबन्धीय शुष्क पर्णपाती वनों से
(d) उपोष्ण कटिबन्धीय सदाहरित वनों से

30. निम्नलिखित में से कौन-सा वृक्ष उष्णकटिबन्धीय आर्द्र पतझड़ वनों में नही मिलता है?
(a) साल (b) सागवान (c) शीशम (d) महोगनी

31. कौन-सा युग्म सुमेलित नहीं हैं?
(a) वृक्ष प्रजनन एवं आनुवंशिक संस्थान—कोयम्बटूर
(b) काष्ठ विज्ञान तथा प्रौद्योगिकी संस्थान—बंगलुरु
(c) वर्षा एवं आर्द्र क्षेत्रीय सदाबहार वन—जोरहाट सस्थान
(d) वानिकी अनुसन्धान संस्थान—लखनऊ

32. वन संसाधनों के आकलन तथा विकास के लिए वर्ष 1981 में भारतीय वन सर्वेक्षण विभाग (Forest Survey of India) की स्थापना की गई इसका मुख्यालय कहाँ हैं?
(a) नई दिल्ली (b) दिसपुर
(c) देहरादून (d) भोपाल

33. सन् 2001 में कुल राष्ट्रीय जनसंख्या का कितना भाग उत्तर प्रदेश में था?
(a) 18.34% (b) 16.17%
(c) 19.20% (d) 17.32%

34. हिमालय क्षेत्र में शंकु वन मिलते हैं
(a) 500 मी से कम ऊँचाई पर
(b) 1,500 से 3,500 मी की ऊँचाई के बीच
(c) 500 से 3,000 मी की ऊँचाई के बीच
(d) 3,000 मी से अधिक ऊँचाई पर

35. वन रिपोर्ट, 2023 के अनुसार, राज्यों एवं केन्द्रशासित प्रदेशों में से प्राकृतिक वनों से आच्छादित उच्चतम प्रतिशत का भौगोलिक क्षेत्र कहाँ पर है?
(a) अण्डमान एवं निकोबार द्वीप समूह
(b) लक्षद्वीप
(c) अरुणाचल प्रदेश
(d) मध्य प्रदेश

36. अधिकांश भारतीय निम्न मे से किस प्रजातीय समूह से सम्बन्धित हैं?
(a) भूमध्यसागरीय (b) मंगोलॉयड
(c) ऑस्ट्रेलॉयड (d) नीग्रेइड

37. भारत में मैंग्रोव वनस्पति का सर्वाधिक विस्तार किस राजय में है?
(a) गोवा (b) पश्चिम बंग
(c) आन्ध्र प्रदेश (d) ओडिशा

38. भारत के कितने क्षेत्रफल पर वन पए जाते हैं?
(a) 11.5 (b) 19.3
(c) 24.62% (d) 25.17%

39. देश में अन्तर्देशीय मत्स्यपालन में जिस राज्य ने सर्वाधिक वार्षिक दर प्राप्त की है, वह है
(a) हरियाणा (b) पंजाब
(c) उत्तर प्रदेश (d) राजस्थान

40. भारतीय वन सर्वेक्षण विभाग द्वारा देश के वन-वनस्पतियों के मानचित्र तैयार किए जातें हैं
(a) 1:2,50,000 मापनी पर
(b) 1:25,000 मापनी पर
(c) 1:1,00,000 मापनी पर
(d) 1:10,00,000 मापनी पर

41. देश के कुल वन क्षेत्र का सर्वाधिक भाग निम्न में से किस वर्ग में है?
(a) आरक्षित (b) सुरक्षित
(c) अवर्गीकृत (d) राष्ट्रीय

42. देश में ताजे पानी की मछलियाँ सर्वाधिक पकड़ी जाती है
(a) तमिलनाडु में (b) पश्चिम बंग में
(c) गुजरात में (d) आन्ध्र प्रदेश में

43. **कथन** (A) देश का तीन–चौथाई मत्स्य उत्पादन पश्चिमी तट से प्राप्त होता है।
कारण (R) पश्मिची तट पर फॉस्फेट और नाइट्रेट की अधिकता है जो मत्सयपालन के लिए अनुकूल है।
कूट
(a) A तथा R दोनों सही हैं तथा R, A की सही व्याख्या करता है
(b) A तथा R दोनों सही हैं, परन्तु R, A की सही व्याख्या नही करता है
(c) A गलत है, परन्तु R सही है
(d) A सही है, परन्तु R गलत है

44. भारत में मत्स्य हेतु प्रमुख पोताश्रय है
1. कोच्चि 2. चेन्नई
3. रायचौक 4. काण्डला
कूट
(a) 1 और 4 (b) 1, 2 और 4
(c) 1, 2 और 3 (d) 2 और 4

45. भारत का केन्द्रीय मत्स्य शोध संस्थान कहाँ स्थित है?
(a) पणजी (b) तूतीकोरिन
(c) कोच्चि (d) पारादीप

46. भारत में कृत्रिम मोती के निर्माण का कार्य विकसित हुआ है
(a) कच्छ की खाड़ी के पास
(b) रामेश्वरम् तट के पास
(c) खम्भात की खाड़ी के पास
(d) चिल्का झील के पास

47. राष्ट्रीय वन नीति के अनुसार भारत के कुल क्षेत्रफल के कितने प्रतिशत क्षेत्र पर वन होने चाहिएँ?
(a) 30 (b) 20
(c) 33 (d) 50

48. भारत में प्रति व्यक्ति औसत वनाच्छादित क्षेत्र है
(a) 1. 4 हेक्टेयर (b) 1.08 हेक्टेयर
(c) 2. 4 हेक्टेयर (d) 0.8 हेक्टेयर

सही उत्तर

1. (a)	2. (b)	3. (b)	4. (a)	5. (a)	6. (c)	7. (d)	8. (c)	9. (a)	10. (d)
11. (c)	12. (d)	13. (c)	14. (b)	15. (a)	16. (d)	17. (d)	18. (d)	19. (b)	20. (d)
21. (c)	22. (c)	23. (b)	24. (c)	25. (b)	26. (c)	27. (c)	28. (d)	29. (b)	30. (d)
31. (c)	32. (d)	33. (b)	34. (b)	35. (b)	36. (a)	37. (b)	38. (d)	39. (b)	40. (b)
41. (a)	42. (b)	43. (a)	44. (c)	45. (c)	46. (b)	47. (c)	48. (b)		

अध्याय 05

पर्यावरण, पारिस्थितिकी जैव विविधता व वन्यजीव संरक्षण

पर्यावरण और पारिस्थितिकी

पर्यावरण

- 'पर्यावरण' (Environment) सभी जैविक तथा अजैविक तत्त्वों का सम्मिश्रण है, जो जीवों को अनेक प्रकार से प्रभावित करता है। इसके अन्तर्गत पर्यावरण के कुछ कारक संसाधन के रूप में कार्य करते हैं, जबकि दूसरे कारक नियन्त्रक का कार्य करते हैं।
- पर्यावरण के अवयव एक-दूसरे से जुड़े तथा परस्पर आश्रित होने के साथ सदैव परिवर्तनशील होते हैं।

पर्यावरण के घटक

- पर्यावरण के घटक मुख्यत: तीन प्रकार के होते हैं— भौतिक, जैविक तथा ऊर्जा संघटक।
- **भौतिक संघटक** मुख्यत: जैविक घटकों के विकास के लिए अनिवार्य होता है, जिसके अन्तर्गत स्थल, वायु तथा जल शामिल हैं।
- **जैविक संघटक** के अन्तर्गत पृथ्वी पर उपस्थित सभी जीवित प्राणी तथा पादप को शामिल किया जाता हैं।
- **ऊर्जा संघटक** में यद्यपि सौर्यिक तथा भूतापीय दोनों को शामिल किया जाता हैं, तथापि पृथ्वी के समस्त जीवों के लिए सौर्य ऊर्जा ही सर्वाधिक महत्त्वपूर्ण है।

पारिस्थितिकी व पारिस्थितिक तन्त्र

- 'पर्यावरण के जैविक व अजैविक तत्त्वों की परस्पर क्रियाशीलता से **पारिस्थितिकी** (Ecology) की रचना होती है। 'पारिस्थितिकी' शब्द का प्रयोग सर्वप्रथम **अर्नेस्ट हेकेल** ने 1869 ई. में किया था।
- पारिस्थितिकी तन्त्र (Eco-system), जैविक और अजैविक पदार्थों की परस्पर प्राकृतिक क्रिया है, जिसमें पर्यावरण के सम्पूर्ण कारक सम्मिलित होते हैं तथा वे सभी एक अन्त: क्रियात्मक सम्बन्धों से जुड़े होते हैं।
- पारिस्थितिक तन्त्र का सर्वप्रथम प्रयोग **ए जी टांसले** ने 1935 ई. में किया था।

पारिस्थितिकी तन्त्र के घटक

- पारिस्थितिकी तन्त्र के मुख्यत: दो घटक (Components) होते हैं—जैविक तथा अजैविक।
- **जैविक घटक** (Biotic Components) तीन प्रकार के होते हैं—उत्पादक, उपभोक्ता तथा अपघटक।
- **उत्पादक घटक** (Producers Components) ये स्वपोषी (Autotrophs) हरे पौधे होते हैं, जो सौर्यिक प्रकाश की उपस्थिति में प्रकाश-संश्लेषण की क्रिया द्वारा अपना भोजन स्वयं बनाते हैं।
- **उपभोक्ता** (Consumers) में वे जीव आते हैं, जो उत्पादकों का प्रत्यक्ष अथवा अप्रत्यक्ष भक्षण करते हैं। इसमें तीन प्रकार के उपभोक्ता शामिल होते हैं—प्राथमिक, द्वितीयक तथा तृतीयक उपभोक्ता।
- **प्राथमिक उपभोक्ता** शाकाहारी जीव होते हैं, जो हरे पौधों से प्रत्यक्ष रूप से भोजन प्राप्त करते हैं; जैसे—गाय, हिरण, खरगोश आदि।
- **द्वितीय उपभोक्ता** प्राय: मांसाहारी जीव होते हैं, जोकि शाकाहरी जीवों या फिर प्राथमिक उपभोक्ता को खाते हैं; जैसे—बिल्ली, लोमड़ी, मेंढक आदि।
- **तृतीयक उपभोक्ता** अप्रत्यक्ष अथवा प्रत्यक्ष रूप से सभी को खाते हैं; जैसे—शेर, बाज, गिद्ध आदि।

अपघटक

- **अपघटक या मृतजीवी** (Decomposer) अन्य परपोषी जीव है, जिनमें प्रमुख रूप से बैक्टीरिया तथा कवक होते हैं तथा ये पोषण के लिए मृत कार्बनिक पदार्थ या अपरद पर निर्भर रहते हैं। ये मरे हुए उपभोक्ताओं को साधारण भौतिक तत्त्वों में विघटित कर देते हैं, जो फिर से वायुमण्डल में मिल जाते हैं।

अजैविक घटक

अजैविक घटक को प्रमुख तीन भागों मे बाँटा जाता है

1. **अकार्बनिक पदार्थ** (Inorganic Matter)
   इसके अन्तर्गत जल, विभिन्न प्रकार के लवण; जैसे—कैल्शियम, पोटेशियम, मैग्नीशियम, फॉस्फोरस, नाइट्रोजन और सल्फर आदि तथा गैसें; जैसे—ऑक्सीजन, नाइट्रोजन, कार्बन डाइ-ऑक्साइड, हाइड्रोजन तथा अमोनिया आदि सम्मिलित हैं।
2. **कार्बनिक पदार्थ** (Organic Matter) इसके
   अन्तर्गत मृतपौधों एवं जन्तुओं के कार्बनिक यौगिक; जैसे—प्रोटीन, कार्बोहाइड्रेट्स तथा वसा और उनके अपघटन द्वारा उत्पादित पदार्थ; जैसे—यूरिया व ह्यूमस आदि आते हैं।

3. **ऊर्जा संघटक** (Energy Resources) इसमें सूर्य का प्रकाश, तापक्रम, वर्षा आदि सम्मिलित हैं।

आहार श्रृंखला एवं आहार जाल

- आहार श्रृंखला (Food chain) का तात्पर्य, विभिन्न प्रकार के जीवधारियों के बीच स्थापित उस विशेष क्रम से है, जिससे जीवधारी खाद्य के आधार पर एक-दूसरे से जुड़े होते हैं। इसके तहत खाद्य ऊर्जा का प्रवाह एक ही दिशा में होता है।
- खाद्य श्रृंखला दो प्रकार की होती है—ग्रेजिंग (चराई) श्रृंखला तथा अपरद खाद्य श्रृंखला।
- वे खाद्य श्रृंखलाएँ जो हरे पौधों से प्रारम्भ होकर शाकाहारी एवं मांसाहारी जन्तुओं तक जाती हैं, **ग्रेजिंग (चराई) खाद्य श्रृंखला** कहलाती हैं, जबकि पौधों एवं जीव-जन्तुओं से प्रारम्भ होकर सूक्ष्मजीवों (अपघटकों) तक जाने वाली खाद्य श्रृंखला **अपरद खाद्य श्रृंखला** होती है।
- प्रकृति में खाद्य श्रृंखला एक सीधी कड़ी के रूप में नहीं होती है, बल्कि सभी परस्पर सम्बधित रहती हैं। इसे **आहार जाल या खाद्य जाल** (Food web) कहा जाता है।

पारिस्थितिक पिरामिड्स

- पारिस्थितिकी पिरामिड की संकल्पना 1927 ई. में **चार्ल्स एल्टन** द्वारा प्रस्तावित की गई थी। किसी भी पारिस्थितिकी तन्त्र के प्राथमिक उत्पादकों एवं उपभोक्ताओं की संख्या, जीव भार (Biomass) तथा संचित ऊर्जा में परस्पर सम्बन्ध ही पारिस्थितिकी पिरामिड कहलाता है।
- पारिस्थितिक पिरामिड्स तीन प्रकार के होते हैं—जीव संख्या पिरामिड, जीव भार पिरामिड तथा संचित ऊर्जा का पिरामिड।

पारिस्थितिकी तन्त्र के प्रमुख तथ्य

- पारिस्थितिकी तन्त्र मुख्यत: दो प्रकार के होते हैं—स्थलीय तथा जलीय पारितन्त्र। जलीय पारितन्त्र, मीठे जल तथा खारे जल, दो प्रकार के होते हैं।
- स्थलीय पारितन्त्र में सर्वाधिक उत्पादकता उष्णकटिबन्धीय वर्षा वनों (Tropical Rainforests) की होती है, जबकि जलीय पारितन्त्र में ज्वार-नद-मुख (Estuaries) की होती है।
- प्रत्येक पारितन्त्र में केवल 10% ऊर्जा का स्थानान्तरण ही एक पोषण-स्तर से दूसरे पोषण-स्तर में होता है।
- पारिस्थितिकी तन्त्र के सन्तुलन को बनाए रखने के लिए स्वयं संचालित प्रणाली को **होमियोस्टैसिस** कहते हैं।
- खाद्य श्रृंखला में ऊर्जा का प्रवाह एक ही दिशा में होता है।
- पारिस्थितिक तन्त्र में ऊर्जा का प्रवेश, रूपान्तरण तथा विसरण उष्मागतिकी के नियमों (Laws of thermodynamics) के अनुसार होता है।
- **पारिस्थितिकी निकेत** (Ecological Niche) का तात्पर्य पारिस्थितिकी में प्रत्येक जाति या उपजाति के निश्चित स्थानीय क्षेत्र से है।

प्रदूषण

- "वायु, जल या भूमि (अर्थात् पर्यावरण) के भौतिक, रासायनिक या जैविक गुणों में होने वाले ऐसे अनचाहे परिवर्तन, जो मनुष्य एवं अन्य जीवधारियों, उनकी जीवन परिस्थितियों तथा औद्योगिक प्रक्रियाओं एवं सांस्कृतिक उपलब्धियों के लिए हानिकारक हों, **प्रदूषण** (Pollution) कहलाते हैं।"

प्रदूषण को उत्पन्न करने वाले तत्व प्रदूषक कहलाते है। यह दो प्रकार के होते है– **अनिम्नीकरणीय प्रदूषक** (Non-degradable Pollutants), जैसे-एल्युमीनियम के बर्तन, पारे के यौगिक, डीडीटी, काँच, आर्सेनिक तथा प्लास्टिक सूक्ष्मजीवों द्वारा अपघटित नहीं होते, जबकि **जैव निम्नीकरणीय प्रदूषक** (Biodegradable Pollutants), जैसे-घरेलू वाहित मल कपड़ा, कागज, कूड़ा-करकट आदि सूक्ष्मजीवों द्वारा अपघटित कर दिए जाते हैं।

प्रदूषण के प्रकार

वायु प्रदूषण

- जब मानवीय या प्राकृतिक कारणों से वायुमण्डल में विद्यमान गैसों की निश्चित मात्रा तथा अनुपात में अवांछनीय परिवर्तन हो जाता है, तो उसे वायु प्रदूषण की संज्ञा दी जाती है।

वायु प्रदूषण के कारण/स्रोत

- वायु प्रदूषण का प्रमुख कारण जीवाश्म ईंधन (कोयला,पेट्रोल) का अपूर्ण दहन है, जिससे कार्बन डाइ-आक्साइड तथा कार्बन मोनो-ऑक्साइड का उत्सर्जन होता है।
- घरेलू ईंधन के रूप में लकड़ी का प्रयोग तथा ऑटोमोबाइल (मोटर वाहन) उद्योग इनका प्रमुख स्रोत है।
- क्लोरो-फ्लोरो कार्बन (CFC) का उत्सर्जन एयरकण्डीशनर, रेफ्रिजरेटर, अग्निशामक तथा प्रसाधन सामग्री-डियोडरेण्ट आदि से होता है।
- यह समताप मण्डल में स्थित ओजोन परत के क्षरण के लिए उत्तरदायी है।
- सल्फर डाइ-ऑक्साइड का उत्सर्जन सल्फर युक्त कोयला के अपूर्ण दहन, अयस्क प्रगालक (Ore Smelter) तथा तेल रिफाइनरी से होता है।
- नाइट्रोजन ऑक्साइड का उत्सर्जन मुख्यत: जीवाश्मी ईंधन (पेट्रोल) के ऑटोमोबाइल ईंधन में जलने पर होता है।
- मीथेन, कोयला की खानों, आर्द्रभूमि, धान के खेत तथा जानवरों की जुगाली के दौरान उत्सर्जित होती है।

वायु प्रदूषण के प्रभाव

- वायु प्रदूषण से मनुष्य में श्वसन तन्त्र की बीमारियाँ, दमा, ब्रांकाइटिस, आँखों में जलन, बच्चों में साँस की तकलीफ जैसी समस्याएँ होती हैं।
- पर्यावरण में सीसा (Lead) का उत्सर्जन गैसोलिन तथा कीटनाशकों से होता है, जो मस्तिष्क और गुर्दे (Kidney) को नुकसान पहुँचाता है।
- वायु में कार्बन मोनोक्साइड की बढ़ती सान्द्रता मनुष्य के शरीर में ऑक्सीजन परिवहन की क्षमता घटाती है।
- फलाई ऐश की बढ़ती सान्द्रता आँख, नाक में जलन, दमा तथा फेफड़े के कैंसर का खतरा बढ़ाती है।

अम्ल वर्षा

मानवजनित (Anthropogenic) स्रोतों से नि:सृत सल्फर डाइ-ऑक्साइड (SO_2) वायुमण्डल में पहुँचकर, जल के साथ सल्फेट तथा सल्फ्यूरिक एसिड का निर्माण करता है। यही एसिड जब वर्षा जल के रूप में धरातलीय सतह पर पहुँचता है, तो उसे अम्ल वर्षा (Acid Rain) कहते हैं। अम्ल वर्षा शब्द का सर्वप्रथम प्रयोग आंगस स्मिथ ने 1858 में किया था।

जल प्रदूषण

- जल में किसी प्रकार की अवांछनीय गैसीय, द्रवीय या ठोस पदार्थों का मिलना ही जल प्रदूषण (Water Pollution) कहलाता है।
- **विश्व स्वास्थ्य संगठन** (WHO) के अनुसार, "जब प्राकृतिक अथवा अन्य स्रोतों से उत्पन्न अवांछित बाहरी पदार्थों के कारण जल दूषित हो जाता है तथा यह विषाक्तता एक सामान्य स्तर से कम ऑक्सीजन के कारण जीवों के लिए हानिकारक होती है, इससे संक्रामक रोगों का फैलाव बढ़ जाता है तो इसे जल प्रदूषण कहा जाता है।"

जैविक ऑक्सीजन माँग

- सूक्ष्मजीवों द्वारा अपघटन के लिए आवश्यक ऑक्सीजन की मात्रा **बायोलॉजिकल ऑक्सीजन डिमाण्ड** (BOD) कहलाती है।
- कार्बनिक पदार्थों के कारण जलाशयों में जीवाणुओं तथा कवकों की संख्या में वृद्धि हो जाती है और BOD अत्यधिक बढ़ जाती है।

जल प्रदूषण के कारण/स्रोत

जल प्रदूषण निम्न दो कारणों से होता है

प्राकृतिक कारक

जल प्रदूषण के प्राकृतिक कारण निम्नलिखित हैं

- ज्वालामुखी राख, धूल, अपक्षय आदि।
- जंगलों का जैविक कचरा; जैसे—सूखी पत्तियाँ, मरे हुए जीव-जन्तुओं के अवशेष आदि वर्षा द्वारा बहकर जलाशयों में मिल जाते हैं।

मानवजनित कारक

मानवीय क्रियाकलापों के कारण भी जल अत्यधिक प्रदूषण होता है; जैसे—घरेलू अपशिष्ट, औद्योगिक अपशिष्ट, कृषि कार्यों के कारण जैसे कीटनाशकों आदि द्वारा, नाभिकीय अपशिष्ट, तेल रिसाव आदि।

जल प्रदूषण के प्रभाव

- प्रदूषित जल के कारण होने वाला **वायरसजनित** रोग पीलिया है, जबकि हेपेटाइटिस, टायफायड, हैजा, दस्त, पेचिश आदि **जीवाणु जनित** रोग हैं।
- इसके अतिरिक्त मिनिमाता (पारा), इटाई-इटाई (कैडमियम), केकाल फ्लोरोसिस (फ्लोरायड), ब्लूबेबी सिण्ड्रोम (नाइट्रेट), ब्लैक फुट (आर्सेनिक) आदि रोग होते हैं।
- इसके अतिरिक्त जल प्रदूषण का व्यापक नकारात्मक प्रभाव जलीय जीवों पर पड़ता है; जैसे—व्यापक मात्रा में मछलियों का मरना, प्रवाल का मृत प्राय होना आदि।

मृदा प्रदूषण

- जब मानव या प्रकृति के द्वारा मृदा की गुणवत्ता में ह्रास होता है, तो उसे **मृदा प्रदूषण** (Soil Pollution) कहते हैं।
- मृदा प्रदूषण मनुष्यों की विभिन्न क्रियाओं; जैसे— अपशिष्टों का जमाव, कृषि रसायन का उपयोग, खनन ऑपरेशन तथा नगरीकरण का नतीजा है।

मृदा प्रदूषण के प्रभाव

मृदा प्रदूषण के प्रभाव निम्नलिखित हैं

- मृदा के **मौलिक गुणों** में ह्रास
- फसलों, पौधों बड़े जीव-जन्तुओं पर नकारात्मक प्रभाव
- **उर्वरता** में कमी
- मृदा के माध्यम से रोगों का प्रसार

ध्वनि प्रदूषण

- एक सीमा से अधिक ध्वनि मानव तथा अन्य जीवों के लिए घातक हो जाती है, तब उसे ध्वनि प्रदूषण कहते हैं।
- एक सामान्य व्यक्ति के लिए 50 डेसीबल तीव्रता की ध्वनि सुनना उपयुक्त व सामान्य होता है। 80 डेसीबल से अधिक तीव्रता की ध्वनि शोर कही जाती है।
- हरे पौधों में उच्च ध्वनि तंरगों को अवशोषित करने की क्षमता होती है। अतः इन्हें ध्वनि प्रदूषण वाले क्षेत्रों में हरी पट्टिकाओं (Green Mufflers) के रूप में लगाया जाता है।

ध्वनि प्रदूषण के कारण/स्रोत

ध्वनि प्रदूषण के कारणों को दो भागों में विभाजित किया जा सकता है

1. **प्राकृतिक कारण** प्राकृतिक कारणों का प्रभाव **क्षणिक** एवं **सीमित** होता है। बादलों का कड़कना, बिजली गिरना आदि इसके अन्तर्गत आते हैं।
2. **मानवीय कारण** औद्योगिक इकाई द्वारा, वाहनों के हॉर्न से, सामाजिक-सांस्कृतिक कार्यक्रमों मे लाउडस्पीकर आदि मानवीय कारणों से बड़े पैमानों पर ध्वनि प्रदूषण किए जाते हैं।

ध्वनि प्रदूषण के प्रभाव

- ध्वनि प्रदूषण का सबसे अधिक प्रभाव कानों पर पड़ता है और स्थायी या अस्थायी रूप से श्रवण शक्ति प्रभावित होती है।
- उच्च ध्वनि से मानवों में उच्च रक्त चाप, नाइग्रेन, उच्च कोलेस्ट्रोल स्तर, पेट का अल्सर, चिड़चिड़ापन, अनिद्रा, अधिक आक्रामक व्यवहार तथा अन्य मनोवैज्ञानिक दोष पैदा हो जाते हैं।

रेडियोधर्मी प्रदूषण

- **रेडियो सक्रिय** पदार्थों से होने वाला विकिरण **रेडियोधर्मी प्रदूषण** (Radioactive Pollution) कहलाता है। यह रेडियोएक्टिव पदार्थों से स्वतः **विकिरण** (Radiation) होता रहता है; जैसे—यूरेनियम, थोरियम, प्लूटोनियम आदि।

रेडियोधर्मी प्रदूषण के प्रभाव

- आयनीकारी विकिरण (Ionising Radiation), जैसे—X-किरणों के कारण उत्परिवर्तन (mutation), ट्यूमर तथा कैन्सर आदि रोग उत्पन्न हो जाते हैं।
- अनायनीकारी विकिरण (Non-Ionising Radiation); जैसे—UV-किरणें, DNA, RNA तथा प्रोटीन की संरचना को प्रभावित करती हैं तथा **जिरोडर्मा पिगमेन्टोसम** (Xeroderma Pigmen tosum) नामक त्वचा रोग पैदा करती है।

- स्ट्रॉन्शियम-90 (Sr^{90}) से **अस्थि कैन्सर** (Bone Cancer) होता है तथा ऊतक नष्ट हो जाते हैं।
- आयोडीन-131 (I^{131}) अस्थि मज्जा (Bone Marrow), लाल रुधिराणु (RBCs), लसीका पर्व (lymph node) तथा प्लीहा (spleen) को हानि पहुँचाती है।

ई-कचरा प्रदूषण

- ई-कचरा वर्तमान में महत्त्वपूर्ण पर्यावरण समस्या बनता जा रहा है, जिसका सम्बन्ध नवीन प्रौद्योगिकी से है।
- नई प्रौद्योगिकी से प्राप्त नवीन उपभोक्ता वस्तुओं; जैसे—टी वी, फ्रिज, मोबाइल, सीडी, एयरकण्डीशनर आदि को बेकार होने पर फेंक दिए जाने के कारण ई-कचरे (E-Waste) का निर्णाण होता है।
- ई-कचरे से निकलने वाले जहरीले तत्त्व और गैसें मिट्टी व पानी में मिलकर उन्हें बंजर और जहरीला बना देते हैं। इसके अतिरिक्त ई-कचरे की वजह से पूरी खाद्य शृंखला बिगड़ रही है।

जैव-विविधता

- जैव-विविधता (Bio-diversity) से तात्पर्य-किसी विशेष क्षेत्र के समस्त जीव-जातियों एवं पारितन्त्रों के संग्रह से है अर्थात् किसी क्षेत्र में उपस्थित जीवों की विभिन्न प्रजातियों की संख्या उस क्षेत्र की 'जैव-विविधता' कहलाती है।
- पारिस्थितिकी तन्त्र में सन्तुलन बनाए रखने के लिए जैव-विविधता का होना आवश्यक है।

भारतीय जैव-विविधता के स्तर

- **मलायन जैव-विविधता** पूर्वी हिमालय की घाटियों में जहाँ सघन वनों का आवरण है तथा समुद्र तटीय क्षेत्रों में मलायन जैव-विविधता दृष्टव्य है।
- **इथोपियन जैव-विविधता** राजस्थान तथा इसके आस-पास के क्षेत्र जहाँ शुष्क वातावरण है, वहाँ इथोपियन जैव-विविधता है।
- **यूरोपियन जैव-विविधता** वह उच्च हिमालयी क्षेत्र, जो हिमाच्छादित रहता है, वहाँ यूरोपियन जैव-विविधता मिलती है।
- **भारतीय जैव-विविधता** प्रायद्वीपीय पठार का वह क्षेत्र जहाँ सघन वनस्पति आवरण मिलता है, वहाँ भारतीय जैव-विविधता मिलती है।

जैव-विविधता का ह्रास

- किसी क्षेत्र की जैव-विविधता का ह्रास होने से पादप उत्पादकता तथा पर्यावरणीय समस्याओं के प्रति प्रतिरोध में कमी आ जाती है।
  इसके निम्नलिखित कारण हैं
  - आवासीय विखण्डन
  - विदेशी जातियों का पुन:स्थापन
  - प्रदूषण
  - जलवायु परिवर्तन
  - अतिदोहन
  - सह-विलुप्तता
  - एक फसलीय कृषि
  - प्राकृतिक आपदाएँ
  - स्थानान्तरित कृषि

जैव-विविधता व वन्य जीव का संरक्षण

- जैव-विविधता व वन्य-जीव संरक्षण के दो तरीके हैं— स्व-स्थाने (In-Situ) तथा पर-स्थाने (Ex-Situ) संरक्षण।
- जब जीव एवं वनस्पति जातियों को उनके प्राकृतिक वास्य क्षेत्र में ही संरक्षण प्रदान किया जाता है, तब उसे **स्व-स्थाने** (In-situ) संरक्षण कहा जाता है।
- इसमें प्रतिनिधि पारितन्त्रों के सुरक्षित क्षेत्र की विभिन्न माध्यमों से सुरक्षा एवं आवासीय विखण्डों को बनाए रखना सम्मिलित है।
- स्व-स्थाने संरक्षण के अन्तर्गत प्रमुखत: राष्ट्रीय उद्यान, वन्यजीव अभयारण्य तथा जैवमण्डलीय सुरक्षित क्षेत्र और पवित्र उपवन एवं झीलें आती हैं।
- पर-स्थाने संरक्षण (Ex-situ Conservation) में वनस्पतियों, उद्यानों, चिड़ियाघर, संरक्षण स्थल एवं जीन, परागकण, बीज, पौधे ऊतक एवं DNA बैंक सम्मिलित हैं।

IUCN रेड डाटा बुक

दुर्लभ जातियों के संरक्षण एवं प्रकृति और प्राकृतिक सम्पदाओं के संरक्षण के लिए इण्टरनेशनल 'यूनियन फॉर कंजरवेशन ऑफ नेचर एण्ड नेचुरल रिसोर्सिस' (International Union for Conservation of Nature–IUCN) ने पाँच मुख्य संरक्षण वर्गों की स्थापना की है—विलुप्त, संकटापन्न, सुभेद्य, दुर्लभ और अपर्याप्त ज्ञात स्पीशीज।

- IUCN विश्व संरक्षण संघ भी कहलाता है, जिसका मुख्यालय **गलेण्ड, स्विट्जरलैण्ड** में है।
- IUCN ने वर्ष 1978 में पौधों पर व वर्ष 1988 में जन्तुओं पर **रेड डाटा बुक्स** का प्रकाशन कर रहा है।

संकटापन्न प्रजातियों की श्रेणी

- **न्यूनतम चिन्ता वाली प्रजाति** उन प्रजातियों को न्यूनतम चिन्ता वाली प्रजाति कहते हैं, जिनके सदस्यों की संख्या की वन्य क्षेत्रों में बहुलता होती है।
- **लगभग संकटापन्न प्रजाति** उस प्रजाति को लगभग संकटस्थ प्रजाति कहते हैं, जो उपरोक्त संकटापन्न, अति संकटापन्न तथा सुभेद्य प्रजातियों की अवस्थाओं से ऊपर हो, परन्तु इस प्रजाति के सदस्यों की ह्रास दर उच्च हो।
- **सुभेद्य प्रजाति** (Vulnerable Species) कोई प्रजाति विलोपन के लिए उस समय सुभेद्य हो जाती है, जबकि विगत 10 वर्षों में या तीन पीढ़ियों में उस प्रजाति के 50% सदस्यों का नाश हो गया हो, इनमें से जो भी अधिक हो।
- **संकटापन्न प्रजाति** उन प्रजातियों को संकटापन्न प्रजाति (Endangered Species) कहते हैं, जिनके 70% सदस्यों का विगत 10 वर्षों में क्षय हो चुका हो या उस प्रजाति की तीन पीढ़ियों के सदस्यों में 70% का ह्रास हो गया हो।
  इनमें से जिसका प्रतिशत सबसे अधिक होता है वही संकटापन्न प्रजाति होती है।
- **अतिसंकटापन्न प्रजाति** वे प्रजाति होती हैं, जिनके 80% सदस्यों का विगत 10 वर्षों में क्षय हो चुका हो या उनकी तीन पीढ़ियों का पूर्णतया सफाया हो गया हो, इनमें से जो भी अधिक हो।

राष्ट्रीय अभयारण्य तथा उद्यान प्राप्य दुर्लभ प्रजातियाँ/अवस्थिति

राष्ट्रीय उद्यान/ अभयारण्य	पाई जाने वाली दुर्लभ प्रजातियाँ
मानस राष्ट्रीय उद्यान (असम)	हाथी, गैण्डा, जंगली भैंसा, गौर, बौना सुअर, गोल्डन लंगूर, सिविट बिल्ली, बाघ, तेन्दुआ, रीछ, घड़ियाल, अजगर एवं बड़ी गिलहरी।
काजीरंगा राष्ट्रीय उद्यान (असम)	एक सींग वाले भारतीय गैण्डों का आश्रय स्थल।
धृगन्धरा अभयारण्य (गुजरात)	जंगली गधों की लुप्तप्राय प्रजाति 'घुड़खर'।
केबुल-लामजाओ राष्ट्रीय उद्यान (मणिपुर)	भौंह जैसी सींगों वाला हिरण, जल पक्षी।
गिर राष्ट्रीय उद्यान (गुजरात)	एशियाई शेर।
मरु अभयारण्य (राजस्थान)	गोडावन, काला मृग, चिंकारा।
कंचनजंगा राष्ट्रीय उद्यान (सिक्किम)	लाल पाण्डा, हिम तेन्दुआं, बादली तेन्दुआ, थार कस्तूरी, मृग भरल, थाकिन, घूरल, सीरो, जंगली गधे आदि।
सिमलीपाल राष्ट्रीय उद्यान (ओडिशा)	बाघ, गौर, चीतल, तेन्दुआ, मूषक, हिरण, उड़ने वाली गिलहरी एवं मगरमच्छ।
भितरकनिका अभयारण्य (ओडिशा)	खारे पानी का मगरमच्छ, मॉनिटर छिपकलियाँ, तेन्दुआ, मछलीमार बिल्ली, जल पक्षी एवं रिडले समुद्री कछुआ।
दाचिग्राम राष्ट्रीय उद्यान (जम्मू-कश्मीर)	तेन्दुआ, काला भालू, भूरा भालू, सेराव, कस्तूरी मृग एवं हंगुल।
दुधवा राष्ट्रीय उद्यान (उत्तर प्रदेश)	बाघ, तेन्दुआ, मधु रीछ, साम्भर, दलदली हिरण, चीतल, जंगली मुर्गी एवं तीतर।
केवलादेव घाना राष्ट्रीय उद्यान (राजस्थान)	साइबेरियाई सारस, पनकौआ, धनेश, दर्वीमुख बटेर, टिकारी, बगुला, साम्भर, चीतल, काला मृग एवं सिविट बिल्ली।
पिन वैली नेशनल पार्क (हिमाचल प्रदेश)	हिम चीता, बर्फ का भेड़िया, जंगली बकरी, भूरी लोमड़ी, आई बैक्स एवं छोटा मारमोटा।
जिम कार्बेट नेशनल पार्क (उत्तराखण्ड)	पाण्डा, बाघ, हाथी आदि।

राष्ट्रीय उद्यानों व अभयारण्यों से गुजरने वाली नदियाँ

जैवमण्डलीय रिजर्व / राष्ट्रीय उद्यान	गुजरने वाली नदियाँ
मानस	मानस
भितरकनिका	ब्राह्मणी, वैतरणी और धमरा के मुहानें पर
काजीरंगा	ब्रह्मपुत्र
कंचनजंगा	घुनसा एवं तामूर
पन्ना	केन
सिमलीपाल	रामथिरथा
रणथम्भौर	बनास एवं चम्बल
पेरियार	पेरियार

भारत के प्रमुख राष्ट्रीय उद्यान एवं वन्यजीव अभयारण्य

राज्य	उद्यान एवं अभयारण्य
आन्ध्र प्रदेश	कासू ब्रह्मानन्द रेड्डी राष्ट्रीय उद्यान मरुगार्वान राष्ट्रीय उद्यान श्री वैंकटेश्वर राष्ट्रीय उद्यान महावीर हरिना वनस्थली राष्ट्रीय उद्यान
असम	काजीरंगा राष्ट्रीय उद्यान *(एक सींग वाला गैंडा हेतु प्रसिद्ध)* मानस राष्ट्रीय उद्यान ओरांग राष्ट्रीय उद्यान नामोरी राष्ट्रीय उद्यान डिब्रू सैखोवा राष्ट्रीय उद्यान देहिंग पटकाई राष्ट्रीय उद्यान रायमोना राष्ट्रीय उद्यान
अरुणाचल प्रदेश	नामदफा राष्ट्रीय उद्यान मौलिग राष्ट्रीय उद्यान
अण्डमान- निकोबार द्वीप समूह	सैडल पीक राष्ट्रीय उद्यान रानी झाँसी राष्ट्रीय उद्यान नॉर्थ बटन द्वीप राष्ट्रीय उद्यान महात्मा गाँधी राष्ट्रीय उद्यान
महाराष्ट्र	चन्दोली राष्ट्रीय उद्यान गुगामल राष्ट्रीय उद्यान नवगाँव राष्ट्रीय उद्यान
जम्मू-कश्मीर	दचिगाम राष्ट्रीय उद्यान हेमिस राष्ट्रीय उद्यान किस्तवार राष्ट्रीय उद्यान
कर्नाटक	अंशी राष्ट्रीय उद्यान, बाँदीपुर राष्ट्रीय उद्यान कुद्रेमुख राष्ट्रीय उद्यान बन्नेरघट्टा राष्ट्रीय उद्यान
झारखण्ड	बेतला राष्ट्रीय उद्यान पलामू राष्ट्रीय उद्यान
केरल	साइलेंट वैली राष्ट्रीय उद्यान पेरियार राष्ट्रीय उद्यान
मध्य प्रदेश	बाँधवगढ़ राष्ट्रीय उद्यान फॉसिल राष्ट्रीय उद्यान
मणिपुर	सिरोही राष्ट्रीय उद्यान कैबुल लामजाओ राष्ट्रीय उद्यान
मिजोरम	मुरलेन राष्ट्रीय उद्यान फांगपुई राष्ट्रीय उद्यान
मेघालय	नॉकरेक राष्ट्रीय उद्यान बालपकरम राष्ट्रीय उद्यान
नागालैण्ड	इन्टंकी राष्ट्रीय उद्यान
ओडिशा	सिमिलीपाल राष्ट्रीय उद्यान भितरकणिका राष्ट्रीय उद्यान
राजस्थान	केवलादेव राष्ट्रीय उद्यान रणथम्भौर राष्ट्रीय उद्यान सरिस्का राष्ट्रीय उद्यान (राजीव गाँधी राष्ट्रीय उद्यान) मरु राष्ट्रीय उद्यान दर्राह राष्ट्रीय उद्यान
तमिलनाडु	इन्दिरा गाँधी राष्ट्रीय उद्यान गल्फ ऑफ मन्नार राष्ट्रीय उद्यान गिण्डी राष्ट्रीय उद्यान मदुमलई राष्ट्रीय उद्यान

राज्य	उद्यान एवं अभयारण्य
	मुकुर्ती राष्ट्रीय उद्यान
उत्तर प्रदेश	दुधवा राष्ट्रीय उद्यान नवाबगंज राष्ट्रीय उद्यान सुल्तानपुर पक्षी विहार
उत्तराखण्ड	जिम कार्बेट राष्ट्रीय उद्यान मालन पशु विहार, गोविन्द पशु विहार
बिहार	वाल्मीकि राष्ट्रीय उद्यान
छत्तीसगढ़	इन्द्रावती राष्ट्रीय उद्यान कांगेर घाटी राष्ट्रीय उद्यान
गुजरात	गिर राष्ट्रीय उद्यान मैरीन राष्ट्रीय उद्यान वेसन्दा राष्ट्रीय उद्यान
गोवा	मोतलम राष्ट्रीय उद्यान
हिमाचल प्रदेश	पिन वैली राष्ट्रीय उद्यान ग्रेट हिमाचल राष्ट्रीय उद्यान
हरियाणा	कलेसर राष्ट्रीय उद्यान

वन्यजीव संरक्षण परियोजनाएँ (भारत)

प्रोजेक्ट	वर्ष
हंगुल परियोजना	1970
गिर परियोजना	1972
बाघ परियोजना	1973
ऑलिव रिडले कछुआ परियोजना	1975
घड़ियाल प्रजनन परियोजना	1975
मणिपुर थामीन परियोजना	1977
गैण्डा परियोजना	1987
हाथी परियोजना	1992
लाल पाण्डा परियोजना	1996
समुद्री कछुआ परियोजना	1999
हिम तेंदुआ परियोजना	2009
ग्रेंट इण्डियन बस्टर्ड परियोजना	2014
नीलगिरि तहर परियोजना	2023

जैव-विविधता सम्बन्धी सम्मेलन

समझौता/प्रोटोकॉल	वर्ष
विश्व विरासत सन्धि	1972
रामसर समझौता	1971
जैव-विविधता सन्धि	1992
कार्टाजेना प्रोटोकॉल	2000
नागोया प्रोटोकॉल	2010
कोप-11	2012, हैदराबाद
कोप-12	2014, प्योंगयांग (उ. कोरिया)
कोप-13	2016, कानकुन (मैक्सिको)
कोप-14	2018, मिस्र
कोप-15	2022 मॉण्ट्रियल (कनाडा)
कोप-16	2024 (कोलम्बिया में प्रस्तावित)

प्रमुख पर्यावरणीय/मानवाधिकार संगठन

संगठन	मुख्यालय	वर्ष
वर्ल्ड वाइड फण्ड फॉर नेचर (WWF)	ग्लैण्ड (स्विट्जरलैण्ड)	1961
ग्रीन पीस	एमस्टर्डम	1971
वर्ल्ड कंजरवेशन मॉनीटरिंग सेण्टर	कैम्ब्रिज	1983
ग्लोबल इनवायरमेण्ट फेसिलिटी	वाशिंगटन	1983
आईयूसीएस (IUCN)	ग्लैण्ड (स्विट्जरलैण्ड)	1948

यूनेस्को द्वारा मान्यता प्राप्त 12 जैवमण्डल क्षेत्र

नाम	राज्य	वर्ष
नीलगिरि	तमिलनाडु, केरल, कर्नाटक	2000
मन्नार की खाड़ी	तमिलनाडु	2001
सुन्दरवन	पश्चिम बंगाल	2001
नन्दा देवी	उत्तराखण्ड	2004
नोकरेक	मेघालय	2009
पंचमढ़ी	मध्य प्रदेश	2009
सिमलीपाल	ओडिशा	2009
अचानकमार अमरकण्टक	छत्तीसगढ़, मध्य प्रदेश	2012
निकोबार द्वीप	अण्डमान एवं निकोबार द्वीप समूह	2013
अगस्थ्यामलाई	केरल व तमिलनाडु	2016
कंचनजंगा	सिक्किम	2018
पन्ना	मध्य प्रदेश	2020

जलवायु परिवर्तन

- जलवायु परिवर्तन (Climate Change) मौसमी दशाओं के पैटर्न में ऐतिहासिक रूप से बदलाव आने को कहते हैं। वर्तमान में वैश्विक ऊष्मन (Global Warming) इसका प्रमुख उदाहरण है।
- जलवायु परिवर्तन के प्राकृतिक कारणों में सौर कलंक (काले धब्बों) का घटना-बढ़ना तथा ज्वालामुखी विस्फोट प्रमुख है, वहीं मानवजनित कारखाना वन-विनाश, जीवाश्म ईंधन का अपूर्ण दहन, वर्तमान कृषि पद्धति तथा औद्योगीकरण व शहरीकरण प्रमुख है।

हरित गृह प्रभाव

- हरित गृह प्रभाव (Green House Effect) एक प्राकृतिक घटना है। इसके अन्तर्गत प्रमुख हरित गृह गैसे (कार्बन डाइ-ऑक्साइड, मीथेन, क्लोरो- फ्लोरो कार्बन, नाइट्रस ऑक्साइड तथा जलवाष्प) सौर्यिक विकिरण (Solar Radiation) को तो धरातल तक पहुँचने में कोई बाधा उत्पन्न नहीं करती है, लेकिन पृथ्वी से उत्सर्जित होने वाली दीर्घ तरंग विकिरण विशेषकर अवरक्त विकिरण को अवशोषित कर, उन्हें पुनः धरातल की ओर प्रत्यावर्तित कर देती है। जिससे पृथ्वी की धरातलीय सतह का निचल वायुमण्डल गर्म रहता है।
- ग्रीन हाउस प्रभाव, जीवन के लिए अनिवार्य है। इसके अभाव में पृथ्वी एक शीत व जीवन विहीन ग्रह में बदल जायेगी, लेकिन ग्रीन हाउस गैसों की अनियन्त्रित बढ़ती मात्रा जीवन के लिए हानिकारक होती है।

वैश्विक तापन

वैश्विक तापन से तात्पर्य ''पृथ्वी के तापमान में हो रही लगातार बढ़ोतरी से है।'' इसका प्रमुख कारक हरित गृह प्रभाव (ग्रीन हाउस इफेक्ट) है, जिसके अन्तर्गत हरित गृह गैसों (विशेषकर CO_2) की मात्रा में वृद्धि होने

से वायुमण्डल की पार्थिव विकिरणों को अवशोषण करने की क्षमता में वृद्धि हो जाती है, फलतः वायुमण्डल का तापमान बढ़ने लगता है।

वैश्विक तापन का प्रभाव

- बर्फ/ग्लेशियर का पिघलना
- समुद्री जलस्तर का ऊपर उठना
- महासागरीय धाराओं की प्रकृति (ठण्डा/ग्रर्म) में परिवर्तन
- जैव-विविधता का ह्रास
- खाद्यान्न उत्पादन में कमी
- डेंगू, मलेरिया, चर्म रोग तथा श्वसन सम्बन्धी समस्याओं में वृद्धि

पर्यावरण सम्बन्धी महत्त्वपूर्ण समझौते/सम्मेलन

समझौता/सम्मेलन	वर्ष
स्टाकहोम समझौता	1972
पृथ्वी सम्मेलन (*रियो-डी-जेनेरियो सम्मेलन*)	1992
हेलसिंकी सम्मेलन	1989
लन्दन सम्मेलन	1990
ब्रटलैण्ड रिपोर्ट	1987
जोहान्सबर्ग सम्मेलन	2002
स्टाकहोम सम्मेलन	2004
बाली सम्मेलन	2007
रियो +20 सम्मेलन	2012
वारसा सम्मेलन, कोप-19	2013 (नवम्बर)
लीमा सम्मेलन, कोप-20	2014 (दिसम्बर)
पेरिस सम्मेलन, कोप-21	2015 (दिसम्बर)
माराकेस सम्मेलन, कोप-22	2016 (नवम्बर)
बॉन सम्मेलन, कोप-23	2017 (नवम्बर)
पौलैण्ड सम्मेलन, कोप-24	2018 (दिसम्बर)
मैड्रिड सम्मेलन कोप-25	2019 (दिसम्बर)
ग्लासगो सम्मेलन, कोप-26	2021 (नवम्बर)
शर्म-अल-शेख सम्मेलन, कोप-27	2022 (नवम्बर)
दुबई सम्मेलन, कोप-28	2023 (नवम्बर)
अजरबैजान सम्मेलन, कोप-29	2024 (नवम्बर)
बेलेम (ब्राजील) सम्मेजन, कोप-30	2025 (प्रस्तावित)

जलवायु परिवर्तन पर राष्ट्रीय कार्य योजना

30 जून, 2008 को प्रधानमन्त्री डॉ. मनमोहन सिंह ने जलवायु परिवर्तन से निपटने हेतु 'राष्ट्रीय क्लाइमेट चेंज एक्शन प्लान' के अन्तर्गत निम्न आठ मिशनों की स्थापना की है

- राष्ट्रीय सौर मिशन
- राष्ट्रीय वहनीय पर्यावास (Habitat) मिशन
- राष्ट्रीय जल मिशन
- राष्ट्रीय सतत कृषि विकास मिशन
- राष्ट्रीय हरित भारत मिशन
- राष्ट्रीय वर्द्धित ऊर्जा क्षमता मिशन
- राष्ट्रीय हिमालयी पारिस्थितिकी मिशन
- राष्ट्रीय जलवायु परिवर्तन सम्बन्धी कार्यनीति मिशन

वस्तुनिष्ठ प्रश्न

1. पर्यावरण किससे बनता है?
(a) जीवीय घटकों से
(b) भू-आकृतिक घटकों से
(c) अजैव घटकों से
(d) उपरोक्त सभी

2. पृथ्वी का सर्वाधिक वृहद् पारिस्थितिकी तन्त्र निम्नलिखित में से कौन है?
(a) जलमण्डल (b) जीवोम
(c) स्थलमण्डल (d) जैवमण्डल

3. जहाँ जीव रहता है, उस सटीक जगह को कहते हैं
(a) आवास (b) पारितन्त्र
(c) निकेत (निच) (d) इनमें से कोई नहीं

4. सबसे अधिक स्थिर पारिस्थितिकी तन्त्र कौन-सा है?
(a) सागरीय (महासागर)
(b) वन
(c) पर्वतीय
(d) मरुस्थलीय

5. खाद्य शृंखला (फूड चेन) में मानव है
(a) एक निर्माता
(b) केवल प्राथमिक उपभोक्ता
(c) केवल द्वितीयक उपभोक्ता
(d) प्राथमिक तथा द्वितीयक उपभोक्ता

6. खाद्य शृंखला है
(a) स्वपोषित जीवों के बीच सम्बन्ध
(b) दो जीवों के बीच आनुवंशिक पदार्थ का विनिमय
(c) एक जीव से दूसरे जीव को खाद्य (और इस प्रकार से ऊर्जा) का पारण
(d) खाद्य बिक्री केन्द्र फूड आउटलेट उपलब्ध करवाने वाला आधुनिक उद्यमी प्रतिष्ठान

7. भारत में 'पर्यावरण सुरक्षा अधिनियम' निम्नलिखित में से किस वर्ष पारित हुआ था?
(a) 1980
(b) 1986
(c) 1992
(d) 1994

8. किसी क्षेत्र विशेष में रहने वाले कुल जीवित प्राणियों (पौधे और जानवर) को क्या कहा जाता है?
(a) बैराज
(b) बफर्स
(c) बायोमास
(d) बैथोलिथ

9. निम्नलिखित में कौन द्वितीयक प्रदूषक है
(a) स्मॉग
(b) कार्बन डाइऑक्साइड
(c) कार्बन मोनोऑक्साइड
(d) फ्लाई ऐश

10. निम्नलिखित प्रदूषकों में से कौन-सा द्वितीयक प्रदूषक है
(a) ओजोन
(b) नाइट्रोजन ऑक्साइड
(c) कार्बन मोनोऑक्साइड
(d) सल्फर डाइऑक्साइड

11. कौन-सा प्रदूषण 'नॉक-नी-सिण्ड्रोम' के लिए उत्तरदायी है?
(a) फ्लोराइड (b) मर्क्युरी/पारा
(c) आर्सेनिक (d) कैडमियम

12. निम्नलिखित में से कौन-सा वायु प्रदूषक ऑक्सीजन की अपेक्षा अधिक शीघ्रता से रक्त के हीमोग्लोबिन में घुल जाता है?
(a) पैन (PAN)
(b) कार्बन डाइऑक्साइड
(c) कार्बन मोनोऑक्साइड
(d) ओजोन

13. निम्नलिखित में से कौन-सा वायु प्रदूषण के जैविक सूचक का प्रसिद्ध उदाहरण है?
(a) लाइकेन्स
(b) मेथिल मरक्यूरि
(c) गुलाब का पौधा
(d) सूरजमुखी का पुष्प

14. सिगरेट के धुएँ में मुख्य प्रदूषक है
(a) कार्बन मोनोऑक्साइड व डाइऑक्सीसिन
(b) कार्बन मोनोऑक्साइड व निकोटीन
(c) कार्बन मोनोऑक्साइड व बेंजीन
(d) डाइऑक्सीसिन व बेंजीन

15. किस प्रकार के प्रदूषण से बचाव के लिए 'ग्रीन मफ्लर' का उपयोग किया जाता है?
(a) वायु (b) जल
(c) मृदा (d) ध्वनि (शोर)

16. ध्वनि प्रदूषण को मापने हेतु निम्नलिखित में किस इकाई का प्रयोग करते हैं?
(a) नैनोमीटर्स (b) डेसीबल
(c) हर्ट्ज (d) इनमें से कोई नहीं

17. भोपाल गैस दुर्घटना का कारण था
(a) मिथाइल आइसोसाइनेट का रिसाव
(b) नाइट्रोजन डाइऑक्साइड का रिसाव
(c) सल्फर डाइऑक्साइड का रिसाव
(d) कार्बन मोनोऑक्साइड का रिसाव

18. मानव गतिविधियों से परिवर्तित पर्यावरण कहलाता है
(a) नैसर्गिक पर्यावरण
(b) एन्थ्रोपोजेनिक पर्यावरण
(c) शहरी पर्यावरण
(d) आधुनिक पर्यावरण

19. संयुक्त राष्ट्र पर्यावरण कार्यक्रम (UNEP) का मुख्यालय कहाँ है?
(a) द हेग
(b) नैरोबी
(c) न्यूयॉर्क
(d) वाशिंगटन डी.सी.

20. 'अन्तर्राष्ट्रीय पृथ्वी दिवस' कब मनाया जाता है?
(a) 20 अप्रैल (b) 5 जून
(c) 22 अप्रैल (d) 3 मार्च

21. 'वन महोत्सव' निम्नलिखित में से किससे सम्बन्धित है?
(a) वृक्षों को काटना
(b) वृक्षारोपण
(c) वृक्षों का आनुवंशिक परिवर्तन
(d) खेती में बढ़ोतरी

22. सुमेलित कीजिए

	राष्ट्रीय उद्यान/ अभयारण्य		स्थान
A.	किबुल-लामजाओ राष्ट्रीय उद्यान	1.	अण्डमान-निकोबार द्वीप समूह
B.	केवलादेव घाना राष्ट्रीय उद्यान	2.	मणिपुर
C.	कान्हा-किश्ली वन्यजीव अभयारण्य	3.	राजस्थान
D.	नॉर्थ बटन राष्ट्रीय उद्यान	4.	मध्य प्रदेश

कूट

	A	B	C	D		A	B	C	D
(a)	1	2	3	4	(b)	2	3	1	4
(c)	2	3	4	1	(d)	1	4	2	3

23. वन्यजीव संरक्षण हेतु हाथी परियोजना किस वर्ष शुरू की जाती है?
(a) 1970 (b) 1975
(c) 1992 (d) 2000

24. जलवायु परिवर्तन का कारण है
(a) ग्रीन हाउस गैसें
(b) ओजोन परत का क्षरण
(c) प्रदूषण
(d) उपरोक्त सभी

25. गैस, जो धान के खेत से उत्सर्जित होती है तथा भूमि के तापमान में वृद्धि करती है, वह है
(a) नाइट्रोजन
(b) कार्बन डाइऑक्साइड
(c) कार्बन मोनोऑक्साइड
(d) मीथेन

26. वैश्विक ताप की वृद्धि के लिए निम्न में से कौन-सी गैस का योगदान अधिकतम है?
(a) कार्बन डाइऑक्साइड
(b) क्लोरो-फ्लोरो कार्बन
(c) नाइट्रस ऑक्साइड
(d) मीथेन

27. मानव की कौन-सी क्रिया जलवायु से सर्वाधिक प्रभावित होती है?
(a) मत्स्य उद्योग (b) खनन
(c) निर्माण (d) कृषि

28. ग्रीन हाउस गैसों की संकल्पना की थी
(a) सी.सी. पार्क ने
(b) जे.एन.एन. जेफर्स ने
(c) जोसेफ फोरियर ने
(d) एल. जाब्लर ने

29. 'हरित गृह प्रभाव' क्या है?
(a) वैश्विक ताप में वृद्धि
(b) वैश्विक ताप में कमी
(c) सागर जल के ताप में वृद्धि
(d) नदियों एवं झीलों के ताप में वृद्धि

30. ग्रीन हाउस गैसों में मुख्य घटक होता है
(a) कार्बन डाइऑक्साइड
(b) मीथेन
(c) नाइट्रस ऑक्साइड
(d) उपरोक्त में से कोई नहीं

31. निम्नलिखित में से कौन-सी एक प्राकृतिक ग्रीन हाउस गैस नहीं है?
(a) जलवाष्प (b) मीथेन
(c) कार्बन डाइऑक्साइड (d) नाइट्रोजन

32. निम्नलिखित में से कौन-सी ग्रीन हाउस गैस वायुमण्डल में विशालतम (महत्तम) सान्द्रता में है
(a) क्लोरो-फ्लोरो कार्बन
(b) नाइट्रस ऑक्साइड
(c) कार्बन डाइऑक्साइड
(d) मीथेन

33. सूर्य के प्रकाश से पराबैंगनी विकिरण अभिक्रिया निम्न में से क्या पैदा करती है?
(a) कार्बन मोनोऑक्साइड
(b) सल्फर डाइऑक्साइड
(c) ओजोन
(d) फ्लोराइड्स

34. जलवायु परिवर्तन पर भारत की प्रथम राष्ट्रीय कार्य योजना कब लोकार्पित की गई थी?
(a) वर्ष 2000 में (b) वर्ष 2008 में
(c) वर्ष 2012 में (d) वर्ष 2015 में

35. वैश्विक ताप की वृद्धि के लिए निम्न में से कौन-सी गैस का योगदान अधिकतम है?
(a) कार्बन डाइऑक्साइड
(b) क्लोरोफ्लोरो कार्बन
(c) नाइट्रस ऑक्साइड
(d) मीथेन

36. 'जलवायु आपात' की घोषणा करने वाला पहला देश निम्नलिखित में से कौन-सा है?
(a) स्वीडन (b) न्यूजीलैण्ड
(c) यू. के. (d) आयरलैण्ड

37. 'जैव-विविधता' शब्द की रचना किसने की?
(a) बीपी सिंह (b) कार्ल मोबिअस
(c) सर एजी टेंसले (d) वाल्टर जी. रोजेन

38. भारत में सबसे अधिक जैव-विविधता सम्पन्न क्षेत्र है
(a) गंगा का मैदान (b) ट्रांस हिमालय
(c) पश्चिमी घाट (d) मध्य भारत

39. निम्नलिखित में से कौन एक भारत का 'बॉयोडायवर्सिटी हॉट-स्पॉट' नहीं है?
(a) हिमालय (b) विंध्यन
(c) उत्तरी-पूर्वी भारत (d) पश्चिमी घाट

40. 'साइलेण्ट वैली परियोजना' निम्नलिखित में से किस राज्य से सम्बन्धित है?
(a) उत्तराखण्ड (b) हिमाचल प्रदेश
(c) केरल (d) तमिलनाडु

41. भारत में गिद्धों की तेजी से घटती जनसंख्या का मुख्य कारण है
(a) डिक्लोफिनेक दवा का अत्यधिक प्रयोग
(b) जानवरों की कम मृत्यु दर
(c) जानवरों की अधिक मृत्यु दर
(d) स्वच्छता

42. ड्यूगोंग नामक समुद्री जीव जो कि विलोपन की कगार पर है, क्या है?
(a) उभयचर (एम्फिबियन) (b) बोनी फिश
(c) शार्क (d) स्तनधारी (मैमल)

43. कार्टाजेना शहर जो जैव सुरक्षा प्रोटोकॉल के लिए प्रसिद्ध है, कहाँ स्थित है?
(a) कोलम्बिया (b) वेनेजुएला
(c) ब्राजील (d) गुयाना

44. निम्नलिखित में कौन स्व-वासन संरक्षण रणनीति का उदाहरण नहीं है?
(a) जैवमण्डल आगार
(b) वानस्पतिक बाग
(c) राष्ट्रीय उद्यान
(d) पवित्र उपवन

45. राष्ट्रीय उद्यानों में आनुवंशिक विविधता का रख-रखाव किया जाता है
(a) इन-सीटू संरक्षण द्वारा
(b) एक्स-सीटू संरक्षण द्वारा
(c) जीन पूल द्वारा
(d) उपरोक्त में से कोई नहीं

46. विश्व जैव-विविधता दिवस कब मनाया जाता है?
(a) 22 मार्च (b) 22 मई
(c) 23 जून (d) 16 अप्रैल

47. जैविक-विविधता संरक्षण पर अभिसमय (2000) के प्रति जैव सुरक्षा प्रोटोकॉल के साथ, निम्नलिखित में से कौन-सा शहर जुड़ा हुआ है?
(a) जिनेवा (b) नैरोबी
(c) कार्टाजेना (d) रियो-डि जेनेरियो

48. भारतीय संसद द्वारा जैव-विविधता अधिनियम पारित किया गया
(a) मई, 2000 में
(b) दिसम्बर, 2002 में
(c) जनवरी, 2004 में
(d) अक्टूबर, 2008 में

49. बायोकार्बन फण्ड इनिशिएटिव फॉर सस्टेनेबल फॉरेस्ट लैण्डस्केप्स' (Bio Carbon Fund Initiative for Sustainable Forest Landscapes) का प्रबन्धन निम्नलिखित में से कौन करता है?
(a) एशिया विकास बैंक
(b) अन्तर्राष्ट्रीय मुद्रा कोष
(c) संयुक्त रष्ट्र पर्यावरण कार्यक्रम
(d) विश्व बैंक

50. पहला पृथ्वी शिखर सम्मेलन कहाँ हुआ?
(a) वाशिंगटन
(b) जेनेवा
(c) रियो-डी-जेनेरियो
(d) ब्यूनस आयर्स

सही उत्तर

1. (d)	**2.** (d)	**3.** (d)	**4.** (a)	**5.** (d)	**6.** (c)	**7.** (b)	**8.** (c)	**9.** (a)	**10.** (a)
11. (a)	**12.** (c)	**13.** (a)	**14.** (c)	**15.** (d)	**16.** (b)	**17.** (a)	**18.** (b)	**19.** (b)	**20.** (c)
21. (b)	**22.** (c)	**23.** (c)	**24.** (d)	**25.** (d)	**26.** (a)	**27.** (d)	**28.** (c)	**29.** (a)	**30.** (d)
31. (d)	**32.** (c)	**33.** (c)	**34.** (b)	**35.** (a)	**36.** (c)	**37.** (d)	**38.** (c)	**39.** (b)	**40.** (c)
41. (a)	**42.** (d)	**43.** (a)	**44.** (b)	**45.** (a)	**46.** (b)	**47.** (c)	**48.** (b)	**49.** (d)	**50.** (c)

अध्याय 06 मृदा

मिट्टी : *निर्माण*

भूपृष्ठ की असंगठित पदार्थों की वह सबसे ऊपरी परत जो मूल चट्टानों तथा वनस्पतियों के संयोग से निर्मित होती है एवं पौधों के उगने तथा बढ़ने के लिए जीवांश व खनिज पदार्थ प्रदान करती है, को मिट्टी या मृदा कहा जाता है। इसका निर्माण एक जटिल प्रक्रिया है, जिसके निर्माण में प्रकृति का प्रत्येक तत्त्व अपना योगदान प्रदान करता है।

मिट्टी के प्रकार

भारतीय कृषि अनुसन्धान परिषद् ने भारत की मृदा को निम्न आठ प्रमुख वर्गों में विभाजित किया है

जलोढ़ या कॉप मिट्टी

- इस मिट्टी के निर्माण में नदियों द्वारा जमा किए गए जलोढ़ का प्रमुख योगदान है। इस कारण इस मिट्टी को जलोढ़, कॉप या कछारी मिट्टी कहते हैं।
- भारत में सर्वाधिक क्षेत्रफल पर इस मिट्टी का विस्तार पाया जाता है। देश के लगभग एक चौथाई भाग में यह मिट्टी मिलती है। यह ऊपजाऊ मिट्टी है। इसमें पोटाश एवं चूने की पर्याप्त मात्रा मिलती है, परन्तु नाइट्रोजन, फॉस्फोरस तथा ह्यूमस की कमी होती है।
- यह मिट्टी उत्तर भारत के विशाल मैदानी भागों एवं तटीय क्षेत्रों तथा नदियों की घाटियों एवं डेल्टा क्षेत्रों में पाई जाती है। इस मिट्टी को तीन प्रमुख भागों में विभक्त किया जाता है। जो, तराई, बांगर, एवं खादर मिट्टी के नाम से जानी जाती है।
- हिमालय की तलहटी में महीन कंकड़, रेत, छोटे-छोटे पत्थरों से युक्त चिकनी मिट्टी पाई जाती है। जिसकी जल ग्रहण करने की क्षमता अधिक होती है। इसमें चूने की मात्रा अधिक होती है। यह मिट्टी गन्ने की फसल के लिए उपयुक्त होती है।
- बांगर पुरातन जलोढ़ मिट्टी होती है। यह एक परिपक्व मिट्टी है। यहाँ बाढ़ के समय नदियों का जल नहीं पहुँच पाता है। यह पंजाब, हरियाणा, पश्चिमी उत्तर प्रदेश में मिलती है।
- खादर मिट्टी नवीन जलोढ़ मिट्टी होती है। यहाँ बाढ़ के समय नदियों द्वारा नवीन अवसादों का जमाव होता है। जिससे यह अधिक उर्वर होती है। यह मिट्टी चावल, गेहूँ, गन्ना एवं जूट की कृषि के लिए विशेष उपयुक्त होती है। गंगा के निचले मैदान, ब्रह्मपुत्र घाटी एवं डेल्टाई भागों में यह मिट्टी मिलती है।

काली मिट्टी

- इस मिट्टी को स्थानीय भाषा में रेगुर मिट्टी भी कहा जाता है। दक्कन के पठार में यह मिट्टी लगभग 5.0 लाख वर्ग किमी क्षेत्र में पाई जाती है। इसका विस्तार मालवा का पठार, महाराष्ट्र, सौराष्ट्र, उत्तरी आन्ध्र प्रदेश, उत्तरी कर्नाटक, दक्षिण-पूर्वी राजस्थान एवं उत्तर-पश्चिमी तमिलनाडु में पाया जाता है।
- इस मिट्टी का निर्माण लावा के विखण्डन से हुआ है। लोहा एवं एल्युमीनियम के टिटेनियम लवणों की उपस्थिति के कारण इस मिट्टी का रंग काला होता है। यह एक उपजाऊ मिट्टी है, जिसमें लोहा एवं एल्युमीनियम के अतिरिक्त मैग्नीशियम एवं चूने का पर्याप्त अंश होता है। इस मिट्टी में नाइट्रोजन, फॉस्फोरस एवं जैविक पदार्थों की कमी होती है।
- यह मिट्टी कपास की कृषि के लिए काफी उपयुक्त होती है। इस मिट्टी की जलधारण क्षमता अधिक होती है। अत: यह मिट्टी शुष्क कृषि के लिए उपयुक्त होती है।
- यह मिट्टी गीली होने पर चिपचिपी हो जाती है। सूख जाने के बाद सिकुड़ने के कारण इसमें लम्बी एवं गहरी दरारें पड़ जाती हैं। इस प्रकार इस मिट्टी की जुताई स्वत: होती रहती है।

लाल मिट्टी

- यह मिट्टी प्रायद्वीपीय भारत में लगभग 5.8 लाख वर्ग किमी क्षेत्र में पाई जाती है। प्रायद्वीपीय भारत में दक्षिण एवं पूर्वी भाग में इसका सर्वाधिक विस्तार पाया जाता है।
- छोटानागपुर पठार, पश्चिम बंग एवं ओडिशा के पठारी क्षेत्र, पूर्वी मध्य प्रदेश, आन्ध्र प्रदेश, कर्नाटक एवं तमिलनाडु में यह मिट्टी पाई जाती है।
- लोहे के ऑक्साइड की उपस्थिति के कारण इसका रंग लाल होता है। इस मिट्टी में नाइट्रोजन, फॉस्फोरस एवं ह्यूमस की कमी रहती है।
- इस मिट्टी की उर्वरा शक्ति बहुत कम होती है एवं इसमें मुख्यत: मोटे अनाज, दलहन, एवं तिलहन की कृषि की जाती है।

लैटेराइट मिट्टी

- इस मिट्टी का विस्तार 1.26 लाख वर्ग किमी क्षेत्र में पाया जाता है। मानसूनी जलवायु में आर्द्र एवं शुष्क मौसम वैकल्पिक रूप से पाया जाता है।
- इसके फलस्वरूप इस मिट्टी का निर्माण होता है। यह मिट्टी सामान्यत: अधिक वर्षा वाले क्षेत्रों में पाई जाती है।

- यह मिट्टी छोटानागपुर के पाट पठार, मेघालय के पठार, पूर्वी एवं पश्चिमी घाट (तमिलनाडु, ओडिशा तथा केरल) एवं असोम के कुछ क्षेत्रों में पाई जाती है।
- इस मिट्टी का सर्वाधिक विस्तार केरल में पाया जाता है। इस मिट्टी में नाइट्रोजन, फॉस्फोरस, पोटाश, चूना एवं जीवांश की कमी होती है। चूने की कमी के कारण यह मिट्टी अम्लीय होती है।
- मोटे अनाज, दलहन तथा तिलहन की कृषि इस मिट्टी में प्रमुख रूप से की जाती है।

मरुस्थलीय मिट्टी

- यह मिट्टी राजस्थान, हरियाणा एवं दक्षिणी-पश्चिमी पंजाब राज्य में मिलती है। इसमें बालू या रेत की मात्रा अधिक होती है।
- इस मिट्टी में फॉस्फोरस की अधिक मात्रा होती है, परन्तु नाइट्रोजन एवं पोटाश की कमी होती है।
- यह मिट्टी अनुपजाऊ होती है, परन्तु सिंचाई की पर्याप्त सुविधा होने पर गेहूँ, तिलहन आदि उत्पन्न किया जाता है।
- इस मिट्टी में मोटे अनाज; जैसे—ज्वार, बाजरा, मक्का आदि की कृषि की जाती है।

पर्वतीय मिट्टी

- इसका विस्तार देश के पर्वतीय क्षेत्रों में लगभग 2.85 लाख वर्ग किमी क्षेत्र में हुआ है।
- इस मिट्टी में ह्यूमस की अधिकता होती है, परन्तु ह्यूमस के कच्चे रहने के कारण यह मिट्टी अम्लीय होती है।
- इस मिट्टी में पोटाश, फॉस्फोरस एवं चूने की कमी होती है। भारत में चाय, कहवा, मसाले एवं फलों की कृषि मुख्य रूप से इसी मिट्टी में की जाती है।
- यह मिट्टी मुख्यत: हिमालय, उत्तर-पूर्वी भारत के पर्वतीय क्षेत्र, पश्चिमी एवं पूर्वी घाट तथा प्रायद्वीपीय भारत के अन्य पहाड़ी क्षेत्रों में मिलती है।

दलदली *या* पीट मिट्टी

- इस मिट्टी का निर्माण दलदली क्षेत्रों में जैविक पदार्थों (वनस्पतियों) के अत्यधिक मात्रा में एकत्रित होने के फलस्वरूप होता है। यह अम्लीय, काली एवं भारी होती है।
- यह मिट्टी कम उपजाऊ होती है।
- भारत में यह मिट्टी सुन्दरवन डेल्टा, केरल के कोट्टायम एवं अलेपी जनपदों तथा उत्तराखण्ड के अल्मोड़ा जनपद तथा तटवर्ती क्षेत्रों में मुख्य रूप से पाई जाती है।

लवणीय *एवं* क्षारीय मिट्टी

- इस मिट्टी को ऊसर, कल्लर, रेह आदि नामों से जाना जाता है। यह मिट्टी उन क्षेत्रों में अधिकतर पाई जाती है जहाँ जल निकासी की सुविधा नहीं होती है।
- पंजाब, हरियाणा, राजस्थान, उत्तर प्रदेश, बिहार राज्यों में लगभग 1 लाख वर्ग किमी क्षेत्र में यह मिट्टी पाई जाती है।
- यह अनुपजाऊ मिट्टी है।
- क्षारीय मिट्टी में सोडियम बाइकार्बोनेट तथा नमकीन मिट्टी में सोडियम क्लोराइड एवं सोडियम सल्फेट की अधिक मात्रा पाई जाती है।

भारत में बंजर भूमियाँ

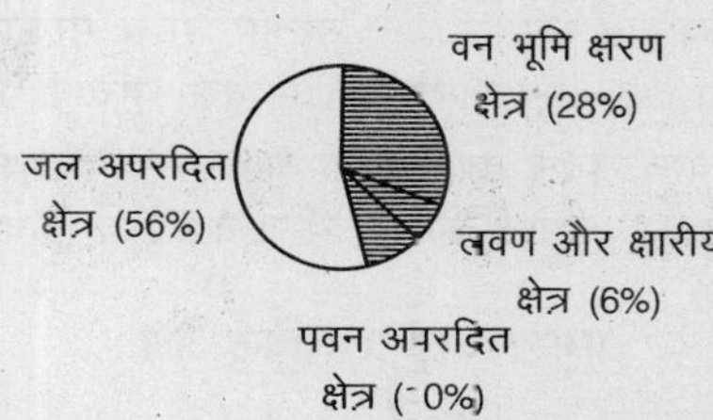

स्रोत राज्य और केन्द्रशासित प्रदेश के वन विभाग, वन की दशाओं की एक रिपोर्ट (1999)।

मृदा के प्रकार *एवं* वितरण

मृदा के प्रकार	**क्षेत्रफल** (%)
जलोढ़ मृदाएँ	22.16
काली मृदाएँ	26.69
लाल और पीली मृदाएँ	28.00
लैटेराइट मृदाएँ	2.62
मरुस्थलीय मृदाएँ	6.13
क्षारीय मृदाएँ	1.29
पीटमय और जैव मृदाएँ	2.17
वन मृदाएँ	7.94

- भारत में बंजर भूमि का सबसे अधिक क्षेत्रफल मध्य प्रदेश में है। इसके बाद राजस्थान, महाराष्ट्र एवं कर्नाटक राज्य का स्थान है।

बाढ़ *एवं* मृदा अपरदन की समस्या

बाढ़ें

मानसूनी वर्षा प्राय: तेज बौछारों के रूप में होती है, जिससे देश में बाढ़ें आती हैं। **निर्वनीकरण, दोषपूर्ण, भूमि उपयोग, बाढ़ के मैदानों में अनियोजित बस्तियाँ, विकास कार्यों द्वारा प्राकृतिक अपवाह में बाधा तथा अत्यधिक सिंचाई के कारण जल-स्तर में वृद्धि** आदि मानवीय कारक प्रत्यक्ष या अप्रत्यक्ष रूप से बाढ़ के संकट में वृद्धि करते हैं।

- बाढ़ से कुछ लाभ भी होते हैं। हर वर्ष बाढ़ खेतों में उपजाऊ मिट्टी लाकर जमा करती है जो फसलों के लिए बहुत लाभदायक है। **ब्रह्मपुत्र नदी में स्थित मजौली या मांजूली** (असोम) **जो सबसे बड़ा नदीय द्वीप है,** हर वर्ष बाढ़ ग्रस्त होता है। परन्तु यहाँ चावल की फसल बहुत अच्छी होती है।
- देश के 3290 लाख हेक्टेयर भौगोलिक क्षेत्र में से 400 लाख हेक्टेयर (12.15%) बाढ़ की आशंका वाला क्षेत्र है।
- यद्यपि **बाढ़ प्रबन्धन राज्य सरकारों के अधिकार क्षेत्र में आता है** लेकिन केन्द्र सरकार, गम्भीर परिस्थितियों में बाढ़ प्रभावी राज्यों (22 राज्य) को केन्द्रीय सहायता उपलब्ध कराती है।
- केन्द्र सरकार द्वारा सीमावर्ती राज्यों और पूर्वोत्तर राज्यों को कुछ विशेष कार्यों की शुरूआत के लिए विशेष सहायता भी उपलब्ध कराई गई है।
- बाढ़ के नुकसान की आशंका को कम करने के लिए **केन्द्रीय जल** आयोग द्वारा नदी-नालों की अन्तर्स्थिति पर आधारित एक **राष्ट्रव्यापी बाढ़ पूर्वानुमान और चेतावनी प्रणाली** स्थापित की गई है।

- बाढ़ के कारण नदी जल-स्तर में सम्भावित वृद्धि और जलाशयों में पानी की मात्रा से सम्बन्धित अनुमान केन्द्र सरकार, राज्य सरकार और जिला प्रशासन, मीडिया तथा अन्य उपयोगकर्ताओं तक पहुँचाया जाता है।
- उन्नत और विश्वस्त सूचना तकनीक के आधार पर बाढ़ की चेतावनी देकर जान-माल के नुकसान को एक सीमा तक कम किया जा सकता है।

प्रमुख बाढ़ प्रभावित क्षेत्र

भारत के बाढ़ प्रभावित क्षेत्र निम्न हैं

पूर्वी खण्ड

- यह पश्चिम में **घाघरा नदी से लेकर पूर्व में ब्रह्मपुत्र नदी तक** फैला है। यहाँ घाघरा, गण्डक, सोन, गंगा, कोसी, तिस्ता व ब्रह्मपुत्र नदियों में भयंकर बाढ़ें आती हैं।
- इन नदियों से पूर्वी उत्तर प्रदेश, बिहार, पश्चिम बंगका उत्तरी भाग, असोम और अरुणाचल प्रदेश में भयंकर बाढ़ें आती हैं।

उत्तरी खण्ड

- इसके अन्तर्गत जम्मू-कश्मीर, हिमाचल प्रदेश, पंजाब, हरियाणा तथा पश्चिमी उत्तर प्रदेश के भू-भाग सम्मिलित हैं।
- यहाँ पर व्यास, रावी, सतलज, यमुना, गंगा व उसकी सहायक नदियों में वर्षा ऋतु में जब बाढ़ें आती हैं तो विनाश का दृश्य उपस्थित हो जाता है।

मध्यवर्ती खण्ड

- इसका विस्तार गुजरात, मध्य प्रदेश व राजस्थान में बिखरे रूप में मिलता हैं।
- यहाँ चम्बल, बनास, साबरमती, नर्मदा प्रमुख नदियाँ हैं, जो बाढ़ों से प्रभावित रहती हैं।

दक्षिणी खण्ड

- यह महाराष्ट्र, कर्नाटक, आन्ध्र प्रदेश, तमिलनाडु राज्यों पर विस्तृत है। यहाँ वर्षा की मात्रा कम होने से नदियों में जल अधिक नहीं होता तथा मिट्टी की मात्रा भी कम होती है।
- बाढ़ें सामान्यतः प्रतिवर्ष न आकर लम्बे अन्तराल पर आती हैं, लेकिन जब आती हैं तो फसलों तथा जन-धन की भारी हानि होती है।

मध्य-पूर्वी खण्ड

- यहाँ पर छत्तीसगढ़, उड़ीसा (ओडिशा) राज्य में महानदी, वैतरणी व ब्राह्मणी नदियाँ अधिक जल बहाकर लाती हैं जिनके तेजी से न बहने के कारण मुहानों पर तेज बाढ़ें आ जाती हैं।
- बाढ़ फसलों को तो बर्बाद करती ही हैं, साथ ही आधारभूत ढाँचा, जैसे-सड़कें, रेल पटरी, पुल और मानव बस्तियों को भी नुकसान पहुँचाती है।

मृदा अपरदन

- भारत की 60% से अधिक भूमि मृदा अपरदन समस्या से प्रभावित है।
- मृदा अपरदन को रेंगती हुई मृत्यु (Creeping Death) भी कहा जाता है।
- मृदा अपरदन में जल तथा वायु दोनों कारकों का महत्त्वपूर्ण योगदान है।
- पश्चिमी राजस्थान, उत्तरी गुजरात, दक्षिणी-पश्चिमी हरियाणा, दक्षिणी-पश्चिमी पंजाब में मृदा अपरदन का कार्य मुख्य रूप से वायु द्वारा होता है।
- हिमालय पर्वतीय क्षेत्र, चम्बल नदी घाटी क्षेत्र, उत्तर प्रदेश, उत्तरी-पूर्वी भारत, पश्चिमी घाट आदि क्षेत्रों में मृदा अपरदन का प्रमुख कारण बहता हुआ जल है।

मृदा अपरदन मुख्यत: दो रूपों में होता है

(i) जब बहता हुआ जल मृदा की ऊपरी परत को बहाकर या वायु इसे उड़ाकर दूर ले जाती है तो इसे परत अपरदन के नाम से जाना जाता है। वायु द्वारा मृदा अपरदन का कार्य मुख्यत: परत अपरदन के रूप में ही होता है।

(ii) तीव्र गति से बहता हुआ जल जब मिट्टी को काटकर इसमें अनेक छोटी-बड़ी नलिकाओं एवं खड्डों का निर्माण कर देता है, तो इसे अल्पसरित एवं अवनलिका अपरदन (Rills and Gullies Erosion) कहा जाता है। चम्बल की घाटी में बीहड़ों (Ravines) का निर्माण इसी प्रकार के अपरदन का उदाहरण है।

मृदा अपरदन की समस्या से प्रभावित प्रमुख क्षेत्र

- **मध्य भारत में चम्बल, यमुना एवं उसकी सहायक नदियों की घाटी** इस क्षेत्र में 36 लाख हेक्टेयर भूमि मृदा अपरदन की बड़ी समस्या से ग्रस्त है। यहाँ की मृदा काफी हल्की है। यहाँ 15 से 20 फीट की गहराई के खड्ड व बीहड़ बन गए हैं।
- **उत्तर-पूर्वी भारत** इसे रेंगती मिट्टी का क्षेत्र भी कहा जाता है। यहाँ की 60% भूमि मृदा अपरदन की समस्या से ग्रस्त है। इसका कारण वनों की कटाई, झूम एवं सीढ़ीनुमा कृषि तथा भारी वर्षा है।
- **हिमालय एवं शिवालिक क्षेत्र** असोम व कुमाऊँ हिमालय में वनों की कटाई एवं कृषि कार्य का विस्तार तथा हिमालय प्रदेश एवं जम्मू-कश्मीर में अतिचारण के कारण मृदा अपरदन की समस्या मुख्य रूप से है।
- **छोटानागपुर प्रदेश** यहाँ मृदा अपरदन का सर्वाधिक महत्त्वपूर्ण कारण वनों की कटाई है।
- **मरुस्थलीय क्षेत्र** इसमें पश्चिमी राजस्थान के जिले आते हैं। यहाँ वायु द्वारा अपरदन की क्रिया प्रभावी होती है। पश्चिमी घाट पर्वत क्षेत्र, तमिलनाडु, ओडिशा एवं बंगाल में भी मृदा अपरदन की गम्भीर समस्या है।
- भारत सरकार ने इस समस्या से निपटने के लिए 1953 में केन्द्रीय भूमि संरक्षण बोर्ड की स्थापना की, जो निम्नलिखित तीन उद्देश्यों से की गई है—मरुस्थल के विस्तार को नियन्त्रित करना, असमतल भूमि को कृषि योग्य बनाना, वर्तमान कृषित भूमि की उर्वरा शक्ति बनाए रखना।

भारत में बीहड़ों का क्षेत्रफल (लाख हेक्टेयर)

राज्य	क्षेत्रफल
उत्तर प्रदेश	12.30
पंजाब	1.20
मध्य प्रदेश	6.83
बिहार	6.00
राजस्थान	4.52
तमिलनाडु	0.60
गुजरात	4.00
पश्चिम बंग	1.40
महाराष्ट्र	0.20

मृदा अपरदन के कारण

- **प्राकृतिक कारण** तीव्र वर्षा, तेज वायु, भूमि का तीव्र जल एवं कमजोर मृदा संगठन।
- **जैविक कारण** वनों की कटाई, अनियन्त्रित पशुचारण, स्थानान्तरणशील कृषि, कृषि की अवैज्ञानिक पद्धति, विकास कार्य।

मृदा संरक्षण

- मृदा संरक्षण (Soil Conservation) एक विधि है, जिसमें मिट्टी की उर्वरता बनाए रखी जाती है, मिट्टी के अपरदन एवं क्षय को रोका जाता है और मिट्टी की निम्नीकृत दशाओं को सुधारा जाता है।

- मृदा संरक्षण हेतु निम्न उपाय अपनाए जाते हैं
  - वनारोपण या शेल्टर बेल्ट (वृक्षों की रक्षक मेखला बनाना) एवं अवनालिका रोधन।
  - समोच्च रेखीय कृषि (परिरेखा बंधन विधि) या पहाड़ी क्षेत्रों में सीढ़ीदार खेती।
  - अति चराई एवं स्थानान्तरित कृषि पर नियन्त्रण।
  - शुष्क और अर्द्धशुष्क क्षेत्रों में वायु वेग तथा वायु अपरदन में रुकावट के लिए सुरक्षा पेटियों एवं वायु विच्छेदों का निर्माण।
  - पौधों एवं घासों को लगाकर बालुका स्तूपों का स्थिरीकरण।
  - वैज्ञानिक शस्यावर्तन विधि को अपनाना।
  - मल्चिंग अर्थात् खरपतवारों से ढँकना।
- भारत सरकार ने मृदा संरक्षण हेतु निम्न कार्यक्रमों/परियोजनाओं को प्रारम्भ किया है
  - भारत सरकार द्वारा स्थापित **केन्द्रीय मृदा संरक्षण बोर्ड** ने देश के विभिन्न भागों में मृदा संरक्षण के लिए अनेक योजनाएँ बनाई हैं। ये योजनाएँ जलवायु, भूमि की दशा तथा लोगों के सामाजिक व्यवहार पर आधारित हैं।
  - केन्द्रीय शुष्क भूमि अनुसंधान संस्थान (CAZRI), **जोधपुर** ने पश्चिमी राजस्थान में बालू के टीलों को स्थिर करने के प्रयोग किए हैं।
  - भारत सरकार ने मृदा व भूमि संरक्षण हेतु कार्यक्रम भी चलाए; जैसे—सूखा क्षेत्र कार्यक्रम–(वर्ष 1973), एकीकृत बंजर भूमि विकास कार्यक्रम–(वर्ष 1989), मरुस्थल विकास कार्यक्रम–(वर्ष 1977-78), मृदा स्वास्थ्य कार्ड योजना (वर्ष 2015) इसका मुख्य उद्देश्य कृषि भूमि में उर्वरकों के अति-उपयोग को रोकना है ताकि पोषणीय रूप में मृदा की उत्पादकता में सुधार को कायम किया जा सके।
  - मृदा अपरदन की समस्या भारत में कुछ हद तक बाढ़ों और जल जमाव की समस्या से जुड़ी हुई है, इसलिए सरकार ने बाढ़ के नियन्त्रण एवं रोकथाम के लिए **राष्ट्रीय बाढ़ आयोग** की स्थापना की है।
  - मृदा अपरदन को नियन्त्रित करने में वनारोपण भी अत्यधिक महत्त्वपूर्ण है। इसके लिए सरकार ने स्थानीय, सामुदायिक, प्रादेशिक एवं राष्ट्रीय स्तर पर वनारोपण के अनेक कार्यक्रम प्रारम्भ किए हैं।
  - झूम कृषि पर नियन्त्रण हेतु एक योजना की शुरुआत उत्तर-पूर्व सात राज्यों में की गई है। यह एक लाभग्राही कार्यक्रम है, जिसका उद्देश्य प्रत्येक झुमिया परिवार को स्थायी तौर पर एक हेक्टेयर सीढ़ीदार कृषि क्षेत्र और एक हेक्टेयर बागवानी क्षेत्र देकर पुनः बसाना है।

नोट भारत द्वारा भूमि क्षरण तटस्थता प्राप्त करने का लक्ष्य वर्ष 2030 है।

वस्तुनिष्ठ प्रश्न

1. निम्नलिखित में से किस राज्य में लैटेराइट मिट्टी मिलती है?
(a) पंजाब (b) महाराष्ट्र
(c) उत्तर प्रदेश (d) हिमाचल प्रदेश

2. निम्नलिखित में से किस राज्य में सबसे अधिक अन्तर्देशीय लवण आर्द्र भूमि मिलती है?
(a) गुजरात (b) राजस्थान
(c) मध्य प्रदेश (d) हरियाणा

3. निम्नलिखित में से कौन-सा क्षेत्र मृदा अपरदन से सर्वाधिक प्रभावित है?
(a) हिमाचल का तराई क्षेत्र
(b) आन्ध्र तटीय क्षेत्र
(c) चम्बल घाटी
(d) मालवा का पठार

4. सिलिका पृथक्कीकरण की क्रिया निम्न में से किससे सम्बन्धित है?
(a) लीचिंग (b) कैल्शीफिकेशन
(c) केशिका क्रिया (d) ये सभी

5. सुमेलित कीजिए

सूची I (क्षेत्र)	सूची II (मृदा के प्रकार)
A. मालवा का पठार	1. जलोढ़ मिट्टी
B. कर्नाटक का पठार	2. लैटेराइट मिट्टी
C. नागपुर का पठार	3. लाल मिट्टी
D. आरी सरकार तट	4. रेगुर मिट्टी

कूट

	A	B	C	D		A	B	C	D
(a)	4	3	2	1	(b)	3	2	1	4
(c)	4	3	1	2	(d)	2	1	4	3

6. गुजरात प्रदेश अधिकांशतः आच्छादित है
(a) लाल मिट्टी (b) काली मिट्टी
(c) मरुस्थलीय मिट्टी (d) लैटेराइट मिट्टी

7. निम्नलिखित में से कौन-सी मिट्टी प्रायद्वीपीय भारत के अधिकांशतः क्षेत्र पर विस्तृत है?
(a) लाल मिट्टी (b) लैटेराइट मिट्टी
(c) काली मिट्टी (d) जलोढ़ मिट्टी

8. पीत मिट्टी के सम्बन्ध में कौन-सा कथन असत्य है?
(a) इनका निर्माण आर्द्र दशाओं में होता है
(b) इनमें जैविक पदार्थों की अत्यधिक मात्रा होती है
(c) ये मिट्टियाँ एल्युमीनियम और हाइड्रेट ऑक्साइड से परिपूर्ण होती हैं
(d) ये मिट्टियाँ केरल, पश्चिम बंग, ओडिशा और तमिलनाडु के तटीय क्षेत्रों में पाई जाती हैं

9. निम्नलिखित में से किस राज्य में सामान्यतया लैटेराइट मिट्टी का विस्तार पाया जाता है?
(a) पंजाब (b) कर्नाटक
(c) उत्तर प्रदेश (d) पश्चिम बंग

10. अत्यन्त सूक्ष्म कणों वाली मिट्टी है
(a) दोमट मिट्टी (b) पथरीली मिट्टी
(c) बलुई मिट्टी (d) चीका मिट्टी

11. किस प्रकार की मिट्टी अधिकतम पानी संजोए रखती है?
(a) दोमट (b) बलुई
(c) मटियार (d) लाल

12. पीत मिट्टी मुख्यतः पाई जाती है
(a) कश्मीर में (b) केरल में
(c) राजस्थान में (d) गुजरात में

13. भारत में किस मिट्टी का विस्तार सर्वाधिक क्षेत्रफल पर है?
(a) काली (b) जलोढ़
(c) लैटेराइट (d) लाल

14. भारत में काली कपासी मृदा के निर्माण में सहायक शैल है
(a) ग्रेनाइट (b) बेसाल्ट
(c) चूने का पत्थर (d) बलुआ पत्थर

15. निम्नलिखित में से कौन-सी मृदा भारत के सर्वाधिक क्षेत्रफल (43.7%) पर विस्तृत है?
(a) जलोढ़ (b) लाल
(c) काली (d) मरुस्थली

16. जलोढ मिट्टी के सम्बन्ध में निम्नलिखित में से कौन-सा कथन असत्य है?
(a) इनका निक्षेपण नदियों के द्वारा होता है
(b) यह सर्वाधिक उर्वरक मिट्टी होती है

(c) इसमें पोटाश की अधिकता एवं फॉस्फोरस की कमी होती है
(d) यह सामान्यतः पठारी क्षेत्रों में पाई जाती है

17. दक्षिण भारत में ज्वालामुखी क्रिया से सम्बन्धित है
(a) मिट्टी
(b) स्थलाकृति
(c) वनस्पति
(d) बस्ती प्रतिरूप

18. कपास की मिट्टी किसे कहा जाता है?
(a) लाल मिट्टी (b) लैटेराइट मिट्टी
(c) काली मिट्टी (d) जलोढ़ मिट्टी

19. भारत में पाई जाने वाली कौन-सी मिट्टी क्रिटेशियस युग में दरारी उद्भेदन से निक्षेपित पदार्थों से बनी है?
(a) लैटेराइट मिट्टी (b) काली मिट्टी
(c) क्षारीय मिट्टी (d) बलुई मिट्टी

20. निम्न में से सबसे अधिक समृद्ध मिट्टी कौन-सी है?
(a) काली मिट्टी (b) लाल मिट्टी
(c) लैटेराइट मिट्टी (d) जलोढ़ मिट्टी

21. उत्तर प्रदेश में निम्न में से कौन-सी मिट्टी का क्षेत्र अधिक है?
(a) जलोढ़ मिट्टी (b) काली मिट्टी
(c) लाल-पीली मिट्टी (d) लैटेराइट मिट्टी

22. नवीन जलोढ़ मृदा को अन्य किस नाम से जाना जाता है?
(a) खादर (b) बांगर
(c) कल्लर (d) रेगुर

23. लैटेराइट मिट्टी के निर्माण के लिए उत्तरदायी है
(a) जलोढ़ का निक्षेपण
(b) लोयस का निक्षेपण
(c) सघन वानस्पतिक आवरण
(d) अपक्षालन एवं केशिका क्रिया

24. काली मिट्टी के सम्बन्ध में कौन-सा असत्य है?
(a) काली मिट्टी कपास की वृद्धि के लिए आदर्श होती है
(b) इसमें आर्द्रता को अधिक समय तक धारण करने की क्षमता होती है
(c) सूखने पर काली मिट्टी में दरारें पड़ती जाती हैं
(d) इसकी जुताई अधिक करनी पड़ती है

25. निम्नलिखित में से कौन-सा युग्म सुमेलित नहीं है?

	मिट्टी	क्षेत्र
(a)	जलोढ़ मिट्टी	नदी बेसिन एवं तटीय मैदान
(b)	लाल मिट्टी	पठार के सीमान्त पर
(c)	लैटेराइट मिट्टी	पठार की उच्च भूमि पर
(d)	काली मिट्टी	तटीय मैदानी क्षेत्र

26. निम्नलिखित में से कौन-सा कथन असत्य है
(a) खादर मिट्टियाँ पीडमाण्ट मैदानों में पाई जाती है
(b) उत्तरी मैदान की मिट्टी निक्षेपण से सम्बन्धित है
(c) स्थानान्तरित कृषि के द्वारा मिट्टी की उर्वरता एवं नमी में वृद्धि होती है
(d) तमिलनाडु और आन्ध्र प्रदेश में लाल मिट्टी पाई जाती है

27. गंगा के मैदान में मृदा की उर्वरता बने रहने का प्रमुख कारण है?
(a) वार्षिक बाढ़ एवं नवीन जलोढ़ का जमाव
(b) मानसूनी वर्षा
(c) उसर भूमि का सुधार
(d) लगातार सिंचाई

28. नवीन जलोढ़ मृदा को निम्न में किस नाम से जाना जाता है?
(a) बांगर (b) खादर
(c) रेग (d) कल्लर

29. भारत में लाल-पीली मिट्टी मुख्य रूप से पाई जाती है
(a) मध्य प्रदेश-राजस्थान में
(b) बिहार-पश्चिम बंग में
(c) महाराष्ट्र-कर्नाटक में
(d) उत्तर प्रदेश-बिहार में

30. कौन-सा युग्म सही सुमेलित है?
(a) काली मिट्टी — महाराष्ट्र
(b) कॉप मिट्टी — उत्तर प्रदेश
(c) लैटेराइट मिट्टी — पंजाब
(d) लाल एवं पीली मिट्टी — तमिलनाडु

31. निम्नलिखित में से कौन-सी फसल लैटेराइट मिट्टी से सम्बन्धित है?
(a) कपास (b) बागानी फसलें
(c) गेहूँ (d) चावल

32. लाल मिट्टी के सम्बन्ध में कौन-सा कथन असत्य है?
(a) यह शुष्क एवं आर्द्र क्षेत्रों में पाई जाती है
(b) यह मिट्टी नदी-घाटियों में पाई जाती है
(c) यह अधिकांशतः तमिलनाडु एवं आन्ध्र प्रदेश में पाई जाती है
(d) लौह ऑक्साइड की उपस्थिति के कारण इसका रंग लाल होता है

33. एल. परत पाई जाती है
(a) एस्थिनोस्फीयर में
(b) आयनमण्डल में
(c) मिट्टी की डी. परत के नीचे
(d) मिट्टी पर सड़ी-गली पत्तियों की परत

34. निम्न में कौन-सी मिट्टी भारत के प्रायद्वीप पठार पर नहीं पाई जाती है?
(a) काली मिट्टी
(b) लैटेराइट मिट्टी
(c) लाल व पीली मिट्टी
(d) पॉडजाल मिट्टी

35. भवन-निर्माण के लिए निम्न में किस मिट्टी का प्रयोग होता है?
(a) जलोढ़ मिट्टी (b) पर्वतीय मिट्टी
(c) लैटेराइट मिट्टी (d) काली मिट्टी

36. टरारोसा मिट्टी से निम्नलिखित में से कौन-सी फसल सम्बन्धित है?
(a) गन्ना (b) कपास (c) कॉफी (d) चाय

37. केन्द्रीय शुष्क भूमि अनुसन्धान संस्थान कहाँ स्थित है?
(a) जोधपुर (b) हैदराबाद
(c) नई दिल्ली (d) इन्दौर

38. भारत सरकार द्वारा भूमिक्षरण तटस्थता प्राप्त करने का लक्ष्य निर्धारित किया गया है?
(a) वर्ष 2024 में (b) वर्ष 2025 में
(c) वर्ष 2028 में (d) वर्ष 2030 में

39. भारत सरकार द्वारा मृदा व भूमि संरक्षण हेतु एकीकृत बंजर भूमि विकास कार्यक्रम की शुरुआत कब की गई?
(a) वर्ष 1973 (b) वर्ष 1989
(c) वर्ष 1978 (d) वर्ष 2005

40. मृदा संरक्षण हेतु विभिन्न उपाय हैं
(a) वनारोपण या शेल्टर बेल्ट
(b) समोच्चय रेखीय कृषि
(c) अति चराई व स्थानान्तरित कृषि पर नियन्त्रण
(d) उपरोक्त सभी

सही उत्तर

1. (b)	2. (b)	3. (c)	4. (a)	5. (a)	6. (b)	7. (c)	8. (c)	9. (b)	10. (d)
11. (c)	12. (b)	13. (b)	14. (b)	15. (a)	16. (b)	17. (a)	18. (c)	19. (b)	20. (d)
21. (a)	22. (a)	23. (d)	24. (d)	25. (d)	26. (c)	27. (a)	28. (b)	29. (a)	30. (c)
31. (b)	32. (b)	33. (d)	34. (d)	35. (c)	36. (c)	37. (a)	38. (d)	39. (b)	40. (d)

अध्याय 07 प्राकृतिक संसाधन व विकास

भूमि संसाधन

- भूमि एक प्राकृतिक संसाधन है, जिसका अनेक कार्यों के लिए उपयोग होता है। पर्यावरण की सुरक्षा को ध्यान में रखते हुए इसका उचित उपयोग आवश्यक है। देश का भू-राजस्व विभाग भू-उपयोग सम्बन्धी अभिलेख रखता है।
- भू-उपयोग संवर्गों का योग कुल प्रतिवेदित (Reported) क्षेत्र के बराबर होता है, जोकि भौगोलिक क्षेत्र से भिन्न होता है। भारत की प्रशासकीय इकाइयों के भौगोलिक क्षेत्र की सही जानकारी देने का दायित्व **भारतीय सर्वेक्षण विभाग** (Indian Survey Department) पर है।
- भू-राजस्व तथा सर्वेक्षण विभाग दोनों में मूलभूत अन्तर यह है कि भू-राजस्व द्वारा प्रस्तुत क्षेत्रफल, प्रतिवेदित क्षेत्र पर आधारित होता है, जोकि कम या अधिक हो सकता है, जबकि कुल भौगोलिक क्षेत्र भारतीय सर्वेक्षण विभाग के सर्वेक्षण पर आधारित है और यह स्थायी होता है।

भू-उपयोग वर्गीकरण

- भारत के 328.726 मिलियन हेक्टेयर भौगोलिक क्षेत्र (Geographical Area) में से केवल 305.51 मिलियन हेक्टेयर (92.94%) क्षेत्र के बारे में ही भूमि उपयोग (Land Utilisation) के आँकड़े प्राप्त हैं।
- भारत का वर्तमान भूमि उपयोग प्रतिरूप **स्थलाकृति**, **जलवायु**, **मिट्टी**, **मानव क्रियाओं** और **प्रौद्योगिक आदानों** ऐसे अनेक कारकों का प्रतिफल है

वनों के अधीन क्षेत्र

- वर्गीकृत वन क्षेत्र तथा वनों के अन्तर्गत वास्तविक क्षेत्र दोनों पृथक् हैं। सरकार द्वारा वर्गीकृत वन क्षेत्र का सीमांकन (Demarcation) में उन क्षेत्रों को शामिल किया जाता है, जहाँ वन विकसित हो सकते हैं।
- भू-राजस्व (Land Revenue) अभिलेखों में इसी परिभाषा को सतत अपनाया गया है। वर्ष 1950-51 में वन प्रदेश केवल 4.0 करोड़ हेक्टेयर था। वहीं वन रिपोर्ट 2023 के अनुसार देश में वनों के अधीन 8,27,357 वर्ग किमी क्षेत्रफल है, जो देश की कुल भूमि का 25.17% है।
- वनों के वर्गीकरण तथा वृक्षारोपण कार्यक्रम (Plantation Programme) के फलस्वरूप हमारे देश में वन क्षेत्र में कुछ वृद्धि हुई है।

अन्य कृषि रहित भूमि

- यह वह भूमि है जिस पर कृषि नहीं की जाती है, परन्तु इसमें परती भूमि को सम्मिलित नहीं किया जाता है। इस भूमि में निरन्तर कमी आ रही है। इस प्रकार की भूमि के अग्रलिखित उपवर्ग हो सकते हैं
  - स्थायी चरागाह तथा अन्य चराई भूमि देश के कई भागों में इस प्रकार की भूमि को साफ करके कृषि योग्य बनाया जा सकता है।
  - वृक्षों, फसलों तथा उपवनों के अधीन भूमि इस वर्ग में ऐसी भूमि सम्मिलित की गई है, जिस पर बाग व अनेक प्रकार के पेड़ पाए जाते हैं, जिनसे फल आदि प्राप्त होते हैं।
  - कृषि योग्य परन्तु बंजर भूमि यह वह भूमि है, जो किसी भी काम के लिए प्रयोग नहीं की जाती है। आधुनिक तकनीक की सहायता से उत्तम बीज, खाद तथा सिंचाई की व्यवस्था करके कृषि के लिए इसका प्रयोग किया जा सकता है।
- राष्ट्रीय स्तर पर एकीकृत बंजर भूमि विकास कार्यक्रम द्वारा **बंजर भूमि के विस्तार** में पर्याप्त कमी आई है।

परती भूमि

- यह वह भूमि है जिस पर पहले कृषि की जाती थी, परन्तु अब इस भूमि पर कृषि नहीं की जाती है। ऐसी भूमि पर निरन्तर कृषि करने से भूमि की उपजाऊ शक्ति कम हो जाती है और ऐसी भूमि पर कृषि करना आर्थिक दृष्टि से लाभदायक नहीं रहता। अत: इसे कुछ समय के लिए खाली छोड़ दिया जाता है। इससे भूमि में फिर से उर्वरा शक्ति का विकास होता है।
- परती भूमि दो प्रकार की होती है

1. वर्तमान परती भूमि वह भूमि है जिसमें पहले कृषि की जाती थी, परन्तु उपजाऊ शक्ति के कम होने से इसे वर्तमान समय में खाली छोड़ दिया गया है। इस भूमि के विस्तार में परिवर्तन आता रहता है।
2. वर्तमान परती भूमि के अतिरिक्त परती भूमि यह भूमि पिछले कई वर्षों से परती पड़ी है। जमींदारों की स्वार्थपूर्ण नीति, कृषकों की निर्धनता, भूमि की उर्वरता का ह्रास, जल का अभाव, नदियों का मार्ग परिवर्तन, जलवायु में परिवर्तन आदि कारणों से यह भूमि एक लम्बी अवधि से परती चली आ रही है।

   उत्तम बीज, पर्याप्त खाद, सिंचाई आदि की उचित व्यवस्था करके इस भूमि के विस्तार को कम किया जा सकता है।

कृषित भूमि

यह वह भूमि है, जिस पर वास्तविक रूप से कृषि की जाती है। इसे कुल या सकल बोया गया क्षेत्र भी कहते हैं। भारत में लगभग आधी भूमि पर कृषि की जाती है, जो विश्व में सर्वाधिक भाग है। भारत की कुल भूमि का 43.41% भाग कृषित है। कृषि भूमि के निम्नलिखित **दो पहलू** हैं

निवल बोया गया क्षेत्र

यह वह भूमि है, जिस पर फसलें उगाई व काटी जाती हैं। यह निवल बोया गया क्षेत्र कहलाता है। स्वतन्त्रता प्राप्ति के बाद इसमें पर्याप्त वृद्धि हुई है। इस वृद्धि के मुख्य कारण निम्नलिखित हैं

- रेह तथा ऊसर भूमि को उपजाऊ बनाना।
- बेकार खाली पड़ी भूमि को कृषि योग्य बनाना।
- कृषि भूमि को परती भूमि के रूप में न छोड़ना।
- चरागाह तथा बागों के लिए उपयोग की गई भूमि को कृषि के लिए प्रयोग करना।
- सबसे अधिक कृषित भूमि **पंजाब** तथा **हरियाणा** में पाई जाती है, जहाँ 80% भूमि पर कृषि की जाती है।

कृषि के लिए अनुपलब्ध भूमि

इसके अन्तर्गत निम्नलिखित दो प्रकार की भूमि सम्मिलित की जाती हैं

1. गैर-कृषि प्रयोजनों में लगाई गई भूमि

इस वर्ग के अन्तर्गत वह भूमि आती है, जो कृषि के अतिरिक्त अन्य कार्यों के लिए जैसे कारखानों, नगरों तथा अन्य बस्तियों के विकास के लिए प्रयोग की जाती है।

2. बंजर तथा कृषि रहित क्षेत्र

यह वह भूमि है, जो बंजर व कृषि के लिए अयोग्य है। भारत में तकनीकी विकास के साथ-साथ इस भूमि में कमी आ रही है। बहुत-सी बंजर भूमि को सिंचाई, खाद तथा उत्तम बीजों के प्रयोग से कृषि योग्य बनाया जा रहा है।

जल संसाधन

- जल बहुमूल्य प्राकृतिक संसाधन और देश के सामाजिक-आर्थिक विकास का मूल आधार है।
- भारत में ताजे जल का मुख्य स्रोत वर्षण है। वर्षण (हिमपात सहित) से भारत में 4,000 घन किमी अथवा बिलियन क्यूबिक मीटर जल प्राप्त होता है। अकेले मानसूनी वर्षा द्वारा 3,000 बिलियन क्यूबिक मीटर जल प्राप्त होता है।
- जल संसाधन (Water Resource) मन्त्रालय के अनुसार, हमारे देश में कुल 1,869 बिलियन क्यूबिक मीटर जल उपलब्ध है, परन्तु भू-आकृतिक परिस्थितियों तथा जल संसाधनों के असमान वितरण के कारण उपयोग के योग्य कुल 1,137 बिलियन क्यूबिक मीटर जल ही उपलब्ध है।
- इसमें से 690 अरब घन मी अथवा बिलियन क्यूबिक मीटर **धरातलीय जल** तथा शेष 432 बिलियन क्यूबिक मीटर **भू-जल** है। भारत में उपलब्ध कुल जल को दो विभिन्न वर्गों में बाँटा जा सकता है, जिन्हें क्रमशः धरातलीय जल तथा भू-गर्भिक जल कहते हैं।

जल उपयोग प्रतिरूप

सिंचाई	–	78%
घरेलू उपयोग	–	6%
उद्योग	–	5%
ऊर्जा क्षेत्र	–	3%
अन्य	–	8%

धरातलीय जल

- सतही जल (Surface Water) हमें नदियों, झीलों, तालाबों तथा अन्य जलाशयों के रूप में मिलता है। नदियों में जल वर्षा होने अथवा बर्फ के पिघलने से प्राप्त होता है। सबसे अधिक सतही जल नदियों में पाया जाता है।
- भारत की नदियों का अनुमानित **औसत वार्षिक प्रवाह** (Average Annual Flow) 1,869 अरब घन मी अथवा बिलियन क्यूबिक मीटर है, परन्तु स्थलाकृतिक, जल विज्ञान सम्बन्धी तथा अन्य बाधाओं के कारण केवल 690 अरब घन मी अथवा बिलियन क्यूबिक मीटर (32%) धरातलीय जल ही उपयोग के लिए उपलब्ध है।
- कुल धरातलीय जल का लगभग 60% भाग भारत की तीन प्रमुख नदियों— सिन्धु, गंगा और ब्रह्मपुत्र में से होकर बहता है।
- भारत में निर्मित तथा निर्माणाधीन जल भण्डार की क्षमता स्वतन्त्रता के समय केवल 18 अरब घन मी (बिलियन क्यूबिक मीटर) थी, जो वर्तमान में लगभग 257.8 बिलियन क्यूबिक मीटर है। यद्यपि नदियों तथा जलाशयों से गाद निष्कर्षण में ढिलाई के कारण इसकी क्षमता घट रही है।

भौम या भू-गर्भिक जल

- देश में भू-जल की उपलब्धता 447 बिलियन क्यूबिक मीटर है। वर्षा से प्राप्त हुए जल की कुल मात्रा का कुछ भाग भूमि द्वारा सोख लिया जाता है, इसका 60% भाग मिट्टी की ऊपरी सतह तक ही पहुँचता है। यही जल कृषि उत्पादन के लिए बहुत महत्त्वपूर्ण है।
- शेष जल धरातल के भीतर प्रवेश स्तर तक पहुँचता है। इस जल को कुएँ खोदकर प्राप्त किया जाता है।
- अनुमान है कि भारत में कुल अपूर्णीय भौम जल क्षमता लगभग 432 बिलियन क्यूबिक मीटर है।
- देश में भू-गर्भिक जल (Ground Water) का वितरण बहुत असमान है। इस पर चट्टान की संरचना, धरातलीय दशा, जलापूर्ति की दशा आदि कारणों का प्रभाव पड़ता है।
- भारत के समतल मैदानी भागों में स्थित जल चट्टानों वाले अधिकांश भागों में, भू-गर्भिक जल की अपार राशि विद्यमान है। यहाँ पर प्रवेश्य चट्टानें पाई जाती हैं, जिनमें से जल आसानी से रिसकर भू-गर्भिक जल का रूप धारण कर लेता है।
- लगभग 42% से अधिक भौम जल भारत के विशाल मैदानों के राज्यों में पाया जाता है। अकेले उत्तर प्रदेश में ही भौम जल की क्षमता का लगभग 19% है।
- प्रायद्वीपीय पठारी भाग कठोर तथा अप्रवेश्य चट्टानों का बना हुआ है, जिनमें से जल रिसकर नीचे नहीं जा सकता, इसलिए इस क्षेत्र में भू-गर्भिक जल का अभाव है, परन्तु महाराष्ट्र, मध्य प्रदेश तथा तमिलनाडु जैसे बड़े राज्यों में भौम जल संसाधनों की सम्भावित क्षमता अधिक है।

जल संसाधनों का एकीकृत प्रबन्धन एवं संरक्षण

- जल के प्रबन्धन एवं संरक्षण (Management and Conservation of Water) का उद्देश्य जल की बढ़ती हुई माँग को पूरा करना तथा जल के स्रोतों को ह्रास से बचाना है। जल संसाधनों के संरक्षण के लिए निम्नलिखित कदम आवश्यक हैं
- धरातलीय जल का संरक्षण करने के लिए नदियों पर बाँध बनाकर वर्षा ऋतु के अतिरिक्त जल का संरक्षण किया जा सकता है, अन्यथा वह जल बहकर समुद्र में चला जाता है।
- हमें भू-जल पुनर्भरण की संस्कृति विकसित करनी होगी, ताकि तेजी से समाप्त हो रहे भू-जल का संरक्षण किया जा सके। इसके लिए वर्षा जल संग्रहण सबसे अच्छी तकनीक है।
- वनीकरण द्वारा वर्षा जल के भूमि में रिसने की दर को बढ़ाया जा सकता है।
- जल प्रभावी (Water effective) सिंचाई तकनीकों को अपनाना; जैसे—ड्रिप एवं स्प्रिंकलर सिंचाई।
- जल के पुन:चक्रण तथा पुन:प्रयोग द्वारा हम जल की कमी को पूरा कर सकते हैं।
- उपयुक्त तकनीक का विकास कर समुद्री जल का खारापन दूर कर उसका उपयोग करना।
- जलसम्भर प्रबन्धन कार्यक्रम द्वारा जल के स्रोतों का संरक्षण करना।
- रेनवाटर हार्वेस्टिंग (वर्षा जल संचयन) की तकनीक को लोकप्रिय बनाना।
- भूमि की न्यून या शून्य जुताई, फसल अवशेष को छोड़े कर एवं खेतों में सिंचाई के पूर्व जिप्सम का उपयोग उपयोगी हो सकता है।

जलसम्भर/वाटरशेड परियोजना

- जलसम्भर या वाटरशेड वह भौगोलिक इकाई है, जो समान बिन्दु की तरह जल प्रवाह को निर्धारित करता है।
- वर्षाहीन क्षेत्रों हेतु राष्ट्रीय जल विभाजन विकास परियोजना की शुरुआत वर्ष 1990-91 में की गई, इसके दो मूल उद्देश्य थे
  1. बायोमास का संवहनीय उत्पादन
  2. विस्तृत व वर्षाहीन क्षेत्रों में पारिस्थितिक सन्तुलन को कायम रखना।
- इसके लिए मुख्यत: निम्न बातों पर बल दिया गया—भूमि, जल, पौधों, पशु एवं मानव संसाधन जैसी प्राकृतिक सम्पदा का निम्न प्रभावी तकनीक के साथ एकीकृत एवं सामंजस्यपूर्ण ढंग से संरक्षण, उन्नयन और उपयोग करना, सिंचित एवं वर्षाहीन क्षेत्रों के बीच असमानताओं को घटाना।

जल उपलब्धता व संरक्षण के प्रमुख कार्यक्रम

कार्यक्रम	प्रारम्भ का वर्ष
त्वरित ग्रामीण जल आपूर्ति कार्यक्रम	1972-73
कमान क्षेत्र विकास तथा जल प्रबन्ध कार्यक्रम	1974-75
राजीव गाँधी राष्ट्रीय पेयजल मिशन	1991
त्वरित सिंचाई लाभ कार्यक्रम	1996-97
जलीय क्षेत्रों की मरम्मत, नवीकरण और पुनर्स्थापन	2005
जल विज्ञान परियोजना-II विश्व बैंक के सहयोग से	2006
भूमिजल संवर्द्धन पुरस्कार और राष्ट्रीय जल पुरस्कार	2007
गहरे कुओं के जरिए भू-जल के कृत्रिम पुनर्भरण की स्कीम	2007
कृषक भागीदारी कार्य अनुसन्धान कार्यक्रम	2007-08
जल क्रान्ति अभियान	2015
जल शक्ति अभियान	जुलाई, 2019
अटल भू-जल योजना	दिसम्बर, 2019
अमृत 2.0 योजना	2021
मिशन अमृत सरोवर	2022

जल संरक्षण एवं प्रबन्धन में कार्यरत संस्थान

नाम	स्थापना वर्ष
केन्द्रीय जल आयोग	1945
केन्द्रीय भू-जल बोर्ड	1970
राष्ट्रीय जल विज्ञान संस्थान	1978
राष्ट्रीय जल विकास एजेन्सी	1982
राष्ट्रीय जल संसाधन परिषद्	1983
राष्ट्रीय जल बोर्ड	1990
केन्द्रीय भू-जल प्राधिकरण	1997
जल गुणवत्ता मूल्यांकन प्राधिकरण	2001

राष्ट्रीय जल नीति

जल की आपूर्ति, माँग तथा उसके तर्कसंगत उपयोग व प्रबन्धन को ध्यान में रखकर केन्द्रीय सरकार ने तीन राष्ट्रीय जल नीतियाँ (National Water Policy) अपनाई हैं

1. **राष्ट्रीय जल नीति, 1987** यह राष्ट्रीय स्तर पर जल संसाधन सम्बन्धी प्रथम नीति है। इस नीति का मुख्य उद्देश्य जल का राष्ट्रीय हित में प्रबन्धन करना तथा योजना तैयार करना था। इस नीति में जल के विकास सम्बन्धी योजना बनाने का अधिकार राज्य सरकारों को दिया गया।
2. **राष्ट्रीय जल नीति, 2002** वर्ष 2002 में वर्ष 1987 की नीति के स्थान पर एक नई नीति अपनाई गई। इस नीति में उपयुक्त रूप से विकसित सूचना व्यवस्था, जल संरक्षण के परम्परागत तरीकों, जल प्रयोग, गैर-परम्परागत तरीकों और माँग के प्रबन्धन को महत्त्वपूर्ण तत्त्व के रूप में स्वीकार किया गया है।

   इसमें सबके लिए **पेयजल की व्यवस्था को सर्वोच्च** प्राथमिकता दी गई है।
3. **राष्ट्रीय जल नीति, 2012** राष्ट्रीय जल बोर्ड ने जून, 2012 को हुई अपनी 14वीं बैठक में संस्तुत प्रारूप राष्ट्रीय जल नीति को प्रस्तुत किया। इस नीति की प्रमुख विशेषताएँ हैं- जलीय स्रोतों के पुनर्नवीकरण (Renewable), उनके रख-रखाव, मरम्मत तथा जलवायु परिवर्तन (Climate Change) के प्रति अनुकूलन आदि इस नीति में भू-जल के उपयोग पर प्रयोक्ता शुल्क लगाने के लिए एक तर्कसंगत प्रणाली विकसित करने की भी बात कही गई है। प्रत्येक राज्य में जल विनियामक प्राधिकरण की स्थापना और पड़ोसी देशों के साथ द्विपक्षीय सहयोग पर करार किया गया।

भारतीय कृषि एवं सिंचाई

भारतीय अर्थव्यवस्था का मुख्य आधार कृषि है। आज भी भारत की आधे से अधिक जनसंख्या अपने जीवन-यापन के लिए इसी पर ही निर्भर है।

भारतीय कृषि

- कृषि भारतीय अर्थव्यवस्था एवं सामाजिक व्यवस्था का प्रमुख आधार है। एक ओर जहाँ यह भारत की अधिकांश जनसंख्या को प्रभावित करती है, वहीं दूसरी ओर यह भारतीय जलवायु (Indian Climate), मृदा एवं अन्य संस्थागत कारकों से भी प्रभावित होती है।
- भारत एक कृषि प्रधान देश है। अभी भी यहाँ की आधी से अधिक जनसंख्या का भरण-पोषण कृषि पर निर्भर है। यद्यपि सकल राष्ट्रीय उत्पादन में कृषि का अंशदान वर्ष 1951 में 60% से घटकर वर्ष 2022-23 में 18.3% तक पहुँच गया, फिर भी इसकी भूमिका महत्त्वपूर्ण है, क्योंकि यह लगभग 55% जनसंख्या के रोजगार का स्रोत है। औद्योगिक क्षेत्र की प्रगति और उपलब्धि भी कृषिगत कच्चे माल पर ही निर्भर करती है।
- भारत के कुल 328.726 मिलियन हेक्टेयर भौगोलिक क्षेत्रफल में से 200.2 मिलियन हेक्टेयर क्षेत्र पर कृषि की जाती है, जबकि इसमें से 139.4 मिलियन हेक्टेयर क्षेत्र **शुद्ध बुआई क्षेत्र** (Net Sowing Area) (42.57%) है अर्थात् यहाँ वास्तविक रूप से कृषि होती है। गत 60 वर्षों में शुद्ध बुआई क्षेत्र में तीव्र गति से वृद्धि हुई है। वर्ष 1950-51 में इसके अधीन केवल 118.75 मिलियन हेक्टेयर क्षेत्र था।
- स्थानीय तौर पर पंजाब, हरियाणा, पश्चिम बंगाल, उत्तर प्रदेश, बिहार, कर्नाटक और महाराष्ट्र का 55% से अधिक प्रतिवेदित क्षेत्र (Reported Area) शुद्ध बुआई क्षेत्र के रूप में पाया जाता है। कृषि की दृष्टि से ये देश के अग्रणी क्षेत्र हैं।

आर्द्रता के आधार पर कृषि का वर्गीकरण

सिंचित कृषि	▪ **रक्षित सिंचाई कृषि** इसका प्रमुख उद्देश्य आर्द्रता की कमी के कारण फसलों को नष्ट होने से बचाना अर्थात जल की कमी को सिंचाई द्वारा पूरा करना। ▪ उत्पादक सिंचाई कृषि फसलों को पर्याप्त जल उपलब्ध कराकर अधिकतम उत्पादकता प्राप्त करना अर्थात् पर्याप्त आर्द्रता उपलब्ध कराना।
वर्षा निर्भर कृषि	▪ **शुष्क कृषि** 75 सेमी से कम वर्षा वाली कृषि, वर्षा की मात्रा में कमी होना। ▪ **आर्द्र कृषि** 75 सेमी से अधिक वर्षा वाली कृषि, वर्षा की मात्रा, फसलों की आवश्यकता से अधिक होना

कृषि के प्रकार

कृषि के प्रकारों का विवरण निम्नलिखित है

उतेरा कृषि

- यह फसल उगाने की पारम्परिक पद्धति है, जिसमें दूसरी फसल की बुआई पहली फसल के कटने के पूर्व ही कर दी जाती है। अन्य शब्दों में यह सघन कृषि (बहुफसली कृषि) का एक प्रकार है।
- इस प्रकार की कृषि के लिए **दोमट** (Loam) मिट्टी सबसे उपयुक्त होती है। इसमें धान मुख्य फसल होती है, बाकी अन्य को इसके साथ उगाया जाता है।

झूमिंग या स्थानान्तरित कृषि

झूम कृषि वह पारम्परिक कृषि है, जिसमें जंगलों के वृक्षों को काटकर जलाया जाता है और फिर उस भूमि पर कृषि की जाती है। इसे कर्तन या स्थानान्तरित कृषि भी कहते हैं। यह कृषि भारत के पूर्वोत्तर राज्य में विशेषकर जनजातीय समुदायों के द्वारा की जाती है।

भारत में स्थानान्तरित कृषि के नाम

राज्य/क्षेत्र	कृषि के नाम
मध्य प्रदेश	बेवर या दाहिया, माशा
आन्ध्र प्रदेश	पोडु या पेण्डा या पोण्डु
ओडिशा	पामाडाबी, कोमान, पोण्डु, ब्रिंगा (बरिंगा)
छत्तीसगढ़ (बस्तर जिला)	दीपा
दक्षिणी-पूर्वी राजस्थान	वालरे या वाल्टरे
पश्चिमी घाट	कुमारी
हिमालयन क्षेत्र	खिल
झारखण्ड	करूवा/कुरुवा
उत्तर-पूर्वी प्रदेश	झूमिंग
केरल	पोनम
असम	झूम

शुष्क कृषि

- शुष्क कृषि (Dry Farming) मूलत: नाजुक, ऊँचे जोखिम वाली, कम उत्पादक कृषि पारिस्थितिक-तन्त्र से सम्बद्ध है। भारत के कृषि परिदृश्य में शुष्क क्षेत्रीय कृषि का विशिष्ट स्थान है।
- देश में ये वे कृषि क्षेत्र हैं, जहाँ वार्षिक वर्षा की मात्रा 75 सेमी से कम पाई जाती है। इस क्षेत्र का विस्तार लगभग 3,17,09,000 हेक्टेयर भूमि पर पाया जाता है, जिसमें देश के कृषि क्षेत्र का 22% भाग समाहित है।
- यह कृषि क्षेत्र राजस्थान (60% भाग), गुजरात (20% भाग) एवं शेष भाग पंजाब, हरियाणा, महाराष्ट्र, आन्ध्र प्रदेश एवं कर्नाटक राज्यों में पाया जाता है। मुख्य फसलें—ज्वार, बाजरा, मक्का, कपास, मूँगफली, दालें एवं तिलहन इस क्षेत्र की मुख्य फसलें हैं।
- शुष्क कृषि के समुचित विकास हेतु अनेक कार्यक्रमों की शुरुआत की गई है। इसके अन्तर्गत वर्षा जल के वैज्ञानिक प्रबन्धन से लेकर भूमि विकास, वृक्षारोपण, पशुधन विकास आदि कार्यक्रम सम्मिलित हैं।

आर्द्र कृषि

- आर्द्र कृषि (Wet Farming) 75 सेमी से अधिक वार्षिक वर्षा वाले क्षेत्रों में की जाती है। इन क्षेत्रों में वर्षा ऋतु के अन्तर्गत वर्षा जल पौधों की जरूरत से अधिक होता है।
- ये प्रदेश बाढ़ तथा मृदा अपरदन का सामना करते हैं। इन क्षेत्रों में वे फसलें उगाई जाती हैं, जिन्हें पानी की अधिक मात्रा में आवश्यकता होती है।
- इसके अतिरिक्त चावल, जूट, गन्ना, आदि तथा ताजे पानी की जल कृषि भी यहाँ की जाती है।

निर्वाह कृषि

- इस पद्धति में किसान अनाज का उत्पादन स्वयं परिवार के उपयोग के लिए करते हैं। इस पद्धति में किसानों द्वारा छोटी-छोटी कृषि भूमि पर अपने

परिवार के सदस्यों एवं भारवाहक पशुओं की सहायता से पुराने तरीके एवं पुराने उपकरणों से कृषि की जाती है।

- अनाजों का उत्पादन केवल परिवार के भरण-पोषण के लिए ही प्राप्त होता है।
- सामान्तया इसमें केवल खाद्यान्न फसलों का ही उत्पादन किया जाता है।

स्थायी कृषि (पर्माकल्चर)

यह पारम्परिक रासायनिक कृषि से निम्न प्रकार से भिन्न हैं

- स्थायी कृषि एकधान्य कृषि पद्धति को हतोत्साहित करता है, किन्तु पारंपरिक रासायनिक कृषि में एकधान्य कृषि पद्धति की प्रधानता है।
- पारंपरिक रासायनिक कृषि के कारण मृदा की लवणता में वृद्धि हो सकती है, किन्तु इस तरह की परिघटना स्थायी कृषि में दृष्टिगोचर नहीं होती है।
- मल्च बनाने (मल्चिंग) की प्रथा स्थायी कृषि में काफी महत्त्वपूर्ण है, किन्तु पारंपरिक रासायनिक कृषि में ऐसी प्रथा आवश्यक नहीं है।

व्यापारिक कृषि

- वैश्वीकरण (Globalisation) के प्रभाव के कारण कुछ क्षेत्रों में किसान गहन निर्वाह कृषि से व्यापारिक कृषि की ओर उन्मुख हुए हैं। यह कृषि व्यावसायिक उद्देश्य से की जाती है।
- स्वतन्त्रता प्राप्ति के पश्चात् भारतीय कृषि में कई परिवर्तन आए; जैसे- प्रौद्योगिकी का स्तर ऊँचा हुआ और चकबन्दी के परिणामस्वरूप खेत बड़े तथा सुव्यवस्थित हो गए।
- कृषि के मशीनीकरण में वृद्धि हुई। किसान आर्थिक रूप से इतना समृद्ध हो गया कि वह रासायनिक उर्वरक तथा उत्तम बीज खरीद सके। उसके लिए सिंचाई, विद्युत तथा ऋण की व्यवस्था भी होने लगी। प्रति हेक्टेयर तथा प्रति कृषक उपज में वृद्धि हुई।
- भारत के अधिकांश क्षेत्रों में अब भी जीविका के रूप में गहन कृषि ही की जाती है।

रोपण कृषि

- रोपण कृषि (Plantation Farming) का प्रारम्भ ब्रिटिश कम्पनियों द्वारा औपनिवेशिक काल में शुरू किया गया, जिसमें केवल बाजार में बेची जाने वाली नकदी फसलों को उगाया जाता है।
- रबड़, चाय, कोला, मसालों, नारियल, कॉफी आदि की फसलें उगाई जाती हैं।
- इसमें वैज्ञानिक तरीकों से मशीनों का प्रयोग कर श्रमिकों की सहायता से कृषि की जाती है। मुख्य रूप से यह असम, पश्चिम बंगाल का पर्वतीय भाग, दक्षिण में नीलगिरि, अन्नामलाई एवं इलायची की पहाड़ियों पर की जाती है।

जैविक कृषि

- पर्यावरणीय सन्तुलन पर आधारित कृषि पद्धति, जिसमें निवेश से अधिक प्रतिफल प्राप्त होता है।
- कृषि की वह पद्धति, जिसमें रासायनिक उर्वरकों, कीट नाशकों का शून्य प्रयोग कर पर्यावरणीय मित्र कृषि पद्धतियों का प्रयोग करते हुए कम्पोस्ट (जैव उत्पादों-गोबर, सड़े आदि) खाद, जैविक कीटनाशकों का प्रयोग किया जाता है।
- यह कृषि दो प्रकार की होती है- शुद्ध जैविक कृषि (पूर्ण तथा प्राकृतिक स्रोतों का प्रयोग) तथा एकीकृत जैविक कृषि (पारिस्थितिकी मानक तथा आर्थिक मांगों के अनुकूल प्रबन्धन का एकोकृत दृष्टिकोण)।
- जनवरी 2016 में सिक्किम 100% जैविक कृषि करने वाला पहला राज्य बन गया है। जैविक कृषि स्थानीय आगतों पर निर्भर रहती है, इसी कारण यह प्रणाली सस्ती रहती है।

प्रसंविदा कृषि

- कृषकों द्वारा किसी समझौते के अन्तर्गत कृषि करना, जो उत्पादक (कृषक) तथा उत्पादन के क्रेता को लाभ पहुँचाए, **प्रसंविदा कृषि** (Contract Farming) कहलाती है।
- समझौते की शर्तों के अनुसार इसके अनेक मॉडल हो सकते हैं। सामान्यतः यह देखा जाता है कि प्रसंविदा का एक पक्ष तो किसान तथा दूसरा पक्ष कम्पनी या संस्था होती है, जो कृषि उत्पाद को एक निश्चित मूल्य (बाजार निर्धारित मूल्य) पर खरीदने का समझौता करती है तथा कृषक को उत्तम कोटि के बीज उर्वरक, सिंचाई, ऋण आदि की पूर्ति करती है।
- इस प्रकार इस स्थिति में कृषक अपने लिए नहीं, अपनी इच्छा से भी नहीं, बल्कि प्रसंविदा की दूसरी पार्टी के निर्देश पर उत्पादन करता है। इस स्थिति मे किसानों को विशेष रूप से छोटे तथा सीमान्त किसानों को वे सभी सुविधाएँ मिल जाती हैं, जो उन्हें व्यक्तिगत स्थिति में प्राप्त नहीं हो पातीं।
- इसके अन्तर्गत कृषक को अच्छी गुणवत्ता का आगत, आवश्यकता पड़ने पर ऋण तथा उत्पाद के लिए सही मूल्य सही समय पर बिना किसी कठिनाई के मिल जाता है।

कृषि में शून्य जुताई तथा इसके लाभ

- शून्य जुताई वह प्रक्रिया है, जिसमें भूमि की कोई पूर्व तैयारी के बिना (जुताई के बिना) पूर्व की फसल के डंटलों के बीजों को बोया जाता है। इसे निज जुताई भी कहा जाता है।
- कृषि में शून्य जुताई के प्रमुख लाभ निम्न प्रकार हैं
  1. पिछली फसल के अवशेषों को जलाए बिना गेहूँ की बुआई सम्भव है।
  2. चावल की नई पौध की नर्सरी बनाए बिना, धान के बीजों का नम मृदा में सीधे रोपण सम्भव है।
  3. मृदा में कार्बन पृथक्करण संभव है।

कृषि के अन्य प्रकार एवं प्रतिरूप

कृषि के रूप	विशेषताएँ
झूम कृषि	पूर्वोत्तर क्षेत्र में, वनों को जलाकर की जाती है।
गहन कृषि	कृषि आगतों का अधिक उपयोग।
विस्तृत कृषि	बड़े भू-खण्डों (जोतों) में की जाने वाली कृषि।
बागानी कृषि	पहाड़ी ढालों के सहारे बागानों की जाने वाली कृषि।
जीवन-निर्वाह कृषि	जीवन-यापन के उद्देश्य से।
मिश्रित कृषि	कृषि के साथ पशुपालन।
सतत कृषि	पारिस्थितिकी के सिद्धान्तों के अनुसार की जाने वाली कृषि।
मिश्रित फसल	दो-या-दो से अधिक फसलों को एक साथ एक ही खेत में उगाना।

कृषि के रूप	विशेषताएँ
अन्तराफसलीकरण	दो-या-दो से अधिक फसलों को एक साथ एक निश्चित पैटर्न पर उगाना।
फसल चक्र	परिपक्वता के आधार पर विभिन्न फसल सम्मिश्रण के लिए फसल चक्र।

- **एले क्रॉपिंग** एक फसल प्रणाली है, जिसमें फसलों को रोपण किए गए पेड़ों की कतारों के बीच उगाया जाता है।
- **संरक्षण कृषि** न्यूनतम जोत को अपनाना, फसल आवर्तन को अपनाना तथा फसल अपशिष्टों का उपयोग।

नोट फसल लोगिंग (Crop logging process) विधि, पोषक तत्त्वों की आवश्यकता जानने हेतु पौध विश्लेषण।

कृषि जलवायु प्रदेश

मृदा एवं मृदा उपयोग सर्वेक्षण नागपुर द्वारा भारत को **20 एग्रो- इकोलॉजिकल जोन** में विभाजित किया गया है, जिसका आधार मृदा का लक्षण तथा शस्यावर्द्धन काल है।

- मृदा प्रकार, वर्षा, तापमान, जल संसाधन, आदि सामान्य कृषि-जलवायु कारकों के आधार पर योजना आयोग ने देश को **15 प्रमुख कृषि जलवायु प्रदेशों** में विभाजित किया है

1. **पश्चिमी हिमालय प्रदेश** जम्मू-कश्मीर, हिमाचल प्रदेश, उत्तराखण्ड।
2. **पूर्वी हिमालय प्रदेश** दार्जिलिंग क्षेत्र, सिक्किम, अरुणाचल प्रदेश, नागालैण्ड, मिजोरम।
3. **निचला गंगा मैदान** पूर्वी बिहार, पश्चिम बंगाल और असम घाटी का क्षेत्र।
4. **मध्य गंगा मैदान** पूर्वी उत्तर प्रदेश व बिहार के भाग।
5. **ऊपरी गंगा मैदान** इनमें मध्यवर्ती और पश्चिमी उत्तर प्रदेश का क्षेत्र सम्मिलित है।
6. **गंगा-पार मैदान** पंजाब, हरियाणा, दिल्ली, चण्डीगढ़, राजस्थान का गंगानगर जिला।
7. **पूर्वी पठार और पहाड़ियाँ** छोटानागपुर पठार, राजमहल पहाड़ियाँ, छत्तीसगढ़ मैदान, दण्डकारण्य।
8. **मध्यवर्ती पठार एवं पहाड़ियाँ** बुन्देलखण्ड, बघेलखण्ड, भाण्डेर पठार, मालवा पठार, विन्ध्याचल पहाड़ी।
9. **पश्चिमी पठार एवं पहाड़ियाँ** मालवा पठार का दक्षिणी भाग, महाराष्ट्र का दक्कन पठार क्षेत्र।
10. **दक्षिण पठार एवं पहाड़ियाँ** दक्षिणी महाराष्ट्र, कर्नाटक, पश्चिमी आन्ध्र प्रदेश एवं उत्तरी तमिलनाडु के भाग।
11. **पूर्वी तटीय मैदान एवं पहाड़ियाँ** कोरोमण्डल व उत्तरी सागर तट।
12. **पश्चिमी तटीय मैदान एवं घाट** मालाबार एवं कोंकण तट और सह्याद्रि।
13. **गुजरात मैदान एवं पहाड़ियाँ** काठियावाड़ तथा साबरमती और माही नदी की उपजाऊ घाटी।
14. **पश्चिमी शुष्क प्रदेश** अरावली के पश्चिम का पश्चिमी राजस्थान।
15. **द्वीप प्रदेश** अण्डमान-निकोबार और लक्षद्वीप समूह के भाग।

कृषि संगणना (2015-16) (चरण I)

क्र.सं.	श्रेणी	परिचालित क्षेत्र
1.	सीमांत जोत	1 हेक्टेयर से कम
2.	लघु जोत	1-2 हेक्टेयर
3.	अर्द्ध-मध्यम जोत	2-4 हेक्टेयर
4.	मध्यम जोत	4-10 हेक्टेयर
5.	वृद्ध जोत	10 हेक्टेयर और इससे अधिक

भारत की फसल ऋतुएँ

भारत की भौतिक संरचना, **जलवायविक** (Climatic) एवं मृदा सम्बन्धी विभिन्नताएँ ऐसी हैं, जो विभिन्न प्रकार की फसलों की कृषि को प्रोत्साहित करती हैं। देश के उत्तरी एवं आन्तरिक भागों में तीन प्रमुख फसल खरीफ, रबी व जायद के नाम से जानी जाती हैं।

1. खरीफ

- **समयावधि** इसे जून-जुलाई में दक्षिण-पश्चिम मानसून के प्रारम्भ होने के साथ बोई जाती हैं तथा सितम्बर-अक्टूबर तक काट ली जाती हैं।
- **फसलें** इसमें उष्णकटिबन्धीय फसलें शामिल होती हैं, जिसके अन्तर्गत चावल, ज्वार, बाजरा, मक्का, जूट, मूँगफली, कपास, सन, तम्बाकू, मूँग, उड़द, लोबिया आदि।

2. रबी

- **समयावधि** सामान्यत: अक्टूबर में बोई जाती हैं और मार्च में काट ली जाती हैं। इस समय का कम तापमान शीतोष्ण एवं उपोष्ण कटिबन्धीय फसलों के लिए सहायक होता है। इस ऋतु में सिंचाई की आवश्यकता ज्यादा पड़ती है।
- **फसलें** गेहूँ, जौ, चना, मटर, सरसों, राई आदि हैं।

नोट 'खरीफ' और 'रबी' शब्द की उत्पत्ति अरबी भाषा से हुई है, जिसमें खरीफ का अर्थ शरद ऋतु तथा रबी का अर्थ बसन्त ऋतु होता है।

3. जायद

- **समयावधि** एक अल्पकालिक एवं ग्रीष्मकालीन फसल है, जो रबी एवं खरीफ के मध्यवर्ती काल में अर्थात् अप्रैल में बोई जाती है और जून तक काट ली जाती है।
- इसमें सिंचाई की सहायता से सब्जियों, खरबूजा, ककड़ी, खीरा, करेला आदि की कृषि की जाती है।
- मूँग एवं कुल्थी जैसी दलहन फसलें भी इस समय उगाई जाती हैं।
- यद्यपि इस प्रकार की पृथक् फसल ऋतुएँ देश के दक्षिणी भागों में नहीं पाई जातीं।
- यहाँ का अधिकतम तापमान वर्षभर किसी भी उष्णकटिबन्धीय फसल (Tropical Crop) की बुआई में सहायक है, इसके लिए पर्याप्त आर्द्रता उपलब्ध होनी चाहिए।
- इसलिए देश के दक्षिणी भाग में जहाँ भी पर्याप्त मात्रा में सिंचाई सुविधाएँ उपलब्ध हैं, एक कृषि वर्ष में एक ही फसल तीन बार उगाई जा सकती है।

भारतीय कृषि ऋतु

कृषि ऋतु	प्रमुख फसलें	
	उत्तरी भारत राज्य	दक्षिणी भारत
खरीफ (जून से सितम्बर)	चावल, कपास, बाजरा, मक्का,ज्वार, अरहर (तुर)	चावल, मक्का, रागी, ज्वार तथा मूँगफली
रबी (अक्टूबर से मार्च)	गेहूँ, चना, तोरई, सरसों, जौ	चावल, मक्का, रागी, मूँगफली
जायद (अप्रैल से जून)	वनस्पति, सब्जियाँ, फल, चारा फसलें	चावल, सब्जियाँ, चारा, फसलें

भारत की प्रमुख फसलें

भारत की प्रमुख फसलों को कई भागों में बाँटा जाता है; जैसे खाद्यान्न फसलें, दलहन फसलें, तिलहन फसलें एवं नकदी फसलें। इनका विस्तृत विवरण निम्नलिखित है

खाद्य फसलें

वृहत् जनसंख्या हेतु भोजन पूर्ति के कारण भारत की कृषि में खाद्यान्नों की प्रधानता पाई जाती है, जो सम्पूर्ण कृषित क्षेत्र के 60.86% भाग को अधिकृत किए हुए है। इन खाद्य फसलों (Food Crops) में अनाज और दालें हैं, जिनमें चावल, गेहूँ, ज्वार, बाजरा, मक्का, जौ, रागी, चना और अरहर प्रमुख हैं।

चावल

- चावल (Rice) एक देशज फसल है, जिसकी कृषि देश के समूचे भाग में की जाती है।
- इसकी उत्पत्ति दक्षिण पूर्व एशिया में हुई थी। चावल मुख्यत: खरीफ की फसल है, जिसे जून से अगस्त के बीच में बोया जाता है एवं कटाई नवम्बर और दिसम्बर के मध्य की जाती है।
- इसकी कृषि समुद्र तल से 200 मी की ऊँचाई तक पूर्वी भारत के आर्द्र भागों से लेकर उत्तर-पश्चिमी भारत के शुष्क, किन्तु सिंचित क्षेत्रों में सफलतापूर्वक की जाती है।
- दक्षिणी राज्यों तथा पश्चिम बंगाल में जलवायु अनुकूलता के कारण एक कृषि वर्ष में चावल की दो या तीन फसलें उगाई जाती हैं, जिन्हें पश्चिम बंगाल में **ऑस, अमन** तथा **बोरो** कहा जाता है।
- जया, पद्मा (पद्मा), कृष्णा, बारानी, द्वीप, अमन, पूसा सुगन्धा 5, पूसा आर. एच. 10 (बासमती) चावल की उन्नत किस्में हैं।

धान गहनता प्रणाली

- इस विधि में खेतों का बारी-बारी कूदन तथा शुष्कन किया जाता है। इस प्रणाली से खेतों में बीजों की कम आवश्यकता पड़ती है, साथ ही मीथेन की निर्मुक्ति में कमी तथा बिजली के उपयोग में कमी होती है।
- इसमें पूरे खेत को जलमग्न नहीं किया जाता है। इसका भारत में पहला प्रयोग तमिलनाडु राज्य में हुआ था।

उपज की दशाएँ

तापमान

चावल की कृषि के लिए कम-से-कम 20° सेग्रे तापमान होना चाहिए। इसे बोते समय 21° सेग्रे, बढ़ते समय 24° सेग्रे तथा पकते समय 27° सेग्रे तापमान की आवश्यकता होती है।

वर्षा

चावल की फसल के लिए 125 से 200 सेमी वार्षिक वर्षा आवश्यक है। बुआई के समय वर्षा अधिक होनी चाहिए। ज्यों-ज्यों पकने का समय आता है, त्यों-त्यों कम वर्षा की आवश्यकता रहती है। 100 सेमी वार्षिक वर्षा की समवर्षा रेखा चावल की कृषि करने वाले क्षेत्रों की प्राकृतिक सीमा निर्धारित करती है। 100 सेमी से कम वार्षिक वर्षा वाले इलाकों में सिंचाई की सहायता से चावल की कृषि की जाती है। चावल के कृष्य क्षेत्र का 58.7% भाग सिंचित है।

मिट्टी

- चावल के लिए बहुत उपजाऊ मिट्टी चाहिए। इसके लिए चीकायुक्त दोमट मिट्टी उपयुक्त होती है। नदियों द्वारा लाई गई जलोढ़ मिट्टी में यह पौधा भली-भाँति उगता है। चावल की कृषि के लिए हल्के ढाल वाले मैदानी भाग अनुकूल होते हैं।
- **श्रम** धान की कृषि श्रम साध्य कृषि मानी जाती है, जिसमें पौध रोपण, कटाई आदि में श्रम की अधिक आवश्यकता होती है। इसी कारण इसे 'खुरपे की कृषि' कहा जाता है किन्तु वर्तमान समय में मशीनीकरण द्वारा इसमें परिवर्तन हुआ है।

क्षेत्र एवं उत्पादन

भारत में पंजाब राज्य चावल उत्पादक्ता (प्रति हेक्टेयर उत्पादन) में शीर्ष स्थान पर है। यद्यपि सभी राज्यों में चावल की कृषि की जाती है, किन्तु इसका अधिकांश कृषि क्षेत्र केवल आठ राज्यों क्रमश: पश्चिम बंगाल, उत्तर प्रदेश, आंध्रप्रदेश, पंजाब, ओडिशा, बिहार, छत्तीसगढ़ तथा तमिलनाडु में पाया जाता है। उत्पादन के क्रम में पश्चिम बंगाल, उत्तर प्रदेश तथा पंजाब क्रमश: पहले, दूसरे तथा तीसरे स्थान पर है तथा फसल क्षेत्र में शीर्ष स्थान क्रमश: उत्तर प्रदेश, पश्चिम बंगाल, उड़ीसा का है।

नोट धान की फसल नील हरित शैवाल का उपयोग जैव उर्वरक के रूप में होता है। 2, 4-D तथा ब्यूटाक्लोर शाकनाशी हैं। सुपर राइस जी एस खुश ने विकसित किया। विटामिन 'ए' की कमी को दूर करने हेतु गोल्डन राइस विकसित, बीटा कैरोटिन युक्त पीले चावल का निर्माण।

गेहूँ

चावल के उपरान्त गेहूँ (Wheat) देश का दूसरा महत्त्वपूर्ण खाद्यान्न है। विश्व के गेहूँ उत्पादक देशों में भारत का दूसरा स्थान है। वर्ष 1967-68 के बाद गेहूँ की कृषि की उल्लेखनीय प्रगति के कारण ही देश खाद्यान्नों के मामले में आत्मनिर्भर हो सका है।

भारत में गेहूँ **रबी** की फसल के रूप में उगाया जाता है। भारत का अधिकांश गेहूँ विशाल मैदान की जलोढ़ मिट्टियों के क्षेत्र में उगाया जाता है। कल्याण, पूसा सिन्धु गंगा, सोनोरा-64, राज 3077, यूपी 308, राज 3077, नाली एमजी अर्जुन आदि प्रमुख गेहूँ की उन्नत किस्में हैं।

गेहूँ के वानस्पतिक नाम

- मैक्रोनी (ट्रिटिकम ड्यूरम)
- एमर गेहूँ (ट्रिटिकम डाइकोकम)
- इनकोर्न गेहूँ (ट्रिटिकम मोनोकोकम)
- सामान्य गेहूँ (ट्रिटिकम एस्टिवम)

उपज की दशाएँ

तापमान

गेहूँ के उगते समय 10° सेग्रे तथा पकते समय 15° से 20° सेग्रे तापमान की आवश्यकता होती है।

वर्षा

- गेहूँ की कृषि के लिए 75 सेमी वार्षिक वर्षा की आवश्यकता होती है। 100 सेमी से अधिक वार्षिक वर्षा वाले क्षेत्रों में गेहूँ की कृषि नहीं की जाती।
- सिंचाई की सहायता से गेहूँ 20 सेमी वार्षिक वर्षा वाले क्षेत्रों में भी उगाया जा सकता है।
- वर्षा की मात्रा उगते समय अधिक होनी चाहिए। ज्यों-ज्यों गेहूँ का पौधा बढ़ता है, त्यों-त्यों वर्षा की आवश्यकता कम होती जाती है तथा पकते समय वर्षा गेहूँ के लिए हानिकारक है।

मिट्टी

- गेहूँ की कृषि अनेक प्रकार की मिट्टियों में की जा सकती है, परन्तु हल्की मृत्तिका मिट्टी (Clay Soil), मृत्तिकायुक्त दोमट मिट्टी, भारी दोमट मिट्टी तथा बलुई दोमट मिट्टी इसके लिए उत्तम होती है।
- गेहूँ की कृषि में बड़े पैमाने पर यन्त्रों का प्रयोग किया जाता है, इसलिए इसे समतल मैदानी भागों की आवश्यकता होती है।

क्षेत्र एवं उत्पादन

- गेहूँ की कृषि देश के सकल कृषि क्षेत्र के लगभग 15% से अधिक भाग पर की जाती है। भारत में गेहूँ की उत्पादकता 3,537 किग्रा/हेक्टेयर [35373 हेक्टोग्राम/हेक्टेयर] है।
- गेहूँ के अन्तर्गत कृषि क्षेत्र का 52.9% भाग सिंचाई युक्त है। विश्व में गेहूँ का सर्वाधिक उत्पादन चीन में तथा दूसरे स्थान पर भारत में होता है। भारत में उत्तर प्रदेश का गेहूँ उत्पादन में प्रथम स्थान है। यहाँ देश के कुल उत्पादन का 31.77% गेहूँ पैदा होता है, जबकि मध्य प्रदेश एवं पंजाब का क्रमशः दूसरा व तीसरा स्थान है। रेस्ट तथा करनाल बंट गेहूँ के रोग हैं।

ज्वार

- ज्वार अफ्रीकी मूल का पौधा है, उत्तरी भारत में इसे चारे के रूप में प्रयोग किया जाता है, परन्तु प्रायद्वीपीय भारत में यह महत्त्वपूर्ण खाद्य फसल है।
- ज्वार **खरीफ** तथा **रबी** दोनों प्रकार की फसल है।

उपज की दशाएँ

तापमान

खरीफ की फसल के रूप में यह **26° से 35° सेग्रे** तापमान वाले इलाकों में पैदा की जाती है। रबी की फसल को 16° सेग्रे से अधिक तापमान वाले इलाकों में बोया जाता है।

वर्षा

- उगते समय इसे 30 सेमी वर्षा की आवश्यकता होती है और 100 सेमी से अधिक वर्षा वाले इलाकों में इसकी कृषि सम्भव नहीं है।
- यह दोमट तथा बलुई युक्त मिट्टी सहित कई प्रकार की मिट्टी में उग सकती है, परन्तु चीकायुक्त, गहरी रेगुर तथा काँप की मिट्टी इसके लिए आदर्श होती है।
- यह मुख्यतः मैदानी भागों में उगती है, परन्तु मन्द ढाल वाले इलाकों में भी ये उगाई जाती है।
- ज्वार की फसल को चावल, गेहूँ आदि जैसी फसलों के विस्तार से काफी क्षति पहुँची है। पहले की अपेक्षा इसके उत्पादन तथा क्षेत्रफल में बहुत कमी आई है।

क्षेत्र एवं उत्पादन

ज्वार देश के खाद्यान्नों के 4.6% क्षेत्र पर बोया जाता है। ज्वार का केवल 9.7% क्षेत्रफल ही सिंचित है। ज्वार मुख्यतः प्रायद्वीपीय भारत (Peninsular India) की फसल है। ज्वार के उत्पादन में प्रथम तीन राज्य क्रमशः **महाराष्ट्र** (सम्पूर्ण भारत का 43.30%) **कर्नाटक** तथा **राजस्थान** हैं।

बाजरा

- बाजरा भी **अफ्रीकी मूल** का पौधा है। यह सामान्यतया शुष्क प्रदेशों की फसल है, यह महत्त्वपूर्ण मोटा अनाज है, जिसे भोजन के रूप में प्रयोग किया जाता है।
- इसे पशुओं के चारे तथा छप्पर बनाने के लिए भी प्रयोग किया जाता है।

उपज की दशाएँ

- **तापमान व वर्षा** यह एक **शुष्क जलवायु** (Arid Climate) वाली फसल है, जो 40 से 50 सेमी वार्षिक वर्षा वाले क्षेत्रों में बोई जाती है
- इसके लिए आदर्श **तापमान 25° से 30°** सेग्रे होता है। ।
- इसकी वृद्धि के लिए प्रारम्भिक चरणों में हल्की वर्षा के बाद तेज धूप बड़ी लाभकारी होती है।
- यह घटिया हल्की बलुई मिट्टी, काली मिट्टी, लाल मिट्टी तथा उच्च इलाकों की **कंकरी मिट्टी** (Grit Soil) में पैदा होती है।
- यह **खरीफ की फसल** है, जिसे मई से सितम्बर तक बोया जाता है और अक्टूबर से फरवरी/मार्च तक काट लिया जाता है।
- यह वर्षा पर आधारित फसल है, जिसे सिंचाई की आवश्यकता नहीं होती है।

क्षेत्र एवं उत्पादन

- बाजरा के क्षेत्र में वर्ष 1970-71 के बाद से ह्रास हुआ है, जबकि इसके उत्पादन में उतार-चढ़ाव की प्रवृत्ति देखी जाती है।
- इस समय देश में बाजरा का 73% कृषि क्षेत्र उन्नतशील किस्मों के अन्तर्गत है। देश में बाजरा का 8.5% कृषि क्षेत्र सिंचित है।
- देश के बाजरे का 92% कृषि क्षेत्र एवं उत्पादन केवल पाँच राज्यों **राजस्थान, महाराष्ट्र, हरियाणा, उत्तर प्रदेश** एवं **गुजरात** से प्राप्त होता है। बाजरा का सर्वाधिक उत्पादन राजस्थान में होता है, जबकि दूसरे स्थान पर उत्तर प्रदेश है।

मक्का

- मक्का (Maize) मुख्यतः **खरीफ की फसल** है, परन्तु कुछ क्षेत्रों में इसे रबी के रूप में भी उगाया जाता है। यह C-4 पौधा है। यह मोटा अनाज है, जिसे मनुष्य के लिए भोजन तथा पशुओं के लिए चारे के रूप में प्रयोग किया जाता है। इससे स्टार्च तथा ग्लूकोज प्राप्त किए जाते हैं।

- यह भारतीय मूल की फसलें नहीं है, बल्कि इसे 17वीं शताब्दी के आरम्भ में अमेरिका से लाया गया था।

वर्तमान में यह भारत के उत्तरी मैदान तथा उप-हिमालयी क्षेत्र की महत्त्वपूर्ण फसल बन गई है। यह विभिन्न प्रकार की भौगोलिक परिस्थितियों में उग सकती है।

उपज की दशाएँ

- **वर्षा** यह मुख्य: वर्षा पर आधारित फसल है। वर्षा ऋतु के आरम्भ होने के कुछ समय पहले बोई जाती है।
- तमिलनाडु में यह **रबी** की फसल है, जहाँ पर इसे शीतकालीन वर्षा ऋतु आरम्भ होने से पहले सितम्बर-अक्टूबर में बोया जाता है। इसे 50 से 100 सेमी वार्षिक वर्षा की आवश्यकता होती है।
- कम वर्षा वाले इलाकों में इसे सिंचाई की आवश्यकता होती है। वर्षा ऋतु में लम्बी शुष्क अवधि इसके लिए हानिकारक है। वर्षा के बाद चमकीली धूप इसके लिए बहुत उपयोगी होती है।
- **तापमान** यह **21° सेग्रे से 27° सेग्रे** तापमान वाले क्षेत्रों में भली-भाँति उगती है। हालाँकि यह 35° सेग्रे का उच्च तापमान भी सहन कर लेती है।
- इसके लिए पाला हानिकारक है और यह वर्ष में साढ़े चार पालारहित महीनों वाले इलाकों में ही पनपती है।
- **मृदा** इसके लिए **नाइट्रोजन युक्त दोमट** या लाल मिट्टी आदर्श होती है। पहाड़ी इलाकों में यह खुरदरी मिट्टी में भी उग जाती है।

क्षेत्र एवं उत्पादन

- मक्का की खेती समूचे भारत में की जाती है। मक्का उत्पादक प्रमुख तीन राज्य क्रमशः **कर्नाटक**, **मध्य प्रदेश** एवं **महाराष्ट्र** हैं।
- आन्ध्र प्रदेश, कर्नाटक, महाराष्ट्र, राजस्थान, बिहार एवं उत्तर प्रदेश मिलकर देश के लगभग 70% मक्का का उत्पादन (क्षेत्रफल 61%) करते हैं।

जौ

पहले विस्तृत क्षेत्र पर जौ (Barley) की खेती की जाती थी, परन्तु अब इसे सीमित क्षेत्र में ही बोया जाता है। यह मोटा अनाज है, जिसे भोजन तथा बीयर एवं ह्विस्की बनाने के लिए प्रयोग किया जाता है।

उपज की दशाएँ

- इसका पौधा उच्च तापमान तथा उच्च आर्द्रता को सहन नहीं करता, इसके लिए लगभग तीन माह तक 10°-15° सेग्रे तापमान रहना चाहिए और वर्षा 75-100 सेमी से अधिक नहीं होनी चाहिए।
- हल्की **चीका एवं काँप** की मिट्टी इसकी कृषि के लिए उत्तम होती है। इसे भारत के उत्तरी मैदान तथा पश्चिमी हिमालय की घाटियों में रबी की फसल के रूप में बोया जाता है।
- लगभग 1,300 मी ऊँचाई वाले इलाकों में इसकी कृषि की जा सकती है। भारत में जौ की कृषि का प्रचलन कम होता जा रहा है।

क्षेत्र एवं उत्पादन

पिछले चार दशकों में जौ के उत्पादन में 50% की कमी आई है। **उत्तर प्रदेश** सबसे बड़ा उत्पादक राज्य है, जहाँ भारत का 40% जौ पैदा किया जाता है। **राजस्थान** वह दूसरा स्थान है, जहाँ भारत का 30% जौ पैदा किया जाता है। **मध्य प्रदेश, हरियाणा, पंजाब, बिहार, हिमाचल प्रदेश** तथा **छत्तीसगढ़** अन्य उत्पादक राज्य हैं।

दलहन फसलें

- भारत विश्व में दलहन का **सबसे बड़ा उत्पादक** है। दालों (Pulses) के अन्तर्गत चना, अरहर तुर, उड़द, मूँग, मसूर, मटर, लोबिया, मोठ आदि कई खाद्यान्न आते हैं।
- इनमें **प्रोटीन** की मात्रा अधिक होती है। इनमें से कुछ को पशुओं के चारे के रूप में भी प्रयोग किया जाता है। ये मृदा को वायुमण्डलीय नाइट्रोजन प्रदान करती हैं, जिससे मृदा की उर्वरा शक्ति बढ़ती है।
- प्राय: दालों को विभिन्न फसलों के साथ शस्यावर्तन (Crop Rotation) करके भी उगाया जाता है। ये भारत के लगभग सभी भागों में उगाए जाते हैं।
- दालों के उत्पादन में मध्य प्रदेश (21.78%) का प्रथम स्थान है, जिसके बाद महाराष्ट्र (18.75%) का स्थान आता है। भारत में मुख्य रूप से अरहर तथा चना दाल के अतिरिक्त अन्य दालों का उत्पादन भी प्रमुखता से होता है।

नोट भारत की दलहनी फसलों में उड़द की खेती रबी एवं खरीफ दोनों मौसमों में की जा सकती है। दलहनी फसलों के उत्पादन हेतु कोबाल्ट आवश्यक होता है। इसके लिए सन्तुल्ति खाद का अनुपात 1 : 2 : 2 होता है।

चना

- चना (Gram) दलहन की एक मुख्य फसल है, जिसका दलहन की फसलों के सकल क्षेत्र में लगभग 42.% और उत्पादन में 51.2% का योगदान है।
- चने में 61.5% कार्बोहाइड्रेट, 21% प्रोटीन होता है। यह उपोष्ण कटिबन्धीय फसल है।
- इसे विभिन्न प्रकार की मिट्टियों में उगाया जा सकता है, परन्तु इसके लिए सुप्रवाहित दोमट मिट्टी सर्वोपयुक्त मानी जाती है।
- इसके लिए तापमान 20-25°C तथा वर्षा 40-80 सेमी महत्त्वपूर्ण होती है।
- चने की बुआई मध्य अक्टूबर-नवम्बर में और कटाई मार्च-अप्रैल में की जाती है।
- इसे अकेले या मिश्रित रूप में उगाया जाता है।

क्षेत्र एवं उत्पादन

- चने के अन्तर्गत क्षेत्र एवं उत्पादन में जहाँ विकासोन्मुखी प्रवृत्ति देखी गई है, वहाँ इसकी प्रति हेक्टेयर उपज में वृद्धि के संकेत मिलते हैं।
- यद्यपि इसकी खेती देश के विभिन्न भागों में की जाती है, परन्तु इसका सर्वाधिक संकेन्द्रण देश के शुष्क पश्चिनी भागों में विशेषकर **मध्य प्रदेश, महाराष्ट्र** एवं **उत्तर प्रदेश** राज्यों में देखा जाता है। इन तीन राज्यों में देश के कुल चना क्षेत्र का 66% और उत्पादन का लगभग 70% भाग होता है। उत्पादन में महाराष्ट्र प्रथम, मध्य प्रदेश दूसरे, जबकि राजस्थान तीसरे स्थान पर है।

अरहर

- दालों में अरहर (तुर) का दूसरा स्थान है। भारत इसका जन्म स्थान है। तुर का दलहन की फसलों के सकल क्षेत्र में 15.4% तथा उत्पादन में 17.0% का योगदान है। इसे गन्ना और कपास के खेतों में चारों ओर बाड़ की तरह भी लगाया जाता है।
- यह वर्षभर की फसल है, जिसकी बुआई मई-जुलाई एवं कटाई जनवरी-अप्रैल में की जाती है, इसे अक्सर मिश्रित फसल के रूप में उगाया जाता है।
- इसके लिए तापमान 20-25°C तथा वर्षा 40-80 सेमी महत्त्वपूर्ण होती है।

क्षेत्र एवं उत्पादन

अरहर के अन्तर्गत लगभग 4.5% क्षेत्र सिंचित है। अरहर का सर्वाधिक उत्पादक राज्य **महाराष्ट्र** है, जबकि **कर्नाटक, उत्तर प्रदेश, मध्य प्रदेश** अन्य प्रमुख उत्पादक राज्य हैं।

लोबिया

- लोबिया (Lobiya) एक दलहनी फसल है, जिसका प्रयोग सब्जी के साथ-साथ जानवरों के चारे में भी किया जाता है।
- लोबिया को **शीतोष्ण** और **समशीतोष्ण** जलवायु में उगाया जाता है।
- इसकी खेती खरीफ के रूप में या वर्षा ऋतु में की जाती है।
- भारत में इसका उत्पादन मुख्य रूप से कर्नाटक, **तमिलनाडु, मध्य प्रदेश, केरल** तथा **उत्तर प्रदेश** के कुछ भागों में किया जाता है।

मूँग

- मूँग (Green Gram Beans) एक दलहनी फसल है, जिसका प्रयोग खाद्यान्न के रूप में किया जाता है। इसमें प्रोटीन की मात्रा अधिक पाई जाती है।
- मूँग की खेती खरीफ एवं जायद दोनों मौसम में की जा सकती है, लेकिन जायद में मूँग की खेती के लिए सिंचाई का आवश्यकता होती है।
- **राजस्थान** मूँग का सर्वाधिक उत्पादक राज्य **आन्ध्र प्रदेश** व **तमिलनाडु** इसके अन्य प्रमुख उत्पादक राज्य हैं।

तिलहन फसलें

- जिन फसलों से हमें तेल प्राप्त होता है, उन्हें तिलहन (Oil Seeds) कहते हैं। तिल, सरसों, अलसी, बिनौला, मूँगफली, नारियल, अरण्डी, सोयाबीन, सूरजमुखी आदि नौ तिलहन हैं।
- तिलहन बहुत ही लाभकारी फसलों का समूह है। इनसे हमें निम्नलिखित लाभ प्राप्त होते हैं
- तिलहनों से हमें विभिन्न प्रकार के तेल प्राप्त होते हैं, जिनका प्रयोग खाना बनाने, दवाइयाँ बनाने तथा विभिन्न उद्योगों (जैसे-साबुन, मशीन का तेल, पॉलिश, रोगन, मोमबत्ती आदि) में किया जाता है।
- तिलहनों में से तेल निकाल लेने के बाद जो खली बच जाती है, उससे पशुओं के लिए पौष्टिक आहार बनाया जाता है।
- बहुत से तिलहनों को बोने से भूमि की उपजाऊ शक्ति बढ़ती है।
- तिलहन उच्च मूल्य वाली फसल है, जिसका उच्च आर्थिक लाभ है।
- भारत में तिलहन क्षेत्र का विस्तार खाद्यान्नों के सकल क्षेत्र के 22.6% भाग पर फैला है तथा देश के खाद्यान्न उत्पादन में इसका 12.41% का योगदान है।
- देश में तिलहन उत्पादन में क्रमशः **राजस्थान, मध्य प्रदेश, गुजरात, महाराष्ट्र, आन्ध्र प्रदेश** आदि अन्य प्रमुख उत्पादक राज्य हैं।

मूँगफली

- मूँगफली (Groundnut) ब्राजील का मूल पौधा है। यह भारत के सबसे महत्त्वपूर्ण तिलहनों में से एक है और भारत के कुल तिलहन उत्पादन में मूँगफली का 15.15% योगदान है।
- मूँगफली की गिरी में प्रोटीन तथा विटामिन प्रचुर मात्रा में होते हैं। इसमें तेल की मात्रा 40-50% होती है।
- इससे वनस्पति घी बनाया जाता है और विभिन्न उद्योगों में प्रयोग किया जाता है।
- शस्यावर्तन (Crop Rotation) के लिए यह बहुत उपयोगी है, क्योंकि यह मिट्टी में नाइट्रोजन की मात्रा बढ़ाती है और उसे उपजाऊ बनाती है।

उपज की दशाएँ

- **उष्णकटिबन्धीय जलवायु** का पौधा है, जिसके लिए 20º से 30º सेग्रे तापमान तथा 50-75 सेमी वार्षिक वर्षा की आवश्यकता होती है।
- यह अधिक आर्द्र जलवायु में नहीं पनपता, बल्कि 100 सेमी वार्षिक वर्षा की समवर्षा रेखा इसकी कृषि की सीमा निर्धारित करती है। **पाला, लम्बा सूखा** तथा **लम्बी अवधि की वर्षा** इसके लिए हानिकारक है, इसके लिए बलुई दोमट मिट्टी उपयुक्त होती है।

उत्पादन एवं वितरण

- भारत विश्व का दूसरा सबसे बड़ा मूँगफली का उत्पादक है।
- भारत में गुजरात मूँगफली का सबसे बड़ा उत्पादक है। इसके अतिरिक्त राजस्थान, तमिलनाडु, आन्ध्र प्रदेश, कर्नाटक, महाराष्ट्र में भी मूँगफली का उत्पादन होता है।

नोट पेगिंग (Pegging) मूँगफली में एक लाभकारी प्रक्रिया है एवं कौशल एक उन्नत प्रजाति है तथा मूँगफली के लिए जिप्सम की अधिक आवश्यकता होती है।

तोरिया एवं सरसों

- मूँगफली के बाद तोरिया और सरसों (Rapeseed and Mustard) भारत के दूसरे महत्त्वपूर्ण तिलहन हैं। इनमें तेल की मात्रा 25-45% होती है।
- यह भारत का प्रमुख खाद्य तेल है।
- ये सामान्यतः गेहूँ, जौ, चना, मटर आदि के साथ मिश्रित फसल के रूप में बोई जाती हैं। इन्हीं फसलों की भाँति इसे सतलुज गंगा के मैदान की **समशीतोष्ण जलवायु** (Temperate Climate) चाहिए।
- इसका 82% भाग तेल के लिए, 10% भाग खाद के लिए तथा 5% भाग बीज के लिए प्रयोग किया जाता है, शेष 3% भाग का निर्यात किया जाता है। राजस्थान भारत में तोरिया और सरसों का सबसे बड़ा उत्पादक है, जो भारत के कुल उत्पादन का 48.10% उत्पादन करता है।
- इसके अलावा उत्तर प्रदेश, मध्य प्रदेश, हरियाणा और गुजरात में भी इसका अच्छा-खासा उत्पादन होता है।

अलसी

- अलसी (Linseed) में 35-47% तेल होता है, जिसका प्रयोग पेण्ट, वार्निश, छपाई की स्याही तथा जलविरोधी वस्त्र के लिए किया जाता है।

- कृषि विभिन्न भौगोलिक परिस्थितियों में की जा सकती है, फिर भी इसके लिए 20° सेग्रे तापमान तथा 75 सेमी वर्षा वाली ठण्डी तथा आर्द्र जलवायु अधिक उपयोगी होती हैं।
- चीकायुक्त दोमट, गहरी काली तथा काँप की मिट्टी में यह भली-भाँति उगती है।
- यह रबी की फसल है, जिसे अक्टूबर-नवम्बर में बोया जाता है और मार्च-अप्रैल में काट लिया जाता है।
- मध्य प्रदेश, उत्तर प्रदेश, बिहार, छत्तीसगढ़ तथा महाराष्ट्र मुख्य उत्पादक राज्य हैं और देश की 80% अलसी पैदा करते हैं।

तिल

- तिल (Sesamum) में 45 से 50% तेल होता है, जिसका प्रयोग खाना पकाने तथा दवाइयों के लिए किया जाता है।
- तिल एक वर्षा पर आधारित फसल है, जिसे सिंचाई की सुविधा उपलब्ध नहीं कराई जाती, इसके लिए 40-50 सेमी वार्षिक वर्षा तथा 21°-23° सेग्रे तापमान अनुकूल जलवायु सम्बन्धी परिस्थितियाँ उपयुक्त हैं। इसके लिए पाला, लम्बी अवधि का सूखा तथा अधिक देर तक भारी वर्षा हानिकारक होती है।
- सुप्रवाहित हल्की दोमट मिट्टी में यह फसल भली-भाँति उगती है।
- यह मुख्यत: समतल भूमि की फसल है, यह उत्तरी भारत में खरीफ तथा दक्षिण भारत में रबी की फसल है। इसके उत्पादन में कालिक परिवर्तन आते रहते हैं, क्योंकि यह पूर्णतया वर्षा पर आधारित फसल है।
- गुजरात, पश्चिम बंगाल तथा राजस्थान मुख्य उत्पादक राज्य हैं। ये तीनों राज्य मिलकर भारत का दो-तिहाई तिल पैदा करते हैं।
- राजस्थान इसका सबसे बड़ा उत्पादक राज्य है। अन्य मुख्य उत्पादक महाराष्ट्र, तमिलनाडु, कर्नाटक, मध्य प्रदेश, आन्ध्र प्रदेश तथा उत्तर प्रदेश हैं।

सोयाबीन

सोयाबीन (Soyabean) में 40 से 50% प्रोटीन तथा 20 से 22% तक तेल की मात्रा पाई जाती है। यह खरीफ मौसम में बोई जाती है।

तापमान तथा वर्षा 13° सेग्रे से 24° सेग्रे का तापमान तथा 40 सेमी से 60 सेमी की वार्षिक वर्षा की आवश्यकता होती है। इसकी खेती मध्य प्रदेश, महाराष्ट्र एवं राजस्थान में की जाती है। मध्य प्रदेश का सोयाबीन के क्षेत्र और उत्पादन दोनों ही दृष्टि में प्रथम स्थान है।

नकदी फसलें

- नकदी फसलों (Cash Crops) के अन्तर्गत उन व्यापारिक फसलों को सम्मिलित करते हैं, जिन्हें आमदनी के लिए सीधे या अर्द्ध-प्रसंस्कृत रूप से किसानों द्वारा बेचा जाता है।
- इनमें गन्ना, तम्बाकू, रेशेदार फसलें, कपास, जूट, मेस्टा एवं तिलहन (सरसों, मूँगफली, अलसी आदि) प्रमुख हैं, यद्यपि इनके अन्तर्गत देश के कृषि क्षेत्रफल का केवल 26% भाग समाहित है, परन्तु कृषि उत्पादन में इनका अंशदान लगभग 40% है। इनसे उद्योगों को कच्चा माल प्राप्त होता है।

गन्ना

- भारत गन्ने (Sugarcanes) की जन्मभूमि है। यह बाँस जाति का पौधा है। गन्ना भारत की प्रमुख नकदी फसल है, यद्यपि देश का केवल 2.51% क्षेत्र इसमें लगा है, परन्तु कुल कृषि उत्पादन के मूल्य का 7% भाग इससे प्राप्त होता है।
- इससे चीनी उद्योग को कच्चे माल की प्राप्ति होती है। चीनी उत्पादन प्रक्रम में शीरा एक उपोत्पाद है तथा इससे निकली खोई का प्रयोग बॉयलरो में ईंधन के रूप में होता है। गन्ना उत्पादन में भारत का ब्राजील के बाद दूसरा स्थान है।
- भारत में गन्ने की खेती, **ऊतक संवर्द्धन** से तैयार की गई सैटलिंग से की जा सकती है। गन्ना मुख्यत: न्यूनतम जल-दक्ष फसल है।

क्षेत्र एवं उत्पादन

इसके कृषि क्षेत्र का सर्वाधिक विस्तार उत्तरी भारत के मैदानी भाग में पाया जाता है। इसकी खेती **उत्तर प्रदेश, बिहार, पंजाब, हरियाणा, महाराष्ट्र, तमिलनाडु, कर्नाटक आन्ध्र प्रदेश, गुजरात** आदि राज्यों में की जाती है। गन्ने के उत्पादन में प्रथम स्थान उत्तर प्रदेश का है, जबकि महाराष्ट्र व कर्नाटक क्रमश: दूसरे व तीसरे स्थान पर हैं।

- गन्ने के लिए 20-30 सेण्टीग्रेट तापमान आवश्यक है।
- गन्ने की खेती के लिए गहरी दोमट मिट्टी सर्वाधिक उत्तम होती है।

नोट गन्ने की अड़साली फसल पकने में 18 माह का समय लेती है। Co-1148 एक महत्त्वपूर्ण प्रजाति है। गन्ना, चुकन्दर, स्वीट पी, चना, अरहर तथा फरासबीन त्रिपादप कुल के पौधे हैं।

कपास

- कपास एक उष्णकटिबन्धीय फसल है। इसका मूल स्थान भारत है। इसे सफेद सोना भी कहा जाता है। कपास के बिनौले से तेल तथा घी बनाया जाता है। बिनौला तथा इसकी खली जानवरों को खिलाई जाती है।
- खली का खाद के रूप में भी प्रयोग किया जाता है। कपास के सूखे पौधों का प्रयोग ईंधन के रूप में किया जाता है। कपास के रेशों से कपड़े का निर्माण किया जाता है।
- जरीना, गारौनी, इन्दौरी, कोकिला आदि कपास की प्रमुख उन्नत किस्में हैं।
- कपास की कृषि के लिए काली मिट्टी सर्वोत्तम होती है तथा आवश्यक वर्षा 50-100 सेमी पर्याप्त होती है।
- कपास उत्पादन में गुजरात, महाराष्ट्र, तेलंगाना, आन्ध्र प्रदेश व पंजाब प्रमुख उत्पादक राज्य हैं।
- कपास की खेती से मिट्टी का उपजाऊपन बहुत कम हो जाता है। अत: इसे खाद तथा उर्वरक की बड़ी मात्रा में आवश्यकता होती है।
- इसकी कृषि पर्वतीय भागों में नहीं हो सकती, अत: इसे विस्तृत मैदानी भागों की आवश्यकता होती है।

श्रम

- कपास को बोने, निराने, सींचने तथा चुनने के लिए सस्ते तथा कुशल श्रम की आवश्यकता होती है।
- कपास की डोण्डी को चुनने का काम अब भी मुख्यत: हाथ से ही होता है। अत: कपास की चुनाई के समय अत्यधिक श्रम की आवश्यकता होती है।
- कपास की कृषि में मशीनों का प्रयोग एक सीमा तक ही किया जा सकता है।

क्षेत्र एवं उत्पादन

- भारत विश्व का पहला बड़ा कपास उत्पादक देश है, जो विश्व का लगभग 23% कपास उत्पादित करता है।

- देश के लगभग 5% कृषित क्षेत्र पर कपास की खेती की जाती है, जो विश्व में सर्वाधिक भूमि है।
- कुल क्षेत्रफल का 80% केवल चार राज्यों गुजरात, महाराष्ट्र, आन्ध्र प्रदेश एवं पंजाब में विस्तारित है।
- कपास के उत्पादन में **गुजरात** का सर्वोच्च स्थान है, जबकि दूसरे तथा तीसरे स्थान पर क्रमश: **महाराष्ट्र** व **तेलंगाना** हैं।

पटसन या जूट (गोल्डेन फाइबर)

- यह भारतीय मूल का पौधा है और इसे यहाँ व्यापारिक फसल के रूप में उगाया जाता है।
- भारत में इसकी दो किस्में प्रचलित हैं-सफेद जूट एवं टोस्टा जूट। जूट का 75% उत्पादन पहली किस्म का होता है।

भौगोलिक दशाएँ

- यह गर्म तथा आर्द्र जलवायु में पनपने वाली फसल है। इसके वृद्धिकाल में 24-35° सेग्रे तापमान, 120-150 सेमी वर्षा तथा 80-90% आपेक्षिक आर्द्रता की आवश्यकता होती है।
- इसे बोते समय 2.5 से 7.5 सेमी प्रतिमाह वर्षा पर्याप्त होती है। इसे बोने तथा इसके रेशे को धोने के लिए पर्याप्त जल की आवश्यकता होती है।
- हल्की बलुई अथवा चूनायुक्त दोमट मिट्टी इसके लिए बहुत अनुकूल होती है। यह मृदा की उपजाऊ शक्ति को शीघ्र ही क्षीण कर देती है।
- अत: यह उन इलाकों में बोई जाती है, जहाँ हर वर्ष नदियों द्वारा नई उपजाऊ मिट्टी लाकर बिछाई जाती है।
- इस फसल को बोने तथा इससे रेशा प्राप्त करने के लिए सस्ते एवं कुशल श्रम की आवश्यकता होती है।
- इसकी खेती देश के पूर्वी क्षेत्र; जैसे—**पश्चिम बंगाल, बिहार, असम, ओडिशा** आदि राज्यों में की जाती है।
- जूट के उत्पादन में पश्चिम बंगाल का प्रमुख स्थान है और यह कुल उत्पादन का लगभग 75% उत्पादित करता है।

बागानी कृषि

बागानी कृषि (Plantation) नई कृषि तकनीकों एवं मशीनों का इस्तेमाल करते हुए वाणिज्यिक आधार पर उगाई जाने वाली **उष्णकटिबन्धीय फसलों की एकल कृषि** है, जिसकी शुरुआत औपनिवेशिक काल के दौरान यूरोपीय भू-स्वामियों द्वारा की गई। भारत में इसके अन्तर्गत मुख्यत: **चाय, कहवा, रबड़** एवं **मसालों** की कृषि की जाती है। आज देश में 30,000 से अधिक बागान हैं, जिनमें दो लाख से अधिक लोगों को रोजगार मिला हुआ है।

चाय

- चाय (Tea) देश की सबसे महत्त्वपूर्ण बागानी फसल है। यह दक्षिणी चीन के **युवान पठार का मूल पौधा** है। भारत विश्व में चीन के बाद चाय का दूसरा सबसे बड़ा उत्पादक है।
- चाय के अन्तर्गत सकल कृषित क्षेत्र का 0.03% भाग लगा है।
- चाय की दो प्रमुख किस्में हैं

1. बोहिया या चीनी
2. असामिका या असमी

- चाय की गुणवत्ता पर मिट्टी की विशेषताओं और ऊँचाई का असर पड़ता है। सामान्यतया ऊँचाई पर उगाई जाने वाली चाय का स्वाद एवं सुगन्ध अच्छी होती है। ग्रीन गोल्ड चाय की एक प्रमुख किस्म है।
- चाय एक व्यापारिक फसल है, जिसकी सफल कृषि के लिए निम्नलिखित भौगोलिक दशाएँ आवश्यक हैं
- **तापमान** यह **उष्ण** तथा **शीतोष्ण कटिबन्धीय** पौधा है, जिसके लिए 25° से 30° सेग्रे तापमान आवश्यक है।
- **वर्षा** चाय के लिए 200 से 250 सेमी वार्षिक वर्षा अनिवार्य है। पत्तियों के निरन्तर विकास के लिए वर्षा पूरे साल समान रूप से वितरित होनी चाहिए। बार-बार बौछार का पड़ना और सुबह का कुहरा नई पत्तियों की तीव्र वृद्धि में सहायक होता है।
- मिट्टी चाय की कृषि के लिए गहरी, सुप्रवाहित उर्वर मिट्टी की आवश्यकता होती है। मिट्टी में फॉस्फोरस, पोटाश, लोहांश तथा ह्यूमस पर्याप्त मात्रा में होना चाहिए, ताकि झाड़ी तेजी से बढ़ सके। पौधों की जड़ों में संग्रहित पानी से पौधे नष्ट हो जाते हैं। इसलिए चाय की कृषि पर्वतीय ढलानों पर की जाती है।
- श्रम चाय की निराई-गुड़ाई तथा काट-छाँट आदि कामों के लिए पर्याप्त मात्रा में श्रम की आवश्यकता होती है।
- चाय की पत्ती को झाड़ी से तोड़ने के लिए कुशल तथा सस्ता श्रम चाहिए।

क्षेत्र एवं उत्पादन

- देश के चाय के क्षेत्र एवं उत्पादन का लगभग 75% भाग केवल असम और पश्चिम बंगाल (दार्जिलिंग) द्वारा प्रदान किया जाता है।
- चाय उत्पादन के लिए हिमाचल प्रदेश, केरल, कर्नाटक तथा तमिलनाडु की नीलगिरि पहाड़ियों का क्षेत्र भी महत्त्वपूर्ण है।
- असम देश में चाय का सबसे प्रमुख उत्पादक राज्य है। यहाँ चाय उत्पादन के प्रमुख क्षेत्र हैं—(1) ब्रह्मपुत्र घाटी (2) सूरमा घाटी।
- ब्रह्मपुत्र घाटी (असम) देश का सबसे बड़ा चाय उत्पादक क्षेत्र है तथा पश्चिम बंगाल देश का दूसरा प्रमुख चाय उत्पादक राज्य है।
- यहाँ चाय के बागान दुआर एवं दार्जिलिंग पहाड़ियों में पाए जाते हैं।
- देश में तमिलनाडु का चाय उत्पादन में तीसरा स्थान है।
- चाय भारत के निर्यात की प्रमुख वस्तु है। वर्ष 1965 से पूर्व भारत विश्व में चाय का सबसे प्रमुख निर्यातक देश था, परन्तु वर्तमान में श्रीलंका एवं चीन के बाद इसका तीसरा स्थान है।

कहवा

- कहवा (Coffee) का पौधा **अबीसीनिया मूल** का पौधा है। देश में इसकी खेती अंग्रेजों द्वारा प्रारम्भ की गई। दक्षिण भारत के कर्नाटक, केरल और तमिलनाडु राज्यों में यह एक लोकप्रिय पेय है।
- कहवा के पौधे के लिए उष्ण एवं आर्द्र जलवायु अच्छी मानी जाती है। कहवा की प्रमुख किस्में **अरेबिका, रोबस्टा** एवं **लाइबेरिका** हैं। भारत में अरेबिका का सर्वाधिक उत्पादन होता है।
- वर्ष 2024 में विश्व में कहवा उत्पादन में भारत का 8वाँ स्थान है।
- भारत में 0.4 मिलियन हेक्टेयर क्षेत्र में कॉफी उगाई जाती है। भारत में कॉफी के उत्पादन का अधिकांश भाग निर्यात कर दिया जाता है।
- कहवा का 85% क्षेत्र और लगभग 98% उत्पादन केवल कर्नाटक, केरल और तमिलनाडु राज्यों द्वारा प्रदान किया जाता है।

रबड़

- रबड़ (Rubber) **ब्राजील** (अमेजन बेसिन) मूल का पौधा है। यह भूमध्यरेखीय क्षेत्र की फसल है। रबड़ के पौधे के लिए गर्म और नम जलवायु अच्छी होती है।
- रबड़ के पौधे को पहले नर्सरी में उगाते हैं एवं 0.4 से 0.6 मी की लम्बाई प्राप्त करने पर इन्हें बागान में रोपित कर देते हैं।
- उष्ण एवं उपोष्ण क्षेत्र, तापमान 25°C से अधिक, जल प्रवाह युक्त दोमट मिट्टी आवश्यक होती है।
- इसका उत्पादन केरल, तमिलनाडु, कर्नाटक, त्रिपुरा एवं असम आदि राज्यों में होता है।
- केरल का रबड़ के क्षेत्र एवं उत्पादन दोनों में प्रथम स्थान है। केरल में लगभग 90% रबड़ का उत्पादन किया जाता है।

नारियल

- नारियल एक बागानी फसल है, जो एक खाद्य तथा सौन्दर्य प्रसाधन में प्रयुक्त होने वाला उत्पाद है।
- भारत, इण्डोनेशिया और फिलीपीन्स के बाद विश्व में नारियल का तीसरा सबसे बड़ा उत्पादक है। नारियल के प्रमुख उत्पादक राज्य **केरल, तमिलनाडु** व **कर्नाटक** हैं।

फल उत्पादन और फूलों की कृषि

- इसे **ट्रक फार्मिंग** या **हार्टीकल्चर** के नाम से भी जाना जाता है। इनके उत्पादन में सामयिक एवं स्थानिक स्तर पर व्यापक अन्तर दिखाई देता है।
- **फलों के अन्तर्गत** आम, सेब, सन्तरा, अंगूर, केला, नाशपाती आदि की खेती की जाती है।
- **फूलों के अन्तर्गत** लिली, ट्यूलिप, गुलाब, मेरीगोल्ड आदि का स्थान आता है। जबकि सब्जियों आदि में गोभी, आलू, बैंगन, लौकी, भिण्डी, गाजर, परवल की प्रमुखता है। भारत विश्व में फलों-फूलों एवं सब्जियों का चीन के बाद दूसरा सर्वाधिक उत्पादन करने वाला देश है।
- आम की अल्फांसो प्रजाति विदेशों में निर्यात की जाने वाली प्रमुख प्रजाति है। आम की एक अन्य प्रजाति रत्ना है, जिसका विकास आम की अन्य प्रजाति नीलम तथा अल्फांसों से किया गया है।

बागवानी फसलों के अग्रणी उत्पादक राज्य

फसल	प्रथम	द्वितीय	तृतीय
कुल फल	आन्ध्र प्रदेश	महाराष्ट्र	उत्तर प्रदेश
केला	आन्ध्र प्रदेश	महाराष्ट्र	गुजरात
आम	उत्तर प्रदेश	आन्ध्र प्रदेश	कर्नाटक
अमरूद	उत्तर प्रदेश	मध्य प्रदेश	बिहार
अंगूर	महाराष्ट्र	कर्नाटक	तमिलनाडु
सेब	जम्मू-कश्मीर	हिमाचल प्रदेश	उत्तराखंड
खरबूजा	उत्तर प्रदेश	आन्ध्र प्रदेश	पंजाब
पपीता	आन्ध्र प्रदेश	गुजरात	मध्य प्रदेश
अनार	महाराष्ट्र	गुजरात	कर्नाटक
नारियल	केरल	तमिलनाडु	कर्नाटक
कुल फूल	तमिलनाडु	मध्य प्रदेश	कर्नाटक
कुल सब्जी	पश्चिम बंगाल	उत्तर प्रदेश	मध्य प्रदेश
आलू	उत्तर प्रदेश	पश्चिम बंगाल	बिहार
टमाटर	मध्य प्रदेश	आन्ध्र प्रदेश	कर्नाटक
प्याज	महाराष्ट्र	मध्य प्रदेश	कर्नाटक
बैंगन	पश्चिम बंगाल	ओडिशा	गुजरात

भारतीय कृषि को प्रभावित करने वाले कारक

- भारतीय कृषि को प्रभावित एवं निर्धारित करने में प्राकृतिक, सामाजिक, ऐतिहासिक, आर्थिक एवं प्रशासनिक कारक महत्त्वपूर्ण भूमिका निभाते हैं।
- भारतीय कृषि के भौतिक (उच्चावच, जलवायु, तापमान, वर्षण, हवाएँ, मृदा) एवं आर्थिक (बाजार, परिवहन, पूँजी, श्रमिक) कारक भी कृषि को प्रभावित करते हैं।
- हरित क्रान्ति के बाद कृषि को प्रभावित करने वाले कारकों में भूमि सुधार, सिंचाई, उर्वरक, बैंकिंग एवं विपणन आदि की भूमिका प्रमुख हो गई है। इन सभी कारकों को दो भागों में विभक्त किया गया है

1. संरचनात्मक कारक

- कृषि का विकास क्षेत्र विशेष की **भौतिक दशा, अधोसंरचनात्मक** (Infrastructural) **सुविधा** तथा **संस्थागत कारकों** पर निर्भर करता है, परन्तु इन कारकों में कृषि के गुणात्मक एवं मात्रात्मक विकास में सर्वाधिक प्रभावशाली संरचनात्मक कारक ही है।
- संरचनात्मक कारक मूलत: विज्ञान व तकनोक पर आधारित हैं। इन कारकों के अन्तर्गत सिंचाई, उर्वरक, बीज, वाणिज्यिक ऊर्जा, कीटनाशक, मशीनीकरण प्रमुख कारक हैं।
- इनमें से प्रथम चार सर्वाधिक महत्त्वपूर्ण हैं और इनमें भी सर्वाधिक महत्त्वपूर्ण कारक सिंचाई है।

सिंचाई

- भारतीय परिप्रेक्ष्य में अनिश्चित मानसूनी वर्षा की स्थानिक व कालिक भिन्नता, वर्षा का तीव्र विचलन, वर्षा की अनियमितता, मानसून विभंगता, वर्षा ऋतु की सीमित अवधि, वर्षा का मूसलाधार स्वरूप आदि कुछ ऐसे कारण हैं, जिसके कारण सिंचाई (Irrigation) की आवश्यकता हमेशा बनी रहती है।
- इसके अलावा अलग-अलग फसलों के लिए अलग-अलग समय एवं अलग-अलग जल की मात्रा की आवश्यकता होती है। इसके लिए भी सिंचाई महत्त्वपूर्ण हो जाती है।
- अत: प्रति हेक्टेयर उच्च उत्पादकता, शस्य गहनता और अन्तत: उच्च कृषि लाभ के लिए सिंचाई सुविधाओं का होना आवश्यक है।
- नियोजन काल के दौरान विशेषत: तीसरी पंचवर्षीय योजना के उपरान्त हरित क्रान्ति के परिप्रेक्ष्य में सिंचाई के विकास पर काफी ध्यान दिया गया।
- राष्ट्रीय परिप्रेक्ष्य में बहुउद्देशीय परियोजनाओं के द्वारा वृहत् क्षमता से युक्त सम्भाव्य क्षेत्रों में नहर सिंचाई का विकास किया गया। आधुनिक भारतीय कृषि में सिंचाई को विभिन्न प्रकार के तकनीक के आधार पर

वर्गीकृत करने का कार्य किया गया है, जिससे सिंचाई का लक्षित उपयोग हो सके, साथ ही साथ जल की हानि भी कम हो।

सिंचाई के प्रचलित अन्य रूप

- **सतही सिंचाई** इसमें जल सतह पर गुरुत्वाकर्षण के आधार पर कृषित भूमि तक पहुँचाया जाता है। इसको सामान्यतया बाढ़ सिंचाई भी कहा जाता है।
- **स्थानीकरण/लक्षित सिंचाई** इसमें जल पाइप आदि के द्वारा कम दबाव पर पौधों तक पहुँचाया जाता है।
- **ड्रिप सिंचाई** इसको टपक सिंचाई भी कहा जाता है। इसमें पौधों की जड़ में बूँद-दर-बूँद जल पहुँचाया जाता है, जिससे जल की हानि कम होती है एवं उसका अधिकतम उपयोग होता है। आधुनिक कृषि में इसका व्यापक प्रचलन बढ़ रहा है। ड्रिप सिंचाई में जल के साथ-साथ उर्वरकों को पौधों तक पहुँचाना फर्टीगेशन कहलाता है।
- **स्प्रिंकलर सिंचाई** इसमें जल को विभिन्न पाइप आदि के माध्यम से उच्च दबाव पर छोड़ा जाता है, जिससे यह लक्षित क्षेत्र या खेतों में ऊपर से पौधों को पानी उपलब्ध कराता है। इसका उपयोग गार्डन एवं सब्जी उत्पादन में काफी बढ़ा है। इसको फव्वारा सिंचाई भी कहा जाता है।

सिंचाई परियोजनाओं का वर्गीकरण

- छठी पंचवर्षीय परियोजना से नलकूप एवं कुआँ सिंचाई के माध्यम से उपयुक्त क्षेत्रों में विकेन्द्रीकरण किया गया, जो आज भी जारी है। इन प्रयासों के परिणामस्वरूप सिंचाई सुविधा के प्रणालीबद्ध विकास के साथ बड़ी, मध्यम और छोटी सिंचाई परियोजनाओं की शुरुआत की गई।
- **लघु सिंचाई परियोजनाएँ** इनसे 2,000 हेक्टेयर से कम क्षेत्र की सिंचाई होती है। इसके अन्तर्गत कुआँ, नलकूप, पम्प सेट, तालाब, ड्रिप व स्प्रिंकलर सिंचाई, एनीकट आदि शामिल किए जाते हैं।
- **मध्यम सिंचाई परियोजनाएँ** इनसे 2,000 से 10,000 हेक्टेयर तक क्षेत्र की सिंचाई होती है।
- **वृहत सिंचाई परियोजनाएँ** इनसे 10,000 हेक्टेयर से अधिक क्षेत्रों की सिंचाई होती है, इनके लिए बड़े बाँध बनाकर नहरें निकाली जाती हैं।
- वर्तमान में कृषि भूमि का 45% भाग सिंचित है। सृजित सिंचाई सम्भाव्यता की दृष्टि से उत्तर प्रदेश का प्रथम स्थान है (25.7 मिलियन हेक्टेयर), जिसके बाद बिहार (7.5 मिलियन हेक्टेयर), आन्ध्र प्रदेश (6.28 मिलियन हेक्टेयर) और पंजाब (5.97 मिलियन हेक्टेयर) का स्थान है।

कमान क्षेत्र विकास कार्यक्रम

कमान क्षेत्र विकास कार्यक्रम (Command Area Development Programme, CADP) वर्ष 1974-75 में शुरू किया गया था, जिसका मुख्य उद्देश्य क्षेत्रीय विकास प्राधिकरण के अन्तर्गत एक बहुविध टीम के जरिए सिंचित कृषि से उत्पादकता एवं कृषि उत्पादन को बढ़ाना तथा सृजित सिंचाई क्षमता के उपयोग में बेहतरी लाना था।

बहुउद्देशीय परियोजनाएँ

बहुउद्देशीय परियोजनाओं (Multi-purpose Projects) के द्वारा सिंचाई, जल विद्युत उत्पादन, बाढ़ नियन्त्रण, वृक्षारोपण, पेय-जल आपूर्ति, मृदा संरक्षण, नौकायान, मत्स्य पालन, पर्यटन, वन्य जीव संरक्षण का उद्देश्य रखा गया था। नीचे कुछ प्रमुख बहुउद्देशीय परियोजनाओं का विवरण दिया गया है

- **दामोदर घाटी परियोजना** इस परियोजना की रूपरेखा संयुक्त राज्य अमेरिका की **टेनिसी वैली अथॉरिटी** के आधार पर तैयार की गई थी। दामोदर हुगली की सहायक नदी है। इस परियोजना से झारखण्ड एवं पश्चिम बंगाल को लाभ हो रहा है। इस परियोजना के अन्तर्गत सिंचाई सुविधा के साथ ही ताप विद्युत गृह एवं गैस आधारित टरबाइन स्टेशन लगाए गए हैं।
- **भाखड़ा नाँगल परियोजना** यह पंजाब, हरियाणा, राजस्थान राज्यों का संयुक्त उपक्रम है। इसके अन्तर्गत बाँध भाखड़ा नहर तन्त्र व विद्युत गृह शामिल हैं। भाखड़ा बाँध **सतलुज नदी** पर स्थित है। यह विश्व का सबसे बड़ा **सीधा गुरुत्व बाँध** (लम्बाई 518 मी ऊँचाई 226 मी) है, जिसके द्वारा गोविन्द सागर झील बनाई गई है।
- **कोसी परियोजना** कोसी नदी में आने वाली विनाशकारी बाढ़ की रोकथाम के उद्देश्य से इस परियोजना के लिए भारत और नेपाल के बीच वर्ष 1954 में समझौता हुआ था। भारत और नेपाल ने संयुक्त रूप से **सप्तकोशी बहुउद्देशीय परियोजना** और **सुनकोशी संचयन** के साथ विपथन कार्यक्रम (Storage-cum-diversion Scheme) को विकसित करने में सहमति दिखाई है। इससे जल विद्युत, सिंचाई, बाढ़ नियन्त्रण और प्रबन्धन तथा नौ-परिवहन विकसित करने में सहायता मिलेगी। इससे सप्तकोशी बाँध 3000 मेगावाट (भार कारक पर) बिजली का उत्पादन करेगा।
- **रिहन्द बाँध परियोजना** यह उत्तर प्रदेश की सबसे बड़ी बहुउद्देशीय परियोजना है। इसके अन्तर्गत सोन की सहायक रिहन्द नदी पर एक बाँध (सोनभद्र जनपद) बनाया गया है और इसके द्वारा रोके गए जल को **गोविन्द वल्लभ पन्त सागर** कृत्रिम जलाशय (भारत का सबसे बड़ा कृत्रिम जलाशय) में संगृहीत किया गया है। इसके द्वारा निकाली गई नहर से बिहार में भी सिंचाई होती है।
- **चम्बल परियोजना** यमुना की सहायक चम्बल नदी पर यह परियोजना राजस्थान और मध्य प्रदेश राज्यों का संयुक्त उपक्रम है। इस परियोजना के अन्तर्गत गाँधी सागर बाँध (मध्य प्रदेश), राणा प्रताप सागर बाँध तथा जवाहर सागर बाँध (राजस्थान) बनाए गए हैं।
- **हीराकुड परियोजना** यह ओडिशा राज्य में **महानदी नदी** (ओडिशा का शोक) पर निर्मित परियोजना है। हीराकुड बाँध विश्व के सबसे लम्बे बाँधों में से एक (लम्बाई 4801 मी तथा ऊँचाई 61 मी) है।
- **तुंगभद्रा परियोजना** यह कृष्णा की सहायक तुंगभद्रा नदी पर स्थित है। यह कर्नाटक व आन्ध्र प्रदेश राज्यों का संयुक्त उपक्रम है। इस परियोजना के अन्तर्गत मल्लापुरम में एक बाँध बनाया गया है।
- **नागार्जुन सागर परियोजना** इसके अन्तर्गत कृष्णा नदी पर नन्दीकोण्डा (नलगोण्डा जनपद, आन्ध्र प्रदेश) के पास एक बाँध बनाया गया है। इससे जवाहर लाल नेहरू और लाल बहादुर शास्त्री नामक नहरें निकाली गई हैं।
- **गण्डक परियोजना** यह उत्तर प्रदेश और बिहार राज्यों की संयुक्त परियोजना है, जिसका कुछ लाभ नेपाल को भी मिलता है।
- **व्यास परियोजना** यह पंजाब, हरियाणा और राजस्थान राज्यों की सम्मिलित परियोजना है, इसके अन्तर्गत इन्दिरा गाँधी नहर में जाड़े में नियमित जलापूर्ति बनाए रखने के लिए व्यास नदी पर धौलाधर पहाड़ियों में **पोंग बाँध** बनाया गया है।
- **मयूराक्षी परियोजना** मयूराक्षी हुगली की सहायक नदी है। इसमें मयूराक्षी नदी पर **कनाडा बाँध** बनाया गया है। इससे पश्चिम बंगाल एवं झारखण्ड राज्य लाभान्वित हो रहे हैं।

- **इन्दिरा गाँधी नहर परियोजना** इन्दिरा गाँधी (राजस्थान) नहर परियोजना भारत की एक बड़ी सिंचाई परियोजना है, इसके लिए व्यास तथा सतलुज नदी पर बने **हरिके बैराज** से जल दिया जा रहा है।
- **नर्मदा घाटी परियोजना** इसके अन्तर्गत गुजरात सरदार सरोवर परियोजना व नर्मदा सागर परियोजना सम्मिलित हैं। इससे मध्य प्रदेश व गुजरात राज्य लाभान्वित होंगे। इस परियोजना के अन्तर्गत गुजरात में सरदार सरोवर बाँध तथा मध्य प्रदेश में नर्मदा सागर बाँध (इन्दिरा सागर बाँध) का निर्माण किया गया है।
- **टिहरी बाँध परियोजना** इस बाँध का निर्माण भागीरथी और भील गंगा के संगम के नीचे उत्तराखण्ड के टिहरी जिले में किया गया है।
- **पोचम्पाद परियोजना** यह गोदावरी नदी पर निर्मित है, इसके अन्तर्गत आन्ध्र प्रदेश के आदिलाबाद जनपद में एक बाँध बनाया गया है।
- **बालिमेला परियोजना** यह ओडिशा राज्य की एक जलविद्युत परियोजना है, जो सिलेरु नदी पर बनी है। इसका निर्माण कार्य पूर्ण हो चुका है।
- **कालिन्दी परियोजना** यह कर्नाटक राज्य की जल विद्युत परियोजना है, जिसकी विद्युत उत्पादन क्षमता 270 मेगावाट है।
- **साबरमती परियोजना** इस परियोजना के अन्तर्गत गुजरात राज्य में मेहसाना जिले के धारी गाँव के पास एक बाँध निर्मित है तथा दूसरा अहमदाबाद के पास वासना बाँध निर्मित किया गया है।
- **कुण्डा परियोजना** यह तमिलनाडु राज्य (कुण्डा नदी) की जल विद्युत परियोजना है, जिसकी विद्युत उत्पादन की प्रारम्भिक क्षमता 425 मेगावाट थी, जो वर्तमान में 535 मेगावाट हो गई है।

वर्तमान भारत की अन्य बहुउद्देशीय परियोजनाएँ

बहुउद्देशीय परियोजना	राज्य	नदी
भीमा परियोजना	महाराष्ट्र	पवना एवं कृष्णा नदी
महानदी जल विद्युत परियोजना	ओडिशा	महानदी
सुवर्ण रेखा जल विद्युत परियोजना	झारखण्ड	सुवर्णरेखा
तिलैया परियोजना	झारखण्ड	दामोदर
सरदार सरोवर परियोजना	मध्य प्रदेश, महाराष्ट्र, राजस्थान, गुजरात	नर्मदा नदी (इसका जलाशय इन्दिरा सागर के नाम से है, तथा यह भारत की सबसे बड़ी मानव निर्मित झील है।)
मेट्टूर नहर परियोजना	तमिलनाडु	कावेरी (मेट्टूर)
नर्मदा सागर परियोजना	मध्य प्रदेश	नर्मदा नदी
चूखा जल विद्युत परियोजना	भारत और भूटान	वांग्चू नदी
पंचेश्वर बाँध परियोजना	उत्तराखण्ड	काली नदी (पिथौरागढ़)
तिपाई मुख बाँध परियोजना	मणिपुर-मिजोरम	बराक नदी
रानी लक्ष्मीबाई सागर परियोजना (राजघाट बाँध परियोजना का नया नाम)	मध्य प्रदेश व उत्तर प्रदेश	बेतवा नदी
माता टीला बाँध	मध्य प्रदेश व उत्तर प्रदेश	बेतवा नदी
बारना घाटी परियोजना	मध्य प्रदेश (रायसेन जिला)	बारना नदी
महेश्वर विद्युत परियोजना	मध्य प्रदेश	नर्मदा नदी
सरहिन्द नहर परियोजना	हरियाणा	सतलुज नदी
बीकानेर नहर परियोजना	राजस्थान	यमुना नदी
इन्दिरा गाँधी नहर परियोजना	राजस्थान	रावी, व्यास, सतलुज
फरक्का परियोजना	पश्चिम बंगाल	गंगा
इंदिरा सागर बाँध	मध्य प्रदेश	नर्मदा
घाटप्रभा (हिडकल) बाँध	बेलगाम (कर्नाटक)	घाटप्रभा
गण्डक परियोजना	भारत-नेपाल	गण्डक
कृष्णा परियोजना	कर्नाटक	कृष्णा
दुलहस्ती परियोजना	जम्मू-कश्मीर	चिनाब नदी
शाह नेहार परियोजना	हिमाचल प्रदेश	सतलुज नदी
सावरीगिरी परियोजना	केरल	पेरियार नदी
इडुकी परियोजना	केरल	पेरियार नदी
शरावती परियोजना	कर्नाटक	शरावती नदी
विष्णु प्रयाग जल विद्युत परियोजना	उत्तराखण्ड	अलकनन्दा नदी
बेताली परियोजना	राजस्थान	बेताली नदी
काली नदी परियोजना	कर्नाटक	काली नदी
थीन बाँध	हिमाचल प्रदेश	रावी नदी
भाखड़ा नांगल बाँध परियोजना	हरियाणा, पंजाब, राजस्थान	सतलुज नदी (यह विश्व का दूसरा सबसे ऊँचा बाँध (226 मी) है।
व्यास परियोजना	हरियाणा, पंजाब, राजस्थान	व्यास-सतलुज
शिवपुरी जल विद्युत परियोजना	महाराष्ट्र	आन्ध्र नदी
कोयना जल विद्युत परियोजना	महाराष्ट्र	कोयना नदी
तीस्ता जल विद्युत परियोजना	सिक्किम	तीस्ता नदी
तुलबुल परियोजना	भारत-पाकिस्तान	झेलम नदी
चिल्का परियोजना	ओडिशा	चिल्का नदी
टनकपुर बाँध परियोजना	भारत और नेपाल	महाकाली नदी (भारत)
निचली पेरियार परियोजना	केरल	पेरियार
पंचेतहिल परियोजना	झारखण्ड	दामोदर नदी
सलाल पनबिजली परियोजना	जम्मू-कश्मीर	चिनाब
चेनानी पनबिजली परियोजना	जम्मू-कश्मीर	तवी नदी (चिनाब की सहायक नदी)
पोचम्पाद परियोजना	आन्ध्र प्रदेश	गोदावरी
कोसी परियोजना	बिहार (भारत-नेपाल)	कोसी नदी
सोन परियोजना	बिहार	सोन
काकरापारा परियोजना	गुजरात (सूरत)	ताप्ती

बहुउद्देशीय परियोजना	राज्य	नदी
उकई परियोजना (उकी)	गुजरात	ताप्ती
माही बजाज सागर परियोजना	गुजरात, मध्य प्रदेश	माही
साबरमती परियोजना	गुजरात (मेहसाना)	साबरमती
तवा परियोजना	मध्य प्रदेश (होशंगाबाद)	तवा
गाँधी सागर परियोजना	मध्य प्रदेश	चम्बल
राणाप्रताप सागर परियोजना	राजस्थान	चम्बल
जवाहर सागर परियोजना	राजस्थान	चम्बल
हंसदो बाँगो परियोजना	हिमाचल प्रदेश	हंसदेव नदी
रामगंगा परियोजना	उत्तर प्रदेश	रामगंगा (गंगा की सहायक)
शारदा प्रोजेक्ट	उत्तर प्रदेश	घाघरा-शारदा
माताटीला बाँध परियोजना	उत्तर प्रदेश	बेतवा
खातीमा परियोजना	उत्तर प्रदेश	गोमती व सई
छिबरो पनबिजली परियोजना	उत्तर प्रदेश	घाघरा-शारदा
टिहरी बाँध परियोजना	उत्तराखण्ड	भागीरथी-भील गंगा
मचकुण्ड परियोजना	आन्ध्र प्रदेश, ओडिशा	मचकुण्ड
नागार्जुन सागर परियोजना	आन्ध्र प्रदेश	कृष्णा
तुंगभद्रा	आन्ध्र प्रदेश, कर्नाटक	तुंगभद्रा
निजाम सागर	तेलंगाना	मंजरा
सिलेरू	कर्नाटक	कावेरी
शिवसमुद्रम् परियोजना	कर्नाटक	कावेरी (भारत की सबसे पुरानी)
शिमसा	कर्नाटक	शिमसा
ऊपरी भद्रा परियोजना	कर्नाटक	भद्रा नदी

भारत में उर्वरक की खपत

- भारत में प्रति हेक्टेयर उर्वरकों की खपत की मात्रा वर्ष 1951 के मात्र आधा किग्रा से बढ़कर वर्तमान (2021-22) में 137.15 किग्रा/प्रति हेक्टेयर तक पहुँच गई है, परन्तु यह विश्व के विकसित देशों से कम है।
- जापान में यह आँकड़ा 220 किग्रा/हेक्टेयर व कोरिया में 272 किग्रा/हेक्टेयर है। हालाँकि देश में क्षेत्रीय स्तर पर भी पर्याप्त प्रति हेक्टेयर उर्वरक खपत पाई जाती है।
- वर्ष 2021-22 के आँकड़ो के अनुसार, किग्रा प्रति हेक्टेयर वाले उर्वरक खपत वाले प्रमुख राज्य क्रमशः पुदुचेरी (312.01), पंजाब (243.06), हरियाणा (221.05), आन्ध्र प्रदेश (207), बिहार (202) है।
- उर्वरकों की मात्रा की दृष्टि से उत्तर प्रदेश, महाराष्ट्र तथा मध्य प्रदेश का क्रमशः प्रथम, द्वितीय व तृतीय स्थान है। इसके विपरीत पूर्वोत्तर भारत, ओडिशा, छत्तीसगढ़, राजस्थान आदि में यह मात्रा बहुत कम है।
- सामान्य तथा शुष्क कृषि क्षेत्रों में जहाँ सिंचाई की सुविधाएँ सन्तोषप्रद नहीं हैं, इसकी खपत कम पाई जाती है। देश का 60% कृषि क्षेत्रफल वर्षा पर आधारित कृषि के अन्तर्गत आता है, लेकिन इसके अन्तर्गत केवल 20% उर्वरकों की खपत होती है।

कृषि में रासायनिक उर्वरकों की तीनों किस्में **नाइट्रोजनी**, **फॉस्फेटी** तथा **पोटाशी** का प्रयोग 4:2:1 के अनुपात में किया जाना चाहिए, किन्तु भारत में यह अनुपात काफी असन्तुलित हो गया है। भारत में हरित क्रान्ति के प्रारम्भ के बाद उर्वरकों का अनियन्त्रित इस्तेमाल प्रारम्भ हो गया।

राष्ट्रीय बीज अनुसन्धान एवं प्रशिक्षण केन्द्र

- राष्ट्रीय बीज अनुसन्धान एवं प्रशिक्षण केन्द्र (National Seed Research and Training Centre, NSRTC) वाराणसी, उत्तर प्रदेश को 1 अप्रैल, 2007 से प्रभावी केन्द्रीय बीज परीक्षण एवं रेफरल प्रयोगशाला के रूप में अधिसूचित किया गया है।
- इस केन्द्र को स्थापित करने का मुख्य उद्देश्य केन्द्रीय बीज परीक्षण एवं रेफरल प्रयोगशाला के रूप में कार्य करने के लिए अलग से राष्ट्रीय बीज गुणवत्ता के क्षेत्र में मानव संसाधन विकास केन्द्र के रूप में कार्य करना है।

भारत कृषि अनुसन्धान परिषद् (ICAR)

- राष्ट्रीय स्तर पर यह शीर्ष स्वायत्त संस्था है। इसका उद्देश्य कृषि अनुसन्धान (Agricultural Research) के क्षेत्र में विज्ञान एवं प्रौद्योगिकी कार्यक्रमों को प्रोत्साहित करना और उनके बारे में शिक्षित करना है। परिषद् प्रत्यक्ष तौर पर कृषि क्षेत्र में संसाधनों के संरक्षण और प्रबन्ध, फसलों, पशुओं व मछली एवं सम्बन्धित क्षेत्रों आदि से सम्बन्धित समस्याओं को दूर करने के लिए पारम्परिक व सीमान्त क्षेत्रों में अनुसन्धान की गतिविधियों में शामिल है।
- कृषि क्षेत्र में नई प्रौद्योगिकी विकसित करने में यह महत्त्वपूर्ण भूमिका निभाती है। परिषद् का मुख्यालय नई दिल्ली में है।

राष्ट्रीय कृषि नवीकरण परियोजना

- भारत सरकार ने इसे लागू करने की जिम्मेदारी भारतीय कृषि अनुसन्धान परिषद् (Indian Council of Agricultural Research, ICAR), कृषि अनुसन्धान एवं शिक्षा विभाग (Department of Agriculture Research and Education, DARE) तथा कृषि मन्त्रालय को सौंपी है।
- सितम्बर, 2006 में शुरू की गई इस योजना के परिणामस्वरूप संगठनात्मक कार्य निपुणता, कार्य कुशलता, कृषि मूल्य श्रृंखला, गैर-लाभकृत क्षेत्रों में जीविका सुरक्षा, क्षमता निर्माण और मूल एवं नीतिक अनुसन्धान में सकारात्मक परिवर्तन हुआ है।
- इस परियोजना का उद्देश्य कृषकों की आय में वृद्धि करना तथा कृषकों की आय वृद्धि को कृषि विकास का मापदण्ड बनाना है।

कृषि यान्त्रिकीकरण

- कृषि कार्यों में यन्त्रों के प्रयोग को कृषि यान्त्रिकीकरण (Farm Mechanisation) कहते हैं, जिससे समय की बचत, उत्पादन लागत कम करने और कृषि उत्पादन बढ़ाने में मदद मिलती है। प्रमुख कृषि उपकरणों में ट्रैक्टर, थ्रेशर ट्रिलर, हार्वेस्टर प्रमुख हैं।
- यद्यपि कृषि यन्त्रीकरण की प्रक्रिया भारत में थोड़ा धीमी है।
- भारत सरकार सब्सिडी, ऋण आदि के माध्यम से कृषि यान्त्रिकीकरण को बढ़ावा देने का प्रयास कर रही है।
- इन सबके अलावा उचित भण्डारगृह की व्यवस्था, यातायात के साधनों का विकास, ऋण एवं पूँजी प्रदान करने वाली संस्थाएँ, सरकारी नीतियाँ, जमीन सुधार (Land Reform—चकबन्दी, सीमांकन) आदि अन्य कई कारक हैं, जिन पर कृषि निर्भर है।

कीटनाशक/पीड़कनाशी

- हरित क्रान्ति के बाद भारतीय कृषि में कीटनाशक एवं पीड़कनाशी का उपयोग काफी बढ़ा है, जो खरपतवार के साथ-साथ विभिन्न अवांछनीय कीड़े-मकोड़े आदि को मारकर कृषि की उत्पादकता बढ़ाने में सहायक हैं।
- वर्तमान में भारत में DDT, 24D और इण्डोसल्फान, कार्बोफ्यूरेन, मेथिल पैराथियान, फोरेट, ट्रॉइऐजोफास आदि का कृषि के क्षेत्र में व्यापक उपयोग हो रहा है।
- जनवरी, 2017 से भारत सरकार ने 18 कीटनाशकों के प्रयोग को पर्यावरणीय रूप से घातक माना है तथा कुछ कीटनाशकों के प्रयोग पर पाबन्दी लगाई है।
- भारतीय कृषि में मशीनीकरण की आनुपातिक वृद्धि तथा जोत के आकार में वृद्धि ने कृषि क्षेत्र में संरचनात्मक सुधार किए हैं, जिससे भारतीय कृषि में उत्पादन और उत्पादकता की दृष्टि से सकारात्मक/धनात्मक प्रभाव पड़ता है।

2. संस्थागत कारक

- भारतीय कृषि में उपज और उत्पादकता प्रत्यक्ष रूप से संस्थागत कारकों से प्रभावित होती है। आधुनिक समय में किसानों को विपणन, भण्डारण, बैंकिंग और सहकारिता की उपलब्धता अनिवार्य हो गई है।
- आधुनिकीकरण के दौर में इसकी आवश्यकता बढ़ गई है, क्योंकि यह व्यक्तिगत एवं स्थानीय स्तर पर उपलब्ध नहीं हो पाता है। इसलिए कृषि में संस्थागत विकास की अनिवार्यता बहुत ही अहम लगती है।

कृषि सम्बन्धित अन्य प्रमुख क्रान्तियाँ

क्रान्तियाँ	सम्बद्ध क्षेत्र
नीली क्रान्ति	मछली उत्पादन
पीली क्रान्ति	सरसों का तेल (तिलहन उत्पादन)
भूरी क्रान्ति	ऊन उत्पादन
बादामी क्रान्ति	मसाला उत्पादन
गुलाबी क्रान्ति	झींगा उत्पादन
लाल क्रान्ति	मांस व टमाटर उत्पादन
रजत क्रान्ति	अण्डा/कुक्कुट उत्पादन
सुनहरी क्रान्ति	फल उत्पादन/शहद उत्पादन
गोल क्रान्ति	आलू उत्पादन
स्लेटी क्रान्ति	उर्वरक उत्पादन
इन्द्रधनुषीय क्रान्ति	सभी क्षेत्रों में उत्पादन वृद्धि (सभी क्रान्तियों से सम्बन्धित)
सेफ्रॉन क्रान्ति	केसर उत्पादन
सदाबहार क्रान्ति	पर्यावरण की दृष्टि से सुरक्षित, आर्थिक रूप से व्यवहार्य, सामाजिक रूप से टिकाऊ आदि उत्पादों की उत्पादकता में वृद्धि

कृषि सम्बन्धित अन्य गतिविधियाँ

- बढ़ते जनभार तथा कृषि के व्यावसायीकरण व्यापारीकरण के कारण हाल के वर्षों में कृषि सम्बद्ध क्रियाओं का महत्त्व बढ़ गया है। विशेषकर सीमान्त और गरीब किसानों तथा भूमिहीन मजदूरों के लिए तो ये वरदान साबित हुई हैं। यही कारण है कि ग्रामीण विकास परियोजनाओं में इन्हें विशेष महत्त्व दिया जा रहा है।
- इन क्रियाओं में बागवानी, पशुपालन, मत्स्य पालन, रेशम उत्पादन, कुक्कुट पालन, मधुमक्खी पालन आदि सम्मिलित है।

रेशम उत्पादन

- रेशम का उत्पादन (Sericulture) रेशम के कीड़ों द्वारा प्राप्त किया जाता है। ये रेशम के कीड़े, शहतूत, महुआं, साल एवं कुसुम आदि वृक्षों की पत्तियों पर पाले जाते हैं। विश्व में रेशम उत्पादन में भारत का **दूसरा स्थान** है।

- यहाँ विश्व का 17% रेशम पैदा किया जाता है। भारत में चार प्रकार के रेशम का उत्पादन होता है—मलबरी, टसर, मूँगा, ईरी।
- रेशम के उत्पादन में **कर्नाटक** का पहला स्थान है, जिसके बाद क्रमश: आन्ध्र प्रदेश, असम, पश्चिम बंगाल एवं तमिलनाडु आते हैं। ये पाँच राज्य मिलकर देश के लगभग 90% रेशम का उत्पादन करते हैं।
- मैसूर तथा उत्तरी बेंगलुरु को 'सिल्क सिटी' के रूप में जाना जाता है।

पशुपालन

- भारत में विश्व के सबसे अधिक मवेशी हैं। विश्व की कुल भैंसों का 57% और गाय-बैलों का 15% भारत में है।
- वर्ष 2019 की पशु गणना (20वीं पशुगणना) के अनुसार, देश में कुल 536.76 मिलियन पशुधन हैं, जिनमें 36.04% मवेशी हैं, भैंस (20.47%), भेड़ (13.83%) बकरी (27.74%), सुअर (1.69%) तथा अन्य (0.23%) शामिल हैं।
- ये मवेशी देश की कृषि के मेरूदण्ड हैं और देश के सकल घरेलू उत्पाद में इनका योगदान 1.6% है।
- योजना आयोग द्वारा भारत को 15 कृषि-जलवायु क्षेत्रों में विभाजित किया गया है, जिनमें से छ: क्षेत्र पशुपालन (Animal Husbandry) की दृष्टि से महत्त्वपूर्ण हैं। पशुओं की संख्या की दृष्टि से भारत का विश्व में महत्त्वपूर्ण स्थान है। इसके बावजूद भारत का पशुपालन उद्योग पिछड़ी अवस्था में है।
- इसके निम्नलिखित कारण हैं—**उष्ण जलवायु, अच्छी नस्ल का अभाव**, जीवन-निर्वाह के रूप में पशुपालन को अपनाना, सामाजिक एवं धार्मिक मान्यताएँ तथा मांस की माँग का कम होना आदि।

दुग्ध उत्पादन

- भारत विश्व में दूध का सबसे बड़ा उत्पादक देश है, जो विश्व के लगभग 23% दूध का उत्पादन करता है।
- दुग्ध उत्पाद में भैंसों द्वारा 53.33%, गायों द्वारा 41.47% और बकरियों द्वारा 3.71% का योगदान पाया जाता है

- देश के दूध उत्पादन में **उत्तर प्रदेश** का प्रथम स्थान है, जिसके बाद **राजस्थान** व **मध्य प्रदेश** का स्थान है, अन्य प्रमुख उत्पादक राज्य पंजाब, गुजरात, महाराष्ट्र, आन्ध्र प्रदेश, बिहार, हरियाणा एवं तमिलनाडु हैं।
- ये दस राज्य मिलकर देश के लगभग 80% दूध का उत्पादन करते हैं। देश में अधिकांश दुग्धोत्पादन पारिवारिक आधार पर किया जाता है।

राष्ट्रीय डेयरी योजना

- वर्ष 2013 से राष्ट्रीय डेयरी योजना का शुभारम्भ किया गया।
- राष्ट्रीय डेयरी योजना कुल 17,300 करोड़ की 15 वर्षीय परियोजना है, जिसका उद्देश्य दुधारू पशुओं की नस्लों में सुधार करके दुग्ध उत्पादन क्षमता में वृद्धि करना है।
- प्रथम चरण में इन राज्यों में क्रियान्वित किया जाएगा-उत्तर प्रदेश, हरियाणा, पंजाब, मध्य प्रदेश, पश्चिम बंगाल, गुजरात, राजस्थान, महाराष्ट्र, कर्नाटक, तमिलनाडु, आन्ध्र प्रदेश, ओडिशा एवं केरल।
- द्वितीय चरण 2017-22 में शेष भारत के भागों को सम्मिलित किया गया है।
- इस योजना के क्रियान्वयन हेतु नोडल एजेन्सी नेशनल डेयरी डेवलपमेण्ट बोर्ड (मुख्यालय गुजरात) है।

सतत/टिकाऊ कृषि/स्थायी कृषि

- टिकाऊ कृषि, कृषि उत्पादन एवं पशुपालन की समन्वित (Integrated) कृषि प्रणाली है, जो पर्यावरणीय सिद्धान्तों को ध्यान में रखकर की जाती है।
- टिकाऊ कृषि दीर्घावधि में मानव के भोजन की आवश्यकताओं की पूर्ति करेगी, जहाँ सम्भव होगा ऊर्जा के स्रोतों का अधिकतम दक्षता के साथ कम-से-कम उपयोग करेगी तथा कृषि कार्यों को आर्थिक रूप से स्वपोषित बनाएगी।
- बदलते पर्यावरण अर्थात् पृथ्वी के तापक्रम में वृद्धि, समुद्र के स्तर में बढ़ोतरी एवं ओजोन की परत में क्षति आदि नई उत्पन्न विषमताओं में कृषि को टिकाऊपन देने के साथ-साथ बढ़ती आबादी को अन्न उपलब्ध कराने के लिए उत्पादकता के स्तर पर **क्रमागत** (Gradual) वृद्धि करना ही टिकाऊ खेती (कृषि) है।

भारत सरकार द्वारा प्रारम्भ सतत कृषि कार्यक्रम

भारत सरकार द्वारा प्रारम्भ सतत कृषि कार्यक्रम निम्न हैं

कार्यक्रम	विवरण
राष्ट्रीय खाद्य सुरक्षा मिशन	यह योजना कृषि उपज को बढ़ाने के लिए ग्यारहवीं पंचवर्षीय योजना (2007-12) के दौरान प्रारम्भ की गई थी। इसके अन्तर्गत उन्नत कृषि प्रौद्योगिकी एवं कृषि प्रबन्धन गतिविधियों द्वारा कृषि उपज को बढ़ाने का लक्ष्य रखा गया।
राष्ट्रीय कृषि विकास योजना	राष्ट्रीय कृषि विकास योजना (Rashtriya Krishi Vikas Yojana, RKVY) का प्रारम्भ ग्यारहवीं पंचवर्षीय योजना (2007-12) के दौरान कृषि एवं सम्बद्ध क्षेत्रों में 4% की वार्षिक वृद्धि दर की प्राप्ति हेतु किया गया था।
समन्वित जलसम्भर प्रबन्धन कार्यक्रम	समन्वित जलसम्भर प्रबन्धन कार्यक्रम (Integrated Watershed Management Programme, IWMP) का मुख्य उद्देश्य मृदा, वनस्पति आवरण एवं जल जैसे प्राकृतिक संसाधनों के विकास, संरक्षण एवं उन्नयन द्वारा पारितन्त्र के सन्तुलन की पुनर्प्राप्ति है।
कमान क्षेत्र विकास परियोजना एवं जल प्रबन्धन कार्यक्रम	कमान क्षेत्र विकास परियोजना एवं जल प्रबन्धन कार्यक्रम (Command Are Development and Water Management, CADWM) का प्रमुख उद्देश्य सृजित सिंचाई क्षमता का पूर्ण प्रयोग करना तथा कृषि उत्पादकता एवं उत्पादन को बढ़ाना है।
प्रधानमन्त्री किसान सम्मान निधि योजना	केन्द्र प्रयोजित योजना, जिसे वर्ष 2019 में प्रारम्भ किया गया, में पात्र परिवारों को ₹ 6000 प्रतिवर्ष आर्थिक सहायता के रूप में दिए जाते हैं।
खाद्य तेल-ऑयल पाम राष्ट्रीय मिशन	यह पाम ऑयल की खेती को बढ़ाने के लिए वर्ष 2021 में शुरू की गई केन्द्रीय योजना है। यह पाम ऑयल के उत्पादन व निर्यात को बढ़ावा देने के लिए प्रतिबद्ध योजना है।
किसान क्रेडिट कार्ड	किसान क्रेडिट कार्ड (Kisan Credit Card, KCC) स्कीम कृषकों को एकल खिड़की के माध्यम से पर्याप्त मात्रा में और समय पर ऋण उपलब्ध कराती है। यह योजना वर्ष 1998 में शुरू की गई थी। यह किसान के लिए फसल कटाई के बाद के खर्चों, परिसम्पत्तियों के रख-रखाव के लिए कार्यशील पूँजी तथा उपयोग आवश्यकताओं की पूर्ति में सहायता करती है।

प्रमुख कृषि संस्थान

संस्थान	विवरण
राष्ट्रीय बागवानी परिषद्	▪ स्थापना–वर्ष 1984, गुरुग्राम में ▪ सोसायटी पंजीकरण अधिनियम, 1960 के अन्तर्गत
प्रथम कृषि विश्वविद्यालय	▪ स्थापना–वर्ष 1960 ▪ वर्तमान–उत्तराखण्ड में ▪ गोविन्द वल्लभ पन्त विश्वविद्यालय
कॉफी बोर्ड	▪ मुख्यालय-बंगलुरु ▪ वाणिज्य एवं उद्योग मन्त्रालय के अधीन
रबर बोर्ड	▪ सांविधिक निकाय ▪ मुख्यालय-कोट्टायम (केरल)
चाय बोर्ड	▪ नियामक संस्थान मुख्यालय-कोलकाता
तम्बाकू बोर्ड	▪ मुख्यालय-गुण्टूर (आन्ध्र प्रदेश)
राष्ट्रीय केला अनुसन्धान संस्थान	▪ त्रिची (तिरुचिरापल्ली) ▪ स्थापना-21 अगस्त, 1993

वस्तुनिष्ठ प्रश्न

1. निम्नलिखित कथनों पर विचार कीजिए
1. वह भूमि जिस पर पहले कृषि की जाती थी, लेकिन उत्पादन क्षमता कम हो जाने पर वह परती भूमि में बदल जाती है।
2. वह भूमि जिस पर फसलें उगाई व काटी जाती हैं, निवल बोया क्षेत्र के अन्तर्गत होती हैं।
3. कृषि के लिए अनुपयुक्त भूमि बंजर भूमि होती है।

उपरोक्त में से कितने कथन सत्य हैं?
(a) केवल एक (b) केवल दो
(c) सभी तीन (d) इनमें से कोई नहीं

2. भारत में जल संसाधन से सम्बन्धित निम्नलिखित कथनों में से सही कथन का चयन कीजिए
1. वर्षा से भारत में 4,000 घन किमी जल प्राप्त होता है।
2. हमारे देश में कुल 1869 घन किमी जल उपलब्ध है, परन्तु भू-आकृतिक परिस्थितियों से उपयोग के योग्य कुल 1122 अरब घन मीटर जल ही उपलब्ध है।
3. इसमें से 432 अरब घन मीटर धरातलीय जल और शेष 690 अरब घन मीटर भूमि जल है।

कूट
(a) 1 और 2 (b) 2 और 3
(c) 1 और 3 (d) ये सभी

3. जल उपयोग प्रतिरूप पर दिए गए युग्म पर विचार कीजिए
1. घरेलू उपयोग - 6%
2. ऊर्जा क्षेत्र - 8%
3. उद्योग क्षेत्र - 5%

उपरोक्त युग्मों में से कितने युग्म सही हैं?
(a) केवल एक (b) केवल दो
(c) सभी तीन (d) इनमें से कोई नहीं

4. जल संसाधन प्रबन्धन एवं संरक्षण सम्बन्धी प्रावधानों पर विचार कीजिए
1. संरक्षण के उद्देश्य से ड्रिप सिंचाई तथा स्प्रींकल सिंचाई प्रभावी प्रबन्धन है।
2. भौम जल संरक्षण के लिए नदियों पर बाँध बनाकर वर्षा ऋतु के अतिरिक्त जल का संरक्षण किया जा सकता है।
3. रेन वाटर वेस्टिंग जल संरक्षण के दृष्टि कोण से यद्यपि अच्छी तकनीकी है, किन्तु विकसित देशों द्वारा इस आधार पर इसका विरोध किया जा रहा है कि यह दीर्घ कालिक रूप से उपयुक्त नहीं है।

उपरोक्त कथनों में से कितने कथन सही हैं?
(a) केवल एक (b) केवल दो
(c) सभी तीन (d) इनमें से कोई नहीं

5. सही कथन का चयन कीजिए
अनवीकरणीय संसाधन है।
1. जिनके भण्डार सीमित होते हैं।
2. जिन्हें मनुष्यों द्वारा बनाया जाता है।
3. जो निर्जीव वस्तुओं से व्युत्पन्न होते हैं।

कूट
(a) केवल एक (b) केवल दो
(c) केवल तीन (d) इनमें से कोई नहीं

6. सही सुमेलित कीजिए

	कार्यक्रम		वर्ष
A.	जल क्रान्ति अभियान	1.	2015
B.	अटल भू-जल योजना	2.	2021
C.	अमृत 2.0 योजना	3.	1991
D.	राजीव गाँधी पेय जल मिशन	4.	2019

कूट

	A	B	C	D		A	B	C	D
(a)	1	4	3	2	(b)	1	4	2	3
(c)	4	3	2	1	(d)	1	2	3	4

7. निम्नलिखित युग्मों पर विचार कीजिए
1. राष्ट्रीय जल बोर्ड–1983
2. जल गुणवत्ता मूल्यांकन प्राधिकरण–2001
3. केन्द्रीय जल आयोग–1945

उपरोक्त युग्मों में कितने युग्म सही सुमेलित हैं?
(a) केवल एक (b) केवल दो
(c) सभी तीन (d) इनमें से कोई नहीं

8. स्थायी कृषि (पर्माकल्चर), परम्परागत रासायनिक कृषि से भिन्न है, क्योंकि
1. स्थायी कृषि में रासायनिक कृषि के विपरीत एक धान्य कृषि की प्रधानता है।
2. स्थायी कृषि में रासायनिक कृषि के विपरीत मृदा लवणता में वृद्धि के कारक नहीं होते हैं।
3. मल्च बनाना स्थायी कृषि में महत्त्वपूर्ण है।

उपरोक्त के सन्दर्भ में कितने कथन सही है?
(a) केवल एक (b) केवल दो
(c) सभी तीन (d) इनमें से कोई नहीं

9. निम्नलिखित कथनों में से किसका सम्बन्ध रबी की फसल से है?
1. जौ 2. चना
3. ज्वार 4. मूँगफली

कूट
(a) 1, 2 और 3 (b) 1 और 2
(c) 2, 3 और 4 (d) 1, 2 और 4

10. निम्नलिखित कथनों पर विचार कीजिए
1. कछारी भूमि में रासायनिक गुणों की प्रचुरता होती है तथा यह रबी तथा खरीफ फसलों के लिए उपयुक्त है।
2. काली भूमि कपास तथा मूँगफली के लिए उपयुक्त है।
3. रबी को फसल जून में बोने के पश्चात् शरद में काटी जाती है।

उपरोक्त में से कितने कथन सही हैं?
(a) केवल एक (b) केवल दो
(c) सभी तीन (d) इनमें से कोई नहीं

11. निम्नलिखित कथनों पर विचार कीजिए
1. पश्चिम बंगाल में एक कृषि वर्ष में चावल की तीन फसलें बोते हैं, जिन्हें ओस, अमन तथा बोरो कहा जाता है।
2. चावल के उत्पादन के लिए चीका युक्त दोमट मिट्टी उपयुक्त होती है।
3. चावल की फसल के लिए औसत तापमान कम-से-कम 20°C तथा वार्षिक वर्षा 125 से 200 सेमी तक आवश्यक है।

उपरोक्त कथनों में से कौन-सा/से कथन सही है/हैं?
(a) केवल एक (b) केवल दो
(c) सभी तीन (d) इनमें से कोई नहीं

12. निम्नलिखित कथनों पर विचार कीजिए
1. चावल तथा तम्बाकू आन्ध्र प्रदेश की प्रमुख फसलें हैं।
2. चावल तथा चाय पश्चिम बंगाल की प्रमुख फसलें हैं।
3. चावल तथा ज्वार ओडिशा की प्रमुख फसलें हैं।
4. चावल तथा कॉफी तमिलनाडु की प्रमुख फसलें हैं।

उपरोक्त कथनों में कौन-से कथन सही हैं?
(a) 1, 2 और 3
(b) 1, 2 और 4
(c) 1, 3 और 4
(d) 2, 3 और 4

13. निम्नलिखित कथनों पर विचार कीजिए
1. भारत विश्व का सबसे बड़ा गेहूँ उत्पादक राष्ट्र है।
2. उत्तर प्रदेश, देश में सबसे अधिक गेहूँ का उत्पादन करता है।
3. प्रति हेक्टेयर गेहूँ उत्पादन में, पंजाब देश में पहले स्थान पर है।

उपरोक्त कथनों में से कौन-सा/से कथन सही है/हैं?
(a) केवल 1 (b) 1 और 2
(c) केवल 3 (d) 2 और 3

14. निम्नलिखित युग्मों पर विचार कीजिए

	गेहूँ		वानस्पतिक नाम
1.	इनकोर्न गेहूँ	-	टिट्रिकम मोनोकोकम
2.	एमर गेहूँ	-	टिट्रिकम ड्यूरम
3.	मैक्रोनी	-	टिट्रिकम एस्टिवम

उपरोक्त युग्मों में से कितने युग्म गलत हैं?
(a) केवल एक (b) केवल दो
(c) सभी तीन (d) इनमें से कोई नहीं

15. निम्नलिखित कथनों पर विचार कीजिए
1. भारत में दलहन उत्पादन में सबसे ज्यादा योगदान चने का है।
2. मध्य प्रदेश में चने का सबसे ज्यादा उत्पादन होता है।
3. कुल दलहन उत्पादन में उत्तर प्रदेश का प्रथम स्थान है।

उपरोक्त कथनों में कौन-सा/से कथन सही है/हैं?
(a) 1 और 2 (b) केवल 2
(c) 2 और 3 (d) ये सभी

16. निम्नलिखित में से कौन तम्बाकू पैदा करने की अनुकूल दशाओं से सम्बन्धित हैं?
1. इसे मध्यम उच्च तापमान की आवश्यकता पड़ती है।
2. यह समुद्र तल पर 1,000 मी ऊँचाई पर पैदा नहीं किया जा सकता है।
3. इसे भारी औसत वार्षिक वर्षा की आवश्यकता होती है।
4. दोमट मिट्टी इसकी वृद्धि के लिए उपयुक्त है।

कूट
(a) 1 और 3 (b) केवल 2
(c) 1 और 4 (d) 3 और 4

17. दक्षिण भारत में अधिक चीनी मिलें लगाने की अब एक प्रवृत्ति बन गई है। इसका कारण है
1. पिराई का लम्बा मौसम
2. गन्ने की अपेक्षाकृत अधिक उत्पादकता
3. अन्य नकदी फसलों का अभाव
4. वर्षा की उपलब्धता

उपरोक्त कथनों में कौन-सा/से कथन सही है/हैं?
(a) केवल 1 (b) 1 और 2
(c) 3 और 4 (d) 1, 2 और 3

18. निम्नलिखित कथनों पर विचार कीजिए
1. भारत में शुद्ध बुआई क्षेत्र तथा सिंचाई उपलब्धता वाले क्षेत्रों के मध्य समानुपाती सम्बन्ध पाया जाता है।
2. भारत में कुल सिंचित क्षेत्र में सबसे ज्यादा क्षेत्र कुओं एवं नलकूपों द्वारा सिंचित होता है।

उपरोक्त कथनों में कौन-सा/से कथन सही है/हैं?
(a) केवल 1
(b) केवल 2
(c) 1 और 2 दोनों
(d) न तो 1 और न ही 2

19. सिंचाई परियोजना के वर्गीकरण पर विचार कीजिए

1.	लघु सिंचाई परियोजना	2000 हेक्टेयर से कम सिंचाई
2.	मध्यम सिंचाई परियोजना	2000 हेक्टेयर से 8000 हेक्टेयर
3.	वृहद् सिंचाई परियोजना	12000 हेक्टेयर से अधिक

उपरोक्त वर्गीकरण में से कितने सही हैं?
(a) केवल एक
(b) केवल दो
(c) सभी तीन
(d) उपरोक्त में से कोई नहीं

20. सिंचाई की गहनता के आधार पर निम्न राज्यों को उनके शुद्ध सिंचित क्षेत्रफल व शुद्ध बोए गए क्षेत्रफल प्रतिशत के बढ़ते क्रमानुसार सजाइए
1. पंजाब 2. उत्तर प्रदेश
3. तमिलनाडु 4. हरियाणा

कूट
(a) 1, 4, 2, 3 (b) 4, 3, 2, 1
(c) 3, 1, 2, 4 (d) 2, 3, 4, 1

21. भारत के उत्तरी मैदानों में नहरी सिंचाई सबसे अधिक है, क्योंकि
(a) मृदा सरन्ध्र है
(b) भूमिगत जल का स्तर उच्च है
(c) नहरों के स्रोत बारहमासी नदियाँ हैं
(d) क्षेत्र में सहायक संख्या है

22. निम्न में से कौन-सा राज्य समूह भाखड़ा नांगल परियोजना से जल प्राप्त करता है?
(a) जम्मू-कश्मीर–हरियाणा–पंजाब
(b) जम्मू-कश्मीर–पंजाब–हिमाचल प्रदेश
(c) पंजाब–हरियाणा–राजस्थान–हिमाचल प्रदेश –दिल्ली
(d) उत्तर प्रदेश–हरियाणा–राजस्थान

23. निम्नलिखित युग्मों में से कौन-से युग्म सही सुमेलित हैं?

बहुउद्देशीय	परियोजना राज्य
1. उकाई परियोजना	— गुजरात
2. इडुक्की परियोजना	— महाराष्ट्र
3. सलाल परियोजना	— जम्मू-कश्मीर

कूट
(a) 1 और 2 (b) 1 और 3
(c) 2 और 3 (d) ये सभी

24. निम्नलिखित युग्मों पर विचार कीजिए
बहुउद्देशीय परियोजना नदी
1. तिलैया परियोजना—बराकर
2. तिपाईमुख बाँध परियोजना—लोहित
3. इडुक्की परियोजना—पेरियार नदी
4. तुलबुल परियोजना—चिनाब

उपरोक्त युग्मों में कौन-से युग्म सही सुमेलित हैं?
(a) 1, 2 और 3 (b) 2, 3 और 4
(c) 1 और 3 (d) ये सभी

25. परियोजनाओं एवं सम्बन्धित पर्यावरणीय समस्याओं के निम्नलिखित युग्मों पर विचार कीजिए
1. नदी घाटी परियोजना —जलाशय जनित भूकम्पनीयता
2. खनन परियोजना — धरातलीय जल एवं भू-पृष्ठ जल प्रदूषण
3. तापीय-शक्ति — स्थानीय अवकर्षण परियोजना

उपरोक्त युग्मों में कौन-सा/से युग्म सही सुमेलित है/हैं?
(a) केवल 1 (b) 2 और 3
(c) 1 और 2 (d) ये,सभी

26. सतत् कृषि कार्यक्रमों के सन्दर्भ में दिए गए युग्मों को सही सुमेलित कीजिए

	कार्यक्रम		योजना काल
A.	राष्ट्रीय खाद्य सुरक्षा मिशन	1.	ग्यारहवीं योजना
B.	किसान क्रेडिट कार्ड	2.	1998
C.	पीएम किसान सम्मान निधि	3.	2019
D.	पामे आयल पर राष्ट्रीय नीति	4.	2021

कूट
A B C D A B C D
(a) 1 2 3 4 (b) 4 3 2 1
(c) 3 2 1 4 (d) 1 2 4 3

27. भारत में कितने प्रतिशत लोग कृषि पर आश्रित हैं?
(a) 90% (b) 70%
(c) 65% (d) 80%

28. एक फसली कृषि विशेषता है
(a) व्यापारिक अन्न कृषि की
(b) चलवासी कृषि की
(c) आत्मनिर्भरतामूलक कृषि की
(d) जैविक कृषि की

29. झूम कृषि ………. से सम्बन्धित है।
(a) छत खेती
(b) सीढ़ीनुमा खेती
(c) स्थानान्तरण कृषि
(d) जामुन की खेती

30. निम्नलिखित में से कौन-सी एक चलवासी कृषि नहीं है?
(a) चेना (b) झूमिंग
(c) मिल्पा (d) फजेण्डा

31. मिश्रित कृषि में सम्मिलित हैं
(a) विभिन्न फसलों को योजनाबद्ध तरीके से उगाना
(b) रबी के साथ खरीफ फसलों को उगाना
(c) कई तरह की फसलें उगाना तथा पशुपालन भी करना
(d) फलों को उगाना तथा सब्जियों को भी

32. भारत में शुष्क भूमि खेती मुख्यत: उन क्षेत्रों तक सीमित है, जहाँ वर्षा होती है
(a) 100 सेमी से कम
(b) 85 सेमी से कम
(c) 80 सेमी से कम
(d) 75 सेमी से कम

33. रबी और खरीफ के अतिरिक्त भारत की तीसरी फसल ऋतु कौन-सी है?
(a) जायद (b) बरसाती
(c) शरद (d) झूम

34. भारत में किस खाद्य फसल का उत्पादन सबसे अधिक होता है?
(a) मक्का (b) चावल
(c) गेहूँ (d) ज्वार

35. भारत का वह राज्य, जो अनाज (खाद्यान्न) उत्पादन में अधिकतम अंशदान करता है
(a) पंजाब
(b) हरियाणा
(c) महाराष्ट्र
(d) उत्तर प्रदेश

36. उत्तर प्रदेश के निम्नलिखित क्षेत्रों में से किसमें अन्ना प्रथा उस क्षेत्र के कृषि एवं वानिकी के विकास के लिए अभिशाप है?
(a) पूर्वी उत्तर प्रदेश
(b) उत्तर प्रदेश का बुन्देलखण्ड क्षेत्र
(c) मध्य उत्तर प्रदेश
(d) पश्चिमी उत्तर प्रदेश

37. निम्नलिखित में से किस फसल की रोपाई की जाती है?
(a) सरसों (b) धान
(c) गेहूँ (d) मक्का

38. जया, पद्म एवं कृष्णा निम्नलिखित में से किस धान्य (सीरियल) की उन्नत किस्में हैं?
(a) धान (b) गेहूँ
(c) जौ (d) मक्का

39. 200 सेमी वार्षिक वर्षा तथा 25°C का तापमान किस फसल के लिए आदर्श जलवायु है?
(a) चावल (b) गेहूँ
(c) तम्बाकू (d) चाय

40. भारत का अधिकतम गेहूँ उत्पादक राज्य है
(a) हरियाणा (b) उत्तर प्रदेश
(c) पंजाब (d) बिहार

41. निम्नलिखित में से कौन एक तिलहनी फसल है?
(a) मसूर (b) लोबिया
(c) सूर्यमुखी (d) बरसीम

42. निम्नलिखित में से किस फसल में सबसे ज्यादा प्रतिशत तेल की मात्रा होती है?
(a) मूँगफली (b) सोयाबीन
(c) सूरजमुखी (d) तिल

43. निम्नलिखित में किसकी गणना 'नकदी फसल' के अन्तर्गत की जाती है?
(a) कपास (b) जूट
(c) चाय (d) ये सभी

44. निम्नलिखित में से कौन-सी जोड़ी सुमेलित नहीं है?

	फसल	राज्य
(a)	मक्का	उत्तर प्रदेश
(b)	जूट	पश्चिम बंगाल
(c)	कपास	महाराष्ट्र
(d)	सोयाबीन	आन्ध्र प्रदेश

45. कपास के रेशे प्राप्त होते हैं
(a) पर्ण से (b) बीज से
(c) तने से (d) मूल से

46. भारत में गन्ने की खेती एक उदाहरण है
(a) रोपण कृषि का
(b) स्थानान्तरी कृषि का
(c) सिंचित कृषि का
(d) यान्त्रिक कृषि का

47. भारत के किस राज्य में गन्ने की खेती के अन्तर्गत सबसे अधिक भूमि है?
(a) महाराष्ट्र (b) उत्तर प्रदेश
(c) आन्ध्र प्रदेश (d) मध्य प्रदेश

48. भारत के निम्न राज्यों में से किसे 'चीनी का कटोरा' कहा जाता है?
(a) उत्तर प्रदेश
(b) महाराष्ट्र
(c) बिहार
(d) हरियाणा

49. भारत में एकमात्र राज्य जो केसर का उत्पादन करता है
(a) हिमाचल प्रदेश (b) असम
(c) जम्मू-कश्मीर (d) मेघालय

50. एक ऐसे क्षेत्र में जहाँ वार्षिक वर्षा 200 सेमी से अधिक होती है और ढलाव पहाड़ी स्थल है, किसकी खेती अभीष्ट (Ideal) होगी?
(a) सन (b) कपास
(c) चाय (d) मक्का

51. निम्नलिखित में से कौन उद्दीपक फसल है?
(a) गेहूँ (b) मक्का
(c) अरहर (d) चाय

52. कॉफी होती है, एक
(a) उष्ण शीतोष्ण झाड़ी
(b) उपोष्ण शुष्क झाड़ी
(c) उष्णकटिबन्धीय झाड़ी
(d) ठण्डी शीतोष्ण झाड़ी

53. निम्नलिखित राज्यों में से कौन सबसे बड़ा रबर उत्पादक राज्य है?
(a) कर्नाटक (b) तमिलनाडु
(c) केरल (d) महाराष्ट्र

54. भारत में तम्बाकू का सर्वाधिक उत्पादन करने वाला राज्य है
(a) गुजरात (b) आन्ध्र प्रदेश
(c) कर्नाटक (d) मध्य प्रदेश

55. उत्तर प्रदेश में आँवले का सर्वाधिक उत्पादन करने वाला जिला है
(a) रायबरेली (b) प्रतापगढ़
(c) फैजाबाद (d) इलाहाबाद

56. सूची I को सूची II से सुमेलित कीजिए और सूचियों के नीचे दिए गए कूट का प्रयोग कर सही उत्तर चुनिए

	सूची I		सूची II
A.	कॉफी बोर्ड	1.	बंगलुरु
B.	रबर बोर्ड	2.	गुण्टूर
C.	चाय बोर्ड	3.	कोट्टायम
D.	तम्बाकू बोर्ड	4.	कोलकाता

कूट

	A	B	C	D		A	B	C	D
(a)	2	4	3	1	(b)	1	3	4	2
(c)	2	3	4	1	(d)	1	4	3	2

57. लौंग प्राप्त होता है
(a) जड़ से (b) तना से
(c) फल से (d) पुष्पकली से

58. निम्नलिखित राज्यों में कौन इलायची एवं काली मिर्च का सबसे बड़ा उत्पादक है?
(a) तमिलनाडु (b) गोवा
(c) केरल (d) महाराष्ट्र

59. 'कन्धमाल हल्दी', जिसे हाल ही में GI टैग मिला है, हल्दी की एक किस्म है। यह कहाँ की देशज है?
(a) उत्तरी बंगाल (b) दक्षिणी ओडिशा
(c) सांगली, महाराष्ट्र (d) अलेप्पी, केरल

60. निम्नलिखित में से किस फसल पर हरित क्रान्ति का सीमित प्रभाव हुआ?
(a) दाल (b) चावल
(c) गेहूँ (d) मकई

61. इन्द्रधनुषीय क्रान्ति का सम्बन्ध है
(a) हरित क्रान्ति से (b) श्वेत क्रान्ति से
(c) नीली क्रान्ति से (d) ये सभी

62. 'काली क्रान्ति' सम्बन्धित है
(a) मत्स्य उत्पादन
(b) कोयला उत्पादन
(c) कच्चा तेल उत्पादन
(d) सरसों उत्पादन

63. 'पीली क्रान्ति' भारत में निम्नलिखित में से किससे सम्बन्धित है?
(a) कृषि उत्पादन (b) तिलहन उत्पादन
(c) मछली उत्पादन (d) दलहन उत्पादन

64. निम्नलिखित में से कौन श्वेत क्रान्ति से सम्बन्धित है?
(a) पी.जे. कुरियन
(b) वर्गीज कुरियन
(c) एम.एस. स्वामीनाथन
(d) एम.एस. रघुनाथन

65. 'ऑपरेशन फ्लड' का सम्बन्ध किससे है?
(a) बाढ़ नियन्त्रण
(b) सिंचाई योजना
(c) खाद्यान्न भण्डारण
(d) दुग्ध उत्पादन एवं वितरण

सही उत्तर

1. (b)	2. (a)	3. (b)	4. (b)	5. (a)	6. (b)	7. (b)	8. (b)	9. (b)	10. (b)
11. (c)	12. (b)	13. (d)	14. (b)	15. (a)	16. (a)	17. (b)	18. (c)	19. (a)	20. (a)
21. (c)	22. (c)	23. (b)	24. (c)	25. (c)	26. (a)	27. (c)	28. (a)	29. (c)	30. (d)
31. (c)	32. (d)	33. (a)	34. (b)	35. (d)	36. (b)	37. (b)	38. (a)	39. (a)	40. (b)
41. (c)	42. (d)	43. (d)	44. (d)	45. (b)	46. (a)	47. (b)	48. (a)	49. (c)	50. (c)
51. (d)	52. (c)	53. (c)	54. (b)	55. (b)	56. (b)	57. (d)	58. (c)	59. (b)	60. (a)
61. (d)	62. (c)	63. (b)	64. (b)	65. (d)					

अध्याय 08 खनिज एवं ऊर्जा संसाधन

खनिज संसाधन

'खनिज' वे प्राकृतिक रासायनिक तत्त्व या यौगिक हैं, जो मुख्यत: अजैविक क्रियाओं से बनते हैं। ये अपने भौतिक तथा रासायनिक गुणों से जाने जाते हैं। भारत विश्व के प्रमुख खनिज संसाधन सम्पन्न देशों में आता है। भारत की भू-गर्भिक संरचना में पर्याप्त विषमता पाई जाती है तथा यहाँ लगभग हर प्रकार की चट्टानें पाई जाती हैं, इसलिए लगभग सभी प्रकार के खनिजों की प्राप्ति यहाँ होती है।

भारत की खनिज पेटियाँ

छोटानागपुर पेटी	▪ इसका फैलाव प्रायद्वीप के उत्तरी-पूर्वी भाग पर है, जिसमें झारखण्ड, बिहार, ओडिशा और पश्चिम बंगाल राज्यों के भाग सम्मिलित हैं। यह क्षेत्र प्राचीन नीस और ग्रेनाइट शैलों का बना है और देश का खनिज संयन्त्र क्षेत्र है। ▪ यहाँ कोयला, अभ्रक, मैंगनीज, क्रोमाइट, इल्मेनाइट, बॉक्साइट, फॉस्फेट, लौह-अयस्क, ताँबा, डोलोमाइट, चीनी मिट्टी और चूना पत्थर के भण्डार पाए जाते हैं। ▪ देश के **कायनाइट** का शत-प्रतिशत, **लौह-अयस्क** का 93%, क्रोमाइट का 70%, अभ्रक का 70%, एस्बेस्ट्स का 45% और **कोयला** का 84% भण्डार इसी क्षेत्र में संरक्षित है।
मध्यवर्ती पेटी	इसका विस्तार छत्तीसगढ़, मध्य प्रदेश, आन्ध्र प्रदेश एवं महाराष्ट्र राज्यों में पाया जाता है। इस क्षेत्र में मैंगनीज, बॉक्साइट, अभ्रक, ताँबा, ग्रेफाइट, चूना पत्थर, लिग्नाइट, संगमरमर आदि की प्राप्ति होती है।
दक्षिणी पेटी	इसमें कर्नाटक और तमिलनाडु के भाग सम्मिलित हैं, जहाँ-सोना, लौह-अयस्क, क्रोमाइट, मैंगनीज, लिग्नाइट, अभ्रक, बॉक्साइट, जिप्सम आदि प्रमुख खनिज पाए जाते हैं।
पश्चिमी पेटी	इसका विस्तार राजस्थान, गुजरात एवं महाराष्ट्र राज्यों में पाया जाता है। यह देश का एक समृद्ध खनिज क्षेत्र है, जिसमें ताँबा, सीसा, जस्ता, यूरेनियम, अभ्रक, मैंगनीज, एस्बेस्ट्स, नमक, इमारती पत्थर, कीमती पत्थर, प्राकृतिक गैस एवं खनिज तेल के भण्डार पाए जाते हैं।
दक्षिण-पश्चिम पेटी	इस पेटी का फैलाव कर्नाटक, गोवा एवं केरल में पाया जाता है। यहाँ इल्मेनाइट, जिरकॉन, मोनाजाइट, बालू, लौह धातु, बॉक्साइट, अभ्रक, चूना पत्थर आदि के भण्डार पाए जाते हैं।
हिमालयी पेटी	हिमालय क्षेत्र की शैलों में ताँबा, सीसा, जस्ता, बिस्मथ, एण्टीमनी, निकिल, कोबाल्ट, टंगस्टन, जिप्सम, कीमती पत्थर आदि के जमाव पाए जाते हैं। उत्तर-पूर्व में हिमालय के तलहटी क्षेत्र में खनिज तेल पाया जाता है।

खनिज संसाधनों का वर्गीकरण

- खनिज संसाधनों को निम्न दो भागों में वर्गीकृत किया गया है
  1. धात्विक खनिज (Metallic Minerals) लोहा, मैंगनीज, टंगस्टन, ताँबा, सीसा, जस्ता, बॉक्साइट, सोना, चाँदी, इल्मेनाइट, बैराइट, मैग्नेसाइट, सिल्मेनाइट, टिन आदि।
  2. अधात्विक खनिज (Non-Metallic Minerals) अभ्रक, एस्बेस्ट्स, पायराइट, नमक, जिप्सम, हीरा, कायनाइट, इमारती पत्थर, संगमरमर, चूना-पत्थर, विभिन्न प्रकार की मिट्टियाँ आदि।

भारत में प्रमुख धात्विक खनिज

लौह-अयस्क

- भारत विश्व में लौह-अयस्क (Iron Ore) का चीन, अमेरिका के बाद तीसरा बड़ा उत्पादक देश है। घरेलू खपत के बाद एक बड़ा भाग निर्यात कर दिया जाता है।
- भारतीय लोहा मुख्यत: मार्मागोवा, विशाखापत्तनम, पाराद्वीप, मंगलौर तथा हल्दिया बन्दरगाहों से निर्यात किया जाता है।
- लौह-अयस्क निम्न चार प्रकार के होते हैं
  1. **हेमेटाइट** अयस्क को लोहे का ऑक्साइड कहते हैं, जिसका रंग लाल गेरुआ होता है। यह मुख्यत: धारवाड़ और कुड़प्पा शैलों में पाया जाता है। इसमें लोहे का अंश 60 से 70% तक पाया जाता है। भारत का अधिकांश लोहा इसी प्रकार का है।
  2. **मैग्नेटाइट** में लोहा 60 से 65% तक होता है। यह मुख्यत: तमिलनाडु (सलेम और तिरुचिरापल्ली जिले) और कर्नाटक की धारवाड़ और कुड़प्पा शैलों में पाया जाता है।
  3. **लिमोनाइट** ऑक्सीजन, जल तथा लोहे के मिश्रण से बनता है, इसे हाइड्रेटेड आयरन ऑक्साइड भी कहते हैं। इसका रंग पीला होता है। इसमें लोहे की मात्रा 35% से 50% होती है। यह परतदार चट्टानों में पाया जाता है।
  4. **सिडेराइट** में लोहे का अंश 10 से 40% पाया जाता है, इसमें लोहे तथा कार्बन का मिश्रण पाया जाता है। इसका रंग भूरा होता है तथा इसे लोहा कॉर्बोनेट भी कहते हैं।

लौह-अयस्क का वितरण

देश में लौह-अयस्क उत्पादन के चार प्रमुख क्षेत्र हैं

1. उत्तर-पूर्वी (झारखण्ड-ओडिशा)
2. मध्य भारत (मध्य प्रदेश-छत्तीसगढ़)
3. प्रायद्वीपीय भारत (कर्नाटक-गोवा) एवं

4. **अन्य** आन्ध्र प्रदेश, राजस्थान, केरल, गुजरात, हरियाणा एवं पश्चिम बंगाल।

लौह-अयस्क की प्रमुख खानें

- **कर्नाटक** बेल्लारी के सन्दूर होस्पेट, चिकमंगलूर की बाबाबूदन पहाड़ियाँ, कुद्रेमुख, शिमोगा, चित्रदुर्ग और तुमकुर।
- **ओडिशा** गुरुमहिसानी, सुलाएपत, बादामपहाड़ (मयूरभंज) किरुबुरु (केन्दूझार), बोनाई (सुन्दरगढ़)।
- **झारखण्ड** नोआमण्डी, गुआ, नोतोबुरु, पूर्वी एवं पश्चिमी सिंहभूम जिलों में।
- **छत्तीसगढ़** दुर्ग, दन्तेवाड़ा, बैलाडीला, डल्लीराजहरा। बैलाडीला खान एशिया की वृहत्तम यन्त्रीकृत लौह-अयस्क खान है।
- **गोवा** पिरना अदोल, पाले ओनड़ा, कुदनेम सुरला।महाराष्ट्र चन्द्रपुर, भण्डारा एवं रत्नागिरि।
- **तमिलनाडु** सेलम एवं नीलगिरि।तेलंगाना करीमनगर, वारंगल।
- **आन्ध्र प्रदेश** करनूल, कुड़प्पा एवं अनन्तपुर।

संचित भण्डार वाले शीर्ष पाँच राज्य (मिलियन टन में)

राज्य	योग	हेमेटाइट	मैग्नेटाइट
कर्नाटक	10,269	2,467	7,802
ओडिशा	7559.15	7,559	50.15
झारखण्ड	5296.67	5,256	10.67
छत्तीसगढ़	4869.22	4858	11.22
आन्ध्र प्रदेश	1733	341	1392

लौह-अयस्क के शीर्ष चार उत्पादक राज्य (2020)

राज्य	उत्पादन (टन में)
ओडिशा	146773
छत्तीसगढ़	34724
कर्नाटक	31402
झारखण्ड	26888

मैंगनीज

- मैंगनीज (Manganese) एक काला, कठोर एवं लौह जैसी धातु है, जो **धारवाड़ शैलों** में प्राकृतिक ऑक्साइड के तौर पर पाया जाता है।
- इसका उपयोग इस्पात बनाने (लौह प्रगलन), लौह-मिश्र धातु, रासायनिक उद्योगों, चमड़ा, शीशा, फोटोग्राफी आदि में किया जाता है।
- देश में मैंगनीज का मुख्य भण्डार **ओडिशा** में है। इसके अतिरिक्त कर्नाटक, मध्य प्रदेश, महाराष्ट्र एवं गोवा में भी इसके भण्डार मिलते हैं।
- इसके कुछ भण्डार आन्ध्र प्रदेश, झारखण्ड, गुजरात, राजस्थान एवं पश्चिम बंगाल में भी पाए जाते हैं।
- मैंगनीज के उत्पादन में मध्य प्रदेश का प्रथम स्थान है। उसके बाद महाराष्ट्र व ओडिशा का स्थान है।

देश के प्रमुख मैंगनीज उत्पादक क्षेत्र

राज्य	क्षेत्र
ओडिशा	सुन्दरगढ़, बालनगीर, कालाहांडी, कोरापुट सम्बलपुर
मध्य प्रदेश	बालाघाट और छिन्दवाड़ा
महाराष्ट्र	नागपुर, भण्डारा और रत्नागिरि
कर्नाटक	बेल्लारी, चित्रदुर्ग और तुमकुर
आन्ध्र प्रदेश	श्रीकाकुलम, विशाखापत्तनम, कुडप्पा, विजयनगरम और गुंटूर

ताँबा

- यह विद्युत का अच्छा चालक है। इसे टिन में मिश्रित करके **काँस्य** (Bronze) तथा जस्ते में मिलाने पर **पीतल** (Brass) बनता है।
- इसका सर्वाधिक इस्तेमाल बिजली उद्योग, टेलीफोन, रेडियो, टेलीविजन आदि में किया जाता है।
- भारत में ताँबा **धारवाड़ क्रम की चट्टानों** में पाया जाता है। देश में ताँबे के सर्वाधिक भण्डार क्रमश: राजस्थान, मध्य प्रदेश तथा झारखण्ड में पाए जाते हैं।
- आन्ध्र प्रदेश, गुजरात, हरियाणा, कर्नाटक, महाराष्ट्र, मेघालय, ओडिशा आदि में भी ताँबे के छिटपुट भण्डार मिलते हैं।
- ताम्र प्रगलन संयंत्र ताँबा उत्पादन के क्रम में ताम्रमल (कॉपर स्लैग) पर्यावरण में कुछ भारी धातुओं के निक्षालन (लीचिंग) का कारण बन सकता है।
- इसके अतिरिक्त ये सल्फर डाइ ऑक्साइड निर्मुक्त करते हैं, जो एक प्रमुख प्रदूषक है।
- भारत के अधिकांश ताम्र उत्पादन पर सार्वजनिक क्षेत्र की कम्पनी **हिन्दुस्तान कॉपर लिमिटेड** (HCL) का नियन्त्रण है।
- भारत ताँबे के उत्पादन में आत्मनिर्भर नहीं है। भारत मुख्यत: चिली, ऑस्ट्रेलिया, इण्डोनेशिया, ब्राजील और पूर्वी अफ्रीका से ताँबे का आयात करता है।
- ताम्र अयस्क के भारत में तीन महत्त्वपूर्ण जिले झुंझुंनू (राजस्थान), बालाघाट (मध्य प्रदेश) एवं सिंहभूम (झारखण्ड) है। खेतड़ी (राजस्थान) की ताँबे की खानें झुंझुंनू (जिले) में हैं।

ताँबा भण्डार तथा उत्पादक शीर्ष तीन राज्य

भण्डारण	उत्पादक
राजस्थान	मध्य प्रदेश
झारखण्ड	राजस्थान
मध्य प्रदेश	झारखण्ड

बॉक्साइट

- बॉक्साइट (Bauxite) एल्युमीनियम का ऑक्साइड है, जिसका रंग लोहांश की मात्रा के आधार पर सफेद से गुलाबी या लाल पाया जाता है।
- यह टर्शियरी काल (Tertiary Era) की लैटराइट शैलों में पाया जाता है। बॉक्साइट अयस्क (Ore) में एल्युमिना का अंश 55-65% के बीच पाया जाता है।
- देश के 80% बॉक्साइट उत्पादन का इस्तेमाल एल्युमीनियम बनाने में किया जाता है।
- वर्ष 1947 में केवल दो एल्युमीनियम कारखाने अलवाय (केरल) और आसनसोल (पश्चिम बंगाल) में थे। बाद में निजी क्षेत्र में हीराकुड (ओडिशा), बेलगाम (कर्नाटक), रेनुकूट (उत्तर प्रदेश), मेट्टूर (तमिलनाडु) और सार्वजनिक क्षेत्र में कोरबा (छत्तीसगढ़), रत्नागिरि (महाराष्ट्र), दामनजोरी (ओडिशा) एवं भुज (गुजरात) में स्थापित किए गए।
- बॉक्साइट उत्पादक प्रमुख राज्य क्रमश: ओडिशा, आन्ध्र प्रदेश, गुजरात, झारखण्ड तथा महाराष्ट्र है।
- विश्व में बॉक्साइट संसाधन के मामले में भारत का सातवाँ स्थान है।

भारत के प्रमुख बॉक्साइट उत्पादक क्षेत्र

राज्य	क्षेत्र
ओडिशा	कालाहांडी, कोरापुट, सुन्दरगढ़, बलांगीर और सम्बलपुर
गुजरात	अमरेली, भावनगर, जबलपुर, जूनागढ़ और कच्छ
मध्य प्रदेश	बालाघाट, कटनी, जबलपुर, माण्डला और शहडोल
छत्तीसगढ़	अमरकण्टक पठार, बिलासपुर, दुर्ग, रायगढ़ और सरगुजा
झारखण्ड	दुमका, लोहरदग्गा, पलामू और राँची
महाराष्ट्र	कोल्हापुर, पुणे, रत्नागिरि, सतारा और थाणे
तमिलनाडु	मदुरई, नीलगिरि और सेलम

बॉक्साइट उत्पादक शीर्ष पाँच राज्य

राज्य	प्रतिशत मात्रा (%)	राज्य	प्रतिशत मात्रा (%)
ओडिशा	51%	झारखण्ड	6%
आन्ध्र प्रदेश	16%	महाराष्ट्र	5%
गुजरात	9%		

क्रोमाइट

- **क्रोमाइट** (Chromite) लोहा और क्रोमियम का ऑक्साइड है, जो आग्नेय शैलों में पाया जाता है।
- **उपयोग** स्टेनलेस स्टील, ईंट, नमक (चमड़ा सफाई एवं रंगाई हेतु) आदि निर्माण हेतु किया जाता है।
- **वितरण** क्रोमाइट का सर्वाधिक भण्डार (93%) ओडिशा में है। **ओडिशा** का क्रोमाइट के उत्पादन (98%) में एकाधिकार है। यहाँ क्रोमाइट का जमाव सुकिन्दा (कटक जिला), नौसाही (क्योंझर जिला), मौलामयाँ एवं मरुआबिल (ठेकानल जिला) से प्राप्त किया जाता है।
- कर्नाटक देश का दूसरा प्रमुख उत्पादक राज्य है। यहाँ क्रोमाइट के जमाव हासन (बायरापुर, चिखोन हल्ली, पेंसा मुद्रा) मैसूर, चिकमंगलूर एवं भोइया जिलों में पाए जाते हैं।

सीसा एवं जस्ता

- सीसा (Lead) मुख्यत: रवेदार शैलों (शिस्ट) की नसों में जस्ता (Zinc), चाँदी के साथ मिला हुआ पाया जाता है। यह प्री-कैम्ब्रियन और विन्ध्य चूना पत्थर की शैलों में भी पाया जाता है।
- लोहे की चादरों पर लेपन, केबलों के आवरण और अम्लीय टैंकों के अस्तरण हेतु इसका इस्तेमाल किया जाता है।
- **वितरण** सीसा एवं जस्ता के भण्डार व उत्पादन में **राजस्थान** का एकाधिकार (Monopoly) है। उदयपुर जिले का **जावर** क्षेत्र देश का सबसे महत्त्वपूर्ण सीसा उत्पादक क्षेत्र है। अन्य उत्पादन क्षेत्रों में आन्ध्र प्रदेश, झारखण्ड, कर्नाटक, उत्तराखण्ड, मेघालय और बिहार के कुछ क्षेत्र सम्मिलित हैं।

सोना

- सोना (Gold) एक मूल्यवान धातु है। सोना आग्नेय शिलाओं की नसों और कुछ नदियों की रेतों से प्राप्त किया जाता है।
- **वितरण** भारत में विश्व का केवल 0.78% सोना पाया जाता है। भारत में सोने के सर्वाधिक भण्डार (51%) कर्नाटक में हैं। भारत में सोने का सर्वाधिक (98%) उत्पादन भी **कर्नाटक** (कोलार जिला) राज्य द्वारा किया जाता है।
- कोलार जिले की कोलार खान में **चैम्पियन, नन्दी दुर्ग** एवं **मैसूर रीफ** उल्लेखनीय हैं।
- यह विश्व की सबसे गहरी खानों में से एक है, जिसका संचालन भारत गोल्ड माइन्स लिमिटेड द्वारा किया जाता है।
- अन्य क्षेत्रों में **आन्ध्र प्रदेश** में अनन्तपुर, कुर्नूल; **तमिलनाडु** में नीलगिरि, **केरल** में कोझिकोड और राजस्थान के झुंझुनू जिले में भी सोने के जमाव पाए जाते हैं।
- झारखण्ड सोने का महत्त्वपूर्ण उत्पादक राज्य है। यहाँ सोना दो रूपों **जलोढ़को** और **लोढ़को** के रूप में मूल स्थानों पर मिलते हैं।
- लोढ़को के रूप में सोना सुवर्णरिखा नदी की रेत से इकट्ठा किया जाता है, जबकि मूल सोना सिंहभूम जिले के लोका में मिलता है।
- इसके अलावा कुछ सोना **छोटानागपुर** का पठार के अन्य भागों में भी मिलता है।

चाँदी

- चाँदी (Silver) प्राय: आग्नेय शिलाओं में सीसा, जस्ता, ताँबा आदि के साथ मिश्रित रूप में पाई जाती है। इसका उपयोग आभूषण, सिक्कों और सजावट की वस्तुओं के निर्माण में किया जाता है।
- **वितरण** भारत में चाँदी का सर्वाधिक भण्डार क्रमश: राजस्थान, झारखण्ड व आन्ध्र प्रदेश में पाया जाता है।
- देश में **राजस्थान** (उदयपुर एवं चित्तौड़गढ़ की जस्ता खानें) चाँदी का सबसे बड़ा उत्पादक राज्य है। इसके बाद कर्नाटक (कोलार और हट्टी की स्वर्ण खदानों से), झारखण्ड (सिंहभूम, धनबाद और दुमका जिले), आन्ध्र प्रदेश (कुडप्पा, गुण्टूर, कुर्नूल एवं विशाखापत्तनम) राज्यों का स्थान है।

भारत के प्रमुख अधात्विक खनिज

अभ्रक

- अभ्रक (Mica) का मुख्य अयस्क **पैग्मेटाइट** है। यह आग्नेय और कायान्तरित शैलों में कई रंगों (सफेद, गुलाबी, हरा, काला) में पाया जाता है।
- यह अपने निम्न शक्ति गुणांक, उच्च वोल्टेज के प्रतिरोधी गुणों के कारण विद्युत तथा इलेक्ट्रॉनिक उद्योग में प्रयोग किया जाता है।
- जैसे— बिजली की मोटर, डायनमो, बेतार के तार, सजावट के सामान आदि में।
- **वितरण** भारत में अभ्रक भण्डार मुख्यत: राजस्थान, आन्ध्र प्रदेश, महाराष्ट्र, बिहार तथा झारखण्ड राज्यों में पाया जाता है।
- भारत को अभ्रक शीट के उत्पादन में विश्व में लगभग एकाधिकार प्राप्त है। विश्व का लगभग 75 से 80% अभ्रक शीट भारत में ही निकाला जाता है।
- भारत के कुल उत्पादन के लगभग 10% अभ्रक की ही खपत घरेलू रूप से हो पाती है। शेष 90% विदेशों (अमेरिका, जापान, ग्रेट ब्रिटेन, नॉर्वे, रूस, पोलैण्ड, जर्मनी, चेक गणराज्य, हंगरी आदि देशों) को निर्यात कर दिया जाता है। **कोलकाता** और **विशाखापत्तनम** अभ्रक निर्यात के प्रमुख पत्तन हैं।

अभ्रक उत्पादन के प्रमुख क्षेत्र

राज्य	क्षेत्र
आन्ध्र प्रदेश	नैल्लोर, कृष्णा, विशाखापत्तनम और पश्चिम गोदावरी
राजस्थान	अजमेर, भीलवाड़ा, डूँगरपुर, जयपुर, सीकर, टोंक और उदयपुर
झारखण्ड	धनबाद, गिरिडीह, हजारीबाग, राँची और सिंहभूम
तेलंगाना	खम्मम
बिहार	भागलपुर, मुंगेर और गया

हीरा

- हीरे (Diamonds) के अयस्क तीन प्रकार की भौगोलिक स्थितियों में पाए जाते हैं, यथा— किम्बरलाइट पाइप, कांग्लोमेरेट बेड्स एवं एल्युवियल ग्रेवल।
- हीरे के भण्डार मुख्यत: चार क्षेत्रों में विस्तृत हैं
  1. **आन्ध्र प्रदेश** के अनन्तपुर, कुड़प्पा, गुण्टूर, कृष्णा, महबूब नगर एवं कुर्नूल जिले में।
  2. **मध्य प्रदेश** के पन्ना जिले में (सर्वाधिक भण्डार)।
  3. **ओडिशा** के महानदी तथा गोदावरी की घाटियों में।
  4. **छत्तीसगढ़** के रायपुर जिले के बेहरादीन व कोडावली क्षेत्र तथा बस्तर जिले के टोकपाल एवं डगापाल क्षेत्र में।
- वर्तमान में भारत में हीरे का उत्पादन केवल **मध्य प्रदेश** में होता है।

हीरे के कुल भण्डार

राज्य	**कुल भण्डार** (कैरेट में)
मध्य प्रदेश	2,87,09,136
आन्ध्र प्रदेश	18,22,955
छत्तीसगढ़	13,04,000

चूना पत्थर

- चूना पत्थर (Limestone) गोण्डवाना को छोड़कर सभी काल की अवसादीय शैलों में पाया जाता है। इसका उपयोग मुख्यत: सीमेण्ट, लौह-इस्पात, रसायन, चीनी, कागज, उर्वरक एवं फेरो-मैंगनीज उद्योगों में किया जाता है।
- **वितरण** देश के 70% चूने के पत्थर का उत्पादन केवल पाँच राज्यों (आन्ध्र प्रदेश, राजस्थान, मध्य प्रदेश, गुजरात एवं तमिलनाडु) से प्राप्त होता है।
- छत्तीसगढ़, कर्नाटक, महाराष्ट्र और हिमाचल प्रदेश अन्य राज्य हैं, जो चूना पत्थर के उत्पादन में 26% का योगदान करते हैं।
- भारत में चूना पत्थर का सर्वाधिक उत्पादन क्रमश: **आन्ध्र प्रदेश, राजस्थान** व **मध्य प्रदेश** में होता है।

चूना पत्थर के उत्पादन के प्रमुख क्षेत्र

राज्य	क्षेत्र
मध्य प्रदेश	जबलपुर, दमोह, रीवा, सतना, बैतुल, सागर
छत्तीसगढ़	बिलासपुर, बस्तर, दुर्ग, रायपुर
राजस्थान	अजमेर, बीकानेर, कोटा, अलवर, डूँगरपुर, नागौर, पाली, चित्तौड़गढ़
आन्ध्र प्रदेश	विशाखापत्तनम, कृष्णा, गुण्टूर , नालगोण्डा
तेलंगाना	आदिलाबाद, करीमनगर, वारंगल
गुजरात	बनासकांठा, जूनागढ़, खेड़ा, पंचमहल, साबरकांठा

डोलोमाइट

- जब चूना पत्थर में **मैग्नीशियम** की मात्रा 45% से अधिक होती है, तो इसे डोलोमाइट (Dolomite) कहा जाता है।
- इसका उपयोग मुख्यत: इस्पात निर्माण और धमन भट्टियों में किया जाता है।

प्रमुख उत्पादक क्षेत्र

राज्य	क्षेत्र
ओडिशा	सुन्दरगढ़, सम्बलपुर, कोरापुट, बीरमित्रपुर
छत्तीसगढ़	दुर्ग, बिलासपुर, बस्तर, रायगढ़
आन्ध्र प्रदेश	कुडप्पा, कुर्नूल, अनन्तपुर
झारखण्ड	सिंहभूम, पलामू, चाईबासा
राजस्थान	राजसमन्द, जैसलमेर, झुँझुँनू

कुछ अन्य खनिज भण्डार एवं उत्पादक

खनिज	शीर्ष भण्डारण	शीर्ष उत्पादक
एस्बेस्टॉस	राजस्थान	आन्ध्र प्रदेश
ग्रेफाइट	अरुणाचल प्रदेश	तमिलनाडु
मैग्नेसाइट	उत्तराखण्ड	तमिलनाडु
एपेटाइट	पश्चिम बंगाल	आन्ध्र प्रदेश
फायरक्ले	–	राजस्थान
निकिल	ओडिशा	–
क्वार्ट्ज	–	आन्ध्र प्रदेश
कैडमियम	–	राजस्थान
रॉक फॉस्फेट	झारखण्ड	मध्य प्रदेश

ऊर्जा संसाधन

- जिन संसाधनों का प्रयोग हम उद्योगों में मशीनों को चलाने, यातायात के साधनों को गति देने, कृषि को यान्त्रिक बनाने तथा घरेलू कामों के लिए करते हैं, उन्हें ऊर्जा संसाधन (Energy Resource) कहते हैं। आज के युग में ऊर्जा के महत्त्वपूर्ण संसाधन कोयला, पेट्रोलियम, प्राकृतिक गैस तथा जल विद्युत हैं।
- ऊर्जा संसाधनों के निम्न दो भाग हैं
  1. परम्परागत ऊर्जा संसाधन
  2. गैर-परम्परागत ऊर्जा संसाधन

1. परम्परागत ऊर्जा संसाधन

ऊर्जा उत्पादन के लिए प्रयुक्त होने वाले प्रमुख परम्परागत ऊर्जा (Conventional Energy) के मुख्य स्रोत कोयला तथा पेट्रोलियम एवं प्राकृतिक गैस हैं। इन्हें जीवाश्म ईंधन भी कहते हैं, क्योंकि इनका निर्माण पृथ्वी के गर्भ में **जैविक पदार्थों** (Organic Matter) से होता है। यह क्रिया लाखों वर्षों में पूर्ण होती है।

कोयला

- कोयला (Coal) मुख्यत: हाइड्रोकार्बन से निर्मित एक ठोस संस्तरित शिला है, जिसे ऊष्मा या प्रकाश या दोनों की आपूर्ति हेतु ईंधन के तौर पर इस्तेमाल किया जाता है।

- कोयले की गुणवत्ता का निर्धारण उसमें निहित कार्बन के अनुपात पर निर्भर करता है।
- भू-गर्भ में दबी वनस्पति दबाव और ताप के कारण पहले पीट (लकड़ी से मिलता-जुलता कोयले का निकृष्ट रूप, कार्बन का अंश 40% से कम) तदुपरान्त लिग्नाइट (कार्बन अंश 40-55%), बिटुमिनस (55-80% कार्बन) और अन्त में एन्थ्रेसाइट (कार्बन अंश 80-95%) में परिणत हो जाती है।
- कोयले में विद्यमान वाष्पशील गैसों को कोयला शुद्धि-शालाओं में जलाकर इस्पात उद्योग हेतु कोक प्राप्त किया जाता है।
- भारत में कोयला ऊर्जा उत्पादन का सबसे महत्त्वपूर्ण स्रोत है। कोयला देश की व्यावसायिक ऊर्जा की माँग का लगभग 67% पूरा करता है।
- सर्वाधिक कोयला भण्डार **झारखण्ड** में है तथा दूसरे स्थान पर ओडिशा आता है, जबकि देश में लिग्नाइट का कुल भण्डार लगभग 44.11 बिलियन टन है, जिसमें अधिकांश तमिलनाडु में पाया जाता है।

खनन प्रौद्योगिकी

- देश में कोयला उत्पादन मुख्य रूप से सार्वजनिक क्षेत्र की कम्पनियों-कोल इण्डिया लिमिटेड (Coal India Limited, CIL) और सिंगरेनी कोलियरीज कम्पनी लिमिटेड के अधिकार क्षेत्र में है।
- देश के कुल कोयला उत्पादन का 90% भाग कोल इण्डिया लिमिटेड अपनी सात कोयला उत्पादक सहायक कम्पनियों के माध्यम से करती है।
- सी आई एल की आठवीं सहायक कम्पनी सेण्ट्रल माइन्स प्लानिंग एण्ड डिजाइन इन्स्टीट्यूट लिमिटेड (Central Mine Planning and Design Institute Limited, CMPDIL) है, जो नियोजन और डिजाइन का कार्य करती है।
- लगभग 76% कोयला खुली खदानों के उत्खनन (Open Cast Mining) से निकाला जाता है।

भारत में प्राप्त कोयले की विशेषताएँ

- भारत से प्राप्त कोयले में सल्फर कम (0.40-0.66%) मात्रा में पाया जाता है।
- कोयले का उच्च संगलन तापमान (1500°-1663° सेल्सियस) है। कोयले के दहन पश्चात् मध्यम से उच्च राख (22-53%) पाई जाती है, इस राख में आर्सेनिक, सीसा और पारद अंतर्विष्ट होते हैं। भारत में उपलब्ध कोयला दो भू-वैज्ञानिक कालों—**गोण्डवाना** और **टर्शियरी** से सम्बन्धित है।

कोयले के संचित भण्डार

- भारतीय भू-वैज्ञानिक सर्वेक्षण के अनुसार देश में 306.596 बिलियन टन कोयले का संचित भण्डार है। देश में लिग्नाइट का कुल अनुमानित भण्डार 44.11 बिलियन टन है, जिसका अधिकांश भाग तमिलनाडु (नेवेली) में पाया जाता है।
- देश के कोयला भण्डार का 88% भाग पाँच राज्यों झारखण्ड, ओडिशा, छत्तीसगढ़, पश्चिम बंगाल एवं मध्य प्रदेश में पाया जाता है।

कोयले भण्डारण तथा उत्पादन वाले शीर्ष राज्य

भण्डारण	उत्पादक
1. झारखण्ड	1. छत्तीसगढ़
2. ओडिशा	2. ओडिशा
3. छत्तीसगढ़	3. झारखण्ड

प्रमुख कोयला उत्पादक क्षेत्र एवं वितरण

भू-वैज्ञानिक दृष्टिकोण से भारत के कोयला क्षेत्रों को दो वर्गों में बाँटा जाता है

गोण्डवाना कोयला क्षेत्र

- भारत में कोयले की कुल संचित राशि का 98% तथा कुल उत्पादन का 99% गोण्डवाना कोयला (Gondwana Coal) क्षेत्रों से प्राप्त होता है।
- ये क्षेत्र झारखण्ड, पश्चिमी बंगाल, ओडिशा, मध्य प्रदेश, छत्तीसगढ़ तथा महाराष्ट्र राज्यों में वितरित हैं। इन राज्यों में यह कोयला मुख्यतः नदी-घाटियों में पाया जाता है।
- इस दृष्टि से झारखण्ड व पश्चिमी बंगाल में **दामोदर घाटी,** मध्य प्रदेश व झारखण्ड में **सोन घाटी,** छत्तीसगढ़ व ओडिशा में **महानदी घाटी** तथा महाराष्ट्र व आन्ध्र प्रदेश में गोदावरी व वर्धा घाटी प्रसिद्ध हैं।
- गोण्डवानायुगीन कोयला मुख्यतः बिटुमिनस प्रकार का होता है।

टर्शियरी कोयला क्षेत्र

- इस श्रेणी का कोयला मुख्यतः असम, मेघालय, नागालैण्ड, अरुणाचल प्रदेश तथा जम्मू-कश्मीर में मिलता है।
- संचित राशि उत्पादन तथा गुणवत्ता की दृष्टि से इसका कोई विशेष महत्त्व नहीं है।
- इस श्रेणी की संचित राशि भारत में केवल 2% तथा उत्पादन केवल 1% है। यह मुख्यतः **लिग्नाइट** (Lignite) कोयला होता है।

वितरण

- भारत में कोयले का वितरण बहुत ही असमान है। अधिकांश कोयला क्षेत्र प्रायद्वीपीय पठार के उत्तर-पूर्वी भाग में केन्द्रित हैं।
- उत्तरी विशाल मैदान कोयला भण्डारों से लगभग वंचित है। झारखण्ड, छत्तीसगढ़, ओडिशा तथा मध्य प्रदेश मिलकर देश का दो-तिहाई से भी अधिक कोयला पैदा करते हैं।
- झारखण्ड कोयले के भण्डार की दृष्टि से झारखण्ड अग्रणी है। इस राज्य में कोयले के 80,701 मिलियन टन सुरक्षित भण्डार हैं, जो भारत के कुल कोयला भण्डारों का लगभग 27% भाग हैं। झारखण्ड के प्रमुख कोयला क्षेत्र निम्नलिखित हैं
  - **झरिया कोयला क्षेत्र** उत्पादन तथा सुरक्षित भण्डारों की दृष्टि से यह भारत का सबसे बड़ा कोयला उत्पादक क्षेत्र है।
  - यहाँ उच्च कोटि का बिटुमिनस कोयला मिलता है, जिससे कोकिंग कोयला बनाया जाता है। भारत का 99% कोकिंग कोयला झरिया से ही प्राप्त होता है। यह क्षेत्र **धनबाद** जिले में स्थित है।
  - **बोकारो कोयला क्षेत्र** झरिया के बाद यह झारखण्ड का दूसरा बड़ा उत्पादक क्षेत्र है। यह क्षेत्र झारखण्ड के हजारीबाग जिले में स्थित है। यहाँ का कोयला **राउरकेला लोहा-इस्पात केन्द्र** को भेजा जाता है।
  - **रामगढ़ कोयला क्षेत्र** यह दामोदर घाटी के ऊपरी भाग में स्थित है।
  - **कर्णपुरा कोयला क्षेत्र** यह कोयला क्षेत्र झारखण्ड के हजारीबाग, राँची तथा पलामू जिलों में फैला हुआ है।
  - **गिरिडीह** यह कोयला क्षेत्र गिरिडीह कस्बे के दक्षिण-पश्चिम में है। इस क्षेत्र से प्राप्त होने वाला कोयला उत्तम किस्म का होता है।
  - कोयले के भण्डारों की दृष्टि से छत्तीसगढ़ का तीसरा स्थान है, परन्तु उत्पादन की दृष्टि से यह भारत का सबसे बड़ा उत्पादक राज्य है।
  - भण्डार की दृष्टि से **ओडिशा** दूसरे स्थान पर है यहाँ भारत के एक-चौथाई कोयले की संचित राशि है।
  - इसके अतिरिक्त मध्य प्रदेश, आन्ध्र प्रदेश, महाराष्ट्र, पश्चिम बंगाल, तमिलनाडु कोयले के प्रमुख उत्पादक राज्य है।

पेट्रोलियम

- पेट्रोलियम (Petroleum), हाइड्रोजन और कार्बन का यौगिक है। यह ठोस, तरल या गैस रूप में पाया जाता है। इसे प्रसंस्कृत कर मिट्टी का तेल, डीजल, पेट्रोल, गैसोलीन, मोम, स्नेहक आदि पदार्थ प्राप्त किए जाते हैं।
- इसे **तरल सोना** (Liquid Gold) कहते हैं। हाइड्रोकार्बन में मुख्यत: 70% तेल व 30% प्राकृतिक गैस मिलती है।
- कच्चा पेट्रोलियम तेल पुरानी सागरीय अवसादी शैलों से प्राप्त किया जाता है। भारत में यह टर्शियरी काल की चट्टानों की अपनतियों में पाया जाता है। देश में पेट्रोलियम क्षेत्र के कार्यों को मुख्यत: तीन खण्डों में विभक्त किया गया है
  1. कच्चे तेल की खोज एवं उत्पादन
  2. तेल शोधन तथा विपणन एवं वितरण
  3. पेट्रो रसायन एवं अन्य इकाइयों का निर्माण।

कच्चे तेल की खोज

- भारत में कच्चे तेल (Crude Oil) की खोज एवं उसके उत्पादन का कार्य व्यापक और व्यवस्थित रूप में वर्ष 1956 में **तेल और प्राकृतिक गैस आयोग** (Oil and Natural Gas Commission, ONGC) की स्थापना से शुरू हुआ।
- भारत सरकार ने वर्ष 1981 में बर्मा ऑयल कम्पनी के शेयर खरीदकर तेल की खोज एवं उत्पादन हेतु दूसरी सार्वजनिक क्षेत्र की कम्पनी ऑयल इण्डिया लिमिटेड (Oil India Limited, OIL) की स्थापना की।
- तेल और प्राकृतिक गैस आयोग को भी कम्पनी अधिनियम, 1956 के तहत्
  1 फरवरी, 1994 से तेल और प्राकृतिक गैस निगम लिमिटेड (Oil and Natural Gas Nigam Limited) नामक सार्वजनिक क्षेत्र की कम्पनी में बदल दिया गया।

कच्चे तेल का उत्पादन

- विश्व के कुल कच्चे तेल के उत्पादन में भारत का योगदान लगभग एक प्रतिशत है। देश का 56% के लगभग कच्चा तेल अपतटीय क्षेत्रों (मुख्यत: बॉम्बे हाई) से प्राप्त होता है।
- अपतटीय क्षेत्र के भण्डार पर केन्द्र सरकार का अधिकार होता है।
- देश में कुल कच्चे तेल के उत्पादन (32,169 हजार टन) में सार्वजनिक व निजी क्षेत्र का हिस्सा क्रमश: 23,733 हजार टन व 8,436 हजार टन है।
- भारत में कच्चे खनिज तेल उत्पादन के चार प्रमुख क्षेत्र हैं
  1. **ब्रह्मपुत्र घाटी** डिगबोई, नाहरकटिया, मोरनहुगरीजन, रुद्रसागर-लकवा तथा सुरमा घाटी।
  2. **गुजरात तट** अंकलेश्वर, नवाँगाँव, मेहसाना, कलोल, सानन्द, लुनेज क्षेत्र, अहमदाबाद।
  3. **पश्चिमी अपतटीय क्षेत्र** बॉम्बे हाई, बेसिन तेल क्षेत्र, अलियाबेट द्वीप।
  4. **पूर्वी अपतटीय क्षेत्र** गोदावरी, कृष्णा एवं कावेरी नदियों के डेल्टा—रवा क्षेत्र, अम्लापुर (आन्ध्र प्रदेश)।

कच्चा तेल उत्पादन तथा भण्डारण वाले शीर्ष राज्य (2019-20)

भण्डारण	उत्पादन
1. असम	1. राजस्थान
2. गुजरात	2. गुजरात
3. राजस्थान	3. असम

कच्चे तेल के संचित भण्डार

पेट्रोलियम एवं रसायन मन्त्रालय के अनुसार भारत में कच्चे तेल के कुल भण्डार 763.476 मिलियन टन है।

कोयला नियन्त्रण संगठन

- यह कोयला एवं खान मन्त्रालय के अन्तर्गत कोल विभाग का अधीनस्थ कार्यालय है। इसका मुख्यालय कोलकाता में है तथा बिलासपुर, धनबाद, राँची तथा नागपुर में इसका क्षेत्रीय कार्यालय है।
- यह कोयला वितरण के उपभोक्ता तक पहुँच को सुनिश्चित करता है।

तेल शोधनशालाएँ

- भारत की पहली तेल शोधनशाला वर्ष 1901 में **असम** (डिगबोई) में खोली गई थी। वर्ष 1954 में ट्राम्बे (मुम्बई) में दूसरी तेल शोधनशाला खोली गई। इस समय देश में 23 तेल शोधनशालाएँ कार्य कर रही हैं, जिनमें 17 सार्वजनिक क्षेत्र, दो संयुक्त क्षेत्र तथा चार निजी क्षेत्र में हैं।
- भट्टी तेल (फर्नेस ऑयल) परिष्करणियों (रिफाइनरी) का एक उत्पाद है, कुछ उद्योग में इनका उपयोग ऊर्जा उत्पादन के लिए करते हैं। इसके उपयोग से पर्यावरण में गंधक का उर्त्सजन होता है।

भारत की तेल शोधनशालाएँ

क्रम	कम्पनी का नाम	अवस्थिति
	सार्वजनिक क्षेत्र	
1.	गुवाहाटी	इण्डियन ऑयल कॉर्पोरेशन लिमिटेड
2.	बरौनी	
3.	कोयली (गुजरात)	
4.	हल्दिया (पश्चिम बंगाल)	
5.	मथुरा	
6.	डिगबोई	
7.	पानीपत	
8.	बोंगाईगाँव	
9.	पाराद्वीप	
10.	मुम्बई	हिन्दुस्तान पेट्रोलियम कॉर्पोरेशन लिमिटेड
11.	विशाखापत्तनम (कावेरी बेसिन)	
12.	मुम्बई	भारत पेट्रोलियम कॉर्पोरेशन लिमिटेड
13.	कोच्चि	
14.	मनाली	चेन्नई पेट्रोलियम कॉर्पोरेशन लिमिटेड
15.	नागापट्टिनम (कावेरी बेसिन)	
16.	नुमालीगढ़	नुमालीगढ़ रिफाइनरीज लिमिटेड (NRL)
17.	मंगलौर	मंगलौर रिफाइनरीज लिमिटेड (ONGC)
18.	तातीपाका	तेल एवं प्राकृतिक गैस आयोग (ONGC)
	संयुक्त क्षेत्र	
19.	बीना	भारत ओमान रिफायनरीज लिमिटेड
20.	भटिण्डा	HPCL मित्तल एनर्जी लिमिटेड

निजी क्षेत्र	
21. जामनगर	रिलायन्स इण्डस्ट्रीज लिमिटेड
22. सेज, जामनगर	
23. वादिनार	एस्सार ऑयल लिमिटेड

प्राकृतिक गैस

तेल के कुओं में प्राकृतिक गैस (Natural Gas) अकेले अथवा कच्चे तेल के साथ पाई जाती है। इनका उपयोग उर्वरकों के निर्माण, ताप गृहों, उद्योगों और घरेलू ईंधन के तौर पर किया जाता है।

प्राकृतिक गैस के संचित भण्डार

- भारत में प्राकृतिक गैस की खोज और उत्पादन कार्य ONGC (ऑयल एण्ड नेचुरल गैस कॉर्पोरेशन) एवं OIL (ऑयल इण्डिया लिमिटेड) द्वारा तथा इसके प्रसंस्करण, सम्प्रेषण और वितरण का कार्य GAIL (Gas Authority of India Limited) द्वारा किया जाता है।
- बॉम्बे हाई, कृष्णा गोदावरी बेसिन के अतिरिक्त जगतिया एवं घोघा (गुजरात), नाहरकटिया, मोरान क्षेत्र (असम), बाड़मेर, चरसवाला (राजस्थान) बरानुरा, अथनुरे (त्रिपुरा), मौसर भरदपुर (जम्मू-कश्मीर) में प्राकृतिक गैस के भण्डार प्राप्त हुए हैं।
- देश में अपतटीय क्षेत्र के अन्तर्गत असम में सर्वाधिक प्राकृतिक गैस का उत्पादन होता है। उसके बाद क्रमशः गुजरात, आन्ध्र प्रदेश तथा तमिलनाडु का स्थान है।
- वर्ष 1985 के बाद देश में गैस की खोज में आश्चर्यजनक वृद्धि हुई है। वर्ष 2002 में रिलायन्स कम्पनी ने **कृष्णा-गोदावरी अपतटीय बेसिन** में देश के अब तक के सबसे बड़े गैस भण्डार की खोज की। यहाँ 14,292 घन गैस होने का अनुमान है। वर्ष 2003 में राजस्थान के बाड़मेर क्षेत्र में तेल के साथ-साथ गैस की भी खोज की गई।
- वर्ष 2005 में ONGC ने कृष्णा-गोदावरी के उथले जल में गैस ढूँढ़ निकाली। यह अमालपुरम तट से 12 किमी की दूरी पर है।

प्राकृतिक गैस के भण्डार

क्षेत्र	प्राकृतिक गैस (मिलियन मीट्रिक क्यूबिक)
अपतटीय	15828.77
तटीय	8021.58
भारत	**23850.35**

प्राकृतिक गैस का उत्पादन-शीर्ष राज्य/क्षेत्र

राज्य/क्षेत्र	उत्पादन (मिलियन मीट्रिक क्यूबिक)
असम	2462.51
राजस्थान	1343.80
त्रिपुरा	1173.64
गुजरात	1011.78
तमिलनाडु	824.18

प्राकृतिक गैस का अनुसन्धान एवं विकास

- भारत में तेल और प्राकृतिक गैस उत्पादन के क्षेत्र में अनुसन्धान कार्य मुख्यतः तेल एवं प्राकृतिक गैस निगम लिमिटेड (ONGC), ऑयल इण्डिया लिमिटेड (OIL) तथा गैस अथॉरिटी ऑफ इण्डिया लिमिटेड (GAIL) के द्वारा कार्यान्वित किए जा रहे हैं।
- ऑयल इण्डिया लिमिटेड का अनुसन्धान और विकास केन्द्र **दुलियाजान** में स्थापित है। यहाँ कच्चे तेल की खोज, तेल उत्पादन और रसायन इन्जीनियरिंग से सम्बन्धित अनुसन्धान कार्य किए जाते हैं।

भारतीय गैस प्राधिकरण लिमिटेड

- देश में प्राकृतिक गैस के बढ़ते महत्त्व को देखते हुए 16 अगस्त, 1984 को भारत सरकार के पूर्ण स्वामित्व में भारतीय गैस प्राधिकरण लिमिटेड की स्थापना की गई।
- वर्ष 2003 से कम्पनी का नाम बदलकर गेल इण्डिया लिमिटेड कर दिया गया। यह भारत की महारत्न कम्पनियों की सूची में शामिल है। यह भारत में प्राकृतिक गैस के प्रसंस्करण, प्रेषण और वितरण की सबसे बड़ी कम्पनी है।

पेट्रोलियम एवं प्राकृतिक गैस से सम्बन्धित कार्यक्रम एवं नीतियाँ

राष्ट्रीय गैस हाइड्रेट कार्यक्रम

- गैस हाइड्रेट्स आमतौर पर गहरे समुद्र में पाए जाने वाले **मीथेन अणु** होते हैं, जो बर्फ से चिपके रहते हैं।
- भारत में गैस हाइड्रेट्स के व्यावसायिक दोहन की प्रौद्योगिकी विकसित करने के लिए अक्टूबर, 2000 में **राष्ट्रीय गैस हाइड्रेट कार्यक्रम** के अन्तर्गत एक संचालन समिति का पुनर्गठन किया गया।

हाइड्रोकार्बन विजन-2025

- विशेषज्ञों के एक दल ने अप्रैल, 2000 नें भारतीय हाइड्रोकार्बन विजन-2025 रिपोर्ट (Indian Hydrocarbon Vision-2025, IHV 2025) तैयार की।
- इस रिपोर्ट में पहली बार विश्वस्तरीय व्यापारिक प्रतिस्पर्द्धा के परिदृश्य को ध्यान में रखते हुए भारत में तेल और गैस क्षेत्र के विकास की रूपरेखा तैयार की गई।
- हाइड्रोकार्बन विजन-2025 में निम्नलिखित लक्ष्य रखे गए हैं
- तेल के घरेलू उत्पादन में वृद्धि और विदेश में इक्विटी आयल में निवेश की वृद्धि के माध्यम से ऊर्जा सुरक्षा के क्षेत्र में आत्मनिर्भरता प्राप्त करना।
- स्वच्छ और हरे-भरे भारत का निर्माण सुनिश्चित करने के लिए उत्पादों के स्तर में सुधार से जीवन-स्तर बेहतर बनाना।
- उपभोक्ता सेवाओं को बेहतर बनाने के लिए मुक्त बाजार की स्थापना और कारोबारियों के बीच प्रतिस्पर्द्धा को बढ़ावा देना।
- सामरिक और रक्षा सम्बन्धी पहलुओं को ध्यान में रखते हुए देश के लिए तेल सुरक्षा सुनिश्चित करना।

विद्युत

देश में बिजली (Electricity) के विकास का काम **विद्युत मन्त्रालय** देखता है। मन्त्रालय का काम भावी योजनाएँ तैयार करना, नीतियाँ निर्धारित करना, निवेश सम्बन्धी फैसले के लिए परियोजनाओं का चयन करना, विद्युत परियोजनाओं के कार्यान्वयन पर निगरानी रखना आदि हैं। केन्द्र, राज्य एवं निजी क्षेत्र का विद्युत उत्पादन में योगदान तथा ईंधन के स्रोतों के आधार पर विद्युत उत्पादन के महत्त्वपूर्ण आँकड़े निम्नलिखित हैं

क्षेत्र	मेगावाट	प्रतिशत
राज्य क्षेत्र	1,01,760.54	33.57%
केन्द्र क्षेत्र	7,62,960.76	25.17%
निजी क्षेत्र	1,25,025.51	41.26%
कुल	**9,89,746.81**	**100.00**

ताप विद्युत

- भारत में कुल विद्युत उत्पादन का सर्वाधिक भाग (लगभग 70%) ताप विद्युत (Thermal Power) द्वारा उत्पादित किया जाता है, इसके उत्पादन हेतु कोयला, खनिज तेल व प्राकृतिक गैस जैसी जीवाश्मी ऊर्जा का उपयोग किया जाता है।
- भारत में विद्युत उत्पादन में प्रयोग किए जाने वाले कोयले में राख करीब 10 से 50% तक होती है। कोयला घटिया होने के कारण ताप विद्युत गृहों की कार्यक्षमता पर असर पड़ता है और वातावरण भी अधिक प्रदूषित होता है।
- कोयले से सल्फर डाइ-ऑक्साइड, नाइट्रोजन ऑक्साइड और कार्बन डाइ-ऑक्साइड जैसी प्रमुख वायु-प्रदूषक गैसें निकलती हैं।
- ताप विद्युत गृहों में प्रयुक्त परम्परागत चूरा किए गए (Pulverised) कोयले की विधि में कई दशकों के विकास के बाद भी अभी तक सर्वाधिक गुणवत्ता 38 से 40% की ही प्राप्त की जा सकी है। अत: कोयले से विद्युत उत्पादन की कुछ अधिक कुशल और पर्यावरण को कम प्रदूषित करने वाली प्रौद्योगिकियों का विकास किया गया है।
- राष्ट्रीय ताप निगम (एन टी पी सी) की स्थापना देश में ताप बिजली के नियोजक प्रोत्साहन एवं विकास के उद्देश्य से नवम्बर, 1975 में की गई थी।
- भारत हैवी इलेक्ट्रिकल्स और भाभा अनुसन्धान केन्द्र ने रूस के सहयोग से **चुम्बकीय जलगतिक विधि** (Magnetised Water Dynamic Method) से विद्युत बनाने के लिए एक नए प्रकार का विद्युत गृह बनाया है। इस विधि से कोयले के जलने से उत्पन्न ऊर्जा का 50% भाग तक विद्युत में परिवर्तित हो जाता है।
- इसके अतिरिक्त कोयले को द्रवीकृत कर पाइपलाइन के माध्यम से विद्युत गृहों तक पहुँचाने की एक महत्त्वाकांक्षी योजना कोयला विभाग ने बनाई है।

अल्ट्रा मेगा पॉवर प्रोजेक्ट

- भारत सरकार द्वारा वर्ष 2005 में शुरु किया गया।
- इनमें से प्रत्येक संयंत्र की क्षमता 4,000 मेगावाट या उससे अधिक होती है। ये कोयला आधारित संयंत्र है। इन संयंत्रों की स्थापना का प्रमुख उद्देश्य वर्ष 2022 तक 10,0000 मेगावाट अतिरिक्त विद्युत क्षमता का सृजन करना है। भारत का पहला ऐसा संयंत्र टाटा पॉवर के स्वामित्व वाला मुंद्रा (गुजरात) संयंत्र है।
- कुछ प्रमुख प्रस्तावित अल्ट्रा मेगा पॉवर प्रोजेक्ट निम्नलिखित हैं

चालित अल्ट्रा मेगा पावर प्रोजेक्ट

स्थान	राज्य	स्थान	राज्य
सासन	मध्य प्रदेश	कृष्णापट्टिनम्	आन्ध्र प्रदेश
मुंद्रा	गुजरात	तिलैया	झारखण्ड

जल विद्युत

- गिरते हुए या बहते हुए जल की ऊर्जा से टरबाइन चलाकर जो विद्युत उत्पन्न की जाती है, उसे जल विद्युत (Hydro-Power) कहते हैं। इसके लिए सबसे पहले ऐसे स्थान का चुनाव करना होता है, जहाँ बाँध बनाकर प्रचुर मात्रा में पानी जमा किया जा सके। इसके बाद इसे बड़े पाइपों अथवा सुरंगों से निचले स्तर पर भेजा जाता है। इस तेजी से गिरते हुए जल की सहायता से टरबाइनों को चलाया जाता है।
- टरबाइनों के जेनरेटरों में लगे आर्मेचर तार एक शक्तिशाली चुम्बकीय क्षेत्र उत्पन्न करते हैं, जो टरबाइन की यान्त्रिक ऊर्जा को विद्युत ऊर्जा में रूपान्तरित कर देते हैं।
- जल विद्युत योजनाओं में सबसे अधिक महत्त्व उनकी स्थिति का है। इनकी स्थिति मुख्यत: प्राकृतिक एवं भौतिक कारणों पर निर्भर करती है।
- साधारण तौर पर किसी जल विद्युत योजना से 1,000 घन फीट प्रति सेकण्ड के प्रभाव से 150 फीट का शीर्ष उपलब्ध होने पर लगभग 10 मेगावाट की शक्ति उपलब्ध होगी।
- जल विद्युत से शक्ति के अन्य स्रोतों की तुलना में कई लाभ होते हैं; जैसे—इसे पुन: चक्रित किया जा सकता है तथा साथ ही इससे किसी भी प्रकार का प्रदूषण उत्पन्न नहीं होता है।
- **भारत की प्रथम जल विद्युत परियोजना** (Hydro Power Project) 1897 ई. में **दार्जिलिंग** में स्थापित की गई थी। इसके बाद वर्ष 1902 में कावेरी नदी पर **शिवसमुद्रम** (कर्नाटक) में जल विद्युत केन्द्र स्थापित हुआ।
- राष्ट्रीय जल विद्युत ऊर्जा निगम (एनएचपीसी) की स्थापना वर्ष 1975 में हुई थी।
- इसके पास पनबिजली परियोजनाओं की परिकल्पना से लेकर उनके चालू होने तक की तमाम गतिविधियों के संचालन की क्षमता है।

प्रमुख जलविद्युत परियोजनाएँ

बगलिहार परियोजना

- यह जम्मू-कश्मीर के रामबन के चन्द्रकोट में **चिनाब नदी** पर 900 मेगावाट की परियोजना है, जिसके पहले चरण के 450 मेगावाट का उद्घाटन वर्ष 2008 में किया गया।
- बगलिहार परियोजना वर्ष 1999 से ही भारत और पाकिस्तान के बीच विवादों का कारण रही है।
- इस बाँध के निर्माण को पाकिस्तान वर्ष 1960 के सिन्धु जल समझौते का उल्लंघन मानता है।

किशनगंगा परियोजना

- यह जम्मू-कश्मीर के बन्दीपुर में किशनगंगा नदी 330 मेगावाट की परियोजना है। इस परियोजना पर कार्य वर्ष 2007 से प्रारंभ हुआ। इस परियोजना को पाकिस्तान, सिंधु जल समझौते (1960) का उल्लंघन मानता है।

- हालाँकि वर्ष 2013 में हेग स्थित अंतर्राष्ट्रीय न्यायालय ने किशनगंगा परियोजना से पानी का मार्ग बदलने के भारत के अधिकार को बरकरार रखना है।

सरदार सरोवर परियोजना

- यह **मध्य प्रदेश, महाराष्ट्र, गुजरात** और **राजस्थान** की संयुक्त परियोजना है, इसका निर्माण नर्मदा एवं उसकी सहायक नदियों पर है।
- इस परियोजना से कुल 1,450 मेगावाट विद्युत का उत्पादन सम्भव है। जिसमें 57% मध्य प्रदेश, 27% महाराष्ट्र तथा 16% गुजरात की भागीदारी शामिल है।

कुरिछु परियोजना

- भारत के सहयोग से भूटान में स्थापित 60 मेगावाट की कुरिछु परियोजना से विद्युत उत्पादन का कार्य 26 अप्रैल, 2006 को प्रारम्भ हुआ।
- साथ-ही-साथ भारत एवं भूटान ने अपने द्विपक्षीय सम्बन्धों को नई दिशा देते हुए जुलाई, 2007 में **पुनतसांगचू** तथा **मांगदच्छू** जलविद्युत परियोजनाओं पर समझौता किया है।

टिहरी परियोजना

- यह उत्तराखण्ड के भागीरथी व भिलंगना नदी के संगम पर 2,400 मेगावाट की जल विद्युत परियोजना है। इससे 2.7 लाख हेक्टेयर कृषि भूमि की सिंचाई सम्भव होगी।
- इस परियोजना के माध्यम से जहाँ नहरी परिवहन, मत्स्य पालन को बढ़ाया जा सकता है, वहीं सूखे के प्रभाव को कम तथा बाढ़ को नियन्त्रित भी किया जा सकता है।

परमाणु ऊर्जा एवं खनिज

- परमाणु ऊर्जा (Atomic Energy) वर्तमान में अति महत्त्वपूर्ण है। इसमें यूरेनियम, थोरियम, जिरकोनियम तथा रेडियम आदि का प्रयोग होता हैं।
- भारत में यूरेनियम का खनन झारखण्ड के सिंहभूम के **जादूगुडा** नामक स्थान से किया जाता है। केरल तथा तमिलनाडु के बालू में मोनाजाइट होती है, जिससे यूरेनियम प्राप्त होता है।

अणुशक्ति वाले खनिज

अणुशक्ति वाले खनिज निम्न हैं

- यूरेनियम इसकी प्राप्ति **धारवाड़** तथा **आर्कियन** श्रेणी की चट्टानों **पेग्मेटाइट, मोनोजाइट बालू** तथा **पेरालाइट** से होती है।
- यूरेनियम के प्रमुख अयस्क पिचब्लेण्ड, सॉमरस्काइट एवं थोरियोनाइट हैं। यूरेनियम के जमाव झारखण्ड के सिंहभूम जनपद (जादूगोडा, नरवा पहाड़, तुरमडीह एवं वागजाता) मेघालय के डोमिया सियात, राजस्थान के रोहिल घटेश्वर (सीकर जनपद) और केरल की मोनोजाइट बालू में पाए जाते हैं।
- झारखण्ड तथा मेघालय के क्षेत्रों से यूरेनियम कॉर्पोरेशन इण्डिया लिमिटेड द्वारा यूरेनियम निकालने का कार्य किया जा रहा है।
- भारत अपनी यूरेनियम आवश्यकतों की पूर्ति के लिए ऑस्ट्रेलिया-कनाडा तथा कजाकिस्तान से इसका आयात करता है।
- थोरियम परमाणु ऊर्जा के विकास में थोरियम महत्त्वपूर्ण खनिज है। भारत में इसके अनुमानतः 4,50,000 टन भण्डार पाए जाने की सम्भावना है।
- **वितरण** केरल (पलक्कड़ एवं कोल्लम जिले), तमिलनाडु (कन्याकुमारी जिला), आन्ध्र प्रदेश (विशाखापत्तनम) एवं ओडिशा तट की मोनाजाइट बालू में।
- मोनाजाइट मोनाजाइट थोरियम, यूरेनियम, सेरिनियम और लेन्थानम आदि का एक यौगिक है।
- भारत में विश्व का सबसे बड़ा मोनाजाइट भण्डार है।
- **वितरण** मोनाजाइट के जमाव केरल की तटीय बालू (कोल्लम और पलक्कड़ जिले में चौघाट और पोन्नई के मध्य 160 किमी लम्बी पेटी में) तमिलनाडु (कन्याकुमारी, तिरुनेलवेली, तंजावुर), आन्ध्र प्रदेश (नारसीपत्तनम एवं विशाखापत्तनम के तटीय क्षेत्र) एवं ओडिशा (कटक एवं गंजम जिलों में महानदी मुहाने के समीप और चिल्का झील से चिकाकोला नदी तक) राज्यों में पाए जाते हैं।
- **बेरेलियम** यह बेरिल से प्राप्त होता है, जो अभ्रक की चट्टानों में मिलता है (खनिज अंश 10-12%)।
- देश में इसे राजस्थान, झारखण्ड, आन्ध्र प्रदेश (नल्लौर) मध्य प्रदेश, जम्मू-कश्मीर एवं सिक्किम आदि राज्यों में प्राप्त किया जाता है।
- **जिरकोनियम** इसे सिरकन अयस्क से प्राप्त किया जाता है, जो आग्नेय शैलों (Igneous Rock) में मिलता है।
- **वितरण** कोल्लम से कन्याकुमारी तक की समुद्र तटीय रेतों, तिरुनेलवेली, रामनाथपुरम, तंजावुर और विशाखापत्तनम के तटीय क्षेत्रों, गया (बिहार) की अभ्रक खदानों एवं कोयम्बटूर में पाए जाते हैं।
- **इल्मेनाइट** इसके जमाव केरल तट की रेत में कोल्लम से कन्याकुमारी, रत्नागिरि, मालाबार तट, तुथुकुडि, वाल्टेयर, गंजम, हजारीबाग, पुरुलिया में पाए जाते हैं।
- **एण्टीमनी** यह मुख्यतः हिमाचल प्रदेश के लाहौल, काँगड़ा और मध्य प्रदेश के जबलपुर जिले में पाया जाता है।
- **ग्रेफाइट** यह मुख्यतः रवेदार और रूपान्तरित शैलों से प्राप्त होता है। मुख्य उत्पादन ओडिशा (कालाहाण्डी, बोलनगीर, गंजम, कोरापुरा, बिहार (भागलपुर), आन्ध्र प्रदेश, राजस्थान, कर्नाटक, जम्मू-कश्मीर एवं सिक्किम से प्राप्त होता है।
- देश में परमाणु खनिजों के खनन और परिष्करण का कार्य **इण्डियन रेयर अर्थस् लिमिटेड**, जो परमाणु ऊर्जा विभाग के अधीन है, द्वारा किया जाता है, जिसके तीन संयन्त्र मानवाल कुरिची, चावरा एवं छतरपुर में कार्यरत हैं।
  इसके अतिरिक्त अलवाई के प्लाण्ट में रेयर अर्थ क्लोराइड का उत्पादन किया जाता है।

भारत के परमाणु विद्युत गृह

विद्युत गृह	राज्य
तारापुर परमाणु विद्युत गृह	महाराष्ट्र
रावतभाटा परमाणु विद्युत गृह	राजस्थान
कलपक्कम परमाणु विद्युत गृह	तमिलनाडु
काकरापार परमाणु विद्युत गृह	गुजरात
नरौरा परमाणु विद्युत गृह	उत्तर प्रदेश
कैगा परमाणु विद्युत गृह	कर्नाटक
कुडनकुलम परमाणु विद्युत गृह	तमिलनाडु

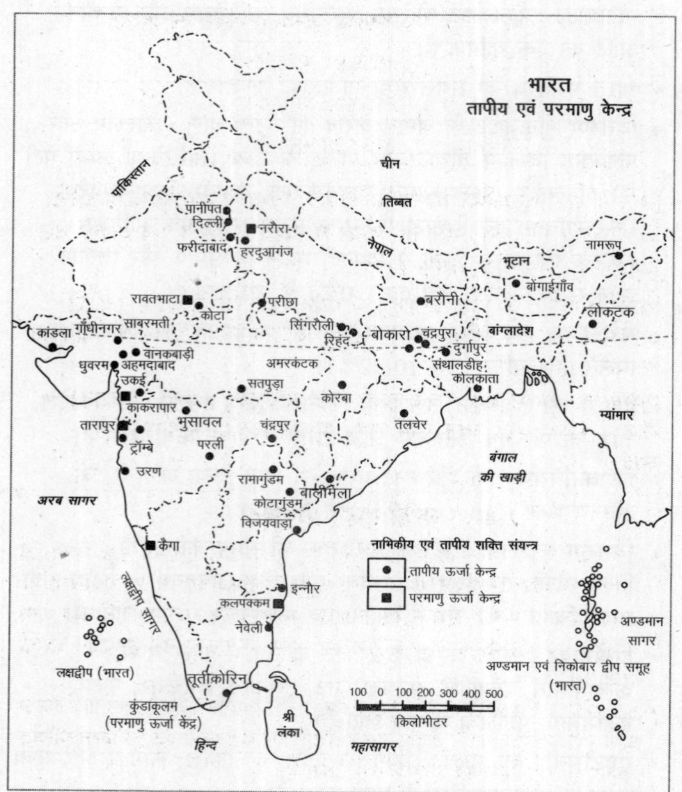

2. गैर-परम्परागत ऊर्जा संसाधन

गैर-परम्परागत ऊर्जा (Non-conventional Energy) यह सौर ऊर्जा, पवन ऊर्जा, भू-तापीय ऊर्जा, ज्वारीय ऊर्जा हाइड्रोजन, बायोमास इत्यादि स्रोतों से प्राप्त की जाती है, गैर-परम्परागत नवीकरणीय ऊर्जा कहलाती है। ये संसाधन नवीकरणीय तथा प्रदूषणरहित हैं।

भारत में नवीकरणीय ऊर्जा स्रोत

- भारत में गैर-परम्परागत पुनरोपयोगी ऊर्जा स्रोतों का उपयोग सुनिश्चित करने हेतु अनुसन्धान और विकास कार्यों के महत्त्व को काफी पहले समझ लिया गया था।
- गैर-परम्परागत ऊर्जा स्रोतों की खोज एवं उनके विकास हेतु भारत सरकार द्वारा 2 सितम्बर, 1982 को **गैर-परम्परागत ऊर्जा स्रोत विभाग** की स्थापना की गई तथा 1992 में **गैर-परम्परागत ऊर्जा मन्त्रालय** स्थापित किया गया।
- गैर-परम्परागत ऊर्जा देश में ऊर्जा की कुल संस्थापित क्षमता का 13.2% है।
- जर्मनी दुनिया में नवीकरणीय ऊर्जा के इस्तेमाल के मामले में विश्व में सबसे अग्रणी है।
- वर्ष 2050 तक इस देश में पूरा बिजली उत्पादन नवीकरणीय स्रोत से हो जाने का अनुमान है।
- भारत में गैर-परम्परागत ऊर्जा स्रोत के दो पहलू हैं
  1. वह स्रोत, जिनका व्यावहारिक उपयोग किया जा रहा है; जैसे-बायोगैस (Biogas), सौर ऊर्जा, पवन ऊर्जा, लघु पनबिजली इत्यादि।
  2. वह स्रोत, जो अभी प्रयोग या परीक्षण के स्तर पर है; जैसे-समुद्र से प्राप्त ऊर्जा (तरंग ऊर्जा एवं ज्वारीय ऊर्जा OTEC) भू-तापीय ऊर्जा, हाइड्रोजन ऊर्जा आदि।

बायोगैस

- बायोगैस (Biogas) जीवों के उत्सर्जित पदार्थों (मुख्यत: मवेशियों के गोबर) से प्राप्त की जाती है। जिसका रासायनिक नाम 'मीथेन' तथा प्रचलित नाम 'गोबर गैस' है। इसके निर्माण के लिए एकत्रित अपशिष्ट पदार्थों को कम ताप पर विशेष प्रकार से निर्मित डाइजेस्टर में चलाकर माइक्रोब प्राप्त किए जाते हैं, जिनसे ऊर्जा मिलती है।
- भारत में तीन बायोगैस केन्द्र (कोयम्बटूर, उदयपुर और समस्तीपुर में) बायोगैस उत्पादन सम्बन्धी तकनीक का प्रशिक्षण देने का कार्य कर रहे हैं।
- भारत में बायोमास से ऊर्जा प्राप्त करने के संयन्त्र दिल्ली के तिमारपुर में, पंजाब के झालखारी में, मुम्बई में तथा पोर्टब्लेयर में स्थापित किए गए हैं।

बायोमास गैसीकरण कार्यक्रम

- औद्योगिक उपयोगों के लिए ताप ऊर्जा उत्पन्न करने, पानी की पम्पिंग और विद्युत पैदा करने के लिए बायोमास गैसीफायर के 3 किलोवाट से 500 किलोवाट तक की क्षमता वाले 12 डिजायन तैयार किए गए हैं। इन गैसीफायरों में लकड़ी के टुकड़ों, नारियल के खोलों आदि का प्रयोग किया जाता है।
- 500 किलोवाट क्षमता का एक गैसीफायर पश्चिम बंगाल के सुन्दरवन द्वीप में कार्यरत है। तमिलनाडु के कुन्नूर स्थित मैसर्स गुरु टी फैक्ट्री में चाय की पत्तियों को सुखाने के लिए तथा कर्नाटक के तुमकुर जिले के एक गाँव में विद्युतीकरण के लिए गैसीफायर का उपयोग किया जा रहा है।

राष्ट्रीय बायोगैस विकास कार्यक्रम

परिवारों के लिए बायोगैस संयन्त्रों को प्रोत्साहन देने के उद्देश्य से इस कार्यक्रम को वर्ष 1981-82 में आरम्भ किया गया था।
इस कार्यक्रम के प्रमुख उद्देश्य निम्नलिखित हैं

- ग्रामीण इलाकों में स्वच्छ तथा सस्ते ऊर्जा स्रोत उपलब्ध कराना।
- रासायनिक उर्वरकों के प्रयोग में पूरक के रूप में समृद्ध जैविक खाद तैयार कराना।
- सफाई व स्वच्छता की स्थिति सुधारना और स्त्रियों को अरुचिकर काम से मुक्ति दिलाना।

पहला बायोडीजल संयन्त्र

- आन्ध्र प्रदेश के **काकीनाडा** में देश का पहला संयन्त्र 13 अक्टूबर, 2007 को शुरू हुआ। इस संयन्त्र से बायोडीजल का उत्पादन हैदराबाद की कम्पनी नेचुरल बायोएनर्जी द्वारा प्रारम्भ किया गया।
- बायोडीजल का रासायनिक नाम मिथाइल एस्टर्स है। बायोडीजल को प्राप्त करने के लिए गन्ने से प्राप्त शीरे एवं करंज पर बल दिया जा रहा है।

सौर ऊर्जा

- भारत एक उष्णकटिबन्धीय प्रदेश है और यहाँ अधिकांश भागों में वर्ष के तीन सौ दिनों तक धूप उपलब्ध रहती है, जिससे देश को प्रतिवर्ष लगभग 50,000 खरब किलोवाट सौर ऊर्जा प्राप्त होती है।
- इस प्रकार बड़े पैमाने पर प्राप्त सौर ऊर्जा से वैज्ञानिक तकनीक द्वारा भारत में प्रति किमी क्षेत्र में 20 से 50 मेगावाट सौर विद्युत का उत्पादन किया जा सकता है।

- राजस्थान सौर ऊर्जा के विकास हेतु एक आदर्श प्रदेश है। भारत उन 6 देशों में है, जिन्होंने सौर ऊर्जा के निर्माण की प्रौद्योगिकी विकसित की है।
- सौर ऊर्जा से पूर्णत: विद्युतीकृत भारत का पहला गाँव **साजिलीपल्ली** (आन्ध्र प्रदेश) है।
- देश में प्रथम सोलर पावर प्लाण्ट पंजाब अमृतसर के रामदास के निकट **अवान** गाँव में दिसम्बर, 2009 में प्रारम्भ हुआ।
- वर्तमान में सौर ऊर्जा को दो भिन्न माध्यमों से उपयोग में लाया जा रहा है। ये हैं–सौर तापीय ऊर्जा तथा सौर फोटोवोल्टाइक ऊर्जा।

सौर तापीय ऊर्जा

सौर ऊर्जा को तापीय ऊर्जा में बदलने के लिए सौर संग्राहक एवं रिसीवरों का सहयोग लिया जाता है।

सौर फोटोवोल्टाइक ऊर्जा

- सौर ऊर्जा को फोटोवोल्टाइक सोलर सेलों द्वारा सीधे विद्युत ऊर्जा में परिवर्तित किया जा सकता है। ये फोटोवोल्टाइक सेल अति विशुद्ध पॉली क्रिस्टलाइन सिलिकॉन से बनाए जाते हैं।
- 100 किलोवाट के परस्पर सम्पर्क वाले दो विद्युत गृह उत्तर प्रदेश के **कल्याणपुर** (अलीगढ़ जिला) एवं **सरायसादी** (मऊ जिला) में स्थापित किए गए हैं।
- नियोमा (लद्दाख) में 40 किलोवाट सौर बिजली संयन्त्र संचालित है।

सौर ऊर्जा पहल तथा नीतियाँ

पी-एम कुसुम योजना	30.8 गीगावाट सौर क्षमता का निर्माण करने का लक्ष्य तीन घटकों के अन्तर्गत सौर ऊर्जा संयन्त्रों की स्थापना कृषि पम्पों की स्थापना, मौजूदा कृषि पम्पों का सौर्यीकरण करना शामिल है।
राष्ट्रीय पवन सौर्य-हाइब्रिड नीति	वर्ष 2018 में जारी की गई, जिसमें पवन व सौर्य संसाधनों की भूमि का कुशल और अधिकतम उपयोग करना शामिल है।
एक-सूर्य-एक विश्व-एक ग्रीड	वैश्विक सौर ऊर्जा दोहन की नीति के अन्तर्गत एशियाई इण्टरकनेक्टिविटी, अफ्रीका को जोड़ना तथा वैश्विक एकीकरण की पहल
अन्तर्राष्ट्रीय सौर गठबन्धन	वर्ष 2015 में COP- 21 में लॉन्च, मुख्यालय- गुरुग्राम हरियाणा।
सोलर पौण्ड	सौर ऊर्जा प्राप्त करने की नई तकनीकी भुज सोलर पौण्ड परियोजना (गुजरात) एक मात्र सौलर पौण्ड। पौण्ड की उपरी सतह को सघन बनाने के लिए नमक मिलाया जाता है।

पवन ऊर्जा

- भारत में पवन ऊर्जा की बहुत बड़ी क्षमता अनुमानित है, विशेषकर तटीय तथा पर्वतीय राज्यों में।
- गुजरात तथा तमिलनाडु राज्य पवन ऊर्जा के माध्यम से विद्युत उत्पादन करने वाले प्रमुख राज्य हैं। नवीन और नवीकरणीय ऊर्जा मंत्रालय के अनुसार राज्यों की उत्पादन क्षमता निम्न है

	राज्य	**उत्पादन क्षमता** (31 दिसम्बर, 2023)
1.	तमिलनाडु	10429.27 मेगावॉट
2.	गुजरात	11223.82 मेगावॉट
3.	कर्नाटक	5595.91 मेगावॉट
4.	राजस्थान	5193.42 मेगावॉट
5.	महाराष्ट्र	5157.93 मेगावॉट

- पवन ऊर्जा की स्थापित क्षमता के मामले में **भारत का विश्व में चौथा** तथा एशिया में दूसरा स्थान है। मामले में विश्व के पहले तीन अग्रणी देश क्रमश: चीन, यू.एस.ए, जर्मनी हैं।
- विश्व में विद्युत के कुल उत्पादन में पवन ऊर्जा का योगदान 1% से अधिक है, जबकि वैश्विक पवन ऊर्जा के उत्पादन में भारत का योगदान 8% से अधिक है।
- एशिया का सबसे बड़ा पवन ऊर्जा केन्द्र **मण्डिवी** (कच्छ, गुजरात) में तथा सबसे बड़ा पवन फार्म समूह **मुप्पनडल** (तमिलनाडु) में स्थापित है।

ऊर्जा टावर प्रोजेक्ट

- यह एक पूर्णत: नवीन ऊर्जा साधन है। यह प्रौद्योगिकी लगभग 1.2 किमी की ऊँचाई पर शुष्क क्षेत्रों की शुष्क व नर्म वायुमण्डलीय पवन का प्रयोग करती है।
- इसके अन्तर्गत जल के एक महीन स्प्रे द्वारा कृत्रिम कूलिंग की जाती है तथा पवन के नीचे की ओर बहाव को एक अनुलम्ब सुरंग से गुजार कर टरबाइन चलाई जाती है।
- इस प्रक्रिया से पारिस्थितिकी अनुकूल विद्युत का उत्पादन होता है। यह परियोजना अभी परीक्षण स्तर पर है, जिसे सूचना प्रौद्योगिकी पूर्वानुमान एवं मूल्यांकन परिषद (टाइफैक) ने भविष्य के लिए प्रारम्भ किया है।

तरंग ऊर्जा

- तरंग ऊर्जा (Wave Energy) समुद्र की लहरों से उत्पन्न तरंगों के दबाव पर आधारित है। तरंगों के भीतर अल्पावधि के ऊर्जा संचय से ऊर्जा उत्पादन की सम्भावना बनती है।
- इस प्रणाली के तहत समुद्र के अन्दर एक चैम्बर लगाया जाता है, जिसमें तरंगों की गति से टरबाइन को चलाकर और पानी एवं हवा के परस्पर दबाव से विद्युत उत्पन्न की जाती है।
- भारत में तटरेखा के सहारे कुल 40,000 मेगावाट लहर विद्युत उत्पादन की सम्भावना है।
- तरंग ऊर्जा पर आधारित देश का पहल संयन्त्र केरल में तिरुअनन्तपुरम के समीप **विंजिंझाम** में स्थापित किया गया है, जिसकी अधिकतम क्षमता 150 मेगावाट है।
- निकोबार के **मूस प्वॉइण्ट** तथा केरल के **थनगेसरी** में 1 से 1.5 मेगावाट क्षमता के दो नए संयन्त्रों की स्थापना की गई है, जो परीक्षण स्तर पर है।

ज्वारीय ऊर्जा

- अत्यधिक ज्वारीय विस्तार वाले तटीय क्षेत्रों में ज्वारीय बल का उपयोग जल विद्युत उत्पादन के स्रोत के रूप नें किया जा सकता है।
- भारत के पश्चिमी तट पर गुजरात में कच्छ एवं खम्भात की खाड़ी (मुख्यत: काण्डला तट) तथा पूर्वी तट पर सुन्दरवन क्षेत्र ज्वारीय ऊर्जा के लिए सर्वोत्तम क्षेत्र हैं, जिनका विभव 1000 मेगावाट है।
- ज्वारीय ऊर्जा (Tidal Energy) पर आधारित देश का तीन मेगावाट का पहला विद्युत गृह **पश्चिम बंगाल के सुन्दर वन क्षेत्र में दुर्गाद्वानी क्रीक** में स्थापित करने की योजना है।

भू-तापीय ऊर्जा

- भू-तापीय ऊर्जा (Geothermal Energy) भूगर्भ से प्राप्त ऊर्जा का एक सम्भाव्य स्रोत है। भू-गर्भ से गर्म जल का स्रोत निकलता है, जिससे ऊर्जा प्राप्त की जा सकती है। भू-तापीय ऊर्जा प्रणाली के अन्तर्गत भू-गर्भीय ताप एवं जल की अभिक्रिया से गर्म वाष्प उत्पन्न करके ऊर्जा उत्पादन का प्रयास किया जा रहा है।
- जम्मू-कश्मीर, हिमाचल प्रदेश, उत्तराखण्ड, झारखण्ड तथा छत्तीसगढ़ राज्यों में भू-तापीय ऊर्जा की सम्भावनाओं के मूल्यांकन का कार्य जारी है। भारत में हिमाचल प्रदेश के **मणिकरण** तथा **लद्दाख** में **पूगा घाटी** में भू-तापीय ऊर्जा के दोहन के लिए परीक्षण किए जा रहे हैं।
- भारत में भू-तापीय ऊर्जा की क्षमता लगभग 600 मेगावाट है। देश में लगभग 113 उष्ण जल स्रोत तथा 340 स्थान हैं, जहाँ से भू-तापीय ऊर्जा प्राप्त की जा सकती है।
- छत्तीसगढ़ के **तातापानी** भू-तापीय क्षेत्र में 300 किलोवाट क्षमता का भू-तापीय बिजली संयन्त्र लगाने की मंजूरी एन एच पी सी को दी गई है।

हाइड्रोजन ऊर्जा

हाइड्रोजन ऊर्जा (Hydrogen Energy) कार्यक्रम का मुख्य उद्देश्य किसी स्थान या समय पर अधिशेष ऊर्जा कर हाइड्रोजन गैस पैदा करना तथा बाद में इस हाइड्रोजन का उपयोग ईंधन के रूप में करना।

सम्भावना

- हाइड्रोजन ऊर्जा का सर्वाधिक शक्तिशाली स्रोत है, जिससे सस्ता ईंधन उपलब्ध कराया जा सकता है।
- अन्य ईंधनों की अपेक्षा हाइड्रोजन से प्राप्त प्रति इकाई क्षमता अधिक होती है। इसके प्रयोग से किसी प्रकार का प्रदूषण नहीं फैलता है।

कार्यक्रम

- भारत में वर्ष 1983 में **हाइड्रोजन ऊर्जा तकनीकी सलाहकार समिति** के गठन के द्वारा हाइड्रोजन ऊर्जा के विकास में सकारात्मक शुरुआत की गई।
- हाइड्रोजन ऊर्जा रोडमैप बनाने (2006) तथा हाइड्रोजन ऊर्जा पर एक राष्ट्रीय कार्यक्रम के माध्यम से इसके कार्यान्वयन पर नजर रखने एवं नीतियों के निर्माण के लिए एक **राष्ट्रीय हाइड्रोजन ऊर्जा बोर्ड** का गठन किया गया है।
- वर्ष 2021 में राष्ट्रीय हरित हाइड्रोजन मिशन लॉन्च किया गया, जिसका लक्ष्य इलेक्ट्रोलाइजर का निर्माण तथा हरित हाइड्रोजन को प्रोत्साहन द्वारा वर्ष 2030 तक प्रति वर्ष न्यूनतम 5MMT हाइड्रोजन उत्पादन करना है।

हरित हाइड्रोजन

- नवीनकरणीय ऊर्जा (जैसे हवा, पानी या सौर ऊर्जा) का उपयोग करके पानी को हाइड्रोजन और ऑक्सीजन में विखण्डन करके ग्रीन हाइड्रोजन (Green Hydrogen) का उत्पादन किया जाता है।
- ग्रीन हाइड्रोजन में ग्रे हाइड्रोजन की तुलना में काफी कम कार्बन उत्सर्जन होता है।
- इसका उपयोग स्टील और सीमेण्ट उत्पादन जैसे उद्योगों में डीकार्बोनाइज करने के लिए किया जा सकता है। यह जलवायु परिवर्तन के नियन्त्रण में सहायक है।
- देश का पहला हरित हाइड्रोजन संयन्त्र **मार्च, 2024** को हिसार के जिन्दल स्टेनलेस लिमिटेड में खोला गया।

> **भारतीय ऊर्जा सुरक्षा परिदृश्य** 2047
>
> नीति आयोग द्वारा शुरू भारतीय ऊर्जा सुरक्षा परिदृश्य 2047 का उद्देश्य भविष्य में वर्ष 2047 तक विभिन्न क्षेत्रों में भारत में ऊर्जा की माँग और पूर्ति क्षमता का पता लगाना है।

ऊर्जा के नवीनतम तकनीकी स्रोत

- फ्यूल सैल देश में छोटे फ्यूल सैल विद्युत संयन्त्रों का विकास किया गया है, जिसका पर्यावरण-हितैषी तरीके से कुशलतापूर्वक हाइड्रोजन और ऑक्सीजन की क्रिया से विद्युत उत्पादन किया जाता है।
- जून 1998 में तोशिबा द्वारा आयातित 200 किलोवाट के फ्यूल सैल विद्युत संयन्त्र को **बीएचईएल, हैदराबाद** में स्थापित किया गया है।
- **माइक्रोबियल फ्यूल सैल** जीवित जीवों को उत्प्रेरक के रूप में प्रयुक्त कर कुछ सबस्ट्रेटों से विद्युत उत्पादन करती है। सबस्ट्रेट के रूप में अजैव पदार्थ का प्रयोग करती है। यह जलशोधन हेतु भी प्रयुक्त होती है।

गैसोहोल

- गन्ने के रस से तैयार किया गया यह ईंधन का एक सस्ता विकल्प है। गैसोहोल (Gassohole) के अन्तर्गत गन्ने के रस द्वारा प्राप्त सामान्य एल्कोहॉल को पेट्रोल में मिलाकर भारत में पेट्रोल पर अत्यधिक व्यय तथा पेट्रोलियम प्रदूषण को रोका जा सकता है।
- गैसो होल ईंधन को वाहनों के इंजन में बिना किसी अतिरिक्त परिवर्तन के उपयोग में लाया जा सकता है।
- चेन्नई की मैसूर शुगर कम्पनी ने एल्कोहल एवं पेट्रोल को 25 : 27 के अनुपात में सम्मिश्रण से पेट्रोल की ऊर्जा क्षमता बढ़ाने में सफलता पाई है।

जैव ईंधन

जैव ईंधन कार्बनिक पदार्थों से उत्पादित हाइड्रोकार्बन ईंधन होते हैं। इसमें ठोस कार्बनिक पदार्थ (लकड़ी, खाद, शहरी अपशिष्ट), तरल कार्बनिक पदार्थ (बायोएथेनॉल, बायोडीजल, बायोगैस), गैसीय कार्बनिक पदार्थ (बायोगैस) शामिल हैं।

> **जैव ईंधन पर राष्ट्रीय नीति** 2018
>
> - यह नीति वर्ष 2018 में पेट्रोलियम और प्राकृतिक गैस मन्त्रालय द्वारा अधिसूचित किया गया। यह जैव ईंधन को निम्न प्रकार से वर्गीकृत करती है- मूल जैव ईंधन (पहली पीढ़ी के बायोएथेनाल, बायोडीजल एवं उन्नत जैव ईंधन), उन्नत बायो फ्यूल (दूसरी पीढ़ी के एथेनॉल, नगर निगम के ठोस अपशिष्ट; जैव CNG)
> - लक्ष्य वर्ष 2030 तक पेट्रोल में 20 एथेनॉल मिश्रण तथा डीजल में 5 डीजल मिश्रण करना

वस्तुनिष्ठ प्रश्न

1. हिमालयी क्षेत्र में खनिज संसाधनों की कमी है, क्योंकि
(a) शैल स्तरों के विस्थापन से शैलों की व्यवस्था बाधित हो गई है तथा इसे संश्लिष्ट बना दिया है
(b) यह क्रिस्टलीय चट्टानों से बना है
(c) खनिजों के उपयोग के लिए उपयुक्त जलवायवीय दशाएँ नहीं हैं
(d) भू-भाग खनिजों के उपयोग को दुष्कर बनाता है तथा परिवहन कठिनाइयों के कारण बहुत महँगा है

2. भारत में पाए जाने वाले लौह खनिजों के सन्दर्भ में क्या असत्य है?
(a) मयूरभंज (ओडिशा) में हैमेटाइट लोहा पाया जाता है
(b) हैमेटाइट लोहा धारवाड़ की शैलों में पाया जाता है
(c) सेनक्यूलिम-ओण्डा गोवा में पाया जाने वाला प्रमुख खनन केन्द्र है
(d) कुडप्पा प्रणाली में पन्ना और गोलकुण्डा की प्रसिद्ध हीरों की खानें हैं

3. निम्नलिखित कथनों पर विचार कीजिए
1. ओडिशा के केन्दुझार एवं कालाहाण्डी मैंगनीज के प्रमुख उत्पादक क्षेत्र हैं।
2. भारत में अधिकतर खनिज धारवाड़ क्रम की चट्टानों में पाया जाता है।
3. विश्व में बॉक्साइट के उत्पादन में भारत पहले स्थान पर है।

उपरोक्त कथनों में कितने कथन असत्य हैं?
(a) केवल एक (b) केवल दो
(c) सभी तीन (d) इनमें से कोई नहीं

4. निम्नलिखित युग्मों पर विचार कीजिए
1. कोरबा कोयला खदान — ओडिशा
2. खेतड़ी ताँबा खदान — राजस्थान
3. कोडरमा अभ्रक खदान — मध्य प्रदेश

उपरोक्त युग्मों में से कितने युग्म सही सुमेलित नहीं हैं?
(a) केवल एक (b) केवल दो
(c) सभी तीन (d) इनमें से कोई नहीं

5. सुमेलित कीजिए

	सूची I (खनिज)		सूची II (प्रदेश)
A.	ताँबा	1.	बालाघाट एवं छिन्दवाड़ा
B.	लौह-अयस्क	2.	बादाम पहाड़ एवं कुद्रेमुख
C.	जस्ता	3.	खेतड़ी एवं मलाजखण्ड
D.	मैंगनीज	4.	जावर

कूट

	A	B	C	D		A	B	C	D
(a)	4	2	3	1	(b)	3	2	1	2
(c)	3	2	4	1	(d)	4	1	3	2

6. खनिज संसाधन सम्बन्धित कथनों पर विचार कीजिए
1. देश का समृद्धतम खनिज क्षेत्र भारत के दक्षिण पश्चिम क्षेत्र में अवस्थित है।
2. भारतीय खान ब्यूरो का मुख्यालय नागपुर में स्थित है।
3. राजस्थान की 'नाबरा-की-पाल' क्षेत्र में लौह अयस्क खनिज पाया जाता है।

उपरोक्त में से कितने कथन सही नहीं हैं?
(a) केवल एक (b) केवल दो
(c) सभी तीन (d) इनमें से कोई नहीं

7. निम्नलिखित कथनों पर विचार कीजिए
1. भारत में कोयले के टर्शियरी निक्षेप असम, अरुणाचल प्रदेश, मेघालय तथा नागालैण्ड में पाए जाते हैं।
2. भारत में तमिलनाडु तथा राजस्थान के अतिरिक्त लिग्नाइट नहीं पाया जाता है।
3. भारत में धातु कर्मीय कोयला केवल झारखण्ड तथा आन्ध्र प्रदेश तक ही सीमित है।

उपरोक्त कथनों में कितने कथन सही हैं?
(a) केवल एक (b) केवल दो
(c) सभी तीन (d) इनमें से कोई नहीं

8. निम्नलिखित कथनों में से कौन-से सही हैं?
1. लिग्नाइट और निम्न श्रेणी का बिटुमिनस कोयला चतुर्थ महाकल्प के दौरान निर्मित हुए थे।
2. डोलोमाइट लौह-इस्पात उद्योग में उच्च तापसह्य पदार्थ गलक के रूप में प्रयोग किया जाता है।
3. छोटानागपुर पठार सर्वाधिक विस्तीर्ण, समृद्ध एवं विविधतापूर्ण खनिज पेटी है।

कूट
(a) 1 और 2 (b) 1 और 3
(c) 2 और 3 (d) 1, 2 और 3

9. निम्नलिखित कथनों पर विचार कीजिए
1. भारत से प्राप्त कोयले में सल्फर की मात्रा कम होती है।
2. भारत में उपलब्ध कोयला गोण्डवाना और टर्शियरी कालों से सम्बन्धित है।

उपरोक्त में कौन-सा/से कथन सही है/हैं?
(a) केवल 1
(b) केवल 2
(c) 1 और 2 दोनों
(d) न तो 1 और न ही 2

10. भारत में ऊर्जा के महत्त्वपूर्ण संसाधन कोयला, पेट्रोलियम, प्राकृतिक गैस तथा विद्युत हैं। भारत में कोयला ऊर्जा उत्पादन से सम्बन्धित निम्नलिखित कथनों पर विचार कीजिए
1. सर्वाधिक कोयला भण्डार झारखण्ड में हैं तथा दूसरे स्थान पर ओडिशा आता है।
2. भारत में कोयले की कुल संचित राशि का 98% तथा कुल उत्पादन का 99% गोंण्डवाना कोयला क्षेत्रों से प्राप्त होता है।
3. टर्शियरी कोयला मुख्यतः असम, मेघालय, नागालैण्ड, अरुणाचल प्रदेश तथा जम्मू-कश्मीर में मिलता है।
4. अधिकांश कोयला क्षेत्र प्रायद्वीपीय पठार के उत्तर-पूर्वी भाग में केन्द्रित है।

उपरोक्त कथनों में कितने कथन सत्य हैं?
(a) केवल एक (b) केवल दो
(c) केवल तीन (d) सभी चार

11. भारत में कोयले के उपभोग के सन्दर्भ में दिए गए उद्योगों का सही अनुक्रम (अवरोही क्रम में) है
(a) लौह एवं इस्पात, सीमेण्ट, वस्त्र, तापीय ऊर्जा
(b) तापीय ऊर्जा, वस्त्र, लौह एवं इस्पात, सीमेण्ट
(c) तापीय ऊर्जा, सीमेण्ट, वस्त्र, लौह एवं इस्पात
(d) तापीय ऊर्जा, लौह एवं इस्पात, सीमेण्ट, वस्त्र

12. भारत में तेल शोधन कारखाने बहुधा वृहत बन्दरगाहों के निकट स्थित हैं, क्योंकि
(a) तेल क्षेत्र अधिकतर तट के समीप स्थित हैं
(b) आयातित कच्चे माल पर निर्भरता है
(c) शोधित उत्पाद बाजार से सरलता से जुड़े हैं
(d) तकनीकी क्षमता सुलभ है

13. 'पवन ऊर्जा' से सम्बन्धित निम्नलिखित कथनों में से असत्य कथन बताइए
1. पवन ऊर्जा की स्थापित क्षमता के मामले में भारत का विश्व में 5वाँ स्थान है।
2. एशिया का सबसे बड़ा पवन ऊर्जा केन्द्र माण्डवी (कच्छ, गुजरात) में तथा सबसे बड़ा पवन फार्म समूह मुप्पनडल (तमिलनाडु) में स्थापित है।
3. गुजरात तथा तमिलनाडु राज्य पवन ऊर्जा के माध्यम से विद्युत उत्पादन करने वाले प्रमुख राज्य हैं।
4. पवन ऊर्जा उत्पन्न करने में देश में तीसरे स्थान पर कर्नाटक है।

कूट
(a) 2 और 3 (b) 3 और 4
(c) केवल 4 (d) इनमें से कोई नहीं

14. 'सोलर पौण्ड' से सम्बन्धित निम्नलिखित कथनों पर विचार कर असत्य कथन का चयन कीजिए
1. यह सौर ऊर्जा प्राप्त करने की एक नई तकनीक है।
2. इसमें सोलर पौण्ड एक विशाल ऊर्जा संग्राहक का कार्य करता है और इसके साथ आण्विक ताप संगृहीत होता है।
3. भारत का एकमात्र सोलर पौण्ड गुजरात के कच्छ में भुज सोलर पौण्ड परियोजना के नाम से बनाया गया है।

उपरोक्त कथनों में से कितने कथन सही हैं?
(a) केवल एक (b) केवल दो
(c) सभी तीन (d) इनमें से कोई नहीं

15. निम्नलिखित क्षेत्रों पर विचार कीजिए
1. खम्भात की खाड़ी 2. कच्छ की खाड़ी
3. सुन्दरवन

इन क्षेत्रों में ज्वारीय शक्ति की क्षमता के घटते क्रम का सही अनुक्रम है
(a) 1, 2, 3 (b) 3, 2, 1
(c) 3, 1, 2 (d) 1, 3, 2

16. क्लैथरेट क्या है?
(a) समुद्र की तलहटी में जमी हुई मीथेन गैस
(b) भारत की नए ग्रह की खोज हेतु मिशन
(c) भू-गर्भिक ईंधनों को खोजने हेतु भारतीय अभियान
(d) जनजातीय क्षेत्रों में नए विनिर्माण उद्योग खोलने की नई नीति

17. भारत में भू-तापीय ऊर्जा से सम्बन्धित कथनों पर विचार कीजिए
1. भारत में हिमाचल प्रदेश के मणिकरण तथा लद्दाख में पूगा घाटी में भू-तापीय ऊर्जा के दोहन के लिए परीक्षण किए जा रहे हैं।
2. भारत में भू-तापीय ऊर्जा की क्षमता लगभग 300 मेगावाट है।
3. देश में लगभग 113 उष्ण जल स्रोत हैं, जहाँ से भू-तापीय ऊर्जा प्राप्त की जा सकती है।
4. छत्तीसगढ़ के भिलाई में 600 किलोवाट क्षमता का भू-तापीय संयन्त्र लगाने की मंजूरी एन. एच. पी. सी. को दी गई है।

उपरोक्त कथनों में कितने कथन सही नहीं हैं?
(a) केवल एक (b) केवल दो
(c) सभी तीन (d) इनमें से कोई भी

18. निम्नलिखित कथनों में सत्य कथन कौन-से हैं?
1. भारत में तटरेखा के सहारे तरंग विद्युत उत्पादन की पर्याप्त सम्भावना है।
2. तरंग ऊर्जा पर आधारित देश का पहला संयन्त्र केरल में तिरुअनन्तपुरम के समीप विंझिंगम में, स्थापित किया गया है।
3. भारत के पश्चिमी तट पर गुजरात में कच्छ एवं खम्भात की खाड़ी तथा पूर्वी तट पर सुन्दरबन क्षेत्र ज्वारीय ऊर्जा के सर्वोत्तम क्षेत्र हैं।

कूट
(a) 1 और 2 (b) 2 और 3
(c) सभी तीन (d) 1 और 3

19. भारत के निम्न में से किस भाग में खनिज संसाधनों के सबसे बड़े भण्डार हैं?
(a) पश्चिम में (b) दक्षिण में
(c) उत्तर में (d) दक्षिण-पूर्व में

20. छोटानागपुर पठार जिस संसाधन में समृद्ध है, वह है
(a) कुशल श्रमिक (b) खनिज
(c) जलविद्युत (d) उपजाऊ मृदा

21. विन्ध्य शैलों में जिसके वृहद भण्डार पाए जाते हैं, वह है
(a) चूना पत्थर (b) बेसाल्ट
(c) लिग्नाइट (d) लौह-अयस्क

22. जयपुर कौन-से खनिज पदार्थ के लिए प्रसिद्ध है?
(a) संगमरमर (b) सीसा
(c) लाल पत्थर (d) नमक

23. निम्नलिखित में से खनिज संसाधनों की सर्वाधिक सम्पन्नता जहाँ है, वह है
(a) कर्नाटक (b) केरल
(c) महाराष्ट्र (d) तमिलनाडु

24. पृथ्वी/मिट्टी, खनिज और चट्टानों की आयु का निर्धारण करने के सन्दर्भ में निम्न में से कौन-सी तकनीक प्रासंगिक नहीं है?
(a) रेडियोकार्बन काल-निर्माण
(b) यूरेनियम सीसा काल-निर्माण
(c) पोटैशियम ऑर्गन काल-निर्धारण
(d) खुदाई

25. नीचे दो कथन दिए गए हैं। एक को कथन A और दूसरे को कारण R कहा गया है।
कथन (A) भारतीय भूगर्भ सर्वेक्षण के अनुसार भारत में सभी कोटि के कोयले का कुल भण्डार 293.50 करोड़ टन है।
कारण (R) देश के कोयले के कुल प्रमाणित भण्डार का आधा से अधिक दो राज्यों-झारखण्ड एवं ओडिशा में पाया जाता है।

कूट
(a) A तथा R दोनों सही हैं और R, A की सही व्याख्या करता है।
(b) A तथा R दोनों सही हैं, परन्तु R, A की सही व्याख्या नहीं करता है।
(c) A सही है, किन्तु R गलत है।
(d) A गलत है, किन्तु R सही है।

26. भारत में लौह-अयस्क भण्डार निम्नलिखित में से किस शैल समूह से सम्बन्धित है?
(a) धारवाड़ (b) कड़प्पा
(c) विन्ध्यन (d) गोण्डवाना

27. राजस्थान की नाथरा-की-पाल क्षेत्र में कौन-सा खनिज पाया जाता है?
(a) लौह-अयस्क (b) ताँबा
(c) सीसा व जस्ता (d) मैंगनीज

28. मयूरभंज खान निम्नलिखित में से किस धातु खनिज के लिए जानी जाती है?
(a) ताँबा (b) एल्युमीनियम
(c) लौह-अयस्क (d) बॉक्साइट

29. भारत में लौह-अयस्क के निम्नांकित प्रकारों में सर्वाधिक भण्डार किसका है?
(a) हेमेटाइट
(b) मैग्नेटाइट
(c) सिडेराइट
(d) लिमोनाइट

30. एशिया का श्रेष्ठ जस्ता एवं सीसा अयस्क भण्डार उपलब्ध है
(a) राजसमन्द जिले के राजपुर दरीबा में
(b) उदयपुर जिले के देलवाड़ा में
(c) भीलवाड़ा जिले के रामपुर आगूचा में
(d) उदयपुर जिले के झामर कोटड़ा में

31. मध्य प्रदेश का मलाजखण्ड निम्नलिखित में से किस खनिज के उत्पादन में अग्रणी है?
(a) लौह-अयस्क (b) मैंगनीज
(c) ताँबा-अयस्क (d) बॉक्साइट

32. 'खेतड़ी' किसलिए प्रसिद्ध है?
(a) लौह-अयस्क (b) कोयला
(c) मैंगनीज (d) ताँबा

33. निम्नलिखित में से कौन-सा कथन सही है?
(a) भारत में ओडिशा राज्य क्रोमाइट का सबसे बड़ा उत्पादक है।
(b) भारत में कर्नाटक चाँदी का वृहदतम् उत्पादक राज्य है।
(c) भारत में आन्ध्र प्रदेश में बॉक्साइड का सबसे बड़ा भण्डार है।
(d) भारत में ओडिशा में मैंगनीज का सबसे बड़ा भण्डार है।

34. भारत में टिन संसाधन वाला अग्रगण्य उत्पादक राज्य है
(a) आन्ध्र प्रदेश (b) छत्तीसगढ़
(c) झारखण्ड (d) ओडिशा

35. निम्न में से क्या लौह का अयस्क नहीं है?
(a) हेमेटाइट (b) मैग्नेटाइट
(c) सिडेराइट (d) क्यूप्राइट

36. भारत के निम्नलिखित राज्यों में से अभ्रक का सबसे बड़ा उत्पादक है
(a) आन्ध्र प्रदेश (b) बिहार
(c) झारखण्ड (d) राजस्थान

37. निम्न खनिजों में से किस खनिज के उत्पादन में भारत, विश्व में अग्रणी है?
(a) चादरी अभ्रक (b) ताँबा
(c) जिप्सम (d) लौह-अयस्क

38. भारत में हीरे की खानें स्थित हैं
(a) मध्य प्रदेश में (b) महाराष्ट्र में
(c) कर्नाटक में (d) गुजरात में

39. निम्नलिखित शैलक्रमों में से कौन भारत का 90% से अधिक कोयला प्रदान करता है?
(a) विन्ध्य क्रम (b) धारवाड़ क्रम
(c) टर्शियरी क्रम (d) गोण्डवाना क्रम

40. भारत में तेल की पहली परिष्करणशाला स्थापित की गई थी
(a) बरौनी में (b) विशाखापत्तनम में
(c) डिगबोई में (d) मुम्बई में

41. कोल इण्डिया लिमिटेड (CIL) के सम्बन्ध में निम्नलिखित में से कौन-सा/से कथन सही है/हैं?
1. CIL का मुख्यालय कोलकाता में है।
2. CIL 82 खनन-क्षेत्रों से परिचालित होता है, जो भारत के बीस प्रान्तीय राज्यों में फैले हुए हैं।
3. CIL विश्व की एक मात्र सबसे बड़ी कोयला उत्पादक कम्पनी है।

कूट
(a) केवल 1 (b) 1 और 3
(c) 2 और 3 (d) ये सभी

42. झारखण्ड के झरिया क्षेत्र में मुख्यत: क्या पाया जाता है?
(a) थोरियम (b) रेशम
(c) सोना (d) कोयला

43. भारत में लिग्नाइट कोयला का सबसे बड़ा क्षेत्र निम्नलिखित में से कौन-सा है?
(a) सिंगरौली (b) माकुम
(c) कर्णपुरा (d) नैवेली

44. नूनमाटी का तेलशोधक कारखाना अवस्थित है
(a) असम राज्य में (b) बिहार राज्य में
(c) गुजरात राज्य में (d) पश्चिम बंगाल में

45. बॉम्बे हाई निम्नलिखित में से किस खनिज के लिए प्रसिद्ध है?
(a) पेट्रोलियम (b) कोयला
(c) हीरा (d) बॉक्साइट

46. तातिपाका तेल शोधनशाला अवस्थित है
(a) असोम में (b) उत्तर प्रदेश में
(c) कर्नाटक में (d) आन्ध्र प्रदेश में

47. निम्न में से कौन जीवाश्म ईंधन नहीं है?
(a) कोयला (b) लकड़ी
(c) डीजल (d) पेट्रोल

48. भारत में अधिकांश प्राकृतिक गैस का उत्पादन निम्न में से कहाँ से किया जाता है?
(a) आन्ध्र प्रदेश तट से (b) गुजरात तट से
(c) बॉम्बे हाई से (d) तमिलनाडु तट से

49. इस समय भारत में सबसे बड़ा तेलशोधन कारखाना निम्न में से कौन-सा है?
(a) बड़ोदरा (IOC)
(b) मथुरा (IOC)
(c) मुम्बई (BPCL)
(d) विशाखापत्तनम (HPCL)

50. निम्नलिखित में से कौन-सा/से जीवाश्म ईंधन है/हैं?
(a) प्राकृतिक गैस (b) कोल (कोयला)
(c) पेट्रोलियम (d) ये सभी

51. निम्नलिखित में से किस एक के लिए सतारा प्रसिद्ध है?
(a) ऊष्मा विद्युत संयन्त्र
(b) पवन ऊर्जा संयन्त्र
(c) जलविद्युत संयन्त्र
(d) नाभिकीय विद्युत संयन्त्र

52. निम्न में से कौन-सा क्षेत्र 'ज्वारीय ऊर्जा' उत्पादन का प्रमुख क्षेत्र है?
(a) बंगाल की खाड़ी (b) मन्नार की खाड़ी
(c) खम्भात की खाड़ी (d) कच्छ की खाड़ी

53. राजस्थान में बायोमास ऊर्जा की बहुत अधिक सम्भावना है, क्योंकि
(a) रेगिस्तान क्षेत्र उपलब्ध है।
(b) सूर्य की गर्मी उपलब्ध है।
(c) पशु उपलब्ध हैं।
(d) सरसों की भूसी उपलब्ध है।

54. परमाणु ऊर्जा हेतु भारी जल संयन्त्र अधोलिखित में किस स्थान पर नहीं है?
(a) कलपक्कम (b) हजीरा
(c) थाल (d) तूतिकोरिन

55. भारत में प्रथम न्यूक्लियर ऊर्जा स्टेशन की स्थापना कहाँ हुई?
(a) कलपक्कम (b) कोटा
(c) तारापुर (d) नरौरा

56. निम्नलिखित में से कौन-सा नवीकरणीय ऊर्जा क स्रोत है?
(a) कोयला (b) पेट्रोलियम पदार्थ
(c) बायोमास (d) मिट्टी का तेल

57. उत्तर प्रदेश में पहला तैरता सौर ऊर्जा संयन्त्र निम्नलिखित में से किस बाँध पर बना है?
(a) माताटिला बाँध
(b) राजघाट बाँध
(c) धनरौला बाँध
(d) रिहन्द बाँध

58. भारत वर्ष का प्रथम हाइडिल पॉवर प्रोजेक्ट कौन-सा है?
(a) तमिलनाडु स्थित पुइकैरा
(b) केरल स्थित पैलीवासल
(c) कर्नाटक स्थित शिवसमुद्रम
(d) आन्ध्र प्रदेश स्थित निजामनगर

सही उत्तर

1. (a)	2. (d)	3. (b)	4. (b)	5. (c)	6. (a)	7. (b)	8. (d)	9. (c)	10. (d)
11. (d)	12. (b)	13. (c)	14. (a)	15. (a)	16. (a)	17. (b)	18. (c)	19. (d)	20. (b)
21. (a)	22. (c)	23. (a)	24. (d)	25. (d)	26. (a)	27. (a)	28. (c)	29. (a)	30. (c)
31. (c)	32. (d)	33. (a)	34. (b)	35. (d)	36. (a)	37. (a)	38. (a)	39. (d)	40. (c)
41. (b)	42. (d)	43. (d)	44. (a)	45. (a)	46. (d)	47. (b)	48. (c)	49. (a)	50. (d)
51. (b)	52. (c)	53. (c)	54. (a)	55. (c)	56. (c)	57. (d)	58. (c)		

अध्याय 09 उद्योग

औद्योगिक विकास

- किसी राष्ट्र के विकास में उसकी मजबूत अर्थव्यवस्था की भूमिका तथा अर्थव्यवस्था की धुरी के रूप में उद्योग की भूमिका सर्वविदित ही है।
- वर्तमान दौर में किसी राष्ट्र की अर्थव्यवस्था वैश्विक अर्थव्यवस्था की ध्रुवीकरण प्रक्रिया के प्रभावों से अछूती नहीं है, ऐसे में वैश्विक अर्थव्यवस्था (Global Economy) में महत्त्वपूर्ण एवं प्रभावशाली भूमिका निभाने में उद्योगों की भूमिका निर्णायक है।

औद्योगिक विकास की ऐतिहासिक पृष्ठभूमि

औद्योगिक विकास की ऐतिहासिक पृष्ठभूमि को दो भागों में बाँटकर देखा जा सकता है

स्वतन्त्रता के पूर्व औद्योगिक विकास

- भारत में आधुनिक औद्योगिक विकास (Industrial Development) की शुरुआत 1853 ई. में चारकोल पर आधारित प्रथम **लौह प्रगलन संयन्त्र** से हुई, जो असफल रहा।
- प्रथम सफल प्रयास 1854 ई. में मुम्बई में **सूती वस्त्र बनाने** और 1855 ई. में **रिसरा** में (कोलकाता के निकट) जूट कारखाने का रहा। कोयला खनन उद्योग की शुरुआत भी लगभग उसी समय हुई।
- 1874 ई. में कुल्टी में कच्चा लोहा बनाने का कारखाना स्थापित किया गया। वर्ष 1907 में जमशेदपुर में टाटा लौह-इस्पात के कारखाने (TISCO) की स्थापना से औद्योगिक विकास को नई दिशा मिली।
- प्रथम एवं द्वितीय विश्वयुद्ध के चलते औद्योगिक विकास को गति मिली। इस दौरान पहले से स्थापित उद्योगों का भी काफी विस्तार हुआ। इन्हीं प्रयासों के कारण वर्ष 1922 से 1939 के बीच इस्पात, सूती वस्त्र, कागज, चीनी आदि का उत्पादन कई गुना बढ़ गया।

स्वतन्त्रता के पश्चात् औद्योगिक विकास

- स्वतन्त्रता के पश्चात् सरकार ने औद्योगिक विकास को गति देने के लिए डॉ. एस. पी. मुखर्जी ने **6 अप्रैल,** 1948 **को प्रथम औद्योगिक नीति** की घोषणा की, जिसमें मिश्रित अर्थव्यवस्था (Mixed Economy) की संकल्पना पर बल दिया गया।
- समाजवादी ढंग से समाजवाद (Socialism) की स्थापना के उद्देश्य से वर्ष 1948 की औद्योगिक नीति में व्यापक परिवर्तन करते हुए दूसरी औद्योगिक नीति की घोषणा 30 अप्रैल, 1956 को की गई।
- 24 जुलाई, 1991 को सरकार ने औद्योगिक क्षेत्र में **उदारीकरण** (Liberalisation) की नीति की घोषणा की। औद्योगिक प्रगति के कारण ही भारत में **आयात प्रतिस्थापन** (Import Substitution) की नीति को गैर-परम्परागत वस्तुओं विशेषकर इंजीनियरिंग वस्तुओं का निर्यात तेजी से बढ़ा है, जिसके परिणामस्वरूप देश के प्रतिकूल भुगतान सन्तुलन को पक्ष में करने में सहायता मिली है।

उद्योगों का वर्गीकरण

कच्चा माल आधारित	▪ कृषि आधारित उद्योग ▪ खनिज आधारित उद्योग ▪ वन आधारित उद्योग
आकार पर आधारित	▪ लघु उद्योग (कुटीर, हस्त शिल्प आदि) वृहद उद्योग (ऑटो मोबाइल, मशीनरी, टेक्सटाइल)
स्वामित्व पर आधारित	▪ सार्वजनिक क्षेत्र (भेल, सेल, गेल आदि), निजी क्षेत्र (रिलायन्स, टाटा आदि) संयुक्त उद्यम (राज्य तथा निजी क्षेत्र द्वारा संयुक्त संचालन, ऑयल इण्डिया) सहकारी उद्यम (कच्चे माल के उत्पादक तथा श्रमिक, आपूर्तिकर्ता का स्वामित्व तथा संचालन चीनी उद्योग)
उत्पादन आधारित	▪ बुनियादी उद्योग (आयरन, स्टील, रिफाइनरी, कोयला आदि) उपभोक्ता उद्योग (इलेक्ट्रॉनिक, उपभोक्ता केन्द्रित आदि)

भारत के प्रमुख उद्योग

भारत के प्रमुख उद्योगों का विवरण निम्नलिखित है

लौह एवं इस्पात उद्योग

- भारतीय उद्योग के लगभग सभी सेक्टर अपनी मूल आधारिक अवसंरचना के लिए मुख्य रूप से लौह-इस्पात उद्योग पर निर्भर करते हैं। लौह-इस्पात उद्योग (Iron and Steel Industry) के लिए लौह-अयस्क और कोककारी कोयला के अतिरिक्त चूना-पत्थर, डोलोमाइट, मैंगनीज और अग्निसहमृत्तिका आदि कच्चे माल की भी आवश्यकता होती है।

- विश्व इस्पात संगठन की रिपोर्ट के अनुसार, वर्ष 2021 में 1182 मिलियन टन उत्पादन के साथ विश्व का दूसरा सबसे बड़ा कच्चा इस्पात उत्पादक है, जबकि स्पंज आयरन के उत्पादन में भारत का पहला स्थान है। लौह-अयस्क उत्पादन में (चीन, जापान तथा अमेरिका के बाद) भारत का चौथा स्थान है।
- भारत को कोककारी कोयले का आयात करना पड़ता है। बाकी सभी कच्चे माल भारत में ही प्राप्त हो जाते हैं। ये सभी कच्चे माल स्थूल (भार ह्रास वाले) होते हैं, इसलिए लौह-इस्पात उद्योग की सबसे अच्छी स्थिति कच्चे माल स्रोतों के निकट होती है।
- भारत में छत्तीसगढ़, उत्तरी ओडिशा, झारखण्ड और पश्चिम बंगाल के भागों को समाविष्ट करते हुए एक अर्द्ध-चन्द्राकार प्रदेश है, जोकि उच्च कोटि के लौह- अयस्क, अच्छे गुणवत्ता वाले कोककारी कोयला और अन्य सम्पूरकों से समृद्ध है।

लौह एवं इस्पात उद्योग का विकास क्रम

- भारत में लौह-इस्पात उद्योग का प्रारम्भ 1874 ई. में हुआ था, जब बंगाल आयरन वर्क्स कम्पनी ने झरिया के निकट **कुल्टी** (पश्चिम बंगाल) में अपने संयन्त्र की स्थापना की थी।
- बड़े पैमाने पर उत्पादन का प्रयास वर्ष 1907 में जमशेदपुर में टाटा आयरन एवं स्टील कम्पनी (Tata Iron and Steel Company, TISCO) की स्थापना के साथ आरम्भ हुआ। इसके बाद वर्ष 1937 में **बर्नपुर में इण्डियन आयरन एण्ड स्टील कम्पनी** (Indian Iron and Steel Company, IISCO) की स्थापना हुई।
- **दूसरी पंचवर्षीय योजना** में तीन प्रमुख इस्पात संयन्त्र लगाए गए—भिलाई (छत्तीसगढ़) सोवियत संघ के सहयोग से, दुर्गापुर (पश्चिम बंगाल) ब्रिटेन के सहयोग से और राउरकेला (ओडिशा) जर्मनी के सहयोग से।
- **तीसरी पंचवर्षीय योजना** में सार्वजनिक क्षेत्र के तीनों इस्पात कारखानों का विस्तार किया गया तथा वर्ष 1964 में सोवियत संघ के सहयोग से बोकारो (झारखण्ड) में एक और इस्पात कारखाने की स्थापना की गई।
- **चौथी पंचवर्षीय योजना** में इन कारखानो की वर्तमान क्षमता का उपयोग तथा सेलम (तमिलनाडु), विजयनगर (कर्नाटक) और विशाखापत्तनम (आन्ध्र प्रदेश) में नए इस्पात कारखाने स्थापित करके इस्पात की उत्पादन क्षमता में वृद्धि करने का लक्ष्य निश्चित किया गया।

स्टील अथॉरिटी ऑफ इण्डिया (SAIL)

- वर्ष 1973 में सरकार ने **स्टील अथॉरिटी ऑफ इण्डिया** (SAIL) की स्थापना की तथा इसे इस्पात उद्योग के विकास की जिम्मेदारी दी गई।
- यह भिलाई, दुर्गापुर, राउरकेला, बोकारो व बर्नपुर स्थित एकीकृत इस्पात संयन्त्रों के प्रबन्धन के लिए उत्तरदायी है तथा साथ-ही-साथ दुर्गापुर के एलॉय स्टील प्लाण्ट व सलेम इस्पात कारखाने के प्रबन्धन के लिए उत्तरदायी है। निजी क्षेत्र के इस्पात संयन्त्र-इस्को का स्वामित्व 14 जुलाई, 1972 को सरकार ने अपने हाथ में ले लिया।
- इस्को (IISCO) का औपचारिक विलय **भारतीय इस्पात प्राधिकरण** (Steel Authority of India Limited, SAIL) में हो गया है। इस विलय से सेल के अधीन एकीकृत इस्पात संयन्त्रों की संख्या अब पाँच हो गई है।

भारत के प्रमुख इस्पात संयन्त्र, अयस्क-क्षेत्र एवं उनके बाजार

स्थान	लौह-अयस्क क्षेत्र	कोयला क्षेत्र	चूना-पत्थर	बाजार
दुर्गापुर	छोटानागपुर पठार तथा ओडिशा से	बाराकर, झरिया, रानीगंज	–	कोलकाता
राउरकेला	ओडिशा (क्योंझर-बोनाई क्षेत्र)	झरिया तथा तलचर	बीरमित्रपुर एवं हाथीवाड़ा (ओडिशा)	चेन्नई, मुम्बई, विशाखापत्तनम
भिलाई	डल्ली-राजहरा (छत्तीसगढ़)	झरिया, बोकारो, कोरबा	रायपुर, दुर्ग, बिलासपुर तथा नन्दनी से	मुम्बई, कोलकाता, चेन्नई और दिल्ली
बोकारो	ओडिशा से	झरिया, बोकारो, करगली	ओडिशा क्षेत्र से	कोलकाता
जमशेदपुर (भारत का पिट्सवर्ग)	ओडिशा की गुरुमहिसानी व मयूरभंज की नोआमुण्डी खान	झरिया की खानों से	बिहार-ओडिशा की खानों से	कोलकाता
बर्नपुर	छोटानागपुर पठार, ओडिशा का क्योंझर	झरिया, रानीगंज	ओडिशा (बीरमित्रपुर), कोलकाता	–
भद्रावती	बाबाबूदन की पहाड़ी	वनों का काष्ठ कोयला	गंगूर से मण्डीगुण्डा	दक्षिण भारत
विशाखापत्तनम	बैलाडीला की खान	ऑस्ट्रेलिया से आयात दामोदर घाटी क्षेत्र	खम्मम से	आन्तरिक व अन्तर्राष्ट्रीय बाजार
पारादीप	ओडिशा (क्योंझर-बोनाई क्षेत्र से)	झरिया तथा तलचर	ओडिशा क्षेत्र से	आन्तरिक व अन्तर्राष्ट्रीय बाजार

एल्युमीनियम संयन्त्र

कम्पनियाँ	प्रमुख केन्द्र	बॉक्साइट प्राप्ति	विद्युत प्राप्ति	स्थापना वर्ष
एल्युमीनियम कार्पोरेशन ऑफ इण्डिया	जेके नगर, आसनसोल, (पश्चिम बंगाल)	राँची (झारखण्ड), डचैरा (मध्य प्रदेश)	निजी ताप विद्युत गृह	1937
हिण्डाल्को	एकीकृत संयन्त्र है, **5 स्थानों पर कार्य**-एल्युमिना का निर्माण-मुरी (झारखण्ड), प्रगलन इकाई अलवाए, हीराकुड, बेलगाम, चादर बनाने का काम बेलूर (पश्चिम बंगाल)	लोहरदग्गा के पास की बगरु पहाड़ी	हीराकुड और शरावती परियोजना	1938
	रेनुकूट (उत्तर प्रदेश)	लोहरदग्गा (झारखण्ड)	रिहन्द परियोजना	1958
माल्को	मेटूर, सेलम (तमिलनाडु)	शेवरॉय पहाड़ी	मेट्टूर परियोजना	1965
बाल्को	कोरबा (छत्तीसगढ़)	अमरकण्टक (शहडोल, मध्य प्रदेश)	कोरबा ताप शक्ति गृह	1965
नाल्को	कोरापुट (ओडिशा)	पंचपतमाली (ओडिशा)	अंगुल ताप विद्युत गृह	1981

एल्युमीनियम उद्योग

- एल्युमीनियम उद्योग (Aluminium Industry) दूसरा सबसे प्रमुख खनिज आधारित उद्योग है।
- एल्युमीनियम के अयस्क अर्थात् बॉक्साइट के हल्के होने के कारण इस उद्योग को कच्चे माल से दूर भी लगाया जा सकता है, परन्तु इस उद्योग में बिजली एवं जल की अत्यधिक मात्रा की आवश्यकता होती है।
- देश का **प्रथम** एल्युमीनियम संयन्त्र **जे के नगर** (पश्चिम बंगाल) में स्थापित किया गया है। दूसरा उद्योग वर्ष 1938 में झारखण्ड के बॉक्साइट खनन क्षेत्र **मुरी** में स्थापित किया गया। **हिण्डाल्को** इस क्षेत्र की **सबसे बड़ी** कम्पनी है।

ताँबा उद्योग

- देश में प्रथम आधुनिक **ताँबा प्रगलन** (Copper Smelting) संयन्त्र की स्थापना सिंहभूम कॉपर कम्पनी द्वारा 1857 ई. में की गई थी। इस दिशा में किए गए सभी प्रयास वर्ष 1924 तक असफल रहे।
- **इण्डियन कॉपर कॉर्पोरेशन** ने वर्ष 1928 में घाटशिला में ताँबा बनाना शुरू किया।
- वर्ष 1967 में इस कम्पनी का अधिग्रहण करके **हिन्दुस्तान कॉपर लिमिटेड** (Hindustan Copper Limited, HCL) का नाम दिया गया है।
- इस कम्पनी की चार इकाईयाँ देश के विभिन्न राज्यों में स्थित है–
  - खेतड़ी राजस्थान
  - घाटशिला, झारखण्ड
  - मलज़खण्ड, मध्य प्रदेश
  - तलोजा, महाराष्ट्र
- इस समय भारत अपनी आवश्यकता का केवल आधा भाग ही पैदा करता है और शेष आधा भाग आयात किया जाता है। इसके अन्तर्गत हमारे स्रोत जाम्बिया, जायरे, संयुक्त राज्य अमेरिका, कनाडा तथा पश्चिमी यूरोपीय देश हैं।

सीसा उद्योग

- भारत में पहला सीसा प्रगलन (Lead Smelting) संयन्त्र **धनबाद** (झारखण्ड) के निकट **तुन्दू** नामक स्थान पर वर्ष 1942-43 में स्थापित किया गया, लेकिन **व्यापारिक स्तर पर** उत्पादन वर्ष 1945 में शुरू हुआ।
- वर्ष 1965 में हिन्दुस्तान जिंक लिमिटेड ने इसे अपने नियन्त्रण में ले लिया। इसके लिए कच्चा माल **राजपुर-दरीबा** (राजस्थान) तथा **जावर** (राजस्थान) से प्राप्त होता है।
- विशाखापत्तनम् का संयंत्र मुख्यत: आयातित कच्चे माल पर तथा अग्निगुण्डाला से प्राप्त कच्चे माल पर आधारित है। भारत में उत्पादन की अपेक्षा माँग अधिक है, इसलिए **सीसा आयात** करना पड़ता है।

जस्ता उद्योग

- भारत में जस्ता का उत्पादन **वर्ष 1967 में प्रारम्भ** हुआ था। वर्तमान में देश में जस्ता प्रगलन (Zinc Smelting) के चार प्लाण्ट–**अल्वाय** (केरल), **देवारी, चन्देरिया** (राजस्थान) तथा **विशाखापत्तनम्** (आन्ध्र प्रदेश) में कार्य कर रहे हैं।
- भारत को अपनी आवश्यकता की पूर्ति के लिए जस्ते का आयात करना पड़ता है।

वस्त्र उद्योग

- भारत में वस्त्र उद्योग का सकल घरेलू उत्पाद में 2.3% औद्योगिक उत्पादन में 7% निर्यात आय में 12% और कुल रोजगार सृजन में 21% योगदान है।
- भारत 6% वैश्विक हिससेदारी के साथ तकनीकी वस्त्रों का छठा सबसे बड़ा उत्पादक देश है।

सूती वस्त्र उद्योग

- भारत संसार में उत्कृष्ट कोटि के मलमल, कैलिको, छींट और अन्य प्रकार के अच्छी गुणवत्ता वाले सूती कपड़ों के उत्पादन के लिए प्रसिद्ध था।
- भारत में इस उद्योग का विकास कई कारणों से हुआ। **पहला**, भारत एक उष्णकटिबन्धीय (Tropical) देश है एवं सूती कपड़ा इस प्रकार की गर्म और आर्द्र जलवायु के लिए एक आरामदायक वस्त्र है। **दूसरा**, भारत में कपास का बड़ी मात्रा में उत्पादन होता है।
- देश में आधुनिक ढंग पर सूती वस्त्र उद्योग के प्रथम कारखाने की स्थापना 1818 ई. में **फोर्ट ग्लोस्टर** (कोलकाता) में हुई थी।
- 1854 ई. में मुम्बई में प्रथम सफल सूती वस्त्र के कारखाने की स्थापना कवास जी डाबर द्वारा की गई। भारत में सूती वस्त्र उद्योग दो भागों में विभाजित है

1. कताई मिलें
2. संयुक्त (कताई एवं बुनाई) मिलें

- सूती वस्त्र उत्पादन में मिलों की भागीदारी घट रही है और शक्ति चालित करघा क्षेत्र प्रमुख होता जा रहा है। इस उद्योग में 45 मिलियन श्रमिकों को रोजगार मिला हुआ है, जो भारत में कृषि के बाद सबसे अधिक रोजगार देने वाला उद्योग है।

सूती वस्त्र उद्योग के प्रमुख उत्पादन क्षेत्र

- महाराष्ट्र में देश का 12% निर्मित सूती धागा तथा 46.2% निर्मित सूती वस्त्र तैयार करता है। **मुम्बई** देश का वृहत्तम् सूती वस्त्र उद्योगों का केन्द्र है। इसे **भारत का कॉटनोपोलिस** (Cottonopolis) कहा जाता है।
- गुजरात में देश का 7.5% सूती धागा तथा 26% कारखाना निर्मित वस्त्र तैयार होता है। **अहमदाबाद** मुम्बई के बाद सूती वस्त्र उद्योग का वृहत्तम् केन्द्र है, इसे **भारत के बोस्टन** की संज्ञा दी गई है।
- **तमिलनाडु** में देश की सबसे अधिक मिलें हैं। इस राज्य में **कोयम्बटूर** सबसे बड़ा केन्द्र है।
- सूती वस्त्र के अन्य प्रमुख उत्पादक राज्यों में **उत्तर प्रदेश** (कानपुर), **पश्चिम बंगाल** (हावड़ा, हुगली), **कर्नाटक**, (बंगलुरु, मैसूर, वेल्लारी) **तेलंगाना** आदि सम्मिलित है। भारत में वस्त्र उद्योग मुख्यत: सूत पर ही आधारित है तथा देश में कपड़े की खपत का आधे से भी अधिक भाग सूत से ही सम्बद्ध है।

नोट कानपुर को उत्तर भारत का मैनचेस्टर कहा जाता है।

- विश्व व्यापार संगठन (World Trade Organisation, WTO) के वर्ष 2014 के आँकड़ों के अनुसार कपड़ों (Clothing) के वैश्विक निर्यात में तुर्किये, बांग्लादेश, हाँगकाँग, यूरोपीय संघ तथा चीन के बाद भारत छठा सबसे बड़ा निर्यातक है। वस्त्रों (Textiles) के वैश्विक निर्यात के सन्दर्भ में यूरोपीय संघ तथा चीन के बाद भारत तीसरे स्थान पर था।

रेशमी वस्त्र उद्योग

- भारत चीन के बाद विश्व का दूसरा प्रमुख रेशम उत्पादक है। भारत इस अद्वितीय विशेषता से सम्पन्न है कि इसके पास रेशम के सभी चार **मलबरी, इरी, टसर** एवं **मूँगा** प्रकार उपलब्ध हैं।
- मूँगा रेशम के उत्पादन में तो भारत का विश्व में एकाधिकार है।
- रेशम वस्त्र उद्योग (Silk Textile Industry) सर्वाधिक गहन श्रम क्षेत्रों में एक है, जिसमें कृषि (रेशम कीटपालन) एवं उद्योग दोनों की क्रियाएँ शामिल हैं।
- भारत में रेशम वस्त्र निर्माण की ऐतिहासिक परम्परा रही है, परन्तु आधुनिक तरीके की प्रथम रेशमी मिल की स्थापना ईस्ट इण्डिया कम्पनी द्वारा 1832 **ई. में हावड़ा** में की गई थी।
- भारत में कच्चे रेशम के उत्पादन में कर्नाटक, आन्ध्र प्रदेश, पश्चिम बंगाल, असम, तमिलनाडु, मणिपुर और मेघालय का प्रमुख स्थान है। देश में रेशमी वस्त्र उत्पादन में **कर्नाटक** अग्रणी है तथा **मध्य प्रदेश, तमिलनाडु** एवं **पंजाब** भी रेशम उत्पादक राज्यों में आते हैं। भारत सरकार का देश में रेशम उद्योग के विकास के लिए समवर्ती उत्तरदायित्व है, जिसे वह प्रमुख रूप से **केन्द्रीय रेशम बोर्ड अधिनियम, 1948** के अन्तर्गत संस्थापित सांविधानिक निकाय द्वारा पूरा करती है।
- **सिल्क मार्क योजना** को रेशम ब्राण्ड प्रोत्साहन के लिए प्रारम्भ किया गया। केन्द्रीय रेशम बोर्ड संशोधित अधिनियम, 2006 को रेशम कीट बीजों की गुणवत्ता को संचालित करने के लिए अधिनियमित किया गया, जो 14 सितम्बर, 2006 से प्रभावी हुआ।

रेशमी वस्त्र उद्योगों का वितरण

राज्य	प्रमुख केन्द्र
कर्नाटक	चन्नापट्टना, मैसूर, बंगलुरु, बेलगाम, कोलार
मध्य प्रदेश	विटाग्राम, इन्दौर
तमिलनाडु	चेन्नई, काँचीपुरम, सेलम, चिदम्बरम, तिरुनेलवेली
पंजाब	अमृतसर, गुरुदासपुर, होशियारपुर, लुधियाना
पश्चिम बंगाल	बिशनुपुर, रघुनाथपुर, मुर्शिदाबाद

ऊनी वस्त्र उद्योग

- आधुनिक तरीके की पहली ऊनी मिल की स्थापना 1876 ई. में कानपुर में की गई थी। 1881 ई. में धारीवाल में दूसरी ऊनी मिल की स्थापना की गई।
- घरेलू उत्पादन पर्याप्त नहीं है, इसलिए उद्योग आयातित कच्चे माल पर आश्रित है। ऊन एकमात्र प्राकृतिक रेशा है, जिसकी देश में कमी है। ऊनी धागे/वस्त्र की एक छोटी मात्रा **पश्मीना बकरी** एवं **अंगोरा खरगोश** से भी प्राप्त की जाती है।
- लगभग 40% मिलों के साथ ऊनी वस्त्र उद्योग के क्षेत्र में पंजाब का सर्वोपरि स्थान है, इसके बाद हरियाणा में 27% मिलें हैं।

ऊनी वस्त्र उत्पादक केन्द्रों का वितरण

राज्य	प्रमुख केन्द्र
पंजाब	धारीवाल, अमृतसर, लुधियाना, पटियाला
महाराष्ट्र	मुम्बई, थाणे, जलगाँव, अम्बरनाथ, अमलनेर
उत्तर प्रदेश	कानपुर, मोदीनगर, शाहजहाँपुर, मिर्जापुर, भदोही, आगरा
कर्नाटक	बंगलुरु, वेल्लारी
गुजरात	वडोदरा, अहमदाबाद
राजस्थान	पुष्कर, अजमेर, बीकानेर, जयपुर, भीलवाड़ा

कृत्रिम रेशे

- कृत्रिम रेशे (Artificial Fibres) वस्त्र उद्योगों का एक महत्त्वपूर्ण घटक है।
- यह प्राकृतिक रेशों (Natural Fibres) की अपेक्षा अधिक मजबूत और टिकाऊ होते हैं, इसके अतिरिक्त इनकी चमक भी ज्यादा होती है।
- रेयॉन, नाइलॉन, पॉलिस्टर आदि प्रनुख धागे हैं, जिनसे वस्त्र निर्माण किया जाता है।

कृत्रिम रेशों से वस्त्र निर्माण के प्रमुख केन्द्र

रेयॉन	कागजनगर (तेलंगाना), जूनागढ़ (गुजरात), रायापुरम् (केरल), उधना (गुजरात), विरलाग्राम (हिमाचल प्रदेश), नागदा (मध्य प्रदेश), कल्याण, पिम्परी-पुणे एवं गोरेगाँव (महाराष्ट्र), कोटा (राजस्थान), मेट्टूपल्यम (तमिलनाडु), कानपुर (उत्तर प्रदेश), त्रिवेणी (पश्चिम बंगाल)
नाइलॉन फिलामेण्ट	कोटा, पिम्परी (पुणे), मोदीनगर, मुम्बई, नागपुर, वडोदरा, बंगलुरु, चेन्नई, हैदराबाद, तिरुवनन्तपुरम्, बरौनी, कानपुर, उज्जैन
नाइलॉन स्टेपल	कोटा, मुम्बई

पॉलिएस्टर स्टेपल फाइबर	थाणे, अहमदाबाद, वडोदरा, गाजियाबाद, मण्डी, कोटा
पॉलिएक्सर फिलामेण्ट धागा	मुम्बई, कोटा, पिम्परी, पुणे, मोदीनगर, उज्जैन

जूट उद्योग

- जूट उद्योग (Jute Industry) की शुरुआत 1854 ई. में **जॉर्ज ऑकलैण्ड** द्वारा **रिशरा** (कोलकाता से 20 किमी उत्तर) के समीप पहली मिल की स्थापना से हुई।
- वर्ष 1947 में देश के विभाजन से इस उद्योग को भारी क्षति पहुँची, क्योंकि देश के विभाजन के परिणामस्वरूप इस उद्योग का 81% जूट उत्पादक क्षेत्र बांग्लादेश (तत्कालीन पूर्वी पाकिस्तान) में चला गया, जबकि अधिकांश मिले भारत में ही रह गईं।
- भारत जूट के सामानों का सबसे बड़ा उत्पादक एवं दूसरा सर्वाधिक बड़ा निर्यातक देश है। जूट उद्योग का सर्वाधिक संकेन्द्रण पश्चिम बंगाल में है। भारत के 84% जूट का उत्पादन इसी राज्य से प्राप्त होता है।
- आन्ध्र प्रदेश का स्थान दूसरा है, यहाँ कुल उत्पादन का 10% भाग उत्पादित होता है।
- सरकार ने 15 अप्रैल, 2005 को प्रथम **राष्ट्रीय जूट नीति** की घोषणा की और नीति में किए गए विचार के अनुसार सरकार ने 2 जून, 2006 वाले **जूट तकनीकी मिशन** के क्रियान्वयन को स्वीकृत किया।

भारत में जूट उद्योग का वितरण

राज्य	मिलों का वितरण
पश्चिम बंगाल	कोलकाता, हावड़ा, टीटागढ़, जगतदल, बजबज, भद्रेश्वर, बाली, अगरपाड़ा, रिशरा, सेरामपुर, शिवपुर, श्याम नगर, आदि।
आन्ध्र प्रदेश	गुण्टूर, विशाखापत्तनम्, पूर्वी गोदावरी, इलूर, ओंगले
उत्तर प्रदेश	कानपुर, सहजनवा (गोरखपुर)
बिहार	पूर्णिया, कटिहार, दरभंगा
छत्तीसगढ़	रायगढ़
ओडिशा	कटक

इंजीनियरिंग उद्योग

- इंजीनियरिंग उद्योग (Engineering Industries) आधुनिक औद्योगिक विकास का मेरुदण्ड है, इससे न केवल उद्योगों को मशीनें और कल-पुर्जे मिलते हैं, वरन् कृषि, खनन और निर्माण उद्योगों को साजो-सामान की आपूर्ति होती है।
- इस उद्योग को भारी मशीनरी, हल्की मशीनरी और विद्युत मशीनरी तीन वर्गों में बाँटा जाता है।
- देश में भारी इंजीनियरिंग उद्योग (Heavy Engineering Industry) की शुरुआत वर्ष 1958 में **हैवी इंजीनियरिंग कॉर्पोरेशन लिमिटेड, राँची** की स्थापना से हुई। इसकी देख-रेख में भारी मशीनरी निर्माण संयन्त्र फाउण्ड्री फोर्ज संयन्त्र और भारी मशीनी उपकरण (Heavy Machine Tools) संयन्त्र कार्य करते हैं।
- भारी मशीनों का निर्माण करने वाली अन्य प्रमुख इकाइयाँ निम्न हैं
  1. खनन एवं सम्बद्ध मशीनरी निगम लि., दुर्गापुर (1965)
  2. त्रिवेणी स्ट्रक्चरल्स लि., नैनी, इलाहाबाद (1965)
  3. तुंगभद्रा स्टील प्रोडक्ट्स लि., कर्नाटक - आन्ध्रा
- भारत में भारी विद्युतीय उपकरणों का निर्माण वर्ष 1956 में भोपाल में हैवी इलेक्ट्रिकल्स लिमिटेड की स्थापना के साथ प्रारम्भ हुआ।
- वर्ष 1964 में स्थापित **भारत हैवी इलेक्ट्रिकल्स लिमिटेड** (Bharat Heavy Electricals Limited, BHEL) सार्वजनिक क्षेत्र का विशालतम उपक्रम है, जो 500 मेगावाट तक के स्टीम टरबाइन उच्चदाबीय बॉयलर टर्बोसेट, ट्रांसफॉर्मर, स्विचगियर्स आदि बनाता है।
- इसकी छः इकाइयाँ भोपाल, तिरुचिरापल्ली, हैदराबाद, जम्मू, बंगलुरु तथा हरिद्वार में अवस्थित हैं।
- इसके अतिरिक्त चितरंजन लोकोमोटिव वर्क्स, डीजल लोकोमोटिव वर्क्स वाराणसी, टाटा इंजीनियरिंग एण्ड लोकोमोटिव वर्क्स आदि जैसे रेल इंजन बनाने वाले प्लाण्ट्स, भारत अर्थ मूवर्स लि. (बंगलुरु), रेल-कोच फैक्ट्री (कपूरथला) आदि जैसे रेल-कोच बनाने वाली फैक्ट्रियों ने भी भारत में भारी इंजीनियरिंग उद्योग के विकास में महत्त्वपूर्ण योगदान दिया है।
- चेन्नई के निकट पेराम्बूर में वर्ष 1955 में **स्विट्ज़रलैण्ड** की सहायता से **इण्टीग्रल कोच फैक्ट्री** को स्थापित किया गया।
- हिन्दुस्तान शिपयार्ड लि. (विशाखापत्तनम्), कोचीन शिपयार्ड (कोच्चि), हुगली डॉक एण्ड पोर्ट इंजीनियर्स लि. (कोलकाता), मझगाँव डॉक यार्ड (मुम्बई) जैसे संस्थानों ने जलयान निर्माण में अपना महत्त्वपूर्ण योगदान दिया है। कानपुर में भारवाहक वायुयान तथा लखनऊ में मिग विमानों के देशी पुर्जे तैयार किए जाते हैं।
- वर्ष 1964 में स्थापित **हिन्दुस्तान एयरोनॉटिक्स लिमिटेड** (Hindustan Aeronautics Limited, HAL) में वायुयान के विभिन्न भाग बनाए जाते हैं।

मोटरगाड़ी उद्योग

- स्वतन्त्रता के पूर्व भारत में आयातित पुर्जों को जोड़कर विदेशी गाड़ियों का निर्माण होता था। प्रीमियर ऑटोमोबाइल्स लिमिटेड (मुम्बई) की वर्ष 1947 में और हिन्दुस्तान मोटर्स लिमिटेड, उत्तरवाड़ा (कोलकाता) की वर्ष 1948 में स्थापना से घरेलू उत्पादन की शुरुआत हुई।
- मोटरगाड़ी उद्योग (Automobile Industry) का प्रमुख संकेन्द्रण उत्तर भारत में गुरुग्राम, मानेसर, पश्चिम भारत में मुम्बई, पुणे; दक्षिण भारत में चेन्नई, बंगलुरु; पूर्वी भारत में कोलकाता, जमशेदपुर एवं मध्य भारत में इन्दौर और उसके इर्द-गिर्द पाया जाता है।
- मध्य प्रदेश का पीतमपुर ऑटोमोबाइल हब के रूप में जाना जाता है।
- ऑटोमोबाइल उद्योगों को जुलाई, 1991 में औद्योगिक नीति की घोषणा के साथ **लाइसेन्स प्रणाली से मुक्त** किया गया, हालाँकि यात्री कारों को वर्ष 1993 में लाइसेन्स प्रणाली से मुक्त किया गया है।
- वर्तमान में देश में 55 इकाइयाँ स्वचालित वाहनों (एकपहिया, दोपहिया सहित) का उत्पादन कर रही हैं।
- ये इकाइयाँ सर्वाधिक महाराष्ट्र में हैं।
- ऑटोमोबाइल सेक्टर में प्रगति के लिए ऑटोमेटिव मिशन योजना, 2006-16 बनाई गई थी।

व्यावसायिक गाड़ियाँ

व्यावसायिक गाड़ियों (Commercial Vehicles) के अन्तर्गत बस, ट्रक और तिपहिया वाहन को सम्मिलित करते हैं, जिनका निर्माण देश में 9 कम्पनियों द्वारा किया जाता है, इसमें टेल्को (Tata Engineering and Locomotive Company, TELCO), प्रीमियर ऑटोमोबाइल्स, महिन्द्रा एण्ड महिन्द्रा (मुम्बई), अशोक लीलैण्ड, स्टैण्ड्र्ड मोटर प्रोडक्ट्स ऑफ इण्डिया लिमिटेड (चेन्नई), हिन्दुस्तान मोटर्स लिमिटेड (कोलकाता) और बजाज ऑटोमोबाइल लिमिटेड (पुणे) सम्मिलित हैं।

यात्री कार उद्योग

- मारुति उद्योग लिमिटेड गुरुग्राम (तकनीकी सहयोग सुजुकी, जापान) देश में यात्री कार (Passenger Cars) बनाने की सबसे बड़ी व महत्त्वपूर्ण कम्पनी है।
- अन्य कम्पनियों में हिन्दुस्तान मोटर्स, प्रीमियर ऑटोमोबाइल्स, स्टैण्डर्ड मोटर अन्य प्रमुख उत्पादक हैं।

साइकिल उद्योग

- देश में साइकिल उद्योग की शुरुआत वर्ष 1938 में मेसर्स इण्डिया मैन्यूफैक्चरिंग कम्पनी कोलकाता की स्थापना से हुई है।
- स्वतन्त्रता के बाद इस उद्योग ने काफी प्रगति की। भारत से साइकिलों का निर्यात अफगानिस्तान, मिस्र, पाकिस्तान, ईरान, श्रीलंका, म्यांमार, नाइजीरिया, थाइलैण्ड, तुर्किये और पूर्वी अफ्रीका के देशों को किया जाता है।

इलेक्ट्रॉनिक्स उद्योग

- इसकी शुरुआत 1950 के दशक में रेडियो के उत्पादन से हुई, परन्तु इसकी वास्तविक शुरुआत वर्ष 1950 में बंगलुरु में **इण्डियन टेलीफोन इण्डस्ट्रीज** की स्थापना से हुई।
- इसकी सात अन्य इकाइयाँ नैनी (प्रयागराज), रायबरेली, मनकापुर, पलक्काड़ (केरल) और श्रीनगर (जम्मू-कश्मीर) में स्थित है।
- **भारत इलेक्ट्रॉनिक्स लिमिटेड** (Bharat Electronics Limited, BEL), बंगलुरु की स्थापना सार्वजनिक क्षेत्र में प्रतिरक्षा सेवाओं, ऑल इण्डिया रेडियो तथा मौसम विभाग की इलेक्ट्रॉनिक्स आवश्यकताओं की पूर्ति के उद्देश्य से की गई थी। यह संस्थान पदार्थों के विकास, राडार तथा जल के नीचे इलेक्ट्रॉनिक्स के निर्माण में **इण्डियन इंस्टीट्यूट ऑफ साइंस**, बंगलुरु के साथ सहयोग करता है।
- **इण्डियन स्पेस रिसर्च ऑर्गेनाइजेशन** (Indian Space Research Organisation, ISRO) के सहयोग से BEL सोलर सेलों का विकास कर रहा है। BEL की नौ इकाइयाँ—बंगलुरु, गाजियाबाद, पुणे, पंचकुला, चेन्नई, हैदराबाद, कोटद्वार, मछलीपट्टनम एवं तलोजा में स्थित हैं।
- वर्ष 1967 में स्वदेशी प्रौद्योगिकी से **इलेक्ट्रॉनिक कॉर्पोरेशन ऑफ इण्डिया** (Electronics Corporation of India Limited, ECIL) हैदराबाद की स्थापना की गई। इसके द्वारा न्यूक्लियर कार्य हेतु ट्रांजिस्टराइज्ड मॉड्यूलर सिस्टम के अतिरिक्त वायु यातायात संचालन, टैंक संचार प्रणाली, चिकित्सा, कृषि और उद्योग के लिए कई उपकरणों का निर्माण किया जाता है।
- इलेक्ट्रॉनिक विभाग ने निवेशकों को व्यावसायिक निर्णयों में सहायता हेतु इलेक्ट्रॉनिक हार्डवेयर टेक्नोलॉजी पार्कों की स्थापना की है।
- इलेक्ट्रॉनिक क्षेत्र की एक महत्त्वपूर्ण उपलब्धि डेवलपमेण्ट ऑफ एडवांस कम्प्यूटिंग केन्द्र (C-DAC) द्वारा सुपर कम्प्यूटर परम-10,000 का विकास है। इसने ONGC के भूकम्पीय आँकड़ों के प्रसंस्करण हेतु सॉफ्टवेयर का विकास किया है।

सूचना प्रौद्योगिकी उद्योग

- सूचना प्रौद्योगिकी मुख्यत: ज्ञान आधारित उद्योग है। भारत में सूचना प्रौद्योगिकी के विकास की शुरुआत वर्ष 1984 में सूक्ष्म इलेक्ट्रॉनिक के विकास के साथ हुई।
- भारत के सॉफ्टवेयर व्यावसायिकों ने विश्व बाजार में अपने माल की गुणवत्ता की पहचान जमा रखी है। कई भरतीय सॉफ्टवेयर कम्पनियों को अन्तर्राष्ट्रीय गुणवत्ता प्रमाण-पत्र मिले हैं।
- भारत में 3,000 से अधिक सॉफ्टवेयर कम्पनियाँ हैं, जिसमें 50 बहुराष्ट्रीय कम्पनियाँ हैं, इनमें विप्रो, इनफोसिस, टीसीएस आदि प्रमुख हैं।
- बंगलुरु सूचना प्रौद्योगिकी उद्योग (Information Technology Industry) का प्रमुख केन्द्र है, जिसे **सिलिकॉन वैली ऑफ इण्डिया** (Silicon Valley of India) कहते हैं। अन्य केन्द्रों में हैदराबाद, मुम्बई, पुणे, चेन्नई, दिल्ली (नोएडा-गुरुग्राम), चण्डीगढ़ और तिरुवनन्तपुरम प्रमुख हैं, यद्यपि कम्प्यूटर हार्डवेयर के क्षेत्र में भारत की प्रगति सन्तोषजनक नहीं है।

रसायन एवं सम्बद्ध उद्योग

- रसायन एवं सम्बद्ध उद्योग (Chemical and Allied Industries) वस्त्र, लौह-इस्पात और इंजीनियरिंग उद्योगों के बाद देश का **चौथा** सबसे बड़ा उद्योग है।
- भारी अजैव रसायन, भारी जैव रसायन, उर्वरक तथा सीमेण्ट उद्योग इसके प्रमुख घटक हैं।
- भारी अजैव उद्योगों में नाइट्रिक एसिड, एल्कली, सोडा, ऐश तथा कास्टिक सोडा प्रमुख हैं। भारी जैव रसायनों में पेट्रो-रसायन तथा पॉलिमर प्रमुख हैं।
- भारत में रसायन उद्योग की शुरुआत वर्ष 1901 में कोलकाता के पास एक औषधीय संयन्त्र के निर्माण से मानी जाती है। रसायनों के उत्पादन में गुजरात का सर्वोपरि स्थान है।
- **सार्वजनिक क्षेत्र के उपक्रम** सार्वजनिक क्षेत्र की दो इकाइयाँ रासायनिक क्षेत्र में हैं, जिनके नाम हैं- **हिन्दुस्तान ऑर्गेनिक केमिकल लिमिटेड** (Hindustan Organic Chemical Limited, HOCL) एवं **हिन्दुस्तान इंसैक्टिसाइड्स लिमिटेड** (Hindustan Insecticides Limited, HIL)।

रसायन उद्योग के प्रमुख केन्द्र

राज्य	प्रमुख केन्द्र
गुजरात	भावनगर, कोयली, वडोदरा, जवाहरनगर, अहमदाबाद, धारंगधारा, पोरबन्दर
महाराष्ट्र	वापी, मुम्बई, पुणे, आंगलवाड़, कोल्हापुर, नागपुर
पश्चिम बंगाल	हावड़ा, हल्दिया, रिसरा, आसनसोल, दुर्गापुर, कोलकाता, बर्नपुर
तमिलनाडु	चेन्नई, रानीपेट, मदुरै, तिरुचिरापल्ली, मेट्टूर
केरल	तिरुवनन्तपुरम, कोच्चि, कोट्टायम, अलवाय

पेट्रो रसायन उद्योग

- पेट्रो रसायन (Petro-chemicals) ऐसे रसायन और यौगिक हैं, जिन्हें मुख्यत: पेट्रोलियम से प्राप्त किया जाता है। इनका उपयोग कृत्रिम रेशा, प्लास्टिक, कृत्रिम रबर, रंग-रोगन, कीटनाशक डिटर्जेण्ट और औषधी निर्माण में किया जाता है।
- देश में पेट्रो रसायन उद्योग की शुरुआत वर्ष 1966 में **यूनियन कार्बाइड इण्डियन लिमिटेड, ट्रॉम्बे** के संयन्त्र की स्थापना से हुई। रसायन एवं पेट्रो रसायन विभाग के प्रशासनिक नियन्त्रण में पेट्रो रसायन क्षेत्र में निम्नलिखित तीन संगठन काम कर रहे हैं
  1. **इण्डियन पेट्रो केमिकल कॉर्पोरेशन** यह पॉलिमर्स, रसायन रेशों और रेशों के मध्यवर्ती जैसे विभिन्न प्रकार के पेट्रो केमिकल के उत्पादन और वितरण का कार्य कर रहा है।
  2. **पेट्रोफिल्स को-ऑपरेटिव लिमिटेड** यह भारत सरकार और बुनकर सहकारी समितियों का संयुक्त उपक्रम है। यह पॉलिस्टर फिलामेण्ट धागा और नायलॉन थिप्स का उत्पादन गुजरात, वडोदरा एवं नलधारी में स्थित कारखानों में करता है।
  3. **सेण्ट्रल इंस्टीट्यूट ऑफ प्लास्टिक एण्ड इंजीनियरिंग टेक्नोलॉजी** इसकी स्थापना वर्ष 1968 में चेन्नई में संयुक्त राष्ट्र विकास कार्यक्रम (UNDP) एवं अन्तर्राष्ट्रीय श्रम संगठन (ILO) के सहयोग से की गई थी। यह संस्थान इस क्षेत्र में प्रशिक्षण का काम करता है।

उर्वरक उद्योग

- उर्वरक उद्योग (Fertilizer Industry) निवेश और उत्पादों के मूल्य की दृष्टि से लौह-इस्पात के बाद देश का दूसरा प्रमुख उद्योग है।
- भारत का आज विश्व में **नाइट्रोजन** उर्वरकों के उत्पादन में **तीसरा** (चीन प्रथम) और **फॉस्फेट** उर्वरकों में सातवाँ प्रमुख स्थान है। रासायनिक उर्वरक निर्माण में कच्चे माल के रूप में नेफ्था, कोक-ओवन गैस, विद्युत अपघटनी हाइड्रोजन, फॉस्फेट, गन्धक, जिप्सम आदि का इस्तेमाल किया जाता है।
- नाइट्रोजन उर्वरक बनाने वाले 70% से अधिक कारखाने नेफ्था का उपयोग करते हैं। यही कारण है कि ये कारखाने तेलशोधनशालाओं के समीप या तट के सहारे पाए जाते हैं।
- कोक पर आधारित इकाइयाँ तलचर (ओडिशा), रामागुण्डम (तेलंगाना) और कोरबा (छत्तीसगढ़), लिग्नाइट पर आधारित इकाई नेवेली (तमिलनाडु), कोक ओवन गैस पर आधारित इकाइयाँ सिन्दरी, जमशेदपुर (झारखण्ड), राउरकेला (ओडिशा), भिलाई (छत्तीसगढ़), दुर्गापुर (पश्चिम बंगाल) में स्थित हैं।
- गैस आधारित इकाइयाँ थाल बैसेत (महाराष्ट्र), हजीरा, विजयपुर, जगदीशपुर, आँवला, गडेपान, बबराला, शाहजहाँपुर में स्थित है।
- इलेक्ट्रॉलिटिक हाइड्रोजन आधारित इकाई नांगल (पंजाब) में स्थित हैं। गैस आधारित इन कारखानों को हजीरा-विजयपुर- जगदीशपुर गैस पाइपलाइन द्वारा गैस उपलब्ध कराई जाती है। भारत में रासायनिक उर्वरक उद्योग की शुरुआत वर्ष 1906 में **रानीपेट** (तमिलनाडु) में सुपर फॉस्फेट संयन्त्र की स्थापना से हुई।
- भारत में वर्ष 1944 और वर्ष 1947 में क्रमश: अमोनिया और अमोनियम सल्फेट का उत्पादन शुरू हुआ, परन्तु उद्योग को वास्तविक बढ़ावा वर्ष 1951 में फर्टिलाइजर कॉर्पोरेशन ऑफ इण्डिया द्वारा **सिन्दरी** (झारखण्ड) के कारखाने की स्थापना से मिला, तब से लेकर उद्योग ने निरन्तर प्रगति की है।
- रासायनिक उर्वरक मुख्यत: तीन प्रकार के होते हैं;
  1. नाइट्रोजन,
  2. फॉस्फेट युक्त
  3. पोटाश उर्वरक
- भारत में नाइट्रोजन (75%) और फॉस्फेट (25%) युक्त उर्वरक पैदा किया जाता है। भारत पोटाश उर्वरक हेतु आयात पर निर्भर है।

उर्वरक उत्पादन के प्रमुख केन्द्र

राज्य	प्रमुख केन्द्र
गुजरात	वडोदरा, कलोल, भड़ौच, उधना, हजीरा, सूरत, काण्डला
तमिलनाडु	नेवेली, रानीपेट, इन्नोर, टुथुकूडि, कोयम्बटूर कुड्डालोर, अवाड़ी, मनाली
उत्तर प्रदेश	कानपुर, फूलपुर (प्रयागराज), गोरखपुर, वाराणसी, मगरवारा, आँवला, शाहजहाँपुर, जगदीशपुर
महाराष्ट्र	ट्राम्बे, अम्बरनाथ, लोनी कलभोर
आन्ध्र प्रदेश	काकीनाडा, ताडेपल्ली, निडादावोलु टनुकू, आदिलाबाद
तेलंगाना	रामागुंडम, मॉआअली
ओडिशा	राउरकेला, तलचर, पारादीप
पंजाब	नांगल (इकाई), भटिण्डा
केरल	अलवाय, कोच्चि, तिरुवनन्तपुरम
राजस्थान	कोटा, खेतड़ी, देबाड़ी, चित्तौड़गढ़
पश्चिम बंगाल	बर्नपुर, दुर्गापुर, रिशरा, खारदाह, हल्दिया
झारखण्ड	सिन्दरी, धनबाद, जमशेदपुर
असम	नामरूप, चन्द्रपुर
कर्नाटक	बेलागोला, मुनीराबाद, हुबली, मांड्या

औषधि उद्योग

- भारत में औषधि उद्योग (Pharmaceutical Industry) का विकास मूलत: स्वतन्त्रता के बाद ही हुआ है। स्वतन्त्रता से पहले अधिकांश औषधियाँ आयात की जाती थीं।
- विश्व स्तर पर दवाओं के उत्पादन में भारत का स्थान तीसरा है।
- देश में औषधि निर्माण के कारखाने मुख्यत: मुम्बई, कोलकाता, अहमदाबाद, बड़ोदरा, दिल्ली, पुणे, ऋषिकेश, इन्दौर, जयपुर, हैदराबाद और कानपुर में स्थित हैं।
- भारत में औषधि निर्माण के 5 प्रतिष्ठान सार्वजनिक क्षेत्र में, 5 संयुक्त क्षेत्र में, 250 संगठित क्षेत्र में और लगभग 5,000 लघु उद्योग क्षेत्र में कार्यरत हैं।
- अधिकांश इकाइयों की स्थापना यूनाइटेड किंगडम, संयुक्त राज्य अमेरिका, स्विट्जरलैण्ड, इटली और जर्मनी औषधि निर्माणक फर्मों के सहयोग से की गई है।

सार्वजनिक क्षेत्र में कार्यरत औषधि प्रतिष्ठान

- **इण्डियन ड्रग्स एण्ड फार्मास्यूटिकल लिमिटेड** इसका गठन 5 अप्रैल, 1961 को किया गया था। इस कम्पनी के तीन निर्माण संयन्त्र हैं, जो ऋषिकेश (उत्तराखण्ड), हैदराबाद (आन्ध्र प्रदेश) तथा गुरुग्राम (हरियाणा) में हैं। इसकी स्वामित्व वाली अनुषंगी कम्पनियाँ हैं, जिनमें से IOPL चेन्नई (तमिलनाडु) तथा ड्रग्स एण्ड ऑर्गेनिक केमिकल्स लिमिटेड मुजफ्फरपुर (बिहार) में स्थित हैं।

- **हिन्दुस्तान एण्टीबायोटिक लिमिटेड** इसका गठन 30 मार्च, 1954 को पिम्परी (पुणे) में किया गया। यह औषधि तथा भेषज क्षेत्र में प्रथम सार्वजनिक क्षेत्र की कम्पनी है। इसकी तीन सहायक कम्पनियाँ हैं, जो राज्य सरकारों के सहयोग से गठित की गई हैं। इनके नाम हैं, कर्नाटक एण्टीबायोटिक एण्ड फार्मास्यूटिकल्स लिमिटेड बंगलुरु, महाराष्ट्र एण्टीबायोटिक एण्ड फार्मास्यूटिकल्स नागपुर तथा मणिपुर स्टेट ड्रग्स एण्ड फार्मास्यूटिकल्स लिमिटेड।
- **बंगाल केमिकल्स एण्ड फार्मास्यूटिकल्स** इसकी स्थापना 17 मार्च, 1981 को की गई थी। इस कम्पनी की चार इकाइयाँ हैं, ये इकाइयाँ कोलकाता में **मणिकतना,** उत्तरी परगना में **पानी हाटी**, मुम्बई तथा कानपुर में स्थित हैं।

चमड़ा उद्योग

- भारत में चमड़ा उद्योग (Leather Industry) का विस्तार संगठित और असंगठित दोनों क्षेत्रों में हुआ है, जिसमें लगभग 25 लाख लोगों, विशेषकर कमजोर, अल्पसंख्यक एवं महिलाओं को रोजगार मिला है।
- कोलकाता, कानपुर, चेन्नई और कोयम्बटूर खाल की बड़ी मण्डियाँ हैं। अच्छे किस्म की बकरी की खाल दार्जिलिंग, कोलकाता, मुजफ्फरपुर, दरभंगा और इरोड से प्राप्त की जाती है। खालों को शोधन द्वारा चमड़े में बदला जाता है। यह शोधन दो तरीकों से किया जाता है
- **पहले** तरीके में अवारम, कोन्नाम, बफू, बाटिल आदि की छालों से चमड़े का शोधन किया जाता है।
- **दूसरे** तरीके से वाइकोमेट, कोरिमीयम सल्फेट, अमोनियम आदि रसायनों के साथ अण्डे की जर्दी, जैतून के तेल एवं मछली के तेल आदि को मिलाकर **आर्द्र विधि** से चमड़े का शोधन किया जाता है।
- देश में चर्म शोधनशालाएँ कानपुर (1867 ई.), कोलकाता, चेन्नई, टोंक, मुम्बई, मोकामा, फुलबानी, बंगलुरु, बेलगाम, कपूरथला, पेराम्बूर, तिरुचिरापल्ली आदि में स्थित हैं।

सीमेण्ट उद्योग

- निर्माण कार्यों में उपयोग के कारण सीमेण्ट किसी देश की प्रगति का सूचक माना जाता है। **भारत-चीन के बाद विश्व का दूसरा सबसे बड़ा सीमेण्ट उत्पादक है।** वर्ष 2021 में भारत द्वारा कुल 299 मिलियन टन उत्पादन किया गया।
- भारत में सीमेण्ट उत्पादन क्षमता 480 मीट्रिक टन है, जबकि वर्ष 2017 में सीमेण्ट उत्पादक 280 मिलियन टन ही रहा है।
- सीमेण्ट उद्योग (Cement Industry) में कच्चे माल के रूप में चूना-पत्थर (लगभग 45%), इस्पात कारखानों के धातु-मल, उर्वरक कारखानों के अवमल, जिप्सम और कोयला (भर्जन हेतु) का उपयोग किया जाता है। इन कारखानों की अवस्थिति पर चूना-पत्थर की उपलब्धता का बड़ा प्रभाव पड़ता है।
- सामान्यतया 100 टन सीमेण्ट बनाने के लिए 160 टन चूना- पत्थर, 34 टन कोयला, 4 टन जिप्सम, 0.4 टन बॉक्साइट और 0.2 टन चिकनी मिट्टी की जरूरत होती है।
- भारत में पहली बार समुद्री सीपियों का उपयोग कर **चेन्नई** में वर्ष 1904 में सीमेण्ट बनाने का प्रयास किया गया, जो असफल रहा। वर्ष **1912-13 में इण्डियन सीमेण्ट कम्पनी के पोरबन्दर संयन्त्र** की स्थापना हुई।
- वर्ष 1915 में कटनी (मध्य प्रदेश) और वर्ष 1916 में लखेरी (राजस्थान) के कारखानों का निर्माण हुआ। वर्ष 1934 में दस कारखानों का विलय कर **एसोसिएटेड सीमेण्ट कम्पनी** (Associated Cement Company, ACC) बनाई गई।
- देश में सीमेण्ट उद्योग में 64 कम्पनियों के लगभग 190 बड़े सीमेण्ट संयन्त्र शामिल हैं, जिनकी स्थापित क्षमता 32.45 करोड़ टन है।
- वर्ष 1989 में सीमेण्ट पर नियन्त्रण समाप्त किए जाने से उद्योग के विकास को प्रोत्साहन मिला।
- **सार्वजनिक क्षेत्र में सीमेण्ट कॉर्पोरेशन** ऑफ इण्डिया सबसे बड़ी कम्पनी है, जिसके 10 संयन्त्र मन्यार, कुरकुन्ता, बीकाजन, राजबन, अकालतारा , नयागाँव, येरा गुन्तला, चर्खी, दादरी, अदिलाबाद तथा तन्दूर में है।
- देश का 70% से अधिक सीमेण्ट 20 बड़ी कम्पनियों द्वारा निर्मित किया जाता है, जिसमें लार्सन एण्ड टूब्रो, मोदी एवं टिस्को, रेमण्ड एसीसी, अम्बुजा, ग्रासिम इण्डिया सीमेण्ट, जेके समूह, जेपी समूह प्रमुख हैं।
- राजस्थान देश में सीमेण्ट का सबसे बड़ा उत्पादक है। आन्ध्र प्रदेश, मध्य प्रदेश, गुजरात, तमिलनाडु, कर्नाटक, महाराष्ट्र आदि राज्य भी सीमेण्ट का उत्पादन करते हैं।

सीमेण्ट उद्योग के प्रमुख केन्द्र

राज्य	प्रमुख केन्द्र
मध्य प्रदेश	सतना, कटनी, नीमच, बनमौर मैहर, जबलपुर, रतलाम।
छत्तीसगढ़	जामुल, दुर्ग, मान्धार भाटापारा, तिल्डा।
आन्ध्र प्रदेश	विजयवाड़ा, कृष्णा, पनचाम, विशाखापत्तनम्।
तेलंगाना	आदिलाबाद, तांदूर।
राजस्थान	सवाई माधोपुर, उदयपुर, चित्तौड़गढ़, लखेरी, सिरोही, बनास, सीकर।
गुजरात	सिक्का, द्वारका, पोरबन्दर, बड़ोदरा, रानावाव, वेरावल, सेंवलिया।
तमिलनाडु	तुलुकापट्टी, थलैयुथु, अलंगुलम, पोलियुर, डालमियापुरम।
कर्नाटक	शाहाबाद, बागलकोट, भद्रावती, होसदुर्ग, तोरागल्लू।
महाराष्ट्र	चन्द्रपुर, रत्नागिरी, सेवरी, मणिकगढ़।
उत्तर प्रदेश	चुर्क, डाल्ला, चुनार, दादरी।

कागज उद्योग

- कागज बनाने की कला का उद्भव चीन में 300 ई. पू. हुआ था। भारत में इसका प्रारम्भ 10वीं शताब्दी से हुआ। देश में आधुनिक ढंग का कागज बनाने का पहला कारखाना, **सेरामपुर** (पश्चिम बंगाल) में स्थापित हुआ, हालाँकि यह असफल रहा।
- तदुपरान्त बाली (1867 ई.), लखनऊ (1879 ई.), टीटागढ़ (1881 ई.), पुणे (1897 ई.) में नए कारखाने लगाए गए।
- वर्ष 2021 तक देश में 850 से अधिक लुगदी और कागज मिलें हैं।
- कागज उद्योग में **सेल्यूलोज** लुग्दी को कच्चे माल के तौर पर इस्तेमाल किया जाता है, जिसे मुलायम लकड़ी, बाँस, घास, गन्ने की खोई, पुराने कपड़ों और रद्दी कागज से बनाया जाता है।
- भारत में बड़े पैमाने पर (70%) **बाँस का** उपयोग किया जाता है। इसे उत्तर-पूर्व के राज्यों, पश्चिम बंगाल, ओडिशा, आन्ध्र प्रदेश, मध्य प्रदेश, महाराष्ट्र, कर्नाटक, तमिलनाडु से प्राप्त किया जाता है।

- **सवाई घास** (भारत और नेपाल के तराई क्षेत्रों से) यूकेलिप्टिस और पॉपुलर के वृक्षों को कागज की मिलों में इस्तेमाल के लिए उगाया जा रहा है।
- मध्य प्रदेश, छत्तीसगढ़, महाराष्ट्र, झारखण्ड, ओडिशा और आन्ध्र प्रदेश से प्राप्त **सलाई लकड़ी** का इस्तेमाल अखबारी कागज के उत्पादन में किया जाता है।
- यह एक **भार ह्रासी उद्योग** है। एक टन कागज उत्पादन के लिए 22 टन कच्चे माल की आवश्यकता होती है। अतः इस उद्योग का स्थानीयकरण कच्चे माल के क्षेत्रों में हुआ है।
- कागज का निर्माण तीन अवस्थाओं से गुजरता है
  1. सेल्युलोज से लुग्दी बनाना
  2. लुग्दी का परिष्करण एवं
  3. कागज निर्माण।
- भारत में प्रति व्यक्ति कागज खपत का औसत केवल 17 किग्रा है, जो विश्व औसत 150 किग्रा और विकसित देशों (संयुक्त राज्य अमेरिका-273 किग्रा, स्वीडन -196 किग्रा, कनाडा -191 किग्रा और जापान 145 किग्रा) की तुलना में बहुत कम है।

कागज उद्योग के प्रमुख केन्द्र

राज्य	प्रमुख केन्द्र
आन्ध्र प्रदेश	राजमुंद्री, तिरुपति, कुर्नूल
तेलंगाना	सिरपुर, भद्राचलम
महाराष्ट्र	कल्याण, जलगाँव, बल्लारपुर, खोपोली, कोलाबा, चिंचवाड़
पश्चिम बंगाल	रायगढ़, रानीगंज, नैहाटी, बांसबेरिया, वारानगर, दमदम, आलम बाजार, त्रिवेणी
ओडिशा	ब्रजराजनगर, रायगाड़ा, चौधवार, जेपुर, बालगोपालपुर
कर्नाटक	भद्रावती, इण्डोली, बेलागुला, बंगलुरु, माण्डया, रामानगरम
गुजरात	वरेजाड़ी, खाड़की, उतारन, क्रोण्डल, कलोल
मध्य प्रदेश	भोपाल, अमलाई, रतलाम

चीनी उद्योग

- वस्त्र उद्योग के बाद चीनी उद्योग (Sugar Industry) भारत का दूसरा सबसे बड़ा कृषि आधारित उद्योग है।
- फॉरेन एग्रीकल्चर सर्विस (USDA) रिपोर्ट के अनुसार, भारत वर्ष 2020-21 में विश्व का सबसे बड़ा उपभोक्ता, सबसे बड़ा उत्पादक तथा दूसरा सबसे बड़ा निर्यातक बन गया है। चीनी उत्पादन में दूसरा तथा तीसरा स्थान क्रमशः ब्राजील तथा थाईलैण्ड का है।
- भारत में आधुनिक तरीके का प्रथम चीनी कारखाना 1840 ई. में उत्तरी बिहार में **बेतिया** में लगाया गया था, परन्तु इसका वास्तविक विकास वर्ष 1931 से प्रारम्भ होता है, जब चीनी उद्योग पर आयात शुल्क लगाकर इसे संरक्षण प्रदान किया गया।
- देश में 340 मिलें सहकारी क्षेत्र में, 87 मिलें सरकारी क्षेत्र में और 305 मिलें निजी क्षेत्र में हैं।
- चीनी उद्योग में प्रयुक्त कच्चा माल गन्ना एक भारी पदार्थ है और दूर ले जाने में इसकी गुणवत्ता घटती है। अतः चीनी उद्योग के केन्द्र उत्पादक क्षेत्रों के निकट स्थापित किए जाते हैं।
- उत्तर प्रदेश, महाराष्ट्र, तमिलनाडु, कर्नाटक, गुजरात, आन्ध्र प्रदेश और बिहार में सर्वाधिक गन्ना उत्पादन के कारण चीनी का लगभग 93% उत्पादन इन्हीं राज्यों में होता है।
- देश में महाराष्ट्र में चीनी की अधिकतम रिकवरी होती है अर्थात् यहाँ के गन्ने में शर्करा की मात्रा सर्वाधिक (11%) पाई जाती है।
- भारत में चीनी की औसत रिकवरी (गन्ने से प्राप्त शुद्ध चीनी) 10% है।
- चीनी मिलों से उपोत्पाद के रूप में **मोलासेस** (Molasses), खोई (Bagasses), शीरे, प्रेस मड (Press Mud) प्राप्त होते हैं।
- **शीरे** का प्रयोग इथाइल एल्कोहॉल या इथेनॉल, बायोडीजल आदि बनाने में प्रयोग किया जाता है।
- खोई का प्रयोग कागज उद्योग, विद्युत उत्पादन आदि में कच्चे माल के रूप में किया जाता है।
- **प्रेस मड** पोटैशियम, सोडियम, फॉस्फोरस और जैविक रूप से समृद्ध होता है, इसलिए इनका प्रयोग खाद के रूप में किया जाता है।

चीनी उद्योग के प्रमुख केन्द्रों का विवरण

राज्य	प्रमुख केन्द्र
महाराष्ट्र	अहमदनगर, कोल्हापुर, शोलापुर, पुणे, सतारा, सांगली
उत्तर प्रदेश	मेरठ, मुरादाबाद, सहारनपुर, मुजफ्फरनगर, बिजनौर, देवरिया, गोरखपुर
तमिलनाडु	कोयम्बटूर, तिरुचिरापल्ली, कड्डालोर, रामनाथपुरम, मदुरै, चिंगलपेट
कर्नाटक	बेलगाम, माण्ड्या, वेल्लारी, शिमोगा, चित्रदुर्ग, बीजापुर
गुजरात	सूरत, जूनागढ़, राजकोट, अमरेली, वलसाड, भावनगर
आन्ध्र प्रदेश	विजयवाड़ा, काकीनाडा
तेलंगाना	हैदराबाद, निजामाबाद, मेडक

पर्यटन उद्योग

भारत का समृद्ध इतिहास, यहाँ की प्राचीन संस्कृति और भौगोलिक विविधता, इसे एक महत्त्वपूर्ण अन्तर्राष्ट्रीय पर्यटन केन्द्र के रूप में स्थापित करते हैं। इसके अतिरिक्त यहाँ धरोहर, सांस्कृतिक, चिकित्सकीय, व्यावसायिक एवं खेल पर्यटन भी तेजी से विकसित हो रहे हैं।

भारत में पर्यटन

रोजगार में पर्यटन की प्रत्यक्ष हिस्सेदारी	6.69%
जीडीपी में पर्यटन की प्रत्यक्ष हिस्सेदारी	2.70%
जीवीए में पर्यटन की प्रत्यक्ष हिस्सेदारी	2.80%
प्रत्यक्ष जीवीए में पर्यटन का मूल्य	5.14 ट्रिलियन रुपया
प्रत्यक्ष जीडीपी में पर्यटन का मूल्य	5.45 ट्रिलियन रुपया
कुल पर्यटन रोजगार	79.86 मिलियन

- विदेशी पर्यटकों को आकर्षित करने में **तमिलनाडु, महाराष्ट्र** और **उत्तर प्रदेश** प्रमुख राज्य हैं।
- घरेलू पर्यटकों में सर्वाधिक पर्यटकों को आकर्षित करने वाले प्रमुख राज्यों में तमिलनाडु, उत्तर प्रदेश, मध्य प्रदेश और कर्नाटक है।
- अन्तर्राष्ट्रीय पर्यटक आगमन वाले शीर्ष राष्ट्रों में फ्रांस, इटली, मैक्सिको, यूएसए तथा स्पेन हैं।

भारत के औद्योगिक प्रदेश

देश में उद्योग का वितरण समरूप नहीं है। उद्योग कुछ अनुकूल अवस्थितिक कारकों के कारण कुछ निश्चित स्थानों पर केन्द्रित हो गए हैं। भारत को निम्नलिखित औद्योगिक प्रदेशों में बाँटा जा सकता है

प्रमुख वृहद् औद्योगिक प्रदेश

- मुम्बई-पुणे
- बंगलुरु-चेन्नई
- छोटानागपुर
- गुरुग्राम-दिल्ली-मेरठ
- हुगली
- गुजरात
- विशाखापत्तनम-गुंटूर
- कोल्लम-तिरूवनन्तपुरम

लघु औद्योगिक प्रदेश

- असम घाटी
- उत्तरी बिहार तथा निकटवर्ती
- नागपुर-वर्धा
- इन्दौर-उज्जैन
- शोलापुर
- कुईलोन (केरल)
- गोदावरी-कृष्णा डेल्टा
- दार्जिलिंग दुआर
- त्तर प्रदेश मैदान, कानपुर
- कोल्हापुर-सांगली
- मालाबार-त्रिचूर
- चेन्नई
- बेलगाम-धारवाड़

प्रमुख औद्योगिक जिले

- उत्तरी अर्काट-रसायन, चमड़ा, चीनी, तम्बाकू एवं इंजीनियरिंग उद्योग।
- तिरुनेलवेली- रसायन, सूती वस्त्र, माचिस, मत्स्य।
- निजामाबाद-रसायन, वस्त्र, इंजीनियरिंग उद्योग।
- रायपुर-स्पिरिट, शराब, चीनी, माचिस, सीमेण्ट आदि।
- आदिलाबाद-इंजीनियरिंग, सूती वस्त्र, सीमेण्ट आदि।
- आगरा-चमड़ा, जूता, सूती वस्त्र पर नक्काशी, हल्के इंजीनियरिंग।
- अमृतसर-वस्त्र, चीनी, काँच, रसायन, हल्के इंजीनियरिंग।
- रामपुर-सूती वस्त्र, चीनी।
- भण्डारा-रसायन, इंजीनियरिंग, एल्युमीनियम।
- रामनाथपुरम-सीमेण्ट, माचिस, काँच उद्योग।
- कच्छ-नमक उद्योग।
- कटक-सूती वस्त्र, कृषि उपकरण, खेल सामग्री आदि।

परिवहन व संचार

सड़क परिवहन

- भारत की सड़क प्रणाली विश्व की **दूसरी** (लगभग 63.32 लाख किमी) बड़ी सड़क प्रणाली है। राष्ट्रीय राजमार्ग की लम्बाई देश की कुल सड़कों की लम्बाई की मात्र **2%** है, किन्तु ये सड़क यातायात के **40% भाग** का भार वहन करती हैं।
- **राष्ट्रीय राजमार्ग** (National Highways) वे सड़कें हैं, जिनके निर्माण एवं मरम्मत की जिम्मेदारी केन्द्र सरकार की होती है। इसका नियन्त्रण केन्द्रीय लोक निर्माण विभाग द्वारा किया जाता है। व्यापार केन्द्रों और राजधानियों को जोड़ते हैं।
- भारत का सबसे लम्बा राजमार्ग-44 है जो श्रीनगर से कन्याकुमारी तक जाता है।
- राष्ट्रीय राजमार्ग संख्या 1 और 2 को सम्मिलित रूप से **ग्राण्ड ट्रंक रोड** कहा जाता है।
- अक्टूबर, 2020 में दुनिया की सबसे लम्बी हाइवे सुरंग **अटल टनल** का उद्घाटन हुआ है।
- इसकी लम्बाई 9.02 किमी है। यह मनाली और लाहौल-स्पीति को जोड़ती है।
- राष्ट्रीय राजमार्ग संख्या **1 A** में जवाहर सुरंग स्थित है। यह जम्मू को श्रीनगर से जोड़ने वाला एकमात्र सड़क मार्ग है।
- भारत का सबसे छोटा राष्ट्रीय राजमार्ग **NH 548** तथा NH118 है दोनों की लम्बाई 5-5 किमी है।

कुछ प्रमुख राष्ट्रीय राजमार्ग

राष्ट्रीय राजमार्ग	कहाँ से कहाँ तक
सं. 1	उरी-लेह
सं. 2	डिब्रूगढ़-तुईपांग
सं. 3	अटारी-लेह
सं. 4	मायाबन्दर-चिरियाटापू
सं. 5	फिरोजपुर-शिपकिला
सं. 6	जोराबात-जोखाव्यर
सं. 7	फज्जिल्का-माना
सं. 8	करीमगंज-सबरूम
सं. 9	मालोत-अस्कोट
सं. 10	फुलवारी-गंगटोक

- **राष्ट्रीय राजमार्ग**-31 एकमात्र राष्ट्रीय राजमार्ग है जो उत्तर-पूर्वी भारतीय राज्यों को शेष भारत से जोड़ता है।
- **स्वर्णिम चतुर्भुज योजना** (Golden quadrilateral) के अन्तर्गत 5846 किमी लम्बे राष्ट्रीय राजमार्ग द्वारा चार बड़े महानगरों—दिल्ली, मुम्बई, चेन्नई, कोलकाता को जोड़ने का प्रयास है।
- राष्ट्रीय राजमार्ग विकास कार्यक्रम के अन्तर्गत बनने वाली उत्तर-दक्षिण गलियारा से श्रीनगर को कन्याकुमारी से तथा पूर्व-पश्चिम गलियारा से सिलचर को पोरबन्दर से जोड़ा जाएगा। जिसकी कुल लम्बाई 7300 किमी है।
- भारत में सड़कों की कुल लम्बाई की दृष्टि से **महाराष्ट्र**, उत्तर प्रदेश, ओडिशा, आन्ध्र प्रदेश, तमिलनाडु का प्रमुख स्थान है।
- पक्की सड़कों के घनत्व की दृष्टि से गोवा का सर्वोच्च स्थान है, जबकि कच्ची सड़कों के घनत्व में ओडिशा सर्वोच्च स्थान है।
- **प्रधानमन्त्री ग्राम सड़क योजना** के अन्तर्गत 500 की आबादी वाले सभी गाँवों को बारहमासी सड़कों से जोड़ने का लक्ष्य है।
- **सागरमाला परियोजना** के तहत देश के 12 बड़े बन्दरगाहों को जोड़ने वाली सड़कों को चार लेन बनाने की योजना है।

रेल परिवहन

- भारत में पहली रेलगाड़ी अप्रैल 1853 में **मुम्बई** से **थाणे** के बीच (34 किमी) चलाई गई।
- भारतीय रेल एशिया की दूसरी सबसे बड़ी तथा विश्व की तीसरी बड़ी रेल व्यवस्था (USA का प्रथम स्थान चीन का द्वितीय स्थान) है।

- भारतीय रेल प्रशासन एवं प्रबन्धन की जिम्मेदारी रेलवे बोर्ड पर है।
- भारतीय रेलवे को 18 जोनों में बाँटा गया है। प्रत्येक जोन का प्रधान महाप्रबन्धक होता है।
- भारतीय रेलवे बोर्ड की स्थापना मार्च, 1905 में की गई थी।
- देश में रेलमार्गों की सर्वाधिक लम्बाई उत्तर जोन (NR) (11040 किमी) के अन्तर्गत है।
- भारत के उत्तरी समतल मैदानों में रेलमार्ग का सर्वाधिक घनत्व है।
- वंदे भारत रेलगाड़ी भारत की सबसे तेज गति से चलने वाली रेलगाड़ी है। यह 180 किमी प्रति घंटा की गति से हजरत निजामुद्दीन से आगरा छावनी रेलवे स्टेशन के बीच चलती है।
- भारतीय रेल का सर्वाधिक लम्बा रेलमार्ग डिब्रूगढ़ से कन्याकुमारी (4278 किमी) है। इसे **विवेक एक्सप्रेस** 82 घण्टे 40 मिनट में पूरा करेगी।
- जम्मूतवी को कन्याकुमारी से जोड़ने वाली हिमसागर एक्सप्रेस भारत की दूसरी सबसे अधिक दूरी तय करने वाली रेलगाड़ी है।
- बिजली से चलने वाली प्रथम गाड़ी **डेक्कन क्वीन** थी जो बम्बई एवं कुर्ला के मध्य चली (1925) थी।
- कोलकाता एवं दिल्ली में भूमिगत मेट्रो रेल की सुविधा है।
- भारतीय रेल में तीन गेज रहे हैं—ब्राड गेज (1.676 मी), **मीटर गेज** (1.0 मी), नेरो गेज (0.672 मी)। गेज से तात्पर्य रेल की दोनों पटरियों के बीच दूरी से है। कोयले से चलने वाला देश का सबसे पुराना भाप लोकोमोटिव **फेयरी क्वीन** था जबकि प्रथम विद्युत इंजन डेकन क्वीन है।
- **कोंकण रेलवे** परियोजना के तहत रोहा (महाराष्ट्र) से मंगलौर (कर्नाटक) के बीच 760 किमी लम्बे रेलमार्ग का निर्माण किया गया है। इस रेलमार्ग में 92 सुरंगें, 179 बड़े पुल एवं 56 रेलवे स्टेशन हैं। कोंकण रेल **महाराष्ट्र, गोवा** एवं **कर्नाटक** राज्यों से होकर गुजरती है।
- समझौता एक्सप्रेस भारत और पाकिस्तान के बीच चलने वाली रेलगाड़ी का नाम है। मैत्री एक्सप्रेस भारत एवं बांग्लादेश के बीच शुरू की गई है।
- **जम्मू एवं कश्मीर रेलवे परियोजना** बारामूला-काजीगुंड-कटरा-ऊधमपुर एवं जम्मू के बीच 345 किमी की दूरी तक रेल विस्तार से सम्बन्धित है। इस परियोजना का उद्देश्य कश्मीर घाटी को भारतीय रेलवे नेटवर्क से जोड़ना है। जुलाई, 2014 में इसके एक खण्ड के रूप में ऊधमपुर से कटरा के बीच (25 किमी) रेल लाइन चालू की गयी।
- 4 जुलाई, 2014 को प्रधानमन्त्री ने श्री माता वैष्णोदेवी कटरा रेलवे स्टेशन से नई दिल्ली के बीच 'श्री शक्ति एक्सप्रेस' की शुरुआत की।
- जून, 2022 में अल्ट्रा लग्जरी सर एम. विश्वेश्वरैया रेलवे टर्मिनल पर भारत का पहला केन्द्रीकृत वातानुकूलित रेलवे टर्मिनल चालू किया गया।

भारतीय रेलवे जोन के मुख्यालय

जोन	मुख्यालय
उत्तर रेलवे (NR)	नई दिल्ली
पश्चिम रेलवे (WR)	चर्चगेट, मुम्बई
दक्षिण-मध्य (SCR)	सिकन्दराबाद
दक्षिण-पूर्व (SER)	कोलकाता
मध्य रेलवे (CR)	मुम्बई सेण्ट्रल
दक्षिण रेलवे (SR)	चेन्नई
उत्तर-पूर्वी (NER)	गोरखपुर (उत्तर प्रदेश)
पूर्वी रेलवे (ER)	कोलकाता
उत्तर-पूर्वी सीमान्त रेलवे (NEFR)	मालेगाँव (गुवाहाटी)
पूर्वी : मध्य रेलवे (ECR)	हाजीपुर (बिहार)
उत्तर-पश्चिम रेलवे (NWR)	जयपुर
पूर्वी तटवर्ती रेलवे (ECR)	भुवनेश्वर
उत्तर-मध्य रेलवे (NCR)	इलाहाबाद
दक्षिण-पश्चिम रेलवे (SWR)	हुबली (धारवाड़, कर्नाटक)
पश्चिम-मध्य रेलवे (WCR)	जबलपुर (मध्य प्रदेश)
दक्षिण पूर्व मध्य रेलवे (SECR)	बिलासपुर (छत्तीसगढ़)
कोलकाता मेट्रो (KMR)	कोलकाता
दक्षिण तटीय रेलवे (SCR)	विशाखापत्तनम
कोंकण रेलवे	नवी मुम्बई

जल परिवहन

- देश के जलमार्गों (Waterways) को दो भागों में बाँटा गया है—आन्तरिक अथवा अन्तर्देशीय जल परिवहन (Inland Water Ways) एवं जहाजरानी परिवहन (Shipping)।
- अन्तर्देशीय जलमार्गों के विकास के लिए **1986 में आन्तरिक जल परिवहन प्राधिकरण** (Inland Water Ways Authority of India) का गठन किया गया।

भारत के राष्ट्रीय जलमार्ग

जलमार्ग	स्थान	लम्बाई (किमी)
राष्ट्रीय जलमार्ग-1	इलाहाबाद (प्रयागराज) से हल्दिया (1986)	1620
राष्ट्रीय जलमार्ग-2	सादिया से धुबरी (1988)	891
राष्ट्रीय जलमार्ग-3	कोल्लम से कोट्टापुरम (1991)	168
राष्ट्रीय जलमार्ग-4	काकीनाडा और पुदुचेरी कनाल और कालुवैली टैंक पर बना है (गोदावरी व कृष्णा नदी) (2008)	1028
राष्ट्रीय जलमार्ग-5	ब्रह्माणी नदी के तालचर धमारा कनाल पूर्वी तटीय कनाल के गोयनखली छरबतिया, महानदी डेल्टा के साथ मताई नदी पर फैले छरबतिया धमारा मार्ग को अपने अन्दर समेटता है। (2008)	588
राष्ट्रीय जलमार्ग-6	लखीपुर से भागा (बराक नदी)	121

- देश का सबसे बड़ा बन्दरगाह **मुम्बई** है। इसे भारत का प्रवेश द्वार भी कहते हैं।
- देश का सर्वश्रेष्ठ प्राकृतिक बन्दरगाह **विशाखापत्तनम** है। यह भारत का सबसे गहरा बन्दरगाह है। यह डॉल्फिन नोज चट्टान के पीछे स्थित है।
- **दाहेज** (गुजरात) देश का प्रथम बन्दरगाह है, जो रासायनों के निपटान हेतु स्थापित किया गया है। इसलिए इसे रसायन बन्दरगाह नाम दिया गया है।
- गुजरात स्थित दीन दयाल उपाध्याय बन्दरगाह (काण्डला) एक ज्वारीय बन्दरगाह है। यह मुक्त व्यापार क्षेत्र (Free Trade Area) वाला बन्दरगाह (Tidal Port) है।

- **चेन्नई** एक कृत्रिम बन्दरगाह है। यह एक प्राचीन बन्दरगाह भी है।
- **न्यू मंगलौर** बन्दरगाह को कुद्रेमुख से लौह-अयस्क के निर्यात के लिए विकसित किया गया है।
- **मार्मागाओ** बन्दरगाह जुआरी नदी की एश्चुअरी पर स्थित है।
- जनवरी 2020 में कलकत्ता बन्दरगाह का नाम डॉ. श्यामा प्रसाद मुखर्जी बन्दरगाह कर दिया गया।
- केन्द्रीय कैबिनेट ने फरवरी 2020 में महाराष्ट्र के बढ्यावन को नया बन्दरगाह बनाने की मंजूरी प्रदान की है।

भारत के प्रमुख बन्दरगाह

नाम	नदी/समुद्र	राज्य
दीन दयाल उपाध्याय बन्दरगाह (काण्डला)	कच्छ की खाड़ी	गुजरात
मुम्बई	अरब सागर	महाराष्ट्र
जवाहरलाल नेहरू या न्हावा-शेवा	अरब सागर	महाराष्ट्र
मार्मागाओ	अरब सागर	गोवा
न्यू मंगलौर	अरब सागर	कर्नाटक
कोच्चि	अरब सागर	केरल
न्यू तूतीकोरिन	बंगाल की खाड़ी	तमिलनाडु
चेन्नई	बंगाल की खाड़ी	तमिलनाडु
एन्नौर	बंगाल की खाड़ी	तमिलनाडु
विशाखापत्तनम	बंगाल की खाड़ी	आन्ध्र प्रदेश
पारादीप	बंगाल की खाड़ी	ओडिशा
कोलकाता (डॉ. श्यामा प्रसाद मुखर्जी बन्दरगाह)	हुगली नदी	पश्चिम बंगाल

वायु परिवहन

भारत में वायु परिवहन (Air Transport) की शुरूआत 1911 ई. में हुई जब **इलाहाबाद से नैनी** तक **वायुयान डाक सेवा** का गठन किया गया।

- 1953 ई. में सभी वैमानिक कम्पनियों का राष्ट्रीयकरण करके उनको दो निगमों के अधीन रखा गया
  (i) **भारतीय विमान निगम** (Indian Airlines)
  (ii) **एयर इण्डिया** (Air India)

प्रमुख अन्तर्राष्ट्रीय हवाई अड्डे

नाम	स्थान
छत्रपति शिवाजी अन्तर्राष्ट्रीय हवाई अड्डा (सान्ताक्रुज)	मुम्बई
सुभाषचन्द्र बोस हवाई अड्डा (दमदम)	कोलकाता
इन्दिरा गाँधी अन्तर्राष्ट्रीय हवाई अड्डा	दिल्ली
मीनाम्बक्कम अन्तर्राष्ट्रीय हवाई अड्डा (कामराज)	चेन्नई
तिरुअनन्तपुरम अन्तर्राष्ट्रीय हवाई अड्डा	तिरुअनन्तपुरम
अमृतसर अन्तर्राष्ट्रीय हवाई अड्डा (गुरु रामदास)	अमृतसर
बेगमपेट अन्तर्राष्ट्रीय हवाई अड्डा	हैदराबाद
कोच्चि अन्तर्राष्ट्रीय हवाई अड्डा (नेन्दुबसरी)	कोच्चि
लोकप्रिय गोपीनाथ बोरडोलियो अन्तर्राष्ट्रीय हवाई अड्डा	गुवाहाटी
गोवा अन्तर्राष्ट्रीय हवाई अड्डा	गोवा
कैम्पेगौड़ा अन्तर्राष्ट्रीय हवाई अड्डा	बंगलुरु
सरदार वल्लभ भाई पटेल अन्तर्राष्ट्रीय हवाई अड्डा	अहमदाबाद
चौधरी चरण सिंह अन्तर्राष्ट्रीय हवाई अड्डा	लखनऊ
डॉ. बाबासाहेब अम्बेडकर अन्तर्राष्ट्रीय हवाई अड्डा	नागपुर
बीजू पटनायक अन्तर्राष्ट्रीय हवाई अड्डा	भुवनेश्वर
लाल बहादुर शास्त्री अन्तर्राष्ट्रीय हवाई अड्डा	वाराणसी
जयपुर अन्तर्राष्ट्रीय हवाई अड्डा	जयपुर
त्रिचुरापल्ली अन्तर्राष्ट्रीय हवाई अड्डा	त्रिचुरापल्ली
कालीकट अन्तर्राष्ट्रीय हवाई अड्डा	कालीकट
कोयम्बटूर अन्तर्राष्ट्रीय हवाई अड्डा	कोयम्बटूर
वीर सावरकर अन्तर्राष्ट्रीय हवाई अड्डा	पोर्ट ब्लेयर

- एयर इण्डिया को अन्तर्राष्ट्रीय उड़ानों का दायित्व सौंपा गया जबकि **इण्डियन एयरलाइन्स** को अन्तर्देशीय तथा पड़ोसी देशों की सेवाओं की जिम्मेदारी सौंपी गई।
- 31 मार्च, 2007 को इण्डियन एयरलाइन्स व एयर इण्डिया का आपस में विलय कर दिया गया। अब इसका मुख्यालय **मुम्बई** में है।
- **पवनहंस हेलिकॉप्टर्स लिमिटेड** तेल एवं प्राकृतिक गैस निगम, ऑयल इण्डिया लिमिटेड, निजी संस्थानों एवं राज्य सरकारों को हेलिकॉप्टर सेवा प्रदान करता है।
- जब पुराने हवाई अड्डे से दूर नए स्थल पर बिल्कुल नवीन हवाई अड्डे का निर्माण किया जाता है तो उसे **ग्रीनफील्ड हवाई अड्डा** कहा जाता है।
- वैसी परियोजनाएँ जो पहले से चलाई जा रही परियोजनाओं में सुधार करके या उनका उन्नयन करके बनाई जाती हैं, उन्हें **ब्राउनफील्ड परियोजना** (Brown Field Project) कहते हैं।
- **शमशाबाद** (हैदराबाद) एवं **देवनहल्ली** (बंगलुरु) में ग्रीन फील्ड हवाई अड्डे का निर्माण किया गया है।
- वर्तमान में भारत में 134 हवाई अड्डे हैं. जिनमें कई अन्तर्राष्ट्रीय महत्त्व के हैं।
- इन्दिरा गाँधी राष्ट्रीय उड़ान अकादमी एक स्वायत्त संस्था है, जो **फुर्सतगंज**, रायबरेली, उत्तर प्रदेश में है। इस संस्था का प्रमुख उद्देश्य पायलटों का प्रशिक्षण है।
- **भारतीय विमानपत्तनम प्राधिकरण** (Airport Authority of India) का गठन 1 अप्रैल, 1995 को किया गया था, जो देश के सभी हवाई अड्डों के प्रबन्धन के लिए जिम्मेदार है।
- **नागर विमानन** (Civil Aviation) क्षेत्र में एक नया परिवर्तन हवाई अड्डों का निजीकरण तथा इस क्षेत्र में निजी एवं सार्वजनिक क्षेत्र की भागीदारी को बढ़ावा देना है। घरेलू उड़ान के लिए **वायुदूत** नामक निगम की स्थापना वर्ष 1981 में हुई।

मानव भूगोल

भारत की प्रजातियाँ

- भारतीय प्रजातियों (Races of India) के वर्गीकरण में कई मानव विज्ञानियों ने योगदान दिया है, इनमें रिजले, हैडन, एक्सटैट के नाम हैं।

लेकिन सर्वाधिक विश्वसनीय एवं वैज्ञानिक वर्गीकरण **डॉ. बीएस गुहा** का माना जाता है। डॉ. गुहा ने भारतीय उप-महाद्वीप की *जनसंख्या को मुख्य रूप से निम्नलिखित छः जाति समूहों तथा उनके उपभेदों में बाँटा है*

निग्रिटो

- यह *भारत में प्रवेश करने वाला सबसे पहला समूह* है। इनके बाल छल्लेदार, सिर गोल, ठोड़ी बहुत छोटी, सिर लम्बाकार, त्वचा का रंग पीला-काला और बाहें लम्बी होती हैं। ये लोग अण्डमान द्वीपसमूह, कोच्चि और त्रावणकोर पहाड़ियों में पाए जाते हैं। **कडार** तथा **पुलियान** प्रजातियों में निग्रिटो (Negrito) प्रजाति के लक्षण पाए जाते हैं।

आद्य ऑस्ट्रेलॉयड

- निग्रिटो जाति समूह के बाद आद्य-ऑस्ट्रेलॉयड (Proto Austreloid) जाति का आगमन हुआ। यह दक्षिण भारत की आदिम प्रजाति है। मध्य तथा दक्षिणी भारत के अतिरिक्त उत्तरी भारत में भी आद्य ऑस्ट्रेलॉयड काफी संख्या में पाए जाते हैं।
- इनकी त्वचा का रंग भूरा-काला, बाल छल्लेदार, नाक चौड़ी और चपटी, होंठ मांसल होते हैं। चेंचू, मलायन, कुरुम्बा, मुरूवा, मुण्डा, सन्थाल, कोल जनजातियाँ इन्हीं से सम्बद्ध हैं।

मंगोलॉयड

- मंगोलॉयड जाति समूह का आदि स्थान **चीन** है, जो मलयद्वीपों तथा इण्डोनेशिया से प्रवास (Migration) करते हुए पूर्वी पर्वतीय दर्रों को पार कर भारत में आकर बस गए। भारत में यह प्रजाति समूह लद्दाख, सिक्किम, अरुणाचल प्रदेश, उत्तर-पूर्वी भारत के राज्यों में पाए जाते हैं। इनका कद मध्यम, त्वचा का रंग भूरा, शरीर एवं चेहरे पर कम बाल, चेहरा सपाट, कपोल अस्थियाँ उभरी हुई होती हैं, *इनके निम्न उपभेद हैं*
- **पुरा मंगोलॉयड** (Paleo-Mangoloid) यह सबसे पुरानी मंगोलॉयड प्रजाति है, जो अरुणाचल प्रदेश, असम और भारत-म्यांमार सीमा के सहारे पाई जाती है।
- **तिब्बती मंगोलॉयड** (Tibetan-Mangoloid) यह प्रजाति हिमालय के पर्वतीय प्रदेश मुख्यतया सिक्किम, भूटान और पश्चिमी हिमालय में निवास करती है।

संचार

- भारत जैसे विशाल राष्ट्र को एक सूत्र में बाँधने तथा दूरियों को सीमित करने में डाक, तार, इण्टरनेट, मोबाइल आदि जैसे संचार साधनों ने महत्त्वपूर्ण भूमिका निभाई है।
- संचार के ये साधन न केवल सूचनाओं के आदान-प्रदान में महत्त्वपूर्ण भूमिका निभा रहे हैं अपितु आर्थिक एवं सामाजिक क्षेत्र में भी इनकी भूमिका महत्त्वपूर्ण होती है।

डाक सेवा

- भारतीय डाक सेवा विश्व की सबसे बड़ी डाक सेवा है। आधुनिक भारतीय डाक प्रणाली की शुरुआत 1,766 ई. में लॉर्ड क्लाइव द्वारा की गई। यद्यपि यह प्रणाली जनसाधारण के लिए 1837 ई. में खोली गई।
- पहला भारतीय डाक टिकट 1,852 ई. में **कराची** (पाकिस्तान) में जारी किया गया था। भारतीय डाक विभाग को 1,854 ई. में संस्थागत रूप दिया गया। डाक व्यवस्था में सुधार तथा आधुनिकीकरण के लिए सरकार द्वारा सतत प्रयास किया जा रहा है।
- इसके लिए कम्प्यूटरीकरण, स्वचालित डाक प्रोसेसिंग, जीआईएस मैपिंग, जीपीएस इत्यादि जैसी आधुनिक तकनीकों को अपनाने पर बल दिया जा रहा है।
- भारत 1876 ई. से **यूनिवर्सल पोस्टल यूनियन** (UPU) का सदस्य है तथा वर्ष 1984 से एशिया प्रशान्त पोस्टल यूनियन (APPU) का भी सदस्य है। इस तरह वर्तमान समय में भारत 200 से अधिक देशों के साथ वायु तथा भूतल मार्गों से डाक सामग्री का आदान-प्रदान करता है।

दूरसंचार

- भारत में पहली टेलीग्राफ लाइन 1859 ई. में कोलकाता से डायमण्ड हार्बर के बीच स्थापित की गई थी। लेकिन आधुनिक संचार साधनों के बढ़ते हुए महत्त्व के कारण परम्परागत टेलीग्राफ सेवा को जुलाई, 2013 में बन्द कर दिया गया। टेलीग्राफ सेवा को प्रारम्भ होने के कुछ ही समय बाद 1881-82 ई. में टेलीफोन सेवा का शुभारम्भ कोलकाता में हुआ। देश का प्रथम स्वचालित टेलीफोन एक्सचेंज वर्ष 1913-14 में शिमला में शुरू किया गया था।
- भारत में **मोबाइल सेवा** की शुरुआत वर्ष 1995 में हुई। तब से लेकर आज तक इस क्षेत्र में काफी तीव्र प्रगति हुई है।
- आज भारत टेलीकम्यूनिकेशन नेटवर्क के मामले में विश्व का दूसरा सबसे बड़ा राष्ट्र है। वर्तमान समय में यहाँ टेली घनत्व (Teledensity) लगभग 80% है।

रेडियो एवं टेलीविजन

- भारत में रेडियो (Radio) का प्रसारण वर्ष 1923 में **रेडियो क्लब ऑफ बॉम्बे** द्वारा प्रारम्भ किया गया था। वर्ष 1936 में इसे ऑल इण्डिया रेडियो तथा वर्ष 1957 में आकाशवाणी में बदल दिया गया।
- भारत में टेलीविजन सेवा की सीमित शुरुआत वर्ष 1959 में दिल्ली में हुई। समय के साथ इसमें तीव्र प्रगति हुई और प्राइवेट चैनल की भागीदारी होने से इसका विस्तार और अधिक हुआ।

- सूचना के प्रसार और आम लोगों को शिक्षित करने में टेलीविज़न प्रसारण (Television Broadcasting) एक अत्यधिक प्रभावी दृश्य-श्रव्य माध्यम के रूप में उभरा है। प्रारम्भिक दौर में टीवी सेवाएँ केवल राष्ट्रीय राजधानी तक सीमित थीं, जहाँ इसे वर्ष 1959 में प्रारम्भ किया गया था।
- वर्ष 1972 के बाद कई अन्य केन्द्र चालू हुए। वर्ष 1976 में टीवी को ऑल इण्डिया रेडियो (ए आई आर) से अलग कर दिया गया और इसे दूरदर्शन (डीडी) के रूप में एक अलग पहचान दी गई।

उपग्रह संचार

- उपग्रह संचार (Satellite Communication) स्वयं में एक विधा है और ये संचार के अन्य साधनों का भी नियमन करते हैं, हालाँकि उपग्रह के उपयोग से एक विस्तृत क्षेत्र का सतत एवं सटीक दृश्य प्राप्त होने के कारण उपग्रह संचार आर्थिक एवं सामरिक कारणों से महत्त्वपूर्ण हो गया है।
- उपग्रह से प्राप्त चित्रों का मौसम के पूर्वानुमान प्राकृतिक आपदाओं की निगरानी सीमा क्षेत्रों की चौकसी आदि के लिए उपयोग किया जा सकता है।
- भारत की उपग्रह प्रणाली को समाकृति तथा उद्देश्यों के आधार पर दो भागों में वर्गीकृत किया जा सकता है-**इनसैट** (Indian National Satellite System, INSAT) तथा **आईआरएस सिस्टम** (Indian Remote Sensing Satellites System, IRS)। इनसैट (INSAT) जिसकी स्थापना वर्ष 1983 में हुई थी, यह एक बहुउद्देशीय उपग्रह प्रणाली है, जो दूरसंचार, मौसम विज्ञान सम्बन्धी अवलोकनों तथा विभिन्न अन्य आँकड़ों एवं कार्यक्रमों के लिए उपयोगी है।

राष्ट्रीय दूरसंचार नीति, 2012

सरकार ने 31 मई, 2012 को एक राष्ट्रीय दूर संचार नीति (National Telecommunication Policy, NTP) अनुमोदित की, जिसमें दूरसंचार क्षेत्र में जुड़े विविध माध्यम आवधिक दीर्घ अवधि के तथा कार्यनीतिपरक निर्णयों तथा दृष्टिकोणों का समाधान किया गया है। एन टी पी 2012 का लक्ष्य पूरे देश में वाहनीय, विश्वसनीय तथ्य सर्वसुलभ दूरसंचार तथा ब्रॉडबैण्ड सेवाओं की उपलब्धता पर अधिकतम लोक कल्याण करना है।

राष्ट्रीय डिजिटल संचार नीति 2018

- इस नई दूरसंचार नीति का आधार 'राष्ट्रीय विकास मार्गदर्शक का सिद्धान्त' है। इसमें एन.टी.पी. के लिए मिशन एवं उद्देश्यों को निर्धारित किया गया है। इसमें संचार प्रणालियों और सेवाओं के क्षेत्र में भारत को शीर्ष 50 देशों में लाने की दिशा में एक कदम होगा।
- राष्ट्रीय दूर संचार नीति 2018 के लक्ष्य निम्नलिखित है
  - वायरलेस इण्टरनेट के लिए 20 Mbps की औसत गति प्राप्त करना।
  - वायरलाइन इण्टरनेट के लिए औसत गति 50 Mbps तक निर्धारित की गई है।
  - सभी गाँवों तक पूर्ण टेली डेन्सिटी प्राप्त करना।
  - वायरलाइन बॉडबैंड सेवा 50% घरों तक पहुँचाना।
  - सस्ती कीमतों पर 90% आबादी के लिए उच्च गुणवत्ता वाले वायरलेस ब्रॉडबैंड सेवा उपलब्ध कराना।
  - एक करोड़ सार्वजनिक वाई-फाई हॉटस्पॉट की स्थापना करना।
  - न्यूनतम 2 Mbps स्पीड पर 90 करोड़ ब्रॉडबैंड कनेक्शन हासिल करना।
  - संचार के क्षेत्र में 100 अरब डॉलर के बराबर के निवेश आकर्षित करना।

वस्तुनिष्ठ प्रश्न

1. भारत में औद्योगिक विकास के सन्दर्भ में विचार कीजिए
1. भारत में प्रथम सफल सूती वस्त्र कारखाना 1854 ई. में मुम्बई में स्थापित किया गया था।
2. वर्ष 1909 में जमशेदपुर में टाटा लौह-इस्पात के कारखाने की स्थापना हुई थी।
3. भारत की प्रथम औद्योगिक नीति की घोषणा वर्ष 1948 में की गई।

उपरोक्त कथनों में कितने कथन सही हैं?
(a) केवल एक (b) केवल दो
(c) सभी तीन (d) इनमें से कोई नहीं

2. भारत के लौह-इस्पात उद्योग पर विचार कीजिए
1. 1874 ई. में भारत में लौह-इस्पात उद्योग की शुरुआत की गई।
2. तीन प्रमुख इस्पात संयन्त्र द्वितीय पंचवर्षीय योजना में वर्ष 1964 में लगाए गए।
3. पश्चिम बंगाल में जर्मनी के सहयोग से वर्ष 1964 में चौथे इस्पात कारखाने की स्थापना की गई।

उपरोक्त कथनों में से कितने कथन सही नहीं हैं?
(a) केवल एक (b) केवल दो
(c) सभी तीन (d) इनमें से कोई नहीं

3. भिलाई इस्पात कारखाने की अवस्थिति के बारे में निम्नलिखित कथनों पर विचार कीजिए
1. लौह-अयस्क डल्ली राजहरा में उपलब्ध है।
2. कोयला कोरबा से आता है।
3. स्वच्छ जल तन्दुला नहर से प्राप्त होता है।
4. पत्तन सुविधा मछलीपत्तनम में उपलब्ध है।

उपरोक्त कथनों में से कितने कथन सही हैं?
(a) केवल एक (b) केवल दो
(c) केवल तीन (d) सभी चार

4. लौह इस्पात उद्योग से सम्बन्धित युग्मों पर विचार कीजिए

1.	दूसरी पंचवर्षीय-योजना	बोकारो इस्पात कारखाना
2.	तीसरी पंचवर्षीय-योजना	भिलाई तथा दुर्गापुर संयंत्र की स्थापना
3.	चौथी पंचवर्षीय - योजना	सेलम इस्पात कारखाना

उपरोक्त युग्मों में से कितने युग्म सही हैं?
(a) केवल एक (b) केवल दो
(c) सभी तीन (d) इनमें से कोई नहीं

5. निम्नांकित में कौन-से कथन भारत के एल्युमीनियम उद्योग के बारे में सही हैं
1. प्रमुख खनिज आधारित उद्योगों में एल्युमीनियम उद्योग भी शामिल हैं।
2. पश्चिम बंगाल के के. नगर में देश का प्रथम एल्युमीनियम संयन्त्र स्थापित किया गया।
3. वर्ष 1939 में छत्तीसगढ़ के बॉक्साइट खनन क्षेत्र दुर्ग में दूसरा एल्युमीनियम उद्योग स्थापित किया गया।

कूट
(a) 1 और 3 (b) 1 और 2
(c) 2 और 3 (d) ये सभी

6. निम्नलिखित कथनों में कौन-सा/से कथन सही है/हैं?
1. सूती धागे तथा सूती वस्त्र की मिलों की अधिकतम संख्या गुजरात में स्थित है।
2. कालीन उद्योग मुख्यत: उत्तर प्रदेश राज्य में स्थित है।
3. सूती वस्त्र उद्योग बड़ी संख्या में रोजगार प्रदान करने वाले उद्योगों में से एक है।
4. प्रथम सूती मिल कोलकाता के फोर्ट ग्लोस्टर में स्थापित हुई थी।

कूट
(a) 1, 2 और 3 (b) 2, 3 और 4
(c) 1, 2 और 4 (d) 1 और 2

7. पंजाब ऊनी माल के उत्पादन में देश में अग्रणी है, क्यों?
1. इसके पास बड़े फार्मों में अधिक ऊन देने वाली विदेशी नस्ल की भेड़ें हैं।
2. यह समीपवर्ती राज्यों से ऊन आयात करता है।
3. इसके पास व्यापक बाजार है।

उपरोक्त कथनों में से कितने कथन सही हैं?
(a) केवल एक (b) केवल दो
(c) सभी तीन (d) इनमें से कोई नहीं

8. भारत में निम्नांकित में कौन-से नगर रेशम वस्त्र उद्योग से सम्बन्धित नहीं हैं?
1. मुर्शिदाबाद 2. मैसूर
3. वडोदरा 4. अम्बाला

कूट
(a) 3 और 4 (b) 1, 2 और 4
(c) 1, 2 और 3 (d) 1, 3 और 4

9. निम्नलिखित युग्मों पर विचार कीजिए

	कागज उद्योग केन्द्र		राज्य
1.	कुर्नल	–	आन्ध्र प्रदेश
2.	भद्राचलम	–	कर्नाटक
3.	भद्रावती	–	तेलंगाना

उपरोक्त युग्मों में से कितने युग्म सही हैं?
(a) केवल एक (b) केवल दो
(c) सभी तीन (d) इनमें से कोई नहीं

10. भारत का सबसे प्राचीन औद्योगिक प्रदेश है
(a) कोलकाता-हुगली प्रदेश
(b) मुम्बई-पुणे-कोल्हापुर औद्योगिक प्रदेश
(c) छोटानागपुर औद्योगिक प्रदेश
(d) विशाखापत्तनम औद्योगिक प्रदेश

11. निम्नलिखित में से कौन-सा एक केन्द्र लौह और इस्पात उद्योग के लिए नहीं जाना जाता है?
(a) भद्रावती (b) सलेम
(c) विशाखापत्तनम (d) रेणुकूट

12. भिलाई स्टील प्लाण्ट भारत सरकार तथा निम्नलिखित में से किस एक का संयुक्त उपक्रम है?
(a) रूस (b) ब्रिटेन
(c) जर्मनी (d) पोलैण्ड

13. बोकारो इस्पात संयन्त्र का निर्माण हुआ था ……… के सहयोग से।
(a) यू.एस.ए. (b) जर्मनी
(c) इंग्लैण्ड (d) रूस

14. भारतीय इस्पात प्राधिकरण लिमिटेड (SAIL) की स्थापना कब की गई थी?
(a) वर्ष 1964 में
(b) वर्ष 1974 में
(c) वर्ष 1969 में
(d) वर्ष 1984 में

15. भिलाई इस्पात संयन्त्र किस देश के सहयोग से स्थापित हुआ है?
(a) पश्चिम जर्मनी (b) ब्रिटेन
(c) फ्रांस (d) सोवियत रूस

16. निम्नलिखित में से कौन-सा उद्योग बॉक्साइट को मुख्य कच्चा माल के रूप में उपयोग करता है?
(a) एल्युमीनियम
(b) सीमेण्ट
(c) उर्वरक
(d) फैरो-मैंगनीज

17. बिहार में डालमिया नगर किसके लिए प्रसिद्ध है?
(a) रेशम (b) सीमेण्ट (c) चमड़ा (d) जूट

18. जिसके लिए चुनार प्रसिद्ध है, वह है
(a) काँच उद्योग
(b) सीमेण्ट उद्योग
(c) बीड़ी उद्योग
(d) उपरोक्त में से कोई नहीं

19. निम्नलिखित में से किस नगर को 'बुनकरों का नगर' कहा जाता है?
(a) वाराणसी
(b) अहमदाबाद
(c) लुधियाना
(d) पानीपत

20. 1818 ई. में पहला सूती वस्त्र कारखाना निम्न क्षेत्र में शुरू हुआ
(a) पश्चिम बंगाल में फोर्ट ग्लास्टर में
(b) महाराष्ट्र के मुम्बई में
(c) गुजरात के अहमदाबाद में
(d) उत्तर प्रदेश के कानपुर में

21. सिरसी सुपारी पहली ऐरेका नट है, जिसे भौगोलिक संकेतक (GI) टैग प्राप्त हुआ है। यह सुपारी किस राज्य में उगाई जाती है?
(a) कर्नाटक (b) बिहार
(c) आन्ध्र प्रदेश (d) ओडिशा

22. भारत में प्रमुख सुपारी उत्पादक राज्य निम्नलिखित में से कौन-सा है?
(a) केरल (b) पश्चिम बंगाल
(c) मणिपुर (d) कर्नाटक

23. मध्य प्रदेश में पीतमपुर को किसके लिए जाना जाता है?
(a) कागज (b) जूट
(c) ऑटोमोबाइल (d) एल्युमीनियम

24. भारत में देश के कुल यातायात में सड़क यातायात का भाग है
(a) 100% (b) 80%
(c) 60% (d) 40%

25. किस राष्ट्रीय राजमार्ग की लम्बाई सर्वाधिक है
(a) NH-1 (b) NH-26
(c) NH-44 (d) NH-5

26. भारत के किस राज्य में प्रदेश राजमार्ग की लम्बाई सर्वाधिक है?
(a) उत्तर प्रदेश (b) बिहार
(c) मध्य प्रदेश (d) महाराष्ट्र

27. निम्न में से किस राज्य में सड़कों की सघनता सबसे कम है?
(a) गुजरात (b) उत्तर प्रदेश
(c) तमिलनाडु (d) महाराष्ट्र

28. स्वर्णिम चतुर्भुज क्या है?
(a) महानगरों को जोड़ने वाला रेलमार्ग
(b) प्रमुख वायु मार्ग
(c) राष्ट्रीय राजमार्ग परियोजना
(d) स्वर्ण व्यापार का मार्ग

29. भारत की स्वर्णिम चतुर्भुज परियोजना जोड़ती है
(a) दिल्ली-मुम्बई-चेन्नई-कोलकाता को
(b) दिल्ली-झाँसी-बंगलुरु-कन्याकुमारी को
(c) श्रीनगर-दिल्ली-कानपुर-कोलकाता को
(d) पोरबन्दर-बंगलुरु-कोलकाता-कानपुर को

30. भारतमाला परियोजना किससे सम्बन्धित है?
(a) सड़कों के संयोजन (कनेक्टिविटी) को उन्नत करना
(b) पत्तनों और रेलों को परस्पर जोड़ना
(c) नदियों को परस्पर जोड़ना
(d) प्रमुख शहरों को गैस पाइपलाइनों से जोड़ना

31. निम्न में से कौन-सा राष्ट्रीय राजमार्ग मध्य प्रदेश राज्य से नहीं गुजरता है?
(a) NH-3 (b) NH-12
(c) NH-7 (d) NH-8

32. भारत की पहली रेलवे लाइन किन स्थानों के बीच कब चली?
(a) दिल्ली-आगरा के बीच 1854 ई. में
(b) मुम्बई-पूना के बीच 1853 ई. में
(c) मुम्बई-थाणे के बीच 1853 ई. में
(d) उपरोक्त में से कोई नहीं

33. किस रेल खण्ड पर प्रथम सी. एन. जी. ट्रेन शुरू की गई?
(a) दिल्ली-आगरा खण्ड पर
(b) रोहतक-चण्डीगढ़ खण्ड पर
(c) दिल्ली-चण्डीगढ़ खण्ड पर
(d) रेवाड़ी-रोहतक खण्ड पर

34. निम्नलिखित राज्यों में से कौन-सा राज्य ऐसा पहला राज्य बना, जहाँ पी. पी. पी. मॉडल पर रेल ट्रैक बनाया गया?
(a) केरल (b) गुजरात
(c) कर्नाटक (d) महाराष्ट्र

35. कोंकण रेलवे कॉर्पोरेशन का मुख्यालय कहाँ स्थित हैं?
(a) बंगलौर (b) पंजिम (पणजी)
(c) नवी मुम्बई (d) वास्को-डि-गामा

36. निम्नलिखित में से किस स्थान पर रेलवे जोन का मुख्यालय स्थित है?
(a) कानपुर (b) लखनऊ
(c) हाजीपुर (d) न्यू जलपाई गुडी

37. भारत में निम्न राज्यों में से कौन रेल सेवा से वंचित है?
(a) त्रिपुरा (b) मेघालय
(c) अरुणाचल प्रदेश (d) मिजोरम

38. निम्नलिखित किन दो रेलवे स्टेशनों को जोड़ने वाली रेल लाइन को यूनेस्को ने धरोहर के रूप में मान्यता दी है?
(a) सिलीगुड़ी तथा दार्जिलिंग
(b) इलाहाबाद तथा वाराणसी
(c) मुम्बई तथा थाणे
(d) अमृतसर तथा लुधियाना

39. भारत में सबसे ऊँचाई पर स्थित रेलवे स्टेशन .... राज्य में स्थित है।
(a) उत्तर प्रदेश
(b) पश्चिम बंगाल
(c) सिक्किम
(d) जम्मू-कश्मीर

40. भारत का सबसे बड़ा रेलवे प्लेटफॉर्म कहाँ पर स्थित है?
(a) गोरखपुर (b) सोनपुर
(c) वाराणसी (d) मुगलसराय

41. भारत के किस नगर में दो रेलवे जोन का मुख्यालय है?
(a) हुबली (b) नई दिल्ली
(c) मुम्बई (d) जबलपुर

42. स्वदेशी रूप से निर्मित ट्रेन 18 को भारतीय रेल द्वारा निम्नलिखित में से कौन-सा एक नाम दिया गया है?
(a) हमसफर एक्सप्रेस
(b) वन्दे भारत एक्सप्रेस
(c) अनन्या एक्सप्रेस
(d) गतिमान एक्सप्रेस

43. वन्दे भारत एक्सप्रेस दिल्ली को किस शहर से जोड़ती है?
(a) मुम्बई (b) वाराणसी
(c) कोलकाता (d) चेन्नई

44. एयर इण्डिया की स्थापना की गई
(a) जून, 1944
(b) जून, 1948
(c) जून, 1951
(d) जून, 1954

45. राजा सांसी अन्तर्राष्ट्रीय हवाई अड्डा कहाँ स्थित है?
(a) लखनऊ (b) रामपुर
(c) अमृतसर (d) उदयपुर

46. पाक्योग विमानपत्तन कहाँ स्थित है?
(a) सिक्किम
(b) जन्मू-कश्मीर
(c) अरुणाचल प्रदेश
(d) मिजोरम

47. निम्नलिखित में से कौन-सा राष्ट्रीय जलमार्ग नम्बर 1 है?
(a) गोदावरी-कृष्ण बेसिन जलमार्ग
(b) महानदी-ब्राह्मणी नदी जलमार्ग
(c) ब्रह्मपुत्र नदी जलमार्ग
(d) गंगा-भागीरथी-हुगली नदी जलमार्ग

48. गंगा नदी के निम्नलिखित में से किस भाग को राष्ट्रीय जलमार्ग घोषित किया गया है?
(a) इलाहाबाद से हल्दिया तक
(b) हरिद्वार से कानपुर तक
(c) कानपुर से इलाहाबाद तक
(d) नरौरा से पटना तक

49. निम्नांकित में से कौन-सा राष्ट्रीय जलमार्ग कोट्टापुरम तथा कोल्लम को जोड़ता है?
(a) गंगा-भागीरथी-हुगली जलमार्ग
(b) ब्रह्मपुत्र नदी जलमार्ग
(c) केरल तटीय नहर जलमार्ग
(d) गोदावरी-कृष्णा बेसिन जलमार्ग

50. केन्द्रीय अन्तर्देशीय जल परिवहन निगम का मुख्यालय कहाँ है?
(a) पटना
(b) नोएडा
(c) कोलकाता
(d) पणजी

51. सेतुसमुद्रम परियोजना, जिन्हें जोड़ती है, वे हैं
(a) पाक खाड़ी और पाक जलसन्धि
(b) पाक खाड़ी और बंगाल की खाड़ी
(c) कुमारी अन्तरीप और मन्नार की खाड़ी
(d) मन्नार की खाड़ी और पाक खाड़ी

52. भारत के पूर्वी तट पर स्थित पत्तन
(a) काण्डला एवं हल्दिया
(b) हल्दिया एवं कोच्चि
(c) पाराद्वीप एवं काण्डला
(d) पाराद्वीप एवं हल्दिया

53. निम्नलिखित में से कौन-सी एक, पाराद्वीप पत्तन से होने वाले निर्यात की प्रमुख मद है?
(a) चावल (b) चाय
(c) मछली (d) लौह-अयस्क

54. पाराद्वीप बन्दरगाह किस नदी के डेल्टा पर स्थित है?
(a) रिहन्द (b) गंगा
(c) महानदी (d) वैतरणी

55. भारत के पूर्वी तट में प्राकृतिक बन्दरगाह है?
(a) कोलकाता में
(b) मद्रास में
(c) तूतीकोरिन में
(d) विशाखापत्तनम में

56. कोलकाता किस प्रकार के बन्दरगाह का उदाहरण है?
(a) नौसैनिक (b) तैल
(c) नदीय (d) प्राकृतिक

57. दीनदयाल बन्दरगाह (पोर्ट) कहाँ अवस्थित है?
(a) केरल (b) गुजरात
(c) महाराष्ट्र (d) गोवा

58. भारत के निम्नलिखित बन्दरगाहों में कौन-सा एक खुला सागरीय बन्दरगाह है?
(a) हल्दिया (b) मुम्बई
(c) चेन्नई (d) विशाखापत्तनम

59. भारत में निम्नलिखित में से कहाँ सबसे बड़ा पोत-प्रांगण (शिपयार्ड) है?
(a) कोलकाता (b) कोच्चि (कोचीन)
(c) मुम्बई (d) विशाखापत्तनम

60. राष्ट्रीय डिजिटल संचार नीति, 2018 के लक्ष्यों के सन्दर्भ में विचार कीजिए
1. वायरलेस इण्टरनेट के लिए 50 Mbps की औसत गति प्राप्त करना।
2. सभी गाँवों तक पूर्ण टेली डेन्सिटी प्राप्त करना।
3. संचार के क्षेत्र में 100 अरब डॉलर के बराबर के निवेश को आकर्षित करना।

उपरोक्त में से कौन-सा कथन सही है?
(a) केवल 1 (b) केवल 2
(c) केवल 3 (d) ये सभी

सही उत्तर

1. (b)	**2.** (b)	**3.** (b)	**4.** (a)	**5.** (b)	**6.** (b)	**7.** (b)	**8.** (a)	**9.** (a)	**10.** (a)
11. (d)	**12.** (a)	**13.** (d)	**14.** (b)	**15.** (d)	**16.** (a)	**17.** (b)	**18.** (b)	**19.** (d)	**20.** (a)
21. (a)	**22.** (d)	**23.** (c)	**24.** (b)	**25.** (c)	**26.** (d)	**27.** (d)	**28.** (c)	**29.** (a)	**30.** (a)
31. (d)	**32.** (c)	**33.** (d)	**34.** (b)	**35.** (c)	**36.** (c)	**37.** (b)	**38.** (a)	**39.** (b)	**40.** (a)
41. (c)	**42.** (b)	**43.** (b)	**44.** (b)	**45.** (c)	**46.** (a)	**47.** (d)	**48.** (a)	**49.** (c)	**50.** (c)
51. (d)	**52.** (d)	**53.** (d)	**54.** (c)	**55.** (d)	**56.** (c)	**57.** (b)	**58.** (b)	**59.** (b)	**60.** (d)

अध्याय 10 अधिवास व जनसंख्या

अधिवास (Settlements) जनसंख्या का एक विशिष्ट समूहन है, जिसमें निवासियों के लिए मकानों, गलियों आदि की सुविधाएँ पाई जाती हैं। दूसरे शब्दों में, मानव बस्ती का अर्थ किसी भी प्रकार और आकार के घरों का संकुल (Agglomeration) है, जिनमें मनुष्य रहते हैं। अत: बस्ती की प्रक्रिया में मूल रूप से लोगों के समूहन और उनके संसाधन आधार के रूप में क्षेत्र का आवण्टन सम्मिलित होता है। सामान्य वर्गीकरण के रूप में अधिवासों को दो भागों, **ग्रामीण** एवं **नगरीय** अधिवासों में विभाजित किया गया है।

ग्रामीण अधिवास

ग्रामीण अधिवास (Rural Settlements) में जनसंख्या और आवासों का समूहन नगरीय अधिवास की अपेक्षाकृत कम सघन होता है, साथ ही ग्रामीण अधिवास के नागरिक प्राथमिक व्यवसायों द्वारा अपना जीविकोपार्जन (Livelihood) करते हैं।

ग्रामीण बस्तियों के प्रकार

भारत की ग्रामीण बस्तियों को सामान्यत: चार वर्गों में बाँटा जाता है

1. गुच्छित, संहत अथवा केन्द्रीय बस्तियाँ

- गुच्छित (Clustered) प्रकार की बस्तियों में ग्रामीण घरों के संहत (Dense) खण्ड पाए जाते हैं। इन बस्तियों में सामान्य क्षेत्र स्पष्ट रूप से निकटवर्ती खेतों, घेरों (बाड़ों) तथा चरागाहों से अलग होता है।
- इस प्रकार की बस्तियाँ अत्यन्त उपजाऊ, जलोढ़ मैदानों (Alluvial Plain), शिवालिक की घाटियों और उत्तर-पूर्वी राज्यों में पाई जाती हैं।

2. अर्द्ध-गुच्छित या विखण्डित बस्तियाँ

- किसी सीमित क्षेत्र में समूहन प्रवृत्तियाँ समेकित प्रादेशिक आधार के परिणामस्वरूप ही अर्द्ध-गुच्छित या विखण्डित (Semi-clustered) बस्तियाँ बनती हैं।
- गुजरात के मैदान में ऐसी बस्तियाँ व्यापक रूप से पाई जाती हैं।

3. पुरवा बस्तियाँ

- जाति व्यवस्था के कारण उत्पन्न सामाजिक विलगाव कभी-कभी गुच्छित बस्तियों को विखण्डित कर देता है। बस्तियों की ये गौण इकाइयाँ पाढ़ा, पल्ली, पुरवा नंगला या ढाणी (Hamlet) कहलाती हैं।
- ऐसी बस्तियाँ गंगा के मध्यवर्ती और निचले मैदान, छत्तीसगढ़ तथा हिमालय की निचली घाटियों में पाई जाती हैं।

4. परिक्षिप्त अथवा एकाकी बस्तियाँ टोले

- परिक्षिप्त (Dispersed) प्रकार की बस्तो में छोटे-छोटे टोले एक बड़े क्षेत्र पर दूर-दूर बिखरे होते हैं। इनका कोई अभिविन्यास (Pattern) नहीं होता है, क्योंकि इन बस्तियों में केवल कुछ ड़ी घर होते हैं।

मेघालय, उत्तराखण्ड और हिमाचल प्रदेश के अनेक क्षेत्रों में इस प्रकार की बस्तियाँ पाई जाती हैं।

नगरीय अधिवास

- नगरीय अधिवास (Urban Settlements) में जनसंख्या और आवासों का सघन समूहन पाया जाता है।
- इसके अधिकांश निवासी गैर-प्राथनिक व्यवसायों द्वारा अपना जीविकोपार्जन करते हैं। ये दो प्रकार के होते हैं
  1. जनगणना नगर 2. वैधानिक नगर
- वर्ष 1971 की जनगणना के अनुसार वे अधिवास या स्थान, जो निम्नलिखित शत। को पूरा करते हैं, **जनगणना नगर** की श्रेणी में रखे जा सकते हैं; जैसे
- 5,000 से अधिक जनसंख्या।
- पुरुषों की कार्यशील जनसंख्या का कम-से-कम 75% भाग कृष्येत्तर (Non-agricultural) कार्यों में लगा हो।
- जनसंख्या का घनत्व 400 व्यक्ति प्रति वर्ग किमी से अधिक हो।
- **वैधानिक नगर** के अन्तर्गत सभी नगर निगम, नगरपालिका, छावनी और अधिसूचित नगर क्षेत्र (Notified Town Area) आते हैं।

भारत में नगरीकरण

- नगरीकरण (Urbanisation) एक सामाजिक- आर्थिक प्रक्रिया है, जिसके द्वारा किसी क्षेत्र की जनसंख्या का बड़ा भाग कस्बों और नगरों में संकेन्द्रित (Concentrated) हो जाता है।
- भारत जैसे विकासशील देश में नगरीकरण वर्तमान शताब्दी की सबसे महत्त्वपूर्ण घटना है, जिसने राष्ट्रीय जीवन के सभी पहलुओं (Aspects) को प्रभावित किया है।

- वर्ष 1901 के जनगणना के अनुसार, भारत में 20.34% नगरीय जनसंख्या थी, जो वर्ष 2011 के जनगणना के अनुसार 31.16% तक पहुँच गई।

वर्ष 2018 में यह बढ़कर 33.6% हो गई। संयुक्त राष्ट्र की रिपोर्ट के अनुसार वर्ष 2030 तक 40.76% तथा वर्ष 2050 तक भारत की 50% आबादी नगरीय होगी।

भारत में नगरीकरण का क्रमिक विश्लेषण

भारत में पहली बार विधिवत् जनगणना 1881 ई. में हुई और अब तक की अन्तिम जनगणना वर्ष 2011 में की गई है। 130 वर्षों की अवधि में भारतीय नगरीय जनसंख्या के वृद्धि क्रम को निम्नलिखित तीन चरणों में बाँटा जा सकता है

1. धीमी नगरीय विकास वृद्धि (1881-1931)

यह भारतीय नगरीय विकास का प्रारम्भिक काल है, जिसमें कुल जनसंख्या के साथ-साथ नगरीय जनसंख्या में भी धीमी वृद्धि हुई, बल्कि वर्ष 1911 में तो कुल जनसंख्या के प्रतिशत के रूप में नगरीय जनसंख्या में गिरावट आई (10.84% से घटकर 10.34%)। वर्ष 1881 में 9.3% जनसंख्या नगरीय थी, जो 1931 तक बढ़कर केवल 11.99% ही हो सकी।

2. मध्यम नगरीय विकास वृद्धि (1931-1961)

- वर्ष 1931 में नगरीय जनसंख्या 33.46 लाख थी, जो कुल जनसंख्या का 11.99% थी। वर्ष 1961 में यह आँकड़े बढ़कर क्रमशः 7.89 करोड़ तथा 17.97% हो गए। इस कारण से इस अवधि को मध्यम नगरीय वृद्धि का काल कहा जाता है।
- द्वितीय विश्वयुद्ध (Second World War) (1939-45) तथा वर्ष 1947 में देश का विभाजन तथा पुनर्वास इस अवधि में नगरीय जनसंख्या वृद्धि के मुख्य कारण थे।

3. तीव्र नगरीय विकास काल (1961-2011)

- इस काल में कुल नगरीय जनसंख्या तथा कुल जनसंख्या में नगरीय जनसंख्या के प्रतिशत में बड़ी तीव्र गति से वृद्धि हुई, जिस कारण इसे तीव्र वृद्धि वाला काल कहा जाता है।
- पंचवर्षीय योजनाओं के अन्तर्गत औद्योगीकरण में तेजी आई, जिसके फलस्वरूप नगरीकरण में भी तीव्र गति से वृद्धि हुई। वर्ष 1961 में कुल नगरीय जनसंख्या 7.89 करोड़ थी, जो वर्ष 2011 में बढ़कर 37.71 करोड़ हो गई।
- इस अवधि में नगरीय जनसंख्या का प्रतिशत भी 17.97% से बढ़कर 31.2% हो गया। इस समय देश तीव्र नगरीकरण के दौर से गुजर रहा है।

कस्बों एवं नगरों का वर्गीकरण

भारतीय जनगणना विभाग ने नगरीय केन्द्रों को 6 वर्गों में बाँटा है

वर्ग-I	1,00,000 से अधिक जनसंख्या
वर्ग-II	50,000 से 99,999 के बीच जनसंख्या
वर्ग-III	20,000 से 49,999 के बीच जनसंख्या
वर्ग-IV	10,000 से 19,999 के बीच जनसंख्या
वर्ग-V	5,000 से 9,999 के बीच जनसंख्या
वर्ग-VI	5,000 से कम जनसंख्या

- **कस्बा** (Town) एक लाख से कम जनसंख्या वाले नगर को कहते हैं।
- **नगर** (City) एक से 10 लाख की जनसंख्या वाले नगरीय केन्द्रों को कहा जाता है।
- **महानगर** (Metropolitan City) संयुक्त राष्ट्र संघ (United Nations Organisation, UNO) के अनुसार 10 से 50 लाख जनसंख्या के नगरीय केन्द्रों को कहते हैं।
- **वृहत नगर** (Megalopolis) 50 लाख से अधिक जनसंख्या वाले नगर को कहते हैं।
- **नगरीय संकुल** (Urban Agglomeration) अधिकांश महानगर तथा वृहत नगर हैं। नगरीय संकुल के उत्कृष्ट उदाहरण वृहत मुम्बई (Greater Mumbai) व दिल्ली हैं।

नगरों की संख्या

नगरों के प्रकार	2011
जनगणना नगर	3894
वैधानिक नगर	4041
नगरीय संकुल	475
प्रशाखाएँ	981
कुल नगर	7935

नगरीकरण का प्रादेशिक प्रतिरूप

- भारतीय नगरीकरण के प्रादेशिक प्रतिरूप में अत्यधिक विषमताएँ पाई जाती हैं। सबसे अधिक नगरीकृत राज्य क्रमशः गोवा (62.17%), मिजोरम (52.11%) तथा तमिलनाडु (48.45%) है, इसके पश्चात् केरल (47.72%), महाराष्ट्र (45.23%), गुजरात (42.58%), कर्नाटक (38.57%) तथा पंजाब (37.49%) के स्थान हैं, जहाँ एक तिहाई से अधिक जनसंख्या नगरों में रहती है।
- इसके विपरीत हिमाचल प्रदेश सबसे कम नगरीकृत प्रदेश है, जहाँ पर 10.0% जनसंख्या नगरीय है। उत्तराखण्ड, मणिपुर, नागालैण्ड, मध्य प्रदेश, बिहार, झारखण्ड, छत्तीसगढ़, उत्तर प्रदेश, ओडिशा, असम में नगरीय जनसंख्या का प्रतिशत भारत की नगरीय जनसंख्या के औसत प्रतिशत से कम है।
- केन्द्रशासित प्रदेशों (Union Territory) में दिल्ली तथा चण्डीगढ़ सबसे नगरीकृत हैं, जहाँ पर क्रमशः 97.5% एवं 97.25% जनसंख्या नगरीय है।
- अन्य केन्द्रशासित प्रदेशों में भी नगरीकरण औसत से अधिक है; जैसे—लक्षद्वीप (78.08), दमन एवं दीव (75.16%), पुदुचेरी (68.31%), दादरा एवं नगर हवेली (46.62%), अण्डमान और निकोबार (35.67%)।
- देश में आधे से अधिक नगरीय जनसंख्या केवल पाँच बड़े राज्यों में पाई जाती है। सबसे अधिक नगरीय जनसंख्या क्रमशः **महाराष्ट्र** (50.82 मिलियन) उत्तर प्रदेश (44.47 मिलियन), तमिलनाडु (34.94 मिलियन), पश्चिम बंगाल (29.13 मिलियन) तथा आन्ध्र प्रदेश (28.35 मिलियन) में है।

भारत की प्रजातियाँ

- मानव प्रजाति (Human Race) एक जैविक विचार है। इसका अभिप्राय यह है कि मनुष्य के विभिन्न समूहों में शारीरिक रचना (Body Structure), सभ्यता एवं संस्कृति के साथ-साथ प्राणिशास्त्र सम्बन्धी गुणों की एकरूपता रखने वाले मानव समाज को एक प्रजाति विशेष के अन्तर्गत रखा जाता है।

प्रजातियों का वर्गीकरण मुख्यत: शरीर की बनावट के आधार पर किया जाता है। प्रजातीय शारीरिक लक्षण दो प्रकार के होते हैं—बाह्य लक्षण (Phenotype Traits); जैसे—चमड़ी का रंग, बालों की बनावट, शरीर का कद, होंठ का आकार आदि एवं आन्तरिक लक्षण; जैसे—कपाल एवं नासा सूचकांक (Cephalic and Nasal Index) एवं रुधिर वर्ग (Blood Group)।

- भारत एक विशाल देश है, जिसे प्राय: उप-महाद्वीप (Sub-continent) के नाम से पुकारा जाता है। अत: भारत में विभिन्न प्रकार की प्रजातियों का पाया जाना स्वाभाविक है। प्राचीन काल से पश्चिमी तथा पूर्वी देशों से विभिन्न जातियों के लोग आते रहे और प्रजातियों का सम्मिश्रण होता रहा। प्रजातीय सम्मिश्रण मुख्यत: उत्तरी भारत में ही हुआ, क्योंकि जातियों का आगमन मुख्यत: पश्चिमोत्तर सीमा से ही हुआ।
- दक्षिणी भारत में बाह्य जातियों का आगमन अपेक्षाकृत कम हुआ और वहाँ पर मूल जातियाँ (Original Races) पाई जाती हैं।

भारतीय प्रजातियों का वर्गीकरण

- भारतीय प्रजातियों के वर्गीकरण में कई मानव विज्ञानियों ने योगदान दिया है। इनमें रिजले, हैडन, ई. वॉन एक्सटैट के नाम प्रमुख हैं, लेकिन सर्वाधिक विश्वसनीय एवं वैज्ञानिक वर्गीकरण **डॉ. बीएस गुहा** का माना जाता है।
- डॉ. बीएस गुहा भारत सरकार के मानव विज्ञान विभाग के निदेशक थे, उन्होंने वर्ष 1931 की जनगणना में भारत की कुछ प्रजातियों की **एन्थ्रोपोमीट्रिक नाप** की और पूर्व के वर्गीकरण के दोषों को दूर करके अपना संशोधित वर्गीकरण वर्ष 1944 में **रेसियल एलीमेंट्स ऑफ पॉपुलेशन** के नाम से प्रकाशित किया।
- डॉ. गुहा ने भारतीय उप-महाद्वीप की जनसंख्या को मुख्य रूप से निम्नलिखित छ: जाति समूहों तथा उनके उपभेदों में बाँटा है

भारतीय उप-महाद्वीप की जनसंख्या का वर्गीकरण

1. निग्रिटो
2. आद्य-ऑस्ट्रेलॉयड
3. चौड़े सिर वाले पाश्चात्य
   - (i) अल्पाइनाइड
   - (ii) डिनारिक
   - (iii) अर्मिनॉयड
4. नॉर्डिक
5. मंगोलॉयड
   - (i) पुरा-मंगोलॉयड
   - (ii) तिब्बती मंगोलॉयड
6. भूमध्यसागरीय
   - (i) पुरा-भूमध्यसागरीय
   - (ii) भूमध्यसागरीय
   - (iii) प्राच्य भूमध्यसागरीय

1. निग्रिटो

निग्रिटो (Negritos) भारत में प्रवेश करने वाला **सबसे पहला समूह है।** इनके बाल छल्लेदार, सिर गोल, ठोड़ी (Chin) बहुत छोटी, सिर लम्बा, त्वचा का रंग पीला-काला और बाहें लम्बी होती हैं। ये लोग अण्डमान निकोबार द्वीपसमूह, कोच्चि और त्रावणकोर पहाड़ियों में पाए जाते हैं। **कडार** तथा **पुलियान** प्रजातियों में निग्रिटो प्रजाति के लक्षण पाए जाते हैं।

2. आद्य-ऑस्ट्रेलॉयड

निग्रिटो जाति समूह के बाद आद्य-ऑस्ट्रेलॉयड (Proto Australoids) जाति का आगमन हुआ। यह दक्षिण भारत की आदिम प्रजाति है। मध्य तथा दक्षिणी भारत के अतिरिक्त उत्तरी भारत में भी आद्य ऑस्ट्रेलॉयड काफी संख्या में पाए जाते हैं। इनकी त्वचा का रंग भूरा-काला, बाल छल्लेदार, नाक चौड़ी और चपटी, होंठ, मांस्ल होते हैं। चेंचू, मलायन, कुरुम्बा, मुरूवा, मुण्डा, सन्थाल, कोल जनजातियाँ इसी प्रजाति से सम्बद्ध हैं।

3. चौड़े सिर वाले पाश्चात्य

चौड़े सिर वाली पाश्चात्य प्रजातियाँ (Western Brachycephals) पश्चिम की ओर से भारत में आईं। इनके निम्न तीन उपवर्ग हैं

(i) **अल्पाइनाइड** अल्पाइनाइड (Alpenoid the pre-vedic Aryans) मध्यम कद वाली प्रजाति है, जिसकी त्वचा हल्की भूरी, चेहरा गोल, शरीर सुडौल, नाक लम्बी, सिर और शरीर पर अधिक बाल होते हैं। इनके प्रतिनिधि पूर्वी उत्तर प्रदेश, बिहार, गंगा डेल्टा, तमिलनाडु, कर्नाटक, महाराष्ट्र और गुजरात में देखे जाते हैं।

(ii) **अल्पाइनाइड** अल्पाइनाइड (Alpenoid the pre-vedic Aryans) मध्यम कद वाली प्रजाति है, जिसकी त्वचा हल्की भूरी, चेहरा गोल, शरीर सुडौल, नाक लम्बी, सिर और शरीर पर अधिक बाल होते हैं। इनके प्रतिनिधि पूर्वी उत्तर प्रदेश, बिहार, गंगा डेल्टा, तमिलनाडु, कर्नाटक, महाराष्ट्र और गुजरात में देखे जाते हैं।

(iii) **अर्मिनॉयड** अर्मिनॉयड (Arminoids) का कद मध्यम, सिर चौड़ा, नाक बहुत पतली और शरीर पर अधिक बाल होते हैं। मुम्बई में पारसी लोगों में इसके लक्षण मिलते हैं।

4. नॉर्डिक

नॉर्डिक (Nordic) मध्य एशिया से भारत आने वाली **सबसे बाद की** प्रजाति है, जिसे **इण्डो आर्य** भी कहते हैं। इनका शरीर सुगठित, सुडौल, लम्बा, सिर लम्बा, नाक लम्बी पतली एवं ऊँची, रंग गोरा होता है। इसके प्रतिनिधि पंजाब, हरियाणा, राजस्थान, पश्चिमी उत्तर प्रदेश की सवर्ण जातियों (Upper Caste) में पाए जाते हैं।

5. मंगोलॉयड

- मंगोलॉयड (Mongoloids) जाति समूह का **आदि स्थान पूर्वी एशिया** है, जो मलयद्वीपों तथा इण्डोनेशिया से होते हुए पूर्वी पर्वतीय दर्रों (Passes) को पार कर भारत में आकर बस गए।
- भारत में यह प्रजाति समूह लद्दाख, सिक्किम, अरुणाचल प्रदेश, उत्तर-पूर्वी भारत के राज्यों में पाए जाते हैं। इनका कद मध्यम, त्वचा का रंग भूरा, शरीर एवं चेहरे पर कम बाल, चेहरा सपाट, कपोल अस्थियाँ उभरी हुई होती हैं।

इनके निम्न उपभेद हैं

(i) **पुरा-मंगोलॉयड** यह सबसे पुरानी मंगोलॉयड प्रजाति है, जो अरुणाचल प्रदेश, असम और भारत-म्यांमार सीमा के सहारे पाई जाती है।

(ii) **तिब्बती मंगोलॉयड** यह प्रजाति हिमालय के पर्वतीय प्रदेश मुख्यतया सिक्किम, भूटान और पश्चिमी हिमालय में निवास करती है।

6. भूमध्यसागरीय

भूमध्यसागरीय (Mediterraneans) काकेशॉयड प्रजाति की एक उपजाति है, इनकी त्वचा का रंग हल्का भूरा, सिर लम्बा, सिर के बाल लहरदार, नासिका चौड़ी और पतली होती है। इसके तीन उपवर्ग हैं

(i) **पुरा-भूमध्यसागरीय** इनका आगमन नवप्रस्तर काल (Neolithic Age) में उत्तरी भारत में हुआ। बाद में यह दक्षिणी भारत में चली गई, जहाँ के द्रविड़ लोगों से इनके बहुत-से लक्षण मिलते हैं।

(ii) **भूमध्यसागरीय निवासी** इसके प्रतिनिधि पंजाब से बंगाल तक तथा मध्य प्रदेश एवं महाराष्ट्र में पाए जाते हैं।

(iii) **प्राच्य भूमध्यसागरीय** यह भूमध्यसागरीय प्रजाति का परिवर्तित रूप है। इसका विस्तार पंजाब, हरियाणा, राजस्थान और पश्चिमी उत्तर प्रदेश में पाया जाता है।

जनसंख्या

- जनसंख्या (Population) किसी देश का सबसे महत्त्वपूर्ण संसाधन है, जिससे न केवल प्राकृतिक संसाधनों का उपयोग सम्भव हो पाता है, वरन् कुशल, प्रशिक्षित और मेहनती **श्रम शक्ति** द्वारा आर्थिक विकास का मार्ग प्रशस्त होता है।
- भारत विश्व में **सर्वाधिक जनसंख्या वाला देश** (जुलाई, 2023 से) है। यहाँ विश्व के 2.4% क्षेत्र में विश्व की 17.5% जनसंख्या (2011) निवास करती है।
- वर्ष 2011 की जनगणना के अनुसार भारत की कुल जनसंख्या **121.08 करोड़** है, जो संयुक्त राज्य अमेरिका, इण्डोनेशिया, ब्राजील, पाकिस्तान, बांग्लादेश और जापान की संयुक्त जनसंख्या (121.43 करोड़) के लगभग बराबर है।
- विश्व जनसंख्या स्थिति रिपोर्ट, 2023 (संयुक्त राष्ट्र जनसंख्या कोष द्वारा प्रकाशित) के अनुसार, भारत की जनसंख्या 142.86 करोड़ है, जो वर्तमान में चीन से अधिक है। इस प्रकार जनसंख्या के मामले में भारत प्रथम स्थान पर है।

द माल्थूसियन थ्योरी

टी. माल्थस द्वारा दिया गया 'जनसंख्या सिद्धान्त', जिसके अनुसार किसी भी क्षेत्र में जनसंख्या वृद्धि गुणोत्तर श्रेणी के अनुसार बढ़ती है, जबकि जीविकोपार्जन के साधन समान्तर श्रेणी के क्रम में बढ़ते हैं।

जनसंख्या वृद्धि

- भारत की जनसंख्या की एक मुख्य विशेषता इसकी तीव्र वृद्धि रही है। भारत की जनसंख्या वर्ष 1901 में 23.8 करोड़ थी, जो वर्ष 1951 में 36.10 करोड़ हो गई।
- इस प्रकार आजादी के पूर्व तक भारत की जनसंख्या 50 वर्षों में 12.3 करोड़ ही बढ़ी थी, जबकि वर्ष 1951 से 2001 के मध्य भारत की जनसंख्या में 66.7 करोड़ की वृद्धि हुई। वर्तमान में भारत की जनसंख्या की **दशकीय वृद्धि दर 17.69% है**, जबकि वार्षिक औसत वृद्धि दर 1.64% है।

जनसंख्या वृद्धि के विविध चरण

भारत में जनसंख्या वृद्धि को **चार चरणों** में विभाजित किया जा सकता है

1. मन्द वृद्धि का दौर या स्थिर चरण (1901-1921)

- इस दौरान देश की जनसंख्या अति धीमी गति (0.27% प्रति वर्ष) से बढ़ती हुई 23.84 करोड़ से बढ़कर 25.13 करोड़ हो गई।
- वर्ष 1911-21 के दशक के दौरान तो इन्फ्लुएंजा, हैजा जैसी महामारियाँ और दो वर्षों के लगातार सूखे के कारण जनसंख्या में ह्रास देखा गया।
- जन्म दर एवं मृत्यु दर का अन्तर कम होने से प्राकृतिक वृद्धि दर न्यून थी।

2. स्थिर वृद्धि का दौर (1921-1951)

- वर्ष 1921 को जनांकिकीय विभाजक (Demographic Divide) कहा जाता है, जिसके बाद जनसंख्या में निरन्तर वृद्धि की प्रवृत्ति देखी गई।
- वर्ष 1921-51 के दौरान औसतन 1.45% प्रतिवर्ष की दर से बढ़कर देश की जनसंख्या 25.13 करोड़ से 36.11 करोड़ हो गई।
- यह वृद्धि महामारी एवं अकाल पर नियन्त्रण और स्वास्थ्य सुविधाओं में सुधार के कारण मृत्यु दर के 47 प्रति हजार से घटकर 27 प्रति हजार हो जाने के कारण देखी गई। (जन्म दर 40 प्रति हजार)

3. तीव्र वृद्धि का दौर (1951-1981)

- वर्ष 1951 को एक-दूसरे जनांकिकीय विभाजक के तौर पर जाना जा सकता है, जिसके बाद जनसंख्या में तीव्र वृद्धि की शुरुआत हुई।
- वर्ष 1951 से 1981 के बीच औसत वृद्धि दर 2.2% प्रतिवर्ष की रही, जिससे देश की जनसंख्या में 32 करोड़ से अधिक की बढ़ोतरी दर्ज की गई।
- वर्ष 1961-71 के बीच 24.8% की सर्वाधिक वृद्धि देखी गई है। जनसंख्या में यह अभूतपूर्व वृद्धि विकास कार्यों में तेजी, चिकित्सा सुविधाओं में और अधिक सुधार के परिणामस्वरूप हुई।
- इस दौरान जहाँ मृत्यु दर 27 प्रति हजार से घटकर 15 प्रति हजार पहुँच गई, वहीं जन्म दर में केवल 4 प्रति हजार की गिरावट दर्ज की गई परिणामस्वरूप भारत की **जनसंख्या विस्फोट** (Population Explosion) स्थिति में पहुँच गई।

4. घटती वृद्धि का दौर (1981 के पश्चात्)

- यद्यपि वर्ष 1981 के बाद भी जनसंख्या में उच्च वृद्धि की प्रवृत्ति जारी है, परन्तु वृद्धि दर में क्रमिक ह्रास (Gradual Decline) स्पष्ट रूप से दिखाई पड़ रहा है। इस दौरान जनसंख्या की औसत वार्षिक घातांकीय वृद्धि 2.16% (1981-91) से घटकर 1.63% (2001-2011) हो गई।

जनसंख्या वृद्धि का स्थानिक प्रतिरूप

- देश के विभिन्न भागों में जनसंख्या की वृद्धि में पर्याप्त अन्तर दिखाई पड़ता है। वर्ष 2011 में देश के राज्यों में सर्वाधिक जनसंख्या वृद्धि **मेघालय** (27.9%) और सबसे कम वृद्धि **नागालैण्ड** (– 0.6%) में दर्ज की गई।
- देश के 18 राज्यों व 4 संघ राज्य क्षेत्रों में वृद्धि दर राष्ट्रीय औसत (17.7%) से अधिक पाई गई है। देश की उच्च जनसंख्या वृद्धि (20% से अधिक) वाले राज्य श्रृंखलाबद्ध रूप में देश के सुदूर पूर्व और उत्तरी मध्य भाग में स्थित हैं।
- इसके विपरीत पूर्वी तटीय मैदान दक्षिणी असम घाटी और पंजाब के मैदानों में वृद्धि दर धीमी रही है।
- ग्रामीण एवं नगरीय जनसंख्या वृद्धि दर में भी पर्याप्त अन्तर देखा गया। **ग्रामीण की अपेक्षा** (12.3%) **नगरीय क्षेत्रों** में (31.80%) जनसंख्या वृद्धि दर अधिक रही
- ग्रामीण जनसंख्या में सर्वाधिक वृद्धि दर क्रमश: **मेघालय** (27.2%), **बिहार** (23.90%), **अरुणाचल प्रदेश** (22.88%) और **जम्मू-कश्मीर** (19.77%) में रही।
- शहरी जनसंख्या में सर्वाधिक वृद्धि दर वाले राज्य क्रमश: हैं—**सिक्किम** (153.43%), **केरल** (92.72%), **त्रिपुरा** (76.08%) एवं **नागालैण्ड** (67.38%)।

अधिकतम दशकीय जनसंख्या वृद्धि दर वाले शीर्ष पाँच राज्य/केन्द्रशासित क्षेत्र

राज्य/केन्द्रशासित प्रदेश	वृद्धि दर % में
दादरा एवं नगर हवेली और दमन एवं दीव	55.88
मेघालय	27.8%
पुदुचेरी	27.7%
अरुणाचल प्रदेश	25.9%
बिहार	25.1%

न्यूनतम दशकीय जनसंख्या वृद्धि दर वाले पाँच राज्य/केन्द्रशासित क्षेत्र

राज्य/केन्द्रशासित प्रदेश	वृद्धि दर % में
नागालैण्ड	(-) 0.58
केरल	4.91
लक्षद्वीप	6.3
अण्डमान एवं निकोबार	6.86
गोवा	8.23

भारत में जनसंख्या का वितरण

- भारत की जनसंख्या का सबसे महत्त्वपूर्ण पहलू इसका असमान वितरण (Distribution) है। भारत जैसे विशाल देश में उच्चावच, जलवायु, जल प्रवाह, मृदा, प्राकृतिक वनस्पति तथा अन्य प्राकृतिक तत्त्वों में विभिन्नता होना स्वाभाविक है। फलत: भारत के विभिन्न क्षेत्रों में जनसंख्या में विविधता पाई जाती है।
- भारतीय जनसंख्या के वितरण के अन्तर्गत **उत्तर प्रदेश** में सबसे अधिक जनसंख्या संकेन्द्रित (Concentrated) है। यहाँ भारत की 16.51% जनसंख्या निवास करती है, जबकि इस राज्य का क्षेत्रफल देश के कुल क्षेत्रफल का 7.33% ही है। इसकी जनसंख्या ब्राजील की जनसंख्या के लगभग बराबर है और बांग्लादेश, पाकिस्तान अथवा नाइजीरिया से अधिक है। भारत की आधी जनसंख्या पाँच राज्यों–**उत्तर प्रदेश, महाराष्ट्र, बिहार, पश्चिम बंगाल, मध्य प्रदेश** में संकेन्द्रित है।
- दूसरी तरफ उत्तर और उत्तर पूर्व के 10 पर्वतीय राज्यों के 16% क्षेत्र में देश की 4% से भी कम जनसंख्या निवास करती है। देश के 19 राज्यों की जनसंख्या 1 करोड़ से अधिक है। सबसे कम जनसंख्या **लक्षद्वीप** (64,473) में पाई जाती है। राज्यों में सबसे कम जनसंख्या **सिक्किम** (6,10,577) में पाई जाती है।

जनसंख्या की दृष्टि से शीर्ष पाँच राज्य (जनगणना 2011)

राज्य	जनसंख्या (करोड़ में)
उत्तर प्रदेश	19.98 (16.51%)
महाराष्ट्र	11.23 (9.28%)
बिहार	10.40 (8.60%)
पश्चिम बंगाल	9.12 (7.54%)
आन्ध्र प्रदेश	8.45 (6.99%)

नोट आन्ध्र प्रदेश के विभाजन के पश्चात् मध्य प्रदेश राज्यों में जनसंख्या की दृष्टि से पाँचवें स्थान पर है।

न्यूनतम जनसंख्या वाले पाँच राज्य (जनगणना 2011)

राज्य	जनसंख्या (करोड़ में)
सिक्किम	0.61 (0.05%)
मिजोरम	1.09 (0.09%)
अरुणाचल प्रदेश	1.38 (0.11%)
गोवा	1.45 (0.12%)
नागालैण्ड	1.97 (0.16%)

जनसांख्यिकीय गुण

जनसांख्यिकीय गुणों के अन्तर्गत जनसंख्या के भौतिक, सांस्कृतिक तथा आर्थिक लक्षणों का अध्ययन किया जाता है। जनघनत्व, लिंग, निवास स्थान, साक्षरता, भाषा, धर्म, वैवाहिक स्थिति, मानव प्रजातीयता तथा व्यावसायिक संरचना प्रमुख जनसांख्यिकीय गुण हैं।

जनसंख्या घनत्व

- प्रति इकाई क्षेत्रफल में निवास करने वाले लोगों की संख्या को जनसंख्या घनत्व (Population Density) कहते हैं।

इसे निम्नलिखित सूत्र द्वारा ज्ञात किया जाता है

$$\text{जनसंख्या का घनत्व} = \frac{\text{कुल जनसंख्या}}{\text{कुल क्षेत्रफल}}$$

- वर्ष 2011 की जनगणना के अन्तिम आँकड़ों के अनुसार भारत का घनत्व **382** व्यक्ति प्रतिवर्ग किमी है।
- यह विश्व के औसत घनत्व का लगभग सात गुना से भी अधिक है। स्पष्ट है कि भारत अत्यधिक घनत्व वाले देशों में से है।
- भारत की जनसंख्या तीव्र गति से बढ़ रही है, जबकि क्षेत्रफल तो स्थिर है। भारत में जनसंख्या घनत्व के वृद्धि प्रतिरूप को देखने से स्पष्ट होता है कि केवल एक दशक (1911-1921) को छोड़कर देश के जनघनत्व में हमेशा वृद्धि हुई है।
- जनसंख्या घनत्व में वृद्धि से देश के प्राकृतिक संसाधनों पर प्रतिकूल प्रभाव पड़ता है और जीवन की गुणवत्ता में गिरावट आती है।

जनगणना वर्ष	जनसंख्या	दशकीय वृद्धि %	जनगणना वर्ष	जनसंख्या	दशकीय वृद्धि %
1901	23,83,96,327	—	1961	43,92,34,771	21.51
1911	25,20,93,390	5.75	1971	54,81,59,652	24.80
1921	25,13,21,213	0.31	1981	68,33,29,097	24.66
1931	27,89,77,238	11.00	1991	84,64,21,039	23.87
1941	31,86,60,580	14.22	2001	10,28,73,7436	21.54
1951	36,10,88,090	13.31	2011	12,10,85,4977	17.69

राज्य स्तर पर जनसंख्या घनत्व प्रारूप

- भारत के विभिन्न भागों में उच्चावच जलवायु, मृदा, खनिज पदार्थ तथा अन्य भौगोलिक परिस्थितियाँ भिन्न-भिन्न हैं, जिसके परिणामस्वरूप जनसंख्या के घनत्व में विषमताएँ पाई जाती हैं।

- वर्ष 2011 की जनगणना के अनुसार, सर्वाधिक जनघनत्व **दिल्ली संघ शासित** क्षेत्र का है (11,320 व्यक्ति प्रतिवर्ग किमी), जबकि न्यूनतम जनघनत्व **अरुणाचल प्रदेश** (17 व्यक्ति प्रतिवर्ग किमी) का है।
- वर्ष 2001-2011 के बीच नागालैण्ड को छोड़कर सभी राज्य व केन्द्रशासित प्रदेशों में जनसंख्या घनत्व में वृद्धि हुई है, परन्तु इस वृद्धि में क्षेत्रीय स्तर पर व्यापक भिन्नताएँ पाई जाती हैं।

शीर्ष जनघनत्व वाले पाँच राज्य

राज्य	जनघनत्व/वर्ग किमी
बिहार	1102
पश्चिम बंगाल	1029
केरल	859
उत्तर प्रदेश	828
हरियाणा	573

न्यूनतम जनघनत्व वाले पाँच राज्य

राज्य	जनघनत्व/वर्ग किमी
अरुणाचल प्रदेश	17
मिजोरम	52
सिक्किम	86
नागालैण्ड	119

भारतीय जनसंख्या घनत्व को बेहतर तरीके से समझने के लिए इसे निम्न वर्गों में बाँटा जा सकता है

अति न्यून घनत्व

इस वर्ग में 100 से कम व्यक्ति प्रति वर्ग किमी घनत्व वाले क्षेत्र को सम्मिलित किया जाता है। इसमें अरुणाचल प्रदेश, मिजोरम, अण्डमान निकोबार द्वीप समूह तथा सिक्किम आते हैं। ये प्रदेश पर्वतीय, वनाच्छादित व दुर्गम क्षेत्रों के रूप में हैं, जहाँ का **उच्चावच** (Topography) उबड़-खाबड़ है।

न्यून घनत्व

- इस वर्ग में 101 से 250 व्यक्ति प्रतिवर्ग किमी तक घनत्व वाले क्षेत्र सम्मिलित हैं। इसमें नागालैण्ड (119), मणिपुर (115), हिमाचल प्रदेश (123), जम्मू-कश्मीर (124), मेघालय (132), छत्तीसगढ़ (189), उत्तराखण्ड (189), राजस्थान (200) और मध्य प्रदेश (236) आते हैं।
- मेघालय, जम्मू-कश्मीर, उत्तराखण्ड तथा नागालैण्ड के क्षेत्र उच्च पर्वतीय और वनाच्छादित हैं, जहाँ तीव्रगामी नदियाँ प्रवाहित होती हैं और उच्चावच उबड़-खाबड़ हैं। वहीं राजस्थान में शुष्क व अर्द्धशुष्क क्षेत्र व मरुस्थलों के विस्तार के कारण जनसंख्या घनत्व कम है।

सामान्य घनत्व

इसके अन्तर्गत 251 से 500 व्यक्ति प्रति वर्ग किमी घनत्व वाले क्षेत्र सम्मिलित किए जाते हैं। इस वर्ग में ओडिशा (270), गुजरात (308), कर्नाटक (319), आन्ध्र प्रदेश (308), त्रिपुरा (350), महाराष्ट्र (365), गोवा (394), असम (398), झारखण्ड (414) सम्मिलित हैं। ये सभी राज्य सिंचित कृषि व खनिज संसाधन से सम्पन्न हैं, जिस कारण जनसंख्या का संकेन्द्रण सामान्य हैं।

अधिक घनत्व

इस वर्ग में 500 से अधिक घनत्व वाले क्षेत्र सम्मिलित हैं। इस वर्ग में उत्तर भारत के उपजाऊ मैदानी क्षेत्र, मालाबार तट तथा आर्थिक गतिविधियों वाले क्षेत्र सम्मिलित हैं।

लिंगानुपात

- किसी क्षेत्र में प्रति 1000 पुरुषों पर महिलाओं की कुल संख्या **लिंगानुपात** (Sex Ratio) कहलाती है। यह महिलाओं व पुरुषों के समानुपात का एक महत्त्वपूर्ण सूचक है।
- वर्ष 2011 की जनगणना के अनुसार देश में लिंगानुपात (943) है, जो वर्ष 2001 के 933 से थोड़ा सुधार दर्शाता है। वर्ष 2011 की जनगणना के अनुसार **ग्रामीण लिंगानुपात 949** एवं **शहरी लिंगानुपात 929** है।
- ग्रामीण एवं शहरी लिंगानुपात की दृष्टि से सर्वाधिक लिंगानुपात वाले राज्यों में दोनों की दृष्टि से **केरल** का स्थान प्रथम है। (क्रमश: 1078 एवं 1091)।
- न्यूनतम शहरी लिंगानुपात वाला राज्य **जम्मू-कश्मीर** (840) एवं न्यूनतम ग्रामीण लिंगानुपात वाला राज्य **हरियाणा** (880) है।
- शहरी क्षेत्र की अपेक्षा ग्रामीण क्षेत्रों में अधिक लिंगानुपात का प्रमुख कारण गाँवों से शहरों की ओर पुरुषों का होने वाला पलायन है।

शीर्ष लिंगानुपात वाले पाँच राज्य

राज्य	लिंगानुपात
केरल	1084
तमिलनाडु	995
आन्ध्र प्रदेश	992
छत्तीसगढ़	991
मेघालय	986

न्यूनतम लिंगानुपात वाले पाँच राज्य

राज्य	लिंगानुपात
हरियाणा	877
जम्मू-कश्मीर	883
सिक्किम	889
पंजाब	893
उत्तर प्रदेश	912

लिंगानुपात में प्रादेशिक भिन्नता

- देश के 16 राज्य और 2 केन्द्रशासित प्रदेशों में लिंगानुपात राष्ट्रीय औसत से अधिक है। उत्तर भारत में केवल **हिमाचल प्रदेश** (972) और **उत्तराखण्ड** (963) दो ऐसे राज्य हैं, जिनका लिंगानुपात राष्ट्रीय औसत से अधिक है। इसके विपरीत मध्य भारत के लगभग सभी राज्यों व केन्द्रशासित प्रदेशों में लिंगानुपात राष्ट्रीय औसत से कम है।
- उत्तर पूर्व के **सिक्किम** (889) और **अरुणाचल प्रदेश** (938) में भी कम लिंगानुपात पाया जाता है। उपरोक्त विवरण के आधार पर यह कहा जा सकता है कि **भारत में दक्षिण से उत्तर और पूर्व से पश्चिम की ओर लिंगानुपात में गिरावट देखी जाती है।**

बाल लिंगानुपात (0-6 वर्ष)

- 0-6 आयु समूह में लिंगानुपात की स्थिति और भी दयनीय है। वर्ष 2001 के 927 के मुकाबले यह वर्ष 2011 में घटकर 919 रह गई है।
- जम्मू-कश्मीर, महाराष्ट्र, राजस्थान, दादरा और नगर हवेली व लक्षद्वीप जैसे राज्यों/संघ शासित क्षेत्रों में इस दशक में शिशु-लिंगानुपात में घटाव देखा गया।
- वहीं दूसरी ओर सकारात्मक प्रवृत्ति के रूप में शिशु लिंगानुपात के सन्दर्भ में खराब प्रदर्शन करने वाले राज्यों हरियाणा (819 से बढ़कर 834) व पंजाब (798 से बढ़कर 846) में इस दशक में वृद्धि देखी गई।

लिंगानुपात को प्रभावित करने वाले कारक

- मृत्यु दर में विभेद
- किसी लिंग विशेष का प्रवास
- जन्म के समय लिंगानुपात
- गणनीय जनसंख्या में लिंग विभेद

भारत में लिंगानुपात कम होने के कारण

- लड़कियों की तुलना में अधिक लड़कों का जन्म लेना
- शैशवावस्था में कन्या शिशुओं की मृत्यु

- बच्चे के जन्म के समय अधिक स्त्रियों की मृत्यु
- स्त्रियों के सामान्य स्वास्थ्य उपेक्षा के कारण बचपन में उनकी अधिक मृत्यु दर
- गर्भावस्था में स्त्री संतति की भ्रूण हत्या
- लड़कियों को एक आर्थिक बोझ के रूप में देखना

साक्षरता

- साक्षरता (Literacy) मानव विकास और जीवन की गुणवत्ता का एक सूचकांक (Index) है। कम साक्षरता से आर्थिक, सामाजिक और वैज्ञानिक विकास में रुकावट आती है। वर्ष 2011 की जनगणना के अनुसार देश में 73.0% लोग साक्षर हैं। हालाँकि देश की जनसंख्या के वृहत आकार के कारण विश्व में सर्वाधिक निरक्षरों (Illiterate) की संख्या पाई जाती है।
- देश में साक्षरता के **स्थानिक प्रतिरूप** (Spatial Pattern) में पर्याप्त भिन्नता मिलती है। इसी प्रकार स्त्री-पुरुष, ग्रामीण-नगरीय और विभिन्न धार्मिक व सामाजिक समूहों की साक्षरता दरों में पर्याप्त अन्तर पाया जाता है।
- राज्य स्तर पर साक्षरता के सन्दर्भ में देश के 17 राज्यों और सभी केन्द्रशासित प्रदेशों में साक्षरता दर राष्ट्रीय औसत से अधिक है।
- इनमें से कुछ राज्यों (केरल, गोवा, मिजोरम, नागालैण्ड, मणिपुर) में ईसाइयों की अधिक जनसंख्या और अन्य में नगरीकरण और शिक्षा के प्रति अधिक जागरूकता इसके मुख्य कारण हैं।
- न्यून साक्षरता वाले राज्य देश के परम्परावादी, जनजातीय और दलित जनसंख्या वाले पिछड़े क्षेत्र हैं। सामान्यतया दक्षिणी भारत, तटीय क्षेत्रों, गैर-हिन्दी भाषी क्षेत्रों, ईसाई बहुल भागों और नगरीकृत औद्योगीकृत क्षेत्रों में साक्षरता दर ऊँची पाई जाती है।

साक्षर, निरक्षर एवं साक्षरता दर

- सात वर्ष और उससे अधिक आयु का जो व्यक्ति किसी भाषा को समझ सकता हो और उसे लिख तथा पढ़ सकता हो, **साक्षर** कहा जाता है।
- कोई व्यक्ति जो न तो पढ़ सकता है और न ही लिख सकता है अथवा किसी भाषा को पढ़ सकता है, किन्तु लिख नहीं सकता, **निरक्षर** कहा जाता है।
- छः वर्ष अथवा उससे कम आयु के सभी बच्चों को चाहे वे स्कूल भी जाते हों और कुछ लिखना पढ़ना भी सीख गए हों, 'निरक्षर' कहा जाता है।

$$\text{साक्षरता दर} = \frac{\text{साक्षरों की संख्या}}{\text{7 वर्ष से ज्यादा आयु वाली जनसंख्या}} \times 100$$

अधिकतम साक्षरता दर वाले पाँच राज्य

केरल	94.0 %
मिजोरम	91.3 %
गोवा,	88.7 %
त्रिपुरा	87.2 %
हिमाचल प्रदेश	82.8 %

न्यूनतम साक्षरता दर वाले पाँच राज्य

बिहार	61.8 %
अरुणाचल प्रदेश	65.40 %
राजस्थान	66.1 %
झारखण्ड	66.4 %
आन्ध्र प्रदेश	67.0 %

भारत में स्त्री साक्षरता की स्थिति

- भारत में साक्षरता का दूसरा पहलू स्त्रियों में कम साक्षरता (64.6%) का पाया जाना है। स्त्री साक्षरता में भी केरल (92.1%) का प्रथम स्थान है, जिसके बाद मिजोरम (89.3%), गोवा (84.7%), त्रिपुरा (82.7%) और नागालैण्ड (76.1%) राज्यों का स्थान है।
- देश के 18 राज्यों और सातों केन्द्रशासित प्रदेशों में स्त्री साक्षरता राष्ट्रीय औसत से अधिक पाई जाती है।
- स्त्री साक्षरता में **सबसे निचला स्थान बिहार** (51.5%) का है। इसके बाद क्रमशः राजस्थान (52.1%), झारखण्ड (55.4%), जम्मू-कश्मीर (56.4%) और उत्तर प्रदेश (57.2%) राज्यों का स्थान है।

आयु संरचना

- विभिन्न आयु वर्गों में जनसंख्या के विभाजन को आयु संरचना कहते हैं।
- आयु संरचना (Age Structure) मुख्य रूप से तीन आधारभूत कारकों पर निर्भर करती है, इनको **जन्म-दर, मृत्यु-दर** तथा **प्रवास** कहते हैं।
- आयु संरचना के विश्लेषण की सबसे प्रभावशाली और प्रचलित विधि **आयु पिरामिड** (Age Pyramid) है, जिसे आयु एवं लिंग पिरामिड के नाम से भी जाना जाता है।
- इस विश्लेषण विधि के तहत आयु के आधार पर जनसंख्या के तीन प्रमुख वर्ग हैं—किशोर (0-14), प्रौढ़ (15-59), वृद्ध (60 से अधिक)।
- 0-14 आयु समूह कुल जनसंख्या का 29.5% है (2011)। किशोर वर्ग में अधिक जनसंख्या का कारण उच्च जन्म दर व तीव्रता से घटती शिशु और बाल मृत्यु दर है। आर्थिक दृष्टि से यह वर्ग अनुत्पादक है।
- **वृद्ध वर्ग अर्थात् 60 वर्ष से** ऊपर के आयु समूह में वर्ष 2011 में 8% लोग थे, जबकि प्रौढ़ वर्ग में 62.5% लोग थे।
- जैव दृष्टि से प्रौढ़ वर्ग (15-59) सबसे अधिक प्रजनक, (Breeders) आर्थिक दृष्टि से सबसे अधिक सक्रिय तथा जनांकिकीय दृष्टि से सबसे अधिक गतिशील हैं।
- अनुमान है कि वर्ष 2026 में इनका प्रतिशत कुल जनसंख्या में बढ़कर 68.4% हो जाएगा।
- इस वर्ग में जनसंख्या वृद्धि के दोहरे निहितार्थ हैं। एक ओर जहाँ बेरोजगारी व अल्प बेरोजगारी की समस्या गम्भीर होगी, वहीं यदि हम इस जनसंख्या को उचित स्वास्थ्य शिक्षा व कौशल प्रदान करने में सफल रहे, तो यह **जनांकिकीय लाभांश** (Demographic Dividend) की स्थिति होगी।
- किसी देश की जनांकिकीय लाभांश का अर्थ यह होता है कि उस देश की जनसंख्या में कार्यकारी जनसंख्या (Working Population) का भाग अधिक है।
- यह देश के विकास में अत्यन्त सहायक होती है, क्योंकि 15 से 59 वर्ष की आयु वर्ग की जनसंख्या उत्पादक होती है।
- भारत में विश्व की सबसे अधिक कार्यकारी जनसंख्या है। अतः यदि इस जनसंख्या के **कौशल विकास** (Skill Development) को प्रोत्साहन दिया जाए तो यह तकनीकी रूप से सक्षम एवं उत्पादक हो जाएगी, जो देश के विकास में महत्त्वपूर्ण भूमिका निभाएगी।
- घटती जन्म दर व मृत्यु दर के कारण देश में जनसंख्या संघटन (Composition) धीरे-धीरे बदल रहा है। वर्ष 1971 की तुलना में वर्ष 2011 में किशोरों का अनुपात 42% से घटकर 29.5% हो गया, जबकि शेष दो वर्गों में उत्तरोत्तर वृद्धि हुई।
- यह जन्म दर में कमी व जीवन प्रत्याशा में सुधार के कारण सम्भव हुआ है।
- वर्ष 2050 तक जनसंख्या में वृद्धों का प्रतिशत 17.5% तक पहुँच जाने की सम्भावना है। इस दीर्घ आयु से देश के सामने वृद्धों के कल्याण (Welfare) की एक नई जिम्मेदारी खड़ी हो गई है।

निर्भरता अनुपात

युवाओं तथा किशोर एवं वृद्ध जनसंख्या के अनुपात को निर्भरता अनुपात (Dependency Ratio) कहते हैं। इसे प्रतिशत के रूप में व्यक्त किया जाता है। अतः निर्भरता अनुपात 15 **वर्ष से कम तथा 60 वर्ष से अधिक आयु वर्ग** के लोगों को 15-59 वर्ष की आयु वर्ग के प्रति 100 व्यक्तियों का प्रतिशत है। इसे निम्न सूत्र द्वारा व्यक्त किया जाता है

15 वर्ष से कम जसंख्या तथा निर्भरता अनुपात

$$= \frac{\text{60 वर्ष से अधिक जनसंख्या}}{\text{15-60 वर्ष की जनसंख्या}} \times 100$$

इस प्रकार स्पष्ट है कि निर्भरता अनुपात मुख्यतः जनसंख्या की आयु संरचना से निर्देशित (Guided) होता है। वर्ष 2011 में 29.5% किशोर व वृद्ध 8^3 थे। इस प्रकार 37.5% जनसंख्या 62.5% जनसंख्या (15-59 वर्ष) पर निर्भर थी। यह वर्ग अन्य दोनों वर्गों का पोषण करता है।

जीवन प्रत्याशा

- दीर्घायुता अथवा जीवन प्रत्याशा (Life Expectancy) वृद्ध जनसंख्या की स्थिति का द्योतक है, जो मुख्यतः आहार और स्वास्थ्य दशाओं में सुधार से प्रभावित होती है। भारत एक **जनांकिकीय संक्रमण** (Demographic Transition) से गुजर रहा है, **जिसमें वृद्धों की संख्या बढ़ रही** है।
- यही कारण है कि जहाँ 60 वर्ष पहले पैदा हुए शिशु की औसत जीवन प्रत्याशा केवल 32 वर्ष थी, आज (2011 में) बढ़कर 66.1 वर्ष हो गई है एवं भविष्य में इसमें सुधार की सम्भावना है।
- वर्ष 1991 तक पुरुषों की जीवन प्रत्याशा महिलाओं की अपेक्षा अधिक थी, लेकिन वर्ष 2001 से महिलाओं के पक्ष में सुधार होना शुरू हुआ और वर्ष 2011 में महिलाओं की जीवन प्रत्याशा 67.7 वर्ष है, जबकि पुरुषों की जीवन प्रत्याशा 64.6 वर्ष है।
- विश्व जनसंख्या स्थिति रिपोर्ट, 2023 के अनुसार, पुरुषों की औसत जीवन प्रत्याशा 71 वर्ष, जबकि महिलाओं की औसत जीवन प्रत्याशा 74 वर्ष अनुमानित है।

कार्यबल

- काम की अवधि के आधार पर भारत की जनसंख्या को तीन वर्गों में बाँटा जाता है। ये वर्ग हैं— **मुख्य कामगार, सीमान्त** (Marginal) **कामगार** और **गैर-कामगार**। श्रमजीवी जनसंख्या को सहभागिता द्वारा व्यक्त किया जाता है।
- कुल जनसंख्या में **कार्यरत जनसंख्या** (मुख्य कामगार + सीमान्त कामगार) के प्रतिशत अनुपात को **सहभागिता दर** (Participation ratio) कहते हैं। सहभागिता अनुपात पुरुषों तथा स्त्रियों के लिए अलग-अलग होते हैं।
- इस समय देश की **सहभागिता दर** 39.1% है, जिसमें महिलाओं की सहभागिता दर 25.6% और पुरुषों की सहभागिता दर 51.7% है।
- **श्रम बल भागीदारी दर** जनसंख्या में श्रम बल अर्थात् काम करने वाले या काम की तलाश करने वाले व्यक्तियों की प्रतिशत दर को दर्शाती है। **वर्ष 2022-23 में भारत में यह दर 57.9%** है अर्थात् भारत में 57.9% लोग आर्थिक गतिविधियों में प्रत्यक्ष भागीदारी के योग्य हैं।

व्यावसायिक संरचना

जनगणना विभाग द्वारा श्रमजीवी जनसंख्या को चार वर्गों में विभाजित किया जाता है

1. कृषक
2. कृषि मजदूर
3. घरेलू-उद्योग श्रमिक
4. अन्य श्रमिक

- उल्लेखनीय है कि देश की व्यावसायिक संरचना (Occupational Structure) में कृषि कामगारों का अनुपात घट रहा है। वर्ष 1971 में यह 69.49% था, जो घटकर वर्तमान में 56.6% तक पहुँच गया है। यह अर्थव्यवस्थाओं में उद्योग व सेवाक्षेत्र के बढ़ते महत्त्व को दर्शाता है। दूसरी ओर घरेलू उद्योगों का भी महत्त्व बढ़ रहा है। इस वर्ग में कामगारों की संख्या वर्ष 1971 के 3.52% से बढ़कर वर्तमान में 13.4% हो गई है।
- विगत दो दशक में गैर-कृषीय क्षेत्र में उल्लेखनीय लाभ हुआ है। विनिर्माण, व्यापार, भण्डारण, संचार तथा अन्य सेवाओं में लगे लोगों को अन्य कामगारों के वर्ग में शामिल किया जाता है।

सामाजिक संघटन

भारतीय समाज में प्राचीन काल से वर्ण व्यवस्था प्रचलित है जिसको हम लोग चतुर्वर्ण व्यवस्था भी कहते हैं। इसमें ब्राह्मण, क्षत्रिय, वैश्य तथा शूद्र प्रचलित हैं।

लेकिन समय के साथ वर्ण व्यवस्था विकृत होकर जाति व्यवस्था में परिवर्तित हो गया। निम्न वर्ण की जातियों को अनुसूचित जातियों और जनजातियों में वर्गीकृत किया गया।

अनुसूचित जाति

भारत में अनुसूचित जाति शब्द का पहली बार प्रयोग भारत सरकार के अधिनियम 1935 में हुआ था। भारतीय संविधान के अनुसूची 341 में इस अधिनियम को शामिल किया गया है। स्वतन्त्रता के समय भारत में अनुसूचित जातियों की संख्या 5.17 करोड़ थी, जो वर्ष 2011 की जनगणना के अनुसार, 20.14 करोड़ है, जो कि भारत की कुल जनसंख्या का 16.6% है।

अनुसूचित जातियों का वितरण

- भारत में अनुसूचित जातियों का वितरण बहुत ही असमान एवं विस्तृत है।
- उत्तर प्रदेश में इसकी सर्वाधिक संख्या पाई जाती है। इसके बाद क्रमशः पश्चिम बंगाल, बिहार, तमिलनाडु, आन्ध्र प्रदेश, महाराष्ट्र, राजस्थान, मध्य प्रदेश, कर्नाटक एवं पंजाब का स्थान है। प्रतिशत की दृष्टि से पंजाब प्रथम है जहाँ इसकी कुल जनसंख्या का 31.9% जनसंख्या अनुसूचित जातियों की है।

प्रतिशतता के अनुसार सर्वाधिक अनुसूचित जातियों वाले राज्य

राज्य	प्रतिशत
पंजाब	31.9%
हिमाचल प्रदेश	25.2%
पश्चिम बंगाल	23.5%
उत्तर प्रदेश	20.7%
हरियाणा	20.2%

प्रतिशतता के अनुसार सबसे कम अनुसूचित जातियों वाले राज्य

राज्य / UTs	प्रतिशत
मिजोरम	0.1%
मेघालय	0.6%
गोवा	1.7%
दादरा एवं नगर हवेली और दमन एवं दीव	2.1%

अनुसूचित जनजातियाँ

- भारत में लगभग 550 प्रकार की जनजातियाँ (Tribes) पाई जाती हैं।
- देश की कुल जनसंख्या के 8.6% लोग अनुसूचित जनजाति (Scheduled Tribes) के हैं।

- राज्य की कुल जनसंख्या में जनजातीय जनसंख्या का सर्वाधिक अनुपात मिजोरम (94.4%) में है। जबकि केन्द्रशासित प्रदेशों में लक्षद्वीप में सर्वाधिक जनजातीय प्रतिशत (94.8%) है।
- इसके अतिरिक्त नागालैण्ड, मेघालय, अरुणाचल प्रदेश एवं दादर-नगर हवेली दमन एवं दीव की कुल जनसंख्या में जनजातियों का प्रतिशत 60 से अधिक है।
- कुल जनजातीय संख्या की दृष्टि से राज्य (घटते क्रम में) मध्य प्रदेश > महाराष्ट्र > ओडिशा > राजस्थान
- पंजाब, चण्डीगढ़, हरियाणा, दिल्ली एवं पुदुचेरी भारत के ऐसे राज्य या केन्द्रशासित प्रदेश हैं जहाँ जनजातीय जनसंख्या शून्य है।
- भारत में सर्वाधिक जनजातीय जनसंख्या गोण्ड जनजाति की है तथा द्वितीय स्थान पर सन्थाल जनजाति है।

भारत की प्रमुख जनजातियाँ

हिमाचल प्रदेश	गद्दी, गुज्जर, किन्नर आदि।
जम्मू-कश्मीर	गद्दी, बकरवाल आदि।
राजस्थान	भील, मीणा, कथोड़िया, गरासिया आदि।
आन्ध्र प्रदेश	चेंचू, यनाड़ी, कुरुम्बा, खोण्ड, बगडाज, कोया, वगोटा आदि।
केरल	इरुला, कुरुम्बा, कडार, पुलियान आदि।
तमिलनाडु	टोडा, कोटा, कुरुम्बा, बड़ागा आदि।
अण्डमान एवं निकोबार	ग्रेट अण्डमानी, निकोबारी, ओंगे, जारवा, शौम्पेन, सेंटेनलीज आदि।
अरुणाचल प्रदेश	अप्तानी, मिशमी, डफला, मिरी, आका, सिंगपों, खामती आदि।
असम	चकमा, मिकिर, कचारी, बोरो आदि।
मेघालय	गारो, खासी, जयन्तिया, हमार आदि।
नागालैण्ड	अंगामी नागा, सितेंग, सेमा नागा, कोन्याक नागा, लोथा नागा आदि।
मणिपुर	कुकी, मुघ आदि।
त्रिपुरा	चकमा, गारो, कुकी आदि।
मिजोरम	मिजो, लाखेर, पावो, लुशाई आदि।
पश्चिमी बंगाल	असुर, भूमिज, बिरहोर, लोधा, लेपचा, महाली, मालपहाड़िया, पोलिया आदि।
झारखण्ड	सन्थाल, पहाड़िया, मुण्डा, हो, बिरहोर, ओराँव, खरिया, तमरिया आदि।
उत्तराखण्ड	थारू, भोटिया, जौनसारी, भोक्सा, राजी, खासा, भुइयाँ, खरवाड़, माँझी, कोल आदि।
ओडिशा	जुआंग, सवारा, खरिया, खोण्ड, कान्ध आदि।
मध्य प्रदेश एवं	भील, लमबाड़ी, बंजारा, गोंड, मूरिया, अबूझमारिया आदि
छत्तीसगढ़	बैगा, श्वैरवार, गोंड़, कमार विझंवार आदि

राष्ट्रीय जनसंख्या नीति, 2000

वर्ष 2000 की राष्ट्रीय जनसंख्या नीति भारत सरकार द्वारा क्रियान्वित एक नीतिगत ढाँचा है। इसका उद्देश्य देश में जनसंख्या वृद्धि और परिवार नियोजन से सम्बन्धित चुनौतियों और मुद्दों का समाधान करना है। इसका उद्देश्य जिम्मेदार और नियोजित जनसंख्या को बढ़ावा देकर सतत विकास हासिल करना है।

यह नीति सुलभ और सस्ती प्रजनन स्वास्थ्य सेवाएँ प्रदान करने के महत्त्व पर जोर देती हैं।

एनपीपी 2000 के उद्देश्य

- एनपीपी का प्राथमिक लक्ष्य अपूर्ण स्वास्थ्य देखभाल अवसंरचना, लोगों और गर्भनिरोधक माँगों को पूरा करना है।
- इसके अतिरिक्त, इसका उद्देश्य प्राथमिक प्रजनन और बाल चिकित्सा स्वास्थ्य देखभाल के लिए एकीकृत सेवाएँ प्रदान करना भी है।
- अन्तर-क्षेत्रीय कार्य- रणनीतियों को अपनाकर, मध्यम-अवधि लक्ष्य 2010 तक कुल प्रजनन दर (टीएफआर) को प्रतिस्थापन स्तर (2.1 टीएफआर) पर लाना है।
- इसका दीर्घकालिक लक्ष्य वर्ष 2045 तक जनसंख्या को उस स्तर पर स्थिर करना है जो सामाजिक विकास, पर्यावरण संरक्षण और सतत आर्थिक विकास की माँगों को पूरा कर सके।

एनपीपी, 2000 की मुख्य विशेषताएँ

- प्रजनन स्वास्थ्य सेवाओं से सर्वाधिक महत्त्वपूर्ण लाभ प्राप्त करने के लिए, एनपीपी सरकार के लक्ष्य को सुदृढ़ करता है, जो शिक्षित, स्वैच्छिक निर्णय लेने और सार्वजनिक स्वीकृति को बढ़ावा देता है।
- यह सुनिश्चित करता है कि 14 वर्ष की आयु तक सभी बच्चों के लिए शिक्षा निःशुल्क और अनिवार्य हो, साथ ही पुरुषों और महिलाओं दोनों की असफलता दर को भी कम किया जाए।
- इसका लक्ष्य शिशु मृत्यु दर (आईएमआर) को घटाकर 30 प्रति 1000 जीवित से नीचे लाना है तथा मातृ मृत्यु दर (एमएमआर) को 10,000 जीवित जन्मों पर 100 से कम तक लाना है।
- एनपीपी उन बीमारियों के खिलाफ सभी शिशुओं का व्यापक टीकाकरण कर रहा है, जिनकी रोकथाम टीकों से की जा सकती है।
- इस नीति का उद्देश्य संस्थागत प्रसव को बढ़ावा देना, जन्म, अत्येष्टि, विवाह और गर्भधारण का 100% रिकॉर्ड बनाना है।
- यह विभिन्न विकल्पों और ज्ञान एवं मार्गदर्शन तक सार्वभौमिक पहुँच के साथ प्रजनन और गर्भनिरोधक को विनियमित करने के लिए सेवाएँ प्रदान करता है।
- यह संक्रामक बीमारिकों को नियन्त्रित और रोकता है तथा राष्ट्रीय एड्स नियन्त्रण संगठन और यौन संचारित रोगों (एसटीआई) और प्रजनन पथ संक्रमण (आरटीआई) (एनएसीओ) के उपचार के बीच बेहतर संचार को बढ़ावा दे रहा है।
- आयुष, या भारतीय चिकित्सा पद्धति, का प्रजनन एवं शिशु स्वास्थ्य देखभाल में एकीकरण।
- यह सभी सम्बन्धित सामाजिक कल्याण कार्यक्रमों का अभिसरण ला रहा है ताकि परिवार नियोजन और सहायता व्यक्ति की आवश्यकताओं पर केन्द्रित कार्यक्रम बन जाए।

वस्तुनिष्ठ प्रश्न

1. निम्नलिखित कथनों पर विचार कीजिए
1. केरल के तटीय प्रदेश में मुख्य रूप से संहत/मालानुमा ग्रामीण बस्ती के प्रतिरूप पाया जाता है।
2. बिहार, मध्य प्रदेश, राजस्थान, हरियाणा में अरीय त्रिज्या प्रतिरूप की ग्रामीण बस्तियाँ पाई जाती हैं।

उपरोक्त में से कौन-सा/से कथन सही है/हैं?
(a) केवल 1
(b) केवल 2
(c) 1 और 2 दोनों
(d) न तो 1 और न ही 2

2. भारत में नगरीय क्षेत्र को परिभाषित करते समय सर्वाधिक महत्त्वपूर्ण विचार इसकी जनसंख्या के अतिरिक्त है कि इसमें होना चाहिए
(a) इसकी कार्यशील पुरुष जनसंख्या का आधा अप्राथमिक क्षेत्र के उद्योगों में लगा हुआ
(b) एक पुलिस स्टेशन, एक तारघर तथा एक टेलीफोन सुविधा
(c) एक पुलिस स्टेशन, एक महाविद्यालय तथा एक चिकित्सालय
(d) इसकी कार्यशील पुरुष जनसंख्या का तीन-चौथाई भाग कृष्येत्तर व्यवसायों में लगा हुआ

3. भारतीय जनगणना निदेशालय के अनुसार, किसी अधिवास को नगरीय अधिवासों की श्रेणी में रखने के लिए निम्नलिखित में से कौन-सी शर्त आवश्यक नहीं है?
(a) कुल जनसंख्या 10,000 से अधिक
(b) कुल जनसंख्या 5,000 से अधिक
(c) जनसंख्या का घनत्व 400 व्यक्ति प्रति वर्ग किमी से अधिक
(d) कुल कार्यशील पुरुष जनसंख्या का 75% से अधिक लोगों का गैर कृषि कार्यों में लगे होना

4. निम्न में से कौन-सी नगरीकरण की समस्याएँ हैं?
1. नगरीय सुविधाओं पर बढ़ता दबाव
2. बेरोजगारी
3. यातायात में जाम की समस्या
4. अपराध का बढ़ना

कूट
(a) 1, 2 और 3 (b) 2, 3 और 4
(c) 1, 2 और 4 (d) ये सभी

5. भारत में पिछड़े क्षेत्रों की पहचान के उद्देश्य से निम्नलिखित में से कौन-सा पहचान का मापक नहीं है?
(a) क्षेत्र की कुल जनसंख्या में अनुसूचित जाति और जनजाति की प्रतिशतता
(b) जनसंख्या का कृषि योग्य एवं बंजर भूमि से अनुपात
(c) नगरीय जनसंख्या का ग्रामीण जनसंख्या से अनुपात
(d) कृषि में संलग्न कार्यशील बल की प्रतिशतता

6. निम्नलिखित कथनों पर विचार कीजिए
1. अण्डमान एवं निकोबार द्वीप के मूल निवासी निग्रिटो प्रजाति से सम्बन्धित हैं।
2. मध्य भारत में रहने वाली जनजातियाँ मंगोलॉयड प्रजाति से सम्बन्धित हैं।
3. पूर्वोत्तर भारत में रहने वाली जनजातियाँ निग्रिटो प्रजाति से सम्बन्धित हैं।
4. भारतीय आर्य नॉर्डिक प्रजाति से सम्बन्धित हैं।

उपरोक्त कथनों में कौन-से सही हैं?
(a) 1 और 2 (b) 2 और 3
(c) 1 और 4 (d) 3 और 4

7. भारत की निम्नलिखित में से कौन-सी जनजाति प्रोटो-ऑस्ट्रेलॉयड प्रजाति से सम्बन्धित है?
(a) इरुला (b) खासी
(c) सन्थाल (d) थारू

8. भारत के निम्नलिखित भागों में द्रविड़ियन प्रजाति मुख्यतः कहाँ संकेन्द्रित हैं?
(a) दक्षिण भारत
(b) उत्तर-पश्चिमी भारत
(c) उत्तर-पूर्वी भारत
(d) उत्तर भारत

9. अधिकांश भारतीय किस समूह से सम्बन्ध रखते हैं?
(a) कॉकेशियाई
(b) नीग्रोकल्प
(c) ऑस्ट्रेलॉयड
(d) मंगोलकल्प

10. निम्नांकित में से किस राज्य में वर्ष 2011 में अनुसूचित जनजातियों की संख्या देश में सर्वाधिक है?
(a) मिजोरम
(b) गुजरात
(c) मध्य प्रदेश
(d) महाराष्ट्र

11. भारत के निम्नलिखित में से किस राज्य में उसकी कुल आबादी में अनुसूचित जनजातियों की आबादी की प्रतिशतता अधिकतम है?
(a) मिजोरम
(b) नागालैण्ड
(c) मेघालय
(d) अरुणाचल प्रदेश

12. अगरिया, बैगा तथा भुइया अनुसूचित जनजातियाँ उत्तर प्रदेश के निम्नलिखित जिलो में से किसमें मुख्यतः निवास करती हैं?
(a) अम्बेडकर नगर (b) जालौन
(c) सोनभद्र (d) ललितपुर

13. 'जारवा जनजाति' पाई जाती है
(a) अरुणाचल प्रदेश (b) मेघालय
(c) मिजोरम (d) निकोबार द्वीप

14. खासी और गारो जातियाँ मुख्यतः कहाँ पाई जाती हैं?
(a) मेघालय (b) नागालैण्ड
(c) मिजोरम (d) मणिपुर

15. अहोम जनजाति भारत के किस राज्य से सम्बन्धित है?
(a) असम
(b) आन्ध्र प्रदेश
(c) मध्य प्रदेश
(d) झारखण्ड

16. कुकी किस राज्य से सम्बन्धित है?
(a) नागालैण्ड (b) मेघालय
(c) मणिपुर (d) त्रिपुरा

17. कोल, भील, गोंड आदि जनजातियाँ किस राज्य में निवास करती हैं?
(a) उड़ीसा (b) असम
(c) मध्य प्रदेश (d) राजस्थान

18. नीलगिरि पहाड़ों (ब्लू माउण्टेन) में निम्नलिखित में से कौन-सा जनजातीय समूह प्रमुख रूप से पाया जाता है?
(a) लामबाड़ा (b) गोण्डा
(c) जारवा (d) टोडा

19. भारत के निम्नलिखित में से किन राज्यों में 'थारु जनजाति' निवास कर रही है?
(a) बिहार तथा मध्य प्रदेश
(b) झारखण्ड तथा मध्य प्रदेश
(c) छत्तीसगढ़ तथा हिमाचल प्रदेश
(d) उत्तराखण्ड तथा उत्तर प्रदेश

20. निम्नलिखित में कौन-सा सुमेलित नहीं है?

	सूची I (जनजाति)	सूची II (उपजाति)
(a)	गोंड	अगरिया
(b)	बैगा	बिंझवार
(c)	भारिया	पटलिया
(d)	कोरकू	महार

21. निम्नलिखित में से किस जनगणना दशक में लिंग अनुपात में भारतवर्ष में सबसे अधिक गिरावट दर्ज की गई?
(a) 1931-41 (b) 1961-71
(c) 1981-91 (d) 2001-11

22. भारत की जनसंख्या में ऋणात्मक वृद्धि दर किस दशक में दर्ज की गई थी?
(a) वर्ष 1921-31 (b) वर्ष 1911-21
(c) वर्ष 1941-51 (d) वर्ष 1931-41

23. किस वर्ष को भारत के जनांकिकी का विभाजक कहा जाता है?
(a) वर्ष 1901 (b) वर्ष 1921
(c) वर्ष 1951 (d) वर्ष 1971

24. भारत में दुनिया की कुल आबादी का लगभग ····· है।
(a) 12% (b) 14%
(c) 15% (d) 17%

25. 2011 की जनगणना के अनुसार, निम्नलिखित में से कौन-सा जनसंख्या घनात्मक की दृष्टि से सही घटते क्रम में व्यवस्थित है?
(a) पश्चिम बंगाल, बिहार, केरल, उत्तर प्रदेश
(b) बिहार, उत्तर प्रदेश, पश्चिम बंगाल, केरल
(c) पश्चिम बंगाल, उत्तर प्रदेश, बिहार, केरल
(d) बिहार, पश्चिम बंगाल, केरल, उत्तर प्रदेश

26. वर्ष 2011 की जनगणना के अनुसार भारत में निम्नलिखित राज्यों में से सबसे अधिक जनसंख्या घनत्व वाला राज्य कौन-सा है?
(a) पश्चिम बंगाल
(b) केरल
(c) उत्तर प्रदेश
(d) बिहार

27. भारत की जनगणना 2011 के अनुसार, भारत के निम्नलिखित राज्यों में से कौन-सा एक राज्य न्यूनतम आबादी वाला राज्य है?
(a) महाराष्ट्र (b) मध्य प्रदेश
(c) ओडिशा (d) पंजाब

28. वर्ष 2011 की जनसंख्या के अन्तिम आँकड़ों के अनुसार निम्नलिखित में से किस राज्य में जनसंख्या घनत्व सबसे कम है?
(a) अरुणाचल प्रदेश (b) मेघालय
(c) सिक्किम (d) उत्तराखण्ड

29. 2011 की जनगणना के अनुसार, भारत का कौन-सा जिला सबसे अधिक आबादी वाला है?
(a) गाजियाबाद, उत्तर प्रदेश
(b) थेनी, तमिलनाडु
(c) ठाणे, महाराष्ट्र
(d) चुरु, राजस्थान

30. वर्ष 2011 की भारत की जनगणना के लिए निम्नलिखित में से कौन-सा आदर्श वाक्य उपयोग किया गया था?
(a) अवर फ्यूचर, अवर कंट्री
(b) अवर कंट्री, अवर सेन्सस
(c) पीपुल ऑफ इण्डिया-अवर सेन्सस
(d) अवर सेन्सस, अवर फ्यूचर

31. जनगणना वर्ष 2011 के अन्तिम आँकड़ों के अनुसार 2001-11 के दशक में, भारत की जनसंख्या की दशकीय वृद्धि दर कितनी रही?
(a) 17.11% (b) 17.70%
(c) 16.74% (d) 16.05%

32. भारत की वर्ष 2011 की जनगणना के अन्तिम आँकड़ों के अनुसार भारत का लिंगानुपात निम्नलिखित में से क्या है?
(a) 935 (b) 943
(c) 945 (d) 950

33. 2011 की जनगणना के अनुसार भारत के निम्नलिखित राज्यों में से किस में प्रति 100 बालिकाओं (0 से 6 वर्ष) की संख्या पर बालकों की संख्या सर्वाधिक है?
(a) बिहार (b) पंजाब
(c) हरियाणा (d) पश्चिमी बंगाल

34. जनगणना वर्ष 2011 के अनुसार, निम्नलिखित में से किस भारतीय राज्य में महिला साक्षरता न्यूनतम थी?
(a) उत्तर प्रदेश (b) राजस्थान
(c) केरल (d) आन्ध्र प्रदेश

35. वर्ष 2011 की जनगणना के अनुसार, निम्नलिखित में से किस राज्य में साक्षरता सर्वाधिक थी?
(a) मणिपुर (b) पंजाब
(c) असम (d) मध्य प्रदेश

36. वर्ष 2011 की जनगणना के अनुसार, भारत में नगरीय जनसंख्या की देश की कुल जनसंख्या की प्रतिशतता थी
(a) 28.50 (b) 31.16
(c) 37.60 (d) 39.20

37. 2011 की जनगणना के अनुसार, निम्न राज्यों में से किस राज्य में सर्वाधिक ग्रामीण आबादी है?
(a) महाराष्ट्र (b) उत्तर प्रदेश
(c) पंजाब (d) मध्य प्रदेश

38. भारत के किस राज्य में नगरीय जनसंख्या वर्ष 2011 का प्रतिशत सर्वाधिक है?
(a) गोव (b) महाराष्ट्र
(c) केरल (d) मिजोरम

39. वर्ष 2011 की जनगणना के अनुसार, निम्नलिखित में से किस राज्य में नगरीय जनसंख्या की प्रतिशतता न्यूनतम थी?
(a) त्रिपुरा (b) सिक्किम
(c) अरुणाचल प्रदेश (d) हिमाचल प्रदेश

40. भारत में नगरीकरण के सन्दर्भ में निम्नलिखित कथनों में कौन-सा/से सही है/हैं?
1. 2011 की जनगणना के अनुसार देश की कुल नगरीय जनसंख्या का 60% से अधिक प्रथम श्रेणी के नगरों में निवास करती है।
2. 2011 में देश में 10 लाख से अधिक जनसंख्या वाले 53 नगर संकुल थे।

कूट
(a) केवल 1
(b) केवल 2
(c) 1 और 2 दोनों
(d) न तो 1 और न ही 2

सही उत्तर

1. (c)	2. (d)	3. (a)	4. (d)	5. (c)	6. (c)	7. (c)	8. (a)	9. (a)	10. (c)
11. (a)	12. (c)	13. (d)	14. (a)	15. (a)	16. (c)	17. (c)	18. (d)	19. (d)	20. (c)
21. (b)	22. (b)	23. (b)	24. (d)	25. (d)	26. (d)	27. (d)	28. (a)	29. (c)	30. (d)
31. (b)	32. (b)	33. (c)	34. (b)	35. (a)	36. (b)	37. (b)	38. (a)	39. (d)	40. (c)

इतिहास

अध्याय 01 ऐतिहासिक स्रोत

भारतीय इतिहास के विभिन्न स्रोत

- भारत का प्राचीन इतिहास गौरवपूर्ण रहा है, इसकी जानकारी के स्रोत अत्यधिक विस्तृत हैं। इतिहास केवल घटनाओं का वर्णन नहीं है बल्कि इसमें सामाजिक, आर्थिक तथा बौद्धिक परिवर्तनों को भी रेखांकित किया जाता है। उत्पादन के साधनों तथा उनके पारस्परिक सम्बन्धों के विवरण से हमें प्राचीन भारतीय इतिहास के जीवन के रहन-सहन का ज्ञान होता है।
- यूनानी तथा रोमन इतिहासकारों के विवरण से प्राचीन भारतीय इतिहास के बारे में ऐसी भ्रान्तियाँ पैदा हुईं, जिससे असमंजस की स्थिति उत्पन्न हुई। इसे दूर करने के लिए इतिहासकारों विशेषकर दामोदर, धर्मानन्द, कौशाम्बी तथा रोमिला थापर ने पुरातत्त्वों के माध्यम से 'इतिहास को नीचे से' अध्ययन की नई प्रणाली विकसित की। प्राप्त अवशेषों तथा साहित्यिक रचनाओं के बीच काल-क्रम का अन्तर प्राचीन भारतीय इतिहास का एक बाधक तत्त्व रहा है।
- 'रामायण' एवं 'महाभारत' जैसे महाकाव्य तथा 'अयोध्या' एवं 'हस्तिनापुर' की स्थिति हमेशा से असहज ऐतिहासिक प्रवृत्ति उत्पन्न करती रही है, जिसके समाधान का हल भी इतिहासकारों ने ढूँढ़ा है।

ऐतिहासिक कालों का विवरण

काल (युग)	**समय** (काल-क्रम)
प्रागैतिहासिक काल	मानव उत्पत्ति से 3000 ई.पू.
आद्य-ऐतिहासिक काल	3000 ई.पू. से 600 ई.पू.
ऐतिहासिक काल	600 ई.पू. से आगे

स्रोतों का विवरण

- ऐतिहासिक क्रमबद्धता को प्रभावी रूप देने के लिए विद्वानों ने स्रोतों को तीन भागों में विभाजित किया है। ये हैं
  (i) पुरातात्त्विक स्रोत (ii) साहित्यिक स्रोत
  (iii) विदेशी रचनाकारों तथा यात्रियों की रचनाएँ

पुरातात्त्विक स्रोत

- पुरातात्त्विक स्रोत प्राचीन भारत को जानने का सर्वाधिक सक्षम साधन है। ऐसे स्रोतों के महत्त्वपूर्ण होने का कारण भारतीय ग्रन्थों के माध्यम से ठीक-ठीक कालक्रमों की जानकारी का नहीं होना है।
- ऐसे ग्रन्थों में सामाजिक परिदृश्यों पर अधिक दबाव होने के कारण आर्थिक तथा सांस्कृतिक प्रवृत्तियों पर गम्भीर ध्यान नहीं गया है। प्राक्-ऐतिहासिक काल का वर्णन करते हुए इतिहासकार पूर्णत: पुरातात्त्विक स्रोतों पर आश्रित होते हैं।
- आद्य इतिहास के अध्ययन में भी पुरातात्त्विक स्रोत ही मुख्य भूमिका निभाते हैं, जबकि ऐतिहासिक काल का विवरण पुरातात्त्विक स्रोतों तथा अन्य स्रोतों की एकसूत्रता पर निर्भर करता है।
- भारत अपने पुरातात्त्विक अवशेषों के कारण जाना जाता है। देश के विभिन्न हिस्सों में हुए उत्खनन से इसके महत्त्व का पता चला है।
- प्राचीन भारत के इतिहास को जानने के लिए ऐसे पुरातात्त्विक स्रोतों में प्रमुख हैं
  (i) अभिलेख (ii) स्मारक एवं भवन (iii) मुद्राएँ
  (iv) मुहरें (v) मूर्तियाँ (vi) चित्रकला

अभिलेख

- अभिलेख प्राचीन भारतीय इतिहास को जानने का एक बहुमूल्य स्रोत है।
- अभिलेखों के अध्ययन को **पुराभिलेखाशास्त्र** (Epigraphy) कहते हैं।
- प्राचीन भारत के अभिलेखों में बहुधा धातु की प्लेटों तथा पत्थरों के स्तम्भ, उकेरे गए हैं।
- ऐसे अभिलेख विशेष रूप से तीन प्रकार के होते हैं—राजकीय निर्देश, उपहारों की घोषणा तथा प्रशस्ति अभिलेख। अभिलेखों की भाषा प्राकृत, पालि, संस्कृत तथा अन्य दक्षिण भारतीय भाषाएँ हैं। कुछ अभिलेख द्वि-भाषी तथा विदेशी भाषा में भी उत्कीर्ण हैं। इसमें अशोक के स्तम्भ लेख की चर्चा की जा सकती है, जो ब्राह्मी के साथ ग्रीक, अरामाइक तथा खरोष्ठी लिपियों में उत्कीर्ण हैं।

पुरातात्त्विक अभिलेखों को अध्ययन की दृष्टि से दो भागों में बाँटकर देखा जा सकता है
(i) देशी अभिलेख तथा (ii) विदेशी अभिलेख।

- अभिलेखों के माध्यम से राजाओं के साम्राज्य विस्तार, शासन-प्रबन्ध, कला तथा राजनीतिक परिदृश्य का पता चलता है।
- अशोक के इलाहाबाद स्तम्भ पर ही **समुद्रगुप्त** एवं **जहाँगीर** के लेख हैं।
- भूमि-अनुदान पत्र अधिकतर ताँबे की चादरों पर उत्कीर्ण हैं।
- निजी अभिलेख बहुधा मन्दिरों या मूर्तियों पर उत्कीर्ण हैं।

प्राचीन भारत के प्रमुख अभिलेख

अभिलेख	शासक
महास्थान अभिलेख	चन्द्रगुप्त मौर्य
गिरनार अभिलेख	रुद्रदामन
प्रयाग प्रशस्ति	समुद्रगुप्त
उदयगिरि अभिलेख	चन्द्रगुप्त द्वितीय
भितरी स्तम्भलेख	स्कन्दगुप्त
एरण अभिलेख	भानुमुरत
ग्वालियर प्रशस्ति	राजा भोज
हाथीगुम्फा अभिलेख	खारवेल
नासिक	गौतमी श्री
देवपाड़ा	विजय सेन
ऐहोल	पुलकेशिन द्वितीय

- सबसे प्राचीन अभिलेख मध्य एशिया के बोगजकोई नामक स्थान से मिले हैं। (1400 ई. पू. के) एशिया माइनर में प्राप्त **बोगजकोई अभिलेख** से आर्यों के भारतीय क्षेत्र में आगमन की तिथि सुनिश्चित होती है।
- इस अभिलेख में वैदिक देवताओं इन्द्र, वरुण, मित्र तथा नासात्य की चर्चा मिलती है। ईरान में प्राप्त **नक्श-ए-रुस्तम अभिलेख** से प्राचीन भारत के पश्चिम एशिया से सम्बन्धों की जानकारी मिलती है।

स्मारक एवं भवन

- पुरातात्त्विक सामग्रियों में स्मारकों का अत्यधिक महत्त्व है। राजनीतिक तथा सांस्कृतिक दृष्टि से ऐसे स्मारकों का महत्त्व उल्लेखनीय है। इस श्रेणी में भवन, मन्दिर, स्तूप तथा विहारों को रखा जा सकता है।
- स्मारकों को दो भागों में बाँटकर देखा जा सकता है। *ये हैं*—देशी स्मारक तथा विदेशी स्मारक।
- हड़प्पा, मोहनजोदड़ो, नालन्दा, हस्तिनापुर इत्यादि देशी स्मारकों की श्रेणी में आते हैं, जबकि कम्बोडिया स्थित अंकोरवाट का मन्दिर, जावा का बोरोबुदूर मन्दिर तथा बाली से प्राप्त मूर्तियाँ विदेशी स्मारक हैं, जो प्राचीन भारतीय इतिहास से जुड़ते प्रतीत होते हैं।
- बोर्निया के मुकरान से प्राप्त प्रतिमाओं पर अंकित तिथि काल-क्रम स्थापना में विशिष्ट योगदान देते हैं।
- प्राचीन काल में स्मारकों से वास्तुकला के विकास पर पर्याप्त प्रकाश पड़ता है।

मुद्राएँ

- मुद्राओं के अध्ययन को मुद्राशास्त्र (Numismatics) कहा जाता है।
- मुद्राओं का ऐतिहासिक दृष्टि से महत्त्वपूर्ण स्थान है। मुद्राओं के आधार पर शासकों के राजकीय शासनकाल का पता चलता है।
- देश के विभिन्न हिस्सों से प्राप्त स्वर्ण, रजत तथा ताम्र मुद्राओं पर उत्कीर्ण तिथियों तथा आकृतियों से काल-क्रम निर्धारण के साथ राजकीय सीमा, आर्थिक दशा तथा अन्य ऐतिहासिक तथ्यों की जानकारी मिलती है।
- भारत के प्राचीनतम सिक्के आहत सिक्के हैं। ये ई. पू. पाँचवीं शताब्दी के हैं। इनका निर्माण ठप्पा मारकर किया जाता था।
- इन सिक्कों पर मात्र विभिन्न प्रकार के चित्रों का उत्कीर्णन होता था। आहत सिक्कों पर निर्मित चित्र पेड़, साण्ड, हाथी, मछली तथा अर्द्धचन्द्र आदि हैं।
- आहत सिक्कों की सबसे पुरानी निधियाँ (होर्ड्स) पूर्वी उत्तर प्रदेश तथा मगध में प्राप्त होती हैं।
- हिन्द-यवनों के द्वारा भारत में सिक्का निर्माण की 'डाई विधि' का प्रचलन किया गया। अब सिक्के साँचे में ढलने लगे, उनकी कलात्मकता बढ़ी और उन पर राजाओं तथा देवताओं के नाम तथा तिथियाँ भी उल्लिखित होने लगीं।

मुहरें

मुहरों का प्राचीन भारतीय इतिहास के स्रोत के रूप में अत्यधिक महत्त्व है। उत्खनन से प्राप्त मुहरों के आधार पर हड़प्पा सभ्यता के नागरिकों के धार्मिक विश्वास तथा आर्थिक स्थिति का पता चलता है।

मूर्तियाँ

- मूर्तियाँ सांस्कृतिक तथा कला सम्बन्धी ऐतिहासिक स्रोत हैं, जिससे सामान्य जनता की धार्मिक प्रवृत्तियों तथा आस्था का लेखा-जोखा मिलता है। हड़प्पा सभ्यता की मृण्मूर्तियों से निवास करने वाली प्रजातियों की धार्मिक-सामाजिक प्रवृत्तियों की जानकारी मिलती है।
- कुषाण काल में गन्धार तथा मथुरा शैली में निर्मित मूर्तियाँ कलात्मक प्रबुद्धता तथा सांस्कृतिक समन्वय को सामने लाती हैं। गुप्तोत्तर काल की मूर्तियाँ अधिक परिनिष्ठित तथा परिमार्जित हैं।
- उनमें सांकेतिकता अधिक है। मूर्तिकला की ऐसी विशिष्टता तत्कालीन जनसाधारण के जीवन को पर्याप्त रूप से प्रकाशित करती है। प्राचीनकाल में मूर्तियों का निर्माण कुषाण काल से प्रारम्भ होता है।

चित्रकला

- चित्रकला जीवन के चित्रों को स्पष्टता देने वाला प्रमुख ऐतिहासिक स्रोत है। इससे किसी काल विशेष के जीवन की उन्नति तथा भावुकता का पता चलता है।
- प्राक्-ऐतिहासिक गुफाओं विशेषकर भीमबेटका मध्य प्रदेश का गुफा-चित्र एक मुख्य ऐतिहासिक स्रोत है, जिसमें पूर्व ऐतिहासिक काल की सांस्कृतिक विविधता पर प्रकाश पड़ता है। अजन्ता तथा बाघ की गुफाओं में बने चित्र गुप्तकाल की उन्नत सांस्कृतिक दशा को उत्कीर्ण करने में सक्षम हैं।

साहित्यिक स्रोत

प्राचीन भारतीय इतिहास के साहित्यिक स्रोतों में विविधता तथा संरचनात्मक प्रवृत्तियों के आधार पर इन्हें निम्न प्रकार से बाँटा जाता है

धार्मिक साहित्य

(i) वैदिक साहित्य (ब्राह्मण-ग्रन्थ)
(ii) बौद्ध साहित्य तथा
(iii) जैन साहित्य

वैदिक साहित्य

इस श्रेणी में चार वेद, उनके उपवेद, वेदांग, उपनिषद्, ब्राह्मण, आरण्यक इत्यादि आते हैं। पुराण, रामायण तथा महाभारत को भी इसी साहित्यिक स्रोतों की श्रेणी में रखा जाता है। ये ग्रन्थ प्राचीन भारत के सामाजिक एवं सांस्कृतिक स्थिति का विस्तृत स्वरूप सामने लाते हैं।

- **वेदों** की संख्या चार है। ये हैं—ऋग्वेद, यजुर्वेद, सामवेद तथा अथर्ववेद। ऋग्वेद सबसे प्राचीन वेद है। इसमें 10 मण्डल, 1028 सूक्त तथा 10,580 श्लोक हैं।
- यजुर्वेद प्राचीन भारत की कृषि संस्कृति को प्रकाशित करने वाला वैदिक साहित्य है। इसमें यज्ञ के नियमों एवं विधि-विधानों का संकलन है।
- सामवेद में 1549 श्लोक हैं। इन श्लोकों का सम्बन्ध यज्ञ के अवसर पर गाने वाले गीतों से है। इसे भारतीय संगीत का मूल कहा जाता है।
- अथर्ववेद में 20 मण्डल हैं। इसमें ऋचाओं की संख्या 731 है। इस वेद से उत्तर वैदिककालीन भारत के सामाजिक, राजनीतिक तथा आर्थिक परिदृश्यों का पता चलता है। इसमें आर्य एवं अनार्य विचारधाराओं का समन्वय है।
- वेदों के बाद **उपवेद** की चर्चा होती है। उपवेद वेदों का विशिष्ट विवरण उपलब्ध कराते हैं।
- **वेदांगों** की रचना वैदिक काल के अन्त में हुई। ये वेदों के ही अंग हैं, जो वेदों को सरलतम रूप में रखते हैं वेदांगों की संख्या 6 है। ये हैं—शिक्षा, कल्प, व्याकरण, निरुक्त, छन्द तथा ज्योतिष।
- **ब्राह्मण-ग्रन्थों** की रचना ऋषियों द्वारा की गई। ये वेदों की सरल तथा गद्यात्मक व्याख्या हैं। प्रत्येक वेद से जुड़े ब्राह्मण-ग्रन्थ हैं। इन ग्रन्थों में वैदिक उत्सवों तथा शासकों की चर्चा है। ब्राह्मण-ग्रन्थों से वैदिक समाज, राजनीति तथा धार्मिक जीवन की विशुद्ध जानकारी मिलती है। सर्वाधिक महत्त्वपूर्ण ब्राह्मण ग्रन्थ शतपथ ब्राह्मण है।
- **आरण्यक ग्रन्थों** की रचना ब्राह्मणों के बाद हुई है। इन ग्रन्थों में आत्मा, मृत्यु, जीवन तथा असांसारिक गतिविधियों से जुड़े विषयों की चर्चा की गई है। आरण्यक ग्रन्थों को विभिन्न वेदों से जोड़ा गया है। अथर्ववेद का कोई आरण्यक ग्रन्थ नहीं है। आरण्यक ग्रन्थों की विषय-वस्तु आध्यात्मिक एवं दार्शनिक चिन्तन है। विषय-वस्तु के कारण इन्हें रहस्य भी कहते हैं।
- **उपनिषद्** वैदिक ग्रन्थों के अन्तिम भाग हैं। इसमें अध्यात्म तथा दर्शन के गूढ़ रहस्यों का विवेचन हुआ है। उपनिषदों की संख्या 108 मानी गई है। इनमें वृहदारण्यक, कठ, छान्दोग्य, मुण्डक इत्यादि प्रमुख हैं। वेदों का अन्तिम भाग होने के कारण, उपनिषदों को वेदान्त भी कहते हैं। भारत का आदर्श वाक्य 'सत्यमेव जयते' मुण्डकोपनिषद् से लिया गया है।
- **पुराण** ऐतिहासिक तथ्यों की जानकारी के महत्त्वपूर्ण स्रोत हैं। पुराणों की संख्या 18 है। इनमें ब्रह्म, मत्स्य, भागवत, शिव, मार्कण्डेय, विष्णु, वायु, गरुड़ इत्यादि प्रमुख हैं। विष्णु पुराण, मौर्य काल के लिए; मत्स्य पुराण सातवाहन एवं शुंग वंश तथा वायु पुराण गुप्त वंश के लिए महत्त्वपूर्ण हैं।

बौद्ध साहित्य

प्राचीन भारतीय इतिहास के साहित्यिक स्रोतों में बौद्ध ग्रन्थों का स्थान महत्त्वपूर्ण है। बौद्ध साहित्य के तीन प्रमुख भाग हैं—जातक, पिटक तथा निकाय।

- **जातक कथाएँ** बुद्ध के पूर्व जन्मों का कथानक वृतान्त हैं, जिसमें प्राचीन भारतीय समाज की प्रवृत्तियों का दिग्दर्शन होता है। वर्तमान में 549 जातकों की चर्चा मिलती है।
- **पिटकों** का बौद्ध साहित्य में अन्यतम महत्त्व है, इनकी संख्या तीन है। ये हैं—विनयपिटक, सुत्तपिटक तथा अभिधम्मपिटक। इनकी रचना महात्मा बुद्ध के निर्वाण प्राप्त करने के बाद उनके शिष्यों द्वारा की गई। विनयपिटक में बौद्ध भिक्षुओं के आचरण सम्बन्धी विचार मिलते हैं। सुत्त पिटक में महात्मा बुद्ध के उपदेशों का संग्रह है, जबकि अभिधम्मपिटक बौद्ध दर्शन का विवेचन करता है। इन पिटकों को 'त्रिप्टिक' भी कहा जाता है। त्रिपिटक की भाषा 'पालि' है।
- **महावंश** तथा **दीपवंश** पालि भाषा में रचित महत्त्वपूर्ण बौद्ध ग्रन्थ हैं, जिनसे चौथी-पाँचवीं शताब्दी के ऐतिहासिक तथ्यों का पता चलता है। अश्वघोष की रचना 'बुद्धचरित', नागसेन की रचना 'मिलिन्दपन्हों' 'दिव्यावदान' (संस्कृत में रचित बौद्ध ग्रन्थ है) 'ललित विस्तार', 'नंजूश्री मूलकल्प', 'महावस्तु', इत्यादि प्रमुख बौद्ध ग्रन्थ है।
- सबसे प्राचीन बौद्ध ग्रन्थ त्रिपिटक हैं।

जैन साहित्य

- प्राचीनतम जैन ग्रन्थ 'पूर्व' कहे जाते थे। इसमें महावीर द्वारा प्रचारित सिद्धान्त संगृहित हैं। स्वयं महावीर ने इसे अर्द्धमागधी प्राकृत भाषा में शिष्यों तक पहुँचाया।
- जैन ग्रन्थों की रचना प्राकृत भाषा में हुई है। जैन साहित्य में 'आगमों' को महत्त्वपूर्ण स्थान दिया जाता है। जैन आगम के अन्तर्गत 12 अंग, 12 उपांग, 10 प्रकीर्ण तथा 6 छन्दसूत्रों को शामिल किया गया है। इन ग्रन्थों का संग्रह 453 ई. में वल्लभी में आयोजित जैन संगीति के दौरान की गई थी।
- **आचारांगसूत्र** में जैन भिक्षुओं के आचार-व्यवहार का वर्णन है। **भगवतीसूत्र** में महावीर स्वामी के जीवन से जुड़े प्रसंगो की चर्चा है। महावीर की शिक्षाओं का संग्रह औपपातिकसूत्र, आवश्यकसूत्र में अजातशत्रु के धार्मिक विचारों तथा भद्रबाहुचरित में चन्द्रगुप्त मौर्य के शासनकाल की घटनाओं का विवरण है।

धर्मेत्तर साहित्य

- धर्मेत्तर साहित्यों में 'धर्मसूत्र' तथा 'स्मृतियों' का प्रमुख स्थान है। स्मृतियों की रचना छठी शताब्दी ई.पू. के बाद हुई है।
- 'अर्थशास्त्र' प्राचीन भारतीय इतिहास खासकर मौर्य प्रशासन का स्पष्ट चित्र देने वाली रचना है। यह 15 खण्डों में रचित एक वृहद् रचना है। प्रबन्ध चिन्तामणि अर्थशास्त्र की टीका है। 'अष्टाध्यायी' एक व्याकरण ग्रन्थ है, जिसमें पाँचवीं शताब्दी ई.पू. के समाज का विशिष्ट वर्णन मिलता है।
- 'महाभाष्य' की रचना मौर्योत्तर काल में हुई। यह रचना वस्तुतः 'अष्टाध्यायी' की एक टीका है। 'महाभाष्य' में शुंग शासक 'पुष्यमित्र' के शासनकाल का विवरण मिलता है।
- ऐतिहासिक रचनाओं में सर्वाधिक महत्त्वपूर्ण कल्हण द्वारा रचित 'राजतरंगिणी' है। यह संस्कृत साहित्य में ऐतिहासिक घटनाओं के क्रमबद्ध इतिहास लिखने का प्रथम प्रयास है।

विदेशी रचनाकार तथा यात्रियों की रचनाएँ

- यूनानी लेखकों से प्राचीन भारतीय इतिहास की जानकारी के रोचक तथ्य मिलते हैं। इनमें मेगास्थनीज प्रमुख है, जिसने अपनी रचना 'इण्डिका' (Indica) में मौर्य प्रशासन, समाज तथा संस्कृति का विवरण दिया है।
- टॉलेमी, प्लूटार्क, स्ट्रैबो तथा प्लिनी की रचनाओं में भी प्राचीन भारतीय समाज तथा अर्थव्यवस्था के चित्र मिलते हैं। अज्ञात लेखक की रचना 'पेरीप्लस ऑफ द इरीथ्रियन सी' में भारतीय बन्दरगाहों तथा वहाँ से होने वाली वाणिज्यिक गतिविधियों का विवरण मिलता है।
- **चीनी यात्रियों** के वृतान्त से भारत के सम्बन्ध में महत्त्वपूर्ण जानकारी मिलती है। फाह्यान चन्द्रगुप्त द्वितीय विक्रमादित्य के शासनकाल में भारत आया था। उसने 15 वर्ष तक भारत के विभिन्न हिस्सों की यात्रा की तथा

भारत के समाज, राजनीति, संस्कृति तथा बौद्ध धर्म की स्थिति का प्रभावपूर्ण वर्णन किया।

- फाह्यान की प्रसिद्ध रचना फो-क्यो-की अथवा 'ए रिकॉर्ड ऑफ द बुद्धिस्ट कण्ट्रीज' (A Record of the Buddhist Countries) में भारत का रोचक विवरण प्रस्तुत किया गया है।
- ह्वेनसाँग एक अन्य चीनी बौद्ध यात्री था, जो कन्नौज के शासक हर्षवर्द्धन के शासनकाल में भारत की यात्रा पर आया था। उसने अपने यात्रा वृतान्त 'सीयूकी' (Siyuki) अथवा 'एस्से ऑन वेस्टर्न वर्ल्ड (Essay on Western World)' में हर्षकालीन भारत की सामाजिक-धार्मिक स्थिति का विवरण दिया है।
- चीनी यात्री इत्सिंग सातवीं शताब्दी में भारत आया था। उसके लेखों से तत्कालीन भारत की महत्त्वपूर्ण जानकारियाँ मिलती हैं।
- **तिब्बत** के लेखकों में लामा तारानाथ प्रसिद्ध हैं। उनकी रचनाओं 'कंग्यूर' तथा 'तंग्यूर' में प्राचीन भारतीय इतिहास का विवरण मौजूद है।
- **अरबी यात्रियों** में अलबरूनी प्रमुख हैं। अलबरूनी की रचना 'तहकीके हिन्द' में प्राचीन भारतीय समाज का विविधतापूर्ण वर्णन मिलता है। यह रचना उत्तर गुप्तकाल के भारत का प्रमुख दस्तावेज है। अन्य अरबी रचनाकारों में अलमसूदी, सुलेमान तथा अल बिलादुरी प्रमुख हैं।

दक्षिण भारत के सन्दर्भ में स्रोत

दक्षिण भारत के इतिहास को जानने में पुरातात्विक स्रोतों की विश्वसनीयता अन्य स्रोतों से कहीं अधिक है। यहाँ से प्राप्त महापाषाणीय संस्कृति के अवशेषों से सांस्कृतिक विरासत के साथ सामाजिक-आर्थिक जीवन का विवरण मिलता है। वैसे संगम साहित्यों में वर्णित विषय-वस्तु दक्षिण भारतीय इतिहास की विशिष्ट परम्परा का द्योतक है। इसमें चोल, चेर तथा पाण्ड्य शासकों के समय के समाज, अर्थव्यवस्था तथा संस्कृति का विवरण मिलता है। संगम साहित्य मूल रूप से तमिल तथा संस्कृत भाषा में रचित है, जो तीन संगमों के दौरान संग्रहित किए गए हैं।

वस्तुनिष्ठ प्रश्न

1. पुरातात्विक स्रोत, प्राचीन भारत को जानने का सर्वाधिक सक्षम साधन है, निम्न में से कौन प्राचीन भारत के इतिहास को जानने हेतु प्रमुख पुरातात्विक स्रोत है?
(a) अभिलेख (b) स्मारक व भवन
(c) मुद्राएँ व मुहरें (d) ये सभी

2. पुरातात्विक विधा का अभिप्राय है
(a) सिक्कों का अध्ययन
(b) शिलालेखों का अध्ययन
(c) महाकाव्यों का अध्ययन
(d) भूगोल का अध्ययन

3. अभिलेखों के अध्ययन को क्या कहा जाता है?
(a) पुराभिलेखाशास्त्र (b) मुद्राशास्त्र
(c) एथेनोग्राफी (d) इक्नोग्राफी

4. प्राचीन भारत के किस अभिलेख को 'एशिया का माइनर' भी कहा जाता है?
(a) गिरनार अभिलेख
(b) हाथीगुम्फा अभिलेख
(c) बोगजकोई अभिलेख
(d) उदयगिरि अभिलेख

5. फारस (वर्तमान ईरान) से प्राप्त किस अभिलेख में प्राचीन भारत के पश्चिम एशिया से सम्बन्धों की जानकारी मिलती है?
(a) एरण अभिलेख
(b) नक्श-ए-रुस्तम अभिलेख
(c) देवपाड़ा अभिलेख
(d) उपरोक्त में से कोई नहीं

6. हड़प्पा, मोहनजोदड़ो, नालन्दा, हस्तिनापुर आदि स्मारक किस प्रकार के स्मारकों व भवनों की श्रेणी में आते हैं?
(a) देशी स्मारक
(b) विदेशी स्मारक
(c) 'a' व 'b' दोनों
(d) उपरोक्त में से कोई नहीं

7. मुद्राओं के अध्ययन को क्या कहा जाता है?
(a) न्यूमिस्मेटिक्स
(b) एथेनोग्राफी
(c) इक्नोग्राफी
(d) उपरोक्त में से कोई नहीं

8. प्राचीन भारतीय इतिहास के साहित्यिक स्रोतों को विविधता व संरचनात्मक प्रवृत्तियों के आधार पर कितने वर्गों में बाँटा गया है?
(a) धार्मिक साहित्य
(b) धर्मेत्तर साहित्य
(c) विदेशी रचनाएँ
(d) उपरोक्त सभी

9. धार्मिक साहित्य के अन्तर्गत सबसे पुराना वेद कौन-सा है?
(a) यजुर्वेद (b) ऋग्वेद
(c) अथर्ववेद (d) सामवेद

10. 'उपनिषद्' शब्द का शाब्दिक रूप से अर्थ होता है?
(a) पास बैठना (b) सस्वर पाठ
(c) ज्ञान (d) प्रज्ञता

11. वैदिक साहित्य के अन्तर्गत पुराण ऐतिहासिक तथ्यों की जानकारी के महत्त्वपूर्ण स्रोत हैं, पुराणों की संख्या कितनी है?
(a) 7
(b) 11
(c) 15
(d) 18

12. निम्न में से कौन पालि भाषा में रचित महत्त्वपूर्ण बौद्ध ग्रन्थ है, जिनसे चौथी-पाँचवीं शताब्दी के ऐतिहासिक तथ्यों का पता चलता है?
(a) महावंश
(b) दीपवंश
(c) 'a' व 'b' दोनों
(d) उपरोक्त में से कोई नहीं

13. धर्मेत्तर साहित्यों में ……… तथा ……… का प्रमुख स्थान है। इनकी रचना छठी शताब्दी ई.पू. के बाद मानी गई है?
(a) धर्मसूत्र
(b) स्मृतियाँ
(c) 'a' व 'b' दोनों
(d) उपरोक्त में से कोई नहीं

14. संस्कृत साहित्य में ऐतिहासिक घटनाओं को क्रमबद्ध इतिहास के रूप में लिखने का प्रथम प्रयास किस रचना में मिलता है?
(a) अष्टाध्यायी
(b) राजतरंगिणी
(c) अर्थशास्त्र
(d) उपरोक्त में से कोई नहीं

15. 'शतसहस्त्री-संहिता' उपनाम किस प्राचीन ग्रन्थ का है?
(a) ऋग्वेद
(b) अथर्ववेद
(c) रामायण
(d) महाभारत

16. यूनानी-रोमन लेखकों से प्राचीन भारतीय इतिहास से सम्बन्धित रोचक तथ्य मिलते हैं इनमें सर्वाधिक प्रमुख लेखक कौन है?
(a) मेगास्थनीज
(b) टॉलमी
(c) स्ट्रैबो व प्लिनी
(d) उपरोक्त सभी

17. किस चीनी लेखक के वृत्तान्त में प्राचीन मध्य प्रदेश के समाज एवं संस्कृति का वर्णन मिलता है?
(a) फाह्यान (b) ह्वेनसांग
(c) इत्सिंग (d) संयुगन

18. निम्न में से कौन-सा चीनी यात्री छठी शताब्दी में बिहार स्थित प्राचीन नालन्दा विश्वविद्यालय में अध्ययन करने व भारत से बौद्ध ग्रन्थों को एकत्र करने भारत यात्रा पर आया?
(a) ह्वेनसांग
(b) इत्सिंग
(c) फाह्यान
(d) उपरोक्त में से कोई नहीं

19. निम्न में से कौन प्रसिद्ध अरबी लेखक है, जिनसे मध्यकालीन भारतीय समाज की सामाजिक व सांस्कृतिक जीवन का विविधतापूर्ण वर्णन मिलता है?
(a) अलबरुनी
(b) इब्नबतूता
(c) 'a' व 'b' दोनों
(d) मार्कोपोलो

20. दक्षिण भारत के इतिहास से सम्बन्धित संगम साहित्य मूल रूप से किस भाषा में रचित है?
(a) पालि व प्राकृत (b) तमिल व संस्कृत
(c) अरबी (d) रोमन

सही उत्तर

1. (d)	2. (b)	3. (a)	4. (c)	5. (b)	6. (a)	7. (a)	8. (d)	9. (c)	10. (a)
11. (d)	12. (c)	13. (c)	14. (b)	15. (d)	16. (d)	17. (a)	18. (a)	19. (c)	20. (b)

अध्याय 02

भारत की पुरा ऐतिहासिक संस्कृतियाँ

प्राक् (पुरा) ऐतिहासिक-परिचय

नि:सन्देह भारतीय सभ्यता विश्व की प्राचीनतम और प्रगामी सभ्यताओं में से एक है। अभी हाल में गुजरात के खम्भात में लगभग 7500 ई.पू. पुराना शहर मिलने से इस तथ्य की पुष्टि होती है। यह शहर विश्व भर में अब तक हुई पुरातात्त्विक खोजों में प्राप्त प्राचीनतम शहर है।

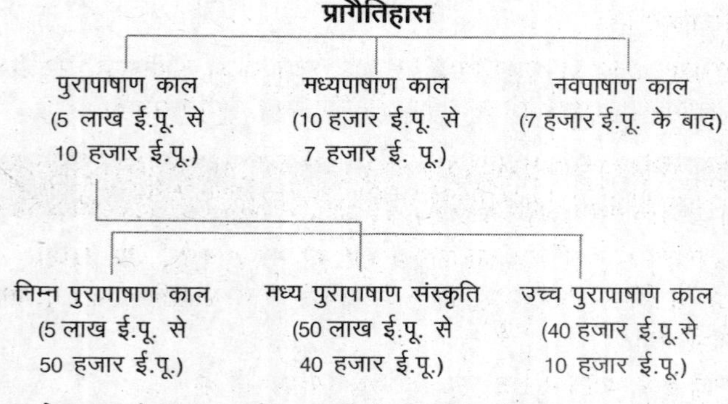

मानव के सम्पूर्ण विकास को समझने के लिए इसके इतिहास को विद्वानों ने तीन भागों में बाँटा है

(i) प्रागैतिहासिक काल (लिखित साक्ष्य नहीं) 30 लाख ई.पू. से 3000 ई.पू.

(ii) आद्य-ऐतिहासिक काल (लिखित साक्ष्य मिले किन्तु पढ़े नहीं जा सके; जैसे–सैन्धव सभ्यता) 3000 ई.पू. से 6000 ई.पू.

(iii) ऐतिहासिक काल (लिखित साक्ष्य उपलब्ध)

पाषाण काल

भारत में पाषाणकालीन सभ्यता का अनुसन्धान सर्वप्रथम 1863 ई. में प्रारम्भ हुआ। सबसे महत्त्वपूर्ण अनुसन्धान 1935 ई. में डी. टेरा तथा पीटरसन द्वारा किया गया था। भारतीय भूतत्त्व सर्वेक्षण विभाग के विद्वान् **रॉबर्ट ब्रूस फुट** ने मद्रास के निकट स्थित पल्लवपुरम नामक स्थान से पूर्व पाषाणकाल का एक पाषाणोपकरण प्राप्त किया। भारत में प्रागैतिहासिक मानव का प्रचीनतम जीवाश्म हथनौरा से मिला है। विलियम किंग, ब्राउन, काकबर्न, सी.एल. कार्लाइल आदि विद्वानों ने भी अपनी खोजों के परिणामस्वरूप विभिन्न क्षेत्रों से कई पुरापाषाणकाल के उपकरण प्राप्त किए हैं।

पाषाणकालीन सभ्यताओं के सम्बन्ध में प्रथम जानकारी

क्र.सं.	सभ्यता/युग का नाम	प्रथम जानकारी वर्ष	अनुसन्धानकर्ता	स्थान/क्षेत्र
1.	पुरापाषाण कालीन सभ्यता	1863 ई.	रॉबर्ट ब्रूस फुट	मद्रास (चेन्नई, पल्लवपुरम)
2.	मध्यपाषाण कालीन सभ्यता	1867 ई.	सी.एल. कार्लाइल	विन्ध्य क्षेत्र
3.	नवपाषाण कालीन सभ्यता	1860 ई.	लेन्मेसुरियर	टोंस नदी घाटी (उ.प्र.)

पाषाणकालीन विवरण

क्र.सं.	पाषाण युग	संस्कृति के लक्षण	महत्त्व, उपकरण, विशेषताएँ	मुख्य स्थल
1.	**निम्न पुरापाषाण काल**	शल्क, गंडासा, खण्डक उपकरण संस्कृति	हस्तकुठार और बटिकाश्म उपकरण, होमोइरेक्टस के अस्थि अवशेष नर्मदा घाटी से प्राप्त हुए हैं। सोहन घाटी संस्कृति के द्वारा प्रस्तुत (अब पाकिस्तान में)।	पंजाब, कश्मीर (सिन्ध एवं केरल को छोड़कर समस्त भारत), सोहन घाटी (पंजाब), सिंगरौली घाटी (उ.प्र.), छोटानागपुर (झारखण्ड), असोम, नर्मदा घाटी, आन्ध्र प्रदेश, कर्नाटक।
2.	**मध्य पुरापाषाण काल**	खुरचनी बेधक संस्कृति	विभिन्न प्रकार के फलक, बेधनी, बेधक और खुरचनी (शल्क के बने हुए), भीमबेटका में 200 चट्टानी शरणस्थल एवं गुफाएँ प्राप्त हुई हैं और यहाँ हजारों चित्र भी हैं। निएण्डरथल मानव का युग।	नेवासा (महाराष्ट्र), डीडवाना (राजस्थान), भीमबेटका (मध्य प्रदेश), नर्मदा घाटी, बांकुड़ा, पुरुलिया (पश्चिम बंगाल)।

3.	**उच्च पुरापाषाण काल**	फलक एवं तक्षणी संस्कृति	प्रारम्भिक 'होमो सेपियन' मानव, हार्पून, फलक उपकरण (रेणुगुण्टा आन्ध्र प्रदेश से प्राप्त), कुर्नूल से हड्डी के उपकरण प्राप्त।	कुर्नूल, चित्तूर (आन्ध्र प्रदेश) कर्नाटक, मध्य प्रदेश, झारखण्ड पठार, उत्तर प्रदेश, राजस्थान, गुजरात।
4.	**मध्यपाषाण काल**	सूक्ष्म पाषाण संस्कृति	सूक्ष्म पाषाण, उपकरण बनाने की महान् तकनीक का विकास, अर्द्धचन्द्राकार उपकरण, इकधार फलक, मनुष्य अब स्थायी निवासी बनने लगा।	कर्नाटक, राजस्थान (बागोर, तिलवारा), गुजरात (लंघनागंज), मध्य प्रदेश, तमिलनाडु, पश्चिम बंगाल, उत्तर प्रदेश, (बीरभानपुर, सरायनाहर राय)।
5.	**नवपाषाण काल**	पॉलिश किए गए उपकरणों की संस्कृति	प्रारम्भिक कृषि संस्कृति, कपड़ा बुनना, आग से भोजन पकाना, नवपाषाण संस्कृति, पशुओं को पालना, मृद्भाण्ड बनाना, मनुष्य स्थायी निवासी बन गया, रबर एवं बाँस की झोपड़ी बनायी जाने लगी, नाव बनाना, पत्थर के औजार का घर्षण एवं पालिश करना।	कश्मीर (बुर्जहोम, गुफ्फकराल), असोम, गारोहिल्स (मेघालय), चिराँद (बिहार), प्रायद्वीपीय भारत, आमरी, कोटदीजी, मेहरगढ़ आदि।

पुरापाषाण काल

- मानव की आरम्भिक गतिविधियाँ पुरापाषाण काल में अभिव्यक्त होने लगती हैं। इस काल में मानव अपने जीविकोपार्जन के लिए शिकार और खाद्य संग्रह पर निर्भर था। हैण्ड-ऐक्स, क्लीवर और स्क्रैपर आदि विशिष्ट उपकर आधारित पुरापाषाणकालीन संस्कृति के अवशेष, बेलन नदी घाटी, सोहन नदी घाटी, नर्मदा नदी घाटी एवं भोपाल के पास भीमबेटका नामक चित्रित शैलाश्रयों से प्राप्त हुए हैं।
- पुरापाषाण काल के मनुष्य मुख्यतः नीग्रिटो जाति के थे। इस काल के मनुष्य फलों, पशुओं के कच्चे मांस तथा पौधों की कलियों पर भोजन के लिए निर्भर रहते थे। इस काल का मनुष्य पहाड़ी गुफाओं तथा वृक्षों की टहनियों पर निवास करता था।

मध्यपाषाण काल

- मध्यपाषाण काल में प्रयुक्त होने वाले उपकरण बहुत छोटे होते थे, इसलिए इन्हें **'माइक्रोलिथ'** (Microlith) कहते हैं।
- मध्य प्रदेश में आदमगढ़ और राजस्थान में बागोर पशुपालन के प्राचीनतम साक्ष्य इस काल में प्रस्तुत करते हैं।
- इस काल में मानव की अस्थियों (शारीरिक प्रारूपों) का सबसे पहला अवशेष प्रतापगढ़ (उत्तर प्रदेश) के सरायनाहर राय तथा महदहा नामक स्थान से प्राप्त हुआ है।
- मध्यपाषाण काल में मिली समाधियों में मानव की अस्थियों के साथ-साथ कुत्ते की अस्थियाँ भी मिली हैं।

नवपाषाण काल

- नवपाषाण युग के प्रथम प्रस्तर उपकरण उत्तर प्रदेश की टोंस नदी घाटी में सर्वप्रथम 1860 ई. में **लेन्मेसुरियर** ने प्राप्त किए थे।
- नवपाषाणयुगीन प्राचीनतम बस्ती पाकिस्तान में स्थित बलूचिस्तान प्रान्त में **मेहरगढ़** में स्थित है। मेहरगढ़ में कृषि के प्राचीनतम साक्ष्य प्राप्त हुए हैं।
- **नवपाषाणकालीन स्थल बुर्जहोम** एवं **गुफ्फकराल** (जो कश्मीर प्रान्त में स्थित हैं) से अनेक गर्तावास (गड्ढाघर), अनेक प्रकार के मृद्भाण्ड एवं प्रस्तर तथा हड्डी के अनेक औजार भी प्राप्त हुए हैं।
- **बुर्जहोम** से प्राप्त कब्रों में पालतू कुत्ते को मालिक के साथ दफनाया जाता था। यह प्रथा भारत के किसी भी अन्य नवपाषाण कालीन स्थल से प्राप्त नहीं होती है।
- **चिराँद** (बिहार प्रान्त) नामक नवपाषाणकालीन पुरास्थल एक मात्र ऐसा पुरास्थल है जहाँ से प्रचुर मात्रा में हड्डी के उपकरण प्राप्त हुए हैं, जो मुख्य रूप से हिरण के सींगों के हैं। ये उपकरण ताम्रपाषाणिक अवस्था के प्रतीत होते हैं।
- इलाहाबाद में स्थित **कोल्डिहवा** एक मात्र ऐसा नवपाषाणिक पुरास्थल है, जहाँ से चावल के प्राचीनतम साक्ष्य (लगभग 6000 ई.पू.) प्राप्त हुए हैं।
- नवपाषाण युग के निवासी सबसे पुराने कृषक समुदाय के थे। वे मिट्टी और सरकण्डे के बने गोलाकार या आयताकार घरों में निवासरत थे।
- मेहरगढ़ में बसने वाले नवपाषाण युग के लोग अधिक उन्नत थे। वे गेहूँ, जौ और कपास उपजाते थे और कच्ची ईंटों के घरों में रहते थे।
- दक्षिण भारत में नवपाषाणकालीन सभ्यता का मुख्य स्थल **बेलोरी** (कर्नाटक प्रान्त) में स्थित है।
- नवपाषाणकालीन अनेक स्थायी निवासियों को कृषि कार्य के कारण अनाज रखने तथा पकाने, खाने-पीने के लिए बर्तनों (मृद्भाण्डों) की आवश्यकता महसूस हुई। इस कारण **कुम्भकारी** सर्वप्रथम इसी काल परिलक्षित हुई।
- नवपाषाण स्तर की प्रमुख उपलब्धि खाद्य उत्पादन का आविष्कार, पशुओं के उपयोग की जानकारी और स्थिर ग्राम्य जीवन का विकास है।

ताम्रपाषाण काल

- नवपाषाण युग के बाद ताम्रपाषाण युग की शुरूआत हुई, जो 2100 ई.पू. से लेकर 1000 ई.पू. तक रही केवल जोरवे संस्कृति 700 ई.पू. तक जीवित रही।
- मानव द्वारा प्रयोग में लाई गई पहली धातु **ताँबा** ही थी।

प्रमुख उत्खनन स्थल

- **भीमबेटका** भोपाल के समीप स्थित इस पुरापाषाण कालीन स्थल से अनेक चित्रित गुफाएँ, शैलाश्रय (चट्टानों से बने शरण स्थल) तथा अनेक प्रागैतिहासिक कलाकृतियाँ प्राप्त हुई हैं।
- **आदमगढ़ एवं बागोर** मध्य प्रदेश के आदमगढ़ एवं राजस्थान के बागोर नामक मध्यपाषाणिक पुरास्थल से पशुपालन के प्राचीनतम साक्ष्य मिले हैं, जिनका समय लगभग 5000 ई.पू. हो सकता है।
- **मेहरगढ़** बलूचिस्तान स्थित इस नवपाषाणिक पुरास्थल से कृषि के प्राचीनतम साक्ष्य एवं नवपाषाणिक प्राचीनतम बस्ती एवं कच्चे घरों के साक्ष्य मिले हैं।
- **बुर्जहोम एवं गुफ्फकराल** कश्मीरी नवपाषाणिक पुरास्थल से गर्तावास (गड्ढाघर) कृषि तथा पशुपालन के साक्ष्य मिले हैं।
- **चिराँद** बिहार प्रान्त में एकमात्र नवपाषाणिक पुरास्थल जहाँ से प्रचुर मात्रा में हड्डी के उपकरण प्राप्त हुए हैं।
- **पिकलीहल** कर्नाटक स्थित इस नवपाषाणिक पुरास्थल से शंख के ढेर और निवास स्थान दोनों पाए गए हैं।

- दक्षिण-पूर्वी राजस्थान की बनास घाटी में '**अहार**' और '**गिलुंद**'; पश्चिमी मध्य प्रदेश में मालवा, कायथा एवं एरण; प. महाराष्ट्र में जोरवे, नेवासा, दैमाबाद, चन्दोली, सोनगाँव, इनामगाँव, प्रकाश व नासिक। जोरवे स्थान के नाम पर सभी स्थलों को 'जोरवे संस्कृति' का माना जाता है। इनमें **दैमाबाद** सबसे बड़ा था।
- इन स्थलों के अतिरिक्त नवदाटोली स्थल भी है, जो नर्मदा नदी के तट पर स्थित है। अधिकांश ताम्रपाषाणिक तत्त्व दक्षिण भारत के नवपाषाण स्थलों में भी घुस आए थे।
- सबसे पहले ताम्रपाषाण युग के लोगों ने ही प्रायद्वीपीय भारत में बड़े-बड़े गाँव बसाए। इस युग के लोग अधिकांशत: पत्थर और ताँबे की वस्तुओं का प्रयोग करते थे।
- इनामगाँव से मातृदेवी की प्रतिमा प्राप्त होने से यह ज्ञात होता है कि लोग मातृदेवी की पूजा करते थे।
- अहार का प्राचीन नाम ताम्बवती अर्थात् ताँबावाली है। गिलुंद इस संस्कृति का स्थानीय केन्द्र था।
- इस संस्कृति के लोग पशु पालते, खेती करते और हिरण का शिकार करते थे। पालतू जानवरों में प्रमुख थे—गाय, भेड़, बकरी, सुअर, भैंस और ऊँट।
- वे मुख्य खाद्यान्नों में चावल, गेहूँ तथा बाजरा, मसूर, उड़द, मूँग, दलहन, मटर पैदा करते थे। बेर, अलसी, कपास, रागी और बाजरा के उपयोग के प्रमाण भी मिले हैं।
- बिहार और पश्चिम बंगाल में मछली पकड़ने के काँटे और चावल के प्रमाण प्राप्त हुए हैं। अत: यह कहा जाता है कि मछली और चावल वहाँ के लोगों का मुख्य आहार था।
- महाराष्ट्र में कपास, सेमल व सन की रूई से बने धागे प्राप्त हुए हैं।
- ताम्रपाषाणयुगीन लोग पक्की ईंटों से अनभिज्ञ थे। वे अधिकतर गीली मिट्टी थोपकर अपने घर का निर्माण करते थे। यदा-कदा वे अपना घर कच्ची ईंटों से भी बनाते थे।
- शव संस्कार विधियों में भिन्नता थी। पश्चिम भारत में लगभग सम्पूर्ण शवाधान प्रचलित था, जबकि पूर्वी भारत में आंशिक शवाधान था।
- पश्चिमी महाराष्ट्र की चन्दोली और मेवारू बस्तियों से कुछ बच्चों को उनके गलों में ताँबे के मनकों के हार पहनाकर दफनाने के साक्ष्य प्राप्त हुए हैं।

ताम्रपाषाणकालीन स्थल

- **गोदावरी प्रवर क्षेत्र** जोरवे, नासिक, कोपड़गाँव, दैमाबाद आदि।
- **कर्नाटक क्षेत्र** मास्की, ब्रह्मगिरि, पिकलीहल आदि।
- **भीम-नदी क्षेत्र** कोरेगाँव, चन्दोली, चनेगाँव, अनाची, हिंगनी आदि।
- **नर्मदा-नदी क्षेत्र** नवदाटोली, हसनपुर, महेश्वर, मेहगम आदि।
- **राजपूताना-सौराष्ट्र क्षेत्र** रंगपुरा, अहार, प्रभासपाटन, पिथड़िया, लखबावल आदि।
- **तापी-नदी क्षेत्र** प्रकाश, बहाल आदि।
- **चम्बल-नदी क्षेत्र** प्सेवा, नर्मदा, तकरौड़ा, भीलसुरी, माओरी, बेतवा, बिलवाली, अश्ता आदि।
- **गंगा-नदी क्षेत्र** कौशाम्बी, आलमगीरपुर और चिराँद।
- **सिन्धु-नदी क्षेत्र** मोहनजोदड़ो, हड़प्पा, रोपड़, हनुमानगढ़, सूरतगढ़, झुकार, आमरी।

ताम्रपाषाणकालीन सामाजिक संरचना

- **समाज** बस्तियों के ढाँचे, रहन-सहन तथा शव-संस्कार विधियों से स्पष्ट होता है कि सामाजिक असमानता आरम्भ हो चुकी थी। पाई गई कुछ बस्तियाँ बीस हेक्टेयर तक बड़ी-बड़ी हैं, जबकि कुछ केवल पाँच हेक्टेयर या उससे भी छोटी हैं। इससे द्वि-स्तरीय निवास का आभास मिलता है।
- **उपकरण एवं हथियार** पत्थर के छोटे-छोटे औजार, कुल्हाड़ी एवं ताँबे की अन्य वस्तुएँ।
- **कला** ताँबे के शिल्प-कर्म में दक्ष, चरखे और तकलियाँ, पत्थरों के मनके, हाथी दाँत के शिल्प, मिट्टी की मूर्तियाँ, खिलौने आदि।
- **खाद्यान्न** गेहूँ, चावल, मसूर, उड़द, मूँग और मटर का उत्पादन।
- **वस्त्र एवं परिधान** कपास एवं सेमल की रूई से बने धागों के वस्त्रों का उपयोग।
- **पशुपालन** गाय, भेड़, बकरी, सुअर और भैंस।
- **धार्मिक आस्था** मातृदेवी की पूजा, वृषभ की मूर्ति के प्रति धार्मिक आस्था।
- **जीवन** स्थायी आवासीय जीवन, झोपड़ियाँ एवं कच्चे मकानों में निवास।
- **मृद्भाण्ड** काले व लाल रंग के मृद्भाण्ड, टोंटी वाले जलपात्र, गोड़ीदार तश्तरियाँ और गोड़ीदार कटोरे।

सामाजिक जीवन की विशेषताएँ

विवरण	पुरापाषाण काल	मध्यपाषाण काल	नवपाषाण काल
जीवन	खानाबदोशी	स्थायी आवासीय जीवन का आरम्भ	स्थायी आवासीय जीवन
खाद्यान्न	खाद्यान्न संग्रह	एक प्रकार की घास को उत्पन्न करना प्रारम्भ	कृषि का आरम्भ
वस्त्र एवं परिधान	निर्वस्त्र एवं वृक्षों की छाल एवं पत्तियों का प्रयोग	वृक्षों की छाल एवं पत्तियाँ अथवा जानवरों की खालों का प्रयोग	ऊन से बने वस्त्र एवं परिधानों का प्रयोग
कला	जानवरों के चित्रों का चित्रण	शैल चित्रकला के अवशेषों के प्रमाण	जानवरों के चित्रों के साथ मनुष्य चित्रों का चित्रण
निवास-स्थान	गुफाएँ एवं वृक्ष	छोटी-छोटी पहाड़ियों का उपयोग	स्वयं निर्मित छोटी-छोटी झोंपड़ियाँ
हथियार एवं उपकरण	जानवरों की हड्डियों से निर्मित (कुल्हाड़ी, विदारणी एवं खण्डक)	सूक्ष्म पाषाण अथवा पत्थर के परिष्कृत औजार	परिष्कृत उपकरणों का प्रयोग
शिकार की प्रवृत्ति	आहार के लिए पशुओं का शिकार	आहार के लिए पशुओं का शिकार	शिकार के साथ-साथ पशुपालन की प्रवृत्ति का विकास

विवरण	पुरापाषाण काल	मध्यपाषाण काल	नवपाषाण काल
धार्मिक आस्थाएँ	सूर्य, चाँद, नदियों और पर्वतों के प्रति धार्मिक आस्था	प्रकृति के प्रति आस्था	मातृदेवी की पूजा के प्रमाण
शवाधान	(i) शवों को जमीन में गाड़ दिया जाता था। (ii) शवों को खुले मैदान में पशु-पक्षियों के आहार के लिए छोड़ दिया जाता था।	शवों को जमीन में दफन करने के प्रावधान के साथ-साथ शवाधान से सम्बद्ध अनुष्ठान का प्रयोग।	शवों के साथ पालतू कुत्तों को भी दफनाने की प्रथा का प्रचलन (केवल कश्मीर में)। शवों को दफनाने के लिए कब्रों के निर्माण का आरम्भ। कुछ बस्तियों में शवों को जलाने की प्रथा भी प्रचलित थी।

वस्तुनिष्ठ प्रश्न

1. भारत के निम्नलिखित नवपाषाण स्थलों में से किसकी ओर सबसे पहले ध्यान गया?
(a) लेन्मेसुरियर (b) चिराँद
(c) मेहरगढ़ (d) कोल्डिहवा

2. निम्नलिखित में से कौन-से नवपाषाणजन पशुचारक थे?
(a) बुर्जहोम (b) पिकलीहल
(c) महागार (d) किली-गुल-मोहम्मद

3. भारतीय उपमहाद्वीप में दर्ज या एकत्र किए गए अधिकांश पूर्व पुरापाषाणिक पुरावशेष उपकरण .... के बने हुए हैं।
(a) चूर्णभ्राजाश्म (डोलोमाइट)
(b) स्फटिक (क्वार्ट्ज)
(c) रायोलाइट
(d) बलुआ पत्थर (सैण्डस्टोन)

4. 'सोहन संस्कृति' किस संस्कृति का दूसरा नाम है?
(a) पुरापाषाण संस्कृति
(b) मध्यपाषाण संस्कृति
(c) नवपाषाण संस्कृति
(d) ताम्रपाषाण संस्कृति

5. भारत के जिस एकमात्र उत्तर पुरापाषाण ठिकाने में हड्डियों के औज़ार मिले हैं, वह है
(a) भीमबेटका
(b) कुर्नूल गुफाएँ
(c) आदमगढ़
(d) मेहसाणा

6. निम्नलिखित इलाकों में से किसमें पाषाण युग के सर्वाधिक पूर्ण अनुक्रम के भू-पटलीय (जिओमॉर्फिक) और पुरातात्त्विक साक्ष्य मिलते हैं?
(a) पुष्कर क्षेत्र
(b) काठियावाड़ क्षेत्र
(c) होकरा घाटी
(d) गंगा-यमुना दोआब

7. निम्नलिखित क्षेत्रों में से किसमें मध्यपाषाणकालीन स्थल बिल्कुल नहीं मिले हैं?
(a) मध्य भारत (b) दक्कन
(c) उत्तरी भारत (d) तमिलहम

8. निम्नलिखित में से कौन-सी विशेषता कश्मीरी नवपाषाण काल की खासियत नहीं है?
(a) छेददार आयताकार गंडासे या चाकू
(b) कुत्तों को अपने मालिकों के साथ दफनाना
(c) शंक्वाकार छतों वाले गर्तावास
(d) गेहूँ पर आधारित अर्थव्यवस्था

9. निम्नलिखित में से किस स्थान में वास्तविक नरपशु (होमिनिड) का जीवाश्म प्राप्त हुआ है?
(a) मथनोरा (b) वदामदुरै
(c) कोर्तालयार (d) पिन्जौर

10. भारत में उत्तर पुरापाषाणकाल में हड्डियों के औजारों के इस्तेमाल का साक्ष्य केवल एक स्थान से प्राप्त हुआ। निम्नलिखित में से वह कौन-सा स्थान है?
(a) मुच्चता चिन्तामनु गावि
(b) दुरकाडि
(c) हूँसगी
(d) पैसरा

11. निम्नलिखित में से कौन-सा मध्यपाषाणकालीन ठिकाना गंगा के मैदान में स्थित नहीं है?
(a) चोपानीमाण्डो
(b) सरायनाहर राय
(c) दमदमा
(d) आदमगढ़

12. निम्नलिखित में से किस स्थल से कपास की खेती के प्रथम साक्ष्य मिले हैं?
(a) मोहनजोदड़ो (b) किली-गुल-मोहम्मद
(c) मेहरगढ़ (d) नाल

13. निम्नलिखित में से किस नवपाषाणकालीन स्थल से गर्तावास नहीं मिला है?
(a) गुफ्फकराल (b) बुर्जहोम
(c) लीबौर (d) घलीगाइ

14. मेहरगढ़ के नवपाषाण चरण की शवाधियों से फिरोजा के मनके मिले हैं। यह पत्थर वहाँ स्थानीय रूप से उपलब्ध नहीं था। इसका आयात कहाँ से किया जाता था?
(a) ईरान (b) यूनान
(c) तुर्कमेनिया (d) चीन

15. मेहरगढ़ में नवपाषाण चरण में कूबड़दार (उभारदार) समलम्ब मिलते हैं, जो स्थानीय रूप से उपलब्ध नहीं थे। निम्नलिखित स्थानों में से कौन उसका सम्भावित स्रोत था?
(a) तुर्कमेनिया (b) जाइतुन
(c) किली-गुल-मोहम्मद (d) मेसोपोटामिया

16. पूर्वी भारत के नवपाषाण दौर की अभिलाक्षणिक विशेषता निम्नलिखित में से क्या है?
(a) वह चावल पर आधारित है
(b) वह जौ पर आधारित है
(c) वह जौ और गेहूँ पर आधारित है
(d) वहाँ चावल का आयात किया जाता था

17. निम्नलिखित क्षेत्रों में से किसमें चावल की खेती के प्राचीनतम साक्ष्य मिले हैं?
(a) मध्य गंगा घाटी (b) बेलन घाटी
(c) गोमल घाटी (d) टोंस घाटी

18. निम्नलिखित में से कौन-सा प्रागैतिहासिक स्थल बिहार में स्थित नहीं है?
(a) चिराँद (b) चेचर-कुतुबपुर
(c) ताराडीह (d) बरुडीह

19. निम्नलिखित में से किस स्थल से नवपाषाणकालीन 'राख टीला' नहीं मिला है?
(a) उतनूर (b) कुपगल
(c) कोडेकल (d) संगनकल्लू

20. निम्नलिखित में से कौन-सा स्थल दक्षिण भारतीय नवपाषाण संस्कृति का दक्षिणी फैलाव है?
(a) टी. नरसीपुर
(b) संगनकल्लू
(c) मास्की
(d) हल्लूर

21. हल्लूर में घोड़े की एक हड्डी मिली है। यह साक्ष्य किस पुरातात्त्विक चरण से सम्बन्धित है?
(a) पुरापाषाण से
(b) मध्यपाषाण से
(c) ताम्रपाषाण से
(d) लौह युग से

22. निम्नलिखित ताम्रपाषाणयुगीन स्थलों में से किसमें एक ऐसा मृद्भाण्ड का टुकड़ा मिला है, जिस पर सैन्धव लिपि के तीन अक्षर लिखे हुए हैं?
(a) इनामगाँव (b) दैमाबाद
(c) चन्दोली (d) जोरवे

23. निम्नलिखित ताम्रपाषाणिक स्थलों में से किसमें एक ऐसा अर्द्धवृत्ताकार लाल मृद्भाण्ड मिला है, जिसमें एक भैंसे की पीठ पर छलाँग लगाते एक बाघ को चित्रित किया गया है?
(a) सोनेगाँव (b) कायथा
(c) मालवा (d) दैमाबाद

24. निम्नलिखित ताम्रपाषाणिक स्थलों में से किसमें घरों के अन्दर अग्निवेदिकाएँ पाई गई हैं?
(a) मालवा (b) जोरवे
(c) दैमाबाद (d) एरण

25. निम्नलिखित में से किस उत्खनित ताम्रपाषाणकालीन पुरातात्त्विक स्थल के घरों से विभिन्न दस्तकारी गतिविधियों की पहचान की गई है?
(a) दैमाबाद (b) जोरवे
(c) मालवा (d) नेवासा

26. निम्नलिखित में से किस ताम्रपाषाणकालीन स्थल में अस्थियों से निर्मित हल के फाल और बीज बोने के चोंगे (ड्रिल) का प्रयोग किया जाता था?
(a) दैमाबाद
(b) मालवा
(c) मास्की
(d) नेवासा

27. एक स्थान को छोड़कर अन्यत्र कहीं भी ऐसे साक्ष्य नहीं मिलते, जिनसे संकेत मिलता हो कि ताम्रपाषाणिक जनों को पकाई गई ईंटों की जानकारी थी। निम्नलिखित में से वह कौन-सा है?
(a) गिलुंद
(b) नेवासा
(c) पाण्डुराजार ढीवी
(d) सोनेगाँव

28. दक्षिण भारत के लौह युग के निम्नलिखित स्थलों में से कौन-सी बस्ती सबसे बड़ी है?
(a) कोलार (b) हल्लूर
(c) बनहल्ली (d) पैयमपल्ली

29. भारत में मानव जाति के शारीरिक लक्षणों के प्रथम साक्ष्य निम्नलिखित क्षेत्रों में से कहाँ मिलते हैं?
(a) नर्मदा घाटी (b) दक्कन
(c) सरायनाहर राय (d) असोम

30. सन् 1960 से पहले भारत में प्रागैतिहास के निम्नलिखित स्तरों में से कौन-सा स्तर अज्ञात था?
(a) पूर्व पुरापाषाण (b) मध्य पुरापाषाण
(c) उत्तर पुरापाषाण (d) मध्य पाषाण

सही उत्तर

1. (a)	**2.** (b)	**3.** (b)	**4.** (a)	**5.** (b)	**6.** (a)	**7.** (c)	**8.** (d)	**9.** (a)	**10.** (a)
11. (d)	**12.** (d)	**13.** (d)	**14.** (c)	**15.** (b)	**16.** (a)	**17.** (b)	**18.** (d)	**19.** (d)	**20.** (a)
21. (c)	**22.** (b)	**23.** (d)	**24.** (c)	**25.** (a)	**26.** (c)	**27.** (a)	**28.** (c)	**29.** (c)	**30.** (c)

अध्याय 03 सिन्धु घाटी सभ्यता

परिचय

सर्वप्रथम हड़प्पा नामक स्थल से जानकारी मिलने के कारण इसे **हड़प्पा सभ्यता** का नाम दिया गया था। सिन्धु घाटी सभ्यता एक काँस्ययुगीन सभ्यता है, जिसे आद्य इतिहास के अन्तर्गत माना जाता है।

भौगोलिक क्षेत्रफल

सिन्धु घाटी सभ्यता का क्षेत्रफल 12,99,600 वर्ग किमी, आकार, त्रिभुजाकार तथा इसके अन्तर्गत पंजाब, सिन्ध, बलूचिस्तान, अफगानिस्तान, गुजरात, राजस्थान, हरियाणा व पश्चिमी उत्तर प्रदेश के भाग आते हैं। पूर्व से पश्चिम तक 1600 किमी तथा उत्तर से दक्षिण तक 1100 किमी तक विस्तार है।

क्षेत्र का उद्‌गम *एवं* विकास

विकास को तीन चरणों में बाँटा जाता है

- आरम्भिक हड़प्पा सभ्यता (2500 ई.पू.-2250 ई.पू.), पूर्ण विकसित सभ्यता (2250 ई.पू.–1950 ई.पू.), उत्तर हड़प्पा सभ्यता (1950 ई.पू.-1750 ई.पू.)।
- आरम्भ में गाँव अधिक संख्या में बसे थे। इस काल में व्यापार–वाणिज्य का उद्‌भव हो चुका था। पूर्ण विकसित काल में उन्नत शहरी सभ्यता का उद्‌भव हुआ। उत्तर हड़प्पा काल में विकसित सभ्यता की शैलीगत एकरूपता समाप्त हो गई। व्यापार का ह्रास हुआ। लेखन कार्य और शहरी जीवन का त्याग कर दिया गया।
- हड़प्पा टीले का सर्वप्रथम उल्लेख 1826 ई. में चार्ल्स मैसन ने किया था, परन्तु इस सभ्यता का रहस्योद्‌घाटन 1856 ई. में कराची और लाहौर के बीच रेल पटरी बिछाने के दौरान जॉन ब्रंटन और विलियन ब्रंटन ने किया।
- 1922 ई. में मोहनजोदड़ो की हुई खुदाई के आधार पर 1924 ई. में भारतीय पुरातत्व विभाग के महानिदेशक **जॉन मार्शल** ने इस सभ्यता की घोषणा की।

हड़प्पा सभ्यता की अवधि

विद्वान्	काल
सर जॉन मार्शल	3250-2750 ई.पू.
फेयर सर्विस	2000-1500 ई.पू.
आर.एस. शर्मा	2500-1800 ई.पू.
अर्नेस्ट मैके	2800-2500 ई.पू.
मार्टीमर व्हीलर	2500-1500 ई.पू.
माधोस्वरूप वत्स	3500-2700 ई.पू.
डेल्स	2900-1900 ई.पू.
सी.जे. गैड	2350-1700 ई.पू.
एन.सी.ई.आर.टी.	2500-1800 ई.पू.

नोट रेडियो कार्बन विधि (C-14) के अनुसार हड़प्पा सभ्यता की अवधि 2300-1750 ई.पू. निर्धारित की गई है।

राजनीतिक स्थिति

- कोई लिखित साक्ष्य न प्राप्त होने के कारण राजनीतिक स्थिति की ठीक जानकारी नहीं मिल पाती, परन्तु पुरातात्विक साक्ष्यों के आधार पर **हण्टर** महोदय ने यहाँ जनतान्त्रिक व्यवस्था का अनुमान लगाया है।
- इस सभ्यता के प्रशासन में पुरोहित एवं वणिक–वर्ग की महत्त्वपूर्ण भूमिका थी। कुछ विद्वानों ने यहाँ का शासन राजतन्त्रात्मक होने का भी अनुमान लगाया है।
- उत्तर में हड़प्पा एवं दक्षिण में मोहनजोदड़ो स्थित दो राजधानियों का भी अनुमान लगाया जाता है, क्योंकि यहाँ से दुर्ग के अवशेष मिले हैं। प्रत्येक शहर (धौलावीरा को छोड़कर) के पश्चिमी भाग के दुर्ग में प्रशासनिक या धार्मिक क्रिया–कलाप किया जाता था।

सामाजिक स्थिति

- इस सभ्यता का समाज मातृसत्तात्मक था। नगरों के भग्नावशेषों से पता चलता है कि यहाँ के लोग विलासितापूर्ण जीवन जीते थे तथा भिन्न–भिन्न वर्गों का अस्तित्व रहा था। समाज में व्यापारी वर्ग सबसे प्रभावशाली था। कृषक, शिल्पकार, मजदूर सामान्य लोग थे तथा चिकित्सक, पुरोहित, अधिकारी शिक्षित वर्ग थे।
- हड़प्पा की श्रमिक बस्तियों के अवशेषों से दास प्रथा के मौजूद होने का पता चलता है।
- इस सभ्यता के समय शाकाहार तथा मांसहार दोनों का प्रचलन था। गेहूँ, जौ, खरबूजा, तरबूज, नारियल, नींबू, अनार, भेड़, बकरी, सुअर, मुर्गी, बत्तख आदि का उल्लेख मिलता है।
- सूती एवं ऊनी वस्त्रों का प्रयोग किया जाता था। काजल, पाउडर, लिपस्टिक, दर्पण आदि साक्ष्यों से इनकी सौन्दर्यप्रियता की जानकारी मिलती है।
- मनोरंजन के लिए नृत्य, संगीत, पासा, शिकार, मछली पकड़ना आदि से इस सभ्यता के लोग परिचित थे।

- योद्धा वर्ग के अस्तित्व का साक्ष्य प्राप्त नहीं हुआ है। दस्तकारों में कुम्हारों को समाज में विशेष स्थान प्राप्त था। हड़प्पा के दुर्ग के बाहर सार्वजनिक अन्नागार के पास मिले घटिया प्रकार के आवासों से विदित होता है कि उनमें दास या बन्धुआ मजदूर रहते होंगे। कालीबंगा तथा लोथल से ऐसे आवास नहीं मिले हैं।

आर्थिक स्थिति

कृषि

- सैन्धव लोगों का मुख्य पेशा कृषि कार्य था। गेहूँ और जौ प्रमुख फसलें तथा मटर, सरसों, तिल आदि अन्य फसलें थीं।
- चावल का अवशेष लोथल व रंगपुर से मिला है। लोथल से आटा पीसने की चक्की मिली है।
- कृषि कार्य हेतु प्रस्तर एवं कांस्य के औजारों का प्रयोग किया जाता था। कालीबंगा से जुते हुए खेत एवं बनवाली से मिट्टी का हल जैसा खिलौना प्राप्त हुआ है।
- कपास की खेती सर्वप्रथम यहीं शुरू की गई। इसलिए इस सभ्यता को सिण्डन सभ्यता के नाम से जाना जाता है। नहरों के साक्ष्य नहीं मिले हैं। उर्वरक के प्रयोग के प्रमाण नहीं मिले हैं।

पशुपालन

पशुपालन इस सभ्यता का महत्त्वपूर्ण पेशा था। बैल, भैंस, गाय, भेड़, बकरी, कुत्ते, गधे, खच्चर आदि जानवर पाले जाते थे। लोथल एवं रंगपुर से घोड़े की मृण्मूर्तियाँ तथा सुरकोटड़ा से घोड़े के अस्थिपंजर प्राप्त हुए हैं, परन्तु घोड़े पालने का स्पष्ट साक्ष्य नहीं मिला है। हाथी को पालतू बना लिया गया था।

उद्योग

- हड़प्पा सभ्यता का प्रमुख उद्योग सूती वस्त्रों का निर्माण था। मुद्रा निर्माण, मूर्ति निर्माण, आभूषण एवं मनके बनाने के साक्ष्य भी मिलते हैं। बर्तन निर्माण भी अत्यन्त महत्त्वपूर्ण व्यवसाय था। मनका उद्योग के प्रमुख केन्द्र लोथल एवं चन्हूदड़ो थे।
- विशाल इमारतों से राजगीरी का प्रमाण मिलता है। मोहनजोदड़ो से ईंट-भट्टों के अवशेष मिले हैं। इस सभ्यता के लोगों को लोहे का ज्ञान नहीं था। नाव बनाने के साक्ष्य मिले हैं। धातुओं से लघु मूर्तियाँ बनाने के लिए मोम-साँचा विधि प्रचलित थी। वे ताँबा में टिन मिलाकर काँस्य बनाना जानते थे।

व्यापार

- देशी एवं विदेशी दोनों प्रकार के व्यापार उन्नत अवस्था में थे। व्यापार विनिमय प्रणाली पर आधारित था तथा व्यापारिक सम्बन्ध राजस्थान, अफगानिस्तान, ईरान एवं मध्य एशिया के साथ था। गुजरात से चावल तथा लोथल व सुरकोटड़ा से कपास अन्य क्षेत्रों में भेजे जाते थे। ग्रामीण क्षेत्रों से, नगरों में अनाज भेजे जाते थे तथा नगरों से आभूषण, औजार, मनका, कपड़े आदि अन्य क्षेत्रों को भेजे जाते थे।
- इस सभ्यता के दौरान तौल की इकाई 16 के अनुपात में थी। बाटों की तौल का अनुपात 1, 2, 4, 8, 16, 32... आदि था। मोहनजोदड़ो से **सीप** एवं लोथल से **हाथी दाँत** का पैमाना मिला है।
- देशी व्यापार के परिवहन का साधन बैलगाड़ी व पशु तथा विदेशी व्यापार का मुख्य साधन नौ परिहन था।
- बन्दरगाह या व्यापार तन्त्र से जुड़े प्रमुख नगर थे— सुत्कागेंडोर, सुत्काकोह, बालाकोट, डाबरकोट, मण्डीगाक, मालवान, भगतराव तथा प्रभासपाटन।

विभिन्न वस्तुओं का आयात

क्र.सं.	आयात	क्षेत्र
1.	ताँबा	राजस्थान के खेतड़ी खानों से
2.	चाँदी	अफगानिस्तान, ईरान
3.	संगमरमर स्लेटी पत्थर	राजस्थान
4.	शिलाजीत	हिमालय क्षेत्र
5.	सोना	दक्षिण भारत, अफगानिस्तान, फारस
6.	सेलखड़ी	बलूचिस्तान, राजस्थान
7.	टिन	अफगानिस्तान, ईरान
8.	फिरोजा	ईरान
9.	लाजवर्द	बदख्शाँ
10.	जम्बूमणि	महाराष्ट्र
11.	सीसा	राजस्थान, ईरान, अफगानिस्तान

विदेशी व्यापार

मेसोपोटामिया और सैन्धव सभ्यता के विनिमय स्थल दिलमुन (बहरीन द्वीप) और माकन (ओमान) थे। मेसोपोटामियायी वर्णित शहर 'मेलुहा' सिन्ध क्षेत्र का प्राचीनतम नाम है।

मुहरें तथा लिपि

- सामान्यतया मुहरें चौकोर होती थीं, लेकिन बेलनाकार, वृत्ताकार, आयताकार भी प्राप्त हुई हैं। अधिकांश सेलखड़ी की बनी थीं परन्तु कुछ गोमेद, मिट्टी के चर्ट की भी बनी थीं।
- मुहरों पर सर्वाधिक चित्रांकन एक सींग वाले सांड (वृषभ) का है। अन्य चित्रों में कुत्ते, भैंस, गैंडा, हिरन, बाघ, हाथी आदि हैं। कुत्ते का चित्रांकन सर्वाधिक हुआ है, लेकिन पक्षियों का चित्र नहीं मिला है। ऊँट का चित्रांकन भी नहीं हुआ है। मानव एवं अर्द्ध मानव के चित्र मिले हैं।
- लोथल एवं देशलपुर से ताँबे की मुहरें प्राप्त हुई हैं। सिन्धु लेख अधिकांशतः मुहरों पर मिले हैं। मुहरों का उपयोग विदेशों में निर्यातित वस्तुओं के गाँठ (पैकिंग) पर मुहर लगाने के लिए किया जाता था।
- इस सभ्यता की लिपि चित्रात्मक है तथा प्रत्येक अक्षर किसी ध्वनिभाव या किसी वस्तु का सूचक है। यह क्रमशः दाईं ओर से बाईं ओर तथा बाईं से दाईं ओर लिखी जाती थी, इस पद्धति को '**बोस्ट्रोफेदम**' कहा गया है। लिपि का सबसे ज्यादा चिह्न 'U' आकार का तथा सबसे ज्यादा प्रचलित चिह्न 'मछली' का है।

साक्ष्य

- मेसोपोटामियायी (इराक) बस्तियों के साक्ष्य सिन्धु घाटी की सभ्यता के स्थलों में नहीं मिले हैं, जबकि वहाँ पर यहाँ के अनेक साक्ष्य मिले हैं। वहाँ से आयातित वस्तुएँ थीं—ऊनी कपड़े, खुशबूदार तेल आदि। जल्दी नष्ट हो जाने वाली इन वस्तुओं के कारण सम्भवतः इनके अवशेष सैन्धव नगरों से नहीं मिले हैं।

- मोहनजोदड़ो तथा हड़प्पा से बेलनाकार फारस की मुद्राएँ, मोहनजोदड़ो से मानव एवं बाघ के लड़ाई के चित्र वाली मुहर तथा हड़प्पा से मानव एवं बैल युद्ध की क्रीट-कला से सम्बन्धित चित्र वाली मुहर मिली है।
- तेल अंगराब से ककुदमान वृषभ की आकृति वाले मिट्टी के टुकड़े, नाल व सूसा से साँप को पकड़े गरुड़ का चित्र तथा सुमेरिया के राजा गुंगूनुम को एक कीलाक्षर पट्टिका पर हड़प्पा संस्कृति के साक्ष्य मिले हैं।
- समुद्री मार्ग लोथल में खम्भात की खाड़ी से अरब सागर होते हुए फारस की खाड़ी तथा अन्त में फरात नदी के नजदीक पहुँचता था।

कला तथा शिल्प

- इस सभ्यता के लोग कलाकृतियों के निर्माण के लिए धातु एवं पत्थर का उपयोग कम करते थे। सबसे प्रसिद्ध कलाकृति है—मोहनजोदड़ो से प्राप्त **नृत्य की मुद्रा में नग्न स्त्री की काँस्य प्रतिमा**। अन्य प्रसिद्ध कलाकृतियाँ हैं—हड़प्पा एवं चन्हूदड़ो से प्राप्त काँसे की गाड़ियाँ, मोहनजोदड़ो से प्राप्त दाढ़ी वाले सिर की पत्थर की मूर्ति (सम्भवतः पुजारी), स्वास्तिक चिह्न, मोहनजोदड़ो से प्राप्त हाथी दाँत पर मानव चित्र।
- इसी सभ्यता की पकी मिट्टी की मृण्मूर्तियाँ (टेराकोटा) मिली हैं। सिंह का चित्रण या मृण्मूर्तियाँ नहीं मिली हैं। बर्तनों पर वनस्पति का चित्रांकन पशुओं की अपेक्षा ज्यादा है। मिट्टी के बर्तन में एकरूपता है। ये बर्तन सादे हैं और उन पर लाल पट्टी के साथ-साथ काले रंग की चित्रकारी मिलती है। बर्तनों पर मुद्रा के निशान भी हैं, जिससे ज्ञात होता है कि उन बर्तनों का व्यापार भी होता था।

नगर योजना

- हड़प्पा संस्कृति एक नगरीय संस्कृति थी। इस संस्कृति की महत्त्वपूर्ण विशेषता इसकी नगर योजना प्रणाली थी। इस सभ्यता के नगर विश्व के प्राचीनतम सुनियोजित नगरों में से एक हैं।
- सामान्यतः इस सभ्यता के नगर दो भागों में बँटे थे। ऊँचे टीले पर स्थित प्राचीरयुक्त बस्ती, नगर, दुर्ग और इसके पश्चिमी ओर के आवासीय क्षेत्र निचला नगर होते थे।
- **दुर्ग** में शासक वर्ग के लोग रहते थे तथा **निचले नगर** में सामान्य लोग रहते थे। भवन निर्माण में पक्की एवं कच्ची दोनों तरह की ईंटों का प्रयोग होता था। भवन में सजावट आदि का अभाव था।
- ईंटों के निर्माण का निश्चित अनुपात 4 : 2 : 1 था।
- प्रत्येक मकान में स्नानागार, कुएँ एवं गन्दे जल की निकासी के लिए नालियों का प्रबन्ध था।
- सड़कें कच्ची थीं और प्रायः एक-दूसरे को समकोण पर काटती थीं तथा नगर को आयताकार खण्डों में विभक्त करती थीं।
- मकानों के दरवाजे मध्य में न होकर एक किनारे पर होते थे।
- हड़प्पा संस्कृति की **जल निकास प्रणाली** अद्वितीय थी। समकालीन किसी भी दूसरी सभ्यता ने स्वास्थ्य और सफाई को इतना महत्त्व नहीं दिया, जितना कि हड़प्पा संस्कृति के लोगों ने दिया।
- हड़प्पाई जुड़ाई के लिए मिट्टी के गारे तथा जिप्सम के मिश्रण दोनों का उपयोग करते थे।
- इस सभ्यता के नगरों के भवन जाल की तरह विन्यस्त थे।

धार्मिक जीवन

- सिन्धु घाटी सभ्यता के लोग मानव, पशु तथा वृक्ष तीनों रूप में भगवान की उपासना करते थे। हड़प्पा की धार्मिक और हिन्दू धर्म की जानकारी लगभग समान है।
- मातृदेवी की उपासना प्रमुख थी। एक श्रृंगी पशु का चित्र जो सबसे अधिक प्राप्त होता है, शायद बहुत पवित्र पशु था।
- मोहनजोदड़ो से प्राप्त पशुपति मुहर से पशुपति पूजा की जानकारी मिलती है। यहाँ लिंग पूजा के प्रचुर साक्ष्य मिले हैं। पत्थर पर योनि आकृतियों का अंकन भी हुआ है, जिनकी पूजा जनन शक्ति के रूप में की जाती थी।
- पूज्य पशुओं में कूबड़ वाला सांड तथा वृक्षों में पीपल महत्त्वपूर्ण थे। मन्दिर के अवशेष नहीं मिले हैं।
- **दाह संस्कार** शवाधान के मुख्यतः तीन तरीके प्रचलित थे
  (i) **पूर्ण शवाधान** इसमें सम्पूर्ण शव को भूमि में दफना दिया जाता था।
  (ii) **आंशिक शवाधान** पशु-पक्षियों के खाने के बाद शेष बचे भाग को भूमि में दफना दिया जाता था।
  (iii) **दाह संस्कार** इसमें शव को आग में जला देते थे।
- लोथल एवं कालीबंगा से हवनकुण्डों एवं यज्ञवेदियों के साक्ष्य मिले हैं, जो अग्नि-पूजा का प्रमाण देते हैं। मोहनजोदड़ो के विशाल स्नानागार को धार्मिक महत्त्व प्राप्त था। उसके पास बनी अन्य विशाल इमारत शायद पुरोहित का मठ था।
- लोग भूत-प्रेत, तन्त्र-मन्त्र में विश्वास करते थे। कई मुहरों में एक त्रिमुखी देवता जिसके सिर पर भैंस के सींग का मुकुट है, जो योगी की मुद्रा में बैठा हुआ है। यह देवता गैंडा, भैंस, हाथी, शेर तथा हिरण से घिरा हुआ है। इसे पशुपति शिव माना जाता है।

धार्मिक प्रतीक चिह्न

क्र.सं.	प्रतीक चिह्न	महत्त्व
1.	स्वास्तिक	सूर्य उपासना का प्रतीक
2.	योगी शिव	योगेश्वर
3.	ताबीज	प्रजनन शक्ति का प्रतीक
4.	बैल	शिव का वाहन, सर्वाधिक धार्मिक महत्त्व वाला पशु
5.	बकरा	बलि हेतु प्रयुक्त
6.	नाग	पूजा की जाती थी
7.	श्रृंग	शिव का रूप
8.	भैंस	देवताओं की शत्रुओं पर विजय का प्रतीक
9.	बैल, बकरी एवं भेड़ की हड्डियों के ढेर	पशुबलि के द्योतक
10.	काँस्य नर्तकी	नृत्य की परिकल्पना
11.	दोहरा शवाधान	पति के साथ पत्नी का सती होना

सिन्धु घाटी सभ्यता : *प्रमुख स्थल एवं विशेषताएँ*

हड़प्पा

- हड़प्पा पश्चिमी पंजाब प्रान्त के माण्टगोमरी जिले में रावी नदी के बाएँ तट पर स्थित है।
- हड़प्पा के दुर्ग में ईंटों के बने चबूतरे पर दो पांतों में 6 कोठार मिले हैं। प्रत्येक कोठार 15.23 मी लम्बा और 6.09 मी चौड़ा है।
- हड़प्पा में दो कमरों वाले बैरक भी मिले हैं, जो सम्भवतः मजदूरों के रहने के लिए थे। यहाँ से एक अन्नागार भी मिला है, जो गढ़ी के बाहर निचले शहर में स्थित है और किले के दक्षिण में एक शव स्थान पाया गया है, जिसे पुरातत्त्वविदों ने **आर-37** नाम दिया है।

- ताबूत शवाधान का साक्ष्य भी यहाँ से मिला है और श्रृंगार बक्सा की प्राप्ति हुई है।
- काँसा का इक्का और बैलगाड़ी का साक्ष्य यहाँ से प्राप्त हुआ है।
- खुदाई के दौरान हड़प्पा से 14 ईंट के भट्ठे एवं कुत्ते का एक हिरण पर आक्रमण करते हुए एक पीतल की आकृति मिली है तथा एक बर्तन पर मछुआरे का चित्र मिला है।
- यहाँ से लाल पत्थर की पुरुष के निर्वस्त्र धड़ की एक आकृति मिली है, जिसकी तुलना यक्ष के साथ की जाती है और इसी स्थल से नृत्यांगना की एक मूर्ति भी मिली है, जिसकी तुलना पुरातत्त्वविदों ने नटराज शिव के साथ की है।
- हड़प्पा से एक **मृण्मूर्ति** भी प्राप्त हुई है, जिसके गर्भ से एक पीपल का पौधा निकलता दिखाया गया है। इस संस्कृति की अभिलेखयुक्त मुहरें सर्वाधिक हड़प्पा से ही प्राप्त हुई हैं। हड़प्पा में परवर्ती काल में सुरमा का साक्ष्य मिला है।

मोहनजोदड़ो

- मोहनजोदड़ो का अर्थ 'मुर्दों का टीला' (Mound of the dead) होता है। मोहनजोदड़ो सिन्धु नदी के दाहिने किनारे पर अवस्थित था, जो वर्तमान में पाकिस्तान के सिन्ध प्रान्त के लरकाना जिले में स्थित है। यहाँ से नगर निर्माण के 9 चरण प्राप्त हुए हैं।
- मोहनजोदड़ो के टीले पर एक बौद्ध स्तूप बना हुआ था।
- मोहनजोदड़ो का सबसे महत्त्वपूर्ण सार्वजनिक स्थल है विशाल स्नानागार जो गढ़ी के अन्दर स्थित है। यह 11.88 मी लम्बा, 7.01 मी चौड़ा और 2.43 मी गहरा है। इस स्नानागार में नीचे उतरने के लिए उत्तर एवं दक्षिण सिरों में सीढ़ियाँ बनी हुई थीं। इसका फर्श पक्की ईंटों से बना हुआ है जिस पर बिटुमिनस का लेप लगा है। इसका इस्तेमाल आनुष्ठानिक स्नान के लिए होता था।
- मोहनजोदड़ो की सबसे बड़ी इमारत है—अनाज रखने का कोठार, जो 45.71 मी लम्बा और 15.23 मी चौड़ा है।
- इस स्थल से बुना हुआ सूती कपड़े का एक टुकड़ा तथा मानव कंकाल (शायद नरसंहार) के साक्ष्य प्राप्त हुए हैं।
- मोहनजोदड़ो में बाढ़ द्वारा विनाश के साक्ष्य भी मिले हैं।
- यहाँ से कांसे की नृत्य करती हुई नग्न मूर्ति प्राप्त हुई है। इसका निर्माण द्रवी-मोम विधि से किया गया है।
- मोहनजोदड़ो से प्राप्त मुद्रा पर एक योगी को ध्यान मुद्रा में एक टाँग पर दूसरी टाँग डाले बैठा दिखाया गया है। उसके चारों ओर एक हाथी, एक बाघ और एक गैंडा है, आसन के नीचे एक भैंसा है और पाँवों पर दो हिरण हैं। मार्शल ने इसे शिव, पशुपति का प्राकृतरूप माना है।
- ताँबा गलाने की भट्टी के साक्ष्य यहाँ से मिले हैं।
- मोहनजोदड़ो से मेसोपोटामिया जैसी बेलनाकार मुहर मिली है।
- सेलखड़ी से बने कुत्ते की एक मूर्ति भी यहाँ से प्राप्त हुई है।
- सीप से निर्मित स्केल का साक्ष्य भी यहाँ से मिला है।
- हड़प्पा सभ्यता में एकमात्र खिड़की का साक्ष्य यहीं से मिला है।
- संख्या में धातु की बनी मूर्तियाँ सबसे अधिक मोहनजोदड़ो से प्राप्त हुई हैं।
- मोहनजोदड़ो की गलियों में जल्दबाजी में दफनाया गया या बिना दफनाए शव प्राप्त हुए हैं।
- इत्र का साक्ष्य यहाँ से प्राप्त हुआ है।
- एक मुद्रा पर लेटे हुए नाग की उपासना करते हुए एक व्यक्ति का चित्रण यहाँ से मिला है।
- बाट-बटखरे का सामान इस स्थल से मिला है।
- मोहनजोदड़ो से गहनों का ढेर एवं चाँदी की थाली भी मिली है।
- मिट्टी की तराजू यहाँ से प्राप्त हुई है।

लोथल

- लोथल वर्तमान गुजरात राज्य के अहमदाबाद जिले में भोगवा नदी के किनारे सरागवाला ग्राम के समीप स्थित है। इस स्थल से समकालीन सभ्यता के पाँच स्तर प्राप्त हुए हैं।
- लोथल का ऊपरी नगर विषम चतुर्भुजाकार था यह एकमात्र ऐसा स्थान है जहाँ कृत्रिम बन्दरगाह का अवशेष प्राप्त हुआ है। यह गोदी समुद्री आवागमन तथा व्यापार के लिए महत्त्वपूर्ण थी।
- 1800 ई.पू. के चावल के अवशेष यहाँ से प्राप्त हुए हैं इस स्थल से अग्नि पूजा के साक्ष्य मिले हैं।
- यहाँ घोड़े की एक संदिग्ध लघु मृण्मूर्ति प्राप्त हुई है और मनकों का एक कारखाना भी मिला है। इस स्थल से एक ऐसी मुहर भी मिली है, जिस पर जहाज का चित्र अंकित है।
- यहाँ से युगल शवाधान की प्राप्ति हुई है, जिनके सिर पूर्व में तथा पैर पश्चिम में हैं। शतरंज जैसे खेल का साक्ष्य भी यहाँ से मिला है।
- फारस की खाड़ी के प्रदेश वाली मुद्रा यहाँ से मिली है।
- लोथल को लघु हड़प्पा या लघु मोहनजोदड़ो भी कहा जाता है। यहाँ पूरी बस्ती एक ही दीवार से घिरी थी। यहाँ से एक जार पर चित्रकारी का साक्ष्य प्राप्त हुआ है, जो पंचतन्त्र के चालाक लोमड़ी की कहानी के सदृश है।
- चिकित्सकीय विश्वास, खोपड़ी की शल्य चिकित्सा का साक्ष्य भी यहाँ से मिला है।
- यहाँ से काँसे की छड़, ताँबे की मुहर तथा ताँबे का कुत्ता प्राप्त हुआ है।
- यहाँ से अन्न पीसने की चक्की मिली है तथा बाजरे के कुछ दानों की प्राप्ति यहाँ से हुई है।
- हाथी दाँत का स्केल इस स्थल से मिला है।
- लोथल सिन्धु सभ्यता काल में सामुद्रिक व्यापारिक गतिविधियों का केन्द्र रहा था। लोथल के मकान में सामने से प्रवेश था। चूहेदानी का साक्ष्य यहाँ से मिला है।
- लोथल से नारी मृण्मूर्तियों की प्राप्ति नहीं हुई है।

सिन्धु सभ्यता कालीन स्थल : महत्त्वपूर्ण तथ्य

स्थल	वर्ष	स्थिति	उत्खननकर्ता	नदी/तट	प्राप्त साक्ष्य
हड़प्पा	1921 ई., 1946 ई.	माण्टगोमरी जिला, पश्चिमी पंजाब (पाकिस्तान)	दयाराम साहनी, एम. एस. वत्स, मार्टीमर ह्वीलर	रावी	काँस्य गाड़ी, अन्न भण्डार गृह, धोती पहने एक मूर्ति, गरुड़ चित्रित मुद्रा, श्रमिकों का आवास, काँस्य दर्पण, शंख का बैल, मछुआरे का चित्र, ताम्र पैमाना, गधे की हड्डी आदि।
मोहनजोदड़ो	1922 ई.	लरकाना जिला, सिन्ध प्रान्त (पाकिस्तान)	राखालदास बनर्जी, मार्टिमर ह्वीलर	सिन्धु	पुरोहितों का आवास, महाविद्यालय, महास्नानागार, 16 मकानों का बैरक, काँस्य की नग्न नारी मूर्ति, दाढ़ी वाले साधु की मूर्ति, कुम्हार के छः भट्ठे, हाथी का कपाल खण्ड, फियांस की बनी गिलहरी, चमकता हुआ बन्दर का चित्र, एक शृंगी पशुओं वाली मुद्राएँ आदि।
सुत्कागेंडोर	1927 ई.	बलूचिस्तान (पाकिस्तान)	आरेल स्टीन	दाश्क	बन्दरगाह, तीन संस्कृतियों के साक्ष्य, प्राकृतिक चट्टान पर अवस्थित, मानव अस्थि-राख से भरा बर्तन, बेबीलोन से व्यापार का साक्ष्य।
चन्हूदड़ो	1931 ई.	प. पंजाब (पाकिस्तान)	एन.जी. मजूमदार, मैके	सिन्धु	बिल्ली का पीछा करते हुए कुत्ते का साक्ष्य, मनके बनाने का कारखाना, लिपस्टिक, काँस्य गाड़ी, वक्राकार ईंट, कजल, पाउडर, कंघा, उस्तरा, तीन घड़ियालों तथा दो मछलियों के अंकन वाली मुद्रा आदि।
कालीबंगा	1953 ई., 1960 ई.	गंगानगर (राजस्थान)	अमलानन्द घोष, बीबी लाल	घग्घर	जुते हुए खेत, लकड़ी की नाली, बेलनाकार मुहरें, अग्नि हवन कुण्ड, अलंकृत ईंट, चूड़ियाँ, कपड़े में लिपटा हुआ एक उस्तरा, एक साथ दो फसल बोने के साक्ष्य।
कोटदीजी	1935 ई., 1955 ई.	सिन्ध (पाकिस्तान)	घुरिये, अफजल खाँ	सिन्धु	किलेबन्दी का साक्ष्य नहीं, कच्ची ईंटों के मकान, कच्ची ईंटों का चूल्हा।
रंगपुर	1953 ई.	गुजरात	एम.एस. वत्स	मादर	तीन संस्कृतियों के अवशेष, नालियाँ, कच्ची ईंट का दुर्ग, धान की भूसी, ज्वार-बाजरा।
रोपड़	1955 ई., 1956 ई.	पंजाब	यज्ञदत्त शर्मा	सतलज	मानव के साथ कुत्ते दफनाने का साक्ष्य, ताँबे की कुल्हाड़ी।
लोथल	1957 ई.	अहमदाबाद (गुजरात)	रंगनाथ राव	भोगवा	वृत्ताकार तथा चौकोर अग्नि वेदिका, चावल व बाजरे पर दोमुँहे राक्षस का अंकन, फारस की मुहर, घोड़े की मृण्मूर्ति, गोदीबाड़ा, तीन युग्मित समाधि, पूर्ण हाथी दाँत, चालाक लोमड़ी का चिह्न आदि।
आलमगीरपुर	1958 ई.	मेरठ (उ.प्र.)	यज्ञदत्त शर्मा	हिण्डन	मृद्भाण्ड बर्तनों पर मोर, गिलहरी की चित्रकारी।
राखीगढ़ी	–	जींद (हरियाणा)	सूरजभान	–	ताम्र उपकरण, हड़प्पा लिपियुक्त मुद्रा।
सुरकोटड़ा	1964 ई.	गुजरात, (हरियाणा)	जगपति जोशी	–	घोड़े की हड्डी, कलश शवाधान, तराजू का पलड़ा।
बनवाली	1973 ई.	हिसार (हरियाणा)	रवीन्द्र सिंह बिष्ट	सरस्वती	जौ, मिट्टी का हल (खिलौना), ताँबे के वाणाग्र, दो संस्कृतियों के अवशेष, सड़कों पर बैलगाड़ी के पहिए का साक्ष्य, नगर-योजना शतरंज की बिसात जैसी थी।

कालीबंगा

- कालीबंगा से हड़प्पा सभ्यता के साथ-साथ हड़प्पा पूर्व सभ्यता के अवशेष भी प्राप्त हुए हैं। यह राजस्थान के गंगानगर जिले में स्थित घग्घर नदी के किनारे स्थित है। कालीबंगा का अर्थ काले रंग की मिट्टी की चूड़ियों से है।
- यहाँ शहर के दोनों भाग दुर्गीकृत हैं तथा घर कच्ची ईंटों के बने हैं।
- यहाँ से लकड़ी के हल तथा जुते खेत के साक्ष्य मिले हैं, जिसके कूँडों के बीच का फासला पूर्व से पश्चिम की ओर 30 सेमी और उत्तर से दक्षिण 1.10 मी है।
- यहाँ कुछ अग्निकुण्ड मिले हैं, जिसे यज्ञ प्रणाली से जोड़ा जाता है तथा दो फसलों को उगाने का प्रमाण यहीं से मिला है।
- यहाँ के फर्श पर अलंकृत ईंट के प्रयोग का साक्ष्य मिला है इस स्थल से लकड़ी के पाइप के प्रयोग के प्रमाण भी मिले हैं।
- यहाँ से एक शव की प्राप्ति हुई है, जो पेट के बल लेटा हुआ है तथा जिसका सिर दक्षिण में तथा पैर उत्तर दिशा में हैं।
- यहाँ एक धुरी वाले ठोस पहिए का भी अवशेष प्राप्त हुआ है, जिससे किसी वाहन के अस्तित्व का पता चलता है। शल्य चिकित्सा का साक्ष्य यहाँ से भी मिला है।
- भूकम्प आने का प्राचीनतम साक्ष्य कालीबंगा से ही मिला है। कालीबंगा से भी एक युग्मित समाधि का अवशेष मिला है। इस स्थल से एक उस्तरे पर कपास का वस्त्र लिपटा हुआ मिला है।
- कालीबंगा से प्राप्त बेलनाकार मुहर मेसोपोटामियायी मुहरों के समरूप थी।

चन्हूदड़ो

- चन्हूदड़ो मोहनजोदड़ो से 130 किमी दक्षिण की ओर स्थित है। यह एकमात्र ऐसा नगर है, जो दुर्गीकृत नहीं है।

- यहाँ हड़प्पा पूर्व की झूकर एवं झांगर संस्कृति के अवशेष प्राप्त हुए हैं। इस स्थल से दवात के समान पात्र प्राप्त हुआ है।
- काँसा का इक्का और बैलगाड़ी का साक्ष्य यहाँ से मिला है।
- यहाँ से मनका बनाने का एक कारखाना प्राप्त हुआ है।
- बाढ़ द्वारा विनाश के साक्ष्य यहाँ से मिले हैं।
- चन्हूदड़ो की एक मुहर पर दो नग्न नारियाँ अंकित हैं, जो ध्वज पकड़े खड़ी हैं। वर्गाकार मुहर के साक्ष्य भी यहाँ से मिले हैं।
- एक मुहर पर तीन घड़ियाल व मछली का अंकन यहाँ से प्राप्त हुआ है और सौन्दर्य सामग्री लिपस्टिक के अवशेष भी यहाँ से मिले हैं।
- चार पहियों वाली मिट्टी की खिलौना गाड़ी और दो भागते पशुओं के पैरों के निशान भी यहाँ से मिले हैं।

बनवाली

- बनवाली हरियाणा के हिसार जिले में सरस्वती नदी के तट पर स्थित है। यहाँ से हड़प्पा-पूर्व, हड़प्पाकालीन तथा उत्तर हड़प्पाकालीन संस्कृतियों का भी पता चला है।
- यहाँ से हल की आकृति के खिलौने की प्राप्ति हुई है। इस स्थल से जौ, तिल तथा सरसों के ढेर तथा सड़कों पर बैलगाड़ी के पहिए का साक्ष्य यहाँ से मिले हैं। बनवाली से ताँबे के वाणाग्र की आकृति तथा आयताकार 'राजप्रासाद' जैसा एक विशाल भवन भी मिला है।
- बनवाली की नगर-योजना शतरंज की बिसात या जाल के आकार की बनाई गई थी। यहाँ से प्राप्त कुछ मृद्भाण्डों के टुकड़े एवं मुद्रा पर सिन्धु लिपि में लिखे हुए लेख प्राप्त हुए हैं, इस स्थल से पीपल की पत्ती के आकार के कुण्डल भी प्राप्त हुए हैं।

रंगपुर

- रंगपुर गुजरात के काठियावाड़ प्रायद्वीप में मादर (भादर) नदी के निकट स्थित है। यहाँ पर पूर्वकालीन हड़प्पा संस्कृति के अवशेष तथा उत्तरोत्तर हड़प्पा संस्कृति के भी साक्ष्य मिले हैं।
- इस स्थल से चावल की भूसी के ढेर मिले हैं। यहाँ के दुर्ग कच्ची ईंटों से बने थे। रंगपुर से उत्खनन में न तो कोई मुद्रा और न ही कोई मातृदेवी की मूर्ति प्राप्त हुई है।
- हड़प्पा पूर्व सामग्री में पीले और धूसर रंग के मिट्टी के बर्तन तथा पत्थर के फलक भी यहाँ से मिले हैं।

आलमगीरपुर

- आलमगीरपुर उत्तर प्रदेश राज्य के मेरठ जिले में हिण्डन नदी के तट पर स्थित है। यह स्थल हड़प्पा सभ्यता के पतन का संकेत देता है।
- यह हड़प्पा सभ्यता का सर्वाधिक पूर्वी पुरास्थल है। यहाँ से एक भी मातृदेवी की मूर्ति और मुद्रा प्राप्त नहीं हुई है। यहाँ से मिट्टी के बर्तन, मनके एवं पिण्ड भी मिले हैं।

रोपड़

- यहाँ हड़प्पा पूर्व एवं हड़प्पाकालीन संस्कृतियों के अवशेष प्राप्त हुए हैं। यहाँ के मकान पत्थर एवं मिट्टी से बनाए गए थे।
- यहाँ से मानवीय कब्र के नीचे एक कुत्ते के शवाधान मिले हैं। शवों को अण्डाकार गड्ढों में दफनाया जाता था तथा शव का सिर पश्चिम दिशा में रखा मिला है। भारत के पंजाब में स्थित रोपड़ में भवन कच्ची ईंटों से बने थे।

सुरकोटड़ा

- वर्तमान गुजरात राज्य के कच्छ क्षेत्र में यह स्थल स्थित है, इस स्थल की खोज वर्ष 1964 में जगपति जोशी ने की थी। यह स्थल हड़प्पा के विदेश व्यापार का केन्द्र था।
- यहाँ से हड़प्पा सभ्यता के पतन के अवशेष परिलक्षित होते हैं।
- यहाँ से घोड़े की हड्डी के अवशेष तथा कलश शवाधान के साक्ष्य मिले हैं।
- यह स्थल पत्थर के टुकड़ों की दीवार से घिरा हुआ था तथा ऊपर से कब्र को पत्थर से ढकने का साक्ष्य और तराजू का पलड़ा भी यहाँ से मिला है।

राखीगढ़ी

- भारत में हड़प्पा सभ्यता के विशालतम नगरों में राखीगढ़ी एक है। यह स्थल वर्तमान हरियाणा राज्य के जींद जिले में स्थित है इस स्थल की खोज प्रो. सूरजभान और आचार्य भगवानदेव ने की थी।
- इस स्थल से सिन्धु पूर्व सभ्यता के अवशेष तथा ताँबे के उपकरण प्राप्त हुए हैं।
- यहाँ से एक मुद्रा मिली है, जिस पर हड़प्पा-लिपि में एक लेख है।

कोटदीजी

- यह स्थल हड़प्पा पूर्व और हड़प्पाकालीन दोनों समय अस्तित्व में था।
- यहाँ के मकान कच्ची ईंटों के बने थे, परन्तु नीवों में पत्थर का प्रयोग हुआ है।
- कच्ची ईंटों के बने बड़े आकार के चूल्हे का साक्ष्य यहाँ प्राप्त हुआ है इस स्थल से किलेबन्दी के साक्ष्य प्राप्त नहीं हुए हैं।

सुत्कागेंडोर

- पाकिस्तान के बलूचिस्तान प्रान्त में दाश्क नदी पर सुत्कागेंडोर स्थित है। यह स्थल हड़प्पा सभ्यता की पश्चिमी सीमा का निर्धारण करता है।
- यहाँ से बन्दरगाह के अस्तित्व का पता तथा ताँबे की कुल्हाड़ी का साक्ष्य मिला है।
- सुत्कागेंडोर में बेबीलोन से व्यापारिक सम्बन्ध का साक्ष्य भी प्राप्त हुआ है। यहाँ से मानव भस्म रखा एक बर्तन तथा परिपक्व हड़प्पा संस्कृति के अवशेष मिले हैं।

धौलावीरा

- गुजरात राज्य के कच्छ जिले में धौलावीरा स्थित है। यह नगर हड़प्पा सभ्यता के सबसे बड़े नगरों में से है। अन्य हड़प्पाई स्थल के विपरीत धौलावीरा नगर तीन खण्डों में विभाजित है।
- यहाँ भव्य प्रवेश द्वार के साथ सुरक्षा प्रहरी का कमरा भी मिला है। इस स्थल से एक लम्बा जलाशय उत्खनन के द्वारा खोजा गया है।

सभ्यता के पतन पर दृष्टिकोण

दृष्टिकोण	विद्वान्
बाढ़ के कारण नष्ट हुई	अर्नेस्ट मैके एवं मार्शल
विदेशी व आर्य आक्रमण से नष्ट हुई	व्हीलर एवं गार्डन चाइल्ड
नदियों के मार्ग परिवर्तन के कारण नष्ट हुई	लैम्ब्रिक
जलप्लावन के कारण इस सभ्यता का अन्त हुआ	एम.आर. साहनी
आग के कारण सभ्यता का विनाश हुआ	डी.डी. कौशाम्बी
जलवायु परिवर्तन के कारण यह सभ्यता नष्ट हो गई	ऑरेल स्टाइन एवं अमलानन्द घोष
अपने साधनों को जरूरत से ज्यादा व्यय कर देने के कारण इस सभ्यता का विनाश हुआ	सर्विस

सिन्धु घाटी सभ्यता के प्रमुख स्थल एवं स्थिति

क्र.सं.	क्षेत्र	स्थिति पुरास्थल
1.	अफगानिस्तान	मण्डीगाक, शोर्तुगुई
2.	बलूचिस्तान (पाकिस्तान)	मेहरगढ़, सुत्कागेंडोर, सुत्काकोह, बालाकोट, रानाघुण्डई, कुल्ली, क्वेटाघाटी, दबसादात एवं दबारकोट आदि
3.	सिन्ध	कोटदीजी, आमरी, मोहनजोदड़ो, अलीमुराद, चन्हूदड़ो, जुदीरोदड़ो आदि
4.	पश्चिम पंजाब (पाकिस्तान)	हड़प्पा, डेरा इस्माइलखाना, रहमानढेरी, जलीलपुर आदि
5.	पंजाब (भारत)	रोपड़ (रूपनगर), चक 86, बाड़ा, संघोल आदि
6.	हरियाणा	राखीगढ़ी* (Pre Harappan), बनवाली*, मीताथल, दौलतपुर, रिसवल आदि
7.	जम्मू-कश्मीर	माण्डा (चिनाब नदी)
8.	पश्चिमी उ.प्र.	आलमगीरपुर, बड़ागाँव एवं हुलास (सहारनपुर)
9.	गुजरात	
	(i) काठियावाड़	लोथल, रंगपुर, रोजड़ी, प्रभासपाटन (सोमनाथ, भगतराव, दैमाबाद)
	(ii) कच्छ का रन	धौलावीरा, देशलपुर, सुरकोटड़ा
10	राजस्थान	कालीबंगा*

▪ *कालीबंगा, बनवाली एवं राखीगढ़ी प्राक् हड़प्पन स्थल हैं। रंगपुर एवं रोजड़ी हड़प्पोत्तरयुगीन हैं।*

वस्तुनिष्ठ प्रश्न

1. हड़प्पा सभ्यता की मुहरें किससे निर्मित की जाती थीं?
(a) सेलखड़ी से (b) सोना से
(c) मिट्टी से (d) काँस्य से

2. हड़प्पा सभ्यता का काल लगभग है
(a) 2800 ई.पू. से 2000 ई.पू.
(b) 2500 ई.पू. से 1750 ई.पू.
(c) 3500 ई.पू. से 1800 ई.पू.
(d) निश्चित नहीं हो सका है

3. किस आधार पर हड़प्पा सभ्यता का काल निर्धारण 2350 ई.पू. एवं 1750 ई.पू. के मध्य किया गया है?
(a) खुदाइयों में प्राप्त वस्तुओं एवं बर्तनों की समानता द्वारा
(b) गुजरात, हरियाणा, पंजाब और राजस्थान की हाल की खुदाइयों में मिले अवशेषों द्वारा
(c) रेडियो कार्बन परीक्षण सी-14 (Radio Carbon Dating C-14) द्वारा
(d) हड़प्पा एवं प्राचीन पश्चिमी सभ्यता के बीच सम्पर्क के विवरण द्वारा

4. निम्नलिखित में से किस पुरातत्वविद् ने सिन्धु घाटी सभ्यता स्थल मोहनजोदड़ो की प्रारम्भिक खोज की थी?
(a) सर जॉन मार्शल (b) दयाराम साहनी
(c) सर मार्टिमर व्हीलर (d) राखालदास बनर्जी

5. हड़प्पा की खोज का श्रेय किसे दिया जाता है?
(a) राखालदास बनर्जी
(b) सर जॉन मार्शल
(c) राधाकुमुद मुखर्जी
(d) रायबहादुर दयाराम साहनी

6. भारत में खोजा गया सबसे पहला पुराना शहर था
(a) हड़प्पा (b) पंजाब
(c) मोहनजोदड़ो (d) सिन्ध

7. हड़प्पा सभ्यता किस काल से सम्बन्धित थी?
(a) काँस्य युग
(b) पाषाण युग
(c) लौह युग
(d) ये सभी

8. हड़प्पा सभ्यता का प्रचलित नाम है
(a) सिन्धु सभ्यता
(b) लोथल सभ्यता
(c) सिन्धु घाटी की सभ्यता
(d) मोहनजोदड़ो की सभ्यता

9. सिन्धु सभ्यता सम्बन्धित है
(a) प्रागैतिहासिक युग से
(b) आद्य ऐतिहासिक युग से
(c) ऐतिहासिक युग से
(d) उत्तर-ऐतिहासिक युग से

10. हड़प्पा संस्कृति की जानकारी का प्रमुख स्रोत है
(a) शिलालेख
(b) पकी मिट्टी की मुहरों पर अंकित लेख
(c) पुरातात्त्विक खुदाई
(d) उपरोक्त सभी

11. निम्न में कौन-सी सिन्धु घाटी की सभ्यता की विशेषता नहीं थी?
(a) सड़कें सीधी एवं एक-दूसरे को समकोण पर काटती थीं
(b) मकान अच्छी व पक्की ईंटों से निर्मित थे
(c) नगर साफ-सुथरे व जल-मल निकासी सर्वोच्च थी
(d) मकानों के दरवाजे पिछली ओर खुलते थे

12. हड़प्पा सभ्यता के औजार और अस्त्र मुख्यतया बनाए जाते थे
(a) लोहे के
(b) पत्थर के
(c) ताँबा, टिन और काँस्य के
(d) लोहे और काँस्य के

13. हड़प्पा सभ्यता से प्राप्त औजार एवं उपकरणों से सम्बन्धित कुछ कथन दिए गए हैं, इनमें से असत्य कथन चुनिए
(a) हड़प्पावासी काँस्य तथा ताँबे की ढलाई की तकनीक जानते थे
(b) सिन्ध में सुक्कूर में औजारों का निर्माण व्यापक पैमाने पर किया जाता था

(c) उनके मूल औजार ताँबे एवं काँस्य के थे
(d) औजार एवं उपकरणों के आकार-प्रकार तथा उत्पादन की तकनीक में एकरूपता नहीं थी

14. भारत में चाँदी की उपलब्धता के प्राचीनतम साक्ष्य मिलते हैं
(a) हड़प्पा संस्कृति में
(b) पश्चिमी भारत की ताम्रपाषाण संस्कृति में
(c) वैदिक संहिताओं में
(d) चाँदी के आहत सिक्कों में

15. सिन्धु सभ्यता के बारे में निम्न में से कौन-सा कथन असत्य है?
(a) नगरों में नालियों की सुदृढ़ व्यवस्था थी
(b) व्यापार और वाणिज्य उन्नत दशा में था
(c) मातृदेवी की उपासना की जाती थी
(d) लोग लोहे से परिचित थे

16. सिन्धु सभ्यता का कौन-सा स्थान भारत में स्थित है?
(a) हड़प्पा (b) मोहनजोदड़ो
(c) लोथल (d) इनमें से कोई नहीं

17. निम्नांकित में कौन सुमेलित नहीं है?
(a) आलमगीरपुर उत्तर प्रदेश
(b) लोथल गुजरात
(c) कालीबंगा हरियाणा
(d) रोपड़ पंजाब

18. सिन्धु घाटी सभ्यता का पत्तन नगर था
(a) हड़प्पा (b) कालीबंगा
(c) लोथल (d) मोहनजोदड़ो

19. सिन्धु घाटी की सभ्यता को आर्यों से पूर्व की रखे जाने का महत्त्वपूर्ण कारक है
(a) लिपि (b) नगर नियोजन
(c) ताँबा (d) मृद्भाण्ड

20. सिन्धु घाटी की सभ्यता मूलत:
(a) शहरी थी (b) कृषि प्रधान थी
(c) आदिम थी (d) धार्मिक थी

21. सिन्धु घाटी सभ्यता जानी जाती है
(a) अपने नगर-नियोजन के लिए
(b) मोहनजोदड़ो और हड़प्पा के लिए
(c) अपने कृषि सम्बन्धी कार्यों के लिए
(d) अपने उद्योगों के लिए

22. निम्नलिखित आहार में से कौन-सा आहार सिन्धु घाटी की सभ्यता के व्यक्तियों का मुख्य आहार था?
(a) मांस (b) मछली
(c) गेहूँ (d) चावल

23. हड़प्पा सभ्यता में खत्ती या भण्डारगृह सबसे अधिक कहाँ पाए गए?
(a) मोहनजोदड़ो (b) हड़प्पा
(c) कालीबंगा (d) लोथल

24. सैन्धव स्थलों के उत्खननों से प्राप्त मुहरों पर निम्नलिखित में से किस पशु का सर्वाधिक उत्कीर्णन हुआ है?
(a) शेर (b) घोड़ा
(c) बैल (साँड) (d) हाथी

25. हड़प्पावासी किस वस्तु के उत्पादन में सर्वप्रथम थे?
(a) मुद्राएँ
(b) काँस्य के औजार
(c) कपास
(d) जौ

26. पैमानों की खोज ने यह सिद्ध कर दिया है कि सिन्धु घाटी के लोग माप और तौल से परिचित थे। यह खोज कहाँ पर हुई?
(a) कालीबंगा (b) हड़प्पा
(c) चन्हूदड़ो (d) लोथल

27. सिन्धु घाटी की सभ्यता के लोगों का धर्म प्रमुखत: किस पर आधारित था?
(a) पशु और मानव बलि पर
(b) शिव के विभिन्न रूपों की पूजा पर
(c) मातृदेवी की पूजा पर
(d) प्रकृति पूजा पर

28. सैन्धव सभ्यता के महान् स्नानागार कहाँ से प्राप्त हुए हैं?
(a) मोहनजोदड़ो से (b) हड़प्पा से
(c) लोथल से (d) कालीबंगा से

29. कालीबंगा कहाँ स्थित है?
(a) हरियाणा में (b) राजस्थान में
(c) गुजरात में (d) पंजाब में

30. सिन्धु घाटी सभ्यता की लिपि कौन-सी थी?
(a) फारसी (b) द्रविड़
(c) संस्कृत (d) पढ़ी नहीं जा सकी

31. मोहनजोदड़ो में प्राप्त सभी इमारतों में सबसे बड़ी इमारत कौन-सी है?
(a) अन्नागार (b) सभाभवन
(c) स्नानागार (d) इनमें से कोई नहीं

32. हड़प्पा सभ्यता में चावल के प्रमाण कहाँ से मिले हैं?
(a) मोहनजोदड़ो और हड़प्पा से
(b) लोथल और कालीबंगा से
(c) लोथल और रंगपुर से
(d) कालीबंगा और हड़प्पा से

33. हड़प्पा सभ्यता के किस स्थल पर एक मृद्भाण्ड में दृश्य अंकित है, जो पंचतन्त्र की कथा चालाक लोमड़ी की याद दिलाता है?
(a) रंगपुर (b) लोथल
(c) हड़प्पा (d) कालीबंगा

34. मोहनजोदड़ो से प्राप्त पशुपति मुहर में निम्न में से कौन-सा पशु नहीं पाया गया है?
(a) हिरन (b) गैंडा
(c) हाथी (d) शेर

35. हड़प्पा पूर्व काल के अवशेष कहाँ से नहीं मिले हैं?
(a) हड़प्पा (b) कालीबंगा
(c) रंगपुर (d) कोटदीजी

36. **कथन** (A) हड़प्पा सभ्यता एक नगरीय सभ्यता थी।
कारण (R) हड़प्पा सभ्यता में साफ-सफाई पर समुचित ध्यान दिया गया था।
कूट
(a) A और R दोनों सही हैं तथा R, A की व्याख्या है
(b) A और R दोनों सही हैं, परन्तु R, A की व्याख्या नहीं है
(c) A सही है, परन्तु R गलत है
(d) A गलत है, परन्तु R सही है

37. सूची I को सूची II से सुमेलित कीजिए

	सूची I	सूची II
A.	मोहनजोदड़ो	1. रावी
B.	हड़प्पा	2. सिन्धु
C.	कालीबंगा	3. भोगवा
D.	लोथल	4. घग्घर

कूट

	A	B	C	D
(a)	1	2	3	4
(b)	2	1	44	3
(c)	2	1	3	4
(d)	1	3	4	2

38. हड़प्पा सभ्यता में धातु का व्यापार में प्रमुख स्थान था। निम्नलिखित में से किस धातु का ज्ञान हड़प्पावासियों को नहीं था?
(a) सोना
(b) टिन
(c) लोहा
(d) ताँबा

सही उत्तर

1. (a)	2. (b)	3. (c)	4. (d)	5. (d)	6. (a)	7. (a)	8. (c)	9. (b)	10. (d)
11. (d)	12. (c)	13. (d)	14. (a)	15. (d)	16. (c)	17. (c)	18. (c)	19. (c)	20. (a)
21. (a)	22. (c)	23. (b)	24. (c)	25. (c)	26. (d)	27. (c)	28. (a)	29. (b)	30. (d)
31. (a)	32. (c)	33. (b)	34. (d)	35. (c)	36. (a)	37. (b)	38. (c)		

अध्याय 04 वैदिक काल

ऋग्वैदिक काल (1500-1000 ई.पू.)

- ऋग्वेद में कुल 1028 मन्त्र हैं, जो 10 मण्डलों में विभक्त हैं। ऋग्वेद का, प्रथम एवं दसवाँ मण्डल सबसे बाद में जोड़ा गया। नौंवा मण्डल सोम देवता को समर्पित है।
- आर्यों के आरम्भिक इतिहास की जानकारी का मुख्य स्रोत ऋग्वेद है। सरस्वती नदी को ऋग्वेद में नदीतमा कहा गया है।
- ऋग्वैदिक कालीन सर्वाधिक महत्त्वपूर्ण नदी सिन्धु का वर्णन कई बार हुआ है, जबकि गंगा का एक बार तथा यमुना का तीन बार उल्लेख है। ऋग्वेद में आर्य निवास स्थल के लिए **सप्त सैन्धव** शब्द का प्रयोग हुआ है।

ऋग्वैदिक कालीन प्रमुख नदियाँ

प्राचीन नाम	आधुनिक नाम
कुभा	काबुल
सुवस्तु	स्वात
क्रुमु	कुर्रम
गोमती	गोमल
वितस्ता	झेलम
अस्किनी	चेनाव
पुरूष्णी	रावी
विपाशा	व्यास
शतुद्री	सतलज
सदानीरा	गंडक
दृषद्वती	घग्घर
सुषोमा	सोहन
मरूद्वृद्धा	मरूवर्मन

राजनीतिक व्यवस्था

- पितृसत्तात्मक परिवार आर्यों के कबीलाई समाज की बुनियादी इकाई थे। आर्यों के पाँच कबीलों को पंचजन्य कहा गया है, जिनके नाम क्रमशः अनु, द्रह्यु, पुरू, यदु, तुर्वस थे। ग्राम, विश व जन उच्चतर इकाइयाँ थीं तथा ग्राम का प्रधान ग्रामणी होता थ
- विश कई गाँवों का समूह था, जिसका प्रधान विशपति कहलाता था। कई विशों से एक जन बनता था, सभा, समिति, विदथ एवं गण जैसे अनेक कबीलाई, परिषदों का उल्लेख है। जिसका प्रधान राजा होता था।
- ऋग्वेद में जन शब्द 275 बार उल्लिखित है। तथा राजा को कबीले का संरक्षक (गोप्ता जनस्य) तथा पुराभेत्ता कहा गय है।
- विदथ आर्यों की सर्वाधिक प्राचीन संस्था धी। समिति सामान्य जनता की प्रतिनिधि सभा थी ।
- इसके पास राजा की नियुक्ति, पदच्युति व उस पर नियन्त्रण का अधिकार था। समिति के सभापति को ईशान कहा जाता था।
- महिलाएँ भी सभा एवं विदथ में भाग लेती थीं।
- दाशराज्ञ युद्ध परुष्णी नदी के तट पर हुआ, जिसमें सुदास की विजय हुई।
- न्यायाधीशों को प्रश्नविनाक तथा गुप्तचरों को स्पर्श कहा जाता था।

राजा के प्रमुख सहयोगी

पुरोहित	प्रमुख परामर्शदाता
सेनानी	सेना का प्रमुख
व्राजपति	चरागाह का प्रधान
कुलप	परिवार का प्रधान
ग्रामणी	लड़ाकू दलों का प्रधान
पुरप	दुर्ग का प्रधान
स्पश	गुप्तचर
दूत	सन्देशवाहक

सामाजिक व्यवस्था

- सामाजिक संगठन का आधार गोत्र या जन्ममूलक सम्बन्ध था। परिवार समाज की आधारभूत इकाई थी।
- आर्य समाज पितृसत्तात्मक था, परन्तु नारी को मातृरूप में पर्याप्त सम्मान प्राप्त था।
- समाज में बाल विवाह प्रचलित नहीं था अन्तर्जातीय विवाह भी होते थे।
- ऋग्वैदिक काल में दास प्रथा का प्रचलन था।

आर्यों के आभूषण

कर्णशोभन	–	कान के आभूषण
कुरीट	–	सिर पर धारण करने वाला आभूषण
निष्क एवं मणि	–	गले का आभूषण
ज्योचनी	–	अँगूठी
प्रक्त	–	कान की बाली
क्षुर	–	उस्तरा

सोलह संस्कार

गर्भाधान संस्कार	सन्तान उत्पन्न करने हेतु पुरुष एवं स्त्री द्वारा की जाने वाली क्रिया।
पुंसवन संस्कार	पुत्र प्राप्ति के लिए मन्त्रोचारण।
सीमन्तोनयन संस्कार	गर्भवती स्त्री के गर्भ की रक्षा हेतु किया जाने वाला संस्कार।
जातकर्म संस्कार	बच्चे के जन्म के पश्चात् पिता अपने शिशु को घृत या मधु चटाता था। बच्चे की दीर्घायु के लिए प्रार्थना की जाती थी।
नामकरण संस्कार	शिशु का नाम रखा जाता था।
निष्क्रमण संस्कार	बच्चे के घर से पहली बार निकलने के अवसर पर किया जाता था।
अन्नप्राशन संस्कार	इसमें शिशु को छठे मास में अन्न खिलाया जाता है।
चूड़ाकर्म संस्कार	शिशु के तीसरे से आठवें वर्ष के बीच कभी-भी मुण्डन कराया जाता था।
विद्यारम्भ संस्कार	पाँचवें वर्ष में बच्चों को अक्षर ज्ञान कराया जाता था।
कर्णवेध संस्कार	रोगों से बचने हेतु तथा आभूषण धारण करने के उद्देश्य से किया जाता था।
उपनयन संस्कार	इस संस्कार के पश्चात् बालक द्विज हो जाता था। इस संस्कार के बाद बच्चे को संयमी जीवन व्यतीत करना पड़ता था। बच्चा इसके बाद शिक्षा ग्रहण करने योग्य हो जाता था।
वेदारम्भ संस्कार	वेद अध्ययन करने के लिए किया जाने वाला संस्कार।
केशान्त संस्कार	16 वर्ष का हो जाने पर प्रथम बार केशान्त (बाल काटना) किया जाता था।
समापवर्तन संस्कार	विद्याध्ययन समाप्त कर घर लौटने पर किया जाता था। यह ब्रह्मचर्य आश्रम की समाप्ति का सूचक था।
विवाह संस्कार	वर-वधू के परिणय-सूत्र में बन्धन के समय किया जाने वाला संस्कार था।
अन्त्येष्टि संस्कार	निधन के बाद होने वाला संस्कार।

आठ प्रकार के विवाह

स्मृतियों, धर्मशास्त्रों एवं कौटिल्य ने 'अर्थशास्त्र' में 8 प्रकार के विवाहों का उल्लेख किया है। ये निम्न हैं

- **प्रजापत्य विवाह** वर-वधू जब धर्म का आचरण करते हुए विवाह करते हैं। इस विवाह के अन्तर्गत कन्या का पिता वर को कन्या प्रदान करते हुए सामाजिक एवं धार्मिक कर्त्तव्यों का निर्वहन करता है।
- **आर्ष विवाह** कन्या का पिता वर को कन्या प्रदान करने के बदले में एक जोड़ी गाय और बैल प्राप्त करता है।
- **दैव विवाह** जो पुरोहित यज्ञ का अनुष्ठान विधिपूर्वक करा लेता था, उसी के साथ कन्या का विवाह कर दिया जाता था।
- **ब्रह्म विवाह** इस विवाह को सर्वोत्तम माना गया है। इसमें लड़की का पिता वेदज्ञ एवं शीलवान वर ढूँढ़ता है। भारत में आधुनिक विवाह अधिकांशतः इसी प्रकार होता है।
- **गन्धर्व विवाह** यह प्रणय विवाह था। इसमें वर एवं कन्या एक-दूसरे से अनुरक्त होकर अपना विवाह कर लेते थे।
- **असुर विवाह** इसमें कन्या का पिता अथवा उसके सम्बन्धी धन लेकर कन्या का विवाह करते थे। यह एक प्रकार से कन्या की बिक्री था।
- **राक्षस विवाह** बलपूर्वक कन्या का अपहरण करके उसके साथ विवाह करना। महाभारत में क्षत्र धर्म कहा गया है।
- **पैशाच विवाह** यह विवाह का निकृष्टतम प्रकार है जिसकी सभी शास्त्रकारों ने निन्दा की है। इसमें वर छल, छद्म के द्वारा कन्या के शरीर पर अधिकार कर लेता था।

आर्थिक जीवन

- ऋग्वेद में काल का उल्लेख मिलता है, उनके जीवन के मूलभूत आधार कृषि एवं पशुपालन थे।
- कृषि योग्य भूमि को 'उर्वरा' अथवा क्षेत्र कहा जाता था।
- बेकनाट (सूदखोर) वे ऋणदाता थे, जो बहुत अधिक ब्याज लेते थे।
- ऋग्वेद में कृषि सम्बन्धी प्रक्रिया से सम्बन्धित उल्लेख 'चतुर्थ मण्डल' में मिलता है।

धार्मिक जीवन

- ऋग्वेद के सबसे महत्त्वपूर्ण देवता इन्द्र हैं, जिन्हें पुरन्दर कहा गया है।
- वे एक सार्वभौमिक सत्ता में विश्वास रखते हुए भी बहुलवादी थे।

प्रकृति की प्रतिनिधि के रूप में आर्यों के देवताओं की तीन श्रेणियाँ थी।

(i) आकाश देवता सूर्य, धौस, वरुण वायु, मित्र, पूषण विष्णु, आदित्य आदि।

(ii) अन्तरिक्ष देवता इन्द्र, रूद्र, मरूत् वायु, पर्जन्य आदि।

(iii) पृथ्वी देवता अग्नि, सोम, पृथ्वी, बृहस्पति आदि।

- वरुण को ऋतस्य गोपा कहा गया है।
- सोम को पेय पदार्थ का देवता माना गया है।
- शिव को त्रयम्बक कहा गया है।
- पूषण ऋग्वैदिक काल में पशुओं के देवता थे, जो उत्तरवैदिक काल में शूद्रों के देवता हो गए। वे अपने देवताओं से सन्तति, पशु, अन्न, धान्य, आरोग्य आदि पाने की कामना से उनकी उपासना करते थे।
- मरूत् आँधी-तूफान का देवता था। प्रजापति, विष्णु (पालक) तथा रूद्र जैसे नए देवता का स्थान इन्द्र और अग्नि जैसे ऋग्वैदिक देवता से ज्यादा महत्त्वपूर्ण हो गया।

उत्तर वैदिक काल (1000-600 ई.पू.)

- 'आर्यन' का शाब्दिक अर्थ है 'उच्च कुल का' है, परन्तु इसका प्रयोग भाषा के लिए हुआ है।
- आर्य 'धूसर मृद्भाण्ड' संस्कृति के रचयिता थे। (1100-600 ई.पू.) तथा उनका केन्द्र उत्तर पश्चिम भारत में था। उनका मुख्य व्यवसाय पशुचारण था, जबकि कृषि का स्थान गौण था। समाज में पुरुष की प्रधानता थी। उनके जीवन में घोड़े का सबसे अधिक महत्त्व था।
- भारत में आर्य ईरान होते हुए आए। भारत में आर्यों की जानकारी ऋग्वेद से मिलती है, जो हिन्द यूरोपीय भाषा का सबसे पुराना ग्रन्थ है।
- ऋग्वेद की अनेक बातें अवेस्ता से मिलती हैं। अवेस्ता ईरानी भाषा का प्राचीनतम ग्रन्थ है। भारत में आर्य भाषा-भाषियों का आगमन 1500 ई.पू. के कुछ पहले हुआ।
- आरम्भिक आर्यों का निवास पूर्वी अफगानिस्तान, पाकिस्तान और भारत के पंजाब और हरियाणा में था।
- 'सिन्धु' आर्यों की सबसे प्रमुख नदी है। उसके बाद 'सरस्वती' नदी है, जिसे 'नदीतमा' अर्थात् 'सर्वश्रेष्ठ नदी' कहा गया है।
- आर्य लोग ताँबा, राजस्थान में स्थित 'खेतड़ी' की खानों से प्राप्त करते थे।

- आर्य लोग जहाँ प्रथमतः बसे , वह सारा प्रदेश 'सप्त सिन्धु' (सात नदियों का देश) नाम से प्रसिद्ध है।
- भारत में आर्य कई समूहों में आए। यहाँ आने पर उनका 'दास' 'दस्यु' आदि नाम के स्थानीय जनों से संघर्ष हुआ।
- ऋग्वेद में 'दस्यु हत्या' का बार-बार जिक्र है, परन्तु 'दास हत्या' का नहीं।
- ऋग्वेद में 'इन्द्र' सर्वाधिक महत्त्वपूर्ण देवता है। इनको 'पुरन्दर' कहा गया, जिसका अर्थ है पुरो (दुर्गों) को तोड़ने वाला।
- आर्यों को दो तरह के संघर्ष का सामना करना पड़ा। एक ओर उनकी लड़ाई स्थानीय लोगों से हुई, तो दूसरी ओर वे आपस में भी लड़ते थे। परम्परानुसार आर्यों के पाँच कबीले 'पंचजन' कहलाते थे। इनके और भी कबीले थे।
- 'भरत' और 'त्रित्सु' आर्यों के शासक वंश थे और पुरोहित वशिष्ठ दोनों के समर्थक थे। भरत राजवंश का दस राजाओं के साथ विरोध था। जिसमें पाँच आर्य और पाँच अनार्य जन शामिल थे। दोनों के बीच हुई लड़ाई 'दशराज्ञ युद्ध' कहलाती है, जो परुष्णी (रावी) नदी के तट पर हुई, जिसमें भरतों के राजा 'सुदास' की जीत हुई।
- पराजित जनों के राजा 'पुरू' थे जो बाद में भरतों के मित्र बन गए और नया कुल 'कुरु' बना। कुरुओं ने पांचालों के साथ मिलकर उच्च गंगा मैदान में शासन किया।

राजनीतिक व्यवस्था

- 'कुल' (परिवार) सबसे छोटी या मौलिक इकाई थी, जिसका प्रधान 'कुलप' या गृहपति' कहलाता था। सबसे बड़ी इकाई 'कबीला' (जन) थी।
- 'कुल' शब्द का उल्लेख स्वतन्त्र रूप से नहीं हुआ है। उत्तर वैदिक काल में कई जन (कबीला) मिलकर 'राष्ट्र' (जनपद) का निर्माण करते थे।
- वैदिक काल में राजतन्त्रात्मक शासन पद्धति प्रचलित थी। सामान्यतः राजा का पद वंशानुगत होता था, कभी-कभी उसका चुनाव भी होता था।
- उत्तर वैदिक काल में राज्य के आकार और राजा की शक्ति में वृद्धि हुई। इसके लिए 'राजसूय' (राजा को शक्ति प्रदान करने वाला समारोह), 'अश्वमेध' (घोड़े की बलि द्वारा राज्य विस्तार करना) तथा 'वाजपेय' (रथों की दौड़ द्वारा राजा की सर्वोच्चता स्थापित करना) जैसे कई प्रकार के कर्मकाण्डीय यज्ञ किए जाते थे।
- ऋग्वैदिक काल में 'सभा', 'समिति', 'विदथ', 'गण' नामक जनसभाएँ थीं। वेदों में सभा और समिति को 'प्रजापति' की दो दुहिताएँ (पुत्रियाँ) कहा गया है, क्योंकि यही राजा का चुनाव करती थीं।
- 'विदथ' में महिला और पुरुष दोनों भाग लेते थे, जो विवादों का निपटारा करती थी।
- उत्तर वैदिक काल में 'सभा' और 'समिति' का महत्त्व खत्म हो गया और विदथ एवं गण तो लुप्त ही हो गए। 'विदथ' इनमें सबसे प्राचीन संस्था थी।
- राजा मन्त्रिपरिषद् की स्थापना करता था। सबसे महत्त्वपूर्ण अधिकारी 'पुरोहित' होता था।
- ऋग्वैदिक काल में वशिष्ट और विश्वामित्र दो महान् पुरोहित हुए। पुरोहित के बाद 'सेनानी' का स्थान था।
- अधिकारियों में सेनानी (सेनापति), सूत (रथसेना का नायक, ग्रामणी (गाँव का मुखिया), संग्रहीता (कोषाध्यक्ष) एवं भागदुध (वित्त मन्त्री) आदि नाम मिलते हैं।

परवर्ती वैदिक साहित्य

ब्राह्मण ये वेदों के सूक्तों की व्याख्या और धार्मिक अनुष्ठानों का वर्णन करते हैं। इनका विषय कर्मकाण्डीय है तथा भाषा गद्यात्मक है।

आरण्यक 'आरण्यक' शब्द का अर्थ है 'वन' 1 इसमें दार्शनिक सिद्धान्तों और रहस्यवाद का उल्लेख है, न कि धार्मिक कर्मकाण्डों का। इनका जोर नैतिक गुणों पर है।

उपनिषद् उपनिषद् शब्द 'उपनिषद्' धातु से बना है, जिसका अर्थ है 'किसी के पास बैठना'। ये आत्मा, परमात्मा, विश्व की उत्पत्ति, प्रकृति के रहस्य तथा अन्य विषयों से सम्बद्ध दार्शनिक ग्रन्थ हैं। ये तत्त्व ज्ञान और आध्यात्मिक ज्ञान के स्रोत हैं।

इनको 'वेदान्त' (वेदों का अन्त) भी कहा जाता है, क्योंकि ये वैदिक युग के अन्तिम चरण के द्योतक हैं और वेद के अन्तिम स्वरूप की विवेचना करते हैं। भारत के सम्पूर्ण उत्तरवर्ती दर्शन की जड़ें इसी में निहित हैं। वेदों से सम्बद्ध 108 उपनिषद् हैं; जैसे- ऐतरेय, कौषितिकी, तैत्तरीय, वृहदारण्यक, छान्दोग्य और केन।

सामाजिक व आर्थिक जीवन

- आर्य समाज पितृसत्तात्मक था, परन्तु नारी का पर्याप्त सम्मान होता था। संयुक्त परिवार की प्रथा थी तथा पुत्र ही पैतृक सम्पत्ति का अधिकारी होता था।
- दसवें मण्डल के पुरुष सूक्त में चार वर्णों की उत्पत्ति का वर्णन मिलता है। शूद्र शब्द का प्रथम उल्लेख दसवें मण्डल के पुरुष सूक्त में मिलता है।
- नियोग प्रथा प्रचलित थी पर पर्दा- प्रथा का उल्लेख नहीं मिलता है, इसमें स्त्रियों को राजनीति में भाग लेने एवं सम्पत्ति विषयक अधिकार नहीं प्राप्त थे।
- गाय को अघन्या कहा गया है। गव्य एवं गव्यति शब्द चारागाह के लिए प्रयुक्त हुआ है।
- कृषि योग्य भूमि को उर्वरा अथवा क्षेत्र कहा जाता था। भूमि निजी सम्पत्ति नहीं होती थी, उस पर सामूहिक अधिकार था।
- आर्थिक स्थिति का मूलाधार पशुधन 'गाय' मुद्रा की तरह समझी जाती थी।
- दास उत्पादनात्मक कार्य में नहीं लगाए जाते थे।
- कृषि सम्बन्धी प्रक्रिया से सम्बधित उल्लेख 'चतुर्थ मण्डल' में मिलता है।
- कृषि की जानकारी थी, परन्तु उत्तर वैदिक काल में इसमें सुधार हुआ। शतपथ ब्राह्मण में कृषि से जुड़े विभिन्न शब्दों और नियमों का उल्लेख है।
- गेहूँ व जौ मुख्य फसलें थीं तथा दलहन, कपास, चावल आदि की भी जानकारी थी। उन्हें सिंचाई की जानकारी थी। ऋतुओं की जानकारी थी। हल बैलों द्वारा खींचे जाते थे।
- ऋग्वैदिक काल में व्यापार का छोटे पैमाने पर प्रचलन था, जो वस्तु-विनिमय प्रणाली पर आधारित था। गाय 'धन' का पर्याय थी और विनिमय का माध्यम भी।
- इसके अतिरिक्त स्वर्ण और चाँदी को इकाईयों, जैसे 'निस्क', 'शतमान', 'रजत', 'रुपया' का मुद्रा के रूप में प्रयोग होता होगा। 'पणि' स्थानीय और विदेशी व्यापार में संलग्न थे।
- सती प्रथा प्रचलित नहीं थी। निःसन्तान विधवा को पुत्र प्राप्ति के लिए अपने देवर के साथ सहवास करने की अनुमति दी जाती थी। इसे 'नियोग' कहा जाता था।

- विधवाओं का पुनर्विवाह 'पुनर्भू' कहलाता था। एक पत्नी प्रथा का आम प्रचलन था पर बहुपत्नी प्रथा की भी अनुमति थी। वेश्या प्रथा अज्ञात थी और पर्दा-प्रथा भी प्रचलित नहीं थी। महिलाएँ स्वतन्त्र जीवन जीती थीं। घोषा, लोपमुद्रा और 'अपाला' अनेक ऋचाओं की भी रचना की थी।
- उत्तर वैदिक काल में महिलाओं की स्थिति में गिरावट आ गई।
- उनके राजनीतिक अधिकार समाप्त हो गए और बाल विवाह का प्रचलन हो गया।
- वर्ण व्यवस्था का आधार कर्म पर आधारित न होकर जाति पर आधरित हो गया। वर्णों में कठोरता आने लगी। इस युग में केवल वैश्य ही कर चुकाते थे।
- गोत्र प्रथा इसी काल में स्थापित हुई। सर्वप्रथम जाबालोपनिषद् में चारों आश्रमों का वर्णन मिलता है।
- ऐतरेय ब्राह्मण में पुत्री को कृपण कहा गया है।

ब्राह्मण साहित्य

वेद

- 'वेद' शब्द का अर्थ होता है 'जानना', जो ज्ञान का द्योतक है। कहा जाता है कि वेदों का एक पीढ़ी से दूसरी पीढ़ी तक मौखिक रूप से आदान-प्रदान होता रहा और इसलिए इन्हें 'श्रुति' (सुनना) अथवा 'दैवी ज्ञान' भी कहा जाता है।
- वेदों के द्वारा प्राचीन आर्यों के धार्मिक, सामाजिक, आर्थिक तथा राजनीतिक जीवन पर प्रकाश पड़ता है।

ऋग्वेद

चारों वेदों-ऋग्वेद, सामवेद, यजुर्वेद एवं अथर्ववेद में, ऋग्वेद विश्व की प्राचीनतम धार्मिक पुस्तक है, इसलिए इसे 'मानव जाति का प्रथम ग्रन्थ' माना जाता है। इसमें प्रथम और दसवाँ मण्डल बाद में जोड़ा गया। दसवें मण्डल में ही प्रसिद्ध 'पुरुष सूक्त' है जिसमें ब्रह्मा के मुख, भुजाओं, जंघाओं और पैरों से क्रमश: चार वर्णों अर्थात् ब्राह्मण, क्षत्रिय, वैश्य और शूद्र की उत्पत्ति का उल्लेख है।

सामवेद

यह समन् धातु से निकला है, जिसका अर्थ है 'लय' या 'ताल' इसमें 1603 या 1810 गेय ऋचाएँ हैं, जिनमें 99 के अतिरिक्त शेष ऋचाओं को ऋग्वेद से लिया गया है। इनका गायन सोम यज्ञ के अवसर पर किया जाता था। संगीत की उत्पत्ति भी इसी वेद से मानी जाती है।

यजुर्वेद

यह एक कर्मकाण्डीय वेद है। इसमें यज्ञों के समय पालन किए जाने वाले नियमों का वर्णन है। इस वेद में ही सर्वप्रथम राजसूय तथा वाजपेय यज्ञों का वर्णन मिलता है। इस वेद के पुरोहित 'अध्वर्यु' कहलाते थे। यह दो भागों में विभाजित है 'कृष्ण यजुर्वेद' और 'शुक्ल यजुर्वेद'।

अथर्ववेद

इसमें शैतान तथा बीमारियों को दूर करने वाले मन्त्र हैं। इसमें जनसंख्या के लोकप्रिय विश्वासों और अन्धविश्वासों का वर्णन है। यह अन्तिम वेद है।

वस्तुनिष्ठ प्रश्न

1. किस विद्वान् का विचार है कि आर्यों का मूल निवास स्थान सप्त सैन्धव था?
(a) तिलक (b) नेहरिंग
(c) ए.सी. दास (d) ब्रैण्डेस्टाइन

2. किसका विचार था कि आर्यों का मूल निवास स्थान तिब्बत था?
(a) मैक्समूलर
(b) डॉ. गाइल्स
(c) दयानन्द सरस्वती व पार्जिटर
(d) लैस्सन

3. वेदों का संकलन किस ऋषि ने किया?
(a) विश्वामित्र
(b) महर्षि कृष्ण द्वैपायन
(c) वामदेव
(d) अत्रि

4. ऋग्वेद के किस मण्डल में गायत्री मन्त्र का उल्लेख है?
(a) प्रथम
(b) द्वितीय
(c) तृतीय
(d) चतुर्थ

5. निम्न में से कौन ऋग्वैदिक राजतन्त्र के अध्ययन में सहायव है?
1. विदथ 2. सभा
3. परिषद् 4. समिति
कूट
(a) 1, 2, 3 (b) 2, 3, 4
(c) 1, 3, 4 (d) 1, 2, 4

6. ऋग्वेद के नवें मण्डल की रचना जिसमें सोम का वर्णन है, किस ऋषि ने की है?
(a) क्षुद्र सूक्तिय (b) कण्व
(c) यवमान अंगिरा (d) वामदेव

7. यम और नचिकेता के मध्य संवाद का वर्णन किस उपनिषद् में है?
(a) वृहदारण्यक (b) कठोपनिषद्
(c) छान्दोग्य (d) जैमिनीय

8. कौन-सा ब्राह्मण याज्ञवल्क्य द्वारा रचित है जिसमें जल प्लावन कथा, पुनर्जन्म का सिद्धान्त, पुरुरवा उर्वशी आख्यान, रामकथा तथा अश्विन कुमार द्वारा च्यवन ऋषि के योगदान का वर्णन है?
(a) शतपथ ब्राह्मण (b) ताण्ड्य
(c) जैमिनीय (d) षड्विंश ब्राह्मण

9. ऋग्वेद के किस मण्डल में दशराज्ञ युद्ध का उल्लेख है?
(a) दूसरे (b) पाँचवें
(c) सातवें (d) नवें

10. ऋग्वेद पुरातात्विक साक्ष्य के अन्तर्गत कौन-सा शामिल है?
(a) काले एवं लाल मृद्भाण्ड (b) ताम्रपुन्ज
(c) गेरुवर्णी मृद्भाण्ड (d) ये सभी

11. उत्तर-वैदिक पुरातात्विक साक्ष्य के अन्तर्गत कौन-सा शामिल है?
(a) गेरुवर्णी मृद्भाण्ड
(b) चित्रित धूसर मृद्भाण्ड
(c) 'a' और 'b' दोनों
(d) उत्तरी काली पॉलिश वाले मृद्भाण्ड

12. ऋग्वेद काल की सबसे पवित्र नदी कौन-सी है?
(a) गंगा (b) यमुना
(c) सरस्वती (d) कावेरी

13. वेदों का दोनों पैर किसे कहा गया है?
(a) शिक्षा (b) कल्प
(c) व्याकरण (d) छन्द

14. ब्रह्म का पूर्ण वर्णन किसमें मिलता है?
(a) ईश उपनिषद्
(b) छान्दोग्य उपनिषद्
(c) वृहदारण्यक उपनिषद्
(d) कठोपनिषद्

15. "संसार ईश्वर है और ईश्वर ही मेरी आत्मा है" की धारणा किसमें अभिव्यक्त है?
(a) ऋग्वेद (b) ब्राह्मण
(c) उपनिषद् (d) ब्रह्मसूत्र

16. ऋग्वेद के अनुसार पणि कौन-सा कार्य करते थे?
(a) खेती (b) हस्तशिल्प
(c) शिकार (d) व्यवसाय

17. मृत्युलोक के देवता परीक्षित का उल्लेख है
(a) कठोपनिषद् (b) अथर्ववेद
(c) मुण्डकोपनिषद् (d) पंचविश ब्राह्मण

18. पंचविश ब्राह्मण में आठ 'वीरो' का उल्लेख किया गया। निम्न में कौन-सा उनमें शामिल है?
(a) राजा का भ्राता (b) राजपुत्र
(c) राजपुरोहित (d) ये सभी

19. निम्न मे से किसमें स्त्री को पुरुष की अर्धांगिनी कहा गया है?
(a) ऐतरेय ब्राह्मण (b) शतपथ ब्राह्मण
(c) कठोपनिषद् (d) तैत्तिरीय संहिता

20. इनमें से कौन-सा ऋग्वेद का पाठ संशोधन नहीं है?
(a) शौणक (b) शाकल
(c) वालाखिल्य (d) बष्कल

21. निम्नलिखित में कौन-सा ग्रन्थ वेदों या श्रुतियों का अंग नहीं था?
(a) पुराण (b) ब्राह्मण
(c) संहिता (d) उपनिषद्

22. 'धन उधार देने' का उल्लेख सर्वप्रथम किस वैदिक ग्रन्थ में है?
(a) अथर्ववेद (b) यजुर्वेद
(c) शतपथ ब्राह्मण (d) गोपथ ब्राह्मण

23. निम्नलिखित में से किसमें राजा को राष्ट्रभक्त (राष्ट्र का सेवक) कहा गया है?
(a) ऋग्वेद (b) यजुर्वेद
(c) माण्डूक्य उपनिषद् (d) शतपथ ब्राह्मण

24. निम्नलिखित में से कौन सूर्य देवता नहीं थे?
(a) सवितृ (b) विष्णु उरुक्रम
(c) सविता (d) विश्वकर्मा

25. दशराज्ञ युद्ध के पश्चात् सुदास को तीन अनार्य जनजातियों के साथ यमुना के किनारे युद्ध करना पड़ा। उनमें से कौन-सी निम्नलिखित है?
(a) अज (b) सिग्रु
(c) यक्षु (d) ये सभी

26. वैदिक काल में किसमें महिलाओं को पुरुषों के बराबर का दर्जा प्राप्त था?
(a) सभा (b) समिति (c) गण (d) विदथ

27. कितने पुरोहितों का प्रधान ऋत्विज कहलाता था?
(a) 10 (b) 12
(c) 14 (d) 16

28. ऋग्वैदिक काल में आर्यों द्वारा कितने देवताओं की पूजा की जाती थी?
(a) 11 (b) 22
(c) 33 (d) 44

29. सभा और समिति को प्रजापति की दो कन्याएँ कहा गया है
(a) ऋग्वेद में (b) यजुर्वेद में
(c) सामवेद में (d) अथर्ववेद में

30. सम्भवत: विदथ किस कार्य से सम्बन्धित थी?
(a) नागरिक (b) सैनिक
(c) धार्मिक (d) ये सभी

31. किस उपनिषद् में सर्वप्रथम त्रिमूर्ति के विषय में चर्चा हुई?
(a) केन उपनिषद्
(b) मुण्डक उपनिषद
(c) मैत्रायन उपनिषद्
(d) श्वेतास्वतार उपनिषद्

32. निम्न में से कौन-सा असत्य है?

दर्शन	प्रतिपादक
(a) सांख्य	1. कपिल
(b) योग	2. पतंजलि
(c) न्याय	3. कणद
(d) पूर्व मीमांसा	4. जैमिनि

33. उपनयन का सर्वप्रथम विस्तृत विवरण ग्रन्थ में है
(a) ऐतरेय (b) तैत्तिरीय ब्राह्मण
(c) शतपथ ब्राह्मण (d) कौषीतकी ब्राह्मण

34. ऋग्वैदिवकालीन सभा के विषय में कौन-सा कथन सत्य है?
(a) यह सामन्तों या बड़े-बूढ़ों की सभा थी
(b) सभा के प्रसिद्ध व्यक्ति को सभासद कहा गया है
(c) सभा के योग्य व्यक्ति को सभेय कहा गया है
(d) उपरोक्त सभी

35. ऋग्वैदिककालोन देवताओं के वर्ग में कौन-सा सही है?
(a) पृथ्वी के देवता-पृथ्वी, अग्नि, सोम, बृहस्पति तथा नदियों के देवता
(b) अन्तरिक्ष के देवता-इन्द्र, रुद्र, वायु, पर्जन्य, आय, मातरिश्वन
(c) आकाश के देवता-धौस, वरुण, मित्र, सूर्य, सवितृ, विष्णु, आदित्य, ऊषा, अश्विन
(d) उपरोक्त सभी

36. ऋग्वेद समाज एवं अर्थव्यवस्था के विषय में कौन-सा कथन सत्य है?
(a) जन का नेता गोप्ता कहलाता था। प्रत्येक कबीले के लोग युद्ध में लूटा हुआ माल अपने मुखिया और पुरोहितों को देते थे
(b) रामशरण शर्मा ने ऋग्वैदिक समाज को जनजातीय समाज कहा है क्योंकि इसमें बन्धुत्व और मुखिया के पद का विशेष महत्त्व था
(c) ऋग्वैदिक काल के अन्त में सम्भवतः व्यवसाय के आधार पर समाज का चार वर्गों में वर्गीकरण आरम्भ हो गया था जैसा कि ऋग्वेद के दसवें मण्डल के पुरुषसूक्त से स्पष्ट है
(d) उपरोक्त सभी

37. ऋग्वेद के विषय में कौन-सा कथन सत्य है?
(a) यह 10 मण्डलों में विभजित है। इसमें 2 से 7 तक के मण्डल प्राचीनतम माने जाते हैं
(b) प्रथम एवं दशम मण्डल बाद में जोड़े गए हैं
(c) प्रसिद्ध गायत्री मन्त्र जो सूर्य से सम्बन्धित देवी सावेत्री को सम्बोधित है, ऋग्वेद में सर्वप्रथम प्राप्त होता है
(d) उपरोक्त सभी

38. निम्न में असत्य को चुनें

नदियों के प्राचीन नाम	आधुनिक नाम
(a) वितस्ता	झेलम
(b) परुषणी	रावी
(c) शतुद्रि	स्वात
(d) बिपासा	व्यास

39. सुमेलित करें

सूची I (नदियों के प्राचीन नाम)		सूची II (नदियों के नवीन नाम)	
A.	कुभा	1.	काबुल
B.	क्रमू	2.	कुर्रुम
C.	परुषणी	3.	रावी
D.	अस्क्नि	4.	चिनाब

कूट

	A	B	C	D
(a)	1	3	2	4
(b)	1	2	3	4
(c)	1	4	3	2
(d)	4	2	3	1

40. यजुर्वेद के विषय में कौन-सा कथन सत्य है?
(a) इसमें मन्त्रों का संकलन आनुष्ठानिक यज्ञ के समय सस्तर पाठ, करने तथा नियमों के पालन करने के उद्देश्य से किया गया है
(b) यजुर्वेद की भाषा पद्यात्मक और गद्यात्मक दोनों हैं
(c) यजुर्वेद की दो शाखाएँ हैं कृष्ण यजुर्वेद तथा शुल्क यजुर्वेद
(d) उपरोक्त सभी

41. सामवेद के विषय में कौन-सा कथन सत्य है?
(a) उद्गाता या उदागात्र वर्ग के पुरोहित यज्ञ में साम का गायन करते थे
(b) इसमें 1810 मन्त्र हैं। केवल 75 मन्त्रों को छोड़कर शेष सामग्री ऋग्वेद संहिता से ली गई है
(c) सामवेद तीन शाखाओं-कौथुम, राणायनीय जैमिनीय शाखाओं में विभाजित है
(d) उपरोक्त सभी

42. अथर्ववेद के विषय में कौन-सा कथन सत्य है?
(a) अथर्ववेद 20 पुस्तकों में है और इसमें 731 सूक्त हैं
(b) इसमें रोग तथा उसके निवारण के साधन के रूप में जादू-टोनों इत्यादि की जानकारी है
(c) अथर्ववेद की दो शाखाएँ हैं शौनक और पिफलाद
(d) उपरोक्त सभी

43. आरण्यक के विषय में कौन-सा कथन सत्य है?
(a) आरण्यक शब्द का अर्थ वन में लिखा जाने वाला है और इन्हें वन पुस्तक भी कहा जाता है
(b) इनमें दार्शनिक सिद्धान्तों और रहस्यवाद का वर्णन है
(c) आरण्यक कर्मयोग तथा ज्ञानमार्ग के मध्य सेतु का कार्य करते हैं
(d) उपरोक्त सभी

44. ऋग्वैदिक काल के विषय में कौन-सा कथन सत्य है?
(a) आर्यों का भौगोलिक विस्तार पंजाब, अफगानिस्तान, राजस्थान, हरियाणा, उत्तर प्रदेश या यमुना नदी के पश्चिम भाग तक था
(b) इस काल में एकमात्र पर्वत मूंजवन्त का उल्लेख मिलता है
(c) ऋग्वैदिक लोगों को समुद्र की जानकारी नहीं थी
(d) उपरोक्त सभी

45. उत्तर-वैदिककालीन पूजा पद्धति के विषय में कौन-सा कथन सत्य है?
(a) साम यज्ञ जैसे सरल यज्ञों के अतिरिक्त बड़े-बड़े यज्ञ होते थे जिन्हें सत्र कहते थे
(b) प्रार्थनाओं का महत्त्व घटा तथा यज्ञों का महत्त्व बढ़ गया
(c) यज्ञों में बड़े पैमाने पर पशु बलि दी जाती थी तथा यज्ञकर्ता को सूत्रों का सावधानी से उच्चारण करना होता था
(d) उपरोक्त सभी

46. निम्नलिखित में किस ऋग्वैदिक देवता की उपाधि अतिथि थी?
(a) इन्द्र
(b) वरुण
(c) अग्नि
(d) सोम

47. उत्तर-वैदिककालीन सामाजिक व्यवस्था के सन्दर्भ में कौन-सा कथन सत्य है?
(a) वृहदारण्यक उपनिषद् जनक की सभा में गार्गी और याज्ञवल्क्य के मध्य वाद-विवाद का उल्लेख करता है
(b) उत्तर-वैदिक काल में अस्पृश्यता का उदय नहीं हुआ अन्तर्वर्ग विवाह भी होते थे
(c) गोत्र प्रथा स्थापित हुई तथा गोत्र बहिर्विवाह की प्रथा शुरू हुई
(d) उपरोक्त सभी

48. वैदिककालीन शिक्षा के विषय में कौन-सा कथन सत्य हे?
(a) शिक्षा की अनुमति केवल उच्च जातियों को प्राप्त थी
(b) वेद पाठ ब्राह्मणों तक ही सीमित था
(c) अध्ययन के मुख्य विषय व्याकरण और ज्यामितीय थे
(d) उपरोक्त सभी

49. उत्तर-वैदिककालीन समाज एवं अर्थव्यवस्था के सन्दर्भ में कौन-सा कथन सत्य है?
(a) उत्तर-वैदिक काल में कृषि में क्रान्तिकारी परिवर्तन हुए क्योंकि लोहे के फाल का प्रयोग आरम्भ हुआ
(b) इस काल में आसन्दीवन्त, कारौती, विदेह, काम्पिल्य, कौशाम्बी और पंचक्र जैसे नगरों का विकास हुआ
(c) सम्भवतः पणि अनार्य थे जो व्यापार और साहूकारी का कार्य करते थे
(d) उपरोक्त सभी

50. वैदिक काल के विषय में कौन-सा कथन सही है?
(a) ऋग्वेद काल में सोना, ताँबा या काँसे का ही उल्लेख है
(b) उत्तर-वैदिककालीन साहित्य में टिन, सीसा, चाँदी तथा लोहे का भी विवरण है
(c) हाथी को पालतू बना लिया गया था यद्यपि उसका युद्ध में बहुत कम उपयोग होता था
(d) उपरोक्त सभी

51. उत्तर-वैदिक काल की धार्मिक स्थिति के विषय में कौन-सा कथन सत्य है?
(a) इन्द्र, वरुण, अग्नि, सूर्य जैसे ऋग्वैदिक देवताओं का स्थान गौण हो गया
(b) शिव जो रुद्र का परिवर्तित स्वरूप था, विष्णु अथवा नारायण और ब्रह्मा अर्थात् प्रजापति का स्थान प्रमुख हो गया
(c) देवताओं की संख्या में वृद्धि हो गई और उनमें से अनेक दिग्पाल, गन्धर्व, यक्ष, नाग आदि माने जाने लगे
(b) उपरोक्त सभी

52. उपनिषद् के विषय में कौन-सा कथन सत्य है?
(a) ये सर्वव्यापी आत्मा, परमात्मा, विश्व की उत्पत्ति प्रकृति के रहस्य तथा अन्य विषयों से सम्बद्ध दार्शनिक ग्रन्थ हैं
(b) इनमें कर्मकाण्डों की आलोचना, सम्यक विश्वास एवं ज्ञान के मूल्यों पर बल दिया गया
(c) ऐतरेय कौशितकी, छान्दोग्य, केन, तैत्तिरीय, कथा, श्वेतास्वतार वृहदारण्यक, ईष, मूण्डूक, प्रश्न व माण्ड्रक्य है
(d) उपरोक्त सभी

53. उत्तर-वैदिककालीन व्यापार के विषय में कौन-सा कथन सत्य है?
(a) कृष्णल सम्भवतः बाट की मूलभूत इकाई था। रक्तिका तथा गुजा भी तौल की इकाई थी
(b) कृष्णल, शतमान, पाद, निष्क आदि माप की विभिन्न इकाइयाँ थीं
(c) चाँदी की मुद्रा को शतमान कहा गया
(d) उपरोक्त सभी

54. ऋग्वैदिक देवता इन्द्र के विषय में कौन-सा कथन सत्य नहीं है?
(a) वे एक सक्षम रथयोद्धा, विजेता तथा सोमपायी हैं
(b) इनका नाम तूफान एवं मेघ गर्जन के साथ भी जोड़ा जाता है
(c) वे अनेक प्राकृतिक घटनाओं को नियन्त्रित करते हैं
(d) इनकी पत्नी का नाम इन्द्राणी या शची है

55. ऋग्वैदिक देवता वरुण के सन्दर्भ में कौन-सा कथन सत्य नहीं है?
(a) वे अनेक प्राकृतिक घटनाओं को नियन्त्रित करते हैं
(b) वे वर्षा कराते हैं और ऋतुओं को नियमित रखते हैं
(c) वे आरोग्यकारी जड़ी-बूटियों के संरक्षक हैं
(d) वे सभी देवताओं के नैतिक नियन्ता हैं और दुराचारियों को अपने 'पाश' में जकड़ लेते हैं

56. उत्तर-वैदिकाकालीन कृषि के सन्दर्भ में कौन-सा कथन सत्य नहीं है?
(a) हल इतने बड़े होते थे कि उनमें 4 से 24 बैल जोत दिए जाते थे
(b) अतरंजीखेड़ा से गेहूँ, जौ, चावल एवं हस्तिनापुर से चावल एवं जंगली किस्म के गन्ने के अवशेष मिले हैं
(c) शतपथ ब्राह्मण में पशुओं की प्राकृतिक खाद को मूल्यवान बताया गया है
(d) कृषि सम्बन्धी आपदाओं; जैसे-अतिवृष्टि, अनावृष्टि आदि को दूर करने के लिए अनेक प्रकार के मन्त्रों एवं आचारों का भी विधान मिलता है

57. निम्न में से किस प्रथा का प्रचलन उत्तर वैदिक काल में था?
1. विधवा विवाह
2. दहेज प्रथा
3. बाल विवाह
4. नियोग प्रथा

कूट
(a) 1, 2, 3
(b) 2, 3, 4
(c) 1, 3, 4
(d) 1, 2, 4

58. उत्तर वैदिक काल के महत्त्वपूर्ण देवता कौन थे?
(a) रुद्र (b) विष्णु
(c) प्रजापति (d) पूषन

59. उत्तर वैदिक कालीन ग्रथों में किस आश्रम का उल्लेख नहीं मिलता?
(a) संन्यास
(b) ब्रह्मचर्य
(c) गृहस्थ
(d) वानप्रस्थ

60. राष्ट्र एवं राजा शब्द का उल्लेख सर्वप्रथम कब हुआ?
(a) सैंधव काल में
(b) ऋग्वैदिक काल में
(c) उत्तरवैदिक काल में
(d) महाकाव्य में

सही उत्तर

1. (c)	2. (c)	3. (b)	4. (c)	5. (d)	6. (c)	7. (b)	8. (a)	9. (c)	10. (d)
11. (c)	12. (c)	13. (d)	14. (c)	15. (b)	16. (d)	17. (b)	18. (d)	19. (b)	20. (a)
21. (a)	22. (c)	23. (d)	24. (d)	25. (d)	26. (d)	27. (d)	28. (c)	29. (d)	30. (d)
31. (b)	32. (c)	33. (c)	34. (d)	35. (d)	36. (d)	37. (d)	38. (c)	39. (b)	40. (d)
41. (d)	42. (d)	43. (b)	44. (d)	45. (d)	46. (c)	47. (d)	48. (d)	49. (d)	50. (d)
51. (d)	52. (d)	53. (d)	54. (c)	55. (c)	56. (c)	57. (d)	58. (c)	59. (a)	60. (c)

अध्याय 05 धार्मिक आन्दोलन

धार्मिक आन्दोलन की पृष्ठभूमि

- वैदिक धर्म कर्मकाण्डीय हो चुका था। धार्मिक कृत्य अत्यन्त खर्चीले, जटिल एवं आडम्बरपूर्ण बन चुके थे। वैदिक यज्ञ बहुत जटिल हो चुके थे, जिन्हें पुरोहितों की मदद के बिना सम्पन्न नहीं किया जा सकता था। इस कारण पुरोहितों की स्वेच्छाचारिता काफी बढ़ गयी थीं लोगों में इस कारण रोष था।
- इस समय लोगों में निजी सम्पत्ति के संचय के विरुद्ध एक कड़ी प्रतिक्रिया थी। पुराने विचार के लोग वापस पुरानी व्यवस्था की ओर जाना चाहते थे। वे समाज में आई जटिलता, भ्रष्टाचार एवं हिंसा से घृणा करते थे। ऐसे समय में बौद्ध एवं जैन दोनों धर्मों ने सरल, शुद्ध एवं संयमित जीवन का उपदेश देकर लोगों को अपनी ओर आकर्षित किया।

बौद्ध धर्म

छठी शताब्दी ईसा पूर्व में हुई धार्मिक क्रान्ति से ब्राह्मणवादी धर्म को जिससे सर्वाधिक आघात पहुँचा, वह बौद्ध धर्म था। इसके संस्थापक गौतम बुद्ध थे। बौद्ध धर्मों के **तीन आधार स्तम्भ** थे। बुद्ध (संस्थापक), धम्म (उपदेश), और संघ (भिक्षु और भिक्षुणियों का संगठन)। बौद्ध धर्म का केन्द्रीय तत्त्व अथवा आधार अथवा भाव 'प्रतीत्यसम्मुत्पाद' है।

बुद्ध, धम्म *एवं* संघ

- गौतमबुद्ध के बचपन का नाम **सिद्धार्थ** था।
- गौतमबुद्ध शाक्यमुनि या **तथागत** के नाम से भी प्रसिद्ध हैं, इनका जन्म 563 ई. पू. में शाक्य गणराज्य की राजधानी कपिलवस्तु के पास लुम्बिनी के राजकीय उपवन में बैशाख पूर्णिमा के दिन हुआ था।
- इनकी माता का नाम महामाया तथा पिता का नाम शुद्धोधन था। जन्म के सातवें दिन माता का देहान्त हो जाने से सिद्धार्थ का पालन-पोषण उनकी मौसी प्रजापति गौतमी ने किया।
- 16 वर्ष की आयु में कपिलवस्तु के पड़ोसी राज्य के शासक की पुत्री यशोधरा से इनका विवाह हुआ और 13 वर्षों तक सुखी पारिवारिक जीवन व्यतीत किया।
- कालान्तर में बुद्ध की पत्नी यशोधरा ने एक पुत्र को जन्म दिया, जिसका नाम **राहुल** रखा गया।
- 29 वर्ष की आयु से सात वर्ष तक वे ज्ञान की खोज में इधर-उधर भटकते रहे। सर्वप्रथम वैशाली के समीप अलार कलाम (सांख्य दर्शन का आचार्य) नामक संन्यासी के आश्रम में आए। इसके पश्चात् उन्होंने उरूवेला (बोधगया) के लिए प्रस्थान किया, जहाँ उन्हें कौडिन्य आदि पाँच साधक मिले।
- 35 वर्ष की आयु में वैशाख पूर्णिमा की एक रात पीपल (वट) के नीचे निरंजना (पुनपुन) नदी के तट पर सिद्धार्थ को **ज्ञान प्राप्त** हुआ। इसी दिन से वे तथागत हो गए।
- महात्मा बुद्ध ने तपस्सु एवं मल्लिक नामक दो शुद्रों को बौद्ध धर्म का सर्वप्रथम अनुयायी बनाया। बुद्ध के प्रधान शिष्य उपालि व आनन्द थे। सारनाथ में ही बौद्धसंघ की स्थापना हुई।
- बुद्ध अपने जीवन के अन्तिम पड़ाव में हिरण्यवती नदी के तट पर स्थित **कुशीनगर** पहुँचे। जहाँ पर 483 ई. पू. में 80 वर्ष की अवस्था में इनकी मृत्यु हो गई। इसे बौद्ध परम्परा में **महापरिनिर्वाण** के नाम से जाना जाता है।
- बौद्ध धर्म के **त्रिरत्न** हैं-बुद्ध, धम्म तथा संघ।
- बौद्ध धर्म के मूलाधार **चार आर्य सत्य** हैं

(i) दु:ख (ii) दु:ख सुमदाय (iii) दु:ख निरोध, (iv) दु:ख निरोग गामिनी प्रतिपदा (दु:ख निवारक मार्ग) अर्थात् **अष्टांगिक मार्ग**।

- अष्टांगिक मार्ग हैं—सम्यक् दृष्टि, सम्यक् संकल्प, सम्यक् भाषण, सम्यक् कर्म, सम्यक् निर्वाह, सम्यक् प्रयत्न, सम्यक् भाव एवं सम्यक् ध्यान।
- महायान सम्प्रदाय का उदय आन्ध्र प्रदेश में माना जाता है।
- बुद्ध के **पंचशीलों** का विवरण छान्दोग्य उपनिषद् में मिलता है।
- इसके बाद, इन्होंने बनारस के निकट सारनाथ में अपना पहला धर्मोपदेश (धर्मचक्र प्रवर्तन) दिया, जिसमें बुद्ध के प्रथम अनुयायी दो बंजारे बने, जिनका नाम तपस्सु एवं मल्लिक था।
- इसके बाद बुद्ध काशी होते हुए मगध की राजधानी राजगृह गए, जहाँ का शासक बिम्बिसार उनका शिष्य बन गया।
- बुद्ध नारी को दीक्षित नहीं करता चाहने थे, परन्तु आनन्द (सबसे प्रिय शिष्य) के कहने पर उन्होंने प्रजापति गौतमी (पालने वाली माता) को बौद्ध धर्म में दीक्षित किया।
- 45 वर्षों तक प्रचार करने के बाद 483 ई. पू. में उत्तर प्रदेश के कुशीनगर में एक साल वृक्ष के नीचे उन्हें **निर्वाण** की प्राप्ति हुई।
- अपनी मृत्यु के पहले पावापुरी के चुंद नामक सुनार के घर पर शूकर का माँस ग्रहण करने से उनको उदर विकार हो गया जो सम्भवत:उनकी मृत्यु का कारण बना।
- उन्होंने अपना अन्तिम उपदेश 'सुभद्र' (भ्रमणशील परिव्राजक) और आनन्द (शिष्य को दिया)।

बौद्ध संगीतियाँ

प्रथम

स्थान — राजगृह (सप्तपर्णी गुफा)
समय — 483 ई.पू.
शासनकाल — अजातशत्रु (हर्यक वंश)
अध्यक्ष — महाकश्यप
उद्देश्य — बुद्ध के उपदेशों को दो पिटकों विनय पिटक तथा सुत्त पिटक में संकलित किया गया।

द्वितीय

स्थान — वैशाली
समय — 383 ई.पू.
शासनकाल — कालाशोक (शिशुनागवंश)
अध्यक्ष — साबकमीर (सर्वकामनी)
उद्देश्य — अनुशासन को लेकर मतभेद के समाधान के लिए बौद्ध धर्म स्थाविर एवं महासांघिक दो भागों में बँट गया।

तृतीय

स्थान — पाटलिपुत्र
समय — 251ई.पू.
शासनकाल — अशोक (मौर्यवंश)
अध्यक्ष — मोगलिपुत्ततिस्म
उद्देश्य — संघ भेद के विरुद्ध कठोर नियमों का प्रतिपादन करके बौद्ध धर्म को स्थायित्व प्रदान करने का प्रयत्न किया गया।

चतुर्थ

स्थान — कश्मीर के कुण्डलवन
समय — लगभग ईसा की प्रथम शताब्दी
शासनकाल — कनिष्क (कुषाणवंश)
अध्यक्ष — वसुमित्र एवं अश्वघोष (उपाध्यक्ष)
उद्देश्य — बौद्ध धर्म को दो सम्प्रदायों में विभाजन (i) हीनयान (ii) महायान

जैन धर्म

- ऋग्वेद में 'ऋषभदेव' और 'अरिष्टनेमि' नामक दो तीर्थंकरों का उल्लेख है। उनके सबसे महान् तीर्थंकर '**महावीर**' के अतिरिक्त तेईस अन्य तीर्थंकर भी थे। जैन धर्म के प्राचीनतम सिद्धान्तों के उपदेष्टा तेईसवें तीर्थंकर पार्श्वनाथ माने जाते हैं, जो वाराणसी के निवासी थे। वे एक क्षत्रिय राजकुमार थे, जिन्होंने राजसिंहासन छोड़कर संन्यास धारण कर लिया था।

उनके चार मुख्य उपदेश थे— अहिंसा, सत्य, अस्तेय और अपरिग्रह। महावीर ने इन सभी के अतिरिक्त एक अन्य उपदेश 'ब्रह्मचर्य' को जोड़ा। यथार्थ में जैन धर्म की स्थापना पार्श्वनाथ (23वें) के आध्यामिक शिष्य' वर्धमान महावीर' (24वें) 'तीर्थंकर' (पथ-प्रदर्शक) ने की। उन्हें 'जिन' (विजेता) भी कहा जाता था।

- जैन परम्परा के अनुसार इस धर्म में 24 तीर्थंकर हुए। इनमें प्रथम ऋषभदेव हैं, किन्तु 23वें तीर्थंकर पार्श्वनाथ को छोड़कर पूर्ववर्ती तीर्थंकरों की ऐतिहासिकता संदिग्ध है।

जैन अनुश्रुतियों के अनुसार पार्श्वनाथ को 100 वर्ष की आयु में 'सम्भेद' पर्वत पर निर्वाण प्राप्त हुआ। महावीर स्वामी जैनियों के 24वें तीर्थंकर एवं जैन धर्म के वास्तविक संस्थापक माने जाते हैं।

महावीर स्वामी : *जीवन परिचय*

- महावीर का जन्म वैशाली के निकट कुण्डग्राम (वज्जि संघ का गणराज्य) के ज्ञातृक कुल में हुआ था।
- उनकी माता लिच्छवी गणराज्य की राजकुमारी थी तथा इनकी पत्नी का नाम यशोदा था।
- 30 वर्ष की अवस्था में महावीर ने **गृहत्याग** किया।
- 12 वर्ष तक लगातार कठोर तपस्या एवं साधना के बाद 42 वर्ष की अवस्था में महावीर को जुम्भिकग्राम के समीप ऋजुपालिका नदी के किनारे एक साल वृक्ष के नीचे **कैवल्य** (सर्वोच्च ज्ञान) प्राप्त हुआ।
- महावीर स्वामी के समय में ही 10 गणधरों की मृत्यु हो गई थी। सिर्फ एक सुधर्मण जीवित था। महावीर स्वामी की **मृत्यु** पावा में 72 वर्ष की उम्र में 468 ई. पू. में हुई।
- महावीर ने वेदों एवं वैदिक कर्मकाण्डो के नकार दिया एवं शुद्ध, सरल तथा संयमित जीवन जीने का उपदेश दिया। उन्होंने जीवन का मुख्य उपदेश **कैवल्य** (निर्वाण) या ज्ञान प्राप्त करना बताया।

जैन संगीतियाँ

- **प्रथम जैन संगीति** चन्द्रगुप्त मौर्य के शासनकाल मे (लगभग 300 ई. पू.) में पाटलिपुत्र में सम्पन्न हुई थी, इस संगीति में द्वादश अंगों का सम्पादन हुआ था। यह संगीति स्थूलभद्र एवं सम्भूति विजय नामक स्थविरों के नेतृत्व में आयोजित की गई थी।
- **द्वितीय जैन संगीति** गुजरात के वल्लभी नामक स्थान पर 513 ई. में आयोजित की गई थी, इस संगीति की अध्यक्षता देवर्धिमणी क्षमाश्रवण ने की थी, इसमें धर्म ग्रन्थों का संकलन कर उन्हें लिपिबद्ध किया गया था।

जैन धर्म के नियम और दर्शन

- जैन धर्म सांख्य तथा बौद्ध धर्म से निकट का सम्बन्ध रखता है। जैन धर्म के अनुसार यथार्थ वास्तविकता पैदा नहीं होती, वह शाश्वत् होती है और उत्पत्ति, विनाश एवं स्थायित्व उसकी विशेषताएँ हैं; जैसे-आत्मा, जो अमर है।
- पदार्थ वास्तविक होते हैं, जिनकी संख्या छः होती है और ये अस्तित्व में होते हैं। उन्हें मुख्य रूप से जीव और अजीव के प्रवर्ग में वर्गीकृत किया जा सकता है। जीव से तात्पर्य आत्मा या मनोभाव है, जो जानती, महसूस करती, कार्य करती, पदार्थ से अपनी अन्तः क्रिया से दुःख पाती तथा बार-बार दुःख भोगने हेतु पैदा होती है।
- जीव का परम लक्ष्य है-आत्मा को इन भौतिक तत्त्वों से मुक्त करना। यह केवल उच्चतम ज्ञान एवं सत्य से ही प्राप्त किया जा सकता है। अजीव पदार्थ वस्तु गति या विश्राम, स्थान और समय से बने होते हैं।
- जैन धर्मानुसार यह संसार 6 द्रव्यों-जीव, पुद्गल (भौतिक तत्त्व) धर्म, अधर्म, आकाश और काल से निर्मित हैं।
- जैन धर्म में सल्लेखना से तात्पर्य है 'उपवास द्वारा शरीर का त्याग'।
- जैन धर्म दो समुदायों में विभाजित हो गया।

(i) तेरापन्थी (श्वेताम्बर);
(ii) समैया (दिगम्बर)

- भद्रबाहु एवं उनके अनुयायियों को दिगम्बर कहा गया, ये दक्षिणी जैनी कहे जाते थे।
- महावीर ने अपने जीवन काल में ही एक संघ की स्थापना की, जिसमें 11 प्रमुख अनुयायी सम्मिलित थे। वे गणधर कहलाए।
- जैन धर्म के **त्रिरत्न** हैं
  (i) सम्यक् श्रद्धा (ii) सम्यक् ज्ञान
  (iii) सम्यक् आचरण।
- स्यादवाद (अनेकान्तवाद) अथवा सप्तभंगीनय को ज्ञान की सापेक्षता का सिद्धान्त कहा जाता है।
- जैन धर्म के अनुसार ज्ञान के पाँच साधन हैं-
  (i) **मतिजन्य** (मन और इन्द्रियों द्वारा प्राप्त होने वाला प्रत्यक्ष ज्ञान)
  (ii) **श्रुतिजन्य** (धार्मिक पुस्तकों से प्राप्त होने वाला ज्ञान) (iii) मन:प्रज्ञ ज्ञान (दूरसंवेदी ज्ञान),
  (iv) **अवधि जन्य ज्ञान** (सूक्ष्मदर्शी, प्रत्यक्ष ज्ञान), तथा
  (v) **कैवल्य-जन्य ज्ञान** (सांसारिक ज्ञान) जैन धर्म दर्शन का अन्तिम लक्ष्य निर्वाण या मोक्ष प्राप्त करना है। इसके लिए सम्यक विश्वास (तीर्थंकरों और सिद्धान्तों में विश्वास), सम्यक ज्ञान (धार्मिक सिद्धान्तों को पूर्णत: सही रूप से समझना) तथा सम्यक आचार (बुरे कर्मों को दूर करना एवं अच्छे कर्मों को करना) में विश्वास करना जरूरी है।

स्याद्वाद

यह जैन धर्म का एक बहुत प्रसिद्ध सिद्धान्त है। यह द्वैध-दर्शन है, जिसके अनुसार पदार्थ का अस्तित्व शायद है (स्यात अस्ति) और शायद नहीं है (स्यात् नास्ति)। इससे तर्कशक्ति का विकास हुआ।

पंच अणुव्रत

प्रत्येक जैन श्रावक एवं भिक्षु को पंच अणुवृतों (पाँच प्रतिज्ञाओं) का पालन करना पड़ता है

(i) अहिंसा अणुव्रत, (ii) सत्याणुव्रत, (iii) अचौर्याणुव्रत (अस्तेय),
(iv) ब्रह्मचर्याणुव्रत, और (v) अपरिग्रह-परिमाण अणुव्रत

भागवत धर्म (वैष्णव धर्म)

- भागवत धर्म का उद्भव मौर्योत्तर काल में हुआ। इसके विषय में जानकारी उपनिषदों से मिलती है।
- इस धर्म के संस्थापक वासुदेव कृष्ण थे, जो वृष्णि वंशीय यादव कुल के नेता थे।
- वासुदेव कृष्ण के भक्त या उपासक भागवत कहलाते थे। भागवत धर्म का सिद्धान्त भगवत गीता में निहित है।
- विष्णु के अधिकतम अवतारों की संख्या 24 है, परन्तु मत्स्यपुराण में दस अवतारों का ही उल्लेख मिलता है। इसमें 16 वराह अवतार' सर्वाधिक लोकप्रिय था। वराह का प्रथम उल्लेख ऋग्वेद में मिलता है।
- चतुर्व्यूह के चार प्रमुख देवता
  (i) संकर्षण (ii) प्रद्युम्न
  (iii) अनिरूद्ध (iv) साम्ब
- साम्ब (सूर्यपूजा से सम्बन्धित था), पाँचरात्र व्यूह में न आकर चतुर्व्यूह में आते हैं।
- नारायण का प्रथम उल्लेख 'शतपथ ब्राह्मण' में मिलता है।

शैव धर्म

इस सम्प्रदाय के प्रमुख कर्त्ता शिव हैं कारण शक्ति और उपादान बिन्दु है। इस मत के चार पाठ या पाश (बन्धन) हैं—विधा, क्रिया, योग और चर्या। तीन पदार्थ हैं—पति, पशु और पाश।

प्रमुख सम्प्रदाय

पाशुपत

यह शैव मत का सबसे पुराना सम्प्रदाय है, इसके संस्थापक लकुलीश थे, जिन्हें भगवान शिव के 18 अवतारों में से एक माना जाता है। इस सम्प्रदाय के अनुयायियों को पंचार्थिक कहा गया है।

कापालिक

कापालिकों के इष्ट देव भैरव थे, जो शंकर के अवतार माने जाते हैं। यह सम्प्रदाय आसुर प्रवृत्ति का था, इसमें भैरव को सुरा और नरबलि चढ़ाया जाता है। मुख्य केन्द्र श्री शैल नामक स्थान था जिसका प्रमाण भवभूति के मालती माधव में मिलता है।

कालामुख

इस सम्प्रदाय के अनुयायी कापालिक वर्ग के ही थे, किन्तु वे उनसे भी अतिवादी प्रकृति के थे। शिवपुराण में उन्हें महाव्रतधार कहा गया है।

दक्षिण भारत में शैव सम्प्रदाय

- दक्षिण भारत में नयनारो (शैव सन्तों) ने शैव मत को लोकप्रिय बनाया। इनकी कविताओं को तमिल में 'तेवरम' कहा जाता है। पेरियपुराणम् में शिव के 63 भक्तों (नयनारो) का उल्लेख है, जिसमें प्रमुख सन्त थे-अप्पार, सम्बन्दर, सुन्दरमूर्ति, सुन्दरर, मणिक्काचार, तिरूजनान, तिरूनपुककरास आदि। ये सन्त जात-पात के विरोधी थे।
- दक्षिण भारत में शैव धर्म का प्रारम्भिक साक्ष्य मद्रास के निकट रेनुगुंटा में पाया गया गुड़ीमल्लन लिंग है। शिलप्पदिकारम् (साहित्यिक साक्ष्य) में पंचाक्षर शिव मन्त्र का उल्लेख है। मणिमेखलाई में एक शैववादी का उल्लेख है।
- चालुक्य, राष्ट्रकूट, पल्लव व चोल शासकों ने शैव धर्म को संरक्षण प्रदान किया। चोल शासक कुलोतुंग प्रथम कट्टर शैव था। इसके कारण वैष्णवाचार्य रामानुज को चोल राज्य छोड़ना पड़ा था। दक्षिण भारत में शिव मन्दिरों को देवरन कहा जाता था।
- शैव धर्म के प्रचार में शंकराचार्य ने अत्यधिक योगदान दिया था और अद्वैतवादी दर्शन की स्थापना की। उनका जन्म केरल में कलाड़ी नामक गाँव में 788 ई. में हुआ था।
- तमिल शैव मत के सैद्धान्तिक साहित्य का संकलन नांबि अंडाल नाबि ने 11वीं शताब्दी में किया था। रामानुज से प्रभावित एवं उनके समकालीन आचार्य श्रीकंठ ने 'शिवशिष्टाद्वैत' अथवा शैवाद्वैत सम्प्रदाय की स्थापना की थी। यह 'वेदान्त सूत्र' पर आधारित था।
- नयनारो से भावनात्मक पक्ष और आचार्यों ने दार्शनिक पक्ष का प्रतिपादन किया। आचार्यों को 'संतानाचार्य' भी कहा जाता है।

वस्तुनिष्ठ प्रश्न

1. जैन धर्म के प्रथम तीर्थंकर ऋषभदेव का उल्लेख वायु पुराण, विष्णु पुराण और भागवत् पुराण में किसके अवतार के रूप में मिलता है?
(a) नारायण (b) शिव
(c) ब्रह्मा (d) इनमें से कोई नहीं

2. भगवान महावीर के जन्म और मृत्यु से सम्बन्धित कौन-सा विकल्प सही है?
(a) 520 ई. पूर्व व 468 ई. पूर्व
(b) 540 ई. पूर्व व 468 ई. पूर्व
(c) 560 ई. पूर्व व 450 ई. पूर्व
(d) 570 ई. पूर्व व 480 ई. पूर्व

3. निम्न में से जैन धर्म के समर्थक राजा थे
1. उदायिन 2. चन्द्रगुप्त मौर्य
3. बिन्दुसार 4. खारवेल
कूट
(a) 1, 2, 3 (b) 2, 3, 4
(c) 1, 2, 4 (d) 1, 2, 3, 4

4. प्रत्येक चक्र में 24 तीर्थंकर सहित कितने शलाका पुरुष (महान् पुरुष) निवास करते हैं?
(a) 60 (b) 62 (c) 63 (d) 64

5. जैन धर्म के त्रिरत्न में कौन-सा शामिल है?
(a) सम्यक् दर्शन (b) सम्यक् ज्ञान
(c) सम्यक् आचरण (d) ये सभी

6. भगवान महावीर का कौन-सा अन्य नाम था?
(a) सिद्धार्थ (b) श्रमण
(c) वर्द्धमान (d) 'b' और 'c' दोनों

7. महावीर को उनके धर्म प्रचार में किस शिष्य ने काफी योगदान दिया था?
(a) आनन्द (b) कामदेव
(c) चुलानिपिया (d) ये सभी

8. स्याद्वाद या अनेकान्तवाद का सिद्धान्त किस धर्म से सम्बन्धित है?
(a) बौद्ध (b) जैन
(c) भागवत् (d) ब्राह्मण

9. जैन धर्म में काया-क्लेश पर अत्यधिक बल दिया गया है। इसके अन्तर्गत उपवास द्वारा आत्महत्या का भी विधान है। यह कहा जाता है
(a) विलेख पद्धति
(b) संलेखना पद्धति
(c) 'a' और 'b' दोनों
(d) निषिद्ध

10. किस ग्रन्थ में भगवान महावीर की कठोर तपस्या का उल्लेख है?
(a) भगवती सूत्र (b) उवासगदसाओ
(c) प्रश्न व्याकरण (d) आचारांगसुत्त

11. निम्न में से कौन-सा कथन असत्य है?
(a) महावीर पार्श्वनाथ के शिष्य थे
(b) महावीर को जुम्भिक ग्राम के ऋजुपालिका नदी के तट पर ज्ञान की प्राप्ति हुई
(c) महावीर को जिन, कैवलिन, निग्रन्थ कहा जाता था
(d) जैन धर्म मानता है कि अनादि काल से ईश्वर का अस्तित्व है

12. किस जैन ग्रन्थ में दस समृद्ध व्यापारियों का वर्णन है जिन्होंने जैन धर्म को स्वीकार कर मोक्ष प्राप्त किया?
(a) विपाकश्रुतम
(b) अनुत्तरोपपातिक दशा
(c) उवासगदसाओ
(d) अन्तकृद्दशा

13. निम्नलिखित में किस ग्रन्थ में जैन धर्म के सिद्धान्तों का वर्णन है?
(a) स्थानांग (b) समवायांग
(c) ज्ञान धर्मकथा (d) ये सभी

14. इस जन्म में किए गए अच्छे व बुरे कर्मों का मृत्यु के बाद किस प्रकार फल मिलता है, किसमें प्रदर्शित किया गया है?
(a) विपाकश्रुतम
(b) प्रश्न व्याकरण
(c) ज्ञान धर्मकथा
(d) अनुत्तरोपपातिक दशा

15. किस ग्रन्थ में तपस्या द्वारा अपने शरीर का अन्त कर मोक्ष प्राप्त करने वाले जैन मुनियों का वर्णन है?
(a) ज्ञान धर्मकथा
(b) भगवती सूत्र
(c) अनुत्तरोपपातिक दशा
(d) उवासगदसाओ

16. किस ग्रन्थ में सम्प्रति के जैन धर्म स्वीकार करने का वर्णन है?
(a) उवासगदसाओ (b) प्रश्न व्याकरण
(c) भगवती सूत्र (d) परिशिष्टपर्वन

17. खण्डगिरि में किसने जैन भिक्षुओं के निवास के लिए गुफाओं का निर्माण किया?
(a) कुमारपाल (b) जयसिद्धराज
(c) खारवेल (d) अमोघवर्ष

18. वह जैन तीर्थंकर जिसे भगवान कृष्ण का निकट-सम्बन्धी माना जाता है
(a) पार्श्वनाथ
(b) अजित
(c) नेमिनाथ या अरिष्टनेमि
(d) महावीर

19. जैन दर्शन पर किस दर्शन का प्रभाव माना जाता है?
(a) बौद्ध (b) आजीवक
(c) भागवत् (d) सांख्य

20. श्रवणबेलगोला में प्राप्त गोमतेश्वर की प्रतिमा की ऊँचाई 70 फीट है। इस प्रतिमा का निर्माण किसने कराया?
(a) अमोघवर्ष (b) चामुण्डराज
(c) कुमारपाल (d) जयसिद्धराज

21. जैन तीर्थंकर की 84 फीट ऊँची प्रतिमा किस स्थल से प्राप्त होती है?
(a) बड़वानी (b) मथुरा
(c) उज्जैन (d) कानपुर

22. रणकपुर का जैन मन्दिर किस देश में है?
(a) मध्य प्रदेश (b) राजस्थान
(c) उड़ीसा (ओडिशा) (d) कर्नाटक

23. भगवान महावीर किस भाषा में शिक्षा देते थे?
(a) अर्द्ध-मागधी (b) मागधी
(c) अपभ्रंश (d) शूरसेनी

24. निम्नलिखित में कौन-सा छेद सूत्र में नहीं है?
(a) जिन्तकल्प सूत्र (b) निशीथ सूत्र
(c) ओकर्न्यिति सूत्र (d) वृहत्कल्पसूत्र

25. निम्नलिखित में कौन-सा मूलसूत्र है?
(a) उत्तराध्ययन सूत्र (b) दशैवकालित सूत्र
(c) अवश्यक सूत्र (d) ये सभी

26. निम्नलिखित में से कौन-सा उपांग में शामिल नहीं है?
(a) निरयावली (b) पुष्पिका
(c) संस्तारक (d) चन्द्रप्रज्ञप्ति

27. प्रभा कमल मार्तण्ड के लेखक कौन हैं?
(a) नेमिचन्द (b) प्रभाचन्द
(c) मल्लिसेन (d) उमास्वामी

28. निम्नलिखित में कौन-सा दिगम्बर सम्प्रदाय का उपसम्प्रदाय है?
(a) पन्थी (b) तेरापन्थी
(c) तारणपन्थी (d) ये सभी

29. श्वेताम्बर सम्प्रदाय का कौन-सा उपसम्प्रदाय है?
(a) पुजेरा (मन्दिर मार्गी)
(b) ढुंढिया (स्थानकवासी)
(c) तेरापन्थी
(d) उपरोक्त सभी

30. जैन मठों को 'बसदि' कहाँ कहा गया है?
(a) राजस्थान (b) गुजरात
(c) कर्नाटक (d) उड़ीसा (ओडिशा)

31. भगवान महावीर ने अपने अनुयायियों को कितने गणों में विभक्त किया था?
(a) 5 (b) 7
(c) 9 (d) 11

32. गौतम बुद्ध का जन्म लुम्बिनी (नेपाल की तराई कपिलवस्तु के निकट) कब हुआ था?
(a) 560 ई.पू. (b) 561 ई.पू.
(c) 562 ई.पू. (d) 563 ई.पू.

33. गौतम बुद्ध ने गया में किस नदी के तट पर ज्ञान प्राप्त किया?
(a) निरंजना (b) ऋजुपालिका
(c) सरयू (d) गण्डक

34. निम्न प्रतीक चिह्नों में कौन सुमेलित नहीं है?

	जैन तीर्थंकर	प्रतीक चिह्न
(a)	ऋषभदेव	सांड
(b)	आदिनाथ	अश्व
(c)	पार्श्वनाथ	सर्प
(d)	महावीर	सिंह

35. बुद्ध के सारथी का नाम क्या था?
(a) कन्थक (b) चाण (चन्ना)
(c) अनुप्रिय (d) आनन्द

36. 80 वर्ष की आयु में 483 ई. पू. बुद्ध को परिनिर्वाण कहाँ प्राप्त हुआ?
(a) पावा (b) कुशीनगर
(c) वैशाली (d) मथुरा

37. किस ग्रन्थ में बुद्ध की कुशीनगर की अन्तिम यात्रा और उनके रोग का वर्णन है?
(a) ललित विस्तार
(b) महावंश
(c) सोदरानन्द
(d) महापरिनिब्बान सुत्त

38. निम्नलिखित में कौन-सा स्थल बुद्ध के प्रचार से बौद्ध धर्म के मुख्य केन्द्र बन गए?
(a) राजगृह (b) कपिलवस्तु
(c) श्रावस्ती और वैशाली (d) ये सभी

39. बौद्ध धर्म के त्रिरत्न में कौन-सा शामिल है?
(a) बुद्ध (b) धर्म
(c) संघ (d) ये सभी

40. बौद्ध धर्म के तथागत का क्या अर्थ था?
(a) जिसने सत्य को प्राप्त कर लिया हो
(b) जिसने सांसारिक जीवन त्याग दिया हो
(c) जिसने इच्छाओं पर विजय प्राप्त की हो
(d) जो मध्यमार्ग का अनुसरण करता हो

41. बुद्ध के जीवन की कौन-सी घटना पूर्णिमा के दिन नहीं घटी?
(a) परित्याग (b) जन्म
(c) ज्ञान (d) मृत्यु

42. प्राचीनतम उपलब्ध बौद्ध स्तूप कहाँ स्थित है?
(a) अमरावती (b) साँची
(c) नागार्जुनकोण्डा (d) सारनाथ

43. दुखों के निवारण हेतु बुद्ध ने कौन-से मार्ग का अनुसरण करने को कहा है?
(a) अष्टांगिक मार्ग (b) धर्मचक्रप्रवर्तन
(c) महाभिनिष्क्रमण (d) ये सभी

44. निर्वाण का शाब्दिक अर्थ क्या है?
(a) बुझना (b) जलन (c) निराशा (d) शोक

45. महात्मा बुद्ध से सम्बन्धित निम्न में से कौन-सा कथन सत्य है?
(a) महात्मा बुद्ध के पिता शुद्धोधन शाक्यगण के प्रधान थे
(b) महात्मा बुद्ध के गृह त्याग को 'महाभिनिष्क्रमण' कहा जाता है
(c) महात्मा बुद्ध को ज्ञान की प्राप्ति निरंजना नदी के तट पर हुई
(d) उपरोक्त सभी

46. निम्न में से बौद्ध समर्थक राजा थे
1. बिम्बिसार 2. कनिष्क
3. उदायिन 4. हर्षवर्द्धन
कूट
(a) 1, 2, और 3 (b) 2, 3 और 4
(c) 1, 2 और 4 (d) 1, 3 और 4

47. निम्न में से कौन नागार्जुन द्वारा प्रतिपादित 'शून्यवाद' के महत्त्वपूर्ण भाष्यकार थे?
(a) धर्मकीर्ति (b) बुद्धपालित
(c) भावविवेक (d) ये दोनों

48. किसने बुद्ध के लिए पूर्वाराय नामक विहार बनवाया?
(a) अजातशत्रु (b) उदायिन
(c) प्रसेनजित (d) बिम्बिसार

49. निम्न में से किसने घोषिताराय विहार भिक्षु संघ को प्रदान किया?
(a) प्रसेनजित (b) उदायिन
(c) अजातशत्रु (d) बिम्बिसार

50. अनाथपिण्डक नामक धनी व्यापारी ने जेतवन विहार कितने करोड़ स्वर्ण मुद्राओं में खरीदकर बुद्ध संघ को प्रदान किया?
(a) 10 करोड़ (b) 12 करोड़
(c) 16 करोड़ (d) 18 करोड़

51. बौद्ध धर्म के किस सम्प्रदाय का उत्तर भारत, चीन तिब्बत, जापान व कोरिया में प्रचार-प्रसार हुआ?
(a) सहजयान (b) वज्रयान
(c) हीनयान (d) महायान

52. हीनयान का कौन-सा सम्प्रदाय है?
(a) कालचक्रयान (b) वैभाषिक
(c) सौत्रान्तिक (d) 'b' और 'c'

53. विज्ञाप्तिमात्रता सिद्धि का रचयिता कौन है?
(a) आर्यदेव (b) धर्मकीर्ति
(c) कमलशील (d) वसुमित्र

54. किस बौद्ध सम्प्रदाय में यह प्रतिपादित किया गया कि रूप, शब्द, स्पर्श आदि भोगों से बुद्ध की पूजा की जानी चाहिए, रागचर्या को सर्वोत्तम बताया गया है?
(a) वज्रयान (b) सहजयान
(c) कालचक्रयान (d) शून्यवाद

55. निम्नलिखित में दिङ्‌नाथ की प्रमुख रचना है
(a) प्रमाण समुच्चय
(b) न्याय प्रदेश
(c) प्रज्ञा पारमिता पिण्डार्थ
(d) उपरोक्त सभी

56. किसने शिव के लिए डायोनिसस शब्द का उल्लेख किया है?
(a) ह्वेनसाँग (b) मेगस्थनीज
(c) फाह्यान (d) मा त्विन ला

57. निम्न में से किसमें शिव का एक नाम महादेव मिलता है?
(a) ऋग्वेद
(b) श्वेताश्वर उपनिषद्
(c) अथर्ववेद
(d) 'b' और 'c' दोनों

58. नीचे दी गई बौद्ध संगीतियों में कौन सुमेलित नहीं है?

	बौद्ध संगीति	शासक
(a)	प्रथम	अजातशत्रु
(b)	द्वितीय	कालाशोक
(c)	तृतीय	अशोक
(d)	चतुर्थ	हर्षवर्द्धन

59. लिंग पूजा का प्रथम स्पष्ट उल्लेख किसमें है?
(a) वायु पुराण
(b) शतपथ ब्राह्मण
(c) तैत्तिरीय संहिता
(d) मत्स्य पुराण

60. किस पुराण में शैव मत के चार सम्प्रदायों का उल्लेख है?
(a) मत्स्य पुराण (b) वायु पुराण
(c) गरुड़ पुराण (d) वामन पुराण

61. किस सम्प्रदाय के तीन अंग पति (स्वामी), पशु (आत्मा) तथा पाश हैं?
(a) कालामुख (b) लिंगायत
(c) कश्मीरी शैव (d) पाशुपत

62. किस सम्प्रदाय के पुरोहित को जंगम कहा जाता है?
(a) कापालिक (b) पाशुपत
(c) लिंगायत (d) कश्मीरी शैव

63. शाक्त उपासना कब अपने चरमोत्कर्ष पर थी?
(a) मौर्यकाल में (b) गुप्तकाल में
(c) कुषाणकाल में (d) इनमें से कोई नहीं

64. निम्नलिखित में से कौन-सा शक्ति उपासना का प्रमुख केन्द्र है?
(a) कश्मीर (b) काँची
(c) असम स्थित कामाख्या (d) उपरोक्त सभी

65. निम्नलिखित में से किसने विराट पर्व में देवी को विन्ध्यवासिनी, महिषासुरमर्दिनी, यशोदा के गर्भ से उत्पन्न नारायण की परमप्रिया तथा कृष्ण की बहन कहकर उनकी स्तुति की है?
(a) अर्जुन (b) भीम
(c) युधिष्ठिर (d) नकुल

66. निम्नलिखित में से कौन पंचमकार की उपासना करते हैं जिनमें मद्य, माँस, मत्स्य, मुद्रा एवं मैथुन शामिल है?
(a) समयाचारी (b) पंचायतन पूजा
(c) कौलमार्गी (d) इनमें से कोई नहीं

67. 'कुण्डलिनी' नामक रहस्यमय शक्ति का अत्यधिक महत्त्व किसमें है?
(a) शैव सम्प्रदाय (b) शाक्त सम्प्रदाय
(c) आजीवक सम्प्रदाय (d) वैष्णव सम्प्रदाय

68. सूर्य की सबसे प्राचीन मूर्ति कहाँ से प्राप्त हुई है जो तीसरी सदी ई. पूर्व की है यह मूर्ति मानव रूप में है
(a) कानपुर (b) साँची
(c) अमरावती (d) भरहुत

69. उत्तर प्रदेश के किस जिले में 'माडास्यात' नामक बस्ती में सूर्य का एक मन्दिर था?
(a) मेरठ (b) अलीगढ़
(c) बुलन्दशहर (d) बनारस

70. सूर्य का कौन-सा नाम अभिलेखों में मिलता है?
(a) कोर्णाक (b) वरुणस्वामी
(c) मार्तण्ड (d) ये सभी

71. गणपति को किस वेद में महाहस्ती कहा गया है?
(a) ऋग्वेद (b) यजुर्वेद
(c) सामवेद (d) अथर्ववेद

72. तैत्तिरीय आरण्यक में गणपति को क्या कहा गया है?
(a) एकदन्त (b) वक्रतुण्ड
(c) दन्ती (d) ये सभी

73. कौन अक्रियावाद अथवा अकर्म के प्रचारक थे जिन्होंने यह मत रखा कि मनुष्य के अच्छे या बुरे कर्मों का कोई फल नहीं होता है?
(a) मक्खलिपुत्त घोषाल
(b) पूरण कस्सप
(c) संजय वेलट्ठपुत्त
(d) अजितकेसकम्बलिन

74. किनका मत था कि मृत्यु के बाद सब कुछ नष्ट हो जाता है?
(a) निगण्ठनातपुत्त
(b) पकुधकच्चायन
(c) संजय वेलट्ठपुत्त
(d) अजितकेसकुम्बलिन

75. किस मत में मनुष्य को जीवन में घोर स्वार्थी बनने का उपदेश दिया गया है?
(a) पुब्बेकतवाद (b) अहेतुवाद
(c) उच्छेदवाद (d) खत्तविज्जवाद

76. कौन-सा मत सांसारिक वस्तुओं की उत्पत्ति का कोई भी मत स्वीकार नहीं करता?
(a) पुब्बेकतवाद (b) उच्छेदवाद
(c) अहेतुवाद (d) नित्यवाद

77. दूसरी शताब्दी ई. पूर्व से हेलियोडोरस ने वासुदेव के सम्मान में गरुड़ स्तम्भ का निर्माण कहाँ कराया था?
(a) उरुवेला (b) द्वारिका
(c) बेसनगर (d) कन्नौज

78. हेलियोडोरस यूनान के शासक एन्टियॉलकीड्स का राजदूत था वह किस शासक के दरबार में आया था?
(a) पुष्यमित्र शुंग (b) वासुदेव देव
(c) अग्निमित्र शुंग (d) भागभद्र

79. निम्नलिखित में कौन भागवत् सम्प्रदाय को जन्म देते हैं?
(a) विष्णु (b) नारायण
(c) वासुदेव कृष्ण (d) ये सभी

80. मिहिरभोज द्वारा विष्णु की तुलना किससे की गई है?
(a) हेराक्लीज (b) हृषीकेश
(c) प्रद्युम्न (d) अनिरुद्ध

81. अमरकोष एवं गीतगोविन्द में विष्णु के कितने अवतारों का उल्लेख मिलता है?
(a) 10 (b) 20
(c) 37 (d) 39

82. निम्नलिखित में से कौन चाण्डाल कन्या थी?
(a) देवकी (b) जाम्बवती
(c) रुक्मिणी (d) रोहिणी

83. सुमेलित करें

सूची I (महात्मा बुद्ध से जुड़ी बातें)	सूची II (सम्बद्ध स्थल)
A. जन्म स्थान	1. लुम्बिनी
B. ज्ञान की प्राप्ति	2. बोधगया
C. प्रथम उपदेश	3. सारनाथ
D. निर्वाण की प्राप्ति	4. कुशीनगर

कूट

	A	B	C	D		A	B	C	D
(a)	1	2	3	4	(b)	2	1	4	3
(c)	2	1	3	4	(d)	1	3	4	2

84. निम्न में किसमें शिव के 10,000 नाम मिलते हैं?
(a) शतपथ ब्राह्मण (b) अथर्ववेद
(c) अनुशासन पर्व (d) वायु पुराण

85. निम्नलिखित में से किसकी आस्था जैन धर्म में थी?
(a) बिम्बिसार (b) अजातशत्रु
(c) चण्डप्रद्योत (d) ये सभी

सही उत्तर

1. (a)	2. (b)	3. (c)	4. (c)	5. (d)	6. (d)	7. (d)	8. (b)	9. (c)	10. (d)
11. (d)	12. (c)	13. (d)	14. (a)	15. (c)	16. (c)	17. (c)	18. (c)	19. (d)	20. (b)
21. (a)	22. (b)	23. (a)	24. (c)	25. (d)	26. (c)	27. (b)	28. (d)	29. (d)	30. (c)
31. (d)	32. (d)	33. (a)	34. (b)	35. (b)	36. (b)	37. (d)	38. (d)	39. (d)	40. (a)
41. (a)	42. (d)	43. (a)	44. (a)	45. (d)	46. (c)	47. (c)	48. (c)	49. (b)	50. (d)
51. (d)	52. (d)	53. (d)	54. (a)	55. (d)	56. (b)	57. (d)	58. (d)	59. (d)	60. (d)
61. (d)	62. (c)	63. (b)	64. (d)	65. (c)	66. (c)	67. (b)	68. (d)	69. (c)	70. (d)
71. (a)	72. (d)	73. (b)	74. (d)	75. (d)	76. (c)	77. (c)	78. (d)	79. (d)	80. (b)
81. (d)	82. (b)	83. (a)	84. (c)	85. (d)					

अध्याय 06

महाजनपद काल व मगध साम्राज्य

महाजनपद काल

- छठी शताब्दी ई.पू. में 16 महाजनपदों का उदय हुआ, जिसमें मगध सर्वाधिक शक्तिशाली महाजनपद था। बौद्ध ग्रन्थ अंगुत्तर निकाय में पहली बार 16 महाजनपदों की चर्चा मिलती है।
- इन महाजनपदों में एकमात्र **अश्मक** (नर्मदा के दक्षिण) दक्षिण भारत में था, जहाँ इक्ष्वाकु वंश के शासकों ने शासन किया।
- जैन ग्रन्थ 'भगवती सुत्त' में भी 16 महाजनपदों की चर्चा है। इसमें वज्जि संघ पर मगध के आक्रमण का वर्णन भी मिलता है।
- महाजनपद काल में 10 गणतन्त्र भी विद्यमान थे, जिनमें लिच्छवि (वैशाली), शाक्य (कपिलवस्तु), भग (सुमसुमागिरि) इत्यादि प्रमुख थे।
- विश्व का पहला गणतंत्र **लिच्छवि** (वैशाली) गणराज्य में ही स्थापित था।

महाजनपद एवं उनकी राजधानी

महाजनपद	राजधानी	महाजनपद	राजधानी
मगध	राजगृह	वत्स	कौशाम्बी
कोसल	श्रावस्ती	कुरु	हस्तिनापुर
वज्जि	वैशाली	मत्स्य	विराटनगर
अवन्ति	उज्जयिनी/महिष्मती	पांचाल	अहिच्छत्र/काम्पिल्य
काशी	वाराणसी	शूरसेन	मथुरा
अंग	चम्पा	गान्धार	तक्षशिला
मल्ल	कुशीनारा	कम्बोज	राजापुर
चेदि	सुक्तिमती	अश्मक	पोतन (दक्षिण भारत महाजनपद)

मगध साम्राज्य

- महाजनपदों के काल में मगध ने अपनी शक्ति का विस्तार किया तथा धीरे-धीरे सम्पूर्ण उत्तर भारत को अपने आधिपत्य में ले लिया।
- मगध पर शासन करने वाला पहला शासकीय वंश **हर्यंक वंश** था। इसके बाद **शिशुनाग** तथा **नन्द वंश** ने शासन किया। नन्दों को समाप्त कर मौर्य वंश ने शासन आरम्भ किया।

हर्यंक वंश

- **बिम्बिसार** हर्यंक वंश का पहला साम्राज्यवादी शासक था। बौद्ध ग्रन्थ 'महावंश' के अनुसार उनके पिता का नाम भट्टिय था। उसकी राजधानी राजगृह (गिरिव्रज) थी।
- बिम्बिसार का शासनकाल 544-493 ई.पू. माना गया है। उसने 52 वर्षों तक शासन किया।
- बिम्बिसार ने अपनी शक्ति तथा राज्य विस्तार के लिए वैवाहिक सम्बन्धों की नीति को अपनाया।
- मद्र, कोसल, लिच्छवि तथा गान्धार से उसने विवाह सम्बन्ध स्थापित किए। वह **महात्मा बुद्ध** का समकालीन था।
- जीवक उसका राजवैद्य था।
- 493 ई.पू. में अजातशत्रु (कुणिक) ने अपने पिता बिम्बिसार की हत्या कर सिंहासन प्राप्त किया।
- **अजातशत्रु** ने राज्य विस्तार के लिए युद्ध विजय को अपनाया। वज्जि संघ पर विजय के लिए अपने मन्त्री वस्सकार की कूटनीति का प्रयोग किया।
- लिच्छवियों के आक्रमण से सुरक्षा हेतु अजातशत्रु ने अपनी राजधानी राजगृह में सुदृढ़ दुर्ग का निर्माण कराया। उदायिन जैन धर्मावलम्बी था।
- अजातशत्रु ने रथमूसल तथा महाशिलाकण्टक जैसे हथियारों का इस्तेमाल युद्ध में किया। उसने वैशाली को मगध साम्राज्य का हिस्सा बनाया।
- अजातशत्रु के बाद उसका पुत्र **उदायिन** शासक बना। उदायिन जैन धर्मावलम्बी था। उसने **पाटलिपुत्र नगर** (कुसुमपुरा) की स्थापना की तथा उसे अपनी राजधानी बनाया।

शिशुनाग वंश

- हर्यंक वंश के अन्तिम शासक नागदशक की हत्या कर 412 ई.पू. में शिशुनाग ने इस वंश की स्थापना की।
- शिशुनाग ने अवन्ति, वत्स तथा कोसल महाजनपदों को मगध में मिला लिया। शिशुनाग ने पाटलिपुत्र के अतिरिक्त वैशाली को अपनी दूसरी राजधानी बनाया।
- शिशुनाग का उत्तराधिकारी **कालाशोक** या **काकवर्ण** था। उसके समय द्वितीय बौद्ध संगीति का आयोजन वैशाली में हुआ था।

नन्द वंश

- शिशुनाग वंश के अन्तिम शासक नंदिवर्धन की हत्या कर महापद्मनन्द ने 'नन्द वंश' की नींव रखी। बौद्ध ग्रन्थ महाबोधिवंश में उसे **उग्रसेन** कहा गया है।
- पुराणों में महापद्मनन्द को सर्वक्षत्रान्तक, **एकराट्** कहा गया है। पुराणों में खारवेल के हाथीगुम्फा अभिलेख में उसके **कलिंग विजय** का उल्लेख है। उसने तत्कालीन राज्यों को जीतकर मगध को विशाल साम्राज्य में बदल दिया।
- **धनानन्द** नन्दवंश का अन्तिम शासक था। यह सिकन्दर का समकालीन था। इसके शासनकाल में पश्चिमोत्तर भारत पर सिकन्दर का आक्रमण हुआ था।
- धनानन्द के शासन के दौरान जनता के असन्तोष का लाभ उठाकर चन्द्रगुप्त मौर्य ने चाणक्य की सहायता से मगध पर आधिपत्य कायम किया।

मगध के उत्थान के कारण

मगध 16 महाजनपदों में से एक था, जिसके शासकों ने सम्पूर्ण उत्तर भारत तथा दक्षिण भारत के कुछ हिस्सों पर साम्राज्य विस्तार कर इसे शक्ति का केन्द्र बनाया। मगध के उत्थान के निम्नलिखित कारण विद्वानों द्वारा बताए जाते हैं

भौगोलिक स्थिति

- गंगा तथा उसकी सहायक नदियों के मैदान में कृषि तथा वाणिज्य का अत्यधिक विस्तार हुआ।
- गंगा, सोन तथा पुनपुन नदियों के संगम पर स्थित होने के कारण पाटलिपुत्र एक जलदुर्ग था, जिसके कारण यहाँ किसी शासक का आक्रमण करना आसान नहीं था। राजगृह भी सामरिक रूप से एक सुरक्षित स्थान था।
- उत्तर भारत में पाटलिपुत्र व्यापार का एक केन्द्र था, जिससे शासकों को आर्थिक समृद्धि का मौका मिला।

सैन्य संगठन

- मगध साम्राज्य की राजधानी के निकट उस समय घने जंगल थे, जिनसे प्राप्त हाथियों का उपयोग सैन्य शक्ति को बढ़ाने में किया गया। हाथी मगध सेना की सबसे बड़ी शक्ति थी।
- जंगलों में अनेक लौह खदानें थीं, जिनसे लोहा प्राप्त होता था। लोहे का उपयोग अस्त्र-शस्त्रों में किया जाता था, जबकि अन्य महाजनपदों में इसका अभाव था।

शासकों का योगदान

- साम्राज्यवादी विचार के शासकों ने राज्य विस्तार को प्रोत्साहित किया। इस समय कूटनीति तथा सैन्य शक्ति दोनों का इस्तेमाल राज्य विस्तार में किया गया।
- साम्राज्य विस्तार का उत्साह अन्य क्षेत्रों से अधिक था। अनार्य तत्त्वों के प्रभाव से युद्ध के लिए तैयार जनसंख्या का उपयोग शासकों ने भरपूर किया।

विदेशी आक्रमण

- भारत पर प्रथम विदेशी आक्रमण ईरान के **हखामनी** वंश के राजाओं ने किया था।
- हखामनी शासक दारा प्रथम ने ही भारत पर पहला सफल आक्रमण किया था।

सिकन्दर का आक्रमण

- 326 ई.पू. में सिकन्दर ने भारत पर आक्रमण किया। वह यूनान के मकदूनिया का शासक था। सिकन्दर ने 326 ई. पू. में बल्ख (बैक्ट्रिया) को जीतने के बाद काबुल होते हुए हिन्दूकुश पर्वत को पार किया।
- सिकन्दर महान दार्शनिक अरस्तू का शिष्य था।
- सिकन्दर के आक्रमण के समय पश्चिमोत्तर भारत में कई छोटे-छोटे राजतन्त्र तथा गणराज्य स्थित थे। इसमें पोरस सबसे अधिक शक्तिशाली था। जो आम्भी **तक्षशिला** का शासक था। उसने सिकन्दर से सन्धि कर ली।
- सिकन्दर के आक्रमण के समय मगध पर नन्दवंश के शासक धनानन्द का शासन था। जनता में अलोकप्रिय होने के बावजूद उसकी सैन्य शक्ति प्रबल थी।
- पंजाब के शासक पोरस के साथ सिकन्दर ने ड्राइडेस्पीज का युद्ध (झेलम का युद्ध) लड़ा, जिसमें घायल होने के बाद पोरस को बन्दी बना लिया।
- 326 ई.पू. में **व्यास नदी** तक पहुँचकर सिकन्दर के सैनिकों ने आगे बढ़ने से मना कर दिया।
- सिकन्दर को सैनिकों के निर्णय के आगे झुकना पड़ा। 323 ई.पू. में वापस यूनान जाते हुए **बेबीलोन** में सिकन्दर की मृत्यु हो गई।
- भारत के बड़े भाग पर मौर्य साम्राज्य स्थापित होने के कारण राष्ट्रीय एकता के नए युग का सूत्रपात हुआ।

सिकन्दर के आक्रमण के प्रभाव

- सिकन्दर के आक्रमण के बाद भारत तथा यूनान के बीच व्यापारिक तथा सांस्कृतिक सम्बन्ध कायम हुए।
- भारत में कई स्थानों पर यूनानी बस्तियाँ स्थापित हुईं तथा हिन्द-यवन राज्यों की स्थापना पश्चिमोत्तर भारत में हुई।
- भारतीयों को नक्षत्र शास्त्र का ज्ञान हुआ तथा भारत ने सिक्कों की ढलाई करना सीखा।
- भारतीय स्थापत्य तथा शिल्पकला पर यूनानी प्रभाव देखने को मिला।

वस्तुनिष्ठ प्रश्न

1. प्राचीन भारत में कितने शक्तिशाली महाजनपद मौजूद थे?
(a) 14 (b) 12 (c) 18 (d) 16

2. छठी शताब्दी ई. पू. का मत्स्य महाजनपद स्थित था
(a) पश्चिमी उत्तर प्रदेश में
(b) राजस्थान में
(c) बुन्देलखण्ड में
(d) रुहेलखण्ड में

3. उज्जैन का प्राचीनतम नाम क्या था?
(a) तक्षशिला (b) इन्द्रप्रस्थ
(c) अवन्तिका (d) इनमें से कोई नहीं

4. महाजनपद युग में उज्जैन की राजधानी थी?
(a) मत्स्य (b) अशोक
(c) वज्जि (d) अवन्ति

5. निम्न में से कौन-सा एक बौद्ध ग्रन्थ, सोलह महाजनपदों का उल्लेख करता है?
(a) अंगुत्तर निकाय (b) मज्झिमनिकाय
(c) खुदक निकाय (d) दीघ निकाय

6. सोलह महाजनपदों के युग में मथुरा इनमें से किसकी राजधानी थी?
(a) वज्जी (b) वत्स
(c) काशी (d) सूरसेन

7. चम्पा किस महाजनपद की राजधानी थी?
(a) मगध (b) वज्जि
(c) कोशल (d) अंग

8. छठी शताब्दी ई. पू. में सोथीवती राजधानी थी
(a) पांचाल की (b) कुरु की
(c) चेदि की (d) अवन्ति की

9. चौथी शताब्दी ई.पू. मगध की राजधानी को .... स्थानान्तरित कर दिया गया था।
(a) वाराणसी (b) राजगृह
(c) पाटलिपुत्र (d) मथुरा

10. चन्ड-प्रद्योत किस प्राचीन गणराज्य के राजा थे?
(a) काशी (b) अंग
(c) अवन्ति (d) वज्जि

11. मगध साम्राज्य का उत्कर्ष किस शताब्दी में हुआ था?
(a) ई. पू. चौथी शताब्दी
(b) ई. पू. छठी शताब्दी
(c) ई. पू. दूसरी शताब्दी
(d) ई. पू. पहली शताब्दी

12. मगध सम्राट बिम्बिसार ने अपने राजवैद्य जीवक को किस राज्य के राजा की चिकित्सा के लिए भेजा था?
(a) कोशल (b) अंग
(c) अवन्ति (d) वैशाली

13. मगध के किस प्रारम्भिक शासक ने राज्यारोहण के लिए अपने पिता की हत्या की एवं स्वयं इसी कारणवश अपने पुत्र द्वारा मारा गया?
(a) बिम्बिसार (b) अजातशत्रु
(c) उदायिन (d) नागदाशव

14. हर्यक वंश का शासक अजातशत्रु किसका पुत्र था?
(a) अनिरुद्ध (b) उदयिन
(c) बिम्बिसार (d) नागा-दसक

15. पाटलिपुत्र का संस्थापक था
(a) उदायिन/कुसुमपुर (b) अशोक
(c) बिम्बिसार (d) महापद्मनन्द

16. राजा नन्द का उल्लेख करने वाला अभिलेखीय प्रमाण है
(a) खारवेल का हाथीगुम्फा लेख
(b) रुम्मिनदेई स्तम्भ अभिलेख
(c) रुद्रदामन का जूनागढ़ अभिलेख
(d) धनदेव का अयोध्या अभिलेख

17. मगध का कौन-सा सम्राट 'अपरोपरशुराम' के नाम से जाना जाता है?
(a) बिन्दुसार
(b) अजातशत्रु
(c) कालाशोक
(d) महापद्मनन्द

18. निम्नलिखित में से किसे 'उग्रसेन' (भयानक सेना का स्वामी) कहा जाता था?
(a) महापद्मनन्द (b) धनानन्द
(c) शिशुनाग (d) बिम्बिसार

19. नन्द वंश का संस्थापक कौन था?
(a) महानन्दिन/नन्दिवर्द्धन
(b) कालाशोक
(c) धनानन्द
(d) नागार्जुन

20. नन्द वंश का अन्तिम सम्राट कौन था?
(a) महापद्मनन्द
(b) धनानन्द
(c) कालाशोक
(d) उपरोक्त में से कोई नहीं

21. पहला ईरानी शासक जिसने भारत के कुछ भाग को अपने अधीन किया था
(a) सांइटस (b) कोम्बिसिस
(c) डेरियस (d) जेरसिस (क्षयार्ष)

22. निम्नलिखित में से कौन भारत पर ईरानी आक्रमण के प्रभाव के रूप में माने जाते हैं?
(a) खरोष्ठी लिपि का प्रचार
(b) अभिलेख उत्कीर्ण करने की कला
(c) क्षत्रप प्रणाली का प्रसार
(d) उपरोक्त सभी

23. भारत पर प्रथम विदेशी आक्रमण ईरान के किस वंश के राजाओं ने किया था?
(a) हखमनी वंश
(b) अफरासियाव वंश
(c) तुरानी वंश
(d) उपरोक्त में से कोई नहीं

24. सिकन्दर ने भारत पर कब आक्रमण किया?
(a) 326 ई. पू. (b) 326 ई. पू.
(c) 232 ई. पू. (d) 323 ई. पू.

25. निम्नलिखित में से मगध का कौन-सा राजा सिकन्दर महान् का समकालीन था?
(a) महापद्मनन्द (b) धनानन्द
(c) संकल्प (d) चन्द्रगुप्त मौर्य

26. हाइडेस्पंस या वितस्ता (आधुनिक नाम-झेलम) का युद्ध किन-किन शासकों के बीच हुआ?
(a) सिकन्दर एवं पोरस के मध्य
(b) सिकन्दर एवं चन्द्रगुप्त मौर्य के मध्य
(c) बिम्बिसार एवं अजातशत्रु के मध्य
(d) उदायिन एवं धनानन्द के मध्य

सही उत्तर

1. (d)	**2.** (b)	**3.** (c)	**4.** (d)	**5.** (a)	**6.** (d)	**7.** (d)	**8.** (c)	**9.** (c)	**10.** (c)
11. (b)	**12.** (c)	**13.** (b)	**14.** (c)	**15.** (a)	**16.** (a)	**17.** (d)	**18.** (a)	**19.** (a)	**20.** (b)
21. (c)	**22.** (d)	**23.** (a)	**24.** (a)	**25.** (b)	**26.** (a)				

अध्याय 07 मौर्य साम्राज्य

मौर्य साम्राज्य : *स्रोत*

मौर्य साम्राज्य की स्थापना चन्द्रगुप्त मौर्य ने की थी। चन्द्रगुप्त मौर्य भारत के उन महानतम सम्राटों में से हैं, जिन्होंने अपने व्यक्तित्व तथा कृतित्व से इतिहास के पृष्ठों में क्रान्तिकारी परिवर्तन किया। मौर्य साम्राज्य को जानने के पुरातात्त्विक और साहित्यिक दोनों प्रकार के स्रोत उपलब्ध हैं।

अशोक के लगभग 40 अभिलेख भारत, पाकिस्तान तथा अफगानिस्तान के विभिन्न भागों से अब प्रकाश में आ चुके हैं। अशोक के लेखों के अतिरिक्त शक महाक्षत्रप रुद्रदामन का जूनागढ़ (गिरनार) लेख भी मौर्य इतिहास के विषय में निम्न सूचनाएँ प्रदान करता है।

चन्द्रगुप्त मौर्य (322-297 ई.पू.)

- अपने गुरु चाणक्य की सहायता से अन्तिम नन्द शासक धननन्द को पराजित कर 25 वर्ष की आयु में चन्द्रगुप्त मौर्य ने मौर्य साम्राज्य की स्थापना की।
- ब्राह्मण ग्रन्थ उसे एक स्वर में शूद्र अथवा निम्न कुल से सम्बन्धित बताते हैं, जबकि बौद्ध तथा जैन ग्रन्थ उसे क्षत्रिय सिद्ध करते हैं।
- मुद्राराक्षस में चन्द्रगुप्त को नन्दराज का पुत्र माना गया है।
- यूनानी लेखक चन्द्रगुप्त मौर्य को 'एन्ड्रोकोटस' या 'सैंड्रोकोटस' आदि नामों से उल्लेख करते हैं। जस्टिन चन्द्रगुप्त की सेना को 'डाकुओं का गिरोह' कहता है। चन्द्रगुप्त मौर्य ने व्यापक विजयों द्वारा प्रथम अखिल भारतीय साम्राज्य की स्थापना की।
- यूनानी लेखक प्लूटॉर्क के अनुसार उसने (चन्द्रगुप्त) छः लाख की सेना लेकर सम्पूर्ण भारत को रौंद डाला और उस पर अधिकार कर लिया।
- 305 ईसा पूर्व चन्द्रगुप्त ने तत्कालीन यूनानी शासक सेल्यूकस निकेटर को पराजित किया। दोनों के मध्य सन्धि होने के कारण सेल्यूकस ने चन्द्रगुप्त से हाथी लेकर बदले में एरिया (हेरात), अराकोर (कान्धार), जेड्रोसिया एवं पेरोपनिसाडाई (काबुल) के क्षेत्रों के कुछ भाग दिए।
- सेल्यूकस ने अपनी पुत्री का विवाह चन्द्रगुप्त से करके उपरोक्त चारों प्रान्त दहेज के रूप में दिए तथा मेगस्थनीज को अपने राजदूत के रूप में चन्द्रगुप्त के दरबार में भेजा।
- चन्द्रगुप्त मौर्य का साम्राज्य उत्तर-पश्चिम में ईरान (फारस) से लेकर पूर्व में बंगाल तक तथा उत्तर में कश्मीर से लेकर दक्षिण में उत्तरी कर्नाटक (मैसूर) तक फैला हुआ था।
- चन्द्रगुप्त के शासन की दो मुख्य उपलब्धियाँ थीं—(i) यूनानियों के विदेशी शासन से देश को मुक्त करना। (ii) नन्दों के घृणित एवं अत्याचारपूर्ण शासन की समाप्ति।
- चन्द्रगुप्त मौर्य की दक्षिण भारत की विजय के विषय में जानकारी तमिल ग्रन्थों 'अहनानूर' एवं 'पुरनानूर' तथा अशोक के अभिलेखों से मिलती है। बंगाल पर चन्द्रगुप्त की विजय 'महास्थान' अभिलेख से प्रकट होती है।

> **चाणक्य**
>
> अर्थशास्त्र का रचनाकार कौटिल्य ही चाणक्य था। वह तक्षशिला विश्वविद्यालय में शिक्षक था, जहाँ चन्द्रगुप्त शिक्षा ग्रहण कर रहा था। चाणक्य ने चन्द्रगुप्त को नन्द वंश की समाप्ति के लिए रणनीतिक सहायता प्रदान की तथा मौर्य वंश की स्थापना कर उसका प्रधानमन्त्री बना।

बिन्दुसार (297-273 ई.पू.)

- चन्द्रगुप्त मौर्य के पश्चात् उसका पुत्र बिन्दुसार गद्दी पर बैठा। यूनानी लेखों में इसे अमित्रो चेट्स, वायु पुराण नें मद्रसार तथा जैन ग्रन्थों में सिंहसेन कहा गया है।
- स्ट्रेबो के अनुसार, सीरिया शासक एण्टिमोकस ने डायमेकस नामक अपना एक राजदूत बिन्दुसार के दरबार में भेजा था।
- बिन्दुसार के समय में तक्षशिला (प्रान्त) में दो विद्रोह हुए, जिसका दमन करने के लिए पहली बार अशोक को तथा दूसरी बार सुसीम को भेजा गया। यूनानी लेखकों ने बिन्दुसार को 'अमित्रोकेडीज' कहा है जिसका संस्कृत रूपान्तर 'अमित्रघात' (शत्रुओं को नष्ट करने वाला) होता है। जैन ग्रन्थ उसे 'सिंहसेन' कहते हैं।
- बिन्दुसार के समय में भी भारत का पश्चिमी यूनानी राज्यों के साथ मैत्री सम्बन्ध कायम रहा।
- थेरवादी परम्परा के अनुसार बिन्दुसार ब्राह्मण धर्म का अनुयायी था।

अशोक (269-232 ई.पू.)

- सिंहली अनुश्रुति के अनुसार अशोक ने अपने 99 भाइयों की हत्या करके सिंहासन प्राप्त किया।
- अशोक के जीवन की प्रारम्भिक जानकारी हमें बौद्ध ग्रन्थों जैसे दिव्यावदान व सिंहली अनुश्रुति से मिलती है।
- अशोक का व्यक्तिगत नाम उसके अभिलेखों मास्की, गुर्जरा, निग्लीवा और उदेगोलम में मिलता है। भाब्रू अभिलेखो में उसने स्वयं को प्रियदर्शी मगध नरेश कहा है। अपने अभिलेखों में अशोक सामान्यतः दो उपाधियों का प्रयोग करता था-देवानामप्रिय और पियदस्सि। 1837 में जेम्स प्रिन्सेप ने लिपी में लिखी देवनामप्रिय प्रियदस्सी (देवताओं का प्रिय) से अशोक का समीकरण स्थापित किया।

- अशोक की माता का नाम सुभद्रांगी था। अपने प्रारम्भिक जीवन में अशोक तक्षशिला एवं उज्जयिनी का प्रान्तपति था। सिंहासनारोहण के समय भी अशोक उज्जयिनी का प्रान्तपति था। अशोक की तीन रानियाँ थीं—(i) देवी (महादेवी जो विदिशा के व्यापारी की पुत्री थी, (ii) असन्धिमित्रा, और (iii) कारूवाकी। कारूवाकी का उल्लेख इलाहाबाद स्तम्भ में हुआ है जो रामकुमार तीवर (अभिलेखों में वर्णित एकमात्र पुत्र) की माता थी।
- श्रीलंकाई ग्रन्थ दीपवंश तथा महावंश के अनुसार अशोक ने अपने निन्यानवें भाइयों को मारकर सत्ता पर अधिकार किया। केवल तिस्स ही जीवित रहा। अशोक के राज्यारोहण और राज्याभिषेक में लगभग 4 वर्ष का अन्तर था, जो 272 ई.पू. से 268 ई.पू. तक चला।
- अशोक के जीवन की सर्वाधिक महत्वपूर्ण घटना कलिंग युद्ध (260 ई.पू.) थी, जिसमें वह विजयी हुआ। कलिंग विजय का वर्णन 13वें शिलालेख से प्राप्त होता है। उस समय कलिंग हाथियों व हाथी दाँत के लिए प्रसिद्ध था तथा दक्षिण भारत से होने वाले व्यापारिक मार्ग पर एकाधिकार करने के लिए एक आवश्यक केन्द्र भी था।
- इस युद्ध में डेढ़ लाख लोग मारे गए तथा कई लाख लोग बन्दी बना लिए गए। भाब्रू अभिलेख से मालूम होता है कि इस युद्ध के ढ़ाई वर्ष बाद अशोक ने उपगुप्त के प्रभाव में आकर बौद्ध धर्म स्वीकार कर लिया और यह अभिलेख सिर्फ बौद्ध भिक्षुओं के लिए था, जनता के लिए नहीं।
- इसमें वह बुद्ध, धम्म, संघ (त्रिरत्न) में विश्वास प्रकट करता है। श्रीलंकाई ग्रन्थ महावंश तथा सामन्त पासादिका के अनुसार अशोक को सातवर्षीय बालक निग्रोध ने बौद्ध धर्म में दीक्षित किया जबकि चीनी यात्री ह्वेनसाँग ने उपगुप्त को अशोक को दीक्षित करने वाला बताया है।
- तृतीय बौद्ध संगीति के अध्यक्ष मोग्गलिपुत्र तिस्स के प्रभाव से अशोक पूर्णत: बौद्ध हो गया। 250 ई.पू. पाटलिपुत्र में हुई इस संगीति का अशोक के अभिलेखों में कहीं जिक्र नहीं है। इस संगीति के बाद अशोक ने विभिन्न देशों में धर्म प्रचारक भेजे एवं विश्व शान्ति की परिकल्पना करते हुए विश्व में धम्म विजय की नीति अपनाई।
- कल्हण की राजतरंगिणी के अनुसार कश्मीर मौर्य साम्राज्य का अंग था तथा अशोक ने 'श्रीनगर' की स्थापना की थी। नेपाल के साथ उसके घनिष्ठ सम्बन्ध थे, क्योंकि हिमालय का तराई क्षेत्र मौर्य साम्राज्य के अन्दर था।
- अशोक का अनुकरण करते हुए श्रीलंका के शासक तिस्स ने 'देवानामप्रिय' की उपाधि ग्रहण की। उसने (अशोक) अपने पुत्र महेन्द्र एवं पुत्री संघमित्रा को श्रीलंका में बौद्ध धर्म के प्रचार के लिए भेजा था।
- अशोक ने लुम्बिनी की तीर्थयात्रा के दौरान वहाँ भू-राजस्व की दर घटाकर 1/8 कर दी थी एवं 'बलि' नामक धार्मिक कर (तीर्थयात्रा कर) समाप्त कर दिया था। अशोक को तीवर के अतिरिक्त कुणाल (धर्मविवर्धन) एवं जालौक नामक पुत्र भी थे। उसकी संघमित्रा के अतिरिक्त चारूमति नामक पुत्री भी थी, जिसका विवाह नेपाल के क्षत्रिय देवपाल से हुआ था।
- अशोक की मुख्य रानी असंघमित्रा की मृत्यु के बाद तिस्सरक्षित को मुख्य रानी बनाया गया, उसने बौद्ध धर्म से ईर्ष्यालु होकर (अशोक के बोधिवृक्ष के प्रेम के कारण) वृक्ष में एक जहरीला काँटा चुभा दिया, जिससे वह पेड़ सूख गया। यह कहानी महावंश एवं फाह्यान द्वारा वर्णित है।

अशोक के शिलालेख

अशोक के शिलालेख 14 विभिन्न लेखों का एक समूह है, जो आठ भिन्न-भिन्न स्थानों से प्राप्त किए गए हैं। इन स्थानों के नाम निम्न हैं

क्र.सं.	शिलालेख	अवस्थिति
1.	शाहबाज गढ़ी	यह पेशावर जिले में स्थित है।
2.	मानसेहरा	यह हजारा जिले में स्थित है।
3.	काल्सी	यह देहरादून जिले में स्थित है।
4.	गिरनार	यह काठियावाड़ में जूनागढ़ के समीप स्थित है।
5.	धौली	यह ओडिशा के पुरी जिले में स्थित है।
6.	जौगढ़	यह ओडिशा के गंजाम जिले में स्थित है।
7.	एरागुडि	यह आन्ध्र प्रदेश के कुर्नूल जिले में स्थित है।
8.	सोपरा	यह महाराष्ट्र के थाणे जिले में स्थित है।

अशोक के लघु स्तम्भ लेख

अशोक की राजकीय घोषणाएँ जिन स्तम्भों पर उत्कीर्ण हैं, उन्हें साधारण तौर से लघु स्तम्भ लेख कहा जाता है।

ये निम्नांकित स्थानों से प्राप्त हुए हैं

क्र.सं.	लघु स्तम्भ लेख	अवस्थिति
1.	साँची	यह मध्य प्रदेश के रायसेन जिले में स्थित है।
2.	सारनाथ	यह उत्तर प्रदेश के वाराणसी जिले में स्थित है।
3.	रुम्मिनदेई	यह नेपाल की तराई में स्थित है।
4.	कौशाम्बी	यह इलाहाबाद के नजदीक स्थित है।
5.	निग्लीवा	यह नेपाल की तराई में स्थित है।

मौर्यकालीन प्रशासन

- मौर्य प्रशासन की जानकारी कौटिल्य (विष्णुगुप्त या चाणक्य) के 'अर्थशास्त्र' एवं यवन राजदूत मेगास्थनीज की इण्डिका' से प्राप्त होती है।
- मौर्यों ने केन्द्रीकृत शासन व्यवस्था की स्थापना की थी। अशोक ने इस केन्द्रीकृत शासन व्यवस्था को पितृवत निरंकुश राजतन्त्र में परिवर्तित कर दिया। प्रशासन के शीर्ष पर राजा होता था।

कौटिल्य का सप्तांग सिद्धान्त इसके अनुसार राज्य के निम्न सात अंग होते हैं

(i) सम्राट (राजा), (ii) अमात्य (मन्त्री), (iii) जनपद (क्षेत्र तथा जनसंख्या), (iv) दुर्ग (किला), (v) कोष, (vi) बल (सेना), तथा (vii) मित्र।

राजा

- राजा इन सभी सात तत्त्वों की आत्मा है। राजा सभी प्रकार की सत्ता का स्रोत एवं उसका केन्द्रबिन्दु, प्रशासन, विधि एवं न्याय का प्रमुख स्रोत तथा सर्वोच्च न्यायाधीश होता था, परन्तु वह निरंकुश नहीं होता था।
- अर्थशास्त्र के अनुसार, ''प्रजा के सुख में ही राजा का सुख है और प्रजा की भलाई में ही उसकी भलाई है।'' मौर्य राजाओं ने इन बातों को मानते हुए एक कल्याणकारी राज्य की स्थापना की। अशोक ने अपने पाँचवें वृहत शिलालेख में कहा है कि, 'सभी मनुष्य मेरी सन्तान हैं।'

मन्त्रिमण्डल

- सम्राट अपने शासन कार्यों में अमात्यों, मन्त्रियों तथा अधिकारियों से सहायता प्राप्त करता था। राज्य के सभी पदाधिकारियों को अमात्य कहा जाता था। अर्थशास्त्र के अनुसार अमात्य का स्थान सम्राट के बाद द्वितीय था।

- मौर्य प्रशासन पूर्णतः एक नौकरशाही प्रशासन तन्त्र था।
- तीर्थों में मन्त्री, पुरोहित, प्रधानमन्त्री तथा प्रमुख धर्माधिकारी होते थे। चन्द्रगुप्त मौर्य एवं बिन्दुसार के समय में कुछ काल तक ये दोनों पद कौटिल्य के पास थे। केन्द्रीय प्रशासन तन्त्र एक सचिवालय द्वारा संचालित होता था। यह सचिवालय विभिन्न विभागों में विभाजित था। प्रत्येक विभाग का प्रमुख एक अध्यक्ष या अधीक्षक होता था। अध्यक्षों को अमात्य वर्ग में से भी नियुक्त किया जा सकता था।

गुप्तचर व्यवस्था

- मौर्य शासन में सम्पूर्ण प्रशासन एवं अधिकारियों पर नजर रखने के लिए एक गुप्तचर विभाग स्थापित किया गया था। इसका संचालन गूढ़पुरुष (जासूस) करते थे, जो महामात्यपसर्प के नियन्त्रण में होते थे।
- अर्थशास्त्र के अनुसार दो प्रकार के गुप्तचर होते थे—प्रथम 'संस्था' जो एक ही स्थान पर रहते थे तथा द्वितीय 'संचरा' जो भ्रमण करने वाले थे।
- इसमें संन्यासी, विद्यार्थी, गृहस्थ एवं विषकन्याओं की नियुक्ति की जाती थी। इस विभाग में वे ही नियुक्त होते थे जो 'उपधा परीक्षण' में उत्तीर्ण होते थे।
- गुप्तचरों के अतिरिक्त शान्ति व्यवस्था स्थापित करने के लिए पुलिस होती थी, जिन्हें 'रक्षिन' कहा जाता था। विदेशों में नियुक्त राजदूत 'खुले गुप्तचर' होते थे।

प्रान्तीय प्रशासन

साम्राज्य 5 प्रान्तों में विभाजित था, जो इस प्रकार थे

क्र.सं.	प्रान्त	राजधानी
1.	उत्तरी प्रान्त (उत्तरापथ)	तक्षशिला
2.	पश्चिमी प्रान्त (अवन्तिपथ)	उज्जयिनी
3.	पूर्वी प्रान्त (प्राच्य पथ)	तोशाली (कलिंग)
4.	दक्षिणी प्रान्त (दक्षिणापथ)	सुवर्णगिरि
5.	केन्द्रीय प्रान्त (मगध)	पाटलिपुत्र (सम्पूर्ण राज्य की राजधानी)

तक्षशिला एवं उज्जयिनी जैसे महत्त्वपूर्ण प्रान्तों का नियन्त्रण सीधे राजकुमारों के अधीन होता था। रूद्रदामन के जूनागढ़ अभिलेख के अनुसार सौराष्ट्र (काठियावाड़) का राज्यपाल पुष्यगुप्त वैश्य था।

उसने सिंचाई के लिए सुदर्शन झील का निर्माण करवाया था। अशोक के समय में यहाँ का प्रान्तपति पवन जातीय तुषास्प था, जिसने सुदर्शन झील पानी के निकास के लिए नहरें बनवाईं थी। दिव्यावदान के अनुसार कुणाल तक्षशिला का राज्यपाल था।

जिला प्रशासन

प्रान्तों को जनपदों में विभाजित किया गया था, जिसे जिला या स्थानीय कहते थे। इसका प्रशासक स्थानिक होता था। एक स्थानीय में लगभग 800 गाँव होते थे। प्रत्येक जनपद में 3 मुख्य अधिकारियों का समूह होता था—प्रादेशिक, राजुक और युक्त।

राजस्व के स्रोत

दुर्ग	नगरों से प्राप्त आय
राष्ट्र	जनपदों, ग्रामों से प्राप्त आय
खनि	खानों से प्राप्त आय
सेतु	फल-फूल एवं सब्जियों से प्राप्त आय
वन	जंगलों से प्राप्त आय
ब्रज	पशुओं से प्राप्त आय
वणिकपथ	स्थल मार्ग एवं जल मार्ग से प्राप्त कर
सीता	राजकीय भूमि से होने वाली आय

मौर्यकालीन राजस्व अधिकारी

प्रमुख अधिकारी	कार्य
प्रादेशिक	निरीक्षण
राजुक	भू-सर्वेक्षण एवं राजस्व निर्धारण
युक्त	लेखा व्यवस्था

मौर्यकालीन शीर्षस्थ अधिकारी (तीर्थ)

तीर्थ	सम्बन्धित विभाग
मन्त्री	प्रधानमन्त्री
पुरोहित	प्रधानमन्त्री
सेनापति	युद्ध विभाग का मन्त्री
युवराज	राजा का उत्तराधिकारी
समाहर्ता	राजस्व विभाग का मन्त्री
सन्निधाता	राजकीय कोषाध्यक्ष
प्रदेष्टा	फौजदारी न्यायालय का न्यायाधीश
नायक	नगर रक्षा का अध्यक्ष
कर्मान्तिक	उद्योगों एवं कारखानों का प्रधान
दण्डपाल	सर्वोच्च पुलिस अधिकारी
व्यावहारिक	नगर का प्रमुख न्यायाधीश
नागरक (पौर)	नगर व्यवस्था का सर्वोच्च अधिकारी
दुर्गपाल	राजकीय दुर्ग रक्षकों का प्रधान
अन्तपाल	सीमावर्ती दुर्गों का रक्षक
आटविक	वन विभाग का प्रधान
दौवारिक	राजमहलों की व्यवस्था का प्रधान
आन्तर्वशिक	अन्तःपुर का अध्यक्ष
मन्त्रिपरिषदाध्यक्ष	परिषद् का अध्यक्ष

मौर्यकालीन समाज *एवं* संस्कृति

सामाजिक स्थिति

- यूनानी स्रोतों एवं कौटिल्य के अर्थशास्त्र से हमें इस समय की सामाजिक स्थिति की जानकारी प्राप्त होती है। राजा से अपेक्षा की जाती थी कि वह वर्णाश्रम व्यवस्था की रक्षा करे। अर्थशास्त्र में सभी चार वर्णों के लोगों को सेना में भर्ती करने का जिक्र है। इस समय वैश्यों (पेशा-खेती एवं व्यापार) तथा शूद्रों (पेशा-खेती तथा शिल्पकर्म) में अन्तर कम हो गया। उनकी आर्थिक स्थिति अच्छी हो गई, पर सामाजिक स्थिति में कोई परिवर्तन नहीं हुआ।
- नास्तिक धर्मों की लोकप्रियता में वृद्धि हुई। परिणामस्वरूप ब्राह्मण धर्म में इसकी कठोर प्रतिक्रिया हुई। फलतः सामाजिक वातावरण तनावपूर्ण था। इसी तनाव को अशोक ने अपने धम्म से भरने की कोशिश की। मेगास्थनीज ने भारतीय समाज को सात वर्गों में विभाजित किया

(i) दार्शनिक (ब्राह्मण)
(ii) कृषक (किसान, शूद्र एवं वैश्य)
(iii) सैनिक (क्षत्रिय)
(iv) पशु पालक (चरवाहा)
(v) शिल्पकार (दस्तकार)
(vi) मजिस्ट्रेट (न्यायाधीश)
(vii) पार्षद (काउन्सलर्स)

- ब्राह्मण, समाज की शिक्षा एवं संस्कृति के संरक्षक थे। उन्हें कर से मुक्त रखा जाता था। अपराध करने पर उन्हें यातना नहीं, बल्कि माथे पर एक चिह्न दाग दिया जाता था। क्षत्रिय या योद्धा वर्ग कृषकों के बाद संख्या की दृष्टि से दूसरे स्थान पर थे।
- मेगास्थनीज के अनुसार भारत में दास प्रथा थी।
- ब्राह्मणों को राज्य की तरफ से कर मुक्त भूमि दान में दी जाती थी, जिसे 'ब्रह्मदेय' कहते थे।
- ब्राह्मण साहित्य में स्त्रियों को दूसरे दर्जे का नागरिक समझा जाता था, परन्तु बौद्ध एवं जैन धर्म में ऐसी बात नहीं थी। शासक वर्ग बहु-विवाह करते थे।
- सती प्रथा का प्रचलन केवल उच्च वर्ग तक ही सीमित था।
- मेगास्थनीज ने बहुपत्नी प्रथा, महल के रक्षकों के रूप में, राजा के अंगरक्षकों के रूप में तथा जासूसी आदि के लिए महिलाओं की नियुक्ति का उल्लेख किया है। वह विधवा पुनर्विवाह एवं तलाक का भी उल्लेख करता है।
- भूमि कर कृषि भूमि पर उपज का 1/6 से 1/4 भाग तक होता था। बगीचों से प्राप्त होने वाली आय 'सेतु' कहलाती थी।
- राजस्व वसूली का मुख्य अधिकारी समाहर्ता और राजकोष का प्रधान अधिकारी सन्निधाता कहलाता था।
- भूमि कर 'भाग' कहलाता था और 'बलि' एक प्रकार का धार्मिक कर था। सिंचाई की सुविधाओं से युक्त भूमि पर उपज के पाँचवें भाग से तीसरे भाग तक अतिरिक्त भूमि कर लिया जाता था।

धार्मिक स्थिति

- मौर्यकाल में वैदिक धर्म प्रचलित था, किन्तु कर्मकाण्ड प्रधान वैदिक धर्म अभिजात ब्राह्मण तथा क्षत्रिय तक ही सीमित था।
- देवमूर्तियों को बनाने वाले शिल्पियों को देवता कारु कहा जाता था।
- ऐसे ब्राह्मणों को राज्य से कर मुक्त भूमि दान में मिलती थी। अर्थशास्त्र में ऐसी भूमि को ब्रह्मदेय कहा गया है।

मौर्यकालीन कला *एवं* स्थापत्य

- अशोक के शासनकाल के पहले भवन लकड़ी के बने होते थे। चन्द्रगुप्त पहला मौर्य शासक था जिसने पाटलिपुत्र के राजप्रासाद तथा अन्य भवनों की मूल योजना बनाई।
- मौर्यकालीन कला को दो भागों में बाँटा जा सकता है—दरबारी कला एवं लोक कला। दरबारी कला के अन्तर्गत अशोक के स्तम्भ, भवन, स्तूप, गुफा आदि आते हैं तथा परखय के यक्ष, दीदारगंज की चामरग्राहिणी और बेसनगर की यक्षिणी आदि लोक कला के अन्तर्गत आते हैं।
- लोककला में यक्ष मूर्तियाँ महत्त्वपूर्ण हैं। मथुरा जिले के परखम नामक ग्राम से मणिभद्र नामक यक्ष की मूर्ति प्राप्त हुई है।
- सारनाथ के शीर्षस्तम्भ पर चार सिंह पीठ सटाए बैठे हैं। ये चार सिंह एक चक्र धारण किए हुए हैं। चक्र में 24 तीलियाँ हैं। यह चक्र बुद्ध के धर्म-चक्र-प्रवर्तन का प्रतीक है। अशोक के एकाश्मक-स्तम्भों का सर्वोत्कृष्ट नमूना सारनाथ के सिंहस्तम्भ का शीर्ष है। अशोक के स्तम्भ पर ईरानी एवं यूनानी प्रभाव दिखाई देता है।

मौर्योत्तर काल

मौर्योत्तरकालीन इतिहास के प्रमुख स्रोत

मौर्योत्तरकालीन इतिहास के प्रमुख स्रोत निम्नलिखित थे

1. **बौद्ध ग्रन्थ** इस काल के इतिहास पर प्रकाश डालने वाले प्रमुख बौद्ध ग्रन्थ **दिव्यावदान**, **ललित विस्तर** एवं **मंजुश्रीमूलकल्प** हैं। दिव्यावदान में पुष्यमित्र शुंग का चित्रण बौद्ध धर्म के संहारक के रूप में किया गया है।
2. **मिलिन्दपन्हो** बौद्ध भिक्षु नागसेन द्वारा पालि भाषा में रचित इस ग्रन्थ में यूनानी शासक मिनाण्डर के बारे में जानकारी प्राप्त होती है, किन्तु यह प्राचीन भारत के व्यापारिक मार्गों के सम्बन्ध में मौन है।
3. **महाभाष्य** पतंजलि द्वारा रचित इस पुस्तक से पुष्यमित्र शुंग के शासनकाल की प्रमुख घटनाओं का पता चलता है। इसमें यवनों के साकेत तथा माध्यमिका आक्रमण का उल्लेख मिलता है।
4. **गार्गी संहिता** ज्योतिषशास्त्र से सम्बन्धित इस पुस्तक में **यवन आक्रमण** का उल्लेख मिलता है।
5. **मालविकाग्निमित्रम्** कालिदास द्वारा रचित इस पुस्तक का सम्बन्ध शुंगकालीन घटना से है। इसमें वसुमित्र द्वारा यवनों की पराजय का उल्लेख है।
6. **थेरावली** 14वीं सदी के इस जैन ग्रन्थ के लेखक मेरुतुंग ने उज्जयिनी के शासकों की वंशावली दी है। इसमें पुष्यमित्र का उल्लेख है।
7. **अयोध्या का लेख** यह लेख पुष्यमित्र के राज्यपाल धनदेव का है, इसमें पुष्यमित्र शुंग द्वारा किए गए दो अश्वमेध यज्ञों का वर्णन है।
8. **बेसनगर का लेख** यह यवन राजदूत हेलियोडोरस का अभिलेख है, जो वासुदेव से सम्बन्धित है। इस लेख से मध्य भारत में वैष्णव धर्म की स्थिति का पता चलता है।

प्रमुख राजवंश

शुंग वंश

- मौर्य साम्राज्य के पतन के पश्चात् मगध की सत्ता शुंगों के अधीन हो गई। इस वंश के संस्थापक **पुष्यमित्र शुंग** ने 185 ई. पू. में अन्तिम मौर्य शासक वृहद्रथ की हत्या कर दी थी। शुंग ब्राह्मण थे तथा उज्जैन प्रदेश के निवासी थे।
- सम्भवत: पुष्यमित्र शुंग 'सेनानी' के नाम से शासन करता रहा, क्योंकि पुराण, हर्षचरित तथा मालविकाग्निमित्रम् सभी में पुष्यमित्र के लिए **सेनानी** अर्थात् 'सेनापति' की उपाधि का ही प्रयोग किया गया है। बाणभट्ट के 'हर्षचरित' में पुष्यमित्र को 'अनार्य' कहा गया है।
- धनदेव (पुष्यमित्र का राज्यपाल) के अयोध्या अभिलेख से ज्ञात होता है कि पुष्यमित्र शुंग ने दो अश्वमेध यज्ञ किए।
- इन्हें कराने का श्रेय पतंजलि को है। पतंजलि, पुष्यमित्र के यज्ञ पुरोहित थे, जो उज्जैन के ब्राह्मण थे। इसके समय में भारत पर यवनों का आक्रमण हुआ, जिसे उसने विफल कर दिया।
- **मालविकाग्निमित्रम्** और **गार्गी संहिता** दोनों से यवन आक्रमण की सूचना मिलती है।

- बौद्ध ग्रन्थों (दिव्यावदान) में पुष्यमित्र शुंग को बौद्धों का उत्पीड़क एवं पाटलिपुत्र के कुक्कुटाराम महाविहार को नष्ट करने वाला बताया गया है, परन्तु उसने साँची में दो स्तूपों का निर्माण करवाया तथा अशोक कालीन साँची के महास्तूप की काष्ठ-वेदिका के स्थान पर पाषाण-वेदिका निर्मित करवाई।
- भरहुत स्तूप बनाने का श्रेय पुष्यमित्र शुंग को ही दिया जाता है, जिसकी वेष्टिनी पर **सुगनंरजे** लिखा है। इसकी खोज 1873 ई. में अलेक्जेण्डर कनिंघम ने की थी।
- अग्निमित्र, वसुमित्र, वज्रमित्र, भागभद्र एवं देवभूति क्रमशः पुष्यमित्र शुंग के **उत्तराधिकारी** थे। अग्निमित्र 'मालविकाग्निमित्रम्' का नायक है, जिसमें अग्निमित्र की **अमात्य परिषद्** की भी चर्चा की गई है। कालिदास के अनुसार, अग्निमित्र के पुत्र वसुमित्र ने सिन्धु नदी के तट पर यवनों को पराजित किया था।
- हेलियोडोरस का गरुड़ स्तम्भ हिन्दू धर्म से सम्बन्धित प्रथम स्मारक है। इस काल में भागवत धर्म का उदय हुआ तथा वासुदेव की उपासना प्रारम्भ हुई।
- **देवभूति** इस वंश का अन्तिम शासक था।

कण्व वंश

अन्तिम शुंग शासक देवभूति की हत्या करके उसके अधिकारी **वसुदेव** ने कण्व वंश की नींव रखी। यह भी ब्राह्मण वंश था। इसमें केवल चार शासक ही हुए — वसुदेव, भूमिमित्र, नारायण एवं सुशर्मन। 30 ई. पू. में आन्ध्र भृत्यों (सातवाहन) ने इस वंश को उखाड़ फेंका तथा एक नवीन ब्राह्मण वंश **आन्ध्र-सातवाहन** की नींव रखी। इसके 130 राजाओं की सूची **मत्स्य पुराण** में मिलती है। चौथी सदी में **कालपी नगर** को **वासुदेव** ने बसाया था, जोकि यमुना नदी के तट पर स्थित है।

सातवाहन वंश

- सातवाहन शक्ति ने किसी-न-किसी रूप में लगभग 400 वर्षों तक शासन किया, जो प्राचीन भारत में किसी एक वंश का सर्वाधिक कार्यकाल है। आरम्भिक सातवाहन शासक आन्ध्र प्रदेश में नहीं, बल्कि उत्तरी महाराष्ट्र में थे, जहाँ उनके प्राचीनतम सिक्के एवं अधिकांश आरम्भिक अभिलेख मिले हैं। पुराणों में इन्हें **आन्ध्र भृत्य** कहा गया है।
- प्लिनी ने भी सातवाहनों की चर्चा की है। इस वंश का संस्थापक **सिमुक** (60 ई. पू.-37 ई. पू.) था तथा **प्रतिष्ठान** (आरम्भिक राजधानी अमरावती) इस वंश की राजधानी थी।

शातकर्णी प्रथम

- शातकर्णी प्रथम सातवाहन वंश का पहला महत्त्वपूर्ण शासक था, जिसने 'दक्षिणाधिपति' की उपाधि धारण की। इसकी उपलब्धियों की जानकारी नागानिका (इसकी रानी) के नानाघाट अभिलेख से मिलती है। इस अभिलेख से ही पता चलता है कि इसने पहली शताब्दी ईसवी पूर्व में ब्राह्मणों एवं बौद्धों को भूमि अनुदान में दी, जो **भूमिदान** का पहला अभिलेखीय साक्ष्य है। इसने दो अश्वमेध तथा एक राजसूय यज्ञ का अनुष्ठान किया था। पुराणों में इसे 'कृष्ण का पुत्र' कहा गया है।
- शातकर्णी प्रथम के उत्तराधिकारी 'हाल' ने प्राकृत भाषा में **गाथा सप्तशती** नामक पुस्तक की रचना की, जिसमें उसकी प्रेमगाथाओं का वर्णन है। इसकी राजसभा में 'वृहतकथा' के लेखक **गुणाढ्य** एवं 'कातन्त्र व्याकरण' के लेखक **सर्ववर्मन** निवास करते थे। 'हाल' के सेनापति विजयानन्द ने श्रीलंका को जीता।

गौतमीपुत्र शातकर्णी (106-130 ई.)

- सातवाहन वंश का महानतम शासक गौतमीपुत्र शातकर्णी था। इसकी सैनिक सफलताओं एवं अन्य कार्यों की जानकारी इसकी माता गौतमी बलश्री के नासिक अभिलेख से प्राप्त होती है। नासिक अभिलेख में इसे **एकमात्र ब्राह्मण** एवं **अद्वितीय ब्राह्मण** कहा गया है।
- इसने 'खतियदपमानमदनस' उपाधि धारण की। गौतमी बलश्री के लेखों के अनुसार इसके घोड़ों ने तीनों समुद्रों का पानी पिया था। इसने शक शासक नहपान को पराजित किया था।
- नासिक (जोगलथम्बी) से चाँदी के 8 हजार सिक्के प्राप्त हुए हैं, जिनमें एक ओर नहपान का नाम, तो दूसरी ओर गौतमीपुत्र शातकर्णी का नाम उत्कीर्ण है। वर्ण व्यवस्था को पुनर्स्थापित करने के कारण इसको वर्ण व्यवस्था का संरक्षक कहा जाता है।
- इसने नासिक जिले में 'वेणाकटक' नामक नगर का निर्माण करवाया तथा राजाराज, वेंकटस्वामी विंध्यनरेश की उपाधियाँ ग्रहण कीं। इसने बौद्ध संघ को 'अजकालिकय' तथा कार्ले के भिक्षुसंघ को 'करजक' नामक ग्राम दान में दिए।

वाशिष्ठीपुत्र पुलुमावी (130-159 ई.)

यह गौतमीपुत्र शातकर्णी का उत्तराधिकारी था, जिसे शक शासक रुद्रदामन ने दो बार पराजित करने के बाद भी छोड़ दिया, क्योंकि वाशिष्ठीपुत्र पुलुमावी से रुद्रदामन की पुत्री का विवाह हुआ था। पुलुमावी को **दक्षिणापथेश्वर** भी कहा गया है। टॉलमी के विवरण में इसे **सिरोपोलिमेओस** कहा गया है।

यज्ञश्री शातकर्णी (174-203 ई.)

- यह इस वंश का अन्तिम महान् शासक था, जिसके सिक्के पर नाव का चित्र अंकित है। उसने शकों को पुनः पराजित किया। आन्ध्र प्रदेश के गुण्टूर से उसके शासन काल के 27वें वर्ष का एक लेख मिला है जिससे पता चलता है कि उसने पूर्वी तथा पश्चिमी दमन पर शासन किया था। नासिक एवं कान्हेरी से भी उसके लेख मिले हैं।

नोट सातवाहन वंश की शक्ति क्षीण होने के बाद वाकाटक वंश की स्थापना विन्ध्यशक्ति (255 ई.) द्वारा की गई।

सातवाहन काल की संस्कृति

सातवाहनों की राजकीय भाषा प्राकृत थी। सातवाहन राजपरिवार में महिलाएँ बौद्ध धर्म को प्रश्रय देती थीं, जबकि पुरुष प्रायः वैदिक धर्म का पालन करते थे। सातवाहन काल में महिलाएँ शिक्षित थीं और न ही पर्दा प्रथा थी। स्त्रियाँ भी सम्पत्ति में भागीदार होती थीं। समाज में अन्तर्जातीय विवाह होते थे। मातृसत्तात्मक ढाँचे का आभास मिलता था। भूमिदान का प्रारम्भ सातवाहनों के काल में हुआ था। सातवाहनों ने सर्वप्रथम सीसे की मुद्रा चलाई थी। तीसरी सदी तक साम्राज्य का अन्त हो गया।

चेदि वंश

- कलिंग के चेदि वंश से सम्बन्धित जानकारी का स्रोत इस वंश के महान् शासक खारवेल का हाथीगुम्फा अभिलेख (प्रथम शताब्दी ई. पू.) है। इस अभिलेख से अप्रत्यक्ष रूप से पता चलता है कि चेदि वंश का संस्थापक **महामेघवाहन** नामक व्यक्ति था।
- **खारवेल** इस वंश का महानतम शासक था, जो मगध के शासक वृहस्पतिमित्र के विरुद्ध अभियान कर जैन तीर्थंकर शीतलनाथ की मूर्ति

मगध से लाने में सफल हुआ, जिसको तीन शताब्दी पूर्व मगध के शासक महापद्मनन्द द्वारा कलिंग से ले जाया गया था।

- जैन लोगों को ग्राम दान में दिए जाने का प्रथम उल्लेख हाथीगुम्फा अभिलेख से प्राप्त होता है। इस अभिलेख में दक्षिण के तीन राज्यों—चोल, चेर एवं पाण्ड्यों को उसके द्वारा पराजित किए जाने का उल्लेख है। पाण्ड्य शासक से उसने गधे से हल चलवाया था।
- अभिलेखों में खारवेल को 'राजर्षि' कहा गया है। हाथीगुम्फा अभिलेख पहला प्रशस्ति अभिलेख है। 'महाराज' उपाधि का प्राचीनतम उल्लेख इसी अभिलेख से प्राप्त होता है।

हिन्द-यवन

- मौर्योत्तर काल की एक महत्त्वपूर्ण राजनीतिक घटना बैक्ट्रिया (उत्तरी अफगानिस्तान) के यवनों द्वारा भारत पर आक्रमण करना था। सर्वप्रथम यूनानी आक्रमणकारियों ने हिन्दूकुश पर्वत पार किया। इन्हें इण्डो-ग्रीक, हिन्द-यवन एवं बैक्ट्रियन ग्रीक के नाम से भी जाना जाता है।
- पश्चिमोत्तर क्षेत्र में शासन करने वाले हिन्द-यूनानी द्वारा बनवाए गए सिक्कों से इस वंश के बारे में जानकारी मिलती है। सबसे पहला यवन आक्रमणकारी **डेमेट्रियस प्रथम** था।
- 183 ई. पू. के लगभग इसने पंजाब का एक बड़ा भाग जीत लिया तथा साकल को अपनी राजधानी बनाया।
- डेमेट्रियस ने भारतीय राजाओं की उपाधि धारण की और यूनानी तथा खरोष्ठी दोनों लिपियों वाले सिक्के चलाए।
- इस वंश का सबसे प्रतापी शासक **मिनाण्डर** (160-120 ई.पू.) हुआ, जो बौद्ध साहित्य में 'मिलिन्द' नाम से प्रसिद्ध है। इसने गंगा-यमुना दोआब पर भी आक्रमण किया। पेरिप्लस के अनुसार मिनाण्डर के सिक्के भड़ौच के बाजारों में अधिक चलते थे।
- हिन्द-यवन शासकों ने सर्वप्रथम भारत में लेखयुक्त एवं रूपचित्रांकित सिक्के जारी किए थे।
- कौशाम्बी के पास रेह से इसका एक अभिलेख प्राप्त हुआ है। इसने एक बौद्ध भिक्षु नागसेन के साथ वाद-विवाद किया, जो 'मिलिन्दपन्हो' नामक कृति में संकलित है। इसकी राजधानी साकल (स्यालकोट) शिक्षा और व्यापार का प्रसिद्ध केन्द्र था।
- **सिनकोट का अभिलेख** मिनाण्डर का वर्णन करता है। मिनाण्डर के सिक्कों पर 'धर्मचक्र' प्रतीक विरुद मिलता है। एक अन्य बैक्ट्रियन **यूक्रेटाइड्स** ने भी भारत के कुछ भागों को जीतकर तक्षशिला को अपनी राजधानी बनाया।
- इस वंश का सबसे प्रतापी शासक **एण्टियालकीड्स** था, जिसने हेलियोडोरस को भागभद्र के दरबार में भेजा था। हिन्द-यवन शासकों की वंशावली उनके सिक्कों से ज्ञात होती है।
- सर्वप्रथम हिन्द-यवन शासकों ने ही भारत में सोने के सिक्के चलाए।
- सिक्कों पर पहले यूनानी लिपि तथा बाद में खरोष्ठी एवं ब्राह्मी लिपि का प्रयोग किया।
- इनके चाँदी के सिक्के 'द्रम' कहे जाते थे। मिनाण्डर के सिक्कों पर **धर्मचक्र, हाथी के चित्र** तथा **धार्मिक** शब्द मिलते हैं।
- मिनाण्डर के 16 सिक्के वैराठ (राजस्थान) से मिले हैं। स्ट्रेटो द्वितीय ने सीसे के सिक्के जारी किए तथा शासिका आथोक्लीज के सिक्कों पर संकर्षण एवं वासुदेव अंकित पाए गए हैं। इस समय सर्वप्रथम सैनिक शासन को व्यवहार में लाया गया।

यूनानियों की देन

- राजत्व का दैवीय सिद्धान्त।
- साँचों से सिक्का निर्माण की विधि।
- मुद्राओं पर राजा का नाम, चित्र व तिथि अंकित करने का प्रचलन।
- काल गणना, सम्वत् का प्रयोग, सप्ताह के 7 दिन, 12 राशियाँ, कैलेण्डर वर्ष।
- भारत में ज्योतिष का विकास यूनानी सम्बन्धों के कारण सम्भव हुआ।
- नाटक में प्रयुक्त होने वाला पर्दा यूनानियों की देन है। इसे 'यवनिका' कहा गया।
- उत्तर-पश्चिम भारत में 'हेलोनिस्टिक' कला का विकास।

शक

- शक मूलत: सीरदरया (Jaxartes) के उत्तर में निवास करने वाली जाति थी। सिथियन एवं शक पहलव के नाम से भी जाने जाते हैं। शक बोलन दर्रे के मार्ग से भारत आए। शकों की कुल पाँच शाखाएँ थीं। एक शाखा अफगानिस्तान में बस गई। भारतीय उपमहाद्वीप में तक्षशिला, मथुरा, महाराष्ट्र तथा उज्जैन में शकों की भिन्न-भिन्न शाखाएँ स्थापित हुईं।
- **तक्षशिला** के शक शासकों में माउस (20 ई. पू.-20 ई.) प्रमुख था। पश्चिमोत्तर भारत से उसके अनेक सिक्के प्राप्त हुए हैं। उसकी पहचान तक्षशिला ताम्रपत्र के 'महाराज मोग' से की जाती है। **एजेज** और **एजेलिसेज** इस वंश के अन्य शासक थे। एजेलिसेज के सिक्कों पर भारतीय देवी लक्ष्मी अंकित हैं।
- **मथुरा** के शक पहले मालवा क्षेत्र में रहते थे, जिन्हें 57 ई. पू. में विक्रमादित्य नामक शासक ने पराजित किया था, जिसके कारण वे भागकर मथुरा आ गए थे। मथुरा शाखा का प्रथम शासक राजुल था। इसके बाद शोडास महाक्षत्रप बना। इसके पश्चात् मथुरा पर कुषाणों का शासन हो गया। पश्चिम भारत में महाराष्ट्र का क्षहरात वंश तथा सौराष्ट्र एवं मालवा के शक क्षत्रप (कार्दमक वंश) प्रसिद्ध थे।
- **महाराष्ट्र** के पश्चिमी शक शासकों में क्षहरात वंश के भूमक और नहपान प्रसिद्ध थे। इनमें सबसे प्रसिद्ध शक शासक नहपान था, जिसने महाराष्ट्र के एक बड़े भू-भाग को सातवाहन राजाओं से छीना था। नहपान गौतमीपुत्र शातकर्णी से पराजित हुआ था। इसके सिक्के अजमेर से नासिक तक मिलते हैं। नहपान के समय सोने तथा चाँदी के **कर्षापण** की विनिमय दर 1 : 35 थी।
- **मालवा** अथवा **उज्जैन** के कार्दमक शक शासकों में पहला स्वतन्त्र शासक चष्टन था। **रुद्रदामन** (130-150 ई.) उज्जैन के शकों में सबसे प्रसिद्ध शासक था। इसके विषय में जानकारी का प्रमुख स्रोत संस्कृत का पहला बड़ा अभिलेख (काव्य शैली अभिलेख), जूनागढ़ अभिलेख है। इस अभिलेख से पता चलता है कि इस समय यहाँ का राज्यपाल सुविशाख था, जिसने **सुदर्शन झील** के बाँध का पुनर्निर्माण करवाया।
- जूनागढ़ अभिलेख में रुद्रदामन को **भ्रष्ट-राज- प्रतिष्ठापक** कहा गया है। ऐसा प्रतीत होता है कि उसने पराजित राजाओं के राज्य पुन: वापस कर दिए थे और महाक्षत्रप की उपाधि ग्रहण की थी। रुद्रदामन व्याकरण, राजनीति, संगीत एवं तर्कशास्त्र का विद्वान् था। इस शाखा का अन्तिम शक शासक रुद्रसिंह तृतीय था, जिसने 388 ई. तक शासन किया, जिसे चन्द्रगुप्त द्वितीय (गुप्त राजा) ने हराया। भारत में विक्रमादित्य की उपाधि वाले 14 शासक हुए हैं।
- अन्तिम विक्रमादित्य हेमू, अकबर के समय था। मालवा के एक शासक विक्रमादित्य ने 57 ई. पू. में शकों को पराजित किया था। इसी विक्रमादित्य के नाम पर एक नवीन सम्वत् 'विक्रम सम्वत्' या 'मालव सम्वत्' की नींव पड़ी।

कुषाण

कुषाण मध्य एशिया की **यूची जाति** के थे। यूची एक कबीला था, जो पाँच कुलों में बँट गया था, कुषाण उन्हीं में एक कुल था।

कुजुल कडफिसस

- भारत में सर्वप्रथम कुजुल कडफिसस (15-64 ई.) नामक कुषाण शासक ने आक्रमण कर पश्चिमोत्तर प्रदेश पर अधिकार कर लिया। उसने महाराजा की उपाधि धारण की तथा ताँबे के सिक्के चलवाए।
- कुजुल के सिक्कों के मुखमार्ग पर काबुल के यवन शासक **हर्मियस** का नाम यूनानी लिपि में तथा पृष्ठभाग पर खरोष्ठी लिपि में कुजुल का नाम उत्कीर्ण है।

विम कडफिसस

- विम कडफिसस ने तक्षशिला और पंजाब पर अधिकार कर लिया। यह भारत में कुषाण शक्ति का वास्तविक संस्थापक माना जाता है। विम कडफिसस को **चेन-काओ-चेन** के नाम से जाना जाता है।
- उसने व्यापक पैमाने पर **सोने** और **ताँबे** के सिक्के चलवाए। उसके सिक्कों पर एक ओर यूनानी तथा दूसरी ओर खरोष्ठी लिपि है। उसके सिक्कों पर शिव की आकृति, नन्दी बैल और त्रिशूल आदि अंकित हैं, जो उसके शैव धर्म में आस्था के द्योतक हैं। उसने माहेश्वर उपाधि धारण की।

कनिष्क

- कनिष्क सर्वाधिक विख्यात कुषाण शासक था, जिसने 78 ई. में **शक संवत्** चलाया। वर्तमान में इसे भारत सरकार द्वारा प्रयोग में लाया जाता है। इसकी राजधानी पुरुषपुर (पेशावर) तथा मथुरा थी। कनिष्क का चीन के शासक 'पान-चाओ' से युद्ध हुआ था, जिसमें पहले कनिष्क की पराजय हुई, परन्तु बाद में वह विजयी हुआ।
- कनिष्क के समय में कश्मीर के कुण्डलवन में चतुर्थ बौद्ध संगीति का आयोजन हुआ, जिसमें बौद्ध धर्म हीनयान एवं महायान में विभाजित हो गया। संगीति के अध्यक्ष वसुमित्र तथा उपाध्यक्ष अश्वघोष थे।
- कनिष्क ने पाटलिपुत्र पर आक्रमण कर वहाँ से प्रसिद्ध विद्वान् अश्वघोष, बुद्ध का भिक्षापात्र और एक अनोखा कुक्कुट प्राप्त किया था। कनिष्क ने कश्मीर को जीतकर वहाँ कनिष्कपुर नामक नगर बसाया। इसे **द्वितीय अशोक** भी कहा जाता है। कनिष्क कला एवं संस्कृत साहित्य का महान् संरक्षक भी था।
- इसके समय में गान्धार एवं मथुरा कला शैली का जन्म हुआ। इसके दरबार में पार्श्व, वसुमित्र, अश्वघोष, नागार्जुन तथा चरक विद्यमान थे। आयुर्वेदाचार्य चरक, (तक्षशिला से शिक्षा) कनिष्क का वैद्य था। उसका मन्त्री माथर तथा पुरोहित संघरक्ष था। मथुरा से कनिष्क की एक प्रतिमा मिली है, जिसमें उन्हें घुटने तक चोंगा और पैरों में भारी जूते पहने हुए दिखाया गया है।
- महास्थान (बोगरा) में पाई गई सोने की एक मुद्रा पर कनिष्क की एक खड़ी मूर्ति अंकित है। पेशावर में इसने एक मठ और विशाल स्तूप का निर्माण कराया था।
- पेशावर में स्थित स्तूप एवं विहार की खुदाई के दौरान बुद्ध एवं कनिष्क की मूर्तियाँ प्राप्त हुई हैं।
- कुषाण काल का सबसे महत्त्वपूर्ण स्रोत रबतक अभिलेख है, जो बैक्ट्रियन भाषा तथा ग्रीक लिपि में उत्कीर्ण है। यह अफगानिस्तान के सुर्खकोटाल में अवस्थित 'रबतक' से प्राप्त हुआ है। इस अभिलेख में साकेत, कौशाम्बी, चम्पा तथा पाटलिपुत्र नगरों का उल्लेख हुआ है।

नोट चरक संहिता (संस्कृत) में 120 अध्याय तथा 8 खण्ड हैं, जो आयुर्वेद का एक प्रसिद्ध ग्रन्थ है, जिसमें रोगनाशक तथा रोग निरोधक दवाओं का उल्लेख है।

- कनिष्क के उत्तराधिकारी **हुविष्क** ने कश्मीर में बारामूला के निकट 'हुविष्कपुरा' (हुष्कपुर) नामक नगर की स्थापना करवाई।
- इसके समय कुषाण सत्ता का प्रमुख केन्द्र पेशावर से हटकर मथुरा पहुँच गया।
- कुषाण शासकों ने महाराजाधिराज (भारतीय उपाधि), देवपुत्र (चीनी उपाधि), कैसर (रोमन उपाधि) की उपाधि धारण की।
- उत्तर प्रदेश में मथुरा के पास माट के एक देवस्थान पर कुषाण शासकों की विशालकाय मूर्तियाँ स्थापित की गई थीं।
- कुषाणों ने सर्वाधिक शुद्ध स्वर्ण सिक्के (124 ग्रेन) जारी किए। इन्हें सर्वाधिक ताम्र सिक्के चलाने का श्रेय भी प्राप्त है। भारतीयों के लिए महान **सिल्क मार्ग** कनिष्क ने आरम्भ किया था। कनिष्क के सिक्कों पर बुद्ध का अंकन मिलता है।

शक/कुषाणों की प्रशासनिक व्यवस्था

- शक शासकों ने 'त्रातार' (मुक्तिदाता) की उपाधि ग्रहण की, जबकि कुषाणों ने 'सीजर' उपाधि को अपनाया तथा उसका भारतीयकरण किया। कुषाण **देवपुत्र** की उपाधि धारण करने लगे।
- यह उपाधि चीनियों से ली गई, जो अपने राजा को स्वर्ग का पुत्र कहते थे।
- कुषाण राजाओं ने महाराजाधिराज (भारतीय उपाधि) की गौरवपूर्ण उपाधि धारण की।
- शकों तथा कुषाणों ने इस भावना को बढ़ावा दिया कि राजा देवता का अवतार होता है।
- कुषाणों ने राज्य शासन में क्षत्रप प्रणाली चलाई। रोम के शासकों के समान मृत राजाओं की मूर्तियाँ स्थापित करने के लिए मन्दिर बनवाने की प्रथा (देवकुल) भी प्रारम्भ हुई।
- कुषाणों ने दो आनुवंशिक राजाओं के संयुक्त शासन की परिपाटी भी चलाई व प्रान्तों में द्वैध-शासन की प्रणाली प्रारम्भ की।
- यूनानियों ने सेनानी शासन (मिलिट्री गवर्नरशिप) की शुरुआत की। वे इसके लिए सेनानियों की नियुक्ति करते थे, जो यूनानी भाषा में **स्ट्रेटेगोस** कहलाते थे।

मौर्योत्तरकालीन आर्थिक स्थिति

- मौर्योत्तर काल आर्थिक दृष्टि से प्राचीन भारतीय इतिहास का **स्वर्ण काल** माना जा सकता है। शिल्प एवं वाणिज्य व्यापार की अभूतपूर्व उन्नति, अत्यधिक मात्रा में सिक्कों का प्रचलन, बन्दरगाहों एवं नगर मार्गों का विकास, भूमिदान की **अक्षयनीवी प्रणाली** की शुरुआत की थी। भू-राजस्व का स्थाई दान इस काल की प्रमुख विशेषताएँ हैं।
- इस काल में व्यापार एवं वाणिज्य को उन्नति के प्रमुख कारण थे
  - —नगरीय एवं ग्रामीण क्षेत्रों में नए वर्गों का उदय।
  - —रोम एवं चीन के साथ व्यापारिक सम्बन्धों का विकास एवं **रेशम मार्ग** की खोज।

—**हिप्पालस** (45 ई.) द्वारा पश्चिमी एशिया से भारत आने के लिए मानसूनी समुद्री मार्ग की खोज।

—रोम के साथ व्यापारिक सम्बन्धों के फलस्वरूप दक्षिण-पूर्व एशिया के साथ जुड़ाव।

- कुषाणों ने चीन से ईरान तथा पश्चिम एशिया तक जाने वाले रेशम मार्ग पर नियन्त्रण रखा था। यह मार्ग उनके साम्राज्य से गुजरता था। रेशम मार्ग आय का बहुत बड़ा स्रोत था। ईसा की पहली सदी से व्यापार मुख्यत: समुद्री मार्ग से ही होने लगा, इससे पूर्व अधिकतर व्यापार स्थल मार्ग से होता था।

शिल्प एवं उद्योग

- मौर्योत्तर काल में शिल्पियों का विशेषीकरण हुआ। दीघनिकाय में 24 प्रकार, महावस्तु में 36 प्रकार तथा मिलिन्दपन्हो में 75 प्रकार के व्यवसायों की चर्चा है।
- जातक ग्रन्थों में 18 श्रेणियों का उल्लेख मिलता है। शिल्पी नगर एवं गाँव दोनों जगह बसते थे। इस काल का प्रमुख उद्योग वस्त्र उद्योग था।
- पतंजलि के अनुसार मथुरा में 'शाटक' नामक एक विशेष वस्त्र का उत्पादन होता था।
- उरैयूर एवं अरिकमेडु से ईंटों के बने रंगाई के हौज प्राप्त हुए हैं। मगध वृक्षों के रेशों से बने वस्त्र के लिए प्रसिद्ध था। बंग और पुण्ड्र क्षेत्र के मलमल को गंगई कहा जाता था।
- इस काल में लौह-इस्पात की तकनीक में भारी वृद्धि हुई। आन्ध्र क्षेत्र में **करीमनगर** तथा **नालगोण्डा** जिला लौह-इस्पात का सबसे प्रसिद्ध केन्द्र था। भारतीय लौह-इस्पात का निर्यात पार्थियाई और अबीसीनियाई बन्दरगाहों से होता था।
- **पेरिप्लस ऑफ एरिथियन सी** के अनुसार भारत में निर्मित लौह-इस्पात की वस्तुओं को अरियाका (काठियावाड़) से पूर्वी अफ्रीका भेजा जाता था। भारत ने सीसा ढालने की जानकारी ईसा की प्रथम सदी के आरम्भ में प्राप्त की।
- नालगोण्डा एवं कोण्डापुर से मूर्तियाँ और उनके निर्माण के साँचे सबसे अधिक संख्या में मिले हैं। इस काल में हाथी दाँत के निर्माण का उद्योग भी अधिक विस्तृत था। भारतीय दन्त शिल्प की वस्तुएँ अफगानिस्तान एवं रोम से मिली हैं।
- इस काल में लोहा मगध से, नमक पंजाब से, हीरा कश्मीर, कोसल, विदर्भ और कलिंग से, ताँबा राजस्थान से तथा मसाले दक्षिण भारत से प्राप्त किए जाते थे।
- कुषाण लोग सोना मध्य एशिया के अल्ताई पहाड़ों से प्राप्त करते थे। इस काल में अधिकांश शिल्पी शूद्र जाति के थे।

व्यापार

- इस काल में भारत और रोम के बीच व्यापार विकसित अवस्था में था। व्यापार सन्तुलन भारत के पक्ष में था और रोम से मुख्यत: स्वर्ण मुद्राएँ प्राप्त होती थीं।
- रोमवासी मुख्यत: मसाले का आयात करते थे। काली मिर्च रोम में इतनी प्रसिद्ध थी कि इसे **यवनप्रिय** कहा जाता था।
- इसके अतिरिक्त लोहे की वस्तुएँ विशेषकर बर्तन, मलमल, मोती, कीमती पत्थर, हाथी दाँत और पाकशाला की वस्तुएँ रोम भेजी जाती थीं।
- कुछ ऐसी भी वस्तुएँ थीं, जो चीन और मध्य एशिया से मँगाकर रोम भेजी जाती थीं। भारत चीन से कच्चे रेशम, रेशम के धागे और रेशमी वस्त्र मँगाता था।
- **मौर्योत्तरकालीन प्रमुख बन्दरगाह** सोपारा (पश्चिमी तट), भड़ौच (गुजरात), देवल (सिन्ध), पोलूरा (उड़ीसा तट), चौल, नौरा, टिंडिस, मुजरिस (केरल तट), कोरकई, पुहार/कावेरीपट्टनम, नागपट्टनम (तमिल तट), मसूलीपट्टनम कौण्डेक, साइला एवं निट्रिंग (आन्ध्र तट) थे।

सिक्के

- इस काल में विभिन्न प्रकार के सिक्के प्रचलित थे। सोने के सिक्के निष्क, दीनार, सुवर्ण एवं पल, चाँदी के सिक्के शतमान, ताँबे के सिक्के काकणी कहलाते थे। कर्षापण सोना, चाँदी, ताँबा, राँगा, सीसा आदि सभी धातुओं का होता था।

- हिन्द-यवन शासकों ने सर्वप्रथम सोने के सिक्के चलाए, जिन पर द्विभाषिक लेख होते थे। एक ओर यूनानी भाषा एवं लिपि में तथा दूसरी और प्राकृत भाषा और खरोष्ठी लिपि में। उन्होंने सोने, चाँदी एवं ताँबे के सिक्के चलाए। सोने का सिक्का वजन में 133 ग्रेन का होता था।
- कुषाणों ने सर्वाधिक शुद्ध सोने के सिक्के, जो 124 ग्रेन का होता था जारी किए। कनिष्क के सिक्कों पर बौद्ध, ब्राह्मण एवं ईरानी देवताओं के चित्र मिलते हैं। सातवाहन शासकों ने सर्वप्रथम सीसे के सिक्के जारी किए। इनके सिक्कों पर मछली, जहाज और शंख के चित्र मिलते हैं। वाशिष्ठीपुत्र पुलुमावी के सिक्कों पर दो मस्तूल वाले जहाज व यज्ञ और शातकर्णी के सिक्कों पर नाव का चित्रण अंकित है। यौधेय के सिक्कों पर कार्तिकेय देवता का अंकन है।

सामाजिक स्थिति

- मौर्योत्तर काल में भी परम्परागत चारों वर्ण—ब्राह्मण, क्षत्रिय, वैश्य और शूद्र मौजूद थे, किन्तु शिल्प और वाणिज्य में उन्नति का लाभ शूद्रों को मिला। 200 से 300 ई. पू. के मध्य समाज और धर्म के क्षेत्र में कुछ ऐसे महत्त्वपूर्ण परिवर्तन आए, जिन्होंने परवर्ती हिन्दू समाज का आधार निर्मित कर दिया।
- इस काल में समाज को प्रभावित करने वाले दो महत्त्वपूर्ण कारक थे—भारतीय समाज में बड़ी संख्या में जनजातीय तत्त्वों तथा विदेशी तत्त्वों का आत्मसातीकरण।
- इस काल में एक प्रकार का सामाजिक द्वन्द्व भी उत्पन्न हुआ, जिसकी अभिव्यक्ति समकालीन पुराणों में कलियुग की अवधारणा के रूप में हुई। इसका अर्थ है—निचले वर्ग के लोगों का उच्च वर्ग के लोगों के विरुद्ध विद्रोह।

धार्मिक स्थिति

- इस काल की सामाजिक व्यवस्था का अन्य प्रमुख लक्षण सामाकजक तनाव में वृद्धि तथा वर्ण संकरों की संख्या में विस्तार था। 'मनुस्मृति' जो इस काल की रचना है, में वर्णाश्रम धर्म के नियमों का उल्लेख मिलता है।
- **भक्ति का विकास** इस काल के धर्म की प्रमुख विशेषता है। भक्ति के साथ **अवतारवाद** की परिकल्पना जुड़ गई। पुन: अवतारवाद के साथ मूर्तिपूजा की संकल्पना जुड़ गई।

- भक्ति की अवधारणा ने लगभग सभी समकालीन पन्थों को प्रभावित किया। बौद्ध धर्म के अन्तर्गत महायान शाखा तथा ब्राह्मण पन्थों के अन्तर्गत वैष्णव और शैव भक्ति विकसित हुई।
- कई विदेशी शासक विष्णु के उपासक बन गए। आर्य देवताओं के समानान्तर गैर-आर्य देवता भी स्थापित हो गए; जैसे—गणेश, कुमार कार्तिकेय, मातृदेवी, वृक्ष पूजा, पशु पूजा, सर्प पूजा आदि। ये सभी हिन्दू धर्म के अन्तर्गत देवताओं के रूप में स्वीकृत हो गए।
- मथुरा के समीप मोरा से प्राप्त प्रथम सदी ईसवी के एक लेख में संकर्षण, वासुदेव, प्रद्युम्न, साम्ब व अनिरुद्ध की पूजा का वर्णन मिलता है।

कला एवं संस्कृति

- इस काल में विदेशी राजा भारतीय कला और साहित्य के उत्साही संरक्षक थे। कुषाण शासकों ने विभिन्न शैलियों और देशों में प्रशिक्षित राजमिस्त्रियों और अन्य कारीगरों को एकत्रित किया, जिससे कला की कई नई शैलियाँ विकसित हुईं; जैसे-**गान्धार शैली** (हरित स्तरित चट्टान का प्रयोग) और **मथुरा शैली**।
- भारतीय शिल्पकारों का विशेषकर भारत के पश्चिमोत्तर सीमा प्रान्त में मध्य एशियाई, यूनानी और रोमन शिल्पकारों के साथ सम्पर्क हुआ।
- इससे नई शैली गान्धार कला का विकास हुआ, जिसमें बुद्ध की प्रतिमाएँ यूनान और रोम की मिश्रित शैली में बनाई गईं।
- पूर्वी रोमन शासक जस्टिनियन का योगदान विधि क्षेत्र में था।
- आन्ध्र प्रदेश में नागार्जुनकोण्डा और अमरावती बौद्ध कला के महान केन्द्र थे, जहाँ बुद्ध के जीवन की कथाएँ अनगिनत पट्टों पर चित्रित की गई हैं। इसमें मुख्य रूप से सफेद पत्थर का प्रयोग किया गया है।
- मूर्तिपूजा का प्रारम्भ **कुषाण काल** से माना जाता है। पुरुषपुर (पेशावर) स्थित कनिष्क चैत्य का निर्माण अगिलस ने किया था।

वस्तुनिष्ठ प्रश्न

1. अशोकावदान अशोकावदान में निम्न में से किसका उल्लेख है?
(a) चन्द्रगुप्त मौर्य (b) बिन्दुसार
(c) सम्प्रति (d) पुष्यगुप्त वैश्य

2. शक शासक रूद्रदामन के जूनागढ़ अभिलेख 150 ई. में किसका नाम मिलता है?
(a) चन्द्रगुप्त मौर्य
(b) अशोक
(c) 'a' और 'b' दोनों
(d) सुसीम

3. किस ग्रन्थ में चन्द्रगुप्त को धननन्द का पुत्र बताया गया है?
(a) मुद्राराक्षस (b) देवी चन्द्रगुप्तम्
(c) अर्थशास्त्र (d) इण्डिका

4. किसने चन्द्रगुप्त की सेना को डाकुओं का गिरोह कहा है?
(a) प्लूटार्क (b) मेगास्थनीज
(c) जस्टिन (d) प्लिनी

5. निम्न में से कौन-सा लेखक मौर्यों को निम्न जातीय मानता है?
(a) कर्टिअस (b) डिओडोरस
(c) प्लूटार्क (d) ये सभी

6. महावंश की टीका से ज्ञात होता है कि चाणक्य ने कितने करोड़ कार्षापण इकट्ठा करके सेना को संगठित किया था?
(a) 60 (b) 80 (c) 90 (d) 100

7. निम्नलिखित मौर्यकालीन प्रान्तों एवं उनकी राजधानी में कौन सुमेलित नहीं है?

	प्रान्त	राजधानी
(a)	कलिंग	तोसाली
(b)	प्राची	पाटलिपुत्र
(c)	उत्तरापथ	तक्षशिला
(d)	दक्षिणापथ	उज्जयिनी

8. निम्न में से किसका शासनकाल सही सुमेलित है?
(a) चन्द्रगुप्त मौर्य 322 ई. पू. से 298 ई. पू.
(b) बिन्दुसार 298 ई. पू. से 273 ई. पू.
(c) अशोक 298 ई. पू. से 232 ई. पू.
(d) उपरोक्त सभी

9. बिन्दुसार किस धर्म का अनुयायी था?
(a) बौद्ध (b) जैन
(c) आजीवक (d) ब्राह्मण

10. प्लिनी के अनुसार मिस्र के राजा टालेमी द्वितीय फिलाडेल्फस ने किसे बिन्दुसार के दरबार में अपना राजदूत बनाकर भेजा?
(a) मेगस्थनीज
(b) डाइमेकस
(c) डाइनोसियस
(d) उपरोक्त में से कोई नहीं

11. अर्थशास्त्र के अनुसार ब्याज की दर कितनी थी?
(a) 5% (b) 10%
(c) 15% (d) 20%

12. मौर्यकाल में अधिकांशत: किस धातु के सिक्को का अधिक प्रयोग होता था?
(a) सोना (b) चाँदी
(c) ताँबा (d) सीसा

13. ताँबे के कार्षापण सिक्के का वजन लगभग कितना था?
(a) 140 ग्रेन
(b) 142 ग्रेन
(c) 149 ग्रेन से कुछ अधिक
(d) 152 ग्रेन

14. चाँदी के कार्षापण सिक्के की तौल जिसे पुराण या धरण कहा जाता था कितनी होती थी?
(a) 40 ग्रेन
(b) 42 ग्रेन
(c) 55 ग्रेन
(d) 58 ग्रेन से कुछ अधिक

15. भारत से हाथीदाँत, कछुए की पीठ, मोती, नील आदि रंग और बहुमूल्य लकड़ियों का निर्यात किस देश को होता था?
(a) इंग्लैण्ड (b) चीन
(c) ईरान (d) मिस्र

16. अशोक का कौन-सा स्तम्भ लेख बिहार के चम्पारण जिले में स्थित है?
(a) लौरिया अरराज
(b) लौरिया नन्दनगढ़
(c) रामपुरवा
(d) उपरोक्त सभी

17. नेपाल की तराई में स्थित निग्लीवा या निगालिसागर स्तम्भ लेख से पता चलता है कि अशोक कौन-से वर्ष अपने राज्याभिषेक के लिए यहाँ आया और कनकमुनि के स्तूप का संवर्द्धन किया?
(a) 8वें (b) 9वें (c) 12वें (d) 14वें

18. किसने बिहार के बराबर की पहाड़ी पर सुदामा और कर्ण चौपर गुफा आजीवकों को दान में दी?
(a) चन्द्रगुप्त मौर्य (b) बिन्दुसार
(c) अशोक (d) दशरथ

19. किसने नागार्जुनी पहाड़ी में आजीवक सम्प्रदाय हेतु तीन गुफाएँ गोपी, लोमर्षि एवं वडथिका गुफा का निर्माण कराया?
(a) चन्द्रगुप्त मौर्य (b) बिन्दुसार
(c) अशोक (d) दशरथ

20. स्वतन्त्र रूप से वेश्यावृत्ति करने वाली स्त्रियों को किसने 'रूपाजीवा' कहा है?
(a) कौटिल्य (b) मेगस्थनीज
(c) डाइमेकस (d) इनमें से कोई नहीं

21. किस फारसी व्यक्ति को अशोक ने सौराष्ट्र का प्रशासक बनाया?
(a) जस्टिन (b) प्लूटार्क
(c) डाइमेकस (d) तुशष्प

22. कल्हण की राजतरंगिणी के अनुसार अशोक का प्रिय देव कौन था?
(a) शिव (b) विष्णु
(c) वासुदेव (d) बुद्ध

23. मौर्यकाल में देशज वस्तुओं और आयातित वस्तुओं पर क्रमश: कितना कर लिया जाता था?
(a) 2% और 5% (b) 4% और 6%
(c) 4% और 8% (d) 4% और 10%

24. किसने मौर्य साम्राज्य के पतन का कारण संकटग्रस्त अर्थव्यवस्था को बताया है?
(a) डी.एन. झा
(b) डॉ. आर. भण्डारकर
(c) डी.डी. कौशाम्बी
(d) हेमचन्द्र राय चौधरी

25. सारनाथ में कुमारदेवी के शिलालेख में अशोक का क्या नाम मिलता है?
(a) देवनामप्रिय (b) अशोक
(c) धर्माशोक (d) प्रियदर्शी

26. निम्नलिखित में किसने मात्र अभिलेखों के आधार पर अशोक का इतिहास लिखने का प्रयत्न किया है?
(a) राधाकुमुद मुखर्जी
(b) डॉ. आर. भण्डारकर
(c) डी.डी. कौशाम्बी
(d) पाद्रेटी फैन्थेलर

27. अशोक का एर्रगुडि शिलालेख कहाँ से प्राप्त हुआ है?
(a) ओडिशा का गजाम जिला
(b) उत्तराखण्ड का देहरादून जिला
(c) आन्ध्र प्रदेश का कर्नूल जिला
(d) उड़ीसा (ओडिशा) का पुरी जिला

28. विष्णुपुराण में अशोक के कितने उत्तराधिकारियों का उल्लेख है?
(a) 2 (b) 3 (c) 5 (d) 7

29. सुमेलित करें

सूची I (नाम)	**सूची II** (उपनाम)
A. चन्द्रगुप्त	1. प्रियदर्शी
B. बिन्दुसार	2. सैन्ड्रोकोट्टस
C. अशोक	3. अमित्रघात
D. चाणक्य	4. विष्णुगुप्त

कूट

	A	B	C	D		A	B	C	D
(a)	2	3	4	1	(b)	1	3	2	4
(c)	2	3	1	4	(d)	3	4	1	2

30. नट-नर्तकों और अन्य शिल्पियों आदि से नगर प्रवेश कर क्या कहलाता था?
(a) पण्य संस्था (b) कारुशिल्पगण
(c) द्वारबाहिरिक (d) सूत्र

31. मौर्य सिक्कों पर मुख्यत: किसका अंकन मिलता है?
(a) पहाड़ी (b) अर्द्धचन्द्र
(c) मोर (d) ये सभी

32. निम्नलिखित में कौन-सा सिक्का ताँबे का था?
(a) माषक (b) अर्द्धमाषक
(c) काकणी (d) ये सभी

33. निम्नलिखित में कौन-सा अधिकारी सिक्कों की जाँच करता था, उसे 1/8% शुल्क देना पड़ता था?
(a) सौवर्णिक (b) पण्याध्यक्ष
(c) सीताध्यक्ष (d) रूपदर्शक

34. अर्थशास्त्र में कितने अध्यक्षों के नाम गिनाए गए हैं?
(a) 18 (b) 22 (c) 26 (d) 32

35. निम्नलिखित में से कौन भूमिकर संग्रहकर्ता था?
(a) पण्याध्यक्ष (b) पौतवाध्यक्ष
(c) लक्षणाध्यक्ष (d) ध्रुवाधिकरण

36. चन्द्रगुप्त मौर्य के सन्दर्भ में कौन-सा कथन सत्य है?
(a) मुद्राराक्षस में चन्द्रगुप्त मौर्य के लिए वृषल शब्द का प्रयोग किया है
(b) विलियम जोन्स पहले विद्वान् थे जिन्होंने सेण्ड्रोकोटस की पहचान भारतीय ग्रन्थों में वर्णित चन्द्रगुप्त से की है
(c) चन्द्रगुप्त ने नन्द शासक धननन्द को पराजित कर मौर्य वंश की स्थापना की
(d) उपरोक्त सभी

37. चन्द्रगुप्त मौर्य व सेल्यूकस की सन्धि के सन्दर्भ में कौन-सा कथन सत्य है?
(a) सेल्यूकस ने सन्धि के द्वारा अराकोसिया (कन्धार), पेरोपनिसडाई (काबुल), एरिया (हेरात) तथा जेडोसिया (ब्लूचिस्तान) के प्रान्त दे दिए
(b) अपनी पुत्री हेलेना का विवाह चन्द्रगुप्त से किया
(c) चान्द्रगुप्त ने सेल्यूकस को 500 हाथी भेंट किए
(d) उपरोक्त सभी

38. बिन्दुसार के सन्दर्भ में कौन-सा कथन सत्य है?
(a) वायु पुराण में उसे भद्रसार कहा गया है
(b) चीनी ग्रन्थ फा-युएन-चुलिन में उसे बिन्दुपाल कहा गया है
(c) यूनानी उसे अमित्रोचेड्स, अमित्रोचेट्स या अलिनोचड्स कहते हैं
(d) उपरोक्त सभी

39. बिन्दुसार के सन्दर्भ में कौन-सा कथन सत्य है?
(a) कुछ समय तक चाणक्य इनका प्रधानमन्त्री था बाद में खल्लाटक या राधागुप्त भी इनके प्रधानमन्त्री रहे
(b) पुराणों के अनुसार बिन्दुसार ने 24 वर्ष तक व महावंश के अनुसार 27 वर्ष तक राज्य किया
(c) यूनानी लेखकों का कहना है कि बिन्दुसार आमोद-प्रमोद में ही मस्त रहता था
(d) उपरोक्त सभी

40. मौर्येत्तर काल के प्रमुख ऐतिहासिक स्रोत है
(a) बौद्ध ग्रन्थ
(b) महाभाष्य
(c) वेसनगर लेख
(d) उपरोक्त सभी

41. मौर्य साम्राज्य के पतन के बाद मगध पर किस वंश की स्थापना हुई
(a) शुंग (b) कण्व
(c) सातवाहन (d) वर्द्धन

42. वासुदेव कण्व ने अन्तिम शुंग शासक देवभूति की हत्या करके किस वंश की स्थापना की?
(a) सातवाहन (b) कुषाण
(c) कण्व (d) गुप्त

43. कण्व वंश का अन्तिम शासक कौन था?
(a) वासुदेव (b) सुशर्मा
(c) खारवेल (d) सिमुक

44. सिमुक निम्न वंशों में से किसका संस्थापक था?
(a) चेर (b) चोल
(c) पाण्ड्य (d) सातवाहन

45. निम्न में से कौन-सा स्थान सातवाहनों की राजधानी थी?
(a) प्रतिष्ठान
(b) नागार्जुनकोण्डा
(c) शकल अथवा स्यालकोट
(d) पाटलिपुत्र

46. निम्नलिखित में से कौन-से शासक मातृनामों (माता के नाम से प्राप्त किए गए नाम) से पहचाने जाते थे?
(a) पावा के मल्ल (b) मिथिला के विदेह
(c) यौधेय (d) सातवाहन

47. निम्नलिखित में से कौन-सा शासक वर्णव्यवस्था का रक्षक कहा जाता है?
(a) पुष्यमित्र शुंग (b) खारवेल
(c) गौतमीपुत्र शातकर्णी (d) वासुदेव

48. निम्नलिखित शासकों में से किसके लिए 'एका ब्राह्मण' प्रयुक्त हुआ है?
(a) पुष्यमित्र शुंग
(b) खारवेल
(c) गौतमीपुत्र शातकर्णी
(d) सुशर्मन्‌कलिंग नरेश

49. खारवेल निम्न में से किस वंश से सम्बन्धित थे?
(a) चेदि (b) कदम्ब
(c) कलिंग (d) हर्यंक

50. भारत में सर्वप्रथम स्वर्ण मुद्राएँ किसने चलाईं?
(a) कुषाण (b) इण्डो-बैक्ट्रियन
(c) शक (d) गुप्त

51. विक्रम संवत् कब से प्रारम्भ हुआ?
(a) 75 ई. पू. (b) 57 ई. पू.
(c) 72 ई. पू. (d) 56 ई. पू.

52. बिना बेगार के किस शासक ने सुदर्शन झील का जीर्णोद्धार करवाया था?
(a) चन्द्रगुप्त मौर्य
(b) बिन्दुसार
(c) अशोक
(d) रुद्रदामन प्रथम

53. इनमें से किसने सर्वप्रथम व्यापक पैमाने पर स्वर्णमुद्रा का प्रचलन किया?
(a) पुष्यमित्र शुंग
(b) मिनाण्डर
(c) विम कैडफिसस
(d) गौतमीपुत्र शातकर्णी

54. कार्दमक क्षत्रपों ने निम्नलिखित में से किस धातु में अति दुर्लभ सिक्के प्रचलित किए?
(a) ताम्र (b) रजत
(c) पोटीन (d) स्वर्ण

55. कनिष्ठ के शासनकाल में कौन-सा प्रसिद्ध आयुर्वेद विद्वान रहता था?
(a) पाराशर (b) सुश्रुत
(c) चरक (d) धनवन्तरि

56. निम्नलिखित में से कनिष्क के समकालीन कौन थे?
(a) कंबन, बाणभट्ट अश्वघोष
(b) नागार्जुन, अश्वघोष, वसुमित्र
(c) अश्वघोष, कालिदास, बाणभट्ट
(d) कालिदास, कंबन, वसुमित्र

57. इनमें से किस आयुर्वेदाचार्य ने तक्षशिला विश्वविद्यालय में शिक्षा प्राप्त की थी?
(a) सुश्रुत (b) बाणभट्ट
(c) चरक (d) जीवक

58. कौन-सी कला ग्रीको-बौद्ध कला के नाम से भी जानी जाती है?
(a) गन्धार कला
(b) मथुरा कला
(c) शुंग कला
(d) मधुबनी कला

59. मनुस्मृति में 'एक अविवाहित' और उसके प्रेमी के 'स्वैच्छिक मिलन' के परिणामस्वरूप विवाह किस प्रकार का माना जाता है?
(a) आठवाँ प्रकार (b) पाँचवाँ प्रकार
(c) सातवाँ प्रकार (d) छठा प्रकार

60. मौर्योत्तर काल में व्यापार व वाणिज्य उन्नति के प्रमुख कारण कौन-से थे?
(a) नगरीय व ग्रामीण क्षेत्रों में नए वर्गों का उदय
(b) रोम व चीन के साथ व्यापारिक सम्बन्धों का विकास
(c) पश्चिम एशिया से भारत आने के लिए मानसूनी समुद्री मार्ग की खोज
(d) उपरोक्त सभी

61. मौर्योत्तर काल आन्ध्र क्षेत्र का कौन-सा जिला लौह-इस्पात सबसे प्रसिद्ध केन्द्र था?
(a) करीमनगर (b) नालगोण्डा
(c) 'a' व 'b' दोनों (d) अरिकामेडु

62. मौर्योत्तरकालीन प्रमुख बन्दरगाह कौन-से थे?
(a) सोपारा (पश्चिमी तट)
(b) कावेरीपट्टनम व नागपट्टनम (तमिल तट)
(c) पोलूरा (ओडिशा तट)
(d) उपरोक्त सभी

63. मौर्योत्तर काल में आन्ध्र प्रदेश के कौन-से क्षेत्र बौद्धकला के महान केन्द्र थे?
(a) नागार्जुनकोण्डा
(b) अमरावती
(c) 'a' व 'b' दोनों
(d) करीमनगर

64. भारत में मूर्तिपूजा का प्रारम्भ किस काल से माना जाता है?
(a) शुंगकाल
(b) सातवाहन काल
(c) कुषाण काल
(d) उपरोक्त में से कोई नहीं

सही उत्तर

1. (b)	2. (c)	3. (a)	4. (c)	5. (d)	6. (b)	7. (d)	8. (d)	9. (c)	10. (c)
11. (c)	12. (b)	13. (c)	14. (d)	15. (d)	16. (d)	17. (c)	18. (c)	19. (d)	20. (a)
21. (d)	22. (a)	23. (d)	24. (c)	25. (c)	26. (b)	27. (c)	28. (d)	29. (c)	30. (c)
31. (c)	32. (d)	33. (d)	34. (c)	35. (d)	36. (d)	37. (d)	38. (b)	39. (d)	40. (d)
41. (a)	42. (c)	43. (b)	44. (d)	45. (a)	46. (d)	47. (c)	48. (c)	49. (a)	50. (b)
51. (b)	52. (d)	53. (c)	54. (b)	55. (c)	56. (b)	57. (c)	58. (a)	59. (d)	60. (d)
61. (c)	62. (d)	63. (c)	64. (c)						

अध्याय 08 गुप्त साम्राज्य

गुप्त इतिहास के स्रोत

कुषाण साम्राज्य के विघटन के पश्चात् जिस विकेन्द्रीकरण युग का प्रारम्भ हुआ, वह चतुर्थ शताब्दी ईस्वी के प्रारम्भ तक चलता रहा। गुप्त राजवंश का इतिहास हमें साहित्यिक तथा पुरातत्त्वीय दोनों ही प्रमाणों से ज्ञात होता है। साहित्यिक साधनों में पुराण सर्वप्रथम है।

अभिलेखीय स्रोत

गुप्तकालीन अभिलेखों को दो वर्गों में विभाजित किया जा सकता है—प्रथम निजी अभिलेख तथा द्वितीय राजकीय अभिलेख।

- **निजी अभिलेखों** को मुख्यत: व्यापारी, रानियाँ, धार्मिक संस्थाएँ या व्यक्ति जारी करते थे। इनमें धार्मिक संस्थाओं अथवा मूर्तियों की स्थापना के समय दिए गए अनुदानों का उल्लेख मिलता है। एक निजी अभिलेख में एक व्यक्ति ने कुमारगुप्त प्रथम को सिर्फ 'महाराज' कह कर सम्बोधित किया है, जिससे उसके कम शक्तिशाली होने का पता चलता है।
- **प्रशस्ति**, भूमि अनुदान के अभिलेखीय रूप में है, जिन्हें ताम्र पत्र कहा जाता है। इन ताम्र पत्रों से अनुदानकर्ता एवं अनुदान प्राप्तकर्ता की वंशावली की जानकारी मिलती है।
- महरौली (दिल्ली) के लौह स्तम्भ से एक लेख प्राप्त हुआ है, जो चन्द्रगुप्त द्वितीय की प्रशस्ति है। समुद्रगुप्त की इलाहाबाद प्रशस्ति में उसकी विजयों की जानकारी है। इससे गुप्त साम्राज्य के भौगोलिक विस्तार का पता चलता है।
- कदम्ब वंश के शासक काकुष्ठवर्मन के अभिलेखों से पता चलता है कि उसकी पुत्री का विवाह गुप्त वंश में हुआ था। यशोवर्मन, तोरमाण, मिहिरकुल आदि के अभिलेखों से भी गुप्तों के इतिहास की जानकारी मिलती है।

सिक्के

- कुमारगुप्त प्रथम के सिक्कों से अश्वमेघ करने की जानकारी प्राप्त होती है।
- समुद्रगुप्त के सिक्कों से सैनिक गतिविधियों की जानकारी प्राप्त होती है। एक सिक्के में समुद्रगुप्त को वीणा बजाते हुए दिखाया गया है। चाँदी की एकमात्र मुहर पाई गई है, जो कुमारगुप्त द्वितीय की है। अधिकांश मुहरें वैशाली एवं नालन्दा से प्राप्त हुईं हैं।
- वैशाली से प्राप्त मुहरों में सर्वाधिक प्रसिद्ध चन्द्रगुप्त द्वितीय की पत्नी ध्रुवदेवी या ध्रुवस्वामिनी के सिक्के हैं।
- चन्द्रगुप्त के कुमारदेवी सिक्कों से उनकी राजनीतिक हैसियत की जानकारी प्राप्त होती है।

विदेशी यात्रा का वृत्तान्त

विदेशी यात्री	यात्रा वृत्तान्त
फह्यान	फो-क्यो-की
ह्वेनसांग	सी-यू-की
इत्सिंग	काउ-फा-काओ-सांग-चुन
वांग-हेन-त्से	फा-चुआन चु-लिन
अलबरूनी	तहकीक-ए-हिन्द

साहित्यिक स्रोत

- मौर्य साम्राज्य की जानकारी प्रदान करने के लिए जो स्थान मौर्य कौटिल्य के अर्थशास्त्र को प्राप्त है, वही स्थान कायन्दक के नीति सार को गुप्त साम्राज्य की जानकारी प्रदान करने के लिए प्राप्त है।
- यह चन्द्रगुप्त प्रथम के काल का है, जिससे हमें तत्कालीन राजनीति एवं प्रशासन के बारे में पर्याप्त जानकारी मिलती है।
- गुप्तकाल में अनेक स्मृति ग्रन्थ लिखे गए, जैसे—नारद स्मृति, बृहस्पति स्मृति आदि। इसने न्याय प्रशासन को प्रभावित किया। **कालिदास** द्वारा रचित रघुवंशम, कुमारसम्भव, मालविकाग्नि- मित्रम्, मेघदूतम्, तथा अभिज्ञानशाकुन्तलम् से प्रकृति, प्रेम, समाज, प्रशासन, धर्म और राजनीतिक इतिहास की जानकारी प्राप्त होती है।
- विशाखदत्त के देवीचन्द्रगुप्तम् से शक शासक द्वारा रामगुप्त की पराजय एवं चन्द्रगुप्त द्वितीय द्वारा दोनों की हत्या कर राज्यारोहण तथा ध्रुव देवी (रामगुप्त की पत्नी) से विवाह का वर्णन है।
- **वज्जिक** के कौमुदीमहोत्सव में चन्द्रगुप्त प्रथम की उपलब्धियों का वर्णन है। शूद्रक के मृच्छकटिकम् में चारूदत्त (एक धर्मपरायण ब्राह्मण) एवं वैश्या वसन्त सेना की प्रेम कथा का वर्णन है, जो राजनीतिक जानकारी का भी अच्छा स्रोत है।
- **सोमदेव** की कथासरित्सागर एवं भास की स्वप्नवासवदत्ता में गुप्त शासकों की जानकारी वर्णित है।
- साहित्यिक स्रोतों में विदेशी यात्रियों के विवरण भी काफी महत्त्वपूर्ण है। चीनी यात्री **फाह्यान** चन्द्रगुप्त द्वितीय के समय भारत आया था। उसके बाद **ह्वेनसांग** (हर्ष के काल में) तथा इत्सिंग भी भारत आए, जिन्होंने गुप्तकाल के दौरान बौद्ध धर्म की लोकप्रियता का वर्णन किया है।

धार्मिक साहित्य

रामायण, महाभारत, पुराण, भगवद्गीता तथा विभिन्न स्मृतियाँ अपने वर्तमान रूप में इसी युग में आई थीं। गुप्तकाल में ही याज्ञवल्क्य नारद, कात्यायन एवं बृहस्पति की स्मृतियाँ लिखी गई।

लौकिक साहित्य

लौकिक साहित्य की रचना भी संस्कृत भाषा में ही हुई। समुद्रगुप्त के सन्धि विग्रहिक 'हरिषेण' द्वारा रचित 'प्रयाग प्रशस्ति' संस्कृत भाषा की चम्पू शैली (गद्य और पद्य का मिश्रित रूप) का प्रथम उदाहरण है।

गुप्तकालीन रचनाएँ

शूद्रक	मृच्छकटिकम्
विशाखदत्त	मुद्राराक्षस, देवी चन्द्रगुप्तम्
अमरसिंह	अमरकोश
भास	स्वप्नवासवदत्तम्
वात्स्यायन	कामसूत्र
कामन्दक	नीतिसार
पंचतन्त्र	विष्णु शर्मा
चन्द्रगोमिन	चन्द्र व्याकरण

गुप्त वंश (राजनीति *और* इतिहास)

श्रीगुप्त

- श्रीगुप्त को गुप्त वंश का संस्थापक माना जाता है। यह प्रथम गुप्त राजा था। प्रभावती गुप्त के पूना ताम्रपत्र अभिलेख में 'श्रीगुप्त' को 'आदिराज' कहा गया है।
- श्रीगुप्त का राज्य प्रयाग, साकेत एवं मगध के कुछ भागों पर था। इत्सिंग के अनुसार श्रीगुप्त ने सारनाथ के निकट एक मन्दिर बनवाया था तथा 24 गाँव दान में दिए थे।

घटोत्कच गुप्त

इसने भी 'महाराज' की उपाधि ग्रहण की थी। प्रभावती गुप्त के पूना एवं रिद्धपुर ताम्रपत्र अभिलेखों में घटोत्कच को गुप्त वंश का प्रथम राजा बताया गया है। इसका राज्य मगध के आस-पास तक ही सीमित था।

चन्द्रगुप्त प्रथम

- चन्द्रगुप्त प्रथम गुप्त वंश का तीसरा एवं प्रथम महान् शासक था। इसने 'महाराजाधिराज' की उपाधि धारण की। इसके शासनकाल की प्रमुख ऐतिहासिक घटना लिच्छवियों के साथ वैवाहिक सम्बन्ध की स्थापना थी।
- लिच्छवी राजकुमारी कुमारदेवी से विवाह कर चन्द्रगुप्त प्रथम ने दहेज में वैशाली राज्य प्राप्त किया, जिससे उसकी राजनीतिक प्रतिष्ठा में भी वृद्धि हुई।
- चन्द्रगुप्त को गुप्त सम्वत् का संस्थापक माना जाता है, जिसकी शुरूआत 319-20 ई. को हुई थी। यह सम्वत् उसने अपने राज्यारोहण की स्मृति में प्रारम्भ किया था।

समुद्रगुप्त

- प्रयाग प्रशस्ति से मालूम होता है कि चन्द्रगुप्त प्रथम ने अपने राज्यकाल में ही समुद्रगुप्त को अपना उत्तराधिकारी नियुक्त कर दिया था।
- समुद्रगुप्त ने **धरणिबन्ध** अर्थात् 'सम्पूर्ण पृथ्वी को जीतने वाला की उपाधि' ग्रहण की। हरिसेण द्वारा रचित इलाहाबाद स्तम्भ अभिलेख में समुद्रगुप्त की विजयों का वर्णन किया गया है।
- समुद्रगुप्त ने अशोक की शान्ति एवं आक्रमण की नीति के विपरीत हिंसा एवं आक्रमण की नीति अपनाई। प्रयाग प्रशस्ति उसी स्तम्भ पर खुदा हुआ है जिस पर अशोक का स्तम्भ लेख अंकित है। उसके सिक्कों पर **अश्वमेघ पराक्रमः** खुदा है एवं उसे 'वीणा वादन' करते हुए दिखाया गया है।
- स्कन्दगुप्त के भीतरी अभिलेख में तथा प्रभावती गुप्ता के पूना ताम्र लेख में समुद्रगुप्त को अनेक अश्वमेध यज्ञों को करने वाला कहा गया है। उसने व्याघ्रपराक्रम, परक्रमांक जैसे विरुद धारण किए। चीनी स्रोतों से पता चलता है कि श्रीलंका के राजा मेघवर्मन ने कुछ उपहार भेजकर समुद्रगुप्त से गया में एक बौद्ध मन्दिर बनाने की अनुमति माँगी थी।
- समुद्रगुप्त के साम्राज्य में कश्मीर, पश्चिमी पंजाब, पश्चिमी राजस्थान, सिन्ध एवं गुजरात को छोड़कर समस्त उत्तर भारत सम्मिलित था। उसने पाटलिपुत्र को अपनी राजधानी बनाया। विसेंट स्मिथ ने समुद्रगुप्त को भारत का नेपोलियन कहा है।

समुद्रगुप्त का विजय अभियान

प्रथम चरण आर्यावर्त्त या उत्तरी भारत के नौ शासकों को पराजित किया, जिनमें अहिच्छत्र के अच्युत, चम्पावती के नागसेन, विदिशा के गणपतिनाग प्रमुख थे। इन राज्यों को प्रत्यक्ष रूप से अपने साम्राज्य में मिला लिया।

द्वितीय चरण पंजाब के, गणतन्त्र; जैसे—आर्जुनायन मालव, यौ[illegible]य, माडक, आभीर, काव, खर्परिक तथा सीमावर्ती राज्यों; जैसे—समतट, कामरूप, डव, नेपाल, तथा कतृपुर को,

तृतीय चरण विन्ध्य क्षेत्र के आटविकों राज्यों को।

चतुर्थ चरण में पल्लव राज्य समेत दक्षिण भारत के बारह राज्यों

1. कोसल शासक महेन्द्र
2. महाकान्तर का व्याघ्रराज
3. कौराल का मन्तराज
4. पिष्टपुर का महेन्द्रगिरि
5. कोट्टूर का स्वामीदत्त
6. काँची का विष्णुगोप
7. अवमुक्त का नीलराज
8. वेगी का हस्तिवर्मन
9. पालक्क का उग्रसेन
10. देवराष्ट्र का कुबेर
11. एरण्डपल्ल का राजा दमन
12. कुस्थलपुर का धनंजय, को पराजित किया।

पंचम चरण में उत्तर-पश्चिम भारत के कुछ विदेशी राज्यों को पराजित किया।

रामगुप्त

रामगुप्त एक अयोग्य शासक था। जब शक राजा ने उसे अपनी पत्नी ध्रुवदेवी देने को विवश कर दिया तो उसके छोटे भाई चन्द्रगुप्त द्वितीय ने स्त्री वेश में शकाधिपति की हत्या कर दी एवं बाद में रामगुप्त का वध कर स्वयं सिंहासनारूढ़ हो गया। इतिहास में इसे काँच समस्या के नाम से जाना जाता है।

चन्द्रगुप्त द्वितीय

- समुद्रगुप्त की प्रधान रानी (महिषी) दत्त देवी से उत्पन्न चन्द्रगुप्त द्वितीय 375 ई. के लगभग शासक बना। चन्द्रगुप्त का दूसरा नाम देवराज या देवगुप्त था। उसने विक्रमांक, विक्रमादित्य, परमभागवत आदि उपाधियाँ धारण कीं।
- चन्द्रगुप्त द्वितीय ने तीन राजवंशों से वैवाहिक सम्बन्ध स्थापित किया, वाकाटक, नागावंश एवं कदम्ब राजवंश। नागवंश की राजकुमारी कुबेरनागा से विवाह के उपरान्त प्रभावती गुप्त उत्पन्न हुई, जिसका विवाह उसने वाकाटक वंश के शासक रूद्रसेन द्वितीय से किया। उसने अपने पुत्र कुमारगुप्त प्रथम का विवाह कदम्ब वंश के शासक काकुत्सवर्मन की पुत्री के साथ किया।
- चन्द्रगुप्त की सबसे प्रथम विजय पश्चिमी भारत में शकों पर थी। उसने शक शासक रूद्रसिंह तृतीय को पराजित किया और 'शकारि' एवं 'विक्रमादित्य' का विरूद धारण किया। इस विजय के परिणामस्वरूप पश्चिमी समुद्र तट के प्रसिद्ध बन्दरगाह भृगुकच्छ पर उसका नियन्त्रण स्थापित हो गया। इसी विजय के उपलक्ष्य में उसने चाँदी के विशेष सिक्के जारी किए।
- 'विष्णुपुराण' तथा 'वायुपुराण' से पता चलता है कि चन्द्रगुप्त ने कोसल, पुंड्र (बंगाल) तथा ताम्रलिप्ति तक अपने साम्राज्य का विस्तार किया। दिल्ली में महरौली के कुतुबमीनार के पास खड़े लौह स्तम्भ पर 'चन्द्र' नाम उत्कीर्ण है, जिसे 'चन्द्रगुप्त द्वितीय' माना जाता है। इसके अनुसार पश्चिमी भारत एवं बंगाल के अधिकांश भागों पर उनका आधिपत्य था।
- चन्द्रगुप्त द्वितीय का प्रधान सचिव एवं सन्धिविग्रहिक 'वीर सेन' शैव धर्मावलम्बी था और उसका सेनापति आम्रकदिव बौद्ध था।
- इसी के समय में चीनी बौद्ध यात्री फाह्यान 399 ई. में भारत आया और 414 ई. तक रहा। उसके समय में 'पाटलिपुत्र' एवं 'उज्जयिनी' विद्या के प्रमुख केन्द्र थे।
- 'उज्जयिनी' को उसने अपनी द्वितीय राजधानी बनाया। राजशेखर कृत 'काव्यमीमांसा' के अनुसार उज्जयिनी में कवियों की परीक्षा लेने के लिए एक विद्वानों की परिषद् थी।

कुमार गुप्त

- गुप्त शासकों में सर्वाधिक (18) अभिलेख कुमारगुप्त ने जारी किए। सर्वाधिक स्वर्ण मुद्राएँ भी उसी ने जारी कीं।
- कुमारगुप्त महेन्द्रादित्य को अपने शासन के अन्तिम समय में पुष्यमित्र जातियों के विद्रोह का सामना करना पड़ा। इसकी जानकारी स्कन्दगुप्त के भीतरी अभिलेख से प्राप्त होती है। कुमारगुप्त ने ही 'नालन्दा' **बौद्ध विहार** की स्थापना की थी।

स्कन्दगुप्त

- भीतरी अभिलेख से ज्ञात होता है कि उसके हूणों (म्लेच्छों) के आक्रमण का सामना करना पड़ा, जिसमें वह सफल हुआ।
- जूनागढ़ अभिलेख के अनुसार स्कन्दगुप्त ने गिरनार पर्वत पर स्थित सुदर्शन झील का पुनरुद्धार करवाया। वहाँ से प्रान्तपति पर्णदत्त एवं उसके पुत्र चक्रपालित ने यह काम किया।
- गिरनार में चक्रपलित ने सुदर्शन झील के तट पर विष्णु की मूर्ति स्थापित करवाई थी।

गुप्त कालीन प्रशासन

- गुप्त प्रशासन में राजा को सर्वोच्च स्थान प्राप्त था, जिसे 'धर्म प्रवर्तक' कहा जाता था। गुप्त शासक दैवी उत्पत्ति में विश्वास रखते थे।
- अभिलेखों के अनुसार गुप्त राजाओं ने परमाद्वैत, महाराजाधिराज, पृथ्वीपाल, परमेश्वर, एकाधिराज, चक्रवर्ती जैसी उपाधियाँ धारण कीं। गुप्त युग में रानियाँ भी शासन कार्य में सहयोग देती थी, जिसका प्रमाण कुमारदेवी तथा वाकाटक राज्य पर प्रभावती गुप्त के शासन से मिलता है।

गुप्तकालीन केन्द्रीय अधिकारी तन्त्र

महाप्रतिहार	दरबार के पदाधिकारी
महासेनापति	सेना का मुख्य अधिकारी
महासन्धि विग्राहिक	युद्ध और शान्ति का मन्त्री
दण्डपाशिक	पुलिस विभाग का मुख्य अधिकारी। इस विभाग के साधारण कर्मचारियों को 'चास्ट' एवं 'भास्ट' कहा जाता था।
विनय स्थिति स्थापक	धार्मिक मामलों का प्रमुख अधिकारी।
सर्वाध्यक्ष	राज्य के सभी केन्द्रीय विभागों का प्रमुख अधिकारी।

- राजा को शासन कार्य में सहायता देने के लिए मन्त्रिपरिषद् होती थी। इसको 'प्रयाग प्रशस्ति' में राज्यसभा कहा गया है एवं इसके सदस्यों को 'संभय' कहा गया है।
- मन्त्रियों को सामान्यत: उच्च वर्ण से नियुक्त किया जाता था। किन्तु अन्य जातियों की नियुक्ति का भी प्रमाण मिलता है। यह पद अक्सर आनुवंशिक होता था। कभी-कभी एक ही मन्त्री को एक से अधिक विभाग भी सौंपे जाते थे, जैसे-समुद्रगुप्त के काल में हरिषेण' एक ही साथ कुमारामात्य, सन्धि विग्रहिक एवं महादण्डनायक था। सामान्यत: अधिकारियों को वेतन भूमि अनुदान के रूप में दी जाती थी।
- **कुमारामात्य**—पदाधिकारियों का सर्वश्रेष्ठ वर्ग, इन्हें उच्च पद पर नियुक्त किया जा सकता था। गुप्त साम्राज्य अनेक प्रान्तों में विभक्त था। प्रान्तों को देश, भुक्ति या अवनी कहा जाता था। 'भुक्ति' के अधिकारी को 'उपरिक' कहा जाता था।
- सीमा प्रान्तों के प्रशासक को 'गोप्ता' कहा जाता था। इन पदों पर राजकुमारों या विश्वसनीय व्यक्तियों को ही नियुक्त किया जाता था। इन अधिकारियों की नियुक्ति पाँच वर्षों के लिए की जाती थी।
- गुप्तकाल में प्रान्तों को जिलों में बाँटा जाता था, जिसे 'विषय' कहा जाता था। विषय का प्रधान अधिकारी 'विषयपति' कहलाता था। विषयपति की नियुक्ति 'उपरिक' करते थे। जिला प्रशासन के अन्य सदस्य थे।
- नगर श्रेष्ठि—पूँजीपति वर्ग का नेता, प्रथम कुलिक-शिल्पियों एवं व्यवसायियों का मुखिया, प्रथम कायस्थ-मुख्य लेखक, सार्थवाह-'कारवां' का अध्यक्ष, करवा की सुरक्षा का भार इसी पर रहता था।
- नगर प्रशासन नगरपालिका जैसी संस्था चलाती थी। नगर का प्रधान 'पुरपाल' कहलाता था।
- 'ग्राम' प्रशासन [illegible] सबसे छोटी इकाई थी। इसका प्रशासन 'ग्राम सभा' द्वारा संचालित होता था। ग्राम सभा का मुखिया 'ग्रामिक' कहलाता था एवं इसके सदस्यों को 'महत्तर' कहा जाता था। 'महत्तर' ग्राम के प्रतिष्ठित व्यक्ति होते थे।
- 'सम्राट' देश का सर्वोच्च न्यायाधीश होता था। इसके अतिरिक्त अनेक न्यायाधीश होते थे। पहली बार दीवानी और फौजदारी कानून भली-भाँति परिभाषित एवं पृथक् किए गए।

- सम्पत्ति सम्बन्धी मामले दीवानी कानून एवं चोरी, हत्या जैसे मामले फौजदारी कानून के अन्तर्गत आते थे।
- स्मृति ग्रंथों में दो न्यायिक संस्थाओं का उल्लेख है, जिसमें 'पुग' नगर में रहने वाली विभिन्न जातियों की समिति होती थी तथा 'कुल' समान परिवारों के सदस्यों की समिति होती थी। ये समितियाँ राज्य द्वारा मान्यता प्राप्त थी एवं विवादों का निपटारा करती थी।
- न्यायाधीशों को न्यायाधिकरण, धर्माधिकरण तथा धर्मशासनाधि- करण कहा जाता था।
- सेना का मुख्य अधिकारी 'महाबलाधिकृत' कहलाता था। 'भटाश्पति' अश्व सेना का और महापीलपति गज सेना का प्रधान होता था।
- सैन्य व्यवस्था एवं रसद आदि की व्यवस्था करने वाला अधिकारी 'रणभण्डारिक' कहलाता था।

राजाओं के प्रमुख अधिकारी

हरिषेण	समुद्रगुप्त का सन्धिविग्रहिक एवं महादण्डनायक
वीरसेन	चन्द्रगुप्त ॥ का सन्धिविग्रहिक
शिखरस्वामी	चन्द्रगुप्त ॥ का मन्त्री
पृथ्वीषेण	कुमारगुप्त का मन्त्री
चक्रपालित	स्कन्दगुप्त के मन्त्री
पर्णदत्त	स्कन्दगुप्त के मन्त्री

गुप्तकालीन आर्थिक जीवन

- गुप्त राजाओं का शासनकाल आर्थिक दृष्टि से समृद्धि एवं सम्पन्नता का काल माना जाता है। इस काल में कृषि लोगों का मुख्य व्यवसाय था।
- सैद्धान्तिक तौर पर भूमि का सर्वोच्च अधिकारी 'राजा' माना जाता था, परन्तु व्यावहारिक तौर पर भूमि किसानों की होती थी।
- 'अमरकोश' में भूमि की विशेषताओं के आधार पर इसके 12 प्रकार बताए गए हैं।

गुप्तकालीन राजस्व

- भूमि अभिलेखों को रखने वाला अधिकारी 'महाक्षपटलिक' तथा 'करणिक' कहलाता था।
- व्यवसाय एवं उद्योग का संचालन श्रेणियाँ करती थीं। ये श्रेणियाँ बैंकों का कार्य भी करती थीं।
- मन्दसौर अभिलेख में रेशमी सूत बुनकर तथा इन्दौर लेख में तैलिक श्रेणी का वर्णन मिलता है।
- उज्जैन, भड़ौच, प्रतिष्ठान, विदिशा, प्रयाग, पाटलिपुत्र, ताम्रलिप्ति, मथुरा, कौशाम्बी आदि महत्त्वपूर्ण व्यापारिक नगर थे।
- इन सभी में सबसे महत्त्वपूर्ण उज्जैन नगर था, क्योंकि विभिन्न व्यापारिक मार्ग यहाँ आकर मिलते थे।
- गुप्त राजाओं ने सर्वाधिक मात्रा में सोने के सिक्के जारी किए, परन्तु सर्वाधिक शुद्ध सोने के सिक्के कुषाणों के थे। गुप्तकालीन स्वर्ण मुद्राओं को अभिलेखों में 'दीनार' कहा गया है।
- गुप्तकालीन व्यापारियों की समिति 'निगम' कहलाती थी। निगम का प्रधान श्रेष्ठि होता था। एक स्थान से दूसरे स्थान पर माल ले जाकर व्यापार करने वाले व्यापारी 'सार्थ' कहलाते थे तथा इनका मुखिया 'सार्थवाह' कहलाता था।
- 'पुग' नामक संस्था में सभी सदस्य एक स्थान के रहने वाले होते थे, जबकि उनके व्यवसाय एवं जातियाँ अलग-अलग थी। श्रेणी एक ही प्रकार के व्यवसाय करने वाले सदस्यों की संस्था थी।

गुप्तकालीन राजस्व के मुख्य स्रोत निम्नलिखित थे

- **भाग** भू-राजस्व को 'भाग' कहा जाता था, जो उपज का छठा भाग होता था। यह आय का मुख्य स्रोत था।
- **भोग** भेंट स्वरूप राजा को दिया गया हिस्सा 'भोग' कहलाता था।
- **शुल्क** यह सीमा कर था, जो बिक्री की वस्तुओं पर लगाया जाता था। इसको वसूलने वाला अधिकारी 'शौल्किक' कहलाता था।
- **उपरि कर एवं उद्रंग** यह एक प्रकार का भूमि कर होता था। उद्रंग भी एक अतिरिक्त कर था जो सम्भवत: पुलिस कर था।
- **क्लिप्त एवं उपक्लिप्त** क्रय एवं विक्रय कर।
- **हलिव कर** हल रखने वाले प्रत्येक किसान से लिया जाने वाला कर।
- **भूमिकर** नकद (हिरण्य) और अन्न (मेय) दोनों रूपों में लिया जाता था। विष्टि (बेगार) प्रथा भी प्रचलित थी। भूमिकर संग्रह करने वाले अधिकारी को 'ध्रुवाधिकरण' कहा जाता था।

गुप्तकालीन : समाज *एवं* संस्कृति

सामाजिक जीवन

- गुप्तकाल में चतुर्वर्णी व्यवस्था (यथा-ब्राह्मण, क्षत्रिय, वैश्य, शूद्र) स्थापित थी। ब्राह्मणों को समाज में सर्वोच्च स्थान प्राप्त था। इस समय जाति प्रथा शिथिल थी। जिसका प्रत्यक्ष प्रमाण चारूदत्त नामक ब्राह्मण 'सार्थवाह' था (मृच्छकटिकम के अनुसार) ब्राह्मणों ने अन्य जातियों के व्यवसाय को अपनाना आरम्भ कर दिया था।
- उसे ब्राह्मण का 'आपद्धर्म' कहा गया था। मालवा के शूद्र शासकों की जानकारी भी प्राप्त होती है। ह्वेनसाँग ने क्षत्रियों की कर्म निष्ठा की प्रशंसा की है।
- ह्वेनसांग ने शूद्रों को कृषि कार्य में संलग्न बताया था। गुप्तकाल में शूद्रों को रामायण, महाभारत एवं पुराण सुनने का अधिकार मिल गया।
- गुप्तकाल में अनेक मिश्रित जातियों का उदय हुआ, जैसे—अम्बष्ट, कर्ण, उग्र आदि। एक नवीन जाति 'कायस्थ' का भी उदय हुआ। इनका कार्य लेखाकरण, गणना, आय-व्यय और भूमि कर से सम्बन्धित था।
- कायस्थों को प्रथम उल्लेख 'याज्ञवल्क्य स्मृति' में मिलता है। गुप्तकाल में दास प्रथा प्रचलित थी। नारद ने सर्वाधिक 15 प्रकार के दासों का वर्णन किया है।
- गुप्तकाल में स्त्रियों की स्थिति में गिरावट आयी। समाज पितृप्रधान था तथा स्त्री को सम्पत्ति समझा जाता था। पति के मरने पर पत्नि को सती होने के लिए प्रेरित किया जाता था।
- सती होने का प्रथम प्रमाण 510 ई. के नानगुप्त के 'एरण अभिलेख' से प्राप्त होता है, जिसमें उसके सेनापति (गोपराज) की मृत्यु पर उसकी पत्नी के सती होने का उल्लेख है।
- फाह्यान और ह्वेनसांग के अनुसार समाज में पर्दा प्रथा का प्रचलन नहीं था। नारद और पाराशर स्मृति में विधवा विवाह के प्रति समर्थन प्रकट किया गया।
- समाज में गणिकाओं और देवदासियों का भी एक वर्ग था।

- कामसूत्र और मुद्राराक्षस में गणिकाओं, वेश्याओं का और मेघदूत में उज्जयिनी के महाकाल मन्दिर में देवदासियों के रहने का वर्णन मिलता है। गुप्तकालीन समाज की एक मुख्य विशेषता थी कि इसमें समाज से बाहर रहने वाले तत्त्वों को समाहित करने की क्षमता थी।

धार्मिक जीवन

- गुप्त राजाओं के शासनकाल में ब्राह्मण धर्म की उन्नति हुई। गुप्त शासक मुख्यत: वैष्णव धर्म के अनुयायी थे और उनका राजकीय चिह्न 'गरुड़' था।
- चन्द्रगुप्त द्वितीय एवं समुद्रगुप्त ने विष्णु की आकृति के सिक्के जारी किए। अनेक गुप्त राजाओं ने 'परम भागवत' (चन्द्रगुप्त द्वितीय) की उपाधि धारण की।
- गुप्त शासक धर्म सहिष्णु थे। चन्द्रगुप्त विक्रमादित्य का सेनापति वीरसेन प्रकांड शैव विद्वान् था।
- शिव के अर्द्धनारीश्वर रूप की कल्पना एवं शिव और पार्वती की मूर्तियों का एक साथ निर्माण इसी काल में आरम्भ हुआ। शैव एवं वैष्णव धर्म के समन्वय के फलस्वरूप 'हरिहर' की मूर्तियों का निर्माण भी इसी युग में आरम्भ हुआ।
- त्रिमूर्ति के रूप में ब्रह्मा को (सर्जक), विष्णु (पालक), एवं महेश (संहारक) की पूजा आरम्भ हुई।
- गुप्त शासकों ने बौद्ध धर्म को राजकीय संरक्षण नहीं प्रदान किया, परन्तु फाह्यान एवं ह्वेनसांग के विवरणों के अनुसार इस समय बौद्ध धर्म उन्नत अवस्था में था।
- समुद्रगुप्त ने अपने पुत्र की शिक्षा का भार वसुबन्धु को सौंपा था। साँची लेख के अनुसार चन्द्रगुप्त द्वितीय ने आम्रक द्रव (बौद्ध) को राज्य में उच्च पद पर नियुक्त किया था।
- गुप्तकाल में जैन धर्म का भी विकास हुआ। गुप्तों के समय जैन धर्म मगध से लेकर कलिंग, मथुरा, उदयगिरी, तमिल देश तक फैला था। गुप्त काल में ही मथुरा और वल्लभी में जैन सभाएँ आयोजित की गई। ये दोनों स्थान श्वेताम्बर जैन धर्म के केन्द्र थे।
- सांख्य, योग, न्याय, वैशेषिक, पूर्व-मीमांसा एवं उत्तर-मीमांसा (षड्दर्शन) की रचना गुप्तकाल में ही हुई।

कला *एवं* साहित्य

- गुप्तकाल में ही नागर एवं द्रविड़ शैली (मन्दिर निर्माण शैली) का विकास हुआ। गुप्तों के मन्दिर नागर शैली में बनाए जाते थे। मन्दिर एक ऊँचे चबूतरे पर बनाया जाता था।
- चबूतरे पर चढ़ने के लिए चारों ओर सीढ़ियाँ बनाई जाती थीं। देवता गर्भगृह में स्थापित होते थे।
- गर्भगृह के चारों ओर प्रदक्षिणा पथ होता था। मन्दिरों के पार्श्व में गंगा, यमुना, शंख एवं पदय की आकृतियाँ बनी होती थीं।
- मन्दिर मुख्यत: ईंटों एवं पत्थरों से बनाए जाते थे। देवगढ़ (झाँसी) का दशावतार मन्दिर ईंट निर्मित मन्दिरों में सर्वोत्तम है।
- भीतर गाँव (कानपुर) का मन्दिर भी ईंट निर्मित है। गुफा मन्दिरों में अजन्ता तथा एलोरा (महाराष्ट्र), बाघ (मध्य प्रदेश) तथा उदयगिरि (ओडिशा) प्रमुख हैं। सर्वोत्तम स्तूप सारनाथ (उत्तर प्रदेश), रत्नागिरि (ओडिशा) तथा मिपुर खान (सिंध) में पाए जाते हैं।
- गुप्तकालीन कला का सर्वोत्तम पक्ष मूर्तिकला था। मूर्तिकला मुख्यत: धर्म से सम्बन्धित थी। गुप्तकालीन मूर्तिकला में कुषाणकालीन नग्नता एवं कामुकता का अभाव था।
- **सारनाथ** से प्राप्त बैठे हुए बुद्ध की मूर्ति, मथुरा से खड़े बुद्ध की मूर्ति, सुल्तानगंज से काँसे की बुद्ध मूर्ति, उदयगिरि से वाराह मूर्ति (विष्णु की मूर्ति), दशावतार मन्दिर में शेष शय्या पर लेटे विष्णु की मूर्ति आदि मूर्तिकला के सर्वोत्तम उदाहरण प्रस्तुत करते हैं।
- गुप्तकाल में चित्रकला अपने शिखर पर पहुँच चुकी थी। महाराष्ट्र के औरंगाबाद जिले में स्थित अजन्ता की गुफाएँ तथा मध्य प्रदेश में ग्वालियर स्थित बाघ की गुफाएँ चित्रकला का सर्वोत्तम उदाहरण प्रस्तुत करती हैं।

गुप्तोत्तर काल

पुष्यभूति वंश

- छठी सदी के उत्तरार्द्ध एवं सातवीं सदी के पूर्वार्द्ध में थानेश्वर (हरियाणा) में वर्द्धन या पुष्यभूति वंश नाम से राजनीतिक शक्ति का उद्भव हुआ। इस वंश का संस्थापक **पुष्यभूति** तथा सर्वाधिक महान् शासक **हर्षवर्द्धन** था। ये सम्भवत: गुप्तों के अधीनस्थ सामन्त या अधिकारी थे। हर्षवर्द्धन के मधुबन, बाँसखेड़ा, सोनीपत तथा नालन्दा से प्राप्त अभिलेख इस वंश की जानकारी के महत्त्वपूर्ण स्रोत हैं।
- बाणभट्ट एवं ह्वेनसांग के विवरण से भी हर्षकालीन भारत के राजनीतिक-सामाजिक जीवन की महत्त्वपूर्ण जानकारी प्राप्त होती है। अभिलेखों में पुष्यभूति का नाम नहीं मिलता है, लेकिन हर्ष के पूर्व के चार शासकों—नरवर्द्धन, राज्यवर्द्धन, आदित्यवर्द्धन एवं प्रभाकरवर्द्धन के नामों का उल्लेख मिलता है।
- वर्द्धन वंश की शक्ति और प्रतिष्ठा का संस्थापक **प्रभाकरवर्द्धन** था। उसकी उपाधियों परमभट्टारक और महाराजाधिराज से स्पष्ट होता है कि वह एक सार्वभौम और शक्तिशाली राजा था।
- 'हर्षचरित' में प्रभाकरवर्द्धन को **हूण हरिण केसरी** कहा गया है। इसकी प्रधान रानी यशोमती थी। अपनी स्थिति सुदृढ़ करने के लिए इसने मौखरि वंश के शासक ग्रहवर्मा के साथ अपनी पुत्री 'राज्यश्री' का विवाह किया।
- प्रभाकरवर्द्धन के पश्चात् **राज्यवर्द्धन** शासक बना। इसके समय कन्नौज (राजधानी) में मौखरि शासक ग्रहवर्मा की हत्या मालवराज देवगुप्त ने की। अपनी बहन राज्यश्री को बचाने के प्रयास में राज्यवर्द्धन की मालवराज देवगुप्त एवं गौड़ शासक शशांक द्वारा मिलकर हत्या कर दी गई तथा राज्यश्री को कन्नौज में बन्दी बना लिया गया।

हर्षवर्द्धन

- हर्षवर्द्धन (606-647 ई.) विकट परिस्थिति में थानेश्वर का राजा बना। मालवा के शासक देवगुप्त ने बंगाल के शासक शशांक के साथ मिलकर कन्नौज के शासक तथा हर्षवर्द्धन की बहन राज्यश्री के पति ग्रहवर्मा की हत्या कर दी थी तथा राज्यश्री को कारागार में डाल दिया था। इसका बदला लेने तथा राज्यश्री को मुक्त कराने के लिए गए हर्ष के बड़े भाई तथा थानेश्वर के शासक राज्यवर्द्धन की भी शशांक ने धोखे से हत्या कर दी। इस विकट स्थिति में हर्ष ने राज्यभार सम्भाला तथा राज्यश्री को मुक्त कराने के लिए चल दिया।

- आचार्य दिवाकरमित्र की सहायता से इसने राज्यश्री को खोज निकाला और सती होने से बचाया। हर्ष उसे वापस कन्नौज (महोदया) लाया। कन्नौज के मन्त्रियों एवं राज्यश्री की सहमति से हर्ष कन्नौज का भी शासक बन गया। हर्ष ने राजधानी थानेश्वर से कन्नौज स्थानान्तरित की। हर्ष ने गौड़ शासक शशांक को पराजित किया। कामरूप के शासक भास्करवर्मन और मगध के शासक माधवगुप्त से इसने मित्रता स्थापित कर ली।
- नर्मदा नदी के किनारे हर्ष और चालुक्य शासक पुलकेशिन द्वितीय के बीच 634 ई. में संघर्ष हुआ था।
- ह्वेनसांग के विवरण और ऐहोल अभिलेख से ज्ञात होता है कि इस युद्ध में सम्भवत: हर्ष की हार हुई थी, परन्तु बाण ने हर्ष की पराजय का उल्लेख नहीं किया है।
- हर्ष ने कश्मीर पर आक्रमण कर वहाँ से गौतम बुद्ध का दाँत लाकर कन्नौज के निकट एक संघाराम में स्थापित किया था।
- **बाणभट्ट** एवं **ह्वेनसांग** दोनों कश्मीर और नेपाल पर हर्ष के आधिपत्य को स्वीकार करते हैं। हर्ष के साम्राज्य में उत्तर प्रदेश, बिहार, बंगाल, असम और उड़ीसा के अतिरिक्त कश्मीर, पंजाब, पश्चिमोत्तर के राज्य एवं नेपाल शामिल थे।
- ह्वेनसांग मालवा, वल्लभी, गुर्जर तथा सिन्ध पर भी हर्ष के आधिपत्य की पुष्टि करता है। चीन के साथ भी हर्ष ने मैत्रीपूर्ण सम्बन्ध स्थापित किए तथा 641 ई. में अपना राजदूत चीन भेजा। चीन से दो मिशन 641 ई. में लियांग-होई-किंग के नेतृत्व में तथा 643 ई. में लि-यि-प्यिओ के नेतृत्व में भारत आए।

ह्वेनसांग-यात्रा विवरण

- चीनी यात्री ह्वेनसांग नालन्दा महाविहार में पढ़ने के लिए और भारत से बौद्ध ग्रन्थों को ले जाने के लिए 630 ई. में स्थल मार्ग से भारत आया। ह्वेनसांग के भारत आगमन के समय चीन का शासक ताई-शुंग था। भारत से वह 645 ई. में चीन लौट गया। इस अवधि में उसने हर्ष के दरबार में कई वर्ष बिताए और भारत के प्रमुख नगरों, बौद्ध केन्द्रों, स्तूपों और महाविहारों का भ्रमण किया। भारत को वह यिन तु कहकर पुकारता था। चीन लौटकर उसने 'पाश्चात्य संसार के लेख' (सी-यू-की) नामक पुस्तक में भारत के सन्दर्भ में विस्तृत विवरण दिया। ह्वेनसांग की जीवनी उसके सहयोगी ह्वी-ली ने लिखी है।
- थानेश्वर में उसने जयगुप्त नामक बौद्ध विद्वान् से शिक्षा प्राप्त की। 637 ई. में वह नालन्दा पहुँचा, उस समय नालन्दा विश्वविद्यालय के आचार्य शीलभद्र थे। वल्लभी के शासक ध्रुवसेन को वह हर्ष का दामाद तथा सिन्ध के राजा को शूद्र बताता है। उसने कन्नौज की धर्मसभा तथा प्रयाग की छठी महामोक्ष परिषद् में भाग लिया। ह्वेनसांग के अनुसार हर्ष समस्त भारत का स्वामी था, जो प्रजा के हित में शासन करता था। ह्वेनसाँग ने हर्ष को शीलादित्य कहा था।
- ह्वेनसांग के अनुसार ब्राह्मण धर्म अनेक शाखाओं में विभक्त था। बालकों की शिक्षा सात वर्ष की आयु से प्रारम्भ होती थी। बौद्ध विहारों के अतिरिक्त गुरुकुलों में भी शिक्षा दी जाती थी। उसके अनुसार वर्णमाला में 47 अक्षर होते थे। शिक्षा का विश्वविख्यात केन्द्र नालन्दा महाविहार था, जहाँ चीन, जापान, तिब्बत, श्रीलंका इत्यादि जगहों से विद्वान् अध्ययन के लिए आते थे। नालन्दा विश्वविद्यालय का भरण-पोषण 100 गाँवों के राजस्व से होता था। वल्लभी शिक्षा का दूसरा विख्यात केन्द्र था।

प्रशासनिक व्यवस्था

- हर्ष ने गुप्तों द्वारा स्थापित मूल प्रशासनिक व्यवस्था को बनाए रखने के साथ इसमें संशोधन एवं परिवर्तन भी किया। राजतन्त्रात्मक व्यवस्था के अनुकूल हर्ष राज्य और शासन का प्रधान था। ह्वेनसांग के अनुसार, हर्ष का समस्त दिन तीन भागों में विभक्त था—दिन का एक भाग प्रशासनिक कार्यों के लिए तथा अन्य दो भाग धार्मिक या जनहित के कार्यों के लिए।
- हर्ष का साम्राज्य सामन्ती संगठन पर आधारित था, जो हर्ष की उपाधियों परमभट्टारक, महाराजाधिराज, सकलोत्तरात्थेश्वर, चक्रवर्ती, सार्वभौम परमेश्वर, परम माहेश्वर आदि से स्पष्ट हो जाता है। अधीनस्थ शासक कर प्रदान करते थे, सैनिक सहायता करते थे एवं राजदरबार में उपस्थित होते थे। हर्ष उन्हें सुरक्षा एवं प्रशासनिक छूट देता था।
- हर्ष के अधीनस्थ शासकों में वल्लभी का ध्रुवसेन द्वितीय, कामरूप का भास्करवर्मन, मगध का पूर्णवर्मन, जालन्धर का उदित और उत्तर-गुप्त शासक माधवगुप्त प्रमुख थे।

केन्द्रीय एवं प्रान्तीय प्रशासन

- हर्ष का प्रशासन पूर्व की अपेक्षा अधिक सामन्तिक और विकेन्द्रीकृत था। इसने पदाधिकारियों को शासन-पत्र द्वारा जमीन देने की प्रथा चलाई। ह्वेनसाँग के अनुसार, हर्षवर्द्धन एक मन्त्रिपरिषद् की सहायता से प्रशासन चलाता था, जिसकी निश्चित संख्या तो ज्ञात नहीं थी, परन्तु इसमें सामन्तों, विभागीय प्रधानों और राजा के सलाहकारों को स्थान दिया गया था। **नागानन्द** में प्रधान अमात्य तथा 'रत्नावली' में प्रधानमन्त्री और अन्य मन्त्रियों का उल्लेख है।
- हर्ष के अभिलेखों और हर्षचरित में सन्धिविग्राहक (युद्ध एवं शान्ति का मन्त्री), महाबलाधिकृत (सेनापति), कटुक, पात्ती एवं चट्ट-भट्ट (पुलिस से सम्बन्धित) जैसे अधिकारियों का उल्लेख है। इनके अतिरिक्त राजस्थानीय (प्रादेशिक शासक), कुमारामात्य (राजवंश से सम्बद्ध अधिकारी), दूत और यमचेट्टी (स्त्रियों का संरक्षक) भी थे। **उपरिक** राज्यादेश तैयार करता था।
- हर्ष के सीधे नियन्त्रण वाले क्षेत्र को प्रशासनिक सुविधा के उद्देश्य से प्रान्तों में बाँटा गया था, जो 'भुक्ति' या 'देश' कहलाता था। इसका शासक सम्राट द्वारा नियुक्त होता था, जो उपरिक महाराज, आयुक्त, गोप्ता, भोगपति एवं राष्ट्रीय नामों से जाना जाता था।
- भुक्ति से छोटी इकाई 'विषय' थी, जिस पर विषयपति शासन करता था तथा विषय, पथक् में विभक्त थे। पथक् में अनेक ग्राम होते थे। ग्राम-प्रशासन का प्रधान महत्तर होता था।

सैन्य व्यवस्था

- ह्वेनसांग हर्ष की सेना को **चतुरंगिणी** कहता है, जिसमें पैदल, घुड़सवार, रथ और हाथी की टुकड़ियाँ थीं। बाणभट्ट के अनुसार हर्ष का मन्त्री 'भण्डी' राजा के साथ सैनिक अभियानों में भाग लेता था।
- भण्डी के अतिरिक्त अवन्ती (युद्ध और शान्ति का मन्त्री), सिंहनाद (सेना का प्रधान) तथा कुन्तल (घुड़सवार सेना का प्रधान) का भी उल्लेख मिलता है। हर्ष के **जलबेड़े** का उल्लेख मधुबन और बाँसखेड़ा अभिलेखों में हुआ है। सेना का सर्वोच्च पदाधिकारी महाबलाधिकृत होता था। **कटुक** गजसेना का प्रधान होता था। स्कन्दगुप्त इसी पद पर था।

न्याय व्यवस्था

ह्वेनसांग के अनुसार राज्य में अपराध कम होते थे तथा अपराधियों को कड़ी सजा दी जाती थी। अपराधियों की जाँच के लिए अग्नि, जल, विष, तुला परीक्षा की व्यवस्था की गई थी। यद्यपि सम्राट ही न्याय व्यवस्था का सर्वोच्च अधिकारी था, तथापि कानून व्यवस्था से सम्बद्ध अनेक अधिकारियों का उल्लेख मिलता है, जिनमें महापरमात्र, परमात्री, दण्डिक, दण्डपाशिक, चौरोद्धरणिक आदि प्रमुख थे।

आर्थिक स्थिति

- राज्य को सर्वाधिक आय भूमि से प्राप्त होती थी, जिनमें उद्रंग, उपरिकर, धान्य और हिरण्य सबसे अधिक महत्त्वपूर्ण हैं। तुल्यमेय, भाग, भोग, भूतवात इत्यादि अन्य कर भी थे। **भोगिक** कर वसूलने वाला तथा **पुस्तपाल** जमीन का हिसाब रखने वाला पदाधिकारी था। उपज का 1/6 **भाग** राजस्व के रूप में वसूल किया जाता था। वन भी राजकीय आय के महत्त्वपूर्ण स्रोत थे।
- वनपाल वनों की सुरक्षा करता था। हर्षचरित में आदिवासी कृषकों का उल्लेख है। ह्वेनसांग के अनुसार हर्ष की राजकीय आय चार भागों में बाँटी जाती थी—1. राजकीय खर्च के लिए 2. विद्वानों के लिए 3. पदाधिकारियों एवं अमलों के बन्दोबस्त के लिए एवं 4. धार्मिक कार्यों के लिए।
- व्यापारिक मार्गों (नौ घाटों) तथा नावों से की जाने वाली बिक्री पर कर देना होता था, जो राज्य की आय का एक प्रमुख स्रोत था। मथुरा इस समय सूती कपड़ों के लिए प्रसिद्ध था।

धार्मिक एवं कलात्मक दृष्टिकोण

- हर्ष एक धार्मिक सहिष्णु शासक था। प्रारम्भ में वह शैव था, बाद में वह बौद्ध धर्म का महान् सम्पोषक हो गया। महायान सिद्धान्तों के प्रचार के लिए उसने कन्नौज एवं प्रयाग में महासम्मेलन बुलाया था। प्रत्येक पाँचवें वर्ष वह प्रयाग में **महामोक्ष परिषद्** का आयोजन कराता था, जिसमें बुद्ध, सूर्य और शिव की पूजा होती थी।
- हर्ष ने **प्रियदर्शिका**, **नागानन्द** एवं **रत्नावली** नामक तीन नाटक लिखे। बाणभट्ट ने 'कादम्बरी', 'हर्षचरित', 'पार्वतीपरिणय' और 'चण्डीशतक' की रचना की। बाण के अतिरिक्त मयूर जयसेन और मातंग दिवाकर भी हर्ष के दरबारी थे। **कुम्भमेला** प्रारम्भ करने का श्रेय हर्षवर्द्धन को दिया जाता है।

मौखरि वंश

- गुप्तोत्तर काल में उत्तर भारत की राजनीति में महत्त्वपूर्ण भूमिका निभाने वाली शक्तियों में मौखरियों का प्रमुख स्थान था। इनकी शक्ति का केन्द्र **कन्नौज** या कान्यकुब्ज था। पतंजलि के 'महाभाष्य' में मौखरि का उल्लेख एक 'गोत्र' के रूप में हुआ है। बराबर और नागार्जुनी गुफाओं से प्राप्त अभिलेखों में मौखरियों के तीन आरम्भिक शासकों-यज्ञवर्मा, शार्दूलवर्मा तथा अनन्तवर्मा का वर्णन मिलता है।
- ये आरम्भिक शासक गुप्तों के अधीनस्थ शासक या सामन्त थे। नालन्दा अभिलेख में सात राजाओं की सूची दी गई है, जिनमें से प्रथम तीन राजाओं **हरिवर्मा**, **आदित्यवर्मा** और **ईश्वरवर्मा** को महाराज की उपाधि से विभूषित किया गया है। बाद के तीन राजाओं ईशानवर्मन, सर्ववर्मन, अवन्तिवर्मन को महाराजाधिराज की उपाधि दी गई है। ग्रहवर्मन इस वंश का अन्तिम शासक था।

मगध के उत्तर-गुप्त

- उत्तर-गुप्त शासक भी मौखरियों की ही भाँति गुप्तों के अधीनस्थ सामन्त थे। इस वंश का संस्थापक कृष्णगुप्त को माना जाता है। बिहार के मगध क्षेत्र से प्राप्त दो अभिलेखों-**अफसढ़ अभिलेख** और **देवबरनार्क अभिलेख** में उत्तर-गुप्त शासकों की सूची दी गई है।
- अफसढ़ अभिलेख में आठ राजाओं-कृष्णगुप्त, हर्षगुप्त, जीवितगुप्त, कुमारगुप्त, दामोदरगुप्त, महासेनगुप्त, माधवगुप्त तथा आदित्यसेन का उल्लेख है।
- देवबर्नाक अभिलेख में तीन राजाओं-देवगुप्त, विष्णुगुप्त तथा जीवितगुप्त द्वितीय की सूची है। इस अभिलेख में वर्णित देवगुप्त की पहचान हर्षवर्द्धन के समकालीन मालवा के उत्तर-गुप्त शासक से की जाती है। उत्तर-गुप्तों के मौखरि, वर्द्धन और गौड़ के साथ मैत्री एवं युद्ध के सम्बन्ध रहे थे।

गौड़ वंश

- गुप्तोत्तर काल में पूर्व में (बंगाल) गौड़ राज्य का उदय हुआ। यहाँ का शासक शशांक हर्षवर्द्धन का समकालीन था।
- गौड़ का एक स्वतन्त्र राजनीतिक इकाई के रूप में सर्वप्रथम उल्लेख **हड़हा** अभिलेख में मिलता है। शशांक ने गौड़ की राजधानी **कर्ण सुवर्ण** में स्थापित की।
- शशांक के कुछ स्वर्ण सिक्के मिले हैं, जिन पर गजलक्ष्मी का चित्र अंकित है। ह्वेनसाँग, बाणभट्ट तथा बौद्ध ग्रन्थ 'आर्यमंजूश्रीमूलकल्प' इसका उल्लेख करते हैं।
- 619-20 ई. में शशांक की मृत्यु के बाद हर्ष ने गौड़ को पराजित किया। शशांक शैव मतावलम्बी था। ह्वेनसांग के अनुसार इसने बोधगया के विहार और बोधिवृक्ष को नष्ट कर दिया था।

वल्लभी के मैत्रक

- गुप्त शासक बुद्धगुप्त के शासनकाल में मैत्रक सरदार **भट्टारक** ने अपनी स्वतन्त्र सत्ता स्थापित कर ली, जो गुप्तों का अधीनस्थ प्रशासक या सामन्त था।
- उसने अपनी राजधानी **वल्लभी** में स्थापित की। मैत्रकों का पहला तिथियुक्त अभिलेख 526 ई. का है, जिसमें ध्रुवसेन प्रथम को महाराज, महाप्रतिहार, महादण्डनायक आदि उपाधियों से विभूषित किया गया है।
- इस वंश का सबसे शक्तिशाली शासक **ध्रुवसेन द्वितीय** था, जो हर्ष का समकालीन था। हर्ष ने अपनी पुत्री का विवाह उसके साथ किया था। उसके समय में चीनी यात्री ह्वेनसांग ने वल्लभी की यात्रा की तथा वल्लभी की प्रशंसा बौद्ध धर्म एवं शैक्षणिक केन्द्र के रूप में की। वल्लभी विश्वविद्यालय गुजरात के सौराष्ट्र क्षेत्र के भावनगर जिले में स्थित था।

बंगाल का पाल वंश

- ह्वेनसाँग ने जिस समय बंगाल की यात्रा की थी, उस समय बंगाल में चार स्वतन्त्र राज्य थे—पुण्ड्रवर्द्धन, कर्णसुवर्ण, समतट और ताम्रलिप्ति। शशांक की मृत्यु एवं हर्षवर्द्धन के पश्चात् बंगाल की राजनीतिक स्थिति बिगड़ गई। वहाँ मत्स्य न्याय की स्थिति व्याप्त हो गई।
- बंगाल की राजनीतिक अव्यवस्था का अन्त करने के लिए सभी सरदारों एवं सामन्तों ने गोपाल को अपना राजा चुना। गोपाल के राजपद पर निर्वाचन की पुष्टि तारानाथ के विवरण तथा धर्मपाल के **खलीमपुर ताम्रपत्र अभिलेख** से होती है। पूर्वी भारत के पाल शासक बौद्ध मत के समर्थक थे।

प्रमुख शासक

गोपाल (750-770 ई.)

- इसने शशांक की मृत्यु के बाद 650 से 750 ई. के बीच बंगाल में व्याप्त अव्यवस्था को समाप्त किया। देवपाल के मुंगेर ताम्रपत्र अभिलेख में इसे समुद्रपर्यन्त पृथ्वी का विजेता बताया गया है। गोपाल बौद्ध धर्म से प्रभावित था।

- उसने बिहारशरीफ के निकट **ओदन्तपुरी विहार** की स्थापना की। साथ ही नालन्दा में भी एक विहार बनवाया। गोपाल को जनता ने स्वयं चुनकर राजा बनाया था।

धर्मपाल (770-810 ई.)

- आरम्भिक पाल शासकों में सबसे योग्य एवं शक्तिशाली था। इसके समय में कन्नौज पर स्वामित्व के लिए त्रिदलीय संघर्ष आरम्भ हुआ। खलीमपुर-ताम्रपत्र अभिलेख के अनुसार उसने कन्नौज में एक दरबार आयोजित किया, जिसमें बरार, मत्स्य, मद्र, कुरु, मथुरा, यवन, मालवा गान्धार तथा काँगड़ा के शासकों ने भाग लिया एवं उसकी सार्वभौमिकता स्वीकार की। उसने पाटलिपुत्र में भी एक दरबार का आयोजन किया था।
- ग्यारहवीं शताब्दी के गुजराती कवि सोड्ढल ने **उदयसुन्दरी कथा** में उसे **उत्तरापथस्वामी** की उपाधि से विभूषित किया है।
- बौद्ध धर्म से प्रभावित होकर उसने 'परमसौगत' की उपाधि धारण की, उसका मन्त्री ब्राह्मण गर्ग था तथा उसने बौद्ध विद्वान् हरिभद्र को भी संरक्षण दिया था। धर्मपाल ने विक्रमशिला (भागलपुर, बिहार) और सोमपुर (पहाड़पुर) विहारों की स्थापना की। बोधगया में चतुर्मुख महादेव की मूर्ति स्थापित करवाई तथा नालन्दा विश्वविद्यालय को (200 गाँव) उदारतापूर्वक अनुदान दिया।

देवपाल (810-850 ई.)

- इसके विजय अभियानों की जानकारी मुंगेर, भागलपुर तथा बादल अभिलेख से मिलती है। अरब यात्री **सुलेमान** देवपाल को राष्ट्रकूटों तथा गुर्जरों से अधिक शक्तिशाली मानता है। सुवर्णद्वीप (जावा/यवभूमि) के शैलेन्द्र वंशी शासक बालपुत्र देव को नालन्दा में विहार बनवाने की अनुमति दी तथा उसके भरण-पोषण के लिए पाँच गाँव दान में दिए। वह बौद्ध धर्म का संरक्षक था।
- ताम्र-पत्र लेख दर्शाते हैं कि प्राचीनकाल में बिहार के राजाओं का सम्पर्क जावा-सुमात्रा से था। देवपाल ने मुंगेर को अपनी राजधानी बनाया था। 'लोकेश्वर शतक' के रचयिता **वज्रदत्त** को देवपाल ने संरक्षण दिया था।

अन्य शासक

देवपाल के बाद पाल साम्राज्य में उत्तराधिकार का संघर्ष **विग्रहपाल** एवं **शूरपाल** के बीच हुआ था। इसमें विजयी विग्रहपाल ने अपने पुत्र नारायणपाल को सिंहासन सौंपकर संन्यास ग्रहण कर लिया। **नारायणपाल** (854-915 ई.) ने राज्य को पुनः संगठित किया, परन्तु उसे गुर्जर-प्रतिहारों और राष्ट्रकूटों से पराजित होना पड़ा। इसके बाद के शासक राज्यपाल, गोपाल द्वितीय और विग्रहपाल द्वितीय के समय पालों की स्थिति कमजोर रही।

- **महिपाल प्रथम** (988-1038 ई.) इसने पालों की शक्ति एवं प्रतिष्ठा को पुनः स्थापित किया। बनारस, सारनाथ, बोधगया एवं नालन्दा में अनेक विहारों तथा मन्दिरों का निर्माण एवं जीर्णोद्धार किया। इसके काल में राजेन्द्र चोल ने बंगाल पर आक्रमण किया था, जिसमें महिपाल पराजित हो गया था। इसने बौद्ध भिक्षु अतिश के नेतृत्व में तिब्बत में एक धर्म प्रचारक मण्डल भेजा था। महिपाल के बाद पाल वंश का पुनः पतन प्रारम्भ हो गया।
- **रामपाल** (1077-1120 ई.) लामा तारानाथ ने संध्याकरनन्दी द्वारा रचित 'रामपाल चरित' के नायक को इस वंश का अन्तिम शासक माना है। इसके शासनकाल में ही कैवर्तों (किसानों) का विद्रोह हुआ, जिसका उल्लेख 'रामपालचरित' में मिलता है। रामपाल के बाद कुमारपाल, गोपाल तृतीय तथा मदनपाल ने लगभग 30 वर्ष तक शासन किया। बंगाल के पाल शासक बौद्ध धर्म (तान्त्रिक) के अनुयायी थे। पाल वंश की हाथी सेना सर्वाधिक शक्तिशाली थी।

बंगाल का सेन वंश

पाल राजवंश के पतनोपरान्त बंगाल की शासन सत्ता सेन राजवंश के हाथों में आ गई, जिसकी स्थापना **सामन्तसेन** ने राढ़ नामक स्थान पर की। उसने कोई राजकीय उपाधि धारण नहीं की। सामन्तसेन का पुत्र हेमन्तसेन उसका उत्तराधिकारी बना, जिसे अभिलेखों में 'महाराजाधिराज' की उपाधि से विभूषित किया गया है एवं 'वृहतक्षत्रिय' कहा गया है।

प्रमुख शासक

विजयसेन (1055-1158 ई.)

विजयसेन सेनवंश का प्रथम महान् शासक था। कवि धोयी द्वारा रचित **देवपाड़ा-प्रशस्ति** लेख में विजयसेन की यशस्वी विजयों का उल्लेख किया गया है। उसने विजयपुरी और विक्रमपुर नामक दो राजधानियों की स्थापना की। विजयसेन की उपलब्धियों से प्रभावित होकर श्रीहर्ष नामक कवि ने उसकी प्रशंसा में 'विजयप्रशस्ति' तथा 'गौड़ोर्विशप्रशस्ति' काव्यों की रचना की।

बल्लालसेन (1158 -1178 ई.)

- बल्लालसेन सेनवंश का दूसरा प्रभावशाली शासक था। उसे बंगाल में जाति प्रथा तथा कुलीन् प्रथा को संगठित करने का श्रेय प्राप्त था। वह कुलीन्वाद के नाम से प्रसिद्ध एक सामाजिक आन्दोलन का प्रचलनकर्ता भी था।
- उसने 'दानसागर' (शकुन-अपशकुन पर) नामक ग्रन्थ की रचना की थी तथा एक अन्य ग्रन्थ 'अद्‌भुत सागर' (खगोल शास्त्र) की रचना को प्रारम्भ किया था, किन्तु उसे पूर्ण नहीं कर पाया। पालों की सत्ता निर्मूल कर स्वयं **गौड़ेश्वर** की उपाधि धारण की।
- बल्लालचरित में उसे बंग, राढ़, वारेन्द्र और मिथिलाका अधिपति कहा गया है। उसने परममाहेश्वर, निःशंकशंकर, परमभट्टारक, महाराजाधिराज जैसी उपाधियाँ धारण कीं, जिससे स्पष्ट होता है कि वह शैव मतावलम्बी था। उसका साहित्यिक गुरु अनिरुद्ध था।

लक्ष्मणसेन (1179-1205 ई.)

- बल्लालसेन का उत्तराधिकारी उसका पुत्र लक्ष्मणसेन था। उसने बंगाल की प्राचीन राजधानी गौड़ के निकट ही एक अन्य राजधानी **लखनौती** (लक्ष्मणवती) की स्थापना की। उसे पुरी, काशी और प्रयाग में विजय स्तम्भों की स्थापना का भी श्रेय दिया जाता है। उसने कन्नौज, बनारस, इलाहाबाद तक सैनिक अभियान किया तथा कलिंग एवं कामरूप पर भी आक्रमण किया।
- लक्ष्मणसेन ने गहड़वाल शासक जयचन्द को पराजित किया था। अभिलेखों में उसे **परमभागवत** की उपाधि प्रदान की गई है। उसके शासन के उत्तरार्द्ध में बंगाल के सामन्तों ने विद्रोह किया तथा स्वतन्त्र सत्ता की स्थापना की।
- 1202 ई. में **बख्तियार खिलजी** ने लखनौती पर आक्रमण कर उस पर अधिकार कर लिया। लक्ष्मणसेन पूर्वी बंगाल भाग गया तथा वहाँ पर 1205 ई. तक शासन करता रहा।

- उसने **लक्ष्मण सम्वत्** भी प्रचलित किया तथा वैष्णव धर्म को संरक्षण प्रदान किया और परमवैष्णव की उपाधि धारण की।
- उसने अपने अभिलेखों को नारायण (विष्णु) की स्तुति से आरम्भ करवाया। अपने पिता द्वारा प्रारम्भ किए गए 'अद्‌भुत सागर' नामक ग्रन्थ की रचना को पूर्ण किया। उसके द्वारा विरचित कुछ कविताएँ हमें 'सदुक्तिकर्णामृत' में प्राप्त होती हैं, जिनकी रचना उसके दरबारी कवि श्रीधरदास ने की थी।
- उसकी राजसभा में 'गीतगोविन्द' के लेखक **जयदेव**, 'पवनदूत' के लेखक **धोयी** तथा 'ब्राह्मण सर्वस्व' के रचयिता **हलायुध** निवास करते थे। हलायुध उसका प्रधान न्यायाधीश तथा मुख्यमन्त्री था।

वस्तुनिष्ठ प्रश्न

1. निम्नलिखित किस ग्रन्थ से गुप्तों के विषय में जानकारी प्राप्त होती है?
(a) देवीचन्द्रगुप्तम्
(b) विक्रमोर्वशीयम्
(c) मृच्छकटिकम्
(d) उपरोक्त सभी

2. गुप्त किनके सामन्त थे?
(a) शक (b) कुषाण
(c) सातवाहन (d) पहलव

3. निम्नलिखित में से कौन-सी स्मृति सम्भवत: गुप्तकाल में ही लिखी गई थी?
(a) व्यास (b) हारित
(c) पुलस्त्य (d) ये सभी

4. कामन्दक नीतिसार का रचयिता कौन था?
(a) कालिदास (b) भारवि
(c) भास (d) शिखर

5. डॉ. रमेशचन्द्र मजूमदार एवं सुधाकर चट्टोपाध्याय ने गुप्तों को माना है
(a) ब्राह्मण (b) क्षत्रिय (c) वैश्य (d) शूद्र

6. काशीप्रसाद जायसवाल ने किस ग्रन्थ के आधार पर गुप्तों को क्षत्रिय माना है?
(a) देवीचन्द्रगुप्तम् (b) मृच्छकटिक
(c) मालविकाग्निमित्रम् (d) मंजुश्री-मूलकल्प

7. निम्नलिखित में से कौन-सा इतिहासकार गुप्तों को वैश्य मानता है?
(a) एस. के. आयंगर
(b) अनन्त सदाशिव अल्तेकर
(c) डॉ. रामशरण शर्मा
(d) उपरोक्त सभी

8. गुप्त वंश का संस्थापक कौन था?
(a) श्रीगुप्त (b) घटोत्कच
(c) चन्द्रगुप्त प्रथम (d) समुद्रगुप्त

9. फाह्यान जो चन्द्रगुप्त विक्रमादित्य के समय भारत आया, भारतवर्ष में 6 वर्ष कब-से-कब तक रहा?
(a) 410-407 ई.
(b) 402-408 ई.
(c) 403-409 ई.
(d) 405-411 ई.

10. निम्न में से निवास योग्य भूमि कौन-सी कहलाती है?
(a) वास्तु (b) गपतसर
(c) बस्ती (d) क्षेत्र

11. आयुर्वेद पर लिखे अष्टांग हृदय की रचना किसने की?
(a) धनवन्तरि
(b) चरक
(c) वाणभट्ट
(d) उपरोक्त में से कोई नहीं

12. गुप्तकालीन सिक्के मुख्यत: किस धातु में ढालकर प्रसारित किए जाते थे?
(a) चाँदी (b) ताँबा (c) लोहा (d) सोना

13. अजन्ता की गुफा में गुप्तकाल की सर्वोत्कृष्ट कलाकृति कौन-सी है?
(a) 13 (b) 17
(c) 19 (d) ये सभी

14. अजन्ता की गुफा नं. 16 के मृत्यु शैय्या पर राजकुमारी नामक दृश्य की किसने सराहना की है?
(a) ग्रिफिथस् (b) बर्गीज
(c) फर्ग्युसन (d) ये सभी

15. छठी शताब्दी के अन्त में बिहार में नालन्दा में कितने फुट ऊँची बुद्ध की ताँबे की मूर्ति स्थापित की गई?
(a) 50 (b) 60
(c) 70 (d) 80

16. बुद्ध की $7\frac{1}{2}$ फुट ऊँची सुल्तानगंज की मूर्ति जो अब बकिंघम के अजायबघर में देखी जा सकती है, यह किसके काल की है?
(a) चन्द्रगुप्त प्रथम
(b) चन्द्रगुप्त द्वितीय
(c) कुमारगुप्त
(d) स्कन्दगुप्त

17. चरक संहिता में किसके बने औजारों का उल्लेख मिलता है?
(a) सोना (b) चाँदी
(c) सीसा (d) ये सभी

18. मन्दसौर अभिलेख में किसकी श्रेणी द्वारा विशाल सूर्य मन्दिर की मरम्मत कराने का उल्लेख है?
(a) धातुकार श्रेणी
(b) कुम्हार श्रेणी
(c) रेशम बुनकर श्रेणी
(d) सूती वस्त्र उत्पादक श्रेणी

19. किस देश के साथ व्यापार, अनुमानत: वस्तु विनिमय प्रणाली पर आधारित था?
(a) मिस्र (b) चीन
(c) ईरान (d) अफगानिस्तान

20. निम्न में कौन सुमेलित नहीं है?

	रचना		रचनाकार
(a)	मुद्राराक्षस	1.	विशाखदत्त
(b)	अभिज्ञानशाकुन्तलम्	2.	कालिदास
(c)	शूद्रक	3.	मृच्छकटिकम्
(d)	स्वप्नवासवदत्तम्	4.	दण्डी

21. कौन-सा कर अस्थायी कृषकों पर आरोपित किया जाता था?
(a) भोग (b) उद्रंग
(c) भूतप्रत्याय (d) उपरिकर

22. सुमेलित कीजिए

	सूची I (राजा)		सूची II (अभिलेख)
A.	चन्द्रगुप्त द्वितीय	1.	गढ़वा
B.	कुमारगुप्त प्रथम	2.	मन्दसौर
C.	स्कन्दगुप्त	3.	जूनागढ़
D.	समुद्रगुप्त	4.	प्रयाग

कूट

	A	B	C	D
(a)	1	2	3	4
(b)	4	3	1	2
(c)	2	3	1	4
(d)	1	3	2	4

23. गुप्तकाल की आद्यतम लकुलीश की मूर्ति कहाँ से प्राप्त हुई है?
(a) कन्नौज (b) मथुरा
(c) उज्जैन (d) ग्वालियर

24. किसने ब्रह्मस्फुट सिद्धान्त और खण्ड खाद्यक की रचना की?
(a) वराहमिहिर (b) आर्यभट्ट
(c) ब्रह्मगुप्त (d) भास्कर

25. नवनीतकम किससे सम्बन्धित ग्रन्थ है?
(a) भौतिकशास्त्र (b) खगोल शास्त्र
(c) चिकित्साशास्त्र (d) इनमें से कोई नहीं

26. हस्त्यायुर्वेद किसकी रचना है?
(a) पलकप्य (b) ब्रह्मगुप्त
(c) वराहमिहिर (d) भास्कर

27. निम्नलिखित में किस शासक ने चाँदी और ताँबे के सिक्के भी चलाए?
(a) समुद्रगुप्त (b) श्रीगुप्त
(c) रामगुप्त (d) चन्द्रगुप्त द्वितीय

28. निम्नलिखित में कौन-सी समुद्रगुप्त की मुद्रा है?
(a) गरुड़ आकृति मुद्रा
(b) धनुर्धर आकृति मुद्रा
(c) अश्वमेघ यज्ञ दर्शाती मुद्रा
(d) उपरोक्त सभी

29. निम्न में से कौन-सा इतिहासकार गुप्तकाल को स्वर्ण-युग कहना उचित नहीं मानते?
(a) आर. एस. शर्मा (b) रोमिला थापर
(c) एस. के. मैती (d) ये सभी

30. गुप्तकाल का आर्थिक पतन किसके काल से आरम्भ होता है?
(a) स्कन्दगुप्त (b) बुद्धगुप्त
(c) वैन्यगुप्त (d) विष्णुगुप्त

31. चमूप नामक कर्मचारी का उल्लेख भी अभिलेखों में कभी-कभी मिलता है लेकिन उसके कर्त्तव्यों के सम्बन्ध में कोई विशेष जानकारी नहीं है, यह किस काल से सम्बन्धित है
(a) मौर्यकाल (b) मौर्योत्तर काल
(c) गुप्तकाल (d) गुप्तोत्तर काल

32. निम्नलिखित में किसमें एक आद्य लाइनों में गुप्त शासकों तथा उनके क्षेत्र का अस्पष्ट उल्लेख है?
(a) वायु पुराण (b) मत्स्य पुराण
(c) भागवत पुराण (d) ये सभी

33. निम्नलिखित में से किस ग्रन्थ में गुप्त शासकों से सम्बन्धित कहानियाँ तथा आख्यान हैं?
(a) कथासरितसागर (b) स्वप्नवासवदत्ता
(c) काव्यमीमांसा (d) ये सभी

34. इत्सिंग भारत कब आया?
(a) 670 ई. (b) 672 ई.
(c) 673 ई. (d) 675 ई.

35. समुद्रगुप्त ने उत्तरी भारत के किस राजा को पराजित किया?
(a) अच्युत नाग (b) नागसेन
(c) गणपति (d) ये सभी

36. निम्नलिखित में से किस शासक ने कविराज की उपाधि प्राप्त की?
(a) घटोत्कच (b) चन्द्रगुप्त प्रथम
(c) समुद्रगुप्त (d) स्कन्दगुप्त

37. ऋद्धापुर ताम्रपत्र अभिलेख में किसे धरण गौत्र बताया गया है?
(a) श्रीगुप्त (b) घटोत्कच
(c) चन्द्रगुप्त प्रथम (d) चन्द्रगुप्त द्वितीय

38. कुमारदेवी का विवाह किससे हुआ था जिससे गुप्तों की कीर्ति बढ़ी?
(a) चन्द्रगुप्त प्रथम (b) चन्द्रगुप्त द्वितीय
(c) समुद्रगुप्त (d) कुमारगुप्त

39. वसुबन्धु का संरक्षक कौन था?
(a) श्रीगुप्त (b) चन्द्रगुप्त प्रथम
(c) चन्द्रगुप्त द्वितीय (d) समुद्रगुप्त

40. गुप्तवंशीय अभिलेखों में किसे कोटि गायों और स्वर्ण मुद्राओं का प्रदाता कहा गया है?
(a) चन्द्रगुप्त प्रथम (b) समुद्रगुप्त
(c) कुमारगुप्त (d) स्कन्दगुप्त

41. सतारा जिले के समन्द में किस गुप्त शासक के 1395 चाँदी के सिक्कों का भण्डार मिला है?
(a) समुद्रगुप्त
(b) चन्द्रगुप्त द्वितीय
(c) कुमारगुप्त
(d) स्कन्दगुप्त

42. बरार के एल्लिचपुर से कुमारगुप्त के कितने सिक्के मिले हैं?
(a) 5 (b) 7
(c) 9 (d) 13

43. महेन्द्रादित्य की उपाधि किसने धारण की?
(a) समुद्रगुप्त (b) चन्द्रगुप्त
(c) कुमारगुप्त (d) स्कन्दगुप्त

44. नालन्दा विश्वविद्यालय की स्थापना किसने कराई?
(a) कुमारगुप्त (b) स्कन्दगुप्त
(c) समुद्रगुप्त (d) चन्द्रगुप्त द्वितीय

45. गुप्तवंश का अन्तिम शासक कौन था?
(a) वैन्यगुप्त (b) कुमारगुप्त द्वितीय
(c) भानगुप्त (d) विष्णुगुप्त

46. निम्नलिखित किस गुप्त शासक ने वैष्णव धर्म छोड़कर बौद्ध धर्म अपना लिया?
(a) पुरुगुप्त (b) वैन्यगुप्त
(c) बुद्धगुप्त (d) भानुगुप्त

47. किस शासक के एरण अभिलेख से पता चलता है कि इसका मित्र गोपराज हूणों के विरुद्ध भानुगुप्त की ओर से लड़ता हुआ मारा गया एवं उसकी पत्नी अग्नि में जल मरी। यह सती प्रथा का प्रथम अभिलेखीय प्रमाण है?
(a) पुरुगुप्त (b) बुद्धगुप्त
(c) वैन्यगुप्त (d) भानुगुप्त

48. स्कन्दगुप्त और हूण आक्रमणों के सम्बन्ध में अधिकांश सामग्री भीतरी स्तम्भ अभिलेख से प्राप्त होती है। भीतरी गाँव उत्तर प्रदेश के किस जिले में स्थित है?
(a) गाजीपुर (b) गोरखपुर
(c) फैजाबाद (d) इलाहाबाद

49. किस स्मृति में वैश्यों की अवस्था शूद्रों के समान बताई गई है?
(a) बृहस्पति स्मृति (b) विष्णु स्मृति
(c) याज्ञवल्क्य (d) बोधायन स्मृति

50. स्कन्दगुप्त ने किस प्रकार का सोने का सिक्का चलाया?
(a) धनुर्धर प्रकार
(b) राजा एवं लक्ष्मी प्रकार
(c) घुड़सवार प्रकार
(d) उपरोक्त सभी

51. सामन्तवाद का उदय कब से हुआ?
(a) चौथी शताब्दी
(b) पाँचवीं शताब्दी
(c) छठी शताब्दी
(d) सातवीं शताब्दी

52. मौर्यों द्वारा निर्मित सुदर्शन झील का जीर्णोद्धारं किसने किया?
(a) रुद्रदामन
(b) स्कन्दगुप्त
(c) 'a' और 'b' दोनों
(d) कुमारगुप्त

53. नारद ने कितने प्रकार के दासों का उल्लेख किया है?
(a) 5 (b) 10 (c) 15 (d) 20

54. विवादास्पद भूमि जिसे किसी को न दिया गया हो कौन-सी कहलाती थी?
(a) गोचर (b) वास्तु
(c) सिल (d) अप्रदा

55. अमरकोश में कितने प्रकार की भूमि का उल्लेख मिलता है?
(a) 4 (b) 8 (c) 12 (d) 16

56. अजन्ता की चित्रकला में किस गुफा के चित्र सर्वाधिक सुरक्षित अवस्था में हैं?
(a) 15 (b) 16
(c) 17 (d) 18

57. कुमारगुप्त के समय के गंगधर अभिलेख में किसे मधुसूदन कहा गया है?
(a) ब्रह्मा (b) विष्णु
(c) महेश (d) कृष्ण

58. चतुश्तक नामक ग्रन्थ की रचना किसने की?
(a) असंग (b) आर्यदेव
(c) अश्वघोष (d) वसुबन्धु

59. महाराष्ट्र के औरंगाबाद जिले की गुफाओं की खोज 1819 ई. में किसने की?
(a) टीफेन थेलर
(b) जेम्स अलेक्जेण्डर
(c) मार्शल
(d) वी.ए. स्मिथ

60. बाघ की गुफाओं का पता 1818 ई. में डेन्जरफील्ड द्वारा किया गया। ये गुफाएँ मध्य प्रदेश के किस जिले में हैं?
(a) गुना (b) शिवपुरी
(c) धार (d) जबलपुर

61. थानेश्वर में वर्द्धन वंश (पुष्यभूति वंश) की स्थापना किसने की?
(a) राज्यवर्द्धन (b) आदित्यवर्द्धन
(c) पुष्यभूतिवर्द्धन (d) नरवर्द्धन

62. उत्तर गुप्तवंश के निम्नलिखित राजाओं में कौन हर्ष का समकालीन था?
(a) हर्षगुप्त (b) दामोदर गुप्त
(c) माधवगुप्त (d) इनमें से कोई नहीं

63. हर्ष एवं पुलकेशिन द्वितीय के मध्य हुए संघर्ष की जानकारी कहाँ से मिलती है?
(a) ऐहोल अभिलेख
(b) बंसखेड़ा लेख
(c) हाथीगुम्फा अभिलेख
(d) ह्वेनसांग के वर्णन से

64. हर्षवर्द्धन का समकालीन दक्षिण भारतीय शासक कौन था?
(a) कृष्णदेव राय
(b) पुलकेशिन द्वितीय
(c) मयूर वर्मा
(d) चिक्कादेवराज वोडेयार

65. चीनी यात्री ह्वेनसांग ने किस विश्वविद्यालय में अध्ययन किया था?
(a) तक्षशिला (b) विक्रमशिला
(c) मगध (d) नालन्दा

66. हर्षचरित कन्नौज के शासक हर्षवर्द्धन की जीवनी है, जो उनके दरबारी कवि········द्वारा संस्कृत में रचित है।
(a) कंबन (b) जिन्सेन
(c) बाणभट्ट (d) दंडी

67. भारत के इतिहास के सन्दर्भ में निम्नलिखित युग्मों पर विचार कीजिए

	प्रसिद्ध स्थल		वर्तमान राज्य
A.	भीलसा	1.	मध्य प्रदेश
B.	द्वारसमुद्र	2.	महाराष्ट्र
C.	गिरिनगर	3.	गुजरात
D.	स्थानेश्वर	4.	उत्तर प्रदेश

उपरोक्त में कौन-से युग्म सही सुमेलित हैं?
(a) 1 और 3 (b) 1 और 4
(c) 2 और 3 (d) 2 और 4

68. निम्नलिखित में कौन-सा उपवाक्य, उत्तर-हर्ष- कालीन स्रोतों में प्राय: उल्लिखित 'हुण्डी' के स्वरूप की परिभाषा बताता है?
(a) राजा द्वारा अपने अधीनस्थों को दिया गया परामर्श
(b) प्रतिदिन का लेखा-जोखा अंकित करने वाली बही
(c) विनिमय पत्र
(d) सामन्त द्वारा अपने अधीनस्थों को दिया गया आदेश

69. 'कौशेय' शब्द का प्रयोग किया गया है
(a) कपास के लिए
(b) सन के लिएन
(c) ऊन के लिए
(d) रेशम के लिए

70. चीनी लेखक भारत का उल्लेख किस नाम से करते हैं?
(a) सि-यू-की
(b) यिन-तु
(c) सिकिया-पोनो
(d) फो-क्वो-की

71. हर्षवर्द्धन के शासनकाल में किस चीनी-यात्री ने भारत की यात्रा की थी?
(a) ह्वेनसांग
(b) फाह्यान
(c) इत्सिंग
(d) तारानाथ

72. गुप्तोत्तर युग में प्रमुख व्यापारिक केन्द्र था?
(a) कन्नौज
(b) उज्जैन
(c) धार
(d) देवगिरी

73. हर्षवर्द्धन द्वारा कितने संस्कृत नाटक लिखे गए थे?
(a) चार (b) दो
(c) तीन (d) पाँच

74. ह्वेनसांग की भारत में यात्रा के समय सूती कपड़ों के उत्पादन के लिए सबसे प्रसिद्ध नगर था
(a) वाराणसी (b) पाटलिपुत्र
(c) मथुरा (d) कांची

सही उत्तर

1. (d)	2. (b)	3. (d)	4. (d)	5. (b)	6. (d)	7. (d)	8. (a)	9. (d)	10. (a)
11. (c)	12. (a)	13. (d)	14. (d)	15. (d)	16. (b)	17. (d)	18. (c)	19. (b)	20. (d)
21. (d)	22. (a)	23. (b)	24. (c)	25. (c)	26. (a)	27. (d)	28. (d)	29. (d)	30. (a)
31. (c)	32. (d)	33. (d)	34. (d)	35. (d)	36. (c)	37. (a)	38. (a)	39. (d)	40. (b)
41. (c)	42. (d)	43. (c)	44. (a)	45. (d)	46. (a)	47. (d)	48. (a)	49. (d)	50. (d)
51. (c)	52. (c)	53. (c)	54. (d)	55. (c)	56. (c)	57. (b)	58. (b)	59. (b)	60. (c)
61. (c)	62. (c)	63. (a)	64. (b)	65. (d)	66. (c)	67. (a)	68. (c)	69. (d)	70. (b)
71. (a)	72. (a)	73. (c)	74. (c)						

अध्याय 09 दक्षिण भारत के राजवंश व उत्तर भारत में राजपूतों का उदय

दक्षिण भारत

संगम काल (200 ई. पू.-300 ई.)

भारतीय प्रायद्वीप का दक्षिणी छोर जो कृष्णा नदी के दक्षिण में पड़ता है, तीन राज्यों में विभक्त था—चोल, पाण्ड्य और चेर। पाण्ड्यों का उल्लेख सर्वप्रथम मेगस्थनीज ने किया है, जिसका शासन स्त्रियों के हाथ में था तथा जो मोतियों के लिए प्रसिद्ध था। अशोक के द्वितीय अभिलेख में चोल, पाण्ड्य, केरलपुत्र एवं सतियपुत का उल्लेख है, जो उसकी साम्राज्य की सीमा पर बसते थे।

राजनीतिक इतिहास

संगम काल में तीन राज्यों का मुख्य रूप से उल्लेख मिलता है—**चोल राज्य, चेर राज्य** तथा **पाण्ड्य राज्य**। इनका विवरण निम्नलिखित है

चोल राज्य

- यह राज्य पेन्नार और दक्षिणी वेल्लारू नदियों के मध्य में स्थित था। **विजयालय** (850-870) इस वंश का संस्थापक था। चोलों की प्रारम्भिक राजधानी उत्तरी मनलूर थी, बाद में उरैयूर (कपास के व्यापार का महत्त्वपूर्ण केन्द्र) तथा तंजावुर भी राजधानियाँ बनीं। चोलों का प्रतीक चिह्न **बाघ** था। चोलों का प्राचीनतम उल्लेख कात्यायन ने किया है।
- ईसा पूर्व दूसरी सदी में एलारा नामक चोल राजा ने श्रीलंका पर विजय प्राप्त की। **करिकाल** महत्त्वपूर्ण चोल शासक था, जिसने पुहार की स्थापना की और कावेरी नदी के किनारे बाँध बनवाया। पुहार की पहचान कावेरीपत्तनम से की गई है, जो चोलों की राजधानी थी। **वेण्णि** के युद्ध में उसने चेर तथा पाण्ड्य राज्य के ग्यारह राजाओं को सामूहिक रूप से परास्त किया था। उसने वाहैप्परण्डले के युद्ध में नौ राजाओं के संघ को हराया।
- **शिलप्पादिकारम** तथा **पट्टिनपालै** में करिकाल की चर्चा मिलती है। करिकाल सात स्वरों का ज्ञाता तथा वैदिक धर्म का अनुयायी था। चोलों के पास एक बड़ी नौसेना थी, जो राजराज प्रथम एवं राजेन्द्र प्रथम के समय में चरमोत्कर्ष पर थी। चोल शासक कुलोत्तुंग प्रथम ने श्रीलंका को स्वतन्त्रता प्रदान की थी तथा सिंहल राजकुमार के साथ अपनी पुत्री का विवाह कर दिया था।

चेर राज्य

- यह राज्य पाण्ड्य राज्य के उत्तर और पश्चिम में था। करूयर अथवा वंजि चेरों की राजधानी थी। चेरों का प्रतीक चिह्न **धनुष** था। **उदयन जेराल** इस वंश का प्रथम शासक बना, उसने महाभारत (कुरुक्षेत्र) के युद्ध में भाग लेने वाले वीरों को भोजन करवाया था। **सेनगुट्टुवन** (180 ई.) को लाल चेर भी कहा जाता है।
- वह चेर वंश का महानतम शासक था, जिसने उत्तर दिशा में चढ़ाई की और गंगा को पार किया। इसका यशोगान 'परणर' कवि ने किया है। यह कौमार्य की देवी-उपासना से सम्बन्धित **पतिनी सम्प्रदाय** का संस्थापक था।
- पेरुंजेरल इरंपोरई नामक चेर शासक को दक्षिण में गन्ने की खेती प्रारम्भ करने का श्रेय दिया जाता है। नेदुजेराल अदन ने नौसैनिक शक्ति स्थापित की तथा 'अधिराज' की उपाधि धारण की। परणर तथा कपिलार नामक कवियों को चेर शासकों ने संरक्षण प्रदान किया था। इनके रोमन साम्राज्य से व्यापारिक सम्बन्ध थे तथा यहूदी इन्हीं के काल में भारत आए थे।

पाण्ड्य राज्य

- भारतीय प्रायद्वीप के सुदूर दक्षिण और दक्षिण-पूर्वी भाग में यह राज्य स्थित था। इसकी राजधानी मदुरै (मदुरा) थी तथा प्रतीक चिह्न **मछली** था। पाण्ड्य राज्य की जीवन रेखा वेंगी नदी थी। मेगस्थनीज ने इस राज्य का उल्लेख माबर नाम से किया है, जो मोतियों के लिए प्रसिद्ध था तथा यहाँ स्त्रियों का शासन था। **नेडियोन** नामक पाण्ड्य राजा ने पहरूली नामक नदी को अस्तित्व प्रदान किया तथा समुद्र पूजा प्रारम्भ कराई। उसने 'पलशाले' (अनेक यज्ञशालाएँ बनाने वाला) तथा 'महेश्वर' की उपाधि धारण की।
- पाण्ड्य शासकों में सबसे विख्यात **नेण्डुजेलियन** था। उसकी प्रसिद्धि तलैयालगानम के युद्ध में विजय के परिणामस्वरूप हुई। उसने चेर शासक 'शेय' (हाथी की आँख वाला) को बन्दी बना लिया था। उसने रोमन सम्राट 'ऑगस्टस' के दरबार में अपना दूत भेजा था। उसके छोटे भाई कोरकै ने 'सती कन्नगी' के सम्मान में विशाल उत्सव आयोजित करवाया। पत्तुपातु में नेंडुजेलियन के जीवन का विवरण मिलता है। 'पत्तुपातु' में किलार तथा नक्कीरर जैसे तमिल कवियों की कविताएँ संगृहीत हैं, जिसमें चेर राजाओं की प्रशंसा का वर्णन है।

प्रशासनिक व्यवस्था

- संगमकालीन प्रशासन राजतन्त्रात्मक एवं वंशानुगत था। समस्त अधिकार राजा में निहित थे, जो प्रजा को सन्तान के रूप में मानता था। राज्य का सर्वोच्च न्यायाल्य राजा की **सभा** (मनरम) होती थी। राजा का जन्म प्रतिवर्ष मनाया जाता था, जिसे **पेरुनल** कहते थे। राज्य मण्डलों में मण्डलम नाडु में, नाडु उर में विभाजित था। समुद्रतटीय कस्बों को पतिनम्, बड़े गाँव पेरूर, छोटे गाँव सिरूर तथा पुराने गाँव मुडूर कहलाते थे। इस काल में दण्डविधान अत्यन्त कठोर थे। मन्त्री (अमैईयच्चार), पुरोहित (पुरोहितार), सेनापति (सेनापतियार), दूत (दूतार), गुप्तचर (ओर्रार) प्रमुख अधिकारी थे।
- राजस्व का मुख्य स्रोत भू-राजस्व था, जिसकी दर उत्पादन का 1/6 भाग थी। भूमि की पैमाइश के लिए 'मा' और 'बेलि' पैमाने का प्रयोग होता था। कृषि कर **करई या कदमई**, युद्ध से प्राप्त लूट को **इरई**, सीमा शुल्क **उल्गू** या **उल्कू**, अतिरिक्त कर या जबरन वसूल किया गया कर **इराबु** तथा राजा को दिया गया उपहार **पदु** कहलाता था।
- संगमकालीन शासकों के पास पेशेवर सैनिक होते थे। सेना की अग्र टुकड़ी 'तुसी' तथा पिछली टुकड़ी 'कुलै' कहलाती थी। सेना प्रमुख को 'एनाडि' की उपाधि दी जाती थी। युद्ध में मारे गए सैनिकों की पाषाण मूर्तियाँ स्मारक स्वरूप बनाई जाती थीं, जिन पर उनके नाम और सफलताएँ अंकित की जाती थीं।

सामाजिक स्थिति

- तोल्लकापियम के अनुसार तमिल समाज चार वर्णों में विभक्त था-**अरसर** (शासक), **अण्डनर** (ब्राह्मण), **वेनिगर** (वणिक) तथा **वेलाल** या **वेल्लार** (किसान)। यह वर्ण व्यवस्था आर्ययुगीन वर्ण व्यवस्था से भिन्न थी। तमिल भूमि में ब्राह्मणों का उदय सबसे पहले संगम काल में होता है। इस काल में तीव्र सामाजिक विषमता का बोध होता है। धनी लोग ईंट और सुरखी के मकानों में तथा गरीब लोग झुग्गी-झोपड़ियों में रहते थे।
- **तोल्लकापियम** के अनुसार, संगम काल में विवाह को एक संस्कार के रूप में मान्यता दी गई। स्त्री-पुरुष के सहज प्रणय को **पंचतिन्नै**, एकपक्षीय प्रेम को **कक्किरै** तथा औचित्यहीन प्रेम को 'पेरुन्दिणै' कहा जाता था। सती प्रथा का प्रचलन विशेषकर सैनिक वर्गों में था तथा स्त्रियों की स्थिति उच्च थी। तमिल साहित्य में नच्चेलियर तथा औवैयर जैसी कवयित्रियों की चर्चा मिलती है।
- नर्तक-नर्तकियों के दल घूम-घूमकर लोगों का मनोरंजन करते थे, इन्हें **पाणर** और **विडैलियर** कहा जाता था। तमिल ब्राह्मण मदिरा और मांस का सेवन करते थे। चोल एवं पाण्ड्य राज्य में सैनिक और असैनिक दोनों प्रकार के अधिकारियों के पद पर वेल्लार या धनी किसान की नियुक्ति की जाती थी। समाज में अस्पृश्यता तथा दास प्रथा प्रचलित थी।

सामाजिक व्यवस्था के प्रमुख अंग

- सामाजिक व्यवस्था के प्रमुख अंग निम्न प्रकार थे
- वेल्लार (धनी किसान)
- उणवार (साधारण हलवाहा)
- कडैसियर (भूमिहीन मजदूर)
- अरसर (शासक वर्ग)
- पुलैयन (रस्सी बनाने वाली जाति)
- मलवर (डाका डालने वाला)
- एनियर (शिकारियों की जाति)
- परत्तियर (गणिका)
- कणिगैचर (नर्तकी)
- अण्डनर (ब्राह्मण)
- वेलीर (मजदूर कृषक वर्ग)
- वेनिगर (वणिक या व्यापारी वर्ग)
- पुलैयन (रस्सी की चारपाई का निर्माता)
- पुलैयन (रस्सी की चारपाई का निर्माता)

आर्थिक स्थिति

संगमकालीन अर्थव्यवस्था सुचालित और पूर्णतया आत्मनिर्भर थी। सामान्य लोग अधिकांशतः कृषक, पशुपालक, शिकारी तथा मछुवारे थे। समृद्ध और शक्तिशाली वर्ग में तीन प्रकार के लोग थे-वेतर, वेलिर और वेल्लार। लेन-देन का सबसे सामान्य तरीका वस्तु विनिमय था।

व्यापार की वस्तुएँ

- प्राचीन बौद्ध ग्रन्थों में गंगा घाटी से गोदावरी घाटी तक के मार्ग (दक्षिणापथ) का उल्लेख मिलता है। उत्तर और दक्षिण के बीच व्यापार की अधिकांश मदें मोती, रत्न, स्वर्ण तथा उत्तम किस्म के वस्त्र थे। उरैयूर सूती वस्त्रों के लिए प्रसिद्ध था। उत्तर भारत के काले चमकीले मृद्‌भाण्ड सुदूर दक्षिण में भी लोकप्रिय थे। पेरिप्लस के अनुसार टिंडिस, मुजरिस, नेलसिंडा, नौरा पश्चिमी तट के प्रमुख बन्दरगाह थे। चोल राज्य में पुहार (कावेरीपत्तनम), उरैयूर, चेर राज्य में वाज्जि, मुशिरी (मुजरिस), तोण्डी तथा पाण्ड्य राज्य में कोरकाय शालियूर प्रमुख बन्दरगाह थे। अन्य बन्दरगाहों में पोडुका (अरिकामेडु के निकट) आदि प्रमुख थे।
- कोरके में पाण्ड्य राज्य के निन्दित अपराधी मोती निकालने का काम करते थे। **तोण्डी**, **मुशिरी** तथा **पुहार** में यवन लोग बड़ी संख्या में रहते थे। संगम राज्यों का व्यापार रोम के अतिरिक्त मिस्र, अरब, चीन और मालदीव के साथ होता था।
- संगमकालीन व्यापार की जानकारी का मुख्य स्रोत 'पेरिप्लस ऑफ द एरिथ्रियन सी' है, जिसका लेखक अज्ञात है। पेरिप्लस यूनानी भाषा का शब्द है, जिसका अर्थ समुद्री यात्रा है और एरीथ्रियन यूनानी भाषा में लाल सागर को कहते हैं। यवन व्यापारी जहाजों में सोना भरकर मुशिरी बन्दरगाह पर लाते थे और बदले में काली मिर्च भरकर ले जाते थे, इसलिए काली मिर्च का एक नाम **यवनप्रिय** पड़ गया था।
- मुजरिस में रोमन सम्राट ऑगस्टस का मन्दिर रोमनों के द्वारा बनवाया गया था। अरिकामेडु (पॉण्डिचेरी) से रोम के दीपक के टुकड़े, काँच के कटोरे, मनके व बर्तन प्राप्त हुए हैं। मनके के ऊपर रोमन सम्राट ऑगस्टस का चित्र भी बना मिला है।
- प्राचीन तमिल साहित्य में **काशु, पोन और वेनपोन** जैसे सिक्कों की जानकारी मिलती है। दक्षिण भारत में आहत सिक्के भी मिले हैं। ऑगस्टस तथा टिवेरियस के मुहर वाले सिक्के और नीरो के सोने एवं चाँदी के सिक्के तमिल प्रदेश के अनेक स्थलों से प्राप्त हुए हैं। **अरागरिटिक** एक प्रकार का मलमल था, जिसे निर्यात किया जाता था।
- आयात व निर्यात की मुख्य वस्तुएँ निम्न प्रकार थीं

- **आयात की वस्तुएँ** सिक्के (सोना, चाँदी), पुखराज, महीन कपड़े, छपे वस्त्र, सुरमा, सीसा, टिन, ताँबा एवं शराब आदि।
- **निर्यात की वस्तुएँ** काली मिर्च, मोती, हाथी दाँत, रेशमी वस्त्र, हीरा, मसाले एवं सूती वस्त्र आदि।

धार्मिक स्थिति

- धर्म का सम्बन्ध कर्मकाण्डों और कतिपय आध्यात्मिक अवधारणाओं से था। कर्मकाण्डों का सम्बन्ध जीवात्मवादी तथा मानवरूपी देवपूजा के विविध रूपों से था। पुनर्जन्म, वीरपूजा, पितृपूजा, सती पूजा का सम्पूर्ण दर्शन मृत्यु से सम्बन्धित था। जीवात्मवाद तमिल संगम धर्म का एक प्रमुख अंग है और इसमें प्रस्तर, जल, नक्षत्र और ग्रहों की पूजा शामिल थी। अगस्त्य और कौण्डिन्य ऋषि का दक्षिण भारत से पर्याप्त सम्बन्ध रहा है। वहाँ अनेक मन्दिर अगस्तेश्वर नाम से प्रसिद्ध हैं, जहाँ शिव की मूर्तियाँ स्थापित हैं।
- दक्षिण भारत में **मुरुगन** की उपासना सबसे प्राचीन है, बाद में मुरुगन का नाम सुब्रह्मण्यम हो गया तथा स्कन्द-कार्तिकेय से इस देवता का एकीकरण हो गया। पुहार में इन्द्र के सम्मान में उत्सव मनाया जाता था। कोरनावाई विजय की देवी थी। बहेलिए जाति के लोग कोरेलै की उपासना करते थे तथा पशुचारक कृष्ण की पूजा करते थे। मरियम्मा (परशुराम की माता) चेचक से सम्बन्धित शीतला माता थीं। येलम्मा सीमा की देवी थीं। 'मणिमैखले' में कापालिक शैव संन्यासियों की चर्चा मिलती है।

विभिन्न प्रदेशों से जुड़े देवता

क्षेत्र	देवता	निवासी
कुरुंजि (पर्वत)	मुरुगन	कुरुवर (शिकारी)
पल्लै (निर्जन स्थल)	कोरनाबाई	मरवर (योद्धा)
मुल्लै (जंगल)	मेयन (विष्णु)	कुरुम्बर (गड़रिये)
मरुदम (जुते क्षेत्र)	इन्द्र	उलवर (कृषक)
नेयतल (समुद्रतट)	वरुण	पटदावर (मछुआरे)

संगम साहित्य

- तमिल की प्राचीनतम रचनाओं को संगम साहित्य कहते हैं। इन्हें संगम इसलिए कहा जाता था, क्योंकि मदुरै के कवियों के सम्मेलनों में इनका संकलन किया जाता था। तमिल परम्परा से तीन साहित्यिक परिषदों का विवरण मिलता है। सभी संगम के संरक्षक पाण्ड्य शासक थे। **संगम** संस्कृत भाषा का शब्द है, जिसका अर्थ होता है—**मिलन**। यह कृष्णा एवं तुंगभद्रा नदियों के तमिलकम प्रदेश में तमिल कवियों एवं विद्वानों का मिलन था।
- संगमकालीन रचनाओं को दो वर्गों में वर्गीकृत किया गया है—अगम (प्रेम सम्बन्धी) तथा पुरम (राजाओं की प्रशंसा)। इन्हें मुख्यतः दो समूहों में बाँटा जा सकता है—आख्यानात्मक और उपदेशात्मक।
- आख्यानात्मक ग्रन्थ 'मेलकणक्कु' अर्थात् मुख्य अठारह ग्रन्थ, जिनमें आठ पद्य संकलन और दस ग्राम्य गीत हैं। इन ग्रन्थों को वीरगाथा काव्य भी कहा जाता है। उपदेशात्मक ग्रन्थ 'कीलकणक्कु' अर्थात् अठारह लघु ग्रन्थ कहलाते हैं।
- प्रथम संगम की सभी रचनाएँ विनष्ट हो गईं। द्वितीय संगम की भी सभी रचनाएँ विनष्ट हो गईं, केवल एक तमिल व्याकरण **तोलकाप्पियम** बचा रहा। तीसरे संगम में रचित साहित्य आठ संग्रह ग्रन्थों में संकलित हैं, जिन्हें **ऐत्तुतोगई** कहते हैं। आठ ग्रन्थ हैं—नण्णिनै, कुरुन्थोकै, एनगुरुनूर (किलार रचित) पदितपत्तु, परिपादल, करितोगई, अहनानुरु (रुद्रश्रमण रचित) तथा पुरनानुरु।
- 'तीरुक्कुराल' को तमिल साहित्य का बाइबिल कहा गया है, जिसे तिरुवल्लुवर ने लिखा। इलंगोआदिगल (चेर राजा सेनगुट्टुवन का भाई) द्वारा लिखित **शिलप्पादिकारम** (रत्नजड़ित नूपुर) को तमिल जनता का राष्ट्रीय काव्य माना गया है, जिसमें कोवलन तथा कन्नगी की दुर्भाग्यगाथा एवं श्रीलंका के शासक गजबाहु की चर्चा है। सत्तनार (बौद्ध) लिखित 'मणिमैखले' में माधवी एवं कोवलन से उत्पन्न पुत्री मणिमैखले और राजकुमार उदय कुमारन के बीच प्रेम सम्बन्धों की चर्चा है। तिरुक्तदेवर (जैन भिक्षु) लिखित 'जीवक चिन्तामणि' में जीवक नामक योद्धा के अद्भुत कार्यों का वर्णन किया गया है।
- **तोलकाप्पियम** की रचना तोलकाप्पियर ने की है। यह अगम (प्रेम) तथा पुरम् (युद्ध) से जुड़ा तमिल व्याकरण है। तमिल लोग ईसवी के आरम्भ के पहले से ही लिखना जानते थे। ब्राह्मी लिपि में लिखे गए 75 से भी अधिक छोटे-छोटे अभिलेख प्राकृतिक गुफाओं विशेषकर मदुरै प्रदेश में पाए गए हैं।

नोट संगम साहित्य में कोन, को एवं मन्नन राजा के लिए प्रयोग होता था।

विभिन्न संगम

संगम	अध्यक्ष	संरक्षक एवं संख्या	स्थल	सदस्यों की संख्या
प्रथम	अगस्त्य ऋषि	पाण्ड्य (89)	मदुरै	549
द्वितीय	तोलकाप्पियर	पाण्ड्य (59)	कपाटपुरम्	49
तृतीय	नक्कीरर	पाण्ड्य (49)	उत्तरी मदुरै	49

बादामी का चालुक्य वंश

- चालुक्यों ने छठी सदी के आरम्भ में पश्चिमी दक्कन में अपना राज्य कायम किया। इसकी राजधानी वातापी (आधुनिक बादामी) थी। चालुक्यों का राज्य कृष्णा और तुंगभद्रा नदियों के बीच था। चालुक्य लोग स्वयं को ब्रह्मा, मनु या चन्द्र के वंशज मानते थे। इस वंश का संस्थापक **पुलकेशिन प्रथम** (535-567 ई.) को माना जाता है। इसके उत्तराधिकारी कीर्तिवर्मन प्रथम (567-597 ई.) ने पुरुरणपराक्रम, सत्याश्रय आदि उपाधियाँ ग्रहण कीं।
- इस वंश में प्रायः महिलाओं को प्रशासन में उच्च पद प्राप्त थे। अनेक स्त्रियाँ गवर्नरों एवं पदाधिकारियों के पद पर भी आसीन थीं। **भट्टारिका** प्रशासनिक अधिकारी के रूप में नियुक्त थीं।
- **पुलकेशिन द्वितीय** (608-642 ई.) इस वंश का महान् शासक था, जिसने 'सत्याश्रय श्री पृथ्वी वल्लभ महाराज' एवं 'दक्षिणापथेश्वर' की उपाधि धारण की। इसने पश्चिमी गंग, कदम्ब एवं हर्षवर्द्धन को पराजित किया तथा परमेश्वर की उपाधि ग्रहण की। इसकी जानकारी रविकीर्ति लिखित 'ऐहोल अभिलेख' से मिलती है। रविकीर्ति के अनुसार पुलकेशिन द्वितीय ने हर्षवर्द्धन को 634 ई. में पराजित किया था।
- पुलकेशिन द्वितीय ने वेंगी को जीतकर अपने भाई **विष्णुवर्द्धन** को वहाँ का शासक नियुक्त किया। इसके साथ ही वेंगी की चालुक्य शाखा की नींव रखी गई। विक्रमादित्य प्रथम ने गुजरात में लाट क्षेत्र को जीतकर अपने भाई जयसिंहवर्मन को वहाँ का शसक नियुक्त किया। इसके साथ ही गुजरात में चालुक्य की लाट शाखा का विकास हुआ। पुलकेशिन द्वितीय ने

हर्ष को नर्मदा नदी के तट पर पराजित कर हर्ष के दक्षिण प्रसार को रोक दिया तथा नर्मदा के क्षेत्रों पर अधिकार कर लिया।

- पुलकेशिन द्वितीय ने पल्लव शासक महेन्द्रवर्मन को पराजित किया था, लेकिन महेन्द्रवर्मन के उत्तराधिकारी नरसिंहवर्मन प्रथम ने श्रीलंका के शासक मानवम्म के साथ मिलकर पुलकेशिन द्वितीय को पराजित कर उसे मार दिया। पुलकेशिन के ईरान के साथ राजनयिक सम्बन्ध थे। अजन्ता के एक चित्र में उसे ईरानी राजदूत का स्वागत करते हुए दिखाया गया है। ह्वेनसाँग भी उसके दरबार में गया था। विक्रमादित्य प्रथम, विनयादित्य एवं विजयादित्य क्रमश: उसके उत्तराधिकारी थे।
- चालुक्य शासक **विक्रमादित्य द्वितीय** (733-747 ई.) के समय अरब आक्रमण हुआ, किन्तु जयसिंहवर्मन के पुत्र 'पुलकेशी' ने अरबों को पराजित किया, जिसे **अवनिजनाश्रय** की उपाधि दी गई। विक्रमादित्य द्वितीय ने हैहेय वंश की दो राजकुमारियों त्रिलोक महादेवी एवं लोकमहादेवी से विवाह किया। त्रिलोक महादेवी ने त्रैलोकेश्वर मन्दिर एवं लोकमहादेवी ने लोकेश्वर (पट्टडकल) मन्दिर बनवाया। इस वंश का अन्तिम शासक **कीर्तिवर्मन द्वितीय** (747-757 ई.) था, जिसका तख्ता पलट कर दन्तिदुर्ग ने राष्ट्रकूट वंश की स्थापना की।
- चालुक्य शासक धार्मिक मामलों में सहिष्णु थे, किन्तु उन्होंने जैन धर्म को विशेष रूप से संरक्षण दिया। अजन्ता की कुछ बौद्ध गुफाओं का निर्माण चालुक्यों के शासनकाल में ही हुआ। इसी समय भारत में पारसी धर्म का प्रभाव भी बढ़ना आरम्भ हुआ। चालुक्यों ने अपने राज्य में पारसियों को बसने की आज्ञा दी।
- पहाड़ों एवं चट्टानों को काटकर भव्य मन्दिरों का निर्माण कराया गया। चालुक्यों ने बेसर शैली का आधार निर्मित किया।
- ऐहोल में 70 शिव मन्दिर तथा पट्टडकल में 10 मन्दिर बनवाए गए, जिनमें सबसे प्रमुख उत्तरी शैली का पापनाथ मन्दिर (680 ई.) और दक्षिणी शैली का विरुपाक्ष मन्दिर (740 ई.) था। ऐहोल अभिलेख से ज्ञात होता है कि रविकीर्ति ने **जिनेन्द्र का मन्दिर** बनवाया। चालुक्य शासक कुमारपाल ने अपने मन्त्रियों को पशुओं पर क्रूरता करने वालों पर प्रतिबन्ध लगाने के लिए काशी भेजा था।

नोट प्राचीन भारत में तगर (व्यापार केन्द्र) कल्याण को बेंगी से जोड़ता था। दक्षिण भारतीय व्यापारियों का निगम मणिग्राम था।

वेंगी का चालुक्य वंश (पूर्वी-चालुक्य)

- पुलकेशिन द्वितीय के भाई विष्णुवर्द्धन प्रथम (615-633 ई.) ने इस राजवंश की स्थापना की। इसकी राजधानी क्रमश: पिष्टपुर, वेंगी और राजमुन्दरी थी।
- विजयादित्य प्रथम (746-764 ई.) ने राष्ट्रकूटों से इस वंश की रक्षा की, परन्तु विष्णुवर्द्धन चतुर्थ (764-799 ई.) को राष्ट्रकूट शासक कृष्ण प्रथम तथा ध्रुव ने पराजित किया।
- विजयादित्य द्वितीय (799-847 ई.) इस वंश का अन्तिम महान् शासक था, जिसने पल्लवों के साथ-साथ मैसूर, गंग, राष्ट्रकूट, पाण्ड्य तथा कलचुरि राजाओं को परास्त किया। धीरे-धीरे चालुक्य राज्य पर चोलों का प्रभाव बढ़ता चला गया और दोनों वंशों के बीच वैवाहिक सम्बन्ध भी स्थापित हुए, जिससे कुलोत्तुंग पैदा हुआ। उसने विजयादित्य सप्तम् को हटाकर वहाँ का राज्य अपने पुत्र को सौंप दिया, जिससे चालुक्य राजवंश समाप्त हो गया।

कल्याणी का चालुक्य वंश

- 10वीं सदी के अन्तिम चरण में इस राजवंश की स्थापना **तैलप द्वितीय** (993-997 ई.) ने की, जो आरम्भ में राष्ट्रकूटों का सामन्त था। उसने चेदि, मालवा और चोल शासक को पराजित किया तथा भुवनैकमल्ल, आहवमल्ल, परमभट्टारक की उपाधि धारण की।
- **सत्याश्रय** (997-1008 ई.) ने चोल शासक राजराज प्रथम को पराजित किया, लेकिन कलचुरियों एवं परमारों से पराजित होना पड़ा। इसने कन्नड़ कवि गदायुद्ध को संरक्षण दिया। इसके गुरु विमलचन्द्र जैन विद्वान् थे।
- **जयसिंह द्वितीय** (1015-1043 ई.) के समय कलचुरियों, परमारों और चोलों ने असफल आक्रमण किए।
- **सोमेश्वर प्रथम** (1043-1068 ई.) के साथ संघर्ष में चोल शासक राजाधिराज युद्धभूमि में मारा गया था। इसने परमार नरेश भोज को हराकर धार पर कब्जा कर लिया था। सोमेश्वर ने चालुक्य राजधानी मान्यखेत से स्थानान्तरित कर कल्याणी में स्थापित की।
- **विक्रमादित्य षष्ठ** (1076-1126 ई.) इस वंश का अन्तिम महान् शासक था। इसने चालुक्य विक्रम सम्वत् (1076 ई.) आरम्भ किया। राजकवि विल्हण इसका दरबारी था। इसने अपने नाम से विक्रमपुर नगर भी बसाया था।
- **सोमेश्वर तृतीय** (1126-1138 ई.) ने 'भूलोकमल्ल' विरुद धारण किया। इसने शिल्पशास्त्र पर ग्रन्थ 'मानसोल्लास' लिखा। इसी के समय होयसल सामन्त विष्णुवर्द्धन ने अपनी स्वतन्त्रता की घोषणा की।
- **सोमेश्वर चतुर्थ** (1181-1189 ई.) को यादव राजा भिल्लन से हारकर गोवा भागना पड़ा। इसके पश्चात् कल्याणी पर यादवों का अधिकार हो गया तथा चालुक्यों का राजवंश समाप्त हो गया।

पल्लव वंश

इक्ष्वाकुओं को अपदस्थ कर उनके स्थान पर पल्लव आए। पल्लव का अर्थ होता है—लता। इस वंश का संस्थापक **सिंहविष्णु** (565-600 ई.) को माना जाता है, जिसे सिंहविष्णु पोत्तरयण एवं अवनिसिंह भी कहा जाता था। 'किरातार्जुनीयम्' का लेखक **भारवि** सिंहविष्णु के दरबार में रहता था। वह वैष्णव धर्म का अनुयायी था। उसके समय में मामल्लपुर में वराह मन्दिर का निर्माण हुआ। इसकी राजधानी काँचीपुरम थी।

प्रमुख शासक

महेन्द्रवर्मन प्रथम (600-630 ई.)

यह सिंहविष्णु का उत्तराधिकारी एवं कला संस्कृति का महान् संरक्षक था। पहले यह जैन था, किन्तु बाद में शैव सन्त अप्पर के प्रभाव में शैव हो गया था। इसकी प्रमुख उपाधियाँ थीं-**विचित्रचित्त**, **मत्तविलास**, **गुणभर**, **चित्रकारपुली** आदि।

नरसिंहवर्मन प्रथम/महामल्ल (630-668 ई.)

- महेन्द्रवर्मन प्रथम के उत्तराधिकारी नरसिंहवर्मन प्रथम ने महामल्ल की उपाधि धारण की तथा चालुक्य शासक पुलकेशिन द्वितीय को पराजित कर **वातापीकोण्ड** की उपाधि धारण की।
- इसने सिंहल द्वीप के विरुद्ध 642 ई. में दो समुद्री अभियान भेजे थे। इसने मामल्ल शैली का विकास किया, जिसमें मण्डप एवं रथों का विकास हुआ। इसमें निर्मित सप्तरथ मन्दिरों को **सप्त पैगोडा** कहा जाता है।

- नरसिंहवर्मन प्रथम के बाद परमेश्वरवर्मन (670-700 ई.) शासक बने, जिसने विद्याविनीत की उपाधि धारण की तथा गणेश मन्दिर (मामल्कपुरम) का निर्माण करवाया।

नरसिंहवर्मन द्वितीय (700-728 ई.)

- इसका काल शान्ति का काल था, जिसमें स्थापत्य का भरपूर विकास हुआ। नरसिंहवर्मन द्वितीय ने अपना एक दूतमण्डल चीन भेजा था तथा चीनी बौद्ध यात्रियों के लिए नागपत्तनम में एक विहार निर्मित करवाया था।
- इसने काँची के **कैलाशनाथ मन्दिर** और महाबलीपुरम के **शोर मन्दिर** का निर्माण करवाया। इसके समय में अरबों का आक्रमण हुआ तथा मन्दिरों के निर्माण में द्रविड़ स्थापत्य कला की शुरुआत हुई। इसके बाद परमेश्वरवर्मन द्वितीय, नन्दिवर्मन द्वितीय (तिरमंगाई अलवार के समकालीन), नन्दिवर्मन तृतीय अन्य प्रमुख शासक थे। अपराजित पल्लव वंश का अन्तिम महत्त्वपूर्ण शासक था।

पल्लवकालीन धर्म एवं शिक्षा-साहित्य

- पल्लव शासकों ने ब्राह्मण, जैन एवं बौद्ध धर्म को संरक्षण दिया। नयनार (शैव) तथा प्रसिद्ध वैष्णव सन्त तिरुमंगई अलवार, नन्दिवर्मन अलवार (वैष्णव) सन्तों के उपदेशों ने भक्ति परम्परा को आगे बढ़ाया। प्रसिद्ध तमिल कवि सन्त **पेरुन्देवनार** नन्दिवर्मन तृतीय का समकालीन था। **अण्डाल** एक महिला (अलवार) सन्त थी, जो अत्यधिक सम्मानित थी। काँची विद्या का मुख्य केन्द्र था।
- ह्वेनसाँग ने नरसिंहवर्मन प्रथम (641 ई.) के समय में काँची की यात्रा की थी। ह्वेनसाँग ने काँची में शिक्षा प्राप्त की। इन्होंने मयूरवर्मा, वात्स्यायन, दिंगनाग इत्यादि को संरक्षण दिया था।
- पल्लव शासकों ने भारवि, दण्डी एवं मातृदेव को संरक्षण दिया। भारवि ने **किरातार्जुनीयम्** तथा दण्डी ने **दशकुमारचरितम्** लिखी। महेन्द्रवर्मन ने **मत्तविलास प्रहसन** एवं **भगवदज्जुक** की रचना की। **मत्तविलास प्रहसन** में कापालिकों एवं बौद्ध भिक्षुओं पर व्यंग्य किया गया है। उसके संरक्षण में ही संगीतशास्त्र पर आधारित ग्रन्थ **कुडमिमालय** की रचना हुई।

पल्लवकालीन कला एवं स्थापत्य

- पल्लवकालीन कला का सर्वोत्तम रूप मन्दिर-स्थापत्य है, जो द्रविड़ शैली में है। इस काल में रथ शैली के मन्दिरों का निर्माण रथ के आकार में हुआ था। इनका निर्माण काष्ठकला से प्रभावित था।
- यह एक शिलाखण्डीय मन्दिर है, जो एक पत्थर को काटकर बनाया गया है। यहाँ कुल 8 रथ हैं, जिनका निर्माण बौद्ध विहार शैली तथा चैत्यों के अनुसार हुआ है।

राष्ट्रकूट वंश

आठवीं शताब्दी के दक्षिण भारतीय राज्यों में राष्ट्रकूटों का प्रमुख स्थान है। इन्होंने लगभग दो सौ वर्षों तक भारत की राजनीति को प्रभावित किया। इनका उत्थान बादामी के चालुक्य राज्य के अवशेषों पर हुआ तथा इनका अन्त भी चालुक्यों की एक शाखा-कल्याणी के चालुक्यों द्वारा हुआ। दक्षिण में राष्ट्रकूटों का शासन पाल और प्रतिहार वंशों के शासन के समकालीन था। इनके पाँच शिलालेख कर्नाटक राज्य में मिले हैं।

प्रमुख शासक

दन्तिदुर्ग (735-756 ई.)

- राष्ट्रकूटों के स्वतन्त्र राज्य की स्थापना करने वाला दन्तिदुर्ग चालुक्यों का सामन्त था। अरब आक्रमण को विफल करने के कारण चालुक्य शासक विक्रमादित्य ने इसे 'पृथ्वी वल्लभ' और 'खड्वालोक' की उपाधि दी थी। उसने स्वतन्त्र शासन की स्थापना कर मान्यखेत या मालखण्ड को अपनी राजधानी बनाया, जो आधुनिक शोलापुर के निकट है। इसने चालुक्य शासक कीर्तिवर्मन को परास्त कर अपनी स्वतन्त्रता की घोषणा की।
- इसने महाराजाधिराज, परमेश्वर, परमभट्टारक जैसी उपाधियाँ भी धारण कीं। इसने उज्जैन पर अधिकार कर **हिरण्यगर्भदान** नामक महायज्ञ किया, जिसमें प्रतिहार राजा ने द्वारपाल का कार्य किया था। जब हिरण्यगर्भ (सोने का गर्भ) नामक अनुष्ठान ब्राह्मणों की सहायता से सम्पन्न किया जाता था, तब यह माना जाता था कि इससे याजक, जन्मना क्षत्रिय न होते हुए भी क्षत्रिय के रूप में दोबारा क्षत्रियत्व को प्राप्त कर लेगा।

कृष्ण प्रथम (756-773 ई.)

यह दन्तिदुर्ग का उत्तराधिकारी था। उसने राजाधिराज, परमेश्वर की उपाधि धारण की, तथा द्रविड़ शैली के एलोरा के प्रसिद्ध कैलाशनाथ मन्दिर का निर्माण करवाया।

ध्रुव (780-793 ई.)

कृष्ण प्रथम का उत्तराधिकारी गोविन्द द्वितीय (773-780 ई.) एक अयोग्य शासक था। उसके पश्चात् **ध्रुव** शासक बना, जिसने धरावर्ष, निरूपम, कालीवल्लभ, श्रीवल्लभ की उपाधि धारण की। उसने प्रतिहार राजा वत्सराज और पाल राजा धर्मपाल को त्रिपक्षीय संघर्ष के दौरान पराजित किया था।

गोविन्द तृतीय (793-814 ई.)

- ध्रुव का उत्तराधिकारी गोविन्द तृतीय एक महान् शासक था। उसने चालुक्य शासक नागभट्ट द्वितीय को पराजित कर वीर नारायण की उपाधि ग्रहण की। पल्लव शासक दन्तिवर्मन, प्रतिहार शासक नागभट्ट द्वितीय को उसने परास्त किया।
- संजन ताम्रपत्र अभिलेख के अनुसार उसने हिमालय तक सैनिक अभियान किए तथा मालवा, कोशल, कलिंग, बंग तथा डाहल पर अधिकार स्थापित किए।
- इसने पल्लवों, पाण्ड्यों, केरलों तथा गंग राजाओं के संघ को नष्ट कर दक्षिण में अपनी सार्वभौम सत्ता स्थापित की। सिंहल नरेश ने इससे मैत्रीपूर्ण सम्बन्ध स्थापित किए। इसे विन्ध्यघाटी में अनेक मन्दिरों के निर्माण का श्रेय दिया जाता है।

अमोघवर्ष (814-878 ई.)

- अमोघवर्ष राष्ट्रकूटों का अन्तिम महान् शासक था। उसका जन्म अपने पिता के अभियानों के क्रम में एक सैनिक छावनी में हुआ था। वह विद्या और कला का उदार संरक्षक था।
- उसने स्वयं कन्नड़ भाषा में **कविराजमार्ग** तथा **प्रश्नोत्तरमालिका** की रचना की। उसके दरबारी जिनसेन ने **आदिपुराण** नामक ग्रन्थ लिखा। 'अमोघवृत्ति' के रचनाकार शकटायन तथा 'गणित सारसंग्रह' के रचनाकार

महावीराचार्य भी उसके दरबारी थे। अरब यात्री सुलेमान ने उसकी प्रशंसा की है।

- अमोघवर्ष ने ही **मान्यखेत** को राष्ट्रकूटों की राजधानी बनाया। अमोघवर्ष जैन मतानुयायी होते हुए भी हिन्दू देवी-देवताओं का सम्मान करता था। वह 'महालक्ष्मी' का अनन्य भक्त था और एक बार उसने अपनी अँगुली देवी को चढ़ा दी थी। उसकी तुलना शिव, दधीचि जैसे पौराणिक व्यक्तियों से की जाती है। उसने तुलापुरुष दान सम्पन्न किया था।

राष्ट्रकूट कालीन संस्कृति

- राष्ट्रकूट शासक धार्मिक रूप से सहिष्णु थे, उन्होंने शैव, वैष्णव तथा जैन मतावलम्बियों को संरक्षण दिया। उन्होंने अपने राज्य में मुसलमान व्यापारियों को बसने तथा इस्लाम के प्रचार की स्वीकृति दी थी। राष्ट्रकूटों ने **गरुड़** को अपना राजचिह्न बनाया था।
- अपभ्रंश के महान् कवि स्वयम्भू तथा उसका पुत्र राष्ट्रकूटों के दरबार में रहते थे। अरबी लेखकों के अनुसार राष्ट्रकूट साम्राज्य में राजपरिवार की महिलाएँ पर्दा नहीं करती थीं। राष्ट्रकूट राजाओं में ध्रुव तथा गोविन्द चतुर्थ ने अंग्रेजों को अपदस्थ किया था।
- अमोघवर्ष की पुत्री राजकुमारी चन्द्रवल्लभी ने कुछ समय के लिए रायचूर दोआब पर शासन किया था। राष्ट्रकूटों के पास बड़ी संख्या में किले थे। राष्ट्रकूट साम्राज्य में प्रत्यक्षत: प्रशासित क्षेत्रों को राष्ट्र, विषय और भुक्ति में विभाजित किया गया था। राष्ट्र का प्रधान राष्ट्रपति कहलाता था। **कलंजु, गद्यान्क, कसु** आदि स्वर्ण मुद्राएँ राष्ट्रकूट राज्य में प्रचलित थीं।

चोल वंश

- नौवीं शताब्दी में चोल साम्राज्य का उदय हुआ। चोल साम्राज्य की स्थापना **विजयालय** (850-875 ई.) ने की। वह पहले पल्लवों का सामन्त था। उसने तंजौर या तंजावुर को जीतकर **नरकेसरी** की उपाधि धारण की।
- वहाँ उसने निशुम्भसूदनी का मन्दिर बनवाया। आदित्य प्रथम (875-907 ई.) ने पल्लव शासक अपराजित वर्मन को परास्त कर चोलों को पूर्ण रूप से स्वतन्त्र घोषित किया तथा **कोण्डाराम** की उपाधि धारण की।

प्रमुख शासक

परान्तक प्रथम (907-955 ई.)

- आदित्य प्रथम के पुत्र **परान्तक प्रथम** ने 915 ई. में वेल्लूर के युद्ध में पाण्ड्य तथा श्रीलंका की संयुक्त सेनाओं को बुरी तरह पराजित किया और **मदुरैकोण्ड** की उपाधि धारण की। 949 ई. में राष्ट्रकूट नरेश कृष्ण तृतीय ने पश्चिमी गंगों की सहायता से चोलों पर आक्रमण किया तथा तक्कोलम के युद्ध (949 ई.) में चोल बुरी तरह पराजित हुए।
- इस युद्ध में परान्तक का पुत्र राज्यादित्य मारा गया। उसने त्रिचनापल्ली में पोरंगनाथ का मन्दिर बनवाया। ऋग्वेद पर भाष्य लिखने वाला प्रसिद्ध विद्वान् **वेंकट माधव** इसी के समकालीन थे। उत्तर-मेरूर अभिलेख परान्तक प्रथम का है। उसने चिदम्बरम मन्दिर में सोने का आवरण चढ़ाया।

राजराज प्रथम (985-1014 ई.)

- राजराज प्रथम के राज्यारोहण के साथ चोल इतिहास की महानता का युग प्रारम्भ हुआ। इसने सर्वप्रथम चेरों की नौसेना को कण्डलूर में परास्त किया। इसके पश्चात् इसने चालुक्य, पाण्ड्य तथा दक्षिण मैसूर के गंग राजाओं को पराजित किया।
- इसने श्रीलंका के शासक महेन्द्र पंचम् को पराजित कर अनुराधापुर (राजधानी) को नष्ट कर दिया तथा पोलोन्नरुवा को नई राजधानी बनाया, जिसका नया नाम जननाथमंगलम् रखा। श्रीलंका के जीते गए क्षेत्र का नाम मामुण्डीचोलपुरम् रखा।
- मालदीव की विजय उसकी नौसेना की अद्‌भुत उपलब्धि थी। वह शैव था, जिसने शिवपाद शेखर की उपाधि धारण की। अरमोलिवर्मन, मुम्माडिचोलदेव, चोल-पाण्ड्य, चोलमार्तण्ड, जगन्नाथ इसकी प्रमुख उपाधियाँ थीं। इसने 1000 ई. में भूमि माप की पद्धति **कदम्ब** चलाई और तंजौर में **राजराजेश्वर** या **वृहदेश्वर** मन्दिर का निर्माण 1010 ई. में कराया।
- शैलेन्द्र शासक विजयतुंगवर्मन को नागपत्तनम में चूड़ामणि बौद्ध विहार बनाने की आज्ञा दी और आनडमंगलम नामक ग्राम दान में दिया। इसने चोल अभिलेखों का निर्माण ऐतिहासिक प्रशस्ति के साथ करवाने की प्रथा शुरू की।
- इसने वेंगी के चालुक्य नरेश विमलादित्य के साथ अपनी पुत्री का विवाह किया। इसने चीन में सोंग राजवंश (960-1279 ई.) के शासनकाल में 72 व्यापारियों को चीन भेजा था।

राजेन्द्र प्रथम (1014-1044 ई.)

- चोल वंश का एक अन्य महान् शासक राजेन्द्र चोल था, जिसकी उपलब्धियों की जानकारी तिरुवालंगाडु एवं करन्दई अभिलेख से प्राप्त होती है। उसने पश्चिमी चालुक्य जयसिंह द्वितीय को मास्की के युद्ध (1021 ई.) में हराया। उसने सम्पूर्ण श्रीलंका (सीलोन) को जीत लिया तथा महेन्द्र पंचम् को बन्दी बनाकर चोल राज्य में लाया गया। उसकी श्रीलंका विजय का उल्लेख महावंश में मिलता है। इसके पश्चात् उसने पाण्डय और चेर शासक को पराजित किया।
- **1022 ई.** में राजेन्द्र चोल ने उत्तर का अभियान किया तथा कलिंग एवं बंगाल के पाल शासक महिपाल को परास्त किया। इस अभियान का नेतृत्व अरैय्यन राजराजन ने किया था।
- इस विजय की स्मृति में उसने **गंगैकोण्डचोल** की उपाधि ली तथा कावेरी नदी के किनारे नई राजधानी गंगैकोण्डचोलपुरम् की स्थापना की। उसने सिंचाई हेतु चोलगंगम् नामक तालाब का निर्माण करवाया।
- **1035 ई.** में श्रीविजय साम्राज्य के शैलेन्द्रवंशी शासक विजयतुंगवर्मन के विरुद्ध नौसैनिक अभियान कर शैलेन्द्र वंश से कटाहा या कदारम के क्षेत्र को जीत लिया तथा कडारकोण्ड की उपाधि धारण की। जावा, सुमात्रा, मलय प्रायद्वीप के विरुद्ध उसने सफल नौसैनिक अभियान किया।
- उसने गंगैकोण्डचोलपुरम् में एक भव्य मन्दिर का निर्माण करवाया था। राजेन्द्र ने 1015 ई. व 1033 ई. में चीन के पास दूतमण्डल भेजे। उसने पण्डित चोल की उपाधि भी धारण की थी। उसने **चोलगंगम** नामक वृहद् कृत्रिम झील बनवाई तथा **कुतलोत्तम निर्वाचन** पद्धति को अपनाया।

राजाधिराज प्रथम (1044-52 ई.)

- इसने पश्चिमी चालुक्य शासक **सोमेश्वर** को परास्त किया और **विजय राजेन्द्र** तथा **वीराभिषेक** की उपाधि धारण की। विजय के उपलक्ष्य में इसने अश्वमेध यज्ञ किया, जो प्राचीन भारत में अन्तिम उदाहरण है।

- पश्चिमी चालुक्य शासक सोमेश्वर प्रथम के साथ 1055 ई. में दूसरी बार कोप्पम की लड़ाई हुई, जिसमें राजाधिराज मारा गया, वहीं युद्धभूमि में राजेन्द्र द्वितीय का राज्याभिषेक हुआ।

राजेन्द्र द्वितीय (1052-63 ई.)

यह राजाधिराज का भाई था, जिसने 1062 ई. के कुड्डलसंगमम् की लड़ाई में सोमेश्वर प्रथम को पराजित किया तथा कोल्हापुर में एक 'विजय स्तम्भ' स्थापित किया।

वीर राजेन्द्र (1063-70 ई.)

- इसने भी पश्चिमी चालुक्यों से युद्ध किया, जिसके पश्चात् सोमेश्वर ने आत्महत्या कर ली। इसने चालुक्य शासक विक्रमादित्य षष्ठ के साथ अपनी पुत्री का विवाह किया। इसने श्रीलंका तथा शैलेन्द्र शासक के विरुद्ध भी अभियान किए।
- वीर राजेन्द्र ने 'राजकेसरी' की उपाधि ग्रहण की। अधिराजेन्द्र चोलों की मुख्य शाखा का अन्तिम शासक था, जो 1070 ई. में एक जन विद्रोह में मारा गया।

कुलोत्तुंग प्रथम (1070-1120 ई.)

- इसके समय से चोल-चालुक्य वंश का शासन आरम्भ हुआ। इसकी उपाधि शुंगम तविर्त्त (मार्ग शुल्क हटाने वाला), कैटेकोण्ड चोलन, मलैनडुकोण्ड चोलन आदि थीं। इसके समय सिंहली नरेश विजयबाहु ने श्रीलंका को स्वतन्त्र करा लिया और इसने अपनी पुत्री का विवाह विजयबाहु से कर दिया।
- वेंगी का क्षेत्र चोल साम्राज्य का अंग बन गया। कन्नौज, कम्बोज से मैत्री तथा पाण्ड्य, होयसल एवं केरल से उसका संघर्ष हुआ। इसने 1077 ई. में 72 व्यापारियों का दूतमण्डल चीन भेजा। **रामानुज** इसका समकालीन था। रामानुज को इसने राज्य से निकाल दिया था।

अन्य शासक

- कुलोत्तुंग प्रथम के पश्चात् विक्रम चोल (1120-35 ई.), कुलोत्तुंग द्वितीय (1135-50 ई.), राजराज द्वितीय (1150-73 ई.), राजाधिराज द्वितीय (1173-82 ई.), कुलोत्तुंग तृतीय (1182-1217 ई.), राजराज तृतीय (1217-50 ई.) और राजेन्द्र तृतीय (1257-79 ई.) शासक हुए। विक्रम चोल ने चिदम्बरम के नटराज मन्दिर का पुनरुद्धार कराया था। **त्यागसमुद्र** उसकी उपाधि थी।
- कुलोत्तुंग द्वितीय ने चिदम्बरम मन्दिर में स्थित गोविन्दराज की मूर्ति को समुद्र में फेंकवा दिया था। रामानुज ने मूर्ति को पुनः तिरुपति के विशाल वैष्णव मन्दिर में स्थापित करवाया। रामानुज श्रीरंगम के मन्दिर में शिक्षण कार्य करते थे। 1279 ई. में मारवर्मन कुलशेखर पाण्ड्य ने चोल राज्य को जीत लिया, जिसके साथ चोल वंश समाप्त हो गया।

चोल प्रशासनिक व्यवस्था

- चोल प्रशासन में राजा सर्वाधिक महत्त्वपूर्ण व्यक्ति था। राजा की शक्ति और प्रतिष्ठा का पता इस बात से चलता है कि चोल राजाओं और रानियों की मूर्तियाँ मन्दिरों में स्थापित कर उनकी पूजा की जाती थी। चोल शासक 'चक्रवर्तीगल' तथा **त्रिलोक सम्राट** जैसी उपाधियाँ ग्रहण करते थे।
- राजा मन्त्रियों एवं अन्य पदाधिकारियों की सहायता से शासन करता था। राजपद वंशानुगत था तथा युवराज ज्येष्ठता के आधार पर राज्य का उत्तराधिकारी बनता था। प्रशासन की सुविधा के लिए विशाल चोल साम्राज्य **छः प्रान्तों** में विभाजित था। चोल साम्राज्य क्रमशः मण्डल, वलनाडू, नाडू तथा कोट्टम या कुर्रम में बँटे हुए थे। अधिकारियों का उच्च वर्ग **पेरुन्दनम** एवं निम्न वर्ग 'सेरुन्दनम' कहलाता था। सरकारी पद अक्सर कुल परम्परागत होते थे। अधिकारियों को उनकी सुविधानुसार भू-राजस्व में वेतन दिया जाता था, जो **जीविता** कहलाता था। राजा के प्रधान सचिव को औलेनायकम कहते थे।
- न्याय के लिए नियमित न्यायालय की स्थापना की गई थी। सम्राट के न्यायालय को **धर्मासन** कहा जाता था। न्यायालय के पण्डितों को **धर्मभट्ट** कहा जाता था। तेरहवीं सदी के चीनी यात्री **चाऊ-जु-कुआ** के यात्रा विवरण में चोलकालीन दण्ड व्यवस्था का वर्णन मिलता है।

स्थानीय स्वशासन

- चोल प्रशासन की सबसे मुख्य विशेषता स्थानीय स्वशासन थी। चोल शासक परान्तक प्रथम के **उत्तर-मेरूर अभिलेखों** से स्थानीय स्वशासन की विस्तृत जानकारी मिलती है। चोल काल में गाँवों की तीन मुख्य श्रेणियाँ थीं। साधारण गाँव 'उर' कहलाता था।
- 'ब्रह्मदेव' या 'अग्रहार' कर मुक्त गाँव थे, जो ब्राह्मणों को दान में दिए जाते थे।
- देवदान गाँव देवताओं या मन्दिरों को दान में दिए जाते थे। चोल काल में गाँव की सभी अक्षयनिधियाँ ग्राम सभा के अधीन होती थीं।
- चोल अभिलेखों में विशेषत: तीन प्रकार की ग्राम सभाओं का उल्लेख मिलता है उर, सभा या महासभा और नगरम्। **उर** एक सामान्य प्रकार की ग्राम सभा थी, जिसमें ग्राम, पुर या नगर दोनों सम्मिलित थे। **सभा** या **महासभा** अग्रहार (ब्राह्मणों) की संस्था थी। यह समितियों के माध्यम से कार्य करती थी, जिसे **वारियम** कहा जाता था।
- समिति में 30 सदस्य चुने जाते थे, जिनमें से 12 ज्ञानी व्यक्तियों की एक समिति समवत्सर वारियम कहलाती थी। तोट्टावारियम (उपवन समिति), एनवारियम (सिंचाई समिति), पंचभार (पंच बनकर झगड़ों का निपटारा समिति), पोनवारियम (स्वर्ण समिति) तथा उदासिक वारियम (संन्यासियों एवं विदेशियों की समिति) 30 सदस्यों में से ही निर्मित होती थी। तमिलनाडु के चिंगलपुट जिले के उत्तर-मेरूर से प्राप्त अभिलेख में सभा के गठन का सविस्तार वर्णन है।
- महासभा को **पेरुर्गुरी** तथा उसके सदस्यों को **पेरुमक्कल** कहा जाता था। समितियों की बैठकें मन्दिरों, वृक्षों के नीचे तथा जलाशयों के किनारे होती थीं। बैठक के लिए निर्धारित स्थान ब्रह्मस्थान कहा जाता था।

राजस्व व्यवस्था

- भू-राजस्व की राशि कुल उपज का 1/3 भाग थी, जो नकद या गेहूँ के रूप में ली जाती थी। भू-राजस्व को **कदमई** कहा जाता था। भू-राजस्व के अतिरिक्त व्यापार कर, विवाह समारोह पर लगने वाला कर तथा लूट-मार से राज्य को आय होती थी।
- हस्तशिल्पकारों एवं कारीगरों के आवास स्थान (कुम्मनचचेरी) चाण्डालों की बस्तियाँ (पराचचेरी), मन्दिर, तड़ाग, नहरें, श्मशान भूमि (सुडगुडु) आदि कर मुक्त भू-क्षेत्र थे।
- करों की वसूली स्थानीय प्रशासन द्वारा तथा नगरों में नगरम् समिति द्वारा की जाती थी। राज राजा प्रथम तथा कुलोत्तुंग ने भूमि का सर्वेक्षण करवाकर भू-राजस्व निर्धारित किया।

प्रमुख कर

चोल अभिलेखों में भूमिकर के अतिरिक्त अनेक प्रकार के करों एवं उपकरों की सूचियाँ दृष्टव्य हैं। **उदाहरणार्थ आयम** (राजस्व), **मरमज्जाडि** (उपयोगी वृक्ष कर), **कडमै** (सुपारी के बागान पर कर), **मनैइरै** (गृह कर), **कढैइरै** (व्यापारिक प्रतिष्ठान कर), **पेवरी** (तेलघानी कर), **किडाक्काशु** (नर पशुधन कर), **पाडिकावल** (गाँव-सुरक्षा कर), **वाशाल्तिरम्** (द्वार कर), **मगन्मै** (स्वर्णकार, लौहकार, कुम्भकार, बढ़ई आदि के पेशों पर लगने वाला कर), **एरिपत्ति** (जलाशय के पुनर्निर्माण के लिए लगाया गया कर)।

सैन्य व्यवस्था

- चोलों के पास एक विशाल सेना थी, जिसके तीन अंग थे—गज सेना, अश्वारोही सेना और पैदल सेना। चोलों की नौसेना अधिक शक्तिशाली थी। सेना की टुकड़ी का नेतृत्व करने वाला नायक तथा सेनाध्यक्ष महादण्डनायक कहलाता था। सेना **कड़गम** या **पडैविडु** (छावनी) में रहती थी।
- चोल राज्य में दो प्रकार के सैनिक होते थे—शाही खजाने से वेतन पाने वाले (कैईक्कोलार) एवं स्थानीय रक्षा के लिए भर्ती किए गए सैनिक (नाट्टुप्पादाई)। राजमहल के सैनिक वल्लभ कहलाते थे। राजा स्वयं ही सर्वोच्च सेनापति होता था तथा युद्ध में सेना का नेतृत्व करता था।
- सेना का एक चुनिन्दा दल अंगरक्षक के रूप में हमेशा राजा के साथ रहता था, जिसे **वेल्लईक्कारर** कहा जाता था। सैन्य सेवाओं के बदले सैनिकों को राजस्व का एक भाग अथवा खण्ड देने की प्रथा थी।

आर्थिक स्थिति

- आर्थिक जीवन का मुख्य आधार कृषि, व्यापार-वाणिज्य, शिल्प एवं व्यवसाय थे। कृषि हेतु सिंचाई की समुचित व्यवस्था की गई थी। इसके लिए कुछ स्थानों पर कुएँ खोदे गए तथा कुछ स्थानों पर विशाल सरोवर बनाए गए। नौवीं सदी का एक जलद्वार तमिलनाडु से प्राप्त हुआ है।
- कावेरी डेल्टा की उपजाऊ भूमि के कारण चावल की खेती अत्यधिक मात्रा में होती थी। कई क्षेत्रों में एक वर्ष में दो फसलें उगाई जाती थीं। चोल अभिलेखों में भूमि की विभिन्न कोटियों का वर्णन है, जो निम्न हैं
  - **केल्लनवगाइ** गैर-ब्राह्मण किसान स्वामी की भूमि।
  - **ब्रह्मदेय** ब्राह्मणों को उपहार में दी गई भूमि।
  - **तनिपूर** ब्राह्मणों को दिए गए ग्राम ब्रह्मदेय कहलाते थे। इन ब्रह्मदेयों में से जो अधिक महत्त्वपूर्ण थे, वे तनिपूर कहलाते थे।
  - **शालाभोग** विद्यालय के रख-रखाव के लिए भूमि।
  - **देवदान** मन्दिर को उपहार में दी गई भूमि।
  - **पल्लिच्चंदम्** जैन संस्थानों को दान दी गई भूमि।
- धातुकर्म, वस्तु उद्योग एवं नमक उद्योग का विशेष विकास हुआ। विदेशी व्यापार मुख्यतया दक्षिण-पूर्व एशियाई देशों के साथ होता था। मन्दिरों की आर्थिक क्रियाकलापों में महत्त्वपूर्ण भूमिका थी।
- नगरीकरण की प्रक्रिया बढ़ी तथा अनेक समृद्ध नगरों का उदय हुआ। अनेक देशों से व्यापार करने वाले बड़े संघ (नानादेशी) तथा मणिग्रामम संघ तमिलनाडु में स्थित थे।
- व्यापारियों के स्थानीय संगठन को **नगरम्** कहा जाता था। ऐसे संगठन काँची तथा मामल्लपुर में स्थित थे।
- सबसे महत्त्वपूर्ण व्यापारिक संगठन **नानादेशी** था, जिसे अय्यवोलेपुर (ऐहोल) के पाँच सौ स्वामियों के नाम से जाना जाता था। इस काल में गोदामों तथा विक्रय केन्द्रों को एरिविरप्पात्तन कहा जाता था।
- **चिट्टरामेलि** किसानों का एक संगठन था। चोल काल में एक मानक सोने का सिक्का कलंजु या कल्याणजु था। काशु भी एक स्वर्ण सिक्का था, जो कलंजु के आधे के बराबर होता था। राजराजा प्रथम एवं राजेन्द्र प्रथम के द्वारा जारी सोने एवं चाँदी के सिक्के पर उनके नाम एवं चित्र उत्कीर्ण हैं।

सामाजिक स्थिति

- चोलों के समय जाति व्यवस्था के अन्तर्गत ब्राह्मण एवं बल्लाल (बड़े भू-स्वामी) का सर्वोच्च स्थान था। समाज दो वर्गों—ब्राह्मण एवं गैर-ब्राह्मण में विभाजित था। **वलंगई** (दक्षिण वर्गीय) तथा **इडंगई** (वाम वर्गीय) दो औद्योगिक वर्गीय समूह थे।
- वलंगई मुख्यतः कृषक एवं श्रमिक जातियाँ थीं तथा इडंगई हस्तशिल्पकारों या दस्तकारों की जातियाँ थीं। इडंगई की अपेक्षा वलंगई अधिक अधिकारयुक्त थे। उनका दरबार तथा सेना में अधिक प्रभाव था। दोनों में 98-98 जातियाँ थीं। इलंगई जातियों की कम्माल जाति अपनी आर्थिक उपयोगिता के कारण अधिक महत्त्वपूर्ण थी।
- समाज के कुछ वर्गों को अछूत (परैया) माना जाता था। स्त्रियों की स्थिति सामान्यतः अच्छी थी। यद्यपि देवदासी प्रथा, सती प्रथा एवं बहु-विवाह का प्रचलन था। इसके अतिरिक्त दास प्रथा भी प्रचलित थी। उच्च कुल की स्त्रियाँ प्रशासन से सम्बद्ध थीं।

शिक्षा एवं साहित्य

- मन्दिर और ग्राम महासभाएँ शिक्षा की व्यवस्था करती थीं। विद्यार्थियों को निःशुल्क शिक्षा दी जाती थी। मन्दिरों के साथ सम्बद्ध विद्यालय **घटिका** कहलाते थे। **इन्नाइरम्, त्रिभुवनी, तिरुवादुतुराई** एवं **तिरुवरियूर** प्रसिद्ध विश्वविद्यालय थे।
- शिक्षा का माध्यम (स्थानीय भाषा) तमिल न होकर संस्कृत था। इस काल में संस्कृत और तमिल भाषा साहित्य की काफी प्रगति हुई। दक्षिण भारतीय भाषाओं की प्राचीनता का क्रम क्रमशः तमिल, कन्नड़, तेलुगू एवं मलयालम है। **राजराज प्रथम** ने 'राजराजेश्वर नाटकम्' तथा 'राजराजा विजयम्' ग्रन्थ लिखा।
- कुलोत्तुंग प्रथम के राजकवि जयगोन्दार ने 'कलिंगत्तुपर्णी' तथा दरबारी शेक्कीलार ने 'पेरीयपुराणम्' की रचना की। कुलोत्तुंग तृतीय के संरक्षण में **कम्बन** ने 'तमिल रामायण' की रचना की। परान्तक प्रथम के संरक्षण में वेंकट माधव ने ऋग्गर्थदीपिका (ऋग्वेद पर टीका) की रचना की।
- चोल शासक वीर राजेन्द्र को महान् तमिल विद्वान् बताया गया है। प्रियपूर्णम् (शेखर) की 'तिरुटोण्डपूर्णम्', नन्दी की 'तिरुविलाईयादय पूर्णम्', नाम्बिअण्डारनाम्बि का 'तिरुमुलाई काण्डपूर्णम्' अन्य प्रमुख रचनाएँ हैं।

धर्म

- चोल काल में वैष्णव एवं शैव मतों का व्यापक प्रसार हुआ, जिनमें अलवार एवं नयनार सन्तों ने महत्त्वपूर्ण भूमिका निभाई। चोल शासकों ने शैव धर्म को विशेष प्रश्रय दिया था। चोलकालीन एक धार्मिक संगठन 'मूलपेरुडियार' का उल्लेख मिलता है।

- **नयनार सन्त** अप्पर, नानसंबन्दर, तिरुमूलर, सुन्दरमूर्ति, नाम्बिअण्डारनाम्बि आदि थे।
- **अलवार सन्त** पोयगई, पूडम्, तिरुमंलिशई, तिरुमंगई, पेरिपलवार, अण्डाल आदि थे।

कला एवं स्थापत्य

- चोल स्थापत्य कला **द्रविड़ शैली** पर आधारित थी। चोल मन्दिर निर्माण कला की मुख्य विशेषताएँ—मण्डप, विमान, गोपुरम तथा कलापूर्ण स्तम्भों से युक्त वृहत्सदन आदि थीं। राजराजा प्रथम द्वारा निर्मित तंजौर का राजराजेश्वर/वृहदेश्वर मन्दिर द्रविड़ शिल्पकारों की सर्वोत्तम कृति है।
- इस मन्दिर के एक भाग में एक व्यक्ति को यूरोपीय टोपी में दर्शाया गया है। वह सम्भवतः मार्को पोलो था। तंजावुर के राजराजेश्वर मन्दिर का शिखर उस समय के मन्दिरों में सबसे ऊँचा था। वृहदेश्वर मन्दिर परिसर में एक नन्दी की मूर्ति है तथा नटराज की **चतुर्भुजाकार** काँस्य मूर्ति भी है, जो भगवान शिव का प्रतिनिधित्व करती है। इसके दाएँ कान में पुरुष का तथा बाएँ कान में महिला का कुण्डल है। शिव की दक्षिणामूर्ति प्रतिमा शिक्षक के रूप में है।

राजपूतों का उदय

- गुप्तोत्तरकाल के दौरान महत्त्वपूर्ण परिवर्तन हुआ, वह था सामन्तवाद का उद्भव, जिसने भारतीय इतिहास को प्राचीन से मध्यकाल में रूपान्तरित किया। इस युग के इतिहास को राजपूत युगीन इतिहास भी कहा जाता है।
- इन राजपूतों की उत्पत्ति के विषय में भिन्न-भिन्न मत प्रचलित हैं। कुछ विद्वान् इसे भारत में रहने वाली एक जाति मानते हैं, तो कुछ अन्य इन्हें विदेशियों की सन्तान मानते हैं।
- कुछ विद्वान् राजपूतों को आबू पर्वत पर वशिष्ठ के अग्निकुण्ड से उत्पन्न हुआ मानते हैं। अग्निकुण्ड सिद्धान्त **चन्दबरदाई** के 'पृथ्वीराज रासो' पर आधारित है तथा प्रतिहार, चालुक्य, चौहान और परमारों की उत्पत्ति इससे मानी जाती है।

गुर्जर-प्रतिहार वंश

- अग्निकुल के राजपूतों में सर्वाधिक प्रसिद्ध प्रतिहार वंश था, जो गुर्जरों की शाखा से सम्बन्धित होने के कारण इतिहास में गुर्जर-प्रतिहार कहा जाता है। प्रतिहारों के अभिलेख में उन्हें श्रीराम के अनुज लक्ष्मण का वंशज बताया गया है, जो श्रीराम के लिए प्रतिहार (द्वारपाल) का कार्य करते थे।
- ऐहोल अभिलेख में सर्वप्रथम गुर्जर जाति का उल्लेख हुआ है। गुर्जर-प्रतिहार वंश की स्थापना **हरिश्चन्द्र** नामक राजा ने की, किन्तु इस वंश का वास्तविक राजा नागभट्ट प्रथम था।

प्रमुख शासक

नागभट्ट प्रथम (730-756 ई.)

नागभट्ट प्रथम का उल्लेख पुलकेशिन द्वितीय के 'ऐहोल अभिलेख' तथा बाणभट्ट के 'हर्षचरित' में मिलता है। मिहिरभोज की ग्वालियर-प्रशस्ति के अनुसार नागभट्ट ने अरबों को परास्त किया। ग्वालियर प्रशस्ति में उसे **मलेच्छों का नाशक** बताया गया है।

वत्सराज (775-800 ई.)

इसके समय में ही कन्नौज के स्वामित्व के लिए त्रिदलीय संघर्ष आरम्भ हुआ। इसने पाल शासक धर्मपाल को पराजित किया था, लेकिन राष्ट्रकूट शासक ध्रुव से पराजित हुआ था।

नागभट्ट द्वितीय (800-833 ई.)

इसने पाल शासक धर्मपाल को पराजित किया तथा राष्ट्रकूट शासक गोविन्द तृतीय से पराजित हुआ।

मिहिरभोज (836-885 ई.)

मिहिरभोज राजमद्र राजा के पुत्र थे। इनके काल की घटनाओं की जानकारी लेखों के अतिरिक्त कल्हण तथा अरब यात्री सुलेमान के विवरणों से मिलती है। उसने पाल शासक देवपाल तथा राष्ट्रकूट शासक कृष्ण तृतीय को पराजित कर **कन्नौज** में अपनी राजधानी स्थापित की। वह वैष्णव धर्म का संरक्षक था। उसके सिक्कों और अभिलेखों में उसे **आदिवाराह** एवं **प्रभास** की उपाधि से विभूषित किया गया है। मिहिरभोज ने चाँदी के **द्रम्म** सिक्के चलवाए। यह महानतम प्रतिहार राजा था।

महेन्द्रपाल प्रथम (885-910 ई.)

इस वंश का एक अन्य शासक महेन्द्रपाल प्रथम था। महाकवि राजशेखर उसका दरबारी था, जिसने अनेक रचनाएँ कीं, जिनमें 'कर्पूरमंजरी', 'काव्यमीमांसा', 'बालरामायण', 'विद्धशालभंजिका', 'हरविलास' आदि प्रमुख हैं। राजशेखर अपने संरक्षक महेन्द्रपाल को **रघुकुलतिलक** तथा **रघुग्रामिणी** कहता है।

महीपाल प्रथम (912-944 ई.)

- महीपाल प्रथम गुर्जरों का अन्तिम प्रभावशाली राजा था। उसके समय में राष्ट्रकूट शासक इन्द्र तृतीय ने कन्नौज पर अपना नियन्त्रण कायम किया तथा उसे लूटा। उसके शासनकाल में बगदाद निवासी अलमसूदी (915-916 ई.) गुजरात आया था।
- उसने गुर्जर-प्रतिहार को 'अल-गुजर' तथा राजा को **बौरा** कहकर पुकारा है। राजशेखर ने उसे आर्यावर्त का महाराजाधिराज कहा है। राजशेखर को महेन्द्रपाल प्रथम तथा महीपाल दोनों ने संरक्षण प्रदान किया था।
- 963 ई. में राष्ट्रकूट शासक **कृष्ण तृतीय** ने उत्तरी भारत पर आक्रमण कर प्रतिहार राजा को पराजित किया। 1018 ई. में महमूद गजनवी ने कमजोर गुर्जर शासक **राज्यपाल** को हराकर अपने अधीन कर लिया। राज्यपाल का पुत्र त्रिलोचनपाल भी 1019 ई. में महमूद गजनवी से पराजित हुआ। इस वंश का अन्तिम शासक यशपाल (1036 ई.) था। प्रतिहार शासकों के पास भारत में सर्वोत्तम अश्वारोही सैनिक थे।
- प्रतिहारों के सामन्त गुजरात के चालुक्य, जेजाकभुक्ति के चन्देल, ग्वालियर के कच्छपघात, मध्य भारत के कलचुरि, मालवा के परमार, दक्षिण भारत के गुहिल तथा शाकम्भरी के चौहान आदि कालान्तर में स्वतन्त्र हो गए।

कन्नौज का गहड़वाल वंश

गुर्जर-प्रतिहारों के बाद **चन्द्रदेव** (1080-1100 ई.) ने कन्नौज में गहड़वाल वंश की स्थापना की। चन्द्रदेव ने 'महाराजाधिराज' की उपाधि धारण की। चन्द्रावती अभिलेख से उसके कार्यों की जानकारी मिलती है। गहड़वाल शासकों को **काशी नरेश** के रूप में भी जाना जाता था।

प्रमुख शासक

गोविन्दचन्द्र (1114-55 ई.)

- इस वंश का सर्वाधिक शक्तिशाली शासक गोविन्दचन्द्र था। उसने कन्नौज के प्राचीन गौरव को पुनः स्थापित किया। वह स्वयं बड़ा विद्वान् था। उसे उसके लेखों में **विविध विद्याविचार वाचस्पति** कहा गया है।
- उसका शान्ति एवं युद्ध मन्त्री लक्ष्मीधर भी शास्त्रों एवं विधि का प्रकाण्ड विद्वान् था, जिसने **कृत्यकल्पतरु कल्पद्रुम** नामक ग्रन्थ की रचना की, जो कानून की पुस्तक है। गोविन्दचन्द्र की रानी कुमारदेवी के सारनाथ अभिलेख में गोविन्दचन्द्र को बनारस की तुर्कों से रक्षा करने के लिए 'हरि का अवतार' कहा गया है।

जयचन्द (1170-1194 ई.)

- गहड़वाल वंश का अन्तिम महत्त्वपूर्ण शासक जयचन्द था। इसने सम्भवतः मुहम्मद गोरी को दिल्ली एवं अजमेर पर आक्रमण का निमन्त्रण दिया था। 1194 ई. में चन्दावर के युद्ध में वह मुहम्मद गोरी से पराजित हुआ तथा मारा गया।
- जयचन्द ने संस्कृत के प्रख्यात कवि **श्रीहर्ष** को संरक्षण प्रदान किया, जिसने **नैषधचरितम्** एवं **खण्डनखाड्य** की रचना की। जयचन्द का समकालीन दिल्ली तथा अजमेर का चौहान नरेश पृथ्वीराज तृतीय था। आख्यानों के अनुसार पृथ्वीराज तृतीय ने जयचन्द की पुत्री संयोगिता का अपहरण कर लिया था। जयचन्द ने देवगिरि के यादवों, गुजरात के सोलंकियों और तुर्कों को युद्ध में कई बार हराया था। अपनी विजय के उपलक्ष्य में उसने राजसूय यज्ञ भी किया था।

शाकम्भरी का चौहान वंश

- चौहान वंश की अनेक शाखाओं में से 7वीं शताब्दी में **वासुदेव** द्वारा स्थापित शाकम्भरी (साम्भर एवं अजमेर के निकट) के चौहान राज्य का इतिहास में विशेष स्थान है। चौहान प्रतिहार शासकों के सामन्त थे। दसवीं शताब्दी के आरम्भ में वाक्पतिराज प्रथम ने प्रतिहारों से अपने को स्वतन्त्र कर लिया।
- उसके पुत्र सिद्धराज ने चौहान राज्य का विस्तार किया तथा महाराजाधिराज की उपाधि धारण की। इसी वंश के शासक अजयराज ने अजमेर नगर बसाया तथा उसे अपनी राजधानी बनाया। हम्मीर महाकाव्य में चौहानों को सूर्यवंशी बताया गया है।

प्रमुख शासक

अर्णोराज (1130-1150 ई.)

- अजयराज के उत्तराधिकारी अर्णोराज ने अजमेर के निकट सुल्तान महमूद की सेना को पराजित किया। अर्णोराज का पुत्र विग्रहराज चतुर्थ अथवा **वीसलदेव** (1153-1163 ई.) था।
- विग्रहराज की सबसे बड़ी सफलता तोमरों की स्वाधीनता समाप्त करके उसे अपना सामन्त बनाना था। इसने दिल्ली में शिवालिक स्तम्भ अभिलेख उत्कीर्ण करवाया था।
- उसने **हरिकेलि** नामक एक संस्कृत नाटक की रचना की, जिसके कुछ अंश 'अढ़ाई दिन का झोंपड़ा' नामक मस्जिद की दीवारों पर उत्कीर्ण किए गए हैं। उसके दरबारी सोमदेव ने उसी के सम्मान में 'ललितविग्रहराज' नामक नाटक की रचना की। इसने सरस्वती का प्रसिद्ध मन्दिर बनवाया था।

पृथ्वीराज तृतीय (1178-1192 ई.)

- 1178 ई. में सोमेश्वर का पुत्र पृथ्वीराज चौहान इतिहास-प्रसिद्ध शासक हुआ। कथाओं में उसे **रायपिथौरा** कहा गया है। इसने बुन्देलखण्ड के चन्देल शासक परमार्दिदेव को 1182 ई. में एक रात्रि अभियान में पराजित किया, जिसमें परमार्दिदेव के **आल्हा-उदल** नामक लोकप्रसिद्ध सेनानायकों ने भीषण युद्ध किया। 1186 ई. में पृथ्वीराज चौहान ने गुजरात के चालुक्य शासक भीम द्वितीय पर आक्रमण किया।
- 1191 ई. में मुहम्मद गोरी तथा पृथ्वीराज चौहान के बीच तराइन का प्रथम युद्ध हुआ, जिसमें गोरी पराजित हुआ।
- 1192 ई. में तराइन के द्वितीय युद्ध में पृथ्वीराज चौहान पराजित हुआ। उसे बन्दी बना लिया गया तथा कुछ समय बाद उसकी हत्या कर दी गई। पृथ्वीराज चौहान की मृत्यु के पश्चात् गोरी ने उसके पुत्र गोविन्द को अपनी अधीनता में अजमेर का शासक बनाया। 1192 ई. में कुतुबुद्दीन ऐबक ने चौहानों का दमन करते हुए दिल्ली पर अपना अधिकार स्थापित किया।
- पृथ्वीराज तृतीय के राजकवि **चन्दबरदाई** ने 'पृथ्वीराज रासो' नामक अपभ्रंश महाकाव्य और जयानक ने 'पृथ्वीराज विजय' नामक संस्कृत काव्य की रचना की है। अन्य रचनाओं में जयचन्द का **हम्मीर महाकाव्य** है, जो चौहान वंश के इतिहास तथा परम्पराओं का विवरण देता है।

जेजाकभुक्ति का चन्देल वंश

बुन्देलखण्ड या जेजाकभुक्ति क्षेत्र में चन्देल वंश का उदय हुआ, जिसकी राजधानी खजुराहो थी। इस वंश की स्थापना 9वीं शताब्दी में **नन्नुक** ने की थी। चन्देल प्रतिहारों के सामन्त थे तथा राजपूतों के 36 कुलों में से एक थे। नन्नुक के पौत्र जयसिंह अथवा जेजा के नाम पर यह प्रदेश जेजाकभुक्ति कहलाया।

प्रमुख शासक

यशोवर्मन (925-950 ई.)

यशोवर्मन ने प्रतिहारों से कालिंजर छीन लिया। उसने खजुराहो के प्रसिद्ध विष्णु मन्दिर (चतुर्भुज) का निर्माण करवाया।

धंगदेव (950-1002 ई.)

धंगदेव को प्रतिहारों से पूर्ण स्वतन्त्रता का वास्तविक श्रेय दिया जाता है। उसने कालिंजर को अपनी राजधानी बनाया। भटिण्डा के शाही शासक जयपाल को सुबुक्तगीन के विरुद्ध सैनिक सहायता भेजी। उसने खजुराहो में अनेक भव्य मन्दिरों का निर्माण करवाया, जिनमें जिननाथ, विश्वनाथ, वैद्यनाथ आदि उल्लेखनीय हैं। उन्होंने प्रयाग के संगम में डूबकर शरीर त्याग दिया।

विद्याधर (1019-1029 ई.)

यह एक शक्तिशाली शासक था। मुसलमान लेखक उसके नाम का उल्लेख 'नन्द' तथा 'विदा' नाम से करते हैं। विद्याधर और महमूद गजनवी के मध्य 1019 ई. तथा 1022 ई. में युद्ध हुआ, जिसके पश्चात् दोनों के मध्य सन्धि हुई तथा जीते हुए 15 किले विद्याधर को प्राप्त हुए।

परमार्दिदेव (1165-1203 ई.)

परमार्दिदेव अथवा परमल चन्देल वंश का अन्तिम शक्तिशाली शासक था। 1182 ई. में पृथ्वीराज ने इसे पराजित कर महोबा पर तथा 1203 ई. में कुतुबुद्दीन ऐबक ने कालिंजर पर अधिकार कर लिया। अलाउद्दीन खिलजी के समय चन्देलों की शक्ति पूर्णतः नष्ट हो गई। आल्हा-ऊदल इसके सेनानायक थे, जो महोबा से थे।

मालवा का परमार वंश

परमार वंश के शासक आरम्भ में राष्ट्रकूटों के सामन्त थे। इस वंश का संस्थापक **उपेन्द्र** था तथा प्रथम स्वतन्त्र एवं शक्तिशाली शासक सीयक अथवा श्रीहर्ष था।

भोज (1000-1055 ई.)

- परमारों का सबसे महानतम शासक भोज (1000-1055 ई.) था। उदयपुर प्रशस्ति के अनुसार उसने तुरुष्कों (तुर्कों) को पराजित किया। उसने परमारों की राजधानी उज्जैन को छोड़कर धारा (धार) बनाई। मेरुतुंग की **प्रबन्ध चिन्तामणि** से पता चलता है कि भोज ने चालुक्य नरेश भीम पर आक्रमण कर उसकी राजधानी अन्हिलवाड़ को लूटा।
- परमारों की कल्याणी के चालुक्यों से शत्रुता का उल्लेख 'भोजचरित' में मिलता है। 1008 ई. में उसने महमूद गजनवी के विरुद्ध शाही शासक आनन्दपाल को सैनिक सहायता दी थी। उदयपुर-प्रशस्ति के अनुसार उसने केदारेश्वर, रामेश्वर तथा सोमनाथ में मन्दिर का निर्माण करवाया।

राजा भोज : महान् कला संरक्षक

- भोज अपनी विद्वत्ता के कारण कविराज उपाधि से प्रख्यात था। उसने विविध विषयों–चिकित्साशास्त्र, खगोलशास्त्र, धर्म, व्याकरण, स्थापत्यशास्त्र आदि पर बीस से अधिक ग्रन्थों की रचना की। उसके द्वारा लिखित ग्रन्थों में चिकित्साशास्त्र पर आयुर्वेद सर्वस्वफ एवं स्थापत्यशास्त्र पर 'समरांगणसूत्रधार' विशेष रूप से उल्लेखनीय हैं। इसके अतिरिक्त सरस्वती कण्ठाभरण, सिद्धान्त संग्रह, योगसूत्रवृत्ति, राजमार्तण्ड, विद्याविनोद, युक्तिकल्पतरु, चारुचर्या, आदित्य प्रताप सिद्धान्त आदि प्रमुख हैं।
- भोज ने धारा नगरी का विस्तार किया और वहाँ भोजशाला के रूप में प्रख्यात एक महाविद्यालय की स्थापना कर उसमें वाग्देवी की प्रतिमा की प्राण-प्रतिष्ठा की।
- इसने भोजशाला मन्दिर का निर्माण करवाया, जिसकी अधिष्ठात्री देवी भगवती सरस्वती थी।
- इस भोजशाला की दीवारों के प्रस्तर खण्डों पर आज भी संस्कृत श्लोक अभिलिखित हैं। अपने नाम पर उसने भोजपुर नगर बसाया तथा एक बहुत बड़े भोजसर नामक तालाब को निर्मित करवाया। भोज के दरबारी कवियों में भास्कर भट्ट, दामोदर मिश्र, धनपाल आदि प्रमुख थे। उसने 11वीं सदी में चित्तौड़ में त्रिभुवन नारायण मन्दिर बनवाया था।

गुजरात का चालुक्य वंश

प्राचीन ग्रन्थ **कुमारपालचरित** एवं **वर्णरत्नाकर** आदि में परम्परागत रूप से जिन 36 राजपूत कुलों की सूची मिलती है, चालुक्य अथवा सोलंकी उनमें से एक थे। इस वंश का संस्थापक **मूलराज प्रथम** (942-995 ई.) था। उसने गुजरात के खम्भात में एक बड़े भाग को जीतकर अन्हिलवाड़ को अपनी राजधानी बनाया।

प्रमुख शासक

भीम प्रथम (1022-1064 ई.)

भीम प्रथम के समय में गुजरात पर महमूद गजनवी का आक्रमण 1025 ई. में हुआ। उसने सोमनाथ के मन्दिर को लूटा तथा विनष्ट किया। भीम प्रथम के सेनानायक विमल शाह ने माउण्ट आबू पर प्रसिद्ध दिलवाड़ा जैन मन्दिर का निर्माण करवाया। भीम प्रथम ने सोमनाथ मन्दिर को, जो पहले लकड़ी और फिर ईंटों से निर्मित था, पत्थर से निर्मित कराया।

जयसिंह सिद्धराज (1094-1143 ई.)

यह गुजरात के एक प्रसिद्ध शासक थे। इनके दरबार में प्रसिद्ध जैन आचार्य हेमचन्द्र थे। इसने सिद्धपुर में रुद्रमहाकाल का मन्दिर बनवाया तथा आबू पर्वत पर एक मण्डप का निर्माण करवाया।

अजयपाल (1172-1176 ई.)

- कुमारपाल के उत्तराधिकारी अजयपाल के शासनकाल में शैव एवं जैन धर्मावलम्बियों के मध्य गृहयुद्ध आरम्भ हो गया, जिसमें अनेक जैन भिक्षुओं की हत्या कर दी गई तथा जैन मन्दिरों को नष्ट कर दिया गया। उसके बाद **मूलराज द्वितीय** (1176-1178 ई.) के समय में मुहम्मद गोरी ने गुजरात पर आक्रमण किया।
- इस वंश के अन्तिम महान् शासक **भीम द्वितीय** ने 1178 ई. में मुहम्मद गोरी को पराजित किया।
- बारहवीं शताब्दी के अन्त में भीम द्वितीय के एक मन्त्री लवण प्रसाद ने गुजरात में **बघेल वंश** की स्थापना की।

कलचुरि वंश

इस राज्य की स्थापना कोक्कल प्रथम ने की थी। **गांगेयदेव** (1019-1040 ई.) इस वंश का सबसे प्रतापी राजा था, जिसने विक्रमादित्य की उपाधि धारण की। **लक्ष्मीकर्ण** (1042-1072 ई.) इस वंश का अन्तिम शक्तिशाली राजा था। उसने **त्रिकलिंगधिपति** की उपाधि धारण की। इसके पश्चात् कलचुरियों की शक्ति बिखर गई तथा 1211 ई. के आस-पास चन्देलों ने इस राज्य पर अधिकार कर लिया। अलबरूनी ने कलचुरि शासक गांगेयदेव एवं उसकी राजधानी त्रिपुरी का उल्लेख किया है।

उड़ीसा का पूर्वी गंग वंश

- इस वंश का सर्वाधिक प्रतापी शासक **अनन्तवर्मा चोड़गंग** (976-1048 ई.) था। उसने पुरी के प्रसिद्ध जगन्नाथ मन्दिर का निर्माण करवाया। भगवान जगन्नाथ के सम्मान में रथयात्रा निकाली जाती है।
- पूर्वी गंग वंश के शासकों ने उत्तर भारत के मुसलमानों और दक्षिण के बहमनी सुल्तानों के आक्रमण से उड़ीसा व जाजनगर की रक्षा का अन्तिम समय तक प्रयत्न किया। 14वीं शताब्दी में उड़ीसा पर मुसलमानों ने आधिपत्य स्थापित कर लिया।

कन्नौज के लिए त्रिदलीय संघर्ष

- हर्ष के समय से ही कन्नौज का नियन्त्रण उत्तरी भारत पर प्रभुत्व का प्रतीक माना जाता था। वस्तुतः कन्नौज पर आधिपत्य होने से गंगाघाटी एवं इसमें उपलब्ध व्यापारिक एवं कृषि सम्बन्धित समृद्ध संसाधनों पर नियन्त्रण हो सकता था। आठवीं शताब्दी में कन्नौज पर अधिकार करने के लिए तीन बड़ी शक्तियों–**पाल**, **प्रतिहार** और **राष्ट्रकूट** के बीच संघर्ष आरम्भ हो गया। यह त्रिपक्षीय संघर्ष लगभग 200 वर्षों तक चला। यह संघर्ष अनेक चरणों में समाप्त हुआ।
- कन्नौज पर स्वामित्व के लिए संघर्ष का आरम्भ पाल शासक धर्मपाल ने किया। अपने उद्देश्य की पूर्ति के लिए उसने कन्नौज पर आक्रमण कर इन्द्रायुध को पराजित किया तथा चक्रायुध को अधीनस्थ शासक के रूप में प्रतिष्ठित किया। प्रतिक्रिया-स्वरूप प्रतिहार शासक वत्सराज ने चक्रायुध एवं धर्मपाल दोनों को पराजित किया। शीघ्र ही राष्ट्रकूट शासक ध्रुव ने वत्सराज एवं धर्मपाल को पराजित किया।

- इस प्रकार कन्नौज पर आधिपत्य के लिए संघर्ष प्रारम्भ हो गया। इस त्रिदलीय संघर्ष का कोई लाभदायक परिणाम नहीं निकला। लम्बे संघर्षों ने तीनों राज्यों की शक्ति को नष्ट कर, पतन अवश्यम्भावी बना दिया। गुर्जर-प्रतिहार साम्राज्य के अवशेषों पर दसवीं शताब्दी में अनेक राजपूत राज्यों का उदय हुआ, जिन्होंने तत्कालीन भारतीय राजनीति में महत्त्वपूर्ण भूमिका निभाई।

त्रिपक्षीय संघर्ष में शामिल शासक

चरण	पाल शासक	प्रतिहार शासक	राष्ट्रकूट शासक	निष्कर्ष
प्रथम	धर्मपाल	वत्सराज	ध्रुव	राष्ट्रकूटों को सफलता
द्वितीय	धर्मपाल	नागभट्ट द्वितीय	–	गुर्जर-प्रतिहारों को सफलता
तृतीय	धर्मपाल	नागभट्ट द्वितीय	गोविन्द तृतीय	राष्ट्रकूटों को सफलता
चतुर्थ	देवपाल, नारायणपाल	रामभद्र, मिहिरभोज	अमोघवर्ष, कृष्ण द्वितीय	प्रतिहारों को सफलता
पंचम	–	महेन्द्रपाल, महिपाल	इन्द्र तृतीय	पहले राष्ट्रकूटों को सफलता, बाद में प्रतिहार अन्तिम रूप से सफल रहे।

प्रशासनिक व्यवस्था

- सम्पूर्ण प्रशासनिक व्यवस्था एक प्रकार से संघीय सामन्ती व्यवस्था पर आधारित थी। सामन्तवादी व्यवस्था इस काल की प्रमुख विशेषता थी। ऐसी व्यवस्था में केन्द्रीय सत्ता की स्थिति क्रमशः दुर्बल हुई; परन्तु अधीनस्थ शासकों, सामन्तों एवं स्थानीय तत्त्वों का प्रशासन में महत्त्व बढ़ गया। राजनीतिक विकेन्द्रीकरण इस काल की एक अन्य प्रमुख विशेषता है।
- **बाणभट्ट** पहला लेखक था, जिसने सामन्तों के कर्त्तव्य निर्धारित किए थे। राजा का पद इस काल में अधिक गौरवशाली हुआ तथा राजत्व और देवत्व में घनिष्ठ सम्बन्ध स्थापित हुआ। इस समय सामन्तों की अनेक श्रेणियों और उनके द्वारा धारण की जाने वाली उपाधियों का उल्लेख मिलता है।
- पाल, सेन, चन्देल, चौहान, कलचुरि अभिलेखों में मन्त्रियों का उल्लेख मिलता है। मन्त्रिपरिषद् में सामन्तों, अधीनस्थ शासकों, महापुरोहितों, विभागीय धानों तथा ब्राह्मणों को स्थान दिया जाता था। 'राजतरंगिणी' में मन्त्रियों द्वारा रचे गए षड्यन्त्रों का उल्लेख मिलता है।

केन्द्रीय प्रशासन

- केन्द्रीय प्रशासन से सम्बद्ध सबसे प्रमुख पदाधिकारी **महासन्धिविग्राहक** था, जो युद्ध और शान्ति का मन्त्री होता था। अक्षपटलाधिकृत (राजकीय दस्तावेज विभाग का प्रधान), अक्षपटलिक (राजकीय दस्तावेज तैयार करने वाला), भाण्डागारिक (राजकोष का प्रधान), महाप्रतिहार (राजमहल का प्रमुख सुरक्षा अधिकारी), महादण्डनायक (सैन्य विभाग का प्रधान), धर्मस्थ (न्याय विभाग का प्रधान) तथा महापुरोहित (धार्मिक मामलों का प्रधान) केन्द्रीय प्रशासन के अन्य प्रमुख अधिकारी थे।

प्रान्तीय प्रशासन

- इस काल की प्रशासनिक इकाइयों में भुक्ति, मण्डल, विषय, पथक् इत्यादि का उल्लेख अभिलेखों में मिलता है। भुक्ति सबसे बड़ी प्रशासनिक इकाई थी, जिसके प्रशासक भोगिक, भोगपति, उपरिकमहाराज इत्यादि नाम से जाने जाते थे। मण्डल भी भुक्ति के समान इकाई थी, जिसका प्रधान **माण्डलिक** अथवा **महामण्डलाधिपति** कहलाता था। कहीं-कहीं भुक्ति के बदले राष्ट्र का उल्लेख मिलता है।
- भुक्ति से छोटी इकाई विषय थी, जिसका प्रधान **विषयपति** कहलाता था। ग्रामिक, ग्रामपति, महत्तर जैसे पदाधिकारी ग्राम व्यवस्था से सम्बद्ध थे। नगरों का प्रशासन स्थानीय, करणिक, महाजन, नगरमहत्तर जैसे पदाधिकारी देखते थे।

राजस्व प्रशासन

राजकीय आमदनी का मुख्य स्रोत भूमिकर था। भाग, **उद्रंग** और **धान्य** भूमि से लिए जाने वाले करों में प्रमुख था। राज्य को भोग (नजराना), शुल्क और दण्ड (दशापराध) से भी आमदनी होती थी। अभिलेखों में स्कन्धक, मार्गणक, प्रस्थ, खलभिक्षा, चोल्लाक, वैणी मयूत इत्यादि करों का भी उल्लेख मिलता है। कर की मात्रा निश्चित नहीं रहती थी। **बेगार** प्रथा भी प्रचलन में थी।

प्रमुख कर

भाग	उपज का हिस्सा (भूमिकर)
भोग	फल, फूल, लकड़ी आदि उपहारस्वरूप राजा को प्रदान करना
हिरण्य	नकद रूप में वसूल किया जाने वाला कर
प्रत्यय	चुँगी
कर	नियमित राजस्व
उद्रंग	स्थायी किसानों पर लगाया गया कर
प्रस्थ	सहयोग राशि जो ग्रामीणों द्वारा अधिकारियों को दी जाती थी।
उपरिकर	अस्थायी कृषकों पर लगने वाला कर

सामाजिक स्थिति

- सातवीं सदी के पश्चात् भारत में दो सशक्त सामाजिक धाराएँ प्रवाहित हुईं—पहली विदेशी जातियों का आत्मसातीकरण तथा दूसरी जाति प्रथा की कठोरता। इस अवधि के दौरान रूढ़िवादी वर्ग जाति के निर्धारण में संस्कृति के बजाय आनुवंशिकता को निर्णायक घटक मानता था।
- इस अवधि के दौरान वर्ण व्यवस्था कठोर हो गई और जन्म, वृत्ति या व्यवसाय, निवास आदि सामाजिक स्तर के नए निर्धारक हो गए। जाति उपजातियों में बँट गई, इससे जातियों का वर्गों में विभाजन हो गया। जातिगत ढाँचे में प्रान्तीयता प्रमुख कारक बन गई।

स्त्रियों की दशा

- गुप्तोत्तरकालीन समाज में बाल विवाह, बहुविवाह, सती और जौहर प्रथा जैसी कुप्रथाओं ने अपना प्रभाव बना लिया था। इन कुप्रथाओं ने स्त्रियों की सामान्य स्थिति में गिरावट ला दी। समाज में गणिकाओं, वेश्याओं और देवदासियों का भी एक वर्ग था। बाणभट्ट एवं मेधातिथि ने सती प्रथा की कठोर आलोचना की है। क्षेमेन्द्र समकालीन सामाजिक बुराइयों को व्यंग्यों के माध्यम से व्यक्त करता था।
- राजवंश की कुछ स्त्रियाँ प्रशासन में भाग लेती थीं, धार्मिक अनुदान देती थीं तथा विभिन्न कलाओं की शिक्षा प्राप्त करती थीं। कल्याणी के चालुक्यों की राजकुमारियाँ प्रदेशों की शासिका थीं। रुद्राम्मा ने काकतीय राजवंश पर 40 वर्ष शासन किया। उसके शासन की प्रशंसा वेनिस यात्री मार्को पोलो ने की है।

आर्थिक स्थिति

कृषि

- इस समय भूमि अनुदानों के साथ घास, चरागाह, भूमि, जलाशय, उपवन, बंजर भूमि आदि सभी प्रकार की जमीनों का स्वामित्व सिद्धान्त रूप में अनुदान प्राप्तकर्ताओं का माना जाता था। अनुदान प्राप्तकर्ता को भूमि को बन्धक रखने या बेचने का अधिकार नहीं होता था।
- स्थायी रूप से प्रदत्त धर्मदाय को मूल्य, नीवि या अक्षयनीवि आदि नामों से जाना जाता था।
- भूमि कर जमीन की उत्पादन क्षमता एवं वास्तविक उत्पादन के आधार पर 1/12 से लेकर 5/6 भाग तक निर्धारित होता था। करों का संग्रह गाँव का मुखिया करता था।
- भूमि मापन के कुछ लोक प्रचलित मापक थे; जैसे-निवर्तन, पट्टिकहल, कूल्यावाप, द्रोणवाप, आढ़वाप, खण्डूकवाप, नालिकवाप, खरिवाप आदि।
- चन्देल एवं परमार राजाओं ने बड़ी-बड़ी झीलों तथा तालाबों का निर्माण करवाया। सिंचाई रहट से होती थी। संस्कृत ग्रन्थों में **अरघट्ट** का उल्लेख है।
- सिंचाई के लिए रहट के प्रयोग का प्रथम उल्लेख **गाथासप्तशती** में मिलता है। बंधुआ मजदूरी का प्रथम उल्लेख **स्कन्दपुराण** में मिलता है। गहड़वाल अभिलेखों में जल कर (Water Tax) का साक्ष्य प्राप्त होता है। इसके अतिरिक्त वे मुस्लिमों से **तुरुष्क दण्ड** (एक प्रकार का कर) भी वसूलते थे।
- उत्पादकता के दृष्टिकोण से भूमि को निम्न प्रकार से वर्गीकृत किया गया था
  - **वाहीत** जो बोया गया हो।
  - **अकृष्ट** जिसमें खेती न की गई हो।
  - **ऊसर** जहाँ बीज न उगता हो।
- स्वामित्व के आधार पर भूमि को निम्न प्रकारों में वर्गीकृत किया गया।
  - **कौटुम्बिक** जिस कृषि योग्य भूमि पर सभी कृषक परिवार का स्वामित्व होता था।
  - **साक्त** व्यक्तिगत या एक कृषक के स्वामित्व वाली भूमि।
  - **प्रकृष्ट** या **कृष्ट** विभिन्न कृषकों द्वारा जोती जाने वाली भूमि।
  - **नारद स्मृति** के अनुसार इस काल में उत्पादन क्षमता के अनुसार भूमि को चार भागों में विभक्त किया गया था—(i) उर्वर (ii) बंजर (iii) खिल (iv) मरु।

वाणिज्य एवं व्यापार

- इस काल में वस्त्र उद्योग उत्कृष्ट अवस्था में था। ह्वेनसाँग ने अनेक प्रकार के रेशमी (कौशेय) एवं सूती वस्त्रों का उल्लेख किया है। पौधों के रेशों से बना हुआ कपड़ा **दुकूल** कहलाता था। बाणभट्ट ने 'हर्षचरित' में रेशम के बने अनेक प्रकार के वस्त्रों का उल्लेख किया है; जैसे—**लाल, तुँज, अंशुक, चीनांशुक**। मानसोल्लास के अनुसार मुल्तान, अन्हिलवाड़ तथा कलिंग वस्त्रोद्योग के केन्द्र थे। भड़ौच के बने वस्त्र **वरोज** तथा खम्भात के **खाम्बयात** के नाम से जाने जाते थे। कन्नौज प्रमुख व्यापारिक केन्द्र था।
- भारत के पूर्वी तट पर ताम्रलिप्ति, सप्तग्राम तथा पश्चिमी तट पर देवल, थाना, खम्भात एवं भड़ौच प्रसिद्ध बन्दरगाह थे। पूर्वी तट पर ताम्रलिप्ति के स्थान पर **सप्तग्राम** का महत्त्व अधिक बढ़ गया। प्रमुख आयातित वस्तुएँ—सोना, टिन, ताँबा, मसाले, मूँगा, घोड़े आदि थीं।
- **मार्को पोलो** ने गुजरात और बंगाल के सूत की प्रशंसा की है। अलबरूनी ने 15 व्यापारिक मार्गों का उल्लेख किया है।

व्यापार व्यवस्था

- व्यापार का माध्यम वस्तु विनिमय था। साधारण लेन-देन और व्यापार कौड़ियों के माध्यम से होता था, जिन्हें प्रतिहार अभिलेखों में **कपर्दक** कहा गया है
- व्यापार के लिए **विनिमय पत्र** का प्रयोग किया जाता था। उत्तर हर्षकालीन स्रोतों में प्राय: उल्लिखित **हुण्डी** एक प्रकार का विनिमय पत्र होता था, जिसे व्यापारियों द्वारा अपने व्यापार हेतु प्रयुक्त किया जाता था।

वस्तुनिष्ठ प्रश्न

1. पाण्डयों का उल्लेख सर्वप्रथम किसने किया था?
(a) मिहिरभोज (b) मेगस्थनीज
(c) चन्द्रवर्मन (d) मूलराज

2. चोलों का प्रतीक चिह्न था
(a) हाथी (b) बाघ
(c) धनुष (d) घोड़ा

3. चेरों का प्रतीक चिह्न था
(a) मछली (b) बाघ
(c) हाथी (d) धनुष

4. पाण्डय शासकों में सबसे विख्यात शासक था
(a) नेडियोन (b) नक्कीरर
(c) सेनगुट्टुवन (d) नेण्डुजेलियन

5. संगमकाल में धनी किसान को क्या कहा जाता था?
(a) वेल्लार (b) कणिगैचर
(c) वेलीर (d) उणवार

6. किस साहित्य को तमिल साहित्य का बाइबिल कहा गया है?
(a) इलंगोआदिगल (b) तीरुक्कुराल
(c) अहनानुरू (d) परिपादल

7. चालुक्य वंश का संस्थापक कौन था?
(a) मूलराज (b) जयसिंह सिद्धराज
(c) भीम प्रथम (d) कुमारपाल

8. चालुक्यों की राजधानी कहाँ थी?
(a) कन्नौज (b) खजुराहो
(c) अन्हिलवाड़ (d) धार

9. निम्नलिखित में से किस वंश द्वारा प्राय: महिलाओं को प्रशासन में उच्च पद प्रदान किए जाते थे?
(a) चोल (b) चालुक्य
(c) पाल (d) सेन

10. वेंगी के चालुक्य वंश का संस्थापक कौन था?
(a) भानूवर्द्धन (b) विष्णुवर्द्धन
(c) विजयादित्य प्रथम (d) पुलकेशिन चतुर्थ

11. किस पल्लव शासक के शासनकाल में, पल्लवों और चालुक्यों के बीच लम्बा संघर्ष शुरू हो गया था?
(a) महेन्द्रवर्मन प्रथम (b) सिंहविष्णु
(c) नरसिंहवर्मन प्रथम (d) महेन्द्रवर्मन द्वितीय

12. निम्नलिखित पल्लव शासकों का नाम उनके राज्यकाल को दृष्टिगत रखते हुए सही कालानुक्रमानुसार व्यवस्थित कीजिए और नीचे दिए गए कूट से सही उत्तर का चयन कीजिए

1. परमेश्वरवर्मन I 2. नरसिंहवर्मन I
3. नन्दिवर्मन II 4. महेन्द्रवर्मन I

कूट
(a) 4, 2, 1, 3 (b) 4, 3, 1, 2
(c) 1, 2, 3, 4 (d) 3, 2, 1, 4

13. एलोरा के प्रसिद्ध कैलाश मन्दिर का निर्माण किस राष्ट्रकूट शासक ने करवाया था?
(a) दन्तिदुर्ग (b) कृष्ण प्रथम
(c) कृष्ण द्वितीय (d) गोविन्द तृतीय

14. किस धर्म को राष्ट्रकूटों का संरक्षण प्राप्त था?
(a) बौद्ध धर्म (b) जैन धर्म
(c) शैव धर्म (d) शाक्त धर्म

15. निम्नलिखित में से कौन-सा ग्रन्थ राष्ट्रकूट राजा अमोघवर्ष द्वारा लिखा गया?
(a) आदिपुराण (b) गणितसार संग्रह
(c) साकतायन (d) कविराजमार्ग

16. रविकीर्ति, जो एक जैन थे और जिन्होंने एहोल प्रशस्ति की रचना की थी, को किसका संरक्षण प्राप्त था?
(a) पुलकेशिन प्रथम
(b) हर्ष
(c) पुलकेशिन द्वितीय
(d) खारवेल

17. चोल साम्राज्य की स्थापना किसने की थी?
(a) राजेन्द्र चोल (b) विजयालय
(c) वीर राजेन्द्र (d) विक्रम चोल

18. निम्न में से कौन-सी राजेन्द्र चोल की उपाधि थी?
(a) कदानिगोण्ड (b) मुण्डिकोण्ड
(c) पण्डित चोल (d) ये सभी

19. चोल शासक का नाम बताइए जिसने श्रीलंका के उत्तरी भाग पर विजय प्राप्त की।
(a) राजराज प्रथम (b) राजेन्द्र प्रथम
(c) परांतक प्रथम (d) आदित्य प्रथम

20. भारत के इतिहास में निम्नलिखित घटनाओं पर विचार कीजिए

1. राजा भोज के अधीन प्रतिहारों का उदय
2. महेन्द्रवर्मन-I के अधीन पल्लव सत्ता की स्थापना
3. परान्तक-I द्वारा चोल सत्ता की स्थापना
4. गोपाल द्वारा पाल राजवंश की स्थापना

उपरोक्त घटनाओं का प्राचीनकाल से आरम्भ कर सही कालानुक्रम क्या है?
(a) 2-1-4-3 (b) 3-1-4-2
(c) 2-4-1-3 (d) 3-4-1-2

21. गुर्जर प्रतिहार वंश की स्थापना की थी
(a) नागभट्ट प्रथम (b) वत्सराज
(c) हर्षवर्द्धन (d) मिहिरभोज

22. महान् प्रतिहार राजा था
(a) धर्मपाल (b) हर्ष
(c) मिहिरभोज (d) महेन्द्रपाल

23. राजशेखर किस प्रतिहार शासक के दरबारी कवि थे?
(a) महेन्द्रपाल प्रथम (b) नागभट्ट प्रथम
(c) मिहिरभोज (d) वत्सराज

24. गुर्जर प्रतिहार शासकों में से किसकी उपाधि 'आदिवाराह' थी?
(a) वत्सराज (b) नागभट्ट द्वितीय
(c) मिहिरभोज (d) नागभट्ट प्रथम

25. निम्नलिखित में से कौन-सा शासक गुर्जर-प्रतिहार राजवंश से सम्बन्धित नहीं है?
(a) नागभट्ट द्वितीय
(b) महेन्द्रपाल प्रथम
(c) देवपाल
(d) भरतभट्ट प्रथम

26. किस पर स्वामित्व के लिए पाल-प्रतिहार एवं राष्ट्रकूट के बीच त्रि-पक्षीय संघर्ष हुआ?
(a) पाटलिपुत्र (b) कन्नौज
(c) दिल्ली (d) इनमें से कोई नहीं

27. गहड़वाल वंश का संस्थापक कौन था?
(a) चन्द्रदेव (b) गोविन्द चन्द्र
(c) जयचन्द (d) नागभट्ट प्रथम

28. निम्नलिखित में से कौन-शासक 'पृथ्वीराज चौहान (किला-ए-राय-पिथौरा) के नाम से प्रसिद्ध है?
(a) पृथ्वीराज प्रथम (b) पृथ्वीराज द्वितीय
(c) पृथ्वीराज तृतीय (d) ये सभी

29. निम्नलिखित में से किस शासक द्वारा अजमेर की स्थापना की गई?
(a) अजयराज (b) बीसलदेव
(c) पृथ्वीराज प्रथम (d) पृथ्वीराज तृतीय

30. 'पृथ्वीराजरासो' के लेखक हैं
(a) कल्हण (b) बिल्हण
(c) जयानक (d) चन्दबरदाई

31. आल्हा-ऊदल सम्बन्धित थे
(a) चन्देरी से (b) विदिशा से
(c) महोबा से (d) पन्ना से

32. खजुराहो में स्थित मन्दिर का निर्माण किसने किया था?
(a) होल्कर (b) सिन्धिया
(c) बुन्देला राजपूत (d) चन्देल राजपूत

33. किस राजा को उसके एक अभिलेख में 'कविराज' कहा गया है?
(a) प्रतिहार राजा मिहिरभोज
(b) परमार राजा भोज
(c) पाल राजा धर्मपाल
(d) चालुक्य राजा कुमारपाल

34. निम्नलिखित में से किसने काल्पनिक वैज्ञानिक उपकरणों पर पुस्तक लिखी है?
(a) भोज (b) गोविन्द राज
(c) चन्द्रवर्मन (d) महीपाल

सही उत्तर

1. (b)	2. (b)	3. (d)	4. (d)	5. (a)	6. (b)	7. (a)	8. (c)	9. (b)	10. (b)
11. (a)	12. (a)	13. (b)	14. (b)	15. (d)	16. (c)	17. (b)	18. (c)	19. (a)	20. (c)
21. (a)	22. (c)	23. (a)	24. (c)	25. (d)	26. (b)	27. (a)	28. (c)	29. (a)	30. (d)
31. (c)	32. (d)	33. (b)	34. (a)	35. (c)					

अध्याय 10 मध्यकालीन भारत

भारत में इस्लाम का आगमन *एवं* प्रभाव

- इस्लाम का उदय अरब क्षेत्र में हुआ, इसके संस्थापक मुहम्मद साहब थे। इस्लाम के एकता और समानता के सिद्धान्तों ने परस्पर युद्धरत अरब कबीलों को एकजुट कर दिया और एक नए धर्म के जोश से भरे हुए अरब शीघ्र ही एक बड़ी शक्ति बनकर उभरे। इसी क्रम में भारत पर भी अरब आक्रमण हुआ। अरब जहाँ अधिकार कर लेते, वहाँ इस्लाम की स्थापना का प्रयास करते। इस प्रकार एक विस्तृत भू-भाग पर इस्लाम का प्रसार हो गया।
- नौवीं शताब्दी के अन्त तक माबरूउन्नर (ट्रांस आक्सियाना) खुरासान तथा ईरान के कुछ भागों पर सामन्ती शासकों का राज्य था जो मूलत: ईरानी थे।
- सामानियों को तुर्की जनजातियों से उत्तरी और पूर्वी सीमाओं पर लगातार युद्ध करना पड़ा था।
- इसी युद्ध के दौरान एक नए प्रकार के योद्धा गाजी का उदय हुआ। गाजी योद्धा एवं धर्मप्रचारक दोनों था।
- समानी राज्य के प्रान्तीय शासकों में अल्पतगीन नामक तुर्क गुलाम था जिसने आगे चलकर एक स्वतन्त्र राज्य की स्थापना की। इसकी राजधानी गजनी थी।

मुहम्मद बिन कासिम

- भारत पर आक्रमण करने वाला प्रथम मुस्लिम शासक मुहम्मद बिन कासिम (अरबी) है।
- मुहम्मद बिन कासिम के आक्रमण के समय सिन्ध का शासक दाहिर था, इसने सिन्ध तथा मुल्तान को जीत लिया।

महमूद गजनवी

- महमूद गजनी (998-1030) के सिंहासन पर बैठा।
- ईरानी संस्कृति के पुनर्जागरण से महमूद का गहरा सम्बन्ध था।
- फिरदौसी का शाहनामा ईरानी पुनर्जागरण की एक विशिष्ट पहचान है।
- फिरदौसी महमूद के दरबार का प्रमुख कवि था।
- महमूद ने भारत पर **17 बार** आक्रमण किए थे। आरम्भिक आक्रमण हिन्दू राज्यों के विरुद्ध किया गया था, जिनका आधिपत्य उन दिनों पेशावर एवं पंजाब पर था।
- उनके सम्प्रदाय के मुल्तानी मुसलमान शासकों के विरूद्ध भी संघर्ष किया जिनका वह घोर विरोधी था।
- समानी शासन काल में गजनी के भूतपूर्व प्रान्तीय शासक के पुत्र से सन्धि करके हिन्दू राजा जयपाल ने गजनी पर आक्रमण किया था।
- सन् 1001 में जयपाल पराजित हुआ। अपमानित होने के कारण आत्मदाह करने का निश्चय किया।
- सन् 1008-1009 में हिन्दू राज्य की राजधानी वैहिन्द (पेशावर के निकट) में महमूद एवं आनन्दपाल के बीच एक नियन्त्रण युद्ध हुआ।
- उसने सन् 1018 और 1025 में क्रमश: कन्नौज और गुजरात पर आक्रमण किया। सन् 1030 में उसकी गजनी में मृत्यु हो गई।

मुहम्मद गोरी

- मुहम्मद गोरी गोर का रहने वाला था। गोर का पहाड़ी जिला गजनी तथा हिरात के मध्य में स्थित है।
- 1173 ई. में गोर के सुल्तान गयासुद्दीन ने अपने अनुज शाहबुद्दीन मुहम्मद गोरी को गजनी का सूबेदार नियुक्त किया। यद्यपि वह गजनी में स्वतन्त्र रूप से शासन करता था, किन्तु वह अपने भाई ग्यासुद्दीन के प्रति भी पूर्ण वफादार रहा।
- मुहम्मद गोरी का प्रमुख लक्ष्य भारत में साम्राज्य स्थापित करना था। 1175 ई. में मुहम्मद गोरी ने सर्वप्रथम मुल्तान के करमार्थियन सम्प्रदाय के शासक को विजित किया।
- 1176 ई. में मुहम्मद गोरी ने कच्छ को विजित किया। 1178 ई. में मुहम्मद गोरी ने गुजरात की राजधानी अन्हिलवाड़ पर आक्रमण किया, किन्तु इस युद्ध में मूलराज द्वितीय ने उसे परास्त किया। यह भारत में मुहम्मद गोरी की पहली पराजय थी।
- मुहम्मद गोरी ने 1179 ई. में पेशावर, 1185 ई. में स्यालकोट और 1186 ई. में लाहौर को अपने अधीन किया। 1189 ई. में मुहम्मद गोरी ने सरहिन्द पर आक्रमण करके, उस पर अधिकार किया।
- 1191 ई. में पृथ्वीराज चौहान व मुहम्मद गोरी के मध्य 'तराइन का प्रथम युद्ध' हुआ। इस युद्ध में पृथ्वीराज चौहान ने मुहम्मद गोरी को परास्त किया। यह मुहम्मद गोरी की भारत में दूसरी पराजय थी।
- 1192 ई. में मुहम्मद गोरी व पृथ्वीराज चौहान के मध्य 'तराइन का द्वितीय युद्ध' हुआ। इस युद्ध में मुहम्मद गोरी ने पृथ्वीराज चौहान को परास्त किया।
- 1194 ई. में मुहम्मद गोरी ने कन्नौज के गहड़वाल वंशीय शासक को 'चन्दावर के युद्ध' में पराजित किया।
- मुहम्मद गोरी ने 1195-96 ई. में बयाना तथा ग्वालियर पर अधिकार किया।

- मुहम्मद गोरी की 1206 ई. में उसके किसी शत्रु के द्वारा हत्या कर दी गई। अत: उसके पश्चात् उसके द्वारा विजित भारतीय प्रदेशों का शासक कुतुबुद्दीन ऐबक बना, जो पहले मुहम्मद गोरी का दास था।

दिल्ली सल्तनत की स्थापना

दिल्ली सल्तनत की स्थापना 1206 ई. से मानी जाती है। इसकी स्थापना का श्रेय मुहम्मद गोरी के भारतीय क्षेत्रों के सेनापति कुतुबुद्दीन ऐबक को जाता है। दिल्ली सल्तनत का काल 1206 ई. से 1526 ई. तक माना जाता है।

मामलूक या *गुलाम वंश* (1206-1290 ई.)

- 1206-1290 ई. तक जिस वंश ने दिल्ली सल्तनत पर सर्वप्रथम राज किया, उसके नामकरण में काफी विवाद है। इसे दास वंश, कुत्बी वंश, इल्बारी वंश, मामलूक वंश कहा गया है।

कुतुबुद्दीन ऐबक (1206-1210 ई.)

- कुतुबुद्दीन ऐबक को भारत में तुर्की राज्य का संस्थापक माना जाता है। वह दिल्ली का प्रथम तुर्क शासक था।
- कुतुबुद्दीन ऐबक 'कुत्बी' तुर्क था, अत: उसका वंश कुत्बी वंश कहलाया। कुतुबुद्दीन ऐबक की उदारता और दानप्रियता के कारण उसे 'लाख बख्श' कहा जाता था।
- ऐबक ने दिल्ली में 'कुव्वत-उल-इस्लाम मस्जिद' तथा अजमेर में 'अढ़ाई दिन का झोपड़ा' नामक मस्जिद बनवाई। ऐबक ने दिल्ली में 1210 ई. में 'कुतुबमीनार' का निर्माण भी शुरू कराया था, जिसे बाद में 1231 ई. में उसके उत्तराधिकारी इल्तुतमिश ने पूरा कराया।
- 1210 ई. में चौगान खेलते समय घोड़े से अचानक गिर जाने के कारण उसकी मृत्यु हो गई।

इल्तुतमिश (1210-1236 ई.)

- 1210 ई. में दिल्ली का सुल्तान बनने वाला 'इल्तुतमिश' (1210-1236) ऐबक का दामाद व उत्तराधिकारी था। उसे 'दिल्ली सल्तनत का वास्तविक संस्थापक' माना जाता है। वह इल्बारी तुर्क था।
- इल्तुतमिश ने अपना उत्तराधिकारी अपनी पुत्री 'रजिया सुल्तान' को चुना था, लेकिन महिला विरोधी कट्टरपंथियों के चलते उसकी मृत्यु के बाद रुकनुद्दीन फिरोजशाह' को गद्दी पर बिठाया गया था, जिसकी कुछ समय बाद ही हत्या हो गई।
- रजिया सुल्तान के बाद दो अयोग्य शासक हुए—मुइजुद्दीन बहरामशाह तथा अलाउद्दीन मसूदशाह।

इक्तादारी व्यवस्था

- इल्तुतमिश ने अपने साम्राज्य को असंख्य छोटी-बड़ी इक्ताओं में विभाजित किया। 'इक्ता' का अर्थ होता है नकद वेतन के बदले किसी को कृषि योग्य भूमि का लगान हस्तान्तरित करना।
- प्रत्येक इक्ता पर इक्तादारों की नियुक्ति की जाती थी, जिसका समय-समय पर स्थानान्तरण होता रहता था एवं वे केन्द्र को प्रशासनिक एवं सैनिक सेवा उपलब्ध कराते थे।

मुद्रा प्रणाली

- इल्तुतमिश पहला तुर्क सुल्तान था, जिसने शुद्ध अरबी सिक्के चलाए। उसने अरबी प्रथा के आधार पर सल्तनतकालीन दो मूल सिक्कों का प्रचलन किया-ताँबे का 'जीतल' तथा चाँदी का 'टंका' (लगभग 175 ग्रेन का)।
- इन सिक्कों पर अरबी में उसका नाम खुदा हुआ था। टंका और जीतल में 1 : 48 का अनुपात था। उसने टकसालों पर भी अपना नाम अंकित करने की प्रथा की शुरूआत की।

सैन्य संगठन

- सैन्य व्यवस्था के अन्तर्गत उसने 40 अमीरों की एक संस्था तुर्कान-ए-चहलगानी का निर्माण किया।
- प्रसिद्ध विद्वान् निजामुलमुल्क मुहम्मद जुनैदी उसका प्रधानमन्त्री था। इसके अतिरिक्त उसने सूफी सन्तों, जैसे-शेख बहाउद्दीन जकारिया, शेख नजीबुद्दीन नक्शबन्दी आदि को भी संरक्षण प्रदान किया।
- स्थापत्य कला के क्षेत्र में इल्तुतमिश ने 'कुतुबमीनार' को पूरा करवाया। उसने भारत में पहला मकबरा भी बनवाया। उसके द्वारा निर्मित मकबरे हैं-सुल्तानगढ़ी का मकबरा और उसका स्वयं का मकबरा। उसने ऐबक द्वारा बनवाए गए अढ़ाई दिन के झोपड़े में सात मेहराबें बनवाईं।

बलबन (1265-1287 ई.)

- बलबन ने 20 वर्ष तक वजीर की हैसियत से तथा 20 वर्ष तक सुल्तान के रूप में शासन किया। बलबन दिल्ली सल्तनत का एक ऐसा व्यक्ति था, जो सुल्तान न होते हुए भी सुल्तान के छत्र का उपयोग करता था।
- बलबन ने 'चालीसा दल' का दमन किया। बलबन के शासन की सफलता का मुख्य श्रेय उसका गुप्तचर विभाग था। उसने सुल्तान की प्रतिष्ठा को स्थापित करने के लिए 'रक्त एवं लौह' की नीति अपनाई।उसने सिजदा और पाबोस की प्रथा को अपने दरबार में फिर से शुरु करवाया जो मूलत: ईरानी थी और जिन्हें गैर-इस्लामी समझा जाता था।

बलबन के प्रशासनिक सुधार

- बलबन ने न्याय पर अत्यधिक बल देकर जहाँ एक तरफ जनता का सम्मान पाया वहीं दूसरी तरफ अमीरों का दमन भी किया। बदायूँ के अक्तादार **मलिक बकबक** को मृत्युदण्ड दिया गया क्योंकि उसने अपने नौकर की हत्या की थी। इसी तरह अवध के अक्तादार मलिक हैबत को कोड़े लगवाए गए।
- उसने एक सक्षम गुप्तचर व्यवस्था स्थापित की ताकि उसे साम्राज्य की पूरी खबर रहे। बलबन ने एक शक्तिशाली केन्द्रीय सेना रखी और दीवान-ए-अर्ज (सैन्य विभाग) का गठन किया। **इमादुल्मुल्क अहमद अयाज** आरिज-ए-मुमालिक (सैन्य विभाग का प्रमुख) बना।
- बलबन ने इक्ता व्यवस्था में सुधार किया और इक्तादारों को फवाजिल (बचा हुआ राजस्व) केन्द्र को भेजने को मजबूर किया। उसने दोआब के वृद्ध इक्तादारों को पेंशन देकर सेवामुक्त करने का विचार दिल्ली के **कोतवाल फाखरुद्दीन** की सलाह पर टाल दिया।
- उसने इक्ता में भ्रष्टाचार रोकने के लिए ख्वाजा (नायब दीवान) नामक अधिकारी नियुक्त किया जो राजस्व प्रशासन का प्रभारी था। इस प्रकार उसने राज्य के विभिन्न पक्षों में सुधार करके सल्तनत को मजबूती प्रदान की।

खिलजी वंश (1290-1320 ई.)

जलालुद्दीन खिलजी (1290-1296 ई.)

- जलालुद्दीन 1290 ई. में 70 वर्ष की उम्र में जलालुद्दीन फिरोज खिलजी की उपाधि के साथ गद्दी पर बैठा। उसने 'किलोखरी' को अपनी राजधानी बनाया। दिल्ली की जनता उसे अफगान समझती थी। तत्कालीन इतिहासकार जियाउद्दीन बरनी खिलजियों को तुर्कों से भिन्न जाति का बताता है।
- इतिहासकार हबीब ने खिलजी वंश की स्थापना को एक क्रान्ति कहा है, क्योंकि उसने दिल्ली से गुलाम वंश का अन्त कर दिया, जातिवाद में कमी आई और यह धारणा खत्म हो गई कि केवल विशिष्ट वर्ग का व्यक्ति ही शासन कर सकता है।
- जलालुद्दीन अपने राज्याभिषेक के एक वर्ष बाद दिल्ली में आया। उसका चरित्र, न्यायप्रियता, उदारता एवं अनुराग उच्च कोटि का था। उसकी उदार नीतियों का एकमात्र अपवाद सीदी मौला नामक एक दरवेश था, जिसको उसने मात्र राजद्रोह के सन्देह के आधार पर फाँसी पर चढ़ा दिया। उसने 1290 ई. में कड़ा-मानिकपुर के सूबेदार मलिक छज्जू के विद्रोह को दबाया, जिसने अपने नाम के सिक्के चलवाए तथा खुत्बा पढ़ा था।
- 1292 ई. में मंगोल आक्रमणकारी हलाकू के पौत्र अब्दुल्ला का पंजाब पर आक्रमण हुआ, पर जलालुद्दीन ने उसको परास्त कर दिया और वह मंगोलिया वापस जाने को राजी हो गया, परन्तु चंगेज खाँ के एक वंशज उलगू ने अपने मंगोल समर्थकों के साथ इस्लाम धर्म ग्रहण कर भारत में ही रहने का निर्णय किया। ये दिल्ली के आस-पास बस गए, जिसे 'मुगलपुरा' कहा गया।

अलाउद्दीन खिलजी (1296-1316 ई.)

- 1298 ई. में गुजरात विजय के दौरान नुसरत खाँ द्वारा मलिक काफूर एक हजार दीनार में खरीदा गया, जिससे उसे 'हजारदीनारी' भी कहा जाता था। गुजरात का राजा कर्णदेव अपनी पुत्री देवलदेवी के साथ देवगिरी भाग गया और उसकी महारानी कमला देवी एवं अपार सम्पत्ति विजेताओं के हाथ लगी, जिसे दिल्ली भिजवा दिया गया।
- अलाउद्दीन ने कमलादेवी से विवाह कर उसे अपनी रानी बनाया। मलिक काफूर बाद में अलाउद्दीन का महान् सेनापति और मलिक नायब बना।
- गुजरात विजय के बाद अलाउद्दीन राजपूताना की ओर उन्मुख हुआ। 1303 ई. में उसने मेवाड़ की राजधानी चित्तौड़ पर आक्रमण किया। सूफी कवि मलिक मुहम्मद जायसी के 'पद्मावत' के अनुसार अलाउद्दीन के आक्रमण का मुख्य कारण उसका राणा रतनसिंह की रानी पद्मिनी के अनुपम सौन्दर्य के प्रति आकर्षण था। उस समय राणा युद्ध में मारा गया और रानी पद्मिनी ने जौहर कर लिया। अलाउद्दीन ने चित्तौड़ का नाम अपने पुत्र खिज्र खाँ के नाम पर 'खिज्राबाद' रखा और उसे खिज्र खाँ को सौंपकर दिल्ली आ गया।
- उत्तर भारत की विजय करने के बाद अलाउद्दीन दक्षिण भारत की ओर मुड़ा और मलिक काफूर के नेतृत्व में एक शक्तिशाली सेना दक्षिण भेजी गई। अलाउद्दीन के दक्षिणी अभियान का मुख्य कारण धन प्राप्त करना था। उस समय दक्षिण भारत में तीन महत्त्वपूर्ण शक्तियाँ थीं— (i) देवगिरी के यादव, (ii) तेलंगाना के काकतीय, तथा **(iii)** द्वारसमुद्र के होयसल।
- अलाउद्दीन इन तीनों राज्यों से वार्षिक कर वसूलना चाहता था। दक्षिण अभियान की उसकी जीत का मुख्य श्रेय मलिक काफूर को जाता है।
- सर्वप्रथम 1305 ई. में देवगिरि पर आक्रमण कर मलिक काफूर ने वहाँ के शासक रामचन्द्र को परास्त कर दिया। गुजरात के राजा कर्णदेव की पुत्री देवल देवी को दिल्ली भेज दिया गया, जिसका विवाह अलाउद्दीन के पुत्र खिज्र खाँ से हुआ। इसके अतिरिक्त अलाउद्दीन ने राजा रामचन्द्र को 'राय रायन' की उपाधि प्रदान की तथा कालान्तर में दोनों मित्र बन गए।

अलाउद्दीन के प्रशासनिक सुधार

अलाउद्दीन ने अपनी शासन व्यवस्था को सुचारु रूप से संचालित करने के लिए व्यापक पैमाने पर सुधार कार्य किया। इन सुधारों का विवरण निम्नवत् है

लगान व्यवस्था में सुधार

- राजस्व विषयक् पहले अधिनियम (जाबिता) के अन्तर्गत कृषि योग्य भूमि की माप (पैमाइश) के आधार पर लगान निश्चित किया गया। 'बिस्वा' पैमाइश की मानक इकाई थी। अलाउद्दीन ने उपज का (प्रति बिस्वा) 50 : भूमि कर (स्वराज) के रूप में लेना निश्चित किया।
- सुल्तान ने खुत, मुकद्दम, चौधरी जैसे बिचौलियों के विशेषाधिकार समाप्त कर दिए, जो पहले लगान वसूलने के लिए राज्य के एजेण्ट का कार्य करते थे तथा स्वयं कर भी नहीं अदा करते थे।
- सुल्तान ने लगान (भू-राजस्व) के अतिरिक्त दो नए कर भी लगाए-(i) 'चराई कर' जो दुधारू पशुओं पर लगाया जाता था तथा (ii) 'घरी कर' जो घरों एवं झोपड़ियों पर लगाया जाता था।
- सुल्तान ने मिल्क, वक्फ, इनाम और छोटी इक्ता भूमि को वापस लेकर खालसा (राजभूमि या राज्य द्वारा नियन्त्रित भूमि) में बदल दिया। जिसका लगान सीधे राज्य द्वारा वसूला जाता था।
- अलाउद्दीन ने 'दीवान-ए-मुस्तखराज' नामक एक अधिकारी की नियुक्ति की, जो अतिरिक्त भू-राजस्व के कड़ाई से वसूलने के लिए जिम्मेदार था।
- लगान को फसल या जिंस के रूप में वसूलने पर जोर दिया गया तथा किसान को अपनी शेष उपज बेचने के लिए बाध्य किया गया।

बाजार नियन्त्रण व्यवस्था या आर्थिक अधिनियम

- अलाउद्दीन खिलजी का सबसे महत्त्वपूर्ण सुधार बाजार नियन्त्रण व्यवस्था थी।
- दैनिक उपयोग की लगभग सभी वस्तुओं का मूल्य निश्चित कर दिया गया, यथा-खाद्यान्न, घोड़ा, पशु, दास, कपड़ा, सुई, घी आदि।
- विभिन्न वस्तुओं के लिए उसने तीन अलग-अलग बाजारों की स्थापना की-एक खाद्यान्न के लिए, दूसरा कीमती वस्त्रों के लिए, तीसरा घोड़ों, गुलामों और मवेशियों के लिए।
- प्रत्येक बाजार एक उच्च अधिकारी के नियन्त्रण में होता था, जिसे 'शहना' या 'शहना-ए-मण्डी' या बाजार नियन्त्रक कहा जाता था। सभी व्यापारियों को राज्य द्वारा पंजीकृत किया जाता था।
- महँगी या आयातित वस्तुओं का राज्य की आर्थिक सहायता द्वारा मूल्य कम रखा जाता था।
- अकाल, सूखा एवं बाढ़ के समय खाद्यान्न का अभाव न होने पाए, इसके लिए राशन देने की व्यवस्था थी।

नासिरुद्दीन खुसरो शाह (1320 ई.)

- दिल्ली सल्तनत की गद्दी पर बैठने वाला खुसरो प्रथम भारतीय मुसलमान था। उसने गद्दी पर बैठते ही अपने स्वजनो में पुरस्कार बाँटे। दीपालपुर

अलाउद्दीन खिलजी के विजय अभियान

राज्य	शासक	वर्ष	खिलजी सरदार	विशेष/विवरण
गुजरात	रायकरन वघेला (कर्ण)	1298 ई.	उलूग खाँ और नुसरत खाँ	गुजरात अभियान के मार्ग में जैसलमेर विजित किया। कर्ण भाग गया।
रणथम्भौर	राणा हम्मीर देव (चौहान शासक)	1301 ई.	उलूग खाँ और नुसरत खाँ	पहले राणा ने हमला विफल कर दिया और नुसरतखाँ मारा गया। अब अलाउद्दीन स्वयं आया राजपूतों ने जौहर किया और हम्मीर युद्ध में मारा गया।
चित्तौड़	रतन सिंह	1303 ई.	अलाउद्दीन खिलजी	चित्तौड़ पर अधिकार कर उसका नाम 'खिज्राबाद' रखा। 1311 ई. में चित्तौड़ मालदेव को सौंप दिया।
मालवा	महलकदेव	1305 ई.	आइनुलमुल्क मुल्तानी	महलकदेव माण्डू भाग गया और मालवा खिलजी साम्राज्य में मिला लिया गया।
जालौर	कान्हदेव (कृष्णदेव)	1311 ई.	कमालुद्दीन कुर्ग	शासक के भाई मालदेव को खुश होकर चित्तौड़ सौंपा।

के सूबेदार गाजी मलिक ने 1320 ई. में दिल्ली में उसे पराजित कर मार डाला।

- गाजी मलिक की अनिच्छा के बावजूद अमीरों ने उसे गयासुद्दीन तुगलक की उपाधि देकर सिंहासन पर बैठा दिया।

तुगलक वंश (1320-1414 ई.)

गयासुद्दीन तुगलक (1320-25 ई.)

- तुगलक वंश को स्वदेशी माना जाता है, क्योंकि गयासुद्दीन तुगलक का पिता बलबन के समय हिन्दुस्तान आया था तथा उसने पंजाब में एक जाट कन्या से विवाह किया था।
- उसने लगान (भू-राजस्व) को घटाकर समूचे उपज का 1/10 या 1/12 भाग ही लेने को कहा। उसने अमीरों की भूमि पुन: लौटा दी। उसने किसानों की रक्षा के लिए दुर्ग बनाए तथा कृषि को बढ़ावा देने के लिए नहरें खुदवाईं, सम्भवत: नहर बनाने वाला वह प्रथम सुल्तान था।

मुहम्मद बिन तुगलक (1325-1351 ई.)

- अपने पिता गयासुद्दीन तुगलक की मृत्यु के बाद जूना खाँ 'मुहम्मद बिन तुगलक' के नाम से दिल्ली की गद्दी पर बैठा।
- मध्यकालीन सुल्तानों में वह सम्भवत: सबसे शिक्षित, विद्वान् एवं योग्य व्यक्ति था। वह अरबी एवं फारसी का विद्वान् तथा ज्ञान-विस्तार की विभिन्न विधाओं; जैसे-खगोलशास्त्र, दर्शन, गणित, चिकित्सा-विज्ञान, तर्कशास्त्र आदि में पारंगत था।
- मुहम्मद बिन तुगलक अपने कार्यों एवं विचारों से सल्तनत काल का सर्वाधिक विवादास्पद सुल्तान माना जाता है।
- अफ्रीका के मोरक्को का निवासी इब्नबतूता उसके शासनकाल में 1333 ई. में दिल्ली आया था, सुल्तान ने उसे दिल्ली का काजी नियुक्त किया तथा 1342 ई. में दूत बनाकर चीन भेजा।
- उसने 'रेहला' नामक ग्रन्थ की रचना की, जो तुगलक के शासनकाल को जानने का महत्त्वपूर्ण स्रोत है।

मुहम्मद बिन तुगलक की पाँच महत्त्वाकांक्षी योजनाएँ

राजधानी परिवर्तन

- 1325-26 ई. में मुहम्मद बिन तुगलक ने दिल्ली सल्तनत की राजधानी दिल्ली से दौलताबाद (देवगिरि) स्थानान्तरित कर दी हालाँकि पर्याप्त सुविधा उपलब्ध न कराने पर यह योजना असफल रही और राजधानी को वापस दिल्ली स्थानान्तरित कर दिया गया।

सांकेतिक मुद्रा का प्रचलन

- सुल्तान ने चाँदी के टंका के स्थान पर सांकेतिक मुद्रा के रूप में ताँबे या काँसे की मुद्रा 1329-30 ई. में चलाई।
- परन्तु टकसाल पर केन्द्रीकृत नियन्त्रण के अभाव में बड़ी संख्या में जाली सिक्के बाजार में आ गए। अत: सुल्तान को ताँबे या काँसे की मुद्रा का प्रचलन रोकना पड़ा।

खुरासान और इराक अभियान

- सुल्तान ने खुरासान अभियान के लिए 3,70,000 सैनिकों की एक विशाल सेना तैयार की एवं उन्हें एक वर्ष का अग्रिम वेतन दे दिया गया।
- परन्तु पश्चिम एशिया में राजनीतिक परिवर्तन होने के कारण यह योजना त्याग दी गई।

कराचिल अभियान

- कराचिल (हिमाचल प्रदेश के काँगड़ा में स्थित पर्वतीय स्थल) अभियान के लिए खुसरो मलिक की अध्यक्षता में एक सेना भेजी गई। विजय प्राप्त करने के बाद सेना भटक गई और मात्र कुछ सैनिक ही दिल्ली वापस लौटकर आ सके।

मुहम्मद-बिन-तुगलक के काल में विद्रोह

- पूरे सल्तनत काल में सर्वाधिक विद्रोह (22) इसी के शासन में हुए।
- पहला विद्रोह सागर (गुलबर्गा के निकट) के इक्तादार बहाउद्दीन गुरशस्प ने किया (1327 ई.)
- बंगाल सल्तनत से अलग हुआ (1340-41 ई.)।
- दक्षिण में पहला सफल विद्रोह माबर (मदुरा) में अहसान शाह ने किया (1335 ई.)।
- 1336 ई. में हरिहर और बुक्का ने विजयनगर राज्य की स्थापना की।
- 1347 ई. में देवगिरि के सादा अमीरों ने अलाउद्दीन बहमनशाह (हसनगंगू) के नेतृत्व में विद्रोह कर बहमनी राज्य की स्थापना की।
- गुजरात में तगी का विद्रोह उसके शासनकाल का अन्तिम विद्रोह था।

दोआब में लगान वृद्धि

- गंगा-यमुना दोआब की उर्वरा एवं समृद्ध भूमि में उसने कर की दर 50% कर दी, किन्तु उसी समय भयानक दुर्भिक्ष के कारण उसकी यह योजना भी असफल हो गई।

फिरोज शाह तुगलक (1351-1388 ई.)

- फिरोज 'बीबी जैला' का पुत्र था, जो राजपूत सरदार रणमल की पुत्री थी। उसके अकुशल, ढीले प्रशासन, कमजोर विदेश नीति और दोषपूर्ण सैनिक संगठन के दुष्प्रभावों के परिमाणस्वरूप सल्तनत का तेजी से पतन एवं विघटन हो गया।
- जाजनगर (ओडिशा) अभियान में जगन्नाथ मन्दिर तथा नगरकोट अभियान में (1361 ई.) ज्वालामुखी देवी का मन्दिर ध्वस्त किया एवं वहाँ से 300 संस्कृत की पुस्तकें लाया, जिसका उसने राजकवि आजुद्दीन खालिद द्वारा 'इलाइले फिरोजशाही' के नाम से फारसी भाषा में अनुवाद करवाया।
- फिरोज ने मुहम्मद बिन तुगलक द्वारा लगाए गए समस्त करों को माफ कर दिया। उसने 26 प्रकार के करों को समाप्त कर कुरान द्वारा अनुमोदित केवल चार प्रकार के करों-जजिया, जकात, खराज तथा खम्स को ही लगाया।
- रोजगार प्रदान करने लिए भी उसने एक दफ्तर खोला था। उसके द्वारा स्थापित 'दारूल-शफा' नामक विभाग के माध्यम से लोगों को नि:शुल्क दवाएँ उपलब्ध कराई जाती थीं। फिरोज के दास प्रेम के कारण, उनकी संख्या में अभूतपूर्व वृद्धि (1,80,000) हुई और एक अलग विभाग 'दीवान-ए-बन्दगान' की स्थापना हुई।
- उसने 'लोक निर्माण विभाग' द्वारा अनेक मकतबों एवं मदरसों का निर्माण करवाया।

तैमूर का आक्रमण

सुल्तान नासिरुद्दीन के शासनकाल में मध्य एशिया के महान् मंगोल सेनानायक तैमूर ने 1398 ई. में भारत पर आक्रमण किया। तैमूर का आक्रमण तुगलक वंश एवं दिल्ली दोनों के लिए मरणान्तक आघात सिद्ध हुआ।

सैयद वंश (1414-21 ई.)

खिज्र खाँ (1414-21 ई.)

- खिज्र खाँ ने सैयद वंश की स्थापना की, क्योंकि उसको पैगम्बर का वंशज माना जाता है। उसने सुल्तान की उपाधि धारण न कर रैय्यत-ए-आला की उपाधि धारण कर तैमूर के उत्तराधिकारी शाहरूख के प्रतिनिधि के रूप में शासन किया।
- उसके सिक्कों पर तुगलक शासकों का नाम था और खुतबा शाहरूख के नाम का पढ़ा जाता था।
- 1421 ई. में उसकी मृत्यु हो गई और मुबारकशाह दिल्ली का सुल्तान बना।

मुबारकशाह (1421-34 ई.)

तैमूर लंग के वापस लौटने के बाद उसके प्रतिनिधि 'खिज्र खाँ' (1414-1421 ई.) ने सैयद वंश की स्थापना की। खिज्र खाँ के उत्तराधिकारी 'मुबारक शाह' (1421-1434 ई.) ने पहली बार 'सुल्तान' की उपाधि धारण की और अपने नाम के सिक्के चलाए।

अलाउद्दीन आलम शाह (1443-51 ई.)

यह 1447 ई. में बदायूँ जाकर बस गया और दिल्ली पर बहलोल लोदी के दावे को स्वीकार कर 1451 ई. में औपचारिक रूप से उसे सत्ता सौंप दी तथा स्वयं तराई क्षेत्रों में शासन करता रहा।

लोदी वंश (1451-1526 ई.)

बहलोल लोदी (1451-1489 ई.)

लोदी वंश की स्थापना बहलोल लोदी ने की। लोदी अफगान जाति के थे। उसने बहलोली सिक्के चलाए तथा निर्धनों के प्रति दया दिखाई। उसकी सबसे महत्त्वपूर्ण राजनीतिक उपलब्धि 1494 ई. में जौनपुर के शर्की राज्य की विजय थी।

सिकन्दर शाह लोदी (1498-1517 ई.)

बहलोल लोदी की मृत्यु के बाद उसका पुत्र निजाम शाह, सिकन्दर शाह की उपाधि के साथ जलाली में सुल्तान घोषित किया गया। 1506 ई. में उसने 'आगरा' नामक नगर की स्थापना की तथा उसे अपनी राजधानी बनाया।

भूमि की माप के लिए '30"' के 'गजे सिकन्दरी' का प्रयोग शुरू किया तथा राज्य के हिसाब-किताब की लेखा-प्रणाली की शुरूआत की। सिकन्दर 'गुलरूखी' के उपनाम से फारसी में कविताएँ भी लिखता था।

इब्राहिम लोदी (1517-1526 ई.)

- सैयद वंश के अन्तिम शासक अलाउद्दीन आलमशाह द्वारा दिल्ली का शासन त्याग देने के बाद 1451 ई. में 'बहलोल लोदी' (1451-1489 ई.) ने सिंहासन पर अधिकार करके लोदी वंश की स्थापना की। उसने दिल्ली में प्रथम अफगान साम्राज्य की नींव डाली।
- बहलोल लोदी की मृत्यु के बाद उसका दूसरा पुत्र 'निजाम शाह' 17 जुलाई, 1489 को 'सिकन्दर शाह' की उपाधि धारण कर सुल्तान बना।
- उसने पहली बार भूमि की नाप कराई और उसके आधार पर लगान नियत करने का आदेश दिया। उसने 'सिकन्दरी गज' नामक माप का प्रमाणिक गज भी चलाया।
- उसने 1506 ई. में 'आगरा' शहर की स्थापना की। वह 'गुलरुखी' उपनाम से कविता भी लिखता था।
- सिकन्दर के निधन के बाद 'इब्राहिम लोदी' आगरा की गद्दी पर बैठा। उसने राणा सांगा को हराया था। पर 20 अप्रैल, 1526 को पानीपत के मैदान में मुगल वंश के संस्थापक बाबर ने उसे हरा दिया।

मामलूककालीन इमारतें *एवं* उनके निर्माणकर्ता

इमारत	सुल्तान	स्थान
अढ़ाई दिन का झोपड़ा	ऐबक	अजमेर
इल्तुतमिश का मकबरा	इल्तुतमिश	दिल्ली
हौज-ए-शम्सी	इल्तुतमिश	बदायूँ
जामा-मस्जिद	इल्तुतमिश	बदायूँ
बलबन का मकबरा	बलबन	दिल्ली

खिलजीकालीन इमारतें

इमारत	सुल्तान
अलाई दरवाजा (दिल्ली)	अलाउद्दीन खिलजी
जमायतखाना मस्जिद	अलाउद्दीन खिलजी
ऊखा मस्जिद	मुबारक खिलजी
सीरी (नगर)	अलाउद्दीन खिलजी (दिल्ली)

तुगलककालीन इमारतें

यह अपनी सादगी, विशालता, गम्भीरता एवं ढलवां दीवारों के लिए प्रसिद्ध है।

इमारत	सुल्तान
तुगलकाबाद (नगर)	गयासुद्दीन तुगलक (दिल्ली)
गयासुद्दीन का मकबरा	मुहम्मद बिन तुगलक
जहाँपनाह नगर (दिल्ली)	मुहम्मद बिन तुगलक
फिरोजशाह कोटला (दिल्ली)	
फिरोजाबाद	फिरोज तुगलक

सैयद एवं लोदीकालीन स्थापना

मकबरों के निर्माण की अधिकता के कारण इस काल को 'मकबरों का काल' कहा जाता है।

इमारत/मकबरा	निर्माणकर्ता
मुबारकशाह का मकबरा,	
सिकन्दर लोदी का मकबरा (अष्टभुजीय)	इब्राहिम लोदी
मोठ की मस्जिद	सिकन्दर लोदी का वजीर

विजयनगर साम्राज्य

- विजयनगर साम्राज्य की स्थापना हरिहर तथा बुक्का नामक दो भाइयों ने अपने गुरु **विद्यारण्य** की सहायता से 1336 ई. में की।
- 1336 ई. में हम्पी (हस्तिनावती) को विजयनगर की राजधानी के रूप में निर्मित किया गया।
- विजयनगर पर चार वंशों ने क्रमशः शासन किया। ये हैं— संगम, सालुव, तुलुव तथा अरविडू।

संगम वंश (1336-1485 ई.)

- हरिहर प्रथम (1336-1356 ई.) विजयनगर का पहला शासक था। उसने संगम वंश के शासन की नींव डाली।
- 1356 ई. में उसका भाई बुक्का शासक बना। उसने **वेदमार्ग प्रतिष्ठापक** की उपाधि ग्रहण की।
- देवराय प्रथम इस वंश का प्रमुख शासक था, जिसने तुंगभद्रा नदी पर बाँध बनवाया। उसने एक नहर भी बनवाई। अपनी पुत्री का विवाह बहमनी शासक फिरोजशाह के साथ किया।
- तेलुगू कवि श्रीनाथ ने **हरविलासम** की रचना देवराय प्रथम के दरबार में रहते हुए की।
- देवराय द्वितीय ने दो संस्कृत ग्रंथों — 'महानाटक- सुधानिधि' तथा 'ब्रह्म सूत्र पर टीका' लिखी।
- इटली का यात्री **निकोलो कोण्टी** देवराय प्रथम के तथा ईरानी (फारसी) राजदूत अब्दुर्रज्जाक देवराय द्वितीय के शासनकाल में विजयनगर आया था।
- देवराय द्वितीय ने विजयनगर की सेना में मुसलमानों की भर्ती की। उसने तुर्की धनुर्धरों को भी सेना में शामिल किया। देवराय द्वितीय ने 1425 ई. में दहेज प्रथा को अवैधानिक घोषित किया था।
- विरूपाक्ष द्वितीय (1465-85 ई.) इस वंश का अंतिम शासक था।

सालुव वंश (1485-1502 ई.)

- 1485 ई. में नरसिंह सालुव ने विजयनगर में शासन आरम्भ किया।
- उसके सेनानायक नरसा नायक ने उसके उत्तराधिकारियों को समाप्त कर 1502 ई. में नए तुलुव वंश की नींव रखी।

तुलुव वंश (1505-1570 ई.)

- नरसा नायक का पुत्र बीर नरसिंह तुलुव वंश का संस्थापक माना जाता है। 1509 ई. में नरसिंह का भाई **कृष्णदेव राय** (1509- 29 ई.) शासक बना।
- कृष्णदेव राय विजयनगर का सर्वश्रेष्ठ शासक था। इसका उल्लेख बाबरनामा में मिलता है।
- उसने पुर्तगाली गवर्नर अल्बुकर्क को भटकल में दुर्ग निर्माण की स्वीकृति दी।
- कृष्णदेव राय ने तेलुगू भाषा में 'आमुक्तमाल्यद तथा संस्कृत भाषा में 'जाम्बवतीकल्याणम्' की रचना की। उसके दरबार में तेलुगू भाषा के आठ विद्वान् रहते थे, जिन्हें **अष्ट दिग्गज** कहा जाता था।
- कृष्णदेव राय को **'आन्ध्र भोज'** के नाम से भी जाना जाता है। उसे यवनराज स्थापनाचार्य भी कहा गया।
- कृष्णदेव राय के दरबार में तेनालीराम तथा अलासानी पेदन्न रहते थे। तेनालीराम ने पाण्डुरंग महात्यम् की रचना की। उसने हजारा मन्दिर तथा विट्ठलस्वामी मन्दिर का निर्माण करवाया, इनका उत्तराधिकारी अच्युत राय था।
- अच्युत राय ने तिरूपति एवं कालहस्ती में राज्याभिषेक कराया। नूनिज इसके दरबार में रहा था।
- अच्युतदेव के पश्चात् सदाशिवराय शासक हुआ, लेकिन वास्तविक सत्ता रामराय के हाथों में थी। इसी के समय 23 जनवरी, 1565 को तालीकोटा का युद्ध हुआ था।
- 1565 ई. अहमदनगर, बीजापुर, गोलकुण्डा तथा बीदर की संयुक्त सेना ने विजयनगर की सेना को तालीकोटा के युद्ध या राक्षसी-तांगड़ी के युद्ध में पराजित किया।
- आयंगार एवं नायंकार व्यवस्था विजयनगर साम्राज्य की विशेषता थी।

अरविडू वंश (1570-1650 ई.)

- **तिरूमल** अरविडू वंश का संस्थापक था। इसकी राजधानी पेनुकोण्डा थी। उसका उत्तराधिकारी रंग द्वितीय था।
- 1586 ई. में वेंकट द्वितीय ने विजयनगर की राजधानी चन्द्रगिरि में स्थापित की। उसने स्पेन के राजा फिलिप तृतीय से पत्र व्यवहार किया।
- अरविडू वंश के शासनकाल में **सीजर फ्रेडरिक** ने विजयनगर की यात्रा की।
- श्री रंगा तृतीय इस वंश का अंतिम शासक था।

विजयनगर आने वाले प्रमुख विदेशी यात्री

यात्री	काल	देश	शासक
निकोलो कोण्टी	1420 ई.	इटली	देवराय I
अब्दुर्रज्जाक	1442 ई.	फारस	देवराय II
नूनिज	1450 ई.	पुर्तगाल	अच्युत देवराय
डोमिंगो पायस	1515 ई.	पुर्तगाल	कृष्णदेव राय

बहमनी साम्राज्य

- दक्कन में अमीरान-ए-सदा के विद्रोह के परिणामस्वरूप मुहम्मद बिन तुगलक के शासनकाल के अन्तिम दिनों में बहमनी सल्तनत की स्थापना हुई। इसका संस्थापक अलाउद्दीन हसन बहमनशाह (1347-1358 ई.) था।
- उसने गुलबर्गा को अपनी सल्तनत की राजधानी बनाया। उसने इसे अहसानाबाद नाम दिया।
- मुहम्मद शाह प्रथम (1358-1375 ई.) का सबसे बड़ा योगदान बहमनी प्रशासनिक व्यवस्था को व्यवस्थित रूप देना था।
- उसने सम्पूर्ण बहमनी साम्राज्य को चार तराफो या अतराफो (प्रान्तों) में विभाजित किया गुलबर्गा, बीदर, दौलताबाद और बरार।
- बहमनी सल्तनत के सुल्तनों में फिरोजशाह बहमनी (1397-1422 ई.) सर्वाधिक विद्वान् था। इतिहासकार फरिश्ता के अनुसार, वह न केवल फारसी, अरबी और तुर्की अपितु तेलुगू, कन्नड़ और मराठी का भी गहन ज्ञान रखता था।
- उसने विदेशियों को अफाकियों के साम्राज्य में आकर स्थाई रूप से बचने के लिए प्रोत्साहित किया, जिसके परिणामस्वरूप बहमनी अमीर वर्ग दो वर्गों में विभाजित हो गया। ये दो वर्ग थे अफाकी और दक्कनी।
- फिरोजशाह बहमनी द्वारा उठाया गया सर्वाधिक उल्लेखनीय कदम प्रशासन में बड़े पैमाने पर हिन्दुओं को शामिल करना था। उसने अफाकियों और दक्कनियों को सन्तुलित करने के लिए हिन्दुओं की ओर विशेष झुकाव प्रदर्शित किया।
- अहमदशाह प्रथम (1422-1446 ई.) ने अपनी राजधानी गुलबर्गा से बीदर में स्थानान्तरित कर दी। बहमनी साम्राज्य की इस नई राजधानी को मुहम्मदाबाद नाम दिया गया।
- शम्सुद्दीन मुहम्मद तृतीय (1463-1482 ई.) का शासनकाल महमूद गवाँ के युग के रूप में प्रसिद्ध है।
- महमूद गवाँ इस वक्त वकील-ए-सल्तनत (प्रधानमन्त्री) पद पर नियुक्त था।
- महमूद गवाँ का प्रमुख सैनिक अभियान दाभोल और गोवा समेत पश्चिमी तटीय क्षेत्रों का रौंदना था। दाभोल और गोवा पहले विजयनगर के अधिकार में थे।
- महमूद गवाँ को बरार को लेकर मालत्रा के महमूद खिलजी के विरुद्ध कई घमासान युद्ध लड़ने पर। गुजरात के शासक की सहायता मिलने के कारण उसका पलड़ा हमेशा भारी रहा।
- गवाँ के समय में बहमनी साम्राज्य उत्तर में खानदेश से लेकर दक्षिण में तुंगभद्रा तक और दक्षिण-पश्चिम में गोवा से लेकर उत्तर-पूर्व में उड़ीसा (ओडिशा) तक फैल गया था। बहमनी साम्राज्य का अधिकतम विस्तार महमूद गवाँ के समय में हुआ था।
- मुहम्मद तृतीय के शासनकाल में रूसी यात्री **निकितन** बहमनी साम्राज्य की यात्रा पर आया था।
- 1538 ई. में कलीमुल्ला की मृत्यु के बाद बहमनी साम्राज्य 5 मुस्लिम राज्यों में विभक्त हो गया। ये राज्य थे

राज्य	संस्थापक वंश	राजधानी
अहमदनगर	निजामशाही (1490 ई.)	अहमदनगर
बरार	इमादशाही (1490 ई.)	एलिचपुर
बीजापुर	आदिलशाही (1489 ई.)	नौरसपुर
गोलकुण्डा	कुटुबशाही (1512 ई.)	गोलकुण्डा
बीदर	बरीदशाही (1526 ई.)	बीदर

वस्तुनिष्ठ प्रश्न

1. कुतुबुद्दीन की सत्ता को मान्यता और मुक्तिपत्र कब प्राप्त हुआ?
(a) 1206 ई. (b) 1207 ई.
(c) 1208-9 ई. (d) 1210 ई.

2. चौगान (पोलो) खेलते समय घोड़े से गिरकर कुतुबुद्दीन ऐबक की मृत्यु कब हुई?
(a) 1207 ई. (b) 1208 ई.
(c) 1209 ई. (d) 1210 ई.

3. ऐबक के सन्दर्भ में यह कथन किसका है "उच्च साहस वाला और खुले हृदय का शासक था, वह बहुत उदार भी था"?
(a) हसन निजामी
(b) फखरुद्दीन
(c) मिन्हास-उस-सिराज
(d) जियाउद्दीन बरनी

4. यह कथन ऐबक के विषय में किसका है "वह निष्पक्ष भाव से लोगों का न्याय करता था तथा राज्य में शान्ति एवं उन्नति के लिए प्रयत्नशील रहा करता था"?
(a) जियाउद्दीन बरनी
(b) ताज-उल-मआसिर
(c) हसन निजामी
(d) फखरुद्दीन

5. कुतुबुद्दीन ऐबक के विषय में कौन-सा कथन सत्य है?
(a) गयासुद्दीन महमूद ने उसके पास राजचिन्ह तथा ध्वज भेज दिया और 'सुल्तान' की उपाधि प्रदान की थी
(b) सिंहासनारोहण के समय उसने मलिक और सिपहसालार की उपाधियाँ धारण कीं
(c) अपनी उदारता के कारण इसे लालबख्श कहा जाता था।
(d) उपरोक्त सभी

6. कुतुबुद्दीन ऐबक के सन्दर्भ में कौन-सा कथन सत्य नहीं है?
(a) 1192 ई. में इसने अजमेर और मेरठ के विद्रोह का दमन किया
(b) 1193 ई. में इसने अजमेर के दूसरे विद्रोह का दमन किया
(c) 1202 ई. में इसने बुन्देलखण्ड में कालिञ्जर का घेरा डाला और उस पर अधिकार कर लिया
(d) इसने ताजुद्दीन यल्दौज की पुत्री से विवाह किया और अपनी बहन का विवाह नासिरुद्दीन कुबाचा के साथ किया

7. दिल्ली पर शासन करने वाले निम्न वंशों का सही क्रम क्या है?
1. गुलाम वंश 2. खिलजी
3. लोदी 4. सैयद
5. तुगलक
कूट
(a) 1, 2, 3, 4, 5
(b) 1, 2, 5, 4, 3
(c) 2, 3, 5, 4, 1
(d) 5, 4, 3, 2, 1

8. गुलाम वंश के आरम्भिक शासकों का निम्न में से कौन-सा सही अनुक्रम है?
1. कुतुबुद्दीन ऐबक 2. इल्तुतमिश
3. रजिया सुल्तान 4. आरामशाह
कूट
(a) 1, 2, 3, 4 (b) 1, 4, 2, 3
(c) 1, 3, 2, 4 (d) 4, 3, 2, 1

9. इल्तुतमिश के पश्चात् कौन शासक बना?
(a) रुकनुद्दीन फिरोजशाह
(b) नासिरुद्दीन महमूद
(c) अलाउद्दीन मसूदशाह
(d) बहरामशाह

10. रजिया ने जनता से शाह तुर्कान के विरुद्ध सहायता माँगने के वक्त किस रंग की पोशाक पहनी थी?
(a) सफेद (b) नीली
(c) काली (d) लाल

11. अबीसीनियन मलिक जमालुद्दीन याकूत को रजिया ने किस पद पर नियुक्त किया?
(a) अमीर-ए-आखूर (b) अमीर-ए-हाजिब
(c) इक्तादार (d) वजीर

12. गजनी और बनिहान के ख्वारिज्मशाह के सूबेदार मलिक हसन कार्लूग ने मंगोलों के विरुद्ध रजिया से कब सहायता माँगी?
(a) 1236 ई. (b) 1237 ई.
(c) 1238 ई. (d) 1239 ई.

13. रजिया ने किससे विवाह किया?
(a) एतगीन (b) अल्तूनिया
(c) याकूत (d) कबीरखाँ

14. किस तत्कालीन इतिहासकार ने रजिया पर जमालुद्दीन याकूत से अनुचित प्रेम सम्बन्ध का आरोप लगाया था?
(a) जियाउद्दीन बरनी
(b) इसामी
(c) मिनहाज-उस-सिराज
(d) हसन निजामी

15. किस इतिहासकार ने रजिया और जमालुद्दीन याकूत के सम्बन्धों को निष्कलंक बताया है?
(a) जियाउद्दीन बरनी
(b) मिनहाज-उस-सिराज
(c) इसामी
(d) हसन निजामी

16. कौन-सा सुल्तान अपना अधिकतर जीवन कुरान की प्रतिलिपियाँ बनाने और दान आदि उदार कार्यों में व्यतीत करता था?
(a) बहरामशाह
(b) अलाउद्दीन मसूदशाह
(c) नासिरुद्दीन महमूद
(d) बलबन

17. किस सुल्तान के विषय में कहा जाता है कि उसने अपनी रानी के लिए दासी रखने की अनुमति नहीं दी?
(a) बहरामशाह
(b) अलाउद्दीन मसूदशाह
(c) रुकनुद्दीन फिरोजशाह
(d) नासिरुद्दीन महमूद

18. कुतुबुद्दीन की मृत्यु के पश्चात् और इल्तुतमिश से पहले बहरामशाह ने कितने समय शासन किया?
(a) 6 माह (b) 8 माह
(c) 10 माह (d) 1 वर्ष

19. दिल्ली सल्तनत का वास्तविक सुल्तान कौन था?
(a) मुहम्मद गौरी (b) कुतुबुद्दीन ऐबक
(c) इल्तुतमिश (d) रजिया

20. किसने गुलाम सरदारों का एक गुट बनाया जो 'तुर्कान-ए-चिहालगानी' के नाम से विख्यात हुआ?
(a) कुतुबुद्दीन ऐबक
(b) इल्तुतमिश
(c) रजिया
(d) बलबन

21. निम्न में से क्या इल्तुतमिश ने अपने सिक्कों पर खुदवाया?
(a) शक्तिशाली सुल्तान
(b) साम्राज्य व धर्म का सूर्य
(c) विजय से युक्त इल्तुतमिश
(d) उपरोक्त सभी

22. मंगोल चंगेज खाँ के नेतृत्व में सिन्धु नदी के तट पर कब प्रकट हुए?
(a) 1220 ई. (b) 1221 ई.
(c) 1222 ई. (d) 1223 ई.

23. सुमेलित करें

सूची I		सूची II
A. निजामुद्दीन औलिया	1.	नियन्त्रित दाम व राशन की शुरूआत की
B. मलिक काफूर	2.	सूफी सन्त
C. अलाउद्दीन खिलजी	3.	दास राजवंश उखाड़ फेंका
D. जलालुद्दीन फिरोज खिलजी	4.	'हजार दीनारी' भी कहलाता था

कूट

	A	B	C	D		A	B	C	D
(a)	2	4	1	3	(b)	4	2	1	3
(c)	1	3	2	4	(d)	3	4	2	1

24. खलीफा अल-मुस्तसीर बिल्लाह ने इल्तुतमिश को कब इस्लामी शासक की खिलअत भेजकर उसकी सत्ता को धार्मिक तथा राजनीतिक मान्यता प्रदान की?
(a) 1227 ई. (b) 1228 ई.
(c) 1229 ई. (d) 1230 ई.

25. कौन पहला तुर्क सुल्तान था जिसने शुद्ध अरबी सिक्के जारी किए?
(a) कुतुबुद्दीन ऐबक (b) इल्तुतमिश
(c) रजिया (d) बलबन

26. इल्तुतमिश के चाँदी के टंके का वजन कितने ग्रेन था और उस पर अरबी भाषा में लेख उत्कीर्ण था?
(a) 170 ग्रेन (b) 172 ग्रेन
(c) 174 ग्रेन (d) 175 ग्रेन

27. निम्नलिखित में से किसने इल्तुतमिश के दरबार में सम्मान प्राप्त किए थे?
(a) निजामुलमुल्क मुहम्मद जुनैदी
(b) मलिक कुतुबुद्दीन हसन गौरी
(c) फखरुलमुल्क इसामी
(d) उपरोक्त सभी

28. बलबन ने कब मंगोलों को डच का घेरा उठाने पर विवश किया?
(a) 1242 ई. (b) 1243 ई.
(c) 1244 ई. (d) 1246 ई.

29. मंगोलों ने निम्न में से किसे पकड़ लिया था?
(a) इसामी
(b) मिनहाज-उस-सिराज
(c) अमीर खुसरो
(d) बरनी

30. किस सुल्तान ने अपने दरबार को ईरानी शासकों की भाँति सजाया और सिजदा व पाबोस नामक प्रथाएँ शुरू कीं?
(a) बहरामशाह
(b) अलाउद्दीन मसूदशाह
(c) बलबन
(d) रुकनुद्दीन फिरोजशाह

31. बलबन द्वारा प्रति वर्ष मनाया जाने वाला त्यौहार नौरोज किस देश का था जो बड़ी शान शौकत के साथ मनाया जाता था?
(a) मिस्र (b) टर्की
(c) ईरान (d) चीन

32. कौन-सा इतिहासकार बलबन को भारत में नवस्थापित मुस्लिम राज्य का संरक्षक तथा मध्यकालीन भारतीय इतिहास की एक महान् विभूति मानता है?
(a) के.ए. निजामी
(b) हबीबुल्ला
(c) आशीर्वादीलाल श्रीवास्तव
(d) प्रो. ईश्वरी प्रसाद

33. किस इतिहासकार की मान्यता है कि बलबन ने सुल्तान को उच्च पद पर प्रतिष्ठित करने का जो प्रयास किया वह उसकी मात्र हीन भावना एवं अपराध बोध का परिचायक है?
(a) फरिश्ता (b) हबीब
(c) निजामी (d) 'b' व 'c' दोनों

34. सुमेलित करें

सूची I (शहर)		सूची II (संस्थापक)
A. सीरी	1.	अलाउद्दीन खिलजी
B. जहाँपनाह	2.	मुहम्मद बिन तुगलक
C. जौनपुर	3.	फिरोजशाह तुगलक
D. आगरा	4.	सिकन्दर लोदी

कूट

	A	B	C	D		A	B	C	D
(a)	1	2	3	4	(b)	1	3	2	4
(c)	2	3	1	4	(d)	2	4	3	1

35. यह कथन किसका है "जब मैं किसी निम्न परिवार के व्यक्ति को देखता हूँ तो मेरे शरीर की शिराएँ क्रोध से उत्तेजित हो जाती हैं"?
(a) बहरामशाह
(b) अलाउद्दीन मसूदशाह
(c) बलबन
(d) जलालुद्दीन खिलजी

36. यह कथन किसका है "बलबन की मृत्यु से दु:खी हुए मालिकों ने अपने वस्त्र फाड़ डाले और सुल्तान के शव को नंगे पैरों दारूल अमन के कब्रिस्तान को ले जाते हुए अपने-अपने सिरों पर धूल फेंकी"?
(a) फरिश्ता (b) बरनी
(c) इसामी (d) हसन निजामी

37. निम्नलिखित में कौन-सी बात जलालुद्दीन खिलजी के सन्दर्भ में सही है?
(a) वह महान् सेनानायक था
(b) वह अलाउद्दीन का चाचा वह श्वसुर था
(c) वह मुस्लमानों का रक्त बहाना नहीं चाहता था
(d) उपरोक्त में से कोई नहीं

38. मंगोल हलाकू खाँ के प्रपौत्र अब्दुल्ला ने भारत पर कब आक्रमण किया जिसे जलालुद्दीन ने परास्त किया?
(a) 1290 ई. (b) 1291 ई.
(c) 1292 ई. (d) 1293 ई.

39. अलाउद्दीन ने, जो जलालुद्दीन का भतीजा था, कब मालवा पर आक्रमण किया और भिलसा का किला जीत लिया?
(a) 1290 ई. (b) 1291 ई.
(c) 1292 ई. (d) 1293 ई.

40. अलाउद्दीन ने देवगिरि के राजा रामचन्द्रदेव को कब हराया?
(a) 1291 ई. (b) 1292 ई.
(c) 1293 ई. (d) 1294 ई.

41. अलाउद्दीन खिलजी का राज्याभिषेक बलबन के लाल किले में कब हुआ?
(a) 1 अक्टूबर, 1296
(b) 2 अक्टूबर, 1296
(c) 3 अक्टूबर, 1296
(d) 4 अक्टूबर, 1296

42. अलाउद्दीन ने किसकी सहायता से लोगों को अपनी ओर कर लिया?
(a) धन (b) बल (c) छल (d) वीरता

43. अलाउद्दीन ने किसे 'रायरायन' की उपाधि से अलंकृत किया?
(a) शंकरदेव (b) रामचन्द्रदेव
(c) शीतलदेव (d) कर्ण

44. निम्न युग्मों में कौन-सा सही रूप में सुमेलित है?
(a) दीवान-ए-बन्दगान तुगलक
(b) दीवान-ए-मुस्तखराज बलबन
(c) दीवान-ए-कोही अलाउद्दीन खिलजी
(d) दीवान-ए-अर्ज मुहम्मद तुगलक

45. अलाउद्दीन ने अपने महलों की नौकरानी गुले ब्रहिश्त की अध्यक्षता में सेना कहाँ भेजी?
(a) मालवा (b) मारवाड़
(c) जालौर (d) मेवाड़

46. निम्नलिखित में किस अभियान का नेतृत्व मलिक काफूर ने किया?
(a) तेलंगाना (b) द्वारसमुद्र
(c) पाण्ड्य (d) ये सभी

47. किसके अनुसार दो जोड़ी बैल, एक जोड़ी भैंस तथा 10 बकरियाँ करमुक्त थीं?
(a) इसामी (b) फरिश्ता
(c) बरनी (d) एल्फिन्स्टन

48. किस इतिहासकार का मानना है कि अलाउद्दीन खिलजी ने राजस्थान के प्रति कोई सुनिश्चित नीति नहीं अपनाई थी?
(a) के.एस. लाल
(b) आशीर्वादीलाल श्रीवास्तव
(c) डॉ. बी.पी. सक्सेना
(d) ईश्वरी प्रसाद सिंह

49. अलीबेग और तार्ताक के नेतृत्व में पचास हजार की मंगोल सेना ने कब आक्रमण किया?
(a) 1301 ई. में (b) 1302 ई. में
(c) 1303 ई. में (d) 1305 ई. में

50. कनक के नेतृत्व में मंगोल आक्रमण कब हुआ?
(a) 1302 ई. में (b) 1303 ई. में
(c) 1304 ई. में (d) 1306 ई. में

51. किसने काफूर को संसार प्रसिद्ध 'कोहिनूर हीरा' दिया जिसे काफूर ने अलाउद्दीन को सौंप दिया?
(a) शंकरदेव (b) वीर बल्लाल
(c) प्रताप रुद्रदेव (d) सुन्दर पाण्ड्य

52. अलाउद्दीनकालीन दण्ड व्यवस्था के विषय में कौन-सा कथन सत्य है?
(a) अंग भंग
(b) कोड़े मारने की सजा
(c) सम्पत्ति की जब्ती
(d) उपरोक्त सभी

53. निम्नलिखित में कौन-सा कोतवाल के नियन्त्रण में काम करता था?
(a) दीवान-ए-रियासत
(b) शहना (दण्डाधिकारी)
(c) मुहतसिब (गैर-इस्लामी बातों को रोकने वाला अधिकारी)
(d) उपरोक्त सभी

54. कौन बताता है कि "यद्यपि दुकानदारों को कठोर दण्ड दिए जाते थे, फिर भी वे ठगने या क्रेताओं को कम तोलने में संकोच नहीं करते थे"?
(a) फरिश्ता (b) बरनी
(c) इसामी (d) इब्नबतूता

55. दिल्ली का पहला सुल्तान कौन था जिसने अपने नाम के साथ गाजी शब्द जोड़ा?
(a) बलबन (b) अलाउद्दीन
(c) गयासुद्दीन तुगलक (d) मुहम्मद तुगलक

56. किस शेख ने जिसे खुसरवशाह से पाँच लाख टंका प्राप्त हुए थे, लौटाने से इनकार कर दिया?
(a) सिद्दी मौला
(b) शेख मुइनुद्दीन चिश्ती
(c) निजामुद्दीन औलिया
(d) बाबा फरीद

57. अमीर खुसरो गयासुद्दीन का राजकवि था, उसे कितनी पेंशन प्रतिमाह मिलती थी?
(a) 300 टंका (b) 500 टंका
(c) 700 टंका (d) 1000 टंका

58. गयासुद्दीन तुगलक के समय डाक व्यवस्था इतनी अच्छी थी कि हरकारे देवगिरि से दिल्ली समाचार कितने समय में पहुँचा देते थे?
(a) 2 दिन (b) 3 दिन
(c) 4 दिन (d) 5 दिन

59. किसके नेतृत्व में मंगोलों का आक्रमण हुआ?
(a) कुतलुग ख्वाजा (b) तार्गी
(c) कुबला खाँ (d) शेर मुगल

60. किसका नाम सुल्तानपुर रखा गया?
(a) जाजनगर (b) वारंगल
(c) तिरहुत (d) मदुरा

61. गयासुद्दीन तुगलक के सन्दर्भ में कौन-सा कथन सत्य है?
(a) 1305 ई. यह पंजाब का सूबेदार नियुक्त हुआ जिसकी राजधानी दिपालपुर थी
(b) यह मलिक-उल-गाजी के नाम से विख्यात हुआ क्योंकि इसने मंगोलों से टक्कर ली और पराजित किया
(c) इन्द्रप्रस्थ के निकट गाजी मलिक से युद्ध करता हुआ खुसरवशाह मारा गया
(d) उपरोक्त सभी

62. गयासुद्दीन तुगलक ने जौना खाँ को कौन-सी उपाधि दी थी?
(a) उलुग खाँ (b) सिकन्दर-ए-सानी
(c) उगलु खाँ (d) ये सभी

63. मुहम्मद बिन तुगलक ने आधुनिक लेखकों की राय के अनुसार दोआब में कितना कर बढ़ाया था?
(a) 2% (b) 5%
(c) 10% (d) 15%

64. निम्नलिखित में से कौन-सा इतिहासकार कहता है कि दोआब में करों को दस से बीस गुना बढ़ाया गया था?
(a) इसामी (b) बरनी
(c) फरिश्ता (d) इब्नबतूता

65. अमीर खुसरो के सम्बन्ध में निम्न में से कौन-से कथन सत्य हैं?
1. वे सूफी सन्त शेख निजामुद्दीन औलिया के शिष्य थे।
2. वे जलालुद्दीन फिरोज खिलजी के दरबारी कवि थे।
3. उन्होंने भारतीय वाद्य-यन्त्र वीणा एवं ईरानी वाद्य यन्त्र तम्बूरा के मिश्रण से सितार का आविष्कार किया।
4. उन्होंने ख्याल गायकी का आविष्कार किया।

कूट
(a) 1, 2, 3, 4 (b) 1 व 4
(c) 1, 2 व 4 (d) 2, 3 व 4

66. मुहम्मद बिन तुगलक ने अपनी राजधानी दिल्ली से कहाँ स्थानान्तरित की?
(a) उज्जैन (b) बंगलौर
(c) दौलताबाद (d) हैदराबाद

67. वह कौन-सा पहला इतिहासकार था जिसका विश्वास था कि मुहम्मद में पागलपन का कुछ अंश विद्यमान था?
(a) विन्सेण्ट स्मिथ (b) लेनपूल
(c) वूल्जले हेग (d) एल्फिन्स्टन

68. मुहम्मद बिन तुगलक के 26 वर्षों के शासनकाल में कितने विद्रोह हुए?
(a) 15 (b) 20
(c) 22 (d) 24

69. मुहम्मद बिन तुगलक ने सोने के सिक्के में सोने की मात्रा 175 ग्रेन से बढ़ाकर कितनी कर दी?
(a) 180 ग्रेन (b) 185 ग्रेन
(c) 190 ग्रेन (d) 200 ग्रेन

70. सुल्तान ने दिल्ली छोड़कर 'स्वर्गदारी' नामक शिविर में कितने वर्ष निवास किया?
(a) 2 वर्ष (b) $2\frac{1}{2}$ वर्ष
(c) 3 वर्ष (d) $3\frac{1}{2}$ वर्ष

71. मोरक्को का यात्री इब्नबतूता भारत में कब आया?
(a) 1331 ई. (b) 1332 ई.
(c) 1333 ई. (d) 1334 ई.

72. मुहम्मद बिन तुगलक के काल में किस मंगोल ने आक्रमण किया जो सिन्ध पर आक्रमण करने के पश्चात् मेरठ तक आ पहुँचा?
(a) तार्गी
(b) कुबला खाँ
(c) कुतलुग ख्वाजा
(d) तरमशीरी

73. मुहम्मद बिन तुगलक ने नगरकोट पर कब विजय प्राप्त की?
(a) 1333 ई. (b) 1335 ई.
(c) 1336 ई. (d) 1337 ई.

74. मलिक खुसरो के नेतृत्व में सेना कराचिल के राजपूत राजा के विरुद्ध कब भेजी गई?
(a) 1335 ई. (b) 1337 ई.
(c) 1339 ई. (d) 1341 ई.

75. फिरोज तुगलक ने कितने ऐसे विवादग्रस्त व अन्यायसंगत महसूलों का उन्मूलन कर दिया जो पिछले शासनकालों से चले आ रहे थे?
(a) 12 (b) 16
(c) 20 (d) 24

76. सुल्तान ने ख्वाजा हिसामुद्दीन को सार्वजनिक राजस्व का अनुमान बनाने का कार्य सौंपा और इस काम को ख्वाजा ने कितने वर्षों में पूरा किया?
(a) 4 वर्ष (b) 5 वर्ष
(c) 6 वर्ष (d) 7 वर्ष

77. निम्न को सुमेलित करें

	सूची I		सूची II
A.	हिन्दुओं द्वारा दिया जाने वाला भूमि कर	1.	खुम्स
B.	युद्ध की लूट में राज्य का $\frac{1}{5}$ भाग	2.	खराज
C.	मुस्लिमों द्वारा दिया जाने वाला भूमि कर	3.	उश्र
D.	मुस्लिमों पर लगने वाला धार्मिक कर	4.	जकात

कूट
A B C D
(a) 2 1 3 4
(b) 2 3 4 1
(c) 1 2 3 4
(d) 3 2 4 1

78. हिसामुद्दीन ने अपने राज्य की खालसा भूमि की मालगुजारी कितनी निश्चित कर दी?
(a) 2 करोड़ 85 लाख टंके
(b) 3 करोड़ 85 लाख टंके
(c) 4 करोड़ 85 लाख टंके
(d) 6 करोड़ 85 लाख टंके

79. दोआब से प्राप्त होने वाली मालगुजारी कितनी थी?
(a) 60 लाख टंके (b) 70 लाख टंके
(c) 80 लाख टंके (d) 90 लाख टंके

80. उद्यानों द्वारा कितनी वार्षिक आय होती थी?
(a) 1,50,000 टंका (b) 1,60,000 टंका
(c) 1,70,000 टंका (d) 1,80,000 टंका

81. अलाउद्दीन और मुहम्मद बिन तुगलक खम्स लूटे धन का 4/5 भाग हड़प लेते थे जबकि सैनिकों को 1/5 भाग मिलता था। फिरोज ने यह कितना लिया?
(a) 1/2 भाग (b) 1/3 भाग
(c) 1/4 भाग (d) 1/5 भाग

82. धर्मशास्त्रियों के परामर्शानुसार सुल्तान ने खेतों की उपज पर कितने प्रतिशत उश्र नामक कर लगाया?
(a) 2% (b) 5%
(c) 7% (d) 10%

83. फतुहात-ए-फिरोजशाही में सुल्तान स्वयं कहता है कि उसने इस मन्दिर को नष्ट किया?
(a) मालवा (b) सालेहपुर
(c) गोहान (d) ये सभी

84. फिरोज तुगलक ने नगरकोट पर आक्रमण कब किया?
(a) 1356 ई. (b) 1358 ई.
(c) 1360 ई. (d) 1362 ई.

85. फिरोज का अन्तिम विजय-अभियान थट्टा सिन्ध के विरुद्ध कब हुआ?
(a) 1361 ई. (b) 1362 ई.
(c) 1363 ई. (d) 1365 ई.

86. अशोक के दो स्तम्भों को मेरठ व टोपरा से कौन दिल्ली लाया?
(a) अलाउद्दीन खिलजी
(b) मुहम्मद बिन तुगलक
(c) फिरोज तुगलक
(d) इब्राहिम लोदी

87. फिरोज तुगलक कब बहराइच के सालार मसूद गाजी की मजार पर प्रार्थना करने गया?
(a) 1360-61 ई. (b) 1365-66 ई.
(c) 1374-75 ई. (d) 1376-77 ई.

88. फिरोज ने दारूल शफा नामक एक खैराती अस्पताल की स्थापना कहाँ की?
(a) अलीगढ़ (b) दिल्ली
(c) लाहौर (d) मथुरा

89. 'तास घड़ियाल' अथवा 'जल घड़ी' का आविष्कार किसने किया?
(a) बलबन
(b) अलाउद्दीन खिलजी
(c) मुहम्मद बिन तुगलक
(d) फिरोज तुगलक

90. सैयद वंश का प्रथम और योग्यतम शासक कौन था?
(a) खिज्र खाँ
(b) मुबारकशाह
(c) मुहम्मदशाह
(d) अलाउद्दीन आलमशाह

91. भारत पर 1398 ई. में आक्रमण कराने वाले तैमूर ने खिज्र खाँ को कहाँ की जागीर दी?
(a) बदायूँ (b) कड़ा
(c) अवध (d) मुल्तान

92. मुबारकशाह का शासनकाल क्या था?
(a) 1414-1431 ई.
(b) 1421-1434 ई.
(c) 1423-1434 ई.
(d) 1425-1435 ई.

93. 'तारीखे मुबारकशाही' नामक ग्रन्थ की रचना किसने की?
(a) इब्नबतूता
(b) इसामी
(c) याहिया-बिन-अहमद-सरहिन्दी
(d) जियाउद्दीन बरनी

94. मुबारकशाह के पश्चात् कौन शासक बना?
(a) अलाउद्दीन आलमशाह
(b) मुहम्मदशाह
(c) कमाल-उल-मुल्क
(d) सरवर-उल-मुल्क

95. किसने सिक्कों पर से तुगलकों का नाम हटाकर स्वयं को नायब-ए-अमीरूल मोमिनीन घोषित किया?
(a) मुबारकशाह
(b) मुहम्मदशाह
(c) खिज्र खाँ
(d) अलाउद्दीन आलमशाह

96. सैयद वंश का अन्तिम शासक कौन था?
(a) हमीद खाँ
(b) मुहम्मदशाह
(c) अलाउद्दीन आलमशाह
(d) मुबारकशाह

97. निम्नलिखित में से कौन-सा सुल्तान अफगान सरदारों को अपने समकक्ष मानता था और उन्हें बराबर का दर्जा देता था?
(a) बहलोल लोदी (b) सिकन्दर लोदी
(c) इब्राहिम लोदी (d) इनमें से कोई नहीं

98. किसके द्वारा चलाए गए बहलोली सिक्के अकबर के काल तक प्रचलित रहे?
(a) बहलोल लोदी (b) सिकन्दर लोदी
(c) इब्राहिम लोदी (d) महमूद लोदी

99. किसकी माँ जैबन्द एक सुनार की पुत्री थी जिसके कारण कुछ सरदारों ने उसका विरोध किया?
(a) बहलोल लोदी (b) सिकन्दर लोदी
(c) इब्राहिम लोदी (d) महमूद लोदी

100. सिकन्दर ने किस भाषा के ग्रन्थ का फारसी में अनुवाद करवाया और उसका नाम फरहगे सिकन्दरी रखा गया?
(a) हिन्दी (b) संस्कृत
(c) तुर्की (d) इनमें से कोई नहीं

101. 'तिब्बी-ए-सिकन्दरी' का अनुवाद किसने किया?
(a) इसामी (b) अफीफ
(c) मियाँ भुआ (d) इब्नबतूता

102. सिकन्दर लोदी के काल में लिखी गई पुस्तक 'लज्जल-ए-सिकन्दरशाही' किस विषय पर है?
(a) इतिहास (b) दर्शन
(c) विज्ञान (d) संगीत

103. निम्न में से कौन 'गुलरुखी' उपनाम से कविता लिखता था?
(a) बहलोल लोदी (b) सिकन्दर लोदी
(c) इब्राहिम लोदी (d) इनमें से कोई नहीं

104. निम्न में से किस ईरानी विद्वान् को सिकन्दर ने संरक्षण प्रदान किया?
(a) रफीउद्दीन शिराजी
(b) शेख अब्दुल्ला तुलावनी
(c) शेख अजीजुल्ला
(d) उपरोक्त सभी

105. निम्न में से किसने सियर-उल-अरीफिन तथा मिहरुमाह की रचना की?
(a) इसामी
(b) फरिश्ता
(c) मिन्हाज-उस-सिराज
(d) जमालुद्दीन

106. बाबर और इब्राहिम लोदी के मध्य पानीपत का प्रसिद्ध युद्ध कब हुआ?
(a) 21 अप्रैल, 1522 ई.
(b) 21 अप्रैल, 1524 ई.
(c) 21 अप्रैल, 1525 ई.
(d) 21 अप्रैल, 1526 ई.

107. बाबर को किसने भारत पर आक्रमण करने और इब्राहिम को सिंहासन से हटाने के लिए आमन्त्रित किया?
(a) आलम खाँ
(b) जलाल खाँ
(c) दौलतखाँ लोदी
(d) महमूद लोदी

108. 'तारीख-ए-सलातीन-ए-अफगाना' का लेखक कौन था?
(a) इसामी (b) फरिश्ता
(c) अहमद यादगार (d) इब्नबतूता

109. यह कथन किसका है "वह मृत्युपर्यन्त लड़ा और सैनिक की भाँति मारा गया"?
(a) फरिश्ता (b) इसामी
(c) मिन्हाज (d) अफीफ

110. यह कथन किसका है "सुल्तान इब्राहिम के अतिरिक्त भारत का अन्य कोई सुल्तान युद्ध-स्थल में नहीं मारा गया"?
(a) फरिश्ता (b) बरनी
(c) नियामतउल्ला (d) इसामी

111. बहलोल लोदी के सम्बन्ध में कौन-से कथन सत्य हैं?
1. बहलोल ने दिल्ली सल्तनत की पुनर्स्थापना का कार्य आरम्भ किया
2. वह धर्मान्ध नहीं था, उसने हिन्दुओं को भी महत्त्वपूर्ण प्रशासनिक पद सौंपे।
3. अमीरों की उपस्थिति में वह सिंहासन पर भी नहीं बैठता था
4. उसने लूट का अधिकांश भाग अपने लिए रखा, सैनिकों को बहुत कम भाग दिया।

कूट
(a) 1, 2 (b) 2, 3
(c) 1, 3, 4 (d) 1, 2, 3

112. 'मजलिस-ए-खलवत' क्या था?
(a) सैन्य विभाग
(b) मन्त्रिपरिषद्
(c) सरदारों का दल
(d) विद्वान् लोगों की सभा

113. निम्नलिखित में से कौन सुल्तान के पश्चात् राज्य एवं प्रशासन का सबसे प्रमुख व्यक्ति होता था?
(a) आरिज-ए-मुमालिक
(b) दीवान-ए-इन्शा
(c) नायब-ए-मामलिकात
(d) दीवान-ए-रसालत

114. नायब-ए-मामलिकात विभाग की स्थापना किसने की?
(a) बहरामशाह (b) बलबन
(c) अलाउद्दीन (d) फिरोज तुगलक

115. वकील-ए-दार विभाग की स्थापना किसने की?
(a) बलबन
(b) इल्तुतमिश
(c) नासिरुद्दीन महमूद
(d) अलाउद्दीन

116. दीवान-ए-वक्फ विभाग की स्थापना किसने की?
(a) बहरामशाह
(b) बलबन
(c) जलालुद्दीन खिलजी
(d) अलाउद्दीन खिलजी

117. निम्नलिखित में से किसे 'धर्म के लिए लड़ने वालों की जीविका का साधन' कहा जाता है?
(a) वकील-ए-दार (b) दीवान-ए-इन्शा
(c) दीवान-ए-रसालत (d) दीवान-ए-अर्ज

118. अमीर-ए-कोही किस विभाग का प्रधान था?
(a) सैन्य (b) पत्राचार
(c) न्याय (d) कृषि

119. सीरी का किला एवं जमात खाँ मस्जिद का निर्माण किसने करवाया?
(a) बलबन
(b) अलाउद्दीन
(c) ग्यासुद्दीन तुगलक
(d) फिरोज तुगलक

120. **कथन** (A) अलाउद्दीन के दक्षिणी अभियान धन प्राप्ति के अभियान थे।
कारण (R) वह दक्षिणी राज्यों को कब्जे में करना चाहता था।

कूट
(a) A और R दोनों सही हैं तथा R, A की सही व्याख्या करता है
(b) A और R दोनों सही हैं किन्तु R, A की सही व्याख्या नहीं करता है
(c) A सही है, किन्तु R गलत है
(d) A गलत है, किन्तु R सही है

121. दिल्ली सल्तनत के पतन के लिए निम्न में से कौन-से कारण उत्तरदायी थे?
1. दुर्बल प्रशासन
2. तैमूर का आक्रमण
3. अधिग्रहण की स्पष्ट नीति का अभाव
4. मिश्रित संस्कृति का उदय

कूट
(a) 1, 2 और 3 (b) 2, 3 और 4
(c) 1 और 3 (d) केवल 2

122. निम्नलिखित में से कौन भूमि-उत्पाद पर लगने वाले करों को इंगित करता है?
1. खराज 2. खम्स
3. उश्र 4. मुक्तई

कूट
(a) केवल 1 (b) 2 और 3
(c) 1, 2 और 3 (d) 1, 3 और 4

123. बारहखम्भा महल का निर्माण किसने करवाया?
(a) इल्तुतमिश
(b) बलबन
(c) ग्यासुद्दीन तुगलक
(d) मुहम्मद बिन तुगलक

124. बेगमपुरी मस्जिद और खिरकी मस्जिद का निर्माण किसने करवाया?
(a) बलबन
(b) नासिरुद्दीन महमूद
(c) फिरोज तुगलक
(d) सिकन्दर लोदी

125. निम्नलिखित में से कौन-सी इमारत शुद्ध इस्लामी शैली की है?
(a) कुव्वत-उल-इस्लाम मस्जिद
(b) अढ़ाई दिन का झोपड़ा
(c) लाल महल
(d) उपरोक्त में से कोई नहीं

126. निम्नलिखित में से किसने कुव्वत-उल-इस्लाम मस्जिद के आयताकार आँगन को बढ़ाकर दोगुना कर दिया?
(a) बलबन
(b) ग्यासुद्दीन तुगलक
(c) अलाउद्दीन खिलजी
(d) इल्तुतमिश

127. भारत में घोड़ों का आयात कहाँ से होता था?
(a) अरब (b) तुर्किस्तान
(c) ईरान (d) ये सभी

128. तूतीनामा की रचना किसने की?
(a) मीरहसन देहलवी
(b) इसामी
(c) मिन्हाज-उस-सिराज
(d) जिया नक्शबी

129. सदरुद्दीन अली, फखरुद्दीन, हमीरुद्दीन राजा, मौलाना आरिफ, अब्दुल हकीम और शिहाबुद्दीन सद्रनिशीन किसके दरबारी कवि थे?
(a) बलबन (b) इल्तुतमिश
(c) अलाउद्दीन (d) फिरोज तुगलक

130. सनाम-ए-मुहम्मदी, सलत-ए-कबीर, इनायतनामा-इलाह मासिर-ए-सआदत सदाअत और हसरतनामा ग्रन्थों का रचयिता कौन है?
(a) इसामी
(b) मिन्हाज-उस-सिराज
(c) बरनी
(d) मीरहसन देहलवी

131. निम्नलिखित में से कौन निजामुद्दीन औलिया का शिष्य था?
(a) अमीर खुसरो
(b) मीरहसन देहलवी
(c) बरनी
(d) उपरोक्त सभी

132. अलाउद्दीन हसन बहमनशाह ने बहमनी वंश की स्थापना कब की?
(a) 1345 ई. (b) 1346 ई.
(c) 1347 ई. (d) 1348 ई.

133. अलाउद्दीन हसन बहमनशाह की मृत्यु कब हुई?
(a) 1357 ई. (b) 1358 ई.
(c) 1359 ई. (d) 1360 ई.

134. हुमायूँ के पुत्र निजामशाह का शासन क्या रहा जिसकी व्यवस्था अवयस्क काल में उसकी माता मखदूमा जहाँ, ख्वाजा जहाँ वह महमूद गवाँ करते थे?
(a) 1461 से 1462 ई.
(b) 1461 से 1463 ई.
(c) 1463 से 1464 ई.
(d) 1465 से 1466 ई.

135. मुहम्मदशाह प्रथम बहमनशाह हसन का उत्तराधिकारी हुआ उसका शासनकाल क्या था?
(a) 1358 से 1367 ई.
(b) 1358 से 1372 ई.
(c) 1358 से 1375 ई.
(d) 1358 से 1377 ई.

136. किसके आदेश से समस्त सार्वजनिक मद्यगृह बन्द कर दिए गए और उसने अपने कठोर प्रबन्ध से सारी अनुशासनहीनता को समाप्त कर दिया?
(a) मुहम्मदशाह प्रथम
(b) अलाउद्दीन हसन बहमनशाह
(c) मुजाहिदशाह
(d) मुहम्मदशाह द्वितीय

137. किस शासक का मत था कि राजा केवल जनता की सम्पत्ति का संरक्षक है और इसके लिए उसके द्वारा किसी भी अनावश्यक या विचारहीन व्यय का आशय विश्वासघात है?
(a) मुहम्मदशाह द्वितीय
(b) मुजाहिदशाह
(c) फिरोजशाह
(d) मुहम्मदशाह तृतीय

138. फिरोजशाह गद्दी पर कब बैठा?
(a) 1395 ई.
(b) 1396 ई.
(c) 1397 ई.
(d) 1398 ई.

139. अहमदशाह का शासनकाल क्या था?
(a) 1420 से 1435 ई.
(b) 1422 से 1435 ई.
(c) 1423 से 1436 ई.
(d) 1440 से 1455 ई.

140. निम्नलिखित में से कौन-सा शासक अत्यधिक क्रूर था?
(a) अलाउद्दीन हसन बहमनशाह
(b) हुमायूँ
(c) फिरोजशाह
(d) मुहम्मदशाह

141. फिरोजशाह के सन्दर्भ में कौन-सा कथन सत्य है?
(a) वह अपनी सारी शक्ति कुफ्र व अत्याचार को मिटाने में व्यय करता था
(b) उसे शेखों, विद्वानों व साधुओं की संगति में बहुत आनन्द आता था
(c) उसके हरम में कई कौमों की स्त्रियों की सेना तैयार हो गई
(d) उपरोक्त सभी

142. अहमदशाह के सन्दर्भ में कौन-सा कथन सत्य है?
(a) अहमदशाह इस्लाम के प्रति अपने उत्साह में हिन्दुओं के कष्ट भूल जाता था
(b) वह योग्य मनुष्यों की संगति से प्रेम करता था
(c) उसने शेख अजारी को सात लाख दक्षिणी टंके पुरस्कार में दिए, क्योंकि उसने बीदर के सुल्तान के प्रासाद की प्रशंसा में दो कविताएँ लिखी थीं
(d) उपरोक्त सभी

143. महमूद गवाँ के सन्दर्भ में कौन-सा कथन सत्य है?
(a) उसे ख्वाजा-ए-जहाँ की उपाधि दी गई
(b) उसने बीदर में एक मदरसे की स्थापना की
(c) उसने ईरान, मिस्र, इराक और टर्की के सुल्तानों से भी पत्र व्यवहार किया
(d) उपरोक्त सभी

144. विजयनगर राज्य की स्थापना की थी
(a) विजय राय ने
(b) हरिहर द्वितीय ने
(c) हरिहर और बुक्का ने
(d) बुक्का द्वितीय ने

145. विजयनगर की राजधानी, प्राचीन शहर हम्पी के खण्डहर किस वर्तमान भारतीय राज्य में स्थित है?
(a) तेलंगाना (b) कर्नाटक
(c) हरियाणा (d) बिहार

146. विजयनगर साम्राज्य का प्रथम राजवंश क्या था?
(a) होयसल वंश (b) संगम वंश
(c) सालुव वंश (d) तुलुव वंश

147. प्रमुख तेलुगू कवि 'श्रीनाथ' किसके दरबार में थे?
(a) हरिहर द्वितीय (b) देवराय प्रथम
(c) देवराय (d) कृष्णदेव द्वितीय

148. किस संगमवंशी शासक को 'प्रौढ़ देवराय' या 'इम्मदि देवराय' के नाम से जाना जाता है?
(a) हरिहर द्वितीय (b) देवराय प्रथम
(c) देवराय द्वितीय (d) मल्लिकार्जुन

149. सालुव वंश का संस्थापक कौन था?
(a) सालुव नरसिंह
(b) वीर नरसिंह
(c) कृष्णदेवराय
(d) सदाशिवराय

150. तुलुव वंश का संस्थापक कौन था?
(a) नरसा नाक (b) इम्मदि नरसिम्हा
(c) वीर नरसिम्हा (d) इनमें से कोई नहीं

151. कृष्णदेवराय ने किस नगर की स्थापना की?
(a) वारंगल (b) नांगलपुर
(c) उदयगिरि (d) चन्द्रगिरि

152. कृष्णदेवराय द्वारा निर्मित हजारा एवं विट्ठलस्वामी मन्दिर किस राज्य में था?
(a) अवध (b) त्रावणकोर
(c) विजयनगर (d) अहोम

153. वह विदेशी यात्री कौन था जिसने तालीकोटा युद्ध में पराजय के उपरान्त विजयनगर का भ्रमण एवं वर्णन किया था?
(a) अब्दुर्रज्जाक (b) सीजर फ्रेडरिक
(c) निकोलो कोण्टी (d) नूनिज

154. निकोलो कोण्टी कौन था?
(a) एक प्रसिद्ध चित्रकार
(b) इटली का एक यात्री जिसने विजयनगर साम्राज्य की यात्रा की
(c) एक पुर्तगाली यात्री
(d) एक ईरानी यात्री

155. निकोलो-डी-कोण्टी किसके शासनकाल में विजयनगर आया था?
(a) देवराय प्रथम
(b) देवराय द्वितीय
(c) मल्लिकार्जुन
(d) कृष्णदेवराय

156. इन यात्रियों में से कौन इटली से था, जिसने पन्द्रहवीं शताब्दी में विजयनगर राज्य की यात्रा की थी?
(a) निकितिन
(b) फाह्यान
(c) वर्नियर
(d) निकोलो कोण्टी

157. विजयनगर और बहमनी राज्यों के बीच संघर्ष का प्रमुख कारण क्या था?
(a) रायचूर-दोआब पर अधिकार
(b) दक्षिण-व्यापार की प्रतिस्पर्द्धा
(c) महत्त्वाकांक्षी शासक
(d) उत्तर भारत की राजनीति की घुसपैठ

158. विजयनगर साम्राज्य के राजाओं द्वारा धार्मिक प्रायोजनों के लिए उपयोग किए जाने वाले मंच (चबूतरे) को क्या कहा जाता था?
(a) महानवमी डिब्बा (b) लोटस महल
(c) हजारा रामा (d) विरुपाक्ष

159. विजयनगर में 'अमर नायकों' का वर्ग निम्नलिखित में से किसका सन्दर्भ प्रदान करता है?
(a) गाँव का मुखिया
(b) वरिष्ठ असैनिक (सिविल) कर्मचारी
(c) करद प्रधान
(d) सेना कमाण्डर

160. विजयनगर शहर किस नदी के तट पर बसा हुआ था?
(a) वेनगंगा (b) कावेरी
(c) तुंगभद्रा (d) कृष्णा

161. किसके राज्य में 'कल्याण मण्डप' की रचना मन्दिर निर्माण का एक विशिष्ट अभिलक्षण था?
(a) चालुक्य
(b) चन्देल
(c) राष्ट्रकूट
(d) विजयनगर

162. निम्नलिखित में से किन राजवंशों ने विजयनगर राज्य के अधिराजत्व के अधीन शासन किया?
(a) संगम, सुलव, तुलुव तथा अराविडु
(b) संगम, होयसल, अराविडु तथा तुलुव
(c) होयसल, सुलुव, पोलिगर तथा संगम
(d) देवगिरि के यादव, होयसल, सुलुव तथा अराविडु

सही उत्तर

1. (c)	**2.** (d)	**3.** (c)	**4.** (c)	**5.** (d)	**6.** (b)	**7.** (b)	**8.** (b)	**9.** (a)	**10.** (d)
11. (a)	**12.** (c)	**13.** (b)	**14.** (b)	**15.** (b)	**16.** (c)	**17.** (d)	**18.** (b)	**19.** (c)	**20.** (b)
21. (d)	**22.** (b)	**23.** (a)	**24.** (c)	**25.** (b)	**26.** (d)	**27.** (d)	**28.** (d)	**29.** (c)	**30.** (c)
31. (c)	**32.** (d)	**33.** (d)	**34.** (d)	**35.** (c)	**36.** (b)	**37.** (b)	**38.** (c)	**39.** (c)	**40.** (d)
41. (c)	**42.** (a)	**43.** (b)	**44.** (a)	**45.** (c)	**46.** (d)	**47.** (b)	**48.** (c)	**49.** (d)	**50.** (d)
51. (c)	**52.** (d)	**53.** (d)	**54.** (b)	**55.** (c)	**56.** (c)	**57.** (d)	**58.** (c)	**59.** (d)	**60.** (b)
61. (d)	**62.** (a)	**63.** (b)	**64.** (b)	**65.** (a)	**66.** (c)	**67.** (d)	**68.** (c)	**69.** (a)	**70.** (b)
71. (c)	**72.** (d)	**73.** (d)	**74.** (b)	**75.** (d)	**76.** (c)	**77.** (a)	**78.** (d)	**79.** (b)	**80.** (d)
81. (d)	**82.** (d)	**83.** (d)	**84.** (c)	**85.** (b)	**86.** (c)	**87.** (c)	**88.** (b)	**89.** (d)	**90.** (a)
91. (d)	**92.** (b)	**93.** (c)	**94.** (b)	**95.** (a)	**96.** (c)	**97.** (a)	**98.** (a)	**99.** (b)	**100.** (b)
101. (c)	**102.** (d)	**103.** (b)	**104.** (d)	**105.** (d)	**106.** (d)	**107.** (c)	**108.** (c)	**109.** (a)	**110.** (c)
111. (d)	**112.** (b)	**113.** (c)	**114.** (a)	**115.** (c)	**116.** (c)	**117.** (d)	**118.** (d)	**119.** (b)	**120.** (c)
121. (a)	**122.** (d)	**123.** (d)	**124.** (c)	**125.** (c)	**126.** (d)	**127.** (d)	**128.** (d)	**129.** (d)	**130.** (c)
131. (d)	**132.** (c)	**133.** (b)	**134.** (b)	**135.** (d)	**136.** (a)	**137.** (a)	**138.** (c)	**139.** (b)	**140.** (b)
141. (d)	**142.** (d)	**143.** (d)	**144.** (c)	**145.** (b)	**146.** (b)	**147.** (c)	**148.** (d)	**149.** (a)	**150.** (c)
151. (b)	**152.** (c)	**153.** (b)	**154.** (b)	**155.** (a)	**156.** (d)	**157.** (a)	**158.** (d)	**159.** (d)	**160.** (c)
161. (d)	**162.** (a)								

अध्याय 11 मुगल वंश

बाबर (1526-1530 ई.)

- मुगल वंश के संस्थापक जहीरुद्दीन मोहम्मद बाबर (शासन काल 1526-1530) का जन्म 24 फरवरी, 1483 ई. को हुआ था। वह तैमूर का वंशज और चुगताई तुर्क था।
- उसकी माता प्रसिद्ध मंगोल चंगेज खाँ की वंशज थी। उसके पिता उमर शेख मिर्जा फरगाना के एक छोटे से राज्य के शासक थे।
- बाबर अपने पिता की मृत्यु के बाद फरगाना की गद्दी पर 1494 ई. में बैठा।
- बाबर ने 1507 ई. में 'पादशाह' की उपाधि धारण की थी, जिसे अब तक किसी तैमूर शासक ने धारण नहीं किया था। बाबर के चार पुत्र थे—हुमायूँ, कामरान, अस्करी तथा हिन्दाल।
- बाबर ने भारत में प्रथम आक्रमण बागोर पर और दूसरा आक्रमण भेरा पर किया।
- 20 अप्रैल, 1526 को बाबर ने पानीपत के प्रथम युद्ध में दिल्ली के तत्कालीन अफगान शासक इब्राहीम लोदी को जबर्दस्त शिकस्त दी। इस युद्ध में बाबर ने तुलुगमा पद्धति का प्रयोग किया।
- आगरा से 40 किमी दूर बाबर व राणा सांगा की सेनाओं के बीच खानवा का युद्ध (16 मार्च, 1527) हुआ। राणा सांगा की पराजय हुई और उसे उसके ही सामन्तों ने जहर देकर मार डाला। बाबर ने इसी युद्ध में 'जेहाद' का नारा दिया। युद्ध में विजयी होकर उसने 'गाजी' की उपाधि भी धारण की।
- 1528 ई. में बाबर ने चंदेरी के मेदिनीराय को हराया। बंगाल की ओर बढ़कर 6 मई, 1529 को बाबर ने घाघरा के युद्ध में अफगानों को पराजित किया।
- बाबर की मृत्यु 26 दिसम्बर, 1530 को हुई। बाबर का मृत शरीर पहले यमुना के किनारे आगरा के रामबाग में दफनाया गया, लेकिन बाद में उसकी इच्छा के अनुसार काबुल में दफनाया गया।
- बाबर ने अपनी दिनचर्या पर आधारित पुस्तक तुर्की भाषा में लिखी थी, जिसका नाम था—बाबरनामा या तुजुक-ए-बाबरी। अब्दुर्रहीम खानखाना ने इसे बाद में फारसी में अनूदित किया।

हुमायूँ (1530-40 *एवं* 1555-56 ई.)

- बाबर की मृत्यु के बाद नसीरुद्दीन हुमायूँ 29 दिसम्बर, 1530 को राजधानी आगरा में 23 वर्ष की अवस्था में मुगल सिंहासन पर बैठा। हुमायूँ ने अपने भाई कामरान को काबुल और कन्धार, मिर्जा अस्करी को सम्भल, मिर्जा हिन्दाल को अलवर व मेवात की जागीरें दीं। अपने चचेरे भाई सुलेमान मिर्जा को हुमायूँ ने बदख्शाँ का प्रदेश दिया।
- 1534 ई. में उसने दीनपनाह नामक एक नए शहर की स्थापना की। मार्च, 1545 में हुमायूँ ने कन्धार जीत लिया। इसके बाद उसने काबुल को जीता। फरवरी, 1556 में दीनपनाह भवन में स्थित पुस्तकालय की सीढ़ियों से गिरकर उसकी मृत्यु हो गई।

हुमायूँ द्वारा पुनःसाम्राज्य प्राप्ति

- **मच्छीवारा का युद्ध** (15 मई, 1555) हुमायूँ ने 1553 ई. में कामरान को पराजित किया, 1554 ई. में वह पेशावर की ओर बढ़ा तथा 1554 ई. के प्रारम्भ में उसने लाहौर जीत लिया। इसके पश्चात् पंजाब में सतलज नदी के तट पर लुधियाना से कुछ दूर स्थित मच्छीवारा नामक स्थान पर हुमायूँ ने सिकन्दर लोदी के सरदारों तातार खाँ आदि को हराया।
- **सरहिन्द का युद्ध** (22 जून, 1555) इस युद्ध में बैरम खाँ के नेतृत्व में मुगलों ने सिकन्दर सूर को हराया।
- **दिल्ली पर अधिकार** सरहिन्द युद्ध जीतने के पश्चात् हुमायूँ ने दिल्ली, आगरा, सम्भल आदि क्षेत्रों पर अधिकार कर लिया। 23 जुलाई, 1555 को हुमायूँ पुनः दिल्ली के तख्त पर बैठा।
- **मृत्यु** 27 जनवरी, 1556 में पुस्तकालय की सीढ़ी से गिर कर हुमायूँ की मृत्यु हो गई। लेनपूल ने उसकी मृत्यु पर लिखा, **''वह जीवन भर ठोकरें खाता रहा तथा अन्त में ठोकर खाकर ही उसकी मृत्यु हुई।''**

शेरशाह और सूर साम्राज्य

- शेरशाह का मूल नाम 'फरीद' था। उसका पिता हसन खाँ जौनपुर का एक छोटा-सा जागीरदार था। बिहार के सुल्तान मोहम्मद शाह लोहानी ने एक शेर को मारने पर फरीद से प्रसन्न होकर उसे 'शेर खाँ' की उपाधि प्रदान की। शेर खाँ ने बाबर के यहाँ भी नौकरी की थी। 1534 ई. में सूरजगढ़ की विजय से वह बिहार एवं बंगाल का निर्विवाद शासक बन गया। फिर उसने हुमायूँ को चौसा एवं कन्नौज के युद्ध में परास्त किया तथा 1540 ई. में 67 वर्ष की अवस्था में दिल्ली के सिंहासन पर बैठा और 'शेरशाह' की उपाधि धारण की, उसने बंगाल से लेकर सिन्धु नदी तक (कश्मीर को छोड़कर) अपने साम्राज्य का विस्तार किया।
- शेरशाह ने झेलम के तट पर रोहतासगढ़ में किला बनवाया। रायसेन की विजय (1543 ई.) शेरशाह के चरित्र पर एक धब्बा मानी जाती है, क्योंकि इस युद्ध में उसने विश्वासघात से काम लिया था। मारवाड़ की विजय प्राप्त करने के बाद उसने कहा था कि ''मुट्ठीभर बाजरे के लिए मैंने हिन्दुस्तान की सल्तनत खतरे में डाल दी थी।''

- सामेल की लड़ाई जीतकर उसने राजस्थान के भाग्य का फैसला कर दिया। उसका अन्तिम सैनिक अभियान कालिंजर के शासक कीरत सिंह के विरुद्ध था। इस युद्ध में वह जीत तो गया, परन्तु बुरी तरह जख्मी हो गया और उसकी मृत्यु हो गई। शेरशाह स्वयं उक्का नामक आग्नेयास्त्र चला रहा था, जिसका गोला फटने से वह घायल हुआ।

अकबर (1556-1605 ई.)

- अकबर (1556-1605 ई.) का जन्म अमरकोट के रेगिस्तानी किले में 15 अक्टूबर, 1542 को हुआ था। हुमायूँ की मृत्यु के समय अकबर पंजाब में था, वहाँ से लौटते हुए कलानौर में उसे अपने पिता की मृत्यु का समाचार मिला।
- 13 वर्ष की आयु में 14 फरवरी, 1556 को कलानौर में ही ईंटों का सिंहासन बनाकर उसका राज्याभिषेक किया गया। बैरम खाँ को उसका संरक्षक बनाया गया।
- पानीपत की दूसरी लड़ाई (5 नवम्बर, 1556) को अफगान सेनापति हेमू और बैरम खाँ के नेतृत्व में मुगल के बीच हुई।
- इसमें गर्दन में तीर लगने पर हेमू के बेहोश हो जाने के पश्चात् अफगान सेना पराजित हो गई।
- हेमू बिहार के अफगान शासक मोहम्मद आदिल शाह का हिन्दू सेनापति था। वह 22 युद्धों में विजय प्राप्त कर चुका था। उसने 'राजा विक्रमजीत' की उपाधि भी धारण की थी।
- राणा प्रताप की सेना व मानसिंह तथा आसफ खाँ के नेतृत्व में मुगल सेना में मध्य हल्दीघाटी (1576 ई. में) का युद्ध हुआ, परन्तु मुगल इसमें पूर्ण सफलता नहीं प्राप्त कर सके। खानदेश (1593 ई.) के राजा अली खाँ ने अकबर का सन्देश मिलने पर अपने राज्य का समर्पण कर दिया। अकबर ने खानदेश का नाम बदलकर 'धनदेश' रखा था।
- असीरगढ़ (1601 ई.) के हस्तगत होने के साथ ही 1561 ई. में प्रारम्भ हुआ अकबर के साम्राज्य का प्रसार पूर्ण हुआ। यह अकबर की अन्तिम विजय थी।
- 1564 ई. में मालवा के गवर्नर अब्दुल्ला खाँ उजबेक के विद्रोह को अकबर ने सफलतापूर्वक दबा दिया। 1565 ई. में अकबर ने खान आलम व इब्राहिम खाँ आदि उजबेकों के विद्रोह को भी कुचल दिया।
- गुजरात के विद्रोह को शान्त करने गए अर्ब्दुरहीम को 1584 ई. में खान-खाना की उपाधि दी गई।
- यूसुफजाइयों के हमले के समय राजा बीरबल की मृत्यु हो गई।
- अकबर स्वयं भी 25-26 अक्टूबर, 1605 की अर्द्धरात्रि को एक लम्बी बीमारी के बाद चल बसा। उसे आगरा के निकट सिकन्दरा के मकबरे में दफनाया गया। उसके मकबरे पर बौद्ध प्रभाव परिलक्षित होता है।
- डूँगरपुर, बाँसवाड़ा और प्रतापगढ़ के राजवंशों ने मुगल अधीनता स्वीकार तो कर ली, परन्तु वे अलग ही रहे।
- 1563 ई. में अकबर ने तीर्थयात्री कर पर रोक लगाई। 1564 ई. में जजिया कर समाप्त कर दिया गया।
- मालवा अभियान में मुगल सेना ने आधम खाँ के नेतृत्व में बाज बहादुर (मालवा के शासक) को परास्त कर दिया। आधम खाँ के अत्याचारों के कारण अकबर ने उसे मरवा दिया।
- गोण्डवाना (मध्य प्रदेश का क्षेत्र) के अल्पवयस्क शासक वीर नारायण की संरक्षिका के रूप में उसकी माँ दुर्गावती ने अकबर की सेना का दृढ़तापूर्वक सामना किया, परन्तु आसफ खाँ (सेनापति) ने गोण्डवाना जीत लिया और रानी दुर्गावती ने आत्महत्या कर ली।
- मेवाड़ विजय के बाद अकबर ने दो शहीद राजपूतों—वीर जयमल और पत्ता के सम्मान में आगरे के किले में मुख्य द्वार पर उनकी प्रस्तर मूर्तियाँ स्थापित करवाईं।
- अकबर ने 1562 ई. में युद्धबन्दियों को दास बनाने की प्रथा का पूर्णत: अन्त कर दिया। इसके बाद 1563 ई. में उसने 'तीर्थ यात्रा कर' को समाप्त कर दिया।
- फिर 1564 ई. में 'जजिया कर' जो गैर-मुस्लिम व्यक्ति से व्यक्ति कर के रूप में वसूला जाता था, को बन्द करवा दिया।

अकबर की धार्मिक नीति

प्रथम काल (1556-75 ई.)

- इस काल में अकबर इस्लाम धर्म का कट्टर अनुयायी था। इस दौरान दिन में पाँच बार नमाज पढ़ना, रोजा रखना, मुल्ला-मौलवियों का आदर करना आदि ही अकबर के मुख्य कार्य थे।

द्वितीय काल (1575-82 ई.)

- इस काल में अकबर की धार्मिक नीति में क्रमिक उदारता दृष्टिगोचर होती है। 1575 ई. में फतेहपुर सीकरी में उसने इबादतखाने की स्थापना की। 1578 ई. में उसने इबादतखाने को धर्म संसद में बदल दिया। इबादतखाने में प्रमुख भूमिका अबुल फजल की थी।
- 1579 ई. में 'मजहर' की घोषणा कर अकबर 'धार्मिक मामलों में सर्वोच्च निर्णायक' बन गया, जिसकी प्रेरणा अकबर को शेख मुबारक एवं उसके पुत्र फैजी तथा अबुल फजल से प्राप्त हुई।
- मजहरनामा का प्रारूप शेख मुबारक द्वारा तैयार किया गया था। मजहरनामा द्वारा उलेमाओं ने अकबर को 'इमामे आदिल' घोषित किया तथा उसे 'अमीर उल मोमिनीन' की उपाधि प्रदान की गई।

तृतीय काल (1582-1605 ई.)

- इस काल में अकबर पूर्ण रूप से उदार हो गया। बदायूँनी जैसे इतिहासकार उस पर धर्म (इस्लाम) से विमुख होने का आरोप लगाते हैं। 1581-82 ई. में अकबर ने तौहीद-ए-इलाही अथवा 'दीन-ए-इलाही' नामक सर्वेश्वरवाद पर आधारित विचार, जिसे नवीन धर्म भी माना जाता है, की स्थापना की।
- अकबर रविवार के दिन इस धर्म की दीक्षा देता था तथा नवदीक्षित शिष्य को चार चीजों का समर्पण करना पड़ता था। ये चार चीजें थीं— जमीन, सम्पत्ति, सम्मान एवं धर्म। एकमात्र बीरबल ही इस नवीन धर्म में दीक्षित हुआ, जबकि अन्य सरदारों ने इसे ग्रहण नहीं किया।

अकबर की दार्शनिक नीति

यद्यपि तत्कालीन समाज, राजनीति आदि सभी श्रेणी विन्यास पर आधारित थे अर्थात् समाज वर्गों में बँटा था एवं प्रत्येक वर्ग का सामाजिक सोपान क्रम में एक निश्चित स्थान था और अबुल फजल के अनुसार इस व्यवस्था को बनाए रखना भी शासक का कर्त्तव्य है परन्तु फिर भी अकबर प्रतिभा को सदैव प्रोत्साहित करता था चाहे उसका सम्बन्ध समाज के किसी वर्ग से हो।

अबुल फजल ने अरस्तू से प्रेरणा लेते हुए लोगों को चार वर्गों में बाँटा। उसने योद्धाओं की तुलना अग्नि से, व्यापारियों, शिल्पकारों की हवा से, विद्वानों की जल से तथा किसानों की तुलना भूमि से की। शाही कर्मचारियों का वर्गीकरण करते हुए उसने उमरा वर्ग की अग्नि से, राजत्व कर्मचारियों की हवा से, विद्वानों (कानूनी, ज्योतिषी, कवि, दार्शनिक आदि) की पानी से एवं शासक के व्यक्तिगत सेवकों की तुलना भूमि से की।

अकबर के सैन्य अभियान

प्रदेश	वर्ष	प्रदेश	वर्ष
मालवा	1561 ई.	बंगाल-बिहार	1574-1576 ई.
चुनार	1561 ई.	हल्दीघाटी का	1576 ई.
आमेर	1562 ई.	युद्ध	
मेड़ता	1562 ई.	काबुल	1581 ई.
गोण्डवाना	1564 ई.	कश्मीर	1586 ई.
मेवाड़ (चित्तौड़)	1568 ई.	सिन्ध	1591 ई.
रणथम्भौर	1569 ई.	उड़ीसा	1591 ई.
कालिञ्जर	1569 ई.	खानदेश	1591 ई.
मारवाड़	1570 ई.	बलूचिस्तान	1595 ई.
जैसलमेर	1570 ई.	कन्धार	1595 ई.
बीकानेर	1570 ई.	अहमदनगर	1597-1600 ई.
गुजरात	1571 ई.		

अकबर के दरबार के नवरत्न

1. बीरबल 2. अबुल फजल 3. टोडरमल
4. भगवानदास 5. तानसेन 6. मानसिंह
7. अब्दुर्रहीम खानखाना 8. मुल्ला दो प्याजा 9. फैजी।

जहाँगीर (1605-27 ई.)

- मोहम्मद सलीम (जहाँगीर) का जन्म फतेहपुर सीकरी में स्थित शेख सलीम चिश्ती के आशीर्वाद से अकबर की पत्नी, भारमल की बेटी 'मरियम उज्जमानी' के गर्भ से 30 अगस्त, 1569 को हुआ था। 15 वर्ष की उम्र में उसका विवाह मानबाई (भगवानदास की पुत्री) से हुआ, जिसे उसने 'शाह बेगम' की उपाधि प्रदान की; परन्तु जहाँगीर की शराब की आदतों से दु:खी होकर उसने आत्महत्या कर ली।
- 1605 ई. में सलीम 'नुरुद्दीन मोहम्मद जहाँगीर बादशाह गाजी' की उपाधि के साथ आगरे के सिंहासन पर विराजमान हुआ।
- जहाँगीर ने अपने विश्वासपात्रों, जैसे—अबुल फजल के हत्यारे वीर सिंह बुन्देला को तीन हजारी घुड़सवारों का सेनापति बनाया तथा नूरजहाँ के पिता ग्यासबेग को 'एतमादुद्दौला' की उपाधि देकर दीवान बनाया।
- 1606 ई. में जहाँगीर के प्रथम पुत्र खुसरो (मानबाई से उत्पन्न पुत्र) ने पंजाब जाकर विद्रोह कर दिया, जिसे जहाँगीर ने भैरोवेल के मैदान में परास्त किया और खुर्रम (शाहजहाँ) ने उसकी हत्या कर दी। सिखों के 5वें गुरु अर्जुनदेव को फाँसी दी गई, क्योंकि उन्होंने खुसरो की धन एवं मन से मदद की थी। 1611 ई. में जहाँगीर का विवाह मेहरुन्निसा (नूरजहाँ) से हुआ, जिसे पहले 'नूर महल' (महल की रोशनी) तथा बाद में 'नूरजहाँ' (संसार की रोशनी) की उपाधि दी गई। नूरजहाँ ने 'इत्र' का आविष्कार किया तथा फारसी संस्कृति को दरबार में प्रभावी बनाया।
- नूरजहाँ अली कुली बेग इस्ताजलू (शेर अफगन) की विधवा थी। नूरजहाँ ने अपने भाई आसफ खाँ की पुत्री अर्जुमन्द बानो बेगम का विवाह शाहजादा खुर्रम (शाहजहाँ) से तथा शेर अफगन से उत्पन्न अपनी पुत्री (लाडली बेगम) का विवाह शाहजादा शहरयार से करवा दिया।
- जहाँगीर ने खुर्रम के नेतृत्व में मेवाड़ के विरुद्ध 1613 ई. में सेना भेजी। राणा अमरसिंह को सन्धि करने के लिए बाध्य होना पड़ा। इसके बाद 1616 ई. में खुर्रम के ही नेतृत्व में दक्षिण अभियान भेजा गया, जिसमें अहमदनगर तथा कुछ किलों पर अधिकार कर लिया गया। इससे प्रसन्न होकर जहाँगीर ने खुर्रम को 30 हजार एवं 120 हजार सवार का मनसब प्रदान किया तथा 'शाहजहाँ' (संसार का राजा) की उपाधि भी प्रदान की। उन दिनों मलिक अम्बर अहमदनगर की सेवा में था। उसने युद्ध की छापामार रणनीति अपनायी तथा मराठों को इसमें प्रवीण बनाया। उसने टोडरमल की लगान व्यवस्था को दक्षिण में लागू किया। 1620 ई. में उत्तर-पूर्वी पंजाब में स्थित काँगड़ा दुर्ग जीत लिया गया।
- 1626 ई. में जहाँगीर को शाहजहाँ के विद्रोह को दबाने वाले महावत खाँ के विद्रोह का सामना करना पड़ा। उसने काबुल जाते वक्त जहाँगीर तथा नूरजहाँ को बन्दी बना लिया था, परन्तु नूरजहाँ ने बड़ी ही चतुराई के साथ पहले स्वयं को तथा बाद में बादशाह को मुक्त करा लिया। 1607 और 1610 ई. में गोवा से पुर्तगाली दूतमण्डल मुगल दरबार में आए।
- उसकी मृत्यु के बाद शाहजादा शहरयार ने स्वयं को लाहौर में सुल्तान घोषित कर दिया, परन्तु आसफ खाँ ने शाहजादा 'दावर बख्श' को गद्दी पर बिठाकर शाहजहाँ जो उस समय दक्षिण में था, को बुलवा लिया।
- शाहजहाँ के आगरा पहुँचने पर दावर बख्श की हत्या कर दी गई तथा शाहजहाँ सिंहासनारूढ़ हो गया।

शाहजहाँ (1628-58 ई.)

- 1628 ई. में शाहजहाँ आगरा में 'अबुल मुजफ्फर शिहाबुद्दीन मोहम्मद साहिब-ए-किरान सानी शाहजहाँ बादशाह' की उपाधि के साथ मुगल सिंहासन पर बैठा।
- जोधपुर के राजा उदय सिंह की पुत्री जगत गोसाई के गर्भ से 1592 ई. में खुर्रम (शाहजहाँ) का जन्म लाहौर में हुआ था।
- 1606 ई. में उसे 8,000 जाट एवं 5,000 सवार का मनसब प्राप्त हुआ। 1612 ई. में खुर्रम का विवाह आसफ खाँ की पुत्री अर्जुमन्द बानो बेगम से हुआ, जिसे शाहजहाँ ने मलिका-ए-जमानी की उपाधि प्रदान की। 1631 ई. में प्रसव पीड़ा के कारण उसकी मृत्यु हो गई। उसकी याद में शाहजहाँ ने आगरा में विश्व प्रसिद्ध मकबरा (ताजमहल) बनवाया।
- वीरसिंह देव बुन्देला के पुत्र जुझार सिंह ने शाहजहाँ के विरुद्ध 1628 ई. में विद्रोह कर दिया। 1635 ई. में यह विद्रोह समाप्त हो गया। उसी के शासन काल में 1628 ई. में खान-ए-जहाँ लोदी ने भी विद्रोह किया था, परन्तु वह मारा गया।
- पुर्तगालियों ने उत्तराधिकार के युद्ध में शाहजहाँ की सहायता न कर परवेज को सहायता दी थी। अत: जब उन्होंने दो मुगल दासियों को बन्दी बना लिया तो बंगाल के मुगल गवर्नर कासिम खाँ ने 1632 ई. में हुगली में पुर्तगालियों को कड़ा सबक सिखाया।
- 1630-32 ई. में शाहजहाँ के शासनकाल के दौरान गुजरात, खानदेश और दक्षिण में भीषण अकाल पड़ा था। शाहजहाँ ने लोगों की मदद की तथा भूमि कर का ग्यारहवाँ भाग माफ कर दिया।

शाहजहाँ की दक्कन नीति भी काफी हद तक सफल रही और अहमदनगर भी मुगल साम्राज्य का एक भाग बना लिया गया।

- उसने मध्य एशिया में बल्ख अभियान भेजा था, जिसे एक सफल अभियान नहीं कहा जा सकता। इस अभियान से मुगलों को राज्य के एक बड़े हिस्से को खोना पड़ा।
- 15 अप्रैल, 1658 ई. को धरमत के मैदान में औरंगजेब और मुराद की सम्मिलित सेना ने जोधपुर के राजा जसवन्त सिंह एवं कासिम खाँ के नेतृत्व वाली शाही सेना को परास्त कर दिया। फिर 29 मई, 1658 को औरंगजेब और मुराद की सम्मिलित सेना ने सामूगढ़ के मैदान में दारा को परास्त कर दिया। 5 जनवरी, 1659 को इलाहाबाद के निकट खजवा के मैदान में औरंगजेब ने शुजा को परास्त कर दिया।
- 14 अप्रैल, 1659 को औरंगजेब ने पुनः दाराशिकोह को देवराई के युद्ध में पराजित किया। दारा जान बचाकर भाग गया, परन्तु उसके शरणदाता अफगान नायक जीवन खाँ ने विश्वासघात कर, दारा को औरंगजेब को सौंप दिया। 1659 ई. में दारा की हत्या कर उसे हुमायूँ के मकबरे के पास दफना दिया गया।

औरंगजेब (1658-1707 ई.)

- 1618 ई. में औरंगजेब का जन्म उज्जैन के निकट दोहद में हुआ था। उत्तराधिकार के युद्ध के समय वह अपने पिता की ही तरह दक्षिण का सूबेदार था। इसका राज्याभिषेक दो बार हुआ—पहली बार 1658 ई. में आगरा में तथा दूसरी बार 1659 ई. में दिल्ली में। इसने दिल्ली के सिंहासन पर बैठने के बाद 'अबुल मुजफ्फर मुहीउद्दीन मुजफ्फर औरंगजेब बहादुर आलमगीर बादशाह गाजी' की उपाधि धारण की।
- जब औरंगजेब ने गोलकुण्डा पर आक्रमण किया तो वह औरंगजेब से मिल गया था। मीर जुमला के बाद शाइस्ता खाँ बंगाल का गवर्नर बना। 1666 ई. में उसने पुर्तगालियों का दमन किया तथा बंगाल की खाड़ी में स्थित सोनद्वीप तथा चटगाँव पर अधिकार कर लिया।
- अपने दक्षिण अभियान के तहत औरंगजेब ने बीजापुर (1686 ई.) और गोलकुण्डा (1687 ई.) पर विजय हासिल कर उन्हें मुगल साम्राज्य में मिला लिया। गोलकुण्डा के प्रमुख सरदारों मदन्ना और अकन्ना को राज्य छोड़ना पड़ा।
- दक्षिण में शिवाजी की बढ़ती शक्ति को रोकने के लिए मिर्जा राजा जयसिंह को दक्षिण भेजा गया। जयसिंह ने शिवाजी को 'पुरन्दर की सन्धि' करने के लिए बाध्य कर दिया।
- नेपोलियन प्रथम ने कहा था, "स्पेन के फोड़े ने जैसे मेरा नाश किया वैसे ही दक्षिण के फोड़े ने औरंगजेब का नाश किया"।

औरंगजेब के शासनकाल के महत्त्वपूर्ण विद्रोह

जाट *एवं* सतनामी विद्रोह

- धार्मिक असहिष्णुता एवं किसान विरोधी नीतियों के कारण प्रथमतः मथुरा क्षेत्र में जाटों ने 1669 ई. में गोकुल के नेतृत्व में औरंगजेब के खिलाफ विद्रोह कर दिया।
- 1672 ई. में नारनौल में मुगलों और सतनामियों का संघर्ष हुआ। 1686 ई. में जाट नेता राजाराम एवं रामचेरा ने जाट विद्रोह को नेतृत्व प्रदान किया।
- राजाराम ने सिकन्दरा स्थित अकबर के मकबरे को लूटा। उसके बाद चूड़ामन ने 'भरतपुर' में एक जाट राजवंश की स्थापना की। सूरजमल को 'जाट जाति का प्लेटो' माना जाता है।

औरंगजेब की राजपूत नीति

- औरंगजेब ने राजपूतों के विरुद्ध अनुदारता की नीति अपनायी। उसने 1679 ई. में हिन्दुओं पर पुनः 'जजिया' कर लगा दिया और पुनः 'तीर्थयात्रा कर' भी वसूलना शुरू कर दिया। हिन्दू मन्दिरों को तुड़वाया। परन्तु आधुनिक इतिहासकार उसे राजपूतों का मित्र मानते हैं।
- जब औरंगजेब ने मारवाड़ पर अधिकार (1678 ई.) कर लिया, तो दुर्गादास ने इसका विरोध किया। मेवाड़ आक्रमण में राणा राजसिंह ने औरंगजेब से सन्धि कर ली। औरंगजेब का पुत्र अकबर द्वितीय विद्रोह कर राठौरों से मिल गया था।

औरंगजेब की धार्मिक नीति

- औरंगजेब ने 'कुरान' को अपने शासन का आधार बनाया। उसने सिक्कों पर कलमा खुदवाना, नौरोज त्यौहार मनाना, भाँग की खेती करना, गाना-बजाना, इतिहास लेखन आदि पर रोक लगा दी। उसने अपने शासन के 11वें वर्ष में झरोखा दर्शन तथा 12वें वर्ष में तुलादान की प्रथा पर रोक लगा दी। औरंगजेब ने लोगों के नैतिक उत्थान के लिए 'मुहतसिब' नामक अधिकारियों की नियुक्ति की। 1669 ई. में उसने बनारस के विश्वनाथ मन्दिर एवं मथुरा के केशव राय मन्दिर को तुड़वा दिया।
- उसने शरीयत के विरुद्ध लगे 80 करों (अबवाब) को माफ कर दिया। उसने दारुल हर्ब (काफिरो का देश) भारत को दारुल इस्लाम (इस्लाम का देश) बनाने का प्रयास किया। उसे 'जिन्दा पीर' या 'शाही दरवेश' भी कहा जाता है।

मुगलकालीन स्थापत्य

- मुगलकालीन वास्तुकला में सल्तनत कालीन तत्त्वों के अतिरिक्त कुछ नवीन तत्त्वों का प्रादुर्भाव हुआ। साथ-ही-साथ, पूर्व प्रचलित तत्त्वों को परिवर्धित रूप में प्रयुक्त किया गया।
- द्विगुम्बद पद्धति का प्रारम्भ सिकन्दर लोदी के मकबरे से हुआ एवं मुगलकाल में इसका प्रयोग पूर्णरूपेण हुआ।
- बाबर चारबाग शैली को भारत में लाया एवं हुमायूँ के मकबरे में इसका सर्वप्रथम प्रयोग किया गया। इस काल में मुख्यतः प्लेटफार्म, छतों और छतरी आदि के निर्माण को प्रमुखता दी गई। इसमें सुसज्जित खम्भों का प्रयोग भी व्यापक तौर पर किया गया।

मुगलकालीन प्रशासनिक व्यवस्था

- मुगलकालीन शासन व्यवस्था अत्यधिक केन्द्रीकृत नौकरशाही व्यवस्था थी। इसमें भारतीय तथा अरबी-फारसी तत्त्वों का सम्मिश्रण था।
- मुगल साम्राज्य के संस्थापक बाबर ने दिल्ली सल्तनत के सुल्तानों से अलग 'पादशाह' की उपाधि ग्रहण की।

केन्द्रीय प्रशासन

अकबर ने केन्द्रीय शासन के ढाँचे में महत्त्वपूर्ण परिवर्तन किए। अकबर ने केन्द्रीय प्रशासन तन्त्र को विभिन्न विभागों के बीच सत्ता के विभाजन के सिद्धान्त पर पुनर्गठित किया और विभागों के बीच पारस्परिक अंकुश और प्रति अंकुश के उसूल को लागू किया।

मुगल प्रशासन के प्रमुख अधिकारी थे

वकील अकबर का वकील बैरम खाँ चूँकि अपने अधिकारों का दुरुपयोग करने लगा था, इसलिए अकबर ने इस पद के महत्त्व को कम करने के लिए अपने शासन के 8वें वर्ष में एक नया पद 'दीवान-ए-आला' की स्थापना की।

दीवान दीवान या दीवान-ए-आला राजस्व मामलों का विशेषज्ञ होता था। दीवान सभी तरह के आय-व्यय के लिए जिम्मेदार होता था और खालसा, जागीर तथा इनाम भूमि पर नियन्त्रण रखता था।

मीर बख्शी मीर बख्शी सैनिक विभाग का प्रधान कहलाता था। सरदारों के संगठन के प्रधान, मनसबों पर नियुक्ति या तरक्की के लिए सिफारिश करना, साम्राज्य की खुफिया और सूचना अधिकारी (वाकियानवीस) की रिपोर्टों को दरबार में पेश करना इत्यादि इसके कार्य होते थे।

मीर सामां यह सम्राट की गृहस्थी का प्रधान प्रबन्धक, हरम की जरूरतों की व्यवस्था करने वाला, शाही कारखानों का नियन्त्रक, दरबार में शिष्टाचार का पालक तथा शाही अंगरक्षकों का नियन्त्रक अधिकारी होता था।

राजस्व व्यवस्था

मुगल काल में भू-राजस्व तथा अन्य प्रकार के कर राजस्व के स्रोत थे। इनमें मुसलमानों से जकात (सम्पत्ति का 2.5%) तथा गैर-मुसलमानों से जजिया वसूला जाता था।

इसके अतिरिक्त खुम्स (लूट का माल) भी राजस्व का स्रोत था। अकबर ने विवाह के रजिस्ट्री की प्रथा चलाई एवं उस पर शुल्क लगाया।

न्याय व्यवस्था

- इस विभाग का प्रधान मुख्य काजी होता था। यह न्याय तथा धर्मार्थ अनुदानों के लिए जिम्मेदार होता था। मात्र धर्मार्थ अनुदान अधिकारी आला सदर कहलाता था। अकबर के आला काजी अब्दुन्नबी के भ्रष्टाचार एवं धन-लोलुपता के कारण यह पद काफी बदनाम हो गया था।
- अकबर गुप्त मशविरों के लिए मन्त्रियों को गुसलखाने के बगल वाले कमरे में बुलाता था अत: यह कालान्तर में गुसलखाना ही कहलाने लगा।

मुगलकालीन कला, शिक्षा *एवं* साहित्य

स्थापत्य कला

सल्तनत काल की 'भारतीय-इस्लामी शैली' का मुगलों के अन्तर्गत काफी विकास हुआ। मुगलकालीन वास्तुकला में फारस, तुर्की, मध्य एशिया, गुजरात, बंगाल, जौनपुर आदि स्थानों की शैलियों का अनोखा मिश्रण हुआ था। इस काल की वास्तुकला की विशेषताएँ थीं—पित्रादुरा शैली का प्रयोग, सफेद संगमरमर का प्रयोग आदि।

मुगल स्थापत्य शैली की विशेषताएँ

- व्यापक पैमाने पर निर्माण
- लाल बलुआ पत्थरों का प्रयोग तथा कालान्तर मे संगमरमर का प्रयोग
- ईरानी तथा भारतीय शैलियों का समावेश
- ऊँचे चबूतरों पर तथा बगीचों के बीच मकबरों का निर्माण
- जलधारा, फव्वारों आदि का सुन्दर प्रयोग

अकबरकालीन

- हुमायूँ का मकबरा चारबाग शैली में निर्मित प्रथम मकबरे का निर्माण भारत में अकबर की सौतेली माँ हाजी बेगम ने 1564 ई. में करवाया था। मीरक मिर्जा ग्यास के संरक्षण में बना यह दोहरी गुम्बद वाला प्रथम मकबरा था। इसे ताजमहल का पूर्वगामी भी माना जाता है।
- आगरा का किला लाल पत्थरों से बने इस किले की दीवारों को फूल-पत्तियों तथा पशु-पक्षियों की आकृतियों से सजाया गया।
- जहाँगीरी महल आगरे के किले में बना यह महल अकबर की सर्वोत्कृष्ट कृति है।
- फतेहपुर सीकरी यह 1569 से 1584 ई. तक अकबर की राजधानी रहा और यहीं अधिकांश भवनों का निर्माण करवाया गया; जैसे—जोधाबाई का महल, बीरबल का घर, पंच महल (बौद्ध प्रभाव) आदि। यहाँ के कुछ भवन बंगाल एवं गुजरात शैली में बनाए गए। ईरानी शैली का प्रभाव नीले पत्थरों में देखने को मिलता है।
- जामा मस्जिद और इसका बुलन्द दरवाजा तो पत्थर में रूमानी कथा को बयान करता है। फतेहपुर सीकरी में ही सलीम चिश्ती के मकबरे का भी निर्माण किया गया।
- अकबर के काल में मुगल चित्रकला पर भारतीय प्रभाव स्पष्ट दृष्टिगोचर होता है। अबुल फजल द्वारा रचित आइन-ए-अकबरी में अकबर के दरबार के विभिन्न चित्रकारों के नाम मिलते हैं; जैसे दसवन्त, बसावन, केशव लाल, मुकुन्द, महेश, मिशिकन आदि। अकबर ने दसवन्त को 'साम्राज्य का प्रथम व अग्रणी' कलाकार बनाया।
- इसके बनाए चित्र 'रज्मनामा' में मिलते हैं। मानसिक रूप से विक्षिप्त होकर उसने 1584 ई. में आत्महत्या कर ली।
- बसावन सर्वोत्कृष्ट चित्रकार था, क्योंकि वह चित्रकला की सभी शाखाओं—रेखांकन, रंगों के प्रयोग, छवि चित्रकारी, भू-दृश्यों आदि में पारंगत था।
- अकबर के काल में राजपूत शैली के साथ-साथ यूरोपीय चित्रकला का प्रभाव भी मुगल शैली पर पड़ा।

जहाँगीरकालीन

अकबर का मकबरा (1613 ई.) आगरा के निकट सिकन्दरा में बनवाया गया, जिस पर बौद्ध प्रभाव परिलक्षित होता है। आगरा में नूरजहाँ द्वारा अपने पिता **एत्माद-उद्-दौला का मकबरा** बनवाया गया, जो ऐसा प्रथम भवन था, जिसमें पूर्णत: संगमरमर का प्रयोग हुआ तथा पहली बार सोने एवं कीमती पत्थरों का जड़ाऊ कार्य किया गया, जिसे 'पित्रादुरा' शैली कहा जाता है।

नूरजहाँ ने शाहदरा में **जहाँगीर का मकबरा बनवाया।** जहाँगीर के काल में चित्रकला अपने चरमोत्कर्ष पर थी, उसने आकारिजा नामक एक हेराती अप्रवासी के नेतृत्व में एक नई चित्रशाला आगरा में शुरू की। जहाँगीर ने उस्ताद मंसूर को 'नादिर-उल-अस्र' की उपाधि तथा अबुल हसन (प्रतिमापरक चित्रकारी में दक्ष) को 'नादिरुज्जमा' की उपाधि प्रदान की थी।

शाहजहाँकालीन

शाहजहाँ का शासन काल मुगल स्थापत्य का **स्वर्ण युग** माना जाता है, परन्तु इसमें मौलिकता का अभाव पाया जाता है। शाहजहाँ की इमारतें संगमरमर की बनी हैं, जिसे **जोधपुर के मकराना नामक** स्थान से मँगवाया जाता था। शाहजहाँ द्वारा आगरा में निर्मित कराई गई इमारते हैं—

दीवान-ए-आम, दीवान-ए-खास, मोती मस्जिद, मुसम्मन बुर्ज, नगीना मस्जिद, जामा मस्जिद, ताजमहल आदि। शाहजहाँ ने 1649 ई. में अपनी राजधानी दिल्ली स्थानान्तरित करने के उद्देश्य से शाहजहाँनाबाद नामक नगर बनवाया। दिल्ली में भी कुछ इमारतों का निर्माण करवाया गया; जैसे—**लालकिला, दीवान-ए-आम, दीवान-ए-खास, जामा मस्जिद** आदि। उस्ताद ईसा की अध्यक्षता में ताजमहल का निर्माण शाहजहाँ ने अपनी प्रिय पत्नी 'मुमताज महल' की याद में करवाया था।

औरंगजेबकालीन

औरंगजेब की वास्तुकला में विशेष रुचि नहीं थी। 1659 ई. में उसने दिल्ली के **लाल किले में मोती मस्जिद बनवाई**। 1674 ई. में **लाहौर में पादशाही मस्जिद बनवाई**। उसने 1678 ई. में औरंगाबाद में एक मकबरा बनवाया, जिसे **काला ताजमहल** या **दक्षिण का ताजमहल** कहा जाता है।

मुगल उद्यान मनोरंजन स्थल के रूप में मुगलों (बाबर) ने ही सर्वप्रथम उद्यान विकसित किए। उद्यान अथवा बागों को चार भागों में विभक्त किया जाता था। इससे चारों दिशाओं में रास्ते निकलते थे, जो उद्यान को चार भागों में विभक्त कर देते थे, इसीलिए इन्हें **'चारबाग'** कहते थे।

मुगल सैनिकों एवं घुड़सवारों की श्रेणियाँ

यक्-अस्पा वह घुड़सवार जिसके पास एक घोड़ा होता था।

दु-अस्पा वह घुड़सवार जिसके पास दो घोड़े होते थे।

सीह-अस्पा वह घुड़सवार जिसके पास तीन घोड़े होते थे।

बरगीर इन घुड़सवारों को सारा साजो-सामान राज्य की ओर से मिलता था।

सिलेदार इन घुड़सवारों को स्वयं अपना सारा साजो-सामान एकत्र करना होता था। इनका वेतन बरगीर से अधिक होता था तथा इन्हें केवल युद्ध के अवसर पर नियुक्त किया जाता था।

अहदी यह उच्च श्रेणी के सैनिक (बादशाह के सैनिक) होते थे, जो पाँच या अधिक घोड़े रखते थे। इनकी नियुक्ति कहीं भी हो सकती थी। ये सन्देश वाहक का काम भी करते थे और भरपूर वेतन (500 रुपये) पाते थे। ये एक प्रकार से बादशाह के सैनिक थे पर कभी-कभी मनसबदार के पास भी नियुक्त होते थे। इनकी हाजिरी एक **दीवान** लेता था।

दाखिली ये वो सिपाही थे, जिनकी नियुक्ति एवं वेतन केन्द्र (बादशाह) द्वारा नियत होते थे, परन्तु ये मनसबदार की सेना में भेजे जाते थे।

बरावर्दी ये वो सैनिक थे, जो बरावर्दी वेतन पाते थे। बरावर्दी वेतन मनसबदार के नाम से मन्जूर होता था ताकि वो **दाग**, चेहरा आदि प्रक्रिया पूरी होने तक सैनिक को भुगतान कर सके तथा इसके बाद में घुड़सवार सैनिक के वेतन में से काट लिया जाता था।

अहशाम सैनिक ये विभिन्न शस्त्रों यथा तलवार, भाला, बन्दूक तीर कमान आदि के संचालन में निपुण तलवारबाज, तीरन्दाज, बन्दूकबाज आदि थे।

सेहबन्दी सैनिक ये बेरोजगारों में से भर्ती सैनिक थे, जो मालगुजारी वसूलने आदि में मदद करते थे।

मुगलकालीन पुस्तकें

पुस्तक	लेखक
तुजुक-ए-बाबरी (बाबरनामा)	बाबर
दीवान (काव्य संग्रह)	बाबर
रिसाल-ए-उसज (खत-ए-बाबरी)	बाबर
मुबाइयन (कानून की पुस्तक) पद्य शैली	बाबर
हुमायूँनामा	गुलबदन बेगम
तारीख-ए-रशीदी	मिर्जा हैदर दोगलत
तजकिरात-उल-वाकयात	जौहर आफतावची
वाकयात-ए-मुश्ताकी	रिजकुल्लाह मुश्ताकी
तारीखे शेरशाही (तोहफा ए-अकबरशाही)	अब्बास खान मसखानी
तारीख-ए-अल्फी	मुल्ला दाउद

पुस्तक	लेखक
अकबरनामा	अबुल फजल
आइने-अकबरी	अबुल फजल
तबकाते अकबरी	निजामुद्दीन अहमद
मुन्तखब उत् तवारीख	अब्दुल कादिर बदायूँनी
तुजुके जहाँगीरी (जहाँगीरनामा)	जहाँगीर, मौतमिद खाँ, मुहम्मद हादी
इकबालनामा-ए-जहाँगीरी	मौतमिद खाँ
पादशाहनामा	मोहम्मद अमीन कजवीनी
पादशाहनामा	अब्दुल हमीद लाहौरी
फुतूहात-ए-आलमगीरी	ईश्वरदास नागर
मासिर-ए-आलमगीरी	साकी मुस्तइद खाँ
मुन्तखब-उल-लुबाब	खफी खाँ

मुगलकालीन निर्माण कार्य

निर्माण	स्थान	निर्माणकर्ता
काबुली बाग	पानीपत	बाबर
जामा मस्जिद	सम्भल (रुहेलखण्ड)	बाबर
पुराना किला	दिल्ली	शेरशाह
शेरशाह का मकबरा	सहसराम	शेरशाह
हुमायूँ का मकबरा	दिल्ली	हाजी बेगम
आगरा का किला	आगरा	अकबर
फतेहपुर सीकरी महल	फतेहपुर सीकरी	अकबर
जोधाबाई महल	फतेहपुर सीकरी	अकबर
मरियम की कोठी	फतेहपुर सीकरी	अकबर
जामा मस्जिद	फतेहपुर सीकरी	अकबर
बुलन्द दरवाजा	फतेहपुर सीकरी	अकबर
सलीम चिश्ती का मकबरा	फतेहपुर सीकरी	अकबर

निर्माण	स्थान	निर्माणकर्ता
अकबर का मकबरा	सिकन्दरा	जहाँगीर
एत्मादुद्दौला का मकबरा	आगरा	नूरजहाँ
जहाँगीर का मकबरा	शाहदरा (लाहौर)	नूरजहाँ
नगीना मस्जिद	आगरा	शाहजहाँ
मोती मस्जिद	आगरा	शाहजहाँ
जामा मस्जिद	आगरा	शाहजहाँ
ताजमहल	आगरा	शाहजहाँ
लालकिला	दिल्ली	शाहजहाँ
रबिया उद्दौरानी का मकबरा	औरंगाबाद	औरंगजेब
बादशाही मस्जिद	लाहौर	औरंगजेब

वस्तुनिष्ठ प्रश्न

1. हुमायूँ और हमीदा बानो बेगम के पुत्र अकबर का जन्म अमरकोट के राणा वीरसाल के यहाँ कब हुआ था?
(a) 15 अक्टूबर, 1540 ई.
(b) 15 अक्टूबर, 1542 ई.
(c) 15 अक्टूबर, 1543 ई.
(d) 15 अक्टूबर, 1544 ई.

2. निम्नलिखित में से किसकी रहस्यवादी कविताओं को अकबर ने कण्ठस्थ कर लिया था?
(a) अब्दुल लतीफ (b) सूफी कवि हाफिज
(c) 'a' तथा 'b' दोनों (d) जलालुद्दीन रूमी

3. सरखेज का युद्ध कब हुआ जिसमें मुगल सेना ने मुजफ्फरशाह तृतीय को पराजित किया?
(a) 1582 ई. में (b) 1583 ई. में
(c) 1584 ई. में (d) 1585 ई. में

4. अकबर के कश्मीर पर आक्रमण के समय वहाँ का शासक कौन था?
(a) मिर्जा शाहरुख (b) यूसुफ खाँ
(c) दाऊद खाँ (d) कतलू खाँ लोहानी

5. सुमेलित कीजिए

सूची I (बाबर द्वारा लड़े गए युद्ध)		**सूची II** (शासक)	
A.	पानीपत का प्रथम युद्ध, 1526 ई.	1.	इब्राहिम लोदी
B.	खानवा का युद्ध, 1527 ई.	2.	राणा सांगा
C.	चंदेरी का युद्ध, 1528 ई.	3.	मेदिनी राय
D.	घाघरा का युद्ध, 1529 ई.	4.	अफगानों के विरुद्ध (महमूद लोदी)

कूट

	A	B	C	D		A	B	C	D
(a)	1	2	3	4	(b)	2	1	3	4
(c)	1	2	4	3	(d)	4	3	2	1

6. अकबर ने मुगल सत्ता स्वीकार करने के उद्देश्य से खानदेश, अहमदनगर, बीजापुर एवं गोलकुण्डा के शासकों के पास अपने दूत-मण्डल कब भेजे?
(a) 1590 ई. में
(b) 1591 ई. में
(c) 1592 ई. में
(d) 1593 ई. में

7. सलीम ने ओरछा के वीरसिंह बुन्देला के द्वारा अबुल फजल की हत्या कब करवा दी?
(a) 1601 ई. में (b) 1602 ई. में
(c) 1603 ई. में (d) 1604 ई. में

8. अकबर को कहाँ दफनाया गया?
(a) सिकन्दरा (b) लाहौर
(c) दिल्ली (d) फतेहपुर सीकरी

9. राणा प्रताप ने हल्दीघाटी के युद्ध के पश्चात् किसे अपनी राजधानी बनाया?
(a) करौली (b) डूँगरपुर
(c) बाँसवाड़ा (d) छाबन्द

10. निम्नलिखित में से कौन-सा अकबर का शिक्षक था?
(a) वजायद (b) मुनीम खाँ
(c) अब्दुल लतीफ (d) ये सभी

11. अकबर ने कब फतेहपुर सीकरी में इबादतखाना स्थापित करने की आज्ञा दी?
(a) 1571 ई. में (b) 1573 ई. में
(c) 1575 ई. में (d) 1577 ई. में

12. इबादतखाना कब बन्द कर दिया एवं महजर की घोषणा की गई?
(a) 1578 ई. में (b) 1579 ई. में
(c) 1580 ई. में (d) 1581 ई. में

13. अकबर ने जैन धर्म के दोनों पक्षों के मध्य शास्त्रार्थ कब करवाया था?
(a) 1567 ई. (b) 1568 ई.
(c) 1569 ई. (d) 1570 ई.

14. प्रशासन की दृष्टि से अकबर ने 1580 ई. में सम्पूर्ण साम्राज्य को कितने सूबों में बाँटा था?
(a) 10 (b) 11 (c) 12 (d) 13

15. अकबर ने बीरबल को कितने मनसबों का मनसबदार नियुक्त किया था?
(a) 1,000 (b) 2,000
(c) 3,000 (d) 4,000

16. **कथन** (A) खानवा का युद्ध निश्चय ही पानीपत के प्रथम युद्ध की अपेक्षा अधिक निर्णायक व महत्त्वपूर्ण था।
कारण (R) राजपूत वीर राणा सांगा निश्चय ही इब्राहिम लोदी की अपेक्षा अधिक दुर्जेय शत्रु था।
कूट
(a) A तथा R दोनों सही हैं और R, A का सही स्पष्टीकरण है
(b) A तथा R दोनों सही हैं किन्तु R, A का सही स्पष्टीकरण नहीं है
(c) A सही है, परन्तु R गलत है
(d) A गलत है, परन्तु R सही है

17. चाँदी का सिक्का, जो रुपया कहलाता था, उसकी तौल कितनी थी?
(a) 160.5 ग्रेन (b) 172.5 ग्रेन
(c) 177.5 ग्रेन (d) 180.5 ग्रेन

18. ताँबे का सिक्का, जो दाम अथवा पैसा या फलूस कहलाता था, उसकी तौल कितनी थी?
(a) 323.5 ग्रेन
(b) 360.5 ग्रेन
(c) 365.5 ग्रेन
(d) 370.5 ग्रेन

19. अकबर द्वारा चलाया सिक्का बिसात कितने तोले का था?
(a) 10 (b) 15 (c) 20 (d) 25

20. अकबर ने ताँबे का सिक्का चलाया, जो रुपये के कौन-से भाग के बराबर था?
(a) 20वें (b) 30वें
(c) 40वें (d) 50वें

21. स्वर्ण का सबसे प्रचलित सिक्का इलाही था, जो कितने रुपयों के बराबर था?
(a) 5 (b) 10
(c) 15 (d) 20

22. स्वर्ण का सबसे बड़ा सिक्का शंसब था, जो कितने तोले से कुछ अधिक बैठता था?
(a) 40 तोले (b) 50 तोले
(c) 70 तोले (d) 101 तोले

23. वह सिक्का किसके काल का है जिस पर राम-सीता की मूर्ति तथा देवनागरी लिपि में राम-सीता अंकित है?
(a) अकबर (b) जहाँगीर
(c) शाहजहाँ (d) औरंगजेब

24. निम्नलिखित में कौन-सा ताँबे का सिक्का था?
(a) अधेला (b) पावला
(c) दमड़ी व जीतल (d) ये सभी

25. जलालो नामक चौकोर रुपया किसने चलाया जो गोलाकार रुपये की भाँति पसन्द नहीं किया गया?
(a) अकबर (b) जहाँगीर
(c) शाहजहाँ (d) औरंगजेब

26. अपने अन्तिम सैन्य अभियान असीरगढ़ को जीतने के बाद अकबर ने सिक्कों पर किसकी आकृति बनवाई?
(a) मोर (b) हिरन
(c) बाज (d) शेर

27. गुजरात में कौन-सा मुख्य बन्दरगाह था?
(a) कैम्बे (b) सूरत
(c) भड़ौच (d) ये सभी

28. निम्नलिखित में अकबर के दरबार के सत्रह चित्रकारों में से कितने हिन्दू थे?
(a) 9 (b) 11 (c) 13 (d) 15

29. निम्नलिखित में से कौन एक कहार का बेटा था लेकिन अकबर उसके काम से प्रसन्न हुआ और उसे अपने समय का पहला अग्रणी कलाकार बनने में सहयोग दिया?
(a) बसावन
(b) खेमकरण
(c) तारा
(d) दसवन्त

30. **कथन** (A) अकबर के काल में हर दस घुड़सवार सैनिकों के लिए मनसबदारों के बीस घोड़ों का रख-रखाव करना पड़ता था।
कारण (R) घोड़ों को यात्रा में आराम देना होता था और युद्ध के समय उनको बदलना आवश्यक होता था।
कूट
(a) A तथा R दोनों सही हैं तथा R, A का सही स्पष्टीकरण है
(b) A तथा R दोनों सही हैं किन्तु R, A का सही स्पष्टीकरण नहीं है
(c) A सही है, परन्तु R गलत है
(d) A गलत है, परन्तु R सही है

31. भारतीय संग्रहालय कलकत्ता में एक इकरंगा रेखाचित्र संरक्षित है जिसमें मजनूं को एक कृशकाय घोड़े के साथ उजाड़ क्षेत्र में भटकते हुए चित्रित किया गया है। यह कलाकृति किसकी है?
(a) बसावन (b) लाल
(c) तुलसी (d) मिशकीन

32. अकबर ने चित्रकारी को एक पृथक विभाग बनाया और इसका प्रधान किसे बनाया?
(a) मीर सैयद अली (b) अब्दुस्समद
(c) फारूख (d) बसावन

33. रज्मनामा के चित्रण कार्य का पर्यवेक्षण किसने किया?
(a) अब्दुस्समद
(b) मोहम्मद शरीफ
(c) बसावन
(d) दसवन्त

34. अकबरकालीन वह कौन-सा सर्वोत्कृष्ट चित्रकार था जो चित्रकला के समस्त क्षेत्रों में, रेखांकन रंगों का प्रयोग, छवि चित्रकारी, भू-दृश्यों के चित्रण आदि में निपुण था?
(a) केशव (b) बसावन
(c) दसवन्त (d) राम

35. किसका मत है कि मुगलकाल का एक रुपया आजकल के सात रुपये के बाबर है?
(a) विन्सेण्ट स्मिथ (b) मोरलैण्ड
(c) लेनपूल (d) वूल्जले हेग

36. शेख सलीम चिश्ती के आशीर्वाद से सलीम का जन्म कब हुआ?
(a) 30 अगस्त, 1567
(b) 30 अगस्त, 1568
(c) 30 अगस्त, 1569
(d) 30 अगस्त, 1570

37. सलीम का विवाह मानबाई से कब हुआ जो शाहबेगम कहलाने लगी?
(a) 1585 ई. में (b) 1586 ई. में
(c) 1587 ई. में (d) 1588 ई. में

38. खुसरो का जन्म मानबाई के गर्भ से कब हुआ?
(a) 1587 ई. में (b) 1588 ई. में
(c) 1589 ई. में (d) 1590 ई. में

39. खुर्रम (शाहजहाँ) ने खुसरों की कब हत्या करवा दी?
(a) 1620 ई. में (b) 1622 ई. में
(c) 1623 ई. में (d) 1624 ई. में

40. 1605 ई. में बादशाह बनते ही जहाँगीर ने शहजादा परवेज तथा आसफ खाँ को 20 हजार घुड़सवारों के साथ किस अभियान के लिए नियुक्त किया?
(a) बंगाल (b) मारवाड़
(c) मेवाड़ (d) मालवा

41. निम्नलिखित युग्मों में से कौन-सा एक सही सुमेलित नहीं है?
(a) जहाँगीर – विलियम हॉकिन्स
(b) अकबर – सर टॉमस रो
(c) शाहजहाँ – टैवर्नियर
(d) औरंगजेब – मनूची

42. काँगड़ा के राजपूतों को जहाँगीर के समक्ष कब आत्म-समर्पण करना पड़ा?
(a) 1620 ई. में (b) 1622 ई. में
(c) 1564 ई. में (d) 1626 ई. में

43. आसफ खाँ की पुत्री अर्जुमन्द बानो बेगम का विवाह खुर्रम से कब हुआ?
(a) 1611 ई. में
(b) 1612 ई. में
(c) 1613 ई. में
(d) 1614 ई. में

44. नूरजहाँ की माता असमत बेगम, जिसे गुलाब के इत्र की आविष्कर्ती माना जाता है और जो नूरजहाँ की परामर्शदाता भी थी, की मृत्यु कब हुई?
(a) 1620 ई. में (b) 1621 ई. में
(c) 1622 ई. में (d) 1623 ई. में

45. सुमेलित कीजिए

सूची I (जहाँगीर की पत्नियाँ)	सूची II (उपाधियाँ/पदनाम)
A. मानबाई/मनभावती	1. शाह बेगम
B. जगत गोसाई	2. जोधाबाई
C. मेहरुन्निसां	3. नूरमहल/नूरजहाँ

कूट
	A	B	C		A	B	C
(a)	1	2	3	(b)	3	2	1
(c)	2	1	3	(d)	1	3	2

46. जहाँगीर के हाथ से कन्धार कब निकल गया?
(a) 1620 ई. में (b) 1621 ई. में
(c) 1622 ई. में (d) 1623 ई. में

47. नूरजहाँ की मृत्यु कब हुई?
(a) 8 फरवरी, 1640 में
(b) 8 फरवरी, 1642 में
(c) 8 फरवरी, 1643 में
(d) 8 फरवरी, 1645 में

48. महावत खाँ ने जहाँगीर के विरुद्ध विद्रोह कब किया?
(a) 1622 ई. में (b) 1623 ई. में
(c) 1625 ई. में (d) 1626 ई. में

49. पुर्तगालियों ने कब सूरत के निकट चार शाही जहाजों को लूटा, जिससे पुर्तगालियों व मुगलों में कटुता आ गई?
(a) 1611 ई. में (b) 1612 ई. में
(c) 1613 ई. में (d) 1614 ई. में

50. सर टॉमस रो, जो पादरी एडवर्ड टेरी को अपने साथ लाया, भारत कब आया?
(a) 1614 ई. में (b) 1615 ई. में
(c) 1616 ई. में (d) 1617 ई. में

51. जहाँगीर ने शाहजादा काल में आगरा में किसके नेतृत्व में एक चित्रणशाला खुलवाई?
(a) अबुल हसन
(b) बिशनदास
(c) नन्हा
(d) आकारिजा

52. जहाँगीर ने 'नादिर-उज-जमा' की उपाधि किसे दी?
(a) आकारिजा (b) अबुल हसन
(c) बिशनदास (d) दौलत

53. निम्नलिखित में से कौन-सा चित्रकार था जो प्राकृतिक दृश्यों और पशु-पक्षियों के चित्रण में माहिर था और जहाँगीर ने उसे 'नादिर-उल-अस्र' की उपाधि दी?
(a) मन्सूर (b) फारुख
(c) बिशनदास (d) विचित्र

54. निम्नलिखित में से कौन-सा चित्रकार जहाँगीरकालीन है?
(a) विचित्र (b) हशीम
(c) मनोहर (d) ये सभी

55. निम्न में से किस चित्रकार को जहाँगीर ने फारस के शाह और उसके परिवार के छवि चित्र बनाकर लाने के लिए खान आलम के साथ फारस भेजा?
(a) मनोहर (b) गोवर्धन
(c) बिशनदास (d) नन्हा

56. किसे जहाँगीर ने सभी साथी चित्रकारों के आकृति चित्र बनाने का आदेश दिया?
(a) मनोहर
(b) दौलत
(c) नन्हा
(d) अबुल हसन

57. कौन सुमेलित नहीं है?
(a) खुसरों का विद्रोह – 1606-07 ई.
(b) 5वें गुरु अर्जुनदेव की हत्या – 1606 ई.
(c) खुर्रम (शाहजहाँ का विद्रोह) – 1622-25 ई.
(d) महावत खाँ का विद्रोह– 1626-27 ई.

58. सुमेलित कीजिए

	सूची I		सूची II
A.	करोड़ी की नियुक्ति	1.	1573 ई.
B.	दहसाला बन्दोबस्त लागू	2.	1580 ई.
C.	इलाही संवत् का प्रचलन	3.	1584 ई.
D.	इलाही गज का प्रचलन	4.	1587 ई.

कूट
	A	B	C	D		A	B	C	D
(a)	1	2	3	4	(b)	2	1	3	4
(c)	1	2	4	3	(d)	4	3	2	1

59. कलामर्मज्ञ ताजमहल को छोड़कर किसे मुगलकाल की सर्वोत्कृष्ट इमारत मानते हैं?
(a) जहाँगीरी महल
(b) पंचमहल
(c) हुमायूँ रानी का मकबरा
(d) एत्मादुद्दौला का मकबरा

60. पॉलकोनव हॉकिन्स के पश्चात् जेम्स प्रथम का दूसरा अंग्रेजी राजदूत था जो जेम्स प्रथम का पत्र लेकर मुगल दरबार में कब उपस्थित हुआ?
(a) 1612 ई. में
(b) 1613 ई. में
(c) 1614 ई. में
(d) 1615 ई. में

61. जहाँगीर ने अपनी आत्मकथा 'तुजुक-ए-जहाँगीरी' किस भाषा में लिखी?
(a) हिन्दी (b) उर्दू
(c) तुर्की (d) फारसी

62. शाहजहाँ, जिसका वास्तविक नाम खुर्रम था तथा जिसकी माँ राजपूत राजकुमारी जोधाबाई थी, का जन्म कब हुआ?
(a) 5 फरवरी, 1590
(b) 5 फरवरी, 1591
(c) 5 फरवरी, 1592
(d) 5 फरवरी, 1593

63. किस विजय के उपलक्ष्य में जहाँगीर ने खुर्रम को शाहजहाँ की उपाधि दी?
(a) काँगड़ा (b) मेवाड़
(c) अहमदनगर (d) मालवा

64. शाहजहाँ के गुप्त निर्देश पर इनमें से किसकी हत्या कर दी गई?
(a) दावरबख्श की
(b) शहरयार के पुत्रों की
(c) दानियाल के पुत्रों की
(d) उपरोक्त सभी की

65. शाहजहाँ के काल का पहला विद्रोह किसने किया?
(a) वीरसिंह देव बुन्देला
(b) जुझार सिंह
(c) खान-ए-जहाँ लोदी
(d) गोकुल

66. शाहजहाँ के काल का दूसरा महत्त्वपूर्ण विद्रोह किसका हुआ?
(a) वीरसिंह देव बुन्देला (b) खान-ए-जहाँ लोदी
(c) महावत खाँ (d) आसफ खाँ

67. नौरोज का त्यौहार बड़ी शान-औ-शौकत के साथ कब मनाया गया?
(a) 1630 ई. में (b) 1631 ई. में
(c) 1632 ई. में (d) 1633 ई. में

68. शाहजहाँ ने कन्धार कब प्राप्त किया?
(a) 1637 ई. में (b) 1638 ई. में
(c) 1639 ई. में (d) 1640 ई. में

69. किस सन् में दक्षिण गुजरात और खानदेश में भयंकर दुर्भिक्ष पड़ा?
(a) 1620 ई. में (b) 1627 ई. में
(c) 1630 ई. में (d) 1640 ई. में

70. मुगलों के हाथ से कन्धार कब निकल गया?
(a) 11 फरवरी, 1648
(b) 11 फरवरी, 1649
(c) 11 फरवरी, 1650
(d) 11 फरवरी, 1651

71. किसने सन्धि के अनुसार रणगिरि का जिला मुगलों को प्रदान किया तथा अपनी पुत्री का विवाह औरंगजेब के पुत्र सुल्तान के साथ कर दिया और 10 लाख रुपये दहेज और 17 लाख रुपये युद्ध क्षतिपूर्ति के रूप में प्रदान किए?
(a) कुतुबशाह
(b) फतेह खाँ
(c) मुर्तजा निजामशाह
(d) इब्राहिम आदिलशाह

72. शाहजहाँ की मृत्यु कब हुई?
(a) 31 जनवरी, 1665
(b) 31 जनवरी, 1666
(c) 31 जनवरी, 1667
(d) 31 जनवरी, 1668

73. निम्नलिखित में से कौन-सा भवन शाहजहाँ ने बनवाया?
(a) दीवान-ए-आम (b) मच्छी भवन
(c) दीवान-ए-खास (d) ये सभी

74. कौन-सा सुमेलित नहीं है?

	कृति	लेखक
(a)	हुमायूँनामा	हुमायूँ
(b)	तुजुक-ए-बाबरी	बाबर
(c)	तुजुक-ए-जहाँगीरी	जहाँगीर
(d)	शाहजहाँनामा	मुहम्मद सालेह

75. आगरा की अतीव सुन्दर मोती मस्जिद का निर्माण किसने किया था?
(a) अकबर (b) जहाँगीर
(c) शाहजहाँ (d) औरंगजेब

76. मोती मस्जिद की नींव 1648 ई. में पड़ी, यह कब पूरी हुई?
(a) 1650 ई. में (b) 1651 ई. में
(c) 1652 ई. में (d) 1653 ई. में

77. औरंगजेब का जन्म दोहद नामक स्थान पर मुमताज के गर्भ से कब हुआ?
(a) 1 नवम्बर, 1618 (b) 1 नवम्बर, 1619
(c) 1 नवम्बर, 1620 (d) 1 नवम्बर, 1621

78. औरंगजेब ने जो आबवान हटाए उनमें कौन-सा शामिल था?
(a) तीर्थयात्रा कर
(b) मेला कर
(c) हिन्दू ब लक के जन्म पर लिया जाने वाला कर
(d) उपरोक्त सभी

79. अप्रैल, 1663 में मीरजु मला की मृत्यु के पश्चात् किसे बंगाल का सूबेदार बनाया गया?
(a) दाऊद खाँ
(b) शाइस्त खाँ
(c) फतेह खाँ
(d) उपरोक्त में से कोई नहीं

80. 1652 ई. में शुजा ने ₹ 3,000 वार्षिक कर के बदले अंग्रेजों को नि:शुल्क व्यापार की सुविधा प्रदान की थी परन्तु वे उसका अनुचित लाभ उठा रहे थे। जॉन चार्नाक ने

कासिम बाजार के भारतीय व्यापारियों को उनका पैसा देने से कब इन्कार कर दिया?
(a) 1682 ई. में (b) 1683 ई. में
(c) 1684 ई. में (d) 1685 ई. में

81. यूसुफियों ने अपने नेता भागू के नेतृत्व में कब विद्रोह किया?
(a) 1665 ई. में (b) 1669 ई. में
(c) 1667 ई. में (d) 1668 ई. में

82. निम्नलिखित में से किस कबीलाई जाति ने शाही नौकरियाँ अस्वीकार कर दीं?
(a) गौरी (b) गिलजाई
(c) यूसुफजाई (d) ये सभी

83. औरंगजेब ने कब प्रान्तों की लगान वसूली हेतु नियुक्त हिन्दू अधिकारियों को पदच्युत कर दिया?
(a) 1670 ई. में (b) 1671 ई. में
(c) 1672 ई. में (d) 1673 ई. में

84. सुमेलित कीजिए

	सूची I	सूची II
A.	इबादतखाना (धर्म संसद की स्थापना)	1. 1575
B.	मजहर की घोषणा	2. 1579
C.	नौरोज उत्सव का पुनरुद्धार	3. 1580
D.	दीन-ए-इलाही की घोषणा	4. 1582

कूट
A B C D A B C D
(a) 4 3 2 1 (b) 1 2 3 4
(c) 2 1 3 4 (d) 1 2 4 3

85. निम्नलिखित कथनों पर विचार कीजिए
'अहदी' वे घुड़सवार सिपाही थे
1. जिन्होंने अपनी सेवाएँ एकाकी प्रदान कीं।
2. जिन्होंने किसी सरदार के साथ अपने को संलग्न नहीं किया।
3. सम्राट ही जिनका आसन्न कर्नल था।
4. जिन्होंने अपने को मिर्जाओं के साथ संलग्न किया।

कूट
(a) 1, 3 व 4 सही हैं (b) 1, 2 व 3 सही हैं
(c) 2 व 3 सही हैं (d) 1 व 4 सही हैं

86. दरवेश अथवा जिन्दापीर के नाम से कौन जाना जाता था?
(a) अकबर (b) जहाँगीर
(c) शाहजहाँ (d) औरंगजेब

87. किस सन् के पश्चात् मन्दिरों को तोड़े जाने की प्रक्रिया धीमी पड़ गई?
(a) 1680 ई. में (b) 1681 ई. में
(c) 1682 ई. में (d) 1683 ई. में

88. औरंगजेब ने गोलकुण्डा पर विजय प्राप्त करने के लिए किसे घूस दी जिसने किले का चोर दरवाजा खोल दिया?
(a) फतेह खाँ (b) अकन्ना
(c) मदन्ना (d) अब्दुल गनी

89. औरंगजेब ने गोलकुण्डा पर कब अधिकार कर लिया?
(a) 1685 ई. में (b) 1686 ई. में
(c) 1687 ई. में (d) 1688 ई. में

90. औरंगजेब ने शाइस्ता खाँ को दक्षिण का सूबेदार कब नियुक्त किया?
(a) 1658 ई. में (b) 1659 ई. में
(c) 1660 ई. में (d) 1661 ई. में

91. जयसिंह और शिवाजी के मध्य पुरन्दर की सधि कब हुई?
(a) 1 जून, 1665 (b) 2 जून, 1665
(c) 5 जून, 1665 (d) 11 जून, 1665

92. शम्भाजी की कब निर्ममतापूर्वक हत्या कर दी गई?
(a) 1687 ई. में (b) 1688 ई. में
(c) 1689 ई. में (d) 1690 ई. में

93. औरंगजेब के सम्बन्ध में यह कथन किसका है "उसके शासन के समाप्त होने से पहले ही हिन्दुस्तान अव्यवस्थित हो गया था और भविष्य के पतन के चिह्न दृष्टिगोचर होने लगे थे"?
(a) वूल्जले हेग (b) लेनपूल
(c) विन्सेण्ट स्मिथ (d) ग्राण्ट डफ

94. सिखों के नवें गुरु अर्जुनदेव का कत्ल किस मुगल बरादशाह ने करवाया था?
(a) अकबर (b) जहाँगीर
(c) शाहजहाँ (d) औरंगजेब

95. औरंगजेब की मृत्यु के पश्चात् मुहम्मद आजम को कब बादशाह घोषित किया गया?
(a) 4 मार्च, 1707 (b) 10 मार्च, 1707
(c) 12 मार्च, 1707 (d) 14 मार्च, 1707

96. मुअज्जम और आजम की विरोधी सेनाओं का मुकाबला कहाँ हुआ जिसमें आजम और उसके दो बेटे मारे गए?
(a) धरमत (b) सामूगढ़
(c) जाजो (d) भरतपुर

97. सुमेलित कीजिए

	सूची I	सूची II
A.	दास प्रथा की समाप्ति	1. 1562 ई.
B.	तीर्थ यात्रा कर की समाप्ति	2. 1563 ई.
C.	जजिया कर की समाप्ति	3. 1564 ई.
D.	सूबों का पुनर्गठन	4. 1580 ई.

कूट
A B C D A B C D
(a) 1 2 3 4 (b) 2 1 3 4
(c) 1 2 4 3 (d) 4 3 2 1

98. बहादुरशाह की मृत्यु कब हुई?
(a) 27 फरवरी, 1910
(b) 27 फरवरी, 1911
(c) 27 फरवरी, 1912
(d) 27 फरवरी, 1914

99. सच्चा बादशाह की उपाधि किसने धारण की?
(a) बहादुरशाह (b) जहाँदारशाह
(c) फर्रुखसियर (d) बन्दा बहादुर

100. मुगल सेनाओं और राजपूतों की संयुक्त सेना के मध्य साम्भर का युद्ध कब हुआ?
(a) 1702 ई. में (b) 1704 ई. में
(c) 1706 ई. में (d) 1708 ई. में

101. निम्नलिखित में से किसने अजीमुश्शान के विरुद्ध तीनों भाइयों को एक होकर युद्ध करने की सलाह दी?
(a) मुनीम खाँ
(b) असद खाँ
(c) जावेद खाँ
(d) जुल्फिकार खाँ

102. जहाँदरशाह का राज्याभिषेक कब हुआ?
(a) 28 मार्च, 1712
(b) 29 मार्च, 1712
(c) 30 मार्च, 1712
(d) 31 मार्च, 1712

103. निम्न में से कौन-सा कथन सत्य नहीं है?
(a) जुल्फिकार खाँ की महत्त्वपूर्ण सेवाओं के कारण उसे 10 हजार के मनसब एवं वजीर के पद से पुरस्कृत किया गया
(b) उसके पिता असद खाँ को 12 हजार के मनसब से सम्मानित किया गया और उसे वकील-ए-मुतलक के पद पर बने रहने दिया गया
(c) असद खाँ और जुल्फिकार को क्रमशः गुजरात और दक्षिण की सूबेदारी भी दी गई
(d) साम्राज्य की दशा सुधारने के बजाय जुल्फिकार ने जागीरों का अन्धाधुन्ध बँटवारा किया

104. फर्रुखसियर को 12 फरवरी, 1713 में गद्दी पर बैठाने वाला कौन था?
(a) जुल्फिकार खाँ (b) असद खाँ
(c) सैयद बन्धु (d) मुनीम खाँ

105. निम्नलिखित में से किसे फर्रूखसियर ने 1715 ई. में हराया और यातनाएँ देकर मार डाला?
(a) अजीतसिंह
(b) बुद्धसिंह हाड़ा
(c) सवाई जयसिंह
(d) बन्दा बहादुर

106. फर्रूखसियर ने जजिया कर कब हटाया?
(a) 1713 ई. (b) 1714 ई.
(c) 1715 ई. (d) 1716 ई.

107. फर्रूखसियर ने पुन: जजिया कर कब लगाया जिसे अजीतसिंह, राजा भीमसिंह तथा रतनचन्द्र के आग्रह पर बादशाह रफीउद्दराजत ने जजिया की वसूली को पुन: बन्द करा दिया?
(a) 1714 ई. (b) 1715 ई.
(c) 1716 ई. (d) 1717 ई.

108. हुसैनअली खाँ ने कब दिल्ली की ओर प्रस्थान किया, उसके साथ उस समय 15 हजार मराठा सैनिक भी थे?
(a) 1717 ई. (b) 1718 ई.
(c) 1719 ई. (d) 1720 ई.

109. फर्रूखसियर ने बार-बार यह बात किसके बारे में कही है कि उसका हस्ताक्षर एवं कथन मेरा हस्ताक्षर और कथन है?
(a) जुल्फिकार खाँ
(b) हुसैनअली खाँ
(c) सैयद अब्दुल्ला खाँ
(d) मीर जुमला

110. फर्रूखसियर के पश्चात् किसे शासक बनाया गया?
(a) रफीउद्दराजत
(b) रफीउद्दौला
(c) मुहम्मदशाह रंगीला
(d) अहमदशाह

111. मुहम्मदशाह को सिंहासन पर किसने बैठाया?
(a) जुल्फिकार
(b) कमरुद्दीन
(c) सैयद बन्धु
(d) शाह अब्दुल गफ्फार

112. मुहम्मदशाह ने जजिया को वसूलने को अन्तिम रूप से प्रतिबन्धित कर दिया?
(a) 1718 ई. (b) 1719 ई.
(c) 1720 ई. (d) 1721 ई.

113. 1722 ई. में मुहम्मदशाह ने चिनकिलिच खाँ या निजामुलमुल्क को वजीर नियुक्त किया लेकिन वह कब बादशाह के शंकालु स्वभाव और दरबार में हो रहे निरन्तर झगड़ों-षड्यन्त्रों से तंग आकर वापस दक्कन चला गया?
(a) 1723 ई. (b) 1724 ई.
(c) 1725 ई. (d) 1726 ई.

114. 1724 ई. में किसने स्वतन्त्र हैदराबाद राज्य की स्थापना की, मुहम्मदशाह ने उसकी स्वतन्त्रता को मान्यता देते हुए उसे आसफजहाँ की उपाधि प्रदान की?
(a) कमरुद्दीन खाँ
(b) शाह अब्दुल गफ्फार
(c) निजामुलमुल्क
(d) मुजफ्फर खाँ

115. **कथन** (A) शाह आलम II ने सम्राट के रूप में प्रारम्भिक वर्ष अपनी राजधानी से दूर व्यतीत किए।
कारण (R) उत्तर-पश्चिम सीमान्त से विदेशी आक्रमण का भय घात लगाए रहता था।
कूट
(a) A व R दोनों सही हैं तथा R, A का सही स्पष्टीकरण है
(b) A व R दोनों सही हैं किन्तु R, A का सही स्पष्टीकरण नहीं है
(c) A सही है, परन्तु R गलत है
(d) A गलत है, परन्तु R सही है

116. मुहम्मदशाह ने कब मराठों से एक सन्धि की जिसके अनुसार उन्हें 25 लाख रुपये, बंगाल की चौथ तथा 10 लाख रुपये बिहार की चौथ के रूप में देने का वचन दिया गया?
(a) 1745 ई. (b) 1746 ई.
(c) 1747 ई. (d) 1748 ई.

117. नादिरशाह की हत्या कब हुई?
(a) 9 जून, 1746 (b) 9 जून, 1747
(c) 9 जून, 1748 (d) 9 जून, 1749

118. अब्दाली लाहौर तथा सरहिन्द पर कब्जा करने के पश्चात् सरहिन्द के पास मुगल सेना से कब हार गया और उसे वापस जाना पड़ा?
(a) 1748 ई. (b) 1749 ई.
(c) 1750 ई. (d) 1751 ई.

119. किसे दुर्रे-इराकी कहा गया?
(a) नादिरशाह
(b) अहमदशाह अब्दाली
(c) मुहम्मदशाह
(d) अहमदशाह

120. अली गौहर आलमगीर द्वितीय का पुत्र था। उसने शाहआलम का खिताब ग्रहण किया। पिता की मृत्यु के समय वह बिहार में था, उसे मुगल बादशाह घोषित कर दिया गया लेकिन वह कितने वर्षों तक दिल्ली नहीं गया?
(a) 10 (b) 12 (c) 14 (d) 16

121. शाहआलम ने कब बंगाल, बिहार और उड़ीसा की दीवानी अंग्रेजों को दे दी और कम्पनी ने उसे 26 लाख रुपये वार्षिक की राशि देने का वचन दिया?
(a) 1762 ई. (b) 1763 ई.
(c) 1764 ई. (d) 1765 ई.

122. गुलाम कादिर ने शाही महल को कब लूटा?
(a) 1777 ई. (b) 1778 ई.
(c) 1787 ई. (d) 1788 ई.

123. निम्नलिखित में कौन-सा कारण मुगल साम्राज्य के पतन का मुख्य कारण था?
(a) अयोग्य उत्तराधिकारी
(b) किसानों का शोषण
(c) औरंगजेब की नीतियाँ
(d) उत्तराधिकारी की निश्चितता का अभाव

124. निम्नलिखित में से कौन-सा मुगल साम्राज्य के पतन का कारण था?
(a) अमीरों की दलबन्दी (b) आर्थिक संकट
(c) जागीरदारी प्रथा (d) उपरोक्त सभी

125. सुमेलित कीजिए

	सूची I		सूची II
A.	अब्दुल हसन	1.	नादिर-उज-जमा
B.	उस्ताद मंसूर	2.	नादिर-उल-अस्र
C.	शौकी	3.	आनन्द खाँ
D.	लाल खाँ	4.	गुन समन्दर

कूट
A B C D A B C D
(a) 1 2 3 4 (b) 2 1 3 4
(c) 1 2 4 3 (d) 4 3 2 1

126. शेरशाह सूरी की हुमायूँ से प्रथम मुठभेड़ कब हुई?
(a) 1530 ई. में (b) 1531 ई. में
(c) 1532 ई. में (d) 1533 ई. में

127. शेरशाह सूरी ने द्वितीय अफगान साम्राज्य की नींव कब डाली?
(a) 1535 ई. में (b) 1537 ई. में
(c) 1539 ई. में (d) 1540 ई. में

128. निम्नलिखित में से किसने 6,000 राजपूत सैनिकों की टुकड़ी एवं अपने भाई चतुर्भुज को शेरशाह सूरी की सेवा में सुपुर्द कर दिया?
(a) मालदेव (b) पूरनमल
(c) वीरमदेव (d) कल्याणमल

129. शेरशाह सूरी के कालिञ्जर आक्रमण के समय वहाँ का शासक कौन था?
(a) पूरनमल (b) वीरमदेव
(c) कल्याणमल (d) कीरत सिंह

130. शेरशाह सूरी ने किसकी परम्परागत व्यवस्था में कोई परिवर्तन नहीं किया?
(a) केन्द्रीय (b) प्रान्तीय
(c) जिला (d) गाँव शासन

131. सरकार में शान्ति बनाए रखने के लिए शिकदार-ए- शिकदारान को सरकार में शान्ति बनाए रखने के लिए कम-से-कम और अधिक-से-अधिक कितने सैनिकों को रखने की इजाजत थी?
(a) 1,000 व 2,000 (b) 2,000 व 5,000
(c) 3,000 व 4,000 (d) 4,000 व 5,000

132. परगने का खजांची कौन-सा था?
(a) शिकदार (b) फोतदार
(c) कानूनगो (d) मुन्सिफ

133. सराय की व्यवस्था एवं सुरक्षा हेतु किस अधिकारी की नियुक्ति की गई?
(a) फोतदार (b) अमीन
(c) शहना (d) शिकदार

134. निम्नलिखित में भू-राजस्व के अतिरिक्त राज्य की आय का कौन-सा स्रोत था?
(a) जकात
(b) खम्स
(c) विदेशी माल पर चुंगी
(d) उपरोक्त सभी

135. शेरशाह सूरी के चाँदी के रुपये की तौल 180 ग्रेन थी, इसमें कितनी विशुद्ध चाँदी थी?
(a) 160 ग्रेन
(b) 170 ग्रेन
(c) 173 ग्रेन
(d) 175 ग्रेन

136. शेरशाह सूरी ने किस नगर को बर्बाद करके शेरसूर नामक नगर बसाया?
(a) उज्जैन
(b) लाहौर
(c) आगरा
(d) कन्नौज

137. तीसरा राजदूत विलियम एडवर्ड जेम्स प्रथम का पत्र लेकर कब मुगल दरबार में जो कुछ व्यापारिक सुविधाएँ प्राप्त करने में सफल रहा जो अस्थायी सिद्ध हुआ?
(a) 1612 ई. में
(b) 1613 ई. में
(c) 1614 ई. में
(d) 1615 ई. में

138. मराठों की सहायता से वह कब दिल्ली पहुँचा?
(a) 1770 ई. में
(b) 1771 ई. में
(c) 1772 ई. में
(d) 1773 ई. मेंद

सही उत्तर

1. (b)	**2.** (c)	**3.** (c)	**4.** (b)	**5.** (a)	**6.** (b)	**7.** (b)	**8.** (a)	**9.** (d)	**10.** (d)
11. (b)	**12.** (b)	**13.** (b)	**14.** (c)	**15.** (b)	**16.** (a)	**17.** (b)	**18.** (a)	**19.** (c)	**20.** (c)
21. (b)	**22.** (d)	**23.** (a)	**24.** (d)	**25.** (a)	**26.** (c)	**27.** (d)	**28.** (c)	**29.** (d)	**30.** (d)
31. (a)	**32.** (b)	**33.** (c)	**34.** (b)	**35.** (b)	**36.** (d)	**37.** (a)	**38.** (a)	**39.** (b)	**40.** (c)
41. (b)	**42.** (a)	**43.** (b)	**44.** (b)	**45.** (a)	**46.** (c)	**47.** (d)	**48.** (d)	**49.** (c)	**50.** (b)
51. (d)	**52.** (b)	**53.** (a)	**54.** (d)	**55.** (c)	**56.** (b)	**57.** (b)	**58.** (a)	**59.** (d)	**60.** (a)
61. (d)	**62.** (d)	**63.** (c)	**64.** (c)	**65.** (d)	**66.** (b)	**67.** (b)	**68.** (a)	**69.** (b)	**70.** (c)
71. (b)	**72.** (a)	**73.** (b)	**74.** (d)	**75.** (a)	**76.** (c)	**77.** (d)	**78.** (b)	**79.** (d)	**80.** (b)
81. (c)	**82.** (b)	**83.** (d)	**84.** (b)	**85.** (b)	**86.** (b)	**87.** (d)	**88.** (b)	**89.** (d)	**90.** (c)
91. (b)	**92.** (d)	**93.** (c)	**94.** (b)	**95.** (d)	**96.** (d)	**97.** (c)	**98.** (a)	**99.** (c)	**100.** (d)
101. (d)	**102.** (d)	**103.** (b)	**104.** (d)	**105.** (c)	**106.** (d)	**107.** (a)	**108.** (d)	**109.** (b)	**110.** (d)
111. (a)	**112.** (c)	**113.** (c)	**114.** (b)	**115.** (c)	**116.** (b)	**117.** (b)	**118.** (b)	**119.** (a)	**120.** (b)
121. (b)	**122.** (c)	**123.** (d)	**124.** (d)	**125.** (a)	**126.** (d)	**127.** (c)	**128.** (b)	**129.** (d)	**130.** (b)
131. (d)	**132.** (d)	**133.** (b)	**134.** (b)	**135.** (c)	**136.** (d)	**137.** (d)	**138.** (d)		

अध्याय 12 धार्मिक–सामाजिक आन्दोलन

धार्मिक आन्दोलन

सूफी आन्दोलन

- मुस्लिम रहस्यवादी आन्दोलन सूफीवाद या सूफी मत के रूप में भी जाना जाता है।
- सूफी मत के आध्यात्मिक प्रवर्तक को 'पीर' तथा शिष्य को **मुरीद** कहते हैं। प्रत्येक 'पीर' अपना एक अनुचर नामांकित करता था, जिसे **वली** कहा जाता था। सूफिओं के आश्रम **खानकाह** कहलाते थे।
- सूफी मत के 12 सिलसिले विद्यमान थे। जिनमें प्रमुख सिलसिले जो भारत में विद्यमान थे, वे हैं चिश्ती, नक्शबन्दी, सुहरावर्दी, फिरदौसी, कादिरी इत्यादि।

चिश्ती सम्प्रदा

- 1192 ई. में मुहम्मद गोरी के साथ ख्वाजा मुईनुद्दीन चिश्ती भारत आए। इन्होंने यहाँ चिश्ती परम्परा की शुरूआत की। चिश्ती परम्परा का मुख्य केन्द्र **अजमेर** था। मुईनुद्दीन चिश्ती के शिष्य ख्वाजा कुतुबुद्दीन बख्तियार काकी तथा उनके शिष्य बाबा फरीद थे।
- बाबा फरीद की रचनाएँ गुरु ग्रन्थ साहिब में शामिल हैं।
- अमीर खुसरो (तोता-ए-हिन्द) इस सूफी सिलसिले के अनुयायी थे।

सुहरावर्दी सम्प्रदाय

- इसके संस्थापक शिहाबुद्दीन सुहरावर्दी तथा हमीदुद्दीन नागौरी (सुल्तान-ए-तरिकीन) थे।
- यह सम्प्रदाय सिन्ध, पंजाब तथा मुल्तान तक सीमित था। बहाउद्दीन सुहरावर्दी का मुख्यालय मुल्तान था।
- भारत में इस सिलमिले का संस्थापक बहाउद्दीन जकारिया था। सुहरावर्दी सम्प्रदाय के सन्तों ने राजकीय संरक्षण को स्वीकार किया।
- सुहरावर्दी धर्मसंघ के अन्य प्रमुख सन्त थे— जलालुद्दीन तबरीजी, सैयद सुर्ख जोश, बुरहान आदि।

नक्शबन्दी सम्प्रदा

- इसकी स्थापना **ख्वाजा अब्दुल्ला** ने की। भारत में इसकी स्थापना ख्वाजा बाकीबिल्लाह द्वारा की गई।
- शेख अहमद सरहिन्दी इस सम्प्रदाय के प्रमुख सन्त थे, इसने अकबर के दीन-ए-इलाही का विरोध किया था। इसे जहाँगीर ने कैद किया था।

अन्य सम्प्रदाय

- शेख अब्दुल्ला सत्तारी ने सत्तारी सिलसिले की स्थापना की। सत्तारी सिलसिले का मुख्य केन्द्र **बिहार** था।
- **कादिरी सम्प्रदाय** का संस्थापक अब्दुल कादिर जिलानी था। भारत में इस सम्प्रदाय की स्थापना का श्रेय मुहम्मद गौस को है।
- शाहजहाँ का पुत्र **दारा शिकोह** कादिरी सम्प्रदाय के मुल्ला शाह का शिष्य था।
- **फिरदौसी सम्प्रदाय** का कार्यक्षेत्र बिहार था। इसे शरीफुद्दीन याह्या ने लोकप्रिय बनाया।

सूफी सन्त *एवं* उनकी उपाधियाँ

सूफी सन्त	उपाधि
शेख निजामुद्दीन औलिया	महबूब-ए-इलाही
सैयद मुहम्मद गेसूदराज	बन्दा नवाज
शेख अहमद सरहिन्दी	मुजाद्दिद
शेख नासिरुद्दीन महमूद	चिराग-ए-दिल्ली

सूफी मत एवं उनके प्रवर्तक

सूफी मत	प्रवर्तक
चिश्ती	मुईनुद्दीन चिश्ती
सुहरावर्दी	शिहाबुद्दीन सुहरावर्दी
नक्शबन्दी	ख्वाजा अब्दुल्ला/ख्वाजा बाकी बिल्लाह
कादिरी	अब्दुल कादिर जिलानी
सत्तारी	शेख अब्दुल्ला सत्तारी
फिरदौसी	बदरुद्दीन
ऋषि	शेख नूरुद्दीन

भक्ति आन्दोलन

- भक्ति आन्दोलन का आरम्भ दक्षिण भारत से हुआ। शंकराचार्य के अद्वैतवाद की प्रतिक्रिया में भक्ति सन्तों ने दार्शनिक विचारों का प्रतिपादन किया।
- भक्ति आन्दोलन के प्रसार का श्रेय 12 **अलवार** तथा 63 **नयनार** सन्तों को है। अलवार वैष्णव तथा नयनार शैव सन्त थे।
- दक्षिण भारत से भक्ति आन्दोलन को उत्तर भारत लाने का श्रेय **रामानन्द** को 12वीं सदी के प्रारम्भ में है।

रामानुजाचार्य

- रामानुजाचार्य का जन्म 1017 ई. में पेरम्बुर में हुआ। इनका सम्प्रदाय श्रीसम्प्रदाय कहलाता है।
- उन्होंने विशिष्टाद्वैत का दर्शन दिया। प्रसिद्ध वैष्णव सन्त **रामानन्द** उनके शिष्य थे।

रामानन्द

- रामानन्द का जन्म 1299 ई. में प्रयाग में हुआ वे राघवानन्द के शिष्य थे।
- उन्होंने भक्ति साधना को मोक्ष का मार्ग बताया।
- उनके शिष्यों में– धन्ना (जाट), सेना (नाई), कबीर (जुलाहा), रैदास (चर्मकार), पीपा (राजपूत) आदि प्रमुख थे।

कबीर

- उनका जन्म 1440 ई. के लगभग वाराणसी के निकट लहरतारा के पास हुआ था।
- ये सिकन्दर लोदी के समकालीन थे। उन्होंने जातिवाद, कर्मकाण्ड, मूर्तिपूजा इत्यादि का विरोध किया।
- कबीरदास ने निर्गुण भक्ति का प्रसार किया। उनके अनुयायी कबीरपन्थी कहलाए। उनकी वाणी **बीजक** नामक ग्रन्थ में संकलित है।

गुरुनानक

- गुरुनानक का जन्म पंजाब के तलवण्डी नामक स्थान में 1469 ई. में हुआ था। इनका शिष्य मरदाना था, जो रबाब बजाता था।
- नानक ने सिख धर्म की स्थापना की। वे सूफी सन्त **बाबा फरीद** से प्रभावित थे। नानक की वाणी 'गुरु ग्रन्थ साहब' में संकलित है।

चैतन्य

- चैतन्य का जन्म 1486 ई. में बंगाल के **नदिया** जिले में हुआ था। इनके बचपन का नाम निमाई पण्डित था।
- उन्होंने **गोसाई संघ** की स्थापना की तथा संकीर्तन प्रथा का प्रचलन किया एवं कृष्ण भक्ति पर जोर दिया।
- चैतन्य ने **अचिंत्य भेदाभेदवाद** दर्शन का प्रतिपादन किया।
- इन्हें कृष्ण व विष्णु का अवतार माना जाता है।

वल्लभाचार्य

- वल्लभाचार्य का जन्म 1479 ई. में वाराणसी (उत्तर प्रदेश) में हुआ था।
- इन्होंने कृष्णदेव राय के समय में विजयनगर में वैष्णव सम्प्रदाय की स्थापना की एवं कृष्ण भक्ति पर बल दिया।
- इनके भक्तिमार्ग को पुष्टिमार्ग कहते हैं। इनके अनुयायी अष्टछाप नाम से विख्यात हुए।
- इन्होंने पूर्वमीमांसा, भाष्य सुबोधिनी एवं सिद्धान्त रहस्य नामक ग्रन्थों की रचना की।

तुलसीदास

- तुलसीदास का जन्म राजापुर (बाँदा; उ.प्र.) में 1532 ई. में हुआ। वे अकबर के समकालीन थे।
- तुलसीदास ने अवधी में **रामचरितमानस** की रचना की तथा रामभक्ति को प्रसिद्धि प्रदान की।
- गीतावली, कवितावली, विनयपत्रिका इनकी प्रसिद्ध रचनाएँ हैं।

रैदास

- रैदास **रामानन्द** के शिष्य थे। उन्होंने रैदासी सम्प्रदाय की स्थापना की।
- गुरु ग्रन्थ साहिब में रैदास के गीतों का संकलन है।
- **मीराबाई** ने रैदास को अपना गुरु बनाया था।

दादू दयाल

- दादू दयाल का जन्म 1554 ई. में अहमदाबाद के निकट हुआ था। ये धुनिया जाति के थे।
- उन्होंने **निपख सम्प्रदाय** की नींव रखी। अकबर ने धार्मिक चर्चा के लिए दादू दयाल को **फतेहपुर सीकरी** आमन्त्रि त किया था।

शंकराचार्य द्वारा स्थापित मठ

पीठ	स्थान
ज्योतिष पीठ	बद्रीनाथ (उत्तराखण्ड)
गोवर्धन पीठ	पुरी (ओडिशा)
शारदा पीठ	द्वारिका (गुजरात)
श्रृंगेरी पीठ	मैसूर (कर्नाटक)

महाराष्ट्र के प्रमुख सन्त

- **ज्ञानदेव या ज्ञानेश्वर** महाराष्ट्र में भक्ति आन्दोलन के जनक, मराठी भाषा और साहित्य के संस्थापक, भगवतगीता पर **भावार्थ-दीपिका** नामक बृहत टीका लिखी, जिसे सामान्य रूप से ज्ञानेश्वरी के नाम से जाना जाता है।
- **नामदेव** इनके आराध्य देव पांढरपुर के **बिठोबा** या विट्ठल (विष्णु के रूप) थे। बिठोबा या विट्ठल की उपासना को **वरकरी** सम्प्रदाय के नाम से जाना जाता है, जिसकी स्थापना नामदेव ने की थी।
- **एकनाथ** इन्होंने रामायण पर भावार्थ, रामायण नामक टीका लिखी।
- **तुकाराम** इन्होंने भक्तिपरक कविताएँ लिखीं, जिन्हें **अभंग** कहा जाता है। ये अभंग भक्तिपरक काव्य के ज्योतिपुंज हैं।
- **रामदास** महाराष्ट्र के महान् सन्त कवि रामदास थे। दासबोध उनकी रचनाओं और उपदेशों का संकलन है। रामदास **शिवाजी** के आध्यात्मिक गुरु थे।

प्रमुख मत एवं उनके प्रवर्तक

मत	प्रवर्तक	मत	प्रवर्तक
अद्वैतवाद	शंकराचार्य	भेदाभेदवाद	भास्कराचार्य
विशिष्टा-द्वैतवाद	रामानुजाचार्य	शैव विशिष्टाद्वैत	श्रीकंठ
द्वैताद्वैतवाद	निम्बार्काचार्य	अचिन्त्य भेदाभेदवाद	चैतन्य महाप्रभु
शुद्धाद्वैतवाद	वल्लभाचार्य	वीर शैव विशिष्टाद्वैत	श्रीपति
द्वैतवाद	माधवाचार्य	अविभागाद्वैत	विभान भिक्षु

सिख शक्ति का उदय

- गुरु नानक के बाद गुरु **अंगद** तथा **अमरदास** ने सिख पंथ को महत्त्वपूर्ण बनाया। अकबर ने गोइन्दवाल में गुरु अमरदास से भेंट की।
- चौथे गुरु रामदास ने अमृतसर नगर बसाया। गुरु अर्जुन देव ने **आदिग्रन्थ** का 1604 ई. में संकलन करवाया।

- नवें गुरु गुरुतेगबहादुर की 1675 ई. में औरंगजेब ने दिल्ली में हत्या करवा दी। अन्तिम तथा दसवें गुरु गुरुगोविन्द सिंह ने **खालसा पंथ** की स्थापना की।
- गुरु गोविन्द सिंह द्वारा आनन्दपुर में खालसा की स्थापना के पूर्व निरंकारी गुरु नानक एवं सिख धर्म पर बल देते थे।
- गुरु गोविन्द सिंह के बाद बन्दा बहादुर सिखों का नेता हुआ, जिसकी 1715 ई. में फर्रुखसियर ने हत्या करवा दी। बाद में सिखों का विभाजन 12 मिसलों में हो गया।

सिख धर्म गुरु और उनके कार्य

समय (गुरु-काल)	**गुरु**	**कार्य**
1469-1539 ई.	गुरु नानक देव	सिख धर्म की स्थापना, 'आदिग्रन्थ' की रचना
1539-1552 ई.	गुरु अंगद	गुरुमुखी लिपि के जनक
1552-1574 ई.	गुरु अमरदास	धर्म प्रसार हेतु 22 गद्दियों की स्थापना
1574-1581 ई.	गुरु रामदास	अमृतसर नगर व तालाब की स्थापना (1577 ई)
1581-1606 ई.	गुरु अर्जुन देव	**श्री हरमन्दिर साहिब** या **स्वर्ण मन्दिर** की नींव रखी, 'गुरु ग्रन्थ साहब' का संकलन (1604 ई.)
1606-1645 ई.	गुरु हरगोविन्द सिंह	**तख्त अकाल बंगा** की स्थापना, सिखों को सैनिक जाति में बदला
1645-1661 ई.	गुरु हरराय	उत्तराधिकार (मुगलों के) युद्ध में भाग
1661-1664 ई.	गुरु हरकिशन	अल्पवयस्क अवस्था में ही मृत्यु
1664-1675 ई.	गुरु तेग बहादुर	इस्लाम कुबूल न करने के कारण औरंगजेब द्वारा सिर कटवा दिया गया।
1675-1708 ई.	गुरु गोविन्द सिंह	**खालसा पंथ** की स्थापना (1699 ई.), अन्तिम गुरु

वस्तुनिष्ठ प्रश्न

1. सूफी आन्दोलन मूलतः कहाँ से प्रारम्भ हुआ?
(a) दिल्ली (b) लाहौर
(c) काबुल (d) फारस (पर्शिया)

2. सूफी आदेशों को किस नाम से जाना गया?
(a) चिश्ती (b) औलिया
(c) सिलसिला (d) सुहरावर्दी

3. भारत में चिश्तिया सूफी मत को स्थापित किया
(a) शेख अहमद सरहिन्दी ने
(b) ख्वाजा मुइनुद्दीन ने
(c) ख्वाजा बदरुद्दीन ने
(d) शेख बहाउद्दीन जकारिया ने

4. ख्वाजा मुइनुद्दीन चिश्ती किसके शिष्य थे?
(a) ख्वाजा अब्दाल चिश्ती
(b) शाह वली उल्लाह
(c) मीर दर्द
(d) ख्वाजा उस्मान हरूनी

5. शेख फरीद का सर्वाधिक प्रख्यात शिष्य जिसने दिल्ली के सात सुल्तानों का शासन देखा था, कौन था?
(a) निजामुद्दीन औलिया
(b) शेख नासिरुद्दीन चिराग
(c) शेख सलीम चिश्ती
(d) उपरोक्त में से कोई नहीं

6. शेख निजामुद्दीन की दरगाह स्थित है
(a) आगरा में
(b) अजमेर में
(c) दिल्ली में
(d) फतेहपुर सीकरी में

7. निम्नलिखित में से किस चिश्ती सन्त को 'चिराग-ए-दिल्ली' कहा जाता है?
(a) मुइनुद्दीन (b) फरीदुद्दीन
(c) निजामुद्दीन (d) नासिरुद्दीन

8. शेख बहाउद्दीन जकारिया किस सम्प्रदाय के थे?
(a) सुहरावर्दी सम्प्रदाय
(b) ऋषि सम्प्रदाय
(c) चिश्ती सम्प्रदाय
(d) फिरदौसी सम्प्रदाय

9. कौन भारतीय सन्त 'मुजाहिद-ए-अल्फ सानी' कहलाते थे?
(a) ख्वाजा मुइनुद्दीन चिश्ती
(b) बहाउद्दीन जकारिया
(c) शाह वली उल्लाह
(d) शेख अहमद सरहिन्दी

10. निम्नलिखित में से कौन-सा मुगल बादशाह नक्शबन्दिया नेता ख्वाजा उबैदुल्लाह अहरार का अनुयायी था?
(a) बाबर (b) हुमायूँ
(c) अकबर (d) जहाँगीर

11. किस सूफी सिलसिले की गतिविधियों का प्रमुख केन्द्र बिहार था?
(a) कादिरी
(b) नख्शबन्दी
(c) फिरदौसी
(d) सुहरावर्दी

12. सूफी कृति 'कश्फ अल-महजूब' का लेखक कौन था?
(a) अबुल हसन अल हुजाबिरी
(b) मुइनुद्दीन चिश्ती
(c) शेख निजामुद्दीन औलिया
(d) अमीर खुसरो

13. सूफी सन्त के मकबरे को जाना जाता है
(a) दरगाह (b) खानकाह
(c) ईदगाह (d) गुलकरोशा

14. भक्ति आन्दोलन का आरम्भ किसके द्वारा किया गया था?
(a) अलवार सन्तों द्वारा (b) सूफी सन्तों द्वारा
(c) सूरदास द्वारा (d) तुलसीदास द्वारा

15. शंकराचार्य का जन्म कहाँ हुआ था?
(a) कलादी (केरल)
(b) सूरत (गुजरात)
(c) औरंगाबाद (महाराष्ट्र)
(d) एरण (मध्य प्रदेश)

16. शंकर के दर्शन को कहा जाता है
(a) एकत्ववाद (b) समग्र एकत्ववाद
(c) द्वैतवाद (d) अद्वैतवाद

17. 'प्रछन्न वौद्ध' किसे कहा जाता है?
(a) शंकर (b) कपिल
(c) रामानुज (d) शंकराचार्य

18. रामानुज ने निम्नलिखित में से किस मत का प्रतिपादन किया था?
(a) विशिष्टाद्वैत दर्शन (b) द्वैतवाद
(c) अद्वैतवाद (d) एकेश्वरवाद

19. माधवाचार्य द्वारा दिया गया कौन-सा मत सर्वाधिक लोकप्रिय है?
(a) द्वैतवाद (b) नियतिवाद
(c) भौतिकवाद (d) पुष्टिमार्ग

20. शुद्ध अद्वैतवाद का प्रतिपादन किया था
(a) माधवाचार्य (b) वल्लभाचार्य
(c) श्रीनंताचार्य (d) रामानुज ने

21. वल्लभाचार्य को कौन-सी उपाधि मिली?
(a) जगतगुरु महाप्रभु श्रीमदाचार्य
(b) सन्तानाचार्य
(c) तम्बिरान तोलन
(d) मधुरकवि

22. सनक सम्प्रदाय की स्थापना निम्नलिखित में से किसने की?
(a) रामानुज (b) वल्लभाचार्य
(c) माधवाचार्य (d) निम्बकाचार्य

23. मध्यकालीन भारत के प्रसिद्ध सन्त रामानन्द का जन्म कहाँ हुआ था?
(a) लखनऊ (b) प्रयाग
(c) वाराणसी (d) कानपुर

24. कबीर शिष्य थे
(a) चैतन्य के (b) रामानन्द के
(c) रामानुज के (d) तुकाराम के

25. यह कथन किसका है; "ईश्वर मनुष्य के गुणों को देखता है, उसकी जाति को नहीं; दूसरे संसार में कोई जाति नहीं है?"
(a) कबीर (b) गुरु नानक
(c) चैतन्य (d) रामानन्द

26. निम्नलिखित में से कौन-सा स्थान गुरुनानक का जन्मस्थल था?
(a) अमृतसर (b) नाभा
(c) ननकाना (d) नांदेड़

27. रामचरितमानस ग्रन्थ (अवधी भाषा में) के रचयिता थे
(a) तुलसीदास (b) वाल्मीकि
(c) सूरदास (d) वेदव्यास

28. 'विनयपत्रिका' के रचयिता हैं
(a) तुलसीदास (b) सूरदास
(c) कबीर (d) केशवदास

29. अलवार कौन थे?
(a) वे जो विष्णु भक्ति में डूबे रहते थे
(b) शिव के भक्त
(c) वे जो ईश्वर में निराकार रूप की उपासना करते थे
(d) शक्ति के भक्त

30. सन्त भाषा क्या है?
(a) निर्गुण रहस्यवादियों की भाषा
(b) उलटबांसी रहस्यवादियों की भाषा
(c) निराकार रहस्यवादियों की भाषा
(d) सगुण रहस्यवादियों की भाषा

31. निम्न में से कौन 15वीं सदी के दौरान असम में वैष्णव सम्प्रदाय के मुख्य समर्थकों में से एक था?
(a) जयदेव
(b) घासीदास
(c) रामदास
(d) शंकरदेव

32. 12वीं सदी के कर्नाटक में, वीर शैव ...... के अनुयायी थे।
(a) बसवन्ना
(b) अन्दल
(c) रामानुज
(d) कुरईक्कल अमईयर

सही उत्तर

1. (d)	**2.** (c)	**3.** (b)	**4.** (d)	**5.** (a)	**6.** (c)	**7.** (d)	**8.** (a)	**9.** (d)	**10.** (a)
11. (c)	**12.** (a)	**13.** (a)	**14.** (a)	**15.** (a)	**16.** (d)	**17.** (a)	**18.** (a)	**19.** (a)	**20.** (b)
21. (a)	**22.** (d)	**23.** (b)	**24.** (b)	**25.** (a)	**26.** (c)	**27.** (a)	**28.** (a)	**29.** (a)	**30.** (b)
31. (d)	**32.** (a)								

अध्याय 13 शिवाजी व मराठा शक्ति

मराठा शक्ति का उदय

17 वीं शताब्दी के पूर्वार्द्ध में जब मुगल साम्राज्य का गौरव अपने चरमोत्कर्ष पर था, शिवाजी के नेतृत्व में मराठों के उत्थान से उसे गहरा आघात लगा। मराठों के विरुद्ध लगभग 50 वर्ष तक चलने वाले दीर्घकालीन संघर्ष अन्ततः मुगल साम्राज्य के पतन के मुख्य कारण सिद्ध हुए।

छत्रपति शिवाजी का जीवन चरित्र (1627-80 ई.)

- शिवाजी का जन्म 20 अप्रैल, 1627 को **शिवनेर के दुर्ग** में हुआ था। वे शाहजी भोंसले एवं जीजाबाई के पुत्र थे। शाहजी बीजापुर के एक सामन्त थे।
- शिवाजी का लालन-पालन उनके स्थानीय संरक्षक दादाजी कोण्डदेव तथा जीजाबाई के गुरु समर्थ स्वामी रामदास की देखरेख में हुआ, जिन्होंने उन्हें मातृभूमि की रक्षा के लिए प्रेरित किया।
- 12 वर्ष की अल्पायु में शिवाजी ने अपने पिता से पूना की जागीर प्राप्त की। सर्वप्रथम 1646 ई. में 19 वर्ष की आयु में उन्होंने कुछ मवाली लोगों का एक दल बनाकर पूना के निकट स्थित तोरण के दुर्ग पर अधिकार कर लिया।
- 1646 ई. में ही उन्होंने बीजापुर के सुल्तान से रायगढ़ तथा चकन छीन लिया। शिवाजी ने 1647 ई. में बीजापुर के सुल्तान से बारामती, इन्द्रपुर, सिंहगढ़ तथा पुरन्दर का दुर्ग छीन लिया।
- 1656 ई. में शिवाजी ने कोंकण में 'कल्याण' और 'जावली' का दुर्ग भी अधिकृत कर लिया।
- सूरत की लूट के बाद औरंगजेब ने अपने मन्त्री आमेर के राजा मिर्जा जयसिंह और दिलेर खान को शिवाजी पर नियन्त्रण पाने के लिए भेजा। विवश होकर शिवाजी ने राजा जयसिंह के साथ 1665 ई. में एक सन्धि कर ली। यह सन्धि 'पुरन्दर की सन्धि' के नाम से प्रसिद्ध है।
- मई, 1666 में शिवाजी शाही दरबार में उपस्थित हुए, जहाँ उनके साथ तृतीय श्रेणी के मनसबदारों जैसा व्यवहार किया गया और उन्हें नजरबन्द कर दिया गया; लेकिन नवम्बर, 1666 में वे अपने पुत्र शम्भाजी के साथ छिपकर कैद से निकल भागे। अगले वर्ष (1667 ई.) ही विवश होकर औरंगजेब ने शिवाजी को 'राजा' की उपाधि और बरार की जागीर प्रदान की।
- 1674 ई. में रायगढ़ के दुर्ग में शिवाजी ने महाराष्ट्र के स्वतन्त्र शासक के रूप में अपना राज्याभिषेक कराया। इस अवसर पर उन्होंने 'छत्रपति' की उपाधि धारण की।
- शिवाजी की मृत्यु के समय मराठा राज्य बेलगाँव से लेकर तुंगभद्रा नदी के तट तक तथा समस्त पश्चिमी कर्नाटक में विस्तृत था। शिवाजी की मृत्यु 1680 ई. में हुई।

शिवाजी के उत्तराधिकारी

शम्भाजी (1680-89 ई.)

- शम्भाजी शिवाजी का ज्येष्ठ पुत्र था, जिसने 1680 ई. से 1689 ई. तक राज्य किया। शम्भाजी के समय कन्नौज का एक ब्राह्मण कवि कलश मन्त्री नियुक्त किया गया था।
- शम्भाजी ने अपनी सेना का एक प्रमुख भाग जिंजी द्वीप के सिद्दियों से छीनने में लगाया। 1681 ई. में उसने औरंगजेब के विद्रोही पुत्र अकबर को शरण दी। यह युद्ध 'संघमेश्वर युद्ध' के नाम से प्रसिद्ध है।

राजाराम (1689-1700 ई.)

- रायगढ़ पर मुगल आधिपत्य स्थापित हो जाने के उपरान्त शिवाजी का द्वितीय पुत्र राजाराम भागकर कर्नाटक स्थित जिंजी नामक किले में चला गया और वहीं से उसने औरंगजेब के विरुद्ध स्वतन्त्रता युद्ध का नेतृत्व किया।
- 1689 से 1707 ई. तक चलने वाले मराठा-मुगल युद्ध को 'मराठा स्वतन्त्रता संग्राम' के नाम से जाना जात है। उस युद्ध में राजाराम ने मराठा सरदारों को स्वयं सेना एकत्रित कर मुगलों से युद्ध करने और जीती हुई भूमि को अपनी जागीर बनाने का अधिकार और स्वतन्त्रता दे दी।

ताराबाई (1700-1707 ई.)

- राजाराम की मृत्यु के बाद उसकी विधवा ताराबाई ने अपने चार वर्षीय पुत्र को शिवाजी द्वितीय के नाम से गद्दी पर बिठाया और संघर्ष जारी रखा। इधर औरंगजेब के पुत्र आजमशाह ने 1707 ई. में जुल्फिकार खान के परामर्श से शाह (जो 17 वर्ष तक औरंगजेब की कैद में रहा था) को महाराष्ट्र वापस जाने दिया। शाहू को मुगलों ने मराठा राजा मान लिया।
- ताराबाई ने धन्नाजी जादव के नेतृत्व में एक सेना शाहू को महाराष्ट्र से निकालने के लिए भेजी। शाहू ने कूटनीति से धन्नाजी को अपने पक्ष में कर लिया, जिससे ताराबाई का पक्ष कनजोर पड़ गया। नवम्बर, 1707 में खेड़

नामक स्थान (भीमा नदी के किनारे) पर हुए युद्ध में ताराबाई पराजित हुई। सतारा में शाहू का राज्याभिषेक 12 जनवरी, 1708 को हुआ।

शाहू

- शाहू शम्भाजी का पुत्र था। रायगढ़ के पतन के पश्चात उसे और उसकी माता येसूबाई को औरंगजेब ने कैद कर लिया था। वह 17 वर्ष तक मुगलों का बन्दी रहा।
- औरंगजेब के पुत्र आजमशाह ने 1707 ई. में जुल्फिकार खान के परामर्श से शाहू को महाराष्ट्र वापस जाने दिया।
- महाराष्ट्र में शाहू का स्वागत हुआ और अनेक मराठा सरदार उसकी सहायता के लिए तत्पर हो गए।
- इस विरोध के उपरान्त मराठे दो गुटों में विभाजित हो गए। ताराबाई ने धन्नाजी जादव के नेतृत्व में एक सेना शाहू को महाराष्ट्र से निकालने के लिए भेजी। शाहू ने कूटनीति से धन्नाजी को अपने पक्ष में कर लिया, जिससे ताराबाई का पक्ष कमजोर पड़ गया।
- नवम्बर, 1707 में 'खेड़' नामक स्थान (भीमा नदी के किनारे) पर हुए युद्ध में ताराबाई पराजित हुई।

शिवाजी का प्रशासन

शिवाजी की प्रशासनिक व्यवस्था अधिकांशतः दक्षिणी राज्यों और मुगलों की प्रशासनिक व्यवस्था से प्रभावित थी, जिसके शीर्ष पर छत्रपति होता था। शासन का वास्तविक संचालन अष्टप्रधान नामक आठ मन्त्री करते थे, जिसका कार्य राजा को परामर्श देना मात्र था।

मराठा शासन प्रणाली

पेशवा (प्रथम मन्त्री)	जो राज्य के हितों पर दृष्टि रखता था।
मजूमदार या अमात्य	वित्त विभाग का प्रधान।
सर-ए-नौबत	सेनापति।
दबीर या सुमंत	वैदेशिक मामले और उत्सवों का अधिकारी।
सरनवीस या सचिव	राजकीय पत्र-व्यवहार का अधीक्षक
वाकियानवीस	गुप्तचर, डाक एवं गृह विभाग।
पण्डितराव या दानाध्यक्ष	राजा का पुरोहित, जो दान आदि की व्यवस्था करता था।
न्यायाधीश या शास्त्री	जो हिन्दू न्याय की व्यवस्था करता था।

राजस्व प्रशासन

- शिवाजी की राजस्व प्रणाली अहमदनगर के मन्त्री मलिक अम्बर द्वारा अपनाये गए सिद्धान्तों से प्रभावित थी। भूमि का मापन 'काठी' और 'मुठी' से किया जाता था। 20 वर्ग काठी = 1 बीघा और 120 बीघा = 1 छावर होता था। भू-राजस्व की दर पहले उत्पादन का 30% थी, जो बाद में 40% कर दी गई।
- करों की नकद वसूली होती थी। भूमि पर मराठा शासकों का अधिकार माना जाता था।
- भूमिकर के अतिरिक्त राजकीय आय के दूसरे साधन युद्ध में लूटा गया धन, चौथ तथा सरदेशमुखी थे।
- चौथ किसी भी क्षेत्र से प्राप्त कुल भूमि आय का एक - चौथाई (1/4) होता था। चौथ उस क्षेत्र से वसूला जाता था, जिस क्षेत्र पर मराठा आक्रमण की पूर्ण सम्भावना होती थी।
- सरदेशमुखी कर मराठा राजा को उसके देशस्वामी (देशमुख) होने के नाते दिया जाने वाला एक पुराना कर था। सरदेशमुखी 10% भूमि कर के बराबर होता था, जिसकी वसूली मराठा शासक स्वयं या अपने अधिकारियों के माध्यम से करता था।
- यह कर उन क्षेत्रों पर लगाया जाता था, जो मराठा राज्य के बाहर थे और विजय द्वारा मराठा राज्य में सम्मिलित कर लिए गए थे।
- शाहू के समय मराठा सरदार अपने पृथक कर अधिकारी नियुक्त करने लगे थे, जो केन्द्रीय अधिकारियों से भिन्न होते थे।

सैन्य संगठन

- शिवाजी ने युद्ध के समय सैनिकों की भर्ती करने की प्रथा का परित्याग करके एक स्थायी सेना रखने की परम्परा आरम्भ की, जिसमें चालीस हजार घुड़सवार सैनिक और दस हजार पैदल सैनिक थे। उस समय घुड़सवार सेना के दो भाग थे—बार्गी और सिलहदार। 'बार्गी' को राज्य द्वारा सैनिक साजो-सामान मिलता था, जबकि सिलहदारों को उसका प्रबन्ध स्वयं करना होता था, जिसके लिए राज्य द्वारा उन्हें वेतन के बदले एक निश्चित धनराशि दी जाती थी।
- शिवाजी ने अपने वंश की स्थिति को सुदृढ़ बनाने के लिए अनेक प्रसिद्ध वेतनदारों के परिवारों से वैवाहिक सम्बन्ध स्थापित किए, जिनमें मुख्य थे-देशमुख, निलवालगर और मोरे।

वस्तुनिष्ठ प्रश्न

1. शिवाजी का जन्म पूना के निकट शिवनेर के पहाड़ी दुर्ग में कब हुआ था?
(a) 20 अप्रैल, 1625
(b) 20 अप्रैल, 1626
(c) 20 अप्रैल, 1627
(d) 20 अप्रैल, 1628

2. निम्नलिखित में से किसे शिवाजी अपना धर्मगुरु और नेता मानते थे?
(a) तुकाराम (b) रामदास
(c) दादू (d) दादाजी कोण्डदेव

3. शिवाजी ने सर्वप्रथम किस किले पर 1646 ई. में अधिकार किया?
(a) तोरण (b) चकन
(c) सिंहगढ़ (d) कोण्डाना

4. शिवाजी ने निम्न में से कौन-सा किला बनवाया?
(a) चकन
(b) कोण्डाना
(c) सिंहगढ़
(d) राजगढ़

5. अपने चाचा शम्भाजी मोहिते से शिवाजी ने कौन-सा किला जीता?
(a) चकन
(b) सूपा
(c) इन्दुपुरा
(d) बारामती

6. बीजापुर ने शाहजी को कब मुक्त किया?
(a) 1647 ई. (b) 1648 ई.
(c) 1649 ई. (d) 1650 ई.

7. शिवाजी ने एक षड्यन्त्र के द्वारा अजेय 'पुरन्दर' का किला नीलोजी नीलकण्ठ से कब छीना?
(a) 1645 ई. (b) 1646 ई.
(c) 1647 ई. (d) 1648 ई.

8. शिवाजी ने जावली नामक किले पर कब अधिकार कर लिया?
(a) 1654 ई. (b) 1655 ई.
(c) 1656 ई. (d) 1657 ई.

9. शिवाजी की मुगलों से प्रथम मुठभेड़ कब हुई?
(a) 1656 ई. (b) 1657 ई.
(c) 1658 ई. (d) 1659 ई.

10. शिवाजी ने जुन्नार नगर को कब लूटा?
(a) 1656 ई. (b) 1657 ई.
(c) 1658 ई. (d) 1659 ई.

11. मराठों के उत्कर्ष के महत्त्वपूर्ण कारण क्या थे?
1. महाराष्ट्र की भौगोलिक स्थिति
2. औरंगजेब की हिन्दू विरोधी नीति
3. मराठा धर्म सुधारकों का प्रभाव
4. शिवाजी द्वारा दक्षिण के शासकों से आर्थिक व सैन्य सहायता प्राप्त करना
5. शिवाजी का जुझारू व्यक्तित्व

कूट
(a) 1, 2, 3, 4 (b) 1, 3, 4, 5
(c) 1, 2, 3, 5 (d) 1, 2, 4, 5

12. कहाँ के गवर्नर मुल्ला अहमद नवायत की सुन्दर पुत्रवधू को मराठा सेना ने लूट के साथ अपहरण कर शिवाजी को भेंट देना चाहा था किन्तु शिवाजी ने उसका अपमान न करके उसे वस्त्राभूषण सहित उसके आदमियों के साथ वापस भेज दिया?
(a) अहमदनगर (b) बीजापुर
(c) गोलकुण्डा (d) कोई नहीं

13. पन्हाला दुर्ग का पतन कब हुआ जो शिवाजी के अधिकार में था?
(a) 2 अक्टूबर, 1659 (b) 2 अक्टूबर, 1660
(c) 2 अक्टूबर, 1661 (d) 2 अक्टूबर, 1662

14. शिवाजी ने मुगल गवर्नर शाइस्ता खाँ पर रात्रि में कब आक्रमण किया?
(a) 1661 ई. (b) 1662 ई.
(c) 1663 ई. (d) 1664 ई.

15. शिवाजी ने सूरत को क्रमशः दो बार कब लूटा?
(a) 1662 ई., 1668 ई.
(b) 1664 ई., 1670 ई.
(c) 1664 ई., 1669 ई.
(d) 1663 ई., 1669 ई.

16. शिवाजी और उसका पुत्र शम्भाजी दो टोकरों में छिपकर रामसिंह के घर से निकल गए
(a) 17 अगस्त, 1665
(b) 17 अगस्त, 1666
(c) 17 अगस्त, 1667
(d) 17 अगस्त, 1668

17. आगरा वापस जाते समय बुरहानपुर में जयसिंह की मृत्यु कब हुई?
(a) 2 जुलाई, 1666 (b) 2 जुलाई, 1667
(c) 2 जुलाई, 1668 (d) 2 जुलाई, 1669

18. निश्चलपुरी तान्त्रिक की सलाह से राज्याभिषेक का दूसरा समारोह शिवाजी ने कब मनाया?
(a) 2 अक्टूबर, 1674 (b) 3 अक्टूबर, 1674
(c) 4 अक्टूबर, 1674 (d) 5 अक्टूबर, 1674

19. सुमेलित कीजिए

	सूची I		सूची II
A.	शाहजी भोंसले	1.	शिवाजी के पिता
B.	जीजाबाई	2.	शिवाजी की माता
C.	समर्थ गुरु रामदास	3.	शिवाजी के आध्यात्मिक गुरु
D.	दादाजी कोण्डदेव	4.	शिवाजी के संरक्षक

कूट

	A	B	C	D		A	B	C	D
(a)	1	2	3	4	(b)	2	1	3	4
(c)	1	2	4	3	(d)	4	3	2	1

20. सुमेलित कीजिए

	सूची I (अष्टप्रधान के सदस्य)		सूची II (अर्थ)
A.	मजूमदार/अमात्य	1.	वित्त एवं राजस्व मन्त्री
B.	वाकियानवीस/मन्त्री	2.	गृह मन्त्री
C.	सुमन्त/दबीर	3.	विदेश मन्त्री
D.	सुरनवीस/सुरनिस/सचिव	4.	शाही पत्र विभाग का प्रधान

कूट

	A	B	C	D		A	B	C	D
(a)	1	2	3	4	(b)	2	1	3	4
(c)	1	2	4	3	(d)	4	3	2	1

21. शिवाजी के काल में पेशवा और अन्य मन्त्रियों को क्रमशः लगभग कितना वेतन मिलता था?
(a) 15,000 व 10,000 हून
(b) 10,000 व 5,000 हून
(c) 5,000 व 2,500 हून
(d) 2,500 व 1,000 हून

22. शिवाजी ने अपना नौसैनिक बेड़ा कहाँ स्थापित किया?
(a) पूना (b) कोलाबा
(c) सूरत (d) जुन्नार

23. शिवाजी ने लगभग कितने स्थानीय करों से किसानों को मुक्त किया था?
(a) 20 (b) 30 (c) 40 (d) 50

24. लगान व्यवस्था के लिए शिवाजी का राज्य कितने प्रान्तों में बँटा था?
(a) 10 (b) 12 (c) 16 (d) 18

25. शिवाजी की राजस्व व्यवस्था किससे प्रेरित थी?
(a) मुगलों से (b) मलिक अम्बर से
(c) जाटों से (d) राजपूतों से

26. शिवाजी के पास लगभग कितने जिले थे?
(a) 200 (b) 210 (c) 230 (d) 250

27. शिवाजी के अधिकांश मन्त्री किस जाति से बनाए जाते थे?
(a) ब्राह्मण (b) क्षत्रिय
(c) वैश्य (d) शूद्र

28. शिवाजी के आलोचकों ने उन्हें क्या कहा है?
(a) पहाड़ी चूहा
(b) लुटेरा
(c) अलाउद्दीन और तैमूर लंग का हिन्दू संस्करण
(d) उपरोक्त सभी

29. निम्नलिखित में से कौन-से देशमुखों के परिवार में विवाह सम्बन्ध करके शिवाजी ने अपना सामाजिक रुतबा बढ़ाया?
(a) मोरे (b) शिर्के
(c) निम्बालकर (d) ये सभी

30. कौन-सा इतिहासकार शिवाजी पर अफजल खाँ के साथ विश्वासघात का आरोप लगाता है?
(a) वूल्जले हेग (b) ग्राण्ट डफ
(c) स्मिथ (d) एल्फिन्स्टन

31. सुमेलित कीजिए

	सूची I (छत्रपति)		सूची II (शासनकाल)
A.	शम्भाजी	1.	1680-89 ई.
B.	राजाराम	2.	1689-1700 ई.
C.	ताराबाई	3.	1700-08 ई.
D.	शाहू	4.	1708-49 ई.

कूट

	A	B	C	D		A	B	C	D
(a)	1	2	3	4	(b)	2	1	4	3
(c)	1	2	4	3	(d)	4	3	2	1

32. शिवाजी की मृत्यु के समय उनकी सेना में कितने हजार नियमित और स्थाई रूप से नियुक्त घुड़सवार थे?
(a) 20-30 हजार (b) 30-40 हजार
(c) 40-50 हजार (d) 50-60 हजार

33. शिवाजी ने 1674 ई. में कौन-सी उपाधि धारण की?
(a) रिपुदमन (b) पण्डित चोल
(c) महाराष्ट्र केसरी (d) हैदव धर्मोद्धारक

34. शिवाजी के सन्दर्भ में कौन-सा कथन सत्य है?
(a) बारह वर्ष की आयु में उनके पिता ने उन्हें पूना की जागीर दे दी
(b) 1641 ई. में सईबाई निम्बालकर के साथ शाहजी के प्रधान स्थान बंगलौर (बंगलुरु) में उनका विवाह हो गया
(c) 1639 ई. में उनके पिता ने उनके पास श्यामजी नीलकण्ठ, बालकृष्ण दीक्षित, सोनाजी पन्त और रघुनाथराव नल्लाल जैसे योग्य व्यक्तियों को भेजा
(d) उपरोक्त सभी

35. निम्नलिखित में से-कौन सा कथन सत्य है?
(a) शिवाजी के साथ अफजल खाँ से मिलने के वक्त जीवमहाल और शम्भूजी कावजी नामक दो साथी थे
(b) शिवाजी का दूत पन्ताजी गोपीनाथ अफजल खाँ की इच्छा जानने के लिए भेजा गया था
(c) अफजल खाँ शिवाजी को कसकर बाँहों में भरकर उनका गला घोंटने को झुका लेकिन शिवाजी ने बघनख से अफजलखाँ की आँतों को बाहर निकाल दिया और शीघ्रता से अपने बिछवे को अफजल खाँ की कोख में घुसेड़ दिया
(d) उपरोक्त सभी

36. निम्नलिखित में से कौन-सा कथन सत्य है?
(a) शिवाजी ने 16 मार्च, 1666 को अपने पुत्र शम्भाजी सहित 5 अधिकारियों व 350 सैनिकों के साथ आगरा की ओर प्रस्थान किया
(b) 13 मई, 1666 में शिवाजी जब दरबार में पहुँचे तब बादशाह अपना पचासवाँ जन्मोत्सव मना रहा था
(c) रामसिंह ने मीरबख्शी असद खाँ के माध्यम से उन्हें दीवान-ए-खास में बादशाह के समक्ष उपस्थित किया
(d) उपरोक्त सभी

37. शिवाजी के सन्दर्भ में कौन-सा कथन सत्य है?
(a) 14 अप्रैल, 1680 को कर्नाटक अभियान से वापस लौटने के कुछ समय पश्चात् उनकी मृत्यु हो गई
(b) शिवाजी की मृत्यु के समय उनके राज्य की सीमाएँ सम्पूर्ण महाराष्ट्र, कोंकण और कर्नाटक के एक बड़े क्षेत्र में फैल चुकी थीं
(c) उनका राज्य उत्तर में रामनगर से लेकर दक्षिण में कारवार तथा पूर्व में नगलाना से कोल्हापुर तक विस्तृत था
(d) उपरोक्त सभी

38. निम्नलिखित में कौन-सा कथन सत्य है?
(a) प्रान्तीय शासक 'सर-कारकुन' के नाम से जाने जाते थे
(b) सबनिस के जिम्मे राजकीय दस्तावेजों को रखने का काम होता था
(c) कारखनिस प्रत्येक विभाग तथा सेना की आवश्यकताओं को ध्यान में रखता था
(d) उपरोक्त सभी

39. शिवाजी के घुड़सवार सैन्य संगठन के सन्दर्भ में कौन-सा कथन सत्य है?
(a) पच्चीस साधारण सैनिकों (बरगीर) के ऊपर एक हवलदार होता था
(b) हर पाँच हवलदारों पर एक जमादार होता था और हर दस जमादारों अर्थात् 1250 सिपाहियों पर एक हजारी होता था
(c) पागा में सबसे बड़ा पद पाँच हजारी होता था और सारी पागा सेना पर सर-ए-नौबत होता था
(d) उपरोक्त सभी

40. शिवाजी की अर्थव्यवस्था के सन्दर्भ में कौन-सा कथन सत्य है?
(a) शिवाजी ने अपनी आय का मुख्य साधन चौथ और सरदेशमुखी को बनाया
(b) ये 'कर' पड़ोसी राज्यों की सीमाओं और नगरों से अथवा अपने प्रभाव क्षेत्र के नागरिकों से वसूल किए जाते थे
(c) चौथ उस प्रदेश की आय का एक-चौथाई और सरदेशमुखी उस प्रदेश की आय का दसवाँ भाग होता था
(d) उपरोक्त सभी

41. शिवाजी की शासन व्यवस्था की कौन-सी विशेषता थी?
(a) किसी भी एक पद को एक ही परिवार तक सीमित न करना अथवा उस पद को पैतृक न बनाना
(b) शासन में सैनिक अधिकारियों की तुलना में असैनिक अधिकारियों को अधिक श्रेष्ठता प्रदान करना
(c) शासन में ब्राह्मण, प्रभु, मराठा आदि सभी जातियों को सम्मिलित करके उनमें सन्तुलन बनाए रखने का प्रयत्न करना
(d) उपरोक्त सभी

42. शिवाजी की लगान व्यवस्था के सन्दर्भ में कौन-सा कथन सत्य है?
(a) 1679 ई. में अन्नाजी दत्तो द्वारा पूरी जमीन का सर्वेक्षण करवाया गया, उसके आधार पर लगान की राशि तय हुई
(b) भूमि को तीन भागों में उपज के आधार पर विभक्त किया गया पट्टी भूमि, उद्यान और पहाड़ी भूमि
(c) पहली से उपज का 2/5 वाँ भाग, दूसरी से 1/2वाँ भाग और तीसरी से नाममात्र का लगान वसूला गया, क्योंकि इसमें उपज बहुत कम होती थी
(d) उपरोक्त सभी

43. निम्नलिखित में से किस स्थान पर आक्रमण करते समय शिवाजी ने तोपखाने का प्रयोग किया?
(a) कर्नाटक
(b) सूरत
(c) बीजापुर
(d) गोलकुण्डा

44. अष्टप्रधान की सहायता करने वाले अधिकारियों में कौन-सा अर्थ-विभाग का कार्य देखता था?
(a) दीवान (b) मजूमदार
(c) फड़नवीस (d) ये सभी

सही उत्तर

1. (c)	2. (d)	3. (a)	4. (d)	5. (b)	6. (c)	7. (d)	8. (c)	9. (b)	10. (b)
11. (c)	12. (b)	13. (d)	14. (c)	15. (b)	16. (b)	17. (b)	18. (c)	19. (a)	20. (a)
21. (a)	22. (b)	23. (c)	24. (c)	25. (b)	26. (d)	27. (a)	28. (b)	29. (d)	30. (b)
31. (a)	32. (b)	33. (d)	34. (d)	35. (d)	36. (d)	37. (d)	38. (d)	39. (d)	40. (d)
41. (d)	42. (d)	43. (a)	44. (b)						

अध्याय 14 आधुनिक भारत

यूरोपीय कम्पनियों का भारत आगमन

- भारत में यूरोपीय कम्पनियों के आगमन का क्रम इस प्रकार था पुर्तगाली-डच-अंग्रेज-डेन-फ्रांसीसी ।

पुर्तगाली

- **वास्को-डि-गामा** पहला यूरोपीय व्यापारी था, जिसने भारत के समुद्री मार्ग की खोज की। वह 1498 ई. में कालीकट के समुद्र तट पर उतरा। इस अभियान में 'अब्दुल मजीद' नाम का गुजराती उसका पथ प्रदर्शक था।
- पुर्तगाली समुद्री साम्राज्य को 'एस्तादो द इण्डिया' कहा गया है। पुर्तगालियों का भारत में पहला गवर्नर फ्रांसिस्को द् अल्मीडा (1505-1509 ई.) था। 1509 ई. में अल्बुकर्क भारतीय क्षेत्र में पुर्तगाली गवर्नर नियुक्त किया गया। 1510 ई. में उसने बीजापुर के युसुफ आदिलशाह से गोवा छीन लिया।
- पुर्तगाली वायसराय नान्हू-डी-कुन्हा (1529-38 ई.) ने 1530 ई. में कोचीन की जगह गोवा को राजधानी बनाया।
- पुर्तगाली गवर्नर अल्फांसो डिसूजा के साथ प्रसिद्ध जेसुइत सन्त फ्रांसिस्को जेपियर भारत आया।
- 1632 ई. में शाहजहाँ ने पुर्तगालियों को हुगली से बाहर कर दिया। 1622 ई. में पुर्तगालियों ने अंग्रेजों को बम्बई प्रदान किया।
- अपनी नौसेना शक्ति के आधार पर पुर्तगालियों ने भारत में घोड़े के आयात पर एकाधिकार कायम किया था। पुर्तगालियों ने भारत में **तम्बाकू की खेती** तथा **प्रिंटिंग प्रेस** का आरम्भ किया।
- पुर्तगाली 1961 ई. तक भारत में रहे, तब उन्होंने गोवा को स्वतन्त्र किया। पुर्तगालियों ने अपनी पहली व्यापारिक कोठी **कोचीन** में खोली।
- पुर्तगालियों ने भारत में 'गोथिक कला' का प्रारम्भ किया।

डच

- 1596 ई. में भारत आने वाला प्रथम डच नागरिक था—**कारनेलिस डी-हस्तमान**
- 1602 ई. में यूनाइटेड ईस्ट इण्डिया कम्पनी ऑफ द नीदरलैण्ड्स अस्तित्व में आया।
- 1605 ई. में डच कम्पनी ने मसुलीपट्टनम में अपनी पहली फैक्ट्री स्थापित की। इसके बाद पुलीकट (1610), चिनसुरा (1653), कोचीन (1663), सूरत (1616), नागपट्टनम (1658), बालासोर (1658) तथा कासिम बाजार, पटना (1658 ई) में डचों ने अपनी फैक्ट्री स्थापित की।
- 1639 ई. में डचों ने गोवा पर आक्रमण किया। 1641 ई. में मलक्का पर नियन्त्रण के बाद 1658 ई. में लंका (सिलोन) पर अधिकार किया।
- डचों ने पुलीकट में अपने स्वर्ण निर्मित 'पैगोड़ा' सिक्के का प्रचलन कराया।
- 1759 ई. में **बेदरा की लड़ाई** में अंग्रेजों (क्लाइव) के हाथों पराजित होने के बाद डच कम्पनी का नियन्त्रण भारतीय क्षेत्रों से समाप्त हो गया।
- भारत में डचों के आगमन के कारण भारत का सूती वस्त्र उद्योग निर्यात की सर्वोच्च स्थिति में पहुँच गया।

यूरोपीय कम्पनियाँ

कम्पनी	स्थापना वर्ष
▪ पुर्तगाली ईस्ट इण्डिया कम्पनी (*एस्तादो द इण्डिया*)	1498 ई.
▪ अंग्रेजी ईस्ट इण्डिया कम्पनी (*द गवर्नर एण्ड कम्पनी ऑफ मर्चेण्ट ऑफ ट्रेडिंग इन टू ईस्टइण्डीज*)	1600 ई.
▪ डच ईस्ट इण्डिया कम्पनी (*वेरिगदे ओस्त इंडिसे-कम्पनी*)	1602 ई.
▪ डेनिश ईस्ट इण्डिया कम्पनी	1616 ई.
▪ फ्रांसीसी ईस्ट इण्डिया कम्पनी (*कम्पने देस इण्दसे-ओरियण्टलेस*)	1664 ई.
▪ स्वीडिश ईस्ट इण्डिया कम्पनी	1731 ई.

अंग्रेज

- सन् 1599 ई. में जॉन मिल्डेनहाल नामक ब्रिटिश यात्री थल मार्ग से भारत आया।
- इंग्लिश ईस्ट इण्डिया कम्पनी की स्थापना 1600 ई. में हुई थी। प्रथम अंग्रेज **कैप्टन हॉकिन्स जेम्स-I** का राजदूत बनकर जहाँगीर के दरबार (1608-11 ई.) में आया था। जहाँगीर ने हॉकिन्स को 400 का मनसब दिया था।
- 1615 ई. में ब्रिटिश ईस्ट इण्डिया कम्पनी ने **सर टॉमस रो** को जहाँगीर के दरबार में व्यापारिक केन्द्र स्थापित करने की स्वीकृति लेने भेजा।
- प्रारम्भ में ईस्ट इण्डिया कम्पनी में 217 साझीदार थे और पहला गवर्नर **टॉमस स्मिथ** था।
- 1611 ई. में दक्षिण-पश्चिम समुद्र तट पर सर्वप्रथम अंग्रेजों ने **मसुलीपट्नम** में व्यापारिक कोठी की स्थापना की।
- अंग्रेजों ने अपनी पहली फैक्ट्री **सूरत** में (1608 ई. में) स्थापित की।
- 1651 ई. में शाहशुजा ने अंग्रेजों को बंगाल में व्यापार का विशेषाधिकार दिया।
- 1717 ई. में फर्रूखसियर ने ईस्ट इण्डिया कम्पनी को बिना कर दिए बंगाल में व्यापार का अधिकार प्रदान किया।
- 1757 ई. में बंगाल के नवाब सिराजुद्दौला को **प्लासी के युद्ध** में पराजित कर अंग्रेजों ने राजनीतिक शक्ति के रूप में अपना वर्चस्व स्थापित किया।
- 1764 ई. में बक्सर युद्ध तथा 1765 ई. में इलाहाबाद की सन्धि के बाद ईस्ट इण्डिया कम्पनी को बंगाल, बिहार तथा उड़ीसा की दीवानी प्राप्त हुई।
- 1857 ई. के विद्रोह के बाद 1858 ई. में ईस्ट इण्डिया कम्पनी के शासन को भारत से समाप्त कर क्राउन का सीधा शासन आरम्भ किया गया।

डेनिश

- डेनमार्क की व्यापारिक कम्पनी का गठन 1616 ई. में हुआ था। इस कम्पनी ने त्रैंकोबार (तमिलनाडु) तथा सेरामपुर (बंगाल) में अपनी फैक्ट्रियाँ स्थापित कीं।
- 1845 ई. में डेन लोगों ने अपनी भारतीय वाणिज्यिक कम्पनी को अंग्रेजों को बेच दिए तथा भारतीय क्षेत्र से उनका नियन्त्रण समाप्त हो गया।

फ्रांसीसी

- लुई चौदहवें के समय 1664 ई. में **फ्रेंच ईस्ट इण्डिया कम्पनी** की स्थापना हुई।
- 1674 ई. में फ्रांसिस मार्टिन ने पाण्डिचेरी की स्थापना की।
- 1731 ई. में डूप्ले भारत में फ्रेंच गवर्नर बना।
- लम्बे समय तक भारत में अपने नियन्त्रण के लिए अंग्रेज तथा फ्रांसीसी संघर्षरत रहे।
- प्रथम कर्नाटक युद्ध (1746-48 ई.) अंग्रेजों व ऑस्ट्रिया के उत्तराधिकार युद्ध से प्रभावित था। 'आक्सा-ला-शैपेल' नामक सन्धि के सम्पन्न होते ही भारत में भी युद्ध समाप्त हो गया।
- दूसरा कर्नाटक युद्ध 1749-1754 ई. में हुआ। इस युद्ध में फ्रांसीसी गवर्नर **डूप्ले** की हार हुई। पाण्डिचेरी संधि से युद्धविराम हुआ।
- कर्नाटक का तीसरा युद्ध 1756-1763 ई. के बीच हुआ। पेरिस की सन्धि होने पर यह युद्ध समाप्त हुआ।
- 22 जनवरी, 1760 को लड़े गए वाण्डिवाश के युद्ध में अंग्रेजी सेना को आयरकूट ने तथा फ्रांसीसी सेना को लाली ने नेतृत्व प्रदान किया। इस युद्ध में फ्रांसीसी पराजित हुए, यही पराजय भारत में उनके पतन की शुरुआत थी।
- 1761 ई. में अंग्रेजों ने पाण्डिचेरी को फ्रांसीसियों से छीन लिया। यद्यपि 1763 ई. में पाण्डिचेरी तथा कुछ अन्य फ्रांसीसी प्रदेश उन्हें वापस लौटा दिए गए, परन्तु उन्हें किलेबन्दी का अधिकार नहीं दिया गया।

भारत में शासन की स्थापना एवं भारतीय क्षेत्रों में उनके युद्ध

ईस्ट इण्डिया कम्पनी

1688 ई की क्रान्ति के बाद ब्रिटेन में न्यू कम्पनी की स्थापना हुई। 1698 ई. में दो अन्य कम्पनियों की स्थापना हुई, ये थीं—'जनरल सोसायटी' तथा 'इंग्लिश कम्पनी ट्रेडिंग इन ईस्ट'। 1708 ई. में इन सभी का विलय 1599 ई में बनी मूल कम्पनी में हो गया तथा इस संयुक्त कम्पनी का नाम 'द यूनाइटेड कम्पनी ऑफ मर्चेण्ट्स ऑफ लन्दन ट्रेडिंग टू द ईस्ट इण्डीज' हो गया। 1833 ई. के चार्टर द्वारा इस कम्पनी का नाम ईस्ट इण्डिया कम्पनी कर दिया गया।

उत्तर मुगल काल में कम्पनी

- उत्तर मुगल काल में 1715 ई. में कम्पनी ने कलकत्ता से जॉन सरमन की अध्यक्षता में एक दूतमण्डल मुगल बादशाह फरूखसियर के दरबार में भेजा। इस दूतमण्डल में एडवर्ड स्टीफेन्सन, विलियम हेमिल्टन नामक सर्जन और ख्वाजा सेहूद नामक एक आर्मीनियन दुभाषिया थे।
- सर्जन हेमिल्टन ने बादशाह को एक भयानक बीमारी से मुक्ति दिलाई, जिससे प्रसन्न होकर **1717 ई.** में **फर्रुखसियर** एक **शाही फरमान** जारी किया, जिसके अनुसार ₹ 3,000 वार्षिक कर के बदले बंगाल में अतिरिक्त चुंगी के बिना कम्पनी को व्यापार की अनुमति प्राप्त हुई। इस शाही फरमान को और्म महोदय ने कम्पनी का महाधिकार पत्र (मैग्नाकार्टा) कहा।
- फर्रुखसियर द्वारा 1717 ई. में अंग्रेज़ों को, जो अधिकार प्राप्त हुआ, उससे उनको बहुत लाभ हुआ और न केवल बंगाल में, बल्कि पूरे भारत में अपनी शक्ति बढ़ाने का अवसर प्राप्त हो गया।
- बंगाल के नवाब मुर्शीद कुली खाँ ने फर्रुखसियर द्वारा दिए गए फरमान के द्वारा बंगाल में स्वतन्त्र प्रयोग को नियन्त्रित करने का प्रयास किया। बम्बई में ढले सिक्कों को समूचे मुगल साम्राज्य में चलाने की छूट मिल गई। ₹ 10,000 वार्षिक कर देने के बदले में कम्पनी को सूरत में सभी करों से मुक्ति मिल गई। यद्यपि पश्चिमी तट पर मराठा सेनानायक आंगरिया ने अंग्रेज़ों की स्थिति को कमजोर कर दिया।

भारतीय क्षेत्रों में ब्रिटिशों के युद्ध

फ्रांसीसियों और अंग्रेज़ों के बीच हुए संघर्ष को **कर्नाटक युद्ध** के नाम से भी जाना जाता है। लगभग 20 वर्ष तक चले इस संघर्ष के परिणामस्वरूप भारत में फ्रांसीसी शक्ति अन्तिम रूप से टूट गई। इन युद्धों ने यह सुनिश्चित कर दिया कि भारत पर अंग्रेज़ों का प्रभुत्व एवं शासन बना रहेगा।

युद्ध	विवरण
कर्नाटक का प्रथम युद्ध (1746-48)	▪ यह युद्ध फ्रांसीसी सेना एवं कर्नाटक के नवाब अनवरुद्दीन की सेना के बीच लड़ा गया। ▪ अंग्रेजों द्वारा फ्रांसीसी जहाजों का अधिग्रहण तात्कालिक कारण था। ▪ कैप्टन पैराडाइज के नेतृत्व में फ्रांसीसी सेना ने कर्नाटक के नवाब अनवरुद्दीन की विशाल सेना को पराजित किया। ▪ यह ऑस्ट्रियाई उत्तराधिकार युद्ध के कारण यूरोप में एंग्लो-फ्रेंच युद्ध का विस्तार था। ▪ 1748 ई. में **एक्स-ला-शापेल** की सन्धि पर हस्ताक्षर के साथ युद्ध समाप्त हुआ। ▪ इसके अन्तर्गत मद्रास पुनः अंग्रेजों को सौंप दिया गया। बदले में फ्रांसीसी को उत्तरी अमेरिका में पुनः अपने क्षेत्र प्राप्त हो गए।
कर्नाटक का द्वितीय युद्ध (1749-54)	▪ फ्रांसीसी गवर्नर डुप्ले जिन्होंने प्रथम कर्नाटक युद्ध का भी नेतृत्व किया था। ▪ वह अंग्रेजों को हटाने के लिए अपनी शक्ति बढ़ाने लगा था, फलस्वरूप अगस्त, 1949 में डूप्ले के नेतत्व में मुजफ्फर जंग चन्दा साहब व फ्रांसीसी सेना ने अम्बूर नामक स्थान पर अनवरुद्दीन को पराजित कर दिया। ▪ पॉण्डिचेरी की सन्धि (1755) से युद्ध की समाप्ति हुई।
कर्नाटक का तृतीय युद्ध (1756-63)	▪ इस युद्ध का तात्कालिक कारण क्लाइव और वाटसन द्वारा बंगाल में स्थित चन्द्रनगर पर अधिकार करना था। ▪ 22 जनवरी, 1760 को वाण्डिवास के युद्ध में अंग्रेजी सेना को आयरकूट तथा फ्रांसीसी सेना को लाली ने नेतृत्व प्रदान किया। ▪ अंग्रेजों ने पॉण्डिचेरी **माहे** तथा **जिंजी** के फ्रांसीसी प्रदेशों पर अधिकार कर लिया। ▪ पेरिस सन्धि (1763) से युद्ध का समापन हो गया।
प्लासी का युद्ध (1757 ई.)	▪ यह युद्ध अंग्रेज सेनापति रॉबर्ट क्लाइव व बंगाल के नवाब सिराजुद्दौला के बीच हुआ, जिसमें नवाब अपने सेनापति मीर जाफर की धोखाधड़ी के कारण पराजित हुआ।
बक्सर का युद्ध (1764 ई.)	▪ यह युद्ध अंग्रेज एवं मीरकासिम, अवध के नवाब व मुगल सम्राट शाह आलम के बीच हुआ। ▪ इस युद्ध में अंग्रेज विजयी हुए।
प्रथम आंग्ल-मैसूर युद्ध (1767-69 ई.)	▪ ब्रिटिश सेनापति प्लासी का लॉर्ड वेरलेस्ट था। ▪ मद्रास की सन्धि से युद्ध समाप्त हुआ।
द्वितीय अंग्रेज-मैसूर युद्ध (1780-84 ई.)	▪ ब्रिटिश सेनापति लॉर्ड हेस्टिंग्स व मैसूर शासक टीपू सुल्तान के बीच हुआ। ▪ मंगलौर की सन्धि से समाप्त हुआ।
तृतीय आंग्ल-मैसूर युद्ध (1790-92 ई.)	▪ ब्रिटिश सेनापति लॉर्ड कॉर्नवालिस। ▪ श्री रंगपट्टनम की सन्धि से समाप्त हुआ।
चौथा आंग्ल-मैसूर युद्ध (1799 ई.)	▪ ब्रिटिश सेनापति लॉर्ड वेलेजली। ▪ इस युद्ध में टीपू सुल्तान मारा गया। ▪ अंग्रेजों की विजयी हुए।

ब्रिटिश कालीन नीतियाँ

भारत के विशाल साम्राज्य पर आधिपत्य के पश्चात् इस पर नियन्त्रण रखने व शासन चलाने हेतु ब्रिटिश सरकार द्वारा प्रशासनिक व आर्थिक ढाँचे का निर्माण किया गया। इसके अन्तर्गत स्थानीय स्वशासन, नागरिक सेवा, न्यायिक व्यवस्था व भारतीय रियासतों के प्रति नीति का आकार दिया गया।

प्रान्तीय प्रशासन

- बंगाल, मद्रास एवं बम्बई प्रेसीडेन्सी का शासन गवर्नर एक तीन सदस्यीय समिति की सहायता से चलाता था, जबकि अन्य प्रान्तों का शासन गवर्नर द्वारा नियुक्त लेफ्टिनेण्ट गवर्नर एवं चीफ कमिश्नर चलाते थे।
- इन प्रान्तीय सरकारों पर 1833 ई. के बाद वित्त सम्बन्धी कड़े प्रतिबन्ध लगा दिए गए थे। इन प्रतिबन्धों को कम करने के लिए 1870 ई. में लॉर्ड मेयो ने प्रान्तीय वित्त को केन्द्रीय वित्त से अलग कर दिया, जिस कारण प्रान्तीय सरकारें अपनी इच्छा से वित्त का उपयोग करने के लिए स्वतन्त्र हो गईं।
- यद्यपि लॉर्ड मेयो के इस निर्णय से प्रान्तीय सरकारें अधिक स्वायत्त हुईं, परन्तु सर्वोच्च स्तर पर भारत सचिव का नियन्त्रण यथावत् बना रहा।

स्थानीय स्वशासन

- भारत में प्रथम **नगर निगम** की स्थापना 1688 ई. में भूतपूर्व मद्रास प्रेसीडेन्सी नगर में की गई थी। इसी प्रकार के नगर निगमों को 1726 ई. में कलकत्ता एवं बम्बई में अपनाया गया।
- भारत में 1861 ई. के भारत परिषद् अधिनियम में वैधानिक एवं विकेन्द्रीकरण की नीति को अपनाया गया था।
- इस अधिनियम के फलस्वरूप सर्वप्रथम 1864 ई. में बंगाल में नगरपालिका का गठन किया गया। इसी क्रम में 1868 ई. में मद्रास, 1865 ई. में पंजाब तथा 1867 ई. में संयुक्त प्रान्तों में नगरपालिकाओं का गठन किया गया।
- **लॉर्ड मेयो ने वित्तीय विकेन्द्रीकरण** की नीति का समर्थन करते हुए स्थानीय संस्थाओं को नए कर लगाकर वित्तीय प्रबन्धन करने की अनुमति प्रदान की। फलत: सीमित मात्रा में ही, भारत में स्थानीय स्वशासन की शुरुआत हुई।
- स्थानीय स्वशासन को बढ़ावा देने में **लॉर्ड रिपन** का विशेष योगदान रहा, (स्थानीय स्वशासन का जनक) इसने 1882 **ई.** में एक नया अधिनियम पारित करके नगरपालिकाओं के कार्यक्षेत्रों एवं शक्तियों को निश्चित किया।
- इस अधिनियम से नगरपालिकाओं की स्थिति मजबूत हुई तथा उनके प्रशासन में पारदर्शिता आई। 1883-84 ई. के एक अन्य अधिनियम द्वारा नगरपालिकाओं की संवैधानिक शक्तियों तथा कार्यक्षेत्र में परिवर्तन किए गए।
- 1908 ई. में गठित **पुनर्गठन आयोग** ने स्थानीय स्वशासन की दिशा में एक कदम आगे बढ़ाते हुए जिला बोर्डों, अधीनस्थ जिला बोर्डों तथा ग्राम पंचायतों के विकास को महत्त्वपूर्ण बताया। फलत: 1935 के भारत सरकार अधिनियम द्वारा भारत में वैधानिक रूप से प्रान्तीय स्वायत्तता को शुरू किया गया।

ब्रिटिश काल में लोक सेवा

- गवर्नर जनरल लॉर्ड कॉर्नवालिस का भारत में सिविल सेवाओं को अस्तित्व में लाने और व्यवस्थित करने के कारण पहले व्यक्ति का श्रेय दिया जाता है। इन्हें **सिविल सेवा का जनक** कहा जाता है।
- लोक सेवा अधिकारियों की शिक्षा एवं उसका नैतिक स्तर सुधारने तथा उन्हें भारतीय भाषाओं, कानून और प्रशासन से परिचित कराने के उद्देश्य से 1800 ई. में **वेलेजली** ने बंगाल में **फोर्ट विलियम कॉलेज** की स्थापना की। जिसे बाद में बंद कर दिया गया और 1806 ई. में सिविल सेवकों के प्रशिक्षण तथा भर्ती के उद्देश्य से इग्लैण्ड में ईस्ट इण्डिया कॉलेज (हैलीबरी कॉलेज) की स्थापना की गई।
- ईस्ट इण्डिया कम्पनी ने भारत में अपना प्रशासन उचित तरीके से चलाने के लिए लोक सेवकों की नियुक्तियाँ कीं।
- सिविल सेवकों की 1853 ई. तक नियुक्तियाँ ईस्ट इण्डिया कम्पनी के निदेशकों द्वारा की जाती रहीं, किन्तु 1853 के चार्टर एक्ट में कम्पनी के प्रशासन को सुधारने के लिए नागरिक सेवा में नियुक्तियों को प्रतियोगी परीक्षाओं के माध्यम से किए जाने का प्रावधान किया गया।
- 1858 के अधिनियम में इस बात को दोहराया गया।
- सिविल सेवा में नियुक्ति के लिए अधिकतम आयु सीमा 23 वर्ष थी। 1859 ई. में उसे कम करके 22 वर्ष तथा 1866 ई. में 21 वर्ष कर दिया गया।
- सिविल सेवा परीक्षा लन्दन में वार्षिक रूप से आयोजित की जाती थी तथा उसकी कठिन प्रवेश शर्तों एवं विदेशी भाषाओं के प्रभुत्व के कारण 1863 ई. तक भारतीय इस परीक्षा को उत्तीर्ण करने में असमर्थ रहे।
- इसके बाद के वर्षों में प्रत्येक वर्ष कोई-न-कोई भारतीय नागरिक सेवा में सफल होता रहा। सिविल सेवा में भारतीयों की बढ़ती भागीदारी के कारण ब्रिटिश सरकार द्वारा 1878 ई. में सिविल सेवा में बैठने की आयु 21 वर्ष से घटाकर 19 वर्ष कर दी गई।
- वर्ष 1912 में सिविल सेवा पर **इस्लिंग्टन कमीशन** का गठन किया गया, जिसने लोक सेवा आयोग के गठन की अनुशंसा की। **ली आयोग** के सुझाव पर वर्ष 1926 में केन्द्रीय लोक सेवा आयोग की स्थापना की गई, **सर रोजर बार्कर** इसके पहले अध्यक्ष चुने गए।
- भारत सरकार अधिनियम, 1935 के तहत संघीय और प्रान्तीय लोक सेवा आयोगों की सिफारिश की गई थी।

ब्रिटिश काल में न्यायिक व्यवस्था

राबर्ट क्लाइव ने न्यायिक व्यवस्था की जिम्मेदारी भारतीयों पर ही डाल रखी थी। ब्रिटिश काल में न्यायिक व्यवस्था को सुधारने के लिए किए गए प्रमुख प्रयास इस प्रकार हैं

वॉरेन हेस्टिंग्स के प्रयास (1772-85)

- वॉरेन हेस्टिंग्स के काल में ब्रिटिश न्याय प्रणाली की स्थापना हुई। कानून का शासन तथा न्यायपालिका की स्वतन्त्रता इस प्रणाली की विशेषताएँ थीं।
- सिविल एवं फौजदारी मामलों के लिए अलग-अलग अदालतें थीं। 10 रुपये तक के मामलों में प्रधान या मुखिया निर्णय ले सकता था।
- प्रत्येक जिले में दीवानी अदालत स्थापित की गई, इसकी अध्यक्षता यूरोपीय कलेक्टर करता था। इसमें हिन्दू कानून हिन्दुओं पर और मुस्लिम कानून मुसलमानों पर लागू होते थे। यहाँ 500 रुपये तक के मामलों पर निर्णय किया जाता था। दीवानी अदालत के ऊपर कलकत्ता में **सदर दीवानी अदालत** स्थापित की गई। फौजदारी मामले भारतीय अधिकारियों पर छोड़ दिए गए।
- हेस्टिंग्स द्वारा फौजदारी व्यवस्था को सुधारने के लिए 1772 ई. में प्रत्येक जिले में फौजदारी अदालत स्थापित की गई, जिसमें काजी, मुफ्ती तथा मौलवी नियुक्त किए गए।
- सबसे ऊपर सदर निजामत अदालत बनाई गई, जिसका संचालन दारोगा-ए-अदालत, प्रधान काजी, प्रधान मुफ़्ती तथा तीन मौलवी करते थे। जिला स्तर पर न्याय प्रणाली यूरोपीय कलेक्टर द्वारा नियन्त्रित होती थी, किन्तु वह स्वयं न्यायालय का सदस्य नहीं होता था।

- हेस्टिंग्स के काल में ही रेग्युलेटिंग एक्ट 1773 के माध्यम से कलकत्ता में सर्वोच्च न्यायालय की स्थापना की गई थी, जो कलकत्ता के भीतर सभी ब्रिटिश विषयों की सुनवाई करने में सक्षम था। इसके अन्तर्गत प्रारम्भिक व अपीलीय अधिकार भी थे। साथ ही हेस्टिंग्स के काल में हिन्दू विधि संहिता तथा मुस्लिम विधि का अंग्रेजी भाषा में अनुवाद भी किया गया था, जिसका उद्देश्य भारतीय न्यायिक प्रणाली को समझना था।

कॉर्नवालिस के प्रयास (1786-93)

- 1793 ई. में **कॉर्नवालिस कोड** लाकर न्याय प्रणाली को एक सुव्यवस्थित आधार प्रदान किया गया। कॉर्नवालिस कोड **शक्ति के पृथक्करण** के सिद्धान्त पर आधारित था। इसमें कर तथा न्याय प्रशासन को अलग-अलग किया गया।
- 1793 की संहिता द्वारा कलेक्टर से न्यायिक तथा फौजदारी शक्तियाँ वापस ले ली गईं तथा जिला अदालतों के लिए जिला न्यायाधीशों को नियुक्त किया गया।
- मुन्सिफ अदालतों के ऊपर चार प्रान्तीय अदालतें थीं, जो कलकत्ता, मुर्शिदाबाद, ढाका तथा पटना में स्थित थीं, इसके ऊपर कलकत्ता में सदर दीवानी अदालत थी, जहाँ गवर्नर-जनरल तथा उसके पार्षद निर्णय लेते थे।
- 1772 ई. में कलकत्ता में **निजामत अदालत** स्थापित की गई, जिसे फौजदारी मामलों की सुनवाई के लिए गठित किया गया था। गवर्नर-जनरल को क्षमादान का अधिकार प्राप्त था।

बैण्टिंक के प्रयास (1828-33)

- लॉर्ड विलियम बैण्टिंक के काल में कार्नवालिस द्वारा स्थापित चारों सर्किट कोर्ट समाप्त कर दिए गए तथा कोड़े मारने की सजा का अन्त कर दिया गया।
- कमिश्नरों के फौजदारी अधिकार जिला न्यायाधीशों को सौंप दिए गए और जिला न्यायाधीश ने अपने मजिस्ट्रेट के अधिकार कलेक्टर के लिए छोड़ दिए।
- आगरा में अपीली अदालत की स्थापना की गई। इलाहाबाद (अब प्रयागराज) में सदर दीवानी और सदर निजामत अदालत स्थापित की गई।
- अदालतों में फारसी भाषा के स्थान पर प्रान्तीय भाषाओं का प्रयोग किया जाने लगा। **मैकाले** की अध्यक्षता में एक **विधि आयोग** का गठन किया गया। आयोग की सिफारिश के आधार पर तीन कोड बनाए गए—आपराधिक प्रक्रिया संहिता (1861), भारतीय दण्ड सहिता (1860) और सिविल प्रक्रिया संहिता (1859)।

अन्य प्रयास (1833-1935)

- 1853 ई. के चार्टर एक्ट के नवीकरण के समय दूसरा विधि आयोग बनाया गया।
- 1859 से 1861 ई. के मध्य दण्डविधि, सिविल कार्यविधि तथा दण्ड प्रक्रिया पारित की गई।
- 1861 ई. में उच्च न्यायालय अधिनियम के द्वारा पुराने सुप्रीम कोर्ट और सदर अदालतों को समाप्त कर कलकत्ता, मद्रास और बम्बई में उच्च न्यायालय की स्थापना की गई।
- 1866 ई. में एक उच्च न्यायालय आगरा में स्थापित किया गया, जिसे 1875 ई. में इलाहाबाद स्थानान्तरित कर दिया गया।
- वर्ष 1916 में पटना उच्च न्यायालय की स्थापना की गई। लाहौर एवं रंगून में भी उच्च न्यायालय स्थापित किए गए। 1935 के अधिनियम द्वारा वर्ष 1937 में सरकारों के बीच विवादों को निपटाने और उच्च न्यायालयों से अपील सुनने के लिए एक संघीय न्यायालय की स्थापना की गई।

भारतीय रियासतों के प्रति नीति

- ब्रिटिश सरकार की ईस्ट इण्डिया कम्पनी ने औपनिवेशिक काल में भारतीय रियासतों के बीच अपने व्यापारिक हितों को साधने के लिए सम्बन्ध विकसित किए थे।
- कालान्तर में कम्पनी ने रियासतों के मध्य प्रतिस्पर्द्धा की लड़ाई में हस्तक्षेप करना शुरू किया तथा धीरे-धीरे कमजोर हो रही रियासतों को कभी कुप्रबन्धन के आधार पर, तो कभी सहायक सन्धि के आधार पर अधिगृहीत करना शुरू किया।

औपनिवेशिक आर्थिक नीतियाँ

- भारत में अंग्रेजी शासन के दो प्रमुख उद्देश्य थे—पहला राजनीतिक सुरक्षा सुनिश्चित करना तथा दूसरा भारत पर अधिकार को ईस्ट इण्डिया कम्पनी हेतु लाभदायी बनाना।
- औपनिवेशिक शासकों द्वारा बनाई गई आर्थिक नीतियों का ध्येय भारत का आर्थिक विकास नहीं था, अपितु ब्रिटिश हितों का संरक्षण एवं संवर्धन करना था। इस परिपेक्ष्य में औपनिवेशिक आर्थिक नीतियों का विश्लेषण करना समीचीन है।

भू-राजस्व व्यवस्था

- भारत में अंग्रेजों के आगमन से पूर्व परम्परागत भूमि व्यवस्था स्थापित थी। इसके अन्तर्गत भूमि पर किसानों का अधिकार था तथा फसल का एक हिस्सा सरकार को दे दिया जाता था।
- ईस्ट इण्डिया कम्पनी ने 1765 ई. में इलाहाबाद की सन्धि द्वारा बंगाल, बिहार तथा उड़ीसा की दीवानी प्राप्त कर ली।
- भारत में कृषि आमदनी का प्रमुख साधन थी। अत: लगान वसूली को व्यवस्थित करने के उद्देश्य से 1769 ई. में रेवेन्यू सुपरवाइजर नियुक्त किया गया तथा 1771 ई. में मुर्शिदाबाद तथा पटना में 'रेवेन्यू काउंसिल' तथा 'कार्ट्रोलिंग कमेटी' की स्थापना की गई।
- कम्पनी ने कृषि में राजस्व प्राप्त करने के लिए इस ओर ध्यान दिया। अधिक-से-अधिक भूमिकर प्राप्त करने के लिए सबसे पहले वॉरेन हेस्टिंग्स ने 1772 ई. में पंचवर्षीय बन्दोबस्त लागू किया, जिसे **फार्मिंग सिस्टम** (इजारेदारी प्रथा) के नाम से जाना गया। इस व्यवस्था में कम्पनी किसी क्षेत्र या जिले के भू-क्षेत्र से राजस्व वसूली की जिम्मेदारी उसे सौंपती थी, जो अधिक बोली लगाता था।
- 1777 ई. में पंचवर्षीय बन्दोबस्त को समाप्त कर एकवर्षीय प्रणाली अपनाई गई। इस बन्दोबस्त में जमींदारों को महत्त्व दिया गया। ब्रिटिश सरकार का प्रमुख उद्देश्य अधिक-से-अधिक राजस्व एकत्रित करना था।
- इसके लिए उन्होंने विभिन्न भू-राजस्व व्यवस्थाओं को लागू किया, जिनका विश्लेषण निम्नलिखित है

स्थायी बन्दोबस्त

- पिट्स इण्डिया एक्ट 1784 में कम्पनी को बंगाल में स्थायी भू-प्रबन्धन का सुझाव दिया गया।
- 1786 ई. में लॉर्ड कॉर्नवालिस को जमीदारों के साथ स्थायी भूमि राजस्व के निपटान हेतु गवर्नर-जनरल के रूप में भेजा गया था।
- इस समय एक बोर्ड का गठन किया गया, जिसमें **जॉन शोर** तथा **जेम्स ग्राण्ट** भी शामिल थे। बोर्ड की समीक्षा के बाद कार्नवालिस ने 1777 ई. में 1 वर्षीय व्यवस्था को पहले 10 वर्षीय लगान व्यवस्था के परिवर्तित कर दिया, जिसे 1793 ई. में स्थायी व्यवस्था के परिवर्तित कर दिया गया।

- स्थायी बन्दोबस्त को कॉर्नवालिस ने 22 मई, 1793 को बंगाल, बिहार तथा उड़ीसा में लागू किया। इस व्यवस्था को **जागीरदारी**, **इस्तमरारी**, **मालगुजारी** तथा **बीसवेदारी** आदि नाम से भी जाना जाता था।
- स्थायी बन्दोबस्त (इस्तमरारी) व्यवस्था के प्रमुख प्रावधान निम्नलिखित थे
  - —जमींदारों से लिया जाने वाला भूमिकर स्थायी कर दिया गया।
  - —जमींदारों एवं मध्यस्थों को सम्बन्धित क्षेत्र की जमीनों का स्वामित्व प्रदान किया गया।
  - —भूमि कर का 10/11 भाग कम्पनी को दिया गया।
  - —कर न देने पर जमींदारों से जमीन छीन ली जाती थी।

सूर्यास्त कानून

- 1793 ई. में रेग्यूलेशन के तहत एक **कानून** पारित किया गया, जिसके अनुसार यदि निश्चित तिथि की शाम तक जमींदार भू-राजस्व चुकता नहीं करता है, तो सम्बन्धित जमींदार की जमींदारी नीलाम कर दी जाती थी, जिसे सूर्यास्त कानून कहा गया।
- यह जमींदारी व्यवस्था बंगाल, बिहार, उड़ीसा, उत्तर प्रदेश के बनारस डिवीजन, उत्तरी कर्नाटक में लागू की गई थी। यह कुल ब्रिटिश भारत के 19% भाग में लागू थी।

रैयतवाड़ी व्यवस्था

- सर्वप्रथम 1792 ई. में तमिलनाडु के **बारामहल** में रीड ने इसे 10 वर्षों के लिए लागू किया। 1820 ई. में मद्रास प्रेसीडेन्सी में **थॉमस मुनरो** एवं **अलेक्जेण्डर रीड** की संस्तुतियों के आधार पर रैयतवाड़ी व्यवस्था लागू की गई।
- 1820 ई. में कम्पनी ने इसे कर्नाटक के अनेक क्षेत्रों में भी लागू किया था। रैयतवाड़ी व्यवस्था में रैयत को भू-स्वामी मान लिया गया था। रैयतवाड़ी भू-राजस्व व्यवस्था की प्रमुख विशेषताएँ निम्नलिखित थीं
  - —किसानों से सीधे 33% भू-राजस्व वसूला जाता था।
  - —जो कृषक जितनी भूमि जोतता था, उसे उसका स्वामी मान लिया गया। बशर्ते वह समय पर भू-राजस्व अदा करता रहे।
  - —मालगुजारी न भरने पर किसानों की जमीनें बेच दी जाती थीं।
- यह व्यवस्था ब्रिटिश भारत के सर्वाधिक क्षेत्रफल पर लगभग 51% भू-भाग पर लागू हुई।
- 1792 ई. में पहली बार मद्रास के बारामहल में लागू किया गया, 1820-27 ई. के कैप्टन मुनरो द्वारा पूरे मद्रास प्रेसीडेंसी में लागू कर दिया गया जबकि 1825 ई. में इसे बम्बई प्रेसीडेंसी में लागू किया गया।

महालवाड़ी व्यवस्था

रैयतवाड़ी एवं स्थायी बन्दोबस्त की असफलता के बाद महालवाड़ी व्यवस्था का प्रस्ताव सर्वप्रथम 1819 ई. में **हाल्ट मैकेंजी** द्वारा लाया गया। इस प्रस्ताव को 1822 ई. के रेग्यूलेशन VII द्वारा कानूनी रूप प्रदान किया गया।

इस व्यवस्था के प्रमुख प्रावधान निम्नलिखित थे

- मालगुजारी का बन्दोबस्त अलग-अलग गाँवों के मुखिया या प्रतिनिधि (लम्बरदार) के साथ किया गया। सभी गाँवों से राजस्व वसूलने का उत्तरदायित्व इसी पर होता था।
- महाल/गाँव या गाँवों का समूह राजस्व का निर्धारण करता था और ग्राम समुदाय को भूमि का स्वामी माना जाता था।
- जहाँ जमींदार लगान वसूल करते थे, वहाँ लगान भूमि किराए का 30% था।
- जहाँ भूमि ग्राम समाज की सम्मिलित भूमि थी, वहाँ कर भूमि किराए का 95% था।
- भूमि अधिकार तथा लगान देने के अधिकार वंशानुगत माने गए, परन्तु सही अर्थों में भूमि सरकार के पास बन्धक होती थी।
- 1833 ई. में इस व्यवस्था में बैण्टिक के काल में रेग्यूलेशन IX के अन्तर्गत परिवर्तन लाया गया। नई भूमि योजना **मार्टिन बर्ड** के निर्देशन में बनी। भूमि किराए का 66% भाग राज्य सरकार द्वारा निश्चित किया गया तथा यह व्यवस्था 30 वर्षों के लिए लागू हुई। सहारनपुर के कृषक विद्रोह के बाद इसे घटाकर 50% कर दिया गया।
- भू-राजस्व के सुरक्षार्थ इस व्यवस्था को मुख्यत: गंगा घाटी, मध्य भारत, उत्तर-पश्चिमी प्रान्त तथा पंजाब में लागू किया गया। यह व्यवस्था कुल भू-भाग के 30% भाग पर लागू थी।

कृषि सम्बन्धी अन्य प्रथाएँ

प्रथा	विशेषता
तिनकठिया प्रथा	चम्पारन (बिहार) के किसानों को इस प्रथा के तहत अंग्रेज नील बागानों के अनुबन्ध स्वरूप अपनी जमीन के 3/20 भाग पर नील की खेती करनी पड़ती थी।
दुबला हाली प्रथा	सूरत में प्रचलित इस प्रथा के अनुसार दुबलाहाली भू-दास अपनी सम्पत्ति एवं स्वयं का संरक्षक अपने मालिकों को मानते थे।
कमियौटी प्रथा	यह प्रथा बिहार एवं उड़ीसा में प्रचलित थी। इस प्रथा के अनुसार कृषि दास के रूप मे खेती करने वाली कमियाँ जाति, अपने मालिकों से मिले ऋण के ब्याज के बदले जीवनभर उनकी सेवा करते थे।

उपनिवेशवाद के भिन्न चरण

भारत में ब्रिटिश उपनिवेशवाद को निम्नलिखित तीन चरणों के अन्तर्गत समझा जा सकता है

- वाणिज्यिक पूँजीवाद (1757-1813 ई.) इस चरण में कम्पनी का मुख्य उद्देश्य व्यापारिक लाभ प्राप्त करना था, जो बंगाल की विजयोपरान्त काफी हद तक सम्भव हो सका। वाणिज्यिक पूँजीवादी चरण के विचार का मूलभूत आधार था कि समस्त आर्थिक कार्यविधि को राष्ट्र के हित में तथा शक्तिशाली राष्ट्र बनाने के लिए नियमित किया जाए। यह पूर्ण रूप से ब्रिटेन के पक्ष में था जहाँ प्लासी के युद्ध से पूर्व भारत से वस्तुओं के क्रय हेतु भुगतान सोने, चाँदी में करना होता था, परन्तु बाद में इस भुगतान को भारत से ही वसूले गए धन से किया जाने लगा।
- औद्योगिक पूँजीवाद (1813-1860 ई.) 1813 ई. में कम्पनी का व्यापारिक एकाधिकार समाप्त कर दिया गया और भारतीय बाजार को ब्रिटिश वस्तुओं के लिए खोल दिया गया। 19वीं सदी में ब्रिटिश व्यापार की नीति मुक्त व्यापार की नीति पर आधारित थी। वास्तव में, 19वीं सदी के आरम्भिक दशकों में वाणिज्यवादी विचारधारा पूँजीवादी विचारधारा में परिणत हो रही थी। एडम स्मिथ ने 1776 ई. में अपनी पुस्तक वेल्थ ऑफ नेशन्स में वाणिज्यवादी विचारधारा पर करारी चोट की। पूँजीवादी आर्थिक क्षेत्र में हस्तक्षेप करने लगे। इस कारण से 1813 के अधिनियम द्वारा ब्रिटिश पूँजीपतियों के अनुकूल कदम उठाकर भारत के व्यापार पर ईस्ट इण्डिया कम्पनी के एकधिकार को समाप्त कर दिया गया तथा ब्रिटिश वस्तुओं पर से सभी प्रकार के शुल्क हटा लिए गए। फिर भारत को विशुद्ध तैयार माल का आयातक तथा कच्चे माल का निर्यातक बना दिया गया।
- वित्तीय पूँजीवाद (1860 ई. के बाद) 1860 ई. के बाद सस्ते मजदूर और कच्चे माल की अधिकता के कारण भारत में ब्रिटिश पूँजी अधिक मात्रा में आने लगी। इस चरण में उपनिवेश में विदेशी निवेश हुआ तथा उपनिवेशों के लिए अन्तर्राष्ट्रीय प्रतिस्पर्द्धा प्रारम्भ हो गई। ब्रिटेन के अतिरिक्त कुछ अन्य देशों में भी औद्योगीकरण को प्रोत्साहन मिला; जैसे-अमेरिका, जापान आदि। अत: ये देश बाजार एवं कच्चे माल की आपूर्ति के स्रोतों के लिए ब्रिटेन के प्रतिस्पर्द्धी बन गए।

औद्योगिक एवं व्यापारिक विकास

भारत में आधुनिक उद्योगों का विकास ब्रिटिश सरकार की नीतियों के विरोध में प्रारम्भ हुआ, जिससे ब्रिटिश सरकार ने ऐसे उद्योगों को प्रोत्साहित करने का प्रयास नहीं किया। 1700 ई. में ब्रिटेन में एक अधिनियम द्वारा एशिया के रेशमी और छपे हुए रंगीन कपड़ों के उपयोग पर रोक लगा दी गई। 1720 ई. में एक कानून द्वारा छींट या रंगे हुए सूती कपड़ों को पहनने या इस्तेमाल करने की मनाही हो गई। जुलाहों पर अपने दबाव को प्रभावपूर्ण बनाने के लिए कम्पनी ने पेशगी रुपये देने की प्रथा चलाई, जिसे **ददनी प्रथा** कहते हैं।

सूती वस्त्र उद्योग

- 1853 ई. में **कावसजी नानाभाई डाबर** ने तत्कालीन **बम्बई** के भड़ौच (अब गुजरात) नामक स्थान पर प्रथम सूती मिल की स्थापना की। अमेरिकी गृहयुद्ध (1861-65 ई.) से भारतीय सूती वस्त्र उद्योगों को बहुत लाभ पहुँचा, क्योंकि अमेरिका से सूती वस्त्र निर्यात को धक्का लगा। सूती वस्त्र उद्योग के विकास का प्रथम चरण 1851 से 1882 ई. तक था।
- इस चरण में नागपुर, शोलापुर, अहमदाबाद आदि क्षेत्रों में सूती वस्त्र उद्योगों का अधिक विकास हुआ और इसकी वजह थी कि इन क्षेत्रों में कच्चे मालों की उपलब्धता थी एवं श्रमिक सस्ती दरों पर मिल जाते थे। इन क्षेत्रों में संचार व्यवस्था भी अपेक्षाकृत उन्नत थी। 1885 ई. के बाद सूती वस्त्र उद्योगों का तीव्र गति से विकास हुआ, किन्तु इसमें मुख्य रूप से भारतीय पूँजी लगी हुई थी।

अन्य उद्योग

- **जूट** 1855 ई. में प्रथम **जूट मिल** बंगाल के **रिशरा** में जॉर्ज ऑकलैण्ड द्वारा स्थापित की गई।
- **नील** 19वीं सदी के पूर्वार्द्ध में बागवानी कृषि में नील के उत्पादन पर बल दिया गया।
- **चाय** 1850 के दशक में चाय उद्योग का विकास हुआ।
- **खनिज** 1854 ई. में रानीगंज कोल फील्ड का विकास हुआ। वर्ष 1907 में TISCO की स्थापना हुई तथा नए उद्योगों में मैंगनीज एवं अभ्रक की खानें भी विकसित की गईं।
- **इस्पात** वर्ष 1911 में कच्चे इस्पात कारखाने में काम शुरू हुआ और वर्ष 1913 में इस्पात का उत्पादन शुरू हो गया।
- **सीमेण्ट उद्योग** भारत में पहला सीमेण्ट उद्योग वर्ष 1914 में **पोरबन्दर** में स्थापित हुआ। इसके बाद कटनी तथा बूँदी में सीमेण्ट उद्योग की स्थापना हुई। सबसे अधिक भारतीय पूँजी सूती वस्त्र उद्योग में लगी हुई थी। सबसे अधिक रोजगार सूती कपड़ा मिल एवं जूट मिल से प्राप्त हुआ।
- 19वीं सदी के उत्तरार्द्ध एवं 20वीं सदी के पूर्वार्द्ध में चावल, आटा, इमारती लकड़ी की मिलें, चर्मशोधनालय, कागज एवं चीनी मिलें, नमक, अदरक एवं शोरे जैसे उद्योगों का विकास हुआ। 20वीं सदी के चौथे दशक में सीमेण्ट, कागज, दियासलाई, चीनी एवं शीशा उद्योग विकसित हुए।

रेलवे का विकास

- भारत में रेलवे के विकास का प्रारम्भ **लॉर्ड डलहौजी** के काल में हुआ। लॉर्ड डलहौजी ने यूरोपियन व्यापारियों को लाभ पहुँचाने के लिए भारत में रेलवे की स्थापना की।
- अंग्रेजों द्वारा भारत में रेल निर्माण का मुख्य उद्देश्य भारत के कच्चे माल को देश के आन्तरिक भागों से बन्दरगाह तक ले जाना था।
- रेल सेवा ने भारतीय व्यापार को तीव्रगति दी, परन्तु उसका अधिकांश लाभ यूरोपीय व्यापारी ले गए। भारतीयों को इससे कोई विशेष लाभ नहीं मिला, परन्तु आने वाले वर्षों में भारतीय व्यापारियों एवं आम जनता को परिवहन का एक बेहतर विकल्प उपलब्ध हुआ। **कार्ल मार्क्स** ने भारत में बिछाई गई रेल को **आधुनिक युग का अग्रदूत** कहा।

बैंकिंग प्रणाली

- 1780 के दशक में भारत में यूरोपीय व्यापार को प्रोत्साहित करने के उद्देश्य से ब्रिटिश पूँजीपतियों द्वारा बैंकों का विकास किया गया। प्रथम बैंक, **बैंक ऑफ इण्डिया** था। बंगाल बैंक की चर्चा 1784 ई. तक होने लगी। 1786 ई. में जनरल बैंक की स्थापना हुई। 1806 ई. में बंगाल बैंक का पतन हो गया और इसकी जगह बंगाल में ही बैंक ऑफ बंगाल की स्थापना हुई। यह प्रथम प्रेसीडेन्सी बैंक था।
- 1840 ई. में बैंक ऑफ बॉम्बे एवं 1870 ई. में बैंक ऑफ मद्रास की स्थापना हुई। इलाहाबाद बैंक की स्थापना 1865 ई. में तथा **इम्पीरियल बैंक ऑफ इण्डिया** की स्थापना वर्ष 1920 में तीनों प्रेसीडेन्सी बैंकों को मिलाकर की गई। 1860 के दशक में पहली बार सीमित उत्तरदायित्व की अवधारणा का विकास हुआ।
- इस अवधारणा पर गठित प्रथम बैंक 1881 ई. में **अवध कॉमर्शियल बैंक** था, लेकिन संयुक्त पूँजी पर आधारित आधुनिक भारतीय बैंक 1894 ई. में स्थापित **पंजाब नेशनल बैंक** था। वर्ष 1901 में **पीपुल्स बैंक** की स्थापना हुई। इन दोनों बैंकों की स्थापना लाला हरकिशन लाल द्वारा की गई। वर्ष 1945-46 के दौरान 91 अनुसूचित बैंक थे।

ब्रिटिश पूँजी निवेश

- 1857 ई. से पूर्व वाणिज्यिक प्रतिष्ठानों में बागवानी कृषि के अन्तर्गत नील, चाय, कॉफी, पटसन, जहाजरानी उद्योग में और सरकार को दिए जाने वाले कर्ज में ब्रिटिश पूँजी लगी हुई थी। 1857 ई. तक ब्रिटिश पूँजी भारत में कम मात्रा में आई। 1857-65 ई. के मध्य अधिक मात्रा में ब्रिटिश पूँजी आने लगी।
- 1857-65 ई. के बीच लगभग 150 मिलियन पौण्ड स्टर्लिंग पूँजी का भारत में निवेश हुआ, जिसमें 75 मिलियन रेलवे में, 55 मिलियन सरकारी कर्ज में, 20 मिलियन बागवानी कृषि, जूट मिल एवं जहाजरानी में निवेश किया गया।

धन की निकासी (बहिर्गमन)

- धन की निकासी शब्द वाणिज्यवादी (Commercialist) सोच के क्रम में विकसित हुआ अर्थात् वणिकवादी (Merchantilism) विचारधारा के अनुसार आर्थिक निकास वह होता है, जब किसी देश से प्रतिकूल व्यापार सन्तुलन के फलस्वरूप सोने एवं चाँदी का निकास होता रहे। प्लासी के युद्ध से पूर्व 50 वर्षों में ईस्ट इण्डिया कम्पनी ने भारत में दो करोड़ पौण्ड का सोना-चाँदी इसलिए भेजा कि वह भारत से निर्यात की जाने वाली वस्तुओं का मूल्य चुका सके, परन्तु प्लासी के युद्ध के पश्चात् यह स्थिति विपरीत हो गई।
- धन की निकासी के प्रतिपादक **दादाभाई नौरोजी** थे। उन्होंने पहली बार 2 मई, 1867 को **इंगलैण्ड डेट टू इण्डिया** (England Debt to India) नामक पेपर में धन के निष्कासन की ओर ध्यान आकृष्ट किया। फिर दादाभाई नौरोजी द्वारा इस विषय पर अन्य निबन्ध भी लिखे गए—इंगलैण्ड डेट टू इण्डिया, द वाण्ट्स एण्ड मीन्स ऑफ इण्डिया, ऑन द कॉमर्स ऑफ इण्डिया एवं पॉवर्टी एण्ड अनब्रिटिश रूल इन इण्डिया।

- दादाभाई नौरोजी के बाद धन के बहिर्गमन सिद्धान्त का समर्थन **रमेशचन्द्र दत्त** तथा **विलियम डिग्बी** जैसे लेखकों ने भी किया था। दादाभाई नौरोजी ने धन के निष्कासन को अनिष्टों का अनिष्ट कहा था। **महादेव गोविन्द रानाडे** ने भी धन के निष्कासन को मानते हुए कहा था कि "राष्ट्रीय पूँजी का एक-तिहाई हिस्सा ब्रिटिश सरकार भारत से बाहर ले जाती है।"
- दादाभाई नौरोजी ने 1867 ई. में सर्वप्रथम प्रति व्यक्ति आय की गणना की थी। तत्कालीन समय में उन्होंने भारत की प्रति व्यक्ति वार्षिक आय 20 रुपये आँकी गई थी। भारतीय राष्ट्रीय कांग्रेस द्वारा अपने कलकत्ता अधिवेशन (1896) में सर्वप्रथम **धन के निष्कासन सिद्धान्त** को स्वीकार किया गया। जी सुब्रह्मण्यम अय्यर ने भी अपने लेखों के माध्यम से आर्थिक नीतियों की आलोचना की थी।
- वर्ष 1901 में इम्पीरियल लेजिस्लेटिव काउन्सिल के बजट भाषण में गोपालकृष्ण गोखले ने धन के बहिर्गमन सिद्धान्त को प्रस्तुत किया।

औपनिवेशिक अर्थव्यवस्था पर लिखी गई पुस्तकें व उनके लेखक

- इकोनॉमिक हिस्ट्री ऑफ इण्डिया - आर. सी. दत्त
- एस्से ऑन इण्डियन इकोनॉमी - एम. जी. रानाडे
- प्रास्पोरस ब्रिटिश इण्डिया - विलियम डिग्बी
- द इकोनॉमिक ट्रांजिक्सन इन इण्डिया सम इकोनॉमिक आसपैक्ट्स ऑफ - थियोडोर मोरिसन
- ब्रिटिश रूल इन इण्डिया - जी सुब्रह्मण्यम अय्यर
- पॉवर्टी प्रॉब्लम इन इण्डिया - पृथ्वीश चन्द्र राय
- द कॉलेज ऑफ इण्डियन फैमिन्स - पृथ्वीश चन्द्र राय
- इकोनॉमिक सिचुएशन इन इण्डिया द इकोनॉमिक रिजल्ट ऑफ फ्री - जी. वी. जोशी
- ट्रेड एण्ड रेलवे एक्सटेंशन - जी. वी. जोशी
- जेफ (पत्रमाला) - जी. वी. जोशी
- कुली कहानी - रामकुमार विद्यारत्न

अकाल नीति

- 1769 से 1770 ई. के बीच पड़े भीषण अकाल ने बंगाल की एक-तिहाई जनसंख्या को कालकवलित कर दिया, किन्तु कम्पनी ने इस ओर कोई ध्यान नहीं दिया, हालाँकि कम्पनी ने 1860 ई. में दिल्ली के आस-पास के क्षेत्रों में पड़ने वाले अकाल की जाँच के लिए **स्मिथ समिति** की नियुक्ति की थी, परन्तु इससे कोई विशेष परिणाम नहीं निकला।
- ब्रिटिश सरकार ने इसी क्रम में आगे भी कई आयोग एवं समितियों का गठन किया, किन्तु गम्भीर प्रयासों का सर्वदा अभाव रहा।
- 1883 ई. में केन्द्र सरकार ने **अकाल संहिता** को भी लागू किया, किन्तु कृषि के विकास के अभाव एवं आवृत्ति को कम करने के गम्भीर प्रयास स्वतन्त्रता के बाद ही प्रारम्भ किए गए।
- सरकार ने अकाल की समस्या से निपटने के लिए **स्मिथ समिति (1860-61), कैम्पबेल आयोग (1866-67), स्ट्रेची आयोग (1879-80) प्रथम दुर्भिक्ष आयोग, लायल आयोग** (1897), **मैकडोनॉल्ड आयोग** (1900) तथा **जॉन वुडहेड आयोग** (1945) का गठन किया था।

प्रमुख आयोग/समितियाँ

आयोग/समिति	सम्बन्धित वर्ष	क्षेत्र
अमीनी समिति	1778	भू-राजस्व एवं अकाल
निकोल्सन आयोग	1892	सहकारी संस्थाओं की कार्यप्रणाली
दत्ता समिति	1905	कीमतों में उतार-चढ़ाव
मैक्लागन समिति	1915	सहकरी संस्थाओं से सम्बन्धित
हॉलैण्ड समिति	1916	उद्योगों का विकास
मेस्टन आयोग	1918	राजस्व की विभिन्न मदों का त्याग करने पर बल
लिनलिथगो आयोग	1928	भारतीय कृषि की स्थिति
मैक्सवेल ब्लूमफील्ड समिति	1928	बारदोली कृषक आन्दोलन पुनर्मूल्यांकन
ह्विटले आयोग	1929	श्रमिकों से सम्बन्धित
सप्रू समिति	1934	मध्यमवर्गीय बेकारी की जाँच
नियेमर समिति	1936	केन्द्र तथा राज्यों के बीच वित्तीय सम्बन्ध
फ्लाउड आयोग	1940	कृषि सम्बन्धी

औपनिवेशिक आर्थिक नीति का प्रभाव

- ब्रिटिश सरकार की शोषणवादी नीति के कारण भारत की अर्थव्यवस्था 19वीं सदी के मध्य तक अत्यन्त दयनीय स्थिति में पहुँच चुकी थी। भारतीय व्यापार पर ईस्ट इण्डिया कम्पनी का एकाधिकार था। कम्पनी भारतीय संसाधनों का दोहन ब्रिटेन के हित में कर रही थी।
- भारत में ब्रिटिश व्यापारियों द्वारा विभिन्न उद्योग स्थापित किए जा रहे थे, जिससे भारतीय अर्थव्यवस्था में निवेश एवं उद्योगों का विस्तार हो रहा था, परन्तु इन सब कारकों का उपयोग अंग्रेज़ों के हितों के लिए किया जा रहा था तथा भारत का धन ब्रिटेन भेजा जा रहा था।
- अंग्रेज़ व्यापारी भारतीयों से कच्चा माल लेकर, उन्हें उपयोगी उत्पादों में बदलकर महँगे दामों में बेचते थे। इससे भारतीय किसानों, मजदूरों एवं मध्यम वर्ग की स्थिति दयनीय हो रही थी।

ब्रिटिश शासन का भारतीय अर्थव्यवस्था पर निम्न प्रभाव पड़ा

- अनौद्योगीकरण।
- भारतीय हस्तशिल्प का पतन।
- कृषि का वाणिज्यीकरण।
- कृषकों की बढ़ती हुई दरिद्रता।
- आधुनिक उद्योगों का विकास।
- धन बहिर्गमन।
- अकाल एवं गरीबी।
- नई जमींदारी व्यवस्था का उदय।

वस्तुनिष्ठ प्रश्न

1. निम्नलिखित युग्मों में से कौन-सा युग्म सुमेलित नहीं है?
(a) इस्तादो द इण्डिया - 1498 ई.
(b) वेरींगिडे ऑस्त इण्डिशे कम्पनी - 1602 ई.
(c) कम्पनी देस इण्डेस ओयण्टलेस - 1662 ई.
(d) डेनिश ईस्ट इण्डिया कम्पनी - 1616 ई.

2. निम्नलिखित में से असत्य कथन कौन-सा है?
(a) पुर्तगालियों ने 1503 ई. में कोचीन (भारत) में पहले दुर्ग की स्थापना की थी
(b) फ्रांसिस्को-डी-अल्मीड़ा भारत में प्रथम पुर्तगाली वायसराय था
(c) भारत में पुर्तगाली शक्ति का वास्तविक संस्थापक अल्फांसो-द-अल्बुकर्क था
(d) भारत में गोथिक स्थापत्य कला का आगमन अंग्रेजों के भारत आगमन के साथ हुआ था

3. यूरोपीय कम्पनियों से सम्बद्ध निम्नलिखित कथनों पर विचार कीजिए
1. डचों द्वारा भारत से नील, शोरा और सूती वस्त्र का निर्यात किया जाता था।
2. डेन के भारत आगमन के साथ आधुनिक जहाज निर्माण और तम्बाकू की खेती की शुरुआत हुई।
3. डचों द्वारा अपने प्रभुत्व के अधीन सामुद्रिक मार्गों पर सुरक्षा कर वसूल करने को कार्ट्ज व्यवस्था कहा जाता था।

उपरोक्त में से कौन-सा/से कथन सही है/हैं?
(a) 1 और 2
(b) 2 और 3
(c) केवल 3
(d) 1 और 3

4. कर्नाटक का तृतीय युद्ध से सम्बन्धित कथनों पर विचार कीजिए
1. यह युद्ध 1756-63 के मध्य हुआ था।
2. 22 जनवरी, 1760 को वाण्डीवास के युद्ध में अंग्रेजी सेना को आयरकूट तथा फ्रांसीसी सेना को लाली ने नेतृत्व प्रदान किया।
3. यह युद्ध पॉण्डिचेरी की सन्धि के साथ समाप्त हो गया।

उपरोक्त में से कितने कथन सत्य हैं?
(a) केवल एक
(b) केवल दो
(c) सभी तीन
(d) इनमें से कोई नहीं

5. नारिस मिशन से सम्बद्ध कथनों पर विचार कीजिए
1. इंग्लैण्ड के राजा विलियम तृतीय द्वारा विलियम नारिस को औरंगजेब के दरबार में भेजा गया।
2. इस मिशन का उद्देश्य 'इंग्लिश कम्पनी ट्रेडिंग इन ईस्ट' के लिए विशेषाधिकार प्राप्त करना था।

उपरोक्त में कौन-सा/से कथन सही है/हैं?
(a) केवल 1
(b) केवल 2
(c) 1 और 2
(d) उपरोक्त में से कोई नहीं

6. निम्नलिखित में से कौन-सा कथन सत्य नहीं है?
(a) भारत में डच ईस्ट इण्डिया कम्पनी की स्थापना 1602 ई. में हुई थी
(b) डचों ने भारत में सर्वप्रथम मसूलीपट्टनम में अपनी कोठी बनाई थी
(c) पुलीकट में स्थित गोल्ड्रिया फैक्ट्री डचों की किलाबन्द बस्ती थी
(d) बेदरा का युद्ध अंग्रेज एवं पुर्तगालियों के बीच हुआ था

7. निम्नलिखित कथनों पर विचार कीजिए
1. वाण्डीवाश के युद्ध से फ्रांसीसियों की भारत में स्थापित होने की सम्भावना धूमिल हो गई।
2. बंगाल के संसाधनों ने अंग्रेजो को फ्रांसीसियों पर बढ़त दिलाने में महत्त्वपूर्ण भूमिका निभाई।

उपरोक्त में से कौन-सा/से कथन सही है/हैं?
(a) केवल 1
(b) केवल 2
(c) 1 और 2
(d) इनमें से कोई नहीं

8. निम्नलिखित में से कौन-सा/से कथन सही है/हैं?
1. ब्लैक होल की घटना 20 जून, 1756 को घटित हुई थी।
2. प्लासी का युद्ध 23 जून, 1757 को हुआ था।
3. गिरिया का युद्ध 1760 ई. में हुआ था।

कूट
(a) केवल 1
(b) 1 और 2
(c) 1 और 3
(d) 1, 2 और 3

9. निम्नलिखित में से कौन-सा/से कथन असत्य है/हैं?
(a) बक्सर का युद्ध 1764 ई. में हुआ था
(b) बंगाल का अन्तिम नवाब मुबारक-उद्-दौला था
(c) द्वैधशासन प्रणाली की शुरुआत क्लाइव ने की थी
(d) द्वैधशासन प्रणाली से कृषि एवं उद्योगों पर कर लगाए गए थे

10. निम्नलिखित में से कौन-सा कथन सत्य नहीं है?
(a) फ्रांसीसी भारत में सबसे अन्त में आने वाली यूरोपियन शक्ति थे
(b) भारत में फ्रांसीसियों की पहली कोठी सूरत में 1668 ई. में स्थापित हुई थी
(c) रिजविक समझौता डचों एवं फ्रांसीसियों के बीच 1697 ई. में हुआ था
(d) प्रथम कर्नाटक युद्ध डचों एवं फ्रांसीसियों के बीच 1746 ई. में हुआ था

11. निम्नलिखित में से कौन-सा कथन सत्य नहीं है?
(a) डेनमार्क की ईस्ट इण्डिया कम्पनी की स्थापना 1616 ई. में हुई थी
(b) 1620 ई. में त्रावणकोर में प्रथम डेनमार्की व्यापारिक कम्पनी स्थापित हुई थी
(c) 1854 ई. में डेनमार्क ने अपनी भारतीय वाणिज्य कम्पनी को अंग्रेज़ों को बेच दिया था
(d) स्वीडिश ईस्ट इण्डिया कम्पनी की स्थापना 1780 ई. में हुई थी

12. निम्नलिखित युग्मों पर विचार कीजिए
1. कर्नाटक का प्रथम युद्ध — 1746-48 ई.
2. कर्नाटक का द्वितीय युद्ध — 1749-54 ई.
3. कर्नाटक का तृतीय युद्ध — 1755-58 ई.

उपरोक्त में से कितने युग्म सही सुमेलित हैं?
(a) केवल एक
(b) केवल दो
(c) सभी तीन
(d) इनमें से कोई नहीं

13. निम्नलिखित कथनों पर विचार कीजिए
1. ईस्ट इण्डिया कम्पनी की स्थापना के साथ ही महारानी एलिजाबेथ ने 1599 ई. के चार्टर द्वारा कम्पनी को समस्त पूर्वी देशों में 25 वर्षों के व्यापार का अधिकार सौंपा।
2. कम्पनी की समस्त शक्तियाँ 14 सदस्यीय परिषद् में निहित थी।

उपरोक्त में से कौन-सा कथन सत्य है?
(a) केवल 1
(b) केवल 2
(c) 1 और 2 दोनों
(d) न तो 1 और न ही 2

14. भारत सरकार अधिनियम, 1858 से सम्बन्धित कथनों में से कौन-सा कथन असत्य है?
(a) तत्कालीन प्रधानमन्त्री पामर्स्टन ने इस अधिनियम को पारित कर भारत को ब्रिटिश क्राउन के अधीन किया, जिसका जॉन स्टुअर्ट मिल ने समर्थन किया
(b) इस अधिनियम को 1858 एक्ट फॉर द बेटर गवर्नमेण्ट ऑफ इण्डिया की संज्ञा से नामित किया गया

(c) बोर्ड ऑफ कण्ट्रोल एवं बोर्ड ऑफ डायरेक्टर्स के सभी अधिकार भारत सचिव को दिए गए
(d) भारत सचिव की सहायता के लिए एक 15 सदस्यीय परिषद् का गठन किया गया

15. निम्नलिखित कथनों पर विचार कीजिए
1. अधिकृत उच्च न्यायालयों की स्थापना
2. वायसराय की परिषद् के सदस्यों को विभागीय उत्तरदायित्व
3. परिषद् के सदस्यों को सार्वजनिक हित के मसलों पर प्रश्न पूछने का अधिकार

उपरोक्त में से कितने कथन 1861 के भारत परिषद् अधिनियम से सम्बद्ध हैं?
(a) केवल एक (b) केवल दो
(c) सभी तीन (d) इनमें से कोई नहीं

16. 1892 के काउन्सिल एक्ट से सम्बन्धित निम्नलिखित कथनों पर विचार कीजिए
1. राष्ट्रीय आन्दोलन ने ब्रिटिश उपनिवेशवादी सत्ताधारियों को इण्डियन काउन्सिल एक्ट, 1892 की वैधानिक कार्यविधि में परिवर्तन करने हेतु बाध्य किया, जिसके परिणामस्वरूप शाही और प्रान्तीय वैधानिक काउन्सिलों में विस्तार हुआ।
2. राष्ट्रवादी, 1892 के एक्ट के फलस्वरूप होने वाले परिवर्तनों से सन्तुष्ट थे।

उपरोक्त में से कौन-सा/से कथन सही है/हैं?
(a) केवल 1 (b) केवल 2
(c) 1 और 2 (d) इनमें से कोई नहीं

17. 1909 के भारतीय परिषद् एक्ट से सम्बद्ध में से कौन-सा/से कथन सही है/हैं?
1. इस एक्ट द्वारा भारतीयों को विधि निर्माण तथा प्रशासन दोनों में प्रतिनिधित्व प्रदान किया गया।
2. इस एक्ट द्वारा परिषद् के सदस्यों को बजट की विवेचना करने तथा उस पर प्रश्न करने का अधिकार दिया गया।

कूट
(a) केवल 1
(b) केवल 2
(c) 1 और 2
(d) न तो 1 और न ही 2

18. 1935 के भारत सरकार अधिनियम के सन्दर्भ में निम्नलिखित कथनों पर विचार कीजिए
1. अधिनियम के अनुसार, गवर्नर के प्रान्तों में द्वैधशासन का उन्मूलन कर दिया गया तथा प्रान्तीय स्वायत्तता आरम्भ हो गई।
2. समस्त प्रान्तीय विधानमण्डल केवल एक सदन के थे, जिसको विधानसभा कहते थे।

उपरोक्त में से कौन-सा/से कथन सही है/हैं?
(a) केवल 1
(b) केवल 2
(c) 1 और 2
(d) न तो 1 और न ही 2

19. कांग्रेस ने भारत सरकार अधिनियम, 1935 को क्यों अस्वीकृत कर दिया?
(a) इसे बनाने में जनता से परामर्श नहीं लिया गया
(b) अधिनियम में उत्तरदायी सरकार स्थापित करने की बात कही गई थी
(c) रक्षोपायों से युक्त प्रान्तीय स्वायत्तता प्रजातान्त्रिक अधिकारों के प्रतिकूल थी
(d) उपरोक्त सभी

20. ब्रिटिश काल में लोक सेवा से सम्बन्धित कथनों पर विचार कीजिए
1. वर्ष 1912 में सिविल सेवा पर इस्लिंग्टन कमीशन का गठन किया गया, जिसने लोक सेवा आयोग के गठन की अनुशंसा की।
2. ली आयोग के सुझाव पर वर्ष 1926 में केन्द्रीय लोक सेवा आयोग की स्थापना की गई।
3. सर रोजर बार्कर इसके पहले अध्यक्ष थे।
4. ब्रिटिश सरकार ने 1878 ई. में सिविल सेवा में बैठने की आयु 21 वर्ष से घटाकर 18 वर्ष कर दी।

उपरोक्त में से कितने कथन सत्य हैं?
(a) केवल दो
(b) केवल तीन
(c) सभी चार
(d) उपरोक्त में से कोई नहीं

21. निम्नलिखित में से कौन-सा/से कथन सही है/हैं?
1. रॉबर्ट क्लाइव ने बंगाल की दीवानी प्राप्त करने के बाद वहाँ भू-राजस्व की 'पाँच-साला' व्यवस्था को लागू किया, जिसे बाद में वार्षिक कर दिया।
2. कॉर्नवालिस के समय में दस-साला बन्दोबस्त लागू किया गया, जिसे 1793 ई. में बंगाल, बिहार और उड़ीसा में स्थायी बना दिया गया।

कूट
(a) केवल 1
(b) केवल 2
(c) 1 और 2
(d) न तो 1 और न ही 2

22. निम्नलिखित में से कौन-सा/से कथन सही है/हैं?
1. स्थायी बन्दोबस्त बंगाल, बिहार, उड़ीसा, उत्तर प्रदेश के वाराणसी प्रभाग तथा कर्नाटक में लागू किया गया था।
2. यह ब्रिटिश भारत के कुल क्षेत्रफल का लगभग 22% था।
3. इस व्यवस्था के अन्तर्गत जमींदारों के एक नए वर्ग को भू-स्वामी घोषित कर दिया गया।

कूट
(a) 1 और 2 (b) 2 और 3
(c) 1 और 3 (d) केवल 1

23. निम्नलिखित कथनों पर विचार कीजिए
1. अंग्रेजों द्वारा भारत में लागू की गई भू-राजस्व प्रणाली निरन्तर प्रयोगों को रेखांकित करती है।
2. अंग्रेजों द्वारा अपने लाभ और किसानों के हितों के बीच यथासम्भव सन्तुलन स्थापित करते हुए, एक भू-राजस्व प्रणाली के विकास का प्रयास लगातार किया गया।

उपरोक्त में से कौन-सा/से सही कथन है/हैं?
(a) केवल 1 (b) केवल 2
(c) 1 और 2 (d) इनमें से कोई नहीं

24. निम्नलिखित में से कौन-से कथन सही हैं?
1. रैयतवाड़ी व्यवस्था को सर्वप्रथम टॉमस मुनरो तथा कैप्टन रीड द्वारा तमिलनाडु में लागू किया गया था।
2. बाद मे इसका विस्तार महाराष्ट्र, पूर्वी बंगाल तथा असम और कुर्ग में लागू कर दिया गया।
3. इसके अन्तर्गत उपज के 45% भाग को सरकार द्वारा भू-राजस्व के रूप में निर्धारित किया गया।

कूट
(a) 1 और 2 (b) 1 और 3
(c) 2 और 3 (d) 1, 2 और 3

25. जागीरदारी व्यवस्था से सम्बन्धित कथनों पर विचर कीजिए
1. अमीरों ने कृषकों का अधिकाधिक शोषण करके जागीरों से प्रभुत्व आय अर्जित की।
2. अमीर वर्ग ने अपनी मौजूदा जागीरों तथा पदों को वंशानुगत बनाने का प्रयास किया।
3. अमीर वर्ग ने खालसा भूमि से प्राप्त आय को हड़पने का प्रयास किया।

उपरोक्त में से कितने कथन सही हैं?
(a) केवल एक (b) केवल दो
(c) सभी तीन (d) इनमें से कोई नहीं

26. दक्षिण भारत में सिंचाई व्यवस्था का अग्रदूत किसे माना जाता है?
(a) सर आर्थर कॉटन (b) कर्नल बेयर्ड स्मिथ
(c) लेफ्टिनेण्ट ब्लेन (d) कर्नल राबर्ट स्मिथ

27. निम्नलिखित में से किसने 1793 ई. में बंगाल में चिरस्थायी बन्दोबस्त की शुरुआत की?
(a) लॉर्ड कॉर्नवालिस
(b) लॉर्ड रिपन
(c) रॉबर्ट क्लाइव
(d) जॉन एडम

28. 'स्थायी बन्दोबस्त' किसके साथ किया गया?
(a) जमींदारों के साथ
(b) ग्रामीण समुदायों के साथ
(c) मुकदमों के साथ
(d) किसानों के साथ

29. सर थॉमस मुनरो भू-राजस्व बन्दोबस्त से सम्बद्ध हैं
(a) स्थायी बन्दोबस्त (b) महालवाड़ी बन्दोबस्त
(c) रैयतवाड़ी बन्दोबस्त (d) इनमें से कोई नहीं

30. वह प्रथा, जिसके तहत किसान स्वयं भूमि का मालिक होता है और सरकार को भू-राजस्व के भुगतान के लिए जिम्मेदार माना जाता है
(a) जमींदारी प्रथा (b) रैयतवाड़ी प्रथा
(c) महालवाड़ी प्रथा (d) दहसाला प्रथा

31. भू-राजस्व से सम्बन्धित महालवाड़ी व्यवस्था का जनक किसे माना जाता है?
(a) हॉल्ट मैकेंजी (b) कैप्टन रीड
(c) सर थॉमस मुनरो (d) जॉन शोर

32. महालवाड़ी व्यवस्था ब्रिटिश सरकार द्वारा किसके साथ स्थापित की गई?
(a) पूरे गाँव (महाल) के साथ
(b) जमींदारों के साथ
(c) प्रत्येक किसान के साथ अलग-अलग
(d) उपरोक्त में से कोई नहीं

33. तिनकठिया कानून किस स्थान पर किसकी खेती से सम्बन्धित है?
(a) गोरखपुर – अफीम (b) बेगूसराय – धान
(c) चम्पारण – नील (d) बर्दबान – धान

34. भारत में प्रथम चाय बागान 1835 ई. में कहाँ लगाया गया?
(a) असम (b) तमिलनाडु
(c) पश्चिम बंगाल (d) केरल

सही उत्तर

1. (c)	**2.** (d)	**3.** (a)	**4.** (b)	**5.** (d)	**6.** (d)	**7.** (c)	**8.** (d)	**9.** (d)	**10.** (b)
11. (a)	**12.** (b)	**13.** (d)	**14.** (a)	**15.** (c)	**16.** (a)	**17.** (c)	**18.** (b)	**19.** (d)	**20.** (b)
21. (b)	**22.** (c)	**23.** (c)	**24.** (a)	**25.** (c)	**26.** (a)	**27.** (a)	**28.** (a)	**29.** (c)	**30.** (b)
31. (a)	**32.** (a)	**33.** (c)	**34.** (a)						

अध्याय 15 जनजातीय आन्दोलन

जनजातीय (आदिवासी) विद्रोहः कारण

जनजातीय लोगों की कुछ समस्याओं में किसानों से समानता थी, लेकिन कुछ मामलों में वे किसान आन्दोलनों से भिन्न थीं; जैसे—जनजातीय आन्दोलनों में धार्मिक मामलों को अधिक उछाला गया। इनमें प्रायः धार्मिक पुनरुत्थानवादी दृष्टिकोण पाया जाता था एवं किसी दिव्य अवतार के आगमन का विश्वास शामिल था। यही कारण है कि ये विद्रोह अधिक हिंसक हो जाते थे। जनजातीय विद्रोह के प्रमुख कारण निम्नलिखित थे

- जनजातीय लोग **खूँटकट्टी अधिकार** (सामूहिक सम्पत्ति की अवधारणा) में विश्वास करते थे, जबकि उन क्षेत्रों में ब्रिटिश कानून लागू किए गए।
- आदिवासी जनजातियों के बीच महाजनों, व्यापारियों और लगान वसूल करने वाले ऐसे समूह को लादा गया, जो बिचौलियों की भूमिका अदा कर रहे थे।
- **बैठ बेगारी** के विरुद्ध असन्तोष, अनुबन्धित श्रमिकों की समस्या तथा जनजातीय जीवन पद्धति में हस्तक्षेप से असन्तोष।
- ईसाई मिशनरियों द्वारा धर्म प्रचार के विरुद्ध प्रतिक्रिया स्वरूप विद्रोह।
- पूर्वी भारत में 1822 ई. में चावल से बनाए जाने वाली देशी शराब पर उत्पादन शुल्क लगाया जाना तथा 1867 ई. में झूम कृषि पर पाबन्दी।
- जनजातियों ने मात्र शोषक वर्ग का विरोध किया, क्योंकि ये जातीय आधार पर संगठित होते थे। जनजातियों ने वन अधिकारों के प्रति जागरुकता दिखाई तथा सामाजिक-धार्मिक सुधार हेतु भी आन्दोलन किया।
- महात्मा गाँधी एवं उनके विचारों से प्रभावित होने वाले प्रथम आदिवासी नेता जदोनांग थे, जिनका सम्बन्ध नागालैण्ड से था।

नोट जनजातीय लोगों के सम्बन्ध में आदिवासी शब्द का प्रयोग सर्वप्रथम ठक्कर बापा (अमृतलाल विट्ठलदास ठक्कर) ने किया था। ये महात्मा गाँधी द्वारा स्थापित हरिजन सेवक संघ के महासचिव थे।

पूर्वी भारत के प्रमुख विद्रोह

पूर्वी भारत के प्रमुख विद्रोह निम्नलिखित हैं

चुआर (भूमिज) विद्रोह

- यह विद्रोह 1768 ई. में **दुर्जन सिंह** तथा **जगन्नाथ** के नेतृत्व में बंगाल के मिदनापुर जिले में हुआ था। विद्रोह का प्रमुख कारण बढ़ा हुआ भूमि कर एवं अकाल के कारण उत्पन्न आर्थिक संकट था।
- यह विद्रोह रुक-रुक कर लगभग 30 वर्षों तक चला। इसे **भूमिज विद्रोह** भी कहा जाता है।

पहाड़िया विद्रोह

- पहाड़िया विद्रोह राजमहल की पहाड़ियों (झारखण्ड) में स्थित उन जनजातियों का विद्रोह था, जिनके क्षेत्रों में अंग्रेजों ने हस्तक्षेप किया था।
- यह विद्रोह 1778 से 1780 ई. तक चला। यह 1778 ई. में राजा जगन्नाथ के नेतृत्व में शुरू हुआ था।
- अंग्रेजों ने पहाड़िया विद्रोह को कुचलने हेतु उनकी भूमि को 1824 ई. में **दामिन-ए-कोह** में परिवर्तित कर दिया अर्थात् सम्पूर्ण क्षेत्र को सरकारी सम्पत्ति घोषित कर दिया।

हो विद्रोह

अंग्रेजों द्वारा झारखण्ड के छोटानागपुर एवं सिंहभूम जिलों से हो एवं मुण्डा आदिवासियों को बेदखल किए जाने से इस विद्रोह की नींव पड़ी। हो जनजातियों ने 1820-22 ई. तक तथा 1831 ई. में अंग्रेजी सेना का प्रतिरोध किया। बंगाल के पाराहार के तत्कालीन **राजा जगन्नाथ** ने आदिवासियों की विद्रोह में सहायता की थी। मेजर रफसेज ने बर्बर कार्यवाही के द्वारा विद्रोह को कुचल दिया।

कोल विद्रोह

यह विद्रोह 1831 ई. में राँची, सिंहभूम, हजारी बाग, पालामऊ और मानभूम में हुआ। इस विद्रोह का प्रमुख कारण कोल आदिवासियों की जमीन छीनकर मुस्लिम एवं सिख कृषकों को देना था। इस विद्रोह का नेतृत्व **सुर्गा एवं सिंगराय** ने किया था।

सन्थाल विद्रोह

- भागलपुर एवं राजमहल के सन्थाल आदिवासियों ने 1855 ई. में जमींदारों, साहूकारों के अत्याचार एवं भूमिकर अधिकारियों के दमनात्मक व्यवहार के प्रति विद्रोह किया। इसकी अवधि 1855-56 ई. थी।
- सन्थाल विद्रोह **भगनिडीह** नामक गाँव से शुरू हुआ था। सिद्धु तथा कान्हू इस विद्रोह के प्रमुख नेता थे। इसमें उनके दो भाई चाँद और भैरव तथा दो बहनें फूलो और झानो ने भी सहयोग दिया था।
- विद्रोह के पश्चात् अंग्रेजी सरकार ने 1855 ई. में सन्थाल क्षेत्र को पृथक् नॉन रेग्यूलेशन जिला घोषित किया तथा इसका नाम सन्थाल परगना रखा।
- अब किसी सन्थाल का गैर-सन्थाल को भूमि अन्तरण करना गैर-कानूनी घोषित कर दिया गया।

खेरवार (खारवाड़) विद्रोह

- यह विद्रोह 1870 ई. में भू-राजस्व बन्दोबस्त व्यवस्था के विरुद्ध हुआ। इस विद्रोह का उद्देश्य प्राचीन परम्पराओं की पुनर्स्थापना करना था। इसके लिए इन्होंने अहिंसा का मार्ग अपनाया था।
- यह विद्रोह प्रारम्भ में एकेश्वरवाद एवं सामाजिक सुधारों की शिक्षा देता था।

खासी विद्रोह

- उत्तरी-पूर्वी भारत में अपना साम्राज्य विस्तार करने के लिए जब अंग्रेजों ने खासी और जयन्तिया पहाड़ियों से सिलहट के बीच सड़क मार्ग बनाना शुरू किया, तो स्थानीय लोगों ने इसे ब्रिटिश राज का उनकी स्वतन्त्रता पर हस्तक्षेप मानते हुए विद्रोह किया। स्थानीय खाम्पटी एवं सिंहपो लोगों ने राजा **तीरत सिंह** के नेतृत्व में विद्रोह किया।
- इस विद्रोह में **वारमानिक** एवं **मुकुन्द सिंह** ने भी विशेष योगदान दिया था। विद्रोह को 1833 ई. तक बर्बर सैन्य कार्यवाही के द्वारा दबा दिया गया।

मुण्डा विद्रोह

- मुण्डा विद्रोह 1874 ई. से प्रारम्भ हुआ तथा 1895 ई. में **बिरसा मुण्डा** द्वारा नेतृत्व किया गया। बिरसा मुण्डा के आध्यात्मिक गुरु आनन्द पाण्डे थे, इन्होंने बिरसा को वैष्णव धर्म की दीक्षा दी थी। इसका कार्यक्षेत्र राँची था।
- इन्होंने अपने अनुयायियों से **सिंगा बोंगा** की पूजा करने को कहा तथा 1899 ई. में दिकु (बाहरी महाजन, हाकिम, ठेकेदार) तथा ईसाइयों (अंग्रेजों) को भगाने का आह्वान किया। 3 फरवरी, 1900 को इन्हें सिंहभूम में गिरफ्तार कर लिया गया तथा राँची जेल में इनकी हैजे की बीमारी से मृत्यु हो गई। बिरसा मुण्डा द्वारा प्रारम्भ किया गया यह आन्दोलन एक प्रकार का सामाजिक-धार्मिक एवं राजनीतिक आन्दोलन था।
- इस आन्दोलन में बिरसा ने शोषण मुक्त समाज की स्थापना, मुण्डा समाज के अनुरूप एक नए धर्म की घोषणा, हिन्दू धर्म के आदर्श एवं कर्मकाण्ड, शुद्धता एवं तपस्या का प्रचार, एकेश्वर में विश्वास, भूत-प्रेत की पूजा पर रोक एवं समाज के प्रत्येक व्यक्ति में आत्म-सम्मान एवं आत्म-विश्वास उत्पन्न पर बल दिया।
- वर्ष 1908 के छोटानागपुर टेनेंसी एक्ट द्वारा खूँटकट्टी (सामूहिक खेती) को मान्यता दी तथा जबरिया बेगार पर प्रतिबन्ध लगा दिया। बिरसा मुण्डा को 'उल्गुलान' तथा इनके विद्रोह को 'उल्गुलन' (महान उथल-पुथल) नाम से जाना जाता है।

नागा विद्रोह

- यह विद्रोह **रोंगमेई जदोनांग** के नेतृत्व में नागालैण्ड में हुआ था। इस आन्दोलन का प्रमुख उद्देश्य नागा राज्य की स्थापना करके प्राचीन धर्म को पुनर्जीवित करना था।
- जदोनांग को पकड़कर 29 अगस्त, 1931 में फाँसी दे दी गई। इसके बाद आन्दोलन की बागडोर नागा महिला **रानी गौडिनल्यू** ने सँभाली थी।
- रानी गौडिनल्यू ने जदोनांग के विचारों से प्रेरित होकर **होर्का पन्थ** की स्थापना की थी। इन्हें स्वतन्त्रता के पश्चात् जवाहरलाल नेहरू ने **रानी** की उपाधि दी थी।

पश्चिमी भारत के प्रमुख विद्रोह

पश्चिमी भारत के प्रमुख विद्रोह निम्नलिखित हैं

भील विद्रोह

- इस विद्रोह का प्रारम्भ 1818 ई. में पश्चिमी घाट (राजस्थान, महाराष्ट्र और मध्य प्रदेश) क्षेत्र में हुआ था। भीलों की आदिम जाति पश्चिमी तट के खानदेश जिले में रहती थी। गोविन्द गुरु के नेतृत्व में भीलों के लिए 'भील राज्य' संगठित हुआ।
- इस विद्रोह का प्रमुख कारण कृषि सम्बन्धी परेशानियाँ थीं, जोकि अंग्रेजों द्वारा उत्पन्न की गई थीं। 1825 ई. में **सेवाराम** के नेतृत्व में भीलों ने पुनः विद्रोह किया। यह विद्रोह 1846 ई. तक चलता रहा।

बघेरा विद्रोह

इस विद्रोह (1818-19 ई.) का प्रमुख कारण **बड़ौदा** के गायकवाड़ राजा द्वारा ओखा मण्डल के बघेरा लोगों से, अंग्रेजों की मदद से अधिक कर वसूल करना था। 1820 ई. में बर्बर सैन्य कार्यवाही द्वारा यह विद्रोह समाप्त हो गया।

गडकरी विद्रोह

- यह विद्रोह महाराष्ट्र के **कोल्हापुर** में 1844 ई. में हुआ था।
- इस विद्रोह का मुख्य कारण बेरोजगारी, कृषि सम्बन्धी शिकायतें तथा गड़करी जाति के विस्थापित सैनिक थे। इन विस्थापित सैनिकों ने अंग्रेजों के विरुद्ध विद्रोह करते हुए भूदरगढ़ एवं समनगढ़ के किलों पर आक्रमण किया था।

पाइक विद्रोह

- यह विद्रोह 1817 से 1825 ई. के मध्य उड़ीसा में पाइक जनजाति द्वारा किया गया था। इस विद्रोह का नेतृत्व **बख्शी जगबन्धु** ने किया था। पाइक, लगान मुक्त भूमि का उपयोग करने वाले वंशानुगत पैदल सैनिक थे।
- इसे खुर्दा विद्रोह के नाम से भी जाना जाता है। **वाल्टर ईवर आयोग** ने सिफारिश की कि पाइका की लगान मुक्त भूमि को अंग्रेजों द्वारा अपने कब्जे में ले लिया जाए। इसके फलस्वरूप पाइका ने जमींदारों और किसानों के समर्थन में हथियार उठा लिए, जिसमें **गुरिल्ला पद्धति** का प्रयोग किया गया।

रामोसी विद्रोह

- यह विद्रोह 1822 ई. से लेकर 1841 ई. तक चला था। यह विद्रोह पश्चिमी घाट प्रदेश में रहने वाली रामोसी जनजाति के द्वारा सरदार **चित्तूर सिंह** के नेतृत्व में किया गया था। यह आन्दोलन मराठा क्षेत्रों पर ब्रिटिश कब्जे पर नाराजगी के कारण हुआ था।
- यह विद्रोह मुख्य रूप से सतारा के आस-पास केन्द्रित था। 1825 ई. में विद्रोह का कारण अकाल था। 1825-29 ई. तक इस विद्रोह का नेतृत्व **उमा जी** ने किया था।
- 1839 ई. में सतारा के राजा प्रताप सिंह के देश निष्कासन से प्रदेश में असन्तोष उत्पन्न हो गया और **नरसिंह दत्तात्रेय पेतकर** के नेतृत्व में 1840-41 ई. में विस्तृत दंगे हुए।

खोण्ड एवं सवार विद्रोह

- यह विद्रोह 1837 से लेकर 1856 ई. के मध्य तमिलनाडु, बंगाल एवं मध्य भारत में रहने वाली खोण्ड एवं सवार जनजातियों द्वारा किया गया था।
- इस विद्रोह का कारण सरकार द्वारा नरबलि प्रथा पर रोक लगाना था। इस विद्रोह का नेतृत्व **चक्र बिसोई** ने किया था तथा **राधाकृष्ण दण्डसेन** सहित अन्य लोगों ने भी विद्रोह में विशेष भूमिका निभाई थी।

कूका विद्रोह

- 1840 ई. में **भगत जवाहरमल** ने पश्चिमी पंजाब में कूका विद्रोह की शुरुआत की थी। भगत जवाहरमल को **सियान साहब** के नाम से भी जाना जाता था।
- इस विद्रोह की आरम्भिक प्रवृत्ति धार्मिक थी, परन्तु शीघ्र ही यह विद्रोह एक राजनीतिक आन्दोलन में बदल गया। इसका प्रमुख उद्देश्य सिख धर्म की बुराइयों को दूर करना था।
- हजारा को विद्रोह का केन्द्र स्थल बनाते हुए जवाहरमल ने **बालक सिंह** एवं **रामसिंह** के सहयोग से विद्रोह किया था।

कूकी आन्दोलन

मणिपुर एवं त्रिपुरा क्षेत्र के कूकियों ने 1826 से 1844 ई. तथा 1849 ई. में विद्रोह किए। 1850 ई. में अनेक कूकी सरदारों ने अंग्रेज़ी प्रभुसत्ता स्वीकार की।

खामती विद्रोह

- अहोम राजा द्वारा म्यांमार की **खामती जाति** को बसने की इजाजत देने के उपरान्त ये लोग सदिया के आस-पास के क्षेत्रों में बस गए।
- अंग्रेजों से इनके रीति-रिवाज एवं राजस्व वसूली को लेकर मतभेद होने पर खामती लोगों ने **खवागोहाई** एवं **रुनूगोहाई** के नेतृत्व में विद्रोह किया अन्ततः अंग्रेज़ों ने 1843 ई. में विद्रोह को दबा दिया था।

कोया विद्रोह

- यह विद्रोह दो चरणों में 1879-86 ई. के मध्य हुआ था। प्रथम चरण का नेतृत्व **टोम्पा सोरा** तथा द्वितीय चरण का नेतृत्व नेता **राजन अनन्त शैय्यार** ने किया था। कोया विद्रोह पूर्वी गोदावरी के क्षेत्र में रम्पा प्रदेश में हुआ था।
- इस विद्रोह का प्रमुख कारण आदिवासियों के जंगल सम्बन्धी अधिकारों को अंग्रेज सरकार द्वारा छीनना था।
- इस विद्रोह को अंग्रेजों ने दमनात्मक कार्यवाही द्वारा दबा दिया।

रम्पा विद्रोह

- आन्ध्र प्रदेश के तटवर्ती पहाड़ी क्षेत्र में रम्पा जनजाति के लोगों ने **राजू रम्पा** के नेतृत्व में 1879 ई. में विद्रोह कर दिया।
- यह विद्रोह सरकार समर्थित जागीरदारों के भ्रष्टाचार और नए जंगल कानून के खिलाफ था। 1880 ई. में बर्बर सैन्य कार्यवाही द्वारा इस विद्रोह का दमन कर दिया गया।
- वर्ष 1922-24 के बीच कई गुरिल्ला युद्ध हुए। इस विद्रोह के नेता अल्लूरी सीताराम राजू थे, जो गैर-आदिवासी नेता थे। उन्हें गाँधीजी के असहयोग आन्दोलन से प्रेरणा प्राप्त हुई, लेकिन वे आदिवासी कल्याण हेतु हिंसा को आवश्यक समझते थे। वर्ष 1924 में इस विद्रोह को भी कुचल दिया गया।

खोण्डा-डोरा विद्रोह

- यह विद्रोह वर्ष 1900 में विशाखापट्टनम के डाबर क्षेत्र की खोण्डा-डोरा जनजाति द्वारा किया गया था। इस विद्रोह का नेतृत्व **कोरामलैया** ने किया था।
- अंग्रेज सरकार ने बर्बर सैनिक कार्यवाही के द्वारा विद्रोह को दबा दिया।

चेंचू विद्रोह

- इसका प्रारम्भ वर्ष 1920 में चरवाहा शुल्क के विरोध में आन्ध्रप्रदेश के गुण्टूर जिले में जंगल सत्याग्रह के रूप में हुआ।
- इस आन्दोलन का नेतृत्व वेंकट्टप्पया ने किया था। इस आन्दोलन के समर्थन में वर्ष 1927 में कुडुपाह की यात्रा की थी।

अन्य प्रमुख जनजातीय विद्रोह

विद्रोह	वर्ष	क्षेत्र	नेतृत्वकर्ता
तमाड़ विद्रोह	1782-1820	झारखण्ड	भोलानाथ सिंह, दुख मानकी
नारकेलबेरिया विद्रोह	1782-1831	बंगाल	मीर निसार अली (टीटू मीर)
तिलका माँझी विद्रोह	1783	बिहार/झारखण्ड	तिलका माँझी
चेर विद्रोह	1817	पूर्वी भारत	भूषण सिंह
गोण्ड विद्रोह	1833	उड़ीसा	सुरेन्द्र साईं
भूमिज विद्रोह	1832-33	झारखण्ड	गंगा नारायण सिंह, विन्द राय
युआन-जुआंग विद्रोह	1867-68	उड़ीसा	रत्ननायक धरणी नायक
साफाहार विद्रोह	1870	झारखण्ड	लाल हेम्ब्रम
मणिपुर विद्रोह	1891	मणिपुर, रोंगमेई	जदोनांग, रानी गौडिनल्यू
कोल आन्दोलन	1831-32	छोटानागपुर	सुर्गा एवं सिंगराय
सन्थाल विद्रोह	1855-56	बिहार, झारखण्ड	सिद्धू-कान्हू
मुण्डा विद्रोह	1899-1900	बिहार, झारखण्ड	बिरसा मुण्डा
कूका आन्दोलन	1840	पंजाब	भगत जवाहरमल
रम्पा का विद्रोह	1922	आन्ध्र प्रदेश	अल्लूरी सीताराम राजू

किसान आन्दोलन : प्रकृति एवं चरण

- भारत में किसान आन्दोलन को दो कालों 19वीं सदी एवं 20वीं सदी के अन्तर्गत समझा जा सकता है।
- 19वीं सदी में होने वाले कृषक आन्दोलनों का स्वरूप क्षेत्रीय तथा दृष्टिकोण संकीर्ण था। उनका मुख्य निशाना तात्कालिक शोषक वर्ग था।
- इसका मुख्य कारण देश में बार-बार अकाल पड़ना तथा लगान बढ़ना था। 19वीं सदी में ब्रिटिश सरकार द्वारा भारत की लगान व्यवस्था में व्यापक परिवर्तन किए गए। इस व्यवस्था ने मध्यस्थों की एक नई श्रेणी विकसित की। बढ़ते हुए लगान के कारण किसान उधार लेने को बाध्य हुए, जिससे साहूकारों के एक नए वर्ग का उदय हुआ।
- किसानों द्वारा इन वर्गों के विरुद्ध विभिन्न विद्रोह किए गए, जिनका मुख्य उद्देश्य सामन्तशाही बन्धनों को तोड़ना अथवा कमजोर करना था। उन्होंने बेदखली और साहूकारों की ब्याजखोरी के विरुद्ध विरोध प्रकट किया। उनकी माँगों में मौरूसी अथवा दखीलकार अधिकार और भाटक के रूप में अन्न के स्थान पर धन को निश्चित करना था।
- किसानों का सुव्यवस्थित संगठन न होने के कारण, 19वीं शताब्दी के कृषक विद्रोह ने राजनीतिक रूप धारण नहीं कर सका, किन्तु 20वीं सदी के किसान आन्दोलन का राष्ट्रीय आन्दोलन से जुड़ गया।

सामान्य रूप से हम कृषक संघर्षों को तीन चरणों में बाँट सकते हैं

1. जाति या धार्मिक अस्मिता और चेतना पर आधारित विरोध आन्दोलन, जो प्रारम्भ में बढ़ते हुए औपनिवेशिक शोषण के विरुद्ध प्रतिक्रिया मात्र थे (संन्यासी विद्रोह से 1857 ई. के विद्रोह तक)।
2. समान कारणों से उत्पन्न होने वाले, धर्मनिरपेक्ष आन्दोलन (19वीं शताब्दी के 1857 के बाद के विद्रोह)।
3. किसान सभाओं, कांग्रेस समाजवादी पार्टी आदि के मंच से अति सुधारवादी राजनीतिक चेतना के रूप में परिणत राष्ट्रीय आन्दोलन (20वीं शताब्दी के विद्रोह)।

प्रमुख किसान आन्दोलन

औपनिवेशिक काल के दौरान भारत में हुए प्रमुख किसान आन्दोलन निम्नलिखित हैं

मोपला विद्रोह (1836 ई.)

- मोपला केरल के मालाबार क्षेत्र (वर्तमान केरल) में लम्बे समय से निवास कर रहे अरब एवं मलयाली मुसलमान थे। ये अधिकतर छोटे किसान या व्यापारी थे।
- ब्रिटिश सरकार ने भू-स्वामियों के अधिकार का विस्तार करके उच्च जातीय हिन्दू नम्बूदरी एवं नायर भू-स्वामियों की शक्ति बढ़ा दी थी।

फलस्वरूप मोपलाओं ने विद्रोह किया। इस विद्रोह ने साम्प्रदायिक रूप धारण कर लिया, क्योंकि अधिकांश भू-स्वामी हिन्दू थे तथा काश्तकार मुसलमान थे।

- 1852 ई. में ब्रिटिश शासन ने एक नेता **सैय्यद फजल पुक्कोया थंगल** को भारत से निर्वासित कर दिया और मोपला अत्याचार कानून बनाया गया। तिरूरंगडी के निकट माम्बरम के **सैय्यद अलावी** तथा उसके पुत्र **फज्ले** (थंगल) मोपला समाज के धार्मिक-राजनीतिक नेता के रूप में उभरे। अछूत चेरूमरों ने भी बड़ी संख्या में इस नए धर्म को अपना लिया।
- वर्ष **1921** में पुन: एक बार मोपला किसानों का विद्रोह शुरू हुआ। मोपला असन्तोष की जड़ें स्पष्टत: कृषि व्यवस्था में थीं।
- खिलाफत आन्दोलन के नेता शौकत अली, महात्मा गाँधी, मौलाना अबुल कलाम आजाद ने इस विद्रोह का समर्थन किया था।
- **अली मुसलियार** तथा कुन अहमद हाजी इसके प्रमुख नेता थे। प्रारम्भ में कांग्रेस इस विद्रोह के समर्थन में था, लेकिन साम्प्रदायिक प्रवृत्ति के विकसित होने के कारण कांग्रेस ने इस आन्दोलन से स्वयं को पृथक् कर लिया।

नील विद्रोह (1859-1860 ई.)

- अंग्रेज़ों के शासनकाल में पहला संगठित किसान विद्रोह नील आन्दोलन था। यह शोषण के विरुद्ध किसानों की सीधी लड़ाई थी।
- बंगाल के किसान अपनी उपजाऊ भूमि पर चावल उगाना चाहते थे, जिसकी उन्हें अच्छी कीमत मिलती थी, किन्तु यूरोपीय नील उत्पादक (बगान मालिक) उन्हें नील की अलाभकारी खेती के लिए बाध्य करते थे।
- **ददनी प्रथा** के अन्तर्गत किसानों को मामूली अग्रिम रकम देकर करारनामा लिया जाता था, जो बाजार भाव से काफी कम होता था। अदालतें भी यूरोपीय नील उत्पादकों का ही पक्ष लेती थीं। नील आन्दोलन की शुरुआत सितम्बर, 1859 में बंगाल के नदिया जिले में स्थित गोविन्दपुर गाँव से हुई थी। इस आन्दोलन के नेता **दिगम्बर विश्वास** और **विष्णु विश्वास** थे।
- इनके नेतृत्व में वहाँ के किसानों ने एकजुट होकर नील की खेती बन्द कर दी। इस आन्दोलन के फलस्वरूप 30 मार्च, 1860 को नील आयोग की नियुक्ति की गई, जिसके सुझाव पर यह अधिसूचना जारी की गई कि किसी भी रैयत को नील की खेती के लिए विवश नहीं किया जाएगा।
- यह आन्दोलन भारत में बुद्धिजीवियों का सहयोग पाने वाला पहला आन्दोलन था। **हिन्दू पैट्रियाट** के सम्पादक **हरिश्चन्द्र मुखर्जी** ने इसमें महत्त्वपूर्ण भूमिका अदा की।
- नील बागान मालिकों के अत्याचार का विवरण **दीनबन्धु मित्र** ने बांग्ला भाषा में अपने नाटक **नील दर्पण** में किया। भारतीय किसानों का यह पहला सफल विद्रोह था।

पाबना किसान विद्रोह (1873 ई.)

- पूर्वी बंगाल के स्थायी बन्दोबस्त वाले क्षेत्र में 1859 ई. के अधिनियम द्वारा प्रदान किए गए दखल अधिकारों से, रैयतों को वंचित करने के लिए जमींदारों ने धूर्त तरीके का प्रयोग किया।
- जमींदारों के इन कार्यों के प्रतिक्रियास्वरूप पूर्वी बंगाल के कई जिलों के किसानों ने 1870 ई. और 1885 ई. के मध्य एक आन्दोलन प्रारम्भ किया, जिसका मुख्य क्षेत्र पाबना था। पाबना पटसन कृषि के लिए प्रसिद्ध था।
- इस विद्रोह का मुख्य उद्देश्य साहूकार ऋणदाताओं के पास रखे हुए ऋणपत्रों, दस्तावेजों को नष्ट करना था।
- किसानों ने 1873 ई. में यूसुफशाही परगने में किसान संघ की स्थापना की। यह विद्रोह गैर-साम्प्रदायिक था, यद्यपि इसमें बहुसंख्यक जमींदार हिन्दू थे तथा काश्तकारों का एक बड़ा भाग मुस्लिम समुदाय से था।
- इस क्षेत्र के बहुत से समाचार-पत्र, जैसे **हिन्दू पैट्रियाट** तथा **आनन्द बाजार पत्रिका** आदि जमींदार का समर्थक होने के कारण किसानों की सीमित माँग का विरोध करते थे। हिन्दू पैट्रियाट ने पाबना आन्दोलन को हिन्दू भू-स्वामियों के विरुद्ध मुसलमान किसानों के साम्प्रदायिक आन्दोलन के रूप में चित्रित करने का प्रयास किया।
- सुरेन्द्रनाथ बनर्जी, आनन्द मोहन बोस तथा द्वारकानाथ गांगुली आदि ने किसानों की रक्षा के लिए अभियान चलाए। बंकिमचन्द्र चट्टोपाध्याय तथा आर सी दत्त ने भी इसे समर्थन दिया। लेफ्टिनेण्ट गवर्नर कैम्पबेल ने भी पाबना विद्रोह का समर्थन किया। इस आन्दोलन के प्रमुख नेता **ईशानचन्द्र राय** तथा **शम्भू पाल** थे।
- पाबना विद्रोह में आन्दोलन के नेताओं ने यह स्पष्ट किया कि वह अंग्रेजों के खिलाफ नहीं हैं, इन्होंने यह नारा दिया कि "हम महारानी और सिर्फ महारानी की रैयत होना चाहते हैं।" इसी कारण सरकार की ओर से भी इसको दबाने के लिए सिर्फ कानून का सहारा ही लिया गया, सशस्त्र दमन का नहीं।
- सरकार द्वारा पाबना विद्रोह की जाँच के लिए एक आयोग की नियुक्ति की गई, जिसकी सिफारिश पर **1885** ई. का **बंगाल काश्तकारी अधिनियम** पारित हुआ। इसके अन्तर्गत किसानों को उनकी जमीनें वापिस मिल गईं। पाबना किसान आन्दोलन को केन्द्र में रखकर मुजफ्फर हुसैन ने **जमींदार दर्पण** नामक नाटक लिखा था।

दक्कन विद्रोह (1875 ई.)

- पश्चिमी भारत के दक्कन क्षेत्र में होने वाले कृषक विद्रोह का मुख्य कारण रैयतवाड़ी भू-राजस्व व्यवस्था था। यहाँ के किसान करों के भारी बोझ के साथ-साथ साहूकारों के चंगुल में भी फँसे हुए थे।
- अमेरिकी गृहयुद्ध की समाप्ति के पश्चात् कपास की कीमतों में भारी गिरावट आई। ऐसी परिस्थिति में साहूकारों का शोषण और बढ़ गया। 1867 ई. में सरकार ने भू-राजस्व की दरों में 50% की वृद्धि कर दी, जिससे कृषक समस्याएँ चरम पर पहुँच गईं, इन्हीं परिस्थितियों में दक्कन में विद्रोह हुए।
- सरकार ने आन्दोलनकारियों के प्रति दमनकारी नीतियाँ अपनाईं । लगभग 1,000 किसानों को बन्दी बनाया गया। दंगों की प्रकृति तथा कारणों की जाँच के लिए सरकार ने **दक्कन विद्रोह आयोग** नियुक्त किया। आयोग का एकमत से निष्कर्ष था कि गरीबी के परिणामस्वरूप किसानों की ऋणग्रस्तता दक्कन विद्रोह का एकमात्र कारण थी। आयोग के सुझाव पर सरकार ने 1879 ई. में **दक्कन कृषक राहत अधिनियम** पारित किया।
- महाराष्ट्र के तत्कालीन बुद्धिजीवियों ने किसानों के हितों के लिए संघर्ष किया। 1873-1877 ई. के मध्य **एम.जी. रानाडे** के नेतृत्व में **पूना सार्वजनिक सभा** ने भू-राजस्व अधिनियम, 1867 के विरुद्ध पूना तथा बम्बई में आन्दोलन चलाए तथा किसानों का समर्थन किया। तथा इसने दक्कन कृषि राहत अधिनियम का समर्थन किया।

फड़के विद्रोह (1879 ई.)

- महाराष्ट्र में 1879 ई. में **वासुदेव बलवन्त फड़के** ने किसानों को संगठित किया। इसका उद्देश्य ब्रिटिश खजाने के लूटना तथा संचार व्यवस्था ठप करना था। फड़के को 1877 ई. में पड़े भयंकर अकाल तथा रनाडे के धन के बहिर्गमन पर दिए गए व्याख्यान ने प्रभावित किया था।
- फड़के ने **हिन्दू राज्य** की स्थापना का नारा दिया। 1880 ई. में फड़के को गिरफ्तार कर लिया गया। तीन वर्ष बाद उनकी मृत्यु हो गई। कालान्तर में **दौलता रामोशी** ने इसका नेतृत्व किया। इस विद्रोह का मूल कारण, ऋणों के कारण जमीनों का साहूकारों के पास गिरवी हो जाना था।

दिरांग आन्दोलन (1893-94 ई.)

- असम प्रान्त अस्थाई बन्दोबस्त वाले रैयतवाड़ी क्षेत्र में आता था। **असम** के कामरूप एवं दिरांग क्षेत्रों में 1893-94 ई. में एक नया राजस्व बन्दोबस्त जारी किया गया, जिससे लगान की दरों में 50 से 70% तक की वृद्धि हो गई।
- इस स्थिति से निपटने के लिए ग्रामवासियों की सभा (रैज मेला) स्थापित की गई, जिसका नेतृत्व गाँव के अभिजनों ने किया। सभा में तय किया गया कि लगान की अदायगी न की जाए। इस निर्णय को व्यापक रूप से लागू करने के लिए सामाजिक बहिष्कार का आह्वान किया गया, जो इस निर्णय के विरुद्ध लगान भरता था। सामाजिक बहिष्कार कर दिया जाता था। इस प्रकार के **सामाजिक बहिष्कार** का पहला उदाहरण यहीं मिलता है।

अवध किसान आन्दोलन (वर्ष 1918)

- प्रथम विश्वयुद्ध के दौरान तथा बाद में सरकार द्वारा ताल्लुकदारी तथा जमींदारी को प्रोत्साहन दिए जाने से उत्तर प्रदेश के किसानों की दशा दयनीय हो गई थी। होमरूल लीग के कुछ सदस्यों **गौरी शंकर मिश्र** तथा **इन्द्र नारायण द्विवेदी** आदि ने मदनमोहन मालवीय के सहयोग से वर्ष 1918 में उत्तर प्रदेश में किसानों को आधुनिक ढाँचे में ढालने के उद्देश्य से संयुक्त प्रान्त किसान सभा की स्थापना की।
- संयुक्त प्रान्त किसान सभा अधिक जुझारु कदम नहीं उठा सकी, जिसके कारण किसान संगठित होकर जुझारु कदम उठाने लगे; जैसे—सामाजिक बहिष्कार नाई-धोबी बन्द। आदि। **झिंगुरी सिंह** और **दुर्गपाल सिंह** ने इस आन्दोलन में महत्त्वपूर्ण भूमिका निभाई। प्रतापगढ़ का रूर गाँव, जो रामायण से जुड़ा था, इसका केन्द्र बन गया। इसमें मुख्य पहल **बाबा रामचन्द्र** ने की।
- ये महाराष्ट्र के निवासी थे तथा अवध आकर बस गए थे। जून, 1920 में बाबा रामचन्द्र इलाहाबाद गए तथा गौरीशंकर मिश्र तथा जवाहरलाल नेहरू से गाँवों का दौरा कर किसानों की दुर्दशा का अवलोकन करने का आग्रह किया।
- वर्ष 1920 में यह आन्दोलन असहयोग आन्दोलन से जुड़ गया। असहयोग आन्दोलनकारियों तथा मालवीय सरीखे संवैधानिक सुधार चाहने वालों में मतभेद उभर आने के कारण वर्ष 1920 में प्रतापगढ़ में **अवध किसान सभा का** गठन किया गया।

एका आन्दोलन (वर्ष 1920-21)

- अवध के अधिग्रहण के पश्चात् ताल्लुकदारों और बड़े जमींदारों द्वारा किसानों के शोषण के कारण यह आन्दोलन हुआ। इसे शुरू करने में जुझारु किसान नेता **मदारी पासी** की भूमिका थी।
- यह आन्दोलन मुख्य रूप से हरदोई, बहराइच तथा सीतापुर जिले में चल रहा था। आन्दोलन का मुख्य मुद्दा स्वीकृत लगान से 50% अधिक लगान वसूलना था।
- **मदारी पासी** को कांग्रेस और खिलाफत नेताओं के अनुशासित और अहिंसक आन्दोलन के सिद्धान्त में विश्वास नहीं था, इसलिए कुछ समय बाद यह आन्दोलन अलग-थलग पड़ गया। अन्त में सरकार के दमन के फलस्वरूप वर्ष 1922 में यह आन्दोलन कुचल दिया गया।

बारदोली सत्याग्रह (वर्ष 1928)

- गुजरात का बारदोली सत्याग्रह सम्पूर्ण राष्ट्रीय आन्दोलन के दौरान सबसे संगठित, व्यापक एवं सफल कृषक आन्दोलन था। यह लगान अदायगी न करने के सम्बन्ध में चलाया गया था। वर्ष **1926** में कपास के मूल्य में गिरावट आने के बावजूद सरकार ने बारदोली में राजस्व दर को 22% बढ़ा दिया था।
- इस आन्दोलन में न केवल भू-स्वामी किसानों ने, बल्कि कालीपराज (जनजाति, जिन्हें काले लोग कहकर सम्बोधित किया जाता था) ने भी भाग लिया। कालीपराज जनजाति की स्थिति बदतर थी, उन्हें **हाली पद्धति** के अन्तर्गत उच्च जातियों के यहाँ पुश्तैनी मजदूर के रूप में कार्य करना होता था। वर्ष 1927 में कालीपराजों के वार्षिक सम्मेलन में महात्मा गाँधी ने इनका नाम परिवर्तित कर 'रानीपराज' (वनवासी) कर दिया।
- वल्लभभाई पटेल, कनवरजी, कल्याणजी तथा दयालजी ने गुजरात किसानों को संगठित किया तथा वर्ष 1927 में भीम भाई नाइक और शिवदासानी के नेतृत्व में किसानों का एक प्रतिनिधिमण्डल बम्बई सरकार के राजस्व विभाग के प्रमुख से मिला। सरकार ने लगान वृद्धि को घटाकर 21.97% कर दिया, लेकिन किसान इससे सन्तुष्ट नहीं हुए।
- इसके पश्चात् काकोद सम्भाग के बामलो गाँव में 60 गाँवों के प्रतिनिधियों की एक बैठक हुई, जिसमें वल्लभभाई पटेल को आन्दोलन का नेतृत्व सौंपा गया।
- आन्दोलन को देखते हुए **लॉर्ड इरविन** ने बम्बई के गवर्नर विल्सन को मामला निपटाने का आदेश दिया। अन्त में सरकार ने **ब्रुमफील्ड** तथा **मैक्सवेल** को बारदोली मामले की जाँच करने का आदेश दिया। जाँच में 22% लगान की वृद्धि को अनुचित बताया गया और इसे घटाकर 6.03% कर दिया गया। बारदोली सत्याग्रह में महिलाओं ने महत्त्वपूर्ण भूमिका अदा की। इसमें मीठबेन, भक्तिबा, मनीबेन पटेल, शारदाबेन शाह तथा शारदा मेहता प्रमुख थीं। इसी आन्दोलन के दौरान यहाँ की महिलाओं की ओर से गाँधीजी ने वल्लभभाई पटेल को **सरदार** की उपाधि दी थी। **स्टोरी ऑफ बारदोली** नामक पुस्तक की रचना गाँधीजी के निजी सचिव महादेव देसाई ने की थी।

नोट साराबन्दी (कोई कर नहीं) अभियान (1922) गुजरात में सरदार वल्लभभाई पटेल द्वारा किसानों को करों का भुगतान नहीं करने के लिए चलाया गया था।

अखिल भारतीय किसान सभा

अप्रैल, 1936 में लखनऊ में अखिल भारतीय किसान सभा का गठन किया गया। यह सभी प्रान्तीय किसान सभाओं को मिलाकर एक संयुक्त सभा बनाई गई थी। इसी समय इसका अधिवेशन हुआ। जिसके अध्यक्ष स्वामी सहजानन्द तथा एन. जी. रंगा महासचिव बनाए गए थे। 1 सितम्बर, 1936 को किसान दिवस के रूप में मनाने का निर्णय किया गया फैजपुर में कांग्रेस अधिवेशन (1937) के समानान्तर होने वाले अखिल भारतीय किसान आन्दोलन की अध्यक्षता श्री एन जी रंगा ने की थी।

इस अधिवेशन को जवाहरलाल नेहरू ने सम्बोधित किया था। सम्मेलन में भाग लेने वाले अन्य नेता थे-राममनोहर लोहिया, सोहन सिंह जोश, इन्दुलाल याज्ञनिक, जयप्रकाश नारायण, आचार्य नरेन्द्र देव तथा कमल सरकार। प्रथम भारतीय किसान स्कूल की स्थापना एन. जी. रंगा ने नेदिबोलु (आन्ध्र प्रदेश) में वर्ष 1938 में की थी।

अखिल भारतीय किसान सभा के घोषणा-पत्र में निम्नलिखित बातें शामिल थीं।

- आर्थिक शोषण से किसानों की मुक्ति, भू-राजस्व तथा लगान में 50% की कटौती, ऋण स्थगन सामन्ती वसूलों की समाप्ति, काश्तकारों के लिए काश्तकारी अवधि की सुरक्षा, श्रमिकों के लिए निर्वाह मजदूरी और किसान सभाओं को मान्यता आदि।
- किसान सभा की अन्य माँगे और भी सुधारवादी थीं अर्थात् जमींदारी की समाप्ति, साहूकारों को लाइसेंस देना, खेतिहर मजदूरों के न्यूनतम वेतन का निर्धारण, वाणिज्यिक फसलों के लिए उचित मूल्य आदि।

वर्ली आन्दोलन (1945)

महाराष्ट्र में वर्ली किसानों ने वर्ष 1945 में विद्रोह कर दिया। ये लोग **बम्बई** के समीप बसे आदिम जाति के किसान थे; जो जमींदारों, साहूकारों तथा जंगलों के ठेकेदारों तथा धनी किसानों से पीड़ित थे। वर्ष 1946 में किसान सभा ने इनकी हड़ताल कराई, फलस्वरूप इनकी माँगे मान ली गईं।

तेभागा आन्दोलन (1946)

- यह आन्दोलन **त्रिपुरा के हसनाबाद** से आरम्भ हुआ, जोकि नोआखोली के समीप है। इन दिनों यहाँ साम्प्रदायिक दंगे हो रहे थे। वहाँ के बँटाईदार किसानों ने घोषणा की कि वे फसल का दो-तिहाई भाग स्वयं लेंगे तथा जमींदारों को केवल एक तिहाई हिस्सा ही देंगे। फसल विभाजन के कारण ही यह आन्दोलन तेभागा आन्दोलन कहलाता है।
- इस आन्दोलन के प्रमुख नेता **कम्पाराम** तथा **भवन सिंह** थे। तेभागा आन्दोलन बंगाल किसान सभा द्वारा संगठित किया गया था।

तेलंगाना कृषक आन्दोलन (वर्ष 1946)

- यह तेलंगाना क्षेत्र के देशमुखों तथा निजाम सरकार के विरुद्ध था, जिन्होंने उनकी अधिकांश उपजाऊ भूमि पर कब्जा कर लिया तथा किसानों से कम दाम पर अनाज की जबरन वसूली की जाती थी।
- इस आन्दोलन को कम्युनिस्टों का सहयोग प्राप्त था। यह आन्दोलन स्वतन्त्रता के उपरान्त भी तीन वर्ष तक चलता रहा।
- यह एक हिंसक गुरिल्ला संघर्ष था, जिसमें स्वतन्त्रता उपरान्त भी लगभग चार हजार कम्युनिस्ट और उग्रवादी किसान मारे गए। विनोबा भावे के भूदान आन्दोलन के फलस्वरूप कुछ जमीनें किसानों को दी गईं, किन्तु जमींदारों का दमन दीर्घ समय तक चलता रहा।

अन्य प्रमुख किसान आन्दोलन

आन्दोलन	वर्ष	क्षेत्र	नेता
रंगपुर विद्रोह	1783	बंगाल	धीरज नारायण, नूरुलुद्दीन
हाथीखेड़ा विद्रोह	1820	फिरोजपुर	मेमन सिंह
अहोम विद्रोह	1828-1830	असम	गदाधर सिंह, कुमार रूपचन्द
परला का मण्डी विद्रोह	1829-35	उड़ीसा	जगन्नाथ गजपति, नारायण राव
बारासात विद्रोह	1831	कलकत्ता	टीटू मीर
गंजाम में विद्रोह	1835	गंजाम	धनंजय भाजा
फराजी आन्दोलन	1838	फरीदपुर	हाजी शरीयतुल्लाह, दद्दू मियाँ
सतारा विद्रोह	1839	सतारा	नरसिंह राव दत्तात्रेय
घोड़जी बाघ का विद्रोह	1802-04	मैसूर	घोड़जी बाघ
बुन्देला विद्रोह	1846	कूर्नूल	नरसिम्हा रेड्डी
कूका विद्रोह	1872	पंजाब	बाबा रामसिंह
बिजौलिया आन्दोलन	1905	राजस्थान	सीताराम दास, माणिकलाल वर्मा
चम्पारण सत्याग्रह	1917	बिहार	महात्मा गाँधी
खेड़ा सत्याग्रह	1918	गुजरात	महात्मा गाँधी
बेदखली रोको आन्दोलन	1918	संयुक्त प्रान्त	मदनमोहन मालवीय, गौरीशंकर मिश्र, इन्द्रनारायण द्विवेदी
मेवाड़ आन्दोलन	1920	राजस्थान	विजय सिंह पथिक, मणिक्यलाल वर्मा, हरिभाऊ उपाध्याय
बकाश्त आन्दोलन	1937-38	बिहार	सहजानन्द सरस्वती
हाजोंग आन्दोलन	1937	पूर्वी बंगाल	राशिमोनी हाजोंग
सुरमाघाटी आन्दोलन	1938	असम	करुणा सिन्धु राय
पुनप्पा वायलार आन्दोलन	1946	त्रावणकोर	पनम थानू पिल्लई

प्रमुख किसान संगठन

संगठन	वर्ष	संस्थापक
उत्तर प्रदेश किसान सभा	1918	गौरीशंकर मिश्र, इन्द्र नारायण द्विवेदी
अवध किसान सभा	1920	बाबा रामचन्द्र
रैयत संघ	1923	एन. जी. रंगा
उत्कल प्रान्तीय सभा	20 वीं सदी	मालती चौधरी
बिहार किसान संघ	1929	स्वामी सहजानन्द सरस्वती
कृषक प्रजा पार्टी	1929	अकरम खाँ, अब्दुर्रहीम फजलुल हक
अखिल भारतीय किसान सभा	1936	स्वामी सहजानन्द सरस्वती, एन. जी. रंगा

अन्य प्रमुख विद्रोह

विजयनगर के राजा का विद्रोह

ईस्ट इण्डिया कम्पनी ने 1765 ई. में राज्य के उत्तरी जिलों पर अधिकार कर कठोर नीति का अनुसरण किया तथा 1794 ई. में राजा को सेना भंग करने एवं 3 लाख रुपये देने को कहा गया। राजा की असहमति स्वरूप जागीर जब्त कर ली गई, जिससे राजा ने विद्रोह कर दिया। अंग्रेजी सेना से लड़ते हुए राजा के मरने के बाद, कम्पनी द्वारा राजा के बड़े पुत्र को जागीर वापस करके शान्ति स्थापित की गई।

संन्यासी विद्रोह

- 1770 ई. में बंगाल में पड़े भीषण अकाल ने इस प्रान्त को अराजकता एवं कष्टों से ग्रस्त कर दिया, दूसरी ओर तीर्थस्थलों की यात्रा पर लगे प्रतिबन्ध ने संन्यासियों को इतना क्षुब्ध कर दिया कि वे विद्रोह पर उतर आए।
- इस विद्रोह में अधिकांश लोग शंकराचार्य के अनुयायी नागा संन्यासी थे।
- इनके साथ छोटे जमींदार, सैनिक और ग्रामीण भी शामिल थे। इस विद्रोह की प्रमुख विशेषता हिन्दू और मुसलमान की समान भागीदारी थी।
- वॉरेन हेस्टिंग्स ने लम्बे सैन्य अभियान के पश्चात् इस विद्रोह को दबाया। इस विद्रोह का उल्लेख **बंकिमचन्द्र चट्टोपाध्याय** द्वारा रचित उपन्यास **आनन्दमठ** (1882) और देवी चौधरानी (1884) में किया गया है। वन्देमातरम् गीत का प्रयोग आनन्दमठ उपन्यास में किया गया है।

फकीर विद्रोह

फकीर विद्रोह 1776 ई. में बंगाल में हुआ था। यह विद्रोह **मजनूशाह** एवं **चिराग अली शाह** के नेतृत्व में हुआ था। इस विद्रोह में देवी चौधरानी एवं भवानी पाठक ने विशेष योगदान दिया था।

पॉलीगारों का विद्रोह

ब्रिटिश सरकार ने तमिलनाडु क्षेत्र में नई भूमिकर व्यवस्था को लागू किया था, जिसके विरोध में 1801 ई. में प्रथम चरण स्थानीय पॉलीगारों ने **वी. पी. काट्टावाम्मान** के नेतृत्व में विद्रोह किया था। यह विद्रोह 1856 ई. तक अनवरत् चलता रहा। इसका दूसरा चरण अधिक हिंसक था और इसका नेतृत्व ओमान्थुराई ने किया।

दीवान वेलूथम्पी का विद्रोह

1808 ई. में त्रावणकोर के राजा को लॉर्ड वेलेजली ने सहायक सन्धि के लिए विवश किया, परन्तु राजा ने सन्धि की शर्तों से असहमति व्यक्त में आनाकानी की, जिससे अंग्रेजों का व्यवहार कठोर हो गया। फलस्वरूप नायर बटालियन के सहयोग से **दीवान वेलूथम्पी** ने विद्रोह किया।

किट्टूर (चेन्नमा) विद्रोह

- इस विद्रोह का नेतृत्व किट्टूर के स्थानीय शासक की विधवा रानी चेन्नमा ने किया था।
- इस विद्रोह (1824-29 ई.) का प्रमुख कारण नि:सन्तान राजा के दत्तक पुत्र को अंग्रेजी सरकार द्वारा मान्यता नहीं देना था। ब्रिटिश सरकार ने दमनात्मक कार्यवाही द्वारा इस विद्रोह को कुचल दिया।

पागलपन्थी विद्रोह

- उत्तरी बंगाल में **करमशाह** ने एक अर्द्ध-धार्मिक सम्प्रदाय पागलपन्थी की स्थापना की थी। जमींदारों एवं साहूकारों के अत्याचारों के विरुद्ध करमशाह के पुत्र **टीपू** के नेतृत्व में स्थानीय गारो जनजाति ने 1825 ई. में पागलपन्थी विद्रोह किया।
- 1833-35 ई. तक आते-आते यह विद्रोह सशक्त संगठन के अभाव में तथा दमनात्मक कार्यवाही के परिणामस्वरूप समाप्त हो गया।

अहोम विद्रोह

- 1828 ई. में जब ब्रिटिश साम्राज्य ने असम के अहोम क्षेत्र को (बर्मा युद्ध के पश्चात्) ब्रिटिश शासन में मिलाने का प्रयास किया, तब **गोमधर कुँवर** के नेतृत्व में अहोम के लोगों ने ब्रिटिश राज के विरुद्ध विद्रोह किया।
- विद्रोह को तत्कालीन समय में सैनिक कार्यवाही द्वारा दबा दिया गया, परन्तु 1830 ई. में पुन: विद्रोह की स्थिति को देखते हुए अंग्रेजों ने सुलह की नीति अपनाकर असम के महाराजा पुरन्दर सिंह को उत्तरी असम के प्रदेश देकर विद्रोह का शान्तिपूर्वक समाधान किया।

सावन्तवादी विद्रोह

- दक्कन में अपनी महत्त्वाकांक्षाओं को मूर्त रूप देने के लिए 1844 ई. में मराठा सरदार **फोण्ड सावन्त** एवं **अन्ना साहिब** ने मिलकर अंग्रेजी राज के विरुद्ध विद्रोह किया था।
- ब्रिटिश सरकार ने दमनात्मक कार्यवाही के द्वारा इस विद्रोह को दबा दिया।

फरायजी विद्रोह

- यह विद्रोह बंगाल के फरीदपुर नामक स्थान से शुरू हुआ था। फरायजी सम्प्रदाय का प्रवर्तन **शरीयतुल्ला** ने किया था।
- शरीयतुल्ला के पुत्र **दादू मियाँ** ने अंग्रेजों को बंगाल से बाहर निकालने के लिए तथा जमींदारों के अत्याचार को समाप्त करने के लिए 1838 ई. में विद्रोह किया, जो 1857 ई. तक चला।

वहाबी विद्रोह

- यह विद्रोह 1830 से 1860 ई. के मध्य रायबरेली के **सैय्यद अहमद** के नेतृत्व में हुआ था, जो दिल्ली के शाह-वली-उल्लाह (1702-62 ई.) से प्रभावित था। इस विद्रोह का मुख्य उद्देश्य इस्लाम धर्म में आई बुराइयों को दूर करके हजरत मुहम्मद से सम्बन्धित मूल इस्लाम धर्म को पुनर्स्थापित करना था। भारत में इसका मुख्य केन्द्र **पटना** था। इसके अतिरिक्त हैदराबाद, मद्रास, बंगाल, उत्तर प्रदेश में भी इसकी शाखाएँ थीं।
- 1857 के विद्रोह में वहाबी लोगों ने जनता को अंग्रेजों के विरुद्ध भड़काया था।

युआन-जुआंग विद्रोह

- यह युआन विद्रोह 1867 ई. में **रत्ननायक** के नेतृत्व में क्योंझर राज्य में हुआ था।
- विद्रोह का प्रमुख कारण क्योंझर राजा के अभिषेक पर युआन सरदारों की अनिवार्य उपस्थिति की प्रथा को अंग्रेजों द्वारा समाप्त कर देना था। अंग्रेजों ने सैनिक कार्यवाही द्वारा इसे दबा दिया।
- युआन लोगों ने दूसरा विद्रोह **धरणी नायक** के नेतृत्व में 1891 ई. में किया था। स्थानीय प्रशासन के सहयोग से अंग्रेजों ने इस विद्रोह को दबा दिया।

ताना भगत आन्दोलन

- इस आन्दोलन की शुरुआत बिहार राज्य (वर्तमान झारखण्ड) में हुई थी। यह एक प्रकार से संस्कृतीकरण युक्त आन्दोलन था, जिसमें रचनात्मक कार्यों को स्थान दिया गया।
- इस आन्दोलन का नेतृत्व जतरा भगत, बलराम जगत तथा देवमेनिया भगत ने किया। 1920 के दशक में यह आन्दोलन राष्ट्रीय आन्दोलनों में सक्रिय था।

अन्य प्रमुख विद्रोह/आन्दोलन

आन्दोलन/विद्रोह	वर्ष	राज्य
तमर विद्रोह	1798	आन्ध्र प्रदेश
अवध का नागरिक विद्रोह	1799	पूर्वी उत्तर प्रदेश
गंजाम और गुमसूर पुर विद्रोह	1800,1935-37	पूर्वी उड़ीसा
कच्छ विद्रोह	1819	गुजरात
सावन्तवादी का विद्रोह	1844-59	उत्तरी कोंकण तट
नायकड़ा आन्दोलन	1860	मध्य प्रदेश/गुजरात
खरवार विद्रोह	1870	बिहार
कोया विद्रोह	1869-70	आन्ध्र प्रदेश
जेलियांगसांन्ग आन्दोलन	1920	मणिपुर
तानाभगत आन्दोलन	1914	झारखण्ड

वस्तुनिष्ठ प्रश्न

1. भारत में 19वीं शताब्दी के जनजातीय विद्रोह के लिए निम्नलिखित में से कौन-से तत्त्व ने साझा कारण मुहैया किया?

(a) भू-राजस्व की नई प्रणाली का लागू होना और जनजातीय उत्पाद पर कर का लगाना जाना
(b) जनजातीय क्षेत्रों में विदेशी धर्म प्रचारकों का प्रभाव
(c) जनजातीय क्षेत्रों में मध्यस्थों के रूप में बड़ी संख्या में महाजनों, व्यापारियों और लगान के ठेकेदारों का बढ़ना
(d) जनजातीय समुदायों की प्राचीन भूमि सम्बन्धी व्यवस्था का सम्पूर्ण विदारण

2. निम्नलिखित कथनों पर विचार कीजिए

1. चुआर विद्रोह का प्रमुख कारण बढ़ा हुआ भूमि कर तथा अकाल के कारण उत्पन्न आर्थिक संकट था।
2. यह विद्रोह लगभग 15 वर्षों तक एक-एक कर चलता रहा।
3. इस विद्रोह में आत्मविनाश की नीति अपनाते हुए कैलापाल, दलभूम, बाराभूम एवं दोल्का के राजाओं तथा चुआर आदिवासियों ने महत्त्वपूर्ण योगदान दिया।

उपरोक्त में से कितने कथन सही हैं?

(a) केवल एक (b) केवल दो
(c) सभी तीन (d) इनमें से कोई नहीं

3. निम्नलिखित में से कौन-सा युग्म सुमेलित नहीं है?

(a) मोपला विद्रोह - केरल
(b) कूका विद्रोह - पंजाब
(c) कोली विद्रोह - गुजरात
(d) चुआर विद्रोह - मध्य प्रदेश

4. निम्नलिखित में से कौन-सा विद्रोह उसके क्षेत्र और नेतृत्वकर्ता के साथ सुमेलित नहीं है?

(a) पाइक विद्रोह - उड़ीसा, बख्शी जगबन्धु
(b) फरैजी आन्दोलन- बंगाल, हाजी शरीयतुल्ला
(c) रामोसी विद्रोह - पश्चिमी घाट, सेवा राम
(d) फकीर विद्रोह - बंगाल, चिराग अली

5. निम्नलिखित में से कौन-से कथन सही हं?

1. क्योंझर में हुए इस विद्रोह का प्रमुख कारण वहाँ के राजा के अभिषेक पर युआन सरदारों की अनिवार्य उपस्थिति की प्रथा को अंग्रेज़ों द्वारा समाप्त करना था।
2. युआन लोगों ने दूसरा विद्रोह धरणी नायक के नेतृत्व में किया था, जिसमें स्थानीय जनता के सहयोग से क्योंझर के राजा को कटक भागना पड़ा।
3. इस विद्रोह को दबाने के लिए सरकार को बाहर से सैन्य सहयोग मँगाना पड़ा।

कूट

(a) 1 और 2 (b) 2 और 3
(c) 1 और 3 (d) ये सभी

6. निम्नलिखित युग्मों में से कौन-सा/से युग्म सुमेलित नहीं है/हैं?

(a) सतवन्दी विद्रोह - फोण्ड सावन्त
(b) गुम्सर विद्रोह - धनंजय भांजा
(c) फरैजी आन्दोलन - भगत जवाहरमल
(d) सम्बलपुर का विद्रोह - सुरेन्द्र साईं

7. निम्नलिखित में से किस कारण से भारत में बीसवीं शताब्दी के आरम्भ में नील की खेती का ह्रास हुआ?

(a) नील के उत्पादकों के अत्याचारी आचरण के प्रति काश्तकारों का विरोध
(b) नई खोजों के कारण विश्व बाजार में इसका अलाभकर होना।
(c) नील की खेती का राष्ट्रीय नेताओं द्वारा विरोध किया जाना
(d) उत्पादकों के ऊपर सरकार का नियन्त्रण

8. स्वामी सहजानन्द सरस्वती ने 'भूमि और जलमार्ग के राष्ट्रीयकरण' की माँग के साथ अखिल भारतीय संयुक्त किसान सभा का गठन किया

(a) उनकी मृत्यु से ठीक पहले
(b) बहुत कम आयु में
(c) 1930 के दशक में
(d) 1920 के दशक में

9. दक्कन विद्रोह के सम्बन्ध में कौन-से कथन सही हैं?

1. पश्चिमी भारत के दक्कन क्षेत्र में होने वाले कृषक विद्रोह का मुख्य कारण रैयतवाड़ी भू-व्यवस्था थी।
2. अमेरिकी गृहयुद्ध की समाप्ति के पश्चात् कपास की कीमतों में भारी गिरावट आई, ऐसी परिस्थिति में साहूकारों का शोषण और बढ़ गया।
3. सरकार ने 1867 ई. में भू-राजस्व की दरों में 40% की वृद्धि कर दी, जिससे कृषक समस्याएँ चरम पर पहुँच गईं।

कूट

(a) 1 और 2 (b) 2 और 3
(c) 1 और 3 (d) 1, 2 और 3

10. निम्नलिखित में से कौन-से कथन सही हैं?

1. गुजरात का बारदोली सत्याग्रह पूरे राष्ट्रीय आन्दोलन के दौरान सबसे संगठित, व्यापक और सफल कृषक आन्दोलन था।
2. यह लगान न अदायगी के सम्बन्ध में चलाया गया था।
3. सरकार ने लगान वृद्धि को घटाकर 21.97% कर दिया, तभी किसान सन्तुष्ट हुए।

कूट

(a) 1 और 2
(b) 2 और 3
(c) 1 और 3
(d) उपरोक्त सभी

11. निम्न में से कौन-सा युग्म सुमेलित नहीं है?

(a) खोण्ड-डोरा विद्रोह - विशाखापत्तनम का डाबर क्षेत्र
(b) युआन-जुआंग विद्रोह - क्योंझर राज्य
(c) कोया विद्रोह - पूर्वी गोदावरी क्षेत्र का रम्पा प्रदेश
(d) वेलाटम्पी विद्रोह - पश्चिमी घाट

12. निम्नलिखित घटनाओं पर विचार कीजिए

1. नील विद्रोह 2. सन्थाल विद्रोह
3. दक्कन दंगे 4. सिपाही विद्रोह

उपरोक्त घटनाओं का सही कालानुक्रम है

(a) 4, 2, 1, 3
(b) 4, 2, 3, 1
(c) 2, 4, 3, 1
(d) 2, 4, 1, 3

13. बंगाल के तेभागा किसान आन्दोलन की क्या माँग थी?

(a) जमींदारों की भागीदारी को फसल के आधे भाग से कम करके एक-तिहाई करना
(b) भूमि का वास्तविक खेतिहर होने के नाते, भू-स्वामित्व कृषकों को प्रदान करना
(c) जमींदारी प्रथा का उन्मूलन तथा कृषिदासता का अन्त करना
(d) कृषकों के समस्त ऋणों को रद्द करना

14. सूची I व सूची II को सुमेलित कीजिए तथा नीचे दिए गए कूट का प्रयोग कर सही उत्तर का चयन कीजिए

सूची I (कृषक आन्दोलन)	सूची II (नेता/अनुयायी)
A. बकाश्त भूमि आन्दोलन	1. बाबा रामचन्द्र
B. एका आन्दोलन	2. कुंजहम्मद हाजी
C. मोपला विद्रोह	3. मदारी पासी
D. अवध किसान सभा आन्दोलन	4. कार्यानन्द शर्मा

कूट

	A	B	C	D
(a)	4	3	2	1
(b)	4	2	3	1
(c)	1	2	3	4
(d)	1	3	2	4

15. कथन I भारत में 19वीं शताब्दी का जनजातीय आन्दोलन भूमि विस्थापना की प्रक्रिया एवं वन विधियों की पुनर्स्थापना का परिणाम था।
कथन II भारत में स्वतन्त्रता आन्दोलन ने जनजातियों द्वारा झेली गई समस्याओं का समाधान किया।
कूट
(a) दोनों कथन व्यष्टितः सही हैं तथा कथन II, कथन I का सही स्पष्टीकरण है
(b) दोनों कथन व्यष्टितः सही हैं, परन्तु कथन II, कथन I का सही स्पष्टीकरण नहीं है
(c) कथन I सही है, किन्तु कथन II गलत है
(d) कथन I गलत है, किन्तु कथन II सही है

16. रामोसी विद्रोह अकाल एवं भूख की समस्या से सम्बन्धित भारत के किस क्षेत्र में हुआ था?
(a) पश्चिम भारत
(b) पूर्वी घाट
(c) पूर्वी भारत
(d) पश्चिमी घाट

17. वर्ष 1921 में मोपला विद्रोह कहाँ हुआ था?
(a) असम (b) केरल
(c) पंजाब (d) बंगाल

18. 1857 ई. के विद्रोह के ठीक बाद बंगाल में कौन-सा विद्रोह हुआ था?
(a) संन्यासी विद्रोह
(b) सन्थाल विद्रोह
(c) नील विद्रोह
(d) पाबना विद्रोह

19. नील कृषकों की दुर्दशा पर लिखी गई पुस्तक 'नील दर्पण' के लेखक कौन हैं?
(a) तारानाथ बंद्योपाध्याय
(b) तारानाथ घोष
(c) दीनबन्धु मित्र
(d) बंकिमचन्द्र चटर्जी

20. पाबना आन्दोलन 1873 ई. में कहाँ हुआ था?
(a) बंगाल (b) बिहार
(c) उत्तर प्रदेश (d) असम

21. महाराष्ट्र में फड़के विद्रोह का नेतृत्व किसने किया था?
(a) वासुदेव बलवन्त फड़के
(b) बाल गंगाधर तिलक
(c) लाला लाजपत राय
(d) नरहरि पारेख

22. एका आन्दोलन का प्रारम्भ किया गया था
(a) महाराष्ट्र के किसानों द्वारा
(b) बंगाल के किसानों द्वारा
(c) पंजाब के किसानों द्वारा
(d) उत्तर प्रदेश के हरदोई, बाराबंकी एवं अन्य स्थानों के किसानों द्वारा

23. अवध के एका आन्दोलन का उद्देश्य क्या था?
(a) सरकार को लगान देना बन्द करना
(b) जमींदारों के अधिकारों की रक्षा करना
(c) सत्याग्रह की समाप्ति
(d) लगान का नकद में परिवर्तन

24. बारदोली सत्याग्रह में निम्न में से किसने प्रमुख भूमिका निभाई?
(a) सरदार वल्लभभाई पटेल
(b) तिलक माँझी
(c) चन्द्रशेखर आजाद
(d) सुभाष चन्द्र बोस

25. महात्मा गाँधी ने वल्लभभाई पटेल को 'सरदार' की उपाधि उनकी बड़ी संगठन क्षमता के कारण किस आन्दोलन में दी थी?
(a) खेड़ा सत्याग्रह
(b) बारदोली सत्याग्रह
(c) नमक सत्याग्रह
(d) व्यक्तिगत सत्याग्रह

26. तेभागा कृषक आन्दोलन निम्नलिखित में से कहाँ हुआ था?
(a) बंगाल
(b) महाराष्ट्र
(c) बिहार
(d) मणिपुर

27. अखिल भारतीय किसान सभा की स्थापना वर्ष 1936 में किसके द्वारा की गई?
(a) स्वामी सहजानन्द सरस्वती द्वारा
(b) एन. जी. रंगा द्वारा
(c) बाबा रामचन्द्र द्वारा
(d) अल्लूरी सीताराम द्वारा

28. प्रथम अखिल भारतीय किसान सभा का अधिवेशन सहजानन्द सरस्वती की अध्यक्षता में कहाँ हुआ था?
(a) लखनऊ में (b) इलाहाबाद में
(c) पटना में (d) कोलकाता में

29. प्रथम अखिल भारतीय किसान सभा के महासचिव कौन थे?
(a) जवाहरलाल नेहरू
(b) एन. जी. रंगा
(c) सुभाषचन्द्र बोस
(d) एन. जी. केलकर

30. चुआर विद्रोह का नेतृत्व किसने किया था?
(a) दुर्जन सिंह
(b) कीरत सिंह
(c) तीरत सिंह
(d) विजय सिंह पथिक

31. निम्न में से 'सन्थाल विद्रोह' कब हुआ था?
(a) 1831-32 ई. (b) 1844-46 ई.
(c) 1851-52 ई. (d) 1855-56 ई.

32. सन्थाल विद्रोह का नेतृत्व किसने किया था?
(a) जयपाल सिंह
(b) मास्टर तारा सिंह
(c) चाँद
(d) सिद्धू एवं कान्हू

33. पागलपन्थी विद्रोह वस्तुतः एक विद्रोह था
(a) भीलों का (b) गारों का
(c) गोण्डों का (d) कोलियों का

34. 'पागलपन्थ' की स्थापना किसने की थी?
(a) बुल्ले शाह
(b) करमशाह
(c) यदुवेन्द्र सिंह
(d) स्वामी सहजानन्द

35. फरायजी विद्रोह 1838 ई. में जमींदारों के विरुद्ध कहाँ हुआ था?
(a) बंगाल में (b) उत्तर प्रदेश में
(c) असम में (d) मणिपुर में

36. निम्नलिखित में से कौन फरायजी विद्रोह का नेता था?
(a) वजीर अली (b) दादू मियाँ
(c) शमशेर गाजी (d) वजीर अली

37. मुण्डाओं ने विद्रोह खड़ा किया
(a) 1885 ई. में (b) 1888 ई. में
(c) 1890 ई. में (d) 1895 ई. में

38. उलगुलान विद्रोह किससे जुड़ा था?
(a) मुण्डाओं से (b) सन्थालों से
(c) भीलों से (d) कोलों से

39. मुण्डा विद्रोह का नेता कौन था?
(a) बिरसा (b) कान्हू
(c) तिलक माँझी (d) सिद्धू

40. मुण्डा विद्रोह के नेतृत्वकर्ता बिरसा मुण्डा को किस उपनाम से जाना जाता है?
(a) जगत पिता (धरती आबा)
(b) उद्धारक
(c) मसीहा
(d) दिकू

41. उन्नीसवीं शताब्दी के दौरान होने वाले वहाबी आन्दोलन का मुख्य केन्द्र था
(a) लाहौर (b) पटना
(c) अमृतसर (d) पुणे

42. वहाबी आन्दोलन का नेतृत्वकर्ता कौन था?
(a) सैयद अहमद खान
(b) अली मुसलियार
(c) मुहम्मद अली जिन्ना
(d) मौलाना अबुल कलाम आजाद

43. बंकिमचन्द्र चटर्जी के प्रसिद्ध उपन्यास 'आनन्दमठ' का कथानक आधारित है
(a) चुआर विद्रोह पर
(b) रंगपुर तथा दिनाजपुर पर
(c) विष्णुपुर तथा वीरभूमि हुए विद्रोह पर
(d) संन्यासी विद्रोह पर

44. रम्पा विद्रोह को किसने नेतृत्व प्रदान किया था?
(a) अलूरी सीताराम राजू
(b) भगत जवाहरमल
(c) दिगम्बर विश्वास
(d) वेलूथम्पी

45. दक्कन कृषक राहत अधिनियम, 1879 को निम्नलिखित में से किस उद्देश्य के साथ अधिनियमित किया गया था?
(a) बेदखल किए गए खेतिहरों को जमीन वापस लौटाना
(b) सामाजिक एवं धार्मिक अवसरों पर किसानों को वित्तीय सहायता सुनिश्चित करना
(c) ऋणग्रस्तता वाली जमीन की बिक्री बाहरी व्यक्तियों को किए जाने पर प्रतिबन्ध लगाना
(d) दिवालिया खेतिहरों को कानूनी सहायता प्रदान करना

46. ब्रिटिश उपनिवेशी शासन के दौरान भारत के निम्नलिखित में से किस क्षेत्र में खूँटकट्टो भूघृति (पट्टा) प्रचलित था?
(a) बुन्देलखण्ड (b) कर्नाटक
(c) छोटानागपुर (d) मद्रास प्रसीडेन्सी

सही उत्तर

1. (d)	**2.** (c)	**3.** (d)	**4.** (c)	**5.** (c)	**6.** (c)	**7.** (b)	**8.** (c)	**9.** (a)	**10.** (c)
11. (c)	**12.** (d)	**13.** (a)	**14.** (a)	**15.** (c)	**16.** (d)	**17.** (b)	**18.** (c)	**19.** (c)	**20.** (a)
21. (a)	**22.** (d)	**23.** (d)	**24.** (a)	**25.** (b)	**26.** (a)	**27.** (a)	**28.** (a)	**29.** (b)	**30.** (a)
31. (d)	**32.** (d)	**33.** (b)	**34.** (b)	**35.** (a)	**36.** (b)	**37.** (d)	**38.** (a)	**39.** (a)	**40.** (a)
41. (b)	**42.** (a)	**43.** (d)	**44.** (a)	**45.** (a)	**46.** (c)				

अध्याय 16 उन्नीसवीं शताब्दी में पुनर्जागरण

सामाजिक व धार्मिक सुधार आन्दोलन

पृष्ठभूमि

- अंग्रेजी शासनकाल के अन्तर्गत विभिन्न कारणों से भारतीय जनता में राष्ट्रीयता की भावना का उदय हुआ। ब्रिटिश शासन के विरुद्ध प्रतिक्रिया एवं उसे खत्म कर देने के विचार में ही स्वतन्त्रता आन्दोलन के बीज निहित हैं।
- ब्रिटिश शासन एवं विश्व को प्रभावित करने वाली नवीन प्रवृत्तियों तथा भारतीय समाज में उत्पन्न एवं विकसित विभिन्न कारकों की क्रिया-प्रतिक्रिया के फलस्वरूप भारतीय राष्ट्रवाद का जन्म हुआ।
- पाश्चात्य सभ्यता तथा तर्क व विज्ञान के प्रभाव के कारण तर्कवाद तथा वैज्ञानिक खोज की भावना ने 18वीं शताब्दी में यूरोपीय समाज को एक प्रगतिशील समाज में परिवर्तित कर दिया था।
- इसके विपरीत भारत एक निश्चल, रूढ़िवादी एवं जर्जर समाज का चित्र प्रस्तुत करता था। परन्तु 19वीं शताब्दी के दौरान भारतीय समाज के नव-निर्माण और धार्मिक विचारों को तर्कसंगत बनाने के लिए विभिन्न सुधार आन्दोलनों का दौर प्रारम्भ हुआ।

राजा राममोहन राय और ब्रह्म समाज

- हिन्दू धर्म में पहला सुधार आन्दोलन ब्रह्म समाज द्वारा शुरू किया गया, जिस पर आधुनिक पाश्चात्य विचारधारा का बहुत प्रभाव पड़ा था।
- राजा राममोहन राय को 'भारतीय पुनर्जागरण का जनक' कहा जाता है। उनका जन्म 1774 ई. में राधानगर नामक एक गाँव में (हुगली जिला, बंगाल) हुआ था।
- ब्रह्म समाज की स्थापना 20 अगस्त, 1828 ई. को कलकत्ता में की गई थी।
- ब्रह्म समाज राजा राममोहन राय द्वारा ही स्थापित आत्मीय सभा (1814 ई.) का रूपान्तरण था।
- ब्रह्म समाज का प्राथमिक उद्देश्य हिन्दू धर्म को उसकी बुराइयों से अलग करना और एकेश्वरवाद का प्रचार-प्रसार करना था।
- राजा राममोहन राय ने अपने विचारों को स्पष्ट करने के लिए 1803 ई. में फारसी भाषा में हुरफात-उल-मुवाहिदीन (एकेश्वरवादियों को उपहार) प्रकाशित की।
- 1819 ई. में राजा राममोहन राय ने मद्रास के विद्वान् 'सुब्रह्मण्यम् शास्त्री' को मूर्ति-पूजा के प्रश्न पर शास्त्रार्थ में पराजित किया।
- 1820 ई. में राजा राममोहन राय की पुस्तक 'ईसा के नीति वचन-शान्ति और खुशहाली' तथा 1823 ई. में 'प्रीसेप्ट्स ऑफ जीसस' का प्रकाशन हुआ।
- 1821 ई. में राजा राममोहन राय ने कलकत्ता में यूनिटेरियन कमेटी का गठन किया। राजा राममोहन राय ने 1817 ई. में हिन्दू कॉलेज और 1825 ई. में वेदान्त कॉलेज की स्थापना की।
- राजा राममोहन राय ने बांग्ला साप्ताहिक 'संवाद कौमुदी' अथवा 'प्रज्ञा का चाँद' का प्रकाशन 1821 ई. में शुरू किया। संवाद कौमुदी किसी भारतीय द्वारा प्रकाशित प्रथम भारतीय समाचार-पत्र था, जबकि फारसी साप्ताहिक 'मिरातुल अखबार' जो 1822 ई. में शुरू हुआ, में राष्ट्रीय तथा अन्तर्राष्ट्रीय समस्याएँ प्रकाशित होती थीं।
- राममोहन के ही प्रयास से गवर्नर जनरल लॉर्ड विलियम बैन्टिक ने 4 दिसम्बर, 1829 को अधिनियम पारित कर सती प्रथा को गैरकानूनी घोषित कर दिया।
- दिल्ली के नाममात्र के मुगल बादशाह अकबर द्वितीय ने ब्रिटिश सरकार के सामने अपनी शिकायतें पेश करने के लिए राजा राममोहन राय को 1830 ई. में इंग्लैण्ड भेजा। अकबर द्वितीय ने ही राममोहन को राजा की उपाधि प्रदान की थी।
- राजा राममोहन राय पहले भारतीय और पहले ब्राह्मण थे, जिन्होंने समुद्र पार करके यूरोप की धरती पर पाँव रखा और हिन्दू रूढ़िवाद के उस मत को तोड़ा कि समुद्र यात्रा करना पाप है।
- 27 सितम्बर, 1833 में ब्रिस्टल में राममोहन राय की मृत्यु हो गई।
- देवेन्द्रनाथ टैगोर ने 1839 ई. में तत्त्वबोधिनी सभा की स्थापना की थी।
- केशवचन्द्र, जो 1858 ई. में ब्रह्मसमाज में शामिल हुए, ने 'सत्संग-सभा', 'भारतीय सुधार समाज', 'नवविधान समाज', ब्रह्म प्रतिनिधि सभा' आदि की स्थापना की। देवेन्द्रनाथ टैगोर ने केशवचन्द्र को ब्रह्म समाज का आचार्य

नियुक्त किया। कालान्तर में देवेन्द्रनाथ से मतभेद होने पर केशवचन्द्र को संगठन के साथ-साथ आचार्य पद से भी हटना पड़ा।

- देवेन्द्रनाथ टैगोर ने 'आदि ब्रह्म समाज' की स्थापना की थी।
- केशवचन्द्र सेन के विचार देवेन्द्रनाथ टैगोर के सुधारों और विचारों से ज्यादा क्रान्तिकारी थे। अत: 1866 में केशवचन्द्र सेन ने ब्रह्म समाज छोड़कर 'भारतीय ब्रह्म समाज' की स्थापना की।
- आनन्द मोहन बोस 'साधारण ब्रह्म समाज' के प्रथम अध्यक्ष थे।

यंग बंगाल *एवं* हेनरी लुई विवियन डेरोजियो

- 19वीं शताब्दी के तीसरे दशक में बंगाल में यंग बंगाल आन्दोलन को हेनरी लुई विवियन डेरोजियो ने चलाया।
- डेरोजियो का जन्म 1809 ई. में हुआ था तथा वे 1828 ई. में हिन्दू कॉलेज में सहायक शिक्षक के पद पर नियुक्त हुए। डेरोजियो फ्रांस की महान् क्रान्ति से बहुत प्रभावित थे और टॉम पेन की प्रसिद्ध पुस्तक 'तर्क या युग' उनकी प्रेरणा का स्रोत थी। उन्होंने 'ईस्ट इण्डिया' नामक दैनिक पत्र का भी सम्पादन किया।
- डेरोजियो ने 'एकेडमिक एसोसिएशन', 'सोसायटी ऑफ द एक्वीजीशन ऑफ जनरल नॉलेज,' 'एंग्लो इण्डियन हिन्दू एसोसिएशन', बंगहित सभा', 'डिबेटिंग क्लब' आदि का गठन किया था।
- डेरोजियो को अपने क्रान्तिकारी विचारों तथा देश प्रेम के कारण 1831 ई. में कॉलेज की नौकरी छोड़नी पड़ी। 23 सितम्बर, 1931 में उनका देहान्त हो गया।
- हेनरी विवियन डेरोजियो को आधुनिक भारत का प्रथम राष्ट्रवादी कवि माना जाता है।
- 1834 ई. में हिन्दू कॉलेज की तरह के शिक्षालय 'एलफिंस्टन कॉलेज' की स्थापना बम्बई में की गई।
- इस कॉलेज के विद्यार्थियों ने भी यंग बंगाल के अनुकरण पर 'यंग बॉम्बे' आन्दोलन की शुरूआत की। बाद में यहीं पर 'यंग मद्रास आन्दोलन' की भी शुरूआत हुई।

आर्य समाज *एवं* दयानन्द सरस्वती

- बंगाल में जिस प्रकार सामाजिक एवं धार्मिक सुधार का कार्य ब्रह्म समाज ने किया, उसी प्रकार का कार्य आर्य समाज द्वारा महाराष्ट्र में किया गया।
- दयानन्द सरस्वती ने 1875 ई. में बम्बई में आर्य समाज की स्थापना की।
- दयानन्द सरस्वती का जन्म (मूल नाम मूलशंकर) 1824 ई. में काठियावाड़ की मोरबी रियासत में एक ब्राह्मण परिवार में हुआ। 1848 ई. में उन्होंने मथुरा के स्वामी बिरजानन्द को अपना गुरु बनाया और वेदों का अध्ययन किया।
- 1867 ई. में हरिद्वार कुम्भ में 'पाखण्ड-खण्डिनी पताका' फहराकर हिन्दू धर्म में व्याप्त अन्धविश्वासों के विरुद्ध आवाज उठाई और आगरा से अपने उपदेशों का प्रचार प्रारम्भ किया।
- स्वामी दयानन्द ने वेदों को ईश्वरीय ज्ञान मानते हुए पुन: 'वेदों की ओर लौटें' (Back to the vedas) का नारा दिया।
- आर्य समाज ने शुद्धि आन्दोलन चलाया, जिसके अन्तर्गत उन लोगों को पुन: हिन्दू धर्म में आने का मौका मिला जिन्होंने किसी कारणवश इस्लाम धर्म स्वीकार कर लिया था।
- दयानन्द पहले व्यक्ति थे, जिन्होंने 'स्वराज्य' शब्द का प्रयोग किया एवं विदेशी वस्तुओं के बहिष्कार तथा स्वदेशी वस्तुओं के प्रयोग पर बल दिया।
- स्वामी दयानन्द सरस्वती ने अपने मूल विचारों को व्यक्त करने हेतु 1877 में लाहौर में आर्य समाज की स्थापना की तथा 'सत्यार्थ प्रकाश' की रचना की।
- महात्मा हंसराज, पण्डित गुरुदत्त, लाला लाजपत राय और स्वामी श्रद्धानन्द इसके विशिष्ट कार्यकर्ताओं में शामिल थे।
- वर्ष 1883 ई. में दयानन्द की अजमेर में मृत्यु हो गई।
- पाश्चात्य शिक्षा के समर्थक लाला लाजपत राय एवं हंसराज ने 1886 ई. में लाहौर में 'दयानन्द एंग्लो वैदिक स्कूल' (डीएवी) की स्थापना की, जो 1889 ई. में डी.ए.वी. कॉलेज में परिवर्तित हो गया, जबकि पाश्चात्य शिक्षा के विरोधी श्रद्धानन्द, लेखराम और मुन्शीराम ने 1902 ई. में हरिद्वार के पास कांगडी में 'गुरुकुल विश्वविद्यालय की नींव रखी।
- वैलेण्टाइन चिरोल ने आर्य समाज को अपनी पुस्तक 'इण्डियन अनरेस्ट' में 'भारतीय अशान्ति का जन्मदाता' कहा है।
- चिरोल के इस आपेक्ष का उत्तर लाला लाजपत राय ने अपनी पुस्तक 'हिस्ट्री ऑफ द आर्य समाज' में दिया है।

स्वामी विवेकानन्द *एवं* रामकृष्ण मिशन

- 1863 ई. में कलकत्ता में जन्मे स्वामी विवेकानन्द के बचपन का नाम नरेन्द्र नाथ था। अमेरिका जाने के पूर्व महाराज खेतड़ी के सुझाव पर उन्होंने अपना नाम स्वामी विवेकानन्द रख लिया।
- स्वामी विवेकानन्द के गुरु रामकृष्ण परमहंस थे, जिनका असली नाम गदाधर चट्टोपाध्याय था।
- रामकृष्ण का जन्म 18 फरवरी, 1836 में हुगली जिले के एक गाँव कामारपुकुर में हुआ था।
- 1881 ई. में विवेकानन्द दक्षिणेश्वर में रामकृष्ण से मिले तथा वे उनके प्रमुख अनुयायी बन गए।
- विवेकानन्द ने सर्वप्रथम 1887 में कलकत्ता के बाराहनगर में एक टूटे हुए मकान में रामकृष्ण मठ को स्थापित किया। पुन: 1 मई 1897 को उन्होंने कलकत्ता के पास बेलूर में रामकृष्ण मिशन की स्थापना की।
- 1893 ई. में विवेकानन्द स्वयं के प्रयत्नों से अमेरिका के शिकागो नगर में आयोजित 'सर्व-धर्म सम्मेलन' में भाग लेने गए और उनके प्रथम भाषण ने ही सभी को प्रभावित कर दिया।
- शिकागो में ही विवेकानन्द ने 'वेदान्त समाज' की स्थापना की।
- 14 जुलाई, 1902 ई. में 39 वर्ष की अल्पायु में विवेकानन्द की मृत्यु हो गई।
- विवेकानन्द ने हिन्दू अध्यात्मवाद का सहारा लेकर हिन्दू धर्म, समाज और राष्ट्र के निर्माण में अद्वितीय योगदान दिया।
- विवेकानन्द की शिष्या निवेदिता ने हिन्दू धर्म को उनके अन्ध विश्वासों और दुर्बलताओं से बचाने तथा उनमें गौरव और आत्मविश्वास पैदा करने के विवेकानन्द के प्रयासों को 'उग्र हिन्दू धर्म' की संज्ञा दी।
- शिकागो के सर्व-धर्म सम्मेलन में स्वामी जी द्वारा दिये गये भाषण में भौतिकवाद एवं आध्यात्मवाद के मध्य सन्तुलन स्थापित करने की बात कही गई। इन्होने पूरे संसार के लिए एक ऐसी संस्कृति की कल्पना की, जो पश्चिमी देशों के भौतिकवाद एवं पूर्वी देशों के अध्यात्मवाद के मध्य तालमेल स्थापित कर सम्पूर्ण विश्व को खुशियाँ प्रदान कर सके।

- रामकृष्ण मिशन के प्रमुख सिद्धान्त थे—(i) प्रत्येक धर्म सच्चा एवं श्रेष्ठ है। (ii) ईश्वर निराकार एवं सर्वव्यापी है। (iii) प्रत्येक हिन्दू का कर्त्तव्य है कि वह यूरोपियन प्रभाव से अपनी सभ्यता एवं संस्कृति की रक्षा करे।

प्रार्थना समाज

- प्रार्थना समाज की स्थापना 1867 ई. में महाराष्ट्र में केशवचन्द्र सेन की प्रेरणा से हुई। इसके प्रमुख नेता महादेव गोविन्द रानाडे, डॉ. आत्माराम पाण्डुरंग, चन्द्रावरकर आदि थे।
- गोविन्द रानाडे ने महाराष्ट्र में 'विडो रिमैरेज एसोसिएशन' की स्थापना की तथा इन्हीं के प्रयत्नों से 'दक्कन एजुकेशन सोसायटी' का जन्म हुआ।
- रानाडे ने 1887 ई. में 'भारतीय राष्ट्रीय सामाजिक सम्मेलन' और 1890 ई. में 'पश्चिमी भारत के औद्योगिक संघ' की शुरुआत की।
- प्रार्थना समाज ने अछूतों, दलितों तथा पीड़ितों की दशा सुधारने के उद्देश्य से कई कल्याणकारी संस्थाओं 'दलित जाति मण्डल', 'समाज सेवा संघ' तथा 'दक्कन शिक्षा सभा' आदि का गठन किया।
- गोविन्द रानाडे 'इण्डियन नेशनल कांग्रेस' और 'इण्डियन सोशल कॉन्फ्रेंस' के भी संस्थापक सदस्यों में थे।
- रानाडे के शिष्य गोपाल कृष्ण गोखले ने 'सर्वेन्ट ऑफ इण्डिया सोसायटी' की स्थापना की।

थियोसोफिकल सोसायटी

- थियोसोफिकल सोसायटी की स्थापना 1875 ई. में एक रूसी महिला मदाम एच.पी. ब्लावात्स्की और इंग्लैण्ड के एक भूतपूर्व सैनिक अधिकारी एच.एस. आलकॉट ने अमेरिका में की।
- भारत में इस सोसायटी की स्थापना 1886 ई. में मद्रास के निकट अड्यार में की गई।
- 1807 ई. में कर्नल आलकॉट की मृत्यु के पश्चात् श्रीमती ऐनी बेसेन्ट (1947-1833) इसकी अध्यक्षा बनीं और फिर यह आन्दोलन काफी लोकप्रिय हुआ। 1893 ई. में श्रीमती ऐनी बेसेन्ट (आयरिश महिला) ने भारत आकर थियोसोफिकल आन्दोलन का नेतृत्व संभाला।
- थियोसोफिस्टों का कर्म, पुनर्जन्म, मोक्ष और निर्वाण में विश्वास था।
- ऐनी बेसेन्ट ने भारतीयों में आत्मसम्मान और अपने गौरवमय अतीत पर गर्व की भावना जाग्रत की। ऐनी बेसेन्ट ने बनारस में (1898 ई.) 'सेन्ट्रल हिन्दू स्कूल' की स्थापना की, जिसे 1916 ई. में पंडित मदनमोहन मालवीय ने 'बनारस हिन्दू विश्वविद्यालय' का रूप दिया।
- वह भारतीय राष्ट्रीय कांग्रेस की पहली अध्यक्षा थीं।
- थियोसोफिकल सोसायटी ने रूढ़िवादी परम्परा के अनुसार हिन्दू धर्म की व्याख्या की और प्राचीन भावना 'कृण्वन्तो विश्वमार्यम्' को साकार बनाने का प्रयत्न किया।

राधास्वामी सत्संग

- 'राधास्वामी सत्संग' की स्थापना 1851 ई. में शिवदयाल सिंह सेठ (स्वामी महाराज) ने की, जिनका जन्म आगरा में 1818 ई. में हुआ था।
- मध्यकालीन संतों की परम्परा का अनुसरण करते हुए उन्होंने जीवात्मा (आदिराधा) द्वारा परमात्मा (स्वामी) को प्राप्त करने का उपदेश दिया। उनके अनुसार 'सुरतशब्द योग' (आत्मा तथा शब्द अर्थात् भक्ति, कर्म, मिलन) ही मोक्ष का साधन है।
- स्वामी जी के अनुसार केवल सत्य पुरुष राधास्वामी ही सर्वोच्च और मायारहित है।

वहाबी आन्दोलन

- 18वीं शताब्दी में शाह वली उल्ला भारतीय मुसलमानों के प्रथम नेता थे, जिन्होंने भारतीय मुसलमानों की दशा में हुई गिरावट पर चिन्ता प्रकट की।
- शाह अब्दुल अजीज तथा सैयद अहमद बरेलवी ने वली उल्ला के विचारों को लोकप्रिय बनाने का प्रयत्न किया।
- वहाबी आन्दोलन के प्रणेता उत्तर प्रदेश के राय बरेली निवासी सैयद अहमद थे। कुछ समय तक सैयद अहमद टोंक के अमीर खान की सेना में सिपाही रहे, जहाँ उन्होंने सैनिक तकनीक सीखी।
- सैयद अहमद 1822 ई. में मक्का-मदीन की यात्रा पर गए। मक्का-मदीना पहुँचकर वे अरब के अब्दुल वहाब द्वारा चलाए गए वहाबी सम्प्रदाय से प्रभावित हुए।
- 1831 ई. में बालाकोट में सिखों के साथ एक लड़ाई में सैयद अहमद अपने कई अनुयायियों सहित मारे गए।

अलीगढ़ आन्दोलन

- मुसलमानों में अंग्रेजी शिक्षा और आधुनिकीकरण की ओर ले जाने का श्रेय सर सैयद अहमद खाँ को है और उनका 'अलीगढ़ आन्दोलन' इसका आधार केन्द्र था।
- सर सैयद अहमद खाँ का जन्म 1864 ई. में दिल्ली में हुआ था।
- सैयद अहमद खाँ के जीवन के दो प्रमुख उद्देश्य थे—अंग्रेज और मुसलमानों के सम्बन्धों को सुधारना तथा मुसलमानों में शिक्षा का प्रसार करना।
- सैयद अहमद खाँ ने सर्वप्रथम 1864 ई. में गाजीपुर में साइण्टिफिक सोसायटी स्थापित की और एक वर्ष बाद अंग्रेजी पुस्तकों का उर्दू में अनुवाद करने के लिए एक विज्ञान समाज की स्थापना की।
- सैयद अहमद खाँ ने महारानी विक्टोरिया के वर्षगाँठ के अवसर पर अलीगढ़ में 'एंग्लो-ओरियण्टल कॉलेज' की स्थापना की (24 मई, 1875 ई.), जो बाद में अलीगढ़ मुस्लिम विश्वविद्यालय (1920) कहलाया तथा अलीगढ़ आन्दोलन का केन्द्र बिन्दु बना।
- एंग्लो-ओरियण्टल कॉलेज के प्रथम प्रिंस्पिल थियोडर बैक थे।
- सैयद अहमद ने कुरान पर एक टीका लिखी तथा 'तहजीब उल अखलाक' (सभ्यता और नैतिकता) नामक पत्रिका निकाली।
- अंग्रेजों के प्रति अपनी निष्ठा को प्रकट करने हेतु 'राजभक्त मुसलमान' नामक पत्रिका का प्रकाशन किया।

अहमदिया आन्दोलन

- 19वीं शताब्दी में मुसलमानों में सुधारों के लिए अहमदिया आन्दोलन 1889 ई. में शुरू हुआ, जिसके संस्थापक मिर्जा गुलाम अहमद थे।
- इस आन्दोलन का प्रारम्भ पंजाब के गुरुदासपुर जिले के कादिया नगर से हुआ। इस आन्दोलन का उद्देश्य आधुनिक बौद्धिक विकास के सन्दर्भ में धर्मोपदेशों और नियमों को उदार बनाना थ।
- मिर्जा गुलाम अहमद ने अपने सिद्धान्तों की व्याख्या अपनी पुस्तक 'बराहीन-ए-अहमदिया' में की।

देवबन्द आन्दोलन

- देवबन्द आन्दोलन के संस्थापक मुहम्मद कासिम ननौत्वी व रशीद अहमद गंगोही थे।
- इस आन्दोलन को मजबूती प्रदान करने हेतु सहारनपुर के पास देवबन्द में दारूल उलूम की स्थापना की गई।
- 1888 ई. में देवबन्द के उलेमा ने सैयद अहमद खाँ द्वारा बनाई गई। संयुक्त भारतीय राजभक्त सभा तथा मुस्लिम-एंग्लो ओरियण्टल सभा के विरुद्ध फतवा ज़ारी किया।
- महमूद-उल-हसन देवबन्द शाखा के बाद के नेता हुए। इन्होंने संस्था के धार्मिक विचारों को राजनीतिक-बौद्धिक रंग देने का प्रयास किया।

फरैजी आन्दोलन

- इसके प्रवर्तक हाजी शरीयतुल्लाह थे। इसका प्रमुख केन्द्र फरीदपुर (पूर्वी बंगाल) था।
- 1840 ई. के बाद इस आन्दोलन का नेतृत्व हाजी शरीयतुल्लाह के पुत्र दादू मियां ने संभाला।
- दादू मियां (मुहम्मद महसिन) ने इसे क्रान्तिकारी रूप प्रदान किया। उन्होंने करबन्दी आन्दोलन चलाया।
- 1885 में भारतीय राष्ट्रीय कांग्रेस की स्थापना के पश्चात् उस पर उदारवादी नेताओं का पूर्णत: वर्चस्व स्थापित हो गया। उदारवादी नेताओं का मानना था कि संवैधानिक तरीके अपनाकर ही भारत को आजाद कराया जा सकता है।
- उदारवादी नेताओं के प्रयासों के परिणामस्वरूप 1886 ई. में लोक सेवा आयोग का गठन किया गया। इसके अतिरिक्त इन्हीं के अनुरोध पर ही भारतीय व्यय की समीक्षा करने के लिए 'वैल्बी आयोग' की नियुक्ति की गई। उदारवादी दल के प्रमुख नेताओं में दादाभाई नौरोजी, सुरेन्द्रनाथ बनर्जी, गोपालकृष्ण गोखले एवं फिरोजशाह मेहता प्रमुख थे।

नामधारी आन्दोलन

- नामधारी लम्बे समय तक प्रार्थना करते रहते थे और वे लम्बी प्रार्थना करने के लिए प्रसिद्ध हो गए।
- अंग्रेजों ने राम सिंह को देश से निकालकर रंगून भेज दिया, जहाँ 1885 ई. में उनका देहान्त हो गया।
- 1870 ई. के शुरू के दशक में सिख सुधारकों ने एक और संस्था 'सिंहसभा' बनाई।
- सन् 1920 में अकाली आन्दोलन प्रारम्भ हुआ। अकालियों का मुख्य उद्देश्य गुरुद्वारों का प्रबन्ध सुधारना था।
- 1920 ई. में लगभग 10 हजार सुधारवादियों की एक बैठक हुई और एक समिति चुनी गई, जिसे 'शिरोमणि गुरुद्वारा प्रबन्धक समिति' का नाम दिया गया। दिसम्बर, 1920 में 'शिरोमणि अकाली दल' का गठन किया गया।
- 1922 ई. में सिक्ख गुरुद्वारा एक्ट पारित किया गया, जिसे 1925 ई. में संशोधित भी किया गया।

पारसी सुधार आन्दोलन

- दादाभाई नौरोजी तथा नौरोजी फरदोनजी ने 1851 ई. में 'रहनुमाए माजदायासन सभा' की स्थापना की।
- इस संस्था ने 'रफ्त गोफ्तार' (सत्यवादी) नामक पत्रिका का प्रकाशन किया। मजदायासन सभा का उद्देश्य पारसी आस्थाओं तथा सामाजिक प्रथाओं का आधुनिकीकरण करना तथा पारसी धर्म की प्राचीन शुद्धता को पुन: प्राप्त करना था।
- इस आन्दोलन के नेता थे—नौरोजी फरदोनजी, दादाभाई नौरोजी तथा आर.के. कामा।

अन्य आन्दोलन

- बम्बई में धार्मिक सुधार की शुरूआत 1840 में परमहंस मण्डली ने की, जिसका लक्ष्य मूर्ति-पूजा तथा जाति-प्रथा के विरुद्ध संघर्ष करना था।
- पश्चिम भारत में सबसे पहले धार्मिक सुधारक गोपाल हरिदेशमुख थे। उन्होंने रूढ़िवाद का विरोध किया।
- गोपाल हरिदेशमुख (लोकहितवादी) की मुख्य भूमिका आन्दोलन के क्षेत्र को व्यापक बनाने की थी और उन्होंने मराठा साप्ताहिक 'प्रभाकर' में अपने प्रसिद्ध 'शतपत्रेण' (सौपत्र) लिखा।
- भास्कर पाण्डुरंग ने भारत में औपनिवेशिक शासन से जुझारू राष्ट्रवादी आलोचक के रूप में विशिष्टता प्राप्त की तथा भारत में अंग्रेजी राज्य के शोषक चरित्र को उजागर करने वाले वह पहले व्यक्ति थे।
- 1841 ई. में इन्होंने बम्बई प्रेसीडेन्सी के सबसे पुराने पत्र 'बम्बई गजट' में आठ खण्डों की एक लेखमाला प्रकाशित कराई और औपनिवेशिक प्रभुत्व के लगभग सभी पक्षों का पर्दाफाश किया।
- विष्णु परशुराम शास्त्री पण्डित (1827-1876 ई.) ने 'महिला मुक्ति' के क्षेत्र में अग्रणी भूमिका अदा की।
- 1865 में विष्णु शास्त्री ने 'विधवा विवाह-प्रोत्साहन मण्डल' की स्थापना की तथा इसका सचिव पद संभाला।
- विष्णु शास्त्री चिपलुणकर ने समाज सुधार को समर्पित मासिक मराठी पत्रिका 'निबन्ध माला' की शुरूआत 1874 ई. में की।
- के. टी. तैलंग उपकुलपति पद प्राप्त करने वाले प्रथम भारतीय थे। तैलंग की बम्बई में अनिवार्य शिक्षा का प्रवर्तन कराने में महत्त्वपूर्ण भूमिका थी।

वस्तुनिष्ठ प्रश्न

1. किसानों के दर्द की कहानी दीनबन्धु ने कब अपने नाटक नील दर्पण में विस्तार से लिखी?
(a) 1855 ई. (b) 1857 ई.
(c) 1858 ई. (d) 1860 ई.

2. बिहार के नील उगाने वाले काश्तकारों ने दरभंगा और चम्पारण में कब विद्रोह किया?
(a) 1866–1868 ई. (b) 1869–1870 ई.
(c) 1871–1872 ई. (d) 1873–1874 ई.

3. शमशेर गाजी का विद्रोह 1767-1768 ई. में जमींदारों और ईस्ट इण्डिया कम्पनी के विरुद्ध कहाँ हुआ?
(a) बंगाल (b) त्रिपुरा
(c) असम (d) मेघालय

4. सुबान्दिया पूर्वी बंगाल के बाकरगंज जिले का एक स्थान था, यहाँ विद्रोह कब हुआ?
(a) 1790 ई. (b) 1791 ई.
(c) 1792 ई. (d) 1793 ई.

5. दक्कन राहत अधिनियम कब पारित हुआ?
(a) 1876 ई. (b) 1877 ई.
(c) 1878 ई. (d) 1879 ई.

6. बंगाल प्रजास्वत्व कानून कब पास हुआ?
(a) 1883 ई. (b) 1884 ई.
(c) 1885 ई. (d) 1886 ई.

7. 'जमींदार दर्पण' नाटक किसने लिखा?
(a) दीनबन्धु मित्रा
(b) पृथ्वीचन्द राय
(c) मुशर्रफ हुसैन
(d) रवीन्द्रनाथ टैगोर

8. वासुदेव बलवन्त फड़के ने महाराष्ट्र के रामोसी किसानों को एकजुट करके कब विद्रोह किया?
(a) 1877 ई. (b) 1878 ई.
(c) 1879 ई. (d) 1880 ई.

9. जमींदारों के अत्याचारों से तंग आकर मालाबार के किसानों ने 1836 ई. और 1856 ई. के दौरान कितने विद्रोह किए?
(a) 18 (b) 20
(c) 22 (d) 24

10. मालाबार के किसानों ने 1873 ई. और 1880 ई. के दौरान कितने बड़े विद्रोह किए?
(a) 3 (b) 4 (c) 5 (d) 6

11. 19वीं सदी के धर्म एवं समाज सुधार आन्दोलनों ने जनसंख्या के किस वर्ग को मुख्यतया आकर्षित किया?
1. बुद्धिजीवी
2. नगरीय उच्च जातियाँ
3. निर्धन सर्वसाधारण वर्ग
4. उदार रजवाड़े

कूट
(a) केवल 1 (b) 1 और 2
(c) 1, 2 और 3 (d) 1, 2 और 4

12. चम्पारण का आन्दोलन कब हुआ?
(a) 1915 ई. (b) 1916 ई.
(c) 1917 ई. (d) 1918 ई.

13. खेड़ा सत्याग्रह कब हुआ?
(a) 1918 ई. (b) 1919 ई.
(c) 1920 ई. (d) 1921 ई.

14. निम्नलिखित में से कौन खेड़ा सत्याग्रह से सम्बन्धित था?
(a) गाँधीजी (b) वल्लभभाई पटेल
(c) इन्दुलाल याज्ञनिक (d) उपरोक्त सभी

15. उत्तर प्रदेश किसान सभा का गठन कब किया गया?
(a) 1917 ई. (b) 1918 ई.
(c) 1919 ई. (d) 1920 ई.

16. वीरभूमि क्षेत्र के आदिवासियों का पहाड़िया विद्रोह कब हुआ?
(a) 1788 ई. (b) 1789 ई.
(c) 1790 ई. (d) 1791 ई.

17. चुआर विद्रोह बंगाल के बाँकुड़ा में कब हुआ?
(a) 1798 ई. (b) 1800 ई.
(c) 1801 ई. (d) 1802 ई.

18. चेर विद्रोह भूषणसिंह के नेतृत्व में कब हुआ?
(a) 1799 ई. (b) 1800 ई.
(c) 1801 ई. (d) 1802 ई.

19. निम्नलिखित में से कौन सन्थाल विद्रोह से सम्बन्धित है?
(a) सीदू (b) कान्हू
(c) चाँद व भैरव (d) ये सभी

20. सितेंगों जनजाति का जयन्तिया विद्रोह असम में कब हुआ?
(a) 1860 ई. (b) 1861 ई.
(c) 1862 ई. (d) 1863 ई.

21. कच्छ का विद्रोह कब हुआ?
(a) 1817 ई. (b) 1818 ई.
(c) 1819 ई. (d) 1820 ई.

22. राजा भारमल किस विद्रोह से सम्बन्धित थे?
(a) बघेरा (b) कच्छ
(c) अहोम (d) संन्यासी विद्रोह

23. गोण्ड विद्रोह कब हुआ?
(a) 1831 ई. (b) 1832 ई.
(c) 1833 ई. (d) 1834 ई.

24. निम्नलिखित घटनाओं पर विचार कीजिए
1. नील विद्रोह
2. सन्थाल विद्रोह
3. दक्कन दंगे
4 सिपाहो विद्रोह

इन घटनाओं का सही कालानुक्रम है
(a) 4, 2, 1, 3 (b) 4, 2, 3, 1
(c) 2, 4, 3, 1 (d) 2, 4, 1, 3

25. निम्नलिखित युग्मों में से कौन-से सही सुमेलित हैं?

आन्दोलन/सत्याग्रह	सम्बन्धित व्यक्ति
1. चम्पारण सत्याग्रह	महात्मा गाँधी
2. अहमदाबाद मिल श्रमिक	मोरारजी देसाई
3. खेड़ा सत्याग्रह	वल्लभ भाई पटेल

कूट
(a) 1 और 2 (b) 2 और 3
(c) 1 और 3 (d) 1, 2 और 3

26. रम्पा विद्रोह कब हुआ?
(a) 1877–1878 ई.
(b) 1879–1880 ई.
(c) 1880–1881 ई.
(d) 1882–1883 ई.

27. रतन पुँईया किस विद्रोह से सम्बन्धित है?
(a) खोण्ड (b) कूकी
(c) रम्पा (d) गडकरी

28. निम्नलिखित में से कौन रम्पा विद्रोह का नेता था?
(a) चन्द्रैया (b) तम्मान डोरा
(c) अम्बुल रेड्डी (d) ये सभी

29. परलाखीमेडो विद्रोह उड़ीसा में जगन्नाथ गजपति एवं नारायण राव के नेतृत्व में कब हुआ?
(a) 1827 ई. (b) 1829 ई.
(c) 1830 ई. (d) 1831 ई.

30. पलकोण्डा विद्रोह आन्ध्र प्रदेश में कब हुआ?
(a) 1830–1834 ई. (b) 1831–1832 ई.
(c) 1833–1834 ई. (d) 1835–1836 ई.

31. गुमसर विद्रोह (1835–1837 ई.) किसके नेतृत्व में हुआ?
(a) चितर सिंह (b) फोण्ड सावन्त
(c) धनंजय भांजा (d) धरराव पवॉर

32. कूका आन्दोलन (1845–1872 ई.) किसके नेतृत्व में शुरू हुआ?
(a) करमशाह एवं टीपू
(b) भगत जवाहरमल
(c) सैयद अहमद
(d) वीरभद्र राजू

33. चिनावा के नेतृत्व में किट्टूर विद्रोह कब शुरू हुआ?
(a) 1813 ई. (b) 1824 ई.
(c) 1815 ई. (d) 1835 ई.

34. कोल विद्रोह के सम्बन्ध में कौन-सा कथन सत्य है?
(a) छोटानागपुर के कोलों ने अपना विद्रोह उस वक्त प्रकट किया जब उनकी भूमि उनके मुखिया मुण्डो से छीनकर मुस्लिम कृषकों और सिखों को दे दी गई
(b) 1831 ई. में कोलों ने लगभग 1000 विदेशी अथवा बाहर के व्यक्तियों को जला दिया अथवा उनकी हत्या कर दी
(c) यह विद्रोह राँची, सिंहभूम, हजारीबाग, पलामू तथा मानभूम के पश्चिमी क्षेत्रों में फैल गया
(d) उपरोक्त सभी

35. श्रमिकों की हालत की पड़ताल करने के लिए पहला फैक्ट्री आयोग कब बैठाया गया?
(a) 1873 ई. (b) 1874 ई.
(c) 1875 ई. (d) 1876 ई.

36. 1918 ई. में गुजरात के खेड़ा सत्याग्रह से सम्बद्ध नेता हैं
1. महात्मा गाँधी
2. सरदार वल्लभ भाई पटेल
3. इन्दुलाल याज्ञिक
कूट
(a) 1 और 2
(b) 1 और 3
(c) 2 और 3
(d) 1, 2 और 3

37. ऐनी बेसेन्ट की होमरूल लीग के एक सहयोगी वी.पी. वाडिया ने पहली ट्रेड यूनियन गठित की जिनका नाम मद्रास ट्रेड यूनियन था?
(a) 1917 ई. (b) 1918 ई.
(c) 1919 ई. (d) 1920 ई.

38. एम.एन. जोशी, जोसेफ बैपटिस्ट और लाला लाजपतराय के प्रयासों से अखिल भारतीय ट्रेड यूनियन कांग्रेस (एटक) की स्थापना कब हुई?
(a) 1918 ई. (b) 1919 ई.
(c) 1920 ई. (d) 1921 ई.

39. काजी नजरूल इस्लाम ने कब बंगाल में लेबर स्वराज पार्टी की स्थापना की थी?
(a) 1923 ई. (b) 1924 ई.
(c) 1925 ई. (d) 1926 ई.

40. भारतीय राष्ट्रीय ट्रेड यूनियन कांग्रेस की स्थापना कब हुई?
(a) 1943 ई. (b) 1944 ई.
(c) 1945 ई. (d) 1946 ई.

41. हिन्द मजदूर संघ की स्थापना कब हुई?
(a) 1945 ई. (b) 1946 ई.
(c) 1947 ई. (d) 1948 ई.

42. किसने वैनगार्ड (बाद में माजिस ऑफ इण्डिया नाम) निकाली?
(a) लाला लाजपतराय (b) एम.एन. लोखण्डे
(c) एम.एन. राय (d) पूरनचन्द जोशी

43. एस.ए. डांगे ने कब पत्रिका सोशलिस्ट छापनी शुरू की?
(a) 1926 ई. (b) 1927 ई.
(c) 1928 ई. (d) 1929 ई.

44. साम्यवादियों से सम्बन्धित 'पेशावर षड्यन्त्र केस' कब हुआ?
(a) 1920–1921 ई.
(b) 1922–1923 ई.
(c) 1924–1925 ई.
(d) 1926–1927 ई.

45. निम्नलिखित में कौन कानपुर षड्यन्त्र केस जो साम्यवादियों से सम्बन्धित था, में अपराधी थे?
(a) एस.ए. डांगे (b) मुजफ्फर अहमद
(c) शौकत उस्मानी (d) ये सभी

46. भारतीय साम्यवादी दल कब अवैध घोषित कर दिया गया?
(a) जुलाई, 1933 ई. (b) जुलाई, 1934 ई.
(c) जुलाई, 1935 ई. (d) जुलाई, 1936 ई.

47. निम्नलिखित में से कौन ब्रिटेन से भारत के साम्यवादियों की सहायता के लिए सर्वप्रथम भारत आया?
(a) पर्सी-ई-ग्लेडिंग पार्टी
(b) जॉर्ज एलिसन
(c) फिलिप स्प्रैट
(d) एल. हचिसन

48. कांग्रेस समाजवादी पार्टी की स्थापना कब हुई?
(a) 1932 ई. (b) 1933 ई.
(c) 1934 ई. (d) 1935 ई.

49. कांग्रेस समाजवादी पार्टी की स्थापना किसने की?
(a) जायप्रकाश नारायण
(b) आचार्य नरेन्द्रदेव
(c) मीनू मसानी
(d) उपरोक्त सभी

50. जयप्रकाश नारायण, फूलन प्रसाद वर्मा इत्यादि ने बिहार समाजवादी दल कब बनाया था?
(a) जुलाई, 1930 ई. (b) जुलाई, 1931 ई.
(c) जुलाई, 1932 ई. (d) जुलाई, 1933 ई.

51. पंजाब समाजवादी दल की स्थापना कब हुई?
(a) 1932 ई. (b) 1933 ई.
(c) 1934 ई. (d) 1935 ई.

52. श्री पी. त्यागराय और डॉ. टी.एम. नैयर ने प्रथम इतर ब्राह्मण संस्था दक्षिण भारतीय उदारवादी संघ की स्थापना कब की?
(a) 1915 ई. (b) 1916 ई.
(c) 1917 ई. (d) 1918 ई.

53. रामास्वामी नैयर न्यायदल के सभापति कब चुने गए?
(a) 1930 ई. (b) 1932 ई.
(c) 1935 ई. (d) 1937 ई.

54. अरत्तिपुरम आन्दोलन केरल के महान् समाज सुधारक श्री नारायण गुरुद्वारा कब चलाया गया?
(a) 1885 ई. (b) 1886 ई.
(c) 1887 ई. (d) 1888 ई.

55. कब न्यायदल का नाम बदलकर द्रविड़ (कड़गम द्रविड़ संघ) कर दिया गया?
(a) 1942 ई. (b) 1943 ई.
(c) 1944 ई. (d) 1945 ई.

56. कौन-से आम चुनाव में तमिलनाडु में प्रथम द्रुमुक सरकार बनी जिसमें अन्नादुराई मुख्यमन्त्री बने?
(a) 1952 ई. (b) 1957 ई.
(c) 1962 ई. (d) 1967 ई.

57. निम्नलिखित में से किसने केरल में तथा केरल के बाहर कई स्थानों पर एस.एन.डी.पी. (श्री नारायण धर्म परिपालन योगम्) नाम की संस्था और उसकी शाखाएँ स्थापित कीं?
(a) रामास्वामी नैयर (b) टी.एम. नैयर
(c) नारायण गुरु (d) ज्योतिबा फूले

58. 1873 ई. में सत्यशोधक समाज की स्थापना किसने की?
(a) ज्योतिबा फूले
(b) रामास्वामी नैयर
(c) डॉ. अम्बेडकर
(d) सी.एन. अन्नादुराई

59. वर्ष 1921 में केरल के मालाबर क्षेत्र में हुए मोपला आन्दोलन को समर्थन मिला
1. महात्मा गाँधी
2. शौकत अली
3. मौलाना अबुल कलाम अजाद

कूट
(a) 1 और 2 (b) 1 और 3
(c) 2 और 3 (d) 1, 2 और 3

60. डॉ. अम्बेडकर का जन्म कब हुआ था?
(a) 14 अप्रैल, 1887 ई.
(b) 14 अप्रैल, 1889 ई.
(c) 14 अप्रैल, 1891 ई.
(d) 14 अप्रैल, 1893 ई.

61. कांग्रेस ने एक प्रस्ताव पारित करके जनता से कब अपील की कि वह ऐसी सामाजिक कुरीतियों को समाप्त करे, जिनके कारण पिछड़े वर्गों को हेय दृष्टि से देखा जाता है?
(a) 1915 ई. (b) 1916 ई.
(c) 1917 ई. (d) 1918 ई.

62. महात्मा गाँधी ने केरल का दौरा कब किया तथा महारानी व अन्य अधिकारियों से मुलाकात की?
(a) 1923 ई. (b) 1924 ई.
(c) 1925 ई. (d) 1926 ई.

63. ट्रावनकोर के महाराजा ने कब एक आदेश जारी करके सरकार नियन्त्रित सभी मन्दिरों को हिन्दुओं की सभी जातियों के लिए खोल दिया?
(a) 1937 ई. (b) 1938 ई.
(c) 1939 ई. (d) 1940 ई.

64. कैवरतास द्वारा कैवरतास आन्दोलन मिदनापुर में कब चलाया गया?
(a) 1895 ई. (b) 1896 ई.
(c) 1897 ई. (d) 1898 ई.

65. निम्नलिखित में से किसने 1910 ई. के उपरान्त ज्योतिबा फूले के विचारों से प्रेरित होकर एक ब्राह्मण विरोधी एवं प्रबल कांग्रेस विरोधी बहुजन समाज की स्थापना की?
(a) डॉ. अम्बेडकर
(b) मुकन्दराव पाटिल
(c) शंकरराव जाधव
(d) (b) व (c) दोनों

66. नायर सेवा समाज की स्थापना मन्नथ पद्मनाभ पिल्लई द्वारा ट्रावणकोर-केरल में कब की गई थी?
(a) 1912 ई.
(b) 1913 ई.
(c) 1914 ई.
(d) 1915 ई.

67. प्रजा मित्र मण्डली की स्थापना किसने की थी?
(a) मन्नाथ पिल्लई
(b) सी.आर. रेड्डी
(c) मुकन्दराव पाटिल
(d) बाबा दयालदास

68. मुकन्दराव पाटिल ने सत्यशोधक समाचार की स्थापना कब की?
(a) 1907 ई. (b) 1908 ई.
(c) 1909 ई. (d) 1910 ई.

69. बहिष्कृत भारत पत्र की स्थापना किसने की?
(a) शिन्दे
(b) नारायण गुरु
(c) डॉ. अम्बेडकर
(d) रामास्वामी नायकर

70. बी. आर. अम्बेडकर ने किन-किन संस्थाओं की स्थापना की?
1. दलित वर्ग कल्याण संस्थान/बहिष्कृत हितकारी सभा, 1924
2. अखिल भारतीय दलित वर्ग एसोसिएशन, 1925
3. इण्डिपेण्डेंट लेबर पार्टी, 1936
4. अनुसूचित जातीय संघ, 1942

कूट
(a) 1, 2 और 3 (b) 1, 2 और 4
(c) 2, 3 और 4 (d) 1, 2, 3 और 4

71. अलीगढ़ आन्दोलन का स्वरूप कैसा था?
1. ब्रिटिश विरोधी
2. ब्रिटिश समर्थक
3. कांग्रेस विरोधी
4. कांग्रेस समर्थक
5. हिन्दू विरोधी
6. हिन्दू समर्थक

कूट
(a) 1, 2, 3 (b) 2, 3, 4
(c) 2, 3, 5 (d) 1, 3, 5

72. डॉ. अम्बेडकर बैरिस्टर कब बने?
(a) 1921 ई. (b) 1922 ई.
(c) 1923 ई. (d) 1924 ई.

73. डॉ अम्बेडकर ने अनुसूचित जातीय संघ की स्थापना कब की?
(a) 1940 ई.
(b) 1941 ई.
(c) 1942 ई.
(d) 1943 ई.

74. वहाबी आन्दोलन के संस्थापक कौन थे?
(a) शाह वलीउल्लाह
(b) टीटू मीर
(c) शरीयत उल्लाह
(d) सैयद अहमद बरेलवी

75. सैयद अहमद खाँ ने कब अलीगढ़ में मोहम्मडन एंग्लो ओरियण्टल कॉलेज की स्थापना की?
(a) 1872 ई.
(b) 1873 ई.
(c) 1874 ई.
(d) 1875 ई.

76. निम्नलिखित में से कौन अलीगढ़ आन्दोलन के प्रमुख नेताओं में से था?
(a) चिराग अली
(b) उर्दू कवि अल्ताफ हुसैन हाली
(c) नजीर अहमद
(d) उपरोक्त सभी

77. सैयद अहमद खाँ ने गाजीपुर में अंग्रेजी शिक्षा का एक स्कूल कब स्थापित किया?
(a) 1862 ई. (b) 1863 ई.
(c) 1864 ई. (d) 1865 ई.

78. 1878 ई. में अलीगढ़ मोहम्मडन एंग्लो ओरियण्डल स्कूल कॉलेज बना तथा यह विश्वविद्यालय कब बना?
(a) 1919 ई. (b) 1920 ई.
(c) 1921 ई. (d) 1922 ई.

79. सैयद अहमद ने भाषा में नए विचारों के लिए साइन्टिफिक सोसायटी की स्थापना कब की?
(a) 1863 ई.
(b) 1864 ई.
(c) 1865 ई.
(d) 1866 ई.

80. सुमेलित कीजिए

	सूची I	सूची II
A.	नील आयोग का गठन	1. 1860 ई.
B.	बंगाल टेनेंसी एक्ट पारित	2. 1885 ई.
C.	दक्कन कृषक् राहत अधिनियम पारित	3. 1879 ई.
D.	अवध लगान अधिनियम पारित	4. 1921 ई.

कूट

	A	B	C	D		A	B	C	D
(a)	1	2	3	4	(b)	2	1	3	4
(c)	2	1	4	3	(d)	1	2	4	3

81. सैयद अहमद ने यूनाइटेड इण्डिया पेट्रियोटिक एसोसिएशन की स्थापना कब की?
(a) 1885 ई. (b) 1886 ई.
(c) 1887 ई. (d) 1888 ई.

82. अहमदिया आन्दोलन के प्रवर्तक कौन थे?
(a) सैयद अहमद बरेलवी
(b) शाह वलीउल्लाह
(c) मिर्जा गुलाम अहमद कादियानी
(d) शिवली नेमानी

83. अब्दुल लतीफ ने कब कलकत्ता 'मोहम्मडन लिटरेरी सोसायटी' की स्थापना की?
(a) 1861 ई. (b) 1862 ई.
(c) 1863 ई. (d) 1864 ई.

84. कलकत्ता तरुण स्त्री सभा की स्थापना कब हुई?
(a) 1817 ई. (b) 1818 ई.
(c) 1819 ई. (d) 1820 ई.

85. शिक्षा परिषद् के अध्यक्ष जे.ई.डी. बेटन ने कब बालिका विद्यालय की स्थापना की?
(a) 1847 ई. (b) 1848 ई.
(c) 1849 ई. (d) 1850 ई.

86. अखिल भारतीय महिला सभा की स्थापना कब की गई?
(a) 1926 ई. (b) 1827 ई.
(c) 1928 ई. (d) 1829 ई.

87. धर्म सभा की स्थापना राधाकान्त देव ने कब की थी?
(a) 1829 ई. (b) 1830 ई.
(c) 1831 ई. (d) 1832 ई.

88. सत्य महिमा धर्म की स्थापना किसने की?
(a) मुकुन्द दास (b) गोविन्द बाबा
(c) भीम भोई (d) ये सभी

89. सेवा सदन की स्थापना किसने की?
(a) रामाबाई
(b) कर्वे
(c) ईश्वरचन्द विद्यासागर
(d) बहराम जी.एम. मालाबारी

90. मुधकर शाह और जवाहीर सिंह किस विद्रोह से सम्बन्धित हैं?
(a) खोण्ड
(b) बुन्देला
(c) गडकरी
(d) रम्पा

सही उत्तर

1. (d)	**2.** (a)	**3.** (b)	**4.** (c)	**5.** (d)	**6.** (c)	**7.** (c)	**8.** (c)	**9.** (c)	**10.** (c)
11. (b)	**12.** (c)	**13.** (b)	**14.** (d)	**15.** (b)	**16.** (a)	**17.** (a)	**18.** (b)	**19.** (d)	**20.** (d)
21. (c)	**22.** (b)	**23.** (c)	**24.** (d)	**25.** (c)	**26.** (b)	**27.** (a)	**28.** (d)	**29.** (b)	**30.** (b)
31. (c)	**32.** (b)	**33.** (b)	**34.** (d)	**35.** (c)	**36.** (d)	**37.** (b)	**38.** (c)	**39.** (c)	**40.** (b)
41. (d)	**42.** (c)	**43.** (c)	**44.** (b)	**45.** (d)	**46.** (b)	**47.** (a)	**48.** (c)	**49.** (d)	**50.** (b)
51. (b)	**52.** (c)	**53.** (d)	**54.** (d)	**55.** (c)	**56.** (d)	**57.** (c)	**58.** (a)	**59.** (d)	**60.** (c)
61. (c)	**62.** (c)	**63.** (b)	**64.** (c)	**65.** (d)	**66.** (c)	**67.** (b)	**68.** (d)	**69.** (c)	**70.** (d)
71. (c)	**72.** (c)	**73.** (c)	**74.** (a)	**75.** (d)	**76.** (d)	**77.** (c)	**78.** (c)	**79.** (c)	**80.** (a)
81. (d)	**82.** (c)	**83.** (c)	**84.** (c)	**85.** (c)	**86.** (b)	**87.** (b)	**88.** (d)	**89.** (d)	**90.** (b)

अध्याय 17 1857 का विद्रोह

प्रथम स्वतन्त्रता संग्राम के कारण

1857 का विद्रोह अंग्रेजी शासन के 100 वर्षों के इतिहास में एक ऐसी घटना थी, जिसने भारत में अंग्रेजी साम्राज्य की नींव हिला दी। इस विद्रोह का प्रारम्भ सैन्य क्रान्ति के रूप में शुरू हुआ। परन्तु बाद में इसका स्वरूप बदलकर ब्रिटिश सत्ता के विरुद्ध एक जनव्यापी आन्दोलन के रूप में परिणत हो गया। इसे भारत का प्रथम स्वतन्त्रता संग्राम भी कहा गया है।

लॉर्ड कैनिंग के गवर्नर जनरल के रूप में शासन करने के दौरान ही 1857 ई. में एक विद्रोह हुआ, जिसका भारतीय इतिहास में महत्त्वपूर्ण स्थान है। इस विद्रोह के लिए अनेक कारण उत्तरदायी थे।

राजनैतिक कारण

- हड़प नीति का सहारा लेकर डलहौजी ने सतारा (1848 ई.), नागपुर, सम्बलपुर, उदयपुर (1852 ई.) और झांसी (1853 ई.) को ब्रिटिश राज्य में मिला लिया। कुशासन के आधार पर अवध (फरवरी 1856 ई. में) को ब्रिटिश साम्राज्य में मिला लिया गया। अवध के नवाब वाजिद अली को कलकत्ता निर्वासित कर दिया गया।
- डलहौजी ने कर्नाटक, सूरत और तन्जौर के राजाओं को उनकी उपाधियों से वंचित कर दिया। पेशवा बाजीराव के दत्तक पुत्र नाना साहब की पेंशन बन्द कर दी और यह घोषणा की गई कि मुगल सम्राट बहादुर शाह की मृत्यु के बाद उसके वंशजों को लाल किला खाली करना पड़ेगा।
- 1856 ई. के पैतृक सम्बन्धी कानून के अनुसार यह निश्चित किया गया कि धर्म परिवर्तन करने पर किसी व्यक्ति को उसकी पैतृक सम्पत्ति से वंचित नहीं किया जाएगा।
- 1856 ई. में कैनिंग ने सामान्य सेवा भर्ती अधिनियम बनाया, जिसके अन्तर्गत निश्चित किया गया कि बंगाल की सेना में जितने भी नए सैनिक भर्ती किए जाएँगे, उन्हें सैनिक सेवा के लिए कहीं भी (समुद्र पार) भेजा जा सकता है।
- 1856 ई. में सरकार ने पुरानी लोहे वाली बन्दूक ब्राउन बैक्स के स्थान पर नवीन एनफील्ड राइफल का प्रयोग आरम्भ किया, जिसके कारतूस में 'सूअर और गाय' की चर्बी का प्रयोग किया गया था। यह 1857 के विद्रोह का तत्कालिक कारण सिद्ध हुआ।

सामाजिक-धार्मिक कारण

कम्पनी की विभिन्न नीतियों से भारतीयों में इस भावना को बल मिला कि उनकी सभ्यता एवं संस्कृति खतरे में है। ईसाई मिशनरियों के धर्म प्रचार से इस भावना को बल मिला।

इसके साथ ही 'भारतीयों को सभ्य बनाने' के अन्तर्गत किए गए प्रयासों ने भी भारतीयों को शंकित किया। सामाजिक-धार्मिक कुरीतियों के सम्बन्ध में बनाए गए कानूनों को भी लोगों ने अपनी व्यवस्था पर आघात माना।

कम्पनी के द्वारा निम्नलिखित गतिविधियों से इस भावना को बल मिला

- अंग्रेजों की नस्लवादी नीति जिसके अन्तर्गत नस्लीय भेदभाव को संरक्षण दिया गया।
- 1813 से पहले ईसाई पादरियों को भारत आने की आज्ञा नहीं थी लेकिन 1813 के आदेश-पत्र द्वारा उन्हें भारत में आने की सुविधा प्राप्त हो गई।
- 1856 के धार्मिक नियोग्यता अधिनियम द्वारा ईसाई धर्म ग्रहण करने वाले लोगों को अपनी पैतृक सम्पत्ति का हकदार माना गया साथ ही उन्हें नौकरियों में सुविधा प्रदान की गई।
- सेना में भर्ती होने वालों को युद्ध के लिए कहीं भी भेजा जा सकता था। उल्लेखनीय है कि हिन्दुओं के लिए समुद्र पार करना धर्म भ्रष्ट होना था। अफगान युद्ध के दौरान सिपाहियों को कैसा भी और कुछ भी खाने पर मजबूर किया गया। इससे धार्मिक भावनाएँ आहत हुईं।
- 1857 के विद्रोह में धार्मिक पक्ष की गम्भीरता को विक्टोरिया की 1 अक्टूबर, 1858 की घोषणा में भी देखा जा सकता है जिसमें कहा गया। ''ईसाई धर्म सत्य है परन्तु अन्य किसी धर्म का निरादर नहीं किया जाना चाहिए तथा कानून के सम्मुख सभी बराबर होंगे। ...... विद्रोह का प्रारम्भ धर्म से हुआ और इसकी रक्षा के लिए लाखों ने कुर्बानी दी है।''

महत्त्वपूर्ण कथन

''व्यापार के इतिहास में ऐसा कोई दूसरा कष्टप्रद उदाहरण नहीं है। भारत का मैदान सूती कपड़ा बुनने वालों के अस्थिपंजर से भरा हुआ है।'' ***विलियम बैण्टिंक***

''भारत इंग्लैण्ड के लिए दुधारू गाय हो गया जबकि उसी के पुत्र भूखों मर रहे हैं।'' ***ईश्वरी प्रसाद***

1857 के विद्रोह के प्रमुख केन्द्र और नेता

विद्रोह केन्द्र	विद्रोह की अवधि	नेता
दिल्ली	11 मई, 1857–20 सितम्बर, 1858	बहादुर शाह II, जीनत महल बख्त खाँ
लखनऊ	20 मई, 1857–1 मार्च, 1858	बेगम हजरत महल
कानपुर	4 जून, 1857–15 मार्च, 1858	नाना साहब
झाँसी	5 जून, 1857–4 अप्रैल, 1858	रानी लक्ष्मीबाई
इलाहाबाद	20 जून, 1857–10 जून, 1858	लियाकत अली
बनारस	2 जुलाई, 1857–15 जून, 1858	सेना, जनसाधारण
बिहार	15 जुलाई, 1857–20 जून, 1858	कुँवर सिंह
पंजाब	20 जुलाई, 1857–25 जून, 1858	सेना, जनसाधारण
बरेली	25 जुलाई, 1857–27 जून, 1858	खान बहादुर खाँ
फतेहपुर	1857-1858 ई.	अजीमुल्ला
फैजाबाद	1857-1858 ई.	मौलवी अहमद उल्ला

विद्रोह का क्षेत्र

- 23 जनवरी, 1857 को दमदम के 19वीं रेजीमेण्ट के सैनिकों ने कारतूस के प्रयोग को अस्वीकार कर विद्रोह कर दिया, परन्तु बाद में वे किसी तरह शान्त हो गए।
- 29 मार्च, 1857 को 34वीं रेजीमेण्ट के सैनिक मंगल पाण्डे ने अपने सार्जेन्ट ह्यूसन को गोली मार दी और इसके बाद लेफ्टिनेन्ट बाग को भी हताहत कर दिया। मंगल पाण्डेय को फाँसी दे दी गई तथा 34वीं रेजीमेण्ट को भंग कर दिया गया।
- 10 मई, 1857 को विद्रोह ने उग्र रूप धारण किया। मेरठ स्थित छावनी 20 एन.आई. तथा 3 एन.सी. की पैदल टुकड़ी ने सभी बन्दी सैनिकों को छुड़ा लिया और प्रात: ही वे दिल्ली पहुँच गए तथा 12 मई को दिल्ली पर अधिकार कर उन्होंने बहादुरशाह जफर को भारत का सम्राट घोषित कर दिया।
- कानपुर में अन्तिम मराठा पेशवा बाजीराव द्वितीय के दत्तक पुत्र नाना साहब को विद्रोहियों ने अपनी कमान सौंपी।
- नाना साहब की ओर से लड़ने की मुख्य जिम्मेदारी ताँत्या टोपे पर थी, जबकि अजीमुल्ला नाना साहब का एक अन्य सेवक था, जो राजनीतिक प्रचार में सिद्धहस्त था।
- लखनऊ में बेगम हजरत महल ने नेतृत्व सम्भाला। हजरत महल के पुत्र विरजिस कादिर को अवध का नवाब घोषित कर दिया गया।
- विद्रोह का दमन करने में ग्वालियर के सिंधिया एवं उसके मन्त्री सर दिनकर राव, इन्दौर के होल्कर, हैदराबाद के वजीर सर सताराजंग, जोधपुर के राणा, भोपाल के नवाब, कश्मीर का गुलाब सिंह, नेपाल के मन्त्री सर जंग बहादुर, पटियाला, नाभा, जीन्द के शासकों एवं बड़ी संख्या में बड़े जमींदारों ने अंग्रेजो को सक्रिय समर्थन दिया।
- 20 सितम्बर, 1857 को निकल्सन ने दिल्ली पर अधिकार कर लिया। बहादुरशाह ने भागकर हुमायूँ के मकबरे में शरण ली, लेकिन हडसन ने बहादुरशाह को गिरफ्तार कर लिया तथा उनको रंगून भेज दिया गया, जहाँ उनकी 1861 ई. में मृत्यु हो गई।
- 22 अप्रैल, 1858 को जगदीशपुर में नेता कुँवर सिंह की मृत्यु के बाद उनके भाई अमर सिंह द्वारा संघर्ष जारी रखा गया, किन्तु अंग्रेजों ने शीघ्र ही जगदीशपुर को अधिकार में कर लिया।
- झाँसी की रानी युद्ध क्षेत्र में लड़ते हुए 17 जून, 1858 को वीरगति को प्राप्त हुई। ह्यूरोज ने लक्ष्मीबाई की वीरता से प्रभावित होकर कहा कि भारतीय क्रान्तिकारियों में यह अकेली मर्द है।
- विद्रोह सम्पूर्ण भारत में नहीं फैला। सम्पूर्ण दक्षिणी भारत, पंजाब और उसके उत्तरी भाग, राजस्थान, गुजरात, मध्य भारत और बंगाल इससे अछूते रहे।

1857 से पूर्व किए गए विद्रोह

सिपाहियों ने इन कारणों से पूर्व में कम्पनी के विरुद्ध निम्न विद्रोह किए

- 1764 में बक्सर के युद्ध के समय हैक्टर मुनरो के नेतृत्व में लड़ रही सेना के कुछ सिपाही विद्रोह करके मीर कासिम से मिल गए।
- 1806 वेल्लोर में विद्रोह
- 1824 बैरकपुर छावनी में दोहरे भत्ते के बिना रंगून जाने के प्रश्न पर उपद्रव
- 1824 बैरकपुर 47वीं रेजिमेन्ट में बर्मा जाने के विरुद्ध
- 1825 असम स्थित तोपखाने में
- 1830 शोलापुर में वेतन भत्ते के लिए विद्रोह
- 1849 22वें एन आई विद्रोह
- 1850 66वें एन आई विद्रोह
- 1852 38वें एन आई विद्रोह

विद्रोह का स्वरूप

1857 के विद्रोह के स्वरूप के सम्बन्ध में इतिहासकारों में मतभेद की स्थिति मिलती है। विवाद के केन्द्रबिन्दु में मुख्यत: अग्र तत्त्वों को सम्मिलित किया जा सकता है

- सैन्य विद्रोह या नागरिक विद्रोह
- मात्र विद्रोह या भारत की स्वतन्त्रता का प्रथम संग्राम
- जनवादी आन्दोलन या सामन्तीय असन्तोष
- धार्मिक या धर्मनिरपेक्ष

विद्रोह की असफलता के कारण

1. प्रभावशाली संगठन का अभाव
2. देशी राजाओं का अंग्रेजों का साथ देना
3. अंग्रेजों के पास कुशल नेतृत्व का होना
4. सीमित साधन

विद्रोह के परिणाम

- विद्रोह के समाप्त होने के बाद 1858 ई. में ब्रिटिश संसद ने एक कानून पारित कर ईस्ट इण्डिया कम्पनी के अस्तित्व को समाप्त कर दिया और भारत पर शासन का पूरा अधिकार महारानी के हाथों में आ गया।
- इंग्लैण्ड में 1858 ई. के अधिनियम के तहत एक 'भारतीय राज्य सचिव' की व्यवस्था की गई, जिसकी सहायता के लिए 15 सदस्यों की एक मंत्रणा परिषद् बनाई गई। इन 15 सदस्यों में 8 की नियुक्ति सरकार द्वारा करने तथा 7 की कोर्ट ऑफ डाइरेक्टर्स द्वारा चुनने की व्यवस्था की गई।
- 1801 ई. में 'भारतीय जनपद सेवा अधिनियम' पारित हुआ। जनपद सेवा में भर्ती के लिए प्रत्येक वर्ष लन्दन में एक प्रतियोगी परीक्षा आयोजित करने की व्यवस्था की गई।

वस्तुनिष्ठ प्रश्न

1. 1857 ई. के गदर का आरम्भ पैदल दुकड़ी 2 एन.आई. से कहाँ से हुआ?
(a) दिल्ली (b) मेरठ
(c) कानपुर (d) लखनऊ

2. मेरठ के सिपाही दिल्ली कब पहुँचे?
(a) 11 मई, 1857 (b) 12 मई, 1857
(c) 13 मई, 1857 (d) 14 मई, 1857

3. मेरठ में विद्रोह से पहले कब बैरकपुर (पश्चिम बंगाल) में 34वीं एन.आई. रेजीमेण्ट के सैनिक मंगल पाण्डे ने अपने सार्जेण्ट की हत्या कर दी?
(a) 28 मार्च, 1857 (b) 29 मार्च, 1857
(c) 30 मार्च, 1857 (d) 31 मार्च, 1857

4. 11 मई को विद्रोही सैनिकों ने दिल्ली पर अधिकार कर लिया और कब बहादुरशाह को दिल्ली का सम्राट घोषित कर दिया गया?
(a) 12 मई (b) 13 मई
(c) 14 मई (d) 15 मई

5. विद्रोह की तिथि कब तय की गई थी?
(a) 15 मई, 1857 (b) 20 मई, 1857
(c) 25 मई, 1857 (d) 31 मई, 1857

6. मंगल पाण्डे जिसने अपने सार्जेण्ट हडसन की हत्या कर दी थी, उन्हें फाँसी पर कब चढ़ाया गया?
(a) 5 अप्रैल, 1875 (b) 7 अप्रैल, 1857
(c) 8 अप्रैल, 1857 (d) 9 अप्रैल, 1857

7. इन कथनों पर विचार कीजिए
1. 1857 की क्रान्ति की शुरूआत एक सैन्य विद्रोह के रूप में हुई।
2. कालान्तर में इसका स्वरूप बदलकर ब्रिटिश सत्ता के विरुद्ध एक जन व्यापी विद्रोह के रूप में हो गया, जिसे भारत का पहला स्वतन्त्रता संग्राम कहा गया।

उपरोक्त कथनों में कौन-सा/से सही है/हैं?
(a) केवल 1 (b) केवल 2
(c) 1 और 2 (d) न तो 1 और न ही 2

8. अवध में कौन-सी रेजीमेण्ट के सिपाहियों ने अपने अफसरों के आदेश मानने से इनकार कर दिया?
(a) 5वीं (b) 6ठी (c) 7वीं (d) 8वीं

9. बरेली में विद्रोह कब हुआ?
(a) 25 मई (b) 27 मई
(c) 29 मई (d) 31 मई

10. राजस्थान के अजमेर में नसीराबाद की छावनी में कब 15वीं बटालियन ने विद्रोह कर दिया?
(a) 26 मई (b) 27 मई
(c) 28 मई (d) 29 मई

11. कानपुर में विद्रोह का बिगुल कब बजा?
(a) 2 जून, 1857 (b) 3 जून, 1857
(c) 4 जून, 1857 (d) 5 जून, 1857

12. 10 मई को मेरठ में कितने सैनिकों ने चर्बी लगे कारतूसों का प्रयोग करने से इनकार कर दिया?
(a) 70 (b) 80
(c) 85 (d) 90

13. ताँत्या टोपे किसका सहायक था?
(a) नाना साहब
(b) खान बहादुर खाँ
(c) मौलवी अहमदुल्ला
(d) बहादुरशाह

14. निम्नलिखित वर्गों में किसने 1857 के विद्रोह में भाग नहीं लिया?
1. खेतिहर मजदूर 2. साहूकार
3. कृषक 4. जमींदार

कूट
(a) केवल 1 (b) 1 और 2
(c) केवल 2 (d) 2 और 4

15. ताँत्या टोपे को उसके पुराने मित्र मानसिंह ने कब निद्रावस्था में अलवर में कैद करवा दिया?
(a) 5 अप्रैल, 1859 (b) 6 अप्रैल, 1859
(c) 7 अप्रैल, 1859 (d) 8 अप्रैल, 1859

16. ताँत्या टोपे को फाँसी पर कब लटकवा दिया गया?
(a) 5 अप्रैल, 1859 (b) 6 अप्रैल, 1859
(c) 8 अप्रैल, 1859 (d) 7 अप्रैल, 1859

17. निम्नलिखित में से किसने बहादुरशाह जफर के दो बेटों और एक पोते को गोली मार दी, जिनके नाम मिर्जा मुगल, मिर्जा ख्वाजा और मिर्जा अबू बक्र थे?
(a) कर्नल नील (b) कैम्पबेल
(c) हडसन (d) ह्यूरोज

18. निम्नलिखित में से किसने मन्दसौर (मध्य प्रदेश) में विद्रोह का झण्डा बुलन्द किया?
(a) मौलवी अहमदुल्ला
(b) शहजादा फिरोजशाह
(c) बिरजिस कादिर
(d) अहमदशाह

19. 'एट्टीन फिफ्टी सेवन' पुस्तक का लेखक कौन है?
(a) रमेशचन्द मजुमदार
(b) एस.एन.सेन
(c) पूरन जोशी
(d) शशिभूषण चौधरी

20. 1857 ई. के पूर्व ब्रिटिश भारतीय सेना में भारतीय तथा यूरोपीय सिपाहियों का क्या औसत था?
(a) 5 1 (b) 6 : 1 (c) 7 : 1 (d) 8 : 1

21. ब्रिटिश भारतीय सेना में ग्रीसयुक्त कारतूसों वाली नई इनफील्ड राइफल कब प्रयोग में लाई गई?
(a) जनवरी, 1857 ई. (b) फरवरी, 1857 ई.
(c) मार्च, 1857 ई. (d) अप्रैल, 1857 ई.

22. पंजाब में विद्रोह के सन्दर्भ में कौन-सा कथन सत्य है?
(a) फिरोजपुर छावनी में 13 मई को 45वीं और 57वीं बटालियनों ने विद्रोह कर दिया
(b) पंजाब में विद्रोह व्यापक नहीं हो पाया क्योंकि अंग्रेजों ने कई बटालियनों को परेड के बहाने तोपों की घेराबन्दी में निःशस्त्र कर दिया था

(c) पटियाला, नाभा और जीन्द के शासकों ने विद्रोह को दबाने में अंग्रेजों का साथ दिया
(d) उपरोक्त सभी

23. पश्चिमी उत्तर प्रदेश में विद्रोह के सम्बन्ध में कौन-सा कथन सत्य है?
(a) 20 मई को अलीगढ़ की 9वीं बटालियन ने विद्रोह कर दिया और इसके बाद 23 मई को मैनपुरी, इटावा और बुलन्दशहर में भी विद्रोह की लहर फैल गई
(b) रूहेलखण्ड में विद्रोह का नेतृत्व बख्त खाँ ने किया
(c) 31 मई को बरेली पर कब्जा करने के पश्चात् शाहजहाँपुर, मुरादाबाद पर कब्जा कर लिया गया
(d) उपरोक्त सभी

24. पूर्वी उत्तर प्रदेश में विद्रोह के सन्दर्भ में कौन-सा कथन सत्य है?
(a) 31 मई को बनारस में क्रान्ति की शुरूआत हुई
(b) 3 जून को आजमगढ़ में विद्रोह हुआ। लेफ्टिनेन्ट हचिसन को गोली मार दी गई
(c) 6 जून को 6ठी बटालियन ने इलाहाबाद में विद्रोह कर दिया
(d) उपरोक्त सभी

25. लखनऊ में विद्रोह की शुरूआत कब हुई?
(a) 3 जून, 1857 ई. (b) 4 जून, 1857 ई.
(c) 5 जून, 1857 ई. (d) 6 जून, 1857 ई.

26. झाँसी में विद्रोह कब हुआ?
(a) 4 जून, 1858 ई. (b) 5 जून, 1858 ई.
(c) 6 जून, 1858 ई. (d) 7 जून, 1858 ई.

27. फैजाबाद में विद्रोह का नेतृत्व किसने किया?
(a) बख्त खाँ (b) कदमसिंह
(c) देवीसिंह (d) अहमदुल्ला

28. दीवान मनीराम ने कहाँ के अन्तिम राजा के पुत्र कन्दपेश्वर सिंह को गद्दी पर बैठाने का निश्चय किया?
(a) बंगाल (b) असम
(c) महाराष्ट्र (d) उड़ीसा

29. सुमेलित कीजिए

सूची I (विद्रोह का क्षेत्र)	सूची II (विद्रोह का नेता)
A. मेरठ	1. कदम सिंह
B. दिल्ली	2. बहादुरशाह II
C. हरियाणा	3. राव तुलाराम
D. बरेली	4. खान बहादुर खाँ

कूट

	A	B	C	D		A	B	C	D
(a)	1	2	3	4	(b)	2	1	3	4
(c)	1	2	4	3	(d)	4	3	2	1

30. बनारस में विद्रोह का दमन किसने किया?
(a) हैवलॉक (b) आउट्रम
(c) कैम्पबेल (d) नील

31. पैदल सेना और घुड़सवार सेना के सिपाही को क्रमशः कितने रुपये मिलते थे?
(a) 7, 17 (b) 7, 22
(c) 7, 27 (d) 7, 30

32. किसका मत है कि 1857 ई. का विद्रोह किसी प्रकार से राष्ट्रीय आन्दोलन नहीं था?
(a) रमेशचन्द मजूमदार
(b) एस.एन.सेन
(c) सावरकर
(d) अशोक मेहता

33. "कुल मिलाकर इस निष्कर्ष से बचना कठिन है कि तथाकथित प्रथम राष्ट्रीय स्वतन्त्रता संग्राम न तो प्रथम था, न ही राष्ट्रीय और न ही स्वतन्त्रता संग्राम।" यह कथन किसका है?
(a) विपिनचन्द्र
(b) डॉ. ताराचन्द
(c) रमेशचन्द मजूमदार
(d) पर्सीवल स्पिअर

34. "सत्ता हस्तगत कर लेने के बाद पूरे आन्दोलन के पास कार्यान्वित करने के लिए कोई भी एकीकृत और प्रगतिशील कार्यक्रम नहीं था।" यह कथन किसका है?
(a) पर्सीवल स्पिअर (b) विपिनचन्द्र
(c) एस.एन.सेन (d) डॉ. ताराचन्द

35. निम्नलिखित में से किसने 1857 ई. के विद्रोह और इससे पहले के किसान विद्रोह में सम्बन्ध स्थापित करने का प्रयास किया है?
(a) रमेशचन्द्र मजूमदार (b) शशिभूषण चौधरी
(c) सावरकर (d) अशोक मेहता

36. "1857 का विद्रोह मुस्लिम नवाबों और हिन्दू राजाओं के विशिष्ट वर्ग, जमींदारों, सैनिकों, विद्वानों और धर्माचार्यों का सामान्य आन्दोलन था।" यह कथन किसका है?
(a) पर्सीवल (b) डॉ. ताराचन्द
(c) एस.एन.सेन (d) शशिभूषण चौधरी

37. "संकट आया : पहले केवल एक सैनिक विद्रोह के रूप में, किन्तु शीघ्र ही इसका स्वरूप बदल गया और यह राष्ट्रीय विप्लव बन गया।" यह कथन किसका है?
(a) सीले
(b) लॉरेन्स
(c) जी.वी. मालेसन
(d) आर.सी. मजूमदार

38. सुमेलित कीजिए

सूची I (विद्रोह का स्थान)	सूची II (दमन करने वाला ब्रिटिश अधिकारी)
A. दिल्ली	1. निकल्सन व हडसन
B. कानपुर व लखनऊ	2. हैवलॉक व कैम्पबेल
C. झाँसी व ग्वालियर	3. ह्यूरोज
D. इलाहाबाद	4. कर्नल नील

कूट

	A	B	C	D		A	B	C	D
(a)	1	2	3	4	(b)	2	1	3	4
(c)	2	1	4	3	(d)	4	3	2	1

39. **कथन** (A) प्रथम स्वतन्त्रता संग्राम की आधारभूत कमजोरी उसका सीमित सामाजिक आधार था।
कारण (R) यह इसमें सम्मिलित होने वाले सामाजिक समूहों के संकीर्ण हितों के लिए लड़ता था।
कूट
(a) A और R दोनों सही हैं तथा R, A का सही स्पष्टीकरण है
(b) A और R दोनों सही हैं किन्तु R, A का सही स्पष्टीकरण नहीं है
(c) A सही है, किन्तु R गलत है
(d) A गलत है, किन्तु R सही है

40. "यह धर्मान्धों का ईसाइयों के विरुद्ध युद्ध था।" यह कथन किसका है?
(a) टी.आर. होम्स
(b) सर जेम्स आउट्रम
(c) सीले
(d) एल.ई.आर.रीज

41. निम्नलिखित में से किसने 1857 ई. के विद्रोह को 'राष्ट्रीय विद्रोह' कहा है?
(a) जॉन लॉरेन्स
(b) रमेशचन्द मजूमदार
(c) टी.आर.होम्स
(d) डिजरेली

42. निम्नलिखित में से किसने विद्रोह को हिन्दू-मुस्लिम षड्यन्त्र का परिणाम बताया है?
(a) टी.आर. होम्स
(b) आउट्रम
(c) डब्ल्यू. टेलर
(d) 'b' और 'c'

43. निम्नलिखित में से किसने इसे 'बर्बरता तथा सभ्यता के विरुद्ध युद्ध' बताया है?
(a) सीले
(b) एस.एन. सेन
(c) दुर्गादास बन्द्योपाध्याय
(d) टी.आर.होम्ज

44. निम्नलिखित में किसका मत है कि यह स्वतन्त्रता संग्राम ही था?
(a) डॉ रमेशचन्द मजूमदार
(b) डॉ. एस.एन. सेन
(c) डॉ. एस.बी. चौधरी
(d) सावरकर

45. निम्नलिखित में से किसने विद्रोह को सैनिक विद्रोह माना है?
(a) के.सी. मित्रा
(b) सैयद अहमद खाँ
(c) एच. मुखर्जी
(d) उपरोक्त सभी

46. सुमेलित कीजिए

सूची I (क्षेत्र)	सूची II (नेतृत्व)
A. झाँसी	1. लक्ष्मीबाई
B. फतेहपुर	2. अजीमुल्ला
C. मथुरा	3. देवीसिंह
D. सम्बलपुर	4. सुरेन्द्र साई

कूट

	A	B	C	D
(a)	1	2	3	4
(b)	2	1	3	4
(c)	2	1	4	3
(d)	4	3	2	1

47. निम्नलिखित में से सर्वप्रथम किसने 1857 ई. के विद्रोह को प्रथम स्वतन्त्रता संग्राम कहा?
(a) अशोक मेहता
(b) वीर सावरकर
(c) सुन्दरलाल
(d) उपरोक्त सभी

48. ''अगर उनमे (विद्रोहियों में) से एक भी योग्य नेता निकला होता तो हम सदा के लिए हार जाते।'' यह कथन किसका है?
(a) कैम्पबेल (b) जॉन लॉरेन्स
(c) कर्नल नील (d) हडसन

सही उत्तर

1. (b)	**2.** (a)	**3.** (b)	**4.** (a)	**5.** (b)	**6.** (c)	**7.** (c)	**8.** (c)	**9.** (d)	**10.** (c)
11. (d)	**12.** (c)	**13.** (a)	**14.** (d)	**15.** (c)	**16.** (d)	**17.** (c)	**18.** (b)	**19.** (b)	**20.** (b)
21. (a)	**22.** (d)	**23.** (d)	**24.** (d)	**25.** (b)	**26.** (a)	**27.** (d)	**28.** (b)	**29.** (a)	**30.** (d)
31. (c)	**32.** (a)	**33.** (c)	**34.** (d)	**35.** (b)	**36.** (b)	**37.** (c)	**38.** (a)	**39.** (c)	**40.** (d)
41. (d)	**42.** (d)	**43.** (d)	**44.** (b)	**45.** (d)	**46.** (a)	**47.** (a)	**48.** (b)		

अध्याय 18 राष्ट्रीय आन्दोलन

भारतीय राष्ट्रीय कांग्रेस की स्थापना

- भारतीय राष्ट्रीय कांग्रेस की स्थापना एक अवकाश प्राप्त अंग्रेज अधिकारी एलन ओक्टेवियन ह्यूम द्वारा 1885 ई. में की गई। इसका प्रथम अधिवेशन 28 दिसम्बर, 1885 ई. को बम्बई स्थित गोकुलदास तेजपाल संस्कृत विद्यालय में आयोजित किया गया था।
- इस सम्मेलन में दादाभाई नौरोजी के सुझाव पर 'भारतीय राष्ट्रीय संघ' का नाम बदलकर 'भारतीय राष्ट्रीय कांग्रेस' रख दिया गया। भारतीय राष्ट्रीय कांग्रेस का पहला अध्यक्ष होने का गौरव व्योमेशचन्द्र बनर्जी को प्राप्त हुआ।
- कांग्रेस की कार्य पद्धति को मुख्यत: उदारवादी एवं उग्रवादी चरणों में विभक्त कर देखा जाता है।

उदारवादी चरण (1885-1905 ई.)

- 1885 से 1905 तक कांग्रेस की मुख्य कार्य पद्धति पिटीशन, प्रेयर और प्रोस्टेट की थी। प्रत्येक वर्ष सरकार की कुछ नीतियों की आलोचना में प्रस्ताव पारित किया जाता था तथा सुधारों की माँग की जाती थी। वे अपनी माँगें बिल्कुल हीन शब्दों में याचना के रूप में संवैधानिक ढंग से प्रस्तुत करते थे, जिसके कारण उग्रपन्थी नेताओं ने इसे **राजनीतिक भिक्षावृत्ति** का काल माना था।
- उस समय कांग्रेस पर समृद्धशाली तथा मध्यवर्गीय बुद्धिजीवियों का वर्चस्व था; जैसे— दादाभाई नौरोजी, एम.जी. रानाडे, सुरेन्द्रनाथ बनर्जी, गोपाल कृष्ण गोखले, फिरोजशाह मेहता, रास बिहारी घोष, पण्डित मदन मोहन मालवीय आदि। इस समय राष्ट्रीय आन्दोलन में आम जनता की भागीदारी नगण्य थी।

उग्र-राष्ट्रवादी युग (1905-19 ई.)

- भारतीयों में राजनैतिक रूप से जागृति में वृद्धि हुई। औपनिवेशक शासन के आर्थिक दुष्परिणाम अकाल एवं महामारी के रूप में 1896 ई. से 1900 ई. के बीच लगातार सामने आए, फलत: शिक्षित युवा वर्ग स्वयं को वैधानिक नीतियों में बाँध नहीं सका।
- पाश्चात्य शिक्षा एवं विचार युवा वर्ग को प्रजातन्त्र, लोकतन्त्र, राष्ट्रवाद, उग्रवाद जैसे सर्वथा नवीन (पाश्चात्य) विचारों के सम्पर्क में लाए, फिर बढ़ती हुई बेरोजगारी ने भी उन्हें उग्रवाद की तरफ धकेल दिया।
- अंग्रेजों की दमनकारी नीतियों एवं भारतीयों में आत्मसम्मान की वृद्धि ने भी उग्रवाद को बढ़ावा दिया, जैसे; राष्ट्रवाद के प्रचार-प्रसार पर रोक लगाने वाला कानून, तिलक तथा अन्य राष्ट्रवादियों को राष्ट्रवाद फैलाने के जुर्म में जेल भेजना आदि, फिर विभिन्न सामाजिक-धार्मिक सुधार आन्दोलनों के कारण भारतीयों में स्वशासन स्थापित करने का आत्मविश्वास जाग चुका था, अत: **तिलक** ने घोषणा कर दी कि "स्वराज्य मेरा (प्रत्येक भारतीय का) जन्मसिद्ध अधिकार है, जिसे मैं (हम) लेकर रहूँगा"।
- उदारवादियों की कार्य पद्धति प्रेयर, पिटीशन और प्रोस्टेट की असफलता एवं जन-आन्दोलन की आवश्यकता ने युवा राष्ट्रवादियों को उग्रवादी विचारधारा की तरफ आकर्षित किया।
- उग्रवादी विचारधारा प्रारम्भ से अस्तित्व में थी, उदाहरण स्वरूप बंगलौर (बंगलुरु) में राजनारायण बोस तथा अश्विनी कुमार दत्त तथा महाराष्ट्र में विष्णु शास्त्री चिपलुणक आदि, किन्तु 20वीं शताब्दी में तिलक, लाला लाजपत राय एवं विपिन चन्द्र पाल (लाल, बाल, पाल) ने मिलकर इसको राष्ट्रीय राजनीति की मुख्य धारा से जोड़ दिया।
- तत्कालीन अन्तर्राष्ट्रीय घटनाओं ने भी भारतीयों को स्वराज के लिए आन्दोलन करने को प्रेरित किया था; जैसे—1905 ई. में जापान द्वारा रूस की पराजय, 1896 ई. में इथियोपिया द्वारा इटली की पराजय (इन घटनाओं ने यूरोप की अजेयता का भ्रम तोड़ दिया), मिस्र, फारस, तुर्की, चीन, आयरलैण्ड में क्रान्तिकारी आन्दोलन, दक्षिण अफ्रीका में बोअर युद्ध आदि।
- उग्रवाद की उत्पत्ति का तात्कालिक कारण लॉर्ड कर्जन (1889-1905 ई.) का प्रतिक्रियावादी शासन एवं बंगाल का विभाजन (1905 ई.) था।

होमरूल लीग आन्दोलन (1916-17 ई.)

- होमरूल आन्दोलन की स्थापना का मुख्य उद्देश्य था ब्रिटिश साम्राज्य के अधीन रहते हुए संवैधानिक तरीके से स्वशासन को प्राप्त करना। इस आन्दोलन का प्रेरणा-स्रोत आयरलैण्ड का होमरूल आन्दोलन था। 1915 ई. में कांग्रेस के बम्बई (मुम्बई) अधिवेशन में **श्रीमती बेसेण्ट** द्वारा होमरूल लीग का प्रस्ताव रखा गया, लेकिन कांग्रेस अध्यक्ष द्वारा इसकी अनुमति नहीं दी गई।
- तिलक और एनी बेसेन्ट दोनों ही भारतीय राष्ट्रीय कांग्रेस को पुन: क्रियाशील बनाना चाहते थे, जो कि नरम दल वालों के नेतृत्व में पूर्णत: एक वैचारिक संस्था बन गई थी। परन्तु कांग्रेस द्वारा अनुमति न मिलने पर पहले 28 अप्रैल, 1916 ई. को बाल गंगाधर तिलक द्वारा तथा बाद में 25 सितम्बर, 1916 ई. में श्रीमती एनी बेसेण्ट द्वारा होमरूल आन्दोलन शुरू किया गया। इसी समय तिलक ने अपनी इतिहास प्रसिद्ध घोषणा की "स्वराज्य मेरा जन्मसिद्ध अधिकार है और मैं इसे लेकर रहूँगा।"

- तिलक ने बेलगाँव में होमरूल लीग की स्थापना की। इसका प्रभाव क्षेत्र कर्नाटक, महाराष्ट्र [बम्बई (मुम्बई) छोड़कर], मध्य प्रान्त और बरार तक फैला था। तिलक ने लीग की छह शाखाएँ बनाई थीं। मध्य प्रान्त, महाराष्ट्र, (बम्बई) और कर्नाटक में एक-एक तथा बरार में दो। छह मराठी और दो अंग्रेजी पर्चे निकालकर उन्होंने अपने प्रचार कार्य को तेज कर दिया। तिलक ने क्षेत्रीय भाषा में शिक्षा और भाषाई राज्यों की माँग को स्वराज्य की माँग से जोड़ दिया।
- तिलक ने मई, 1917 में नासिक में लीग की पहली वर्षगाँठ मनाई। तिलक ने अपने पत्र 'मराठा' एवं 'केसरी' के माध्यम से स्वशासन का जबरदस्त प्रचार किया। एनी बेसेण्ट की लीग के प्रमुख सहयोगी जमनादास, द्वारकादास, शंकरलाल बैंकर, इन्दुलाल याज्ञिक आदि थे। उन्होंने 'न्यू इण्डिया' (दैनिक पत्र) तथा 'कामनवील' (साप्ताहिक पत्र) का प्रकाशन प्रारम्भ किया।
- ऐनी बेसेण्ट की लीग का प्रभाव क्षेत्र तिलक के क्षेत्रों को छोड़कर समस्त भारत था। इस लीग में बाद में (1917 ई. में) जवाहरलाल नेहरू, बी. चक्रवर्ती, जे. बनर्जी आदि भी शामिल हो गए।
- गोखले की 'सर्वेण्ट्स ऑफ इण्डिया सोसायटी' के सदस्यों को होमरूल लीग का सदस्य बनने की अनुमति नहीं थी। इस आन्दोलन से राष्ट्रीय आन्दोलन नए क्षेत्रों एवं नए वर्गों तक फैल गया, जैसे; संयुक्त प्रान्त, कश्मीर, सिन्ध, गुजरात आदि क्षेत्रों एवं उद्योगपति, वकील, ब्राह्मण, अल्पसंख्यक हिन्दू, युवा आदि वर्गों में।
- तिलक भी वेलेन्टाइन सिरोल के विरुद्ध (उन्होंने तिलक को भारतीय अशान्ति का जनक कहा था) मानहानि का मुकदमा लड़ने के लिए सितम्बर, 1918 में लन्दन चले गए, जिसके कारण होमरूल आन्दोलन ठप्प पड़ गया।

अगस्त घोषणा (1917 ई.)

- भारत सचिव मॉण्टेग्यू द्वारा 20 अगस्त, 1917 को ब्रिटेन की कॉमन्स सभा में एक प्रस्ताव रखा गया, जिसमें भारत में प्रशासन की हर शाखा में भारतीयों को अधिक प्रतिनिधित्व दिए जाने की बात कही गई।
- नवम्बर, 1917 में मॉण्टेग्यू भारत आए और यहाँ उन्होंने तत्कालीन वायसराय लॉर्ड चेम्सफोर्ड से व्यापक विचार-विमर्श के बाद 1919 ई. में मॉण्टेग्यू-चेम्सफोर्ड रिपोर्ट को जारी किया।

क्रान्तिकारी *एवं* आतंकवादी आन्दोलन

क्रान्तिकारी विचारधारा के लोग 'बम और पिस्तौल' की नीति में विश्वास करते थे। उनका उद्देश्य था शक्ति के सहारे डराकर अंग्रेजों से स्वराज्य छीन लो। क्रान्तिकारी राजनीतिक निष्क्रियता के दौर में कोई रास्ता न पाकर आत्मबलिदान के इस रास्ते पर निकल पड़े थे। वे शीघ्र परिणाम चाहते थे।

बंगाल

- क्रान्तिकारी विचारधारा के सर्वाधिक समर्थक बंगाल में थे। यदि बंगाल को आतंकवादी आन्दोलन का गढ़ कहा जाए, तो कोई अतिशयोक्ति नहीं होगी। बंगाल में क्रान्तिकारी विचारधारा को बारीन्द्र कुमार घोष एवं भूपेन्द्र दत्त (विवेकानन्द के भाई) ने फैलाया।
- 1902 ई. में कलकत्ता (कोलकाता) में अनुशीलन समिति का गठन बारीन्द्र कुमार घोष, जतीन्द्र नाथ बनर्जी एवं प्रमोथ मित्तर द्वारा किया गया। ढाका की अनुशीलन समिति पुलिन दास द्वारा 1902 ई. में स्थापित की गई।
- ये बंगाल की प्रथम क्रान्तिकारी गुप्त संस्थाएँ थीं। 1905 ई. में बारीन्द्र कुमार घोष ने 'भवावी मन्दिर' नामक पुस्तिका लिखी, जिसमें क्रान्तिकारी आन्दोलन को संगठित करने के लिए विस्तृत जानकारी दी गई।
- बंगाल की प्रमुख क्रान्तिकारी पत्रिकाएँ 'युगान्तर' और 'सन्धया' थीं, जिनमें 'युगान्तर' पत्रिका से अरविन्द घोष जुड़े थे। बंगाल में क्रान्तिकारी आन्दोलन की शुरुआत 'भद्रलोक समाज' ने की। इस समाचार-पत्र ने क्रान्ति के प्रचार में महत्त्वपूर्ण योगदान दिया।

अलीपुर षड्यन्त्र काण्ड (1909 ई.)

मुजफ्फरपुर जिले के न्यायाधीश किंग्सफोर्ड की हत्या का प्रयास खुदीराम बोस एवं प्रफुल्ल चाकी ने किया। दोनों पकड़े गए। प्रफुल्ल चाकी ने आत्महत्या कर ली, जबकि खुदीराम बोस को फाँसी दे दी गई। बाद में अरविन्द घोष एवं बारीन्द्र कुमार घोष को पकड़कर अलीपुर षड्यन्त्र का मुकदमा चलाया गया। सरकारी गवाह नरेन्द्र गोसाई की हत्या कर दी गई।

महाराष्ट्र

- महाराष्ट्र में क्रान्तिकारी आन्दोलन की शुरूआत बाल गंगाधर तिलक ने की थी, जैसा कि उनके पत्र 'मराठा' (अंग्रेजी) और 'केसरी' (मराठी) से स्पष्ट होता है।
- तिलक ने 1893 ई. में गणपति उत्सव एवं 1895 ई. में शिवाजी महोत्सव प्रारम्भ किया, जिनका उद्देश्य धार्मिक कम एवं राजनीतिक अधिक था।
- महाराष्ट्र में 1893-1897 ई. के बीच प्लेग फैला, किन्तु अंग्रेजी सरकार ने कड़ाई से लगान वसूल किया, इसलिए 22 जून, 1897 को चापेकर बन्धुओं (दामोदर चापेकर और बालकृष्ण चापेकर) ने प्लेग कमिश्नर आयर्स्ट एवं रैण्ड की पूना में गोली मारकर हत्या कर दी।
- इन्हें पकड़कर फाँसी दे दी गई। यह भारत में प्रथम राजनीतिक हत्या थी। तिलक को भी विद्रोह भड़काने के आरोप में 18 माह के कारावास की सजा दी गई।
- महाराष्ट्र में नासिक भी क्रान्तिकारियों का गढ़ बन गया था। विनायक दामोदर सावरकर ने 1904 ई. में नासिक में 'मित्र मेला' नामक संस्था की स्थापना की, जो बाद में मेजिनी के 'यंग इटली' के आधार पर 'अभिनव भारत' में परिवर्तित हो गई।
- इस संगठन के सदस्य अनन्त लक्ष्मण करकरे ने नासिक के जिला मजिस्ट्रेट जैक्शन की हत्या कर दी।
- 'अभिनव भारत' के कई सदस्यों एवं स्वयं विनायक दामोदर सावरकर पर नासिक षड्यन्त्र केस (1909 ई.) के तहत मुकदमा चलाया गया।
- वी.डी. सावरकर ने अपनी पुस्तक 'द इण्डियन वार ऑफ इण्डिपेण्डेन्स' में 1857 ई. के विद्रोह को **प्रथम स्वतन्त्रता संग्राम** कहा। इनकी दूसरी पुस्तक का नाम 'द ग्रेव वार्निंग' था, जिसकी प्रतियाँ लन्दन तथा भारत में बाँटी गईं। महाराष्ट्र का प्रमुख समाचार-पत्र 'काल' था।

अन्य प्रान्तों में क्रान्तिकारी गतिविधियाँ

- जे एम. चटर्जी ने 1904 ई. में 'भारत माता सोसायटी' की पंजाब में स्थापना की, जिसमें लाला हरदयाल, अजीत सिंह एवं सूफी अम्बा प्रसाद भी शामिल थे।
- मद्रास (चेन्नई) प्रान्त में नीलकण्ठ ब्रह्मचारी तथा बी.सी. अय्यर ने गुप्त रूप से 'भारत माता समिति' की स्थापना की। 1911 ई. में बी.सी. अय्यर ने तिरूनेवेली के जिलाधीश की हत्या कर दी।

विदेशों में क्रान्तिकारी आन्दोलन

- श्यामजी कृष्ण वर्मा ने 1905 ई. में इंग्लैण्ड में 'इण्डियन होमरूल सोसायटी' की स्थापना की एवं 'इण्डियन सोशियोलॉजिस्ट' नामक पत्र निकाला। इस संस्था को 'इण्डिया हाउस' भी कहा जाता है। शीघ्र ही यह इण्डिया हाउस लन्दन में रहने वाले भारतीय क्रान्तिकारियों के लिए आन्दोलन का केन्द्र बन गया।
- इस संस्था के प्रमुख सदस्य थे लाला हरदयाल, मदन लाल धींगरा, विनायक दामोदर सावरकर आदि। 1908 ई. में 'इण्डिया हाउस' ने 1857 ई. के विद्रोह की स्वर्ण जयन्ती मनाई।
- मदन लाल धींगरा ने 1909 ई. में इण्डिया ऑफिस के एक अधिकारी कर्नल विली की लन्दन में गोली मारकर हत्या कर दी। बाद में धींगरा को फाँसी दे दी गई। 1915 ई. में जर्मनी की सहायता से काबुल में राजा महेन्द्र प्रताप सिंह ने अन्तरिम भारत सरकार की स्थापना की थी।

गदर आन्दोलन (1913 ई.)

- 1913 ई. में लाला हरदयाल तथा सोहन सिंह भाखना द्वारा 'हिन्दुस्तान एसोसिएशन ऑफ पैसिफिक कोस्ट' नामक संस्था का गठन यू.एस.ए. (सैन फ्रांसिस्को) में किया गया। इसने उर्दू एवं पंजाबी भाषा (गुरुमुखी) में 'गदर' नामक साप्ताहिक पत्र आरम्भ किया, जिसके कारण इस आन्दोलन का नाम ही 'गदर' पड़ गया। 'गदर' समाचार-पत्र में छपने वाली कविताओं को 'गदर की गूँज' शीर्षक से प्रकाशित किया जाता था।
- गदर पार्टी के सदस्य थे लाला हरदयाल, पण्डित काशीराम, भाई परमानन्द, करतार सिंह सराभा, रामचन्द्र आदि। इन्होंने पहली बार गुरिल्ला पद्धति से भारत को आजाद कराने की योजना बनाई थी।
- गदर पार्टी के ही एक सदस्य रास बिहारी बोस भारत आए और 19 फरवरी, 1915 को विद्रोह की योजना बनाई गई, किन्तु भेद खुल जाने के कारण यह योजना असफल हो गई। गदर आन्दोलनकारियों पर 'प्रथम लाहौर षड्यन्त्र' केस के तहत मुकदमा चलाया गया।

अन्य गतिविधियाँ

- प्रथम विश्व युद्ध के दौरान जर्मनी ने भारतीय क्रान्तिकारियों को आर्थिक एवं अस्त्र-शस्त्र का सहायोग देने के लिए एक 'इण्डियन इण्डिपेण्डेंस कमेटी' की स्थापना की।
- मौलवी उबेदुल्ला सिन्धी ने महमूद हसन को पीली सिल्क पर फारसी में एक पत्र लिखा, जिसके पकड़े जाने पर 'सिल्क पेपर षड्यन्त्र' के नाम से मुकदमा चलाया गया। 1907 ई. में अमेरिका में निर्वासित जीवन व्यतीत करने वाले रामनाथपुरी ने 'सर्क्युलर-ए-आजादी' नामक परिपत्र बाँटा।
- 'तारकनाथ दास' ने बैंकूवर में 'फ्री हिन्दुस्तान' नामक पत्र निकाला। जी.डी. कुमार एवं तारकनाथ दास ने अमेरिका में 'यूनाइटेड इण्डिया हाउस' की स्थापना की।

कामागाटामारू प्रकरण

- बाबा गुरदीप सिंह ने कामागाटामारू नामक एक जहाज किराए पर लिया एवं 1914 ई. में 376 भारतीय नागरिकों को बैंकूवर लेकर चल पड़े, किन्तु कनाडा सरकार ने उन्हें उतरने नहीं दिया, इसलिए यह जहाज वापस कलकत्ता (कोलकाता) आ गया। वापस आने पर यात्रियों एवं पुलिस में संघर्ष हुआ। इसी को कामागाटामारू प्रकरण के नाम से जाना जाता है।

भारतीय राष्ट्रीय आन्दोलन को मुख्य रूप से तीन चरणों में विभाजित किया जा सकता है

(i) प्रथम चरण (1885-1905 ई.)
(ii) द्वितीय चरण (1905-1919 ई.)
(iii) तृतीय चरण (1919-1947 ई.)

- राष्ट्रीय आन्दोलन के **प्रथम चरण** में कांग्रेस की स्थापना की गई। इस चरण में आन्दोलन का प्रतिनिधित्व पश्चिम की उदारवादी व अतिवादी विचारधारा से प्रभावित मध्यवर्गीय बुद्धिजीवी लोग कर रहे थे।
- आन्दोलन के **द्वितीय चरण** में भारतीय राष्ट्रीय कांग्रेस ने परिपक्वता प्राप्त कर ली तथा इसके उद्देश्य व लक्ष्य स्पष्ट हो गए।
- **अन्तिम चरण** कांग्रेस ने पूर्ण स्वराज्य की प्राप्ति के लिए महात्मा गाँधी के नेतृत्व में अहिंसात्मक असहयोग के माध्यम से आन्दोलन चलाया।

बंगाल का विभाजन (1905)

- बंगाल स्वतन्त्रता आन्दोलन के लिए भारतीय राष्ट्रीय चेतना का केन्द्रबिन्दु था। तत्कालीन बंगाल प्रेसीडेन्सी ब्रिटिश भारत का सबसे अधिक जनसंख्या वाला प्रान्त था। इसमें पश्चिमी एवं पूर्वी बंगाल (बंग) के अतिरिक्त उड़ीसा (ओडिशा) और बिहार भी शामिल थे।
- तत्कालीन भारतीय गवर्नर जनरल लॉर्ड कर्जन (1819-1905 ई.) ने भारतीय राष्ट्रीयता के उभार को कम करने के लिए धर्म के आधार पर बंगाल के विभाजन की 19 जुलाई, 1905 को घोषणा कर दी।
- बंगाल के विभाजन को बड़ा प्रान्त होने के कारण शासन की दुरूहता के आधार पर सही ठहराने की कोशिश की गई।
- विभाजन के बाद पूर्वी बंगाल और असम (असोम) को मिलाकर मुस्लिम बहुल एक अलग प्रान्त बनाया गया। ढाका को इसकी राजधानी घोषित किया गया।
- विभाजित बंगाल के दूसरे भाग में पश्चिम बंगाल, बिहार और उड़ीसा को शामिल किया गया।
- विभाजन के फलस्वरूप पूरे देश में शोक की लहर फैल गई। 16 अक्टूबर, 1905 पूरे बंगाल में शोक दिवस के रूप में मनाया गया।
- 7 अगस्त, 1905 को कलकत्ता के टाउन हॉल में स्वदेशी आन्दोलन की घोषणा की गई तथा ऐतिहासिक बहिष्कार का प्रस्ताव पारित किया गया।
- बंगाल विभाजन के विरोध में लोगों ने ब्रिटिश माल के बहिष्कार का निर्णय लिया और यह प्रण किया कि ब्रिटेन द्वारा उत्पादित कोई भी सामान वे नहीं खरीदेंगे।
- स्वदेशी आन्दोलन ने कुछ ही समय में पूरे भारत का राजनीतिक परिदृश्य बदल दिया।
- 1905 ई. में गोपाल कृष्ण गोखले की अध्यक्षता में हुए कांग्रेस के बनारस अधिवेशन में स्वदेशी आन्दोलन व बहिष्कार आन्दोलन का समर्थन किया गया।
- तिलक ने बम्बई और पुणे में, अजीत सिंह व लाला लाजपत राय ने पंजाब व उत्तर प्रदेश में, सैय्यद हैदर राजा ने दिल्ली में तथा चिदम्बरम पिल्लै ने मद्रास में स्वदेशी तथा बहिष्कार आन्दोलन का प्रचार किया।
- स्वदेशी व बहिष्कार आन्दोलन को जनसाधारण तक पहुँचाने के लिए अश्वनी कुमार दत्त द्वारा 'स्वदेश बांधव समिति' का गठन किया गया।

- आत्मनिर्भरता तथा राष्ट्रीय शिक्षा पर बल देने के लिए रविन्द्र नाथ टैगोर ने 14 अगस्त, 1906 को बंगाल नेशनल कॉलिज की स्थापना की। इसका प्रधानाचार्य अरविन्द घोष को बनाया गया।
- पी.सी. राय ने 'बंगाल केमिकल्स एवं फार्मास्युटिकल्स' की स्थापना की।
- बहिष्कार एवं स्वदेशी आन्दोलन से विभाजन के विरुद्ध एक विशाल जनमत संगठित हो गया, जिसके परिणामस्वरूप ब्रिटिश सरकार को विवश होकर 1911 ई. में बंगाल विभाजन को रद्द करना पड़ा।

कांग्रेस का कलकत्ता अधिवेशन (1906)

- 1906 ई. में स्वदेशी व बहिष्कार आन्दोलन के मध्य कलकत्ता में कांग्रेस का अखिल भारतीय अधिवेशन आयोजित किया गया। इस समय तक उग्रपन्थियों तथा नरमपन्थियों के पारस्परिक मतभेद खुल कर सामने आ गए थे।
- 1906 ई. में कलकत्ता अधिवेशन में अध्यक्ष पद को लेकर दोनों पक्षों में जबर्दस्त मतभेद था, परन्तु दादाभाई नौरोजी के अध्यक्ष बन जाने से टकराव की सम्भावना टल गई।
- इसी अधिवेशन में स्वदेशी, बहिष्कार, राष्ट्रीय शिक्षा तथा स्वशासन से सम्बन्धित उग्रपन्थियों द्वारा रखे गए चार प्रस्ताव पारित कर दिए गए। इसी अधिवेशन में पहली बार दादाभाई नौरोजी ने 'स्वराज्य' शब्द का प्रयोग किया।

सूरत-विघटन (1907)

- कलकत्ता अधिवेशन में कांग्रेस पद को लेकर हुए विवाद ने सूरत में उग्र रूप धारण कर लिया। कांग्रेस का सूरत अधिवेशन 26 दिसम्बर, 1907 को ताप्ती नदी के किनारे आयोजित किया गया।
- इस अधिवेशन में राष्ट्रवादी जहाँ लाला लाजपत राय को अध्यक्ष बनाना चाहते थे, वहीं उदारवादी रासबिहारी घोष को।
- कांग्रेस का कलकत्ता अधिवेशन उत्तेजना और क्रोध के वातावरण में शुरू हुआ तथा उदारवादी रासबिहारी घोष को अध्यक्ष पद दिलवाने में सफल हो गए।
- सूरत विभाजन के बाद गरम दल का नेतृत्व तिलक, लाजपत राय एवं विपिन चन्द्र पाल ने किया जबकि 1916 ई. में पुन: दोनों दलों के आपस में विलय होने तक नरम दल का नेतृत्व गोपाल कृष्ण गोखले के द्वारा किया गया।

जलियाँवाला बाग हत्याकाण्ड (13 अप्रैल, 1919)

- रौलेट एक्ट के विरोध में जनसभा हुई। गाँधी जी के पंजाब प्रवेश पर प्रतिबन्ध लगा दिया गया।
- जनता का आक्रोश तब और बढ़ गया, जब पंजाब के दो लोकप्रिय नेताओं डॉ. सत्यपाल एवं डॉ. सैफुद्दीन किचलू को अमृतसर के डिप्टी कमिश्नर (ओ. डायर) ने बिना किसी कारण के गिरफ्तार कर लिया।
- इसके विरोध में जनता ने 13 अप्रैल, 1919 को पंजाब के अमृतसर स्थित जलियाँवाला बाग में एक सभा आयोजित की। यह बैसाखी का दिन था।
- अमृतसर के फौजी कमाण्डर जनरल डायर ने इस सभा को घेर लिया तथा निहत्थी भीड़ पर गोलियाँ चलवा दीं। इस हत्याकाण्ड में 'हंसराज' नामक एक भारतीय ने डायर को सहयोग दिया था। उदारवादी वकील शिवस्वामी अय्यर ने सरकार द्वारा प्रदत्त 'नाइट' की उपाधि लौटा दी।
- गाँधी जी ने इसके विरोध में अपना 'कैसर-ए-हिन्द' का पदक सरकार को वापस कर दिया, जो उन्हें प्रथम विश्व युद्ध के दौरान ब्रिटिश सरकार को सहयोग देने के लिए प्राप्त हुआ था।
- भारतीय सदस्य शंकरन नायर ने वायसराय की कार्यकारिणी परिषद् से इस्तीफा दे दिया। रवीन्द्रनाथ टैगोर ने भी अपनी 'नाइट' की उपाधि सरकार को वापस कर दी।

हण्टर कमेटी

- सरकार ने विवशता में जलियाँवाला बाग घटना की जांच कराने के लिए 1 अक्टूबर, 1919 को 'लॉर्ड हण्टर' की अध्यक्षता में एक आयोग की स्थापना की। 8 सदस्यों वाले इस 5 अंग्रेज लॉर्ड हण्टर, जस्टिस सर जॉर्ज रैंकिग, डब्ल्यू एफ राइस, सर जॉर्ज बैरों एवं सर टॉमस स्मिथ तथा 3 भारतीय सर चिमन लाल सीतलवाढ़, सुल्तान अहमद एवं जगत नारायण सदस्य थे।
- भारतीय राष्ट्रीय कांग्रेस ने भी इस घटना की जांच के लिए 'मदन मोहन मालवीय' के नेतृत्व में एक आयोग की नियुक्ति की, जिसके अन्य सदस्य पण्डित मोतीलाल नेहरू एवं गाँधी जी थे।

खिलाफत आन्दोलन (1919-22 ई.)

- प्रथम विश्वयुद्ध के दौरान ब्रिटेन और उसके सहयोगियों द्वारा तुर्की पर किए गए अत्याचारों से मुसलमानों का नाराज होना स्वभाविक था, क्योंकि संसार भर के मुसलमान तुर्की के सुल्तान को अपना खलीफा (धर्म गुरु) मानते थे। ऐसे मौके को हिन्दू-मुस्लिम एकता के लिए उपयुक्त समझकर गाँधी जी ने मुसलमानों के साथ सहानुभूति प्रकट की।
- नवम्बर, 1919 में कांग्रेस और मुस्लिम लीग का दिल्ली में साथ-साथ अखिल भारतीय खिलाफत सम्मेलन हुआ, जिसमें महात्मा गाँधी को सर्वसम्मति से सम्मेलन का अध्यक्ष चुना गया। गाँधी जी ने खिलाफत आन्दोलन को हिन्दुओं और मुसलमानो में एकता स्थापित करने का ऐसा अवसर माना, जो कि आगे सौ वर्षों तक नहीं मिलेगा।
- गाँधी जी ने 1920 ई. के आरम्भ में यह घोषणा कर दी कि अगर विश्व युद्ध की शान्ति शर्तें भारतीय मुसलमानों को सन्तुष्ट नहीं करती हैं तो वे असहयोग आन्दोलन छेड़ेंगे।

असहयोग आन्दोलन (1920-1922)

- असहयोग आन्दोलन के कार्यक्रम पर विचार करने के लिए कलकत्ता में लाला लाजपत राय की अध्यक्षता में सितम्बर, 1920 में भारतीय राष्ट्रीय कांग्रेस के अधिवेशन का आयोजन किया गया जिसमें सी.आर. दास के विरोध के बावजूद अली बन्धुओं एवं मोतीलाल नेहरू के समर्थन से असहयोग आन्दोलन को मंजूरी दे दी गई। यही वह क्षण था, जहाँ से 'गाँधी युग' की शुरूआत हुई। दिसम्बर, 1920 में हुए कांग्रेस के नागपुर सम्मेलन में असहयोग आन्दोलन से सम्बन्धित प्रस्ताव पारित हुआ, जिसमें कुछ सकारात्मक और नकारात्मक कार्यक्रम शामिल थे।

सकारात्मक कार्यक्रम

- राष्ट्रीय स्कूलों, कॉलेजों तथा निजी मध्यस्थ न्यायालयों की, जिन्हें पंचायत कहा जाता था, पूरे देश में स्थापना करना। हाथ से सूत कताई एवं बुनाई को पुन: जीवित कर स्वदेशी तथा खादी को लोकप्रिय बनाना।
- हिन्दुओं और मुसलमानों के बीच एकता स्थापित करना। छुआछूत को मिटाने के साथ-साथ हरिजन कल्याण के लिए कार्य करना। महिलाओं का उत्थान और विकास करना।

- इन कार्यक्रमों से आन्दोलन में युवा वर्ग, मुसलमानों, हरिजनों तथा महिलाओं की भागीदारी सुनिश्चित हो गई।
- गाँधी जी ने नागपुर अधिवेशन में ही कांग्रेस के पुराने लक्ष्य अंग्रेजी साम्राज्य के अन्तर्गत स्वशासन के स्थान पर अंग्रेजों के अन्तर्गत 'स्वराज्य' को नया लक्ष्य घोषित किया। इसी समय कांग्रेस का नया संविधान भी स्वीकृत हुआ, जिसकी प्रमुख बातें निम्न थीं
- 15 सदस्यीय कार्यकारिणी समिति का गठन प्रदेश कांग्रेस समितियों का भाषाई आधार पर गठन गाँव-गाँव तक कांग्रेस का विस्तार करने के लिए सदस्यता शुल्क चार आना कर दिया गया, तथा हिन्दी को सम्पर्क भाषा के रूप में इस्तेमाल करने पर सहमति हुई।

नकारात्मक कार्यक्रम

- सरकारी या अर्द्ध-सरकारी स्कूलों, कॉलेजों, न्यायालयों तथा विधानमण्डलों का बहिष्कार।
- विदेशी वस्तुओं खासकर विदेशी वस्त्रों का बहिष्कार। उपनामों, उपाधियों एवं प्रशस्तियों को लौटाना। अवैतनिक कार्यालयों का समर्पण करना तथा स्थानीय संस्थाओं की मनोनीत सीटों से त्याग-पत्र देना।
- सरकारी तथा अर्द्ध-सरकारी कार्यक्रमों में शामिल होने से इनकार करना।
- इन कार्यक्रमों के माध्यम से अंग्रेजों को प्रकाशन में सहयोग एवं शोषण करने से रोका गया।
- गाँधी जी इस आन्दोलन को सफल बनाने के लिए देशव्यापी दौरे पर गए, जिसमें प्रभुदास गाँधी उनके साथ थे। 1 अगस्त, 1920 को आन्दोलन आरम्भ किया गया। मुस्लिम नेताओं में सर्वाधिक सहयोग देने वालों में थे डॉक्टर अन्सारी, मौलाना अबुल कलाम आजाद, शौकत अली, मुहम्मद अली आदि।
- गाँधी जी ने 'असहयोग आन्दोलन' के खर्च की पूर्ति के लिए 1921 ई. में 'तिलक स्वराज फण्ड' की स्थापना की, जिसमें छ: माह के अन्दर एक करोड़ रुपये जमा हो गए। मुहम्मद अली पहले नेता थे, जिन्हें सर्वप्रथम 'असहयोग आन्दोलन' में गिरफ्तार किया गया। 1921 ई. में 'प्रिन्स ऑफ वेल्स' के भारत आगमन पर उनका सर्वत्र काले झण्डे दिखाकर स्वागत किया गया।
- इसी बीच दिसम्बर, 1921 में अहमदाबाद में कांग्रेस का अधिवेशन हुआ जहाँ सविनय अवज्ञा आन्दोलन चलाने की योजना बनाई गई। परन्तु 5 फरवरी, 1922 को संयुक्त प्रान्त के देवरिया जिले के चौरी-चौरा नामक स्थान पर पुलिस ने जब एक कांग्रेसी जुलूस को रोकना चाहा, तो क्रुद्ध भीड़ ने थाने पर आक्रमण कर दिया और उसमें आग लगा दी। इसमें 22 पुलिसकर्मी मारे गए।
- 12 फरवरी, 1922 को गाँधी जी ने असहयोग आन्दोलन को स्थगित कर दिया। अब गाँधी जी ने रचनात्मक कार्यों पर जोर दिया। सुभाषचन्द्र बोस ने आन्दोलन के स्थगन को अपनी आत्मकथा 'द इण्डियन स्ट्रगल' में 'राष्ट्रीय विपत्ति' कहा। मोतीलाल नेहरू ने भी कुछ ऐसी ही प्रतिक्रिया व्यक्त की। गाँधी जी को मार्च, 1922 में गिरफ्तार कर 6 वर्ष के कड़े कारावास में रखा गया, किन्तु स्वास्थ्य सम्बन्धी कारणों से उन्हें 5 फरवरी, 1924 को मुक्त कर दिया गया।

कांग्रेस खिलाफत स्वराज पार्टी (1 जनवरी, 1923)

- गाँधी जी के आन्दोलन वापस लेने से दु:खी होकर सी.आर. दास एवं मोतीलाल नेहरू ने यह सुझाव दिया कि राष्ट्रवादी आन्दोलनकारी विधान परिषदों का बहिष्कार बन्द कर इसका सदस्य बनकर पाखण्डी संसद का विरोध करें। इन्हें तथा इनके सहयोगियों को 'परिवर्तनवादी' कहा गया।
- इस सुझाव को सी. राजगोपालाचारी के नेतृत्व में वल्लभभाई पटेल और राजेन्द्र प्रसाद जैसे नेताओं ने गाँधी के उद्देश्यों एवं कार्यक्रमों से विचलित होना बताया। अत: वे 'अपरिवर्तनवादी' कहलाये। गया में आयोजित कांग्रेस अधिवेशन (1922 ई.) में चितरंजन दास ने अपनी हार स्वीकारते हुए कांग्रेस से इस्तीफा दे दिया तथा 1 जनवरी, 1923 को 'कांग्रेस खिलाफत स्वराज पार्टी' नामक एक नई पार्टी के गठन की इलाहाबाद में घोषणा कर दी।
- इसके अध्यक्ष चितरंजन दास तथा सचिव मोतीलाल नेहरू बनाए गए। 1923 ई. में हुए चुनावों में स्वराज्य पार्टी को मध्य प्रान्त में पूर्ण बहुमत, बंगाल, उत्तर प्रदेश, बम्बई में प्रधानता एवं केन्द्रीय विधानमण्डल में 101 में से 42 स्थान प्राप्त हुए। भारतीय राष्ट्रीय कांग्रेस के बेलगाँव अधिवेशन (1924 ई.), की अध्यक्षता गाँधी जी ने की थी। स्वराजी नेता पुन: कांग्रेस में शामिल हो गए। स्वराजवादियों ने बजट को अस्वीकृत कर सरकारी अधिनियम का विरोध किया।

क्रान्तिकारी आन्दोलन का दूसरा चरण

- सचिन सान्याल तथा योगेश चन्द्र चटर्जी ने 1924 ई. में कानपुर में 'हिन्दुस्तान रिपब्लिकन एसोसिएशन' का गठन किया। यह अखिल भारतीय स्तर पर पहला संगठन था। इसका उद्देश्य सशस्त्र क्रान्ति द्वारा देश को आजाद कराना एवं संघीय गणतन्त्र 'संयुक्त राज्य भारत' की स्थापना करना था।
- इस संस्था के सदस्यों ने लखनऊ के पास 'काकोरी' नामक गाँव में 8 डाउन ट्रेन को रोककर रेल विभाग का खजाना लूट लिया (1925 ई.)। यह घटना काकोरी काण्ड के नाम से प्रसिद्ध है। इस काण्ड के मुख्य अभियुक्त अशफाकउल्ला खाँ, राम प्रसाद बिस्मिल, रोशन सिंह एवं राजेन्द्र लाहिड़ी को फांसी दे दी गई, परन्तु चन्द्रशेखर आजाद भाग गए।
- 10 सितम्बर, 1928 ई. को दिल्ली के फिरोजशाह कोटला मैदान में युवा क्रान्तिकारियों की बैठक चन्द्रशेखर आजाद के नेतृत्व में हुई, जहाँ 'हिन्दुस्तान रिपब्लिकन एसोसिएशन' का नाम बदलकर 'हिन्दुस्तान समाजवादी रिपब्लिकन एसोसिएशन' रख दिया गया। 17 दिसम्बर, 1928 को भगत सिंह, चन्द्रशेखर आजाद और राजगुरु ने लाहौर में लाला लाजपत राय पर लाठी बरसाने वाले पुलिस अधिकारी साण्डर्स की हत्या कर दी।
- 1929 ई. में बटुकेश्वर दत्त एवं भगत सिंह ने 'पब्लिक सेफ्टी बिल' पास होने के विरोध में सेन्ट्रल लेजिस्लेटिव असेम्बली में खाली बेंचों पर बम फेंका, जिसका उद्देश्य किसी की हत्या करना नहीं बल्कि बहरों (अंग्रेजों) को अपनी बात सुनाना था। भगत सिंह, बटुकेश्वर दत्त और राजगुरु को साण्डर्स हत्याकाण्ड एवं लाहौर षड्यन्त्र के तहत मुकदमा चलाकर 23 मार्च, 1931 को फाँसी दे दी गई।
- जतिनदास ने जेल के अन्दर खराब खाने के विरोध में भूख हड़ताल कर दी एवं 64वें दिन उनकी मृत्यु हो गई (1931 ई.)। भगवती चरण बोहरा ने 'द फिलॉसफी ऑफ बम' नामक पत्रक तैयार किया था।
- 27 फरवरी, 1931 को चन्द्रशेखर आजाद इलाहाबाद के अल्फ्रेड पार्क में पुलिस (नॉट बावर) से मुठभेड़ करते हुए मारे गए। बंगाल के चटगाँव के क्रान्तिकारियों का नेतृत्व सूर्यसेन (मास्टर दा) ने किया, जिन्हें 1934 ई. में पकड़कर फाँसी दे दी गई।

- बंगाल के क्रान्तिकारी आन्दोलन की महत्त्वपूर्ण विशेषता इसमें महिलाओं की भागीदारी थी। इसमें प्रीतिलता वाडेकर, कल्पना दत्त, शान्ति घोष एवं सुनीति चौधरी आदि उल्लेखनीय हैं।

साइमन कमीशन

- 8 नवम्बर, 1927 को ब्रिटिश सरकार ने सर जॉन साइमन के नेतृत्व में भारतीय वैधानिक आयोग के गठन की घोषणा की। यह श्वेत आयोग था, जिसमें कोई भारतीय प्रतिनिधि शामिल नहीं था। सभी प्रमुख राजनैतिक पार्टियाँ-कांग्रेस, मुस्लिम लीग, हिन्दू महासभा इत्यादि द्वारा इसका विरोध किया गया।
- काले झण्डे एवं 'साइमन वापस जाओ' के नारे से इसका स्वागत किया गया। लाहौर में इसके विरोध के कारण पुलिस की लाठी की गहरी चोट से लाला लाजपत राय की मृत्यु हो गई (1928 ई.)। साइमन कमीशन ने 27 मई, 1930 को अपनी रिपोर्ट प्रकाशित की,
जिसकी प्रमुख सिफारिशें इस प्रकार थीं
  - 1919 ई. के भारत सरकार अधिनियम के तहत लागू की गई द्वैध शासन व्यवस्था को समाप्त कर उत्तरदायी शासन की स्थापना हो,
  - भारत के लिए एक संघीय संविधान होना चाहिए और भारत के लिए एक ऐसा लचीला संविधान बनाया जाए, जिसे स्वयं भारतीय विकसित करें।

बटलर समिति (1927 ई.)

साइमन कमीशन के साथ ही ब्रिटिश सरकार ने हरकोर्ट बटलर, डब्ल्यु.एस. होल्ड्सवर्थ तथा एस.सी. पील की तीन सदस्यीय समिति का गठन किया, जिसे ब्रिटिश शक्ति तथा भारतीय राज्यों के बीच सम्बन्धों की जाँच के लिए तथा ब्रिटिश भारत एवं उनके बीच वर्तमान आर्थिक सम्बन्धों को अधिक सन्तोषपूर्ण बनाने एवं साधन की सलाह देने के लिए कार्य करना था।

नेहरू रिपोर्ट (1928 ई.)

- साइमन कमीशन के विरोध एवं बहिष्कार के पहले ही भारत सचिव ने कांग्रेस नेताओं को यह चुनौती दी थी कि यदि वे विभिन्न सम्प्रदायों की आपसी सहमति से एक संविधान बना पाएँ, तो ब्रिटिश सरकार उस पर विचार कर सकती है।
- भारतीय नेताओं ने इस चुनौती को स्वीकार किया तथा फरवरी, 1928 में दिल्ली में एक सर्वदलीय सम्मेलन हुआ। 19 मई, 1928 को बम्बई में फिर सम्मेलन हुआ, जिसमें पण्डित मोती लाल नेहरू की अध्यक्षता में भारतीय संविधान के मसविदे को तैयार करने के लिए एक आठ सदस्यीय समिति बनाई गई।
- इस समिति के अन्य सदस्य थे अली इमाम, तेजबहादुर सप्रू, मंगल सिंह, शोएब कुरैशी, एम.एस. अणे, जी.आर.प्रधान तथा सुभाष चन्द्र बोस, इस सर्वदलीय सम्मेलन की समिति की रिपोर्ट को आमतौर पर 'नेहरू रिपोर्ट' कहा जाता है।
- 'नेहरू रिपोर्ट' को अन्तिम रूप से अगस्त, 1928 में लखनऊ में आयोजित सर्वदलीय सम्मेलन में स्वस्किार किया गया, जिसकी अध्यक्षता डॉ.अंसारी ने की थी। इस रिपोर्ट में 'डोमिनियन टेट्स' को पहला तथा 'पूर्ण स्वराज्य' को अन्तिम लक्ष्य माना गया।

जिन्ना का चौदह सूत्री कार्यक्रम (1929 ई.)

मुस्लिम लीग के नेता मुहम्मद अली जिन्ना ने नेहरू रिपोर्ट को अस्वीकार कर 28 मार्च, 1929 ई. को दिल्ली की बैठक में चौदह सूत्री कार्यक्रम को प्रस्तुत किया, जिसे 'जिन्ना के 14 सूत्र' कहा जाता है। सिख लोग भी नेहरू रिपोर्ट से असन्तुष्ट थे।

नेशनलिस्ट मुस्लिम पार्टी

- बम्बई में 29 जुलाई, 1929 को राष्ट्रवादी मुसलमानों के संगठन को कांग्रेस मुस्लिम पार्टी से जोड़ने का प्रयास किया गया। इसके पूर्व मार्च, 1929 में दिल्ली में मुस्लिम लीग के अधिवेशन में खिलाफत सम्मेलन के नेताओं द्वारा नेहरू रिपोर्ट का समर्थन किया गया। परन्तु रिपोर्ट के समर्थकों को लीग से बाहर निकाल दिया गया, जिन्होंने मिलकर 'नेशनलिस्ट मुस्लिम पार्टी' बनाने का निर्णय लिया। कांग्रेस ने उनको सहयोग दिया।
- खलीकुज्जमा तथा डॉ. शेख मुहम्मद आलम द्वारा इस नई पार्टी का गठन किया गया। मौलाना अबुल कलाम आजाद इससे अलग रहे, किन्तु खान अब्दुल गफ्फार खान और डॉ. खान साहब द्वारा उत्तर-पश्चिम सीमान्त प्रान्तों में इसका समर्थन किया गया।

पूर्ण स्वराज्य की माँग (1929 ई.)

दिसम्बर, 1929 में लाहौर कांग्रेस अधिवेशन में जवाहरलाल नेहरू की अध्यक्षता में 'पूर्ण स्वराज' को कांग्रेस का लक्ष्य घोषित किया गया। रावी नदी के तट पर तिरंगे झण्डे को फहराया गया तथा 26 जनवरी, 1930 को प्रथम स्वाधीनता दिवस के रूप में मनाने का निश्चय किया गया।

सविनय अवज्ञा आन्दोलन (1930-34 ई.)

- लाहौर के भारतीय राष्ट्रीय कांग्रेस के अधिवेशन में 1929 ई. में सविनय अवज्ञा आन्दोलन प्रारम्भ करने का निर्णय लिया गया। 1930 में साबरमती आश्रम में हुई कांग्रेस की बैठक ने आन्दोलन करने का पूरा अधिकार गाँधी जी को सौंप दिया।
- आन्दोलन की शुरूआत से पहले गाँधी जी ने ब्रिटिश सरकार के सामने अपनी 'ग्यारह सूत्री माँगों' को रखा, जिसमें पूर्ण स्वतन्त्रता की माँग शामिल नहीं थी। वायसराय इरविन ने इसे अस्वीकार कर दिया।
- 12 मार्च, 1930 को गाँधी जी के प्रसिद्ध दाण्डी मार्च से सविनय अवज्ञा आन्दोलन प्रारम्भ हो गया। वे अपने 78 सहयोगियों के साथ साबरमती से चलकर गुजरात के समुद्र तट पर स्थित दाण्डी गाँव में 6 अप्रैल, 1930 को पहुँचे। वहाँ समुद्र तट से नमक उठाकर नमक कानून को तोड़ा।
- तमिलनाडु के तंजौर समुद्री तट पर चक्रवर्ती राजगोपालचारी ने त्रिचनापल्ली से वेदारण्य तक की नमक यात्रा की। असम (असोम) के लोग सिलहट से बंगाल के नोआखली समुद्र तट पर नमक बनाने पहुँचे।

गाँधी-इरविन समझौता (1931 ई.)

- तेज बहादुर सप्रू एवं डॉ. जयकर के प्रयासों से गाँधी और तत्कालीन वायसराय लॉर्ड इरविन के बीच दिल्ली में 5 मार्च, 1931 को एक समझौता हुआ, जिसे गाँधी-इरविन समझौता (दिल्ली समझौता) कहा जाता है। इस समझौते के द्वारा सरकार निम्न बातों को मानने पर सहमत हुई।
- हिंसा के दोषी राजनैतिक कैदियों को छोड़कर अन्य सभी राजनैतिक कैदियों की रिहाई।
- सभी अध्यादेशों की वापसी तथा अभियोगों की समाप्ति।
- सत्याग्रहियों की जब्त सम्पत्ति उन्हें वापस करना।
- शराब तथा विदेशी कपड़े की दुकानों पर शान्तिपूर्वक धरना देने की अनुमति देना।
- समुद्री तटों से कुछ दूरी तक रहने वाले लोगों को मुफ्त नमक इकट्ठा करने तथा बनाने की अनुमति देना।

- इसके बाद गाँधी जी ने लन्दन में द्वितीय गोलमेज सम्मेलन (1931 ई.) में भाग लिया। इस सम्मेलन में भाग लेने के लिए वे बम्बई (मुम्बई) तट से 'राजपूताना जहाज' पर बैठकर इंग्लैण्ड गए थे, परन्तु नीतियों को फिर से लागू देखकर उन्होंने जनवरी, 1932 में सविनय अवज्ञा आन्दोलन की पुन: शुरूआत कर दी।

कराची अधिवेशन (1931 ई.)

- गाँधी-इरविन समझौते से नेहरू एवं सुभाष चन्द्र बोस असन्तुष्ट थे। युवा राष्ट्रवादी भी इस समझौते से इसलिए असन्तुष्ट थे, क्योंकि गाँधी जी तीन क्रान्तिकारियों भगत सिंह, राजगुरु एवं सुखदेव की फाँसी नहीं रुकवा सके एवं 23 मार्च, 1931 को इन तीनों को फाँसी दे दी गई। अत: गाँधी जी को कांग्रेस में वामपन्थी युवाओं की तीखी आलोचना का शिकार होना पड़ा।
- भारतीय राष्ट्रीय कांग्रेस का 45वाँ अधिवेशन जो कराची में वल्लभ भाई पटेल की अध्यक्षता में हो रहा था के लिए जाते वक्त गाँधी जी को बड़ी कठिनाई का सामना करना पड़ा तथा उन्हें 'काले झण्डे' दिखाए गए।
- कराची अधिवेशन में भारतीय राष्ट्रीय कांग्रेस ने पहली बार मौलिक अधिकारों और राष्ट्रीय आर्थिक कार्यक्रमों से सम्बद्ध प्रस्ताव पारित किया।

गोलमेज सम्मेलन

भारतीय गोलमेज सम्मेलन के तीन अधिवेशन हुए जिसे प्रथम, द्वितीय तथा तृतीय गोलमेज सम्मेलन कहा जाता है।

प्रथम गोलमेज सम्मेलन (12 नवम्बर,1930-1931)

- 12 नवम्बर, 1930 को सेन्ट जेम्स महल, लन्दन में इस गोलमेज सम्मेलन का उद्घाटन तत्कालीन ब्रिटिश सम्राट जॉर्ज पंचम ने किया और ब्रिटिश प्रधानमन्त्री रैम्जे मैकडोनाल्ड ने इसका सभापतित्व किया।
- इस सम्मेलन में भारतीय नरेश, हरिजन, सिख, मुसलमान, हिन्द मजदूर संघ, वाणिज्य संघ के प्रतिनिधियों, डॉ. भीमराव अम्बेडकर, तेजबहादुर सप्रू, मुहम्मद अली जिन्ना एवं मुहम्मद अली ने भाग लिया। कांग्रेस ने इस सम्मेलन में भाग नहीं लिया था।

द्वितीय गोलमेज सम्मेलन (7 सितम्बर, 1931)

- इसमें कांग्रेस के एकमात्र प्रतिनिधि गाँधी जी (गाँधी-इरविन समझौते 1931 के तहत) ने भाग लिया। एनी बेसेण्ट एवं मदन मोहन मालवीय व्यक्तिगत रूप से इंग्लैण्ड गए थे। श्रीमती सरोजिनी नायडू तथा मदन मोहन मालवीय शासकीय नॉमिनी के रूप में इसमें सम्मिलत हुए।
- मुस्लिमों, सिखों एवं अनुसूचित जाति के लोगों ने भी इसमें भाग लिया। इस सम्मेलन में अम्बेडकर ने पृथक निर्वाचन की माँग की, जिससे गाँधी जी दु:खी हो गए। इस प्रकार साम्प्रदायिक गतिरोध के कारण यह सम्मेलन भी सांविधानिक सुधारों से सम्बन्धित कोई निर्णय नहीं ले सका और गाँधी जी खाली हाथ भारत लौट आए।

तृतीय गोलमेज सम्मेलन (17 नवम्बर, 1932)

इस अधिवेशन में कांग्रेस के किसी प्रतिनिधि ने भाग नहीं लिया। 24 दिसम्बर, 1932 को बिना किसी निर्णय के यह सम्मेलन समाप्त हो गया।

कम्यूनल अवार्ड (16 अगस्त, 1932)

16 अगस्त, 1932 को ब्रिटिश प्रधानमन्त्री रैम्जे मैकडोनाल्ड ने ब्रिटिश संसद में एक घोषणा की, जिसे 'कम्यूनल अवार्ड' या 'साम्प्रदायिक निर्णय' या 'साम्प्रदायिक पंचाट' कहा जाता है। इस घोषणा में मुसलमान, सिखों एवं भारतीय ईसाइयों के साथ-साथ हरिजनों के लिए भी हिन्दुओं से अलग निर्वाचन तथा प्रतिनिधित्व की व्यवस्था थी।

पूना समझौता (26 सितम्बर, 1932)

साम्प्रदायिक निर्णय के विरोध में पूना यरवदा जेल में ही गाँधी जी ने आमरण अनशन (20 सितम्बर, 1932) शुरू कर दिया। उन्हें एम.सी. राजा जैसे हरिजनों का समर्थन प्राप्त था। उनके स्वास्थ्य में गिरावट आने के कारण मदन मोहन मालवीय, डॉ. राजेन्द्र प्रसाद, पुरुषोत्तम दास टण्डन, राजगोपालाचारी आदि के प्रयासों से गाँधी जी और अम्बेडकर के बीच 26 सितम्बर, 1932 को एक समझौता हुआ, जिसे 'पूना समझौता' कहा जाता है।

इस समझौते के अनुसार

- अम्बेडकर ने हरिजनों के पृथक प्रतिनिधित्व की माँग को वापस ले लिया तथा संयुक्त निर्वाचन के सिद्धान्त को स्वीकार कर लिया गिया।
- प्रान्तीय विधानमण्डलों में दलितों के लिए सुरक्षित सीटों की संख्या बढ़ाकर 72 से 148 कर दी गई।
- केन्द्रीय विधानमण्डल में दलितों के लिए सुरक्षित सीटों की संख्या में 18 प्रतिशत की वृद्धि की गई।

1937 ई. के चुनाव *एवं* कांग्रेस मन्त्रिमण्डल

- 1935 ई. में भारत सरकार अधिनियम के तहत फरवरी, 1937 में चुनाव हुए।
- कांग्रेस को ग्यारह में से पाँच प्रान्तों मद्रास, बिहार, उड़ीसा, मध्य प्रान्त और संयुक्त प्रान्त में पूर्ण बहुमत मिला, जबकि बम्बई में लगभग पूर्ण बहुमत मिला। कांग्रेस ने 6 प्रान्तों मद्रास, बम्बई, मध्य भारत, उड़ीसा, बिहार और संयुक्त प्रान्त में अपने मन्त्रिमण्डल बनाए। बाद में पश्चिमोत्तर प्रान्त और असम में भी कांग्रेस ने साझा मन्त्रिमण्डल बनाए। केवल बंगाल और पंजाब में ही गैर-कांग्रेसी मन्त्रिमण्डल बने।
- पंजाब में यूनियनिस्ट पार्टी का मन्त्रिमण्डल सिकन्दर हयात खाँ के नेतृत्व में तथा बंगाल में कृषक प्रजा पार्टी और मुस्लिम लीग का संयुक्त मन्त्रिमण्डल 'फजलुल हक' के नेतृत्व में बना। मुस्लिम लीग ने अपना खराब प्रदर्शन देखते हुए यह कहना प्रारम्भ कर दिया कि मुसलमानों का हित कांग्रेस के हाथ में सुरक्षित नहीं है।

कांग्रेस मन्त्रिमण्डलों का त्याग-पत्र *एवं* मुस्लिम लीग का 'मुक्ति दिवस'

- 1 सितम्बर, 1939 को द्वितीय विश्व युद्ध प्रारम्भ हो गया। तत्कालीन वायसराय लिनलिथगो ने प्रान्तीय मन्त्रिमण्डल या किसी भारतीय नेता की सलाह लिए बिना भारत को ब्रिटेन के साथ युद्ध में झोंक दिया एवं देश में आपातकाल की घोषणा कर दी। कांग्रेस औपनिवेशिक स्वराज्य (युद्धोपरान्त) की ब्रिटिश घोषणा से सन्तुष्ट नहीं हो सकी।
- अत: कांग्रेस मन्त्रिमण्डलों ने 22 नवम्बर, 1939 को सामूहिक रूप से त्याग-पत्र दे दिया। मुस्लिम लीग ने इस दिन को 'मुक्ति दिवस' के रूप में मनाया।

अगस्त प्रस्ताव (8 अगस्त, 1940)

- अगस्त, 1940 में भारत के तत्कालीन वायसराय लॉर्ड लिनलिथगो ने युद्धकालीन गतिरोध को दूर करने के लिए अगस्त प्रस्तावों की घोषणा की। इस प्रस्ताव की प्रमुख घोषणाएँ निम्न थीं व विशेष बात यह थी कि सारे प्रावधान युद्ध के बाद के थे
  (i) अल्पसंख्यकों को विश्वास में लिए बिना किसी भी संवैधानिक परिवर्तन को लागू नहीं किया जाएगा।
  (ii) युद्ध समाप्त होने पर विभिन्न भारतीय दलों के प्रतिनिधियों की एक सभा बुलाकर उनके साथ संवैधानिक विकास पर विचार विमर्श किया जाएगा।
  (iii) युद्ध सम्बन्धी बातों पर विचार करने के लिए 'युद्ध परामर्श समिति' का गठन किया जाएगा।
  (iv) युद्ध समाप्त होने के बाद भारत को डोमिनियन स्टेट्स का दर्जा प्रदान किया जाएगा।
- कांग्रेस ने 'अगस्त' प्रस्ताव को अस्वीकृत कर महात्मा गाँधी को 'व्यक्तिगत सविनय अवज्ञा आन्दोलन' प्रारम्भ करने के लिए अधिकृत किया।

व्यक्तिगत सत्याग्रह आन्दोलन

- 1940 ई. में कांग्रेस के रामगढ़ अधिवेशन में मौलाना अबुल कलाम आजाद की अध्यक्षता में यह निर्णय लिया गया कि गाँधी जी के नेतृत्व में व्यक्तिगत सविनय अवज्ञा आन्दोलन शुरू किया जाए।
- इस आन्दोलन का उद्देश्य था युद्ध में हिस्सा लेने के विरुद्ध प्रचार के लिए सत्याग्रहियों को अभिव्यक्ति की स्वतन्त्रता मिले। प्रथम सत्याग्रही के रूप में विनोबा भावे तथा दूसरे सत्याग्रही के रूप में जवाहरलाल नेहरू को चुना गया। इस आन्दोलन के नेता गाँव-गाँव जाकर लोगों को दिल्ली जाने को कहते थे, अत: इस आन्दोलन को 'दिल्ली चलो आन्दोलन' भी कहा जाता है।

क्रिप्स मिशन (22 मार्च, 1942)

- अमेरिका, रूस और फ्रांस के द्वारा संवैधानिक गतिरोध को दूर करने के लिए दबाव देने पर ब्रिटिश प्रधानमन्त्री चर्चिल ने स्टेफोर्ड क्रिप्स की अध्यक्षता में एक मिशन 22 मार्च, 1942 को भारत भेजा, जिसे 'क्रिप्स मिशन' कहा जाता है। इसके अन्य सदस्य थे—ए. पी. अलेक्जेण्डर तथा पैथिक लॉरेंस।
- कांग्रेस ने इस प्रस्ताव को अस्वीकार कर दिया, क्योंकि यह भारतीय एकता एवं अखण्डता के लिए घातक था। गाँधी जी ने इस प्रस्ताव को "दिवालिया बैंक के नाम भविष्य की तिथि में भुनाने वाला चैक" कहा तथा नेहरू ने कहा कि "क्रिप्स प्रस्ताव एक ऐसे बैंक के नाम चैक है जो टूट रहा है"। मुस्लिम लीग ने भी इसे अस्वीकार कर दिया, क्योंकि इसमें 'पाक' का उल्लेख नहीं था।

भारत छोड़ो आन्दोलन (1942 ई. का विद्रोह)

- भारत छोड़ो आन्दोलन के निम्न कारण थे
  (i) द्वितीय विश्व युद्ध के दौरान तेजी से बढ़ती मुद्रास्फीति तथा खाद्य-सामग्री की अत्यन्त कमी।
  (ii) ब्रिटिश सरकार की दमनकारी नीतियाँ।
  (iii) जापानियों द्वारा दक्षिण-पूर्व एशिया में अंग्रेजों को पराजित करना, जिससे लोगों में यह विश्वास हो गया था कि युद्ध में अंग्रेजों की पराजय होगी।
  (iv) क्रिप्स मिशन की असफलता।
- 14 जुलाई, 1942 को वर्धा बैठक में कांग्रेस कार्यकारिणी समिति ने गाँधी जी को 'भारत छोड़ो आन्दोलन' चलाने की स्वीकृति दे दी। इसी समय गाँधी जी ने कहा था—"अगर कांग्रेस इस प्रस्ताव को स्वीकार नहीं करेगी तो मैं देश की बालू से ही कांग्रेस से भी बड़ा आन्दोलन खड़ा कर दूँगा"।
- 8 अगस्त, 1942 को बम्बई के 'ग्वालिया टैंक मैदान' में कांग्रेस का अधिवेशन हुआ, जिसमें गाँधी जी के नेतृत्व में भारत छोड़ो प्रस्ताव स्वीकृत हो गया। गाँधी जी ने—"आजादी से कम कुछ भी नहीं" तथा "करो या मरो" का नारा दिया। 9 अगस्त की सुबह ही समस्त कांग्रेसी नेता पकड़ लिए गए।
- गाँधी जी को पूना के आगा खाँ महल में बन्द किया गया तथा शेष कांग्रेसी नेताओं को अहमदनगर के किले में नजरबन्द किया गया। नेताओं की गिरफ्तारी पर स्वत: स्फूर्त आन्दोलन देश भर में फैल गया। लोगों ने थाना जलाने, स्टेशन फूँकने, तार काटने जैसी हिंसक कार्यवाहियाँ की, किन्तु गाँधी जी ने आन्दोलन वापस नहीं लिया।
- जयप्रकाश नारायण एवं लोहिया जैसे समजवादी नेताओं ने इसे जन-आन्दोलन बना दिया। जयप्रकाश नारायण हजारीबाग जेल से दीवार फाँदकर भाग गए। राम मनोहर लोहिया, बी.एम. खाकर, नादिमन अब्रबाद प्रिन्टर तथा उषा मेहता ने आन्दोलन के कार्यक्रमों का रेडियो से गुप्त प्रसारण किया, जिसका केन्द्र प्रारम्भ में नासिक था, लेकिन बाद में बम्बई बन गया। बिहार के तिरहुत प्रखण्ड में दो सप्ताह तक कोई सरकार नहीं थी। बिहार के सारन जिले को कुख्यात घोषित कर दिया गया।
  (i) **बलिया** पहली समानान्तर सरकार संयुक्त प्रान्त के बलिया जिले में चित्तू पाण्डेय के नेतृत्व में बनी।
  (ii) **तामलुक** बंगाल के मिदनापुर जिले के तामलुक नामक स्थान पर 'जातीय सरकार' का गठन किया गया।
  (iii) **सतारा** महाराष्ट्र के सतारा में स्थापित समानान्तर सरकार सर्वाधिक दीर्घजीवी साबित हुई। नाना पाटिल तथा वाई.बी. चव्हाण इसके प्रमुख नेता थे।

सुभाषचन्द्र बोस *एवं* आजाद हिन्द फौज

- सुभाषचन्द्र बोस का जन्म 23 जनवरी, 1897 को हुआ था। 1920 ई. में वे भारतीय सिविल सेवा में उत्तीर्ण हुए। 1921 ई. में उन्होंने अपने पद से त्याग-पत्र दे दिया तथा कांग्रेस के सदस्य बन गए। चितरंजनदास उनके राजनीतिक गुरु थे।
- 1938 ई. के कांग्रेस के हरिपुरा अधिवेशन में वे अध्यक्ष चुने गए। पुन: 1939 ई. को त्रिपुरी अधिवेशन में गाँधी जी के समर्थित उम्मीदवार पट्टाभि सीता रमैय्या को हराकर उन्होंने पुन: कांग्रेस की अध्यक्षता प्राप्त की। बाद में उन्होंने कांग्रेस से त्याग-पत्र देकर 1939 ई. में ही 'फॉरवर्ड ब्लॉक' नामक एक नए संगठन की स्थापना की।
- जुलाई, 1943 में वे पनडुब्बी से सिंगापुर पहुँचे। 4 जुलाई, 1943 को रास बिहारी बोस ने सिंगापुर में 'आजाद हिन्द फौज' तथा 'इण्डिया इण्डिपेण्डेंस लीग' का नेतृत्व सुभाषचन्द्र बोस को सौंप दिया।
- रास बिहारी बोस ने 1942 के टोकियो सम्मेलन में प्रवासी भारतीयों को लेकर 'इण्डिया इण्डिपेण्डेंस लीग' की स्थापना की थी, जिसने आजाद हिन्द फौज के लिए धन, जन एवं हथियारों की व्यवस्था करने का भार उठाया।
- 'आजाद हिन्द फौज' (INA) का गठन 1 सितम्बर, 1942 को कैप्टन मोहन सिंह ने किया था।

- 21 अक्टूबर, 1943 को सुभाष बोस ने 'सिंगापुर' में एक अस्थाई भारत सरकार (राजधानी-रंगून) की स्थापना की एवं गाँधी जी को 'राष्ट्रपिता' कहते हुए उनसे आशीर्वाद माँगा।
- जर्मनी, जापान तथा उनके समर्थक देशों द्वारा इस सरकार को मान्यता प्रदान की गई।
- अस्थाई सरकार में वित्त विभाग ए.सी. चटर्जी, प्रचार विभाग एस.ए. अय्यर एवं स्त्रियों का विभाग लक्ष्मी स्वामीनाथन को सौंपा गया।
- आजाद हिन्द फौज में स्त्रियों के लिए 'झाँसी की रानी रेजिमेण्ट' कायम की गई थी।
- जापानी सेना के सहयोग से आजाद हिन्द फौज ने अण्डमान एवं निकोबार द्वीप समूह पर अधिकार कर लिया। सुभाषचन्द्र बोस ने अण्डमान का नाम 'शहीद द्वीप' एवं निकोबार का नाम 'स्वराज द्वीप' रखा। यहीं सुभाष ने तिरंगा झण्डा फहराया, किन्तु जापानियों की पराजय के बाद आजाद हिन्द फौज को ब्रिटिश सरकार ने भंग कर दिया तथा इसके सैनिकों को पकड़कर दिल्ली लाया गया। इन पर ऐतिहासिक लाल किले में नवम्बर, 1945 में राजद्रोह के आरोप में मुकदमा चलाया गया, जिसमें प्रमुख थे—कैप्टन शाहनवाज (मुस्लिम), जी. के. सहगल (हिन्दू), गुरुबख्श सिंह ढिल्लो (पंजाबी)। कांग्रेसी देशभक्तों ने 'आजाद हिन्द बचाव समिति' का गठन किया, जिसमें भूलाभाई देसाई के नेतृत्व में तेजबहादुर सप्रू, काटजू एवं अरुणा आसफ अली जैसे वकीलों ने मुकदमा लड़ा।
- पण्डित नेहरू भी कार्यवाही के प्रथम दिन वकील के रूप में वहाँ उपस्थित थे। आजाद हिन्द फौज के बन्दियों के समर्थन में देशव्यापी आन्दोलन भड़क गया तथा ब्रिटिश सरकार पर अत्यधिक दबाव पड़ने लगा, अन्ततः सरकार को इन तीनों को रिहा करना पड़ा।

सी. राजगोपालाचारी फॉर्मूला (1944 ई.)

चक्रवर्ती राजगोपालाचारी मद्रास के एक प्रभावशाली नेता थे। वे कांग्रेस एवं मुस्लिम लीग के बीच समझौते के पूर्ण पक्षधर थे, उन्होंने देश की साम्प्रदायिक समस्या को सलुझाने के उद्देश्य से 10 जुलाई, 1944 को गाँधी जी की स्वीकृति से कांग्रेस तथा मुस्लिम लीग के बीच समझौते की एक योजना प्रस्तुत की, जिसके प्रावधान इस प्रकार थे

(i) संक्रमण काल में मुस्लिम लीग को अन्तरिम सरकार की स्थापना में कांग्रेस के साथ सहयोग करना चाहिए।
(ii) युद्ध की समाप्ति के बाद भारत के उत्तर-पश्चिम एवं पूर्व के मुस्लिम बाहुल्य जिलों की पहचान के लिए एक आयोग का गठन होगा। इन जिलों के लोग जनमत संग्रह द्वारा भारत से अलग होने का फैसला करेंगे।
(iii) अलग होने की स्थिति में रक्षा, वाणिज्य, संचार तथा अन्य आवश्यक क्षेत्रों के हितों की रक्षा के लिए दोनों सरकारों में परस्पर सहमति होगी।

गाँधी-जिन्ना वार्ता (1944 ई.)

- सी. आर. फॉर्मूले के आधार पर गाँधी जी ने 9 सितम्बर, 1944 को बम्बई में जिन्ना से बातचीत शुरू की।
- पहली बार गाँधी जी ने ही जिन्ना को 'कायदे आजम' (महान् नेता) कहकर उनके सम्मान को बढ़ाया।
- गाँधी जी ने जिन्ना (मुस्लिम लीग) को अपना लाहौर प्रस्ताव त्याग देने को कहा, जो दो देशों के सिद्धान्त पर आधारित था, किन्तु जिन्ना ने हिन्दू और मुसलमान दो अलग-अलग राष्ट्र हैं, कहकर समझौते को अस्वीकार कर दिया।

देसाई-लियाकत समझौता (1945 ई.)

कांग्रेस के नेता भूलाभाई जीवनजी देसाई तथा लीग के नेता लियाकत अली खान के बीच 1942–45 ई. को राजनैतिक गतिरोध को दूर करने के लिए वार्ता हुई। पेशावर में 1945 ई. में इस समझौते के मुख्य अंश प्रकाशित हुए, जिसके अनुसार कांग्रेस और मुस्लिम लीग केन्द्र में अन्तरिम सरकार की स्थापना निम्न प्रकार से करेंगे

(i) केन्द्रीय कार्यपालिका में दोनों के बराबर सदस्य नामजद होंगे।
(ii) अल्पसंख्यकों को उचित प्रतिनिधित्व दिया जाएगा।
(iii) इस समझौते को कांग्रेस तथा लीग ने स्वीकार नहीं किया।

वेवेल योजना (जून, 1945)

सी.आर. फॉर्मूले पर आधारित गाँधी-जिन्ना वार्ता के असफल होने के बाद तत्कालीन गवर्नर-जनरल लॉर्ड वेवेल ने संवैधानिक गतिरोध को दूर करने के लिए नई योजना प्रस्तुत की। *इस योजना के अनुसार,*

- कमाण्डर इन चीफ को छोड़कर कार्यपालिका परिषद् भारतीयों के हाथों में देने का प्रस्ताव था, जिसमें हिन्दुओं तथा मुसलमानों का बराबर प्रतिनिधित्व होगा।
- भारत के नए संविधान का प्रारूप तैयार होने तक यह एक अन्तरिम व्यवस्था होगी।

शिमला सम्मेलन (25 जून, 1945)

वायसराय वेवेल ने 25 जून, 1945 को भारतीय राजनैतिक पार्टियों एवं सम्बद्ध वर्गों के नेताओं का एक सम्मेलन शिमला में आयोजित किया। सम्मेलन में भाग लेने वाले प्रमुख नेता थे—जवाहरलाल नेहरू, जिन्ना, सरदार पटेल, अबुल कलाम आजाद, अब्दुल गफ्फार खाँ आदि। गाँधी जी ने इसमें भाग नहीं लिया। जिन्ना ने यह हठधर्मिता प्रदर्शित की कि परिषद् के मुस्लिम सदस्यों के नाम देने का एकमात्र अधिकार मुस्लिम लीग को ही होगा। यहाँ तक कि कांग्रेस अध्यक्ष मौलाना अबुल कलाम आजाद भी कौन्सिल के सदस्य नहीं हो सकते थे। इसे कांग्रेस ने अस्वीकार कर दिया। इस प्रकार वेवेल योजना तथा शिमला सम्मेलन को केवल मुस्लिम लीग ने असफल बना दिया।

भारत में चुनाव (1946 ई.)

- केन्द्रीय विधानसभा के लिए हुए चुनावों में कांग्रेस सभी गैर-मुस्लिम सीटों पर तथा मुस्लिम लीग ने मुसलमानों के लिए सुरक्षित सीटों पर विजय प्राप्त की। परन्तु मुस्लिम लीग केवल बंगाल और सिन्ध में ही मन्त्रिमण्डल बना सकी।
- यद्यपि पंजाब में लीग सबसे बड़ा दल था, परन्तु हिन्दू, सिख और यूनियनिस्ट पार्टी ने मलिक हयात खाँ के नेतृत्व में मिला-जुला मन्त्रिमण्डल बनाया। असम, उत्तर-पश्चिमी सीमा प्रान्त, बम्बई, मद्रास, मध्य प्रान्त, उड़ीसा, बिहार एवं उत्तर प्रदेश में कांग्रेस मन्त्रिमण्डल बनाए गए।

शाही नौसेना विद्रोह (1946 ई.)

- 19 फरवरी, 1946 को 'तलवार' नामक जहाज के कर्मचारियों द्वारा ब्रिटिश सरकार के समक्ष खराब खाना मिलने की शिकायत से शाही नौसेना के विद्रोह का प्रारम्भ हुआ। जहाज के लगभग 1100 कर्मचारियों ने खराब भोजन एवं जातीय भेदभाव के विरोध में हड़ताल कर दी। एक नाविक

बी.सी. दल ने तलवार जहाज की दीवारों पर 'भारत छोड़ो' लिख दिया। अत: उसे गिरफ्तार कर लिया गया।

- सरदार वल्लभ भाई पटेल और मुहमद अली जिन्ना के बीच में पड़ने पर 25 फरवरी, 1946 को विद्रोहियों ने आत्मसमर्पण कर दिया। उक्त अवसर पर उन्होंने कहा कि हम ब्रिटेन के समक्ष नहीं, बल्कि भारतीयों के समक्ष आत्मसमर्पण कर रहे हैं।

कैबिनेट मिशन (मार्च, 1946)

- द्वितीय विश्व युद्ध के बाद इंगलैण्ड में हुए चुनावों में लेबर पार्टी की विजय हुई एवं 'एटली' ब्रिटेन के नए प्रधानमन्त्री बने।
- 24 मार्च, 1946 को कैबिनेट मिशन दिल्ली आया। इस मिशन के सदस्य थे स्टेफोर्ड क्रिप्स, पैथिक लॉरेंस (भारत सचिव) और ए.वी. अलेक्जेण्डर। कैबिनेट मिशन ने किसी भी रूप में मुस्लिम लीग की पाकिस्तान की माँग को अस्वीकार कर भारत के नए संविधान के मूल रूप के विषय में निम्नलिखित सिफारिशें कीं
  (i) भारत में एक संघ की स्थापना की जाए, जिसमें ब्रिटिश भारत तथा देशी राज्य सम्मिलत होंगे। यह संघ तीनों विषयों-विदेश, रक्षा तथा संचार विभाग से ताल्लुक रखेगा।
  (ii) संघीय विषयों के अतिरिक्त सभी विषय एवं अवशिष्ट शक्तियाँ प्रान्तों में निहित हों।
  (iii) संविधान निर्मात्री सभा का गठन अप्रत्यक्ष निर्वाचन द्वारा किया जाएगा।
  (iv) प्रत्येक प्रान्त दस लाख की जनसंख्या पर एक प्रतिनिधि भेजेगा, यद्यपि साम्प्रदायिक प्रतिनिधित्व भी जारी रहेगा।
  (v) संविधान निर्माण के दौरान देश का प्रशासन चलाने के लिए बड़े राजनैतिक दलों के समर्थन से एक अन्तरिम सरकार बनाई जानी चाहिए।
- प्रस्तावित संविधान सभा में ब्रिटिश भारत के 242 और देशी राज्यों के 93 सदस्य होने थे। इसके लिए प्रान्तों को तीन समूहों में बाँटा गया वर्ग A—मद्रास, बम्बई, संयुक्त प्रान्त, बिहार, केन्द्रीय प्रान्त तथा असम।
  वर्ग B—पंजाब, उत्तर-पश्चिमी सीमा प्रान्त तथा सिन्ध
  वर्ग C—बंगाल और असम।
- **संविधान सभा का गठन** जुलाई, 1946 में संविधान सभा के सदस्यों का निर्वाचन हुआ। इसमें कांग्रेस ने 210 में से 199 स्थान प्राप्त किए तथा मुस्लिम लीग ने 78 में से 73 स्थान प्राप्त किए। अपनी अल्पसंख्यक स्थिति को देखते हुए मुस्लिम लीग ने संविधान सभा का बहिष्कार कर दिया। 9 दिसम्बर, 1946 को संविधान सभा की बैठक दिल्ली में हुई, जिसमें सच्चिदानन्द सिन्हा को अस्थाई अध्यक्ष तथा बाद में डॉ. राजेन्द्र प्रसाद को इसका स्थाई अध्यक्ष चुना गया।
- **प्रधानमन्त्री एटली की घोषणा** (20 फरवरी, 1947) 20 फरवरी, 1947 को ब्रिटिश प्रधानमन्त्री एटली ने 'हाउस ऑफ कॉमन्स' में यह घोषणा की कि ब्रिटिश सरकार जून, 1948 तक सत्ता भारतीयों के हाथों में सौंप देगी। साथ ही यह भी घोषित किया गया कि लॉर्ड वेवेल के स्थान पर लॉर्ड माउण्टबेटन भारत के वायसराय (अन्तिम) होंगे, जो भारतीय हाथों में सत्ता हस्तान्तरण के उत्तरदायित्वों का निर्वाह करेंगे।

माउण्टबेटन योजना (3 जून, 1947)

- 22 मार्च, 1947 को लॉर्ड माउण्टबेटन 34वें और अन्तिम गवर्नर जनरल के रूप में भारत आए।
- माउण्टबेटन ने अपनी विभाजन तथा स्वतन्त्रता की योजना प्रस्तुत की, जिसे '3 जून की योजना' भी कहा जाता है। इस योजना के प्रमुख प्रावधान निम्न थे
  (i) भारत के राजनीतिक संकट का एकमात्र समाधान 'विभाजन' है और पाकिस्तान की स्थापना को स्वीकार कर लिया गया।
  (ii) पश्चिमोत्तर सीमा प्रान्त, असम के सिलहट तथा सिन्ध में जनमत संग्रह का प्रस्ताव रखा गया।
  (iii) बंगाल, पंजाब तथा असम (असोम) द्वारा विभाजन का समर्थन किया गया और भारत एवं पाकिस्तान की सीमा के निर्धारण के लिए कमीशन नियुक्ति होगी।
  (iv) देशी रियासतों को भारत या पाकिस्तान में अपनी इच्छानुसार शामिल होने की छूट होगी।
  (v) भारत और पाकिस्तान को राष्ट्रमण्डल की सदस्यता से त्याग का अधिकार होगा।
- इस योजना को पहले कांग्रेस ने तथा बाद में लीग ने भी स्वीकार कर लिया।

राष्ट्रीय आन्दोलन में महात्मा गाँधी का योगदान

मोहनदास करमचन्द गाँधी का जन्म 2 अक्टूबर, 1869 को हुआ। 1888 ई. में वे इंगलैण्ड गए और 1891 ई. में कानून की डिग्री लेकर भारत लौटे। 1893 ई. में एक गुजराती व्यापारी दादा अब्दुल्ला का मुकदमा लड़ने दक्षिण अफ्रीका गए। दक्षिण अफ्रीका में नस्लीय भेदभाव के शिकार हुए। डरबन से प्रिटोरिया रवाना होते वक्त उन्हें अपमानित किया गया।

इसके पश्चात् दक्षिण अफ्रीका में जातीय भेदभाव के विरुद्ध अपने उस संघर्ष को आरम्भ किया जो 20 वर्ष (1894-1914 ई.) तक चलता रहा। गाँधीजी ने इसके अन्तर्गत दक्षिण अफ्रीका तथा इंगलैण्ड में सरकारों को ज्ञापन और याचिकाएँ भेजी। भारतीयों को संगठित करने का प्रयास किया। इन्होंने नटाल भारतीय कांग्रेस तथा इण्डियन ओपीनियन नामक समाचार पत्र-प्रकाशित किया।

1906 ई. में भारतीयों के पंजीकरण हेतु बनाए गए कानून के विरोध में गाँधीजी ने आन्दोलनात्मक कार्यवाही करने का निश्चय किया। उन्होंने इसे सत्याग्रह नाम दिया।

उन्होंने कालेनवाख के साथ मिलकर टालस्टाय फार्म की स्थापना की। इसका उद्देश्य दक्षिण अफ्रीका में रह रहे भारतीयों को रोजगार उपलब्ध करवाना था। बाद में यही फार्म गाँधी आश्रम बना।

1915 ई. में गाँधीजी भारत लौटे तथा मई, 1915 में साबरमती के तट पर उन्होंने अपना आश्रम स्थापित किया। जून, 1915 में गाँधी जी को ब्रिटिश सरकार के द्वारा केसर-ए-हिन्द की उपाधि से विभूषित किया। 1917 में गाँधी जी ने चम्पारण में किसानों के संघर्ष को सफल नेतृत्व दिया। फरवरी, 1918 में अहमदाबाद मील मजदूरों के लिए संघर्ष किया।

उन्होंने अहमदाबाद टैक्सटाइल लेबर एसोसिएशन की स्थापना की। रोलैट एक्ट, खिलाफत आन्दोलन तथा जलियाँवाला बाग हत्याकाण्ड ने गाँधीजी को सरकार विरोधी बना दिया।

असहयोग आन्दोलन, सविनय अवज्ञा आन्दोलन एवं भारत छोड़ो आन्दोलन में महत्त्वपूर्ण भूमिका निभाई। 30 जनवरी, 1948 में नाथूराम गोडसे ने गोली मारकर इनकी हत्या कर दी। रवीन्द्रनाथ टैगोर ने इन्हें 'महात्मा' तथा सुभाष चन्द्र बोस ने 'राष्ट्रपिता' की उपाधि दी थी।

भारत के प्रमुख गवर्नर जनरल एवं वायसराय

वारेन हेस्टिंग्स (1773-85 ई.)

- वारेन हेस्टिंग्स 1772 ई. में बंगाल का गवर्नर बना तथा 1773 ई. के रेग्युलेटिंग एक्ट के पास हो जाने पर वह बंगाल का गवर्नर जनरल बन गया।
- 'कोर्ट ऑफ डाइरेक्टर्स' के निर्देश पर उसने बंगाल से द्वैध शासन को समाप्त कर दिया और स्वयं प्रमुख बन गया
- सरकारी कोष को मुर्शिदाबाद से कलकत्ता स्थानान्तरित कर दिया गया
- बनारस के राजा चैत तथा अवध की बेगमों के साथ धन के लिए दुर्व्यवहार किया गया।
- प्रथम मराठा युद्ध और 1782 ई. में सलबाई की सन्धि हुई।
- द्वितीय आँग्ल-मैसूर युद्ध (1780-84 ई.) तथा मंगलौर की सन्धि।
- 1784 ई. का पिट्स इण्डिया एक्ट पास हुआ।
- 1784 ई. में सर विलियम जोन्स एवं हेस्टिंग्स द्वारा 'एशियाटिक सोसायटी ऑफ बंगाल' की स्थापना की गई।

लॉर्ड कॉर्नवालिस (1786-93 ई.)

- 1786 ई. में पिट्स इण्डिया एक्ट, 1784 ई. के तहत लॉर्ड कॉर्नवालिस को शान्ति स्थापना तथा शासन के पुनर्गठन के लिए गवर्नर जनरल बनाकर भेजा गया।
- 1790-92 ई. में तृतीय मैसूर युद्ध एवं 1792 ई. में श्रीरंगपट्टनम् की सन्धि हुई।
- 1793 ई. में बंगाल, बिहार और उड़ीसा में स्थायी भू-राजस्व व्यवस्था तथा जमींदारी प्रथा की शुरूआत हुई।
- न्यायिक सुधार, कार्यपालिका को न्यायपालिका से अलग करना, सिविल सर्विस की शुरूआत, भ्रष्टाचार की रोकथाम आदि अन्य महत्त्वपूर्ण कार्य थे।

लॉर्ड वेलेजली (1798-1805 ई.)

- **सहायक सन्धि की शुरूआत** (1798 ई.) इस नीति के अनुसार किसी सहयोगी भारतीय राज्य के शासक को अपने राज्य में ब्रिटिश सेना रखनी पड़ती थी तथा उसके खर्चे के लिए धन भी देना पड़ता था। इसके साथ-साथ एक अंग्रेज रेजिडेण्ट भी अपने दरबार में रखना पड़ता था, हालाँकि यह राज्य के अन्दरूनी मामलों में दखल नहीं देता था।
- चौथा मैसूर युद्ध (1799 ई.) हुआ और मैसूर के कई भागों पर अंग्रेजों का कब्जा हो गया।
- पेशवा ने 1802 ई. में अंग्रेजों में बसीन की सहायक सन्धि की और द्वितीय मराठा युद्ध (1803-05 ई.) हुआ।
- तंजौर एवं कर्नाटक राज्यों पर कब्जा करने के बाद मद्रास प्रान्त की स्थापना हुई।

लॉर्ड मिण्टो प्रथम (1807-13 ई.)

- लॉर्ड मिण्टो से पहले जॉर्ज बारलो दो वर्ष (1805-07 ई.) के लिए गवर्नर जनरल बना, जिसके समय में वैल्लौर का विद्रोह हुआ था। रणजीत सिंह के साथ अमृतसर की सन्धि (1809 ई.) हुई।
- 1813 ई. का चार्टर एक्ट पारित हुआ।

लॉर्ड हेस्टिंग्स (1813-23 ई.)

- नेपाल के साथ युद्ध (गोरखा युद्ध) 1814-16 ई. में हुआ। इस युद्ध में विजय के कारण लॉर्ड 'हेस्टिंग्स मारक्विज ऑफ हेस्टिंग्स' कहलाने लगा।
- तृतीय मराठा युद्ध (1817-18 ई.) हुआ, पेशवा की पदवी समाप्त कर दी गई तथा बम्बई प्रान्त बनाया गया (1818 ई.)।
- **पिण्डारी युद्ध** (1817-18 ई.) पिण्डारी लूट-मार करते थे तथा पेशवा बाजीराव प्रथम के समय अवैतनिक रूप में मराठों की ओर से लड़ते थे और लूट में हिस्सा पाते थे।
- पिण्डारियों के चार नेता थे चीतू, वासिल मुहम्मद, करीम खाँ और अमी खाँ। हेस्टिंग्स इनके साथ-साथ मराठा सरदार सिन्धिया का भी दमन करना चाहता था।
- 1817-18 ई. में पिण्डारियों का पूर्णत: दमन कर दिया गया तथा एकमात्र जीवित नेता करीम खाँ को गोरखपुर में एक जागीर दी गई।
- गवर्नर थॉमस मुनरो द्वारा 1820 ई. में मद्रास प्रान्त में रैयतवाड़ी व्यवस्था लागू की गई।

लॉर्ड एमहर्स्ट (1823-28 ई.)

- प्रथम आँग्ल-बर्मा युद्ध (1824-26 ई.) हुआ तथा 1826 ई. में यादवों की सन्धि हुई।
- 1824 ई. में बैरकपुर में सैनिक विद्रोह हुआ।

लॉर्ड विलियम बैण्टिंक (1828-35 ई.)

- भारत का प्रथम गवर्नर जनरल बना। उन्होंने सती प्रथा पर रोक लगाई (1829 ई.) तथा ठगी प्रथा का दमन किया (1829-35 ई.)।
- 'मैकाले मिनट' के माध्यम से भारत में अंग्रेजी शिक्षा की शुरूआत हुई (1835 ई.)। इन्हीं के समय में 1833 ई. का चार्टर एक्ट पास हुआ।
- 1835 ई. में लॉर्ड बैण्टिंक ने कलकत्ता में 'कलकत्ता मेडिकल कॉलेज' की स्थापना की। इन्होंने भारतीय रियासतों के प्रति तटस्थ बने रहने की नीति का पालन किया।
- कॉर्नवालिस द्वारा स्थापित प्रान्तीय अपीलीय कोर्टों एवं सर्किट कोर्टों को समाप्त कर उनके स्थान पर कमिश्नरों की नियुक्ति की।

लॉर्ड ऑकलैण्ड (1836-42 ई.)

- प्रथम अफगान युद्ध (1836-42 ई.) में अंग्रजों को भारी क्षति हुई। अत: ऑकलैण्ड को वापस बुला लिया गया।
- 1839 ई. में ऑकलैण्ड ने कलकत्ता से दिल्ली तक ग्राण्ड ट्रंक रोड का निर्माण शुरू करवाया।

लॉर्ड एलनबरो (1842-44 ई.)

- प्रथम अफगान युद्ध की समाप्ति (1842 ई.)
- सिन्ध को ब्रिटिश साम्राज्य में मिला लिया गया (1843 ई.)।

लॉर्ड हार्डिंग (1844-48 ई.)

- प्रथम सिख युद्ध (1845-48 ई.) लड़ा गया तथा अंग्रेजों के पक्ष में लाहौर की सन्धि हुई (1846 ई.)।
- कन्या शिशु हत्या पर रोक। गौड एवं मध्य भारत में मानव बलि प्रथा का दमन किया गया।

लॉर्ड डलहौजी (1848-56 ई.)

- द्वितीय सिख युद्ध (1848-49) तथा पंजाब पर अंग्रेजों का अधिकार हो गया। 1853 ई. का चार्टर एक्ट पारित हुआ।
- डलहौजी ने साम्राज्य विस्तार की नीति अपनाई, जिसके लिए उसने 'व्यपगत सिद्धान्त' का उपयोग किया।
- **व्यपगत का सिद्धान्त** इस सिद्धान्त के अनुसार किसी सुरक्षा प्राप्त राज्य का शासक अगर किसी स्वाभाविक उत्तराधिकारी के बगैर मर जाता था, तो उसका राज्य उसके दत्तक उत्तराधिकारी को नहीं सौंपा जाएगा। अगर उत्तराधिकारी को गोद लेने की सहमति कम्पनी से प्राप्त नहीं होगी, तो वह राज्य अंग्रेजी साम्राज्य में मिला लिया जाएगा।
- शिक्षा में सुधार लाने के लिए 1854 ई. में वुड डिस्पैच लागू किया, ताकि जनसमुदाय को शिक्षित किया जाए।
- रेलवे (बम्बई से थाणे के बीच प्रथम रेल), टेलीग्राफ (कलकत्ता से आगरा के बीच प्रथम लाइन) और 1853 ई. में डाक व्यवस्था की शुरूआत की।
- 1856 ई. में विधवा पुनर्विवाह विधेयक लाया गया।

लॉर्ड कैनिंग (1856-62)

- तीन विश्वविद्यालयों (कलकत्ता, मद्रास और बम्बई) की स्थापना 1857 ई. में की गई।
- 1857 ई. का विद्रोह हुआ। 1858 ई. का 'इण्डिया एक्ट' पारित हुआ तथा रानी विक्टोरिया की घोषणा जारी की गई।
- 1859 ई. में यूरोपीय सैनिकों ने हाइट म्यूटिनी की।
- 1861 ई. में भारतीय परिषद् अधिनियम पारित हुआ।

लॉर्ड एल्गिन प्रथम (1862 ई.)

- इसने बहावी आन्दोलन का दमन किया।
- 1863 ई. में अचानक उसकी मृत्यु हो गई।

लॉर्ड जॉन लॉरेंस (1864-69 ई.)

- 1865 ई. में कलकत्ता, बम्बई, मद्रास में उच्च न्यायालयों (हाई कोर्टों) की स्थापना की गई।
- उड़ीसा, बुन्देलखण्ड, राजपूताना में भीषण अकाल पड़ने के कारण 'चेम्बवेल हेनरी' के नेतृत्व में एक अकाल आयोग का गठन किया गया।
- उसके द्वारा 1865 ई. में भारत एवं यूरोप के बीच प्रथम समुद्री टेलीग्राफ सेवा शुरू की गई।

लॉर्ड मेयो (1869-72 ई.)

- भारतीय राजकुमारों की शिक्षा एवं राजनैतिक प्रशिक्षण के लिए दो कॉलेजों की स्थापना की। इसमें से प्रथम काठियावाड़ में राजकोट कॉलेज और दूसरा राजस्थान के अजमेर शहर में मेयो कॉलेज है।
- वित्तीय विकेन्द्रीकरण नीति की शुरूआत की।
- भारत में सांख्यिकीय सर्वेक्षण का गठन किया गया।
- कृषि एवं वाणिज्य विभाग की स्थापना की ।
- 1872 ई. में एक अफगान कैदी ने अण्डमान में उसकी हत्या कर दी। मेयो प्रथम भारतीय गवर्नर जनरल था, जिसकी हत्या उसके ऑफिस में की गई।

लॉर्ड नार्थब्रुक (1872-76 ई.)

- इसके समय में प्रिंस ऑफ वेल्स (एडवर्ड III) भारत आए थे।
- इस समय स्वेज नहर के खुल जाने के कारण ब्रिटेन और भारत के बीच व्यापार में वृद्धि हुई।
- अफगानिस्तान में अंग्रेज रेजिडेण्ट रखने के विरोध में उसने त्याग-पत्र दे दिया।

लॉर्ड लिटन (1876-80 ई.)

- 1 जनवरी, 1877 को ब्रिटेन की महारानी विक्टोरिया को 'कैसर-ए-हिन्द' की उपाधि से सम्मानित करने के लिए दिल्ली दरबार का आयोजन किया गया।
- 1878 ई. का वर्नाक्युलर प्रेस एक्ट तथा आर्म्स एक्ट पारित हुआ।
- सिविल सेवा प्रवेश परीक्षा की अधिकतम आयु को 21 वर्ष से घटाकर 19 वर्ष कर दिया गया।
- द्वितीय अफगान युद्ध (1878-80 ई.) हुआ।
- सर रिचर्ड स्ट्रैची की अध्यक्षता में एक अकाल आयोग की स्थापना की गई।

लॉर्ड रिपन (1880-84 ई.)

- 1881 ई. में प्रथम फैक्ट्री विधेयक लाया गया।
- 1881 ई. में भारत में सर्वप्रथम जनगणना करवायी गई, जो 254 मिलियन आंकी गई। तब से लेकर अब तक प्रत्येक दस वर्ष के अन्तराल पर जनगणना की जाती है।
- 1882 ई. में वर्नाक्युलर प्रेस एक्ट को रद्द कर दिया।
- 1882 ई. में स्थानीय स्वशासित सरकार की शुरूआत हुई।
- 1882 ई. में शिक्षा में सुधार के लिए सर विलियम हण्टर के अधीन एक शैक्षिक आयोग का गठन किया गया।
- इल्बर्ट बिल विवाद (1883 ई.) तथा 'श्वेत विद्रोह' हुआ।
- केन्द्रीय वित्त का 1882 ई. में विभाजन किया गया।
- 1883 ई. में 'फेमिन कोड' आया।

लॉर्ड डफरिन (1884-88 ई.)

- तृतीय आँग्ल-बर्मा युद्ध (1885-86 ई.) हुआ जिसमें बर्मा की पराजय हुई।
- ए.ओ. ह्यूम ने 'भारतीय राष्ट्रीय कांग्रेस' की स्थापना की (उस समय लॉर्ड क्रॉस भारत के मन्त्री थे)।

लॉर्ड लैन्सडाउन (1888-94 ई.)

- 1891 ई. में दूसरा फैक्ट्री विधेयक लाया गया।
- 1892 ई. में भारतीय परिषद् विधेयक लाया गया।,
- ब्रिटिश भारत एवं अफगानिस्तान के बीच (अभी पाकिस्तान एवं अफगानिस्तान के बीच) सीमा निर्धारित करने के लिए सर डूरण्ड के नेतृत्व में एक कमीशन अफगानिस्तान भेजा गया, जिसने 'डूरण्ड रेखा' सुनिश्चित की।

लॉर्ड एल्गिन द्वितीय (1894-99 ई.)

1897 ई. में पूना में चापेकर भाइयों ने दो ब्रिटिश अधिकारियों की हत्या कर दी।

लॉर्ड कर्जन (1899-1905 ई.)

- 1899-1900 ई. में पड़े अकालों का विश्लेषण करने के लिए सर एण्टनी मैकडॉनल की अध्यक्षता में एक 'अकाल आयोग' की नियुक्ति की गई।
- सर थॉमस रैले के अधीन 1902 ई. में विश्वविद्यालयों में आवश्यक सुधार लाने हेतु सुझाव देने के लिए एक आयोग का गठन किया गया। इसकी सिफारिशों के आधार पर 1904 ई. में 'भारतीय विश्वविद्यालय विधेयक' पास किया गया।
- 1904 ई. में प्राचीन स्मारक संरक्षण विधेयक लाया गया।
- पूसा (मुजफ्फरपुर) में कृषि अनुसन्धान संस्थान की स्थापना की गई।
- भारत में सर्वाधिक रेलवे लाइनें कर्जन के समय में ही बिछाई गईं।
- 1905 ई. में 'बंगाल का विभाजन' किया गया।

लॉर्ड मिण्टो द्वितीय (1905-1910 ई.)

- 1905 ई. के बंगाल विभाजन के विरोधी थे। इसके समय स्वदेशी एवं बहिष्कार आन्दोलन चला।
- सूरत अधिवेशन में कांग्रेस का विभाजन हो गया (1907 ई.)
- आगा खाँ के नेतृत्व में 1906 ई. में ढाका में मुस्लिम लीग की स्थापना हुई।

लॉर्ड हार्डिंग द्वितीय (1910-1916 ई.)

- बंगाल का विभाजन 1911 ई. में रद्द कर दिया गया।
- राजकीय राजधानी को 1911 ई. में कलकत्ता से दिल्ली में स्थानान्तरित किया गया।
- ब्रिटेन के राजा जॉर्ज पंचम एवं रानी मेरी के स्वागत में दिसम्बर, 1911 में दिल्ली में अभिषेक दरबार का आयोजन किया गया।
- 1912 ई. में दिल्ली में प्रवेश करते समय इन पर बम फेंका गया। जिससे वे घायल हो गए थे।
- मदन मोहन मालवीय एवं कुछ पंजाबी नेताओं द्वारा 1915 ई. में हिन्दू महासभा की स्थापना हुई।
- 1916 ई. में इनको 'बनारस हिन्दू विश्वविद्यालय' का कुलाधिपति बनाया गया।
- लॉर्ड चेम्सफ़ोर्ड (1916-21 ई.)
- दो होमरूल लीगों की स्थापना हुई, पहली तिलक द्वारा अप्रैल, 1916 में एवं दूसरी श्रीमती एनी बेसेण्ट द्वारा सितम्बर, 1916 में।
- 1916 ई. में पूना में डॉ. कर्वे द्वारा महिला विश्वविद्यालय की स्थापना की गई।
- 1917 ई. में शिक्षा पर सैडलर आयोग की नियुक्ति की गई।
- 1919 ई. का रौलेट एक्ट पारित हुआ, प्रसिद्ध जलियाँवाला बाग हत्याकाण्ड हुआ, माण्टेग्यू चेम्सफोर्ड सुधार आया।

लॉर्ड रीडिंग (1921-26 ई.)

- 1922 ई. में चौरी-चौरा की घटना के कारण असहयोग आन्दोलन की समाप्ति हुई।
- दिसम्बर, 1922 देशबन्धु सी.आर. दास और मोतीलाल नेहरू द्वारा स्वराज्य पार्टी का गठन किया गया।
- 1925 ई. में एम.एन. राय द्वारा भारतीय कम्युनिस्ट पार्टी की स्थापना की गई।
- 1921 ई. केरल के तट पर मोपला विद्रोह हुआ।
- भारतीय नौसेना के अधिकारी वर्ग का भारतीयकरण शुरू हुआ।

लॉर्ड इरविन (1926-31 ई.)

- 1927 ई. में साइमन कमीशन की नियुक्ति हुई, जिसका कांग्रेस ने बहिष्कार किया।
- भारतीय राज्यों एवं केन्द्रीय सरकार के बीच अच्छे सम्बन्ध स्थापित करने के लिए 1927 ई. में हरकोर्ट बटलर के नेतृत्व में 'इण्डियन कमीशन' की नियुक्ति की गई और दिसम्बर, 1927 में अखिल भारतीय राजकीय जनता सम्मेलन का आयोजन किया गया।

लॉर्ड वेलिंग्डन (1931-36 ई.)

- गाँधी जी दूसरे गोलमेज सम्मेलन में भाग लेने लन्दन गए (1931 ई.), किन्तु खाली हाथ वापस आने पर आन्दोलन पुनः शुरू किया और 1934 ई. में आन्दोलन को पूर्णतः समाप्त घाषित किया गया।

लॉर्ड लिनलिथगो (1936-1944 ई.)

- 1 सितम्बर, 1939 को द्वितीय विश्वयुद्ध का प्रारम्भ इसी के समय में हुआ।
- इसके समय में पहली बार चुनाव कराए गए। चुनाव के परिणाम राष्ट्रीय कांग्रेस के पक्ष में रहे कांग्रेस ने 11 में से 8 प्रान्तों में अपनी सरकार बनाई।
- अप्रैल, 1939 में सुभाष चन्द्र बोस ने फॉरवर्ड ब्लॉक नामक एक नई पार्टी का गठन किया तथा लिनलिथगो के समय में ही पहली बार 1940 ई. में पाकिस्तान की माँग की गई।
- 8 अगस्त, 1940 को प्रसिद्ध **अगस्त प्रस्ताव** ब्रिटिश संसद द्वारा पारित किया गया। 1942 ई. में **क्रिप्स मिशन** भारत आया।
- 9 अगस्त, 1942 को **भारत छोड़ो आन्दोलन** आरम्भ हुआ। 1943 ई. में बंगाल में भयंकर अकाल पड़ा। तथा मुस्लिम लीग का कराची अधिवेशन हुआ।

लॉर्ड वेवेल (1944-1947 ई.)

- वेवेल के समय में 1945 ई. में शिमला समझौता हुआ। इस समझौते में कांग्रेस तथा मुस्लिम लीग के प्रतिनिधियों ने भाग लिया। कैबिनेट मिशन 1946 ई. में भारत आया इस मिशन के सदस्य थे— स्टेफोर्ड क्रिप्स, पैथिक लारेंस, ए.वी. एलेक्जेंडर।

- तत्कालीन ब्रिटिश प्रधानमन्त्री **क्लीमेण्ट एटली** ने भारत को जून, 1948 के पहले स्वतन्त्र करने की घोषणा की।
- 1946 ई. में नौसेना विद्रोह तथा संविधान सभा का चुनाव व प्रथम अन्तरिम सरकार का गठन हुआ।

लॉर्ड माउण्टबेटन (मार्च, 1947 से जून, 1948)

- ब्रिटिश भारत का अन्तिम वायसराय तथा स्वतन्त्र भारत का प्रथम गवर्नर-जनरल जिसने 3 जून, 1947 को भारत विभाजन की घोषणा की।
- भारतीय स्वतन्त्रता विधेयक ब्रिटिश संसद में 4 जुलाई, 1947 में प्रधानमन्त्री एटली द्वारा प्रस्तुत किया गया।
- पंजाब एवं बंगाल के विभाजन हेतु रेडक्लिफ आयोग का गठन इसी समय हुआ।
- 14 अगस्त 1947 को पाकिस्तान तथा 15 अगस्त 1947 को भारत स्वतंत्र राष्ट्र बना।

चक्रवर्तीराजगोपालाचारी (1948-1950 ई.)

- लॉर्ड माउण्टबेटन की वापसी के बाद 21 जून, 1948 को चक्रवर्ती राजगोपालाचारी भारत के गवर्नर-जनरल बनाए गए। वे स्वतन्त्र भारत के प्रथम भारतीय व अन्तिम गवर्नर-जनरल थे।
- 26 जनवरी, 1950 को भारतीय संविधान लागू होने के बाद गवर्नर-जनरल का पद समाप्त हो गया तथा संवैधानिक प्रमुख के रूप में राष्ट्रपति की नियुक्ति संविधान सभा (तत्कालीन संसद) द्वारा की गई।

भारत में संवैधानिक विकास

1773 ई. का रेग्युलेटिंग एक्ट

- कम्पनी ने ब्रिटिश सरकार से 10 लाख पौण्ड का कर्ज माँगा, जिसके लिए सरकार ने 1773 ई. का रेग्युलेटिंग एक्ट पारित किया।
- कम्पनी के डायरेक्टरों को कम्पनी के असैनिक, सैनिक और राजस्व सम्बन्धी कागज-पत्र ब्रिटिश सरकार के सामने रखने को कहा गया।
- बंगाल के (फोर्ट विलियम) गवर्नर को कम्पनी के सम्पूर्ण भारतीय क्षेत्र का प्रथम गवर्नर जनरल बनाया गया । वारेन हेस्टिंग्स बंगाल का प्रथम गवर्नर जनरल बना।
- कलकत्ता में 1774 ई. में सर्वोच्च न्यायालय की स्थापना हुई। सर एलीजा इम्पे पहले चीफ जस्टिस बने। इसे बाद में हटा दिया गया।

1781 ई. का संशोधनात्मक अधिनियम

- इस अधिनियम द्वारा उच्चतम न्यायालय के अधिकार क्षेत्र को स्पष्ट किया गया।
- उच्चतम न्यायालय को अपनी आज्ञाओं को लागू करते समय भारतीयों के धार्मिक व सामाजिक रीति-रिवाजों का ध्यान रखना चाहिए।

1784 ई. का पिट्स इण्डिया एक्ट

- कम्पनी के व्यापार को अछूता छोड़ दिया गया, परन्तु सभी असैनिक, सैनिक तथा राजस्व सम्बन्धी मामलों के लिए एक 'नियन्त्रण बोर्ड' का गठन किया गया।
- बम्बई तथा मद्रास प्रेसीडेन्सी को बंगाल के गवर्नर जनरल और उसकी परिषद् के अधीन कर दिया गया।
- गवर्नर जनरल की शक्ति और कार्यक्षमता बढ़ाने के लिए इसकी परिषद् के सदस्यों की संख्या चार से तीन कर दी गई।

1786 ई. का अधिनियम

- इस अधिनियम के द्वारा गवर्नर जनरल एवं मुख्य सेनापति का पद एक कर दिया गया।
- गवर्नर जनरल को विशेष परिस्थितियों में अपनी परिषद् के निर्णयों को रद्द करने तथा अपने निर्णय लागू करने का अधिकार दिया गया।
- इस अधिनियम के तहत सर्वप्रथम कॉर्नवालिस को नियुक्त किया गया।

1793 ई. का चार्टर एक्ट

- चार्टर एक्ट द्वारा कम्पनी के व्यापारिक अधिकारों को 20 वर्ष के लिए और बढ़ा दिया गया।
- गवर्नर जनरल को अपनी परिषद् के सदस्यों के निर्णय को रद्द करने का अधिकार दिया गया। गवर्नर जनरल एवं सभी सदस्यों को भारतीय कोष से वेतन मिलना तय किया गया।

1813 ई. का चार्टर एक्ट

- 1813 ई. के चार्टर एक्ट द्वारा कम्पनी के व्यापारिक एकाधिकार को समाप्त कर दिया गया तथा सभी ब्रिटिश नागरिकों को भारत के साथ व्यापार करने की छूट दी गई।
- चाय और चीनी के साथ व्यापार पर कम्पनी का विशेषाधिकार बना रहा।
- शिक्षा के विकास के लिए प्रतिवर्ष एक लाख रुपये व्यय करने का प्रावधान किया गया।
- कम्पनी के सैनिक और असैनिक कर्मचारियों के प्रशिक्षण की व्यवस्था की गई। सैन्य प्रशिक्षण के लिए हेलवरी कॉलेज तथा एडिस्कॉम्ब स्कूल की व्यवस्था की गई।
- इस अधिनियम द्वारा ईसाई धर्म प्रचारकों को भारत आने तथा ईसाई धर्म प्रचार की सुविधा प्रदान की गई।

1833 ई. का चार्टर एक्ट

- कम्पनी को अगले 20 वर्ष के लिए भारतीय प्रदेशों पर शासन करने का अधिकार दिया गया।
- कम्पनी द्वारा चीन के साथ व्यापार और चाय के व्यापार का एकाधिकार समाप्त कर निःशुल्क व्यापार को भारत में लागू किया गया।
- बंगाल (फोर्ट विलियिम) के गवर्नर जनरल का भारत के गवर्नर जनरल के रूप में पुनः नामकरण किया गया। भारत का प्रथम गवर्नर जनरल लॉर्ड विलियम बैण्टिक था।
- गवर्नर जनरल की परिषद् में एक कानूनी सदस्य की नियुक्ति का प्रावधान किया गया। प्रथम विधि सदस्य लॉर्ड मैकाले बना।
- विधायी विकेन्द्रीकरण को समाप्त किया गया। सम्पूर्ण ब्रिटिश प्रान्त के लिए कानून बनाने का अधिकार गवर्नर जनरल एवं उसकी परिषद् को दिया गया। शक्ति अभी भी गवर्नर के हाथों में थी।

1853 ई. का चार्टर एक्ट

- 1853 ई. के चार्टर एक्ट द्वारा कम्पनी को भारतीय प्रदेशों पर अधिकार बनाए रखने की अनुमति मिली, किन्तु इसके लिए समय सीमा सुनिश्चित नहीं की गई।

1858 ई. का गवर्नमेण्ट ऑफ इण्डिया एक्ट

- कम्पनी का शासन समाप्त हो गया एवं ब्रिटिश क्राउन द्वारा शासन की बागडोर संभाल ली गई।
- भारत सचिव की सहायता के लिए इंग्लैण्ड में एक 15 सदस्यीय 'भारत परिषद्' की स्थापना की गई।
- भारत का गवर्नर जनरल वायसराय भी बन गया। लॉर्ड कैनिंग भारत का प्रथम वायसराय बना।

1861 ई. का इण्डियन कौन्सिल एक्ट

- वायसराय की कार्यकारिणी में एक पाँचवाँ सदस्य विधिवेत्ता के रूप में शामिल किया गया। इसके बाद से यह 'राजकीय विधायी परिषद्' के नाम से जाना जाने लगा।
- बम्बई तथा मद्रास प्रान्तों को अपने लिए कानून बनाने तथा उसमें संशोधन करने का अधिकार दिया गया, परन्तु इस पर वायसराय की स्वीकृति आवश्यक थी।

अंग्रेजी शासनकाल में स्थापित प्रमुख राजनीतिक *एवं* राष्ट्रवादी संस्थाएँ

संस्था	संस्थापक	वर्ष	स्थान
लैण्ड होल्डर्स सोसायटी	द्वारिका नाथ टैगोर	1838	कलकत्ता
ब्रिटिश इण्डियन सोसायटी	विलियम एडम	1839	लन्दन
ब्रिटिश इण्डियन एसोसिएशन	देवेन्द्र नाथ टैगोर	1851	कलकत्ता
लन्दन इण्डिया कमेटी	सी. पुरुषोत्तम मुदलियार	1862	लन्दन
इण्डियन सोसायटी	आनन्द मोहन बोस	1872	लन्दन
इण्डियन एसोसिएशन	आनन्द मोहन बोस, एस.एन बनर्जी	1876	कलकत्ता
मद्रास महाजन सभा	वी. राघवाचारी, एस. अय्यर	1884	मद्रास
बम्बई प्रेसीडेन्सी एसोसिएशन	फिरोजशाह मेहता, के.टी. तैलंग	1885	बम्बई
भारतीय राष्ट्रीय कांग्रेस	ए.ओ. ह्यूम	1885	बम्बई
यूनाइटेड इण्डियन पैट्रियाटिक एसोसिएशन	सर सय्यैद अहमद खाँ	1888	अलीगढ़
सर्वेन्ट्स ऑफ इण्डिया सोसायटी	गोपालकृष्ण गोखले	1905	बम्बई
होमरूल लीग	ऐनी बेसेण्ट एवं बी.जी. तिलक	1916	पुणे
उत्तर प्रदेश किसान सभा	मालवीय, इन्द्र नारायण, गौर शंकर	1918	लखनऊ
अहमदाबाद टेक्सटाइल लेबर एसोसिएशन	महात्मा गाँधी	1918	अहमदाबाद
नेशनल लिबरल फेडरेशन	एस.एन. बनर्जी	1918	कलकत्ता
कम्युनिस्ट पार्टी ऑफ इण्डिया	एम.एन. राय	1920	ताशकन्द
सर्वेन्ट्स ऑफ पीपुल्स सोसायटी	लाला लाजपत राय	1920	लाहौर
अवध किसान सभा	नेहरू, रामचन्द्र, गौरी शंकर	1920	प्रतापगढ़
भारतीय ट्रेड यूनियन कांग्रेस	एन.एम. जोशी	1920	लखनऊ
कम्युनिस्ट ग्रुप ऑफ इण्डिया	नलिनी गुप्ता	1921	कलकत्ता
स्वराज्य पार्टी	मोतीलाल नेहरू, सी.आर. दास	1922	दिल्ली
अखिल भारतीय साम्यवादी दल	सत्यभक्त	1924	कानपुर
राष्ट्रीय स्वयंसेवक संघ (आर एस एस)	के.वी. हेडगेवार	1925	नागपुर
वीमेन्स इण्डियन एसोसिएशन	लेडी सदाशिव अय्यर	1927	मद्रास
श्रमिक स्वराज पार्टी	काजी नजरुल इस्लाम	1928	–
खुदाई खिदमतगार	खान अब्दुल गफ्फार खाँ	1929	पेशावर
कांग्रेस समाजवादी पार्टी	आचार्य नरेन्द्र देव, जयप्रकाश नारायण	1934	पटना
प्रगतिशील लेखक संघ	मुंशी प्रेमचन्द	1936	लखनऊ
अखिल भारतीय किसान सभा	एन.जी. रंगा व सहजानन्द	1936	लखनऊ
अखिल भारतीय विद्यार्थी परिषद्	मीनू मसानी, अशोक मेहता व डॉ. अशरफ	1936	–
फॉरवर्ड ब्लॉक	सुभाष चन्द्र बोस	1939	कलकत्ता
भारतीय बोल्शेविक पार्टी	एन.डी. मजूमदार	1939	कलकत्ता
रेडक्लिफ डेमोक्रेटिक दल	एम.एन. राय	1940	कलकत्ता
भारतीय बोल्शेविक लेनिन दल	अजीत राय व इन्द्र सेन	1941	कलकत्ता
क्रान्तिकारी समाजवादी दल	सौम्येन्द्र नाथ टैगोर	1942	कलकत्ता

- वायसराय को संकटकालीन परिस्थिति में विधान परिषद् की अनुमति के बिना ही अध्यादेश जारी करने का अधिकार प्रदान किया गया, जो अधिकतम 6 माह तक लागू रह सकता था।

1892 ई. का इण्डियन कौन्सिल एक्ट

- राजकीय एवं प्रान्तीय विधायी परिषदों के गैर-सरकारी सदस्यों के अप्रत्यक्ष चुनाव की शुरूआत हुई। कुछ प्रमुख भारतीय नेता जो अप्रत्यक्ष चुनाव द्वारा विधान परिषद् में सम्मिलित होकर विख्यात हुए, वे गोपाल कृष्ण गोखले, आशुतोष मुखर्जी, रास बिहारी बोस, सत्येन्द्र नाथ बनर्जी आदि थे,
- दोनों परिषदों को बजट पर वाद-विवाद करने एवं कार्यकारिणी से प्रश्न पूछने का अधिकार दिया गया।

1909 ई. का इण्डियन कौन्सिल *या* मार्ले-मिण्टो एक्ट सुधार

- इसको मार्ले-मिण्टो सुधार इसलिए कहा जाता है, क्योंकि जब यह एक्ट पारित हुआ तब भारत के वायसराय लॉर्ड मिण्टो तथा भारत सचिव लॉर्ड मार्ले थे।
- मुसलमानों के लिए अलग निर्वाचन क्षेत्र तथ पृथक् मताधिकार की व्यवस्था की गई। इस प्रकार साम्प्रदायिक प्रतिनिधित्व प्रणाली की शुरूआत हुई। इसी कारण लॉर्ड मिण्टो को 'साम्प्रदायिक प्रतिनिधित्व का जनक' भी कहा जाता है।
- केन्द्रीय विधान परिषद् एवं प्रान्तीय विधान परिषद् में अतिरिक्त सदस्यों की संख्या में वृद्धि की गई।
- भारत सचिव लॉर्ड मार्ले ने अपनी परिषद् में दो भारतीयों श्री एस.के. गुप्ता और सैय्यद हुसैन बिलग्रामी को नियुक्त किया।
- विधायी परिषदों से सीधे चुनाव की शुरूआत हुई।
- विधानमण्डल या परिषदों के सदस्यों को बजट पर 'पूरक प्रश्न' पूछने का भी अधिकार दिया गया।

1919 ई. का माण्टेग्यू चेम्सफोर्ड सुधार *या* मोण्टफोर्ड सुधार

- इस समय भारत सचिव माण्टेग्यू एवं वायसराय लॉर्ड चेम्सफोर्ड थे, अतः यह एक्ट 'मोण्टेग्यू-चेम्सफोर्ड सुधार कहलाया।
- भारत सचिव के अधिकारों में कटौती की गई और इसका वेतन ब्रिटिश राजकोष से दिए जाने का प्रबन्ध किया गया।
- कर्वे समिति की अनुशंसा पर भारत के लिए इंग्लैण्ड में एक उच्चायुक्त नियुक्त किया गया।
- 1920 ई. में सर विलियम म्योर को भारत का प्रथम उच्चायुक्त नियुक्त किया गया।

1935 ई. का गवर्नमेण्ट ऑफ इण्डिया एक्ट

- एक अखिल भारतीय संघ की स्थापना का प्रस्ताव आया। यह ब्रिटिश भारतीय प्रान्तों तथा राजाओं द्वारा शासित राज्यों का संघ होना था।
- शक्तियों का बँटवारा तीन भागों में किया गया संघीय, प्रान्तीय एवं समवर्ती सूची; शेष शक्तियाँ गवर्नर जनरल को प्रदान की गईं।
- प्रान्तीय स्वायत्तता, 1935 ई. के अधिनियम की एक महत्त्वपूर्ण विशेषता थी। इसके तहत प्रान्तों में द्वैध शासन को समाप्त कर उत्तरदायी सरकार बनाना था।
- केन्द्र में द्वैध शासन की स्थापना हुई। संघीय विषय को दो भागों संरक्षित और हस्तान्तरित में बाँट दिया गया।
- 1937 ई. में दिल्ली में एक संघीय कोर्ट की स्थापना की गई, जिसमें एक मुख्य न्यायाधीश तथा 6 अन्य न्यायाधीश थे।
- साम्प्रदायिक निर्वाचक मण्डल का विस्तार कर उसमें सिखों, यूरोपियों, भारतीयों, ईसाइयों तथा एंग्लो-इण्डियनों को भी शामिल होने का अधिकार दे दिया गया

भारतीय स्वतन्त्रता अधिनियम (1947 ई.)

- 4 जुलाई को ब्रिटिश पार्लियामेन्ट में 'भारतीय स्वतन्त्रता अधिनियम प्रस्तावित हुआ, जो 18 जुलाई को स्वीकृत भी हो गया। 14 अगस्त को पाकिस्तान बना और **15 अगस्त** को भारत। पाकिस्तान के कायदे आजम (जिन्ना) प्रथम गवर्नर जनरल बने और नवाब लियाकत अली प्रधानमन्त्री।
- भारत में **लॉर्ड माउण्टबेटन** गवर्नर जनरल बने रहे तथा पण्डित जवाहर लाल नेहरू **प्रधानमन्त्री** बने। इस समय गाँधीजी नोआखली (बंगाल) में अकेले ही साम्प्रदायिकता से लड़ रहे थे।
- उनके इन प्रयासों की प्रशंसा में माउण्टबेटन ने उन्हें 'वन मैन बाउण्डरी फोर्स' कहा। सीमान्त गाँधी (अब्दुल गफ्फार खाँ) ने विभाजन से दुःखी होकर कहा, "यह विभाजन एक धूर्ततापूर्ण कार्य है, हमें भूखे भेड़ियों के आगे फेंक दिया गया है।"
- भारत की **संविधान सभा** का गठन केबिनेट मिशन योजना के आधार पर हुआ।
- संविधान सभा का गठन केबिनेट मिशन योजना के प्रावधानों के अनुसार अप्रत्यक्ष रूप से राज्यों की विधान सभाओं द्वारा नवम्बर, 1946 में किया गया था।
- संविधान सभा में कुल 389 सदस्य थे, जिसमें 292 प्रान्तों से तथा 93 देशी रियासतों से चुने गए थे। चार कमिश्नरी क्षेत्रों से थे। प्रत्येक प्रान्त और देशी रियासत को अपनी जनसंख्या के अनुपात में स्थान आवण्टित किए गए थे।
- 3 जून, 1947 की योजना के अधीन पाकिस्तान के लिए पृथक् संविधान सभा गठित की गई।
- संविधान-सभा की प्रथम बैठक 9 दिसम्बर, 1946 को हुई थी।
- प्रथम बैठक की अध्यक्षता **डॉ. सच्चिदानन्द सिन्हा** ने की थी तथा मुस्लिम लीग ने इसका बहिष्कार किया था।
- 11 दिसम्बर, 1946 को **डॉ. राजेन्द्र प्रसाद** को संविधान सभा का स्थाई अध्यक्ष चुना गया।
- श्री बी.एन. राव को संविधान सभा के संवैधानिक सलाहकार पद पर नियुक्त किया गया।
- 13 दिसम्बर, 1946 को जवाहरलाल नेहरू ने संविधान सभा में **उद्देश्य प्रस्ताव** प्रस्तुत कर संविधान निर्माण का कार्य करना प्रारम्भ किया। यह प्रस्ताव संविधान सभा द्वारा 22 जनवरी, 1947 को पारित कर दिया।

स्वतन्त्रता के बाद भारत

संविधान निर्माण प्रक्रिया

- विभिन्न समितियों में से प्रमुख प्रारूप समिति (Drafting Committee), जोकि 19 अगस्त, 1947 को गठित की गई थी, के अध्यक्ष **डॉ. बी.आर अम्बेडकर** को बनाया गया। इस समिति के अन्य सदस्य थे एन. गोपाल

स्वामी आयंगर, अल्लादि कृष्णा स्वामी अय्यर, मुहम्मद सादुल्ला, के.एम. मुंशी. बी.एल. मित्तर और डी.पी. खेतान। कुछ समय पश्चात बी.पी. खेतान की मृत्यु 1948 ई. में हो जाने के पश्चात् टी.टी. कृष्णमाचारी को इस समिति में सम्मिलित कर लिया गया।

- संविधान के प्रारूप पर 114 दिनों की बहस हुई थी।
- संविधान सभा की बैठक तृतीय वाचन (अन्तिम वाचन) के लिए 14 नवम्बर, 1949 को हुई। यह बैठक 26 नवम्बर, 1949 को समाप्त हुई।
- 26 नवम्बर, 1949 को ही अन्तिम पारित संविधान पर सभापति तथा उपस्थित सदस्यों के हस्ताक्षर हुए। इसी दिन संविधान सभा ने भारत के संविधान को अंगीकार कर लिया।
- भारतीय संविधान का निर्माण एक संविधान सभा द्वारा 2 वर्ष 11 महीने तथा 18 दिन में किया गया था।
- नागरिकता, निर्वाचन और अन्तरिम संसद से सम्बन्धित उपबन्धों को तथा अस्थाई एवं संक्रमण उपबन्धों को 26 नबम्बर, 1949 से ही तुरन्त प्रभावी किया गया।
- सम्पूर्ण संविधान **26 जनवरी, 1950** को लागू किया गया। 26 जनवरी, 1950 को भारत को गणतन्त्र दिवस के रूप में मनाया गया। **डॉ. राजेन्द्र प्रसाद** को भारत का **प्रथम राष्ट्रपति** नियुक्त किया गया।
- कुछ प्रमुख व्यक्तियों ने डॉ. बी.आर. अम्बेडकर को संविधान का पिता कहा है। भारतीय संविधान विश्व का सबसे लम्बा लिखित संविधान है। भारतीय संविधान में प्रस्तावना या उद्देशिका के अतिरिक्त मूल संविधान में 395 अनुच्छेद तथा 8 अनुसूचियाँ थीं। वर्तमान में संविधान में 395 अनुच्छेद तथा 12 अनुसूचियाँ हैं।
- संविधान में उद्देशिका में संविधान के ध्येय और उसके आदर्शों का संक्षिप्त वर्णन है।
- भारत को 26 जनवरी, 1950 को एक गणराज्य घोषित किया गया, जिसका तात्पर्य है कि भारत का राष्ट्राध्यक्ष निर्वाचित होगा, आनुवंशिकद नहीं।

देश का पहला अन्तरिम मन्त्रिमण्डल

जवाहरलाल नेहरू	कार्यकारी परिषद् के उपाध्यक्ष, विदेशी मामले तथा राष्ट्रमण्डल
वल्लभभाई पटेल	गृह, सूचना एवं प्रसारण
बलदेव सिंह	रक्षा
सी. राजगोपालाचारी	शिक्षा
राजेन्द्र प्रसाद	खाद्य एवं कृषि
जगजीवनराम	श्रम
आई आई चुन्दरीगर	वाणिज्य
जोगेन्द्र नाथ मण्डल	विधि
जॉन मथाई	उद्योग तथा आपूर्ति
सी एच भाभा	खान एवं बन्दरगाह
आसफ अली	रेलवे
लियाकत अली खाँ	वित्त
अब्दुल रब निश्तार	संचार
गजफ्फर अली खाँ	स्वास्थ्य

भारतीय रियासतों का एकीकरण

- 1947 ई. में ब्रिटिश पार्लियामेन्ट में भारत स्वतन्त्रता विधेयक पारित हुआ। इसमें भारतीय रियासतों के सम्बन्ध में प्रावधान किए गए थे। इस अधिनियम के अनुसार, सभी सन्धियाँ तथा समझौते, जो क्राउन तथा भारतीय रियासतों के बीच हुए थे, अब समाप्त हो गए। 'भारत का सम्राट' शब्द तथा सभी शाही उपाधियों का अन्त कर दिया गया। भारतीय रियासतों को यह अनुमति दी गई कि वे भारत अथवा पाकिस्तान में से किसी एक में शामिल हो जाएँ।
- सितम्बर 1946 में गठित अन्तरिम सरकार में सरदार वल्लभ भाई पटेल की रियासतों से सम्बन्धित गृह विभाग सौंपा गया था। उनके सलाहकार वी पी मेनन थे। रियासतों की सर्वसत्ता समाप्त कर दी गई थी, किन्तु कुछ राज्य अपनी स्वतन्त्रता बनाए रखना चाहते थे।
- सरदार पटेल तथा वी पी मेनन ने भारतीय रियासतों की देशभक्ति को जगाने का प्रयास किया। 15 अगस्त, 1947 तक 136 रियासतों ने भारतीय संघ में शामिल होने के लिए विलय-पत्र पर हस्ताक्षर किए। अन्य रियासतों ने भी दबाव के बाद विलय-पत्र पर हस्ताक्षर करना स्वीकार कर लिया। जम्मू-कश्मीर, जूनागढ़ तथा हैदराबाद विलय-पत्र पर हस्ताक्षर करना नहीं चाहते थे। अक्टूबर, 1947 में जम्मू-कश्मीर पर पाकिस्तान के हमले के बाद वहाँ के शासक हरि सिंह ने 26 अक्टूबर, 1947 को विलय-पत्र पर हस्ताक्षर कर दिए। 22 अक्टूबर को अकबर खाँ के अधीन कबायली पठानों ने कश्मीर पर हमला किया था।
- हैदराबाद में गड़बड़ी को देखते हुए सेना भेजी गई। जनता भारतीय संघ में विलय की पक्षधर थी, जबकि निजाम अपनी स्वतन्त्र सत्ता बनाए रखना चाहता था। अन्तत: हैदराबाद ने 26 अक्टूबर, 1948 को विलय-पत्र पर हस्ताक्षर किए। हैदराबाद में एक कट्टर मुस्लिम संगठन 'इतिहाद उल मुसलमीन' ने जनता का सरकार की मदद से दमन प्रारम्भ कर दिया था।
- जूनागढ़ के नवाब पाकिस्तान तथा जनता भारत में विलय के पक्ष में थी।
- 9 नवम्बर, 1947 को भारत ने जूनागढ़ का प्रशासन अपने हाथ में ले लिया। जूनागढ़ के दीवान शाहनवाज भुट्टो ने भारत सरकार को आमन्त्रित किया था।
- देशी रियासतों का भारतीय संघ में विलय तर्कसंगत था। कुछ रियासतें इतनी छोटी थीं कि प्रशासनिक गतिविधियों का संचालन कठिन था। उड़ीसा में 39 रियासतों का विलय उड़ीसा प्रान्त में किया गया।
- देशी रियासतों के अतिरिक्त पाण्डिचेरी, चन्द्रनगर तथा माहे का प्रश्न भी सामने आया। ये स्थान स्वतन्त्रता के बाद भी फ्रांसीसी आधिपत्य में थे।
- 1954 ई. में फ्रांस की सरकार ने इन तीनों स्थानों को भारत को सौंप दिया। गोवा पुर्तगाल के अधीन था।
- अंग्रेजों तथा फ्रांसीसियों द्वारा अपने क्षेत्र सौंपने के बावजूद पुर्तगाल ने गोवा भारत को नहीं सौंपा था।
- भारत सरकार गोवा को साम्राज्यवाद के प्रतीक के रूप में देख रही थी तथा इसके विलय को परम आवश्यक मान रही थी। गोवा में सत्याग्रहियों पर गोलियाँ चलाई गईं। राजनयिक प्रयासों के विफल होने के बाद गोवा पर सैन्य कार्यवाही की गईं। 19 सितम्बर, 1961 को गोवा के अतिरिक्त दमन तथा दीव के क्षेत्र को भी भारत में मिला लिया गया।

19वीं शताब्दी में प्रकाशित समाचार-पत्र : *एक दृष्टि में*

समाचार-पत्र	संस्थापक/सम्पादक	भाषा	समाचार-पत्र	संस्थापक/सम्पादक	भाषा
बंगाल गजट	जेम्स ऑगस्टस हिक्की	अंग्रेजी	बम्बई दर्पण 1832	बाल शास्त्री	मराठी
अमृत बाजार पत्रिका	मोतीलाल घोष	बंगला	कविवचन सुधा	भारतेन्दु हरिश्चन्द्र	हिन्दी
अमृत बाजार पत्रिका	मोतीलाल घोष	अंग्रेजी	हरिश्चन्द्र मैगजीन	भारतेन्दु हरिश्चन्द्र	हिन्दी
सोम प्रकाश	ईश्वरचन्द्र विद्यासागर	बंगला	हिन्दुस्तान स्टैण्डर्ड	सच्चिदानन्द सिन्हा	अंग्रेजी
बंगवासी	जोगिन्दर नाथ बोस	बंगला	ज्ञान प्रदायिनी	नीवन चन्द्र राय	हिन्दी
संजीवनी			हिन्दी प्रदीप	बालकृष्ण भट्ट	हिन्दी
हिन्दू	वीर राघवाचारी	अंग्रेजी	इण्डियन रिव्यू	जी.ए. नेटशन	अंग्रेजी
केसरी	बाल गंगाधर तिलक	मराठी	मॉडर्न रिव्यू	रामानन्द चटर्जी	अंग्रेजी
मराठा	बाल गंगाधर तिलक (आरम्भ में आगरकर ने 'केसरी' का एवं केलकर ने 'मराठा' का सम्पादन किया)	अंग्रेजी	यंग इण्डिया	महात्मा गाँधी	अंग्रेजी
			नव जीवन	महात्मा गाँधी	हिन्दी
			हरिजन	महात्मा गाँधी	हिन्दी
हिन्दू	एम.जी. रानाडे	अंग्रेजी	इण्डिपेण्डेंस	मोतीलाल नेहरू	अंग्रेजी
नेटिव ओपीनियन	वी.एन. माण्डलिक	अंग्रेजी	आज	शिव प्रसाद गुप्त	हिन्दी
बंगाली	सुरेन्द्र नाथ बनर्जी	अंग्रेजी	हिन्दुस्तान टाइम्स	के.एम. पन्निक्कर	अंग्रेजी
भारत मित्र	बालमुकुन्द गुप्त	हिन्दी	नेशनल हेरॉल्ड	जवाहरलाल नेहरू	अंग्रेजी
हिन्दोस्तान	मदन माहेन मालवीय	हिन्दी	उदन्त मार्तण्ड	जुगल किशोर	हिन्दी
	प्रताप नारायण मिश्र	हिन्दी	द ट्रिब्यून	सर दयाल सिंह मर्जीठिया	अंग्रेजी

आधुनिक भारत के चर्चित व्यक्तित्व

दादाभाई नौरोजी (1825-1917 ई.)	▪ ब्रिटिश संसद के निचले सदन हाउस ऑफ कॉमन्स में चुने जाने वाले लिबरल पार्टी से पहले भारतीय व प्रथम एशियाई सांसद थे। भारतीय राष्ट्रीय कांग्रेस की स्थापना में सक्रिय सहयोग तथा 1886, 1893 एवं 1906 ई. में इसके अध्यक्ष निर्वाचित। भारत की आर्थिक दुर्दशा के लिए अंग्रेजों को जिम्मेदार बताया तथा स्वयं के बारे में कहा कि मैं धर्म और जाति से परे एक भारतीय हूँ। **प्रमुख पत्र**-वॉयस ऑफ इण्डिया, रास्त गोफ्तार (साप्ताहिक)। **पुस्तक**–पॉवर्टी एण्ड अनब्रिटिश रूल इन इण्डिया। **संस्थाएँ**–रहनुमाई मजदयासान सभा, ईस्ट इण्डिया एसोसिएशन (लन्दन)। इन्हें **ग्रैण्ड ओल्ड मैन ऑफ इण्डिया** भी कहा जाता है।
गोपालकृष्ण गोखले (1866-1915 ई.)	▪ महाराष्ट्र के प्रसिद्ध राष्ट्रवादी नेता। वर्ष 1905 में कांग्रेस के वाराणसी अधिवेशन के अध्यक्ष। महात्मा गाँधी के राजनीतिक गुरु। वर्ष 1902 में इम्पीरियल विधान परिषद् के लिए चुने गए। वर्ष 1905 में ही सर्वेण्ट्स ऑफ इण्डिया सोसायटी की स्थापना। वर्ष 1912-15 तक इण्डियन पब्लिक सर्विस कमीशन के सदस्य। फर्ग्युसन कॉलेज पूना में प्राध्यापक एवं प्राचार्य। रानाडे द्वारा स्थापित दक्कन एजुकेशन सोसायटी के सदस्य। सुधारक-पत्र के सम्पादक, अंग्रेजी साप्ताहिक : द हितवाद।
सुरेन्द्रनाथ बनर्जी (1848-1925 ई.)	▪ राष्ट्रवादी नेता, पत्रकार, विधिवेत्ता व शिक्षाविद्। इण्डियन सिविल सर्विसेज में चुने गए (1869 ई.), बाद में गलत आधार पर निकाल दिया गया। 1876 ई. में **इण्डियन एसोसिएशन** की स्थापना की। 1895 ई. (पूना) तथा वर्ष 1902 (अहमदाबाद) में कांग्रेस के अध्यक्ष। वर्ष 1918 में इण्डियन नेशनल लिबरल फेडरेशन की स्थापना। वर्ष 1920 के असहयोग आन्दोलन का विरोध किया। वर्ष 1921 में बंगाल में स्वास्थ्य मन्त्री बने, इस पद पर नियुक्त प्रथम भारतीय। रिपन कॉलेज की स्थापना में योगदान। बंगाली-पत्र के सम्पादक। इनकी प्रसिद्ध कृति **ए नेशन इन मेकिंग** है।
आनन्द मोहन बोस (1847-1906 ई.)	▪ बंगाल के प्रमुख शिक्षाविद्, समाज सुधारक ए सक्रिय राष्ट्रवादी। 1883 ई. में भारतीय राष्ट्रीय सम्मेलन का आयोजन। वर्नाक्यूलर प्रेस एक्ट तथा इल्बर्ट बिल का विरोध। इण्डियन एसोसिएशन के संस्थापक प्रथम सचिव। 1898 ई. में कांग्रेस के मद्रास अधिवेशन (14वें) के अध्यक्ष। बंग-भंग आन्दोलन में सक्रिय भूमिका। **साधारण ब्रह्म समाज** के प्रथम अध्यक्ष।
रास बिहारी घोष (1845-1921 ई.)	▪ प्रख्यात वकील एवं शिक्षाविद्। बंगाल के प्रारम्भिक दौर के प्रमुख उदारवादी कांग्रेसी नेता। इनका अंग्रेजों की न्याय-भावना में पूर्ण विश्वास था। वर्ष 1907 में सूरत अधिवेशन में कांग्रेस के अध्यक्ष निर्वाचित।

लाला लाजपत राय (1865-1928 ई.)	▪ ये कुछ समय तक अमेरिका में रहे थे। केन्द्रीय सभा के सदस्य निर्वाचित हुए। पेशे से वकील, निर्भीक पत्रकार एवं जुझारु स्वतन्त्रता सेनानी, इन्हें **शेर-ए-पंजाब** या **पंजाब केसरी** भी कहा जाता था। उग्रवादी गरम दल के **'लाल बाल पाल'** में शामिल। गदर पार्टी एवं आर्य समाज के सक्रिय कार्यकर्ता, कालान्तर में पण्डित मदन मोहन मालवीय के साथ हिन्दू संगठन आन्दोलन से जुड़े। वर्ष 1920 में कांग्रेस के **कलकत्ता विशेष अधिवेशन** के अध्यक्ष मनोनीत। स्वराज दल के संस्थापकों में से एक, **डी ए वी कॉलेज की स्थापना** में भी सहयोग दिया। नवम्बर, 1928 में **साइमन कमीशन** के विरुद्ध प्रदर्शन के दौरान लाठी-प्रहार में घायल एवं शहीद हुए। पुस्तकें–**यंग इण्डिया,** पॉलिटिकल फ्यूचर ऑफ इण्डिया, प्रॉब्लम ऑफ नेशनल एजुकेशन इन इण्डिया। प्रमुख पत्र–पंजाबी, वन्दे मातरम् तथा **द पीपुल *(अंग्रेजी)*।** मैजिनी गैरिवॉल्डी, शिवाजी तथा श्रीकृष्ण की जीवनी लिखी।
बाल गंगाधर तिलक (1856-1920 ई.)	▪ **उग्रवादी विचारधारा** के समर्थक, लाल-बाल-पाल में से बाल। **केसरी एवं मराठा** जैसे पत्रों द्वारा जागृति फैलाने का अनवरत प्रयास किया। भारत के बेताज बादशाह के नाम से प्रसिद्ध, 'लोकमान्य की उपाधि से सम्मानित। महाराष्ट्र में गणपति महोत्सव तथा शिवाजी महोत्सव का आयोजन प्रारम्भ किया। 1897 ई. में निर्भीक पत्रकारिता के कारण 18 माह की कैद, वर्ष 1908 में माण्डले जेल में 6 वर्ष कैद, स्वराज प्रमुख लक्ष्य। प्रमुख पुस्तकें–गीता रहस्य, आर्कटिक होम इन द वेदाज।
बिपिन चन्द्र पाल (1858-1932 ई.)	▪ क्रान्तिकारी विचारों के नेता समाज सुधारक, **लाल-बाल-पाल** में से पाल। भारत में क्रान्तिकारी विचारधारा के प्रारम्भिक विचारकों में प्रमुख, स्वदेशी एवं बंग-भंग आन्दोलन में महत्त्वपूर्ण भूमिका निभाई। विदेशों में भारतीय स्वराज्य के प्रमुख प्रचारक। परिदर्शक पत्रिका का प्रकाशन किया, बंगाली पब्लिक ओपीनियन तथा द ट्रिब्यून के सहायक सम्पादक रहे। प्रमुख पुस्तकें–मेमोरीज ऑफ माई लाइफ एण्ड टाइम तथा मिसेज ऐनी बेसेण्ट-ए साइक्लॉजिकल स्टडी।
मदनलाल धींगरा (1883-1909 ई.)	▪ वीर सावरकर से जुड़े प्रसिद्ध क्रान्तिकारी व स्वतन्त्रता सेनानी। लन्दन में भारतीय होमरूल सोसायटी, अभिनव भारत सोसायटी तथा इण्डिया हाउस से सम्बद्ध रहे। वर्ष 1909 में लन्दन में **कर्नल वाइली** की गोली मारकर हत्या की। वर्ष 1909 में ही इनको लंदन की **पेंटनविले जेल में फाँसी** दे दी गई।
अरविन्द घोष (1872-1950 ई.)	▪ बंगाल विभाजन काल के प्रसिद्ध राष्ट्रवादी नेता, योगी व दार्शनिक। इण्डियन सिविल सर्विस का परित्याग। आरम्भ में बंगाल में **क्रान्तिकारी आन्दोलन** के नेता। संन्यास लेकर (वर्ष 1910) **पुदुचेरी में आश्रम की स्थापना** की। **युगान्तर, कर्मयोगी,** धर्म आदि पत्रों का सम्पादन किया। अलीपुर षड्यन्त्र केस में एक वर्ष की कैद की सजा (वर्ष 1908-09), इसके बाद राजनीति से संन्यास लिया। प्रमुख पुस्तकें–**द लाइफ डिवाइन,** द सिन्थेसिस, **एसेज ऑन द गीता।**
विनायक दामोदर सावरकर (1883-1966 ई.)	▪ महाराष्ट्र के क्रान्तिकारी **उग्रवादी नेता।** क्रान्तिकारी संगठन मित्र मेला (1899 ई.), जो बाद में अभिनव **भारत सोसायटी** (वर्ष 1904) बना, के संस्थापक तथा मदनलाल धींगरा, लाला हरदयाल आदि के सहयोगी। नासिक षड्यन्त्र काण्ड में **आजीवन कारावास** (वर्ष 1910-1937)। **हिन्दू महासभा** के नेता व अध्यक्ष (वर्ष 1937-1942)। 1857 ई. की क्रान्ति पर **भारत का प्रथम स्वतन्त्रता संग्राम** नामक पुस्तक लिखी। **रचनाएँ**-मेरा आजीवन कारावास, हिन्दुत्व, अण्डमान की प्रतिध्वनियाँ
अशफाक उल्ला खाँ (वर्ष 1900-1927)	▪ उग्रवादी क्रान्तिकारी। हिन्दुस्तान रिपब्लिकन एसोसिएशन के सदस्य। काकोरी षड्यन्त्र के प्रमुख अभियुक्त। रामप्रसाद बिस्मिल, चन्द्रशेखर आजाद आदि के प्रमुख सहयोगी, फैजाबाद में फाँसी दी गई।
रामप्रसाद बिस्मिल (1897-1927 ई.)	▪ उत्तर प्रदेश के प्रसिद्ध क्रान्तिकारी। वर्ष 1920-30 के दशक में उत्तरी भारत में क्रान्तिकारी गतिविधियों के प्रमुख प्रसारक एवं केन्द्र-बिन्दु। हिन्दुस्तान समाजवादी गणतन्त्रीय सेना के संस्थापक सदस्य। **काकोरी काण्ड** (अगस्त, 1925) में सक्रिय भूमिका। काकोरी काण्ड में भूमिका के कारण **गोरखपुर** में फाँसी दी गई।
वल्लभभाई पटेल (1875-1950 ई.)	▪ वर्ष 1918 में खेड़ा सत्याग्रह में भाग लेकर राजनीतिक जीवन प्रारम्भ किया। वर्ष 1922 में **बारदोली सत्याग्रह** का सफल नेतृत्व, इसी के फलस्वरूप सरदार की उपाधि मिली। रजवाड़ों एवं रियासतों का भारत संघ में विलय इनकी महान् उपलब्धि थी। स्वतन्त्र भारत के प्रथम **उप-प्रधानमन्त्री एवं गृहमन्त्री** (वर्ष 1947 से 1949) बने।
जे. बी. कृपलानी (1888-1982 ई.)	▪ राष्ट्रवादी, स्वतन्त्रता सेनानी, शिक्षक व गाँधीवादी नेता। वर्ष 1947 में कांग्रेस के अध्यक्ष, किन्तु स्वतन्त्रता प्राप्ति के पूर्व अध्यक्ष पद से इस्तीफा दे दिया। किसान मजदूर प्रजा संगठन के संस्थापक। ▪ **नोट** ब्रिटिश इण्डियन एसोसिएशन की स्थापना 1851 ई. में हुई। इसके पहले अध्यक्ष राधाकान्त देव थे।
अबुल कलाम आजाद (1888-1958 ई.)	▪ प्रमुख कांग्रेसी नेता तथा **स्वतन्त्रता सेनानी, अरबी, फारसी, उर्दू** एवं मुस्लिम शिक्षा के प्रकाण्ड विद्वान्। देवबन्द शाखा से सम्बद्ध, 16 वर्ष की उम्र में 'आजाद' उपनाम धारण। प्रमुख कांग्रेसी नेता तथा **स्वतन्त्रता सेनानी, अरबी, फारसी, उर्दू** एवं मुस्लिम शिक्षा के प्रकाण्ड विद्वान्। 'अल-हिलाल','अल-बलाघ' पत्रों का प्रकाशन। प्रमुख पुस्तकें–इण्डिया विन्स फ्रीडम, गुबारे खातिर, तजकीराह। वर्ष 1923 में दिल्ली विशेष कांग्रेस अधिवेशन की अध्यक्षता की। इस पद पर नियुक्त सबसे कम आयु (35 वर्ष) के व्यक्ति। वर्ष 1940-46 तक पुनः कांग्रेस के अध्यक्ष रहे। स्वतन्त्र भारत के **प्रथम शिक्षा मन्त्री,** जीवनपर्यन्त पद पर बने रहे।
आचार्य विनोबा भावे (1895-1982 ई.)	▪ झण्डा सत्याग्रह, मन्दिर प्रवेश आन्दोलन, नमक सत्याग्रह, दाण्डी मार्च, भारत छोड़ो आन्दोलन आदि में सक्रिय भागीदारी। **व्यक्तिगत सत्याग्रह** (वर्ष 1940) के प्रथम सत्याग्रही। स्वतन्त्रता के बाद सर्वोदय आन्दोलनों का नेतृत्व। 'भूदान यज्ञ' नामक आन्दोलन के संस्थापक। 'भारत के 'राष्ट्रीय अध्यापक' सम्मान से प्रसिद्ध। वर्ष 1930 में गाँधी के नेतृत्व में नमक सत्याग्रह में भाग लिया।

एनी बेसेण्ट (1847-1933 ई.)	▪ आयरिश महिला, **थियोसोफिकल सोसायटी** के कार्य हेतु नवम्बर, 1893 में भारत आगमन (वाराणसी)। **सेण्ट्रल हिन्दू कॉलेज** की स्थापना (1898 ई.)। वर्ष 1907 में थियोसोफिकल सोसायटी की अध्यक्षा बनीं। प्रमुख पत्र–**कॉमन वील** एवं **न्यू इण्डिया**। वर्ष 1916 में स्वदेशी आन्दोलन हेतु होमरूल लीग की स्थापना की। वर्ष 1917 में (कलकत्ता अधिवेशन) कांग्रेस की **प्रथम महिला अध्यक्षा** बनीं। प्रमुख पुस्तकें–इण्डिया : ऐशन, 1930, न्यू इण्डिया आदि।
सरोजिनी नायडू (1879-1948 ई.)	▪ प्रख्यात कवयित्री और राष्ट्रवादी नेता। भारत कोकिला के नाम से प्रसिद्ध। वर्ष 1925 में कानपुर के कांग्रेस अधिवेशन की अध्यक्षता, कांग्रेस की प्रथम भारतीय महिला अध्यक्ष। स्वतन्त्रता के पश्चात् प्रथम महिला राज्यपाल (उत्तर प्रदेश)। प्रमुख पुस्तकें–सॉंग ऑफ इण्डिया, ब्रोकन विंग।
आचार्य नरेन्द्र देव (1881-1956 ई.)	▪ शिक्षाविद्, राष्ट्रवादी व समाजवादी नेता। कांग्रेस समाजवादी पार्टी के संस्थापक सदस्य। संघर्ष और समाज नामक साप्ताहिकों, जनवाणी, मासिक एवं विद्यापीठ त्रैमासिक पात्रिका का सम्पादन। लखनऊ तथा बनारस हिन्दू विश्वविद्यालय के उपकुलपति।
स्वामी सहजानन्द सरस्वती (1889-1950 ई.)	▪ संन्यासी, स्वतन्त्रता सेनानी व बिहार के प्रमुख किसान नेता। वर्ष 1929 में बिहार किसान सभा का गठन किया। अखिल भारतीय किसान सभा की वर्ष 1936 में स्थापना। इन्हें **किसान-प्राण** भी कहा जाता था।
एन. एम. लोखण्डे (1848-1897 ई.)	▪ महाराष्ट्र के समाज सुधारक व वामपन्थी व मजदूर आन्दोलन से सम्बन्धित नेता। **ज्योतिबा फुले के शिष्य**। पिछड़ी जातियों के उत्थान के लिए संघर्ष। **दीनबन्धु** नामक पत्रिका निकाली। 1890 ई. में बॉम्बे मिल हैण्ड्स एसोसिएशन के संस्थापक।
सैय्यद अहमद खान (1817-1898 ई.)	▪ सामाजिक व धार्मिक सुधारक। **असबाब-ए-बगावत-ए-हिन्द** नामक पुस्तक की रचना की। 1875 ई. में मोहम्मडन-एंग्लो-ओरियण्टल कॉलेज, अलीगढ़ की स्थापना की। इन्हें 'दो राष्ट्र सिद्धान्त का पिता' कहा जाता है। मुस्लिम समाज को कांग्रेस की गतिविधियों से अलग रहने की सलाह दी। मुस्लिम समाज व अंग्रेज सरकार के बीच सहयोग के पक्षधर थे।
देवेन्द्रनाथ टैगोर (1817-1905 ई.)	▪ हिन्दू दार्शनिक, सामाजिक व धार्मिक सुधारक। तत्त्वबोधिनी सभा की स्थापना की। **ब्रह्म समाज** से सम्बद्ध, प्रिंस की उपाधि से सम्मानित। तत्त्वबोधिनी पत्रिका का संचालन। आदि ब्रह्म समाज का नेतृत्व, महर्षि नाम से प्रसिद्ध।
महादेव गोविन्द रानाडे (1842-1901 ई.)	▪ महाराष्ट्र के प्रसिद्ध समाज सुधारक व राष्ट्रवादी नेता। **गोपाल कृष्ण गोखले** इन्हें अपना गुरु मानते थे। प्रार्थना समाज, **दक्कन एजुकेशन सोसायटी**, विधवा पुनर्विवाह समिति आदि संस्था में सक्रिय भूमिका। कांग्रेस के वार्षिक अधिवेशनों के साथ सामाजिक सम्मेलन के आयोजन की परम्परा चलाई। पूना के उप-न्यायाधीश, उच्च न्यायालय के न्यायाधीश तथा बम्बई विधानपरिषद् के सदस्य।
डॉ. आत्माराम पाण्डुरंग (1823-1898 ई.)	▪ सामाजिक धार्मिक सुधारक व चिकित्सक थे। 1867 ई. में **बम्बई में प्रार्थना समाज** की स्थापना में सहयोग। 1884 ई. में **दीनबन्धु सार्वजनिक सभा** की स्थापना की। इनकी स्मृति में केन्द्रीय हिन्दी संस्थान द्वारा आत्माराम पुरस्कार।
भीमराव अम्बेडकर (1891-1956 ई.)	▪ **विधिवेत्ता, सामाजिक कार्यकर्ता, राजनीतिज्ञ, लेखक** तथा **शिक्षाविद्**। वर्ष 1924 में दलित वर्ग संस्थान तथा वर्ष 1927 में समाज समता संघ की स्थापना की। वर्ष 1924 में **बहिष्कृत हितकारिणी** सभा को संगठित किया तथा वर्ष 1936 में **स्वतन्त्र पार्टी** की स्थापना की। बम्बई विधानपरिषद्, गवर्नर जनरल एक्जिक्यूटिव काउन्सिल के सदस्य, अन्तरिम सरकार में विधि मन्त्री तथा संविधान सभा की प्रारूप समिति के अध्यक्ष। प्रमुख पत्र–**मूक नायक** (मराठी)। प्रमुख पुस्तकें–एनीहिलेशन ऑफ कास्ट, थॉट्स ऑन पाकिस्तान, **कास्ट्स इन इण्डिया**।
गोपाल हरि देशमुख (1823-1892 ई.)	▪ पश्चिमी भारत के महान् सुधारक। **लोकहितवादी** के नाम से प्रसिद्ध। मराठी मासिक पत्र लोकहितवादी का सम्पादन। बाल-विवाह, जाति प्रथा की निन्दा। विधवा पुनर्विवाह मण्डल के संस्थापक।
श्री नारायण गुरु (1854-1928 ई.)	▪ केरल के प्रख्यात समाज सुधारक, सन्त, दार्शनिक व कवि। **वर्ग विहीन समाज** बनाने की वकालत की। निम्न जाति के उत्थान के लिए कार्य। अरविपुरम में शिव प्रतिमा का प्रतिष्ठापन (स्वयं निम्न जाति के होते हुए भी)।
दीनबन्धु मित्र (1830-1873 ई.)	▪ बंगाल के महान् साहित्यकार। **नील दर्पण** के लेखक, इस नाटक में नील बागान मालिकों द्वारा किसानों के शोषण को चित्रित किया गया है। अपनी रचनाओं से राष्ट्रवाद की भावना के विकास में सहयोग।
सुभाषचन्द्र बोस (1897-1945 ई.)	▪ वर्ष 1920 में भारतीय सिविल सेवा में चौथा स्थान प्राप्त किया, किन्तु शीघ्र ही त्याग-पत्र दे दिया। वर्ष 1921 में कांग्रेस में शामिल तथा राष्ट्रीय आन्दोलनों में भाग लेना प्रारम्भ किया। वर्ष 1938 तथा 1939 में (हरिपुरा तथा त्रिपुरी अधिवेशन में) कांग्रेस के अध्यक्ष चुने गए। वर्ष 1939 में कांग्रेस की अध्यक्षता त्याग दी तथा **फॉरवर्ड ब्लॉक** नामक दल की स्थापना की। वर्ष 1940 में नजरबन्द, किन्तु भागकर बर्लिन (1941 ई.) पहुँचे। वहाँ से वर्ष 1943 में सिंगापुर आए। अगस्त, 1943 में **आजाद हिन्द फौज को** कमान सँभाली। 18 अगस्त, 1945 में ताइवान में विमान-दुर्घटना में मृत्यु। प्रमुख पुस्तकें–**इण्डियन स्ट्रगल, एन इण्डियन पिलग्रिम**।

वस्तुनिष्ठ प्रश्न

1. भारतीय राष्ट्रीय कांग्रेस की स्थापना ए.ओ. ह्यूम द्वारा कब की गई?
(a) 1883 ई. (b) 1884 ई.
(c) 1885 ई. (d) 1886 ई.

2. राष्ट्रीय कांग्रेस के प्रथम अधिवेशन में कितने प्रतिनिधियों ने भाग लिया?
(a) 70 (b) 71
(c) 72 (d) 73

3. बम्बई में हुए सम्मेलन में निम्न में से किसने भाग लिया?
(a) दादाभाई नौरोजी
(b) फिरोजशाह मेहता
(c) दिनशा वाचा
(d) ये सभी

4. निम्नलिखित कथनों पर विचार कीजिए दादाभाई नौरोजी
1. तीन बार राष्ट्रीय कांग्रेस के अध्यक्ष चुने गए।
2. 'पॉवर्टी एण्ड अनब्रिटिश रूल इन इण्डिया' नामक पुस्तक की रचना की।
3. 'नेशनल सोशल कॉन्फ्रेंस' की स्थापना की।

इन कथनों में से कौन सा/से कथन सही है/हैं?
(a) केवल 1 (b) 1 और 2
(c) 2 और 3 (d) केवल 3

5. भारतीय राष्ट्रीय कांग्रेस की ब्रिटिश कमेटी इंग्लैण्ड में कब स्थापित हुई?
(a) 1888 ई. (b) 1889 ई.
(c) 1890 ई. (d) 1891 ई.

6. निम्नलिखित में कौन-सा अंग्रेज भारतीय राष्ट्रीय कांग्रेस की ब्रिटिश कमेटी में शामिल हुआ?
(a) एस.बी. मैक्लोरेन
(b) डब्ल्यू.एस. केन
(c) जॉर्ज यूले
(d) ये सभी

7. स्वशासन की माँग किसने की?
(a) सुरेन्द्रनाथ बनर्जी
(b) दादाभाई नौरोजी
(c) गोखले
(d) फिरोजशाह मेहता

8. स्वशासन की माँग दादाभाई नौरोजी ने कब की?
(a) 1905 ई. (b) 1906 ई.
(c) 1907 ई. (d) 1908 ई.

9. सर्वप्रथम ब्रिटिश सरकार ने कांग्रेस के किस अधिवेशन की आलोचना की?
(a) बम्बई (1885 ई.)
(b) कलकत्ता (1886 ई.)
(c) मद्रास (1887 ई.)
(d) इलाहाबाद (1888 ई.)

10. यह निर्णय कब किया गया कि इण्डियन नेशनल कांग्रेस का अधिवेशन लन्दन में किया जाए, परन्तु किसी कारणवश यह स्थगित कर दिया गया?
(a) 1890 ई. (b) 1891 ई.
(c) 1892 ई. (d) 1893 ई.

11. उदारवादियों ने अपने प्रयासों से एक लोक सेवा आयोग कब नियुक्त करवाया?
(a) 1884 ई. (b) 1885 ई.
(c) 1886 ई. (d) 1887 ई.

12. उदारवादियों की माँग के आधार पर सरकार ने भारतीय व्यय की समीक्षा के लिए कौन-सा आयोग नियुक्त किया?
(a) रैले आयोग
(b) फ्रेजर आयोग
(c) एकवर्थ आयोग
(d) वैलबाई आयोग

13. ए.ओ. ह्यूम कितने वर्ष तक कांग्रेस के सचिव पद पर रहे?
(a) 12 (b) 16
(c) 18 (d) 22

14. 'ए नेशन इन द मेकिंग' किसकी आत्मकथा का नाम है?
(a) दादाभाई नौरोजी
(b) सुरेन्द्रनाथ बनर्जी
(c) विपिनचन्द्र पाल
(d) फिरोजशाह मेहता

15. बंगाल का विभाजन कब हुआ?
(a) 1901 (b) 1902
(c) 1903 (d) 1905

16. निम्नलिखित को उनके गठन के आधार पर क्रमवार सजाइए
1. बॉम्बे एसोसिएशन
2. मद्रास महाजन सभा
3. इण्डियन एसोसिएशन
4. इण्डियन लीग

कूट
(a) 1, 2, 3, 4, (b) 2, 3, 1, 4
(c) 3, 4, 2, 1 (d) 1, 4, 3, 2

17. बंगाल विभाजन के खिलाफ हितवादी का प्रकाशन किसने किया?
(a) सुरेन्द्रनाथ बनर्जी
(b) पृथ्वीशचन्द्र राय
(c) कृष्णकुमार मित्र
(d) अश्वनी कुमार दत्त

18. 'संजीवनी' का प्रकाशन किसने किया?
(a) सुरेन्द्रनाथ बनर्जी
(b) सुधीर रंजन मजूमदार
(c) जगदीशचन्द्र बोस
(d) पृथ्वीशचन्द्र राय

19. बंगाल के विभाजन के पश्चात असम का एक नया प्रान्त बनाया गया, जिसमें निम्नलिखित में से किन्हें शामिल किया गया था?
(a) प्राचीन बंगाल के पन्द्रह जिले
(b) असम का भू-भाग
(c) चित्तगाँव
(d) उपरोक्त सभी

20. बंगाल विभाजन की घोषणा कब की गई?
(a) 19 जून, 1905
(b) 19 जुलाई, 1905
(c) 29 जुलाई, 1905
(d) 30 जुलाई, 1905

21. स्वदेशी आन्दोलन की विधिवत् घोषणा कब की गई?
(a) 7 अगस्त, 1905
(b) 8 अगस्त, 1905
(c) 9 अगस्त, 1905
(d) 10 अगस्त, 1905

22. बंगाल विभाजन किस दिन से प्रभावी हुआ?
(a) 16 अगस्त, 1905
(b) 16 सितम्बर, 1905
(c) 16 अक्टूबर, 1905
(d) 18 अक्टूबर, 1905

23. जनसाधारण के नाम बंगला में पत्र लिखकर 'राखी दिवस' मनाने का आह्वान किसने किया?
(a) अवनीन्द्रनाथ ठाकुर
(b) रवीन्द्रनाथ ठाकुर
(c) पृथ्वीशचन्द्र राय
(d) द्विजेन्द्रनाथ

24. बंगाल नेशनल कॉलेज की स्थापना कब हुई?
(a) 1905 ई. (b) 1906 ई.
(c) 1907 ई. (d) 1908 ई.

25. किसके गीतों ने बंगाल के लोगों की राष्ट्रीय भावना को चरम पर पहुँचा दिया?
(a) रवीन्द्रनाथ टैगोर
(b) रजनीकान्त सेन
(c) मुकुन्ददास
(d) ये सभी

26. किसकी अध्यक्षता में 1905 ई. में प्रथम औद्योगिक सम्मेलन बनारस में आयोजित किया गया?
(a) रमेशचन्द्र मजूमदार
(b) रजनीकान्त
(c) मुकुन्ददास
(d) रवीन्द्रनाथ टैगोर

27. छात्रों को स्वदेशी आन्दोलन से दूर रखने के लिए सरकार ने कब कार्लाइल सर्कुलर निकाला?
(a) 1904 ई. (b) 1905 ई.
(c) 1907 ई. (d) 1908 ई.

28. बंगाल महाप्रान्त में पहले-पहले किसने आन्दोलन शुरू किया?
(a) नवगोपाल मित्र
(b) राजनारायण बसु
(c) शंकर घोष
(d) अश्वनी कुमार दत्त

29. पूना में दामोदरहरि चापेकर और बालकृष्णहरि चापेकर द्वारा स्थापित प्रथम क्रान्तिकारी संगठन 'व्यायाम मण्डल' कब स्थापित किया गया?
(a) 1894-95 ई. (b) 1896-97 ई.
(c) 1898-99 ई. (d) 1900-1901 ई.

30. दामोदर और बालकृष्ण चापेकर ने पुणे के प्लेग कमिश्नर रेण्ड और एमहर्स्ट की हत्या कब की?
(a) 22 जून, 1896
(b) 22 जून, 1897
(c) 22 जून, 1898
(d) 22 जून, 1899

31. 'मित्र मेला' नामक समाज की स्थापना नासिक में कब हुई?
(a) 1903 ई. (b) 1904 ई.
(c) 1905 ई. (d) 1906 ई.

32. निम्नलिखित में से एनी बेसेण्ट द्वारा निकाले जाने वाले दो अखबार कौन-से थे?
1. कॉमन वील
2. न्यू इण्डिया
3. न्यू हिन्दू
4. द आर्यन्स
कूट
(a) 1 और 2 (b) 1 और 3
(c) 2 और 4 (d) 3 और 4

33. नासिक के जिला मजिस्ट्रेट की हत्या किसने की?
(a) अनन्त कन्हारे
(b) बालकृष्ण चापेकर
(c) गणेश
(d) विनायक दामोदर सावरकर

34. गुप्त क्रान्तिकारी कहाँ सक्रिय थे?
(a) बम्बई (b) पूना
(c) नासिक (d) ये सभी

35. गणेश सावरकर को कब उम्र कैद की सजा दी गई?
(a) 1908 ई. (b) 1909 ई.
(c) 1910 ई. (d) 1911 ई.

36. लॉर्ड मिण्टो की गाड़ी पर बम कब फेंके गए?
(a) 1908 ई. (b) 1909 ई.
(c) 1910 ई. (d) 1911 ई.

37. विनायक दामोदर सावरकर को आजीवन निर्वासन की सजा कब सुनाई गई?
(a) 1909 ई. (b) 1910 ई.
(c) 1911 ई. (d) 1912 ई.

38. अनुशीलन समिति का गठन कलकत्ता में वीरेन्द्र कुमार घोष, जतीन्द्रनाथ बनर्जी तथा प्रमोथ मित्र द्वारा कब किया गया?
(a) 1901 ई. (b) 1902 ई.
(c) 1903 ई. (d) 1904 ई.

39. ढाका की अनुशीलन समिति की स्थापना किसने 1902 ई. में की थी?
(a) पुलिनदास
(b) जतिनदास
(c) शचीन्द्रनाथ सान्याल
(d) खुदीराम बोस

40. किसने 9 सितम्बर, 1915 को पुलिस द्वारा बालासोर (उड़ीसा) में घेर लिए जाने पर भी मरते दम तक अत्यन्त वीरतापूर्वक मुकाबला किया?
(a) शचीन्द्रनाथ सान्याल
(b) जतीन्द्रनाथ मुखर्जी
(c) जतिनदास
(d) सूर्यसेन

41. श्याम जी कृष्ण वर्मा ने नेशनल होमरूल सोसायटी की स्थापना लन्दन में कब की?
(a) 1903 ई. (b) 1904 ई.
(c) 1905 ई. (d) 1906 ई.

42. 'इण्डियन सोशलिस्ट' मासिक पत्रिका का प्रकाशन किसने शुरू किया?
(a) विनायक दामोदर सावरकर
(b) श्यामजी कृष्ण वर्मा
(c) मैडम कामा
(d) राजा महेन्द्र प्रताप

43. निम्नलिखित घटनाओं का सही अनुक्रम क्या है?
1. तिलक का होमरूल लीग
2. कामागाटामारू प्रसंग
3. महात्मा गाँधी का भारत आगमन
कूट
(a) 1, 2, 3 (b) 3, 2, 1
(c) 2, 1, 3 (d) 2, 3, 1

44. सुमेलित कीजिए

	सूची I		सूची II
A.	अब्दुल गफ्फार खाँ	1.	महात्मा गाँधी
B.	सुभाष चन्द्र बोस	2.	सीमान्त गाँधी
C.	मोहनदास करमचन्द गाँधी	3.	नेताजी
D.	रवीन्द्र नाथटैगोर	4.	गुरुदेव

कूट
A B C D A B C D
(a) 3 1 4 2 (b) 2 3 1 4
(c) 4 1 2 3 (d) 2 1 3 4

45. 'हिन्दुस्तान रिपब्लिकन एसोसिएशन' के संस्थापकों नें कौन-शामिल था?
(a) चन्द्रशेखर आजाद
(b) शचीन्द्रनाथ सान्याल
(c) व्योमेशचन्द्र चटर्जी
(d) उपरोक्त सभी

46. 'हिन्दुस्तान रिपब्लिकन एसोसिएशन' का नाम बदलकर 'हिन्दुस्तान सोशलिस्ट रिपब्लिकन एसोसिएशन' कब रख गया?
(a) 1927 ई. (b) 1928 ई.
(c) 1929 ई. (d) 1930 ई.

47. 17 दिसम्बर, 1928 को लाहौर में लाला लाजपत राय पर लाठी बरसाने वालों में शामिल पुलिस अधिकारी साण्डर्स की हत्या में कौन शामिल था?
(a) भगत सिंह
(b) चन्द्रशेखर आजाद
(c) राजगुरु
(d) ये सभी

48. 'पब्लिक सेफ्टी बिल' और 'ट्रेड डिस्प्यूट बिल' के विरोध में किसने सेन्ट्रल लेजिस्लेटिव असेम्बली में बम फेंका?
(a) चन्द्रशेखर आजाद
(b) भगत सिंह
(c) बी.के. दत्त
(d) 'b' और 'c' दोनों

49. भगतसिंह, राजगुरु और सुखदेव को फाँसी की सजा कब हुई?
(a) 23 मार्च, 1931 (b) 23 मार्च, 1932
(c) 23 मार्च, 1933 (d) 23 मार्च, 1934

50. किस अनशनकारी की 64वें दिन मृत्यु हो गई?
(a) जतीन्द्रनाथ मुखर्जी
(b) जतिनदास
(c) बी.के. दत्त
(d) बसन्त विश्वास

51. गोपीनाथ साहा ने टेगार्ट की हत्या का प्रयास कब किया, जिसमें गलती से एक अन्य अंग्रेज मारा गया?
(a) 1924 ई. (b) 1925 ई.
(c) 1926 ई. (d) 1927 ई.

52. चन्द्रशेखर आजाद ने इलाहाबाद के अल्फ्रेड पार्क में पुलिस से लड़ते हुए वीरगति कब प्राप्त की?
(a) 27 फरवरी, 1930
(b) 27 फरवरी, 1931
(c) 27 फरवरी, 1932
(d) 27 फरवरी, 1933

53. भगत सिंह दिवस कब मनाया गया?
(a) 17 जनवरी, 1930
(b) 17 फरवरी, 1931
(c) 17 फरवरी, 1932
(d) 17 फरवरी, 1933

54. निम्नलिखित में से किस पुस्तक में क्रान्तिकारी विचारधारा को प्रचारित किया गया?
(a) भवानी मन्दिर
(b) वर्तमान रणनीति
(c) मुक्ति कौन पथे
(d) उपरोक्त सभी

55. निम्नलिखित में से किसने 1915 ई. के प्रारम्भ में 'न्यू इण्डिया' और 'कॉमनवील' नामक अखबारों के माध्यम से आन्दोलन छेड़ा?
(a) तिलक
(b) एनी बेसेण्ट
(c) लाजपत राय
(d) मोतीलाल नेहरू

56. तिलक ने बेलगाँव में हुए प्रान्तीय सम्मेलन में होमरूल लीग के गठन की घोषणा कब की थी?
(a) 1915 ई. (b) 1916 ई.
(c) 1917 ई. (d) 1918 ई.

57. नेशनलिस्टों की पूना सभा में जोसेफ नपतिस्ता ने होमरूल लीग की स्थापना का सुझाव कब दिया?
(a) 1915 (b) 1916
(c) 1917 (d) 1918

58. रौलेट एक्ट कब पास किया गया?
(a) 21 मार्च, 1918 ई.
(b) 21 मार्च, 1919 ई.
(c) 21 मार्च, 1920 ई.
(d) 21 मार्च, 1921 ई.

59. निम्नलिखित में से किसने रौलेट एक्ट के विरोध में केन्द्रीय व्यवस्थापिका से इस्तीफा दे दिया?
(a) मुहम्मद अली जिन्ना
(b) मदनमोहन मालवीय
(c) नजरुल हक
(d) उपरोक्त सभी

60. अखिल भारतीय स्तर पर खिलाफत दृश्य कब मनाया गया?
(a) 17 अक्टूबर, 1918
(b) 17 अक्टूबर, 1919
(c) 17 अक्टूबर, 1920
(d) 17 अक्टूबर, 1921

61. अखिल भारतीय खिलाफत कमेटी का गठन लखनऊ के सम्मेलन में कब हुआ?
(a) सितम्बर, 1919 (b) अक्टूबर, 1919
(c) नवम्बर, 1919 (d) दिसम्बर, 1919

62. खिलाफत समिति की अध्यक्षता महात्मा गाँधी ने कब की, यह सम्मेलन दिल्ली में हुआ था?
(a) 24 नवम्बर, 1918
(b) 24 नवम्बर, 1919
(c) 24 नवम्बर, 1920
(d) 24 नवम्बर, 1921

63. मौलाना अबुल कलाम आजाद के नेतृत्व में कलकत्ता में खिलाफत सम्मेलन कब हुआ?
(a) फरवरी, 1920 (b) फरवरी, 1921
(c) फरवरी, 1922 (d) फरवरी, 1923

64. साइमन आयोग में कितने सदस्य थे जिसमें सभी अंग्रेज थे?
(a) 5 (b) 6
(c) 7 (d) 8

65. सरकार ने 1929 ई. में होने वाले ब्रिटेन के चुनावों को ध्यान में रखते हुए इसकी नियुक्ति कब कर डाली?
(a) 1926 ई. (b) 1927 ई.
(c) 1928 ई. (d) 1929 ई.

66. इलाहाबाद के सर्वदलीय सम्मेलन में साइमन कमीशन के बहिष्कार का निर्णय कब किया गया?
(a) 11 दिसम्बर, 1926
(b) 11 दिसम्बर, 1927
(c) 11 दिसम्बर, 1928
(d) 11 दिसम्बर, 1929

67. 27 दिसम्बर, 1927 को कहाँ पर हुए कांग्रेस के वार्षिक सम्मेलन में जिसकी अध्यक्षता एम.ए. अन्सारी ने की थी, साइमन कमीशन का बहिष्कार किया?
(a) कलकत्ता (b) मद्रास
(c) बम्बई (d) पूना

68. साइमन कमीशन ने अपनी रिपोर्ट कब प्रस्तुत की?
(a) अप्रैल, 1930
(b) मई, 1930
(c) मई, 1931
(d) जून, 1931

69. साइमन कमीशन जब बम्बई पहुँचा तो इसका भयंकर विरोध हुआ। यह कब बम्बई पहुँचा?
(a) 1 फरवरी, 1928
(b) 2 फरवरी, 1928
(c) 3 फरवरी, 1928
(d) 4 फरवरी, 1928

70. साइमन कमीशन की रिपोर्ट कब प्रकाशित हुई?
(a) जून, 1930
(b) जौलाई, 1930
(c) अगस्त, 1930
(d) सितम्बर, 1930

71. निम्नलिखित में से किसने साइमन कमीशन का विरोध किया?
(a) मुस्लिम लीग
(b) हिन्दू महासभा
(c) लिबरल फेडरेशन
(d) उपरोक्त सभी

72. कांग्रेस का कराची अधिवेशन कब शुरू हुआ?
(a) 28 मार्च, 1931
(b) 29 मार्च, 1931
(c) 30 मार्च, 1931
(d) 31 मार्च, 1931

73. कराची अधिवेशन की अध्यक्षता किसने की?
(a) मोतीलाल नेहरू
(b) वल्लभभाई पटेल
(c) जवाहरलाल नेहरू
(d) अबुल कलाम आजाद

74. ''यद्यपि कराची कांग्रेस ने अर्द्धसामन्ती भू-स्वामियों की बड़ी जागीरों की समाप्ति की माँग करने में अपने को असमर्थ पाया, लेकिन उसने भूमि सुधार सम्बन्धी अपना एक कार्यक्रम तैयार करने का काम शुरू किया।''यह कथन किसका है?
(a) कूपलैण्ड
(b) महात्मा गाँधी
(c) प्रो. विपिनचन्द्र
(d) सरदार पटेल

75. ''वह (सरकार) देशद्रोही फकीर (गाँधी) को बराबर का दर्ज देकर बात कर रही है।'' यह कथन किसका है?
(a) पामहर्स्ट
(b) मैक्डोनाल्ड
(c) चर्चिल
(d) एटली

76. सुमेलित करें

सूची I		सूची II
A.	अगस्त घोषणा	1. लॉर्ड लिनलिथगो
B.	अगस्त प्रस्ताव	2. मॉण्टेग्यू
C.	अगस्त संकल्प	3. एम.ए. जिन्ना
D.	प्रत्यक्ष कार्यवाही	4. महात्मा गाँधी

कूट

	A	B	C	D
(a)	1	2	4	3
(b)	1	3	4	2
(c)	1	2	3	4
(d)	4	1	3	2

77. सम्राट जॉर्ज पंचम ने प्रथम गोलमेज सम्मेलन का उद्घाटन कब किया, इसमें ब्रिटिश पार्लियामेण्ट, भारतीय प्रतिनिधि, भारतीय रियासतों के शासक और प्रेक्षकों के रूप में डोमीनियन के हाई कमिश्नर उपस्थित थे?
(a) 10 नवम्बर, 1930
(b) 11 नवम्बर, 1930
(c) 12 नवम्बर, 1930
(d) 13 नवम्बर, 1930

78. निम्नलिखित में से प्रथम गोलमेज सम्मेलन में हिन्दू महासभा के प्रतिनिधि की हैसियत से लन्दन कौन गए थे?
(a) तेजबहादुर सप्रू
(b) मुंजे
(c) राजा नरेन्द्र नाथ
(d) 'b' और 'c' दोनों

79. दलित वर्ग का प्रतिनिधित्व निम्न में से किसने किया?
(a) तेजबहादुर सप्रू (b) अम्बेडकर
(c) सीतलवाड़ (d) जयकर

80. प्रथम गोलमेज सम्मेलन में यह कथन किसका था ''हम संघीय और ब्रिटिश भारत संघ के साथ शामिल हो सकते हैं''?
(a) कानपुर रियासत
(b) मैसूर रियासत
(c) भोपाल रियासत
(d) हैदराबाद रियासत

81. ''अब मेरे हाथ में मामला नहीं रहा है। मुझे ऐसा लगता है कि मैं मुस्लिम प्रतिनिधियों को किसी भी ऐसे समझौते में नहीं बाँध सकूँगा जो मुझे पसन्द हो।'' यह कथन किसका है?
(a) मुहम्मद शफी
(b) आगा खाँ
(c) सलीमुल्ला खाँ
(d) इकबाल

82. ''जब तक आप अल्पसंख्यकों में सुरक्षा की ऐसी भावना उत्पन्न न कर देंगे जिससे वे स्वेच्छा से राष्ट्र के साथ सहयोग करें और उसके वफादार बन जाएँ, तब तक कोई भी संविधान आप बनाएँगे वह सफल नहीं हो सकेगा।'' यह कथन किसका था?
(a) मुहम्मद शफी
(b) मुहम्मद अली जिन्ना
(c) इकबाल
(d) फजलुल हक

83. ''इसने भारत को दो तीखी गोलियाँ दीं, अभिरक्षण और संघ राज्य। गोलियों को खाने योग्य बनाने के लिए उन पर उत्तरदायित्व का मीठा मुलम्मा चढ़ा दिया गया।''यह कथन किसका है?
(a) मुहम्मद अली जिन्ना
(b) महात्मा गाँधी
(c) सुभाषचन्द्र बोस
(d) सरदार पटेल

84. यह कथन गाँधीजी के सन्दर्भ में किसका है, ''गाँधी रंग बदला करता है''?
(a) इरविन (b) विलिंग्डन
(c) लिनलिथगो (d) वेवेल

85. तृतीय गोलमेज सम्मेलन कब हुआ?
(a) 1930 ई. (b) 1931 ई.
(c) 1932 ई. (d) 1933 ई.

86. क्रमानुसार व्यवस्थित करें
1. साइमन कमीशन का भारत आगमन
2. असहयोग आन्दोलन
3. पूना पैक्ट
4. गाँधी-इरविन पैक्ट
कूट
(a) 2, 1, 3, 4 (b) 1, 2, 3, 4
(c) 4, 3, 2, 1 (d) 2, 1, 4, 3

87. साम्प्रदायिक निर्णय की घोषणा मैक्डोनाल्ड ने कब की?
(a) 7 अगस्त, 1932 (b) 16 अगस्त, 1932
(c) 9 अगस्त, 1932 (d) 10 अगस्त, 1932

88. गाँधी जी आमरण अनशन पर कब बैठे?
(a) 20 सितम्बर, 1932
(b) 20 सितम्बर, 1933
(c) 20 अक्टूबर, 1933
(d) 20 नवम्बर, 1933

89. पूना समझौते हेतु निम्न में से किसने प्रयास किया?
(a) मदनमोहन मालवीय
(b) एम.सी. रजा
(c) डॉ. अम्बेडकर
(d) उपरोक्त सभी

90. पूना समझौते के अन्तर्गत दलितों के लिए सुरक्षित सीटों की संख्या 71 से बढ़ाकर कितनी कर दी गई?
(a) 142 (b) 145
(c) 147 (d) 148

91. केन्द्रीय विधानसभा में सुरक्षित सीटों की संख्या में कितने प्रतिशत की वृद्धि की गई?
(a) 12% (b) 15%
(c) 18% (d) 21%

92. अलीगढ़ मुस्लिम कॉलेज अलीगढ़ के प्रिन्सिपल आर्चबोल्ड के सुझाव पर आगा खाँ एक प्रतिनिधि मण्डल के साथ लॉर्ड मेयो से शिमला में कब मिले?
(a) 1905 ई. (b) 1906 ई.
(c) 1907 ई. (d) 1908 ई.

93. मुस्लिम लीग की स्थापना ढाका में कब हुई?
(a) 15 दिसम्बर, 1906
(b) 20 दिसम्बर, 1906
(c) 25 दिसम्बर, 1906
(d) 30 दिसम्बर, 1906

94. आगा खाँ को मुस्लिम लीग का स्थाई अध्यक्ष कब बनाया गया?
(a) 1907 ई. (b) 1908 ई.
(c) 1909 ई. (d) 1910 ई.

95. लीग ने कब अपने संविधान में परिवर्तन कर अपना उद्देश्य भारत में औपनिवेशिक स्वशासन रख लिया?
(a) 1911 ई. (b) 1912 ई.
(c) 1913 ई. (d) 1914 ई.

96. बम्बई मे मुस्लिम 20.4% थे, उन्हें 1916 ई. में कांग्रेस और लीग की संयुक्त बैठक में कितने प्रतिशत प्रतिनिधित्व दिया गया?
(a) 20% (b) 22%
(c) 25% (d) 33.3%

97. निम्नलिखित युग्मों मे से कौन-सा एक सही सुमेलित नहीं है
(a) पिट्स इण्डिया एक्ट — वॉरेन हेस्टिंग्स
(b) डॉक्ट्रिन ऑफ लैप्स — डलहौजी
(c) वर्नाक्यूलर प्रेस एक्ट — कर्जन
(d) इल्बर्ट बिल — रिपन

98. मौलाना आजाद ने कब एक फतवे से ब्रिटिश शासन को काफिरों का शासन मानते हुए भारत को दारूल हर्ब (युद्ध का स्थान) घोषित कर दिया?
(a) 1919 ई. (b) 1920 ई.
(c) 1921 ई. (d) 1922 ई.

99. आर्य समाज के अग्रणी नेता स्वामी श्रद्धानन्द कब साम्प्रदायिक हिंसा के शिकार हुए?
(a) 1925 ई. (b) 1926 ई.
(c) 1927 ई. (d) 1928 ई.

100. सर्वप्रथम पाकिस्तान की माँग 22-23 मार्च, 1940 को लीग ने किस अधिवेशन में की?
(a) ढाका (b) लाहौर
(c) दिल्ली (d) अलीगढ़

101. सुभाषचन्द्र बोस को 1938 ई. में कांग्रेस का अध्यक्ष सर्वसम्मति से चुना गया था। 29 जनवरी, 1930 में उन्होंने किस उम्मीदवार को 1377 मतों के मुकाबले 1580 मतों से हराया?
(a) डॉ. राजेन्द्र प्रसाद
(b) जे.बी. कृपलानी
(c) सरदार पटेल
(d) पट्टाभि सीतारमैया

102. सुभाषचन्द्र बोस और उनके समर्थकों ने कब कांग्रेस के अन्दर ही एक नए दल फॉरवर्ड ब्लॉक की स्थापना की?
(a) अप्रैल, 1939 ई.
(b) मई, 1939 ई.
(c) जून, 1939 ई.
(d) जुलाई, 1939 ई.

103. पट्टाभि सीतारमैया की हार पर यह कथन किसका था "उनसे अधिक मेरी हार है"?
(a) जवाहरलाल नेहरू
(b) महात्मा गाँधी
(c) विट्ठलभाई पटेल
(d) सरदार पटेल

104. "कांग्रेस में फैले हुए भ्रष्टाचार से मैं इतना उकसा गया हूँ कि अगर भ्रष्टाचार को खत्म नहीं किया जा सकता है, तो कांग्रेस को खत्म कर देने में मुझे कोई हिचक नहीं होगी।" यह कथन किसका है?
(a) सुभाषचन्द्र बोस
(b) महात्मा गाँधी
(c) जवाहरलाल नेहरू
(d) राजेन्द्र प्रसाद

105. "आज सबसे बड़ा वर्ग संघर्ष हमारा राष्ट्रीय संघर्ष है।" यह कथन किसका है?
(a) मुहम्मद अली जिन्ना
(b) पी.सी. जोशी
(c) जवाहरलाल नेहरू
(d) सरदार पटेल

106. 10 से 14 सितम्बर, 1939 ई. में कांग्रेस कार्यसमिति की बैठक वर्धा में हुई, इसमें निम्न में से किसे आमन्त्रित किया गया?
(a) सुभाषचन्द्र बोस (b) आचार्य नरेन्द्रदेव
(c) जयप्रकाश नारायण (d) ये सभी

107. किस अधिवेशन में कांग्रेस कार्यसमिति ने यह विचार प्रकट किया "पूर्ण स्वाधीनता से कम कुछ भी जनता को स्वीकार्य नहीं हो सकता"?
(a) 1937 ई. (b) 1938 ई.
(c) 1939 ई. (d) 1940 ई.

108. निम्न में कौन-सा कथन सत्य है?
(a) वामपन्थियों को विश्वास था कि जनता संघर्ष के लिए तैयार है और अंग्रेजों के खिलाफ केवल आह्वान का इन्तजार कर रही है
(b) जवाहरलाल नेहरू का झुकाव दोनों ओर था
(c) कांग्रेस नेतृत्व आन्दोलन छेड़ने में हिचक रहा था
(d) उपरोक्त सभी

109. ब्रिटिश सरकार ने कब कैबिनेट मन्त्री स्टेफोर्ड क्रिप्स के नेतृत्व में एक सद्भावना मण्डल भेजा?
(a) मार्च, 1942
(b) अप्रैल, 1942
(c) मई, 1942
(d) जून, 1942

110. क्रिप्स 23 मार्च, 1942 को दिल्ली पहुँचे वहाँ गाँधी जी से कब मिले?
(a) 24 मार्च, 1942
(b) 25 मार्च, 1942
(c) 26 मार्च, 1942
(d) 27 मार्च, 1942

111. किस तिथि को अबुल कलाम आजाद क्रिप्स से मिले?
(a) 24 मार्च (b) 25 मार्च
(c) 26 मार्च (d) 27 मार्च

112. क्रिप्स भारत से किस तिथि को चले गए?
(a) 11 अप्रैल (b) 12 अप्रैल
(c) 13 अप्रैल (d) 14 अप्रैल

113. स्वयं क्रिप्स को क्रिप्स मंजूर होने की कितने प्रतिशत उम्मीद थी?
(a) 30% (b) 35%
(c) 40% (d) 45%

114. निम्नलिखित में किसने क्रिप्स प्रस्तावों को अनुरक्षावादी, प्रतिक्रियाशील और 'सीमित प्रस्ताव' की संज्ञा दी?
(a) जवाहरलाल नेहरू
(b) एस. गोपाल
(c) सरदार पटेल
(d) महात्मा गाँधी

115. 29 अप्रैल से 1 मई, 1942 तक अखिल भारतीय कांग्रेस समिति का अधिवेशन कहाँ हुआ?
(a) कानपुर
(b) इलाहाबाद
(c) लखनऊ
(d) दिल्ली

116. कांग्रेस कार्यसमिति ने वर्धा में कब अपनी बैठक में संघर्ष के निर्णय को अपनी स्वीकृति दे दी?
(a) 12 जुलाई, 1942
(b) 13 जुलाई, 1942
(c) 14 जुलाई, 1942
(d) 15 जुलाई, 1942

117. भारत के स्वतन्त्रता संग्राम के सन्दर्भ मे निम्न घटनाओं पर विचार कीजिए
1. मेरठ षड्यन्त्र केस
2. गाँधी-इरविन समझौता
3. मैक्डोनाल्ड का साम्प्रदायिक पंचाट
इन घटनाओं का सही कालानुक्रम है
(a) 1, 2, 3 (b) 2, 1, 3
(c) 2, 3, 1 (d) 1, 3, 2

118. 7 अगस्त, 1942 को अखिल भारतीय कांग्रेस का अधिवेशन कहाँ हुआ?
(a) लखनऊ (b) पूना
(c) बम्बई (d) नागपुर

119. सरोजिनी नायडू को कहाँ रखा गया?
(a) अहमदनगर के किले में
(b) हजारीबाग केन्द्रीय कारागार में
(c) दिल्ली कारागार में
(d) आगा खाँ पैलेस में

120. डॉ. राजेन्द्र प्रसाद कहाँ नजरबन्द कर दिए गए?
(a) दिल्ली (b) पटना
(c) गोरखपुर (d) बम्बई

121. जयप्रकाश नारायण को गिरफ्तार कर कहाँ रखा गया?
(a) दिल्ली कारागार
(b) कानपुर कारागार
(c) हजारीबाग केन्द्रीय कारागार
(d) बम्बई कारागार

122. प्रथम समानान्तर सरकार कहाँ पर बनी?
(a) संतारा (b) तामलुक
(c) पूर्णिया (d) बलिया

123. बंगाल के मिदनापुर जिले में तामलुक नामक स्थान पर जातीय सरकार का गठन कब किया गया?
(a) 15 दिसम्बर, 1942
(b) 17 दिसम्बर, 1942
(c) 19 दिसम्बर, 1942
(d) 21 दिसम्बर, 1942

124. जातीय सरकार का अस्तित्व कब तक रहा?
(a) अगस्त, 1943 ई.
(b) सितम्बर, 1943 ई.
(c) सितम्बर, 1944 ई.
(d) अक्टूबर, 1944 ई.

125. निम्नलिखित में से कहाँ लोगों ने स्वराज की स्थापना कर ली थी?
(a) बलिया
(b) तामलुक
(c) सतारा
(d) पूर्णिया

126. निम्नलिखित में कहाँ लोगों ने स्वराज की स्थापना कर ली थी?
(a) कानपुर (संयुक्त प्रान्त)
(b) मुजफ्फरपुर (बिहार)
(c) लखनऊ (संयुक्त प्रान्त)
(d) तलचर (उड़ीसा)

127. बम्बई में किसके नेतृत्व में समाजवादी नेताओं ने अपनी भूमिगत गतिविधियाँ जारी रखीं?
(a) ऊषा मेहता
(b) सुमति मोरारजी
(c) अरुणा आसफ अली
(d) सरोजिनी नायडू

128. सतारा की समानान्तर सरकार कब तक कायम रही?
(a) 1944 ई. (b) 1945 ई.
(c) 1944 ई. (d) 1947 ई.

129. सरदार वल्लभभाई पटेल को जाना जाता है
1. राज्यों के पुनर्गठन के लिए
2. लौह पुरुष के रूप में
3. 'देश बन्धु' के रूप में
कूट
(a) 1 और 2 (b) 1 और 3
(c) 1, 2 और 3 (d) केवल 1

130. भारत छोड़ो आन्दोलन के सन्दर्भ में यह कथन किसका है "यह ब्रिटिश सरकार को कांग्रेस राज के प्रति आत्मसमर्पण करने के लिए दबाने का प्रयास है"?
(a) मुहम्मद शफी
(b) मुहम्मद अली जिन्ना
(c) फजलुल हक
(d) एम.एच. गजधर

131. सुभाषचन्द्र बोस को मुकदमा चलाए बिना ही जेल में कब डाल दिया गया?
(a) 26 मार्च, 1939
(b) 27 मार्च, 1940
(c) 28 मार्च, 1940
(d) 29 मार्च, 1940

132. सुभाषचन्द्र बोस ने कब से अनिश्चितकालीन अनशन शुरू कर दिया?
(a) 28 नवम्बर, 1940
(b) 29 नवम्बर, 1940
(c) 30 नवम्बर, 1940
(d) उपरोक्त में से कोई नहीं

133. सुभाषचन्द्र बोस अपने घर से कब भाग गए?
(a) 16 जनवरी, 1941
(b) 17 जनवरी, 1941
(c) 18 जनवरी, 1941
(d) 19 जनवरी, 1941

134. सुभाषचन्द्र बोस को किसने 'नेताजी' की उपाधि दी?
(a) हिटलर (b) मुसोलिनी
(c) उधम सिंह (d) महात्मा गाँधी

135. निम्न में से कहाँ सुभाषचन्द्र बोस ने स्वतन्त्र भारत केन्द्र की स्थापना की?
(a) बर्लिन (b) रोम
(c) पेरिस (d) ये सभी

136. आजाद हिन्द फौज का संगठन करना किसने शुरू किया?
(a) सुभाषचन्द्र बोस (b) कैप्टन मोहनसिंह
(c) रासबिहारी बोस (d) ये सभी

137. अगस्त, 1942 तक आजाद हिन्द फौज में कितने आदमियों की एक डिवीजन बन चुकी थी?
(a) 14,000 (b) 15,000
(c) 16,000 (d) 17,000

138. सुभाष कील बन्दरगाह से एक जर्मन पनडुब्बी में बैठकर कब निकल गए?
(a) 8 फरवरी, 1943
(b) 9 फरवरी, 1943
(c) 10 फरवरी, 1943
(d) 11 फरवरी, 1943

139. गाँधी-जिन्ना वार्ता 1944 ई. में 9 सितम्बर से कब तक चली?
(a) 26 सितम्बर (b) 27 सितम्बर
(c) 28 सितम्बर (d) 29 सितम्बर

140. जिन्ना को यह कब तक विश्वास नहीं था कि यदि जनमत संग्रह करा लिया जाए तो मुसलमान उसकी माँग का पूर्ण समर्थन करेंगे?
(a) अगस्त, 1944 (b) सितम्बर, 1944
(c) अक्टूबर, 1944 (d) नवम्बर, 1945

141. "मिस्टर महात्मा गाँधी और मिस्टर राजगोपालाचारी अत्यन्त असंगत बात कर रहे हैं और कहते हैं कि इन सारी बातों का मूल्य और सफलता उसी समय तय होगी, जब ब्रिटेन भारत को शक्ति हस्तान्तरित कर देगा।" यह कथन किसका है?
(a) लियाकत अली
(b) फजलुल हक
(c) मुहम्मद अली जिन्ना
(d) एम.एच. गजधर

142. दिसम्बर, 1945 में घोषित चुनाव परिणामों में केन्द्रीय विधानसभा में कांग्रेस को सामान्य निर्वाचन क्षेत्रों में कितने प्रतिशत मत मिले?
(a) 80.5% (b) 85.5%
(c) 90.5% (d) 91.3%

143. पंजाब में सरकार किसने बनाई?
(a) कांग्रेस
(b) अकाली
(c) यूनियनिस्ट पार्टी
(d) उपरोक्त सभी

144. केन्द्रीय विधानसभा में कांग्रेस को कितनी सीटें मिलीं?
(a) 35 (b) 40
(c) 45 (d) 57

145. केन्द्रीय विधानसभा में लीग को कितनी सीटें मिलीं?
(a) 10 (b) 20
(c) 30 (d) 32

146. रॉयल इण्डियन नेवी के गैर-कमीशण्ड अधिकारियों एवं नौ सैनिकों, जिन्हें रेटिरज कहा जाता था, ने बम्बई में कब विद्रोह कर दिया?
(a) 15 फरवरी, 1946
(b) 16 फरवरी, 1946
(c) 17 फरवरी, 1946
(d) 18 फरवरी, 1946

147. 22 फरवरी को कितने लाख से अधिक मजदूरों ने हड़ताल कर दी?
(a) 5 लाख
(b) 10 लाख
(c) 15 लाख
(d) 20 लाख

148. सरदार पटेल के समझाने से नौसेना ने कब विद्रोह समाप्त कर दिया?
(a) 22 फरवरी
(b) 23 फरवरी
(c) 24 फरवरी
(d) 25 फरवरी

149. एटली की 19 फरवरी, 1946 की घोषणा के अनुसार कैबिनेट मिशन में निम्न में से कौन-शामिल था?
(a) पैथिक लॉरेंस
(b) स्टेफोर्ड क्रिप्स
(c) ए.वी. अलेक्जेण्डर
(d) उपरोक्त सभी

150. कैबिनेट मिशन भारत कब पहुँचा?
(a) 23 मार्च, 1946 (b) 24 मार्च, 1946
(c) 25 मार्च, 1946 (d) 26 मार्च, 1946

151. कैबिनेट मिशन का त्रिदलीय सम्मेलन 5 मई से 11 मई, 1946 तक शिमला में चला, इसमें कांग्रेस की तरफ से कौन शामिल था?
(a) अबुल कलाम
(b) जवाहरलाल नेहरू
(c) सरदार पटेल
(d) उपरोक्त सभी

152. मुस्लिम लीग की तरफ से निम्न में से कौन त्रिदलीय सम्मेलन में शामिल था?
(a) मुहम्मद अली जिन्ना (b) लियाकत अली
(c) नवाब इस्माइल खाँ (d) ये सभी

153. ''कांग्रेस अधिक जनसंख्या वालों की प्रतिनिधि है, परन्तु मुस्लिम लीग को केवल एक अल्पमत वाली राजनीतिक पार्टी मानना भी उचित नहीं होगा, वास्तव में ये लोग महान् मुस्लिम समुदाय के बहुमत वाले प्रतिनिधि हैं।'' यह कथन किसका है?
(a) वेवेल
(b) स्टेफोर्ड क्रिप्स
(c) पैथिक लॉरेंस
(d) एटली

154. ''हम इस प्रकार सहयोग करेंगे कि भारत समझने लगेगा कि वह बाह्य नियन्त्रण से मुक्त है।'' यह कथन किसका है?
(a) पैथिक लॉरेंस
(b) स्टेफोर्ड क्रिप्स
(c) वेवेल
(d) उपरोक्त में से कोई नहीं

155. अन्तरिम सरकार में मुस्लिम लीग के कितने सदस्य थे?
(a) 2 (b) 3
(c) 4 (d) 5

156. 16 जून, 1946 को वायसराय ने एक कार्यकारिणी कौन्सिल का प्रस्ताव घोषित किया। इसमें कितने व्यक्ति लिये जाने थे?
(a) 10 (b) 12
(c) 14 (d) 16

157. 25 जून, 1946 को कांग्रेस कार्यसमिति की बैठक कहाँ हुई?
(a) बम्बई (b) कलकत्ता
(c) दिल्ली (d) मद्रास

158. दिसम्बर, 1946 ई. को एक कॉन्फ्रेन्स इंग्लैण्ड में बुलाई गई जिसका उद्देश्य लीग और कांग्रेस के मतभेदों को दूर करना था। इसमें निम्न मे से किसने भाग लिया?
(a) वेवेल
(b) जवाहरलाल नेहरू
(c) मुहम्मद अली जिन्ना
(d) उपरोक्त सभी

159. अन्तरिम सरकार में वित्त मन्त्री किसको नियुक्त किया गया?
(a) सरदार बलदेवसिंह
(b) लियाकत अली
(c) शरतचन्द्र बोस
(d) डॉ. राजेन्द्र प्रसाद

160. कांग्रेस वर्किंग कमेटी की बैठक में अन्तरिम सरकार में शामिल होने का निर्णय कब लिया गया?
(a) 7 अगस्त, 1946
(b) 8 अगस्त, 1946
(c) 9 अगस्त, 1946
(d) 10 अगस्त, 1946

161. वायसराय ने केन्द्र में अन्तरिम सरकार के गठन करने का निमन्त्रण कांग्रेस को कब भेजा?
(a) 12 अगस्त, 1946
(b) 13 अगस्त, 1946
(c) 14 अगस्त, 1946
(d) 15 अगस्त, 1946

162. अन्तरिम सरकार ने पद कब ग्रहण किया?
(a) 2 सितम्बर, 1946
(b) 3 सितम्बर, 1946
(c) 4 सितम्बर, 1946
(d) 5 सितम्बर, 1946

163. मुस्लिम लीग ने 'शोक दिवस' मनाने की घोषणा कब की?
(a) 1 सितम्बर, 1946
(b) 2 सितम्बर, 1946
(c) 3 सितम्बर, 1946
(d) 4 सितम्बर, 1946

164. निम्न में से कौन अन्तरिम सरकार का सदस्य था?
(a) जॉन मथाई
(b) शफात अहमत खाँ
(c) सी.एच. भाभा
(d) उपरोक्त सभी

165. मुस्लिम लीग ने कब अन्तरिम सरकार में भाग लेना स्वीकार किया?
(a) 1 अक्टूबर, 1946
(b) 5 अक्टूबर, 1946
(c) 10 अक्टूबर, 1946
(d) 15 अक्टूबर, 1946

166. ''हम अलग-अलग अनुभागों के लिए तैयार हैं, हमने यह बात मंजूर कर ली है। इन अनुभागों में गुट निर्माण के प्रश्न पर विचार किया जाएगा।'' 7 सितम्बर, 1946 को यह वक्तव्य किसके द्वारा दिया गया?
(a) लियाकत अली
(b) सरदार पटेल
(c) मुहम्मद अली जिन्ना
(d) जवाहरलाल नेहरू

167. ''अभी गृहयुद्ध नहीं हुआ है, परन्तु हम उसके निकट पहुँच रहे हैं।'' यह कथन किसका है?
(a) मुहम्मद अली जिन्ना
(b) एम.एच. गजधर
(c) शफात अली खाँ
(d) महात्मा गाँधी

168. ''हम अन्तरिम सरकार में इसलिए जा रहे हैं, क्योकि हमारा अभीष्ट ध्येय पाकिस्तान के लिए संघर्ष है, हमको वहाँ पैर टिकाने के लिए स्थान मिल जाएगा।'' यह कथन किसका है?
(a) मुहम्मद अली जिन्ना
(b) गजनफर अली
(c) अब्दुलखाँ भिश्तार
(d) आई.आई. चुन्दरीगर

169. ''भारत का भविष्य तभी सुरक्षित रहेगा जब हिन्दू और मुसलमानों को पूर्ण स्वतन्त्रता मिल जाएगी।'' यह कथन किसका है?
(a) लियाकत अली
(b) मुहम्मद अली जिन्ना
(c) गजनफर अली
(d) आई.आई. चुन्दरीगर

170. निम्नलिखित में से कहाँ साम्प्रदायिक दंगे हुए?
(a) गढ़मुक्तेश्वर (b) नौआखाली
(c) टिप्परा (d) ये सभी

171. बिहार में पूर्वी बंगाल के दंगे की प्रतिक्रियास्वरूप कहाँ दंगे हुए?
(a) छपरा (b) पटना
(c) मुंगेर (d) ये सभी

172. ब्रिटिश प्रधानमन्त्री एटली ने कब इंगलैण्ड के हाउस ऑफ कॉमन्स में घोषणा की, ब्रिटिश सरकार जून, 1948 के पहले भारतीयों को सत्ता का हस्तान्तरण कर देगी?
(a) 10 फरवरी, 1947 (b) 15 फरवरी, 1947
(c) 18 फरवरी, 1947 (d) 20 फरवरी, 1947

173. इस घोषणा के पश्चात लॉर्ड वेवेल के स्थान पर कौन वायसराय बनाकर भारत भेजा गया?
(a) लॉर्ड लिनलिथिगो (b) लॉर्ड माउण्टबेटन
(c) हैलीफेक्स (d) इनमें से कोई नहीं

174. ''मैं गहन दु:ख के साथ ब्रिटिश साम्राज्य का विघटन होता देख रहा हूँ। इसके वैभव का अन्त हो रहा है और वह सब सेवाएँ जो इसने मानव जाति के प्रति कीं, विलीन हो रही हैं।'' यह कथन किसका है?
(a) चर्चिल (b) लॉर्ड माउण्टबेटन
(c) लॉर्ड वेवेल (d) लॉर्ड लिनलिथगो

175. "मुझे शक है कि जीवन में मैं इससे अधिक स्मरण योग्य और भीड़-भाड़पूर्ण कोई अन्य दिवस फिर देख सकूँगा।" यह कथन किसका है?
(a) जवाहरलाल नेहरू
(b) वेवेल
(c) लॉर्ड माउण्टबेटन
(d) डॉ. राजेन्द्र प्रसाद

176. "यदि भारत के इतिहास के इस अध्याय को समाप्त करना है तो इससे बढ़कर कोई तरीका नहीं हो सकता है कि भारत को नई व्यवस्था के मार्ग पर ले जाया जाए।" यह कथन किसका है?
(a) एटली (b) हैलीफैक्स
(c) साइमन (d) माउण्टबेटन

177. लॉर्ड माउण्टबेटन ने कब अपना पदभार ग्रहण किया?
(a) 20 मार्च, 1947 (b) 22 मार्च, 1947
(c) 23 मार्च, 1947 (d) 24 मार्च, 1947

178. ब्रिटिश संसद ने कब 'भारतीय स्वाधीनता विधेयक' प्रस्तुत किया जिसे हाउस ऑफ कॉमन्स तथा हाउस ऑफ लॉर्ड्स ने पास कर दिया?
(a) 2 जुलाई, 1947 (b) 3 जुलाई, 1947
(c) 4 जुलाई, 1947 (d) 5 जुलाई, 1947

179. भारतीय स्वाधीनता विधेयक पर सम्राट ने कब हस्ताक्षर कर दिए?
(a) 15 जुलाई, 1947 (b) 17 जुलाई, 1947
(c) 18 जुलाई, 1947 (d) 19 जुलाई, 1947

180. जिन्ना कब भारत से कराची चले गए?
(a) 5 अगस्त, 1947 (b) 7 अगस्त, 1947
(c) 9 अगस्त, 1947 (d) 11 अगस्त, 1947

181. जिन्ना राष्ट्रपति कब चुने गए?
(a) 11 अगस्त, 1947 (b) 12 अगस्त, 1947
(c) 13 अगस्त, 1947 (d) 14 अगस्त, 1947

182. भारतीय संघ की संविधान सभा की बैठक कब हुई?
(a) 13 अगस्त, 1947 (b) 14 अगस्त, 1947
(c) 15 अगस्त, 1947 (d) 16 अगस्त, 1947

183. ब्रिटिश सेना ने भारत से कब हटना शुरू किया?
(a) 16 अगस्त, 1947
(b) 17 अगस्त, 1947
(c) 18 अगस्त, 1947
(d) 19 अगस्त, 1947

184. माउण्टबेटन योजना को स्वीकार करने का प्रस्ताव कांग्रेस वर्किंग कमेटी के समक्ष किसने प्रस्तुत किया?
(a) सरदार पटेल
(b) अबुल कलाम
(c) गोविन्द वल्लभ पन्त
(d) डॉ. राजेन्द्र प्रसाद

185. विभाजन के प्रस्ताव का किसने समर्थन किया?
(a) मौलाना आजाद
(b) जवाहरलाल नेहरू
(c) सरदार पटेल
(d) 'b' व 'c' दोनों

186. निम्न में से किसने विभाजन का विरोध किया था?
(a) अबुल कलाम आजाद
(b) नेहरू
(c) पटेल
(d) उपरोक्त में से कोई नहीं

187. विभाजन के प्रस्ताव के पक्ष में कितने मत पड़े थे?
(a) 25 (b) 26 (c) 28 (d) 29

188. विभाजन के विपक्ष में कितने मत पड़े थे?
(a) 14 (b) 15
(c) 16 (d) 17

189. "अर्द्धरात्रि के समय जब दुनिया सो रही होगी, भारत को नवजीवन और स्वतन्त्रता मिलेगी।" यह कथन किसका है?
(a) सरदार पटेल
(b) जवाहरलाल नेहरू
(c) अबुल कलाम आजाद
(d) राजगोपालाचारी

190. "यदि मुस्लिम लीग पाकिस्तान बनाना चाहती है तो बना ले, परन्तु शर्त यह है कि वह भारत के उन हिस्सों को नहीं ले सकती जो पाकिस्तान में शामिल होना नहीं चाहते।" यह कथन किसका है?
(a) सरदार पटेल
(b) महात्मा गाँधी
(c) जवाहरलाल नेहरू
(d) डॉ. राजेन्द्र प्रसाद

191. निम्नलिखित कथनों पर विचार कीजिए
1. दादाभाई नौरोजी ने रहनुमाई मजदयासान सभा की स्थापना की थी तथा वॉयस ऑफ इण्डिया पत्रिका का सम्पादन किया था।
2. सुरेन्द्रनाथ बनर्जी ने 1876 ई. में इण्डियन एसोसिएशन नामक संस्था की स्थापना की थी।
3. आनन्द मोहन बोस ने वर्नाक्यूलर प्रेस एक्ट तथा इल्बर्ट बिल का विरोध किया था।
4. पी. आनन्द चारलू का सम्बन्ध मद्रास महाजन सभा तथा नागपुर कांग्रेस अधिवेशन से था।

उपरोक्त कथनों में से कितने कथन सही हैं?
(a) केवल एक (b) केवल दो
(c) केवल तीन (d) सभी चार

192. नीचे दिए गए युग्मों पर विचार कीजिए

1.	भूला भाई देसाई	-	आजाद हिन्द सेना के कैदियों का मुकदमा
2.	लाला लाजपत राय	-	पॉलिटिक्ल फ्यूचर ऑफ इण्डिया की रचना
3.	लाला हरदयाल	-	गदर पार्टी के संस्थापक
4	मदन लाल धींगरा	-	भारतीय स्वतन्त्रत संघ की स्थापना।

उपरोक्त में से कितने युग्म सही सुमेलित हैं?
(a) केवल एक (b) केवल दो
(c) सभी तीन (d) सभी चार

193. जमनालाल बजाज के सम्बन्ध में दिए गए कथनों में से कौन-सा/से कथन सही हैं?
1. यह वर्ष 1920 से मृत्युपर्यन्त कांग्रेस के कोषाध्यक्ष रहे थे।
2. इन्होंने इलाहाबाद से प्रकाशित 'द इण्डिनेण्डेण्ट' तथा अहमदाबाद के 'नवजीवन' का सम्पादन किया था।

कूट
(a) केवल 1 (b) केवल 2
(c) 1 और 2 (d) नो तो 1 और ना ही 2

194. नीचे दिए गए कार्यों का अध्ययन कीजिए तथा इनसे सम्बन्धित व्यक्ति की पहचान कीजिए
1. सामाजिक एवं धार्मिक सुधारक तथा चिकित्सक।
2. 1884 ई. में दीनबन्धु सार्वजनिक सभा की स्थापना।
3. बम्बई में प्रार्थना समाज की स्थापना में सहयोग।

कूट
(a) ईश्वरचन्द्र विद्यासागर
(b) घोंदो केशव कर्वे
(c) डॉ. आत्मा राम पाण्डूरंग
(d) गोपाल हरि देशमुख

195. निम्नलिखित कथनों पर विचार कीजिए
1. ठक्कर बापा ने डिप्रेस्ड क्लास मिशन और विधवाओं के लिए सेवा सदन की स्थापना की।
2. सर्वपल्ली राधाकृष्णन लन्दन, मैनचेस्टर, ऑक्सफोर्ड आदि कई विश्वविद्यालयों में दर्शनशास्त्र के प्रोफेसर रहे तथा रूस में भारत के राजदूत रहे।
3. चार्ल्स फ्रीयर एण्डूज ने 'आइडियेलॉजिस्ट व्यू ऑफ लाइफ' पुस्तक को रचना की है।

उपरोक्त कथनों में से कितने कथन सही हैं?
(a) केवल एक (b) केवल दो
(c) सभी तीनों
(d) उपरोक्त में से कोई नहीं

सही उत्तर

1. (c)	**2.** (c)	**3.** (d)	**4.** (b)	**5.** (b)	**6.** (a)	**7.** (b)	**8.** (b)	**9.** (c)	**10.** (c)
11. (d)	**12.** (a)	**13.** (d)	**14.** (a)	**15.** (d)	**16.** (c)	**17.** (a)	**18.** (d)	**19.** (d)	**20.** (b)
21. (a)	**22.** (c)	**23.** (b)	**24.** (b)	**25.** (d)	**26.** (c)	**27.** (b)	**28.** (b)	**29.** (b)	**30.** (b)
31. (b)	**32.** (a)	**33.** (a)	**34.** (d)	**35.** (b)	**36.** (b)	**37.** (b)	**38.** (b)	**39.** (a)	**40.** (b)
41. (c)	**42.** (b)	**43.** (d)	**44.** (b)	**45.** (d)	**46.** (b)	**47.** (d)	**48.** (d)	**49.** (a)	**50.** (b)
51. (a)	**52.** (b)	**53.** (b)	**54.** (d)	**55.** (b)	**56.** (b)	**57.** (a)	**58.** (b)	**59.** (d)	**60.** (b)
61. (a)	**62.** (b)	**63.** (a)	**64.** (c)	**65.** (b)	**66.** (b)	**67.** (b)	**68.** (b)	**69.** (c)	**70.** (a)
71. (d)	**72.** (b)	**73.** (b)	**74.** (c)	**75.** (c)	**76.** (a)	**77.** (c)	**78.** (d)	**79.** (b)	**80.** (c)
81. (b)	**82.** (b)	**83.** (c)	**84.** (b)	**85.** (c)	**86.** (d)	**87.** (b)	**88.** (d)	**89.** (d)	**90.** (c)
91. (c)	**92.** (b)	**93.** (d)	**94.** (b)	**95.** (c)	**96.** (d)	**97.** (c)	**98.** (b)	**99.** (b)	**100.** (b)
101. (d)	**102.** (b)	**103.** (b)	**104.** (b)	**105.** (b)	**106.** (d)	**107.** (d)	**108.** (d)	**109.** (a)	**110.** (d)
111. (b)	**112.** (b)	**113.** (c)	**114.** (b)	**115.** (b)	**116.** (c)	**117.** (a)	**118.** (c)	**119.** (d)	**120.** (b)
121. (c)	**122.** (d)	**123.** (b)	**124.** (c)	**125.** (c)	**126.** (d)	**127.** (c)	**128.** (b)	**129.** (a)	**130.** (b)
131. (b)	**132.** (b)	**133.** (b)	**134.** (a)	**135.** (d)	**136.** (b)	**137.** (c)	**138.** (a)	**139.** (b)	**140.** (b)
141. (c)	**142.** (d)	**143.** (d)	**144.** (d)	**145.** (c)	**146.** (d)	**147.** (d)	**148.** (b)	**149.** (d)	**150.** (a)
151. (d)	**152.** (d)	**153.** (c)	**154.** (c)	**155.** (d)	**156.** (c)	**157.** (c)	**158.** (d)	**159.** (b)	**160.** (b)
161. (a)	**162.** (a)	**163.** (b)	**164.** (d)	**165.** (d)	**166.** (d)	**167.** (d)	**168.** (b)	**169.** (a)	**170.** (d)
171. (d)	**172.** (d)	**173.** (b)	**174.** (a)	**175.** (c)	**176.** (b)	**177.** (c)	**178.** (c)	**179.** (c)	**180.** (b)
181. (a)	**182.** (b)	**183.** (b)	**184.** (c)	**185.** (d)	**186.** (a)	**187.** (d)	**188.** (b)	**189.** (b)	**190.** (c)
191. (d)	**192.** (c)	**193.** (a)	**194.** (c)	**195.** (b)					

अध्याय 19 कला एवं संस्कृति

भाषा और साहित्य

- भारतीय संविधान की आठवीं अनुसूची में 22 भाषाओं को मान्यता प्रदान की गई है।
- हड़प्पा सभ्यता की लिपि को नहीं पढ़े जा सकने के कारण उसकी भाषा की जानकारी हमें प्राप्त नहीं है। वैदिक काल में आने वाले आर्यों की भाषा संस्कृत थी। इसकाल (1500-600 ई. पू.) वेदों की रचना संस्कृत में हुई।
- **तमिल भाषा** को सभी द्रविड़ भाषा परिवारों की जननी माना जाता है।
- तमिल भाषा का प्राचीन ग्रन्थ **तोलकाप्पियम** को माना जाता है। यह तमिल व्याकरण ग्रन्थ है।
- नन्नया को तेलुगू का आदि कवि कहा जाता है, जिन्होंने महाभारत के कुछ अंशों का तेलुगू में अनुवाद किया। तेलुगू की प्रथम रामायण गोना बद्ध रेड्डी कृत रंगनाथ रामायण है।
- 16वीं सदी में **राजा कृष्णदेवराय** का काल तेलुगू साहित्य का स्वर्णयुग था।
- हिन्दी का उद्‌भव काल 1000 ई. के आसपास का माना जाता है।
- प्राचीन हिन्दी को परिनिष्ठित अपभ्रंश से अलग करने के लिए **अवहट्ट** नाम दिया गया है।
- हिन्दी साहित्य के इतिहास को चार भागों में बाँटा जाता है– आदिकाल, भक्तिकाल, रीतिकाल एवं आधुनिक काल।
- आदिकाल के कवियों में सिद्ध, जैन, नाथपंथी और वीर रस के कवि थे।
- चन्दबरदाई की **पृथ्वीराज रासो** को आदिकाल का प्रथम ग्रन्थ माना जाता है।
- भक्तिकालीन कवियों में कबीर, नानक, सूरदास, तुलसीदास आदि प्रमुख हैं।
- रीतिकाल के प्रमुख कवि चिन्तामणि, बिहारीलाल, मण्डन, भूषण एवं पद्माकर थे।
- आधुनिक काल में खड़ी बोली काव्य का विकास तथा खड़ी बोली में कविताओं का संकलन ब्रजभाषा की जगह हुआ।
- आधुनिक काल को चार अवस्थाओं—भारतेन्दु युग, द्विवेदी युग, छायावादी युग तथा समकालीन युग में बाँटा जाता है। भारतेन्दु हरिश्चन्द्र को **आधुनिक हिन्दी साहित्य का पिता** माना जाता है।
- मैथिलीशरण गुप्त को **भारत का राष्ट्रकवि** माना जाता है।
- कन्नड़ भाषा का प्रथम साहित्य नृपतुंग (अमोघवर्ष) द्वारा रचित **कविराजमार्ग** को माना जाता है।
- 10वीं सदी के प्रमुख कन्नड़ कवि पम्प, पोन्न एवं रन्न को 'रत्नत्रय' के नाम से जाना जाता था।
- नरहरि को कन्नड़ वाल्मीकि भी कहा जाता है।
- फकीर मोहन सेनापति ने रामायण तथा महाभारत का उड़िया भाषा में अनुवाद किया था।
- कृष्णदास शर्मा ने रामायण तथा महाभारत का कोंकणी भाषा में अनुवाद किया।
- कश्मीरी भाषा में सर्वप्रथम कविता की रचना 11वीं सदी में अभिनव गुप्त कृत तन्त्रसार को माना जाता है।
- पंजाबी साहित्य का प्रारम्भ 12वीं सदी के अन्तिम चरण से होता है। इसके प्रथम कवि बाबा फरीद शकरगंज थे।
- गुजराती रासो ग्रन्थ में शालिभद्र सूरी की **भारतेश्वर बाहुबली रास** को प्राचीनतम माना जाता है।
- भारत में फारसी भाषा एवं साहित्य का आगमन गजनवी तथा गौरी वंश के साथ प्रारम्भ हुआ।
- अमीर खुसरो और वली को उर्दू साहित्य में उनकी गजलों के लिए याद किया जाता है।
- माइकल मधुसूदन दत्त, मनमोहन घोष, अरविन्दो घोष, ने अंग्रेजी भाषा में कविताएँ लिखी हैं।
- महिलाओं में सरोजिनी नायडू ने अंग्रेजी में कविताएँ लिखी हैं।
- भारत में अंग्रेजी भाषा का प्रसार ब्रिटिशों के आगमन से प्रारम्भ हुआ। भारतीय अंग्रेजी भाषा एवं साहित्य के अग्रदूतों में राजा राममोहन राय प्रमुख हैं।

कला एवं स्थापत्य

स्थापत्य एवं मूर्तिकला

- स्थापत्य कला के प्रारम्भिक साक्ष्य सिन्धु घाटी सभ्यता से प्राप्त होते हैं। नगर नियोजन, स्नानागार, अन्नागार आदि इसके प्रमुख उदाहरण हैं।
- सैन्धव सभ्यता में मूर्ति-निर्माण कला भी काफी उन्नत अवस्था में दिखाई देती है।
- मोहनजोदड़ो से प्राप्त **नर्तकी की काँस्य प्रतिमा** सैन्धव कला का बेजोड़ नमूना है।

- मौर्य कला का उत्कृष्ट नमूना अशोक द्वारा निर्मित एकाश्म स्तम्भ है।
- मौर्यकालीन लोक कला दीदारगंज की चामर यक्षिणी, बेसनगर की यक्षिणी तथा परखम (मथुरा) की यक्ष की मूर्ति में देखने को मिलती है।
- राजकीय कला का प्रथम उदाहरण चन्द्रगुप्त मौर्य का राजप्रासाद है।
- मौर्यकाल में ही एक नई शैली चट्टानों को काटकर कन्दराओं का निर्माण प्रारम्भ हुआ।
- **स्तूप** मौर्यकालीन वास्तुकला की महत्त्वपूर्ण देन है। अशोक ने अनेक स्तूपों का निर्माण कराया था।
- सारनाथ स्थित सिंह शीर्ष स्तम्भ, जिसमें चार सिंह पीठ सटाये बैठे हैं तथा नीचे एक चक्र बना है, इसे भारत सरकार ने राजकीय चिह्न बनाया है।
- मौर्योत्तर काल में मूर्तिकला का व्यापक विकास हुआ तथा बौद्ध, जैन एवं हिन्दू धर्म से सम्बन्धित मूर्तियों का निर्माण प्रारम्भ हुआ।
- यूनानियों के प्रभाव से मूर्तिकला की एक नवीन शैली गान्धार शैली का जन्म हुआ।
- गान्धार कला भारत में ई.पू. प्रथम शताब्दी के मध्य कुषाण काल में विकसित हुई।
- गान्धार शैली तथा मथुरा शैली में बुद्ध सहित अनेक मूर्तियों का निर्माण किया गया। प्रारम्भिक गुप्तकालीन मन्दिरों की स्थापना ऊँचे चबूतरों पर की गई है।
- उत्तर गुप्तकालीन मन्दिरों में **ईंटों का प्रयोग** प्रारम्भ हुआ।
- पल्लव स्थापत्य कला ही दक्षिण की द्रविड़ शैली का आधार बनी।
- **सप्त पैगोडा** का निर्माण पल्लव काल में ही हुआ था।
- चालुक्यों द्वारा पर्वत-गुफाओं को काटकर मन्दिर बनवाए गए।
- भारत में मन्दिर निर्माण की तीन प्रमुख शैलियाँ- **नागर, द्रविड़** एवं **बेसर शैली** प्रचलित थीं।
- चोलकालीन मूर्तिकला में **नटराज शिव** की काँस्य-मूर्ति विश्वविख्यात है।
- सल्तनतकालीन स्थापत्य की महत्त्वपूर्ण विशेषता यह थी कि ये खुले स्थान का प्रयोग करते थे और अपने भवनों में मेहराब एवं गुम्बद प्रयोग करते थे, मीनारों का निर्माण करते थे।
- बलबन के मकबरे में पहली बार वैज्ञानिक मेहराब का इस्तेमाल किया गया है।
- मजबूती के क्षेत्र में तुगलक स्थापत्य की सलामी पद्धति का विशेष महत्त्व है, जिसके तहत उन्होंने **ढालनुमा दीवारें** बनवाईं।
- मुस्लिम स्थापत्य में सजाने के लिए जीवित वस्तुओं का चित्रण निषिद्ध होने के कारण लिखावट एवं ज्यामितीय डिजाइनों का अंकन प्रचलित था, जो **अरबस्क शैली** कहलाती थी।
- लोदियों के काल में अष्टभुजीय मकबरों के साथ द्विगुम्बदीय स्थापत्य का विकास हुआ।
- शर्की शैली, मालवा शैली, गुजराती शैली, कश्मीरी शैली, बंगाली शैली तथा दक्कनी शैली स्थापत्य कला की प्रमुख प्रान्तीय शैलियाँ थीं।
- मुगलों द्वारा अनेकों मध्य एशियाई विशिष्टताओं को; जैसे- गुम्बद, ऊँची-ऊँची मीनार, मेहराब एवं डाट आदि का अधिकाधिक प्रयोग किया गया।
- अकबर के शासनकाल में **हुमायूँ के मकबरे** का निर्माण फारसी शिल्पकला के आधार पर हुआ है।
- विजयनगर कालीन कला के अन्तर्गत कई मन्दिरों का निर्माण हम्पी में हुआ था।

मन्दिर निर्माण

शैली	विशेषता	नमूने
नागर शैली	चतुर्भजाकार भवन	सूर्य मन्दिर (*कोणार्क*), जगन्नाथ मन्दिर, (*पुरी*), कन्दरिया महादेव मन्दिर (*खजुराहो*), दिलवाड़ा जैन मन्दिर (*माउण्ट आबू*)।
द्रविड़ शैली	गोलाकार भवन	कैलाश मन्दिर (*काँची*), रथ मन्दिर (*मामल्लपुरम*), वृहदेश्वर मन्दिर (*तंजौर*)।
बेसर शैली	आयताकार भवन	कैलाश मन्दिर (*एलोरा*), दशवतार मन्दिर (*देवगढ़ झाँसी*)।

चित्रकला

- **वात्स्यायन** के कामसूत्र ग्रन्थ में चित्रकला को 64 कलाओं में चौथा स्थान दिया गया है।
- चित्रकारी के प्रारम्भिक साक्ष्य पाषाणकालीन स्थल भीमबेटका से प्राप्त हुए हैं।
- 7वीं शताब्दी से 12वीं शताब्दी के मध्य जैन शैली का उद्‌भव एवं विकास हुआ, जिसका प्रथम प्रमाण सित्तनवासल की गुफा से प्राप्त होता है।
- अपभ्रंश शैली के चित्रों का निर्माण 11वीं से 15वीं शताब्दी के बीच ताड़पत्र, कपड़े एवं कागज पर हुआ।
- गुजराती शैली को प्रकाश में लाने का श्रेय **आनन्द कुमार स्वामी** को है।
- दक्कन शैली का प्रधान केन्द्र बीजापुर था, जिसे बीजापुर के अली आदिलशाह तथा इब्राहिम शाह ने संरक्षण दिया।
- मुगल चित्रकला शैली भारतीय और फारसी चित्रकलाओं का संगम थी।
- जहाँगीर के काल में चित्रकला शैली अपनी पराकाष्ठा पर पहुँच गई थी।
- राजस्थान की किशनगढ़ शैली अपने शृंगारिक चित्रों के लिए प्रसिद्ध है।
- 20वीं शताब्दी के आरम्भ में **अवनीन्द्रनाथ टैगोर** की अध्यक्षता में चित्रकला के क्षेत्र में एक नई क्रान्ति हुई, जिसे नव्य कला आन्दोलन कहा जाता है।
- अजन्ता, एलोरा, बाघ, एलीफेण्टा, बादामी, भीमबेटका, आदमगढ़ आदि की गुफाएँ प्राचीन भारतीय चित्रकला के प्रमुख उदाहरण हैं।

संगीत

- **सामवेद** को संगीत की प्राचीनतम पुस्तक माना जाता है। आधुनिक सन्दर्भ के शुद्ध गायन सम्बन्धी ग्रन्थों में लोचन कवि की *रागतरंगिणी* और सारंगदेव का संगीत *रत्नाकर संगीत* के आदिग्रन्थ हैं।
- वर्तमान में भारतीय संगीत को दो प्रमुख वर्गों में विभाजित किया गया है-**हिन्दुस्तानी एवं कर्नाटक**।
- हिन्दुस्तानी पद्धति में स्वर की विकृत अवस्था प्राय: शुद्ध स्वर के पहले मानी जाती है, वहीं कर्नाटक शैली में शुद्ध स्वर पहले माने जाते हैं और उसके बाद विकृत स्वर प्रारम्भ होते हैं।
- हिन्दुस्तानी शैली की तुलना में कर्नाटक शैली में तालों का वर्गीकरण अधिक वैज्ञानिक है।
- भारतीय संगीत के इतिहास में राग का उल्लेख सर्वप्रथम मतंगमुनि के ग्रन्थ 'वृहद्‌देशी' में किया गया है।
- **ध्रुपद** भारत की प्राचीनतम गायन शैली है, जिसका प्रचार उत्तर भारत में 15वीं एवं 16वीं सदी में हुआ।

- ख्याल स्वर प्रधान गायन शैली है। प्रसिद्ध सूफी सन्त **अमीर खुसरो** को ख्याल का जनक माना जाता है।
- 19वीं शताब्दी में नबाव वाजिद अली शाह के काल में ठुमरी गायन शैली अत्यधिक लोकप्रिय हुई।
- तराना एक कर्कश प्राकृतिक राग है। इस शैली का प्रारम्भ अमीर खुसरो ने किया था।
- गजलों का जनक **मिर्जा गालिब** को माना जाता है।
- **चैतन्य महाप्रभु** ने कीर्तन को अत्यन्त लोकप्रिय बनाया था।

नृत्य

- नृत्य का आविर्भाव सम्भवत: प्रागैतिहासिक काल में हुआ था।
- भारतीय नृत्य पर सबसे पुरानी पुस्तक **नाट्यशास्त्र** है, जो भरत द्वारा लिखी गई है।

प्रमुख भारतीय शास्त्रीय नृत्य

संगीत नाटक अकादमी द्वारा 8 नृत्यों को शास्त्रीय नृत्य के रूप में मान्यता प्रदान की गई है।

- **भरतनाट्यम** भरतनाट्यम का प्रतिपादन दक्षिण भारत की देवदासियों ने किया। इसे भरतमुनि के नाट्यशास्त्र से सम्बन्धित माना जाता है। इस नृत्य का विकास मुख्यतया **तमिलनाडु** में हुआ। इस नृत्य शैली में हाथ, पैर, मुख एवं शरीर को हिलाने के 64 नियम हैं। मृदंगम, घटम, सारंगी, बांसुरी एवं मंजीरा इस नृत्य के समय बजाये जाने वाले प्रमुख वाद्य यन्त्र हैं।
- **मणिपुरी** यह **मणिपुर** राज्य का नृत्य है। यह एक धार्मिक नृत्य है, जो भगवान का आशीर्वाद प्राप्त करने के लिए किया जाता है। यह उत्तेजक नहीं होता है। नर्तक रंग-बिरंगे कपड़े पहनते हैं। इसमें ढोल अर्थात् 'पुंग' बहुत महत्त्वपूर्ण होता है। इस नृत्य शैली में राधा-कृष्ण की रासलीलाओं का आयोजन किया जाता है। रवीन्द्र नाथ टैगोर ने इसे लोकप्रिय बनाने में महत्त्वपूर्ण भूमिका निभाई।
- **कत्थक** कत्थक शब्द का उद्भव 'कथा' से हुआ है, जिसका अर्थ है—कहानी। इस नृत्य शैली का उद्भव एवं विकास ब्रजभूमि की रासलीला से माना जाता है। पदचालन, चक्कर खाते हुए चलना तथा शरीर के चौकोर आकार में घूमने के बाद अचानक निश्चल हो जाना, इस नृत्य की प्रमुख विशेषता है। इसमें ध्रुपद, तराना, ठुमरी एवं गजलें शामिल होती हैं।
- **कथकली** यह **केरल** का अति परिष्कृत एवं परिभाषित नृत्य है। इस नृत्य में भाव-भंगिमाओं का बहुत महत्त्व है। इस नृत्य के विषयों को रामायण, महाभारत एवं हिन्दू पौराणिक कथाओं से लिया गया है। इसमें देवताओं एवं राक्षसों के विभिन्न रूपों को दर्शाने के लिए मुखौटों का प्रयोग किया जाता है।
- **ओडिसी** यह **ओडिशा** का शास्त्रीय नृत्य है। इस शैली में नृत्यांगना मूर्ति के समान भाव-भंगिमाएँ प्रदर्शित करती है। इसे भरतमुनि के नाट्यशास्त्र पर आधारित माना जाता है। इसकी त्रिभंग शैली विख्यात है।
- **कुचिपुड़ी** यह **आन्ध्र प्रदेश** का नृत्य है। इसका उद्भव आन्ध्र प्रदेश के कुचेलपुरम नामक गाँव में हुआ था। इसमें लय और ताण्डव नृत्य का भी समावेश होता है। इसकी गति तेज एवं शैली मुक्त होती है। यह मुख्यत: पुरुषों का नृत्य है।
- **मोहिनीअट्टम** यह **केरल** का शास्त्रीय नृत्य है, जो देवदासी परम्परा की प्रचलित एकल नृत्य शैली है। इसका प्रथम उल्लेख 16वीं शताब्दी के माजहामंगलम नारायण नम्बूदरी द्वारा रचित **'व्यवहारमाला'** में प्राप्त होता है। यह भरतनाट्यम एवं कथकली से समानता प्रदर्शित करता है।
- **सत्रिया** यह **असम** का शास्त्रीय नृत्य है इसको प्रतिपादित करने का श्रेय असम (असम) के प्रसिद्ध वैष्णव सन्त शंकरदेव को जाता है।

भारतीय शास्त्रीय नृत्यों से जुड़े नर्तक/नर्तकी

- **भरतनाट्यम** अरुण्डेल, यामिनी कृष्णमूर्ति, रुक्मिणी देवी, एस के सरोज, टी बाला सरस्वती, सोनल मानसिंह, ई कृष्ण अय्यर, रामगोपाल, लीला सैमसन, पद्मा सुब्रह्मण्यम, स्वप्न सुन्दरी, मृणालिनी साराभाई, वैजयन्तीमाला बाली, कोमला वरदन।
- **कथकली** वल्लतोल नारायण मेनन, रामगोपाल, मृणालिनी साराभाई, शान्ताराव, उदयशंकर, आनन्द शिवरामन, कृष्णन कुट्टी।
- **कत्थक** लच्छू महाराज, अच्छन महाराज, सुखदेव महाराज, शम्भू महाराज, नारायण प्रसाद, जयलाल, दमयन्ती जोशी, सितारादेवी, चन्द्रलेखा, भारती गुप्ता, शोभना नारायण, मालविका सरकार, गोपीकृष्ण, बिरजू महाराज आदि।
- **कुचिपुड़ी** वेम्पति सत्यनारायणन, यामिनी कृष्णमूर्ति, राधा रेड्डी, लक्ष्मीनाराण शास्त्री, स्वप्न सुन्दरी, राजा रेड्डी आदि।
- **ओडिसी** इन्द्राणी रहमान, काली चन्द्र, कालीचरण पटनायक, संयुक्ता पाणिग्रही, माधवी मुद्गल आदि।
- **मणिपुरी** रीता देवी, सविता मेहता, थाम्बल यामा, सिंहजीत सिंह, झावेरी बहनें, कलावती देवी, निर्मला मेहता, बिम्बावती देवी आदि।
- **मोहिनीअट्टम** तारा निडुगाड़ी, तंकमणि, के कल्याणि अम्मा, भारती शिवाजी, श्रीदेवी, सेशन मजूमदार, रागिनी देवो आदि।
- **सत्रिया** जतिन गोस्वामी, शारदीय सैकिया, मोनीराम दत्ता, महेश्वर नियोग आदि।

नाट्यकला

- नाट्यकला का विकास सर्वप्रथम भारत में ही हुआ।
- ऋग्वेद के कुछ सूक्तों में नाटक के विकास के चिह्न पाए जाते हैं।
- भरतमुनि ने **नाट्यशास्त्र** की रचना कर उसे शास्त्रीय रूप दिया।
- भारतीय रंगमंच कला पर यूनानी प्रभाव भी पड़ा। उदाहरण के लिए पर्दे के लिए **यवनिका** शब्द का प्रयोग। पाश्चात्य रंगमंच के प्रभाव में सबसे पहले बंगाल आया।
- **कठपुतली** का खेल अत्यन्त प्राचीन नाटकीय खेल है। राजस्थान की कठपुतली काफी प्रसिद्ध है।
- उत्तर प्रदेश में सबसे पहले कठपुतलियों के माध्यम का इस्तेमाल शुरू हुआ था।

लोककला शैलियाँ

शैली	राज्य	शैली	राज्य
रंगोली	महाराष्ट्र/गुजरात	चौक पूरना	उत्तर प्रदेश
अल्पना	पश्चिम बंगाल	कलमकारी, मुग्गु	आन्ध्र प्रदेश
मण्डाना, मेंहदी	राजस्थान	फुलकरी	हरियाणा
अरिपन, गोदना	बिहार	साथिया	गुजरात
रंगवल्ली	कर्नाटक	कोल्लन	तमिलनाडु
ऐषण	उत्तराखण्ड	कालम	केरल
अदूपना	हिमाचल		

भारत के विभिन्न प्रदेशों के प्रमुख लोकनृत्य

- **उत्तर प्रदेश** रासलीला, नौटंकी, कजरी, दीवाली, जट्टा, थाली, झोरा, जैता, जद्दा, छपेली, चाचरी आदि।
- **मध्य प्रदेश** चैत, रीना, पण्डवानी, छेरिया, गोडो, बिल्मा, टपाड़ी, हुल्को, भागोरिया, नवरानी आदि।
- **राजस्थान** राउफ, हिकात, पनिहारी, बगारिया, घपाल, शकरिया, कठपुतली, ख्याल, झूलनलीला, कामड़, गणगौर, तेराताली गोपिका लीला, घूमर, डाण्डिया आदि।
- **उत्तराखण्ड** कुमाऊँ नृत्य, चौफुला नृत्य, जागर, चाचरी धोलिया नृत्य, झोरा, कजरी।
- **बिहार** घुमकुड़िया, कीर्तनियाँ, जटजटिन, पवारिया, सोहराई, सामा चकेवा, जात्रा, जाया, बखो-बखाहन, डांगा, छाऊ आदि।
- **झारखण्ड** सरहुल, अहन्दी कर्मा, जदूर, डांगा, सोहराई।
- **पंजाब** गिद्दा, भाँगड़ा, डफ, धमान आदि।
- **हरियाणा** खोड़िया, घूमर, सांग।
- **छत्तीसगढ़** सुआ करमा, रहस, राउत, सरहुल बार, नाचा, घसिया बाजा, पण्डवानी, नवरानी, डागल।
- **ओडिशा** गरुड़वाहन, डण्डानट, पैका, आया, जदूर, मुदारी, सवारी, छाऊ आदि।
- **गुजरात** झकोलिया, गरबा, पाणिहारी, लास्या, रासलीला, डांडियारास, आदि।
- **महाराष्ट्र** गोधलगीत, बोहदा, तमाशा, लावनी, मौनी गणेश चतुर्थी, लीजम आदि।
- **जम्मू-कश्मीर** चाकरी, रउफ, हिकत, भाखागीत, दमाली आदि।
- **पश्चिम बंगाल** काठी, गम्भीरा, जाया, बाउल, कीर्तन, रामभेसे, कथि, जात्रा आदि।
- **तमिलनाडु** कुम्मी, कावड़ी, कोलाट्टम, करागम, कावड़ी आदि।
- **कर्नाटक** यक्षगण, वीरगास्से, भूतकोला, कर्गा, कुनीता आदि।
- **केरल** कथकली, पादयानी, थुलाल, टप्पात्रिकोली, कुड़ीअट्टम, कालीअट्टम, मोहनीअट्टम, कलियरापट्यू आदि।
- **हिमाचल प्रदेश** चम्बा, छपेली, डांगी, सांगला, डण्डानाच, महाथू, जद्दा, झैन्ता, थाली, छरबा आदि।
- **मणिपुर** थागटा की तलम, संकीर्तन, लाईहरीबा नृत्य, बसन्तरास, रारवॉल, नटरास, महारास, रॉरवत आदि।
- **मिजोरम** पाखुलिया नृत्य, चेरोकान खानट्म आदि।
- **मेघालय** पाबलांग नोंगक्रोम, शाद मिनसीम, वांगाला, लाहो आदि।
- **नागालैण्ड** नूरालिम, कुमीनागा, लिम, रेंगमानाग, चोंग, युद्ध नृत्य, खैवा आदि।
- **लक्षद्वीप** परिचाकाली।
- **आन्ध्र प्रदेश** लम्बाडी, बतकम्मा, कुम्मी, घण्टा मरदाला, छड़ी नृत्य, माधुरी आदि।
- **अरुणाचल प्रदेश** मुखौटा नृत्य, युद्ध नृत्य, आदि।
- **असम** राखल लीला, बिहू ढोल नृत्य, खेल गोपाल, महारास, बोई साजू, तबल चौंगरी, झुमरा, खेल चौगंबी, होब्जानाई, बगुरुम्बा, नागा नृत्य, मीट्टू नृत्य, बिछुआ आदि।

भारत के सांस्कृतिक संस्थान

- ललित कला अकादमी-1954, नई दिल्ली
- इन्दिरा गाँधी राष्ट्रीय कला केन्द्र-1985, नई दिल्ली
- संगीत नाटक अकादमी-1953, नई दिल्ली
- राष्ट्रीय नाटक विद्यालय-1959, नई दिल्ली
- इण्डियन काउन्सिल ऑफ कल्चरल रिलेशंस-1950, नई दिल्ली
- नेशनल गैलरी ऑफ मॉडर्न आर्ट-1954, नई दिल्ली
- नेशनल बुक ट्रस्ट ऑफ इण्डिया-1957, नई दिल्ली
- भारतीय पुरातत्त्व सर्वेक्षण-1861 (*संस्कृति मन्त्रालय के अधीन*)
- साहित्य अकादमी-1954
- भारतीय राष्ट्रीय अभिलेखागार-1881 (*संस्कृति मन्त्रालय के अधीन*)
- भारतीय मानव विज्ञान सर्वेक्षण-1945
- एशियाटिक समाज-1784 (*विलियम जोन्स*)
- राष्ट्रीय शैक्षिक अनुसन्धान और प्रशिक्षण परिषद्-1961
- रामपुर राजा पुस्तकालय, रामपुर (*उत्तर प्रदेश*)
- खुदाबक्श ओरिएण्टल पब्लिक लाइब्रेरी, पटना
- रामकृष्ण मिशन संस्कृति संस्थान 1939 (*कोलकाता*)
- राष्ट्रीय पुस्तकालय-कोलकाता

वस्तुनिष्ठ प्रश्न

1. निम्न में सर्वप्रथम किसने 'भगवद्गीता' का अंग्रेजी में अनुवाद किया था?
(a) चार्ल्स विल्किंस
(b) सर अलेक्जेण्डर कनिंघम
(c) विलियम जोंस
(d) जेम्स प्रिंसेप

2. निम्नलिखित में से कौन शास्त्रीय भाषा में शामिल नहीं है?
(a) तमिल (b) संस्कृत
(c) तेलुगू (d) मैथिली

3. संस्कृत की महत्त्वपूर्ण पुस्तक 'नाट्यशास्त्र' किसकी रचना है?
(a) भारवि (b) हर्षवर्द्धन
(c) भरतमुनि (d) भास्कराचार्य

4. महाकाव्य और पौराणिक मूल पाठों के 'निबन्धों' अथवा सार-संग्रहों के संकलन के लिए बारहवीं सदी के संस्कृत का कौन विद्वान् सर्वप्रथम जिम्मेदार था?
(a) हर्ष (b) गोविन्दचन्द्र
(c) लक्ष्मीधर (d) कालीदास

5. मणिमेकलाई के लेखक कौन हैं?
(a) कोवालन
(b) सथनार
(c) इलांगो अडिगल
(d) तिरुतक्कातेवर

6. सन्त भाषा क्या है?
(a) निर्गुण रहस्यवादियों की भाषा
(b) उलटबांसी रहस्यवादियों की भाषा
(c) निराकार रहस्यवादियों की भाषा
(d) सगुण रहस्यवादियों की भाषा

7. नयनार कौन थे?
(a) वे जो विष्णु की भक्ति में डूबे हुए थे
(b) वे जो बुद्ध के भक्त थे
(c) वे अग्रणी (लीडर) जो शिव के भक्त थे
(d) वे अग्रणी जो बसवेश्वर के भक्त थे

8. साँची का स्तूप कहाँ स्थित है?
(a) रायसेन (मध्य प्रदेश)
(b) संकिशा (छत्तीसगढ़)
(c) गोरखपुर (उत्तरप्रदेश)
(d) पाटलिपुत्र (बिहार)

9. मध्य प्रदेश के सतना में स्थित भरहुत स्तूप का निर्माण किसने करवाया था?
(a) चन्द्रगुप्त मौर्य (b) अशोक
(c) हर्षवर्द्धन (d) बिम्बिसार

10. निम्नलिखित में से कौन मन्दिर स्थापत्य की शैली नहीं है?
(a) वेसर शैली (b) नागर शैली
(c) द्रविड़ शैली (d) दिवान शैली

11. मोढरा का सूर्य मन्दिर किस राज्य में स्थित है?
(a) बिहार (b) गुजरात
(c) ओडिशा (d) बंगाल

12. किसके राज्य में 'कल्याण मण्डप' की रचना मन्दिर निर्माण का एक विशिष्ट अभिलक्षण था?
(a) चालुक्य
(b) चन्देल
(c) राष्ट्रकूट
(d) विजयनगर

13. विजयनगर के किस शासक ने विट्ठल स्वामी मन्दिर का निर्माण करवाया था?
(a) हरिहर प्रथम
(b) देवराय द्वितीय
(c) कृष्णदेव राय
(d) मल्लिकार्जुन

14. निम्न में से कौन-सा युग्म सही है?
(a) अलाई दरवाजा – तंजौर
(b) ताजमहल – मेरठ
(c) गोलकुण्डा किला – हैदराबाद
(d) लाल किला – जयपुर

15. मौर्यकालीन धौली चट्टान को काटकर किस जानवर की उत्कृष्ट मूर्ति बनाई गई है?
(a) घोड़ा (b) बैल
(c) सिंह (d) हाथी

16. गान्धार कला के अन्तर्गत किसकी मूर्तियों का निर्माण सर्वाधिक हुआ है?
(a) बुद्ध (b) महावीर
(c) अशोक (d) कनिष्क

17. भारतीय चित्रकला का प्राचीनतम साक्ष्य कहाँ से प्राप्त होता है?
(a) भीमबेटका (b) अजन्ता
(c) एलोरा (d) विजयनगर

18. सुप्रसिद्ध चित्र 'बणी-ठणी' किस शैली का है?
(a) बूँदी शैली
(b) जयपुर शैली
(c) काँगड़ा शैली
(d) किशनगढ़ शैली

19. 'मधुबनी' पेण्टिंग किस राज्य से सम्बन्धित है?
(a) उत्तर प्रदेश (b) बिहार
(c) केरल (d) तमिलनाडु

20. भारत का सबसे प्राचीनतम संगीत-यन्त्र क्या है?
(a) बाँसुरी (b) तबला
(c) वीणा (d) सितार

21. निम्नलिखित में से तन्त्री वाद्य कौन-सा है?
(a) मृदंगम् (b) तबला
(c) शहनाई (d) सन्तूर

22. कौन-सा नृत्य केवल पुरुष कलाकारों द्वारा किया जाता है?
(a) मोहिनी अट्टम (b) ओडिसी
(c) कथकली (d) मणिपुरी

23. निम्नलिखित में से युद्ध सम्बन्धी नृत्य कौन-सा है?
(a) कथकली
(b) मेघालय का बम्बू नृत्य
(c) मयूरभंज का छऊ
(d) पंजाब का भाँगड़ा

24. 'जात्रा' कहाँ की लोकनाट्य शैली है?
(a) पूर्वी भारत
(b) उत्तरी भारत
(c) पश्चिमी भारत
(d) दक्षिणी भारत

25. 'तमाशा' संगीत नाटक का प्रसिद्ध लोक स्वरूप है और यह सम्बन्धित है
(a) उत्तर प्रदेश से (b) पंजाब से
(c) महाराष्ट्र से (d) बिहार से

26. 'ताराभांत की ओढ़नी' राजस्थान की किन स्त्रियों की लोकप्रिय वेशभूषा है?
(a) राजपूत स्त्रियाँ (b) गुर्जर स्त्रियाँ
(c) आदिवासी स्त्रियाँ (d) जाट स्त्रियाँ

27. निम्नलिखित में किस स्थान पर कुम्भ का आयोजन नहीं होता है?
(a) प्रयागराज (b) उज्जैन
(c) नासिक (d) वाराणसी

28. महाकुम्भ कितने वर्षों के अन्तराल में होता है?
(a) 12 वर्ष (b) 10 वर्ष
(c) 9 वर्ष (d) 6 वर्ष

29. 'रथ यात्रा' महोत्सव कहाँ होता है?
(a) कोणार्क (b) पुरी
(c) द्वारिका (d) हरिद्वार

30. कारमोस नृत्य किस बौद्ध धर्म उत्सव के अवसर पर होता है?
(a) लोसर उत्सव (b) बुद्ध जयन्ती
(c) त्सेशु (d) दोसमोचे

31. दक्षिण भारत का त्योहार 'ओणम' सम्बद्ध है
(a) राम की रावण पर विजय से
(b) दुर्गा द्वारा महिषासुर के वध से
(c) शिव शक्ति से
(d) महाबली से

32. ओणम किस प्रदेश का त्योहार है?
(a) कर्नाटक
(b) असम
(c) केरल
(d) तमिलनाडु

सही उत्तर

1. (a)	2. (d)	3. (c)	4. (c)	5. (b)	6. (b)	7. (c)	8. (a)	9. (b)	10. (d)
11. (b)	12. (d)	13. (c)	14. (c)	15. (d)	16. (a)	17. (a)	18. (d)	19. (b)	20. (c)
21. (d)	22. (c)	23. (c)	24. (a)	25. (c)	26. (c)	27. (d)	28. (a)	29. (b)	30. (a)
31. (d)	32. (c)								

अध्याय 20 विश्व का इतिहास

यूरोप में पुनर्जागरण

- पुनर्जागरण का प्रारम्भ इटली के **फ्लोरेन्स नगर** से माना जाता है।
- इटली के महान् कवि दाँते को पुनर्जागरण का अग्रदूत माना जाता है, इन्होंने इटली की बोलचाल की भाषा **टस्कन** में **डिवाइन कॉमेडी** की रचना की।
- दाँते के बाद पुनर्जागरण की भावना का प्रश्रय देने वाला दूसरा व्यक्ति **पेट्रॉक** (1304-1367) था।
- **द प्रिन्स** के रचयिता **मैकियावेली** को आधुनिक विश्व का प्रथम राजनीतिक चिन्तक माना जाता है।
- **द लास्ट जजमेण्ट** एवं **द फाल ऑफ मैन माइकल एन्जिलों** की कृतियाँ हैं।
- पुनर्जागरण काल में चित्रकला का जनक **जियावो** को माना जाता है। पुनर्जागरण काल का सर्वश्रेष्ठ निबन्धकार इंग्लैण्ड का **फ्रांसिस बेकन** था।
- मार्टिन लूथर ने जर्मन भाषा में **बाइबिल** का अनुवाद प्रस्तुत किया है।
- इंग्लैण्ड के **रोजर बेकन** को आधुनिक प्रयोगात्मक विज्ञान का जन्मदाता माना जाता है।

धर्म सुधार आन्दोलन

- 16वीं शताब्दी में जर्मनी के **मार्टिन लूथर** के नेतृत्व में एक महान् धर्म सुधार आन्दोलन की शुरूआत हुई, जिसने पोप व कैथोलिक चर्च की निरंकुश सत्ता को सीधी चुनौती दी। इस विद्रोह के परिणामस्वरूप **प्रोटेस्टेण्टवाद** की उत्पत्ति हुई।
- धर्म सुधार आन्दोलन में धर्म के मूल स्वरूप के लिए कोई चुनौती नहीं थी, विरोध केवल व्यवहार एवं कार्यान्वयन का था। किसी ने भी ईसा मसीह, बाइबिल आदि में अनास्था प्रकट नहीं की थी।

इंग्लैण्ड की गौरवपूर्ण क्रान्ति

- इंग्लैण्ड में 1642-1649 ई. तक **सप्तवर्षीय गृह-युद्ध** हुआ। गृह-युद्ध के पश्चात् चार्ल्स प्रथम को फाँसी दे दी गई तथा चार्ल्स द्वितीय को राजा बनाया गया।
- **चार्ल्स द्वितीय** की निरंकुशता से जनमत उसके विरुद्ध हो गया। परिणामस्वरूप इंग्लैण्ड में गौरवपूर्ण क्रान्ति 1688 ई. में हुई।

अमेरिका का स्वतन्त्रता-संग्राम

- अमेरिका स्वतन्त्रता-संग्राम के नायक **जॉर्ज वाशिंगटन** थे, जो बाद में अमेरिका के प्रथम राष्ट्रपति बने। अमेरिका को पूर्ण स्वतन्त्रता 4 जुलाई, 1776 को मिली।
- 1773 ई. में ईस्ट इण्डिया कम्पनी का चाय से लदा एक जहाज बोस्टन पहुँचा। बोस्टन के नागरिकों ने जहाज से चाय की पेटियों को 16 दिसम्बर, 1773 को समुद्र में फेंक दिया। इस घटना को **बोस्टन टी-पार्टी** के नाम से जाना जाता है।
- अमेरिका का स्वतन्त्रता-युद्ध 1783 ई. में पेरिस की सन्धि के तहत समाप्त हुआ।
- अमेरिका स्वतन्त्रता संग्राम के दौरान अमेरिका- वासियों का **नारा** था 'प्रतिनिधित्व नहीं तो कर नहीं'।
- अमेरिकन फिलॉसोफिकल सोसायटी की स्थापना **बेंजामिन फ्रैंकलिन** ने की।
- संसार में सर्वप्रथम लिखित संविधान संयुक्त राज्य अमेरिका में 1789 ई. में लागू हुआ।

फ्रांस की राज्य क्रान्ति

- 1789 ई. में फ्रांस की राज्य-क्रान्ति लुई सोलहवें के शासनकाल में हुई।
- स्टेट्स जनरल की शुरुआत 5 मई, 1789 को हुई थी, इसी दिन फ्रांसीसी क्रान्ति का श्रीगणेश हुआ।
- 14 जुलाई, 1789 को क्रान्तिकारियों ने बास्तील के जेल के फाटक को तोड़ बन्दियों को मुक्त कर दिया।
- सामाजिक समानता, सामन्तीय विशेषाधिकारों का अन्त निरंकुश तथा भ्रष्ट प्रशासन में सुधार, न्याय तथा करों में सुधार, क्रान्ति के माँग में शामिल थे।
- समानता के उद्देश्यों को पाने के लिए ही इस क्रान्ति की शुरुआत की गई थी।
- समानता, स्वतन्त्रता और बन्धुत्व का नारा फ्रांस की राज्यक्रान्ति की देन है।
- फ्रांसीसी क्रान्ति में वाल्टेयर, माण्टेस्क्यू एवं रूसो ने सर्वाधिक योगदान दिया।
- वाल्टेयर चर्च का विरोधी था तो रूस प्रजातन्त्रात्मक शासन पद्धति का समर्थक था।
- फ्रांस की राजधानी वर्साय को लुई चौदहवाँ ने बनवाया था।

- **ट्रेफेल्गर का युद्ध** 21 अक्टूबर, 1805 में इंग्लैण्ड एवं नेपोलियन के बीच हुआ।
- नेपोलियन ने कानूनों का संग्रह तैयार करवाया जिसे **नेपोलियन कोड** कहा जाता है।
- 1815 ई. में **वाटर लू का युद्ध** उसके जीवन काल का अन्तिम युद्ध था, जिसमें उसे पराजय मिली और उसे आत्मसमर्पण करना पड़ा।
- उसे सेण्ट हेलेना द्वीप भेज दिया गया, जहाँ 1821 ई. में उसकी मृत्यु हो गई।
- नेपोलियन के पतन का कारण था, उसका रूस पर आक्रमण करना।
- नेपोलियन को लिट्ल कारपोरल के नाम से भी जाना जाता है।

औद्योगिक क्रान्ति

- विश्व में सर्वप्रथम औद्योगिक क्रान्ति इंग्लैण्ड में हुई क्योंकि इंग्लैण्ड के पास अधिक उपनिवेशों के कारण पर्याप्त कच्चे माल और पूँजी की अधिकता थी।
- 1814 ई. में **जॉर्ज स्टीफेन्सन** ने रेल द्वारा खानों से बन्दरगाहों तक कोयला ले जाने के लिए **भाप-इंजन** का प्रयोग किया।
- औद्योगिक क्रान्ति की दौड़ में जर्मनी इंग्लैण्ड का प्रतिद्वन्द्वी था।

औद्योगिक क्रान्ति के दौरान हुए आविष्कार

आविष्कार	आविष्कारक	आविष्कार का वर्ष
स्पिनिंग जेनी	जैम्स हरग्रीव्ज	1765 ई.
वाटर फ्रेम	रिचार्ड आर्कराइट	1767 ई.
पावर लूम	एडमण्ड कार्टराइट	1785 ई.
वाष्प इंजन	जेम्स वाट	1769 ई.
सेफ्टी लैप	हम्फ्री डेवी	1815 ई.

जर्मनी का एकीकरण

- जर्मनी का एकीकरण **बिस्मार्क** ने लौह एवं रक्त की नीति का अनुसरण करते हुए किया। बिस्मार्क प्रशा के शासक विलियम प्रथम का प्रधानमन्त्री था।
- जर्मनी में राष्ट्रीयता की भावना जगाने का श्रेय नेपोलियन बोनापार्ट को है। नेपोलियन ने छोटे-छोटे राज्यों को मिलाकर 39 राज्यों का एक संघ बनाया जो राइन संघ कहा जाता था।
- जर्मनी के आर्थिक राष्ट्रवाद का पिता **फ्रेडरिक लिस्ट** को माना जाता है।
- 1815 से 1850 ई. के बीच जर्मन साम्राज्य पर **ऑस्ट्रिया** का आधिपत्य था।
- एकीकरण के अन्तिम चरण में प्रशा एवं फ्रांस के मध्य 1871 ई. में युद्ध हुआ जिसमें फ्रांस की पराजय हुई तथा दोनों में **फैंकफर्ट की सन्धि** हुई।
- प्रशा का राजा विलियम प्रथम जर्मन सम्राट बना। उसे कैसर की उपाधि से विभूषित किया गया।
- एकीकृत जर्मन राष्ट्र के निर्माण में राके, बोमर, लसर इत्यादि दार्शनिकों ने महत्त्वपूर्ण भूमिका निभाई।
- **सूडान के युद्ध** के बाद जर्मनी का एकीकरण सम्भव हो सका।

इटली का एकीकरण

- **इटली** के एकीकरण का जनक **जोसेफ मेजिनी** को माना जाता है।
- गिबर्टी ने कार्बोनेरी नामक गुप्त संस्था की स्थापना की थी।
- इटली की एकता का जन्मदाता **नेपोलियन** था।
- इटली के एकीकरण के मार्ग में ऑस्ट्रिया सबसे बड़ा बाधक था।
- इटली के एकीकरण की तलवार **गैरीबाल्डी** को कहा जाता है। इसने 'लाल कुर्ती' नाम से सेना का संगठन किया।
- प्रशा एवं फ्रांस के बीच युद्ध का लाभ उठाकर रोम पर अधिकार करके, उसे इटली की राजधानी बनाया गया। इसका चतुर्थ एवं अन्तिम एकीकरण 1871 ई. में **काऊण्ट कैबूर** ने किया।

प्रथम विश्वयुद्ध

- प्रथम विश्वयुद्ध की शुरुआत 28 जुलाई, 1914 को हुई। इसका तात्कालिक कारण ऑस्ट्रिया के राजकुमार फर्डिनेंड की बोस्निया की राजधानी सराजेवो में की गई हत्या थी।
- प्रथम विश्वयुद्ध में सम्पूर्ण विश्व दो खेमों मे बँट गया—मित्र राष्ट्र एवं धुरी राष्ट्र।
- **धुरी राष्ट्रों** का नेतृत्व **जर्मनी** ने किया, इसमें ऑस्ट्रिया हंगरी, इटली आदि शामिल थे, जबकि **मित्र राष्ट्रों** में इंग्लैण्ड जापान, संयुक्त राज्य अमेरिका, रूस एवं फ्रांस शामिल थे।
- प्रथम विश्वयुद्ध के दौरान जर्मनी ने रुस पर आक्रमण 1 अगस्त, 1914 में एवं फ्रांस पर आक्रमण 3 अगस्त, 1914 मे किया।
- प्रथम विश्वयुद्ध की समाप्ति 11 नवम्बर, 1918 को हो गई। इसमें अमेरिकी राष्ट्रपति **वुडरो विल्सन**, ब्रिटिश प्रधानमन्त्री **लायड जार्ज** तथा फ्रांसीसी प्रधानमन्त्री **जॉर्ज क्लेमेसो** की भूमिका महत्त्वपूर्ण रही। वर्साय की सन्धि 28 जून, 1919 को जर्मनी के साथ हुई।
- युद्धोपरान्त विश्व में शान्ति की स्थापना के लिए अन्तर्राष्ट्रीय संस्था **राष्ट्र संघ** की स्थापना वर्ष 1920 में की गई।

रूसी क्रान्ति

- रूस के शासक को **जार** कहा जाता था। यह जारशाही व्यवस्था मार्च, 1917 में रूसी क्रान्ति के फलस्वरूप समाप्त हुई। रूसी क्रान्ति का तात्कालिक कारण प्रथम विश्वयुद्ध में **रूस की पराजय** थी।
- ''एक जार, एक चर्च और एक रूस'' का नारा जार निकोलस द्वितीय ने दिया था।
- रूस में साम्यवाद की स्थापना 1898 ई. में हुई थी।
- रूस में सबसे अधिक जनसंख्या स्लाव लोगों की थी।
- आधुनिक रूस का निर्माता **स्टालिन** को माना जाता है। बोल्शेविकों ने एक नई सरकार का गठन किया जिसका अध्यक्ष लेनिन बना तथा ट्राटस्की को विदेश मन्त्री बनाया गया।
- प्रथम विश्वयुद्ध के दौरान **लेनिन** का नारा था 'युद्ध का अन्त करो'।
- **कार्ल मार्क्स** का आजीवन साथी रहा-फ्रेडरिक एन्जेल्स दुनिया के मजदूरों एक हो' का नारा कार्ल मार्क्स ने दिया।

इटली में फासीवाद का उदय

- प्रथम विश्वयुद्ध के बाद इटली की मित्र राष्ट्रों से असन्तुष्टि तथा युद्धोपरान्त सैनिकों की छँटनी से उत्पन्न अराजक स्थिति को सुधारने के लिए **मुसोलिनी** ने भूतपूर्व सैनिकों की मदद से मिलान में एक संगठन बनाया जिसे फासिस्ट कहा जाता था। फासीवादी दल के स्वयंसेवक काली कमीज पहनते थे।

- फासीवाद शब्द इतालवी मूल का है, इसका प्रयोग सर्वप्रथम बेनिटो मुसोलिनी के नेतृत्व में चलाए गए आन्दोलनों के लिए किया गया था। मुसोलिनी को उसके सहयोगी ड्यूस कहते थे।
- मुसोलिनी ने 10 जून, 1939 को द्वितीय विश्वयुद्ध के दौरान मित्र राष्ट्रों के विरुद्ध युद्ध की घोषणा की।
- मुसोलिनी को ड्यूस नाम से पुकारा जाता था।

जर्मनी में नाजीवाद का उदय

- नाजीवाद, फासीवाद का जर्मन रूप था।
- जर्मनी में नाजी दल का उत्थान **हिटलर** के नेतृत्व में हुआ। वर्ष 1920 हिटलर ने **नेशनल सोशलिस्ट** पार्टी या नाजी दल की स्थापना की तथा वर्ष 1933 में जर्मनी का प्रधानमन्त्री बना। उस समय राष्ट्रपति हिण्डेनबर्ग था।
- हिटलर को उसके समर्थक **फ्यूरर** कहते थे तथा उसके अनुयायी बाँह पर स्वास्तिक का चिह्न लगाते थे। उसने गेस्टापो नामक गुप्तचर पुलिस विभाग का गठन किया।
- चाँसलर बनने के बाद हिटलर ने राष्ट्रसंघ की सदस्यता त्याग दी तथा वर्ष 1935 में पुन: शस्त्रीकरण की घोषणा की।
- **एक राष्ट्र एक नेता** का नारा हिटलर ने दिया। उसकी आत्मकथा का नाम My kemf (मेरा संघर्ष) है।

चीनी क्रान्ति

- वर्ष 1905 में सनयात सेन ने तुंग-मेंग-दल पार्टी का गठन किया, जिसका उद्देश्य चीन में **मंचू वंश** के शासन को समाप्त करना था।
- वर्ष 1911 में हुई चीनी क्रान्ति का नायक **सनयात सेन** था। इस क्रान्ति के बाद चीन में गणतन्त्र शासन पद्धति की स्थापना हुई।
- डॉ. सन्यात सेन ने वर्ष 1912 में तुंग-मेंग हुई पार्टी (तुंग-मेंग-दल) का नाम बदलकर कुओमिंतांग रखा।
- माओत्से तुंग के नेतृत्व में 1 अक्टूबर, 1949 को जनवादी गणराज्य की स्थापना चीन में की गई।
- चीनी साम्यवादी गणतन्त्र का प्रथम अध्यक्ष **माओत्से तुंग** था।
- डॉ. सन्यात सेन के तीन सिद्धान्त क्रमश: राष्ट्रवाद, लोकतंत्रवाद तथा सामाजिक न्याय थे।
- डॉ. सन्यात सेन को 'चीन का राष्ट्रपिता' कहा जाता है।

विश्वव्यापी महामन्दी

1930 के दशक की महामन्दी ने दुनिया की अधिकांश राष्ट्रीय अर्थव्यवस्थाओं को प्रभावित किया। माना जाता है कि यह मन्दी वर्ष 1929 की संयुक्त राज्य अमेरिका के **वॉल स्ट्रीट दुर्घटना** से शुरू हुई थी और संकट जल्दी ही अन्य राष्ट्रीय अर्थव्यवस्थाओं में फैल गया। वर्ष 1929 और 1933 के बीच, संयुक्त राज्य अमेरिका के सकल राष्ट्रीय उत्पाद में 33% की कमी आई, जबकि बेरोजगारी की दर बढ़कर 25% हो गई। महामन्दी के बड़े व्यापक, आर्थिक व राजनीतिक प्रभाव हुए। इससे फासीवाद बढ़ा और अन्ततः द्वितीय विश्वयुद्ध की स्थिति आई। महामन्दी का एक दीर्घकालिक प्रभाव यह था कि प्रत्येक प्रमुख मुद्रा का स्वर्ण मानक से विचलन हो गया।

महामन्दी का महाप्रभाव

- 1 करोड़ 30 लाख लोग बेरोजगार हो गए।
- वर्ष 1929 से 1932 के दौरान औद्योगिक उत्पादन की दर में 45 फीसदी की गिरावट आई।
- वर्ष 1929 से 1932 के दौरान आवास निर्माण की दर में 80 फीसदी तक की कमी हो गई।
- इस दौरान 5 हजार से भी अधिक बैंक बन्द हो गए।

महामन्दी के कारण

- महामन्दी के कई कारण थे, जिनमें से संयुक्त राज्य अमेरिका की समृद्धि एक प्रमुख थी।
- संयुक्त राज्य अमेरिका की अर्थव्यवस्था की वृद्धि ने खपत और माँग को बढ़ाया और रोजगार और निवेश में वृद्धि हुई जिससे अटकलों को बढ़ावा मिला जिसके परिणामस्वरूप महामन्दी का दौर आया।
- शेयर बाजार का दुर्घटनाग्रस्त होना महामन्दी का एक और कारण था।
- निवेशकों ने शेयर बाजार में निवेश और जमा करना बन्द कर दिया, जिससे मूल्यह्रास और अवसाद हो गया।
- एक अन्य कारण प्रमुख बैंकों की विफलता थी। कई बैंक बन्द हो गए और लोगों ने अपनी सम्पत्ति वापस ले ली और बैंकों ने आम लोगों में अविश्वास दिखाते हुए ऋणों की भी वसूली की।
- वर्ष 1930 की शुरुआत में अमेरिका में पड़े सूखे के कारण कृषि अर्थव्यवस्था अस्थिर हो गई, जिसका प्रभाव वैश्विक रहा। इस प्रभाव ने वैश्विक महामन्दी को बल दिया।

आर्थिक संकट का विश्व पर प्रभाव

जर्मनी पर प्रभाव

आर्थिक संकट के परिणामस्वरूप जर्मनी में बेरोजगारी अत्यधिक बढ़ी। वर्ष 1932 तक 60 लाख लोग बेरोजगार हो गए। इससे जर्मनी में बाह्य गणतन्त्र की स्थिति दुर्बल हुई, हिटलर इसका फायदा उठाकर सत्ता में आ गया। इस प्रकार आर्थिक मन्दी में जर्मनी ने नाजीवाद का शासन स्थापित किया।

ब्रिटेन पर प्रभाव

वर्ष 1931 में आर्थिक मन्दी के कारण ब्रिटेन को स्वर्णमान का परित्याग करना पड़ा। सरकार ने सोने का निर्यात बन्द कर दिया। सरकार ने आर्थिक स्थिरीकरण की नीति अपनाई। इससे आर्थिक मन्दी से उबरने में ब्रिटेन को मदद मिली। व्यापार में संरक्षण की नीति अपनाने से भी व्यापार सन्तुलन ब्रिटेन के पक्ष में हो गया। ब्रिटिश सरकार ने सस्ती मुद्रा दर को अपनाया जिससे बैंक दर में कमी आई। इससे विभिन्न उद्योगों को बढ़ावा मिला।

फ्रांस पर प्रभाव

जर्मनी से अत्यधिक क्षतिपूर्ति प्राप्त करने के कारण फ्रांस की आर्थिक स्थिति सुदृढ़ थी, अत: आर्थिक मन्दी का उस पर अधिक प्रभाव नहीं पड़ा। फ्रांस की मुद्रा फ्रेंक अपनी साख बचाए रखने में सफल रही।

रूस पर प्रभाव

रूस में स्टालिन की आर्थिक नीतियों एवं पंचवर्षीय योजनाओं से आर्थिक स्थिति सुदृढ़ थी। अत: वह भी आर्थिक मन्दी से प्रभावित नहीं हुआ। इससे विश्व के समक्ष साम्यवादी व्यवस्था की मजबूती एवं पूँजीवादी व्यवस्था का खोखलापन उजागर हुआ।

अमेरिका पर प्रभाव

अमेरिका में बेरोजगारी 15 लाख से बढ़कर 1 करोड़ 30 लाख हो गई। यूरोप में आर्थिक मन्दी के कारण अमेरिका का यूरोपीय ऋण डूबने की स्थिति में आ गया। वर्ष 1932 के चुनाव में आर्थिक संकट के कारण रिपब्लिक पार्टी का हूवर पराजित हुआ।

महामन्दी के दौरान प्रमुख परिवर्तन

साम्यवाद के प्रति बढ़ा रुझान

साम्यवादी राष्ट्र होने के नाते सोवियत संघ ने खुद को पूँजीवादी व्यवस्था से काटकर रखा था। पूँजीवादी देश भी उसके साथ सम्बन्ध नहीं रखना चाहते थे। लेकिन इससे सोवियत संघ को फायदा ही हुआ और वह उस महामन्दी से बच निकला, जिसने पूँजीवादी देशों की कमर तोड़कर रख दी थी। इस दौरान सोवियत संघ में औद्योगिक विस्तार हुआ।

इससे मार्क्सवाद को प्रतिष्ठा मिली और उसे पूँजीवाद के रूप में देखा जाने लगा। यही कारण था कि कई प्रभावित देशों में इससे प्रेरित होकर सामाजिक व साम्यवादी प्रदर्शन व आन्दोलन हुए।

फासीवाद को बढ़ावा

कई विशेषज्ञों का मानना है कि फासीवाद को बढ़ावा देने में इस महामन्दी का भी हाथ रहा। फासीवादी नेताओं ने सम्बन्धित देशों में इस बात का प्रचार शुरू कर दिया कि लोगों की खराब स्थिति के लिए उनके पूँजीवादी नेता ही जिम्मेदार है, जिनसे फासीवाद ही बचा सकता है। जर्मनी में हिटलर ने इसी महामन्दी के बहाने अपनी पकड़ मजबूत बनाई।

जापान में हिदेकी तोजो ने चीन में घुसपैठ कर मंचुरिया में इस आधार पर खदानों का विकास किया कि इससे महामन्दी से राहत मिलेगी। लेकिन इसका एक ही परिणाम निकला–द्वितीय विश्वयुद्ध।

शस्त्र अर्थव्यवस्था का उदय

इस महामन्दी का सबसे बड़ा परिणाम यह हुआ कि अमेरिका जैसे देशों को अपनी अर्थव्यवस्था मजबूत करने के लिए एक बड़ा तरीका हाथ लग गया। अमेरिका सहित विभिन्न देशों में सैन्य प्रसार-प्रचार से न केवल नौकरियों के द्वार खुले, बल्कि हथियारों के उत्पादन से अर्थव्यवस्थाओं में भी जान आ गई। इससे 1930 के दशक के उत्तरार्द्ध में महामन्दी से निकलने में सहायता मिली। बाद में अमेरिका सहित पश्चिमी देशों ने इसे ही अपना खेवनहार बना लिया। आज हथियारों की बिक्री से इन देशों को भारी मुनाफा होता है।

पूँजीवाद मजबूत हुआ

महामन्दी के दौर में पूँजीवाद से मोहभ्रम की स्थिति को समझते हुए अमेरिका ने द्वितीय विश्वयुद्ध के बाद पश्चिमी देशी को मजबूत बनाने की योजना क्रियान्वित की। 'मार्शल प्लान नामक इस योजना का कागजों पर उद्देश्य तो विश्वयुद्ध से पीड़ित देशों के पुनर्निर्माण में मदद करना था, लेकिन असली उद्देश्य साम्यवाद के सम्भावित विस्तार को रोकना था। इसके तहत यूरोपीय देशों को 17 अरब डॉलर की वित्तीय व प्रौद्योगिकी सहायता दी गई। हालाँकि इसके बावजूद सोवियत संघ की बढ़ती ताकत नहीं रोकी जा सकी।

द्वितीय विश्वयुद्ध

- द्वितीय विश्वयुद्ध की शुरुआत 1 सितम्बर, 1939 को हुई। इसका तात्कालिक कारण जर्मनी द्वारा पोलैण्ड पर आक्रमण था।
- यह युद्ध 6 वर्षों तक चला। 14 अगस्त, 1945 को जापान के आत्मसमर्पण के बाद यह युद्ध बन्द हुआ।
- इस युद्ध में एक ओर सोवियत रूस, इंग्लैण्ड, फ्रांस, अमेरिका, चीन तथा अन्य राष्ट्र थे। इन्हें **मित्र राष्ट्र** कहा जाता था। दूसरी ओर जर्मनी, जापान तथा इटली थे, जिन्हें **धुरी राष्ट्र** कहा जाता था।
- द्वितीय विश्वयुद्ध के समय इंग्लैण्ड के प्रधानमन्त्री विंस्टन चर्चिल एवं अमेरिका के राष्ट्रपति फ्रैंकलिन डी रूजवेल्ट थे।
- द्वितीय विश्वयुद्ध के दौरान अमेरिका ने 6 अगस्त, 1945 को जापान के शहर **हिरोशिमा** पर फैटमैन एटम बम और 9 अगस्त, 1945 को **नागासाकी** शहर पर लिटिल बॉय नामक एटम बम का प्रयोग किया। द्वितीय विश्वयुद्ध में मित्र-राष्ट्रों द्वारा पराजित होने वाला अन्तिम देश जापान था।
- अन्तर्राष्ट्रीय क्षेत्र में विश्वयुद्ध का सबसे बड़ा योगदान **संयुक्त राष्ट्र संघ** (UNO) की स्थापना था।

संयुक्त राष्ट्र संघ

संयुक्त राष्ट्र संघ

- प्रथम विश्वयुद्ध के बाद विवादों या झगड़ों के निपटारे के लिए एक अन्तर्राष्ट्रीय संगठन **लीग ऑफ नेशंस** या राष्ट्र संघ की स्थापना 10 जनवरी, 1920 को हुई।

UNITED NATION

- राष्ट्र संघ की स्थापना होने के पश्चात् भी द्वितीय विश्वयुद्ध को रोका नहीं जा सका। इस युद्ध के पश्चात् विश्व में शान्ति की स्थापना हेतु एक नए संगठन, **संयुक्त राष्ट्र संघ** (United Nations Organisation, UNO) की संकल्पना की गई।
- इस संघ को मूर्त रूप देने में ब्रिटेन के सेण्ट जेम्स पैलेस में की गई घोषणा (12 जून, 1941), अटलाण्टिक चार्टर (14 अगस्त, 1941) संयुक्त राष्ट्र घोषणा (1 जनवरी, 1942), मॉस्को घोषणा (30 अक्टूबर, 1943), तेहरान सम्मेलन (1 दिसम्बर, 1943), डम्बर्टन ओक्स सम्मेलन (वाशिंगटन डी सी, अक्टूबर, 1944) और याल्टा सम्मेलन (क्रीमिया, 1945) का महत्त्वपूर्ण योगदान है।
- 26 जून, 1945 को सेनफ्रांसिस्को में संयुक्त राष्ट्र संघ चार्टर पर 50 देशों ने हस्ताक्षर किए, परन्तु पोलैण्ड ने 15 अक्टूबर को हस्ताक्षर किए। इस तरह संयुक्त राष्ट्र संघ में 51 मूल संस्थापक सदस्य हैं।
- संयुक्त राष्ट्र संघ चार्टर पर हस्ताक्षर करने वाले देशों के अनुमोदन (Ratification) के पश्चात् 24 अक्टूबर, 1945 को संयुक्त राष्ट्र संघ औपचारिक रूप से अस्तित्व में आया। 24 अक्टूबर को ही संयुक्त राष्ट्र

संघ दिवस के रूप में मनाया जाता है। 30 अक्टूबर, 1945 को भारत भी संयुक्त राष्ट्र संघ में शामिल हुआ। भारत भी संयुक्त राष्ट्र का संस्थापक सदस्य है।

- संयुक्त राष्ट्र संगठन का प्रथम नियमित सत्र **जनवरी, 1946** को लन्दन में बुलाया गया और Trygve Lie (Norway) को संयुक्त राष्ट्र संगठन का प्रथम महासचिव चुना गया। संयुक्त राष्ट्र संगठन का प्रधान कार्यालय **अमेरिका** के **न्यूयॉर्क** शहर में स्थित UN प्लाजा के First Avenue में स्थित है।

संयुक्त राष्ट्र का प्रतीक एवं ध्वज

- संयुक्त राष्ट्र का वर्तमान प्रतीक (Emblem) 7 **दिसम्बर, 1946** को अनुमोदित किया गया।
- प्रतीक में दो जैतून की वक्राकार शाखाओं के मध्य उत्तरी ध्रुव पर केन्द्रित विश्व का मानचित्र बना है। मानचित्र पाँच संकेन्द्रित (Concentric) वृत्तों में विभाजित है। जैतून की शाखाएँ शान्ति का प्रतीक हैं।
- विश्व का मानचित्र उस क्षेत्र को इंगित करता है, जहाँ संयुक्त राष्ट्र संघ शान्ति स्थापना के लिए लक्षित है।
- संयुक्त राष्ट्र का ध्वज 20 **अक्टूबर, 1947** को अपनाया गया। ध्वज की हल्की नीली पृष्ठभूमि पर श्वेत (White) रंग से संयुक्त राष्ट्र का प्रतीक अंकित है।

संयुक्त राष्ट्र की भाषाएँ

संयुक्त राष्ट्र की छः आधिकारिक भाषाएँ (Official Languages) हैं—अंग्रेजी, फ्रेंच, चीनी, रूसी, अरबी व स्पेनिश। प्रारम्भ में इसकी कार्यकारी भाषाएँ अंग्रेजी एवं फ्रेंच थीं, परन्तु बाद में अरबी, चीनी, रूसी और स्पेनिश को भी कार्यकारी भाषा में जोड़ दिया गया। अरबी को महासभा द्वारा वर्ष 1973 में एवं सुरक्षा परिषद् द्वारा वर्ष 1982 में अपनाया गया था।

संयुक्त राष्ट्र संघ के उद्देश्य

- संयुक्त राष्ट्र संघ के चार्टर के **प्रथम अनुच्छेद** में इसके उद्देश्यों का वर्णन है, जो निम्न हैं
- अन्तरराष्ट्रीय शान्ति (Peace) और सुरक्षा स्थापित करना।
- अन्तरराष्ट्रीय विवादों का शान्तिपूर्ण समाधान करना।
- समान अधिकार एवं आत्मनिर्णय के सिद्धान्त के आधार पर विभिन्न राष्ट्रों में परस्पर सहयोगपूर्ण सम्बन्धों का विकास करना।
- अन्तर्राष्ट्रीय स्तर पर सामाजिक, आर्थिक, सांस्कृतिक एवं मानवीय समस्याओं के समाधान में सहायता करना।
- मानवाधिकारों एवं मूलभूत स्वतन्त्रता के प्रति सम्मान को प्रोत्साहि... ...ना।
- इन लक्ष्यों की प्राप्ति के क्रम में राष्ट्रों द्वारा किए गए कार्यों के मध्य सामंजस्य स्थापित करने के केन्द्र के रूप में कार्य करना।

विश्व इतिहास के प्रमुख युद्ध

युद्ध	वर्ष	किनके मध्य लड़ा गया
मैराथन का युद्ध	490 ई. पू.	यूनानियों एवं ईरानियों के मध्य
क्रुसेड (धर्म युद्ध)	1095-1272 ई.	ईसाइयों एवं तुर्कों के मध्य
शतवर्षीय युद्ध	1337-1453 ई.	इंग्लैण्ड एवं फ्रांस के मध्य
सप्तवर्षीय युद्ध	1756-63 ई.	ब्रिटेन एवं स्पेन के मध्य
अमेरिकी स्वतन्त्रता का युद्ध	1776-83 ई.	अमेरिकी सेटलर्स एवं ब्रिटेन के मध्य
वाटरलू का युद्ध	1815 ई.	ब्रिटेन एवं फ्रांस के मध्य
अफीम युद्ध	1839-40 ई.	ब्रिटेन एवं चीन के मध्य
अमेरिकी गृह युद्ध	1861-65 ई.	यूनियनिस्टों एवं कानफेडरेटर के मध्य
चीन-जापान युद्ध	1937-45 ई.	जापान और चीन के मध्य
रूस-जापान युद्ध	1904-05 ई.	जापान और रूस के मध्य
स्वेज नहर का युद्ध	1956 ई.	ब्रिटेन, फ्रांस और इजराइल एवं मिस्र के मध्य
वियतनाम युद्ध	1955-75 ई.	कम्युनिस्ट उत्तरी वियतनाम एवं गैर-कम्युनिस्ट दक्षिणी वियतनाम और संयुक्त राज्य अमेरिका के मध्य
भारत-पाकिस्तान युद्ध	1965,71 ई.	भारत एवं पाकिस्तान के मध्य
अरब-इजरायल युद्ध	1973 ई.	इजराइल एवं मिस्र, सीरिया और अन्य अरब राष्ट्रों के मध्य
ईरान-इराक युद्ध	1980-88 ई.	ईरान एवं इराक के मध्य
फॉकलैण्ड युद्ध	1982 ई.	ब्रिटेन एवं अर्जेण्टीना के मध्य
खाड़ी युद्ध प्रथम	1991 ई.	संयुक्त राज्य अमेरिका के नेतृत्व में 20 राष्ट्रों के गठबन्धन एवं इराक के मध्य

वस्तुनिष्ठ प्रश्न

1. पुनर्जागरण आन्दोलन सबसे पहले शुरू हुआ था
(a) इंग्लैण्ड में (b) तुर्की में
(c) इटली में (d) फ्रांस में

2. निम्न में से कौन इटली के पुनर्जागरण का कवि था?
(a) होमर (b) रोसेट्टी
(c) दांते (d) वर्जिल

3. प्रोटेस्टेंट आन्दोलन (Protestant Movement) किसके द्वारा प्रारम्भ किया गया था?
(a) सेंट ऑगस्टिन
(b) मार्टिन लूथर
(c) जॉन काल्विन
(d) उपरोक्त में से कोई नहीं

4. फ्रांसीसी क्रान्ति किस वर्ष शुरू हुई?
(a) 1770 ई. (b) 1788 ई.
(c) 1789 ई. (d) 1750 ई.

5. निम्नलिखित में से किसके पतन से 'फ्रेंच क्रान्ति' का आरम्भ हुआ?
(a) बास्तील (b) कॉम्यून्ज
(c) जैकोबिन (d) पिलनिट्ज

6. निम्नलिखित में से कौन-से संकेत शब्द फ्रांसीसी क्रान्ति से सम्बन्धित थे?
(a) अधिकार, स्वाधीनता और समानता
(b) स्वाधीनता, समानता और न्याय
(c) स्वाधीनता, समानता और बन्धुता
(d) अधिकार, समानता और न्याय

7. फ्रांसीसी क्रान्ति के बाद निम्नलिखित में से कौन एक प्रसिद्ध नेता के रूप में उभर कर आया?
(a) वोल्टैर (b) कार्ल मार्क्स
(c) नेपोलियन बोनापार्ट (d) चार्ल्स डी-गुआले

8. नेपोलियन बोनापार्ट निवासी था
(a) इटली का (b) ब्रिटेन का
(c) जर्मनी का (d) फ्रांस का

9. निम्नलिखित में से कौन-सा देश नेपोलियन के विरुद्ध तीसरे गठबन्धन (संघ) का एक हिस्सा नहीं था?
(a) रूस (b) प्रशा (पर्शिया)
(c) स्वीडन (d) फ्रांस

10. फ्रांस की क्रान्ति के सम्बन्ध में वर्ष और घटना का निम्नलिखित में से कौन-सा संयोजन सही सुमेलित है?
(a) 1789 : नेपोलियनी कोड
(b) 1791 : टेनिस कोर्ट शपथ
(c) 1792 : नेशनल कन्वेंशन
(d) 1804 : फ्रांस का नया संविधान

11. निम्नलिखित घटनाओं में से कौन पहले घटित हुई?
(a) रूसी क्रान्ति
(b) अमेरिकी स्वतन्त्रता संग्राम
(c) फ्रांसीसी क्रान्ति
(d) भारत का प्रथम स्वतन्त्रता संग्राम (सिपाही विद्रोह)

12. किस वर्ष संयुक्त राज्य अमेरिका ने स्वतन्त्रता प्राप्त की?
(a) 1802 ई. (b) 1766 ई.
(c) 1776 ई. (d) 1765 ई.

13. रूसी क्रान्ति के जनक कौन थे?
(a) निकिता ख्रुश्चेव (b) स्टालिन
(c) वी.आई. लेनिन (d) एल.आई.

14. पहली मार्क्सवादी क्रान्ति किस देश में हुई?
(a) जमनी (b) इटली
(c) ग्रेट ब्रिटेन (d) रूस

15. 1750 ई. में किस देश में औद्योगिक क्रान्ति की शुरुआत हुई?
(a) फ्रांस (b) इटली
(c) जर्मनी (d) इंग्लैण्ड

16. 1850 ई. के दौरान ब्रिटेन .... कहलाने लगा।
(a) छोटा महाद्वीप
(b) दुनिया का कारखाना
(c) मजदूरों का राजा
(d) फैक्ट्री का मालिक

17. प्रथम विश्वयुद्ध का प्रारम्भ कब हुआ?
(a) 24 जून, 1912 (b) 28 जुलाई 1914
(c) 22 जून, 1914 (d) 26 जुलाई, 1912

18. वर्साय की सन्धि द्वारा किसका मान-मर्दन किया गया?
(a) ऑस्ट्रिया (b) जर्मनी
(c) इंग्लैण्ड (d) फ्रांस

19. द्वितीय विश्वयुद्ध के समय ब्रिटेन का प्रधानमन्त्री कौन था?
(a) क्लीमेण्ट एटली
(b) लॉयड जॉर्ज
(c) नेविल चेम्बरलेन
(d) विंस्टन चर्चिल

20. निम्नलिखित किस देश ने द्वितीय विश्वयुद्ध में पर्ल हार्बर पर आक्रमण किया?
(a) पोलैण्ड (b) जापान
(c) जर्मनी (d) फ्रांस

21. 'सप्तवर्षीय युद्ध' में कौन-से दो देश शामिल थे?
(a) टर्की और ऑस्ट्रिया
(b) इंग्लैण्ड और फ्रांस
(c) फिलिस्तीन और इजराइल
(d) जर्मनी और रूस

22. याण्डबू की सन्धि कब हस्ताक्षरित की गई थी?
(a) 1826 ई. (b) 1825 ई.
(c) 1824 ई. (d) 1823 ई.

23. महान् दार्शनिक प्लेटो किस देश के निवासी थे?
(a) मिस्र (b) ग्रीस
(c) फ्रांस (d) चीन

24. किस आन्दोलन का नेतृत्व करने के लिए मार्टिन लूथर किंग को जाना जाता है?
(a) उपनिवेशवाद के विरुद्ध
(b) रंगभेद के विरुद्ध
(c) सुधार
(d) श्रमिक

25. कार्ल मार्क्स थे
(a) रूसी चिन्तक
(b) जर्मन चिन्तक
(c) फ्रांसीसी लेखक
(d) अमेरिकी वैज्ञानिक

26. वर्ष 1929 की वैश्विक महामन्दी की शुरुआत कहाँ से हुई थी?
(a) यू.एस ए. के शेयर बाजार से
(b) जर्मनी के शेयर बाजार से
(c) रूस की क्रान्ति के दौरान ब्लाडिवोस्टक से
(d) उपरोक्त में से कोई नहीं

सही उत्तर

1. (c) 2. (c) 3. (b) 4. (c) 5. (a) 6. (c) 7. (c) 8. (d) 9. (c) 10. (c)
11. (b) 12. (c) 13. (c) 14. (d) 15. (d) 16. (c) 17. (b) 18. (b) 19. (d) 20. (b)
21. (b) 22. (a) 23. (b) 24. (b) 25. (b) 26. (a)

अर्थशास्त्र

अध्याय 01 अर्थव्यवस्था व उसका विकास क्रम

अर्थव्यवस्था

- अर्थव्यवस्था, दो शब्दों से मिलकर बना है—अर्थ एवं व्यवस्था। अर्थ का तात्पर्य मुद्रा (Money) से है और व्यवस्था का तात्पर्य एक स्थापित कार्यप्रणाली से है। अर्थव्यवस्था (Economy), अर्थशास्त्र रूपी सैद्धान्तिक पक्ष का व्यावहारिक स्वरूप है। अर्थव्यवस्था उत्पादन, वितरण एवं खपत की एक सामाजिक व्यवस्था है।
- अर्थव्यवस्था का सम्बन्ध किसी भी देश की समस्त आर्थिक गतिविधियों से है। किसी भी समाज में व्यक्ति को भोजन, वस्त्र, आवास, सड़क, डाक सेवा, चिकित्सा, शिक्षा आदि भौतिक सुविधाओं की आवश्यकता होती है। इन्हीं भौतिक आवश्यकताओं की पूर्ति करने वाली संस्थागत प्रणाली को अर्थव्यवस्था कहा जाता है तथा इन विषयों का अध्ययन करने वाले शास्त्र को **अर्थशास्त्र** (Economics) कहा जाता है।

अर्थशास्त्र

- अर्थशास्त्र अंग्रेजी शब्द 'इकोनॉमिक्स' (Economics) का हिन्दी रूपान्तरण है, जोकि ग्रीक भाषा के **ओकोनोमिया** (Okonomia) शब्द से उत्पन्न हुआ है। अर्थशास्त्र के जन्मदाता **एडम स्मिथ** थे।
- अर्थशास्त्र ऐसे विषय का अध्ययन है, जिसमें मनुष्य अपने सीमित स्रोतों से चुनाव द्वारा धन का विभाजन करके अपनी असीमित इच्छाओं की पूर्ति करके सन्तुष्ट होता है। इच्छाओं की पूर्ति के लिए, दैनिक जीवन में भिन्न-भिन्न लोग भिन्न-भिन्न प्रकार की क्रियाओं में व्यस्त रहते हैं। ये क्रियाएँ निम्नलिखित हैं
  (i) **आर्थिक क्रियाएँ** (Economic Activity) व्यक्ति धन कमाने के लिए विभिन्न प्रकार के कार्यों में व्यस्त रहते हैं, ऐसे कार्यों को आर्थिक क्रियाएँ कहा जाता है; जैसे—चिकित्सक, शिक्षक, व्यापारी आदि।
  (ii) **अनार्थिक क्रियाएँ** (Non-Economic Activity) इसमें धन को प्राप्त करना उद्देश्य नहीं होता है; जैसे—सामाजिक क्रियाएँ, धार्मिक क्रियाएँ, राजनीतिक क्रियाएँ आदि।

अर्थशास्त्र की शाखाएँ

अर्थशास्त्र को दो शाखाओं में विभाजित किया गया है, जो निम्नलिखित हैं

व्यष्टि अर्थशास्त्र

व्यष्टि अर्थशास्त्र (Micro Economics) के अन्तर्गत एक इकाई के व्यवहार तथा इसके द्वारा साधनों के आवण्टन का अध्ययन किया जाता है। व्यष्टि अर्थशास्त्र छोटे स्तर पर अर्थव्यवस्था का अध्ययन करता है। व्यष्टि अर्थशास्त्र के अन्तर्गत सूक्ष्म इकाइयों; जैसे—विशिष्ट फर्म, विशिष्ट उद्योग, व्यक्तिगत कीमत और विशिष्ट वस्तुओं का अध्ययन किया जाता है।

समष्टि अर्थशास्त्र

- समष्टि अर्थशास्त्र (Macro Economics) में समग्र अर्थव्यवस्था और इसकी समस्याओं एवं सम्भावनाओं का अध्ययन करते हैं। समष्टि अर्थशास्त्र क्षेत्रीय, राष्ट्रीय, अन्तर्राष्ट्रीय अर्थव्यवस्थाओं की अन्तर्निर्भरता को समझाने का प्रयास करता है।
- इस अर्थशास्त्र के अन्तर्गत सामूहिक इकाइयों पर विचार किया जाता है। यह व्यक्तिगत आय से नहीं, अपितु राष्ट्रीय आय से सम्बन्धित होता है। इसके अन्तर्गत विशाल समूहों; जैसे—कुल रोजगार, कुल राष्ट्रीय उत्पादन अथवा आय, सामान्य कीमत स्तर आदि का अध्ययन किया जाता है।

अर्थव्यवस्था का वर्गीकरण

अर्थव्यवस्था को निम्न प्रकार से वर्गीकृत किया जा सकता है

नियन्त्रण एवं बाह्य सम्बन्धों के आधार पर वर्गीकरण

किसी अर्थव्यवस्था की समस्त आर्थिक गतिविधियों के नियन्त्रण के आधार पर इसे समाजवादी, पूँजीवादी/उदारवादी व मिश्रित अर्थव्यवस्था में तथा बाह्य सम्बन्धों (व्यापार आदि) के आधार पर खुली एवं बन्द अर्थव्यवस्था में वर्गीकृत किया जाता है, जिनका संक्षिप्त विवरण निम्न प्रकार है

समाजवादी अर्थव्यवस्था

- समाजवादी अर्थव्यवस्था (Socialist Economy) राज्य की महत्त्वपूर्ण शक्ति होती है, जो राज्य की समस्त आर्थिक गतिविधियों को नियन्त्रित तथा निर्देशित करती है।
- यह उत्पादन के साधनों पर सार्वजनिक स्वामित्व की संकल्पना को लेकर चलती है तथा बाजारी शक्तियाँ नियन्त्रित रहती हैं; जैसे—भूतपूर्व सोवियत संघ।

पूँजीवादी अर्थव्यवस्था

- ऐसी अर्थव्यवस्था, जहाँ आर्थिक गतिविधियों पर राज्य का न्यूनतम नियन्त्रण होता है तथा निजी क्षेत्र (Private Sector) अधिक प्रभावकारी एवं स्वतन्त्र होता है, उसे उदारवादी या पूँजीवादी अर्थव्यवस्था (Capitalist Economy) कहते हैं।
- राज्यों का हस्तक्षेप इस अर्थव्यवस्था में नहीं के बराबर होता है। यह अर्थव्यवस्था एडम स्मिथ की पुस्तक **वेल्थ ऑफ नेशंस** (1776) में व्यक्त की गई।

मिश्रित अर्थव्यवस्था

इस अर्थव्यवस्था में समाजवादी तथा उदारवादी (Socialist and Liberal Economy) दोनों प्रकार की अर्थव्यवस्थाओं की विशेषताएँ निहित होती हैं। मिश्रित अर्थव्यवस्था (Mixed Economy) में निजी तथा सार्वजनिक दोनों क्षेत्रकों का योगदान होता है। निजी क्षेत्र, सार्वजनिक क्षेत्र का सहायक होता है; जैसे—भारत।

खुली अर्थव्यवस्था

वे अर्थव्यवस्थाएँ, जिनमें उदारवादी एवं निजी आर्थिक तत्त्वों की प्रभाविता रहती है तथा आयात-निर्यात पर न्यूनतम प्रतिबन्ध रहते हैं, उन्हें खुली अर्थव्यवस्था (Open Economy) कहते हैं; जैसे—हाँगकाँग व सिंगापुर।

बन्द अर्थव्यवस्था

वे अर्थव्यवस्थाएँ, जो बाह्य अर्थव्यवस्थाओं से किसी भी प्रकार से सम्बन्ध नहीं रखती हैं अर्थात् आयात-निर्यात की गतिविधियाँ शून्य होती हैं तथा निजी क्षेत्र की भूमिका नगण्य होती है, उन्हें बन्द अर्थव्यवस्था (Closed Economy) कहते हैं; जैसे—उत्तरी कोरिया।

आर्थिक विकास के आधार पर देशों का वर्गीकरण

सामान्यत: वे देश, जिनकी वास्तविक प्रतिव्यक्ति आय (Real Per Capita Income) एक अमेरिकी व्यक्ति की तुलना में एक-चौथाई से कम हो, उन्हें अल्पविकसित अर्थव्यवस्था (Least Developed Economy) की श्रेणी में रखा जाता है, किन्तु संयुक्त राष्ट्र द्वारा अपनी रिपोर्ट में अल्पविकसित देशों को विकासशील अर्थव्यवस्था के रूप में सम्बोधित किया जाता है। विकासशील देश यद्यपि वर्तमान में पिछड़े हुए हैं, किन्तु इन देशों में विकास की प्रक्रिया प्रारम्भ हो चुकी है। आर्थिक विकास के आधार पर देशों का वर्गीकरण निम्न प्रकार से किया जाता है

विकसित देश

वे देश, जहाँ पर उच्च स्तर का औद्योगीकरण (Industrialisation) हो चुका है तथा इसके अतिरिक्त इन देशों की अर्थव्यवस्था में तृतीयक क्षेत्रकों की प्रधानता होती है, उन्हें विकसित देश (Developed Country) कहते हैं। इन देशों में राष्ट्रीय आय (National Income), प्रतिव्यक्ति आय (Per Capita Income) तथा जीवन स्तर ऊँचा होता है। अमेरिका, फ्रांस, कनाडा, जापान, ब्रिटेन जैसे देश, विकसित देश की श्रेणी में आते हैं।

विकासशील देश

विश्व बैंक की परिभाषा के अनुसार, विकासशील देश (Developing Country) वे देश हैं, जिनमें पश्चिमी मानक के आधार पर लोकतान्त्रिक सरकार (Democratic Government), मुक्त व्यापार अर्थव्यवस्था (Liberated Business Economy), औद्योगीकरण (Industrialisation), सामाजिक उन्नति और मानवाधिकारों की प्राप्ति नहीं हुई है। भारत, ब्राजील, साउथ अफ्रीका, चीन इत्यादि विकासशील देश हैं।

नवीन औद्योगीकृत देश

इस वर्ग के अन्तर्गत विकसित और विकासशील देशों के मध्य संक्रमण को दर्शाया गया है। जो देश विकासशील देशों से विकसित हैं, लेकिन अभी भी विकसित देशों के मानक को पूरा नहीं कर पाए हैं, वे नवीन औद्योगीकृत देश (Newly Industrialised Country) वर्ग के अन्तर्गत आते हैं। भारत, चीन, दक्षिण कोरिया इत्यादि देश इस श्रेणी में आते हैं।

अल्पविकसित देश

- ''एक अल्पविकसित देश (Least Developed Country) वह देश कहलाता है, जहाँ जनसंख्या वृद्धि की दर ऊँची हो, पर्याप्त मात्रा में प्राकृतिक संसाधन उपलब्ध हों किन्तु उनका पूर्ण दोहन (उपयोग) न होने के कारण उत्पादकता व आय का स्तर निम्न हो।''
- अफ्रीकी महाद्वीप के कई देश अल्पविकसित देश के अन्तर्गत आते हैं। इनका उत्पादन, राष्ट्रीय आय, प्रति व्यक्ति आय इत्यादि अपेक्षाकृत विकासशील देशों से भी कम होता है।

विश्व स्तर पर अर्थव्यवस्था का वर्गीकरण

प्रतिवर्ष जुलाई में विश्व बैंक, विश्व की अर्थव्यवस्थाओं का वर्गीकरण करता है, जिसका आधार प्रतिव्यक्ति सकल राष्ट्रीय आय (Per Capita Gross National Income) होता है। विश्व बैंक द्वारा प्रस्तुत वैश्विक अर्थव्यवस्था का वर्गीकरण (1 जुलाई, 2023- 30 जून, 2024) तक इस प्रकार है

- **उच्च आय देश** US $ 13845 और इससे अधिक
- **मध्यम आय देश** US $ 1136 से US $ 13845
- **उच्च मध्यम आय वाले देश** US $ 4466 से US $ 13845
- **निम्न मध्यम आय वाले देश** US $ 1136 से US $ 4465
- **निम्न आय देश** US $ 1135 और इससे कम

विकसित तथा अल्पविकसित अर्थव्यवस्थाओं में अन्तर

विकसित अर्थव्यवस्था	अल्पविकसित या विकासशील अर्थव्यवस्था
राष्ट्रीय आय और प्रति व्यक्ति आय एक निर्धारित स्तर से ऊपर हो।	राष्ट्रीय आय और प्रति व्यक्ति आय एक निर्धारित स्तर से कम हो।
राष्ट्रीय आय में प्राथमिक क्षेत्र की तुलना में द्वितीयक व तृतीयक क्षेत्र का अधिक योगदान।	राष्ट्रीय आय में प्राथमिक क्षेत्र का अधिक योगदान।
वैज्ञानिक प्रगति एवं तकनीकी प्रगति का उच्च स्तर।	वैज्ञानिक प्रगति एवं तकनीकी विकास का निम्न स्तर।
आधारभूत संरचना का उन्नत स्तर तथा औद्योगिक रूप से समृद्ध।	औद्योगिक पिछड़ापन एवं आधारभूत संरचना का निम्नतर स्तर।
जनसंख्या का भार कम एवं उच्च जीवन स्तर।	जनघनत्व अधिक एवं लोगों का निम्न जीवन स्तर।
पूँजी निर्माण की उच्च दर।	पूँजी निर्माण की निम्न दर।
मुख्यत: विनिर्मित वस्तुओं का निर्यात।	मुख्यत: कच्चे प्राकृतिक संसाधनों का निर्यात।
उदाहरण संयुक्त राज्य अमेरिका, कनाडा, ब्रिटेन तथा अन्य पश्चिम यूरोपीय देश।	**उदाहरण** भारत, पाकिस्तान, बांग्लादेश, इण्डोनेशिया आदि।

अन्य अर्थव्यवस्थाएँ

अन्य अर्थव्यवस्थाएँ निम्नलिखित हैं

चक्रीय अर्थव्यवस्था

- यह अर्थव्यवस्था रेखीय अर्थव्यवस्था के विपरीत तथा एक वैकल्पिक व्यवस्था की अवधारणा पर कार्य करती है, जिसमें संसाधनों का कुशलतापूर्वक उपयोग किया जाता है। संसाधनों के अभाव जैसी परिस्थितियों में संसाधनों का कुशलतम उपयोग करना **संसाधन दक्षता** (Resource Efficiency) कहलाता है।

- इसमें संसाधनों के कुशलतम उपयोग, पुन: उपयोग, पुनर्चक्रण, पुनर्निर्माण तथा नवीकरण पर बल दिया जाता है।
- वर्तमान में बढ़ती जनसंख्या तथा शहरीकरण एवं उपभोक्तावादी संस्कृति के कारण प्राकृतिक संसाधनों पर दबाव बढ़ गया है, ऐसे में चक्रीय अर्थव्यवस्था महत्त्वपूर्ण है। यह आर्थिक संवृद्धि दर को भी उच्च करने में सहायक होती है। इस अर्थव्यवस्था में संसाधनों का किया जाने वाला कुशलतम उपयोग सतत विकास के प्रमुख आयामों; जैसे—आर्थिक, सामाजिक और पर्यावरण के अनुकूल होता है।

नीति आयोग के पूर्व मुख्य कार्यकारी अधिकारी **अमिताभ कान्त** के अनुसार, चक्रीय अर्थव्यवस्था के अन्तर्गत आगामी 5-7 वर्षों में लगभग 1.4 करोड़ रोजगार सृजन किए जा सकते हैं।

गिग इकोनॉमी प्रारूप

- यह अर्थव्यवस्था का एक ऐसा मॉडल है, जिसमें स्थायी कर्मचारियों के बदले फ्रीलान्सर, गैर-स्थायी कर्मचारियों तथा अनुबन्ध आधारित (Contract Based) अस्थायी नौकरियाँ प्रदान की जाती हैं।
- इसमें कर्मचारियों की आय उनके कार्य की मात्रा एवं गुणवत्ता के आधार पर निर्धारित की जाती है। इसमें कम्पनियाँ अपनी आवश्यकता के अनुसार योग्य कर्मचारियों को नियुक्त करती हैं।
- यह एक मुक्त व्यवस्था होती है, जहाँ स्थायी रोजगार के स्थान पर अस्थायी रोजगार का विकल्प होता है। इसमें जानकारी रखने वाले व्यक्ति को कुछ समय के लिए अनुबन्धित किया जाता है। इसमें सक्षम व्यक्ति अपनी आवश्यकतानुसार कार्य करते हैं। इसमें व्यक्ति की सफलता, अनुकूल कार्य, योग्य अच्छे वेतन उसकी गुणवत्ता पर निर्भर करते हैं।
- भारत के सन्दर्भ में यह इकोनॉमी अनौपचारिक क्षेत्र का ही विस्तार है। इसमें कार्य करने वाले लोगों को सामाजिक सुरक्षा (Social Security), बीमा (Insurance) आदि सुविधा प्रदान नहीं की जाती हैं।
- वर्तमान डिजिटलाइजेशन के युग में रोजगार व कार्य का स्वरूप बदल गया है, जिससे गिग इकोनॉमी का महत्त्व बढ़ गया है।

भारत में गिग इकोनॉमी का विकास

- भारत में डिजिटलीकरण (Digitalization) का तेजी से बढ़ना गिग इकोनॉमी के विकास का प्रमुख कारण है। इसमें रोजगार को लचीला बनाया गया है। इसमें बिना किसी भौगोलिक बाधा के कार्य करना सरल हो गया है। इससे कम्पनियाँ निश्चित अवधि या अस्थायी रूप से लोगों को रोजगार प्रदान कर रही हैं। इसमें पेशेवर व योग्य व्यक्ति के लिए रोजगार चुनने का विकल्प है।
- वर्तमान में यह स्थायी रोजगार के बदले एक विकल्प के रूप में देखा जा रहा है अर्थात् औपचारिक क्षेत्र में लगातार हो रही नौकरियों की कमी ने गिग इकोनॉमी को बढ़ावा दिया है।
- भारत की बढ़ती बेरोजगारी तथा दूसरी ओर घटती सरकारी नौकरियों की कमी ने पार्ट टाइम अथवा फ्रीलान्स जैसी बढ़ती नौकरियों का प्रचलन या आवश्यकता को बढ़ावा दिया है, जिससे गिग इकोनॉमी में वृद्धि हुई है।
- नीति आयोग ने **इण्डियाज़ बूमिंग गिग एण्ड प्लेटफॉर्म इकोनॉमी** शीर्षक से एक रिपोर्ट जारी की। रिपोर्ट के अनुसार, वर्ष 2029 से 2030 तक भारत के गिग वर्कफोर्स के 2.35 करोड़ तक बढ़ने की उम्मीद है।
- इस रिपोर्ट का अनुमान है कि वर्ष 2020 से 2021 में 77 लाख (7.7 मिलियन) कर्मचारी गिग इकोनॉमी में संलग्न थे, जो भारत में गैर-कृषि कार्यबल का 2.6% या कुल कार्यबल के 1.5% थे।

अर्थव्यवस्था के क्षेत्र

सामान्यत: सम्पूर्ण अर्थव्यवस्था की आर्थिक गतिविधियों को लेखांकित करने के लिए इसे तीन क्षेत्रकों (Sectors) में विभाजित किया जाता है, जो निम्न हैं

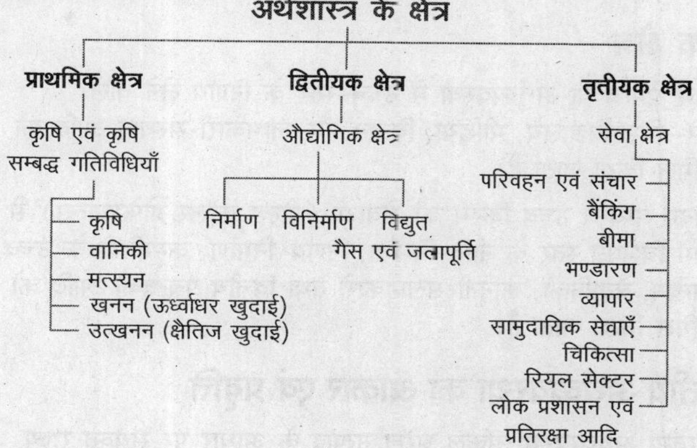

प्राथमिक क्षेत्र

यह अर्थव्यवस्था का वह क्षेत्र है, जिसमें प्राकृतिक संसाधनों को उत्पाद के रूप में प्राप्त किया जाता है। इसे कृषि एवं सम्बद्ध गतिविधियों से सम्बन्धित क्षेत्र भी कहा जाता है। इसमें अर्थव्यवस्था के प्राकृतिक क्षेत्रों का लेखांकन किया जाता है तथा इसके अन्तर्गत कृषि, वानिकी, पशुपालन, मत्स्यन एवं खनन (ऊर्ध्वाधर खुदाई) एवं उत्खनन (क्षैतिज खुदाई) आदि क्षेत्रों को सम्मिलित किया जाता है।

द्वितीयक क्षेत्र

- यह अर्थव्यवस्था का वह क्षेत्र है, जिसमें प्राथमिक क्षेत्र के उत्पादों का उपयोग **कच्चे माल** के रूप में किया जाता है। इस क्षेत्र को द्वितीयक क्षेत्र (Secondary Sector) अथवा औद्योगिक क्षेत्र (Industrial Sector) भी कहा जाता है।
- इस क्षेत्र के अन्तर्गत मुख्यत: अर्थव्यवस्था की **विनिर्मित वस्तुओं** के उत्पादन का लेखांकन किया जाता है, जिनका विवरण इस प्रकार है

  —**निर्माण**, जहाँ किसी स्थायी परिसम्पत्ति का निर्माण किया जाए; जैसे—भवन।

  —**विनिर्माण**, जहाँ किसी वस्तु का उत्पादन हो; जैसे—कपड़ा, ब्रेड आदि।

  —**विद्युत**, गैस एवं जलापूर्ति इत्यादि से सम्बन्धित कार्य।

तृतीयक या सेवा क्षेत्र

- अर्थव्यवस्था के इस क्षेत्र में विभिन्न प्रकार की सेवाओं का उत्पादन किया जाता है, इसलिए इसे सेवा क्षेत्र कहते हैं।
- यह क्षेत्र अर्थव्यवस्था के प्राथमिक और द्वितीयक क्षेत्र को अपनी उपयोगी सेवाएँ प्रदान करता है। इसके अन्तर्गत निम्न सेवाएँ; जैसे—परिवहन एवं संचार, बैंकिंग, बीमा, भण्डारण, व्यापार, सामुदायिक सेवाएँ, चिकित्सा, रियल सेक्टर एवं लोक प्रशासन एवं प्रतिरक्षा आदि शामिल हैं।

चतुर्थक क्षेत्र

- अर्थव्यवस्था के इस क्षेत्र में बौद्धिक गतिविधियों को शामिल किया जाता है। इसमें सूचनाओं का संग्रह करना, सूचनाओं का अध्ययन करना आदि शामिल होता है।

- इस क्षेत्र की सेवाओं में तकनीकी कौशल, प्रबन्धकीय कौशल के साथ-साथ कर प्रबन्धक, सॉफ्टवेयर डेवलपर्स, शोध एवं अनुसन्धानकर्ता आदि की सेवाओं को भी शामिल किया जाता है।
- इसमें कार्यालय भवन, प्राथमिक विद्यालयों तथा विश्वविद्यालयों की कक्षाओं, अस्पतालों और डॉक्टरों के कार्यालय आदि शामिल हैं।

पंचक क्षेत्र

- इसमें समाज या अर्थव्यवस्था में उच्च-स्तर के निर्णय लेने वाले; जैसे—विश्वविद्यालय, मीडिया, विज्ञान, गैर-लाभकारी संस्थान आदि को शामिल किया जाता है।
- इसका सम्बन्ध उच्च किस्म की सेवाओं (गोल्ड कॉलर प्रोफेशनल्स) से है। इसमें विशेषज्ञ स्तर के नीति-निर्माता, निर्णय-निर्माण, कम्पनियों के उच्च प्रबन्धन, वैज्ञानिकों, कानूनी सलाहकारों तथा वित्तीय प्रबन्धकों आदि को शामिल किया जाता है।

भारतीय अर्थव्यवस्था का आकार एवं प्रवृत्ति

- भारतीय अर्थव्यवस्था सकल घरेलू उत्पाद के आधार पर संयुक्त राज्य अमेरिका, चीन, जापान तथा जर्मनी के बाद विश्व की पाँचवीं सबसे बड़ी अर्थव्यवस्था है।
- मार्च, 2023 की प्रथम तिमाही में सांकेतिक/नॉमिनल जीडीपी के आधार पर भारतीय अर्थव्यवस्था का आकार 877 बिलियन अमेरिकी डॉलर पाया गया। भारत वर्ष 2029 तक विश्व की तीसरी सबसे बड़ी अर्थव्यवस्था बनने के लिए तैयार है।
- **क्रय-शक्ति समता** (Purchasing Power Parity) के आधार पर चीन एवं संयुक्त राज्य अमेरिका के बाद भारत तीसरी बड़ी अर्थव्यवस्था है। अंकटाड द्वारा जारी विश्व निवेश रिपोर्ट (World Investment Report), 2024 के अनुसार, भारत वर्ष 2024 में विश्व का 6वाँ सबसे बड़ा प्रत्यक्ष विदेशी निवेश (FDI) प्राप्तकर्ता देश था, जो वर्ष 2024 की रिपोर्ट के अनुसार 15वें स्थान पर रहा।
- वित्त वर्ष 2023-24 के दौरान भारत में प्रत्यक्ष विदेशी निवेश के क्षेत्र में सर्वाधिक निवेश सिंगापुर और अमेरिका ने किया। इसके बाद मॉरीशस, नीदरलैण्ड एवं जापान का स्थान है।
- भारतीय अर्थव्यवस्था कृषि प्रधान अर्थव्यवस्था है। भारत विश्व के बड़े राष्ट्रों में से एक है।
- विश्व में क्षेत्रफल की दृष्टि से भारत का 7वाँ स्थान है और एशिया में चीन के बाद दूसरा स्थान है।
- वर्तमान समय में भारतीय अर्थव्यवस्था अनेक महत्त्वपूर्ण संरचनात्मक परिवर्तनों के साथ आर्थिक विकास एवं प्रगति की प्रक्रिया से गुजर रही है। इसे अर्थव्यवस्थाओं के आकार से आसानी से समझा जा सकता है।

भारतीय अर्थव्यवस्था के लक्षण

- भारत एक निम्न मध्यम आय वाली विकासशील अर्थव्यवस्था का उदाहरण प्रस्तुत करता है, किन्तु सकल घरेलू उत्पाद में हो रही तेज वृद्धि के चलते यह आगामी कुछ वर्षों में मध्यम आय वाले देशों के वर्ग में प्रवेश कर जाएगा। भारतीय अर्थव्यवस्था में विकासशील अर्थव्यवस्था के निम्न लक्षण पाए जाते हैं
- **प्रति व्यक्ति आय का निम्न होना** वर्ष 2021 में भारत की प्रति व्यक्ति सकल राष्ट्रीय आय विश्व बैंक के अनुसार, केवल $ 7130 (जीडीपी क्रय शक्ति समता के आधार पर) थी, जोकि बहुत ही कम है। वर्ष 2023-24 में स्थिर मूल्य पर भारत की प्रति व्यक्ति आय ₹ 98,118 दर्ज की गई है।
- **अधिकांश जनसंख्या का अर्थव्यवस्था के प्राथमिक क्षेत्र में संलग्न होना** भारत की कुल कार्यकारी जनसंख्या का लगभग 48.9% कृषि कार्य में लगा हुआ है, जबकि राष्ट्रीय आय में इसका योगदान 18.8% है।
- **बेरोजगारी की समस्या** भारत लगातार बेरोजगारी और अल्परोजगार की समस्या से ग्रसित रहा है। यहाँ मात्रात्मक रोजगार के साथ-साथ गुणात्मक रोजगार की भी कमी रही है।
- **पर्याप्त पूँजी का अभाव** यहाँ प्रति व्यक्ति उपलब्धता काफी कम है। निम्न आय वर्ग वाली जनसंख्या की अधिकता के कारण बचत दर भी काफी कम है। परिणामत: पूँजी निर्माण की प्रचलित दर भी निम्नतम है।
- **मानव संसाधन की गुणवत्ता का निम्न होना** भारत को अपने मानव संसाधन पर बहुत अधिक निवेश करना पड़ता है। स्वास्थ्य, शिक्षा, सामाजिक सुरक्षा, सामाजिक सेवाओं व सामाजिक कल्याण पर अधिक व्यय के कारण आर्थिक विकास के लिए पूँजी का अभाव हो जाता है।
- **अधिकांश जनसंख्या के जीवन-स्तर का निम्न होना** भारत में अधिकतर लोगों को प्रतिदिन सन्तुलित भोजन नहीं मिल पाता है। यहाँ लगभग 29.5% जनसंख्या अब भी गरीबी रेखा के नीचे जीवन-यापन कर रही है।

वस्तुनिष्ठ प्रश्न

1. प्रतियोगिता के आधार पर बाजारों को वर्गीकृत किया जाता है

1. पूर्ण प्रतियोगिता
2. पूर्ण स्वामित्व प्रतियोगिता
3. व्यापार आधारित प्रतियोगिता
4. एकाधिकार प्रतियोगिता

उपरोक्त में से बाजार के रूप/वर्ग कौन-से हैं?

(a) केवल एक (b) केवल दो
(c) केवल तीन (d) सभी चार

2. मिश्रित अर्थव्यवस्था का तात्पर्य वह अर्थव्यवस्था है, जिस पर

(a) राज्य द्वारा कृषि और उद्योग दोनों को ही समान रूप से प्रेरित किया जाए।
(b) प्राइवेट सेक्टर के साथ-साथ पब्लिक सेक्टर का सह-अस्तित्व होता है।
(c) भारी उद्योगों के साथ-साथ लघु उद्योगों का महत्त्व हो।
(d) अर्थव्यवस्था पर सैनिक के साथ-साथ नागरिक शासन नियन्त्रण हो।

3. वे देश जहाँ पर उच्च स्तर का औद्योगीकरण हो चुका है, तो इन देशों की अर्थव्यवस्था में किन क्षेत्रकों की प्रधानता होती है?

(a) अल्पविकसित क्षेत्र
(b) द्वितीयक क्षेत्र
(c) तृतीयक क्षेत्र
(d) प्राथमिक क्षेत्र

4. आर्थिक संवृद्धि के सन्दर्भ में कौन-सा कथन असत्य है?

(a) किसी निश्चित समयावधि में किसी अर्थव्यवस्था में होने वाली वास्तविक आय में वृद्धि आर्थिक संवृद्धि कहलाती है।
(b) निवल राष्ट्रीय उत्पाद में परिवर्तन की दर आर्थिक संवृद्धि दर (Economic Growth Rate) कहलाती है।
(c) आर्थिक संवृद्धि को चार चरणों प्रगतिशील, समतावादी, एकाधिकार तथा स्थितिकरण में वर्गीकृत करते हैं।
(d) आर्थिक विकास से तात्पर्य उस प्रक्रिया से है, जिसके परिणामस्वरूप देश के समस्त उत्पादन साधनों का कुशलतापूर्वक विदोहन होता है।

5. निम्नलिखित पर विचार कीजिए
1. प्राकृतिक संसाधन
2. पूँजी उत्पादन अनुपात
3. निर्यात का आधार
4. वित्तीय स्थिरता

उपरोक्त में से कितने आर्थिक विकास को प्रभावित करने वाले आर्थिक घटक के प्रकार हैं?
(a) केवल एक (b) केवल दो
(c) केवल तीन (d) सभी चार

6. महबूब-उल-हक एवं अमर्त्य सेन द्वारा विकसित मानव विकास सूचकांक में निम्न चरों का प्रयोग किया जाता है
1. क्रयशक्ति क्षमता के आधार पर
2. आर्थिक संवृद्धि
3. जन्म के समय जीवन प्रत्याशा

उपरोक्त चरों में से कितने चर सही है/हैं?
(a) केवल एक (b) केवल दो
(c) केवल तीन (d) इनमें से कोई नहीं

7. मानव विकास सूचकांक के सम्बन्ध में निम्नलिखित में से कौन-सा कथन असत्य है?
(a) मानव विकास सूचकांक की अवधारणा का विकास वर्ष 1990 में संयुक्त राष्ट्र विकास कार्यक्रम से सम्बन्धित अर्थशास्त्री साइमन कुजनेट्स ने किया था।
(b) मानव विकास सूचकांक का मान 0 से 1 के बीच होता है।
(c) मानव विकास सूचकांक की रचना तीन सूचकों-जीवन प्रत्याशा सूचकांक, शिक्षा सूचकांक तथा सकल घरेलू उत्पाद सूचकांक के आधार पर की जाती है।
(d) मानव विकास सूचकांक असामाजिक क्रियाकलापों का सूचकांक है।

8. मानव विकास सूचकांक के अन्तर्गत इनमें से किन तत्त्वों को शामिल किया जाता है?
1. जन्म के समय जीवन प्रत्याशा
2. शिशु मृत्यु दर
3. वयस्क साक्षरता दर
4. आय का स्तर

कूट
(a) 1, 2 और 3 (b) 1, 3 और 4
(c) 2, 3 और 4 (d) ये सभी

9. वर्ष 2010 से मानव विकास रिपोर्ट में शामिल किए गए सूचकांक हैं
1. असमानता प्रभाव
2. लिंग असमानता
3. बहुआयामी गरीबी सूचकांक

कूट
(a) 1 और 2 (b) 2 और 3
(c) 1, 2 और 3 (d) केवल 3

10. निम्नलिखित कथनों पर विचार कीजिए

कथन I लिंग आधारित असमानता सूचकांक ज्ञात करने के लिए उन्हीं तीन सूचकांकों का प्रयोग किया जाता है, जिनका HDI में प्रयोग किया गया है।

कथन II इस सूचकांक से पुरुष एवं महिला की सामाजिक, सांस्कृतिक एवं आर्थिक स्थिति का अध्ययन किया जाता है।

उपरोक्त कथनों के बारे में निम्नलिखित में से कौन-सा एक सही है?
(a) कथन I एवं कथन II दोनों सही हैं तथा कथन II कथन I की सही व्याख्या है।
(b) कथन I एवं कथन II दोनों सही हैं, परन्तु कथन II कथन I की सही व्याख्या नहीं है।
(c) कथन I सही है, किन्तु कथन II गलत है।
(d) कथन I गलत है, किन्तु कथन II सही है।

11. किस सूचकांक का विकास वर्ष 2010 में संयुक्त राष्ट्र विकास कार्यक्रम एवं ऑक्सफोर्ड निर्धनता एवं मानव विकास की पहल पर हुआ?
(a) बहुआयामी निर्धनता सूचकांक
(b) वैश्विक वित्तीय स्थिरता रिपोर्ट
(c) लिंग आधारित असमानता सूचकांक
(d) लिंग आधारित विकास सूचकांक

12. सकल राष्ट्रीय खुशहाली देश की गुणवत्ता को अधिक समग्र तरीके से मापता है। इस मापक की अवधारणा का प्रतिपादन वर्ष 1972 में किसने किया था?
(a) एडवर्ड डेनिसन (b) जिग्मे सिग्म वांगचुक
(c) वान की मून (d) फुकुमो सियादा

13. वैश्विक भुखमरी सूचकांक के सन्दर्भ में निम्नलिखित कथनों पर विचार कीजिए
1. वैश्विक भुखमरी सूचकांक में बहुआयामी सांख्यिकी आँकड़ों के माध्यम से दुनिया के विभिन्न देशों की भुखमरी के सन्दर्भ में उनकी स्थिति को स्पष्ट किया जाता है।
2. इस रिपोर्ट को वाशिंगटन में स्थित इण्टरनेशनल फूड पॉलिसी रिसर्च इन्स्टीट्यूट के द्वारा जारी किया जाता है।

उपरोक्त कथनों में से कौन-सा/से सही है/हैं?
(a) केवल 1
(b) केवल 2
(c) 1 और 2 दोनों
(d) न तो 1 और न ही 2

14. सतत विकास के सन्दर्भ में निम्नलिखित कथनों पर विचार कीजिए
1. वायुमण्डल में बढ़ती ग्रीन हाउस गैसों से मानव प्रजाति का अस्तित्व पूरी तरह से खतरे में आ गया है। इन समस्याओं के समाधान के लिए 1980 के दशक में सतत विकास की अवधारणा प्रस्तुत की गई।
2. सतत विकास की अवधारणा का विकास सर्वप्रथम वर्ष 1993 में संयुक्त राष्ट्र संघ की रिपोर्ट के प्रकाशन के साथ हुआ।

उपरोक्त कथनों में से कौन-सा/से सही है/हैं?
(a) केवल 1
(b) केवल 2
(c) 1 और 2 दोनों
(d) न तो 1 और न ही 2

15. निम्नलिखित कथनों पर विचार कीजिए
1. सम्पोषणीय कृषि को बढ़ावा देना
2. देश के भीतर और आपस में भी असमानता क्रम करना
3. सबके लिए जल एवं स्वच्छता की उपलब्धता
4. पृथ्वी के पारिस्थितिकी तन्त्रों का संरक्षण

सतत विकास लक्ष्य (17) में उपरोक्त में से कितने घटक शामिल हैं?
(a) केवल एक (b) केवल दो
(c) केवल तीन (d) सभी चार

16. आर्थिक विकास के मापन तथा तुलनात्मक स्थिति को प्रकट करने के लिए निम्न दृष्टिकोण का प्रयोग किया जाता है
1. क्रयशक्ति क्षमता विधि
2. प्रजनन विकास सूचकांक
3. राष्ट्रीय संवृद्धि सूचकांक
4. मानव विकास सूचकांक

उपरोक्त में से कितने सही हैं?
(a) केवल एक (b) केवल दो
(c) केवल तीन (d) सभी चार

17. निम्नलिखित में से किसमें सुधार होने पर भारत को यू एन डी पी द्वारा निर्मित मानव विकास सूचकांक में अपर स्थान मिल सकता है?
1. पेयजल की उपलब्धता
2. किसानों को अधिक साख
3. अधिक बच्चों का स्कूल जाना
4. अधिक प्रौढ़ों का साक्षर होना

कूट
(a) 1, 2 और 3
(b) 1, 3 और 4
(c) 2 और 4
(d) 3 और 4

18. निम्नलिखित में कौन-सी कम विकसित राष्ट्र की सबसे उचित परिभाषा है?

(a) एक देश, जिसमें लघु कृषि क्षेत्रक, जनसंख्या वृद्धि की निम्न दर तथा निम्न प्रतिव्यक्ति GNP होती है।
(b) एक देश, जिसमें उच्च जनसंख्या वृद्धि दर, उच्च प्रतिव्यक्ति GNP संवृद्धि दर और आय का असमान वितरण होता है।
(c) एक देश, जिसमें अपर्याप्त स्वास्थ्य देखभाल, अपर्याप्त शैक्षिक सुविधाएँ और निम्न प्रतिव्यक्ति GNP होता है।
(d) एक देश, जिसमें निम्न प्रतिव्यक्ति GNP, वृहत जनसंख्या और लघु कृषि क्षेत्र होता है।

19. सामान्य वस्तुओं के सन्दर्भ में आय और माँग के बीच किस तरह का सम्बन्ध होता है?

(a) कभी प्रत्यक्ष और कभी व्युत्क्रम सम्बन्ध होता है।
(b) प्रत्यक्ष सम्बन्ध होता है।
(c) व्युत्क्रम सम्बन्ध होता है।
(d) माँग पर आय का कोई प्रभाव नहीं पड़ता है।

20. किसी वस्तु या सेवा की माँग जो किसी अन्य वस्तु की माँग का परिणाम है, उसे क्या कहा जाता है?

(a) आय की माँग (b) मिश्रित माँग
(c) प्रत्यक्ष माँग (d) व्युत्पन्न माँग

21. किसी वस्तु के सन्तुलन मूल्य में निश्चित रूप से वृद्धि कब होती है?

(a) जब माँग और आपूर्ति दोनों में कमी होती है।
(b) आपूर्ति में कमी के साथ-साथ माँग में वृद्धि होती है।
(c) जब माँग और आपूर्ति दोनों में वृद्धि होती है।
(d) माँग में कमी होने के साथ-साथ आपूर्ति में वृद्धि होती है।

22. समष्टि अर्थशास्त्र (मैक्रो इकोनॉमिक्स) के अध्ययन का विषय किस सिद्धान्त पर आधारित है?

(a) राष्ट्रीय आय का सिद्धान्त
(b) उपभोक्ता का सिद्धान्त
(c) उत्पादक का सिद्धान्त
(d) निवेश का सिद्धान्त

23. पूँजीवादी अर्थव्यवस्था की मूल विशेषता है

(a) मूल उद्योगों में विशाल उत्पादन
(b) एकाधिकार का अभाव
(c) पूर्ण रोजगार
(d) उत्पादन के साधनों पर निजी/व्यक्तिगत स्वामित्व

24. भारतीय अर्थव्यवस्था में संयुक्त क्षेत्र का क्या अभिप्राय है?

(a) किसी उद्यम में सरकार का अंश 60% से अधिक है
(b) कोई भी वस्तु सरकारी तथा निजी दोनों क्षेत्रों में उत्पादित होती है
(c) यह सहकारिता क्षेत्र का ही दूसरा नाम है
(d) किसी उद्यम में सरकारी एवं निजी, दोनों का ही सम्मिलित स्वामित्व

25. भारत में सार्वजनिक क्षेत्र के कार्यों के सन्दर्भ में निम्नलिखित में से कौन-से कथन सही हैं?

1. सार्वजनिक उपयोगिता संसाधन प्रदान करना।
2. सामाजिक और आर्थिक ऊपरी पूँजी का निर्माण करना।
3. सन्तुलित क्षेत्रीय और क्षेत्रकीय विकास सुनिश्चित करना।
4. समतावादी लक्ष्यों को आगे बढ़ाना।

कूट

(a) 1, 2 और 3 (b) 2, 3 और 4
(c) 1, 3 और 4 (d) 1, 2, 3 और 4

26. 'बन्द अर्थव्यवस्था' वह अर्थव्यवस्था है, जिसमें

(a) मुद्रा पूर्ति पूर्णतः नियन्त्रित होती है
(b) घाटे की वित्त व्यवस्था होती है
(c) केवल निर्यात होता है
(d) न तो निर्यात और न ही आयात होता है

27. भारत को एक अल्पविकसित देश कहा जाता है, उसकी

1. नियोजन की आवश्यकता के कारण।
2. तीव्रगति से जनसंख्या में वृद्धि के कारण।
3. कृषि पर अधिक निर्भरता के कारण।
4. औद्योगिक उन्नति की मन्दगति के कारण।

कूट

(a) केवल 1 (b) 1 और 2
(c) 2 और 3 (d) 2, 3 और 4

28. अर्थव्यवस्था के निम्नलिखित में से किन क्षेत्रकों के साथ कृषि तथा सेवाएँ क्रियाकलाप सम्बद्ध हैं?

(a) क्रमशः प्राथमिक तथा तृतीयक
(b) क्रमशः प्राथमिक तथा द्वितीयक
(c) क्रमशः तृतीयक तथा द्वितीयक
(d) क्रमशः द्वितीयक तथा चतुर्थक

29. निम्नलिखित में कौन-कौन से क्रियाकलाप अर्थव्यवस्था में वास्तविक क्षेत्रक (रियल सेक्टर) का निर्माण करते हैं?

1. किसानों का अपनी फसलें काटना।
2. कपड़ा मिलों का कच्चे कपास को कपड़े में बदलना।
3. किसी वाणिज्यिक बैंक का किसी व्यापारी कम्पनी को धनराशि उधार देना।
4. किसी कॉर्पोरेट निकाय का विदेश में रुपया-अंकित मूल्य बॉण्ड जारी करना।

कूट

(a) 1 और 2
(b) 2, 3 और 4
(c) 1, 3 और 4
(d) 1, 2, 3 और 4

30. भारत कौन-कौन से तृतीयक क्षेत्रों में सम्मिलित है?

1. व्यापार और परिवहन
2. वित्त और वास्तविक (स्थावर) सम्पदा
3. वानिकी और मात्स्यिकी

कूट

(a) केवल 1 (b) 1 और 2
(c) 2 और 3 (d) केवल 3

31. यह सत्य होगा कि भारत को परिभाषित किया जाए

(a) एक खाद्य की कमी वाली अर्थव्यवस्था के रूप में
(b) एक श्रम-आधिक्य वाली अर्थव्यवस्था के रूप में
(c) एक व्यापार-आधिक्य वाली अर्थव्यवस्था के रूप में
(d) एक पूँजी-आधिक्य वाली अर्थव्यवस्था के रूप में

32. निम्नलिखित कथनों पर विचार कीजिए

1. क्रय शक्ति समता (PPP) विनिमय दरों की गणना विभिन्न देशों में एकसमान वस्तुओं और सेवाओं के मूल्यों की तुलना की जाती है।
2. क्रय शक्ति समता डॉलर के सन्दर्भ में भारत विश्व की छठी सबसे बड़ी अर्थव्यवस्था है।

उपरोक्त कथनों में से कौन-सा/से कथन सही है/हैं?

(a) केवल 1
(b) केवल 2
(c) 1 और 2 दोनों
(d) न तो 1 और न ही 2

सही उत्तर

1. (b)	2. (b)	3. (c)	4. (c)	5. (c)	6. (a)	7. (a)	8. (b)	9. (c)	10. (a)
11. (a)	12. (b)	13. (c)	14. (a)	15. (d)	16. (c)	17. (b)	18. (c)	19. (b)	20. (d)
21. (c)	22. (a)	23. (d)	24. (d)	25. (d)	26. (d)	27. (d)	28. (a)	29. (a)	30. (b)
31. (b)	32. (a)								

अध्याय 02 कृषि का विकास

प्राचीनकाल से भारत एक कृषि प्रधान देश रहा है। भारत में कृषि जीवनयापन का मुख्य साधन मानी जाती है परन्तु ब्रिटिश औपनिवेशक शासन के द्वारा अपनाई जाने वाली नीतियों के कारण कृषि क्षेत्र में संवृद्धि नहीं हो पाई। अत: स्वतन्त्रता प्राप्ति के पश्चात् भारत के नीति-निर्माताओं द्वारा कृषि क्षेत्र के विकास पर बल दिया गया।

कृषि

सामान्य अर्थों में, कृषि से आशय भूमि को जोतने की कला एवं विज्ञान से होता है, किन्तु विशेष अर्थों में कृषि ऐसी आर्थिक क्रिया होती है, जिसमें फसलों को उगाने के साथ-साथ मुर्गीपालन, पशुपालन, डेयरी फार्मिंग, आदि कार्य भी सम्मिलित होते हैं।

कृषि में सम्पन्न होने वाले कार्यों को दो भागों में विभक्त किया जा सकता है, जो निम्न प्रकार हैं

1. **प्राथमिक क्रियाएँ** इसमें विभिन्न प्रकार की उगाई जाने वाली फसलों को सम्मिलित किया जाता है, जो खाद्य, अखाद्य तथा व्यापारिक होती हैं; जैसे—अनाज, दाल, सब्जियाँ, गन्ना, कपास, पटसन, आदि।
2. **सहायक या गौण क्रियाएँ** इसमें पशुपालन, मुर्गीपालन, रेशम कीटपालन, मछलीपालन, आदि को सम्मिलित किया जाता है, जिनसे व्यक्ति अपनी प्राथमिक आवश्यकताओं की पूर्ति करते हैं।

भारतीय कृषि की प्रमुख विशेषताएँ

भारत की मौलिक परिस्थितियों के सन्दर्भ में कृषि की कुछ मौलिक विशेषताएँ निहित हैं, जिनकी चर्चा निम्न प्रकार है

1. **खाद्यान्न फसलों की प्रमुखता** भारत में कृषि योग्य भूमि पर जितनी फसलें उगाई जाती हैं, उनमें लगभग 75% भाग पर खाद्यान्न फसलों तथा 25% भाग पर व्यापारिक फसलों की खेती की जाती है।
2. **मिश्रित खेती** भारतीय कृषि में मिश्रित खेती देखी जाती है, इसमें किसान एक ही खेत में एक से अधिक फसलों की बुआई करता है; जैसे—एक ही खेत में गेहूँ, चना, जौ तथा चारे को उगाना, आदि।
3. **फसलों में विविधता** भारत के विभिन्न क्षेत्रों में जलवायु तथा मिट्टी में विविधता पाए जाने के कारण भिन्न-भिन्न क्षेत्रों में विविध प्रकार की फसलें उगाई जाती हैं। ऋतुओं के अन्तर्गत देश में तीन प्रमुख फसलें पाई जाती हैं; जैसे—खरीफ, रबी तथा जायद। खरीफ की फसलों में धान, मक्का, ज्वार, आदि एवं रबी की फसलों में गेहूँ, चना, सरसों, राई, आदि तथा जायद की फसलों में सब्जियाँ, तरबूज, ककड़ी, आदि उगाए जाते हैं।
4. **कृषि जोतों का छोटा होना** जनसंख्या की वृद्धि के कारण भूमि का बँटवारा होने या उत्तराधिकार के नियमों का परिवार में पाए जाने के कारण कृषि जोत की भूमि छोटी हो जाती है। इसके साथ ही जो उत्पादन किया जाता है, वह खाद्य की पूर्ति के लिए ही किया जाता है न कि मुद्रा की प्राप्ति के लिए, जिससे अनार्थिक जोत को बढ़ावा मिलता है।

भारत में कृषि विकास की महत्त्वपूर्ण नीतियाँ

भारत में स्वतन्त्रता के पश्चात् कृषि के विकास को बढ़ावा देने हेतु समय-समय पर अनेक प्रयास किए गए। इसमें नीतियों के माध्यम से कृषि को विकसित करने का प्रयास किया गया, जिससे कृषि तथा सहायक क्रियाओं को बढ़ावा मिला। भारत में कृषि विकास की महत्त्वपूर्ण नीतियाँ निम्नलिखित हैं

संस्थागत या परम्परागत या ढाँचागत कृषि रणनीति

परम्परागत कृषि रणनीति वर्ष 1950-51 से वर्ष 1965-66 तक की अवधि में अपनाई गई, जिसमें निम्न प्रयास किए गए

1. इस अवधि में कम उत्पादन व क्षमता वाले परम्परागत बीजों का उपयोग किया गया।
2. इसमें संस्थागत सुधारों को प्राथमिकता प्रदान की गई।
3. 2 अक्टूबर, 1952 को सामुदायिक विकास कार्यक्रम के द्वारा सामुदायिक विकास में स्थानीय उपलब्ध संसाधनों तथा जन सहयोग से कृषि की उत्पादकता को बढ़ाने हेतु प्रयास किए गए।
4. अल्प उत्पादकता के कारण प्रकट खाद्यान्न संकट के निवारण हेतु प्रयास किए गए।
5. जिला सघन कृषि कार्यक्रम द्वारा कुछ विशेष चुने हुए स्थानों पर कुछ विशेष फसलों को बढ़ाने हेतु प्रयास किए गए।

तकनीकी कृषि रणनीति

तकनीकी कृषि रणनीति कृषि के क्षेत्र में तकनीकी रूप से सुदृढ़ बनाने के लिए अपनाई गई जिसमें निम्न प्रयास किए गए

1. इस अवधि में उच्च उत्पादकता वाले बीजों का प्रयोग किया गया।
2. इसमें उच्च किस्मों के बीजों के साथ-साथ रासायनिक खादों का प्रयोग किया गया।
3. कृषि उपकरणों को सस्ती ब्याज दरों पर उपलब्ध कराने का प्रयास किया गया।
4. इस नीति के अन्तर्गत कीटनाशक दवाइयों का प्रयोग किए जाने पर बल दिया गया।

कीमत समर्थन नीति

किसानों को कृषि की उत्पादकता बढ़ाने एवं बाजार की अनिश्चितताओं से सुरक्षित रखने हेतु सरकार द्वारा कीमत समर्थन नीति को लागू किया जाता है। यह सरकार द्वारा किसानों को दिया जाने वाला न्यूनतम समर्थन मूल्य है। अनेक कृषि उपजों के न्यूनतम समर्थन मूल्य प्रतिवर्ष कृषि लागत तथा कीमत कमीशन द्वारा फसलों की बुआई से पूर्व निर्धारित किए जाते हैं।

भू-सुधार

स्वतन्त्रता प्राप्ति के समय देश की भू-धारण पद्धति में जमींदार-जागीरदार आदि का वर्चस्व था। जमींदारों तथा जागीरदारों द्वारा खेतों में कोई सुधार कार्य नहीं किया जाता था। कृषि में समानता लाने के लिए भू-सुधार की आवश्यकता महसूस की गई। यह अधिकतम सीमा-निर्धारण की दूसरी नीति थी।

सामान्यत: भूमि सुधार का अर्थ मध्यस्थों की समाप्ति, काश्तकारों की स्थिति में सुधार तथा जोतों के सीमा-निर्धारण से लिया जाता है, परन्तु व्यापक अर्थ में भूमिहीन श्रमिकों की दशा में सुधार, चकबन्दी तथा भूमि की उन्नति एवं विकास और सहकारी कृषि के विस्तार को भी भूमि-सुधार के अन्तर्गत शामिल किया जाता है। इस प्रकार भूमि सुधारों में भू-धारण प्रणाली, जोतों के आकार, कृषि-पद्धति के समस्त परिवर्तन, जिनकी सहायता से उत्पादन-वृद्धि एवं सामाजिक समानता का वातावरण बनता है, शामिल होते हैं।

'भूमि सुधार' एक अत्यन्त व्यापक शब्द है। अत: भूमि सुधार की दिशा में जो सर्वतोन्मुखी प्रगति हुई है, उसका विवेचन निम्न प्रकार किया गया है

1. जमींदारी प्रथा का उन्मूलन किया गया।
2. काश्तकारी प्रथा में सुधार करने के लिए राज्यों में कानून पारित किए गए।
3. कृषि जोतों की अधिकतम सीमा निर्धारित कर, चकबन्दी योजना/सीमा निर्धारण नीति लागू की गई। इसी का परिणाम है कि कृषि के उत्पादन में निरन्तर वृद्धि हो रही है तथा इस सम्बन्ध में अन्य कृषि सुधार कार्यक्रमों को भी अपनाया गया है।
4. इससे जोतों के स्वामियों में परिवर्तन किया गया।
5. भूमि का स्वामित्व किसानों को देकर उन्हें निवेश करने के लिए पर्याप्त पूँजी भी उपलब्ध कराई गई।
6. भू-स्वामित्व के संकेन्द्रण को समाप्त किया गया।
7. भूमि सुधार कार्यक्रम से बिचौलियों का उन्मूलन हुआ जिससे लगभग 200 लाख काश्तकारों का सरकार से सीधा सम्पर्क हो गया और वे शोषण से मुक्त हो गए।
8. भूमि सुधार कार्यक्रम से भू-स्वामित्व की प्रकृति में परिवर्तन हुआ जिससे किसान उत्पादन करने के लिए प्रोत्साहित हुए और कृषि उत्पादन को बढ़ावा मिला।
9. भूमि सुधार कार्यक्रमों से कुछ मामलों में काश्तकारों को बेदखल कर दिया गया और भू-स्वामियों ने अपने किसान भू-स्वामी (वास्तविक कृषक) होने का दावा किया। कृषकों को भूमि का स्वामित्व मिलने के बाद भी निर्धनतम कृषि श्रमिकों (जैसे बँटाईदार तथा भूमिहीन श्रमिक) को भूमि सुधारों से कोई लाभ नहीं हुआ।

उपरोक्त के विपरीत भूमि सुधार कानूनों की कमियों से जमींदारों ने लाभ उठाया और अपनी अधिकोश जमीनों को अपने अनेक रिश्तेदारों के नाम कर दिया। इसके अतिरिक्त उन्होंने अनेक ऐसे प्रयत्न किए जिससे कानून से बचा जा सके। हालाँकि पश्चिम बंगाल और केरल की सरकार ने इस सन्दर्भ में वास्तविक भूमि मालिकों को भूमि देने का प्रावधान किया, लेकिन अधिकांश राज्य सरकारों ने इसे लेकर कोई काम नहीं किया, जिसका परिणाम यह रहा कि आज तक जोतों में भारी असमानता बनी हुई है।

हरित क्रान्ति

भारतीय कृषि में हरित क्रान्ति का प्रवेश होने से कृषि परम्परागत रूप से निकलकर तकनीकी परिवर्तनों की दिशा में प्रवेश कर गई। इसमें नोबेल पुरस्कार से सम्मानित कृषि वैज्ञानिक **डॉ. नॉरमन बोरलॉग** एवं **डॉ. एम. एस. स्वामीनाथन** का योगदान महत्त्वपूर्ण है, क्योंकि इन्होंने भारतीय कृषि में नवीन प्रवृत्तियों को जन्म दिया, जिससे एक नए युग की शुरुआत हुई। स्वतन्त्रता के समय देश की 75% जनसंख्या कृषि पर निर्भर थी। तकनीकी की कमी और अर्द्ध: संरचना की कमी के कारण कृषि मानसून पर निर्भर थी। इसी के परिणामस्वरूप हरित क्रान्ति की शुरुआत भारत में वर्ष 1966-67 में हुई। भारत में हरित क्रान्ति का जनक डॉ. एम. एस. स्वामीनाथन को माना जाता है।

हरित क्रान्ति का उद्देश्य

हरित क्रान्ति का मुख्य उद्देश्य कृषि उत्पादन में वृद्धि करना था, जिससे कि अधिक-से-अधिक खाद्यान्नों का उत्पादन कर देश की बड़ी आबादी की मूलभूत आवश्यकताओं को पूरा किया जा सके। परिणामस्वरूप गेहूँ के उत्पादन में काफी वृद्धि हुई। इसके साथ ही इससे पश्चिमी उत्तर प्रदेश, पंजाब तथा हरियाणा क्षेत्र के किसानों की आय के स्तर में भी काफी वृद्धि हुई।

फसलों की गुणवत्ता व उत्पादकता बढ़ाने के लिए उच्च पैदावार वाली किस्म (High Yielding variety HYV) के बीजों का प्रयोग किया गया। ध्यातव्य हो कि, 60 के दशक के मध्य से 70 के दशक के मध्य तक HVY बीजों का प्रयोग पंजाब, आन्ध्र प्रदेश और तमिलनाडु जैसे अधिक समृद्ध राज्यों तक ही सीमित रहा। साथ ही केवल गेहूँ तक ही हरित क्रान्ति का लाभ पहुँचा था।

हरित क्रान्ति के तत्त्व

हरित क्रान्ति को बढ़ावा देने में विभिन्न तत्त्वों का योगदान रहा, जिससे उत्पादन में वृद्धि हुई। ये तत्त्व निम्नलिखित हैं

1. **रासायनिक उर्वरकों का प्रयोग** हरित क्रान्ति के अन्तर्गत उत्पादन में वृद्धि हेतु रासायनिक उर्वरकों का उपयोग किया गया। तत्पश्चात् उर्वरकों के निरन्तर उपयोग से उर्वरकों के उत्पादन, आयात तथा प्रयोग में निरन्तर वृद्धि हुई।
2. **उन्नत किस्म के बीजों का प्रयोग** हरित क्रान्ति के अन्तर्गत अधिक उपज देने वाले बीजों का विशेष रूप से आविष्कार तथा उनका उपयोग किया गया। भारत में विशेष रूप से सन् 1966 से नवीन बीजों का प्रयोग

प्रारम्भ हुआ, जिसमें गेहूँ के सोना, सेजो 64A, पी. वी. 18, बाजरे के H.V.I., मक्का के गंगा 101, रंजीत, ज्वार के CSH-2 तथा चावल के I.R., आदि सम्मिलित हैं।

अन्य प्रजातियाँ इससे वंचित रहीं। लेकिन शीघ्र ही 90-80 के दशक में द्वितीय हरित क्रान्ति से प्रथम दौर की कमियों को दूर कर लिया गया और भारत खाद्यान्न के मामले में आत्मनिर्भर हो गया।

3. **सिंचाई सुविधाओं का विस्तार** भारतीय कृषि पूरी तरह से मानसून पर निर्भर थी। अतः हरित क्रान्ति के अन्तर्गत कृषि के लिए सिंचाई सुविधाओं का विस्तार किया गया। इसके लिए सिंचाई के साधनों; जैसे—नहरें, नलकूपों, आदि की अधिक संख्या में वृद्धि की गई।

   इतना ही नहीं सिंचाई परियोजनाओं को बड़ी, मध्यम तथा छोटी परियोजनाओं के रूप में बाँटा गया। भारत में वर्ष 1965-66 में केवल 18% क्षेत्रों पर ही सिंचाई सुविधाएँ उपलब्ध थीं, जो वर्तमान में 40% से अधिक क्षेत्रों में उपलब्ध हैं।

4. **आधुनिक कृषि यन्त्रों एवं उपकरणों का प्रयोग** हरित क्रान्ति के अन्तर्गत आधुनिक कृषि यन्त्रों को बढ़ावा दिया जाने लगा; जैसे— ट्रैक्टर, थ्रेसर, कम्बाइन, हार्वेस्टर तथा अन्य मशीनी कृषि यन्त्र, आदि। इसके साथ ही डीजल व सौर ऊर्जा से चलने वाले उपकरणों को भी बढ़ावा मिला। सरकार द्वारा कृषि यन्त्रों को खरीदने हेतु रियायत दर पर ऋण उपलब्ध कराए गए तथा अनेक कृषि सेवा केन्द्र भी खोले गए।

5. **बहुफसली कार्यक्रम** बहुफसली का अर्थ होता है कि एक ही भूमि पर एक वर्ष में एक से अधिक फसलों का उत्पादन करना। अतः हरित क्रान्ति के अन्तर्गत फसलों के उत्पादन में वृद्धि करने हेतु बहुफसली कार्यक्रम को वर्ष 1967-68 में प्रारम्भ किया गया, जिसके पश्चात् यह हरित क्रान्ति का एक महत्त्वपूर्ण तत्त्व बन गया।

6. **कृषि वित्त की सुविधाओं में विस्तार** कृषकों को वित्त की सुविधा उपलब्ध कराने हेतु सन् 1969 में 14 बैंकों और सन् 1980 में 6 अन्य बैंकों का राष्ट्रीयकरण किया गया। इसके अतिरिक्त कृषि वित्त सुविधा में विस्तार हेतु सन् 1982 में नाबार्ड की स्थापना की गई, जिससे किसानों को कम ब्याज दर पर ऋण उपलब्ध कराया जा सके।

   भूमि विकास बैंक, सहकारी साख समितियाँ, क्षेत्रीय ग्रामीण बैंक तथा किसान सेवा समिति, इत्यादि ने भी कृषि साख उपलब्ध कराने में महत्त्वपूर्ण योगदान दिए हैं, जिससे कृषि सम्बन्धी कार्यों में सहायता मिली है।

7. **उन्नत तकनीकों का प्रयोग** हरित क्रान्ति के अन्तर्गत कृषि उपज को बढ़ाने हेतु वैज्ञानिक तकनीक को अपनाने पर विशेष बल दिया गया। इसके माध्यम से किसानों को उन्नत विधियों का प्रशिक्षण देने की व्यवस्था की गई; जैसे—सन् 1960 में गहन (सघन) कृषि जिला कार्यक्रम, सन् 1964 में गहन कृषि क्षेत्र कार्यक्रम तथा सन् 1970 में सूखाग्रस्त क्षेत्र विकास कार्यक्रम प्रारम्भ किया गया। इतना ही नहीं कृषि तथा ग्रामीण विकास के लिए वर्ष 1978-79 में एकीकृत ग्रामीण विकास योजना भी प्रारम्भ की गई, जिसमें अन्य कार्य सम्मिलित किए जा रहे हैं।

8. **भूमि संरक्षण कार्यक्रम** कृषि उत्पादकता को बढ़ाने के लिए भूमि संरक्षण कार्यक्रम को अपनाया गया है; जैसे—कृषि योग्य भूमि को क्षरण से रोकना तथा ऊबड़-खाबड़ भूमि को समतल बनाकर खेती योग्य बनाना, जिससे उत्पादकता में वृद्धि की जा सके। ऐसे कार्यक्रम कुछ राज्यों में प्रभावी ढंग से लागू भी किए गए।

9. **भूमि परीक्षण कार्यक्रम** हरित क्रान्ति को सफल बनाने हेतु भूमि परीक्षण कार्यक्रमों को भी शुरू किया गया। इसके अन्तर्गत सरकारी प्रयोगशालाओं व विभिन्न क्षेत्रों की मिट्टियों पर शोध किया जाने लगा कि किस क्षेत्र की मिट्टी में किस प्रकार की खाद का प्रयोग किया जाना चाहिए, जिससे उत्पादन में आशातीत वृद्धि हो।

   भूमि परीक्षण द्वारा यह भी पता लगाया जाता है कि मिट्टी को कृषि योग्य बनाने के लिए क्या किया जाना चाहिए।

10. **कृषि शिक्षा और अनुसन्धान** स्वतन्त्रता प्राप्ति के पश्चात् देश में सन् 1960 में केवल एक कृषि विश्वविद्यालय पन्तनगर में था, लेकिन उसके पश्चात् कृषि समस्याओं के समाधान हेतु कृषि शिक्षा तथा अनुसन्धान पर विशेष ध्यान दिया जाने लगा। भारतीय कृषि अनुसन्धान परिषद् निरन्तर नए अनुसन्धान की ओर अग्रसर रही।

11. **ग्रामीण विद्युतीकरण** कृषि की पैदावार बढ़ाने की दृष्टि से कृषि में बिजली से चलित उपकरणों तथा ग्रामीण जन-जीवन के स्तर को ऊँचा उठाने के लिए विद्युतीकरण पर बल दिया गया। इसके लिए सन् 1969 में ग्रामीण विद्युतीकरण निगम की स्थापना की गई, जिससे नलकूपों के विकास को बढ़ावा मिला है।

12. **पौधों की संरक्षण व्यवस्था में सुधार** सन् 1960 से पूर्व देश में फसलों में लगने वाली बीमारियों की रोकथान की समुचित व्यवस्था नहीं थी, किन्तु हरित क्रान्ति के उपरान्त इसकी रोकथाम पर बल दिया जाने लगा, जिसके तत्त्वाधान में केन्द्रीय फसल संरक्षण केन्द्र स्थापित किए गए। हैदराबाद में 'पौध संरक्षण प्रशिक्षण संस्थान' की स्थापना की गई।

13. **विपणन सुविधाओं का विकास** कृषि उत्पाद के विपणन हेतु पर्याप्त सुधार किए गए; जैसे—नियमित मण्डियाँ। इन मण्डियों का प्रबन्धन सरकार द्वारा नियुक्त बाजार समितियों द्वारा किया जाता है। इसके अतिरिक्त सहकारी विपणन समितियों की स्थापना की गई है, जो अपने सदस्यों के माध्यम से कृषि उत्पाद को उचित कीमत पर बेचने एवं भण्डारण के लिए गोदाम की व्यवस्था करती हैं। ये सभी हरित क्रान्ति के तत्त्वों में सम्मिलित हैं, जिससे कृषि पैदावार को बढ़ावा मिला है।

भारत में हरित क्रान्ति के लाभ/उपलब्धि/आर्थिक परिणाम

भारत में हरित क्रान्ति के आगमन से कृषि जगत में अनेक क्रान्तिकारी परिवर्तन हुए और खाद्यान्न में आत्मनिर्भरता आई। इन लाभों या उपलब्धियों को निम्न प्रकार वर्गीकृत किया जा सकता है

1. **कृषि उत्पादन में वृद्धि** हरित क्रान्ति के आगमन के पश्चात् खाद्यान्न उत्पादन में काफी वृद्धि हुई। विशेषकर गेहूँ व मक्का में आशातीत वृद्धि हुई। इससे अन्य फसलों को भी बढ़ावा मिला। साथ ही इससे विक्रय अधिशेष (किसानों द्वारा उत्पादों का बाजार में बेचा जाने वाला अंश) को भी बढ़ावा मिला एवं सरकार पर्याप्त खाद्यान्न प्राप्त कर सुरक्षित स्टॉक बना सकी जिसका खाद्यान्नों की कमी के समय प्रयोग किया जा सकता था।

2. **खाद्यान्नों के क्षेत्र में आत्मनिर्भर** हरित क्रान्ति के पश्चात् खाद्यान्नों में आशातीत वृद्धि से विदेशों से किए जा रहे खाद्यान्नों के आयात में कमी आई है तथा भारत खाद्यान्नों में आत्मनिर्भर बना है। लेकिन यदि किसान अपने समस्त उत्पादन का अधिकांश भाग स्वयं उपभोग कर लेता है, तो इससे अर्थव्यवस्था पर अधिक प्रभाव नहीं पड़ता है, लेकिन यदि अधिकांश उत्पादन को बाजार में बेच दिया जाए तो अर्थव्यवस्था को बल मिलेगा। इस बेचे गए अंश को विपणित अधिशेष कहा जाता है।

3. **कृषि के व्यवसायीकरण को बढ़ावा** हरित क्रान्ति के आने से कृषि के स्वरूप में परिवर्तन आया है, जो उत्पादन पहले जीवन-निर्वाह की दृष्टि से किया जाता था, वह अब व्यवसाय के रूप में बदलने लगा है, क्योंकि इससे लोगों को आय की प्राप्ति होने लगी है।

4. **किसानों की समृद्धि व दृष्टिकोण में परिवर्तन** हरित क्रान्ति के पश्चात् उत्पादन का अधिकांश भाग बाजार में बेचने के कारण किसानों की आर्थिक दशा में काफी सुधार हुआ। किसानों की आय में वृद्धि होने से उनके जीवन-स्तर में भी काफी सुधार हुआ है। भारतीय किसान अशिक्षित एवं अन्धविश्वासी थे, जो निर्धनता के लिए कृषि को दोषी मानते थे, किन्तु हरित क्रान्ति के परिवर्तन ने इनके दृष्टिकोणों को बदल दिया। अब ये मानने लगे कि वैज्ञानिक विधियों से खेती करने पर जब उत्पादन में वृद्धि हो रही है, तो धीरे-धीरे गरीबी भी कम हो जाएगी, क्योंकि उत्पादन मौलिक आवश्यकताओं को पूरा कर रहा है।
5. **परम्परागत स्वरूप में परिवर्तन** हरित क्रान्ति के फलस्वरूप कृषि में परिवर्तन आया है। कृषि ने अब व्यावसायिक रूप ले लिया है। इतना ही नहीं, अधिकांश राज्य सरकारों द्वारा कृषि को उद्योग का दर्जा दिया जाने लगा है, जिससे वर्तमान में भी इसके स्वरूप में काफी परिवर्तन आया है।
6. **उद्योगों का विकास** हरित क्रान्ति के पश्चात् कृषि कार्यों में विभिन्न कृषि यन्त्रों का विकास प्रारम्भ हुआ। फलस्वरूप, ट्रैक्टर बनाने वाली औद्योगिक इकाइयों की स्थापना की गई तथा रासायनिक खाद के अनेक कारखाने खोले गए, इसके साथ ही डीजल इंजन, पम्पिंग सेट, थ्रेसर, आदि यन्त्र बनाने वाले कारखानों को बढ़ावा मिला। इसके अतिरिक्त अन्य कृषि उपयोगी संयन्त्रों को भी प्रोत्साहन मिला है।
7. **रोजगार में वृद्धि** हरित क्रान्ति के विकास के फलस्वरूप कृषि, व्यापार तथा उद्योग-धन्धों के विकास एवं विस्तार के कारण योग्य व्यक्तियों हेतु रोजगार के अवसरों में काफी वृद्धि हुई है, क्योंकि नए स्थापित संयन्त्रों के संचालन के लिए लोगों की अधिक आवश्यकता हुई है।
8. **विभिन्न योजनाओं पर प्रभाव** हरित क्रान्ति के पश्चात् देश में क्रियान्वित योजनाओं पर इसका गहरा प्रभाव पड़ा; जैसे— कृषि उत्पाद के बढ़ने से चौथी पंचवर्षीय योजना का आकार भी बड़ा होने लगा था। इसके पश्चात् जितनी भी योजनाएँ आईं, उनमें हरित क्रान्ति के प्रभावों को ध्यान में रखा गया। इनके उत्पादन का अप्रत्यक्ष प्रभाव अन्य कारकों पर भी पड़ा है, जिससे अन्य क्षेत्रों को बढ़ावा देने में यह सहायक सिद्ध होने लगी है।
9. **पूँजी निर्माण में वृद्धि** हरित क्रान्ति के फलस्वरूप किसानों की आय में वृद्धि होने लगी, जिससे बचत में वृद्धि हुई। बचत के होने से पूँजी निर्माण की प्रक्रिया में वृद्धि हुई। इस पूँजी को किसान पुनः कृषि कार्यों में लगाने लगे, इससे पुनर्निवेश को बढ़ावा मिला।
10. **कीमतों में कमी** हरित क्रान्ति के आगमन से कीमत सूचकांकों में काफी परिवर्तन देखा गया, क्योंकि उत्पादन में वृद्धि से कीमतों में वृद्धि की गति कम हो गई। इससे परिवर्तन के वर्षों में भी यह अन्य फसलों की कीमत को नियन्त्रित करने में सहायक सिद्ध हुई है।
11. **जीवन-स्तर पर प्रभाव** भारत की अधिकांश जनता गरीब है, जो अपनी आय का अधिकांश भाग कृषि उत्पादों पर खर्च करती है, जिसका प्रभाव उपभोक्ताओं के बजट और जीवन-स्तर पर भी पड़ता है, किन्तु हरित क्रान्ति के पश्चात् अनाजों की उपलब्धता के कारण इनकी कीमतों को नियन्त्रित करने में सहायता मिली है। इसने उपभोक्ताओं के बजट तथा जीवन-स्तर को नियन्त्रित करने में सहायक के रूप में भूमिका निभाई है।
12. **उचित मूल्य** कृषि उत्पाद का उचित मूल्य दिलाने हेतु सरकार द्वारा कृषि उत्पादों का उचित मूल्य प्रतिवर्ष निर्धारण करने की व्यवस्था की गई, जिससे कृषकों को उनकी उपज का उचित मूल्य मिल सके। यदि निर्धारित मूल्य बाजार मूल्यों से कम होता है, तो सरकार उत्पादों को स्वयं लेती है, जिससे किसी भी किसान को कृषि उत्पाद का उचित मूल्य प्राप्त हो जाता है।

हरित क्रान्ति की समस्याएँ/दोष

हरित क्रान्ति से अनेक लाभ हुए। *खाद्यान्न समस्याओं* का समाधान करने में हरित क्रान्ति ने अपनी महत्त्वपूर्ण भूमिका निभाई, फिर भी इसमें कई समस्याएँ या दोष निहित पाए गए, जिनकी चर्चा निम्न प्रकार है

1. **कुछ फसलों तक सीमित** हरित क्रान्ति के कारण उत्पादन में वृद्धि कुछ ही फसलों में देखी गई; जैसे— गेहूँ, मक्का, ज्वार तथा बाजरा, आदि। खाद्यान्न की मुख्य फसल चावल पर इसका प्रभाव काफी कम पड़ा। इसके अतिरिक्त दालों के उत्पादन सहित कपास, जूट, तिलहन, गन्ना, आदि व्यापारिक फसलों के उत्पादन में भी कोई उल्लेखनीय वृद्धि नहीं हुई। यह इसके सीमित प्रभाव को व्यक्त करता है।
2. **कुछ राज्यों तक सीमित** हरित क्रान्ति का विस्तार देश के कुछ राज्यों तक ही सीमित रहा; जैसे—पंजाब, हरियाणा, पश्चिमी उत्तर प्रदेश, महाराष्ट्र, तमिलनाडु एवं आन्ध्र प्रदेश के कुछ जिले। इसका विस्तार उन्हीं क्षेत्रों में हुआ, जो पहले से ही सुविधाओं (सिंचाई, जोत का बड़ा आकार) से सम्पन्न थे, शेष पिछड़े क्षेत्रों में इसका कोई प्रभाव नहीं पड़ा, जिससे क्षेत्रीय असमानता में वृद्धि हुई।
3. **बड़े किसानों को अधिक लाभ** हरित क्रान्ति का लाभ बड़े किसानों को ही विशेष रूप से हुआ, क्योंकि कृषि कार्य के लिए ट्रैक्टर, नलकूप, पम्पिंग सेट, रासायनिक उर्वरक तथा महँगे उन्नत बीजों को खरीदना केवल बड़े किसानों के लिए ही सम्भव हो सका है। वहीं छोटे किसान इन खर्चों को वहन करने में सक्षम नहीं हो पाए हैं। इसके साथ ही बड़े किसानों को बैंकों, सहकारी समितियों, आदि से साख सुविधाएँ भी मिल जाती हैं, क्योंकि वे वहन करने के योग्य होते हैं। इस प्रकार से हरित क्रान्ति के फलस्वरूप पूँजीवादी कृषि को प्रोत्साहन मिला है।
4. **आर्थिक असमानताओं में वृद्धि** हरित क्रान्ति के आने से बड़े किसान और अधिक सम्पन्न हो गए तथा छोटे किसानों की स्थिति में कोई परिवर्तन नहीं आया, जिससे ग्रामीण क्षेत्रों में आर्थिक असमानता में वृद्धि हुई, जबकि इस योजना का उद्देश्य आर्थिक विषमता को दूर करना था। इसके साथ ही छोटे किसानों के काश्तकारी अधिकारों के समाप्त होने से गाँवों में सामाजिक तथा आर्थिक विषमता में वृद्धि हुई।
5. **दालों तथा अन्य खाद्य तेलों का आयात** हरित क्रान्ति के उपरान्त दालों एवं अन्य खाद्य तेलों में कमी के कारण इसके लिए आयात पर निर्भर रहना पड़ा, जिसके दुष्प्रभाव आज भी कायम हैं।
6. **बेरोजगारी में वृद्धि** खाद्यान्नों में क्रान्तिकारी परिवर्तन के लिए धनी किसान बड़े-बड़े फार्मों में मशीनों का अधिक प्रयोग करने लगे, जिससे श्रमिकों की आवश्यकता में काफी कमी आई।
7. **आधुनिक तकनीकों के प्रयोग में बाधाएँ** देश में अधिकांश किसानों के पास छोटी-छोटी जोतें पाई जाती हैं, जिससे वे आधुनिक साधनों का प्रयोग करने में सफल नहीं हो पाए हैं। अतः वे इन लाभों से वंचित रह गए।
8. **मानसून पर निर्भरता** हरित क्रान्ति के फलस्वरूप सिंचाई के साधनों का विस्तार हुआ, जिससे सिंचाई समय पर हो सकें। किन्तु इसके अतिरिक्त छोटे व मध्यम कृषक जो देश में बड़ी संख्या में हैं, उनकी निर्भरता मानसून पर अधिक देखी जाती है। इसके अन्तर्गत जब मानसून की सक्रियता अधिक होती है, तो सिंचाई अच्छी होने से कृषि उत्पादन भी अधिक होता है, जबकि विपरीत परिस्थिति में यह कम होता है।

भारत में कृषि उत्पादकता बढ़ाने हेतु सरकार द्वारा किए गए प्रयास

स्वतन्त्रता प्राप्ति के पश्चात् भारत सरकार द्वारा कृषि विकास को सुदृढ़ करने के लिए पंचवर्षीय योजनाओं के माध्यम से कई कार्यक्रमों व योजनाओं का संचालन किया गया। इनकी चर्चा निम्नवत् है

1. **कृषि योग्य भूमि का विस्तार** स्वतन्त्रता प्राप्ति के पश्चात् उत्पादन को बढ़ाने की दृष्टि से खेती के लिए उपजाऊ क्षेत्रों में वृद्धि करने के लिए निम्न प्रयास किए गए हैं
 (i) बेकार भूमि को खेती योग्य बनाया गया है।
 (ii) बंजर या परती भूमि की मात्रा को कम किया गया है।
 (iii) मृदा कटाव को रोककर भूमि को खेती योग्य बनाया गया है।
2. **सिंचाई सुविधाओं का विस्तार तथा बाढ़ नियन्त्रण** देश में स्वतन्त्रता के पश्चात् सिंचाई की सुविधाओं का विशेष रूप से विस्तार किया गया है। पंचवर्षीय योजनाओं के माध्यम से दीर्घ, मध्यम तथा लघु सिंचाई परियोजनाएँ शुरू की गई हैं।

 केन्द्रीय जल आयोग द्वारा कुछ महत्त्वपूर्ण बहुउद्देशीय सिंचाई परियोजनाओं पर भी दृष्टि रखी जा रही है। खप्ति सिंचाई लाभ कार्यक्रमों को बड़े स्तर पर किया जा रहा है। इतनी ही नहीं बड़ी धनराशि विभिन्न परियोजनाओं पर खर्च की जा रही है, जिससे राज्यों को सभी प्रकार की सिंचाई परियोजनाओं को पूरा करने में सहायता मिले। इसके साथ ही सरकार बाढ़ नियन्त्रण करने के लिए भी समुचित व्यवस्था उपलब्ध कराने की दिशा में अग्रसर है।
3. **उर्वरकों की उचित व्यवस्था** किसानों को उचित समय व उचित मूल्य पर अच्छी किस्म के उर्वरक उपलब्ध कराने की दृष्टि से सरकार द्वारा उर्वरक नियन्त्रण आदेश (1985) जारी किया गया है, जिसमें उर्वरकों के व्यापार और वितरण पर नियन्त्रण हेतु क्रियान्वयन एजेन्सियों को नियुक्त करने का प्रावधान किया गया है। इसके लिए अनेक प्रयोगशालाएँ भी कार्य रही हैं। वर्तमान समय में भारत नाइट्रोजन तथा फॉस्फेट उर्वरकों का लगभग 70% भाग उत्पादन कर पाता है, किन्तु पोटाशी उर्वरकों के लिए पूरी तरह से आयात पर ही निर्भर रहना पड़ता है, जिसे बेहतर करने का प्रयास जारी है।
4. **खाद के प्रयोग एवं प्रचार को बढ़ावा** सरकार द्वारा अच्छी पैदावार के लिए कम्पोस्ट खाद बनाकर इसका अधिक-से-अधिक प्रयोग करने पर बल दिया जा रहा है। इसके साथ ही रासायनिक खाद के उत्पादन तथा उपयोग को भी बढ़ाने का प्रयास जारी है। इसके लिए सरकार द्वारा सब्सिडी भी प्रदान की जाती है।
5. **राष्ट्रीय बीज निगम की स्थापना** देश में उत्पादकता को बढ़ाने की दृष्टि से सरकार नवीन बीजों के उत्पादन तथा वितरण के साथ-साथ अधिक प्रयोग पर भी बल दे रही है। इसके लिए राष्ट्रीय बीज निगम की स्थापना की गई है। इसमें गेहूँ, ज्वार, चावल व मक्का के उन्नत बीज तैयार किए गए हैं, जिनकी बुआई भी बड़े भू-भाग पर की जा रही है।
6. **कृषि भूमि का विकास** पंचवर्षीय योजनाओं के माध्यम से भूमि को समतल बनाने, उसे ढलान देने, कन्टूर बनाने व सीढ़ीदार बनाने जैसे कार्यों के लिए प्रबन्ध किए गए हैं, जिससे कृषि भूमि को अधिक मात्रा में बढ़ाकर उन्नत किया जा सके।
7. **भूमि सुधार कार्यक्रम** स्वतन्त्रता प्राप्ति के पश्चात् उत्पादकता को बढ़ाने की दृष्टि से कई महत्त्वपूर्ण निर्णय लिए गए हैं, जिनकी चर्चा निम्न प्रकार है
 (i) जमींदारी प्रथा को कानूनों द्वारा समाप्त कर दिया गया है, जिससे इनकी भूमिका कम हो गई है।
 (ii) काश्तकारी नियमों में सुधार किया गया है, इसके लिए राज्यों में अधिनियम पारित किए गए हैं, जिससे खेती करने वाले काश्तकारों को भूमि पर स्थायी अधिकार प्राप्त हो गए हैं।
 (iii) वर्ष 1961-62 तक देश के सभी राज्यों में भूमि सुधार के लिए भूमि जोतों की एक अधिकतम सीमा निर्धारित कर दी गई है, जिससे भूमि का विस्तार हुआ है। हालाँकि यह सुधार पूर्ण रूप से सफल नहीं हो पाया है।
 (iv) सरकार द्वारा कृषि में उत्पादन की वृद्धि से चकबन्दी और सहकारी खेती पर प्रथम पंचवर्षीय योजना से लेकर आज तक बल दिया जाता रहा है, जिससे अनेक राज्यों में काफी सीमा तक सफलता भी मिली है।
 (v) भूमि के अभिलेखों के लिए विशेष व्यवस्था की जा रही है, जिससे भूमि का सर्वेक्षण तथा बन्दोबस्ती जैसे कार्य सरलता से हो सकें। इसके लिए कम्प्यूटरीकरण के लिए विशेष प्रावधान किए जा रहे हैं।
8. **कृषि का आधुनिकीकरण** कृषि कार्य में प्रयुक्त होने वाले विभिन्न प्रकार के उपकरण; जैसे—ट्रैक्टर, हार्वेस्टर, थ्रेसर, आदि को लोकप्रिय बनाने के लिए देश के लगभग सभी राज्यों में कृषि उद्योग निगम की स्थापना की गई है। इसके अतिरिक्त सरकार विभिन्न अवसरों पर कृषि मेलों का आयोजन कर ऐसे उपकरणों को रियायती मूल्यों पर किसानों को उपलब्ध करा रही है, जिससे किसान प्रेरित होकर इसके प्रयोग को बढ़ा सकें।
9. **कृषि साख की उचित व्यवस्था** किसानों को समय पर तथा कम ब्याज दर पर ऋण उपलब्ध कराने की दृष्टि से देश में विभिन्न प्रकार के बैंक तथा संस्थाएँ कार्यरत् हैं; जैसे—भारतीय स्टेट बैंक तथा अन्य व्यावसायिक बैंक, भूमि विकास बैंक, क्षेत्रीय ग्रामीण बैंक, सहकारी साख समितियाँ, किसान सेवा समितियाँ, आदि। इसके साथ ही सन् 1982 में राष्ट्रीय कृषि एवं ग्रामीण विकास बैंक (नाबार्ड) की स्थापना की गई है। इन संस्थाओं के माध्यम से किसानों को अल्पकालीन तथा दीर्घकालीन दोनों प्रकार के ऋण उपलब्ध कराए जाते हैं।
10. **व्यापक फसल बीमा योजना** पैदावार को बढ़ाने एवं क्षतिपूर्ति को पूरा करने की दृष्टि से अप्रैल, 1985 में केन्द्र सरकार ने 'व्यापक फसल बीमा योजना' की शुरुआत की, जिससे किसानों को सुरक्षा प्रदान की जा सके।
11. **कृषि विपणन में सुधार** *सरकार द्वारा किसानों को उपज की* उचित कीमत दिलाने के उद्देश्य से भी कुछ महत्त्वपूर्ण कदम उठाए गए हैं, जो निम्न प्रकार है
 (i) **नियमित मण्डियाँ** ऐसी मण्डियों का प्रबन्ध सरकार द्वारा नियुक्त विपणन समिति करती है, जिसका उद्देश्य किसानों को मध्यस्थों के दोषपूर्ण व्यवहार तथा शोषण से मुक्त करना है।
 (ii) **सहकारी विपणन समितियाँ** ये समितियाँ अपने सदस्यों की उपज को एकत्रित करके उसे ग्रेड में विभक्त करती हैं। इन सहकारी विपणन समितियों को निम्न चार भागों में बाँटा जाता है
  (a) **प्राथमिक सहकारी विपणन समिति** यह ग्रामीण स्तर पर कार्यों को करती है।
  (b) **जिला या क्षेत्रीय विपणन समिति** यह प्राथमिक समितियों का संघ होता है, जो क्रय-विक्रय के साथ प्राथमिक समितियों को साख उपलब्ध कराता है।

(c) **राज्य विपणन संघ** यह राज्य स्तर पर कार्य करता है। इसके साथ ही यह गाँवों तथा जिलों को साख उपलब्ध कराता है।

(d) **राष्ट्रीय कृषि सहकारी विपणन संघ** यह शीर्षस्थ संस्था होती है, जो सरकार के माध्यम से कृषि उपज के भण्डारण व विपणन के साथ-साथ निर्यात को भी बढ़ावा देती है।

12. **कृषि उत्पादों के न्यूनतम समर्थन मूल्यों का निर्धारण** कृषि उत्पादन को बढ़ावा देने के लिए सरकार द्वारा गेहूँ, चावल, चना, कपास, आदि प्रमुख कृषि उत्पादों के लिए न्यूनतम समर्थन मूल्य की घोषणा की जाती है, जिसका उद्देश्य कीमत गिरने से रोकना तथा किसानों को संरक्षण प्रदान करना होता है। सन् 1970 तक सरकार न्यूनतम समर्थन मूल्य तथा खरीद मूल्य की घोषणा करती थी, लेकिन अब केवल न्यूनतम समर्थन मूल्य घोषित किया जाता है।

13. **फसल संरक्षण** फसलों में उत्पन्न रोगों व कीड़ों से निजात पाने की दृष्टि से सरकार द्वारा काफी प्रयास किए गए हैं। इसके लिए देश में फसल संरक्षण केन्द्र खोले गए हैं। इसके साथ ही फसल चक्र जैसी विधियों पर बल दिया जा रहा है, जिससे फसल को सुदृढ़ किया जा सके।

सहायिकी

सहायिकी ने किसानों को नई प्रौद्योगिकी एवं उच्च पैदावार वाली किस्मों के बीजों का प्रयोग करने के लिए प्रोत्साहित किया है। इसमें किसानों द्वारा कृषि में उत्तम बीजों व यन्त्रों का प्रयोग करके कृषि की उत्पादकता को बढ़ाया जाता है, परन्तु यह सहायिकी सरकार के वित्त पर अधिक भार डालती है। नि:सन्देह सहायिकी द्वारा किसानों को अत्यन्त लाभ हुए हैं, परन्तु इसके नकारात्मक प्रभाव भी कुछ सीमा तक सरकारी कोष पर पड़ते हैं। अत: इस विषय पर अर्थशास्त्रियों के मध्य अनेक विवाद हुए हैं।

कुछ अर्थशास्त्रियों का कहना है कि सहायिकी, कीमतों को वस्तु की पूति का संकेतक नहीं बनने देती है, क्योंकि जब किसी वस्तु या सेवा को सहायिकीयुक्त दरों पर नि:शुल्क प्रदान किया जाता है तो उनकी कमी का ध्यान नहीं रखा जाता है और लोग उनका फिजूल उपयोग करने लगते हैं। सहायिकी से फिजूल उपयोग को बढ़ावा मिलता है। अत: सहायिकी को एक समय के पश्चात् बन्द कर देना चाहिए। जबकि कुछ अर्थशास्त्रियों का कहना है कि सहायिकी निरन्तर जारी रखनी चाहिए, क्योंकि यदि सहायिकी बन्द कर दी गई, तो निर्धन किसानों को इससे अत्यधिक हानि होगी और वे कृषि क्षेत्र में काफी पिछड़ जाएँगे तथा सहायिकी समाप्त करके किसान अपेक्षित आगतों का प्रयोग नहीं कर पाएँगे। साथ ही सहायिकी की समाप्ति से निर्धन और धनी किसानों के बीच असमानता बढ़ेगी तथा समता के लक्ष्य का उल्लंघन बढ़ेगा।

इस सन्दर्भ में सहायिकी की समाप्ति पर विशेषज्ञों ने अपनी यह राय रखी है कि सहायिकी से यद्यपि बड़े किसान भी लाभान्वित (आवश्यक रूप से) हो रहे हैं। लेकिन इसका अर्थ यह नहीं है कि सहायिकी को बन्द कर दिया जाए। बल्कि होना यह चाहिए कि सरकार कुछ ऐसी रणनीति तैयार करे जिससे केवल गरीब किसानों को ही लाभ मिले। जैसा कि 1960 के दशक के परिणामों से स्पष्ट था कि देश में सहायिकी के सहयोग से कृषि उत्पादकता में वृद्धि से भारत खाद्यान्नों में आत्मनिर्भर हो गया।

हालाँकि सहायिकी अनावश्यक सरकारी कोष पर बोझ भी साबित होती है।

अत: सहायिकी की उपयोगिता को स्पष्ट रूप से देखते हुए यही कहा जा सकता है कि सहायिकी के नकारात्मक प्रभाव पर विशेष रूप से ध्यान देना आवश्यक नहीं है।

खाद्य सुरक्षा व उपभोक्ता संरक्षण

खाद्य सुरक्षा

- खाद्य एवं कृषि संगठन (Food and Agriculture Organisation, FAO) के अनुसार, "सभी व्यक्तियों को सही समय पर उनके लिए आवश्यक बुनियादी भोजन के लिए भौतिक एवं आर्थिक दोनों रूप में उपलब्धि का आश्वासन मिलना खाद्य सुरक्षा है।" अतिरिक्त खाद्य उत्पादन वाले देशों द्वारा इसका उपयोग एक हथियार के रूप में किया जाता रहा है।
- भारत में खाद्य सुरक्षा को सुनिश्चित करने के लिए वर्ष 1994-95 में सार्वजनिक वितरण प्रणाली (PDS) तथा वर्ष 1997 में लक्षित सार्वजनिक वितरण प्रणाली (TPDS) को आरम्भ किया गया है।
- अमेरिका द्वारा PL-480 प्रोग्राम के अन्तर्गत दी जाने वाली खाद्य सहायता में कटौती कर दी गई, जिससे भारत में खाद्य संकट और बढ़ गया। इसके बाद भारत में हरित क्रान्ति का आह्वान किया गया, जिससे भारत खाद्य पदार्थों के मामले में आत्मनिर्भर हो सका।

राष्ट्रीय खाद्य सुरक्षा मिशन

- राष्ट्रीय खाद्य सुरक्षा मिशन (National Food Security Mission, NFSM) एक केन्द्र प्रायोजित योजना है। यह योजना अक्टूबर, 2007 में पेश की गई थी। 12वीं योजना के अन्तर्गत यह योजना जारी रखी गई है तथा इसमें नए लक्ष्य भी सम्मिलित किए गए हैं। इसके अन्तर्गत खाद्यान्न उत्पादन को 25 मिलियन टन तक बढ़ाना है। 12वीं पंचवर्षीय योजना में इसके पाँच घटक हैं

  (i) चावल (ii) गेहूँ
  (iii) दाल (iv) मोटे अनाज
  (v) वाणिज्यिक फसल (गन्ना, कपास और जूट)

राष्ट्रीय खाद्य सुरक्षा अधिनियम, 2013

- राष्ट्रीय खाद्य सुरक्षा अधिनियम (National Food Security Act, NFSA), 10 सितम्बर, 2013 को अधिसूचित किया गया। इसका उद्देश्य एक गरिमापूर्ण जीवन जीने के लिए लोगों को वहनीय मूल्यों पर अच्छी गुणवत्तापूर्ण खाद्यान्न की पर्याप्त मात्रा उपलब्ध कराते हुए उन्हें खाद्य तथा पोषण सुरक्षा प्रदान करना है।
- राष्ट्रीय खाद्य सुरक्षा अधिनियम (NFSA) समग्र तौर पर देश की कुल जनसंख्या के 67% को कवर करता है।
- इसके अन्तर्गत प्रत्येक व्यक्ति को 5 किग्रा खाद्यान्न, जिसमें ₹ 3 प्रति किग्रा चावल, ₹ 2 प्रति किग्रा गेहूँ तथा ₹ 1 प्रति किग्रा मोटे अनाज उपलब्ध कराए जाने हैं। अंत्योदय योजना के अन्तर्गत प्रतिमाह 35 किग्रा खाद्यान्न इस अधिनियम से अलग है।

राष्ट्रीय खाद्य प्रसंस्करण मिशन

- भारत सरकार ने 12वीं पंचवर्षीय योजना के दौरान वर्ष 2012-13 में किसानों की आय बढ़ाने के उद्देश्य से तथा खाद्य पदार्थों को लम्बे समय तक संरक्षित रखने के उद्देश्य से राष्ट्रीय खाद्य प्रसंस्करण मिशन (National Mission on Food Processing) प्रारम्भ करने का निर्णय लिया है।
- यह केन्द्र प्रायोजित योजना है, जिसे राज्य सरकारों की मदद से कार्यान्वित किया जाएगा। वर्ष 2012-13 में इस कार्यक्रम के अन्तर्गत निम्नांकित क्षेत्रों को सम्मिलित किया गया

1. खाद्य प्रसंस्करण उद्योगों (Food Processing Industry) का आधुनिकीकरण तथा उनका उन्नयन एवं संस्थापन।
2. गैर-उद्यान उत्पादों के लिए मूल्यवर्द्धन, संरक्षण तथा शीतगृहों की संख्या में वृद्धि।
3. मानव संसाधन विकास की योजना।
4. बूचड़खानों (कसाईखानों) का आधुनिकीकरण।

राष्ट्रीय खाद्य प्रसंस्करण नीति, 2019

खाद्य प्रसंस्करण के क्षेत्र को विकसित करने के लिए राष्ट्रीय 'खाद्य प्रसंस्करण नीति 2019' लागू की गई है। इसका उद्देश्य क्षेत्र के विकास में बाधक प्रवृत्तियों को दूर करना है। इस नीति का लक्ष्य वर्ष 2035 तक इस क्षेत्र में निवेश को छः गुना बढ़ाना है।

- नीति का लक्ष्य किसानों की आय में वृद्धि करना है।
- खाद्य प्रसंस्करण उद्योग को समर्थन प्रदान करना तथा इसे प्रभावी रूप देना नीति की महत्त्वपूर्ण प्रक्रिया है।
- रोजगार के अवसर बढ़ाना तथा खाद्य गुणवत्ता को बेहतर बनाना।

भारतीय खाद्य निगम

भारतीय खाद्य निगम की स्थापना 14 जनवरी, 1965 को की गई। इसका पहला जिला कार्यालय **तंजावुर** (तमिलनाडु) में खोला गया था। खाद्यान्न की अधिप्राप्ति, वितरण और भण्डारण करने वाली नोडल एजेंसी यही है। इसका मुख्यालय दिल्ली में है।

शान्ता कुमार समिति

- शान्ता कुमार की अध्यक्षता में अगस्त, 2014 में गठित आठ सदस्यीय समिति ने भारतीय खाद्य निगम (Food Corporation of India, FCI) के मौजूदा ढाँचे के विभिन्न पहलुओं पर विचार करने के बाद **पुनर्गठन** के बारे में अपनी सिफारिशें दे दी हैं।

सार्वजनिक वितरण प्रणाली

- आवश्यक वस्तुओं (गेहूँ, चावल, केरोसिन, चीनी आदि) को उचित कीमत की दुकान के माध्यम से उपभोक्ताओं में वितरण करने वाली प्रणाली को सार्वजनिक वितरण प्रणाली (Public Distribution System, PDS) कहा जाता है। इस प्रणाली का मुख्य उद्देश्य उपभोक्ताओं, विशेषकर कमजोर वर्ग के उपभोक्ताओं को सस्ती दर पर वस्तुएँ उपलब्ध कराना है।
- कमजोर वर्ग के उपभोक्ताओं को कीमतों के उतार-चढ़ाव से सुरक्षा मिलती है। इसके अतिरिक्त इस प्रणाली का उद्देश्य देश की विशाल जनसंख्या के न्यूनतम पोषण स्तर को कायम रखना है।
- सार्वजनिक वितरण प्रणाली को और अधिक प्रभावी बनाने के उद्देश्य से वर्ष 1997 में **लक्षित सार्वजनिक वितरण प्रणाली** (Target of Public Distribution System, TPDS) की शुरुआत की गई।
- इसमें मूल्य निर्धारण के लिए जनसंख्या को दो भागों में बाँटने की नीति अपनाई गई—गरीबी रेखा से नीचे (Below Poverty Line, BPL) एवं गरीबी रेखा से ऊपर (Above Poverty Line, APL)।
- इस प्रणाली के अन्तर्गत गरीबी रेखा से नीचे वाले लोगों को विशेष कार्ड जारी करने तथा घटाए गए मूल्य पर खाद्यान्न की आपूर्ति की नीति अपनाई गई है। अप्रैल, 2013 को चीनी उद्योग को आंशिक नियन्त्रण से मुक्त कर दिया अर्थात् सप्लाई की सार्वजनिक वितरण प्रणाली (PDS) के लिए सप्लाई की जाने वाली चीनी हेतु मिलों पर लगाई जाने वाली लेवी सितम्बर, 2012 के बाद उत्पादित चीनी पर नहीं लगेगी।
- **गोल्डन रेज प्रोजेक्ट** (Golden Rays Project, GRP) मक्का के लिए राजस्थान में राष्ट्रीय कृषि योजना के अन्तर्गत शुरू किया गया। यह योजना खरीफ की फसल के लिए वर्ष 2009 से शुरू की गई।

एक राष्ट्र एक राशन कार्ड योजना

- केन्द्रीय उपभोक्ता मामले, खाद्य एवं सार्वजनिक वितरण मन्त्रालय (Ministry of Consumer Affairs, Food and Public Distribution) ने 30 जून, 2020 तक पूरे देश में 'एक राष्ट्र, एक राशन कार्ड (One nation-one ration card) योजना लागू करने की घोषणा की है।
- इस योजना के माध्यम से देश के सभी नागरिकों को एक कार्ड से पूरे देश में कहीं भी राशन उपलब्ध हो सकेगा तथा राष्ट्रीय खाद्य सुरक्षा अधिनियम, 2013 के अन्तर्गत सभी लोगों को अनाज की उपलब्धता सुनिश्चित हो सकेगी।
- इस योजना से गरीब, मजदूर और ऐसे लोग लाभान्वित होंगे जो जीविका, रोजगार या किसी अन्य कारण से एक राज्य से दूसरे राज्य में प्रवास करते हैं।

मेगा फूड पार्क

मेगा फूड पार्क योजना को सितम्बर, 2008 में शुरू किया गया था। इसके अन्तर्गत देश के अलग-अलग स्थानों में 10 मेगा फूड पार्क स्थापित किए गए। इस योजना के निम्नलिखित उद्देश्य हैं

- कृषि उत्पादों के नुकसान को कम करना।
- स्थायी आपूर्ति व रख-रखाव व्यवस्था।
- खाद्य पदार्थों का प्रसंस्करण करके उनका मूल्य संवर्द्धन।
- किसानों की आय बढ़ाना।
- किसानों को बाजार से जोड़ना।
- 31 मार्च, 2024 की स्थिति के अनुसार देश में कुल 41 मेगा फूड पार्कों की मंजूरी दी गई है, जिसमें 24 पार्क कार्यशील हैं।
- मेगा फूड पार्क के लिए केन्द्र सरकार प्रोजेक्ट कॉस्ट का 50 फीसदी तक अनुदान देती है।
- पूर्वोत्तर राज्यों में अनुदान की राशि 75 फीसदी है। इस प्रकार केन्द्र से अधिकतम ₹ 50 करोड़ की सहायता मिलती है।
- मेगा फूड पार्क खोलने के लिए कम-से-कम 50 एकड़ जमीन की जरूरत पड़ती है, जिसमें 30-35 प्रोसेसिंग यूनिट स्थापित होती हैं।

सुरक्षित हरित गृह

ये ऐसे गृह हैं, जिनके अन्दर तापमान, आर्द्रता तथा नमी का स्तर सब्जी, फल, फूल आदि उगाने के लिए वांछनीय स्तर पर कायम रखा जाता है, ताकि इस प्रकार की फसलों की उत्पादकता बढ़ाई जा सके।

बफर स्टॉक

सूखा, अकाल, फसल नष्ट होने तथा मूल्य क्षेत्र में अचानक आई तेजी जैसी घटनाओं से सामान्य लोगों को सुरक्षित करने के लिए गेहूँ एवं चावल की अतिरिक्त मात्रा, जिसे सरकार रखती है, को बफर स्टॉक कहते हैं।

वस्तुनिष्ठ प्रश्न

1. कृषि के कार्यों को बाँटा गया है
(a) दो भागों में (b) तीन भागों में
(c) चार भागों में (d) इनमें से कोई नहीं

2. कृषि से सम्बन्धित सहायक क्रियाओं में सम्मिलित किया जाता है
(a) मुर्गीपालन (b) रेशम-कीटपालन
(c) पशुपालन (d) ये सभी

3. भारत की लगभग कितनी जनसंख्या अपनी आजीविका हेतु कृषि पर निर्भर है?
(a) एक-तिहाई (b) दो-तिहाई
(c) आधी (d) सम्पूर्ण

4. निम्नलिखित कथनों में कौन-सा कथन असत्य है?
(a) भारतीय कृषि मानसून पर निर्भर है
(b) भारत की राष्ट्रीय आय में कृषि का योगदान महत्त्वपूर्ण है
(c) भारत में कृषि जोतों का औसत आकार 3 हेक्टेयर है
(d) भारत में भूमि क्षेत्रफल का सर्वाधिक भाग कृषि में है

5. निम्न में से कौन कृषि की निम्न उत्पादकता के लिए जिम्मेदार कारक है?
(a) आर्थिक (b) संस्थागत
(c) प्राकृतिक (d) ये सभी

6. परम्परागत कृषि रणनीति का काल रहा
(a) वर्ष 1950-51 से वर्ष 1965-66
(b) वर्ष 1964-65 से वर्ष 1974-75
(c) वर्ष 1970-71 से वर्ष 1984-85
(d) वर्ष 1991-92 से वर्ष 1999-2000

7. नॉरमन बोरलॉग का नाम जोड़ा जाता है
(a) पीली क्रान्ति से
(b) हरित क्रान्ति से
(c) श्वेत क्रान्ति से
(d) नीली क्रान्ति से

8. भारत में हरित क्रान्ति का प्रारम्भ कब से माना जाता है?
(a) वर्ष 1948-49
(b) वर्ष 1951-52
(c) वर्ष 1966-67
(d) वर्ष 1970-71

9. कृषि के सन्दर्भ में 'हरित क्रान्ति' शब्द का प्रयोग सर्वप्रथम किया गया था अथवा हरित क्रान्ति का जनक किसे कहा जाता है?
(a) डॉ. एम. एस. स्वामीनाथन द्वारा/को
(b) डेविड रिकॉर्डो द्वारा/को
(c) सी. सुब्रह्मण्यम द्वारा/को
(d) इन्दिरा गाँधी द्वारा/को

10. निम्नलिखित में से कौन हरित क्रान्ति का घटक नहीं है?
(a) उन्नत किस्म के बीज
(b) सिंचाई
(c) रासायनिक खाद
(d) अधिक समय लगाने वाले यन्त्र

11. भारत में हरित क्रान्ति किन फसलों के सन्दर्भ में सफल रही है?
(a) गेहूँ व मक्का (b) गन्ना व आलू
(c) मक्का व चाय (d) चाय व कॉफी

12. भारत में कृषि क्षेत्र में कार्यरत् जनसंख्या का प्रतिशत
(a) बढ़ रहा है (b) घट रहा है
(c) स्थिर है (d) अनिवार्य है

13. हरित क्रान्ति से खाद्यान्नों के निर्यात में क्या परिवर्तन आया?
(a) वृद्धि
(b) कमी
(c) स्थिर
(d) उपरोक्त में से कोई नहीं

14. हरित क्रान्ति की सफलता हेतु सुझावों में सम्मिलित नहीं किया जा सकता
(a) सिंचाई के साधनों के विकास को
(b) बहुफसली खेती के विकास को
(c) एकीकृत कार्यनीति के विकास को
(d) मानसून पर निर्भरता

15. भारत में कृषि उत्पादकता को बढ़ाने के उपायों में सम्मिलित हैं
(a) नवीन तकनीक का प्रयोग
(b) पूँजी की उपलबधता
(c) सिंचाई सुविधाओं का उचित प्रबन्ध
(d) उपरोक्त सभी

16. उन्नत बीजों को प्रोत्साहित करने के लिए राष्ट्रीय बीज निगम के तहत् तैयार किए गए बीज हैं
(a) गेहूँ के (b) ज्वार के
(c) चावल के (d) ये सभी

17. राष्ट्रीय कृषि एवं ग्रामीण विकास बैंक की स्थापना कब की गई?
(a) सन् 1981 में
(b) सन् 1982 में
(c) सन् 1985 में
(d) सन् 1986 में

18. भारत में 'व्यापक फसल बीमा योजना' किस वर्ष प्रारम्भ की गई?
(a) सन् 1982 में
(b) सन् 1986 में
(c) सन् 1985 में
(d) सन् 2001 में

19. 'नीली क्रान्ति' (ब्लू रिवोल्यूशन) सम्बन्धित है
(a) मछली उत्पादन से
(b) दुग्ध उत्पादन से
(c) तेल उत्पादन से
(d) खाद्य उत्पादन से

20. 'एगमार्क' क्या है?
(a) यह श्रेणीकृत कृषिपण्यो के लिए जारी की गई एक 'विपणन सील' होती है।
(b) इसका अर्थ कृषि विपणन से है।
(c) यह कृषि प्रबन्ध तथा विनियमन का प्रतिनिधित्व करता है।
(d) उपरोक्त में से कोई नहीं

21. भारत की प्रमुख वाणिज्य फसलें हैं
(a) कपास, दालें, जूट और तिलहन
(b) कपास, तिलहन, जूट और गन्ना
(c) चाय, रबर, तम्बाकू और जूट
(d) आलू, चाय, तम्बाकू और कपास

22. 'मिली-जूली खेती' से क्या तात्पर्य है?
(a) नकदी और खाद्य दोनों फसलों को बोना
(b) एक ही खेत में दो अथवा अधिक फसलों को बोना
(c) एक वर्ष छोड़कर दो या अधिक पौधों को बोना
(d) पशुपालन और कृषि करना

सही उत्तर

1. (a) **2.** (d) **3.** (b) **4.** (c) **5.** (d) **6.** (a) **7.** (b) **8.** (c) **9.** (a) **10.** (d)
11. (a) **12.** (b) **13.** (a) **14.** (d) **15.** (d) **16.** (d) **17.** (b) **18.** (c) **19.** (a) **20.** (a)
21. (b) **22.** (d)

अध्याय 03 औद्योगिक विकास

प्राचीनकाल से भारत में जिस प्रकार कृषि अर्थव्यवस्था का एक मजबूत स्तम्भ बनी हुई है, ठीक उसी प्रकार 'उद्योग' भी अर्थव्यवस्था की प्रगति में विकास के सूचक हैं। भारतीय अर्थव्यवस्था के परिवेश में पूँजी की कमी के होते हुए भी श्रम की बहुलता ने भारतीय उद्योगों को सुदृढ़ता प्रदान की है। उद्योगों से रोजगार उपलब्ध होते हैं, जो कृषि क्षेत्र के रोजगारों की अपेक्षा अधिक स्थायी होते हैं, उद्योगों से आधुनिकीकरण और समृद्धि को बढ़ावा मिलता है। यही कारण है कि पंचवर्षीय योजनाओं में औद्योगिक विकास पर अत्यधिक बल दिया गया है।

उद्योग से आशय

उद्योग से तात्पर्य ऐसी आर्थिक क्रियाओं से है, जिसमें कच्चे उत्पाद को निर्मित उत्पाद में परिवर्तित कर विपणन हेतु तैयार किया जाता है। दूसरे शब्दों में, उद्योग का अर्थ, कच्चे माल की उपयोगिता को बढ़ाने हेतु उसे पूँजीगत वस्तुओं में सृजित करना है। उद्योग की परिधि में मानवीय अर्थव्यवस्था की आवश्यकताओं एवं आकांक्षाओं को केन्द्र में रखा जाता है।

उद्योगों के मुख्य प्रकार

उद्योग मुख्य रूप से निम्न तीन प्रकार के होते हैं

1. **कुटीर उद्योग** कुटीर उद्योगों से अभिप्राय ऐसे उद्योगों से है, जो घरेलू स्तर पर संचालित किए जाते हैं। ऐसे उद्योग-धन्धों का कार्यकाल **अंशकालिक तथा पूर्णकालिक** दोनों ही हो सकता है। कुटीर उद्योगों की प्रमुख विशेषता कम पूँजी का निवेश है। इन उद्योग-धन्धों में श्रमिकों के रूप में परिवार के सदस्य ही कार्य करते हैं। इसमें वैतनिक श्रमिक नहीं लगाए जाते हैं। कुटीर उद्योग से उत्पादित वस्तुओं को मुख्यत: स्थानीय बाजारों में ही बेचा जाता है। भारत में कुटीर उद्योगों को अधिकांशत: **परम्परागत उद्योग** भी कहा जाता है, क्योंकि ये प्राचीन समय से ही भारत में प्रचलित हैं। कुटीर उद्योग-धन्धों में मशीनों का प्रयोग बहुत कम होता है।
2. **लघु उद्योग** औद्योगिक नीति, 1977 के तहत् लघु उद्योगों को निम्न तीन वर्गों में विभाजित किया गया है
   (i) कुटीर तथा घरेलू उद्योग, जो अधिक मात्रा में स्वरोजगार देते हैं।
   (ii) अतिलघु उद्योग, जिसमें मशीन तथा छोटे उपकरण पर ₹ 1 लाख तक की राशि का निवेश हो।
   (iii) लघु उद्योग, जिसमें ₹ 10 लाख तक निवेश वाली औद्योगिक इकाइयाँ एवं ₹ 15 लाख तक निवेश की अनुषंगी इकाइयाँ शामिल हैं।

नोट *वर्तमान में लघु उद्योगों में ₹ 1 करोड़ तक निवेश किया जा सकता है।*

3. **वृहत् उद्योग** वृहत् संगठित उद्योग से तात्पर्य एक ऐसी औद्योगिक इकाई से है, जिसमें पूँजी निवेश की मात्रा कुटीर और लघु उद्योगों से अधिक होती है। इसके साथ-साथ श्रमिकों की संख्या भी बहुत अधिक होती है। वृहत् संगठित उद्योगों में कार्य बड़ी-बड़ी मशीनों एवं प्लाण्टों के माध्यम से किया जाता है।

भारतीय अर्थव्यवस्था में लघु एवं कुटीर उद्योगों की विशेषताएँ/महत्त्व

सन् 1955 में लघु उद्योग समिति (कर्वे समिति) ने इस बात की सम्भावना व्यक्त की कि ग्रामीण विकास को प्रोत्साहित करने के लिए लघु और कुटीर उद्योगों का उपयोग श्रेयस्कर होगा। ऐसा माना जाता है कि लघु और कुटीर उद्योग श्रम-प्रधान होते हैं। इनमें वृहत् स्तर के उद्योगों की अपेक्षा श्रम का प्रयोग अधिक किया जाता है। इससे अधिक रोजगारों का सृजन होता है। बड़ी औद्योगिक फर्मों से प्रतिस्पर्द्धा करने में अक्षम होने की स्थिति में उनकी रक्षा किए जाने की आवश्यकता भी अपरिहार्य है। इस उद्देश्य की पूर्ति के लिए अनेक उत्पादों को लघु व कुटीर उद्योगों के लिए आरक्षित कर दिया गया है। इन उद्योगों की विशेषताओं को निम्न प्रकार समझा जा सकता है

1. **गरीबी से मुक्ति व ग्रामीण विकास** कुटीर एवं लघु उद्योगों के विकास से अधिकांश लोगों को रोजगार मिला है। फलस्वरूप, देश में बेरोजगारी की संख्या घटी है। साथ ही ग्रामीण क्षेत्र में संसाधनों की उपलब्धता होते हुए भी अधिकांश जनसंख्या कृषि पर आश्रित थी, परन्तु कुटीर व लघु उद्योगों के विकास ने ग्रामीण क्षेत्र में रोजगार के नए विकल्प या अवसर उपलब्ध कराए हैं।
2. **क्षेत्रीय अर्थव्यवस्था के अनुकूल** लघु एवं कुटीर उद्योग क्रमश: ग्रामीण एवं शहरी कस्बों, क्षेत्रों में सरलता एवं सुगमतापूर्वक आरम्भ किए जा सकते हैं। परिणामस्वरूप, जिस क्षेत्र में या जिन बाजारों में जो भी उत्पादन की माँग की जाती है, वहीं वस्तुएँ उत्पादित की जाती हैं।
3. **आय का समान वितरण** बड़े उद्योगों का विकास आय के वितरण में असमानता को बढ़ावा देता है। आर्थिक संसाधनों पर केवल पूँजीपति वर्ग का आधिपत्य रह जाता है। कुटीर एवं लघु उद्योगों के विकास हेतु राष्ट्र की सम्पत्ति कुछ विशेष हाथों में केन्द्रित न रखकर सम्पूर्ण व्यक्ति वर्ग को वितरित की गई। अत: यह स्वत: ही आय और सम्पत्ति के समान वितरण को प्रोत्साहन देती है।
4. **अल्प पूँजी निवेश** कुटीर एवं लघु उद्योगों में अल्प पूँजी की आवश्यकता होती है। दोनों उद्योगों की महत्ता इस बात में है कि यहाँ पूँजी निवेश की मात्रा अत्यन्त कम है। कुटीर उद्योगों में नाममात्र की पूँजी निवेश होती है, परन्तु लघु उद्योगों में समय के साथ-साथ निवेश की सीमा भी बदलती रही है। सन् 1950 में लघु उद्योग इकाई उसे कहा जाता था, जो

₹ 5 लाख का अधिकतम निवेश करती थीं। वर्तमान में ₹ 1 करोड़ का अधिकतम निवेश किया जा सकता है। अत: लघु उद्योगों में भी यह वित्तीय सीमा कार्य प्रवृत्तियों के अनुसार तय की गई है अर्थात् व्यक्ति अपनी आवश्यकता एवं अपने बजट के अनुसार अपना व्यवसाय प्रारम्भ कर सकते हैं।

5. **कला एवं कौशल विकास** कुटीर एवं लघु उद्योगों की एक महत्ता यह भी है कि इनमें व्यक्ति के कार्य कौशल के अनुसार कोई भी कार्य प्रारम्भ किया जा सकता है। कुटीर उद्योगों में विशेषकर हस्तशिल्प कला का विकास होता है। प्रत्येक कलाकार को शिल्प व कुटीर उद्योगों के माध्यम से अपनी पूर्ण क्षमता प्रदर्शित करने के अवसर मिलते हैं। ग्रामीण क्षेत्र में संसाधनों की उपलब्धता होते हुए भी अधिकांश जनसंख्या कृषि पर आश्रित थी, परन्तु कुटीर व लघु उद्योगों के विकास ने ग्रामीण क्षेत्र में रोजगार के नए विकल्प या अवसर उपलब्ध कराए हैं।
6. **कृषि भार-मुक्त** कृषि पर अत्यधिक जनसंख्या के आश्रित होने के कारण कृषि की उत्पादक क्षमता घटती चली गई। कृषि जोतों का आकार छोटा होता चला गया। इन छोटे अनार्थिक जोतों पर कृषि करना लाभदायक नहीं होता है। कुटीर उद्योगों एवं लघु उद्योगों के विकास से अब जनता उद्योगों की ओर उन्मुख होने लगी है।
7. **वर्ग-संघर्ष की समाप्ति** वृहत् उद्योगों में पूँजीपतियों और श्रमिकों के मध्य सदैव संघर्ष की परिस्थिति बनी रहती है, परन्तु कुटीर व लघु उद्योगों में किसी भी प्रकार के वर्ग-संघर्ष उत्पन्न होने की परिस्थिति नहीं बनती है।
8. **संकटकालीन परिस्थितियों में सहायक** भारत में जलवायु की विविधता के कारण यहाँ अकाल, बाढ़, सुनामी या अन्य प्राकृतिक आपदाओं का आवागमन होता रहता है। परिणामस्वरूप, फसलों को भारी क्षति का सामना करना पड़ता है। ऐसी परिस्थिति में कुटीर उद्योगों एवं लघु उद्योगों की सहायता से ही भरण-पोषण किया जा सकता है। इस प्रकार कुटीर उद्योग अकाल के संकट के समय सुरक्षा का आवरण बनते हैं।
9. **आत्मनिर्भरता** लघु एवं कुटीर उद्योगों के विकास से देश अनेक वस्तुओं के उत्पादन में आत्मनिर्भर बना है। कुटीर उद्योगों के लिए विदेशों से मशीनें, कच्चा माल, आदि के आयात की आवश्यकता नहीं होती है, जिससे आयात पर निर्भरता घटती है।
10. **विदेशी व्यापार में वृद्धि** कुटीर उद्योगों एवं लघु उद्योगों से तैयार माल का निर्यात किया जाता है एवं वैश्विक स्तर पर भी माँग बढ़ती रही है। इससे भारत के साथ विदेशी व्यापार में वृद्धि हुई है।

निष्कर्ष इस प्रकार हम कह सकते हैं कि देश में जब बड़े स्तर के उद्योग आरम्भ भी नहीं हुए थे, उस समय भारत के कुटीर उद्योग-धन्धे अत्यन्त विकसित थे तथा उनका बना हुआ माल (ऊनी व रेशमी वस्त्र, हाथी दाँत तथा कारीगरी का अन्य सामान) विदेशों को भेजा जाता था, किन्तु अंग्रेजों के शासनकाल में सरकार की उपेक्षा-नीति, विदेशी मिलों के माल से प्रतियोगिता एवं सरकारी संरक्षण व सहायता न मिलने के कारण भारत में कुटीर उद्योगों का पतन हो गया।

भारतीय औद्योगिक विकास में सार्वजनिक/निजी क्षेत्रक

स्वतन्त्रता प्राप्ति के समय देश की अर्थव्यवस्था पिछड़ी हुई थी। उस समय देश के उद्योगपतियों के पास भारतीय अर्थव्यवस्था को विकसित करने हेतु व उद्योगों में निवेश करने हेतु पर्याप्त पूँजी उपलब्ध नहीं थी तथा उद्योगपतियों को प्रोत्साहित करने हेतु भारत में बड़ा बाजार भी नहीं था। इसी कारण राज्य सरकार द्वारा द्वितीय पंचवर्षीय योजना में अर्थव्यवस्था के बड़े व भारी उद्योगों को विकसित व नियन्त्रित करने का कार्य किया गया। सरकार द्वारा राज्य के उन उद्योगों पर नियन्त्रण रखा गया, जो अर्थव्यवस्था में महत्त्वपूर्ण भूमिका निभा रहे थे। इन्हीं कारणों से योजना अवधि के दौरान ऐसा माना गया कि निजी क्षेत्रक की नीतियाँ सार्वजनिक क्षेत्रक की नीतियों की अनुपूरक रहेगीं और औद्योगिक विकास में सार्वजनिक क्षेत्रक को ही अग्रणी भूमिका सौंपी गई।

स्वामित्व के आधार पर उद्योग निम्न प्रकार के होते हैं

1. **निजी क्षेत्रक के उद्योग** यह ऐसे उद्योग होते हैं, जिन पर निजी क्षेत्र का स्वामित्व होता है; जैसे—रिलायन्स इण्डस्ट्रीज।
2. **सार्वजनिक क्षेत्रक के उद्योग** यह ऐसे उद्योग होते हैं, जिन पर सरकार का आधिपत्य होता है; जैसे—भारत हैवी इलैक्ट्रिकल्स लिमिटेड।

भारत में औद्योगिक विकास की समस्याएँ

भारत के औद्योगिक विकास की निम्नलिखित समस्याएँ उभरकर सामने आई हैं

1. **अपर्याप्त वित्तीय सुविधाएँ** उद्यम प्रारम्भ करने व उसके विकास हेतु भारी मात्रा में पूँजी की आवश्यकता होती है, किन्तु भारत में बचत एवं पूँजी निर्माण कम होने के कारण औद्योगिक विकास अवरुद्ध होता है।
2. **कच्चे माल की समस्या** कुटीर एवं लघु उद्योग-धन्धों हेतु कच्चे माल की अत्यन्त आवश्यकता होती है, जो उन्हें पर्याप्त मात्रा में व उचित समय पर उपलब्ध नहीं हो पाता है।
3. **अपर्याप्त आधुनिक तकनीक** उद्योगों के समक्ष एक प्रमुख समस्या यह भी रही है कि इन उद्योगों में आधुनिक तकनीक का अल्प प्रयोग होता है। इसके पीछे प्रमुख कारण शिक्षा का अभाव एवं आधुनिक तकनीक का अत्यधिक महँगा होना है।
4. **विपणन की समस्या** कुटीर तथा लघु उद्योगों के सामने उत्पादित माल को बेचने की भी समस्या रही है। माल को बेचने के लिए सहकारी संस्थाओं व अन्य प्रकार की सुविधाओं के अभाव में कारीगरों को प्राय: अपना उत्पाद कम मूल्यों पर ही बेचना पड़ता है।
5. **बड़े उद्योगों से प्रतिस्पर्द्धा** बड़े स्तर के उद्योग आधुनिक वैज्ञानिक विधियों द्वारा उत्पादन करते हैं तथा विपणन, आदि क्षेत्रों में भी साधन सम्पन्न होने के साथ-साथ आधुनिक विधियों का व्यवहार करते हैं। अत: वृहत् स्तरीय उद्योगों को अनेक प्रकार के महत्त्वपूर्ण लाभ उपलब्ध होते हैं और कुछ को सरकारी संरक्षण भी प्राप्त होते हैं। इस प्रकार, ये उद्योग बड़े स्तर के उद्योगों में प्रतिस्पर्द्धा करने में असमर्थ होते हैं।
6. **अन्य समस्याएँ** उद्योगों की अन्य समस्याएँ निम्नलिखित हैं
   (i) परिवहन के साधनों की कमी।
   (ii) कुशल प्रबन्धकों का अभाव।
   (iii) अनुसन्धान की कमी।
   (iv) कारीगरों के मध्य आपसी सहयोग एवं संगठन का अभाव।
   (v) कुशल प्रबन्धकों का अभाव।
   (vi) उपभोक्ताओं द्वारा कुटीर उद्योगों की वस्तुओं की अपेक्षा मिल की बनी वस्तुओं को प्राथमिकता देना।
   (vii) विद्युत शक्ति का अभाव।
   (viii) उत्पादों के प्रमापीकरण का अभाव।

औद्योगिक विकास की समस्याओं को दूर करने हेतु सरकार द्वारा किए गए प्रयास

स्वतन्त्रता प्राप्ति से पूर्व भी कुटीर एवं लघु उद्योगों के विकास के लिए प्रयास किए गए थे, लेकिन वे प्रयास केवल योजना मात्र ही थे और उनके द्वारा उद्योगों का संवर्द्धन नहीं किया जा सका। स्वतन्त्रता के पश्चात् से ही इन उद्योगों की उन्नति के लिए सरकार प्रयत्नशील है।

कुटीर एवं लघु उद्योगों के विकास हेतु सरकार द्वारा किए गए प्रयास निम्नलिखित हैं

1. **विशिष्ट संस्थाओं की स्थापना** जहाँ तक कुटीर एवं लघु उद्योगों के विकास की जिम्मेदारी का प्रश्न है, यह राज्य सरकारों की जिम्मेदारी है, फिर भी केन्द्रीय सरकार ने इन उद्योगों के विकास के लिए महत्त्वपूर्ण कदम उठाए हैं।

   इन उद्योगों के विकास के लिए केन्द्रीय सरकार ने एक अलग विभाग खोला है, जिसे कुटीर एवं लघु उद्योग विभाग कहते हैं। इसके अतिरिक्त केन्द्रीय सरकार ने अनेक बड़ी-बड़ी संस्थाएँ स्थापित की हैं; जैसे
   (i) अखिल भारतीय हथकरघा बोर्ड, 1952
   (ii) अखिल भारतीय दस्तकारी बोर्ड, 1952
   (iii) खादी एवं ग्रामोद्योग आयोग, 1956
   (iv) लघु उद्योग बोर्ड, 1954
2. **विपणन सुविधाएँ** केन्द्रीय कुटीर उद्योग इम्पोरियम की स्थापना करके कुटीर उद्योगों के निर्मित माल को बेचने का प्रयास किया गया। इस इम्पोरियम के माध्यम से देशी एवं विदेशी बाजारों में माल बेचे जाते हैं। देश के विभिन्न भागों में सरकारी विपणन समितियों एवं विपणन संघों की स्थापना की गई।
3. **तकनीकी सुविधाएँ** सरकार द्वारा लघु एवं कुटीर उद्योगों को पर्याप्त तकनीकी सुविधाएँ प्रदान की गई हैं। इसके लिए औद्योगिक विस्तार सेवा का आयोजन किया गया है, जिसके अन्तर्गत लघु उद्योगशालाएँ, प्रादेशिक सेवाशालाएँ और विस्तार एवं प्रशिक्षण केन्द्र स्थापित किए गए हैं।
4. **वित्त सम्बन्धी सुविधाएँ** लघु एवं कुटीर उद्योगों को पूँजी तथा अन्य आर्थिक सहायता प्रदान करने के लिए राज्य सरकारों ने 'राज्य उद्योग सहायता अधिनियमों' के अन्तर्गत इन उद्योगों के लिए ऋण की सुविधाओं को काफी बढ़ा दिया है। वित्त सम्बन्धी सुविधाओं को पूर्ण करने के लिए राष्ट्रीय लघु उद्योग निगम व भारतीय लघु उद्योग विकास बैंक स्थापित किए गए हैं।
5. **औद्योगिक सरकारी समितियाँ** सरकार लघु उद्योग क्षेत्र में सहकारी संगठन को प्रोत्साहन दे रही है। सरकार और योजना आयोग इस बात को स्पष्ट रूप से स्वीकार करते हैं कि लघु एवं कुटीर उद्योगों के स्वस्थ एवं तीव्र विकास में औद्योगिक सहकारी समितियाँ काफी हाथ बँटा सकती हैं और मुख्यत: इन्हीं के माध्यम से ये उद्योग सहकारी सहायता से लाभ उठा सकते हैं।

   सन् 1966 में औद्योगिक सहकारिता के राष्ट्रीय संघ की स्थापना हुई। इस संघ का उद्देश्य औद्योगिक सहकारी समितियों द्वारा उत्पादित माल के थोक व्यापार और निर्यात में सहायता देना रहा है।

औद्योगिक नीति

औद्योगिक नीति से आशय ऐसे नियम, नीति तथा सिद्धान्त से है, जो किसी देश की सरकार द्वारा उद्योगों की स्थापना, संचालन एवं नियन्त्रण के क्रम में बनाए जाते हैं।

स्वतन्त्रता प्राप्ति के पश्चात् देश में मुख्य रूप से निम्न औद्योगिक नीतियाँ प्रचलित हुईं—

I. औद्योगिक नीति, 1948
II. औद्योगिक नीति, 1956
III. औद्योगिक नीति, 1977
IV. औद्योगिक नीति, 1980
V. औद्योगिक नीति, 1991 अथवा भारत की वर्तमान औद्योगिक नीति।

इन सभी नीतियों में औद्योगिक नीति 1948, 1956 व 1991 ही चर्चित रहीं।

औद्योगिक नीति, 1948

6 अप्रैल, 1948 को उद्योग मन्त्री डॉ. श्यामाप्रसाद मुखर्जी ने स्वतन्त्र भारत की प्रथम औद्योगिक नीति की घोषणा की।

औद्योगिक नीति, 1948 की विशेषताएँ

इस नीति की प्रमुख विशेषता यह थी कि इसमें सार्वजनिक और निजी क्षेत्र के सह-अस्तित्व को स्वीकारा गया था तथा मिश्रित अर्थव्यवस्था कायम करने का सुझाव दिया गया। यह नीति नियन्त्रिंत अर्थव्यवस्था की नींव रखती है।

इसकी प्रमुख विशेषताएँ निम्नलिखित हैं

1. उद्योग को चार श्रेणियों में विभाजित किया गया—
   (i) प्रथम श्रेणी के अन्तर्गत तीन उद्योग रखे गए
      (a) अस्त्र-शस्त्र निर्माण
      (b) अणुशक्ति उत्पादन तथा नियन्त्रण
      (c) रेलवे परिवहन।
      इन उद्योगों पर सरकार का एकाधिकार रखा गया।
   (ii) द्वितीय श्रेणी के अन्तर्गत 6 आधारभूत उद्योग रखे गए। कोयला, लौह-इस्पात, हवाई जहाज निर्माण, समुद्री जहाज निर्माण, टेलीफोन तथा बेतार के तार से सम्बन्धित सानान का निर्माण और खनिज तेल उद्योग।
   (iii) तृतीय उद्योग के अन्तर्गत वे उद्योग रखे गए, जिन पर सरकार का नियन्त्रण राष्ट्रीय कल्याण के लिए था। इस श्रेणी में केवल 18 उद्योग रखे गए; जैसे—नमक, मोटर. ट्रैक्टर, औद्योगिक रबर, चीनी, कागज, सीमेण्ट, एल्कोहल, आदि।
   (iv) चतुर्थ श्रेणी में शेष सभी उद्योगों को निर्जीव निजी क्षेत्र के लिए छोड़ दिया गया।
2. कर प्रणाली में आवश्यक सुधार किया गया।
3. उत्पादन को बढ़ाने का प्रयास किया गया तथा वितरण की उचित व्यवस्था की गई।
4. कुटीर उद्योग बोर्ड को संगठित किया गया, जिसके द्वारा कुटीर उद्योग-धन्धों का विकास हुआ।

5. विदेशी पूँजी का आवश्यकतानुसार उपयोग किया गया। इसके लिए सरकार ने एक निश्चित अधिनियम पारित किया, जिसमें निहित था कि यदि विदेशी पूँजी का राष्ट्रीयकरण किया गया, तो इसका उचित मुआवजा दिया जाएगा और धीरे-धीरे विदेशी पूँजी का प्रतिस्थापन भारतीय पूँजी द्वारा किया जाएगा।

औद्योगिक नीति, 1948 का मूल्यांकन

1. इस नीति के कारण उद्योगपतियों में उद्योगों के राष्ट्रीयकरण का भय आ गया।
2. इसमें मिश्रित अर्थव्यवस्था को विशेष महत्त्व दिया गया। नीति में अव्यावहारिकता के कारण इसे कार्यान्वित करना कठिन हो गया। साथ ही इस नीति में प्राथमिकताओं का अभाव भी देखा गया।

औद्योगिक नीति, 1956

30 अप्रैल, 1956 को संसद में औद्योगिक नीति सम्बन्धी प्रस्ताव स्व. प्रधानमन्त्री पं. जवाहरलाल नेहरू ने पढ़कर सुनाया, जिसमें कहा गया, ''सरकार स्वयं ही नए उद्योग-धन्धों को स्थापित करने तथा यातायात की सुविधाओं का प्रसार करने का उत्तरदायित्व अपने कन्धों पर ग्रहण करेगी, जिससे आर्थिक विषमताएँ समाप्त होंगी तथा आर्थिक शक्ति का संचय कुछ ही तत्त्वों में नहीं होगा।

नई नीति संविधान में निर्धारित सिद्धान्तों, समाजवाद के पिछले वर्षों में अर्जित अनुभव को निर्धारित करती है।''

औद्योगिक नीति, 1956 के उद्देश्य

इसके प्रमुख उद्देश्य निम्नलिखित हैं

1. देश में तीव्र गति से औद्योगिक विकास करना।
2. आर्थिक शक्ति के केन्द्रीयकरण को रोकना।
3. सार्वजनिक क्षेत्र को विकसित करना।
4. बड़े-बड़े उद्योगों का विकास तथा प्रसार करना।
5. आर्थिक विषमताओं को समाप्त करना तथा निजी क्षेत्र के उद्योगपतियों के एकाधिकार को समाप्त करना।
6. सरकारी क्षेत्र को प्रोत्साहन देना।

औद्योगिक नीति, 1956 की विशेषताएँ

इसकी प्रमुख विशेषताएँ निम्नलिखित हैं

1. **बड़े उद्योगों का विभाजन** बड़े उद्योगों का विभाजन कर दिया गया, जिसे निम्न तीन वर्गों के रूप में समझा जा सकता है
   (i) प्रथम वर्ग में 17 बड़े उद्योगों को सम्मिलित किया गया तथा इसके भावी विकास का उत्तरदायित्व सरकार ने अपने अधिकार में ले लिया। इन उद्योगों में प्रमुख इस प्रकार हैं; जैसे—अस्त्र-शस्त्र, शक्ति, बिजली की मशीनें, हवाई जहाज, रेलवे, टेलीफोन, सोना, चाँदी, इत्यादि।
   (ii) दूसरे वर्ग में 12 उद्योग सम्मिलित किए गए, जिसमें प्रमुख फर्टिलाइजर, सड़क यातायात, औषधि, इत्यादि को रखा गया। इन उद्योगों के विकास का उत्तरदायित्व सरकार तथा निजी क्षेत्र दोनों को दिया गया।
   (iii) तृतीय वर्ग में बाकी बचे हुए उद्योग निजी क्षेत्र में रखे गए, परन्तु सरकार आवश्यकता पड़ने पर किसी भी उद्योग को ले सकती है, ऐसा प्रावधान किया गया।

   इस क्षेत्रक को लाइसेन्स पद्धति के माध्यम से राज्य के नियन्त्रण में रखा गया अर्थात् किसी भी नए उद्योग को तब तक अनुमति नहीं दी जाती थी जब तब सरकार से लाइसेंस नहीं प्राप्त कर लिया जाता था। अत: इस नीति को प्रयोग करने का उद्देश्य पिछड़े क्षेत्रों में उद्योगों को प्रोत्साहित करना था।
2. इस औद्योगिक नीति में कुटीर तथा लघु उद्योग के विकास पर विशेष महत्त्व दिया गया।
3. योग्य तथा प्रशिक्षित व्यक्तियों के अभाव को दूर करने के लिए प्रशिक्षण की व्यवस्था करना।
4. सेवायोजक तथा श्रमिकों में मधुर सम्बन्ध स्थापित करना, जिससे उत्पादन की मात्रा में वृद्धि हो सके।
5. इस नीति ने यह स्वीकार किया कि प्राविधिक शिक्षा का एक व्यापक कार्यक्रम बनाया जाएगा, जिसमें तकनीकी शिक्षा की उचित व्यवस्था की जाएगी।
6. सरकार द्वारा उद्योगों तथा उत्पादन की विधियों में सुधार करने का प्रयास किया।
7. देश में सन्तुलित विकास करना।

औद्योगिक नीति, 1956 का मूल्यांकन

1. **सहकारी क्षेत्र का अनावश्यक प्रसार** नई औद्योगिक नीति ने सहकारी क्षेत्र में अनावश्यक प्रसार किया। इसके अतिरिक्त इस नीति ने तानाशाही मनोवृत्ति को प्रोत्साहन दिया।
2. **निजी क्षेत्र के विकास पर अधिक नियन्त्रण** इस नई औद्योगिक नीति ने निजी क्षेत्र के विकास पर अधिक नियन्त्रण रखा, जिससे निजी क्षेत्र में पूँजी की बचत तथा विनियोग हतोत्साहित हुआ।
3. **सच्चे समाजवाद की स्थापना होने की आशंका** आलोचकों का कहना था कि इस नई औद्योगिक नीति से सच्चे समाजवाद की स्थापना नहीं हो सकेगी, क्योंकि इसमें अफसरवाद को प्रोत्साहन मिलेगा तथा ये लोग सीमित हितो पर अधिक ध्यान देंगे।
4. **राजनीतिक हस्तक्षेप में वृद्धि** इस नई औद्योगिक नीति से राजनीतिक हस्तक्षेप बढ़ने की अधिक सम्भावना देखी गई, क्योंकि प्रशासनिक व्यवस्था में राजनीतिक तत्त्वों के प्रवेश और निर्णय से राजनीतिक भावना से प्रेरित होने की सम्भावना थी।

औद्योगिक नीति, 1991 अथवा भारत की वर्तमान औद्योगिक नीति

भारत में अस्सी के दशक के दौरान पहले से प्राप्त लाभों को समेकित करने के उद्देश्य से एवं उद्योगों को स्पर्धात्मक प्रोत्साहन प्रदान करने के लिए भारत की वर्तमान औद्योगिक नीति की आवश्यकता अनुभव हुई।

भारतीय उद्योगों को नियन्त्रणों से मुक्त करने एवं संरक्षणवादी व्यवस्था से दूर हटकर एक बाजारोन्मुखी प्रतिस्पर्द्धात्मक और विश्वव्यापी पर्यावरण से जोड़ने के उद्देश्य से 24 जुलाई, 1991 को तत्कालीन उद्योग राज्य मन्त्री श्री पी. जे. कुरियन ने लोकसभा में इस नवीन औद्योगिक नीति की घोषणा की।

सन् 1991 की वर्तमान औद्योगिक नीति में उदारवादी विचारधारा व मुक्त अर्थव्यवस्था की विचारधारा पर बल दिया गया। यह नीति औद्योगिक ढाँचे को आवश्यक नियन्त्रणों के जाल से बचाने, उच्च प्राथमिकता वाले उद्योगों में विदेशी निवेश की अनुमति देने तथा सार्वजनिक क्षेत्र को बरकरार रखते हुए निजी क्षेत्र को बढ़ावा देने के उद्देश्य से प्रेरित थी।

औद्योगिक नीति, 1991 के उद्देश्य

इसके प्रमुख उद्देश्य निम्नलिखित हैं

1. देश में भावी औद्योगिक विकास हेतु अब तक हुए विकास के आधार पर एक सुदृढ़ ढाँचा तैयार करना।

2. देश की प्रतिस्पर्द्धात्मक क्षमता में वृद्धि करना।
3. देश के औद्योगिक विकास में उत्पन्न होने वाली बाधाओं को दूर करना।
4. देश में पूँजी बाजार का विकास करना।
5. औद्योगिक क्षेत्र में व्यापक भ्रष्टाचार को समाप्त करना तथा अनावश्यक औपचारिकताओं एवं नियन्त्रणों को समाप्त करना।
6. उत्पादकता तथा लाभकारी रोजगार के विकास के लिए प्रयासों को जारी रखना।
7. विदेशी विनियोग एवं प्रौद्योगिकी को प्रेरित करने हेतु प्रयास करना।
8. देश में निजी क्षेत्र के विकास सम्बन्धी वातावरण का निर्माण करना।
9. उत्पादन तकनीकों को उन्नत करना।
10. देश को औद्योगिक आत्मनिर्भरता की ओर अग्रसर करने के लिए प्रयास करना।
11. औद्योगिक निष्पादन में सुधार के लिए प्रयास करना।
12. देश में उपलब्ध संसाधनों का कुशलतम उपयोग करना।

औद्योगिक नीति, 1991 की विशेषताएँ

भारत की नवीन व उदार औद्योगिक नीति, 1991 की प्रमुख विशेषताएँ निम्न प्रकार हैं

1. **सार्वजनिक क्षेत्र के सम्बन्ध में नीति** इसके सम्बन्ध में औद्योगिक नीति, 1991 की प्रमुख विशेषताएँ निम्न हैं
   (i) **कुछ विशिष्ट उद्योगों में ही विनियोग** सरकार द्वारा उपभोक्ता वस्तुओं एवं सेवा उद्योगों में विनियोग नहीं किया जाएगा, किन्तु सुरक्षा तथा सामाजिक महत्त्व के उद्योगों, मूलभूत संसाधनों तथा उच्च तकनीक वाले उद्योगों में ही निवेश किया जाएगा।
   (ii) **कुल उद्योगों का आरक्षण** वर्तमान परिशिष्ट में 8 उद्योगों के स्थान पर मात्र 3 ही उद्योगों को सार्वजनिक क्षेत्र के लिए आरक्षित रखा गया है, जो निम्न हैं—
      (a) आण्विक ऊर्जा
      (b) रेलवे परिवहन
      (c) अणुशक्ति के लिए आवश्यक खनिज जो अणुशक्ति आदेश, 1953 में अनुसूचित है।
   (iii) **सार्वजनिक उपक्रमों का अंश विक्रय** सरकार अपने द्वारा निर्धारित लोक उपक्रमों के कुछ अंशों को बाजार में विक्रय कर सकेगी। ये अंश सहयोग निधियों, वित्तीय संस्थाओं तथा कर्मचारियों व सामान्य जनता को विक्रय किए जा सकेंगे।
   (iv) **निजी क्षेत्र को अनुमानित एवं विनियोग हेतु आमन्त्रण** पिछले लगभग 2 वर्षों में खनिज तेल की खोज व शोध से सम्बन्धित उद्योगों में निजी क्षेत्र को अनुमति प्रदान कर दी गई, परन्तु विपणन कार्य का अधिकार व दायित्व केन्द्रीय सरकार के पास ही रखा गया।
   इसी प्रकार कोयला क्षेत्र भी निजी क्षेत्र में निवेश के लिए आमन्त्रित कर लिया गया है। इसी प्रकार रक्षा उत्पादन में भी निजी क्षेत्र के लिए प्रत्यक्ष विदेशी निवेश लगभग 26% तक करने की अनुमति दे दी गई है।
   (v) **अन्य विशेषताएँ**
      (a) रुग्ण उपक्रमों की पुनर्स्थापना या पुनर्निर्माण
      (b) प्रबन्ध व्यवस्था में सुधार
      (c) सहमति समझौते पर बल
      (d) श्रमिकों की सुरक्षा, इत्यादि।
2. **निजी क्षेत्र के सम्बन्ध में नीति** इसके सम्बन्ध में औद्योगिक नीति, 1991 की प्रमुख विशेषताएँ निम्न हैं
   (i) **महत्त्वपूर्ण भूमिका** इस नीति में निजी क्षेत्र को आगे बढ़ाने के अवसर दिए गए। इसके लिए परिशिष्ट प्रथम को छोड़कर सभी उद्योगों को निजी क्षेत्र के लिए खोल दिया गया।
   (ii) **रजिस्ट्रेशन व्यवस्था की समाप्ति** व्यावसायियों को अपने उद्योगो के रजिस्ट्रेशन की आवश्यकता नहीं रही, लेकिन नवीन परियोजना तथा महत्त्वपूर्ण विस्तार की स्थिति में उद्यमी को मात्र एक 'सूचन सम्बन्धी-पत्र' भरकर प्रस्तुत करना अनिवार्य बनाया गया।
   (iii) **लाइसेन्स प्रक्रिया से मुक्ति** 1991 की नीति के पश्चात् अब मात्र 5 उद्योगों को ही लाइसेन्स की अनिवार्यता है, जो निम्न प्रकार हैं
      (a) मादक पेय पदार्थ का निर्माण
      (b) सभी प्रकार के इलैक्ट्रॉनिक्स
      (c) अन्तरिक्ष यान तथा रक्षा उपकरण
      (d) औद्योगिक विस्फोट से सम्बन्धित
      (e) खतरनाक रसायन, ड्रग फार्मास्यूटिकल्स, आदि।
   (*iv*) **अन्य विशेषताएँ**
      (a) वित्तीय संस्थानों के ऋणों की वसूली का पूँजी में परिवर्तन के अधिकार को समाप्त करना।
      (b) नए उपकरणों को क्रमागत कार्यक्रमों से मुक्त कर दिया गया।
      (c) वित्तीय क्षेत्र में सॉफ्टवेयर पार्क स्थापित करने की छूट, इत्यादि।
3. **लघु क्षेत्र के सम्बन्ध में नीति** इसके सम्बन्ध में औद्योगिक नीति, 1991 की प्रमुख विशेषताएँ निम्न हैं
   (i) **आरक्षण व्यवस्था जारी** लघु उद्योगों के उत्पादन हेतु बनाई गई आरक्षण सूची (जिसके अन्तर्गत 749 वस्तुएँ शामिल हैं) पूर्ववत् नियमित जारी रहेगी।
   (ii) **कोई लाइसेन्स नहीं** लघु उद्योगो को सभी लाइसेन्स प्रक्रियाओं से मुक्त रखा गया है। यदि दूसरे परिशिष्ट के 14 उद्योगों (जोकि अब 5 उद्योग) में से किसी उद्योग/वस्तु का लघु उद्योग क्षेत्र के लिए आरक्षण किया जाता है, तो उत्पादन के लिए वस्तु उद्योगों को कोई लाइसेन्स भी नहीं लेना होगा।
   (iii) **रजिस्ट्रेशन की अनिवार्यता से मुक्ति** लघु उद्योगों को अब किसी भी सुविधा को प्राप्त करने के लिए केवल अपने राज्य के उद्योग निदेशालय में ही रजिस्ट्रेशन करवाना होगा।
   (iv) **पूँजी में बड़े उपक्रमों को सहभागिता** नवीन औद्योगिक नीति के तहत् अब कोई भी लघु उद्योग अपनी अंश पूँजी में से 24% तक अंश किसी बड़े औद्योगिक उद्योगों को आवण्टित कर सकेगा।
4. **एकाधिकारी एवं बड़े घराने के सम्बन्ध में नीति** इसके सम्बन्ध में औद्योगिक नीति, 1991 की प्रमुख विशेषताएँ निम्न हैं
   (i) **एम. आर. टी. पी. कमीशन द्वारा जाँच** इस आयोग को नए अधिकार दिए गए हैं, जिससे वह स्वयं की ओर से तथा किसी उपभोक्ता या उसके संघों द्वारा शिकायत करने पर प्रतिबन्धात्मक एकाधिकारी व्यापार, शोषणकारी प्रवृत्तियों की छानबीन करे तथा दोषी पक्षकार को दण्डित करे व उपभोक्ता को क्षतिपूर्ति दिलवाए।
   (ii) **सम्पत्तियों की सीमा समाप्ति** एकाधिकारी कम्पनियों व बड़े घरानों के लिए निर्धारित सम्पत्तियों की सीमा को समाप्त कर दिया गया है।
5. **विदेशी पूँजी विनियोग के सम्बन्ध में नीति** इसके सम्बन्ध में औद्योगिक नीति, 1991 की प्रमुख विशेषताएँ निम्न हैं

(i) **विदेशी पूँजी की अनुमति** जो कम्पनियाँ निर्यात कार्यों में लगी हुई हैं, उन्हें व्यापारिक कम्पनियों में 51% विदेशी पूँजी की अनुमति प्रदान कर दी जाएगी, जिससे अन्तर्राष्ट्रीय बाजारों में स्थान बनाया जा सके।

(ii) **उच्च प्राथमिकता वाले उद्योग** इन उद्योगों के लिए 51% तक विदेशी पूँजी प्रस्तावों पर अनुमति प्रदान की गई है, शर्त यह है कि आयात किए जाने वाले पूँजीगत माल के लिए होने वाली आवश्यक विदेशी मुद्रा की पूर्ति, विदेशी पूँजी से हो जाती है।

(iii) **विशेष बोर्ड की स्थापना** विदेशी विनियोग से अनुमोदन प्राप्त करने के लिए विशेष बोर्ड की स्थापना की गई है, जिससे बड़े अन्तर्राष्ट्रीय संस्थानों का अनुबन्ध करने और विदेशी विनिमय का अनुमोदन करने का विशेष अधिकार होगा।

(*iv*) **अन्य विशेषताएँ**

(a) सामान्य नीतियों का पालन

(b) अन्य विदेशी पूँजी प्रस्तावों का पूर्वानुमोदन

(c) कोरियर सेवा, होटल, नगरीय विकास, हवाई अड्डे व औषधियों के क्षेत्र में विदेशी निवेश की सीमा 100% कर दी गई है।

6. **विदेशी तकनीक के समझौते के सम्बन्ध में नीति** इसके सम्बन्ध में औद्योगिक नीति, 1991 की प्रमुख विशेषताएँ निम्न हैं

(i) उच्च प्राथमिकता वाले उद्योगों में स्वयंमेव अनुमति प्रदान करना।

(ii) गैर-उच्च प्राथमिकता वाले उद्योगों से अनुमति लेना।

(iii) इसमें विदेशी तकनीशियनों की नियुक्ति एवं देशी तकनीकों का विदेशों में परीक्षण के लिए किसी अनुमति की आवश्यकता नहीं होती।

7. **श्रमिकों के सम्बन्ध में नीति** इसके सम्बन्ध में औद्योगिक नीति, 1991 की प्रमुख विशेषताएँ निम्न हैं

(i) श्रमिकों के हितों की पूर्ण रक्षा

(ii) श्रमिकों को प्रगति व समृद्धि में बराबर का भागीदार बनाना

(iii) प्रशिक्षण एवं कौशल विकास कार्यक्रमों का प्रारम्भ

(iv) रुग्ण उद्योगों में श्रमिकों की सुरक्षा

(v) राष्ट्रीय नवीनीकरण की स्थापना, इत्यादि।

औद्योगिक नीति, 1991 का मूल्यांकन

नवीन औद्योगिक नीति भारतीय अर्थव्यवस्था को दक्ष, गतिशील एवं प्रतिस्पर्द्धात्मक बनाने के उद्देश्य से एक सराहनीय कदम था। इसके अन्तर्गत क्रान्तिकारी पहलों तथा नियमों व नीतियों को सम्मिलित किया गया है।

यही कारण रहा कि सरकार द्वारा इस नीति को 'खुली औद्योगिक नीति' नाम की संज्ञा दी गई। 7 अगस्त, 1991 को राज्यसभा में श्री पी. वी. नरसिंहम राव ने कहा कि "भारतीय उद्योगों की कार्यकुशलता, विकास तथा तकनीकी स्तर को ऊँचा करने और विश्व बाजार में उनकी प्रतियोगिता बनाने की दृष्टि से इस उदारीकृत औद्योगिक नीति का निर्माण किया गया है।"

यह नीति नेहरू-महालनोबिस विकास मॉडल की विदाई थी, क्योंकि नेहरू-महालनोबिस विकास सिद्धान्त समाजवाद एवं औद्योगीकरण पर आधारित था, किन्तु नई औद्योगिक नीति बाजारोन्मुख अर्थव्यवस्था पर आधारित रही।

इस प्रकार अनेक विद्वानों व औद्योगिक नीति की वर्णित विशेषताओं से यह ज्ञात होता है कि नवीन औद्योगिक नीति उद्योगों के लिए मील का पत्थर साबित हुई।

औद्योगिक लाइसेन्सिंग नीति

औद्योगिक लाइसेन्सिंग/अनुज्ञापन उद्योगों के विकास एवं संचालन पर नियन्त्रण रखने के उद्देश्य से बनाई गई प्रणाली है। यह एक ऐसी व्यवस्था है, जिसके माध्यम से औद्योगिक विकास को पूर्व घोषित राष्ट्रीय नीतियों एवं लक्ष्यों के अनुसार ढाला या बदला जा सकता है। अन्य शब्दों में, यह औद्योगिक उपक्रमों की स्थापना एवं विस्तार पर नियन्त्रण रखने का एक उपयुक्त तथा प्रभावपूर्ण साधन है।

रुद्रदत्त एवं **के. पी. सुन्दरम** के अनुसार, "औद्योगिक नीति वह विचारधारा है, जो अपने में समस्त पद्धतियों, सिद्धान्तों, नीतियों एवं विनियमों को सम्मिलित करती है।"

प्रो. एन. एन. अग्रवाल के अनुसार, "औद्योगिक नीति सभी को समाविष्ट करने वाली वह विचारधारा है, जो उद्योगों की स्थापना तथा संचालन के लिए नीतिगत ढाँचा तथा क्रियान्वयन उपकरण प्रदानकरती है।"

औद्योगिक लाइसेन्सिंग नीति के उद्देश्य अथवा लाइसेन्सिंग प्रणाली के उद्देश्य

औद्योगिक लाइसेन्सिंग नीति वह माध्यम है, जिसके द्वारा न केवल देश का औद्योगिक विकास किया जा सकता है, बल्कि देश के बहुमूल्य एवं उत्पादक संसाधनों को पूर्व निर्धारित प्राथमिकता क्षेत्र में विनियोजित किया जा सकता है। औद्योगिक नीति के प्रमुख लक्ष्य निम्न प्रकार हैं

1. योजनाओं मे निर्धारित लक्ष्यों व प्राथमिकताओं के अनुसार उद्योगों का विकास तथा नियमन करना।
2. लघु उद्योगों को प्रेरित करना तथा उनका संरक्षण करना।
3. देश में उद्यमिता को प्रोत्साहित करना।
4. औद्योगिक नीति के सफलतम क्रियान्वयन के लिए सहयोग करना।
5. विनियोग सम्बन्धी प्रक्रियाओं को सरल बनाकर औद्योगिक विकास की गति को तीव्र करना।
6. सुनियोजित एवं वांछनीय दिशाओं में पूँजी विनियोग को प्रेरित करना।
7. पूर्व में घोषित सरकारी नीतियों के अनुरूप विकास के साधनों व प्रयत्नों को मोड़ने का प्रयास करना।
8. उद्योगों का नियोजित तरीके से विकेन्द्रीयकरण करना।
9. उत्पादन तथा उत्पादकता में निरन्तर वृद्धि करके औद्योगिक आत्मनिर्भरता प्राप्त करना।
10. भारी एवं आधारभूत उद्योगों का विकास करना।
11. उद्योगों में नवीन उत्पादन विधियों तथा तकनीकों को अधिक प्रेरित करना।
12. देश का आर्थिक व सामाजिक विकास करना।
13. देश के सार्वजनिक तथा निजी क्षेत्र में परस्पर तालमेल बिठाना।
14. देश का सन्तुलित व समुचित विकास करना।
15. उद्योगों के एकाधिकार तथा आर्थिक केन्द्रीयकरण की प्रवृत्ति पर रोक लगाना।
16. प्रादेशिक विकास की असमानताओं को दूर करके तीव्र विकास को प्रोत्साहित करना।
17. विदेशी विनिमय के सीमित साधनों का समुचित वितरण तथा उनका उचित उपयोग करना।
18. लघु तथा बड़े उद्योगों में प्रतिस्पर्द्धा के अतिरिक्त आपसी सामंजस्य का भाव बैठाना।

वस्तुनिष्ठ प्रश्न

1. कुटीर उद्योगों का कार्यकाल होता है
(a) अंशकालिक (b) पूर्णकालिक
(c) 'a' और 'b' दोनों (d) इनमें से कोई नहीं

2. भारतीय अर्थव्यवस्था में लघु एवं कुटीर उद्योगों का महत्त्व है
(a) गरीबी से मुक्ति
(b) आय का समान वितरण
(c) कला एवं कौशल विकास
(d) उपरोक्त सभी

3. अखिल भारतीय दस्तकारी बोर्ड की स्थापना किस वर्ष हुई?
(a) 1950 में (b) 1952 में
(c) 1955 में (d) 1954 में

4. लघु उद्योग बोर्ड की स्थापना कब की गई थी?
(a) 1954 में (b) 1952 में
(c) 1956 में (d) 1958 में

5. भारत में दूसरी औद्योगिक नीति की घोषणा कब की गई?
(a) 1949 में (b) 1956 में
(c) 1948 में (d) 1951 में

6. भारत की नई लघु औद्योगिक नीति की घोषणा कब की गई?
(a) 1994 में (b) 1992 में
(c) 1991 में (d) 1990 में

7. औद्योगिक नीति, 1991 के तहत् अब कितने उद्योगों को सार्वजनिक क्षेत्र के लिए आरक्षित रखा गया?
(a) 2 (b) 3
(c) 4 (d) 5

8. एकाधिकारी एवं प्रतिबन्धात्मक व्यापारिक व्यवहार अधिनियम कब से लागू हुआ?
(a) 1969 (b) 1970
(c) 1971 (d) 1975

9. भारत में किस उद्योग को परम्परागत उद्योग भी कहा जाता है?
(a) कुटीर उद्योग (b) लघु उद्योग
(c) वृहत् उद्योग (d) ये सभी

10. वर्तमान में लघु उद्योग में अधिकतम कितने रुपये का निवेश किया जा सकता है?
(a) ₹ 10 लाख (b) ₹ 50 लाख
(c) ₹ 1 करोड़ (d) ₹ 2 करोड़

11. भारत में प्रथम औद्योगिक नीति की घोषणा कब की गई?
(a) 1947 (b) 1948
(c) 1956 (d) 1977

12. प्रथम औद्योगिक नीति, 1948 के तहत् प्रथम श्रेणी के अन्तर्गत निम्नलिखित में से कौन-सा उद्योग शामिल नहीं किया गया?
(a) अस्त्र-शस्त्र निर्माण
(b) खनिज तेल उद्योग
(c) अणुशक्ति उत्पादन तथा नियन्त्रण
(d) रेलवे परिवहन

13. खादी एवं ग्रामोद्योग आयोग की स्थापना कब हुई?
(a) 1948 (b) 1956
(c) 1954 (d) 1952

14. राष्ट्रीय सूक्ष्म, लघु और मध्यम उद्यम बोर्ड एक वर्ष में प्रत्येक माह .... एक बार बैठक करता है।
(a) 3 (b) 9
(c) 6 (d) 4

15. किस अर्थशास्त्री ने अवसर लागत का सिद्धान्त दिया?
(a) गॉटफ्रीड हैबरलर (b) एडम स्मिथ
(c) मिल्टन फ्रीड़मैन (d) जॉन कीन्स

16. भारतीय निर्यात की मन्द प्रगति का/के क्या कारण है/हैं?
(a) ऊँचे मूल्य (b) विदेशी प्रतियोगिता
(c) निम्न स्तर का माल (d) ये सभी

17. भारत में विशेष आर्थिक क्षेत्र नीति घोषित की गई थी
(a) अप्रैल, 2000 में
(b) अप्रैल, 2001 में
(c) अप्रैल, 2002 में
(d) अप्रैल, 2003 में

18. पार्टीसिपेटरी नोट्स इनमें से किस एक से सम्बन्धित है?
(a) भारतीय संचित निधि
(b) विदेशी संस्थागत निवेशक
(c) संयुक्त राष्ट्र विकास कार्यक्रम
(d) क्योटो-प्रोटोकॉल

19. श्रम विभाजन निम्नलिखित में से किसका परिणाम है?
(a) जटिल कार्य (b) अत्यधिक दबाव
(c) श्रमिकों की अधिपूर्ति (d) विशेषज्ञता

20. भारत में अक्टूबर, 2019 से महारत्न कम्पनियों की संख्या कितनी है?
(a) 08 (b) 09 (c) 10 (d) 12

21. आयात की प्रक्रिया आरम्भ होती है
(a) इण्डेंट से (b) मेट की रसीद से
(c) जहाजी बिल से (d) सामुद्रिक बीमा से

22. भारतीय औद्योगिक विकास बैंक की स्थापना कब की गई थी?
(a) जुलाई 1964 (b) जुलाई, 1966
(c) जुलाई 1962 (d) जुलाई, 1968

23. किस अर्थशास्त्री ने 1817 में तुलनात्मक लाभ और विशेषज्ञता के आधार पर अन्तर्राष्ट्रीय व्यापार सिद्धान्त विकसित किया?
(a) गैरी बेकर (b) डेविड रिकार्डो
(c) मिल्टन फीडमैन (d) पॉल क्रुगमैन

24. ओद्योगिक नीति 1956 का उद्योगों पर क्या प्रभाव पड़ा?
(a) उन वस्तुओं के आयात से बचा गया, जिनका उत्पादन भारत में ही किया जा सकता था
(b) वर्ष 1991 के दौरान सकल घरेलू उत्पाद में उद्योगों का हिस्सा कम हो गया
(c) भारत औद्योगिक वस्तुओं के क्षेत्र में आत्मनिर्भर बना
(d) उद्योगों में विविधता आने लगी

25. व्यापार चक्र में होते है
(a) पाँच चरण (b) छह चरण
(c) तीन चरण (d) चार चरण

सही उत्तर

1. (c) 2. (d) 3. (b) 4. (a) 5. (b) 6. (c) 7. (b) 8. (b) 9. (a) 10. (c)
11. (b) 12. (b) 13. (b) 14. (c) 15. (a) 16. (d) 17. (a) 18. (b) 19. (d) 20. (a)
21. (a) 22. (a) 23. (b) 24. (d) 25. (d)

अध्याय 04 भारत में सन् 1991 से आर्थिक सुधार–उदारीकरण, निजीकरण एवं वैश्वीकरण

भारतीय अर्थव्यवस्था के अन्तर्गत 1980 के दशक में अकुशल प्रबन्धन व्यवस्था थी। सरकार प्रशासन चलाने और विभिन्न नीतियों के क्रियान्वयन के लिए सार्वजनिक उद्यम व करों के माध्यम से फण्ड एकत्रित करती थी। जब व्यय, आय से अधिक हो जाता था, तो सरकार को बैंकों, जनसामान्य तथा अन्तर्राष्ट्रीय वित्तीय संस्थानों से पैसा उधार लेना पड़ता था। राजस्व कम होने पर भी सरकार को बेरोजगारी, गरीबी और जनसंख्या विस्फोट के कारण राजस्व से अधिक खर्च करना पड़ रहा था। इसी क्रम में भारतीय अर्थव्यवस्था में घाटे की वित्त व्यवस्था ने जन्म लिया।

1980 के दशक के अन्त तक सरकार का व्यय, आय से अधिक तथा आयात, निर्यात की तुलना में अधिक हो रहा था। विदेशी मुद्रा के संरक्षित भण्डार भी क्षीण हो गए एवं अन्तर्राष्ट्रीय उधारदाताओं का ब्याज चुकाने के लिए सरकार के पास पर्याप्त विदेशी मुद्रा नहीं बची थी। साथ ही कोई भी देश या अन्तर्राष्ट्रीय निवेशक भारत में निवेश नहीं करना चाहता था। ऐसी स्थिति में भारत ने अन्तर्राष्ट्रीय पुनर्निर्माण और विकास बैंक (IBRD), जिसे 'विश्व बैंक' के नाम से भी जाना जाता है, अन्तर्राष्ट्रीय मुद्रा कोष से विभिन्न शर्तों के साथ 7 बिलियन डॉलर की सहायता प्राप्त की।

अन्तर्राष्ट्रीय वित्तीय संस्थानों द्वारा सहायता प्रदान करने के क्रम में भारत पर कुछ शर्तें लगाईं गईं; जैसे—सरकार को उदारीकरण करना होगा, निजी क्षेत्रों पर लम्बे प्रतिबन्धों को हटाना होगा तथा सरकारी हस्तक्षेप कम करना होगा, आदि। इन्हीं शर्तों के परिप्रेक्ष्य में भारत ने सन् 1991 में नई आर्थिक नीति, जिसे 'आर्थिक सुधारों' के नाम से भी जाना जाता है, की घोषणा की।

आर्थिक सुधार या नई आर्थिक नीति

1990 के दशक में देश में विपरीत आर्थिक स्थितियों के समाधान हेतु सन् 1991 में नई सुधार नीति की शुरुआत की गई। इसका ध्येय सार्वजनिक क्षेत्रों में प्रशासनिक नियन्त्रण को कम करते हुए निजी क्षेत्रों को प्रोत्साहन देना तथा आर्थिक क्रियाओं में सरकार के हस्तक्षेप को कम करना था। फलस्वरूप, इसे नई आर्थिक उदारीकरण की नीति कहा गया। इससे बैंकों तथा उद्योगों को काफी प्रोत्साहन मिला। इसमें उदारीकरण, निजीकरण तथा भूमण्डलीकरण की नीति को सम्मिलित किया गया, जिससे देश की आर्थिक समस्याओं को विश्व पटल पर देखने का अवसर मिला। साथ ही इससे एक खुली अर्थव्यवस्था की स्थापना को भी बल मिला।

अन्य शब्दों में, नई आर्थिक नीति से अभिप्राय ऐसी उदारीकृत नीति से है, जिसमें निजी क्षेत्र की महत्त्वपूर्ण भूमिका हो, उसका नियमन न हो तथा सार्वजनिक क्षेत्र को दिए जाने वाले अनुदान समाप्त हों, साथ ही विनियोग बाधाएँ तथा विदेशी प्रत्यक्ष विनियोग का आवागमन भी भारत में बाधारहित हो।

भारत में आर्थिक सुधारों या नई आर्थिक नीति की आवश्यकता

स्वतन्त्रता के पश्चात् देश में मिश्रित अर्थव्यवस्था को अपनाया गया, जो समाजवादी और पूँजीवादी अर्थव्यवस्था का मिश्रित रूप थी। इस अर्थव्यवस्था में सार्वजनिक (सरकारी) एवं निजी दोनों क्षेत्रों को महत्त्व दिया गया। इससे औद्योगिक क्षेत्र में सरकारी एवं निजी क्षेत्रों को बढ़ावा मिला, किन्तु समय के साथ यह नीति प्रभावहीन होने लगी। आर्थिक विकास की गति को सफलता नहीं मिल पाने के कारण इसमें सुधार की आवश्यकता महसूस होने लगी। अत: सन् 1947 से लेकर सन् 1990 तक के सभी आर्थिक क्षेत्रों में आने वाली कमियाँ एवं कठिनाइयाँ इस प्रकार हैं—

1. औद्योगिक इकाइयाँ **पूँजी की कमी** एवं **प्रबन्धन की अकुशलता** के कारण कार्य करने में असक्षम सिद्ध हो रही थीं अर्थात् शिथिल पड़ने लगी थीं।
2. **राजकोषीय एवं बजटीय घाटा** बहुत अधिक बढ़ गया था, जिसे नियन्त्रित कर उचित स्तर को प्राप्त करना कठिन हो गया था।
3. **मुद्रास्फीति की दर दो अंकों** की ऊँचाई को स्पर्श कर चुकी थी, जिससे पुरानी आर्थिक नीतियाँ लोगों को अधिक लाभ नहीं दिला पा रही थीं।
4. औद्योगिक जगत की **कार्यकुशलता** प्रभावित होने के कारण उत्पादन में वृद्धि की दर बढ़ने की अपेक्षा घटने लगी थी।
5. विदेशी व्यापार में **भुगतान सन्तुलन की स्थिति प्रतिकूल** हो गई थी, जो देश को और अधिक कमजोर कर रही थी।
6. आयातों पर प्रतिबन्ध अर्थात् विदेशी व्यापार के सन्दर्भ में **आयात शुल्कों का अधिक होना** या कठोर नियमों के होने से औद्योगिक उत्पादकता पर इसका प्रभाव प्रतिकूल होने लगा था।
7. **विदेशी मुद्रा भण्डार के घटने** से और दयनीय स्थिति उत्पन्न हो गई। परिणामस्वरूप, भारत को 20 मीट्रिक टन सोने को गिरवी रखकर विदेशी मुद्रा प्राप्त करनी पड़ी, जिससे कि अन्तर्राष्ट्रीय व्यापार को गति प्रदान की जा सके।
8. **देश की आर्थिक स्थिति दयनीय हो जाने** के कारण अन्तर्राष्ट्रीय वित्तीय संस्थाएँ, वित्तीय सहायता देने में संकोच करने लगी थीं, जिससे देश की छवि वैश्विक स्तर पर खराब होने लगी थी।

अत: इन कमियों को दूर कर देश की आर्थिक स्थिति को सुदृढ़ करने की दृष्टि से सन् 1991 में आर्थिक सुधारों की शुरुआत की गई, जो उदारीकरण,

निजीकरण एवं भूमण्डलीकरण (एल. पी. जी.) के सिद्धान्त पर आधारित थी। इस प्रकार भारत में नई आर्थिक नीति अथवा उदारीकरण की शुरुआत सन् 1991 में तत्कालीन वित्तमन्त्री डॉ. मनमोहन सिंह द्वारा की गई।

आर्थिक सुधारों हेतु किए गए उपाय

नई आर्थिक नीति में सरकार द्वारा आर्थिक सुधारों को प्रमुखता दी गई, जिसके अन्तर्गत सरकार द्वारा अपनी नीतियों को दो उप-समूहों में विभाजित किया गया

1. **स्थायित्वकारी उपाय** स्थायित्वकारी उपाय अल्पकालिक होते हैं, जिनके अन्तर्गत भुगतान असन्तुलन, मुद्रास्फीति की समस्या को दूर करना, उत्पाद एवं वस्तुओं की बढ़ती कीमतों पर नियन्त्रण करना, विदेशी मुद्रा भण्डार को बनाए रखना, अनावश्यक व्ययों को नियन्त्रित करना, आदि उपायों को अपनाया गया।
2. **संरचनात्मक उपाय** यह दीर्घकालीन उपाय होते हैं। इनके अन्तर्गत बैंकिंग व्यवस्था में सुधार, लाइसेन्सिंग व्यवस्था को उदार बनाना, विदेशी व्यापार के लिए नियमों को उदार बनाना, आयात-निर्यात नीति को सुधारना, निर्यात द्वारा वित्त जुटाने की प्रक्रियाओं को अपनाना, आदि को सम्मिलित किया जाता है। इसका प्रमुख उद्देश्य होता है, अर्थव्यवस्था की कुशलता को सुधारना तथा अर्थव्यवस्था को विभिन्न क्षेत्रकों की अनियमितताओं को दूर कर भारत की अन्तर्राष्ट्रीय प्रतिस्पर्द्धा क्षमता में वृद्धि करना।
   अत: उदारीकरण, निजीकरण एवं वैश्वीकरण तीनों नीतियाँ संरचनात्मक उपाय के प्रमुख पहलू हैं।

उदारीकरण

उदारीकरण से आशय नियमों में ढील देकर निजी क्षेत्रों की भागीदारी को आर्थिक गतिविधियों में बढ़ाना होता है, यह ज्ञात है कि पुरानी नीतियों में निजी क्षेत्र के कार्य संचालन पर कई प्रकार के प्रतिबन्ध लगाए गए थे। अत: इस नीति में अत्यधिक ढील दी गई, जिससे उत्पादन, निवेश एवं बिक्री, आदि के सम्बन्धों में निजी क्षेत्र स्वतन्त्र होकर आर्थिक क्रियाविधि में अपना योगदान दे सके। इस प्रकार निजी क्षेत्र को बन्धनमुक्त करने का ध्येय ही उदारीकरण है।

उदारीकरण के प्रमुख उद्देश्य

भारत में उदारीकरण के निम्नलिखित उद्देश्यों को सम्मिलित किया गया है

1. अर्थव्यवस्था में **बिना किसी बाधा के स्थायित्व** लाना।
2. राजकोषीय **सुधारों को लागू** करना।
3. अर्थव्यवस्था की **विकास प्रक्रिया को गतिशील** बनाने हेतु आर्थिक नीति में परिवर्तन करना।
4. आर्थिक कार्यकुशलता में वृद्धि तथा औद्योगिक उत्पादन में अन्तर्राष्ट्रीय **प्रतिस्पर्द्धात्मक क्षमता उत्पन्न** करना।
5. विदेशी निवेश तथा विदेशी प्रौद्योगिकी का अधिक **कुशल प्रयोग तथ अधिक आमन्त्रण** करना।
6. सार्वजनिक उपक्रमों के **कार्य निष्पादन** को सुधारना।
7. वित्तीय क्षेत्र की **कार्यप्रणाली सुधारना** एवं आधुनिकीकृत करना।
8. आर्थिक भार **गरीब वर्ग पर नहीं डाला** जाना।
9. रोजगार के अवसरों में **तीव्र वृद्धि** करना।
10. अर्थव्यवस्था को **बजट के घाटे से निकालने** के लिए उचित उपाय करना।

भारत सरकार द्वारा उदारीकरण हेतु किए गए प्रयास

वर्ष 1990-91 में देश की पुरानी अर्थव्यवस्था में अनेक महत्त्वपूर्ण आर्थिक सुधार विभिन्न क्षेत्रों में किए गए, जिसमें औद्योगिक क्षेत्रक, कर सुधार, विदेशी विनिमय बाजार, व्यापार तथा निवेश क्षेत्र शामिल थे। इन आर्थिक सुधारों की उदारीकरण नीति की प्रमुख विशेषताओं को इस प्रकार देखा जा सकता है

1. **औद्योगिक क्षेत्रक का विनियमीकरण** आर्थिक सुधार के तहत् औद्योगिक क्षेत्र में सुधार के लिए कई महत्त्वपूर्ण कदम उठाए गए हैं, उनका वर्णन इस प्रकार हैं
   (i) **लाइसेन्स व्यवस्था की समाप्ति** देश हित में कुछ महत्त्वपूर्ण उद्योगों; जैसे—एल्कोहल, सिगरेट, जोखिम भरे रसायनों, औद्योगिक विस्फोटकों, इलेक्ट्रॉनिकी, विमान तथा औषधि, आदि। इन छ: उत्पाद श्रेणियों को छोड़कर शेष सभी उद्योगों के विकास को प्रोत्साहित करने के उद्देश्य से लाइसेन्स देने की व्यवस्था को समाप्त कर दिया गया। इससे औद्योगिक क्षेत्र में उद्योगपतियों ने पूँजी का अधिक निवेश करना शुरू कर दिया।
   (ii) **औद्योगिक क्षेत्र में निजी उद्यमियों की प्रवेश की अनुमति** उदारीकरण के तहत् सार्वजनिक क्षेत्र में निजी उद्यमियों को भी सरल शर्तों के तहत् अनुमति प्रदान की गई, जिससे नए उद्यमियों को अवसर मिला। अब सार्वजनिक क्षेत्रक के लिए सुरक्षित उद्योगों में केवल प्रतिरक्षा उपकरण, परमाणु ऊर्जा उत्पादन और रेल परिवहन ही बचे हैं। लघु उद्योगों द्वारा उत्पादित अनेक वस्तुएँ भी अब अनारक्षित श्रेणी में आ गई हैं। इस प्रकार अनेक उद्योगों में बाजार ही कीमत निर्धारक बन गया।
   (iii) **उद्यमियों को उत्पादन के लिए छूट** इस नवीन नीति के अन्तर्गत उद्यमियों को उत्पादित वस्तुओं का चयन करने की छूट प्राप्त हो गई, क्योंकि पुरानी नीति के अनुसार पहले लाइसेन्स देते समय वस्तुओं का उल्लेख किया जाता था कि यह उद्योग या कम्पनी इन वस्तुओं के अतिरिक्त अन्य वस्तुओं का उत्पादन नहीं कर सकेगा/सकेगी, किन्तु अब उद्यमी बाजार की माँग के अनुरूप वस्तुओं के उत्पादन के सन्दर्भ में अपना निर्णय लेने की छूट दी गई, जिससे बाजार में माँग की पूर्ति हो सके।
   (iv) **MRTP में संशोधन** औद्योगिक इकाइयों के विस्तार की दृष्टि से एकाधिकार एवं प्रतिबन्धात्मक व्यापार प्रवृत्तियाँ (Monopolies and Restrictive Trade Practices, MRTP) एक्ट में संशोधन किया गया। इसका लाभ यह हुआ कि बड़े उद्योग भी इस सीमा से बाहर हो गए, जिससे वे बिना किसी अनुमति के अपनी क्षमता के अनुसार विस्तार के साथ औद्योगिक कार्यों का विविधिकरण तथा नई परियोजनाएँ शुरू करने के प्रति आश्वस्त हुए।
2. **व्यापार और निवेश नीति में सुधार** इस नीति के अन्तर्गत निवेश की सीमा को बढ़ा दिया गया, जिससे पूँजी की उपलब्धता इस क्षेत्र में हो सके। यह लघु क्षेत्र के उद्योगों के सम्बन्ध में विशेष रूप से महत्त्वपूर्ण रहा। इससे इस उद्योग को तकनीक एवं विधियों में सुधार कर प्रतियोगिता में टिके रहने में सहायता मिली। साथ ही इसमें बदलती परिस्थितियों का सामना करने में उद्योग सक्षम हुआ।
   भारत ने आन्तरिक उद्योगों के संरक्षण के लिए आयात के परिमाण को सीमित रखने की नीतियाँ अपनाईं। उच्च प्रशुल्कों की दरों में वृद्धि की गई। निर्यात एवं विनिर्माण हेतु परिमाणात्मक प्रतिबन्धों की समाप्ति की गई।

प्रशुल्क दरों में कटौती की एवं आयात लाइसेन्स व्यवस्था समाप्त कर दी गई।

अप्रैल, 2001 में कृषि पदार्थों और औद्योगिक उपभोक्ता पदार्थों के आयात को मात्रात्मक प्रतिबन्धों से मुक्त कर दिया गया। प्रतिस्पर्द्धा वृद्धि हेतु निर्यात शुल्क की समाप्ति कर दी गई। हानिकारक और पर्यावरण संवेदी उद्योगों के उत्पादों को छोड़कर अन्य सभी वस्तुओं पर से लाइसेन्स व्यवस्था समाप्त कर दी गई। इतना ही नहीं, भारतीय वस्तुओं की अन्तर्राष्ट्रीय बाजारों में स्पर्द्धा शक्ति बढ़ाने के लिए उन्हें निर्यात शुल्क से मुक्त कर दिया गया।

- किसी देश द्वारा अपने घरेलू उद्योगों के संरक्षण हेतु आयात पर लगाया गया कर 'प्रशुल्क' कहलाता है।
- अप्रशुल्क अवरोध करों के अतिरिक्त अन्य प्रतिबन्धों से सम्बन्धित अवरोध होता है।

3. **कर व्यवस्था में सुधार** इन सुधारों का उद्देश्य सरकार की कराधान और सार्वजनिक व्यय नीतियों से है, जिन्हें सामूहिक रूप से राजकोषीय नीतियाँ भी कहा जाता है। प्रत्यक्ष कर तथा निगम कर दोनों की दरों में निरन्तर कमी कर दी गई, जिससे बचत को बढ़ावा मिला तथा साथ ही कर की दर में कमी से लोग आसानी से कर चुकाने में सक्षम हुए, जिससे सरकार की आय की राशि में वृद्धि हुई। इसके साथ ही अप्रत्यक्ष करों में भी सुधार किए गए हैं, जिसका प्रमुख लाभ यह हुआ है कि वस्तुओं और सेवाओं के लिए एक साझे राष्ट्रीय स्तर के बाजार की रचना हुई है।

   वर्ष 2017 में वस्तु एवं सेवा कर अधिनियम, 2016 कानून को पारित कर लागू किया गया। यह कर एक राष्ट्र, एक टैक्स, एक बाजार की अवधारणा को उत्पन्न करता है। चूँकि उद्योगपति पहले उद्योग में अधिक रुचि उत्पन्न न कर उत्पादन की उच्चतम सीमा का निर्वाहन करने में लगे थे, इसलिए इस नीति के माध्यम से इस प्रतिबन्धित सीमा को समाप्त कर दिया गया है।

निजीकरण

निजीकरण (Privatisation) से तात्पर्य व्यवसाय, उद्यम, एजेन्सी या सार्वजनिक सेवा के स्वामित्व के सार्वजनिक क्षेत्र (राज्य या सरकार) से निजी क्षेत्र (निजी लाभ के लिए संचालित व्यवसाय) या निजी गैर-लाभ संगठनों के पास स्थानान्तरित होने की घटना या प्रक्रिया है। व्यापक अर्थ में, निजीकरण राजस्व संग्रहण तथा कानून प्रवर्तन जैसे सरकारी प्रकार्यों सहित, सरकारी स्वामित्व के निजी क्षेत्र में स्थानान्तरण को सन्दर्भित करता है। सरकारी कम्पनियाँ, निजी क्षेत्रक की कम्पनियों में दो महत्त्वपूर्ण पहलू के तहत् बदलती दिखीं। इन्हें निम्न प्रकार देखा जा सकता है

1. सरकार का सार्वजनिक कम्पनी के स्वामित्व और प्रबन्धन से बाहर होना।
2. सार्वजनिक क्षेत्र की कम्पनियों को सीधे निजी क्षेत्र में बेचा जाना।

निजीकरण के उद्देश्य

निजीकरण के उद्देश्य निम्नलिखित हैं

1. विदेशी पूँजी को आकर्षित करके **विदेशी निवेश पर पर्याप्त उद्योगों की स्थापना** करना।
2. औद्योगिक विकास करके **रोजगार के अवसरों में वृद्धि** करना।
3. **निजी कम्पनियों को प्रोत्साहन देना** और निजी क्षेत्र में ऐसे उद्योगों की स्थापना को अनुमति देना, जो पहले केवल सार्वजनिक क्षेत्र के थे।
4. **घाटे के बजट से छुटकारा** पाकर देश की अर्थव्यवस्था को सुधारना।
5. उद्योग तकनीक के द्वारा **उत्पादन की गुणवत्ता को बढ़ाना** एवं **उत्पादन की लागत को कम करना।**
6. देश के **अवसंरचना विकास** को गति प्रदान करना।
7. सार्वजनिक उद्यमों की **प्रतिस्पर्द्धा शक्ति को बढ़ावा** देना।
8. निजीकरण से **प्रत्यक्ष विदेशी निवेश** के अन्तर्वाह को भी बढ़ावा मिलेगा।

भारत में उद्योगों के निजीकरण के प्रभाव

भारत में उद्योगों के निजीकरण के सकारात्मक व नकारात्मक प्रभाव पड़े हैं, जो निम्नलिखित हैं

उद्योगों के निजीकरण के गुण/लाभ/सकारात्मक प्रभाव

24 जुलाई, 1991 को सरकार द्वारा घोषित नई औद्योगिक नीति में निजी क्षेत्र को प्राथमिकता दी गई, जिससे औद्योगिक विकास को तीव्र किया जा सके। भारत में निजीकरण के अनेक सकारात्मक प्रभाव हुए, जो निम्नलिखित हैं

1. **तीव्र आर्थिक विकास** तीव्र आर्थिक विकास विकासशील देशों के समक्ष चुनौती है। भारत जैसे विकासशील देश में तीव्र आर्थिक विकास हेतु सार्वजनिक क्षेत्र के साथ निजी क्षेत्र को भी महत्त्व दिया गया। निजी क्षेत्र अपनी कुशल प्रबन्धकीय क्षमता और पूँजी का उद्योगों में कुशल उपयोग कर अधिकाधिक उत्पादन हेतु प्रेरित करता है, जिससे देश के तीव्र आर्थिक विकास में सहायता मिलती है। यह भी सकारात्मक पहलू साबित हुआ है।
2. **संसाधनों के समुचित उपयोग में सहायक** भारत प्राकृतिक व मानवीय संसाधनों से परिपूर्ण देश है, जहाँ विकास की भरपूर सम्भावना है। निजी क्षेत्र के विस्तार से अल्प शोषित संसाधनों के समुचित उपयोग में सहायता मिली है, क्योंकि निजी उद्यमी लाभ से प्रेरित होते हैं और लाभ अर्जित करने के उद्देश्य से प्राकृतिक व मानवीय संसाधनों का उचित उपयोग करते हैं, जिससे राष्ट्रीय आय व प्रति व्यक्ति आय में वृद्धि होती है।
3. **सभी वर्गों का अधिकतम कल्याण** उद्योगों के निजीकरण से समाज के सभी वर्गों; जैसे—उत्पादक, उपभोक्ता, श्रमिक व पूँजीपति, इत्यादि को लाभ मिलता है, जहाँ उद्योगपति अधिक उत्पादन करके लाभ कमाने का प्रयास करते हैं वहीं दूसरी ओर, उपभोक्ताओं के चयन व बाजार में स्वतन्त्रता में वृद्धि होती है। अत: निजीकरण के पश्चात् इसके सकारात्मक प्रयास देखे गए हैं।
4. **व्यवसाय चयन की स्वतन्त्रता** निजीकरण से देश के नागरिकों को उत्पादन इकाइयों की स्थापना की स्वतन्त्रता प्राप्त होती है। इसके अन्तर्गत जिस व्यवसाय में उनकी रुचि होती है, वे उस क्षेत्र में पूर्ण दक्षता का प्रयोग कर अधिक-से-अधिक लाभ अर्जित करने हेतु प्रयासरत् रहते हैं। इसके प्रभाव आज भी देखे जा सकते हैं।

उद्योगों के निजीकरण के दोष/हानि/नकारात्मक प्रभाव

भारत में निजी क्षेत्र की मुख्य समस्याएँ निम्नलिखित हैं

1. **मुख्य उद्देश्य लाभ कमाना** निजी क्षेत्र में कार्यरत् कम्पनियों का उद्देश्य अधिकतम लाभ कमाना होता है। अत: वे उन्हीं उत्पादन क्षेत्रों तक अपने को सीमित रखती हैं, जिनमें शीघ्र लाभ की प्राप्ति हो सके तथा अधिकतम लाभ कमाया जा सके।
2. **उपभोक्ता टिकाऊ वस्तुओं पर अधिक ध्यान** उपभोक्ता वस्तु उद्योगों में भी निजी क्षेत्र ने अधिकतर निवेश उन वस्तुओं का उत्पादन करने के लिए किया है, जिनकी माँग धनी उपभोक्ता वर्ग करता है।

   इस प्रकार, निजी क्षेत्र ने अधिकतर निवेश उपभोक्ता टिकाऊ वस्तुओं के उत्पादन के लिए किया और आवश्यक उपभोक्ता वस्तुओं में निवेश की

अनदेखी की। इस प्रकार का उत्पादन-ढाँचा समृद्ध धनी वर्ग के अनुरूप देखने को मिलता रहा है।

3. **एकाधिकार और संकेन्द्रण** पूँजीवादी विकास की एक विशेष बात यह होती है कि जैसे-जैसे अर्थव्यवस्था प्रगति करती है, एकाधिकार संगठन और मजबूत होते जाते हैं, जिससे धन व आर्थिक शक्ति का संकेन्द्रण बढ़ता है। यह बात भारत में भी हुई है।
4. **उत्पादन लागतों में तीव्र वृद्धि** निजी निगम क्षेत्र की बिक्री से आय का काफी बड़ा हिस्सा तेजी से बढ़ती हुई उत्पादन लागतों को पूरा करने में खर्च हो रहा है, इसके परिणामस्वरूप निजी क्षेत्र के लाभ दर (Profit Margin) में वृद्धि बहुत कम रही है।

   कम्पनियाँ अपनी निवल बिक्री में तीव्र वृद्धि करके अपने निष्पादन में सुधार कर सकती थीं, परन्तु इस प्रयास में भी उन्हें सफलता नहीं मिली, क्योंकि अर्थव्यवस्था में मन्दी की स्थिति बनी रही।
5. **आधारभूत ढाँचे की समस्या** योजनाओं में होने वाली अनेक प्रकार की प्रगति के बावजूद भारत के आधारभूत ढाँचे में कई प्रकार की कमियाँ हैं, जिनका निजी क्षेत्र के विकास पर प्रतिकूल प्रभाव पड़ता है। इस सन्दर्भ में सबसे महत्त्वपूर्ण बाधा बिजली की कमी तथा तकनीक से जुड़ी अन्य समस्याएँ हैं।
6. **अन्य समस्याएँ** इससे जुड़ी निम्नलिखित समस्याएँ हैं
   (i) व्यापार घाटे में योगदान, अस्वस्थ प्रतिस्पर्द्धा के कारण।
   (ii) औद्योगिक विवादों में वृद्धि।
   (iii) औद्योगिक अस्वस्थता में वृद्धि।
   (iv) वित्त एवं साख की समस्या।
   (v) विदेशी प्रतिस्पर्द्धा का असहनीय।
   (vi) सामाजिक कल्याण की उपेक्षा।

भारत में निजीकृत किए गए सार्वजनिक उपक्रम

भारत में ऐसे सार्वजनिक उपक्रमों के नाम निम्नलिखित हैं, जिनका नई आर्थिक नीति के पश्चात् उदारीकरण कर दिया गया है

1. मॉर्डन फूड इण्डस्ट्रीज (हिन्दुस्तान लीवर लिमिटेड)
2. बाल्को (स्टारलाइट इण्डस्ट्रीज)
3. हिन्द टेलीप्रिण्टर्स (एच. एफ. सी. एल.)
4. आई. बी. पी. लिमिटेड (भारतीय तेल निगम)
5. विदेशी संचार निगम लिमिटेड (टाटा-समूह की पैनाटोन फिनवैस्ट)

वैश्वीकरण/सार्वभौमीकरण

वैश्वीकरण या सार्वभौमीकरण (Globalisation) एक ऐसी प्रक्रिया है, जिसमें एक देश का दूसरे देशों के साथ पारस्परिक आर्थिक हितों का जुड़ाव होता है।

औपचारिक भाषा में वैश्वीकरण का अर्थ देखा जाए, तो यह आर्थिक परिस्थितियों के परिप्रेक्ष्य में परिभाषित किया जाता है; जैसे—जब किसी देश द्वारा वस्तुओं, सेवाओं, तकनीकी, पूँजी तथा श्रम का प्रयोग अन्तर्राष्ट्रीय बाजारों में किया जाता है और उससे अन्य देश प्रभावित होते हैं, तो यह वैश्वीकरण, सार्वभौमीकरण, भूमण्डलीकरण कहलाता है।

भारत में वैश्वीकरण के उद्देश्य

भारत में वैश्वीकरण के उद्देश्य निम्नलिखित हैं

1. विदेशी **निवेश में वृद्धि** करना।
2. देश एवं विदेशों में **भारतीय उद्योगों का प्रसार कर** संस्थागत निवेशकों को आमन्त्रण देना।
3. विदेशी **मुद्रा कोष में वृद्धि** करना।
4. विदेशी **व्यापार में वृद्धि** करना।
5. भारतीय अर्थव्यवस्था को **वैश्विक अर्थव्यवस्था** के साथ जोड़ना।
6. भुगतान सन्तुलन को **सकारात्मक बनाना।**
7. राष्ट्रीय उत्पादन में वृद्धि करके भारतीयों के **जीवन-स्तर में वृद्धि** करना।

भारत सरकार द्वारा वैश्वीकरण हेतु किए गए प्रयास

भारत में वैश्वीकरण की प्रक्रिया को भारतीय अर्थव्यवस्था के साथ जोड़कर देखा जाता है अर्थात् वैश्वीकरण को भारत में किन-किन माध्यमों से अपनाया गया या अनुमोदित किया गया है। इसका विस्तृत वर्णन निम्नलिखित है

व्यापार में वैश्वीकरण

व्यापार में वैश्वीकरण से तात्पर्य भारत का अन्तर्राष्ट्रीय व्यापार है। अन्तर्राष्ट्रीय व्यापार में वैश्वीकरण के अनुमोदन हेतु भारत सरकार ने अपने अन्तर्राष्ट्रीय व्यापार से सरकारी नियन्त्रण को सीमित कर कानूनी प्रावधानों को उदार बना दिया। व्यापार में वैश्वीकरण की अभिनव प्रवृत्तियों हेतु निम्नलिखित कदम उठाए गए, जो इस प्रकार हैं

1. आयात-निर्यात प्रशुल्कों को अत्यन्त कम कर दिया गया। साथ ही अनेक प्रतिबन्धों को भी समाप्त किया गया।
2. सन् 1991 में भारतीय मुद्रा का अवमूल्यन किया गया, जिससे भारतीय मुद्रा रुपये की अन्तर्राष्ट्रीय वास्तविक विनिमय दर का निर्धारण हो सके।
3. वर्ष 1994-95 में भारत के चालू खाते पर पूर्ण परिवर्तनीयता को लागू किया गया, जिससे एकीकृत विनिमय दर प्रणाली को सुचारू रूप से लागू किया जा सके।
4. चालू खाते पर पूर्ण परिवर्तनीयता से विदेशी मुद्रा खरीदने तथा बेचने हेतु स्वतन्त्रता प्रदान की गई।
5. आयात वस्तुओं पर नियन्त्रण समाप्त कर विदेशी व्यापार सम्बन्धी व्यवहारों को सरल बनाया गया।
6. आयात-निर्यात को लाइसेन्स में छूट प्रदान कर, अनुमति पत्र-मुक्त कर दिया गया।

नोट *यह ज्ञात हो कि अन्तर्राष्ट्रीय व्यापार में देश द्विपक्षीय तथा बहुपक्षीय समझौते के तहत् व्यापार करते हैं। जहाँ द्विपक्षीय समझौते में दो देश शामिल होते हैं, वहीं बहुपक्षीय व्यापार समझौते में दो से अधिक देश शामिल होते हैं।*

निवेश में वैश्वीकरण

अन्तरराष्ट्रीय स्तर पर दो प्रकारों से निवेश प्रक्रिया का प्रचालन होता है—

देशी निवेश का वैश्वीकरण

1. बहुराष्ट्रीय कम्पनियों को देश में निर्यात प्रेरक इकाइयाँ स्थापित करने के लिए कई सुविधाएँ दी गई हैं।

2. एक अनिवासी भारतीय (Non-resident Indian) द्वारा दूसरे अनिवासी भारतीय को किए गए अंशों के हस्तान्तरण पर से नियन्त्रण समाप्त कर दिए गए हैं।
3. निजी क्षेत्र की बीमा कम्पनियों को विदेशों में निवेश की अनुमति दी गई है।
4. सन् 1991 में भारत सरकार ने भारत के उच्च प्राथमिकता वाले 48 उद्योगों में 51% तक बिना सरकारी अनुमति के विदेशों में पूँजी निवेश की अनुमति प्रदान की है।
5. विदेशी निवेशक भारतीय बाजार कीमतों पर इक्विटी का निवेश कर सकते हैं।

प्रत्यक्ष विदेशी निवेश में वैश्वीकरण

1. सन् 1996 में उच्च प्राथमिकता वाले 9 उद्योगों में 74% तक सीधे निवेश की छूट दी गई। इसके साथ-साथ विदेशी बहुराष्ट्रीय कम्पनियों को लाभांश अपने देश ले जाने की स्वतन्त्रता प्रदान की गई है।
2. तेल शोधन क्षेत्रों व बीमा क्षेत्रों में प्रत्यक्ष विदेशी निवेश की सीमा को बढ़ा दिया गया है। तेल शोधन क्षेत्रों में प्रत्यक्ष विदेशी निवेश 100% किया गया है।
3. अनिवासी भारतीयों को निर्यात-गृहों, अस्पतालों, होटल, आदि में 100% निवेश करने की स्वतन्त्रता दी गई है।
4. विदेशी निवेश की स्वीकृति के लिए 'एकल खिड़की' की व्यवस्था एवं प्रोत्साहन मण्डल (Promotion Board) का भी गठन किया गया, जिसके तहत् अनुकूल कदम भी उठाए गए हैं।
5. अवसंरचना के विकास हेतु विदेशी निवेश में छूट प्रदान की गई है।

वित्त में वैश्वीकरण

भारत सरकार की आर्थिक नीति ने विदेशी पूँजी प्रवाह को आकर्षित करने हेतु प्रतिबन्धों को समाप्त किया। विदेशी बैंकों और अन्य वित्तीय संस्थाओं की स्थापना के लिए अनेक प्रयास किए गए हैं, जो निम्न प्रकार हैं

1. भारत में विदेशी बैंकों की स्थापना हेतु पर्याप्त सुविधाएँ दी गई हैं तथा निजी क्षेत्र में कार्यरत् बैंकों में निवेश की सीमा को बढ़ाया गया है।
2. भारतीय सार्वजनिक वित्तीय संस्थाओं ने विदेशी पूँजी एकत्रित करने हेतु बॉण्ड्स की बिक्री शुरू की, जो अभी भी जारी है।
3. विदेशी विनिमय अधिनियम के अधीन आने वाली कम्पनियों को रिज़र्व बैंक की अनुमति लिए बिना ही उधार लेने या जमा स्वीकार करने की छूट दी गई।
4. भारतीय मूल के विदेशी नागरिकों को अब रिज़र्व बैंक की अनुमति के बिना ही आवासीय सम्पत्ति अनुगृहीत करने की अनुमति दे दी गई।
5. अत्यधिक कठोर विदेशी मुद्रा नियमन अधिनियम, जिसे फेरा (FERA-Foreign Exchange Regulation Act) भी कहा जाता है, को समाप्त कर दिया गया।
6. फेरा की तुलना में फेमा (FEMA- Foreign Exchange Management Act) को उदार बनाया गया।

भारत में वैश्वीकरण के प्रभाव/लाभ

औद्योगीकरण की अभिनव प्रवृत्ति एवं सार्वभौमीकरण के भारतीय अर्थव्यवस्था पर अनेक अनुकूल प्रभाव पड़े। वैश्वीकरण से भारतीय विदेशी मुद्रा भण्डार में वृद्धि हुई है तथा साथ-ही-साथ निर्यात में भी उल्लेखनीय वृद्धि हुई है। संक्षेप में वैश्वीकरण के भारतीय अर्थव्यवस्था पर पड़ने वाले सकारात्मक प्रभाव निम्नलिखित हैं

1. **प्रत्यक्ष विदेशी निवेश में वृद्धि** वैश्वीकरण अपनाने के पश्चात् भारत में प्रत्यक्ष विदेशी निवेश में वृद्धि हुई है। भारत सरकार ने अनेक क्षेत्रों में विदेशी निवेश की सीमा 51% से बढ़ाकर 100% कर दी है, जिससे भारत में अनेक कम्पनियाँ निवेश हेतु प्रोत्साहित हुई हैं।
2. **स्थिर व मजबूत विनिमय दर** वैश्वीकरण के पश्चात् भारतीय मुद्रा की विनिमय दर मजबूत व स्थिर बनी हुई है, जिससे निवेशकों का विश्वास बढ़ा है। इसके अतिरिक्त सरकार ने एकीकृत विनिमय दर प्रणाली अपनाई है, इससे भी मुद्रा की विनिमय दर मजबूत हुई है।
3. **विदेशी मुद्रा कोष में वृद्धि** वैश्वीकरण के पश्चात् भारत के विदेशी मुद्रा कोष में भी वृद्धि हुई है। उत्पादन क्षमता व निर्यात में वृद्धि के फलस्वरूप विदेशी मुद्रा के भण्डारण में वृद्धि होने से भारतीय अर्थव्यवस्था की क्रय-क्षमता में भी वृद्धि हुई है।
4. **रोजगार का सृजन** भारत जैसे विकासशील देश के लिए रोजगार सृजन एक महत्त्वपूर्ण उद्देश्य है और बाह्य प्रापण रोजगार के अवसरों को उत्पन्न करता है। यह नई और उच्च भुगतान वाली नौकरियों का सृजन करता है।
5. **तकनीकी ज्ञान का आदान-प्रदान** बाह्य प्रापण, विचारों का आदान-प्रदान व तकनीकी जानकारी तथा विकसित देशों से उन्नत प्रौद्योगिकी को परिष्कृत करने में सक्षम बनाता है।

भारत में वैश्वीकरण की समस्याएँ/दोष/सीमाएँ

भारत में वैश्वीकरण की प्रक्रिया तीव्रगति से बढ़ रही है और इसकी उपलब्धियाँ क्षेत्रीय वृद्धक भी रही हैं। विदेशी मुद्रा भण्डार में वृद्धि, निर्यात में वृद्धि, विदेशी पूँजी में वृद्धि एवं प्रौद्योगिकी का स्तर उन्नयन हुआ है, लेकिन इन सभी के अतिरिक्त भी वैश्वीकरण में अनेक समस्याएँ उत्पन्न हुईं। वैश्वीकरण की सभी समस्याओं का वर्णन निम्नलिखित है

1. **अस्वस्थ प्रतिस्पर्द्धा का उदय** वैश्वीकरण के कारण विदेशी व्यापार को देश में बढ़ावा मिलता है, जिससे घरेलू औद्योगिक इकाइयों एवं विदेशी कम्पनियों के मध्य प्रतिस्पर्द्धा बढ़ती है। कम कीमतों में विदेशी इलेक्ट्रॉनिक वस्तुएँ देशी बाजार में उपलब्ध होती हैं, जिससे घरेलू उद्योगों पर प्रभाव पड़ता है।
2. **अनिश्चित रोजगार** वैश्विक स्तर पर श्रमिकों की उपलब्धता अधिक होने के कारण उत्पादक वर्ग को सस्ते श्रमिक मिल जाते हैं, जिससे बेरोजगारी भी बढ़ती है।
3. **आर्थिक असमानता में वृद्धि** वैश्वीकरण से पूर्व कुशल एवं अकुशल श्रमिकों के मध्य देय वेतन एवं भत्तों आदि में अधिक अन्तर नहीं हुआ करता था, जिस कारण समाज में अधिक असमानता नहीं हो पाती थी, किन्तु वैश्वीकरण के पश्चात् कार्यों में विशिष्टता आई है और आय के स्तर में असमानता भी बढ़ी है।
4. **अन्य समस्याएँ**
   (i) देशी उद्योगों का ह्रास। (ii) उपभोक्तावादी संस्कृति का उदय।
   (iii) यदि किसी देश की अर्थव्यवस्था कमजोर है, तो उसका प्रभाव सम्पूर्ण विश्व पर पड़ता है।
   (iv) पर्यावरण को अत्यधिक क्षति।
   (v) स्वास्थ्य पर कुप्रभाव।
   (vi) गरीबी में अभिवृद्धि।
   (vii) सांस्कृतिक एवं पारम्परिक मूल्यों का ह्रास।
   (viii) साम्राज्यवादी प्रवृत्ति एवं अभिनव संस्करण का उदय।

उदारीकरण, निजीकरण एवं वैश्वीकरण नीति का मूल्यांकन

सन् 1991 में नई आर्थिक नीति के माध्यम से देश की अर्थव्यवस्था को सुधारने के लिए हर सम्भव प्रयास किया गया। यह प्रक्रिया अभी भी जारी है, किन्तु इस प्रक्रिया का कुछ क्षेत्रों में सकारात्मक प्रभाव पड़ा है तो कुछ क्षेत्रों में नकारात्मक प्रभाव भी पड़ा है। इनका वर्णन निम्न प्रकार है

सकारात्मक प्रभाव

नई आर्थिक नीति के प्रमुख सकारात्मक प्रभाव निम्नलिखित हैं

1. **आर्थिक संवृद्धि** नई आर्थिक नीति अपनाने से देश के सकल घरेलू उत्पाद में वृद्धि हुई है। वर्ष 1980-91 में सकल घरेलू उत्पाद की दर 5.6% थी, जो वर्ष 2007-12 की अवधि में बढ़कर 8.2% हो गई। इतना ही नहीं, 12वीं पंचवर्षीय योजना में इसका लक्ष्य 9% प्रतिशत रखा गया। इस प्रकार की वृद्धि लोगों की आय के स्तर में वृद्धि को भी व्यक्त करती है।
2. **विदेशी निवेश की मात्रा में वृद्धि** नई आर्थिक नीति के लागू होने व अर्थव्यवस्था के खुलने से प्रत्यक्ष विदेशी तथा विदेशी विनिमय रिज़र्व में वृद्धि हुई है। विदेशी निवेश में प्रत्यक्ष तथा संस्थागत विदेशी निवेश दोनों शामिल होते हैं। वर्ष 1990-91 में प्राप्त 6 बिलियन अमेरिकी डॉलर की अपेक्षा वर्ष 2014-15 में 321 बिलियन अमेरिकी डॉलर निवेश के रूप में प्राप्त हुआ है। इतना ही नहीं, सन् 2011 में भारत विदेशी विनिमय रिज़र्व का सातवाँ सबसे बड़ा धारक देश माना गया।
3. **राजकोषीय घाटे में सुधार** नई आर्थिक सुधार नीति के पश्चात् देश के राजकोषीय घाटे में निरन्तर कमी हुई है। इतना ही नहीं, एक नियत घाटे की दर को बनाए रखने में भी देश प्रयासरत् है। इससे स्पष्ट होता है कि देश के राजस्व में निरन्तर वृद्धि हो रही है।
4. **कीमतों पर नियन्त्रण** नई आर्थिक सुधार नीति के पश्चात् ही भारत मुद्रास्फीति से निपटने में सफल हुआ है तथा माँग व पूर्ति को सफल बनाकर वस्तु एवं सेवाओं की कीमत को नियन्त्रण करने में भी सफल हुआ है।
5. **भारत का निर्यातक देश के रूप में उभरना** भारत वाहन, कल-पुर्जो, इन्जीनियरी उत्पादों, सूचना प्रौद्योगिकी उत्पादों और वस्त्र, आदि के क्षेत्र में एक निर्यातक देश के रूप में विश्व बाजार में उभरा है। इसके साथ ही बढ़ती हुई कीमतों पर नियन्त्रण भी रखा गया है।

नकारात्मक प्रभाव

नई आर्थिक सुधार नीति का कुछ क्षेत्रों पर नकारात्मक प्रभाव भी पड़ा है, जिसका वर्णन इस प्रकार है

1. **रोजगार पर प्रभाव** यद्यपि नई आर्थिक सुधार नीति से सकल घरेलू उत्पाद में वृद्धि हुई, परन्तु विभिन्न क्षेत्रों में उठाए गए कदमों के पश्चात् भी पर्याप्त रोजगार का सृजन नहीं हो पाया। इसको लेकर विद्वानों ने इसकी आलोचना भी की है।
2. **कृषि पर प्रभाव या कृषि की उपेक्षा** आर्थिक सुधारों का कृषि पर सकारात्मक प्रभाव नहीं पड़ा। कृषि क्षेत्र में निवेश को बढ़ावा नहीं मिला। कृषि के सहयोगी क्षेत्रों में व्यय में कमी से इसकी वृद्धि की दर में कमी आई। साथ ही कृषि उत्पादों पर आयात शुल्क में कटौती, न्यूनतम समर्थन मूल्यों की समाप्ति तथा अन्य नए परिवर्तन के कारण भारतीय किसानों को विदेशी स्पर्द्धा का सामना भी करना पड़ा। जिसका किसान एवं कृषि जगत पर प्रतिकूल प्रभाव पड़ा।
3. **उद्योगों पर प्रभाव** आर्थिक सुधारों का कुछ उद्योगों पर सकारात्मक प्रभाव पड़ा जबकि अधिकांश उद्योगों पर नकारात्मक प्रभाव पड़ा। जैसे-आन्ध्र प्रदेश के सिरीसिला कस्बे का हथकरघा उद्योग। औद्योगिक संवृद्धि की दर में शिथिलता का कारण औद्योगिक उत्पादों की गिरती माँग को बताया गया। साथ ही माँग में गिरावट हेतु सस्ते आयात, आधारिक संरचना में अपर्याप्त निवेश, विकासशील देश द्वारा पूँजी प्रवाह की प्राप्ति हेतु अर्थव्यवस्था को खोलना, आदि को जिम्मेदार माना गया।

   इस वैश्वीकरण में विकसित देश के उत्पादों के प्रवाह में आर्थिक वृद्धि हुई, जिससे विकासशील देशों के उत्पादों पर इसका नकारात्मक प्रभाव पड़ा।
4. **विनिवेश पर प्रभाव** आर्थिक सुधारों का सर्वाधिक प्रगतिशील प्रभाव विनिवेश पर पड़ा। वर्ष 1991-92 में विनिवेश द्वारा ₹ 2,500 करोड़ जुटाने का लक्ष्य रखा था लेकिन ₹ 3,045 करोड़ प्राप्त हुए। सन् 2015 में ₹ 56,000 करोड़ का विनिवेश था लेकिन प्राप्ति ₹ 34,500 करोड़ की हुई। इस सन्दर्भ में विद्वानों का मत है कि इस प्रक्रिया के माध्यम से कम दामों पर सार्वजनिक उपक्रमों की सम्पत्तियों को निजी उद्यमियों को बेचा जा रहा है।

   > किसी सार्वजनिक उपक्रम की हिस्सेदारी किसी निजी संस्था या कम्पनी को बेचना 'विनिवेश' कहलाता है। यह ज्ञात हो कि जहाँ युक्तियुक्त विक्रय में 51% इससे अधिक की हिस्सेदारी बेची जाती है वहीं अल्पांश विक्रय में 49% से कम की हिस्सेदारी बेची जाती है।

5. **रोजकोषीय नीतियों पर प्रभाव** आर्थिक सुधारों के तहत् सामाजिक क्षेत्रकों में सार्वजनिक व्यय की वृद्धि पर विशेष रूप से रोक लगा दी गई। इस अवधि में कर घटाकर और कर चोरी नियन्त्रित कर राजस्व वृद्धि के प्रयासों से सकारात्मक प्रभाव नहीं हुआ।

   विदेशी निवेश आकर्षित करने के लिए निवेशकों को कई प्रकार के कर प्रोत्साहन दिए गए, इससे भी कर राजस्व में वृद्धि नहीं हो पाई है। साथ ही राजस्व बढ़ाने का मार्ग प्रभावित हुआ है, जिसका देश पर नकारात्मक प्रभाव पड़ा है।

   इसके प्रभावों के सन्दर्भ में कुछ विद्वानों का मत है कि वैश्वीकरण एक सुअवसर है। वही कुछ आलोचकों ने यह बताया है कि वैश्वीकरण से अमीर देशों तथा विकासशील देशों व जन समुदाय के बीच विषमता बढ़ी है। भारत के सन्दर्भ में यह ज्ञात है कि इससे सभी क्षेत्रों में समान विकास नहीं हुआ है। इसके अतिरिक्त वैश्वीकरण वस्तुओं व सेवाओं के आदान-प्रदान करने के साथ ही पर्यटन तथा सांस्कृतिक आदान-प्रदान को भी बढ़ावा देने की दृष्टि से महत्त्वपूर्ण साबित हो रहा है।

वस्तुनिष्ठ प्रश्न

1. 1990 के दशक में विपरीत आर्थिक स्थितियों के समाधान हेतु सन् 1991 में कौन-सी नीति की शुरुआत हुई?
(a) नई आर्थिक सुधार नीति
(b) व्यापार नीति
(c) उदारीकरण नीति
(d) उपरोक्त में से कोई नहीं

2. नई आर्थिक नीति से पूर्व देश में राजकोषीय घाटे की प्रकृति कैसी थी?
(a) अधिक
(b) कम
(c) सन्तुलित
(d) अत्यधिक कम

3. 1991 में भारत में नई आर्थिक नीति अथवा उदारीकरण की शुरुआत किस सिद्धान्त पर आधारित थी?
(a) एल. पी. जी. (b) पी. पी. पी.
(c) एल. एम. सी. (d) एल. एण्ड टी.

4. अर्थव्यवस्था में सरकारी हस्तक्षेप को कम करते हुए निजी क्षेत्रों को सम्मिलित करना कहलाता है
(a) औद्योगीकरण (b) सामाजिकीकरण
(c) राष्ट्रीयकरण (d) उदारीकरण

5. नई आर्थिक उदारीकरण नीति की विशेषता है
(a) लाइसेन्स व्यवस्था की समाप्ति
(b) निजीकरण को बढ़ावा
(c) निर्यातकों को प्रोत्साहन
(d) उपरोक्त सभी

6. लाइसेन्सिंग नीति की समाप्ति किस नीति के अन्तर्गत की गई?
(a) उदारीकरण (b) निजीकरण
(c) वैश्वीकरण (d) इनमें से कोई नहीं

7. उद्योगों के निजीकरण का उद्देश्य था
(a) औद्योगिक विकास करना
(b) नए उद्योगों की स्थापना
(c) उद्यमों की कार्यक्षमता में वृद्धि करना
(d) उपरोक्त सभी

8. भारत में निजीकरण हेतु सरकार द्वारा किया गया प्रयास है
(a) सार्वजनिक क्षेत्र में कमी
(b) राष्ट्रीय निवेश निधि का गठन
(c) रुग्ण सार्वजनिक उपक्रमों का पुनर्गठन
(d) उपरोक्त सभी

9. देश में राष्ट्रीय निवेश निधि का गठन किस वर्ष किया गया?
(a) वर्ष 1995
(b) वर्ष 2000
(c) वर्ष 2009
(d) वर्ष 2007

10. भारत में निजी क्षेत्र की समस्याएँ हैं
(a) अधिक लाभ कमाना
(b) उपभोक्ता टिकाऊ वस्तुओं पर अधिक ध्यान
(c) एकाधिकार और संकेन्द्रण
(d) उपरोक्त सभी

11. वैश्वीकरण का प्रमुख उद्देश्य है
(a) विदेशी निवेश में वृद्धि करना
(b) विदेशी व्यापार में वृद्धि करना
(c) भुगतान सन्तुलन को सकारात्मक बनाना
(d) उपरोक्त सभी

12. सार्वभौमीकरण के/का उद्देश्य नहीं हैं
(a) व्यापार में वृद्धि
(b) मुद्रा कोष में वृद्धि
(c) 'a' और 'b' दोनों
(d) निजी क्षेत्रों को बढ़ावा देना

13. वैश्वीकरण की मुख्य समस्या है
(a) आर्थिक असमानता में वृद्धि
(b) अनिश्चित रोजगार
(c) पर्यावरण को अधिक क्षति
(d) उपरोक्त सभी

14. विश्व व्यापार संगठन का गठन किस वर्ष किया गया?
(a) 1995
(b) 1994
(c) 1990
(d) 1989

15. निम्न में से कौन उदारीकरण, निजीकरण एवं वैश्वीकरण के सकारात्मक प्रभाव में शामिल नहीं हैं?
(a) कीमतों पर नियन्त्रण
(b) राजकोषीय घाटे में सुधार
(c) आर्थिक संवृद्धि
(d) कृषि की उपेक्षा

16. नई आर्थिक सुधार नीति के तहत् उठाए गए प्रयास में कौन शामिल है?
(a) उदारीकरण (b) निजीकरण
(c) वैश्वीकरण (d) ये सभी

17. भारत में आर्थिक उदारीकरण कब से प्रभावी रूप से शुरू हुआ?
(a) 1951 (b) 1991
(c) 1999 (d) 2001

18. एम. आर. टी. पी. (MRTP) अधिनियम किसके अन्तर्गत समाप्त किया गया?
(a) उदारीकरण (b) वैश्वीकरण
(c) नई आर्थिक नीति (d) निजीकरण

19. राष्ट्रीय निवेश निधि का गठन कब किया गया?
(a) 2005 में (b) 2007 में
(c) 2008 में (d) 2010 में

20. कर ढाँचे में सुधार किस समिति की सिफारिशों पर किया गया?
(a) रंगराजन समिति (b) तेन्दुलकर समिति
(c) चेलैया समिति (d) इनमें से कोई नहीं

21. फेमा (FEMA) को आर्थिक सुधार के किस घटक को बढ़ावा देने हेतु उदार बनाया गया?
(a) उदारीकरण (b) निजीकरण
(c) वैश्वीकरण (d) इनमें से कोई नहीं

22. विश्व व्यापार संगठन (WTO) का गठन कब किया गया?
(a) 1994 में (b) 1995 में
(c) 1996 में (d) 1999 में

सही उत्तर

1. (a) **2.** (a) **3.** (a) **4.** (d) **5.** (d) **6.** (a) **7.** (d) **8.** (d) **9.** (d) **10.** (d)
11. (d) **12.** (d) **13.** (d) **14.** (a) **15.** (d) **16.** (d) **17.** (b) **18.** (a) **19.** (a) **20.** (c)
21. (c) **22.** (b)

अध्याय 05 ग्रामीण विकास

भारत की ग्रामीण अर्थव्यवस्था पूरी तरह से कृषि पर आधारित है। भारत की कुल आबादी के लगभग 70% लोग ग्रामीण कृषि अर्थव्यवस्था में कार्यरत् हैं। यह ग्रामीण अर्थव्यवस्था भारत के समग्र आर्थिक एवं सामाजिक विकास में अमूल्य योगदान देती है। भारतीय ग्रामीण अर्थव्यवस्था एक आत्मनिर्भर अर्थव्यवस्था के रूप में जानी जाती रही है।

इस अर्थव्यवस्था के अन्तर्गत कृषि, पशुपालन, कुटीर उद्योग एवं अन्य सहायक शामिल हैं, जो वर्तमान (2016-17) समय में भारतीय अर्थव्यवस्था में कुल सकल घरेलू उत्पाद का लगभग 17.4% योगदान देते हैं, इसलिए ग्रामीण अर्थव्यवस्था को भारतीय अर्थव्यवस्था की रीढ़ के रूप में भी जाना जाता है। यह ग्रामीण क्षेत्र की आर्थिक स्थिति या आर्थिक विकास की अवस्था की सूचक भी होती है। अतः भारत की वास्तविक उन्नति हेतु ग्रामीण विकास का उन्नत होना आवश्यक है।

ग्रामीण विकास से तात्पर्य

ग्रामीण विकास एक व्यापक शब्द है। वह सामान्यतः ग्रामीण अर्थव्यवस्था के उन घटकों के विकास पर ध्यान केन्द्रित करता है जो ग्रामीण अर्थव्यवस्था के सर्वांगीण विकास में पिछड़ गए हैं। अन्य शब्दों में, ग्रामीण विकास से अभिप्राय ग्रामीण क्षेत्र में रहने वाले अधिकाधिक न्यून आय वाले वर्ग के लोगों के जीवन-स्तर में सुधार लाना और उनके विकास के क्रम को आत्मपोषित बनाना है। भारत में ग्रामीण विकास, भारतीय अर्थव्यवस्था के विकास के लिए सबसे महत्त्वपूर्ण कारकों में से एक है। कृषि के विकास को बढ़ावा देने के लिए भारत सरकार ग्रामीण विकास से सम्बन्धित कई कार्यक्रम संचालित कर रही है, क्योंकि ग्रामीण क्षेत्रकों में कृषि ही आजीविका का मुख्य साधन होती है। ग्रामीण जनता के सर्वांगीण विकास के लिए ग्रामीण विकास मन्त्रालय के अधीन ग्रामीण विकास विभाग एक नोडल एजेन्सी है, जो ग्रामीण विकास से सम्बन्धित दायित्वों का निर्वहन करती है।

ग्रामीण विकास के उद्देश्य

ग्रामीण विकास के निम्नलिखित उद्देश्य हैं

1. गाँवों की गरीबी को समाप्त कर ग्रामीण जीवन-स्तर को उन्नत बनाना।
2. जनसहयोग द्वारा गाँवों में आर्थिक उन्नति के कार्यक्रमों को सफलतापूर्वक क्रियान्वित करना।
3. कृषि ऋण के दोषों को दूर कर गाँव के लोगों की आर्थिक उन्नति में सहयोग करना।
4. शिक्षा एवं संस्कृति का विस्तार करना तथा कृषि साधनों एवं संविधियों में महत्त्वपूर्ण परिवर्तन करना।
5. ग्रामीण कुटीर उद्योगों का पुनरुत्थान कर आत्मनिर्भरता की उत्कण्ठा लाना।
6. सामूहिक जीवन को प्रोत्साहित करने के लिए प्रशिक्षण देना।
7. भूमि व सम्पत्ति का समान रूप से वितरण कर वर्ग-भेद को समाप्त करना।
8. उन्नत गृह-निर्माण शैली एवं यातायात के साधनों का विकास करना।

ग्रामीण विकास के क्षेत्र

ग्रामीण विकास में सबसे अधिक महत्त्व ग्रामों के निवासियों (कृषक, आदि) की जीवन-शैली में सुधार करके उनकी निर्धनता दूर करने को दिया है। ग्रामीण विकास के क्षेत्रों में निम्नलिखित घटकों को सम्मिलित किया गया है

1. उत्पादन एवं रोजगार में वृद्धि करने के लिए उच्च तकनीक का प्रयोग करना।
2. संसाधनों की उपलब्धता।
3. ग्रामीण क्षेत्रों में आत्मनिर्भरता को बढ़ाना।
4. ऐसी संस्थाओं तथा नीतियों का निर्माण करना, जो विकास हेतु प्रयास करें।

ग्रामीण विकास की आवश्यकता

ग्रामीण अर्थव्यवस्था के सर्वांगीण विकास हेतु कुछ ऐसे क्षेत्र, जहाँ ग्रामीण विकास के लिए नई एवं सार्थक पहल करने की आवश्यकता होती है, इस प्रकार हैं

1. मानव संसाधनों का विकास; जैसे—साक्षरता (विशेषकर नारी साक्षरता), शिक्षा एवं कौशल का विकास।
2. मानव संसाधनों (स्वास्थ्य, स्वच्छता, आदि) का विकास।
3. भूमि सुधार को ईमानदारी से लागू करना।
4. प्रत्येक क्षेत्र में उत्पादक संसाधनों का विकास।
5. बिजली, सिंचाई, ऋण, परिवहन सुविधाएँ, कृषि अनुसन्धान विस्तार और सूचना प्रसार की सुविधाएँ जैसी आधारिक संरचना का विकास।
6. गरीबी को दूर करने एवं समाज के कमजोर वर्गों की जीवन दशाओं में महत्त्वपूर्ण सुधार के विशेष उपाय, जिसमें उत्पादक रोजगार के अवसर उपलब्ध कराने पर विशेष ध्यान देना।
7. गैर-कृषि गतिविधियों; जैसे—खाद्य प्रसंस्करण, स्वास्थ्य सुविधाएँ, आदि में संलग्न वर्गों को विशेष उत्पादकता बढ़ाने में विशेष सहायता देनी होगी।

कृषि साख

कृषि साख अथवा वित्त से आशय उस साख से है, जो किसानों को कृषि सम्बन्धी कार्यों को पूरा करने के लिए प्रदान की जाती है। इसमें किसानों की आवश्यकताएँ; जैसे—खाद, बीज, कृषि संयन्त्र, इत्यादि के साथ-साथ अन्य आवश्यकताओं को पूरा करने के लिए भी साख (ऋण) उपलब्ध कराई जाती है।

कृषि साख की आवश्यकता

कृषि कार्यों को सम्पन्न करने व उत्पादकता बढ़ाने के लिए अनेक प्रकार की कृषि आगतों की आवश्यकता होती है; जैसे—खाद, बीज, ट्रैक्टर, थ्रेसर, कीटनाशक दवाइयाँ, इत्यादि। इसके अतिरिक्त पारिवारिक दायित्वों को पूरा करने के लिए भी किसानों को धन की आवश्यकता होती है, जिसके लिए किसान साख या वित्त की माँग करते हैं।

कृषकों द्वारा माँगे जाने वाले ऋण (साख) सामान्यत: दो प्रकार के होते हैं

1. **उत्पादक ऋण** भारत में किसानों द्वारा माँगे जाने वाले उत्पादक ऋण को अवधि के आधार पर तीन भागों में बाँटा जाता है, जोकि निम्न प्रकार हैं
   (i) **अल्पकालीन या मौसमी ऋण** कृषि के अन्तर्गत निरन्तर होने वाले कार्यों; जैसे—बीज, उर्वरक एवं कीटनाशकों को खरीदना, फसल काटते समय श्रमिकों की मजदूरी, विपणन, इत्यादि पर व्यय के लिए धन की आवश्यकता होती है। इन आवश्यकताओं की पूर्ति के लिए कृषक द्वारा जो ऋण लिया जाता है, उसे अल्पकालीन ऋण की श्रेणी में रखा जाता है। इस प्रकार के ऋण की अवधि प्राय: 15 माह तक होती है एवं ऋण का भुगतान प्राय: फसल काटने के पश्चात् कर दिया जाता है। फसल अच्छी नहीं होने पर इन ऋणों का प्रयोग भूमि का लगान चुकाने एवं अन्य घरेलू कार्यों में किया जा सकता है।
   (ii) **मध्यकालीन ऋण** भूमि में सुधार लाने, खेती के उपकरण खरीदने, कुआँ बनवाने, नलकूप लगवाने, सस्ते कृषि उपकरण खरीदने, इत्यादि के लिए कृषक मध्यकालीन ऋण लेते हैं। इस ऋण की अवधि 15 माह से 5 वर्ष तक होती है।
   (iii) **दीर्घकालीन ऋण** कृषक को अतिरिक्त भूमि खरीदने, पुराने ऋणों का भुगतान करने, महँगे कृषि यन्त्रों; जैसे—ट्रैक्टर, पम्पिंग-सेट, इत्यादि खरीदने के लिए दीर्घकालीन साख की आवश्यकता होती है। इसकी अवधि 5 वर्ष से अधिक होती है।
2. **अनुत्पादक ऋण** भारतीय किसान अपनी दैनिक आवश्यकताएँ तथा पारिवारिक एवं सामाजिक रीति-रिवाजों की पूर्ति के लिए जो ऋण लेते हैं, उसे अनुत्पादक ऋण की श्रेणी में रखा जाता है। इसके अन्तर्गत जन्म, विवाह, मृत्यु भोज, चिकित्सा, बच्चों की शिक्षा, आदि हेतु लिए गए ऋण को सम्मिलित किया जाता है।

कृषि साख के प्रमुख स्रोत

भारत में कृषि साख के निम्न दो स्रोत हैं

I. **संस्थागत स्रोत**

1. सरकार द्वारा कृषि वित्त
2. सहकारी साख संस्थाएँ
   (i) सहकारी साख समितियाँ
   (ii) भूमि विकास बैंक या भूमि बन्धक बैंक
3. बैंकों द्वारा कृषि वित्त
   (i) व्यापारिक बैंक
   (ii) भारतीय स्टेट बैंक
   (iii) भारतीय रिज़र्व बैंक
   (iv) क्षेत्रीय ग्रामीण बैंक
   (v) राष्ट्रीय कृषि एवं ग्रामीण विकास बैंक
   (vi) सूक्ष्म वित्त योजना
   (vii) निर्धन महिलाओं का बैंक

II. **गैर-संस्थागत स्रोत**

1. साहूकार या महाजन
2. देशी बैंकर्स
3. अतिलघु साख व्यवस्था
4. व्यापारी एवं कमीशन एजेण्ट
5. अन्य रिश्तेदार

संस्थागत स्रोत

देश के कृषकों को कम ब्याज दर पर ऋण उपलब्ध कराने हेतु अनेक संस्थागत स्रोतों की स्थापना की गई। इन स्रोतों को संस्थागत इसलिए कहा जाता है, क्योंकि इन स्रोतों को विधान द्वारा मान्यता प्राप्त होती है। भारत ने सन् 1969 में सामाजिक बैंकिंग प्रारम्भ करके इस व्यवस्था में एक बड़ा बदलाव लाने का प्रयास किया।

संस्थागत स्रोतों में निम्नलिखित स्रोतों को सम्मिलित किया जाता है

1. **सरकार द्वारा कृषि वित्त** सरकार द्वारा कृषकों को अल्पकालीन एवं दीर्घकालीन ऋण प्रदान किए जाते हैं, जिन्हें तकावी ऋण भी कहा जाता है। इस प्रकार के ऋण सामान्यत: बाढ़, अकाल या अन्य प्राकृतिक संकट के समय दिए जाते हैं, जो सुविधापूर्वक सरल किस्तों में मालगुजारी के साथ किसानों द्वारा चुका दिए जाते हैं।
   वर्ष 1951-52 में कुल प्रदत्त ऋणों में तकावी ऋणों का 3.3% था, जो आगे आने वाले वर्षों में कम होता गया, परन्तु अब कुछ सरल किस्तों एवं सुविधाओं के कारण इसका प्रचलन तेजी से बढ़ रहा है। इसके होते हुए भी सरकार द्वारा दिया गया ऋण किसानों की कुल साख आवश्यकता का बहुत अल्प भाग है।
   सरकार द्वारा चलाए गए कृषि ऋण कार्यक्रम निम्नलिखित कारणों से असफल रहे हैं
   (i) ऋण मिलने में कठिनाई एवं विलम्ब।
   (ii) सरकारी तन्त्र का भ्रष्ट होना।
   (iii) ऋण वापसी नियमों का कठोर होना।
   (iv) साख की मात्रा का अपर्याप्त होना।
   (v) देश में व्याप्त अशिक्षा के कारण किसानों द्वारा तकावी ऋणों का महत्त्व न समझना, इत्यादि।
2. **सहकारी साख संस्थाएँ** देश में निम्न प्रकार की साख संस्थाएँ कृषि साख प्रदान करती हैं
   (i) **सहकारी साख समितियाँ** किसानों की स्थिति में सुधार लाने एवं उन्हें महाजनों तथा साहूकारों के अत्याचारों से बचाने के उद्देश्य से सन् 1904 में सहकारी समितियों का प्रारम्भ किया गया। भारत में सहकारी साख संगठन का स्वरूप त्रि-स्तरीय है, इसमें सबसे निचले पायदान पर प्राथमिक साख समिति, मध्य में केन्द्रीय सहकारी बैंक अथवा जिला सहकारी बैंक होता है, जबकि सबसे ऊपर राज्य सहकारी बैंक होता है, जो किसी भी राज्य में एक ही होता है।
   (ii) **भूमि विकास बैंक या भूमि बन्धक बैंक** भूमि विकास बैंक कृषि वित्त का एक प्रमुख स्रोत है, जो कृषकों की दीर्घकालीन साख की आवश्यकता की पूर्ति करता है। भारत में इस बैंक की स्थापना सर्वप्रथम सन् 1929 में मद्रास (चेन्नई) में हुई। आधुनिक समय में इसका नाम सहकारी कृषि एवं ग्रामीण विकास बैंक हो गया है। इस बैंक की शाखा राज्य में द्वि-स्तरीय पाई जाती है, जिसे राज्य

स्तर पर केन्द्रीय भूमि विकास बैंक या ग्रामीण विकास बैंक तथा जिला या तहसील स्तर पर प्राथमिक भूमि विकास बैंक कहा जाता है। यह बैंक किसानों को भूमि खरीदने, पुराने ऋणों का भुगतान करने, बन्धक रखी भूमि को छुड़ाने, भूमि सुधार करने तथा कृषि हेतु महँगे संयन्त्रों को खरीदने के लिए साख प्रदान करता है। यह बैंक किसानों को उनकी भूमि बन्धक रखकर साख उपलब्ध करता है, जिसकी ब्याज की दरें सस्ती होती हैं तथा इसके भुगतान की अवधि 15-20 वर्ष की होती है।

3. **बैंकों द्वारा कृषि वित्त** विभिन्न बैंकों द्वारा प्रदत्त कृषि साख की चर्चा इस प्रकार है

(i) **व्यापारिक बैंक** प्रारम्भ में व्यापारिक बैंक बड़े उद्योगपतियों तथा व्यावसायिक घरानों के नियन्त्रण में थे, जिससे प्राथमिक क्षेत्र, विशेषकर कृषि व लघु उद्योगों में इनका योगदान कम होने के कारण साख सुविधाएँ नगण्य थीं। 19 जुलाई, 1969 को 14 व्यापारिक बैंकों तथा सन् 1980 में 6 व्यापारिक बैंकों का राष्ट्रीयकरण होने के पश्चात् कृषि साख प्रदान करने की गति में वृद्धि हुई।

वर्तमान में रिज़र्व बैंक के दिशा-निर्देशों के अनुसार सार्वजनिक क्षेत्र के व्यापारिक बैंकों को अपनी कुल साख का 18% कृषि साख प्रदान करने में प्रयोग करना होता है, जिससे बड़ी मात्रा में किसान लाभान्वित हो रहे हैं।

(ii) **भारतीय स्टेट बैंक** भारतीय स्टेट बैंक कृषि कार्य के लिए विभिन्न प्रकार की साख सुविधाएँ प्रदान करता है; जैसे—बैंकिंग सुविधाओं का विकास, कृषि साख के विस्तार एवं नियन्त्रण में सहयोग, लघु उद्योगों को सहायता, आदि। इसी दृष्टि से यह सहकारी समितियों से कम ब्याज दर पर ऋण प्रदान करता है।

(iii) **भारतीय रिज़र्व बैंक** देश में कृषि विकास के महत्त्व को देखते हुए भारतीय रिज़र्व बैंक द्वारा एक 'कृषि साख विभाग' की स्थापना की गई। यह विभाग राज्य सहकारी बैंकों तथा भूमि विकास बैंकों को स्वीकृत प्रतिभूतियों के आधार पर अल्पकालीन साख प्रदान करता है।

इसके द्वारा कृषि बिलों के आधार पर लिए गए ऋणों पर ब्याज में 2% की छूट दी जाती है। सन् 1950 में भारतीय रिज़र्व बैंक द्वारा कृषि साख की दृष्टि से राष्ट्रीय कृषि साख (दीर्घकालीन) कोष एवं राष्ट्रीय कृषि साख (स्थायीकरण) कोष की स्थापना की गई।

(iv) **क्षेत्रीय ग्रामीण बैंक** ग्रामीण क्षेत्रों में छोटे एवं सीमान्त किसानों, काश्तकारों एवं कृषि मजदूरों को कृषि साख एवं वित्तीय सुविधा उपलब्ध कराने के उद्देश्य से क्षेत्रीय ग्रामीण बैंकों की स्थापना 2 अक्टूबर, 1975 को की गई थी। एक साथ पाँच क्षेत्रीय ग्रामीण बैंक स्थापित किए गए।

ये बैंक उत्तर प्रदेश के मुरादाबाद एवं गोरखपुर में, हरियाणा के भिवानी में, पश्चिम बंगाल के मालदा में तथा राजस्थान के जयपुर में सर्वप्रथम स्थापित किए गए थे।

क्षेत्रीय ग्रामीण बैंक सिक्किम एवं गोवा को छोड़कर देश के अन्य सभी राज्यों में कार्यरत् हैं। इनकी स्थापना विशेषकर दूर-दराज के ऐसे गाँवों में बैंकिंग सेवाएँ पहुँचाने के लिए की गई थी, जहाँ पहले ऐसी सेवाओं की पहुँच नहीं थी। इन्हें मूलतः समाज के कमजोर वर्गों को सांस्थानिक ऋण उपलब्ध कराने की दृष्टि से शुरू किया गया था। ये बैंक वर्तमान में भी किसानों को ऋण उपलब्ध कराते हैं।

(v) **राष्ट्रीय कृषि एवं ग्रामीण विकास बैंक** (NABARD) नाबार्ड की स्थापना 12 जुलाई, 1982 को शिवरमन सिंह समिति की संस्तुतियों के आधार पर कृषि, लघु, कुटीर एवं ग्रामीण उद्योगों, हस्तशिल्पों और गाँवों में अन्य आर्थिक गतिविधियों के संवर्द्धन हेतु ऋण उपलब्ध कराने के लिए की गई थी, जिसका मुख्यालय 'मुम्बई' में स्थित है।

(vi) **सूक्ष्म वित्त योजना** नाबार्ड द्वारा सन् 1992 में सूक्ष्म वित्त योजना का शुभारम्भ किया गया। इस योजना का प्रमुख उद्देश्य छोटे कृषकों एवं निर्धन परिवारों को 'स्वयं सहायता समूहों' के माध्यम से सूक्ष्म ऋण प्रदान करना था। मार्च, 2003 तक साख प्रदान करने वाले लगभग 7 लाख स्वयं सहायता समूह थे। इसे 'अतिलघु साख कार्यक्रम' भी कहा जाता है।

(vii) **निर्धन महिलाओं का बैंक** केरल प्रान्त में महिलाओं की ओर उन्मुख एक निर्धनता निवारक सामुदायिक कार्यक्रम चलाया जा रहा है। इसका नाम कुटुम्ब श्री है। सन् 1995 में इसकी स्थापना की गई। यह सदस्य संख्या और संगठित बचत के आधार पर एशिया का विशालतम अनौपचारिक बैंक है। यह साख सोसायटी के रूप में कार्यरत् है।

गैर-संस्थागत स्रोत

भारतीय किसान अपने कृषि कार्यों तथा अन्य पारिवारिक एवं सामाजिक दायित्वों को पूरा करने के लिए गाँवों में विभिन्न गैर-संस्थागत स्रोतों से भी साख प्राप्त करते हैं, जिनकी चर्चा इस प्रकार है

1. **साहूकार या महाजन** ग्रामीण क्षेत्रों में साहूकार या महाजन वे व्यक्ति होते हैं, जो छोटे किसानों, कारीगरों एवं मजदूरों को उनकी कृषिगत एवं गैर-कृषिगत आवश्यकताओं की पूर्ति के लिए बिना किसी जमानत को स्वीकार किए अल्पकाल के लिए ऋण प्रदान करते हैं।

   साहूकार जमीन की जमानत पर किसानों को ऋण देते हैं तथा दिए गए ऋण पर अत्यधिक ब्याज लगाकर उन्हें ऋण जाल में फँसा लेते हैं और ऋण की वसूली न होने पर उनकी भूमि अधिग्रहण कर लेते हैं।

   कभी-कभी साहूकार किसानों को इस शर्त पर ऋण देते हैं कि वे फसल उन्हीं को बेचेंगे। इस स्थिति में साहूकार की ऋण के बदले फसल लेने की शर्तों के कारण किसान फसल को सस्ती दरों पर बेचने को बाध्य हो जाते हैं, जिससे किसान महाजनों के चंगुल में फँस जाते हैं।

2. **देशी बैंकर्स** साख प्रदान करने में देशी बैंकर्स का भी महत्त्वपूर्ण स्थान होता है, जो ग्रामीण व छोटे शहरी क्षेत्रों में व्यक्ति या संस्था के रूप में पाए जाते हैं। ये ऋण देने के साथ-साथ जमा भी स्वीकार करते हैं, जिस पर ये कुछ ब्याज भी देते हैं। ये भी महाजनों की ही भाँति कृषकों, छोटे व्यापारियों व मजदूरों को जमानत के बिना भी ऋण प्रदान करते हैं। ये बैंकर्स विभिन्न राज्यों में भिन्न-भिन्न नामों से जाने जाते हैं। ये किसानों को फसल उत्पादन व अन्य कार्यों के लिए ऋण प्रदान करते हैं।

3. **अतिलघु साख व्यवस्था** यह साख व्यवस्था स्वयं सहायता समूह के तौर पर काम करती है, जिसमें कुछ लोग एक समूह बनाकर छोटी-छोटी राशि को एकत्रित करते हैं तथा समूह के जरूरतमन्द व्यक्ति को सस्ती दरों एवं छोटी किस्तों में ऋण प्रदान किया जाता है। इसमें ऋण की राशि कम होती है, जिससे कुछ नियत समय में चुकाना आसान होता है। यही व्यवस्था अतिलघु साख व्यवस्था कहलाती है। इस प्रकार यह व्यवस्था लोगों के एक छोटे समूह द्वारा संचालित होती है, जिससे लोग अपनी आवश्यकताओं की पूर्ति करते हैं।

4. **व्यापारी एवं कमीशन एजेण्ट** व्यापारी एवं कमीशन एजेण्ट भी किसानों को आवश्यकताओं के अनुसार ऋण प्रदान करते हैं, परन्तु इनका प्रमुख दोष यह है कि ये किसानों को कम मूल्य पर फसलों को बेचने के लिए बाध्य करते हैं और इसके बदले में वे अधिक कमीशन वसूल करते हैं। इस प्रकार की साख कुछ विशिष्ट फसलों; जैसे— तम्बाकू, मूँगफली, फल, इत्यादि की कृषि के लिए प्रदान की जाती है।
5. **अन्य रिश्तेदार** ग्रामीण क्षेत्रों में किसान आवश्यकता पड़ने पर अपने रिश्तेदारों से नकद या वस्तुओं के रूप में भी उधार प्राप्त करते हैं। इस प्रकार की साख आपसी सम्बन्धों के आधार पर अनौपचारिक रूप की होती है। रिश्तेदारों द्वारा दी गई साख पर ब्याज की दर लगभग नहीं होती है और यदि होती भी है, तो बहुत निम्न होती है। इस प्रकार की साख अल्पकालीन होती है तथा फसल तैयार हो जाने के पश्चात् इसे वापस करना पड़ता है।

कृषि साख या वित्त की समस्याएँ/कठिनाइयाँ

देश में कृषि वित्त की उपलब्धता में कई प्रकार की समस्याएँ पाई जाती हैं, जिनकी व्याख्या इस प्रकार है

1. **पर्याप्त वित्त सुविधाओं का अभाव** देश में कृषि कार्यों में संलग्न लोगों की संख्या के अनुपात में पर्याप्त वित्त सुविधाओं का अभाव पाया जाता है, जिससे किसानों की आर्थिक स्थिति और भी दयनीय हो जाती है।
2. **समन्वय की कमी** देश में पाई जाने वाली वित्त संस्थाओं के मध्य वित्त प्रदान करने की सुविधाओं में समन्वय का अभाव पाया जाता है।
3. **महँगी साख व्यवस्था** किसानों को प्रदान की जाने वाली साख प्रायः महँगी होती है, जिससे किसान उसको ग्रहण कर पाने में सक्षम नहीं हो पाते हैं।
4. **वित्त में कठिनाइयाँ** वित्तीय संस्थाओं द्वारा कृषकों को ऋण प्रदान करने के लिए कई प्रकार की वस्तुएँ जमानत के रूप में माँगी जाती हैं, यह छोटे कृषकों के लिए एक बड़ी समस्या है।
5. **पर्याप्त क्षतिपूर्ति का अभाव** कृषकों को दी जाने वाली फसल की क्षतिपूर्ति राशि पर्याप्त नहीं होती है, साथ ही इसका समय पर न मिल पाना भी कई समस्याएँ उत्पन्न करता है।
6. **महाजनों पर निर्भरता** भारतीय किसानों को अपनी कृषि साख आवश्यकता की पूर्ति महाजनों से भी करनी पड़ती है, जिससे इनका शोषण बड़े स्तर पर किया जाता है।

कृषि साख की कठिनाइयों को दूर करने के उपाय/सुझाव

देश में किसानों को पर्याप्त मात्रा में कृषि साख उपलब्ध हो सके, इसके लिए निम्न उपाय किए जाने चाहिए

1. **कृषि साख में वृद्धि** किसानों की माँगों को देखते हुए रिज़र्व बैंक द्वारा दिशा-निर्देश जारी कर मध्यकालीन एवं दीर्घकालीन ऋणों की मात्रा को विभिन्न वित्तीय संस्थाओं द्वारा बढ़ाया जाना चाहिए।
2. **विधान में संशोधन** कृषि साख की उचित उपलब्धता के लिए विधान या कानूनों में संशोधन किया जाना चाहिए, जिससे राष्ट्रीयकृत बैंक, सहकारी संस्थाएँ तथा अन्य संस्थाएँ भी किसानों को सरलता से साख उपलब्ध करा सकें।
3. **समन्वय की स्थापना** कृषि साख उपलब्ध कराने के लिए विभिन्न संस्थाओं के मध्य समन्वय स्थापित होना चाहिए, जिससे इन कार्यों में विलम्ब न हो।
4. **बैंकिंग क्षेत्रों का विस्तार** बैंकिंग कार्यों का विस्तार बड़े स्तर पर किया जाना चाहिए, जिससे ग्रामीण कृषकों को वित्त के लिए दूर न जाना पड़े तथा उपलब्धता भी समय से हो जाए।
5. **ऋण वसूली को विपणन से जोड़ना** ऋण भुगतान को विपणन से सीधा सम्बद्ध किया जाना चाहिए, जिससे फसल बिकते ही कृषक को ऋण भुगतान में सुविधा हो सके। इससे किसान व बैंक दोनों को लाभ होगा।
6. **निरीक्षण ऋण पद्धति को अपनाया जाना** वित्त या साख उपलब्ध कराने वाली संस्थाओं द्वारा निरीक्षण ऋण पद्धति को अपनाया जाना चाहिए, इसके होने से किसानों द्वारा ऋण के उपयोग, उत्पादन तथा अन्य तकनीकी कार्यों का पता लगाने में सुविधा होगी।
7. **ब्याज दर कम करके** किसानों को दिए जाने वाले ऋणों में ब्याज की दरें कम निर्धारित की जानी चाहिए, जिससे कृषक उसका वहन सरलता से कर सकें।
8. **महाजनों पर नियन्त्रण** कृषकों को महाजन एवं साहूकारों द्वारा जो ऋण उपलब्ध कराया जाता है, उस पर नियन्त्रण स्थापित होना चाहिए, जिससे किसान शोषण मुक्त रह सकें।

ग्रामीण बैंकिंग व्यवस्था का आलोचनात्मक मूल्यांकन

भारत के ग्रामीण विकास में ग्रामीण बैंकिंग व्यवस्था की महत्त्वपूर्ण भूमिका है। राष्ट्रीय कृषि एवं ग्रामीण विकास बैंक (नाबार्ड) ने ग्रामीण साख़ के क्षेत्र में महत्त्वपूर्ण प्रगति की है। इस बात से इनकार नहीं किया जा सकता है कि संस्थागत ऋण ने किसानों को महाजनों के जाल से मुक्त कर दिया है। वहीं दूसरी ओर, संस्थागत ऋण की अनेक खामियाँ हैं। ग्रामीण एवं संस्थागत ऋण हमेशा सुरक्षा या ऋणधारा से जुड़ा हुआ होता है। परिणामस्वरूप, अनेक किसान इस साख का लाभ नहीं उठा पाते हैं।

इस सन्दर्भ में बैंकिंग व्यवस्था के लाभों एवं दोषों को देखा जा सकता है

बैंकिंग व्यवस्था के लाभ

ग्रामीण विकास में बैंकिंग व्यवस्था के प्रमुख लाभ निम्नलिखित हैं

1. बैंकिंग व्यवस्था के विस्तार से ग्रामीण क्षेत्रों में साख का विस्तार हुआ है तथा ऋण की उपलब्धता आसान हुई है।
2. बैंकिंग व्यवस्था के विस्तार से ग्रामीणों को गैर-संस्थागत वित्तीय संस्थाओं के शोषण से मुक्ति मिली है। वे साहूकारों तथा स्थानीय उधारदाताओं के शोषण से बचने लगे हैं।
3. बैंकिंग व्यवस्था द्वारा धन की आसान उपलब्धता से कृषि क्षेत्र में निवेश बढ़ा तथा इससे फसल उत्पादन में वृद्धि हुई।
4. बैंकिंग व्यवस्था के त्वरित प्रसार से कृषि एवं गैर-कृषि उत्पादन में कृषि के साथ आय एवं रोजगार के क्षेत्र में सकारात्मक प्रभाव पड़ा है।
5. बैंकिंग व्यवस्था से किसान अपनी अन्य मूलभूत आवश्यकताओं को भी पूरा करने में सक्षम हुआ है।

बैंकिंग व्यवस्था के दोष

वर्तमान में हम खाद्य सुरक्षा की उस मंजिल पर पहुँच चुके हैं कि हमारे अपने सुरक्षित भण्डार भी बहुत पर्याप्त माने जा रहे हैं, किन्तु अभी भी हमारी बैंकिंग व्यवस्था उचित नहीं बन पाई है। अतः ग्रामीण विकास में बैंकिंग व्यवस्था में पाए जाने वाले प्रमुख दोष निम्नलिखित हैं

1. व्यावसायिक बैंक किसानों के बीच बचत की आदत को बढ़ावा देने में असफल रहे हैं। इसके साथ ही सरकार द्वारा कर जमा करने की उदारता ने भी ग्रामीण बैंकिंग व्यवस्था को प्रभावित किया है।

2. बैंकों ने किसानों में कृषि ऋण का भुगतान न कर पाने की भावना को जन्म दिया। इससे कृषि ऋण का भुगतान न करने वालों की संख्या में वृद्धि हुई तथा ग्रामीण बैंकों में वित्तीय असुरक्षा उत्पन्न हुई।
3. व्यावसायिक बैंकों को छोड़कर अन्य सभी औपचारिक साख संस्थाएँ जमा प्रवाह की संस्कृति को विकसित नहीं कर पाई हैं। यदि ऋण उपलब्ध भी होता है, तो कृषि ऋणों की वसूली नहीं हो पाने की समस्या बहुत गम्भीर है।
4. कृषि ऋण का भुगतान न कर पाने वालों की संख्या में लगातार वृद्धि हुई है। अत: बैंकिंग व्यवस्था ने ऐसी नीति अभी तक नहीं बनाई है, जिससे किसान ऋण चुकाने में सफल हो जाए।
5. बैंकों की कार्यप्रणाली में परिवर्तन न होने के कारण बैंकिंग क्षेत्रक व्यवस्था के प्रसार क्षेत्र एवं उन्नति में कमी हुई है।
6. बैंकिंग प्रक्रिया में जटिलता पाए जाने के कारण समय से ऋणों की उपलब्धता का न होना भी बैंकिंग व्यवस्था का एक प्रमुख दोष रहा है।

कृषि विपणन व्यवस्था

कृषि विपणन व्यवस्था वह प्रक्रिया है, जिससे देशभर में उत्पादित कृषि उत्पादों व पदार्थों का संग्रह, भण्डारण, प्रसंस्करण, परिवहन, पैकिंग, वर्गीकरण और वितरण, आदि किया जाता है। अत: यह उत्पादों को देश के विभिन्न भागों में पहुँचाने का माध्यम बाजार व्यवस्था है।

कृषि विपणन

कृषि उपज का विपणन या बिक्री से अभिप्राय उन सभी क्रियाओं से है, जिनका सम्बन्ध कृषि उत्पाद को अन्तिम उपभोक्ताओं तक पहुँचाने से होता है। इसमें कई क्रियाएँ सम्मिलित होती हैं, जिनकी चर्चा इस प्रकार है

1. कृषि उपज का एकत्रीकरण।
2. उपज का श्रेणीकरण तथा मानकीकरण।
3. परिवहन के साधनों के माध्यम से उपज को गाँवों से मण्डियों तक पहुँचाना।
4. उपज को सुरक्षा प्रदान करने हेतु गोदामों में रखना।
5. उत्पादों का थोक एवं खुदरा व्यापार करना।
6. उपरोक्त क्रियाओं में वित्तीय लेन-देन या सहायता प्रदान करना।

भारत में कृषि विपणन की वर्तमान व्यवस्था/विधियाँ

भारत में कृषि उत्पाद के विपणन की वर्तमान व्यवस्था के अन्तर्गत मुख्यत: चार प्रकार की विपणन विधियाँ पाई जाती हैं, जिनकी विस्तृत चर्चा इस प्रकार है

1. **गाँवों में बिक्री** भारतीय किसान छोटे-छोटे उत्पादक होते हैं, जिनके पास इतना उत्पाद नहीं होता है कि वे उसे मण्डियों में ले जाकर बेच सकें। गाँव के किसानों को आवश्यकतानुसार भी समय-समय पर इन्हें बेचना पड़ता है, जिससे उनका अधिकांश भाग गाँवों में ही बिक जाता है। इस प्रकार से हुए विपणन की व्यवस्था निम्न प्रकार है
   - (i) **गाँवों के महाजन एवं साहूकार को विपणन** गाँवों के किसान गरीब होते हैं, जिनको कृषि कार्य के साथ-साथ अन्य आवश्यकताओं की पूर्ति के लिए समय-समय पर महाजनों से ऋण लेना पड़ता है, जिसके फलस्वरूप किसान अपने उत्पाद को भुगतान करने की दृष्टि से कम मूल्य पर एवं नियत समय में उनको ही बेचने को तैयार हो जाते हैं, जिससे इनके उत्पाद का बड़ा भाग कम मूल्य पर ही बिक जाता है।
   - (ii) **गाँवों के विशिष्ट बाजारों में विपणन** गाँवों में प्राय: सप्ताह में एक-दो बार बाजार (हाट) या मेले लगते हैं, जिसमें किसान अपनी आवश्यक वस्तुओं को खरीदने हेतु भी अपने उत्पादों को सस्ती दरों पर बेच देते हैं।
   - (iii) **गाँवों के व्यापारियों तथा कमीशन एजेण्टों को कृषि उत्पाद का विपणन** गाँवों में ही व्यापारी या कमीशन एजेण्ट घूमते रहते हैं, जिनको सभी किसान अपने उत्पाद कम मूल्य पर बेच देते हैं। इसके पीछे कई कारण निहित होते हैं; जैसे
     - (a) उत्पाद कम होने के कारण वे उनको गाँवों में ही बेचना उचित समझते हैं।
     - (b) इनके पास परिवहन के साधनों का अभाव पाया जाता है।
     - (c) इनके पास भण्डारण की समुचित व्यवस्था का अभाव होता है।
     - (d) कृषक को लगान, सिंचाई शुल्क, आदि का भुगतान करना होता है।
     - (e) कृषक अशिक्षित होते हैं, जिनको उत्पादों के मण्डियों के भाव का ज्ञान नहीं होता है।
     - (f) आकस्मिक घटनाओं की पूर्ति हेतु भी ऐसा करने को कृषक बाधित होते हैं।
2. **मण्डियों में कृषि उत्पादों का विपणन** भारतीय कृषक अपने उत्पादों को मण्डियों में भी बेचते हैं, जो प्राय: कस्बों या शहरों में स्थित होती हैं। ये मण्डियाँ निम्न दो प्रकार की होती हैं
   - (i) **नियमित मण्डियाँ** इन मण्डियों में क्रय-विक्रय का कार्य सरकारी नियन्त्रण में होता है, जिससे किसानों को उचित मूल्य प्राप्त होता है।
   - (ii) **अनियमित मण्डियाँ** ये मण्डियाँ बिना किसी निश्चित नियम के संचालित होती हैं, जिसमें किसानों का शोषण किया जाता है और मूल्य भी कम लगाया जाता है।
3. **सहकारी समितियों द्वारा विपणन** सहकारी विपणन समितियाँ अपने सदस्यों से कृषि उत्पादों को एकत्रित करती हैं और उसे बड़ी मण्डियों में ले जाकर बेचती हैं, जिससे किसानों को उत्पादों का उचित मूल्य समय से प्राप्त हो जाता है।
4. **सरकारी खरीद** सरकार कृषक के उत्पादों; जैसे—चावल, गेहूँ, आदि का क्रय भारतीय खाद्य निगम के माध्यम से या स्वयं अपने कर्मचारियों के द्वारा अथवा सरकारी समितियों के द्वारा करती है, जिसके लिए, जगह-जगह पर क्रय केन्द्र खोले जाते हैं, जहाँ पर किसान अपने उत्पाद निर्धारित कीमत पर बेचकर उचित मूल्य प्राप्त करते हैं।
5. **कृषि विपणन के अन्य माध्यम** कृषि विपणन के कुछ उपलब्ध अन्य वैकल्पिक माध्यम; जैसे—मण्डी, रायथूबाज एवं छोटे स्तर पर निर्मित विपणन केन्द्र आदि हैं, जहाँ किसान स्वयं ही उपभोक्ता को अपना उत्पादन बेचने को स्वतन्त्र होते हैं, जिससे किसानों को अधिक आय प्राप्त होती है। पंजाब, हरियाणा और राजस्थान में अपनी मण्डी, पुणे की हाड़पसार मण्डी, आन्ध्र प्रदेश और तेलंगाना की रायथूबाज नामक फल एवं सब्जी मण्डियाँ तथा तमिलनाडु की उझावर मण्डी के कृषक बाजार, ये सब कुछ वैकल्पिक विपणन संरचनाओं के उदाहरण हैं। यही नहीं, अनेक राष्ट्रीय/बहुराष्ट्रीय त्वरित खाद्य पदार्थ बनाने वाली कम्पनियाँ भी अब किसानों के साथ कृषि-उत्पाद की खेती के लिए उत्पादकों से अनुबन्ध कर रही हैं। ये किसानों को उचित बीज तथा अन्य आगत तो कराती ही हैं, साथ ही उन्हें पूर्व निर्धारित कीमतों पर माल खरीदने का आश्वासन भी देती हैं। ऐसी व्यवस्था छोटे तथा सीमान्त किसानों की कीमत विषयक आशंकाओं और जोखिमों का निवारण करती है।

कृषि विपणन में सुधार हेतु सरकार द्वारा किए गए प्रयास/उपाय

कृषि विपणन व्यवस्था में निहित दोषों को दूर करने के लिए सरकार द्वारा अनेक उपाय किए गए हैं, जिनकी चर्चा इस प्रकार है

1. **नियमित मण्डियों की स्थापना** सरकार द्वारा कृषि विपणन के दोषों को दूर करने के लिए नियमित मण्डियों की स्थापना की गई है। ये ऐसी मण्डियाँ होती हैं, जिन पर राज्य सरकार या स्थानीय सरकारों का नियन्त्रण पाया जाता है।

   इसमें लाइसेन्स प्राप्त व्यक्ति ही दलाली, आढ़तिया तथा तौल का कार्य कर सकता है, जिससे इसमें धोखाधड़ी की समस्या कम पाई जाती है, साथ ही इसमें किसानों के हितों को ध्यान में रखने का पूरा प्रयास किया जाता है।
2. **सहकारी विपणन व्यवस्था का विकास** विपणन प्रणाली में मध्यस्थों का उन्मूलन करने तथा कृषकों को संगठित करने के लिए सहकारी विपणन समितियों की स्थापना की गई है; जैसे— प्राथमिक सहकारी विपणन समितियाँ, जिला या केन्द्रीय सहकारी विपणन समितियाँ, राज्य सहकारी विपणन संघ तथा राष्ट्रीय कृषि सहकारी विपणन संघ, आदि; जैसे—नाफेड (NAFED)
3. **विपणन तथा जाँच निदेशालयों की स्थापना** देश के कृषि विपणन को सुदृढ़ करने के लिए केन्द्र तथा राज्यों में विपणन तथा निरीक्षण निदेशालयों की स्थापना की गई है, जिसका मुख्य ध्येय विपणन की समस्याओं के समाधान हेतु सम्बन्धित सरकार को सलाह देना तथा किसानों को उत्पाद का उचित मूल्य दिलाना है, जिससे इस प्रणाली को बढ़ावा मिल सके।
4. **कृषि उपज का श्रेणीकरण तथा मानकीकरण** केन्द्र सरकार द्वारा सन् 1937 में कृषि उपज (श्रेणीकरण एवं विपणन) अधिनियम पारित करके कुछ श्रेणीकृत मालों पर एग्मार्क (AGMARK) का चिह्न लगाने की व्यवस्था की गई। इसके पश्चात् सन् 1961 में श्रेणीकृत उत्पादों की संख्या में बढ़ोतरी की गई।
5. **बाटों तथा माप-तौल का प्रमापीकरण** सन् 1956 में कृषि उत्पादों की माप-तौल के लिए मीट्रिक प्रणाली सम्बन्धी अधिनियम पारित किया गया, जो सन् 1962 से पूरे देश में लागू हो गया, जिसके अन्तर्गत तोले, ग्राम, शेर या पौण्ड के स्थान पर किलोग्राम तथा लीटर जैसे मापकों का प्रयोग किया जाने लगा।
6. **सुरक्षित भण्डार-गृह का विकास** कृषि उत्पादों के विपणन के लिए सुरक्षा की दृष्टि से सरकार द्वारा सन् 1956 में कृषि उपज विकास एवं सुरक्षित भण्डारण निगम अधिनियम पारित किया गया, जिसके अन्तर्गत केन्द्रीय स्तर पर सहकारी विकास एवं सुरक्षित भण्डारण मण्डल तथा केन्द्रीय सुरक्षित भण्डारण निगम की भी स्थापना की गई।
7. **न्यूनतम समर्थन कीमतों की घोषणा** (खाद्यान्न वसूल योजना) कृषि उत्पाद को प्रोत्साहित करने के उद्देश्य से तथा कृषि पदार्थों के मूल्यों में स्थिरता लाने के उद्देश्य से न्यूनतम समर्थन मूल्य की घोषणा की जाती है, जिसका उद्देश्य कीमतों को नीचे गिरने से रोककर किसानों के हितों की रक्षा करना होता है।
8. **कृषि लागत एवं कीमत आयोग की स्थापना** जनवरी, 1965 में केन्द्र सरकार द्वारा कृषि लागत एवं कीमत आयोग की स्थापना की गई, जिसका कार्य कृषि पदार्थों; जैसे— चावल, गेहूँ, मक्का, ज्वार, चना, कपास, जूट, आदि के सन्दर्भ में कीमत नीति पर परामर्श देना है। यह आयोग फसल कटने के पूर्व ही न्यूनतम समर्थन मूल्य घोषित करने की सिफारिश करता है, जिससे इन पदार्थों की कीमतों में सन्तुलन बना रहता है।
9. **कृषि साख की व्यवस्था** किसानों को अधिक उत्पादन की दृष्टि से प्रोत्साहित करने के लिए संस्थागत साख उपलब्ध कराने के उद्देश्य से कई संस्थाओं की स्थापना की गई है; जैसे—सहकारी साख समितियाँ, सहकारी बैंक, भूमि विकास बैंक, क्षेत्रीय ग्रामीण बैंक, आदि।

   इसके अतिरिक्त भारतीय स्टेट बैंक तथा अन्य राष्ट्रीयकृत व्यावसायिक बैंक भी कार्यरत् हैं, जो मध्यकालीन तथा दीर्घकालीन साख (ऋण) किसानों को उपलब्ध कराते हैं। इसके अतिरिक्त सर्वोच्च संस्था के रूप में नाबार्ड भी स्थापित है।
10. **कृषि उत्पादों के निर्यात को प्रोत्साहन** देश से कृषि उत्पादों के निर्यात को बढ़ावा देने के लिए कृषि निर्यात क्षेत्र (Agro-export Zone) को स्थापित किया गया है, जिससे बड़ी मात्रा में मोटे अनाजों, चाय, कॉफी, मसाले, तम्बाकू, आदि का निर्यात किया जा सके और विदेशी मुद्रा की प्राप्ति हो सके।
11. **परिवहन सुविधाओं का विकास** कृषि पदार्थों को एक स्थान से दूसरे स्थानों पर ले जानें व लाने के लिए सड़कों की विशेष आवश्यकता होती है। इसी सन्दर्भ में सन् 1956 में विपणन एवं सहकारिता परिषद् ने सड़कों के विकास पर बल दिया।
12. **ग्रामीण भण्डारण योजना** (2002) अनाजों के भण्डारण की दृष्टि से केन्द्र सरकार द्वारा ग्रामीण अन्न भण्डारण योजना (2002) की शुरुआत की गई, जिसका मुख्य उद्देश्य गाँवों में उत्पादों को सुरक्षित रखने के लिए गोदामों का निर्माण एवं पुराने गोदामों के नवीनीकरण करने में गाँवों, किसानों, फार्मों, सहकारी समितियों को सहायता देना है।
13. **विपणन, अनुसन्धान तथा सर्वेक्षण** विपणन प्रणाली को सुदृढ़ करने के लिए विपणन एवं जाँच निदेशालय अनुसन्धान एवं सर्वेक्षण की व्यवस्था की गई है, जिसमें देशव्यापी सर्वेक्षण कराया जाता है, जिससे कमियों का पता लग सके और उनको दूर करने के लिए कोई कदम उठाया जा सके।
14. **भारतीय जनजातीय सहकारी विपणन विकास परिसंघ** (ट्राइफेड) **की स्थापना** इसकी स्थापना अगस्त, 1987 में की गई, जिसका उद्देश्य जनजातीय लोगों को व्यापारियों के शोषण से मुक्त कराना तथा उनके द्वारा तैयार वस्तुओं को उचित मूल्य दिलाना था। इस संस्था ने अप्रैल, 1988 से कार्य करना प्रारम्भ किया, जो भारतीय खाद्य निगम के एजेण्ट के साथ मोटे अनाजों तथा दालों, तिलहनों की सरकारी खरीद में कृषि एवं सहकारिता विभाग के एजेण्ट के रूप में कार्य करती है।
15. **विपणन कर्मचारियों को प्रशिक्षण की सुविधाएँ** सरकार द्वारा नियमित भण्डार-गृह के कर्मचारियों को समय-समय पर प्रशिक्षित भी किया जाता है, जिससे वे सफलतापूर्वक कार्यों को कर सकें।

कृषि विपणन व्यवस्था का मूल्यांकन

कृषि विपणन के क्षेत्र में किए गए प्रयास से कृषक और उपभोक्ता दोनों लाभान्वित हुए हैं। इसके पश्चात् अभी भी आधारभूत सुविधाओं का अभाव होने, सहकारी समितियों में किसानों के बड़े वर्ग का शामिल न होना, साथ ही मण्डियों पर निजी व्यापारियों व साहूकारों, सामन्तों, बड़े व्यापारियों और बड़े किसानों का आधिपत्य पाया जाना, आदि सम्मिलित है। अत: एक पारदर्शी एवं व्यवस्थित नियमन के माध्यम से किसानों के उत्पादों को उचित मूल्य दिलाकर ही भारतीय विपणन व्यवस्था को सुदृढ़ किया जा सकता है।

सहकारी कृषि विपणन

सहकारी कृषि विपणन से आशय ऐसे संगठन से है, जो सहकारिता के आधार पर बना होता है, जिसमें किसान उपज को खरीदने एवं बेचने तथा अधिक लाभ प्राप्त करने के उद्देश्य से संगठित होते हैं, जिसके कई उद्देश्य भी होते हैं।

सहकारी कृषि विपणन संस्थाओं के उद्देश्य

इनके उद्देश्यों को कई रूपों में विभक्त कर देखा जा सकता है; जैसे

1. सदस्य कृषकों को उनकी उपज का उचित मूल्य दिलाना।
2. उत्पादों के संग्रह के लिए सुविधाएँ प्रदान करना।
3. सदस्यों को आवश्यकता पड़ने पर वित्तीय सहायता प्रदान करना।
4. सदस्यों को बाजार सूचनाओं की जानकारी उपलब्ध कराना/देना।
5. कृषि उत्पादों की कीमतों में स्थायित्व लाने का प्रयास करना।
6. सदस्य किसानों को कच्चा माल, खाद, बीज, आदि की पूर्ति सुनिश्चित करना।

सहकारी कृषि विपणन संस्थाओं के लाभ

सरकारी विपणन संस्थाओं के लाभों को कई रूपों में बाँटकर देखा जा सकता है

1. **उत्पादकों तथा किसानों को लाभ** सहकारी विपणन समितियों से किसानों को कई प्रकार के लाभ प्राप्त होते हैं; जैसे
   (i) किसानों को उत्पादों को बेचने में सुविधा होती है।
   (ii) किसानों की उपज को अच्छी कीमतें मिल जाती हैं।
   (iii) मध्यस्थों की अनुचित कार्यवाही से छुटकारा मिल जाता है।
   (iv) कृषकों को अपनी दशा सुधारने हेतु शिक्षा भी प्राप्त हो जाती है।
   (v) किसान को यह ज्ञान हो जाता है कि कृषि केवल जीवनयापन का ढंग न होकर एक व्यवस्था भी है।
2. **उपभोक्ताओं को लाभ** सहकारी विपणन संस्थाओं से उपभोक्ताओं को भी कई लाभ प्राप्त होते हैं; जैसे—उपभोक्ता को अन्य व्यापारियों से वस्तुओं को खरीदने के क्रम में वस्तुओं में मिलावट का होना, माप-तौल की समस्या, अधिक मूल्य पर बेचना, आदि जोखिमों का सामना करना पड़ता है।

   सहकारी समितियों से क्रय करने पर उपभोक्ता इन समस्याओं से बच जाते हैं और उन्हें शुद्ध एवं स्वच्छ समान उचित कीमत पर प्राप्त हो जाते हैं। अत: सहकारी समितियाँ उत्पादक एवं उपभोक्ता दोनों को लाभान्वित करती हैं। **उदाहरण** गुजरात एवं देश की अन्य दुग्ध उत्पादक सहकारी समितियों को देखा जा सकता है, जिन्होंने ग्रामीण अंचलों के सामाजिक तथा आर्थिक परिदृश्य का कायाकल्प किया है।

जैविक खेती या वैकल्पिक खेती

जैविक कृषि, कृषि करने की वह पद्धति है, जो पर्यावरणीय सन्तुलन को पुन: स्थापित करके उसका संरक्षण और संवर्द्धन करती है। इसमें पारम्परिक तरीकों व प्राकृतिक उर्वरकों के प्रयोग से खेती की जाती है, जो सस्ती एवं पर्यावरण के अनुकूल होती है।

भारत में ग्रामीण अर्थव्यवस्था का मुख्य आधार कृषि है और कृषकों की मुख्य आय का साधन खेती है। हरित क्रान्ति के समय से बढ़ती हुई जनसंख्या को देखते हुए एवं आय की दृष्टि से अधिक उत्पादन के लिए खेती में अधिक मात्रा में रासायनिक उर्वरकों एवं कीटनाशक का उपयोग करना पड़ता है। इससे सामान्य व छोटे कृषकों के पास कम जोत में अत्यधिक लागत लग रही है और जल, भूमि, वायु और वातावरण भी प्रदूषित हो रहा है, साथ ही खाद्य पदार्थ भी जहरीले हो रहे हैं, इसलिए इस प्रकार की सभी समस्याओं से निपटने के लिए वैकल्पिक या जैविक खेती को अपनाया जा रहा है, जो पर्यावरण हितैषी एवं विषाक्त रसायनों से मुक्त होती है।

धारणीय विकास एवं जैविक खेती

कृषि की यह व्यवस्था जैविक आगतों के प्रयोग पर निर्भर रहती है। परम्परागत कृषि पूरी तरह से रासायनिक उर्वरकों और विषजन्य कीटनाशकों पर आधारित है, जो हमारी पर्यावरणीय व्यवस्था को हानि पहुँचाते हैं, इसलिए जैविक कृषि उपभोक्ताओं को विषाक्त रसायनों से मुक्त उत्पाद उपलब्ध कराती है, साथ ही मृदा की उर्वरता बनाए रखने तथा पारिस्थितिकी सन्तुलन में योगदान देती है। इस प्रकार की कृषि पर्यावरण के अनुकूल होती है तथा धारणीय आर्थिक विकास को सक्षम बनाती है।

जैविक खेती के लाभ

जैविक खेती से निम्नलिखित लाभ प्राप्त होते हैं

1. **निम्न लागत का होना** छोटे किसानों की आर्थिक दृष्टि से उनके लिए यह आवश्यक है कि वे खेती में ऐसी आगतों का प्रयोग करें, जिनमें कम लागत आती हो। अत: इस हेतु जैविक खेती सर्वाधिक उपयुक्त विकल्प है।
2. **उत्पादकता में वृद्धि होना** जैविक खेती में पशु व कूड़ा खाद, नाइट्रोजन निर्धारण, फसल चक्र तथा प्राकृतिक कीटनाशक नियन्त्रण, आदि प्राकृतिक तकनीकों को प्रयोग में लिया जाता है, जिसके फलस्वरूप कृषि की उत्पादकता बढ़ती है।
3. **जैव-विविधता की सुरक्षा** जैविक खेती के अन्तर्गत समस्त प्रकार की प्रजातियों के आवास, उसके आस-पास के पर्यावरण, वायु, जल, आदि को संरक्षण प्रदान करने की कोशिश की जाती है। जैविक खेती से कार्बन डाइ-ऑक्साइड की कम मात्रा निकलती है, जिससे भूमण्डलीय गर्मी में कमी आ जाती है, जोकि लाभप्रद है
4. **स्वास्थ्य पर अनुकूल प्रभाव** जैविक खेती के अन्तर्गत कीटनाशक दवाइयों, रासायनिक उर्वरकों जैसी बाह्य आगतों का प्रयोग न करके जैविक आगतों का प्रयोग किया जाता है, जिसका किसानों व उपभोक्ताओं पर अनुकूल प्रभाव पड़ता है।
5. **विदेशी विनिमय प्राप्त होना** विदेशी देशों (यूरोप, अमेरिका, जापान, व अन्य देश) में जैविक खेती द्वारा उत्पादित वस्तुओं की अत्यधिक माँग की जाती है, जिससे जैविक खेती द्वारा उच्च किस्म की वस्तुओं का निर्माण कर उनके निर्यात द्वारा विदेशी विनिमय प्राप्त किया जा सकता है।
6. **पर्यावरण पर अनुकूल प्रभाव** जैविक खेती के अन्तर्गत कृत्रिम रसायनों व कीटनाशकों का उपयोग नहीं किया जाता है। इसमें ऊर्जा की खपत भी कम आती है, फलस्वरूप भूमि, वायु, जल, आदि में प्रदूषण नहीं फैलता है।
7. **लाभप्रद उत्पादन** जैविक खेती के अन्तर्गत ऊर्जा, जल, भूमि तथा जैव-संसाधनों को सुरक्षित रखा जाता है, जिससे दीर्घकाल में निम्न लागत पर उत्पादन सम्भव होता है।
8. **पौष्टिकता में वृद्धि** जैविक खेती मे उत्पादित खाद्य पदार्थ अधिक पौष्टिक होते हैं, क्योंकि इसके अन्तर्गत रासायनिक पदार्थ व नाइट्रोजन अवशेषों की कमी होती है तथा विटामिन व अन्य आवश्यक तत्त्वों की अधिकता होती है।

जैविक खेती की समस्याएँ

जैविक खेती की निम्नलिखित समस्याएँ हैं

1. **उत्पादन में कमी** परम्परागत कृषि की तुलना में जैविक कृषि की उत्पादकता कम होती है। जैविक कृषि की उत्पादकता रासायनिक कृषि से कम होती है।
   अतः बहुत बड़े स्तर पर छोटे और सीमान्त किसानों के लिए इसे अपनाना कठिन होगा।
2. **विपणन एवं आधारिक संरचना की कमी** अपर्याप्त आधारिक संरचना तथा विपणन की समस्या ऐसी ही कुछ बाधाएँ हैं, जो जैविक कृषि को बढ़ावा देने से सम्बन्धित हैं।
3. **जागरुकता में कमी** किसानों को आधुनिक व वैज्ञानिक तरीके से जैविक खेती करने की जानकारी नहीं है। अतः जैविक कृषि की लोकप्रियता के लिए नई विधियों का प्रयोग करने में किसानों की इच्छा शक्ति और जागरुकता आवश्यक है।
4. **निर्यात में कठिनाई** विदेशों में जैविक खेती के उत्पादों की विशेष माँग है, परन्तु निर्यात हेतु किस्म व प्रक्रिया में सुधार की जानकारी का अभाव होने के कारण निर्यात नहीं किया जाता है।
5. **आगतों का उपलब्ध न होना** जैविक खेती हेतु अच्छे बीज, खाद, जैव कीटनाशक, जैव उर्वरक, आदि की कमी व इसकी जानकारी का अभाव भी प्रमुख समस्या है।
6. **फसल नाशक जीव** जैविक खेती में फसल नाशक जीव व बीमारियाँ कभी-कभी अनियन्त्रित हो जाती हैं, जिससे उत्पादन में हानि हो जाती है।

जैविक खेती के प्रोत्साहन हेतु किए गए प्रयास

भारत में जैविक खेती को प्रोत्साहित करने हेतु निम्नलिखित प्रयास किए गए हैं

1. **जैविक उर्वरक के विकास व उपयोग की राष्ट्रीय परियोजना**
   जैविक उर्वरकों के पर्यावरण अनुकूल तथा पौधे को सस्ते पोषक तत्त्व के स्रोत के रूप में प्रोत्साहित करने हेतु भारत सरकार ने छठी पंचवर्षीय योजना के दौरान जैव उर्वरकों के विकास व उपयोग हेतु राष्ट्रीय परियोजना की शुरुआत की थी, जिसका प्रमुख उद्देश्य जैव उर्वरकों को प्रोत्साहित करना, उनका विस्तार करना, आदि रहा है।
2. **राष्ट्रीय कार्बनिक खेती परियोजना** दसवीं पंचवर्षीय परियोजना (अक्टूबर, 2004) की शेष अवधि में देश में कार्बनिक खेती के उत्पादन, प्रोत्साहन एवं बाजार विकास हेतु ₹ 57.05 करोड़ के परिव्यय के साथ 'राष्ट्रीय कार्बनिक खेती परियोजना' नामक नई योजना का आरम्भ किया गया।

वस्तुनिष्ठ प्रश्न

1. भारतीय कृषक को ऋण की आवश्यकता होती है
(a) उत्पादन कार्यों के लिए
(b) उपभोग कार्यों के लिए
(c) 'a' और 'b' दोनों के लिए
(d) उपरोक्त में से कोई नहीं

2. कृषि उपकरण के लिए लिया गया ऋण प्रायः कहलाता है
(a) अल्पकालीन ऋण
(b) मध्यकालीन ऋण
(c) दीर्घकालीन ऋण
(d) उपरोक्त में से कोई नहीं

3. निम्नलिखित में से कौन-सा वित्त का संस्थागत स्रोत नहीं है?
(a) सहकारी ऋण समितियाँ
(b) सरकार
(c) वाणिज्यिक बैंक
(d) देशी बैंकर्स

4. निम्न में से कौन कृषकों को वित्त उपलब्ध कराने वाला गैर-संस्थागत स्रोत है?
(a) व्यापारी एवं कमीशन एजेण्ट
(b) क्षेत्रीय ग्रामीण बैंक
(c) भारतीय स्टेट बैंक
(d) उपरोक्त में से कोई नहीं

5. निम्नलिखित में कौन दीर्घकालीन कृषि साख का स्रोत है?
(a) केन्द्रीय सहकारी बैंक
(b) भूमि विकास बैंक
(c) प्राथमिक कृषि साख समितियाँ
(d) क्षेत्रीय ग्रामीण बैंक

6. भूमि विकास बैंक कौन-सा ऋण प्रदान करता है?
(a) अल्पकालीन ऋण
(b) मध्यकालीन ऋण
(c) दीर्घकालीन ऋण
(d) मौसमी ऋण

7. सूक्ष्म वित्त योजना प्रारम्भ की गई
(a) पंजाब नेशनल बैंक द्वारा
(b) नाबार्ड द्वारा
(c) राज्य सरकार द्वारा
(d) सहकारी बैंकों द्वारा

8. भारत में कृषि विपणन की वर्तमान व्यवस्था है
(a) गाँवों में बिक्री
(b) मण्डियों में बिक्री
(c) सहकारी समितियों द्वारा बिक्री
(d) उपरोक्त सभी

9. कृषि उपजों के न्यूनतम समर्थन मूल्य की सिफारिश कौन करता है?
(a) राष्ट्रीय किसान आयोग
(b) राष्ट्रीय कृषि सहकारी विपणन संघ
(c) कृषि लागत व कीमत आयोग
(d) भारतीय खाद्य निगम

10. जैविक खेती में प्रयुक्त होता है
(a) निम्न लागत
(b) यान्त्रिक खेती एवं प्राकृतिक कीटनाशक नियन्त्रण
(c) पशु खाद व कूड़ा खाद
(d) उपरोक्त सभी

11. भारत सरकार ने जैव उर्वरकों के विकास एवं उपयोग हेतु राष्ट्रीय परियोजना किस पंचवर्षीय योजना में प्रारम्भ की थी?
(a) चौथी पंचवर्षीय योजना
(b) पाँचवीं पंचवर्षीय योजना
(c) छठी पंचवर्षीय योजना
(d) सातवीं पंचवर्षीय योजना

12. निम्नलिखित में किसकी स्थापना कृषकों की साख की आवश्यकता पूरी करने के लिए की गई थी?
(a) स्टेट बैंक ऑफ इण्डिया
(b) आई.सी.आई.सी.आई. बैंक
(c) क्षेत्रीय ग्रामीण बैंक
(d) एक्जिम बैंक

13. निम्नलिखित में से कौन ग्रामीण वित्त का बैंक है?
(a) केन्द्रीय सहकारी बैंक
(b) भूमि विकास बैंक
(c) नाबार्ड
(d) राज्य सहकारी बैंक

14. राष्ट्रीय कृषि एवं ग्रामीण विकास बैंक की स्थापना हुई
(a) 1 अप्रैल, 1951 को
(b) 1 जुलाई, 1955 को
(c) 22 जुलाई, 1980 को
(d) 12 जुलाई, 1982 को

15. कृषि उत्पादन का श्रेणीकरण तथा मानकीकरण अधिनियम कब पारित हुआ?
(a) 1935 में (b) 1937 में
(c) 1940 में (d) 1952 में

16. क्षेत्रीय ग्रामीण बैंक से जुडे सही कथन हैं
(a) क्षेत्रीय ग्रामीण बैंकों की स्थापना 2 अक्टूबर, 1975 को की गई थी।
(b) इन बैंकों का उद्देश्य सीमान्त किसानों, काश्तकारों एवं कृषि मजदूरों को कृषि साख एवं वित्तीय सुविधा उपलब्ध कराना था।
(c) एक साथ पाँच क्षेत्रीय ग्रामीण बैंक स्थापित किए गए।
(d) उपरोक्त सभी

17. कृषि उत्पादों की माप-तौल के लिए मीट्रिक प्रणाली सम्बन्धी अधिनियम कब पारित किया गया?
(a) 1937
(b) 1956
(c) 1962
(d) 1965

18. केन्द्र सरकार द्वारा कृषि लागत एवं कीमत आयोग की स्थापना कब की गई?
(a) 1992
(b) 1937
(c) 1965
(d) 1958

19. ग्रामीण अन्न भण्डारण योजना की शुरुआत कब की गई?
(a) 1992
(b) 2000
(c) 2002
(d) 1965

20. जैविक खेती को प्रोत्साहन देने हेतु भारत सरकार द्वारा किस पंचवर्षीय योजना में राष्ट्रीय कार्बनिक खेती परियोजना प्रारम्भ की?
(a) पाँचवीं (b) छठी
(c) नवी (d) दसवीं

सही उत्तर

1. (c)	2. (b)	3. (d)	4. (a)	5. (b)	6. (c)	7. (b)	8. (d)	9. (c)	10. (d)
11. (c)	12. (c)	13. (c)	14. (d)	15. (b)	16. (d)	17. (b)	18. (c)	19. (c)	20. (d)

अध्याय 06 मानव पूँजी निर्माण

किसी भी देश की अर्थव्यवस्था का ध्येय होता है कि वह संसाधनों का उचित उपयोग कर आर्थिक संवृद्धि को प्राप्त करे। इसके लिए भौतिक पूँजी या प्राकृतिक संसाधनों के दीर्घकालिक प्रयोग हेतु मानव पूँजी निर्माण की आवश्यकता होती है। मानव पूँजी निर्माण मनुष्य के ज्ञान-संग्रह एवं कौशल पर ही निर्भर करता है। अत: मानव को पूँजी निर्माण हेतु उच्च-स्तर के प्रशिक्षण तथा कौशल की आवश्यकता होती है, जोकि शिक्षा द्वारा ही सम्भव है। शिक्षा लोगों को उच्चतम सामाजिक स्थिति और गौरव प्रदान करती है। यह किसी व्यक्ति को अपने जीवन में बेहतर विकल्पों का चयन कर पाने के योग्य बनाती है। व्यक्ति को समाज में चल रहे परिवर्तनों की बेहतर समझ प्रदान करती है और नव-परिवर्तनों को बढ़ावा देती है। शिक्षित श्रम शक्ति की उपलब्धता नई प्रौद्योगिकी को अपनाने में भी सहायक होती है, जोकि मानव पूँजी निर्माण के मार्ग को प्रशस्त कर देती है।

मानव पूँजी का अर्थ

मानव पूँजी से आशय किसी देश में पाए जाने वाले मानव संसाधन के कौशल एवं दक्षता के भण्डार से है। यह कौशल उन इन्जीनियरों, डॉक्टरों, प्राध्यापकों तथा सभी प्रकार के श्रमिकों के गुणों व निपुणता का कुल योग है, जो उत्पादन क्रिया में व्यस्त रहते हैं। दूसरे शब्दों में, जब मानव संसाधन को शिक्षा व अन्य कौशल प्रशिक्षणों के तहत् शिक्षक, डॉक्टर, इन्जीनियर, आदि में परिवर्तित कर दिया जाता है, तो इसे मानव पूँजी कहा जाता है। मानव पूँजी मनुष्य का सर्वांगीण विकास निश्चित करती है, जिसमें सरकार की भूमिका भी उच्चतम स्तर पर होती है। मानव संसाधनों को मानव पूँजी के रूप में परिवर्तित करने के लिए मानव पूँजी में निवेश करने की आवश्यकता होती है।

मानव पूँजी के स्रोत

मानव पूँजी के स्रोत से आशय उन सेवाओं व सुविधाओं में निवेश से है, जो मानव पूँजी निर्माण के लिए आवश्यक होते हैं जैसे— शिक्षा में निवेश, स्वास्थ्य में निवेश, आदि। इस प्रकार मानव पूँजी के स्रोतों का वर्णन निम्न प्रकार से है

1. **शिक्षा पर निवेश** शिक्षा में निवेश को मानव पूँजी का एक प्रमुख स्रोत माना जाता है। शिक्षा पर निवेश करने से उसका लाभांश दीर्घकालिक होता है। इसके लिए पूँजीगत व्यवस्था को सुदृढ़ करना होता है, जिसका परिणाम भविष्योन्मुख होता है अर्थात् शिक्षा पर निवेश भविष्य की आय को बढ़ाने के लिए किया जाता है। शिक्षा के द्वारा राष्ट्र का न केवल प्रौद्योगिकीय एवं संचार विकास ही सम्भव होता है, बल्कि एक ऐसे बौद्धिक वर्ग का भी विकास होता है, जोकि राष्ट्र के विकास की पृष्ठभूमि तय करता है।
2. **स्वास्थ्य पर निवेश** शिक्षा की भाँति स्वास्थ्य पर भी निवेश आवश्यक होता है, क्योंकि यदि व्यक्ति स्वस्थ नहीं होगा, तो ठीक प्रकार से कार्य नहीं कर पाएगा, परिणामस्वरूप उत्पादकता में कमी आ जाएगी। इस प्रकार से स्वास्थ्य पर व्यय मानव पूँजी के निर्माण का एक महत्त्वपूर्ण स्रोत है। स्वास्थ्य में निवेश का रूप प्रतिषेधी आयुर्विज्ञान (टीकाकरण), चिकित्सीय आयुर्विज्ञान (बीमारियों की क्रम चिकित्सा), सामाजिक आयुर्विज्ञान (स्वास्थ्य सम्बन्धी साक्षरता या ज्ञान का प्रसार) व इसके साथ-साथ स्वास्थ्य पेयजल पर होता है। अत: स्वास्थ्य पर किया गया व्यय स्वस्थ क्षमबल की पूर्ति को प्रत्यक्ष रूप से बढ़ाता है और इसी कारण यह मानव पूँजी निर्माण का एक स्रोत है, जिससे स्वस्थ लोगों के द्वारा स्वस्थ श्रम बल का विकास सम्भव होता है।
3. **कार्य प्रशिक्षण एवं प्रबन्धन पर निवेश** प्रत्येक फर्म अपने कर्मचारियों के कार्यस्थल पर कार्य की बेहतर गुणवत्ता हेतु प्रशिक्षण पर व्यय करती है। फर्म के अपने कार्यस्थल पर ही पूर्व कर्मचारियों द्वारा भी प्रशिक्षण दिया जाता है या कर्मचारियों को किसी अन्य संस्थान में प्रशिक्षण प्राप्त करने के लिए भेजा जा सकता है। दोनों ही परिस्थितियों में फर्म द्वारा व्यय किया जाता है। यही कारण है कि फर्म इस बात पर विशेष ध्यान देती है कि कर्मचारियों की कार्य निष्पादन क्षमता बेहतर हो। कार्य के दौरान प्रशिक्षण पर किया गया व्यय भी इस दृष्टि से मानव पूँजी का स्रोत बन जाता है। ऐसी स्थिति में व्यय की तुलना में श्रम उत्पादकता एवं कार्य निष्पादन में अधिक वृद्धि होती है, जोकि मानव पूँजी अर्जन में सहायक होती है।
4. **प्रवसन एवं रोजगार पर निवेश** व्यक्ति अपने मूल स्थान से अधिक आय प्राप्त करने हेतु रोजगार की तलाश में पलायन/प्रवसन करता है। भारत में यह प्रवसन मुख्य रूप से ग्रामीण क्षेत्रों से शहरों की ओर गाँवों में बेरोजगारी के कारण होता है। इसके अतिरिक्त तकनीकी शिक्षा अभियन्ता, डॉक्टर, आदि लोग भी अच्छे वेतन/आय के लिए दूसरे देशों में चले जाते हैं। प्रवसन की इन दोनों ही स्थितियों में प्रवासी श्रमिकों को परिवहन की लागत, उच्चतर निर्वाह लागत के अतिरिक्त एक अपरिचित सामाजिक-सांस्कृतिक परिवेश में रहने की लागतों को सहन करना पड़ता है, फिर भी उनकी आय नए स्थान पर प्रवास से जुड़ी सभी लागतों से अधिक होती है। इस प्रकार प्रवसन पर व्यय भी मानव पूँजी निर्माण का स्रोत होता है।
5. **सूचना एवं संचार पर निवेश** व्यक्तियों द्वारा श्रम बाजार तथा अन्य बाजारों; यथा—शिक्षा तथा स्वास्थ्य से सम्बन्धित सूचनाओं को प्राप्त करने के लिए व्यय किया जाता है। व्यक्तियों द्वारा वह व्यय विभिन्न कार्यों में मिलने वाले वेतन, शैक्षिक संस्थाएँ, कौशल प्रशिक्षण की लागत, आदि जानकारी प्राप्त करने के लिए किया जाता है। इस तरह सूचना एवं संचार पर निवेश भी मानव पूँजी निर्माण का स्रोत है।

मानव पूँजी व भौतिक पूँजी

मानव पूँजी सुविचारित एवं कौशलता के परिणामस्वरूप निर्मित होती है, जबकि भौतिक पूँजी का निर्माण मानव पूँजी के परिणामस्वरूप होता है। भौतिक पूँजी से तात्पर्य उत्पत्ति के उत्पादित साधनों से है, जिसमें मशीनें, उपकरण, बिल्डिंग, आदि सम्मिलित होते हैं; जैसे कि भूमि जैसे भौतिक संसाधनों को कारखानों के रूप में भौतिक पूँजी में परिवर्तित किया जाता है। अत: भौतिक पूँजी निर्माण एक आर्थिक और तकनीकी प्रक्रिया है।

मानव पूँजी एवं भौतिक पूँजी में अन्तर

आधार	मानवीय पूँजी	भौतिक पूँजी
क्रिया	मानवीय पूँजी सक्रिय अवस्था में होती है। बच्चों की शिक्षा और स्वास्थ्य सुविधाओं से सम्बन्धित निर्णय उनके अभिभावक तथा समाज ही करते हैं। यह एक सामाजिक प्रक्रिया है।	भौतिक पूँजी किसी वस्तु की भाँति दृश्य होती है। इसलिए यह एक निष्क्रिय अवस्था में होती है।
स्वामित्व	मानव पूँजी चूँकि बौद्धिक क्षमताओं से निर्मित होती है, इसलिए मानव पूँजी को उसके स्वामी से पृथक् नहीं किया जा सकता है। यह अदृश्य होती है।	भौतिक पूँजी तथा उसका स्वामित्व पृथक्-पृथक् होता है।
प्रवाह	मानव पूँजी का प्रवाह निर्बाध नहीं होता है। इसके मार्ग में राष्ट्रीयता और संस्कृति की ऊँची बाधाएँ आ जाती हैं।	कृत्रिम अपवादों को छोड़कर भौतिक पूँजी का सम्पूर्ण विश्व में निर्बाध आवागमन चलता रहता है। भौतिक पूँजी का निर्माण तो आयात के सहारे भी हो जाता है।
प्रौद्योगिकीय परिवर्तन	मानव पूँजी में किसी भी प्रकार से प्रौद्योगिकीय परिवर्तन की क्षमता होती है अर्थात् शिक्षण और स्वास्थ्य सेवाओं में लगातार निवेश बढ़ाकर मानव पूँजी को प्रौद्योगिकीय परिवर्तन का सामना करने योग्य बना दिया जाता है।	भौतिक पूँजी में किसी भी प्रकार से प्रौद्योगिकीय परिवर्तन का सामना करने की क्षमता नहीं होती है अर्थात् प्रौद्योगिकीय परिवर्तन की स्थिति भौतिक पूँजी को पुराना घोषित कर देती है।
लाभांश	मानव पूँजी से केवल स्वामी ही नहीं, बल्कि समाज भी लाभान्वित होता है। इसकी लोकतन्त्र में स्पष्ट भूमिका होती है एवं सामाजिक हित लाभों का भी सृजन होता है।	भौतिक पूँजी तो प्राय: निजी लाभ को ही जन्म दे पाती है। पूँजीगत पदार्थों के लाभ उन्हीं को मिल पाते हैं, जो उनके द्वारा उत्पादित वस्तुओं और सेवाओं की कीमत चुकाते हैं।

मानव पूँजी एवं आर्थिक संवृद्धि

आर्थिक संवृद्धि का अर्थ देश की वास्तविक राष्ट्रीय आय में वृद्धि से होता है। अत: स्वाभाविक है कि किसी शिक्षित व्यक्ति का योगदान अशिक्षित व्यक्ति की तुलना में अधिक होगा। एक स्वस्थ व्यक्ति अधिक समय तक व्यवधान रहित श्रम की पूर्ति कर सकता है, इसलिए स्वास्थ्य भी आर्थिक संवृद्धि का एक महत्त्वपूर्ण कारक बन जाता है। मानव पूँजी की वृद्धि के कारण ही आर्थिक संवृद्धि होती है। आर्थिक विकास में मानव पूँजी निर्माण का निम्नलिखित महत्त्व है

1. **उत्पादकता तथा कुशलता में वृद्धि** देश के कुशल नागरिकों की शिक्षा, प्रशिक्षण व स्वास्थ्य, आदि पर निवेश कर उनके द्वारा उत्पादकता में वृद्धि की जाती है, साथ ही नागरिकों की कुशलता को भी बढ़ाया जाता है, जिससे मानवीय संसाधनों में गुणात्मक सुधार होता है तथा देश के आर्थिक विकास में भी वृद्धि होती है।
2. **आर्थिक विकास की तीव्र गति** देश मे आर्थिक विकास की गति तीव्र करने हेतु राष्ट्र में उच्च प्रशिक्षण प्राप्त अध्यापकों, अर्थशास्त्रियों, डॉक्टरों और प्रबन्धकों की आवश्यकता होती है, जोकि मानव पूँजी के महत्त्वपूर्ण अंग होते हैं। भारत अपनी मानव पूँजी निर्माण क्षमता के कारण बहुत तेजी से संवृद्धिशील हो पाएगा।
3. **औद्योगीकरण का विस्तार** मानव पूँजी उत्पादकता के साथ परिवर्तन को प्रोत्साहित कर नई प्रौद्योगिकी को आत्मसात् करने की क्षमता विकसित करती है, जिसके परिणामस्वरूप औद्योगिक विस्तार होता है। अन्तत: आर्थिक संवृद्धि में वृद्धि होती है। विकासशील देशों में उद्योगों के विकास की गति बढ़ाने हेतु मानवीय पूँजी निर्माण में निवेश किया जाना आवश्यक होता है।
4. **लाभप्रद रोजगार** मानव पूँजी निर्माण का मुख्य उद्देश्य उत्पादक साधनों के रूप में मानव में आवश्यक कुशलता व दक्षता का निर्माण करके उसे लाभप्रद रोजगार प्राप्त करने के योग्य बनाना है। अत: मानव पूँजी निर्माण लाभपूर्ण रोजगार सृजन का महत्त्वपूर्ण माध्यम है।
5. **श्रम शक्ति के दृष्टिकोण में बदलाव** श्रम शक्ति के दृष्टिकोण में सकारात्मक परिवर्तन करने हेतु शिक्षा व प्रशिक्षण का विस्तार किया जाना आवश्यक है, जिससे कि व्यक्ति को उत्पादक क्रियाओं से जोड़ा जा सके और आर्थिक संवृद्धि को बढ़ाया जा सके।
6. **आर्थिक विकास की क्रियाएँ सम्पादित करना** आर्थिक विकास की प्रक्रिया में मानवीय संसाधनों द्वारा निम्न कार्यों को सम्पादित किया जाता है
   (i) उत्पादकता में वृद्धि
   (ii) वस्तुओं की माँग की प्रस्तुति
   (iii) प्राकृतिक संसाधनों का पूर्ण विदोहन
   (iv) पूँजी निर्माण

इन सभी क्रियाओं का कुशल सम्पादन मानत्र पूँजी के द्वारा ही किया जा सकता है।

मानव पूँजी एवं आर्थिक संवृद्धि के बीच सम्बन्ध

मानव पूँजी तथा आर्थिक संवृद्धि के बीच सकारात्मक सम्बन्ध है। मानव पूँजी का निर्माण आर्थिक संवृद्धि की प्रक्रिया को गति प्रदान करता है तथा आर्थिक संवृद्धि मानव पूँजी निर्माण की प्रक्रिया को गति प्रदान करती है। यदि हम आर्थिक संवृद्धि में विकास करना चाहते हैं, तो हमें अपनी मानवीय पूँजी में वृद्धि करनी होगी। एक अस्वस्थ या अशिक्षित श्रमिक आर्थिक संवृद्धि में अधिक योगदान नहीं दे सकता है। आर्थिक संवृद्धि में तीव्रता लाने के लिए लोगों को शिक्षित, स्वस्थ और कुशल बनाने की आवश्यकता है। इसका नव-प्रवर्तन तथा लोगों की भागीदारी में भी महत्त्वपूर्ण योगदान है। अत: मानव पूँजी और आर्थिक संवृद्धि परस्पर एक-दूसरे को प्रभावित करते हैं।

ड्यूश नामक जर्मनी के बैंक ने अपनी 'विश्व स्तरीय संवृद्धि केन्द्र' रिपोर्ट में कहा है कि भारत सन् 2020 तक विश्व के चार प्रमुख विकास केन्द्रों में से एक बनकर उभरेगा। इसी में आगे कहा गया है, " हमारा व्यावहारिक अन्वेषण इस मत का पक्षधर है कि आज की अर्थव्यवस्थाओं में मानव पूँजी उत्पादन का सबसे महत्त्वपूर्ण कारक है। सकल घरेलू उत्पाद की वृद्धि में मानव पूँजी की वृद्धि का निर्णायक योगदान रहता है। भारत के सन्दर्भ में इसी रिपोर्ट में कहा गया है कि वर्ष 2005-20 की अवधि में भारत में 7 वर्ष से ऊपर शिक्षा के औसत में 40% की वृद्धि भी सम्भावित है।

विश्व बैंक भी मानव पूँजी व आर्थिक विकास के सम्बन्ध को बताते हुए अपनी रिपोर्ट भारत और ज्ञान अर्थव्यवस्था की शक्तियों और अवसरों के सदुपयोग में भारत के विषय में कहता है। कि "भारत अपने आपको एक ज्ञान आधारित अर्थव्यवस्था में परिवर्तित कर सकता है। यदि यह भी उतने ज्ञान का प्रयोग करे जितना आयरलैण्ड करता है (आयरलैण्ड को विश्व ज्ञान अर्थव्यवस्था का श्रेष्ठ प्रयोग करने वाला देश माना जाता है।) तो सन् 2020 में वर्तमान अनुमान 1,000 अमेरिकी डॉलर से बढ़कर 3,000 अमेरिकी डॉलर हो सकता है।"

रिपोर्ट में यह भी कहा गया है कि भारतीय अर्थव्यवस्था में इस प्रकार के संक्रमण को सम्भव बनाने वाले सभी तत्त्व विद्यमान हैं;

जैसे—कुशल श्रमिकों का विशाल समूह, विस्तृत एवं विविधतापूर्ण वैज्ञानिक और प्रौद्योगिकीय आधारभूत संरचनाएँ एवं सुचारु व सुव्यवस्थित रूप से कार्यरत् लोकतन्त्र। यही तत्त्व भारतीय अर्थव्यवस्था को आर्थिक समृद्धि के उच्च पथ पर ले जाएँगे।

> ***ज्ञान आधारित अर्थव्यवस्था के रूप में भारत***
>
> पूर्व के कुछ दशकों से भारत ने सॉफ्टवेयर उद्योग में उत्साहजनक प्रगति की है। सूचना प्रौद्योगिकी का प्रयोग कर भारत स्वयं को ज्ञान आधारित अर्थव्यवस्था में परिवर्तित कर सकता है। ग्रामीणों द्वारा ई-मेल के प्रयोग के उदाहरणों को ऐसे परिवर्तन का संकेत माना जा रहा है। इस दिशा में ई-प्रशासन को भविष्य के एक मार्ग के रूप में जाना जा रहा है। इसके साथ ही यह ज्ञात हो कि सूचना प्रौद्योगिकी का सही मूल्यांकन वर्तमान आर्थिक विकास के स्तर पर निर्भर करता है।

मानव पूँजी तथा मानव विकास

मानव पूँजी तथा मानव विकास को निम्न प्रकार समझा जा सकता है

1. मानव पूँजी की अवधारणा शिक्षा और स्वास्थ्य को श्रम की उत्पादकता बढ़ाने का माध्यम मानती है, जबकि मानव विकास इस विचार पर आधारित है कि शिक्षा और स्वास्थ्य मानव कल्याण के अभिन्न अंग हैं, क्योंकि इससे लोगों में पढ़ने-लिखने तथा लम्बी आयु तक जीवनयापन करने की क्षमता आती है।
2. मानव पूँजी शिक्षा व स्वास्थ्य के घटकों को शामिल कर श्रम उत्पादकता में वृद्धि करने का साधन है, जबकि मानव विकास केवल साध्य होता है। अत: इसके माध्यम से मानव कल्याण का संवर्द्धन होता है।
3. मानव पूँजी की अवधारणा का प्रसार क्षेत्र अत्यन्त सीमित है। यह केवल संसाधनों के ऊपर आधारित है, जबकि मानव विकास की अवधारणा मानव पूँजी की तुलना में अधिक व्यापक है, क्योंकि इसमें समाज कल्याण और मनुष्य की समग्र समृद्धि शामिल होती है।

उपरोक्त तथ्यों को देखते हुए यह कहा जा सकता है कि श्रम की उत्पादकता में सुधार के पक्षों में बिना सुधार किए हुए भी मूलभूत सुविधाओं;

जैसे—शिक्षा व स्वास्थ्य का अपना अलग महत्त्व होता है। इस तरह से प्रत्येक व्यक्ति का बुनियादी शिक्षा और स्वास्थ्य सुविधाओं पर अधिकार सिद्ध होता है।

भारत में मानव पूँजी निर्माण की स्थिति

मानव पूँजी निर्माण शिक्षा, स्वास्थ्य, कार्यस्थल, प्रशिक्षण, प्रवसन और सूचना निवेश का परिणाम है। इनमें से शिक्षा और स्वास्थ्य मानव पूँजी निर्माण के दो सबसे महत्त्वपूर्ण स्रोत हैं। इन सभी का वर्णन निम्नलिखित है

1. **व्यय का प्रशासनिक दायित्व** भारत में संघीय व्यवस्था है, जिसमें केन्द्र, राज्य तथा स्थानीय निकाय हैं। भारत के संविधान ने सभी स्तर के प्रशासकीय निकायों के कार्यों एवं दायित्वों को भी बहुत स्पष्ट रूप से निर्धारित किया है। इसी प्रकार शिक्षा और स्वास्थ्य दोनों पर व्यय तीनों ही प्रशासकीय स्तरों पर साथ-साथ वहन किया जाता है। अत: इनके उचित कार्यों के परिणामस्वरूप ही पूँजी निर्माण की स्थिति होती है।
2. **शिक्षा और स्वास्थ्य की देख-रेख** स्वास्थ्य की चर्चा हम पिछले अध्ययन में कर चुके हैं। शिक्षा और स्वास्थ्य पर व्यय महत्त्वपूर्ण दीर्घकालिक प्रभाव डालते हैं और इन्हें आसानी से बदला नहीं जा सकता, इसलिए शिक्षा और स्वास्थ्य क्षेत्रकों में सरकार के हस्तक्षेप की आवश्यकता है। स्वास्थ्य और शिक्षा पर निजी और सार्वजनिक संस्थाओं का अस्तित्व है। सरकारी हस्तक्षेप की अनिवार्यता अत्यन्त आवश्यक है। भारत में शिक्षा क्षेत्रक के अन्तर्गत संघ और राज्य स्तर पर शिक्षा मन्त्रालय तथा राष्ट्रीय शैक्षिक अनुसन्धान और प्रशिक्षण परिषद्, विश्वविद्यालय अनुदान आयोग और अखिल भारतीय तकनीकी शिक्षा परिषद् आती हैं।
3. **गरीबी रेखा से नीचे जीवनयापन करने वालों की स्थिति** विकासशील देशों में जनसंख्या का एक विशाल वर्ग गरीबी रेखा के नीचे जीवनयापन करता है, जोकि इन बुनियादी सेवाओं पर व्यय नहीं कर पाते हैं। अत: यह अनिवार्य है कि सरकार ये सुविधाएँ समाज के पिछड़े लोगों के लिए नि:शुल्क प्रदान करे। अत: शत-प्रतिशत साक्षरता और भारतीयों की औसत उपलब्धियों में प्राप्त वृद्धि के लिए केन्द्र तथा राज्य दोनों सरकारें पिछले कई वर्षों से अपने शिक्षा क्षेत्रक पर व्यय में वृद्धि करती आ रही हैं।

भारत में मानव पूँजी निर्माण की समस्याएँ

भारत में मानव पूँजी निर्माण की समस्याएँ निम्न हैं

1. **जनसंख्या वृद्धि** तेज गति से बढ़ रही जनसंख्या मानव पूँजी की गुणवत्ता पर प्रतिकूल प्रभाव डालती है। इसके फलस्वरूप वर्तमान सुविधाओं की प्रति व्यक्ति उपलब्धता घटती जा रही है, तद्नुसार ज्ञान तथा विशिष्ट कौशल को प्राप्त करने की क्षमता घटती है।
2. **त्रुटिपूर्ण मानव शक्ति का नियोजन** देश में निरन्तर बढ़ रहे श्रमबल की माँग तथा पूर्ति के बीच सन्तुलन बनाए रखने हेतु पर्याप्त प्रयास नहीं किए गए हैं, जिसके फलस्वरूप भारत को बेरोजगार स्नातकों के असन्तोष तथा निराशा की अत्यन्त विस्फोटक समस्या का सामना करना पड़ रहा है। मानव शक्ति तथा मानव कौशल के अपव्यय की यह एक प्रमुख समस्या है।
3. **निम्न प्राथमिक क्षेत्र** आर्थिक विकास हेतु उद्योग, कृषि, आधारभूत संरचना, आदि को सबसे अधिक प्राथमिकता प्रदान किए जाने की वजह से मानवीय पूँजी निर्माण पर विशेष ध्यान नहीं दिया गया, जिसके परिणामस्वरूप इसका उचित विकास सम्भव नहीं हो सका।
4. **वित्त की अपर्याप्तता** भारत में मानव पूँजी निर्माण हेतु पर्याप्त मात्रा में वित्त उपलब्ध नहीं हो पाया है, जिसके कारण यह समस्या बनी हुई है।
5. **निम्न उत्पादकता** मानव पूँजी निर्माण आर्थिक विकास हेतु अति आवश्यक है, परन्तु विनियोजित राशि से उत्पन्न लाभों की प्राप्ति दीर्घकाल में होती है। अत: इसे निम्न उत्पादकीय मानकर उपेक्षित किया गया है।
6. **क्षेत्रीय असमानताएँ** मानव पूँजी निर्माण में बड़े पैमाने पर क्षेत्रीय असमानताएँ पाई जाती हैं। ग्रामीण व शहरी क्षेत्रों में ये असमानताएँ अधिक देखने को मिलती हैं; जैसे—स्वास्थ्य, शिक्षा, प्रशिक्षण, आदि की सुविधाएँ

मुख्य रूप से शहरों में ही उपलब्ध हैं। ग्रामीण क्षेत्रों में ये तुलनात्मक रूप से बहुत कम मात्रा में उपलब्ध हैं।

शिक्षा: मानव पूँजी निर्माण का एक स्रोत

मानव पूँजी निर्माण शिक्षा, स्वास्थ्य और कार्यस्थल प्रशिक्षण का परिणाम है। शिक्षा मानव पूँजी निर्माण का एक महत्त्वपूर्ण स्रोत है। शिक्षा पर निवेश का लाभांश दीर्घकालिक होता है। इसके लिए पूँजीगत व्यवस्था को सुदृढ़ करना होता है, जिसका परिणाम भविष्योन्मुखी होता है अर्थात् शिक्षा पर निवेश भविष्य की आय को बढ़ाने के लिए किया जाता है।

शिक्षा के द्वारा राष्ट्र का न केवल प्रौद्योगिकीय एवं संचार विकास सम्भव होता है, बल्कि एक ऐसे बौद्धिक वर्ग का भी विकास होता है, जोकि राष्ट्र के विकास की पृष्ठभूमि तय करता है।

शिक्षा पर सार्वजनिक व्यय

पूँजी निर्माण के दौरान सरकार द्वारा किए गए शिक्षा पर कुल व्यय को अधिक सार्थक रूप से समझने हेतु इस व्यय को दो भागों में विभक्त करते हैं; जैसे—कुल सरकारी व्यय में इसका प्रतिशत तथा सकल घरेलू उत्पाद में इसका प्रतिशत।

सरकारी व्यय में योजनाओं पर किया गया व्यय एवं सकल घरेलू उत्पाद में शैक्षिक व्यय का प्रतिशत यह व्यक्त करता है कि हमारी आय का कितना भाग देश के शैक्षिक विकास के लिए प्रतिबद्ध है।

इनका विस्तृत विवरण निम्नलिखित है

1. **सरकार द्वारा व्यय** भारत में कुल सरकारी व्यय में शिक्षा पर व्यय (1952-2012) 7.92% से बढ़कर 11.7% हो गया है। सन् 2009 में भारत सरकार ने शिक्षा का अधिकार अधिनियम का कानून बनाया, जिसके अन्तर्गत 6-14 वर्ष की आयु वर्ग के सभी बच्चों को मुफ्त शिक्षा प्रदान की जाती है। भारत सरकार ने सभी केन्द्रीय करों पर 2% 'शिक्षा उपकर' लगाना भी प्रारम्भ किया है, साथ ही सरकार ने उच्च शिक्षा संवर्द्धन के लिए भी एक विशाल धनराशि स्वीकृत कराने की बात की है। उच्च शिक्षार्थियों के लिए एक नई ऋण योजना की भी घोषणा की गई है।
2. **सकल घरेलू उत्पाद में शिक्षा पर सार्वजनिक व्यय** सकल घरेलू उत्पाद में (1952-2012) यह 0.64% से बढ़कर 3.31% हो गया है। शिक्षा व्यय का एक बड़ा हिस्सा प्राथमिक शिक्षा पर खर्च होता है। उच्चतर, तृतीयक शैक्षिक संस्थाओं और विश्वविद्यालय, आदि पर होने वाला व्यय सबसे कम है।

   सन् 1964-66 में नियुक्त शिक्षा आयोग ने सिफारिश की थी कि सकल घरेलू उत्पाद का 6% शिक्षा पर व्यय किया जाना चाहिए, लेकिन वर्तमान में भी यह सम्भव नहीं हो पाया है। वर्तमान में 4% तक ही शिक्षा पर व्यय होता है, जबकि आने वाले वर्षों में इसको 6% के लक्ष्य तक पहुँचाने की आवश्यकता है।

भारत में शिक्षा क्षेत्र का विकास

भारत में शिक्षा क्षेत्र के विकास को निम्न प्रकार समझा जा सकता है

1. **प्राथमिक शिक्षा** प्राथमिक और पूर्व माध्यमिक स्कूल की शिक्षा को मिलाकर प्रारम्भिक शिक्षा कहा जाता है। भारत देश में प्राथमिक शिक्षा के दो भाग किए गए हैं कक्षा 1 से कक्षा 5 तक प्राथमिक स्कूल व कक्षा 6 से कक्षा 8 तक पूर्व माध्यमिक स्कूल। प्राथमिक स्कूल में छात्रों की आयु 6 से 11 वर्ष तथा उच्च प्राथमिक स्कूल में 11 से 14 वर्ष रखी गई है। प्राथमिक शिक्षा के क्षेत्र में विकास की दृष्टि से सरकार ने निम्न कदम उठाए हैं
   (i) **सर्वशिक्षा अभियान** यह सन् 2001 में शुरू किया गया था। इसका मुख्य उद्देश्य सन् 2010 तक 6 से 14 वर्ष तक की आयु वर्ग वाले समस्त बच्चों को शिक्षा प्रदान करना था। इस योजना द्वारा स्कूल छोड़ने वाले बच्चों की संख्या में भारी कमी लाने में सफलता प्राप्त हुई है।
   (ii) **मध्याह्न भोजन योजना** इस योजना का प्रारम्भ 15 अगस्त, 1995 को प्राथमिक शिक्षा में बच्चों की संख्या बढ़ाने तथा उनकी उपस्थिति बनाए रखने के साथ-साथ बच्चों के पोषण स्तर को सुधारने के उद्देश्य से किया गया।
2. **माध्यमिक शिक्षा** माध्यमिक शिक्षा में 14 से 18 वर्ष की आयु समूह के छात्रों को उच्च शिक्षा में प्रवेश करने हेतु तैयार किया जाता है। मार्च, 2009 में माध्यमिक शिक्षा की गुणवत्ता में सुधार लाने के उद्देश्य से माध्यमिक शिक्षा अभियान की शुरुआत की गई थी। माध्यमिक शिक्षा के क्षेत्र को विस्तृत करने के उद्देश्य से निम्न संस्थाएँ भी कार्यशील हैं
   (i) **नवोदय विद्यालय** वर्ष 1987-88 के अन्तर्गत भारत सरकार ने प्रत्येक जिले में औसत रूप से एक नवोदय विद्यालय स्थापित करने का कार्यक्रम प्रारम्भ किया। इसका मुख्य उद्देश्य ग्रामीण क्षेत्रों के प्रतिभावान बच्चों को उच्च स्तर की आधुनिक शिक्षा उपलब्ध कराना है।
   (ii) **केन्द्रीय विद्यालय** सन् 1962 में भारत सरकार द्वारा केन्द्रीय विद्यालयों की स्थापना की योजना को मंजूरी दी गई। समस्त केन्द्रीय विद्यालयों में एक जैसा ही पाठ्यक्रम लागू किया गया है।
   (iii) **राष्ट्रीय शैक्षिक अनुसन्धान तथा प्रशिक्षण परिषद्** इसकी स्थापना सन् 1961 में की गई। यह 12वीं कक्षा तक के पाठ्यक्रम व पाठ्यपुस्तकों को तैयार करती है, साथ ही अनुसन्धान कार्य को भी प्रोत्साहित करती है।
   (iv) **माध्यमिक शिक्षा का व्यवसायीकरण** फरवरी, 1988 में केन्द्रीय सरकार द्वारा उच्च शिक्षा को व्यावसायिक बनाने की योजना बनाई गई। इस योजना में उन स्कूलों को वित्तीय सहायता प्रदान की जाती है, जो उच्च शिक्षा स्तर पर व्यावसायिक शिक्षा प्रदान करने की शुरुआत करते हैं। जिन बच्चों द्वारा सफलतापूर्वक पूर्ण व्यावसायिक पाठ्यक्रम पूरा कर लिया गया है, उनके लिए सार्वजनिक तथा निजी क्षेत्रों में रोजगार प्रदान करने अथवा स्व-रोजगार की योजना बनाने के प्रयास किए जा रहे हैं।
3. **विश्वविद्यालय एवं उच्च शिक्षा** विश्वविद्यालय तथा उच्च शिक्षा के क्षेत्र में प्रभावशाली वृद्धि हुई है। सभी विश्वविद्यालय तथा कॉलेजों को मान्यता प्राप्त होना कानूनी रूप से अनिवार्य कर दिया गया है।
4. **तकनीकी, चिकित्सा तथा कृषि सम्बन्धी शिक्षा** वर्ष 1950-51 के बाद तकनीकी तथा व्यावसायिक संस्थाओं की संख्या में विशेष रूप से वृद्धि हुई है, साथ ही पॉलिटेक्निक संस्थाओं की संख्या भी निरन्तर बढ़ी है। इसके साथ-साथ भारत में तकनीकी संस्थान, कृषि अनुसन्धान संस्थान, भारतीय सांख्यिकी संस्थान, आदि की भी स्थापना की गई है।
5. **ग्रामीण शिक्षा** ग्रामीण क्षेत्रों में भी शिक्षा का बहुत विस्तार हुआ है। इस उद्देश्य हेतु राष्ट्रीय ग्रामीण उच्च शिक्षा परिषद् स्थापित की गई है। इस

परिषद् के अधीन 14 ग्रामीण शैक्षणिक संस्थाएँ काम कर रही हैं। सभी राज्यों में अनुसूचित जातियों तथा जनजातियों के बच्चों को नि:शुल्क शिक्षा प्रदान की जाती है।

6. **वयस्क तथा महिला शिक्षा** वयस्कों में निरक्षरता को दूर करने के लिए वयस्क शिक्षा के विशेष प्रबन्ध किए गए हैं। इस सम्बन्ध में सन् 1988 में राष्ट्रीय साक्षरता मिशन की स्थापना की गई।

   इतना ही नहीं इसके पूर्व सन् 1976 में औपचारिक शिक्षा कार्यक्रम आरम्भ किया गया है। इसका उद्देश्य 15 से 25 वर्ष की आयु समूह के युवकों को अर्थपूर्ण शिक्षा प्रदान करना है।

आर्थिक विकास में शिक्षा की भूमिका

किसी राष्ट्र के आर्थिक विकास में शिक्षा की निम्नलिखित भूमिका है

1. **ज्ञान तथा कौशल** यह लोगों को आवश्यक ज्ञान और कौशल प्रदान करता है, जो उनकी उत्पादकता बढ़ाने में सहायता करता है। यह रोजगार तथा आय अर्जन के अवसर भी प्रदान करता है।
2. **आधुनिक पद्धतियों की स्वीकार्यता** एक शिक्षित व्यक्ति नई आधुनिक तकनीकों को अपनाने में सक्षम है, जो एक राष्ट्र की अर्थव्यवस्था के विकास को गति प्रदान करता है।
3. **असमानता को समाप्त करना** असमानता समाप्त करने के लिए शिक्षा एक प्रभावशाली उपकरण के रूप में कार्य करती है।
   यह देश के आर्थिक रूप से पिछड़े वर्ग की उपार्जन क्षमता को बढ़ाती है, जो आर्थिक असमानता को कम करता है।
4. **नव-परिवर्तन** एक शिक्षित व्यक्ति के पास आविष्कारों और नव परिवर्तनों को समझ पाने की क्षमता विकसित हो जाती है, जिससे वे अधिक कुशल और उत्पादक हो जाते हैं और अन्ततः वे आर्थिक विकास में सहायता करते हैं।
5. **उच्च भागीदारी दर** यदि अधिक लोग शिक्षा और स्वास्थ्य के माध्यम से कार्य करने में सक्षम हो गए, तो इससे लोगों की भागीदारी दर में वृद्धि होगी, जो आर्थिक विकास और संवृद्धि की प्रक्रिया को गति देंगे।

भारत में शैक्षिक उपलब्धियाँ

किसी देश की शैक्षिक उपलब्धियों का आंकलन सामान्यत: वयस्क साक्षरता स्तर, प्राथमिक शिक्षा सम्पूर्ति दर व युवा साक्षरता दर द्वारा किया जाता है। इसका विवरण निम्न तालिका के माध्यम से दिया गया है

भारत में शैक्षिक उपलब्धियाँ

विवरण	1990	2000	2008-12
1. वयस्क साक्षरता दर (15 वर्ष से अधिक आयु वर्ग में साक्षरों का प्रतिशत)			
1 पुरुष	61.9	68.4	76.7
2 महिलाएँ	37.9	45.4	67.6
2. प्राथमिक शिक्षा सम्पूर्ति दर (सम्बद्ध वर्ग प्रतिशत)			
1 पुरुष	78	85	96.6
2 महिलाएँ	61	69	96.3
3. युवा साक्षरता दर (15 से 24 आयु वर्ग की जनसंख्या का प्रतिशत)			
1 पुरुष	76.6	79.7	88
2 महिलाएँ	54.2	64.8	74

भारत में शिक्षा की भविष्योन्मुख सम्भावनाएँ

भारत में सन् 2011 की जनगणना के अनुसार, साक्षरता दर 73% है, जोकि एक वृद्धि का सूचक है, परन्तु आज भी देश में निरक्षरों की संख्या उतनी ही है, जितनी स्वाधीनता के समय भारत की जनसंख्या थी। यदि शैक्षिक सुधारों को पूर्णत: लागू कर दिया जाए, तो भारत में साक्षरता दर शत-प्रतिशत होगी। इसके अतिरिक्त परिणामस्वरूप निम्नलिखित सम्भावनाएँ निहित होंगी

1. **लिंग समानता पूर्व से बेहतर** शैक्षिक विकास के परिणामस्वरूप पुरुषों और महिलाओं के बीच समानता स्थापित हो रही है। इसके पीछे अन्य कारण भी हैं; जैसे—शिक्षा द्वारा नारी की आर्थिक स्वतन्त्रता और सामाजिक स्तर में सुधार, साथ ही स्त्री शिक्षा, प्रजनन दर और स्त्रियों व बच्चों के स्वास्थ्य की देखभाल पर अनुकूल प्रभाव डालती है। अत: हमें साक्षरता स्तर सुधारने के अपने प्रयासों में शिथिलता नहीं आने देनी चाहिए। इसके साथ ही शत-प्रतिशत शिक्षा प्राप्त करने की दिशा में प्रयासरत् रहना चाहिए।
2. **उच्च शिक्षा लेने वालों की कमी** भारत में शिक्षा का पिरामिड बहुत ही नुकीला है, जो यह दर्शाता है कि उच्चतर शिक्षा स्तर तक बहुत कम लोग पहुँच पाते हैं। यही नहीं, शिक्षित युवाओं की बेरोजगारी दर भी उच्चतम है। राष्ट्रीय प्रतिदर्श सर्वेक्षण संगठन के आँकड़ों के अनुसार, वर्ष 2011-12 में बेरोजगारी दर 19% थी। ग्रामीण और शहरी क्षेत्रों में प्राथमिक स्तर के शिक्षित युवाओं में से केवल 3-6% बेरोजगार थे। अत: सरकार को उच्च शिक्षा के लिए अधिक धन का आवण्टन करना चाहिए, ताकि छात्रों में कौशल विकास हो सके।

वस्तुनिष्ठ प्रश्न

1. मानव पूँजी निर्माण का स्रोत है
(a) स्वास्थ्य पर निवेश (b) शिक्षा पर निवेश
(c) प्रशिक्षण पर निवेश (d) ये सभी

2. निम्न में से कौन-सा एक भौतिक पूँजी से सम्बन्धित है?
(a) दृश्य (b) पृथक् स्वामित्व
(c) 'a' और 'b' दोनों (d) अदृश्य

3. मानवीय पूँजी महत्त्वपूर्ण होने का कारण है
(a) भौतिक पूँजी का उत्पादकीय प्रयोग सम्भव
(b) अभिवृत्तियों का आधुनिकीकरण
(c) उत्पादकता में वृद्धि
(d) उपरोक्त सभी

4. मानवीय पूँजी निर्माण का एक महत्त्वपूर्ण कारण क्या है?
(a) लागत (b) मृत्यु-दर
(c) कौशल विकास (d) उत्पादन

5. मानवीय पूँजी निर्माण से किस प्रकार आर्थिक संवृद्धि सुनिश्चित होती है?
(a) उत्पादकता में वृद्धि (b) लाभप्रद रोजगार
(c) कुशलता में वृद्धि (d) ये सभी

6. मानव विकास है
(a) एक साध्य (b) एक साधन
(c) साधन व साध्य दोनों (d) इनमें से कोई नहीं

7. निम्न में से कौन मानव कल्याण का अभिन्न अंग है?
(a) स्वास्थ्य (b) कार्य प्रशिक्षण
(c) शिक्षा (d) 'a' और 'c' दोनों

8. भारत में पूँजी निर्माण किसका परिणाम है?
(a) कार्यस्थल प्रशिक्षण प्रवसन
(b) सूचना निवेश
(c) स्वास्थ्य में निवेश
(d) उपरोक्त सभी

9. मानव पूँजी निर्माण की प्रमुख समस्या कौन-सी है?
(a) जनसंख्या वृद्धि
(b) त्रुटिपूर्ण मानव शक्ति का नियोजन
(c) क्षेत्रीय असमानता
(d) उपरोक्त सभी

10. भारत सरकार ने शिक्षा का अधिकार अधिनियम का कानून कब बनाया?
(a) 2008 (b) सन् 2009
(c) 2010 (d) सन् 2012

11. प्राथमिक स्कूल में निम्न में से कौन-सी कक्षा तक की पढ़ाई होती है?
(a) कक्षा 6 से कक्षा 8 तक
(b) कक्षा 1 से कक्षा 5 तक
(c) कक्षा 6 से कक्षा 11 तक
(d) उपरोक्त में से कोई नहीं

12. केन्द्रीय विद्यालय की स्थापना कब हुई थी?
(a) 1965 (b) 1962
(c) 1970 (d) 1982

13. राष्ट्र के आर्थिक विकास में शिक्षा की भूमिका में शामिल है
(a) नव-प्रवर्तन (b) उच्च भागीदरी दर
(c) ज्ञान तथा कौशल (d) ये सभी

14. 1990 में 15 वर्ष से अधिक आयु वर्ग के पुरुष साक्षरों का प्रतिशत था
(a) 61.9 (b) 68.4
(c) 76.7 (d) 72.3

15. वर्ष 2011-12 में बेरोजगारी की दर कितने प्रतिशत थी?
(a) 17% (b) 19% (c) 30% (d) 15%

16. मानव को पूँजी निर्माण हेतु किसकी आवश्यकता होती है?
(a) कौशल की
(b) शिक्षा की
(c) उच्च-स्तर के प्रशिक्षण की
(d) उपरोक्त सभी

17. सही कथन को पहचानिए
(a) मानवीय पूँजी के अन्तर्गत मानव को लक्ष्य के रूप में लिखा जाता है
(b) आर्थिक संवृद्धि से अभिप्राय देश की वास्तविक राष्ट्रीय आय में होने वाली वृद्धि से है
(c) शिक्षा एवं स्वास्थ्य दोनों से केवल निजी लाभ का ही सृजन होता है
(d) मानवीय पूँजी तथा मानव विकास समानार्थक हैं

18. राष्ट्रीय शैक्षिक अनुसन्धान तथा प्रशिक्षण परिषद् की स्थापना कब हुई?
(a) 1960 में (b) 1961 में
(c) 1962 में (d) 1965 में

19. निम्न में से कौन शिक्षा की भूमिका से सम्बद्ध है?
(a) ज्ञान कौशल
(b) नव-परिवर्तन
(c) असमानत को समाप्त करना
(d) उपरोक्त सभी

20. भारत में 2011 की जनगणना के अनुसार साक्षरता की दर कितनी है?
(a) 65% (b) 73%
(c) 80% (d) 82%

21. कौशल विकास योजना बढ़ाती है
(a) मानव पूँजी (b) भौतिक पूँजी
(c) कार्यशील पूँजी (d) स्थिर पूँजी

22. औपचारिक शिक्षा कार्यक्रम का उद्देश्य किस अयु समूह के युवकों को अर्थपूर्ण शिक्षा प्रदान करना था?
(a) 15 से 25 वर्ष (b) 15 से 30 वर्ष
(c) 20 से 30 वर्ष (d) 25 से 35 वर्ष

23. भारत सरकार द्वारा शिक्षा का अधिकार अधिनियम कानून बनाया गया
(a) 2000 (b) 2002
(c) 2009 (d) 1965

24. सर्वशिक्षा अभियान की शुरुआत की गई
(a) 1992 (b) 2001
(c) 2002 (d) 2009

25. सही कथन को पहचानिए
(a) 1988 में राष्ट्रीय साक्षरता मिशन की स्थापना की गई।
(b) माध्यमिक शिक्षा में 14 से 18 वर्ष की आयु समूह के छात्रों को उच्च शिक्षा में प्रवेश करने हेतु तैयार किया जाता है।
(c) मध्याह्न भोजना योजना का प्रारम्भ 15 अगस्त, 1995 को किया गया।
(d) उपरोक्त सभी

सही उत्तर

1. (d)	**2.** (c)	**3.** (d)	**4.** (c)	**5.** (d)	**6.** (a)	**7.** (d)	**8.** (d)	**9.** (d)	**10.** (b)
11. (b)	**12.** (b)	**13.** (d)	**14.** (a)	**15.** (b)	**16.** (d)	**17.** (a)	**18.** (b)	**19.** (d)	**20.** (b)
21. (a)	**22.** (a)	**23.** (c)	**24.** (b)	**25.** (d)					

अध्याय 07 रोजगार संवृद्धि एवं बेरोजगारी

कार्य मनुष्य की व्यक्तिगत और सामाजिक इकाई है, जिसके बिना मानव जीवन व्यर्थ है। कार्य आजीविका का माध्यम होता है, जोकि मानव जीवन की सभी आवश्यकताओं की पूर्ति करता है। संचित धन से सुरक्षा का भाव तो उत्पन्न हो जाता है, लेकिन सन्तोष केवल स्वयं की आर्थिक क्रियाओं से ही होता है। प्रत्येक कार्यरत् व्यक्ति देश की राष्ट्रीय आय में भी योगदान देता है एवं देश के विकास में भागीदारी बन जाता है।

कार्य कर रहे व्यक्तियों के अध्ययन से हमें देश में रोजगार की प्रकृति और गुणवत्ता के विषय में एक गहरी अन्तर्दृष्टि प्राप्त होती है, साथ ही हमें अपने मानवीय संसाधनों को जानने और उनके उपयुक्त प्रयोग की योजनाएँ बनाने में भी सहायता मिलती है। रोजगार से सम्बन्धित सभी पहलू इस अध्याय में वर्णित हैं।

रोजगार

श्रमिकों द्वारा अपनी आजीविका उपार्जन के लिए जो आर्थिक क्रियाएँ की जाती हैं, वे क्रियाएँ रोजगार कहलाती हैं।

रोजगार सम्बन्धी मूल धारणाएँ

रोजगार एक बहुपक्षीय धारणा है, जिसमें अर्थव्यवस्था के कई पक्ष सम्मिलित होते हैं; जैसे—श्रमिक, श्रमबल, कार्यबल, आर्थिक क्रियाएँ, सकल घरेलू उत्पाद, सकल राष्ट्रीय उत्पाद, आदि। इन सभी का वर्णन निम्नलिखित है

1. **श्रमिक** वे सभी व्यक्ति, जो आर्थिक क्रियाओं में भाग लेते हैं एवं अपनी शारीरिक, मानसिक व बौद्धिक क्षमताओं के अनुरूप कार्य करते हैं, श्रमिक कहलाते हैं। इन्हें कार्य के बदले भुगतान भी किया जाता है। जो व्यक्ति स्व-नियोजित (Self-occupied) होते हैं, वे भी श्रमिक की श्रेणी में आते हैं।
2. **श्रमबल** ऐसे व्यक्ति, जो कार्य कर रहे हैं या कार्य करने के इच्छुक हैं तथा जिसमें रोजगार प्राप्ति व बेरोजगार श्रमिक दोनों को सम्मिलित किया जाता है, श्रमबल कहलाता है। भारत की कुल श्रम शक्ति का आकार वर्ष 2011-12 में लगभग 473 मिलियन आँका गया था, क्योंकि देश के अधिकांश लोग ग्रामीण क्षेत्रों में निवास करते हैं, इसलिए ग्रामीण श्रमबल का अनुपात भी शहरी श्रमबल से कहीं अधिक है। भारत में श्रमबल में पुरुषों की बहुलता है। श्रमबल में लगभग 70% पुरुष तथा शेष महिलाएँ हैं। ग्रामीण क्षेत्र में महिला श्रमिक कुल श्रमबल का एक तिहाई हैं तथा शहरों में केवल 20% महिलाएँ ही श्रमबल में भागीदार हैं।
3. **श्रम आपूर्ति** श्रम की वह मात्रा, जिसे श्रमिक एक निश्चित मजदूरी पर अपनी इच्छा से करता है, श्रम आपूर्ति कहलाती है।
4. **कार्यबल** व्यक्तियों का वह समूह, जो आर्थिक क्रियाओं से जुड़ा हो, कार्यबल कहलाता है। यह भी रोजगार के स्तर को तय करता है।
5. **आर्थिक क्रियाएँ** जो भी क्रियाएँ धन कमाने के उद्देश्य से की जाती हैं, वे सभी क्रियाएँ आर्थिक क्रियाएँ कहलाती हैं।

   राष्ट्रीय आर्थिक दृष्टि से सकल राष्ट्रीय उत्पाद में योगदान देने वाले सभी क्रियाकलापों को आर्थिक क्रियाएँ कहा जाता है।

नोट *आर्थिक क्रियाओं को सामान्यतः आठ विभिन्न औद्योगिक वर्गों में विभाजित करते हैं ; जैसे–(i) कृषि (ii) खनन और उत्खनन (iii) विनिर्माण (iv) विद्युत, गैस एवं जलापूर्ति (v) निर्माण कार्य (vi) वाणिज्य (vii) परिवहन और भण्डारण, (viii) सेवाएँ।*
यह भी ज्ञात हो कि सरलता की दृष्टि से इन्हें प्राथमिक, द्वितीयक तथा तृतीयक तीन प्रमुख वर्गों में विभाजित करते हैं।

6. **सकल घरेलू उत्पाद** किसी देश में एक वर्ष में उत्पादित सभी वस्तुओं और सेवाओं का कुल मौद्रिक मूल्य 'सकल घरेलू उत्पाद' कहलाता है।

   अतः उपरोक्त अवधारणाओं के परिप्रेक्ष्य में ही रोजगार के बहुपक्षीय पहलुओं का अध्ययन सम्भव हो पाता है। रोजगार की प्रकृति बहुमुखी है, जिसमें अनेक अवधारणाएँ सम्मिलित हैं।

धनात्मक तथा ऋणात्मक अर्जन

हमें निर्यात का मूल्य प्राप्त होता है तथा आयात का मूल्य चुकाना पड़ता है। इसके अन्तर्गत यदि निर्यात का मूल्य आयात की अपेक्षा अधिक रहे तो देश का निवल अर्जन धनात्मक हो सकता है और यदि आयात का मूल्य निर्यात की अपेक्षा अधिक रहे तो निवल अर्जन ऋणात्मक हो सकता है। इसके अतिरिक्त यदि आयात और निर्यात के मूल्य समान हो तो निवल अर्जन शून्य हो सकता है।

श्रमिकों (रोजगार) के प्रकार

श्रमिक निम्न दो प्रकार के होते हैं

1. **स्व-नियोजित श्रमिक या रोजगार** वे लोग, जो अपना स्वयं का व्यापार कार्य या उद्यम का संचालन करते हैं, स्व-नियोजित श्रमिक (Self Employed Worker) कहलाते हैं। इस प्रकार के श्रमिक व्यापार या उद्यम द्वारा लाभ प्राप्त करते हैं।
2. **भाड़े के श्रमिक या रोजगार** वे लोग, जो प्रतिदिन की मजदूरी पर किसी दूसरे व्यक्ति या उद्यम के अन्तर्गत कार्य करते हैं, भाड़े के श्रमिक (Hired Worker) कहलाते हैं।

   ये श्रमिक दो प्रकार के होते हैं

   (i) **नियमित श्रमिक** जब किसी श्रमिक को कोई व्यक्ति या उद्यम नियमित रूप से काम पर रखकर उसे मजदूरी (वेतन) देता है, तो वह श्रमिक 'नियमित श्रमिक' कहलाता है। इनको स्थायी श्रमिक भी कहते हैं।

   उदाहरण किसी फैक्ट्री के श्रमिक या स्थायी मजदूर।

(ii) **अनियमित श्रमिक** वे श्रमिक जो नियमित रूप से कार्य पर नहीं लगाए जाते हैं, 'अनियमित श्रमिक' कहलाते हैं। ऐसे मजदूर अन्य लोगों के खेतों में अनियत रूप से कार्य करते हैं और इसके बदले में पारिश्रमिक प्राप्त करते हैं।

उदाहरण सड़क निर्माण में कार्य करने वाले मजदूर।
(ये भारत की श्रम शक्ति का 35% हैं।)

भारत में स्व-नियोजित व भाड़े के श्रमिक

भारत में स्व-नियोजित एवं भाड़े के श्रमिकों का विवरण निम्न प्रकार है

1. भारत में लगभग 53% कार्यबल स्व-नियोजित तथा 47% भाड़े के श्रमिक के रूप में है।
2. लगभग 32% नियमित वेतनभोगी कर्मचारी हैं।
3. भाड़े के कार्यरत् श्रमिकों में 68% अनियमित दिहाड़ी मजदूर हैं।

अत: भारत में स्व-नियोजित व भाड़े के श्रमिकों का क्षेत्र व लिंग के अनुसार वितरण निम्न प्रकार है

1. **क्षेत्र के अनुसार**
   (i) शहरी क्षेत्रों के सन्दर्भ में 43% स्व-नियोजित तथा 57% भाड़े के श्रमिक हैं।
   (ii) ग्रामीण क्षेत्रों में 56% स्व-नियोजित तथा 44% भाड़े के श्रमिक हैं।

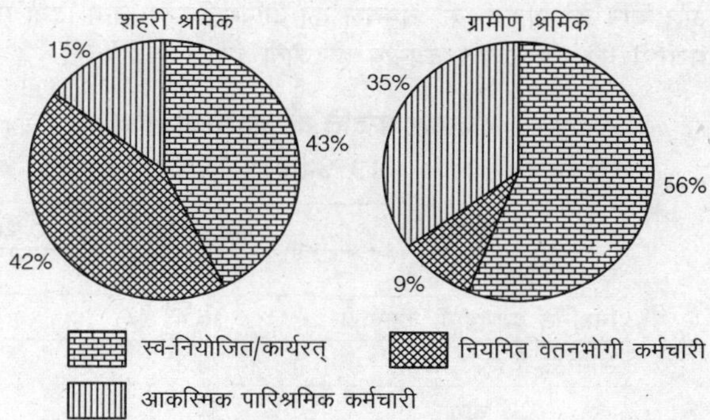

की इण्डिकेटर्स ऑफ एम्प्लॉयमेण्ट एण्ड अन-एम्प्लॉयमेण्ट इन इण्डिया, 2011-12, NSS-68 राउण्ड, NSSO, नेशनल सैम्पल सर्वे ऑफिस, मिनिस्ट्री ऑफ स्टेटिस्टिक्स एण्ड प्रोग्राम इम्प्लीमेण्टेशन, भारत सरकार, जनवरी, 2014

उपरोक्त चार्ट दर्शाता है कि ग्रामीण क्षेत्रों में शहरी क्षेत्र की अपेक्षा अधिक स्व-नियोजित व अनियमित श्रमिक देखने को मिलते हैं। इसका मुख्य कारण यह है कि शहरी क्षेत्र में लोग कुशल व शिक्षित होते हैं और वे कार्यालय/कारखानों में कार्य करते हैं, लेकिन ग्रामीण क्षेत्र में लोग कम शिक्षित व अकुशल होते हैं और वे अपने फार्म या खेतों में ही कार्य करते हैं, जिसमें कभी कार्य होता है और कभी नहीं।

2. **लिंग के अनुसार**
   (i) पुरुष कार्यबल में 51% स्व-नियोजित तथा 49% भाड़े के मजदूर हैं।
   (ii) महिला कार्यबल में 56% स्व-नियोजित तथा 44% भाड़े के मजदूर के रूप में कार्यरत् हैं।

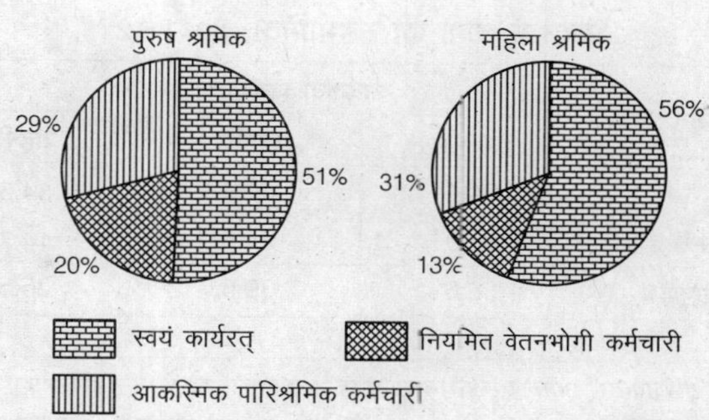

स्रोत *की इण्डिकेटर्स ऑफ एम्प्लॉयमेण्ट एण्ड अन-एम्प्लॉयमेण्ट इन इण्डिया, 2011-12, NSS-68 राउण्ड, NSSO, नेशनल सैम्पल सर्वे ऑफिस, मिनिस्ट्री ऑफ स्टेटिस्टिक्स एण्ड प्रोग्राम इम्प्लीमेण्टेशन, भारत सरकार, जनवरी, 2014*

उपरोक्त चार्ट दर्शाता है कि स्व-नियोजित और मजूदरी पर रखे गए श्रमिक पुरुषों के लिए समान महत्त्व रखते हैं, लेकिन महिला श्रमिक मजदूरी से अधिक स्व-नियोजित काम को अधिक प्राथमिकता देती हैं। ऐसा इसलिए है, क्योंकि ग्रामीण और शहरी दोनों क्षेत्रों में महिलाओं मे मोब्राइल रखने का अभाव है और इस प्रकार वे अपने आप को स्व-नियोजित कार्य की ओर अधिक अभिप्रेरित करती हैं।

अत: यह निष्कर्ष निकाला जा सकता है कि स्व-नियोजित कार्य लोगों के जीवन-निर्वाह के लिए बहुत महत्त्वपूर्ण स्रोत है।

भारत में रोजगार

भारत में रोजगार की स्थिति को निम्नलिखित घटकों के माध्यम से समझा जा सकता है

1. भारत में लोगों की सहभागिता दर/रोजगार नें भागीदारी
2. प्राथमिक, द्वितीयक व तृतीयक क्षेत्र में रोजगार
3. श्रमबल का अनियतीकरण या अनियत श्रम रोजगार की ओर अग्रसर श्रमबल
4. रोजगार रहित संवृद्धि
5. श्रमबल का अनौपचारीकरण

भारत में लोगों की सहभागिता दर

श्रमिक जनसंख्या अनुपात का प्रयोग देश में रोजगार की स्थिति के विश्लेषण में सूचक के रूप में किया जाता है।

इससे यह जानना आसान हो जाता है कि जनसंख्या का कितना अनुपात वस्तुओं एवं सेवाओं के उत्पादन (रोजगार) में लगा हुआ है अर्थात् इससे लोगों की रोजगार में भागीदारी का अनुपात पता चलता है इसे ही लोगों की रोजगार में भागीदारी कहा जाता है।

श्रमिक जनसंख्या आंकलन के लिए कार्य कर रहे सभी श्रमिकों की संख्या को देश की जनसंख्या से भाग कर उसे 100 से गुणा करना होता है।

अत: लोगों की रोजगार सहभागिता दर $= \dfrac{\text{कार्यबल}}{\text{कुल जनसंख्या}} \times 100$

भारत में लोगों की सहभागिता, 2011-12

लिंग	कार्यकर्ता जनसंख्या अनुपात		
	सम्पूर्ण	ग्रामीण	शहरी
पुरुष	54.4	54.3	54.6
स्त्री	21.9	24.8	14.7
सम्पूर्ण	38.6	39.9	35.5

स्रोत *की इण्डिकेटर्स ऑफ एम्प्लॉयमेण्ट एण्ड अन-एम्प्लॉयमेण्ट इन इण्डिया, 2011-12, NSS-68 राउण्ड, नेशनल स्टेटिस्टिकल ऑर्गेनाइजेशन, नेशनल सैम्पल सर्वे ऑफिस, मिनिस्ट्री ऑफ स्टेटिस्टिक्स एण्ड प्रोग्राम इम्प्लीमेण्टेशन, भारत सरकार, जनवरी, 2014*

अत: उपरोक्त तालिका के अनुसार भारत में लोगों की रोजगार में भागीदारी या सहभागिता दर का विवरण निम्न प्रकार है

(i) भारत की सहभागिता दर लगभग 39% है अर्थात् 100 व्यक्तियों में से 39 व्यक्ति श्रमिक हैं।

(ii) इसमें पुरुषों एवं महिलाओं की सहभागिता दर लगभग 55% एवं 22% है।

(iii) शहरी एवं ग्रामीण क्षेत्रों में सहभागिता दर लगभग 36% एवं 40% है।

(iv) शहरी क्षेत्रों में पुरुषों एवं महिलाओं की सहभागिता दर लगभग 55% एवं 15% पाई जाती है।

(v) ग्रामीण क्षेत्रों में पुरुषों तथा महिलाओं की सहभागिता दर लगभग 55% तथा 25% पाई जाती है।

उपरोक्त समस्त विवरण से स्पष्ट है कि सहभागिता की समग्र दर का स्तर भारत में कम है, जो यह दर्शाता है कि यहाँ निर्भरता अनुपात उच्च है। इसी के साथ शहरी क्षेत्रों की तुलना में ग्रामीण क्षेत्रों में सहभागिता दर उच्च है।

शहरी और ग्रामीण दोनों ही क्षेत्रों में पुरुषों की श्रम शक्ति भागीदारी महिलाओं की तुलना में अधिक है। शहरी क्षेत्रों में तो पुरुष और महिला भागीदारी का अन्तर बहुत ही बड़ा है। केवल 15% शहरी महिलाएँ ही किसी आर्थिक कार्य में कार्यरत् हैं। ग्रामीण क्षेत्रों में यह 25% है।

साथ ही यह तथ्य भी दृष्टिगत होता है कि जहाँ कहीं भी पुरुष पर्याप्त रूप से उच्च आय अर्जित करने में सफल रहते हैं, वहाँ परिवार की महिलाओं को घर से बाहर रोजगार प्राप्त करने से निरुत्साहित किया जाता है तथा जो महिलाएँ परिवार के लिए कार्य सम्पन्न करती हैं ऐसे कार्यों को आर्थिक या उत्पादन कार्य नहीं माना जाता। कार्य या रोजगार की यह संकीर्ण परिभाषा देश में महिला वर्ग की श्रमबल में भागीदारी को नहीं मानती, इसलिए देश में महिला श्रमिकों की संख्या को कम आँका जाता है।

प्राथमिक, द्वितीयक व तृतीयक क्षेत्र में रोजगार

देश के आर्थिक विकास के क्रम में श्रम शक्ति का कृषि तथा अन्य सम्बन्धित क्रियाकलापों से उद्योगों और सेवाओं की ओर प्रवाह होता है। इस प्रक्रिया में श्रमिक ग्रामीण क्षेत्रों से शहरी क्षेत्रों की ओर पलायन करते हैं, जिसके परिणामस्वरूप श्रम शक्ति के कार्यानुसार वितरण से रोजगार के स्वरूप में परिवर्तन हो रहे हैं एवं आर्थिक क्रियाएँ भी विभाजित हो रही हैं।

सामान्यत: सभी आर्थिक क्रियाओं को प्राथमिक क्षेत्र, द्वितीयक क्षेत्र व तृतीयक क्षेत्र में वर्गीकृत किया जाता है

(i) **प्राथमिक क्षेत्र** इस क्षेत्र में कृषि तथा खनन व उत्खनन को सम्मिलित किया जाता है।

(ii) **द्वितीयक क्षेत्र** इस क्षेत्र में विनिर्माण, विद्युत, गैस एवं जलापूर्ति व निर्माण कार्य को सम्मिलित किया जाता है।

(iii) **तृतीयक क्षेत्र** इस क्षेत्र में वाणिज्य, परिवहन और भण्डारण तथा सेवाओं, आदि को सम्मिलित किया जाता है।

वर्ष 2011-12 के अनुसार, भारत में प्राथमिक क्षेत्र में लोगों को सर्वाधिक रोजगार प्राप्त हुआ है। कुल कार्यबल का लगभग 49% इस क्षेत्र में रोजगारयुक्त है। द्वितीयक तथा तृतीयक क्षेत्र में यह योगदान क्रमश: 24% व 27% है। प्राथमिक क्षेत्र में पुरुष और महिलाएँ अधिक संख्या में रोजगारयुक्त हैं, किन्तु पुरुषों की अपेक्षा महिलाओं का केन्द्रीयकरण अधिक (लगभग 63%) है। इसके साथ ही यह भी ज्ञात हो कि 64% श्रमिक कृषि और वन पर निर्भर हैं। केवल 20% ग्रामीण श्रमिक ही विनिर्माण उद्योग में संलग्न पाए जाते हैं। वहीं केवल 17% श्रमिक सेवा क्षेत्र में रोजगारित पाए जाते हैं। इसके विपरीत 60% शहरी श्रमिक सेवा क्षेत्र में देखे जाते हैं तथा 30% श्रमिक द्वितीयक क्षेत्र में देखे जाते हैं।

नोट *वर्ष 2015-16 में उद्योग के द्वारा कार्यबल के वितरण में प्राथमिक, द्वितीयक तथा तृतीयक क्षेत्र में लोगों की भागीदारी क्रमश: 46.1%, 21.8% तथा 32.1% पाई गई।*

श्रमबल का अनियतीकरण

विशेषज्ञों के द्वारा स्व-रोजगार तथा नियमित वेतन से अनियत श्रम रोजगार की ओर जाने की प्रक्रिया को श्रमबल का अनियतीकरण नाम दिया गया है। इससे मजदूरों की दशा बहुत दयनीय हो जाती है।

रोजगार पद्धति की प्रवृत्तियाँ (स्थिति)
1972-2012 (%)

स्थिति	1972-73	2011-12
स्व-नियोजित	61.4	52.0
नियमित वेतनभोगी कर्मचारी	15.4	18.0
अनियत दिहाड़ी मजदूर	23.2	30.0
योग	100	100

रोजगार सहित/रहित संवृद्धि

भारत के सन्दर्भ में आर्थिक नियोजन का दीर्घकालीन उद्देश्य 'रोजगार सहित संवृद्धि' का रहा है। वर्ष 1960-2010 की अवधि में भारत के सकल घरेलू उत्पाद की वृद्धि दर रोजगार वृद्धि दर से अधिक रही है। अत: सकल घरेलू उत्पाद वृद्धि दर एवं रोजगार वृद्धि के बीच बढ़ते अन्तराल को अर्थशास्त्री 'रोजगार सहित संवृद्धि' का नाम देते हैं। भारत के सन्दर्भ में आर्थिक नियोजन का उद्देश्य 'रोजगार सहित संवृद्धि' है। यह ज्ञात हो कि रोजगारहीन संवृद्धि में बिना रोजगार सृजन किए ही वस्तुओं और सेवाओं का उत्पादन होता है। भारत में पिछले कुछ वर्षों में सकल घरेलू उत्पाद (GDP) की वृद्धि दर रोजगार वृद्धि दर से अधिक रही है। अत: इन दोनों के बीच बढ़ते अन्तराल को अर्थशास्त्री रोजगार रहित संवृद्धि नाम देते हैं।

श्रमबल का औपचारिक व अनौपचारीकरण

श्रमबल से आशय कार्य पर लगे श्रमिकों एवं सभी बेरोजगारों की संख्या, जो कार्य करने के इच्छुक हों, के योग से है अर्थात्

श्रमबल = कार्यबल + सभी बेरोजगार व्यक्तियों की संख्या

श्रमबल को औपचारिक तथा अनौपचारिक वर्गों में विभाजित किया जाता है। इन्हीं को संगठित और असंगठित क्षेत्रक भी कहा जाता है।

यह ज्ञात हो कि सभी सार्वजनिक क्षेत्रक प्रतिष्ठान तथा 10 से अधिक कर्मचारियों को रोजगार देने वाले निजी क्षेत्रक प्रतिष्ठान संगठित क्षेत्रक माने जाते हैं, जहाँ के कर्मचारी पर सरकार के विधान लागू होते हैं। श्रम कानूनों के तहत् कर्मचारियों के अधिकारों की रक्षा होती है। अत: ऐसे क्षेत्रक में काम करने वाले कर्मचारी संगठित क्षेत्रक के कर्मचारी कहलाते हैं।

ये श्रमिक संघों को गठित करके बेहतर मजदूरी तथा सामाजिक सुरक्षा की माँग भी करते हैं। वहीं संगठित क्षेत्रक के अतिरिक्त अन्य सभी उद्यम या संस्था, जिसमें बड़ी संस्था में लोग कार्य करते हैं, वह अनौपचारिक क्षेत्रक कहलाता है।

अनौपचारिक क्षेत्रक के अन्तर्गत करोड़ों किसान, कृषि श्रमिक, छोटे-छोटे काम-धन्धे चलाने वाले तथा सभी स्व-नियोजित व्यक्ति, जिनके पास भाड़े का श्रमिक नहीं है, सम्मिलित हैं।

संगठित क्षेत्रक के कर्मचारियों को सामाजिक सुरक्षा व्यवस्था के लाभ मिलते हैं तथा इनकी आय भी असंगठित क्षेत्रक के कर्मचारियों से अधिक होती है। विकासशील योजनाओं के निर्माण में सैद्धान्तिक रूप से यह माना गया था कि जैसे-जैसे अर्थव्यवस्था का विकास होगा, वैसे-वैसे अधिकतम श्रमिक औपचारिक क्षेत्रक में सम्मिलित होते जाएँगे, जिससे अनौपचारिक क्षेत्रक के श्रमिकों का अनुपात बहुत कम रह जाएगा।

किन्तु 1970 के दशक में भारत सहित अनेक दूसरे विकासशील देशों ने यह अनुमान लगाया कि औपचारिक क्षेत्रक में रोजगार वृद्धि नहीं हो पा रही है। इसके परिणामस्वरूप सभी देशों ने अनौपचारिक क्षेत्रक पर ध्यान देना आरम्भ किया, किन्तु अनौपचारिक क्षेत्रक के श्रमिकों की आय नियमित नहीं होती है। इस क्षेत्रक के श्रमिक गन्दी बस्तियों तथा झुग्गियों में रहते हैं। इन्हीं बातों को ध्यान में रखते हुए भारत सरकार ने आधुनिकीकरण और इस क्षेत्रक के कर्मचारियों के लिए सामाजिक सुरक्षा व्यवस्था का प्रावधान किया।

भारत की व्यावसायिक संरचना में परिवर्तन

भारत की व्यावसायिक संरचना का विवरण निम्न प्रकार है

रोजगार पद्धति की प्रवृत्तियाँ (1950-51 से 2013-14) (प्रतिशत में)

वर्ष	क्षेत्रक			
	प्राथमिक (कृषि)	द्वितीयक (औद्योगिक)	तृतीयक (सेवा)	कुल
1950-51	72.72	10.02	17.26	100
1972-73	74.3	10.9	14.8	100
1983	68.6	11.5	16.9	100
1993-94	64.0	16.0	20.0	100
1992-2000	60.4	15.8	23.8	100
2001-02	60.8	17.3	22.1	100
2006-07	56.0	16.0	28.0	100
2009-10	47.6	18.2	34.2	100
2013-14	46.9	22.2	30.9	100
2023-24	48.7	23.6	27.7	100

पिछले छ: दशकों में भारत की व्यावसायिक संरचना में परिवर्तन हुआ है। प्राथमिक क्षेत्र में रोजगार का प्रतिशत घटा है, किन्तु द्वितीयक एवं तृतीयक क्षेत्र में यह प्रतिशत बढ़ा है। विगत् तीन दशकों में देश की रोजगार संरचना भी परिवर्तित हुई है। इसके अन्तर्गत स्व-नियोजित कर्मियों एवं नियमित कर्मियों का प्रतिशत घटा है, जबकि अनियमित कर्मियों का प्रतिशत बढ़ा है। यही प्रवृत्ति कार्यबल का अनियमितीकरण है। इसके अतिरिक्त भी अधिकांश श्रमिकों के रोजगार का स्रोत प्राथमिक क्षेत्रक ही है। यहाँ महिलाओं का संकेन्द्रण अधिक है।

बेरोजगारी

किसी भी व्यक्ति को अपने जीवन को सुचारु रूप से चलाने के लिए काम की तलाश रहती है, किन्तु जब उसे जीवन-निर्वाह के लिए काम नहीं मिलता, तो उस व्यक्ति को बेरोजगार तथा इस स्थिति को बेरोजगारी कहा जाता है।

दूसरे शब्दों में, जब कोई व्यक्ति कार्य करने के लिए इच्छुक हो और कार्य करने में समर्थ भी हो, किन्तु उसे कार्य नहीं मिल रहा हो, तो ऐसी स्थिति को बेरोजगारी कहा जाता है।

राष्ट्रीय प्रतिदर्श सर्वेक्षण संगठन (NSSO) के अनुसार, बेरोजगारी वह अवस्था है, जिसमें व्यक्ति काम के अभाव में बिना काम के (बेकार) रह जाते हैं, किन्तु रोजगार कार्यालयों, मध्यस्थों, मित्रों त्र रिश्तेदारों, आदि के माध्यम से या सम्भावित रोजगारदाताओं को आवेदन देकर प्रचलित मजदूरी की दर पर काम करने को इच्छुक होते हैं और कार्य तलाशते हैं।

बेरोजगारी के आँकड़ों के स्रोत

भारत में बेरोजगारी के आँकड़ों के निम्नलिखित तीन स्रोत हैं

1. भारत की जनगणना रिपोर्ट।
2. राष्ट्रीय प्रतिदर्श सर्वेक्षण संगठन की रोजगार और बेरोजगारी की अवस्था सम्बन्धी रिपोर्ट।
3. रोजगार और प्रशिक्षण महानिदेशालय के रोजगार कार्यालय में पंजीकृत आँकड़े।

बेरोजगारी के प्रकार तथा स्वरूप

भारत में पाई जाने वाली बेरोजगारी निम्न प्रकार की है

1. **ग्रामीण बेरोजगारी** भारत एक कृषि प्रधान देश है, जिसकी लगभग 70% जनसंख्या कृषि कार्यों में संलग्न है। ग्रामीण क्षेत्रों में लोगों को कुछ सप्ताह या महीनों के लिए काम मिलता है, किन्तु वर्ष के शेष समय वे बेरोजगार रहते हैं।

   ग्रामीण क्षेत्रों में भी कई प्रकार की बेरोजगारी विद्यमान है, जो निम्न प्रकार है

   (i) **मौसमी बेरोजगारी** जब वर्ष के किसी निश्चित समय या मौसम में बेरोजगारी होती है, तो इसे मौसमी बेरोजगारी कहा जाता है; जैसे—फसल कटने के बाद कृषि कार्य में लगे लोग कुछ समय के लिए बेरोजगार हो जाते हैं।

   (ii) **अदृश्य बेरोजगारी** जब किसी कार्य को करने के लिए आवश्यकता से अधिक लोग लगे होते हैं, तो वह अदृश्य बेरोजगारी होती है। यदि इसमें से कुछ व्यक्तियों को काम से निकाल दिया जाए, तो भी उत्पादन पर कोई प्रभाव नहीं पड़ता है। भारत में ग्रामीण क्षेत्रों में अदृश्य बेरोजगारी विशेष रूप से विद्यमान है। इसे **छिपी हुई या प्रच्छन्न बेरोजगारी** भी कहते हैं।

   (iii) **आकस्मिक बेरोजगारी** आकस्मिक का अर्थ है—अचानक आने वाली अर्थात् बाढ़, सूखा, तूफान तथा अन्य प्राकृतिक कारणों से आकस्मिक बेरोजगारी होती है।

2. **शहरी बेरोजगारी** जिस प्रकार भारत के ग्रामीण क्षेत्रों में कई प्रकार की बेरोजगारी पाई जाती है, उसी प्रकार शहरी क्षेत्रों में भी दो प्रकार की बेरोजगारी पाई जाती है, *जो निम्न प्रकार है—*
   (i) **शिक्षित बेरोजगारी** इस बेरोजगारी में शिक्षित व्यक्ति को उसकी योग्यता और क्षमता के अनुरूप काम नहीं मिल पाता है।
   (ii) **औद्योगिक बेरोजगारी** इस क्षेत्र के अन्तर्गत बेरोजगारी जनसंख्या में वृद्धि के कारण उत्पन्न होती है। इस क्षेत्र में बेरोजगारी का कारण शहरी उद्योगों में वृद्धि के कारण जनसंख्या का गाँवों से शहरों में पलायन का होना है। इससे शहरी आबादी बढ़ने के साथ शहरी बेरोजगारी की समस्या भी उत्पन्न हो जाती है।
3. **संरचनात्मक बेरोजगारी** इस प्रकार की बेरोजगारी पूँजी तथा साधनों के सीमित होने के कारण उत्पन्न होती है। यह बेरोजगारी विकासशील देशों में पाई जाती है।
4. **अल्प रोजगार** किसी व्यक्ति को उसकी योग्यता एवं क्षमता के अनुसार रोजगार न मिलना ही अल्प रोजगार है।
5. **खुली बेरोजगारी** इस बेरोजगारी के अन्तर्गत व्यक्ति काम करने का इच्छुक होता है, किन्तु उसे काम नहीं मिल पाता है। भारत में इस प्रकार के बेरोजगारों की संख्या बहुत अधिक है।
6. **ऐच्छिक बेरोजगारी** किसी व्यक्ति द्वारा जब प्रचलित मजदूरी पर अपनी इच्छा से कार्य नहीं किया जाता है, तो वह ऐच्छिक बेरोजगारी को इंगित करता है।
7. **तकनीकी बेरोजगारी** नई तकनीकी के आने के कारण जब कोई श्रमिक बेरोजगार होता है, तो वह तकनीकी बेरोजगारी कहलाती है।
8. **चक्रीय बेरोजगारी** जब किसी देश में आर्थिक मन्दी आती है, तो उस अवधि में मजदूरों की छँटनी शुरू कर दी जाती है, जिससे कुछ लोग बेरोजगार हो जाते हैं। इसी को चक्रीय बेरोजगारी कहा जाता है।
9. **संघर्षात्मक बेरोजगारी** श्रम बाजार की पूर्णताओं के कारण लोग अस्थायी रूप से बेरोजगार हो जाते हैं। इसे ही संघर्षात्मक बेरोजगारी कहते हैं।

भारत में बेरोजगारी के कारण

भारत में बेरोजगारी के कारण निम्न प्रकार हैं

1. **जनसंख्या में तीव्र वृद्धि** भारत में विगत् वर्षों में जनसंख्या में तीव्र वृद्धि हुई, किन्तु रोजगार के अवसर जनसंख्या के अनुपात में निम्न रहे, जिसका परिणाम यह हुआ कि भारत में बेरोजगारी तीव्र गति से बढ़ी है।
2. **भारतीय लघु एवं कुटीर उद्योगों का ह्रास** बड़ी-बड़ी स्वचालित मशीनों के आने से भारतीय लघु एवं कुटीर उद्योगों का ह्रास हुआ। मशीनीकृत उद्योगों में श्रम शक्ति का प्रयोग कम होता है, जिसके परिणामस्वरूप बेरोजगारी में वृद्धि हुई है।
3. **भारत में श्रम गतिशीलता का अभाव** भारतीय श्रमिक, घर से दूरी की बाधा, रूढ़िवादिता, पारिवारिक मोह, आदि के कारण दूसरे स्थानों पर कार्य करने में संकोच अनुभव करते हैं, जिसके कारण बेरोजगारी बढ़ती है।
4. **पूँजी गहन तकनीक का प्रयोग** इस तकनीक के अन्तर्गत श्रम शक्ति के स्थान पर स्वचालित मशीनों का प्रयोग अधिक किया जाता है, जिसके कारण रोजगार के अवसर कम हो जाते हैं।
5. **भारत में पूँजी निर्माण की दर का कम होना** भारत में पूँजी निर्माण की दर जनसंख्या वृद्धि की दर से कम है, जिसके कारण बढ़ी जनसंख्या को रोजगार उपलब्ध नहीं हो पाता है।
6. **शिक्षा पद्धति का दोषपूर्ण होना** भारत की शिक्षा पद्धति व्यवसाय प्रधान न होकर सिद्धान्त प्रधान है, जिसके कारण बेरोजगारी बढ़ती जाती है।
7. **महिलाओं की नौकरियों में भागीदारी** भारत की स्वतन्त्रता के समय महिलाओं का नौकरियों में योगदान बहुत कम था, किन्तु वर्तमान में महिलाओं ने सभी क्षेत्रों में अपनी पहचान बनाई है, जिसके कारण पुरुषों में बेरोजगारी बढ़ी है।
8. **करों में वृद्धि** सरकार द्वारा उद्योगपतियों पर लगाए गए करों में वृद्धि होने से उद्योगों के विस्तार पर रोक लगी है, जिसके परिणामस्वरूप बेरोजगारों की संख्या में वृद्धि हुई है।
9. **मुद्रास्फीति के कारण बेरोजगारी** मुद्रास्फीति के कारण भी बेरोजगारों की संख्या में वृद्धि होती है।
10. **भूमि का उपविभाजन** भूमि का छोटे-छोटे टुकड़ों में विभाजित होना ही उपविभाजन है। उपविभाजन के कारण भी श्रमिकों की बेरोजगारी में वृद्धि होती है।
11. **औद्योगीकरण का मन्द होना** विकसित देशों की तुलना में भारत में औद्योगीकरण मन्द अवस्था में है, जिसके कारण रोजगार के अवसर भी कम ही उत्पन्न होते हैं।
12. **अशिक्षित एवं अकुशल श्रम** अधिकांश भारतीय श्रमिक अशिक्षित तथा अकुशल हैं, जिसके कारण इन्हें रोजगार प्राप्त करने में समस्या होती है।

बेरोजगारी के प्रभाव

भारत में बेरोजगारी के प्रभावों को निम्न रूपों में देखा जा सकता है

1. **सामाजिक समस्याओं का उदय** बेरोजगारी के कारण अनेक सामाजिक समस्याएँ; जैसे—बेईमानी, चोरी, शराबखोरी, अनैतिकता, अपराध, आदि उत्पन्न होने लगती हैं, जिसके कारण समाज में अशान्ति फैलने लगती है। इस व्यवस्था को सुधारने के लिए सरकारें भारी व्यय करती हैं।
2. **मानव शक्ति का उचित उपयोग नहीं** बेरोजगारी के कारण मानव शक्ति का उचित उपयोग नहीं हो पाता है, जिस कारण यह शक्ति व्यर्थ ही चली जाती है और देश के विकास पर इसका गम्भीर प्रभाव पड़ता है।
3. **व्यक्ति की आय में कमी** बेरोजगारी के कारण व्यक्ति की प्रति व्यक्ति आय बँट जाती है, जिसके कारण निर्धनता में वृद्धि होने लगती है।
4. **राजनीतिक अस्थिरता** बेरोजगारी के कारण देश में राजनीतिक अस्थिरता बढ़ने लगती है।
5. **अन्य प्रभाव** बेरोजगारी के अन्य प्रभावों में औद्योगिक संघर्षों में वृद्धि, पेट भर भोजन न मिल पाना, मृत्युदर का बढ़ना, आदि हैं।

बेरोजगारी दूर करने हेतु उपाय/सुझाव

भारतीय बेरोजगारी को दूर करने के लिए निम्न उपाय किए जा सकते हैं

1. **नई योजनाओं का निर्माण** सरकार द्वारा नई योजनाओं का निर्माण किया जाना चाहिए। ये योजनाएँ इस प्रकार की होनी चाहिए कि इनमें अधिकतम लोगों के रोजगार की सम्भावना हो। दीर्घकालीन योजनाओं की अपेक्षा अल्पकालीन योजनाएँ विकसित की जानी चाहिए।
2. **निजी एवं सार्वजनिक क्षेत्रों को प्रोत्साहन** सरकार द्वारा निजी एवं सार्वजनिक क्षेत्रों को प्रोत्साहित किया जाना चाहिए। सार्वजनिक क्षेत्रों में बड़े पैमाने पर पूँजी का विनियोजन किया जाए, जिससे अधिक रोजगार के अवसर उपलब्ध हों।

3. **श्रमिकों को कुशल एवं प्रशिक्षित किया जाए** सरकार द्वारा श्रमिकों को कुशल एवं प्रशिक्षित करने के लिए प्रशिक्षण केन्द्र खोलने चाहिए। श्रमिकों के कुशल एवं प्रशिक्षित होने पर उत्पादन में वृद्धि होगी, जिसके परिणामस्वरूप बेरोजगारी की समस्या दूर होगी।
4. **कर व्यवस्था में संशोधन** सरकार द्वारा पूँजीपतियों को कर में छूट देनी चाहिए, जिससे नए उद्योगों का विकास हो। इस प्रकार बेरोजगारी की समस्या को कम किया जा सकता है।
5. **जनसंख्या पर नियन्त्रण** भारत की जनसंख्या तीव्र गति से बढ़ रही है, जिसके कारण बेरोजगारी की समस्या भी बढ़ रही है। जनसंख्या की वृद्धि को नियन्त्रित करके बेरोजगारी की समस्या को कम किया जा सकता है।
6. **रोजगार उन्मुख शिक्षा पद्धति** देश की शिक्षा पद्धति को परिवर्तित करके रोजगार उन्मुख बनाना चाहिए, जिससे लोगों को शिक्षा प्राप्त करके रोजगार पाने में आसानी हो।
7. **लघु एवं कुटीर उद्योगों का विकास** सरकार को अपनी योजनाओं में लघु एवं कुटीर उद्योगों के विकास पर बल देना चाहिए, जिससे कम पूँजी में ही अधिक-से-अधिक लोगों को रोजगार प्राप्त हो सके।
8. **प्राकृतिक संसाधनों का सर्वेक्षण** भारत सरकार द्वारा प्राकृतिक संसाधनों का सर्वेक्षण कराया जाना चाहिए, जिससे नई सम्भावनाओं का पता चल सके।
9. **सहायक उद्योग-धन्धों का विकास** मौसमी बेरोजगारी के कारण कुछ लोग बेरोजगार हो जाते हैं। इसे दूर करने के लिए कृषि के साथ सहायक उद्योग-धन्धों का विकास किया जाना चाहिए।
10. **श्रम गतिशीलता में वृद्धि** श्रमिकों को शिक्षित किया जाना चाहिए, ताकि वे दूसरे स्थानों पर जाकर रोजगार प्राप्त कर सकें।
11. **नवयुवकों के दृष्टिकोण में परिवर्तन** नवयुवकों के दृष्टिकोण में परिवर्तन किया जाना चाहिए, जिससे कि वे नौकरी के अतिरिक्त अन्य व्यवसायों को चुनने में भी रुचि दिखाएँ।
12. **गाँवों का विकास** ग्रामीण क्षेत्रों में सड़कों का निर्माण किया जाना चाहिए तथा लघु एवं मध्यम सिंचाई योजनाओं का विस्तार किया जाना चाहिए। इसके अतिरिक्त ग्रामीण क्षेत्रों में कृषि सेवा केन्द्र स्थापित किया जाना चाहिए, जिससे प्रशिक्षित व्यक्तियों को ग्रामीण क्षेत्रों में रोजगार मिल सके।

सरकार द्वारा रोजगार सृजन कार्यक्रम

स्वतन्त्रता प्राप्ति के पश्चात् से ही संघीय और राज्य सरकारें रोजगार के सृजन हेतु अपने प्रयास करती आ रही हैं। इन प्रयासों को 'प्रत्यक्ष' और 'अप्रत्यक्ष' दो भागों में बाँटा जाता है। सरकार अपने विभिन्न विभागों में प्रशासकीय कार्यों के लिए नियुक्तियाँ करती है। सरकार कई उद्योग, होटल, परिवहन, कम्पनियाँ आदि का संचालन करती है, जिसमें लोगों को प्रत्यक्ष रूप से रोजगार प्राप्त होते हैं।

जब सार्वजनिक उद्यमों में उत्पादन स्तर में वृद्धि होती है, तो उन उद्यमों को सामग्रियों की पूर्ति करने वाले निजी उद्यमों को भी अपना उत्पादन बढ़ाने का अवसर मिलता है। इस तरह सरकार द्वारा अप्रत्यक्ष रूप से रोजगार के अवसरों का सृजन भी किया जाता है। सरकारों द्वारा गरीबी निवारण हेतु चलाए जा रहे कई कार्यक्रमों का क्रियान्वयन भी रोजगार सृजन के तहत् ही किया जाता है, उन्हें रोजगार सृजन कार्यक्रम भी कहा जाता है। इन कार्यक्रमों के द्वारा केवल रोजगार ही उपलब्ध नहीं कराया जाता है, बल्कि इनके तहत् प्राथमिक स्वास्थ्य, शिक्षा, ग्रामीण आवास, ग्रामीण जलापूर्ति, पोषण व लोगों की आय तथा रोजगार सृजन करने वाली परिसम्पत्तियाँ खरीदने, आदि में सहायता के कार्य भी किए जाते हैं।

भारत में ग्रामीण बेरोजगारी दूर करने के लिए सरकार द्वारा निम्न प्रयास/कार्यक्रम किए/चलाए गए हैं

1. **राष्ट्रीय ग्रामीण रोजगार कार्यक्रम** इस कार्यक्रम को अक्टूबर, 1980 में प्रारम्भ किया गया था। इस कार्यक्रम का उद्देश्य ग्रामीण एवं अर्द्ध-बेकारी को समाप्त करना था। इसके अन्तर्गत धन का 50% मजदूरों एवं सीमान्त कृषकों तथा 50% धन निर्धन ग्रामीणों पर खर्च करने का प्रावधान किया गया।
2. **ग्रामीण भूमि रोजगार कार्यक्रम** इस योजना को वर्ष 1983-84 में प्रारम्भ किया गया था। इसका उद्देश्य भूमिहीन कृषि मजदूरों को कृषि के अतिरिक्त समय में रोजगार उपलब्ध कराना था। इस कार्यक्रम के अन्तर्गत भूमिहीन श्रमिकों को वर्ष में 100 दिन रोजगार देने एवं गाँवों में स्थायी सम्पत्ति के निर्माण की व्यवस्था की गई थी।
3. **न्यूनतम मजदूरी दर अधिनियम** इस अधिनियम के द्वारा मजदूरों के लिए न्यूनतम मजदूरी निर्धारित की गई, जिससे उनके शोषण को रोकने में सफलता प्राप्त हुई।
4. **जवाहर रोजगार योजना** सरकार द्वारा इस कार्यक्रम को 1 अप्रैल, 1989 को प्रारम्भ किया गया था। इस योजना का मुख्य लक्ष्य ग्रामीण क्षेत्रों में बेकार एवं अर्द्ध-बेरोजगार लोगों को रोजगार उपलब्ध कराना रहा।
5. **स्वर्ण जयन्ती शहरी रोजगार योजना** 1 दिसम्बर, 1997 से लागू यह योजना पूर्व में चल रही तीन योजनाओं को सम्मिलित करके बनाई गई। ये योजनाएँ थीं—नेहरू रोजगार योजना (NRY), गरीबों के लिए शहरी बुनियादी सेवाएँ तथा प्रधानमन्त्री की समन्वित शहरी गरीबी उन्मूलन सेवाएँ। स्वर्ण जयन्ती शहरी रोजगार योजना का उद्देश्य शहरी निर्धनों को स्व-रोजगार उपक्रम स्थापित करने के लिए वित्तीय सहायता देना है। इस योजना की दो स्कीमें हैं
   (i) **शहरी स्व-रोजगार कार्यक्रम** *इसके दो घटक हैं—*
      (a) लघु उद्यम और कौशल विकास द्वारा स्व-रोजगार
      (b) शहरी क्षेत्रों में महिलाओं और बच्चों का विकास
   (ii) **शहरी मजदूरी रोजगार कार्यक्रम** इस कार्यक्रम का उद्देश्य शहरी स्थानीय निकायों के अधिकार क्षेत्र में गरीबी रेखा के नीचे रहने वाले लाभार्थियों को इनके श्रम का सामाजिक और आर्थिक रूप से उपयोगी, सार्वजनिक सम्पत्ति के निर्माण में उपयोग करके मजदूरी रोजगार उपलब्ध कराना है।
6. **प्रधानमन्त्री रोजगार योजना** इस योजना को 2 अक्टूबर, 1993 को आरम्भ किया गया था। इस योजना के अन्तर्गत उद्योग, व्यापार एवं सेवा क्षेत्र में 70 लाख लघु उद्यम स्थापित करके 10 लाख से अधिक 18 से 35 वर्ष की आयु वर्ग के शिक्षित बेरोजगारों को रोजगार सहायता प्रदान करने का प्रावधान किया गया।
7. **रोजगार आश्वासन योजना** यह योजना 2 अक्टूबर, 1993 से लागू की गई। इस योजना का उद्देश्य ग्रामीण क्षेत्रों में किसानों और खेतिहर मजदूरों को वर्ष के बेरोजगार दिवसों में 100 दिन का रोजगार सुनिश्चित करना था।
8. **सम्पूर्ण ग्रामीण रोजगार योजना** इस योजना को पं. दीनदयाल उपाध्याय के जन्मदिवस पर 25 दिसम्बर, 2001 को प्रारम्भ किया गया।

इस योजना के अन्तर्गत ग्रामीण क्षेत्रों में स्थिर सामुदायिक, सामाजिक तथा आर्थिक परिसम्पत्तियों के सृजन सहित ग्रामीण क्षेत्रों में मजदूरी रोजगार तथा खाद्य सुरक्षा का प्रावधान किया गया।

9. **स्वर्ण जयन्ती ग्राम स्व-रोजगार योजना** यह योजना 1 अप्रैल, 1999 को प्रारम्भ की गई। यह योजना गाँवों में रहने वाले गरीबों के लिए स्व-रोजगार की एकमात्र योजना है। इस योजना में 6 योजनाओं का विलय किया गया, जो निम्न हैं
   (i) समन्वित ग्राम विकास कार्यक्रम
   (ii) स्व-रोजगार के लिए ग्रामीण युवाओं का प्रशिक्षण कार्यक्रम
   (iii) ग्रामीण क्षेत्र में महिला एवं बाल विकास कार्यक्रम
   (iv) ग्रामीण दस्तकारों को उन्नत औजारों की किट की आपूर्ति का कार्यक्रम
   (v) गंगा कल्याण योजना
   (vi) दस लाख कुआँ योजना

10. **मनरेगा कार्यक्रम** भारतीय संसद ने ग्रामीण क्षेत्रों में रोजगार सृजन हेतु राष्ट्रीय ग्रामीण रोजगार गारण्टी अधिनियम, 2005 पारित किया। यह देश के ग्रामीण परिवारों के सदस्यों को अकुशल श्रमिक के रूप में कार्य करने को 100 दिन की दिहाड़ी उपलब्ध कराने की गारण्टी देता है।

11. **आउटसोर्सिंग** इससे आशय है कि एक बड़ी फर्म द्वारा अपने विशिष्ट विभागों (विधि, कम्प्यूटर, प्रोग्रामिंग या ग्राहक सेवा अनुभाग) को बन्द कर दिया जाता है एवं छोटे उद्यमियों को व्यापक स्तर पर छोटे-छोटे रोजगार उपलब्ध कराए जाते हैं। यह दूसरे देशों में भी स्थित हो सकता है। इससे बड़ी फर्म को भी लाभ होता है।

वस्तुनिष्ठ प्रश्न

1. श्रमिकों द्वारा आजीविका उपार्जन के लिए की गई क्रियाएँ सम्बन्धित हैं
(a) रोजगार से (b) श्रम से
(c) खाद्य से (d) इनमें से कोई नहीं

2. आर्थिक क्रियाओं को कितने वर्गों में विभाजित किया जाता है?
(a) चार (b) पाँच
(c) सात (d) आठ

3. श्रमिक कितने प्रकार के होते हैं?
(a) दो (b) तीन
(c) चार (d) पाँच

4. स्वयं का व्यापार करने वाले श्रमिक होते हैं
(a) स्व-नियोजित श्रमिक (b) भाड़े के श्रमिक
(c) 'a' और 'b' दोनों (d) इनमें से कोई नहीं

5. किसी दूसरे व्यक्ति के अधीन कार्य करने वाले श्रमिक हैं
(a) नियमित (b) अनियमित
(c) भाड़े के (d) इनमें से कोई नहीं

6. किसी फैक्ट्री में कार्य करने वाले श्रमिक हैं
(a) अनियमित श्रमिक (b) नियमित श्रमिक
(c) स्व-नियोजित श्रमिक (d) इनमें से कोई नहीं

7. निम्न में से कौन अर्थव्यवस्था के तृतीयक क्षेत्रक में शामिल है/हैं?
(a) परिवहन (b) व्यापार
(c) भण्डारण (d) ये सभी

8. सकल घरेलू उत्पाद की वृद्धि दर व रोजगार वृद्धि व दर के बढ़ते अन्तर को कहते हैं
(a) रोजगार रहित संवृद्धि
(b) रोजगार सहित संवृद्धि
(c) रोजगार सहभागिता दर
(d) उपरोक्त में से कोई नहीं

9. औपचारिक कार्यकर्ता है
(a) नियमित वेतनभोगी
(b) शहरी क्षेत्र में काम करने वाला
(c) कृषि श्रमिक
(d) 10 से अधिक श्रमिकों वाले निजी प्रतिष्ठान में कार्य करने वाला

10. मौसमी बेरोजगारी निम्नलिखित में से किस क्षेत्र में पाई जाती है?
(a) सेवा क्षेत्र
(b) विनिर्माण क्षेत्र
(c) कृषि क्षेत्र
(d) उपरोक्त में से कोई नहीं

11. संरचनात्मक बेरोजगारी किन देशों में पाई जाती है?
(a) विकासशील (b) विकसित
(c) अल्पविकसित (d) ये सभी

12. चक्रीय बेरोजगारी की स्थिति किस परिस्थिति में बनती है?
(a) राष्ट्रीय आपातकाल स्थिति में
(b) आर्थिक मन्दी में
(c) पलायन स्थिति में
(d) उपरोक्त सभी

13. भारत में बेरोजगारी का/के कारण निम्नलिखित में से कौन-सा/से है/हैं?
(a) जनसंख्या में तीव्र वृद्धि
(b) घरेलू उद्योगों का ह्रास
(c) 'a' और 'b' दोनों
(d) उपरोक्त में से कोई नहीं

14. बेरोजगारी का प्रभाव निम्नलिखित में से कौन दर्शाता है?
(a) व्यक्तिगत आय में कमी
(b) राजनीतिक अस्थिरता
(c) सामाजिक समस्याओं का उद्भव
(d) उपरोक्त सभी

15. बेरोजगारी दूर करने का उपाय निम्नलिखित में से कौन-सा है?
(a) नई योजनाओं का निर्माण
(b) निजी एवं सार्वजनिक क्षेत्रों को प्रोत्साहन
(c) जनसंख्या पर नियन्त्रण
(d) उपरोक्त सभी

16. सरकार ने रोजगार सृजन कार्यक्रम के अन्तर्गत मनरेगा कार्यक्रम कब प्रारम्भ किया?
(a) 2008
(b) 2002
(c) 2005
(d) 2007

17. कृषि प्रधान क्षेत्रों में किस प्रकार की बेरोजगारी व्याप्त है?
(a) अदृश्य (b) संरचनात्मक
(c) खुली (d) ऐच्छिक

18. पूंजी तथा साधनों के सीमित होने के कारण कौन-सी बेरोजगारी उत्पन्न होती है?
(a) संरचनात्मक (b) अदृश्य
(c) मौसमी (d) ये सभी

19. भारत में किस प्रकार के बेरोजगारों की संख्या अधिक है?
(a) ऐच्छिक (b) खुली
(c) तकनीकी (d) अल्प

20. बेरोजगारी का एक सामान्य कारण है
(a) प्राकृतिक प्रकोप (b) कृषि सम्बन्धी
(c) तीव्र जनसंख्या वृद्धि (d) दोषपूर्ण औद्योगिकी

21. बेरोजगारी का प्रभाव है
(a) व्यक्ति की आय में कमी
(b) राजनीतिक अस्थिरता
(c) सामाजिक समस्याओं का उदय
(d) उपरोक्त सभी

22. भारत में गरीबी को परिभाषित किया गया है
(a) लोगों के जीवन स्तर से
(b) परिवार की आय से
(c) कैलौरी प्राप्ति से
(d) परिवार के सदस्यों की संख्या से

23. समुदाय विकास कार्यक्रम का क्या उद्देश्य है?
(a) शैक्षणिक सुविधाएँ सुलभ करना
(b) जीवन स्तर को बेहतर बनाना
(c) राजनीतिक प्रशिक्षण
(d) उपरोक्त सभी

24. चक्रीय बेरोजगारी का क्या अर्थ है?
(a) व्यापार चक्र में मन्दी के दौरान बेरोजगारी
(b) प्रच्छन्न बेरोजगारी
(c) मौसमी बेरोजगारी
(d) स्वैच्छिक बेरोजगारी

25. निम्न में से कौन बेरोजगारी का प्रभाव नहीं है?
(a) जनशक्ति संसाधनों का अपव्यय
(b) आर्थिक अधिभार में वृद्धि
(c) एक अर्थव्यवस्था के समग्र विकास में बाधा
(d) प्रति व्यक्ति आय में वृद्धि

26. भारत में कृषि में बेरोजगारी का स्वरूप है
(a) केवल मौसमी
(b) केवल प्रच्छन्न
(c) 'a' और 'b' दोनों
(d) उपरोक्त में से कोई नहीं

27. उस रोजगार की स्थिति को क्या कहते हैं, जिसमें कृषि श्रमिकों की उत्पादकता शून्य होती है?
(a) ढाँचागत बेरोगारी (b) मौसमी बेरोगारी
(c) चक्रीय बेरोगारी (d) प्रच्छन्न बेरोगारी

28. अल्प विकसित देशों में गरीबी का मुख्य कारण है
(a) स्वैच्छिक निष्क्रियता
(b) आय में असमानता
(c) सांस्कृतिक गतिविधियों का अभाव
(d) लोगों में बुद्धि का अभाव

29. ग्रामीण विकास के लिए पाइलट परियोजना का प्रारम्भ किया गया
(a) वर्ष 1971 में (b) वर्ष 1978 में
(c) वर्ष 1952 में (d) वर्ष 1948 में

30. भारत में रोजगार सृजन हेतु प्रधानमन्त्री रोजगार योजना कब शुरू की गई?
(a) 1 अक्टूबर, 1993
(b) 2 अक्टूबर, 1993
(c) 10 दिसम्बर, 1995
(d) 21 मार्च, 1997

सही उत्तर

1. (a)	**2.** (d)	**3.** (a)	**4.** (a)	**5.** (c)	**6.** (b)	**7.** (d)	**8.** (a)	**9.** (d)	**10.** (c)
11. (a)	**12.** (b)	**13.** (c)	**14.** (d)	**15.** (d)	**16.** (c)	**17.** (a)	**18.** (a)	**19.** (b)	**20.** (c)
21. (d)	**22.** (c)	**23.** (d)	**24.** (a)	**25.** (d)	**26.** (c)	**27.** (d)	**28.** (b)	**29.** (d)	**30.** (b)

अध्याय 08 भारतीय अर्थव्यवस्था के क्षेत्रक

सामान्यत: सम्पूर्ण भारतीय अर्थव्यवस्था की आर्थिक गतिविधियों को लेखांकित करने के लिए तीन क्षेत्रकों में विभाजित किया जाता है

(i) **प्राथमिक क्षेत्र** (Primary Sector) इसके अन्तर्गत अर्थव्यवस्था के प्राकृतिक क्षेत्रों का लेखांकन किया जाता है।

(ii) **द्वितीयक क्षेत्र** (Secondary Sector) इसके अन्तर्गत मुख्यत: अर्थव्यवस्था की विनिर्मित वस्तुओं के उत्पादन का लेखांकन किया जाता है; जैसे

- **निर्माण** जहाँ किसी स्थायी परिसम्पत्ति (Permanent Asset) का निर्माण किया जाए; जैसे—भवन।
- **विनिर्माण** जहाँ किसी वस्तु का उत्पादन (Production) किया जाए; जैसे-कपड़ा, ब्रेड आदि।
  - विद्युत, गैस एवं जलापूर्ति इत्यादि से सम्बन्धित कार्य।

(iii) **तृतीयक क्षेत्र** (Tertiary Sector) यह अर्थव्यवस्था के प्राथमिक और द्वितीयक क्षेत्रक को अपनी उपयोगी सेवाएँ प्रदान करता है।

अर्थव्यवस्था के अन्य क्षेत्रक

अर्थव्यवस्था के अन्य क्षेत्रक निम्न प्रकार हैं

चतुर्धातुक क्षेत्र

चतुर्धातुक क्षेत्र (Quaternary Sector) में संस्कृति, पुस्तकालय, अनुसन्धान, शिक्षा और सूचना प्रौद्योगिकी जैसी गतिविधियों को शामिल किया जाता है।

पंचसंख्यक क्षेत्र

समाज में उच्च स्तर के निर्णय लेने के लिए अन्य किसी पर निर्भर रहना पड़ता है। पंचसंख्यक क्षेत्र (Quinary Sector) में इस बात को ध्यान में रखते हुए विश्वविद्यालय, मीडिया, विज्ञान, गैर-लाभ संस्थान आदि को शामिल किया जाता है।

वस्तु क्षेत्रक एवं गैर-वस्तु क्षेत्रक

प्राथमिक और द्वितीयक क्षेत्रक के सम्मिलित रूप को वस्तु क्षेत्रक (Commodity Sector) कहा जाता है। इसके अन्तर्गत भौतिक वस्तुओं के उत्पादन को शामिल किया जाता है, जबकि सेवा क्षेत्रक को हम गैर-वस्तु क्षेत्रक (Non-Commodity Sector) कहते हैं।

वास्तविक क्षेत्रक

अर्थव्यवस्था का वास्तविक क्षेत्र (Real Sector) उत्पादन पक्ष से सम्बन्धित होता है, जबकि सांकेतिक अर्थव्यवस्था वित्तीय पक्ष से सम्बन्धित होती है। इसलिए किसानों का अपनी फसलें काटना और कपड़ा मिलों का कच्चे कपास को कपड़े में बदलना आदि अर्थव्यवस्था में वास्तविक क्षेत्रक का निर्माण करते हैं।

संगठित एवं असंगठित क्षेत्रक

ऐसी इकाइयाँ, जो अपने आर्थिक क्रियाकलापों का नियमित लेखांकन करती हैं, संगठित क्षेत्रक (Organised Sector) के अन्तर्गत आती हैं तथा जो ऐसा नहीं करती हैं, वे **असंगठित क्षेत्रक** (Unorganised Sector) के अन्तर्गत आती हैं।

बाजार

किसी वस्तु का बाजार वह क्षेत्र है, जिसमें वस्तु के क्रेता एवं विक्रेता एक-दूसरे के सम्पर्क में हों और जिसमें वस्तु के विनिमय सौदे होते हैं। प्रतियोगिता के आधार पर बाजारों को निम्नलिखित वर्गों में वर्गीकृत किया जाता है

बाजार के प्रमुख रूप

बाजार के रूप	विशेषताएँ
पूर्ण प्रतियोगिता (Perfect Competition)	क्रेताओं एवं विक्रेताओं की अधिक संख्या, फर्मों का स्वतन्त्र प्रवेश व बहिर्गमन, समरूप वस्तुएँ, एकसमान कीमत
एकाधिकार (Monopoly)	केवल एक फर्म द्वारा वस्तु का उत्पादन, फर्मों के प्रवेश पर प्रतिबन्ध, समरूप उत्पाद, ऊँची किन्तु एकसमान कीमत
एकाधिकार प्रतियोगिता (Monopolistic Courpetition)	क्रेताओं की बढ़ती संख्या, किन्तु विक्रेताओं की सापेक्षतया सीमित संख्या, उत्पाद विभेद (रंग, डिजाइन, आकार आदि में), कीमत विभेद/अन्तर फर्मों का स्वतन्त्र प्रवेश और बहिर्गमन
अल्पाधिकार (Oligopoly)	फर्मों की सीमित संख्या, समरूप या भेदीकृत उत्पाद, उत्पाद विभेद और ऊँची कीमतों के द्वारा नए फर्मों के प्रवेश पर प्रतिबन्ध

आर्थिक संवृद्धि एवं आर्थिक विकास

आर्थिक संवृद्धि एवं आर्थिक विकास का विवरण निम्न प्रकार है

आर्थिक संवृद्धि

- आर्थिक संवृद्धि (Economic Growth) से अभिप्राय निश्चित समयावधि में किसी अर्थव्यवस्था में होने वाली वास्तविक आय (Real Income) में वृद्धि से है।
- सामान्यत: यदि सकल राष्ट्रीय उत्पाद, सकल घरेलू उत्पाद तथा प्रतिव्यक्ति आय में वृद्धि होती है, तो निश्चय रूप से कहा जा सकता है कि आर्थिक संवृद्धि हो रही है।
- निवल राष्ट्रीय उत्पाद (Net National Product, NNP) में परिवर्तन की दर आर्थिक संवृद्धि दर (Economic Growth Rate) कहलाती है। इसको राष्ट्रीय आय की वृद्धि (National Income Rate) दर भी कहा जाता है।

$$\text{आर्थिक संवृद्धि} = \frac{NNP_2 - NNP_1}{NNP_1} \times 100$$

जहाँ, NNP_2 = वर्तमान वर्ष का निवल राष्ट्रीय उत्पाद

NNP_1 = पिछले वर्ष का निवल राष्ट्रीय उत्पाद

भारत जैसे विकासशील देशों में आर्थिक संवृद्धि दर, आर्थिक विकास दर की तुलना में कम होती है। आर्थिक वृद्धि के तीन रूप होते हैं

(i) **प्रगतिशील वृद्धि** (Progressive Growth) जब कुल आय में वृद्धि जनसंख्या में होने वाली वृद्धि से अधिक हो।

(ii) **अधोगामी वृद्धि** (Retrogressive Growth) जब कुल आय में वृद्धि की अपेक्षा जनसंख्या में वृद्धि अधिक हो।

(iii) **स्थिर वृद्धि** (Stationary Growth) जब कुल आय की वृद्धि एवं जनसंख्या वृद्धि की दरें आपस में बराबर हों।

आर्थिक विकास

- आर्थिक विकास (Economic Development) से तात्पर्य उस प्रक्रिया से है, जिसके परिणामस्वरूप देश के समस्त उत्पादन साधनों का कुशलतापूर्वक विदोहन होता है।
- इसमें राष्ट्रीय आय और प्रतिव्यक्ति आय में निरन्तर एवं दीर्घकालिक वृद्धि होती है तथा जनता के जीवन स्तर एवं सामान्य कल्याण का सूचकांक बढ़ता है। इस प्रकार आर्थिक संवृद्धि एक मात्रात्मक संकल्पना है, जबकि आर्थिक विकास एक गुणात्मक संकल्पना है। सकल घरेलू उत्पादन में परिवर्तन की दर आर्थिक विकास दर कहलाती है।

$$\text{आर्थिक विकास दर} = \frac{GDP_2 - GDP_1}{GDP_1} \times 100$$

जहाँ, GDP_2 = वर्तमान वर्ष में GDP में वृद्धि/कमी

GDP_1 = पिछले वर्ष में GDP में वृद्धि/कमी

आर्थिक विकास को प्रभावित करने वाले कारक

आर्थिक विकास को प्रभावित करने वाले घटकों को दो मुख्य भागों में वर्गीकृत किया गया है

(i) आर्थिक घटक

आर्थिक घटक निम्न प्रकार हैं

- प्राकृतिक संसाधन
- श्रम शक्ति एवं जनसंख्या
- पूँजी निर्माण
- पूँजी उत्पादन अनुपात
- तकनीकी प्रगति
- आधारभूत संरचना
- संगठन
- वित्तीय स्थिरता

(ii) गैर-आर्थिक घटक

गैर-आर्थिक घटक निम्न प्रकार हैं

- सामाजिक घटक
- राजनीतिक घटक
- अन्तर्राष्ट्रीय घटक
- धार्मिक घटक

आर्थिक विकास एवं आर्थिक संवृद्धि में महत्त्वपूर्ण अन्तर

स्तर	आर्थिक विकास	आर्थिक संवृद्धि
धारणा	व्यापक और प्रामाणिक अवधारणा	संकीर्ण अवधारणा (आर्थिक विकास की तुलना में)
क्षेत्र	यह अर्थव्यवस्था में संरचनात्मक परिवर्तन से सम्बन्धित है।	यह उत्पादन में होने वाली वृद्धि से सम्बन्धित है।
वृद्धि	इसमें विकास को मानव विकास सूचकांक में वृद्धि तथा असमानता में कमी से मापा जाता है। इसमें अर्थव्यवस्था के उन परिवर्तनों पर बल दिया जाता है, जिनसे व्यक्ति के जीवन स्तर में सुधार हो।	इसमें वृद्धि को सकल घरेलू उत्पाद, उपभोग, सरकारी व्यय, निवेश एवं निर्यात के आधार पर देखा जाता है।
मापन	मानव विकास सूचकांक लिंग आधारित सूचकांक, मानव निर्धनता सूचकांक, मातृ एवं शिशु मृत्यु दर, साक्षरता	सकल घरेलू उत्पाद में होने वाली मात्रात्मक वृद्धि
प्रभाव	इससे अर्थव्यवस्था में मात्रात्मक एवं गुणात्मक परिवर्तन आते हैं।	अर्थव्यवस्था में मात्रात्मक परिवर्तन आता है।

हिन्दू वृद्धि दर

प्रो. राजकृष्ण द्वारा प्रतिपादित हिन्दू वृद्धि दर (Hindu Growth Rate, HGR) का सम्बन्ध राष्ट्रीय आय अथवा भारतीय अर्थव्यवस्था की वृद्धि दर से है। भारत में उदारीकरण (1991) को अपनाए जाने से पूर्व वर्ष 1950-80 के बीच वृद्धि दर 3.5% के बीच रही। इसे ही **प्रो. राजकृष्ण** ने हिन्दू वृद्धि दर कहा है। पूर्व केन्द्रीय मन्त्री अरुण शौरी ने इस 3.5% वार्षिक वृद्धि दर को समाजवादी वृद्धि दर कहा है। वर्ष 1991 में उदारीकरण की नीति अपनाए जाने के बाद से भारत इससे बाहर निकलने में सफल रहा है।

नोट संवृद्धि की सीमा ((The Limits of growth)) की अवधारणा का प्रतिपादन **क्लब ऑफ रोम** द्वारा वर्ष 1972 में किया गया था।

सामाजिक और आर्थिक विकास सूचकांक

आर्थिक वृद्धि और विकास को मापने के लिए अलग-अलग अर्थशास्त्रियों ने विभिन्न तरीकों के प्रस्ताव रखे हैं। आर्थिक घटनाक्रमों के कुछ प्रमुख सूचकांक इस प्रकार हैं

मानव विकास रिपोर्ट

मानव विकास रिपोर्ट (Human Development Report, HDR) में विभिन्न राष्ट्रों द्वारा विकास के विभिन्न मानकों के सापेक्ष में किए गए प्रयासों का एक वैश्विक विश्लेषण प्रस्तुत किया जाता है। मानव विकास रिपोर्ट के अन्तर्गत मानव विकास सूचकांक व इसके विभिन्न आयामों को सम्मिलित किया जाता है, जो निम्न प्रकार हैं

मानव विकास सूचकांक

वर्ष 1990 में **संयुक्त राष्ट्र विकास कार्यक्रम** (United Nations Development Programme UNDP) से जुड़े अर्थशास्त्री **महबूब-उल-हक**, उनके सहयोगी अमर्त्य सेन एवं अन्य लोगों द्वारा मानव विकास सूचकांक (Human Development Index, HDI) का निर्माण किया गया, जिसका प्रकाशन मानव विकास रिपोर्ट (Human Development Report) में वर्ष 1990 से निरन्तर प्रकाशित किया जाता रहा है।

मानव विकास सूचकांक के आयाम

मानव विकास सूचकांक के तीन आयाम हैं—जीवन प्रत्याशा सूचकांक, शिक्षा प्राप्ति सूचकांक तथा रहन-सहन स्तर का औसत सूचकांक। इस सूचकांक के तीनों आयामों को इस प्रकार स्पष्ट किया गया है

(i) जीवन प्रत्याशा सूचकांक

प्रतिवर्ष संयुक्त राष्ट्र विकास कार्यक्रम (United Nations Development Programme, UNDP) द्वारा मानव विकास सूचकांक के आधार पर मानव विकास रिपोर्ट प्रकाशित की जाती है। इसमें जन्म के समय जीवन प्रत्याशा सूचकांक (Life Expectancy Index, LEI) (SDG-8.5) को स्वास्थ्य का सूचक माना जाता है।

(ii) शिक्षा प्राप्ति सूचकांक

- ज्ञान या शैक्षिक प्राप्ति सूचकांक (Educational Attainment Index, EAI) के मापन हेतु वयस्क साक्षरता तथा संयुक्त नामांकन अनुपात (प्राथमिक, माध्यमिक तथा उच्च शिक्षा में नामांकन) का उपयोग किया जाता है।
- यह सूचकांक स्कूलावधि के अनुमानित वर्ष (SDG-4.3) और स्कूलावधि के औसत वर्ष (SDG-4.4) के माध्यम से निकाला जाता है। इस सूचकांक में बालिग साक्षरता (Adult Literacy Rate, ALR) को दो-तिहाई भार तथा संयुक्त नामांकन अनुपात (Combined Enrolment Ratio, CER) को एक-तिहाई भार दिया जाता है।

(iii) रहन-सहन स्तर सूचकांक

- इसे मापने हेतु प्रतिव्यक्ति (Per Capita) सकल देशीय उत्पाद को आधार बनाया गया है, जिसमें जीवन स्तर प्रभावित होता है। रहन-सहन स्तर सूचकांक (Standard of Living Index, SLI) का आकलन आय के स्तर एवं क्रय शक्ति क्षमता (Purchasing Power Parity, PPP) के आधार पर किया जाता है।
- यह सूचकांक क्रय शक्ति क्षमता आधारित सकल राष्ट्रीय आय (Gross National Income) से प्राप्त होता है, इसलिए इसे सकल घरेलू उत्पाद (Gross Domestic Product) सूचकांक भी कहते हैं।

उपरोक्त तीनों सूचकांकों को विभिन्न पैमानों पर मापते हुए 0 से 1 के पैमाने पर मानव विकास सूचकांक का निर्माण किया जाता है। इसका अधिकतम मूल्य 1 के बराबर होता है।

जिस देश का मान 1 के जितना ज्यादा समीप होता है, उसे उतना ऊँचा मानव विकास वाला देश माना जाता है।

मानव विकास सूचकांक = 1/3 (जीवन प्रत्याशा सूचकांक + शिक्षा प्राप्ति सूचकांक + रहन सहन स्तर सूचकांक)

मानव विकास सूचकांक का मूल्य के आधार पर वर्गीकरण

- अत्यधिक उच्च मानव विकास वाले देश = 0.800 और अधिक
- उच्च मानव विकास वाले देश = 0.700 से 0.799
- मध्यम मानव विकास वाले देश = 0.550 से 0.699
- निम्न मानव विकास वाले देश = 0.352 से 0.550

मानव विकास रिपोर्ट, 2010 में तीन नई धारणाओं-असमानता समायोजित मानव विकास सूचकांक, लैंगिक असमानता सूचकांक और बहुआयामी गरीबी सूचकांक का प्रतिपादन किया गया, जिनका विवरण निम्न प्रकार से है

असमानता समायोजित मानव विकास सूचकांक

असमानता समायोजित मानव विकास सूचकांक (Inequality Adjusted Human Development Index, IHDI) किसी देश के मानव विकास सूचकांक के तीन घटकों पर औसत प्रदर्शन से अलग जाते हुए उसी देश के नागरिकों में उन तीनों घटकों की विभाजन में व्याप्त असमानता को दर्शाता है। इसे प्रतिशत में व्यक्त करते हैं।

लिंग आधारित असमानता सूचकांक

- लिंग आधारित असमानता सूचकांक (Gender Inequality Index, GII) ज्ञात करने के लिए उन्हीं तीन सूचकांकों का प्रयोग किया जाता है, जिनका HDI में प्रयोग किया गया है।
- इस सूचकांक से पुरुष तथा महिला की सामाजिक, सांस्कृतिक एवं आर्थिक स्थिति का अध्ययन किया जाता है।
- यह शून्य (जब महिलाओं और पुरुषों में न्यून असमानता हो) और एक (जब पुरुषों और महिलाओं में एक-दूसरे की तुलना में सभी आयामों में खराब प्रदर्शन हो) के बीच बदलता रहता है।
- लिंग आधारित असमानता सूचकांक, 2023-24 की रिपोर्ट के अनुसार, कुल 192 देशों में भारत का 123वाँ स्थान है।
- लिंग आधारित विकास सूचकांक = 1/3 (जीवन प्रत्याशा सूचकांक + शिक्षा सूचकांक + सकल घरेलू उत्पाद सूचकांक)।

बहुआयामी निर्धनता सूचकांक

- बहुआयामी निर्धनता सूचकांक (Multidimensional Poverty Index, MPI) का विकास वर्ष 2010 में संयुक्त राष्ट्र विकास कार्यक्रम (United National Development Programme, UNDP) एवं ऑक्सफोर्ड निर्धनता एवं मानव विकास की पहल पर हुआ।
- बहुआयामी निर्धनता सूचकांक निर्धनता मापन के लिए कई मानकों का प्रयोग करता है, जिसमें प्राथमिक शिक्षा, कुपोषणता, शिशु मृत्यु दर, बिजली की उपलब्धता, स्वच्छ पेयजल की उपलब्धता आदि को सम्मिलित किया जाता है।
- इस सूचकांक के तीन आयाम और 10 संकेतक हैं। इन सभी संकेतकों को समान महत्त्व प्राप्त है।

लिंग आधारित विकास सूचकांक

- मानव विकास रिपोर्ट, 2014 में इसका उल्लेख किया गया है। **लिंग सशक्तीकरण संकेतक** (Gender Development Index, GDI) में महिलाओं के अधिकार के स्थान पर उन्हें उपलब्ध अवसरों को महत्त्व दिया जाता है।
- इसके अन्तर्गत निर्णयन क्षमता एवं राजनीतिक भागीदारी, आर्थिक भागीदारी एवं निर्णय लेने सम्बन्धित एवं आर्थिक संसाधनों पर अधिकार, जिन्हें स्त्रियों तथा पुरुषों द्वारा अर्जित आय के माध्यम से मापा जाता है, शामिल हैं।

भारत के राज्यों की मानव विकास रिपोर्ट

संयुक्त राष्ट्र विकास कार्यक्रम (United Nations Development Programme, UNDP) की मानव विकास रिपोर्ट के आधार पर भारत के कई राज्यों द्वारा भी मानव विकास रिपोर्ट जारी की गई है। सर्वप्रथम वर्ष 1995 में **मध्य प्रदेश** ने अपनी मानव विकास रिपोर्ट जारी की थी।

सकल राष्ट्रीय खुशहाली

- सकल राष्ट्रीय खुशहाली (Gross National Happiness, GNH) देश की गुणवत्ता को अधिक समग्र तरीके से मापता है और इसके अन्तर्गत ऐसा विश्वास किया जाता है कि मानव समाज का विकास तब होता है, जब भौतिक और आध्यात्मिक विकास साथ-साथ होते हैं और वे एक-दूसरे के पूरक होते हैं।
- सकल राष्ट्रीय खुशहाली की अवधारणा वर्ष 1972 में भूटान के नरेश **जिग्मे सिंगये वांगचुक** ने प्रस्तुत की थी। GNH को मापने के लिए मुख्य रूप से नौ संकेतकों पर विचार किया जाता है, जो निम्न हैं

(i) मनोवैज्ञानिक स्वास्थ्य (ii) स्वास्थ्य
(iii) शिक्षा (iv) संस्कृति
(v) समय उपयोग
(vi) सुशासन
(vii) सामुदायिक जीवन शक्ति
(viii) पारिस्थितिक विविधता और लचीलापन
(ix) जीवन स्तर

डेनिसन सूचकांक

इसका प्रतिपादन वर्ष 1962 में एडवर्ड डेनिसन द्वारा किया गया है। इसमें शिक्षा की गुणात्मकता को व्यक्ति की आय अर्जित करने की शक्ति को प्रभावित करने वाले कारक के रूप में लिया गया है।

जीवन का भौतिक गुणवत्ता सूचकांक

- यह एक सामाजिक सूचकांक है। इस सूचकांक का विकास **मॉरिश डेविड मॉरिश** द्वारा वर्ष 1976 में किया गया था, जिसके अन्तर्गत आर्थिक विकास के संकेतकों के रूप में तीन तत्त्वों की जीवन प्रत्याशा (Life Expectancy), शिशु मृत्यु दर (Child Mortality Rate) एवं मौलिक साक्षरता (Fundamental Education) की गणना की जाती है।
- इन तीनों संकेतकों का औसत लेकर हम **जीवन का भौतिक गुणवत्ता सूचकांक** (Physical Quality of Life Index, PQLI) निकाल सकते हैं।
- जीवन के भौतिक गुणवत्ता सूचकांक का मान 0 से 100 के बीच होता है। 0 का अर्थ अच्छा एवं 100 का अर्थ बहुत खराब अवस्था से लगाया जाता है।

वास्तविक प्रगति सूचकांक

- सतत आर्थिक कल्याण ही वास्तविक प्रगति सूचकांक (Genuine Progress Indicator, GPI) का सुधरा हुआ संस्करण है, जिसे विख्यात अर्थशास्त्री **हरमन डेली** और **जॉन बी कॉब** ने वर्ष 1989 में दिया।
- यह समान निजी उपभोग के डाटा से शुरू होता है, जैसे सकल घरेलू उत्पादन होता है। यह संकल्पना हरित अर्थव्यवस्था (Green Economy) तथा कल्याणकारी अर्थव्यवस्था में है।
- वास्तविक प्रगति सूचकांक के अन्तर्गत वे सभी कुछ आते हैं, जो सकल घरेलू विकास में योगदान देते हैं। साथ ही अर्थव्यवस्था के नकारात्मक पहलू; जैसे—जुर्म, संसाधन की कमी, ओजोन में कमी का भी योग करते हैं।

वैश्विक भुखमरी सूचकांक

- वैश्विक भुखमरी सूचकांक (Global Hunger Index, GHI) में बहुआयामी सांख्यिकी आँकड़ों के माध्यम से विश्व के विभिन्न देशों की भुखमरी के सन्दर्भ में उनकी स्थिति को स्पष्ट किया जाता है।
- इस रिपोर्ट को वाशिंगटन स्थित इण्टरनेशनल फूड पॉलिसी रिसर्च इंस्टीट्यूट (International Food Policy Research Institute, IFPRI) के द्वारा जारी किया जाता है। वैश्विक भुखमरी सूचकांक में चार घटक संकेतक को जोड़ते हैं-(1) कुपोषण (2) अल्पपोषण (3) शिशु वृद्धिरोधन तथा (4) बाल मृत्यु दर
- इण्टरनेशनल फूड पॉलिसी रिसर्च इंस्टीट्यूट द्वारा प्रथम रिपोर्ट का प्रकाशन वर्ष 2006 में किया गया था। यह सूचकांक प्रतिवर्ष निकाला जाता है। वर्ष 2023 के सूचकांक में 125 देशों में भारत का 111वाँ स्थान है। इस सूचकांक में सबसे नीचे तीन स्थानों पर क्रमश: यमन, मेडागास्कर और मध्य अफ्रीका गणराज्य हैं।

राष्ट्रीय समृद्धि सूचकांक

राष्ट्रीय समृद्धि सूचकांक (National Prosperity Index, NPI) सामाजिक-आर्थिक विकास के मापन का मानक सूचकांक है। इसके तीन घटक निम्न प्रकार हैं

(i) सकल घरेलू उत्पाद (GDP) वृद्धि दर।

(ii) जीवन की गुणवत्ता में सुधार (मुख्यत: गरीबी रेखा के नीचे के लोगों के जीवन का)।

(iii) अपनी सांस्कृतिक विरासत पर आधारित मूल्य प्रणाली का जीवन के प्रत्येक क्षेत्र में प्रयोग करना।

यह जीवन की गुणवत्ता में सुधार, शुद्ध पेयजल, पोषण, आवासीय व्यवस्था, उचित सफाई, उत्तम स्वास्थ्य सुविधा, अच्छी शिक्षा तथा रोजगार आदि सम्भाव्यताओं का फलन है, जबकि सांस्कृतिक विरासत, सामाजिकता, समन्वय, सहिष्णुता, सार्वभौमिकता, सामाजिक विषमता का अभाव, सहभागिता, समरसता तथा संयुक्त परिवार प्रणाली को प्रोत्साहित करने पर निर्भर करती है।

वर्ष 2007 में दक्षेस (SAARC) सम्मेलन में पूर्व राष्ट्रपति ए पी जे अब्दुल कलाम ने इसी सूचकांक को आधार बनाकर **दक्षेस समृद्धि सूचकांक** (SAARC Prosperity Index) विकसित करने का आह्वान किया था।

विश्व बैंक की मानव पूँजी परियोजना

वर्ष 2017 में विश्व बैंक द्वारा मानव पूँजी परियोजना की घोषणा की गई।

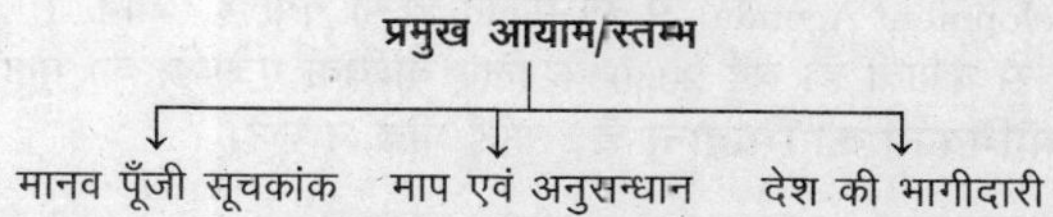

मानव पूँजी सूचकांक

- वर्ष 2018 में विश्व बैंक द्वारा मानव पूँजी सूचकांक (Human Capital Index HCI) की घोषणा की गई।
- यह किसी देश की स्वास्थ्य एवं शिक्षा से सम्बन्धित सूचकांक को प्रस्तुत करता है।

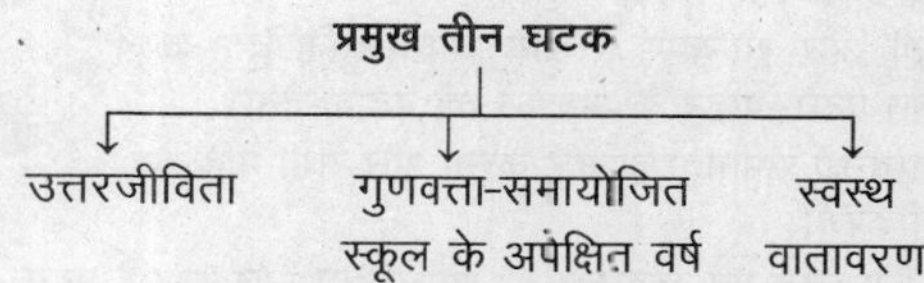

सतत विकास

- वर्तमान में बाजारीकरण के दौर में सभी देश आर्थिक समृद्धि की दर को ऊँची बनाए रखने के लिए तीव्र औद्योगीकरण पर बल दे रहे हैं, जिसके परिणामस्वरूप प्राकृतिक संसाधनों का तेजी से ह्रास (Depreciation) हो रहा है, जिससे एक ओर तो निकट भविष्य में इन प्राकृतिक संसाधनों के भण्डारों के समाप्त होने की सम्भावनाएँ व्यक्त की जाने लगी हैं, तो दूसरी ओर वायुमण्डल में बढ़ती ग्रीन हाउस गैसों से मानव प्रजाति का अस्तित्व पूरी तरह से खतरे में आ गया है।
- इन सभी समस्याओं के समाधान के लिए 1980 के दशक में सतत विकास (Sustainable Development) की अवधारणा प्रस्तुत की गई, क्योंकि मानव विकास के लिए औद्योगिक विकास एवं स्वच्छ पर्यावरण दोनों आवश्यक हैं।
- सतत विकास की अवधारणा का विकास सर्वप्रथम वर्ष 1987 में **ब्रण्टलैण्ड कमीशन** (Brundtland Commission) की रिपोर्ट के प्रकाशन के साथ हुआ।
- **अवर कॉमन फ्यूचर** नामक इस रिपोर्ट में सतत विकास को विकास की एक ऐसी प्रक्रिया के रूप में देखा गया है, जो वर्तमान पीढ़ियों की आवश्यकताओं के साथ-साथ भावी पीढ़ियों की आवश्यकताओं को भी ध्यान में रखती है।

सतत विकास लक्ष्य

- ब्राजील के **रियो-डि-जेनेरियो** शहर में जून, 2012 में सतत विकास सम्बन्धी संयुक्त राष्ट्र सम्मेलन (रियो + 20) में दि फ्यूचर वी वाण्ट नामक परिणाम दस्तावेज जारी किया गया।
- इस दस्तावेज द्वारा अधिदेशित तीस सदस्यीय कार्यदल ने जुलाई, 2014 में 17 **सतत विकास लक्ष्य** (Sustainable Development Goals, SDG) जारी किए हैं, जो वर्ष 2030 तक प्राप्त किए जाने हैं। उल्लेखनीय है कि इससे पूर्व सितम्बर 2000 में संयुक्त राष्ट्र महासभा द्वारा सहस्राब्दि विकास लक्ष्य (MDG) (8 वैश्विक लक्ष्य) पारित किया गया था, जिसकी अवधि वर्ष 2015 तक के लिए थी।
- इन लक्ष्यों में व्यापक स्तर पर सम्पोषणीय विकास के मुद्दे शामिल किए गए हैं।
- वर्ष 2015 में इन लक्ष्यों को संयुक्त राष्ट्र के विकास एजेण्डा (Development Agenda) में सम्मिलित किया गया है, जोकि 1 जनवरी, 2016 से प्रभावी है। वर्ष 2030 के लिए वैश्विक एजेण्डा का मूल मन्त्र **सार्वभौमिकता का सिद्धान्त** है : कोई पीछे न छूटे।

17 सतत विकास लक्ष्य

1. गरीबी के सभी रूपों को सर्वत्र समाप्त करना।
2. भुखमरी को समाप्त करना, खाद्य सुरक्षा प्राप्त करना, पोषण में सुधार लाना तथा सम्पोषणीय कृषि को बढ़ावा देना।
3. स्वास्थ्य सुनिश्चित करना और आयु के अनुसार सभी के लिए तन्दुरुस्ती को बढ़ावा देना।
4. समावेशी और साम्यपूर्ण स्तरीय शिक्षा सुनिश्चित करना और सभी के लिए आजीवन पठन-पाठन के अवसरों को बढ़ावा देना।
5. लिंग सम्बन्धी समानता हासिल करना और सभी महिलाओं एवं बालिकाओं का सशक्तीकरण।
6. सबके लिए जल एवं स्वच्छता की उपलब्धता और स्थायी प्रबन्धन सुनिश्चित करना।
7. सबके लिए वहनीय, विश्वसनीय और आधुनिक ऊर्जा की उपलब्धता सुनिश्चित करना।
8. सबके लिए स्थायी, समावेशी और सतत आर्थिक विकास, पूर्ण एवं लाभकारी तथा उचित रोजगार को बढ़ावा देना।
9. समुत्थानशील अवसंरचना निर्मित करना, समावेशी एवं सम्पोषणीय औद्योगीकरण को बढ़ावा देना तथा नवोन्मेष (innovation) को प्रोत्साहित करना।
10. देशों के भीतर और आपस में भी असमानता कम करना।
11. शहरों और मानव बस्तियों को समावेशी, सुरक्षित और सम्पोषणीय बनाना।
12. सम्पोषणय खपत और उत्पादन पैटर्न सुनिश्चित करना।
13. जलवायु परिवर्तन एवं इसके प्रभावों का मुकाबला करने के लिए तत्काल कार्रवाई करना।
14. सतत विकास के लिए महासागरों, समुद्रों और समुद्री संसाधनों का संरक्षण करना एवं सम्पोषणीय तरीके से उपयोग करना।
15. पृथ्वी के पारिस्थितिकी तन्त्रों का संरक्षण, पुनरुद्धार करना एवं उनके सम्पोषणीय उपयोग को बढ़ावा देना।
16. सम्पोषणीय विकास के लिए शान्तिपूर्ण व समावेशी सोसायटियों का संवर्द्धन करना।
17. सबके लिए न्याय सुलभ करना और सभी स्तरों पर प्रभावी, जवाबदेही व समावेशी संस्थाओं का निर्माण करना।

सतत विकास लक्ष्य

SDG सूचकांक-नीति आयोग

- वर्ष 2018 में नीति आयोग द्वारा शुरू किया गया SDG सूचकांक एक आधारभूत रिपोर्ट है।
- नीति आयोग भारत में सतत् विकास लक्ष्यों के कार्यान्वयन के लिए एक नोडल संस्था है।
- प्रदर्शन के आधार पर राज्यों एवं केन्द्रशासित प्रदेशों को 0 से 100 तक अंक प्रदान किए जाते हैं।
- इस सूचकांक में राज्यों एवं केन्द्रशासित प्रदेशों को चार श्रेणियों में विभाजित किया गया है

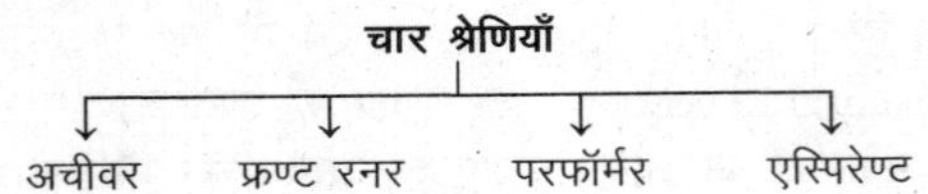

SDG सूचकांक-सतत विकास समाधान नेटवर्क

- संयुक्त राष्ट्र के सदस्य देशों के बीच 17 सतत विकास लक्ष्यों के कार्यान्वयन को तैयार करना।

जेण्डर सोशल नॉर्म्स इण्डेक्स

- यह वर्ष 2019 में मानव विकास रिपोर्ट में पेश किया गया था।
- यह लैंगिक असमानता के मूल कारणों का विश्लेषण करता है।

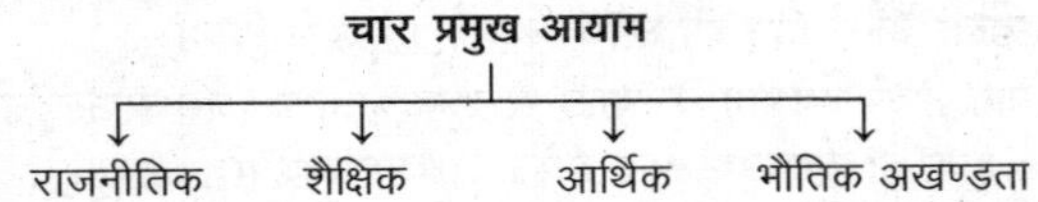

मानव सतत विकास सूचकांक

- स्वतन्त्र अर्थशास्त्रियों द्वारा मानव सतत विकास सूचकांक (Human Sustainable Development Index, HSDI) का विकास वर्ष 2010 में किया गया था।
- यह मानव विकास सूचकांक के चौथे महत्त्वपूर्ण संकेतक के रूप में प्रतिव्यक्ति कार्बन उत्सर्जन पर निर्भर करता है। इस सूचकांक के अन्तर्गत प्रथम पाँच प्रमुख देश—नॉर्वे, न्यूजीलैण्ड, स्वीडन, स्विट्जरलैण्ड एवं फ्रांस हैं।

सहस्राब्दि विकास लक्ष्य रिपोर्ट

आर्थिक और सामाजिक मामलों के संयुक्त राष्ट्र विभाग (UN DESA) द्वारा तैयार किए गए सहस्राब्दि विकास लक्ष्यों (Millennium Development Goals, MDGs) के आकलन को संयुक्त राष्ट्र संघ द्वारा सहस्राब्दि विकास लक्ष्य रिपोर्ट, 2015 नाम से जारी किया गया। वैश्विक सतत विकास संकेतक डेटाबेस में डेटा और अनुमानों का उपयोग करके UN DESA द्वारा वार्षिक स्तर पर रिपोर्ट तैयार की जाती है।

भारतीय अर्थव्यवस्था

- अन्तर्राष्ट्रीय मुद्रा कोष के अनुसार, मौद्रिक (Nominal) सकल घरेलू उत्पाद में भारतीय अर्थव्यवस्था विश्व की 5वीं अर्थव्यवस्था है। इसी प्रकार भारतीय अर्थव्यवस्था क्रय शक्ति समता के आधार पर विश्व की तीसरी बड़ी अर्थव्यवस्था है। दोनों ही दृष्टियों से अमेरिका विश्व की सबसे बड़ी अर्थव्यवस्था (वर्ष 2011) है।

- वित्तीय क्षेत्र की एक प्रमुख ब्रिटिश कम्पनी प्राइस वाटरहाउस कूपर्स (Price Waterhouse Coopers, PWC) ने अपनी एक अध्ययन रिपोर्ट में यह निष्कर्ष निकाला है कि यदि सब कुछ अपेक्षित दर से बना रहा, तो विनिमय दर के आधार पर भारतीय अर्थव्यवस्था विश्व की तीसरी बड़ी अर्थव्यवस्था वर्ष 2050 में होगी, जबकि क्रय शक्ति समता के आधार पर यह विश्व की दूसरी बड़ी अर्थव्यवस्था उसी वर्ष (2050 में) हो जाएगी।
- अन्तरिम बजट 2024-25 के अनुसार वास्तविक जीडीपी वृद्धि दर वित्त वर्ष 2023-24 में 7.3% रहने का अनुमान है।
- राष्ट्रीय सांख्यिकी कार्यालय (एनएसओ) द्वारा 31 मई, 2021 को वित्त वर्ष 2020-21 के लिए स्थिर मूल्यों (आधार वर्ष 2011-12) पर सकल घरेलू उत्पाद की विकास दर में – 7.2% की वृद्धि एवं चालू मूल्यों पर – 3.0% की वृद्धि का अनन्तिम अनुमान जारी किया गया है। स्थिर कीमतों पर प्रतिव्यक्ति आय (2011-12 के मूल्यों पर) वर्ष 2020-21 में ₹ 85,929 है। वर्ष 2021-22 में प्रति व्यक्ति आय ₹ 1.48 लाख तथा वर्ष 2022-23 में प्रति व्यक्ति आय ₹ 1.72 लाख अनुमानित है।
- वर्ष 2012-13 से 2023-24 तक विकास दर क्रमश: निम्न प्रकार रही

वित्त वर्ष	विकास दर (नई सीरीज में)
2012-13	5.5
2013-14	6.4
2014-15	7.5
2015-16	8.0
2016-17	6.6
2017-18	6.5
2018-19	6.1
2019-20	4.2
2020-21	– 7.3
2021-22	– 8.7
2022-23	7.0
2023-24	7.6 (अनुमानित)

राष्ट्रीय आय

- राष्ट्रीय आय एवं प्रतिव्यक्ति आय की वृद्धि दर का आशय आर्थिक संवृद्धि से जुड़ा है, जबकि आर्थिक विकास का आशय राष्ट्रीय आय में मात्रात्मक वृद्धि के अतिरिक्त अर्थव्यवस्था के आकार में वृद्धि से है।

राष्ट्रीय आय से तात्पर्य

- किसी अर्थव्यवस्था में एक निश्चित वितीय वर्ष (भारत में सामान्यत: 1 अप्रैल से 31 मार्च तक) के दौरान उत्पादित अन्तिम वस्तुओं अथवा पूर्ण निर्मित वस्तुओं तथा सेवाओं के मूल्य को **राष्ट्रीय आय** (National Income) कहा जाता है।
- राष्ट्रीय आय के आकलन के दौरान विदेशों से अर्जित आय को सम्मिलित किया जाता है अर्थात् कुल राष्ट्रीय आय किसी अर्थव्यवस्था में वस्तुओं एवं सेवाओं के प्रवाह की माप है। अत: राष्ट्रीय आय एक प्रवाह है, संग्रह (Stock) नहीं।
- राष्ट्रीय आय एक दिए हुए समय में किसी अर्थव्यवस्था की उत्पादन शक्ति को मापती है। इसके आकलन में अन्तिम वस्तुओं एवं सेवाओं के मूल्य को गिनने के पीछे मुख्य कारण दोहरी गणना की प्रक्रिया से बचना है। भारत में राष्ट्रीय आय की गणना **राष्ट्रीय सांख्यिकी कार्यालय** (National Statistical Office, NSO) द्वारा की जाती है।

राष्ट्रीय आय = $C + I + G + (X - M)$

जहाँ, C = Consumption (उपयोग), I = Investment (निवेश),

G = Government Expenditure (सरकारी व्यय)

X = निर्यात से प्राप्त आय एवं भारतीय नागरिकों द्वारा विदेश में अर्जित एवं भारत में भेजी जाने वाली आय

M = आयात मद में व्यय और भारत के बाहर भेजी जाने वाली आय

भारत में राष्ट्रीय आय की गणना का इतिहास

- भारत में सर्वप्रथम राष्ट्रीय आय के सन्दर्भ में अनुमान 1868 ई. में **दादाभाई नौरोजी** द्वारा उनकी पुस्तक **पॉवर्टी एण्ड अनब्रिटिश रूल इन इण्डिया** में व्यक्त किए गया।
- दादाभाई नौरोजी ने प्रतिव्यक्ति वार्षिक आय ₹ 20 बताई थी। वर्ष 1925-29 में **डॉ. वी के आर वी राव** ने सर्वप्रथम वैज्ञानिक विधि से राष्ट्रीय आय और राष्ट्रीय लेखा प्रणाली की गणना की।

राष्ट्रीय आय समिति

वर्ष 1948-49 में **प्रो. पी सी महालनोबिस** की अध्यक्षता में राष्ट्रीय आय समिति (National Income Committee) की नियुक्ति की गई, जिसकी अनुशंसा पर राष्ट्रीय आय सम्बन्धित लेखा प्रणाली का ढाँचा स्थापित हुआ तथा केन्द्रीय सांख्यिकी संगठन की स्थापना की गई। राष्ट्रीय आय समिति ने अपनी प्रथम रिपोर्ट वर्ष 1951 में तथा अन्तिम रिपोर्ट वर्ष 1954 में दी।

अर्थव्यवस्था में आय का चक्रीय प्रवाह

- आय के चक्रीय प्रवाह का तात्पर्य किसी अर्थव्यवस्था में वस्तुओं और सेवाओं के उत्पादन, आय एवं व्यय के अन्तहीन प्रवाह से है, जो उत्पादन इकाई एवं परिवारों के बीच चक्राकार तरीके से आय के पुनर्वितरण को दर्शाता है।
- चक्रीय प्रवाह में परिवार अपनी उत्पादक गतिविधियों के लिए फर्मों से आय प्राप्त करते हैं।
- इसमें चार प्रकार के अंशदान शामिल हैं
  (i) श्रम (मजदूरी), (ii) पूँजी (ब्याज),
  (iii) उद्यमिता (लाभ) (iv) प्राकृतिक संसाधन (किराया)

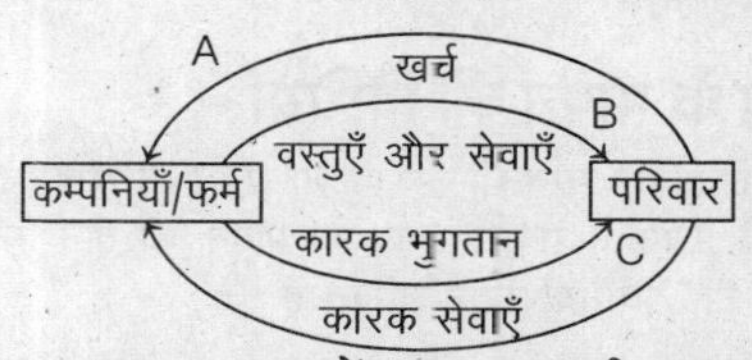

एक सरल व्यवस्था में आय का चक्रीय प्रवाह

राष्ट्रीय आय की गणना

- राष्ट्रीय आय की गणना के माध्यम से अर्थव्यवस्था की वास्तविक क्षमता का पता चलता है, साथ ही इसके माध्यम से अर्थव्यवस्था की उपलब्धियों का भी मूल्यांकन किया जा सकता है।
- राष्ट्रीय आय की गणना द्वारा अर्थव्यवस्था के तीनों क्षेत्रों के लिए प्राथमिकता तय करने एवं इनके बीच सन्तुलन स्थापित करने सम्बन्धी उपायों से सहायता मिलती है।
- राष्ट्रीय आय की गणना द्वारा गरीबी निवारण एवं रोजगार सृजन कार्यक्रम (Employment Creation Programme) के लक्ष्य निर्धारण तथा मुद्रास्फीति के सम्बन्ध में वास्तविक स्थिति का पता लगाने में सहायता मिलती है।

- इसके साथ ही सरकार की वास्तविक राजस्व प्राप्ति एवं खर्च के सम्बन्ध में भी सही अनुमान लगाया जा सकता है।
- राष्ट्रीय आय के अनुमान का प्रथम सरकारी आकलन वर्ष 1948-49 में वाणिज्य मन्त्रालय के द्वारा जारी किया गया।

राष्ट्रीय आय की गणना सम्बन्धी सावधानियाँ

राष्ट्रीय आय की गणना में निम्न सावधानियों को ध्यान में रखना आवश्यक है

- अन्तिम वस्तुओं एवं सेवाओं के मूल्यों को जोड़ा जाना चाहिए। उत्पादन प्रक्रिया में सम्मिलित मध्यवर्ती वस्तुओं के मूल्यों को नहीं जोड़ा जाना चाहिए।
- राष्ट्रीय आय की गणना साधन लागत पर की जानी चाहिए। उपभोग एवं पूँजीगत दोनों वस्तुओं एवं सेवाओं के मूल्यों को जोड़ा जाना चाहिए।
- सेवानिवृत्ति पेंशन को राष्ट्रीय आय में सम्मिलित नहीं किया जाता है, क्योंकि राष्ट्रीय आय की परिभाषा के अनुसार, यह किसी वर्ष विशेष में उत्पादित अन्तिम वस्तुओं एवं सेवाओं का योग होती है।

राष्ट्रीय आय की गणना में निम्न मदों को शामिल नहीं किया जाता

- **हस्तान्तरण भुगतान** (Transfer Payment) ऐसे भुगतान किसी सेवा या उत्पादन के बदले प्राप्त नहीं होते। मुख्यत: सामाजिक सुरक्षा हेतु भुगतान; जैसे—पेंशन आदि।
- **पूँजीगत लाभ** (Capital Gains) यह वस्तुओं एवं सेवाओं के वास्तविक उत्पादन के बजाय बाजार के स्फीतिकारी प्रभावों के कारण प्राप्त आय है।
- **गैर-कानूनी** (Unlawful Gains) गैर-कानूनी गतिविधियों से प्राप्त आय को राष्ट्रीय आय में शामिल नहीं किया जाता, क्योंकि एक ओर तो ये गैर-कानूनी है, वहीं दूसरी ओर इनका मापन भी व्यावहारिक रूप से सम्भव नहीं है।
- **निषिद्ध वस्तुओं** (Prohibited Items) इनमें अफीम आदि के उत्पादन को गणना में शामिल नहीं किया जाता है।
- **पुरानी वस्तुओं की खरीद एवं बिक्री** (Sale and Purchase of Old Objects) को भी राष्ट्रीय आय में शामिल नहीं किया जाता, क्योंकि इनका उत्पादन किसी दूसरे वर्ष में हुआ था और वहाँ इनकी गणना की जा चुकी होती है।

राष्ट्रीय आय के मापन की विधियाँ

राष्ट्रीय आय की लेखांकन सम्बन्धी अवधारणा सर्वप्रथम **साइमन कुजनेट्स** द्वारा प्रतिपादित की गई, जिन्होंने राष्ट्रीय आय के मापन की तीन विधियों को प्रस्तुत किया है। इसकी तीन विधियाँ निम्नलिखित हैं

(i) उत्पाद या मूल्यवर्धित पद्धति

- उत्पाद पद्धति (Product Method) को **वस्तु सेवा विधि** के नाम से भी जाना जाता है। इसके अन्तर्गत यह आकलन किया जाता है कि अन्तिम उत्पाद में प्रत्येक उद्योग ने अलग-अलग क्या योगदान दिया। इस पद्धति के अन्तर्गत सर्वप्रथम देश में एक वर्ष में उत्पादित अन्तिम वस्तुओं एवं सेवाओं का मूल्य ज्ञात कर लेते हैं। इसके योग को बाजार मूल्य पर आधारित सकल घरेलू उत्पाद (GDP_{MP}) कहा जाता है।
- साधन लागत पर सकल घरेलू उत्पाद (GDP_{FC}) को बाजार मूल्य पर आधारित सकल घरेलू उत्पाद से ही ज्ञात किया जाता है।

$$GDP_{FC} = GDP_{MP} - \text{अप्रत्यक्ष कर} + \text{सब्सिडी}$$

वर्धित मूल्य

वह मूल्य जो किसी फर्म द्वारा किए गए शुद्ध योगदान को दर्शाता है, वह वर्धित मूल्य कहलाता है। जैसेयदि कोई स्टील बनाने वाला ₹ 200 की स्टील चादर स्टील निर्माता से लेता है और उससे जो बॉक्स को तैयार करता है, उसका मूल्य ₹ 600 होता है, तो स्टील बनाने वाला (बॉक्स निर्माता) मूल्यवर्धन 600 – 200 = ₹ 400 होगा।

(ii) आय पद्धति

- आय पद्धति (Income Method) के अन्तर्गत राष्ट्रीय आय का आकलन उत्पाद कारकों; जैसे-श्रम, पूँजी उद्यमिता एवं भूमि द्वारा प्राप्त आय इत्यादि के लिए भुगतान के आधार पर किया जाता है।
- अन्य शब्दों में, राष्ट्रीय आय की गणना के लिए विभिन्न क्षेत्रों में कार्यरत् व्यक्तियों तथा व्यावसायिक उपक्रमों की शुद्ध आय का योग प्राप्त किया जाता है।

राष्ट्रीय आय = (कुल लगान – भूमि से प्राप्त आय)
+ (कुल मजदूरी – श्रम से प्राप्त आय) + (कुल ब्याज
– पूँजी से प्राप्त आय) + (कुल लाभ – उद्यमी को प्राप्त आय)

(iii) व्यय पद्धति

व्यय पद्धति (Consumption Method) के अनुसार, कुल आय या तो उपभोग पर व्यय की जाती है या बचत पर। अत: राष्ट्रीय आय, कुल उपभोग व्यय तथा कुल बचत का योग होती है।

राष्ट्रीय आय = कुल उपभोग व्यय + कुल बचत

राष्ट्रीय आय से सम्बन्धित अवधारणाएँ

राष्ट्रीय आय की गणना के सम्बन्ध में मूलत: दो अवधारणाओं—राष्ट्रीय उत्पाद तथा घरेलू उत्पाद को आधार स्वरूप लिया जाता है। शेष सभी धारणाएँ इन धारणाओं पर आधारित इनके प्रतिरूप स्वरूप हैं।

राष्ट्रीय आय से सम्बन्धित समग्र अवधारणाओं को निम्नलिखित प्रकार से व्यक्त किया जाता है

सकल घरेलू उत्पाद

- देश की घरेलू सीमा के अन्तर्गत एक वर्ष (भारत के सन्दर्भ में 1 अप्रैल से 31 मार्च) में उत्पादित सभी **अन्तिम वस्तुओं** और **सेवाओं** के मौद्रिक मूल्य के योग को सकल घरेलू उत्पाद (Gross Domestic Product, GDP) कहा जाता है।
- सकल घरेलू उत्पाद में कुछ भाग उन विदेशियों की उत्पादक सेवाओं का परिणाम हो सकता है, जिन्होंने अपनी पूँजी तथा तकनीकी ज्ञान का उपयोग करके देश के कुल उत्पादन में कुछ योगदान दिया है।
- अत: इसके अन्तर्गत देश की भौगोलिक सीमा के अन्दर विदेशियों द्वारा उत्पादित वस्तुओं एवं सेवाओं को भी सम्मिलित किया जाता है।

$$GDP = C + I + G$$

जहाँ, C = कुल उपभोग, I = कुल निवेश, G = कुल सरकारी व्यय

लेकिन बन्द अर्थव्यवस्था में, (R–P) = 0; इस रूप में GDP = GNP

जहाँ, (R–P) = विदेश से शुद्ध आय, R = प्राप्ति (Receipt),
P = भुगतान (Payment)

निवल घरेलू उत्पाद

सकल घरेलू उत्पाद में से जब उत्पादन की प्रक्रिया में प्रयुक्त मशीन और पूँजी के मूल्य में आई कमी (मूल्य ह्रास) को घटा दिया जाता है, तो इसे निवल घरेलू उत्पाद

(Net Domestic Product, NDP) कहते हैं। NDP में विदेशों से प्राप्त आय शामिल नहीं की जाती अर्थात्

NDP = GDP – Depreciation (मूल्यह्रास)

$NDP_{MP} = GDP_{MP}$ – मूल्यह्रास

$NDP_{FC} = GDP_{FC}$ – मूल्यह्रास

सकल घरेलू उत्पाद के अन्तर्गत निम्न उत्पादों को सम्मिलित किया गया है, जो निम्न प्रकार हैं

(i) बाजार कीमत पर सकल घरेलू उत्पाद

देश की सीमा के अन्तर्गत निवासी और गैर-निवासी उत्पादक इकाइयों द्वारा बाजार मूल्य पर व्यक्त मूलवर्द्धनों का योग या सम्पूर्ण अन्त्य वस्तुओं तथा सेवाओं का बाजार मूल्य पर व्यक्त मूल्य ही बाजार कीमत पर सकल घरेलू उत्पाद (GDP_{MP}) कहलाता है।

$GDP_{MP} = GDP_{FC}$ + (अप्रत्यक्ष कर-सब्सिडी)

(ii) साधन लागत पर सकल घरेलू उत्पाद

बाजार कीमत पर सकल घरेलू उत्पाद (GDP_{MP}) तथा साधन लागत पर सकल घरेलू उत्पाद (GDP_{FC}) के मध्य में अन्तर पाया जाता है। वह परोक्ष कर (Direct Tax) तथा सब्सिडी की मात्रा या निवल राष्ट्रीय उत्पाद (Net National Product, NNP) के कारण होता है।

(iii) वास्तविक सकल घरेलू उत्पाद

जब सकल घरेलू उत्पाद (GDP) को स्थिर मूल्यों पर आधार वर्ष (2011-12) मापा जाता है, तो इसे वास्तविक सकल घरेलू उत्पाद (Real Gross Domestic Product) कहा जाता है। इसमें मुद्रास्फीति को समायोजित कर लिया जाता है।

(iv) सांकेतिक सकल घरेलू उत्पाद

जब सकल घरेलू उत्पाद (GDP) को मुद्रास्फीति को समायोजित किए बिना मापा जाता है तो उसे सांकेतिक सकल घरेलू उत्पाद (Nominal GDP) कहा जाता है। सांकेतिक जीडीपी सामान्यत: वास्तविक जीडीपी से अधिक होता है।

क्रय शक्ति समता विधि

- क्रय शक्ति समता विधि (Purchasing Power Parity (PPP) Method) का प्रयोग सर्वप्रथम अन्तर्राष्ट्रीय मुद्रा कोष (International Monetary Fund, IMF) द्वारा वर्ष 1988 में विभिन्न देशों के रहन-सहन स्तर के निर्धारण हेतु किया गया। इस विधि में किसी देश विशेष की सकल राष्ट्रीय आय को, देश के अन्दर मुद्रा की क्रय शक्ति के आधार पर ज्ञात किया जाता है।
- GDP को क्रय शक्ति समता विधि द्वारा भी मापा जाता है। सांकेतिक सरल घरेलू उत्पाद को ही इस स्थिति में प्रयोग में लाते हैं। क्रय शक्ति समता के आधार पर भारत विश्व की **तीसरी अर्थव्यवस्था** है।

भारत में सकल घरेलू उत्पाद गणना

- आमतौर पर एक देश में सकल घरेलू उत्पाद की गणना राष्ट्रीय सांख्यिकी एजेंसी करती है।
- भारत में सकल घरेलू उत्पाद की गणना केन्द्रीय सांख्यिकी संगठन द्वारा की जाती है, जिसे अप्रैल 2019 में राष्ट्रीय सैम्पल सर्वेक्षण कार्यालय (NSSO) में विलय कर एक नई संस्था राष्ट्रीय सांख्यिकीय कार्यालय (NSO) के रूप में गठित किया गया।
- सकल घरेलू उत्पाद के अन्तर्राष्ट्रीय मानक राष्ट्रीय लेखा प्रणाली (1993) से प्राप्त किए जाते हैं, जो अन्तर्राष्ट्रीय मुद्रा कोष, विश्व बैंक, आर्थिक सहयोग एवं विकास संगठन, यूरोपीय आयोग तथा संयुक्त राष्ट्र द्वारा संकलित किए जाते हैं।

भारत में सकल घरेलू उत्पाद गणना निम्न आधारों पर की जाती है

सकल मूल्य योजित/सकल मूल्यवर्धन

सकल मूल्य योजित का अनुमान कारक लागत के स्थान पर मूल कीमतों पर किया जाता है। सकल मूल्य योजित (Gross Value Added, GVA) माप को सकल घरेलू उत्पाद में सब्सिडी से प्रत्यक्ष बिक्री कर को घटाकर प्रस्तुत करते हैं।

संशोधित विधि

केन्द्रीय सांख्यिकी कार्यालय (CSO) ने जनवरी, 2015 में जीडीपी की गणना के लिए संशोधन विधि जारी की, जिसके अनुसार जीडीपी गणना के लिए क्षेत्रवार सकल मूल्य वर्धन (GVA) के अनुमान के लिए साधन लागत के स्थान पर मूल कीमतों (Basic Price) का प्रयोग किया जाता है।

इसे निम्न रूपों में व्यक्त किया जाता है

मूल कीमतों पर जीवीए (GVA) = सीई (CE) + ओ. एस./एम. आई. OSMI + सी. एफ. सी. (CFC) + उत्पादन कर – उत्पादन छूट

यहाँ CE = कर्मचारियों की क्षतिपूर्ति, OS = परिचालन अधिशेष, MI = मिश्रित आय, CFC = अचल पूँजी का उपभोग

GDP = मूल कीमतों पर जीवीए + उत्पाद कर - उत्पाद सब्सिडी

सकल राष्ट्रीय उत्पाद

- किसी देश के नागरिकों द्वारा एक निश्चित समयावधि सामान्यत: एक वर्ष में उत्पादित अन्तिम वस्तुओं एवं सेवाओं के मौद्रिक मूल्य को सकल राष्ट्रीय उत्पाद (Gross National Product, GNP) कहा जाता है।
- इसके मापन के लिए सकल घरेलू उत्पाद में से भारत राज्य क्षेत्र के अन्दर विदेशियों द्वारा अर्जित आय को घटा दिया जाता है तथा विदेशों में भारतीयों द्वारा अर्जित आय को जोड़ दिया जाता है।
- यदि भारत में विदेशी नागरिकों द्वारा अर्जित आय तथा विदेशों में भारतीयों द्वारा अर्जित आय बराबर है, तो सकल घरेलू उत्पाद (Gross Domestic Product, GDP) तथा सकल राष्ट्रीय उत्पाद (Gross National Product, GNP) में कोई अन्तर नहा होगा। इसे निम्न रूप में भी व्यक्त किया जा सकता है

$$GNP = GDP + X - I$$

जहाँ, X = निर्यात से प्राप्त आय एवं भारतीय नागरिकों द्वारा विदेश में अर्जित एवं भारत में भेजी जाने वाली आय।

I = आयात मद में व्यय आय और भरत के बाहर भेजी जाने वाली आय।

निवल राष्ट्रीय उत्पाद

सकल राष्ट्रीय उत्पाद में से जब उत्पादन की प्रक्रिया में प्रयुक्त मशीन और पूँजी के मूल्य में आई कमी को घटा दिया जाता है, तो इसे निवल राष्ट्रीय उत्पाद या शुद्ध राष्ट्रीय उत्पाद (Net National Product, NNP) कहा जाता है अर्थात्

NNP = GNP – Depreciation (मूल्य ह्रास)

$NNP_{MP} = GNP_{MP}$ – मूल्य ह्रास

$NNP_{FC} = GNP_{FC}$ – मूल्य ह्रास

$NNP_{FC} = NDP_{FC}$ + विदेश से प्राप्त शुद्ध आय

वास्तविक राष्ट्रीय आय

किसी देश में राष्ट्रीय आय की वृद्धि के कारण प्रतिव्यक्ति आय में वृद्धि को वास्तविक राष्ट्रीय आय (Real National Income, RNI) कहते हैं। इसे आर्थिक वृद्धि के सूचक के रूप में प्रयुक्त किया जाता है।

वैयक्तिक आय

- घरेलू क्षेत्र द्वारा प्राप्त आय को ही वैयक्तिक आय (Personal Income) कहते हैं। यह देशवासियों द्वारा वास्तव में प्राप्त आय है।

- वैयक्तिक आय को ज्ञात करने के लिए राष्ट्रीय आय में से निगम करों तथा निगमों द्वारा अवितरित लाभांश (Dividend) एवं सामाजिक सुरक्षा योजना के लिए भुगतान को घटाने तथा सरकारी हस्तान्तरण भुगतान (Government Transfer Payment, GTP), व्यापारिक हस्तान्तरण भुगतान (Trader Transfer Payment, TTP) एवं सरकार से प्राप्त शुद्ध ब्याज को जोड़ते हैं। इसके अन्तर्गत दो प्रकार की आय को सम्मिलित किया जाता है

(i) **व्यय योग्य वैयक्तिक आय**

- सभी प्रत्यक्ष कर चुकाने के बाद, जो आय बचती है, वह व्यय योग्य वैयक्तिक आय (Disposal Personal Income) कहलाती है।
- व्यय योग्य आय ज्ञात करने के लिए राष्ट्रीय आय में से केवल संस्थाओं के समस्त लाभ को घटाया जाता है।

DPI = निजी आय - निजी टैक्स

(ii) **निजी आय**

सरकारी क्षेत्र के अतिरिक्त निजी क्षेत्र व घरेलू क्षेत्र द्वारा प्राप्त की गई कुल आय को निजी आय (Private Income) कहते हैं।

राष्ट्रीय आय की अन्य अवधारणाएँ

राष्ट्रीय आय की अन्य अवधारणाएँ निम्नवत् हैं

प्रतिव्यक्ति आय

- सामान्यत: प्रतिव्यक्ति आय को आर्थिक वृद्धि के मापन के लिए स्वीकार किया जाता है।
- इसका उपयोग किसी देश के अन्दर के जीवन स्तर का अनुमान लगाने के लिए भी किया जाता है। इसके द्वारा किसी अन्य देश की तुलना में किसी एक देश के लोगों की सम्पत्ति का अनुमान लगाते हैं। सामान्यत: इसे पर इसको किसी सर्वमान्य अन्तर्राष्ट्रीय मुद्रा; जैसे—यूरो या डॉलर में मापा जाता है।

$$\text{प्रतिव्यक्ति आय} = \frac{\text{राष्ट्रीय आय}}{\text{कुल जनसंख्या}}$$

वास्तविक प्रतिव्यक्ति आय

स्थिर मूल्य पर राष्ट्रीय आय आकलन के पश्चात् जब देश की कुल जनसंख्या से विभाजित करने पर जो परिणाम मिलता है, उसे ही वास्तविक प्रतिव्यक्ति आय (Real Per Capita Income, RPCI) कहते हैं।

$$\text{वास्तविक प्रतिव्यक्ति आय} = \frac{\text{स्थिर कीमतों पर राष्ट्रीय आय}}{\text{कुल जनसंख्या}}$$

सकल पर्यावरण उत्पाद

- सकल पर्यावरण उत्पाद (Gross Environmental Product, GEP) का तात्पर्य पर्यावरणीय परिणामों के साथ आर्थिक विकास सूचकांक तैयार करना है।
- यह सूचकांक बताता है कि आर्थिक विकास के लिए किसी देश ने अपनी जैव-विविधता को कितना नुकसान पहुँचाया अथवा उससे पर्यावरण पर कितना प्रभाव पड़ा।

हरित अर्थव्यवस्था

हरित अर्थव्यवस्था (Green Economy) से विकास के साथ-साथ अपने पर्यावरण को भी संरक्षित रखा जा सकता है। जनकल्याण और सामाजिक सहभागिता में सुधार करते हुए उल्लेखनीय रूप से पर्यावरणीय खतरों और पारिस्थितिकीय दुर्लभता को कम करने को ही हरित अर्थव्यवस्था कहते हैं।

हरित राष्ट्रीय आय

वस्तुओं एवं सेवाओं के शुद्ध उत्पादन के योग में से उत्पादन की प्रक्रिया में देश के पर्यावरण और पारिस्थितिकी को जो क्षति पहुँचती है, उसके मौद्रिक मूल्य को कम कर दिया जाता है। इसे हरित राष्ट्रीय आय (Green National Income, GNI) कहते हैं।

हरित सूचकांक

विश्व बैंक ने देश की सम्पत्ति के आकलन का एक नया सूचकांक विकसित किया है। इसके अन्तर्गत इसके प्रत्येक तीन अंगों–**उत्पादित सम्पत्ति** (Produce Assests), **प्राकृतिक सम्पदा** (Natural Wealth) और **मानव संसाधन** (Human Resource) के आधार पर प्रतिव्यक्ति आय ज्ञात की जाती है। हरित सूचकांक (Green Index) का विकास वर्ष 1995 में हुआ।

हरित सकल घरेलू उत्पाद

- हरित सकल घरेलू उत्पाद की गणना सकल घरेलू उत्पाद में से ग्रीन शुद्ध प्राकृतिक पूँजी की खपत के (जिसमें संसाधनों में आई कमी, पर्यावरण क्षरण एवं पर्यावरणीय संरक्षात्मक पहल शामिल होती है) मौद्रिक मूल्य को घटाकर की जाती है।
- वर्ष 1972 में सर्वप्रथम अमेरिकी अर्थशास्त्रियों **विलियम नॉर्डहॉस** (William Nordhaus) एवं **जेम्स टोबिन** (James Tobin) ने परिवारों के वास्तविक वार्षिक उपभोग को मापने का मॉडल पेश किया, जिसे आर्थिक कल्याण पैमाना कहा गया।

हरित सकल राष्ट्रीय उत्पाद

- यह एक दी हुई समयावधि में प्रतिव्यक्ति उत्पादन की वह अधिकतम सम्भावी मात्रा है, जो देश की प्राकृतिक सम्पदा को स्थिर बनाए रखते हुए प्राप्त की जा सकती है।
- वर्ष 1995 में हरित सकल राष्ट्रीय उत्पाद (Green Gross National Product, GGNP) प्रारम्भ किया गया था तथा इसमें अभी तक 192 देशों को शामिल किया गया है।

राष्ट्रीय आय के आकलन की सीमाएँ

राष्ट्रीय आय के आकलन की व्यवहार में निम्न सीमाएँ हैं

- राष्ट्रीय उत्पाद मापते समय साधारणतया यह मान लिया जाता है कि उत्पादित वस्तुओं और सेवाओं का मुद्रा से विनिमय होता है।
- भारत में जहाँ निर्वाह कृषि की जाती है, वहीं उपज का काफी भाग विक्रय के लिए बाजार में नहीं आ पाता।
- इस भाग को उत्पादक या तो उपभोग के लिए रख लेते हैं या अन्य वस्तुओं और सेवाओं के विनिमय में उसे दूसरे उत्पादकों को दे देते हैं।
- ऐसे उत्पादों का अनुमानित मूल्य जोड़ा जाता है। भारत में असंगठित क्षेत्र में अनेक लघु, कुटीर एवं घरेलू उत्पादक हैं, जो लेखे नहीं बनाते हैं। अत: इनकी वास्तविक आय न लेकर एक अनुमानित आय को ही जोड़ा जाता है। भारत में उद्योगों के अनुसार राष्ट्रीय आय के आँकड़े शामिल करने की प्रवृत्ति है। इस प्रकार यह आवश्यक है कि उत्पादकों को विभिन्न व्यवसाय वर्गों में रखा जाए।
- अर्थव्यवस्था में काला धन भी पाया जाता है, जिसकी गणना आय रिकॉर्ड में नहीं की जाती है। इस कारण राष्ट्रीय आय की गणना त्रुटिपूर्ण हो जाती है।

राष्ट्रीय आय से सम्बन्धित भारत के संगठन

राष्ट्रीय आय से सम्बन्धित भारत के संगठन निम्न प्रकार हैं

सांख्यिकी और कार्यक्रम कार्यान्वयन मन्त्रालय

- सांख्यिकी और कार्यक्रम कार्यान्वयन मन्त्रालय (MoSPI) भारत सरकार का एक मन्त्रालय है, जो जारी किए गए आँकड़ों की कवरेज और गुणवत्ता पहलुओं से सम्बन्धित है।
- सांख्यिकी विभाग और कार्यक्रम कार्यान्वयन विभाग के विलय के पश्चात् 15 अक्टूबर, 1999 को सांख्यिकी और कार्यक्रम कार्यान्वयन मन्त्रालय एवं स्वतन्त्र मन्त्रालय के रूप में अस्तित्व में आया।

राष्ट्रीय सांख्यिकी कार्यालय

- सांख्यिकी एवं कार्यक्रम कार्यान्वयन मन्त्रालय ने केन्द्रीय सांख्यिकी कार्यालय (CSO) और राष्ट्रीय प्रतिदर्श सर्वेक्षण कार्यालय (NSSO) का **राष्ट्रीय सांख्यिकी कार्यालय** (NSO) में विलय करने का निर्णय **23 मई, 2019** को किया।
- सांख्यिकी शाखा, सांख्यिकी और कार्यक्रम कार्यान्वयन मन्त्रालय का एक अभिन्न हिस्सा होगा। इस सांख्यिकी शाखा में एनएसओ के साथ घटक के रूप में सीएसओ और एनएसएसओ शामिल होंगे।

केन्द्रीय सांख्यिकी कार्यालय

- केन्द्रीय सांख्यिकी कार्यालय (Central Statistical Office) सांख्यिकी और कार्यक्रम क्रियान्वयन मन्त्रालय का एक भाग है। भारत में राष्ट्रीय आय का अनुमान केन्द्रीय सांख्यिकी कार्यालय द्वारा किया जाता था। अब यह NSO द्वारा किया जाता है। इसकी स्थापना 2 मई, 1951 में केन्द्रीय मन्त्रिमण्डल के सचिवालय में की गई। केन्द्रीय सांख्यिकी कार्यालय के मुख्यालय नई दिल्ली के वार्षिक प्रकाशन को राष्ट्रीय लेखा सांख्यिकी (National Accounts Statistics) के नाम से जाना जाता था।
- केन्द्रीय सांख्यिकी संगठन द्वारा वर्ष 1956 से प्रतिवर्ष राष्ट्रीय लेखा सांख्यिकी पत्रिका प्रकाशित की जाती है।

राष्ट्रीय प्रतिदर्श सर्वेक्षण संगठन

- वर्ष 1950 में **प्रो. पी सी महालनोबिस** की अनुशंसा के आधार पर राष्ट्रीय प्रतिदर्श सर्वेक्षण संगठन (National Sample Survey Organisation, NSSO) की स्थापना भारत सरकार के वित्त मन्त्रालय के अन्तर्गत की गई। वर्ष 1970 में इसका पुनर्गठन किया गया तथा जनवरी, 1971 में राष्ट्रीय प्रतिदर्श/नमूना सर्वेक्षण संगठन की स्थापना की गई।
- इसका कार्य मात्र सर्वेक्षण (Survey) तक ही सीमित है। इसका मुख्यालय कोलकाता में था। वर्ष 2019 में इसका विलय CSO के साथ कर नई संस्था NSO का गठन हुआ।

राष्ट्रीय सांख्यिकीय आयोग

- **सी रंगराजन** समिति द्वारा वर्ष 2000 में दिए गए सुझाव के आधार पर 1 जून, 2005 को स्थायी सांख्यिकी आयोग (Statistical Commission) गठित किया गया। 12 जुलाई, 2006 को **प्रो. सुरेश तेन्दुलकर** की अध्यक्षता में राष्ट्रीय सांख्यिकीय आयोग (National Statistical Commission, NSC) ने कार्य प्रारम्भ किया।
- राष्ट्रीय सांख्यिकीय आयोग, सांख्यिकी तथा कार्यक्रम क्रियान्वयन मन्त्रालय के अन्तर्गत कार्य करता है। इस आयोग का उद्देश्य सांख्यिकीय संस्थाओं के सामने आने वाली बाधाओं को समाप्त करना तथा आँकड़ों की शुद्धता की पड़ताल करना है।

राष्ट्रीय आय के लिए आधार वर्ष

- राष्ट्रीय आय के आकलन की नई शृंखला, जिसका आधार वर्ष (Base Year) 2011-12 है, का आरम्भ 30 जनवरी, 2015 को किया गया। आरम्भ में (1948-49 से 1964-65) राष्ट्रीय आय के अनुमान को वर्ष 1948-49 के आधार वर्ष पर व्यक्त किया गया था। राष्ट्रीय आय की गणना की अन्य 6 शृंखलाएँ आरम्भ की जा चुकी हैं

  (i) 1960-61 (ii) 1970-71 (iii) 1980-81
  (iv) 1993-94 (v) 1999-2000 (vi) 2004-05
- वित्त वर्ष 2017-18 से आधार वर्ष 2011-12 हो गया है। इसको कन्वेंशनल सीरीज कहते हैं। इसके अन्तर्गत भारतीय अर्थव्यवस्था को 13 उप-क्षेत्रों में विभाजित किया गया था।
- वर्तमान समय में राष्ट्रीय आय के आकलन के सन्दर्भ में 6 क्षेत्र तथा 14 उप-क्षेत्रों को सम्मिलित किया जाता है।

आर्थिक नियोजन

''वर्तमान समय में कल्याणकारी राज्य की अवधारणा के अन्तर्गत आर्थिक नियोजन का उद्देश्य समाज की आर्थिक स्थिति को सुदृढ़ करना है। इसी कारण सरकार ने अब पंचवर्षीय के स्थान पर 15 वर्षीय योजना लाने का निर्णय लिया है। 15 वर्षीय दृष्टि-पत्र भारत को उन सामाजिक एवं आर्थिक लक्ष्यों को प्राप्त करने में सहायता प्रदान करने वाला होगा, जो संयुक्त राष्ट्र द्वारा निर्धारित 2023 तक धारणीय विकास लक्ष्यों तक पहुँचते हैं।''

भारतीय अर्थव्यवस्था में नियोजन

- आर्थिक नियोजन (Economic Planning) से आशय एक संगठित आर्थिक प्रयास से है, जिसमें राज्य द्वारा एक निश्चित अवधि में सुनिश्चित, आर्थिक एवं सामाजिक लक्ष्यों की प्राप्ति के लिए प्राकृतिक एवं आर्थिक संसाधनों तथा मानव संसाधनों का विवेकपूर्ण ढंग से **समन्वय** (Coordination) एवं **नियन्त्रण** (Control) किया जाता है।
- वर्ष 1930 की आर्थिक मन्दी के बाद नियोजन की अवधारणा को लोकप्रियता प्राप्त हुई। इसने पूँजीवाद की कमजोरियों को उजागर किया, जिससे स्पष्ट हुआ कि पूँजीवादी व्यवस्था विश्व में लोगों के आर्थिक कल्याण को बढ़ावा देने में असफल रही है।

भारत में नियोजन के उद्देश्य

भारत में नियोजन का उद्देश्य राष्ट्रीय आय (National Income) और प्रतिव्यक्ति आय (Per Capita Income) को बढ़ाना है। नियोजन के अन्य प्रमुख उद्देश्य निम्नलिखित हैं

- संसाधनों का सही वितरण सुनिश्चित करना
- निर्धनता के चक्र को समाप्त करना
- बेरोजगारी को दूर करना
- आधारभूत संरचना का विकास करना
- कृषि एवं उद्योग का समन्वित विकास करना
- सामाजिक न्याय के साथ विकास के लक्ष्यों को प्राप्त करना

नियोजन के तत्त्व

एक प्रभावी नियोजन के लिए निम्नलिखित तत्त्वों का होना आवश्यक है

- विश्वसनीय आँकड़ों की उपलब्धता।
- आर्थिक आधारभूत संरचना की उपलब्धता।
- दक्ष प्रशासन की उपलब्धता।
- व्यापक जन भागीदारी।
- कुशल संस्थान।

भारत में नियोजन के उद्देश्य

भारत में नियोजन का उद्देश्य राष्ट्रीय आय (National Income) और प्रतिव्यक्ति आय (Per Capita Income) को बढ़ाना है। नियोजन के अन्य प्रमुख उद्देश्य निम्नलिखित हैं

- संसाधनों का सही वितरण सुनिश्चित करना
- निर्धनता के चक्र को समाप्त करना
- बेरोजगारी को दूर करना
- आधारभूत संरचना का विकास करना
- कृषि एवं उद्योग का समन्वित विकास करना
- सामाजिक न्याय के साथ विकास के लक्ष्यों को प्राप्त करना

नियोजन के तत्त्व

एक प्रभावी नियोजन के लिए निम्नलिखित तत्त्वों का होना आवश्यक है

- विश्वसनीय आँकड़ों की उपलब्धता।
- आर्थिक आधारभूत संरचना की उपलब्धता।
- दक्ष प्रशासन की उपलब्धता।
- व्यापक जन भागीदारी
- कुशल संस्थान।

नियोजन के प्रकार

नियोजन को निम्नलिखित आधारों पर वर्गीकृत किया जा सकता है

आदेशात्मक नियोजन

आदेशात्मक नियोजन (Imperative Planning) में राज्य की भूमिका अत्यन्त महत्त्वपूर्ण होती है। इस मॉडल में केन्द्रीय स्तर पर एक शीर्ष संस्था होती है, जो योजना निर्माण एवं उसके क्रियान्वयन को सुनिश्चित करती है। इस मॉडल में निर्णय प्रक्रिया केन्द्रीकृत होती है।

निर्देशात्मक नियोजन

निर्देशात्मक नियोजन (Indicative Planning) में राज्य द्वारा योजना के लक्ष्यों का निर्धारण किया जाता है और उसे प्राप्त करने की जिम्मेदारी **निजी क्षेत्र** (Private Sector) और बाजार शक्तियों को सौंपी जाती है। इसमें राज्य की भूमिका केवल प्रेरणादायक और प्रोत्साहक की होती है।

दीर्घावधिक नियोजन

एक लम्बे समय के लिए योजना के लक्ष्यों एवं उद्देश्यों तथा रणनीतियों का निर्धारण दीर्घावधिक नियोजन (Perspective Planning) कहलाता है; जैसे—विजन-2020, राष्ट्रीय जनसंख्या नीति, 2000 (इसका दीर्घकालिक लक्ष्य वर्ष 2070 तक देश की जनसंख्या वृद्धि दर को स्थिर करना है)।

अनवरत नियोजन

अनवरत नियोजन (Rolling Planning) के अन्तर्गत दीर्घकाल के लिए योजनाओं के लक्ष्यों और रणनीतियों का निर्धारण किया जाता है और वार्षिक आधार पर उनका मूल्यांकन करते हुए संशोधित लक्ष्यों का निर्धारण किया जाता है, जिससे निश्चित समय सीमा के अन्दर लक्ष्यों को प्राप्त किया जा सके।

भारत में नियोजन का इतिहास

- वर्ष 1934 में **एम विश्वेश्वरैया** द्वारा Planned Economy for India नामक पुस्तक लिखी गई। इस पुस्तक में भारत के दस वर्षीय नियोजित विकास के लिए कार्यक्रम निर्धारित किया गया था।
- वर्ष 1944 में मुम्बई के 8 उद्योगपतियों द्वारा बॉम्बे प्लान नाम से एक 15 वर्षीय योजना को प्रस्तुत किया गया।
- ब्रिटिश सरकार द्वारा वर्ष 1944 में नियोजन एवं विकास विभाग नामक पृथक् विभाग खोला गया तथा सर आर्देशिर दलाल (बॉम्बे प्लान के सदस्य) को इसका अध्यक्ष बनाया गया।
- वर्ष 1944 में **श्रीमन्नारायण** ने गाँधीवादी योजना नाम से एक योजना का निर्माण किया। इसी प्रकार श्री **एम एन राय** द्वारा अप्रैल, 1945 में जन योजना निर्मित की गई।
- जनवरी, 1950 में **श्री जयप्रकाश नारायण** ने सर्वोदय योजना के नाम से एक योजना प्रकाशित की, जिसके कुछ अंश को सरकार ने स्वीकार कर लिया। 15 मार्च, 1950 को भारत सरकार के एक प्रस्ताव द्वारा योजना आयोग का गठन हुआ।

योजना आयोग

- स्वतन्त्रता प्राप्ति के उपरान्त अखिल भारतीय कांग्रेस समिति ने वर्ष 1938 में **जवाहरलाल नेहरू** की अध्यक्षता में आर्थिक कार्यक्रम समिति का गठन किया। इस समिति ने 25 जनवरी, 1948 को अपने एक प्रस्ताव में यह सिफारिश की कि देश में एक स्थायी योजना आयोग की स्थापना होनी चाहिए।
- इसके फलस्वरूप 15 मार्च, 1950 को योजना आयोग (Planning Commission) का गठन किया गया, जिसकी अनुशंसा पर प्रथम पंचवर्षीय योजना 1 अप्रैल, 1951 से लागू हुई।
- विश्व में सबसे पहले सोवियत संघ (अब रूस) ने वर्ष 1927 में पंचवर्षीय योजना को प्रारम्भ किया।
- भारत के प्रधानमन्त्री इसके पदेन अध्यक्ष तथा एक उपाध्यक्ष के साथ-साथ तीन पूर्णकालिक एवं तीन अंशकालिक सदस्य होते थे। योजना आयोग के प्रथम उपाध्यक्ष **गुलजारी लाल नन्दा** एव अन्तिम उपाध्यक्ष मोण्टेक सिंह अहलूवालिया थे। योजना आयोग भारत में एक शक्तिशाली परामर्शदात्री अभिकरण था। वर्ष 2015 से **योजना आयोग** की जगह **नीति आयोग** ने ले ली है।

नीति आयोग

- नीति आयोग, जन केन्द्रित, सक्रिय तथा सहभागी विकास एजेण्डा के सिद्धान्त पर आधारित संस्था है। इस आयोग में सहकारी संघवाद को अत्यधिक महत्त्व दिया गया है। इस आयोग में सभी राज्यों के मुख्यमन्त्री तथा केन्द्रशासित प्रदेशों के उप-राज्यपाल/प्रशासकों को सदस्यता दी गई है।
- यह आयोग राष्ट्रीय विकास का एजेण्डा तैयार करता है।
- नीति आयोग 1 जनवरी, 2015 को अस्तित्व में आया। इसका पूरा नाम **नेशनल इंस्टीट्यूट फॉर ट्रांसफॉर्मिंग इण्डिया** (National Institute for Transforming India, NITI) है।

सत्यमेव जयते

नीति आयोग के उद्देश्य

नीति आयोग के प्रमुख उद्देश्य निम्नलिखित हैं

- सशक्त राज्य से सशक्त राष्ट्र का निर्माण करना।
- सहकारी संघवाद को समृद्ध करना।
- ग्राम स्तर पर योजनाएँ बनाने के तन्त्र को विकसित करना।

नीति आयोग की विशेषताएँ

नीति आयोग की विशेषताएँ निम्न हैं

- नीति आयोग की मुख्य भूमिका राष्ट्रीय तथा अन्तर्राष्ट्रीय महत्त्व के विभिन्न नीतिगत मुद्दों पर केन्द्र तथा राज्य सरकारों को जरूरी रणनीतिक तथा तकनीकी परामर्श देने की है।
- इस आयोग में राज्य के मुख्यमन्त्रियों तथा निजी क्षेत्र के विशेषज्ञों की अहम भूमिका होती है। यह संघीय ढाँचे को मजबूत करता है, जबकि योजना आयोग में केन्द्रीयता को महत्त्व दिया गया था। इस आयोग के लिए 13 सूत्री उद्देश्य रखे गए हैं।

नीति आयोग की संरचना

नीति आयोग की अध्यक्षता प्रधानमन्त्री द्वारा की जाती है। इसकी संरचना निम्न प्रकार की बनाई गई है

अध्यक्ष	प्रधानमन्त्री
गवर्निंग काउंसिल	सभी मुख्यमन्त्री, केन्द्रशासित प्रदेशों के राज्यपाल/प्रशासक
विशेष आमन्त्रित सदस्य	विभिन्न क्षेत्रों के विशेषज्ञ (प्रधानमन्त्री द्वारा नामित)
उपाध्यक्ष	प्रधानमन्त्री द्वारा नियुक्त किया जाएगा
पूर्णकालिक सदस्य	इनकी संख्या पाँच होगी
अंशकालिक सदस्य	दो पदेन सदस्य तथा विश्वविद्यालयों के शिक्षक क्रम के अनुसार
पदेन सदस्य	चार केन्द्रीय मन्त्री
सी ई ओ	केन्द्र के सचिव स्तर का अधिकारी, जिसे निश्चित कार्यकाल के लिए नियुक्त किया जाएगा

नीति आयोग और योजना आयोग में अन्तर

नीति आयोग	योजना आयोग
इस आयोग की मुख्य भूमिका राष्ट्रीय और अन्तर्राष्ट्रीय महत्त्व के विभिन्न नीतिगत मुद्दों पर केन्द्र और राज्य सरकारों को जरूरी रणनीतिक व तकनीकी परामर्श देना है।	इस आयोग की प्रकृति केन्द्रीयकृत थी।
सहकारी संघवाद के तहत नीति आयोग राज्य सरकारों के साथ उचित परामर्श कर नीतियों का निर्माण करता है।	योजना आयोग देश के विकास से सम्बन्धित योजनाएँ बनाने का काम करता था। योजना आयोग ने 12 पंचवर्षीय योजनाएँ बनाईं।
नीति आयोग में देशभर के शोध संस्थानों और विश्वविद्यालयों से व्यापक स्तर पर परामर्श लिए जाते हैं।	योजना आयोग के पदेन अध्यक्ष भी प्रधानमन्त्री ही होते थे, लेकिन कभी भी मुख्यमन्त्रियों से सलाह नहीं ली जाती थी।

15 वर्षीय विजन डॉक्यूमेण्ट (दृष्टि-पत्र)

- केन्द्र सरकार ने पंचवर्षीय योजनाओं को समाप्त कर 15 वर्षीय दृष्टि-पत्र लाने का निर्णय लिया है। प्रथम 15 वर्षीय दृष्टि-पत्र को **न्यू इण्डिया-2022** के विकास एजेण्डा दस्तावेज को अन्तिम रूप देने के बाद से आरम्भ किया गया।
- इसका एक महत्त्वपूर्ण लक्ष्य वर्ष 2031-32 तक देश के सकल घरेलू उत्पाद (जीडीपी) को बढ़ाकर ₹ 469 लाख करोड़ करना है।
- इस प्रकार 15 वर्ष की अवधि में इसमें ₹ 332 लाख करोड़ की वृद्धि होगी।
- नीति आयोग के अनुसार, वर्ष 2031-32 में देश की प्रतिव्यक्ति जीडीपी ₹ 3,14,667 हो जाएगा, जोकि वर्ष 2015-16 में ₹ 1,06,589 था। इस दृष्टि-पत्र को पूरा करने के लिए दो अन्य मॉडलों की सहायता ली जाएगी

(i) **सात वर्षीय राष्ट्रीय विकास एजेण्डा** नीति आयोग वर्ष 2017-18 से 2023-24 तक कुल सात साल के लिए एक रणनीतिक दस्तावेज शुरू करेगा।

इस एजेण्डा के अन्तर्गत योजनाओं, कार्यक्रमों तथा नीतियों का सम्पूर्ण ढाँचा तैयार किया गया है।

(ii) **त्रिवर्षीय कार्ययोजना** नीति आयोग 15 वर्षीय दीर्घकालीन विजन तथा सप्तवर्षीय योजनाओं का प्रत्येक तीन वर्ष बाद मूल्यांकन करेगा।

इसे कार्यवाही योजना के नाम से जाना जाएगा। 15 वर्षीय विजन दृष्टि-पत्र लाने के पीछे सामाजिक-आर्थिक लक्ष्य तथा सतत एवं धारणीय विकास का एजेण्डा शामिल है। इस व्यवस्था को पारम्परिक क्षेत्रों के साथ-साथ आन्तरिक सुरक्षा और रक्षा क्षेत्र में भी लागू किया जाएगा।

राष्ट्रीय विकास परिषद्

- राष्ट्रीय विकास परिषद् (National Development Council, NDC) का गठन 6 अगस्त, 1952 को किया गया था। यह भी योजना आयोग की तरह **गैर-संवैधानिक** निकाय है।
- भारत का प्रधानमन्त्री इसका पदेन अध्यक्ष (Ex-Officio Chairman) होता है।
- योजना आयोग का सचिव ही इस परिषद् का भी सचिव होता है। श्री के सन्थानम ने राष्ट्रीय विकास परिषद् को सर्वोच्च मन्त्रिपरिषद् (सुपर कैबिनेट) की संज्ञा दी।
- राज्यों की भूमिका होने के कारण इसे सहकारी संघवाद का सर्वोत्तम उदाहरण माना जा सकता है।
- राष्ट्रीय विकास परिषद् का लक्ष्य केन्द्र सरकार तथा राज्य सरकारों के मध्य सामंजस्य स्थापित करना है।
- नीति आयोग के गठन के पश्चात् इस संस्था के भविष्य पर प्रश्नचिह्न लग गया है, वर्तमान में यह संस्था निष्क्रिय अवस्था में है।

इण्डिया विजन-2020

योजना आयोग ने 23 जनवरी, 2003 को आने वाले दो दशकों में अर्थव्यवस्था की प्रगति का पूर्वाकलन करने वाला महत्त्वपूर्ण दस्तावेज इण्डिया विजन-2020 जारी किया था। यह योजना आयोग के सदस्य श्यामाप्रसाद गुप्ता की अध्यक्षता में विशेषज्ञों द्वारा तैयार किया गया।

भारत में पंचवर्षीय योजनाएँ

राष्ट्रीय आन्दोलन के समय आर्थिक विकास की जो परिकल्पना की जा रही थी, उसमें नियोजन के माध्यम से विकास एक प्रमुख घटक था। फलत: स्वतन्त्रता के बाद पंचवर्षीय योजनाओं के माध्यम से विकास की नीति अपनाई गई है।

पंचवर्षीय योजना का संक्षिप्त विवरण

योजना	उद्देश्य	मूल्यांकन
प्रथम योजना (1951-56) (हैरॉड-डोमर संवृद्धि मॉडल)	• उच्चतम प्राथमिकता कृषि एवं सम्बन्ध क्षेत्र को प्राप्त थी। • निवेश की दर में 5% से 7% की वृद्धि। • कुल व्यय का सर्वाधिक भाग 31% कृषि को।	• सफल योजना, इसमें 2.1% लक्ष्य विकास दर की तुलना में 3.6% विकास दर प्राप्त की गई। • राष्ट्रीय आय 18% ऊपर गई एवं प्रतिव्यक्ति आय में 1.8% की वृद्धि हुई। • भाखड़ा-नाँगल, दामोदर घाटी तथा हीराकुड बहुउद्देशीय नदी घाटी परियोजनाएँ शुरू की गईं।
दूसरी योजना (1956-61) (महालनोबिस मॉडल)	• यह पी सी महालनोबिस द्वारा विकसित दो क्षेत्रीय मॉडलों पर आधारित थी। • राष्ट्रीय आय में 25% की वृद्धि। • पूँजी निवेश की दर को 7% से बढ़ाकर 11% करना। • मुख्य उद्देश्य समाजवादी समाज की स्थापना करना था। • इस योजना में बुनियादी तथा पूँजीगत वस्तु उद्योगों के प्रतिस्थापन की दिशा पर निश्चयात्मक बल दिया गया।	• इस योजना में 4.5% विकास दर के लक्ष्य की तुलना में 4.2% वार्षिक विकास दर का लक्ष्य प्राप्त किया जा सका। • इस योजना में औद्योगीकरण विशेष रूप से बुनियादी और पूँजीगत वस्तुओं के उद्योगों पर ध्यान दिया गया। • इस योजना के दौरान **राउरकेला** (ओडिशा), **भिलाई** (छत्तीसगढ़) तथा **दुर्गापुर** (पश्चिम बंगाल) में लौह-इस्पात संयन्त्र स्थापित किए गए। **टाटा मूलभूत अनुसन्धान संस्थान** (Tata Institute Fundamental Research, TIFR) की स्थापना।
तीसरी योजना (1961-66) (गॉडगिल योजना)	• इसमें 5% वार्षिक राष्ट्रीय आय में वृद्धि का लक्ष्य रखा गया, जिससे लगभग प्रतिव्यक्ति आय में 17% वृद्धि हो सके। • इस योजना में कृषि और उद्योग दोनों पर बल दिया गया था। • मुख्य उद्देश्य भारतीय अर्थव्यवस्था को आत्मनिर्भर बनाना तथा स्वतः स्फूर्त अवस्था में पहुँचाना था।	• इस योजना में जे सैण्डी, सुखमय चक्रवर्ती एवं महालनोबिस मॉडल का भी प्रभाव रहा। • योजना के असफल होने का कारण भारत-चीन युद्ध (1962), भारत-पाक युद्ध (1965), वर्ष 1965-66 का भयंकर सूखे को माना जाता है। • 5.6% की उच्च वृद्धि दर का लक्ष्य, परन्तु वास्तविक वृद्धि दर 2.8% हो सकी। • देश में खाद्यान्न की कमी, मूल्य में वृद्धि तथा विदेशी मुद्रा का संकट। • भारतीय मुद्रा का अवमूल्यन 57% हुआ।
वार्षिक योजना (1966-69)	• एक-एक वर्ष की तीन योजनाओं की कालावधि में देश के निर्यात में वृद्धि के लिए रुपये का अवमूल्यन दूसरी बार वर्ष 1966 में किया गया। निर्यात वस्तुओं की माँग लोच में कमी के कारण अवमूल्यन का भी अनुकूल परिणाम प्राप्त न हो सका, क्योंकि इस अवधि में कोई नियमित नियोजन नहीं किया गया, इसलिए इसे योजना अवकाश (Plan Holiday–1966-69) कहा जाता है।	
चौथी योजना (1969-74) (अशोक रुद्र मेनन मॉडल)	• चौथी योजना का मुख्य उद्देश्य स्थायित्व के साथ विकास तथा आर्थिक आत्मनिर्भरता की प्राप्ति था। इस योजना काल में **गरीबी हटाओ** का नारा दिया गया। गरीबी हटाओ वर्ष 1971 के आम चुनाव का मूल नारा था। इस योजना का अन्य उद्देश्य राष्ट्रीय आय में, रोजगार के अवसरों में वृद्धि करना, आय, सम्पत्ति वितरण तथा क्षेत्रीय असमानता को दूर करना और आधारभूत एवं भारी उद्योगों पर विशेष बल देते हुए तीव्र गति से औद्योगिक विकास करना था। • इसमें सम्पत्ति तथा आर्थिक शक्ति के बढ़ते संकेन्द्रण की पूर्व प्रवृत्ति के सुधार का उद्देश्य अपनाया गया।	• इस योजना में विकास दर का लक्ष्य 5.7% रखा गया, जबकि वास्तविक प्राप्ति केवल 3.3% ही रही। • राष्ट्रीय आय में भी केवल 1.1% की वृद्धि दर्ज की गई। इस दृष्टि से यह योजना असफल मानी जाती है।
पाँचवीं योजना (1974-79) (इन्वेस्टमेण्ट मॉडल)	• इस योजना का मुख्य उद्देश्य **गरीबी उन्मूलन** और **आत्मनिर्भरता** था। इसके अतिरिक्त इस योजना में निम्नलिखित लक्ष्य निर्धारित किए गए • प्राथमिक शिक्षा, पेयजल, ग्रामीण स्वास्थ्य सेवाएँ, पोषण, ग्रामीण आवास, ग्रामीण सड़क, ग्रामीण विद्युतीकरण जैसे न्यूनतम आवश्यकता कार्यक्रम पर बल। • आयात प्रतिस्थापन एवं निर्यात संवर्द्धन। • अनावश्यक उपभोग पर कड़ा प्रतिबन्ध। • न्यायपूर्ण मजदूरी-कीमत नीति। • सामाजिक, आर्थिक एवं क्षेत्रीय असमानता को कम करना। • खाद्यान्न भण्डार एवं सार्वजनिक वितरण प्रणाली का विस्तार।	• यह योजना आगत-निर्गत मॉडल पर आधारित थी। • इसी योजना के दौरान वर्ष 1975 में बीस सूत्रीय कार्यक्रम (20 Point Programme) शुरू किया गया। • इस योजना के लिए 4.4% विकास दर का लक्ष्य निर्धारित किया गया था, जबकि वास्तविक उपलब्धि 4.8% रही। इस प्रकार यह एक सफल योजना कही जा सकती है।
अनवरत योजना (1978-80)	• जनता पार्टी की सरकार द्वारा पाँचवीं पंचवर्षीय योजना को वर्ष 1978 में ही समाप्त करके 1 अप्रैल, 1978 से 31 मार्च, 1980 तक के लिए अनवरत योजना प्रारम्भ की गई। अनवरत योजना (Rolling Plan) का प्रतिपादन **गुन्नार मिर्डल** ने किया था तथा इसे भारत में लागू करने का श्रेय डी टी लकड़ावाला को जाता है।	
छठी योजना (1980-85) (इनपुट-आउटपुट मॉडल)	• भारत में छठी योजना भी आगत-निर्गत मॉडल पर आधारित थी। • इस योजना का मुख्य लक्ष्य गरीबी निवारण, आर्थिक विकास, आधुनिकीकरण, आत्मनिर्भरता तथा सामाजिक न्याय स्थापित करना था। • गरीबी एवं बेरोजगारी दूर करने के लिए कई महत्त्वपूर्ण कार्यक्रम इसी योजना के दौरान आरम्भ किए गए। ये वस्तुतः 15 वर्ष की दीर्घावधि को ध्यान में रखकर बनाए गए थे। • भारी उद्योग का महत्त्व कम करते हुए आधारिक संरचनाओं पर बल देना।	• छठी योजना **आगत-निर्गत मॉडल** का विस्तार थी। • इस योजना में विकास दर का लक्ष्य 5.2% रखा गया तथा वास्तविक उपलब्धि 5.4% रही। • गरीबी निवारण के लिए एकीकृत ग्रामीण विकास कार्यक्रम (Integrated Rural Development Programme), राष्ट्रीय ग्रामीण रोजगार योजना (National Rural Employment Programme), ग्रामीण भूमिहीन रोजगार गारण्टी कार्यक्रम (Rural Landless Employment Guarantee Programme), ट्राइसेम (Training Rural Youth for Self-Employment) तथा ड्वाकरा (Development of Women and Children in Rural Areas) कार्यक्रम को लागू किया गया।
सातवीं योजना (1985-90) (आर्किटेक्चर मॉडल)	• सातवीं पंचवर्षीय योजना दीर्घकालीन विकास युक्तियों पर बल देते हुए उदारीकरण पर बल देने वाली थी। • इस योजना में गरीबी, बेरोजगारी और क्षेत्रीय विषमता की समस्या पर प्रत्यक्ष प्रहार की रणनीति अपनाई गई।	• यह योजना वस्तु मजदूरी मॉडल पर आधारित थी। • 5% विकास दर के लक्ष्य की तुलना में इस योजना में वास्तविक विकास दर 6.02% रही। प्रतिव्यक्ति आय में भी 3.5% वृद्धि हुई। इस प्रकार यह एक सफल योजना रही। • इन्दिरा आवास योजना (1985-86), जवाहर रोजगार योजना (1989) एवं नेहरू रोजगार योजना (1989) लागू की गई।

योजना	उद्देश्य	मूल्यांकन
वार्षिक योजना (1990-92)	▪ 31 मार्च, 1990 को 7वीं पंचवर्षीय योजना की समाप्ति पर सरकारों के जल्दी-जल्दी बदलने से 8वीं पंचवर्षीय योजना प्रारम्भ नहीं हो सकी। यद्यपि सितम्बर, 1989 में ही कांग्रेस सरकार ने वर्ष 1990-95 हेतु 8वीं योजना का प्रारूपण कर लिया था, लेकिन आम चुनावों में जनता दल के विषयोपरान्त वी पी सिंह सरकार ने रामकृष्ण हेगड़े की उपाध्यक्षता वाले नए योजना आयोग का गठन किया था, जिसने नई आठवीं योजना (1990-95) को प्रारूपित किया। ▪ नवम्बर, 1990 में जनता दल सरकार के पतन के बाद कांग्रेस समर्थित चन्द्रशेखर सरकार ने योजना आयोग का पुनर्गठन कर मोहन धारिया को इसका उपाध्यक्ष नियुक्त किया। दुर्भाग्य से इस सरकार का भी पतन हो गया और जून, 1992 में कांग्रेस सरकार पुनर्वापसी के बाद प्रणब मुखर्जी को योजना आयोग का उपाध्यक्ष नियुक्त किया गया और अन्ततः 8वीं पंचवर्षीय योजना वर्ष 1992-93 से 1996-97 की अवधि हेतु प्रवृत्त हुई। इस प्रकार वर्ष 1990-92 की **दो वर्षीय अवधि** वार्षिक योजनाओं के रूप में सामने आई।	
आठवीं योजना (1992-97) (जॉन डब्ल्यू मिलर मॉडल)	▪ आठवीं पंचवर्षीय योजना उदारीकरण के बाद लागू की गई प्रथम योजना थी। ▪ यह योजना **जॉन डब्ल्यू मिलर के मॉडल** पर आधारित थी। इस योजना में सर्वोच्च प्राथमिकता मानव संसाधन विकास को दी गई। ▪ वर्ष 1992 में 8वीं पंचवर्षीय योजना से महालनोबिस मॉडल की जगह राव मनमोहन मॉडल को स्वीकार किया गया (नरसिम्हा राव तत्कालीन प्रधानमन्त्री एवं मनमोहन सिंह तत्कालीन वित्त मन्त्री)।	▪ इस योजना में लक्षित विकास दर 5.6% की तुलना में वास्तविक उपलब्धि 6.68% की रही, जो लक्ष्य से काफी अधिक है। ▪ इसके साथ ही इस योजना में निवल राष्ट्रीय उत्पाद (Net National Product, NNP) में भी 4.6% की औसत वार्षिक वृद्धि दर्ज की गई। कुल मिलाकर यह योजना सफल रही। ▪ प्रधानमन्त्री रोजगार योजना (1993), रोजगार बीमा योजना (1993) एवं महिला समृद्धि योजना लागू की गई।
नौवीं योजना (1997-2002) (इनपुट-आउटपुट मॉडल)	▪ नौवीं पंचवर्षीय योजना का मुख्य लक्ष्य **न्यायपूर्ण वितरण एवं समानता के साथ विकास** (Growth with Equity and Distributive Justice) करना था। इसके अन्तर्गत इस योजना में पर्याप्त रोजगार के अवसर का सृजन, निर्धनता उन्मूलन के उद्देश्य से कृषि एवं ग्रामीण विकास को प्राथमिकता देना, पंचायती राज संस्थाओं, सहकारिताओं तथा स्वयंसेवी संस्थाओं को बढ़ावा देना, स्वच्छ पेयजल, प्राथमिक स्वास्थ्य देख-रेख सुविधा, सार्वभौमिक प्राथमिक शिक्षा एवं आवास जैसी मूलभूत न्यूनतम सेवाओं की उपलब्धता सुनिश्चित करना आदि लक्ष्य निर्धारित किए गए।	▪ प्रारम्भ में इस योजना के लिए वार्षिक विकास दर 7% निर्धारित की गई, किन्तु बाद में इसे संशोधित करके 6.5% कर दिया गया, जबकि वास्तविक वृद्धि दर 5.4% रही। ▪ इस योजना के अन्तर्गत लागू की गई योजनाएँ थीं–स्वर्ण जयन्ती ग्राम स्वरोजगार योजना तथा प्रधानमन्त्री ग्रामोदय योजना। ▪ वित्तीय क्षेत्र योजना का एक अभिन्न अंग बन गया।
दसवीं योजना (2002-2007)	▪ दसवीं योजना में दो महत्त्वपूर्ण आधारभूत तत्त्वों पर बल दिया गया। ये हैं (i) अब तक की उपलब्धियों को अक्षुण्ण बनाए रखते हुए इन्हीं पर आगे का विकास करना। (ii) अब तक की अर्थव्यवस्था के विभिन्न क्षेत्र के विकास के मार्ग में आई बाधाओं को प्राथमिकता के आधार पर हल करना। ▪ दसवीं योजना में कई महत्त्वाकांक्षी लक्ष्य निर्धारित किए गए।	▪ इस योजना में लक्षित विकास दर 7.9% (लगभग 8%) थी, जबकि वास्तविक उपलब्धि लगभग 7.8% रही, जोकि लक्ष्य के काफी समीप रही। ▪ विकास दर के मामले में यह अब तक की **सर्वाधिक सफल योजना** है। अनन्तिम आँकड़ों के अनुसार, इस योजना में निवेश की दर (Rate of Investment) सकल घरेलू उत्पाद का 32.1% रही है, जबकि लक्ष्य 28.41% का था। सकल घरेलू बचतें सकल घरेलू उत्पाद (Gross Domestic Product, GDP) का 23.31% रखने का लक्ष्य था, जबकि वास्तविक उपलब्धि लक्ष्य से कहीं अधिक (GDP का 31.9%) रही है।
ग्यारहवीं योजना (2007-12)	▪ ग्यारहवीं योजना में **तीव्र और अधिक समावेशी विकास** को ध्यान में रखकर कई महत्त्वपूर्ण सामाजिक-आर्थिक लक्ष्य निर्धारित किए गए। इसमें 9% की औसत वृद्धि दर के साथ अन्तिम वर्ष (2011-12) में 10% वृद्धि का लक्ष्य रखा गया, जिसे बाद में संशोधित करके 8.1% कर दिया गया। कृषि विकास का लक्ष्य 4% प्रति वर्ष रखा गया।	▪ इस योजना में वास्तविक विकास दर 7.9% है। ▪ कृषि क्षेत्र में विकास दर 4% निर्धारित की गई थी, किन्तु 4 वर्षों (2007 से 2011 तक) के दौरान विकास दर लगभग 3.2% ही रही। ▪ इसके अतिरिक्त कृषि क्षेत्र में लगभग 58.2% लोगों को रोजगार भी मिला। ▪ सेवाओं और सॉफ्टवेयर सेवाओं का अनुमान निर्यात 59 अरब डॉलर का रहा।
बारहवीं योजना (2012-17)	बारहवीं पंचवर्षीय योजना के प्रमुख उद्देश्य निम्नलिखित थे ▪ **तीव्रतर, धारणीय एवं अधिक समावेशी विकास** ▪ वास्तविक सकल घरेलू उत्पाद में 8% संवृद्धि दर ▪ कृषि क्षेत्र में 4% की संवृद्धि दर ▪ औद्योगिक क्षेत्रक में 7.6% की संवृद्धि दर ▪ सेवा क्षेत्रक में 9.0% की संवृद्धि दर ▪ विनिर्माण क्षेत्रक में 10% (सम्भावित 7.1%) की संवृद्धि दर ▪ शिशु मृत्यु दर घटाकर 25, मातृत्व मृत्यु दर को घटाकर 1 के स्तर पर लाना तथा बाल लिंगानुपात को बढ़ाकर 956 करना।	▪ बारहवीं पंचवर्षीय योजना का प्रारूप बनाते समय सरकार ने 9% विकास दर का लक्ष्य रखा था। सितम्बर, 2012 में इस लक्ष्य को संशोधित कर 8.2% कर दिया गया तथा पुनः संशोधित कर विकास दर का लक्ष्य 8% कर दिया गया। ▪ बारहवीं पंचवर्षीय योजना के पाँच वर्ष (2013-14 से 2017-18) में विकास दर क्रमशः 6.4%, 7.5%, 8.0%, 7.1% तथा 6.6% रहो है। ▪ इस योजना का कुल परिव्यय ₹ 37.7 लाख करोड़ रखा गया है, जो पिछली योजना से 13.7% अधिक था। इस योजना की अवधि 31 मार्च, 2017 को समाप्त हो रही थी, परन्तु वित्त मन्त्रालय ने इस योजना की अवधि छः महीने तक के लिए बढ़ा दिया। इस कारण यह योजना 30 सितम्बर, 2017 को समाप्त हुई।

पंचवर्षीय योजनाओं की लक्षित विकास दरें एवं प्राथमिकताएँ/विशेष उपलब्धि/कार्यक्रम

योजना	लक्षित विकास दर	कृषि	उद्योग	सेवा	प्राप्त विकास दर	प्राथमिकताएँ/विशेष उपलब्धि/कार्यक्रम
पहली योजना	2.1	2.71	5.54	4.17	3.6	कृषि एवं सम्बद्ध/सामुदायिक विकास कार्यक्रम
दूसरी योजना	4.5	3.15	5.59	4.94	4.21	भारी उद्योग, स्वास्थ्य एवं चिकित्सा/राउरकेला, भिलाई, दुर्गापुर स्टील प्लाण्ट स्थापित
तीसरी योजना	5.6	–0.73	6.28	5.26	2.72	खाद्यान्न एवं कृषि
चौथी योजना	5.7	2.57	4.91	3.22	3.3	कृषि एवं सिंचाई/स्थिरता के साथ विकास और आत्मनिर्भरता की प्राप्ति का लक्ष्य
पाँचवीं योजना	4.4	3.28	6.55	5.66	4.83	जनस्वास्थ्य एवं समाज कल्याण/गरीबी उन्मूलन एवं आत्मनिर्भरता का नारा
छठी योजना	5.2	2.52	5.32	5.41	5.4	कृषि, उद्योग, ऊर्जा/अनवरत योजना
सातवीं योजना	5.0	3.47	6.77	7.19	6.0	ऊर्जा, खाद्यान्न

योजना	लक्षित विकास दर	कृषि	उद्योग	सेवा	प्राप्त विकास दर	प्राथमिकताएँ/विशेष उपलब्धि/कार्यक्रम
आठवीं योजना	5.6	4.68	7.58	7.54	6.68	मानव संसाधन (शिक्षा, स्वास्थ्य, रोजगार) विकास
नौवीं योजना	6.5	2.06	4.51	7.78	5.4	सामाजिक न्याय, ग्रामीण विकास, रोजगार सृजन/न्यायपूर्ण वितरण एवं समानता के साथ विकास
दसवीं योजना	8.0	2.34	8.90	9.4	7.8	रोजगार, ऊर्जा, सामाजिक अधोसंरचना का विकास
ग्यारहवीं योजना	8.1	4.0	10.5	9.9	7.9	तीव्र और अधिक समावेशी विकास, रोजगार सृजन, आधारभूत भौतिक और शिक्षा सेवाओं तक पहुँच
बारहवीं योजना	8.0	4	10.9	10	7.1 (लगभग)	त्वरित, सतत और अधिक समावेशी विकास

लोकवित्त

वास्तव में लोकवित्त का सम्बन्ध राजकोषीय नीतियों से है, जो देश की आर्थिक नीतियों तथा अर्थव्यवस्था को प्रभावित करती हैं। सभी सरकारों का लक्ष्य एक न्यायोचित वित्त व्यवस्था द्वारा सामाजिक न्याय लाना होता है।

लोकवित्त से तात्पर्य

- लोकवित्त (Public Finance) का अर्थ मात्र सरकारी आय-व्यय की अवधारणाओं से सम्बन्धित नहीं है, बल्कि इसके आयाम अधिक विस्तृत हैं। इसके अन्तर्गत सार्वजनिक ऋण, वित्तीय प्रशासन तथा राजकोषीय नीति (Fiscal Policy) आदि भी शामिल होते हैं।
- राज्य अपने दायित्वों को सार्वजनिक सत्ताओं (केन्द्र सरकार, राज्य सरकार, स्थानीय शासन संस्थाओं आदि) के माध्यम से वित्तीय साधनों के द्वारा सम्पन्न करता है। इन्हीं संस्थाओं के वित्त से सम्बन्धित सिद्धान्तों, समस्याओं एवं नीतियों के विधिवत् अध्ययन को ही लोकवित्त कहा जाता है।

लोकवित्त का विभाजन

लोकवित्त को निम्नलिखित पाँच भागों में विभक्त किया जाता है

1. सार्वजनिक आय

- केन्द्र सरकार के समस्त वित्तीय संसाधनों को सार्वजनिक वित्त कहा जाता है। इसमें समस्त सार्वजनिक आय (Public Income) एवं समस्त व्यय को सम्मिलित किया जाता है। सार्वजनिक आय के दो भाग होते हैं

(i) पूँजीगत प्राप्तियाँ

- ऐसी प्राप्तियाँ, जिनके बदले में सरकार को भुगतान करना पड़ता है, पूँजीगत प्राप्तियाँ (Capital Receipts) कहलाती हैं। यह भुगतान आगामी वित्तीय वर्ष में किया जाता है।
- विदेशी सरकारों से प्राप्त ऋण, राज्य सरकारों से ऋण का भुगतान एवं भारतीय रिजर्व बैंक से प्राप्त धनराशि इसकी मुख्य मदें हैं।

(ii) राजस्व प्राप्तियाँ

- ऐसी सार्वजनिक प्राप्तियाँ, जिनसे न तो सरकार की देयता में वृद्धि होती है और न ही सरकार की परिसम्पत्तियों में कमी आती है, राजस्व प्राप्तियाँ (Revenue Receipts) कही जाती हैं। राजस्व प्राप्तियों को मुख्यत: दो भागों में विभाजित किया जाता है—कर आय और गैर-कर आय।

2. सार्वजनिक व्यय

- सार्वजनिक व्यय (Public Expenditure) सरकारी प्राधिकारियों द्वारा किए जाने वाले व्यय (Expenditure) को कहते हैं।
- पूर्व में सार्वजनिक व्यय के अन्तर्गत योजनागत व्यय एवं गैर-योजनागत व्यय को सम्मिलित किया जाता था, परन्तु वर्ष 2017 के आम बजट से यह प्रथा समाप्त हो गई।
- योजनागत व्यय विकासशील प्रकृति का होता था, किन्तु गैर-योजनागत व्यय गैर-विकासशील प्रकार का होता था; जैसे—रक्षा व्यय, ब्याज, सब्सिडी, प्रशासनिक व्यय आदि।
- आर्थिक मन्दी के समय कदम उठाए जाने की सर्वाधिक सम्भावनाओं में सार्वजनिक परियोजनाओं पर व्यय में वृद्धि करना है।

सार्वजनिक व्यय को दो भागों में विभाजित किया जाता है

(i) पूँजीगत व्यय

ऐसे व्यय, जिनसे सरकार की परिसम्पत्तियों में वृद्धि होती है, पूँजीगत व्यय (Capital Revenue) कहलाते हैं। पूँजीगत व्यय उत्पादक कोटि का होता है, इसका लाभ कई वर्षों तक मिलता रहता है; जैसे—आधारिक संरचना का निर्माण कराना।

(ii) राजस्व व्यय

साधारणत: राजस्व व्यय (Revenue Expenditure), सार्वजनिक व्यय का एक स्वरूप है, जिससे किसी भी सरकारी परिसम्पत्ति (Assets) का सृजन नहीं होता है। राजस्व व्यय का सम्बन्ध चालू खाते से होता है। सामान्यत: राजस्व व्यय की प्रमुख मदें हैं—सरकारी सेवाओं पर होने वाला व्यय, सरकारी सब्सिडी ब्याज अदायगी आदि।

3. सार्वजनिक ऋण

सरकार को विभिन्न कार्यों के निष्पादन के लिए बड़ी मात्रा में साधनों की आवश्यकता पड़ती है। इस हेतु सरकार देश तथा विदेशों से ऋण लेती है, जिसे सार्वजनिक ऋण (Public Debt) कहते हैं।

कोई देश ऋण-जाल में फँसा हुआ माना जाएगा, यदि इसे बकाया ऋण पर ब्याज को चुकाने के लिए उधार लेना होता है।

4. वित्तीय प्रशासन

वित्तीय क्रियाओं के प्रबन्धन का अध्ययन वित्तीय प्रशासन के अन्तर्गत करते हैं। लेखा-परीक्षण, बजट के प्रकाशन का कार्य भी वित्तीय प्रशासन (Public Administration) के अन्तर्गत ही आता है।

5. आर्थिक स्थिरता

देश में आर्थिक स्थायित्व लाने सम्बन्धी नीतियों पर विचार-विमर्श आर्थिक स्थिरता के अन्तर्गत किया जाता है। आर्थिक स्थिरता (Economic stability) के अन्तर्गत राजकोषीय नीति का अध्ययन किया जाता है।

राजकोषीय नीति

- राजकोषीय नीति (Fiscal Policy) का सम्बन्ध अर्थव्यवस्था की संवृद्धि निष्पादन को सुधारना तथा लोगों को सामाजिक न्याय प्रदान करने से है।
- यह सरकार के सार्वजनिक व्यय, सार्वजनिक आय, सार्वजनिक ऋण तथा उसके प्रबन्ध से सम्बन्धित है।

- राजकोषीय नीति के द्वारा सरकार अर्थव्यवस्था में रोजगार, राष्ट्रीय उत्पादन, आन्तरिक तथा बाह्य आर्थिक स्थिरता इत्यादि उद्देश्यों को प्राप्त करती है।
- यह अर्थव्यवस्था की संवृद्धि को दो प्रकार से प्रभावित करती है—विकास के लिए साधनों का एकत्रण करना तथा द्वितीय, साधनों के आवण्टन द्वारा कार्यकुशलता में सुधार करना।

राजकोषीय नीति की विशेषताएँ

राजकोषीय नीति की प्रमुख विशेषताएँ निम्न हैं

- राजकोषीय नीति का प्रारम्भ वर्ष 1936 में **जॉन मेनार्ड कीन्स** ने किया, जबकि उन्होंने सार्वजनिक व्यय की भूमिका पर बल दिया।
- सरकार राजकोषीय नीति के द्वारा निजी क्षेत्रों के लिए संसाधनों की उपलब्धता, आर्थिक विकास में सार्वजनिक क्षेत्र की भूमिका तथा संसाधनों के आवण्टन एवं विनियोजन ढाँचे को प्रभावित करती है।
- स्वतन्त्र बाजार व्यवस्था में संसाधनों का बँटवारा तथा सभी आर्थिक क्रियाएँ बाजार यन्त्र के स्वतन्त्र क्रियाशीलन द्वारा निर्धारित होती हैं, वहीं राजकोषीय नीति की कोई भूमिका नहीं होती है।

संघीय बजट

- संविधान के **अनुच्छेद 112** के अन्तर्गत प्रत्येक वित्तीय वर्ष के लिए, जो 1 अप्रैल से 31 मार्च तक चलता है, केन्द्र सरकार की अनुमानित प्राप्तियों तथा व्ययों का विवरण संसद के सामने रखना आवश्यक होता है।
- सामान्य भाषा में बजट एक विवरण है, जिसमें आगामी वर्ष में शासन कितना खर्च करेगा और करों के माध्यम से कितनी आय प्राप्त करेगा, इसका उल्लेख होता है। बजट में विनियोग एवं राजस्व अधिनियमों का उल्लेख रहता है।
- विनियोजन से खर्च होता है और राजस्व से आय होती है। बजट आगामी वर्ष के लिए होता है, इसलिए अनुमानित ही होता है। इस प्रकार बजट एक प्रकार से अनुमानित आय-व्यय का ब्यौरा होता है।

बजट के सम्बन्ध में महत्त्वपूर्ण बातें निम्नलिखित हैं

- बजट अनुमानित आय एवं व्यय का एक विवरण है।
- यह एक सीमित अवधि के लिए होता है।
- बजट को स्वीकृत करने के लिए एक सार्वजनिक निकाय की आवश्यकता होती है।
- बजट नियन्त्रण से मुक्त नहीं होता है।
- बजट में उत्पादन, उपभोग, आयात-निर्यात, राष्ट्रीयकरण, क्रय-विक्रय, वाणिज्य, उद्योग, आयकर, कराधान आदि समस्याओं के सन्दर्भ में सरकारी नीतियों का समावेश होता है।

आधुनिक परिप्रेक्ष्य में बजट की परिभाषा थोड़ी विस्तृत हो गई है, जिसके अनुसार बजट आय-व्यय का अनुमान और प्रस्ताव है, जिसमें मुख्य कार्यपालिका धन की स्वीकृति देने वाली व्यवस्थापिका के समक्ष यह स्पष्ट करती है कि गत वर्ष का काम किस प्रकार था, वर्तमान में राजकोष की स्थिति क्या है और उसका अगला कार्यक्रम क्या है?

भारतीय बजट का इतिहास

- स्वतन्त्र भारत का **प्रथम** बजट 26 नवम्बर, 1947 को पहले वित्त मन्त्री **आर के षणमुखम चेट्टी** द्वारा पेश किया गया था।
- भारत में **सबसे अधिक** बजट पेश करने वाले वित्त मन्त्री **मोरारजी देसाई** थे। इन्होंने कुल दस बजट पेश किए, जबकि पी चिदम्बरम ने आठ बजट पेश किए हैं।
- अंग्रेजों ने भारत के लिए बजट पेश करना शुरू किया, तो उसके लिए शाम के पाँच बजे का समय रखा गया था, लेकिन वर्ष 1999 में राजग सरकार के वित्त मन्त्री यशवन्त सिन्हा ने बजट पेश करने का समय दिन के 11 बजे कर दिया। वर्ष 1994-95 में सर्विस टैक्स की शुरुआत 5% से हुई थी।
- पहली बार टेलीफोन बिल, स्टॉक ब्रोकिंग चर्ज और जनरल इंश्योरेंस पर सर्विस टैक्स लगाया गया था।

वर्तमान परिदृश्य में बजट

स्वतन्त्र भारत के 87वें आम बजट **'2017-18'** मे कुछ नए प्रयोग किए गए। रेल बजट को आम बजट में ही विलय कर दिया गया। आम बजट 2017-18 को अपने निर्धारित समय से एक माह पूर्व 1 फरवरी को पेश किया गया। इसके पश्चात् से बजट सामान्यत: फरवरी के प्रथम सप्ताह (1 फरवरी) में प्रस्तुत किया जाता है।

बजट के सिद्धान्त

एक सन्तुलित बजट को निम्नलिखित आधारभूत मानकों पर आधारित होना चाहिए—पारदर्शिता, सत्यशीलता, नियतकालिक, एकता के सिद्धान्त के अनुरूप हो, प्रचार युक्त, सरल भाषा, व्यापकता यदि अनुमानित आय, अनुमानित व्यय से अधिक है, तो इसे बचत का बजट (Saving of Budget) कहते हैं और यदि अनुमानित आय, अनुमानित व्यय से कम है, तो इसे घाटे का बजट (Deficit of Budget) कहते हैं।

बजट की भूमिका

बजट की मुख्य भूमिका निम्न प्रकार है

- यह विधायिका के प्रति कार्यपालिका की वित्तोय एवं न्यायिक जवाबदेही सुनिश्चित करता है। प्रशासनिक पदसोपान (Hierarchy) तन्त्र में यह वरिष्ठों के प्रति अधीनस्थों की जवाबदेही को सुनिश्चित करता है। यह सामाजिक और आर्थिक नीति का उपकरण है, जिसका कार्य निर्धारण, वितरण और स्थिरीकरण है। यह सरकारी कार्यों और सेवाओं के कुशल कार्यान्वयन का रास्ता साफ करता है।
- यह सरकारी विभागों की विभिन्न गतिविधियों को एक योजना के अधीन लाकर उनको एकीकृत करता है और इस प्रकार प्रशासनिक प्रबन्धन एवं समन्वय को आसान बनाता है।

भारत में बजट निर्माण

- बजट निर्माण का अर्थ है—प्रत्येक वित्त वर्ष के सम्बन्ध में भारत सरकार के व्यय और प्राप्तियों के अनुमानों का विवरण तैयार करना।
- बजट प्रस्तुतीकरण (1 फरवरी) के 5-6 महीने पहले ही उसके निर्माण की प्रक्रिया शुरू हो जाती है। भारत में वित्त वर्ष 1 अप्रैल से 31 मार्च तक होता है।
- वित्त वर्ष प्रारम्भ होने से 5-6 महीने पहले अर्थात् सितम्बर-अक्टूबर में **वित्त मन्त्रालय** प्रशासनिक मन्त्रालय को परिपत्र और प्रपत्र भेजकर उससे आगामी वित्त वर्ष के खर्चों के अनुमान माँगता है। प्रशासनिक मन्त्रालय इन प्रपत्रों को अपनी ओर से स्थानीय/क्षेत्रीय अधिकारियों अर्थात् संवितरण अधिकारियों को भेज देते हैं। इन प्रपत्रों में अनुमान तथा अन्य अपेक्षित सूचनाएँ भरनी होती हैं।

बजट के प्रमुख दस्तावेज

- वित्त मन्त्री का भाषण
- बजट का सारांश
- बजट प्राप्तियाँ
- अनुदान की माँग
- वार्षिक वित्तीय कथन
- वित्त विधेयक
- बजट व्यय

भारत में बजट निर्माण की एजेन्सियाँ

भारत में बजट निर्माण से सम्बन्धित प्रमुख एजेन्सियाँ निम्नलिखित हैं

वित्त मन्त्रालय

बजट बनाने की पूरी जिम्मेदारी वित्त मन्त्रालय (Finance Ministry) की है और यह अपेक्षित नेतृत्व एवं दिशा प्रदान करता है। बजट को बनाने व उसे संसद में प्रस्तुत करने हेतु वित्त मन्त्रालय के **आर्थिक कार्य विभाग** का बजट प्रभाग उत्तरदायी है।

नियन्त्रक और महालेखा परीक्षक

नियन्त्रक और महालेखा परीक्षक (Comptroller and Auditor General) बजट अनुमानों के निर्माण के लिए आवश्यक लेखा विधि कौशल उपलब्ध कराता है।

प्रशासनिक मन्त्रालय

प्रशासनिक मन्त्रालय (Administrative Affairs) को प्रशासनिक आवश्यकताओं का विस्तृत ज्ञान होता है।

बजट से सम्बन्धित संवैधानिक कोष

भारत की संचित निधि

इस कोष में सारी प्राप्तियों को जमा और सारे भुगतानों को व्यय में डाला जाता है। दूसरे शब्दों में

1. भारत सरकार द्वारा प्राप्त सभी राजस्व।
2. जारी किए गए राजकोषीय बिलों, ऋणों अथवा अग्रिम राशियों के उपायों या माध्यम से सरकार द्वारा लिए गए सभी कर्ज।
3. ऋणों की अदायगी के रूप में सरकार द्वारा प्राप्त सभी राशियाँ मिलकर भारत की संचित निधि (Consolidated Fund of India) का निर्माण करेंगी।

सरकार की ओर से किए जाने वाले सभी वैधानिक रूप से अधिकृत भुगतान इसी कोष से किए जाते हैं। इस कोष से किसी भी राशि का विनियोग (जारी करना या निकालना) संसदीय कानून के अनुसार ही किया जा सकता है, अन्यथा नहीं।

भारत का सार्वजनिक लेखा

- भारत सरकार द्वारा या इसकी ओर से प्राप्त अन्य सभी सार्वजनिक राशियाँ (उनके अतिरिक्त जो भारत की संचित निधि में जमा की जाती हैं) भारतीय सार्वजनिक लेखा (Public Accounting) में जमा की जाएँगी।
- उनमें भविष्य निधि जमा, न्यायिक जमा, बचत खाता जमा, विभागीय जमा और प्रेषित जमा इत्यादि शामिल हैं। इस खाते का संचालन कार्यपालक कार्यवाही द्वारा किया जाता है अर्थात् इस खाते से भुगतान संसदीय विनियोजन के बिना किए जा सकते हैं। भुगतानों की प्रकृति प्राय: बैंकिंग लेन-देन की होती है।

भारत की आकस्मिकता निधि

- संविधान ने संसद को 'भारत की आकस्मिकता निधि' (Contingency Fund of India) की स्थापना के लिए अधिकृत किया है, जिसमें समय-समय पर कानून द्वारा निर्धारित राशियाँ जमा की जाएँगी।
- तद्नुसार वर्ष 1950 में संसद ने भारतीय आकस्मिकता निधि अधिनियम पारित किया। इस निधि को राष्ट्रपति के नियन्त्रण में रखा गया।
- वह संसद द्वारा प्राधिकृत करने से पूर्व, आकस्मिक व्यय की पूर्ति के लिए इसमें से पेशगी/अग्रिम (Advance) दे सकता है।
- राष्ट्रपति की ओर से यह निधि वित्त सचिव के अधीन रहती है। भारतीय सार्वजनिक लेखा निधि की तरह इसका संचालन भी कार्यकारी कार्यवाही द्वारा होता है।

बजट के प्रकार

बजट के प्रमुख प्रकार निम्नलिखित हैं

स्वरूप के आधार पर मद क्रम बजट

- मद क्रम को परम्परागत या रूढ़िगत बजट (Traditional Budget) निर्माण भी कहा जाता है। बजटिंग की इस प्रणाली का विकास 18वीं और 19वीं शताब्दी में हुआ।
- इस बजट में वस्तुओं या मद का महत्त्व अधिक होता है, उद्देश्य नहीं। इस प्रकार की बजटिंग का उद्देश्य विधायिका द्वारा कार्यपालिका को स्वीकृत धन की बर्बादी, आय-व्यय तथा दुरुपयोग को रोकना है।

निष्पादन बजट

- इस प्रणाली का जन्म संयुक्त राज्य अमेरिका में हुआ। पहले उसे क्रियाशील या कार्यकलाप बजटिंग कहा जाता था। निष्पादन बजट (Outcome Budget) शब्द को पहले **हूवर आयोग** (वर्ष 1949) ने गढ़ा था।
- इसने संयुक्त राज्य अमेरिका में निष्पादन बजट अपनाने की सिफारिश की थी, जिससे कि बजट निर्माण के प्रति कुशल प्रबन्धन के दृष्टिकोण को अपनाया जा सके।
- मद क्रम बजटिंग के विपरीत निष्पादन बजटिंग खर्चे के बजाय, खर्चे के उद्देश्य पर बल देती है।
- यह प्रत्येक कार्यक्रम और गतिविधि के वास्तविक 'निष्पादन या उत्पादन' और वित्तीय 'निवेश' पक्षों के बीच सम्बन्ध स्थापित करती है। अत: यह बजट के क्रियाशील वर्गीकरण को आवश्यक कर देती है।

देश का पहला निष्पादन बजट

- देश के संसदीय इतिहास में पहली बार केन्द्र सरकार ने **निष्पादन** (Outcome) बजट संसद में 25 अगस्त, 2005 को प्रस्तुत किया। विभिन्न मन्त्रालयों एवं विभागों को विभिन्न परियोजनाओं के लिए आवण्टित वित्त के लिए मापन योग्य (Measurable) एवं निगरानी योग्य (Monitorable) लक्ष्य निर्धारित करने वाले इस दस्तावेज को तत्कालीन वित्त मन्त्री **पी. चिदम्बरम** ने लोकसभा में प्रस्तुत किया था।
- 44 मन्त्रालयों को मिलाकर अपेक्षित परिणामों (Outcome) का ब्यौरा आउटकम बजट में प्रस्तुत किया गया, जबकि तकनीकी, परमाणु ऊर्जा, सुरक्षा, विदेशी मामलों व संसदीय मामलों के मन्त्रालयों सहित कुल 9 मन्त्रालयों को इसमें शामिल नहीं किया गया।

निष्पादन बजट की विशेषताएँ

निष्पादन बजट की प्रमुख विशेषताएँ निम्न हैं

- इसमें सरकार की नीति और कार्यक्रम का खुलासा होता है।
- इसमें व्यय की मदों के स्थान पर किए जाने वाले कार्यों को महत्त्व दिया जाता है। इसके अन्तर्गत सरकार की उपलब्धियों का मूल्यांकन लागत के सन्दर्भ में किया जा सकता है।
- यह क्रियान्मुख तथा परिणामोन्मुख बजट है।
- यह पारदर्शी बजट प्रणाली है।
- अत्यधिक खुला होने के कारण यह आसानी से समझ में आता है।

शून्य आधारित बजट

- इसका जन्म और विकास अमेरिका में हुआ। शून्य आधारित बजट (Zero Based Budget, ZBB) का निर्माण निजी उद्योग प्रबन्धक **पीटर ए पियर** ने वर्ष 1969 में किया, जबकि इसका विकास ब्रिटिश अर्थशास्त्री **हिल्टन यंग** ने किया था।
- सर्वप्रथम वर्ष 1969 में अमेरिका की टेक्सास इन्स्ट्रूमेण्ट कम्पनी ने इसे अपनाया था। भारत में सर्वप्रथम वर्ष 1983 में विज्ञान एवं प्रौद्योगिकी मन्त्रालय ने इसे अपनाया था, जबकि वित्तीय वर्ष 1986-87 हेतु सभी मन्त्रालयों ने इसे अपनाया था।
- निष्पादन बजटिंग की तरह शून्य आधारित बजट भी बजटिंग की एक तर्कसंगत पद्धति है। इसके अन्तर्गत बजट में सम्मिलित किए जाने से पहले प्रत्येक कार्यक्रम योजना की आलोचनात्मक समीक्षा की जानी चाहिए और शून्य से प्रारम्भ कर सम्पूर्णतया दोबारा सही सिद्ध करनी चाहिए।
- अत: शून्य आधारित बजट में बजटिंग के वृद्धिशील दृष्टिकोण का अनुसरण करने के स्थान पर सभी योजनाओं का शून्य से पुन: परीक्षण करना शामिल है।

शून्य आधारित बजट के प्रमुख लाभ निम्नलिखित हैं

- यह निचली वरीयता के कार्यक्रमों को घटाता या न्यूनतम कर देता है।
- यह कार्यक्रम की प्रभावशीलता को एकाएक बढ़ा देता है।
- इसमें अधिक प्रभावी कार्यक्रमों को अधिक धन मिलता है।
- इससे कर वृद्धि में कमी आती है।
- यह लागत लाभ, प्रभावित लागत और लागत लाभ के अर्थों में योजनाओं की आलोचनात्मक समीक्षा को आसान बनाता है।
- इससे वर्ष के दौरान बजट समायोजन शीघ्र होता है।
- यह पर्याप्त संसाधनों का सुसंगत आवण्टन करता है।
- बजट की तैयारी में यह सम्बद्ध कार्मिकों की भागीदारी को बढ़ाता है।

घाटे का बजट

- यह परम्परागत बजट का ही स्वरूप है। भारत में सर्वप्रथम **मुहम्मद तुगलक** ने 1332 ई. में घाटे का बजट अपनाया था।
- उसने उस समय सांकेतिक मुद्रा चलाई थी। आधुनिक युग में लगभग सभी **अल्पविकसित** देश घाटे के बजट (Deficit Budget) का प्रयोग करते हैं, क्योंकि उनके व्यय, आय की तुलना में अधिक हैं और यह अन्तर निरन्तर बढ़ रहा है।
  भारत जैसे विकासशील देश में घाटे का बजट एक अनिवार्यता हो जाती है, क्योंकि इससे मुद्रा का अतिरिक्त प्रवाह उपलब्ध होता है, जो अर्थव्यवस्था को गति प्रदान करता है।
- वर्ष 1997 से भारत में घाटे के बजट की वित्त पोषण पद्धति बदल दी गई है, अब नोट छापकर घाटा पूरा करने के बजाय भारतीय रिजर्व बैंक (Reserve Bank of India, RBI) से ऋण लेकर घाटा पूरा करने पर बल दिया जाता है।
- रिजर्व बैंक की भी अपनी सीमाएँ हैं, अतएव सरकार को या तो घरेलू ऋण पर या विदेशी ऋण पर या दोनों पर अपनी निर्भरता बढ़ानी पड़ती है। राजस्व व्यय को कम करके युक्तिसंगत सब्सिडी बनाकर भी सरकार बजट घाटे को कम कर सकती है।

जेण्डर बजटिंग

- भारत में महिलाओं की आबादी लगभग पुरुषों की आबादी के बराबर है, परन्तु उनके अधिकार क्षेत्र तथा कार्य योगदान पुरुषों की अपेक्षा काफी कम हैं, इसलिए केन्द्र सरकार द्वारा महिला अधिकारिता और महिला सशक्तीकरण के योगदान को बजट में स्वीकार करते हुए जेण्डर बजटिंग (Gender Budgeting) की शुरुआत की गई है।
- इसके माध्यम से सरकार द्वारा महिलाओं के विकास, कल्याण और सशक्तीकरण से सम्बन्धित योजनाओं और कार्यक्रमों के लिए बजट में एक निर्धारित राशि सुनिश्चित करने का प्रावधान किया जाता है।
- समाज में पुरुष तथा महिला दोनों के उत्तरदायित्व, भागीदारी तथा क्षमताएँ अलग-अलग होती हैं, इसलिए इन दोनों का प्रभाव भी समाज पर अलग-अलग होता है; जेण्डर बजटिंग के माध्यम से शिशु या महिलाओं की स्वास्थ्य सम्बन्धित योजनाओं पर किया गया व्यय सीधे महिलाओं के जीवन-स्तर को प्रभावित करता है।
- जेण्डर बजटिंग का सबसे पहला प्रयोग वर्ष 1982 में **ऑस्ट्रेलिया** में हुआ। भारत में जेण्डर बजटिंग की बात वर्ष 2005-06 के आम बजट में की गई थी।

एकल बजट

एकल बजट (Single Budget), जिसमें सरकार समस्त विभागों, कार्यक्रमों के लिए एक ही बजट बनाती है। इसमें सरकार की समस्त आय और व्यय शामिल कर लिए जाते हैं। अमेरिका और ब्रिटेन के संघीय बजट एकल बजट हैं।

बहुलक बजट

- बहुलक बजट (Multi Budget), जिसमें **सरकार प्रत्येक विभाग के लिए** अलग-अलग बजट बनाती है।
- फ्रांस, स्विट्जरलैण्ड, जर्मनी आदि देशों में बहुलक प्रणाली प्रचलित है।

मद आधारित बजट

- मद आधारित बजट (Item-based Budget), जिसमें निश्चित धनराशि की माँग की जाती है, लेकिन विभाग-वार उनका वितरण नहीं दर्शाया जाता है।
- इसमें सरकार को किसी भी मद का पैसा अन्य मद में खर्च करने की स्वीकृति मिल जाती है, लेकिन पुनर्वियोजन का अनुमोदन विधायिका से लेना पड़ता है। लेखानुदान (Vote on Account) इसी प्रकार का बजट प्रारूप है।

पूरक बजट

अप्रत्याशित कारणों; जैसे—प्राकृतिक आपदा, राजस्व में गिरावट या अन्य आकस्मिकता के कारण पारित बजट पर पुन: विचार करने की आवश्यकता उत्पन्न होती है या नई माँगों, गतिविधियों को पूरा करने के लिए या विद्यमान सेवाओं में वृद्धि के लिए अतिरिक्त धन की आवश्यकता होती है, तब उसके लिए **पूरक बजट** (Supplementary Budget) बनाया जाता है।

वित्तीय घाटे

भारत में राजकोषीय सन्तुलन स्वेच्छा से लागू नहीं किया गया है। यहाँ राजकोषीय उत्तरदायित्व और बजट प्रबन्ध के लिए कानूनी व्यवस्था की गई है। राजकोषीय उत्तरदायित्व से आशय **वित्तीय घाटे** (Financial Deficit) को सन्तुलित करने से है।

निम्नलिखित तरीकों से वित्तीय घाटों के आकलन को चार भागों में विभाजित किया जाता है

1. राजकोषीय घाटा

जब बजटीय घाटे में उधार और अन्य देयताओं को जोड़ दिया जाता है, तब राजकोषीय घाटा (Fiscal Deficit) प्राप्त होता है।

राजकोषीय घाटा = बजटीय घाटा + उधार और अन्य देयताएँ

बजटीय घाटे की तुलना में राजकोषीय घाटा अर्थव्यवस्था का वास्तविक चित्र अधिक स्पष्ट रूप से व्यक्त करता है।

बजटीय घाटे में सार्वजनिक ऋण को भी एक आय मान लिया जाता है, जबकि राजकोषीय घाटे में ऋण को आय नहीं माना जाता है। राजकोषीय घाटे के चार प्रकार होते हैं

राजकोषीय घाटा = [राजस्व प्राप्तियाँ + ऋणों की वसूली + अन्य प्राप्तियाँ] − [कुल व्यय]

(i) सकल राजकोषीय घाटा

राजस्व प्राप्तियों और पूँजीगत प्राप्तियों की अपेक्षा कुल सरकारी व्यय का आधिक्य, जिसमें ऋण का सृजन नहीं होता अर्थात् किसी वित्तीय वर्ष के अन्तर्गत सरकार के कुल आय और व्यय के अन्तर को सकल राजकोषीय घाटा कहते हैं।

> सकल राजकोषीय घाटा (Gross Fiscal Deficit) = कुल व्यय − (पूँजीगत प्राप्तियाँ + गैर-ऋण बनाने वाली पूँजी प्राप्ति)

(ii) निवल राजकोषीय घाटा

जब सकल राजकोषीय घाटे के कुल आय और कुल व्यय के अन्तर को ऋण अदायगी के साथ समायोजित किया जाता है, तो उसे निवल राजकोषीय घाटा (Net Fiscal Deficit) कहते हैं।

(iii) राजकोषीय असन्तुलन और घाटा वित्तीयन

जब आय और व्यय में अन्तराल आता है, तो ऐसी स्थिति को राजकोषीय असन्तुलन (Fiscal Imbalance) कहते हैं। जब इस अन्तराल को भरने का काम करते हैं, तो ऐसी स्थिति को घाटा वित्तीयन (Deficit Financing) कहते हैं।

(iv) राजकोषीय घाटे का प्रभाव

- सरकार के द्वारा नोट छापकर घाटा पूरा करने के कारण देश में महँगाई बढ़ती है। जिसका सीधा प्रभाव 90% जनता पर पड़ता है, जो असंगठित क्षेत्र के होते हैं।
- सरकार के भारी मात्रा में ऋण लेने से ब्याज दर बढ़ने लगती है, जिससे निजी क्षेत्र के उद्योगों को निवेश के लिए उपभोक्ताओं को कंज्यूमर लोन के लिए ऊँची दर पर उधार लेना पड़ता है। सीमित पूँजी उत्पादक निजी क्षेत्र के अनुत्पादक सरकारी क्षेत्र में हस्तान्तरित होते हैं।

2. राजस्व घाटा

कुल राजस्व प्राप्ति की तुलना में कुल राजस्व व्यय जितना अधिक होता है, उसे राजस्व घाटा (Revenue Deficit) कहा जाता है।

इसको प्रभावी राजस्व घाटे में विभाजित किया जाता है

> राजस्व घाटा = राजस्व प्राप्तियाँ − राजस्व व्यय

(i) प्रभावी राजस्व घाटा

इस धारणा की शुरुआत वर्ष 2011-12 के केन्द्रीय बजट से की गई तथा वर्ष 2012-13 के बजट से इसे FRBM की व्यवस्थाओं में सम्मिलित कर लिया गया है। यदि राजस्व घाटे से उन अनुदानों या व्ययों को निकाल दिया जाए, जो प्रभाव में पूँजी सृजन से सम्बन्धित हैं या पूँजीगत व्यय हैं, तो प्रभावी राजस्व घाटा प्राप्त होगा।

> प्रभावी राजस्व घाटा = राजस्व घाटा − पूँजी सम्पत्ति सृजन से सम्बन्धित अनुदान

कर्नाटक पहला राज्य था, जिसने FRBM एक्ट लागू किया।

3. पूँजीगत घाटा

- सरकार की पूँजीगत प्राप्तियाँ और पूँजीगत व्यय के अन्तर को पूँजीगत घाटा कहते हैं। आशय यह है कि सरकार का पूँजीगत व्यय पूँजीगत प्राप्तियों से अधिक है और इसकी पूर्ति राजस्व खाते के अधिशेष के माध्यम से हो रही है।
- यह किसी भी देश की अर्थव्यवस्था के लिए अच्छा संकेत है। पूँजीगत घाटे को तीन भागों में विभाजित किया जाता है

(i) बजटीय घाटा

सरकार के बजट में कुल प्राप्तियों की तुलना में यदि कुल व्यय अधिक हो, तो उसे बजटीय घाटा (Budget Deficit) कहा जाता है।

इसे निम्न रूप में व्यक्त किया जा सकता है

> बजटीय घाटा = कुल प्राप्तियाँ − कुल व्यय

(ii) प्राथमिक घाटा

- जब राजकोषीय घाटे में से ब्याज देयताओं (Liabilities) को घटाया जाता है, तो प्राथमिक घाटा (Primary Deficit) प्राप्त होता है।

> प्राथमिक घाटा = राजकोषीय घाटा − ब्याज की अदायगियाँ

- जब सकल राजकोषीय घाटे में कम ब्याज अदा करना पड़े, तो वह सकल प्राथमिक घाटा (Gross) होगा।
- यदि प्राथमिक घाटा शून्य है, तब उधार की राशि ब्याज भुगतान के ठीक बराबर होगी।

(iii) सकल प्राथमिक घाटा

जब सकल राजकोषीय घाटे से ब्याज की अदायगियाँ अलग की जाती हैं, तो प्राप्त शेष ही सकल प्राथमिक घाटा (Gross Primary Deficit) कहलाता है।

4. मौद्रिकृत घाटा

केन्द्र सरकार के लिए भारतीय रिजर्व बैंक की निवल साख में होने वाली वृद्धि को मौद्रिकृत घाटा (Monetary Losses) कहा जाता है।

> मौद्रिकृत घाटा = भारतीय रिजर्व बैंक के बकाया ट्रेजरी बिलों की शुद्ध वृद्धि + सरकार के बाजार उधार में रिजर्व बैंक का योगदान

सार्वजनिक आय के स्रोत

सरकार अपनी आय निम्नलिखित स्रोतों से प्राप्त करती है, जो निम्न हैं

कर

कर (Tax) राज्य की आय का मुख्य साधन है, जो राज्य को अनिवार्य रूप से भुगतान किया जाता है। **प्लेहन** के अनुसार, "कर मुद्रा के रूप में अनिवार्य अंशदान है, जो नागरिकों के सामान्य हित एवं कल्याण हेतु व्यय करने के लिए सरकार नागरिकों से वसूल करती है।"

कर की मुख्य विशेषताएँ

कर की मुख्य विशेषताओं को निम्नवत् रखा जा सकता है

- कर एक अनिवार्य भुगतान है।
- कर के बदले विशेष लाभ प्राप्त नहीं होता।
- कर की आय का सामान्य हित में उपयोग।
- अन्य विशेषताएँ—निजी कर्त्तव्य सेवा का मूल्य नहीं, वैधानिक सत्ता, त्याग एवं आय से ही कर।

उपकर तथा अधिभार

- कर एक प्रकार का अनिवार्य अंशदान है, जिसे करदाता बिना किसी प्रतिफल के सरकार को कर आधार से सम्बन्धित होने के लिए देता है।
- उपकर (Cess) तथा अधिभार (Surcharge) दोनों ही किसी विशेष उद्देश्य की पूर्ति के लिए लगाए जाते हैं। **उपकर** कर के साथ कर आधार पर ही किसी विशेष प्रयोजन के लिए लगाया गया कर है, जबकि **अधिभार** कर के ऊपर कर है, जिसकी गणना कर दायित्व पर की जाती है। सामान्यत: अधिभार प्रत्यक्ष कर पर लगाया जाता है, जबकि उपकर प्रत्यक्ष तथा अप्रत्यक्ष दोनों करों के साथ जुड़ा होता है।

तरीके और साधन अग्रिम

- वर्ष 1997 में हीनार्थ प्रबन्धन की जगह पर तरीके और साधन अग्रिम (Ways and Means Advances) को लागू किया गया। इसके अन्तर्गत भारतीय रिजर्व बैंक सरकारी व्यय और सरकारी प्राप्तियों के अस्थायी अन्तर को पूरा करने के लिए भुगतान की पूर्व निर्धारित शर्तों पर धनराशि अग्रिम के रूप में प्रदान करती है और फिर आगे चलकर सरकारी आय के साथ उसका समायोजन कर दिया जाता है।
- इस अग्रिम धनराशि की सीमा निर्धारित होती है। यदि निर्धारित राशि से अधिक अग्रिम राशि की आवश्यकता होती है, तो वैसी स्थिति में ट्रेजरी बिल (वर्ष से कम समय के लिए) और बॉण्ड (1 वर्ष से अधिक समय के लिए) के रूप में प्रतिभूतियाँ जारी करके घरेलू बाजार से पैसा वसूला जाता है।

भारत में कर प्रस्ताव

कर से प्राप्त आय सार्वजनिक आय का सबसे महत्त्वपूर्ण स्रोत होता है। सामान्यत: इसे दो भागों में बाँटा जाता है

प्रत्यक्ष कर

- यह वह कर है, जिसे व्यक्ति या संस्था पर लगाया जाता है, वही कर अदा करता है। प्रत्यक्ष कर के भार को स्थानान्तरित नहीं किया जा सकता है।
- इसमें करारोपण प्रणाली सरल होती है तथा इसका पूर्वानुमान भी सरल होता है। आयकर, सम्पत्ति कर, निगम कर, ब्याज कर, उपहार कर आदि प्रत्यक्ष कर के उदाहरण हैं।

अप्रत्यक्ष कर

- अप्रत्यक्ष कर यह वस्तुओं एवं सेवाओं पर लगाया जाता है। इसमें कर के भार को स्थानान्तरित किया जाना सम्भव होता है। इसमें करारोपण की प्रणाली कठिन होती है तथा इसका अनुमान लगाना भी कठिन होता है।
- अप्रत्यक्ष कर के कारण ही वस्तुओं एवं सेवाओं के मूल्यों में वृद्धि होती है। अप्रत्यक्ष करों में मुख्य—उत्पाद शुल्क, सीमा शुल्क तथा बिक्री कर इत्यादि हैं।

केन्द्र सरकार के प्रमुख कर स्रोत निम्नलिखित हैं

1. **प्रत्यक्ष कर** (Direct Tax) आयकर, निगम कर, सम्पत्ति कर, सम्प शुल्क
2. **अप्रत्यक्ष कर** (Indirect Tax) सीमा शुल्क, केन्द्रीय उत्पाद शुल्क, सेवा कर इत्यादि।

राज्य सरकार के कर स्रोत निम्नलिखित हैं

1. **प्रत्यक्ष कर** भू-राजस्व, कृषि आयकर, पेशा कर
2. **अप्रत्यक्ष कर** व्यापार कर, राज्य उत्पादन कर, मनोरंजन कर, मुद्रांक एवं पंजीयन कर, विद्युत कर, वाहन कर

स्थानीय संस्थाओं (पंचायतों एवं नगरपालिकाओं) के कर स्रोत निम्नलिखित हैं

1. **प्रत्यक्ष कर** सम्पत्ति कर, जल कर
2. **अप्रत्यक्ष कर** चुंगी कर, सीमान्त कर

प्रत्यक्ष करों में कर का दबाव और भार (कराघात एवं करापात) एक ही व्यक्ति पर पड़ता है, जबकि अप्रत्यक्ष करों में कराघात एवं करापात भिन्न-भिन्न व्यक्तियों पर पड़ता है।

कर प्रस्ताव से सम्बन्धित प्रमुख समितियाँ

समिति		विषय
1. वांचू समिति	–	प्रत्यक्ष कर
2. एल के झा समिति	––	अप्रत्यक्ष कर
3. सरकारिया समिति	–	केन्द्र-राज्य सम्बन्ध
4. चेलैया समिति	–	कर सुधार
5. रेखा समिति	–	अप्रत्यक्ष कर
6. राकेश मोहन समिति	––	आधारित संरचना वित्तीयन
7. नंजुनदप्पा समिति	–	रेलवे किराए-भाड़े

केन्द्र-राज्य के बीच वित्तीय सम्बन्ध

- केन्द्र-राज्य के बीच वित्तीय सम्बन्धों की व्याख्या भारतीय संविधान के अनुच्छेद 264 से 293 के मध्य की गई है। इनमें राष्ट्रीय स्तर के विषयों/कार्यकलापों पर कर लगाने का अधिकार केन्द्र सरकार को दिया गया है, जबकि राज्य स्तर के विषयों पर कर लगाने का अधिकार राज्यों को प्राप्त है।
- शेष विषय अथवा वैसे विषय जिनका उल्लेख संविधान में नहीं है, उन पर कर सम्बन्धी निर्णय का अधिकार केन्द्र को प्राप्त है। इन करों की सूचियों का विस्तृत विवरण भारतीय संविधान की सातवीं अनुसूची में दिया गया है।

केन्द्रीय राजस्व का वितरण

- संविधान की सातवीं अनुसूची में केन्द्र-राज्यों के बीच वित्तीय स्रोतों का विभाजन किया गया है। सातवीं अनुसूची की **प्रथम लिस्ट** में उन करों का वर्णन किया गया है, जो पूर्णतया केन्द्र द्वारा लगाए जाते हैं।
- इन्हें **संघीय कर** (Union Taxes) कहते हैं। **द्वितीय सूची** में उन करों का वर्णन है, जो पूर्णतया राज्यों के अधिकार में आते हैं। इन्हें **राज्य कर** (State Taxes) कहते हैं।
- राज्यों के राजस्व में योगदान हेतु राज्यों को ऐच्छिक वित्तीय सहायता भी हस्तान्तरित करता है।
- उपरोक्त दो सूचियों के अतिरिक्त संविधान में एक तीसरी समवर्ती सूची भी है, जिसमें वर्तमान में 52 विषय सम्मिलित हैं।

केन्द्र सरकार द्वारा आरोपित करों को मुख्यत: चार भागों में बाँटा जा सकता है; जो निम्नलिखित हैं

1. वे कर, जो केन्द्र द्वारा लगाए जाते हैं, किन्तु इनकी वसूली और इनका उपयोग भी राज्यों द्वारा किया जाता है। इनमें मुख्यत: स्टाम्प शुल्क तथा औषधि व प्रसाधनों पर उत्पाद शुल्क शामिल हैं।
2. वे कर, जो केन्द्र द्वारा आरोपित किए जाते हैं तथा इनकी वसूली भी केन्द्र द्वारा की जाती है, किन्तु समस्त आय को केन्द्र राज्य को सौंप देता है।
3. वे कर, जो केन्द्र द्वारा आरोपित एवं एकत्रित किए जाते हैं तथा इनका कुल भाग राज्यों को भी बाँटा जाता है। इनमें मुख्य हैं—कृषि आय के अतिरिक्त अन्य आय पर कर तथा उत्पाद शुल्क।

4. वे कर, जो केन्द्र द्वारा आरोपित एवं संगृहीत किए जाते हैं तथा केन्द्र द्वारा स्वयं इनका उपयोग किया जाता है। इनमें सीमा शुल्क (Custom Duty) मुख्य है।

- इसके अतिरिक्त स्थानीय महत्त्व की वस्तुओं पर कर लगाने का अधिकार राज्य को प्राप्त है, किन्तु ऐसे विषय जिनका उल्लेख न तो केन्द्रीय सूची में है और न ही राज्य सूची में है, इन पर कर लगाने का अधिकार केन्द्र को प्राप्त है। इनमें **उपहार कर** (Gift Tax) व व्यय कर मुख्य हैं।
- सबसे पहले व्यय कर लगाने का सुझाव **एन काल्डॉर** ने दिया। इसके अतिरिक्त केन्द्र एवं राज्य को अलग-अलग स्रोतों से **गैर-कर राजस्व** की भी प्राप्ति होती है। केन्द्र के गैर-कर राजस्व स्रोतों में रेलवे, पोस्ट एवं टेलीग्राफ, प्रसारण, केन्द्रीय उपक्रमों से प्राप्त लाभ आदि शामिल हैं। इसी प्रकार राज्यों को गैर-कर राजस्व के रूप में वन, सिंचाई के साधनों तथा राज्यों के उपक्रमों से प्राप्त लाभ आदि शामिल किए जाते हैं।

संघीय कर

संविधान की सातवीं अनुसूची की प्रथम सूची में उल्लिखित मद संख्या 82 से 92 (A) तक के कर संघीय कर हैं। इस प्रथम सूची को **संघीय सूची** (Union List) भी कहा जाता है। इसमें निम्नलिखित करों को सम्मिलित किया गया है

1. आय कर (कृषि आय के अतिरिक्त)
2. निगम कर
3. सेवा कर
4. सीमा शुल्क अथवा आयात-निर्यात शुल्क
5. अफीम व एल्कोहॉलिक पेय पदार्थों को छोड़कर शेष वस्तुओं के सम्बन्ध में उत्पादन शुल्क (औषधि एवं प्रसाधन उत्पादों सहित)
6. कृषि भूमि से भिन्न अन्य सम्पत्ति के सम्बन्ध में सम्पदा तथा उत्तराधिकार शुल्क (Estate and Succession Duty)
7. व्यक्तियों तथा कम्पनियों की सम्पत्तियों के पूँजी मूल्य (Capital Value) पर कर (कृषि भूमि के अतिरिक्त)
8. प्रपत्रों पर स्टाम्प शुल्क
9. शेयर बाजारों तथा सट्टे बाजार के व्यवहारों पर स्टाम्प शुल्क के अतिरिक्त अन्य कर
10. समाचार-पत्रों के क्रय-विक्रय तथा उनमें प्रकाशित विज्ञापनों पर कर
11. रेलयात्री किराए तथा माल भाड़े पर कर
12. रेल, समुद्र या वायु मार्ग द्वारा ले जाए गए यात्रियों तथा माल पर कर (Terminal Tax)
13. अन्तर्राज्यीय व्यापार तथा वाणिज्य के दौरान माल के क्रय-विक्रय पर कर (कुछ मदों को छोड़कर)

- उल्लेखनीय है कि संघीय सूची में सम्मिलित उपरोक्त सभी करों से प्राप्त होने वाले सम्पूर्ण राजस्व की प्राप्ति केन्द्र को नहीं होती। केन्द्र एवं राज्य सरकारों के मध्य वित्तीय सन्तुलन स्थापित करने की दृष्टि से इनमें से कुछ करों से प्राप्त राजस्व का बँटवारा राज्यों के साथ किया जाता है।
- उदाहरणार्थ; कृषि आय के अतिरिक्त अन्य आय पर कर, उत्पाद शुल्क इत्यादि।
- अन्तर्राज्यीय व्यापार एवं वाणिज्य पर कर यद्यपि संघीय सूची में शामिल है, परन्तु इसकी वसूली तथा इसके राजस्व का उपयोग राज्यों द्वारा ही किया जाता है।
- उपरोक्त वर्णित करों के अतिरिक्त ऐसी मदों, जोकि न तो संघीय सूची में सम्मिलित हैं और न ही राज्य सूची में, पर केन्द्र सरकार को ही करारोपण का अधिकार है। उदाहरणार्थ; उपहार कर व व्यय कर लगाने का अधिकार केन्द्र सरकार को दिया गया है, जोकि इन दोनों ही सूचियों में सम्मिलित नहीं हैं।

राज्य कर

- ये कर राज्य सरकारों द्वारा ही आरोपित किए जाते हैं और उन्हीं के द्वारा संगृहीत किए जाते हैं। संविधान की अनुसूची 7 की द्वितीय सूची की मद संख्या 45 से 63 में राज्य सरकारों के कर अधिकारों का विवरण है। यदि राज्य चाहे, तो उसके द्वारा यह अधिकार केन्द्र सरकार को हस्तान्तरित किया जा सकता है।
- ऐसी परिस्थिति में केन्द्र द्वारा कर संगृहीत कर उस राज्य सरकार को कर राजस्व दे दिया जाता है। भारत में पश्चिम बंगाल और जम्मू-कश्मीर के अतिरिक्त अन्य समस्त राज्य सरकारों ने कृषि भूमि पर सम्पदा शुल्क वसूल करने का अधिकार केन्द्र सरकार को दिया है।
- राज्य कर निम्नलिखित हैं

(i) लगान या भूमि कर
(ii) माल के क्रय-विक्रय पर कर (समाचार-पत्रों के अतिरिक्त)
(iii) कृषि आय पर कर
(iv) भूमि तथा भवन पर कर
(v) कृषि भूमि पर सम्पदा शुल्क तथा उत्तराधिकार के सम्बन्ध में शुल्क
(vi) एल्कोहॉल, मदिरा, नारकोटिक्स आदि पर उत्पादन शुल्क
(vii) स्थानीय क्षेत्र में प्रविष्ट होने वाले माल पर कर
(viii) खनिज अधिकारों पर कर (संसद द्वारा निर्धारित सीमाओं के अधीन)
(ix) विद्युत के उपयोग तथा विक्रय पर कर
(x) गाड़ियों, पशुओं तथा नावों पर कर
(xi) सड़क तथा आन्तरिक जलमार्गों द्वारा यात्रियों तथा माल के आवागमन पर कर
(xii) विलासिताओं (मनोरंजन, जुआ आदि) पर कर
(xiii) पथ कर (Toll Tax)
(xiv) पेशे, व्यापार, आजीविका तथा रोजगार पर कर
(xv) विज्ञापनों पर कर
(समाचार-पत्रों, रेडियो व दूरदर्शन के विज्ञापनों के अतिरिक्त)

केन्द्र सरकार द्वारा आरोपित कर

- वे कर, जो केन्द्र द्वारा लगाए जाते हैं, किन्तु जिनकी वसूली तथा उपयोग राज्यों द्वारा किया जाता है।
- भारतीय संविधान की **धारा-268** में उल्लेख है कि स्टाम्प शुल्क, औषधि तथा प्रसाधनों पर उत्पादन शुल्क यद्यपि संघीय सूची में सम्मिलित हैं तथा केन्द्र सरकार द्वारा ही आरोपित किए जाते हैं, किन्तु इन्हें राज्यों को संगृहीत करने व उपयोग करने हेतु अधिकार दिए गए हैं।
- वे कर, जो केन्द्र द्वारा आरोपित किए जाते हैं एवं संगृहीत किए जाते हैं, किन्तु जिनकी पूरी राशि राज्यों को हस्तान्तरित कर दी जाती है।

संविधान की **धारा-269** में आरोपित करों; जैसे—

- कृषि भूमि से भिन्न सम्पत्ति के सम्बन्ध में सम्पदा शुल्क
- उत्तराधिकार शुल्क
- रेल, समुद्र या वायु मार्ग द्वारा ले जाए जाने वाले माल तथा यात्रियों पर सीमा कर
- रेल, किराए तथा माल भाड़े पर कर
- समाचार-पत्रों के क्रय-विक्रय तथा उनके विज्ञापनों पर कर
- समाचार-पत्रों से भिन्न माल के क्रय-विक्रय पर उस दशा में कर, जिसमें ऐसा क्रय या विक्रय अन्तर्राज्यीय व्यापार या वाणिज्य के दौरान होता है, आदि को केन्द्र सरकार द्वारा आरोपित एवं संगृहीत किया जाता है, किन्तु इनका हस्तान्तरण उन राज्यों को कर दिया जाता है, जहाँ से ये संगृहीत किए जाते हैं।

- वे कर, जो केन्द्र द्वारा आरोपित एवं संगृहीत किए जाते हैं तथा जिनका केन्द्र तथा राज्यों के मध्य बँटवारा किया जाता है।
- वित्तीय संसाधनों की समानता एवं न्याय के आधार पर विभाजन के लिए निम्न कर, यद्यपि संघीय सरकार द्वारा आरोपित व एकत्रित किए जाते हैं, किन्तु इनका वितरण दोनों के मध्य किया जाता है।

  इस प्रकार के कुछ कर निम्नलिखित हैं
  - कृषि आय के अतिरिक्त अन्य आय पर आरोपित कर (धारा-270)
  - औषधि एवं प्रसाधन उत्पादों पर आरोपित उत्पाद शुल्क के अतिरिक्त अन्य वस्तुओं के सम्बन्ध में उत्पाद शुल्क, इस प्रकार के राजस्व को संसद के विधि निर्माण के द्वारा दोनों के मध्य विभाजित किया जा सकता है (धारा-272)

सीमा शुल्क

- इसे आयात-निर्यात शुल्क भी कहा जाता है, जो देश से होने वाले आयात व निर्यात पर लगाया जाता है। भारत से निर्यात को प्रोत्साहन देने के उद्देश्य से सरकार द्वारा न केवल वस्तुओं एवं सेवाओं पर से निर्यात शुल्क को हटा दिया गया है, बल्कि कुछ वस्तुओं पर निर्यात सब्सिडी भी दी जा रही है।
- वर्तमान में आयात शुल्क ही सीमा शुल्क है। WTO के मानकों के अनुरूप गैर-कृषि उत्पादों पर 10% की दर से यह शुल्क लागू है। कृषि उत्पादों पर आयात शुल्क की दर आरोपित करने का अधिकार सरकार के पास है।

राज्य सरकारों के कर स्रोत

राज्य सरकारों के निम्नलिखित कर स्रोत हैं

- **भू-राजस्व** स्वतन्त्रता के पश्चात् 1950-60 के दशक में यह राज्य की आय का महत्त्वपूर्ण स्रोत था, परन्तु जैसे-जैसे देश के विकास की गति में वृद्धि हो रही है, वैसे-वैसे भू-राजस्व का राज्यों के कुल विनियोग में भाग गिरता जा रहा है। जहाँ वर्ष 1960-61 में यह राज्यों की कुल आय का 22% भाग प्रदान करता था, वहीं वर्तमान में यह औसत 1% से भी कम हो गया है। यह प्रत्यक्ष कर के अन्तर्गत आता है।
- **कृषि आयकर** कृषि आय पर कर लगाने का अधिकार संविधान द्वारा राज्य सरकारों को प्राप्त है तथा यह राज्यों द्वारा ही एकत्र एवं प्राप्त राजस्व का उपयोग भी किया जाता है। यह एक प्रत्यक्ष कर है।
- **पेशा कर** यह भी प्रत्यक्ष कर है। यह राज्य सरकारों द्वारा कुछ चुनिन्दा वृत्तियों पर लगाया जाता है।
- **बिक्री कर या व्यापार कर** यह राज्यों द्वारा वस्तु की बिक्री पर अध्यारोपित किए जाने वाला कर है।
- इसका स्वरूप अप्रत्यक्ष कर का होता है तथा इससे प्राप्त राजस्व का उपयोग केवल राज्य करता है।
- **राज्य उत्पाद कर** यह एक अप्रत्यक्ष कर है। इसके अन्तर्गत देशी शराब, गाँजा, अफीम, चरस, भाँग इत्यादि नशीले पदार्थ तथा औषधीय पदार्थ आते हैं। इन सभी पर कर लगाने का अधिकार संविधान द्वारा राज्यों को प्रदान किया गया है।
- **मनोरंजन कर** इस कर का स्वरूप भी अप्रत्यक्ष होता है। इसके अन्तर्गत सर्कस, नौटंकी, सिनेमा इत्यादि आते हैं।

केन्द्रीय एवं राज्य सरकारों में गैर-कर राजस्व का वितरण

केन्द्रीय सरकार के गैर-कर राजस्व में निम्नलिखित क्षेत्रों से प्राप्त आय को सम्मिलित किया जाता है

1. रेलवे
2. पोस्ट तथा टेलीग्राफ
3. प्रसारण
4. अफीम
5. चलन एवं टकसाल
6. केन्द्रीय सरकार के औद्योगिक एवं वाणिज्यिक उपक्रम, जोकि केन्द्रीय सरकार के क्षेत्राधिकार के अन्तर्गत आते हैं।

राज्य सरकारों के गैर-कर राजस्व में निम्नलिखित क्षेत्रों से प्राप्त आमद को सम्मिलित किया जाता है

1. वन
2. सिंचाई
3. वाणिज्यिक एवं औद्योगिक उपक्रम, जोकि राज्य सरकार के क्षेत्राधिकार के अन्तर्गत आते हैं।
4. गहरे समुद्री क्षेत्रों में मत्स्यपालन तथा स्लिक आदि।

केन्द्रीय प्रत्यक्ष कर के प्रकार

केन्द्रीय प्रत्यक्ष कर के निम्नलिखित प्रकार होते हैं

आयकर

- किसी व्यक्ति विशेष की शुद्ध आय पर आयकर लगाए जाने का प्रावधान है। **केन्द्रीय प्रत्यक्ष कर बोर्ड** (Central Board of Direct Tax, CBDT) के अन्तर्गत आयकर विभाग द्वारा इसकी वसूली की जाती है।
- आयकर प्रणाली में सुधार करने के लिए आयकर अधिनियम, 1961 में समय-समय पर कई संशोधन किए जाते रहे हैं। शेयर बाजार बैंकिंग लोन तथा ₹ 50,000 से अधिक के लेन-देन के लिए पेनकार्ड को अनिवार्य किया गया है।

आयकर स्लैब वित्तीय वर्ष 2023-24

कर दायी आय	पुरानी कर व्यवस्था	नई कर व्यवस्था
₹ 2.5 लाख तक	छूट प्राप्त	छूट प्राप्त
₹ 2.5 लाख से ₹ 3 लाख तक	5%	छूट प्राप्त
₹ 3 लाख से अधिक ₹ 5 लाख तक	5%	5%
₹ 5 लाख से अधिक ₹ 6 लाख तक	20%	5%
₹ 6 लाख से अधिक ₹ 9 लाख तक	20%	10%
₹ 9 लाख से अधिक ₹ 10 लाख तक	20%	15%
₹ 10 लाख से अधिक ₹ 12 लाख तक	30%	15%
₹ 12 लाख से अधिक ₹ 15 लाख तक	30%	20%
₹ 15 लाख से ऊपर	30%	30%

- आयकर अधिनियम में एक नया कर शामिल किया गया है, जो ऐसी असूचीबद्ध कम्पनियों के कदाचार को रोकने के लिए है, जो लाभांश वितरण कर से बचने के लिए लाभांशों का भुगतान करने की बजाय शेयरों की वापसी खरीद करती हैं।
- इसके अतिरिक्त मान्यता प्राप्त संस्था में कारोबारित कृषि पण्य को छोड़कर, अन्य पण्यों के सम्बन्ध में पण्यों व्युत्पादों (Goods Derivatives) की बिक्री पर 0.01% की दर से पण्य लेन-देन कर (CTT) लगाना शुरू किया गया था।

उपहार कर

यह एक प्रकार का अप्रत्यक्ष कर है। इसके अन्तर्गत विवाह आदि पर निकटवर्ती रिश्तेदारी से मिले उपहार (Gift) को छोड़कर शेष ₹ 50 हजार से अधिक मूल्य के उपहार प्राप्त करने पर उपहार के मूल्य का 30% आयकर के रूप में देना होता है।

निगम कर

- किसी कम्पनी विशेष की शुद्ध वार्षिक आय पर लगाए जाने वाला यह एक प्रत्यक्ष निगम कर है। निगम कर की दर मौजूदा स्वदेशी कम्पनियों के लिए 30% से घटाकर 22% की गई और कुछ नई विनिर्माण कम्पनियों के लिए यह दर 15% की गई।
- वैयक्तिक आयकर की भाँति, राजस्व-वृद्धि के उपाय के रूप में, यदि किसी घरेलू कम्पनी की आय ₹ 10 करोड़ से अधिक हो, तो अधिभार 5% से बढ़ाकर 10% और अन्य के मामले में यदि कर योग्य आय ₹ 10 करोड़ से अधिक हो, तो अधिभार 2% से बढ़ाकर 5% किया गया था।

प्रतिभूति लेन-देन कर

प्रतिभूति लेन-देन कर (Securities Transaction Tax, STT) एक **प्रत्यक्ष कर** है। यह शेयर बाजारों में शेयरों के हस्तान्तरण मूल्य पर लगाया जाता है। वर्तमान में इसकी दर 0.10% है।

न्यूनतम वैकल्पिक कर

- निगम कर की चोरी को रोकने के लिए सर्वप्रथम वर्ष 1997-98 में 2.5% की दर से न्यूनतम वैकल्पिक कर (Minimum Alternative Tax, MAT) लगाया गया।
- यह कम्पनी के सकल लाभ के उस भाग पर लगाया जाता है, जिस पर निगम कर का भुगतान नहीं हुआ हो। वर्तमान में इसकी दर 15% है।

केन्द्रीय अप्रत्यक्ष कर

उन करों को परोक्ष कर कहा जाता है, जिनके वास्तविक भार को विवर्तित (टाला) किया जा सकता है; ये निम्नलिखित हैं

मुख्य अप्रत्यक्ष कर

इसके अन्तर्गत मुख्यत: उत्पाद शुल्क, सेवा कर, सीमा शुल्क, केन्द्रीय बिक्री कर, वैट को शामिल किया जाता है।

उत्पाद शुल्क

- समस्त विनिर्मित उत्पादों की साधन लागत पर उत्पाद शुल्क (Excise Duty) लगाया जाता है। मादक पदार्थों पर उत्पाद शुल्क राज्य सरकार द्वारा लगाया जाता है। उत्पाद शुल्क के सन्दर्भ में अब तक कई सुधार किए गए हैं।
- वर्ष 1978 में **श्री एल के झा समिति** ने निर्मित वस्तुओं पर मूल्य वर्द्धित कर लगाने के लिए MANVAT (Manufacturing Value Added Tax) का सुझाव दिया, जिसे बाद में 1 मार्च, 1996 से संशोधित करके MODVAT (Modified Value Added Tax) कर दिया। सर्वप्रथम वर्ष 1981 में MANVAT लागू किया गया। वर्ष 1986 में MODVAT लागू किया गया।
- इसके अन्तर्गत उत्पादन के दो स्तरों के बीच मूल्य वृद्धि पर कर लगाया गया, जिससे कर दोहराव से बचा जा सके। वित्त अधिनियम, 2000 द्वारा केन्द्रीय उत्पाद शुल्क अधिनियम में एक महत्त्वपूर्ण संशोधन किया गया और MODVAT के स्थान पर CENVAT (Central Value Added Tax) लागू किया गया है।
- उत्पाद शुल्क की अलग-अलग दर को एक समान करने के उद्देश्य से 1 अप्रैल, 2000 से CENVAT लागू किया गया, जिसकी दर 16% निर्धारित की गई।
- CENVAT के साथ ही कुछ उत्पादों को दो अलग-अलग श्रेणियों में बाँटकर इनके लिए अलग-अलग कर की दर निर्धारित की गई है।
- इसे मेरिट एक्साइज एवं नॉन मेरिट एक्साइज कहा जाता है। मेरिट एक्साइज में ऐसे उत्पादों को रखा जाता है, जो पर्यावरण सुरक्षा, बच्चों एवं गरीबों के उपयोग हेतु होते हैं। इन पर 6% की दर से उत्पाद शुल्क लिया जाता है। नॉन मेरिट एक्साइज में विलासिता से जुड़ी वस्तुओं को शामिल किया जाता है। इन पर 24% की दर से शुल्क लिया जाता है।

सेवा कर

- भारत में सर्वप्रथम वर्ष 1994-95 में तीन सेवाओं (टेलीफोन, बीमा तथा शेयर बाजार) पर सेवा कर (Service Tax) लगाया गया। सेवाओं पर कर लगाने की सिफारिश सर्वप्रथम **चेलैया समिति** ने की थी।
- भारतीय अर्थव्यवस्था में सेवा क्षेत्र की भागीदारी बढ़कर लगभग 57% से अधिक हो गई है, किन्तु सबसे अधिक कर औद्योगिक क्षेत्र से प्राप्त हो रहा है। आने वाले समय में कर राजस्व में सेवा क्षेत्र की भागीदारी बढ़ने की सम्भावना है।

केन्द्रीय बिक्री कर

केन्द्र द्वारा दो राज्यों के बीच व्यापार पर केन्द्रीय बिक्री कर (Central Sales Tax, CST) लगाया जाता है। वर्तमान में यह 2% है और वस्तु एवं सेवा कर के अन्तर्गत समाहित कर दिया गया है।

मूल्य वर्द्धित कर

- राज्यों में बिक्री कर के स्थान पर इसे लागू किया गया है। वर्तमान में अण्डमान एवं निकोबार द्वीप समूह तथा लक्षद्वीप को छोड़कर सम्पूर्ण देश में यह कर लागू है।
- वर्तमान में पेट्रोल एवं डीजल को छोड़कर शेष वस्तुओं की बिक्री पर मूल्य वर्द्धित कर (Value Added Tax, VAT) लागू है, जबकि इन दोनों उत्पादों पर बिक्री कर लागू है।
- VAT में केवल वर्जित मूल्य पर कर लागू होने के कारण जहाँ एक ओर कर दोहराव नहीं होता, वहीं दूसरी ओर इसमें वस्तुओं की मूल्य वृद्धि भी रुकती है।
- व्यवस्थित लेखा पद्धति पर आधारित होने के कारण कर की चोरी भी रुकी है। VAT भारत में अप्रैल, 2005 से लागू किया गया। इसे लगाने वाला सर्वप्रथम राज्य **हरियाणा** था।

वस्तु एवं सेवा कर (जीएसटी)

- सीमा शुल्क को छोड़कर केन्द्रीय एवं राज्य स्तर की सभी वस्तुओं एवं सेवाओं के सन्दर्भ में अप्रत्यक्ष करों को समाप्त करके इनके स्थानों पर एकसाथ वस्तु एवं सेवा कर (Goods and Service Tax, GST) को 1 जुलाई, 2017 को लागू किया गया।
- सर्वप्रथम जीएसटी को वैट नाम से फ्रांस में वर्ष 1954 में लागू किया गया। भारत में अप्रत्यक्ष करारोपण में सुधार की प्रक्रिया वैट से जीएसटी लागू होने की प्रक्रिया एक प्रकार से मार्च, 1986 में मोडवैट (MODVAT) के लागू होने के साथ प्रारम्भ हुई थी। कई विकासशील देशों में कर सुधारों के अन्तर्गत वैट को अपनाने की ओर ध्यान दिया गया है।
- कनाडा, न्यूजीलैण्ड और ऑस्ट्रेलिया जैसे संघीय देशों ने अपनी संरचना के अन्तर्गत सफलतापूर्वक जीएसटी को अपनाया है।

- 'वस्तु एवं सेवा कर' एक टास्क फोर्स द्वारा प्रस्तावित किया गया था, जिसके अध्यक्ष विजय केलकर (13वें वित्त आयोग के अध्यक्ष) थे।

जीएसटी के स्वरूप

- वस्तु एवं सेवा कर भारत में अप्रत्यक्ष कर सुधार की दिशा में स्वतन्त्रता के पश्चात् एक भागीरथ प्रयास है।
- वस्तु एवं सेवा कर अप्रत्यक्ष कर से सम्बन्धित है, जो वर्तमान में लगाए जाने वाले कई अप्रत्यक्ष करों को अपने में समाहित करता है।
- यह कुछ अपवादों को छोड़कर राष्ट्रीय स्तर पर एक कर एक देश की अवधारणा पर आधारित है, क्योंकि वर्तमान में देश में केन्द्रीय उत्पाद शुल्क, सीमा शुल्क, सीमा शुल्क का विशेष अतिरिक्त शुल्क तथा राज्य स्तर पर बिक्री कर, प्रवेश कर (एण्ट्री कर), मनोरंजन कर, विलासिता कर तथा लॉटरी, जुए एवं बेटिंग पर लगाए जाने वाले कई प्रकार के अप्रत्यक्ष कर आरोपित किए जाते हैं। इन सभी करों का जीएसटी में समावेश हो जाएगा।
- **जीएसटी प्रणाली** के अन्तर्गत वस्तु एवं सेवा की खरीद पर दिए गए कर को उनकी सप्लाई के समय दिए जाने वाले कर के मुकाबले समायोजित कर दिया जाता है अर्थात् जीएसटी एक ऐसी सरलीकृत संरचना है, जो वस्तुओं के निर्माण पर या माल की बिक्री पर अथवा सेवाओं के प्रावधान पर, कर की वर्तमान व्यवस्था के स्थान पर और वस्तुओं की आपूर्ति पर लगाया जाएगा।

जीएसटी के प्रकार

जीएसटी प्रणाली के अन्तर्गत चार प्रकार की जीएसटी का प्रावधान किया गया है

- **केन्द्रीय जीएसटी** केन्द्रीय जीएसटी के अन्तर्गत केन्द्र सरकार द्वारा वस्तुओं एवं सेवाओं की आपूर्ति पर कर लगाए जाने व वसूल किए जाने का प्रावधान है।
- **राज्य जीएसटी** राज्य जीएसटी (एसजीएसटी) के अन्तर्गत वस्तुओं एवं सेवाओं पर राज्य सरकार द्वारा कर लगाए एवं वसूल किए जाएँगे।
- **एकीकृत जीएसटी** जीएसटी में एकीकृत जीएसटी का प्रावधान है। आईजीएसटी अन्तर्राज्यीय वस्तुओं एवं सेवाओं पर लगाया जाने वाला कर है।
- यह कर केन्द्र सरकार द्वारा लगाया एवं वसूल किया जाता है। आईजीएसटी के अन्तर्गत प्राप्त कर की राशि को राज्यों को होने वाले राजस्व क्षति की पूर्ति हेतु राज्यों में वितरित कर दिए जाने का प्रावधान है।

संघ राज्य क्षेत्र जीएसटी

- वस्तु एवं सेवा कर प्रणाली के अन्तर्गत यूटीजीएसटी की व्यवस्था या प्रावधान उन केन्द्रशासित प्रदेशों के लिए है, जहाँ उनकी अपनी विधानसभाएँ नहीं हैं; जैसे—अण्डमान-निकोबार द्वीपसमूह, लक्षद्वीप, दमन और दीव तथा दादरा एवं नगर हवेली।
- इन प्रदेशों में केन्द्र द्वारा कर लगाने व वसूले जाने का प्रावधान है।

केन्द्रीय सरकार के कर	राज्य सरकार कर	GST से बाहर के कर
केन्द्रीय उत्पाद शुल्क	राज्य वैट (VAT)	मानव उपभोग के लिए शराब
आबकारी (औषधि एवं शौचालय निर्माण)	खरीद कर	रियल एस्टेट
आबकारी का अतिरिक्त शुल्क (विशेष महत्त्व का सामान)	प्रवेश कर	कच्चा तेल
आबकारी का अतिरिक्त शुल्क (कपड़ा और वस्त्र उत्पाद)	विज्ञापनों पर कर	पेट्रोल
सीमा शुल्क का विशेष अतिरिक्त शुल्क (ASAD)	मनोरंजन कर	प्राकृतिक गैस
सीमा शुल्क का अतिरिक्त शुल्क (जो CVD के अन्तर्गत जाना जाता है।)	ऐश्वर्य कर	हवाई एवं टरबाइन ईंधन पर कर
सेवा कर	लॉटरी	
वस्तुओं या सेवाओं की आपूर्ति से सम्बन्धित उपकर एवं अधिभार	सट्टे एवं जुएँ पर कर केन्द्रीय बिक्री कर वस्तुओं या सेवाओं की आपूर्ति से सम्बन्धित राज्य उपकर एवं अधिभार	

जीएसटी परिषद् की संरचना

संविधान के **अनुच्छेद-279A** के अनुसार, जीएसटी परिषद्, जो केन्द्र और राज्यों का एक संयुक्त मंच है, निम्नलिखित सदस्यों से मिलकर बनती है

- परिषद् के सदस्यों में केन्द्रीय वित्त मन्त्री (अध्यक्ष), केन्द्रीय राज्यमन्त्री (वित्त) शामिल हैं।
- प्रत्येक राज्य वित्त या कराधान के प्रभारी मन्त्री या किसी अन्य मन्त्री को सदस्य के रूप में नामित किया जा सकता है।
- सदस्यों में से किसी एक सदस्य को उपाध्यक्ष के रूप में नियुक्त किया जाता है।

जीएसटी की दरें

- GST में स्लैब के तहत सभी वस्तुओं और सेवाओं के लिए 4-स्तरीय कर संरचना 5%, 12%, 18% और 28% हैं।
- GST का स्टैण्डर्ड रेट 18% है।
- GST में कुछ वस्तुएँ तथा सेवाएँ कर मुक्त हैं तथा कुछ आवश्यक वस्तुएँ शून्य दर पर हैं।
- GST में सोना तथ चाँदी 3% की दर से करारोपित होते हैं।

विभिन्न प्रकार की कर प्रणाली

वैश्विक स्तर पर कर प्रणाली के अनेक रूप प्रचलित हैं। इनमें निम्नलिखित कर प्रणालियाँ उल्लेखनीय हैं

- **प्रगतिशील कर प्रणाली** (Progressive Tax System) इसमें आय की दर बढ़ने के साथ-साथ कर की दर भी बढ़ती जाती है; जैसे– ₹ 2 लाख तक की आय का कर मुक्त होना। उसके बाद ₹ 2-5 लाख तक की आय पर 10% आयकर। पुन: ₹ 5-10 लाख की आय पर 20% की दर से कर लगाना। भारत में इसी प्रकार की कर प्रणाली प्रचलित है।
- **प्रगतिहीन या प्रतिगामी कर प्रणाली** (Regressive Tax System) इस प्रणाली में आय बढ़ने के साथ-साथ कर प्रतिशत में कमी आने लगती है; जैसे–₹ 5 लाख तक 10% कर लगाना तथा ₹ 5-10 लाख तक की आय पर 8% कर लगाना। इस प्रणाली का सबसे बड़ा लाभ यह होता है कि इसमें कर की दर में वृद्धि नहीं होती। परिणामत: लोग अपनी अधिक-से-अधिक आय को घोषित करना चाहते हैं। प्रगतिहीन या प्रतिगामी कर प्रणाली (Static or Regressive Tax System) से काले धन में कमी आती है। यह प्रणाली अधिकांशत: विकसित देशों में प्रचलित है।
- **आनुपातिक कर प्रणाली** (Proportional Tax System) इस प्रणाली में पूरी आय पर सभी को समान दर से कर अदा करना पड़ता है। आनुपातिक कर प्रणाली में आय बढ़ने से कर की राशि में तो वृद्धि होती है, परन्तु कर प्रतिशत यथावत बना रहता है।
- **अधोगामी कर प्रणाली** (Retragressive Tax System) इसमें एक सीमा तक आय बढ़ने पर कर प्रतिशत में वृद्धि होती है, किन्तु उसके बाद उससे ऊपर कितनी भी आय हो, कर की दर समान ही होती है; जैसे–बजट 2012-13 के अनुसार, ₹ 5 लाख से ₹ 10 लाख की वार्षिक आय पर 20% आयकर की सीमा निर्धारित की गई है, किन्तु ₹ 10 लाख से अधिक की आय पर केवल एक समान दर 30% निर्धारित की गई है।

विवाद से विश्वास एक्ट, 2020

- सरकार ने प्रत्यक्ष कर विवाद समाधान स्कीम का प्रस्ताव किया है। इसका नाम 'विवाद से विश्वास' स्कीम है। यह प्रत्यक्ष करों से जुड़े विवाद के मामलों को निपटाने से सम्बन्धित है।
- इस एक्ट में प्रस्ताव है कि करदाता 31 मार्च, 2020 की अन्तिम तारीख से पहले अपने टैक्स से जुड़े विवाद को निपटा सकते हैं। इसमें उन्हें चुनिंदा मामलों में केवल टैक्स की मूल रकम देनी होगी। पेनल्टी या उस पर बना ब्याज माफ किया जाएगा।
- बिल के अनुसार, 31 जनवरी, 2020 तक जो मामले कमिश्नर (अपील), इनकम टैक्स अपीलीय ट्रिब्यूनल, हाई कोर्ट या सुप्रीम कोर्ट में लम्बित थे, उन टैक्स के मामलों पर यह स्कीम लागू होगी। लम्बित अपील टैक्स विवाद, दण्ड या ब्याज से जुड़ी हो सकती है।
- एसेसमेंट या रीएसेसमेंट से भी इसका सम्बन्ध हो सकता है। बिल के अनुसार, जहाँ टैक्स, कुल विवादित टैक्स, चार्ज किए गए ब्याज या पेनल्टी के बराबर है, उन मामलों में 31 मार्च, 2020 से पहले केवल विवादित टैक्स की रकम देनी होगी। यदि करदाता 1 अप्रैल, 2020 के बाद स्कीम का लाभ उठाता है, तो विवादित टैक्स की रकम के साथ अतिरिक्त 10 फीसदी टैक्स देना होगा।

लोकवित्त : महत्त्वपूर्ण तथ्य

- **फिस्कल स्पेस** (Fiscal Space) कोई भी देश बिना अशोधक्षम (दिवालिया) हुए जितने व्यय की सम्भाव्य क्षमता रखता है तथा वास्तव में, जितना व्यय करता है, दोनों का अन्तर फिस्कल स्पेस कहलाता है।
- **कर अपवंचन** (Tax Evasion) वैधानिक रूप से जो कर देय हो, उसके भुगतान को न करना; जैसे–कर रिटर्न न दाखिल करना या कर विवरणी में जान-बूझकर आय या निवेश के सम्बन्ध में गलत या भ्रामक विवरण देना कर अपवंचन कहलाता है।
- **कर बचाव** (Tax Avoidance) यह एक गैर-कानूनी क्रिया है तथा एक अपराध है। 'कर बचाव' का अभिप्राय अपनी आय तथा सम्पत्ति को इस प्रकार से व्यवस्थित करना है, जिससे कानूनन कर दायित्व न आए या कम आए। इस प्रकार कर बचाव कानूनन अपराध नहीं। कर बचाव के लिए 'कर नियोजन' करना पड़ता है तथा इससे लाभ उठाने के लिए कर नियोजन विशेषज्ञों या चार्टर्ड अकाउण्टेण्ट की सलाह या सहायता लेनी पड़ती है।
- **कर विवर्तन** (Tax Shifting) कर विवर्तन वह क्रिया है, जिसके अन्तर्गत कर का मौद्रिक भार या ट्रेजरी में कर चुकाने का कानूनन दायित्व तो उस व्यक्ति (सामान्यतया विक्रेता) पर पड़ता है, जिस पर कर लगाया जाता है, लेकिन वास्तविक भार या दायित्व उस पर पड़ता है, जिस पर कीमत के माध्यम से विक्रेता कर भार को टालने में सफल होता है। यह भी कानूनन मान्य क्रिया है।

सामान्य परिवर्जन-रोधी नियम

- जनरल एंटी-अवॉयडेंस रूल (GAAR) भारत में एक कर-विरोधी कानून है। यह 1 अप्रैल, 2017 को लागू हुआ।
- GAAR के प्रावधान आयकर अधिनियम, 1961 के अन्तर्गत आते हैं।
- वित्त मन्त्रालय के तहत राजस्व विभाग, GAAR के तहत नियम बनाता है।
- GAAR को शुरू में प्रत्यक्ष कर संहिता, 2009 में प्रस्तावित किया गया था, लेकिन इसे वर्ष 2012 में संसद के बजट सत्र में भारत में पेश किया गया।
- GAAR के प्रस्तावों की समीक्षा के लिए **पार्थ सारथी सोम** की अध्यक्षता में एक समिति गठित की गई।
- इसका मुख्य उद्देश्य कराधान की त्रुटियों को दूर करना और कर चोरी करने वालों की पहचान करना है।

मुद्रा प्रक्षालन (मनी लॉण्ड्रिंग)

- मुद्रा प्रक्षालन (Money Laundering) का तात्पर्य उस क्रिया से है, जिसके अन्तर्गत किसी सम्पदा के वास्तविक उद्गम को छिपाया जाता है। वर्ष 2002 में इस कानून को लागू किया गया।
- इस कानून का मुख्य उद्देश्य अवैध रूप से धन को विदेशी बैंकों में भेजकर वैध बनाने से रोकना है। इस कानून का/के उल्लंघन पर 3-7 वर्ष तक के कठोर कारावास की सजा के अतिरिक्त ₹ 5 लाख तक जुर्माना भी किया जा सकता है।
- यह अपराध जमानत योग्य नहीं होगा। अपने को निर्दोष साबित करने का दायित्व भी आरोपी पर होगा। इस कानून में वर्ष 2005 और 2009 में कई संशोधन किए गए हैं। इसके अतिरिक्त दिसम्बर, 2011 में भी इस कानून में संशोधन सम्बन्धी विधेयक लोकसभा में प्रस्तुत किया गया है।

मनी-लाउण्डरिंग विधेयक, 2009

- सीमापारीय आर्थिक अपराधों व आतंकवाद के वित्तीय स्रोतों को रोकने के लिए संसद के पटल पर रखे गए मनी-लाउण्डरिंग (संशोधन) विधेयक, 2009 को दोनों सदनों ने पारित कर दिया है। इस विधेयक में आतंकवादी गतिविधियों के लिए काले धन के प्रयोग पर निगरानी के उपाय भी किए गए हैं।
- वित्तीय लेन-देन में मध्यस्थता करने वाले धन अन्तरण सेवा प्रदाताओं; जैसे–वेस्टर्न यूनियन, इण्टरनेशनल पेमेण्ट, गेटवेज के अतिरिक्त वीजा एवं मास्टर कार्ड को भी उसके दायरे में लाया गया है।

वित्त आयोग

भारतीय संविधान के **अनुच्छेद-280** (1) के अनुसार, राष्ट्रपति द्वारा प्रत्येक पाँच वर्ष अथवा आवश्यकता पड़ने पर उससे पहले भी वित्त आयोग का गठन किया जा सकता है। वित्त आयोग निम्नलिखित आर्थिक विषयों पर राष्ट्रपति को परामर्श देता है

1. केन्द्र एवं राज्यों के बीच विभाजन योग्य करों में राज्यों का हिस्सा।
2. भारत को संचित निधि से राज्यों को दिए जाने वाले अनुदान।
3. अन्य वित्तीय परामर्श।

भारत के वित्त आयोग

क्रमांक	गठन का वर्ष	अध्यक्ष का नाम	क्रियान्वयन वर्ष	रिपोर्ट देने का वर्ष
पहला	1951	के. सी. नियोगी	1952-57	1952
दूसरा	1956	के. सन्थानम	1957-62	1956 व 1957
तीसरा	1960	ए. के. चन्दा	1962-66	1961
चौथा	1964	डॉ. पी. वी. राजमन्नार	1966-69	1965
पाँचवाँ	1968	महावीर त्यागी	1969-74	1968 व 1969
छठा	1972	ब्रह्मानन्द रेड्डी	1974-79	1973
सातवाँ	1977	जे. एम. शेलेट	1979-84	1978
आठवाँ	1983	वाई. बी. चह्वाण	1984-89	1983 व 1984
नौवाँ	1987	एन. के. पी. साल्वे	1989-95	1988 व 1989
दसवाँ	1992	के. सी. पन्त	1995-2000	1994 (26 नवम्बर)
ग्यारहवाँ	1998	ए. एम. खुसरो	2000-05	15 जनवरी, 2000, 7 जुलाई, 2000 एवं 31 अगस्त, 2000
बारहवाँ	नवम्बर, 2002	सी. रंगराजन	2005-10	30 नवम्बर, 2004

क्रमांक	गठन का वर्ष	अध्यक्ष का नाम	क्रियान्वयन वर्ष	रिपोर्ट देने का वर्ष
तेरहवाँ	नवम्बर, 2007	विजय केलकर	2010-15	30 दिसम्बर, 2009
चौदहवाँ	जनवरी, 2013	वाई. वी. रेड्डी	2015-20	31 दिसम्बर, 2014
पन्द्रहवाँ	नवम्बर, 2017	एन.के. सिंह	2021-26	अक्टूबर, 2019
सोलहवाँ	दिसम्बर, 2023	डॉ. अरविन्द पनगढ़िया	2026-31	31 अक्टूबर, 2025

15वें वित्त आयोग की प्रमुख सिफारिशें

15वें वित्त आयोग ने दो रिपोर्ट वित्तीय वर्ष 2020-21 के लिए पहली रिपोर्ट तथा 2021-22 से 2025-26 तक अवधि के लिए अन्तिम रिपोर्ट प्रस्तुत की। इसकी प्रमुख सिफारिशें निम्नलिखित हैं

- **लम्बीय/ऊर्ध्वाधर हस्तान्तरण** आयोग ने सिफारिश की है कि राज्यों को केन्द्र सरकार के निवल कर राजस्व से 41% की हिस्सेदारी होनी चाहिए। 14वें वित्त आयोग द्वारा 42% की सिफारिश की गई थी।
- **क्षैतिज हस्तान्तरण** आवश्यकता, बराबरी, प्रदर्शन के सिद्धान्त के आधार पर निर्धारित

मानदण्ड	भारांक प्रतिशत में
आय का अन्तर	45.0
जनसंख्या	15.0
क्षेत्रफल	15.0
जनसांख्यिकीय (2011 की जनगणना)	12.5
वन एवं पारिस्थितिकी	10.0
कर एवं राजकोषीय प्रबन्धन	2.5
कुल	100

- **अनुदान** (ग्राण्टस इन एड) 15वें वित्त आयोग ने अनुदान के लिए कुल ₹ 1033062 करोड़ की सिफारिश की है।
- **स्थानीय निकाय** आयोग ने 2021-26 की अवधि के स्थानीय निकायों को कुल ₹ 436361 करोड़ अनुदान की सिफारिश की है। इनमें ₹ 8000 करोड़ नए शहरों को निष्पादन के आधार पर ₹ 236805 करोड़ ग्रामीण स्थानीय निकायों तथा ₹ 121055 करोड़ शहरी स्थानीय निकायों के लिए पूर्व निश्चित होगी और ₹ 70051 करोड़ एक स्थानीय निकायों के लिए स्वास्थ्य अनुदान होगी।
- **राजस्व घाटा अनुदान** 15वें वित्त आयोग ने राज्यों को राजस्व घाटा अनुदान ₹ 294514 करोड़ देने की सिफारिश की है।

16वें वित्त आयोग का गठन

- राष्ट्रपति ने 31 दिसम्बर, 2023 को 16वें वित्त आयोग के गठन को मंजूरी दी। इसके अध्यक्ष के रूप में नीति आयोग पहले उपाध्यक्ष रह चुके अरविन्द पनगढ़िया को नियुक्त किया गया।
- वित्त आयोग के अन्य चार सदस्यों में तीन पूर्णकालिक- अजय नारायण झा (पूर्व व्यय संचिव व 15वें वित्त आयोग के सदस्य), ऐनी जॉर्ज मैथ्यू (पूर्व विशेष सचिव व्यय विभाग), निरंजन राजाध्यक्ष (अर्थ ग्लोबल के कार्यकारी निदेशक) तथा एक अंशकालिक सदस्य - सौम्य कांति घोष (भारतीय स्टेट बैंक के समूह मुख्य आर्थिक सलाहकार) शामिल हैं।
- यह आयोग अपनी रिपोर्ट 1 अप्रैल, 2026 से शुरू होने वाली 5 वर्ष की अवधि के लिए 31 अक्टूबर, 2025 तक प्रस्तुत करेगी।

कर सुधार पर विभिन्न समितियों की सिफारिशें चेलैया समिति

देश में कर ढाँचे में सुधार पर सुझाव देने हेतु वर्ष 1991 में प्रो. राजा चेलैया की अध्यक्षता में एक समिति गठित की गई थी। इस समिति द्वारा अन्तिम रिपोर्ट जनवरी, 1993 में सरकार को सौंपी गई थी। इस समिति की अधिकांश सिफारिशों को सरकार ने बजट में वर्ष 1993-94 में सम्मिलित कर लिया। समिति की मुख्य सिफारिशों में शामिल हैं

1. ब्याज कर समाप्त करना।
2. उपहार कर की छूट सीमा बढ़ाना।
3. PAN की जगह TIN प्रारम्भ करना।
4. गैर-कृषकों की ₹ 25 हजार से अधिक की कृषि आय पर कर लगाना।
5. आयात शुल्क दर में कमी करना तथ अलग-अलग वस्तुओं के लिए अलग-अलग दरें निर्धारित करना आदि हैं।

एम. के. गुप्ता आयोग

देश में लागू GST के साथ उत्पाद शुल्क एवं सेवा कर के समन्वय हेतु एक **समान कर संहिता** (Common Tax Code, CTC) के निर्माण के लिए सरकार ने अप्रैल, 2012 में श्री एम. के. गुप्ता की अध्यक्षता में एक आयोग गठित किया है। संहिता का निर्माण इस प्रकार किया जाएगा, जिसे भारत के संवैधानिक ढाँचे के अन्तर्गत लागू किया जा सके।

केलकर समिति

देश में **प्रत्यक्ष** एवं **अप्रत्यक्ष करों** में सुधार के सम्बन्ध में सुझाव देने हेतु गठित केलकर कार्यदल ने अपनी रिपोर्ट दिसम्बर, 2002 में सरकार को सौंपी। समिति की मुख्य सिफारिशों में शामिल हैं

- वैयक्तिक आयकर छूट की सीमा बढ़ाकर ₹ 1 लाख करना।
- आयकर की केवल दो दरें लागू करना।
- आयकर पर अधिभार की समाप्ति।
- आयकर छूट को समाप्त करना।
- वरिष्ठ नागरिकों एवं विधवाओं को कर राहत।
- निगम कर की दर को 36.5% से घटाकर 30% करना।
- MAT (Minimum Alternative Tax) को समाप्त करना।
- उत्पाद शुल्क व सीमा शुल्क की संरचना में परिवर्तन करना।
- सेवा कर के दायरे में विस्तार करना आदि।

भारत में कर सुधार की दिशा में आगे बढ़ते हुए पिछले 10 वर्षों में केलकर समिति की लगभग सभी सिफारिशें लागू हो चुकी हैं।

मुद्रास्फीति

- मूल्य स्तरों में होने वाली सतत वृद्धि को ही हम 'मुद्रास्फीति' (Inflation) कहते हैं। सामान्य स्तरों में इसका सम्बन्ध महँगाई से होता है, इसलिए सामान्य बोलचाल की भाषा में महँगाई को ही लोग मुद्रास्फीति कहते हैं। मुद्रास्फीति का शाब्दिक अर्थ होता है—मुद्रा के मूल्य में कमी अर्थात् **मुद्रा की क्रय शक्ति में कमी** आने को ही मुद्रास्फीति कहा जाता है। इसके उत्पन्न होने के दो कारण होते हैं—पहला, **मुद्रा के प्रसार** में वृद्धि तथा दूसरा, वस्तु के **उत्पादन में कमी**।
- जब लोगों को पहले की अपेक्षा अधिक आय प्राप्त हो, परन्तु वस्तु का उत्पादन स्थित रहे, तो इस प्रकार के मूल्य में वृद्धि दर को माँग जनित मुद्रास्फीति कहते हैं। वहीं दूसरी ओर यदि लोगों की आय स्थिर रहे, लेकिन वस्तु का उत्पादन कम हो जाए, जिससे अन्य विनिर्मित वस्तुओं की लागत बढ़ जाती है और अन्तत: वस्तु के मूल्य में वृद्धि हो जाती है, इसे लागतजन्य मुद्रास्फीति कहा जाता है।

मुद्रास्फीति का भारत पर प्रभाव

मुद्रास्फीति के सामान्य प्रभावों के अतिरिक्त भारतीय सन्दर्भों में इसके कुछ विशेष प्रभाव निम्नांकित हैं

- कराधान में वृद्धि
- आयातों में वृद्धि तथा निर्यातों में ह्रास
- बचत हतोत्साहित होती है
- बैंकिंग तथा बीमा उद्योगों का विकास
- नियन्त्रित आर्थिक प्रणाली
- धन का पुन: वितरण
- सार्वजनिक ऋणों में वृद्धि
- समाज का नैतिक पतन

दर आधारित वर्गीकरण

मुद्रास्फीति के अनेक रूप हो सकते हैं। मुद्रास्फीति को विभिन्न आधारों-दर, कारण आदि पर वर्गीकृत किया जा सकता है। प्राय: स्फीति के निम्नांकित रूपों की चर्चा की जाती है

रेंगती या नम्र स्फीति

जब स्फीति की वार्षिक दर एक अंक में हो, तो इसे नम्र या रेंगती स्फीति (Creeping Moderate Inflation) कहा जाता है। इस स्फीति की सबसे प्रमुख विशेषता यह होती है कि इसका पूर्वाभास किया जा सकता है तथा तद्नुसार नीति निर्धारित की जा सकती है। नम्र स्फीति को वांछित माना जाता है, क्योंकि इससे आर्थिक क्रियाएँ प्रेरित होती हैं।

गैलोपिंग स्फीति

सैम्युलसन यह मत व्यक्त करते हैं कि यदि स्फीति की वार्षिक दर दो अंकीय या तीन अंकीय हो; जैसे—20%, 100%, 200%, तो इसे गैलोपिंग स्फीति (Galloping Inflation) कहते हैं। गैलोपिंग स्फीति में स्फीति की वार्षिक दर अत्यन्त ही ऊँची होती है।

अधिस्फीति या हाइपर स्फीति

- जब स्फीति की दर तीन अंकों से भी बहुत अधिक हो जाए, तो उसे अधिस्फीति (Hyper Inflation) कहा जाता है। हाइपर स्फीति की चर्चा सबसे पहले **केगन** ने की। हाइपर स्फीति की स्थिति में पत्र-मुद्रा बिल्कुल बेकार हो जाती है, मुद्रा से लोगों का विश्वास खो जाता है।
- विश्व आर्थिक इतिहास में नवम्बर, 1923 हाइपर स्फीति की दृष्टि से सबसे खराब अवधि थी।

खुली तथा दबी स्फीति

खुली तथा दबी स्फीति (Open and Suppressed Inflation) उसे कहते हैं, जब स्फीति पर किसी प्रकार का नियन्त्रण नहीं हो तथा मूल्य स्तर स्वत: बिना रोक-टोक के ऊपर आ जाता है, तो इस प्रकार की नीतियों के द्वारा मूल्य स्तर को एक सीमा में रखने का प्रयास करें और मूल्य स्तर उतना ऊँचा दिखाई न दे, जितना वह वास्तविक रूप में हो सकता है। इस स्थिति में स्फीति के लक्षण तो रहते हैं, परन्तु उभरकर ऊपर नहीं आते।

माँग प्रेरित स्फीति

जब समग्र पूर्ति की अपेक्षा समग्र माँग को प्रभावित करने वाले कारक अधिक प्रभावी हों और माँग पूर्ति से अधिक हो जाए, तो इसे माँग प्रेरित स्फीति (Demand Pull Inflation) कहते हैं। समग्र माँग की वृद्धि मौद्रिक कारकों में वृद्धि से हो सकती है; जैसे—मुद्रा की पूर्ति में वृद्धि, वास्तविक चरों में परिवर्तन के कारण भी हो सकती है या सार्वजनिक व्यय में वृद्धि या लोगों द्वारा की जाने वाली बचत में कमी के कारण भी, दोनों स्थितियों में माँग प्रेरित स्फीति होगी।

लागतजन्य स्फीति

लागत में वृद्धि के कारण यदि मूल्य में वृद्धि आए या वस्तुओं की पूर्ति में अत्यधिक कमी के कारण मूल्य स्तर में वृद्धि आए, तो इस प्रकार की स्फीति को लागतजन्य स्फीति (Cost Push Inflation, CPI) कहते हैं।

मुद्रास्फीति के कारण

भारत में मुद्रास्फीति के निम्नलिखित कारण हैं

वैश्विक कारण

- भारत में मुद्रास्फीति के कारणों में वैश्विक उतार-चढ़ाव भी शामिल होता है, जैसे—वर्ष 2006-08 में खाद्य की वैश्विक कीमतों में अचानक वृद्धि हुई, जो बाद में वैश्विक वित्तीय संकट (Global Financial Crisis, GFC) के चलते कम हो गया था, तथापि वर्ष 2009 के अन्त में कीमतें फिर से बढ़नी शुरू हुईं और चीनी, तेलों, वसा तथा अनाजों (डेयरी और मांस छोड़कर) की बढ़ी हुई कीमतों के कारण ये अब वर्ष 2008 के सर्वोच्च स्तर से आगे जा चुकी हैं।
- वर्ष 2006-08 की पिछली मूल्य वृद्धि के आधार पर किए गए जुलाई, 2010 के एक अध्ययन (बेफ्स और हेनिओटिस) में यह प्रमाण प्रस्तुत किया गया है कि यह वस्तुओं विशेषकर तेल की सामान्यीकृत मूल्य वृद्धि के कारण हुआ था, जो स्वयं विश्वभर में आई नकदी की बाढ़ और डॉलर के मूल्य में गिरावट आने से हुआ था।

  इसमें यह भी प्रमाण दिया गया है कि यह इनके

1. उभरते बाजारों (जैसे—चीन और भारत) में बढ़ती माँग
2. पारम्परिक ईंधन छोड़कर जैव-ईंधन की ओर मुड़ना
3. प्रवृत्ति मूल्य की बढ़त (क्योंकि मूल्य में घट-बढ़ किसी भी प्रवृत्ति पर हावी होती है) के कारण नहीं था, जैसा कि लोकप्रिय तर्क हमें विश्वास दिलाना चाहेंगे, तथापि वर्ष 1975 और 2001 के बीच वास्तविक खाद्य मूल्यों में पूर्ववर्ती 53% की गिरावट सम्भवत: बहुत अधिक थी और थोड़ा समायोजन करना आवश्यक हो गया था।

घरेलू कारण बुनियादी सिद्धान्त बनाम अप्रतिस्पर्द्धी बाजार

- सब्जियों, मसालों, डेयरी और इसी प्रकार के उत्पादों की अचानक बढ़ती कीमतों के लिए एक लोकप्रिय तर्क यह है कि भारत में बढ़ती आय से कीमतें बढ़ रही हैं, क्योंकि यह माना जाता है कि उपभोक्ता सस्ते उत्पाद न खरीद कर महँगे उत्पादों की ओर आकर्षित हो रहे हैं। हालाँकि यह सामान्य माँग पक्ष के स्पष्टीकरण के तौर पर निश्चित रूप से सत्य हो सकता है, लेकिन दो अन्य कारकों के कारण इसकी गहन पड़ताल की जानी चाहिए।
- ये कारक हैं
  1. कीमतों में अचानक वृद्धि और
  2. ऐसे उत्पादों में सामान्यत: अधिक आपूर्ति की लोचशीलता, जिससे यह रुक जानी चाहिए।
- इसके विपरीत, विश्वभर में जो कुछ नजर आ रहा है, उसके अनुरूप जब कुछ अनपेक्षित आपूर्ति अथवा माँग के झटके (आपूर्ति शृंखला में परिवर्तन) आते हैं, तो वस्तुओं की कीमतों में अस्थायी तौर पर वृद्धि होना अक्सर आसान होता है, जिनका बुनियादी सिद्धान्तों के साथ कोई सम्बन्ध नहीं होता और ये कभी-कभी स्थानीय उत्पादक संघों अथवा अन्य स्थितियों; जैसे—विरल वस्तु-वायदा बाजारों में सट्टा पूँजी के आकस्मिक प्रवाहों से प्रेरित होती हैं।

मुद्रास्फीति को रोकने के उपाय

मुद्रास्फीति रोकने के लिए प्राय: निम्नलिखित उपाय किए जाते हैं

राजकोषीय उपाय

इस शीर्षक के अन्तर्गत सरकार को वे सभी राजकोषीय उपाय (Fiscal Measures) काम में लाने चाहिए, जो मुद्रा की मात्रा को कम करने में सहायक होते हैं, ये उपाय निम्नलिखित हैं

(i) **कराधान में वृद्धि** (Increment in Taxation) मुद्रास्फीति रोकने के लिए सरकार पुराने करों और विभिन्न प्रकार के नए प्रत्यक्ष व परोक्ष करों को लागू करती है। ऐसा करने से लोगों की अतिरिक्त क्रय शक्ति क्षमता (Surplus Purchasing Power) को प्रभावहीन बनाया जा सकता है और मूल्य वृद्धि को रोका जा सकता है।

(ii) **सार्वजनिक व्यय में कमी** (Decrement of Public Expenditure) स्फीतिकाल में यथासम्भव सरकार को अपना व्यय कम कर देना चाहिए। विशेषकर अनुत्पादक व्यय (Unproductive Expenditure) का कम करना तो बहुत आवश्यक होता है। ऐसा करने से कीमतों में होनी वाली वृद्धि को नियन्त्रित किया जा सकता है।

(iii) **सार्वजनिक ऋण में वृद्धि** (Increment in Public Debt) स्फीतिकाल में सरकार को अधिकाधिक मात्रा में लोगों से ऋण लेना चाहिए और इस प्रकार प्राप्त किए गए धन से उत्पादन में वृद्धि करने का प्रयत्न करना चाहिए।

(iv) **बचतों को प्रोत्साहन** (Encouragement to Savings) स्फीतिकाल में सरकार को उपभोग को हतोत्साहित कर बचतों को प्रोत्साहन देना चाहिए तथा बचत सम्बन्धी योजनाओं का प्रचार करना चाहिए।

(v) **सन्तुलित बजट की नीति** (Policy of Balanced Budget) स्फीतिकाल में सरकार को यथासम्भव अपना बजट सन्तुलित रखना चाहिए अर्थात् घाटे के बजट से बचना चाहिए।

(vi) **अतिमूल्यन** (Over Valuation) कभी-कभी स्फीति को रोकने के लिए देश की मुद्रा का अतिमूल्यन भी करना पड़ता है। अतिमूल्यन से अभिप्राय यह है कि दूसरे देशों की मुद्राओं की तुलना में अपने देश की मुद्रा को अधिक करना।

(vii) **विनियोगों पर नियन्त्रण** (Control Over Investments) स्फीतिकाल में ऐसे विनियोगों पर, जिनसे तत्काल एवं यथेष्ट उत्पादन प्राप्त करने की सम्भावना न हो, प्रभावी नियन्त्रण लगा देना चाहिए।

(viii) **उत्पादन में वृद्धि** (Growth of Production) मुद्रास्फीति के कारण उत्पादन की तुलना में लोगों की मौद्रिक आय बढ़ जाती है। अत: इस प्रकार स्फीति को रोकने के लिए देश के उत्पादन को अधिकाधिक मात्रा में बढ़ाना आवश्यक होता है।

(ix) **व्यापार तथा कीमतों पर नियन्त्रण स्थापित करना** (Control on Trade and Price) स्फीति रोकने के लिए सरकार को कीमत नियन्त्रण की नीति अपनानी चाहिए, विशेषकर आवश्यक वस्तुओं की कीमतों को तो नियन्त्रित करना ही चाहिए।

मौद्रिक उपाय

मौद्रिक उपायों (Monetary Measures) के अन्तर्गत केन्द्रीय बैंक द्वारा किए जाने वाले कार्य सम्मिलित किए जाते हैं, जिनके द्वारा वह मुद्रा की मात्रा तथा साख मुद्रा पर नियन्त्रण रखता है। भारतीय रिजर्व बैंक भारत में मुद्रास्फीति को नियन्त्रित कर कीमत स्थिरता बनाए रखने के लिए उत्तरदायी होता है। इस शीर्षक के अन्तर्गत केन्द्रीय बैंक दो प्रमुख कार्य कर सकता है—**प्रथम,** अतिरिक्त मुद्रा (Surplus Currency) को प्रचलन से वापस लेना और **दूसरा**, साख-मुद्रा पर नियन्त्रण स्थापित करना।

(i) **मुद्रा की मात्रा कम करना** मुद्रास्फीति को रोकने के लिए यह भी आवश्यक है कि केन्द्रीय बैंक व्यापारिक बैंकों द्वारा किए जाने वाले साख निर्माण पर उचित नियन्त्रण रखे, ऐसा करने के लिए केन्द्रीय बैंक अपनी बैंक दर नीति, खुले बाजार की नीति, साख की राशनिंग, न्यूनतम नकद कोष में परिवर्तन, सीधी कार्यवाही आदि उपायों का प्रयोग कर सकता है। यदि रुपए का तेजी से मूल्य ह्रास हो रहा है, तो RBI बाजार में डॉलरों का सम्भावित रूप से विक्रय कर सकता है।

(ii) **साख-मुद्रा पर नियन्त्रण करना** इस सन्दर्भ में, विशेषकर कराधान नीति सार्वजनिक व्यय, सार्वजनिक ऋण तथा अतिमूल्यन आदि उपाय उल्लेखनीय हैं।

बिन्दु-दर-बिन्दु विधि

इस विधि के अन्तर्गत मुद्रास्फीति की गणना करते समय चालू वर्ष के मूल्य सूचकांक में परिवर्तन की तुलना गत वर्ष के मूल्य सूचकांक में परिवर्तन से की जाती है। वर्तमान वर्ष में जिस सप्ताह की मुद्रास्फीति की गणना करनी होती है, गत वर्ष के उसी सप्ताह के थोक मूल्य सूचकांक में परिवर्तन को आधार वर्ष के सापेक्ष ज्ञात किया जाता है।

टोबिन टैक्स

विदेशी विनिमय दर में तीव्र उतार-चढ़ाव को अंकुश में लाने के लिए मुद्रा को किसी दूसरी मुद्रा में बदलते समय एक अल्प दर से करारोपण की सिफारिश की, जिसे टोबिन टैक्स (Tobin Tax) के नाम से जाना जाता है। इसका उद्देश्य राजस्व प्राप्ति नहीं है, बल्कि विदेशी विनिमय में अवैध व्यापार को तथा पूँजी के अत्यधिक अन्तर्प्रवाह को हतोत्साहित करना है।

टोबिन प्रभाव

पूँजी तथा मुद्रा परस्पर स्थानापन्नीय हैं, इसलिए बढ़ती स्फीति के परिणामस्वरूप पूँजी संचयन बढ़ सकता है, जिसके कारण स्फीति आर्थिक विकास में सहायक होगी, जिसे हम टोबिन प्रभाव कहते हैं। भारत में औसत विधि और बिन्दु-दर-बिन्दु विधि के अन्तर्गत मुद्रास्फीति की गणना की जाती है, परन्तु बिन्दु-दर-बिन्दु विधि को आर्थिक संकेतन या वास्तविक विधि के रूप में स्वीकार किया गया है।

भारत में मुद्रास्फीति की गणना

भारत में मुद्रास्फीति की गणना (Calculation of Inflation in India) थोक मूल्य सूचकांक के आधार पर की जाती है। थोक मूल्य सूचकांक में परिवर्तन की दर **मुद्रास्फीति** कहलाती है। भारत में थोक मूल्य सूचकांक के आधार पर मुद्रास्फीति औसत विधि तथा बिन्दु-दर-बिन्दु विधि से ज्ञात की जाती है।

थोक मूल्य सूचकांक

- थोक मूल्य सूचकांक (Wholesale Price Index, WPI) एक महत्त्वपूर्ण सांख्यिकीय संकेतक है, क्योंकि सरकार के अनेक नीतिगत निर्णय; जैसे—मुद्रास्फीति प्रबन्धन, आवश्यक जिंसों के मूल्यों की निगरानी आदि इसी पर आधारित होते हैं।
- पुरानी श्रृंखला (आधार 2004-05 = 100) के जिंस बास्केट की 676 वस्तुओं की तुलना में नई श्रृंखला (आधार 2011-12 = 100) के जिंस बास्केट में 697 वस्तुओं को रखा गया है। थोक मूल्य निर्देशांक का संकलन उद्योग मन्त्रालय में आर्थिक सलाहकार कार्यालय में साप्ताहिक स्तर पर होता है। वर्तमान आधार वर्ष 2011-12 अप्रैल, 2017 से प्रभावी हुआ था।
- भारत में थोक मूल्य सूचकांक के आँकड़े **वाणिज्य एवं उद्योग मन्त्रालय** जारी करता है।

नई डब्ल्यूपीआई श्रृंखला

- डब्ल्यूपीआई की नई श्रृंखला में कुल 697 मदों को स्थान दिया गया है।, जबकि पुरानी श्रृंखला में 676 मद शामिल थे।
- इस नई श्रृंखला में मूली, गाजर, खीरा, करेला, मौसम्बी, अनार, कटहल और आड़ू जैसे फलों और सब्जियों को प्राथमिक सामग्री की सूची में जोड़ा गया है।

उपभोक्ता मूल्य सूचकांक

- केन्द्रीय सांख्यिकी कार्यालय द्वारा पहली बार फरवरी, 2012 से थोक मूल्य सूचकांक के साथ-साथ उपभोक्ता मूल्य सूचकांक (Consumer Price Index, CPI) के आधार पर भी मुद्रास्फीति का आकलन शुरू किया गया।
- यह मासिक आधार पर जारी किया जा रहा है। साप्ताहिक आधार पर मुद्रास्फीति के आँकड़ों का प्रकाशन 2 फरवरी, 2012 से बन्द कर दिया गया है।
- भारत में वस्तुओं तथा सेवाओं के सामान्य मूल्य स्तर में परिवर्तन का अध्ययन करने के लिए उपभोक्ता मूल्य सूचकांक की अवधारणा प्रचलन में लाई जाती है। भारत में चार श्रम ब्यूरो द्वारा जारी उपभोक्ता मूल्य सूचकांक प्रचलन में हैं, जो निम्नवत हैं
  - श्रमिकेतर शहरी कर्मचारियों के लिए उपभोक्ता मूल्य सूचकांक
  - औद्योगिक कामगारों के लिए उपभोक्ता मूल्य सूचकांक
  - भारत में शीर्षक (हेडलाइन) पंक्ति वाली मुद्रास्फीति उपभोक्ता मूल्य सूचकांक (संयुक्त) पर आधारित होती है।
  - हेडलाइन मुद्रास्फीति टोकरी (Headline Inflation Basket) में सभी वस्तुओं के मूल्य में परिवर्तन को सन्दर्भित करता है, जिसका मापन सामूहिक उपभोक्ता मूल्य सूचकांक के आधार पर किया जाता है।
  - कृषि श्रमिकों के लिए उपभोक्ता मूल्य सूचकांक
  - ग्रामीण श्रमिकों के लिए उपभोक्ता मूल्य सूचकांक

उपरोक्त सभी सूचकांक का वर्ष 2017 के बाद आधार वर्ष 2012 कर दिया गया है।

तुलना का आधार	डब्ल्यूपीआई	सीपीआई
लक्षित समूह	थोक व्यापारी और व्यवसाय	खुदरा उपयोगकर्ता और आम जनता
प्रकाशित	आर्थिक सलाहकार का कार्यालय (वाणिज्य और उद्योग मन्त्रालय)	केन्द्रीय सांख्यिकी कार्यालय (सांख्यिकी और कार्यक्रम मन्त्रालय)
खाद्य का भार	18.8%	50%
सूचकांकों की संख्या	1	4
मूल्य मापन	केवल सामान का	सामान और सेवा
आधार वर्ष	2011-12	2012
उपयोग	उत्पादनकर्ता के लिए	CPI (संयुक्त) 2014 से RBI द्वारा मुद्रास्फीति के उपायों के रूप में उपयोग किया जाता है।

नोट जनवरी, 2025 केन्द्रीय सांख्यिकी कार्यालय द्वारा सभी सूचकांकों का आधार वर्ष 2011-12 से बदलकर 2021-22 कर दिया गया है।

वस्तुनिष्ठ प्रश्न

1. निम्नलिखित कथनों पर विचार कीजिए
1. आर्थिक संवृद्धि उत्पादन की वृद्धि से सम्बन्धित है।
2. आर्थिक विकास की धारणा आर्थिक संवृद्धि की धारणा से निम्नतर है।
3. आर्थिक विकास के प्रमुख लक्ष्य में कुपोषण, बीमारी, निरक्षरता, गन्दगी, बेरोजगारी की समाप्ति को सम्मिलित किया जाता है।

उपरोक्त कथनों में से कितने कथन सही हैं?
(a) केवल एक (b) केवल दो
(c) सभी तीन (d) इनमें से कोई नहीं

2. आर्थिक विकास का सबसे सही मापक है
(a) वास्तविक राष्ट्रीय आय की वृद्धि दर
(b) वास्तविक प्रतिव्यक्ति आय की वृद्धि दर
(c) अर्थव्यवस्था में अनुकूल संरचनात्मक परिवर्तनों के साथ वास्तविक प्रतिव्यक्ति आय की वृद्धि दर
(d) वास्तविक उपयोग की वृद्धि दर

3. निम्नलिखित में से कौन-सा कथन सत्य है?
(a) आर्थिक विकास और आर्थिक संवृद्धि समानार्थक शब्द हैं
(b) आर्थिक विकास आर्थिक संवृद्धि की तुलना में अधिक संकीर्ण अर्थ वाला शब्द है
(c) आर्थिक विकास आर्थिक संवृद्धि की तुलना में अधिक विस्तृत अर्थ वाला शब्द है
(d) आर्थिक विकास और आर्थिक संवृद्धि में कोई सम्बन्ध नहीं है

4. भारतीय अर्थव्यवस्था अल्पविकसित श्रेणी में आती है। निम्न कारकों में से यह किससे इंगित होता है?
1. कृषि मुख्य व्यवसाय है।
2. चिरकालिक बेरोजगारी।
3. मानव-पूँजी की खराब गुणवत्ता।
4. प्रोटीन की प्रतिव्यक्ति कम खपत।

कूट
(a) 1, 2 और 3 (b) 1 और 4
(c) 2 और 3 (d) ये सभी

5. क्या कारण है कि आर्थिक विकास के साथ प्राकृतिक संसाधनों के महत्त्व में कमी होने लगती है? उक्त सम्बन्ध में निम्न कथनों पर विचार कीजिए
1. आर्थिक विकास के साथ तकनीक में लगातार सुधार होने के कारण ऐसी कई विधियों का पता चलता है, जिनमें भूमि एवं अन्य प्राकृतिक संसाधनों के स्थान पर श्रम और पूँजी का प्रतिस्थापन सम्भव होने लगता है।
2. आर्थिक विकास के दौरान देश के सकल घरेलू उत्पाद में द्वितीयक एवं तृतीयक क्षेत्र का महत्त्व बढ़ जाता है, जिससे कृषि एवं अन्य प्राकृतिक संसाधनों के स्थान पर पूँजी एवं श्रम का अधिक प्रयोग होने लगता है।

कूट
(a) केवल 1
(b) केवल 2
(c) 1 और 2 दोनों
(d) न तो 1 और न ही 2

6. भारत में सेवा क्षेत्र में सम्मिलित हैं
1. खनन व उत्खनन
2. परिवहन और संचार
3. होटल
4. वानिकी व मत्स्यिकी

कूट
(a) 1 और 2
(b) 2 और 3
(c) 3 और 4
(d) 1 और 4

7. निम्नलिखित में से कौन-से आर्थिक विकास के आधुनिक मापक हैं?

1. जीवन का भौतिक गुणवत्ता सूचकांक
2. पर्यावरणीय कुजनेट्स वक्र
3. सकल घरेलू बचत दर का अधिक होना
4. क्रय-शक्ति समता सिद्धान्त

उपरोक्त में से कितने सही मापक हैं?

(a) केवल एक (b) केवल दो
(c) केवल तीन (d) सभी चार

8. भारत सरकार आजकल धारणीय विकास पर बहुत ध्यान दे रही है, निम्नलिखित में से किस परियोजना/योजना को धारणीय विकास की दिशा में कदम कहा जा सकता है?

1. कृषि उत्पादकता बढ़ाने और किसानों को मार्केट लिंकेज उपलब्ध कराने के लिए तैयार की गई चौपाल पहल।
2. सामाजिक वानिकी, जो वानिकी आधारित उद्योगों में विभिन्न लोगों को संचयी रोजगार देती है।
3. नवीकरण योग्य ऊर्जा।

उपरोक्त में से कितने कथन सही हैं?

(a) केवल एक (b) केवल दो
(c) केवल तीन (d) सभी चार

9. राष्ट्रीय आय से जुड़े निम्नलिखित कथनों पर विचार कीजिए

1. सकल राष्ट्रीय उत्पाद (GNP) में देशवासियों द्वारा देश के बाहर उत्पादित वस्तुओं के मूल्य को भी सम्मिलित किया जाता है।
2. सकल घरेलू उत्पाद (GDP) में देश के अन्दर विदेशियों द्वारा उत्पादित वस्तुओं के मूल्य को भी सम्मिलित किया जाता है।
3. साधन लागत पर शुद्ध राष्ट्रीय उत्पाद (NNPFC) को ही **राष्ट्रीय आय** कहा जाता है।

उपरोक्त कथनों में से कौन-सा/से कथन सही है/हैं?

(a) 1, 2 और 3 (b) 1 और 2
(c) केवल 3 (d) 1 और 3

10. राष्ट्रीय आय के आकलन के सम्बन्ध में निम्नलिखित पर विचार कीजिए

1. भारतीय दूतावासों में काम कर रहे विदेशी, भारत के निवासी हैं।
2. भारत में अवस्थित WHO विश्व बैंक, UNO आदि में काम कर रहे विदेशी, भारत के सामान्य निवासी हैं।
3. भारत में विदेशी दूतावासों में काम कर रहे भारतीय सामान्य निवासी नहीं हैं।

उपरोक्त कथनों में से कितने कथन सही हैं?

(a) केवल एक
(b) केवल दो
(c) केवल तीन
(d) सभी चार

11. राष्ट्रीय आय समिति से सम्बन्धित सही कथनों पर विचार कीजिए

1. राष्ट्रीय आय समिति का गठन वर्ष 1948 में हैरड के तत्त्वावधान में किया गया था।
2. इस समिति ने अपनी पहली रिपोर्ट वर्ष 1951 में पेश की।

कूट

(a) केवल 1
(b) केवल 2
(c) 1 और 2 दोनों
(d) न तो 1 और न ही 2

12. पद 'राष्ट्रीय आय' निरूपित करता है?

(a) बाजार कीमतों पर सकल राष्ट्रीय उत्पाद, मूल्य ह्रास घटाकर
(b) बाजार कीमतों पर सकल राष्ट्रीय उत्पाद, मूल्य ह्रास घटाकर, विदेश से प्राप्त निवल कारक आय जोड़कर
(c) बाजार कीमतों पर सकल राष्ट्रीय उत्पाद, मूल्य ह्रास और अप्रत्यक्ष करों को घटाकर, सब्सिडी जोड़कर
(d) बाजार कीमतों पर सकल राष्ट्रीय उत्पाद, विदेश से प्राप्त निवल कारक आय घटाकर

13. भारत के लिए राष्ट्रीय आय के अभिकलन में पारस्परिक शृंखला द्वारा निम्नलिखित में से कौन-सी विधि/विधियों का प्रयोग किया गया था?

1. उत्पादन विधि
2. व्यय विधि
3. आय विधि

कूट

(a) 1 और 2 (b) 1 और 3
(c) केवल 2 (d) 2 और 3

14. सकल घरेलू उत्पाद (GDP) के सम्बन्ध में निम्नलिखित कथनों पर विचार कीजिए

1. यह एक वर्ष में देश की सीमाओं के अन्दर बनी सभी वस्तुओं एवं दी गई सेवाओं का बाजार मूल्य है।
2. यह एक अनुबद्ध समयावधि में देश के अन्दर उत्पादित समस्त अन्य वस्तुओं एवं सेवाओं के लिए कुल व्ययों के बराबर है।

उपरोक्त कथनों में से कौन-सा/से कथन सही है/हैं?

(a) केवल 1
(b) केवल 2
(c) 1 और 2
(d) न तो 1 और न ही 2

15. निम्नलिखित कथनों पर विचार कीजिए

कथन I भारत में सर्वप्रथम राष्ट्रीय आय के सन्दर्भ में अनुमान वर्ष 1863 में दादाभाई नौरोजी द्वारा उनकी पुस्तक पॉवर्टी एण्ड अनब्रिटिश रूल इन इण्डिया में व्यक्त किए गए।

कथन II वर्ष 1925-29 में डॉ. वी. के. आर. वी. राव ने सर्वप्रथम वैज्ञानिक विधि से राष्ट्रीय आय और राष्ट्रीय लेखा प्रणाली की गणना की।

उपरोक्त कथनों के बारे में निम्नलिखित में से कौन-सा एक सही है?

(a) कथन I एवं कथन II दोनों सही हैं तथा कथन II, कथन I की सही व्याख्या है
(b) कथन I एवं कथन II दोनों सही हैं, परन्तु कथन II, कथन I की सही व्याख्या नहीं है
(c) कथन I सही है, किन्तु कथन II गलत है
(d) कथन I गलत है, किन्तु कथन II सही है

16. आय के चक्रीय प्रवाह के सन्दर्भ में निम्नलिखित कथनों पर विचार कीजिए

1. आय के चक्रीय प्रवाह का तात्पर्य किसी अर्थव्यवस्था में वस्तुओं एवं सेवाओं के उत्पादन, आय एवं व्यय का अंतहीन प्रवाह से है, जो उत्पादन इकाई एवं परिवारों के बीच चक्राकार तरीके से आय के पुनर्वितरण को दर्शाता है।
2. चक्रीय प्रवाह में परिवार अपनी उत्पादन गतिविधियों के लिए फर्मों से आय प्राप्त करते हैं।

उपरोक्त कथनों में कौन-सा/से कथन सही है/हैं?

(a) केवल 1 (b) केवल 2
(c) 1 और 2 (d) न तो 1 और न ही 2

17. सकल घरेलू उत्पाद से सम्बन्धित कथनों पर विचार कीजिए

1. स्थिर कीमत पर सकल घरेलू उत्पाद
2. व्यापारिक गणना पर सकल घरेलू उत्पाद
3. बाजार कीमत पर सकल घरेलू उत्पाद
4. साधन लागत पर सकल घरेलू उत्पाद
5. सांकेतिक सकल पर सकल घरेलू उत्पाद

उपरोक्त में कितने को सकल घरेलू उत्पाद के अन्तर्गत शामिल किया जाता है?

(a) केवल एक (b) केवल दो
(c) केवल तीन (d) सभी चार

18. सकल राष्ट्रीय उत्पाद के सन्दर्भ में कौन-सा कथन असत्य है?

(a) किसी देश के नागरिकों द्वारा एक निश्चित समयावधि सामान्यतः एक वर्ष में उत्पादित अन्तिम वस्तुओं एवं सेवाओं के मौद्रिक मूल्य को सकल राष्ट्रीय उत्पाद कहा जाता है।

(b) सकल राष्ट्रीय उत्पाद के अन्तर्गत वस्तुओं एवं सेवाओं के आंकलन के साथ-साथ राष्ट्रीय आय का भी मापन किया जाता है।
(c) सकल राष्ट्रीय उत्पाद के मापन के लिए सकल घरेलू उत्पाद में से भारतीय राज्य क्षेत्र के अन्दर विदेशियों द्वारा अर्जित आय को घटा दिया जाता है तथा विदेशों में भारतीयों द्वारा अर्जित आय को जोड़ दिया जाता है।
(d) यदि भारत में विदेशी नागरिकों द्वारा अर्जित आय एवं विदेशों में भारतीयों द्वारा अर्जित आय बराबर है, तो सकल घरेलू उत्पाद तथा सकल राष्ट्रीय उत्पाद में कोई अन्तर नहीं होगा।

19. भारत में ग्रामीण आय प्राय: नगरीय आय से कम है। इसके लिए निम्नलिखित में से कौन-से कारण जिम्मेदार हैं?
1. किसान बड़ी संख्या में निरक्षर हैं और वैज्ञानिक कृषि के बारे में उनका ज्ञान नगण्य है।
2. विनिर्मित उत्पादों की तुलना में प्राथमिक उत्पादों का मूल्य कम होता है।
3. उद्योगों में निवेश की तुलना में कृषि में निवेश कम हुआ है।

कूट
(a) 1, 2 और 3 (b) 1 और 2
(c) 1 और 3 (d) 2 और 3

20. उत्पाद विधि अथवा मूल्य संवर्द्धन विधि का उपयोग किस क्षेत्र से सम्बन्धित आय के आकलन हेतु किया जाता है?
(a) प्राथमिक क्षेत्र (b) द्वितीयक क्षेत्र
(c) तृतीयक क्षेत्र (d) इनमें से कोई नहीं

21. राष्ट्रीय आय से सम्बन्धित प्रमुख भारतीय संगठन के सन्दर्भ में गलत कथन की पहचान कीजिए
(a) सांख्यिकी विभाग एवं कार्यक्रम कार्यान्वयन विभाग के विलय के पश्चात् 15 अक्टूबर, 1999 को सांख्यिकी और कार्यक्रम कार्यान्वयन मन्त्रालय एवं स्वतन्त्र मन्त्रालय के रूप में अस्तित्व में आया।
(b) राष्ट्रीय सांख्यिकी कार्यालय, वाणिज्य एवं उद्योग मन्त्रालय की देख-रेख में कार्य करता है तथा वित्त मन्त्रालय इसका संरक्षण करता है।
(c) राष्ट्रीय प्रतिदर्श सर्वेक्षण संगठन का विलय वर्ष 2019 में CSO के साथ कर नई संस्था NSO का गठन किया गया।
(d) राष्ट्रीय सांख्यिकीय आयोग का उद्देश्य सांख्यिकीय संस्थाओं के सामने आने वाली बाधाओं को समाप्त करना तथा आँकड़ों की शुद्धता की जाँच करना है।

22. निम्नलिखित कथनों पर विचार कीजिए
1. सी. रंगराजन समिति द्वारा वर्ष 2000 में दिए गए सुझाव के आधार पर स्थायी सांख्यिकी आयोग का गठन किया गया।
2. राष्ट्रीय आय के आकलन का आधार वर्ष 2011-12 है। इसे कन्वेंशल सीरीज कहा जाता है।

उपरोक्त में से कौन-सा/से कथन सही है/हैं?
(a) केवल 1
(b) केवल 2
(c) 1 और 2 दोनों
(d) न तो 1 और न ही 2

23. आर्थिक नियोजन से सम्बन्धी दिए गए कथनों पर विचार कीजिए
1. आदेशात्मक नियोजन में निर्णय की प्रक्रिया केन्द्रीकृत होती है तथा राज्यों की भूमिका महत्त्वपूर्ण होती है।
2. निर्देशात्मक नियोजन में राज्य लक्ष्यों का निर्धारण करते हैं, जिनकी भूमिका केवल प्रेरणात्मक एवं प्रोत्साहक की होती है।

उपरोक्त में से कौन-सा/से कथन सही है/हैं?
(a) केवल 1
(b) केवल 2
(c) 1 और 2 दोनों
(d) न तो 1 और न ही 2

24. राष्ट्रीय नियोजन में रोलिंग प्लान की अवधारणा लागू की गई थी
(a) इन्दिरा गाँधी के द्वारा
(b) राष्ट्रीय फ्रण्ट सरकार के द्वारा
(c) जनता सरकार के द्वारा
(d) राजीव गाँधी के द्वारा

25. भारत की पंचवर्षीय योजनाओं के सन्दर्भ में निम्न कथनों पर विचार कीजिए
1. पंचवर्षीय योजनाओं को अन्तिम स्वीकृति 'राष्ट्रीय विकास परिषद्' द्वारा दी जाती थी।
2. देश में बारह पंचवर्षीय योजनाएँ संचालित की गईं, जो वर्ष 1951 से 2017 तक चली।
3. बारहवीं पंचवर्षीय योजना में आर्थिक वृद्धि दर का लक्ष्य 9% रखा गया था।

उपरोक्त कथनों में से कितने कथन सही हैं?
(a) केवल एक (b) केवल दो
(c) केवल तीन (d) सभी चार

26. निम्नलिखित कथनों के आधार पर सही विकल्प का चयन कीजिए
1. भारत में 1951 से 2017 तक कुल 12 पंचवर्षीय योजनाओं का संचालन किया गया।
2. भारत की राष्ट्रीय आय का सबसे बड़ा भाग सेवा क्षेत्र से आता है।

कूट
(a) केवल 1 (b) केवल 2
(c) 1 और 2 दोनों (d) न तो 1 और न ही 2

27. भारत में लागू की गई पंचवर्षीय योजनाओं पर किसका प्रभाव अत्यधिक था?
(a) लेनिन के न्यू इकोनॉमिक कार्यक्रम से
(b) सिडनी तथा बिएट्रिस वेब के फेबियन समाजवाद से
(c) अंग्रेजों की कल्याणकारी क्रियाविधि से
(d) नव जनतान्त्रिक विकास पैकेज से

28. भारत की पंचवर्षीय योजनाओं के सम्बन्ध में निम्नलिखित में से कौन-से कथन सही नहीं हैं?
1. पूँजी निर्माण की दर बहुत कम रही है।
2. अच्छा विकास हुआ है।
3. उत्पादन बढ़ा है, यद्यपि यदा-कदा लक्ष्य प्राप्ति का उद्देश्य असफल रहा है।
4. सार्वजनिक क्षेत्र ने विकास में कोई योगदान नहीं दिया।

कूट
(a) 1 और 4 (b) 2 और 3
(c) 1, 2 और 3 (d) 3 और 4

29. निम्नलिखित कथनों पर विचार कीजिए और असत्य कथन/कथनों को चुनिए
1. 9वीं पंचवर्षीय योजना के लिए योजना आयोग द्वारा भारत को 15 कृषि जलवायु प्रदेशों में विभाजित किया जाता है।
2. 10वीं पंचवर्षीय योजना में राष्ट्रीय हॉर्टीकल्चर मिशन प्रारम्भ किया गया।

कूट
(a) केवल 1 (b) केवल 2
(c) 1 और 2 दोनों (d) न तो 1 और न ही 2

30. निम्नलिखित कथनों पर विचार कीजिए
1. भारत में काम के बदले अनाज कार्यक्रम 10वीं पंचवर्षीय योजना के दौरान शुरू किया गया।
2. भारत में योजना आयोग एक संवैधानिक निकाय है।

उपरोक्त कथनों में से कौन-सा/से कथन सही है/हैं?
(a) केवल 1 (b) केवल 2
(c) 1 और 2 दोनों (d) न तो 1 और न ही 2

31. कृषि उत्पादन में वृद्धि करने के लिए ग्यारहवीं पंचवर्षीय योजना की कार्यनीति में निम्नलिखित में से किसका मुख्य रूप से ध्यान रखा गया था?
1. भूमि सुधारों पर अधिक ध्यान।
2. सिविल क्षेत्र की वृद्धि दर को दोगुना करना।
3. पशुपालन एवं मत्स्य उद्योग को बढ़ावा देना।
4. किसानों को बिना ब्याज ऋण देना।

कूट
(a) 1 और 3 (b) 2 और 3
(c) 1, 2 और 3 (d) 2 और 4

32. निम्नलिखित कथनों पर विचार कीजिए
1. 12वीं पंचवर्षीय योजना में औद्योगिक विकास का लक्ष्य 9.6% निर्धारित किया गया है।
2. दूसरी पंचवर्षीय योजना में कृषि क्षेत्र पर अत्यधिक बल दिया गया था।
3. चौथी योजना में कुल व्यय का 22.8% भाग औद्योगिक क्षेत्र को आवण्टित किया गया है।

उपरोक्त कथनों में से कितने सही हैं?
(a) केवल एक (b) केवल दो
(c) केवल तीन (d) इनमें से कोई नहीं

33. निम्नलिखित कथनों पर विचार कीजिए
1. सर. एम. विश्वेश्वरैया ने 'Planed Economy of India' नामक पुस्तक की रचना की।
2. वर्ष 1938 में गाँधीजी की अध्यक्षता में राष्ट्रीय नियोजन समिति गठित की गई।
3. वर्ष 1944 में गाँधीजी ने 'गाँधीवादी प्लान' प्रस्तुत किया।
4. जयप्रकाश नारायण द्वारा वर्ष 1950 में 'सर्वोदय योजना' प्रस्तुत की गई।

उपरोक्त कथनों में से कितने कथन सही हैं?
(a) केवल एक (b) केवल दो
(c) केवल तीन (d) सभी चार

34. नीति आयोग के सम्बन्ध में निम्नलिखित कथनों पर विचार कीजिए
1. नीति आयोग के पदेन अध्यक्ष प्रधानमन्त्री होते हैं।
2. नीति आयोग का तात्पर्य नेशनल इन्स्टीट्यूट फॉर ट्रान्सफॉर्मिंग इण्डिया (NITI) से है।

उपरोक्त कथनों में से कौन-सा/से कथन सही है/हैं?
(a) केवल 1 (b) केवल 2
(c) 1 और 2 दोनों (d) न तो 1 और न ही 2

35. निम्नलिखित कथनों पर विचार कीजिए

कथन I छठीं पंचवर्षीय योजना के उद्देश्यों में से एक भारी उद्योग के महत्त्व को कम करते हुए आधारिक संरचनाओं पर बल देना था।

कथन II इस योजना में विकास दर का लक्ष्य 5.2 रखा गया था तथा वास्तविक उपलब्धि 5.4% रही

उपरोक्त कथनों के बारे में निम्नलिखित में से कौन-सा एक सही है?
(a) कथन I एवं कथन II दोनों सही हैं तथा कथन II, कथन I की सही व्याख्या करता है।
(b) कथन I एवं कथन II दोनों सही हैं, परन्तु कथन II, कथन I की सही व्याख्या नहीं करता है।
(c) कथन I सही है, किन्तु कथन II गलत है।
(d) कथन I गलत है, किन्तु कथन II सही है।

36. निम्नलिखित कथनों पर विचार कीजिए
1. दूसरी पंचवर्षीय योजना में औद्योगीकरण, विशेष रूप से बुनियादी एवं पूँजीगत वस्तुओं के उद्योगों पर ध्यान दिया गया।
2. सातवीं पंचवर्षीय योजना में अल्पकालीन विकास युक्तियों पर बल देते हुए कृषि औद्योगिक को बढ़ावा देना था।
3. वी. पी. सिंह सरकार ने रामकृष्ण हेगड़े की उपाध्यक्षता वाले नए योजना आयोग का गठन किया था, जिसने नई 8वीं योजना (1990-95) को प्रारूपित किया।

उपरोक्त में से कितने कथन सही है?
(a) केवल एक (b) केवल दो
(c) सभी तीन (d) इनमें से कोई नहीं

37. बारहवीं पंचवर्षीय योजना के सम्बन्ध में निम्नलिखित कथनों पर विचार कीजिए
1. इस योजना में शिशु मृत्यु दर को घटाकर 30 करने का लक्ष्य रखा गया था।
2. बाल लिंगानुपात (0-6 आयु वर्ग के बीच) को बढ़ाकर 956 करने का लक्ष्य रखा गया था।
3. कृषि क्षेत्रक में 4% की वृद्धि दर का लक्ष्य रखा गया था।
4. विनिर्माणी क्षेत्र में 10% की वृद्धि दर का लक्ष्य रखा गया था।

उपरोक्त कथनों में से कौन-से कितने कथन सही हैं?
(a) केवल एक (b) केवल दो
(c) केवल तीन (d) सभी चार

38. निम्नलिखित कथनों पर विचार कीजिए
1. घाटे की वित्त व्यवस्था उत्पादन वृद्धि में सहायता करती है।
2. घाटे की वित्त व्यवस्था की कीमत वृद्धि को जन्म देती है।

उपरोक्त कथनों में से कौन-सा/से कथन सही है/हैं?
(a) केवल 1
(b) केवल 2
(c) 1 और 2 दोनों
(d) न तो 1 और न ही 2

39. राजकोषीय नीति के सम्बन्ध में निम्न कथनों पर विचार कीजिए
1. प्रत्यक्ष करों की दरें विवेकी होनी चाहिए और इन करों की प्रशासनिक व्यवस्था अच्छी होनी चाहिए।
2. कराधान के साधन आवण्टन और न्यायशीलता के परिणामों का महत्त्व स्वीकार्य करना और उन्हें उचित महत्त्व देना।

कूट
(a) केवल 1
(b) केवल 2
(c) 1 और 2 दोनों
(d) न तो 1 और न ही 2

40. भारत में बजट के सम्बन्ध में निम्नलिखित कथनों पर विचार कीजिए
1. भारत में मोरारजी देसाई ने सर्वाधिक बार संसद में बजट प्रस्तुत किया।
2. स्वतन्त्र भरत का पहला बजट आर. के. षणमुखम शेट्टी द्वारा पेश किया गया था।
3. जवाहरलाल नेहरू ने वर्ष 1958-59 का बजट संसद में प्रस्तुत किया था।

उपरोक्त कथनों में से कितने कथन सही है/हैं?
(a) केवल एक
(b) केवल दो
(c) सभी तीन
(d) इनमें से कोई नहीं

41. संसद में बजट पारित करने का सही अनुक्रम निर्धारित कीजिए
(a) लेखानुदान-वित्त विधेयक-विनियोग विधेयक-बजट पर चर्चा
(b) वित्त विधेयक-विनियोग विधेयक-बजट पर चर्चा- लेखानुदान
(c) बजट पर चर्चा-लेखानुदान-वित्त विधेयक-विनियोग विधेयक
(d) बजट पर चर्चा-विनियोग विधेयक-वित्त विधेयक- लेखानुदान

42. यदि प्राथमिक घाटे में ब्याज भुगतान को सम्मिलित कर लिया जाए, तो यह बराबर होता है
(a) बजट घाटे के
(b) राजकोषीय घाटे के
(c) घाटे की वित्त व्यवस्था के
(d) आगम घाटे के

43. निम्नलिखित कथनों पर विचार कीजिए
1. जब राजस्व प्राप्तियाँ राजस्व व्यय से कम होती हैं, तो इस रूप में होने वाला अतिरिक्त व्यय राजस्व घाटा कहलाता है।
2. जब राजकोषीय घाटे में से ब्याज अदायगियों को घटा दिया जाता है, तो शेष राशि को प्राथमिक घाटा कहा जाता है।

कूट
(a) केवल 1
(b) केवल 2
(c) 1 और 2 दोनों
(d) इनमें से कोई नहीं

44. निम्नलिखित करों (Taxes) पर विचार कीजिए
1. आय पर कर
2. व्यय पर कर
3. सम्पत्ति या पूँजी आस्ति पर कर
4. माल एवं सेवाओं पर कर

देश में विविध गतिविधियों के लिए भारत सरकार कर राजस्व की वसूली करती है। निम्नलिखित में से कितने कर सरकार के कर.राजस्व का एक भाग है?
(a) केवल एक (b) केवल दो
(c) केवल तीन (d) सभी चार

45. सीमा शुल्क, निगम कर, परिसम्पत्तियों के पूँजी मूल्य पर करों के सम्बन्ध में कौन-सा कथन सही है?
(a) संघ द्वारा लगाए जाने वाले और वसूल किए जाने वाले कर हैं, जो राज्यों के साथ सहभाजित किए जाते हैं
(b) संघ सरकार को ही पूर्ण रूप में प्राप्त होने वाले कर हैं
(c) केन्द्र द्वारा लगाए जाने वाले कर, परन्तु इनसे प्राप्त राजस्व पूर्ण रूप से राज्यों को हस्तान्तरित किया जाता है
(d) केन्द्र द्वारा लगाए जाने वाले, परन्तु राज्यों द्वारा एकत्र किए जाने वाले कर हैं

46. निम्नलिखित कथनों में से भारत में आयकर के सम्बन्ध में कौन-सा/से कथन सही है/हैं?
1. यह एक प्रगतिशील कर है।
2. यह एक प्रत्यक्ष कर है।
3. यह राज्य सरकारों द्वारा एकत्रित किया जाता है।
4. यह एक आनुपातिक कर है।

कूट
(a) केवल 1 (b) 1 और 2
(c) 1, 2 और 3 (d) 2, 3 और 4

47. निम्नलिखित कथनों पर विचार कीजिए
1. वस्तु एवं सेवा कर (GST), जोकि केलकर टास्क फोर्स द्वारा अनुशासित किया गया है, एक प्रत्यक्ष कर है।
2. उपकर एक अस्थायी कर है, जो किसी विशेष लक्ष्य को पाने के लिए लगाया जाता है और केवल प्रत्यक्ष कर पर ही लगाया जा सकता है।

उपरोक्त कथनों में से कौन-सा/से कथन सही है/हैं?
(a) केवल 1 (b) केवल 2
(c) 1 और 2 (d) न तो 1 और न ही 2

48. भारत में कर सुधार के सम्बन्ध में गठित विभिन्न समितियों की मुख्य सिफारिशों पर विचार कीजिए
1. चेलैया समिति ने स्थायी खाता संख्या (PAN) की जगह करदाता पहचान संख्या (TIN) को प्रारम्भ करने की सिफारिश की।
2. चेलैया समिति ने गैर-कृषकों के ₹ 25,000 से अधिक की कृषि आय पर कर लगाने की सिफारिश की।
3. केलकर समिति ने आयकर की केवल 2 दरें लागू करने की सिफारिश की।

उपरोक्त कथनों में से कौन-सा/से कथन सही है/हैं?
(a) केवल 1 (b) 1 और 3
(c) 1, 2 और 3 (d) केवल 3

49. भारतीय अर्थव्यवस्था के सन्दर्भ में निम्नलिखित युग्मों पर विचार कीजिए

अवधि	सबके उपयुक्त विवरण
1. मेल्ट डाउन	- स्टॉक मूल्य का गिरना
2. रेशेसन	- वृद्धि दर का गिरना
3. स्लोडाउन	- सकल घरेलू उत्पाद का गिरना

उपरोक्त युग्मों में से कितने युग्म सही सुमेलित हैं?
(a) केवल एक
(b) केवल दो
(c) सभी तीन
(d) उपरोक्त में से कोई नहीं

50. भारत की GDP की गणना के लिए कौन-सी संस्था जिम्मेदार है?
(a) भारतीय रिजर्व बैंक
(b) केन्द्रीय सांख्यिकी कार्यालय
(c) मुख्य आर्थिक सलाहकार
(d) वित्त मन्त्रालय

51. GNP किसके कारण NNP से भिन्न है?
(a) निवल अप्रत्यक्ष कर
(b) प्रत्यक्ष कर
(c) सार्वजनिक ऋण पर ब्याज
(d) मूल्यह्रास

52. पहली राष्ट्रीय आय समिति का गठन किया गया था
(a) वर्ष 1948 में (b) वर्ष 1949 में
(c) वर्ष 1950 में (d) वर्ष 1951 में

53. 'रखो और निकालों' निम्न में से किसकी नीति है?
(a) पूँजीवाद
(b) समाजवाद
(c) मिश्रित अर्थव्यवस्था
(d) पारम्परिक अर्थव्यवस्था

54. निम्नलिखित विकल्पों में से सही युग्म चुनिए
(a) चौथी पंचवर्षीय योजना - जवाहरलाल नेहरू
(b) पाँचवीं पंचवर्षीय योजना - इन्द्रिरा गाँधी
(c) छठी पंचवर्षीय योजना - राजीव गाँधी
(d) सातवीं पंचवर्षीय योजना - पी.वी. नरसिम्हा राव

55. निम्न में से कौन-सा नए आर्थिक सुधारों का अंग नहीं है?
(a) उदारीकरण (b) भूमण्डलीकरण
(c) निजीकरण (d) केन्द्रीकरण

सही उत्तर

1. (b)	2. (c)	3. (c)	4. (d)	5. (c)	6. (b)	7. (d)	8. (d)	9. (a)	10. (a)
11. (b)	12. (c)	13. (b)	14. (a)	15. (b)	16. (c)	17. (c)	18. (b)	19. (a)	20. (a)
21. (b)	22. (c)	23. (c)	24. (c)	25. (c)	26. (c)	27. (a)	28. (a)	29. (a)	30. (a)
31. (a)	32. (a)	33. (b)	34. (c)	35. (a)	36. (b)	37. (c)	38. (c)	39. (c)	40. (c)
41. (c)	42. (b)	43. (c)	44. (d)	45. (b)	46. (b)	47. (d)	48. (d)	49. (a)	50. (b)
51. (d)	52. (b)	53. (a)	54. (b)	55. (d)					

अध्याय 09 मुद्रा एवं बैंकिंग व्यवस्था

भारत में मुद्रा एवं बैंकिंग प्रणाली किसी-न-किसी रूप में प्राचीन काल से ही मौजूद थी, परन्तु अंग्रेजों के आगमन के बाद ही यह व्यवस्था संगठित हो पाई। मुद्रा विनिमय का प्रमुख माध्यम है जबकि बैंक अन्य वित्तीय संस्थाओं से भिन्न होते हैं, क्योंकि ये अग्रिम (Advance) के साथ-साथ साख का सृजन भी करते हैं।

मुद्रा

मुद्रा (Money) वह शक्तिशाली वस्तु है, जो सभी प्रकार के लेन-देन में भुगतान के माध्यम के रूप में सभी को स्वीकार्य होती है अर्थात् मुद्रा का अर्थ केवल कागज के नोट या सिक्के नहीं हैं, जिनका निर्गमन केन्द्रीय बैंक तथा सरकार करती है, बल्कि वे सभी वस्तुएँ इसके अन्तर्गत आती हैं, जो भुगतान के रूप में सामान्यत: स्वीकार की जाती हैं; जैसे—एक व्यक्ति यदि बाजार से कोई वस्तु खरीदता है, तो वह इसका भुगतान कई तरीकों से कर सकता है; जैसे-चेक, क्रेडिट कार्ड, नकद इत्यादि। ये सभी मुद्रा के स्वरूप हैं।

मुद्रा दो प्रकार की होती है

(i) **वैधानिक मुद्रा** (Legal Money) इसका निर्गमन सरकार या रिजर्व बैंक द्वारा एक विधान के अन्तर्गत किया जाता है, जिसमें रिजर्व बैंक धारक को उतनी रकम अदा करने का वचन देता है।

(ii) **साख मुद्रा** (Credit Money) इसका भुगतान चेक के माध्यम से किया जाता है।

मुद्रा की माँग

मुद्रा की माँग एक अर्थव्यवस्था में धन की कुल माँग, लेन-देन की माँग एवं सट्टा माँग से निर्धारित होती है।

मुद्रा की पूर्ति / माप

- मुद्रा की पूर्ति (Measures of Money Supply) के मापन पर विचार हेतु भारतीय रिजर्व बैंक ने सर्वप्रथम वर्ष 1961 में एक कार्यकारी समिति का गठन किया।
- इसके पश्चात् RBI द्वारा नियुक्त दूसरे कार्यकारी समूह ने अपनी रिपोर्ट वर्ष 1977 में प्रस्तुत की, जिसके आधार पर मुद्रा पूर्ति के सम्बन्ध में चार दृष्टिकोण प्रस्तुत किए गए।
- RBI द्वारा चार वैकल्पिक मुद्रा आपूर्ति की माप दी गई, जो हैं M_1, M_2 M_3 तथा M_4। इन मापों की आनुभविक मापें

$$M_1 = C + DD + OD$$

जहाँ, C = Currency, DD = Demand Deposit, OD = Other Deposit

M_1 = जनता को उपलब्ध चलन की मात्रा (चलन में नोट तथा सिक्के, बैंकों के नकद कोष घटाकर) + बैंकों की शुद्ध माँग जमा राशि + रिजर्व बैंक के पास अन्य जमा राशियाँ

$M_2 = M_1$ + डाकखानों के बचत बैंकों में बचत जमा राशियाँ

$M_3 = M_1$ + बैंकों की कुल जमा राशियाँ

$M_4 = M_3$ + डाकघर की कुल जमा राशि

तरलता मिश्रणों की गणना

L_1 = नई M_3 + डाकघर बचत बैंक के पास सभी जमाएँ

$L_2 = L_1$ + सावधि वित्तीय एवं पुनर्वित्त संस्थाओं के पास सावधि जमाएँ

$L_3 = L_2$ + गैर-बैंकिंग वित्त कम्पनियों के पास जनता की जमाएँ

उपरोक्त चारों संघटकों में M_1 सबसे अधिक तरलता को प्रदर्शित करता है। इसे संकीर्ण मुद्रा (Narrow Money) कहते हैं तथा यह तरलता क्रमश: घटती जाती है और अन्तिम संघटक M_4 में सबसे कम तरलता पाई जाती है।

बैंकों के लिए M_3 सर्वाधिक उपयोगी मुद्रा होती है, इसे विस्तृत मुद्रा (Broad Money) भी कहते हैं, क्योंकि बैंकों द्वारा इसका दीर्घकालिक उपयोग किया जाता है।

नोट *तरलता के घटते क्रम में परिसम्पत्तियों का क्रम- मुद्रा > बैंकों में माँग जाम > बैंकों में बचत जाम > बैंकों में सावधि जमा है।*

भारतीय मुद्रा प्रणाली

- भारत में न्यूनतम प्रारक्षण प्रणाली (Minimum Reserve System) के अन्तर्गत मुद्रा निर्गमन सम्भव होता है।
- नोट के निर्गमन की यह विधि वर्ष 1957 से रिजर्व बैंक द्वारा स्वीकार की गई। वर्तमान समय से नोट जारी करने हेतु इसी प्रणाली को आधार बनाया गया है।
- न्यूनतम प्रारक्षण प्रणाली या न्यूनतम आरक्षित निधि प्रणाली के अनुसार प्रचलन विभाग के पास स्वर्ण मुद्रा एवं विदेशी ऋणपत्र कुल मिलाकर किसी समय ₹ 200 करोड़ के मूल्य से कम नहीं होने चाहिए।
- डिजिटल मुद्रा (E-rupee) एक टोकनयुक्त डिजिटल संस्करण है जो RBI की मौद्रिक नीति के अनुरूप जारी किया जाता है। यह वाणिज्यिक बैंकों द्वारा स्वतन्त्र रूप से परिवर्तनीय है।

विमुद्रीकरण

- पहले से चली आ रही मुद्रा के प्रचलन को समाप्त कर उसके स्थान पर नई मुद्रा का प्रचलन करना विमुद्रीकरण (Demonetisation) कहलाता है।
- केन्द्र सरकार ने 8 नवम्बर, 2016 को तीसरी बार ₹ 500 तथा ₹ 1000 के नोटों का विमुद्रीकरण कर दिया। इनके स्थान पर ₹ 200, ₹ 500 तथा ₹ 2000 के नए नोट जारी किए गए। इससे पहले भारत सरकार ने वर्ष 1946 एवं 1978 में विमुद्रीकरण किया था।
- भारतीय रिजर्व बैंक ने 19 मई, 2023 को ₹ 2000 के नोट को प्रचलन से बाहर करने का निर्णय लिया।

भारत के प्रतिभूति-मुद्रण

प्रेस	स्थापना (वर्ष)	उत्पाद	प्रेस स्थान
करेंसी नोट प्रेस	1928	₹ 10,50,100 तथा 500 मूल्य वर्ग के नोट	नासिक, महाराष्ट्र
सिक्योरिटी पेपर मिल	1967-68	बैंक और करेंसी नोट कागज तथा बान-ज्यूडिशियल	होशंगाबाद
बैंक नोट प्रेस	1974	₹ 20,50,100, 200, 500 तथा 2000 मूल्य वर्ग के नोट	देवास
सिक्योरिटी प्रिण्टिंग प्रेस	1984	भारत प्रतिभूति मुद्रणालय, नासिक के उत्पादन की अनुपूर्ति हेतु डाक लेखन सामग्री	हैदराबाद
इण्डिया सिक्योरिटी प्रेस	1992	डाक सम्बन्धी लेखन सामग्री, बैंकों के चेकों, बॉण्डों, राष्ट्रीय बचत पत्र व सरकारी प्रतिभूतियाँ	नासिक, महाराष्ट्र
टकसालें (Mints)		सिक्कों व पदकों (मेडल) का उत्पादन	मुम्बई, कोलकाता, हैदराबाद व नोएडा

मुद्रा एवं माँग जमा

- **जनता के पास मुद्रा** इसमें करेन्सी नोट सिक्कों को देखा जा सकता है, जिसके प्रवाह को RBI नियन्त्रित करता है।
- **बैंकों की माँग जमा** जहाँ से लोग किसी भी समय अपनी पूँजी व रुपये को निकाल सकते हैं। यदि 1 लाख की नकद राशि बैंक की माँग जमा खाते से निकालते हैं, तो अर्थव्यवस्था में तत्कालीन रूप से मुद्रा की समग्र पूर्ति अपरिवर्तित रहेगी।

बैंकिंग क्षेत्र का विकास

- बैंकिंग क्षेत्र को किसी भी देश की अर्थव्यवस्था की रीढ़ माना जाता है। यह क्षेत्र देश के विकास में महत्त्वपूर्ण भूमिका अदा करता है।
- विशेषज्ञों के अनुसार, भारत के मजबूत बैंकिंग और फाइनेंशियल सेक्टर के कारण ही कुछ वर्ष पूर्व आए वैश्विक वित्तीय संकट का भारत पर कम प्रभाव पड़ा।
- भारत में बैंकिंग सेक्टर सबसे तेजी से विकास करने वाला क्षेत्र बनकर उभर रहा है। विगत दशकों में बैंकिंग क्षेत्र में अत्यधिक बदलाव आया है। पहले पारम्परिक बैंकों का काम केवल पैसे जमा रखना और उस पर ब्याज देना, आवश्यकता पड़ने पर उपभोक्ताओं को बिजनेस या किसी निजी काम के लिए लोन देना और उनकी जमा पूँजी को सम्भालकर रखने तक ही सीमित था, पर अब इसका दायरा काफी बढ़ गया है।
- आज बैंक न केवल पैसे रखने और लोन देने का काम करते हैं, बल्कि इन्श्योरेन्स, डीमैट सुविधा, ऑनलाइन ट्रेडिंग, म्यूचुअल फण्ड्स, विदेशी मुद्रा, कार व होम लोन, एजुकेशन लोन, गोल्ड लोन, टेक्नोलॉजी, कैश पेमेण्ट, चौबीस घण्टे आहरण सुविधा, मनी ट्रांसफर जैसी आदि सुविधाएँ देते हैं। देश में विकास की रफ्तार बढ़ने के साथ-साथ बैंकिंग क्षेत्र का दायरा भी बढ़ता जा रहा है।
- सिण्डिकेट ऋण द्वारा एक समूह को ऋण दिया जाता है। इसमें ऋण चूक के जोखिम को कम करने का प्रयास किया जाता है। यह 'क्रेडिट लाइन' के अनुरूप नियत धन राशि की होती है।

बैंकिंग के प्रकार

बैंकिंग को तीन भागों में विभाजित किया गया है

1. कोर बैंकिंग

- यह केन्द्रीयकृत बैंकिंग की ऐसी प्रणाली है, जिसके द्वारा इस प्रणाली से जुड़े सारे बैंक केन्द्रीयकृत डाटासेण्टर्स का उपयोग बैंकिंग लेन-देन से जुड़े सम्पूर्ण सौदों के लिए करते हैं।
- कोर बैंकिंग (Core Banking) में रियल टाइम आधार पर कार्य किया जाता है तथा किसी भी बैंक में हुआ कोई भी लेन-देन केन्द्रीय सर्वर्स के द्वारा पूरी बैंकिंग प्रणाली में प्रतिबिम्बित होता है।
- कोर बैंकिंग में उच्च स्तर की सूचना प्रौद्योगिकी का प्रयोग कर पूरी बैंकिंग प्रणाली को एक सूत्र में पिरोकर बैंकिंग लेन-देनों में अधिक लचीलापन तथा पारदर्शिता सुनिश्चित की गई है। कोर बैंकिंग सुविधाओं के अन्तर्गत दो प्रकार की महत्त्वपूर्ण बैंकिंग सेवाएँ दी जाती है।

(i) नेशनल इलेक्ट्रॉनिक्स फण्ड ट्रांसफर

- नेशनल इलेक्ट्रॉनिक्स फण्ड ट्रांसफर (National Electronic Fund Transfer, NEFT) देश में इण्टरनेट के माध्यम से फण्ड स्थानान्तरण करने का तरीका है।
- इसके अन्तर्गत किसी व्यक्ति, फर्म या कम्पनी द्वारा एक बैंक शाखा से दूसरे किसी बैंक या उसी बैंक की शाखा में किसी व्यक्ति, फर्म या कम्पनी के खाते में पैसा ट्रांसफर किया जा सकता है।
- इसके द्वारा अन्तरित की जा सकने वाली राशि की कोई निम्नतम या अधिकतम सीमा नहीं है। NEFT के अन्तर्गत स्वयं का उस बैंक में खाता होते हुए बिना भी, नकद राशि जमा कराने पर दूसरे बैंक की शाखा में पैसा अन्तरण किया जा सकता है। इसके लिए पैसा जमा कराने वाले व्यक्ति को अपना पहचान प्रमाण देना होगा।

(ii) रियल टाइम ग्रॉस सेटलमेण्ट

- रियल टाइम ग्रॉस सेटलमेण्ट (RTGS) प्रणाली में एक बैंक से दूसरे बैंक में फण्ड का स्थानान्तरण रियल टाइम में एवं सकल आधार पर होता है।
- रियल टाइम फण्ड ट्रांसफर (Real Time Fund Transfer, RTFT) बिना किसी समयान्तराल के तुरन्त होता है। ग्रॉस सेटलमेण्ट (Gross Settlement) में किसी अन्य लेन-देन के साथ RTGS का कोई नेटिंग (Netting) या लिंक (Link) नहीं होता है। एक बार प्रक्रिया होने के बाद यह अन्तिम व अपरिवर्तनीय माना जाता है। RTGS द्वारा लेन-देन के लिए न्यूनतम सीमा ₹ 2 लाख निर्धारित है।

2. खुदरा बैंकिंग

- इसे उपभोक्ता बैंकिंग (Consumer Banking) के रूप में जाना जाता है। ये बैंक बचत और व्यवहार खाता, बन्धक, व्यक्तिगत ऋण, डेबिट कार्ड और क्रेडिट कार्ड जैसी सेवाएँ प्रदान करते हैं।
- खुदरा बैंकिंग (Retail Banking) अपनी विशेष बैंकिंग सेवा के कारण निवेश बैंकिंग, वाणिज्यिक बैंकिंग तथा थोक बैंकिंग से अलग होता है।

3. संकीर्ण बैंकिंग

- जो बैंक छोटी अवधि के लिए जोखिम मुक्त ऋण का आवण्टन करते हैं, उन्हें संकीर्ण बैंकिंग (Narrow Banking) कहा जाता है।
- इन्हें सेफ बैंक (सुरक्षित बैंक) भी कहा जाता है। इनके अन्तर्गत जमा लेने और भुगतान की क्रिया बैंक की वित्तीय गतिविधियों से अलग रहती है।

भारत में बैंकिंग ढाँचा

बैंक वह संस्था (Institution) है, जो जनता से जमा के रूप में मुद्रा लेता है तथा उस पर ब्याज का भुगतान करता है एवं इसे लोगों को ऋण देने के उपयोग में लाता है। किसी भी देश की सरकार केन्द्रीय बैंकों (Central Bank) के माध्यम से अर्थव्यवस्था में किसी विशेष आर्थिक उद्देश्य की प्राप्ति हेतु (जैसे—मूल्य स्थिरता, विदेशी विनिमय दर स्थिरता, पूर्ण रोजगार अथवा आर्थिक विकास चलन में मुद्रा एवं साख की मात्रा को नियमित एवं नियन्त्रित करने हेतु) जो नीति अपनाती है, उसके अन्तर्गत विशिष्ट आर्थिक लक्ष्यों की प्राप्ति हेतु मुद्रा की मात्रा, सेवा कीमत (ब्याज दर) तथा उसके उपयोग को नियन्त्रित करने के उपाय किए जाते हैं।

भारतीय रिजर्व बैंक

- भारतीय रिजर्व बैंक (Reserve Bank of India, RBI) भारत का सर्वोच्च मौद्रिक नियामक है। इसकी स्थापना भारतीय रिजर्व बैंक अधिनियम, 1934 के अन्तर्गत 1 अप्रैल, 1935 को की गई।
- इसकी स्थापना **हिल्टन यंग आयोग की सिफारिश** के आधार पर की गई थी। 1 जनवरी, 1949 को RBI का राष्ट्रीयकरण (Nationalisation) किया गया।
- भारतीय रिजर्व बैंक का प्रमुख, गवर्नर कहलाता है, जोकि चार डिप्टी गवर्नर, चार क्षेत्रीय कार्यालयों के प्रमुख, एक वित्त मन्त्रालय के प्रतिनिधि तथा सरकार द्वारा नियुक्त दस निदेशकों को मिलाकर गठित गवर्निंग बोर्ड के माध्यम से इसका प्रबन्धन करता है। कैबिनेट सचिव की अध्यक्षता में वित्तीय क्षेत्र नियामक नियुक्ति खोज समिति (FSRASC) द्वारा किए गए प्रस्ताव के बाद केन्द्र सरकार द्वारा RBI के गवर्नर नियुक्त किए जाते हैं। RBI के गवर्नर अपनी शक्ति RBI अधिनियम, 1934 से प्राप्त करते हैं।
- भारतीय रिजर्व बैंक का उल्लेख भारतीय संविधान में नहीं है। भारतीय रिजर्व बैंक का वित्तीय वर्ष पूर्व में 1 जुलाई से 30 जून तक होता था, किन्तु 31 मार्च, 2021 के पश्चात् इसके वित्तीय वर्ष को परिवर्तित कर 1 अप्रैल से 31 मार्च कर दिया गया। वर्ष 1938 से इसका मुख्यालय **मुम्बई** में है।

भारतीय रिजर्व बैंक के गवर्नर

- भारतीय रिजर्व बैंक की स्थापना वर्ष 1935 में हुई थी। अब तक कुल 25 व्यक्तियों ने इस बैंक के सर्वोच्च गवर्नर पद को सुशोभित किया।
- इसके प्रथम विदेशी गवर्नर **सर ओसबोर्न स्मिथ** थे तथा प्रथम भारतीय गवर्नर **सर सी डी देशमुख** थे। पूर्व प्रधानमन्त्री **डॉ. मनमोहन सिंह** भी भारतीय रिजर्व बैंक (RBI) के गवर्नर रह चुके हैं।

रिजर्व बैंक के गवर्नर एवं कार्यकाल

गवर्नर	कार्यकाल
सर ओसबोर्न स्मिथ	1-4-1935 से 30-6-1937
सर जेम्स टेलर	1-7-1937 से 17-2-1943
सर सी डी देशमुख	11-8-1943 से 30-6-1949
सर बेनेगल रामाराउ	1-7-1949 से 14-1-1957
के जी अम्बेगावकर	14-1-1957 से 28-2-1957
एच वी आर आयंगर	1-3-1957 से 28-2-1962
पी सी भट्टाचार्य	1-3-1962 से 30-6-1967
एल के झा	1-7-1967 से 3-5-1970
बी एन अदारकर	4-5-1970 से 15-6-1970
एस जगन्नाथन	16-6-1970 से 19-5-1975
एन सी सेनगुप्ता	19-5-1975 से 19-8-1975
के. आर. पुरी	20-8-1975 से 2-5-1977
एमं. नरसिंहम	2-5-1977 से 30-11-1977
आई. जी. पटेल	1-12-1977 से 15-9-1982
डॉ. मनमोहन सिंह	16-9-1982 से 14-1-1985
ए. घोष	15-1-1985 से 4-2-1985
आर. एन. मल्होत्रा	4-2-1985 से 22-12-1990
एस. वेंकटरमन	22-12-1990 से 21-12-1992
डॉ. सी. रंगराजन	22-12-1992 से 21-11-1997
डॉ. विमल जालान	22-12-1997 से 6-9-2003
डॉ. वाई वी रेड्डी	6-9-2003 से 5-9-2008
डी. सुब्बाराव	5-9-2008 से 4-9-2013
रघुराम राजन	4-9-2013 से 4-9-2016
उर्जित पटेल	4-9-2016 से 11-12-2018
शक्तिकान्त दास	12-12-2018 से 11-12-2024
संजय मल्होत्रा	11-12-2024 से अब तक

जनवरी, 2025 के अनुसार

भारतीय रिजर्व बैंक के कार्य

भारतीय रिजर्व बैंक के कार्य वर्ष 1934 के रिजर्व बैंक अधिनियम में वर्णित हैं। रिजर्व बैंक के महत्त्वपूर्ण कार्यों को निम्नलिखित उप-शीर्षकों के अन्तर्गत रखा जा सकता है

रिजर्व बैंक के कार्य

केन्द्रीय बैंक के रूप में कार्य	सामान्य बैंक के रूप में कार्य
नोट निर्गमितकर्ता	ज़मा प्राप्त करना
सरकार का बैंकर	अल्पावधि ऋण देना
बैंकों का बैंकर	अल्पावधि ऋण लेना
विनिमय दर को स्थिर रखना	विपत्रों को भुनाना व क्रय-विक्रय
साख नियन्त्रण	कृषि विपत्रों का क्रय-विक्रय
समाशोधन गृह का कार्य	विदेशी विनिमय विपत्रों का क्रय-विक्रय
कृषि साख की व्यवस्था	बहुमूल्य पदार्थों को सुरक्षित रखना
औद्योगिक वित्त व्यवस्था	विश्व बैंक में खाता खोलना
प्रशिक्षण व्यवस्था	
आँकड़ों का संकलन व प्रकाशन	

भारतीय रिजर्व बैंक संशोधन अधिनियम, 2006

भारत सरकार ने आर बी आई अधिनियम, 1974 और बैंककारी विनियमन अधिनियम (Banking Regulation Act) का संशोधन वर्ष 2006 में किया। इस अधिनियम के अन्तर्गत तल (Floor) और पूँजी पर्याप्तता आवश्यकताओं को समाप्त कर दिया। साथ ही साथ सांविधिक तरलता अनुपात को अधिक लचीला (Flexible) बना दिया गया।

साख नियन्त्रण

साख नियन्त्रण को दो भागों में विभाजित किया जाता है

(i) परिमाणात्मक साख नियन्त्रण

भारतीय रिजर्व बैंक द्वारा सामान्यतया प्रयुक्त परिमाणात्मक साख नियन्त्रण (Quantitative Credit Control, QCC) के निम्नलिखित उपाय साख की मात्रा को प्रभावित करते हैं, जिनका विवरण निम्न प्रकार है

आधार दर

- भारतीय रिजर्व बैंक सभी वाणिज्यिक बैंकों के लिए एक दिशा-निर्देश जारी करता है कि वह आर बी आई द्वारा निर्धारित एक न्यूनतम दर से कम पर कोई उधार ग्राहक को नहीं दे सकते हैं, जिसे बेंचमार्क भी समझा जा सकता है।
- इसे ही आधार दर (Base Rate) कहते हैं। आधार दर आर बी आई द्वारा वर्ष 2010 में लाई गई थी। आधार दर के स्थान पर अब सीमान्त विधि लागत पर आधारित उधार दर (Marginal Cost of Funds Base Lending Rate, MCLR) अस्तित्व में आ गई है।

सीमान्त निधि लागत पर आधारित उधार दर

- बैंकों के लिए ऋण ब्याज दर तय करने के लिए नई विधि का नाम है— सीमान्त निधि लागत पर आधारित उधार दर (Marginal Cost of Funds Based Lending Rate, MCLR)। वास्तव में यह आरबीआई के द्वारा बैंकों के लिए तय निधि की सीमान्त लागत पर आधारित विधि है।
- इस विधि से जहाँ उपभोक्ता को कम ब्याज दर का लाभ मिलेगा, वहीं बैंकों की पहले से ब्याज दर तय करने की प्रक्रिया में पारदर्शिता भी आएगी
- ब्याज दर की यह विधि 1 अप्रैल, 2016 से लागू की गई है।
- अब बैंकों की नई विधि के तहत सीमान्त लागत से उधार दर तय करनी होगी, साथ ही प्रत्येक महीने बैंकों की एम सी एल आर की समीक्षा करनी होगी।
- वहीं 1 वर्ष से पहले एम सी एल आर नहीं बदला जा सकता है। आरबीआई द्वारा जारी इस नियम से बैंकों को अधिक प्रतिस्पर्द्धी बनाने में सहायता मिलेगी और आर्थिक संवृद्धि में इसका लाभ मिलेगा।

बैंक दर

- RBI एक्ट के अनुसार, बैंक दर वह दर है, जिस पर रिजर्व बैंक वाणिज्यिक बैंकों के बिलों की पुन:कटौती करता है। व्यावहारिक अर्थों में वाणिज्यिक बैंकों द्वारा भारतीय रिजर्व बैंक से दीर्घकालीन ऋण जिस ब्याज दर पर प्राप्त किया जाता है, उसे बैंक दर (Bank Rate) कहा जाता है।
- बैंक दर RBI की मौद्रिक नीति का एक महत्त्वपूर्ण भाग है। जब RBI द्वारा बैंक दर में वृद्धि की जाती है, तब बाजार में साख की कमी होने लगती है तथा जब RBI द्वारा बैंक दर में कमी की जाती है, तो बाजार में साख की मात्रा में वृद्धि होने लगती है।

नकद आरक्षित अनुपात

- प्रत्येक वाणिज्यिक बैंक अपनी कुल जमा राशि (माँग जमा तथा समय जमा) का एक निश्चित भाग RBI के पास नकद रखने को बाध्य होता है, जिसे नकद आरक्षित अनुपात (Cash Reserve Ratio, CRR) कहा जाता है। यह 3% से 20% के मध्य कुछ भी हो सकता है।
- बाजार में तरलता को समायोजित करने के लिए RBI, नकद आरक्षित अनुपात में कमी एवं वृद्धि करता रहता है।
- नकद आरक्षित अनुपात में वृद्धि से साख में कमी होने लगती है तथा CRR में कमी करने से साख में वृद्धि होने लगती है।

प्राथमिकता प्राप्त क्षेत्र

- बैंकों की ओर से कुछ प्राथमिकता वाले क्षेत्र में रिजर्व बैंक के दिशा-निर्देश पर ऋण दिए जाते हैं।
- प्राथमिकता प्राप्त क्षेत्र के अन्तर्गत कृषि, माइक्रो, लघु और मध्यम उद्यम, निर्यात, ऋण, शिक्षा, आवास, सामाजिक बुनियादी संरचना, नवीकरणीय ऊर्जा अन्य आते हैं। इसकी समीक्षा के लिए वर्ष 2011 में नायर समिति का गठन किया गया।

सांविधिक तरलता अनुपात

- व्यापारिक बैंकों को अपनी जमा का कुछ भाग अपने पास सोना, विदेशी मुद्रा या स्वीकृति प्रतिभूतियों में रखना अनिवार्य होता है।
- यह राशि नकद आरक्षित अनुपात के अन्तर्गत रखी गई नकद राशि के अतिरिक्त होती है।
- यह 0 से 40% के बीच हो सकती है। इसका उद्देश्य जमाकर्ता की धन निकासी की आवश्यकता को पूरा करना है।
- RBI द्वारा जब सांविधिक तरलता अनुपात (Statutory Liquidity Ratio, SLR) में वृद्धि की जाती है, तो बैंकों की साख में कमी आने लगती है तथा जब RBI द्वारा SLR में कमी की जाती है, तो बैंकों की साख में वृद्धि होने लगती है।

सीमान्त स्थायी सुविधा

- सीमान्त स्थायी सुविधा (Marginal Standing Facility, MSF) भी RBI की मौद्रिक नीति का एक भाग है। मौद्रिक नीति के उपकरण के रूप में इसकी शुरुआत मई, 2011 में हुई।
- इसके अन्तर्गत RBI बैंकों की अति अल्पकालिक ऋण आवश्यकता की पूर्ति करता है।
- MSF बैंकों के लिए एक पैनल दर होगी और बैंकों को SLR की सीमाओं के अन्तर्गत सरकार सुरक्षा गिरवी रखकर निधि उधार ले सकती है।
- RBI इसे नहीं बढ़ाता है, क्योंकि इसके बढ़ाने से अर्थव्यवस्था में मुद्रा प्रसार में कमी होगी।

रेपो दर

- रेपो का अर्थ पुन: खरीद (Re-purchase) है। इसमें प्रतिभूतियों को इस आश्वासन के साथ बेचा जाता है कि विक्रेता एक निश्चित अवधि के बाद प्रतिभूतियों को पुन: खरीद लेगा।
- इस पूर्ण खरीद की एक दर तय कर दी जाती है, जिसे रेपो दर (Repo Rate) कहते हैं।
- यह एक ऐसी सुविधा है, जिसे RBI व्यापारिक बैंकों को प्रदान करता है, जिससे व्यापारिक बैंक अपनी सरकारी प्रतिभूतियों के माध्यम से अत्यन्त कम समय के लिए ऋण प्राप्त कर सकें।

रिवर्स रेपो दर

- यह रेपो दर के विपरीत है। जब वाणिज्यिक बैंक अपने पास उपलब्ध अतिरिक्त धन को RBI में रखते हैं, तो उस पर वाणिज्यिक बैंकों को जो ब्याज मिलता है।
- उसे **रिवर्स रेपो दर** (Reverse Repo Rate) कहते हैं।
- RBI तरलता प्रबन्धन के अन्तर्गत रेपो तथा रिवर्स रेपो का प्रयोग करता है।
- रेपो दर में कमी करने से वाणिज्यिक बैंकों को अपनी प्रतिभूतियों पर कम ब्याज दर पर ऋण प्राप्त हो जाता है। फलत: बाजार में **मौद्रिक तरलता** बढ़ जाती है।
- रेपो दर में वृद्धि के कारण वाणिज्यिक बैंकों को प्रतिभूतियों पर अधिक ब्याज दर पर ऋण प्राप्त होता है।
- फलत: वाणिज्यिक बैंक अधिक ऋण नहीं लेते हैं, जिससे बाजार में मौद्रिक तरलता में कमी आती है।
- रिवर्स रेपो दर में वृद्धि से RBI वाणिज्यिक बैंकों को अपने यहाँ धन जमा करने हेतु प्रेरित करता है। यह स्थिति भी मौद्रिक तरलता को कम करती है।

परिमाणात्मक सहजता

यह मौद्रिक सहजता का चरम रूप है जिसके माध्यम से केन्द्रीय बैंक वित्तीय प्रणाली के साथ तरलता की बाढ़ को दर्शाता है।

परिमाणात्मक सहजता (Quantitative Easing, QE) में, केन्द्रीय बैंक वित्तीय परिसम्पत्तियों को खरीदता है; जैसे—ट्रेजरी और कॉर्पोरेट बॉण्ड (वित्तीय संस्थानों से)।

बाजार स्थिरीकरण योजना

- RBI इसका इस्तेमाल विनिमय दर में उतार-चढ़ाव के समय करता है। बाजार स्थिरीकरण योजना (Market Stabilisation Scheme, MSS) के अन्तर्गत RBI विदेशी मुद्रा को बाजार से खरीदकर या मुक्त कर विनिमय दर में स्थिरता लाता है।
- RBI इस योजना के अन्तर्गत सरकार की ओर से बॉण्ड जारी करता है। इसमें नीलामी विधि का प्रयोग होता है।

खुले बाजार की क्रियाएँ

- इसके द्वारा भी साख विनियमन का कार्य किया जाता है। इसके अन्तर्गत विभिन्न प्रकार की सरकारी प्रतिभूति, बचत पत्र एवं विभिन्न बॉण्ड शामिल हैं।
- भारत सरकार एवं राज्य सरकारों द्वारा RBI के सहयोग से सरकारी प्रतिभूतियाँ बाजार में जारी की जाती हैं, जिन्हें बैंक, अन्य वित्तीय संस्थाओं तथा व्यक्तियों द्वारा खरीदा जाता है।
- खुले बाजार की क्रिया (Open Market) अधिक होने से बाजार में **साख के प्रवाह में कमी** आती है। इस प्रकार यह साख विनियमन का एक प्रभावी तरीका है।
- RBI की बन्ध्यकरण (स्टेरिलाइजेशन) की गतिविधि को 'खुला बाजार कार्यवाही' के संचालन के एक भाग के रूप में माना जाता है।

चलनिधि समायोजन सुविधा

- भारतीय रिजर्व बैंक द्वारा बैंकों को दी गई चलनिधि समायोजन सुविधा (Liquidity Adjustment Facility, LAF) एक महत्त्वपूर्ण सुविधा है।
- यह मौद्रिक नीति के क्रियान्वयन में प्रयुक्त किया जाने वाला एक प्रमुख उपकरण है।
- इसके अन्तर्गत रेपो और रिवर्स आते हैं, जिनकी दरों पर नियन्त्रण करके भारतीय रिजर्व बैंक बाजार में उपलब्ध मुद्रा को नियन्त्रित करता है।

(ii) गुणात्मक साख नियन्त्रण

- गुणात्मक साख नियन्त्रण (Qualitative Credit Control, QLC) का उद्देश्य विशिष्ट प्रकार की साख का नियन्त्रण करना है। गुणात्मक या चयनात्मक साख नियन्त्रण के अन्तर्गत प्रत्यक्ष कार्यवाही, मार्जिन में परिवर्तन, उपभोक्ता साख नियमन, प्रचार, साख की राशनिंग तथा नैतिक दबाव को सम्मिलित किया जाता है।
- **विभेदात्मक ब्याज दर** (Different Interest Rate, DIR) के अन्तर्गत देश के गरीब व्यक्तियों को सभी सरकारी बैंकों द्वारा 4% प्रतिवर्ष की दर से ऋण उपलब्ध कराया जाता है। इसमें बैंक पिछले वर्ष के सकल ऋण का 1% अगले वर्ष विभेदी ब्याज दर के अन्तर्गत आवण्टित करते हैं।
- **राशनिंग** (Rationing) नीति के अन्तर्गत सरकार सन्तुलित आर्थिक विकास के लिए कुछ क्षेत्रों में वरीयता प्रदान करके इसके लिए कर्ज का कोटा तय कर देती है। बैंकों द्वारा इसका पालन करना अनिवार्य होता है।
- भारत ने वर्ष 1991 के उदारीकरण से पूर्व कठोर मौद्रिक नीति अपनाई, जबकि उदारीकरण के बाद उदार मौद्रिक नीति का पालन किया जा रहा है।

विभिन्न मौद्रिक अस्त्र एवं उनके प्रभाव

मौद्रिक अस्त्र	परिवर्तन का स्वभाव	प्रभाव
बैंक दर	वृद्धि/कमी	बैंक की साख सृजन शक्ति में कमी/वृद्धि, मुद्रा की पूर्ति या तरलता में कमी/वृद्धि, स्फीतिक दबाव में कमी/वृद्धि, बैंक द्वारा दिए जाने वाले ऋण की लागत में वृद्धि/कमी
सी आर आर	वृद्धि	बैंक की साख सृजन शक्ति में कमी, मुद्रा की पूर्ति या अर्थ व्यवस्था की तरलता में कमी, स्फीतिक दबाव में कमी बैंक की लाभदेयता में कमी की सम्भावना
एस एल आर	वृद्धि	बैंक के ऋण देयकोष में कमी, फलस्वरूप साख सृजन क्षमता में कमी, मुद्रा की पूर्ति तथा अर्थव्यवस्था में तरलता में कमी, बैंक की लाभदेयता में कमी की सम्भावना
रेपो दर (RBI द्वारा उधार देने की दर)	वृद्धि कमी	तरलता में कमी, तरलता में वृद्धि
रिवर्स रेपो दर (RBI द्वारा उधार लेने की दर)	वृद्धि कमी	तरलता में वृद्धि, तरलता में कमी

मौद्रिक नीति समिति

- यह भारत सरकार द्वारा गठित एक समिति है, जिसका गठन ब्याज दर निर्धारण को अधिक उपयोगी एवं पारदर्शी बनाने के लिए 27 जून, 2016 को किया गया।
- इस नई समिति में 6 सदस्यों का एक पैनल है, जिसमें 3 सदस्य RBI से होंगे और तीन अन्य स्वतन्त्र सदस्य भारत सरकार द्वारा चुने जाएँगे।
- RBI के तीन अधिकारियों में एक गवर्नर, एक डिप्टी गवर्नर तथा एक अन्य अधिकारी शामिल होगा।
- मौद्रिक नीति निर्धारण के लिए यह समिति वर्ष में चार बार मिलेगी और सर्वसम्मति से निर्णय लेगी।

फाइनेंशियल सर्विसेज इन्स्टीट्यूशन्स ब्यूरो

- बैंक बोर्ड ब्यूरो (BBB) के स्थान पर **वित्तीय सेवा संस्थान ब्यूरो** (Financial Services Institution Bureau, FSIB) की स्थापना एक सरकारी प्रस्ताव द्वारा जुलाई, 2022 में भारत सरकार द्वारा की गई।
- FSIB सार्वजनिक क्षेत्र के बैंकों, इण्डिया प्राइवेट लिमिटेड कम्पनी एवं वित्तीय संस्थाओं में पूर्णकालिक निदेशक तथा गैर-कार्यकारी अध्यक्ष की नियुक्ति के लिए सिफारिशें करने वाली एकल इकाई होगी।
- FSIB, सरकारी बैंकों, वित्तीय संस्थाओं एवं बीमा कम्पनियों को व्यावसायिक रणनीतियाँ विकसित करने तथा पूँजी एकत्रित करने की योजना इत्यादि में भी सहायता करेगी।
- यह संस्था सार्वजनिक क्षेत्र के बैंकों (PSB), वित्तीय संस्थाओं एवं बीमा कम्पनियों के प्रदर्शन से सम्बन्धित डेटा बैंक का भी निर्माण करती है तथा इन संस्थाओं में पूर्णकालिक निदेशकों के लिए आचार संहिता व नैतिकता के निर्माण एवं प्रवर्तन पर सरकार को परामर्श भी देती है।

इन्द्रधनुष योजना

सार्वजनिक क्षेत्र के बैंकों के कामकाज को बेहतर बनाने और इन्हें निजी क्षेत्र के बैंकों के समकक्ष लाने के लिए इन्द्रधनुष योजना वर्ष 2015 से शुरू की गई है। इस योजना में 7 पुनरुत्थान प्लान हैं, जिसमें ए से जी तक 7 वर्णों को शामिल किया गया है। वे निम्न हैं-अप्वॉइण्टमेण्ट (ए), बैंक बोर्ड ब्यूरो (बी), कैपिटलाइजेशन (सी); डी-स्ट्रेसिंग (डी), एम्पावरमेण्ट (ई), फ्रेमवर्क ऑफ अकाउण्टेबिलिटी (एफ) तथा गवर्नेन्स (जी)।

भारत में वाणिज्यिक बैंक

- वाणिज्यिक बैंक, ऐसे बैंकों को कहा जाता है, जो बचतें एकत्र करते हैं और उन्हें बड़ी तथा छोटी औद्योगिक एवं व्यापारिक इकाइयों को देते हैं तथा मुख्यत: इनकी कार्यकारी पूँजी की आवश्यकताओं को पूरा करते हैं।
- वर्ष 1969 के पश्चात् वाणिज्यिक बैंकों को राष्ट्रीयकृत या सार्वजनिक क्षेत्र के बैंकों और निजी क्षेत्रों के बैंकों में वर्गीकृत किया जाता है। जब वाणिज्यिक बैंक अपने कार्य के अतिरिक्त औद्योगिक इकाइयों के दीर्घकालीन वित्तीयन के कार्य भी सम्पन्न करें, तो इसे **यूनिवर्सल बैंकिंग** कहते हैं। इस बैंक की परिसम्पत्ति में अग्रिम, निवेश, माँग तथा अल्पसूचना मुद्रा आदि को शामिल किया जाता है।

भारत में वाणिज्यिक बैंकों का वर्गीकरण

भारत में वाणिज्यिक बैंकों (Commercial Bank) का वर्गीकरण संवैधानिक आधार (बैंकिंग विनियमन अधिनियम 1949) पर वाणिज्यिक बैंकों को अनुसूचित बैंक तथा गैर-अनुसूचित बैंकों के रूप में किया जाता है।

(i) अनुसूचित बैंक

- अनुसूचित वाणिज्यिक बैंक वे वाणिज्यिक बैंक हैं, जो भारतीय रिजर्व बैंक की दूसरी अनुसूची में सम्मिलित होते हैं। अनुसूचित बैंक का दर्जा प्राप्त करने के लिए बैंकों को निम्नलिखित शर्तें पूरी करनी होती हैं
  - बैंक की प्रदत्त पूँजी तथा संचित राशि ₹ 5 लाख से कम नहीं होनी चाहिए।
  - भारतीय रिजर्व बैंक इस बात से पूरी तरह सन्तुष्ट हो कि इन बैंकों द्वारा ऐसा कोई कार्य नहीं किया जाएगा, जिससे जमाकर्ताओं का अहित हो।
  - यह एक संयुक्त पूँजी कम्पनी होनी चाहिए न कि एकल व्यापारी साझा फर्म।
- इसके अतिरिक्त इन बैंकों को अपनी जमा का एक निश्चित अंश भारतीय रिजर्व बैंक के पास नकद रूप में रखना पड़ता है तथा **बैंकिंग अधिनियम, 1949** के अन्तर्गत भारतीय रिजर्व बैंक के पास समय-समय पर विवरण पत्र भी भेजना पड़ता है।

(ii) गैर-अनुसूचित वाणिज्यिक बैंक

- गैर-अनुसूचित वाणिज्यिक बैंक (Non-Scheduled Bank, NSB) से आशय ऐसे बैंकों से है, जिन्हें भारतीय रिजर्व बैंक अधिनियम, 1934 की दूसरी अनुसूची में सम्मिलित किया जाता है, परन्तु ये बैंक वैधानिक नकद आरक्षण आवश्यकताओं के अधीन हैं और इनको निश्चित राशि भारतीय रिजर्व बैंक के पास न रखकर अपने पास रखने का अधिकार है।
- गैर-अनुसूचित बैंकों को भारतीय रिजर्व बैंक से रियायती प्रेषण तथा उधार लेने की सुविधा प्राप्त नहीं होती है।

भारत के अन्य बैंक

भारत के अन्य बैंकों का विवरण निम्न प्रकार है

1. सार्वजनिक बैंक

- ऐसा बैंक, जिसमें सरकार के शेयर बहुमत (51% या अधिक) में होते हैं, उसे सार्वजनिक बैंक (Public Bank) कहते हैं। संसद द्वारा पारित एक कानून के अन्तर्गत 1 जुलाई, 1955 को भारतीय स्टेट बैंक को सार्वजनिक बैंक के रूप में परिवर्तित किया गया।
- भारत में सार्वजनिक क्षेत्र का यह पहला बैंक था, जिसका राष्ट्रीयकरण किया गया था। इस बैंक का राष्ट्रीयकरण 19 जुलाई, 1960 को किया गया।

राष्ट्रीयकृत बैंक

- 19 जुलाई, 1969 को 14 बड़े वाणिज्यिक बैंकों का राष्ट्रीयकरण किया गया। 14 वाणिज्यिक बैंकों का **राष्ट्रीयकरण** हो जाने के बाद देश की 94% अधिक वाणिज्यिक बैंकिंग प्रणाली सार्वजनिक क्षेत्र के अधीन हो गई।
- 19 जुलाई, 1969 को उन्हीं 14 बैंकों का राष्ट्रीयकरण किया गया, जिनकी कुल जमा पूँजी ₹ 50 करोड़ या इससे अधिक थी।
- 15 अप्रैल, 1980 को 6 वाणिज्यिक बैंकों का राष्ट्रीयकरण किया गया। इसे वाणिज्यिक बैंकों के राष्ट्रीयकरण का दूसरा चरण माना जाता है। उपरोक्त बैंकों की पूँजी ₹ 200 करोड़ से अधिक थी। फलत: 15 अप्रैल, 1980 को इनका राष्ट्रीयकरण कर दिया गया।

वर्ष 1969 तथा 1980 में राष्ट्रीयकृत किए गए बैंक निम्न थे

- बैंक ऑफ बड़ौदा
- केनरा बैंक
- देना बैंक
- सिण्डिकेट बैंक
- इलाहाबाद बैंक
- इण्डियन बैंक
- बैंक ऑफ महाराष्ट्र
- पंजाब नेशनल बैंक
- यूको बैंक
- आन्ध्रा बैंक
- कॉर्पोरेशन बैंक
- विजया बैंक
- पंजाब एण्ड सिन्ध बैंक
- सेण्ट्रल बैंक ऑफ इण्डिया
- यूनियन बैंक ऑफ इण्डिया
- यूनाइटेड बैंक ऑफ इण्डिया
- यूनाइटेड कॉमर्शियल बैंक
- ओरिएण्टल बैंक ऑफ कॉमर्स
- इण्डियन ओवरसीज बैंक

बैंकों की स्थापना

बैंक	स्थापना	बैंक	स्थापना
बैंक ऑफ बंगाल	1806	पंजाब नेशनल बैंक	1894
बैंक ऑफ बम्बई	1840	बैंक ऑफ इण्डिया	1906
बैंक ऑफ मद्रास	1843	बैंक ऑफ बड़ौदा	1908
इलाहाबाद बैंक	1865	सेण्ट्रल बैंक ऑफ इण्डिया	1911
एलायंस ऑफ शिमला	1874		

भारतीय स्टेट बैंक

- सर्वप्रथम भारतीय स्टेट बैंक की स्थापना प्रेसीडेंसी बैंक ऑफ बंगाल के रूप में 1806 ई. में हुई। वर्ष 1921 में **बैंक ऑफ बम्बई** और **बैंक ऑफ मद्रास** को इसके साथ मिला दिया गया। इसके बाद इसका नाम **इम्पीरियल बैंक ऑफ इण्डिया** पड़ा। वर्ष 1955 में इसे 'भारतीय स्टेट बैंक' नाम दिया गया।
- भारतीय स्टेट बैंक ने अपने पाँच सहयोगी बैंक और **भारतीय महिला बैंक** को 1 अप्रैल, 2017 को अपने में शामिल कर लिया। इस विलय के उपरान्त एस. बी. आई. विश्व के प्रमुख 50 बैंकों में शामिल हो गया।

राष्ट्रीयकृत बैंकों का विलय

- 4 सितम्बर, 1993 को न्यू बैंक ऑफ इण्डिया का विलय पंजाब नेशनल बैंक में किया गया।
- अप्रैल, 2019 को **बैंक ऑफ बड़ौदा** में विजया बैंक और देना बैंक का विलय हो गया। इसके साथ बैंक ऑफ बड़ौदा देश का तीसरा सबसे बड़ा बैंक बन गया।
- अप्रैल, 2020 को ओरिएण्टल बैंक ऑफ कॉमर्स और यूनाइटेड बैंक ऑफ इण्डिया का **पंजाब नेशनल बैंक** में विलय हो गया। इसके साथ ही पंजाब नेशनल बैंक देश का दूसरा सबसे बड़ा बैंक बन गया। **केनरा बैंक** तथा सिण्डिकेट बैंक के विलय के बाद यह चौथा सबसे बड़ा सार्वजनिक क्षेत्र का बैंक बन गया है।
- **यूनियन बैंक** ऑफ इण्डिया, आन्ध्रा बैंक और कॉरपोरेशन बैंक को मिलाकर भारत का पाँचवाँ सबसे बड़ा सरकारी क्षेत्र का बैंक अप्रैल, 2020 में बना।
- **इण्डियन बैंक** और इलाहाबाद बैंक का विलय भी अप्रैल, 2020 में कर दिया गया। इस प्रकार अब भारत में सार्वजनिक क्षेत्र के सरकारी बैंकों की कुल संख्या, जो वर्ष 2017 में 27 थी, से घटकर 12 (11 राष्ट्रीयकृत बैंक और एक भारतीय स्टेट बैंक) हो गई है।

2. निजी बैंक

- भारत में पिछले दिनों निजी बैंकों (Private Banks) की भूमिका में वृद्धि हुई है। इनमें 74% तक विदेशी निवेश की अनुमति है। इनमें ICICI, HDFC, AXIS Bank, Times Bank, पंजाब बैंक, कोटक महिन्द्रा तथा Yes Bank मुख्य हैं।
- भारतीय औद्योगिक साख एवं निवेश निगम लिमिटेड का नाम बदलकर सितम्बर, 1998 में ICICI कर दिया गया था। UTI बैंक का नाम बदलकर एक्सिस बैंक लिमिटेड (Axis Bank Limited) कर दिया गया है। बैंक का यह नाम 30 जुलाई, 2007 से प्रभावी किया गया है।
- भारतीय रिजर्व बैंक द्वारा निजी क्षेत्र में बैंकों की स्थापना के मार्ग-निर्देशन में कई दिशा-निर्देश जारी किए गए हैं। ये दिशा-निर्देश निम्न हैं
  - केवल भारतीय नागरिक द्वारा ही निजी क्षेत्र में बैंक खोला जा सकता है।
  - बैंक की न्यूनतम चुकता पूँजी ₹ 500 करोड़ होनी चाहिए।
  - स्थापना के दो वर्ष के अन्दर शेयर बाजार में सूचीबद्ध होने की अनिवार्यता।
  - शेयर बाजार एवं रियल एस्टेट क्षेत्र में कार्यरत् कम्पनियों द्वारा बैंक की स्थापना नहीं की जा सकती।
  - सार्वजनिक क्षेत्रों द्वारा निजी बैंक स्थापित नहीं किए जा सकते।

निजी बैंक के प्रकार

निजी बैंक के प्रकार निम्नलिखित हैं

- **पुराने निजी बैंक** वर्ष 1969 में जिन बैंकों का राष्ट्रीयकरण (Nationalised) नहीं हुआ, वे पुराने निजी बैंक कहलाते हैं।
- **नए निजी बैंक** वर्ष 1991 के आर्थिक सुधार के बाद जो बैंक अस्तित्व में आए हैं, नए निजी बैंक कहलाएँ हैं। वर्तमान में निजी बैंकों की संख्या 21 है।

बन्धन बैंक

बन्धन बैंक भारत की एक बैंकिंग एवं वित्तीय सेवा कम्पनी है, जिसका मुख्यालय कोलकाता में है। यह भारत का नया बैंक है। जून, 2015 में भारतीय रिजर्व बैंक ने माइक्रो संस्थान बन्धन को पूर्ण वाणिज्यिक बैंक आरम्भ करने की स्वीकृति दी थी। इसके बाद 23 अगस्त, 2015 को पश्चिम बंगाल में बन्धन फाइनेंशियल सर्विसेज ने 'बन्धन बैंक' नाम का पूर्ण बैंक शुरू कर दिया। बन्धन बैंक का बेस मूल्य ₹ 2,570 करोड़ है।

3. विदेशी बैंक

- विदेशी बैंक ऐसी संस्थाएँ है, जो अपने देश और अन्य देशों के ग्राहकों को विभिन्न सेवाएँ और उत्पाद प्रदान करती है। इन बैंकों की दुनियाभर में शाखाएँ होती हैं तथा ये बैंक उद्यमों, कम्पनियों और अन्य समूहों का समर्थन करते हैं।
- सिटी बैंक एचएसबीसी, स्टैण्डर्ड बैंक आदि उन बैंकों की शाखाएँ हैं, जिन्हें विदेशों में निर्गमित किया गया है। इनमें से अधिकांश मूलत: स्थानीय बैंकों के समान सेवाएँ प्रदान करते हैं, सिवाय इसके कि उत्पाद और ग्राहकों के सन्दर्भ में उनके सीमित शाखा नेटवर्क के कारण उनका फोकस भिन्न हो सकता है। वे नई प्रौद्योगिकी लाते हैं और अन्तर्राष्ट्रीय उत्पादों को घरेलू बाजार में परिचित कराने के साथ उनका समामेलन कराते हैं।
- वे स्थानीय बैंकिंग उद्योग के साथ वित्तीय केन्द्रों में विदेश में होने वाले विकास के साथ तालमेल बनाए रखते हैं।
- वे भारतीय निर्गमों की विदेशी पूँजी बाजार में पहुँच बनाने में भी सहायता करते हैं। भारत में कुल 45 विदेशी बैंक कार्यरत् हैं।

विदेशों में कार्यरत् भारतीय बैंक

- भारत के सार्वजनिक क्षेत्र तथा निजी क्षेत्र के बैंक, 52 से अधिक देशों में कार्य कर रहे हैं। विदेशों में सबसे अधिक शाखाएँ **बैंक ऑफ बड़ौदा** की हैं। उसके बाद **भारतीय स्टेट बैंक** का स्थान है।
- भारत में कार्यरत् विदेशी बैंकों में सर्वाधिक शाखाएँ क्रमश: स्टैण्डर्ड चार्टर्ड बैंक (ब्रिटेन) एवं HSBC (Hongkong and Shangai Banking Corporation) (हांगकांग) बैंक की हैं।

विदेशी विनिमय तथा विदेशी विनिमय दर

विदेशी विनिमय का अर्थ किसी देश की उपलब्ध विदेशी मुद्रा से है, जैसे भारत के पास विदेशी विनिमय का अर्थ भारतीय रिज़र्व बैंक के पास उपलब्ध विदेशी मुद्राओं के स्टॉक से है। अन्य शब्दों में विदेशी विनिमय से अभिप्राय एक दिए गए देश की घरेलू करेन्सी को छोड़कर दूसरी सभी करेन्सी से है।

उदाहरणस्वरूप, भारत की घरेलू करेन्सी भारतीय रुपया है और सभी दूसरी करेन्सी; जैसे–यूएस डॉलर, ब्रिटेन पौण्ड और कुवैती दीनार आदि विदेशी विनिमय हैं। विदेशी विनिमय दर से अभिप्राय उस दर से है, जिस दर पर किसी देश की घरेलू मुद्रा को किसी अन्य देश की मुद्रा से बदला जा सकता है।

उदाहरणार्थ 1$ का मूल्य 70 रुपये है अर्थात् 1$ प्राप्त करने के लिए 70 रुपये देने होंगे, तो डॉलर के लिए विदेशी विनिमय दर 1 $ = ₹70 इसे ₹70 = $1 लिखा जाता है।

सेयर्स के अनुसार, "चलन मुद्राओं की पारस्परिक कीमतों को विदेशी विनिमय दर कहते हैं।"

क्राउचर के अनुसार, "विनिमय दर उस सीमा की माप है, जिसके अनुसार किसी देश की मुद्रा की एक इकाई के बदले दूसरे देश की मुद्रा इकाइयाँ प्राप्त की जाती हैं।"

विदेशी विनिमय की माँग

विदेशी विनिमय की माँग (या बाह्य प्रवाह) का सम्बन्ध उन व्यक्तियों से है, जिनकी विदेशी करेन्सी में भुगतान के लिए इसकी आवश्यकता पड़ती है। इसकी माँग घरेलू निवासियों द्वारा निम्न कारणों से की जाती है

वस्तुओं एवं सेवाओं का आयात विदेशी विनिमय की माँग वस्तुओं एवं सेवाओं के आयात के पश्चात् भुगतान करने हेतु की जाती है।

विदेशों में सम्पत्ति की खरीद विदेशों में सम्पत्ति के रूप में जैसे–भूमि, शेयर बॉण्ड आदि क्रय करने के लिए, जो भुगतान किए जाते हैं, वह विदेशी विनिमय की माँग को दर्शाते हैं।

पर्यटन सेवाएँ विदेशी विनिमय की माँग पर्यटन सेवाओं की पूर्ति हेतु भी की जाती है।

एक पक्षीय हस्तान्तरण हेतु विदेशी विनिमय की माँग दूसरे देशों को एक पक्षीय हस्तान्तरण जैसे–उपहार भेजने आदि के लिए भी की जाती है।

सट्टेबाजी विदेशी विनिमय की माँग तब उत्पन्न होती है, जब लोग मुद्रा की मूल्यवृद्धि से लाभ (अर्थात् सट्टेबाजी के रूप में) उठाना चाहते हैं

विदेशी विनिमय दर का निर्धारण

विदेशी विनिमय दर का निर्धारण विदेशी विनिमय की माँग और विदेशी विनिमय की पूर्ति के आधार पर किया जाता है। विदेशी विनिमय की साम्य दर वह होती है, जिस पर विदेशी विनिमय की माँग उसकी पूर्ति के बराबर हो जाती है।

जैसा कि चित्र में दिखाया गया है कि विदेशी विनिमय की माँग और पूर्ति X अक्ष पर मापी गई है और विदेशी विनिमय की दर Y अक्ष पर मापी गई है। SS ऊपर की ओर ढलान वाला विदेशी विनिमय का पूर्ति वक्र है तथा DD नीचे की ओर ढलान वाला विदेशी विनिमय का माँग वक्र है।

विदेशी विनिमय की माँग (DD) एवं विदेशी विनिमय की पूर्ति (SS) वक्र एक-दूसरे को E बिन्दु पर काटते हैं, जो विदेशी विनिमय की साम्य दर को प्रदर्शित करता है। अत: सन्तुलन विनिमय दर OR पर निर्धारित होती है।

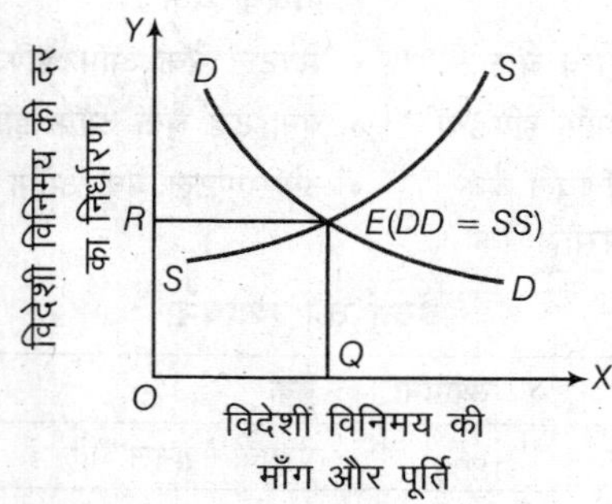

विदेशी विनिमय की माँग और पूर्ति

4. सहकारी बैंक

- भारत में **सहकारी बैंकों** (Cooperative Banks) का संगठन **त्रिस्तरीय** है। राज्य स्तर पर राज्य सहकारी बैंक, जिला स्तर पर जिला सहकारी बैंक अथवा केन्द्रीय सहकारी बैंक तथा स्थानीय स्तर पर प्राथमिक सहकारी समितियाँ कार्य करती हैं।
- सहकारी बैंकों की स्थापना राज्य सरकार द्वारा बनाए गए अधिनियम के द्वारा होती है। इनका मुख्य कार्य कृषि साख सृजन है। वाणिज्यिक बैंक के बाद कृषि साख उपलब्ध कराने के मामले में यह दूसरे स्थान पर है।

भारत में सहकारी बैंकों के दो स्तर निम्नलिखित हैं

(i) जिला सहकारी अथवा शहरी सहकारी बैंक

- इसका कार्यक्षेत्र एक जिले तक सीमित होता है। इसके खाताधारकों में प्राथमिक सहकारी समितियाँ तथा आम आदमी भी सम्मिलित होते हैं। सहकारी बैंकों में इसकी केन्द्रीय भूमिका होती है।
- ये इक्विटी शेयर एवं अधिमान शेयर जारी कर सकते हैं।
- इन्हें वर्ष 1966 में एक संशोधन के द्वारा **बैंककारी विनियमन अधिनियम, 1949** के कार्य-क्षेत्र में लाया गया था।

(ii) राज्य सहकारी बैंक

- इस बैंक को राज्य का शीर्ष सहकारी बैंक भी कहते हैं। यह जिला सहकारी बैंक को ऋण देता है तथा उसके कार्यों को नियन्त्रित करता है। नाबार्ड एवं राज्य सरकारों द्वारा इसे पूँजी प्रदान की जाती है।
- यह रिजर्व बैंक, जिला सहकारी बैंक तथा प्राथमिक सहकारी समितियों के मध्य एक कड़ी का कार्य करता है। **वैद्यनाथन समिति** के सुझावों के आधार पर सहकारी बैंकिंग क्षेत्र में अनेक महत्त्वपूर्ण सुधार किए गए हैं।

बैंकिंग अधिनियम (संशोधन), 2020

सहकारी बैंक के प्रशासन सुधार के लिए बैंकिंग अधिनियम (संशोधन), 2020 कानून लाया गया है, जिसके अन्तर्गत अब भारतीय रिज़र्व बैंक की शक्तियों का सहकारी बैंक के लिए विस्तार किया गया है। यह कानून बैंकिंग विनिमय अधिनियम, 1949 को संशोधित करता है।

अन्य बैंक

राष्ट्रीय कृषि एवं ग्रामीण विकास बैंक (नाबार्ड)

- नाबार्ड (NABARD) की स्थापना 12 जुलाई, 1982 को (छठी पंचवर्षीय योजना की अवधि) शिव रमन सिंह समिति की संस्तुतियों पर की गई।
- इसकी अधिकृत पूँजी ₹ 500 करोड़ तथा चुकता पूँजी ₹ 100 करोड़ है।
- इसकी स्थापना कृषि, लघु उद्योगों, कुटीर एवं ग्रामीण उद्योगों, हस्तशिल्पों एवं गाँवों में अन्य आर्थिक गतिविधियों के संवर्द्धन हेतु ऋण उपलब्ध कराने के लिए की गई थी।

नेशनल बैंक फॉर फाइनेंसिग इंफ्रास्ट्रक्चर एण्ड डेवलपमेण्ट

- नेशनल बैंक फॉर फाइनेंसिग इंफ्रास्ट्रक्चर एण्ड डेवलपमेण्ट (NaBFID) अधिनियम, 2021 के तहत भारत सरकार द्वारा इस वित्तीय संस्थान की स्थापना की गई।
- इसका उद्देश्य दीर्घकालिक गैर-आश्रय बुनियादी ढाँचे के वित्त पोषण को बढ़ावा देना है।

भुगतान बैंक (पेमेण्ट बैंक)

वर्ष 2014-15 के आम बजट में तत्कालीन वित्त मन्त्री अरुण जेटली ने एक विशिष्ट प्रकार के बैंक की बात की, जो क्षेत्रीय स्तर पर उपलब्ध होंगे और स्थानीय लोगों के निजी हितों का ध्यान रखते हुए बैंकिंग कार्य करेंगे। इनकी विशेषताएँ निम्न हैं

- खाताधारक ₹ 2 लाख तक की धनराशि जना कर सकता है।
- ए टी एम/डेबिट कार्ड जारी कर सकेंगे. लेकिन क्रेडिट कार्ड जारी नहीं कर सकेंगे।
- पैसों का लेन-देन किया जा सकेगा।
- ऋण नहीं दे सकेंगे।
- केवल नकदी व सरकारी प्रतिभूतियाँ ही जमा कर सकते हैं।
  - वर्ष 2013 में RBI ने भुगतान बैंक (पेमेण्ट बैंक) के लिए डिस्कशन पेपर जारी किया था। इसके बाद **नचिकेत मोर कमेटी** गठित की गई थी।
  - 20 अगस्त, 2015 को 11 कम्पनियों को पेमेण्ट बैंक के लाइसेंस जारी किए गए थे, जिनमें एयरटेल, वोडाफोन, अदित्य बिरला ग्रुप, चोला मण्डलम, टेक महिन्द्रा रिलायन्स तथा भारतीय डाक विभाग आदि शामिल हैं। जिन मोबाइल टेलीफोन कम्पनियों और सुपर-बाजार शृंखलाओं का स्वामित्व एवं नियन्त्रण भारतीय व्यक्तियों के पास है, वे भुगतान बैंकों के प्रवर्तक होने के योग्य हैं।
  - वर्तमान में भारत में **6 भुगतान बैंक** कार्यरत् हैं।
  - उषा थोराट समिति की सिफारिशों पर भुगतान बैंक को स्थापित किया गया। यह बैंक बैंकिंग विनियमन 1949 के तहत लाइलेंस प्राप्त करता है।

भारतीय डाक भुगतान बैंक

- इस बैंक को खोलने का उद्देश्य देश के ग्रामीण क्षेत्रों में बैंकिंग व्यवस्था में सुधार करना है।
- भारतीय डाक भुगतान बैंक पेटीएम और एयरटेल के बाद तीसरा भुगतान बैंक है, जिसे RBI से भुगतान बैंक का लाइसेंस प्राप्त हुआ है।
- इस बैंक की सितम्बर, 2017 तक देशभर में 650 शाखाएँ खोलने की योजना है।

लघु बैंक

- वित्तीय समावेशन को बढ़ावा देने के लिए भारतीय रिज़र्व बैंक ने अगस्त, 2015 में ही पेमेण्ट बैंकों के साथ 10 लघु बैंक इकाइयों को भी परिचालन लाइसेंस प्रदान किए थे।
- ये सैद्धान्तिक स्वीकृति के रूप में दिए गए हैं, जो 18 माह के लिए वैध होंगे, ताकि ये इकाइयाँ लघु ऋणों की स्थपना सम्बन्धी दिशा-निर्देशों का अनुपालन कर कार्य प्रारम्भ कर सकें।

बेसल मानक

यह बैंक पर्यवेक्षण पर **बेसल कमेटी** को सिफारिश है। इसमें बैंकों के पूँजीगत जोखिम, बाजार जोखिम तथा संचालन जोखिम को कम करने के सन्दर्भ में सिफारिशों का एक सेट तैयार किया गया है।

इसके तीन चरण हैं

बेसल-I

- यह मानक पहली बार **वर्ष 1988** में घोषित किया गया।
- इसके अन्तर्गत अन्तर्राष्ट्रीय स्तर पर कारोबार करने वाले वित्तीय संस्थानों को अपनी जोखिम भारांश सम्पदा के बराबर अथवा कुल पूँजी का न्यूनतम 8% टीयर-I व टीयर-II पूँजी अपने पास रखना अनिवार्य किया गया है।
- इसका उद्देश्य वित्तीय संस्थान में जमाकर्ताओं के धन को सुरक्षित रखना है।

बेसल-II

- पूँजी पर्याप्तता से सम्बन्धित बेसल-II (स्विट्जरलैण्ड के बेसल शहर के नाम पर) के मानकों का निर्धारण जून, 2004 में किया गया।

- इसके अनुसार, ऐसे भारतीय बैंकों, जो भारत के बाहर कार्य कर रहे हैं तथा विदेशी बैंक, जो भारत के अन्दर कार्यरत् हैं, उन्हें रिजर्व बैंक के अनुसार 31 मार्च, 2008 तक बेसल-II में सुझाए गए ऋण जोखिम के सम्बन्ध में मानक प्रत्यागम अपनाना आवश्यक होगा।
- बेसल-II मानदण्ड मुख्यत: तीन कारकों पर प्रभाव डालता है। ये निम्न हैं—पूँजी पर्याप्तता, पर्यवेक्षीय मूल्यांकन व बाजार अनुशासन।
- वर्तमान में भारतीय बैंकिंग प्रणाली बेसल-II मानदण्डों का पालन करती है।

बेसल-III

- अमेरिकी सब-प्राइम संकट व वैश्विक आर्थिक संकट के परिप्रेक्ष्य में वर्ष 2011 में बेसल-III का निर्धारण किया गया। 12 सितम्बर, 2010 को बेसल कमेटी ने दिसम्बर, 2009 में प्रस्तावित तथा जुलाई, 2010 में संशोधित बैंकिंग क्षेत्र के लिए उच्चतर पूँजी आवश्यकता तरलता नियमों तथा आकस्मिक व्यवस्थाओं को लागू करने की घोषणा की, जिसे बेसल-III के नाम से जाना जाता है।
- बेसल-III बैंकों के लिए पूँजी पर्याप्तता का मानक है। इसके अन्तर्गत बैंकों को अपनी मुख्य पूँजी के स्तर को 31 मार्च, 2019 तक जोखिम वाली सम्पत्तियों के 7% तक ले जाना है।
- वित्त मन्त्रालय ने वित्तीय वर्ष 2013-14 में बेसल-III मानकों को पूरा करने के लिए बैंकों को ₹ 20 हजार करोड़ प्रदान करने का फैसला लिया है।
- बेसल-III के अन्तर्गत बैंकों के कोर इक्विटी कैपिटल (Core Equity Capital, CEC) में वृद्धि करना आवश्यक है। इससे बैंकों का खतरा कम होगा और मन्दी के दौरान जरूरतों को पूरा करना आसान होगा।
- भारतीय रिजर्व बैंक ने बैंकों के लिए बेसल-III मानकों को पूरी तरह से लागू करने की डेडलाइन 1 अप्रैल, 2013 से 31 मार्च, 2019 कर दी गई थी, किन्तु यह अब 1 अप्रैल, 2024 से प्रभावी हो गया है।

बेसल तृतीय फ्रेमवर्क, 2015

- भारतीय रिजर्व बैंक ने 28 मई, 2015 को बैंकों के लिए तरलता मानक पर बेसल तृतीय फ्रेमवर्क के अन्तर्गत स्थिर अनुदान अनुपात (Net Stable Funding Ratio, NSFR) पर दिशा-निर्देश जारी कर दिए हैं। देश के सभी बैंक अपनी परिसम्पत्तियों और बैलेंस शीट से सम्बन्धित मामलों में वित्तीय स्थिति को स्थिर रख सकें, इसी उद्देश्य से भारतीय रिजर्व बैंक ने सभी बैंकों को मार्च, 2019 तक इस मापदण्ड में लाना प्रस्तावित किया है।
- बेसल समिति ने वित्त पोषण तरलता के लिए तरलता कवरेज अनुपात और नेट स्थिर अनुदान अनुपात दो अलग न्यूनतम मानक, लेकिन पूरक उद्देश्यों को प्राप्त करने के लिए निर्धारित किए। भारतीय रिजर्व बैंक ने जनवरी, 2015 से ही तरलता कवरेज अनुपात का कार्यान्वयन चरणबद्ध तरीके से शुरू कर दिया।

बैंकिंग क्षेत्र में सुधार

- भारत में बैंकिंग क्षेत्र में सुधार के लिए कई समितियाँ गठित की गई हैं। इनमें **नरसिंहम समिति-I** तथा **II, गोइपोरिया समिति, दामोदरन समिति** तथा **खण्डेलवाल समिति** मुख्य हैं।
- बैंकों में ग्राहक सेवा में सुधार हेतु वर्ष 1990 में RBI ने गोइपोरिया समिति गठित की थी। समिति ने अपनी रिपोर्ट दिसम्बर, 1997 में सौंपी।

नरसिंहम समिति-I

- वित्तीय प्रणाली की संरचना में सुधार पर सुझाव देने हेतु वर्ष 1991 में नरसिंहम समिति का गठन किया गया था।
- समिति की मुख्य सिफारिशों में बैंकिंग क्षेत्र में चार स्तरीय ढाँचे का विकास, बेसल समिति की अनुशंसा के अनुसार पूँजी पर्याप्तता अनुपात को प्राप्त करना, साख व लाइसेंसिंग प्रणाली को समाप्त करना, वैधानिक तरलता अनुपात में धीरे-धीरे कमी लाने का प्रयास करना आदि शामिल हैं।

नरसिंहम समिति-II

- बैंकिंग क्षेत्र में सुधार के सन्दर्भ में नरसिंहम की अध्यक्षता में गठित समिति ने अपनी रिपोर्ट 23 अप्रैल, 1998 को **वित्त मन्त्रालय** के समक्ष प्रस्तुत की।
- इस समिति ने कमजोर बैंकों की पुनस्थापना हेतु संकीर्ण बैंकिंग (Narrow Banking) की अवधारणा को अपनाने पर विशेष बल दिया।

दामोदरन समिति

बैंकों में ग्राहक सुविधाओं मे सुधार पर सुझाव देने हेतु गठित दामोदरन समिति ने अपनी रिपोर्ट वर्ष 2011 में जारी की।

दामोदरन समिति के सुझाव

दामोदरन समिति के मुख्य सुझाव निम्नलिखित हैं

- बचत खातों में चेकबुक व ATM कार्ड रखने के लिए न्यूनतम राशि की शर्त की समाप्ति। पासबुक सुविधा मुफ्त उपलब्ध कराना।
- न्यूनतम बैलेंस से कम बैलेंस रखने पर लगने वाले दण्डात्मक शुल्क को राशि के अनुसार तय करना। बचत खातों में जमा राशि के लिए उपलब्ध बीमा सुरक्षा को ₹ 1 लाख से बढ़ाकर ₹ 5 लाख करना।
- **सावधि जमा** (Fixed Deposit) को जमाकर्ता के लिखित अनुरोध पर ही नवीनीकृत करना।

खण्डेलवाल समिति

बैंकों में मानव संसाधन दक्षता में सुधार हेतु खण्डेलवाल समिति का गठन किया गया। इस समिति द्वारा दिए गए मुख्य सुझाव निम्नलिखित हैं

- बैंकों में मानव संसाधन प्रबन्धन
- उनकी नियुक्ति योजना, प्रशिक्षण, भविष्य योजना
- निष्पादन प्रबन्धन
- पुरस्कार प्रबन्धन
- उत्तराधिकार योजना एवं नेतृत्व विकास
- अभिप्रेरणा
- मानव संसाधन में व्यावसायिक दृष्टिकोण
- वेतन, सेवा-शर्तें तथा कल्याण आदि।

नचिकेत मोर समिति

- भारतीय रिजर्व बैंक (RBI) की **नचिकेत मोर** समिति ने 7 जनवरी, 2014 को अपनी सिफारिशें प्रस्तुत कीं।
- देश के प्रत्येक नागरिक को वित्तीय व्यवस्था से जोड़ने पर इस समिति का गठन 22 सितम्बर, 2013 को सुझाव देने के लिए किया गया था। इस समिति के अध्यक्ष नचिकेत मोर थे।

नचिकेत मोर समिति की सिफारिशें

नचिकेत मोर समिति की सिफारिशें निम्न हैं

- 1 जनवरी, 2016 तक प्रत्येक वयस्क का बैंक एकाउण्ट हो।
- किसी भी क्षेत्र से केवल 15 मिनट की पैदल दूरी पर बैंक शाखा स्थित हो।
- उपभोक्ता मूल्य आधारित महँगाई दर से जमा पर ज्यादा ब्याज मिले।
- प्रत्येक गरीब को उसकी सुविधा से कर्ज देने की व्यवस्था हो। गरीब परिवार को काफी कम प्रीमियम पर सभी प्रकार का बीमा मुहैया हो।
- आधार नम्बर के साथ ही बैंक खाता नम्बर देने की व्यवस्था हो।
- **NBFC** को बैंकों के एजेण्ट के रूप में काम करने की अनुमति मिले।
- गरीबों व छोटे उद्यमियों को कर्ज के लिए नए पेमेण्ट बैंक खोले जाएँ।
- सस्ती सेवा देने के लिए बैंकों को नए सिरे से तैयार किया जाए।
- बैंकों की सेवा देने वाले एम एफ आई, एन जी ओ की निगरानी के लिए राज्य एक आयोग गठित करे।

जालान समिति

इस पैनल की नियुक्ति सितम्बर, 2013 में RBI द्वारा नए बैंक परमिट हेतु आए आवेदनों की समीक्षा के लिए की गई थी। इस पैनल में अध्यक्ष विमल जालान के अतिरिक्त RBI की पूर्व डिप्टी गवर्नर उषा थोराट, पूर्व सेबी अध्यक्ष सी बी भावे तथा RBI के सेण्ट्रल बोर्ड ऑफ डायरेक्टर्स के डायरेक्टर नचिकेत मोर शामिल थे। इस पैनल ने 25 फरवरी, 2014 को अपनी रिपोर्ट सौंपी।

उषा थोराट समिति

- भारतीय रिजर्व बैंक की उप-गवर्नर उषा थोराट की अध्यक्षता वाली समिति ने वर्ष 2011 तक देश के सभी गाँवों को वित्तीय सेवाएँ उपलब्ध कराने का लक्ष्य तय किया है।
- इसके लिए समिति ने एक डिस्ट्रिक्ट कन्सलटेटिव उप-समिति बनाने की सिफारिश की है। वित्तीय सेवाओं में जमा, ऋण अदायगी और अन्य बैंकिंग सुविधाओं को शामिल किया जाता है।

एम वी नायर समिति

रिजर्व बैंक ऑफ इण्डिया ने श्री एम वी नायर की अध्यक्षता में प्राथमिकता प्राप्त क्षेत्र में विद्यमान वर्गीकरण की समीक्षा तथा प्राथमिकता प्राप्त क्षेत्र में उधार से सम्बन्धित मुद्दों के सम्बन्ध में संशोधित दिशा-निर्देश प्रस्तावित करने के लिए इस समिति का गठन किया।

दीपक मोहन्ती समिति

- 15 जुलाई, 2015 को वित्तीय समावेशन की मध्यावधि (पाँच वर्ष) कार्ययोजना तैयार करने हेतु गठित कमेटी की अध्यक्षता भारतीय रिजर्व बैंक के कार्यकारी निदेशक दीपक मोहन्ती ने की।
- यह मध्यावधि पथ सम्बन्धी समिति देश में वित्तीय सेवाओं के प्रसार के लिए कार्य करने हेतु गठित की गई है। इस समिति के अध्यक्ष दीपक मोहन्ती थे, जो भारतीय रिजर्व बैंक (RBI) के कार्यालय निदेशक रहे हैं।

वित्तीय समावेशन

- वित्तीय समावेशन (Financial Inclusion) पर सुझाव देने हेतु वर्ष 2008 में गठित **डॉ. सी रंगराजन समिति** के अनुसार, कम आय व कमजोर वर्गों के लिए ऋण व वित्तीय सेवाओं तक समय तथा सुगमतापूर्वक पहुँच ही वित्तीय समावेशन है।
- वर्ष 2005-06 में भारतीय रिजर्व बैंक के वार्षिक योजना वक्तव्य में पहली बार वित्तीय समावेशन की विस्तृत चर्चा की गई।
- वित्तीय समावेशन पर सुझाव देने हेतु गठित सी रंगराजन समिति ने अपनी रिपोर्ट में निम्नलिखित बातों पर बल दिया है
- समिति के अनुसार, माइक्रो फाइनेंस कम्पनी के स्थान पर माइक्रो फाइनेंसिंग नॉन-बैंकिंग फाइनेंशियल कम्पनीज (MF-NBFCS) का गठन किया जाना चाहिए। इसकी कुल सम्पत्ति में 80% भाग माइक्रो क्रेडिट के रूप में होना चाहिए। इसकी देखभाल RBI के स्थान पर NABARD को करनी चाहिए।
- वित्तीय समावेशन को शीघ्रता से प्राप्त करने के लिए RBI केन्द्र व राज्य सरकारों के बीच समन्वय।
- वाणिज्यिक व क्षेत्रीय बैंक की प्रत्येक शाखा के प्रतिवर्ष 250 परिवारों को बैंकिंग दायरे में लाने का लक्ष्य।

प्रधानमन्त्री जन धन योजना

- 28 अगस्त, 2014 को प्रधानमन्त्री जन धन योजना (Pradhan Mantri Jan Dhan Yojana, PMJDY) को वित्तीय समावेशन के लिए एक राष्ट्रीय मिशन के रूप में शुरू किया गया।
- इस योजना का स्लोगन है-**मेरा खाता-भाग्य विधाता**। इस मिशन का उद्देश्य वहन करने योग्य तरीके से बैंकिंग/बचत और जना खाते, भेजी हुई रकम, कर्ज, बीमा, पेंशन जैसी वित्तीय सेवाओं तक पहुँच सुनिश्चित करना है।
- इस योजना का उद्देश्य प्रत्येक परिवार के लिए कम-से-कम एक बैंक खाता सुनिश्चित करना है। यह कार्यक्रम वित्त मन्त्रालय द्वारा क्रियान्वित किया जा रहा है।

वित्तीय संस्थाएँ

- सामान्यत: वित्त का तात्पर्य उस रुपये से होता है, जो किसी भी प्रकार के उत्पादन हेतु दिन-प्रतिदिन के व्यय को पूरा करने का कार्य करता है।
- अर्थव्यवस्था में वित्त की आवश्यकता को पूरा करने वाली संस्थाएँ वित्तीय संस्थाएँ (Financial Institutions) कही जाती हैं।
- वित्तीय संस्थाएँ, भारतीय वित्तीय व्यवस्था का महत्त्वपूर्ण अंग हैं। विशेषीकृत वित्तीय संस्थाओं के अन्तर्गत IDBI, SIDBI, NHB, ICICI, LIC आदि संस्थाएँ आती हैं।

भारत की प्रमुख वित्तीय संस्थाएँ एवं उनका स्थापना वर्ष

संस्थाएँ	स्थापना वर्ष
भारतीय औद्योगिक वित्त निगम (IFCI)	1 जुलाई, 1948
भारतीय औद्योगिक ऋण व निवेश निगम (ICICI)	जनवरी, 1955
भारतीय स्टेट बैंक (SBI)	1 जुलाई, 1955
भारतीय जीवन बीमा निगम (LIC)	1 सितम्बर, 1956
भारतीय यूनिट ट्रस्ट (UTI)	1 फरवरी, 1964
भारतीय औद्योगिक विकास बैंक (IDBI)	जुलाई, 1964
भारतीय साधारण बीमा निगम (GIC)	नवम्बर, 1972
क्षेत्रीय ग्रामीण बैंक (RRB)	2 अक्टूबर, 1975
जोखिम पूँजी एवं टेक्नोलॉजी निगम (RCTFC)	मार्च, 1975

विशिष्ट क्षेत्रों हेतु विशिष्ट वित्तीय संस्थाएँ

भारतीय औद्योगिक ऋण व निवेश निगम

- इसकी स्थापना वर्ष 1955 में की थी। भारतीय औद्योगिक ऋण व निवेश निगम (Industrial Credit and Investment Corporation of India, ICICI) का उद्देश्य निजी क्षेत्र के लघु व मध्यम उद्योगों के विकास में सहायता करना है।
- यह वर्तमान उद्योगों के विस्तार व आधुनिकीकरण में सहायता करता है तथा प्रबन्धीय व तकनीकी सहायता सम्बन्धी सलाह देता है।
- इसके प्रमुख कार्य हैं— निजी स्रोतों से लिए एक ऋण की गारण्टी देना, शेयर पूँजी में पैसा लगाना तथा शेयर व ऋण-पत्रों के निर्गमों में सहमति देना है।
- यह विदेशी मुद्रा के रूप में भी ऋणों को मंजूर कर सकता है।

भारतीय यूनिट ट्रस्ट

- इसकी स्थापना भारत सरकार द्वारा वर्ष 1964 में की गई। यह देश की अग्रणी 'म्यूचुअल फण्ड' संस्था है। इसका नियन्त्रण यूनिट ट्रस्ट ऑफ इण्डिया एक्ट 1963 द्वारा किया जा रहा है। वर्ष 1976 से यह एक स्वायत्त संस्था है।
- भारतीय यूनिट ट्रस्ट (UTI) का उद्देश्य निम्न तथा मध्यम आय वर्ग के समूहों में बचत तथा निवेश की प्रवृत्ति का विकास करना है।
- औद्योगीकरण को प्रोत्साहन देते हुए निवेश की प्रक्रिया को सुगम बनाने के लिए यूटीआई ने वर्ष 1999 में **ग्रोथ सेक्टर फण्ड** की स्थापना की।
- यह बड़ी और मझोली औद्योगिक इकाइयों को वित्तीय सहायता प्रदान करता है।
- सिडबी की स्थापना के पश्चात् लघु उद्योगों को वित्तीय सहायता से अलग कर दिया गया है। वर्ष 2007 से इसका नाम एक्सिस बैंक लिमिटेड हो गया है। यह निजी क्षेत्र का वाणिज्यिक बैंक है।

भारतीय औद्योगिक विकास बैंक लिमिटेड

- भारतीय औद्योगिक विकास बैंक (Industrial Development Bank of India, IDBI) की स्थापना जुलाई, 1964 में की गई।
- वर्ष 1976 से इसका स्वामित्व भारत सरकार के हाथ में है। इसका कार्य औद्योगिक उद्यमों को वित्तीय सहायता प्रदान करना तथा उद्योगों के विकास में लगी संस्थाओं को बढ़ावा देना है।
- 11 अक्टूबर, 2004 में RBI ने एक अधिसूचना जारी करके इसे अनुसूचित बैंक का दर्जा दिया।

भारतीय लघु उद्योग विकास बैंक

- इसकी स्थापना वर्ष 1990 में की गई थी। लघु उद्योगों के विकास, वित्त एवं संवर्द्धन के लिए स्मॉल इण्डस्ट्रीज डेवलपमेण्ट बैंक ऑफ इण्डिया (SIDBI) की स्थापना एक प्रमुख वित्तीय संस्थान के रूप में की गई थी।
- इसका उद्देश्य व कार्य देश में अति लघु, लघु और माध्यम उद्यमों को सीधे सहायता देने के अतिरिक्त, राज्य वित्त निगमों, वाणिज्यिक बैंकों, राज्य औद्योगिक विकास निगमों आदि के माध्यम से वित्त उपलब्ध कराना है।
- यह पूर्णत: IDBI की सहभागी संस्था है। इसका मुख्यालय लखनऊ में है तथा देशभर में इसके 5 क्षेत्रीय कार्यालय हैं। यह भारतीय मुद्रा के साथ-साथ विदेशी मुद्रा में भी ऋण उपलब्ध कराता है।

राष्ट्रीय आवास बैंक

इसकी स्थापना जुलाई, 1988 में की गई। यह भारतीय रिजर्व बैंक की एक सहायक संस्था है। यह आवासीय वित्त उपलब्ध कराने वाली देश की शीर्ष संस्था है। **राष्ट्रीय आवास बैंक** (National Housing Bank, NHB) का मुख्यालय नई दिल्ली में है।

भारतीय आयात-निर्यात बैंक

इस बैंक की स्थापना 1 जनवरी, 1982 में की गई। इसका मुख्य उद्देश्य विदेश व्यापार का वित्त पोषण तथा उसे सुविधा प्रदान करने और उसका संवर्द्धन करना है। इसके अतिरिक्त यह आयात-निर्यात से जुड़े अन्य वित्तीय संस्थानों के बीच समन्वय का भी कार्य करता है। आयात-निर्यात बैंक (EXIM Bank) का मुख्यालय मुम्बई में है। इसके अतिरिक्त वाशिंगटन डीसी (अमेरिका), सिंगापुर, यांगून (म्यांमार), आदिस अबाबा (इथोपिया), जोहान्सबर्ग (दक्षिणी अफ्रीका), आबिदजान (आइवरी कोस्ट) तथा बुडापेस्ट (हंगरी) में भी इस बैंक के कार्यालय हैं।

गैर-बैंकिंग वित्तीय संस्थाएँ

वे संस्थाएँ जो अलग-अलग उद्देश्य से संगृहीत बचतों को वित्तीय बाजार में निवेश करवाती हैं, गैर-बैंकिंग संस्थाएँ कहलाती हैं। ये संस्थाएँ जनता से अपने किसी उद्देश्य के लिए बचतों को संगृहीत करती हैं और उनका निवेश वित्तीय बाजारों में करती हैं; जैसे—भारतीय जीवन बीमा निगम, यूनिट ट्रस्ट ऑफ इण्डिया आदि। इसके अतिरिक्त राज्य व केन्द्र सरकार द्वारा प्रतिभूतियाँ जारी की जाती हैं। इनका भी वित्तीय बाजार में क्रय-विक्रय होता है। अत: ये प्रतिभूतियाँ भी गैर-बैंकिंग मध्यस्थ की श्रेणी में आती हैं।

बचतकर्ताओं से कोष एकत्रित करने के लिए ये मध्यस्थ संस्थाएँ ऐसी अप्रत्यक्ष प्रतिभूतियाँ जारी करती एवं बेचती हैं; जैसे—सावधि जमा, सामान्य कोष स्टॉक, बचत एवं ऋण के हिस्से और बीमा पॉलिसी आदि अर्थात् गैर-बैंकिंग वित्तीय मध्यस्थ संस्थाएँ (NBFII) ऐसी होती हैं, जो एक और वित्तीय सम्पत्तियाँ खरीदती हैं, तो दूसरी और सम्पत्तियाँ बेचती हैं; जैसे—बचत एवं ऋण पार्षद या जीवन बीमा निगम, पारस्परिक बचत बैंक, पेंशन कोष, आदि।

अन्य शब्दों में, गैर-बैंकिंग वित्तीय संस्थान वे वित्तीय संस्थान हैं, जो बैंक की कानूनी परिभाषा को पूरा किए बिना वित्तीय सेवाएँ प्रदान करते हैं अर्थात् ये संस्थान बैंकिंग लाइसेन्स नहीं रखते हैं। गैर-बैंकिंग वित्तीय कम्पनियों को कम्पनी अधिनियम, 1956 के अन्तर्गत सम्मिलित किया गया है। इसमें निम्न संस्थाएँ सम्मिलित हैं

एक वित्तीय संस्था, जो एक कम्पनी है।

एक गैर-बैंकिंग संस्था, जो एक कम्पनी है और जिसका प्रमुख व्यवसाय किसी भी योजना या व्यवस्था के अन्तर्गत या किसी अन्य तरीके से ऋण देना हो। ऐसी अन्य गैर-बैंकिंग संस्था या ऐसे संस्थानों का वर्ग, जो केन्द्र सरकार के पूर्व अनुमोदन के साथ निर्दिष्ट हो सकता है।

गैर-बैंकिंग वित्तीय संस्थाओं के प्रकार

उपकरण लीजिंग कम्पनी उपकरण लीजिंग कम्पनी वह कम्पनी है, जिसका मुख्य व्यवसाय उपकरण पट्टे पर देना या ऐसी गतिविधि का वित्त-पोषण करना है।

किराया खरीद कम्पनी किराया खरीद कम्पनियाँ वे कम्पनियाँ हैं, जिनके प्रमुख व्यवसाय में किराया खरीद या ऐसे लेन-देन का वित्त-पोषण होता है। किरायेदार द्वारा किस्तों का भुगतान करने की शर्त के साथ किराया

खरीद कम्पनी द्वारा वस्तु भाड़े पर दी जाती है और किरायेदार द्वारा सभी किस्तों का भुगतान करने के बाद उन्हें खरीदने का विकल्प होता है।

हाउसिंग फाइनेन्स कम्पनी हाउसिंग फाइनेन्स कम्पनी एक ऐसी कम्पनी है, जो घरों के निर्माण या अधिग्रहण, भूमि के अधिग्रहण और भूमि के विकास के लिए वित्त प्रदान करती है।

निवेश कम्पनी निवेश कम्पनी सुरक्षा जारीकर्ताओं से प्रतिभूतियों का अधिग्रहण करती है और इसे बाद में सार्वजनिक निवेशकों को पुनर्विक्रय करती है।

ऋण कम्पनी ऋण कम्पनी एक ऐसी कम्पनी है, जो स्वयं के अतिरिक्त किसी भी गतिविधि के लिए ऋण या अग्रिम के द्वारा वित्त प्रदान करती है। इन गतिविधियों में पट्टे और किराया खरीद शामिल नहीं हैं।

परस्पर लाभ वित्तीय कम्पनी परस्पर लाभ वित्तीय कम्पनियाँ सामान्यत: 'निधि' होती हैं, जिन्हें कम्पनी अधिनियम, 1956 की धारा 620A के अन्तर्गत केन्द्र सरकार द्वारा अधिसूचित किया जाता है। ये कम्पनियाँ अपने सदस्यों को वित्त प्रदान करती हैं और उनसे जमा स्वीकार करती हैं।

गैर-बैंकिंग वित्तीय संस्थाओं की भूमिका

इन संस्थाओं द्वारा किए गए विभिन्न कार्यों से गैर-बैंकिंग वित्तीय संस्थानों की भूमिका और महत्त्व स्पष्ट है। गैर-बैंकिंग वित्तीय संस्थानों की प्रमुख भूमिका या कार्य निम्नलिखित हैं

वित्तीय मध्यस्थता गैर-बैंकिंग वित्तीय संस्थानों का सबसे महत्त्वपूर्ण कार्य कोषों को बचतकर्ताओं से निवेशकों की ओर गतिशील करना है। ऐसी वित्तीय मध्यस्थता छोटे व्यवसायों और छोटे बचतकर्ताओं के लिए आर्थिक रूप से लाभदायक होती है।

पैमाने की मितव्ययिताएँ पोर्टफोलियो में सम्पत्ति का बड़ा आकार गैर-बैंकिंग वित्तीय संस्थानों को पोर्टफोलियो प्रबन्धन में पैमाने की मितव्ययिताओं का लाभ लेने में सक्षम बनाता है।

कुछ मुख्य मितव्ययिताएँ निम्नलिखित हैं

(i) पोर्टफोलियो विविधीकरण के माध्यम से जोखिम में कमी
(ii) धन प्रबन्धन करने के लिए पेशेवर प्रबन्धकों के रोजगार
(iii) बड़े कर्ज के वितरण की कम प्रशासनिक लागत
(iv) स्थापना, सूचना और लेन-देन की कम लागत।

बचत को प्रोत्साहन देश में बचत को बढ़ावा देने में गैर-बैंकिंग वित्तीय संस्थान महत्त्वपूर्ण भूमिका निभाते हैं। इन संस्थानों में बचतकर्ता के लिए मूल्य के भण्डार के रूप में वित्तीय परिसम्पत्तियों की एक विस्तृत श्रृंखला उपलब्ध है, जहाँ वे अपने धन का संग्रह कर सकते हैं। बचत-आय अनुपात का देश में वित्तीय संस्थानों और वित्तीय परिसम्पत्तियों दोनों से सकारात्मक सम्बन्ध है और इस तरह गैर-बैंकिंग वित्तीय संस्थान की वृद्धि वास्तविक आय से आनुपातिक बचत में वृद्धि करती है।

बचत का संचालन बचत का संचालन तब होता है, जब बचतकर्ता बैंक जमा, पोस्ट ऑफिस बचत जमा, जीवन बीमा पॉलिसियाँ, बिल, बॉण्ड एवं समता अंश आदि के रूप में बचत करते हैं। गैर-बैंकिंग वित्तीय संस्थान बचत के लिए एक कुशल तन्त्र प्रदान करते हैं। *बचत संचालन में निम्न दो प्रकार के गैर-बैंकिंग वित्तीय संस्थान सम्मिलित होते हैं*

(i) **संग्रहकर्ता मध्यस्थ** बचत और लोन संघ, साख संघ, म्यूचुअल फण्ड इत्यादि संस्थाएँ छोटी बचत को उत्पादक निवेश के लिए एकत्रित करती हैं तथा धन को उच्च तरलता प्रदान करती हैं।

(ii) **संविदात्मक मध्यस्थ** जीवन बीमा कम्पनियाँ, सार्वजनिक भविष्य निधि, पेंशन फण्ड आदि संस्थान बचतकर्ताओं के साथ अनुबन्ध करके लम्बी अवधि में उन्हें विभिन्न प्रकार के लाभ प्रदान करती हैं।

निधि का निवेश गैर-बैंकिंग वित्तीय संस्थानों का मुख्य उद्देश्य एकत्रित की गई बचत को निवेश करके लाभ अर्जित करना है। विभिन्न प्रकार के गैर-बैंकिंग वित्तीय संस्थान विभिन्न निवेश नीतियों का पालन करते हैं।

पूँजी बाजार में स्थिरता गैर-बैंकिंग वित्तीय संस्थानों द्वारा विभिन्न वित्तीय साधन उपलब्ध कराए जाते हैं। विभिन्न संस्थाओं की साख आवश्यकताओं को पूरा किया जाता है। परिणामस्वरूप, माँग और आपूर्ति के मध्य मेल और पूँजी बाजार में स्थिरता बनाए रखी जाती है।

विशिष्ट सेवाएँ प्रदान करना गैर-बैंकिंग वित्तीय संस्थान विशिष्ट क्षेत्रों में काम करते हैं और लोगों को विशेष सेवाएँ प्रदान करते हैं।

उदाहरण जीवन बीमा में एल आई सी., सामान्य बीमा में जी आई सी., स्टॉक मार्केट में निवेश के लिए यू टी आई, म्यूचुअल फण्ड, एच डी एफ सी घरेलू वित्त इत्यादि।

आर्थिक विकास की दर में तेजी लाना वित्तीय सुधारों के आधार पर एन बी एफ आई पूरे देश में कुशलता से काम करते हैं। ये बचत को बढ़ाने और पूँजी निर्माण की दर में वृद्धि करने में सहायता करते हैं, जोकि किसी देश के आर्थिक विकास का आधार है।

तरलता प्रदान करना गैर-बैंकिंग वित्तीय संस्थान विभिन्न प्रकार के निवेश के अवसर और बचत के विकल्प प्रदान करते हैं, जो अर्थव्यवस्था में विभिन्न प्रकार के बचतकर्ताओं और निवेशकों की तरलता आवश्यकताओं को पूरा करते हैं।

बैंकिंग एवं गैर-बैंकिंग संस्थाओं में अन्तर

बैंकिंग संस्थाएँ	गैर-बैंकिंग संस्थाएँ
बैंकिंग संस्थाओं से तात्पर्य उन वित्तीय संस्थाओं से है, जो जनता, व्यावसायिक फर्मों या संयुक्त पूँजी वाली कम्पनियों से जमा धन प्राप्त करती हैं।	गैर-बैंकिंग संस्थाओं का अभिप्राय उन संस्थाओं से है, जो मध्यस्थों के रूप में कार्य करके धन को एकत्रित करती हैं और प्राप्त धन के दीर्घकालीन ऋण एवं निवेश से आय अर्जित करती हैं।
इन संस्थाओं को अधिनियम के अन्तर्गत नकद कोषानुपात (CRR) एवं वैधानिक तरल कोषानुपात (SLR) बनाए रखना अनिवार्य है।	गैर-बैंकिंग संस्थाओं को वैधानिक कोष रखने की आवश्यकता नहीं होती।
ये संस्थाएँ व्युत्पन्न जमाओं के आधार पर साख निर्माण का कार्य करती हैं।	जबकि ये संस्थाएँ साख निर्माण का कार्य नहीं करती।
इन संस्थाओं की स्थापना एवं संचालन बैंकिंग अधिनियम, 1949 के अन्तर्गत किया जाता है।	जबकि इन संस्थाओं का नियमन एवं नियन्त्रण अलग-अलग वित्तीय अधिनियमों के अन्तर्गत होता है।
ये संस्थाएँ विभिन्न उद्देश्यों एवं अवधि के आधार पर अल्प-मध्यम प्रकार के ऋण प्रदान करती हैं।	जबकि ये संस्थाएँ विभिन्न उद्देश्यों के लिए दीर्घकालीन ऋण प्रदान करती हैं।

वित्त सम्बन्धित योजनाएँ

वित्त सम्बन्धित योजनाएँ निम्नलिखित हैं

स्वर्ण योजना

प्रधानमन्त्री नरेन्द्र मोदी ने लगभग 20,000 टन अनुपयोगी सोने को अर्थव्यवस्था को गति देने के लिए और इसके आयात में कमी लाने के उद्देश्य से तीन योजनाएँ शुरू की हैं। ये योजनाएँ निम्न हैं

सार्वभौमिक स्वर्ण बॉण्ड योजना

- भारत सरकार ने सम्प्रभु/सार्वभौमिक स्वर्ण बॉण्ड योजना (Sovereign Gold Bond Scheme) को 9 सितम्बर, 2015 को मंजूरी दी।
- स्वर्ण बॉण्ड नकदी भुगतान पर जारी किया जाएगा। बॉण्ड की अधिकतम सीमा एक समुचित स्तर पर रखी जाएगी, जो प्रतिव्यक्ति, प्रतिवर्ष 500 ग्राम से अधिक नहीं होगी। बॉण्ड डीमेट या कागज के रूप में होंगे।
- बॉण्ड सोने के 5, 10, 50, 100 ग्राम के आधार पर या अन्य आधारों पर होंगे। बॉण्डो की न्यूनतम अवधि 5 से 8 वर्षों की होगी। भारत सरकार की ओर से ये बॉण्ड भारतीय रिज़र्व बैंक जारी करता है। यह योजना केवल भारत में रहने वाले नागरिकों के लिए है।

स्वर्ण मौद्रीकरण योजना

- भारतीय रिजर्व बैंक ने स्वर्ण मौद्रीकरण योजना (Gold Monetization Scheme) लागू करने के लिए 22 अक्टूबर, 2015 को निर्देश जारी किया था। RBI के निर्देश के तहत इस योजना के अन्तर्गत डिपॉजिट की कोई अधिकतम सीमा नहीं होगी।
- इसके साथ ही इस योजना के तहत कम-से-कम 30 ग्राम खरा सोना जमा कराना जरूरी होगा।
- RBI के अनुसार, यह योजना मौजूदा स्वर्ण जमा योजना, 1999 का स्थान लेगी। इसके साथ ही अब शुद्धता की जाँच के बाद ही गोल्ड डिपॉजिट किया जा सकेगा।
- स्वर्ण मौद्रीकरण योजना के अन्तर्गत के वाई सी कराना जरूरी होगा। छोटी अवधि की जमा को ग्राहक के पास वापस लेने का विकल्प रहेगा।
- इस योजना का उद्देश्य भारतीय गृहस्थों के पास निष्क्रिय पड़े स्वर्ण को अर्थव्यवस्था में लाना तथा स्वर्ण आयात पर भारत की निर्भरता में कमी लाना है। यही उद्देश्य सार्वभौमिक/सम्प्रभु स्वर्ण बॉण्ड योजना का भी है।

- इसके साथ ही इस योजना के तहत कम-से-कम 30 ग्राम खरा सोना जमा कराना जरूरी होगा।
- RBI के अनुसार, यह योजना मौजूदा स्वर्ण जमा योजना, 1999 का स्थान लेगी। इसके साथ ही अब शुद्धता की जाँच के बाद ही गोल्ड डिपॉजिट किया जा सकेगा।
- स्वर्ण मौद्रीकरण योजना के अन्तर्गत के वाई सी कराना जरूरी होगा। छोटी अवधि की जमा को ग्राहक के पास वापस लेने का विकल्प रहेगा।
- इस योजना का उद्देश्य भारतीय गृहस्थों के पास निष्क्रिय पड़े स्वर्ण को अर्थव्यवस्था में लाना तथा स्वर्ण आयात पर भारत की निर्भरता में कमी लाना है। यही उद्देश्य सार्वभौमिक/सम्प्रभु स्वर्ण बॉण्ड योजना का भी है।

संशोधित स्वर्ण जमा योजना

- इस योजना में छोटी अवधि में 1-3 वर्ष के लिए गोल्ड डिपॉजिट किया जाएगा, वहीं मध्यम अवधि में 5-7 वर्ष के लिए गोल्ड डिपॉजिट किया जाएगा।
- इसके अतिरिक्त लम्बी अवधि में 12-15 वर्ष के लिए गोल्ड डिपॉजिट किया जाएगा।
- इस योजना में तय अवधि से पहले सोना निकालने पर पेनल्टी लगेगी। RBI के अनुसार, छोटी अवधि के डिपॉजिट से **नकद आरक्षित अनुपात** (CRR), **वैधानिक तरलता अनुपात** (SLR) को बढ़ावा मिलेगा।

गोल्ड क्वाइन योजना

- इस योजना को 9 सितम्बर, 2015 को सरकार ने मंजूरी दी। यह स्वर्ण मौद्रीकरण योजना का ही एक भाग है। प्रारम्भिक रूप में इसमें सिक्के 5 और 10 ग्राम में उपलब्ध होंगे तथा 20 ग्राम का नुलियन भी उपलब्ध होगा।
- इसके एक ओर राष्ट्रीय प्रतीक अशोक चक्र होगा ओर दूसरी और महात्मा गाँधी का चित्र अंकित होगा। इन सिक्कों का वितरण भारतीय धातु एवं खनिज व्यापार निगम लिमिटेड के अधिकृत और मान्यता प्राप्त आउटलेट्स के माध्यम से किया जाएगा।

पहल योजना

- 'पहल योजना' की शुरुआत 1 जून, 2013 को की गई। यह योजना LPG के खरीद पर मिलने वाली राज सहायता प्राप्त करने का एक विकल्प है।
- 1 जनवरी, 2015 से संशोधित योजना के अन्तर्गत LPG उपभोक्ता अब दो पद्धतियों द्वारा अपने बैंक खाते में राजसहायता प्राप्त कर सकते हैं।
- उपभोक्ता को योजना में शामिल होने पर नकद अन्तरण अनुपालक कहा जाएगा और उसे बैंक खाते में राजसहायता प्राप्त होगी। इस योजना के दो विकल्प निम्नलिखित हैं
  - **विकल्प**-I (प्राथमिक) जिस LPG उपभोक्ता के पास आधार संख्या है, उसे बैंक खाता संख्या के साथ तथा LPG उपभोक्ता संख्या के साथ जोड़ना होगा।
  - **विकल्प**-II (द्वितीयक) यदि LPG उपभोक्ता के पास आधार संख्या नहीं है, तो वह आधार संख्या के प्रयोग के बिना अपने बैंक खाते में राजसहायता सीधे प्राप्त कर सकता है।

अन्तर्राष्ट्रीय वित्तीय संगठन से तात्पर्य

- वैश्विक स्तर पर पूँजी एवं तकनीकों के आदान-प्रदान द्वारा आर्थिक विकास को बढ़ावा देने में विश्व बैंक, अन्तर्राष्ट्रीय मुद्रा कोष, एशियाई विकास बैंक तथा विश्व व्यापार संगठन जैसी संस्थाओं का विशेष योगदान रहा है।
- इन बड़े अन्तर्राष्ट्रीय संगठनों के अतिरिक्त क्षेत्रीय स्तर पर आसियान, सार्क, शंघाई सहयोग संगठन जैसे संगठन भी विशेष महत्त्वपूर्ण हैं।
- क्षेत्रीय संगठनों द्वारा आपसी व्यापार बढ़ाने के लिए कई **मुक्त व्यापार समझौते** (Free Trade Organisation, FTO) भी किए गए हैं। आर्थिक दृष्टिकोण से ये सभी संगठन काफी महत्त्वपूर्ण हैं।

ब्रेटन वुड्स समझौता

- विश्व बैंक (WB) या अन्तर्राष्ट्रीय पुनर्निर्माण एवं विकास बैंक (IBRD) और अन्तर्राष्ट्रीय मुद्रा कोष (IMF) की स्थापना वर्ष 1944 के **ब्रेटन वुड्स समझौते** के परिणामस्वरूप हुई थी, इसलिए इन दोनों संस्थानों को ब्रिटेन वुड्स संस्थान भी कहा जाता है।
- इन संस्थानों की स्थापना का उद्देश्य दूसरे विश्व युद्ध और विश्वव्यापी आर्थिक मन्दी से जूझ रहे देशों की मदद करना था।
- ब्रेटन वुड्स सम्मेलन में 44 देशों के प्रतिनिधियों ने 1 से 22 जुलाई, 1944 को भाग लिया। **विश्व बैंक** एवं **आई एम एफ** को ब्रेटन वुड्स की जुड़वा सन्तानें कहा जाता है।

विश्व बैंक

- विश्व बैंक ने 25 जून, 1946 से कार्य करना प्रारम्भ किया। भारत इसका संस्थापक सदस्य है। वर्ष 1944 में विश्व युद्ध में हुए नुकसान से राहत पाने के लिए विश्व बैंक (World Bank) का निर्माण किया गया।
- इसका मुख्यालय **वाशिंगटन डी सी** में है। वर्तमान में इसके सदस्यों की संख्या 189 है। नौरू इसका 189वाँ सदस्य बना है।
- विश्व बैंक के सभी सदस्य अनिवार्य रूप से अन्तर्राष्ट्रीय मुद्रा कोष के भी सदस्य होते हैं। विश्व बैंक प्रारम्भ में दो संस्थाओं के सहयोग से बना था
  (i) इण्टरनेशनल बैंक ऑफ रिकन्स्ट्रक्शन एण्ड डेवलपमेण्ट (IBRD)
  (ii) इण्टरनेशनल डेवलपमेण्ट एसोसिएशन (IDA)
  परन्तु बाद में तीन और संस्थाएँ बनाई गईं, जो निम्न हैं
  (i) इण्टरनेशनल फिनान्स कॉर्पोरेशन (IFC)
  (ii) मल्टी इन्वेस्टमेण्ट गारण्टी एजेंसी (MIGA)
  (iii) इण्टरनेशनल सेण्टर फॉर सेटलमेण्ट एण्ड इन्वेस्टमेण्ट डिस्प्यूट्स
- इसका गठन सदस्य देशों को **आर्थिक पुनर्निर्माण** और **विकास** के कार्यों में आर्थिक सहायता देने, विश्व में गरीबी को कम करने एवं अन्तर्राष्ट्रीय निवेश को बढ़ावा देने के लिए किया गया है। इनकी अवधि 5 से 20 वर्ष तक की होती है।

विश्व बैंक समूह

विश्व बैंक समूह के अन्तर्गत बैंकों का विवरण निम्न प्रकार है

पुनर्निर्माण और विकास के लिए अन्तर्राष्ट्रीय बैंक

- विश्व बैंक समूह के पाँच संस्थानों में से एक है। यह एक **अन्तर्राष्ट्रीय वित्तीय संस्थान** है, जो मध्यम आय के विकासशील देशों को ऋण प्रदान करता है।
- इस बैंक का मुख्यालय **वाशिंगटन डी सी**, संयुक्त राज्य अमेरिका में है। यह पुनर्निर्माण और विकास के लिए अन्तर्राष्ट्रीय बैंक (International Bank for Reconstruction and Development, IBRD) आर्थिक विकास और गरीबी उन्मूलन पर विशेष ध्यान रखते हुए ही मध्यम आय के विकासशील देशों को ऋण देता है।

अन्तर्राष्ट्रीय विकास परिषद्

- 24 सितम्बर, 1960 को अन्तर्राष्ट्रीय विकास परिषद् (International Development Association, IDA) की स्थापना की गई।
- यह विश्व बैंक की एक इकाई है। वर्ष 1961 में IDA को संयुक्त राष्ट्र (United Nations, UN) से जोड़ा गया।
- विश्व बैंक के अन्तर्गत विकासशील देशों को दीर्घकालीन आवश्यकताओं के लिए उन्हें आसान शर्तों पर ऋण प्रदान करने के लिए अन्तर्राष्ट्रीय विकास परिषद् की स्थापना की गई।

अन्तर्राष्ट्रीय वित्त निगम

- विश्व बैंक समूह की एक संस्था के रूप में अन्तर्राष्ट्रीय वित्त निगम (International Finance Corporation, IFC) की स्थापना वर्ष 1956 में की गई थी। इसका मुख्यालय **वाशिंगटन डी सी** में है।
- वर्ष 1961 में यह संयुक्त राष्ट्र संघ (United Nations Organisation, UNO) का अभिकरण बना। यह संस्था विकासशील देशों में निजी क्षेत्र के लिए पूँजी जुटाने में सहायता प्रदान करती है।
- यह 7 से 12 वर्षों में परिपक्व होने वाले दीर्घकालीन ऋण और जोखिम पूँजी, व्यापारिक दर पर विकासशील देशों में निजी उपक्रम को उत्पादक निवेश के लिए देता है। निगम केवल विनिर्माण उद्योगों को ऋण देता है। यह सामाजिक सेवाओं के लिए ऋण नहीं दे सकता।

अन्तर्राष्ट्रीय वित्त निगम

स्थापना	जुलाई, 1956
संयुक्त राष्ट्र के साथ	20 फरवरी, 1957
सदस्य	186 देश
दृष्टि	लोगों को गरीबी से बचने और बेहतर जीवन बनाने के लिए अवसर देना
महत्त्व	उत्कृष्टता, प्रतिबद्धता, अखण्डता, सम्मिलित काम और विविधता

बहुपक्षीय निवेश गारण्टी एजेंसी

- बहुपक्षीय निवेश गारण्टी एजेन्सी (Multilateral Investment Guarantee Agency, MIGA) की स्थापना वर्ष 1988 में की गई थी। इसका उद्देश्य गैर-व्यापारिक अवरोधों को समाप्त करके समता निवेश तथा अन्य प्रत्यक्ष निवेश को बढ़ाना है।
- अपने उद्देश्य की पूर्ति हेतु MIGA विनियोजकों को गैर-व्यापारिक जोखिमों के विरुद्ध गारण्टी देता है तथा विकासशील देशों को विदेशी विनियोग सम्बन्धी नीति निर्धारण में सहायता और कार्यक्रम सम्बन्धी सलाह देता है।
- MIGA से सहायता प्राप्त करने के लिए एक देश को उसका सदस्य बनना अनिवार्य है, जिसके लिए (MIGA) मिगा के समझौते पर उसे हस्ताक्षर करने होते हैं।
- बहुपक्षीय निवेश गारण्टी एजेंसी के 182 सदस्य हैं। इसका पूर्ण सदस्य बनने के लिए एक देश को अपना पूँजी अंशदान भी MIGA को देना होता है। अन्य देशों की तरह भारत ने भी प्रत्यक्ष विदेशी निवेश की सुरक्षा के लिए MIGA के समझौते पर 13 अप्रैल, 1992 को हस्ताक्षर किए।

निवेश विवाद के निपटारे के लिए इण्टरनेशनल सेण्टर

- इसे इण्टरनेशनल सेण्टर फॉर सेटलमेण्ट ऑफ इन्वेस्टमेण्ट डिस्प्यूट (International Centre For Settlement of Investment Dispute, ICSID) के नाम से जाना जाता है।
- इसकी स्थापना वर्ष 1966 में हुई थी। विश्व बैंक ने राज्यों और अन्य राज्यों के नागरिकों के निवेश सम्बन्धी झगड़े सुलझाने के लिए इस अन्तर्राष्ट्रीय केन्द्र की स्थापना की है। इसके अभी 165 सदस्य हैं।

भारत और विश्व बैंक

- भारत, विश्व बैंक के संस्थापक सदस्यों में से एक है।
- विश्व बैंक से भारत को आर्थिक सहायता देने के लिए वर्ष 1958 में ऐड इण्डिया कब कन्सोर्टियम की स्थापना की गई।
- जून, 1994 में इसका नाम बदलकर भारत विकास मंच कर दिया गया।
- विश्व बैंक भारत को ऋण, सलाह, अध्ययन दल आदि द्वारा सहायता पहुँचाता है।
- भारत-पाकिस्तान के बीच नदी जल विवाद सुलझाने में भी विश्व बैंक सहायक रहा है।
- विकसित देशों में स्थापित 'भारत सहायता संघ', विश्व बैंक के सुझाव पर भारत की विकास योजनाओं में सहायता करता है।

अन्तर्राष्ट्रीय मुद्रा कोष

- अन्तर्राष्ट्रीय मुद्रा कोष (International Monetary Fund, IMF) की स्थापना जुलाई, 1944 में ब्रेटन वुड्स, न्यू हैम्पशायर संयुक्त राष्ट्र संघ में आयोजित 44 राष्ट्रों के सम्मेलन में हुए समझौते के अनुसार अन्तर्राष्ट्रीय पुनर्निर्माण एवं विकास बैंक (IBRD) के साथ की गई थी।
- अन्तर्राष्ट्रीय मुद्रा कोष के समझौते का प्रलेख 27 दिसम्बर, 1945 को लागू हुआ। वर्तमान में इसकी सदस्य संख्या 190 है।
- 12 अप्रैल, 2016 को जारी अन्तर्राष्ट्रीय मुद्रा कोष की प्रेस विज्ञप्ति के अनुसार, नौरू IMF का 189वाँ सदस्य बना। 16 अक्टूबर, 2020 को अंडोरा IMF का 190वाँ सदस्य बना है।

अन्तर्राष्ट्रीय मुद्रा कोष के उद्देश्य

अन्तर्राष्ट्रीय मुद्रा कोष की स्थापना के निम्नलिखित उद्देश्य हैं

- अन्तर्राष्ट्रीय मौद्रिक सहयोग को बढ़ावा देना।
- अन्तर्राष्ट्रीय व्यापार के विस्तार और सन्तुलित वृद्धि को आसान बनाना।
- मुद्रा स्थायित्व को बढ़ावा देना।
- भुगतान की बहुपक्षीय प्रणाली की स्थापना में सहायता देना।
- पर्याप्त सुरक्षा के अन्तर्गत सदस्यों के भुगतान सन्तुलन की कठिनाइयों को दूर करना।

अन्तर्राष्ट्रीय मुद्रा कोष का संगठन

- इस संगठन का मुख्यालय **वाशिंगटन डी सी** में है। सदस्य देशों द्वारा एक-एक गवर्नर की नियुक्ति की जाती है, जिन्हें मिलाकर **बोर्ड ऑफ गवर्नर्स** का गठन होता है। IMF के प्रबन्धन और नियन्त्रण का कार्य बोर्ड ऑफ गवर्नर्स के द्वारा किया जाता है।
- अन्तर्राष्ट्रीय मुद्रा कोष के कार्यों की समीक्षा तथा भविष्य के लिए नीतियों के निर्माण हेतु बोर्ड ऑफ गवर्नर्स की वर्ष में एक बार बैठक आयोजित की जाती है। 24 सदस्यों वाला यह बोर्ड अन्तर्राष्ट्रीय मुद्रा कोष का सबसे शक्तिशाली अंग है। अपने सदस्यों के लिए **वर्ल्ड इकोनॉमिक आउटलुक** एवं वैश्विक वित्तीय स्थिरता रिपोर्ट का प्रकाशन अन्तर्राष्ट्रीय मुद्रा कोष ही करता है।
- आईएफएफसी विश्व अर्थव्यवस्था से सरोकार रखने वाले विषयों पर चर्चा करती है। इसकी बैठकों में विश्व बैंक प्रेक्षक की भाँति भाग लेता है।
- 'त्वरित वित्तीयन प्रपत्र' एवं 'त्वरित ऋण सुविधा अन्तर्राष्ट्रीय मुद्रा कोष' के द्वारा उधार दिए जाने से सम्बन्धित है।

भारत एवं अन्तर्राष्ट्रीय मुद्रा कोष

- भारत IMF का संस्थापक सदस्य है। भारत उन 44 देशों में एक है, जिन्होंने ब्रेटन वुड्स सम्मेलन में भाग लिया था। भारत का वित्त मन्त्री IMF के बोर्ड ऑफ गवर्नर्स का पदेन गवर्नर होता है।
- IMF में भारत का प्रतिनिधित्व एक कार्यकारी निदेशक करता है, जो एक साथ बांग्लादेश, श्रीलंका और भूटान का भी प्रतिनिधि होता है। IMF की 14वीं समीक्षा बैठक में भारत का कोटा बढ़कर 2.44 से 2.76 हो गया और भारत IMF का 8वाँ बड़ा कोटाधारी राष्ट्र हो गया है।
- अपनी आवश्यकता के लिए IMF से कर्ज लेने वाले देश के बदले भारत अब IMF का वित्त पोषक राष्ट्र बन चुका है। ये भारत के भुगतान सन्तुलन के सुदृढ़ होने तथा विदेशी मुद्रा कोष में वृद्धि के कारण हुआ है।

वस्तुनिष्ठ प्रश्न

1. निम्नलिखित में से कौन-सा एक मुद्रा की पूर्ति का भाग नहीं है?
(a) लोगों द्वारा रखी गई करेन्सी
(b) अन्तर बैंक जमा
(c) डाकघर बचत बैंकों में बचत जमाएँ
(d) व्यावसायिक बैंकों की निवल आवधिक जमाएँ

2. मुद्रा पूर्ति की मापों में कौन-सा सुमेलित नहीं है?
(a) M_1 सर्वाधिक तरल मुद्रा
(b) M_2 सर्वाधिक संकुचित मुद्रा
(c) M_3 सर्वाधिक सामान्य रूप
(d) M_4 अव्यावहारिक मुद्रा

3. निम्नलिखित कथनों पर विचार कीजिए
1. भारत में न्यूनतम प्रारक्षण प्रणाली के अन्तर्गत मुद्रा निर्गम सम्भव होता है, जिसे वर्ष 1957 में रिजर्व बैंक द्वारा स्वीकार किया गया।
2. न्यूनतम प्रारक्षण प्रणाली या न्यूनतम आरक्षित निधि प्रणाली के अनुसार, प्रचलन विभाग के पास स्वर्ण मुद्रा एवं विदेशी ऋणपत्र कुल मिलाकर किसी समय ₹ 200 करोड़ के मूल्य से कम नहीं होने चाहिए।
3. केन्द्र सरकार ने 12 जनवरी, 2017 को तीसरी बार ₹ 200 तथा ₹ 2000 के नोटों का विमुद्रीकरण कर दिया।

उपरोक्त में से कितने कथन सही हैं?
(a) केवल एक
(b) केवल दो
(c) सभी तीन
(d) उपरोक्त में से कोई नहीं

4. निम्नलिखित कथनों पर विचार कीजिए
1. बैंकों का राष्ट्रीयकरण
2. नाबार्ड की स्थापना
3. क्षेत्रीय ग्रामीण बैंकों की स्थापना
4. किसान क्रेडिट कार्ड

उपरोक्त में किसे वित्तीय समावेश के अन्तर्गत उठाए गए कदमों में शामिल किया जा सकता है?
(a) 1, 2 और 3 (b) 2, 3 और 4
(c) केवल 1 (d) ये सभी

5. आर. बी. आई. भारतीय वित्तीय प्रणाली की शीर्षस्थ संस्था है। निम्नलिखित में कौन-से कार्य आर. बी. आई. द्वारा संचालित होते हैं?
1. अर्थव्यवस्था मुद्रा की आपूर्ति पर निगरानी।
2. सिक्कों एवं एक रुपये के नोट के अतिरिक्त मुद्रा जारी करना।
3. बैंक के बैंकर्स के रूप में कार्य।
4. सरकार के बैंक के रूप में कार्य।

उपरोक्त कथनों में से कौन-से कथन सही हैं?
(a) केवल एक (b) केवल दो
(c) केवल तीन (d) सभी चार

6. भारत में अन्य बैंकों द्वारा निर्मित साख की मात्रा पर नियन्त्रण करने का अधिकार रिजर्व बैंक को है। साख नियन्त्रण के उद्देश्यों में सम्मिलित है
(a) विनिमय दरों में स्थिरता
(b) कीमत स्तर स्थिरता
(c) आय एवं रोजगार की उच्च स्तर पर स्थिरता
(d) उपरोक्त सभी

7. निम्नलिखित कथनों पर विचार कीजिए
1. भारतीय रिजर्व बैंक ने औषधीय क्षेत्र में प्रत्यक्ष विदेशी निवेश के लिए नए मानकों को अधिसूचित किया है।
2. सरकारी अनुमोदन रूट के अन्तर्गत अब औषधीय क्षेत्र में 100% प्रत्यक्ष विदेशी निवेश (FDI) ग्रीनफील्ड निवेश के लिए अनुमत होगा।

उपरोक्त कथनों में से कौन-सा/से कथन सही है/हैं?
(a) केवल 1
(b) केवल 2
(c) 1 और 2 दोनों
(d) न तो 1 और न ही 2

8. बैंक दर में वृद्धि सामान्यतः इस बात का संकेत है कि
(a) ब्याज की बाजार दर के गिरने की सम्भावना है
(b) केन्द्रीय बैंक अब वाणिज्यिक बैंकों को कर्ज नहीं दे रहा
(c) केन्द्रीय बैंक सस्ती नीति का अनुसरण कर रहा है
(d) केन्द्रीय बैंक महँगी मुद्रा नीति का अनुसरण कर रहा है

9. भारतीय रिजर्व बैंक के सम्बन्ध में निम्नलिखित कथनों पर विचार कीजिए
1. यह सभी प्रकार की करेन्सी और नोटों को जारी करता है।
2. यह बैंकों का बैंक है।
3. यह विदेशी मुद्रा का विनिमय करता है।
4. यह भारत सरकार के शाखा बैंक के रूप में कार्य करता है।

उपरोक्त कथनों में से कितने कथन सही हैं?
(a) केवल एक
(b) केवल दो
(c) केवल तीन
(d) सभी चार

10. निम्नलिखित कथनों पर विचार कीजिए और असत्य कथन को चुनिए
1. रिवर्स रेपो दर वह दर है, जिस पर वाणिज्यिक बैंक, भारतीय रिजर्व बैंक से अल्पावधि के लिए उधार लेते हैं।
2. रेपो दर वह दर है, जिस पर रिजर्व बैंक, वाणिज्यिक बैंकों से कम समय के लिए उधार लेता है।

कूट
(a) केवल 1
(b) केवल 2
(c) 1 और 2 दोनों
(d) न तो 1 और न ही 2

11. भारतीय रिजर्व बैंक द्वारा संवैधानिक तरलता अनुपात को बढ़ाने का निम्न में से क्या प्रभाव पड़ता है?
(a) बैंकों की साख सृजन क्षमता कम होगी
(b) ब्याज दर घट जाती है
(c) निजी क्षेत्र पर ऋण की मात्रा बढ़ जाती है
(d) बैंकों की आय बढ़ती है

12. ब्याज और चलनिधि के प्रबन्ध का RBI का नीतिगत उद्देश्य है
(a) मुद्रास्फीति नियन्त्रित करना और आर्थिक विकास बनाए रखना
(b) निजी और सरकारी क्षेत्रों के बैंकों के बीच प्रतियोगिता नियन्त्रित करना
(c) सरकारी क्षेत्र में बेरोजगारी को मिटाना
(d) जनता के हाथों में मुद्रा आपूर्ति नियन्त्रण

13. भारतीय रिजर्व बैंक के नोट जारी करने के अधिकार से सम्बन्धित कौन-सा कथन सही है?
(a) भारत की केन्द्रीय सरकार के अतिरिक्त सिर्फ भारतीय रिजर्व बैंक को एक रुपये के नोट/सिक्के के अतिरिक्त मुद्रा नोट जारी करने का अधिकार प्राप्त है
(b) एक रुपये के नोट/सिक्के और छोटे मूल्यवर्ग के सिक्के का परिसंचलन केन्द्रीय सरकार द्वारा किया जाता है
(c) वर्तमान में आर. बी. आई. सात मूल्यवर्गों में नोट जारी करता है
(d) नोट जारीकर्ता और मुद्रा प्रबन्धन के कार्यों का वहन आर. बी. आई. द्वारा मुम्बई स्थित अपने मुख्यालय में किया जाता है

14. समाचार-पत्रों की रिपोर्टों के अनुसार, भारतीय रिजर्व बैंक 'प्लास्टिक के मुद्रा नोट' जारी करना आरम्भ करने वाला है। 'प्लास्टिक नोटों' का/के लाभ क्या है/हैं?

1. उनका जीवनकाल अधिक होगा।
2. ये प्लास्टिक मनी या क्रेडिट, डेबिट कार्ड को प्रस्थापित करेगी, जिनके परिणामस्वरूप बहुत ही कपट प्रथाएँ अस्तित्व में आने लगी हैं।
3. इनका मुद्रण सस्ता होगा।

कूट
(a) केवल 3 (b) केवल 2
(c) केवल 1 (d) ये सभी

15. रिजर्व बैंक के कार्यों से सम्बन्धित निम्नलिखित कथनों पर विचार कीजिए

1. शीर्ष बैंक
2. मुद्रा आपूर्ति को नियमित करना
3. नाबार्ड के कार्यों का पर्यवेक्षण
4. आर्थिक सर्वेक्षण तैयार करना

उपरोक्त कथनों में से कौन-सा/से कार्य RBI का/के नहीं है/हैं?
(a) 3 और 4 (b) केवल 4
(c) केवल 3 (d) सभी कार्य RBI के हैं

16. भारत में रिजर्व बैंक की मौद्रिक नीति है

1. साख विस्तार
2. सस्ती मुद्रा नीति
3. नियन्त्रित मुद्रा विस्तार
4. साख नियन्त्रण

कूट
(a) 1 और 2 (b) 2 और 3
(c) 3 और 4 (d) ये सभी

17. निम्नलिखित कथनों को पढ़कर सही विकल्प बताइए

1. 1 जुलाई, 1955 को इम्पीरियल बैंक का राष्ट्रीयकरण करके इसका नाम रिजर्व बैंक ऑफ इण्डिया कर दिया गया।
2. रिजर्व बैंक ऑफ इण्डिया की स्थापना 1 अप्रैल, 1935 को ₹ 5 करोड़ की अधिकृत पूँजी से हुई।

कूट
(a) केवल 1 (b) केवल 2
(c) 1 और 2 दोनों (d) न तो 1 और न ही 2

18. भारतीय रिजर्व बैंक द्वारा शुरू की गई 'अपने ग्राहक को जानिए' (Know Your Customer) योजना का उद्देश्य क्या है?
(a) बेहतर बैंकर-ग्राहक सम्बन्ध विकसित करना
(b) महत्त्वपूर्ण आर्थिक सूचकों के लिए आँकड़ा आधार (डाटा बेस) सृजित करना
(c) मनी लाउड्रिंग के खतरों से बचाव
(d) यह सुनिश्चित करना कि जमा प्राप्त करने वाले बैंकों को सेक्शन 131 के अन्तर्गत सांविधिक सुरक्षा मिलती है

19. बैंकिंग लोकपाल योजना के सन्दर्भ में निम्नलिखित कथनों पर विचार कीजिए

1. भारतीय रिजर्व बैंक ने ग्राहकों की शिकायतों के समाधान के लिए वर्ष 1995 में बैंकिंग लोकपाल योजना शुरू की।
2. सभी अनुसूचित प्राथमिक सहकारी बैंक, वाणिज्यिक बैंक एवं क्षेत्रीय ग्रामीण बैंक इस योजना के अन्तर्गत आते हैं।

उपरोक्त कथनों में से कौन-सा/से कथन सही है/हैं?
(a) केवल 1
(b) केवल 2
(c) 1 और 2 दोनों
(d) न तो 1 और न ही 2

20. वैधानिक तरलता अनुपात (Statutory Liquidity Ratio) में वृद्धि का परिणाम होता है
(a) बैंकों के पास कम नकदी
(b) सरकार को अधिक संसाधन की प्राप्ति
(c) बैंकों की लाभदायक में कमी
(d) उपरोक्त सभी

21. सांविधिक तरलता अनुपात (SLR) के सम्बन्ध में निम्नलिखित कथनों पर विचार करें

1. SLR के अन्तर्गत वाणिज्यिक बैंकों को RBI द्वारा निर्धारित अनुपात के बराबर अपने जमा का अपने पास नकदी रखना होता है।
2. यह वित्तीय कम्पनियों को न्यूनतम आरक्षितियाँ रखने के लिए बाध्य करने की एक विधि है।
3. इसके तहत् म्यूचुअल फण्डों के लिए लाभांश के रूप में एक न्यूनतम राशि की घोषणा करना जरूरी है।
4. यह RBI द्वारा अपनाई जाने वाली मौद्रिक नीति का एक अस्त्र है।

उपरोक्त में से कितने कथन सही हैं?
(a) केवल एक (b) केवल दो
(c) केवल तीन (d) सभी चार

22. वाणिज्यिक बैंक के दायित्व हैं

1. समय जमा
2. प्रतिभूतियों का धारण
3. माँग जमा
4. केन्द्रीय बैंकों से अग्रिम

कूट
(a) 1, 2 और 3 (b) 1, 3 और 4
(c) 2 और 4 (d) 1 और 3

23. अनुसूचित बैंक से अभिप्राय उन बैंकों से है
(a) जिनका राष्ट्रीयकरण हो चुका है
(b) जिनका राष्ट्रीयकरण नहीं हुआ है
(c) जिनका मुख्यालय विदेशों में है
(d) जिनका नाम रिजर्व बैंक की दूसरी अनुसूची में सम्मिलित किया गया है

24. निम्नलिखित कथनों पर विचार कीजिए तथा कूट की सहायता से सही विकल्प बताइए

1. भारतीय प्रबन्धन के अधीन सीमित दायित्व वाला बैंक अवध कॉमर्शियल बैंक था।
2. इसकी स्थापना 1871 ई. में की गई थी।

कूट
(a) 1 और 2 (b) केवल 1
(c) केवल 2 (d) इनमें से कोई नहीं

25. किसानों को कृषि साख के रूप में प्राप्त होने वाले अल्पावधि व दीर्घावधि ऋण के सम्बन्ध में निम्नलिखित संस्थाओं पर विचार कीजिए

1. वाणिज्यिक बैंक 2. सहकारी संस्थाएँ
3. ग्रामीण बैंक

कुल साख में इनके योगदान की मात्रा के अनुसार, घटते क्रम में सही हैं
(a) 1, 2 और 3 (b) 2, 3 और 1
(c) 3, 2 और 1 (d) 2,1 और 3

26. राष्ट्रीय कृषि और ग्रामीण विकास बैंक (नाबार्ड) की स्थापना किस पंचवर्षीय योजना की अवधि में की गई थी?
(a) चौथी (b) पाँचवीं
(c) छठी (d) आठवीं

27. सूक्ष्म वित्त (माइक्रो फाइनेन्स) निम्न आयु वर्ग के व्यक्तियों के लिए वित्तीय सेवाओं का प्रावधान कराता है।
ये सेवाएँ उपभोक्ताओं और स्वरोजगार में जुटे व्यक्तियों दोनों को प्रदत्त की जाती हैं।
सूक्ष्म वित्त के अन्तर्गत जो सेवा/सेवाएँ उपलब्ध की जाती है/हैं

1. ऋण सुविधाएँ 2. बचत सुविधाएँ
3. बीमा सुविधाएँ 4. निधि अन्तरण सुविधाएँ

कूट
(a) केवल 1 (b) 1 और 4
(c) 2 और 3 (d) ये सभी

28. वित्तीय प्रणाली से सम्बन्धित नरसिंहम समिति की सिफारिशों के सम्बन्ध में निम्न कथनों पर विचार कीजिए

1. बैंकों की कार्यप्रणाली पर निगरानी रखने हेतु रिजर्व बैंक के तत्त्वाधान में एक अर्द्धस्वायत्त संस्था का गठन किया जाए।
2. बैंकिंग संरचना त्रिस्तरीय हो।

कूट
(a) केवल 1
(b) केवल 2
(c) 1 और 2 दोनों
(d) न तो 1 और न ही 2

29. निम्नलिखित कथनों को पढ़कर सही विकल्प बताइए
1. गोइपोरिया समिति ने बैंकों में ग्राहक सेवा सुधारने हेतु सुझाव दिया था।
2. रिजर्व बैंक ने शेयर घोटाले की जाँच हेतु एम. नरसिंहम समिति का गठन किया।

कूट
(a) केवल 1
(b) केवल 2
(c) 1 और 2 दोनों
(d) न तो 1 और न ही 2

30. विशिष्ट वित्तीय संस्थाओं के सन्दर्भ में निम्नलिखित युग्मों पर विचार कीजिए

1.	भारतीय यूनिट ट्रस्ट (UTI)	औद्योगीकरण को वित्तीय सहायता प्रदान करने के उद्देश्य से UTI ने वर्ष 2001 में ऋण कोष की स्थापना की थी।
2.	भारतीय औद्योगिक विकास बैंक लिमिटेड (IDBI)	IDBI का कार्य औद्योगिक उद्यमों को वित्तीय सहायता प्रदान करना एवं उद्योगों के विकास में लगी संस्थाओं को बढ़ावा देना है।
3.	भारतीय लघु उद्योग विकास बैंक (SIDBI)	लघु उद्योगों के विकास, वित्त एवं संवर्द्धन के लिए SIDBI की स्थापना एक प्रमुख वित्तीय संस्थान के रूप में की गई थी।
4.	राष्ट्रीय आवास बैंक (NHB)	RBI की एक सहायक संस्था के रूप में यह आवासीय वित्त उपलब्ध कराने वाली देश की शीर्ष संस्था है।

उपरोक्त में से कितने युग्म सही सुमेलित हैं?
(a) केवल एक (b) केवल दो
(c) केवल तीन (d) ये सभी

31. चलन मुद्राओं की पारस्परिक कीमतों को कहते हैं?
(a) सन्तुलन दर
(b) अवमूल्यन
(c) विदेशी विनिमय दर
(d) स्थिर विनिमय दर

32. किसी अन्य देश की मुद्रा के सम्बन्ध में एक देश की मुद्रा का मूल्य कहलाता है?
(a) विनिमय दर (b) सन्तुलन दर
(c) नम्य विनिमय दर (d) स्थिर विनिमय दर

33. कुवैत की घरेलू करेन्सी क्या कहलाती है?
(a) कुवैती येन
(b) कुवैती दीनार
(c) कुवैती दिरहम
(d) 'b' और 'c' दोनों

34. विदेशी विनिमय की माँग किन करणों से की जाती है?
(a) सट्टेबाजी में लाभ कमाने
(b) वस्तुओं एवं सेवाओं के निर्यात से
(c) द्विपक्षीय हस्तान्तरण
(d) उपरोक्त सभी

35. विदेशी विनिमय की पूर्ति के लिए कौन-से तत्त्व उत्तरदायी हैं?
(a) वस्तुओं एवं सेवाओं का निर्यात
(b) घरेलू निवेश में भागीदारी
(c) विदेशों से एक पक्षीय हस्तान्तरण
(d) उपरोक्त सभी

36. विनिमय दर निर्धारण में कौन-सा कारक महत्त्वपूर्ण भूमिका निभाता है?
(a) मुद्रास्फीति
(b) ब्याज दरें
(c) सार्वजनिक कर्ज
(d) उपरोक्त सभी

37. जिस प्रणाली में विनिमय दर को सरकार द्वारा निर्धारित किया जाता है, कहलाती है
(a) लोचशील विनिमय दर
(b) नम्य विनिमय दर
(c) स्थिर विनिमय दर
(d) प्रबन्धित तरणशीलता

38. गैर-बैंकिंग वित्तीय कम्पनियों (NBFC) के सन्दर्भ में निम्न कथनों पर ध्यान दें
1. इसके अन्तर्गत कम्पनी एक्ट के तहत पंजीकृत वे सभी निवेश कम्पनियाँ या संस्थाएँ शामिल हैं जिनका मुख्य व्यवसाय किसी भी योजना के अन्तर्गत जमा स्वीकार करना तथा उसे किसी अन्य तरीके से उधार देना होता है।
2. यह प्राय: उन क्षेत्रों के लिए ऋण की व्यवस्था करती है जहाँ ऋण अन्तराल विद्यमान होता है।

उपरोक्त कथनों में कौन-सा/से कथन सही है/हैं?
(a) केवल 1
(b) केवल 2
(c) 1 और 2
(d) न तो 1 और न ही 2

39. एक गैर-बैंकिंग वित्तीय कम्पनी (NBFC) बैंक के समान गतिविधियों में संलग्न रहती है। निम्न में से कौन-सा कारक इन दोनों के मध्य अन्तर के सन्दर्भ में गलत है?
(a) NBFC माँग जमा स्वीकार नहीं कर सकते
(b) NBFC स्वयं द्वारा निर्गत चैक जारी नहीं कर सकते, क्योंकि यह भुगतान और निपटान प्रणाली का भाग नहीं होता
(c) जमा बीमा ऋण गारण्टी निगम द्वारा दी गई जमा बीमा सुविधा बैंकों में उपलब्ध नहीं होता
(d) कम्पनी कानून के अन्तर्गत पंजीकृत होने के कारण वे सार्वजनिक जमाएँ स्वीकार नहीं कर सकते

40. निम्नलिखित कथनों पर विचार कीजिए
1. बैंक के जमा मुद्रा की तरह प्रचालित होते हैं, इस तरह की जमाओं के सृजन में मुद्रा-स्टॉक (मुद्रा-स्कन्ध) में शुद्ध वृद्धि होती है।
2. गैर-बैंकिंग संस्थाओं में गैर-बैंकिंग वित्तीय कम्पनियाँ (NBFCs), पारस्परिक लाभ की वित्तीय कम्पनियाँ तथा पारस्परिक लाभ की कम्पनियाँ शामिल हैं।
3. भारतीय रिज़र्व बैंक कदापि (Rarely) बैंक दरों को मौद्रिक नियन्त्रण के उपाय के रूप में काम में लाता है।
4. भारतीय रिज़र्व बैंकों के पास वाणिज्य बैंकों की अरक्षित निधि (रिज़र्व) वाणिज्य बैंकों की परिसम्पत्ति होती है।

उपरोक्त कथनों में कौन-से कथन सही हैं?
(a) 1 और 2 (b) 1, 2 और 3
(c) 1, 2 और 4 (d) 1, 2, 3 और 4

41. भारत में गैर-बैंकिंग वित्तीय कम्पनियाँ (NBFCs) के सन्दर्भ में, निम्न कथनों में से सही की पहचान करें
1. ये सरकार द्वारा जारी प्रतिभूतियों के अधिग्रहण में भाग नहीं ले सकते।
2. ये बचत खाते की तरह माँग निक्षेप (डिमाण्ड डिपॉजिट) स्वीकार नहीं कर सकते।

कूट
(a) केवल 1
(b) केवल 2
(c) 1 और 2
(d) न तो 1 और न ही 2

42. 'भारत मे आर्थिक सर्वेक्षण' प्रतिवर्ष इनके द्वारा प्रकाशित किया जाता है
(a) वाणिज्य मन्त्रालय
(b) CSO
(c) वित्त मन्त्रालय
(d) आर्थिक मामलों (कार्य) का मन्त्रालय

43. 92 वर्ष तक अलग रहने के बाद रेल बजट को किस वर्ष केन्द्रीय बजट में शामिल किया गया?
(a) 2014-15 (b) 2018-19
(c) 2015-16 (d) 2017-18

44. औसत राजस्व का क्या अर्थ है?
(a) बेची हुई वस्तुओं की प्रति इकाई से प्राप्त राजस्व
(b) बेची हुई सभी वस्तुओं से प्राप्त राजस्व
(c) बेची हुई सीमान्त इकाई से प्राप्त राजस्व
(d) सभी वस्तुओं की बिक्री से प्राप्त लाभ

45. उपभोक्ता को मूल्यवर्द्धित कर (वैट) से कैसे लाभ पहुँचता है?
(a) इससे कर पर कर नहीं लगता और इस प्रकार कीमतों में वृद्धि होनी रुक जाती है।
(b) उत्पादन लागत कम हो जाती है।
(c) ब्रिकी कर समाप्त हो जाता है।
(d) राज्यों द्वारा लघु व्यवसायों में कर से छूट मिल जाती है।

46. निम्न में से किसको सरकार के वर्तमान राजस्व में शामिल नहीं किया जाता?
(a) कर राजस्व (b) करेतर-राजस्व
(c) ऋण (d) ऋण का भुगतान

47. निम्नलिखित में से कौन-सी दो संस्थाएँ 'ब्रेटनवुड ट्विन्स' के नाम से जानी जाती हैं?
1. अन्तर्राष्ट्रीय वित्त आयोग
2. अन्तर्राष्ट्रीय मुद्रा कोष
3. पुनर्निर्माण एवं विकास के लिए अन्तर्राष्ट्रीय बैंक
4. गैट

कूट
(a) 1 और 4 (b) 2 और 4
(c) 2 और 3 (d) 1 और 3

48. विश्व बैंक की विशेषताओं से सम्बन्धित निम्नलिखित कथनों पर विचार कीजिए
1. बोर्ड ऑफ गवर्नर्स सर्वोच्च निकाय है
2. एक सदस्य देश के गवर्नर का मताधिकार तत्सम्बन्धित देश के वित्तीय अंशदान से सम्बन्धित होता है
3. यह अपने सदस्यों को अल्पकालिक ऋण अपने अस्थायी भुगतान सन्तुलन के असन्तुलनों को ठीक करने के लिए देता है

उपरोक्त कथनों में से कौन-सा/से कथन सही है/हैं?
(a) केवल 1 (b) 1 और 2
(c) 2 और 3 (d) 1, 2 और 3

49. निम्नलिखित पर विचार कीजिए
1. पुनर्निर्माण और विकास के लिए अन्तर्राष्ट्रीय बैंक
2. अन्तर्राष्ट्रीय विकास परिषद्
3. अन्तर्राष्ट्रीय वित्त निगम
4. अन्तर्राष्ट्रीय व्यापार प्रवाह केन्द्र

उपरोक्त में से कितने विश्व बैंक समूह में शामिल हैं?
(a) केवल एक
(b) केवल दो
(c) केवल तीन
(d) सभी चार

50. अन्तर्राष्ट्रीय मुद्रा कोष का प्रमुख कार्य है
(a) बैंक से अन्तर्राष्ट्रीय जमा राशियों की व्यवस्था करना
(b) सदस्य देशों की भुगतान सन्तुलन सम्बन्धी समस्याओं के समाधान में सहायता करना
(c) विश्व बैंक का निजी क्षेत्रक उदारता शाखा के रूप में काम करना
(d) विकासशील देशों के लिए निवेश ऋणों की वित्त व्यवस्था करना

सही उत्तर

1. (b)	2. (c)	3. (b)	4. (d)	5. (d)	6. (d)	7. (c)	8. (d)	9. (b)	10. (c)
11. (a)	12. (a)	13. (c)	14. (c)	15. (b)	16. (c)	17. (b)	18. (a)	19. (a)	20. (d)
21. (b)	22. (b)	23. (d)	24. (b)	25. (a)	26. (c)	27. (d)	28. (a)	29. (a)	30. (c)
31. (c)	32. (a)	33. (b)	34. (d)	35. (d)	36. (d)	37. (c)	38. (c)	39. (d)	40. (a)
41. (b)	42. (c)	43. (d)	44. (a)	45. (d)	46. (c)	47. (c)	48. (b)	49. (c)	50. (b)

अध्याय 10 आर्थिक विकास (मध्य प्रदेश के सन्दर्भ में)

- उद्योग वह आर्थिक क्रियाकलाप है, जिसके अन्तर्गत कच्चे पदार्थों को शारीरिक अथवा यान्त्रिक प्रकमों द्वारा विशेष गुणधर्म वाली वस्तुओं में परिवर्तित किया जाता है। अर्थव्यवस्था के क्षेत्र में उद्योगों को द्वितीयक वर्ग के अन्तर्गत रखा जाता है।
- नागरिकों के उपभोग में उद्योगों से उत्पादित वस्तुओं का अनुपात लगातार बढ़ रहा है। अत: मध्य प्रदेश में अर्थव्यवस्था के विकास को उच्च स्तर पर ले जाने के लिए औद्योगिकीकरण अत्यन्त आवश्यक है।

मध्य प्रदेश में उद्योगों की स्थिति

- मध्य प्रदेश खनिज संसाधनों से सम्पन्न राज्य है, लेकिन औद्योगिक विकास की दृष्टि से पिछड़े राज्यों की श्रेणी में आता है।
- राज्य के सकल मूल्यवर्द्धन में द्वितीयक क्षेत्र (उद्योग) का योगदान वर्ष 2023-24 के त्वरित अनुमानों के अनुसार **24.99%** आँका गया है।
- विनिर्माण क्षेत्र में वर्ष 2023-24 (त्वरित) के दौरान **6.36%** की कमी हुई है।
- औद्योगिक विकास की दृष्टि से मध्य प्रदेश का देश में **7वाँ** स्थान है और निवेश की दृष्टि से देश में **5वाँ** स्थान है।
- मध्य प्रदेश कारखानों की संख्या प्रति एक लाख व्यक्तियों पर **5.24** है। राज्य की कुल आय में उद्योगों का योगदान **14%** है।
- मध्य प्रदेश में औद्योगिक इकाइयों के वितरण में क्षेत्रीय असमानता पाई जाती है, क्योंकि मध्य प्रदेश में 52 जिलों में से उद्योगों का संकेन्द्रण मुख्य रूप से **भोपाल**, **ग्वालियर**, **इन्दौर**, **जबलपुर**, **धार** एवं **कटनी** में ही सीमित है।
- मध्य प्रदेश में सर्वाधिक औद्योगिक केन्द्र **धार** तथा न्यूनतम औद्योगिक केन्द्र **पन्ना** में है।
- मध्य प्रदेश में उद्योगों का मुख्य क्षेत्र **मालवा पठार** है। मध्य प्रदेश में उद्योगों का घनत्व अधिकतम **इन्दौर** जिले में है।

मध्य प्रदेश के प्रमुख उद्योग

मध्य प्रदेश में स्थापित उद्योगों को प्रयुक्त होने वाले कच्चे पदार्थों के आधार पर निम्नलिखित भागों में विभाजित किया जा सकता है

1. कृषि आधारित उद्योग

- औद्योगिक उत्पादन में कृषि का महत्त्वपूर्ण योगदान है। मध्य प्रदेश में सर्वप्रथम कृषि पर आधारित उद्योग की स्थापना की गई थी।
- 1980 के दशक तक राज्य में कृषि पर आधारित उद्योगों में सूती वस्त्र उद्योग की प्रधानता थी, परन्तु वर्तमान में कृषि पर आधारित उद्योगों में वनस्पति तेल, चीनी मिल आदि की प्रधानता है। मध्य प्रदेश में कृषि आधारित उद्योग कृषि क्षेत्र द्वारा उत्पादित कच्चे माल पर निर्भर है।

मध्य प्रदेश में कृषि पर आधारित प्रमुख उद्योग निम्नलिखित हैं

चीनी उद्योग

- वर्तमान में मध्य प्रदेश में चीनी मिलों की संख्या 27 है, जिनकी दैनिक गन्ना पेरने की क्षमता लगभग 3,578 हजार टन है।
- मध्य प्रदेश में सबसे पहली चीनी मिल वर्ष 1934 में **जावरा** (रतलाम) में लगाई गई थी।
- मध्य प्रदेश का सबसे बड़ा चीनी कारखाना **बरलाई** (सीहोर) में स्थित है।
- मध्य प्रदेश की सबसे नवीन चीनी मिल **माँ पीतम्बरा चीनी मिल**, दतिया में वर्ष 2017 में स्थापित की गई।
- मध्य प्रदेश के मुख्य चीनी कारखाने **भोपाल शुगर मिल** (सीहोर), **डबरा शुगर मिल** (ग्वालियर), **जीवाजीराव शुगर कम्पनी** (मन्दसौर), **सेठ गोविन्द दास मिल** (उज्जैन), **केलारस शुगर मिल** (मुरैना), **जावरा शुगर मिल** (रतलाम) आदि हैं।
- इसके अतिरिक्त मध्य प्रदेश के सारंगपुर एवं आलोट में भी चीनी मिलों की स्थापना की गई है।
- मध्य प्रदेश में चीनी उद्योग के विकास हेतु 26 जिलों में सतत् गन्ना विकास कार्यक्रम संचालित किया जा रहा है।

सूती कपड़ा उद्योग

- यह मध्य प्रदेश का **सबसे बड़ा उद्योग** है। मध्य प्रदेश में सबसे पहली सूती वस्त्र कपड़ा मिल **बुरहानपुर** में वर्ष 1906 में स्थापित की गई थी। मध्य प्रदेश सूती कपड़ा उत्पादन में देश में तीसरे स्थान पर है।
- वर्तमान में मध्य प्रदेश 65 सूती कपड़े की मिलें और लगभग 513 कारखाने कार्यरत् हैं।
- **इन्दौर** राज्य का सबसे बड़ा कपड़ा उत्पादक केन्द्र है, क्योंकि यहाँ सर्वाधिक मिलें हैं। इन्दौर को वाणिज्यिक राजधानी तथा **मिनी बॉम्बे** भी कहते हैं।
- सूती वस्त्र उद्योग राज्य में पश्चिमी कपास उत्पादक जिलों में केन्द्रित हैं।
- मध्य प्रदेश के प्रमुख सूती वस्त्र केन्द्र **इन्दौर**, **ग्वालियर** एवं **उज्जैन** आदि हैं।

मध्य प्रदेश की प्रमुख सूती मिलें निम्नलिखित हैं

— कल्याणमल सूती मिल (इन्दौर, 1934-35)
— स्वदेशी सूती मिल (इन्दौर, 1928-29)
— मालवा सूती मिल (इन्दौर, 1907-08)
— हीरामल सूती मिल (उज्जैन, 1934-35)
— ताप्ती सूती कपड़ा मिल (बुरहानपुर, 1906-07)

— द न्यू टेक्सटाइल (भोपाल, 1938-39)
— कॉटन सीड सॉल्वेण्ट एक्स्ट्रैक्शन प्लाण्ट (उज्जैन, 1963-64)।

कृत्रिम रेशे का कपड़ा उद्योग

- मध्य प्रदेश में कृत्रिम रेशा से कपड़ा बनाने का उद्योग अपेक्षाकृत नवीन उद्योग है। इसके लिए कच्चा माल **मुम्बई** एवं **ग्वालियर** तथा **देवास** की कृत्रिम रेशा उत्पादक मिलों से प्राप्त होता है।
- मध्य प्रदेश में प्रमुख कृत्रिम रेशा कपड़ा उत्पादक केन्द्र **इन्दौर**, **ग्वालियर**, **नागदा**, **उज्जैन** तथा **देवास** हैं।
- मध्य प्रदेश में कृत्रिम रेशा बनाने का सबसे बड़ा कारखाना ग्रेसीम मिल (विस्कस स्टेपल फाइबर) नागदा में स्थित है।

वनस्पति घी

- वर्तमान में मध्य प्रदेश में 93 सोयाबीन एक्सट्रेशन प्लाण्ट तथा 10 वनस्पति घी के कारखाने हैं।
- वनस्पति घी बनाने के अधिकांश कारखाने, तिलहन उत्पादक क्षेत्रों मालवा पठार, बैतूल, छिन्दवाड़ा पठार, मध्य नर्मदा घाटी एवं चम्बल की घाटी आदि में लगाए गए हैं। मध्य प्रदेश के प्रमुख वनस्पति घी के कारखाने **गंजबासौदा**, **जबलपुर**, **खण्डवा**, **ग्वालियर**, **इन्दौर** और **मुरैना** में स्थित हैं।
- मध्य प्रदेश के **गंजबासौदा** (विदिशा) में **वनस्पति घी बनाने का सबसे बड़ा कारखाना** स्थित है।

रेशम उद्योग

- मध्य प्रदेश में शहतूत, टसर और ईरी रेशम का उत्पादन होता है। मध्य प्रदेश के **मण्डला** जिले में सर्वाधिक रेशम का उत्पादन होता है।
- मध्य प्रदेश के **सिवनी** जिले में ईरी रेशम के कारखाने अधिक हैं और यहाँ रेशम का उत्पादन भी अधिक होता है। इसी कारण इसे **मध्य प्रदेश का लखनऊ** कहा जाता है।
- राज्य में पंचायत एवं ग्रामीण विभाग के अन्तर्गत सितम्बर, 1984 को रेशम संचालनालय का गठन किया गया।
- **मलबरी स्वावलम्बन योजना** के माध्यम से मलबरी रेशम का विकास तथा विस्तार कार्यक्रम इसी के अन्तर्गत किया जा रहा है।

सोयाबीन उद्योग

- मध्य प्रदेश के **सिवनी** में सोयाबीन से तेल निकालने के कारखाने स्थित हैं।
- **भोपाल** में सोयाबीन से बिस्कुट बनाने का कारखाना एवं **उज्जैन** में **एशिया का सबसे बड़ा सोयाबीन कारखाना** स्थित है।
- मध्य प्रदेश के **सिवनी** में **देश के सबसे बड़े सहकारी सोयाबीन कारखाने** की स्थापना की गई है।
- सोयाबीन के कारखाने मध्य प्रदेश में **उज्जैन** तथा **बड़वाह** (खरगौन) में स्थित हैं। राज्य में सोयाबीन से तेल निकालने के लिए विलायक निष्कर्षण संयन्त्र स्थापित किया गया है।

खाद्य प्रसंस्करण उद्योग

- मध्य प्रदेश का **प्रथम मेगा फूड पार्क** भारत सरकार की सहायता से **कसरावद** (खरगौन) में स्थापित किया गया है। मध्य प्रदेश के अन्य मेगा फूड पार्क **कटनी** एवं **मन्दसौर** में बनाए गए हैं।
- मानव और पशुओं के उपभोग हेतु कच्चे पदार्थों को अन्य रूपों में बदलना खाद्य प्रसंस्करण कहलाता है।
- मध्य प्रदेश के होशंगाबाद जिले के बावई में **प्रथम फूड प्रसंस्करण उद्योग** निर्मित किया गया है। मध्य प्रदेश में अन्य फूड प्रसंस्करण उद्योग **मनेरी** (मण्डला), **जग्गाखेड़ी** (मन्दसौर), **मालनपुर** (भिण्ड), **घिरोगी-पिपरिया** (होशंगाबाद), **निमरानी** (खरगौन), **बोरगाँव** (छिन्दवाड़ा) आदि स्थानों पर स्थापित हैं।

अन्य कृषि आधारित उद्योग

- मध्य प्रदेश के **इन्दौर**, **भोपाल**, **जबलपुर** और **रीवा** में चावल मिलें स्थित हैं। इन मिलों से धान से चावल निकाला जाता है।
- मध्य प्रदेश में दाल मिलें **इन्दौर**, **उज्जैन**, **सागर** आदि जिले में स्थित हैं।
- मध्य प्रदेश के **शाजापुर** जिले में कृषि अपशिष्ट पदार्थों के उपयोग द्वारा स्ट्रा बोर्ड बनाया गया है।

कृषि उद्योग विकास निगम द्वारा स्थापित कृषि पर आधारित उद्योग

कृषि पर आधारित उद्योग	मुख्यालय	प्रमुख उत्पाद
जीवाणु खाद्य संयन्त्र	भोपाल	इससे बायो फर्टिलाइजर केन्द्र में जीवाणु खाद तैयार की जाती है।
कीटनाशक संयन्त्र	बीना	10 हजार टन पाउडर एवं 1 लाख लीटर तरल कीटनाशक औषधि का निर्माण किया जाता है।
ऑयल मिल	मुरैना	यहाँ 25 लाख टन सरसों वार्षिक पिराई का कारखाना स्थापित किया गया है।
दानेदार मिश्रित खाद संयन्त्र	होशंगाबाद (रैसलपुर में मध्य प्रदेश एग्रो मोराजी फर्टिलाइजर)	यह कारखाना 60 हजार टन वार्षिक दानेदार मिश्रित खाद का निर्माण करता है।
फल व सब्जी संरक्षण एवं प्रक्रियाइकाई	भोपाल	यहाँ पर फलों एवं सब्जियों का संरक्षण (100 टन) तथा उनसे विभिन्न खाद्य उत्पाद बनाए जाते हैं।
डेयरी फार्म	होशंगाबाद	दुग्ध उत्पादन
पोषण आहार संयन्त्र	धार	यह पोषण आहार का उत्पादन किया जाता है।
एग्रो इण्टस्ट्रीयल कॉम्प्लेक्स एवं निर्माण इकाइयाँ	-	बायोगैस संयन्त्र ड्रम, सोलर कुकर, अन्न भण्डारण कोठियाँ, ट्रैक्टर एवं बैलचालित कृषि उपकरण, बैलगाड़ियाँ
यन्त्रीकृत कृषि प्रक्षेत्र (बावई), प्रमाणित बीज रेशम डेयरी फार्म (बावई)		दुग्ध उत्पादन

2. खनिजों पर आधारित उद्योग

मध्य प्रदेश में खनिजों पर आधारित उद्योगों की स्थापना अधिकतर पश्चिमी मध्य प्रदेश में की गई है। इस प्रकार के उद्योग कच्चे माल के लिए खनिज पर आश्रित होते हैं, इसलिए इन्हें खनिज उद्योग कहा जाता है; जैसे— लोहा, इस्पात, सीमेण्ट तथा रसायन आदि। मध्य प्रदेश के खनिजों पर आधारित प्रमुख उद्योग निम्नलिखित हैं

सीमेण्ट उद्योग

- सीमेण्ट का प्रमुख तत्त्व चूना-पत्थर है। राज्य में चूने-पत्थर के भण्डार बड़े पैमाने पर पाए जाते हैं, जिससे मध्य प्रदेश में सीमेण्ट उद्योग की स्थापना में प्रगति हुई है। ये भण्डार मुख्यतः जबलपुर, दमोह, रीवा तथा सतना आदि में हैं। राज्य में पहला सीमेण्ट कारखाना ए. सी. सी. द्वारा **बानमौर** (मुरैना) में वर्ष 1922 में स्थापित किया गया।
- वर्तमान में कैमूर, सतना, मैहर, नीमच, धार, बानमौर सहित मध्य प्रदेश में 23 सीमेण्ट कारखाने उत्पादन कर रहे हैं।
- देश में सीमेण्ट उत्पादन में मध्य प्रदेश का तीसरा स्थान है।

- मध्य प्रदेश में सीमेण्ट उद्योग अमझेरा (1980) धार, नया गाँव सीमेण्ट (1982) मन्दसौर, दमोह सीमेण्ट वर्क्स (1983), मालनपुर सीमेण्ट वर्क्स (1984) धार, जीराबाद (1985) धार, जावद सीमेण्ट वर्क्स (1986) शिवपुरी, जे.पी. सीमेण्ट रीवा तथा प्रिज्म सीमेण्ट सतना में स्थित हैं।

मध्य प्रदेश में सीमेण्ट उद्योग

फैक्ट्री	स्थिति	स्वामित्व	उत्पादन
बानमौर (1922) (क्षमता-60,000 मी टन)	बानमौर (मुरैना)	एसोसिएटेड सीमेण्ट कम्पनी (ए.सी.सी)	आर्द्र विधि द्वारा साधारण पोर्टलैण्ड सीमेण्ट
कैमोर (1923) (क्षमता-8 लाख मी टन)	कैमोर (कटनी के समीप)	ए.सी.सी	आर्द्र विधि द्वारा साधारण पोर्टलैण्ड सीमेण्ट एवं पोत्सलाना सीमेण्ट तथा एस्बेस्टस चादर
सतना (1959) (क्षमता-6 लाख मी टन)	सतना	बिड़ला जूट मैन्युफैक्चरिंग कम्पनी लिमिटेड	आर्द्र विधि द्वारा साधारण पोर्टलैण्ड सीमेण्ट
नीमच (1980-81) (क्षमता-4 लाख मी टन)	मन्दसौर	सीमेण्ट कॉर्पोरेशन ऑफ इण्डिया	–
मैहर (1980-81) (क्षमता-75,000 मी टन)	मैहर (सतना)	बिड़ला	–

चीनी मिट्टी उद्योग

- मध्य प्रदेश में चीनी मिट्टी पर्याप्त रूप से उपलब्ध है। इसी कारण मध्य प्रदेश में चीनी मिट्टी उद्योग में तेजी से वृद्धि हुई है।
- मध्य प्रदेश में **ग्वालियर, जबलपुर** तथा **रतलाम** आदि क्षेत्रों में चीनी मिट्टी के बर्तन बनाने के उद्योग स्थापित हैं।

हीरा उद्योग

- मध्य प्रदेश देश में हीरा उत्पादन में **प्रथम** स्थान रखता है। यहाँ के **पन्ना** जिले में हीरा बहुतायत में पाया जाता हैं और यहाँ पर एक हीरा परिष्करण आधारित उद्योग **पीथमपुरा में मेसर्स विजय कुमार इण्टरनेशनल** ने स्थापित किया है।
- मध्य प्रदेश के अधिकांश हीरे परिष्करण के लिए मुम्बई, बैंगलोर एवं अन्य स्थानों पर भेजे जाते हैं।

फायर क्ले उद्योग

- मध्य प्रदेश में फायर क्ले के उद्योग **जबलपुर** एवं **कटनी** में स्थापित हैं। जबलपुर में फायर क्ले से प्याले, तस्तरी और आचार पॉट निर्मित किए जाते हैं। इसके अतिरिक्त **ग्वालियर** में चाय, दूध आदि के बर्तन बनाए जाते हैं।
- राज्य के **जबलपुर** एवं **कटनी** में फायर क्ले से पाइप एवं बेसिन बनाने के कारखाने स्थापित हैं।

ताँबा, लोहा आधारित उद्योग

- राज्य के भोपाल शहर में **भारत हैवी इलेक्ट्रिकल्स लिमिटेड** की स्थापना वर्ष 1964 में ब्रिटेन की सहायता से की गई। भारत हैवी इलेक्ट्रिकल्स लिमिटेड (BHEL) को वर्ष 2013 में **महारत्न कम्पनी** का दर्जा प्रदान किया गया।
- BHEL कारखाने में लोहा एवं अन्य अयस्क का प्रयोग कर बिजली से चलने वाले भारी उपकरण का निर्माण किया जाता है। BHEL द्वारा निर्मित उपकरणों में वाष्प एवं जल टरबाइन, जनरेटर, टान्सफार्मर, स्वीच गियर, रेक्टीफायर, विद्युत मोटर, रेलवे ट्रैक्शन आदि महत्त्वपूर्ण हैं।
- BHEL द्वारा मध्य प्रदेश में ताँबा एवं लोहे जैसी मजबूत धातु से अनेक उपकरण बनाए जाते हैं। ऐसे उद्योग **इन्दौर, पीथमपुर** तथा **देवास** में स्थापित किए गए हैं।
- मध्य प्रदेश में निजी क्षेत्र के स्वामित्व में स्थापित कारखाने इन्दौर, पीथमपुर, देवास आदि स्थानों पर हैं। यहाँ पर लोहे के परिष्करण से लोहे की तार, रॉड आदि बनाए जाते हैं।

बॉक्साइट आधारित कारखाने

- मध्य प्रदेश में अमरकण्टक क्षेत्र से बॉक्साइट की प्राप्ति होती है।
- यहाँ प्राप्त होने वाले बॉक्साइट से हिण्डाल्को (बिरला कम्पनी) के रेनुकूट (उत्तर प्रदेश) एवं सिंगरौली कारखाने आदि में एल्युमीनियम उत्पाद बनाने में प्रयोग होता है।
- मध्य प्रदेश में वर्ष 2009 में सिंगरौली सयन्त्र की स्थापना की गई।

उर्वरक कारखाने

- रॉक फॉस्फेट खनिज मध्य प्रदेश के **झाबुआ** जिले में पाया जाता है। रॉक फॉस्फेट का प्रयोग उर्वरक बनाने में किया जाता है।
- मध्य प्रदेश के गुना जिले में सार्वजनिक क्षेत्र का उर्वरक कारखाना स्थापित है। इसके अतिरिक्त **धरमपुरी, गुना** में भी उर्वरक बनाने के कारखाने स्थापित हैं।

कोयला आधारित कारखाने

- मध्य प्रदेश में कोयला आधारित उद्योग मुख्य रूप से तापीय गृह है, जिसमें कोयले का प्रयोग प्रमुखता से किया जाता है।
- मध्य प्रदेश में **NTPC** और **मध्य प्रदेश विद्युत मण्डल** द्वारा स्थापित विद्युत ताप गृहों में कोयले का प्रयोग विद्युत बनाने के लिए किया जाता है।

खनिज आधारित अन्य उद्योग

▪ कास्टिक सोडा	-	शहडोल, खण्डवा, रतलाम
▪ चूना	-	कटनी
▪ पेंसिल एवं स्लेट	-	मन्दसौर
▪ मिट्टी के बर्तन	-	ग्वालियर, उज्जैन
▪ गलन रोधी ईंटें	-	रतलाम, कटनी, जबलपुर
▪ मार्बल	-	कटनी
▪ ग्रेनाइट कटिंग एवं पॉलिश	-	टीकमगढ़, छतरपुर, दतिया
▪ फ्लैग स्टोन कटिंग एवं पॉलिश	-	शिवपुरी, ग्वालियर, कटनी एवं विदिशा
▪ एस्बेस्टस सीमेण्ट की चादरें	-	कटनी

3. वनों पर आधारित उद्योग

मध्य प्रदेश में वन आधारित उद्योगों का पर्याप्त विकास नहीं हुआ है, क्योंकि वन संरक्षण को अधिक महत्त्व दिया जा रहा है। मध्य प्रदेश में वन आधारित प्रमुख उद्योग निम्नलिखित हैं

कागज उद्योग

- मध्य प्रदेश में **स्ट्रिक्स प्रजाति** के बाँस प्रचुर मात्रा में पाए जाते हैं, जिनसे कागज बनाना सरल होता है।
- मध्य प्रदेश में कागज उद्योग की स्थापना सर्वप्रथम वर्ष 1948-49 में की गई थी, जब **बुहारनपुर** के नेपानगर में **नेशनल न्यूज प्रिण्ट एण्ड पेपर मिल** की स्थापना की गई थी।

- इस मिल में कागज उत्पादन का कार्य वर्ष 1956-57 से प्रारम्भ हुआ। इस मिल को मध्य प्रदेश सरकार ने अपने अधीन वर्ष 1949 में ले लिया और केन्द्र सरकार द्वारा इसे वर्ष 1959 से सार्वजनिक उपक्रम बना दिया गया।
- मध्य प्रदेश के देवास में वर्ष 1974 में **बैंक नोट प्रेस** कारखाने की स्थापना की गई। वर्तमान में राज्य में 9 कागज बनाने वाले संयन्त्र पंजीकृत हैं, जो विविध प्रकार के कागज और स्ट्रा बनाते हैं।
- राज्य में शहडोल जिले के **अमलाई** नामक **स्थान** पर निजी क्षेत्र में स्थापित ओरिएण्ट पेपर मिल सबसे प्रमुख है।
- बैंक नोट प्रेस देवास में ₹ 5, 20, 50, 100, 500 और 2000 के नोट छापे जाते हैं। इससे 50 हजार मीट्रिक टन कागज का उत्पादन प्रतिवर्ष किया जाता है। इसे विद्युत चाँदनी विद्युत गृह से प्राप्त होती है।
- यह वर्ष 2016 से तीन वर्षों तक बन्द रहा तथा वर्ष 2019 में नई मशीनों के साथ पुनः प्रारम्भ हुआ।
- मध्य प्रदेश के डॉ. अम्बेडकर नगर (महू, इन्दौर) में **टिश्यू पेपर** कारखाना स्थापित किया गया है। इसके अतिरिक्त **ग्वालियर**, **रतलाम** एवं **भोपाल** में कागज बनाने के कारखानें स्थित हैं।

सिक्योरिटी पेपर मिल होशंगाबाद

- मध्य प्रदेश के **होशंगाबाद** जिले में नोट छापने का कागज कारखाना सिक्योरिटी पेपर मिल (1968) स्थित है। इसके अतिरिक्त सिक्योरिटी प्रिंटिंग नोट प्रेस की स्थापना वर्ष 2015 में होशंगाबाद में की गई।
- इसकी स्थापना बैंक, करेंसी नोट कागज तथा नॉन ज्यूडिशियल स्टाम्प पेपर में प्रयुक्त कागज के उत्पादन हेतु की गई।

बीड़ी उद्योग

- देश में सर्वाधिक तेन्दूपत्ते का संग्रहण मध्य प्रदेश में होता है। यही कारण है कि बीड़ी उद्योग का विकास **जबलपुर** (सर्वाधिक), **सागर**, **कटनी**, **दमोह** तथा **सतना** में हुआ है।
- मध्य प्रदेश में बीड़ी बनाने के लगभग **280** कारखाने कार्यरत् हैं। देश का **60%** तेन्दूपत्ता उत्पादन मध्य प्रदेश में होता है।

लकड़ी उद्योग

- मध्य प्रदेश में साल एवं सागौन के वन की संख्या अधिक है। इनकी लकड़ियाँ मुख्यतः बहुमूल्य हैं।
- राज्य के **जबलपुर**, **छिन्दवाड़ा** तथा **मण्डला** (मनेरी) में इमारती लकड़ी को चीरने के कारखाने कार्यरत् हैं।
- वर्तमान में इस उद्योग में लगभग **113** कारखाने मध्य प्रदेश में हैं।
- मध्य प्रदेश में लकड़ी चीरने का सबसे बड़ा कारखाना **मनेरी** (मण्डला) में केन्द्र सरकार की सहायता से स्थापित किया गया है।

अन्य कागज आधारित उद्योग

मध्य प्रदेश में अन्य कागज आधारित उद्योग निम्नलिखित हैं

- **कत्था उद्योग** मध्य प्रदेश में **शिवपुरी** एवं **बानमौर** (मुरैना) में कत्था उद्योग की इकाइयाँ स्थापित हैं। मध्य प्रदेश की खैरवार जनजाति के लोग इसी उद्योग में संलग्न हैं।
- **लाख उद्योग** लाख का सरकारी कारखाना मध्य प्रदेश के **उमरिया** जिले में स्थापित है। लाख का प्रयोग चमड़े पर वॉर्निश, चूड़ी, खिलौने, स्याही, स्थायी मोहर (ठप्पा), पॉलिश निर्माण, सौन्दर्य उद्योग आदि में किया जाता है।
- **प्लाईवुड उद्योग** मध्य प्रदेश में प्रथम प्लाईवुड कारखाने का निर्माण वर्ष 1964 में **इटारसी** में किया गया। नर्मदा वुड कारखाने की स्थापना वर्ष 1979 में की गई। मध्य प्रदेश में प्लाईवुड एवं नक्काशीदार लकड़ी का कारखाना **छिन्दवाड़ा** एवं **कौसमी** (बैतूल) में स्थापित है।
- **चिप बोर्ड एवं माचिस डिब्बी उद्योग** चिप बोर्ड एवं पार्टिकल बोर्ड बनाने का कारखाना **इटारसी** में तथा माचिस की डिब्बी बनाने का कारखाना **ग्वालियर** में स्थापित है। ये कारखाने स्थानीय कच्चे माल का प्रयोग करते हैं।

4. रसायन एवं गैस आधारित उद्योग

रसायन एवं गैस आधारित उद्योग निम्नलिखित हैं

आसागोद तेल शोधक कारखाना

- मध्य प्रदेश के सागर जिले के **बीना** में आसागोद तेल शोधक कारखाने (2011) की स्थापना भारत-ओमान रिफाइनरी लिमिटेड द्वारा की गई है।
- इस रिफाइनरी की क्षमता 6 मिलियन टन प्रतिवर्ष है। इस कारखाने को गैस की प्राप्ति ओमान से होती है।

मीथेन गैस पाइपलाइन परियोजना

- मध्य प्रदेश में मीथेन गैस पाइपलाइन परियोजना को बिछाने का कार्य **रिलायन्स गैस पाइपलाइन** को मिला है।
- यह पाइपलाइन **सोहागपुर** (शहडोल, मध्य प्रदेश) से **फूलपुर** (उत्तर प्रदेश) तक विस्तारित है।
- मध्य प्रदेश में सर्वप्रथम बायोमिथेनेशन कारखाने का उद्घाटन भोपाल में किया गया है।

डिटर्जेण्ट कारखाने

- मध्य प्रदेश में डिटर्जेण्ट के कारखाने **पीथमपुर**, **छिन्दवाड़ा**, **मालनपुर** एवं **मण्डीदीप** में स्थित हैं।
- मध्य प्रदेश में **रैसलपुर** (होशंगाबाद) में कीटनाशक एवं उर्वरक के कारखाने निजी एवं सार्वजनिक भागीदारी से स्थापित किए गए हैं।

नेशनल फर्टिलाइजर्स लिमिटेड

- मध्य प्रदेश के **विजयपुर** (गुना) में भारत सरकार द्वारा इटली एवं अमेरिका के सहयोग से गैस आधारित उर्वरक कारखाने की स्थापना की गई है।
- इसमें यूरिया और अमोनिया का उत्पादन होता है। इस कारखाने से उत्पादन कार्य वर्ष 1988 में प्रारम्भ हुआ।
- इसके अतिरिक्त राज्य में **प्रतापपुरा** (निवाड़ी), **पीथमपुर**, **जबलपुर**, **इन्दौर** एवं **झाबुआ** में भी उर्वरक के कारखाने स्थित हैं।

पेट्रो रसायन उद्योग

- मध्य प्रदेश में पेट्रो रसायन उद्योग मुख्यतः **भोपाल**, **मण्डला**, **पीथमपुर** (धार), **सीहोर** एवं **जबलपुर** में स्थापित किए गए हैं।
- मध्य प्रदेश में 6 उद्योग पेट्रो रसायन आधारित हैं। **गुना** जिले के विजयपुर में औद्योगिक गैस प्लाण्ट की स्थापना की गई है।
- मध्य प्रदेश में **58** कारखाने रबर और प्लास्टिक उद्योग के निर्माण में संचालित हैं।

5. पशु उत्पाद आधारित उद्योग

पशु उत्पाद आधारित उद्योग निम्नलिखित हैं

डेयरी उद्योग

- मध्य प्रदेश दुग्ध महासंघ का सार्वजनिक क्षेत्र में भारत में तीसरा स्थान है। इसका संकेन्द्रण मुख्यत: मध्य प्रदेश के पश्चिमी और मध्य जिलों में अधिक है।
- इनमें प्रमुख रूप से **मुरैना**, **श्योपुर**, **उज्जैन**, **इन्दौर** आदि जिले सम्मिलित हैं।
- यहाँ मुख्य रूप से दुग्ध और सम्बन्धित उत्पादों के निर्माण, विपणन तथा व्यापार में वृद्धि हुई।

चर्म आधारित उद्योग

- मध्य प्रदेश में चर्म उद्योग से सम्बन्धित **चर्म विकास निगम** की स्थापना वर्ष 1981 में भोपाल में की गई।
- मध्य प्रदेश में इसके प्रमुख केन्द्र **दमोह** एवं **नरसिंहपुर** जिले हैं।

वाहन उद्योग

- राज्य में **इन्दौर** एवं **पीथमपुर** को वाहन उद्योग के केन्द्र के रूप में विकसित किया जा रहा है। यहाँ पर स्कूटर, कार के इंजन, हल्के वाणिज्यिक वाहन आदि बनाए जाते हैं।
- **जबलपुर** में सेना के वाहन बनाने का एक कारखाना (व्हीकल फैक्ट्री) कार्यरत् है। **बैतूल** एवं **पीथमपुर** में टायर और ट्यूब बनाने के कारखाने कार्यरत् हैं।
- पीथमपुर में हिन्दुस्तान मोटर्स लिमिटेड, काइनेटिक इंजीनियरिंग, फोर्स मोटर्स एवं बजाज ऑटो इण्डस्ट्रीज आदि के उद्योगों की स्थापना की गई है। इन्दौर में इण्डो-जर्मन टूल की स्थापना की गई है।
- मध्य प्रदेश के देवास में 6 वाहन कारखाने स्थापित हैं एवं **मुरैना** में कलपुर्जे बनाने के कारखाने की स्थापना की गई है।

रेल उपकरण उद्योग

- मध्य प्रदेश में देश का एकमात्र **रेल स्प्रिंग कारखाना सिथौली** (ग्वालियर) में स्थित है। **भोपाल** (निशातपुर) में **रेल कोच फैक्ट्री** की स्थापना वर्ष 2008 में की गई।
- मध्य प्रदेश राज्य का एकमात्र **विद्युत इंजन कारखाना** भोपाल और **डीजल इंजन कारखाना** इन्दौर, विदिशा एवं सीहोर में स्थित है।
- राज्य के शोरपुर (सीहोर) में **प्रथम डीजल लोकोमोटिव संयन्त्र** की स्थापना वर्ष 2012 में की गई।
- इस संयन्त्र का निर्माण दौलतराम इंजीनियरिंग प्राइवेट लिमिटेड और अमेरिकी की एन.आर.ई.सी. कम्पनी की साझेदारी से किया गया है। यह निजी स्वामित्व में स्थित है।

औषधि उद्योग

मध्य प्रदेश में औषधि उद्योग की लगभग **33 इकाइयाँ** संचालित हैं। औषधि उद्योग के प्रमुख केन्द्र **भोपाल**, **छिन्दवाड़ा**, **देवास**, **मण्डीदीप**, **पीथमपुर**, **संजवाता**, **रतलाम**, **धार**, **जबलपुर**, **मालनपुर**, **पीलूखेड़ी**, **राजगढ़**, **कटनी** आदि हैं।

मध्य प्रदेश में लघु एवं कुटीर उद्योग

मध्य प्रदेश में कुटीर उद्योगों में हथकरघा के कपड़े का उद्योग, चन्देरी, महेश्वर, बुरहानपुर तथा जबलपुर में है। चन्देरी की साड़ियों ने विश्व स्तरीय प्रसिद्धि प्राप्त की। कपड़ों की छपाई, लकड़ी के खिलौने, फर्नीचर, कागज का निर्माण, कागज से बनी वस्तुएँ तथा चमड़े का सामान, लाख के जेवर, शीशे, मोती, हीरों को तराशना एवं उन पर पॉलिश करना, खजूर के पत्तों का सामान बनाना कुटीर उद्योगों के अन्तर्गत आते हैं।

पॉवरलूम उद्योग

मध्य प्रदेश में वर्तमान समय तक लगभग 40000 पॉवरलूम इकाइयाँ संचालित हैं। मध्य प्रदेश में पावरलूम उद्योगों की स्थापना वाणिज्य, उद्योग एवं रोजगार मन्त्रालय के अधीन **भोपाल**, **जबलपुर**, **ग्वालियर**, **इन्दौर**, **रीवा**, **सतना** तथा **बुरहानपुर** जिलों में की गई हैं।

हथकरघा उद्योग

मध्य प्रदेश में वर्तमान में 20,004 हथकरघे कारखाने संचालित हैं। हथकरघा उद्योग परम्परागत एवं कलात्मक वस्त्रों के उत्पादन की विरासत को बनाए रखते हुए मध्य प्रदेश के बुनकरों (निर्धन, अकुशल तथा कुशल मजदूरों) को रोजगार भी उपलब्ध कराता है।

मृगनयनी एम्पोरियम

मध्य प्रदेश उद्योग निगम, हथकरघा व हस्तशिल्प से सम्बन्धित मृगनयनी के नाम से 10 एम्पोरियम संचालित करता है। ये एम्पोरियम भोपाल, इन्दौर, ग्वालियर, जबलपुर, रायपुर, भिलाई, रीवा, उज्जैन, नई दिल्ली एवं कोलकाता में संचालित हैं।

मध्य प्रदेश हस्तशिल्प विभाग निगम

- मध्य प्रदेश में वर्ष 1981 में **मध्य प्रदेश हस्तशिल्प विकास निगम** की स्थापना की गई थी।
- यह मुख्यत: राज्य में लघु एवं कुटीर उद्योगों के विकास के लिए समर्पित है।
- वर्ष 1999 में इस निगम का नाम बदलकर मध्य प्रदेश हस्तशिल्प एवं हथकरघा विकास निगम कर दिया गया है।
- मध्य प्रदेश शासन द्वारा वर्ष 2013 में पुन: इसका नाम परिवर्तित कर सन्त रविदास मध्य प्रदेश हस्तशिल्प एवं हथकरधा विकास निगम कर दिया गया है।

मध्य प्रदेश में सूक्ष्म, लघु एवं मध्यम उद्योग

- MSME को आर्थिक विकास का इंजन कहा जाता है। मध्य प्रदेश सरकार द्वारा सूक्ष्म, लघु एवं मध्यम उद्योग विभाग की स्थापना, 5 अप्रैल, 2016 में की गई।
- MSME का मुख्य उद्देश्य रोजगार वृद्धि करना व सामाजिक-आर्थिक स्तर पर सन्तुलन स्थापित करना है।
- सूक्ष्म, लघु एवं माध्यम उद्योग विभाग में दो निगम एवं एक प्राधिकरण शामिल है। इनके नाम हैं— मध्य प्रदेश लघु उद्योग निगम, राज्य वस्त्र निगम. ग्वालियर व्यापार मेला प्राधिकरण।
- वर्ष 2018-19 में निर्मित रोजगार की संख्या 10.30 लाख रही, जो वर्ष 2019-20 में घटकर 9.94 लाख हो गई अर्थात् निर्मित रोजगार में 3.52% की कमी हुई है।

स्रोत उद्योग संचालनालय, मध्य प्रदेश

MSME **उद्योगों के लिए पूँजी निवेश की सीमा**

उद्योग	सेवा इकाई	निर्माण इकाई
सूक्ष्म उद्योग	₹ 25 लाख तक	₹ 25 लाख तक
लघु उद्योग	₹ 10 लाख-2 करोड़ तक	₹ 25 लाख-5 करोड़ तक
मध्यम उद्योग	₹ 2 करोड़-5 करोड़	5 करोड़-10 करोड़

नोट *1 जुलाई, 2020 से उद्योग आधार मेमोरेण्डम फाइल करने की प्रक्रिया समाप्त हो गई है।*

मध्य प्रदेश MSME विकास नीति, 2017

- यह नीति वर्ष 2017 को जारी तथा 1 अप्रैल, 2018 को लागू की गई।
- मध्य प्रदेश सरकार मध्य प्रदेश MSME विकास नीति, 2017 के अन्तर्गत राज्य में मेक इन इण्डिया, स्टार्टअप इण्डिया, डिजिटल इण्डिया, स्टैण्डअप इण्डिया आदि योजनाओं के माध्यम से विकास के लिए प्रयासरत् है। मध्य प्रदेश में पंजीकृत MSME उद्योगों की संख्या लगभग 3 लाख है। यह क्षेत्र मध्य प्रदेश के प्राथमिक क्षेत्र के बाद सबसे बड़ा रोजगार का सृजक क्षेत्र है।

मध्य प्रदेश के संयुक्त क्षेत्र के उद्योग

- मध्य प्रदेश लैम्प्स लिमिटेड — विदिशा
- मध्य प्रदेश इलेक्ट्रिकल्स लिमिटेड — भोपाल
- मध्य प्रदेश विद्युत यन्त्र लिमिटेड — जबलपुर
- मध्य प्रदेश वस्त्र निगम सनावद कताई (Spining) मिल, खरगौन तथा अल्कोहल एवं अन्य रासायन उद्योग रतलाम जिले में हैं।

मध्य प्रदेश में उद्योगों के विकास की दिशा में पहल

मध्य प्रदेश में पंचवर्षीय योजनाओं के द्वारा उद्योगों के विकास की दिशा में पहल की गई

- मध्य प्रदेश में द्वितीय पंचवर्षीय योजना का आधार उद्योगों का विकास करना था।
- मध्य प्रदेश में तृतीय पंचवर्षीय योजना के अन्तर्गत भारत हैवी इलेक्ट्रिकल्स लिमिटेड, BHEL (भोपाल, 1964), सॉल्वेण्ट एक्सट्रैक्शन प्लाण्ट (उज्जैन), कॉटन स्पिनिंग मिल (सनावद, भोपाल), पावर एल्कोहॉल संयन्त्र (रतलाम), एल्कोहॉल प्लाण्ट (भोपाल) आदि वृहद् उद्योगों के साथ ग्वालियर, इन्दौर (पोलोग्राउण्ड) में अनेक उद्योगों की स्थापना की गई।
- मध्य प्रदेश सरकार द्वारा प्रथम औद्योगिक नीति, 1972 में लागू हुई।
- देश में योजना अवकाश काल के दौरान वर्ष 1968 में **सिक्योरिटी पेपर मिल** (होशंगाबाद) की स्थापना की गई तथा औद्योगिक विकास के लिए **औद्योगिक विकास निगम** की स्थापना की गई।
- चौथी पंचवर्षीय योजना (1969-74) काल में मध्य प्रदेश में सार्वजनिक क्षेत्र से सम्बन्धित कम्पनी इमुनोटेड कण्डक्ट प्लाण्ट, हाइड्रोजनरेट ऑयल प्लाण्ट आदि की स्थापना की गई।
- मध्य प्रदेश में छठी तथा सातवीं पंचवर्षीय योजना में वृहद् व मध्यम श्रेणी के उद्योगों में निवेश किया गया।
- **बारहवीं पंचवर्षीय योजना** में राज्य में सूक्ष्म, लघु एवं मध्यम उद्योग तथा वस्त्र उद्योग को प्राथमिकता प्रदान की गई।

मध्य प्रदेश में औद्योगिक विकास के लिए प्रमुख संस्थाएँ

मध्य प्रदेश में औद्योगिक विकास के लिए प्रमुख संस्थाएँ निम्नलिखित हैं

मध्य प्रदेश लघु उद्योग निगम

इस निगम की स्थापना वर्ष 1961 में भोपाल में की गई। इसका उद्देश्य लघु उद्योगों को **कच्चे माल की पूर्ति करना** और **उत्पादित वस्तुओं के लिए बाजार की व्यवस्था** करना है। इसके द्वारा राज्य के शासकीय/अर्द्धशासकीय उपक्रमों को प्रतिस्पर्द्धात्मक दर पर गुणवत्तायुक्त सामग्री प्रदान करना है।

मध्य प्रदेश औद्योगिक केन्द्र विकास निगम

इस निगम की स्थापना भोपाल में वर्ष 1965 में की गई। इस संस्था द्वारा वृहद् और मध्यम आकार के उद्योगों को वित्तीय और तकनीकी सहायता उपलब्ध करवाई जाती है। इसका मुख्य कार्य **अधोसंरचना का विकास करना, दीर्घकालीन ऋण** व **चयनित आधार पर अंश पूँजी प्रदान** करना है। यह राज्य सरकार के सार्वजनिक उपक्रमों का प्रबन्धन व संचालन का कार्य करती है।

अक्टूबर, 1987 में इसका नाम परिवर्तित कर **MPSIDC** (MP State Industrial Development Corporation Ltd.) कर दिया गया।

मध्य प्रदेश में औद्योगिक विकास के लिए यह सर्वोच्च अकादमिक संस्था है। इस निगम की 5 सहायक कम्पनियाँ **इन्दौर**, **भोपाल**, **जबलपुर**, **ग्वालियर** और **रीवा** में स्थापित की गई हैं।

मध्य प्रदेश विज्ञान तथा प्रौद्योगिकी परिषद्

इस परिषद् की स्थापना वर्ष 1981 में की गई। यह मध्य प्रदेश सरकार के विज्ञान एवं प्रौद्योगिकी विभाग के तहत गठित की गई है। इसकी अध्यक्षता **मुख्यमन्त्री** द्वारा की जाती है। इसका कार्यकारी अध्यक्ष **महानिदेशक** होता है, जो सरकार का वैज्ञानिक सलाहकार होता है। यह एक **स्वायत्त संस्था** है।

राज्य में विज्ञान एवं प्रौद्योगिकी के विकास कार्यक्रमों के लिए बुनियादी ढाँचों की स्थापना एवं सहायता तथा अनुसन्धान आदि के तहत विकास कार्यक्रमों को संचालित करना इसका मुख्य उद्देश्य है।

मध्य प्रदेश औद्योगिक राज्य विकास निगम

इस संस्था की स्थापना वर्ष 1987 में भोपाल में की गई। इसका मुख्य कार्य में राज्य में औद्योगिक विकास केन्द्र की स्थापना कर, इसके माध्यम से औद्योगिक विकास करना है। इसके अन्तर्गत राज्य में अब तक **31 औद्योगिक विकास केन्द्रों** की स्थापना की जा चुकी है और 22 नवीन औद्योगिक केन्द्रों की अधोसंरचना के विकास का कार्य संचालित हो रहा है।

प्रदेश में औद्योगिक विकास को गति प्रदान करने के लिए औद्योगिक नीति, 1988 और कार्य योजना नीति, 1994 लागू की गई। इसके द्वारा राज्य में औद्योगिक विकास को तीव्र करना, पूँजीगत निवेश को आकर्षित करना, क्षेत्र आधारित विकास को बढ़ावा देना और राज्य के लोगों को रोजगार प्रदान कर जीवन-स्तर को ऊँचा उठाना आदि कार्य किए जाते हैं।

उद्यमिता विकास केन्द्र मध्य प्रदेश (CEDMAP)

इस संस्था को मध्य प्रदेश सरकार द्वारा वर्ष 1988 में पंजीकृत किया गया। यह संस्थान केन्द्रीय वित्तीय संस्थान **IDBI, IFCI, ICICI** एवं राज्य के **बैंकों** द्वारा प्रवर्तित है।

इसके अन्तर्गत उद्यम विकास से प्राप्त की गई जानकारियों का स्वरोजगार के लिए प्रचार-प्रसार किया जाता है। इसके द्वारा स्टार्ट-अप शुरू करने वाले उद्यमियों को व्यवसाय के लिए प्रशिक्षण की व्यवस्था की जाती है।

सूक्ष्म, लघु एवं मध्यम उद्यम विकास (MSMED)

मध्य प्रदेश सरकार द्वारा राज्य में सूक्ष्म, लघु एवं मध्यम उद्यम विकास अधिनियम, 2006 को 2 अक्टूबर, 2006 में क्रियान्वित किया गया। इसका उद्देश्य लघु एवं मध्यम उद्योगों की उन्नति और विकास में सहायता करना है।

मध्य प्रदेश में उद्योगों के विकास हेतु निर्मित संस्थाएँ

संस्थाएँ	मुख्यालय	कार्य
मध्य प्रदेश वित्त निगम	इन्दौर (1955)	निजी एवं सहकारी क्षेत्र के उद्योगों को वित्तीय सहायता देना।
मध्य प्रदेश औद्योगिक विकास निगम	भोपाल (1965)	बड़े तथा मध्यम श्रेणी के उद्योगों को वित्तीय, तकनीकी सहायता उपलब्ध कराना।
मध्य प्रदेश राज्य उद्योग निगम	भोपाल (1969)	सहकारी एवं संयुक्त क्षेत्र के उद्योगों की सहायता करना।

संस्थाएँ	मुख्यालय	कार्य
मध्य प्रदेश लघु उद्योग निगम	भोपाल (1961)	उद्योगों को कच्चा माल उपलब्ध कराना तथा उनके कच्चे माल को बाजार में खपाना।
मध्य प्रदेश माइनिंग कॉर्पोरेशन	भोपाल (1962)	बहुमूल्य खनिजों की खोज, खुदाई व व्यापार की व्यवस्था करना।
मध्य प्रदेश वस्त्रोद्योग निगम	इन्दौर (1970)	मुख्य कार्य शासन के अधीन सूती वस्त्र कपड़ा मिलों का संचालन करना है।
मध्य प्रदेश एग्रो इण्डस्ट्रीज कॉर्पोरेशन	भोपाल (1975)	कृषि पर आधारित उद्योगों के विकास में सहायता करना।
मध्य प्रदेश हैण्डलूम संचालनालय	भोपाल (1976)	हैण्डलूम तथा पॉवरलूम उद्योगों के लिए पूँजी उपलब्ध कराना।
मध्य प्रदेश निर्यात निगम	भोपाल (1977)	छोटे स्तर के उद्योगों के उत्पादन के निर्यात की व्यवस्था करना।
मध्य प्रदेश खादी एवं ग्रामोद्योग बोर्ड	भोपाल (1960-61)	खादी उद्योग को बढ़ावा देना।
मध्य प्रदेश हस्तशिल्प मण्डल	भोपाल (1972)	हस्तशिल्प उद्योग को बढ़ावा देने हेतु वित्तीय सहायता करना।
मध्य प्रदेश हथकरघा एवं हस्तशिल्प निगम	भोपाल (1981)	
जिला उद्योग केन्द्र	प्रत्येक जिले में	उद्योगों को वित्तीय सहायता एवं कच्चा माल उपलब्ध कराना।

नोट *मध्य प्रदेश में व्यापार केन्द्र की स्थापना भोपाल में की गई है।*

मध्य प्रदेश के प्रमुख औद्योगिक विकास केन्द्र

राज्य सरकार द्वारा मध्य प्रदेश में स्थापित औद्योगिक विकास केन्द्रों की संख्या 31 है

औद्योगिक केन्द्र	स्थान	औद्योगिक केन्द्र	स्थान
गोविन्दपुरा	बग्रुदा (भोपाल)	पीथमपुर	धार
प्रतापपुरा	निवाड़ी	मनेरी	मण्डला
मेघनगर	झाबुआ	पीलूखेड़ी	राजगढ़
पुरैना	पन्ना	प्रतापपुर	टिकमगढ़
मालनपुर	भिण्ड	बोरेगाँव	छिन्दवाड़ा
बरगवा	बैढन, सीधी	अमानपुरा	दमोह
किरनापुर	बालाघाट	बड़ोदरा	शिवपुरी
चैनपुरा	गुना	चन्द्रपुरा	छतरपुर
बड़ेरा	दतिया	नगसपुर	नरसिंहपुर
बानमौर	मुरैना	देवास	देवास
गुढ़रीवा	रीवा	विदिशा	विदिशा
जावरा	रतलाम	मक्सी	शाजापुर
हरदा	हरदा	सिद्धगाँव	सागर
मोरवन	नीमच	मण्डीदीप	रायसेन
नजरपुर	उज्जैन	बण्डोल	सिवनी
भावसिंगपुर	खण्डवा		

मध्य प्रदेश की प्रमुख उद्योग संवर्द्धन नीतियाँ

उद्योग संवर्द्धन नीति, 2004

मध्य प्रदेश में उद्योगों को प्रोत्साहन देने के लिए मध्य प्रदेश सरकार द्वारा **प्रथम उद्योग संवर्द्धन नीति, 2004** की घोषणा की गई। इस नीति में वर्ष 2007 में संशोधन किया गया, जिससे इसे और अधिक प्रभावी रूप से लागू किया जा सके। उद्योग संवर्द्धन नीति, 2004 के मुख्य उद्देश्य निम्नलिखित हैं

- इस नीति के अन्तर्गत रोजगार का सृजन करना प्रमुख उद्देश्य है।
- मध्य प्रदेश को औद्योगिक दृष्टि से अग्रणी राज्य बनाना।
- इसके लिए औद्योगिकीकरण की प्रक्रिया को तीव्र गति देना है।
- विश्व स्तरीय आधारभूत संरचना का विकास करना।
- राज्य में क्षेत्रीय विषमता को कम करने के लिए गैर कृषि क्षेत्र में रोजगार की गति को तीव्र करना। विशेष सहायता राशि उपलब्ध कराकर औद्योगिक रुग्णता की समस्या को कम करना।
- राज्य में औद्योगिक विकास की गति तीव्र करने के लिए निजी क्षेत्र की सहभागिता को बढ़ावा देना।

नोट *राज्य सरकार द्वारा औद्योगिक संवर्द्धन नीति, 2004 के तहत मध्य प्रदेश व्यापार और निवेश सुविधा निगम (TRIFAC) की स्थापना की गई।*

उद्योग संवर्द्धन नीति, 2010

मध्य प्रदेश सरकार ने औद्योगीकरण को बढ़ावा देने एवं निवेश के वातावरण को निरन्तर बनाए रखने की दृष्टि से पुनरीक्षित औद्योगिक नीति **1 नवम्बर, 2010** को घोषित की, परन्तु **28 अगस्त, 2012** में इसे प्रभावी बनाने हेतु संशोधित कर लागू किया गया। यह नीति घोषित तिथि से अगले पाँच वर्षों के लिए प्रभावी रही।

उद्योग संवर्द्धन नीति, 2010 के मुख्य उद्देश्य अग्रलिखित हैं

- नियमों एवं प्रक्रियाओं का और अधिक सरलीकरण कर मध्य प्रदेश प्रशासन को उद्योग मित्र बनाए रखना।
- इस नीति के द्वारा राज्य के समग्र विकास के लिए कृषि आधारित उद्योग, खाद्य प्रसंस्करण, ऑटोमोबाइल पर्यटन, औषधि, स्वास्थ्य, संचार, कौशल विकास एवं भण्डार गृहों का निर्माण किया जाएगा है।
- तीव्र आर्थिक विकास एवं रोजगार सृजन के साथ-साथ राज्य के प्राकृतिक संसाधनों का सतत् उपयोग करना।
- मध्य प्रदेश की औद्योगिक अधोसंरचना का समग्र विकास करना।
- उद्योगों में रुग्णता दूर करने के लिए विशेष योजना लागू करना।
- उद्योगों में निरीक्षणों की संख्या को कम करना। मध्य प्रदेश में कर की दरों को युक्तियुक्तकरण करके उद्योगों को प्रतिस्पर्द्धी बनाना।
- लैण्ड बैंक (Land Bank) के माध्यम से राज्य में उद्योगों के लिए भूमि की व्यवस्था करना।
- स्थानीय लोगों को रोजगार उपलब्ध कराने हेतु औद्योगिक क्षेत्रों का विकास करना एवं स्वरोजगार योजना लागू करना।
- निजी क्षेत्र की सहायता से उद्योगों के लिए आधारभूत संरचना विकसित करना।
- टेक्सटाइल उद्योगों के लिए पूँजी निवेश का **10%** या **₹ 1 करोड़** का अनुदान प्रदान करना।
- सूक्ष्म एवं लघु उद्योगों की आधारभूत संरचना के विकास हेतु कुल लागत की **50%** की **सहायता राशि** का निर्धारण किया गया है।
- इसके द्वारा लघु उद्योगों के लिए राज्य के सभी जिलों में **25%** की दर से अधिकतम ₹ 50 लाख तक का अनुदान दिया जाएगा।
- **मध्य प्रदेश निवेश संवर्द्धन अधिनियम 2008** के द्वारा निवेश प्रस्ताव को तीव्र गति से अनुमोदन (Approval) देना।

उद्योग संवर्द्धन नीति (संशोधित-2014)

उद्योग संवर्द्धन नीति, 2004 को राज्य सरकार द्वारा **1 अक्टूबर, 2014** में संशोधन (जी.एस.टी. लागू होने के पश्चात्) के साथ लागू की गई। इस नीति के प्रमुख उद्देश्य निम्नलिखित हैं

- मध्य प्रदेश सरकार द्वारा इस नीति के तहत बीमार या बन्द उद्योगों को पुन: शुरू करने के लिए 'विशेष पैकेज, 2014' के अन्तर्गत सुविधाएँ प्रदान

की जाएँगी। राज्य में क्षेत्रीय सन्तुलन आधारित व पर्यावरण केन्द्रित उद्योगों का विकास करना।

- CCIP (CM Council for Industrial Promotion) संस्थान में मुख्यमन्त्री अध्यक्ष होंगे तथा वित्तमन्त्री, वाणिज्य कर मन्त्री तथा उद्योग मन्त्री सदस्य होंगे। यह संस्थान उद्योगों के संवर्द्धन के लिए कार्यवाही करेगी।
- DMIC (दिल्ली-मुम्बई इण्डस्ट्रीयल कॉरिडोर) में राज्य के 10 जिले सम्मिलित हैं।
- यह मध्य प्रदेश के पत्तनों तथा उत्तर-पश्चिम बाजारों को जोड़ता है। **मध्य प्रदेश निवेश सुविधा अधिनियम,** 2008 के तहत एकल बिन्दु प्रणाली को मजबूती प्रदान की जाएगी।
- राज्य सरकार द्वारा सूक्ष्म, लघु एवं मध्यम उद्योगों (MSME) को **प्रोत्साहन एवं रियायतों द्वारा सुदृढ़ता** प्रदान की जाएगी।
- थ्रस्ट सेक्टर्स को बढ़ावा देने के लिए क्षेत्र **विशिष्ट प्रोत्साहन नीति** को मंजूरी दी जाएगी। नीति को क्रियान्वित करने के लिए प्रक्रिया को युक्तिसंगत और सरल बनाया जाएगा।
- राज्य में जिला स्तरीय समिति को और अधिक सशक्त बनाया जाएगा, जिससे यह MSME उद्यमों के लिए प्रोत्साहनों की स्वीकृति और वितरण के मामलों पर त्वरित निर्णय ले सकें।
- **प्रदूषण नियन्त्रण बोर्ड** द्वारा राज्य में प्रति तीन वर्षों में प्रदूषण जाँच इकाइयों को प्रमाण पत्र प्रदान किया जाएगा।
- राज्य में ऑनलाइन आवेदन प्रणाली और प्रक्रियाओं के लिए **एमपीट्रायफेड एकल खिड़की** के रूप में कार्य करेगा।
- राज्य सरकार द्वारा मध्य प्रदेश में **500 एकड़** से अधिक बड़े औद्योगिक क्षेत्रों के **10%** भाग को वेयर हाउसिंग के लिए सुरक्षित रखना होगा।
- राज्य सरकार द्वारा यह निर्धारित किया गया है कि करों को छोड़कर रॉयल्टी और ड्यूटी को उद्योगों के लिए 12 माह तक स्थगित रखने की अनुमति दी जाएगी।
- निवेशक द्वारा प्रतिवर्ष भुगतान किए जाने वाले कुल मूल्य संवर्द्धित कर और केन्द्रीय विक्रय कर की पात्रता के अनुसार प्रतिशत राशि की प्रतिपूर्ति वाणिज्यिक कर विभाग द्वारा जारी प्रमाणपत्र के अनुसार तथा 25% राशि की प्रतिपूर्ति वाणिज्यिक कर विभाग द्वारा की जाएगी।
- सुस्थिर औद्योगीकरण, रोजगार, सृजन, कौशल विकास तथा पर्यावरण सुरक्षा को बढ़ावा देना।
- सूक्ष्म, लघु, मध्यम एवं वृहद् उद्योगों तथा निवेश परियोजनाओं के लिए आधार संरचना का विकास करना। उद्योगों हेतु **भूमि की व्यवस्था** करना।
- निजी क्षेत्र की सक्रिय भागीदारी से **विश्व स्तरीय औद्योगिक** संरचना का विकास करना।

उद्योग संवर्द्धन नीति, 2004 (पुन: संशोधन 2018)

- राज्य सरकार द्वारा पुन: शुरू होने वाली इकाइयों के लिए विशेष पैकेज सहायता की घोषणा करना।
- राज्य में अपात्र उद्योगों की सूची को संशोधित किया जाएगा।
- उद्योगों द्वारा दिव्यांगजनों को रोजगार उपलब्ध कराने पर वित्तीय सहायता का प्रावधान।
- राज्य सरकार द्वारा मध्य प्रदेश में पर्यटन उद्योग को उद्योगों के समान आर्थिक सहायता प्रदान की जाएगी।
- पिछड़े विकासखण्डों में औद्योगिक इकाइयों की स्थापना का निवेश प्रोत्साहन योजना में भौगोलिक गणक की मान्यता।

मध्य प्रदेश की औद्योगिक नीति, 1988

मध्य प्रदेश में उद्योगों के विकास की प्रक्रिया का प्रारम्भ वर्ष 1961 में शुरू हुआ। राज्य की प्रथम औद्योगिक नीति को वर्ष 1972 में प्रारम्भ किया गया।

औद्योगिक नीति, 1988

- राज्य सरकार द्वारा उद्योगों के विकास के लिए एक नवीन औद्योगिक नीति, 1988 की घोषणा की गई।
- मध्य प्रदेश में क्षेत्रीय आधार पर उद्योगों का विकास हुआ है। वर्ष 1993 में नीमच में अफीम फैक्ट्री की स्थापना की गई और वर्ष 1996 में अफीम से अल्कलॉयड बनाने का कार्य शुरू किया गया।
- इस नीति के अन्तर्गत राज्य के जिलों को विकसित और पिछड़े जिलों में विभक्त किया गया है।

औद्योगिक नीति के मुख्य उद्देश्य

- मध्य प्रदेश को उद्योग सम्पन्न राज्य बनाना। जिन क्षेत्रों में उद्योगों की कमी है वहाँ उद्योग की स्थापना करना, जिससे क्षेत्रीय असमानता कम हो।
- औद्योगिक विकास की गति को तीव्र करने के लिए प्राकृतिक संसाधनों और मानव संसाधनों का अधिक उपयोग करना।
- राज्य में अधिवास करने वाली अनुसूचित जाति, जनजाति, पिछड़े वर्गों एवं महिलाओं में उद्यम प्रणाली का विकास करना।
- कुटीर एवं लघु उद्योगों (खादी ग्रामोद्योग, हथकरघा, चर्मशिल्प, हस्तशिल्प) को संरक्षण प्रदान करना।
- राज्य सरकार द्वारा मध्य प्रदेश में तीव्र औद्योगीकरण के लिए उद्योगों को सस्ती दर पर भूमि, ब्याज अनुदान, पूँजी अनुदान एवं बिक्री कर अनुदान आदि सुविधाएँ उपलब्ध करवाई जा रही हैं।

मध्य प्रदेश के जिलों का औद्योगिक वर्गीकरण

- **विकसित जिले** भोपाल, ग्वालियर, इन्दौर, कटनी, जबलपुर
- **पिछड़े जिले** इन्हें 3 वर्गों में विभाजित किया गया है
  - (i) **श्रेणी अ** देवास, होशंगाबाद, शहडोल, उज्जैन, विदिशा, बुरहानपुर, हरदा, नीमच, रतलाम, मुरैना, सतना, खण्डवा, मन्दसौर, उमरिया।
  - (ii) **श्रेणी ब** बैतूल, सीहोर
  - (iii) **श्रेणी स** रीवा, आगर-मालवा, शाजापुर, शिवपुरी, सीधी, सिंगरौली, टीकमगढ़, निवाड़ी, दतिया, धार, झाबुआ, अलीराजपुर, खरगौन, बड़वानी, मण्डला, पन्ना, रायसेन, राजगढ़, बालाघाट, छिन्दवाड़ा, दमोह, गुना, डिण्डोरी, श्योपुर नरसिंहपुर, सागर, सिवनी, अशोकनगर, भिण्ड, छतरपुर।

मध्य प्रदेश में नियोजन प्रदेश

- मध्य प्रदेश में टाउन एण्ड कण्ट्री प्लानिंग विभाग द्वारा मध्य प्रदेश को कृषि, परिवहन, उद्योग व ऊर्जा आदि घटकों के आधार पर नियोजन प्रदेश में बाँटा गया है।
- मध्य प्रदेश के नियोजन प्रदेशों को भू-आकृति (उच्चावच, मिट्टी, जलवायु, वनस्पति) के साथ-साथ कृषि, खनिज सम्पदा, सामाजिक परम्परा एवं नृजातीय समूह, जनसंख्या का वितरण, प्रादेशिक असमानता, परिवहन एवं संचार और तहसीलें व जिलों को ध्यान में रखकर इनका वर्गीकरण किया गया है।

मध्य प्रदेश में नियोजन प्रदेश निम्न हैं

- **भोपाल कैपिटल प्रदेश** इसके अन्तर्गत भोपाल, रायसेन, सीहोर, विदिशा, गुना, राजगढ़, शाजापुर, आगर-मालवा आते हैं।
- **जबलपुर इण्डस्ट्रीयल फॉरेस्ट प्रदेश** इसके अन्तर्गत सागर, नरसिंहपुर, मण्डला, दमोह, जबलपुर एवं डिण्डोरी आते हैं।
- **ग्वालियर-एग्रो प्रदेश** इसके अन्तर्गत शामिल जिले ग्वालियर, शिवपुरी, मुरैना, भिण्ड, श्योपुर एवं दतिया हैं।
- **बुन्देलखण्ड तथा बघेलखण्ड प्रदेश** इसके अन्तर्गत सम्मिलित जिले रीवा, सीधी, टीकमगढ़, छतरपुर, पन्ना, सतना, सिंगरौली, शहडोल, उमरिया व अनूपपुर हैं।
- **इन्दौर एग्रो इण्डस्ट्रीयल प्रदेश** इसमें शामिल जिले रतलाम, धार, उज्जैन, इन्दौर, झाबुआ, मन्दसौर, नीमच, अलीराजपुर एवं देवास हैं।
- **नर्मदा घाटी प्रदेश** इसमें सम्मिलित जिले बड़वानी, खण्डवा, खरगौन, बुरहानपुर, हरदा, होशंगाबाद हैं।
- **छिन्दवाड़ा रिसोर्स प्रदेश** इसमें सिवनी, बैतूल, छिन्दवाड़ा एवं बालाघाट सम्मिलित हैं।

नोट *मध्य प्रदेश मार्केटिंग फेडरेशन द्वारा राज्य में 23 बिक्री केन्द्रों का संचालन शिल्पी/बुनकरों के उत्पादों को बाजार उपलब्ध करवाने हेतु किया गया है।*

मध्य प्रदेश का निर्यात-व्यापार

मध्य प्रदेश का निर्यात-व्यापार निम्नलिखित है

मध्य प्रदेश का निर्यात

मध्य प्रदेश में उत्पादित वस्तुओं को जवाहरलाल नेहरू पोर्ट, मुम्बई से सर्वाधिक निर्यात किया जाता है। इसके अतिरिक्त काण्डला पोर्ट, गुजरात से भी वस्तुओं का निर्यात किया जाता है।

मध्य प्रदेश द्वारा निर्यात की जाने वाली वस्तुएँ

- प्रसंस्कृत और गैर-प्रसंस्कृत खाद्य वस्तुएँ
- मसाले उत्पाद
- जैविक उत्पाद
- हर्बल औषधियाँ
- टेक्सटाइल्स (यार्न एवं फैब्रिक)
- इंजीनियरिंग टूल्स एवं मशीन

निर्यात उत्कृष्टता केन्द्र

- मध्य प्रदेश में दो निर्यात उत्कृष्टता केन्द्र इन्दौर और देवास में स्थित हैं। पूरे देश में ऐसे 35 केन्द्र अवस्थित हैं।
- ये केन्द्र अपनी विशिष्ट उत्पाद गुणवत्ता के आधार पर घोषित होते हैं; जैसे—कृषि हैण्डलूम आदि।

ग्लोबल इन्वेस्टर्स समिट

- मध्य प्रदेश में निवेश की गति को तेज करने के लिए एवं निवेश प्रोत्साहन प्रदान करने के उद्देश्य से प्रति दो वर्ष में एक वैश्विक निवेश सम्मेलन का आयोजन किया जाता है।
- मध्य प्रदेश में अब तक 6 ग्लोबल इन्वेस्टर्स समिट का आयोजन हो चुका है, जो निम्न हैं

1. इन्दौर-2007
2. इन्दौर-2010
3. इन्दौर—2012
4. इन्दौर-2014 (थीम: मेक इन एमपी)
5. इन्दौर-2016
6. इन्दौर-2019

नोट *मध्य प्रदेश के इन्दौर में वर्ष 2003 में देश का एकमात्र ग्रीन फील्ड मल्टी प्रोडेक्ट्स एनेज की स्थापना की गई है। मध्य प्रदेश में 5 व्यापारिक एयरपोर्ट एवं 12 प्रोडेक्ट आधारित विशेष औद्योगिक पार्क स्थापित किए गए हैं।*

मध्य प्रदेश में ड्रायपोर्ट की सुविधा

मध्य प्रदेश में निम्नलिखित स्थानों पर ड्रायपोर्ट की सुविधा उपलब्ध है

- इनलैण्ड कण्टेनर डिपो, पीथमपुरा (इन्दौर)
- मण्डीदीप डिपो, भोपाल
- मालनपुर डिपो, ग्वालियर
- पवारखेड़ा डिपो, इटारसी
- रतलाम ड्रायपोर्ट डिपो

मध्य प्रदेश के प्रमुख कॉम्पलेक्स

कॉम्पलेक्स	स्थान
इलेक्ट्रॉनिक कॉम्पलेक्स	इन्दौर
रेडीमेड कॉम्पलेक्स	इन्दौर
चमड़ा कॉम्पलेक्स	देवास
स्पोर्ट्स कॉम्पलेक्स	नागौद (सतना)
स्टेनलेस स्टील कॉम्पलेक्स	सागर
फार्मा पार्क	बेटमा (धार)
प्लास्टिक पार्क	तामोट (रायसेन)
एग्रो/टेक्सटाइल पार्क	छिन्दवाड़ा
गोल्ड एक्सपोर्ट प्रमोशन पार्क	इन्दौर
जेम्स एण्ड ज्वैलरी पार्क	इन्दौर
रेल लिंकड मल्टी मॉडल लॉजिस्टिक पार्क	इन्दौर (निर्माणाधीन)

नोट *मध्य प्रदेश के भोपाल में अभी हाल ही में विश्व के सबसे बड़े ग्लोबल स्किल पार्क की आधारशिला रखी गई है।*

आण्विक अनुसन्धान केन्द्र (RRCAT)

इसकी स्थापना 19 फरवरी, 1984, राऊ (इन्दौर) में हुई। इस केन्द्र का नाम वर्ष 2005 में राजा रमन्ना प्रागत प्रौद्योगिकी केन्द्र कर दिया गया। यह केन्द्र लेजर उत्पादन में एशिया का प्रथम व विश्व का तीसरा केन्द्र है। इस केन्द्र में इण्डस नामक त्वरक का निर्माण किया जाता है।

इण्डस का प्रयोग प्रथम बार सर्न प्रयोगशाला में किया गया था। इसका प्रमुख कार्य लैसर का कण त्वरक में शोध एवं विकास करना है। इसका आदर्श वाक्य 'राष्ट्र की सेवा परमाणु' है।

मध्य प्रदेश के भौगोलिक संकेतक

भौगोलिक संकेत के अन्तर्गत ऐसी वस्तु या उत्पाद को भौगोलिक संकेतक का दर्जा प्रदान किया जाता है, जो किसी विशिष्ट भौगोलिक क्षेत्र से होता है; जैसे—बासमती चावल, चन्देरी सिल्क आदि। वस्तुओं का भौगोलिक संकेतक अधिनियम, 1999 पारित किया गया।

मध्य प्रदेश के भौगोलिक संकेतक

वस्तु	जिला/क्षेत्र
चन्देरी साड़ी	अशोकनगर
बाघ प्रिण्ट	धार
भरमगढ़ प्रिण्ट	उज्जैन
धातु शिल्प	दतिया, टीकमगढ़
रतलामी सेव (नमकीन)	रतलाम

वस्तु	जिला/क्षेत्र
चमड़े के खिलौने	इन्दौर
महेश्वरी साड़ी	महेश्वर (खरगौन)
कड़कनाथ मुर्गा	झाबुआ, अलीराजपुर
गजक	मुरैना

मध्य प्रदेश में उद्योगों से सम्बन्धित योजनाएँ

मध्य प्रदेश में उद्योगों से सम्बन्धित योजनाएँ निम्नलिखित हैं

1. मुख्यमन्त्री स्वरोजगार / आर्थिक कल्याण योजना

यह योजना **वर्ष 2017-18** में प्रारम्भ हुई। इस योजना के अन्तर्गत गरीबी रेखा से नीचे जीवन-यापन करने वाले अनुसूचित जाति के लोगों को स्वरोजगार के लिए **औद्योगिक उपकरण** एवं **पूँजी का अनुदान** प्रदान किया जाता है। इस योजना का वर्ष 2018 में नाम परिवर्तन कर **मुख्यमन्त्री युवा स्वयं रोजगार** योजना कर दिया गया।

2. मध्य प्रदेश निवेश प्रोत्साहन योजना

यह योजना **वर्ष 2014** में प्रारम्भ हुई। इस योजना के अन्तर्गत मध्य प्रदेश में लघु निवेशकों को 10 से 40% एवं वृहद् निवेशकों को 10% पूँजी अनुदान दिए जाने का प्रावधान है। इस योजना वे अन्तर्गत मध्य प्रदेश में वृहद् स्तर पर रोजगार सृजन करने वाले निर्यात उद्योगों को अतिरिक्त सुविधा प्रदान की जाएगी।

3. उद्योग मित्र योजना

यह योजना **वर्ष 2014** में प्रारम्भ हुई। इस योजना का मुख्य उद्देश्य मध्य प्रदेश में बन्द हो चुके उद्योगों को पुनर्संचालन के साथ-साथ रोजगार के अवसर उत्पन्न करना।

4. मुख्यमन्त्री युवा उद्यमी योजना, 2013 (युवा स्वरोजगार योजना)

यह योजना **1 अगस्त, 2014** को प्रारम्भ की गई। इस योजना का उद्देश्य मध्य प्रदेश के युवाओं को सेवा एवं विनिर्माण क्षेत्र में उद्योगों की स्थापना के लिए **वित्तीय सहायता** प्रदान करना है।

5. शिल्पी कल्याण योजना

यह योजना **वर्ष 2013** में प्रारम्भ हुई। इस योजना के अन्तर्गत मध्य प्रदेश के शिल्पियों के कल्याण के लिए **स्वास्थ्य कैम्प** का आयोजन किया जाता है। शिल्पियों को अनुदान पर स्वास्थ्य बीमा की उपलब्धता कराई जाती है। महिला शिल्पी एवं शिल्प बुनकर परिवारों की बेटियों के लिए मध्य प्रदेश सरकार द्वारा **उच्च शिक्षा की निःशुल्क व्यवस्था** की जाती है।

6. सूचना प्रौद्योगिकी योजना

मध्य प्रदेश में सरकार द्वारा संचालित इस योजना में शिल्पियों स्वयं सहायता समूहों एवं बुनकर सहकारी समितियों के लिए कम्प्यूटर खरीद पर **33%** का अनुदान प्रदान किया जाता है। इसके अन्तर्गत अनुसूचित जाति एवं जनजाति के लाभार्थियों को **50%** का अनुदान प्रदान किया जाता है।

7. स्पेशन प्रोजेक्ट योजना

मध्य प्रदेश सरकार द्वारा **हथकरघा**, **हस्तशिल्प**, **रेशम** एवं **खादी ग्रामोद्योगों** के उद्योगों की आवश्यकताओं की पूर्ति के लिए राष्ट्रीय एवं अन्तर्राष्ट्रीय संस्थाओं के साथ पब्लिक प्राइवेट पार्टनरशिप के तहत निजी इकाइयों, कम्पनियों एवं व्यक्तिगत उद्यमियों द्वारा परियोजना का संचालन किया जा रहा है। इस योजना के अन्तर्गत परियोजना लागत की अधिकतम **70%** राशि का वहन राज्य द्वारा और **30%** राशि का संचालन संस्थाओं द्वारा प्रदान किया जाएगा।

मध्य प्रदेश में विशेष आर्थिक प्रक्षेत्र (SEZ)

मध्य प्रदेश में उद्योगों को बढ़ावा देने के लिए विशेष आर्थिक क्षेत्र (Special Economic Zone) की स्थापना की जा रही है। वर्ष 2018 तक मध्य प्रदेश में दो SEZ स्थापित किए गए थे।

बहुउत्पादन पर आधारित पहला विशेष आर्थिक क्षेत्र **पीथमपुर** में और दूसरा विशेष आर्थिक प्रक्षेत्र (सूचना प्रौद्योगिकी, वस्त्र, इलेक्ट्रॉनिक्स) **काली बिल्लौद**, इन्दौर में स्थापित किया गया। अन्य विशेष आर्थिक प्रक्षेत्र निम्न हैं

- **जबलपुर**–खनन विशेष आर्थिक प्रक्षेत्र
- **सिंगरौली**–एल्युमीनियम उत्पाद (केन्द्रीय सहायता प्राप्त)
- **इन्दौर**–एपैरल पार्क (केन्द्र सरकार द्वारा)
- **जबलपुर**-गारमेण्ट क्लस्टर की स्थापना (केन्द्र सरकार द्वारा)
- **पीथमपुर**–ऑटो क्लस्टर की स्थापना (केन्द्र सरकार द्वारा)

मध्य प्रदेश : विशेष आर्थिक क्षेत्र (SEZ)

एस.ई.जेड	विकासकर्ता एजेन्सी	प्रस्तावित स्थल	वर्तमान स्थिति
मल्टी प्रोडक्ट एस. ई. जेड, इन्दौर	औद्योगिक केन्द्र विकास निगम, इन्दौर	धार	मध्य प्रदेश का प्रथम ग्रीन फील्ड एस. ई. जेड कार्यरत् है। वर्तमान में इन्दौर में 28 उद्योगों को भूमि आवण्टित की गई है, जिनमें लगभग ₹ 950 करोड़ का निवेश सम्भावित है। इससे 4000 व्यक्तियों को रोजगार उपलब्ध कराया जाएगा। 5 इकाइयों द्वारा ₹ 200 करोड़ की लागत से उद्योग स्थापित करके उत्पादन प्रारम्भ कर दिया गया है।
क्रिस्टल आई. टी. पार्क, इन्दौर	औद्योगिक केन्द्र विकास निगम, इन्दौर	इन्दौर	बोर्ड ऑफ एप्रूवल, वाणिज्य मन्त्रालय, भारत सरकार से आई. टी. एस. ई. जेड हेतु अधिसूचित
मल्टी प्रोडक्ट एस. ई. जेड, ग्वालियर	औद्योगिक केन्द्र विकास निगम, ग्वालियर	ग्वालियर	बोर्ड ऑफ एप्रूवल, वाणिज्य मन्त्रालय, भारत सरकार से सैद्धान्तिक स्वीकृति प्राप्त
आई. टी./आई. टी. ई. एस. ई. जेड, इन्दौर	मेडी क्प्स लिमिटेड, इन्दौर	इन्दौर	बोर्ड ऑफ एप्रूवल, वाणिज्य मन्त्रालय, भारत सरकार से सैद्धान्तिक स्वीकृति प्राप्त
आई. टी./आई. टी. ई. एस. ई. जेड, इन्दौर	पार्श्वनाथ डेवलपर्स लिमिटे नई दिल्ली	इन्दौर	बोर्ड ऑफ एप्रूवल, वाणिज्य मन्त्रालय, भारत सरकार से सैद्धान्तिक स्वीकृति प्राप्त
प्रोडक्ट स्पेसिफिक (एल्युमीनियम) एस. ई. जेड, सीधी	मैसर्स हिण्डाल्को इण्डस्ट्रीयल लिमिटेड, मुम्बई	इन्दौर	बोर्ड ऑफ एप्रूवल, वाणिज्य मन्त्रालय, भारत सरकार से सैद्धान्तिक स्वीकृति प्राप्त
मिनरल एण्ड मिनरल बेस्ड	–	हरगढ़ (जबलपुर)	

नोट *मध्य प्रदेश में प्रस्तावित विशेष आर्थिक क्षेत्र फॉरेन टेरेटरी के रूप में विकसित किए गए हैं।*

मध्य प्रदेश में केन्द्र सरकार के सार्वजनिक क्षेत्र के उद्योग

नाम एवं स्थिति	स्थापना वर्ष	विवरण
रक्षा मन्त्रालय		
1. गवर्नमेण्ट ऑर्डिनेन्स फैक्ट्री, खमरिया	1942-43	युद्धोपकरण
2. गन कैरिज फैक्ट्री, जबलपुर	1943-44	युद्धोपकरण (धनुष तोप का निर्माण)
3. गवर्नमेण्ट ऑर्डिनेन्स फैक्ट्री, इटारसी	1943-44	युद्धोपकरण
4. हैवी व्हीकल फैक्ट्री, जबलपुर	1955-56	रक्षात्मक एवं भारी व्यावसायिक वाहन
5. गवर्नमेण्ट ऑर्डिनेन्स फैक्ट्री, कटनी		युद्ध सामग्री
संचार मन्त्रालय		
6. गवर्नमेण्ट पोस्ट एण्ड. टेलीग्राफ	1943-44	टेलीफोन एवं टेलीग्राफिक उपकरण
रेल मन्त्रालय		
7. रेलवे कोच फैक्ट्री, भोपाल	1975-76	रेल के डिब्बों का निर्माण
वित्त मन्त्रालय		
8. करेन्सी प्रिण्टिंग प्रेस, देवास	1943-44	कागजी मुद्रा
9. सिक्योरिटी पेपर मिल, होशंगाबाद	1967-68	बैंक नोट छापने का कागज
10. एल्केलॉइड फैक्ट्री, नीमच कोडीन नार्कोटीन	1975-76	अंश परिष्कृत मार्फीन, अंश परिष्कृत
भारतीय खाद्य निगम		
11. कॉटन सीड सॉल्वेण्ट एक्स्ट्रैक्शन प्लाण्ट, उज्जैन	1963-64	कपास, बीज एवं मूँगफली का तेल
राष्ट्रीय कपड़ा उद्योग निगम		
12. बुरहानपुर ताप्ती मिल लिमिटेड, बुरहानपुर	1906-07	सूती कपड़ा एवं सूत
13. इन्दौर मालवा यूनाइटेड मिल लिमिटेड, न्यू देवास रोड, इन्दौर	1907-08	सूती कपड़ा एवं सूत
14. स्वदेशी कॉटन एण्ड फ्लोअर मिल्स, लिमिटेड शीलनाथ कैम्प, इन्दौर	1928-29	सूती कपड़ा एवं सूत
15. कल्याणमल मिल्स लिमिटेड, 15 शीलनाथ कैम्प, इन्दौर	1934-35	सूती कपड़ा एवं सूत
16. हीरामल मिल्स लिमिटेड, आगरा रोड, उज्जैन	1934-35	सूती कपड़ा एवं सूत
17. द न्यू भोपाल टेक्सटाइल लिमिटेड, भोपाल	1938-39	सूती कपड़ा एवं सूत
खनन मन्त्रालय के अन्तर्गत		
18. नादर्न कोलफील्ड्स लिमिटेड, सिंगरौली	–	कोयला
19. हिन्दुस्तान कॉपर प्रोजेक्ट, मलाजखण्ड, बालाघाट	–	ताँबा
अन्य केन्द्रीय सार्वजनिक क्षेत्र के प्रतिष्ठान		
20. नेशनल न्यूज प्रिण्ट एवं पेपर, नेपानगर, बुरहानपुर	1948-49	अखबारी कागज
21. भारत हैवी इलेक्ट्रिकल्स लिमिटेड, पिपलानी, भोपाल	1964	स्विच गियर, कण्ट्रोल गियर, ट्रान्सफार्मर, टरबाइन, ट्रैक्शन
22. आई.आई.एस.सी.ओ. एक्टेन्शन पाइप एण्ड फाउण्ड्री के. लिमिटेड, देवास रोड, उज्जैन	1968-69	ढलवाँ लोहे के पाइप
23. ग्रे आयरन फाउण्ड्री, जबलपुर	1972	कच्चा लोहा

संयुक्त उपक्रम	उत्पादित वस्तुएँ
एम.पी. एग्रो मोरारजी फर्टिलाइजर्स लिमिटेड, इटारसी, होशंगाबाद	दानेदार मिश्रित खाद
ऑयल एवं पशु आहार संयन्त्र, मुरैना	सरसों तेल एवं पशु आहार
पोषण आहार संयन्त्र, धार	पोषण आहार
फल संवर्द्धन इकाई, भोपाल	जेम, जेली, केचप एवं पेय
प्रस्तावित प्रतिष्ठान	
स्ट्रा बोर्ड मिल, शाजापुर	स्ट्रा बोर्ड
पंजीटी संयन्त्र, ग्वालियर, भोपाल, जबलपुर	पोषण आहार

मध्य प्रदेश : राज्य के सार्वजनिक क्षेत्र के उद्योग

नाम एवं स्थिति	स्थापना वर्ष	उत्पादित वस्तुएँ
मध्य प्रदेश राज्य उद्योग निगम		
रतलाम एल्कोहॉल प्लाण्ट एण्ड कार्बन डाइ-ऑक्साइड इण्डस्ट्रीज एस्टेट, रतलाम	1963-64	स्प्रिट, एल्कोहॉल तथा कार्बन डाइ-ऑक्साइड
ग्वालियर लैदर फैक्ट्री एण्ड टेनरी, ग्वालियर	1958	जूते, तम्बू-तिरपाल, चीनी, बर्तन
ग्वालियर पॉट्रीज, ग्वालियर	—	चीनी के बर्तन
कलेण्डरिंग प्लाण्ट, उज्जैन	1962	रंगाई, विरंजन तथा परिष्कृत
टिम्बर ट्रीटमेण्ट प्लाण्ट, इन्दौर	1962	इमारती लकड़ी
छाता उद्योग, महू	—	छाते का काम
इंजीनियरिंग वर्क्स, इन्दौर	—	ठोस कमानी
ब्रुश एवं स्पोर्ट्स इण्डस्ट्रीज, इन्दौर	—	ब्रुश तथा खेल का सामान
देवास इलेक्ट्रिकल्स, देवास	—	ऊष्मारोधी उपकरण
कृषि उपकरण फैक्ट्री, खण्डवा	—	पम्प एवं पम्पिंग सैट
मैटल वर्क्स, विदिशा	—	जी. आई. कण्टीले तार, तार की कीलें
साइकिल उद्योग, गुना	—	साइकिलें एवं उपसाधन
फर्नीचर वर्क्स, जबलपुर	—	फर्नीचर
फर्नीचर वर्क्स, अभानपुर	—	फर्नीचर
भोपाल उद्योग, भोपाल	—	फर्नीचर
सनावद कताई मिल, सनावद, जिला खरगौन	1963-64	सूती धागा

मध्य प्रदेश में विभिन्न उद्योगों की अवस्थिति

उद्योग	जिले
चमड़ा उद्योग	देवास
ड्राई बैटरी	भोपाल
मिनी स्टील प्लाण्ट	इन्दौर, रतलाम, देवास, शाजापुर
सल्फ्यूरिक एसिड	नागदा, कुम्हारी
कीटनाशक दवाई	भोपाल
बिस्कुट फैक्ट्री	ग्वालियर
स्टील कास्टिंग फाउण्ड्री	देवास, कुम्हारी, बांगरौद, ग्वालियर, भिलाई, इन्दौर, उज्जैन एवं रीरोलिंग मिल्स मन्दसौर, शाजापुर
टेक्सटाइल मशीनरी	ग्वालियर
विद्युत चालित पंप	देवास
करेंसी एवं बैंक नोट प्रेस	देवास, होशंगाबाद
एस्बेस्टस सीमेंट फैक्ट्री	कैमूर
सूती कपड़ा उद्योग	इन्दौर, उज्जैन, ग्वालियर, बुरहानपुर, सनावद, मन्दसौर, रतलाम

उद्योग	जिले
रेयान सिल्क उद्योग	नागदा, इन्दौर, खण्डवा आदि
क्रेम्पाई यार्न	देवास
सिन्थेटिक्स यार्न	उज्जैन
शोडी यार्न	देवास
फायर विक्रम फैक्ट्री	जबलपुर, कटनी
ऑर्डिनेन्स फैक्ट्री	कटनी
गन कोज फैक्ट्री	जबलपुर
कागज मिल्स	अमलाई, नपानगर
जूट मिल्स	राजगढ़
सीमेंट फैक्ट्री	बानमौर, सतना, कैमूर, जामूल, सिलटा, मैहर
कोयला खान इण्डस्ट्रीज	छिन्दवाड़ा, शहडोल, सीधी, बैतूल
शक्कर मिल	सीहोर, कैलारस, जावरा, बालौदा, महिदपुर, डबरा
मैदा मिल	इन्दौर, भोपाल, गंजबासौदा
धातु मूर्ति उद्योग	होशंगाबाद
स्ट्राबोर्ड तथा कागज इकाई	अमलाई, उमरिया, भोपाल, सीहोर, विदिशा, रतलाम
पार्टीकल सैंकर बोर्ड इकाई	इटारसी, भोपाल
टंग्स्टन, फिलामेंट अैर हुकेटलेड वायर	इटारसी, भोपाल
ड्रट और फार्मास्यूटिकल	इन्दौर, रतलाम

उद्योग	जिले
मिडवेड इलेक्ट्रोड्स	इन्दौर
माइन्ड स्टील एवं जी. आई. वायर	इन्दौर, रतलाम
कास्टिक सोडा	अमलाई, नेपानगर, नागदा
कम्प्रेस्ड ऑक्सीजन और डिसॉल्ड एसिटिलीन	इन्दौर
आर्ट एण्ड सिल्क फेब्रिक्स	इन्दौर
लकड़ी के खिलौने	भोपाल, रीवा, रतलाम,ग्वालियर
दरियाँ बनाने का कारखाना	सतना
इलेक्ट्रॉनिक्स टेस्टिंग व विकास केन्द्र	इन्दौर
हैवी इलेक्ट्रीकल्स इण्डस्ट्रीज	भोपाल
शासकीय डाक तार वर्कशॉप	जबलपुर
इंजन वॉल्व	भोपाल
ग्रेफाइट इलेक्ट्रोड	भोपाल
एल्कोहल	रतलाम
ट्रांसमिशन हॉर्क्स	जबलपुर
मोपेड इकाई	ग्वालियर
प्लेट राउण्ड	इन्दौर
अल्कोहलाइड फैक्ट्री	नीमच
रेलवे स्लीपर	बुधनी (सीहोर)
ग्लू और जिलेटिन	भोपाल, जबलपुर
प्लास्टिक	इन्दौर

वस्तुनिष्ठ प्रश्न

1. मध्य प्रदेश के विनिर्माण क्षेत्र में (वर्ष 2020-21) कितनी कमी दर्ज की गई?
(a) 2.69% (b) 3.69%
(c) 6.36% (d) 7.69%

2. औद्योगिक विकास की दृष्टि से मध्य प्रदेश का देश में कौन-सा स्थान है?
(a) 3वाँ (b) 5वाँ
(c) 7वाँ (d) 9वाँ

3. मध्य प्रदेश में कौन-से जिले में अधिकतम उद्योग घनत्व हैं?
(a) इन्दौर (b) भोपाल
(c) गुना (d) रतलाम

4. मध्य प्रदेश की प्रथम चीनी मिल ...... है।
(a) भोपाल शुगर मिल
(b) जावरा शुगर मिल
(c) जीवाजीराव शुगर कम्पनी
(d) डबरा शुगर मिल

5. मध्य प्रदेश में सबसे बड़ा शक्कर (चीनी) का कारखाना कहाँ स्थित है?
(a) छतरपुर
(b) दतिया
(c) बरलाई
(d) भिण्ड

6. मध्य प्रदेश में तृतीय पंचवर्षीय योजना के दौरान किन उद्योगों की स्थापना की गई?
(a) भारत हैवी इलेक्ट्रिकल्स लिमिटेड
(b) सॉल्वेण्ट एक्सट्रैक्शन प्लाण्ट उज्जैन
(c) कॉटन स्पिनिंग मिल-सनावद-भोपाल
(d) उपरोक्त सभी

7. बड़ा उद्योग बी.एच.ई. एल. मध्य प्रदेश में कहाँ स्थित है?
(a) ग्वालियर
(b) इन्दौर
(c) उज्जैन
(d) भोपाल

8. मध्य प्रदेश में नोट मुद्रा छापने के कागज का कारखाना कहाँ स्थित है?
(a) देवास
(b) भोपाल
(c) इन्दौर
(d) होशंगाबाद

9. होशंगाबाद प्रतिभूति कागज कारखाना किस वर्ष से स्थापित किया गया था?
(a) वर्ष 1956 (b) वर्ष 1988
(c) वर्ष 1998 (d) वर्ष 1968

10. मध्य प्रदेश में ...... पंचवर्षीय के दौरान सूक्ष्म, लघु एवं मध्यम उद्योग तथा वस्त्र उद्योग को प्राथमिकता दी गई।
(a) नौवीं (b) दसवीं
(c) ग्यारहवीं (d) बारहवीं

11. गंजबासौदा वनस्पति घी कारखाना ...... जिले में स्थित है।
(a) रायसेन (b) भोपाल
(c) राजगढ़ (d) विदिशा

12. मध्य प्रदेश के किस जिले में सर्वाधिक रेशम उत्पादित होता है?
(a) मण्डला (b) निवाड़ी
(c) रायसेन (d) अनूपपुर

13. एशिया का सबसे बड़ा सोयाबीन कारखाना कहाँ स्थित है?
(a) उज्जैन (b) भोपाल
(c) धार (d) जबलपुर

14. निम्नलिखित में से किस जिले में मध्य प्रदेश का सर्वप्रथम मेगा फूड पार्क स्थित किया गया था?
(a) खरगौन (b) देवास
(c) भोपाल (d) सतना

15. मध्य प्रदेश का कीटनाशक संयन्त्र कहाँ स्थित है?
(a) भोपाल (b) होशंगाबाद
(c) मुरैना (d) बीना

16. कटनी किस उद्योग के लिए प्रसिद्ध है?
(a) लोहा (b) कोयला
(c) सीमेण्ट (d) भारी मशीन

17. मध्य प्रदेश में हीरा किस जिले में पाया जाता है
(a) बुरहानपुर (b) पन्ना
(c) रतलाम (d) पंचमढ़ी

18. निम्नलिखित में से कौन-सा उद्योग बॉक्साइट को कच्चे माल के रूप में उपयोग करता है?
(a) सीमेण्ट
(b) जूट
(c) एल्युमीनियम
(d) इलेक्ट्रॉनिक्स

19. ग्रेनाइट काटने एवं पॉलिश करने का उद्योग मध्य प्रदेश के निम्नलिखित में से किस जिले में स्थित है?
(a) जबलपुर (b) बैतूल
(c) दतिया (d) सिंगरौली

20. भारत की प्रथम पेपर मिल कहाँ स्थापित की गई?
(a) इन्दौर (मध्य प्रदेश)
(b) नेपानगर (मध्य प्रदेश)
(c) पुणे (महाराष्ट्र)
(d) बड़ौदरा (गुजरात)

21. मध्य प्रदेश में बैंक नोट प्रेस कहाँ स्थित है?
(a) देवास (b) होशंगाबाद
(c) भेड़ाघाट (d) सागर

22. ओरिएण्ट पेपर मिल कहाँ स्थित है?
(a) अमलाई (b) गंजबासौदा
(c) सोहागी (d) बिरसिंगपुर

23. मध्य प्रदेश में प्रतिभूति कागज कारखाना कहाँ स्थित है?
(a) होशंगाबाद (b) देवास
(c) ग्वालियर (d) धार

24. मध्य प्रदेश में लकड़ी चीरने का सबसे बड़ा कारखाना .... में स्थित है।
(a) मण्डला (b) मुरैना
(c) शाहाबाद (d) शहडोल

25. मध्य प्रदेश में प्रथम प्लाईवुड कारखाना कहाँ स्थित है?
(a) छिन्दवाड़ा (b) बैतूल
(c) इटारसी (d) महू

26. रिलायन्स समूह को मध्य प्रदेश में कोल बेड मीथेन के भण्डार कहाँ मिले हैं?
(a) सोहागपुर (b) गुना
(c) बालाघाट (d) रीवा

27. गुना स्थित फर्टिलाइजर्स कारखाना किन देशों के सहयोग से स्थापित किया गया है?
(a) अमेरिका एवं रूस
(b) अमेरिका एवं इटली
(c) इटली एवं फ्रांस
(d) उपरोक्त में से कोई नहीं

28. पीथमपुर (धार) किस मुख्य उद्योग के लिए जाना जाता है?
(a) आतिशबाजी (पटाखे)
(b) कृषि
(c) स्वचालित वाहन
(d) पेट्रो-रसायन

29. मध्य प्रदेश में रेल कोच कारखाना कहाँ स्थित है?
(a) इन्दौर (b) ग्वालियर
(c) भोपाल (d) जबलपुर

30. मध्य प्रदेश में डीजल ईंधन संयन्त्र कहाँ स्थित है?
(a) इन्दौर (b) भोपाल
(c) सागर (d) जबलपुर

31. मध्य प्रदेश हस्तशिल्प उत्पादों की पूरे भारत में बिक्री करने वाले विक्रय केन्द्र का क्या नाम है?
(a) शबरी (b) नर्मदा
(c) मृगनयनी (d) कावेरी

32. मध्य प्रदेश लघु उद्योग निगम की स्थापना हुई थी
(a) वर्ष 1958 (b) वर्ष 1961
(c) वर्ष 1963 (d) वर्ष 1970

33. मध्य प्रदेश औद्योगिक विकास निगम का मुख्यालय कहाँ स्थित है?
(a) भोपाल (b) इन्दौर
(c) ग्वालियर (d) जबलपुर

34. मध्य प्रदेश में विज्ञान तथा प्रौद्योगिकी परिषद् की स्थापना कब की गई थी?
(a) वर्ष 1980
(b) वर्ष 1981
(c) वर्ष 1982
(d) वर्ष 1985

35. मध्य प्रदेश की विज्ञान तथा प्रौद्योगिकी परिषद् का अध्यक्ष कौन होता है?
(a) राज्यपाल
(b) मुख्यमन्त्री
(c) विज्ञान एवं प्रौद्योगिक मन्त्री
(d) उपरोक्त सभी

36. मध्य प्रदेश में औद्योगिक विकास के लिए किसे लागू किया गया था?
(a) औद्योगिक नीति, 1988
(b) कार्य योजना नीति, 1920
(c) औद्योगिक नीति, 1992
(d) उपरोक्त में से कोई नहीं

37. मध्य प्रदेश में सूक्ष्म, लघु एवं मध्यम उद्योग विकास अधिनियम कब से प्रभावशील हुआ?
(a) 2 अक्टूबर, 2006 (b) 15 अगस्त, 2006
(c) 26 जनवरी, 2006 (d) इनमें से कोई नहीं

38. मध्य प्रदेश राज्य उद्योग निगम की स्थापना हुई थी
(a) वर्ष 1967 में (b) वर्ष 1969 में
(c) वर्ष 1980 में (d) वर्ष 1972 में

39. मध्य प्रदेश में गोविन्दपुरा औद्योगिक क्षेत्र कहाँ अवस्थित है?
(a) भोपाल (b) निवाड़ी
(c) झाबुआ (d) पन्ना

40. औद्योगिक केन्द्र बानमौर मध्य प्रदेश के किस जिले में है?
(a) मुरैना (b) भिण्ड
(c) शिवपुरी (d) गुना

41. पीलूखेड़ी औद्योगिक केन्द्र किस जिले में स्थित है?
(a) भिण्ड (b) पन्ना
(c) धार (d) राजगढ़

42. मण्डीदीप औद्योगिक क्षेत्र मध्य प्रदेश के किस जिले में स्थित है?
(a) विदिशा (b) भोपाल
(c) सीहोर (d) रायसेन

43. मध्य प्रदेश में इनलैण्ड कण्टेनर डिपो .... में स्थित है।
(a) हरदा (b) पीथमपुर
(c) दाहोद (d) महोबा

44. मध्य प्रदेश में लेदर कॉम्पलेक्स .... में स्थापित किया गया है।
(a) देवास (b) उज्जैन
(c) छिन्दवाड़ा (d) शाजापुर

45. मध्य प्रदेश में स्टेनलेस स्टील कॉम्पलेक्स कहाँ पर स्थित है?
(a) इन्दौर (b) छिन्दवाड़ा
(c) सागर (d) देवास

46. मध्य प्रदेश का 'एग्रो कॉम्पलेक्स' कहाँ स्थित है?
(a) उज्जैन (b) होशंगाबाद
(c) छिन्दवाड़ा (d) विदिशा

47. आण्विक अनुसन्धान केन्द्र ...... स्थित है।
(a) भोपाल (b) इन्दौर
(c) देवास (d) जबलपुर

48. मध्य प्रदेश में ऐपरेल पार्क कहाँ स्थित है
(a) इन्दौर (b) इटारसी
(c) भोपाल (d) देवास

49. मध्य प्रदेश में जूट मिल कहाँ स्थित है?
(a) इन्दौर (b) देवास
(c) रतलाम (d) राजगढ़

50. धातु मूर्ति उद्योग कहाँ स्थित है?
(a) होशंगाबाद (b) रीवा
(c) सतना (d) इन्दौर

51. प्लास्टिक उद्योग स्थित है?
(a) इन्दौर
(b) भोपाल
(c) जबलपुर
(d) उज्जैन

52. सुमेलित कीजिए

	सूची I (उद्योग)		सूची II (अवस्थिति)
A.	गन कैरिज फैक्ट्री	1.	भोपाल
B.	रेलवे कोच फैक्ट्री	2.	देवास
C.	करेन्सी प्रिण्टिंग प्रेस	3.	जबलपुर
D.	सिक्योरिटी पेपर मिल	4.	होशंगाबाद

कूट

	A	B	C	D
(a)	3	1	2	4
(b)	3	4	1	2
(c)	3	2	4	1
(d)	4	2	1	3

53. सुमेलित कीजिए

	सूची I (संस्थान)		सूची II (मुख्यालय)
A.	मध्य प्रदेश वित्त निगम	1.	इन्दौर
B.	मध्य प्रदेश निर्यात निगम	2.	भोपाल
C.	मध्य प्रदेश इनलेण्ड कण्टेनर डिपो	3.	पीथमपुर
D.	प्रथम चीनी मिल	4.	जावरा

कूट

	A	B	C	D
(a)	1	4	3	2
(b)	2	3	4	1
(c)	1	2	3	4
(d)	3	4	2	1

54. शिल्पी कल्याण योजना के सन्दर्भ में सत्य कथन कौन-सा है?
1. इस योजना का प्रारम्भ वर्ष 2016 में किया गया।
2. इसके अन्तर्गत शिल्पी परिवारों के स्वास्थ्य, शिक्षा आदि की व्यवस्था की जाती है।
3. शिल्पियों को अनुदान पर स्वास्थ्य बीमा को उपलब्ध कराना।

कूट
(a) केवल 1 (b) 1 और 2
(c) 2 और 3 (d) ये सभी

सही उत्तर

1. (c)	2. (c)	3. (a)	4. (b)	5. (c)	6. (d)	7. (d)	8. (d)	9. (d)	10. (d)
11. (d)	12. (a)	13. (a)	14. (a)	15. (d)	16. (c)	17. (b)	18. (c)	19. (c)	20. (b)
21. (a)	22. (a)	23. (a)	24. (a)	25. (c)	26. (a)	27. (b)	28. (c)	29. (c)	30. (a)
31. (c)	32. (b)	33. (a)	34. (b)	35. (b)	36. (a)	37. (a)	38. (b)	39. (a)	40. (a)
41. (d)	42. (d)	43. (b)	44. (a)	45. (c)	46. (c)	47. (b)	48. (a)	49. (d)	50. (a)
51. (b)	52. (a)	53. (c)	54. (c)						

अध्याय 11 उपभोक्ता एवं उत्पादक व्यवहार

उपभोक्ता सन्तुलन से आशय

उपभोक्ता अपने दैनिक जीवन में बहुत-सी वस्तुओं का उपभोग करता है। उसके उपभोग की प्रवृत्ति बहुत से घटकों से प्रभावित होती है। वह अपनी सीमित आय का उपयोग अपनी विभिन्न आवश्यकताओं की पूर्ति हेतु करता है तथा वस्तुओं के ऐसे संयोजन को प्राप्त करने का प्रयत्न करता है, जो उसे अधिकतम सन्तोष प्रदान कर सकें। अर्थशास्त्र में यह माना जाता है कि जब उपभोक्ता अधिकतम सन्तोष प्राप्त कर रहा है, उस स्थिति में वह सन्तुलन में है।

उपभोक्ता सन्तुलन के सिद्धान्त

उपभोक्ता सन्तुलन के प्रमुख दो सिद्धान्त निम्न हैं

1. ह्रासमान सीमान्त उपयोगिता का नियम एवं उपभोक्ता का सन्तुलन (Law of Diminishing Marginal Utility)
2. तटस्थता वक्र विश्लेषण एवं उपभोक्ता का सन्तुलन (Indifference Curve Analysis)

उपभोक्ता सन्तुलन के सिद्धान्तों का विस्तृत अध्ययन करने से पूर्व यह आवश्यक है कि उसमें प्रयुक्त की जाने वाली प्रमुख अवधारणाओं का आशय स्पष्ट हो। अत: इन अवधारणाओं को आगे समझाया जा रहा है।

उपयोगिता (तुष्टिगुण) का अर्थ एवं परिभाषाएँ

सामान्यत: 'उपयोगिता' का अर्थ किसी वस्तु के लाभदायक गुण से लगाया जाता है। अर्थशास्त्र में 'तुष्टिगुण या उपयोगिता' किसी भी वस्तु का वह गुण या शक्ति होती है, जिससे मनुष्य की किसी-न-किसी इच्छा की पूर्ति होती है।

दूसरे शब्दों में, किसी वस्तु या सेवा की वह क्षमता जिससे मनुष्य की किसी आवश्यकता को सन्तुष्ट किया जा सके, उपयोगिता (तुष्टिगुण) कहलाती है। तुष्टिगुण का सृजन उत्पादन द्वारा किया जाता है।

विभिन्न विद्वानों द्वारा दी गई परिभाषाएँ निम्न प्रकार हैं

- **प्रो. मार्शल** के अनुसार, "किसी समय किसी मनुष्य के लिए किसी वस्तु की उपयोगिता उस सीमा से मापी जाती है, जिस सीमा तक वह वस्तु उस मनुष्य की किसी आवश्यकता को सन्तुष्ट करती है।"
- **प्रो. थॉमस** के अनुसार, "तुष्टिगुण का आशय किसी वस्तु की उस शक्ति से है, जो मानवीय आवश्यकता या इच्छा को सन्तुष्ट करने के लिए उसमें (वस्तु में) निहित होती है।"
- **प्रो. वाघ** के अनुसार, "तुष्टिगुण में मानवीय आवश्यकता को सन्तुष्ट करने की क्षमता है।"
- **प्रो. एम. एम. बाबर** के अनुसार, "तुष्टिगुण किसी व्यक्ति की वस्तु या सेवा के द्वारा सन्तुष्ट करने वाली शक्ति है।"

उपयोगिता के माप के दृष्टिकोण

कुछ अर्थशास्त्री; जैसे—हिक्स, पैरेटो, एलन आदि का मानना है कि तुष्टिगुण को मापा नहीं जा सकता, क्योंकि यह एक अमूर्त तथा मनोवैज्ञानिक अवधारणा है अर्थात् तुष्टिगुण को देखा या स्पर्श नहीं किया जा सकता, परन्तु प्रो. मार्शल के विचार में तुष्टिगुण मापनीय है।

अत: तुष्टिगुण के माप के सन्दर्भ में दो दृष्टिकोण प्रचलित हैं

1. गणनावाचक दृष्टिकोण

प्रो. मार्शल का मानना है कि तुष्टिगुण को मापा जा सकता है। गणनावाचक दृष्टिकोण से तुष्टिगुण को संख्यात्मक रूप में जैसे—1, 2, 3, 4........ आदि के प्रयोग से माप सकते हैं।

इस सन्दर्भ में, सामान्यत:, तुष्टिगुण को मापने हेतु मुद्रारूपी पैमाने का प्रयोग किया जाता है। अत: किसी वस्तु को प्राप्त करने हेतु मुद्रा की जितनी मात्रा उपभोक्ता द्वारा दी जाए, वह उस वस्तु की तुष्टिगुण की माप होगी।

उदाहरण यदि मोहन एक टेबल खरीदने के लिए ₹ 60 खर्च करने को तैयार है, तो मोहन के लिए टेबल का तुष्टिगुण ₹ 60 यूटिल्स (Yutils) के बराबर हुआ। आधुनिक अर्थशास्त्रियों; जैसे हिक्स, पैरेटो आदि ने इस दृष्टिकोण की आलोचना की है।

उनके अनुसार उपयोगिता को मापा नहीं जा सकता, क्योंकि यह एक मनोवैज्ञानिक अवधारणा है।

नोट *इस दृष्टिकोण के अन्तर्गत उपयोगिता के माप की इकाई 'यूटिल्स' है।*

2. क्रमवाचक दृष्टिकोण

प्रो. हिक्स, पैरेटो, एलन आदि के विचार से तुष्टिगुण की गणनावाचक माप सम्भव नहीं है, परन्तु उपभोक्ता द्वारा तुष्टिगुण की तुलना करके इन्हें क्रमानुसार स्थान दिया जा सकता है।

उपभोक्ता दो या अधिक वस्तुओं का संयोग बनाकर यह ज्ञात कर सकता है कि किस संयोग से उसे अधिक व किससे कम तुष्टिगुण की प्राप्ति होगी।

साथ ही, इसमें वस्तुओं का क्रम निर्धारण कर यह भी ज्ञात किया जा सकता है कि उपभोक्ता किस वस्तु को प्राथमिकता देगा।

अत: यदि रवि को केले एवं सेब में से सेब अधिक पसन्द हैं, तो वह उसे पहले क्रम पर रखेगा एवं केले को उसके बाद स्थान देगा। इससे यह स्पष्ट हो जाएगा कि उसे सेब से अधिक उपयोगिता प्राप्त हो रही है।

क्रमवाचक दृष्टिकोण की आलोचना अर्थशास्त्री रॉबर्टसन, आर्मस्ट्रॉग आदि द्वारा की गई है, उनका मानना था कि व्यक्ति रोजमर्रा के जीवन में यह बात सरलता से तय नहीं कर सकता कि वह किस वस्तु को कौन-सा क्रम दे।

उपयोगिता (तुष्टिगुण) के माप

उपयोगिता के माप निम्नलिखित हैं

1. कुल तुष्टिगुण

उपभोक्ता द्वारा किसी वस्तु की उपभोग की गई समस्त इकाइयों से प्राप्त तुष्टिगुणों का योग ही 'कुल तुष्टिगुण या उपयोगिता' कहलाता है।

इसकी गणना निम्न सूत्र द्वारा की जा सकती है

N इकाइयों के उपभोग से प्राप्त कुल उपयोगिता

$$TU_n = U_1 + U_2 + U_3 \ldots U_n \text{ or } \Sigma EU$$

कुल तुष्टिगुण का तालिका द्वारा स्पष्टीकरण

केले की इकाइयाँ	तुष्टिगुण (यूटिल्स में)	कुल तुष्टिगुण (यूटिल्स में)
1	35	35
2	30	35 + 30 = 65
3	24	35 + 30 + 24 = 89
4	12	35 + 30 + 24 + 12 = 101

उपरोक्त तालिका के अनुसार, प्रथम केले से उपभोक्ता को 35 यूटिल्स कुल तुष्टिगुण प्राप्त हुआ। दूसरे केले का उपभोग करने से कुल तुष्टिगुण बढ़कर $35 + 30 = 65$ यूटिल्स हो गया। तीसरे केले का उपभोग करने पर कुल तुष्टिगुण 89 यूटिल्स तथा चौथे केले के उपभोग पर कुल तुष्टिगुण बढ़कर 101 यूटिल्स हो गया।

2. सीमान्त तुष्टिगुण

एक अतिरिक्त इकाई का उपभोग बढ़ाने पर कुल उपयोगिता में होने वाले परिवर्तन को सीमान्त उपयोगिता कहा जाता है। *इसकी गणना निम्न सूत्र द्वारा की जा सकती है*

$$MU_{nth} = TU_n - TU_{n-1}$$

MU_{nth} = सीमान्त उपयोगिता, $TU_n = n$ इकाइयों पर कुल उपयोगिता $TU_{n-1} = (n-1)$ इकाइयों की कुल उपयोगिता अथवा

$$MU = \frac{\text{कुल उपयोगिता में परिवर्तन } (\Delta TU)}{\text{उपभोग की गई इकाइयों में परिवर्तन } (\Delta Q)}$$

उदाहरण किसी व्यक्ति द्वारा दो केलों का उपभोग किया गया। पहले केले से उसे 80 तथा दूसरे केले के उपयोग के पश्चात् कुल उपयोगिता 145 हो गई। अतः दूसरे केले की सीमान्त उपयोगिता 65 (145–80) यूटिल्स होगी।

चैपमैन के अनुसार, ''किसी वस्तु की एक अतिरिक्त इकाई के उपभोग से कुल तुष्टिगुण में जो वृद्धि होती है, उसे 'सीमान्त तुष्टिगुण' कहते हैं।''

सीमान्त उपयोगिता का तालिका द्वारा स्पष्टीकरण

केले की इकाइयाँ	कुल उपयोगिता (यूटिल्स में)	सीमान्त उपयोगिता (यूटिल्स में)
1	35	35
2	65	30 (65 – 35)
3	89	24 (89 – 65)
4	101	12 (101 – 89)

उपरोक्त तालिका से स्पष्ट है कि सीमान्त उपयोगिता एक अतिरिक्त इकाई के उपयोग से हुई वृद्धि के फलस्वरूप कुल उपयोगिता में हुए परिवर्तन को दर्शाती है।

इकाई के उपयोग से 35 यूटिल्स की कुल उपयोगिता प्राप्त होती तथा 2 इकाइयों के उपभोग से 65 यूटिल्स की कुल उपयोगिता प्राप्त होती है। अतः दूसरे केले की सीमान्त उपयोगिता 30 यूटिल्स है।

सीमान्त तुष्टिगुण की अवस्थाएँ

सीमान्त तुष्टिगुण की निम्नलिखित तीन अवस्थाएँ होती हैं

(i) **धनात्मक** जब तक किसी वस्तु के उपभोग से व्यक्ति को कुछ-न-कुछ सन्तुष्टि मिलती रहती है, तब व्यक्ति को मिलने वाली वह सन्तुष्टि सीमान्त तुष्टिगुण का 'धनात्मक तुष्टिगुण' (उपयोगिता) कहलाता है।

(ii) **शून्य** जब वस्तु के उपभोग से व्यक्ति को न तो सन्तुष्टि मिलती है और न ही असन्तुष्टि मिलती है, तब इस स्थिति में सीमान्त तुष्टिगुण 'शून्य' हो जाता है। इस अवस्था को शून्य तुष्टिगुण या पूर्ण तृप्ति का बिन्दु (Point of saturation) कहा जाता है।

(iii) **ऋणात्मक** जब उपभोक्ता सीमान्त तुष्टिगुण के शून्य हो जाने के पश्चात् भी वस्तु का उपभोग करता है, तो इस स्थिति में सीमान्त तुष्टिगुण ऋणात्मक हो जाता है। इस अवस्था में उपभोक्ता को सन्तुष्टि मिलने के स्थान पर अनुपयोगिता प्राप्त होती है।

सीमान्त तुष्टिगुण तथा कुल तुष्टिगुण में परस्पर सम्बन्ध

सीमान्त तुष्टिगुण तथा कुल तुष्टिगुण में परस्पर घनिष्ठ सम्बन्ध है, जैसा कि निम्न तथ्यों से स्पष्ट है

1. प्रारम्भिक अवस्था में वस्तु के उपभोग से सीमान्त तुष्टिगुण घटता है, परन्तु कुल तुष्टिगुण बढ़ता है।
2. जब तक सीमान्त तुष्टिगुण धनात्मक रहता है, तब तक कुल तुष्टिगुण भी बढ़ता रहता है।
3. जिस बिन्दु पर सीमान्त तुष्टिगुण शून्य हो जाता है, उस बिन्दु पर कुल तुष्टिगुण अधिकतम होता है। यह बिन्दु पूर्ण तृप्ति का बिन्दु कहलाता है।
4. यदि पूर्ण तृप्ति के पश्चात् भी उपभोक्ता वस्तु का उपभोग करता है, तो सीमान्त तुष्टिगुण ऋणात्मक हो जाता है तथा कुल तुष्टिगुण घटने लगता है।

सीमान्त व कुल तुष्टिगुण में सम्बन्ध का रेखाचित्र द्वारा स्पष्टीकरण

कुल तुष्टिगुण में दी गई तालिका द्वारा सीमान्त व कुल तुष्टिगुण को रेखाचित्र द्वारा निम्न प्रकार स्पष्ट किया गया है

रेखाचित्र में रेखा OX पर उपभोग किए गए केलों की इकाइयाँ तथा रेखा OY पर प्राप्त उपयोगिता दिखाई गई है। AC रेखा सीमान्त तुष्टिगुण की है।

जैसे-जैसे अगले केले का उपभोग करते हैं, वैसे-वैसे सीमान्त तुष्टिगुण रेखा गिरती जाती है और कुल तुष्टिगुण रेखा ऊपर की ओर बढ़ती जाती है।

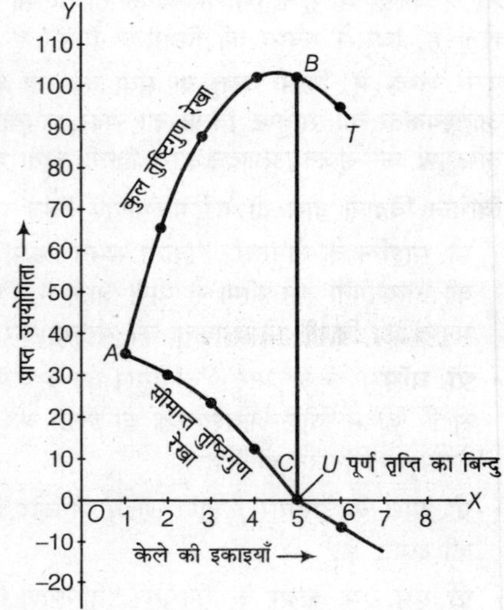

सीमान्त एवं कुल तुष्टिगुण वक्र

पूर्ण तृप्ति बिन्दु '*U*' पर सीमान्त तुष्टिगुण शून्य तथा कुल तुष्टिगुण रेखा अधिकतम है। जैसे ही अगले (छठे) केले का उपभोग किया जाता है, तो सीमान्त तुष्टिगुण रेखा ऋणात्मक हो जाती हैं और कुल तुष्टिगुण रेखा भी गिरने लगती है।

व्याख्या रेखाचित्र से स्पष्ट है कि सीमान्त तुष्टिगुण रेखा जैसे-जैसे गिरती जाएगी, कुल तुष्टिगुण रेखा ऊपर की ओर उठती रहेगी। सीमान्त तुष्टिगुण रेखा जैसे ही शून्य बिन्दु पर होगी, कुल तुष्टिगुण रेखा स्थिर (अधिकतम) बिन्दु पर होगी। जैसे ही सीमान्त तुष्टिगुण रेखा ऋणात्मक होगी, कुल तुष्टिगुण रेखा भी नीचे की ओर गिर जाएगी।

सीमान्त तुष्टिगुण तथा कुल तुष्टिगुण में अन्तर

अन्तर का आधार	सीमान्त तुष्टिगुण	कुल तुष्टिगुण
अर्थ	सीमान्त तुष्टिगुण की प्राप्ति किसी वस्तु की अन्तिम या सीमान्त इकाई के उपभोग से होती है।	कुल तुष्टिगुण किसी वस्तु की उपभोग की गई समस्त इकाइयों के सीमान्त तुष्टिगुणों का योग होता है।
कीमत-निर्धारण में सहायक	यह वस्तु के कीमत-निर्धारण में अत्यन्त सहायक है।	यह वस्तु के कीमत-निर्धारण में कोई सहायता प्रदान नहीं करता है।
पूर्ण तृप्ति के बिन्दु पर स्थिति	पूर्ण तृप्ति के बिन्दु पर सीमान्त तुष्टिगुण शून्य हो जाता है।	पूर्ण तृप्ति के बिन्दु पर कुल तुष्टिगुण अधिकतम हो जाता है।
पूर्ण तृप्ति के पश्चात् का उपभोग	पूर्ण तृप्ति के पश्चात् भी वस्तु का उपभोग किए जाने पर यह ऋणात्मक हो जाता है।	पूर्ण तृप्ति के पश्चात् भी उपभोग करने पर यह घटने लगता है।
कमी या वृद्धि	सीमान्त तुष्टिगुण प्रारम्भिक अवस्था से ही घटता है।	कुल तुष्टिगुण एक सीमा से घटती हुई दर से बढ़ता है।

उपयोगिता की एक और अवधारणा : औसत उपयोगिता

किसी वस्तु की निश्चित इकाइयों की संख्या का उपभोग करने पर व्यक्ति को, जो कुल तुष्टिगुण प्राप्त होता है, उसका उपभोग की गई कुल इकाइयों की संख्या से भाग देने पर जो भागफल प्राप्त होता है, वह 'औसत तुष्टिगुण' कहलाता है। किसी भी वस्तु की अतिरिक्त इकाई का उपभोग करने पर 'औसत तुष्टिगुण' घटता चला जाता है।

$$\text{औसत तुष्टिगुण} = \frac{\text{कुल तुष्टिगुण}}{\text{उपभोग की गई कुल इकाइयों की संख्या}}$$

उदाहरण यदि किसी व्यक्ति द्वारा एक निश्चित समय में पाँच रोटियों का उपभोग करने में 150 कुल तुष्टिगुण प्राप्त किया जाता है, तो औसत तुष्टिगुण 30 होगा अर्थात् औसत तुष्टिगुण $= \frac{150}{5} = 30$

ह्रासमान सीमान्त उपयोगिता का नियम

जब मनुष्य अपनी किसी आवश्यकता की सन्तुष्टि हेतु किसी वस्तु का उपभोग करना चाहता है, तब उसकी इच्छा की तीव्रता अधिक होती है, परन्तु वस्तु के निरन्तर उपभोग से यह तीव्रता कम होती जाती है। जैसे-जैसे व्यक्ति उस वस्तु का उपभोग करता जाता है, वैसे-वैसे उसे उस वस्तु से प्राप्त होने वाली सीमान्त उपयोगिता में कमी होने लगती है। उपयोगिता में होने वाली यह कमी ही 'सीमान्त उपयोगिता ह्रास नियम' कहलाती है।

अर्थशास्त्र में यह **क्रमागत उपयोगिता ह्रास नियम**, **सीमान्त तुष्टिगुण ह्रास नियम** या **ह्रासमान सीमान्त तुष्टिगुण नियम** कहलाता है। इस नियम का प्रतिपादन सर्वप्रथम **एम. एच. गौसेन** द्वारा किया गया था, जिस कारण इसे 'गौसेन का प्रथम नियम' कहा जाता है। तत्पश्चात् इसकी विस्तृत व्याख्या मार्शल द्वारा की गई।

विभिन्न विद्वानों द्वारा इस सिद्धान्त पर दी गई परिभाषाएँ निम्नलिखित हैं

मार्शल के अनुसार, "मनुष्य के पास किसी वस्तु की मात्रा में वृद्धि होने से जो अतिरिक्त लाभ उसे प्राप्त होता है, अन्य बातें समान रहने पर वस्तु की मात्रा में होने वाली प्रत्येक वृद्धि के साथ-साथ वह लाभ क्रमशः घटता जाता है।"

सैम्युल्सन के अनुसार, "जैसे-जैसे किसी वस्तु के उपभोग की मात्रा बढ़ती है, उस वस्तु का सीमान्त तुष्टिगुण कम होने की प्रवृत्ति प्रकट करता है।"

थॉमस के अनुसार, "किसी वस्तु की पूर्ति जैसे-जैसे बढ़ती जाती है, उससे प्राप्त उपयोगिता उसकी मात्रा में प्रत्येक वृद्धि के साथ-साथ घटती जाती है।"

प्रो. टॉजिंग के अनुसार, "यदि हम किसी वस्तु का उपभोग करते जाएँ तो उसके बाद की प्रत्येक इकाई, पहले वाली इकाई से कम तुष्टिगुण देगी। इस प्रवृत्ति को अर्थशास्त्र में सीमान्त तुष्टिगुण ह्रास नियम कहते हैं।"

तुष्टिगुण ह्रास नियम का उदाहरण द्वारा स्पष्टीकरण

माना किसी व्यक्ति को भूख लगी है और वह अपनी भूख शान्त करने हेतु गुलाब-जामुन का उपभोग करता है। पहल गुलाब-जामुन खाने से उसे अधिक तुष्टिगुण प्राप्त होगा, क्योंकि पहला गुलाब-जामुन खाने के लिए उसमें अधिक इच्छा की तीव्रता होगी। माना पहला गुलाब-जामुन खाने पर उसे 30 तुष्टिगुण प्राप्त होता है, अब उसे खाने पर, उसकी खाने की इच्छा की तीव्रता में कमी हो जाएगी। दूसरे गुलाब-जामुन से उसे 20 के बराबर तुष्टिगुण प्राप्त होगा। तीसरे गुलाब-जामुन पर तुष्टिगुण घटकर 10 तथा चौथे गुलाब-जामुन को खाने पर तुष्टिगुण 0 रह जाएगा। पाँचवाँ गुलाब-जानुन खाने पर उसे कोई तुष्टिगुण प्राप्त नहीं होगा अर्थात् उसकी गुलाब-जामुन खाने की आवश्यकता की पूर्ति हो जाएगी और तुष्टिगुण शून्य हो जाएगा। यदि इसके पश्चात् भी वह गुलाब-जामुन का उपभोग करता है, तो उसे अनुपयोगिता प्राप्त होगी। अतः वह पाँचवाँ गुलाब-जामुन खाने के पश्चात् उसका उपभोग बन्द कर देगा।

जैसा कि निम्न तालिका द्वारा स्पष्ट है

तालिका द्वारा स्पष्टीकरण

गुलाब-जामुन की इकाइयाँ	प्राप्त सीमान्त तुष्टिगुण
1	30
2	20
3	10
4	0
5	–10

उपरोक्त तालिका स्पष्ट करती है कि जब उपभोक्ता गुलाब-जामुन की उत्तरोत्तर इकाइयों का उपभोग करता है, तो उसे गुलाब-जामुन की प्रत्येक अगली इकाई से क्रमशः घटती हुई दर पर तुष्टिगुण प्राप्त होता है। 'पूर्ण सन्तुष्टि के बिन्दु' (Point of Satisfaction) पर गुलाब-जामुन के उपभोग से उसे शून्य तुष्टिगुण प्राप्त हो रहा है और इसके पश्चात् भी उपभोग का क्रम जारी रखने पर उसे ऋणात्मक तुष्टिगुण प्राप्त हो रहा है।

रेखाचित्र द्वारा स्पष्टीकरण

सीमान्त तुष्टिगुण में होने वाली निरन्तर कमी की इस प्रवृत्ति को निम्न रेखाचित्र द्वारा भी प्रदर्शित किया जा सकता है

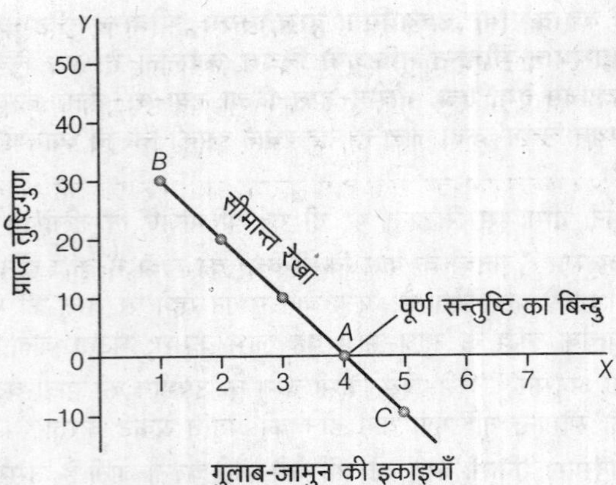

सीमान्त ह्रासमान नियम एवं तुष्टिगुण रेखा

उपरोक्त रेखाचित्र में OX अक्ष पर गुलाब-जामुन की इकाइयाँ तथा OY अक्ष पर गुलाब-जामुन के उपभोग से प्राप्त तुष्टिगुण को दिखाया गया है। इस रेखाचित्र में तालिका के अनुसार, बिन्दु अंकित करने पर *'B'*, *'A'*, *'C'* रेखा खींची गई है, जोकि सीमान्त तुष्टिगुण रेखा है। यह रेखा नीचे की ओर बढ़ती जाती है, जिससे स्पष्ट होता है कि उत्तरोत्तर इकाइयों का प्रयोग करने पर तुष्टिगुण घटता जाता है और एक बिन्दु *'A'* पर पूर्ण सन्तुष्टि हो जाती है। इसके बाद बिन्दु *'C.'* पर ऋणात्मक तुष्टिगुण प्राप्त होता है। अत: स्पष्ट है कि प्रत्येक अगली इकाई के उपभोग से सीमान्त तुष्टिगुण रेखा नीचे की ओर गिर जाती है।

सीमान्त तुष्टिगुण ह्रास नियम की मान्यताएँ

अर्थशास्त्र के अन्य नियमों के समान सीमान्त तुष्टिगुण ह्रास नियम भी कुछ मान्यताओं पर आधारित है और उनके पूरा होने पर ही यह नियम लागू होता है। इन मान्यताओं के कारण ही डॉ. मार्शल ने इस तथ्य का उल्लेख किया है कि 'अन्य बातों के समान रहने' पर ही सीमान्त तुष्टिगुण ह्रास नियम की प्रवृत्ति लागू होती है। इस वाक्यांश द्वारा जिन मान्यताओं तथा शर्तों की ओर इंगित किया गया है, वे निम्नलिखित हैं

1. **वस्तु की समस्त इकाइयाँ गुण में समान होनी चाहिए** उपभोग की जाने वाली वस्तु की समस्त इकाइयाँ गुण में समान होनी चाहिए। इसके गुण में असमानता की स्थिति में यह नियम लागू नहीं होगा।

   उदाहरण व्यक्ति को पहले फीका सेब दिया जाए तथा दूसरा मीठा सेब दिया जाए तो दूसरे सेब के उपयोग से व्यक्ति को पहले सेब की अपेक्षा अधिक तुष्टिगुण प्राप्त होगा। अत: ऐसी स्थिति में सीमान्त तुष्टिगुण ह्रास नियम लागू नहीं होगा।
2. **वस्तु की इकाइयों का उपभोग निरन्तर होना चाहिए** वस्तु की सभी इकाइयों का उपभोग निरन्तर एक ही समय पर बिना किसी समय-अन्तराल के होना चाहिए। उपभोग में समय का अन्तर होने पर यह नियम क्रियाशील नहीं होगा। ***उदाहरण*** यदि सुबह को एक रोटी ग्रहण की जाए तथा दूसरी रोटी रात्रि को दिनभर परिश्रम करने के पश्चात् खाई जाए, तो पहली रोटी की तुलना में दूसरी रोटी से अधिक तुष्टिगुण प्राप्त होगा। अत: इस स्थिति में सीमान्त तुष्टिगुण ह्रास नियम लागू नहीं होगा।
3. **वस्तु की इकाइयों का परिमाण समान होना चाहिए** इस नियम के क्रियाशील होने के लिए यह आवश्यक है कि उपभोग की जाने वाली वस्तु की प्रत्येक इकाई का आकार एक समान होना चाहिए।

   उदाहरण यदि किसी व्यक्ति को दिए जाने वाले पहले केले का वजन 10 ग्राम तथा दूसरे केले का वजन 20 ग्राम है, तो केले का परिमाण बदल जाने के कारण दूसरे केले से व्यक्ति को अधिक तुष्टिगुण प्राप्त होगा। अत: इस स्थिति में यह नियम लागू नहीं होगा।
4. **वस्तु के मूल्य में परिवर्तन नहीं होना चाहिए** उपभोग की जाने वाली वस्तु के मूल्य में परिवर्तन नहीं होना चाहिए अन्यथा यह नियम क्रियाशील नहीं होगा।

   उदाहरण यदि व्यक्ति द्वारा उपभोग की जाने वाली पहली रोटी का मूल्य ₹ 4 है तथा दूसरी रोटी उपभोक्ता को ₹ 2 में ही प्राप्त हो जाती है, तो दूसरी रोटी सस्ती होने के कारण उसका तुष्टिगुण व्यक्ति के लिए बढ़ जाएगा तथा यह नियम लागू नहीं होगा।
5. **उपभोक्ता की रुचि, आदत, स्वभाव, फैशन व आय आदि में परिवर्तन नहीं होना चाहिए** उपभोक्ता की रुचि, आदत, स्वभाव, फैशन व आय में से एक भी तत्त्व में परिवर्तन हो जाने पर तुष्टिगुण प्रभावित होता है।

   उदाहरण यदि कोई व्यक्ति कॉफी नहीं पीता है, तो उसके लिए इसमें तुष्टिगुण शून्य के बराबर होगा, परन्तु यदि उसे कॉफी पीने की आदत पड़ जाए तो इसमें उसे अधिक तुष्टिगुण का अनुभव होने लगेगा। इसी प्रकार फैशन की वस्तु आ जाने तथा उपभोक्ता की आय बढ़ जाने पर उसका तुष्टिगुण बढ़ जाएगा। अत: इस स्थिति में यह नियम लागू नहीं होगा।
6. **स्थानापन्न वस्तुओं के मूल्य अपरिवर्तित रहने चाहिए** वस्तु की स्थानापन्न वस्तुओं के मूल्य में भी कोई परिवर्तन नहीं होना चाहिए, क्योंकि स्थानापन्न वस्तुओं के मूल्य में होने वाला परिवर्तन तुष्टिगुण की मात्रा को प्रभावित करता है। ***उदाहरण*** चाय की स्थानापन्न वस्तु कॉफी की कीमत बढ़ जाने पर चाय अपेक्षाकृत सस्ती हो जाएगी। अत: उसकी माँग व उससे प्राप्त होने वाला तुष्टिगुण बढ़ जाएगा, इस स्थिति में यह नियम लागू नहीं होगा।

सीमान्त तुष्टिगुण ह्रास नियम के अपवाद/सीमाएँ

उपयोगिता ह्रास-नियम, उपरोक्त दी हुई मान्यताओं को पूरा करने पर आवश्यक रूप से लागू होता है, परन्तु कुछ अर्थशास्त्रियों के द्वारा ऐसी परिस्थितियाँ भी बताई गई हैं, जिनमें यह नियम लागू नहीं होता।

इन परिस्थितियों को अपवाद माना गया है,जो निम्नलिखित हैं

1. **मादक पदार्थों का उपभोग** सामान्यत: ऐसा माना जाता है कि जब किसी मादक या नशीली वस्तु का किसी व्यक्ति द्वारा उपभोग किया जाता है, तो मादक वस्तु की अगली इकाई से व्यक्ति को अधिक सन्तुष्टि प्राप्त होती है।
2. **यदि उपभोग की जाने वाली वस्तु की इकाइयाँ बहुत छोटी हों** यदि कोई व्यक्ति अत्यधिक भूखा है तथा उसे खाने के लिए एक-एक बिस्किट दिया जाए तो पहले की अपेक्षा उसे दूसरे बिस्किट से अधिक तुष्टिगुण प्राप्त होगा।
3. **दुर्लभ, अप्राप्य व फैशन की वस्तुएँ** इन वस्तुओं के संग्रह में जितनी वृद्धि होती जाती है, उपयोगिता (तुष्टिगुण) उतनी ही बढ़ती जाती है; जैसे—डाक टिकट या पुराने सिक्के, पुरानी पेण्टिंग आदि के सम्बन्ध में यह नियम लागू नहीं होता।
4. **मुद्रा व शक्ति (धन) संग्रह की इच्छा** इस विषय में यह कहा जाता है कि मनुष्य की धन की इच्छा धन के साथ-साथ बढ़ती जाती है।
5. **रोचक व अच्छी पुस्तक, मनभावन कविता तथा मधुर गाने सुनना** जब किसी रोचक व अच्छी पुस्तक, मनभावन कविता तथा सुन्दर गाने दो या अधिक बार सुने जाते हैं, तो उनकी उपयोगिता बढ़ती है तथा वह और अधिक अच्छे लगने लगते हैं।
6. **उपभोग की प्रारम्भिक अवस्था में नियम का लागू न होना** किसी वस्तु की प्रारम्भिक अवस्था में उसकी प्रत्येक नवीन इकाई के उपभोग से अधिक उपयोगिता प्राप्त होती है, उदाहरण—जब एक भूखा व्यक्ति रोटी खाना प्रारम्भ करता है, तो रोटी की प्रारम्भिक इकाइयों से मिलने वाला तुष्टिगुण बढ़ता जाता है।

ह्रासमान सीमान्त उपयोगिता नियम एवं उपभोक्ता का सन्तुलन

जैसा कि हम पहले पढ़ चुके हैं, उपभोक्ता का सन्तुलन उस स्थिति को दर्शाता है, जिसमें एक दी हुई आय को वह विभिन्न वस्तुओं के क्रय पर इस प्रकार व्यय करता है, जिससे उसे अधिकतम सन्तुष्टि प्राप्त हो।

ह्रासमान उपयोगिता नियम के अन्तर्गत उपभोक्ता के सन्तुलन को निम्न स्थितियों के सापेक्ष समझा जा सकता है

1. एक वस्तु के उपभोग की स्थिति में उपभोक्ता का सन्तुलन

जब व्यक्ति एक ही वस्तु का उपभोग कर रहा है तो वह निम्न स्थिति में सन्तुलन प्राप्त करेगा

मुद्रा की सीमान्त उपयोगिता (MU_M)

$$= \frac{X \text{ वस्तु से प्राप्त सीमान्त उपयोगिता } (MU_X)}{X \text{ वस्तु की कीमत } (P_X)}$$

अथवा $$\frac{MU_X}{MU_M} = P_X$$

इसका आशय यह है कि **सन्तुलन की स्थिति में X वस्तु की सीमान्त उपयोगिता एवं मुद्रा की सीमान्त उपयोगिता के मध्य का अनुपात वस्तु की कीमत के बराबर होना चाहिए।**

यदि हम मुद्रा की सीमान्त उपयोगिता को एक मान लें $(MU_M = 1)$, तो उस स्थिति में सन्तुलन निम्न स्थिति में प्राप्त होगा

$$MU_X = P_Y$$

इसका आशय यह है कि यदि मुद्रा की सीमान्त उपयोगिता को एक मान लिया जाए तो उस स्थिति में उपभोक्ता को सन्तुलन तब प्राप्त होता है, जब वस्तु X की सीमान्त उपयोगिता उसकी कीमत के बराबर हो।

इसे निम्न सारणी द्वारा समझा जा सकता है

उपभोक्ता का सन्तुलन एक वस्तु की स्थिति में मुद्रा की सीमान्त उपयोगिता को 2 यूटिल्स माना जा रहा है

उपभोग की गई इकाइयाँ	वस्तु की कीमत (P_X)	वस्तु की सीमान्त उपयोगिता (MU_X)	वस्तु की सीमान्त उपयोगिता रुपये में $[MU_X/2]$	लाभ/(हानि)रुपये
1	3	10	5	2
2	3	8	4	1
3	3	6	3	0
4	3	4	2	(1)
5	3	2	1	(2)
6	3	0	0	(3)

उपरोक्त सारणी में जब उपभोक्ता 1 इकाई का उपभोग कर रहा है, तब उसे ₹ 5 के बराबर की उपयोगिता प्राप्त हो रही है, जबकि वह मात्र ₹ 3 व्यय कर रहा है। यहाँ पर उसे लाभ हो रहा है।

अत: वह एक और इकाई का उपयोग करने को प्रेरित होगा। दूसरी इकाई के उपभोग पर भी उसे लाभ हो रहा है। अत: वह तीसरी इकाई का उपभोग भी करेगा। जब वह तीसरी इकाई का उपभोग कर रहा है तो उसे ₹ 3 के बराबर की उपयोगिता प्राप्त हो रही है एवं वह ₹ 3 की व्यय कर रहा है। अत: यहाँ पर वह सन्तुलन में है। यदि हम यह मान ले कि व्यक्ति आरम्भ में 6 इकाइयों का उपभोग कर रहा है तो उसे प्राप्त होने वाली सीमान्त उपयोगिता शून्य है, परन्तु उसे ₹ 3 का व्यय करना पड़ रहा हैं। अत: यहाँ पर उसे हानि हो रही है। अत: वह अपना उपभोग तब तक कम करेगा, जब तक कि वह सन्तुलन प्राप्त नहीं करता।

उपरोक्त सारणी को निम्न चित्र की सहायता से प्रदर्शित किया जा सकता है

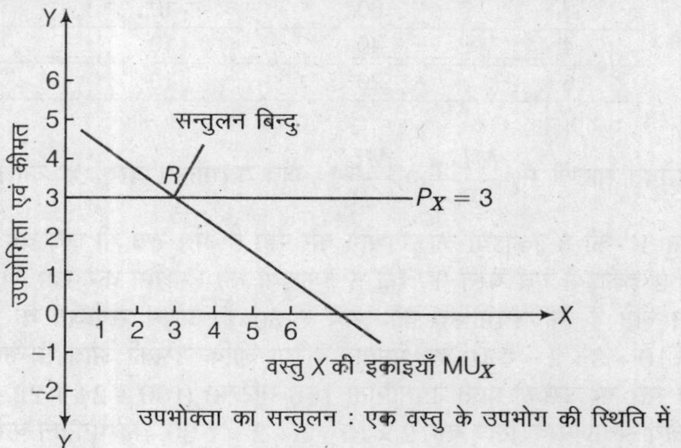

उपभोक्ता का सन्तुलन : एक वस्तु के उपभोग की स्थिति में

उपरोक्त चित्र में यह स्पष्ट है कि जब उपभोक्ता 3 इकाइयों का उपभोग कर रहा है तब वह सन्तुलन में है।

2. दो वस्तुओं के उपभोग की स्थिति में उपभोक्ता का सन्तुलन

जब व्यक्ति दो वस्तुओं का उपभोग करता है तो वह निम्न स्थितियों में सन्तुलन प्राप्त करेगा

(i) $$\frac{\text{वस्तु } X \text{ की सीमान्त उपयोगिता } (MU_X)}{\text{वस्तु } X \text{ की कीमत } (P_X)} = \frac{\text{वस्तु } Y \text{ की सीमान्त उपयोगिता } (MU_Y)}{\text{वस्तु } Y \text{ की कीमत } (P_Y)} = \text{मुद्रा की सीमान्त उपयोगिता } (MU_M)$$

इससे आशय यह है कि उपभोक्ता के सन्तुलन की स्थिति में वस्तुओं की सीमान्त उपयोगिता एवं उनकी कीमतों के मध्य का अनुपात मुद्रा की सीमान्त उपयोगिता के बराबर होता है।

(ii) $$\frac{\text{वस्तु } X \text{ की सीमान्त उपयोगिता } (MU_X)}{\text{वस्तु } X \text{ की कीमत } (P_X)} = \frac{\text{वस्तु } Y \text{ की सीमान्त उपयोगिता } (MU_Y)}{\text{वस्तु } Y \text{ की कीमत } (P_Y)}$$

इससे आशय यह है कि यदि मुद्रा की सीमान्त उपयोगिता को एक मान लिया जाए तो उपभोक्ता तभी सन्तुलन प्राप्त करेगा, जब किसी वस्तु की सीमान्त उपयोगिता एवं उसकी कीमतो के मध्य का अनुपात दूसरी वस्तु की सीमान्त उपयोगिता एवं उसके मध्य के अनुपात के बराबर हो।

उपरोक्त शर्त को निम्न प्रकार भी लिखा जा सकता है

$$\frac{\text{वस्तु } X \text{ की सीमान्त उपयोगिता } (MU_X)}{\text{वस्तु } Y \text{ की सीमान्त उपयोगिता } (MU_Y)} = \frac{\text{वस्तु } X \text{ की कीमत } (P_X)}{\text{वस्तु } Y \text{ की कीमत } (P_Y)}$$

उपभोक्ता के सन्तुलन को निम्न सारणी द्वारा समझा जा सकता है

वस्तु 'X' की इकाइयाँ	वस्तु 'X' की सीमान्त उपयोगिता 'MU_X'	वस्तु 'X' की कीमत (P_X)	वस्तु 'X' की सीमान्त उपयोगिता रुपये में (MU_X / P_X)	वस्तु 'Y' की इकाइयाँ	वस्तु 'Y' की सीमान्त उपयोगिता (MU_Y)	वस्तु 'Y' की कीमत (P_Y)	वस्तु 'Y' की सीमान्त उपयोगिता रुपये में (MU_Y / P_Y)
1	100	10	10	1	24	2	12
2	80	10	8	2	22	2	11
3	60	10	6	3	20	2	10
4	40	10	4	4	18	2	9
5	20	10	2	5	16	2	8

उपरोक्त सारणी में, $\frac{MU_X}{P_X} = \frac{MU_Y}{P_Y}$, जब उपभोक्ता वस्तु 'X' की इकाई एवं वस्तु 'Y' की 3 इकाइयों का उपभोग कर रहा है और तब भी जब वह वस्तु 'X' की 2 इकाइयों एवं वस्तु 'Y' की 5 इकाइयों का उपभोग कर रहा है। अब हम मान लेते हैं कि उपभोक्ता की आय ₹ 30 है। प्रथम संयोजन के लिए वह $1 \times 10 + 3 \times 2 =$ ₹ 16 का भुगतान करेगा जोकि उसकी आय से कम है और इस स्तर पर उसकी प्राप्त उपयोगिता 166 यूटिल्स (100 + 24 + 22 + 20) हैं। द्वितीय संयोजन के लिए वह, $2 \times 10 + 5 \times 2 =$ ₹ 30, का भुगतान करेगा जोकि उसकी आय के बराबर है। इस स्तर पर उसकी प्राप्त उपयोगिता 280 यूटिल्स (100 + 80 + 24 + 22 + 20 + 18 + 16) हैं। अत: द्वितीय संयोजन पर उपभोक्ता की आय भी पूर्णत: खर्च हो रही है एवं उसकी प्राप्त उपयोगिता भी अधिक है। अत: उपभोक्ता द्वितीय संयोजन के उपयोग पर ही सन्तुलन में होगा। इसे निम्न चित्र द्वारा समझा जा सकता है

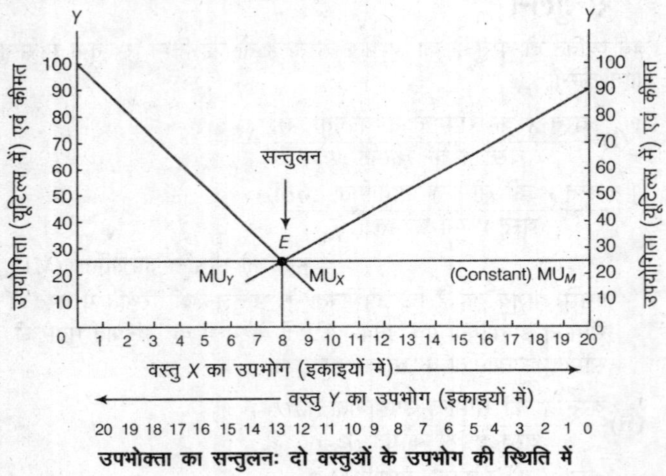

उपभोक्ता का सन्तुलनः दो वस्तुओं के उपभोग की स्थिति में

तटस्थता वक्र विश्लेषण से सम्बन्धित अवधारणाओं की व्याख्या

उपभोक्ता के सन्तुलन का अध्ययन तटस्थता वक्र विश्लेषण की सहायता से भी किया जा सकता है, परन्तु उपभोक्ता के सन्तुलन को तटस्थता वक्र की सहायता से समझने हेतु इससे सम्बन्धित निम्न अवधारणाओं को समझना आवश्यक है

उपभोक्ता का बजट

यह उपभोक्ता की वास्तविक क्रयशक्ति को प्रदर्शित करता है, इसकी सहायता से एक उपभोक्ता कुछ निश्चित वस्तुओं की निर्धारित इकाइयों का क्रय कर सकता है, जबकि वस्तुओं की कीमत दी गई है। यदि किसी उपभोक्ता के पास एक निश्चित आय है एवं उसे इस आय को दो वस्तुओं पर व्यय करना है, जिनकी बाजार कीमत (Market Price) दी गई है, तो उपभोक्ता उन वस्तुओं के केवल उन बण्डलों का क्रय कर सकता है, जिनका मूल्य उसकी आय से कम या बराबर हो।

1. बजट सेट

बण्डलों का वह सेट जो एक उपभोक्ता को प्राप्य (attainable) है, जबकि उपभोक्ता की आय एवं वस्तुओं की कीमतें दी गई हों, बजट सेट कहलाता है। वस्तुओं की विद्यमान कीमतों तथा अपनी आय के अनुसार उपभोक्ता ऐसा कोई भी बण्डल उसी सीमा तक खरीद सकता है, जब तक उसकी कीमत उसकी आय के बराबर या उससे कम हो ऐसे सभी बण्डलों का संयोजन बजट सेट कहलाता है। बजट उन सभी बण्डलों का संग्रह है, जिसे उपभोक्ता विद्यमान बाजार कीमतों पर अपनी आय से खरीद सकता है। *बजट सेट का समीकरण निम्न है*

$$P_X Q_X + P_Y Q_Y \leq M$$

जहाँ पर,

P_X = वस्तु 'X' की कीमत, Q_X = वस्तु 'X' की इकाइयाँ,
P_Y = वस्तु 'Y' की कीमत, Q_Y = वस्तु 'Y' की इकाइयाँ,
M = उपभोक्ता की आय।

नोट *उपरोक्त समीकरण को उपभोक्ता का बजट प्रतिबन्ध (Budget Constraint) भी कहा जाता है।*

एक ऐसे उपभोक्ता का उदाहरण लें, जिसके पास 20 रुपये हैं तथा मान लीजिए दोनों वस्तुओं की लागत 5 रुपये रखी गई है और ये समाकलित इकाइयों के रूप में ही उपलब्ध हैं, जो बण्डल उपभोक्ता खरीद सकता है, वे हैं: (0, 0), (0,1), (0, 2),(0, 3), (0, 4), (1, 0), (1, 1), (1, 2), (1, 3), (2, 0), (2, 1), (2, 2), (3, 0), (3, 1) तथा (4, 0)। इन बण्डलों में से (0, 4), (1, 3), (2, 2), (3, 1) तथा (4, 0) की लागत ठीक 20 रुपये है तथा अन्य बण्डलों की लागत 20 रुपये से कम है। उपभोक्ता (3, 3) तथा (4, 5) बण्डलों को खरीद नहीं सकता, क्योंकि प्रचलित लागतों पर उनकी कीमत 20 रुपये से अधिक हैं। अत: यह बण्डल उसके बजट सेट का हिस्सा नहीं होंगे।

2. बजट रेखा

बजट रेखा ऐसी दो वस्तुओं के बण्डलों के संयोजनों को प्रदर्शित करती है, जिसकी कीमत उपभोक्ता की आय के बराबर हो। अत: इस रेखा में वह सभी बण्डल शामिल हैं, जिनकी लागत उपभोक्ता की आय के बराबर हो। बजट रेखा के नीचे के बिन्दु उन बण्डलों को प्रदर्शित करते हैं, जिनकी लागत उपभोक्ता की आय से कम है। यह एक प्रतिबन्ध घटक है, जिसके बाहर उपभोक्ता उपभोग नहीं कर सकता। बजट रेखा का समीकरण निम्न है

जहाँ पर $P_X Q_X + P_Y Q_Y = M$

P_X = वस्तु '*X*' की कीमत, Q_X = वस्तु '*X*' की इकाइयाँ,

P_Y = वस्तु '*Y*' की कीमत, Q_Y = वस्तु '*Y*' की इकाइयाँ,

M = उपभोक्ता की आय।

उपरोक्त समीकरण को निम्न प्रकार से ही प्रदर्शित किया जा सकता है

$$Q_y = \frac{M}{P_Y} - \frac{P_X}{P_Y} Q_X$$

बजट रेखा से सम्बन्धित महत्त्वपूर्ण तथ्य

1. बजट रेखा एक सीधी रेखा है।
2. बजट रेखा का समस्तरीय अन्त:खण्ड $\frac{M}{P_X}$ है।

   समस्तरीय अन्त:खण्ड उस बण्डल का प्रतिनिधित्व करता है, जिसको उपभोक्ता उसी स्थिति में खरीद सकता है, जब वह अपनी सारी आय वस्तु '*X*' पर व्यय कर देता है।
3. बजट रेखा का ऊर्ध्वाधर अन्त:खण्ड $\frac{M}{P_Y}$ है।

   ऊर्ध्वाधर अन्त:खण्ड उस बण्डल का प्रतिनिधित्व करता है, जिसको उपभोक्ता उसी स्थिति में खरीद सकता है, जब वह अपनी सारी आय वस्तु '*Y*' पर व्यय कर देता है।
4. बजट रेखा की प्रवणता (Slope) $\frac{-P_X}{P_Y}$ है।

बजट रेखा को निम्न चित्र की सहायता से प्रदर्शित किया जा रहा है

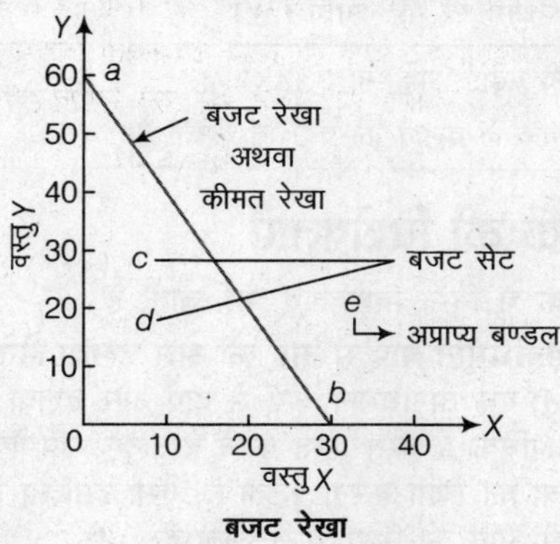

बजट रेखा

उपरोक्त चित्र में बजट रेखा निर्माण यह मानते हुए किया गया है कि उपभोक्ता की आय ₹ 60 है, वस्तु '*X*' की कीमत ₹ 2 प्रति इकाई है एवं वस्तु '*Y*' की कीमत ₹ 1 प्रति इकाई है। अत: यदि उपभोक्ता अपनी पूरी आय वस्तु '*X*' का क्रय करने में लगा दें तो वह 30 इकाइयाँ क्रय कर सकेगा एवं यदि वह पूरी आय वस्तु '*Y*' को क्रय करने में लगा दे तो वह 60 इकाइयाँ क्रय कर सकेगा।

बजट रेखा में बदलाव

बजट रेखा में निम्न परिस्थितियों में बदलाव होगा

1. **उपभोक्ता की आय में परिवर्तन** यदि उपभोक्ता की आय में वृद्धि होती है तो बजट रेखा में दाएँ ओर खिसकाव (Rightward shift) होगा एवं यदि उपभोक्ता की आय में कमी हो तो बजट रेखा में बाएँ ओर खिसकाव (leftward shift) होगा। इसे निम्न चित्र द्वारा दर्शाया जा रहा है

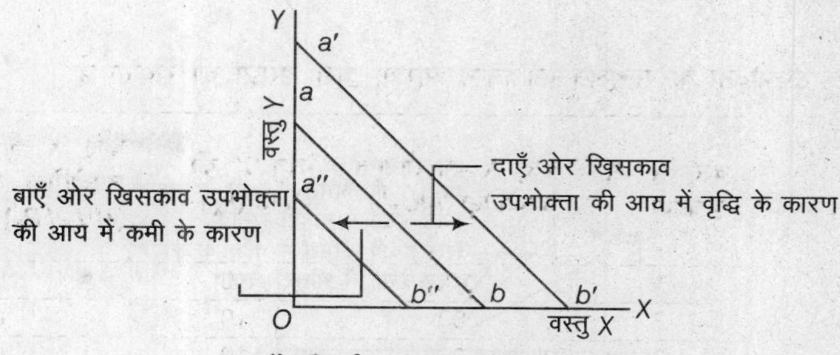

आय में परिवर्तन का बजट रेखा पर प्रभाव

2. **दोनों वस्तुओं की कीमतों में एक ही दिशा बदलाव** यदि दोनों वस्तुओं की कीमत में कमी होती है तो उस स्थिति में बजट रेखा में दाएँ ओर खिसकाव होगा। उसी प्रकार, यदि दोनों वस्तुओं की कीमतों में वृद्धि होती है तो उस स्थिति में बजट रेखा में बाएँ ओर खिसकाव होगा। इसे निम्न चित्र द्वारा दर्शाया जा रहा है

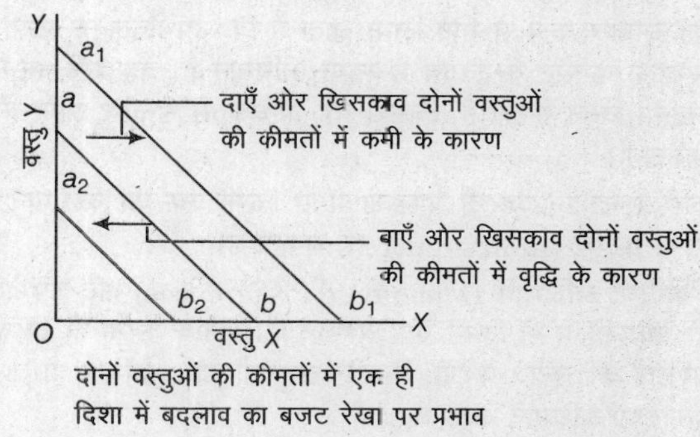

दोनों वस्तुओं की कीमतों में एक ही दिशा में बदलाव का बजट रेखा पर प्रभाव

3. **एक वस्तु की कीमत में बदलाव** यदि एक ही वस्तु की कीमत में बदलाव हो तो उस स्थिति बजट रेखा में घुमाव (Rotation) होता है। इस परिवर्तन को निम्न दो स्थितियों के अन्तर्गत समझा जा सकता है

   (i) वस्तु '*X*' की कीमत में बदलाव वस्तु '*X*' की कीमत में बदलाव का बजट रेखा पर प्रभाव निम्न चित्र की सहायता से दर्शाया जा रहा है

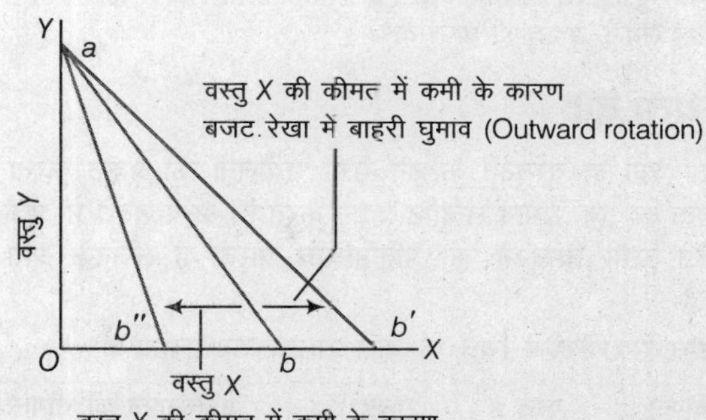

वस्तु *X* की कीमत में कमी के कारण बजट रेखा में अन्दरूनी घुमाव (Inward rotation)

   (ii) वस्तु '*Y*' की कीमत में बदलाव

   वस्तु '*Y*' की कीमत में बदलाव का बजट रेखा पर प्रभाव निम्न चित्र की सहायता से दर्शाया ज रहा है

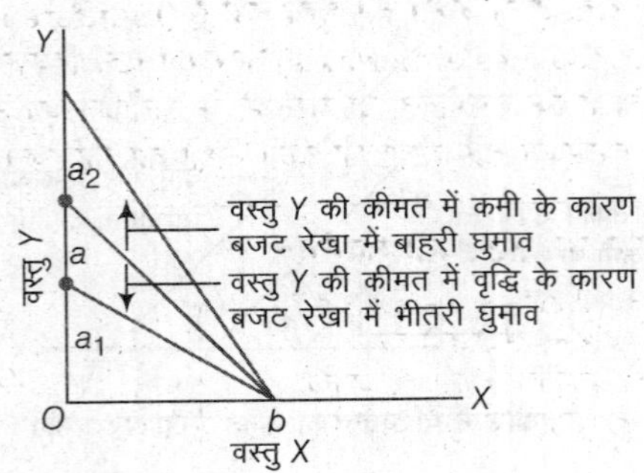

4. **उपभोक्ता का इष्टतम चयन** (Optimum preference of consumer) अर्थशास्त्र में यह मान लिया जाता है कि उपभोक्ता उपलब्ध सभी बण्डलों में से अपने उपभोग बण्डल का चयन अपनी रुचि तथा अधिमान (Preferences) के अनुसार बजट सेट के बण्डलों के आधार पर करता है।

   यह सामान्य रूप से मान लिया जाता है कि उपभोक्ता के पास सभी बण्डलों के सेट के विषय में स्पष्ट अधिमान हैं। वह इसी आधार पर इष्टतम चयन करता है, जिससे वह अधिकतम सन्तुष्टि प्राप्त कर सकता है।

   दूसरे शब्दों में, वह दो बण्डलों में से किसी एक को अधिमान दे सकता है या तटस्थ (Indifferent) रह सकता है।

5. **एकदिष्ट अधिमान** (Monotonic Preferences) यदि उपभोक्ता को दो बण्डलों में से किसी एक बण्डल का चुनाव करना हो तो वह उस बण्डल का चुनाव करेगा, जिसमें वस्तु की मात्रा अधिक हो। इसे ही एकदिष्ट अधिमान कहा जाता है।

   उदाहरणार्थ यदि युक्तिशील उपभोक्ता के समक्ष दो बण्डल हैं। बण्डल 'अ' में वस्तु 'X' की 4 इकाइयाँ हैं एवं वस्तु 'Y' की 6 इकाइयाँ हैं एवं बण्डल 'ब' में वस्तु X की 6 एवं वस्तु Y की 8 इकाइयाँ हैं, तो वह बण्डल 'ब' का चुनाव करेगा।

नोट *युक्तिशील उपभोक्ता (Rational Consumer) अर्थशास्त्र में वह व्यक्ति होता है, जिसे यह स्पष्टतः जानकारी होती है कि उसके लिए क्या अच्छा है और क्या बुरा तथा किसी भी दी हुई स्थिति में वह सदैव यह प्रयास करता है कि वह सबसे अच्छा ही प्राप्त करे।*

तटस्थता वक्र

तटस्थता वक्र दो वस्तुओं के उन सभी संयोजनों को प्रकट करता है जो कि उपभोक्ता को एक समान सन्तुष्टि प्रदान करते हैं। अन्य शब्दों में, एक अनधिमान वक्र उन सभी बिन्दुओं का प्रतिनिधित्व करता है, जिनके प्रति उपभोक्ता तटस्थ है।

इसे निम्न सारणी एवं चित्र के द्वारा समझा जा सकता है

संयोजन	वस्तु X	वस्तु Y	प्रतिस्थापन की सीमान्त दर
A	1	8	–
B	2	4	4 : 1
C	3	2	2 : 1
D	4	1	1 : 1

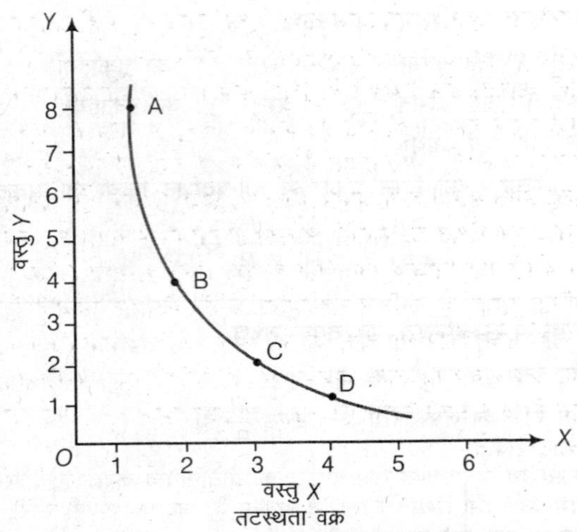

तटस्थता वक्र

उपरोक्त चित्र में तटस्थता वक्र उन सभी संयोजनों को प्रकट करता है, जो कि उपभोक्ता को समान सन्तुष्टि प्रदान करते हैं। अतः बिन्दुओं A, B, C एवं D पर उपभोक्ता को एक समान सन्तुष्टि प्राप्त होती है।

प्रतिस्थापन की सीमान्त दर

प्रतिस्थापन की सीमान्त दर वह दर होती है, जिस पर एक उपभोक्ता एक वस्तु का त्याग कर उसे दूसरी वस्तु से स्थानापन्न करने को तत्पर रहता है। इसे निम्न सूत्र द्वारा ज्ञात किया जा सकता है

प्रतिस्थापन की सीमान्त दर (MRS_{XY})

$$= \frac{Y \text{ वस्तु की त्याग की गई मात्रा } (\Delta Y)}{X \text{ वस्तु की बढ़ाई गई मात्रा } (\Delta X)}$$

यह तटस्थता वक्र के ढलाव को प्रदर्शित करता है।

तटस्थता वक्र की विशेषताएँ

एक तटस्थता वक्र में निम्न विशेषताएँ पाई जाती हैं

1. **तटस्थता/अनधिमान बाएँ से दाएँ की ओर ढलवा होते हैं** (IC slopes downward) एक अनधिमान बाएँ से दाएँ ओर ढलवा होता है, जिसका अर्थ है कि अधिक X वस्तु प्राप्त करने के लिए, उपभोक्ता को Y वस्तु की कुछ मात्रा का त्याग करना पड़ता है, ऐसा इसलिए होता है कि उपभोक्ता की आय को स्थिर माना जाता है।
2. **तटस्थता वक्र मूल बिन्दु की ओर उन्नतोदर** (Convex to the Origin) होता है, तटस्थता वक्र मूल बिन्दु की ओर उन्नतोदर होता है। ऐसा इसलिए होता है की तटस्थता वक्र में बाएँ से दाएँ ओर जाते हुए प्रतिस्थापन की सीमान्त दर घटती है।

प्रतिस्थापन की सीमान्त दर क्यों घटती है?

जब उपभोक्ता वस्तु 'X' का उपयोग बढ़ाता है, तब उसे वस्तु 'X' से मिलने वाली सीमान्त उपयोगिता कम होती जाती है। अतः वह अतिरिक्त इकाई का उपभोग बढ़ाने हेतु वस्तु 'Y' की कम इकाइयों का त्याग करना चाहता है। उपरोक्त दी हुई सारणी से भी यह स्पष्ट है कि जब उपभोक्ता वस्तु X का उपभोग 2 इकाई तक बढ़ाता है तो वह वस्तु Y की 4 इकाइयों का त्याग करने को तत्पर है, परन्तु जब वह 2 से 3 इकाइयों तक उपभोग बढ़ाता है तो वह वस्तु Y की केवल 2 इकाइयों का त्याग करने को तत्पर है। इसे घटती सीमान्त प्रतिस्थापन दर (Diminishing Marginal Rate of Substitution) कहा जाता है।

3. **दो तटस्थता/अनधिमान वक्र कभी एक-दूसरे को नहीं काटते हैं,** (ICs do not touch each other) दो अनधिमान वक्र कभी एक-दूसरे को नहीं काटते। इसे समझने के लिए, हम चित्र में दो अनधिमान वक्रों को एक दूसरे को काटने देते हैं, क्योंकि बिन्दु A तथा B, एक ही अनधिमान वक्र IC_1 पर स्थित हैं, संयोग A तथा B से समान सन्तोष का स्तर प्राप्त होगा। इसी प्रकार बिन्दु B तथा C एक ही अनधिमान वक्र IC_2 पर स्थित हैं, संयोग B तथा C समान सन्तोष का स्तर प्रदान करेंगे। इससे यह निष्कर्ष निकलता है, कि बिन्दु B तथा C से भी प्राप्त उपयोगिता समान है, लेकिन यह स्पष्ट है कि विसंगत निष्कर्ष है, क्योंकि बिन्दु 'B' उच्च तटस्थता वक्र पर है। अत: वह उपभोक्ता को अधिक सन्तुष्टि प्रदान करेगा। अत: एक-दूसरे को काटते हुए अनधिमान वक्र, विसंगत निष्कर्ष प्राप्त करते हैं। अत: दो अनधिमान वक्र एक-दूसरे को नहीं काट सकते।

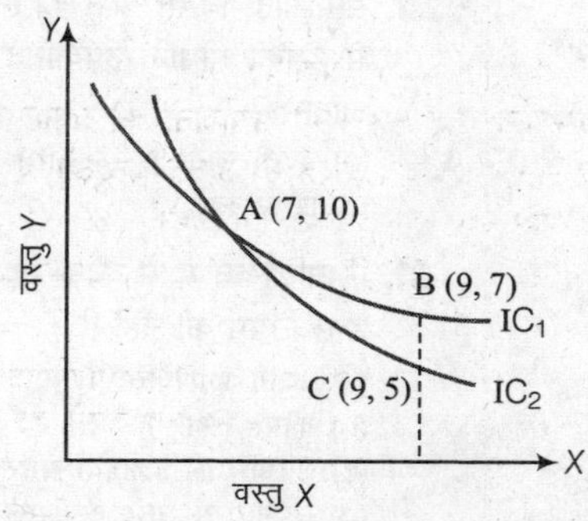

4. **उच्च अनधिमान वक्र, सन्तुष्टि स्तर को दर्शाता है** (Higher IC shows higher Level of Satisfaction) जब तक एक वस्तु की सीमान्त उपयोगिता धनात्मक होती है, तब कोई व्यक्ति सदैव ही उस वस्तु की अधिक मात्रा प्राप्त करना चाहेगा, क्योंकि वस्तु की अधिक मात्रा, सन्तोष के स्तर को बढ़ाएगी। अत: एक उच्च तटस्थता वक्र उपयोगिता के उच्च स्तर को प्रदान करता है। नीचे दिए गए चित्र में IC_2, IC_1 से अधिक उपयोगिता के स्तर को दर्शाता है।

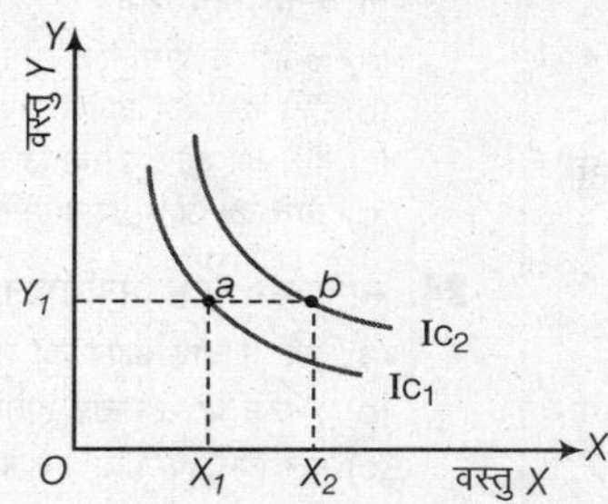

बिन्दु 'a' पर उपभोक्ता वस्तु X की X_1 एवं वस्तु Y की Y_1 इकाइयों को प्राप्त करता हैं एवं बिन्दु 'b' पर उपभोक्ता वस्तु X की X_2 एवं वस्तु Y की Y_1 इकाइयों को प्राप्त करता है। 'b' बिन्दु पर वस्तु X की अधिक इकाइयाँ प्राप्त हो रही हैं। अत: यह उच्च सन्तुष्टि के स्तर को दर्शा रहा है।

5. **तटस्थता वक्र दोनों अक्षों को छूता नहीं है** (Indifference curve does not touches either axis) तटस्थता वक्र विश्लेषण में सदा यह माना जाता है कि उपभोक्ता दो वस्तुओं के संयोजन का उपयोग करता है। अत: तटस्थता वक्र कभी भी दोनों अक्षों को नहीं छूता है।

तटस्थता सेट एवं तटस्थता मानचित्र

तटस्थता सेट (Indifference set) यह दो वस्तुओं के विभिन्न संयोजनों के उस सेट को प्रदर्शित करता है, जोकि उपभोक्ता को समान सन्तुष्टि प्रदान करता है।

तटस्थता मानचित्र (Indifference map) यह तटस्थता वक्र के सेट को प्रदर्शित करता है, जोकि उपभोक्ता के विभिन्न आय स्तर पर उपयोग के संयोजनों को प्रदर्शित करता है।

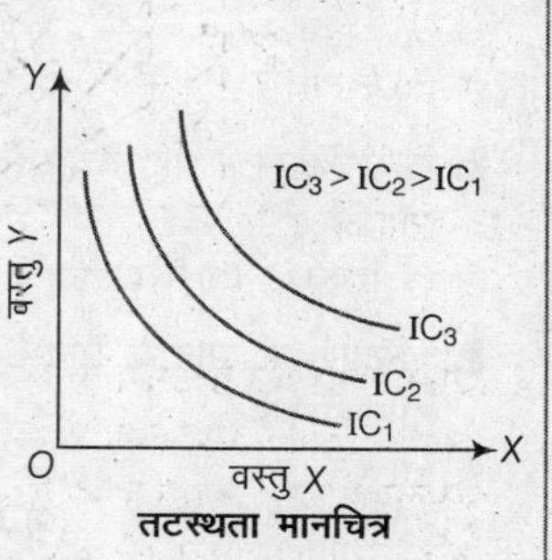

तटस्थता मानचित्र

तटस्थता वक्र विश्लेषण एवं उपभोक्ता का सन्तुलन

तटस्थता वक्र विश्लेषण के सन्दर्भ में एक उपभोक्ता, तब सन्तुलन प्राप्त करता है, जबकि तटस्थता वक्र का ढलाव बजट रेखा से ढलाव के बराबर हो। इसे निम्न प्रकार से दर्शाया जा सकता है

$$\text{प्रतिस्थापन की सीमान्त दर } (MRS_{XY}) = \frac{\text{वस्तु } X \text{ की कीमत } (P_X)}{\text{वस्तु } Y \text{ की कीमत } (P_Y)}$$

जहाँ पर,

प्रतिस्थापन की सीमान्त पर $= \dfrac{\Delta Y}{\Delta X}$ जोकि तटस्थता वक्र के ढलाव को दर्शाती है।

इसे निम्न चित्र द्वारा दर्शाया जा सकता है।

चित्र में BL बजट रेखा को प्रदर्शित करता है। IC_1, IC_2 एवं IC_3 विभिन्न तटस्थता वक्रों को प्रदर्शित करता है। उपभोक्ता बिन्दु E पर सन्तुलन पर होगा। इस बिन्दु पर बजट रेखा तटस्थता वक्र IC_2 को स्पर्श कर रही है। IC_1 पर स्थित बिन्दु a और b भी बजट रेखा को स्पर्श कर रही है, परन्तु इन बिन्दुओं पर उपभोक्ता सन्तुलन में नहीं है, क्योंकि यह नीचे वाले अनधिमान वक्र पर स्थित है। अत: यह निम्नस्तरीय है। अत: उपभोक्ता सन्तुलन निम्न शर्तों की पूर्ति पर आधारित है

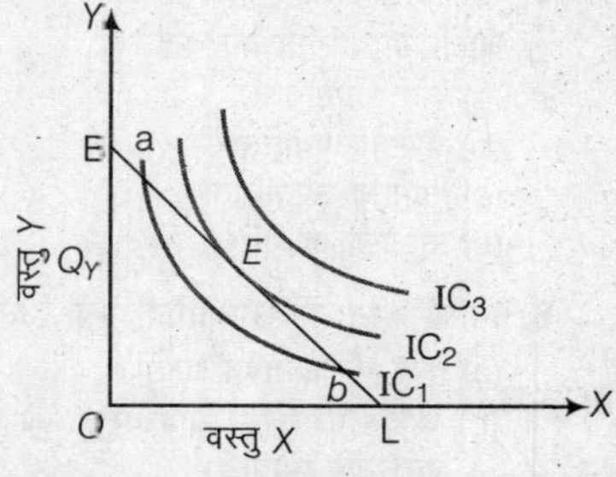

तटस्थता वक्र एवं उपभोक्ता का सन्तुलन

(i) $MRS_{XY} = \dfrac{P_X}{P_Y}$ और

(ii) तटस्थता वक्र सन्तुलन की स्थिति में मूल बिन्दु की ओर उन्नतोदर होना चाहिए।

वस्तुनिष्ठ प्रश्न

1. तुष्टिगुण होता है
(a) वस्तुगत (b) सापेक्ष
(c) निरपेक्ष (d) मूर्त

2. किस विद्वान ने यह विचार दिया कि तुष्टिगुण मापनीय है?
(a) हिक्स (b) पैरेटो (c) एलन (d) मार्शल

3. तुष्टिगुण की माप के सन्दर्भ में प्रचलित दृष्टिकोण है
(a) क्रमवाचक (b) गणनावाचक
(c) 'a' और 'b' दोनों (d) इनमें से कोई नहीं

4. उपयोगिता मापन/विश्लेषण का गणनावाचक दृष्टिकोण किसने प्रतिपादित किया था?
(a) मार्शल (b) हिक्स
(c) एडम स्मिथ (d) रिकार्डो

5. उपयोगिता मापन का क्रमवाचक दृष्टिकोण किसने प्रतिपादित किया?
(a) मार्शल (b) हिक्स
(c) सैम्युल्सन (d) पीगू

6. कुल उपयोगिता वक्र
(a) सदैव ऊपर उठता हुआ होता है
(b) सदैव नीचे गिरता हुआ होता है
(c) प्रारम्भ में ऊपर उठता है, फिर नीचे गिरता है
(d) की रचना नहीं की जा सकती है

7. एक अतिरिक्त इकाई के उपभोग से मिलने वाली उपयोगिता को कहते हैं
(a) कुल उपयोगिता
(b) औसत उपयोगिता
(c) सामान्य उपयोगिता
(d) सीमान्त उपयोगिता

8. किसी वस्तु की उपयोगिता क्या होती है?
(a) वस्तु की उत्पादन क्षमता
(b) व्यक्ति की किसी आवश्यकता को सन्तुष्ट करने की क्षमता
(c) वस्तु का स्वाद
(d) वस्तु की उपलब्धता।

9. कुल उपयोगिता के अधिकतम होने पर सीमान्त उपयोगिता हो जाती है
अथवा जब कुल तुष्टिगुण अधिकतम होता है, तब सीमान्त तुष्टिगुण
(a) शून्य होता है
(b) धनात्मक होता है
(c) ऋणात्मक होता है
(d) इनमें से कोई नहीं

10. निम्नलिखित में से उपभोक्ता की पूर्ण तृप्ति की स्थिति कौन-सी है?
(a) शून्य सीमान्त उपयोगिता
(b) घटती सीमान्त उपयोगिता
(c) बढ़ती सीमान्त उपयोगिता
(d) अधिकतम सीमान्त उपयोगिता

11. सीमान्त उपयोगिता घटेगी यदि
(a) उपभोग बढ़ेगा (b) उपभोग कम होगा
(c) उपभोग स्थिर होगा (d) इनमें से कोई नहीं

12. जब सीमान्त तुष्टिगुण शून्य होता है तब कुल तुष्टिगुण होता है
(a) न्यूनतम (b) अधिकतम
(c) स्थिर (d) अस्थायी

13. औसत तुष्टिगुण बराबर होता है
(a) $\frac{\text{कुल तुष्टिगुण}}{\text{सीमान्त तुष्टिगुण}}$
(b) $\frac{\text{कुल तुष्टिगुण}}{\text{उपभोग की गई वस्तु की कीमत}}$
(c) $\frac{\text{कुल तुष्टिगुण}}{\text{उपभोग की गई इकाइयों की संख्या}}$
(d) सीमान्त तुष्टिगुण × उपभोग की गई इकाइयों की संख्या

14. एक वक्र, जिस पर सभी बिन्दु (संयोग) उपभोक्ता को समान सन्तुष्टि प्रदान करते हैं, उसे क्या कहते हैं?
(a) अनधिमान वक्र (b) माँग वक्र
(c) कीमत रेखा (d) उत्पादन रेखा

15. कुल उपयोगिता (तुष्टिगुण) उस समय घटती है, जब सीमान्त उपयोगिता हो जाती है
(a) धनात्मक (b) ऋणात्मक
(c) शून्य (d) स्थिर

16. तुष्टिगुण कब बदलता है?
(a) समय के अनुसार
(b) स्थान के अनुसार
(c) परिस्थिति के अनुसार
(d) उपरोक्त सभी

17. सीमान्त तुष्टिगुण ह्रास नियम की विस्तृत व्याख्या किसके द्वारा की गई?
(a) गौसेन (b) फ्रेडरिक
(c) मार्शल (d) फ्रेजर

18. वस्तु के निरन्तर उपभोग से उसकी तीव्रता पर क्या प्रभाव पड़ता है?
(a) बढ़ती है (b) कम होती है
(c) 'a' और 'b' दोनों (d) इनमें से कोई नहीं

19. जब सीमान्त तुष्टिगुण शून्य होता है, तब कुल तुष्टिगुण .... होता है।
(a) ऋणात्मक (b) धनात्मक
(c) सर्वाधिक (d) शून्य

20. सामान्यत: किसी वस्तु का निरन्तर प्रयोग करने से उसकी सीमान्त उपयोगिता में क्या परिवर्तन आता है?
(a) बढ़ती जाती है (b) घटती जाती है
(c) स्थिर रहती है (d) इनमें से कोई नहीं

21. निम्नलिखित में से कौन-सी मान्यता उपयोगिता ह्रास नियम की नहीं है?
(a) फैशन अपरिवर्तित है
(b) कीमत स्थिर है
(c) उपभोग की इकाइयाँ समरूप हैं
(d) उपभोग में समय अन्तराल हो सकता है

22. मधुर संगीत सुनने की दशा में सीमान्त तुष्टिगुण ह्रास नियम लागू
(a) होता है (b) नहीं होता है
(c) कभी-कभी लागू होता है
(d) उपरोक्त में से कोई नहीं

23. यदि सीमान्त प्रतिस्थापन दर निरन्तर स्थिर रहे, तो अनधिमान वक्र
(a) x-अक्ष के समानान्तर होगा
(b) नीचे की ओर ढलवा अवतल होगा
(c) नीचे की ओर ढलवा उत्तल होगा
(d) नीचे की ओर ढलवा सीधी रेखा में होगा

24. सामान्यत: एक अनधिमान/तटस्थता वक्र
(a) बाएँ से दाएँ ऊपर को उठता है।
(b) Y-अक्ष के समान्तर होता है।
(c) मूल बिन्दु के प्रति उत्तल होता है।
(d) मूल बिन्दु के प्रति अवतल होता है।

25. एक उपभोक्ता केवल दो वस्तुओं का उपभोग करता है। यदि दोनों में से एक वस्तु की कीमत गिरती है, तो अनधिमान वक्र
(a) ऊपर की ओर खिसकता है
(b) नीचे की ओर खिसकता है
(c) ऊपर और नीचे दोनों ओर खिसक सकता है
(d) नहीं खिसकता है

सही उत्तर

1. (b)	2. (d)	3. (b)	4. (a)	5. (b)	6. (c)	7. (d)	8. (b)	9. (a)	10. (a)
11. (a)	12. (b)	13. (c)	14. (a)	15. (b)	16. (d)	17. (c)	18. (b)	19. (c)	20. (b)
21. (d)	22. (b)	23. (d)	24. (c)	25. (d)					

अध्याय 12 माँग तथा माँग का नियम

माँग का अर्थ एवं परिभाषाएँ

किसी वस्तु की वह मात्रा, जिसे एक उपभोक्ता, वस्तुओं की कीमतों एवं अपनी रुचियों एवं अनधिमानों को ध्यान में रखते हुए खरीदने को तत्पर हो एवं खरीदने की क्षमता रखता हो, वस्तु की माँग कहलाती है।

अर्थशास्त्र में माँग से तात्पर्य किसी वस्तु या सेवा की उस सम्भव मात्रा से है, जिसे उपभोक्ता एक निश्चित समय में वस्तु की विभिन्न सम्भव कीमतों पर खरीदने के लिए तैयार रहता है।

अर्थशास्त्र में माँग को विभिन्न अर्थशास्त्रियों द्वारा भिन्न-भिन्न रूपों में परिभाषित किया गया है

- **प्रो. पेन्सन** के अनुसार, ''किसी वस्तु को प्राप्त करने की वह इच्छा, जिसकी पूर्ति के लिए हमारे पास पर्याप्त साधन हों और जिन्हें खर्च करने की तत्परता हमारे अन्दर हो, माँग है।''
- **प्रो. बोबर** के अनुसार, ''माँग से हमारा अभिप्राय किसी वस्तु या सेवा की उन विभिन्न मात्राओं से होता है, जो किसी बाजार में निश्चित अवधि में उपभोक्ताओं के द्वारा विभिन्न मूल्यों पर या विभिन्न आय स्तरों पर अथवा सम्बन्धित वस्तुओं के विभिन्न मूल्यों की दशा में खरीदी जाती हैं।''
- **प्रो. मेयर्स** के अनुसार, ''किसी वस्तु की माँग उन मात्राओं की सारणी होती है, जिन्हें क्रेता समय विशेष पर सभी सम्भव मूल्यों पर खरीदने के लिए तैयार रहता है।''

माँग के लिए आवश्यक तत्त्व

उक्त विवेचना एवं परिभाषाओं के अनुसार माँग के लिए निम्न तत्त्वों का होना आवश्यक है

1. किसी वस्तु विशेष हेतु इच्छा का होना अर्थात् किसी वस्तु को प्राप्त करने की इच्छा होना।
2. इच्छापूर्ति के लिए पर्याप्त साधन होना।
3. साधनों को इच्छापूर्ति के लिए व्यय करने की तत्परता होना।

इसे निम्न प्रकार से प्रदर्शित किया जा सकता है

माँग = इच्छा + पर्याप्त साधन + साधन व्यय करने की तत्परता

माँग के प्रकार/भेद

माँग के निम्नलिखित प्रकार होते हैं

1. **व्यक्तिगत माँग** जब किसी एक उपभोक्ता द्वारा किसी वस्तु या सेवा के लिए माँग की जाती है, तो ऐसी माँग को व्यक्तिगत माँग कहते हैं; जैसे—राम द्वारा टी.वी. के लिए की गई माँग।
2. **बाजार माँग** जब किसी एक वस्तु या सेवा के लिए सभी उपभोक्ताओं द्वारा माँग की जाती है, तो ऐसी माँग को 'बाजार माँग' कहते हैं; जैसे—दूध के लिए X, Y, Z आदि सभी उपभोक्ताओं द्वारा की गई माँग बाजार माँग है। इस प्रकार, बाजार माँग सभी व्यक्तिगत माँगों का योग होती है।
3. **कीमत** (मूल्य) **माँग** कीमत माँग का तात्पर्य वस्तु की उन विभिन्न मात्राओं से है, जो उपभोक्ताओं द्वारा वस्तु के विभिन्न मूल्यों पर निश्चित समयावधि में माँगी जाती हैं, लेकिन जरूरी है कि 'अन्य बातें स्थिर रहें' अर्थात् उपभोक्ताओं की आय, स्वभाव, रुचि, फैशन, सम्बन्धित वस्तुओं के मूल्य आदि में कोई परिवर्तन न हो।
4. **आय माँग** आय माँग का तात्पर्य किसी वस्तु अथवा सेवा की उन मात्राओं से है, जो उपभोक्ता द्वारा अन्य बातों के स्थिर रहने पर विभिन्न आय स्तरों पर क्रय की जाती हैं।
5. **आड़ी या तिरछी माँग** किसी वस्तु (माना X) की आड़ी माँग उस वस्तु की उस मात्रा को दर्शाती है, जिसे उपभोक्ता उस वस्तु से सम्बन्धित अन्य वस्तु (माना Y) के मूल्यों में परिवर्तन होने पर खरीदने को तैयार है, जबकि उस वस्तु (X) के मूल्य में कोई परिवर्तन न हो।
6. **संयुक्त माँग** ऐसी माँग जिसमें दो या दो से अधिक वस्तुओं की माँग किसी विशेष आवश्यकता हेतु एक साथ की जाती है, संयुक्त माँग कहलाती है; जैसे—चाय बनाने के लिए चायपत्ती, चीनी, दूध आदि की माँग।
7. **व्युत्पन्न माँग/अप्रत्यक्ष माँग** जब किसी वस्तु की माँग प्रत्यक्ष न होकर किसी अन्य वस्तु की प्राप्ति हेतु अप्रत्यक्ष रूप से की जाती है, तो ऐसी माँग 'व्युत्पन्न माँग' कहलाती है; जैसे—व्यक्ति को एक मकान की आवश्यकता है, तो मकान बनाने हेतु उसे जिस सामग्री (ईंट, पत्थर, सीमेण्ट आदि) की आवश्यकता होगी, तो वह माँग व्युत्पन्न माँग होगी।
8. **प्रत्यक्ष माँग** जब उपभोक्ता द्वारा किसी ऐसी वस्तु की माँग की जाती है, जो उसकी आवश्यकताओं को प्रत्यक्ष रूप से पूर्ण करती हो, तो ऐसी माँग 'प्रत्यक्ष माँग' कहलाती है; जैसे—मोबाइल फोन की माँग, कपड़ों की माँग आदि।
9. **सामूहिक माँग** जब किसी वस्तु की माँग अनेक प्रयोगों हेतु की जाती है, तो ऐसी माँग 'सामूहिक माँग' कहलाती है; जैसे—लकड़ी की माँग-ईंधन, फर्नीचर आदि बनाने हेतु की जाती है। अत: लकड़ी के इन प्रयोगों में माँग 'सामूहिक माँग' है।
10. **वैकल्पिक माँग** ऐसी माँग जिसकी पूर्ति हेतु उपभोक्ता के पास विभिन्न विकल्प उपलब्ध होते हैं, 'वैकल्पिक माँग' कहलाती है; जैसे—मनोरंजन के लिए की गई माँग को टेलीविजन द्वारा या किसी संगीत कार्यक्रम आदि में जाकर पूर्ण किया जा सकता है।

व्यक्तिगत माँग एवं बाजार माँग के मध्य अन्तर

आधार	व्यक्तिगत माँग	बाजार माँग
आशय	जब किसी एक उपभोक्ता द्वारा किसी वस्तु या सेवा के लिए माँग की जाती है, तो ऐसी माँग को 'व्यक्तिगत माँग' कहते हैं।	जब किसी एक वस्तु या सेवा के लिए सभी उपभोक्ताओं द्वारा माँग की जाती है, तो ऐसी माँग को 'बाजार माँग' कहते हैं।
कारक	यह निम्न कारकों से प्रभावित होती है वस्तु का मूल्य, उपभोक्ताओं की रुचि, पसन्द तथा फैशन, सम्बन्धित वस्तु की कीमतों में परिवर्तन, उपभोक्ताओं की आय में परिवर्तन।	यह निम्न कारकों से प्रभावित होती है वस्तु का मूल्य, उपभोक्ताओं की रुचि, पसन्द तथा फैशन, सम्बन्धित वस्तु की कीमतों में परिवर्तन, उपभोक्ताओं की आय में परिवर्तन।, जलवायु और मौसम, देश में मुद्रा की मात्रा में परिवर्तन, जनसंख्या में परिवर्तन, भविष्य में मूल्य की सम्भावनाएँ, विज्ञापन का प्रभाव, सरकार की कर-नीति
योग	यह एक व्यक्ति की माँग होती है। इसमें योग का प्रश्न नहीं उठता है।	यह व्यक्तिगत माँगों का योग होती है।

माँग फलन (Demand Function) किसी वस्तु की माँग तथा उसको निर्धारित करने वाले विभिन्न तत्त्वों के बीच सम्बन्ध को जिस फलन द्वारा प्रकट किया जाता है, माँग फलन कहलाता है। माँग फलन दो प्रकार का होता है, व्यक्तिगत माँग फलन व बाजार माँग फलन।

व्यक्तिगत माँग फलन एवं बाजार माँग फलन

व्यक्तिगत माँग फलन यह दर्शाता है कि एक व्यक्ति विशेष की माँग किन कारकों से प्रभावित होती है। इसे निम्न प्रकार से प्रदर्शित किया जाता है

$D_X = f(P_X, P_R, Y, T, E)$, यहाँ पर,

D_X = एक व्यक्ति द्वारा वस्तु X की माँगी गई मात्रा

P_X = वस्तु X की कीमत

P_R = सम्बन्धित वस्तुओं की कीमत

Y = व्यक्ति की आय

T = व्यक्ति की रुचि एवं प्राथमिकता

E = उपभोक्ता की सम्भावना

बाजार माँग फलन यह दर्शाता है कि बाजार माँग किन कारकों से प्रभावित होती है। इसे निम्न प्रकार प्रदर्शित किया जाता है

$MD_X = f(P_X, P_R, Y, T, E, N, T_X, D_Y)$, यहाँ पर

MD_X = बाजार में वस्तु X की माँगी गई मात्रा

P_X = वस्तु X की कीमत

P_R = सम्बन्धित वस्तुओं की कीमत

Y = व्यक्ति की आय

T = व्यक्ति की रुचि एवं प्राथमिकता

E = भविष्य में मूल्य परिवर्तन की सम्भावना

N = जनसंख्या का आकार

T_X = सरकार की कर-नीति

D_Y = आय का वितरण

माँग को प्रभावित करने वाले घटक/तत्त्व

माँग निम्न घटकों या तत्त्वों द्वारा प्रभावित होती है

1. **वस्तु का मूल्य** (कीमत) वस्तु की कीमत वस्तु की माँग को अत्यधिक प्रभावित करती है। यदि वस्तु की कीमत कम होती है, तो उस वस्तु की माँग की मात्रा अधिक हो जाती है। इसके विपरीत, यदि वस्तु की कीमत अधिक होती है, तो उसकी माँग की मात्रा अपेक्षाकृत कम होती है। अत: वस्तु की कीमत में परिवर्तन होने पर उसकी माँग की मात्रा में भी परिवर्तन होता है।

   माँग एवं वस्तु के मूल्य के मध्य के सम्बन्ध को निम्न प्रकार प्रदर्शित किया जा सकता है

   $$X = f(P)$$

   जहाँ पर X वस्तु की माँगी गई मात्रा एवं P वस्तु की कीमत इंगित करता है।

2. **उपभोक्ताओं की रुचि, पसन्द तथा फैशन** वस्तु की माँग उपभोक्ता की रुचि, पसन्द एवं फैशन से भी प्रभावित होती है, जो वस्तु उपभोक्ता की रुचि, पसन्द एवं फैशन के अनुकूल होती है, तो उसकी माँग अधिक होती है तथा उसमें वृद्धि होती जाती है। इसके विपरीत, जो वस्तु फैशन से निकल जाती है, उसका मूल्य कम होने पर भी वस्तु की माँग बढ़ती नहीं है, बल्कि घटती जाती है।

3. **सम्बन्धित वस्तुओं की कीमतों में परिवर्तन** सम्बन्धित वस्तुओं की कीमतों में परिवर्तन होने से माँग भी प्रभावित होती है तथा इसको निम्न शीर्षकों के अन्तर्गत समझा जा सकता है

   (i) स्थानापन्न वस्तुएँ स्थानापन्न वस्तुएँ वह वस्तुएँ हैं, जिन्हें एक के बदले दूसरे का प्रयोग किया जा सकता है। उदाहरणार्थ, चाय व कॉफी। इन वस्तुओं के सापेक्ष यह पाया जाता है कि जब एक वस्तु की कीमत कम होती है तो दूसरी वस्तु की माँग कम हो जाती है। अत: यदि कॉफी की कीमत कम होगी तो चाय की माँग कम हो जाएगी। ऐसा इसलिए होगा क्योंकि लोग चाय पीना कम कर देंगे और कॉफी का उपभोग बढ़ा देंगे। इसे निम्न चित्र के द्वारा समझा जा सकता है

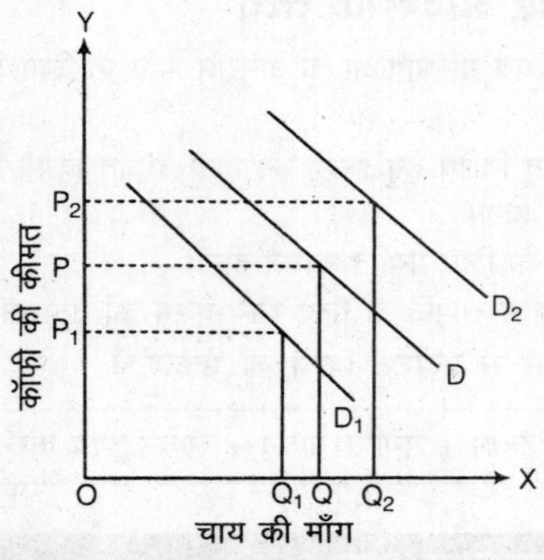

   उपरोक्त चित्र से यह स्पष्ट है कि कॉफी की कीमत बढ़ने पर चाय की माँग बढ़ जाएगी एवं कीमत कम होने पर चाय की माँग भी कम हो जाएगी। अत: स्थानापन्न वस्तुओं की स्थिति में एक माँग एवं दूसरी वस्तु की कीमत में प्रत्यक्ष सम्बन्ध पाया जाता है।

(ii) पूरक वस्तुएँ पूरक वस्तुएँ वह वस्तुएँ हैं जिन्हें एक साथ प्रयोग किया जाता है। उदाहरणार्थ, कार एवं पेट्रोल। इन वस्तुओं के सापेक्ष यह पाया जाता है कि जब एक वस्तु की कीमत कम होती है तो दूसरी वस्तु की माँग बढ़ जाती है। अत: यदि पेट्रोल की कीमतों में कमी होगी तो कार की माँग बढ़ जाएगी। ऐसा इसलिए होगा क्योंकि पेट्रोल की कीमतें कम होने पर कार चलाने का खर्चा भी कम हो जाएगा एवं अधिक लोग क्रय करेंगे। इसे निम्न चित्र द्वारा समझा जा सकता है

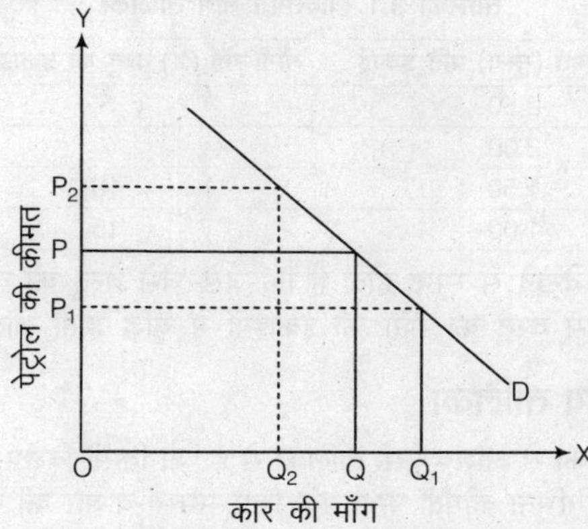

उपरोक्त चित्र से यह स्पष्ट है कि कीमत बढ़ने पर माँग कम हो जाएगी एवं कीमत कम होने पर माँग बढ़ जाएगी। अत: पूरक वस्तुओं की स्थिति में एक वस्तु की माँग एवं दूसरी वस्तु की कीमत में विपरीत सम्बन्ध पाया जाता है।

प्रतिस्थापन वस्तुएँ एवं पूरक वस्तुओं के मध्य अन्तर

आधार	प्रतिस्थापन वस्तुएँ	पूरक वस्तुएँ
आशय	यह वह वस्तुएँ हैं, जिनका एक-दूसरे के स्थान पर प्रयोग किया जा सकता है।	यह वह वस्तुएँ हैं, जिनका प्रयोग एक साथ किया जाता है।
सम्बन्ध	इन वस्तुओं के मूल्य एवं माँग के मध्य प्रत्यक्ष सम्बन्ध पाया जाता है अर्थात् यदि एक वस्तु के मूल्य में कमी होगी तो दूसरी वस्तु की माँग में कमी होगी।	इन वस्तुओं के मूल्य एवं माँग के मध्य विपरीत सम्बन्ध पाया जाता है, अर्थात् यदि एक वस्तु के मूल्य में कमी होगी तो दूसरी वस्तु की माँग बढ़ जाएगी।
उदाहरण	चाय एवं कॉफी, बॉल पेन एवं जेल पेन आदि।	कार एवं पेट्रोल, ब्रेड एवं जैम आदि।

4. **उपभोक्ताओं की आय में परिवर्तन** उपभोक्ताओं का आय स्तर वस्तु की माँग को प्रभावित करता है। यह परिवर्तन इस तथ्य से प्रभावित होता है कि वस्तु सामान्य है अथवा निम्नस्तरीय। इसको निम्न शीर्षकों के अन्तर्गत समझा जा सकता है।

(i) सामान्य वस्तुएँ यदि आय बढ़ने पर एक वस्तु पर किए जाने वाले व्यय में भी वृद्धि होती है तो ऐसी वस्तु को सामान्य वस्तु कहा जाता है।

यदि अन्य घटकों में कोई परिवर्तन न हो तो आय बढ़ने पर सामान्य वस्तु की माँग में भी वृद्धि होती है एवं आय कम होने पर माँग कम हो जाती है। इसे *निम्न चित्र द्वारा समझा जा सकता है*

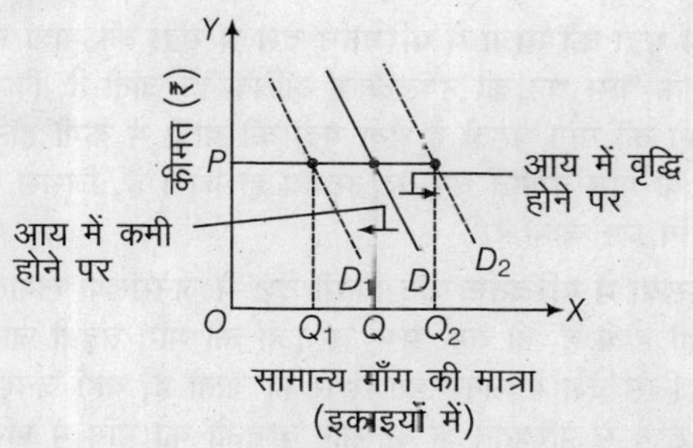

उपरोक्त चित्र में यह स्पष्ट है कि वस्तु की स्थिर कीमत पर माँग परिवर्तित हो रही है। आय कम होने पर माँग वक्र D से D_1 पर खिसक जाएगा एवं आय बढ़ने पर माँग वक्र D से D_2 पर खिसक जाएगा।

(ii) निम्नस्तरीय वस्तुएँ यदि आय बढ़ने पर एक वस्तु पर किए जाने वाले व्यय में कमी होती है तो ऐसी वस्तु को निम्नस्तरीय वस्तु कहा जाता है।

यदि अन्य घटकों में कोई परिवर्तन न हो तो आय बढ़ने पर निम्नस्तरीय वस्तु की माँग में कमी होती है एवं आय कम होने पर माँग बढ़ जाती है। इसे निम्न चित्र द्वारा समझा जा सकता है

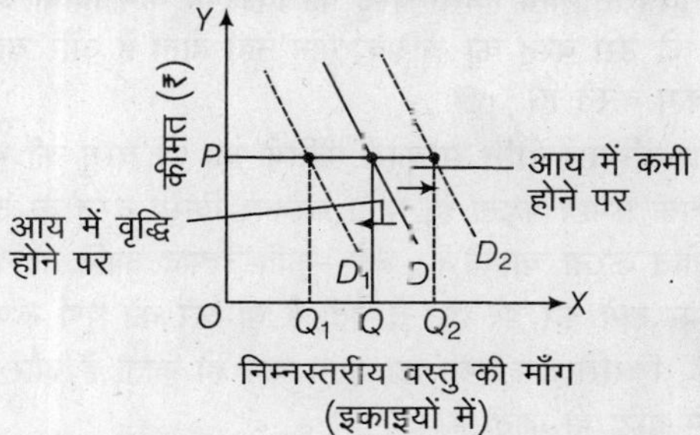

उपरोक्त चित्र में यह स्पष्ट है कि वस्तु की स्थिर कीमत पर माँग परिवर्तित हो रही है। आय कम होने पर माँग वक्र D से D_2 पर खिसक जाएगा एवं आय बढ़ने पर माँग वक्र D से D_1 पर खिसक जाएगा।

सामान्य वस्तुएँ एवं निम्नकोटि वस्तुओं के मध्य अन्तर

आधार	सामान्य वस्तुएँ	निम्नकोटि वस्तुएँ
आशय	ऐसी वस्तुएँ जिनकी माँग आय बढ़ने के साथ बढ़ जाती है तथा आय कम होने पर कम हो जाती है, सामान्य वस्तुएँ कहलाती हैं।	ऐसी वस्तुएँ जिनकी माँग आय बढ़ने पर कम हो जाती है एवं आय कम होने पर बढ़ जाती है, निम्नकोटि की वस्तुएँ कहलाती हैं।
आय-प्रभाव	ऐसी वस्तुओं में आय-प्रभाव धनात्मक (positive) होता है।	ऐसी वस्तुओं में आय-प्रभाव ऋणात्मक (negative) होता है।
आवश्यकता की वस्तुएँ	यह जरूरी नहीं कि सामान्य वस्तुएँ सदैव आवश्यकता की वस्तुएँ हों।	यह वस्तुएँ सदैव आवश्यकता की वस्तुएँ होती हैं।
माँग का नियम	इन वस्तुओं के सन्दर्भ में सदैव माँग के नियम का पालन होता है।	इन वस्तुओं के सन्दर्भ में यह आवश्यक नहीं होता की माँग के नियम का पालन होगा।

5. **जलवायु और मौसम** विभिन्न वस्तुओं की माँग पर जलवायु तथा मौसम का प्रभाव पड़ता है; जैसे–गर्मी के मौसम में सूती कपड़े, पंखे, बर्फ आदि की माँग बढ़ जाती है। इसी प्रकार, सर्दी के मौसम में गर्म (ऊनी) कपड़े, चाय आदि की माँग में वृद्धि होती है।

6. **देश में मुद्रा की मात्रा में परिवर्तन** देश में मुद्रा की मात्रा बढ़ने पर लोगों के पास धन की उपलब्धता अधिक हो जाती है, जिससे वस्तुओं की माँग बढ़ती है तथा मुद्रा की मात्रा में कमी होने पर लोगों के पास पर्याप्त धन का अभाव हो जाता है, जिससे वस्तुओं की माँग घट जाती है।
7. **जनसंख्या में परिवर्तन** यदि किसी देश में जनसंख्या लगातार बढ़ती जा रही होती है, तो वहाँ सभी वस्तुओं की माँग बढ़ती जाती है, परन्तु जिस देश में जनसंख्या स्थिर हो जाती है, वहाँ जनसंख्या के आयु ढाँचे में परिवर्तन के अनुसार वस्तुओं की माँग में परिवर्तन होते हैं।
8. **भविष्य में मूल्य परिवर्तन की सम्भावनाएँ** यदि निकट भविष्य में वस्तु के मूल्यों में वृद्धि की सम्भावना रहती है, तो वस्तु की माँग बढ़ती है तथा भविष्य में मूल्य घटने की सम्भावना होती है, तो वर्तमान में वस्तु की माँग कम होती है।
9. **विज्ञापन का प्रभाव** जब किसी वस्तु का बहुत अधिक विज्ञापन किया जाता है, तो लोगों में उस वस्तु के प्रति आकर्षण बढ़ता है और उस वस्तु की माँग में वृद्धि हो जाती है।

   इसके विपरीत, जब किसी वस्तु का विज्ञापन कम किया जाता है, तो लोगों को उस वस्तु का अधिक ज्ञान नहीं होता है और वह उसकी माँग कम करते हैं।
10. **सरकार की कर नीति** सरकारी नीतियों का भी वस्तु की माँग पर अत्यधिक प्रभाव पड़ता है, माना सरकार किसी वस्तु के उपभोग को प्रोत्साहित करना चाहती है; जैसे—कृषि उत्पाद आदि तो वह उस वस्तु पर लगे कर पर छूट दे देती है या कर को पूर्ण रूप से हटा देती है, जिससे उस वस्तु का मूल्य कम हो जाता है और उसकी माँग में वृद्धि हो जाती है।

    इसके विपरीत, जब सरकार किसी वस्तु के उपभोग को कम करना चाहती है; जैसे—तम्बाकू, शराब आदि तो वह इन पर अत्यधिक मात्रा में कर लगा देती है, जिसके कारण इनके मूल्य में वृद्धि हो जाती है और इनकी माँग घट जाती है।

    नोट *प्रथम चार घटक व्यक्तिगत माँग को प्रभावित करते हैं। सम्पूर्ण घटक बाजार माँग को प्रभावित करते हैं।*

माँग तालिका, माँग सारणी या माँग अनुसूची

किसी वस्तु विशेष की किसी समयावधि में विभिन्न मूल्यों पर माँगी जाने वाली मात्राओं को एक तालिका के रूप में प्रकट करने को 'माँग की तालिका' कहते हैं। माँग तालिका वह तालिका है, जो किसी वस्तु की विभिन्न कीमतों पर खर्च की जाती है, उस वस्तु की मात्रा को प्रकट करती है। माँग की तालिका मूल्य एवं माँगी गई मात्रा में कार्यात्मक सम्बन्ध को व्यक्त करती है।

बेन्हम के अनुसार, ''किसी बाजार में एक निश्चित समय पर दिए हुए मूल्य पर जितनी बिक्री होती है। यदि उसे एक सारणी के रूप में प्रस्तुत किया जाए तो वह माँग अनुसूची कहलाती है।''

माँग तालिका के सम्बन्ध में कुछ तथ्य महत्त्वपूर्ण हैं

1. माँग तालिका किसी वस्तु-विशेष, समय व स्थान से सम्बन्धित होती है।
2. माँग तालिका पूर्व सुनिश्चित नहीं होती। यह सदैव काल्पनिक होती है, क्योंकि वस्तुओं की माँग उपभोक्ताओं की इच्छा पर निर्भर होती है।

माँग तालिका के प्रकार

माँग की तालिका दो प्रकार की होती है

1. व्यक्तिगत माँग तालिका

व्यक्तिगत माँग तालिका इस बात की जानकारी देती है कि एक निश्चित समय पर एक व्यक्ति विभिन्न मूल्यों पर वस्तु विशेष की कितनी मात्रा माँगता है या क्रय करता है। व्यक्तिगत माँग तालिका को निम्न उदाहरण द्वारा स्पष्ट किया जा सकता है

तालिका 3.1 व्यक्तिगत माँग तालिका

(P_X) कीमत (मूल्य) प्रति इकाई	माँगी गई (X) वस्तु की इकाइयाँ (Q_X)
2.50	5
2.00	7
1.50	10
1.00	15

तालिका 3.1 को देखने से स्पष्ट होता है कि जैसे-जैसे वस्तु की कीमत कम होती जाती है, वैसे-वैसे वस्तु की माँग की इकाइयों में वृद्धि होती जाती है।

2. बाजार माँग तालिका

बाजार माँग तालिका से आशय ऐसी तालिका से है, जो किसी विशेष समय पर किसी वस्तु विशेष की विभिन्न कीमतों पर उसके लिए समस्त बाजार की माँग को प्रदर्शित करती है। इसे किसी एक वस्तु के लिए विभिन्न कीमतों पर उसके सभी क्रेताओं की व्यक्तिगत माँग तालिकाओं का योग करके प्राप्त किया जाता है। माना सन्तरों के बाजार में केवल तीन ही क्रेता हैं, जो X, Y तथा Z हैं। इस परिस्थिति में बाजार माँग तालिका निम्न प्रकार होगी

तालिका 3.2 बाजार माँग तालिका

	सन्तरों का प्रति दर्जन मूल्य (₹)	सन्तरों की माँग (दर्जनों में)			बाजार में तीनों उपभोक्ताओं की कुल माँग
		X	Y	Z	
A	10	5	4	6	15
B	8	6	5	7	18
C	6	7	6	8	21
D	4	8	7	9	24
E	3	9	8	10	27

उपरोक्त तालिका यह दर्शाती है कि सभी उपभोक्ता (क्रेता) सन्तरों की विभिन्न कीमतों पर कुल कितनी-कितनी मात्राएँ खरीदने के लिए तैयार होंगे।

माँग वक्र या माँग रेखा

माँग वक्र से आशय माँग अनुसूची के ज्यामितीय रूप से है अर्थात् जब माँग अनुसूची (तालिका) को रेखाचित्र द्वारा प्रदर्शित किया जाता है, तो इस प्रकार निर्मित वक्र या रेखा को माँग वक्र या माँग रेखा कहते हैं। यह वस्तु के विभिन्न मूल्यों एवं उन मूल्यों पर वस्तु की माँगी जाने वाली मात्रा के मध्य सम्बन्ध को प्रदर्शित करता है।

माँग वक्र के प्रकार

माँग तालिका के दोनों प्रकारों को प्रदर्शित करने के लिए माँग वक्र भी निम्नलिखित दो प्रकारों से बनाए जाते हैं

1. व्यक्तिगत माँग वक्र

व्यक्तिगत माँग तालिका के आधार पर बनाया गया रेखाचित्र, व्यक्तिगत माँग वक्र कहलाता है। यदि दी गई व्यक्तिगत माँग सारणी को चित्र के रूप में प्रदर्शित किया जाए तो यह निम्न स्वरूप लेगा

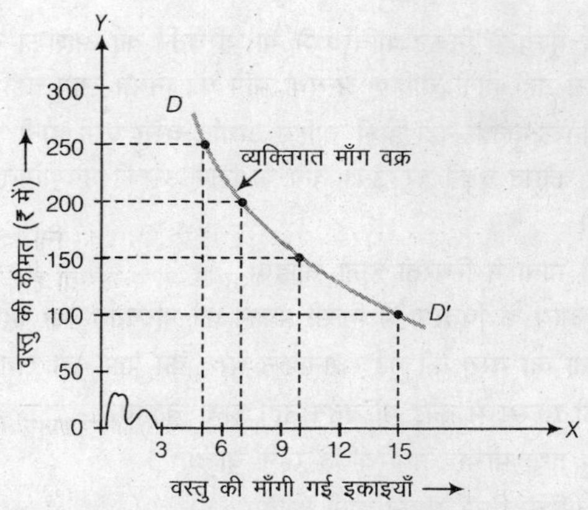

उपरोक्त रेखाचित्र में वस्तु की कीमत को Y-अक्ष पर तथा वस्तु की माँगी गई इकाइयों को X-अक्ष पर दर्शाया गया है और तालिका 3.1 के आधार पर DD' माँग वक्र का निर्माण किया गया है, जो बाएँ से दाएँ नीचे की ओर गिर रहा है अर्थात् जिसका ढाल ऋणात्मक है। अतः रेखाचित्र से स्पष्ट होता है कि वस्तु की कीमत बढ़ने पर वस्तु की माँग घटती है और कीमत घटने पर माँग बढ़ती है।

2. बाजार माँग वक्र

बाजार माँग तालिका के आधार पर बनाया गया रेखाचित्र, बाजार माँग वक्र कहलाता है। यदि दी गई बाजार माँग सारणी को चित्र के रूप में प्रदर्शित किया जाए तो यह निम्न स्वरूप लेगा

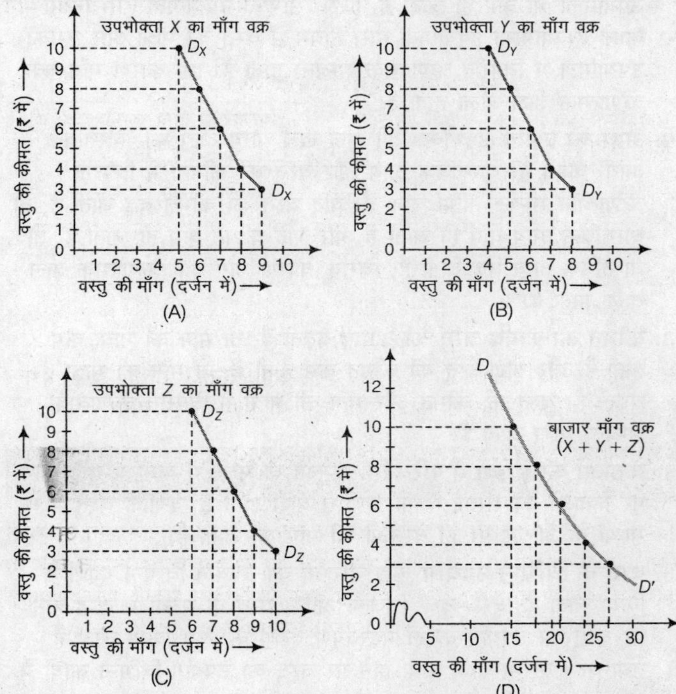

उपरोक्त रेखाचित्र में सर्वप्रथम तालिका 3.2 के आधार पर अलग-अलग उपभोक्ताओं के व्यक्तिगत रेखाचित्रों (A), (B) व (C) को खींचा गया है तथा अन्त में सभी के योग द्वारा बाजार माँग वक्र (D) की रचना की गई है। चित्र प्रदर्शित करता है कि बाजार माँग वक्र ऊपर से नीचे की ओर झुकता हुआ है। अतः स्पष्ट होता है कि कीमत के बढ़ने तथा घटने पर माँग में भी कमी व वृद्धि होती है, जो यह व्यक्त करता है कि कीमत तथा माँग में विपरीत सम्बन्ध होता है।

रेखीय माँग वक्र

एक माँग वक्र का रेखीय समीकरण निम्न होता है

$$D_p = a + b_p$$

यदि माँग वक्र का रेखीय समीकरण दिया गया हो तो माँग की लोच निम्न सूत्र द्वारा ज्ञात की जा सकती है

$$Ed = \frac{bp}{a - bp}$$

माँग का नियम

'अन्य बातों के समान रहने पर', किसी वस्तु की कीमत तथा उसकी माँगी जाने वाली मात्रा के बीच पाए जाने वाले विपरीत सम्बन्ध को व्यक्त करने वाला नियम ही 'माँग का नियम' कहलाता है।

इस नियम के अनुसार, किसी वस्तु की माँगी जाने वाली मात्रा उसकी कीमत के विपरीत दिशा में परिवर्तित होती है अर्थात् कीमत बढ़ने पर वस्तु की कम मात्रा और इसके विपरीत, कीमत घटने पर वस्तु की अधिक मात्रा माँगी जाती है।

माँग के नियम की परिभाषाएँ

विभिन्न अर्थशास्त्रियों ने माँग के नियम को अपने-अपने तरीके से परिभाषित किया है, जो निम्न प्रकार हैं

- **प्रो. सैम्युल्सन** के अनुसार, "जब किसी वस्तु का मूल्य बढ़ा दिया जाता है तो अन्य बातों के समान रहने पर, उसकी माँग कम होगी अर्थात् लोग कम मूल्य पर अधिक वस्तु खरीदेंगे तथा अधिक मूल्य पर कम।"
  प्रो. सैम्युल्सन ने माँग के नियम को परिभाषित करते हुए लिखा है कि "यदि बाजार में किसी वस्तु की अधिक मात्रा प्रस्तुत की जाए, तो अन्य बातों के समान रहने पर, यह कम मूल्य पर ही बेची जा सकती है।"
- **प्रो. मार्शल** के अनुसार, "मूल्य घटने से माँग बढ़ जाती है और मूल्य के बढ़ने से माँग की मात्रा कम हो जाती है।"
- **टॉमस** के अनुसार, "किसी निश्चित समय पर किसी वस्तु या सेवा की माँग एक निर्धारित मूल्य पर अपेक्षाकृत एक ऊँचे मूल्य से अधिक होगी तथा अपेक्षाकृत एक नीचे मूल्य से कम होगी।"
- **स्टिगलर** के अनुसार, "माँग के सिद्धान्त का सर्वाधिक प्राचीन और आधारभूत नियम यह है कि जब वस्तु की कीमत गिरती है, तो व्यक्ति कम मात्रा नहीं खरीदेंगे वरन् बहुत अधिक मात्रा खरीदेंगे।"
- **मेयर्स** के अनुसार, "माँग की समान परिस्थितियों के अन्तर्गत किसी वस्तु की खरीदी जाने वाली मात्रा में कीमत के विपरीत दिशा में परिवर्तन होने की प्रवृत्ति होती है।"

तालिका द्वारा माँग के नियम का स्पष्टीकरण

सन्तरों का मूल्य प्रति किलो (₹ में)	10	12	14	16	18	20
सन्तरों की माँगी गई मात्रा (किलोग्राम में)	6	5	4	3	2	1

उपरोक्त सारणी से यह स्पष्ट होता है कि जब सन्तरों का मूल्य ₹ 14 प्रति किलो है, तब उपभोक्ता द्वारा सन्तरों की माँग 4 किलोग्राम है और इसी प्रकार, यदि सन्तरों का मूल्य घटकर ₹ 10 प्रति किलोग्राम हो जाता है, तब माँग बढ़कर 6 किलोग्राम हो जाती है और यदि मूल्य बढ़कर ₹ 20 प्रति किलोग्राम हो जाता है, तब माँग की मात्रा 1 किलोग्राम रह जाती है।

उपरोक्त तालिका से यह स्पष्ट है कि यदि सन्तरों की कीमत में वृद्धि हो जाती है, तो माँग की मात्रा में कमी हो जाती है और यदि सन्तरों की कीमत में कमी हो जाती है, तो उसकी माँग पुनः बढ़ जाती है।

रेखाचित्र द्वारा स्पष्टीकरण

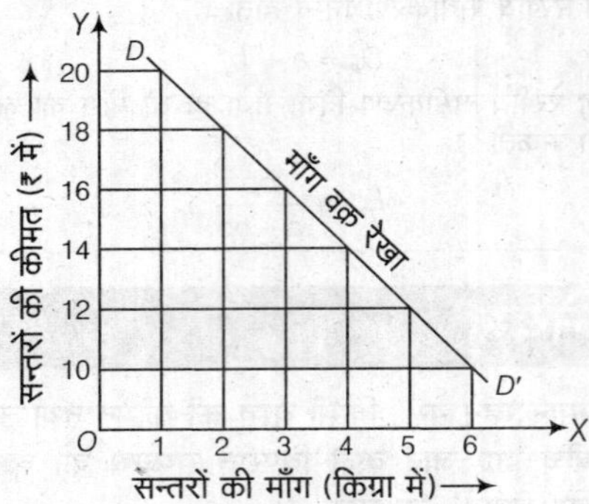

उपरोक्त रेखाचित्र में X-अक्ष पर सन्तरों की माँग किलोग्राम में तथा Y-अक्ष पर सन्तरों की कीमत प्रति किलोग्राम रुपये में दर्शाई गई है। भिन्न-भिन्न मूल्यों पर सन्तरों की भिन्न-भिन्न माँग को किलोग्राम में वक्र रेखा 'DD'' पर दर्शाया गया है, जो माँग वक्र रेखा कहलाती है।

रेखाचित्र द्वारा यह स्पष्ट होता है कि जैसे-जैसे मूल्य घटता है, वैसे-वैसे सन्तरों की माँग की मात्रा में भी वृद्धि होती जाती है और जैसे-जैसे मूल्य बढ़ता जाता है, वैसे-वैसे माँग की मात्रा भी घटती जाती है।

इस प्रकार, माँग वक्र में माँग वक्र रेखा की बाएँ से दाएँ नीचे की ओर गिरने की प्रवृत्ति होती है, जो इस बात को प्रदर्शित करती है कि कम कीमत पर वस्तु की माँग अधिक मात्रा में की जाती है।

माँग के नियम की विशेषताएँ

माँग के नियम की प्रमुख विशेषताएँ निम्न हैं

1. अन्य बातें समान रहने पर ही यह नियम क्रियाशील होता है। अत: यह नियम तभी लागू होगा, जब उपभोक्ता की आय, सम्बन्धित वस्तुओं की कीमतों, जलवायु आदि में कोई परिवर्तन नहीं होता है।
2. माँग एवं कीमत में विपरीत सम्बन्ध पाया जाता है।
3. माँग का नियम, माँग व कीमत में आनुपातिक सम्बन्ध स्थापित नहीं करता है।

अर्थात् यह नियम वस्तु की कीमत में परिवर्तन होने पर उसी मात्रा में होने वाले परिवर्तन की दिशा (Change in Direction) तो बताता है, किन्तु परिवर्तन की मात्रा नहीं बताता है, इसलिए माँग का नियम एक गुणात्मक (Qualitative) कथन है न कि परिमाणात्मक (Quantitative) कथन।

माँग के नियम की मान्यताएँ

माँग का नियम तभी क्रियाशील होता है, 'जब अन्य बातें अर्थात् माँग की दशाएँ समान रहें।' यह उपरोक्त वाक्यांश और कुछ न होकर माँग के नियम की मान्यताओं की ओर संकेत करता है।

माँग का नियम मूल रूप में निम्नलिखित मान्यताओं पर आधारित है

1. सर्वप्रथम माँग का नियम इस मान्यता पर आधारित है कि उपभोक्ता की आय में परिवर्तन नहीं होना चाहिए, वह यथावत् बनी रहनी चाहिए।
2. उपभोक्ता के स्वभाव, रुचि, पसन्दगी, अधिमान, फैशन एवं आदत में परिवर्तन नहीं होना चाहिए।
3. विचाराधीन वस्तु की सम्बन्धित वस्तुओं/पूरक वस्तुओं के मूल्य में भी परिवर्तन नहीं होना चाहिए।
4. वस्तु के मूल्य में निकट भविष्य में भी परिवर्तन की आशंका या सम्भावना नहीं होनी चाहिए अन्यथा माँग का नियम लागू नहीं होगा।
5. वस्तु प्रतिष्ठामूलक नहीं होनी चाहिए अर्थात् वस्तु ऐसी होनी चाहिए कि जिसकी कीमत बढ़ने पर उपभोक्ता के लिए उसकी उपयोगिता बढ़ जाती है।
6. मुद्रा की मात्रा में स्थिरता होनी चाहिए।
7. देश में आय के वितरण में किसी प्रकार का परिवर्तन नहीं होना चाहिए।
8. उपभोक्ता को वस्तु की नई स्थानापन्न वस्तु का पता नहीं लगना चाहिए।
9. वस्तु की किस्म में कोई परिवर्तन नहीं होना चाहिए।
10. जलवायु तथा मौसम अपरिवर्तित रहने चाहिए।
11. देश में परिस्थितियाँ समान होनी चाहिए।

उपरोक्त मान्यताओं के अभाव में माँग का नियम लागू नहीं होगा।

माँग के नियम की क्रियाशीलता के कारण अथवा माँग वक्र के बाएँ से दाएँ नीचे गिरने के कारण

माँग का नियम कीमत (मूल्य) तथा माँगी गई मात्रा के मध्य ऋणात्मक सम्बन्ध को दर्शाता है, जिस कारण माँग वक्र बाएँ से दाएँ नीचे गिरता है।

अत: कीमत तथा माँग के मध्य विपरीत सम्बन्ध निम्न कारणों से पाया जाता है

1. **सीमान्त उपयोगिता ह्रास नियम** किसी वस्तु का अधिकाधिक उपयोग करने से उसकी उपयोगिता कम हो जाती है। साथ ही इसकी सीमान्त उपयोगिता भी कम हो जाती है, जिसे 'सीमान्त उपयोगिता ह्रास नियम' कहते हैं। सीमान्त उपयोगिता ह्रास नियम में वस्तु की मात्रा और उसकी उपयोगिता में विपरीत ऋणात्मक सम्बन्ध होता है। इस कारण माँग वक्र ऋणात्मक ढाल वाला होता है।
2. **आय का प्रभाव** उपभोक्ता की कुल खर्च योग्य आय को 'वास्तविक आय' कहते हैं। वास्तविक आय और वस्तु की कीमतों में विपरीत ऋणात्मक सम्बन्ध पाया जाता है। यदि वस्तु की कीमतें बढ़ जाती हैं, तो वास्तविक आय कम हो जाती है और यदि कीमतें कम हो जाती हैं, तो वास्तविक आय बढ़ जाती है, जिसके कारण माँग वक्र ऋणात्मक ढाल वाला होता है।
3. **कीमत का प्रभाव** वस्तु की कीमत बढ़ती है, तो माँग की मात्रा कम होती है और यदि वस्तु की कीमत कम होती है, तो माँग की मात्रा बढ़ती है। वस्तु की कीमत और माँग की मात्रा में विपरीत ऋणात्मक सम्बन्ध पाया जाता है।
4. **क्रेताओं की संख्या में परिवर्तन** वस्तुओं के मूल्य में कमी व वृद्धि होने पर क्रेताओं की संख्या में भी कमी व वृद्धि होती है, क्योंकि वस्तुओं के मूल्यों के आधार पर ही वस्तुओं की माँग की जाती है।
5. **वस्तु के विभिन्न उपयोग** कुछ वस्तुओं का उपयोग विभिन्न कार्यों में किया जाता है; जैसे—दूध, बिजली आदि। वस्तु के मूल्यों में वृद्धि होने पर वस्तु का उपयोग केवल महत्त्वपूर्ण कार्यों के लिए किया जाता है तथा वस्तु के मूल्यों में कमी होने पर वस्तु का उपयोग विभिन्न कार्यों में प्रयोग किया जाता है।
6. **प्रतिस्थापन व पूरक वस्तुओं का प्रभाव** जब स्थानापन्न वस्तु के मूल्यों में सापेक्ष रूप से कमी होती है तो उपभोक्ता उस वस्तु के उपभोग में वृद्धि कर देते हैं। उदाहरणार्थ, पेट्रोल का स्थानापन्न सी.एन.जी गैस द्वारा किया जा रहा है, क्योंकि सी.एन.जी का मूल्य पेट्रोल के सापेक्ष कम है।

माँग के नियम का अपवाद

माँग का नियम बताता है कि सभी बातें समान रहने पर, ऊँची कीमत पर वस्तु की माँग कम होती है तथा कीमत कम होने पर वस्तु की माँग अधिक होती है, किन्तु कुछ अवस्थाओं में देखा गया है कि माँग का यह विपरीत सम्बन्ध स्थापित नहीं हो पाता। इन अवस्थाओं में देखा गया कि वस्तु की कीमत बढ़ने पर माँग बढ़ती है तथा कीमत कम होने पर वस्तु की माँग कम हो जाती है, जिससे माँग वक्र बाएँ से दाएँ ऊपर की ओर उठता है अर्थात् धनात्मक होता है। यही 'माँग के नियम का अपवाद' कहलाता है।

माँग के नियम के कुछ महत्त्वपूर्ण अपवाद निम्नलिखित हैं

1. **गिफिन वस्तुएँ** घटिया किस्म या निम्न किस्म की वस्तुओं में से कुछ वस्तुएँ ऐसी होती हैं, जिनका कीमत के साथ प्रत्यक्ष सम्बन्ध (Direct Relation) होता है। ऐसी वस्तुएँ गिफिन वस्तुएँ कहलाती हैं;
जैसे—मोटा अनाज, बाजरा, मिट्टी का तेल आदि। इन वस्तुओं का क्रय सामान्यतः अर्थव्यवस्था के निम्न स्तर के लोगों द्वारा किया जाता है। इन वस्तुओं का नाम गिफिन इसलिए पड़ा, क्योंकि सर्वप्रथम **सर रोबर्ट गिफिन** ने ऐसी वस्तुओं की व्याख्या की और बताया कि गिफिन वस्तुओं पर माँग का नियम लागू नहीं होता है, क्योंकि गिफिन वस्तुओं की कीमत घटने पर उनकी माँग की मात्रा भी घट जाती है और कीमत बढ़ने पर माँग की मात्रा बढ़ जाती है।

   इसका कारण यह है कि गिफिन वस्तुओं की कीमत घटने पर इनके उपभोक्ताओं की क्रयशक्ति बढ़ जाती है और वह अधिक मात्रा में गिफिन वस्तु का क्रय करने के अतिरिक्त उच्च किस्म की वस्तु का क्रय करने लगते हैं और इस प्रकार गिफिन वस्तुओं की माँग घट जाती है तथा ठीक इसके विपरीत, कीमत बढ़ने पर क्रयशक्ति कम हो जाती है और इनकी माँग बढ़ जाती है।
उदाहरण—भारत में निम्न किस्म की वस्तु (मोटे अनाज) की कीमत घटने पर उच्च किस्म की वस्तु (चावल और गेहूँ) की माँग बढ़ जाती है, जबकि मोटे अनाज की माँग कम हो जाती है। अतः इसे ही 'गिफिन का विरोधाभास' कहते हैं।
2. **प्रतिष्ठामूलक वस्तुएँ** मनुष्य एक सामाजिक प्राणी है। वह समाज में रहता है और प्रत्येक मनुष्य समाज में अपनी प्रतिष्ठा बढ़ाना चाहता है और प्रतिष्ठा को बढ़ाने के लिए कीमती वस्तुओं की माँग करता है; जैसे—हीरे, महँगी कारें आदि। ऐसी वस्तुओं के मूल्यों में वृद्धि होने के साथ, उनकी माँग कम होने की जगह बढ़ने लगती है। अतः इसका माँग वक्र भी बाएँ से दाएँ ऊपर की ओर उठने लगता है।
3. **भविष्य में कीमत परिवर्तन की आशंका** जब उपभोक्ता को कुछ वस्तुओं के लिए ऐसी सम्भावना होती है कि भविष्य में उनकी कीमत में वृद्धि अवश्य होगी, तो उपभोक्ता ऐसी वस्तुओं की कीमत में वृद्धि होने पर भी इनकी माँग अधिक करता है। उदाहरण—यदि वर्तमान में चीनी का मूल्य ₹ 28 प्रति किग्रा से बढ़कर ₹ 30 प्रति किग्रा हुआ है और दो दिन बाद ₹ 35 प्रति किग्रा होने की सम्भावना है, तो ऐसी स्थिति में ₹30 प्रतिकिलो पर भी चीनी की माँग बढ़ती है, जो माँग के नियम के विपरीत है।
4. **अनिवार्य वस्तुएँ** अनिवार्य वस्तुओं की मात्रा को कीमत से नहीं आँका जा सकता है, क्योंकि इनकी माँग कीमत कम होने पर भी उतनी ही होती है और कीमत अधिक होने पर भी उतनी ही होती है; जैसे—नमक। अतः इन वस्तुओं पर भी माँग का नियम लागू नहीं होता।
5. **उपभोक्ता की अज्ञानता** कभी-कभी उपभोक्ताओं को कुछ वस्तुओं की वास्तविक कीमत का ज्ञान नहीं होता है और वे कम कीमत वाली वस्तु को भी अधिक कीमत में अधिक मात्रा में खरीद लेते हैं।
इसके अतिरिक्त कुछ उपभोक्ता यह मानते हैं कि वस्तु की कीमत जितनी अधिक होगी, वह उतनी ही अधिक अच्छी होगी। ऐसी स्थिति में लोग अधिक कीमत वाली वस्तुओं का अधिक मात्रा में क्रय करते हैं। अतः ऐसी स्थितियों में माँग का नियम क्रियाशील नहीं होता।
6. **फैशनमूलक वस्तुएँ** जब कोई वस्तु फैशन से बाहर हो जाती है अर्थात् फैशन में नहीं रहती है, तो उपभोक्ता ऐसी वस्तु की कीमत कम होने पर भी इसकी माँग नहीं करते हैं।
इसके विपरीत, जब कोई वस्तु फैशन में बहुत अधिक होती है, तो उसकी कीमत में वृद्धि होने पर भी उपभोक्ता उसकी माँग अधिक मात्रा में करते हैं।
7. **सट्टा बाजार** सामान्यतः यह पाया गया है कि सट्टा बाजार में लोग अधिक लाभ कमाने के उद्देश्य से उन वस्तुओं का क्रय अधिक करते हैं, जिनकी कीमत बढ़ती रहती है और जिन वस्तुओं की कीमत घटती रहती है, उनको क्रय करने से बचते हैं; जैसे—अंश बाजार एवं वस्तु बाजार।
8. **वस्तुओं के दुर्लभ होने की सम्भावना** जब किसी वस्तु की कमी हो रही होती है या भविष्य में कमी होने की सम्भावना होती है, तो इस स्थिति में उस वस्तु की कीमत में वृद्धि तो होती ही है साथ ही उसकी माँग में भी वृद्धि हो जाती है।

माँगी गई मात्रा में परिवर्तन/माँग वक्र पर संचलन

यदि अन्य घटक समान रहें, तो माँग की कीनत में परिवर्तन के कारण माँग की मात्रा में हुए परिवर्तन को 'माँगी गई मात्रा में परिवर्तन' कहते हैं। इस स्थिति में माँग वक्र बदलता नहीं है, बल्कि एक ही माँग वक्र पर कीमत में हुए परिवर्तन के कारण माँग की मात्रा घटती एवं बढ़ती रहती है।

माँग की मात्रा में परिवर्तन प्रायः दो प्रकार से होता है

1. माँग का विस्तार

जब वस्तु की कीमत घटती है, तो उसकी माँग बढ़ जाती है, इस स्थिति को माँग का विस्तार कहते हैं।

तालिका द्वारा स्पष्टीकरण

वस्तु की कीमत (मूल्य) (₹)	माँग की मात्रा (इकाइयों में)
50 (P)	5 (Q)
40 (P_1)	8 (Q_1)

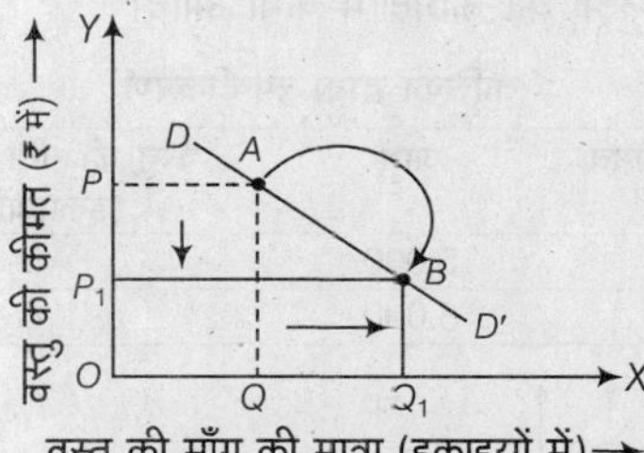

वस्तु की माँग की मात्रा (इकाइयों में)→

उपरोक्त रेखाचित्र में वस्तु की कीमत को Y-अक्ष पर तथा वस्तु की माँग की मात्रा को X-अक्ष पर दर्शाया गया है। वस्तु के मूल्य P पर वस्तु की Q इकाइयों की माँग की जाती है। जब मूल्य P से घटकर P_1 हो जाता है, तो वस्तु की माँग Q से बढ़कर Q_1 हो जाती है, जिससे माँग वक्र DD' दाएँ ओर $A \longrightarrow B$ तक गिरता है। अतः यह वस्तु की माँग में विस्तार को दर्शाता है।

2. माँग का संकुचन

जब वस्तु की कीमत बढ़ती है, तो इसकी माँग घट जाती है, इस स्थिति को माँग का संकुचन कहते हैं।

तालिका द्वारा स्पष्टीकरण

वस्तु की कीमत (मूल्य) (₹)	माँग की मात्रा (इकाइयों में)
40 (P)	8 (Q_1)
50 (P_1)	5 (Q)

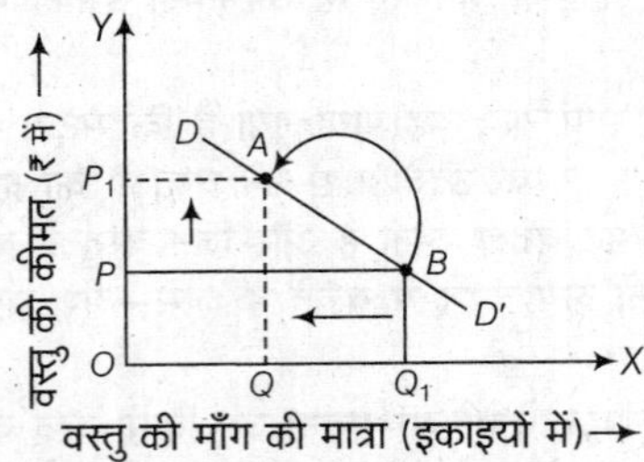

उपरोक्त रेखाचित्र में वस्तु की कीमत को Y-अक्ष पर तथा वस्तु की माँग की मात्रा को X-अक्ष पर दर्शाया गया है।

वस्तु के मूल्य P पर वस्तु की Q_1 इकाइयों की माँग की जाती है, परन्तु जब वस्तु की कीमत P से बढ़कर P_1 हो जाती है, तो वस्तु की माँग Q_1 से घटकर Q हो जाती है, जिससे माँग वक्र DD' बाएँ ओर $B \rightarrow A$ तक उठता है। अत: यह वस्तु की माँग में संकुचन को दर्शाता है।

माँग में परिवर्तन या माँग वक्र का खिसकना

जब वस्तु की कीमत के अतिरिक्त अन्य घटकों (तत्त्वों); जैसे—जनसंख्या, उपभोक्ताओं की आय, स्थानापन्न वस्तुओं की प्राप्ति आदि में हुए परिवर्तन के कारण वस्तु की माँग में परिवर्तन होता है, तो इसे माँग में परिवर्तन कहते हैं। इस स्थिति में माँग वक्र खिसक जाता है। माँग में परिवर्तन निम्न दो प्रकार का होता है

1. माँग में वृद्धि

जब कीमत के अतिरिक्त अन्य तत्त्वों में हुए परिवर्तन के कारण वस्तु की माँग बढ़ जाती है, तो इसे वस्तु की माँग में वृद्धि कहते हैं। वस्तु की माँग में वृद्धि करने वाले तत्त्व निम्नलिखित हैं

(i) सामान्य वस्तुओं की स्थिति में उपभोक्ता की आय में वृद्धि।
(ii) स्थानापन्न वस्तुओं की कीमत में वृद्धि।
(iii) पूरक वस्तुओं की कीमत में कमी आदि।

तालिका द्वारा स्पष्टीकरण

वस्तु की कीमत (₹)	आय	वस्तु की माँग की मात्रा (इकाइयों में)
50	5,000	5
50	8,000	8

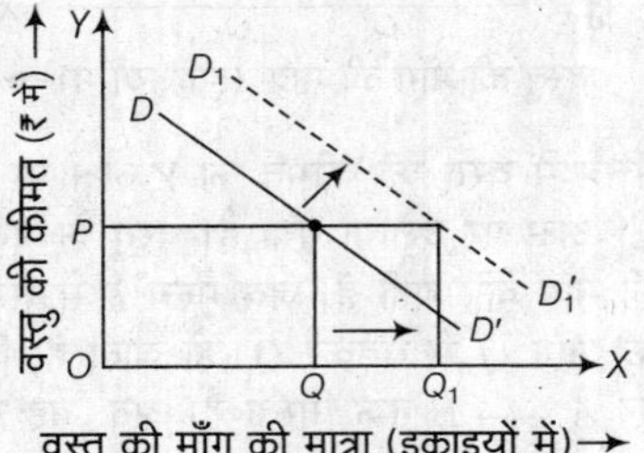

उपरोक्त रेखाचित्र में वस्तु की कीमत को Y-अक्ष पर तथा माँग की मात्रा को X-अक्ष पर दर्शाया गया है। कीमत P के अतिरिक्त अन्य किसी तत्त्व में परिवर्तन होने पर वस्तु की माँग P कीमत पर ही Q से बढ़कर Q_1 हो जाती है, जिससे वस्तु का माँग वक्र DD' से दाएँ ओर खिसक कर D_1D_1' हो जाता है। अत: यह माँग में वृद्धि को प्रदर्शित करता है।

2. माँग में कमी

जब कीमत के अतिरिक्त अन्य तत्त्वों में हुए परिवर्तन के कारण वस्तु की माँग घट जाती है, तो इसे वस्तु की माँग में कमी कहते हैं।

वस्तु की माँग में कमी निम्न तत्त्वों में हुए परिवर्तन के कारण हो सकती है

(i) निम्न किस्म की वस्तुओं की स्थिति में उपभोक्ता की आय में वृद्धि
(ii) स्थानापन्न वस्तुओं की कीमत में कमी।
(iii) पूरक वस्तुओं की कीमत में वृद्धि आदि।

तालिका द्वारा स्पष्टीकरण

वस्तु की कीमत (₹)	आय	वस्तु की माँग की मात्रा (इकाइयों में)
50	8,000	8
50	5,000	5

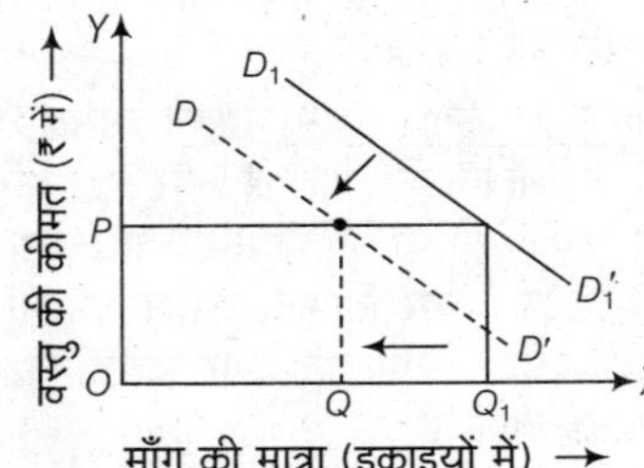

उपरोक्त रेखाचित्र में वस्तु की कीमत को Y-अक्ष पर व माँग की मात्रा को X-अक्ष पर दर्शाया गया है। वस्तु की कीमत P के अतिरिक्त अन्य किसी तत्त्व में परिवर्तन होने पर वस्तु की माँग Q से घटकर Q_1 हो जाती है, जिससे वस्तु का माँग वक्र D_1D_1' से बाएँ ओर खिसक कर DD' हो जाता है। अत: यह माँग में कमी को प्रदर्शित करता है।

माँग में परिवर्तन तथा माँगी गई मात्रा में अन्तर

अन्तर का आधार	माँग में परिवर्तन	माँगी गई मात्रा
अर्थ	माँग से तात्पर्य वस्तु या सेवा की उस सम्भव मात्रा से है, जिसे उपभोक्ता एक निश्चित समय पर वस्तु की विभिन्न सम्भव कीमतों पर खरीदने के लिए तैयार रहता है।	माँगी गई मात्रा से आशय उपभोक्ता द्वारा वस्तु की माँगी गई उस निश्चित मात्रा से है, जो उसके द्वारा किसी विशेष समय पर विशेष कीमत या मूल्य पर माँगी अथवा क्रय की जाती है।
परिवर्तन	माँग में परिवर्तन के फलस्वरूप माँग में वृद्धि या माँग में कमी होती है।	माँगी गई मात्रा में परिवर्तन के फलस्वरूप माँग का विस्तार या माँग का संकुचन होता है।
परिवर्तन का कारण	माँग में परिवर्तन कीमत के अतिरिक्त अन्य घटकों में परिवर्तन होने के फलस्वरूप होता है।	माँगी गई मात्रा में परिवर्तन वस्तु की कीमत में हुए परिवर्तन के कारण होता है।
माँग वक्र	माँग में परिवर्तन होने पर माँग वक्र बदल जाता है।	माँगी गई मात्रा में परिवर्तन होने पर माँग वक्र नहीं बदलता है।
माँग का नियम	माँग में परिवर्तन होने पर माँग का नियम लागू नहीं होता है।	माँगी गई मात्रा में परिवर्तन होने पर माँग का नियम लागू होता है।

वस्तुनिष्ठ प्रश्न

1. माँग के आवश्यक तत्त्व हैं
(a) किसी वस्तु को पाने की इच्छा होना
(b) इच्छापूर्ति के लिए साधनों का होना
(c) साधनों को व्यय करने की तत्परता
(d) उपरोक्त सभी

2. माँग के प्रकार हैं
(a) कीमत माँग
(b) व्यक्तिगत माँग
(c) प्रत्यक्ष एवं अप्रत्यक्ष माँग
(d) उपरोक्त सभी

3. व्युत्पन्न माँग होती है
(a) प्रत्यक्ष माँग (b) अप्रत्यक्ष माँग
(c) व्यक्तिगत माँग (d) बाजार माँग

4. सामान्यत: माँग और आय में सम्बन्ध होता है
(a) ऋणात्मक (b) धनात्मक
(c) गुणात्मक (d) विपरीत

5. उपभोक्ता की आय में परिवर्तन का प्रभाव नहीं पड़ता है
(a) आवश्यकता की वस्तुओं पर
(b) साधारण वस्तुओं पर
(c) निम्न वस्तुओं पर
(d) उपरोक्त में से कोई नहीं

6. किसी वस्तु की वह मात्रा जिसे एक उपभोक्ता दी हुई कीमत तथा आय पर क्रय करता है उसे .... कहते हैं।
(a) खरीदने की इच्छा (b) वस्तु की माँग
(c) वस्तु की मात्रा (d) वस्तु की पूर्ति

7. सामान्यत: एक वस्तु का माँग वक्र होता है
(a) x-अक्ष के समानान्तर
(b) y-अक्ष के समानान्तर
(c) बाएँ से दाएँ नीचे की ओर गिरता हुआ
(d) बाएँ से दाएँ ऊपर की ओर उठता हुआ

8. माँग का नियम व्यक्त करता है
(a) कीमत और माँगी गई मात्रा के सम्बन्ध को
(b) किसी वस्तु की माँग और पूर्ति के बीच सम्बन्ध को
(c) किसी वस्तु की कीमत और गुणवत्ता के सम्बन्ध को
(d) आय और माँगी गई मात्रा के सम्बन्ध को

9. माँग का नियम किसी वस्तु की माँगी गई मात्रा तथा कीमत में क्या सम्बन्ध बताता है?
(a) सीधा (b) आनुपातिक
(c) विपरीत (d) धनात्मक

10. माँग के नियम के अनुसार सामान्यत: किसी वस्तु की माँग तब परिवर्तित होती है, जब
(a) उपभोक्ता की आय परिवर्तित होती है
(b) वस्तु की माँग की लोच अधिक होती है
(c) उस वस्तु की कीमत परिवर्तित होती है
(d) जनसंख्या परिवर्तित होती है

11. निम्न में से कौन-सा कथन सत्य है?
(a) माँग का नियम एक मात्रात्मक कथन है
(b) माँग का नियम एक गुणात्मक कथन है
(c) माँग का नियम विलासिता की वस्तुओं पर लागू नहीं होता
(d) माँग का नियम आरामदायक वस्तुओं पर लागू नहीं होता

12. माँग का नियम लागू नहीं होता, यदि
(a) अन्य वस्तुओं की कीमत बदल जाती है
(b) उपभोक्ता की आय बदल जाती है
(c) रुचि बदल जाती है
(d) उपरोक्त सभी

13. माँग का नियम लागू होता है, यदि
(a) अन्य परिस्थितियाँ समान रहें
(b) उपभोक्ता की आदत बदल जाए
(c) उपभोक्ता की रुचि बदल जाए
(d) फैशन बदल जाए

14. सामान्यत: जब किसी वस्तु की कीमत गिरती है तब उसकी माँग
(a) घटती है।
(b) बढ़ती है।
(c) स्थिर रहती है।
(d) अनन्त हो जाती है।

15. गिफिन वस्तु वह वस्तु है, जिसकी माँग
(a) कीमत बढ़ने से बढ़ती है
(b) कीमत घटने से घटती है
(c) आय बढ़ने से बढ़ती है
(d) आय बढ़ने से घटती है

16. उपभोक्ता की आय में वृद्धि होने के साथ-साथ निकृष्ट वस्तुओं की माँग
(a) में वृद्धि होती है।
(b) में गिरावट (कमी) होती है।
(c) स्थिर रहती है।
(d) अज्ञात रहती है।

17. किस अर्थशास्त्री ने अवसर लागत का सिद्धान्त दिया?
(a) गॉटफ्रीड हैबरलर
(b) एडम स्मिथ
(c) मिल्टन फ्रीडमैन
(d) जॉन कीन्स

18. ब्रेण्ट सूचकांक निम्नलिखित में से किसके साथ जुड़ा है?
(a) कच्चे तेल की कीमतों
(b) भविष्यगत ताम्र मूल्य
(c) भविष्यगत स्वर्ण मूल्य
(d) शिपिंग रेट सूचकांक

19. वह वस्तुएँ जिन्हें एकसाथ प्रयोग किया जाता है
(a) स्थानापन्न वस्तुएँ
(b) पूरक वस्तुएँ
(c) सामान्य वस्तुएँ
(d) निम्नस्तरीय वस्तुएँ

20. अर्थशास्त्र मे 'युटिलिटी' और 'युजफुलनेस' शब्दों का
(a) एक ही अर्थ है (b) भिन्न अर्थ है
(c) उल्टा अर्थ है (d) इनमें से कोई नहीं

21. 'तरलता अधिमान' क्या होता है?
(a) सम्पत्ति रखने की इच्छा
(b) बन्ध पत्रों और प्रतिभूतियों को रखने की इच्छा
(c) परिसम्पत्तियों को नकदी में रखने की इच्छा
(d) बैंक जमा रखने की इच्छा

22. माँग के लिए आवश्यक तत्त्व है
(a) इच्छा
(b) पर्याप्त साधन
(c) साधन व्यय करने की तत्परता
(d) उपरोक्त सभी

सही उत्तर

1. (d)	**2.** (d)	**3.** (b)	**4.** (b)	**5.** (a)	**6.** (b)	**7.** (c)	**8.** (a)	**9.** (c)	**10.** (c)
11. (b)	**12.** (d)	**13.** (a)	**14.** (b)	**15.** (b)	**16.** (b)	**17.** (a)	**18.** (a)	**19.** (b)	**20.** (b)
21. (c)	**22.** (d)								

अध्याय 13 माँग की लोच

माँग का नियम, केवल गुणात्मक कथन है, जो मूल्य परिवर्तन के कारण वस्तु की माँग में परिवर्तन की दिशा को बताता है, परन्तु परिवर्तन की दर नहीं बताता अर्थात् यह नियम किसी वस्तु का मूल्य घटने पर उसकी माँग बढ़ने का उल्लेख तो करता है, परन्तु इस नियम के द्वारा यह उल्लेख नहीं किया जाता है कि किसी वस्तु के मूल्य में कितना परिवर्तन होने पर वस्तु की माँगी गई मात्रा में कितना परिवर्तन होगा।

अन्य शब्दों में, यह कीमत तथा माँगी गई मात्रा के बीच परिमाणात्मक सम्बन्ध का उल्लेख नहीं करता। इसे जानने के लिए अर्थशास्त्रियों ने माँग की मूल्य-सापेक्षता अथवा माँग की लोच का विचार प्रस्तुत किया।

माँग की लोच/माँग की मूल्य-सापेक्षता का अर्थ एवं परिभाषाएँ

वस्तु की माँग की मात्रा में, उपभोक्ता की आय, वस्तु की कीमत तथा अन्य कारणों से जो परिवर्तन होता है, उसे माँग की लोच या मूल्य-सापेक्षता (Elasticity of demand) कहते हैं।

माँग की मूल्य-सापेक्षता की प्रमुख परिभाषाएँ निम्न प्रकार हैं

- **प्रो. मार्शल** के अनुसार, ''किसी बाजार में माँग की मूल्य-सापेक्षता का अधिक या कम होना इस बात पर निर्भर है कि कीमत में एक नियत गिरावट आने पर माँग में अधिक या थोड़ी वृद्धि होती है और कीमत में एक नियत वृद्धि होने पर माँग में अधिक या थोड़ी कमी होती है।''
- **प्रो. मेयर्स** के अनुसार, ''किसी दिए हुए माँग वक्र पर मूल्य में होने वाले सापेक्षिक परिवर्तनों के फलस्वरूप क्रय की हुई मात्रा में परिवर्तन की माप को माँग की लोच कहते हैं।''
- **जे. के. मेहता** के अनुसार, ''किसी वस्तु के मूल्य में परिवर्तन के परिणामस्वरूप उसकी माँग में परिवर्तन होने की क्षमता को माँग की मूल्य-सापेक्षता कहते हैं।''
- **जॉन रॉबिन्सन** के अनुसार, ''माँग की मूल्य-सापेक्षता, कीमत में थोड़े से परिवर्तन के फलस्वरूप क्रय की जाने वाली मात्रा में होने वाले आनुपातिक परिवर्तन को कीमत के आनुपातिक परिवर्तन से भाग देने पर प्राप्त होती है।''

माँग की लोच के रूप

माँग की लोच के निम्नलिखित तीन रूप हैं

1. **माँग की कीमत लोच** किसी वस्तु की कीमत में आनुपातिक परिवर्तन होने से उसकी माँगी गई मात्रा में होने वाले आनुपातिक परिवर्तन को माँग की लोच अथवा माँग की कीमत लोच कहते हैं।

   माँग की कीमत लोच

   $$(e_d) = \frac{\text{माँग की मात्रा में आनुपातिक / प्रतिशत परिवर्तन}}{\text{वस्तु की कीमत में आनुपातिक / प्रतिशत परिवर्तन}}$$

2. **माँग की आय लोच** उपभोक्ता की आय में होने वाले आनुपातिक परिवर्तन के फलस्वरूप वस्तु की मात्रा में होने वाले आनुपातिक परिवर्तन की माप को माँग की आय लोच कहा जाता है। यह लोच इस मान्यता पर आधारित है कि विश्लेषण अवधि में वस्तु की कीमतें स्थिर हों।

   माँग की आय लोच

   $$(e_i) = \frac{\text{माँग में आनुपातिक / प्रतिशत परिवर्तन}}{\text{आय में आनुपातिक / प्रतिशत परिवर्तन}}$$

3. **माँग की तिरछी अथवा आड़ी लोच** स्थानापन्न वस्तुओं की माँग एक-दूसरे की प्रतिस्पर्धी होती है।

   अतः एक वस्तु की कीमत में परिवर्तन का दूसरी वस्तु की मात्रा पर प्रभाव पड़ता है। इसे ही माँग की आड़ी लोच कहते हैं।

   माँग की आड़ी लोच

   $$(e_c) = \frac{x \text{ वस्तु की माँग में आनुपातिक / प्रतिशत परिवर्तन}}{y \text{ वस्तु की कीमत में आनुपातिक / प्रतिशत परिवर्तन}}$$

नोट पाठ्यक्रम के अनुसार अध्याय में केवल माँग की कीमत लोच का अध्ययन ही किया गया है।

माँग की कीमत लोच की श्रेणियाँ

समस्त वस्तुओं की माँग की लोच एक जैसी नहीं होती। उनमें पर्याप्त भिन्नता होती है अर्थात् इस प्रकार माँग की लोच को पाँच श्रेणियों में विभाजित किया गया है

1. पूर्णतः लोचदार माँग/अनन्त लोचदार

जब किसी वस्तु के मूल्यों में परिवर्तन न होने (नाममात्र का परिवर्तन) अथवा बहुत कम परिवर्तन होने पर वस्तु की माँगी गई मात्रा में अनन्त परिवर्तन (माँग में बहुत अधिक कमी या बहुत अधिक वृद्धि) होता है, तो ऐसी वस्तु की माँग को पूर्णतः लोचदार अथवा अनन्त लोचदार माँग कहते हैं। वस्तु की पूर्णतः लोचदार माँग वस्तु के व्यवहार में देखने को नहीं मिलती है।

इसे निम्न सारणी द्वारा प्रदर्शित किया जा सकता है

वस्तु की कीमत (P_X)	वस्तु की माँग (D_X)
10	1000
11	0

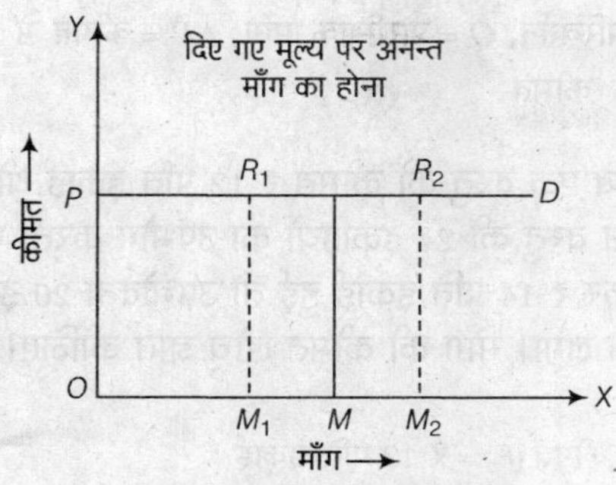

चित्र 7.1 पूर्णतः लोचदार माँग

यह एक काल्पनिक धारणा है। इसका माँग वक्र सदैव समतल (OX के समानान्तर) या अनन्त होता है।

रेखाचित्र में OX रेखा पर वस्तु की माँगी जाने वाली मात्रा तथा OY रेखा पर कीमत को प्रदर्शित किया गया है। PD वह माँग रेखा है, जो OX के पूर्णत: समानान्तर है। अत: PD रेखा द्वारा यह दर्शाया गया है कि वस्तु के दिए गए मूल्य पर वस्तु की माँग की मात्रा अनन्त है।

2. अत्यधिक लोचदार माँग

जब किसी वस्तु के मूल्य में थोड़ा-सा परिवर्तन होने पर उसकी माँग में आनुपातिक रूप से अधिक परिवर्तन होता है, तो उस वस्तु की माँग को अत्यधिक लोचदार माँग कहते हैं।

इसे निम्न सारणी द्वारा प्रदर्शित किया जा सकता है

वस्तु की कीमत (P_x)	वस्तु की माँग (D_x)
10	100
11	60

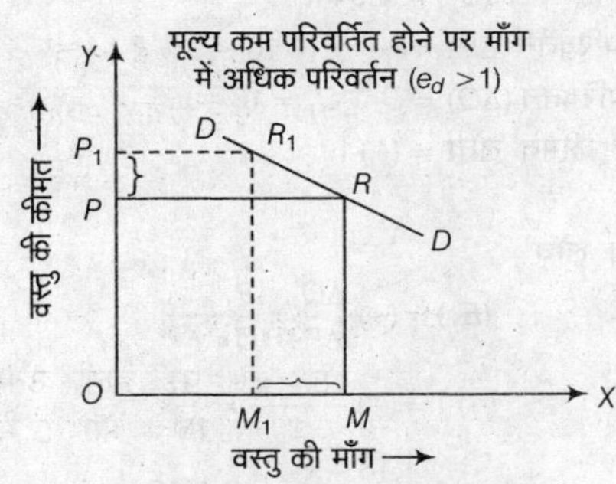

चित्र 7.2 अत्यधिक लोचदार माँग

उपरोक्त रेखाचित्र में OP वस्तु की कीमत तथा OM वस्तु की माँग है। वस्तु का मूल्य बढ़कर OP_1 होने पर माँगी जाने वाली मात्रा भी कम होकर OM_1 रह जाती है। यह स्थिति अत्यधिक लोचदार माँग की स्थिति कहलाएगी।

3. इकाई लोचदार माँग

जब किसी वस्तु के मूल्य में परिवर्तन होने पर उसी अनुपात में वस्तु की माँग में परिवर्तन होता है, तो उस वस्तु की माँग को लोचदार माँग कहा जाता है।

इसे निम्न सारणी द्वारा प्रदर्शित किया जा सकता है

वस्तु की कीमत (P_x)	वस्तु की माँग (D_x)
10	100
12	80

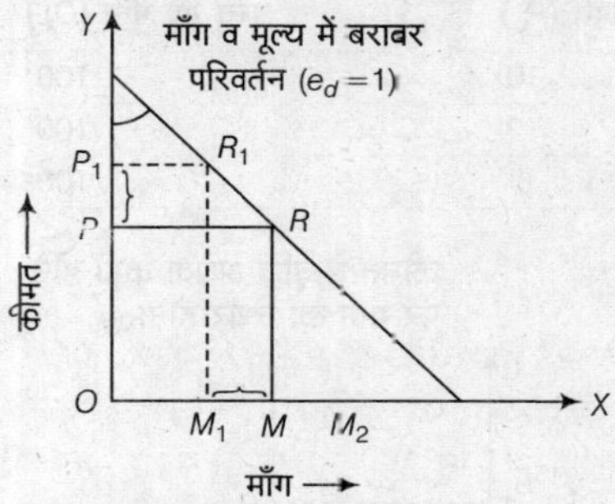

माँग व मूल्य में बराबर परिवर्तन (e_d = 1)

चित्र 7.3 इकाई लोचदार माँग

व्याख्या उपरोक्त रेखाचित्र में OP मूल्य तथा OM माँग की मात्रा है। यदि मूल्य बढ़कर OP_1 हो जाता है तो माँग की मात्रा में कमी आ जाती है तथा माँग घटकर OM_1 हो जाती है। चित्र में 'RR' रेखा लोचदार माँग की स्थिति बताती हैं।

4. बेलोचदार माँग

जब वस्तु के मूल्य में अधिक परिवर्तन होने पर उसकी माँग में अपेक्षाकृत बहुत कम परिवर्तन होते हैं, तो उस वस्तु की माँग को बेलोचदार माँग कहते हैं। इसे निम्न सारणी द्वारा प्रदर्शित किया जा सकता है

वस्तु की कीमत (P_x)	वस्तु की माँग (D_x)
10	100
12	90

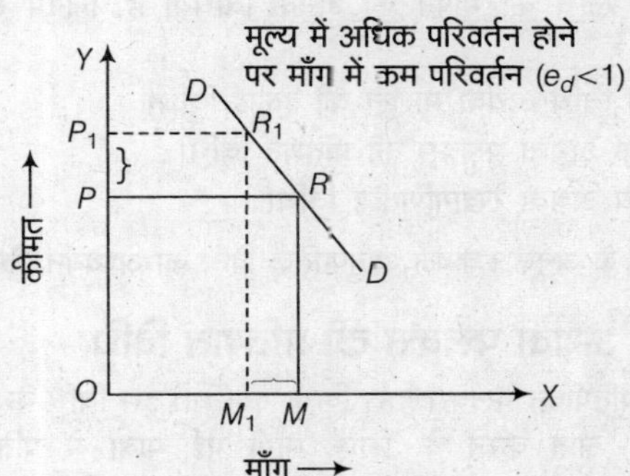

चित्र 7.4 बेलोचदार माँग

उपरोक्त रेखाचित्र में OP कीमत तथा OM मूल रूप से माँगी जाने वाली वस्तु की मात्रा है। यदि कीमत बढ़कर OP_1 हो जाती है, तब माँगी जाने वाली मात्रा घटकर OM_1 रह जाती है। चित्र में 'DD' रेखा, बेलोचदार माँग की स्थिति बताती है।

5. पूर्णतः बेलोचदार माँग

जब किसी वस्तु के मूल्य में अधिक परिवर्तन होने पर भी उसकी माँग पर कोई प्रभाव नहीं पड़ता है, तो ऐसी वस्तु की माँग, पूर्णतः बेलोचदार होती है। इसे निम्न सारणी द्वारा प्रदर्शित किया जा सकता है

वस्तु की कीमत (P_X)	वस्तु की माँग (D_X)
10	100
12	100
8	100

कीमत में वृद्धि अथवा कमी होने पर माँग का स्थिर होना (e_d=0)

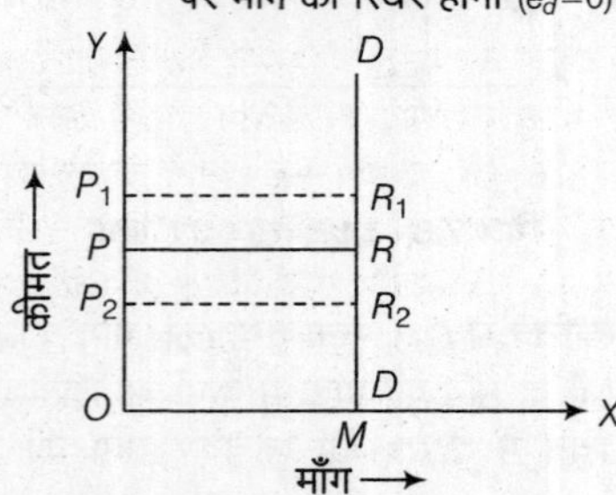

चित्र 7.5 पूर्णतः बेलोचदार माँग

उपरोक्त रेखाचित्र से स्पष्ट है कि वस्तु के मूल्य में व्यापक परिवर्तन होने के बाद भी (अर्थात् मूल्य के OP से बढ़कर OP_1 होने पर भी) वस्तु की माँग OM अपरिवर्तित रहती है। इसी प्रकार कीमत घटकर OP_2 होने पर भी माँग अपरिवर्तित OM रहती है।

माँग की कीमत लोच को मापने की विधियाँ

माँग की मूल्य लोच को मापने की अनेक विधियाँ हैं, जिनमें से कुछ प्रमुख विधियाँ निम्न हैं

1. कुल व्यय विधि अथवा मार्शल की इकाई विधि।
2. आनुपातिक अथवा फ्लक्स की प्रतिशत विधि।
3. बिन्दु विधि अथवा रेखागणितीय विधि।

नोट पाठ्यक्रम के अनुसार केवल आनुपातिक विधि का अध्ययन किया जाएगा।

आनुपातिक अथवा फ्लक्स की प्रतिशत विधि

इस विधि का प्रतिपादन फ्लक्स द्वारा किया गया था। इस विधि के अनुसार, माँग की लोच (e_d) ज्ञात करने के लिए 'माँगी गई मात्रा में प्रतिशत परिवर्तन (Percentage change in quantity demanded)' को 'कीमत में प्रतिशत परिवर्तन (Percentage change in price)' से विभाजित किया जाता है। माँगी गई मात्रा तथा कीमत में ऋणात्मक सम्बन्ध को दर्शाने के लिए ऋण (–) चिह्न का प्रयोग किया जाता है।

$$E_d = (-)\frac{\text{माँगी गई मात्रा में प्रतिशत परिवर्तन}}{\text{कीमत में प्रतिशत परिवर्तन}}$$

$$= (-)\frac{\frac{\Delta Q}{Q}\times 100}{\frac{\Delta P}{P}\times 100} = (-)\frac{\frac{\Delta Q}{Q}}{\frac{\Delta P}{P}}$$

$$= (-)\frac{\Delta Q}{Q}\times\frac{P}{\Delta P} = (-)\frac{\Delta Q}{\Delta P}\times\frac{P}{Q}$$

ΔQ = माँग में परिवर्तन, Q = प्रारम्भिक माँग, ΔP = कीमत में परिवर्तन, P = प्रारम्भिक कीमत

उदाहरण 1. जब एक वस्तु की कीमत ₹ 12 प्रति इकाई थी तब एक उपभोक्ता उस वस्तु की 24 इकाइयों का उपभोग करता था, जब कीमत बढ़ कर ₹ 14 प्रति इकाई हुई तो उपभोक्ता 20 इकाइयों का उपभोग करने लगा। माँग की कीमत लोच ज्ञात कीजिए।

हल दिया है

प्रारम्भिक कीमत (P) = ₹ 12 प्रति इकाई

नई कीमत (P_1) = ₹ 14 प्रति इकाई

कीमत में परिवर्तन (ΔP) = $P_1 - P$ = 14 – 12 = ` 2

प्रारम्भिक मात्रा (Q) = 24 इकाई

नई मात्रा (Q_1) = 20 इकाई

मात्रा में परिवर्तन (ΔQ) = $Q_1 - Q$ = 20 – 24 = (–) 4 इकाई

माँग की कीमत लोच $(E_d) = (-)\frac{\Delta Q}{\Delta P}\times\frac{P}{Q} = (-)\frac{-4}{2}\times\frac{12}{24} = 1$

उदाहरण 2 एक उपभोक्ता ₹ 9 प्रति इकाई पर एक वस्तु की 18 इकाइयाँ खरीदता है। वस्तु की कीमत माँग लोच (–) 1 है। उपभोक्ता ₹ 10 प्रति इकाई कीमत पर वस्तु की कितनी इकाइयाँ खरीदेगा? परिकलन कीजिए।

हल दिया है

प्रारम्भिक कीमत (P) = ₹ 9 प्रति इकाई

प्रारम्भिक मात्रा (Q) = 18 इकाई

नई कीमत (P_1) = ₹ 10 प्रति इकाई

नई मात्रा (Q_1) = x इकाई

कीमत में परिवर्तन (ΔP) = $P_1 - P$ = 10 – 9 = ₹ 1

मात्रा में परिवर्तन (ΔQ) = $Q - Q_1 = 18 - x$

माँग की कीमत लोच = (–)1

हम जानते हैं

माँग की कीमत लोच

$$(E_d) = (-)\frac{\Delta Q}{\Delta P}\times\frac{P}{Q}$$

$$(-)1 = (-)\frac{18-x}{1}\times\frac{9}{18}$$

$$1 = \frac{18-x}{2} \Rightarrow 2 = 18 - x$$

$$x = 18 - 2 = 16 \text{ इकाई}$$

अतः जब कीमत ₹ 10 प्रति इकाई बढती है, तब माँग 16 इकाई घट जाती है।

उदाहरण 3 एक वस्तु की कीमत माँग लोच (–) 1 है, जब इसकी प्रति इकाई कीमत एक रुपया गिरती है, तो इसकी माँग 16 इकाई से बढ़कर 18 इकाई हो जाती है। परिवर्तन से पूर्व की कीमत परिकलन कीजिए।

हल दिया है, माँग की कीमत लोच (E_d) = (–) 1

कीमत में परिवर्तन (ΔP) = ₹ 1

प्रारम्भिक कीमत (P) = x प्रति इकाई

प्रारम्भिक मात्रा (Q) = 16 इकाई

नई मात्रा (Q_1) = 18 इकाई

माँगी गई मात्रा में परिवर्तन $(\Delta Q) = 18 - 16 = 2$ इकाई

$$\text{माँग की कीमत लोच } (E_d) = (-)\frac{\Delta Q}{\Delta P} \times \frac{P}{Q}$$

$$(-)1 = (-)\frac{2}{1} \times \frac{x}{16} \Rightarrow 1 = \frac{x}{8}$$

$\Rightarrow$ परिवर्तन से पूर्व कीमत $= x =$ ₹ 8 प्रति इकाई

माँग की मूल्य-सापेक्षता को प्रभावित या निर्धारित करने वाले घटक

माँग की मूल्य-सापेक्षता पर अपना प्रभाव डालने वाले घटक निम्न हैं

1. **वस्तु विशेष की प्रकृति या स्वभाव** वस्तु विशेष की प्रकृति उसकी माँग की लोच को अत्यधिक मात्रा में प्रभावित करती है। सामान्यतया अनिवार्य वस्तुओं की माँग बेलोचदार होती है, जबकि विलासिता की वस्तुओं की माँग अत्यधिक लोचदार तथा आरामदायक वस्तुओं की माँग लोचदार अथवा इकाई लोचदार होती है।

   अन्न, नमक आदि वस्तुएँ अनिवार्य होने के कारण इनकी माँग बेलोचदार, दूध व फल आरामदायक वस्तु होने के कारण इनकी माँग लोचदार होती है।

2. **वस्तु के विविध प्रयोग** एक वस्तु के जितने अधिक प्रयोग होते हैं, वस्तु की माँग उतनी ही अधिक लोचदार होती है। उदाहरण के तौर पर बिजली के अनेक उपयोग सम्भव हैं; जैसे—रोशनी करने में, पंखा चलाने में, प्रेस करने में, कमरा ठण्डा या गर्म करने आदि में। बिजली की दर बढ़ने पर इसका उपयोग रोशनी में ही अधिक किया जाएगा, जबकि मूल्य (दर) घटने पर इसे विभिन्न उपयोगों में लिया जाएगा। अत: अनेक उपयोगों में कार्यरत् वस्तु की माँग लोचदार होती है।

3. **वस्तु के प्रयोग के स्थगन की सम्भावना** जब किसी वस्तु के प्रयोग को भविष्य के लिए स्थगित किया जा सकता है; जैसे—टी.वी., फ्रिज आदि, तो उस वस्तु की माँग लोचदार होगी और यदि वस्तु के प्रयोग को स्थगित नहीं किया जा सकता है; जैसे—नमक, दवाइयाँ आदि, तो माँग बेलोचदार होगी।

4. **वस्तु-विशेष के स्थानापन्नों की उपलब्धता** जिस वस्तु की माँग की लोच का अध्ययन किया जाता है, उसके बाजार में कितने स्थानापन्न उपलब्ध हैं, यह उसकी लोच को निर्धारित करते हैं, जिस वस्तु के स्थानापन्न उपलब्ध होते हैं, उसकी माँग अधिक लोचदार होती है; जैसे—चाय तथा कॉफी। इस प्रकार की वस्तुओं की कीमत में वृद्धि से लोग उसकी स्थानापन्न वस्तु का उपयोग शुरू कर देते हैं; जैसे—चाय की कीमत में वृद्धि होने पर लोग कॉफी पीना प्रारम्भ कर देंगे।

5. **संयुक्त माँग** कुछ वस्तुओं का उपभोग एक साथ किया जा सकता है; जैसे—पेन एवं स्याही, कार एवं पेट्रोल आदि। इन वस्तुओं की माँग बेलोचदार होती है। संयुक्त माँग वाली वस्तुओं में किसी एक वस्तु के मूल्य में वृद्धि होने पर यदि वस्तु की माँग नहीं गिरेगी, तो दूसरी वस्तु की कीमत बढ़ने पर उसकी माँग भी नहीं गिरेगी।

6. **वस्तु का टिकाऊपन** टिकाऊ वस्तुएँ; जैसे— टेलीविजन, फर्नीचर, फ्रिज आदि को एक बार खरीदने के पश्चात् व्यक्ति वर्षों तक इन्हें दोबारा नहीं खरीदते। अत: ऐसी वस्तुओं की माँग कम मूल्य-सापेक्ष (लोचदार) होती है।

7. **उपभोक्ता की प्रकृति या आदत या स्वभाव** मनुष्य की आदत या स्वभाव के कारण भी माँग की मूल्य-सापेक्षता प्रभावित होती है। मनुष्य जिन वस्तुओं के प्रयोग करने का आदी हो जाता है, उन वस्तुओं की माँग सामान्यतया बेलोचदार होती है; जैसे—गुटखा, शराब, सुपारी आदि इन वस्तुओं की कीमतों में वृद्धि या कमी से इनकी माँग पर विशेष प्रभाव नहीं पड़ता, क्योंकि उपभोक्ता इनका प्रयोग अपनी आदतानुसार ही करते हैं।

8. **उपभोक्ता का आय स्तर** माँग की लोच उपभोक्ता की आर्थिक स्थिति पर भी निर्भर करती है। उदाहरणस्वरूप— वे वस्तुएँ जिनका उपभोग धनी वर्ग द्वारा किया जाता है, उनका माँग मूल्य बेलोचदार होता है, क्योंकि इनकी मूल्य में वृद्धि का माँग पर कोई प्रभाव नहीं पड़ता है। इसके विपरीत, मध्यम व निम्न वर्ग द्वारा प्रयुक्त वस्तुएँ लोचदार होती हैं, क्योंकि इनकी मूल्य में वृद्धि वस्तु की माँग को प्रभावित करती है।

9. **उपभोक्ता की आय का वस्तु पर व्यय किया जाने वाला प्रतिशत** किसी वस्तु पर यदि उपभोक्ता अपनी आय की एक छोटी रकम खर्च करता है, तो उस वस्तु की माँग बेलोचदार होगी; जैसे—सुई-धागा, समाचार-पत्र आदि। इसी प्रकार यदि उपभोक्ता वस्तु पर अपनी आय की बड़ी रकम खर्च करता है, तो वस्तु की माँग लोचदार होगी; जैसे—फर्नीचर, टी.वी. आदि।

10. **समाज में धन का वितरण** समाज में धन का वितरण समान होने पर अधिकांश वस्तुओं की माँग लोचदार होती है। इसका कारण यह है कि धन के समान वितरण होने पर सभी वर्गों की आय बराबर हो जाती है, जिसके प्रभावस्वरूप कीमत परिवर्तनों का प्रभाव सभी वर्गों पर एक समान पड़ता है। इसके विपरीत, धन का असमान वितरण होने पर वस्तु की माँग बेलोचदार होती है।

11. **कीमतों का भावी अनुमान** किसी वस्तु की यदि भविष्य में मूल्य वृद्धि की आशंका हो तो वर्तमान में मूल्य की थोड़ी-सी कमी होने पर भी उस वस्तु की माँग अत्यधिक बढ़ जाएगी। इसके विपरीत, यदि भविष्य में वस्तु के मूल्य में कमी की आशंका है, तो उपभोक्ता वर्तमान में खरीदारी को स्थगित या कम कर देते हैं।

12. **वस्तु की कीमत** जिन वस्तुओं की कीमतें बहुत ऊँची होती हैं, उनकी माँग लोचदार होती है, जिन वस्तुओं की कीमतें मध्यम होती हैं, उनकी माँग लोच सामान्य होती है तथा जो वस्तुएँ बहुत कम मूल्य वाली होती हैं, उनकी माँग बेलोचदार होती है।

13. **समयावधि** (अल्पकाल तथा दीर्घकाल) वस्तु की माँग की लोचता समय पर भी निर्भर करती है। प्राय: अल्पकाल में वस्तुओं की माँग बेलोचदार या कम लोचदार होती है। इसके विपरीत, दीर्घकाल में माँग लोचदार होती है। यह अवधारणा डॉ. मार्शल द्वारा प्रतिपादित है। इसके पीछे यह तर्क है कि वस्तु के मूल्य में होने वाली वृद्धि या कमी की जानकारी उपभोक्ता को तुरन्त नहीं मिल पाती, जिससे वस्तु की माँग पर तत्काल प्रभाव न पड़कर कुछ समय पश्चात् पड़ता है।

माँग की मूल्य-सापेक्षता का महत्त्व

माँग की मूल्य लोच सैद्धान्तिक तथा व्यावहारिक दोनों ही दृष्टिकोणों से अत्यन्त महत्त्वपूर्ण है, जिसे निम्न बिन्दुओं द्वारा स्पष्ट किया जा सकता है

सैद्धान्तिक महत्त्व

सैद्धान्तिक दृष्टिकोण से 'माँग की मूल्य-सापेक्षता' की अवधारणा का महत्त्व उल्लेखनीय है। इसके आधार पर यह निर्धारित किया जा सकता है कि अलग-अलग परिस्थितियों में मूल्य परिवर्तन का विभिन्न वर्गों पर क्या प्रभाव पड़ेगा, विभिन्न वस्तुओं की मूल्य-सापेक्षता भिन्न-भिन्न क्यों होती है तथा माँग

की मूल्य-सापेक्षता से मूल्य परिवर्तन के फलस्वरूप माँग में हुए परिवर्तनों की गति व दिशा कैसी होगी आदि कारकों का ज्ञान प्राप्त करने में सहायता मिलती है।

व्यावहारिक महत्त्व

माँग की मूल्य-सापेक्षता केवल सैद्धान्तिक दृष्टिकोण से ही महत्त्वपूर्ण नहीं है, अपितु यह अनेक व्यावहारिक दृष्टिकोणों से भी महत्त्व रखती है, जिनका विवरण निम्न प्रकार है

1. विनिमय के क्षेत्र में महत्त्व

विनिमय के क्षेत्र में मूल्य-सापेक्षता के महत्त्व का वर्णन निम्न प्रकार है

(i) **कीमत के निर्धारण में महत्त्व** किसी उत्पादक द्वारा अपनी वस्तुओं का मूल्य-निर्धारण करते समय मूल्य-सापेक्षता का ध्यान रखा जाता है। यदि माँग की मूल्य-सापेक्षता अधिक होती है तो वस्तु का मूल्य अधिक नहीं रखा जाता, परन्तु यदि वस्तु की माँग बेलोचदार है, तो ऐसी स्थिति में उत्पादक अपनी वस्तु का मूल्य अधिक रख सकता है। अत: माँग की मूल्य-सापेक्षता का सिद्धान्त किसी वस्तु के मूल्य-निर्धारण में अत्यन्त सहायक है।

(ii) **एकाधिकारी के लिए सहायक** एकाधिकारी का उद्देश्य अपने कुल लाभ को अधिकतम करना होता है। इस उद्देश्य की पूर्ति के लिए वह बेलोचदार माँग की वस्तुओं के मूल्य ऊँचे रखता है तथा लोचदार माँग की वस्तुओं के मूल्य कम रखता है।

(iii) **विभेदात्मक एकाधिकार** एकाधिकारी मूल्य विभेद की नीति अपनाते समय भी माँग की लोच के विचार से लाभान्वित होता है। वह उस बाजार में मूल्य ऊँचे रखता है, जिस बाजार में वस्तु की माँग बेलोचदार है तथा लोचदार माँग वाले बाजार में मूल्य नीचे रखता है।

(iv) **राशिपातन** विक्रेता राशिपातन द्वारा तभी सफल हो सकता है, जब वस्तु की माँग लोचदार हो। बेलोचदार माँग की वस्तुओं में राशिपातन से विक्रेता लाभान्वित नहीं होता है।

(v) **संयुक्त उत्पादन की वस्तुओं का मूल्य निर्धारण** एक उत्पादक जब अनेक वस्तुओं का एक साथ उत्पादन करता है और उसके लिए अलग-अलग वस्तुओं के लिए लागतों का विभाजन सम्भव नहीं होता है, तब वह वस्तुओं का मूल्य लागत के अनुपात में नहीं, बल्कि उनकी माँग की लोच के अनुसार निर्धारित करेगा, जिस वस्तु की माँग अपेक्षाकृत बेलोचदार होगी, उसका मूल्य ऊँचा तथा जिसकी माँग लोचदार होगी, उसका मूल्य कम रखेगा।

2. उत्पत्ति के साधनों के पुरस्कार निर्धारण अथवा वितरण में सहायक

उत्पत्ति के किसी साधन विशेष के पुरस्कार के निर्धारण में भी माँग की लोच का विचार सहायक सिद्ध होता है। एक उत्पादक उत्पत्ति के उन साधनों को अधिक पुरस्कार देता है, जिनकी माँग उसके लिए बेलोचदार है तथा लोचदार माँग वाले साधनों को कम पुरस्कार दिया जाता है।

उदाहरण उत्पत्ति के जिन साधनों की एक उद्योग के लिए माँग अधिक लोचदार होती है, उन साधनों द्वारा हड़ताल से सम्बन्धित धमकी देना अधिक उपयोगी सिद्ध नहीं होता है।

3. विभिन्न वस्तुओं के परिवहन भाड़े की दरों के निर्धारण में महत्त्वपूर्ण

परिवहन कम्पनियों तथा रेलों द्वारा विभिन्न वस्तुओं के लिए भाड़े की दरों के निर्धारण में भी माँग की लोच का विचार महत्त्वपूर्ण होता है। उदाहरण—रेलें उन वस्तुओं के भाड़े की दरें नीची रखती हैं, जिनकी परिवहन माँग अधिक लोचदार है तथा इसके विपरीत, जिनकी माँग बेलोचदार होती है, उनकी भाड़े की दरें ऊँची रखी जाती हैं।

4. अन्तर्राष्ट्रीय व्यापार में महत्त्व

माँग की लोच का विचार अन्तर्राष्ट्रीय व्यापार में भी महत्त्वपूर्ण होता है। दो देशों के मध्य व्यापार की शर्तों के निर्धारण में माँग की लोच का विचार सहायक सिद्ध होता है। सामान्यतया देश के निर्यातों की माँग विदेशों में बेलोचदार होने पर देश ऊँची कीमतों पर भी निर्यात कर सकता है तथा व्यापार की शर्तें देश के अनुकूल होती हैं। यदि आयातों की माँग बेलोचदार है तो अधिक मूल्य पर भी आयात करना पड़ता है। अत: व्यापार की शर्तें प्रतिकूल होती हैं।

5. सरकार के लिए महत्त्व

सरकार द्वारा ही वर्तमान में समस्त आर्थिक क्रियाकलाप सम्पन्न किए जाते हैं। अत: सरकार के लिए मूल्य-सापेक्षता का निम्न महत्त्व है

(i) **करारोपण के दौरान** वित्तमन्त्री द्वारा जब वस्तुओं पर कर लगाए जाते हैं, तो वह माँग की लोच को ध्यान में रखकर ऐसा करते हैं, क्योंकि बेलोचदार माँग वाली वस्तुओं पर कर लगाकर सरलता से आय को बढ़ाया जा सकता है।

(ii) **कर भार जानने के उद्देश्य से** सरकार समाज के विभिन्न वर्गों पर इस प्रकार से कर लगाने का प्रयास करती है, जिससे सभी पर समान कर भार हो और इस कार्य हेतु सरकार माँग की लोच के अध्ययन की सहायता लेती है।

(iii) **विनिमय दर के निर्धारण में** उचित विनिमय दर का निर्धारण भी माँग की लोच के अध्ययन से किया जा सकता है।

(iv) **सार्वजनिक क्षेत्र के निर्माण में** सरकार द्वारा सामान्यत: ऐसे उद्योगों को जिनकी माँग बेलोचदार होती है, उन्हें सार्वजनिक सेवाएँ घोषित करके उनका स्वामित्व व प्रबन्ध ग्रहण कर लिया जाता है। अत: आर्थिक नीति के निर्धारण में भी माँग की लोच महत्त्वपूर्ण है।

अत: स्पष्ट है कि माँग की लोच का अध्ययन अत्यन्त महत्त्वपूर्ण है तथा आर्थिक क्षेत्र में यह दिशा बोधक के रूप में कार्य करती है।

वस्तुनिष्ठ प्रश्न

1. यदि किसी वस्तु की माँग रेखा क्षैतिज अक्ष के समानान्तर हो तो उस वस्तु की माँग की कीमत लोच होगी
(a) अत्यधिक लोचदार
(b) पूर्णतः लोचदार
(c) अत्यधिक बेलोचदार
(d) पूर्णतः बेलोचदार

2. माँग की लोच जब अनन्त होती है तब माँग वक्र
(a) पूर्णतः लोचदार होता है
(b) पूर्णतः बेलोचदार होता है
(c) लोचदार होता है
(d) अधिक लोचदार होता है

3. यदि किसी वस्तु की माँग पूर्णतः लोचदार हो तो माँग रेखा होगी
(a) मूल से 45° कोण वाली
(b) X-अक्ष के समानान्तर
(c) Y-अक्ष के समानान्तर
(d) उपरोक्त में से कोई नहीं

4. पूर्णतः लोचदार माँग वक्र पर माँग की लोच
(a) इकाई के बराबर (b) इकाई से कम
(c) अनन्त (d) शून्य

5. विलासिता की वस्तुओं की माँग की कीमत लोच होती है
(a) शून्य (b) असीमित
(c) एक से कम (d) एक से अधिक

6. यदि माँग की कीमत लोच शून्य हो तो माँग रेखा होती है
(a) Y-अक्ष के समानान्तर
(b) X-अक्ष के समानान्तर
(c) ऊपर से नीचे गिरती हुई
(d) नीचे से ऊपर उठती हुई

7. एक आवश्यक वस्तु के लिए माँग की कीमत लोच होती है
(a) शून्य (b) एक
(c) एक से अधिक (d) एक से कम

8. पूर्णतः बेलोचदार माँग की स्थिति में जब कीमत में 4% की वृद्धि होती है, तो वस्तु की माँगी जाने वाली मात्रा में कमी होगी
(a) 8% (b) 4%
(c) 2% (d) शून्य

9. पूर्णतः बेलोचदार माँग वक्र पर माँग की लोच
(a) अनन्त होती है
(b) शून्य होती है
(c) इकाई से कम होती है
(d) इकाई से अधिक होती है

10. निम्नलिखित में से किस वस्तु की माँग बेलोचदार होती है?
(a) मोटर कार (b) टूथपेस्ट
(c) नमक (d) टेलीविजन

11. यदि एक वस्तु की माँग पूर्णतः बेलोचदार है तो कीमत बढ़ जाने पर वस्तु की माँग हो जाएगी
(a) न्यूनतम (b) अपरिवर्तित
(c) शून्य (d) अधिकतम

12. यदि किसी वस्तु की माँग रेखा क्षैतिज अक्ष के समानान्तर हो तो उस वस्तु की कीमत लोच होगी
(a) अत्यधिक लोचदार (b) पूर्णतः लोचदार
(c) अत्यधिक बेलोचदार (d) पूर्णतः बेलोचदार

13. जब किसी वस्तु (टी.वी., फ्रीज) के प्रयोग को भविष्य के लिए स्थगित किया जा सकता है, तो वैसी वस्तु की माँग होगी
(a) लोचदार
(b) बेलोचदार
(c) 'a' और 'b' दोनों
(d) उपरोक्त में से कोई नहीं

14. यदि किसी वस्तु का मूल्य 20% कम हो जाए तथा उसकी माँग में 40% की वृद्धि हो जाए, तो उस वस्तु की माँग की लोच होगी
(a) इकाई से कम (b) इकाई से अधिक
(c) इकाई के बराबर (d) शून्य

15. आवश्यक वस्तुओं की माँग होती है
(a) लोचदार (b) बेलोचदार
(c) पूर्णतः लोचदार (d) इकाई

16. नमक की माँग की लोच होती है
(a) अत्यधिक लोचदार (b) पूर्णतः लोचदार
(c) इकाई लोचदार (d) अत्यधिक बेलोचदार

17. यदि माँग की लोच इकाई के बराबर है तो माँग वक्र होगा
(a) क्षैतिज
(b) ऊर्ध्व
(c) सरल रेखा
(d) उपरोक्त में से कोई नहीं

18. निम्नलिखित में से कौन माँग की लोच के व्यावहरिक महत्त्व के अन्तर्गत शामिल नहीं है?
(a) विभेदात्मक एकाधिकार
(b) राशिपातन
(c) उपभोक्ता का आय स्तर
(d) अन्तर्राष्ट्रीय व्यापार

19. माँग की लोच के कितने रूप हैं?
(a) दो (b) तीन
(c) पाँच (d) चार

20. किसी वस्तु की माँग तब पूर्णतः लोचशील मानी जाती है जब
(a) माँग की लोच 1 के बराबर हो
(b) माँग की लोच 0 के बराबर हो
(c) माँग की लोच अनन्त (∞) हो
(d) माँग की लोच 0.5 के बराबर हो

21. निम्नलिखित में से किस वस्तु की माँग सामान्यतः गति अलोचनीय होती है?
(a) लक्जरी कारें (b) हीरे
(c) सोने के आभूषण (d) गेहूँ

22. यदि माँग की लोच $ed < 1$ है, तो इसे क्या कहा जाता है?
(a) लोचदार माँग
(b) बेलोचदार माँग
(c) इकाई लोचदार माँग
(d) पूर्णतः बेलोचदार माँग

सही उत्तर

1. (b) 2. (a) 3. (b) 4. (c) 5. (d) 6. (a) 7. (a) 8. (d) 9. (b) 10. (c)
11. (b) 12. (b) 13. (a) 14. (b) 15. (b) 16. (d) 17. (c) 18. (c) 19. (b) 20. (c)
21. (d) 22. (b)

अध्याय 14 उत्पादन फलन

उत्पादन से आशय

उत्पादन वह प्रक्रिया है, जिसके द्वारा आगतों (inputs) को निर्गत (output) अथवा उत्पाद में परिवर्तित किया जाता है। एक उत्पादक (Producer or Manufacturer) विभिन्न आगतों; जैसे—श्रम, मशीन, भूमि, कच्चा माल आदि को प्राप्त करता है। इन आगतों का प्रयोग करके वह वस्तु अथवा सेवा का उत्पादन करता है। इन वस्तुओं एवं सेवाओं का उपयोग उपभोक्ताओं द्वारा अपनी किसी जरूरत अथवा इच्छा की सन्तुष्टि के लिए अथवा किसी अन्य उत्पादक द्वारा किसी अन्य वस्तु के उत्पादन के लिए किया जा सकता है। **उदाहरणार्थ** एक कार निर्माता भूमि का फैक्ट्री के लिए उपयोग करता है तथा मशीनों, श्रम एवं कच्चे माल; जैसे—स्टील, एल्युमीनियम, रबर आदि का उपयोग कारों का उत्पादन करने के लिए करता है। इन कारों को उपभोक्ता अपने स्वयं के उपयोग हेतु खरीद सकते हैं अथवा Ola कम्पनी इसे टैक्सी के रूप में चलाने हेतु खरीद कर नई सेवाओं का सृजन कर सकती है। यहाँ पर यह भी ध्यान में रखना चाहिए कि अर्थशास्त्र में उत्पादन को उपयोगिता का सृजन (Creation of utility) मानना चाहिए।

उत्पादन के घटक

उत्पादन प्रक्रिया में प्रयुक्त निर्गतों को उत्पादन के घटक कहा जाता है। उत्पादन के घटकों को निम्न प्रकार वर्गीकृत किया जा सकता है

1. कारक आदान

भूमि, श्रम, पूँजी एवं साहसी (Entrepreneur) को कारक आदानों के अन्तर्गत वर्गीकृत किया जाता है। इन कारकों की सेवा स्वरूप क्रमश: उनको किराया, वेतन, ब्याज एवं लाभ प्राप्त होता है। इन कारकों को भी आगे निम्न प्रकार से वर्गीकृत किया जा सकता है

(i) **स्थिर घटक** यह वे घटक हैं, जोकि उत्पादन के स्तर के साथ परिवर्तित नहीं होते हैं। **उदाहरणार्थ** भूमि, मशीन आदि।

(ii) **परिवर्तनशील घटक** यह वे घटक हैं, जोकि उत्पादन के स्तर के साथ परिवर्तित होते हैं। **उदाहरणार्थ** श्रम।

2. गैर-कारक आदान

गैर–कारक आदानों में कच्ची सामग्री (Raw Material), पावर (Power) आदि को सम्मिलित किया जाता है।

उत्पादन फलन

उत्पादन फलन उपयोग में लाए गए आगतों तथा फर्म द्वारा उत्पादित निर्गतों के मध्य का सम्बन्ध दर्शाता है। एक उत्पादन फलन एक दी हुई प्रौद्योगिकी के लिए परिभाषित किया जाता है। प्रौद्योगिकी का स्तर ही उत्पादन के अधिकतम स्तर को निर्धारित करता है।

यदि प्रौद्योगिकी (technology) में सुधार होता है तो उत्पादन के उच्च स्तर को प्राप्त किया जा सकता है एवं एक नया उत्पादन फलन प्राप्त होता है। यहाँ पर यह तथ्य भी उल्लेखनीय है कि उत्पादन फलन उत्पादन के उस अधिकतम स्तर को प्रदर्शित करता है, जिसे दिए हुए आगतों की सहायता से प्राप्त किया जा सकता है। इसे निम्न प्रकार दर्शाया जा सकता है

$$Q_x = f(L, K),$$

यहाँ पर Q_X = 'X' वस्तु की उत्पादित इकाइयाँ
L = श्रम (Labour)
K = पूँजी (Capital)

नोट *उपरोक्त उत्पादन फलन में यह माना गया है कि उत्पादन हेतु मात्र श्रम एवं पूँजी आवश्यक हैं।*

वॉटसन के अनुसार, ''किसी फर्म के भौतिक साधनों तथा उत्पाद की भौतिक मात्रा के सम्बन्ध को उत्पादन फलन कहते हैं।''

लेफ्टविच के अनुसार, ''उत्पादन फलन उस भौतिक सम्बन्ध के लिए प्रयुक्त किया जाता है, जो एक फर्म की इकाइयों और प्रति इकाइयों के समयानुसार प्राप्त वस्तुओं एवं सेवाओं के बीच पाया जाता है।''

उत्पादन में समयावधि की अवधारणा

समयावधि को निम्न प्रकार वर्गीकृत किया जा सकता है

1. **अति लघु अवधि/बाजार अवधि** यह वह अवधि है, जिसमें उत्पादन के घटकों में परिवर्तन नहीं किया जा सकता। अत: इस अवधि में उत्पादन के स्तर में परिवर्तन नहीं किया जा सकता। अत: इस अवधि में उत्पादन प्रभावित नहीं होता है।
2. **लघु अवधि** यह वह अवधि है, जिसमें उत्पादक केवल परिवर्तनशील घटकों में परिवर्तन कर सकता है, जबकि स्थिर घटकों में कोई परिवर्तन नहीं किया जा सकता। अत: इस अवधि में उत्पादन एक सीमित स्तर तक ही प्रभावित होता है।
3. **दीर्घ अवधि** यह वह अवधि है, जिसमें उत्पादक परिवर्तनशील एवं स्थिर, दोनों प्रकार के घटकों में परिवर्तन कर सकता है। अन्य शब्दों में यह कहा जाता है कि दीर्घ अवधि में सभी घटक परिवर्तनशील होते हैं। अत: इस अवधि में उत्पादन को किसी भी स्तर तक प्रभावित किया जा सकता है।

नोट *लघु अवधि एवं दीर्घ अवधि को दिनों, महीनों अथवा वर्षों के सापेक्ष परिभाषित नहीं किया जा सकता। यह विभिन्न उत्पादन प्रक्रियाओं के लिए अलग-अलग हो सकती है।*

उत्पादन की माप

उत्पादन की तीन प्रमुख माप हैं, जिनकी विवेचना निम्न प्रकार से की गई है

1. कुल उत्पाद/कुल भौतिक उत्पाद

यह दिए गए स्थिर घटकों तथा परिवर्तनशील घटकों के संयोजन से उत्पादित सभी इकाइयों का योग है।

अन्य शब्दों में, उत्पादन के विभिन्न साधनों द्वारा एक निश्चिय अवधि में किसी फर्म द्वारा जो उत्पादन किया जाता है उसे कुल उत्पादन कहते हैं।

उदाहरणार्थ यदि एक मशीन पर 4 मजदूर कार्यरत हैं एवं उन मजदूरों द्वारा उत्पादित इकाइयाँ क्रमशः 10, 12, 8 एवं 15 हैं, तो उस स्थिति में कुल उत्पादन 45 इकाइयों का होगा। *इसे निम्न सूत्र द्वारा ज्ञात किया जा सकता है*

कुल उत्पाद $(TP) = \Sigma MP$

जहाँ पर ΣMP = सीमान्त उत्पादों का योग

2. सीमान्त उत्पाद/सीमान्त भौतिक उत्पाद

उत्पादन के अन्य साधनों को स्थिर रखकर परिवर्तनशील (Variable) साधनों की एक अतिरिक्त इकाई का उत्पादन में प्रयोग करने से कुल उत्पादन में जो वृद्धि होती है उसे ही सीमान्त उत्पादन कहते हैं। **उदाहरणार्थ** जब एक मशीन पर 4 मजदूर कार्यरत हैं तो कुल 45 इकाइयों का उत्पादन होता है, जब मजदूरों की संख्या 5 हो जाती है तो कुल उत्पादन 55 इकाइयों का होता है। इस स्थिति में सीमान्त उत्पाद 10 इकाइयों का होगा। *इसे निम्न सूत्र द्वारा ज्ञात किया जाता है*

सीमान्त उत्पाद $(MP) = TP_N - TP_{N-1}$

यहाँ पर, $TP_N = N$ परिवर्तनशील घटकों पर कुल उत्पादन

$TP_{N-1} = N - 1$ परिवर्तनशील घटकों पर कुल उत्पादन

अथवा

$MP = \frac{\Delta TP}{\Delta L}$ यहाँ MP = सीमान्त उत्पाद, ΔTP = कुल उत्पाद में परिवर्तन

ΔL = श्रम की इकाइयों में परिवर्तन

3. औसत उत्पाद/औसत भौतिक उत्पाद

अल्पकाल में परिवर्तनशील साधनों की प्रति इकाई उत्पादन को औसत उत्पादन कहते हैं। यदि कुल उत्पाद को परिवर्तनशील साधनों की इकाइयों द्वारा भाग किया जाए तो प्राप्त भागफल औसत उत्पाद को प्रदर्शित करेगा, औसत उत्पाद ऋणात्मक हो सकता है पर शून्य नहीं हो सकता। **उदाहरणार्थ** यदि एक मशीन पर 5 मजदूर कार्यरत हैं तथा कुल 55 इकाइयों का उत्पादन होता है, तो इस स्थिति में औसत उत्पाद 11 इकाइयाँ (55 ÷ 5) होगा। इसे निम्न सूत्र द्वारा ज्ञात किया जाता है

$$\text{औसत उत्पाद } (AP) = \frac{TP}{L}$$

यहाँ पर, TP = कुल उत्पाद

L = श्रम की इकाइयाँ

कुल, सीमान्त एवं औसत उत्पाद का सारणी द्वारा प्रदर्शन

श्रम परिवर्तनशील साधन (इकाइयों में)	कुल उत्पाद (TP)	औसत उत्पाद (AP)	सीमान्त उत्पाद (MP) $TP_n - TP_{n-1}$
0	0	0	0
1	20	20	20
2	50	25	30
3	90	30	40
4	120	30	30
5	140	28	20
6	150	25	10
7	150	21.43	0
8	140	17.5	-10
9	120	13.33	-20

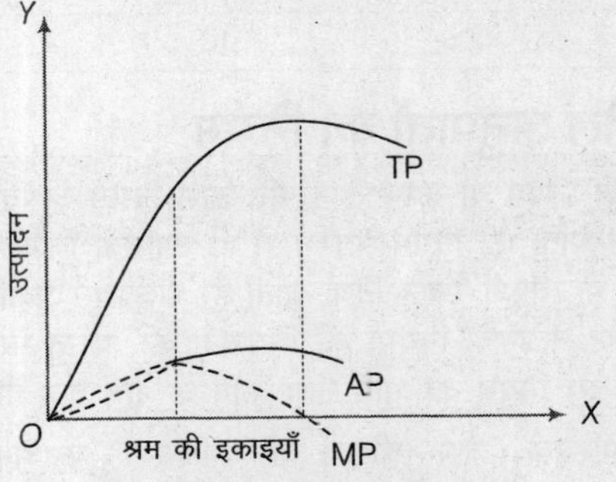

कुल, सीमान्त और औसत उत्पाद

OX -आधार रेखा पर श्रम की इकाइयाँ तथा OY रेखा पर उत्पादन को दिखाया गया है। कुल उत्पाद वक्र शुरू में तेजी से फिर धीरे-धीरे बढ़ता है। अन्त में कुल उत्पाद अधिकतम स्तर पर पहुँचकर गिरना प्रारम्भ कर देता है। श्रम की इकाइयों को बढ़ाने से औसत उत्पाद और सीमान्त उत्पाद दोनों बढ़ते हैं फिर अपने अधिकतम बिन्दु पर पहुँचकर घटना प्रारम्भ कर देते हैं। औसत उत्पाद और सीमान्त उत्पाद वक्रों की आकृति अंग्रेजी के U से उल्टे आकार की होती है। सीमान्त उत्पाद घटते हुए ऋणात्मक भी हो जाता है, परन्तु औसत उत्पाद कभी-भी शून्य या ऋणात्मक नहीं होता है।

उदाहरण 1. कुल उत्पाद एवं सीमान्त उत्पाद की गणना कीजिए, जबकि औसत उत्पाद एवं श्रम की इकाइयाँ निम्न हैं

श्रम की इकाइयाँ (L)	औसत उत्पादन (AP)
1	50
2	60
3	70
4	80

हल

श्रम की इकाइयाँ (L)	औसत उत्पाद (AP)	कुल उत्पाद $TP = (AP \times L)$	सीमान्त उत्पाद (MP) $(TP_N - TP_{N-1})$
1	50	50	50
2	60	120	70
3	70	210	90
4	80	320	110

उदाहरण 2. दी गई जानकारी के आधार पर औसत उत्पाद एवं सीमान्त उत्पाद ज्ञात करें।

श्रम की इकाइयाँ (L)	कुल उत्पादन (TP)
10	100
20	220
30	360
40	460
50	500

हल

श्रम की इकाइयाँ (L)	कुल उत्पाद (TP)	औसत उत्पाद AP = (TP / L)	सीमान्त उत्पाद (MP) (ΔTP/ΔL)
10	100	10	–
20	220	11	12(120 / 10)
30	360	12	14(140 / 10)
40	460	11.5	10(100 / 10)
50	500	10	4(40 / 10)

परिवर्तनशील अनुपातों का नियम

ह्रासमान प्रतिफल नियम या क्रमागत उत्पत्ति ह्रास नियम अथवा उत्पत्ति के परिवर्तनशील अनुपातों का नियम प्रारम्भ से ही आर्थिक विश्लेषण में उत्पत्ति ह्रास नियम को महत्त्वपूर्ण स्थान दिया जाता है। सर्वप्रथम प्रकृतिवादी अर्थशास्त्री टॉरगेट ने इसके नियमों की विवेचना की, परन्तु परम्परागत अर्थशास्त्रियों ने इस नियम को भूमि तथा कृषि के क्षेत्र तक ही सीमित रखा।

आधुनिक अर्थशास्त्रियों (जैसे—श्रीमती जॉन रॉबिन्सन) के अनुसार, यह नियम एक व्यापक नियम है और यह केवल भूमि तथा कृषि में ही लागू नहीं होता, वरन् उत्पादन के सभी क्षेत्रों में लागू होता है। अत: आधुनिक अर्थशास्त्री इसे 'परिवर्तनशील अनुपातों का नियम' भी कहते हैं।

इस नियम के अनुसार, जब लघु-अवधि में उत्पादन बढ़ाने हेतु उत्पादक द्वारा परिवर्तनशील घटक को बढ़ाया जाता है, तब आरम्भ में कुल उत्पाद बढ़ते हुए दर पर बढ़ता है, फिर घटते हुए दर पर और फिर कम होना शुरू हो जाता है। अन्य शब्दों में, यदि उत्पादन के किसी एक या अधिक संसाधनों की मात्रा को स्थिर रखते हुए अन्य साधनों में धीरे-धीरे वृद्धि की जाए, तो एक बिन्दु के पश्चात् परिवर्तनशील साधनों की प्रत्येक अतिरिक्त इकाई से प्राप्त होने वाली उपज में कमी आती है।

आधुनिक अर्थशास्त्रियों के दृष्टिकोण से परिभाषाएँ निम्नलिखित हैं

प्रो. बेन्हम के अनुसार, "उत्पादन के साधनों के एक संयोग में जैसे-जैसे किसी एक साधन का अनुपात बढ़ाया जाता है, तो एक सीमा के पश्चात् उस साधन का सीमान्त व औसत उत्पादन घटने लगता है।"

श्रीमती जॉन रोबिन्सन के अनुसार, "ह्रास नियम बताता है कि किसी एक उत्पत्ति के साधन की मात्रा को स्थिर रखकर यदि अन्य साधनों की मात्रा में उत्तरोत्तर वृद्धि की जाए, तो उत्पादन में एक बिन्दु के बाद घटती हुई दर से वृद्धि होगी।"

प्रो. स्टिगलर के अनुसार, "यदि उत्पादन के अन्य साधनों की मात्रा को स्थिर रखकर किसी एक साधन की मात्रा समान परिमाण में बढ़ाई जाए, तो इनसे उत्पादन में जो वृद्धि होगी वह एक सीमा के बाद घटने लगेगी।"

परिवर्तनशील अनुपात नियम की मान्यताएँ

परिवर्तनशील अनुपात नियम निम्न मान्यताओं पर आधारित है

1. उत्पादन के साधनों के अनुपात को परिवर्तित कर सकते हैं।
2. परिवर्तनशील साधन की समस्त इकाइयाँ समान होनी चाहिए।
3. परिवर्तनशील साधन की पर्याप्त इकाइयों का प्रयोग हो जाने के पश्चात् ही यह नियम क्रियाशील होगा।
4. इस नियम के क्रियाशील होने के लिए यह आवश्यक है कि कुछ साधन स्थिर व कुछ साधन परिवर्तनशील रहें।
5. यह नियम वस्तु की केवल भौतिक मात्रा से सम्बन्ध रखता है। उत्पादित वस्तुओं के मूल्य (कीमत) से इसका कोई सम्बन्ध नहीं होता है।
6. इस नियम के अन्तर्गत उत्पादन, संगठन, कला आदि में कोई परिवर्तन नहीं होता है।
7. परिवर्तनशील साधन की इकाइयों को सूक्ष्म इकाइयों में बाँटा जा सकता है।
8. साधन आपस में पूर्ण स्थानापन्न नहीं होने चाहिए।
9. लागत को दृष्टिगत रखते हुए इस नियम पर विचार करने के लिए आवश्यक है कि सभी साधनों (स्थिर तथा परिवर्तनशील) की उत्पादनों की कीमतें दी हुई हों, तभी लागत वृद्धि नियम क्रियाशील होगा।

परिवर्तनशील अनुपात नियम के क्रियाशील होने के कारण

परिवर्तनशील अनुपात नियम के क्रियाशील होने के निम्नलिखित कारण हैं

1. **उत्पादन के साधनों का एक-दूसरे से पूर्ण स्थानापन्न नहीं होना** उत्पादन के किसी भी साधन को दूसरे साधन के स्थान पर प्रयोग में लाने की एक निर्धारित सीमा होती है अर्थात् एक साधन को दूसरे साधन के स्थान पर पूर्ण रूप से स्थापित नहीं किया जा सकता।

   श्रीमती जॉन रॉबिन्सन के अनुसार, "एक साधन को दूसरे साधन के स्थान पर केवल एक सीमा तक ही प्रतिस्थापित किया जा सकता है।" अत: एक सीमा के बाद यह नियम क्रियाशील हो जाता है।
2. **कुछ साधन या एक साधन का स्थिर या परिवर्तनशील होना** जब उत्पादन प्रक्रिया में एक या कुछ साधनों को स्थिर रखकर परिवर्तनशील साधनों की मात्रा को बढ़ाया जाता है, तब साधनों पर दबाव पड़ता है तथा यह नियम क्रियाशील होता है।
3. **साधनों के अनुकूलतम संयोग बिन्दु स्थापित होने के पश्चात् उत्पादन करना** एक साधन को परिवर्तनशील रख, अन्य साधनों को जब स्थिर रखा जाता है, तब साधनों के अनुकूलतम संयोग का बिन्दु स्थापित हो जाता है तथा यदि इस संयोग के बिन्दु के पश्चात् उत्पादन की मात्रा में वृद्धि हेतु परिवर्तनशील साधन की इकाई बढ़ाई जाती है, तो यह नियम क्रियाशील हो जाता है।
4. **साधनों की पूर्ति का सीमित होना** उत्पादन के कुछ साधनों को दीर्घकालीन उत्पादन में भी आवश्यकता पड़ने पर बढ़ाया नहीं जा सकता अर्थात् इनकी (जैसे—उद्योगों में कच्चा माल, कृषि भूमि आदि) पूर्ति सीमित होती हैं। अत: यह नियम क्रियाशील हो जाता है।

परिवर्तनशील अनुपात नियम की अवस्थाएँ

परिवर्तनशील अनुपात नियम की निम्नलिखित तीन अवस्थाएँ हैं

1. वृद्धिमान प्रतिफल की अवस्था

इस अवस्था में जब उत्पादक अपने उत्पादन के साधनों के किसी एक साधन को पूर्ववत् रखने पर तथा अन्य में परिवर्तन करता है तो कुल उत्पाद आनुपातिक परिवर्तन से अधिक दर पर बढ़ता है।

इस अवस्था में उत्पादन के परिवर्तनशील साधन अर्थात् श्रम व पूँजी की इकाइयों में वृद्धि करने के परिणामस्वरूप संगठन में सुधार होता है, जब संगठन में सुधार हो जाता है, तो उत्पादन उस अनुपात से अधिक होता है, जिस अनुपात में पूँजी व श्रम में वृद्धि की जाती है। इसका परिणाम यह होता है कि सीमान्त एवं औसत उत्पादन में वृद्धि होती है।

• **श्रीमती जॉन रोबिन्सन** के अनुसार, "जब किसी उद्योग में किसी उत्पत्ति के साधन की अधिक मात्रा लगाई जाती है, तो प्राय: संगठन में सुधार हो जाता है, जिससे उत्पत्ति के साधनों की स्वाभाविक इकाइयाँ अधिक कुशल हो जाती हैं। ऐसी स्थिति में उत्पादन को बढ़ाने के साधनों की भौतिक मात्रा में आनुपातिक वृद्धि करने की आवश्यकता नहीं होती है।"

माना किसी कपड़े की मिल में श्रम व पूँजी की इकाइयों में वृद्धि की जाती है, किन्तु उत्पादन के अन्य उपादानों (साधनों) को पूर्ववत् ही रखा जाता है, तब उसमें निम्न तालिका के अनुसार उत्पादन में वृद्धि होती है

तालिका द्वारा स्पष्टीकरण

श्रम व पूँजी की इकाइयाँ	कुल उत्पादन (मी)	सीमान्त उत्पादन (मी)	औसत उत्पादन
1.	1,000	1,000	1,000
2.	2,500	1,500	1250
3.	4,500	2,000	1500
4.	7,000	2,500	1750
5.	10,000	3,000	2000

उपरोक्त तालिका में श्रम और पूँजी की पहली इकाई लगाने पर सीमान्त उत्पादन एवं कुल उत्पादन दोनों बराबर ही प्राप्त होते हैं। इसके पश्चात् दूसरी, तीसरी, चौथी और पाँचवीं श्रम की इकाइयों को लगाने से क्रमश: बढ़ती हुई दर पर सीमान्त उत्पादन प्राप्त होता है, जैसा कि तालिका स्पष्ट करती है।

दूसरी इकाई का सीमान्त उत्पादन 1,500 मी है। तीसरी इकाई का 2,000 मी. है तथा चौथी का 2,500 मी. है। इस प्रकार से श्रम व पूँजी की प्रत्येक अतिरिक्त इकाई से बढ़ती हुई दर पर सीमान्त उत्पादन प्राप्त होता है।

इस प्रकार के उत्पादन में सीमान्त उत्पादन में वृद्धि होती है तथा कुल उत्पादन में वृद्धि बढ़ती हुई दर से होती है।

रेखाचित्र द्वारा स्पष्टीकरण

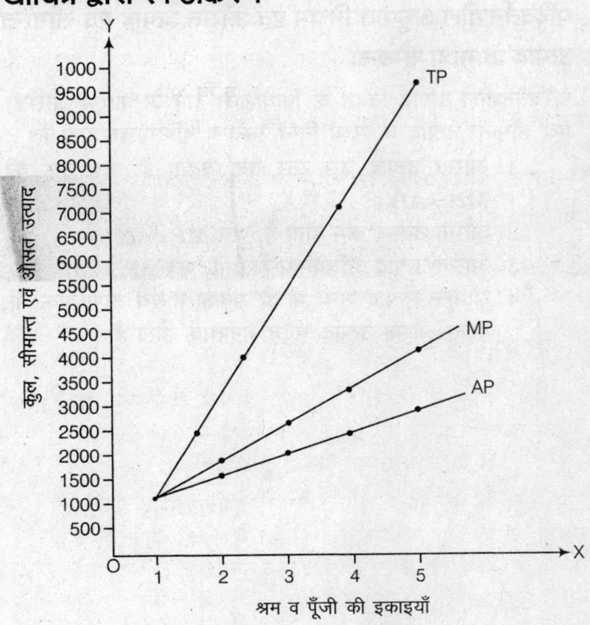

उपरोक्त रेखाचित्र में OX रेखा पर श्रम व पूँजी की इकाइयाँ तथा OY रेखा पर कपड़े का कुल, औसत एवं सीमान्त उत्पाद मीटरों में दर्शाया गया है।

उपरोक्त चित्र से स्पष्ट है कि प्रत्येक अगली श्रम व पूँजी की इकाई से उत्पादन में वृद्धि बढ़ती दर से हो रही है।

2. ह्रासमान प्रतिफल की अवस्था

इस अवस्था में जब एक उत्पादक अपने उत्पादन के परिवर्तनशील घटकों में उत्पादन बढ़ाने हेतु वृद्धि करता है तो कुल उत्पाद में आनुपातिक रूप से कम वृद्धि होती है। इस अवस्था में औसत एवं सीमान्त उत्पाद में कमी आती है, परन्तु कुल उत्पाद में वृद्धि होती है।

तालिका द्वारा स्पष्टीकरण

परिवर्तनशील साधन, श्रम व पूँजी की इकाइयाँ	कुल उत्पाद (TP) (किलोग्राम में)	औसत उत्पादन (AP) (किलोग्राम में)	सीमान्त उत्पादन (MP)	
1	15	15	15	द्वितीय अवस्था
2	25	12.5	10	
3	30	10	3	

श्रम व पूँजी साधन की इकाइयाँ बढ़ाने पर यह स्पष्ट है कि औसत एवं सीमान्त उत्पाद कम हो रहे हैं, परन्तु कुल उत्पाद वृद्धि दशा रहा है। श्रम व पूँजी साधन की 2 से 3 इकाई लगाने पर सीमान्त उत्पाद घटने लगता है और कुल उत्पाद घटती हुई दर से बढ़ता है। अत: उत्पत्ति ह्रास की अवस्था क्रियाशील हो रही है।

रेखाचित्र द्वारा स्पष्टीकरण

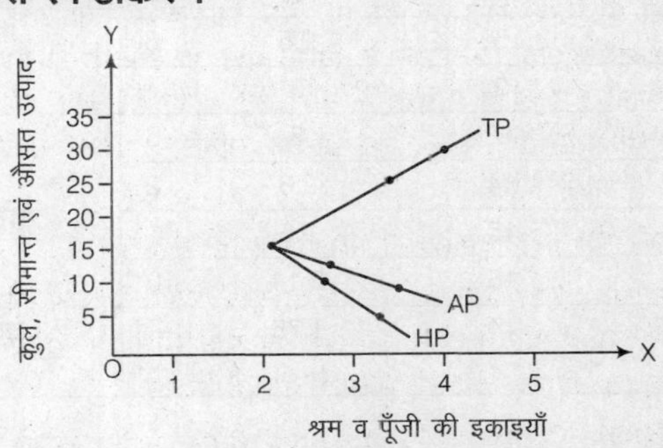

उपरोक्त रेखाचित्र से यह स्पष्ट हो रहा है कि जैसे-जैसे श्रम व पूँजी की इकाइयों को बढ़ाया जा रहा है, वैसे-वैसे औसत एवं सीमान्त उत्पाद कम हो रहा है और कुल उत्पाद घटती दर पर बढ़ रहा है।

3. ऋणात्मक प्रतिफल की अवस्था

इस अवस्था में जब एक उत्पादक अपने उत्पादन के परिवर्तनशील घटकों में उत्पाद बढ़ाने हेतु वृद्धि करता है तो कुल, सीमान्त एवं औसत उत्पाद बढ़ने के स्थान पर घटने लगते हैं एवं सीमान्त उत्पाद ऋणात्मक हो जाता है।

तालिका द्वारा स्पष्टीकरण

परिवर्तनशील साधन, श्रम व पूँजी की इकाइयाँ	कुल उत्पाद (*TP*)	औसत उत्पाद (*AP*)	सीमान्त उत्पाद (*MP*)
1	30	30	30
2	26	13	– 4
3	241	7	– 5

रेखाचित्र द्वारा स्पष्टीकरण

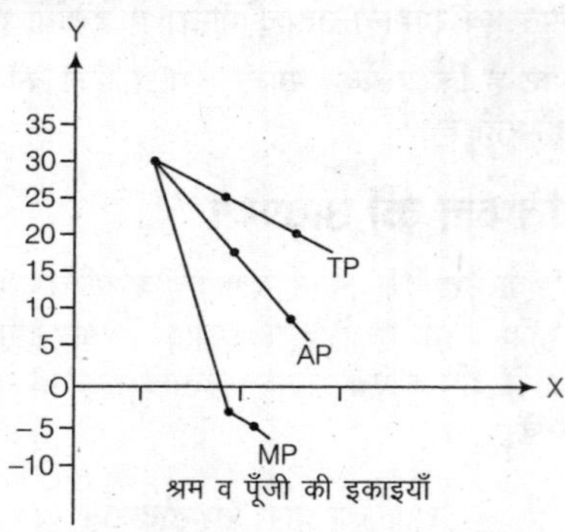

उपरोक्त तालिका व रेखाचित्र से यह स्पष्ट हो रहा है कि जैसे-जैसे श्रम व पूँजी की इकाइयों को बढ़ाया जा रहा है, वैसे-वैसे कुल, औसत एवं सीमान्त उत्पाद में कमी आ रही है एवं सीमान्त उत्पाद ऋणात्मक हो रहा है।

तीनों अवस्थाओं का एक तालिका एवं रेखाचित्र द्वारा स्पष्टीकरण

तीनों अवस्थाओं को निम्न तालिका एवं रेखाचित्र द्वारा समझा जा सकता है

परिवर्तनशील साधन, श्रम व पूँजी की इकाइयाँ	कुल उत्पाद (TP)	औसत उत्पाद (AP)	सीमान्त उत्पाद (MP)	
1	2	2	2	प्रथम अवस्था
2	5	2.5	3	
3	9	3	4	
4	12	3	3	द्वितीय अवस्था
5	14	2.8	2	
6	15	2.5	1	
7	15	2.14	0	
8	14	1.75	– 1	तृतीय अवस्था

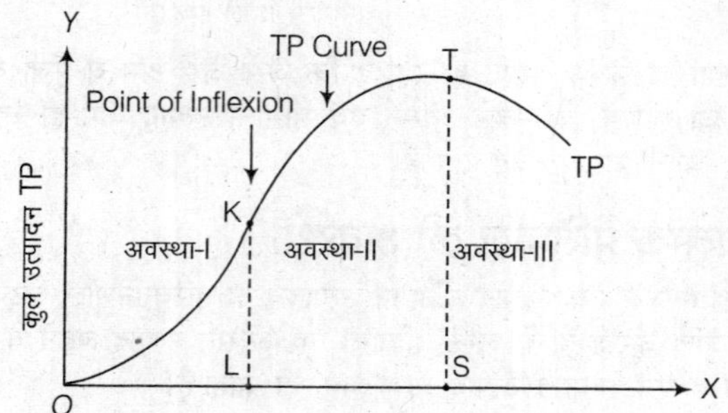

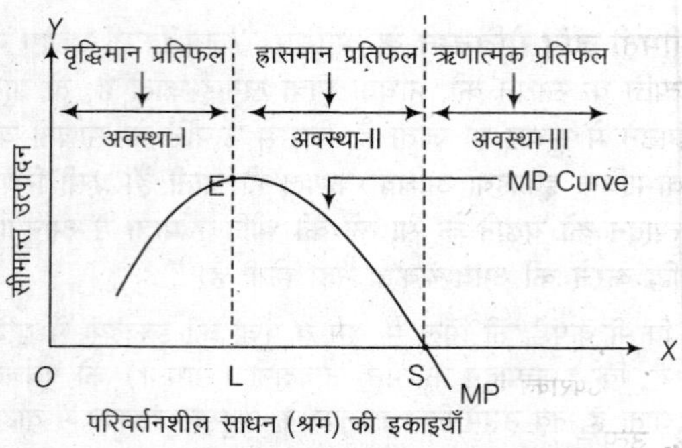

परिवर्तनशील अनुपात नियम के तीन अवस्थाएँ

चित्र में, अवस्था I में MP बढ़ रहा है और TP बढ़ती दर से बढ़ रहा है। अवस्था II में MP घट रहा है और TP घटती दर से बढ़ रहा है। अवस्था III में TP गिरना शुरू हो जाता है, क्योंकि MP ऋणात्मक है।

परिवर्तनशील अनुपात नियम एवं कुल उत्पाद एवं सीमान्त उत्पाद के मध्य सम्बन्ध

परिवर्तनशील उत्पाद नियम के क्रियाशील होने के कारण कुल उत्पाद एवं सीमान्त उत्पाद के मध्य निम्न सम्बन्ध दृष्टिगोचर होता है

1. जब सीमान्त उत्पाद बढ़ता है, तो कुल उत्पाद बढ़ती दर पर बढ़ता है।
2. जब सीमान्त उत्पाद कम होता है, तो कुल उत्पाद घटती दर पर बढ़ता है।
3. जब सीमान्त उत्पाद शून्य होता है, तो कुल उत्पाद अधिकतम होता है।
4. जब सीमान्त उत्पाद ऋणात्मक होता है, तो कुल उत्पाद घटने लगता है।

परिवर्तनशील अनुपात नियम एवं औसत उत्पाद एवं सीमान्त उत्पाद के मध्य सम्बन्ध

परिवर्तनशील उत्पाद नियम के क्रियाशील होने के कारण औसत एवं सीमान्त उत्पाद के मध्य निम्न सम्बन्ध दृष्टिगोचर होता है

1. औसत उत्पाद उस स्तर तक बढ़ता है, जब तक की $MP > AP$
2. औसत उत्पाद कम होता है, जब $MP < AP$
3. औसत उत्पाद अधिकतम होता है, जब $AP = MP$
4. सीमान्त उत्पाद शून्य भी हो सकता है एवं ऋणात्मक भी, परन्तु औसत उत्पाद सदैव धनात्मक होता है।

वस्तुनिष्ठ प्रश्न

1. उत्पत्ति वृद्धि (वर्द्धमान प्रतिफल) नियम में
(a) सीमान्त उत्पाद में वृद्धि होती है
(b) औसत उत्पाद ऋणात्मक होता है
(c) कुल उत्पाद नहीं बढ़ता है
(d) उपरोक्त में से कोई नहीं

2. उत्पत्ति वृद्धि नियम की क्रियाशीलता की दशा में औसत लागत की प्रवृत्ति होती है
(a) घटने की (b) बढ़ने की
(c) स्थिर रहने की (d) इनमें से कोई नहीं

3. उत्पादन के साधनों के संयोग में एक साधन का अनुपात ज्यों-ज्यों बढ़ाया जाता है, त्यों-त्यों एक बिन्दु के बाद उस साधन का सीमान्त उत्पादन
(a) बढ़ेगा (b) घटेगा
(c) स्थिर रहेगा (d) अधिकतम हो जाएगा

4. उत्पादन फलन क्या है?
(a) उत्पादन प्रक्रिया
(b) आगतों तथा निर्गत के बीच एक तकनीकी सम्बन्ध
(c) किसी फर्म का उत्पादन ढाँचा
(d) उत्पादन की योजना

5. ह्रासमान प्रतिफल नियम के अन्तर्गत सीमान्त उत्पादन होता है
(a) शून्य
(b) ऋणात्मक
(c) घटता हुआ
(d) बढ़ता हुआ

6. अल्पकाल में उत्पादन के कितने साधन स्थिर होते हैं?
(a) कोई भी नहीं
(b) सभी
(c) कम से कम एक
(d) अनिश्चित

7. क्रमागत उत्पत्ति ह्रास नियम की वक्र रेखा रेखाचित्र में
(a) आधार रेखा के समान्तर रहती है
(b) आधार रेखा पर लम्ब बनाती है
(c) ऊपर की ओर बढ़ती है
(d) आधार रेखा पर झुकती जाती है

8. ह्रासमान प्रतिफल नियम के अन्तर्गत सीमान्त उत्पादन

अथवा उत्पत्ति ह्रास नियम के क्रियाशील होने पर परिवर्तनशील साधन का सीमान्त उत्पादन
(a) बढ़ने लगता है
(b) घटने लगता है
(c) स्थिर हो जाता है
(d) पहले घटता है, फिर बढ़ने लगता है

9. उत्पत्ति ह्रास नियम लागू होता है
(a) केवल कृषि में
(b) केवल उद्योगों में
(c) उत्पादन के सभी क्षेत्रों में
(d) केवल उपभोग में

10. यदि कृषि कला में उन्नति न की जाए तो नियम लागू होता है
(a) उत्पत्ति समता नियम
(b) उत्पत्ति वृद्धि नियम
(c) उत्पत्ति ह्रास नियम
(d) उपरोक्त में से कोई नहीं

11. निम्न समीकरणों में से कौन-सा समीकरण गलत है
(a) $AP = TP \times L$
(b) $MP = TP_N \times TP_N - 1$
(c) $AP = QTP \div L$
(d) $TP = AP \times L$

12. जब सीमान्त उत्पाद औसत उत्पाद को अपने उच्चतम बिन्दु पर काटता, तब
(a) $MP < AP$ (b) $MP = AP$
(c) $MP > AP$ (d) इनमें से कोई नहीं

13. उत्पादन फलन किसका सम्बन्ध दर्शाता है?
(a) आय और व्यय का
(b) निवेश और पूँजी का
(c) उत्पादन और लागत का
(d) उत्पादन कारक और उत्पादन का

14. लघु अवधि उत्पादन फलन की विशेषता क्या होती है?
(a) सभी कारक निश्चित होते हैं।
(b) सभी कारक परिवर्तनीय होते हैं।
(c) कुछ कारक निश्चित और कुछ परिवर्तनीय होते हैं।
(d) उत्पादन पर कोई प्रभाव नहीं पड़ता।

15. दीर्घकालिक/दीर्घ अवधि उत्पादन में
(a) सभी उत्पादन कारक परिवर्तनीय होते हैं।
(b) सभी उत्पादन कारण निश्चित होते हैं।
(c) केवल पूँजी परिवर्तनीय होती है।
(d) उत्पादन स्थिर रहता है।

16. निम्नलिखित में से कौन-सा उत्पादन का एक चरण नहीं है?
(a) वृद्धि की अवस्था
(b) घटती हुई प्रतिफल की अवस्था
(c) ऋणात्मक प्रतिफल की अवस्था
(d) स्थिर उत्पादन की अवस्था

17. सीमान्त उत्पादन को कैसे परिभाषित किया जाता है?
(a) कुल उत्पादन में परिवर्तन ÷ कुल श्रम
(b) कुल उत्पादन में परिवर्तन ÷ श्रम की इकाई में परिवर्तन
(c) कुल लागत ÷ कुल उत्पाद
(d) कुल आय ÷ कुल लागत

18. औसत भौतिक उत्पाद को कैसे परिभाषित किया जाता है?
(a) श्रम की इकाई ÷ औसत उत्पाद
(b) कुल उत्पाद ÷ कुल आय
(c) कुल आय ÷ श्रम की इकाई में परिवर्तन
(d) कुल उत्पाद ÷ श्रम की इकाइयाँ

19. यदि सर्भा इनपुट को दोगुना कर दिया जाए और आउटपुट भी दोगुना हो जाए, तो इसे क्या कहा जाता है?
(a) घटते प्रतिफल
(b) बढ़ते प्रतिफल
(c) स्थिर प्रतिफल
(d) ऋणात्मक प्रतिफल

20. उत्पादन फलन का सामान्य रूप है
(a) $TP = \Sigma MP$
(b) $MP = \frac{\Delta TP}{\Delta T}$
(c) $Q_x = f(L, K)$
(d) $AP = \frac{TP}{L}$

सही उत्तर

1. (a)	2. (a)	3. (b)	4. (b)	5. (c)	6. (c)	7. (d)	8. (b)	9. (c)	10. (c)
11. (a)	12. (b)	13. (d)	14. (c)	15. (a)	16. (d)	17. (b)	18. (d)	19. (c)	20. (c)

अध्याय 15 पूर्ति का सिद्धान्त व लोच

पूर्ति से आशय

पूर्ति से आशय एक वस्तु की उन इकाइयों से है, जो एक विक्रेता एक समयावधि में विभिन्न कीमतों पर बेचने को तैयार है।

अन्य शब्दों में, यह कहा जा सकता है कि पूर्ति एक वस्तु की वह मात्रा है जोकि एक विक्रेता विभिन्न कीमतों पर बेचने को तत्पर है।

यहाँ पर यह ध्यान में रखना चाहिए कि पूर्ति एक वांछनीय मात्रा (Desired Quantity) है अर्थात् यह वह मात्रा है जोकि विक्रेता बेचने को तैयार है, न कि वह मात्रा जोकि वह वास्तविक में बेचता है।

नोट *पूर्ति की गई मात्रा (Quantity Supplied) वस्तु की वह मात्रा है जोकि विक्रेता द्वारा एक निश्चित कीमत पर विक्रय की जाएगी और पूर्ति वस्तु की वह मात्रा है जोकि विक्रेता विभिन्न कीमतों पर बेचने को तत्पर है।*

पूर्ति एवं स्टॉक

एक वस्तु का स्टॉक एक फर्म के पास विक्रय हेतु उपलब्ध कुल मात्रा को दर्शाता है। फर्म इस स्टॉक का वर्तमान अथवा भविष्य में विक्रय कर सकती है। वहीं पूर्ति से अभिप्राय स्टॉक के उस भाग से है जोकि विक्रेता वर्तमान में दी गई कीमतों पर बेचने को तैयार है। **उदाहरणार्थ** मान लीजिए कि फर्म 'लिबास' के पास 1000 लेडीज सूट तैयार हैं। यह उनका स्टॉक है। वर्तमान में लेडीज सूट का बाजार मूल्य ₹ 350 है। इस मूल्य पर फर्म 250 सूटों का विक्रय करने को तैयार है तो फर्म की पूर्ति 250 सूट होगी। यहाँ पर यह ध्यान रखना चाहिए कि स्टॉक एक विस्तृत अवधारणा है एवं पूर्ति इसका एक हिस्सा है।

पूर्ति के प्रकार

पूर्ति के प्रमुख प्रकार निम्नलिखित हैं

1. **व्यक्तिगत पूर्ति** एक निश्चित वस्तु की एक व्यक्तिगत फर्म द्वारा एक निश्चित समयावधि में विभिन्न कीमतों पर पूर्ति की जाने वाली मात्रा को व्यक्तिगत पूर्ति कहा जाता है।

   उदाहरणार्थ फर्म 'x' द्वारा ₹ 10 पर जून माह में 10,000 जेल पेनों की पूर्ति की गई।

2. **बाजार पूर्ति** एक निश्चित वस्तु की बाजार की सभी फर्मों द्वारा एक निश्चित समयावधि में विभिन्न कीमतों पर पूर्ति की जाने वाली मात्रा को बाजार पूर्ति कहा जाता है।

   उदाहरणार्थ सभी फर्मों द्वारा ₹10 पर जून माह में 50,000 जेल पेनों की पूर्ति की गई। बाजार पूर्ति समस्त फर्मों की पूर्ति का योग है।

पूर्ति अनुसूची

पूर्ति अनुसूची वह तालिका है, जो यह प्रदर्शित करती है कि विक्रेता विभिन्न कीमतों पर वस्तु की कितनी मात्रा बेचने को तैयार है। यह कीमत तथा पूर्ति की गई मात्रा के मध्य धनात्मक (positive) सम्बन्ध को दर्शाती है। पूर्ति अनुसूची निम्न दो प्रकार की हो सकती है

1. **व्यक्तिगत पूर्ति अनुसूची** व्यक्तिगत पूर्ति अनुसूची वह तालिका है जो यह प्रदर्शित करती है कि एक व्यक्तिगत विक्रेता विभिन्न कीमतों पर वस्तु की कितनी मात्रा बेचने को तैयार है। इसका उदाहरण निम्न है

व्यक्तिगत पूर्ति अनुसूची

कीमत (₹)	पूर्ति की गई मात्रा (इकाइयों में)
10	100
20	200
30	300
40	400
50	500

नोट *उपरोक्त सारणी से यह स्पष्ट है कि कीमत बढ़ने पर पूर्ति की गई मात्रा में भी वृद्धि हो रही है।*

2. **बाजार पूर्ति अनुसूची** (Market Supply Schedule) बाजार पूर्ति अनुसूची वह तालिका है जो यह प्रदर्शित करती है कि विभिन्न विक्रेता विभिन्न कीमतों पर वस्तु की कितनी मात्रा बेचने को तैयार है।

   इसका उदाहरण निम्न है

बाजार पूर्ति अनुसूची

कीमत	फर्म 'A' द्वारा पूर्ति की गई मात्रा	फर्म 'B' द्वारा पूर्ति की गई मात्रा	बाजार पूर्ति ($A + B$)
10	100	125	225
20	200	250	450
30	300	375	675
40	400	425	825
50	500	650	1150

नोट *यह माना गया है कि बाजार में मात्र दो ही फर्में हैं।*

- *बाजार पूर्ति अनुसूची सभी फर्मों द्वारा पूर्ति की गई मात्रा का योग है।*

पूर्ति वक्र

पूर्ति वक्र पूर्ति अनुसूची अथवा सारणी का चित्रमय प्रदर्शन है। पूर्ति वक्र भी वस्तु की कीमत एवं पूर्ति की गई मात्रा के मध्य धनात्मक सम्बन्ध को दर्शाता है। पूर्ति वक्र की ढलान धनात्मक (Positive Stoke) होती है।

पूर्ति वक्र भी निम्न दो प्रकार का होता है

1. **व्यक्तिगत पूर्ति वक्र** एक व्यक्तिगत फर्म की पूर्ति अनुसूची के चित्रमय प्रदर्शन को व्यक्तिगत पूर्ति वक्र कहा जाता है। यह बाईं से दाईं ऊपर की ओर जाती हुई एक रेखा है।

   इसे निम्न चित्र द्वारा प्रदर्शित किया जा रहा है

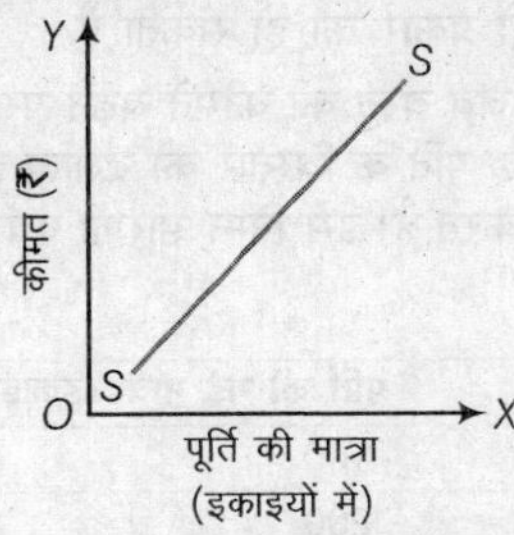

नोट *पूर्ति वक्र की धनात्मक ढलान कीमत एवं पूर्ति की गई मात्रा के मध्य प्रत्यक्ष सम्बन्ध को दर्शाता है।*

2. **बाजार पूर्ति वक्र** बाजार में उपस्थित सभी फर्मों की पूर्ति अनुसूची के चित्रमय प्रदर्शन को बाजार पूर्ति वक्र कहा जाता है। यह व्यक्तिगत पूर्ति वक्रों का समस्तरीय जोड़ (Horizontal Summation) है। यह भी बाईं से दाईं ऊपर की ओर जाती हुई एक रेखा है। *इसे निम्न चित्र द्वारा प्रदर्शित किया जा रहा है*

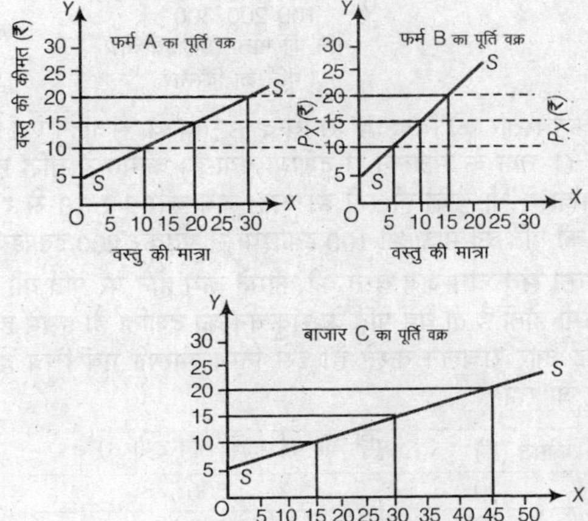

उपरोक्त चित्र *A* और *B* व्यक्तिगत पूर्ति वक्रों तथा *C* बाजार पूर्ति वक्र को दर्शा रहा है, जब कीमत ₹10 है तो बाजार पूर्ति 15 इकाइयाँ हैं और जब कीमत ₹15 है तो बाजार पूर्ति 30 इकाइयाँ है, जब कीमत बढ़कर ₹20 हो जाती है तो बाजार पूर्ति 45 इकाइयाँ हैं। बाजार पूर्ति वक्र बाजार में किसी एक वस्तु का उत्पादन करने वाली सभी फर्मों के पूर्ति वक्रों का समस्त ये है।

पूर्ति फलन/पूर्ति के निर्धारक घटक

किसी वस्तु की पूर्ति तथा इसके निर्धारक घटकों के बीच के फलनात्मक सम्बन्ध (Functional Relationship) को पूर्ति फलन कहा जाता है। यह फलन यह प्रदर्शित करता है कि एक वस्तु की पूर्ति की मात्रा किन घटकों से प्रभावित होती है।

इसे निम्न समीकरण के द्वारा दर्शाया जा रहा है

$$S_X = f\,[P_X, P_R, G, P_F, T, N_F, E_X, Y_P]$$

यहाँ पर, S_X = वस्तु X की पूर्ति की मात्रा
P_X = वस्तु X की कीमत
P_R = सम्बन्धित वस्तुओं की कीमत
G = फर्म का उद्देश्य
P_F = उत्पादन के घटकों की कीमत
T = तकनीक का स्तर
N_F = उद्योग में फर्मों की संख्या
E_X = व्यावहारिक आशंसाएँ
Y_P = सरकार की नीति

इन घटकों की विस्तृत विवेचना आगे की जा रही हैं

1. **वस्तु की कीमत** वस्तु की कीमत तथा पूर्ति की गई मात्रा में प्रत्यक्ष अथवा धनात्मक सम्बन्ध पाया जाता है। वस्तु की कीमत में वृद्धि होने पर पूर्ति की गई मात्रा में भी वृद्धि होती है एवं कीमत में कमी होने पर वस्तु की मात्रा में भी कमी होती है।
2. **सम्बन्धित वस्तुओं की कीमत** सम्बन्धित वस्तुओं की कीमतों में परिवर्तन भी वस्तु की पूर्ति को प्रभावित करता है। इस परिवर्तन को स्थानापन्न एवं पूरक वस्तुओं के सापेक्ष निम्न प्रकार समझा जा सकता है।
   - **(i) स्थानापन्न वस्तुओं के सापेक्ष** एक वस्तु की पूर्ति स्थानापन्न वस्तुओं की कीमतों से विपरीत रूप से प्रभावित होती है। अत: यदि चाय की कीमतों में वृद्धि होगी तो कॉफी की पूर्ति कम हो जाएगी। ऐसा इसलिए होगा, क्योंकि उत्पादक कॉफी का उत्पादन कम करके चाय का उत्पादन बढ़ा देंगे।
   - **(ii) पूरक वस्तुओं के सापेक्ष** एक वस्तु की पूर्ति पूरक वस्तुओं की कीमतों से सीधे रूप से प्रभावित होती है। अत: यदि कार की कीमतों में वृद्धि हो तो पेट्रोल की पूर्ति में भी वृद्धि होगी। ऐसा इसलिए होगा, क्योंकि कार की कीमतें बढ़ने पर कार की पूर्ति में वृद्धि होगी। ज्यादा कारों हेतु ज्यादा पेट्रोल की आवश्यकता होगी। अत: पेट्रोल की पूर्ति में भी वृद्धि दर्ज की जाएगी।
3. **फर्म का उद्देश्य** फर्म की पूर्ति फर्म के उद्देश्य से भी प्रभावित होती है। यदि फर्म का उद्देश्य अधिकतम लाभ अर्जित करने का है तो वह वस्तु को केवल उच्च कीमतों पर ही विक्रय करेगी। वहीं दूसरी ओर यदि फर्म का उद्देश्य अधिक-से-अधिक विक्रय करने का है तो वह कम कीमतों पर भी वस्तु की पूर्ति करने को तत्पर होगो।
4. **उत्पादन के घटकों की कीमत** यदि उत्पादन के घटकों की कीमतों में वृद्धि होगी तो उत्पादन की लागत बढ़ जाएगी एवं उत्पादक के लाभ कम हो जाएँगे। अत: उसकी पूर्ति भी कम जो जाएगी। यहाँ पर यह तथ्य ध्यान देने योग्य है कि यदि वस्तु की कीमत नें भी वृद्धि हो तो उत्पादक की पूर्ति अप्रभावित रहेगी।
5. **तकनीक का स्तर** नई तकनीक एवं खोजो से लागत में कमी आती है, उत्पादन बढ़ता है एवं उत्पादक के लाभों में भी वृद्धि होती है। अत: यह पूर्ति को बढ़ाने में सहायक है।
6. **उद्योग में फर्मों की संख्या** यदि उद्योग में फर्मों की संख्या में वृद्धि होती है तो पूर्ति में भी वृद्धि होती है एवं यदि फर्मों की संख्या में कमी होती है तो पूर्ति में भी कमी होती है।
7. **व्यावसायिक आशंसाएँ** यदि भविष्य में व्यावसायिक आशंसाएँ (Business Expectations) फर्म के हित में होने की सम्भावना हो तो उस स्थिति में पूर्ति में वृद्धि होती है। वहीं यदि आशंसाएँ फर्म के हित में न हो तो पूर्ति में कमी होगी।

8. **सरकार की नीति** वस्तु की पूर्ति सरकारी नीतियों से भी प्रभावित होती है। यदि सरकार किसी वस्तु के उत्पादन पर उच्च कर लगाए तो वस्तु की पूर्ति कम होती है। वहीं अगर कर में छूट दी जाए तो पूर्ति में वृद्धि होती है। वहीं अगर किसी वस्तु पर सरकार द्वारा अनुदान दिया जा रहा है तो उसकी पूर्ति में वृद्धि होती है।

पूर्ति का नियम

पूर्ति के नियम के अनुसार, अन्य घटकों के स्थिर रहने पर, कीमत बढ़ने पर पूर्ति की गई इकाइयों की मात्रा में वृद्धि होती है एवं कीमत कम होने पर पूर्ति की गई इकाइयों की मात्रा कम होती है। पूर्ति का नियम वस्तु की कीमत एवं पूर्ति की गई मात्रा के मध्य प्रत्यक्ष सम्बन्ध को दर्शाता है। इस नियम के अनुसार कीमत का पूर्ति की गई मात्रा से सीधा सम्बन्ध है। इस नियम को निम्न अनुसूची तथा चित्र से दर्शाया जा रहा है

कीमत (₹)	पूर्ति की गई मात्रा (इकाइयों में)
10	100
15	200
20	300

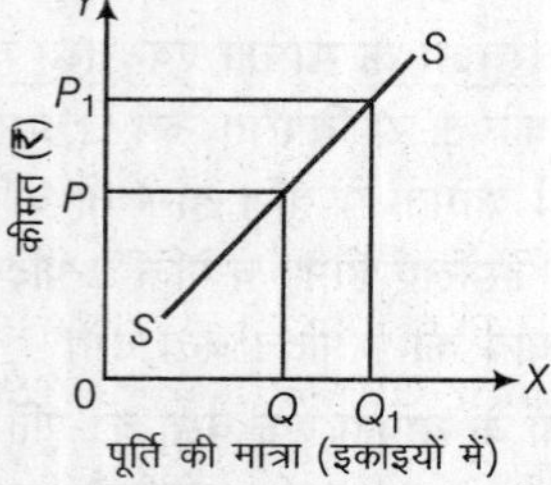

उपरोक्त वक्र बाईं से दाईं ऊपर की ओर उठ रहा है। यह वस्तु की मात्रा एवं कीमत के मध्य धनात्मक सम्बन्ध को दर्शा रहा है। इस वक्र से यह स्पष्ट हो रहा है कि कीमत बढ़ने पर पूर्ति की मात्रा में भी वृद्धि हो रही है।

पूर्ति के नियम की मान्यताएँ

पूर्ति का नियम निम्न मान्यताओं पर आधारित है

1. सम्बन्धित वस्तुओं की कीमत में कोई परिवर्तन नहीं।
2. फर्म के उद्देश्य में कोई परिवर्तन नहीं।
3. उत्पादन के घटकों की कीमत में कोई परिवर्तन नहीं।
4. उत्पादन की तकनीक में कोई परिवर्तन नहीं।
5. व्यावसायिक आशंसाएँ अपरिवर्तित रहेंगी।
6. सरकारी नीति भी अपरिवर्तित रहेगी।

पूर्ति के नियम के अपवाद

कुछ वस्तुएँ पूर्ति के नियम का पालन नहीं करतीं अर्थात् इस वस्तुओं की कीमत बढ़ने पर पूर्ति की मात्रा नहीं बढ़ती एवं कम होने पर पूर्ति की मात्रा कम नहीं होती। यह वस्तुएँ निम्न हैं

1. **कृषि उत्पाद** कृषि उत्पादों पर पूर्ति का नियम लागू नहीं होता, क्योंकि कृषि उत्पादों का उत्पादन प्राकृतिक घटकों से प्रभावित होता है।
2. **नाशवान वस्तुएँ** नाशवान वस्तुएँ जैसे कि फल, सब्जियाँ, दूध आदि को ज्यादा समय तक नहीं रखा जा सकता। अत: विक्रेता इन्हें कम कीमतों पर भी बेचने को तैयार रहते हैं, क्योंकि उन्हें लगता है कि वस्तुएँ खराब हो जाएगीं।
3. **एण्टीक वस्तुएँ** एण्टीक वस्तुओं की कीमतें बहुत अधिक होती हैं, परन्तु इनकी पूर्ति में वृद्धि नहीं होती, क्योंकि ऐसी वस्तुएँ सीमित होती हैं।

पूर्ति वक्र में संचलन/पूर्ति की गई मात्रा में बदलाव

पूर्ति वक्र में संचलन वस्तु की कीमतों में परिवर्तन के फलस्वरूप होता है, जबकि अन्य घटकों में कोई परिवर्तन न हो। इसे पूर्ति की गई मात्रा में बदलाव भी कहा जाता है। अत: जब एक वस्तु की पूर्ति की गई मात्रा में कीमतों में परिवर्तन के कारण बदलाव होता है तो यह पूर्ति वक्र में संचलन कहलाता है। यह निम्न दो प्रकार का हो सकता है

1. **पूर्ति का विस्तार** जब वस्तु की कीमतें बढ़ने पर पूर्ति की गई मात्रा में भी वृद्धि होती है तो यह पूर्ति के विस्तार को दर्शाता है। इसमें हम पूर्ति वक्र में दाईं ओर संचलन करते हैं। इसे निम्न सारणी एवं चित्र द्वारा प्रदर्शित किया जा रहा है

कीमत (₹)	पूर्ति की गई मात्रा (इकाइयों में)
10	100
20	200
30	300

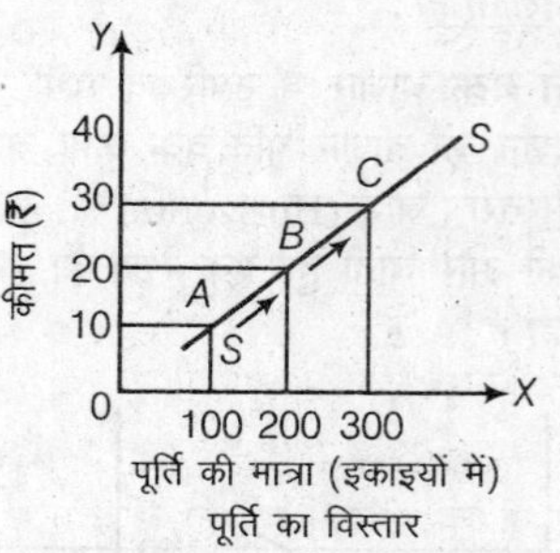

पूर्ति का विस्तार

पूर्ति के विस्तार को बिन्दु 'A' से बिन्दु 'B' तक के संचलन एवं बिन्दु 'B' से बिन्दु 'C' तक के संचलन से दर्शाया गया है। कीमत में वृद्धि होने पर पूर्ति की मात्रा में भी वृद्धि हो रही है। अत: जब कीमत ₹ 10 से ₹ 20 हुई तो वस्तु की पूर्ति की मात्रा भी 100 इकाइयों से बढ़कर 200 इकाइयाँ हो गईं।

2. **पूर्ति का संकुचन** जब वस्तु की कीमतें कम होने पर पूर्ति की गई मात्रा में भी कमी होती है तो यह पूर्ति के संकुचन को दर्शाता है। इसमें हम पूर्ति वक्र में बाईं ओर संचलन करते हैं। इसे निम्न सारणी एवं चित्र द्वारा प्रदर्शित किया जा रहा है

कीमत (₹)	पूर्ति की गई मात्रा (इकाइयों में)
30	300
20	200
10	100

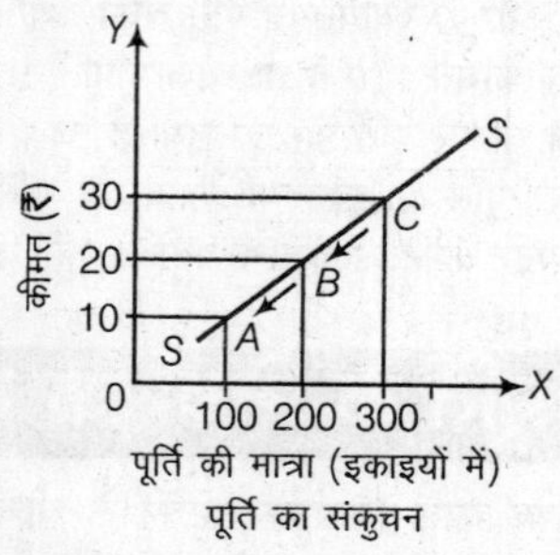

पूर्ति का संकुचन

पूर्ति के संकुचन को बिन्दु 'C' से बिन्दु 'B' तक के संचलन एवं बिन्दु 'B' से बिन्दु 'A' तक के संचलन से दर्शाया जा रहा है। कीमत में कमी होने पर पूर्ति की मात्रा में भी कमी हो रही है। अत: कीमत ₹ 30 से ₹ 20 हुई तो वस्तु की पूर्ति की मात्रा भी 300 इकाइयों से कम होकर 200 इकाइयाँ हो गईं।

पूर्ति वक्र में खिसकाव/पूर्ति में बदलाव

पूर्ति वक्र में खिसकाव पूर्ति में कमी अथवा वृद्धि की स्थिति में होता है, जबकि वस्तु की कीमत अपरिवर्तित रहती है। पूर्ति वक्र में खिसकाव, अन्य घटकों में परिवर्तन के चलते होता है।

यह अन्य घटक निम्न हैं

1. सम्बन्धित वस्तुओं की कीमत
2. तकनीक का स्तर
3. उत्पादन की लागत
4. सरकार की नीति
5. उद्योग में फर्मों की संख्या
6. व्यावसायिक आशंसाएँ
7. फर्म का उद्देश्य।

पूर्ति वक्र में खिसकाव को पूर्ति में बदलाव भी कहा जाता है एवं इसमें एक नया पूर्ति वक्र अस्तित्व में आता है। यह निम्न दो प्रकार का हो सकता है

1. **पूर्ति में वृद्धि** जब वस्तु की पूर्ति में वृद्धि अन्य घटकों में वांछनीय (Favourable) परिवर्तनों के चलते होती है, तो इसे पूर्ति में वृद्धि कहा जाता है। इस स्थिति में अपरिवर्तित कीमत पर वस्तु की अधिक इकाइयों की पूर्ति की जाती है। यह तब भी उत्पन्न हो सकती है जब कीमत कम होने के बाद भी पूर्ति में कोई कमी न हो।

   पूर्ति में वृद्धि निम्न कारणों के फलस्वरूप होती है

   (i) स्थानापन्न वस्तु की कीमत में गिरावट
   (ii) पूरक वस्तु की कीमत में वृद्धि
   (iii) उत्पादक के उद्देश्य में परिवर्तन। वह लाभ-अधिकतम के स्थान पर विक्रय-अधिकतम के उद्देश्य का पालन करने लगे
   (iv) उत्पादन के घटकों की कीमत में कमी
   (v) तकनीक में सुधार
   (vi) उद्योग में फर्मों की संख्या में वृद्धि
   (vii) सरकार यदि कर कम करे और अनुदान में वृद्धि करे।

   इसे निम्न सारणी एवं चित्र द्वारा प्रदर्शित किया गया है

कीमत (₹)	पूर्ति की मात्रा (इकाइयों में)
10	100
10	200

पूर्ति की मात्रा (इकाइयों में)

   उपरोक्त सारणी एवं चित्र से यह स्पष्ट हो रहा है कि वस्तु की कीमत अपरिवर्तित है, फिर भी पूर्ति में वृद्धि हो रही है। इसके चलते माँग वक्र SS दाईं (Rightward) ओर खिसककर S_1S_1 पर आ गया है।

2. **पूर्ति में कमी** जब वस्तु की पूर्ति में कमी, अन्य घटकों में अवांछनीय (unfavourable) परिवर्तनों के चलते होती है, तो इसे पूर्ति में कमी कहा जाता है। इस स्थिति में अपरिवर्तित कीमत पर वस्तु की कम इकाइयों की पूर्ति की जाती है। यह तब भी उत्पन्न हो सकती है, जब कीमत बढ़ने के बाद भी पूर्ति में वृद्धि न हो। पूर्ति में कमी निम्न कारणों के चलते होती है

   (i) स्थानापन्न वस्तु की कीमत में वृद्धि
   (ii) पूरक वस्तु की कीमत में कमी
   (iii) उत्पादक के उद्देश्य में परिवर्तन। वह विक्रय-अधिकतम के स्थान पर लाभ-अधिकतम के उद्देश्य का पालन करने लगे
   (iv) उत्पादन के घटकों की कीमत में वृद्धि
   (v) उद्योग में फर्मों की संख्या में कमी
   (vi) सरकार यदि कर बढ़ाए और अनुदान कम करें।

   इसे निम्न सारणी एवं चित्र द्वारा प्रदर्शित किया गया है

कीमत (₹)	पूर्ति की मात्रा (इकाइयों में)
10	200
10	100

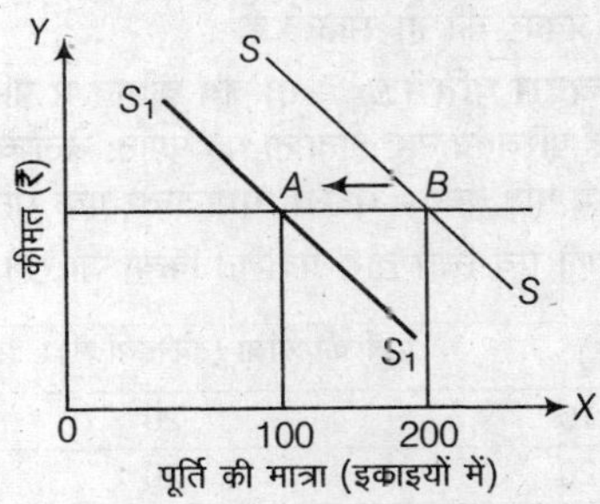

पूर्ति की मात्रा (इकाइयों में)

   उपरोक्त सारणी एवं चित्र से यह स्पष्ट हो रहा है कि वस्तु की कीमत अपरिवर्तित है, फिर भी पूर्ति में कमी हो रही है। इसके चलते पूर्ति वक्र SS बाईं ओर (Leftward) खिसककर S_1S_1 आ गया है।

पूर्ति की कीमत लोच

पूर्ति की कीमत लोच वस्तु की कीमत में परिवर्तन के चलते पूर्ति में होने वाले विस्तार अथवा संकुचन की माप है। पूर्ति के नियम से हमें यह ज्ञात होता है कि मूल्य में परिवर्तन के फलस्वरूप पूर्ति में परिवर्तन किस दिशा में होगा एवं पूर्ति की कीमत लोच से हमें यह ज्ञात होता है कि मूल्य में परिवर्तन के फलस्वरूप पूर्ति में कितना परिवर्तन होगा।

पूर्ति की कीमत लोच की माप : प्रतिशत परिवर्तन विधि

प्रतिशत परिवर्तन विधि के अनुसार, पूर्ति को कीमत लोच को निम्न सूत्र द्वारा ज्ञात किया जा सकता है

$$E_S = \frac{\text{पूर्ति की गई मात्रा में प्रतिशत परिवर्तन}}{\text{कीमत में प्रतिशत परिवर्तन}}$$

$$\text{or} \quad \frac{\frac{\Delta Q}{Q} \times 100}{\frac{\Delta P}{P} \times 100} = \frac{\Delta Q}{\Delta p} \times \frac{P}{Q}$$

यहाँ पर, ΔQ = पूर्ति की मात्रा में परिवर्तन
ΔP = कीमत में परिवर्तन
Q = आरम्भिक मात्रा
P = आरम्भिक कीमत

उदाहरण 1. एक उत्पादक ₹ 20 प्रति इकाई पर वस्तु की 500 इकाइयाँ बेचता है। कीमत के घटने ₹ 15 होने पर वह 350 इकाइयाँ बेचता है। पूर्ति की लोच ज्ञात कीजिए।

हल Elasticity of Supply $(E_S) = \frac{\Delta Q}{\Delta P} \times \frac{P}{Q}$

Here $\Delta P = ₹\,20 - ₹\,15 = ₹\,5$

$\Delta Q = 500 - 350 = 150$ Units

$P = ₹\,20, Q = 500$

So, $E_S = \frac{150}{5} \times \frac{20}{500} = \frac{6}{5} = 1.2$

पूर्ति की लोच के प्रकार

पूर्ति की लोच निम्न प्रकार की हो सकती है

1. **पूर्णतः बेलोचदार पूर्ति** $[E_S = 0]$ जब कीमत में परिवर्तन होने के बाद भी पूर्ति में कोई परिवर्तन नहीं होता तो यह पूर्णतः बेलोचदार पूर्ति की स्थिति है। इस स्थिति में पूर्ति वक्र y-अक्ष के समानान्तर एक सीधी रेखा होती है।

इसे निम्न सारणी एवं चित्र द्वारा प्रदर्शित किया जा रहा है

कीमत (₹)	पूर्ति की मात्रा (इकाइयों में)
10	20
20	20
30	20

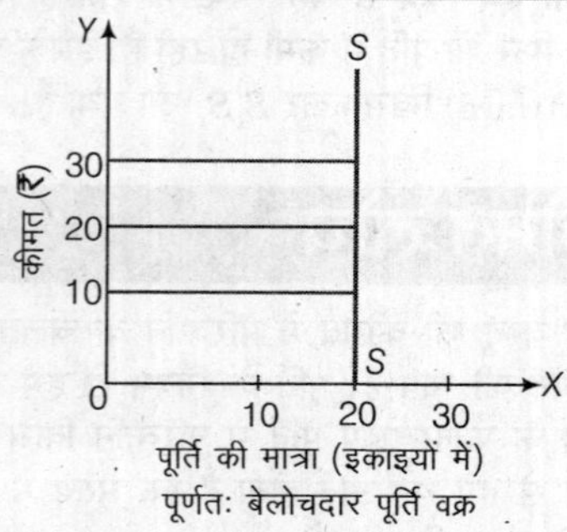

पूर्णतः बेलोचदार पूर्ति वक्र

2. **पूर्णतः लोचदार पूर्ति** $[E_S = \infty]$ जब उत्पादक एक दी गई कीमत पर तो वस्तु की असंख्य इकाइयों की पूर्ति को उद्यत है, परन्तु कीमत के थोड़ा कम होते ही उसकी पूर्ति शून्य हो जाती है तो यह पूर्णतः लोचदार पूर्ति कही जाती है। यह एक काल्पनिक स्थिति है। इस स्थिति में पूर्ति वक्र x-अक्ष के समानान्तर एक सीधी रेखा होती है।

इसे निम्न चित्र एवं सारणी द्वारा प्रस्तुत किया जा रहा है

कीमत (₹)	पूर्ति की मात्रा (इकाइयों में)
10	10,000
9.5	0

पूर्ति की मात्रा (इकाइयों में)

पूर्णतः लोचदार पूर्ति वक्र

3. **इकाई लोच पूर्ति** $[E_S = 1]$ जब कीमत में होने वाला प्रतिशत परिवर्तन पूर्ति की मात्रा में होने वाले प्रतिशत परिवर्तन के बराबर होता है तो यह इकाई लोच को प्रदर्शित करता है। इस स्थिति में पूर्ति वक्र मूल बिन्दु से गुजरता है।

इसे निम्न सारणी एवं चित्र के द्वारा प्रदर्शित किया जा रहा है

कीमत (₹)	पूर्ति की मात्रा (इकाइयों में)
10	20
20	40

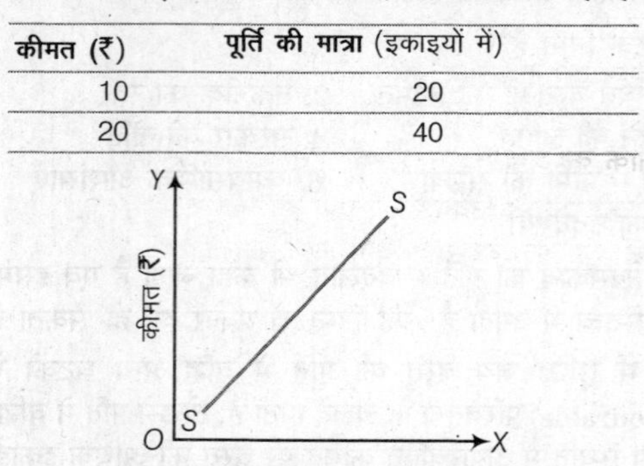

पूर्ति की मात्रा (इकाइयों में) इकाई लोच वक्र

4. **बेलोचदार पूर्ति** $[E_S < 1]$ यदि पूर्ति की मात्रा में होने वाला प्रतिशत परिवर्तन कीमत में होने वाले प्रतिशत परिवर्तन से कम हो, तो यह बेलोचदार पूर्ति की स्थिति को प्रदर्शित करता है। इस स्थिति में पूर्ति वक्र x-अक्ष को काटता है।

इसे निम्न सारणी एवं चित्र से प्रदर्शित किया जा रहा है

कीमत (₹)	पूर्ति की मात्रा
10	20
20	25

पूर्ति की मात्रा (इकाइयों में)

इकाई बेलोचदार वक्र

5. **लोचदार पूर्ति** $[E_S > 1]$ यदि पूर्ति की मात्रा में होने वाला प्रतिशत परिवर्तन पूर्ति की कीमत में होने वाले परिवर्तन से अधिक हो तो यह लोचदार पूर्ति को दर्शाता है। इस स्थिति में पूर्ति वक्र y-अक्ष को काटता है।

इसे निम्न सारणी एवं चित्र द्वारा प्रदर्शित किया जा सकता है

कीमत (₹)	पूर्ति की मात्रा
10	20
11	40

पूर्ति की मात्रा इकाई लोचदार पूर्ति वक्र

पूर्ति की लोच को प्रभावित करने वाले कारक

पूर्ति की कीमत लोच को प्रभावित करने वाले कुछ तत्त्व निम्नलिखित हैं

1. **समय तत्त्व** समयावधि जितनी अधिक लम्बी होगी, पूर्ति की लोच भी उतनी ही अधिक होगी। लम्बी समय अवधि के कारण पूर्ति को आसानी से बढ़ाया जा सकता है।
2. **उत्पादन की तकनीक** पूर्ति की कीमत लोच पर उत्पादन की तकनीक का प्रभाव पड़ता है। यदि किसी वस्तु के उत्पादन में जटिल तथा खर्चीली तकनीक का प्रयोग होता है, तो पूर्ति कम लोचदार होगी।
3. **वस्तु की प्रकृति** टिकाऊ वस्तुओं की तुलना में नाशवान वस्तुओं की पूर्ति सापेक्ष तथा बेलोचदार या कम लोचदार होती है। यदि वस्तु शीघ्र नष्ट होने वाली है, तो वस्तु की पूर्ति बेलोचदार होती है, क्योंकि वस्तु की कीमत में परिवर्तन पर इसकी पूर्ति को घटाया या बढ़ाया नहीं जा सकता है।
4. **प्राकृतिक बाधाएँ** पूर्ति की लोच प्राकृतिक बाधाओं द्वारा काफी प्रभावित होती है। यदि किसी पेड़ की लकड़ी की पूर्ति बढ़ानी है, तो इसके लिए वह पेड़ लगाने पड़ेंगें। पेड़ तैयार करने में कई वर्षों का समय लगेगा। इसकी पूर्ति में वृद्धि सुगमता से नहीं की जा स्कती। ऐसे में लकड़ी की पूर्ति कम लोचदार या बेलोचदार होगी।
5. **बाजार की उपलब्धि** पूर्ति की कीमत लोच पर बाजार की उपलब्धि का भी प्रभाव पड़ता है। एक वस्तु के जितने अधिक बाजार होंगे, उसकी पूर्ति की कीमत लोच उतनी ही अधिक लोचदार होगी।।

वस्तुनिष्ठ प्रश्न

1. कम कीमत पर पूर्ति स्टॉक से ……… होती है।
(a) अधिक (b) कम
(c) समान (d) इनमें से कोई नहीं

2. निम्नलिखित में से कौन पूर्ति अनुसूची का प्रकार नहीं है?
(a) व्यक्तिगत पूर्ति अनुसूची
(b) बाजार पूर्ति अनुसूची
(c) 'a' और 'b' दोनों
(d) कीमत पूर्ति अनुसूची

3. पूर्ति के नियम के अनुसार
(a) पूर्ति तथा कीमत के बीच स्थिर सम्बन्ध होता है
(b) पूर्ति तथा कीमत के बीच धनात्मक सम्बन्ध होता है
(c) पूर्ति तथा कीमत के बीच ऋणात्मक सम्बन्ध होता है
(d) उपरोक्त में से कोई नहीं

4. पूर्ति के नियम को निम्न में कौन-सा फलन प्रदर्शित करता है?
(a) $s = f(P)$
(b) $s = f(1/p)$
(c) $s = f(Q)$
(d) उपरोक्त सभी

5. कीमत में वृद्धि के कारण पूर्ति की गई मात्रा में वृद्धि को कहते हैं
(a) पूर्ति में कमी
(b) पूर्ति में वृद्धि
(c) पूर्ति का विस्तार
(d) उपरोक्त में से कोई नहीं

6. पूर्ति अधिक लोचदार होती है
(a) अति अल्पकाल की स्थिति में
(b) दीर्घकाल की स्थिति में
(c) अल्पकाल की स्थिति में
(d) उपरोक्त सभी

7. शीघ्र नष्ट होने वाली वस्तुओं की पूर्ति ……… होती है।
(a) पूर्णतः लोचदार (b) लोचदार
(c) बेलोचदार (d) कम लोचदार

8. पूर्ति में वृद्धि या कमी से आशय है
(a) पूर्ति में कमी के चलते परिवर्तन
(b) पूति में अन्य घटकों के चलते परिवर्तन
(c) 'a' और 'b' दोनों
(d) उपरोक्त में से कोई नहीं

9. यदि पूर्ति वक्र x-अक्ष के समानान्तर रेखा है तो यह प्रदर्शित कर रही है
(a) पूर्णतः बेलोचदार पूर्ति
(b) पूर्णतः लोचदार पूर्ति
(c) बेलोचदार पूर्ति
(d) उपरोक्त में से कोई नहीं

10. यदि पूर्ति बेलोचदार है, तो
(a) $E_S = 0$ (b) $E_S = 1$
(c) $E_S > 1$ (d) $E_S < 1$

11. जब वस्तु की कीमत में परिवर्तन न होने पर या थोड़ा परिवर्तन होने पर भी पूर्ति में बहुत अधिक परिवर्तन हो जाता है, तब वस्तु की पूर्ति ……… होती है।
(a) पूर्णतया लोचदार
(b) आंशिक लोचदार
(c) बेलोचदार पूर्ति
(d) इकाई लोच पूर्ति

12. जब वस्तु की कीमत में होने वाला प्रतिशत परिवर्तन पूर्ति की मात्रा में होने वाले प्रतिशत परिवर्तन के बराबर होता है, तो यह ……… प्रदर्शित करता है।
(a) इकाई लोच पूर्ति को
(b) बेलोचदार पूर्ति को
(c) पूर्ण लोचदार पूर्ति को
(d) उपरोक्त में से कोई नहीं

13. व्यवहारिक जीवन में पूर्णतया लोच नहीं पाई जाती है, इसमें पूर्ति की लोच किसके बराबर हाती है?
(a) शून्य के (b) अनन्त के
(c) –1 के (d) इनमें से कोई नहीं

14. वस्तु की पूर्ति में वृद्धि के कारण हैं
(a) स्थानापन्न वस्तु की कीमत में गिरावट
(b) पूरक वस्तु की कीमत में गिरावट
(c) उद्योग में फर्मों की संख्या में वृद्धि
(d) उपरोक्त सभी

15. वस्तु की पूर्ति को प्रभावित करने वाले कारक है
(a) वस्तु की प्रकृति
(b) उत्पादन की तकनीक
(c) बाजार की उपलब्धि
(d) उपरोक्त सभी

सही उत्तर

1. (b) 2. (d) 3. (a) 4. (a) 5. (a) 6. (b) 7. (c) 8. (b) 9. (b) 10. (c)
11. (a) 12. (a) 13. (b) 14. (d) 15. (d)

अध्याय 16 पूर्ण प्रतियोगिता में बाजार सन्तुलन एवं कीमत निर्धारण

बाजार सन्तुलन से आशय

बाजार सन्तुलन एक ऐसी स्थिति है, जहाँ पर एक निश्चित कीमत पर एक वस्तु की माँगी गई मात्रा उस वस्तु की पूर्ति की गई मात्रा के बराबर है। ऐसी स्थिति में बाजार में परिवर्तन की प्रवृत्ति नहीं पाई जाती है।

उदाहरणार्थ यदि ₹ 10 पर वस्तु '*X*' की 100 इकाइयाँ माँगी जाती हैं एवं 100 इकाइयों की ही पूर्ति की जाती है तो यहाँ पर यह माना जाएगा की बाजार सन्तुलन में है।

सन्तुलन कीमत

वह कीमत जिस पर वस्तु की माँगी गई इकाइयाँ एवं वस्तु की पूर्ति की गई इकाइयाँ समान होती हैं, उसे सन्तुलन कीमत कहा जाता है। उपरोक्त उदाहरण में सन्तुलन कीमत ₹ 10 है।

सन्तुलन मात्रा

सन्तुलन कीमत पर माँगी गई एवं पूर्ति की गई इकाइयों की संख्या को सन्तुलन मात्रा कहा जाता है। उपरोक्त उदाहरण में सन्तुलन मात्रा 100 इकाइयाँ हैं।

सन्तुलन की मान्यताएँ

सन्तुलन की मान्यताएँ निम्न हैं

1. माँग वक्र की ढाल ऋणात्मक होगी।
2. पूर्ति वक्र की ढाल धनात्मक होगी।
3. यदि पूर्ति की तुलना में माँग बढ़ जाती है तो कीमत में वृद्धि होगी। इसके विपरीत यदि माँग की तुलना में पूर्ति बढ़ जाती है तो कीमत में गिरावट होगी।

सन्तुलन कीमत एवं मात्रा का निर्धारण

बाजार में किसी भी वस्तु की कीमत निर्धारित करने के लिए विक्रेता तथा क्रेता में प्रतियोगिता होती है। विक्रेता यह कोशिश करता है कि वह वस्तु को अधिक-से-अधिक कीमत पर बेचे और वस्तु उसकी सीमान्त लागत से कम मूल्य पर न बेची जाए। इसके विपरीत क्रेता यह कोशिश करता है कि उसे बाजार से वस्तु कम-से-कम कीमत पर मिल जाए। क्रेता वस्तु की जो अधिक-से-अधिक कीमत दे सकता है, वह वस्तु के सीमान्त तुष्टिगुण (Marginal Utility) के बराबर होती है।

मार्शल के अनुसार, "वस्तु के मूल्य निर्धारण के लिए माँग व पूर्ति दोनों ही आवश्यक हैं। वस्तु का मूल्य उस बिन्दु पर निर्धारित होता है, जहाँ वस्तु की माँग एवं वस्तु की पूर्ति आपस में बराबर होती हैं।"

अत: स्पष्ट है कि माँग तथा पूर्ति के सापेक्षिक प्रभाव के कारण जिस बिन्दु पर माँग व पूर्ति की मात्रा एक-दूसरे के बराबर हो जाती है, वही बिन्दु 'सन्तुलन बिन्दु' (Equilibrium Point) होगा तथा उस बिन्दु पर मूल्य 'सन्तुलन मूल्य' (Equilibrium Price) होगा एवं उस बिन्दु पर माँगी गई मात्रा सन्तुलन अथवा साम्य मात्रा होगी।

इसे निम्न तालिका तथा रेखाचित्र के द्वारा स्पष्ट किया जा सकता है

वस्तु की माँग (किग्रा में)	**वस्तु का मूल्य** (₹ में)	**वस्तु की पूर्ति** (किग्रा में)
12	60	3
10	70	6
8	80	8
6	90	10
4	100	12

उपरोक्त तालिका में ₹ 80 ही ऐसा मूल्य है, जिस पर वस्तु की माँग तथा पूर्ति की मात्रा दोनों ही 8 किग्रा हैं अर्थात् बराबर हैं। अत: सन्तुलन मूल्य ₹ 80 होगा, जिस पर वस्तुओं की माँग एवं पूर्ति बराबर होगी एवं 8 किग्रा सन्तुलन मात्रा होगी।

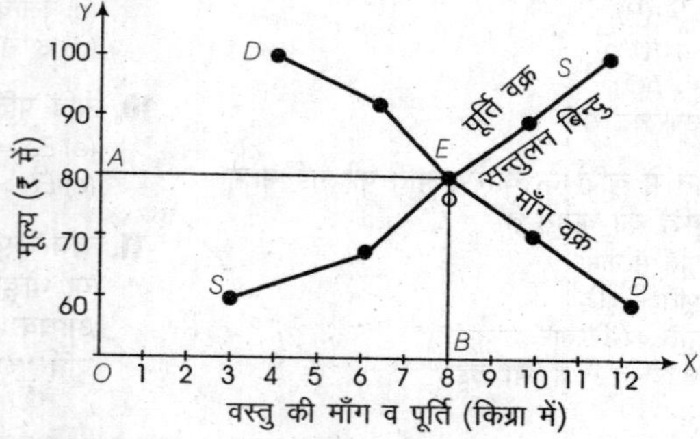

उपरोक्त रेखाचित्र में *OY* अक्ष पर मूल्य (₹ में) तथा *OX* अक्ष पर माँग व पूर्ति (किग्रा में) दिखाई गई है। चित्र में *DD* माँग वक्र तथा *SS* पूर्ति वक्र है, जो एक-दूसरे को *E* बिन्दु पर काटते हैं। *E* बिन्दु ही साम्य बिन्दु है तथा इस बिन्दु से सदृश्य *OA* साम्य मूल्य को दर्शाएगा तथा *OB* साम्य मात्रा को दर्शाएगा।

माँग और पूर्ति में परिवर्तन का सन्तुलन कीमत पर प्रभाव

सन्तुलन कीमत हमेशा स्थिर नहीं रहती है, बल्कि इसमें वस्तु की माँग तथा पूर्ति में परिवर्तन से बदलाव आता रहता है। वस्तु की माँग तथा पूर्ति में परिवर्तन के सन्तुलन कीमत पर पड़ने वाले प्रभाव निम्न प्रकार हैं

माँग में परिवर्तन का सन्तुलन कीमत पर प्रभाव

माँग में परिवर्तन का सन्तुलन कीमत पर निम्न दो प्रकार से प्रभाव पड़ सकता है (यह मानते हुए कि पूर्ति में कोई बदलाव नहीं है)

1. **माँग में वृद्धि होने पर** यदि वस्तु की पूर्ति स्थिर रहती है, तो माँग में वृद्धि होने पर वस्तु के मूल्य में भी वृद्धि हो जाती है, जैसा कि निम्न चित्र से स्पष्ट है

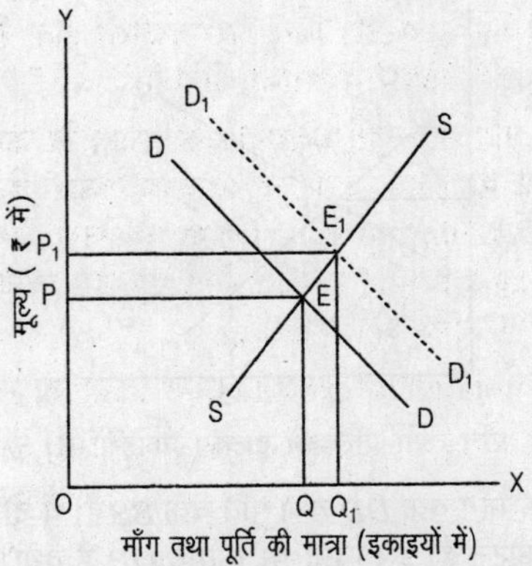

उपरोक्त चित्र में वस्तु का शुरुआती माँग वक्र *(DD)* व पूर्ति वक्र *(SS)* एक-दूसरे को E बिन्दु पर काटते हैं। इस स्थिति में वस्तु की माँगी गई मात्रा OQ है।

इस बिन्दु पर साम्य मूल्य OP है। माँग में वृद्धि होने पर माँग वक्र *(DD)* दाईं ओर खिसककर D_1D_1 हो जाता है तथा माँग की मात्रा OQ से OQ_1 हो जाती है। अब साम्य बिन्दु E_1 है। इस बिन्दु पर साम्य मूल्य OP_1 है, जोकि OP से अधिक है।

2. **माँग में कमी होने पर** यदि वस्तु की पूर्ति स्थिर रहती है, तो माँग में कमी होने पर वस्तु के मूल्य में भी कमी हो जाती है, जैसा कि निम्न चित्र से स्पष्ट है

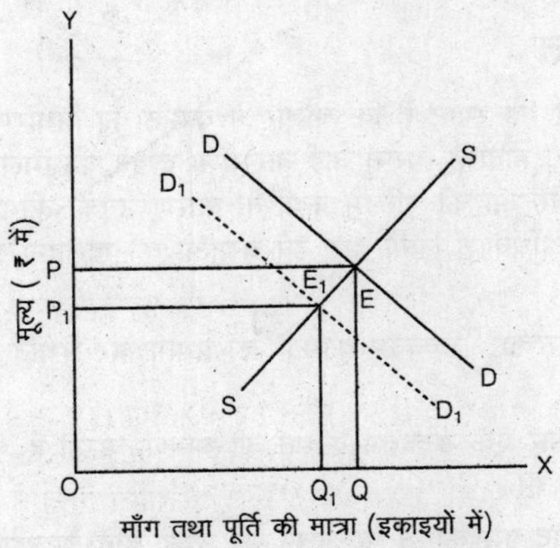

उपरोक्त चित्र में वस्तु का शुरुआती माँग वक्र *(DD)*, जहाँ वस्तु की माँग की गई मात्रा OQ है तथा पूर्ति वक्र *(SS)* एक-दूसरे को E बिन्दु पर काटते हैं। इस बिन्दु पर साम्य मूल्य OP है।

माँग में कमी होने पर माँग वक्र (DD) बाईं ओर खिसककर D_1D_1 हो जाता है, जहाँ वस्तु की माँग OQ से घटकर OQ_1 हो जाती है। अब साम्य बिन्दु E_1 है। इस बिन्दु पर साम्य मूल्य OP_1 है, जोकि OP से कम है।

पूर्ति में परिवर्तन का सन्तुलन कीमत पर प्रभाव

पूर्ति में परिवर्तन का सन्तुलन कीमत पर निम्न दो प्रकार से प्रभाव पड़ सकता है (यह मानते हुए कि माँग में कोई बदलाव नहीं है)

1. **पूर्ति में वृद्धि होने पर** यदि वस्तु की माँग स्थिर रहती है, तो पूर्ति में वृद्धि होने से वस्तु के मूल्य में कमी हो जाती है, *जैसा कि निम्न चित्र से स्पष्ट है*

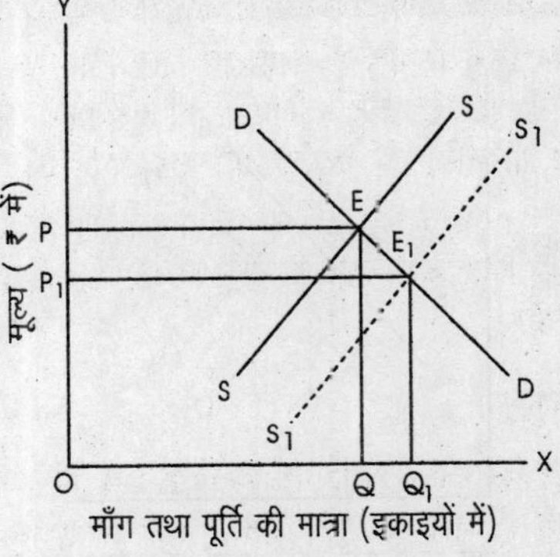

उपरोक्त चित्र में वस्तु का शुरुआती माँग वक्र *(DD)*, वस्तु की मात्रा *(OQ)* तथा पूर्ति वक्र *(SS)* एक-दूसरे को E बिन्दु पर काटते हैं। इस बिन्दु पर साम्य मूल्य OP है। पूर्ति में वृद्धि होने (OQ से OQ_1) पर पूर्ति वक्र दाईं ओर खिसककर S_1S_1 हो जाता है। अब साम्य बिन्दु E_1 है। इस बिन्दु के सापेक्ष साम्य मूल्य OP_1 है, जोकि OP से कम है अर्थात् कीमत में कमी होगी।

2. **पूर्ति में कमी होने पर** यदि वस्तु की माँग स्थिर रहती है, तो पूर्ति में कमी होने से वस्तु के मूल्य में वृद्धि हो जाती है, जैसा कि निम्न चित्र से स्पष्ट है

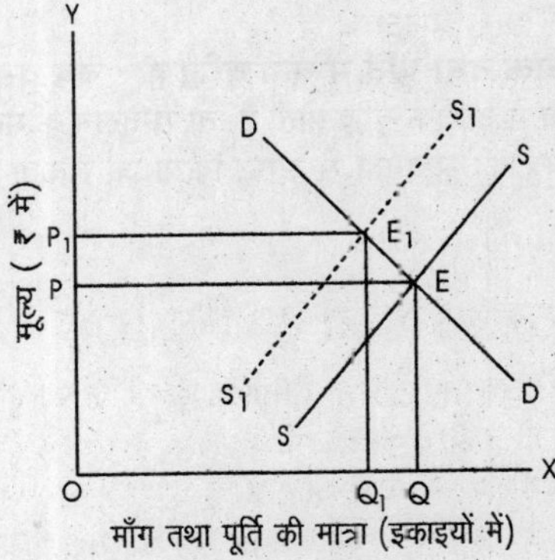

उपरोक्त चित्र में वस्तु का शुरुआती माँग वक्र *(DD)*, वस्तु की मात्रा *(OQ)* तथा पूर्ति वक्र *(SS)* एक-दूसरे को E बिन्दु पर काटते हैं। इस बिन्दु पर साम्य

मूल्य OP है। पूर्ति में कमी (OQ से OQ_1) होने पर पूर्ति वक्र बाईं ओर खिसककर S_1S_1 हो जाता है। अब साम्य बिन्दु E_1 है। इस बिन्दु के समक्ष साम्य मूल्य OP_1 है, जोकि OP से अधिक है अर्थात् कीमत में वृद्धि हो जाएगी।

नोट *विद्यार्थियों को यह ध्यान रखना चाहिए कि पूर्ति में वृद्धि होने पर पूर्ति वक्र दाईं ओर खिसकता है तथा कमी होने पर बाईं ओर खिसकता है।*

माँग और पूर्ति में एक साथ वृद्धि का सन्तुलन कीमत पर प्रभाव

जब माँग और पूर्ति में एक साथ वृद्धि होती है, तो इससे कीमत पर भी प्रभाव प्रदर्शित होता है, जो निम्नलिखित है

1. **जब माँग और पूर्ति में वृद्धि समान हो** जब माँग और पूर्ति में वृद्धि समान होती है, तो कीमत में बदलाव नहीं होता है अर्थात् कीमत सामान्य स्तर पर बनी रहती है। *इसे निम्न चित्र द्वारा स्पष्ट किया जा सकता है*

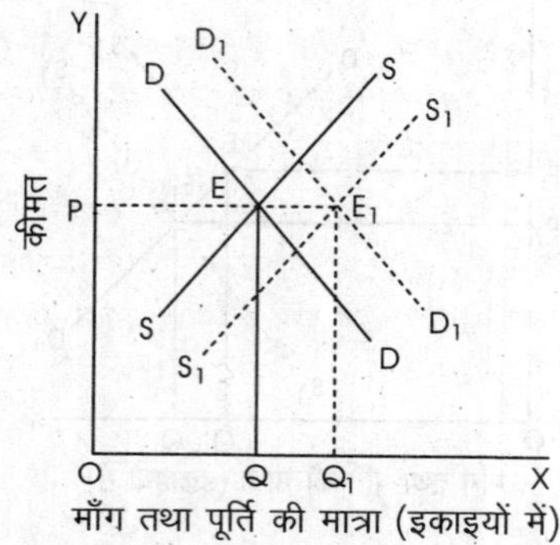

माँग तथा पूर्ति की मात्रा (इकाइयों में)

चित्र में OX अक्ष पर माँग व पूर्ति की मात्रा तथा OY अक्ष पर कीमत को दर्शाया गया है। प्रारम्भिक माँग वक्र (DD) तथा पूर्ति वक्र (SS) E बिन्दु पर एक-दूसरे को काटते हैं अर्थात् साम्य बिन्दु E है, जहाँ कीमत OP है तथा वस्तु की मात्रा OQ है। अब माँग तथा पूर्ति में वृद्धि होने से माँग वक्र D_1D_1 तथा पूर्ति वक्र S_1S_1 हो जाता है। ये दोनों वक्र बिन्दु E_1 पर एक-दूसरे को काटते हैं। इस बिन्दु पर वस्तु की मात्रा OQ से बढ़कर OQ_1 हो जाती है, किन्तु कीमत OP ही बनी रहती है। अत: स्पष्ट होता है कि माँग एवं पूर्ति में समान वृद्धि होने से कीमत स्तर पर कोई प्रभाव नहीं पड़ता है।

2. **माँग में अधिक तथा पूर्ति में कम वृद्धि हो** जब वस्तु की पूर्ति की तुलना में माँग में अधिक वृद्धि होती है, तो सन्तुलन कीमत बढ़ जाती है। इसे निम्न चित्र की सहायता से स्पष्ट किया जा सकता है

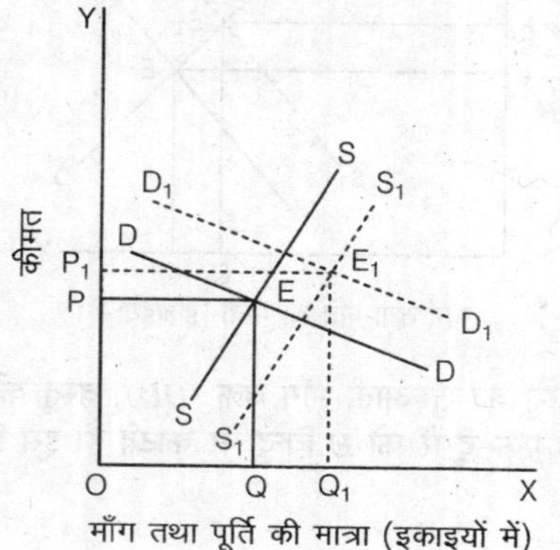

माँग तथा पूर्ति की मात्रा (इकाइयों में)

चित्र में प्रारम्भिक माँग वक्र DD तथा पूर्ति वक्र SS है। ये दोनों वक्र E बिन्दु पर एक-दूसरे को काटते हैं। इस बिन्दु पर कीमत OP है तथा वस्तु की मात्रा OQ है।

माँग तथा पूर्ति में वृद्धि के फलस्वरूप माँग वक्र D_1D_1 तथा पूर्ति वक्र S_1S_1 हो जाता है। ये दोनों वक्र E_1 बिन्दु पर एक-दूसरे को काटते हैं। इस बिन्दु पर वस्तु की मात्रा OQ से बढ़कर OQ_1 हो जाती है तथा कीमत OP से बढ़कर OP_1 हो जाती है। चित्र से स्पष्ट है कि मात्रा में कीमत के अनुपात में ज्यादा वृद्धि होती है।

3. **माँग में कम तथा पूर्ति में अधिक वृद्धि हो** जब वस्तु की पूर्ति में वृद्धि वस्तु की माँग की तुलना में अधिक होती है, तो सन्तुलन कीमत कम हो जाती है। इसे निम्न चित्र द्वारा स्पष्ट किया गया है

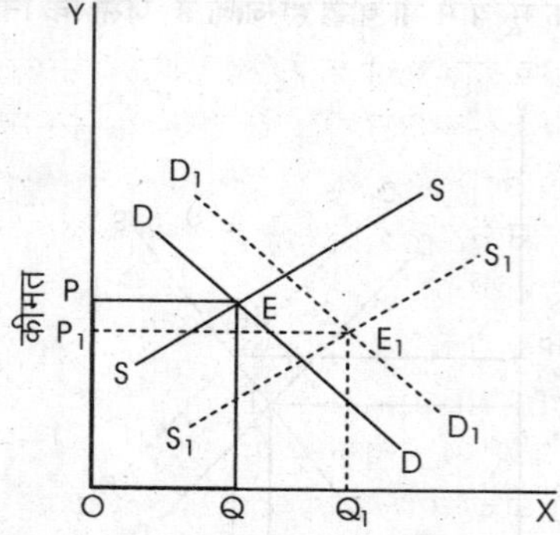

माँग तथा पूर्ति की मात्रा (इकाइयों में)

चित्र में प्रारम्भिक माँग वक्र DD तथा पूर्ति वक्र SS है। ये दोनों वक्र E बिन्दु पर एक-दूसरे को काटते हैं। इस बिन्दु पर कीमत OP है तथा वस्तु की मात्रा OQ है। माँग तथा पूर्ति में वृद्धि के फलस्वरूप माँग वक्र D_1D_1 तथा पूर्ति वक्र S_1S_1 हो जाता है।

ये दोनों वक्र E_1 बिन्दु पर एक-दूसरे को काटते हैं। इस बिन्दु पर वस्तु की मात्रा OQ से बढ़कर OQ_1 हो जाती है तथा कीमत OP से घटकर OP_1 हो जाती है।

माँग तथा पूर्ति वक्रों के उपकरणों का सरल प्रयोग

इसके अन्तर्गत निम्न दो अवधारणाओं को समझना आवश्यक है

उच्चतम कीमत

उपरोक्त विवेचन से यह स्पष्ट है कि बाजार में कीमत का निर्धारण माँग एवं पूर्ति की शक्तियों के द्वारा होता है, परन्तु कई बार ऐसा देखने को मिलता है कि नितान्त आवश्यक वस्तुओं की पूर्ति में कमी के कारण उनकी कीमतें आसमान छूने लगती हैं एवं अधिकांश लोगों द्वारा इन वस्तुओं को खरीदना असम्भव हो जाता है।

ऐसी परिस्थिति में सरकार 'उच्चतम कीमत' का प्रयोग कर स्थिति को सुधारने का प्रयास करती है।

इसके अन्तर्गत सरकार एक उच्चतम कीमत की घोषणा करती है, जोकि सन्तुलन कीमत से कम होती है।

उत्पादक अपने उत्पाद इस कीमत पर बेचने को बाध्य होते हैं। इससे आम जनता को फायदा तो होता है, परन्तु बाजार में कालाबाजारी भी उत्पन्न होती है। इसे निम्न चित्र द्वारा दर्शाया जा रहा है

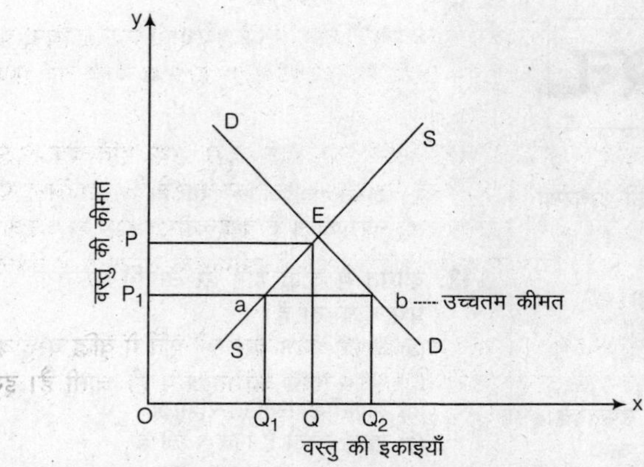

उपरोक्त चित्र में माँग एवं पूर्ति वक्रों के सापेक्ष सन्तुलन कीमत OP है। सरकार उच्चतम कीमत का निर्धारण OP_1 पर करती है। इस कीमत पर पूर्ति की मात्रा OQ_1 एवं माँग की मात्रा OQ_2 है। इस कीमत पर बाजार में माँग अधिक होती हैं। अतः इस स्थिति से निपटने के लिए सरकार 'राशनिंग' का सहारा लेती है।

न्यूनतम कीमत

कृषि उत्पादों के साथ प्रायः यह देखने को मिलता है कि कटाई के मौसम में इन उत्पादों की पूर्ति में अचानक वृद्धि हो जाती है तथा कीमतें एकदम से गिरने लगती हैं, जिससे किसानों को बहुत नुकसान होता है। इस स्थिति से बचाव के लिए सरकार इन उत्पादों की एक न्यूनतम कीमत निर्धारित कर देती है। यह वह कीमत है, जिसमें कम कीमत पर बाजार में उस वस्तु को बेचा नहीं जा सकता है। इससे किसानों को अपने उत्पादों का एक निश्चित मूल्य प्राप्त होता है। इसे निम्न चित्र द्वारा दर्शाया जा रहा है

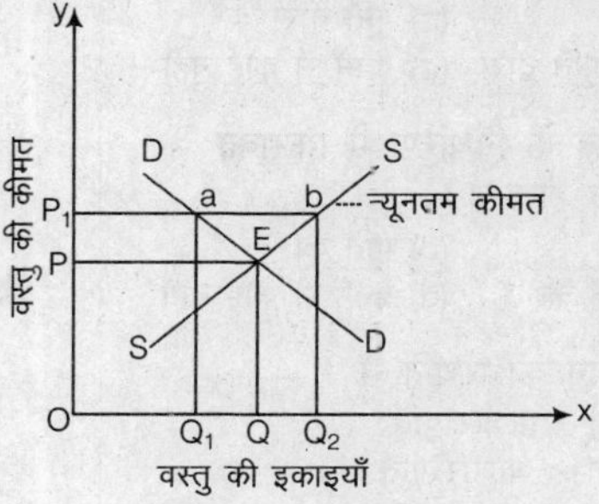

उपरोक्त चित्र में यह स्पष्ट हो रहा है कि सन्तुलन कीमत तो OP है, परन्तु न्यूनतम कीमत का निर्धारण OP_1 पर किया गया है। इस कीमत पर माँगी गई मात्रा OQ_1 है, परन्तु पूर्ति की मात्रा OQ_2 है।

अतः इस कीमत पर बाजार में पूर्ति अधिक होगी। इस स्थिति से निपटने के लिए सरकार प्रायः आधिक्य उत्पादन का क्रय कर बफर स्टॉक का निर्माण करती है, जिसे सार्वजनिक वितरण हेतु प्रयोग किया जाता है।

वस्तुनिष्ठ प्रश्न

1. सन्तुलन कीमत का निर्धारण होता है
(a) माँग द्वारा (b) पूर्ति द्वारा
(c) माँग और पूर्ति द्वारा (d) इनमें से कोई नहीं

2. सामान्य कीमत के निर्धारण में किसका प्रभाव अधिक होता है?
(a) माँग का (b) पूर्ति का
(c) माँग व पूर्ति का (d) इनमें से कोई नहीं

3. बाजार सन्तुलन की स्थिति में
(a) बाजार माँग = बाजार पूर्ति
(b) बाजार माँग < बाजार पूर्ति
(c) बाजार माँग > बाजार पूर्ति
(d) उपरोक्त में से कोई नहीं

4. अतिरिक्त पूर्ति की स्थिति में, बाजार कीमत
(a) घटती है (b) बढ़ती है
(c) समान रहती है (d) इनमें से कोई नहीं

5. बाजार कीमत सम्बन्धित है
(a) अल्पकाल से
(b) दीर्घकाल से
(c) अति अल्पकाल से
(d) अति दीर्घकाल से

6. अति अल्पकालीन बाजार में ······ पक्ष कीमत निर्धारण में अधिक प्रभावी होता है।
(a) परिवर्तन (b) साम्य
(c) माँग (d) बाजार

7. एक बाजार उस समय सन्तुलन की अवस्था में होता है, जब वस्तु की माँग
(a) वस्तु की आपूर्ति से कम होती है।
(b) वस्तु की आपूर्ति से अधिक होती है।
(c) वस्तु की आपूर्ति के बराबर होती है।
(d) वस्तु की आपूर्ति से असम्बद्ध होती है।

8. जब किसी वस्तु की माँग उसकी उपलब्ध मात्रा से अधिक हो, तो उसे क्या कहा जाता है?
(a) अधिशेष (b) सन्तुलन
(c) अभाव (d) इनमें से कोई नहीं

9. यदि माँग बढ़ती है और आपूर्ति स्थिर रहती है, तो कीमत पर क्या प्रभाव पड़ेगा?
(a) कीमत घटेगी
(b) कीमत बढ़ेगी
(c) कीमत अपरिवर्तित रहेगी
(d) कीमत पहले घटेगी फिर बढ़ेगी

10. माँग वक्र की सामान्य प्रवृत्ति कैसी होती है?
(a) नीचे से ऊपर की ओर ढलान वाली
(b) ऊपर से नीचे की ओर ढलान वाली
(c) क्षैतिज रेखा
(d) ऊर्ध्वाधर रेखा

11. जब माँग और पूर्ति में वृद्धि समान हो तो, जब
(a) कीमत बढ़ती है।
(b) कीमत घटती है।
(c) कीमत अपरिवर्तित रहती है।
(d) उपरोक्त में से कोई नहीं

12. कीमत में वृद्धि हाने पर अपूर्ति पर क्या प्रभाव पड़ता है?
(a) आपूर्ति घटती है
(b) अपूर्ति बढ़ती है
(c) आपूर्ति अपरिवर्तित रहती है
(d) पहले घटती है फिर बढ़ती है

13. जब वस्तु की पूर्ति में कमी होती है जब
(a) मूल्य में वृद्धि होती है।
(b) मूल्य में कमी होती है।
(c) मूल्य अपरिवर्तित रहता है।
(d) पहले मूल्य में कमी होती है फिर वृद्धि होती है।

14. यदि सरकार किसी वस्तु के उत्पादन पर कर (Tax) बढ़ा देती है, तो उसकी अपूर्ति पर क्या प्रभाव पड़ेगा?
(a) आपूर्ति बढ़ जाएगी
(b) आपूर्ति घट जाएगी
(c) आपूर्ति पर कोई प्रभाव नहीं पड़ेगा
(d) माँग बढ़ जाएगी

15. कौन-सा कारक माँग को प्रभावित नहीं करता?
(a) उपभोक्ता की आय
(b) वस्तु की कीमत
(c) उत्पादन लागत
(d) प्रतिस्पर्धी वस्तुओं की कीमत

सही उत्तर

1. (c) 2. (b) 3. (a) 4. (a) 5. (c) 6. (c) 7. (c) 8. (c) 9. (b) 10. (b)
11. (c) 12. (b) 13. (a) 14. (b) 15. (c)

अध्याय 17 अर्थशास्त्र में सांख्यिकी का परिचय

सांख्यिकी का अर्थ

सांख्यिकी (Statistics) वह विज्ञान है, जो किसी विषय पर प्रकाश डालने के उद्देश्य से आँकड़ों के संग्रहण, वर्गीकरण, सारणीकरण, प्रदर्शन और विश्लेषण करने की विधियों का विवेचन करता है। सांख्यिकी का राज्य से घनिष्ठ सम्बन्ध होता है। सांख्यिकी की प्रथम स्पष्ट परिभाषा जर्मन विद्वान् 'गॉटफ्राइड आकेनवाल' ने सन् 1749 में दी थी। इन्हें 'सांख्यिकी का जन्मदाता' कहा जाता है। 'सांख्यिकी' शब्द का प्रयोग निम्न दो रूपों में किया जाता है

1. बहुवचन के रूप में सांख्यिकी का अर्थ एवं परिभाषा

बहुवचन के रूप में सांख्यिकी का अर्थ ऐसे समंकों या आँकड़ों के अध्ययन से होता है, जो किसी विशेष क्षेत्र से सम्बन्धित संख्यात्मक विवरण या तथ्य के रूप में होते हैं; जैसे—राष्ट्रीय आय, जनसंख्या, कीमत-स्तर, रोजगार तथा सार्वजनिक व्यय इत्यादि।

डॉ. ए. एल. बाउले के अनुसार, ''समंक अनुसन्धान के किसी विभाग से सम्बन्धित ऐसे संख्यात्मक विवरण हैं, जिन्हें एक-दूसरे के सम्बन्ध में व्यक्त किया जा सकता है।''

बहुवचन के रूप में सांख्यिकी की विशेषताएँ

(i) सांख्यिकी में समंकों के समूह को संख्याओं में व्यक्त किया जाता है।

(ii) समंक एक-दूसरे से सम्बन्धित होते हैं, जिससे उनके बीच तुलना की जाती है।

(iii) सांख्यिकी में समंकों का एकत्रीकरण व्यवस्थित ढंग से किया जाता है।

(iv) सांख्यिकी के समंक एक व्यक्ति की आय, उम्र, शिक्षा, आदि कारणों से प्रभावित होते हैं।

(v) सांख्यिकी को तथ्यों का समूह माना जाता है।

(vi) सांख्यिकीय समंक गणना अथवा अनुमान द्वारा एकत्रित किए जाते हैं।

2. एकवचन के रूप में सांख्यिकी का अर्थ एवं परिभाषाएँ

एकवचन के रूप में सांख्यिकी का अर्थ सांख्यिकीय विज्ञान की उस शाखा से है, जिसके अन्तर्गत समंकों या आँकड़ों के संग्रह से लेकर, उनसे अन्तिम निष्कर्ष निकालने तक अनेक सांख्यिकीय विधियों का प्रयोग किया जाता है; जैसे—आँकड़ों का संकलन, प्रस्तुतीकरण, विश्लेषण तथा व्याख्या इत्यादि।

डॉ. ए. एल. बाउले ने सांख्यिकी की निम्न परिभाषाएँ दी हैं

''सांख्यिकी गणना का विज्ञान है।''

''सांख्यिकी को उचित रूप से औसतों का विज्ञान कहा जा सकता है।''

''सांख्यिकी वह विज्ञान है, जो सामाजिक व्यवस्था को सम्पूर्ण मानकर सभी रूपों में उसका मापन करता है।''

एकवचन के रूप में सांख्यिकी की विशेषताएँ

(i) आँकड़ों को एकत्रित किया जाता है।

(ii) एकत्रित किए गए आँकड़ों का वर्गीकरण किया जाता है।

(iii) वर्गीकृत आँकड़ों का प्रस्तुतीकरण किया जाता है।

(iv) प्रस्तुत आँकड़ों का विश्लेषण किया जाता है। इसके लिए कई सांख्यिकी विधियों का उपयोग किया जाता है; जैसे—केन्द्रीय प्रवृत्ति की माप, विचरण की माप, सूचकांक आदि।

(v) सांख्यिकी के अन्तिम चरण में आँकड़ों की व्याख्या कर उनकी समस्याओं को दूर करने के उपाय बताए जाते हैं।

सांख्यिकी का क्षेत्र

सांख्यिकी के क्षेत्र को दो भागों में विभक्त किया जाता है

1. सांख्यिकी की प्रकृति

सांख्यिकी विज्ञान एवं कला दोनों है। इसके सैद्धान्तिक तथा व्यावहारिक दोनों ही पहलू हैं। इसका प्रयोग केवल ज्ञान प्राप्त करने के उद्देश्य से ही नहीं होता, बल्कि

तथ्यों को समझने तथा उनसे निष्कर्ष निकालने में भी किया जाता है, जो भविष्य में आर्थिक तथा सामाजिक उन्नति के पथ-प्रदर्शक सिद्ध होते हैं।

2. सांख्यिकी की विषय-सामग्री

सांख्यिकी की विषय-सामग्री को दो भागों में विभाजित किया जाता है

(i) **सांख्यिकीय विधियाँ** सांख्यिकीय विधियों में उन सभी विधियों को सम्मिलित किया जाता है, जिनके माध्यम से आँकड़ों का विश्लेषण कर सार्थक परिणाम निकाले जा सकते हैं। ये विधियाँ आँकड़ों का संकलन, वर्गीकरण, प्रस्तुतीकरण तथा विश्लेषण आदि हैं।

(ii) **व्यावहारिक सांख्यिकी** व्यावहारिक सांख्यिकी में उन सभी विधियों का अध्ययन किया जाता है, जिनका प्रयोग विभिन्न समस्याओं के समाधान के लिए किया जाता है; जैसे—राष्ट्रीय आय, कृषि, उद्योग, व्यापार इत्यादि।

व्यावहारिक सांख्यिकी दो प्रकार की होती है

(a) **वर्णनात्मक सांख्यिकी** इसका उद्देश्य वर्तमान तथा भूतकालीन आँकड़ों का विवरण प्रकट करना है।

(b) **आनुमानिक सांख्यिकी** इसके अन्तर्गत सभी समंकों का अध्ययन नहीं किया जाता है, बल्कि दिए हुए समग्र में से न्यादर्श का चुनाव करके उसका अध्ययन किया जाता है।

अर्थशास्त्र एवं सांख्यिकी में सम्बन्ध

1. अर्थशास्त्र में निगमन विधि द्वारा प्राप्त सिद्धान्तों की पहचान सांख्यिकी द्वारा की जाती है।
2. सांख्यिकी के आँकड़ों के विश्लेषण द्वारा आर्थिक नियमों की समस्याओं का समाधान किया जा सकता है।
3. अर्थशास्त्र के नियमों; जैसे—माँग का नियम, पूर्ति का नियम आदि का विश्लेषण सांख्यिकी के द्वारा ही सम्भव हो पाता है।
4. देश की बैंकिंग व्यवस्था में साख का निर्धारण सांख्यिकी के आँकड़ों द्वारा ही किया जा सकता है।
5. अर्थशास्त्र एवं सांख्यिकी के अध्ययन की आगमन प्रणाली सांख्यिकी विज्ञान पर आधारित होती है।

सांख्यिकी का महत्त्व

1. **अर्थशास्त्र में सांख्यिकी का महत्त्व**
   (i) समंकों एवं आँकड़ों के विश्लेषण से अर्थशास्त्र में लोगों के जीवन-स्तर का पता लगाया जा सकता है।
   (ii) सांख्यिकी के समंकों एवं आँकड़ों की सहायता से उत्पादों के वितरण का पता लगाया जाता है।
   (iii) सांख्यिकी के समंक एवं आँकड़े कम्पनी या उद्योग के उत्पादन में सहायता करते हैं।
   (iv) सांख्यिकी के समंकों से बाजार में विनिमय की जानकारी प्राप्त होती है।
2. **सरकार के लिए सांख्यिकी का महत्त्व** सरकार के लिए भी सांख्यिकी महत्त्वपूर्ण है।
   सांख्यिकीय आँकड़ों के माध्यम से ही प्रत्येक सरकार द्वारा देश की अर्थव्यवस्था को सुदृढ़ बनाया जाता है।
3. **अर्थव्यवस्था में सांख्यिकी का महत्त्व** अर्थव्यवस्था के लिए भी सांख्यिकी महत्त्वपूर्ण है। इसके अन्तर्गत व्यापार एवं उद्योगों में सांख्यिकी विधियों का प्रयोग होता है। अर्थव्यवस्था के विभिन्न क्षेत्रों; जैसे—उत्पादन, बैंकिग, विपणन आदि सभी के लिए सांख्यिकीय आँकड़ों एवं समंकों का उपयोग किया जाता है।
4. **योजना निर्माण में सांख्यिकी का महत्त्व** योजना निर्माण में भी सांख्यिकी का अत्यन्त महत्त्व है। योजनाओं के निर्माण उनके संचालन एवं नीति निर्माता क्रियान्वयन तथा मूल्यांकन आदि में भी आँकड़ों की आवश्यकता होती है।

आँकड़ों का संग्रहण/संकलन

आँकड़ों की आवश्यकता सभी क्षेत्रों में होती है, केवल खाद्यान्न उत्पादन के क्षेत्र में नहीं। तथ्यों के संख्यात्मक विवरण को 'समंक' कहते हैं। अत: कहा जा सकता है कि आँकड़े एक ऐसा साधन हैं, जो सूचनाएँ प्रदत्त कर **समस्या** को समझने में सहायता प्रदान करते हैं।

आँकड़ों के संग्रहण/संकलन का अर्थ

आँकड़ों के संग्रहण (Collection of Data) से आशय अनुसन्धान सम्बन्धी आवश्यक सामग्री उपलब्ध करवाने से होता है।

आँकड़ों के स्रोत

सांख्यिकीय समंकों को निम्न दो स्रोतों से प्राप्त किया जा सकता है

1. **प्राथमिक स्रोत** इस विधि के अन्तर्गत आँकड़ों का एकत्रीकरण सीधे तौर पर उत्पत्ति के स्थान से किया जाता है।
2. **द्वितीयक स्रोत** इस विधि के अन्तर्गत आँकड़ों का संकलन पहले से ही एकत्रित आँकड़ों से किया जाता है।

आँकड़ों के प्रकार

आँकड़ों को एकत्रित करने की दृष्टि से इन्हें निम्न दो भागों में विभक्त किया जाता है

1. **प्राथमिक आँकड़े** जिन आँकड़ों को शोधकर्ता स्वयं उत्पत्ति के स्थान से प्राप्त करता है, उन्हें प्राथमिक आँकड़े (Primary Data) कहते हैं। इन्हें **मौलिक आँकड़े** भी कहते हैं।
2. **द्वितीयक आँकड़े** जो आँकड़े प्रकाशित स्रोतों द्वारा एकत्रित किए जाते हैं, द्वितीयक आँकड़े (Secondary Data) कहलाते हैं। ये आँकड़े मौलिक नहीं होते हैं।

प्राथमिक आँकड़ों के संकलन की विधियाँ

प्राथमिक आँकड़ों के संकलन की विधियाँ निम्न प्रकार हैं

1. **व्यक्तिगत साक्षात्कार विधि** यह विधि निम्न दो प्रकार की होती है
   (i) **प्रत्यक्ष अनुसन्धान विधि** इस विधि में अनुसन्धानकर्ता जाँच क्षेत्र में स्वयं जाकर सूचना प्रदान करने वालों से प्रत्यक्ष रूप से व्यक्तिगत सम्पर्क करता है।
   (ii) **अप्रत्यक्ष अनुसन्धान विधि** इस विधि में सूचना उन व्यक्तियों द्वारा प्राप्त नहीं की जाती है, जो अनुसन्धान से प्रत्यक्ष रूप से सम्बन्धित होते हैं। इसमें अप्रत्यक्ष रूप से सम्बन्धित व्यक्तियों से सूचना प्राप्त की जाती है।
2. **टेलीफोन साक्षात्कार विधि** इस विधि के अन्तर्गत शोधकर्ता टेलीफोन के माध्यम से सूचनाएँ एकत्रित करता है। वह फोन कॉल द्वारा सूचनादाताओं से सही जानकारी प्राप्त करने की कोशिश करता है।
3. **सूचकों द्वारा प्रश्नावली भरवाने की विधि** इस विधि में अनुसन्धानकर्ता अनुसन्धान से सम्बन्धित प्रश्नों की एक प्रश्नावली तैयार करता है। इसे डाक द्वारा उन व्यक्तियों को भेजा जाता है, जिनसे सूचना प्राप्त करनी होती है।
4. **संवाददाताओं द्वारा सूचना प्राप्ति** जब विभिन्न स्थानों से सूचनाएँ प्राप्त करना आवश्यक होता है, तो ऐसी स्थिति में अनुसन्धानकर्ता कुछ ऐसे व्यक्तियों की नियुक्ति करता है, जो समय-समय पर सूचनाएँ भेजते रहते हैं। इन व्यक्तियों को 'संवाददाता' कहा जाता है।
5. **प्रगणकों द्वारा अनुसूचियाँ भरना** इस विधि में अनुसन्धानकर्ता द्वारा तैयार की गई अनुसूचियाँ प्रत्यक्ष रूप से सूचकों द्वारा नहीं भरी जाती हैं, बल्कि कुछ प्रगणकों की नियुक्ति की जाती है, जो स्वयं घर-घर जाकर सूचकों से सूचनाएँ प्राप्त कर अनुसूचियाँ भरते हैं।

द्वितीयक आँकड़ों के संकलन के स्रोत

द्वितीयक आँकड़ों के संकलन के स्रोत निम्न हैं

1. **प्रकाशित स्रोत** द्वितीयक आँकड़ों के संकलन के लिए प्रकाशित स्रोत निम्न हैं
   (i) सरकारी प्रकाशन (ii) अर्द्धसरकारी प्रकाशन

(iii) अन्तर्राष्ट्रीय प्रकाशन

(iv) आयोग एवं समितियों की रिपोर्ट द्वारा प्रकाशन

(v) विश्वविद्यालयों का प्रकाशन

2. **अप्रकाशित स्रोत** वे सांख्यिकीय आँकड़े, जो विभिन्न उद्देश्यों हेतु संग्रह तो कर लिए जाते हैं, परन्तु प्रकाशित नहीं किए जाते, अप्रकाशित स्रोत कहलाते हैं।

द्वितीयक आँकड़ों की महत्त्वपूर्ण संस्थाएँ

इनमें निम्न दो संस्थाएँ प्रमुख हैं

1. **केन्द्रीय सांख्यिकीय संगठन** (Central Statistical Organisation) केन्द्रीय सांख्यिकीय संगठन भारत में राष्ट्रीय आय का अनुमान एवं जनसंख्या से सम्बन्धित सर्वाधिक पूर्ण एवं सतत् जनसांख्यिकीय अभिलेख उपलब्ध कराता है।
2. **राष्ट्रीय प्रतिदर्श सर्वेक्षण संगठन** (National Sample Survey Organisation) राष्ट्रीय प्रतिदर्श सर्वेक्षण संगठन की स्थापना भारत सरकार द्वारा सामाजिक और आर्थिक मुद्दों पर राष्ट्रीय स्तर के सर्वेक्षणों के लिए की गई थी।

सांख्यिकीय अनुसन्धान की विधियाँ

1. **संगणना विधि** जब किसी अनुसन्धान क्षेत्र से सम्बन्धित समग्र की प्रत्येक व्यक्तिगत इकाई से विस्तृत सूचना प्राप्त की जाती है, तो वह संगणना विधि कहलाती है।
2. **निदर्शन या न्यादर्श/प्रतिदर्श विधि** समस्त समूह में से कुछ अंश का चुनाव कर, उस अंश का अध्ययन करना, निदर्शन या न्यादर्श विधि कहलाती है।

   निदर्शन की विधि निम्न दो प्रकार की होती है

   (i) **दैव निदर्शन विधि या यादृच्छिक प्रतिचयन** इस विधि में समग्र की प्रत्येक इकाई के चुने जाने की समान रूप से सम्भावना रहती है।

   (a) **साधारण दैव निदर्शन विधि** इस विधि से न्यादर्श चुनने की विधियाँ निम्न हैं

   - लॉटरी विधि
   - ढोल घुमाकर
   - दैव प्रतिदर्श सारणियों द्वारा

   (b) **प्रतिबद्ध दैव निदर्शन विधि** इस विधि के अन्तर्गत न्यादर्श चुनने की विधियाँ निम्न हैं

   - व्यवस्थित दैव निदर्शन
   - स्तरित दैव निदर्शन
   - बहुस्तरीय दैव निदर्शन

   (ii) **अदैव निदर्शन विधि** इस विधि में न्यादर्श का चुनाव अनुसन्धानकर्ता के निर्णय, विवेक एवं सुविधा पर निर्भर करता है। इसकी मुख्य विधियाँ निम्न हैं

   (a) सुविचार निदर्शन (b) कोटा या अभ्यंश निदर्शन

   (c) सुविधानुसार निदर्शन

निदर्शन विधि के सिद्धान्त/नियम

1. **सांख्यिकीय नियमितता का नियम** इस नियम के अनुसार, यदि किसी बड़े समूह में से दैव निदर्शन द्वारा कुछ इकाइयों को चुना जाए, तो इस प्रकार चुनी हुई इकाइयाँ समग्र आँकड़ों का लगभग सही प्रतिनिधित्व कर सकती हैं।
2. **महांक जड़ता का नियम** इस नियम के अनुसार, यदि समूह छोटा होगा, तो परिवर्तन अधिक होगा और यदि समूह बड़ा होगा, तो परिवर्तन कम होगा।
3. **अल्पांक दृढ़ता का नियम** इस नियम के अनुसार, यदि प्रतिदर्श का आकार बढ़ा दिया जाए, तो भी अल्प इकाइयों का वही अनुपात रहेगा, जो पहले था।

सांख्यिकीय त्रुटियाँ

सर्वेक्षण का क्षेत्र जितना बड़ा होता है या जनसंख्या का आकार जितना बड़ा होता है, आँकड़ों के अर्जन या एकत्रित करने से सम्बन्धित त्रुटियों की सम्भावना उतनी ही अधिक होती है।

सांख्यिकीय त्रुटियों (Statistical Errors) को निम्न दो भागों में बाँटा गया है

1. **प्रतिदर्श त्रुटियाँ** इन त्रुटियों का सम्बन्ध अध्ययन के लिए चुने गए प्रतिदर्श की प्रकृति एवं संख्या से होता है।
2. **अप्रतिदर्श त्रुटियाँ** ये त्रुटियाँ आँकड़ों के संकलन के दौरान होती हैं।

आँकड़ों के व्यवस्थितीकरण से आशय व आवश्यकता

संग्रहित आँकड़े प्रायः जटिल एवं अव्यवस्थित होते हैं। यह अवर्गीकृत अथवा अपरिष्कृत होते हैं तथा विशाल मात्रा में होते हैं, जिस कारण इन्हें सरलता से समझना तथा इनके आधार पर समुचित परिणाम ज्ञात करना असम्भव होता है। जिन क्रियाओं के द्वारा अव्यवस्थित अथवा अपरिष्कृत आँकड़ों को सरल एवं समझने योग्य बनाया जाता है, उसे आँकड़ों का व्यवस्थितीकरण (Organisation of Data) कहते हैं तथा व्यवस्थितीकरण का उद्देश्य आँकड़ों को व्यवस्थित करना होता है, जिससे उनको सरलता से समझा जा सके।

आँकड़ों का वर्गीकरण

संग्रहित किए गए आँकड़ों को उनकी अनुरूपता एवं सजातीयता के आधार पर विभिन्न वर्गों या समूहों में विभाजित करना 'आँकड़ों का वर्गीकरण' (Classification of Data) कहलाता है।

स्मिथ के अनुसार, "आँकड़ों को समान गुणों के आधार पर व्यवस्थित करके वर्गों में प्रस्तुत करने की क्रिया को वर्गीकरण कहते हैं।"

आँकड़ों के वर्गीकरण के उद्देश्य तथा लाभ

1. आँकड़ों का वर्गीकरण कठिन एवं अव्यवस्थित तथ्यों को सरल एवं संक्षिप्त रूप में प्रस्तुत करता है।
2. आँकड़ों के वर्गीकरण द्वारा तथ्यों में समानता एवं सजातीयता स्पष्ट हो जाती है।
3. आँकड़ों के वर्गीकरण द्वारा अनावश्यक आँकड़ों को हटाया जा सकता है।
4. वर्गीकरण द्वारा आँकड़ों का एक वैज्ञानिक स्वरूप प्राप्त होता है। साथ ही आँकड़ों की उपयोगिता को भी बढ़ाया जाता है।
5. आँकड़ों के सही वर्गीकरण से तथ्यों का तुलनात्मक अध्ययन किया जा सकता है।
6. आँकड़ों के वर्गीकरण से समसामयिक सूचनाओं को सरल रूप में प्रस्तुत किया जा सकता है।

आँकड़ों के वर्गीकरण का आधार

1. **क्षेत्र के आधार पर वर्गीकरण/भौगोलिक वर्गीकरण** इसके अन्तर्गत तथ्यों को क्षेत्र या स्थान के आधार पर वर्गीकृत किया जाता है।
2. **समय के आधार पर वर्गीकरण/समयानुसार वर्गीकरण** यदि तथ्यों का वर्गीकरण सप्ताह, माह अथवा वर्ष के आधार पर किया जाता है, तो इसे समय के आधार पर वर्गीकरण कहा जाता है।
3. **गुणात्मक वर्गीकरण** इस प्रकार के वर्गीकरण में आँकड़ों को गुणों के आधार पर वर्गीकृत किया जाता है अर्थात् सुन्दरता, शिक्षा एवं स्वास्थ्य आदि गुणों के आधार पर किया गया वर्गीकरण 'गुणात्मक वर्गीकरण' कहलाता है।

   गुणात्मक वर्गीकरण निम्न दो प्रकार का होता है

   (i) साधारण वर्गीकरण (ii) बहुगुणी वर्गीकरण
4. **संख्यात्मक वर्गीकरण** संख्यात्मक वर्गीकरण में वर्गान्तरों व आवृत्ति के अनुसार तथ्यों का वर्गीकरण किया जाता है। यह वर्गीकरण उसी स्थिति में सम्भव होता है, जब तथ्यों को संख्याओं में दर्शाया जा सकता हो।

आँकड़ों के प्रस्तुतीकरण से आशय

आँकड़ों के प्रस्तुतीकरण (Presentation of Data) से आशय है कि आँकड़ों को स्पष्ट तथा व्यवस्थित रूप में इस तरह से दर्शाया जाए कि प्रत्येक व्यक्ति उन्हें सरलतापूर्वक समझ सके तथा उनसे उचित परिणाम निकाल सके।

आँकड़ों का प्रस्तुतीकरण विभिन्न प्रकार का होता है, जिनमें से मुख्य प्रकार निम्नलिखित हैं

पाठ-विषयक या वर्णनात्मक प्रस्तुतीकरण

पाठ्य प्रस्तुतीकरण (Textual Presentation) में आँकड़े अध्ययन के पाठ्य का एक अंश अथवा अध्ययन की विषय-वस्तु के वर्णन का एक अंश होते हैं अर्थात् इसमें आँकड़ों का विवरण पाठ में ही दिया जाता है। जब आँकड़ों की संख्या अधिक न हो, तो यह आँकड़ों के प्रस्तुतीकरण का सर्वमान्य प्रकार है।

सारणीबद्ध या सारणीयन या तालिकावार प्रस्तुतीकरण

वर्गीकृत किए गए आँकड़ों को सरल व संक्षिप्त रूप देने हेतु सारणियों में प्रस्तुत करने की क्रिया को 'सारणीयन प्रस्तुतीकरण' (Tabular Presentation) कहते हैं।

प्रो. ब्लेयर के अनुसार, "विस्तृत अर्थ में समंकों की खानों तथा पंक्तियों में क्रमबद्ध व्यवस्था सारणीयन कहलाती है।"

सारणीयन के उद्देश्य तथा लाभ

1. सारणीयन वर्गीकृत आँकड़ों को क्रमबद्ध एवं व्यवस्थित रूप में प्रस्तुत करता है।
2. सारणीयन द्वारा आँकड़ों को संक्षिप्त रूप में प्रस्तुत किया जाता है।
3. सारणीयन द्वारा आँकड़ों की परस्पर तुलना करना सरल हो जाता है।
4. आँकड़ों को सारणीयन द्वारा प्रस्तुत करते समय, श्रम एवं कागज की बचत होती है।
5. सारणीयन किए गए आँकड़ों का विश्लेषण सरलता से किया जा सकता है।
6. सारणीयन किए जाने से आँकड़ों को याद रखने में सुविधा होती है।

सारणी का प्रारूप

एक सारणी के रूप में आँकड़ों को व्यवस्थित करने में निम्नलिखित प्रारूप को अपनाया जाता है

सारणी संख्या ....

शीर्षक ....

शीर्ष नोट................

स्तम्भ की विषय-वस्तु →	स्तम्भ			कुल जोड़
पंक्ति की विषय-वस्तु ↓	**स्तम्भ**-1	**स्तम्भ**-2	**स्तम्भ**-3	
पंक्ति-1 पंक्ति-2 पंक्ति-3	आँकड़े	आँकड़े	आँकड़े	
उप-जोड़				कुल जोड़

फुट नोट ....

स्रोत ....

सारणीयन प्रस्तुतीकरण का वर्गीकरण

सारणीयन प्रस्तुतीकरण के वर्गीकरण को निम्नलिखित चार भागों में विभक्त किया जाता है

1. **गुणात्मक वर्गीकरण** एकत्रित किए गए आँकड़ों को गुणात्मक लक्ष्यों एवं गुणात्मक विशेषताओं के रूप में वर्गीकृत करना 'गुणात्मक वर्गीकरण' कहलाता है; जैसे— प्रतिभाशाली, सुन्दरता, बुद्धिमान, मन्दबुद्धि आदि।
2. **मात्रात्मक वर्गीकरण** आँकड़ों को मात्रात्मक रूप में वर्गीकृत करना 'मात्रात्मक वर्गीकरण' कहलाता है; जैसे—आयु, उत्पादन, आय एवं व्यय आदि के रूप में वर्गीकृत करना।
3. **कालिक वर्गीकरण** इसके अन्तर्गत आँकड़ों का वर्गीकरण समय के आधार पर किया जाता है तथा समय एक वर्गीकृत चर बन जाता है।
4. **स्थानिक वर्गीकरण** इस वर्गीकरण में आँकड़ों का वर्गीकरण स्थान के आधार पर किया जाता है तथा स्थान एक वर्गीकृत चर बन जाता है।

केन्द्रीय प्रवृत्ति की माप

केन्द्रीय प्रवृत्ति की माप (Measures of Central Tendency) एक प्रतिरूपी मूल्य होता है, जिसका प्रयोग श्रेणी के सभी मूल्यों का प्रतिनिधित्व करने के लिए किया जाता है। यह समंक श्रेणी के लगभग मध्य में स्थित एक ऐसा मूल्य होता है, जिसके पास श्रेणी के अधिकांश चर मूल्यों के केन्द्रित होने की प्रवृत्ति पाई जाती है, इसलिए इसे केन्द्रीय प्रवृत्ति की माप या सांख्यिकीय माध्य भी कहते हैं।

क्लार्क एवं **शकार्ड** के अनुसार, "सांख्यिकीय माध्य सम्पूर्ण समंक समूह का विवरण देने वाली एकमात्र संख्या प्राप्त करने का प्रपत्र है।"

समान्तर माध्य, माध्यिका एवं बहुलक केन्द्रीय प्रवृत्ति की मापें हैं।

केन्द्रीय प्रवृत्ति की माप/सांख्यिकीय माध्य के उद्देश्य तथा कार्य

1. केन्द्रीय प्रवृत्ति की माप द्वारा अस्पष्ट एवं कठिन आँकड़ों को संक्षिप्त रूप में प्रस्तुत किया जाता है।
2. केन्द्रीय प्रवृत्ति की माप की सहायता से दो या दो से अधिक मूल्यों में सरलतापूर्वक तुलना की जा सकती है।
3. विभिन्न समूहों में गणितीय सम्बन्ध स्थापित करने में भी केन्द्रीय प्रवृत्ति की माप सहायक होती है।

4. केन्द्रीय प्रवृत्ति की माप सम्पूर्ण समूह का प्रतिनिधित्व करती है।
5. केन्द्रीय प्रवृत्ति की माप सांख्यिकीय विश्लेषण एवं नीति निर्धारण में भी सहायक होती है।

आदर्श सांख्यिकीय माध्य के आवश्यक गुण

1. एक आदर्श माध्य को सभी समूहों का प्रतिनिधित्व करने वाला होना चाहिए।
2. एक आदर्श माध्य का स्पष्ट एवं स्थिर परिभाषित होना आवश्यक है।
3. सांख्यिकीय माध्य की लोकप्रियता इसकी सरल गणना पर निर्भर होती है।
4. एक सांख्यिकीय माध्य को उसके न्यूनतम एवं अधिकतम मूल्यों से प्रभावित होना चाहिए।

माध्यिका का अर्थ

मध्यका या माध्यिका किसी भी समंकमाला के बीच का वह मूल्य होता है, जो समंकमाला को दो बराबर भागों में विभाजित करता है। किसी समंकमाला को आरोही (बढ़ते हुए) या अवरोही (घटते हुए) क्रम में रखने पर उस समंकमाला के मध्य के पद का जो मूल्य होता है, वह मध्यका या माध्यिका (Median) कहलाता है।

कॉनर के अनुसार, "माध्यिका, समंक श्रेणी का वह चर मूल्य है, जो क्रमबद्ध समंकमाला को दो बराबर भागों में इस प्रकार बाँटता है कि एक भाग में सारे मूल्य माध्यिका से अधिक और दूसरे भाग में सारे मूल्य उससे कम होते हैं।"

डॉ. बाउले के अनुसार, "यदि एक समूह के पदों को मूल्यों के आधार पर क्रमबद्ध किया जाए, तो लगभग मध्य पद का मूल्य ही माध्यिका होगा।"

उदाहरण 8, 10, 12, 13, 15, 17 व 20 की माध्यिका 13 है तथा 8, 12, 15, 18 व 24 की माध्यिका 15 है।

बहुलक का अर्थ

सांख्यिकी में बहुलक या भूयिष्ठक का तात्पर्य उस पद से होता है, जो समंकमाला में सबसे अधिक बार आता है अर्थात् जिसकी आवृत्ति सबसे अधिक होती है, वही 'बहुलक' कहलाता है।

क्रॉक्सटन एवं **काउडेन** के अनुसार, "बहुलक किसी समंक श्रेणी का वह मूल्य है, जिसके चारों ओर श्रेणी की इकाइयों के केन्द्रित होने की प्रवृत्ति पाई जाती है और यह मूल्य श्रेणी के मूल्यों का सर्वश्रेष्ठ प्रतिनिधि होता है।"

बहुलक के जन्मदाता जिजेक के अनुसार, "बहुलक किसी समंकमाला में सबसे अधिक बार आने वाला ऐसा मूल्य है, जिसके चारों ओर दूसरे मूल्य सबसे सघन रूप से वितरित होते पाए जाते हैं।"

कैने तथा **कीपिंग** के अनुसार, "बहुलक वह मूल्य है, जो श्रेणी में सबसे अधिक बार आता हो अर्थात् जिसकी सर्वाधिक आवृत्ति हो।"

अपकिरण की माप

अपकिरण की माप डेटा के बिखराव को दर्शाता है। यह एक-दूसरे से डेटा की असमानता को स्पष्ट करता है, उनके वितरण का सटीक दृश्य प्रदान करता है।

उपकिरण की माप हमें किसी व्यक्तिगत आइटम की भिन्नता और केन्द्रीय मूल्य के बारे में एक विचार प्रदर्शित करता है और देता है।

दूसरे शब्दों में, अपकिरण की माप वह सीमा है जिस तक वितरण में मान वितरण के औसत से भिन्न होते हैं। इस बात का अन्दाजा देता है कि किस हद तक अलग-अलग आइटम एक-दूसरे से और केन्द्रीय मूल्य से भिन्न होते हैं।

भिन्नता को विभिन्न संख्यात्मक मापों में मापा जा सकता है

1. रेंज (Range) यह उपकिरण की माप को मापने की सबसे सरल विधि है और किसी दिए गए वितरण में सबसे बड़े और सबसे छोटे आइटम के बीच अन्तर को परिभाषित करती है। यदि Y अधिकतम और Y न्यूनतम दो अन्तिम आइटम हैं तो रेंज (Range) = Y अधिकतम – Y न्यूनतम

रेंज के गुण और दोष

गुण

1. इसकी गणना करना बहुत आसान है और समझना भी सरल है।
2. रेंज की गणना करते समय किसी विशेष ज्ञान की आवश्यकता नहीं होती है।
3. इसमें गणना में सबसे कम समय लगता है।
4. यह एक नजर में डेटा की व्यापक तस्वीर प्रदान करता है।

दोष

1. यह एक अपरिष्कृत माप है, क्योंकि यह केवल दो चरम मूल्यों (उच्चतम और निम्नतम) पर आधारित है।
2. खुले अन्त वाली शृंखला के मामले में इसकी गणना नहीं की जा सकती।
3. रेंज, नमूने के उतार-चढ़ाव से काफी प्रभावित होती हैं, अर्थात् यह नमूने से नमूने में व्यापक रूप से भिन्न होती है।

(ii) **चतुर्थक विचलने** (Quartile Deviation) इसे अर्ध-अन्तर चतुर्थक श्रेणी के रूप में जाना जाता है, अर्थात, ऊपरी चतुर्थक और निचले चतुर्थक के बीच के अन्तर का आधा। पहला चतुर्थक Q के रूप में प्राप्त होता है, बीच का अंक *Q*1 सबसे छोटी संख्या को डेटा के माध्यिका से जोड़ता है। डेटा सेट का माध्यिका (Q2) दूसरा चतुर्थक है। अन्त में, सबसे बड़ी संख्या और माध्यिका को जोड़ने वाली संख्या तीसरी चतुर्थक (03) है। चतुर्थक विचलन की गणना इस प्रकार की जा सकती है

$$Q = \frac{1}{2} \times (Q_3 - Q_1)$$

चतुर्थक विचलन के गुण और दोष

गुण

1. इसकी गणना करना भी काफी आसान है और इसे समझना भी सरल है।
2. इसका उपयोग खुले-अन्त वितरण के मामले में भी किया जा सकता है।
3. यह चरम मूल्यों से कम प्रभावित होता है, इसलिए यह 'रेंज' से बेहतर है।
4. यह तब अधिक उपयोगी होता है जब मध्य के 50% के फैलाव की गणना करनी हो।

दोष

1. यह सभी अवलोकनों पर आधारित नहीं है।
2. यह आगे बीजगणितीय उपचार या सांख्यिकीय विश्लेषण करने में सक्षम नहीं है।
3. यह नमूने के उतार-चढ़ाव से काफी प्रभावित होता है।
4. इसे फैलाव का बहुत विश्वसनीय माप नहीं माना जाता है, क्योंकि यह 50% अवलोकनों की उपेक्षा करता है।

(iii) **माध्य विचलन** (Mean Deviation) माध्य विचलन एक केन्द्रीय मान (माध्य या माध्यिका) से अवलोकनों के विचलन $|D|$ का अंकगणितीय माध्य (औसत) है।

माध्य विचलन का मूल्यांकन सूत्र का उपयोग करके किया जा सकता है:

$$A = \frac{1}{n} [\Sigma\, x\, |xi - A|$$

माध्य विचलन के गुण और दोष

गुण

1. यह शृंखला के सभी प्रेक्षणों पर आधारित है न कि केवल रेंज और क्यूडी जैसी सीमाओं पर।
2. इसकी गणना करना सरल है तथा इसे समझना भी आसान है।
3. यह चरम मूल्यों से ज्यादा प्रभावित नहीं होता है।
4. माध्य विचलन की गणना के लिए किसी भी औसत से विचलन लिया जा सकता है।

दोष

1. गणितीय दृष्टिकोण से + और + चिह्नों की उपेक्षा करना गलत है।
2. यह आगे गणितीय उपचार के लिए सक्षम नहीं है।
3. जब माध्य या मध्यिका भिन्न में हो तो इसकी गणना करना कठिन होता है।
4. ओपन एण्डेड शृंखला के मामले में इस पद्धति का उपयोग करना सम्भव नहीं हो सकता है

(iv) **मानक विचलन** (Standard Deviation) मानक विचलन माध्य से मापे गए विचलनों के वर्ग के अंकगणितीय औसत का वर्गमूल है। मानक विचलन इस प्रकार दिया जाता है,

$$\sigma = [(\Sigma i(yi - \bar{y}) / n) \frac{1}{2} = [(\Sigma iyi2 / n) - \bar{y}2] \frac{1}{2}]$$

संख्यात्मक मान के अलावा, उपकिरण का अनुमान लगाने के लिए ग्राफ़िक्स विधियों का भी प्रयोग किया जाता है।

मानक विचलन के गुण और दोष

गुण

1. यह नकारात्मक नहीं हो सकता
2. इसका उपयोग केवल डेटा सेट के माध्य के आस-पास उपकिरण की माप को मापने के लिए किया जाता है।
3. यह दर्शाता है कि औसत मूल्य से कितनी भिन्नता या फैलाव मौजूद है।
4. यह आउटलायर्स के प्रति संवेदनशील है। एक भी आउटलायर σ को बढ़ा सकता है और बदले में, प्रसार की तस्वीर को विकृत कर सकता है।
5. लगभग समान माध्य वाले डेटा के लिए, जितना अधिक प्रसार होगा, उतना ही अधिक मानक विचलन होगा।
6. सामान्य रूप से वितरित डेटा का विश्लेषण करते समय डेटा अन्तराल की गणना करने के लिए मानक विचलन का उपयोग माध्य के साथ किया जा सकता है।

दोष

1. उपकिरण के अन्य मापों की तुलना में मानक विचलन की गणना करना कठिन है।
2. किसी शृंखला का मानक विचलन प्रेक्षणों की माप की इकाइयों पर निर्भर करता है। इसलिए, अलग-अलग इकाइयों में व्यक्त वितरण के फैलाव की तुलना करने के लिए मानक विचलन का उपयोग नहीं किया जा सकता है।
3. मानक विचलन चरम मूल्यों को अधिक महत्त्व देता है तथा माध्य के निकटवर्ती मूल्यों को कम महत्त्व देता है।

उत्पादनक फलन के आगम/राजस्व

आगम से आशय किसी फर्म या उत्पादक द्वारा एक वस्तु की निश्चित मात्रा की बिक्री से प्राप्त होने वाली धनराशि से होता है। एक फ़र्म का उद्देश्य अपने लाभ को अधिकतम करना होता है। लाभ क्योंकि उत्पादन लागत तथा बिक्री की राशि के अन्तर के बराबर होता है, इसलिए फर्म अपनी लागत को न्यूनतम तथा बिक्री की राशि या आगम को अधिकतम करने का प्रयास करती है। लागत दी होने पर लाभ की मात्रा आगम पर निर्भर करेगी, अतः आगम जितना अधिक होगा लाभ भी उतना ही अधिक होगा।

आर्थिक विश्लेषण में 'आगम' शब्द का प्रयोग प्रायः निम्न तीन अर्थों में किया जाता है–

(1) कुल आगम, (2) औसत आगम तथा (3) सीमान्त आगम।

कुल आगम

एक फर्म अपने उत्पादन की निश्चित मात्रा बेचकर जो धनराशि प्राप्त करती है, उसे कुल आगम कहते हैं। उदाहरण के लिए, यदि फर्म तीन इकाइयाँ बेचकर 24 रुपये प्राप्त करती हैं तो कुल आगम 24 रुपये होगी वस्तु की बेची गई इकाइयों को मूल्य से गुणा करने पर कुल आगम प्राप्त होती है

कुल आगम = वस्तु की बेची गई इकाइयाँ × वस्तु का मूल्य

सूत्र रूप में, $TR = Q \times P$

जहाँ TR कुल आगम, Q वस्तु की बेची गई इकाइयाँ तथा P वस्तु के मूल्य को व्यक्त करता है।

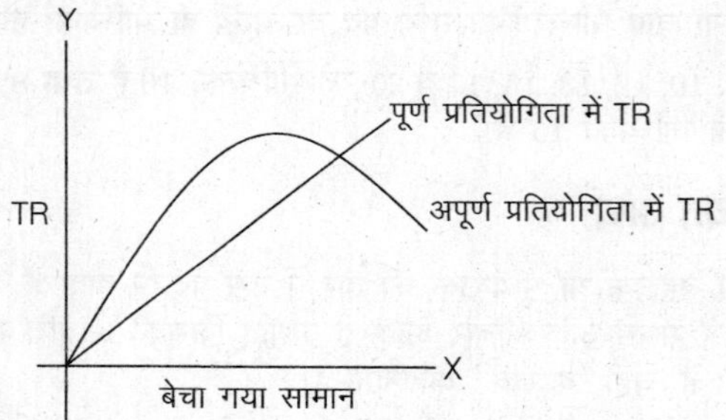

औसत आगम

फर्म द्वारा वस्तुओं की बिक्री से प्राप्त कुल आगम को वस्तु की इकाइयों से भाग देने पर औसत आगम (AR) प्राप्त होती है

औसत आगम = कुल आगम / वस्तु की बेची गई इकाइयाँ

$$AR = \frac{TR}{Q}$$

जहाँ AR औसत आगम, TR कुल आगम तथा Q वस्तु की बेची गई इकाइयों हैं।

∵ $TR = P \times Q$

तब $AR = \frac{P \times Q}{Q}$

अर्थात् $AR = Q$

$MR = TR_n - TR_n - 1$

या $MR = \frac{d}{dx}(TR)$

जहाँ MR = TR का ढाल

सीमान्त आगम (MR)

फर्म द्वारा बाजार में एक अतिरिक्त इकाई के बिक्री से फर्म के कुल आगम में जो वृद्धि होती है, उसे सीमान्त आगम कहा जाता है। इस प्रकार फर्म के कुल आगम (TR) में वृद्धि भी हो सकती है और कभी भी हो सकती है। यह बिक्री की मात्रा पर निर्भर करता है। पूर्ण प्रतियोगिता में फर्म के कुल आगम की जानकारी के लिए निम्न तालिका को देखिए

Price	Quantity	TR	MR	AR
10	0	0	0	0
10	1	10	10	10
10	2	20	10	10
10	3	30	10	10
10	4	40	10	10

जैसा तालिका में दिया गया है। वस्तु की कीमत रुपये 10 पर वस्तु की चाहे कितनी भी मात्रा बेची जाए, यह रुपये 10 ही रहती है। जब मात्रा 1 है तो $TR = 10 \times 1 = 10$ जब मात्रा 2 होती है तो $RT = 10 \times 2 = 20$ जब बिक्री मात्रा बढ़कर 3 या 4 हो जाती है तो TR क्रमशः 30 और 40 हो जाता है। इससे यह बात स्पष्ट है कि पूर्ण प्रतियोगिता में फर्म का कुल आगम दी हुई बिक्री मात्रा में वृद्धि होने पर बढ़ता है।

इसी प्रकार, इसकी विपरीत दशा में यदि विक्री की मात्रा 4 से घटकर 3 हो जाती है, तो कुल आगम भी 40 से घटकर 30 हो जाएगा। यह क्रम चलता रहेगा।

कुल आगम (TR) के बारे में दूसरी याद रखने की बात यह है कि यह स्थिर दर पर बढ़ता है। कीमत ₹ 10 से आरम्भ होने पर कुल आगम 20, 30, 40 तक बढ़ता जाता है।

अब औसत आगम (AR) को देखें, चूँकि $AR = \frac{TR}{Q}$ या कीमत, आप इन्हें अलग-अलग स्तम्भों में दिखाने के बजाय एक साथ भी रख सकते हैं। हमने इन्हें इस तालिका में औसत आगम की गणना के लिए ही रखा है और यह दिखाने के लिए कि यह कीमत के समान ही है।

तालिका में आप देख सकते हैं कि सीमान्त आगम भी प्रत्येक बिन्दु पर 10 ही है। प्रारम्भ में सीमान्त आगम को 10 दिखाया गया है और TR=10 इसका अर्थ यह है कि जब वस्तु की मात्रा 0 से 1 होती है, तो कुल आगम बढ़कर 0 से 10 हो जाता है। जब वस्तु की मात्रा बढ़कर 2 हो जाती है, तो कुल आगम (TR) 10 से बढ़कर 20 रुपये हो जाता है।

अत: $\Delta TR = 20 - 10 = 10$ और $\Delta R = 2 - 1 = 1$ इस कारण सीमान्त आगम (MR) दूसरी मात्रा में या वस्तु की दूसरी इकाई में इस प्रकार दिखाया गया है

$$\frac{\Delta TR}{\Delta Q} = \frac{20 - 10}{2 - 1} = \frac{10}{1} = 10$$

इसी प्रकार जब वस्तु की मात्रा बढ़कर 2 से 3 हो जाती है, तो कुल आगम बढ़कर 20 से 30 हो जाता है। इसी प्रकार वस्तु की तीसरी इकाई में सीमान्त आगम को इस प्रकार दिखाया गया है

$\frac{30-20}{3-2} = \frac{10}{1} = 10$ और इसी भाँति। सीमान्त आगम यह दिखाता है कि वस्तु की एक इकाई की वृद्धि होने पर कुल आगम में किस प्रकार का परिवर्तन होता है। इससे स्पष्ट है कि सीमान्त आगम (MR) की गणना दो उत्पादन मात्राओं के बीच होती है।

औसत आगम (AR), सीमान्त आगम (MR) और कुल आगम (TR) में सम्बन्ध

ऊपर की तालिका से हम पूर्ण प्रतियोगिता में फर्म के औसत आगम, सीमान्त आगम और कुल आगम में सम्बन्ध निम्न प्रकार जान सकते हैं

1. चूँकि पूर्ण प्रतियोगिता में कीमत या औसत आगम (AR) स्थिर और निश्चित रहती है, औसत आगम और सीमान्त आगम सदैव समान रहते हैं। अर्थात् AR = MR प्रतियोगी फर्म के लिए
2. MR और TR के मध्य यह कहा जा सकता है कि MR, TR के परिवर्तन की दर है। दूसरे शब्दों में, यह कह सकने हैं कि किसी भी मात्रा पर MR का मूल्य वही रहता है. जिस पर TR अपनी पूर्व इकाई से बढ़ा है।

कुल आगम (TR), औसत आगम (AR) व सीमान्त आगम की रेखाचित्री प्रस्तुति

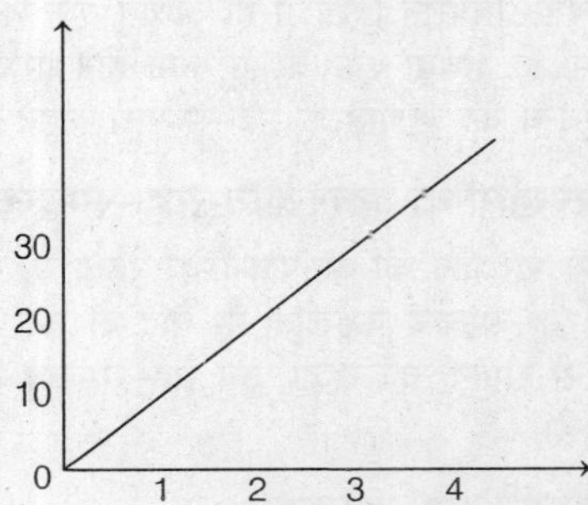

रेखाचित्र में दिखाया गया है कि Q = 1 का संयोग और TR = 10 को बिन्दु A पर दिखाया गया है। बिन्दु B पर Q = 2 और TR = 20 बिन्दु C, Q = 3 और TR = 30 को दर्शाता है। इसी प्रकार, बिन्दु D. Q = 4 और TR = 40 को दर्शाता है। TR प्राप्त करने के लिए O, A, B. C और D को मिलाइए।

पूर्ण प्रतियोगिता की स्थिति में फर्म का AR और MR एक क्षितिजीय रेखा (Horizontal Line) है, जैसा नीचे के रेखाचित्र में दिखाया गया है।

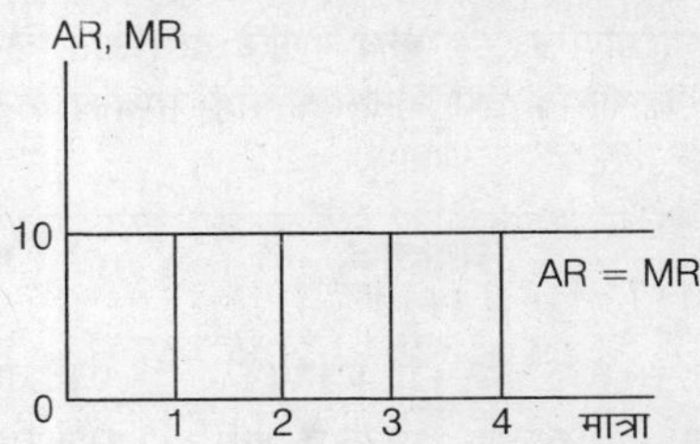

रेखाचित्र में दिखाया गया है कि प्रत्येक बेची गई इकाई का AR = MR = 10 इस प्रकार औसत आगम (Ae) और सीमान्त आगम (MR) ऊर्ध्वाधर अक्षर पर 10 से आरम्भ होते हैं जो उनको मापता है। यह एक क्षैतिजीय रेखा बन जाती है, क्योंकि यहाँ मात्रा बढ़ने पर AR और MR में कोई परिवर्तन नहीं होता।

सह-सम्बन्ध

जब दो समंक श्रेणियों में इस प्रकार का सम्बन्ध हो कि एक समंक श्रेणी में परिवर्तन होने पर दूसरी समंक श्रेणी में भी उसी दिशा में या विपरीत दिशा में परिवर्तन हो जाए, तो इस सहपरिवर्तन अथवा सहविचरण को 'सह-सम्बन्ध' कहते हैं।

कॉनर के अनुसार, "जब दो या दो से अधिक मात्राएँ सहानुभूति में परिवर्तित होती हैं, तब एक मात्रा में होने वाले परिवर्तनों के फलस्वरूप दूसरी मात्रा में भी परिवर्तन होने की प्रवृत्ति पाई जाती है, तो वे सह-सम्बन्धित कहलाती हैं।"

सह-सम्बन्ध के प्रकार

सह-सम्बन्ध को सम्बन्धित चरों के मध्य परिवर्तन की दिशा, अनुपात तथा समंक श्रेणियों की संख्या के आधार पर निम्नलिखित प्रकार से व्यक्त किया जा सकता है

1. धनात्मक एवं ऋणात्मक सह-सम्बन्ध

जब दो चरों में परिवर्तन एक ही दिशा में हो अर्थात् एक चर में वृद्धि होने पर दूसरे चर में भी वृद्धि तथा एक चर में कमी होने पर दूसरे चर में भी कमी हो, तो ऐसे सह-सम्बन्ध को धनात्मक सह-सम्बन्ध कहते हैं।

जब दो चरों में परिवर्तन विपरीत दिशा में हो अर्थात् एक चर में वृद्धि होने पर दूसरे चर में कमी हो अथवा एक चर में कमी होने पर दूसरे चर में वृद्धि हो, तो ऐसे सह-सम्बन्ध को ऋणात्मक सह-सम्बन्ध कहते हैं।

2. रेखीय तथा अरेखीय या वक्ररेखीय सह-सम्बन्ध

यदि दो चरों के मध्य परिवर्तन का अनुपात स्थिर रहता है, तो ऐसा सह-सम्बन्ध रेखीय सह-सम्बन्ध कहलाता है। यदि दो चरों में परिवर्तन का अनुपात स्थायी रूप से समान नहीं रहता, तब सह-सम्बन्ध अरेखीय या वक्ररेखीय कहलाता है।

3. सरल तथा बहुगुणी सह-सम्बन्ध

दो चर मूल्यों (जिनमें एक स्वतन्त्र तथा दूसरा आश्रित हो) के मध्य सह-सम्बन्ध सरल सह-सम्बन्ध कहलाता है। दो से अधिक चर मूल्यों के मध्य सह-सम्बन्ध बहुगुणी सह-सम्बन्ध कहलाता है। बहुगुणी सह-सम्बन्ध में दो से अधिक स्वतन्त्र चर मूल्यों के एक आश्रित चर पर सम्मिलित प्रभाव का अध्ययन किया जाता है।

सह-सम्बन्ध का परिमाण

सह-सम्बन्ध का परिमाण सह-सम्बन्ध गुणांक द्वारा ज्ञात किया जाता है। इसके आधार पर ऋणात्मक तथा धनात्मक सह-सम्बन्ध के निम्न परिमाण हो सकते हैं

परिमाण पूर्ण सह-सम्बन्ध	धनात्मक (+) 1	ऋणात्मक (–) 1
उच्च सह-सम्बन्ध	+ 0.75 तथा + 1 के मध्य	– 0.75 तथा – 1 के मध्य
मध्यम सह-सम्बन्ध	+ 0.25 तथा + 0.75 के मध्य	– 0.25 तथा – 0.75 के मध्य
न्यून सह-सम्बन्धी	0 तथा + 0.25 के मध्य	0 तथा – 0.25 के मध्य
सह-सम्बन्धी अनुपस्थिति	0	0

सह-सम्बन्ध ज्ञात करने की विधियाँ

सह-सम्बन्ध ज्ञात करने की प्रमुख विधियाँ निम्न प्रकार है

1. प्रकीर्ण आरेख विधि

(i) दो समंक श्रेणियों में सह-सम्बन्ध की दिशा तथा मात्रा का अनुमान विक्षेप चित्र की सहायता से किया जा सकता है।

(ii) इस विधि के अनुसार स्वतंत्र चर मूल्यों को ग्राफ पत्र पर x-अक्ष पर तथा आश्रित चर मूल्यों को y-अक्ष पर अंकित किया जाता है। x तथा y दोनों समंक श्रेणियों के प्रत्येक पद युग्म के लिए एक-एक बिन्दु अंकित किया जाता है।

(iii) इस प्रकार समंक श्रेणी में जितने पद युग्म होंगे उतने ही बिन्दु ग्राफ पत्र पर अंकित हो जाएँगे। ग्राफ पत्र पद पर अंकित किए गए विभिन्न बिन्दु जितने एक-दूसरे के निकट होंगे सह-सम्बन्ध की मात्रा उतनी ही अधिक होगी।

(iv) इसमें विपरीत ये बिन्दु जितने दूर होंगे, सह-सम्बन्ध की मात्रा उतनी ही कम होगी।

(v) यदि विभिन्न बिन्दुओं का प्रवाह बाईं ओर से दाहिनी तरफ ऊपर की ओर है, तो धनात्मक सह-सम्बन्ध तथा यदि विभिन्न बिन्दुओं का प्रवाह बाईं ओर के ऊपर वाले कोने से दाईं ओर निचले कोने की ओर गिरता हुआ है, तो यह ऋणात्मक सह-सम्बन्ध का सूचक है।

(vi) यदि विभिन्न बिन्दुओं का प्रवाह कोई प्रवृत्ति नहीं बताता है अर्थात् बिन्दु दाएँ-बाएँ, ऊपर-नीचे बिखरे हुए हैं, तो यह सह-सम्बन्ध की अनुपस्थिति का सूचक है।

(vii) विक्षेप चित्र के माध्यम से सह-सम्बन्ध की उपस्थिति तथा दिशा का पता लगाया जा सकता है, लेकिन सह-सम्बन्ध की मात्रा का अनुमान नहीं लगाया जा सकता है। विक्षेप चित्र निम्नलिखित प्रकार के हो सकते हैं

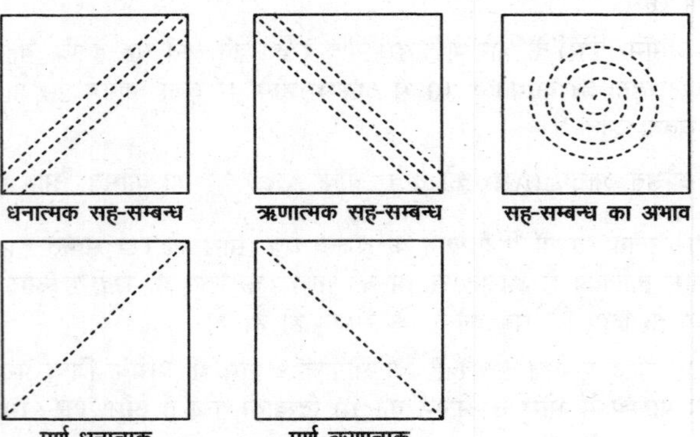

2. कार्ल पियर्सन का सह-सम्बन्ध गुणांक

कार्ल पियर्सन नामक सांख्यशास्त्री ने उन्नीसवीं शताब्दी में सह-सम्बन्ध गुणांक के परिकलन की रीति का प्रतिपादन किया था। यह रीति सह-सम्बन्ध ज्ञात करने की पूर्व रीतियों से अच्छी मानी जाती है, क्योंकि इसमें सह-सम्बन्ध की दिशा एवं परिणाम का सन्तोषजनक संख्यात्मक माप प्राप्त हो जाता है। इसे r द्वारा व्यक्त किया जाता है।

कार्ल पियर्सन के अनुसार, "दो श्रेणियों के सहविचरण (Co-variance) में दोनों श्रेणियों के प्रमाप विचलनों के गुणनफल का भाग देने से प्राप्त होने वाला अनुपात सह-सम्बन्ध गुणांक कहलाता है।"

सह-सम्बन्ध गुणांक के मुख्य लक्षण

कार्ल पियर्सन के सह-सम्बन्ध गुणांक के प्रमुख लक्षण निम्नलिखित है

(i) **दिशा की जानकारी** सह-सम्बन्ध की इस माप से सह-सम्बन्ध की दिशा की जानकारी अर्थात् धनात्मक (+) व ऋणात्मक (–) का आभास हो जाता है।

(ii) **मात्रा एवं सीमाओं की जानकारी** इस सूत्र के माध्यम से सह-सम्बन्ध की संख्यात्मक माप प्राप्त हो जाती है, इस गुणांक की संख्यात्मक माप +1 और –1 के बीच में रहती है।

इस गुणांक की संख्यात्मक माप 0 से 1 की ओर जैसे-जैसे बढ़ती जाती है, वैसे-वैसे सह-सम्बन्ध की मात्रा भी बढ़ती जाती है।

(iii) **आदर्श माप** यह समान्तर माध्य प्रमाप विचलन पर आधारित है, जो अनेक बीजगणितीय गुणों के कारण उच्चतर सांख्यिकीय रीतियों के लिए आदर्श माप है।

(iv) **सहविचरण की जानकारी** समंक श्रेणी के समान्तर माध्य से विचलनों की मात्रा तथा उनके गुणनफलों के योग में मदों की संख्या का भाग देकर समंक श्रेणियों के सहविचरण (Co-variance) की मात्रा भी ज्ञात हो जाती है।

सूत्रानुसार, Co-variance $= \dfrac{\Sigma dxdy}{N}$

कार्ल पियर्सन के सह-सम्बन्ध गुणांक ज्ञात करने का सूत्र

प्रत्यक्ष रीति (Direct Method) $= \dfrac{\Sigma dxdy}{N\sigma_x\sigma_y}$

or $$= \frac{\Sigma dxdy}{\sqrt{\Sigma d^2x.\Sigma d^2y}}$$

$$\Sigma dxdy = \Sigma(dx \times dy)$$

N = Number of items

δ_x = Standard deviation of x series

δ_y = Standard deviation of y series

$$\Sigma d^2x = dx \times dx,\ \Sigma d^2y = dy \times dy$$

लघु रीति (Shortcut Method)

(i) $$r = \frac{\Sigma dxdy - \dfrac{\Sigma dx \times \Sigma dy}{N}}{\sqrt{\Sigma d^2x - \dfrac{(\Sigma dx)^2}{N} \times \Sigma d^2y - \dfrac{(\Sigma dy)^2}{N}}}$$

(ii) $$r = \frac{\Sigma dxdy.N - (\Sigma dx.\Sigma dy)}{\sqrt{[\Sigma d^2x.N - (\Sigma dx)^2][\Sigma d^2y.N - (\Sigma dy)^2]}}$$

3. स्पियरमैन का श्रेणी अन्तर सह-सम्बन्ध गुणांक

प्रोफेसर चार्ल्स स्पियरमैन ने व्यक्तिगत श्रेणी में सह-सम्बन्ध ज्ञात करने की एक सरल रीति का प्रतिपादन किया। इस रीति को 'स्पियरमैन की कोटि अन्तर रीति' या 'क्रमान्तर रीति' कहते हैं। सह-सम्बन्ध ज्ञात करने की इस रीति के अन्तर्गत प्रत्येक पद के लिए उसकी स्थिति के अनुसार क्रम निश्चित कर देते हैं। सबसे बड़ी राशि को क्रम-1, उससे छोटी राशि को क्रम-2, उससे छोटी राशि को क्रम-3 तथा इसी प्रकार क्रम निश्चित किए जाते हैं। यदि श्रेणी में दो या दो से अधिक पद मूल्य समान आकार के हो, तो उनमें क्रमश: मिलने वाले कोटि क्रमों का औसत ज्ञात किया जाता है और यह औसत कोटि क्रम ही उन पद मूल्यों का कोटि क्रम मान लिया जाता है।

सूत्र (Formula) स्पियरमैन का कोटि अन्तर रीति द्वारा सह-सम्बन्ध ज्ञात करने का सूत्र निम्न है

$$r_r = 1 - \left[\frac{6\Sigma D^2}{N(N^2-1)}\right]$$

r_r = कोटि अन्तर सह-सम्बन्ध गुणांक, ΣD^2= क्रमान्तरों के वर्गों का योग, N = पद युग्मों की संख्या

यह रीति साधारणत: उन परिस्थितियों के लिए उपयुक्त है, जहाँ तथ्यों की प्रत्यक्ष संख्यात्मक माप सम्भव न हो तथा उन्हें केवल निश्चित कोटि क्रम में व्यक्त किया जा सकता हो।

उदाहरणार्थ सुन्दरता, बुद्धिमत्ता, स्वास्थ्य, आदि गुणात्मक तथ्यों को अंकों के रूप में मापना कठिन है। इन्हें केवल कोटि क्रमों में व्यक्त किया जा सकता है। इन कोटि क्रमों के आधार पर ही कोटि अन्तर रीति द्वारा सह-सम्बन्ध गुणांक ज्ञात किया जाता है।

सह-सम्बन्ध गुणांक का महत्त्व

सह-सम्बन्ध गुणांक के महत्त्व को निम्न बिन्दुओं द्वारा समझा जा सकता है

1. यह आर्थिक व्यवहारों को समझने में सहायता देता है।
2. यह महत्त्वपूर्ण चरों को खोजने में मददगार सिद्ध होता है।
3. यह सम्बन्ध अस्पष्ट सुझावों को स्पष्ट करता है तथा अर्थशास्त्रियों को ऐसे सुझाव देता है, जिनसे स्थिरता लाने वाली शक्तियाँ प्रभावित हों।
4. सह-सम्बन्ध प्रतिगमन तथा विचरण अनुपात की माप के विचार को ठोस आधार प्रदान करता है।
5. पूर्वानुमानों को अधिक विश्वसनीय बनाकर वास्तविकता के निकट लाता है।

सूचकांक या निर्देशांक

सूचकांक एक सांख्यिकी माप है, जो समय, भौगोलिक स्थिति अथवा अन्य विशेषताओं के आधार पर सम्बन्धित चर मूल्य के समूह में होने वाले परिवर्तनों को प्रदर्शित करता है।

क्रॉक्सटन तथा **काउडेन** के अनुसार, "सूचकांक एक समूह से सम्बन्धित चर मूल्य के आकार में होने वाले परिवर्तनों को प्रदर्शित करता है।"

सूचकांकों की विशेषताएँ

सूचकांकों की विशेषताएँ निम्नलिखित हैं

1. सूचकांक संख्या में व्यक्त होते हैं।
2. सूचकांक परिवर्तन की दशा को औसत रूप में व्यक्त करता है।
3. सूचकांकों की प्रकृति तुलनात्मक होती है।
4. सूचकांकों की सार्वभौमिक उपयोगिता होती है।

सूचकांकों के प्रकार

सूचकांकों के प्रकार निम्न है

1. **कीमत सूचकांक** कीमत सूचकांक दो समयान्तरों अथवा दो स्थानों के मध्य कीमत स्तर में हुए परिवर्तनों को मापते हैं, इन्हें मूल्य सूचकांक भी कहते हैं।
2. **मात्रा सूचकांक** किसी वस्तु के उत्पादित, विक्रय या उपयोग की जाने वाली मात्रा के परिवर्तनों को मापने के लिए मात्रा सूचकांक बनाए जाते हैं।
3. **कुल मूल्य सूचकांक** कुल मूल्य सूचकांक यह बताते हैं कि किसी आधार की तुलना में कुल मूल्य में कितना परिवर्तन मापा है। ये सूचकांक कीमत एवं मात्रा का गुणनफल होते हैं।
4. **विशेष उद्देश्य सूचकांक** इन सूचकांकों का निर्माण किसी विशेष उद्देश्य हेतु किया जाता है।

सूचकांक रचना की समस्याएँ

सूचकांकों की रचना करते समय निम्न समस्याओं का समाधान करना आवश्यक है

1. सूचकांक निर्माण का उद्देश्य निर्धारित करना।
2. सूचकांक निर्माण में सम्मिलित की जाने वाली वस्तुओं का चयन करना।
3. चयनित वस्तुओं की संख्या का निर्धारण करना।
4. प्रतिनिधि मूल्यों का चुनाव करना।
5. आधार वर्ष का चयन करना।
6. सूचकांक रचना के लिए माध्य का चुनाव करना।
7. भार (Weights) का चुनाव करना।
8. उपयुक्त सूत्र का चुनाव करना।

सूचकांकों की रचना विधियाँ

1. **साधारण सूचकांक** साधारण सूचकांकों की रचना करने में भार का प्रयोग नहीं किया जाता है। सभी वस्तुओं को समान महत्त्व दिया जाता है। साधारण सूचकांक बनाने की मुख्य दो विधियाँ है

(i) **सरल समूहीकरण विधि** इसमें सूचकांक ज्ञात करने के लिए निम्न सूत्र का प्रयोग किया जाता है

सूचकांक या निर्देशांक का अर्थ एवं परिभाषा

सूचकांक एक सांख्यिकी माप है, जो समय, भौगोलिक स्थिति अथवा अन्य विशेषताओं के आधार पर सम्बन्धित चर मूल्य के समूह में होने वाले परिवर्तनों को प्रदर्शित करता है।

क्रॉक्सटन तथा **काउडेन** के अनुसार, ''सूचकांक एक समूह से सम्बन्धित चर मूल्य के आकार में होने वाले परिवर्तनों को प्रदर्शित करता है।''

सूचकांकों की विशेषताएँ

सूचकांकों की विशेषताएँ निम्नलिखित हैं

1. सूचकांक संख्या में व्यक्त होते हैं।
2. सूचकांक परिवर्तन की दशा को औसत रूप में व्यक्त करता है।
3. सूचकांकों की प्रकृति तुलनात्मक होती है।
4. सूचकांकों की सार्वभौमिक उपयोगिता होती है।

सूचकांकों के प्रकार

सूचकांकों के प्रकार निम्न है

1. **कीमत सूचकांक** कीमत सूचकांक दो समयान्तरों अथवा दो स्थानों के मध्य कीमत स्तर में हुए परिवर्तनों को मापते हैं, इन्हें मूल्य सूचकांक भी कहते हैं।
2. **मात्रा सूचकांक** किसी वस्तु के उत्पादित, विक्रय या उपयोग की जाने वाली मात्रा के परिवर्तनों को मापने के लिए मात्रा सूचकांक बनाए जाते हैं।
3. **कुल मूल्य सूचकांक** कुल मूल्य सूचकांक यह बताते हैं कि किसी आधार की तुलना में कुल मूल्य में कितना परिवर्तन मापा है। ये सूचकांक कीमत एवं मात्रा का गुणनफल होते हैं।
4. **विशेष उद्देश्य सूचकांक** इन सूचकांकों का निर्माण किसी विशेष उद्देश्य हेतु किया जाता है।

सूचकांक रचना की समस्याएँ

सूचकांकों की रचना करते समय निम्न समस्याओं का समाधान करना आवश्यक है

1. सूचकांक निर्माण का उद्देश्य निर्धारित करना।
2. सूचकांक निर्माण में सम्मिलित की जाने वाली वस्तुओं का चयन करना।
3. चयनित वस्तुओं की संख्या का निर्धारण करना।
4. प्रतिनिधि मूल्यों का चुनाव करना।
5. आधार वर्ष का चयन करना।
6. सूचकांक रचना के लिए माध्य का चुनाव करना।
7. भार (Weights) का चुनाव करना।
8. उपयुक्त सूत्र का चुनाव करना।

सूचकांकों की रचना विधियाँ

1. **साधारण सूचकांक** साधारण सूचकांकों की रचना करने में भार का प्रयोग नहीं किया जाता है। सभी वस्तुओं को समान महत्त्व दिया जाता है। साधारण सूचकांक बनाने की मुख्य दो विधियाँ है

(i) **सरल समूहीकरण विधि** इसमें सूचकांक ज्ञात करने के लिए निम्न सूत्र का प्रयोग किया जाता है

$$P_{01} = \frac{\Sigma P_1}{\Sigma P_0} \times 100$$

यहाँ P_{01} = वर्तमान वर्ष का मूल्य सूचकांक

ΣP_1 = वर्तमान वर्ष की विभिन्न वस्तुओं के मूल्यों का योग

ΣP_0 = आधार वर्ष की उन्हीं वस्तुओं के मूल्यों का योग

(ii) **सरल औसत मूल्य अनुपात विधि** इसमें सूचकांक ज्ञात करने के लिए निम्न सूत्र का प्रयोग किया जाता है

$$P_{01} = \frac{\Sigma\left(\frac{P_1}{P_0} \times 100\right)}{N}$$

यहाँ $\frac{P_1}{P_0} \times 100$ = मूल्य अनुपात

N = वस्तुओं की संख्या

P_1 = चालू वर्ष का मूल्य

P_0 = आधार वर्ष का मूल्य

2. **भारित सूचकांक** भारित सूचकांकों की रचना करने के लिए वस्तुओं को उनके महत्त्व के अनुसार भार दिया जाता है। ये भार विभिन्न वस्तुओं के सापेक्षित महत्त्व को प्रकट करते हैं। भारित सूचकांकों में भार का सम्बन्ध आधार वर्ष से होता हैं। ऐसी वस्तु जिसका सूचकांकों में भार कम होता है उसकी कीमत में परिवर्तन होने पर सूचकांकों में भी कम परिवर्तन होता है। भारित सूचकांक की रचना की दो विधियाँ निम्न है

(i) **भारित औसत मूल्य अनुपात विधि**—इसमें भारित सूचकांक ज्ञात करने के लिए निम्न सूत्र का प्रयोग किया जाता है

$$P_{01} = \frac{\Sigma RW}{\Sigma W}$$

P_{01} = भारित सूचकांक

R = मूल्य अनुपात $\left(\frac{P_1}{P_0} \times 100\right)$

W = भार

(ii) **भारित समूहीकरण विधि** इस विधि में विभिन्न वस्तुओं को उनकी क्रय की गई मात्राओं के आधार पर भार दिया जाता है। इसमें प्रमुख विधियों के सूत्र निम्न प्रकार है

(a) लास्पेयरे सूत्र (Laspeyre's Method) $P_{01} = \frac{\Sigma p_1 q_0}{\Sigma p_0 q_0} \times 100$

(b) पाश्चे का सूत्र (Paasche's Method) $P_{01} = \frac{\Sigma p_1 q_1}{\Sigma p_0 q_1} \times 100$

(c) फिशर का आदर्श सूत्र (Fisher's Ideal Method)

$$= \sqrt{\frac{\Sigma p_1 q_0}{\Sigma p_0 q_0} \times \frac{\Sigma p_1 q_1}{\Sigma p_0 q_1}} \times 100$$

फिशर का सूत्र सूचकांक की रचना करने का आदर्श सूत्र कहलाता है। यह गुणोत्तर माध्य पर आधारित है तथा समय व्युत्क्रम परीक्षण एवं तत्त्व व्युत्क्रम परीक्षण दोनों को पूरा करता है।

3. **उपभोक्ता कीमत सूचकांक या जीवन निर्वाह सूचकांक** उपभोक्ता कीमत सूचकांक वह सूचकांक है जो विशिष्ट वर्ग के उपभोक्ताओं द्वारा उपयोग की जाने वाली वस्तुओं तथा सेवाओं की कीमतों में आधार वर्ष की तुलना में चालू वर्ष में होने वाले परिवर्तन को मापता है।

यह सूचकांक विभिन्न स्थानों में रहने वाले उपभोक्ता वर्गों के ऊपर खुदरा कीमतों में होने वाले औसत परिवर्तनों के प्रभावों को मापने के लिए बनाए जाते हैं। इन्हें जीवन निर्वाह लागत सूचकांक भी कहते हैं।

उपभोक्ता मूल्य सूचकांक के निर्माण भी निम्न दो विधियाँ है

(i) **समूहीकृत व्यय विधि** इस विधि में निम्न सूत्र का प्रयोग किया जाता है

$$\text{Consumer Price Index} = \frac{\Sigma P_1 q_0}{\Sigma P_0 q_0} \times 100$$

यहाँ P_1 = चालू वर्ष की कीमत, P_0 आधार वर्ष की कीमत

q_0 = आधार वर्ष की मात्रा

(ii) **पारिवारिक बजट विधि** इस विधि में निम्न सूत्र का प्रयोग किया जाता है।

$$\text{Consumer Price Index} = \frac{\Sigma RW}{\Sigma W}$$

यहाँ R = प्रत्येक वस्तु का मूल्यानुपात $= \frac{P_1}{P_0} \times 100, W$ = भार

4. **थोक कीमत सूचकांक** थोक कीमत सूचकांक वह सूचकांक है जो थोक बाजार में बेची जाने वाली वस्तुओं की थोक कीमतों में होने वाले सापेक्षिक परिवर्तनों को मापते हैं।

इस सूचकांक का उपयोग माँग तथा पूर्ति सम्बन्धी अनुमान, मौद्रिक तथा वास्तविक मूल्यों का निर्धारण करने, मुद्रा स्फीति की दर का अनुमान लगाने के लिए किया जाता है।

भारत में थोक कीमत सूचकांकों का निर्माण साप्ताहिक किया जाता है। वर्तमान में केन्द्रीय सांख्यिकी संगठन द्वारा वर्ष 2004-05 को आधार वर्ष मानकर इस सूचकांक का निर्माण किया जाता है। सरकार द्वारा यह आधार वर्ष को परिवर्तित करके 2011-12 करने की योजना प्रस्तावित है।

5. **औद्योगिक उत्पादन सूचकांक** औद्योगिक उत्पादन सूचकांक वह सूचकांक है जो एक देश में किसी आधार वर्ष की तुलना में चालू वर्ष में औद्योगिक उत्पादन की मात्रा में होने वाली वृद्धि या कमी की माप करता है। ये सूचकांक देश में औद्योगिक उत्पादन के विकास का अनुमान लगाने में उपयोगी होते हैं। इस सूचकांक की रचना का सूत्र निम्न है

$$\text{औद्योगिक उत्पादन सूचकांक} = \frac{\Sigma\left(\frac{q_1}{q_0}\right)W}{\Sigma W} \times 100$$

यहाँ q_1 = चालू वर्ष का उत्पादन

q_0 = आधार वर्ष का उत्पादन

w = भार या विभिन्न औद्योगिक उत्पादन का सापेक्षिक महत्त्व

वस्तुनिष्ठ प्रश्न

1. 'सांख्यिकी' शब्द के जन्मदाता हैं
(a) मार्शल
(b) गॉटफ्राइड आकेनवाल
(c) गाल्टन
(d) बाउले

2. 'सांख्यिकी' शब्द के बहुवचन से क्या अभिप्राय है?
(a) समंकों का अध्ययन (b) समंकों का संग्रहण
(c) समंकों का विश्लेषण (d) ये सभी

3. सांख्यिकी की प्रथम परिभाषा कब दी गई?
(a) 1749 में (b) 1750 में
(c) 1849 में (d) 1850 में

4. सांख्यिकी को गणना का विज्ञान किसने कहा है?
(a) बाउले (b) मार्शल
(c) किंग (d) सैलिगमैन

5. सांख्यिकी है
(a) कला (b) विज्ञान
(c) 'a' और 'b' दोनों (d) इनमें से कोई नहीं

6. सांख्यिकी का महत्त्व निम्न में से किन क्षेत्रों में है?
(a) अर्थशास्त्र में (b) सरकार के लिए
(c) योजना निर्माण में (d) इन सभी में

7. ''सांख्यिकी मिट्टी के समान है, जिससे आप देवता या शैतान कुछ भी बना सकते हैं।'' यह कथन है
(a) डिजराइली का
(b) मार्शल का
(c) डब्ल्यू. आई. किंग का
(d) कीन्स का

8. निम्न में से कौन-सा कथन सही है?
(a) सांख्यिकी केवल औसत का विज्ञान है
(b) सांख्यिकी का गलत उपयोग नहीं हो सकता है
(c) सांख्यिकी केवल गणना का विज्ञान है
(d) निरंकुश व्यक्ति के हाथ में सांख्यिकीय विधियाँ बहुत खतरनाक हथियार हैं

9. समंकों का लक्षण है
(a) समंक गुणामक रूप से व्यक्त किए जाते हैं
(b) समंकों का पूर्व निश्चित उद्देश्य न होना
(c) समंकों का व्यवस्थित न होना
(d) समंक तथ्यों के समूह होते हैं

10. निम्न में से कौन-सा कथन सत्य नहीं है?
(a) सांख्यिकी एक विज्ञान है
(b) सांख्यिकी केवल संख्यात्मक तथ्यों का अध्ययन करती है
(c) आर्थिक नीतियों के निर्माण मे सांख्यिकी का कोई प्रयोग नहीं होता
(d) सांख्यिकी केवल समूहों का अध्ययन करती है

11. एकत्रित करने की दृष्टि से आँकड़े कितने प्रकार के होते हैं?
(a) एक (b) दो
(c) तीन (d) चार

12. प्राथमिक आँकड़े एकत्रित किए जाते हैं
(a) शोधकर्ता द्वारा (b) साक्षात्कार द्वारा
(c) 'a' और 'b' दोनों (d) इनमें से कोई नहीं

13. प्राथमिक आँकड़ों को अन्य किस नाम से जाना जाता है?
(a) मौलिक आँकड़े (b) समंक
(c) संकलन (d) इनमें से कोई नहीं

14. प्राथमिक आँकड़ों के संकलन की विधि है
(a) प्रत्यक्ष विधि
(b) अप्रत्यक्ष विधि
(c) संवाददाताओं द्वारा सूचना प्राप्ति
(d) उपरोक्त सभी

15. द्वितीयक आँकड़े एकत्रित किए जाते हैं
(a) शोधकर्ता से (b) साक्षात्कार से
(c) क्षेत्र से (d) प्रकाशित स्रोतों से

16. द्वितीयक आँकड़ों के प्रकाशित स्रोतों में शामिल नहीं है
(a) सरकारी प्रकाशन
(b) अर्द्धसरकारी प्रकाशन
(c) विश्वविद्यालयों का प्रकाशन
(d) व्यक्तिगत साक्षात्कार

17. भारत में राष्ट्रीय आय का अनुमान कौन लगाता है?
(a) केन्द्रीय सांख्यिकीय संगठन
(b) राष्ट्रीय प्रतिदर्श सर्वेक्षण संगठन
(c) वित्त आयोग
(d) नीति आयोग

18. निम्न में से सांख्यिकीय अनुसन्धान की विधियाँ हैं
(a) संगणना विधि (b) निदर्शन विधि
(c) 'a' और 'b' दोनों (d) इनमें से कोई नहीं

19. एक वर्ग का मध्य बिन्दु बराबर है
(a) उच्च वर्ग सीमा तथा निम्न वर्ग सीमा के औसत के
(b) उच्च वर्ग सीमा तथा निम्न वर्ग सीमा के गुणनफल के
(c) उच्च वर्ग सीमा तथा निम्न वर्ग सीमा के अनुपात के
(d) उपरोक्त में से कोई नहीं

20. वर्गीकृत आँकड़ों में सांख्यिकीय परिकलन आधारित होता है
(a) प्रेक्षणों के वास्तविक मानों पर
(b) उच्च वर्ग सीमाओं पर
(c) निम्न वर्ग सीमाओं पर
(d) वर्ग के मध्य बिन्दुओं पर

21. परास का अर्थ है
(a) अधिकतम एवं न्यूनतम प्रेक्षणों के बीच अन्तर
(b) न्यूनतम एवं अधिकतम प्रेक्षणों के बीच अन्तर
(c) अधिकतम एवं न्यूनतम प्रेक्षणों का औसत
(d) अधिकतम एवं न्यूनतम प्रेक्षणों का अनुपात

22. जब आँकड़ों का वर्गीकरण समय के आधार पर किया जाता है, तो यह कहलाता है
(a) भौगोलिक वर्गीकरण (b) गुणात्मक वर्गीकरण
(c) समयानुसार वर्गीकरण (d) संख्यात्मक वर्गीकरण

23. आँकड़ों के प्रस्तुतीकरण की कितनी विधियाँ हैं?
(a) 2 (b) 3 (c) 4 (d) 7

24. आँकड़ों को पंक्तियों व स्तम्भों में व्यवस्थित करते हैं
(a) सारणीयन प्रस्तुतीकरण से
(b) वर्णात्मक प्रस्तुतीकरण से
(c) चित्रमय प्रस्तुतीकरण से
(d) उपरोक्त में से कोई नहीं

25. तोरणों के द्वारा आलेखी रूप में निम्न की स्थिति जानी जा सकती है
(a) बहुलक
(b) माध्य
(c) माध्यिका
(d) उपरोक्त में से कोई नहीं

26. अंकगणितीय रेखाचित्र के द्वारा प्रस्तुत आँकड़ों से निम्न को समझने में सहायता मिलती है
(a) दीर्घकालिक प्रवृत्ति (b) आँकड़ों में चक्रीयता
(c) आँकड़ों में कालिकता (d) ये सभी

27. केन्द्रीय प्रवृत्ति की माप है
(a) समान्तर माध्य (b) माध्यिका
(c) बहुलक (d) ये सभी

28. केन्द्रीय प्रवृत्ति की एक माप है
(a) समान्तर माध्य (b) माध्य विचलन
(c) प्रमाप विचलन (d) सह-सम्बन्ध

29. चरम मदों की उपस्थिति से कौन-सा औसत सर्वाधिक प्रभावित होता है?
(a) माध्यिका (b) बहुलक
(c) समान्तर माध्य (d) इनमें से कोई नहीं

30. निम्नलिखित में से कौन-सी केन्द्रीय प्रवृत्ति की माप नहीं है?
(a) आवृत्ति वक्र (b) मीडियन (माध्यिका)
(c) बहुलक (d) समान्तर माध्य

31. निम्नलिखित समंकों की माध्यिका क्या है?

8, 10, 12, 13, 15, 17, 20

(a) 10 (b) 13
(c) 15 (d) 20

32. गुणात्मक मापन के लिए सर्वाधिक उपयुक्त औसत है
(a) समान्तर माध्य (b) माध्यिका
(c) बहुलक (d) ज्यामितीय माध्य

33. निम्नलिखित समंकों में माध्यिका क्या है?
8, 12, 15, 18, 24
(a) 8 (b) 12 (c) 15 (d) 24

34. निम्नलिखित में से कौन-सा सत्य है?
(a) माध्य = 3 माध्यिका – 2 बहुलक
(b) माध्यिका = 3 माध्य – 2 बहुलक
(c) बहुलक = 3 माध्यिका – 2 माध्य
(d) बहुलक = 3 माध्य – 2 माध्यिका

35. सांख्यिकी का वह अध्ययन जो डेटा की परिवर्तनशीलता की व्याख्या करने में सहायता करता है उसे ...... कहा जाता है।
(a) मानक विचलन (b) केन्द्रीय प्रवृत्ति मापक
(c) अपकिरण की माप (d) इनमें से कोई नहीं

36. दो या दो से अधिक डेटा सेटों के वितरण की तुलना करने के लिए फैलाव के कौन-से मापों का उपयोग किया जाता है?
(a) अपकिरण का निरपेक्ष माप
(b) अपकिरण की सापेक्ष माप
(c) फैलाव गुणांक
(d) उपरोक्त में से कोई नहीं

37. इनमें से कौन-सा डेटा सेट में दिए गए अधिकतम व न्यूनतम मानों के बीच का अन्तर है?
(a) रेंज (b) औसत झुकाव
(c) मानक विचलन (d) माध्य विचलन

38. किसी शृंखला क लिए निरपेक्ष विचलन का अंकगणितीय औसत क्या कहलाता है?
(a) माध्य विचलन गुणांक (b) औसत झुकाव
(c) चतुर्थांश विचलन (d) मानक विचलन

39. अपकिरण की माप की सांख्यिकी में अपकिरण का माप ...... कभी नहीं हो सकता है।
(a) सकारात्मक (b) नकारात्मक
(c) शून्य (d) इनमें से कोई नहीं

40. किसी डेटा सेट में केन्द्रीय 50% अवलोकन केवल अपकिरण के ...... की माप पर आधारित होती है।
(a) चतुर्थक विचलन (b) औसत झुकाव
(c) मानक विचलन (d) इनमें से कोई नहीं

41. कौन-सा विचलन, विचरण गुणांक का प्रतिशत अभिव्यक्ति है?
(a) चतुर्थक विचलन (b) मानक विचलन
(c) औरत झुकाव (d) इनमें से कोई नहीं

42. निम्न में से विचरण का सबसे कम मान कौन-सा हो सकता है?
(a) 0 (b) 1
(c) – 1 (d) 2

43. 10, 21, 5, 1, 3, 17, 19, 2 की रेंज (range) ज्ञात कीजिए।
(a) 19 (b) 10
(c) 20 (d) 17

44. चार अलग-अलग प्राकृत संख्याओं का समान्तर माध्य 110 है। यदि इन चार संख्याओं में से सबसे बड़ी संख्या 135 हो, तो इन चार संख्याओं के समुच्चय के परास का अधिकतम सम्भावित मान क्या है?
(a) 97 (b) 96
(c) 98 (d) 95

45. –3, 4, 0, 3, – 2, – 5, 1, 7, 10, 5 आँकड़ों का माध्य विचलन है
(a) 2 (b) 2.8
(c) 3.8 (d) 3.2

46. यदि आँकड़ों के माध्य से उनके विचलन –7, – 3, 0, 8, 9 हो, तो आँकड़ों का माध्य विचलन है
(a) 5.4 (b) 5
(c) 1.4 (d) 7

47. निम्न आँकड़ों का माध्य विचलन है

x	8	10	3	4	5
f	3	2	7	5	3

(a) 5 (b) 3.8
(c) 2.9 (d) 1.9

48. 1, 2, 3, 4, 5 का मानक विचलन ज्ञात कीजिए।
(a) 1.41 (b) 1.73
(c) 10 (d) 3

49. यदि एक बंटन का मानक विचलन 9 है, तो विचरण (variance) का मान क्या है?
(a) 18 (b) 27
(c) 81 (d) 36

50. यदि एक वितरण का मानक विचलन 4 है, तो प्रसरण का मान क्या है?
(a) 8 (b) 9
(c) 16 (d) 12

51. यदि एक जनसंख्या का मानक विचलन 8 है, तो इसका विचरण क्या होगा?
(a) 64 (b) 16 (c) 32 (d) 24

52. एक वितरण का माध्य 22 और मानक विचलन 10 है। विचरण गुणांक का मान क्या है?
(a) 45.45% (b) 35.35%
(c) 25.25% (d) 55.55%

53. एक बंटन का माध्य 10 और मानक विचलन 5 है। विचरण गुणांक का मान क्या है?
(a) 50% (b) 100%
(c) 150% (d) 200%

54. $x_1, x_2, x_3, \ldots x_n n$ प्रेक्षणों का विचरण क्रमशः आवृत्तियों $f_1, f_2, f_3, \ldots f_n$ और $\bar{x}$ (माध्य) के साथ निम्नानुसार दिया जाता है।
(a) $\dfrac{\sum_i^n f_i(x_i - \bar{x})}{\sum_i^n f_i}$ (b) $\dfrac{\sum_i^n f_i(x_i - \bar{x})^2}{\sum_i^n f_i}$
(c) $\dfrac{\sum_i^n f_i(x_i^2 - \bar{x})}{\sum_i^n f_i}$ (d) $\sum_i f_i(x_i - \bar{x})$

55. यदि माध्य 25 है और मानक विचलन 5 है, तो विचरण गुणांक (coefficient of variation) ज्ञात कीजिए।
(a) 48% (b) 20% (c) 27% (d) 60%

56. निम्नलिखित बारंबारता बंटन का मानक विचलन ज्ञात कीजिए।

वर्ग	0-10	10-20	20-30	30-40	40-50
बारंबारता	5	8	15	16	6

(a) 132 (b) 11.49
(c) 14 (d) 27

57. जब दो चरों के मध्य एक ही दिशा में परिवर्तन होता है, तो ऐसे सह-सम्बन्ध को कहते हैं
(a) धनात्मक (b) ऋणात्मक
(c) कोई सह-सम्बन्ध नहीं (d) ये सभी

58. जब दो चरों से अधिक चरों के सम्बन्धों का एक साथ अध्ययन किया जाता है, तो इसे कहते हैं
(a) सरल सह-सम्बन्ध (b) बहुगुणी सह-सम्बन्ध
(c) आंशिक सह-सम्बन्ध (d) इनमें से कोई नहीं

59. जब दो चरों में स्थायी रूप से समान अनुपात में परिवर्तन होता है तो उसे कहते हैं
(a) आंशिक सह-सम्बन्ध
(b) रेखीय सह-सम्बन्ध
(c) अरेखीय सह-सम्बन्ध
(d) उपरोक्त सभी

60. जब सह-सम्बन्ध गुणांक – 0.25 तथा – 0.75 के मध्य होता है, तो उसे कहते हैं
(a) सह-सम्बन्ध का मध्यम परिमाण
(b) सह-सम्बन्ध का उच्च परिमाण
(c) सह-सम्बन्ध का निम्न परिमाण
(d) सह-सम्बन्ध का पूर्ण परिमाण

61. सह-सम्बन्ध गुणांक सदैव स्थित होता है
(a) 0 तथा – 1 के मध्य (b) 0 तथा + 1 के मध्य
(c) – 1 तथा + 1 के मध्य (d) इनमें से कोई नहीं

62. जब सह-सम्बन्ध गुणांक + 0.75 तथा + 1 के मध्य होता है, तो उसे कहते हैं
(a) सह-सम्बन्ध का उच्च परिमाण
(b) सह-सम्बन्ध का मध्यम परिमाण
(c) सह-सम्बन्ध का निम्न परिमाण
(d) सह-सम्बन्ध का पूर्ण परिमाण

63. यदि एक ग्राफ पत्र पर सभी प्रांकित बिन्दु एक एकाकी रेखा में अंकित है, तो सह-सम्बन्ध होता है
(a) पूर्ण धनात्मक
(b) पूर्ण ऋणात्मक
(c) 'a' और 'b' दोनों
(d) उपरोक्त में से कोई नहीं

64. यदि एक ग्राफ पत्र पर प्रांकित बिन्दु ऊपर बाईं ओर से नीचे दाईं ओर रहते हैं, तो सह-सम्बन्ध होता है
(a) धनात्मक
(b) ऋणात्मक
(c) शून्य
(d) उपरोक्त में से कोई नहीं

65. यदि एक ग्राफ पत्र पर प्रांकित बिन्दु सम रूप से वितरित होते हैं, तो सह-सम्बन्ध होता है
(a) शून्य (b) धनात्मक
(c) ऋणात्मक (d) पूर्ण

66. दो गुणात्मक तत्त्वों के बीच सह-सम्बन्ध ज्ञात करने की सर्वोत्तम विधि है
(a) स्पियरमैन का कोटि सह-सम्बन्ध गुणांक
(b) कार्ल पियर्सन का सह-सम्बन्ध गुणांक
(c) प्रकीर्ण आरेख विधि
(d) संगामी विचलन विधि

67. यदि कोटियों के अन्तर के वर्गों का योग, जो दो जजों द्वारा दिए गए 8 छात्रों के लिए 21 है, तो सह-सम्बन्ध गुणांक का मूल्य होगा
(a) 0.75 (b) 0.64
(c) 0.8 (d) 0.4

68. सह-सम्बन्ध गुणांक का न्यूनतम मूल्य होता है
(a) 0 (b) −1
(c) +1 (d) −2

69. मदों के सापेक्षिक महत्त्व को बताने वाले सूचकांक को कहते हैं
(a) भारित सूचकांक
(b) सरल सामूहिक सूचकांक
(c) सरल मूल्यानुपात
(d) शृंखला सूचकांक

70. अधिकांश भारित सूचकांकों में भार का सम्बन्ध होता है
(a) आधार वर्ष से
(b) वर्तमान वर्ष से
(c) आधार एवं वर्तमान दोनों वर्ष से
(d) उपरोक्त में से कोई नहीं

71. ऐसी वस्तु जिसका सूचकांक में कम भार है, उसकी कीमत में परिवर्तन से सूचकांक में परिवर्तन होगा
(a) कम (b) अधिक
(c) अनिश्चित (d) कोई परिवर्तन नहीं

72. सूचकांक की रचना के लिए किसके सूत्र को आदर्श सूत्र माना जाता है?
(a) पाश्चे का सूत्र (b) फिशर का सूत्र
(c) लासपेयर का सूत्र (d) बाउले का सूत्र

73. सूचकांक निर्माण में फिशर का सूत्र किस 'माध्य' पर आधारित है?
(a) गुणोत्तर माध्य
(b) सरल माध्य
(c) हरात्मक माध्य
(d) उपरोक्त में से कोई नहीं

74. फिशर के सूचकांक को आदर्श सूचकांक माना जाता है, क्योंकि
(a) यह गुणोत्तर माध्य पर आधारित है
(b) यह तत्त्व व्युत्क्रम परीक्षण को पूरा करता है
(c) यह समय व्युत्क्रम परीक्षण को पूरा करता है
(d) उपरोक्त सभी

75. उपभोक्ता कीमत सूचकांक को .... भी कहा जाता है
(a) जीवन निर्वाह कीमत सूचकांक
(b) थोक कीमत सूचकांक
(c) औद्योगिक उत्पादन सूचकांक
(d) उपरोक्त सभी

76. कोई उपभोक्ता कीमत सूचकांक किस परिवर्तन को मापता है?
(a) खुदरा कीमत (b) थोक कीमत
(c) उत्पादन की कीमत (d) बाजार मूल्य

77. मुद्रा स्फीति के परिकलन में किसका प्रयोग होता है?
(a) थोक कीमत सूचकांक
(b) उपभोक्ता कीमत सूचकांक
(c) उत्पादन कीमत सूचकांक
(d) सामान्य कीमत सूचकांक

सही उत्तर

1. (b)	**2.** (a)	**3.** (a)	**4.** (a)	**5.** (c)	**6.** (d)	**7.** (c)	**8.** (d)	**9.** (d)	**10.** (c)
11. (b)	**12.** (c)	**13.** (a)	**14.** (d)	**15.** (d)	**16.** (d)	**17.** (a)	**18.** (c)	**19.** (a)	**20.** (d)
21. (a)	**22.** (c)	**23.** (b)	**24.** (b)	**25.** (c)	**26.** (a)	**27.** (d)	**28.** (a)	**29.** (c)	**30.** (a)
31. (b)	**32.** (b)	**33.** (c)	**34.** (c)	**35.** (c)	**36.** (b)	**37.** (a)	**38.** (a)	**39.** (b)	**40.** (a)
41. (a)	**42.** (a)	**43.** (c)	**44.** (a)	**45.** (c)	**46.** (a)	**47.** (d)	**48.** (a)	**49.** (c)	**50.** (c)
51. (a)	**52.** (a)	**53.** (a)	**54.** (b)	**55.** (b)	**56.** (b)	**57.** (a)	**58.** (b)	**59.** (b)	**60.** (a)
61. (c)	**62.** (a)	**63.** (c)	**64.** (b)	**65.** (a)	**66.** (a)	**67.** (a)	**68.** (b)	**69.** (a)	**70.** (a)
71. (a)	**72.** (b)	**73.** (a)	**74.** (d)	**75.** (a)	**76.** (a)	**77.** (a)